REVISAÇO®

MINISTÉRIO PÚBLICO DA UNIÃO

ANALISTA E TÉCNICO

REVISAÇO®

COORDENAÇÃO
HENRIQUE CORREIA
LEANDRO BORTOLETO

Carreiras Jurídicas

MINISTÉRIO PÚBLICO DA UNIÃO

ANALISTA E TÉCNICO

3ª edição
Revista, ampliada e atualizada

527 QUESTÕES COMENTADAS
Alternativa por alternativa
por **autores especialistas**

2018

EDITORA *Jus*PODIVM
www.editorajuspodivm.com.br

EDITORA *Jus*PODIVM
www.editorajuspodivm.com.br

Rua Mato Grosso, 164, Ed. Marfina, 1º Andar – Pituba, CEP: 41830-151 – Salvador – Bahia
Tel: (71) 3045.9051
• Contato: https://www.editorajuspodivm.com.br/sac

Diagramação: SBNigri Artes E Textos Ltda. *(sbnigri@centroin.com.br)*

Capa: Ana Caquetti

ISBN: 978-85-442-2040-5

3ª ed., *2.ª tir.:* mai./2018.

Apresentação da Coleção Revisaço

"REVISAÇO" é a consagrada coleção de questões comentadas da *Editora Juspodivm*.

Com cuidado, pensamos num formato que fosse além dos comentários das questões. Algo que realmente pudesse ajudar o aluno no estudo de concursos ou Exames de Ordem, principalmente na revisão final.

Para isso, estabelecemos a seguinte estrutura **didática**:

- **Questões divididas por matéria e assunto, comentadas assertiva por assertiva, item por item**, demonstrando tanto o que está certo como o que está errado na questão;
- Sempre que possível, há uma "nota do autor" em cada questão trazendo **comentários que vão além do assunto abordado no exercício.**

Ao final das disciplinas apresentamos:

- **Dicas de estudo**, funcionando como verdadeiro resumo da matéria;
- **Súmulas dos Tribunais Superiores**;
- **Informativos do STF, STJ e TST**;
- **Orientações Jurisprudenciais.**

A ideia, portanto, é apresentar a **prática do concurso ou Exame da Ordem** (questões), a **doutrina para estudo** (dicas) e a **jurisprudência** (súmulas e informativos), formando a tríade necessária para uma revisão (verdadeiro REVISAÇO!) rumo ao sucesso na aprovação.

Vários livros compõem a coleção e, para todos, chamamos grandes nomes, professores experientes, profissionais de destaque e especialistas em cada área para que organizassem as obras e comentassem as questões.

Acreditamos que essa coleção será bastante útil aos candidatos de concursos públicos e Exame de Ordem.

EDITORA JUSPODIVM

www.editorajuspodivm.com.br

Apresentação dos coordenadores

O objetivo da presente obra é a preparação direcionada para a prova dos concursos de **Técnico e Analista do MPU**. A ideia de reunir, em um único livro, questões comentadas de todas as matérias que constam no edital, surgiu em virtude das reivindicações dos candidatos que almejam uma pontuação mais elevada nessa fase objetiva. Aliás, alcançar a pontuação mais elevada nas diversas matérias tem sido o grande desafio de quem presta concursos para provimento de cargos públicos.

A obra contém as principais matérias presentes nos últimos editais. Outra variação no edital atual foi a aglutinação, sob a rubrica Administração, dos temas referentes às disciplinas Gestão de Pessoas, Administração Pública e Arquivologia. Entretanto, optou-se por mantê-las individualizadas para facilitar o estudo. O livro é composto das seguintes matérias:

- Língua Portuguesa
- Legislação Aplicada ao MPU
- Direito Administrativo
- Direito Constitucional
- Direito do Trabalho
- Direito Civil
- Direito Processual Civil
- Direito Penal
- Direito Processual Penal
- Direito Penal Militar
- Direito Processual Penal Militar
- Administração Pública
- Gestão de Pessoas
- Administração de Recursos Materiais
- Arquivologia
- Administração Financeira e Orçamentária
- Raciocínio Lógico
- Informática
- Ética no serviço público

Em todas as matérias o candidato encontrará questões de concursos recentes e comentadas item a item. Os autores, além de fundamentar as questões com a doutrina e jurisprudência mais atualizadas, deixaram dicas para que os leitores possam desvendar outros testes semelhantes e para abordar novas exigências. São sugestões dadas pelos autores de assuntos que poderão constar na sua prova, pois foram baseadas em temas recorrentes.

Todos os autores escolhidos são servidores públicos ou professores renomados com vasta experiência nas respectivas matérias exigidas nos concursos públicos.

Temos certeza de que essa coleção ira ajudá-lo (a) a alcançar a aprovação no concurso de Técnico ou Analista do MPU.

Nota – Reforma Trabalhista:

Em dezembro de 2016, o Poder Executivo enviou ao Congresso Nacional o Projeto de Lei nº 6.787 – chamado de Reforma Trabalhista. Esse projeto foi aprovado pela Câmara dos Deputados e pelo Senado Federal e foi encaminhado para a sanção do Presidente da República. Em 13/07/2017, a Reforma Trabalhista foi promulgada pela Lei nº 13.467/2017. A publicação da legislação no Diário Oficial ocorreu no dia 14/07/2017. Entretanto, foi estabelecida "vacatio legis" para a nova legislação, que somente entrará em vigor depois de decorridos 120 dias de sua publicação oficial, entrando em vigor dia 11/11/2017.

Após 4 dias da vigência da nova lei, o Poder Executivo editou a MP 808/2017, numa edição extra do Diário Oficial da União, com diversas alterações no texto da Reforma Trabalhista.

Dessa forma, o material já foi elaborado levando-se em consideração as alterações legislativas.

Desejamos a você uma boa sorte nos estudos.

Fevereiro de 2017

HENRIQUE CORREIA e LEANDRO BORTOLETO

Sobre os Autores

COORDENADORES

HENRIQUE CORREIA – *DIREITO DO TRABALHO*

Procurador do Trabalho. Professor de Direito do Trabalho do CERS on-line (www.cers.com.br). Autor e Coordenador de diversos livros para concursos públicos pela Editora Juspodivm. Site: www.henrique-correia.com.br / Twitter: @profcorreia / Instagram: Prof_correia / Periscope: @henrique_correia

LEANDRO BORTOLETO – *DIREITO ADMINISTRATIVO* E *ÉTICA NO SERVIÇO PÚBLICO*

Mestre e bacharel em direito pela Universidade Estadual Paulista – UNESP. Coordenador e professor de Direito Administrativo no curso de especialização em Direito Público da Escola Superior de Direito – ESD, em Ribeirão Preto. Professor de Direito Administrativo na graduação e na pós-graduação em direito do Centro Universitário Estácio Uniseb. Professor de Direito Administrativo nos cursos Ênfase, Eu Vou Passar e Proordem. Analista Judiciário (Oficial de Justiça Avaliador Federal) na Justiça Federal. Autor e coordenador de livros jurídicos. Ex-oficial de justiça no TJ SP.

www.leandrobortoleto.com.br

Facebook: Leandro Bortoleto@profbortoleto

AUTORES

CRISTIANA DURAN – *GESTÃO DE PESSOAS*

Bacharel em Psicologia e Direito. Pós-graduada em Gestão de Pessoas e Direito Público. É Analista Judiciário, especialidade Psicologia, do Tribunal de Justiça do Distrito Federal e dos Territórios. Professora de gestão de pessoas e administração geral. Contato: profcristianaduran@gmail.com

DANILO DA CUNHA SOUSA – *DIREITO PENAL* E *DIREITO PROCESSUAL PENAL*

Oficial de Justiça Avaliador Federal (TRF/3). Mestre em Direito pela Unesp Franca. Coautor em diversos livros das coleções Revisaço e Reta Final da Editora Juspodivm. Autor do livro Processo Penal para Concursos.

DUDA NOGUEIRA – *PORTUGUÊS*

Professora de Língua Portuguesa para concursos públicos. Pós-graduada em Linguística e Graduada em Letras. Autora de vários livros das Coleções Tribunais e MPU, Revisaço, Simulaço, Revisão Final e Sinopses para carreiras fiscais. Coordenadora Editorial JusPodivm. Docência: Curso Ênfase e Curso EuVouPassar.

Grupo de estudos Facebook - Duda Nogueira Língua Portuguesa para concursos

Twitter, Instagram e Periscope - @DudaProfe

Contato - professoraduda@gmail.com

ELISABETE MOREIRA - ***ADMINISTRAÇÃO DE RECURSOS MATERIAIS***

Auditora do Tribunal de Contas do Estado de Pernambuco, Mestre em Administração Geral e Pública; Pós-graduada em Contabilidade e Controladoria Governamental; Especialista em Gestão de Pessoas. Professora em cursos preparatórios para concurso; professora universitária. Autora do livro Administração Geral e Pública para Concursos, editora Juspodivm.

EMANNUELLE GOUVEIA – ***INFORMÁTICA***

Bacharel em Ciência da Computação. Especialista em Gerência de Projetos e em Criptografia e Segurança da Informação. Servidora Pública. Atua na área acadêmica, em cursos de Graduação em Ciência da Computação e em Cursinhos para Concursos em vários Estados do país. Professora do CERS cursos on-line.

Facebook: Emannuelle Gouveia

Instagram: @emannuellegouveia

Periscope: @emannuellegouveia

Twitter: @manurolimf

E-mail: manurolim@yahoo.com

FABIANO CAETANO PRESTES - ***DIREITO PENAL MILITAR E DIREITO PROCESSUAL MILITAR***

Defensor Público Federal de Categoria Especial. Titular do 1º Ofício Superior Criminal Militar e Eleitoral. Subdefensor Público-Geral Federal (Biênio 2013/2015). Corregedor Geral Federal da DPU (Biênio 2011/2013). Membro do Conselho Superior da Defensoria Pública da União (CSDPU) - Biênio 2011/2013; 2013/2015. Ex-Membro da Câmara de Coordenação Criminal.

FÁBIO VOGELAAR CARLUCCI – ***ADMINISTRAÇÃO GERAL E ADMINISTRAÇÃO PÚBLICA***

Bacharel em Administração de Empresas pela Faculdade de Economia, Administração e Contabilidade de Ribeirão Preto, Universidade de São Paulo (FEA-RP/USP), com especialização na Facoltà di Economia, da Università di Bologna, na Itália. Mestre em Administração de Empresas com ênfase em Análise Envoltória de Dados (DEA) e Pesquisa Operacional pela Faculdade de Economia, Administração e Contabilidade de Ribeirão Preto, Universidade de São Paulo (FEA-RP/USP). Ex-professor de Economia, Administração Financeira e de Mercado Financeiro e de Capitais no Instituto Municipal de Ensino Superior de Bebedouro "Victório Cardassi" (IMESB-VC). Atualmente atua como empreendedor e empresário no varejo e participa de grupos de estudo em eficiência organizacional na FEA-RP/USP com ênfase no setor sucroenergético brasileiro e australiano.

Contatos: fabio.vogelaar@gmail.com / facebook.com/fabio.vogelaarcarlucci

GEORGE MELO RODRIGUES – ***ARQUIVOLOGIA***

Arquivista graduado pela UFBA. Pós-graduado em Direito do Estado (FTC). Servidor Público Federal do TRE-BA (cargo atual efetivo de concurso público, empossado em 2006). O autor foi habilitado em vários outros concursos públicos como: Tribunal de Justiça da Bahia (ex-servidor, 2000 a 2006), Tribunal Regional do Trabalho (nomeado em 1995), Ministério Público do Estado da Bahia (nomeado em 2006), Ministério Público da União (9º lugar, 2006; 3º lugar, 2010), entre outros.

MARCELO SBICCA – ***MATEMÁTICA***

Agente Fiscal de Rendas do Estado de São Paulo. Graduado em Administração de Empresas com especializações em Marketing e Auditoria em Organizações do Setor Público. Professor de curso preparatório para concursos nas disciplinas de Matemática e Raciocínio Lógico.

MARCOS BOSSO – ***MATEMÁTICA***

Agente fiscal de Rendas do Estado de São Paulo. Graduado em Engenharia Elétrica pela Escola Politécnica da Universidade de São Paulo.

PAULO LÉPORE - *DIREITO CONSTITUCIONAL*

Coordenador e Professor do Curso Ênfase. Professor do Curso G7 Jurídico. Pós-doutor em Direito pela Universidade Federal de Santa Catarina - UFSC. Doutor em Serviço Social pela Universidade Estadual Paulista - UNESP. Doutorando em Direito pela Universidade de Coimbra - UC. Mestre em Direitos Coletivos e Função Social do Direito pela Universidade de Ribeirão Preto - UNAERP. Coordenador de Coleções e autor de diversos livros e artigos jurídicos. Advogado. Coordenador da Comissão de Direitos Infantojuvenis da 12ª Subseção da Ordem dos Advogados do Brasil do Estado de São Paulo - OAB-SP.

www.paulolepore.com.br

PLÍNIO MARCOS PRUDENTE ROCHA - *LEGISLAÇÃO APLICADA AO MPU*

Servidor do Tribunal Regional Federal - 5ª Região. Conciliador da Justiça Federal. Especialista em Direito Constitucional pela Escola Judicial de Sergipe/EJUSE. Coautor de livros da Editora Juspodivm. Professor da Ciclo/CERS Aracaju. Facebook: Plínio Rocha

PLÍNIO REBOUÇAS DE MOURA - *DIREITO CIVIL*

Advogado Público concursado do Banco do Nordeste do Brasil S.A. Especialista em Direito Civil e em Direito Processual Civil. Professor de cursos para concursos e Exames da OAB há 9 anos. Coautor em vários livros da Coleção REVISÃO FINAL, pela editora JusPodivm.

E-mail: pliniormoura@yahoo.com.br

Instagram: @professorpliniomoura

SABRINA DOURADO - *DIREITO PROCESSUAL CIVIL*

Advogada, especialista em Direito Processual Civil pelo Juspodivm em parceria com a Unyahna e Mestre em Direito Público pela UFBA. Professora de Direito Processual Civil da EMAB e da EMATRA. Professora do CERS e de cursos de pós-graduação da UFBA, Faculdade Baiana de Direito, Escola Paulista de Direito (EPD- SP). Palestrante. Autora de obras jurídicas. Membro do CEAPRO, do IBDP e da ANNEP

TALITA NOGUEIRA - *PORTUGUÊS*

Professora de Língua Portuguesa - Gramática e Interpretação de Texto. Graduada em Letras e Pedagogia. Autora da Coleção REVISAÇO: Delegado de Polícia Civil, TJ/SP, Investigador, Escrivão, Agente e Inspetor de Polícia Civil e Procuradoria do Município.

WILSON ARAÚJO - *ADMINISTRAÇÃO FINANCEIRA E ORÇAMENTÁRIA*

Bacharel em ciências contábeis pela UNICAP; especialista em Contabilidade Pública e Lei de Responsabilidade Fiscal pela Universidade Federal de Pernambuco (UFPE); especialista em Gestão do Ministério Público pela Universidade de Pernambuco (UPE). Experiência profissional: Analista Ministerial do MPPE (1º lugar). Autor do Livro Administração Financeira e Orçamentária para concursos. Lecionou nas seguintes faculdades: UFPE (2002), FCAP (2006), FAPE (2005) e nos preparatórios para concursos: CERS (Recife), Espaço Jurídico Cursos (Recife), Eu Vou Passar (Recife), entre outros.

Sumário

LEGISLAÇÃO APLICADA AO MPU 101

Plínio Marcos Prudente Rocha

DIREITO DO TRABALHO 233

Henrique Correia

DIREITO PROCESSUAL CIVIL........ 499

Sabrina Dourado

Português

Duda Nogueira e
Talita Nogueira

TABELA DE INCIDÊNCIA DE QUESTÕES

Distribuição das questões organizada por ordem didática de assuntos		
Assunto	**Número de Questões**	**Peso**
ACENTUAÇÃO E ORTOGRAFIA	5	3,36%
PRONOME E COLOCAÇÃO PRONOMINAL	8	5,37%
VERBO	8	5,37%
ANÁLISE SINTÁTICA	3	2,01%
PERÍODO COMPOSTO	14	9,40%
CONCORDÂNCIA	14	9,40%
REGÊNCIA	6	4,03%
CRASE	6	4,03%
PONTUAÇÃO	10	6,71%
COESÃO E COERÊNCIA	40	26,85%
INTERPRETAÇÃO	32	21,48%
REDAÇÃO OFICIAL	3	2,01%
Total	**149**	**100%**

Português

Duda Nogueira e
Talita Nogueira

APRESENTAÇÃO

O capítulo de Língua Portuguesa contém questões comentadas das últimas provas – 2013, 2010, 2007 e 2004. O objetivo é direcionar os estudos, focando nos principais tópicos exigidos pelas bancas.

Indicado aos candidatos que já possuem conhecimento da teoria gramatical para que, através de "macetes" e dicas, consigam chegar ao *X* da questão.

Não confira o gabarito antes de resolver as questões, já que o objetivo do livro é fazer com que o candidato desvende, de forma objetiva e rápida, os segredos de cada tópico pedido.

Em todos os assuntos, há dicas de como direcionar os estudos, sem precisar seguir o edital, além de dicas resumidas no final do capítulo.

Saboreie o prazer de fazer os testes de língua portuguesa como se estivesse conversando, como se a estivesse utilizando no dia a dia. O segredo é este: fazer com que a nossa linguagem fique mais perto, mais palpável. Recheie com alguns ingredientes teóricos e obtenha sucesso. É possível!

Bons estudos!

✦ QUESTÕES

1. ACENTUAÇÃO E ORTOGRAFIA

Aconselhável ter em mãos um dicionário atualizado (reforma ortográfica 2009) para consulta. Surgindo palavras desconhecidas, pesquise-as e anote o significado. Como uma palavra pode possuir vários sentidos, veja qual se encaixa no contexto, pois é preciso aprender a desvendar as palavras.

Sugestão de dicionário digital: www.dicio.com.br

Quanto à reforma ortográfica – escrita correta e regras -, pesquise no site: www.umportugues.com

Trecho para o item.

Há um dispositivo no Código Civil que condiciona a edição de biografias à autorização do biografado ou descendentes. As consequências da norma são negativas. Uma delas é a impossibilidade de se registrar e deixar para a posteridade a vida de personagens importantes na formação do país, em qualquer ramo de atividade. Permite-se a interdição de registros de época, em prejuízo dos historiadores e pesquisadores do futuro.

Dessa forma, tem sido sonegado, por exemplo, o relato da vida do poeta Manoel Bandeira e dos escritores Mário de Andrade e Guimarães Rosa. Tanto no jornalismo quanto na literatura não pode haver censura prévia. Publicada a reportagem (ou biografia), os que se sentirem atingidos que recorram à justiça. É preciso seguir o padrão existente em muitos países, em que há biografias "autorizadas" e "não autorizadas". (...)

O Globo, 23/9/2013 (com adaptações).

---

01. (Cespe – Técnico – MPU/2013) A palavra "sonegado" está sendo empregada com o sentido de reduzido, diminuído.

( ) certo ( ) errado

COMENTÁRIOS

Errado – É um adjetivo que significa subtraído, tirado às ocultas; bifado, furtado, roubado.

Trecho para o item.

Uma legislação que tenha hoje 70 anos de vigência entrou em vigor muito antes do lançamento do primeiro computador pessoal e do início da histórica revolução imposta pela tecnologia digital. Isso não seria problema se esse não fosse o caso da Consolidação das Leis do Trabalho (CLT), destinada a regular um dos universos mais impactados por esta revolução, o das relações trabalhistas.

Instituída por Getúlio Vargas para outro Brasil — ainda agrário, com indústria e serviços incipientes —, a CLT tem sido defendida por sindicatos em nome da "preservação dos direitos do trabalhador". (...)

O Globo, Editorial, 22/8/2013 (com adaptações).

---

02. (Cespe – Técnico – MPU/2013) A palavra "incipientes" está empregada com o sentido de dependentes de tecnologia estrangeira.

( ) certo ( ) errado

COMENTÁRIOS

Errado – Incipiente: alguém ou alguma coisa que está no começo, algo inicial, principiante.

Observação: seu homônimo homófono, *insipiente*, significa ignorante, simplório, tolo.

---

03. (ESAF – Técnico – Área Administrativa – MPU/2004) Assinale o trecho que apresenta erro na grafia de palavra.

a) O filme justiça mostra situações à beira da explosão, que de alguma maneira já conhecíamos por meio de filmes como Carandiru e O Prisioneiro da Grade de Ferro. O diferencial aqui é o acesso à intimidade de cinco casos específicos, flagrados no cenário ascéptico do Tribunal de Justiça do Rio de Janeiro.

b) Por intermédio deles, o filme tenta construir uma metonímia da sociedade brasileira, na qual a Justiça funcionaria como elemento de reafirmação de uma ordem social fundamentalmente injusta.

c) Antes de mais nada, Maria Augusta desvenda um pequeno mundo solenemente ignorado pela grande maioria dos espectadores. A frieza do ambiente nas salas de audiência e o caráter altamente ritualístico dos procedimentos de interrogatório favorecem o método da diretora.

d) A câmera comporta-se como um olho neutro, fixo, quase ausente. Mas o uso de várias câmeras permite uma montagem que sublinha os jogos de olhares, as reações contidas, as dissimulações. E sobretudo a rigidez de um dispositivo em que o juiz todo-poderoso e o réu intimidado se confrontam sem qualquer sentido de proporção, ante o silêncio quase total dos demais circunstantes.

e) O diálogo impossível – porque na verdade não é buscado – ressalta a impessoalidade dos julgamentos em ritmo industrial. Os longos corredores do tribunal, imersos em sua típica iluminação indistinta, materializam o labirinto sem saída de um sistema penal alienado das condições do país. O que o filme consegue captar desse "teatro" absurdo é simplesmente admirável.

(Adaptado de Carlos Alberto Mattos, Corredores sem saída, 24/06/2004 www.nominimo.com)

COMENTÁRIOS

Resposta correta: "A" – No trecho, o termo *justiça*, em *o filme Justiça*, pede letra inicial maiúscula por tratar-se do nome de um filme; **asséptico**: *que passou por assepsia; livre de agentes patogênicos**

Observações importantes nas demais alternativas – vale fixar:

b) metonímia, reafirmação.

c) desvenda, espectadores, frieza, ritualístico.

d) dissimulações, rigidez.

e) imersos, indistinta.

**Fonte: Dicionário Digital Aulete*

---

04. (ESAF – Técnico – Área Administrativa – MPU/2004) Marque o trecho inteiramente correto quanto à morfossintaxe e à grafia.

a) Os defensores do controle externo da Magistratura e seus acolitos, num trabalho de marketing poucas vezes visto, passaram à sociedade brasileira a cativante idéia de que um controle heterogêneo irá, num passe de mágica, resolver todos os males que aflige o Poder Judiciário brasileiro.

b) Verdade seja dita: afirmar que inexiste máculas no Poder Judiciário menos não seria do que querer "tapar o sol com a peneira".

c) Há problemas que – sabemos todos muito bem – precisam ser debelados, entre os quais avulta a morosidade da prestação jurisdicional e o emaranhado das normas processuais civis e penais.

d) Mas é preciso que a sociedade brasileira e notadamente os formadores de opinião saibam que nada adiantará esse controle externo com o atual cipozal de nossas leis processuais civis e penais.

e) Quanto às primeiras, estão enfexadas em um código que, do ponto de vista doutrinário, é digno dos maiores elogios, porém deixa muito a desejar no que se refere à sua efetividade, a mercê da enorme gama de recursos que trás em seu bojo.

(Adaptado de Domingos Franciulli Netto, "O Controle do Judiciário", Carta Capital, 07/04/2004, p. 47, com modificações)

COMENTÁRIOS

Resposta correta: "C" – Trecho correto quanto à morfossintaxe e à grafia. Os travessões indicam intercalação. Leia os termos em negrito: **Há problemas que** – sabemos todos muito bem – **precisam ser debelados, entre os quais avulta a morosidade da prestação jurisdicional e o emaranhado das normas processuais civis e penais.**

a) – **acólitos** (cúmplices) = palavra proparoxítona com a tônica recaindo na antepenúltima sílaba e leva a marca do acento agudo; **afligem** = *todos os males* possui função de sujeito. **Ideia**, após o acordo ortográfico de 2009 deixou de ser acentuada por ter ditongo aberto na paroxítona. (a prova é de 2004).

b) **inexistem** máculas; falta uma vírgula após *Judiciário.*

d) **cipoal** = no sentido literal: mato abundante de cipós entrelaçados; no texto, cipoal está no sentido figurado= situação difícil, confusa: atual cipoal de nossas leis. O advérbio *notadamente* deveria estar entre vírgulas por estar dentro do sujeito: *<u>a sociedade brasileira e</u>, notadamente, <u>os formadores de opinião</u> saibam que nada adiantará esse controle externo.*

e) **enfeixadas** = atadas em feixes, reunidas -. enfeixadas (reunidas) em um código; **<u>à</u> mercê de** = sujeito a, ao capricho de (locução); **traz** (grafado com a letra **z**), presente do indicativo do verbo *trazer.*

Dica

- Traz = do verbo trazer
- Atrás = advérbio de lugar

05. (FCC – Analista Processual – MPU/2007) A frase que está totalmente correta quanto à grafia e acentuação é:

a) O excesso de fracassos às vezes leva o governante de uma nação a por a culpa em pessoas ou sistemas, sem a mínima exitação.

b) A parte teórica estava sucinta, mas o grande número de notas incertas de modo desorganizado no texto provocou um desequilíbrio desastrozo.

c) Não se conseguiu reconhecer quem fez as rúbricas, por isso ninguém pode, ontem, ser admoestado.

d) A análise dos obstáculos não para aí, por isso não é mau conselho sugerir que se aceite a colaboração espontânea dos especialistas na área.

e) Alguns contratos foram recindidos porque a assessoria considerou certos valores extorsivos, chegando à sugerir uma auditoria no setor.

COMENTÁRIOS

Resposta correta: "D" – Observações: o verbo *parar*, após a reforma ortográfica, perdeu o acento agudo na terceira pessoa do singular para diferenciar da preposição: Ele não **para** (verbo) de estudar **para** (preposição) a prova.

a) pôr (verbo) e hesitação (Ação ou efeito de permanecer indeciso; que não sabe o que fazer; que não sabe o que dizer nem o que pensar).

b) desastroso.

c) rubricas (paroxítona). Cuidado: admoestado = advertido (correto).

e) rescindidos e **não há crase antes de verbo**: chegando **a** sugerir.

2. PRONOME E COLOCAÇÃO PRONOMINAL

As questões de pronome estão diretamente ligadas à sintaxe de regência. Em alguns casos, é necessário saber a teoria de colocação pronominal – próclise, ênclise e mesóclise. Essencial saber quais palavras atraem o pronome oblíquo. Dicas no final do capítulo.

Trecho para o item.

(...) O neurocientista relatou que quase três quartos dos primeiros 250 americanos que tiveram suas condenações penais anuladas graças ao exame de DNA haviam sido vítimas de falso testemunho ocular. Um psicólogo entrevistado afirmou que, dependendo de como se conduz uma acareação, ela pode confundir a pessoa interrogada.

Correio Braziliense, 26/7/2013 (com adaptações).

06. (Cespe – Analista – MPU/2013) Com correção gramatical e com mais precisão, a oração "que tiveram suas condenações penais anuladas graças ao exame de DNA" poderia ser estruturada da seguinte forma: cujas condenações penais foram anuladas em virtude de contraprova fornecida pelo exame de DNA.

( ) certo ( ) errado

COMENTÁRIOS

Certo – Por se tratar de pronome relativo, é viável seguir o passo a passo. No trecho:

1. O pronome relativo **que** retoma três quartos dos primeiros 250 americanos (sujeito do verbo *tiveram*);
2. Ordem direta: três quartos dos primeiros 250 americanos tiveram suas condenações penais anuladas graças ao exame de DNA.

No item:

1. O pronome relativo **cujas** concorda com condenações penais anuladas;
2. Ordem direta: As condenações penais dos três quartos dos primeiros 250 americanos foram anuladas em virtude de contraprova fornecida pelo exame de DNA.

A ideia de posse do relativo *cujas* torna o trecho mais coerente e as expressões alteradas pertencem ao mesmo campo semântico (*graças ao exame de DNA* e *em virtude de contraprova fornecida pelo exame de DNA*).

07. (Cespe – Analista – MPU/2013) O trecho "a memória não pode ser considerada um papel carbono" poderia ser corretamente reescrita da seguinte forma: não pode-se considerá-la papel carbono.

( ) certo ( ) errado

COMENTÁRIOS

Errado – Colocação pronominal: o advérbio de negação (não) atrai o pronome oblíquo. Forma correta: **não se pode** considerá-la.

A respeito da organização das estruturas linguísticas e das ideias do trecho, julgue o item a seguir.

(...) O corte de 125 mil empregos em junho indica que a esperança de gradual retomada do crescimento do mercado de trabalho no curto prazo era prematura e não deverá se concretizar. As razões para esse estancamento encontram-se no comportamento do polo dinâmico da economia mundial, os países emergentes, cujo desenvolvimento econômico começou a desacelerar — ainda que a partir de taxas exuberantes de expansão.

Valor Econômico, Editorial, 6/7/2010 (com adaptações)

08. (CESPE – Técnico – Área Administrativa – MPU/2010) A O deslocamento do pronome "se" para imediatamente após a forma verbal "concretizar" — **não deverá concretizar-se** — não prejudicaria a correção gramatical do texto.

( ) Certo ( ) Errado

COMENTÁRIOS

Resposta correta: (Certo) – Não prejudicaria por haver dois verbos. Se tivéssemos apenas um verbo, prejudicaria: não se concretiza. O advérbio (de negação) atrai o pronome oblíquo.

A respeito da organização das estruturas linguísticas e das ideias do trecho, julgue o item a seguir.

A pobreza é um dos fatores mais comumente responsáveis pelo baixo nível de desenvolvimento humano e pela origem de uma série de mazelas, algumas das quais proibidas por lei ou consideradas crimes. (...)

Jornal do Brasil, Editorial, 1,77/2010 (com adaptações)

09. (CESPE - Técnico - Área Administrativa - MPU/2010) A expressão "das quais" pode ser suprimida do período sem prejuízo da correção gramatical ou da coerência do texto.

( ) Certo ( ) Errado

COMENTÁRIOS

Resposta correta: (Certo) – Poderia, pois o trecho permaneceria coerente (com sentido) e correto gramaticalmente: algumas proibidas por lei ou consideradas crimes.

10. (FCC - Técnico - Área Administrativa - MPU/2007) Quando a aranha tece sua teia, ela faz sua teia com fios muito finos, de modo que os insetos não veem esses fios, e não conseguem desvencilhar-se desses fios.

Evitam-se as viciosas repetições da frase acima substituindo-se os elementos sublinhados, respectivamente, por

a) faz-lhe – lhes veem – deles
b) a faz – veem eles – dos mesmos
c) faz ela – os veem – deles
d) lhe faz – veem-lhes – daqueles
e) a faz – os veem – deles

COMENTÁRIOS

Resposta correta: "E"

✪ **Nota da autora:** Vale lembrar que usamos os pronomes oblíquos o(s), a(s) se o verbo não exige preposição e se terminado em r, s ou z, acrescentamos as formas lo(s), la(s) e suprimimos a última consoante. Verbos terminados em m, ão e õe pedem acréscimo da preposição **em,** resultando nas formas no(s), na(s). Se o verbo pede preposição, usamos o oblíquo lhe(s).

Caso seja necessário, consulte as dicas de colocação pronominal no final do capítulo.

- Faz a sua teia: verbo transitivo direto: **a faz**. Eliminadas alternativas a, c e d.
- Não veem esses fios: verbo transitivo direto posposto ao advérbio de negação, que atrai o oblíquo = **não os veem**. Eliminada alternativa b.
- desses fios: para evitar repetição (isso se chama coesão textual), usa-se **deles**.

Considerando a organização das ideias e estruturas linguísticas do texto, julgue os seguintes itens.

Inovar é recriar de modo a agregar valor e incrementar a eficiência, a produtividade e a competitividade nos processos gerenciais e nos produtos e serviços das organizações. Ou seja, é o fermento do crescimento econômico e social de um país. Para isso, é preciso criatividade, capacidade de inventar e coragem para sair dos esquemas tradicionais. Inovador é o indivíduo que procura respostas originais e pertinentes em situações com as quais ele se defronta. É preciso uma atitude de abertura para as coisas novas, pois a novidade é catastrófica para os mais céticos. Pode-se dizer que o caminho da inovação é um percurso de difícil travessia para a maioria das instituições. Inovar significa transformar os pontos frágeis de um empreendimento em uma realidade duradoura e lucrativa. A inovação estimula a comercialização de produtos ou serviços e também permite avanços importantes para toda a sociedade. Porém, a inovação é verdadeira somente quando está fundamentada no conhecimento. A capacidade de inovação depende da pesquisa, da geração de conhecimento. É necessário investir em pesquisa para devolver resultados satisfatórios à sociedade. No entanto, os resultados desse tipo de investimento não são necessariamente recursos financeiros ou valores econômicos, podem ser também a qualidade de vida com justiça social.

Luís Afonso Bermúdez, O fermento tecnológico. In: Darcy. Revista de jornalismo científico e cultural da Universidade de Brasília, novembro e dezembro de 2009, p, 37 (com adaptações).

11. (CESPE - Analista Processual - MPU/2010) Subentende-se da argumentação do texto que o pronome demonstrativo, no trecho "desse tipo de investimento" (final do texto), refere-se à ideia de "fermento do crescimento econômico e social de um país" (segundo período).

COMENTÁRIOS

Resposta correta: (Errado) – Se foi usado o pronome demonstrativo anafórico **esse** (retoma ideias), este se refere ao período anterior *investir em pesquisa para devolver resultados satisfatórios à sociedade.*

12. (CESPE - Analista Processual - MPU/2010) No quarto período, o segmento "as quais" remete a "situações" e, por isso, admite a substituição pelo pronome que; no entanto, nesse contexto, tal substituição provocaria ambiguidade.

( ) Certo ( ) Errado

COMENTÁRIOS

Resposta correta: (Errado) – Ele se defronta com as situações: refere-se às situações; o pronome poderia ser substituído por **que**, mas, ao contrário do que se afirma no item, **não provoca ambiguidade**.

13. (FCC - Analista Processual - MPU/2007) Empregou-se de acordo com o padrão culto a forma grifada em:

a) Afirmou que a analogia pelas duas obras é claramente notada.
b) Habituou-se em observar os menores detalhes de cada tela do pintor.

c) O portão era ladeado com duas guaritas.

d) O susto emudeceu-lhe.

e) Desconfio que ele seja espião.

COMENTÁRIOS

Resposta correta: "E" – *Peguinha* FCC: em orações subordinadas substantivas objetivas indiretas e completivas nominais, o uso da preposição não é obrigatório. Como em: Necessito que todos entendam. Quem necessita, necessita **de** algo, mas, por se tratar de uma oração, a preposição não foi inserida. Isso não ocorre em período simples: Necessito **de** estudo.

Foi o que ocorreu na alternativa correta: Desconfio que ele seja espião = quem desconfia, desconfia **de** algo, mas a preposição não é obrigatória.

a) Afirmou que a analogia **entre** duas obras é claramente notada.

b) Habituou-se **a** observar os menores detalhes de cada tela do pintor.

c) O portão era ladeado **de** ou **por** duas guaritas.

d) O susto emudeceu-**o** ou **a**.

3. VERBO

Entre os tópicos de gramática, verbo é um dos mais pedidos. Consulte, conjugue, faça a relação de tempos e modos verbais. No dicionário mencionado no tópico de ortografia e acentuação, há a opção de conjugar os verbos.

Trecho para o item.

Uma legislação que tenha hoje 70 anos de vigência entrou em vigor muito antes do lançamento do primeiro computador pessoal e do início da histórica revolução imposta pela tecnologia digital. Isso não seria problema se esse não fosse o caso da Consolidação das Leis do Trabalho (CLT), destinada a regular um dos universos mais impactados por esta revolução, o das relações trabalhistas.

Instituída por Getúlio Vargas para outro Brasil — ainda agrário, com indústria e serviços incipientes —, a CLT tem sido defendida por sindicatos em nome da "preservação dos direitos do trabalhador".

Na vida real, longe das ideologias, a CLT, em função dos custos que impõe ao empregador, é, na verdade, eficiente instrumento de precarização do próprio trabalhador.

O Globo, Editorial, 22/8/2013 (com adaptações).

14. (Cespe - Técnico - MPU/2013) O emprego do subjuntivo em "que tenha" confere à informação um caráter hipotético.

( ) certo ( ) errado

COMENTÁRIOS

Certo – O modo subjuntivo possui caráter hipotético, duvidoso = que talvez tenha 70 anos.

Vale relembrar o sentido dos demais modos: **indicativo**: certeza; **imperativo**: ordem ou desejo.

A respeito da organização das estruturas linguísticas e das ideias do trecho, julgue o item a seguir.

(...)

No lugar de alta carga tributária e estrutura de impostos inadequada, o país deve priorizar investimentos que expandam a produção e contribuam simultaneamente para o aumento de produtividade, como é o caso dos gastos com educação. É dessa forma que são criadas boas oportunidades de trabalho, geradoras de renda, de maneira sustentável.

O Globo, Editorial, 12/7/2010 (com adaptações).

15. (CESPE - Técnico - Área Administrativa - MPU/2010) As formas verbais "expandam" e "contribuam" foram empregadas no modo subjuntivo porque estão inseridas em segmento de texto que trata de fatos incertos, prováveis ou hipotéticos.

( ) Certo ( ) Errado

COMENTÁRIOS

Resposta correta: (Certo) – Pode ser que os investimentos expandam e contribuam, não há certeza, por isso se usa o verbo no presente do subjuntivo.

16. (FCC - Técnico - Área Administrativa - MPU/2007) A frase que NÃO admite transposição para a voz passiva é:

a) Fiquei observando a construção caprichosa da teia da aranha.

b) Os vegetarianos não fiquem aliviados.

c) Tudo isso compõe uma trama de vida e morte.

d) Eu teria reservado um melhor arremate para esta crônica.

e) A natureza vai explicitando suas verdades o tempo todo.

COMENTÁRIOS

Resposta correta: "B"

✪ Nota das autoras: apenas admitem voz passiva os verbos que pedem como complemento o objeto direto, ou seja, verbos transitivos diretos ou transitivos diretos e indiretos.

Dica

Para passar uma oração da voz ativa para a passiva analítica, acrescenta-se o verbo SER.

Para passar da passiva para a ativa, retira-se o verbo SER.

a) fiquei observando equivale a observei (V.T.D.) = a construção ficou sendo observada por mim.

c) V.T.D. = uma trama é composta.

d) teria reservado equivale a reservaria (V.T.D.) = um melhor remate teria sido reservado.

e) vai explicitando equivale a explicita (V.T.D.) = suas verdades vão sendo explicitadas.

17. (FCC – Técnico – Área Administrativa – MPU/2007) Está adequada a correlação entre os tempos e os modos verbais na frase:

a) Nenhum inseto acabaria aprisionado numa teia, caso esta não tivesse sido tecida com tanto engenho e arte.

b) Os vegetarianos não deveriam alegar que não matassem nada, apenas porque não viessem a comer a carne dos animais.

c) Se um inseto cair na teia, a aranha terá caminhado para ele com a segurança de quem soubesse o que fazer.

d) Não costuma ocorrer aos que se insurgissem contra a morte de animais que também os vegetais morreriam.

e) O autor da crônica lamentara que não tenha um melhor arremate para seu texto, uma vez que desconheça as razões e os fins da natureza.

COMENTÁRIOS

Resposta correta: "A"

> **Dica**
>
> **SE RIA** = tempos condicionais: pretérito imperfeito do subjuntivo – tives**se** e futuro do pretérito do indicativo – acaba**ria**.

b) Não há correlação entre os tempos e modos verbais. **Deveriam**: futuro do pretérito do modo indicativo; **matassem**: a forma verbal correlata seria **matam**, no presente do indicativo; **viessem a comer**: a forma verbal correlata seria **comem**, no presente do indicativo: Os vegetarianos não deveriam alegar que não matam nada, apenas porque não comem a carne dos animais.

c) Inadequado o uso das formas verbais **terá caminhado**, **soubesse** e **fazer**. Haveria correlação adequada das formas verbais com **cair** da primeira oração em: Se um inseto **cair** na teia, a aranha **caminhará** para ele com a segurança de quem **sabe** o que **faz**. Caminhará: futuro do presente do modo indicativo (terceira pessoa do singular); sabe: presente do modo indicativo (terceira pessoa do singular); faz: presente do modo indicativo (terceira pessoa do singular).

d) Não costuma ocorrer aos que insurgem contra a morte de animais que também os vegetais morrem.

e) O autor da crônica **lamenta** que não **tenha** um melhor arremate para seu texto, uma vez que **desconhece** as razões e os fins da natureza.

18. (FCC – Técnico – Área Administrativa – MPU/2007) Todas as formas verbais estão corretamente flexionadas na frase:

a) O cronista dá a entender que jamais interveio para libertar um inseto.

b) Se não convisse matar para comer, a natureza não o determinaria.

c) Nunca me aprouveu matar para comer; aguardo que matem por mim.

d) Se a natureza revesse sua principal lei, que tipo de vida haveria?

e) Se a vida não se compor com a morte, romper-se-á todo o equilíbrio.

COMENTÁRIOS

Resposta correta: "A" – Intervir é conjugado como o verbo **vir** = interveio (pretérito perfeito do indicativo).

b) convir = vir: conviesse (pretérito imperfeito do subjuntivo).

c) aprazer (agradar) no pretérito perfeito do indicativo é aprouve.

d) rever = ver: revisse (pretérito imperfeito do subjuntivo).

e) compor = por: compuser (futuro do subjuntivo).

A respeito da organização das estruturas linguísticas e das ideias do trecho, julgue o item a seguir.

(...) Finalmente, considero que, <u>embora</u> a formação de novos sujeitos sociais e políticos e de arenas de participação da sociedade na formulação e gestão das políticas públicas <u>traga</u> as marcas de nossa trajetória histórica, constitui, ao mesmo tempo, possibilidade aberta para outra equação entre universalismo e particularismo na sociedade brasileira.

Jeni Vaitsman, Desigualdades sociais e particularismos na sociedade brasileira, br. Cadernos de Saúde Pública, Rio de Janeiro, n.° 18 (Suplemento), p. 38 (com adaptações).

19. (CESPE – Analista Processual – MPU/2010) É obrigatório o uso do verbo trazer no modo subjuntivo — "**traga**" — porque essa forma verbal integra uma oração iniciada pelo vocábulo "embora".

( ) Certo ( ) Errado

COMENTÁRIOS

Resposta correta: (Certo) – A conjunção **embora** indica que a oração possui ideia concessiva, de oposição. O verbo **trazer** está conjugado no presente do subjuntivo (ação hipotética, duvidosa), por isso se torna obrigatória a forma no modo subjuntivo.

20. (FCC – Analista Processual – MPU/2007) Empregou-se de acordo com o padrão culto a forma grifada em:

a) Provi os voluntários de todos os instrumentos necessários para o bom atendimento.

b) Se eles se indisporem com o atual diretor, terão problemas no fim do ano.

c) Caso ele se abstém de votar, será difícil justificar sua atitude.

d) Quando satisfazerem plenamente suas vaidades, entenderão que foram fúteis.

e) Sofreram tantos e tão variados revés na vida, que fortaleceram sua resistência.

COMENTÁRIOS

Resposta correta: "A" – Prover (abastecer) no pretérito perfeito do indicativo: provi, proveste, proveu, provemos, provestes, proveram.

b) Indispor = por. **Indispuserem**.

c) Caso ele se **abstenha** = presente do subjuntivo (ação hipotética).

d) Quando **satisfizerem** = fazer. Futuro do subjuntivo (ação futura duvidosa).

e) Reveses.

Atenção, a questão a seguir refere-se ao texto abaixo.

A queda do muro de Berlim sepultou a maioria dos sonhos revolucionários do mundo. Apesar do abalo na fé da transformação via revolução, a esquerda e os setores progressistas no Brasil foram capazes de reorganizar os valores que os orientavam em torno de uma agenda política que elegeu a cidadania, como criação e ampliação de direitos, e uma exigência ética na prática política como suas prioridades.

Mas a compatibilidade das lutas de esquerda com o capitalismo é apenas um ponto de partida e não de chegada; depende do quanto formos capazes de radicalizar a democracia em todas as esferas da vida social de forma a tensionar o capitalismo e confrontar a democracia de baixa intensidade que o informa.

(Suely Carneiro, Correio Braziliense, 27/02/2004, com adaptações)

21. (ESAF – Analista Processual – MPU/2004) Assinale a opção que representa, na voz passiva, uma ideia correspondente à do texto.

a) Houve abalo na fé de que a transformação seria via revolução.

b) Os setores progressistas no Brasil puderam ser capazes de se reorganizar em torno de uma agenda política.

c) A cidadania, como criação e ampliação de direitos, e uma exigência ética na prática política foram eleitas como prioridades de uma agenda política.

d) Apenas a radicalização da democracia em todas as esferas da vida social é dependente de nossa capacidade.

e) A democracia de baixa intensidade que informa o capitalismo também o confronta.

COMENTÁRIOS

Resposta correta: "C" – A ideia do trecho é uma síntese que representa e corresponde às ideias do texto,na voz passiva, caracterizada pela forma verbal **foram eleitas.**

a) Voz ativa.

b) Voz ativa.

d) Voa ativa.

e) Voz ativa.

4. ANÁLISE SINTÁTICA

Aparentemente há poucas questões, mas o assunto reaparece em questões de pronome, período composto, coesão e coerência, concordância e regência. Fundamental estar atento à predicação verbal, tópico mais exigido.

Considerando a organização das ideias e estruturas linguísticas do trecho, julgue o seguinte item.

(...) Além disso, cada uma das ideologias em que se fundamentam essas teorias políticas e econômicas constitui uma visão dos fenômenos sociais e individuais que pretende firmar-se em uma descrição verdadeira da natureza biológica, psicológica ou espiritual do humano.

Humberto Maturana. Biologia do fenômeno social: a ontologia da realidade, Miriam Graciano (Trad.J, Belo Horizonte: UFMG, 2002, p, 195 (com adaptações).

22. (CESPE – Analista Processual – MPU/2010) Em "firmar-se" (último período), o pronome indica que o sujeito do verbo é considerado de modo genérico, como indeterminado, porque a "descrição verdadeira" (último período) constitui parte de uma teoria política e econômica.

( ) Certo ( ) Errado

COMENTÁRIOS

Resposta correta: (Errado) – Sujeito: **a visão**. O **se** indica **reflexividade**: firmar ela mesma, ela própria.

A respeito da organização das estruturas linguísticas e das ideias do trecho, julgue o item a seguir.

(...) O particularismo das relações pessoais atravessa os novos arranjos institucionais que vêm sendo propostos como mecanismos de construção de novas formas de sociabilidade e ação coletiva na esfera pública. Finalmente, considero que, embora a formação de novos sujeitos sociais e políticos e de arenas de participação da sociedade na formulação e gestão das políticas públicas traga as marcas de nossa trajetória histórica, constitui, ao mesmo tempo, possibilidade aberta para outra equação entre universalismo e particularismo na sociedade brasileira.

Jeni Vaitsman, Desigualdades sociais e particularismos na sociedade brasileira, br. Cadernos de Saúde Pública, Rio de Janeiro, n.° 18 (Suplemento), p. 38 (com adaptações).

23. (CESPE – Analista Processual – MPU/2010) Por meio da conjunção "e", empregada três vezes no trecho, é estabelecida a seguinte organização de ideias: a primeira ocorrência liga duas características de "novos sujeitos"; a segunda liga dois complementos de "formação"; a terceira, dois complementos de "arenas de participação da sociedade".

( ) Certo ( ) Errado

COMENTÁRIOS

Resposta correta: (Certo)

- Novos sujeitos → sociais e políticos.
- formação → de novos sujeitos sociais e políticos e de arenas de participação da sociedade.

- arenas de participação da sociedade → na formulação e gestão das políticas públicas.

A respeito da organização das estruturas linguísticas e das ideias do trecho, julgue o item a seguir.

Hipermodernidade é o termo usado para denominar a realidade contemporânea, caracterizada pela cultura do excesso, do acréscimo sempre quantitativo de bens materiais, de coisas consumíveis e descartáveis. (...)

Renato Nunes Bittencourt. Consumo para o vazio existencial. In: Filosofia, ano V, n, 48, p, 46-8 (com adaptações).

24. (CESPE - Analista Processual - MPU/2010) A repetição da preposição de em "do acréscimo", "de bens materiais" e "de coisas" indica que esses termos são empregados, no texto, como complementos de "cultura", vocábulo que tem como primeiro complemento "do excesso".

( ) Certo ( ) Errado

COMENTÁRIOS

Resposta correta: (Errado) – Há paralelismos em **cultura**: do acesso e do acréscimo. Outro em **quantitativo**: de bens materiais e de coisas. Assim, não são todos os termos complementos de cultura.

5. PERÍODO COMPOSTO

Período composto é a circunstância que a conjunção estabelece entre as orações. As mais pedidas são as subordinadas adverbiais e as coordenadas adversativas e conclusivas.

Trecho para o item.

O Ministério Público é fruto do desenvolvimento do estado brasileiro e da democracia. A sua história é marcada por processos que culminaram na sua formalização institucional e na ampliação de sua área de atuação. (...)

Internet: <www.mpu.mp.br> (com adaptações).

25. (Cespe - Técnico - MPU/2013) O termo "que" introduz oração de natureza restritiva.

( ) certo ( ) errado

COMENTÁRIOS

Certo – Atentemos a dois detalhes: 1. Para a oração ser restritiva, é necessário haver o pronome relativo (no caso, **que**) para ser oração adjetiva; 2. Quanto à pontuação, não pode existir. Por isso o item está correto.

Fixando: explicativa = com pontuação; restritiva = sem pontuação.

Trecho para o item.

Há um dispositivo no Código Civil que condiciona a edição de biografias à autorização do biografado ou descendentes. As consequências da norma são negativas. Uma delas é a impossibilidade de se registrar e deixar para a posteridade a vida de personagens importantes na formação do país, em qualquer ramo de atividade. (...)

O Globo, 23/9/2013 (com adaptações).

26. (Cespe - Técnico - MPU/2013) O trecho "que condiciona a edição de biografias à autorização do biografado ou descendentes" é de natureza explicativa.

( ) certo ( ) errado

COMENTÁRIOS

Errado – Note que já foi exigido o mesmo tópico na questão anterior. Há pronome relativo (que = o qual), a oração é adjetiva e se não possui pontuação, trata-se de oração restritiva. A explicativa exige pontuação.

Trecho para o item.

Uma legislação que tenha hoje 70 anos de vigência entrou em vigor muito antes do lançamento do primeiro computador pessoal e do início da histórica revolução imposta pela tecnologia digital. Isso não seria problema se esse não fosse o caso da Consolidação das Leis do Trabalho (CLT), destinada a regular um dos universos mais impactados por esta revolução, o das relações trabalhistas. (...)

O Globo, Editorial, 22/8/2013 (com adaptações).

27. (Cespe - Técnico - MPU/2013) A conjunção "se" tem valor condicional na oração em que está inserida.

( ) certo ( ) errado

COMENTÁRIOS

Certo – Sempre que **se** equivaler a **caso**, indicará condição. Faça a substituição: se esse não fosse o ... = caso esse não fosse...

Exemplo: **Se** estudar mais, terá chance de ser aprovado = **Caso** estude mais, terá chance de ser aprovado.

Trecho para o item.

(...) Nós também temos um hardware e um software. O hardware são os nervos do cérebro, os neurônios, tudo aquilo que compõe o sistema nervoso. O software é constituído por uma série de programas que ficam gravados na memória. Do mesmo jeito que nos computadores, ficam, na memória, símbolos, entidades levíssimas, "espirituais", sendo o programa mais importante a linguagem. (...)

Rubem Alves. Sobre o tempo e a eternidade. Campinas: Papirus, 1996 (com adaptações).

28. (Cespe - Analista - MPU/2013) A oração subordinada reduzida de gerúndio "sendo o programa mais importante a linguagem" poderia ser corretamente reescrita na seguinte forma de oração com conector: onde o programa mais importante é a linguagem.

( ) certo ( ) errado

COMENTÁRIOS

Errado – Poderia ser usado o pronome relativo *onde* se estivesse retomando lugar e não é o caso. Nem se trata de oração adjetiva para usar o relativo, mas sim de uma oração adverbial causal.

Note: A escola onde fizemos a prova estava lotada = fizemos a prova na escola = lugar.

Dica fácil

O relativo **onde** retoma lugar e pode ser substituído por **em que, no(a) qual**.

O relativo **cujo** concorda com o termo posterior e indica posse do termo anterior. Isso indica que sem alterar a estrutura sintática não pode ser substituído por outro pronome relativo.

Os relativos **cujo** e **quem** não admitem artigo, ou seja, nunca haverá crase anteposta a eles.

Trecho para o item.

(...) Dados esses pressupostos teóricos, estamos agora em condições de oferecer uma receita que garantirá àqueles que a seguirem à risca saúde mental até o fim dos seus dias. Opte por um software modesto. Evite as coisas belas e comoventes. A beleza é perigosa para o hardware. Cuidado com a música. Brahms e Mahler são especialmente contraindicados. Quanto às leituras, evite aquelas que fazem pensar. E, aos domingos, não se esqueça dos programas de auditório. Seguindo essa receita você terá uma vida tranquila, embora banal. Mas, como você cultivou a insensibilidade, você não perceberá o quão banal ela é.

Você se aposentará, para, então, realizar os seus sonhos. Infelizmente, entretanto, quando chegar tal momento, você já terá esquecido como eles eram.

Rubem Alves. Sobre o tempo e a eternidade.

Campinas: Papirus, 1996 (com adaptações).

29. (Cespe – Analista – MPU/2013) No período iniciado pelo conector "Mas", o autor argumenta, por meio de uma relação sintática não só de oposição, mas também de causa e efeito, que a lógica em que se baseia a receita torna inócuo um dos efeitos de seu uso, não se abstendo o autor, entretanto, de apresentar, no último período, o que, no contexto, corresponderia ao efeito colateral do uso contínuo da receita.

( ) certo ( ) errado

COMENTÁRIOS

Certo – 1. Você terá uma vida tranquila, embora banal. **Mas** não perceberá o quão banal ela é. = oposição; 2. Você cultivou a insensibilidade (causa), você não perceberá o quão banal a vida é (consequência/efeito).

Trecho para o item.

(...) Um computador pode enlouquecer por defeitos no hardware ou no software. Nós também. Quando o nosso hardware fica louco, são chamados psiquiatras e neurologistas, que virão, com suas poções químicas e bisturis, consertar o que se estragou. Entretanto, quando o problema está no software, poções e bisturis não funcionam. Não se conserta um programa com chave de fenda, porque o software é feito de símbolos, e somente símbolos podem entrar nele. Assim, para se lidar com o software, há que se fazer uso dos símbolos. Por isso, quem trata das perturbações do software humano nunca se vale de recursos físicos para tal. Suas ferramentas são palavras, e podem ser de poetas, humoristas, palhaços, escritores, gurus, amigos e até mesmo de psicanalistas. (...)

Rubem Alves. Sobre o tempo e a eternidade.

Campinas: Papirus, 1996 (com adaptações).

30. (Cespe – Analista – MPU/2013) O trecho "que virão, com suas poções químicas e bisturis, consertar o que se estragou" especifica o instrumental utilizado no tratamento e, portanto, restringe as categorias de profissionais que devem prestar assistência às pessoas cujo hardware ficou louco.

( ) certo ( ) errado

COMENTÁRIOS

Errado – Não restringe as categorias de profissionais pelo simples fato de ter sido utilizado sinal de pontuação e haver pronome relativo. Ocorre explicação e não restrição. Temos uma oração (possui verbo) subordinada adjetiva (pronome relativo) explicativa (possui pontuação).

A respeito da organização das estruturas linguísticas e das ideias do trecho, julgue o item a seguir.

(...) As razões para esse estancamento encontram-se no comportamento do polo dinâmico da economia mundial, os países emergentes, cujo desenvolvimento econômico começou a desacelerar — ainda que a partir de taxas exuberantes de expansão.

Valor Econômico, Editorial, 6/7/2010 (com adaptações)

31. (CESPE – Técnico – Área Administrativa – MPU/2010) No trecho "cujo desenvolvimento econômico (...) expansão", identifica-se relação de causa e conseqüência entre a construção sintática destacada com travessão e a oração que a antecede.

( ) Certo ( ) Errado

COMENTÁRIOS

Resposta correta: (Errado) – *Ainda que* equivale a *mesmo que, embora*, ou seja, indica concessão, idéias opostas. Para indicar causa e conseqüência teria que caber a conjunção *de modo que* e caberia, também, a pergunta *por quê?*

A respeito da organização das estruturas linguísticas e das ideias do trecho, julgue o item a seguir.

Para a maioria das pessoas, os assaltantes, assassinos e traficantes que possam ser encontrados em uma rua escura da cidade são o cerne do problema criminal. Mas os danos que tais criminosos causam são minúsculos quando comparados com os de criminosos respeitáveis, que vestem colarinho branco e trabalham para as organizações mais poderosas. (...)

James William Coleman, A elite do crime, 5.ª ed., São Paulo: Manole, 2005, p. 1 (com adaptações).

32. (CESPE – Técnico – Área Administrativa – MPU/2010) Sem prejuízo para a coerência textual e a correção gramatical, o trecho "Mas os danos (...) minúsculos", que inicia o segundo período do texto, poderia ser substituído por: **Embora os danos causados por esses criminosos sejam ínfimos** (...).

( ) Certo ( ) Errado

COMENTÁRIOS

Resposta correta: (Errado) – *Mas* é uma conjunção coordenada adversativa e *embora* é conjunção subordinada concessiva. Como as orações são independentes sintaticamente, não se pode substituir por conjunção subordinada (liga orações dependentes sintaticamente).

33. (CESPE – Técnico – Área Administrativa – MPU/2010) ***A respeito da organização das estruturas linguísticas e das ideias do trecho, julgue o item a seguir.***

Para a maioria das pessoas, os assaltantes, assassinos e traficantes <u>que possam ser encontrados em uma rua escura da cidade</u> são o cerne do problema criminal. (...)

James William Coleman, A elite do crime, 5.ª ed., São Paulo: Manole, 2005, p. 1 (com adaptações).

A correção gramatical e a coerência do texto seriam preservadas se a oração "que possam ser encontrados em uma rua escura da cidade" estivesse entre vírgulas.

( ) Certo ( ) Errado

COMENTÁRIOS

Resposta correta: (Errado) – Nunca, ao se inserir ou retirar a vírgula antes do pronome relativo (oração subordinada adjetiva), a coerência será preservada.

Dica

- Oração adjetiva explicativa: é separada por pontuação e pode ser retirada sem que o sentido seja alterado, pois generaliza.
- Oração adjetiva restritiva: não possui pontuação porque restringe, especifica e não pode ser retirada por necessitar da informação: *os assaltantes, assassinos e traficantes que possam ser encontrados em uma rua escura da cidade são o cerne do problema criminal* indica que nem todos podem ser encontrados em uma rua escura da cidade e que nem todos são o cerne do problema criminal.

34. (CESPE – Técnico – Área Administrativa – MPU/2010) ***A respeito da organização das estruturas linguísticas e das ideias do trecho, julgue o item a seguir.***

(...) Foi assim na Revolução Industrial de ontem e nas economias ditas avançadas. E ainda é, nos dias de hoje, nas manufaturas da Ásia ou em diversas regiões do Brasil. Enquanto, entre as nações ricas, o trabalho infantil foi minimizado, já que nunca se pode dizer erradicado, ele continua sendo grave problema nos países mais pobres.

Jornal do Brasil, Editorial, 1,77/2010 (com adaptações)

Estariam preservadas a coerência textual e a correção gramatical se a expressão **Não obstante** fosse inserida, com os devidos ajustes de maiúsculas e minúsculas e seguida de vírgula, antes da palavra "Enquanto", obtendo-se: **Não obstante, enquanto, entre (...) mais pobres.**

( ) Certo ( ) Errado

COMENTÁRIOS

Resposta correta: (Errado) – a inserção de NÃO OBSTANTE antes da palavra ENQUANTO não preservaria a coerência textual e a correção gramatical: não obstante e enquanto exercem funções diferentes = enquanto– conjunção subordinativa adverbial temporal; não obstante – locução adverbial com valor concessivo (apesar de).

35. (CESPE – Técnico – Área Administrativa – MPU/2010) ***A respeito da organização das estruturas linguísticas e das ideias do trecho, julgue o item a seguir.***

(...)

No lugar de alta carga tributária e estrutura de impostos inadequada, o país deve priorizar <u>investimentos</u> que expandam a produção e contribuam simultaneamente para o aumento de produtividade, como é o caso dos gastos com educação. É dessa forma que são criadas boas oportunidades de trabalho, geradoras de renda, de maneira sustentável.

O Globo, Editorial, 12/7/2010 (com adaptações).

A ausência de vírgula logo após o termo "investimentos" permite concluir que, segundo o autor do texto, é necessário que, no Brasil, sejam priorizados investimentos voltados para a expansão da produção e para o aumento da produtividade.

( ) Certo ( ) Errado

COMENTÁRIOS

Resposta correta: (Certo) – Por não haver vírgula, entende-se que não se trata de quaisquer investimentos, mas sim dos *que expandam a produção e contribuam simultaneamente para o aumento de produtividade*. Restringe e não explica.

36. (CESPE – Analista Processual – MPU/2010) ***Considerando a organização das ideias e estruturas linguísticas do trecho, julgue o seguinte item.***

(...) Pode-se dizer que o caminho da inovação é um percurso de difícil travessia para a maioria das instituições. Inovar significa transformar os pontos frágeis de um empreendimento em uma realidade duradoura e lucrativa. A inovação estimula a comercialização de produtos ou serviços e também permite avanços importantes para toda a sociedade. (...)

Luís Afonso Bermúdez, O fermento tecnológico. In: Darcy. Revista de jornalismo científico e cultural da Universidade de Brasília, novembro e dezembro de 2009, p, 37 (com adaptações).

O período sintático iniciado por "Inovar significa" estabelece, com o período anterior, relação semântica que admite ser explicitada pela expressão Por conseguinte, escrevendo-se: Por conseguinte, inovar significa (...).

( ) Certo ( ) Errado

COMENTÁRIOS

Resposta correta: (Errado) – A relação entre os dois períodos é de causa, cabendo **já que** e não **por conseguinte**, que indica consequência.

Dica

Já que você estuda, será aprovado.

por quê?

- A oração em que fazemos esta pergunta indica consequência.
- A resposta (porque você estuda) é a causa.

37. (CESPE – Analista Processual – MPU/2010) ***A respeito da organização das estruturas linguísticas e das ideias do trecho, julgue o item a seguir.***

(...) O imaginário, acionado pela imaginação individual, é pluriespacial e, na interação social, constrói a memória, a história museológica. Mesmo que possamos pensar que estereótipos são resultado de matrizes, a cultura é dinâmica, porquanto símbolos e estereótipos são olhados e ressignificados em determinado instante social.

Dina Maria Martins Ferreira. Não pense, veja. São Paulo: Fapesp&Annablume, p. 62 (com adaptações).

Preservam-se as relações argumentativas do texto bem como sua correção gramatical, caso se inicie o último período por **Ainda**, em lugar de "Mesmo".

( ) Certo ( ) Errado

COMENTÁRIOS

Resposta correta: (Certo) – **Ainda** e **mesmo** são advérbios com funções análogas e mesmo valor adverbial no sentido de ainda que, mesmo que, portanto o advérbio ainda pode ser substituído pelo advérbio mesmo.

38. (FCC – Analista Processual – MPU/2007) Isso não funcionou. Nos anos 20 e 30, o modelo entrou em colapso, em termos políticos e econômicos.

A relação estabelecida no texto entre as duas frases acima está corretamente expressa por:

a) à proporção que.
b) no entanto.
c) por conseguinte.
d) se bem que.
e) uma vez que.

COMENTÁRIOS

Resposta correta: "E" – A relação estabelecida entre os períodos é de causa por isso cabe a expressão *uma vez que* ou *já que*.

a) Proporcionalidade.
b) Adversidade.
c) Conclusão.
d) Concessão: ideias opostas.

6. CONCORDÂNCIA

Para ganhar tempo, leia as alternativas já encontrando os respectivos sujeitos. Assim não haverá necessidade de reler os trechos.

Trecho para o item.

(...) No período colonial, o Brasil foi orientado pelo direito lusitano. Não havia o Ministério Público como instituição. Mas as Ordenações Manuelinas de 1521 e as Ordenações Filipinas de 1603 já faziam menção aos promotores de justiça, atribuindo a eles o papel de fiscalizar a lei e de promover a acusação criminal. Existiam os cargos de procurador dos feitos da Coroa (defensor da Coroa) e de procurador da Fazenda (defensor do fisco). (...)

Internet: <www.mpu.mp.br> (com adaptações).

39. (Cespe – Técnico – MPU/2013) A correção gramatical e as informações originais do texto são mantidas com a substituição do termo "Existiam" por **Haviam**.

( ) certo ( ) errado

COMENTÁRIOS

Errado

Nota das autoras: Questão de concordância e análise sintática.

O verbo *haver*, quando está no sentido de *existir* ou quando indica tempo decorrido, não admite plural por ser verbo impessoal, ou seja, por não possuir sujeito.

Existiam (intransitivo) os cargos de procurador (sujeito) = **Havia** (verbo transitivo direto) os cargos de procurador (objeto direto): oração sem sujeito.

Trecho para o item.

(...) Nós também temos um hardware e um software. O hardware são os nervos do cérebro, os neurônios, tudo aquilo que compõe o sistema nervoso. O software é constituído por uma série de programas que ficam gravados na memória. Do mesmo jeito que nos computadores, ficam, na memória, símbolos, entidades levíssimas, "espirituais", sendo o programa mais importante a linguagem. (...)

Rubem Alves. Sobre o tempo e a eternidade.

Campinas: Papirus, 1996 (com adaptações).

---

40. (Cespe - Analista - MPU/2013) Mantendo-se a correção gramatical do texto, a oração "que ficam gravados na memória" poderia ser substituída pela estrutura *gravada na memória*.

( ) certo ( ) errado

COMENTÁRIOS

Certo

✪ **Nota das autoras:** Questão de concordância e período composto.

– Trata-se de oração subordinada adjetiva (que = os quais: pronome relativo). Ao subtrair o relativo, é necessário manter um verbo na forma nominal (gravada) para transpor a oração para a forma reduzida. A forma nominal fica no singular e feminino porque pode concordar com uma série, embora pudesse, também, concordar com programas (gravados). Concordando com *série*, se inseríssemos o relativo, teríamos de usar *a qual*.

A respeito da organização das estruturas linguísticas e das ideias do trecho, julgue o item a seguir.

(...) Os Estados Unidos da América cresceram a uma taxa superior a 3% em 12 meses, mas a maioria dos analistas aposta que a economia americana perderá força no segundo semestre. (...)

Valor Econômico, Editorial, 6/7/2010 (com adaptações)

---

41. (CESPE - Técnico - Área Administrativa - MPU/2010) Se o verbo da oração "mas a maioria dos analistas aposta" estivesse flexionado no plural — **apostam** —, o período estaria incorreto, visto que, de acordo com a prescrição gramatical, a concordância verbal, em estrutura dessa natureza, deve ser feita com o termo "maioria".

( ) Certo ( ) Errado

COMENTÁRIOS

Resposta correta: (Errado) – A gramática normativa aceita duas concordâncias neste caso (singular ou plural): **A maioria** ou **a minoria + substantivo plural.**

---

42. (FCC - Técnico - Área Administrativa - MPU/2007) A concordância verbal está plenamente respeitada na frase:

a) Nem a banana, nem a laranja, nem a batata, nenhum desses vegetais escolheria morrer, se lhes fosse dada uma escolha.

b) Não devem aliviar os vegetarianos a presunção de que eles não matam nada para comer.

c) Os fios de uma laboriosa e artística teia de aranha costuma enredar fatalmente um inseto desprevenido.

d) Atribuem-se às aranhas um comportamento cruel, como se elas pudessem escolher qualquer outro.

e) Entre as leis que regulam a vida natural, competem-nos obedecer, em primeiro lugar, à da própria sobrevivência.

COMENTÁRIOS

Resposta correta: "A" - Nenhum escolheria: correta a concordância.

b) Se o sujeito for verbo, o verbo da oração principal deverá, sempre, permanecer no singular: não **deve** aliar.

c) Os fios **costumam**.

d) Verbo transitivo direto + se = voz passiva sintética e possui sujeito. Transpondo para a passiva analítica: um comportamento cruel é atribuído às aranhas = **atribui-se** um comportamento cruel.

e) O que compete: obedecer (o sujeito é o verbo = singular). **Compete** obedecer.

---

43. (FCC - Técnico - Área Administrativa - MPU/2007) O verbo indicado entre parênteses deverá flexionar-se numa forma do plural para preencher corretamente a lacuna da frase:

a) Não..... (dever) espantar-nos o fato de que mesmo os grandes insetos não consigam escapar dos fios de uma teia.

b) Os desenhos formados pelos fios de uma teia (assemelhar-se) à trama dos fios de uma rede de pescar.

c) .... (queixar-se) dos incômodos de uma teia quem precisa demovê-la do alto de uma cumeeira.

d) Tal como as aranhas fazem com seus fios, (fazer) com as palavras todo aquele que se dispõe a articular um texto com precisão.

e) Não nos (caber) atribuir adjetivos como cruéis ou maldosos aos atos praticados pelos animais.

COMENTÁRIOS

Resposta correta: "B" – Os desenhos **assemelham-se.**

a) O sujeito é o verbo espantar: não **deve** espantar.

c) Quem precisa queixa-se.

d) Todo aquele **faz**.

e) O sujeito de caber é o verbo atribuir: não **cabe** atribuir.

---

44. (ESAF - Técnico - Área Administrativa - MPU/2004) No Estatuto Social de uma determinada Cooperativa, figura o seguinte artigo:

Artigo XX. O mandato da Diretoria será de 4 (quatro) anos, contados da data da Assembléia que os elegeu.

Analise o segmento sublinhado e marque com V para assertiva verdadeira e com F para falsa. Assinale, a seguir, a seqüência correta.

( ) As normas gramaticais de concordância do padrão culto da língua portuguesa permitem que se empregue o pronome pessoal no feminino singular.

( ) A concordância do pronome pessoal, no caso, é dita ideológica, isto é, faz-se com a idéia de "diretoria" e não com a forma da palavra, que está no singular.

( ) Ficam mantidas as mesmas relações de referência do texto original se o pronome pessoal for flexionado no masculino singular.

a) V, F, V

b) V, V, F

c) F, F, V

d) F, V, F

e) V, V, V

COMENTÁRIOS

Resposta correta: "B"

(V) O pronome pessoal em *que os elegeu* pode ser empregado no feminino singular e estará concordando com o termo antecedente Diretoria.

(V) A concordância é ideológica, no segmento, com a ideia de diretoria, ou seja, com a ideia dos membros que formam a Diretoria.

(F) O masculino singular para a flexão do pronome pessoal, no caso, não mantém as relações de referência do texto original por não existir elemento antecedente pra sua concordância no masculino singular.

Considerando a organização das ideias e estruturas linguísticas do trecho, julgue o seguinte item.

(...)

A capacidade de inovação depende da pesquisa, da geração de conhecimento. É <u>necessário</u> investir em pesquisa para devolver resultados satisfatórios à sociedade. No entanto, os resultados desse tipo de investimento não são necessariamente recursos financeiros ou valores econômicos, podem ser também a qualidade de vida com justiça social.

Luís Afonso Bermúdez, O fermento tecnológico. In: Darcy. Revista de jornalismo cientifico e cultural da Universidade de Brasília, novembro e dezembro de 2009, p, 37 (com adaptações).

---

45. (CESPE – Analista Processual – MPU/2010) O emprego do adjetivo "necessário", no masculino, estabelece a concordância com a oração que a ele se segue; por isso, a retirada de "investir em" manteria a coerência textual, mas exigiria a concordância de "necessário" com "pesquisa".

( ) Certo ( ) Errado

COMENTÁRIOS

Resposta correta: (Certo)

✪ **Nota das autoras:** Questão de concordância e período composto.

- O que é necessário? = oração principal; investir em pesquisa = oração subordinada substantiva subjetiva reduzida de infinitivo (nomeada também de sujeito oracional, por possuir verbo); para devolver resultados satisfatórios à sociedade = oração subordinada adverbial final.

1. Oração principal não possui conjunção ou pronome relativo;

2. Oração subordinada substantiva porque se pode encaixar o pronome demonstrativo catafórico **isto** (é necessário <u>isto</u>);

3. Subjetiva porque é o sujeito da oração principal.

Sempre que o sujeito for oracional, o verbo deve permanecer no singular.

Quanto à concordância nominal citada, retirando o verbo, **a pesquisa** passa a exercer função de sujeito e assim manda na concordância.

Cuidado! Se o substantivo não está seguido de artigo, o adjetivo deve ficar no masculino: É necessário pesquisa. Inserindo o artigo feminino, teríamos: É necessária a pesquisa.

Considerando a organização das ideias e estruturas linguísticas do trecho, julgue o seguinte item.

<u>Inovar</u> é recriar de modo a agregar valor e incrementar a eficiência, a produtividade e a competitividade nos processos gerenciais e nos produtos e serviços das organizações. Ou seja, <u>é</u> o fermento do crescimento econômico e social de um país. (...)

Luís Afonso Bermúdez, O fermento tecnológico. In: Darcy. Revista de jornalismo cientifico e cultural da Universidade de Brasília, novembro e dezembro de 2009, p, 37 (com adaptações).

---

46. (CESPE – Analista Processual – MPU/2010) A forma verbal "é" (segundo período) está flexionada no singular porque, na oração em que ocorre, subentende-se "Inovar" (l.1) como sujeito.

( ) Certo ( ) Errado

COMENTÁRIOS

Resposta correta: (Certo) – Ocorre paralelismo sintático e o verbo **investir** é o sujeito.

Inovar é → recriar.

é → o fermento do crescimento econômico.

Considerando a organização das ideias e estruturas linguísticas do trecho, julgue o seguinte item.

(...) Assim, distintas teorias políticas e econômicas, fundadas em diferentes ideologias do humano, enfatizam um aspecto ou outro dessa dualidade, seja reclamando uma subordinação dos interesses individuais aos interesses sociais, ou, ao contrário, afastando o ser humano da unidade de sua experiência cotidiana. Além disso, cada uma das ideologias em que se fundamentam essas teorias políticas e econômicas constitui uma visão dos fenômenos sociais e individuais que pretende firmar-se em uma descrição verdadeira da natureza biológica, psicológica ou espiritual do humano.

Humberto Maturana. Biologia do fenômeno social: a ontologia da realidade, Miriam Graciano (Trad.J, Belo Horizonte: UFMG, 2002, p, 195 (com adaptações).

47. (CESPE - Analista Processual - MPU/2010) No último período, na concordância com "cada uma das ideologias", a flexão de plural em "fundamentam" reforça a ideia de pluralidade de "ideologias"; mas estaria gramaticalmente correto e textualmente coerente enfatizar "cada uma", empregando-se o referido verbo no singular.

( ) Certo ( ) Errado

COMENTÁRIOS

Resposta correta: (Errado)

✪ Nota das autoras: Questão de concordância e análise sintática.

- Encontremos o sujeito de fundamentam. *Peguinha*: o verbo está acompanhado do **se.** Em primeiro lugar, deve-se classificar o verbo para saber se há sujeito: quem fundamenta, fundamenta algo (verbo transitivo direto + se) = voz passiva sintética e possui sujeito.

Façamos a transposição para a voz passiva analítica: essas teorias econômicas e políticas são fundamentadas. Concluímos que a flexão de plural em fundamentam não reforça a ideia de pluralidade de ideologias (adjunto adverbial de lugar: fundamentam-se onde?)

Dica

- Precisa-se de livros.

V.T.I. (quem precisa, precisa de algo) = o se é índice de indeterminação do sujeito e de livros possui função de objeto indireto.

- Entregaram-se os livros aos sorteados.

V.T.D.I. (quem entrega, entrega algo a alguém) = o se é pronome apassivador porque a voz verbal é passiva sintética (verbo transitivo direto ou verbo transitivo direto e indireto + se indicam tal voz). Faça sempre a transposição para se certificar: Os livros foram entregues aos sorteados.

Livros: sujeito; aos sorteados: objeto indireto.

A respeito da organização das estruturas linguísticas e das ideias do trecho, julgue o item a seguir.

As diferenças de classes vão ser estabelecidas em dois níveis polares: classe privilegiada e classe não privilegiada. Nessa dicotomia, um leitor crítico vai perceber que se trata de um corte epistemológico, na medida em que fica óbvio que classificar por extremos não reflete a complexidade de classes da sociedade brasileira, apesar de indicar os picos. (...)

Dina Maria Martins Ferreira. Não pense, veja. São Paulo: Fapesp&Annablume, p. 62 (com adaptações).

48. (CESPE - Analista Processual - MPU/2010) O uso da forma verbal "se trata", no singular, atende às regras de concordância com o termo "um corte epistemológico" e seriam mantidas a coerência entre os argumentos e a correção gramatical do texto se fosse usado o termo no plural, **cortes epistemológicos**, desde que o verbo fosse flexionado no plural: **se tratam**. ERRADO

( ) Certo ( ) Errado

COMENTÁRIOS

Resposta correta: (Errado) - Opa! Verbo transitivo indireto + se = sujeito indeterminado. A expressão de um corte epistemológico possui função de objeto indireto e em nada implica se está no singular ou plural.

A respeito da organização das estruturas linguísticas e das ideias do trecho, julgue o item a seguir.

(...) O movimento da vida passa a ser uma efervescência constante e as mudanças a ocorrer em ritmo quase esquizofrênico, determinando os valores fugidios de uma ordem temporal marcada pela efemeridade. Como tentativas de acompanhar essa velocidade vertiginosa que marca o processo de constituição da sociedade hipermoderna, surge a flexibilidade do mundo do trabalho e a fluidez das relações interpessoais. (...)

Renato Nunes Bittencourt. Consumo para o vazio existencial. In: Filosofia, ano V, n, 48, p, 46-8 (com adaptações).

49. (CESPE - Analista Processual - MPU/2010) A forma verbal "surge" está flexionada no singular porque estabelece relação de concordância com o conjunto das ideias que compõem a oração anterior.

( ) Certo ( ) Errado

COMENTÁRIOS

Resposta correta: (Errado) - Muito cuidado! Se o verbo está anteposto ao sujeito composto, pode concordar apenas com o primeiro núcleo: **surge** a flexibilidade. Estaria gramaticalmente correto também se assim fosse usado: **surgem** a flexibilidade do mundo do trabalho e a fluidez das relações interpessoais.

50. (FCC - Analista Processual - MPU/2007) A concordância está totalmente de acordo com a norma padrão da língua em:

a) Tudo indica que vai ser questionado, em cada setor, a decisão de ser prorrogado o início das férias de todos os funcionários.

b) Ela quer que seja pedido aos encarregados, o mais rapidamente possível, as listas de compras, para que seja possível atender-lhe as solicitações antes do fim do mês.

c) Exige-se, sim, de toda a equipe, as maneiras mais polidas no trato com os visitantes, pois a eles se devem as possibilidades de manutenção do parque.

d) Tratam-se de questões espinhosas, incluindo as que diz respeito aos novos termos da lei, por si sós bastante discutíveis.

e) Deve-se aos trâmites internos, mais do que às argumentações produzidas no processo, a demora do julgamento, visto que os analistas ainda não as puderam ter em mãos.

COMENTÁRIOS

Resposta correta: "E" – A demora **deve-se**.

a) vai ser **questionada** em cada setor, a decisão.

b) **sejam pedidas** as listas.

c) **Exigem-se** as maneiras = as maneiras são exigidas.

d) **Trata-se** de questões = verbo transitivo indireto + se não admite plural, pois indetermina o sujeito.

Atenção, a questão a seguir refere-se ao texto abaixo.

Ao longo de 60 anos, todas as estratégias brasileiras visavam a definir os meios para realizar o projeto previamente aceito para o futuro do país. A diferença para hoje é que não basta só definir os meios, mas também os próprios fins. Nenhum dos chamados problemas brasileiros de hoje será resolvido sem uma modificação dos objetivos que a sociedade brasileira deve perseguir em sua ânsia modernizadora.

(Cristovam Buarque, Da modernidade técnica à modernidade ética, com adaptações)

---

51. (ESAF – Analista Processual – MPU/2004) Julgue as seguintes afirmações a respeito das estruturas linguísticas do texto.

I. Mantém-se a correção gramatical do texto ao retirar a preposição "a" que antecede "definir".

II. Alteram-se os sentidos do texto, mas mantém-se sua correção gramatical, ao retirar a preposição "para" que antecede "hoje".

III. O singular da expressão verbal "será resolvido" deve-se ao singular de "Nenhum".

IV. O emprego do feminino em "sua" deve-se ao uso do feminino de "sociedade brasileira".

Estão corretos apenas os itens

a) I e II

b) III e IV

c) II e III

d) II, III e IV

e) I, II e III

COMENTÁRIOS

Resposta correta: "E"

I. Certo – O verbo visar que antecede **definir** está no sentido de *ter em vista* (V.T.I.). Se retirada a preposição, o valor do objeto indireto em *definir os meios para* continua implícito na oração.

II. Certo – a preposição **para** antecedendo *hoje* especifica a diferença entre o que se visa hoje e o que era visado há 60 anos. Se retirar a preposição *para*, o texto continua gramaticalmente correto: *a diferença hoje é...*, mas quanto à coerência perde-se o sentido comparativo temporal.

III. Certo – O pronome indefinido **nenhum** é o núcleo do sujeito da oração e resume, no singular, os adjuntos no plural. A locução verbal *será resolvido* concorda com o núcleo no singular.

IV. Errado – O emprego do feminino para o pronome possessivo **sua** deve-se ao feminino de *ânsia modernizada*.

---

52. (FCC – Analista Processual – MPU/2007) A frase que está totalmente correta quanto à grafia e acentuação é:

a) O excesso de fracassos às vezes leva o governante de uma nação a por a culpa em pessoas ou sistemas, sem a mínima exitação.

b) A parte teórica estava sucinta, mas o grande número de notas incertas de modo desorganizado no texto provocou um desequilíbrio desastrozo.

c) Não se conseguiu reconhecer quem fez as rúbricas, por isso ninguém pode, ontem, ser admoestado.

d) A análise dos obstáculos não para aí, por isso não é mau conselho sugerir que se aceite a colaboração espontânea dos especialistas na área.

e) Alguns contratos foram recindidos porque a assessoria considerou certos valores extorsivos, chegando à sugerir uma auditoria no setor.

COMENTÁRIOS

Resposta correta: "D" – Observações: o verbo *parar*, após a reforma ortográfica, perdeu o acento agudo na terceira pessoa do singular para diferenciar da preposição: Ele não **para** (verbo) de estudar **para** (preposição) a prova.

a) excitação.

b) desastroso.

c) rubricas. Cuidado: admoestado = advertido (correto).

e) rescindidos e **não há crase antes de verbo**: chegando **a** sugerir.

7. REGÊNCIA

Tópico relacionado ao emprego do pronome relativo. A dica está no verbo ou nome posposto ao pronome relativo.

A respeito da organização das estruturas linguísticas e das ideias do trecho, julgue o item a seguir.

(...) A chaga encontra terreno fértil nas sociedades subdesenvolvidas, mas também viceja onde o capitalismo, em seu ambiente mais selvagem, obriga crianças e adolescentes a participarem do processo de produção. Foi assim na Revolução Industrial de ontem e nas economias ditas avançadas. (...)

Jornal do Brasil, Editorial, 1,77/2010 (com adaptações)

53. (CESPE – Técnico – Área Administrativa – MPU/2010) O emprego de preposição em "a participarem" é exigido pela regência da forma verbal "obriga".

( ) Certo ( ) Errado

COMENTÁRIOS

Resposta correta: (Certo) – O verbo é transitivo direto e indireto: obriga alguém (crianças e adolescentes) **a algo** (a participarem).

54. (FCC – Técnico – Área Administrativa – MPU/2007) A expressão **com que** preenche corretamente a lacuna da seguinte frase:

a) Os fios se vale a aranha para tecer sua teia são praticamente invisíveis.
b) As mais duras leis da natureza, é impossível para nós combater, são ditadas pela necessidade de viver e de morrer.
c) Pergunto-me armas pode contar essa aranha, afora os fios da magnífica teia que sabe tecer.
d) A necessidade de escrever, o autor nos confessa ao fim do texto, é compreendida como uma lei também natural.
e) A comparação o cronista estabelece entre uma teia de aranha e um texto não deixa de ser justificável.

COMENTÁRIOS

Resposta correta: "C"

✪ **Nota das autoras:** Em caso de questão de regência com pronome relativo, precisamos colocar a oração na ordem direta (usando os termos pospostos ao pronome relativo) = essa aranha pode contar **com** as armas: com que.

a) A aranha se vale **dos fios** = de que.
b) É impossível combater as mais duras leis da natureza = que.
d) O autor nos confessa a necessidade = que.
e) O cronista estabelece comparação = que.

55. (ESAF – Técnico – Área Administrativa – MPU/2004) Assinale a opção que preenche corretamente as lacunas do texto.

*A internacionalização da cultura não é um fato inédito na história da humanidade. O fenômeno manifestou-se no império de Alexandre Magno, ___1 ___ a cultura grega impôs-se; no império romano, ___ 2 ___ o latim e o grego se generalizaram; no decorrer da Idade Média, unificada pelo uso do latim e ___ 3 ___ uma religião comum; finalmente na época das grandes navegações ibéricas, quando o uso do português e do castelhano ligou os diversos continentes. Essa internacionalização conheceu novos impulsos, ___ 4 ___ século XVII, com a entrada em cena de outros atores, tais como a Holanda, a França e a Inglaterra. Mas foi a partir do século XIX que a expansão mundial do capitalismo deu origem à consciência ___ 5 ___ uma cultura mundial estava verdadeiramente em via de surgir.

(Sérgio Paulo Rouanet, Do fim da cultura ao fim do livro, in Reflexões sobre os caminhos do livro, Eduardo Portella (org.) São Paulo: UNESCO/Ed. Moderna, 2003, p. 63)

	1	2	3	4	5
a)	em que	quando	de	a partir do	de
b)	no qual	no qual	com	com o	que
c)	quando	em que	por	desde o	de que
d)	ao qual	já que	em	no	à qual
e)	ao tempo em que	pois	para	pelo	em que

COMENTÁRIOS

Resposta correta: "C" – O primeiro espaço deve ser preenchido com conjunção ou advérbio que indica tempo, por se tratar de uma oração adverbial temporal: Quando o fenômeno manifestou-se? Eliminadas alternativas a, b e e.

- O latim e o grego se generalizam no império = em que. Eliminada alternativa d sem ao menos verificarmos os três outros espaços restantes.
- Paralelismo: unificada → pelo uso do latim e →por uma religião.
- Desde o século XVII.
- Se há consciência, há consciência **de algo** = de que.

A respeito da organização das estruturas linguísticas e das ideias do trecho, julgue o item a seguir.

O indivíduo da "cultura" tecnicista vivencia uma situação paradoxal: ao mesmo tempo em que lhe são ofertados continuamente os recursos para que possa gozar efetivamente as dádivas materiais da vida, ocorre, no entanto, a impossibilidade de se desfrutar plenamente desses recursos.

Renato Nunes Bittencourt. Consumo para o vazio existencial.

In: Filosofia, ano V, n, 48, p, 46-8 (com adaptações).

56. (CESPE – Analista Processual – MPU/2010) O uso da preposição "em" é obrigatório para marcar a relação estabelecida com a forma verbal "vivencia"; por isso, a omissão dessa preposição provocaria erro gramatical e impossibilitaria a retomada do referente do pronome "que".

( ) Certo ( ) Errado

COMENTÁRIOS

Resposta correta: (Errado) – Em primeiro lugar, é necessário conferir a qual termo a preposição está ligada. Para isso, é necessário colocar a oração na ordem direta: Os recursos lhe são ofertados **no** (preposição em + artigo o) mesmo tempo = adjunto adverbial de tempo. Assim, concluímos que a preposição é exigida pelo particípio ofertados (ofertados quando? Em algum tempo). O erro está na primeira informação.

57. (ESAF – Analista Processual – MPU/2004) Marque a opção que, ao preencher as lacunas do texto abaixo, atende às relações de regência e as articulações semânticas entre as orações.

A redemocratização brasileira - (A) ___ ícones foram a Campanha das Diretas Já, em 1984, a eleição do Presidente Tancredo Neves e a posse do governo civil, em 1985, e a promulgação da Constituição, em 5 de outubro de 1988 – conferiu significado mais amplo ___ (B) ___ substantivo cidadão. A cada dia de liberdade política, o termo foi se consolidando ___ (C) ___ predicado essencial ___ (D) ___ pessoas, em suas atividades e no cotidiano de sua interação com a sociedade, o Estado, a Justiça, a imprensa e o mercado consumidor.

(Ruy Altenfelder, Correio Braziliense, 26/02/2004, com adaptações)

	(A)	(B)	(C)	(D)
a)	dos quais	do	em	em
b)	cujos	para o	a	das
c)	que	ao	em	às
d)	cujos	ao	como	das
e)	dos quais	do	como	às

COMENTÁRIOS

Resposta correta: "D" – Trabalhar por eliminação para ganhar tempo!

- Os ícones da democratização foram a campanha = **cujos**. Eliminadas alternativas a, c e e.
- cofere significado **a alguém** = ao cidadão.
- o termo foi se consolidando de que modo? **Como.**
- predicado essencial **de alguém** = das.

58. (ESAF – Analista Processual – MPU/2004) Assinale a opção que completa corretamente as lacunas do texto adaptado de Cristovam Buarque, Da modernidade técnica à modernidade ética.

*O retrato do mundo atual ___ (1) ___ o Brasil representa pode servir para que o Brasil ___ (2) ___ o retrato que o mundo do futuro pode ser, em um projeto ___ (3) ___ ética e democracia se casem. ___(4) ___uma sociedade que respeite as liberdades individuais, ___ (5) ___ toda forma de apartação, concentre o esforço humano ___ (6) ___ ampliação do patrimônio cultural das sociedades, respeitando o equilíbrio ecológico, sem abandonar, mas ___ (7) ___ por último o sonho do consumo supérfluo como parte da meta civilizatória.

	(1)	(2)	(3)	(4)	(5)	(6)	(7)
a)	onde	elabora	que	Através de	elimina	de	considere
b)	que	elabora	no qual	Em	eliminando	na	considera
c)	onde	elabore	para que	Em	elimine	de	considerando
d)	que	elabore	em que	Através de	elimine	na	considerando
e)	de que	elaborasse	no qual	Através de	eliminando	na	considere

COMENTÁRIOS

Resposta correta: "D" Trabalhar por eliminação para ganhar tempo, mais uma vez.

O Brasil representa o retrato = **que** ou **o qual.** Eliminadas alternativas a, c e e.

Para **que elabore**: a ideia é duvidosa e se o verbo está posposto ao **que** = modo subjuntivo. Eliminada b. Resposta encontrada.

Ética e democracia se casem **no** projeto = **em que.**

Através de uma sociedade.

Uma sociedade que respeite e **elimine.**

Concentre o esforço **na** ampliação.

... mas **considerando** o sonho.

8. CRASE

Crase nada mais é que regência. Evitando erros, trabalhemos com o "macete" de substituição.

Trecho para o item.

(...) A Constituição de 1988 faz referência expressa ao Ministério Público no capítulo Das Funções Essenciais à Justiça. Define as funções institucionais, as garantias e as vedações de seus membros. Isso deu evidência à instituição, tornando-a uma espécie de ouvidoria da sociedade brasileira.

Internet: <www.mpu.mp.br> (com adaptações).

59. (Cespe – Técnico – MPU/2013) O emprego do sinal indicativo de crase é obrigatório, dadas a regência da forma verbal "deu", que exige complemento preposicionado, e a presença do artigo definido feminino *a*, que antecede o substantivo "instituição".

( ) certo ( ) errado

COMENTÁRIOS

Certo

✪ Nota das autoras: Questão de crase e regência.

O verbo *dar*, no contexto, é transitivo direto e indireto: deu algo (evidência) a algo (à instituição) = complemento preposicionado + artigo definido a: crase. Substituindo por palavra masculina da mesma classe gramatical, resulta em **ao**, isto é, há crase: deu evidência à instituição = deu evidência **ao** poder.

A respeito da organização das estruturas linguísticas e das ideias do trecho, julgue o item a seguir.

(...) A ocultação, pela indústria do asbesto (amianto), dos perigos representados por seus produtos provavelmente custou tantas vidas quanto as destruídas por todos os assassinatos ocorridos nos Estados Unidos da América durante uma década inteira; e outros produtos perigosos, como o cigarro, também provocam, a cada ano, mais mortes do que essas.

James William Coleman, A elite do crime, 5.ª ed„ São Paulo: Manole, 2005, p. 1 (com adaptações).

60. (CESPE – Técnico – Área Administrativa – MPU/2010) No segmento "quanto as destruídas", o emprego do acento grave é facultativo, visto que o termo "quanto" rege complemento com ou sem a preposição a.

( ) Certo ( ) Errado

COMENTÁRIOS

Resposta correta: (Errado) – Não é facultativa, porque em hipótese alguma haverá crase no sujeito. Há uma comparação e o segundo termo exerce função de sujeito do verbo implícito: a ocultação custou tantas vidas quanto as destruídas (custaram).

61. (FCC – Técnico – Área Administrativa – MPU/2007) Justifica-se o uso do sinal de crase apenas em:

a) As aranhas tecem à toda hora, seja para construir, seja para reforçar a teia.
b) Os vegetais também ficam à desfrutar o sol, a chuva, o vento.
c) A aranha assiste pacientemente à luta do inseto para livrar-se da teia.
d) A conclusão à que aspira o cronista seria a explicação da vida e da morte.
e) Os vegetarianos levam à sério a idéia de que não matam nada para comer.

COMENTÁRIOS

Resposta correta: "C"

✪ **Nota das autoras:** Com *macetes* e relembrando algumas regras, a questão é facilmente resolvida.

Dica

Substitua a palavra feminina posterior ao **a** ou **as** por uma masculina pertencente à mesma classe gramatical. Se resultar na combinação **ao** – preposição **a** + artigo **o** –, indica que haverá crase.

Alternativa "C": A aranha assiste pacientemente **à** luta = assiste **ao espetáculo**.

a) **a** toda hora = **a todo momento**.
   Regra: não há crase antes de pronome indefinido.
b) **a** desfrutar = não se usa crase antes de verbo.
d) O pronome relativo **que** retoma o substantivo feminino **conclusão**. Substituamos: **O final** a que aspiro.
   Regra com exceção: não se usa crase antes dos relativos **que**, **quem** e **cujo**. A exceção muito pedida em provas é que quando indicar comparação, haverá crase antes do relativo **que**. Indico que sempre faça a substituição para não haver erro: a apostila é igual **a** que comprei = o livro é igual **ao** que comprei.
e) levam **a** sério = não se usa crase antes de palavra masculina.

62. (ESAF – Técnico – Área Administrativa – MPU/2004) Assinale a opção correta em relação ao texto abaixo.

Manifestações públicas em defesa do poder do Ministério Público (MP) para desenvolver atividades de investigação criminal aconteceram nas principais capitais do País. A questão deve ser decidida pelo Supremo Tribunal Federal, no julgamento do Inquérito nº 1968. Argumenta-se que somente a polícia tem atribuições para praticar atos de investigação na apuração criminal e que provas obtidas pelo MP devem ser invalidadas. A Associação Nacional dos Procuradores da República (ANPR) organizou, em conjunto com outras entidades de membros do Ministério Público, um Dia Nacional de Mobilização com o objetivo de alertar a sociedade para as conseqüências de uma eventual restrição da atribuição investigatória do MP. O presidente da ANPR destacou que o papel investigatório do Ministério Público é fundamental no combate eficaz à criminalidade. (Adaptado de www.mpu.gov.br/noticias – 22/06/2004)

a) Para que o período obedeça às exigências da norma escrita culta, é necessário inserir uma vírgula antes de "aconteceram".
b) A eliminação da vírgula após "Federal" torna o texto incorreto e causa ambigüidade.
c) Em "Argumenta-se" o "se" indica reflexividade.
d) A conjunção "e" está sendo empregada com o valor semântico de mas.
e) O emprego do sinal indicativo de crase em "combate eficaz à criminalidade" justifica-se pela regência de "combate".

COMENTÁRIOS

Resposta correta: "E"

✪ **Nota das autoras:** Questão de crase, pontuação, pronome e período composto.

Na alternativa e: é fundamental no combate **à** criminalidade = é fundamental no combate **a** algo. O substantivo **combate** exige a preposição **a**. Em caso de dúvida, substitua: combate **ao crime**.

a) É necessário inserir vírgula antes de *aconteceram* e depois de *manifestações públicas* por haver intercalação: Manifestações públicas, em defesa do poder do Ministério Público (MP) para desenvolver atividades de investigação criminal, aconteceram nas principais capitais do País. Apenas inserir antes de *aconteceram* deixa o período incorreto gramaticalmente.

b) Dois erros: não torna o período incorreto porque a oração encontra-se na ordem direta e a vírgula está separando o adjunto adverbial (facultativo o uso) e não causa ambigüidade.

c) O verbo argumentar é transitivo direto + se = voz passiva sintética + pronome apassivador e há sujeito (no caso, oração subordinada substantiva subjetiva). Fazendo a transposição para a passiva analítica, temos: que somente a polícia tem atribuições é argumentado. Não indica reflexividade (sujeito pratica e sofre a ação), mas sim passividade (o sujeito sofre a ação).

d) *Mas* indica adversidade, oposição e a conjunção **e** está indicando adição.

A respeito da organização das estruturas linguísticas e das ideias do trecho, julgue o item a seguir.

(...) Estudos a respeito de riqueza e pobreza ora dão quitação a classes pela forma quantitativa da ordem do ganho econômico, ora pelo grau de consumo na sociedade capitalista, ora pela forma de apresentação em vestuário, ora pela violência de quem não tem mais nada a perder e assim por diante. (...)

Dina Maria Martins Ferreira. Não pense, veja. São Paulo: Fapesp&Annablume, p. 62 (com adaptações).

---

63. (CESPE - Analista Processual - MPU/2010) A ausência de sinal indicativo de crase no segmento "a classes" indica que foi empregada apenas a preposição a, exigida pelo verbo **dar**, sem haver emprego do artigo feminino.

( ) Certo ( ) Errado

COMENTÁRIOS

Resposta correta: (Certo) – Sempre que houver a formação **a** (singular) **+ substantivo plural**, significa que teremos preposição + substantivo. Se houvesse artigo acompanhando o substantivo, obviamente, estaria também no plural. Dão quitação **a** algo = preposição exigida pelo substantivo quitação.

> **Dica**
>
> Primeiro, faça a substituição para saber se há preposição + artigo
>
> Singular + singular = crase. Quitação à classe: **ao** pagamento.
>
> Plural + plural = crase. Quitação às classes: **aos** pagamentos.
>
> Singular + plural = sem crase. Quitação a classes: a pagamentos.

---

64. (ESAF - Analista Processual - MPU/2004) Assinale a opção que corresponde a uso incorreto de estrutura linguística sublinhada no texto.

Passamos por um momento em que (1) nada é previsível. Escolha uma área qualquer da vida, e o que se encontra (2) é incerteza. Seja no que diz respeito à segurança nacional e à vida das empresas, seja no encaminhamento das carreiras individuais. Ninguém mais está seguro de nada. Esse ambiente se encaixa às (3) definições técnicas e científicas das teorias sobre o caos. Hoje em dia, muitas ideias que foram sólidas como rocha para gerações e gerações se desmancharam no ar como fumaça. As regras antigas foram jogadas pela janela. Não surgiram outras. O que se tem a fazer agora é seguir adiante e refazê-las (4) à medida que avançamos (5).

(Tom Peters, O mundo está um caos, VEJA, 17 de dezembro de 2003, com adaptações)

a) 1
b) 2
c) 3
d) 4
e) 5

COMENTÁRIOS

Resposta correta: "C" – *Peguinha* de ESAF e CESPE: paralelismo = *Esse ambiente se encaixa* → ***as*** *definições técnicas e* → *científicas das teorias sobre o caos* ou *Esse ambiente se encaixa* → ***às*** *definições técnicas e* → ***às*** *científicas das teorias sobre o caos.*

a) Nada é previsível **no momento** = em que.
b) O que é encontrado é certeza = se encontra.
d) Refazer é transitivo direto = refazê-las.
e) à medida que = proporção.

9. PONTUAÇÃO

Para saber pontuar, é necessário saber análise sintática, as funções exercidas por cada termo na oração ou no período.

Trecho para o item.

(...) No período colonial, o Brasil foi orientado pelo direito lusitano. Não havia o Ministério Público como instituição. Mas as Ordenações Manuelinas de 1521 e as Ordenações Filipinas de 1603 já faziam menção aos promotores de justiça, atribuindo a eles o papel de fiscalizar a lei e de promover a acusação criminal. (...)

Internet: <www.mpu.mp.br> (com adaptações).

---

65. (Cespe - Técnico - MPU/2013) A vírgula após "colonial" é utilizada para isolar aposto.

( ) certo ( ) errado

COMENTÁRIOS

Errado – A vírgula indica inversão, pois a oração não se inicia com o sujeito, mas sim com o adjunto adverbial de tempo.

Observação: em inversão de advérbio (uma palavra), a vírgula é facultativa; em inversão de locução adverbial (mais de uma palavra), a vírgula é obrigatória.

Trecho para o item.

Nós somos muito parecidos com computadores. O funcionamento dos computadores, como todo mundo sabe, requer a interação de duas partes. Uma delas chama-se hardware, literalmente "equipamento duro", e a outra denomina-se software, "equipamento macio". O hardware é constituído por todas as coisas sólidas com que o aparelho é feito. O software é constituído por entidades "espirituais" — símbolos que formam os programas que serão gravados. (...)

Rubem Alves. Sobre o tempo e a eternidade. Campinas: Papirus, 1996 (com adaptações).

---

66. (Cespe - Analista - MPU/2013) No trecho, coerentemente com o emprego da oração "como todo mundo sabe", que expressa uma generalização, poderia ter sido empregado, em vez do ponto final, o sinal de dois-pontos após a expressão "de duas partes", seguido da seguinte estrutura: o hardware, literalmente "equipamento duro", e o software, "equipamento macio".

( ) certo ( ) errado

COMENTÁRIOS

Certo – Os dois pontos teriam função de citar as duas partes do computador = correto; a reescritura mantém o sentido e a clareza do período. A vírgula anteposta à conjunção *e* separa as duas partes que são explicadas.

A respeito da organização das estruturas linguísticas e das ideias do trecho, julgue o item a seguir.

(...) A ocultação, pela indústria do asbesto (amianto), dos perigos representados por seus produtos provavelmente custou tantas vidas quanto as destruídas por todos os assassinatos ocorridos nos Estados Unidos da América durante uma década inteira; e outros produtos perigosos, como o cigarro, também provocam, a cada ano, mais mortes do que essas.

James William Coleman, A elite do crime, 5.ª ed., São Paulo: Manole, 2005, p. 1 (com adaptações).

---

67. (CESPE - Técnico - Área Administrativa - MPU/2010) Não haveria prejuízo para o sentido original do texto nem para a correção gramatical caso a expressão "a cada ano" fosse deslocada, com as vírgulas que a isolam, para imediatamente depois de "e".

( ) Certo ( ) Errado

COMENTÁRIOS

Resposta correta: (Certo) – Poderia ser deslocada mantendo as vírgulas por ser uma intercalação. Leiamos os termos em negrito para nos certificarmos: **e**, a cada ano, **outros produtos perigosos, como o cigarro, também provocam mais mortes do que essas.**

---

68. (FCC - Técnico - Área Administrativa - MPU/2007) Está inteiramente correta a pontuação do período:

a) Sejam animais, sejam vegetais, tudo o que se alimenta e é alimento está sujeito, não há dúvida, à lei da necessidade de sobreviver.

b) Sejam animais sejam vegetais, tudo o que se alimenta, e é alimento está sujeito, não há dúvida, à lei, da necessidade de sobreviver.

c) Sejam animais, sejam vegetais, tudo, o que se alimenta, e é alimento, está sujeito – não há dúvida à lei da necessidade de sobreviver.

d) Sejam animais; sejam vegetais: tudo o que se alimenta e é alimento, está sujeito, não há dúvida, à lei da necessidade de sobreviver.

e) Sejam animais; sejam vegetais, tudo o que se alimenta e é alimento, está sujeito não há dúvida: à lei da necessidade de sobreviver.

COMENTÁRIOS

Resposta correta: "A" – Facilitando para ganhar tempo em prova:

- sejam animais **ou** sejam vegetais = coube conjunção? Use vírgula. Eliminadas alternativas b, d e e.
- A vírgula antes de **tudo** é obrigatória por indicar inversão (a oração não se inicia com sujeito).
- Em **tudo o que se alimenta** não pode haver vírgula por se tratar de uma oração subordinada adjetiva restritiva = tudo o (aquilo: pronome demonstrativo) que (o qual: pronome relativo). Eliminada alternativa c.
- As duas últimas vírgulas indicam intercalação. Leia o que está em negrito: **tudo o que se alimenta e é alimento está sujeito**, não há dúvida, **à lei da necessidade de sobreviver**.

---

69. (ESAF - Técnico - Área Administrativa - MPU/2004) Em relação à pontuação do texto abaixo, analise as modificações propostas e assinale a opção correta.

*Lidar com leis, processos demorados, cartórios e tribunais talvez não seja uma atividade comumente associada à nova economia. No entanto, poucas profissões foram renovadas e se tornaram tão necessárias ao bom funcionamento das novas empresas quanto o ofício do advogado. Além disso, embora a sociedade brasileira não chegue perto da americana em termos de mentalidade litigiosa, temos bem concentrada na herança cultural uma dose gigantesca de burocracia regulamentações e cartórios. Lidar com essa herança já é o campo de trabalho para muitas gerações.

(Gilson Schwartz, As profissões do futuro, São Paulo, Publifolha, 2000, p.36)

Modificações propostas:

I. por se tratar de aposto explicativo, suprimir as vírgulas que isolam a expressão após "processos demorados".

II. inserir vírgula antes de "talvez" porque se inicia uma oração explicativa.

III. eliminar a vírgula após "No entanto" para não isolar circunstância.

IV. inserir vírgula após "americana" para isolar oração explicativa subseqüente.

V. inserir vírgula após "burocracia", pois se trata de uma enumeração.

Para deixar o texto corretamente pontuado,

a) é necessário implementar as modificações I e II.

b) as modificações II e IV são necessárias.

c) somente a modificação III é necessária.

d) são necessárias as modificações III e IV.

e) apenas a modificação V é necessária.

COMENTÁRIOS

Resposta correta: "E"

Exatamente pelo fato de ser aposto explicativo não se pode retirar a vírgula.

Dica

- Aposto explicativo: possui pontuação.
- Aposto especificativo: não possui pontuação. Exemplo: O poeta Mário de Andrade escreveu lindos poemas.

O poeta Mário de Andrade = sujeito. Núcleo do sujeito: poeta. **Mário de Andrade** é aposto especificativo de poeta.

Talvez é um advérbio de dúvida, não é necessário inserir vírgula anteposta.

A conjunção adversativa *no entanto*, neste caso, exige a vírgula.

Não cabe a vírgula porque se trata de uma oração intercalada: **Além disso**, embora a sociedade brasileira não chegue perto da americana em termos de mentalidade litigiosa, **temos bem concentrada na herança cultural uma dose gigantesca de burocracia regulamentações e cartórios**.

Se podemos encaixar a conjunção **e**, há enumeração: temos bem concentrada na herança cultural uma dose gigantesca de burocracia, (e) regulamentações e cartórios.

Considerando a organização das ideias e estruturas linguísticas do trecho, julgue o seguinte item.

Nós, seres humanos, somos seres sociais: vivemos nosso cotidiano em contínua imbricação com o ser de outros. Isso, em geral, admitimos sem reservas. Ao mesmo tempo, seres humanos, somos indivíduos: vivemos nosso ser cotidiano como um contínuo devir de experiências individuais intransferíveis.(...)

Humberto Maturana. Biologia do fenômeno social: a ontologia da realidade, Miriam Graciano (Trad.J, Belo Horizonte: UFMG, 2002, p, 195 (com adaptações).

70. (CESPE – Analista Processual – MPU/2010) No terceiro período, o sinal de dois-pontos tem a função de introduzir uma explicação para as orações anteriores; por isso, em seu lugar, poderia ser escrito porque, sem prejuízo para a correção gramatical do texto ou para sua coerência.

( ) Certo ( ) Errado

COMENTÁRIOS

Resposta correta: (Certo)

✪ Nota das autoras: Questão de pontuação e período composto.

- *Ao mesmo tempo, somos indivíduos* **porque** *vivemos nosso ser cotidiano como um contínuo devir de experiências individuais intransferíveis.* A segunda oração explica a primeira.

A respeito da organização das estruturas linguísticas e das ideias do trecho, julgue o item a seguir.

A característica central da modernidade, não seria demais repetir, é a institucionalização do universalismo — e seu duplo, a igualdade — como princípio organizador da esfera pública.(...)

Jeni Vaitsman, Desigualdades sociais e particularismos na sociedade brasileira, br. Cadernos de Saúde Pública, Rio de Janeiro, n,° 18 (Suplemento), p. 38 (com adaptações).

71. (CESPE – Analista Processual – MPU/2010) De acordo com as normas de pontuação, seria correto empregar vírgulas no lugar dos travessões; entretanto, nesse caso, a leitura e a compreensão do trecho poderiam ser prejudicadas, dada a existência da vírgula empregada após "duplo", no interior do trecho destacado entre travessões.

( ) Certo ( ) Errado

COMENTÁRIOS

Resposta correta: (Certo) – Os travessões isolam uma intercalação e foram usados por haver uma vírgula explicando. Ao inserir vírgulas, perder-se-ia a exata ideia da intercalação.

72. (CESPE – Analista Processual – MPU/2010) ***A respeito da organização das estruturas linguísticas e das ideias do trecho, julgue o item a seguir.***

(...) O movimento da vida passa a ser uma efervescência constante e as mudanças a ocorrer em ritmo quase esquizofrênico, determinando os valores fugidios de uma ordem temporal marcada pela efemeridade. Como tentativas de acompanhar essa velocidade vertiginosa que marca o processo de constituição da sociedade hipermoderna, surge a flexibilidade do mundo do trabalho e a fluidez das relações interpessoais. (...)

Renato Nunes Bittencourt. Consumo para o vazio existencial. In: Filosofia, ano V, n, 48, p, 46-8 (com adaptações).

A ausência de vírgula depois de "vertiginosa" indica que a oração iniciada por "que marca" restringe a ideia de "velocidade vertiginosa".

( ) Certo ( ) Errado

COMENTÁRIOS

Resposta correta: (Certo) – Velocidade vertiginosa **que (= a qual)** marca o processo. O pronome relativo está restringindo o significado do termo antecedente.

Dica

Oração adjetiva: possui pronome relativo

- restritiva: não possui pontuação
- explicativa: possui pontuação.

73. (FCC – Analista Processual – MPU/2007) O presidente Wilson – a estação principal de Praga está batizada novamente com o seu nome? – era o santo padroeiro da região, menos para os bolcheviques, que seguiam seu próprio caminho. (Na verdade, também eles tinham modelos estrangeiros: Rathenau e Henry Ford.)

*No fragmento acima,

a) os travessões desempenham função análoga à dos parênteses.

b) a retirada da vírgula depois de bolcheviques não altera o sentido original.

c) se a frase entre travessões fosse iniciada com "gostaria de saber se", o ponto de interrogação deveria ser preservado.

d) considerada a argumentação desenvolvida, os parênteses contêm idéia que, se não for considerada à parte, anula o que se afirmou anteriormente.

e) se a expressão *Na verdade* fosse deslocada para imediatamente depois dos dois-pontos, o sentido original não seria prejudicado.

COMENTÁRIOS

Resposta correta: "A" – Os travessões isolam oração intercalada, como podem fazer os parênteses ou as vírgulas.

b) Altera o sentido pelo fato de a vírgula isolar oração adjetiva explicativa. Se retirada, passa a ser restritiva.

c) Não, pois não haveria uma frase interrogativa direta.

d) Não anula, apenas acrescenta informação.

e) Seria prejudicado, pois os dois pontos citam os modelos estrangeiros.

74. (ESAF – Analista Processual – MPU/2004) Assinale a opção em que todos os sinais de pontuação foram empregados de acordo com a norma gramatical.

a) Já se disse várias vezes que a pós-modernidade morreu, mas ninguém até agora havia afirmado de forma tão cabal, que ela nem sequer existiu. É justamente o que defende o filósofo Gilles Lipovetsky. Ele argumenta que, desde os anos 50, o mundo vive uma intensificação jamais vista do tripé, que sempre caracterizou a modernidade: o mercado, o indivíduo e a escalada técnico-científica.

b) A partir dos anos 80, com o avanço brutal da globalização e das novas tecnologias de comunicação, esse fenômeno – que ele batizou de hipermodernidade – adquire uma velocidade espantosa, passando a interferir diretamente sobre comportamentos e modos de vida.

c) Mais do que um lance de retórica, o termo hipermodernidade define a situação paradoxal da sociedade contemporânea, dividida de modo quase esquizofrênico entre a cultura do excesso e o elogio da moderação. De um lado, diz Lipovetsky, "é preciso ser, mais moderno que o moderno, mais jovem que o jovem, estar mais na moda, que a própria moda"; de outro, valorizam-se "a saúde, a prevenção, o equilíbrio, o retorno da moral ou das religiões orientais".

d) Esse convívio frenético de ordem e desordem – ou "caos organizador", como define Lipovetsky – que identifica a sociedade hipermoderna, resulta paradoxalmente, na fragilização do indivíduo, que vê ruir as antigas formas de coesão social – Estado, religião, partidos revolucionários.

e) Otimista – "isso hoje, é um defeito" -, ele rebate visões apocalípticas sobre o futuro e diz, que as crises sempre foram inerentes ao capitalismo – "sistema flexível, que aceita críticas e sabe se adaptar".

(Adaptado de Marcos Flamínio Peres)

COMENTÁRIOS

Resposta correta: "B" – Leia o que está em negrito: A partir dos anos 80, com o avanço brutal da globalização e das novas tecnologias de comunicação, **esse fenômeno** – que ele batizou de hipermodernidade – **adquire uma velocidade espantosa, passando a interferir diretamente sobre comportamentos e modos de vida.**

Correções:

a) Já se disse várias vezes que a pós-modernidade morreu, mas ninguém até agora havia afirmado**, de forma tão cabal,** que ela nem sequer existiu. É justamente o que defende o filósofo Gilles Lipovetsky. Ele argumenta que, desde os anos 50, o mundo vive uma intensificação jamais vista do **tripé que** sempre caracterizou a modernidade: o mercado, o indivíduo e a escalada técnico-científica.

c) Mais do que um lance de retórica, o termo hipermodernidade define a situação paradoxal da sociedade contemporânea, dividida de modo quase esquizofrênico entre a cultura do excesso e o elogio da moderação. De um lado, diz Lipovetsky, "é preciso **ser mais** moderno que o moderno, mais jovem que o jovem, estar mais na **moda** que a própria moda"; de outro, valorizam-se "a saúde, a prevenção, o equilíbrio, o retorno da moral ou das religiões orientais".

d) Esse convívio frenético de ordem e desordem – ou "caos organizador", como define Lipovetsky – que identifica a sociedade **hipermoderna resulta,** paradoxalmente, na fragilização do **indivíduo** que vê ruir as antigas formas de coesão social – Estado, religião, partidos revolucionários.

e) Otimista – "isso hoje, é um defeito" -, ele rebate visões apocalípticas sobre o futuro e **diz** que as crises sempre foram inerentes ao capitalismo – "sistema flexível **que** aceita críticas e sabe se adaptar".

10. COESÃO E COERÊNCIA

Hora de revisar todo o conteúdo gramatical. Neste tópico há questões que abrangem fonologia, morfologia e sintaxe, além da avaliação da clareza da frase, do sentido.

Trecho para o item.

Há um dispositivo no Código Civil que condiciona a edição de biografias à autorização do biografado ou descendentes. As consequências da norma são negativas. Uma delas é a impossibilidade de se registrar e deixar para a posteridade a vida de personagens importantes na formação do país, em qualquer ramo de atividade. Permite-se a interdição de registros de época, em prejuízo dos historiadores e pesquisadores do futuro. (...)

O Globo, 23/9/2013 (com adaptações).

---

75. (Cespe – Técnico – MPU/2013) O termo se, em "se registrar", é utilizado para indicar reflexividade.

( ) certo ( ) errado

COMENTÁRIOS

Errado – Opa! Temos uma conjunção integrante. Para facilitar, basta encaixar o pronome demonstrativo catafórico *isto* antes da conjunção. Há ideia de que algo será citado: Uma delas é a impossibilidade **disto** (de se registrar...). A oração é substantiva completiva nominal.

Outro exemplo: É necessário que estude mais. = É necessário **isto** (que se estude mais). Classificação da oração: subordinada substantiva subjetiva.

Trecho para o item.

Nós somos muito parecidos com computadores. O funcionamento dos computadores, como todo mundo sabe, requer a interação de duas partes. Uma delas chama-se hardware, literalmente "equipamento duro", e a outra denomina-se software, "equipamento macio". O hardware é constituído por todas as coisas sólidas com que o aparelho é feito. O software é constituído por entidades "espirituais" — símbolos que formam os programas que serão gravados. (...)

Rubem Alves. Sobre o tempo e a eternidade.
Campinas: Papirus, 1996 (com adaptações).

---

76. (Cespe – Analista – MPU/2013) Sem prejuízo da coesão textual, o trecho sublinhado poderia ser reescrito da seguinte forma: O hardware constitui-se dos elementos sólidos do aparelho, e o software, de entidades "espirituais" — símbolos que formam os programas gravados.

( ) certo ( ) errado

COMENTÁRIOS

Certo – Curiosidade da língua inglesa: O termo *"software"* foi criado na década de 1940, e é um trocadilho com o termo hardware. *"Hardware"*, em inglês, significa "ferramenta física". *Software* seria tudo o que faz o computador funcionar excetuando-se a parte física dele.

Quanto à língua portuguesa: Os dois períodos do trecho encontram-se na voz passiva analítica (ser + particípio) e na transposição, sugerida pelo CESPE, a oração está na passiva sintética (V.T.D. + se) e foi inserida uma vírgula após *software* indicando zeugma (omissão do verbo): e o software, (constitui-se) de entidades "espirituais". Perceba que as informações foram mantidas.

Trecho para o item.

(...) Não se conserta um programa com chave de fenda, porque o software é feito de símbolos, e somente símbolos podem entrar nele. Assim, para se lidar com o software, há que se fazer uso dos símbolos. Por isso, quem trata das perturbações do software humano nunca se vale de recursos físicos para tal. Suas ferramentas são palavras, e podem ser de poetas, humoristas, palhaços, escritores, gurus, amigos e até mesmo de psicanalistas.

Dados esses pressupostos teóricos, estamos agora em condições de oferecer uma receita que garantirá àqueles que a seguirem à risca saúde mental até o fim dos seus dias. Opte por um software modesto. Evite as coisas belas e comoventes. A beleza é perigosa para o hardware. Cuidado com a música. Brahms e Mahler são especialmente contraindicados. Quanto às leituras, evite aquelas que fazem pensar. E, aos domingos, não se esqueça dos programas de auditório. Seguindo essa receita você terá uma vida tranquila, embora banal. Mas, como você cultivou a insensibilidade, você não perceberá o quão banal ela é.(...)

Rubem Alves. Sobre o tempo e a eternidade.
Campinas: Papirus, 1996 (com adaptações).

---

77. (Cespe – Analista – MPU/2013) Respeitando-se os princípios de coesão textual e as regras semântico-sintáticas, o trecho "uma receita que garantirá àqueles que a seguirem à risca saúde mental até o fim dos seus dias" poderia ser expresso da seguinte forma: uma receita que, até o fim dos seus dias, irá garantir saúde mental aos que a seguirem à risca.

( ) certo ( ) errado

COMENTÁRIOS

Errado – A informação foi alterada. 1. A receita (sujeito) garantirá (V.T.D.I.) àqueles que seguirem à risca (O.I.) saúde mental (O.D.) até o fim dos seus dias (adjunto adverbial de tempo ou limite); 2. Ao deslocar o adjunto adverbial, deixou de se referir ao tempo indicado pelo verbo *garantir,* isto é, alterou o sentido.

Trecho para o item.

(...) O neurocientista relatou que quase três quartos dos primeiros 250 americanos que tiveram suas condenações penais anuladas graças ao exame de DNA haviam sido vítimas de falso testemunho ocular. Um psicólogo entrevistado afirmou que, dependendo de como se conduz uma acareação, ela pode confundir a pessoa interrogada.

Correio Braziliense, 26/7/2013 (com adaptações).

78. (Cespe – Analista – MPU/2013) Mantendo-se a correção gramatical e o sentido original do texto, o último período do trecho poderia ser reescrito da seguinte forma: Segundo um psicólogo entrevistado, a forma como é conduzido uma acareação pode confundir os interrogados.

( ) certo ( ) errado

COMENTÁRIOS

Errado

✪ Nota das autoras: Questão de coerência e concordância.

O erro é de concordância nominal: a forma como é **conduzida** uma acareação.

Trecho para os itens.

Recordar algo nunca ocorrido é comum e pode acontecer com pessoas de qualquer idade. Muitos indivíduos sequer percebem que determinadas lembranças foram criadas, pois as cenas e até os sons evocados pelo cérebro surgem com a mesma nitidez e o mesmo grau de detalhamento das memórias reais.

De acordo com alguns neurocientistas, quando a pessoa se recorda de uma sequência de eventos, o cérebro reconstrói o passado juntando os "tijolos" de dados, mas somente o ato de acessar as lembranças já modifica e distorce a realidade. (...)

Correio Braziliense, 26/7/2013 (com adaptações).

79. (Cespe – Analista – MPU/2013) Sem prejuízo para a correção gramatical e a informação original do texto, a oração "quando a pessoa se recorda de uma sequência de eventos" poderia ser reescrita das seguintes formas: sempre que lembramos uma sucessão de fatos; ao nos lembrarmos de eventos consecutivos.

( ) certo ( ) errado

COMENTÁRIOS

Certo – *Quando* indica tempo; *sempre* e *ao* também se referem a tempo, isto é, a ideia é mantida e não há erro gramatical.

80. (Cespe – Analista – MPU/2013) Sem prejuízo para a correção gramatical, a oração "mas somente o ato de acessar as lembranças já modifica e distorce a realidade" poderia ser assim reestruturada: embora o próprio acesso à lembranças as modifiquem e, assim, distorçam a realidade.

( ) certo ( ) errado

COMENTÁRIOS

Errado

✪ Nota das autoras: Questão de coesão, coerência e crase.

O sentido foi mantido, mas o uso do acento indicativo de crase está incorreto. Se o **a** está no singular (seguido de substantivo plural), deduz-se que seja apenas uma preposição e para haver crase, é necessária a junção de preposição a + artigo a.

Fixe: Não há crase em singular (a) + plural (lembranças).

A respeito da organização das estruturas linguísticas e das ideias do trecho, julgue o item a seguir.

A pobreza é um dos fatores mais comumente responsáveis pelo baixo nível de desenvolvimento humano e pela origem de uma série de mazelas, algumas das quais proibidas por lei ou consideradas crimes. É o caso do trabalho infantil. A chaga encontra terreno fértil nas sociedades subdesenvolvidas, mas também viceja onde o capitalismo, em seu ambiente mais selvagem, obriga crianças e adolescentes a participarem do processo de produção. (...)

Jornal do Brasil, Editorial, 1,77/2010 (com adaptações)

81. (CESPE – Técnico – Área Administrativa – MPU/2010) A palavra "chaga", empregada com o sentido de **ferida social**, refere-se, na estrutura sintática do parágrafo, a "pobreza".

( ) Certo ( ) Errado

COMENTÁRIOS

Resposta correta: (Errado) – A chaga é **o trabalho infantil.**

Nos itens a seguir, são apresentados trechos adaptados de jornal de grande circulação. Julgue-os quanto à correção gramatical.

82. (CESPE – Técnico – Área Administrativa – MPU/2010) A legislação brasileira proíbe que menores de catorze anos trabalhem, mas, segundo dados do Instituto Brasileiro de Geografia e Estatística (IBGE), havia, em 2008, um total de 993 mil crianças entre cinco e treze anos nessa situação. Em uma faixa etária mais ampla, até dezessete anos, quando se espera que os jovens ainda estejam estudando, foram contabilizados, ao todo, 4,5 milhões de crianças e adolescentes no exercício de algum tipo de trabalho.

( ) Certo ( ) Errado

COMENTÁRIOS

Resposta correta: (Certo) – Cuidado com a pontuação, pois pode gerar dúvidas. Leia o que está em negrito, pois retiramos as intercalações: **A legislação brasileira proíbe que menores de catorze anos trabalhem, mas**, segundo dados do Instituto Brasileiro de Geografia e Estatística (IBGE), **havia**, em 2008, **um total de 993 mil crianças entre cinco e treze anos nessa situação. Em uma faixa etária mais ampla**, até dezessete anos, quando se espera que os jovens ainda estejam estudando, **foram contabilizados**, ao todo, **4,5 milhões de crianças e adolescentes no exercício de algum tipo de trabalho.**

83. (CESPE – Técnico – Área Administrativa – MPU/2010) Visto apenas pelo ângulo econômico, o problema da exploração da mão de obra infantil, é ao mesmo tempo reflexo e impecílio para o desenvolvimento. Quando crianças e adolescentes deixam de estudar para entrar precocemente no mercado de trabalho, trocam um futuro mais promissor pelo ganho imediato. ERRADA

( ) Certo ( ) Errado

COMENTÁRIOS

Resposta correta: (Errado) – Há três erros e isso facilita muito:

- *Vírgula depois de infantil: separação do sujeito e do verbo;*
- *A expressão "ao mesmo tempo" deve estar entre vírgulas;*
- **Empecilho**: *obstáculo, estorvo.*

Não há necessidade de pluralizar o verbo da oração que indica finalidade.

---

84. (CESPE – Técnico – Área Administrativa – MPU/2010) Vista como uma questão social, a exploração do trabalho infantil subtrai do ser humano uma das fases mais importantes para o seu crescimento: época de descobertas, de acúmulo de conhecimento e de preparo para a vida adulta. Um crime irremediável.

( ) Certo ( ) Errado

COMENTÁRIOS

Resposta correta: (Certo) – A primeira vírgula indica inversão. Ordem direta; a exploração (...) é vista como uma questão social. Os dois pontos explicam o substantivo *crescimento.*

---

85. (CESPE – Técnico – Área Administrativa – MPU/2010) Graças à políticas públicas realizadas nos últimos anos, como o Programa de Erradicação do Trabalho Infantil (PETI), do governo federal, as taxas de crianças e adolescentes que trabalham no país vem registrando quedas acentuadas. Mesmo assim, o problema ainda preocupa, pela sua extensão. ERRADA

( ) Certo ( ) Errado

COMENTÁRIOS

Resposta correta: (Errado) – Há dois erros:

- Graças **a** políticas = não se usa o acento indicativo de crase se há singular + plural (a políticas) por se tratar de uma preposição apenas e não de contração de preposição + artigo, pois acarretaria em: às políticas. Substitua: graças **aos** políticos.

> **Dica**
>
> - singular + singular = crase. Graças à política = ao político.
> - plural + plural = crase. Graças às políticas = aos políticos.
> - singular + plural = sem crase. Graças a políticas = a políticos.
>
> Só usaremos crase se, ao substituirmos a palavra feminina por uma masculina, resultar em **ao**.

- As taxas **vêm** = o verbo deve concordar com o sujeito.
- Erro de pontuação. Sugestão: Graças a políticas públicas realizadas nos últimos anos – como o Programa de Erradicação do Trabalho Infantil (PETI), do governo federal -, as taxas de crianças e adolescentes que trabalham no país vem registrando quedas acentuadas.

---

86. (FCC – Técnico – Área Administrativa – MPU/2007) Está clara, coerente e correta a redação da seguinte frase:

a) Assim como um fruto parece sair de sua casca, à medida que a aranha tece sua teia, que em suas malhas acabam aprisionando o inseto desprevenido.

b) Sempre houveram os que não se lembram que a morte se verifica tão somente no reino animal, ao passo que os vegetais não.

c) Não adianta de nada salvar-se um inseto, conquanto algum outro virá a cair igualmente em cuja armadilha o primeiro foi salvo.

d) Não imagine o homem que, por ser um animal racional, esteja imune às mais cruas leis da natureza.

e) Todo escritor almeja de que compor um texto tão belo e eficaz assim como uma teia da aranha, é uma tarefa de cuja tem muita necessidade.

COMENTÁRIOS

Resposta correta: "D" – As vírgulas separam intercalação. Leia o que está em negrito: **Não imagine o homem que**, por ser um animal racional, **esteja imune às mais cruas leis da natureza.**

a) Redação incorreta: não há sentido entre as orações, não há clareza nem coerência.

b) Não há clareza na redação do período, além de a forma verbal **houveram** estar incorreta: verbo haver no sentido de existir deve vir no singular = **houve**.

c) Período sintaticamente incorreto, não há clareza nem coerência entre as orações, construção caótica.

e) Período sem clareza, sem sentido entre as orações, ideias jogadas sem critério algum, sem coerência e gramaticalmente incorreto.

---

87. (FCC – Técnico – Área Administrativa – MPU/2007) É preciso corrigir a redação da seguinte frase:

a) Qualquer assunto – inclusive uma aranha e sua teia – pode despertar o interesse de um cronista que está em busca de um tema.

b) Nas disputas entre os insetos, o vencedor pode ser o mais habilidoso e não, necessariamente, o mais forte.

c) É possível que, para muitos leitores, proceda a comparação que o autor faz entre o trabalho de uma aranha e o de um escritor.

d) Muita gente acredita de que as aranhas são perniciosas quando suas teias são elaboradas, tendo preso os insetos.

e) Não deixa de ser um espetáculo, para um observador atento, a segura caminhada que faz a aranha em direção à sua presa.

COMENTÁRIOS

Resposta correta: "D" - de que: errado - Muita gente acredita **que** as aranhas = **que** é conjunção integrante e não pede preposição.

a) Quanto à pontuação, leia o que está em negrito: **Qualquer assunto** - inclusive uma aranha e sua teia - **pode despertar o interesse de um cronista que está em busca de um tema**.

b) A primeira vírgula, separa inversão de adjunto adverbial e as posteriores intercalam o adjunto adverbial.

c) Quanto à pontuação, leia o que está em negrito: **É possível que**, para muitos leitores, **proceda a comparação que o autor faz entre o trabalho de uma aranha e o de um escritor.**

e) Quanto à pontuação, leia o que está em negrito: **Não deixa de ser um espetáculo**, para um observador atento, **a segura caminhada que faz a aranha em direção à sua presa.**

88. (ESAF - Técnico - Área Administrativa - MPU/2004) Assinale o trecho que dá continuidade ao texto, respeitando as relações de coerência, coesão e correção gramatical.

Estudos e o senso comum mostram que a carga genética exerce uma forte influência nas características pessoais a que damos o nome de talento. Traços de personalidade como temperamento afável ou agressivo, senso de organização e facilidade para lidar com questões abstratas - só para citar alguns - vêm, por assim dizer, impressos no DNA de cada um.

(Adaptado de Ariel Kostman, Revista VEJA, 30/06/2004, p. 98)

a) Entretanto, é um erro tomar a herança genética como destino inflexível - tanto para o bem como para o mal.

b) Assim, o talento embutido no código genético de cada indivíduo só emerge em condições favoráveis.

c) Embora o talento genético é um componente da personalidade individual - mas não é o único e, nem sempre, o maior.

d) Por essa razão resta sempre um enorme espaço para quem o talento seja desenvolvido por circunstâncias externas - uma educação escolar de qualidade, por exemplo.

e) Consequentemente, na maioria dos casos, não é esse único gene que define determinado comportamento, mas diversos.

COMENTÁRIOS

Resposta correta: "A"

✪ **Nota das autoras:** em primeiro lugar, sublinhe as palavras principais (em textos curtos) ou as ideias principais (em textos longos) e em seguida, trabalhe por eliminação. Note que a alternativa a inicia com uma conjunção adversativa e cabe perfeitamente na continuidade das ideias do texto.

b) O texto não dá margem para especificar em quais circunstâncias ou em que condições o talento pode emergir, assim, não está coerente com as ideias do texto.

c) Trecho com erro gramatical no emprego da forma verbal: Embora o talento genético **é** um enorme espaço da personalidade individual. Oração iniciada com a conjunção concessiva *embora*, a ação verbal deveria vir no presente do subjuntivo: Embora o talento genético **seja.** Não há coesão de ideias nem coerência entre as orações.

d) O texto explicita que o talento é inerente à personalidade e não que dependa de recursos externos como educação de boa qualidade, por exemplo.

e) O texto fala em carga genética, não determinando esse ou aquele gene.

89. (ESAF - Técnico - Área Administrativa - MPU/2004) Os trechos abaixo compõem um texto, mas estão desordenados. Ordene-os nos parênteses e assinale a opção que corresponde à ordem que assegura coesão e coerência ao texto.

( ) A. Em seu Parecer, já enviado ao Tribunal Superior Eleitoral, em que responde à Consulta nº 1062, está expresso o entendimento de que o Parecer da AGU viola o artigo 73, VI, "a", da Lei 9.504/97.

( ) B. O subprocurador-geral da República, com aprovação do vice-procurador-geral eleitoral, contesta a posição da Advocacia Geral da União (AGU) que permite a liberação de recursos para obras e serviços iniciados nos três meses que antecedem as eleições municipais.

( ) C. O subprocurador-geral da República conclui, então, que "o tão-só posicionamento liberalizante de verbas em período vedado por lei está a merecer o conhecimento da presente consulta e sua resposta negativa para prevenir eventuais equívocos de interpretação, passíveis de quebra do princípio isonômico que deve presidir o embate eleitoral".

( ) D. Tal dispositivo legal proíbe aos agentes públicos "realizar transferência voluntária de recursos da União aos Estados e Municípios, e dos Estados aos Municípios, sob pena de nulidade de pleno direito, ressalvados os recursos destinados a cumprir obrigação formal preexistente para execução de obra ou serviço em andamento e com cronograma pré-fixado, e os destinados a atender situações de emergência e de calamidade pública".

(Adaptado de www.mpu.gov.br/noticias/ - 05/07/2004)

	1°	2°	3°	4°
a)	B	A	D	C
b)	C	D	B	A
c)	D	C	A	B
d)	A	B	D	C
e)	B	D	C	A

COMENTÁRIOS

Resposta correta: "A"

✪ **Nota das autoras:** Trabalhar por eliminação para facilmente chegarmos à ordem.

- No primeiro item, há um pronome possessivo **seu** que impossibilita iniciar o texto. Eliminada alternativa d.
- O segundo item pode iniciar o texto.
- O terceiro item não pode iniciar o texto porque há palavras conclusivas: *conclui* e *então*. Eliminada alternativa b.
- *Tal dispositivo* não pode iniciar texto, pois falta coesão. Eliminada alternativa c.

Iniciando com o segundo item, teremos como palavras principais: **O subprocurador-geral da República**, com aprovação do vice-procurador-geral eleitoral, **contesta a posição da Advocacia Geral da União** (AGU) que **permite a liberação de recursos** para obras e serviços iniciados nos três meses que antecedem as eleições municipais. Fica claro que ao citar *em seu parecer*, o parecer é do **subprocurador-geral da República.** Pronto! Resposta encontrada.

---

90. (ESAF – Técnico – Área Administrativa – MPU/2004) Os trechos abaixo compõem um texto. Assinale o fragmento que apresenta incorreção gramatical.

a) Um filme não é apenas um filme, mas também a maneira como ele se comunica com o público. O título do novo documentário de Maria Augusta Ramos vem todo escrito em letras minúsculas: justiça.

b) A primeira informação que recebemos é a de que o filme talvez não se refira ao sistema judiciário, comumente grafado como Justiça, mas a uma acepção mais genérica da palavra.

c) O filme parece ver a justiça como categoria abstrata, ou então como substantivo que designa não só a justiça criminal, mas também a justiça social. A grafia pode sugerir, ainda, uma crítica ao sistema judiciário.

d) Como se o título afirmasse: "do jeito que é feita no Brasil, a chamada justiça não merece uma maiúscula." De fato, não é alheia às intenções da realizadora o desejo de que o filme contribua para as discussões em torno da reforma judiciária brasileira.

e) O filme, vencedor do Festival Vision du Réel (Nyon, Suíça, 2004), mostra o horror das cadeias apinhadas de homens, o drama das visitas familiares sem o menor espaço para privacidade, o coro assustador dos simpatizantes do Comando Vermelho.

(Adaptado de Carlos Alberto Mattos, Corredores sem saída, 24/06/2004 www.nominimo.com)

COMENTÁRIOS

Resposta correta: "D" – O desejo não é **alheio.**

a) Vírgula antes da conjunção adversativa **mas** é obrigatória. Os dois pontos citam o título novo.

b) Vírgula antes da conjunção adversativa **mas** é obrigatória.

c) Vírgula antes da conjunção adversativa **mas** é obrigatória e o vocábulo **ainda** está intercalado.

e) Intercalação com vírgulas.

---

91. (ESAF – Técnico – Área Administrativa – MPU/2004) Indique a opção em que o trecho está gramaticalmente correto.

a) Na economia do conhecimento, ganham evidência, questões cada vez mais complexas relativas à propriedade intelectual, direitos autorais, patentes sobre produtos e processos, agências de regulação de padrões tecnológicos, regulamentação de setores privatizados e uma tendência de crescente democratização da sociedade brasileira.

b) Ganha evidência na economia do conhecimento questões cada vez mais complexas relativas a propriedade intelectual, direitos autorais, patentes sobre produtos e processos, agências de regulação de padrões tecnológicos, regulamentação de setores privatizados e uma tendência de crescente democratização da sociedade brasileira.

c) Na economia do conhecimento, ganham evidência questões cada vez mais complexas relativas a propriedade intelectual, direitos autorais, patentes sobre produtos e processos, agências de regulação de padrões tecnológicos, regulamentação de setores privatizados e uma tendência de crescente democratização da sociedade brasileira.

d) Na economia do conhecimento, questões cada vez mais complexas relativas a propriedade intelectual, aos direitos autorais, às patentes sobre produtos e processos, agências de regulação de padrões tecnológicos, regulamentação de setores privatizados e uma tendência de crescente democratização da sociedade brasileira ganham evidência.

e) Questões cada vez mais complexas relativas a propriedade intelectual, direitos autorais, patentes sobre produtos e processos, agências de regulação de padrões tecnológicos, regulamentação de setores privatizados e uma tendência de crescente democratização da sociedade brasileira ganha evidências.

(Adaptado de Gilson Schwartz, As profissões do futuro, São Paulo. Publifolha, 2000, p.36.)

COMENTÁRIOS

Resposta correta: "C" – A primeira vírgula indica inversão do adjunto adverbial. Concordância e regência (crase) corretas.

a) Não se separam, por vírgula, o sujeito e o predicado e não pode haver crase antes do substantivo **propriedade**, por haver paralelismo: Na economia do conhecimento, ganham **evidência** questões cada vez mais complexas relativas **a** propriedade intelectual, direitos autorais, patentes sobre produtos e processos, agências de regulação de padrões tecnológicos, regulamentação de setores privatizados e uma tendência de crescente democratização da sociedade brasileira.

Dica

Haveria crase se houvesse artigo nos demais termos: relativas **à** propriedade intelectual, **aos** direitos autorais, **às** patentes.

b) **Ganham** evidência na economia do conhecimento questões cada vez mais complexas.

d) Aqui, sim, faltou crase: Na economia do conhecimento, questões cada vez mais complexas relativas **à** propriedade intelectual, **aos** direitos autorais, **às** patentes sobre produtos e processos, **às** agências de regulação de padrões tecnológicos, regulamentação de setores privatizados e uma tendência de crescente democratização da sociedade brasileira ganham evidência.

e) Questões **ganham** evidências.

---

92. (ESAF – Técnico – Área Administrativa – MPU/2004) Indique a opção em que o trecho está incorreto gramaticalmente.

a) As transformações tecnológicas, já que não existe sociedade civilizada sem lei, apenas tornam mais complexas as regras que, muitas vezes, incomodam e atrapalham, mas que continuarão sendo uma garantia fundamental de desenvolvimento com justiça.

b) Não existe sociedade civilizada sem lei e as transformações tecnológicas apenas tornam mais complexas as regras que, muitas vezes, incomodam e atrapalham, mas que continuarão sendo uma garantia fundamental de desenvolvimento com justiça.

c) Não existe sociedade civilizada sem lei, por isso as transformações tecnológicas apenas tornam mais complexas as regras que, muitas vezes, incomodam e atrapalham, mas que, no entanto, continuarão sendo uma garantia fundamental de desenvolvimento com justiça.

d) Não existe sociedade civilizada sem lei. As transformações tecnológicas apenas tornam mais complexas as regras que, muitas vezes incomodam e atrapalham, mas que, continuarão sendo garantias fundamentais de desenvolvimento com justiça.

e) As transformações tecnológicas apenas tornam mais complexas as regras que, muitas vezes, incomodam e atrapalham, mas que continuarão sendo uma garantia fundamental de desenvolvimento com justiça. Não existe sociedade civilizada sem lei.

(Adaptado de Gilson Schwartz, As profissões do futuro, São Paulo, Publifolha, 2000, p.37.)

COMENTÁRIOS

Resposta correta: "D".

✪ **Nota das autoras:** Questão de coesão e pontuação.

Erros da alternativa d: Não existe sociedade civilizada sem lei. As transformações tecnológicas apenas tornam mais complexas as regras que, muitas vezes, incomodam e atrapalham, mas que continuarão sendo garantias fundamentais de desenvolvimento com justiça.

a) Pontuação, concordância e regência corretas. Tópicos mais exigidos, embora não mencionados no enunciado.

b) Pontuação, concordância e regência corretas.

c) Pontuação, concordância e regência corretas.

e) Pontuação, concordância e regência corretas.

---

93. (ESAF – Técnico – Área Administrativa – MPU/2004) Leia o trecho abaixo e aponte a opção que lhe dá continuidade, respeitando a coesão, a coerência e a orientação argumentativa do texto.

*É verdade que já nos anos 50 numerosos estudos haviam demonstrado que fumar provoca câncer, enfisema, ataque cardíaco e muitas outras doenças, mas a estratégia de defesa adotada pela indústria do tabaco foi a do contra-ataque: de um lado contratava técnicos para criticar a metodologia empregada nessas pesquisas; de outro, pressionava os meios de comunicação para garantir que não fossem divulgadas.

a) Hoje, não só se divulgam as pesquisas que atenuam o impacto do tabaco no organismo, buscando o controle da venda de cigarro a menores de idade e oferecendo tratamento gratuito aos que querem abandonar o vício de fumar.

b) Qualquer jornal, emissora de rádio ou de televisão que ousasse levantar a menor suspeita de que o cigarro pudesse trazer algum malefício à saúde sofria retaliação financeira imediata.

c) Naquela época, a indústria do tabaco acatava incondicionalmente ações judiciais de ressarcimentos milionários às famílias dos que morriam vitimados pelos efeitos nocivos da nicotina.

d) Nos anos 50, a disseminação da epidemia de tabagismo corria velozmente de encontro à forma aliciadora e atraente com que fumavam os astros e estrelas no cinema e na tevê.

e) Resultado de pesquisa conduzida pelo Ministério da Saúde em sete capitais brasileiras comprova que o número de dependentes de nicotina no país é de aproximadamente 20%.

(Dráuzio Varella, A epidemia do fumo, Folha de S. Paulo, 03/04/2004)

COMENTÁRIOS

Resposta correta: "B" – O trecho da opção b dá continuidade no texto, respeitando perfeitamente a coesão, a coerência e a sua orientação argumentativa.

Os trechos das opções a, c, d e e, embora tratem do tema tabagismo, não se encaixam na proposta do texto.

Considerando a organização das ideias e estruturas linguísticas do trecho, julgue o seguinte item.

Nós, seres humanos, somos seres sociais: vivemos nosso cotidiano em contínua imbricação com o ser de outros. Isso, em geral, admitimos sem reservas. Ao mesmo tempo, seres humanos, somos indivíduos: vivemos nosso ser cotidiano como um contínuo devir de experiências individuais intransferíveis.(...)

Humberto Maturana. Biologia do fenômeno social: a ontologia da realidade, Miriam Graciano (Trad.J, Belo Horizonte: UFMG, 2002, p, 195 (com adaptações).

94. (CESPE – Analista Processual – MPU/2010) A inserção de termo *como* antes de "seres humanos" (terceiro período) preservaria a coerência entre os argumentos bem como a correção gramatical do texto.

( ) Certo ( ) Errado

COMENTÁRIOS

Resposta correta: (Certo) – Basta fazer a inserção no trecho: Ao mesmo tempo, **como** seres humanos, somos indivíduos.

A respeito da organização das estruturas linguísticas e das ideias do texto, julgue o item a seguir.

Nós, seres humanos, somos seres sociais: vivemos nosso cotidiano em contínua imbricação com o ser de outros. Isso, em geral, admitimos sem reservas. Ao mesmo tempo, seres humanos, somos indivíduos: vivemos nosso ser cotidiano como um contínuo devir de experiências individuais intransferíveis. Isso admitimos como algo indubitável. Ser social e ser individual parecem condições contraditórias da existência. De fato, boa parte da história política, econômica e cultural da humanidade, particularmente durante os últimos duzentos anos no ocidente, tem a ver com esse dilema. Assim, distintas teorias políticas e econômicas, fundadas em diferentes ideologias do humano, enfatizam um aspecto ou outro dessa dualidade, seja reclamando uma subordinação dos interesses individuais aos interesses sociais, ou, ao contrário, afastando o ser humano da unidade de sua experiência cotidiana. Além disso, cada uma das ideologias em que se fundamentam essas teorias políticas e econômicas constitui uma visão dos fenômenos sociais e individuais que pretende firmar-se em uma descrição verdadeira da natureza biológica, psicológica ou espiritual do humano.

Humberto Maturana. Biologia do fenômeno social: a ontologia da realidade, Miriam Graciano (Trad.J, Belo Horizonte: UFMG, 2002, p, 195 (com adaptações).

95. (CESPE – Analista Processual – MPU/2010) Nas relações de coesão do texto, as expressões "esse dilema" (sexto período) e "dessa dualidade" (sétimo período) remetem à condição do ser humano: unitário em "sua experiência cotidiana" (sétimo período), mas imbricado "com o ser de outros" (primeiro período).

( ) Certo ( ) Errado

COMENTÁRIOS

Resposta correta: (Certo) – Em todo o texto o autor faz menção à dualidade e ao dilema apresentado no *ser individual* e no *ser social* e os conflitos advindos dessa relação.

A respeito da organização das estruturas linguísticas e das ideias do texto, julgue os itens a seguir.

As diferenças de classes vão ser estabelecidas em dois níveis polares: classe privilegiada e classe não privilegiada. Nessa dicotomia, um leitor crítico vai perceber que se trata de um corte epistemológico, na medida em que fica óbvio que classificar por extremos não reflete a complexidade de classes da sociedade brasileira, apesar de indicar os picos. Em cada um dos polos, outras diferenças se fazem presentes, mas preferimos alçar a dicotomia maior que tanto habita o mundo das estatísticas quanto, e principalmente, o mundo do imaginário social. Estudos a respeito de riqueza e pobreza ora dão quitação a classes pela forma quantitativa da ordem do ganho econômico, ora pelo grau de consumo na sociedade capitalista, ora pela forma de apresentação em vestuário, ora pela violência de quem não tem mais nada a perder e assim por diante. O imaginário, em sua organização dinâmica e com sua capacidade de produzir imagens simbólicas e estereótipos, maneja representações que possibilitam pôr ordem no caos. O imaginário, acionado pela imaginação individual, é pluriespacial e, na interação social, constrói a memória, a história museológica. Mesmo que possamos pensar que estereótipos são resultado de matrizes, a cultura é dinâmica, porquanto símbolos e estereótipos são olhados e ressignificados em determinado instante social.

Dina Maria Martins Ferreira. Não pense, veja. São Paulo: Fapesp&Annablume, p. 62 (com adaptações).

96. (CESPE – Analista Processual – MPU/2010) Para se evitar a repetição de "que", seria adequado substituir o trecho "que classificar" (segundo período) por **ao classificar**, preservando-se tanto a coerência textual quanto a correção gramatical do texto.

( ) Certo ( ) Errado

COMENTÁRIOS

Resposta correta: (Errado) – Analisemos todos os vocábulos **que** do período:

- um leitor crítico vai perceber **que** se trata de um corte epistemológico = conjunção integrante (liga a oração principal à oração subordinada substantiva objetiva direta). Para se certificar de que se trata de uma conjunção integrante, encaixe o pronome demonstrativo **isto** (um leitor crítico vai perceber **isto**).
- na medida em **que** fica óbvio = parte da locução conjuntiva causal.

Dica

Muito pedica a diferença entre as locuções abaixo:

- na medica em que = causa
- à medida que = proporção

- fica óbvio **que** classificar = conjunção integrante. Liga a oração principal (sem conjunção) à oração subordinada substantiva subjetiva (é o sujeito da oração principal). Mais uma vez se pode encaixar o pronome demonstrativo **isto**: fica óbvio **isto**.

97. (CESPE – Analista Processual – MPU/2010) Subentende-se da argumentação do texto que "os picos" (segundo período) correspondem aos mais salientes indicadores de classes — a privilegiada e a não privilegiada—, referidos no texto também como "extremos" (segundo período) e "polos" (terceiro período).

( ) Certo ( ) Errado

COMENTÁRIOS

Resposta correta: (Certo) – Na opinião da autora, picos e extremos traduzem os mais salientes indicadores de classes, conceito este que divide em dois polos as diferenças sociais, argumentação esta que a faz considerar tal conceito um corte epistemológico (teórico), reduzindo os indicadores a apenas dois extremos: a classe privilegiada e a não privilegiada, deixando vazios outros parâmetros que deveriam também ser apontados no questionamento da pirâmide das diferenças sociais.

A respeito da organização das estruturas linguísticas e das ideias do trecho, julgue o item a seguir.

(...) Com base nesse pressuposto, argumento que, em nossa sociedade, na esfera pública, duas formas de particularismo — o das diferenças e o das relações pessoais — se reforçam e se articulam <u>em</u> diversas arenas e situações, na produção e reprodução de desigualdades sociais e simbólicas.(...)

Jeni Vaitsman, Desigualdades sociais e particularismos na sociedade brasileira, br. Cadernos de Saúde Pública, Rio de Janeiro, n,° 18 (Suplemento), p. 38 (com adaptações).

98. (CESPE – Analista Processual – MPU/2010) Na estrutura sintática em que ocorre, a preposição "em" poderia ser omitida, o que não prejudicaria a coerência nem a correção gramatical do texto, pois a preposição ficaria subentendida.

( ) Certo ( ) Errado

COMENTÁRIOS

Resposta correta: (Errado) – A preposição não pode ser omitida, pois demarca lugar: reforçam-se e se articulam onde? Em diversas arenas.

A respeito da organização das estruturas linguísticas e das ideias do trecho, julgue o item a seguir.

(...) O particularismo das <u>diferenças</u> produz exclusão social e simbólica, <u>dificultando</u> os sentimentos de pertencimento e interdependência social, necessários para a efetiva institucionalização do universalismo na esfera pública. (...)

Jeni Vaitsman, Desigualdades sociais e particularismos na sociedade brasileira, br. Cadernos de Saúde Pública, Rio de Janeiro, n,° 18 (Suplemento), p. 38 (com adaptações).

99. (CESPE – Analista Processual – MPU/2010) As relações entre as ideias do texto mostram que a forma verbal "dificultando" está ligada a "diferenças"; por isso, seriam respeitadas as relações entre os argumentos dessa estrutura, como também a correção gramatical, caso se tornasse explícita essa relação, por meio da substituição dessa forma verbal por **e dificultam.**

( ) Certo ( ) Errado

COMENTÁRIOS

Resposta correta: (Errado) – A forma verbal <u>dificultando</u> não está relacionada a <u>diferenças</u> e sim a <u>particularismo</u>. Dificultando exprime ação posterior à ação que está expressa na oração anterior; dificultam, no presente do indicativo, exprime ação real, um fato que ocorre no momento, o que não é o caso das ideias contidas no texto e as relações entre os argumentos defendidos e a correção gramatical seriam prejudicadas.

A respeito da organização das estruturas linguísticas e das ideias do trecho, julgue o item a seguir.

A característica central da modernidade, não seria demais repetir, é a institucionalização do <u>universalismo</u> — e <u>seu</u> duplo, a igualdade — como princípio organizador da esfera pública.(...)

Jeni Vaitsman, Desigualdades sociais e particularismos na sociedade brasileira, br. Cadernos de Saúde Pública, Rio de Janeiro, n,° 18 (Suplemento), p. 38 (com adaptações).

100. (CESPE – Analista Processual – MPU/2010) A coerência entre os argumentos apresentados no texto mostra que o pronome "seu" refere-se a "universalismo".

( ) Certo ( ) Errado

COMENTÁRIOS

Resposta correta: (Certo) – Substitua:. .. é a institucionalização do universalismo — e seu (do universalismo) duplo, a igualdade.

A respeito da organização das estruturas linguísticas e das ideias do trecho, julgue o item a seguir.

Hipermodernidade é o termo usado para denominar a realidade contemporânea, caracterizada pela cultura do excesso, do acréscimo sempre quantitativo de bens materiais, de coisas consumíveis e descartáveis. Dentro desse contexto, todas as interações humanas, marcadas pela doença crônica da falta de tempo disponível e da ausência de autêntica integração existencial, se tornam intensas e urgentes. O movimento da vida <u>passa a ser</u> uma efervescência constante e as mudanças a ocorrer em ritmo quase esquizofrênico, determinando os valores fugidios de uma ordem temporal marcada pela efemeridade. (...)

Renato Nunes Bittencourt. Consumo para o vazio existencial. In: Filosofia, ano V, n, 48, p, 46-8 (com adaptações).

101. (CESPE – Analista Processual – MPU/2010) A locução verbal "passa a ser" pode ser substituída pela forma verbal *torna-se*, sem que haja prejuízo para a coerência ou para a correção gramatical do texto.

( ) Certo ( ) Errado

COMENTÁRIOS

Resposta correta: (Errado) – A forma verbal reflexiva **torna-se** prejudicaria a coerência do texto, pois o sujeito **o movimento da vida** é apenas agente. Poderia ser substituído por é.

Atenção. *O texto refere-se à questão 22*

A história dos países atrasados nos séculos XIX e XX é a história da tentativa de alcançar o mundo mais avançado por meio de sua imitação. Os japoneses do século XIX tomavam a Europa como modelo; os europeus ocidentais, depois da Segunda Guerra Mundial, imitavam a economia norte-americana. A experiência da Europa Central e Oriental no século XX é, genericamente falando, a de tentar atualizar-se mediante a sucessiva adoção e fracasso de vários modelos. Depois de 1918, quando a maioria dos países sucessores constituía-se de países novos, o modelo foi o da democracia e do liberalismo econômico do Ocidente. O presidente Wilson – a estação principal de Praga está batizada novamente com o seu nome? - era o santo padroeiro da região, menos para os bolcheviques, que seguiam seu próprio caminho. (Na verdade, também eles tinham modelos estrangeiros: Rathenau e Henry Ford.) Isso não funcionou. Nos anos 20 e 30, o modelo entrou em colapso, em termos políticos e econômicos. A Grande Depressão acabou destruindo a democracia multinacional até mesmo na Tchecoslováquia.

(Eric Hobsbawm, "Dentro e fora da história", In Sobre história. São Paulo: Companhia das Letras, 1998. p. 15)

102. (FCC – Analista Processual – MPU/2007) (Na verdade, também eles tinham modelos estrangeiros: Rathenau e Henry Ford.) Isso não funcionou. Nos anos 20 e 30, o modelo entrou em colapso, em termos políticos e econômicos. A Grande Depressão acabou destruindo a democracia multinacional até mesmo na Tchecoslováquia.

Observado o fragmento acima, é correto afirmar:

a) A palavra *também* foi empregada para dar ênfase à idéia apresentada, expressando o mesmo sentido que se nota em "Essa história também já é demais!".
b) O vocábulo colapso estaria corretamente separado em sílabas assim: "co – la – pso".
c) A expressão *até mesmo* assinala que, no processo de defesa da idéia, o elemento citado constitui-se como o argumento mais forte.
d) A expressão *acabou destruindo* exprime a mesma idéia que a forma verbal "destruíra".
e) A expressão *entrou em colapso* foi empregada para exprimir que a perda da eficiência ocorria paulatinamente.

COMENTÁRIOS

Resposta correta: "C" – Até mesmo: inclusive.

a) **Também**, no texto, equivale a **do mesmo modo, igualmente**.
b) Opa. Duas consoantes e duas vogais? Deixemos uma consoante com uma vogal em cada sílaba: co-lap-so.
d) Acabou destruindo equivale a **destruiu** = pretérito perfeito do indicativo (ação concluída).
e) Não ocorreu paulatinamente, pois indica ação inteira, única.

103. (FCC – Analista Processual – MPU/2007) A redação que está clara e totalmente correta é:

a) Devido aos novos rumos dos negócios que as pessoas devem se precaver, pois a mudança na Economia é entendida, cada vez menos, por um número pequeno de pessoas.
b) Sendo, ou não, influenciados pelo grande público, os rapazes representavam entusiasmadamente o texto que lhes possibilitava a manifestação completa do talento.
c) Embora a doença seja erradicada facilmente, no ano anterior, registraram-se nesta semana alguns casos de recaída, do qual muitos deles, foram atendidos prontamente.
d) São visões diferente ao que Machado manifestou em seus romances, indo, mesmo, na direção contrária das suas obras.
e) O desastre foi violento e as vítimas foram socorridas ao hospital mais próximo, onde, perante os quadros, foram tomadas as medidas emergenciais mais adequadas.

COMENTÁRIOS

Resposta correta: "B" – Houve intercalações separadas por vírgulas.

a) Pessoas devem se precaver **de algo** = de que.
c) Vários erros: Embora a doença **tenha sido** erradicada **facilmente** no ano anterior, registraram-se nesta semana alguns casos de recaída, **os quais,** muitos deles, foram atendidos prontamente.
d) São visões **diferentes das que** (ou **do que**) Machado manifestou em seus romances.
e) vítimas foram socorridas **no** hospital = lugar.

Atenção, *a questão a seguir refere-se ao texto abaixo.*

Sei que grande parte da magistratura **sem assento nos tribunais superiores** discorda dos que defendem a adoção da súmula vinculante, sob o fundamento de que o instituto pretendido engessaria os demais juízes, sobretudo os **de primeira instância**, no canteiro da qual começa a manifestar-se o espírito **da jurisprudência**. Penso **de outra forma**. Não vejo engessamento da ação do magistrado de instância inicial no resultado dessa medida **que se advoga como instrumento de agilização da Justiça**.

(Hindemburgo Pereira-Diniz, Correio Braziliense, 25/02/2004, com adaptações)

104. (ESAF - Analista Processual - MPU/2004) Assinale a opção em que a expressão da primeira coluna não retoma, no texto, a ideia da expressão listada na segunda coluna.

a) "que" → "grande parte da magistratura sem assento nos tribunais superiores"

b) "instituto pretendido" → "súmula vinculante"

c) "da qual" → "de primeira instância"

d) "[d]essa medida" → "súmula vinculante"

e) "instrumento de agilização da Justiça" → "súmula vinculante"

COMENTÁRIOS

Resposta correta: "A" - Dos que defendem = daqueles os quais defendem. Retoma o pronome demonstrativo **o**.

b) A expressão *instituto pretendido* retoma *súmula vinculante* = instituto: regulamentação, norma, regra; súmula: relatório, síntese, resumo.

c) O pronome relativo *da qual* refere-se à expressão *de primeira instância*.

d) *[d]essa medida* refere-se a *a adoção da súmula vinculante*.

e) O instrumento de agilização da Justiça é a própria súmula vinculante.

Atenção, *a questão a seguir refere-se ao texto abaixo.*

Ao longo de 60 anos, todas as estratégias brasileiras visavam a definir os meios para realizar o projeto previamente aceito para o futuro do país. A diferença para hoje é que não basta só definir os meios, mas também os próprios fins. Nenhum dos chamados problemas brasileiros de hoje será resolvido sem uma modificação dos objetivos que a sociedade brasileira deve perseguir em sua ânsia modernizadora.

(Cristovam Buarque, Da modernidade técnica à modernidade ética, com adaptações)

105. (ESAF - Analista Processual - MPU/2004) Assinale o parágrafo que dá continuidade coerente e gramaticalmente correta ao texto.

a) O grande erro de o Brasil neste século, de solucionar a crise dos anos 60, proibindo o debate de alternativas, ocorreu devido a pressão ideológica dos pensadores e políticos brasileiros.

b) Para complicar, essas estratégias terão que ser construídas em um movimento de crise dos paradigmas estrangeiros, de cujos pensadores brasileiros estão órfãos de ideias.

c) A modernização de hoje exige a modernização do próprio conceito de modernidade. E isso muda o trabalho estratégico, dificultando a base de apoio para isto por causa dos interesses divergentes.

d) Nessas condições surge a grande possibilidade que os estrategistas que buscam um caminho para o Brasil pensem pela primeira vez na nossa história, em um caminho brasileiro para o Brasil.

e) Definindo os próprios fins, sem defender a estratégia neoliberal em uma sociedade mundial que não conhece, eficazmente, esse instrumento de propaganda tão abstrato e desviado da realidade quanto era a propaganda da nova modernidade em um desenho de apartação entre os povos.

COMENTÁRIOS

Resposta correta: "C" - Parágrafo gramaticalmente correto e coerente: o conceito de modernidade deve as mudanças da própria modernidade, pois o tempo modifica as Situações e exige novas estratégias no campo de trabalho para atender a interesses diversos modificados pela época.

As alternativas a, b, d e e são descabidas em ralação a ideias e gramática.

Atenção, *a questão a seguir refere-se ao texto abaixo.*

A abertura do mercado brasileiro trouxe benefícios para o País e (1) acirrou a concorrência, especialmente entre as multinacionais e (2) empresas que controlam antigas estatais. Por outro lado, fez surgir o medo da espionagem industrial e obrigou as grandes companhias que detêm tecnologia moderna e (3) sofisticada a adotarem medidas de proteção muitas vezes extremas. Isso porque o trabalho dos espiões tecnológicos é descobrir segredos e (4) obter informações valiosas sobre os principais e (5) mais lucrativos produtos das empresas ou de instituições militares.

Para se proteger nessa guerra silenciosa vale tudo. (ISTOÉ, 21/1/2004, com adaptações)

106. (ESAF - Analista Processual - MPU/2004) Assinale a opção em que a substituição da conjunção *e*, assinalada no texto, por ponto não provoca erro sintático. Despreze a necessidade de ajustes nas letras minúsculas e maiúsculas.

a) 1

b) 2

c) 3

d) 4

e) 5

COMENTÁRIOS

Resposta correta: "A"

(1) Se a conjunção **e** for substituída por *ponto* não provoca erro sintático, uma vez que a oração seguinte, mesmo após um ponto, carrega a continuidade, quase explicativa, da ideia da primeira oração através da forma verbal *acirrou*, no pretérito perfeito do indicativo que retoma o sujeito da oração anterior: A abertura do mercado brasileiro.

b) Termos adicionais: não se usa o ponto final.

c) Adiciona dois adjetivos.

d) Liga oração aditiva.

e) Termos adicionais: não se usa o ponto final.

107. (ESAF – Analista Processual – MPU/2004) Assinale a proposição textualmente coerente e gramaticalmente correta que pode servir de argumento para a tese expressa no segundo parágrafo do texto.

a) Hoje, qualquer funcionário, executivo ou não, sabem que um micro pouca capacidade tem de armazenar toda tecnologia utilizada numa empresa: é o funcionário que o opera quem sabe de tudo.

b) Entre as principais recomendações estão nunca deixar documentos ou disquetes sobre a mesa e não tratar de assuntos sigilosos pelo celular; cuidados semelhantes se estendem até mesmo às festas de confraternização.

c) Em São Paulo, na quarta fabricante de aviões civis do mundo, são obrigatórios o uso de crachás de identificação, embora ninguém circula facilmente por todos os lugares, mesmo que tenha credencial de acesso.

d) Algumas dependências das empresas são restritas: uma área da fábrica Xis, próximo ao local onde ficam guardadas à sete chaves as informações estratégicas, foi interditada para impedir que vaze.

e) Todas as senhas e códigos da empresa ZOOX são alteradas diariamente e os cuidados são também direcionados a qualquer espiões que agem através dos computadores.

COMENTÁRIOS

Resposta correta: "B" – A proposição b está gramaticalmente correta. Seu argumento dá seguimento à tese expressa no segundo parágrafo do texto, sugerindo as principais recomendações e cuidados que se deve ter para se proteger de espionagens tecnológicas na guerra silenciosa onde vale tudo.

Nas outras alternativas, além das ideias incoerentes, há erros gramaticais:

a) Qualquer funcionário, executivo ou não, **sabe**.

c) **É obrigatório** o uso de crachás de identificação, embora ninguém **circule** facilmente por todos os lugares, mesmo que tenha credencial de acesso.

d) Algumas dependências das empresas são restritas: uma área da fábrica Xis, **próxima** ao local onde ficam guardadas **a** sete chaves as informações estratégicas, foi interditada para impedir que vaze.

e) **Quaisquer** espiões.

108. (ESAF – Analista Processual – MPU/2004) Desconsiderando as necessárias alterações na pontuação e no emprego de letras maiúsculas e minúsculas, assinale a opção em que o deslocamento da expressão ou oração sublinhada para o início do período em que ocorre provoca erro gramatical ou incoerência textual.

a) É certo que muito pouco pode ser feito individualmente no que diz respeito às grandes mudanças provocadas pelo fim da guerra fria e pelo desmantelamento dos dois blocos gigantes que se contrapunham, o do Oeste e o do Leste.

b) O terrorismo, antes uma forma rara de conflito, tornou-se presente na vida de milhões de pessoas.

c) As mudanças extraordinárias na área tecnológica, ao mesmo tempo em que representam um avanço revolucionário, provocam imensa ansiedade e confusão.

d) A incerteza política trazida pelo terrorismo, o fato de não mais sabermos quem são nossos inimigos, constitui um aspecto perturbador mesmo quando estamos em casa.

e) As pessoas sentem-se abandonadas – além de inseguras -, como se fossem a última preocupação dos governantes.

(fragmentos adaptados de Tom Peters, O mundo está um caos, VEJA, 17 de dezembro de 2003)

COMENTÁRIOS

Resposta correta: "A" – A oração sublinhada não pode ser deslocada para o início do texto por ser uma oração que restringe a sua antecedente e, ao mesmo tempo, está ligada à oração subsequente. Seu deslocamento para o início do período acarretaria incoerência textual ao período.

b) A expressão explicativa sublinhada pode ser deslocada para o início do período, sem prejuízo deste: Antes uma forma rara de conflito, o terrorismo tornou-se.

c) A oração adjetiva explicativa sublinhada poderia, sem prejuízo do período, ser deslocada para o início: Ao mesmo tempo em que representam um avanço revolucionário, as mudanças.

d) As orações sublinhadas são coordenadas à primeira oração numa enumeração de ideias explicativas, podendo ser feito seu deslocamento para o início do período não prejudicando a coerência do mesmo, apenas haveria uma inversão de colocação de orações coordenadas.

e) O deslocamento da oração subordinada adverbial comparativa (sublinhada) para o início do período não prejudicaria a coerência deste: Como se fossem a última preocupação dos governantes, as pessoas sentem-se abandonadas- além de inseguras.

109. (ESAF – Analista Processual – MPU/2004) As opções abaixo são fragmentos transcritos de um mesmo texto. Assinale aquele que foi transcrito respeitando a coerência do texto e as regras gramaticais da norma culta.

a) Já está provado que, quanto mais pobre é uma comunidade, mais ela depende do meio ambiente. As vilas ribeirinhas da Amazônia e as tribos da Austrália não sobreviveriam sem os rios e as matas de que tiram o sustento.

b) Também já constatou que, é possível, aliar a preservação ao desenvolvimento social e econômico de comunidades nativas. Do melhor exemplo disso está no Brasil, no projeto Mamirauá, no Amazonas.

c) Ali, a pesquisa científica além da conservação ambiental melhorou sensivelmente a vida dos ribeirinhos. Hoje eles tem postos de saúde, escolas – e muitos trabalham no projeto, com carteira profissional assinada e salário fixo.

d) A proposta é que países desenvolvidos, grandes poluidores, pagam para nações mais pobres possam preservarem suas matas e florestas. Isso não tem nada a ver com aquela antiga e errada ideia que a Amazônia é o pulmão do mundo.

e) Não é conservando a Amazônia que resolverão-se os problemas ambientais da Terra. Mas deixando de desmatá-la e de queimá-la evita que a situação fique ainda pior. Investir em pesquisas em outros lugares massacrados – como o Cerrado e a Mata Atlântica – também é fundamental.

(Russel Mittermeier, Revista TERRA, setembro de 2003, com adaptações)

COMENTÁRIOS

Resposta correta: "A" – Fragmento transcrito com coerência e de acordo com as regras gramaticais.

b) Erros: pontuação e regência = Também já constatou **que é possível** aliar a preservação ao desenvolvimento social e econômico de comunidades nativas. **O** melhor exemplo disso está no Brasil, no projeto Mamirauá, no Amazonas.

c) Erros: pontuação e concordância = Ali, a pesquisa científica**, além da conservação ambiental,** melhorou sensivelmente a vida dos ribeirinhos. Hoje eles **têm** postos de saúde, **escolas e** muitos trabalham no projeto, com carteira profissional assinada e salário fixo.

d) Erros: verbo, concordância e regência = A proposta é que países desenvolvidos, grandes poluidores, **paguem** para **que** nações mais pobres possam **preservar** suas matas e florestas. Isso não tem nada a ver com aquela antiga e errada ideia **de** que a Amazônia é o pulmão do mundo.

e) Erros: colocação pronominal, pontuação e coerência: Não é **só** conservando a Amazônia que se resolverão os problemas ambientais da Terra. Mas deixando de desmatá-la e de **queimá-la,** evita**-se** que a situação fique ainda pior. Investir em pesquisas em outros lugares massacrados – como o Cerrado e a Mata Atlântica – também é fundamental.

(*) Inserir o advérbio de exclusão só anteposto ao gerúndio *conservando* é necessário, por questão de coerência textual.

---

110. (ESAF – Analista Processual – MPU/2004) Assinale a opção de ordenação que torna os seguintes fragmentos, adaptados de VEJA, 3/3/2004, um texto coerente e coeso.

a) O que mudou é que, hoje, americanos e europeus podem investir os reais que recebem de suas exportações em dívidas do governo brasileiro ou na bolsa.

b) A oposição à globalização não tem nada a ver com o comércio, mas com as movimentações financeiras entre países.

c) Isso aumenta a demanda por títulos do governo e reduz os juros, que seriam ainda mais altos se não existisse esse influxo internacional.

d) Até manifestantes antiglobalização usam celulares da Nokia e imprimem seus protestos em impressoras Hewlett Packard. Ou seja, até eles aprovam o intercâmbio comercial entre os povos.

a) (A) (C) (D) (B)

b) (B) (D) (A) (C)

c) (B) (C) (A) (D)

d) (C) (A) (B) (D)

e) (C) (D) (B) (A)

COMENTÁRIOS

Resposta correta: "B" – Inicia-se o texto com uma **afirmação** que será argumentada a seguir: A oposição à globalização não tem nada a ver com o comércio, mas com as movimentações financeiras entre países.

– Palavras chave: **oposição à globalização.**

Sequência: Até manifestantes **antiglobalização** usam celulares da Nokia e imprimem seus protestos em impressoras Hewlett Packard. Ou seja, até eles **aprovam o intercâmbio comercial** entre os povos.

Ressalva: O que mudou é que, hoje, **americanos e europeus podem investir os reais que recebem de suas exportações** em dívidas do governo brasileiro ou na bolsa.

Resultado: Isso **aumenta a demanda por títulos do governo e reduz os juros**, que seriam ainda mais altos se não existisse esse influxo internacional.

---

111. (ESAF – Analista Processual – MPU/2004) As características abaixo sobre política pública de gestão foram adaptadas do artigo de Ricardo de Oliveira, A quem interessa melhorar a gestão pública? (Correio Braziliense, 29/02/2004)

Assinale a opção em que essas informações estão organizadas textualmente, em um só período, de forma coerente e gramaticalmente correta. A política pública de gestão

- requer uma série de medidas e compromissos bastante exigentes e complexos.
- necessita, acima de tudo, de continuidade.
- deve ser compreendida como uma política de Estado e não de governo.
- ultrapassa vários governos.

a) A política pública de gestão requer uma série de medidas e compromissos bastante exigentes e complexos, no entanto, acima de tudo necessita de continuidade. Por isso, deve ser compreendida como uma política de Estado e não de governo, porque ultrapassa vários governos.

b) A política pública de gestão, ao requerer uma série de medidas e compromissos bastante exigentes e complexos, necessita acima de tudo de continuidade, a qual deve ser compreendida como uma política de Estado e não de governo: ultrapassa vários governos.

c) A política pública de gestão requer uma série de medidas e compromissos bastante exigentes e complexos, mas acima de tudo necessita de continuidade e, portanto, deve ser compreendida como uma política de Estado e não de governo, porque ultrapassa vários governos.

d) Além de requerer uma série de medidas e compromissos bastante exigentes e complexos, a política pública de gestão acima de tudo necessita de continuidade, pois – posto que ultrapasse vários governos – deve ser compreendida como uma política de Estado, não sendo de governo.

e) Além de requerer uma série de medidas e compromissos bastante exigentes e complexos, a política pública de gestão necessita, acima de tudo, de continuidade; deve então, não ser compreendida como uma política de Estado e sim de governo, por ultrapassar vários governos.

COMENTÁRIOS

Resposta correta: "C"

✪ **Nota das autoras:** questão de coesão, coerência e período composto (conjunção).

É necessário perceber qual a ligação existe entre as orações:

- requer uma série de medidas e compromissos bastante exigentes e complexos = afirmação, mas falta o sujeito.
- necessita, acima de tudo, de continuidade. = oposição.
- deve ser compreendida como uma política de Estado e não de governo. = conclusão.
- ultrapassa vários governos. = explicação.

Perceba quais são as conjunções cabíveis: *mas, portanto e porque*.

Erros:

a) No entanto.

b) ao requerer = não indica condição; o emprego do pronome relativo *o qual*.

d) Alternativa incoerente.

e) Alternativa incoerente.

112. (ESAF – Analista Processual – MPU/2004) Os trechos abaixo constituem um texto, mas estão desordenados. Ordene-os de forma a comporem um texto coeso e coerente e, a seguir, assinale a opção correta.

( ) Novas descobertas da ciência nos trazem tecnologias que podem tanto melhorar nossa vida quanto nos trazer danos.

( ) Ainda com relação à energia nuclear, sabemos que o acesso a materiais radioativos é restrito e controlado, mas ainda nos é permitido usufruir dos benefícios desse tipo de energia.

( ) As leis, portanto, são fundamentais para controlar o uso das novas tecnologias, como evidenciam tais exemplos. Deve-se, contudo, ter cuidado com o poder de certos grupos na elaboração de leis – já se errou no passado, condenando à fogueira Galileu.

( ) A energia nuclear, por exemplo, trouxe a tomografia computadorizada, mas, também, a bomba atômica. Esse fato comprova que precisamos de legislação e vigilância, como as que evitam o comércio de sangue ou de órgãos, mas permitem que milhões de vidas sejam salvas com transplantes.

( ) Sabemos, também, que, hoje, temos um desafio: controlar a biotecnologia. É preciso criar mecanismos de controle que permitam que a pesquisa com embriões humanos seja realizada somente por grupos credenciados e com capacidade demonstrada na área.

a) 1 – 2 – 3 – 4 – 5

b) 4 – 5 – 3 – 1 – 2

c) 2 – 4 – 1 – 5 – 3

d) 3 – 1 – 2 – 5 – 4

e) 1 – 3 – 4 – 2 – 5

COMENTÁRIOS

Resposta correta: "E" – Eliminando para chegar rapidamente à resposta:

- O primeiro item pode iniciar um texto (atenção às alternativas a e e);
- O segundo item não pode iniciar o texto: *Ainda com relação*. Eliminada alternativa c.
- O terceiro item não pode iniciar o texto: As leis, *portanto,* são fundamentais. Eliminada alternativa d.
- O quarto item não pode iniciar o texto: A energia nuclear, *por exemplo*, trouxe a tomografia computadorizada. Exemplo de quê? Alternativa b eliminada.

Agora é seguir a sequência provável do item 1, através das ideias ou palavras chave:

Novas **descobertas da ciência** nos trazem **tecnologias** que podem tanto **melhorar nossa vida** quanto nos **trazer danos**.

A energia nuclear, por exemplo, **trouxe a tomografia computadorizada**, mas, também, **a bomba atômica**. Esse fato comprova que precisamos de legislação e vigilância, como as que evitam o comércio de sangue ou de órgãos, mas permitem que milhões de vidas sejam salvas com transplantes.

Pronto! Exemplifica tecnologias que podem melhorar nossa vida ou nos trazer danos. Isso não ocorre na alternativa a.

113. (ESAF - Analista Processual - MPU/2004) Assinale a opção em que o período atende plenamente às normas de constituição do período.

a) Há interesse recursal por parte da requerida, com vistas a uma sentença, a qual o juiz simplesmente homologa a desistência requerida pelo autor, é meramente processual, extinguindo assim, o feito, sem julgamento do mérito.

b) Não é o caso de suprimento de instância nem de desrespeito ao princípio da demanda, pois, ainda que o pedido tenha sido de cassação, por disposição processual cível, e a matéria seja de ordem pública, é lícito ao tribunal decidir.

c) O tribunal, conhecendo do recurso, deve dar-lhe provimento sob o fundamento de que rege o Código de Processo Civil, no tocante ao instituto da desistência, que após a citação da requerente, completa-se a relação jurídica, passando este a ter interesse jurídico no prosseguimento do feito.

d) O tribunal só poderá, ao julgar decisão terminativa, apreciar o mérito da causa se presente dois requisitos: matéria estritamente de direito e requerimento do requerente. Havendo quebra do princípio da demanda, caso não requerido pelo requerente conforme dispõe a norma.

e) O tribunal deve conhecer do recurso e dar-lhe provimento ao fundamento que como a causa estava devidamente instruída e apta para julgamento, o juiz deveria tê-la feito, devido ao princípio das relações jurídicas.

COMENTÁRIOS

Resposta correta: "B" - Cuidado, pois a intercalação não é da conjunção, mas sim da expressão posposta a ela e por isso está correta a alternativa (leia o que está em negrito): **Não é o caso de suprimento de instância nem de desrespeito ao princípio da demanda, pois**, ainda que o pedido tenha sido de cassação, por disposição processual cível, e a matéria seja de ordem pública, **é lícito ao tribunal decidir**.

a) Trecho incoerente por haver erro de pontuação e falta de continuidade nas ideias.

c) Não há sequência lógica de ideias.

d) Apreciar o mérito da causa se **presentes** dois requisitos.

e) Conhecer **o** recurso.

114. (ESAF - Analista Processual - MPU/2004) Em relação ao emprego dos sinais de pontuação, à concordância, à regência e à grafia, assinale o trecho abaixo que foi transcrito com correção gramatical.

a) Na atualidade, avanços da biologia molecular e genética começam a viabilizar procedimentos médicos que afetam as fronteiras do universo ético. O "Projeto Genoma Humano", responsável pela leitura do nosso código genético e as técnicas de clonagem de embriões de mamíferos cataliza discussões calorosas, não raro desinformadas sobre a necessidade ou não de expansão desse universo ético.

b) Ignorar os potenciais benefícios e os custos sociopolíticos associados a medicina molecular - alternativa inercial -, é moralmente repugnante. Uma estratégia de instrução do debate deve incluir o estudo crítico de cenários hipotéticos e reais.

c) É difícil delimitar o universo ético de uma sociedade, que se queira democrática. Abandonado o fetiche da "ética absoluta", resta a sociedade, inclusive aos profissionais de saúde, debates e construção de novo código de ética médica e legislação federal em sintonia com os novos tempos.

d) É necessário um contrato social que defina minimamente o ser humano como um ser provido da capacidade de exercer o livre-arbítrio. Ao Estado, cabe proteger tal capacidade - apenas a natureza poderá restringi-la (doença) ou aboli-la (morte). A maior contribuição da natureza ao livre-arbítrio, e, portanto, ao humano em cada um de nós são o nosso patrimônio genético.

e) Um novo código de ética deve preservar os interesses dos cidadãos, inclusive daqueles doentes, e fazer do Estado guardião das liberdades individuais contra a tirania da maioria. Espera-se que nossa herança de Hipócrates - primeiro, não causar dano - constitua, por mais um milênio, o limite da ciência e, em particular, da arte médica.

(Adaptado de Antonio Oliveira dos Santos)

COMENTÁRIOS

Resposta correta: "E"

✪ **Nota das autoras:** encontrar os verbos e os respectivos sujeitos para não precisar reler as alternativas: **Um novo código de ética** <u>deve preservar</u> os interesses dos cidadãos, inclusive daqueles doentes, e fazer do Estado guardião das liberdades individuais contra a tirania da maioria. <u>Espera-se</u> que **nossa herança de Hipócrates** - primeiro, não causar dano - **constitua**, por mais um milênio, **o limite da ciência e**, em particular, **da arte médica**. Relembrando: sujeito oracional = verbo da oração principal no singular.

a) Na atualidade, avanços da biologia molecular e genética começam a viabilizar procedimentos médicos que afetam as fronteiras do universo ético. **O "Projeto Genoma Humano",** responsável pela leitura do nosso código genético e as técnicas de clonagem de embriões de mamíferos**, catalisa** discussões calorosas, não raro desinformadas sobre a necessidade ou não de expansão desse universo ético.

b) Ignorar os potenciais benefícios e os custos sociopolíticos associados **à** medicina molecular (ao molde) - alternativa inercial -, é moralmente repugnante. Uma estratégia de instrução do debate deve incluir o estudo crítico **aos** cenários hipotéticos e reais.

c) É difícil delimitar o universo ético de uma sociedade **que** se queira democrática. Abandonado o fetiche da "ética absoluta", **restam à** sociedade (ao homem), inclusive aos profissionais de saúde, debates e construção de novo código de ética médica e legislação federal em sintonia com os novos tempos.

d) É necessário um contrato social que defina minimamente o ser humano como um ser provido da capacidade de exercer o livre-arbítrio. Ao Estado, cabe proteger tal capacidade – apenas a natureza poderá restringi-la (doença) ou aboli-la (morte). A maior contribuição da natureza ao livre-arbítrio, e, portanto, ao humano em cada um de nós **é** o nosso patrimônio genético.

11. INTERPRETAÇÃO

Interpretar é concluir, deduzir a partir dos dados coletados.

O tempo, na prova, é muito curto, por isso é necessário trabalhar com dicas para não precisar reler o texto. Lembre-se de que interpretar é objetivo, ou seja, a opinião do leitor nada importa. A resposta correta é direcionada ao que o autor escreveu e não àquilo que o leitor achou ou acha sobre o assunto. Dicas rápidas para melhorar o desempenho no final do capítulo.

Para facilitar o estudo, são mencionados os trechos dos textos que evidenciam o porquê de cada resposta, esclarecendo, com trechos dos próprios textos, os erros citados nas alternativas. Uso poucas explicações com minhas palavras para tornar – ou manter – a interpretação objetiva.

Texto.

Há um dispositivo no Código Civil que condiciona a edição de biografias à autorização do biografado ou descendentes. As consequências da norma são negativas. Uma delas é a impossibilidade de se registrar e deixar para a posteridade a vida de personagens importantes na formação do país, em qualquer ramo de atividade. Permite-se a interdição de registros de época, em prejuízo dos historiadores e pesquisadores do futuro.

Dessa forma, tem sido sonegado, por exemplo, o relato da vida do poeta Manoel Bandeira e dos escritores Mário de Andrade e Guimarães Rosa. Tanto no jornalismo quanto na literatura não pode haver censura prévia. Publicada a reportagem (ou biografia), os que se sentirem atingidos que recorram à justiça. É preciso seguir o padrão existente em muitos países, em que há biografias "autorizadas" e "não autorizadas".

Reclamações posteriores, quando existem, são encaminhadas ao foro devido, os tribunais.

O alegado "direito à privacidade" é argumento frágil para justificar o veto a que a historiografia do país seja enriquecida, como se não bastasse o fato de o poder de censura concedido a biografados e herdeiros ser um atentado à Constituição.

O Globo, 23/9/2013 (com adaptações).

---

115. (Cespe – Técnico – MPU/2013) Dada a apresentação de fatos, acontecimentos e personagens, o texto é predominantemente narrativo.

( ) certo ( ) errado

COMENTÁRIOS

Errado – Não se trata de texto narrativo (características: conta uma história, possui sequência de acontecimentos e ações, predominância dos verbos no pretérito do indicativo e há passagem de tempo).

O texto é **dissertativo-argumentativo:** tem por finalidade principal persuadir o leitor sobre o ponto de vista do autor a respeito do assunto. Além de explicar, também persuade o interlocutor e modifica seu comportamento.

---

116. (Cespe – Técnico – MPU/2013) Depreende-se das ideias apresentadas no texto que a Constituição dispõe que é direito de todos os cidadãos censurar e impedir a circulação de informações a respeito da própria vida.

( ) certo ( ) errado

COMENTÁRIOS

Errado – Depreender significa inferir, chegar à compreensão ou à conclusão de; deduzir. No último parágrafo, o autor esclarece que censurar e impedir a circulação de informações a respeito da própria vida é um atentado à Constituição.

Texto para os itens.

Recordar algo nunca ocorrido é comum e pode acontecer com pessoas de qualquer idade. Muitos indivíduos sequer percebem que determinadas lembranças foram criadas, pois as cenas e até os sons evocados pelo cérebro surgem com a mesma nitidez e o mesmo grau de detalhamento das memórias **reais**.

De acordo com alguns neurocientistas, quando a pessoa se recorda de uma sequência de eventos, o cérebro reconstrói o passado juntando os "tijolos" de dados, mas somente o ato de acessar as lembranças já modifica e distorce a realidade.

Um neurocientista de uma equipe que pesquisa esse assunto afirma que se busca reforçar a ideia de que a memória não pode ser considerada um papel carbono, ou seja, de que ela não reproduz fielmente um acontecimento. "Nossa esperança é que, ao propor uma explicação neural para o processo de geração das falsas memórias, haja aplicações práticas nas cortes de justiça, por exemplo", diz o cientista. "Jurados e magistrados precisam de evidências de que, por mais real que aparente ser, um fato recordado por uma testemunha pode não ser verdadeiro. A memória humana não é como uma memória de computador, não está certa o tempo todo."

O neurocientista relatou que quase três quartos dos primeiros 250 americanos que tiveram suas condenações penais anuladas graças ao exame de DNA haviam sido vítimas de falso testemunho ocular. Um psicólogo entrevistado afirmou que, dependendo de como se conduz uma acareação, ela pode confundir a pessoa interrogada.

Correio Braziliense, 26/7/2013 (com adaptações).

117. (Cespe - Analista - MPU/2013) Segundo o neurocientista entrevistado, o ideal seria que o cérebro humano dispusesse de memória computacional, ideia que se alinha à apologia da memória do computador, em detrimento da memória humana, apresentada no texto.

( ) certo ( ) errado

COMENTÁRIOS

Errado – Em parte alguma do texto, foi citado que o ideal seria que o cérebro humano dispusesse de memória computacional. Apenas ocorre uma comparação neste trecho: 'A memória humana não é como uma memória de computador, não está certa o tempo todo'. Descarta-se, assim, a apologia da memória do computador, em detrimento da memória humana.

118. (Cespe - Analista - MPU/2013) Infere-se da fala do neurocientista citado no texto que jurados e magistrados não sabem que o cérebro humano é capaz de gerar falsas memórias, o que, em outras palavras, significa afirmar que, na análise dos fatos, eles se restringem ao parâmetro de distinção entre lembrança verdadeira e mentira voluntária das testemunhas.

( ) certo ( ) errado

COMENTÁRIOS

Errado – 1. Os neurocientistas sabem que o cérebro humano é capaz de gerar falsas memórias (segundo parágrafo); 2. Quanto aos magistrados, afirma-se: 'Jurados e magistrados precisam de evidências de que, por mais real que aparente ser, um fato recordado por uma testemunha pode não ser verdadeiro. A memória humana não é como uma memória de computador, não está certa o tempo todo'. Nada indica que se restringem a lembrança verdadeira e mentira voluntária.

119. (Cespe - Analista - MPU/2013) Dadas as ideias desenvolvidas no segundo e no terceiro parágrafos, o adjetivo "reais" poderia ser empregado entre aspas ou poderia ser precedido da forma de particípio *consideradas*, sem prejuízo da coerência do texto.

( ) certo ( ) errado

COMENTÁRIOS

Certo – Poderia ser usado entre aspas por indicar ironia e poderia ser precedido do particípio: o mesmo grau de detalhamento das memórias **consideradas reais**.

A respeito da organização das estruturas linguísticas e das ideias do texto, julgue os itens a seguir.

A recuperação econômica dos países desenvolvidos começou perigosamente a perder fôlego. A reação dos indicadores de atividade na zona do euro, que já não eram robustos ou mesmo convincentes, é agora algo semelhante à paralisia. Os Estados Unidos da América cresceram a uma taxa superior a 3% em 12 meses, mas a maioria dos analistas aposta que a economia americana perderá força no segundo semestre. O corte de 125 mil empregos em junho indica que a esperança de gradual retomada do crescimento do mercado de trabalho no curto prazo era prematura e não deverá se concretizar. As razões para esse estancamento encontram-se no comportamento do polo dinâmico da economia mundial, os países emergentes, cujo desenvolvimento econômico começou a desacelerar — ainda que a partir de taxas exuberantes de expansão.

Valor Econômico, Editorial, 6/7/2010 (com adaptações)

120. (CESPE - Técnico - Área Administrativa - MPU/2010) As expressões "começou perigosamente a perder fôlego" e "começou a desacelerar", empregadas em sentido figurado, são equivalentes quanto ao sentido e sugerem que, no atual contexto mundial, caracterizado pela economia globalizada, não há esperança de crescimento da oferta de emprego no curto prazo.

( ) Certo ( ) Errado

COMENTÁRIOS

Resposta correta: (Errado) a expressão começou perigosamente a perder fôlego, no sentido figurado, sugere que alguma estrutura sólida, já construída, começou a desfazer-se e isto é perigoso para o contexto mundial. – A expressão começou a desacelerar contém a ideia de que algo, que estava em desenvolvimento, perdeu a velocidade com que ia-se construindo, no caso, o desenvolvimento econômico dos países emergentes, e isto não impede o crescimento da oferta de emprego a curto prazo e nem a reação positiva da economia globalizada.

121. (CESPE - Técnico - Área Administrativa - MPU/2010) Infere-se das informações do texto que os países emergentes são considerados o polo dinâmico da economia mundial e deles dependem a velocidade e a força da recuperação da economia de países desenvolvidos.

( ) Certo ( ) Errado

COMENTÁRIOS

Resposta correta: (Certo) O trecho seguinte, retirado do texto, confirma a assertiva: *As razões para esse estancamento encontram-se no comportamento do polo dinâmico da economia mundial, os países emergentes.*

A respeito da organização das estruturas linguísticas e das ideias do texto, julgue os itens a seguir.

Para a maioria das pessoas, os assaltantes, assassinos e A respeito da organização das estruturas linguísticas e das ideias do texto, julgue os itens a seguir. Traficantes que possam ser encontrados em uma rua escura da cidade são o cerne do problema criminal. Mas os danos que tais criminosos causam são minúsculos quando comparados com os de criminosos respeitáveis, que vestem colarinho branco e trabalham para as organizações mais poderosas. Estima-se que as perdas provocadas por violações das leis *antitrust* — apenas um item de uma longa lista dos principais crimes do colarinho branco — sejam maiores que todas as perdas causadas pelos crimes notificados à polícia em mais de uma década, e as relativas a danos e mortes provocadas por esse crime apresentam índices ainda maiores. A ocultação, pela indústria do asbesto (amianto), dos perigos representados por seus produtos provavelmente custou tantas vidas quanto as destruídas por todos os assassinatos ocorridos nos Estados Unidos da América durante uma década inteira; e outros produtos perigosos, como o cigarro, também provocam, a cada ano, mais mortes do que essas.

James William Coleman, A elite do crime, 5,ª ed,, São Paulo: Manole, 2005, p. 1 (com adaptações).

122. (CESPE - Técnico - Área Administrativa - MPU/2010) Conclui-se da leitura do texto que os efeitos das ações de criminosos de rua não são, de fato, tão danosos à sociedade quanto os das ações praticadas por criminosos de colarinho branco.

( ) Certo ( ) Errado

COMENTÁRIOS

Resposta correta: (Certo) Segundo o texto, entende-se que a indústria química mata mais que os criminosos de rua, acobertada pelo colarinho branco dos respeitáveis criminosos que trabalham para as organizações mais poderosas.

123. (CESPE - Técnico - Área Administrativa - MPU/2010) Pela leitura do texto, conclui-se que, nos Estados Unidos da América, os efeitos anuais do tabagismo são mais danosos que os de uma década de violência urbana somados aos do uso de produtos fabricados com amianto.

( ) Certo ( ) Errado

COMENTÁRIOS

Resposta correta: (Errado) conclui-se, pela leitura do texto, que nos Estados Unidos da América a indústria do asbestos (amianto) oculta os perigos que seus produtos representam e causam, o que provavelmente já destruiu muitas vidas, tanto quanto as destruídas pela violência urbana, – em uma década -. O tabagismo também é citado como maléfico entre outros produtos perigosos que causam a morte;

A respeito da organização das estruturas linguísticas e das ideias do texto, julgue os itens a seguir.

As projeções sobre a economia para os próximos dez anos são alentadoras. Se o Brasil mantiver razoável ritmo de crescimento nesse período, chegará ao final da próxima década sem extrema pobreza. Algumas projeções chegam a apontar o país como a primeira das atuais nações emergentes em condições de romper a barreira do subdesenvolvimento e ingressar no restrito mundo rico.

Tais previsões baseiam-se na hipótese de que o país vai superar eventuais obstáculos que impediriam a economia de crescer a ritmo continuado de 5% ao ano, em média. Para realizar essas projeções, o Brasil precisa aumentar a sua capacidade de poupança doméstica e investir mais para ampliar a oferta e se tornar competitivo.

No lugar de alta carga tributária e estrutura de impostos inadequada, o país deve priorizar investimentos que expandam a produção e contribuam simultaneamente para o aumento de produtividade, como é o caso dos gastos com educação. É dessa forma que são criadas boas oportunidades de trabalho, geradoras de renda, de maneira sustentável.

O Globo, Editorial, 12/7/2010 (com adaptações).

124. (CESPE - Técnico - Área Administrativa - MPU/2010) Pelas estruturas sintáticas, escolhas lexicais e modo de organização das ideias, conclui-se que predomina, no texto, o tipo textual narrativo.

( ) Certo ( ) Errado

COMENTÁRIOS

Resposta correta: (Errado) O texto é predominantemente um artigo de opinião sobre um problema atual onde são apresentadas propostas para resoluções desse problema.

125. (CESPE - Técnico - Área Administrativa - MPU/2010) Subentende-se das informações do texto que a aplicação prioritária de recursos em educação acarretaria simultânea queda da carga tributária.

( ) Certo ( ) Errado

COMENTÁRIOS

Resposta correta: (Errado) O texto exemplifica os gastos com educação como um dos casos sobre os quais o país deveria investir, tendo como prioridade, e esta seria a forma de criar boas oportunidades de trabalho gerando rendas de maneira sustentável.

126. (CESPE - Técnico - Área Administrativa - MPU/2010) Infere-se da leitura do texto que o autor considera que o Brasil precisa reformular a estrutura de impostos, que é inadequada, e rever a carga tributária, que é alta.

( ) Certo ( ) Errado

COMENTÁRIOS

Resposta correta: (Certo) O autor faz algumas projeções, baseadas em hipóteses, de que o Brasil poderia superar certos obstáculos na economia, se revisse a alta carga tributária e se reformulasse a estrutura de impostos que ele, autor, considera inadequada.

127. (CESPE - Técnico - Área Administrativa - MPU/2010) Depreende-se da leitura do texto que o Brasil, em uma década, será membro do grupo dos países ricos.

( ) Certo ( ) Errado

COMENTÁRIOS

Resposta correta: (Errado) A leitura do texto sugere que, SE for mantido razoável ritmo de crescimento no período de dez anos (note-se a data do editorial: 12/10/2010), o Brasil chegará, ao final da próxima década, a ingressar no mundo dos ricos. Observar que não é uma afirmativa, mas uma hipótese fundamentada na condicional SE: " Se o Brasil mantiver (...) chegará ao final da próxima década sem extrema pobreza.".

Atenção. *As próximas questões referem-se ao texto abaixo.*

A propósito de uma aranha

Fiquei observando a aranha que construía sua teia, com os fios que saem dela como um fruto que brota e se alonga de sua casca. A aranha quer viver, e trabalha nessa armadilha caprichosa e artística que surpreenderá os insetos e os enredará para morrer. Tua morte, minha vida – diz uma frase antiga, resumindo a lei primeira da natureza. A frase pode soar amarga em nossos ouvidos delicados, enquanto comemos nosso franguinho. Sua morte, vida nossa.

Os vegetarianos não fiquem aliviados, achando que, além de terem hábitos mais saudáveis, não dependem da morte alheia para viver. É verdade que a alface, a cenoura, a batata, o arroz, o espinafre, a banana, a laranja não costumam gritar quando arrancados da terra, decepados do caule, cortados e processados na cozinha. Mas por que não imaginar que estavam muito bem em suas raízes, e se deleitavam com o calor do sol, com a água refrescante da chuva, com os sopros do vento? Sua morte, vida nossa.

Mas voltemos à aranha. Ela não aprendeu arquitetura ou geometria, nada sabe sobre paralelas e losangos; vive da ciência aplicada e laboriosa dos fios quase invisíveis que não perdoam o incauto. Uma vez preso na teia, o inseto que há pouco voava debate-se inutilmente, enquanto a aranha caminha com leveza em sua direção, percorrendo resoluta o labirinto de malhas familiares. Se alguém salvar esse inseto, num gesto de misericórdia, e se dispuser a salvar todos os outros que caírem na armadilha, a aranha morrerá de fome. Em outras palavras: a boa alma tomará partido entre duas mortes.

A cada pequena cena, a natureza nos fala de sua primeira lei: a lei da necessidade. O engenho da aranha, a eficácia da teia, o vôo do inseto desprevenido compõem uma trama de vida e morte, da qual igualmente participamos todos nós, os bichos pensantes. Que necessidade tem alguém de ser cronista? – podem vocês me perguntar. O que leva alguém a escrever sobre teias e aranhas? Minha resposta é crua como a natureza: os cronistas também comem. E como não sabem fazer teias, tecem palavras, e acabam atendendo a necessidade de quem gosta de ler. A pequena aranha, com sua pequena teia, leva a gente a pensar na vida, no trabalho, na morte. A natureza está a todo momento explicando suas verdades para nós. Se eu soubesse a origem e o fim dessas verdades todas, acredite, leitor, esta crônica teria um melhor arremate.

(Virgílio Covarim)

128. (FCC – Técnico – Área Administrativa – MPU/2007) A observação de uma aranha e sua teia levam o cronista a tratar

a) da crueldade e da irracionalidade das leis naturais.
b) do universo extravagante em que vivem os insetos.
c) do princípio da necessidade, pelo qual se regula a natureza.
d) da dificuldade de se relacionar a vida com a morte.
e) das leis da natureza, que só o homem consegue desafiar.

COMENTÁRIOS

Resposta correta: "C" – O cronista faz uma analogia entre a verdade da vida e a necessidade de ser cronista com o princípio da necessidade, partindo de observações indeléveis ao trabalho eficaz de uma aranha, através de questionamentos sobre verdades e sua ação sobre a vida., numa leveza poética que induz a reflexões profundas sobre a vida, o trabalho, a morte...;

a) em momento algum o cronista vê crueldade ou irracionalidade nas leis naturais, pelo contrário, exalta sua sabedoria (das leis naturais);
b) o cronista não mostra extravagância no universo dos insetos e, sim, simplicidade natural;
d) o cronista busca, através de suas observações a cenas cotidianas, mostrar com naturalidade o ciclo vida-morte como parte do processo existencial;
e) o cronista trata das leis da natureza que a todo momento EXPLICA ao homem suas verdades, cuja origem e cujo fim ainda são incógnitas para todos nós.

129. (FCC – Técnico – Área Administrativa – MPU/2007) Atente para as seguintes afirmações:

I. A frase tua morte, minha vida sintetiza uma lei que se aplica sobretudo a determinadas espécies do reino animal.
II. A lei da necessidade, tal como a enuncia o texto, expressa o nosso desejo de sobrepujar a força dos instintos naturais.
III. A teia da aranha e o texto do cronista são tratados como trabalhos movidos pela força de uma necessidade.

Em relação ao texto, está correto o que se afirma em

a) I, II e III.
b) I e II, apenas.
c) II e III, apenas.
d) II, apenas.
e) III, apenas.

COMENTÁRIOS

Resposta correta: "E"

I. Errado: a frase TUA MORTE, MINHA VIDA sintetiza uma lei de todo o reino animal, inclusive o do pensante;

II. Errado: a lei da necessidade expressa, não o nosso desejo de superar a força dos instintos naturais, mas o quanto ignoramos, ou não, nos atentarmos aos avisos que a natureza nos dá a todo momento.

III. Certo: A observação atenta do cronista remete à lei da sobrevivência que move a natureza e nos leva a reflexões sobre a cadeia que entrelaça o homem na preservação da vida, chamando a atenção Pra atos, muitas vezes nunca pensados, cometidos pela força de uma necessidade: VIVER;

130. (FCC – Técnico – Área Administrativa – MPU/2007) Considerando-se o contexto, traduz-se corretamente o sentido de frase ou expressão do texto em:

a) armadilha caprichosa e artística (1º parágrafo) = cilada cruel e atraente.
b) não perdoam o incauto (3º parágrafo) = não consideram o medroso.
c) percorrendo resoluta (3º parágrafo) = dirigindo-se orgulhosa.
d) compõem uma trama (4º parágrafo) = articulam uma relação.
e) um melhor arremate (4º parágrafo) = uma conclusão hipotética.

COMENTÁRIOS

Resposta correta: "D"

✪ **Nota das autoras:** Questão de interpretação e coesão.

compõem uma trama =articulam uma relação – tecem uma teia= ligam, unem, juntam (elo de ligação, conexão) ;

a) armadilha caprichosa e artística = engenho para atrair com zelo e com arte – é diferente de: cilada cruel e atraente = emboscada perversa, atroz e sedutora;
b) não consideram o medrosa= não respeitam o receoso, o fraco – não traduz a frase não perdoam o incauto = não relevam o ingênuo;
c) o adjetivo orgulhosa = arrogante não é sinônimo de resoluta = decidida;
e) uma conclusão hipotética= uma conclusão duvidosa, incerta – não traduz um melhor arremate = um melhor término, desfecho.

131. (FCC – Técnico – Área Administrativa – MPU/2007) Estabelece-se, no primeiro parágrafo, uma comparação direta entre estes dois elementos:

a) um fruto e sua casca.
b) os fios da teia e um fruto.
c) a aranha e o franguinho.
d) os fios da teia e a aranha.
e) a aranha e um fruto.

COMENTÁRIOS

Resposta correta: "B" Os fios da teia e um fruto: a aranha construía sua teia com os fios que sem dela **como** um fruto que brota e se alonga de sua casca. – Comparação marcada pela conjunção *como*.

a) um fruto **e** sua casca – a conjunção E é aditiva e não comparativa.
c) a aranha **e** o franguinho – a conjunção E é aditiva – não há comparação.
d) os fios da teia **e** a aranha – a conjunção E é aditiva, não havendo comparação.
e) a aranha **e** um fruto – a conjunção *e* é adita, não havendo comparação. As conjunções aditivas simplesmente ligam orações ou termos com funções idênticas.

Atenção, *as questões a seguir referem-se ao texto abaixo.*

O Ministério Público Federal em Minas Gerais obteve liminar na Ação Civil Pública ajuizada contra a empresa Comércio de Alimentos Ltda. Instada a se pronunciar sobre o pedido do Ministério Público, a Agência Nacional de Vigilância Sanitária-(ANVISA) declarou-se favorável à pretensão, porque ela estaria "de acordo com a política de alimentação e nutrição desenvolvida pelo Ministério da Saúde, que tem como um de seus propósitos a promoção de práticas alimentares saudáveis, englobando medidas que possam interferir no padrão de alimentação da população". O juiz da 5ª Vara da Justiça Federal entendeu que, ao contrário do que alega a empresa, a "disponibilização do quadro nutricional por intermédio da Internet e a distribuição de um guia nutricional no balcão dos estabelecimentos comerciais não suprem a exigência legal de garantir o efetivo direito de informação do consumidor em relação ao valor nutricional do produto por ele adquirido". A liminar foi deferida determinando que a empresa, "no prazo de vinte dias úteis, contados da intimação, veicule e exija que suas franqueadas também o façam, em todo o território nacional, nas embalagens ou nos rótulos dos produtos alimentícios que comercializam, quadro nutricional que informe ao consumidor o percentual fornecido por qualquer produto em relação ao valor diário recomendado de cada nutriente, tais como os valores percentuais de carboidratos, proteínas, gorduras, gorduras saturadas, gorduras trans, fibra alimentar e sódio, nos moldes da Resolução 359/03, da ANVISA, sob pena de ser imposta multa cominatória no valor de R$ 500,00 por produto alimentício irregularmente comercializado".

(Adaptado de www.mpu.gov.br/noticias – 28/06/2004)

132. (ESAF – Técnico – Área Administrativa – MPU/2004) Assinale a opção em que a interpretação da palavra não está de acordo com os sentidos do texto.

a) Instada = Provocada
b) propósitos = objetivos
c) alega = solicita
d) suprem = satisfazem
e) veicule = divulgue

COMENTÁRIOS

Resposta correta: "C" – No texto, a forma verbal **alega** está no sentido de *expor razões, argumentar, explicar.*

a) Instada = Provocada: *Requisitado com instâncias; SOLICITADO; ROGADO.**

b) propósitos = objetivos: *Coisa que se pretende alcançar ou fazer; INTENÇÃO; OBJETIVO.**

d) suprem = satisfazem: *Preencher, completar, ou substituir.**

e) veicule = divulgue: *Difundir, transmitir.**

**Fonte: Dicionário digital Aulete.*

---

133. (ESAF – Técnico – Área Administrativa – MPU/2004) Assinale a opção que apresenta depreensão incorreta das ideias do texto.

a) A ANVISA concorda com a liminar concedida ao Ministério Público Federal em Minas Gerais contra a empresa Comércio de Alimentos Ltda.

b) O Ministério da Saúde procura promover práticas que evitem interferir nos costumes e padrões de alimentação da população.

c) O consumidor tem direito à informação sobre o valor nutricional dos produtos alimentícios que adquire nos estabelecimentos comerciais.

d) A empresa Comércio de Alimentos Ltda. afirma que, para uma informação efetiva, é suficiente difundir o quadro nutricional por meio da Internet e distribuir um guia no balcão dos estabelecimentos.

e) A ANVISA é o órgão oficial que determina como deve ser a informação aos consumidores com respeito ao percentual de nutrientes fornecido em relação ao valor diário recomendado de cada nutriente.

COMENTÁRIOS

Resposta correta: "B" – O trecho retirado do texto mostra: "de acordo com a política de alimentação e nutrição desenvolvida pelo Ministério da Saúde, que tem como um de seus propósitos a promoção de práticas alimentares saudáveis, englobando medidas que possam interferir no padrão de alimentação da população."

a) a Agência Nacional de Vigilância Sanitária-(ANVISA) declarou-se favorável à pretensão, porque ela estaria "de acordo com a política de alimentação e nutrição desenvolvida pelo Ministério da Saúde, que tem como um de seus <u>propósitos</u> a promoção de práticas alimentares saudáveis, englobando medidas que possam interferir no padrão de alimentação da população"

c) A liminar foi deferida determinando que a empresa, "no prazo de vinte dias úteis, contados da intimação, veicule e exija que suas franqueadas também o façam, em todo o território nacional, nas embalagens ou nos rótulos dos produtos alimentícios que comercializam, quadro nutricional que informe ao consumidor o percentual fornecido por qualquer produto em relação ao valor diário recomendado de cada nutriente, tais como os valores percentuais de carboidratos, proteínas, gorduras, gorduras saturadas, gorduras trans, fibra alimentar e sódio, nos moldes da Resolução 359/03.

d) Informação no texto e na alternativa anterior.

e) Correta.

---

134. (ESAF – Técnico – Área Administrativa – MPU/2004) Em relação aos elementos do texto, assinale a opção correta.

O mais completo retrato do Brasil já realizado por um artista está na obra <u>oceânica</u> do pintor Candido Portinari. Os mais importantes países do mundo gostariam de ter um artista como este, que tivesse fixado a sua alma. Nenhum outro pintor pintou mais um país do que Portinari pintou o seu. A sua obra <u>enfrentou</u> os assuntos mais significativos do <u>país,</u> da infância <u>à vida</u> rural, das mazelas sociais manifestadas nos retirantes nordestinos <u>à saga</u> histórica da formação da nacionalidade. Em cada um desses assuntos, a contribuição do artista tornou-se referência obrigatória. O mais conhecido pintor da história do país tornou-se para o público sinônimo de arte. Esta identificação de um artista com a própria essência de sua atividade é o maior reconhecimento público imaginável. (Adaptado de Jacob Klintowitz, O pintor da alma brasileira, Revista Sras e Srs, ano 2, nº 7, março/abril 2004, p. 87)

a) Depreende-se das informações do texto que a palavra qualificativa "oceânica" é adequada à obra de Portinari porque ele tinha o mar como tema principal.

b) Infere-se do texto que Portinari, ao pintar os temas brasileiros, tanto registrou como estabeleceu contornos para a identidade nacional.

c) A substituição da palavra "enfrentou" por focalizou deixaria o período incoerente.

d) Se a vírgula após "país" for substituída por sinal de dois pontos haverá transgressão das exigências da norma culta escrita.

e) O emprego de "à" antes de "vida" e de "saga" justifica-se pela regência do verbo "enfrentou".

COMENTÁRIOS

Resposta correta: "B" – O texto mostra com a expressão *O mais completo retrato do Brasil* que, com sua obra, Portinari tanto registrou como estabeleceu contornos para a identidade nacional. O texto mostra, ainda, que esta identificação tem a alma fixada do pintor com a essência de sua atividade;

a) A palavra oceânica, no texto, está no sentido metafórico, expressando a grandiosidade da obra de Cândido Portinari.

c) A substituição da palavra *enfrentou* por *focalizou* não traria incoerência ao período= enfrentou: defrontou, encarou; focalizou: focou, pôs em evidência.

d) A substituição da vírgula após *país* pelo sinal de dois pontos não transgride as exigências da norma culta da escrita porque, após a vírgula, segue-se a enumeração dos vários temas focalizados pelo pintor e expor esta enumeração é uma das funções dos dois pontos.

e) Da infância à vida (complementa *da infância*); das mazelas às sagas (complementa *das mazelas*).

A respeito da organização das estruturas linguísticas e das ideias do texto, julgue o item a seguir.

Nós, seres humanos, somos seres sociais: vivemos nosso cotidiano em contínua imbricação com o ser de outros. Isso, em geral, admitimos sem reservas. Ao mesmo tempo, seres humanos, somos indivíduos: vivemos nosso ser cotidiano como um contínuo devir de experiências individuais intransferíveis. Isso admitimos como algo indubitável. Ser social e ser individual parecem condições contraditórias da existência. De fato, boa parte da história política, econômica e cultural da humanidade, particularmente durante os últimos duzentos anos no ocidente, tem a ver com esse dilema. Assim, distintas teorias políticas e econômicas, fundadas em diferentes ideologias do humano, enfatizam um aspecto ou outro dessa dualidade, seja reclamando uma subordinação dos interesses individuais aos interesses sociais, ou, ao contrário, afastando o ser humano da unidade de sua experiência cotidiana. Além disso, cada uma das ideologias em que se fundamentam essas teorias políticas e econômicas constitui uma visão dos fenômenos sociais e individuais que pretende firmar-se em uma descrição verdadeira da natureza biológica, psicológica ou espiritual do humano.

Humberto Maturana. Biologia do fenômeno social: a ontologia da realidade, Miriam Graciano (Trad.J, Belo Horizonte: UFMG, 2002, p, 195 (com adaptações).

135. (CESPE – Analista Processual – MPU/2010) Depreende-se do texto que as "condições contraditórias" mencionadas no quinto período decorrem da dificuldade que o ser humano tem em admitir que suas experiências são intransferíveis porque surgem de "um contínuo devir" (terceiro período).

( ) Certo ( ) Errado

COMENTÁRIOS

Resposta correta: (Errado) – A dificuldade do ser humano não é em admitir que suas experiências são intransferíveis. Disso o autor não duvida; o dilema e enfatizar um aspecto ou outro da dualidade individual pelo social, ora sufocando o individual pelo social, ora afastando o ser social do individual, dependendo do interesse ideológico.

A respeito da organização das estruturas linguísticas e das ideias do texto, julgue os itens a seguir.

As diferenças de classes vão ser estabelecidas em dois níveis polares: classe privilegiada e classe não privilegiada. Nessa dicotomia, um leitor crítico vai perceber que se trata de um corte epistemológico, na medida em que fica óbvio que classificar por extremos não reflete a complexidade de classes da sociedade brasileira, apesar de indicar os picos. Em cada um dos polos, outras diferenças se fazem presentes, mas preferimos alçar a dicotomia maior que tanto habita o mundo das estatísticas quanto, e principalmente, o mundo do imaginário social. Estudos a respeito de riqueza e pobreza ora dão quitação a classes pela forma quantitativa da ordem do ganho econômico, ora pelo grau de consumo na sociedade capitalista, ora pela forma de apresentação em vestuário, ora pela violência de quem não tem mais nada a perder e assim por diante. O imaginário, em sua organização dinâmica e com sua capacidade de produzir imagens simbólicas e estereótipos, maneja representações que possibilitam pôr ordem no caos. O imaginário, acionado pela imaginação individual, é pluriespacial e, na interação social, constrói a memória, a história museológica. Mesmo que possamos pensar que estereótipos são resultado de matrizes, a cultura é dinâmica, porquanto símbolos e estereótipos são olhados e ressignificados em determinado instante social.

Dina Maria Martins Ferreira. Não pense, veja. São Paulo: Fapesp&Annablume, p. 62 (com adaptações).

136. (CESPE – Analista Processual – MPU/2010) Da leitura do texto conclui-se que o imaginário, ao "pôr ordem no caos" (final do texto) simplifica a complexa organização de classes na sociedade brasileira.

( ) Certo ( ) Errado

COMENTÁRIOS

Resposta correta: (Errado) – Da leitura do texto deduz-se que o imaginário tenta habilmente a partir de imagens simbólicas e preconcebidas manejar representações que minimizem o caos da complexa organização de classes na sociedade brasileira, dicotomiza em classes privilegiada e não privilegiada, desconhecendo ou ignorando propositadamente os percalços entre um polo e outro.

137. (CESPE – Analista Processual – MPU/2010) De acordo com a argumentação do texto, a diferenciação das classes em "dois níveis polares" (primeiro período), como dois extremos, não atende à complexidade de classes da sociedade brasileira, mas é comum ao "mundo das estatísticas" e ao "mundo do imaginário social" (terceiro período).

( ) Certo ( ) Errado

COMENTÁRIOS

Resposta correta: (Certo) – O mundo das estatísticas e o mundo imaginário, através da imaginação individual, criam representações, ainda que simbólicas, para as diferenças de classes em dois níveis polares apenas e isso não atende nem representa a medida real da complexibilidade do problema da classe social brasileira.

Julgue o item a seguir, com relação às ideias do texto.

Hipermodernidade é o termo usado para denominar a realidade contemporânea, caracterizada pela cultura do excesso, do acréscimo sempre quantitativo de bens materiais, de coisas consumíveis e descartáveis. Dentro desse contexto, todas as interações humanas, marcadas pela doença crônica da falta de tempo disponível e da ausência de autêntica integração existencial, se tornam intensas e urgentes. O movimento da vida passa a ser uma efervescência constante e as mudanças a ocorrer em ritmo quase esquizofrênico, determinando os valores fugidios de uma ordem temporal marcada pela efemeridade. Como tentativas de acompanhar essa velocidade vertiginosa que marca o processo de constituição da sociedade hipermoderna, surge a flexibilidade do mundo do trabalho e a fluidez das relações interpessoais. O indivíduo da "cultura" tecnicista vivencia uma situação paradoxal: ao mesmo tempo em que lhe são ofertados continuamente os recursos para que possa gozar efetivamente as dádivas materiais da vida, ocorre, no entanto, a impossibilidade de se desfrutar plenamente desses recursos.

Renato Nunes Bittencourt. Consumo para o vazio existencial. In: Filosofia, ano V, n, 48, p, 46-8 (com adaptações).

138. (CESPE – Analista Processual – MPU/2010) Entende-se da leitura do texto que a "realidade contemporânea" (primeiro período) caracteriza-se pela velocidade vertiginosa e pelo acúmulo de bens materiais, assim como pela ausência de integração existencial e falta de tempo para usufruir "as dádivas materiais da vida" (último período).

( ) Certo ( ) Errado

COMENTÁRIOS

Resposta correta: (Certo) – A leitura do texto deixa entender que a busca incessante do indivíduo pelo acúmulo e excesso de bens materiais sufoca o ser existencial, numa ânsia de se colocar nos parâmetros do hipermodernismo. Essa realidade o leva à não integração existencial, sufocada pela ausência de tempo que impede o desfrute da própria conquista diante de uma vida sem tempo de preencher o vazio existencial ocasionado pela ânsia do ter, anulando o próprio ser, e tudo isso numa velocidade vertiginosa, ocasionada pelo processo que rege a sociedade hipermodernista.

Atenção, *as questões a seguir referem-se ao texto abaixo.*

As discussões sobre a liberdade assentam necessariamente e em princípio na negação de suas próprias bases possibilitadoras. Quero dizer que o único pressuposto histórico viável para que se possa instaurar a inteireza do entendimento da questão está na ausência de liberdade. Mas isso não no sentido preconizado por um Fichte que, sem estar totalmente desprovido de razão, jogava com a oposição entre o livre e o não-livre, no sentido de que a liberdade se faz a partir do elemento não- livre, da presença de um obstáculo sem o qual nem se poderia conceber o surgimento da liberdade. A tese de Fichte, entretanto, se move dentro do âmbito de uma teoria geral do exercício da liberdade, válida para todos os tempos e todos os lugares, enraizada na existência de um eu puro. Nosso ponto de partida é bem outro; claro que a educação para a liberdade deve pressupor a freqüentação de elementos não-livres vistos como o solo em que medra o desenvolvimento da liberdade. Mas entendemos que a tese nada tem a ver com um suposto eu puro, pois ela se mostra essencialmente e antes de tudo em seu caráter histórico: não existe algo como uma liberdade constitutiva da natureza humana considerada em si mesma. Para nós, longe disso, a liberdade revela-se histórica de ponta a ponta, e já no sentido de que o homem em suas origens nada ostenta que poderia insinuar a presença da liberdade. Um eu puro – mas o que poderia ser isso? Não existe esse eu à espera de sua eclosão a ser provocada por coisas que lhe seriam totalmente estranhas, determinadas por uma exterioridade cega. Portanto, já nesse ponto de partida histórico, parece evidente que as origens situam-se em três níveis principais: um, de ordem propriamente biológica, a confundir-se em suas primícias com os enredos da evolução das espécies; já o segundo aferra-se aos contextos sociais, e a liberdade passa a ser o objetivo de uma longa e laboriosa conquista. Certamente cabe asseverar que aquele elemento biológico integra-se a seu modo nos processos de sociabilização política do homem. E é por aí que deve surgir também, em terceiro lugar, a lenta especificação das concordâncias psicológicas. Por tais caminhos, nem há liberdade, mas liberdades que se vão fazendo; não existe a história de uma liberdade única, e sim a grande diversidade, as histórias das liberdades, sempre no plural.

Obs.: Johann Gottlieb Fichte (1762-1814), filósofo alemão.

(Gerd Bornheim, "As medidas da liberdade", In O avesso da liberdade. Adauto Novaes (Org.). São Paulo: Companhia das Letras, 2002. p. 41-42)

139. (FCC – Analista Processual – MPU/2007) As discussões sobre a liberdade assentam necessariamente e em princípio na negação de suas próprias bases possibilitadoras.

Considerado o contexto, a frase acima está corretamente entendida em:

a) Antes de qualquer consideração particular, importa assumir que a discussão sobre liberdade implica obrigatoriamente conceber sua ausência.

b) A princípio, pensou-se que reflexões sobre liberdade implicassem a consideração dos fundamentos a partir dos quais elas seriam feitas.

c) Questões relacionadas à liberdade devem ser genericamente pensadas, visto que ela depende das bases em que se manifesta.

d) Questionar o sentido de liberdade depende de ajustamento de princípios: é necessário que suas bases constituintes sejam passíveis de controvérsias.

e) É indispensável que, desde o início, o questionamento acerca do direito à liberdade contemple a definição das condições em que ele possa existir.

COMENTÁRIOS

Resposta correta: "A" – Entende-se pelo contexto que não se procura o que se tem. É a falta que impulsiona a discussão e o questionamento sobre a existência ou não de bases que facilitem a liberdade.

b) As reflexões partem da negação dos fundamentos sobre os quais se estabelecem as bases facilitadoras da liberdade.

c) Questões relacionadas à liberdade devem ser pensadas e discutidas com a força que tem a sua falta e não genericamente; a falta da liberdade gera questionamentos sobre as bases possibilitadoras de liberdade.

d) O autor não confirma divergências às bases constituintes nem defende princípios, mas sim que as discussões assentam-se em princípios na negação dessas bases.

e) O questionamento acerca do direito à liberdade não contempla a definição das condições para esse direito, uma vez que as discussões assentam necessariamente e em princípio na negação dessas condições.

140. (FCC – Analista Processual – MPU/2007) O autor do texto,

a) cita um Fichte para alertar acerca de certos filósofos que costumam estabelecer jogos de oposições sem consistência lógica, apesar da aparente racionalidade.

b) desvaloriza as ideias de Fichte por julgar que os contrastes do seu raciocínio são próprios de um espírito desprovido de razoabilidade, carência que não atribui a esse filósofo.

c) nega qualquer concordância com as ideias de Fichte, visto que este filósofo pensa a liberdade na sua relação com os obstáculos que a impedem.

d) apresenta a premissa de suas reflexões e alerta para que não seja confundida com ideia de Fichte, cujo discernimento relativiza.

e) detalha as ideias de Fichte e, por aproximações, defende a convergência de pressupostos e pontos de vista entre ele e o filósofo, sem negar, entretanto, diferenças de métodos.

COMENTÁRIOS

Resposta correta: "D" – O autor aceita a presença de um obstáculo que impulsione o surgimento da liberdade, porém, não generaliza, nem admite a existência de um eu puro. Não existe uma liberdade única, mas liberdades que se constroem a partir da evolução das espécies (ordem biológica), dos contextos sociais (liberdade a ser conquistada) e a lenta especificação das concordâncias psicológicas, e tudo isso resulta em diversidade histórica das liberdades – e não de uma liberdade única a partir da ausência desta e do obstáculo que promova seu surgimento.

a) Cita Fichte e alerta para que as idéias deste não sejam confundidas com a premissa de suas reflexões (do autor).

b) Não desvaloriza as idéias de Fichte, apenas não concorda totalmente com o jogo de oposição entre o livre e o não livre.

c) Não nega discordância total com as idéias de Fichte, apenas não aceita a teoria geral do exercício da liberdade, válida para todos os tempos e todos os lugares.

e) O autor faz referências às idéias de Fichte e alerta para a divergência entre ele e o filósofo, frisando as diferenças do ponto de parida.

141. (FCC – Analista Processual – MPU/2007) A argumentação do autor revela

a) um espírito grandemente instigado a definir a liberdade de modo a atribuir-lhe um sentido universal e permanente.

b) a rejeição à existência de um eu puro, cuja essência se constrói a partir das relações humanas estabelecidas em precisos tempo e lugar.

c) sua dificuldade em definir o eu puro, conceito que lhe permitiria expressar o sentido que atribui à liberdade, visto que os considera em relação de causa e efeito.

d) sua crença em realidades que, exteriores ao homem, podem fazer desabrochar o eu puro ainda não manifesto.

e) sua discordância em pensar a liberdade a não ser como inserida na tessitura da realidade humana.

COMENTÁRIOS

Resposta correta: "E" – A liberdade está ligada a um contexto histórico desde a origem do homem e faz parte da sociabilização política. Para o autor, as liberdades vão se fazendo através de processos histórico-político-sociais.

a) Não atribui à liberdade um sentido universal e permanente e sim "liberdades que se vão fazendo". Para ele a liberdade parte da conquista laboriosa e constante feita através da evolução e sociabilização do homem no contexto social e político, desde a sua origem.

b) Não rejeita a existência de uma eu puro, mas nega sua condição de elemento provocador.

c) Não mostra dificuldade em definir o eu puro. Classifica como inócuo o conceito que parte da teoria geral do exercício da liberdade que abrange todos os tempos e todos os lugares.

d) Não admite a existência de elemento não livre que desabroche em sua essência e se manifeste no homem despertando-o para a liberdade.

142. (FCC – Analista Processual – MPU/2007) Considere as linhas finais do texto, o contexto e as afirmações que seguem.

I. O segmento *já nesse ponto de partida histórico* expressa uma hipótese que, caso fosse acatada pelo autor, permitiria o entendimento do período iniciado com *Portanto* como uma conclusão, fato que não ocorre, como o comprova o uso de parece.

II. Dos três níveis principais citados pelo autor, apenas um é caracterizado como de natureza essencialmente individual, tornando inadmissível qualquer possibilidade de vínculo entre ele e os demais.

III. A frase *a liberdade passa a ser o objetivo de uma longa e laboriosa conquista* expressa noção de consequência.

Está correto o que se afirma SOMENTE em

a) I.

b) II.

c) III.

d) I e II.

e) II e III.

COMENTÁRIOS

Resposta correta: "C"

✪ Nota das autoras: Questão de interpretação e período composto.

Errado: O segmento não expressa uma hipótese, apenas uma conclusão.

Errado: Os três níveis são: um de ordem biológica que se confunde com os enredos da evolução das espécies; o segundo prende-se aos contextos sociais e o autor afirma que esse está integrado ao primeiro de ordem biológica nos processos de sociabilização política do homem; o terceiro resulta dos dois primeiros que é a lenta especificação das concordâncias psicológicas. Assim sedo, os três níveis estão interligados.

Correto: Se indica conseqüência, obrigatoriamente caberá a expressão **de modo que**. Façamos a substituição: o segundo aferra-se aos contextos sociais, **de modo que** a liberdade passa a ser o objetivo de uma longa e laboriosa conquista.

Atenção, *as questões a seguir referem-se ao texto abaixo.*

A história dos países atrasados nos séculos XIX e XX é a história da tentativa de alcançar o mundo mais avançado por meio de sua imitação. Os japoneses do século XIX tomavam a Europa como modelo; <u>os europeus ocidentais, depois da Segunda Guerra Mundial, imitavam a economia norte-americana</u>. A experiência da Europa Central e Oriental no século XX é, <u>genericamente falando</u>, a de tentar atualizar-se mediante <u>a sucessiva adoção e fracasso de vários modelos</u>. <u>Depois de 1918</u>, quando a maioria dos países sucessores constituía-se de países novos, o modelo foi o da democracia e do liberalismo econômico do Ocidente. O presidente Wilson – a estação principal de Praga está batizada novamente com o seu nome?- era o santo padroeiro da região, menos para os bolcheviques, que seguiam seu próprio caminho. (Na verdade, também eles tinham modelos estrangeiros: Rathenau e Henry Ford.) Isso não funcionou. Nos anos 20 e 30, o modelo entrou em colapso, em termos políticos e econômicos. A Grande Depressão acabou destruindo a democracia multinacional até mesmo na Tchecoslováquia.

(Eric Hobsbawm, "Dentro e fora da história", In Sobre história. São Paulo: Companhia das Letras, 1998. p. 15)

---

143. (FCC – Analista Processual – MPU/2007) A alternativa que apresenta, de modo claro e correto, adequado resumo das principais idéias do texto é:

a) Os países novos, depois de 1918, tentando progredir como os mais avançados, seguiam à risca os modelos eficientes, fossem da Europa, fossem norte-americanos, fossem democratas e liberais na economia, como o de Wilson (para alguns, para outros, não), e a Grande Depressão (de 20 a 30) provou que não era certo.

b) Nações atrasadas permaneceram nos séculos XIX e XX de sua história imitando a Europa, mais especificamente, além do modelo norte-americano, porque, depois de insucessos, restou a democracia e o liberalismo econômico, que, com o presidente Wilson – e alternativamente Ratheau e Ford -, fracassou com a Grande Depressão.

c) A específica questão dos japoneses e europeus ocidentais, depois da Segunda Guerra Mundial, constitui-se em imitar os modelos que elegiam como padrão de avanço e, com permanentes fracassos, optaram finalmente pela democracia e liberalismo econômico, que acabou por provocar o colapso do sistema nas décadas de 20 e 30.

d) Nos séculos XIX e XX, as nações atrasadas queriam o progresso, mas por via da imitação, cada uma elegendo seu modelo, quer europeu, quer norte- americano; no século passado, nem mesmo o modelo da democracia e do liberalismo econômico do Ocidente produziu êxito, pois ele conheceu a decadência nos anos 20 e 30.

e) As nações atrasadas nos séculos XIX e XX têm sua história marcada pelo progresso, mas sempre imitando paradigmas, o que produziu fracassos e acabou, no caso da Europa Central e Oriental, por abraçar a democracia e o liberalismo econômico do Ocidente, que também se revelou inconsistente.

COMENTÁRIOS

Resposta correta: "D" – A alternativa resume clara, correta e adequadamente as principais idéias do texto.

a) Depois de 1918, quando a maioria dos países sucessores constituía-se de países novos, o modelo foi o da democracia e do liberalismo econômico do Ocidente. O presidente Wilson era o santo padroeiro da região, menos para os bolcheviques. Nos anos 20 e 30, o modelo entrou em colapso, em termos políticos e econômicos. A Grande Depressão acabou destruindo a democracia.

b) Nos séculos XIX e XX é a história da tentativa de alcançar o mundo mais avançado por meio de sua imitação. Os japoneses do século XIX tomavam a Europa como modelo; os europeus ocidentais, depois da Segunda Guerra Mundial, imitavam a economia norte-americana. Depois de 1918, quando a maioria dos países sucessores constituía-se de países novos, o modelo foi o da democracia e do liberalismo econômico do Ocidente. A Grande Depressão acabou destruindo a democracia multinacional até mesmo na Tchecoslováquia.

c) Depois da Segunda Guerra Mundial, os europeus ocidentais imitavam a economia norte-americana. Após o fracasso da Europa Central e Oriental o século XX, os países novos adotaram o modelo da democracia e do liberalismo econômico do Ocidente. Nos anos 20 e 30 esse modelo também fracassou.

e) As nações atrasadas nos séculos XIX e XX têm sua história marcada não pelo progresso, mas por tentativas de imitações. A Europa Central e a Oriental adotou o modelo da democracia e do liberalismo econômico do Ocidente que também não funcionou.

144. (FCC – Analista Processual – MPU/2007) Na organização do texto,

a) a frase *os europeus ocidentais, depois da Segunda Guerra Mundial, imitavam a economia norte-americana* (segundo período) constitui mais um dado da análise do que ocorreu com a nação japonesa no século XIX.

b) a expressão *genericamente falando* (terceiro período) constitui estratégia do autor para orientar o processo de leitura do trecho.

c) a expressão *a sucessiva adoção e fracasso de vários modelos* (terceiro período) constitui um paradoxo.

d) a expressão *vários modelos* (terceiro período) equivale a "modelos plurais".

e) a expressão *Depois de 1918* (quarto período) constitui parâmetro temporal e pode ser substituída, sem prejuízo da correção e clareza, por "Sucedendo 1918".

COMENTÁRIOS

Resposta correta: "B" – O autor deixa transparecer para o leitor que ele está colocando o fato de maneira vaga e indeterminada, não especificamente.

a) Não uma análise, apenas fornece dados sobre o modelo adotado pelos europeus ocidentais, dando continuidade ao desenvolvimento do tema.

c) Não constitui um paradoxo, mas tentativas de acertos.

d) Plurais não eram modelos e sim tentativas; a expressão vários modelos significa diversidade de modelos e não modelos plurais.

e) Altera o marco temporal. Sucedendo 1918 é após 1919.

Atenção, *as questões a seguir referem-se ao texto abaixo.*

O direito não se constrói sem enunciados e todos os enunciados são expressos por palavras. Sem palavra não existe ordem e antes do direito era o caos. Por outro lado, <u>todo enunciado há de ser interpretado</u>. <u>Da Bíblia às determinações domésticas</u>. <u>Nessas condições</u>, necessariamente, cabe ao juiz interpretar os enunciados das súmulas, sempre compostas por <u>palavras cujo sentido, dentro do texto, pode não ser totalmente preciso para todos os casos</u>. <u>Diga-se a propósito</u> que o Tribunal Superior do Trabalho produz enunciados com efeitos parecidos com os das súmulas vinculantes pretendidas, e nem por isso os juízes de primeira instância têm suas ações engessadas. <u>Diga-se também</u> que, mais do que a súmula vinculante, é a lei que engessa a ação do juiz, a aplicação da Justiça.

(Hindemburgo Pereira-Diniz, Correio Braziliense, 25/02/2004, com adaptações)

145. (ESAF – Analista Processual – MPU/2004) Assinale a opção incorreta a respeito da organização da argumentação do texto.

a) A proposição "todo enunciado há de ser interpretado" expressa a tese do texto.

b) A expressão "Nessas condições" retoma os argumentos anteriores e introduz uma justificativa para a tese.

c) A proposição expressa por "palavras cujo sentido, dentro do texto, pode não ser totalmente preciso para todos os casos" justifica a necessidade da ideia expressa pela tese.

d) A expressão "Diga-se a propósito" introduz uma exemplificação contrária à tese do texto.

e) A expressão "Diga-se também" acrescenta um argumento para a comprovação da tese do texto.

COMENTÁRIOS

Resposta correta: "D" – A expressão *diga-se a propósito* significa *a respeito de, por falar nisso* e endossa a ideia da tese do texto.

a) *Todo enunciado deve ser interpretado* = toda lei, toda sentença há de ser interpretada – expressa a tese do texto.

b) *Nessas condições* retoma os argumentos propostos de que o direito é constituído de enunciados que são expressos por palavras que devem ser interpretadas, pois delas depende a ordem.

c) Proposição que justifica a necessidade da interpretação dos enunciados para se apurar o sentido que cada caso (ou situação) exige na interpretação das leis.

e) *Diga-se também* – o advérbio *também* possui valor de acréscimo argumentativo = além disso – na comprovação da tese.

146. (ESAF – Analista Processual – MPU/2004) No texto, o quarto período "Da Bíblia às determinações domésticas." tem a função argumentativa de mostrar a

a) relevância dos enunciados legais e religiosos.

b) necessidade da ordem nos enunciados do direito.

c) situação de caos anterior aos enunciados da Bíblia.

d) existência dos enunciados legais na realidade cotidiana.

e) necessidade de interpretação de qualquer tipo de enunciado.

COMENTÁRIOS

Resposta correta: "E" – Infere-se da frase **da bíblia às determinações domésticas** que a interpretação deve ser minuciosa e precisa e é necessária para qualquer tipo de enunciado: conclui-se, ainda, que até uma vírgula deve ser interpretada, pois tem seu peso e seu valor na interpretação da ideia de um enunciado do direto.

a) Argumento não condizente.

b) A necessidade é *da interpretação* para a ordem dos enunciados do direito.

c) O *caos* era antes do direito.

d) O significado da frase não se resume à existência dos enunciados, mas à interpretação de qualquer e todo enunciado.

12. REDAÇÃO OFICIAL

Com base no Manual de Redação da Presidência da República (MRPR), julgue os itens seguintes, acerca das características das comunicações oficiais e do tipo de linguagem empregado nessas comunicações.

147. (Cespe - Analista - MPU/2013) Por sua celeridade, o memorando e o correio eletrônico são formas de comunicação oficial bastante utilizadas pelo Poder Judiciário para a comunicação entre os órgãos que o compõem.

( ) certo ( ) errado

COMENTÁRIOS

Errado - O correio eletrônico (*"e-mail"*), por seu baixo custo e celeridade, transformou-se na principal forma de comunicação para transmissão de documentos. O *memorando* é a modalidade de comunicação entre unidades administrativas de um mesmo órgão, que podem estar hierarquicamente em mesmo nível ou em nível diferente. Trata-se, portanto, de uma forma de comunicação eminentemente interna.

148. (Cespe - Analista - MPU/2013) As comunicações expedidas por ministros de Estado devem conter o nome e o cargo da autoridade que as expede, abaixo do local de sua assinatura.

( ) certo ( ) errado

COMENTÁRIOS

Certo - Excluídas as comunicações assinadas pelo Presidente da República, todas as demais comunicações oficiais devem trazer o nome e o cargo da autoridade que as expede, abaixo do local de sua assinatura. A forma da identificação deve ser a seguinte:

(espaço para assinatura)
Nome
Ministro de Estado da Justiça

149. (Cespe - Analista - MPU/2013) Em comunicações expedidas pelo MPU ao presidente do STF, devem-se empregar, como fecho, a expressão Respeitosamente e, como vocativo, a expressão A Sua Excelência o Senhor Presidente do Supremo Tribunal Federal.

( ) certo ( ) errado

COMENTÁRIOS

Errado - O fecho das comunicações oficiais possui, além da finalidade óbvia de arrematar o texto, a de saudar o destinatário. Os modelos para fecho que vinham sendo utilizados foram regulados pela Portaria no 1 do Ministério da Justiça, de 1937, que estabelecia quinze padrões. Com o fito de simplificá-los e uniformizá-los, o Manual de Redação da Presidência da República estabelece o emprego de somente dois fechos diferentes para todas as modalidades de comunicação oficial:

a) para autoridades superiores, inclusive o Presidente da República:

   Respeitosamente,

b) para autoridades de mesma hierarquia ou de hierarquia inferior:

   Atenciosamente,

– Como vocativo: Quanto a sua forma, *aviso* e *ofício* seguem o modelo do *padrão ofício*, com acréscimo do *vocativo*, que invoca o destinatário, seguido de vírgula. Exemplos: Excelentíssimo Senhor Presidente da República; Senhora Ministra; Senhor Ministro; Senhor Chefe de Gabinete.

Português

Duda Nogueira e
Talita Nogueira

✦ DICAS

1. Acentuação Gráfica
2. Reforma Ortográfica
3. Graus dos Adjetivos
4. Pronome
5. Verbo
6. Análise Sintática
7. Período Composto
8. Concordância Verbal
9. Concordância Nominal
10. Regência Verbal
11. Regência Nominal
12. Crase
13. Pontuação
14. Colocação Pronominal
15. Figuras de linguagem
16. Interpretação de texto
17. Redação Oficial

1. ACENTUAÇÃO

1.1. REGRAS DE ACENTUAÇÃO GRÁFICA

Em concursos, alguns verbos são pedidos como acento diferencial e palavras que são acentuadas pela mesma regra. Trabalharemos com *macetes* e regras.

Iniciemos com exemplo de uma simples tabela pra facilitar a classificação dos vocábulos.

1. Separe as sílabas. Lembre-se de que em cada sílaba, há **uma vogal**.
2. A última coluna deve estar sempre preenchida (como o exemplo da palavra **hífen**).
3. Não colocar na tabela: hiato, monossílabo e ditongos abertos (eu, oi, ei), por não seguirem as classificações mencionadas a seguir.

Proparoxítona	Paroxítona	Oxítona
crí	ti	co
	hí	fen
	ca	**fé**

Facilitou?

- **Crítica** é uma proparoxítona; **hífen** é paroxítona e **café** é oxítona.

1.2. PROPAROXÍTONAS

Sílaba tônica: antepenúltima.

As proparoxítonas são **todas** acentuadas graficamente: **trá**gico, pa**té**tico, **ár**vore

1.3. PAROXÍTONAS

Sílaba tônica: penúltima

Acentuam-se as PAROXÍTONAS terminadas em	EXEMPLO
l	**fá**cil
n	**pó**len
r	ca**dá**ver
ps	**bí**ceps
x	**tó**rax
us	**ví**rus
i, is	**jú**ri, **lá**pis
om, ons	**iân**dom, **í**ons
um, uns	**ál**bum, **ál**buns
ã(s), ão(s)	**ór**fã, **ór**fãs, **ór**fão, **ór**fãos
ditongo oral (seguido ou não de s)	**jó**quei, **tú**neis
r	ca**dá**ver
ps	**bí**ceps

1.3.1. OBSERVAÇÕES

As paroxítonas terminadas em ***n*** são acentuadas (hífen), mas as que terminam em ***ens***, não.	hifens, jovens
Não são acentuados os prefixos terminados em ***i*** e ***r***.	semi, super
Acentuam-se as paroxítonas terminadas em ditongos crescentes: ***ea(s), oa(s), eo(s), ua(s), ia(s), ue(s), ie(s), uo(s), io(s).***	várzea, mágoa, óleo, régua, férias, tênue, cárie, ingênuo, início

1.4. OXÍTONAS

Sílaba tônica: última

Acentuam-se as OXÍTONAS terminadas em	EXEMPLO
a(s)	so**fá**, so**fás**
e(s)	jaca**ré**, vo**cês**
o(s)	pale**tó**, a**vós**
em, ens	nin**guém**, arma**zéns**

1.5. MONOSSÍLABOS

1.5.1. MONOSSÍLABOS TÔNICOS

Possuem **uma sílaba** e são pronunciados fortemente.

Acentuam-se os MONOSSÍLABOS terminados em	EXEMPLO
a(s)	lá, cá
e(s)	pé, mês
o(s)	só, pó, nós, pôs

1.5.2. MONOSSÍLABOS ÁTONOS

Não possuem autonomia fonética, sendo proferidos **fracamente,** como se fossem sílabas átonas do vocábulo a que se apoiam: o(s), a(s), um, uns, me, te, se, lhe nos, de, em, e, que, etc.

1.5.3. OBSERVAÇÕES

Os monossílabos átonos são palavras vazias de sentido, vindos representados por artigos, pronomes oblíquos, elementos de ligação (preposições, conjunções).	
Há monossílabos que são tônicos numa frase e átonos em outras.	Você trouxe sua mochila para ***quê***? (tônico) ***Que*** tem dentro da sua mochila? (átono) Há sempre um ***mas*** para questionar. (tônico) Eu sei seu nome, ***mas*** não me recordo agora. (átono)
Muitos verbos, ao se combinarem com pronomes oblíquos, produzem formas oxítonas ou monossilábicas que devem ser acentuadas por acabarem assumindo alguma das terminações contidas nas regras.	beijar + a = beijá-la fez + o = fê-lo dar + as = dá-las fazer + o = fazê-lo

1.6. REGRAS ESPECIAIS

Estas regras não podem ser encaixadas na tabela de dica mencionada no início do capítulo.

1.6.1. DITONGOS ABERTOS

DITONGOS ABERTOS	EXEMPLO
Os ditongos **éi, éu** e **ói**, sempre que tiverem pronúncia aberta em palavras **oxítonas** (éi e não êi), são acentuados.	***éi (s):***an**éi**s, fi**éi**s, pap**éi**s ***éu (s):***trof**éu**, c**éu**s ***ói (s):*** her**ói**, constr**ói**, cau**bói**s
- Os ditongos abertos ocorridos em palavras paroxítonas NÃO são acentuados.	**assembleia, boia, colmeia, Coreia, estreia, heroico, ideia, jiboia, joia, paranoia, plateia, etc.**
- A palavra destróier é acentuada por ser uma paroxítona terminada em "r" (e não por possuir ditongo aberto ói.	

1.6.2. HIATOS

HIATOS	EXEMPLO
Acentuam-se o **i** e **u** tônicos quando formam hiato com a vogal anterior, estando eles sozinhos na sílaba ou acompanhados apenas de **"s"**, desde que não sejam seguidos por **-nh.**	sa – **í** – da e – go – **ís** –mo sa – **ú** – de
Não se acentuam, portanto, hiatos como os das palavras seguintes	ju -**iz**, ra – **iz**, ru – **im**, ca – **ir**
Motivo: -i ou -u não estão sozinhos nem acompanhados de -s na sílaba.	
Cabe esclarecer que existem hiatos acentuados não por serem hiatos, mas por outras razões	po-é-ti-co: proparoxítona bo-ê-mio: paroxítona terminada em ditongo crescente. ja-ó: oxítona terminada em "o".

1.6.3. VERBOS TER E VIR

VERBOS TER e VIR	EXEMPLO
Acentua-se com circunflexo a 3ª pessoa do plural do presente do indicativo dos verbos **ter** e **vir**, bem como nos seus compostos (*deter, conter, reter, advir, convir, intervir*, etc.).	Ele tem – Eles têm Ele vem – Eles vêm Ele retém – Eles retêm Ele intervém – Eles intervêm
- Nos verbos compostos de ter e vir, o acento ocorre obrigatoriamente, mesmo no singular. Distingue-se o plural do singular mudando o acento de agudo para circunflexo	ele *detém* -eles *detêm* ele *advém* -eles *advêm*

2. REFORMA ORTOGRÁFICA

2.1. ACENTO AGUDO

O acento agudo *desaparecerá* em três casos:

a) Nos ditongos (encontros de duas vogais proferidas em uma só sílaba) abertos **ei** e **oi** das palavras paroxítonas (aquelas cuja sílaba pronunciada com mais intensidade é a penúltima).

Exemplos: ideia, geleia, boia, jiboia, alcaloide, alcateia, apoio, assembleia, asteroide, celuloide, colmeia, Coreia, epopeia, estreia, heroico, joia, odisseia, onomatopeia, paranoia, plateia, proteico, etc.

Atenção: essa regra é válida somente para palavras paroxítonas. Assim, continuam sendo acentuadas as palavras oxítonas terminadas em éis, éu, éus, ói, óis. Exemplos: papéis, herói, heróis, troféu, troféus, chapéu, chapéus, anéis, dói, céu, ilhéu.

b) Nas palavras *paroxítonas* com **i** e **u** tônicos formando hiato (sequência de duas vogais que pertencem a sílabas diferentes), quando vierem *após* *um ditongo.* Veja: baiúca → **baiuca;** bocaiúva → **bocaiuva;** feiúra → **feiura;** cheiínho → **cheiinho;** saiínha → **saiinha;** Taoísmo → **Taoismo.**

Atenção: se a palavra for oxítona e o **i** ou o **u** estiverem em posição final (ou seguidos de s), o acento permanece.

Exemplos: tuiuiú, Piauí.

c) Nas formas verbais que possuem o **u** tônico precedido das letras **g** ou **q** e seguido de **e** ou **i**. Esses casos ocorrem apenas nas formas verbais de **arguir** e **redarguir**. Observe: argúis → **arguis;** argúem → **arguem;** redargúis → **redarguis;** redargúem → **redarguem.**

2.2. ACENTO DIFERENCIAL

O acento diferencial é utilizado para auxiliar na identificação de palavras homófonas (que possuem a mesma pronúncia). Com o acordo ortográfico, ele deixará de existir nos seguintes casos: pára/para, péla(s)/pela(s), pêlo(s)/pelo(s), pólo(s)/polo(s) e pêra/pera. Observe os exemplos:

Ela não **pára** de dançar. Ela não **para** de dançar.

A mãe **péla** o bebê para dar-lhe banho. A mãe **pela** o bebê para dar-lhe banho.

Este é o **pólo** norte. Este é o **polo** norte.

Os garotos gostam de jogar **pólo**. Os garotos gostam de jogar **polo**.

Meu gato tem **pêlos** brancos. Meu gato tem **pelos** brancos.

A menina trouxe **pêra** de lanche. A menina trouxe **pera** de lanche.

Atenção: existem duas palavras que continuarão recebendo acento diferencial:

pôr (verbo) → para não ser confundido com a preposição *por*.

pôde (verbo *poder* conjugado no passado) → para que não seja confundido com *pode* (forma conjugada no presente).

2.3. ACENTO CIRCUNFLEXO

O acento circunflexo deixará de ser utilizado nos seguintes casos:

a) Em palavras com terminação **ôo**. Veja: enjôo → **enjoo;** vôo → **voo;** magôo → **magoo,** abençoo (abençoar) , coo (coar), coroo (coroar), doo (doar), moo (moer), perdoo (perdoar), povoo (povoar), voos (plural de voo), zoo (zoar).

b) Nas terminações **êem**, que ocorrem nas formas conjugadas da terceira pessoa do plural dos verbos**ler, dar, ver, crer** e seus derivados. Veja: creem, deem, veem, descreem, releem, reveem.

Atenção: os verbos ter e vir (e seus derivados) continuam sendo acentuados na terceira pessoa do plural.

Eles **têm** três filhos.

Eles **detêm** o poder.

Eles **vêm** para a festa de sábado.

Eles **intervêm** na economia.

2.4. TREMA

O trema, sinal gráfico utilizado sobre a letra **u** dos grupos **que**, **qui**, **gue**, **gui**, deixa de existir na língua portuguesa. Lembre-se, no entanto, que a pronúncia das palavras continua a mesma.

Exemplos: cinquenta, pinguim, aguentar, bilíngue, consequência, delinquente, frequente, linguiça, sequência, sequestro, tranquilo, etc.

Atenção: o acordo prevê que o trema seja mantido apenas em nomes próprios de origem estrangeira, bem como em seus derivados.

Exemplos: Bündchen, Müller, mülleriano.

2.5. ALFABETO

O alfabeto passará a ter 26 letras. Além das atuais, serão incorporadas oficialmente as letras **k**, **w** e **y**. Observe a posição das novas letras no alfabeto:

A B C D E F G H I J **K** L M N O P Q R S T U V **W** X **Y** Z

Essas letras poderão aparecer em siglas, símbolos, nomes próprios, palavras estrangeiras e seus derivados. Exemplos: **k**m, pla**y**ground, **w**att, **K**af**k**a, kaf**k**iano, etc.

2.6. HÍFEN

O hífen deixará de ser empregado nos seguintes casos:

a) Quando o prefixo terminar em vogal *diferente* da vogal que iniciar o segundo elemento.

Exemplos: autoajuda, autoescola, agroindustrial, autoafirmação, autoaprendizagem, autoestrada, autoimagem, contraindicação, contraoferta, extraoficial, infraestrutura, intraocular, intrauterino, neoexpressionista, neoimperialista, semiaberto, semiárido, semiautomático, supraocular, ultraelevado, etc.

b) Quando o prefixo da palavra terminar em *vogal* e o segundo elemento começar com as consoantes **s** ou **r**. Nesse caso, a consoante será duplicada.

Exemplos: ultrarromântico, antirrugas, antessala, antirreligioso, antissemita, autorretrato, antissocial, arquirromântico, autorregulamentação, contrarregra, contrassenso, extrarregimento, extrasseco, infrassom, neorrealismo, ultrarresistente, ultrassonografia, semirreta, suprarrenal.

c) Não se utilizará mais o hífen nas palavras que, pelo uso, perderam a noção de composição. Veja: paraquedas, mandachuva, paraquedista.

2.6.1. USO DO HÍFEN

Com o novo acordo, o hífen passará a ser utilizado quando a palavra for formada por um prefixo terminado em *vogal* e a palavra seguinte iniciar pela *mesma vogal*. Observe o exemplo abaixo:

Exemplos: micro-ônibus, anti-ibérico, anti-inflamatório, anti-inflacionário, anti-imperialista, arqui-inimigo, contra-ataque, micro-ondas, semi-interno, etc.

Atenção: se o prefixo terminar com *consoante*, usa-se hífen se o segundo elemento começar com *amesma consoante*.

Exemplos: hipe**r-r**equintado, inte**r-r**acial, supe**r-r**esistente, supe**r-r**omântico, etc.

Lembre-se: nos demais casos, **não** se usa o hífen.

Exemplos: hipermercado, intermunicipal, superinteressante, superproteção.

3. GRAUS DOS ADJETIVOS

3.1. COMPARATIVO: COMPARA ELEMENTOS

- **Igualdade:** ....tão ______ quanto ....
- **Superioridade:** ...mais ______ (do) que ...
- **Inferioridade:** .....menos ______(do) que ...

Observação: a contração **do** é opcional.

3.2. SUPERLATIVO

3.2.1. ABSOLUTO: UM ELEMENTO

- **Sintético (uma palavra)** = Ele é inteligentíssimo
- **Analítico (há advérbio)** = Ele é muito inteligente

3.2.2. SUPERLATIVO RELATIVO: HÁ RELAÇÃO ENTRE UM ELEMENTO E OUTROS

- **Superioridade:** Ele é o mais inteligente da turma.
- **Inferioridade:** Ele é o menos estudioso da classe.

➔ *Para haver exagero, é necessário o artigo.*

4. PRONOME

4.1. PESSOAL

- **Retos:** usados como sujeito
- **Oblíquos:** usados como objeto direto ou objeto indireto.
- O.D: o(s), a(s) / O.I: lhe(s)
- Verbos terminados em: R, S, Z + o(s), a(s) = LO(s), LA(s)
- Verbos terminados em: – M, ÃO, ÕE + o(s), a(s) = NO(s), NA(s)

4.2. DEMONSTRATIVO

Para ideias:

- Esse(a), isso – para retomar ideia: **ANÁFORA**
- Este(a), isto – para citar ideia: **CATÁFORA**

4.3. RELATIVO

Retomam e substituem seu antecedente: QUE, QUEM *(para pessoa)*, ONDE *(para lugar)*, O(a) QUAL, OS (as) QUAIS.

CUJO: refere-se ao termo posterior e repele o artigo. Indica posse do termo anterior a ele. *Entende-se por essa regra que* ***não existem as formas cujo o, cuja a, o cujo.***

Não conheço o lugar **onde** você mora. ➔ *Você mora* ***no*** *lugar.*

- Não conheço o lugar EM QUE você mora.

Não conheço o lugar NO QUAL você mora.

São fatos a **que** sou favorável. ➔ *Sou favorável* ***aos*** *fatos.*

- São fatos AOS QUAIS sou favorável.

Conheço a garota de **quem** você falou. ➔ *Você falou* ***da*** *garota.*

- Conheço a garota DA QUAL você falou.

Conheço a garota DE QUE você falou.

Este é o autor a **cuja** obra me referi. ➔ *Eu me referi* ***à*** *obra.*

Posse: a obra é do autor (posse do anterior)

Estas são as pessoas com **cujas** ideias concordo. ➔ *Eu concordo* ***com*** *as ideias.*

Posse: as ideias são das pessoas (posse do anterior)

5. VERBO

5.1. MODOS

- INDICATIVO: certeza
- SUBJUNTIVO: dúvida
- IMPERATIVO: ordem

5.2. TEMPOS

5.2.1. PRESENTE

- **do indicativo:** indica ação que acontece no momento da fala; hábito.
- **do subjuntivo:** indica hipótese, dúvida.

5.2.2. FUTURO

- **do presente do indicativo:** ação futura certa (amanhã)
- **do pretérito do indicativo:** tempo condicional
- **do subjuntivo:** ação futura duvidosa

5.2.3. PRETÉRITO

- **Perfeito do indicativo:** ação concluída (ontem)
- **Imperfeito do indicativo:** ação prolongada, contínua
- **Mais-que-perfeito do indicativo:** ação passada em relação a outra ação também passada.
- **Imperfeito do subjuntivo:** tempo condicional

5.3. VOZES VERBAIS

1) **VOZ ATIVA:** o sujeito pratica a ação.

Todos os alunos	ouviram	aquela música.
sujeito	*V.T.D.*	*objeto direto*

- Para passar uma oração da voz ativa para a passiva, o objeto direto é obrigatório.

2) **VOZ PASSIVA:** o sujeito sofre a ação

- **Passiva Analítica**: SER + PARTICÍPIO

Aquela música	foi ouvida	por todos os alunos.
sujeito paciente	*ser + partic.*	*agente da passiva*

Passiva Sintética: V.T.D(I) + SE = V.P. (sujeito)

Vende-se	livro.	➡ V.P. sintética
V.T.D. + se = VP	*sujeito*	
Livro é vendido. ➡ V.P. analítica		

3) **VOZ REFLEXIVA**: o sujeito pratica e sofre a ação.

- Ele se feriu ontem à noite.

6. ANÁLISE SINTÁTICA

6.1. FRASE, ORAÇÃO E PERÍODO

- **Frase**: possui sentido completo.
- **Oração**: possui verbo
- **Período**: possui orações.
- **Período simples**: uma oração (um verbo).
- **Período composto**: mais de uma oração (mais de um verbo)

6.2. SUJEITO

INDETERMINADO: não se sabe quem é o sujeito.

Ocorre quando o verbo está na 3ª pessoa do plural ou na terceira pessoa do singular + se *(índice de indeterminação do sujeito)*

V.T.I. {
- *Telefonaram* para você.
- *Acredita-se* em discos voadores.

CUIDADO: SE O VERBO FOR V.T.D. ou V.T.D.I., HAVERÁ SUJEITO E ADMITIRÁ PLURAL, já que teremos, neste caso, VOZ PASSIVA.

Calcula-se	*o rendimento.*
V.T.D. + SE = V.P.	*sujeito*
↳ *pronome apassivador*	
CALCULAM-SE	*OS RENDIMENTOS.*
V.T.D. + SE= V.P.	*Sujeito*
Os rendimentos são calculados.	

Oração SEM SUJEITO:

1) **Verbo HAVER (singular) no sentido de EXISTIR (plural) ou OCORRER(plural) .**

- *HAVIA* muitos alunos na sala.
  ↳ *EXISTIAM* muitos alunos na sala.
- DEVE HAVER muitos alunos.
  ↳ DEVEM EXISTIR muitos alunos.
- HÁ DE HAVER **muitos alunos**. ➡ O.D.
  ↳ HÃO DE EXISTIR **muitos alunos.** ➡ sujeito

2) **Verbos SER, ESTAR e FAZER** indicando tempo ou fenômeno meteorológico

- Fazer indicando tempo passado: singular

3) **Verbos que indicam fenômeno da natureza.**

6.3. PREDICAÇÃO VERBAL

- INTRANSITIVO: o verbo não exige complemento, por isso o prefixo IN.
- TRANSITIVO DIRETO: o verbo exige complemento SEM preposição.
- TRANSITIVO INDIRETO: o verbo exige complemento COM preposição.
- TRANSITIVO DIRETO e INDIRETO: o verbo exige dois complementos.
- VERBO DE LIGAÇÃO: liga o sujeito ao predicativo (termo que qualifica), não indica ação. Indica estado.
- Para haver verbo de ligação, é preciso haver PREDICATIVO.

6.4. PREDICATIVO

Qualifica o sujeito ou o objeto.

- **do sujeito:**

A plateia	aplaudiu	o espetáculo	**emocionada.**
sujeito	*V.T.D*	*O.D.*	*predicativo do sujeito*

*aplaudiu **E ESTAVA** emocionada.*

- **do objeto**:

Encontrei **mortos** os soldados.
V.T.D. *ptvo do objeto* *O.D.*

e eles ESTAVAM mortos.

6.5. PREDICADO

É a declaração feita do sujeito

- **PREDICADO VERBAL:** o núcleo é o verbo (menos o de ligação)
- **PREDICADO NOMINAL:** o núcleo é o predicativo (há V.L.)
- **PREDICADO VERBO-NOMINAL:** há dois núcleos = verbo (+ V.L. oculto) + predicativo

6.6. COMPLEMENTOS VERBAIS: OBJETO DIRETO (SEM PREPOSIÇÃO) E OBJETO INDIRETO (COM PREPOSIÇÃO).

Objeto direto (sem preposição) e objeto indireto (com preposição):

- **Objeto direto preposicionado:** vem após verbo transitivo direto.

  Aparece uma preposição que <u>não foi pedida</u> e <u>pode ser retirada</u>.
- **Objeto direto pleonástico:** ocorre repetição do objeto direto.

6.7. AGENTE DA PASSIVA:

- É o termo que age na voz passiva, ou seja, quem pratica a ação.

6.8. COMPLEMENTO NOMINAL

- É o termo que completa o nome e possui preposição.

6.9. ADJUNTO ADVERBIAL

- É indica circunstância do verbo.

6.10. APOSTO

- É o termo que explica ou especifica.
- **Especificativo:** sem pontuação
- **Explicativo:** com pontuação

6.11. VOCATIVO

É o termo que invoca, chama. *Possui pontuação.*

7. PERÍODO COMPOSTO

7.1. COORDENAÇÃO

São orações independentes sintaticamente.

– **Assindéticas:** não possuem conjunção;

– **Sindéticas:** possuem conjunção e classificam-se em: aditiva, adversativa, alternativa, conclusiva e explicativa.

7.2. SUBORDINAÇÃO

- São orações dependentes sintaticamente.

1) Substantiva: pode-se colocar ISTO ou DISTO antes da conjunção. Sendo assim, haverá oração principal (sem conjunção), conjunção integrante e oração subordinada substantiva. São elas: subjetiva, objetiva direta, objetiva indireta, predicativa, completiva nominal e apositiva.

2) Adjetiva: o pronome relativo liga a oração principal à subordinada. **Explicativa** possui pontuação e **restritiva** não possui pontuação.

3) Adverbial: indica circunstância da oração principal. Classificam-se em: causal (por quê?), consecutiva (de modo que), condicional (se, caso), concessiva (embora, apesar de), comparativa, conformativa (conforme), final (para quê?), proporcional (à proporção que) e temporal.

Lista de conjunções subordinadas adverbiais mais pedidas.

- **Causais: porque, que, como (= porque, no início da frase), pois que, visto que, uma vez que, porquanto, já que, desde que,** etc.
- **Concessivas: embora, ainda que, apesar de que, se bem que, mesmo que, por mais que, posto que, conquanto,** etc.
- **Condicionais: se, caso, contanto que, salvo se, a não ser que, desde que, a menos que, sem que,** etc.
- **Conformativas: conforme, como (= conforme), segundo, consoante,** etc.
- **Finais: para que, a fim de que, que, porque (= para que), que,** etc.
- **Proporcionais: à medida que, à proporção que, ao passo que** e as combinações **quanto mais... (mais), quanto menos...(menos), quanto menos ...(mais), quanto menos...(menos),** etc.
- **Temporais: quando, enquanto, antes que, depois que, logo que, todas as vezes que, desde que, sempre que, assim que, agora que, mal (= assim que),** etc.
- **Comparativas: como, assim como, tal como, como se, (tão)...como, tanto como, tanto quanto, do que, quanto, tal, qual, tal qual, que nem, que (combinado com menos ou mais),** etc.
- **Consecutivas: de sorte que, de modo que, sem que (= que não), de forma que, de jeito que, que (tendo como antecedente na oração principal uma palavra como tal, tão, cada, tanto, tamanho),** etc.

Fonte: http://www.soportugues.com.br/

8. CONCORDÂNCIA VERBAL

- O verbo deve concordar com o sujeito. No caso do verbo *ser*, o verbo pode concordar com o predicativo (se estiver no plural ou for pronome pessoal).

9. CONCORDÂNCIA NOMINAL:

Os vocábulos que acompanham o substantivo devem concordar em número e gênero com ele.

Algumas regras importantes:

- Escolheu PÉSSIMA hora e momento para falar.

ADJETIVO ANTES DE DOIS SUBSTANTIVOS CONCORDA COM O MAIS PRÓXIMO.

- Leitura é BOM. A leitura é BOA.

O ARTIGO MANDA NA CONCORDÂNCIA

- Havia BASTANTES razões para ele faltar.

BASTANTE AO LADO DE SUBSTANTIVO PLURAL = PLURAL

10. REGÊNCIA VERBAL

Lista dos verbos mais pedidos:

1) Assistir

- pertencer: V.T.I. (A) – O direito de informar assistia ao chefe.
- ver: V.T.I. (A) – Assistimos ao concerto.
- cuidar: V.T.D. – O médico assistiu o paciente.

2) Visar

- mirar: V.T.D. – O caçador visou o coelho.
- passar visto: V.T.D. – O gerente visou o cheque.
- almejar: V.T.I. (A) – Ele visa ao cargo.

3) Querer

- desejar: V.T.D. – Quero você.
- estimar: V.T.I. (A) – Quero aos meus amigos.

4) Aspirar

- inspirar: V.T.D. – Aspiramos seu perfume.
- almejar: V.T.I. (A) – Aspiramos à aprovação.

5) Esquecer e lembrar: V.T.D.

- Esqueci seu nome.
- Lembrei seu nome.

6) Esquecer-se e lembrar-se: V.T.I. (de)

- Esqueci – me do seu nome.
- Lembrei – me do seu nome

11. REGÊNCIA NOMINAL

Normalmente pedida como acento indicativo de crase.

12. CRASE

Trabalhar substituindo a palavra feminina por uma masculina da mesma classe gramatical. Resultando em **ao**, há crase:

1) Eu me referi à diretora. = ***AO*** *DIRETOR*
2) Era insensível à dor. = ***AO*** *PERIGO*
3) Chegou às sete horas. = ***AO*** *MEIO- DIA*
4) Fui à cidade. = ***AO*** *SÍTIO*

Cuidado:

5) Eu conheço a diretora. = *O DIRETOR*
6) Eu me refiro a ela. = *A ELE*

- **Não se usa crase**

- ANTES DE VERBO
- ANTES DE PALAVRA MASCULINA
- ENTRE PALAVRAS REPETIDAS
- SINGULAR + PLURAL (a festas)

Crase com pronomes demonstrativos aquele(s), aquela(s) e aquilo

Assisti àquele filme. = **AO** FILME

Aspiro àquela vaga. = **AO** CARGO

Prefiro isto àquilo. = **AO** LIVRO

12.1. CRASE DIANTE DE PRONOMES RELATIVOS

1) A qual e as quais

- A cidade à qual iremos possui praias às quais chegaremos.
- *O sítio AO qual iremos possui rios AOS quais chegaremos.*

2) Quem e cuja

- Nunca haverá crase antes de QUEM e CUJA.
- Esta é a mulher a quem obedeço.
- Este é o autor a cuja obra me refiro.

3) Que

- Esta é a faculdade a que aspiro. = *Este é o cargo A QUE aspiro*
- Esta é a cidade a que iremos. = *Este é o país* A QUE *iremos.*
- Sua caneta é igual à que comprei. = *Seu lápis é igual* AO QUE *comprei.*
- Este é o bairro a que iremos. = Retoma palavra masculina: sem crase!

13. PONTUAÇÃO

13.1. VÍRGULA

- **A VÍRGULA NO INTERIOR DA ORAÇÃO:**

➥ *Ordem direta: sem vírgula*

1) Termos intercalados

➡ **Natal**, *capital do Rio Grande do Norte,*
➡ **é uma cidade encantadora.**

2) **Termos deslocados – INVERSÃO**

A. *Naquele dia,* os candidatos receberam a imprensa. = *adjunto adverbial deslocado*

3) **Palavras omitidas – zeugma ou elipse**

"O meu pai era paulista

Meu avô, pernambucano

O meu bisavô, mineiro

Meu tataravô, baiano" (Chico Buarque)

4) **Vocativo:** "*Meus amigos*, a ordem é a base do governo."

5) **Termos coordenados assindéticos**

↳ Aquela paisagem nos despertava confiança, tranquilidade, calma e paz.

6) **Termos coordenados ligados por *e, ou, nem***

↳ Pedro ou Paulo casará com Maria. Não necessitavam de dinheiro nem de auxílio.
Não há vírgula em adição.

↳ E os pais, e os amigos, e os vizinhos magoaram-no.

↳ Não estudava português, nem matemática, nem direito, nem informática.

↳ *Polissíndeto: repetição da conjunção. Indica ênfase.*

- **A VÍRGULA ENTRE ORAÇÕES**

1) O homem, *que é um ser racional*, aprende cada vez mais.

↳ *Oração subordinada adjetiva explicativa*

2) O homem *que encontramos perto do lago* parecia aborrecido.

↳ *Oração subordinada adjetiva restritiva*

3) *Quando o cantor entrou no palco*, todos aplaudiram.

↳ *Oração subordinada anteposta à oração principal*

4) Espero que você me telefone.

↳ *Não se separa oração principal da subordinada substantiva*

5) *Cheguei, pedi silêncio, aguardei alguns minutos* e comecei a palestra.

↳ *Orações coordenadas*

6) *<u>Os ignorantes</u> falavam demais, e <u>os sábios</u> se mantinham em silêncio.*

↳ *orações coordenadas com sujeitos diferentes*

7) E volta, e recomeça, e se esforça, e consegue.

↳ *Polissíndeto: ênfase*

8) **Eu**, disse o orador, **não concordo.**

↳ *Oração intercalada. Duplas vírgulas podem ser substituídas por travessões ou parênteses.*

- **PONTO-E-VÍRGULA**

– Separa oração coordenada que venham quebradas no seu interior por vírgulas.

– Separa oração que tenha zeugma na segunda: *Ele estudou economia; nós, português.*

– Antítese = oposição.

– Oração coordenada extensa.

– Enumeração.

- **DOIS-PONTOS**

– Citam, enumeram e explicam.

14. COLOCAÇÃO PRONOMINAL

– **Ênclise** - Pronome DEPOIS do verbo.

É a colocação normal da língua culta.

Levantei- <u>me</u> cedo hoje.

Empresta- <u>me</u> a caneta.

Dica: NÃO SE INICIA FRASE COM OBLÍQUO NEM APÓS VÍRGULA

– **Mesóclise** - Pronome no MEIO do verbo.

Verbos no futuro do presente e do pretérito, desde que não haja condição de próclise.

O torneio relizar-<u>se</u>-á amanhã. → O torneio **não** <u>se</u> realizará amanhã.

Contar- <u>lhe</u>-ia o segredo. → **Amanhã** <u>lhe</u> contaria o segredo.

– **Próclise** - Pronome ANTES do verbo.

Há palavras que atraem o pronome:

- **palavras negativas** (não, nem, nada, ninguém) **não seguidas de vírgula.**

Nunca <u>nos</u> revelou seu segredo.

Não, disse-<u>me</u> ele, **não** <u>me</u> deve mais nada.

- **advérbio não seguido de vírgula.**

Depois <u>me</u> dirigi ao balcão.

Em seguida, despediu-<u>se</u> de todos.

- **pronomes** (verificar a fonética, som)

O rapaz **que** <u>me</u> procurou é casado.

Quem <u>te</u> acompanhou?

- **conjunção subordinativa**

Espero **que** <u>lhe</u> deem o cargo.

- **orações optativas**

Deus <u>te</u> abençoe.

- **preposição + gerúndio**

Em se tratando de relógios, prefiro os suíços.

- **infinitivo pessoal**

Por se encontrarem no local do crime, foram incluídos entre os suspeitos.

14.1. PRONOME ÁTONO NAS LOCUÇÕES VERBAIS

1) **Verbo principal ou auxiliar + infinitivo ou gerúndio:**

   Podemos contar- lhe o ocorrido.

   Podemos lhe contar o ocorrido.

2) **Auxiliar + particípio**

   Os médicos **haviam me sugerido** a cirurgia.

   Os médicos **me haviam sugerido** a cirurgia.

15. FIGURAS DE LINGUAGEM

São recursos que tornam as mensagens que emitimos mais expressivas. Subdividem-se em **figuras de som, figuras de palavras, figuras de pensamento** e **figuras de construção.**

15.1. CLASSIFICAÇÃO DAS FIGURAS DE LINGUAGEM

1) Fernanda acordou às sete horas, Renata às nove horas, Paula às dez e meia.
2) "Quando Deus fecha uma porta, abre uma janela."
3) Seus olhos eram luzes brilhantes.

Nos exemplos acima, temos três tipos distintos de figuras de linguagem:

Exemplo 1: há o uso de uma construção sintética ao deixar subentendido, na segunda e na terceira frase, um termo citado anteriormente - o verbo **acordar**. Repare que a segunda e a última frase do primeiro exemplo devem ser entendidas da seguinte forma: "Renata **acordou** às nove horas, Paula **acordou** às dez e meia. Dessa forma, temos uma **figura de construção** ou **de sintaxe**.

Exemplo 2: a ideia principal do ditado reside num jogo conceitual entre as palavras **fecha** e **abre**, que possuem significados opostos. Temos, assim, uma **figura de pensamento**.

Exemplo 3: a força expressiva da frase está na associação entre os elementos **olhos** e **luzes brilhantes**. Essa associação nos permite uma transferência de significados a ponto de usarmos **"olhos"** por **"luzes brilhantes"**. Temos, então, uma **figura de palavra**.

15.2. FIGURA DE PALAVRA

A figura de palavra consiste na substituição de uma palavra por outra, isto é, no emprego **figurado, simbólico**, seja por uma relação muito próxima (**contiguidade**), seja por uma associação, uma comparação, uma **similaridade**. Esses dois conceitos básicos - **contiguidade** e **similaridade** - permitem-nos reconhecer dois tipos de figuras de palavras: a **metáfora** e a **metonímia**.

15.2.1. METÁFORA

A metáfora consiste em utilizar uma palavra ou uma expressão em lugar de outra, sem que haja uma relação real, mas em virtude da circunstância de que o nosso espírito as associa e depreende entre elas certas semelhanças. É importante notar que a metáfora tem um caráter **subjetivo** e **momentâneo**; se a metáfora se cristalizar, deixará de ser metáfora e passará a ser catacrese (é o que ocorre, por exemplo, com "pé de alface", "perna da mesa", "braço da cadeira").

Obs.: toda metáfora é uma espécie de comparação implícita, em que o elemento comparativo não aparece.

Observe a gradação no processo metafórico abaixo:

Seus olhos são como luzes brilhantes.

O exemplo acima mostra uma **comparação** evidente, através do emprego da palavra **como**.

Observe agora:

Seus olhos são luzes brilhantes.

Nesse exemplo não há mais uma comparação (note a ausência da partícula comparativa), e sim um **símile**, ou seja, qualidade do que é semelhante.

As luzes brilhantes olhavam-me.

Há substituição da palavra **olhos** por **luzes brilhantes**. Essa é a verdadeira **metáfora**.

15.2.2. METONÍMIA

A metonímia consiste em empregar um termo no lugar de outro, havendo entre ambos estreita afinidade ou relação de sentido. Observe os exemplos abaixo:

1. Autor pela obra: Gosto de ler **Machado de Assis**. (= Gosto de ler a **obra literária de Machado de Assis**.)
2. Inventor pelo invento: **Édson** ilumina o mundo. (= As **lâmpadas** iluminam o mundo.)
3. Símbolo pelo objeto simbolizado: Não te afastes da **cruz**. (= Não te afastes da **religião**.)
4. Lugar pelo produto do lugar: Fumei um saboroso **havana**. (= Fumei um saboroso **charuto**.)
5. Efeito pela causa: Sócrates bebeu a **morte**. (= Sócrates tomou **veneno**.)
6. Causa pelo efeito: Moro no campo e como do **meu trabalho**. (= Moro no campo e como o **alimento que produzo**.)
7. Continente pelo conteúdo: Bebeu o **cálice** todo. (= Bebeu todo o **líquido** que estava no cálice.)
8. Instrumento pela pessoa que utiliza: Os **microfones** foram atrás dos jogadores. (= Os **repórteres** foram atrás dos jogadores.)

9. Parte pelo todo: Várias **pernas** passavam apressadamente. (= Várias **pessoas** passavam apressadamente.)
10. Gênero pela espécie: Os **mortais** pensam e sofrem nesse mundo. (= Os **homens** pensam e sofrem nesse mundo.)
11. Singular pelo plural: A **mulher** foi chamada para ir às ruas na luta por seus direitos. (= As **mulheres** foram chamadas, não apenas uma mulher.)
12. Marca pelo produto: Minha filha adora **danone**. (= Minha filha adora o iogurte que é da marca danone.)
13. Espécie pelo indivíduo: O **homem** foi à Lua. (= Alguns **astronautas** foram à Lua.)
14. Símbolo pela coisa simbolizada: A **balança** penderá para teu lado. (= A **justiça** ficará do teu lado.)

15.2.3. CATACRESE

Trata-se de uma metáfora que, dado seu uso contínuo, cristalizou-se. A catacrese costuma ocorrer quando, por falta de um termo específico para designar um conceito, toma-se outro "emprestado". Assim, passamos a empregar algumas palavras fora de seu sentido original.

Asa da xícara, **batata** da perna, **maçã** do rosto, **pé** da mesa, **braço** da cadeira, **coroa** do abacaxi.

15.2.4. PERÍFRASE

Trata-se de uma expressão que designa um ser através de alguma de suas características ou atributos, ou de um fato que o celebrizou. Veja o exemplo:

A Cidade Maravilhosa (= Rio de Janeiro) continua atraindo visitantes do mundo todo.

Obs.: quando a perífrase indica uma pessoa, recebe o nome de *antonomásia*.

Exemplos:

O Divino Mestre (= Jesus Cristo) passou a vida praticando o bem.

O Poeta dos Escravos (= Castro Alves) morreu muito jovem.

O Poeta da Vila (= Noel Rosa) compôs lindas canções.

15.2.5. SINESTESIA

Consiste em mesclar, numa mesma expressão, as sensações percebidas por diferentes órgãos do sentido.

Um **grito áspero** revelava tudo o que sentia. (grito = auditivo; áspero = tátil)

No **silêncio escuro** do seu quarto, aguardava os acontecimentos. (silêncio = auditivo; negro = visual)

15.3. FIGURAS DE PENSAMENTO

15.3.1. ANTÍTESE

Consiste na utilização de dois termos que **contrastam** entre si. Ocorre quando há uma aproximação de palavras ou expressões de sentidos opostos. O contraste que se estabelece serve, essencialmente, para dar uma ênfase aos conceitos envolvidos que não se conseguiria com a exposição isolada dos mesmos.

"O mito é o **nada** que é **tudo**." (Fernando Pessoa)

O corpo é **grande** e a alma é **pequena**.

"Quando um muro **separa**, uma ponte **une**."

15.3.2. PARADOXO

Consiste numa proposição aparentemente absurda, resultante da união de **ideias contraditórias**.

Na reunião, o funcionário afirmou que o operário quanto mais trabalha mais tem dificuldades econômicas.

15.3.3. EUFEMISMO

Consiste em empregar uma **expressão mais suave**, mais nobre ou menos agressiva, para comunicar alguma coisa áspera, desagradável ou chocante.

Depois de muito sofrimento, **entregou a alma ao Senhor**. (= morreu)

O prefeito ficou rico **por meios ilícitos**. (= roubou)

15.3.4. IRONIA

Consiste em **dizer o contrário** do que se pretende ou em satirizar, questionar certo tipo de pensamento com a intenção de ridicularizá-lo, ou ainda em ressaltar algum aspecto passível de crítica. A ironia deve ser muito bem construída para que cumpra a sua finalidade; mal construída, pode passar uma ideia exatamente oposta à desejada pelo emissor.

Como você foi bem na última prova, não tirou nem a nota mínima!

Parece um anjinho aquele menino, briga com todos que estão por perto.

15.3.5. HIPÉRBOLE

É a **expressão intencionalmente exagerada** com o intuito de realçar uma ideia.

Faria isso **milhões de vezes** se fosse preciso.

"**Rios** te correrão dos olhos, se chorares." (Olavo Bilac)

15.3.6. PROSOPOPEIA OU PERSONIFICAÇÃO

Consiste em atribuir ações ou qualidades de seres animados a seres inanimados, ou características humanas a seres não humanos. **Observe os exemplos:**

As pedras **andam** vagarosamente.

O livro é um mudo que **fala**, um surdo que **ouve**, um cego que **guia**.

15.3.7. APÓSTROFE

Consiste na **"invocação"** de alguém ou de alguma coisa personificada, de acordo com o objetivo do discurso que pode ser poético, sagrado ou profano. Caracteriza-se pelo chamamento do receptor da mensagem, seja ele imaginário ou não. A introdução da apóstrofe interrompe a linha de pensamento do discurso, destacando-se assim a entidade a que se dirige e a ideia que se pretende pôr em evidência com tal invocação. Realiza-se por meio do vocativo.

Moça, que fazes aí parada?

"Pai Nosso, que estais no céu..."

"Liberdade, Liberdade,

15.3.8. GRADAÇÃO

Consiste em **dispor as ideias** por meio de palavras, sinônimas ou não, **em ordem crescente ou decrescente**. Quando a progressão é ascendente, temos o **clímax**; quando é descendente, o **anticlímax**.

Havia o céu, havia a terra, muita gente e mais Joana com seus olhos claros e brincalhões...

O objetivo do narrador é mostrar a expressividade dos olhos de Joana. Para chegar a esse detalhe, ele se refere ao céu, à terra, às pessoas e, finalmente, a Joana e seus olhos. Nota-se que o pensamento foi expresso em ordem decrescente de intensidade.

"Vive só para mim, só para a minha vida, só para meu amor". (Olavo Bilac)

"O trigo... nasceu, cresceu, espigou, amadureceu, colheu-se." (Padre Antônio Vieira)

15.4. FIGURAS DE CONSTRUÇÃO OU SINTÁTICAS

As figuras de construção ocorrem quando desejamos atribuir **maior expressividade** ao significado. Assim, a lógica da frase é substituída pela maior expressividade que se dá ao sentido.

15.4.1. ELIPSE

Consiste na **omissão** de um ou mais termos numa oração que podem ser facilmente identificados, tanto por elementos gramaticais presentes na própria oração, quanto pelo contexto.

1) A cada um o que é seu. (Deve se dar a cada um o que é seu.)
2) Tenho duas filhas, um filho e amo todos da mesma maneira.

Nesse exemplo, as desinências verbais de tenho e amo permitem-nos a identificação do sujeito em elipse "eu".

3) Regina estava atrasada. Preferiu ir direto para o trabalho. (Ela, Regina, preferiu ir direto para o trabalho, pois estava atrasada.)
4) As rosas florescem em maio, as margaridas em agosto. (As margaridas florescem em agosto.)

15.4.2. ZEUGMA

Zeugma é uma forma de **elipse**. Ocorre quando é feita a omissão de um termo já mencionado anteriormente.

Ele **gosta** de geografia; eu, de português.

Na casa dela só **havia** móveis antigos; na minha, só móveis modernos.

15.4.3. SILEPSE

A silepse é a **concordância** que se faz com o termo que não está expresso no texto, mas sim com a ideia que ele representa. É uma concordância anormal, psicológica, espiritual, latente, porque se faz com um termo oculto, facilmente subentendido. Há três tipos de silepse: de **gênero, número** e **pessoa**.

15.4.3.1. SILEPSE DE GÊNERO

Os gêneros são **masculino** e **feminino**. Ocorre a silepse de gênero quando a concordância se faz com a **ideia** que o termo comporta.

1) A bonita Porto Velho sofreu mais uma vez com o calor intenso.

Nesse caso, o adjetivo **bonita** não está concordando com o termo **Porto Velho**, que gramaticalmente pertence ao gênero masculino, mas com a ideia contida no termo (a **cidade** de Porto Velho).

2) Vossa excelência está preocupado. Nesse exemplo, o adjetivo **preocupado** concorda com o sexo da pessoa, que nesse caso é masculino, e não com o termo Vossa excelência.

15.4.3.2. SILEPSE DE NÚMERO

Os números são **singular** e **plural**. A silepse de número ocorre quando o verbo da oração não concorda gramaticalmente com o sujeito da oração, mas com a ideia que nele está contida. **Exemplos:**

A **procissão** saiu. **Andaram** por todas as ruas da cidade de Salvador.

Como vai a **turma**? **Estão** bem?

O **povo** corria por todos os lados e **gritavam** muito alto.

Note que nos exemplos acima, os verbos **andaram**, **estão** e **gritavam** não concordam gramaticalmente com os sujeitos das orações (que se encontram no singular, **procissão, turma** e **povo**, respectivamente), mas com a **ideia** de pluralidade que neles está contida. Procissão, turma e povo dão a ideia de muita gente, por isso que os verbos estão no plural.

15.4.3.3. SILEPSE DE PESSOA

Três são as pessoas gramaticais: a primeira, a segunda e a terceira. A silepse de pessoa ocorre quando há um desvio de concordância. O verbo, mais uma vez, não **concorda** com o sujeito da oração, mas sim com a **pessoa que está inscrita no sujeito**.

O que não compreendo é como os **brasileiros persistamos** em aceitar essa situação. Os **agricultores temos** orgulho de nosso trabalho. "Dizem que os **cariocas somos** poucos dados aos jardins públicos." (Machado de Assis)

Observe que os verbos **persistamos**, **temos** e **somos** não concordam gramaticalmente com os seus sujeitos (**brasileiros**, **agricultores** e **cariocas** que estão na terceira pessoa), mas com a ideia que neles está contida (**nós**, os brasileiros, os agricultores e os cariocas).

15.4.4. POLISSÍNDETO / ASSÍNDETO

Para estudarmos essas duas figuras de construção, é necessário recordar um conceito estudado em sintaxe sobre período composto. No período composto por coordenação, podemos ter orações **sindéticas** ou **assindéticas**. A oração coordenada ligada por uma conjunção (conectivo) é **sindética**; a oração que não apresenta conectivo é **assindética**.

Recordado esse conceito, podemos definir as duas figuras de construção:

1) Polissíndeto

É uma figura caracterizada pela **repetição enfática** dos conectivos.

"Falta-lhe o solo aos pés: recua **e** corre, vacila **e** grita, luta **e** ensanguenta, **e** rola, **e** tomba, **e** se espedaça, **e** morre." (Olavo Bilac)

"Deus criou o sol **e** a lua **e** as estrelas. **E** fez o homem **e** deu-lhe inteligência **e** fê-lo chefe da natureza.

2) Assíndeto

É uma figura caracterizada pela ausência, pela **omissão das conjunções coordenativas**, resultando no uso de orações coordenadas assindéticas.

Tens casa, tens roupa, tens amor, tens família. "Vim, vi, venci." (Júlio César)

15.4.5. PLEONASMO

Consiste na **repetição** de um termo ou ideia, com as mesmas palavras ou não. A finalidade do pleonasmo é realçar a ideia, torná-la mais **expressiva. Veja este exemplo:**

O problema da violência, é necessário resolvê-**lo** logo.

Nesta oração, os termos **"o problema da violência"** e **"lo"** exercem a mesma função sintática: objeto direto. Assim, temos um pleonasmo do objeto direto, sendo o pronome **"lo"** classificado como objeto direto pleonástico.

Aos funcionários, não **lhes** interessam tais medidas. Aos funcionários, lhes = Objeto Indireto

Nesse caso, há um pleonasmo do objeto indireto, e o pronome **"lhes"** exerce a função de objeto indireto pleonástico.

"**Vi, claramente visto,** o lumo vivo." (Luís de Camões)

"Ó mar **salgado**, quanto do teu **sal** são lágrimas de Portugal." (Fernando Pessoa)

"E **rir** meu **riso**." (Vinícius de Moraes)

15.4.6. ANÁFORA

É a **repetição** de uma ou mais palavras no início de várias frases, criando assim, um efeito de reforço e de coerência. Pela repetição, a palavra ou expressão em causa é posta em destaque, permitindo ao escritor valorizar determinado elemento textual. Os termos anafóricos podem muitas vezes ser substituídos por **pronomes relativos**. Encontrei um amigo ontem. **Ele** disse-me que te conhecia. O termo **ele** é um termo anafórico, já que se refere a **um amigo** anteriormente referido.

"Se você gritasse
Se você gemesse,
Se você tocasse
a valsa vienense
Se você dormisse,
Se você cansasse,
Se você morresse...
Mas você não morre,
Você é duro José!"
(Carlos Drummond de Andrade)

15.4.7. ANACOLUTO

Consiste na **mudança da construção sintática** no meio da frase, ficando alguns termos desligados do resto do período.

Esses alunos da escola, não se pode duvidar deles.

A expressão **"esses alunos da escola"** deveria exercer a função de sujeito. No entanto, há uma interrupção da frase e essa expressão fica à parte, não exercendo nenhuma função sintática. O anacoluto também é chamado de "frase quebrada", pois corresponde a uma interrupção na sequência lógica do pensamento.

O **Alexandre**, as coisas não lhe estão indo muito bem.

A **velha hipocrisia**, recordo-me dela com vergonha. (Camilo Castelo Branco)

Obs.: o anacoluto deve ser usado com finalidade expressiva em casos muito especiais. Em geral, deve-se evitá-lo.

15.4.8. HIPÉRBATO / INVERSÃO

É a **inversão** da estrutura frásica, isto é, a inversão da ordem direta dos termos da oração.

Ao ódio venceu o amor. (Na ordem direta seria: O amor venceu ao ódio.)

Dos meus problemas cuido eu! (Na ordem direta seria: Eu cuido dos meus problemas.)

15.5. FIGURAS DE SOM

15.5.1. ALITERAÇÃO

Consiste na **repetição de consoantes** como recurso para intensificação do ritmo ou como efeito sonoro significativo.

Três pratos de **t**rigo para **t**rês **t**igres **t**ristes.

O **r**ato **r**oeu a **r**oupa do **r**ei de **R**oma.

"**V**ozes **v**eladas, **v**eludosas **v**ozes,
Volúpias dos **v**iolões, **v**ozes **v**eladas
Vagam nos **v**elhos **v**órtices **v**elozes
Dos **v**entos, **v**ivas, **v**ãs, **v**ulcanizadas."

Cruz e Souza (Aliteração em "v")

15.5.2. ASSONÂNCIA

Consiste na **repetição ordenada de sons vocálicos idênticos**.

"Sou um mulat**o** nat**o** n**o** sentid**o** lat**o**
mulat**o** democrátic**o** d**o** litoral."

15.5.3. ONOMATOPEIA

Ocorre quando se tentam reproduzir na forma de palavras os **sons** da realidade.

Os sinos faziam **blem**, **blem**, **blem**, **blem**.

Miau, **miau**. (Som emitido pelo gato)

Tic-tac, **tic-tac** fazia o relógio da sala de jantar.

Cócórócócó, fez o galo às seis da manhã.

15.6. VÍCIOS DE LINGUAGEM

Ao contrário das figuras de linguagem, que representam realce e beleza às mensagens emitidas, os *vícios de linguagem* são palavras ou construções que vão de encontro às normas gramaticais. Os vícios de linguagem costumam ocorrer por descuido, ou ainda por desconhecimento das regras por parte do emissor.

15.6.1. PLEONASMO VICIOSO OU REDUNDÂNCIA

Diferentemente do pleonasmo tradicional, tem-se pleonasmo vicioso quando há repetição desnecessária de uma informação na frase.

Entrei *para dentro* de casa quando começou a anoitecer.

Hoje fizeram-me uma surpresa *inesperada*.

Encontraremos *outra* alternativa para esse problema.

Observação: o pleonasmo é considerado vício de linguagem quando usado desnecessariamente, no entanto, quando usado para reforçar a mensagem, constitui uma figura de linguagem.

15.6.2. BARBARISMO

É o desvio da norma que ocorre nos seguintes níveis:

1) Pronúncia

a) Silabada: erro na pronúncia do acento tônico.

Solicitei à cliente sua *rú*brica. (ru*bri*ca)

b) Cacoépia: erro na pronúncia dos fonemas.

Estou com *po*blemas a resolver. (*pro*blemas)

c) Cacografia: erro na grafia ou na flexão de uma palavra.

Eu *ad*vinhei quem ganharia o concurso. (*adi*vinhei)

O segurança *deteu* aquele homem. (*deteve*)

2) Morfologia

Se eu *ir* aí, vou me atrasar. (*for*)

Sou a aluna *mais maior* da turma. (*maior*)

3) Semântica

José *comprimentou* seu vizinho ao sair de casa. (cumprimentou)

4) Estrangeirismos

Considera-se barbarismo o emprego desnecessário de palavras estrangeiras, ou seja, quando já existe palavra ou expressão correspondente na língua.

O *show* é hoje! (espetáculo)

Vamos tomar um *drink*? (drinque)

15.6.3. SOLECISMO

É o desvio de sintaxe, podendo ocorrer nos seguintes níveis:

1) Concordância

Haviam muitos alunos naquela sala. (Havia)

2) Regência

Eu assisti *o* filme em casa. (ao)

3) Colocação

Dancei tanto na festa que não aguentei-*me* em pé. (não *me* aguentei em pé)

15.6.4. AMBIGUIDADE OU ANFIBOLOGIA

Ocorre quando, por falta de clareza, há duplicidade de sentido da frase.

Ana disse à amiga que *seu* namorado havia chegado. (O namorado é de Ana ou da amiga?)

O pai falou com o filho caído no chão. (Quem estava caído no chão? Pai ou filho?)

15.6.5. CACOFONIA

Ocorre quando a junção de duas ou mais palavras na frase provoca som desagradável ou palavra inconveniente.

U*ma mão* lava outra. (mamão)

Vi ela na esquina. (viela)

Dei um beijo na bo*ca dela*. (cadela)

15.6.6. ECO

Ocorre quando há palavras na frase com terminações iguais ou semelhantes, provocando dissonância.

A divulga*ção* da promo*ção* *não* causou como*ção* na popula*ção*.

15.6.7. HIATO

Ocorre quando há uma sequência de vogais, provocando dissonância.

*Eu a a*mo.

*Ou eu ou a ou*tra ganhará o concurso.

15.6.8. COLISÃO

Ocorre quando há repetição de consoantes iguais ou semelhantes, provocando dissonância.

*S*ua *s*aia *s*ujou.

16. INTERPRETAÇÃO DE TEXTO

Interpretar é concluir, deduzir a partir dos dados coletados.

O tempo, na prova, é muito curto, por isso é necessário trabalhar com dicas para não precisar reler o texto. Lembre-se de que interpretar é objetivo, ou seja, a opinião do leitor nada importa. A resposta correta é direcionada ao que o autor escreveu e não a que o leitor achou ou acha sobre o assunto.

Dicas rápidas para melhorar o desempenho:

- Leia cada parágrafo e grife as palavras-chave;
- Terminada a leitura, anote o tema (assunto) do texto;
- Vá às questões e não se esqueça de voltar ao texto;
- Trabalhe com as ideias principais que você sublinhou e nunca se esqueça do tema.
- Observe os comandos da questão (de acordo com o texto, conforme o texto, segundo o autor). Se forem esses os comandos, limite-se à realidade do mesmo.
- Muitas vezes, as alternativas extrapolam as verdades do texto; ou ainda diminuem essas mesmas verdades; ou fazem afirmações que nem de longe estão no texto. Fácil notar através de palavras que generalizam ou restringem: todos, ninguém, sempre, nunca, jamais etc.

17. MANUAL DE REDAÇÃO DA PRESIDÊNCIA DA REPÚBLICA

Consultar no link: http://www.planalto.gov.br/ccivil_03/manual/manual.htm

17.1. DICAS MAIS PEDIDAS

17.1.1. O QUE É REDAÇÃO OFICIAL

Em uma frase, pode-se dizer que redação oficial é a maneira pela qual o Poder Público redige atos normativos e comunicações. Interessa-nos tratá-la do ponto de vista do Poder Executivo.

A redação oficial deve caracterizar-se pela impessoalidade, uso do padrão culto de linguagem, clareza, concisão, formalidade e uniformidade. Fundamentalmente esses atributos decorrem da Constituição, que dispõe, no artigo 37: "*A administração pública direta, indireta ou fundacional, de qualquer dos Poderes da União, dos Estados, do Distrito Federal e dos Municípios obedecerá aos princípios de legalidade, impessoalidade, moralidade, publicidade e eficiência* (...)". Sendo a publicidade e a impessoalidade princípios fundamentais de toda administração pública, claro está que devem igualmente nortear a elaboração dos atos e comunicações oficiais.

Não se concebe que um ato normativo de qualquer natureza seja redigido de forma obscura, que dificulte ou impossibilite sua compreensão. A transparência do sentido dos atos normativos, bem como sua inteligibilidade, são requisitos do próprio Estado de Direito: é inaceitável que um texto legal não seja entendido pelos cidadãos. A publicidade implica, pois, necessariamente, clareza e concisão.

Além de atender à disposição constitucional, a forma dos atos normativos obedece a certa tradição. Há normas para sua elaboração que remontam ao período de nossa história imperial, como, por exemplo, a obrigatoriedade – estabelecida por decreto imperial de 10 de dezembro de 1822 – de que se aponha, ao final desses atos, o número de anos transcorridos desde a Independência. Essa prática foi mantida no período republicano.

Esses mesmos princípios (impessoalidade, clareza, uniformidade, concisão e uso de linguagem formal) aplicam-se às comunicações oficiais: elas devem sempre permitir uma única interpretação e ser estritamente impessoais e uniformes, o que exige o uso de certo nível de linguagem.

Nesse quadro, fica claro também que as comunicações oficiais são necessariamente uniformes, pois há sempre um único comunicador (o Serviço Público) e o receptor dessas comunicações ou é o próprio Serviço Público (no caso de expedientes dirigidos por um órgão a outro) – ou o conjunto dos cidadãos ou instituições tratados de forma homogênea (o público).

Outros procedimentos rotineiros na redação de comunicações oficiais foram incorporados ao longo do tempo, como as formas de tratamento e de cortesia, certos clichês de redação, a estrutura dos expedientes, etc. Mencione-se, por exemplo, a fixação dos fechos para comunicações oficiais, regulados pela Portaria nº 1 do Ministro de Estado da Justiça, de 8 de julho de 1937, que, após mais de meio século de vigência, foi revogado pelo Decreto que aprovou a primeira edição deste Manual.

Acrescente-se, por fim, que a identificação que se buscou fazer das características específicas da forma oficial de redigir não deve ensejar o entendimento de que se proponha a criação – ou se aceite a existência – de uma forma específica de linguagem administrativa, o que coloquialmente e pejorativamente se chama *burocratês*. Este é antes uma distorção do que deve ser a redação oficial, e se caracteriza pelo abuso de expressões e clichês do jargão burocrático e de formas arcaicas de construção de frases.

A redação oficial não é, portanto, necessariamente árida e infensa à evolução da língua. É que sua finalidade básica – comunicar com impessoalidade e máxima clareza – impõe certos parâmetros ao uso que se faz da língua, de maneira diversa daquele da literatura, do texto jornalístico, da correspondência particular, etc.

Apresentadas essas características fundamentais da redação oficial, passemos à análise pormenorizada de cada uma delas.

17.1.2. A IMPESSOALIDADE

A finalidade da língua é comunicar, quer pela fala, quer pela escrita. Para que haja comunicação, são necessários: a) alguém que comunique, b) algo a ser comunicado, e c) alguém que receba essa comunicação. No caso da redação oficial, quem comunica é sempre o Serviço Público (este ou aquele Ministério, Secretaria, Departamento, Divisão, Serviço, Seção); o que se comunica é sempre algum assunto relativo às atribuições do órgão que comunica; o destinatário dessa comunicação ou é o público, o conjunto dos cidadãos, ou outro órgão público, do Executivo ou dos outros Poderes da União.

Percebe-se, assim, que o tratamento impessoal que deve ser dado aos assuntos que constam das comunicações oficiais decorre:

a) da ausência de impressões individuais de quem comunica: embora se trate, por exemplo, de um expediente assinado por Chefe de determinada Seção, é sempre em nome do Serviço Público que é feita a comunicação. Obtém-se, assim, uma desejável padronização, que permite que comunicações elaboradas em diferentes setores da Administração guardem entre si certa uniformidade;

b) da impessoalidade de quem recebe a comunicação, com duas possibilidades: ela pode ser dirigida a um cidadão, sempre concebido como *público*, ou a outro órgão público. Nos dois casos, temos um destinatário concebido de forma homogênea e impessoal;

c) do caráter impessoal do próprio assunto tratado: se o universo temático das comunicações oficiais se restringe a questões que dizem respeito ao interesse público, é natural que não cabe qualquer tom particular ou pessoal.

Desta forma, não há lugar na redação oficial para impressões pessoais, como as que, por exemplo, constam de uma carta a um amigo, ou de um artigo assinado de jornal, ou mesmo de um texto literário. A redação oficial deve ser isenta da interferência da individualidade que a elabora.

A concisão, a clareza, a objetividade e a formalidade de que nos valemos para elaborar os expedientes oficiais contribuem, ainda, para que seja alcançada a necessária impessoalidade.

17.1.3. A LINGUAGEM DOS ATOS E COMUNICAÇÕES OFICIAIS

A necessidade de empregar determinado nível de linguagem nos atos e expedientes oficiais decorre, de um lado, do próprio caráter público desses atos e comunicações; de outro, de sua finalidade. Os atos oficiais, aqui entendidos como atos de caráter normativo, ou estabelecem regras para a conduta dos cidadãos, ou regulam o funcionamento dos órgãos públicos, o que só é alcançado se em sua elaboração for empregada a linguagem adequada. O mesmo se dá com os expedientes oficiais, cuja finalidade precípua é a de informar com clareza e objetividade.

As comunicações que partem dos órgãos públicos federais devem ser compreendidas por todo e qualquer cidadão brasileiro. Para atingir esse objetivo, há que evitar o uso de uma linguagem restrita a determinados grupos. Não há dúvida que um texto marcado por expressões de circulação restrita, como a gíria, os regionalismos vocabulares ou o jargão técnico, tem sua compreensão dificultada.

Ressalte-se que há necessariamente uma distância entre a língua falada e a escrita. Aquela é extremamente dinâmica, reflete de forma imediata qualquer alteração de costumes, e pode eventualmente contar com outros elementos que auxiliem a sua compreensão, como os gestos, a entoação, etc., para mencionar apenas alguns dos fatores responsáveis por essa distância. Já a língua escrita incorpora mais lentamente as transformações, tem maior vocação para a permanência, e vale-se apenas de si mesma para comunicar.

A língua escrita, como a falada, compreende diferentes níveis, de acordo com o uso que dela se faça. Por exemplo, em uma carta a um amigo, podemos nos valer de determinado padrão de linguagem que incorpore expressões extremamente pessoais ou coloquiais; em um parecer jurídico, não se há de estranhar a presença do vocabulário técnico correspondente. Nos dois casos, há um padrão de linguagem que atende ao uso que se faz da língua, a finalidade com que a empregamos.

O mesmo ocorre com os textos oficiais: por seu caráter impessoal, por sua finalidade de informar com o máximo de clareza e concisão, eles requerem o uso do *padrão culto* da língua. Há consenso de que o padrão culto é aquele em que a) se observam as regras da gramática formal, e b) se emprega um vocabulário comum ao conjunto dos usuários do idioma. É importante ressaltar que a obrigatoriedade do uso do padrão culto na redação oficial decorre do fato de que ele está acima das diferenças lexicais, morfológicas ou sintáticas regionais, dos modismos vocabulares, das idiossincrasias lingüísticas, permitindo, por essa razão, que se atinja a pretendida compreensão por todos os cidadãos.

Lembre-se que o padrão culto nada tem contra a simplicidade de expressão, desde que não seja confundida com pobreza de expressão. De nenhuma forma o uso do padrão culto implica emprego de linguagem rebuscada, nem dos contorcionismos sintáticos e figuras de linguagem próprios da língua literária.

Pode-se concluir, então, que não existe propriamente um "*padrão oficial de linguagem*"; o que há é o uso do padrão culto nos atos e comunicações oficiais. É claro que haverá preferência pelo uso de determinadas expressões, ou será obedecida certa tradição no emprego das formas sintáticas, mas isso não implica, necessariamente, que se consagre a utilização de *uma forma de linguagem burocrática*. O jargão burocrático, como todo jargão, deve ser evitado, pois terá sempre sua compreensão limitada.

A linguagem técnica deve ser empregada apenas em situações que a exijam, sendo de evitar o seu uso indiscriminado. Certos rebuscamentos acadêmicos, e mesmo o vocabulário próprio a determinada área, são de difícil entendimento por quem não esteja com eles familiarizado. Deve-se ter o cuidado, portanto, de explicitá-los em comunicações encaminhadas a outros órgãos da administração e em expedientes dirigidos aos cidadãos.

Outras questões sobre a linguagem, como o emprego de neologismo e estrangeirismo, são tratadas em detalhe em *9.3. Semântica*.

17.1.4. FORMALIDADE E PADRONIZAÇÃO

As comunicações oficiais devem ser sempre formais, isto é, obedecem a certas regras de *forma*: além das já mencionadas exigências de impessoalidade e uso do padrão culto de linguagem, é imperativo, ainda, certa formalidade de tratamento. Não se trata somente da eterna dúvida quanto ao correto emprego deste ou daquele pronome de tratamento para uma autoridade de certo nível (v. a esse respeito *2.1.3. Emprego dos Pronomes de Tratamento*); mais do que isso, a formalidade diz respeito à polidez, à civilidade no próprio enfoque dado ao assunto do qual cuida a comunicação.

A formalidade de tratamento vincula-se, também, à necessária uniformidade das comunicações. Ora, se a administração federal é una, é natural que as comunicações que expede sigam um mesmo padrão. O estabelecimento desse padrão, uma das metas deste Manual, exige que se atente para todas as características da redação oficial e que se cuide, ainda, da apresentação dos textos.

A clareza datilográfica, o uso de papéis uniformes para o texto definitivo e a correta diagramação do texto são indispensáveis para a padronização. Consulte o Capítulo II, *As Comunicações Oficiais*, a respeito de normas específicas para cada tipo de expediente.

17.1.5. CONCISÃO E CLAREZA

A *concisão* é antes uma qualidade do que uma característica do texto oficial. Conciso é o texto que consegue transmitir um máximo de informações com um mínimo de palavras. Para que se redija com essa qualidade, é fundamental que se tenha, além de conhecimento do assunto sobre o qual se escreve, o necessário tempo para revisar o texto depois de pronto. É nessa releitura que muitas vezes se percebem eventuais redundâncias ou repetições desnecessárias de ideias.

O esforço de sermos concisos atende, basicamente ao princípio de *economia linguística*, à mencionada fórmula de empregar o mínimo de palavras para informar o máximo. Não se deve de forma alguma entendê-la como *economia de pensamento*, isto é, não se devem eliminar passagens substanciais do texto no afã de reduzi-lo em tamanho. Trata-se exclusivamente de cortar palavras inúteis, redundâncias, passagens que nada acrescentem ao que já foi dito.

Procure perceber certa hierarquia de ideias que existe em todo texto de alguma complexidade: ideias fundamentais e ideias secundárias. Estas últimas podem esclarecer o sentido daquelas, detalhá-las, exemplificá-las; mas existem também ideias secundárias que não acrescentam informação alguma ao texto, nem têm maior relação com as fundamentais, podendo, por isso, ser dispensadas.

A *clareza* deve ser a qualidade básica de todo texto oficial, conforme já sublinhado na introdução deste capítulo. Pode-se definir como claro aquele texto que possibilita imediata compreensão pelo leitor. No entanto a clareza não é algo que se atinja por si só: ela depende estritamente das demais características da redação oficial. Para ela concorrem:

a) a impessoalidade, que evita a duplicidade de interpretações que poderia decorrer de um tratamento personalista dado ao texto;

b) o uso do padrão culto de linguagem, em princípio, de entendimento geral e por definição avesso a vocábulos de circulação restrita, como a gíria e o jargão;

c) a formalidade e a padronização, que possibilitam a imprescindível uniformidade dos textos;

d) a concisão, que faz desaparecer do texto os excessos linguísticos que nada lhe acrescentam.

É pela correta observação dessas características que se redige com clareza. Contribuirá, ainda, a indispensável releitura de todo texto redigido. A ocorrência, em textos oficiais, de trechos obscuros e de erros gramaticais provém principalmente da falta da releitura que torna possível sua correção.

Na revisão de um expediente, deve-se avaliar, ainda, se ele será de fácil compreensão por seu destinatário. O que nos parece óbvio pode ser desconhecido por terceiros. O domínio que adquirimos sobre certos assuntos em decorrência de nossa experiência profissional muitas vezes faz com que os tomemos como de conhecimento geral, o que nem sempre é verdade. Explicite, desenvolva, esclareça, precise os termos técnicos, o significado das siglas e abreviações e os conceitos específicos que não possam ser dispensados.

A revisão atenta exige, necessariamente, tempo. A pressa com que são elaboradas certas comunicações quase sempre compromete sua clareza. Não se deve proceder à redação de um texto que não seja seguida por sua revisão. "*Não há assuntos urgentes, há assuntos atrasados*", diz a máxima. Evite-se, pois, o atraso, com sua indesejável repercussão no redigir.

BIBLIOGRAFIA

- NOGUEIRA, Duda. Língua Portuguesa para concursos. 2.ed.Salvador,Editora Juspodivm,2015.
- CÂMARA JR.,Joaquim Mattoso.*História e estrutura da língua portuguesa.* 2.ed.Rio de Janeiro,Padrão,1976.
- CÂMARA JR.,Joaquim Mattoso.*Estrutura da língua portuguesa.*16.ed.Petrópolis,Vozes,1985.
- LIMA,Rocha.*Gramática normativa da língua portuguesa.*23. ed.Rio de Janeiro,José Olympio,1983.
- INFANTE,Ulisses; NICOLA,José de. *Gramática contemporânea da língua portuguesa.*15ed.São Paulo,Scipione,1999
- CAMPEDELLI,Samira Youssef.*Gramática do texto,texto da gramática.*1 ed.São Paulo,Saraiva,1999.
- INFANTE,Ulisses,*Curso de gramática aplicada aos textos.*6 ed.São Paulo,Scipione,2001.
- TERRA,Ernani; NICOLA,José de. *Gramática,literatura e produção de textos.*2 ed.São Paulo,Scipione,2003.
- CAVALLETE,Floriana Toscano; TERRA,Ernani; NICOLA,José de. *Português para o ensino médio-língua,literatura e produção de textos.*1 ed.São Paulo,Scipione,2002.
- INFANTE,Ulisses; CIPRO NETO,Pasquale. *Gramática da língua portuguesa.*2 ed.São Paulo,Scipione,2004.
- INFANTE,Ulisses; CIPRO NETO,Pasquale. *Gramática da língua portuguesa.*1 ed.São Paulo,Scipione,1999.
- SÓ PORTUGUÊS. Em < http://www.soportugues.com.br/secoes/estil/estil2.php>. Acesso em 03 fevereiro 2014.
- MANUAL DE REDAÇÃO DA PRESIDÊNCIA DA REPÚBLICA. Em <http://www.planalto.gov.br/ccivil_03/manual/manual.htm>. Acesso em 24 abril 2013.

Legislação aplicada ao MPU

Plínio Marcos Prudente Rocha

TABELA DE INCIDÊNCIA DE QUESTÕES

Distribuição das questões organizada por ordem didática de assuntos		
Assunto	**Número de Questões**	**Peso**
ORGANIZAÇÃO DO MPU E DO CNMP	13	27,66%
PRINCÍPIOS, GARANTIAS, VEDAÇÕES E PRERROGATIVAS DOS MEMBROS DO MPU.	12	25,53%
FUNÇÕES INSTITUCIONAIS DO MPU	8	17,02%
REGULAMENTO DE CARREIRA (MEMBROS DO MPU E SERVIDORES PÚBLICOS)	14	29,79%
Total	**47**	**100%**

Legislação aplicada ao MPU

Plínio Marcos Prudente Rocha

✦ QUESTÕES

1. ORGANIZAÇÃO DO MPU E DO CNMP

01. (Cespe – Técnico – Área Administrativa – MPU/2010) Acerca da autonomia, da estrutura e do funcionamento do MPU, julgue os itens a seguir.

A estrutura completa do MPU é constituída por: Ministério Público Federal e Ministério Público do Distrito Federal e Territórios.

COMENTÁRIOS

ITEM ERRADO. Registramos que, do ponto de vista organizacional, o Ministério Público brasileiro é formado pelo Ministério Público da União (art. 128, I, CF), que, por sua vez, é subdividido em Ministério Público Federal, do Trabalho, Militar e do Distrito Federal e Territórios, e pelos Ministérios Públicos dos Estados (art. 128, II, CF).

02. (Cespe – Técnico – Área Administrativa – MPU/2010) A organização, as atribuições e o estatuto do Ministério Público da União (MPU) estão claramente dispostos em legislação específica. Acerca dos princípios e das funções da referida instituição e dos seus membros, julgue os itens que se seguem.

02.01. Na defesa dos direitos constitucionais do cidadão, o procurador-geral da República representa ao poder competente para a promoção da responsabilidade nos casos comprovados de omissões inconstitucionais.

COMENTÁRIOS

ITEM ERRADO. Nos termos do art. 14, da LC 75/93, que dispõe sobre a organização, atribuições e estatuto do Ministério Público da União, a atribuição para adotar a providência mencionada no item é do Procurador dos Direitos do Cidadão (não do Procurador-Geral da República), que poderá agir de ofício (por iniciativa própria) ou mediante provocação, de modo a fixar, previamente, prazo para que a omissão seja sanada. Por oportuno, ressaltamos que, conforme art. 40, da LC 75/93, o Procurador Federal dos Direitos do Cidadão será designado pelo Procurador-Geral da República, dentre os Subprocuradores-Gerais da República e mediante prévia aprovação do nome pelo Conselho Superior, para exercer as funções do ofício pelo prazo de **02 anos, permitida uma recondução**, precedida de nova decisão do Conselho Superior.

02.02. A fiscalização das atividades funcionais e de conduta dos membros do MPU é incumbência da Corregedoria do Ministério Público Militar.

COMENTÁRIOS

ITEM ERRADO. Conforme anteriormente mencionado, o MPU é subdivido em quatro ramos, quais sejam, o Ministério Público Federal, Ministério Público do Trabalho, Ministério Público Militar e Ministério Público do Distrito Federal e Territórios. Sendo assim, tendo em vista as diferentes frentes de atuação dos mesmos, ainda que todos sejam regidos pela LC 75/93, a fiscalização das atividades funcionais e conduta dos respectivos membros é feita pela Corregedoria de cada ramo do MPU, ou seja, tal atividade não é unificada/concentrada na Corregedoria do Ministério Público Militar. Sendo assim:

MPF – Corregedoria do MPF (art. 63, da LC 75/93);

MPT – Corregedoria do MPT (art. 104, da LC 75/93);

MPM – Corregedoria do MPM (art. 137, da LC 75/93);

MPDFT – Corregedoria do MPDFT (art. 172, da LC 75/93).

03. (Cespe – Analista Processual – MPU/2010) A partir da definição do MPU como instituição permanente com incumbências claras e relacionadas aos fundamentos da República, criou-se estrutura organizacional dotada de características próprias. Acerca desse tema, julgue os itens seguintes.

03.01. A participação de membros do Ministério Público do Trabalho em comissões técnicas ou científicas relacionadas à instituição ocorre mediante a designação do procurador-geral do trabalho, ouvido o conselho superior respectivo.

COMENTÁRIOS

ITEM CORRETO. Conforme redação do art. 91, XIV, "b", da LC 75/93, uma das atribuições afetas ao Procurador-Geral do Trabalho é a designação de membros do Ministério Público do Trabalho para atuarem em comissões técnicas ou cientificas relacionadas à instituição, porém, para tanto, faz-se necessária a oitiva do Conselho Superior do Trabalho. Observamos que o procedimento ora citado é o mesmo para os outros ramos do MPU, chamando atenção apenas para o fato que a designação e oitiva são feitas pelo respectivo Procurador-Geral e Conselho Superior.

03.02. Os promotores de justiça e os promotores de justiça adjuntos devem oficiar junto às varas da justiça do Distrito Federal e territórios.

COMENTÁRIOS

ITEM CORRETO. A atribuição mencionada no item está legalmente prevista no art. 178, da LC 75/93, quando faz referência às atividades dos Promotores de Justiça, e no art. 179, da LC 75/93, no tocante à designação dos Promotores de Justiça Adjuntos. Nesse aspecto, observamos que a mencionada legislação atribui nomenclaturas para os membros de cada ramo do MPU, de modo que, no caso específico do Ministério Público do Distrito Federal e Territórios os cargos existentes são: Promotor de Justiça Adjunto (cargo inicial), Promotor de Justiça e Procurador de Justiça (último nível da carreira), nos termos do art. 154, da LC 75/93.

03.03. Para concorrer à lista tríplice do Ministério Público do Distrito Federal, o membro desse ministério tem como elemento de eliminação apenas o seu tempo de exercício nas funções de carreira.

COMENTÁRIOS

ITEM ERRADO. A questão aborda, essencialmente, os requisitos a serem preenchidos pelos candidatos ao cargo de Procurador-Geral de Justiça (Chefe do MPDFT), através da formação de lista tríplice elaborada pelo Colégio de Procuradores e Promotores de Justiça (cf. art. 156, da LC 75/93), e consequente nomeação pelo Presidente da República (**não** pelo Governador do Distrito Federal!!). Assim, analisando o art. 156, §1º, temos como condições para participação na referida lista:

a) mais de 05 anos de exercício nas funções da carreira;

a) não ter sofrido, nos últimos 04 anos, qualquer condenação definitiva;

b) não esteja respondendo a processo penal ou administrativo;

---

04. (FCC – Técnico – Área Administrativa – MPU/2007) O órgão do Ministério Público Federal competente para determinar o afastamento preventivo do exercício de suas funções, do membro do Ministério Público Federal indiciado ou acusado em processo disciplinar, e o seu retorno, é

a) o Colégio de Procuradores da República.

b) o Conselho Nacional do Ministério Público.

c) o Conselho Superior do Ministério Público Federal.

d) a Corregedoria-Geral do Ministério Público Federal.

e) a Câmara de Coordenação e Revisão do Ministério Público Federal.

COMENTÁRIOS

Alternativa correta: "C": A compreensão do quesito é obtida com a leitura/reprodução direta do art. 57, XVI, da LC 75/93.

---

05. (FCC – Técnico – Área Administrativa – MPU/2007) É certo que o Conselho Nacional do Ministério Público:

a) poderá, dentre outras atribuições, destituir, pelo voto de dois terços de seus membros, os Procuradores-Gerais que atentem contra os princípios constitucionais.

b) possui, dentre outras atribuições, o controle da atuação administrativa e financeira do Ministério Público e do cumprimento dos deveres funcionais de seus membros.

c) compõe-se de quinze membros com mais de trinta e cinco e menos de sessenta e seis anos de idade, com mandato de dois anos, admitida uma recondução.

d) escolherá, em votação secreta, um Corregedor Nacional, dentre os membros do Ministério Público que o integram, para um mandato de dois anos, admitida a recondução.

e) compõe-se de dezesseis membros nomeados pelo Presidente da República, depois de aprovada a escolha pela maioria absoluta do Senado Federal, para um mandato de dois anos, admitida uma recondução.

COMENTÁRIOS

Alternativa correta: "B": O Conselho Nacional do Ministério Público teve sua criação prevista pela EC 45/2004, que, dentre outros, introduziu o art. 130-A na Constituição Federal. Com isso, do ponto de vista estrutural, o CNMP é composto na sua totalidade por 14 membros, tendo como Presidente o Procurador-Geral da República (PGR) que, coincidente com tal atribuição, é o Chefe do Ministério Público da União. Quanto ao rol de atribuições do CNMP, o candidato deve ficar atento às disposições do art. 130-A, §2º, I a V, da CF.

Alternativa "A": não vislumbramos, no decorrer do texto constitucional, nenhuma previsão de atuação do CNMP visando a destituição dos Procuradores-Gerais. Nesse aspecto, importante anotar que o papel do CNMP em verificar o cumprimento dos deveres funcionais dos membros do Ministério Público **não** significa interferência/mitigação do princípio da independência funcional, previsto no art. 127, §1º, da CF.

Alternativa "C": Nos termos do art. 130-A, da CF, o Conselho Nacional do Ministério Público compõe-se de 14 (quatorze) membros nomeados pelo Presidente da República, depois de aprovada a escolha pela maioria absoluta do Senado Federal, para um mandato de dois anos, admitida uma recondução.

Alternativa "D": O equívoco do item é afirmar que o Corregedor Nacional do Ministério Público pode ser reconduzido para um novo mandato de 02 anos, o que contraria o disposto no art. 130-A, §3º, da CF.

Alternativa "E": *vide* comentário da alternativa "C".

---

06. (FCC – Analista Processual – MPU/2007) O Procurador-Geral do Ministério Público do Distrito Federal e dos Territórios será nomeado pelo

a) Presidente da Câmara Legislativa dentre integrantes da carreira, maiores de trinta e cinco anos, após a aprovação de seu nome pela maioria absoluta dos membros do Senado Federal.
b) Presidente da República dentre integrantes de lista tríplice elaborada pelo Colégio dos Procuradores e Promotores de Justiça.
c) Procurador-Geral da República, depois de aprovada a escolha pela maioria absoluta dos membros do Colégio dos Procuradores.
d) Governador do Distrito Federal dentre os membros do Ministério Público da União integrantes de lista tríplice elaborada pelo Conselho Superior.
e) Chefe do Ministério Público da União dentre integrantes da instituição, escolhidos em lista tríplice mediante voto plurinominal, facultativo e secreto, pelo Conselho Superior.

COMENTÁRIOS

Alternativa Correta: "B". O Ministério Público do Distrito Federal e Territórios tem como Chefe o Procurador-Geral, eleito, nos termos do art. 155, da LC 75/93, após inserção em listra tríplice elaborada pelo Colégio de Procuradores e Promotores de Justiça e consequente nomeação pelo Presidente da República, para cumprimento de mandato de 02 anos, admitida uma recondução.

Anotem que a recondução do Procurador-Geral do MPDFT é limitada, diferente, por exemplo, do Procurador-Geral da República (Chefe do MPU). Outrossim, necessário registrar a possibilidade de destituição do Procurador-Geral do MPDFT antes do término do mandato, dependendo, para tanto, de representação do Presidente da República e deliberação da maioria absoluta do Senado Federal (cf. art. 156, §2º, da LC 75/93).

---

07. (ESAF – Técnico – Área Administrativa – MPU/2004) São privativas dos subprocuradores-gerais da República os (as) seguintes cargos/funções, exceto

a) procurador-geral da República.
b) vice-procurador-geral da República.
c) vice-procurador-geral eleitoral.
d) procurador federal dos direitos do cidadão.
e) coordenador de Câmara de Coordenação e Revisão.

COMENTÁRIOS

Alternativa correta: "A": A correta resolução do quesito exige do candidato o conhecimento acerca das previsões constitucionais relacionadas ao Ministério Público, especificamente o art. 128, §1º, da CF, que, ao dispor sobre a forma de escolha para ocupação do cargo de Procurador-Geral da República, instituiu que a escolha recaísse sobre integrantes da carreira, **não** necessariamente por Subprocurador-Geral da República.

Alternativa "B": vide art. 67, I, da LC 75/93;

Alternativa "C": vide art. 67, II, da LC 75/93;

Alternativa "D": vide art. 67, IV, da LC 75/93;

Alternativa "E": vide art. 67, V, da LC 75/9308.

---

08. (ESAF – Técnico – Área Administrativa – MPU/2004) Assinale a opção correta.

a) As atribuições do Ministério Público da União são de natureza regimental.
b) Os Conselhos Superiores dos diversos ramos do Ministério Público da União são órgãos de assessoramento, cabendo-lhes opinar sobre as matérias de interesse geral da instituição.
c) A criação de cargos por meio de ato administrativo é inerente à autonomia administrativa e financeira asseguradas pela Constituição Federal ao Ministério Público da União.
d) As Câmaras de Coordenação e Revisão são órgãos setoriais presentes em cada um dos ramos do Ministério Público da União, subordinados aos respectivos procuradores-gerais.
e) O procurador-geral eleitoral é órgão integrante da estrutura do Ministério Público Federal.

COMENTÁRIOS

Alternativa correta: "E". A questão merece um apontamento especial do candidato, no sentido que, atualmente, não existe uma ramificação do MPU que atue exclusivamente na esfera eleitoral. Sendo assim, considerando que o Procurador-Geral da República também ocupa o cargo de Procurador-Geral Eleitoral e, no âmbito dos Estados, a função eleitoral junto aos Tribunais Regionais Eleitorais é exercida por um Procurador Regional Eleitoral, sendo este escolhido dentre integrantes do MPF lotado no respectivo Estado, nos termos do art. 76, da LC 75/93, podemos considerar que o procurador-geral eleitoral é órgão integrante da estrutura do Ministério Público Federal.

Alternativa "A": As atribuições inerentes ao Ministério Público são de natureza Constitucional, tendo o art. 128 conferido ao MP a defesa da ordem jurídica, do regime democrático e dos interesses sociais e individuais indisponíveis.

Alternativa "B": O equívoco da questão é atribuir aos Conselhos do MPU a função de assessoramento, quando, na verdade, de forma geral, os mesmos exercem nas suas respectivas áreas funções normativas, nos termos do art. 157, I a XV (CSMPF), art. 98, I a XXIII (CSMPT), art. 131, I a

XXII (CSMPM) e art. 166, I a XXIII (CSMPDFT), todos da LC 75/93. Nesse caso, o **Conselho de Assessoramento Superior do MPU** é que dispõe de atribuição para opinar sobre as matérias de interesse geral da instituição, conforme art. 30, da LC 75/93.

Alternativa "C": Analisando o teor do art. 127, §2º, da CF, concluímos que, no caso específico, as autonomias administrativa e financeira do MPU, em um primeiro momento, correspondem ao encaminhamento de Projeto de Lei ao Poder Legislativo visando a criação/extinção de seus cargos e serviços auxiliares, ou seja, tal providência não pode ser determinada diretamente na esfera administrativa do Ministério Público.

Alternativa "D": Mesmo sendo órgãos setoriais presentes em cada um dos ramos do Ministério Público da União, as Câmaras de Coordenação e Revisão **não** são subordinadas aos respectivos procuradores-gerais e funcionam, essencialmente, como órgãos de integração, coordenação e revisão do exercício funcional na instituição. Quanto à organização, as Câmaras de Coordenação e Revisão, existentes em cada ramo do MPU, são compostas por **03 membros**, sendo um indicado pelo respectivo Procurador-Geral e dois pelo respectivo Conselho Superior, juntamente com seus suplentes, para um **mandato de dois anos**, dentre integrantes do último grau da carreira, sempre que possível.

---

09. (ESAF – Técnico – Área Administrativa – MPU/2004) A fiscalização das atividades funcionais e da conduta dos membros do Ministério Público da União é tarefa atribuída pela Lei Complementar nº 75/93:

a) ao corregedor-geral do Ministério Público da União.

b) ao procurador-geral da República.

c) ao Conselho de Assessoramento Superior do Ministério Público da União.

d) ao corregedor-geral designado no âmbito de cada carreira.

e) ao órgão do Poder Judiciário perante o qual atue.

COMENTÁRIOS

Alternativa correta: "D". Considerando a organização fracionada do MPU, no sentido que este possui ramificações, temos a existência de Corregedorias próprias no âmbito de cada carreira (MPF, MPT, MPM e MPDFT), possuindo as mesmas funções de fiscalizar as atividades funcionais e de conduta dos respectivos membros.

Alternativa "A". Conforme exposto, não observamos no MPU a existência de uma Corregedoria unificada, que fiscalize de forma concomitante as atividades dos membros de todos os ramos da instituição. Nesse sentido, não podemos deixar de mencionar o papel do Conselho Nacional do Ministério Público previsto no art. 130-A, §2º, da CF, qual seja, controlar a atuação administrativa e financeira do Ministério Público e o **cumprimento dos deveres funcionais de seus membros.**

Alternativa "B". Não encontramos no rol de atribuições do Procurador-Geral da República, na condição de Chefe do MPU, a função correcional, sendo afetas ao mesmo aquelas listadas no art. 26, I a XIII, da LC 75/93.

Alternativa "C". O papel do Conselho Superior de Assessoramento do MPU é **opinativo,** no tocante a matérias de interesse geral da instituição, conforme previsão do art. 30, I e II, da LC 75/93.

Alternativa E. Mesmo sendo taxado constitucionalmente como "Função essencial à Justiça", o Ministério Público não integra a estrutura formal do Poder Judiciário e não possui com o mesmo ou qualquer outra instituição relação de dependência/subordinação, tanto que a Constituição Federal, no art. 127, §2º, assegura ao MP autonomia administrativa e funcional.

---

10. (ESAF – Analista Processual – MPU/2004) O Ministério Público da União não compreende

a) o Ministério Público do Trabalho.

b) o Ministério Público Federal.

c) o Ministério Público Eleitoral.

d) o Ministério Público do Distrito Federal e Territórios.

e) o Ministério Público Militar.

COMENTÁRIOS

Alternativa Correta: "C". Na estrutura organizacional do MPU, não temos especificamente um órgão com atribuições exclusivamente eleitorais. Sendo assim, nos termos do art. 72, da LC 75/93, essas atribuições são afetas ao Ministério Público Federal, que atuará em todas as fases e instâncias do processo eleitoral.

---

11. (ESAF – Analista Processual – MPU/2004) Assinale a afirmativa verdadeira quanto à autonomia do Ministério Público da União.

a) Os recursos correspondentes às suas dotações orçamentárias ser-lhe-ão entregues até o dia 30 de cada mês.

b) A fiscalização contábil, financeira, orçamentária, operacional, patrimonial e funcional do Ministério Público da União será exercida pelo Congresso Nacional, com o auxílio do Tribunal de Contas da União.

c) O Ministério Público da União não se submete ao controle interno quanto à sua autonomia financeira.

d) As contas referentes ao exercício anterior serão prestadas, anualmente, dentro de noventa dias da abertura da sessão legislativa do Congresso Nacional.

e) A elaboração de sua proposta orçamentária deverá se vincular aos limites previstos na Lei de Diretrizes Orçamentárias.

COMENTÁRIOS

Alternativa correta: letra "E": A questão retoma a ideia acerca do alcance da autonomia financeira do Ministério Público, no sentido que a instituição, ainda que possa gerir os recursos a ela destinados, previamente deve submeter sua proposta orçamentária à aprovação do respectivo Poder Legislativo, além da possibilidade de ajuste da mesma pelo Poder Executivo, para adequá-la aos limites da Lei de Diretrizes Orçamentárias, conforme art. 127, §§4º e 5º, da CF.

Alternativa "A": O art. 23, §1º, da LC 75/93, prevê que os recursos correspondentes às dotações orçamentárias do Ministério Público da União, compreendidos os créditos suplementares e especiais, ser-lhe-ão entregues **até o dia 20 de cada mês (não até o dia 30!).**

Alternativa "B": Além das atividades dos órgãos de controle interno, o Ministério Público da União será fiscalizado, externamente, pelo Congresso Nacional, sendo tal atividade auxiliada pelo Tribunal de Contas da União. Para tanto, temos que o controle exercido pelo Poder Legislativo é de natureza financeira, contábil, orçamentária, patrimonial e operacional, mas não no aspecto funcional, nos termos do art. 23, §2º, da LC 75/93.

Alternativa "C": A redação do item vai de encontro ao disposto no art. 23, §2º, da LC 75/93, no sentido que o MPU é submetido ao controle interno (através de órgãos integrantes da sua própria estrutura organizacional) e controle externo (Congresso Nacional, com o auxílio do Tribunal de Contas, conforme art. 71, da CF).

Alternativa "D": O prazo estabelecido no art. 23, §3º, da LC 75/93, para que o MPU encaminhe anualmente sua prestação de contas do exercício anterior ao Congresso Nacional é de 60 dias, contados da abertura da sessão legislativa.

---

12. (ESAF – Analista Processual – MPU/2004) Quanto ao procurador-geral da República, é verdadeiro afirmar que:

a) sua nomeação se dá entre integrantes do último nível da carreira, maiores de trinta e cinco anos.

b) é permitida uma recondução, precedida de nova decisão do Senado Federal.

c) sua exoneração, de ofício, ocorre por iniciativa do presidente da República e mediante votação do Congresso Nacional.

d) são exigidos, para sua exoneração, o quórum parlamentar de maioria simples e processo de votação secreta.

e) ele exerce a chefia do Ministério Público Federal e do Ministério Público da União.

COMENTÁRIOS

Alternativa correta: "E". Dentre outras, o Procurador-Geral da República acumula as funções de Chefe do Ministério Público da União (art. 25, da LC 75/93) e do Ministério Público Federal (art. 45, da LC 75/93).

Alternativa "A": A nomeação do Procurador-Geral da República está regulamentada no art. 128, §1º, da CF. Dessa forma, tal ato é de competência do Presidente da República, após aprovação da **maioria absoluta do Senado Federal.** Assim, a ocupação do cargo deve ocorrer entre **integrantes da carreira** (não necessariamente do último nível), **maiores de 35 anos**, para mandato de 02 anos, permitida a recondução.

Alternativa "B": Ainda analisando o art. 128, §1º, da CF, temos que o Procurador-Geral da República, mesmo cumprindo um mandato de 02 anos, **pode ser reconduzido de forma ilimitada**, devendo cada novo período ser precedido de uma nova aprovação do Senado Federal (maioria absoluta) e nomeação do Presidente da República.

Alternativas "C" e "D": Mesma a Constituição Federal prevendo a possibilidade de exoneração do Procurador-Geral da República antes do término do mandato de 02 anos por iniciativa do Presidente da República, tal procedimento deve ser precedido de autorização da maioria absoluta do Senado Federal (*não do Congresso Nacional!*), em votação secreta, nos termos do art. 52, XI, c/c art. 128, §2º, ambos da CF.

---

13. (ESAF – Analista Processual – MPU/2004) Quanto ao procurador-geral do Trabalho, assinale a afirmativa falsa.

a) Será nomeado pelo procurador-geral da República entre membros da instituição, integrante de lista tríplice escolhida por meio de voto plurinominal, facultativo e secreto, pelo Colégio de Procuradores.

b) Seu mandato é de dois anos, permitida uma recondução.

c) Sua exoneração, antes do término do mandato, será proposta pelo Conselho Superior, mediante deliberação obtida pelo voto secreto da maioria absoluta de seus membros.

d) Para concorrer ao cargo de procurador-geral do Trabalho, o integrante da carreira deverá ter mais de trinta e cinco anos de idade e cinco anos na carreira.

e) Caso não haja número suficiente de candidatos para a lista tríplice com mais de cinco anos de carreira, pode concorrer aquele com mais de dois anos de carreira.

COMENTÁRIOS

Alternativa correta "C". Conforme redação do art. 88, parágrafo único, da LC 75/93, a exoneração do Procurador-Geral do Trabalho deve ser proposta ao Procurador-Geral da República pelo Conselho Superior do MPT, porém, por deliberação de 2/3 dos membros do CSMPT (não por maioria absoluta), em votação secreta.

Alternativas "A", "B", "D" e "E": Inicialmente, devemos relembrar que o Ministério Público do Trabalho é um dos ramos do Ministério Público da União, tendo como chefe o Procurador-Geral do Trabalho, nomeado pelo Procurador-Geral da República, dentre integrantes da instituição, com mais de 35 anos de idade e de 05 anos na carreira, integrante de lista tríplice escolhida mediante voto plurinominal, facultativo e secreto, pelo Colégio de Procuradores, para um mandato de dois anos, permitida uma recondução.

2. PRINCÍPIOS, GARANTIAS, VEDAÇÕES E PRERROGATIVAS DOS MEMBROS DO MPU.

---

14. (Cespe – Técnico – Área Administrativa – MPU/2010) A organização, as atribuições e o estatuto do Ministério Público da União (MPU) estão claramente dispostos em legislação específica. Acerca dos princípios e das funções da referida instituição e dos seus membros, julgue os itens que se seguem.

14.01. Para exercer o controle externo da atividade policial, o MPU emprega meios estritamente judiciais e só pode representar à autoridade competente requerendo a instauração de inquérito.

COMENTÁRIOS

ITEM ERRADO. Nos termos do art. 9º, da LC 75/93, para o controle externo da atividade policial o Ministério Público da União dispõe de **medidas judiciais** (promover a ação penal por abuso de poder - art. 9º, IV, da LC 75/93) e **medidas extrajudiciais** (ter livre ingresso em estabelecimentos policiais ou prisionais, ter acesso a quaisquer documentos relativos à atividade-fim policial, representar à autoridade competente pela adoção de providências para sanar a omissão indevida, ou para prevenir ou corrigir ilegalidade ou abuso de poder e requisitar à autoridade competente para instauração de inquérito policial sobre a omissão ou fato ilícito ocorrido no exercício da atividade policial, conforme art. 9º, I a III, todos da LC 75/93). Por fim, ressaltamos que a atividade aqui exposta decorre de uma das funções institucionais inerentes ao Ministério Público prevista no art. 129, VII, da CF.

14.02. É prerrogativa processual do procurador-geral da República ser processado e julgado, nos crimes comuns, pelo Supremo Tribunal Federal.

COMENTÁRIOS

ITEM CORRETO. Nesse modelo de questionamento, é fundamental que o candidato fique atento se a abordagem do item faz referência à prática de crimes comuns ou de responsabilidade. Isto porque, nos termos do art. 52, II, da CF, caso o Procurador-Geral da República cometa **crime de responsabilidade**, será processado e julgado no âmbito do **Senado Federal.** Porém, caso o mesmo pratique **crime comum**, o processo e julgamento ocorrerão, originariamente, no **Supremo Tribunal Federal**, conforme inteligência do art. 102, I, "b", da CF. De forma complementar, anotamos que tais prerrogativas são de natureza **processual,** nos termos do art. 18, II, "a", da LC 75/93.

14.03. No exercício de sua autonomia funcional, administrativa e financeira, cabe ao MPU propor ao Poder Legislativo a criação e a extinção de seus cargos, assim como a fixação dos vencimentos dos seus membros e servidores.

COMENTÁRIOS

ITEM CORRETO. A banca examinadora, mais uma vez, apresenta uma das formas de expressão da autonomia administrativa, financeira e orçamentária do Ministério Público da União, no sentido que, reproduzindo o disposto no art. 127, §2º, da CF, c/c art.22, I a IV, da LC 75/93, cabe à instituição **propor** ao Poder Legislativo a criação e extinção de seus cargos e serviços auxiliares, bem como a fixação dos vencimentos de seus membros e servidores, prover os cargos de suas carreiras e dos serviços auxiliares, organizar os serviços auxiliares e praticar atos próprios de gestão.

15. (Cespe - Analista Processual - MPU/2010) Considerando a organização, a estrutura e os princípios que orientam as atribuições do Ministério Público da União (MPU), julgue os itens a seguir.

15.01. Pelo princípio da indivisibilidade, há possibilidade de um procurador substituir outro no exercício de suas funções.

COMENTÁRIOS

ITEM CORRETO. Previsto no art. 127, §1º, da CF, como um princípio institucional do Ministério Público, o conceito de **indivisibilidade** pode ser traduzido no fato que, quando um membro do *Parquet*, por exemplo, adota uma medida de natureza judicial ou extrajudicial, a responsabilidade pela prática do ato é da instituição. Dessa forma, atendidos os requisitos legais previstos em legislação específica (no caso do MPU a LC 75/93), pode ocorrer a substituição de membros no regular exercício de suas funções. Nesse sentido, o STF entendeu pertinente a adoção de tal procedimento entre membros do Ministério Público em decorrência da complexidade do feito, desde que de forma motivada e atendendo critérios de razoabilidade (HC 103.038, julgamento em 11/10/2011).

15.02. O princípio do promotor natural decorre da independência funcional e da garantia da inamovibilidade dos membros da instituição.

COMENTÁRIOS

ITEM CORRETO. Para a compreensão do Princípio do Promotor Natural, transcrevemos o art. 5º, LIII, da CF, ao assegurar que *"ninguém será processado nem sentenciado senão pela autoridade competente"*. Desse modo, dispõe o cidadão da garantia constitucional de ser processado por um órgão oficial do Estado, integrado por membros regularmente e previamente investidos no cargo, evitando-se, portanto, designações arbitrárias. Sendo assim, a questão acerta ao relacionar o Princípio do Promotor Natural às garantias da independência funcional, que essencialmente assegura ao membro do MP uma atuação vinculada ao ordenamento jurídico e as suas próprias convicções, e da inamovibilidade, que veda remoções/promoções dos integrantes da instituição de ofício, sem prévio requerimento do interessado, exceto nos casos de evidente interesse público, mediante decisão da maioria absoluta do órgão competente, em procedimento no qual seja a ampla defesa seja assegurada. Nesse contexto, registramos que o STF, em diversos julgados, acatou a tese do Promotor Natural (*vide* HC 67.759 e HC 71.429).

02.3 As funções eleitorais do Ministério Público Federal perante os juízes e juntas eleitorais serão exercidas pelo promotor eleitoral.

COMENTÁRIOS

ITEM CORRETO. Conforme comentário exposto na questão 10, do tópico relacionado à "Organização do MPU e do CNMP", as funções eleitorais do Ministério Público

Federal perante os Juízes e Juntas Eleitorais (1º grau) serão exercidas pelo Promotor Eleitoral, que, na verdade, é membro do Ministério Público Estadual, sendo o mesmo indicado pelo respectivo Procurador-Geral de Justiça (Chefe do MPE) e designado pelo Procurador Regional Eleitoral, nos termos da regulamentação disposta nos arts. 78 e 79, da LC 75/93.

---

16. (Cespe – Analista Processual – MPU/2010) A respeito das funções do MPU e das garantias de seus membros, julgue os itens que se seguem.

16.01. A promoção de membros do MPU ocorre por antigüidade ou merecimento, independentemente de solicitação, interesse público ou autorização do órgão colegiado.

COMENTÁRIOS

ITEM ERRADO. A Constituição Federal, no art. 128, §5º, I, "b", prevê como uma das garantias do membro do Ministério Público a inamovibilidade, ou seja, a movimentação do mesmo depende de sua expressa e prévia anuência, sendo tal regra excepcionada na hipótese de interesse público, desde que a remoção seja decidida por órgão colegiado (maioria absoluta), assegurada a ampla defesa. No caso específico do MPU, tal procedimento é de competência do Conselho Superior de cada ramo da instituição, nos termos do art. 57, XIX (CSMPF), art. 98, XVII (CSMPT), art. 131, XVII (CSMPM) e art. 166, XVII (CSMPDFT), todos da LC 75/93.

16.02. Aos membros do MPU é vedado o exercício da advocacia, proibição que não se estende aos ministérios públicos estaduais.

COMENTÁRIOS

ITEM ERRADO. Uma das vedações impostas a todos os membros do Ministério Público é justamente o exercício da advocacia (cf. art. 128, §5º, II, "b", da CF), independente se os mesmos integram o Ministério Público da União ou os Ministérios Públicos dos Estados. Aproveitando a abordagem, anotamos que, conforme art. 95, parágrafo único, V, c/c art. 128, §6º, ambos da CF, após eventual aposentadoria ou exoneração, o membro do *Parquet* somente poderá exercer a advocacia no juízo ou tribunal do qual se afastou após decorridos três anos do afastamento do cargo.

---

17. (FGV/MPE-RJ/Técnico do Ministério Público – Administrativa/2016) Estevão e Pantaleão debatiam a respeito dos distintos aspectos que caracterizam o Ministério Público no Brasil. Ao fim, não alcançaram um consenso a respeito da posição dessa instituição no âmbito das estruturas de poder e das funções que deve desempenhar. A esse respeito, é correto afirmar que o Ministério Público:

a) é instituição constitucionalmente autônoma, sem qualquer subordinação aos Poderes Executivo, Legislativo e Judiciário;
b) a exemplo do Ministério da Fazenda e do Ministério do Trabalho, é órgão do Poder Executivo;
c) é órgão do Poder Judiciário, cumprindo as determinações do juízo competente para o bom andamento do serviço;
d) representa o Poder Executivo em sede judicial e oferece-lhe consultoria em sede extrajudicial;
e) é função essencial à justiça, tendo a incumbência de representar os necessitados em juízo.

COMENTÁRIOS

Alternativa correta: "A". A assertiva traduz uma das principais alterações promovidas com a promulgação da Constituição Federal de 1988 em relação ao Ministério Público, qual seja, separá-lo dos demais Poderes e dotá-lo da necessária autonomia para a efetiva defesa da ordem jurídica, do regime democrático e dos interesses sociais e individuais indisponíveis. Para tanto, observem que, de forma acertada, o MP é taxado como "Função essencial à Justiça" (vide arts. 127 a 130-A, da CF). Com isso, podemos afirmar que o *Parquet* não está subordinado estruturalmente ou institucionalmente a nenhum outro órgão/entidade. Ainda analisando a questão em si, fiquem atentados ao fato que, mesmo os itens "D" e "E" tratando também de funções essenciais à justiça, esses dizem respeito às atribuições das Procuradorias (municipais, estaduais)/Advocacia-Geral da União (AGU) e da Defensoria Pública (dos Estados e da União), respectivamente.

---

18. (MPT – Procurador do Trabalho/2015) É prerrogativa processual dos membros do Ministério Público da União, conforme a Lei Complementar n. 75/1993:

a) Sentar-se no mesmo plano e imediatamente à direita dos juízes singulares ou presidentes dos órgãos judiciários perante os quais oficiem.
b) Ser preso ou detido somente por ordem escrita do tribunal competente ou em razão de flagrante de crime inafiançável, caso em que a autoridade fará imediata comunicação àquele tribunal e ao Procurador-Geral da República, sob pena de responsabilidade.
c) Ter ingresso e trânsito livres, em razão de serviço, em qualquer recinto público ou privado, respeitada a garantia constitucional da inviolabilidade do domicílio.
d) A prioridade em qualquer serviço de transporte ou comunicação, público ou privado, no território nacional, quando em serviço de caráter urgente.
e) não respondida.

COMENTÁRIOS

Alternativa correta: "B". Para a resolução da questão, em um primeiro momento, o candidato deve ter mente a diferença entre **garantias** (art. 17, I a III, da LC 75/93) e **prerrogativas** (art. 18, I e II, da LC 75/93), uma vez que, enquanto aquelas se destinam a assegurar o livre exercício das funções dos membros do MPU, estas representam vantagens/imunidades inerentes ao cargo ocupado. Além disso, merece especial atenção o fato que a LC 75/93 subdivide e diferencia as **prerrogativas em institucionais** (art. 18, I, "a" a "f") e **processuais** (art. 18, II, "a" a "h"). Dessa forma, a abordagem do quesito trata especificamente da prerrogativa processual prevista no art. 18, II, "b", da referida legislação.

As **alternativas "A", "C" e "D"** correspondem a prerrogativas institucionais.

---

19. (CESPE/MPU/Analista do MPU - Conhecimentos Básicos/2015) No que diz respeito aos procuradores-gerais de justiça e aos membros do MPU, julgue o item seguinte.

Para que um procurador da República que esteja afastado da carreira para exercer outro cargo público possa ser promovido por merecimento, é necessária a aprovação pelo Conselho Superior do Ministério Público Federal.

COMENTÁRIOS

Item ERRADO. Conforme disposto no art. 201, II, da LC 75/93, o membro do MPU afastado da carreira para exercer outro cargo público não poderá concorrer à promoção por merecimento, até um dia após o regresso. Desse modo, considerando tal vedação, ainda que o Conselho Superior do Ministério Público Federal seja o órgão responsável para dispor sobre os critérios de promoção por merecimento no âmbito da carreira do MPF, tal procedimento, nos termos da questão, é inaplicável.

Atenção! Quanto ao tema, importante anotar recente decisão do STF (09/03/2016) no âmbito do julgamento da ADPF 388, no sentido que membros do Ministério Público **não** podem ocupar cargos públicos, fora do âmbito da Instituição, salvo cargo de professor e funções de magistério.

---

20. 07.(ESAF – Técnico – Área Administrativa – MPU/2004) Os membros do Ministério Público da União que oficiem perante juízos de primeira instância são processados e julgados, nos crimes comuns e de responsabilidade

a) pelos Tribunais Regionais Eleitorais, nos crimes de sua competência.

b) pelo Superior Tribunal de Justiça, quando integrantes de órgão superior da Instituição.

c) pelos Tribunais Regionais Federais, qualquer que seja a natureza do delito.

d) pelos Juízes Federais de primeira instância, exceto se procuradores regionais da República.

e) pelo Supremo Tribunal Federal.

COMENTÁRIOS

Alternativa correta: "A". A referida questão merece atenção especial do candidato, visto que, na hipótese da prática de um crime comum por membro do Ministério Público da União, a competência originária para o processo e julgamento será do respectivo Tribunal Regional Federal (2º grau de jurisdição da Justiça Federal), nos termos do art. 108, I, "a", da CF. Ocorre que, esse mesmo dispositivo apresenta uma ressalva à regra exposta na hipótese de competência da Justiça Eleitoral. Assim, caso um membro do MPU pratique o crime de corrupção eleitoral (art. 299, do Código Eleitoral), a competência para o julgamento será do respectivo Tribunal Regional Eleitoral (não do Tribunal Regional Federal).

---

21. (ESAF – Técnico – Área Administrativa – MPU/2004) A proteção dos direitos constitucionais do cidadão, conferida ao procurador dos Direitos do Cidadão, não compreende o poder de:

a) notificar a autoridade questionada para que preste informações.

b) promover em juízo a defesa de direitos individuais lesados.

c) notificar o responsável para que determine a cessação do desrespeito verificado.

d) representar à autoridade competente para que promova a responsabilidade pela ação ou omissão inconstitucionais.

e) agir de ofício.

COMENTÁRIOS

Alternativa correta: "B": A questão aborda a defesa dos Direitos Constitucionais pelo Ministério Público da União, com procedimento regulamentado nos arts. 11 a 16, da LC 75/93, sendo que, no caso específico do item, conforme redação do art. 15, da mencionada legislação, é **vedado** aos órgãos de defesa dos direitos constitucionais do cidadão promover em juízo a defesa de direitos individuais lesados.

Alternativas "A" e "C". *vide* art. 13, da LC 75/93.

Alternativa "D". *vide* art. 14, da LC 75/93.

---

22. (MPE-RS/Assessor – Direito/2014) Assinale a alternativa que apresenta uma afirmação que esteja totalmente correta.

a) Conforme o art. 128 da Constituição Federal, o Ministério Público abrange: o Ministério Público da União, que compreende o Ministério Público Federal, o Ministério Público do Trabalho, o Ministério Público Militar, o Ministério Público do Distrito Federal e Territórios, o Ministério Público de Contas da União, e os Ministérios Públicos Estaduais e os Ministérios Públicos de Contas dos Tribunais de Contas Estaduais.

b) Segundo a Constituição Federal, são princípios institucionais do Ministério Público a indivisibilidade, a unidade e a vitaliciedade de seus membros, ao passo que as garantias funcionais são a independência funcional, a inamovibilidade e a irredutibilidade de subsídio.

c) Considerando que o Ministério Público é instituição permanente, essencial à função jurisdicional do Estado, incumbindo-lhe a defesa da ordem jurídica, do regime democrático e dos interesses sociais e individuais indisponíveis, cabe-lhe, além das funções institucionais previstas no art. 129 da Constituição Federal, excepcionalmente e quando o interesse público o exigir, a representação judicial e, eventualmente, a consultoria de entidades públicas.

d) Constitui prerrogativa dos membros do Ministério Público não ser indiciado em inquérito policial; em decorrência disso, quando no curso da investigação houver indícios da prática de infração penal por parte de membro do Ministério Público, a autoridade policial, civil ou militar remeterá, imediatamente, sob pena de responsabilidade, os respectivos autos ao Procurador-Geral de Justiça, a quem competirá dar prosseguimento à apuração.

e) O membro vitalício do Ministério Público somente perderá o cargo por sentença judicial transitada em julgado, proferida em ação própria, ou mediante decisão fundamentada, após procedimento em que se garantirá ao membro ampla defesa e o contraditório, do Conselho Nacional do Ministério Público.

COMENTÁRIOS

Alternativa correta: "D". Inicialmente, observem que a prerrogativa mencionada no item é de natureza **processual** (cf. art. 18, II, "f", da LC 75/93). Pois bem, com isso, na hipótese de indícios da prática de infração penal por membro do Ministério Público, a autoridade não poderá indiciá-lo, devendo remeter, de imediato, os autos ao Procurador-Geral, para que o mesmo designe membro do MP para apurar o fato.

Alternativa "A": O Ministério Público de Contas **não** faz parte da estrutura do Ministério Público da União ou dos Ministérios Públicos dos Estados, estando, portanto, atrelado ao respectivo Tribunal de Contas e sendo compreendido como uma instituição autônoma, conforme entendimento firmado pelo Supremo Tribunal Federal (ADI 798-1/DF);

Alternativa "B": Muito cuidado com esse tipo de abordagem, tendo em vista o fato que, enquanto os princípios institucionais estão atrelados, essencialmente, ao regular funcionamento do MP como instituição, as garantias funcionais são destinadas aos membros do *Parquet*, ou seja, são questionamentos diversos que podem ser feitos pela banca examinadora.

Alternativa "C": Nos termos do art. 129, IX, CF, é expressamente vedada a representação judicial e a consultoria jurídica de entidades públicas pelo Ministério Público, não comportando tal norma exceção;

Alternativa "E": Conforme exposto no comentário do *"item b"*, uma das garantias funcionais destinadas aos membros do Ministério Público é a **vitaliciedade**, que é adquirida após 02 anos de exercício. Dessa forma, após aquisição da vitaliciedade, o membro do MP somente poderá perder o cargo mediante decisão judicial transitada em julgado, conforme art. 128, §5º, I, "a", CF;

---

23. (CESPE/MPU/Analista - Direito/2013) Relativamente à competência constitucional do MPU, julgue os itens a seguir.

Se, em sede de investigação criminal ou instrução processual penal conduzida pelo MPU, fizer-se necessária a quebra do sigilo de comunicação telefônica e fiscal de indivíduo investigado ou processado, o *parquet* deverá requerê-la ao órgão judicial competente, já que não tem competência para determiná-la unilateralmente.

COMENTÁRIOS

Item CORRETO. O Ministério Público, na condição de função essencial à justiça, não dispõe dos poderes inerentes aos Magistrados. Sendo assim, exemplificando, eventual quebra de sigilo de comunicação telefônica, por tratar-se de cláusula de reserva de jurisdição, deve ser requerida ao Juízo competente, uma vez que a excepcionalidade dessa medida envolve a inviolabilidade da intimidade, vida privada, honra e imagem das pessoas, conforme disposto no art. 5º, incisos X (*"são invioláveis a intimidade, a vida privada, a honra e a imagem das pessoas, assegurado o direito a indenização pelo dano material ou moral decorrente de sua violação"*) e XII (*"é inviolável o sigilo da correspondência e das comunicações telegráficas, de dados e das comunicações telefônicas, salvo, no último caso, por ordem judicial, nas hipóteses e na forma que a lei estabelecer para fins de investigação criminal ou instrução processual penal"*), ambos da Constituição Federal.

---

24. (CESPE/MPU/Analista - Direito/2013) No tocante aos princípios e garantias institucionais do MP, julgue os próximos itens.

A autonomia financeira do MP abrange a capacidade de elaborar a sua proposta orçamentária e a capacidade de gerir e aplicar os recursos orçamentários destinados à instituição.

COMENTÁRIOS

Item CORRETO. A questão reproduz a correta interpretação do sentido da autonomia financeira do MP, devidamente assegurada no art. 127, §§ 3º a 5º, CF. Dessa forma, registramos que a competência para aprovar a respectiva proposta orçamentária é do Poder Legislativo, porém, caso a mesma seja encaminhada em desacordo com os limites estipulados na lei de diretrizes orçamentárias, o Poder Executivo procederá aos ajustes necessários para fins de consolidação da proposta orçamentária anual.

---

25. (FCC/TRT - 9ª REGIÃO (PR) - Analista Judiciário - Área Administrativa/2015) Considere as seguintes atividades:

I. Participar de sociedade comercial, na forma da lei.

II. Exercer atividade político partidária.

III. Exercer, ainda que em disponibilidade, qualquer outra função pública.

Aos integrantes do Ministério Público do Trabalho é VEDADO, constitucionalmente, o constante em

a) I, II e III.

b) I e III, apenas.

c) I e II, apenas.

d) II, apenas.

e) III, apenas.

COMENTÁRIOS

Item correto: "C". Da mesma forma que dispõem de certas garantias funcionais (vitaliciedade, inamovibilidade e irredutibilidade de subsídios), os membros do Ministério Público também estão sujeitos a determinadas vedações, como forma de garantir o regular e transparente cumprimento das suas funções institucionais. Com isso, tais proibições estão previstas nos arts. 128, §5º, II, §6º, art. 129, IX, e art. 95, parágrafo único, V, todos da Constituição Federal.

3. FUNÇÕES INSTITUCIONAIS DO MPU

26. (Cespe – Técnico – Área Administrativa – MPU/2010) Acerca da autonomia, da estrutura e do funcionamento do MPU, julgue os itens a seguir.

É atribuição do procurador-geral da República propor ao presidente da República os projetos de lei de interesse do MPU.

COMENTÁRIOS

ITEM ERRADO. Mesmo sendo o legitimado para apresentar projetos de lei de interesse do MPU, o Procurador-Geral da República deve encaminhá-los ao Poder Legislativo (não ao Poder Executivo), em atendimento ao disposto no art. 127, §2º, da CF, c/c art. 26, II, da LC 75/93.

27. (Cespe – Analista Processual – MPU/2010) Com relação aos procuradores-gerais, julgue os próximos itens.

27.01. Cabe ao procurador-geral da República, como chefe do Ministério Público Federal, decidir, em grau de recurso, conflitos de atribuições entre órgãos componentes da estrutura do Ministério Público Federal.

COMENTÁRIOS

ITEM CORRETO: A atribuição do Procurador-Geral da República listada na questão está prevista no art. 49, VIII, da LC 75/93, com base na ideia que o PGR exerce as funções de Chefe do MPU e também do MPF. Nesse ponto, fiquem atentos ao fato que, caso o item questionasse acerca da atribuição originária para dirimir os conflitos de atribuições no âmbito do MPF, a resposta seria incorreta, já que a mesma pertence à Câmara de Coordenação e Revisão do MPF (*vide* art. 62, VII, da LC 75/93).

27.02. O procurador-geral da República exerce a função de procurador-geral eleitoral.

COMENTÁRIOS

ITEM CORRETO. Na estrutura organizacional do MPU, não temos especificamente um órgão com atribuições exclusivamente eleitorais. Com isso, nos termos do art. 72, da LC 75/93, essas atribuições são afetas ao Ministério Público Federal, que atuará em todas as fases e instâncias do processo eleitoral, sendo o Procurador-Geral da República também o Procurador-Geral Eleitoral.

27.03. O procurador-geral da República será nomeado pelo presidente da República, após a aprovação de seu nome pela maioria absoluta dos membros do Congresso Nacional.

COMENTÁRIOS

ITEM ERRADO. De fato, a nomeação do Procurador-Geral da República é de competência do Presidente da República, porém, para tanto, é imprescindível a aprovação da maioria absoluta do Senador Federal (cf. art. 128, § 1º, da CF), não do Congresso Nacional, que é composto pela Câmara dos Deputados e pelo Senado Federal, nos termos do sistema bicameral previsto no art. 44, da CF.

27.04. O presidente da República, no uso de suas atribuições de chefe de Estado, nomeia o procurador-geral de justiça nos estados, o procurador-geral militar e o procurador-geral do trabalho.

COMENTÁRIOS

ITEM ERRADO. Do ponto de vista organizacional, o Ministério Público brasileiro é formado pelo Ministério Público da União, que, por sua vez, é subdividido em Ministério Público Federal, do Trabalho, Militar e do Distrito Federal e Territórios, e pelos Ministérios Públicos dos Estados. Dessa forma, ao Presidente da República compete a nomeação apenas do Chefe do Ministério Público da União (cf. art. 128, §1º, c/c art. 84, XIV, ambos da CF), visto que, no âmbito dos Ministérios Públicos Estaduais, tal nomeação é de competência dos respectivos Governadores (cf. art. 128, §3º, da CF).

27.05. A destituição do procurador-geral de justiça do Distrito Federal e territórios exige a deliberação da maioria absoluta dos membros da Câmara Legislativa do Distrito Federal.

COMENTÁRIOS

ITEM ERRADO. Como o Ministério Público do Distrito Federal e Territórios é um dos ramos do Ministério Público da União, aliado ao fato que, conforme mencionado no item anterior, o responsável pela nomeação do Procurador-Geral do MPDFT é o Presidente da República, para sua destituição antes do término do mandato o art. 156, §2º, da LC 75/93, prevê a necessidade de representação do Presidente da República e autorização da maioria absoluta do Senado Federal.

28. (Cespe – Analista Processual – MPU/2010) A respeito das funções do MPU e das garantias de seus membros, julgue os itens que se seguem.

28.01. Compete ao colégio de procuradores da República elaborar, mediante votação obrigatória, lista tríplice para a composição de todos os tribunais superiores.

COMENTÁRIOS

ITEM ERRADO. Nos termos do art. 53, I, da LC 75/93, a competência do Colégio de Procuradores da República é aplicável, apenas, para elaborar a lista sêxtupla destinada ao preenchimento de vagas no Superior Tribunal de Justiça, não sendo devida para os demais tribunais superiores (STF, TSE, TST e STM). Assim, tal formulação deve ser através do voto plurinominal, facultativo e secreto, sendo elegíveis os membros do Ministério Público Federal, com mais de dez anos na carreira, tendo mais de 35 e menos de 65 anos de idade.

28.02. As funções institucionais do MPU definidas pela Constituição Federal são enumeradas de modo taxativo.

COMENTÁRIOS

ITEM ERRADO. Quanto ao Ministério Público, temos suas funções previstas no art. 129, I a IX, da CF, porém, o rol previsto no dispositivo é **exemplificativo (não-taxativo)**, haja vista a possibilidade prevista no art. 129, IX, da CF, no sentido que outras funções podem ser conferidas ao MP, desde que compatíveis com a sua finalidade.

---

29. (CESPE/MPU/Técnico do MPU - Segurança Institucional e Transporte/2015) Com relação à Lei Orgânica do MPU, bem como às funções, aos princípios institucionais e à autonomia funcional e administrativa do Ministério Público (MP), julgue o item a seguir. É função institucional do MP promover o inquérito civil e a ação civil pública para proteger patrimônio público e social que sofra ameaça de lesão.

COMENTÁRIOS

Item CORRETO. Para o efetivo cumprimento das suas funções institucionais, o Ministério Público dispõe de instrumentos de atuação extrajudicial, como é o caso do inquérito civil, ou na via judicial, hipótese do ajuizamento da ação civil pública, para a defesa, dentre outros, do patrimônio público e social, nos termos do art. 6º, VII, "b", da LC 75/93. Nesse ponto, anotamos que, com a entrada em vigor no Novo Código de Processo Civil (Lei 13.105/2015), o MP pode atuar como parte ou fiscal da ordem jurídica.

---

30. (FGV/MPE-RJ/Técnico do Ministério Público - Administrativa/2016) Após ampla investigação, o Promotor de Justiça com atribuição constatou que determinada construtora, com atuação em diversos Estados do território nacional, inseria, em todos os contratos que celebrava, uma cláusula nitidamente ilegal e gravosa para os milhares de adquirentes das unidades habitacionais que comercializava. A construtora foi notificada para cessar essa prática, mas negou-se a fazê-lo. Considerando a natureza dos interesses envolvidos, o membro do Ministério Público deve ajuizar, em face da construtora, com o objetivo de proteger os adquirentes das unidades, atuais e futuros:

a) ação civil pública;
b) mandado de segurança coletivo;
c) inquérito civil;
d) ação popular;
e) ação penal.

COMENTÁRIOS

Item correto: "A". Em um primeiro momento, devemos compreender que o *Parquet* pode atuar no âmbito extrajudicial, a exemplo da instauração de um Inquérito Civil Público, ou, na esfera judicial, a exemplo da propositura de uma ação civil pública, nos termos do art. 6º, LC 75/93. Dessa forma, anotamos que a diferença apresentada é fundamental para a correta resolução do quesito, visto que a banca examinadora listou, nos itens "a", "c" e "e" instrumentos próprios de atuação do Ministério Público. Sendo assim, o que determinou a opção pelo item "A" como o correto é o fato que, como a questão apresentou a assertiva "*...o membro do Ministério Público deve* ***ajuizar***", devemos optar logicamente por um mecanismo judicial, nesse caso a ação civil pública (não o inquérito civil). Por fim, aduzimos que, enquanto a legitimidade e as condições para a impetração do mandado de segurança coletivo estão previstas no art. 5º, LXX, da CF, a ação popular, como forma de expressão da democracia direta, está disposta no art. 5º, LXXIII, da CF.

---

31. (CESPE/MPU/Analista - Direito/2013) No tocante aos princípios e garantias institucionais do MP, julgue os próximos itens.

De acordo com a CF, são princípios institucionais do MP a independência funcional, a indivisibilidade e a unidade.

COMENTÁRIOS

Item CORRETO. Observamos mera transcrição do art. 127, §1º, da CF (*"São princípios institucionais do Ministério Público a unidade, a indivisibilidade e a independência funcional"*).

---

32. (CESPE/TCE-RN/Auditor/2015) No que se refere à organização dos poderes, ao controle de constitucionalidade e às funções essenciais à justiça, julgue o item a seguir, considerando entendimentos dos tribunais superiores.

Aos membros do Ministério Público junto a tribunal de contas estadual aplicam-se os mesmos direitos, vedações e formas de investidura dos promotores de justiça, uma vez que estão vinculados, em termos administrativos, ao respectivo Ministério Público estadual.

COMENTÁRIOS

Item ERRADO. Mesmo sendo aplicáveis aos membros do Ministério Público junto a Tribunal de Contas os mesmos direitos, vedações e formas de investidura dos demais integrantes do Ministério Público (da União ou dos Estados), os mesmos **não** estão vinculados administrativamente ou funcionalmente a nenhum ramo/divisão do Ministério Público, nos termos do art. 130, da CF.

33. (CESPE/MPU/Analista do MPU - Conhecimentos Básicos/2015) Com relação à Lei Orgânica do MPU, bem como às funções, aos princípios institucionais e à autonomia funcional e administrativa do Ministério Público (MP), julgue o item a seguir.

33.01. (CESPE - 2015 - MPU - Técnico) Se um membro do MP, no exercício do controle externo da atividade policial, comparecer a determinado estabelecimento policial, a ele deverá ser dado acesso a todo documento que esteja na instituição.

COMENTÁRIOS

Item ERRADO. A abordagem feita pela banca examinadora requer muita atenção do candidato, visto que, mesmo sendo o controle externo da atividade policial uma das principais frentes de atuação do Ministério Público no âmbito criminal (cf. art. 129, VII, da CF), o acesso irrestrito ocorre apenas em relação aos documentos relativos à área-fim da atividade policial, conforme redação do art. 9º, II, da LC 75/93.

4. REGULAMENTO DE CARREIRA (MEMBROS DO MPU E SERVIDORES PÚBLICOS)

34. (FCC - Técnico - Área Administrativa - MPU/2007) Em relação aos Servidores Públicos Civis da União, é INCORRETO afirmar que têm eles o dever, dentre outros, de:

a) tratar com urbanidade as pessoas.

b) guardar sigilo sobre assunto da repartição.

c) cumprir as ordens superiores, exceto quando manifestamente ilegais.

d) recusar fé a documentos públicos.

e) representar contra ilegalidade, omissão ou abuso de poder.

COMENTÁRIOS

Alternativa correta: "D": Nos termos do art. 117, III, da Lei 8.112/90, a conduta listada no item representa uma vedação (proibição) aplicável aos servidores do Ministério Público da União. Outrossim, observem que, de fato, os demais itens representam deveres, ou seja, condutas que devem ser adotadas no exercício das atividades dos referidos agentes públicos, tendo a Lei 8112/90, nesse aspecto, sido orientada pelos poderes e princípios que regem a administração púbica.

Alternativa "A": *vide* art. 116, XI, da Lei 8.112/90 (princípio da impessoalidade);

Alternativa "B": *vide* art. 116, VIII, da Lei 8.112/90 (princípio da publicidade);

Alternativa "C": *vide* art. 116, IV, da Lei 8.112/90 (poder hierárquico);

Alternativa "E": *vide* art. 116, XII, da Lei 8.112/90 (princípio da legalidade);

35. (FCC - Analista Processual - MPU/2007) Nos termos da Lei nº 8.112, de 11 de dezembro de 1990, que estabelece o Regime Jurídico dos Servidores Públicos Civis da União, das autarquias e das fundações públicas federais, a reintegração é

a) o deslocamento do servidor, a pedido ou de ofício, no interesse da Administração, no âmbito do mesmo quadro, com ou sem mudança de sede.

b) a investidura do servidor em cargo de atribuições e responsabilidades compatíveis com a limitação que tenha sofrido em sua capacidade física ou mental, verificada em inspeção médica.

c) o retorno à atividade de servidor público aposentado, após o decurso de um ano de inatividade.

d) o retorno do servidor estável no cargo anteriormente ocupado, em decorrência de reintegração do anterior ocupante.

e) a reinvestidura do servidor estável no cargo anteriormente ocupado, quando invalidada a sua demissão por decisão administrativa ou judicial, com ressarcimento de todas as vantagens.

COMENTÁRIOS

✪ Nota do autor: A questão aborda as formas de provimento dos cargos públicos no âmbito da Lei 8.112/90, especificamente no seu art. 8º, I a IX, de modo que podemos conceituar **provimento** como o ato administrativo editado pela autoridade competente no qual há preenchimento do cargo público. Para tanto, o provimento do cargo público pode ser: originário, quando a ocupação não decorre de nenhum vínculo anterior com a administração (Ex: nomeação); Derivado, quando o servidor já tinha um vínculo com a administração (Exs: aproveitamento, promoção, readaptação, reintegração, recondução e a reversão).

Alternativa correta: "E": A reintegração é a reinvestidura do servidor estável no cargo anteriormente ocupado, ou no cargo resultante de sua transformação, quando invalidada a sua demissão por decisão administrativa ou judicial, com ressarcimento de todas as vantagens (art. 28, da Lei 8.112/90).

Alternativa "A": Remoção é o deslocamento do servidor, a pedido ou de ofício, no âmbito do mesmo quadro, com ou sem mudança de sede (art. 36, da Lei 8.112/90).

Alternativa "B": Readaptação é a investidura do servidor em cargo de atribuições e responsabilidades compatíveis com a limitação que tenha sofrido em sua capacidade física ou mental verificada em inspeção médica (art. 24, da Lei 8.112/90);

Alternativa "C": Reversão é o retorno à atividade de servidor aposentado, podendo ser por invalidez (art. 25, I, da Lei 8.112/90) ou no interesse da administração (art. 25, II, "a" a "e", da Lei 8.112/90);

Alternativa "D": Recondução é o retorno do servidor estável ao cargo anteriormente ocupado, podendo ocorrer por inabilitação em estágio probatório relativo a outro cargo ou reintegração do anterior ocupante, nos termos do art. 29, II, da Lei 8.112/90.

36. (FCC – Analista Processual – MPU/2007) Com relação à Lei que regula o processo administrativo no âmbito da Administração Pública Federal, é INCORRETO afirmar que

a) o direito da Administração Pública de anular as atos administrativos de que decorram efeitos favoráveis para os destinatários decai em cinco anos, contados da data em que forem praticados, salvo comprovada má-fé.
b) será permitida, em caráter excepcional e por motivos relevantes devidamente justificados, a avocação temporária de competência atribuída a órgão hierarquicamente inferior.
c) a delegação de atos de caráter normativo é revogável a qualquer tempo pela autoridade delegante.
d) o recurso administrativo interposto fora do prazo não impede a Administração de rever de ofício o ato ilegal, desde que não ocorrida a preclusão administrativa.
e) em decisão na qual se evidencie não acarretarem lesão ao interesse público nem prejuízo a terceiros, os atos que apresentarem defeitos sanáveis poderão ser convalidados pela própria Administração.

COMENTÁRIOS

Nota do autor: A banca examinadora aborda, na presente questão, a Lei 9.784/99, que regula o processo administrativo no âmbito da Administração Pública Federal. Sendo assim, temos que a referida legislação é aplicável aos Órgãos do Poder Legislativo e Judiciário da União, quando no desempenho da função administrativa (cf. art. 1º, §1º, da Lei 9.784/99).

Alternativa correta: "C". Devemos compreender a delegação como uma extensão temporária da competência para outro agente, visando a prática de atos determinados. Desse modo, diferente do afirmado na questão, nos termos do art. 13, I, da Lei 9.784/99, os atos de caráter normativo são indelegáveis.

Alternativa "A": A questão invocou o princípio da autotutela, que permite à Administração Pública anular os atos dotados de ilegalidade e revogar aqueles taxados como inconvenientes ou inoportunos (poder discricionário).

Alternativa "B": A Avocação ocorre, essencialmente, quando um agente chama para si uma competência atribuída a outro agente, sendo indispensável, portanto, que entre ambos haja uma relação de hierarquia. Com base nesse conceito, o art. 15, da Lei 9.874/99 prevê que será permitida, em caráter excepcional e por motivos relevantes devidamente justificados, a avocação temporária de competência atribuída a órgão hierarquicamente inferior.

Alternativa "D". O item reproduz integramente o disposto no art. 63, §2º, da Lei 9.784/99, acrescentando que o agente competente para decidir o recurso poderá confirmar, modificar, anular ou revogar, total ou parcialmente, a decisão recorrida, conforme art. 64, da mencionada legislação.

Alternativa "E": A convalidação diz respeito à **correção** de um ato administrativo dotado de vício, sendo devida quando este é sanável (nulidade relativa) e em decisão na qual se evidencie não acarretarem lesão ao interesse público nem prejuízo a terceiros, conforme art. 55, da Lei 9.784/99.

37. (ESAF – Técnico – Área Administrativa – MPU/2004) Sobre o estágio probatório dos servidores públicos, é correto dizer que:

a) seu período de duração é igual ao tempo necessário para a aquisição da estabilidade.
b) é de observância obrigatória independentemente da forma de provimento do cargo.
c) se submete a critérios de avaliação da escolha do administrador.
d) não se suspende.
e) tem início com a nomeação do servidor.

COMENTÁRIOS

Alternativa correta: "A": O estágio probatório corresponde ao período no qual diversos aspectos (assiduidade, presteza, pontualidade, dentre outros) da atuação dos servidores públicos são avaliados, com o objetivo de verificar se os mesmos estão aptos à execução das atividades daquele cargo público. Assim, essa parte do conteúdo requer uma atenção diferenciada do candidato, uma vez que, seguindo taxativamente o disposto no art. 20, da Lei 8.112/90, para os servidores públicos civis da União (incluindo o MPU), esse período seria de 24 meses. Ocorre que, a EC 19/98, alterando o art. 41, da CF, dispôs que a estabilidade do servidor é devida após **3 anos de efetivo exercício,** razão pela qual esse prazo é o que deverá ser considerado, tendo em vista a posição de hierarquia assumida pela Constituição Federal em relação à legislação infraconstitucional.

Alternativa "B": Nos termos do art. 20, da Lei 8.112/90, o estágio probatório é devido apenas para o servidor nomeado para cargo de provimento efetivo.

Alternativa "C": Os itens para verificação no período de estágio probatório não estão sujeitos à discricionariedade da Administração Pública, visto que estão especificamente previstos no art. 20, da Lei 8.112/90 (assiduidade, disciplina, capacidade de iniciativa, produtividade e responsabilidade).

Alternativa "D": A Lei 8.112/90 lista várias situações nas quais observamos a suspensão do período de estágio probatório, quais sejam: nas licenças por motivo de doença em pessoa da família, afastamento do cônjuge, para atividade política, no afastamento para servir em organismo internacional de que o Brasil participe ou com o qual coopere e na hipótese de participação em curso de formação.

Alternativa "E": Abordagem recorrente em provas de concursos públicos, temos que o início da contagem do estágio probatório ocorrer com a entrada em exercício do servidor, não no momento da nomeação ou da posse.

38. (ESAF – Técnico – Área Administrativa – MPU/2004) Da sindicância pode resultar, conforme a Lei nº 8.112/90, a aplicação de penalidade de

a) censura.
b) advertência.
c) demissão.
d) destituição de cargo em comissão.
e) suspensão de até 60 dias.

COMENTÁRIOS

Alternativa correta: letra "B". Podemos conceituar sindicância como o procedimento disciplinar que antecede o processo administrativo disciplinar e serve para a apuração da extensão dos fatos apontados como irregulares e da extensão da responsabilidade de cada autor. Dessa forma, temos que a **sindicância** pode ser usada para a aplicação da penalidade de **advertência e suspensão até 30 dias**, enquanto as demais devem ser apuradas através de processo disciplinar.

39. (ESAF – Técnico – Área Administrativa – MPU/2004) O servidor público que exerce mandato eletivo

a) pode, em qualquer hipótese, optar por sua remuneração.
b) quando afastado do cargo, possui direito à contagem do tempo de serviço para todos os efeitos legais, exceto para promoção por merecimento.
c) não pode afastar-se do cargo, quando investido no mandato de vereador.
d) quando afastado do cargo, contribui para o sistema previdenciário com base na remuneração do mandato político.
e) pode ser removido de ofício para localidade diversa daquela onde exerce o mandato.

COMENTÁRIOS

✪ Nota do autor: A correta resolução do quesito exige conhecimento acerca do disposto no art. 38, da CF, e art. 94, da Lei 8.112/90.

Alternativa correta: "B": Observamos no item taxativa reprodução do art. 38, IV, da CF, no sentido que em qualquer caso que exija o afastamento para o exercício de mandato eletivo, seu tempo de serviço será contado para todos os efeitos legais, **exceto para promoção por merecimento.**

Alternativas "A", "C" e "D": No caso de exercício de mandato eletivo, em determinadas hipóteses o servidor não possui a liberdade para optar pela remuneração, devendo, obrigatoriamente, receber aquela afeta ao cargo eletivo, a exemplo do exercício de mandato eletivo no Poder Executivo/Legislativo Federal/Distrital/Estadual, conforme redação do art. 94, da Lei 8.112/90.

Alternativa "E": Conforme redação do art. 94, §2º, da Lei 8.112/90, o servidor investido em mandato eletivo ou classista **não** poderá ser removido ou redistribuído de ofício para localidade diversa daquela onde exerce o mandato.

40. (ESAF – Técnico – Área Administrativa – MPU/2004) De acordo com a Lei nº 8.112/90, as férias dos servidores públicos:

a) exigem 12 meses de exercício, para o primeiro e demais períodos aquisitivos.
b) não podem ser parceladas.
c) podem ser acumuladas, até o máximo de dois períodos, ressalvadas as hipóteses em que haja legislação específica.
d) não são indenizáveis em caso de exoneração do cargo.
e) somente podem ser interrompidas por necessidade do serviço.

COMENTÁRIOS

Alternativa correta: "C". O art. 77, da Lei 8.112/90, prevê que o servidor fará jus a 30 dias de férias, que **podem ser acumuladas, até o máximo de 02 (dois períodos)**, no caso de necessidade do serviço, ressalvadas as hipóteses em que haja legislação específica. Anotamos que a decisão administrativa acerca da acumulação/suspensão do período de férias adentra na esfera do juízo discricionário da Administração Pública, atendendo, sobretudo, o princípio da continuidade na prestação do serviço.

Alternativa "A": Fiquem atentos ao fato que a exigência prévia de 12 meses de exercício é aplicável **apenas para a aquisição do primeiro período de férias (não em relação aos demais)**, nos termos do art. 77, §1º, da Lei 8.112/90.

Alternativa "B": Diferente do que o item afirma, as férias dos servidores públicos da União **podem ser parceladas em até 3 períodos**, desde que atendidas duas condições: requerimento do servidor interessado e interesse da administração (art. 77, §3º, da Lei 8.112/90).

Alternativa "D": O art. 78, §§ 3º e 4º, da Lei 8.112/90, preconiza que, nos casos de exoneração, seja o servidor ocupante de cargo efetivo ou em comissão, o mesmo terá direito à indenização relativa ao período das férias a que tiver direito e ao incompleto, na proporção de 1/12 avos por mês de efetivo exercício, ou fração superior a 14 dias.

Alternativa "E": A situação mencionada no item corresponde a uma das hipóteses (mas não a única) de interrupção das férias do servidor previstas no art. 80, da Lei 8.112/90, podendo tal decisão administrativa decorrer também por motivo de calamidade pública, comoção interna, convocação para júri, serviço militar ou eleitoral.

41. (ESAF – Técnico – Área Administrativa – MPU/2004) Pelo regime da Lei nº 8.112/90, as diárias e ajudas de custo pagas aos servidores públicos:

a) incorporam-se ao vencimento.
b) são vantagens de natureza remuneratória.
c) não podem ser recebidas durante o estágio probatório.

d) não são restituíveis.

e) são devidas a título de indenização.

COMENTÁRIOS

Alternativa correta: "E". O art. 40, I a III, da Lei 8.112/90, estabelece as vantagens devidas aos servidores públicos civis da União em virtude do exercício das suas atividades, quais sejam, **indenizações, gratificações e adicionais.**

---

42. (ESAF – Analista Processual – MPU/2004) Quanto ao concurso público para ingresso nas carreiras do Ministério Público da União, assinale a afirmativa falsa.

a) O concurso terá âmbito nacional.

b) O concurso será realizado, facultativamente, a juízo do Conselho Superior competente.

c) A comissão de concurso terá entre seus membros um jurista indicado pelo respectivo Conselho Superior.

d) O concurso será realizado, obrigatoriamente, quando o número de vagas exceder a vinte por cento do quadro respectivo.

e) O concurso abrangerá as vagas existentes e aquelas que venham a surgir no respectivo prazo de eficácia.

COMENTÁRIOS

Alternativa correta: "D": Nos termos do art. 186, parágrafo único, da LC 75/93, o concurso será realizado, obrigatoriamente, quando o número de vagas exceder a 10% do quadro respectivo.

Alternativa "A": O concurso público de provas e títulos para ingresso em cada carreira do Ministério Público da União será de âmbito nacional, destinando-se ao preenchimento de todas as vagas existentes e das que ocorrerem no prazo de eficácia, ou seja, cada ramo do Ministério Público realizará concurso próprio para a respectiva carreira.

Alternativa "B": Ainda com base no art. 186, parágrafo único, da LC 75/93, **facultativamente,** o concurso poderá ser realizado a juízo do Conselho Superior competente.

Alternativa "C": Devemos ter como base o fato que cada ramo do Ministério Público da União (MPF, MPT, MPM e MPDFT) realizará o respectivo concurso, coordenado por uma comissão formada, no total, por 05 membros.

Alternativa "E": *vide* art. 186, da LC 75/93.

---

43. (ESAF – Analista Processual – MPU/2004) Para promoção na carreira por antiguidade do membro do Ministério Público da União, assinale o primeiro critério de desempate na classificação.

a) Tempo de serviço público federal.

b) Tempo de serviço público em geral.

c) Idade dos candidatos, em favor do mais idoso.

d) Tempo de serviço na carreira.

e) Tempo de contribuição previdenciária.

Nota do autor: Aproveitando o contexto da questão, temos que os membros do Ministério Público da União, além das prerrogativas institucionais (art. 18, I, da LC 75/93) e processuais (art. 18, II, da LC 75/93), na condição de agentes públicos, dispõem de direitos e deveres legalmente assegurados, conforme arts. 182 a 235, da LC 75/93. Nesse ponto, indispensável anotar que os membros do Ministério Público, **após estágio probatório de 02 anos, terão direito à vitaliciedade** (não à estabilidade), quando a perda do cargo depende de sentença judicial transitada em julgado (*vide* art. 128, §5º, I, "a", da CF). No caso específico do item, a promoção na carreira de membros do Ministério Público da União ocorrerá por **antiguidade e merecimento, alternadamente,** em até 30 dias da ocorrência da vaga (cf. art. 199, da LC 75/93).

Alternativa correta "D": Conforme dicção do art. 202, §3º, da LC 75/93, atendidas as condições de antiguidade e merecimento, na hipótese de empate entre os candidatos à promoção, o primeiro critério a ser adotado é o tempo de serviço na respectiva carreira do Ministério Público da União, seguido pelo tempo de serviço público federal, pelo tempo de serviço público em geral e pela idade dos candidatos, em favor do mais idoso;

Alternativas "A", "B", "C" e "E": *vide* comentário da alternativa "D".

---

44. (ESAF – Analista Processual – MPU/2004) Com referência a férias de servidor, assinale a afirmativa falsa.

a) O período de 30 dias de férias pode ser acumulado, por necessidade do serviço, pelo máximo de dois períodos.

b) É vedado levar à conta de férias qualquer falta ao serviço.

c) Após o primeiro período aquisitivo de férias, não se exigirá mais doze meses de exercício, passando ao regime de anualidade.

d) O parcelamento das férias em até três etapas é direito do servidor, independente da aquiescência da Administração.

e) As férias poderão ser interrompidas por motivo de comoção interna ou por necessidade do serviço, declarada pela autoridade máxima do órgão ou entidade.

COMENTÁRIOS

Alternativa correta: "D": Mesmo existindo previsão legal que permite o parcelamento das férias em até 03 etapas, a referida concessão fica condicionada à análise de conveniência e oportunidade da Administração Pública, ou seja, não é um direito adquirido do servidor (*vide* art. 77, §3º, da Lei 8.112/90).

Alternativa "A": Nesse tipo de redação, fiquem atentos que o questionamento acerca da possibilidade de acumulação dos períodos de férias (máximo de 02) é diferente da hipótese de parcelamento em até 03 etapas (*vide* art. 77, *caput*, c/c §3º, da Lei 8.112/90).

Alternativa "B": A proibição listada no item está expressa no art. 77, §2º, da Lei 8.112/90.

Alternativa "C": De fato, a exigência de um período mínimo de 12 meses para o gozo do período de férias é aplicável apenas para o primeiro período aquisitivo do servidor, sendo os demais regidos pela ideia de anualidade (cf. art. 77, §1º, da Lei 8.112/90).

Alternativa "E": Além das hipóteses de interrupção das férias dos servidores públicos apresentadas na questão, o art. 80, da Lei 8.112/90, lista as seguintes: calamidade pública, convocação para júri, serviço militar ou eleitoral.

---

45. (ESAF - Analista Processual - MPU/2004) O servidor em débito com o erário que for demitido ou exonerado terá o prazo de 60 dias para quitar o débito. Caso não o faça nesse prazo, ocorrerá:

a) inscrição do débito em dívida ativa.

b) retenção de eventual crédito do servidor.

c) vedação de novo ingresso no serviço público.

d) ajuizamento de ação por improbidade administrativa.

e) inquérito policial por crime contra a administração pública.

COMENTÁRIOS

Alternativa correta: "A". O prazo listado na questão está expressamente previsto no art. 47, parágrafo único, da Lei 8.112/90.

---

46. (ESAF - Analista Processual - MPU/2004) Não se inclui nas exigências para a ocorrência da reversão do servidor aposentado, quando de interesse da administração,

a) o servidor ter solicitado a reversão.

b) a aposentadoria ter ocorrido nos dois anos anteriores à solicitação.

c) o servidor ser estável quando na atividade.

d) a existência de cargo vago.

e) a aposentadoria ter sido voluntária.

COMENTÁRIOS

Alternativa correta: "B": A lei é taxativa ao prever a possibilidade de reversão quando a aposentadoria tenha ocorrido nos **05 anos anteriores à solicitação (não nos 02 anos anteriores).**

Alternativas "A", "C", "D" e "E": A reversão, uma das formas de provimento do cargo público, consiste no retorno do servidor aposentado às atividades, podendo ocorrer, no caso de aposentadoria **por invalidez**, quando junta médica oficial declarar insubsistentes os motivos da aposentadoria; ou **no interesse da administração**, a partir de requerimento do funcionário aposentado, atendidos os seguintes requisitos e condições (art. 25, II, "a" a "e", da Lei 8.112/90):

- tenha solicitado a reversão;
- a aposentadoria tenha sido voluntária;
- estável quando na atividade;
- a aposentadoria tenha ocorrido nos cinco anos anteriores à solicitação;
- haja cargo vago.

---

47. (ESAF - Analista Processual - MPU/2004) A recondução de servidor estável decorrerá de

a) invalidação de sua demissão judicial por decisão administrativa ou judicial.

b) anulação de processo de promoção para cargo superior na respectiva carreira.

c) aproveitamento de servidor em disponibilidade remunerada.

d) readaptação de servidor decorrente de incapacidade física ou mental.

e) inabilitação em estágio probatório relativo a outro cargo.

COMENTÁRIOS

Alternativa correta: letra "E": Considerando que a recondução é o retorno do servidor estável ao cargo anteriormente ocupado, a alternativa lista a hipótese prevista no art. 29, I, da Lei 8.112/90. Além dela, é possível a recondução quando ocorre a reintegração do anterior ocupante do cargo, situação na qual o servidor que está sendo reconduzido **não** terá direito à indenização.

Alternativa "A": O item trata da forma de provimento denominada **reintegração, que corresponde à** reinvestidura do servidor estável no cargo anteriormente ocupado, ou no cargo resultante de sua transformação, quando invalidada a sua demissão por decisão administrativa ou judicial, com ressarcimento de todas as vantagens (*vide* art. 28, da Lei 8.112/90)

Alternativas "B" e "C": Não temos correlação entre a recondução (forma de provimento) e as hipóteses previstas nos mencionados itens.

Alternativa "D": A Lei 8.112/90, no art. 24, define a **readaptação** como a investidura do servidor em cargo de atribuições e responsabilidades compatíveis com a limitação que tenha sofrido em sua capacidade física ou mental verificada em inspeção médica. Caso o agente tenha sido julgado incapaz para o serviço público, será aposentado (art. 24, §1º, da Lei 8.112/90).

Legislação aplicada ao MPU

Plínio Marcos Prudente Rocha

✦ DICAS

1. ORGANIZAÇÃO DO MPU E DO CNMP

Nomenclatura dos cargos da estrutura do Ministério Público da União.

	Cargos da carreira/nomenclatura	Fundamento legal (LC 75/93)
MPF	Subprocurador-Geral da República (último nível da carreira); Procurador Regional da República; Procurador da República (cargo inicial);	Art. 44
MPT	Subprocurador-Geral do Trabalho (último nível da carreira); Procurador Regional do Trabalho; Procurador do Trabalho (cargo inicial);	Art. 86
MPM	Subprocurador-Geral da Justiça Militar (último nível da carreira); Procurador da Justiça Militar; Promotor da Justiça Militar (cargo inicial);	Art. 119
MPDFT	Procurador de Justiça (último cargo); Promotor de Justiça; Promotor de Justiça Adjunto (cargo inicial);	Art. 154

Competências do Conselho Nacional do Ministério Público (Art. 130-A, §2º, da CF)
· zelar pela autonomia funcional e administrativa do Ministério Público, podendo expedir atos regulamentares, no âmbito de sua competência, ou recomendar providências; · zelar pela observância do art. 37 e apreciar, de ofício ou mediante provocação, a legalidade dos atos administrativos praticados por membros ou órgãos do Ministério Público da União e dos Estados, podendo desconstituí-los, revê-los ou fixar prazo para que se adotem as providências necessárias ao exato cumprimento da lei, sem prejuízo da competência dos Tribunais de Contas; · receber e conhecer das reclamações contra membros ou órgãos do Ministério Público da União ou dos Estados, inclusive contra seus serviços auxiliares, sem prejuízo da competência disciplinar e correcional da instituição, podendo avocar processos disciplinares em curso, determinar a remoção, a disponibilidade ou a aposentadoria com subsídios ou proventos proporcionais ao tempo de serviço e aplicar outras sanções administrativas, assegurada ampla defesa; · rever, de ofício ou mediante provocação, os processos disciplinares de membros do Ministério Público da União ou dos Estados julgados há menos de um ano; · elaborar relatório anual, propondo as providências que julgar necessárias sobre a situação do Ministério Público no País e as atividades do Conselho, devendo o mesmo integrar mensagem e plano de governo ao Congresso Nacional por ocasião da abertura da sessão legislativa.

Organização estrutural do Conselho Nacional do Ministério Público (Art. 130-A, da CF)		
Composição	14 membros	Procurador-Geral da República, que o preside; 04 membros do Ministério Público da União, assegurada a representação de cada uma de suas carreiras (MPF, MPT, MPM e MPDFT); 03 membros do Ministério Público dos Estados; 02 juízes, indicados um pelo Supremo Tribunal Federal e outro pelo Superior Tribunal de Justiça; 02 advogados, indicados pelo Conselho Federal da Ordem dos Advogados do Brasil; 02 cidadãos de notável saber jurídico e reputação ilibada, indicados um pela Câmara dos Deputados e outro pelo Senado Federal.
Mandatos dos membros	PGR = Presidente do CNMP	2 anos, permitida a recondução (pode ser ilimitada);
	Demais integrantes do CNMP	2 anos, admitida uma recondução.

Atuação eleitoral do Ministério Público	
Órgão da Justiça Eleitoral	**Membro do Ministério Público atuante**
TSE	Procurador-Geral Eleitoral (PGE) = Procurador-Geral da República (PGR);
TRE's	Procurador-Regional Eleitoral (PRE) = Procurador da República no respectivo Estado (designado pelo PGE)
Juízes e Juntas Eleitorais	Promotor Eleitoral = Promotor de Justiça do Ministério Público Estadual (indicado pelo PGJ e designado pelo respectivo Procurador Regional Eleitoral);

Comissões técnicas ou cientificas no âmbito do MPU.

	Responsável pela designação do Membro	Órgão a ser ouvido	Fundamento legal (LC 75/93)
MPF	Procurador-Geral da República, na condição de Chefe do MPF	Conselho Superior do MPF	Art. 49, XV, "b";
MPT	Procurador-Geral do MPT	Conselho Superior do MPT	Art. 91, XIV, "b";
MPM	Procurador-Geral do MPM	Conselho Superior do MPM	Art. 124, XIII, "b";
MPDFT	Procurador-Geral do MPDFT	Conselho Superior do MPDFT	Art. 159, XIII, "b";

2. PRINCÍPIOS, GARANTIAS, VEDAÇÕES E PRERROGATIVAS DOS MEMBROS DO MPU.

Funções Essenciais à Justiça		
	Função principal	**Arts. da CF**
Ministério Público	Defesa da ordem jurídica, do regime democrático e dos interesses sociais e individuais indisponíveis;	127 a 130-A
Advocacia	**Pública**: representação judicial/extrajudicial/consultoria/assessoramento dos Entes Federados;	131 e 132
	Privada: exercida por advogados, profissional indispensável à administração da justiça, sendo inviolável por seus atos e manifestações no exercício da profissão;	133
Defensoria Pública	Orientação jurídica, promoção dos direitos humanos e a defesa, em todos os graus, judicial e extrajudicial, dos direitos individuais e coletivos, de forma integral e gratuita, aos necessitados;	134 e 135

Princípios institucionais (art. 127, §1º, da CF)	Garantias funcionais (art. 128, §5º, I, "a" a "c", da CF)
· Unidade · Indivisibilidade · Independência funcional	· Vitaliciedade · Inamovibilidade · Irredutibilidade de subsídio

Vedações aplicáveis aos membros do Ministério Público (Art. 128, §5º, II, "a" a "f", c/c art. 95, p.u., V, ambos da CF)
· receber, a qualquer título e sob qualquer pretexto, honorários, percentagens ou custas processuais;
· exercer a advocacia;
· participar de sociedade comercial, na forma da lei;
· exercer, ainda que em disponibilidade, qualquer outra função pública, salvo uma de magistério;
· exercer atividade político-partidária;
· receber, a qualquer título ou pretexto, auxílios ou contribuições de pessoas físicas, entidades públicas ou privadas, ressalvadas as exceções previstas em lei;
· exercer a advocacia no juízo ou tribunal do qual se afastou, antes de decorridos três anos do afastamento do cargo por aposentadoria ou exoneração;
· exercer a representação judicial e a consultoria jurídica de entidades públicas.

3. FUNÇÕES INSTITUCIONAIS DO MPU

Resolução de conflitos de atribuições entre órgãos do Ministério Público Federal (Art. 62, VII, da LC 75/93)

Procurador-Geral da República

(atribuição recursal)

(RECURSO)

Câmaras de Coordenação e Revisão do MPF

(atribuição originária)

Diferenças na composição/forma de escolha/mandatos dos chefes do Ministério Público da União e Ministério Público Estadual		
	Ministério Público da União	***Ministérios Públicos dos Estados***
Chefe	Procurador-Geral da República	Procurador-Geral de Justiça
Mandato	2 anos, permitida a recondução (pode ser ilimitada)	2 anos, admitida uma recondução (limitada)
Forma de escolha	Nomeação do Presidente da República, após aprovação da maioria absoluta do Senado Federal.	Elaboração de lista tríplice no âmbito do próprio Ministério Público e, posteriormente, escolha/nomeação dentre os 3 indicados pelo Governador do Estado.

Além dessas informações, dois pontos merecem atenção do candidato:

a) **O Procurador-Geral do Trabalho (art. 88, da LC 75/93) e o Procurador-Geral Militar (art. 121, da LC 75/93) são nomeados pelo Procurador-Geral da República,** dentre integrantes da instituição, com mais de trinta e cinco anos de idade e de cinco anos na carreira, integrante de lista tríplice escolhida mediante voto plurinominal, facultativo e secreto, pelo respectivo Colégio de Procuradores para um mandato de dois anos, permitida uma recondução, observado o mesmo processo;

a) **No caso específico do Ministério Público do Distrito Federal e Territórios, o Procurador-Geral de Justiça (Chefe do MPDFT) será nomeado pelo Presidente da República (não pelo Procurador-Geral da República)** dentre integrantes de lista tríplice elaborada pelo Colégio de Procuradores e Promotores de Justiça, para mandato de dois anos, permitida uma recondução, precedida de nova lista tríplice.

4. REGULAMENTO DE CARREIRA (MEMBROS DO MPU E SERVIDORES PÚBLICOS)

Nomeação (art. 9º, da Lei 8.112/90)	Posse – 30 dias (art. 13, §1º, da Lei 8.112/90)	Exercício – 15 dias (art. 15, §1º, da Lei 8.112/90)
Forma de provimento do cargo público	Investidura do servidor em cargo público	Início da execução das atividades inerentes ao cargo público; - referencial para a contagem do período probatório;

Possíveis resultados da sindicância (art. 45, da Lei 8.112/90)	
SINDICÂNCIA	Arquivamento
	aplicação de penalidade de advertência ou suspensão de até 30 (trinta) dias
	instauração de processo disciplinar.

AFASTAMENTO PARA EXERCÍCIO DE MANDATO ELETIVO (Art. 94, da Lei 8.112/90)
a. **Mandato eletivo no Poder Executivo/Legislativo Federal/Distrital/Estadual:** o servidor deverá, obrigatoriamente, se afastar do cargo, recebendo apenas o subsídio pelo exercício do mandato eletivo; R$ DO MANDATO ELETIVO
b. **Mandato de Prefeito/vice-prefeito:** o servidor deverá, obrigatoriamente, se afastar do cargo, entretanto, poderá escolher entre a remuneração do cargo ou subsídio do prefeito; R$ DO MANDATO ELETIVO <u>ou</u> REMUNERAÇÃO DO CARGO
c. **Mandato de vereador:** se houver compatibilidade de horários, o servidor poderá acumular o exercício do cargo com os do mandato eletivo e receber o subsídio de vereador junto com a remuneração do cargo; R$ DO MANDATO ELETIVO + REMUNERAÇÃO DO CARGO

VANTAGENS (arts. 49 a 76, da Lei 8.112/90)		
INDENIZAÇÕES	**GRATIFICAÇÕES**	**ADICIONAIS**
<u>**Diárias (Arts. 58 e 59):**</u> <u>Deslocamento temporário</u> para prestação de serviço público; Cobrir gastos com acomodação, alimentação e locomoção; Obs: se o deslocamento for permanente ou ocorrer dentro da mesma região metropolitana/ aglomeração/microrregião, o servidor <u>não</u> terá direito às diárias; ½ diária: nos casos em que não há pernoite fora da sede ou a União custeia as despesas extraordinárias; O Servidor que receber as diárias e não se deslocar fica obrigado a restituí-las no prazo máximo de 05 dias;	**Gratificação natalina (Arts. 63 a 66):** corresponde a 1/12 avos da remuneração do servidor no mês de dezembro, por mês de exercício no respectivo ano, levando-se em conta que a fração igual ou maior que 15 dias será considerada mês integral; - OBS: NÃO é considerada para qualquer vantagem pecuniária; - o servidor exonerado tem direito à gratificação natalina proporcional aos meses de exercício. - paga até o dia 20 (vinte) do mês de dezembro de cada ano.	**Adicionais de insalubridade, periculosidade e por atividades penosas(Art. 68-72):** Insalubridade: devida aos servidores em contato permanente com substâncias tóxicas ou radioativas; • Periculosidade: servidores que laboram em áreas de risco; • Penosas: para os que exercem suas funções em zonas de fronteira ou em condições de vida adversas. • A concessão dos adicionais de insalubridade e periculosidade acaba com a eliminação dos riscos que dão causa ao pagamento; • As servidoras gestantes ou lactantes devem ser afastadas desses atividades;

VANTAGENS (arts. 49 a 76, da Lei 8.112/90)		
INDENIZAÇÕES	**GRATIFICAÇÕES**	**ADICIONAIS**
Ajuda de custo (Arts. 53 a 57): deslocamento permanente, no interesse da administração pública; - Obs: é vedado o pagamento de tal indenização quando o cônjuge ou companheiro também é servidor e venha a ter exercício na mesma sede; - Devida, também, a ocupantes de cargo em comissão com exercício em localidade diversa da que tem residência; - Não será concedida ajuda de custo ao servidor que se afastar do cargo, ou reassumi-lo, em virtude de mandato eletivo; - O servidor ficará obrigado a restituir a ajuda de custo quando, injustificadamente, não se apresentar na nova sede no prazo de 30 (trinta) dias. - À família do servidor que falecer na nova sede são assegurados ajuda de custo e transporte para a localidade de origem, dentro do prazo de 1 (um) ano, contado do óbito. - NÃO será concedida ajuda de custo em que houver remoção de servidor, a pedido, inclusive nas hipóteses em que o deslocamento é garantido independente do interesse da Administração Pública (*alteração de 2014*);	**Da Retribuição pelo Exercício de Função de Direção, Chefia e Assessoramento (Arts. 62 e 62-A):** Ao servidor ocupante de cargo efetivo investido em função de direção, chefia ou assessoramento, cargo de provimento em comissão ou de Natureza Especial	**Adicional noturno (Art. 75):** para o servidor que labora no período noturno, sendo este compreendido entre as 22 horas de um dia e 5 horas do dia posterior, com acréscimo de 25% em relação ao valor-hora do período diurno;
Transporte: para cobrir despesas com a utilização de meio próprio de locomoção para execução de serviços públicos externos;	**Gratificação por encargo de curso ou concurso (Art. 76-A):** devida ao servidor que, em caráter eventual: atuar como instrutor em curso de formação, de desenvolvimento ou de treinamento regularmente instituído no âmbito da administração pública federal; participar de banca examinadora ou de comissão para exames orais, para análise curricular, para correção de provas discursivas, para elaboração de questões de provas ou para julgamento de recursos intentados por candidatos; participar da logística de preparação e de realização de concurso público envolvendo atividades de planejamento, coordenação, supervisão, execução e avaliação de resultado, quando tais atividades não estiverem incluídas entre as suas atribuições permanentes; participar da aplicação, fiscalizar ou avaliar provas de exame vestibular ou de concurso público ou supervisionar essas atividades. **OBS:** A Gratificação por Encargo de Curso ou Concurso não se incorpora ao vencimento ou salário do servidor para qualquer efeito e não poderá ser utilizada como base de cálculo para quaisquer outras vantagens, inclusive para fins de cálculo dos proventos da aposentadoria e das pensões.	**Adicional de férias (Art. 76):** independente de requerimento, o servidor, ao entrar de férias, tem direito ao valor de 1/3 de sua remuneração;

VANTAGENS **(arts. 49 a 76, da Lei 8.112/90)**		
INDENIZAÇÕES	**GRATIFICAÇÕES**	**ADICIONAIS**
Auxílio-moradia (Arts. 60-A a 60-E): Devido ao servidor que tenha se deslocado da sede para exercer os cargos em comissão DAS 4,5 e 6 ou os de natureza especial ou Ministro de Estado; *Valor:* calculado com base no custo do aluguel/pagamento de hotel, até o limite de 25% do valor do CC/FC/Ministro de Estado; *Requisitos:* - não exista imóvel funcional disponível para uso pelo servidor; - o cônjuge ou companheiro do servidor não ocupe imóvel funcional; - o servidor ou seu cônjuge ou companheiro não seja ou tenha sido proprietário, promitente comprador, cessionário ou promitente cessionário de imóvel no Município aonde for exercer o cargo, incluída a hipótese de lote edificado sem averbação de construção, nos doze meses que antecederem a sua nomeação; - nenhuma outra pessoa que resida com o servidor receba auxílio-moradia; - o servidor tenha se mudado do local de residência para ocupar cargo em comissão ou função de confiança do Grupo-Direção e Assessoramento Superiores - DAS, níveis 4, 5 e 6, de Natureza Especial, de Ministro de Estado ou equivalentes; - o Município no qual assuma o cargo em comissão ou função de confiança não se enquadre nas hipóteses do art. 58, § 3º, em relação ao local de residência ou domicílio do servidor; - o servidor não tenha sido domiciliado ou tenha residido no Município, nos últimos doze meses, aonde for exercer o cargo em comissão ou função de confiança, desconsiderando-se prazo inferior a sessenta dias dentro desse período; e - o deslocamento não tenha sido por força de alteração de lotação ou nomeação para cargo efetivo. - o deslocamento tenha ocorrido após 30 de junho de 2006.		**Adicional por serviço extraordinário (Art. 73):** devida quando o servidor exerce suas atividades além do horário regular de trabalho; • Acréscimo de 50% em relação à hora normal; • Só é concedida em situações excepcionais e temporárias, com o limite de até 2 horas por jornada;

COMISSÃO DO CONCURSO PARA INGRESSO NAS CARREIRAS DO MPU (MPF, MPT, MPM e MPDFT)	
Membro	**Indicação**
Procurador-Geral (Presidente)	**Membro nato**
02 membros do respectivo ramo do Ministério Público	**Conselho Superior**
01 jurista de reputação ilibada	
01 advogado	**Conselho Federal da Ordem dos Advogados do Brasil**
Total de membros da comissão: 05	

LICENÇAS (Art. 81)

- por motivo de doença em pessoa da família;
- por motivo de afastamento do cônjuge ou companheiro;
- para o serviço militar;
- para atividade política;
- para capacitação;
- para tratar de interesses particulares;
- para desempenho de mandato classista.

a) **Licença por motivo de doença em pessoa da família (Art. 83)**: concedida, a cada 12 meses, ao servidor por motivo de doença do cônjuge ou companheiro, pais, filhos, do padrasto ou madrasta e enteado, ou dependente que viva às suas expensas e desde que conste no seu assentamento funcional;

a. *Requisitos:*

i. Comprovação por junta médica oficial;

ii. Que a assistência a ser prestada pelo Servidor seja indispensável;

iii. Não puder ser prestada simultaneamente com o exercício do cargo ou por meio de compensação de horário;

b. *Regras da remuneração no período da licença;*

i. Por até 60 dias: com remuneração;

ii. Por até 90 dias: sem remuneração;

b) **Licença por motivo de afastamento do cônjuge ou companheiro (Art. 84):** concedida nos casos em que o cônjuge ou companheiro for deslocado para outro ponto do território nacional, para o exterior ou para exercício de mandato eletivo dos Poderes Executivo ou Legislativo;

a. *Características:* por prazo indeterminado, sem remuneração e o período de licença não é contado para nenhum efeito jurídico; de caráter discricionário.

OBS: no deslocamento de servidor cujo cônjuge ou companheiro também seja servidor público, civil ou militar, de qualquer dos Poderes da União, Estados, do Distrito Federal e dos Municípios, poderá ocorrer exercício provisório em órgão, autarquia ou fundacional, desde que para o exercício de atividade de atividade compatível com o cargo;

c) **Licença para o serviço militar (Art. 85):** concedida ao servidor convocado para o serviço militar, de modo que, quando encerrada tal atividade, o mesmo terá até 30 dias sem remuneração para retomar o exercício do cargo;

a. *Características:* de caráter vinculante e o período é contado como de efetivo exercício;

d) **Licença para atividade política (Art. 86):** direito do servidor federal, sendo a Administração obrigada a concedê-la, desde que preenchidas alguns requisitos.

- Licença em dois períodos:
  - o Data da escolha do servidor em convenção partidária até a véspera do registro de sua candidatura: sem remuneração e esse período não é considerado para qualquer efeito legal;
  - o Data do registro até o décimo dia seguinte ao da eleição: a licença é remunerada por 3 meses e o período é computado para todos os efeitos legais;

OBS: o servidor que for candidato a cargo eletivo no local onde desempenha suas funções e que exerça cargo de direção, chefia e assessoramento deverá ser afastado a partir do dia imediato ao do registro de sua candidatura perante a Justiça Eleitoral, até o 10º dia seguinte ao da eleição, com direito à remuneração e contagem para todos os efeitos jurídicos.

e) **Licença para capacitação (Art. 87):** conferida ao servidor, em caráter discricionário, para participação em cursos de aperfeiçoamento por até 3 meses a cada 5 anos de efetivo exercício, substituindo a antiga licença-prêmio;

- *Características*: os períodos não são acumuláveis e o período da licença é considerado de efetivo exercício;

f) **Licença para tratar de interesses particulares (Art. 91):** é concedida ao servidor pelo período de até 3 anos consecutivos, sendo de caráter discricionário e SEM remuneração;

Características: para servidores de caráter efetivo que não estejam em estágio probatório; pode ser interrompida a qualquer tempo, a pedido do servidor ou por interesse da Administração.

g) **Licença para o desempenho de mandato classista ou para a participação na administração ou gerência de cooperativa de servidores públicos (Art. 92):** cabível para o servidor eleito para mandato em confederação, federação, associação de classe, entidade fiscalizadora da profissão nos seguintes limites:

- o Entidades com até 5.000 associados: 2 servidores;
- o Entidades com 5.001 a 30.000 associados: 4 servidores
- o Entidades com mais de 30.000 associados: 8 servidores
  - Características: concedida sem remuneração;
  - Período de licença considerado como de efetivo exercício, exceto para promoção por merecimento;
  - *Duração:* igual ao do mandato, sendo renovada nos casos de reeleição;

16) AFASTAMENTOS

- Afastamento para servir em outro órgão ou entidade
- Afastamento para o exercício de mandato eletivo

- Afastamento para estudo ou missão no exterior
- Afastamento para servir em organismo internacional

a) **Afastamento para servir em outro órgão entidades**: quando o servidor deixa de exercer temporariamente as funções de seu cargo em virtude da sua cessão a outro órgão ou entidade da Administração;

d. A cessão pode ocorrer em outro órgão ou entidade dos Poderes da União, Estados, Distrito Federal e dos Municípios;

e. Ocorre para exercício de cargos em comissão/ função de confiança (ônus da entidade cessionária) e nos casos previstos em lei específica;

b) **Afastamento para exercício de mandato eletivo (Art. 94):**

f. Mandato eletivo no Poder Executivo/Legislativo Federal/Distrital/Estadual: o servidor deverá, obrigatoriamente, se afastar do cargo, recebendo apenas o subsídio pelo exercício do mandato eletivo;

R$ DO MANDATO ELETIVO

g. Mandato de Prefeito/vice-prefeito: o servidor deverá, obrigatoriamente, se afastar do cargo, entretanto, poderá escolher entre a remuneração do cargo ou subsídio do prefeito;

R$ DO MANDATO ELETIVO ou REMUNERAÇÃO DO CARGO

h. Mandato de vereador: se houver compatibilidade de horários, o servidor poderá acumular o exercício do cargo com os do mandato eletivo e receber o subsídio de vereador junto com a remuneração do cargo;

R$ DO MANDATO ELETIVO + REMUNERAÇÃO DO CARGO

Características:

- No período de afastamento, o servidor continuará contribuindo com a seguridade social como se estivesse no exercício do cargo;
- No curso do mandato, não poderá ser removido, de ofício, para outro local;
- O tempo de afastamento será considerado de efetivo exercício, exceto para promoção por merecimento;

c) **Afastamento para estudo ou missão no exterior e para servir em organismo internacional (At. 95):** concedida ao servidor por um período de até 4 anos, de modo que, após o término da missão ou estudo, somente após decorrido igual período, será permitida nova ausência, não se aplicando, entretanto, aos servidores da carreira diplomática.

i. *Características:*

- de caráter discricionário;
- o servidor não será exonerado ou terá direito à licença para tratar de assuntos particulares antes de decorrido período igual ao do afastamento;
- com direito à remuneração;
- OBS: no afastamento para servir em organismo internacional de que o Brasil faça parte ou coopere o servidor não terá direito à remuneração;

d) **Afastamento para participação em programa de pós-graduação Stricto Sensu no País (Art. 96-A):** concedido ao servidor, a critério da Administração e desde que não haja possibilidade de compatibilizar os horários, para que o mesmo possa cursar pós-graduação Stricto Sensu em alguma instituição de ensino superior do país;

Mestrado: o servidor deve ser titular no cargo efetivo há pelo menos 3 anos, incluído o estágio probatório;

Doutorado: deve ser titular no respectivo cargo há pelo menos 4 anos, incluído o estágio probatório;

OBS: em ambos os casos, o afastamento só será concedido se o servidor não tiver feito uso de licença para tratar de assuntos particulares para gozo de licença capacitação nos 2 (dois) anos anteriores à data da solicitação de afastamento;

pós-doutorado: titularidade do servidor no respectivo cargo efetivo há pelo menos 4 anos, incluído o tempo de estágio probatório;

OBS: nesse caso, o afastamento só será concedido se o servidor não tiver feito uso de licença para tratar de assuntos particulares para gozo de licença capacitação nos 4 anos anteriores à data da solicitação de afastamento;

- Os servidores beneficiados, após o seu retorno, devem permanecer em exercício por um período igual ao do afastamento;
- Caso o servidor venha a ser exonerado, requeira aposentadoria ou não obtenha o título que justificou seu afastamento, deve ressarcir ao órgão/ entidade o valor gasto com o seu aperfeiçoamento, exceto se comprovar motivo de força maior ou caso fortuito;

✦ SÚMULAS E JURISPRUDÊNCIAS APLICÁVEIS

1. PRINCÍPIOS, GARANTIAS, VEDAÇÕES E PRERROGATIVAS DOS MEMBROS DO MPU/ESTRUTURA E ORGANIZAÇÃO DO MINISTÉRIO PÚBLICO.

- **Organização do Ministério Público junto ao Tribunal de Contas.** Não inserção do MP junto ao Tribunal de Contas como órgão pertencente ao Ministério Público (ADI 789/STF).
- **Autonomia e divisão funcional entre o Ministério Público da União e os Ministérios Públicos Estaduais.** Legitimidade ativa autônoma do Ministério Público estadual para ajuizar reclamação no

Supremo Tribunal, sem que se exija a ratificação da inicial pelo PGR (Rcl 9.327 AgR, rel. min. Dias Toffoli, j. 23-5-2013, P, *DJE* de 1º-8-2013).

- **Limite de recondução ao cargo de Procurador-Geral de justiça.** A permissão de recondução ao cargo do procurador-geral de justiça, sem limite de mandatos, seria contrária ao disposto no art. 128, § 3º, da Constituição Federal, que autoriza uma única recondução (ADI 3.077, rel. min. Cármen Lúcia, j. 16-11-2016).
- **Escolha e nomeação do Procurador-Geral da República (Chefe do Ministério Público da União).** A escolha do PGR deve ser aprovada pelo Senado (CF, art. 128, § 1º). A nomeação do procurador-geral de Justiça dos Estados não está sujeita à aprovação da Assembleia Legislativa. Compete ao governador nomeá-lo dentre lista tríplice composta de integrantes da carreira (CF, art. 128, § 3º) (ADI 3.727, rel. min. **Ayres Britto**, j. 12-5-2010).
- **Vedações aplicáveis aos membros do Ministério Público.** Os membros do Ministério Público estão impedidos de exercer advocacia, mesmo em causa própria. São atividades incompatíveis (Lei 8.906/1994, art. 28). (HC 76.671, rel. min. **Néri da Silveira**, j. 9-6-1998, 2ª T, *DJ* de 10-8-2000).
- **Designação de membro do Ministério Público Estadual para atuar junto à Justiça Eleitoral.** A designação do promotor eleitoral é ato de natureza complexa, resultando da conjugação de vontades tanto do procurador-geral de justiça - que indicará o membro do ministério público estadual – quanto do procurador regional eleitoral – a quem competirá o ato formal de designação. O art. 79, caput e parágrafo único, da Lei Complementar nº 75/93 não tem o condão de ofender a autonomia do ministério público estadual, já que não incide sobre a esfera de atribuições do parquet local, mas sobre ramo diverso da instituição – o Ministério Público Eleitoral, não interferindo, portanto, nas atribuições ou na organização do ministério público estadual (ADI 3802, j. em 10/03/2016, publicação em 14/11/2016).
- **Princípio do Promotor Natural.** O postulado do Promotor Natural, que se revela imanente ao sistema constitucional brasileiro, repele, a partir da vedação de designações casuísticas efetuadas pela Chefia da Instituição, a figura do acusador de exceção. Esse princípio consagra uma garantia de ordem jurídica, destinada tanto a proteger o membro do Ministério Público, na medida em que lhe assegura o exercício pleno e independente do seu ofício, quanto a tutelar a própria coletividade, a quem se reconhece o direito de ver atuando, em quaisquer causas, apenas o Promotor cuja intervenção se justifique a partir de critérios abstratos e pré-determinados, estabelecidos em lei (HC 67.759/STF, j. em 06/08/92).
- **Princípios constitucionais do Ministério Público.** A existência, em um mesmo processo, de opiniões ou pronunciamentos eventualmente conflitantes emanados de membros do Ministério Público que hajam oficiado, na causa, em momentos sucessivos, não traduz, só por si, ofensa ao postulado do Promotor Natural, pois a possibilidade desse dissídio opinativo há de ser analisada e compreendida em face dos princípios, igualmente constitucionais (CF, art. 127, § 1º), da unidade e da indivisibilidade do Ministério Público (HC 102.147, j. em 16/12/2010, publicação em 03/02/2011).
- **Ocupação de outros cargos públicos por membros do Ministério Público.** Os membros do Ministério Público **não** podem ocupar cargos públicos, fora do âmbito da Instituição, salvo cargo de professor e funções de magistério (ADPF 388, j. em 09/03/2016).
- **Poder de investigação criminal do Ministério Público e aplicação da teoria dos poderes implícitos.** O Ministério Público dispõe de competência para promover, por autoridade própria, e por prazo razoável, investigações de natureza penal, desde que respeitados os direitos e garantias que assistem a qualquer indiciado ou a qualquer pessoa sob investigação do Estado, observadas, estritamente, por seus agentes, as hipóteses de reserva constitucional de jurisdição e, também, as prerrogativas profissionais de que se acham investidos, em nosso País, os Advogados (Lei nº 8.906/94, artigo 7º, notadamente os incisos I, II, III, XI, XIII, XIV e XIX), sem prejuízo da possibilidade – sempre presente no Estado democrático de Direito – do permanente controle jurisdicional dos atos, necessariamente documentados (Súmula Vinculante 14), praticados pelos membros dessa instituição. (RE 593.727, j. em 14/05/2015, publicação em 08/09/015).

2. REGULAMENTO DE CARREIRA (MEMBROS DO MPU E SERVIDORES PÚBLICOS)

- **Vedação ao nepotismo (Súmula vinculante 13).** A nomeação de cônjuge, companheiro ou parente em linha reta, colateral ou por afinidade, até o terceiro grau, inclusive, da autoridade nomeante ou de servidor da mesma pessoa jurídica investido em cargo de direção, chefia ou assessoramento, para o exercício de cargo em comissão ou de confiança ou, ainda, de função gratificada na administração pública direta e indireta em qualquer dos Poderes da União, dos Estados, do Distrito Federal e dos Municípios, compreendido o ajuste mediante designações recíprocas, viola a Constituição Federal.
- **Formas de provimento no serviço público (Súmula vinculante 43).** É inconstitucional toda modalidade de provimento que propicie ao servidor investir-se, sem prévia aprovação em concurso público destinado ao seu provimento, em cargo que não integra a carreira na qual anteriormente investido.

- **Súmula 19/STF:** é inadmissível segunda punição de servidor público, baseada no mesmo processo em que se fundou a primeira.
- **Súmula 21/STF**. Funcionário em estágio probatório não pode ser exonerado nem demitido sem inquérito ou sem as formalidades legais de apuração de sua capacidade.
- **Súmula 22/STF**. O estágio probatório não protege o funcionário contra a extinção do cargo.
- **Súmula 27/STF**. Os servidores públicos não têm vencimentos irredutíveis, prerrogativa dos membros do Poder Judiciário e dos que lhes são equiparados.
- **Súmula 266/STJ**. O diploma ou habilitação legal para o exercício do cargo deve ser exigido na posse e não na inscrição para o concurso público.
- **Súmula 358/STF**. O servidor público em disponibilidade tem direito aos vencimentos integrais do cargo.
- **Súmula 566/STF**. Enquanto pendente, o pedido de readaptação fundado em desvio funcional não gera direitos para o servidor, relativamente ao cargo pleiteado.
- **Súmula 680/STF**. O direito ao auxílio-alimentação não se estende aos servidores inativos.
- **Súmula 682/STF**. Não ofende a Constituição a correção monetária no pagamento com atraso dos vencimentos de servidores públicos.
- **Súmula 685/STF**. É inconstitucional toda modalidade de provimento que propicie ao servidor investir-se, sem prévia aprovação em concurso público destinado ao seu provimento, em cargo que não integra a carreira na qual anteriormente investido.

Direito Administrativo

Leandro Bortoleto

TABELA DE INCIDÊNCIA DE QUESTÕES

Distribuição das questões organizada por ordem didática de assuntos		
Assunto	**Número de Questões**	**Peso**
REGIME JURÍDICO ADMINISTRATIVO	1	2,22%
ADMINISTRAÇÃO PÚBLICA E TERCEIRO SETOR	5	11,11%
AGENTES PÚBLICOS: DISPOSIÇÕES CONSTITUCIONAIS	3	6,67%
REGIME JURÍDICO DOS SERVIDORES PÚBLICOS CIVIS FEDERAIS: LEI Nº 8.112/90	7	15,56%
PODERES ADMINISTRATIVOS	5	11,11%
ATO ADMINISTRATIVO	7	15,56%
PROCESSO ADMINISTRATIVO FEDERAL: LEI Nº 9.784/99	2	4,44%
LICITAÇÃO E CONTRATO ADMINISTRATIVO	11	24,44%
SERVIÇOS PÚBLICOS	3	6,67%
IMPROBIDADE ADMINISTRATIVA: LEI Nº 8.429/92	1	2,22%
Total	**45**	**100%**

Direito Administrativo

Leandro Bortoleto

✦ QUESTÕES

1. REGIME JURÍDICO ADMINISTRATIVO

- CF, art. 37, *caput*
- Lei nº 9.784/99, art. 2º

01. (Cespe - Analista Processual – MPU/2010) Como consequência do princípio da presunção de legalidade, as decisões administrativas são de execução imediata, até mesmo aquelas com possibilidade de gerar obrigações para o particular.

COMENTÁRIOS

✪ **Nota do autor:** em regra, esse princípio é conhecido como princípio da presunção de legitimidade. Entretanto, alguns autores o nominam como princípio da presunção de legalidade.

Certo. Pelo princípio da legalidade, a atividade administrativa deve ser desempenhada em conformidade com o direito e, desse modo, é uma decorrência lógica que exista uma presunção de que a atuação administrativa está de acordo com a legalidade. Como consequência específica dessa presunção, os atos e decisões administrativas são executados imediatamente, não dependendo de manifestação prévia sobre sua legalidade, bem como produzirão efeitos até que sejam extintos. Quer dizer, praticado o ato, este valerá até que a própria Administração ou o Poder Judiciário decidam de forma contrária. Nesse sentido, conforme Maria Sylvia Zanella Di Pietro, em decorrência desse princípio, "as decisões administrativas são de execução imediata e têm a possibilidade de criar obrigações para o particular, independentemente de sua concordância e, em determinadas hipóteses, podem ser executadas pela própria Administração, mediante meios diretos ou indiretos de coação".[1]

1 *Direito administrativo*. 25. ed. São Paulo: Atlas, 2012. p.69.

2. ADMINISTRAÇÃO PÚBLICA E TERCEIRO SETOR

- CF, art. 37, XIX, XX e § 8º
- CF, art. 173 e 175
- Decreto-Lei nº 200/67
- Decreto-Lei nº 900/69, art. 5º
- Lei nº 9.649/98, art. 51
- Lei nº 11.107/05
- Lei nº 9.637/98
- Lei nº 9.790/99

02. (Cespe – Analista – MPU/2013)A respeito da administração direta e indireta, julgue os próximos itens.

02.01. A criação de ministérios pela União constitui exemplo de descentralização administrativa.

COMENTÁRIOS

Errado. A criação de ministérios pela União é, na verdade, exemplo de desconcentração administrativa, pois que significa a distribuição interna de competência, ou seja, dentro da mesma pessoa jurídica. Por sua vez, a descentralização administrativa representa a distribuição externa de competência, isto é, de uma pessoa jurídica para outra.

02.02. A entidade autárquica criada para o desempenho de competência administrativa mantém vinculação hierárquica com o ente federativo que a tiver criado.

COMENTÁRIOS

Errado. As entidades da administração indireta são pessoas jurídicas criadas para o desempenho de atividade administrativa determinada. Possuem patrimônio próprio, autonomia administrativa, personalidade jurídica e, quanto ao controle, estão vinculadas à entidade política criadora. Quer dizer, as pessoas integrantes da administração indireta não se subordinam à pessoa política, mas estão a ela vinculadas. Isso ocorre porque o ente federado exerce controle finalístico sobre as entidades que criou, que significa um controle de finalidade sobre as atividades da entidade administrativa, mas não hierárquico, por se tratar de pessoa jurídica distinta.

---

03. (Cespe – Técnico – Área Administrativa – MPU/2010) No que se refere à organização administrativa, julgue os itens que se seguem, relativos a centralização, descentralização, concentração e desconcentração.

03.01. Caso o presidente da República determine a centralização da administração de determinado serviço público, esse serviço deverá ser realizado e acompanhado por órgão da administração direta.

COMENTÁRIOS

✪ Nota do autor: a atividade administrativa pode ser desempenhada de forma centralizada ou descentralizada, quer dizer, a Constituição Federal atribui à pessoa política (União, Estados, Distrito Federal e Municípios) a competência a ser desempenhada. Com isso, cada um dos entes políticos decide se determinada atividade será realizada por seus próprios órgãos ou se a transferirá a outras pessoas.

Certo. Pela centralização, a pessoa política não transfere para outra pessoa a execução de determinada atividade administrativa. O conjunto de órgãos que compõem a pessoa política é a administração direta. Dessa forma, com a centralização são os próprios órgãos da administração direta que são incumbidos da realização da atividade administrativa.

03.02. Considere que o órgão responsável pela infraestrutura de transporte de determinada região repassou para outra pessoa jurídica a atribuição de executar obras nas estradas sob sua jurisdição. Nessa situação, caracteriza-se a ocorrência de desconcentração.

COMENTÁRIOS

✪ Nota do autor: a pessoa política incumbida constitucionalmente de desempenhar determinada atividade administrativa pode se organizar de maneira a ficar com um órgão só (concentração) ou pode distribuir internamente essa competência, por meio da criação de outros órgãos (desconcentração), mantendo a atividade em seu interior.

Errado. No caso, a atividade administrativa não teve sua execução repassada para outra pessoa jurídica, nem houve a criação de outro órgão para desempenhá-la. Continua pertencendo e sendo executada pela pessoa política da qual faz parte o órgão. Apenas, houve a necessidade de se contratar a execução de determinada atividade material (a realização de obras nas estradas) por empresa privada e, para tanto, é celebrado um contrato administrativo comum (não de concessão de serviço público) e a contratada fará apenas a obra. Portanto, não houve descentralização e nem desconcentração.

03.03. Considere que um estado crie, por meio de lei, uma nova entidade que receba a titularidade e o poder de execução de ações de saneamento público. Nessa situação, configura-se a descentralização administrativa efetivada por meio de outorga.

COMENTÁRIOS

✪ Nota do autor: O Estado pode prestar o serviço público de forma centralizada ou de forma descentralizada. No caso da descentralização, há duas formas: a descentralização por serviços e a descentralização por colaboração. Na primeira, a transferência é feita por lei e é conhecida como outorga e, na segunda, opera-se por contrato ou ato administrativo e se chama delegação.

Certo. Trata-se, realmente, de outorga, pois na descentralização por serviços a pessoa política cria (ou autoriza a criação) de outra pessoa jurídica para a execução de determinada atividade administrativa (pessoa da administração indireta). A **outorga** se opera mediante **lei**, pois esta é necessária para a criação ou a autorização de criação de entidade da administração indireta para a prestação de serviços públicos.

03.04. A descentralização administrativa efetivada mediante delegação decorre de ato unilateral do Estado e, normalmente, tem prazo indeterminado.

COMENTÁRIOS

Errado. A descentralização por colaboração permite que a pessoa política transfira a execução do serviço público para outra pessoa jurídica por contrato ou por ato administrativo. É a chamada delegação, que pode ser feita pela concessão, permissão ou autorização. Quanto à formalização, a concessão e a permissão são formalizadas por contrato e a autorização por ato administrativo. Ressalta-se que existe certa discussão em relação à permissão, porque, tradicionalmente, é considerada como ato administrativo, mas a doutrina contemporânea sustenta que, na verdade, seria um contrato de adesão. Entretanto, não obstante a discussão, a Lei nº 8.987/95, no art. 40, estabelece que a permissão é formalizada por meio de contrato de adesão, mas mantendo as características de precariedade e de revogabilidade unilateral.

---

04. (Cespe – Técnico – Área Administrativa – MPU/2010) Julgue os próximos itens, a respeito da organização administrativa da União, considerando a administração direta e indireta.

04.01. (O Serviço Nacional do Comércio (SENAC), como serviço social autônomo sem fins lucrativos, é exemplo de empresa pública que desempenha atividade de caráter econômico ou de prestação de serviços públicos.

COMENTÁRIOS

Errado. Os serviços sociais autônomos são pessoas jurídicas de direito privado, sem finalidade de lucro, que atuam na realização de atividade de interesse público, de atividade não exclusiva do Estado. Dependem de lei autorizativa para serem criados, mas não integram a Administração Pública. São exemplos o Senai (Serviço Nacional de Aprendizagem Industrial) o Sesi (Serviço Social da Indústria) e o Senac (Serviço Nacional do Comércio).

04.02. O Ministério Público da União (MPU), quanto à sua posição estatal, está subordinado à Presidência da República.

COMENTÁRIOS

Nota do autor: os órgãos públicos podem ser classificados a partir de diversos critérios: quanto à esfera de ação (centrais ou locais); quanto à posição estatal (autônomos, independentes, superiores e subalternos); quanto à estrutura (simples, ou unitários, e compostos); quanto à composição (singulares e coletivos) e quanto às funções (ativos, consultivos ou de controle).

Errado. Órgãos **independentes** são os que representam as **funções principais do Estado**, isto é, a legislativa, a jurisdicional e a administrativa. São órgãos que estão no topo da estrutura estatal e não estão subordinados a nenhum outro como, por exemplo, Câmara dos Deputados, Senado Federal, Presidência da República, Supremo Tribunal Federal e, sem dúvida, o Ministério Público da União.

04.03. O Banco Central do Brasil (BACEN) tem autonomia política para criar suas próprias normas.

COMENTÁRIOS

Errado. O Bacen (Banco Central do Brasil) é uma autarquia em regime especial, integrando a administração indireta federal e, como as demais entidades da administração indireta, possui autonomia administrativa, mas não autonomia política. Esta é privativa das pessoas políticas (União, Estados, Distrito Federal e Municípios).

04.04. Uma sociedade de economia mista deve ter a forma de sociedade anônima e mais da metade do seu capital deve ser estatal.

COMENTÁRIOS

Nota do autor: a forma societária e o capital são dois elementos que distinguem a sociedade de economia mista da empresa pública, aos quais acrescenta-se, na esfera federal, o foro competente, pois, ressalvada a competência da Justiça do Trabalho, a sociedade de economia mista federal tem como foro a Justiça Estadual e a empresa pública federal, por sua vez, a Justiça Federal, nos termos do art. 109, da Constituição Federal.

Certo. As sociedades de economia mista adotarão sempre a forma de sociedade anônima, em razão do previsto no art. 5º, III, do Decreto-Lei nº 200/67, no art. 235 da Lei nº 6.404/76 e no art. 4º das Lei nº 13.303/16. Por outro lado, as empresas públicas podem adotar qualquer das formas admitidas em direito e, inclusive, na esfera federal, é possível a criação de empresa pública sob forma inédita. Quanto ao capital, a sociedade de economia mista tem capital misto, ou seja, público e privado. Todavia, a maioria do capital votante tem que pertencer ao poder público. Já, no caso de empresa pública, o capital é inteiramente público.

05. (Cespe – Técnico – Área Administrativa – MPU/2010) Julgue os itens subsequentes, acerca das agências executivas e reguladoras.

05.01. Considere que Pedro, imediatamente após o término de seu mandato como dirigente de agência reguladora, tenha sido convidado a assumir cargo gerencial em empresa do setor regulado pela agência onde cumprira o mandato. Nessa situação, Pedro não poderá assumir imediatamente o novo cargo, devendo cumprir quarentena.

COMENTÁRIOS

Nota do autor: além da Lei nº 9.986/00 – que dispõe sobre a gestão de recursos humanos das agências reguladoras – a quarentena para ex-dirigentes das agências reguladoras está prevista em algumas leis específicas de criação das agências, como é o caso da Lei nº 9.427/96, quanto à Aneel (Agência Nacional de Energia Elétrica) e da Lei nº 9.472/97, referente à Anatel (Agência Nacional de Telecomunicações).

Certo. Realmente, há a vedação de atuação em período posterior ao desligamento da agência. Durante esse período, conhecido como quarentena, o ex-dirigente não pode exercer nenhuma atividade ou prestar qualquer serviço no setor regulado pela respectiva agência, pois a esta fica vinculado e faz jus a remuneração compensatória equivalente à do cargo de direção que exerceu e aos benefícios a ele inerentes. A inobservância dessa vedação constitui crime de advocacia administrativa, sem prejuízo das demais sanções cabíveis, administrativas e civis. Como regra geral, esse prazo é de quatro meses, contados da exoneração ou do término do seu mandato, nos termos do art. 8º da Lei nº 9.986/00. Entretanto, em relação a algumas agências, esse prazo foi alargado pelas respectivas leis específicas. Por exemplo: a) Aneel: doze meses (art. 9º, da Lei nº 9.427/96); b) Anatel: um ano (art. 30, da Lei nº 9.472/97); c) ANP: doze meses (art. 14, da Lei nº 9.478/97); d) Anvisa: um ano (art. 14; Lei nº 9.782/99); e) ANS: doze meses (art. 9º, da Lei nº 9.961/00).

05.02. A agência reguladora não se sujeita a qualquer forma de tutela dos ministérios, ao contrário do que ocorre com a agência executiva.

COMENTÁRIOS

Errado. A agência reguladora é uma pessoa jurídica integrante da administração indireta. Sua criação é fruto da transferência da regulação, normatização e fiscalização das atividades econômicas e de diversos serviços públicos da administração direta para a indireta. Estão sendo criadas como autarquias em regime especial, por possuírem maior autonomia do que as autarquias em geral. É inerente a qualquer pessoa administrativa integrante da administração indireta (autarquia, fundação pública, sociedade de economia mista, empresa pública) a existência de autonomia administrativa. Entretanto, não são independentes e, assim, a pessoa política exerce controle sobre tais entidades: controle administrativo e controle político. O controle administrativo é conhecido como controle finalístico ou tutela administrativa, pelo qual a administração direta verifica se a entidade administrativa está cumprindo a finalidade para a qual foi criada, ressaltando-se que, como não é órgão e sim uma pessoa jurídica, não há hierarquia, mas vinculação; isto é, uma autarquia, por exemplo, está vinculada à administração direta e não subordinada. De outro modo, o controle político é mais visível, já que por meio dele há a nomeação e a exoneração dos dirigentes das pessoas administrativas, criando grande submissão entre os gestores das pessoas administrativas e a administração direta, pois, a qualquer tempo, podem ser exonerados de seus cargos. Quanto às agências reguladoras, no entanto, o controle político é mitigado, porque há mandato para seus dirigentes e estes, no caso da esfera federal, são nomeados pelo Presidente da República, após aprovação dos nomes pelo Senado e somente perdem o cargo em caso de renúncia, de decisão judicial transitada em julgado ou de processo administrativo disciplinar. Ou seja, não podem ser livremente exonerados, garantindo maior autonomia. Agência executiva é um "status", uma qualificação que é dada a uma autarquia ou a fundação pública e, desse modo, submete-se, normalmente, ao controle administrativo e político.

05.03. Considere que os representantes legais de uma empresa distribuidora de energia elétrica estejam inconformados com decisão da Agência Nacional de Energia Elétrica (ANEEL), reguladora do setor elétrico. Nessa situação, não cabe recurso hierárquico da decisão da ANEEL, salvo quanto ao controle de legalidade.

COMENTÁRIOS

Certo. O **recurso hierárquico** é o requerimento de reexame de ato ou decisão administrativa, dirigido a autoridade superior à que expediu o ato ou decidiu. Divide-se em **recurso hierárquico próprio**, que é dirigido a autoridade hierarquicamente superior dentro do mesmo órgão em que o ato foi praticado, e em **recurso hierárquico impróprio**. Este não se dirige a autoridade hierarquicamente superior, mas sim a autoridade de outro órgão, sem relação hierárquica com o que proferiu o ato como, por exemplo, recurso, na esfera federal, contra ato de dirigente de autarquia para o Ministério a que estiver vinculada ou para o Presidente da República.

---

06. (Cespe - Analista Processual - MPU/2010) No que diz respeito à organização administrativa federal, julgue o item abaixo.

As entidades compreendidas na administração indireta subordinam-se ao ministério em cuja área de competência estiver enquadrada sua principal atividade, mantendo com este uma relação hierárquica de índole político-administrativa, mas não funcional.

COMENTÁRIOS

Errado. É inerente a qualquer pessoa administrativa integrante da administração indireta (autarquia, fundação pública, sociedade de economia mista, empresa pública) a existência de autonomia administrativa. Entretanto, não são independentes e, assim, a pessoa política exerce controle sobre tais entidades: controle administrativo e controle político. O controle administrativo é conhecido como controle finalístico ou tutela administrativa, pelo qual a administração direta verifica se a entidade administrativa está cumprindo a finalidade para a qual foi criada, ressaltando-se que, como não é órgão e sim uma pessoa jurídica, não há hierarquia, mas vinculação; isto é, uma autarquia, por exemplo, está vinculada à administração direta e não subordinada. De outro modo, o controle político é mais visível, já que por meio dele há a nomeação e a exoneração dos dirigentes das pessoas administrativas, criando grande submissão entre os gestores das pessoas administrativas e a administração direta, pois, a qualquer tempo, podem ser exonerados de seus cargos. Quanto às autarquias em regime especial, a diferença é que o grau de autonomia é maior do que em relação às autarquias em geral, como ocorre com o Banco Central do Brasil (Bacen), a Comissão de Valores Mobiliários (CVM) e as agências reguladoras, já que estas estão sendo criadas como autarquias em regime especial. Portanto, não há relação hierárquica entre as entidades da administração indireta e a direta, pois o que existe, na verdade, é vinculação. Na esfera federal, fala-se em supervisão ministerial.

3. AGENTES PÚBLICOS: DISPOSIÇÕES CONSTITUCIONAIS

- CF, artigos 37 a 41

---

07. (Cespe - Técnico - MPU/2013) A Constituição Federal de 1988 (CF) não restringe o acesso aos cargos públicos a brasileiros que gozam de direitos políticos, admitindo que cargos, empregos e funções públicas sejam preenchidos por estrangeiros, na forma da lei.

COMENTÁRIOS

Certo. Quanto ao acesso aos cargos públicos, o inciso I do art. 37 da Constituição Federal, expressamente, prevê que "os cargos, empregos e funções públicas são acessíveis aos brasileiros que preencham os requisitos estabelecidos em lei, assim como aos estrangeiros, na forma da lei".

---

08. (Cespe - Analista - MPU/2013) Julgue os itens que se seguem, relativos aos agentes públicos.

Considere que a administração pública tenha nomeado determinado agente, não integrante do quadro de pessoal do órgão público, para o exercício de função de confiança relacionada com atribuições de direção, chefia e assessoramento. Nessa situação, a administração pública atuou de forma legítima, já que o provimento das funções de confiança independe de concurso público.

COMENTÁRIOS

✪ **Nota do autor**: a meu ver esse item deveria ter sido anulado, em razão da ambiguidade de seu enunciado, como será visto.

Errado (resposta da banca). A Constituição Federal determina, expressamente, no art. 37, V, que "as funções de confiança, exercidas exclusivamente por servidores ocupantes de cargo efetivo, e os cargos em comissão, a serem preenchidos por servidores de carreira nos casos, condições e percentuais mínimos previstos em lei, destinam-se apenas às atribuições de direção, chefia e assessoramento". Dessa forma, somente quem ocupa cargo público efetivo pode ser designado para o exercício de função de confiança. Todavia, o enunciado apenas menciona que o agente é "não integrante do quadro de pessoal do órgão público". Assim, se ele for ocupante de cargo efetivo em órgão diverso, poderia ser designado para o exercício da função de confiança. Somente haverá vedação, caso não ocupe cargo efetivo.

09. (Cespe – Técnico – Área Administrativa – MPU/2010) Os servidores temporários, ao serem contratados por tempo determinado para atender à necessidade temporária de excepcional interesse público, exercem função pública e, portanto, passam a estar vinculados a emprego público.

COMENTÁRIOS

Errado. Além do cargo e do emprego, que possuem individualidade própria, há atribuições desempenhadas por agentes públicos sem que possuam um cargo ou emprego, isto é, um conjunto de atribuições desvinculadas de cargo ou emprego, ao qual se dá o nome de função, que pode ser de duas espécies: a função exercida por servidores temporários e a função de direção, chefia e assessoramento (função de confiança), atribuída a servidores titulares de cargo efetivo[2]. A exigência e concurso público, conforme o art. 37, II, dá-se somente para cargo e emprego. A **contratação temporária** somente é admitida quando se tratar de **necessidade temporária** e houver **excepcional interesse público**, nos termos da lei. Na esfera federal, há a Lei nº 8.745/93.

4. REGIME JURÍDICO DOS SERVIDORES PÚBLICOS CIVIS FEDERAIS: LEI Nº 8.112/90

- CF, artigos 37 a 41
- Lei nº 8.112/90

10. (Cespe - Analista Processual – MPU/2010) Com relação ao vencimento e à remuneração dos servidores públicos, julgue o próximo item.

Assegura-se a isonomia de vencimentos para cargos de atribuições iguais ou assemelhadas do mesmo Poder, ou entre servidores dos três Poderes, ressalvadas as vantagens de caráter individual e as relativas à natureza ou ao local de trabalho.

COMENTÁRIOS

✪ **Nota do autor:** nos termos do art. 40, *caput*, da Lei nº 8.112/90, vencimento "é a retribuição pecuniária pelo exercício de cargo público, com valor fixado em lei" e, consoante o art. 41, *caput*, remuneração "é o vencimento do cargo efetivo, acrescido das vantagens pecuniárias permanentes estabelecidas em lei".

Certo. De acordo com o § 4º do art. 40, da Lei nº 8.112/90, é "assegurada a isonomia de vencimentos para cargos de atribuições iguais ou assemelhadas do mesmo Poder, ou entre servidores dos três Poderes, ressalvadas as vantagens de caráter individual e as relativas à natureza ou ao local de trabalho".

11. (Cespe - Analista Processual – MPU/2010) As nomeações para provimento de cargo público comissionado são atos exclusivos do Poder Executivo.

COMENTÁRIOS

Errado. Nos termos do art. 37, V, da Constituição Federal, **cargo em comissão** é aquele **declarado em lei de livre nomeação e exoneração** e destina-se às atribuições de **direção, chefia e assessoramento**. O cargo em comissão pode ser ocupado por quem não é servidor de carreira e por quem é servidor de carreira, cabendo à lei definir os casos, condições e percentuais em que os cargos em comissão deverão ser, necessariamente, ocupados por servidor de carreira. Entretanto, a assertiva está incorreta, porque a existência de cargo em comissão não se dá, apenas, no Poder Executivo, estando presente, da mesma maneira, na estrutura do Poder Legislativo e do Poder Judiciário. Por óbvio, as nomeações para provimento serão feitas por autoridades competentes de cada um dos três poderes.

12. (ESAF – Técnico – Área Administrativa – MPU/2004) O regime jurídico, instituído pela Lei n° 8.112/90, é necessariamente aplicável aos servidores civis

a) da União, dos Estados e dos Municípios.
b) da União e das suas Autarquias, mas não aos das Empresas Públicas e Sociedades de Economia Mista.
c) da União e das suas Autarquias e Empresas Públicas.
d) da União e das suas Autarquias, Fundações, Empresas Públicas e Sociedades de Economia Mista.
e) da União, dos Estados e dos Municípios, inclusive aos das suas Autarquias e Empresas Públicas.

COMENTÁRIOS

✪ **Nota do autor**: O **regime estatutário ou legal** é aquele em que o **conjunto de regras reguladoras do servidor com a Administração está inserido em lei específica, conhecidas como estatuto**. O **vínculo** estabelecido não é contratual e sim **legal**.

---

2 DI PIETRO, Maria Sylvia Zanella. *Direito administrativo*. 25. ed. São Paulo: Atlas, 2012. p. 590.

Alternativa correta: letra "b" (responde todas as demais alternativas). A Lei nº 8.112/90 é o estatuto dos servidores públicos civis da União, das autarquias e das fundações públicas federais (art. 1º). Não se aplica ao pessoal das empresas públicas e das sociedades de economia mista, porque são empregados públicos e, portanto, submetidos ao regime celetista.

---

13. (ESAF – Técnico – Área Administrativa – MPU/2004) São causas de vacância dos cargos públicos, entre outros,

a) aposentadoria, exoneração e promoção.

b) aposentadoria, disponibilidade e reversão.

c) exoneração, disponibilidade e reintegração.

d) disponibilidade, reversão e reintegração.

e) reversão, reintegração e morte do servidor.

COMENTÁRIOS

Alternativa correta: letra "a" (responde todas as demais alternativas). A **vacância** é o **desligamento do servidor**. Conforme o art. 33, da Lei nº 8.112/90, a vacância decorre da **exoneração** (em regra é a pedido do servidor, mas pode se dar de ofício quando toma posse e não entra em exercício e quando, não sendo estável, é reprovado no estágio probatório); **demissão** (é pena, punição); **promoção**; **readaptação** (a promoção e a readaptação são, ao mesmo tempo, formas de provimento e de vacância, pois o servidor deixa um cargo e passa a ocupar outro); **aposentadoria** (pode ser voluntária, compulsória ou por invalidez); **posse em outro cargo inacumulável; falecimento**.

---

14. (ESAF – Técnico – Área Administrativa – MPU/2004) As faltas justificadas, dos servidores regidos pelo regime jurídico da Lei n° 8.112/90, podem ser compensadas e consideradas de efetivo exercício, a critério da sua chefia, quando forem decorrentes de

a) alistamento como eleitor.

b) caso fortuito ou força maior.

c) doação de sangue.

d) seu casamento.

e) serviço obrigatório em júri.

COMENTÁRIOS

Alternativa correta: letra "b" (responde todas as demais alternativas). As faltas não justificadas não podem ser compensadas e, assim, o servidor perderá a remuneração do dia que faltar, sem motivo justificado. Por outro lado, as faltas justificadas poderão ser compensadas, a critério da chefia imediata, quando decorrentes de caso fortuito ou força maior e, assim, serão consideradas como efetivo exercício (art. 44, Lei nº 8.112/90).

---

15. (ESAF – Técnico – Área Administrativa – MPU/2004) O servidor público federal, regido pelo regime jurídico da Lei n° 8.112/90, que for demitido, estando em débito com o erário,

a) não poderá exercer outro cargo público, enquanto estiver em débito.

b) só poderá recorrer da sua demissão, depois que quitar seu débito.

c) terá prazo de 30 dias para quitar seu débito.

d) terá prazo de 60 dias para quitar seu débito.

e) terá prazo de 120 dias para quitar seu débito.

COMENTÁRIOS

Alternativa correta: letra "d" (responde a todas as demais alternativas). Na hipótese de o servidor parar de receber da Administração (foi demitido, exonerado ou teve sua aposentadoria ou disponibilidade cassada) e estiver devendo para o Poder Público, não há mais como fazer a reposição ou indenização. Em tal situação, o art. 47, da Lei nº 8.112/90, prevê que haverá o prazo de 60 dias para que seja feito o pagamento da dívida e, caso não paga, haverá inscrição em dívida ativa.

---

16. (ESAF - Analista Processual – MPU/2004) Quanto ao direito de petição, previsto no Estatuto dos Servidores Públicos da União, Lei n° 8.112/90, assinale a afirmativa verdadeira.

a) O recurso interposto quanto ao indeferimento do pedido de reconsideração será recebido com efeito suspensivo.

b) O direito de requerer prescreve em três anos quanto aos atos de demissão.

c) A prescrição é de ordem pública, não podendo ser relevada pela administração.

d) O pedido de reconsideração e o recurso, em qualquer caso, interrompem a prescrição.

e) O pedido de reconsideração deve ser dirigido à autoridade que houver proferido a primeira decisão, podendo ser renovado uma única vez.

COMENTÁRIOS

✪ Nota do autor: A Constituição Federal, no art. 5º, XXXIV, "a", assegura a todos, independentemente do pagamento de taxas, o direito de petição aos Poderes Públicos em defesa de direitos ou contra ilegalidade ou abuso de poder. Da mesma forma, ao servidor público civil federal também é assegurado o direito de petição, conforme previsto no art. 104 da Lei nº 8.112/90.

Alternativa correta: letra "c" (responde a todas as demais alternativas). Para exercer o direito de petição, o servidor poderá se valer de requerimento, de pedido de reconsideração e de recurso. Quanto ao **requerimento**, deverá ser dirigido à autoridade competente para decidir (é endereçado a quem decidirá), mas deve ser encaminhado por meio do superior imediato do requerente (art. 105) e a autoridade tem o prazo de trinta dias para decidir a respeito (art. 106, parágrafo único). É possível, também, o servidor interpor, no prazo de trinta dias (art. 108), **pedido de reconsideração** em face da autoridade que expediu o ato ou proferiu a primeira decisão (art. 106, *caput*), não podendo ser renovado. Ainda, tem a disposição o **recurso**, que pode ser interposto nos casos de indeferimento do pedido de reconsideração e contra as decisões sobre os recursos sucessivamente interpostos (art. 107). Desse modo, por exemplo, quando o servidor entender que determinada situação fática a que está submetido esteja em desconformidade com a legislação, pode interpor requerimento solicitando a devida adequação e, se autoridade que decidir não acolher sua pretensão, pode interpor pedido de reconsideração para a mesma autoridade que julgou (só reconsidera quem considerou) e, também, se esta não reconsiderar, o servidor pode interpor recurso administrativo para a autoridade superior (não pode mais fazer pedido de reconsideração, pois só cabe uma vez) e, ainda, caso esta não acolha seu pedido, poderá interpor novo recurso administrativo (isso dependerá do número de instâncias administrativas que houver no órgão). Também, é importante registrar que o prazo prescricional para o servidor requerer, nos termos do art. 110, é de: a) cinco anos, em relação aos atos de demissão e de cassação de aposentadoria ou disponibilidade, ou que afetem interesse patrimonial e créditos resultantes das relações de trabalho; b) cento e vinte dias, nas demais hipóteses, salvo se outro prazo for fixado em lei. Por fim, o art. 112, expressamente, consigna que a prescrição "é de ordem pública, não podendo ser relevada pela administração".

5. PODERES ADMINISTRATIVOS

- CTN, art. 78
- Lei nº 9.873/99
- CF, art. 84, VI

---

17. Cespe – Técnico – MPU/2013) No que se refere ao direito administrativo, julgue os itens a seguir.

Considere que Daniel, funcionário público, tenha sido suspenso por decisão da autoridade competente após regular processo administrativo disciplinar que apurou denúncia de que ele havia praticado irregularidades no exercício do cargo. Nessa situação, a autoridade competente agiu no exercício do poder de polícia da administração, a qual pode impor sanções a seus servidores, independentemente de decisão judicial.

COMENTÁRIO

Errado. O poder disciplinar é a prerrogativa de apurar a ocorrência de infrações administrativas e de, após regular processo administrativo, aplicar a penalidades cabíveis. Portanto, no exemplo do enunciado, a autoridade agiu no exercício do poder disciplinar.

---

18. (Cespe - Analista Processual - MPU/2010) A administração pública exerce seu poder disciplinar quando exige do particular a entrega de estudo de impacto ambiental para a liberação de determinado empreendimento.

COMENTÁRIOS

✪ **Nota do autor**: o poder de polícia e o poder disciplinar, normalmente, são confundidos quanto se trata de aplicação de multa, exigindo atenção nesse ponto para não incorrer em erro nas provas.

Errado. Pelo poder disciplinar, a Administração apura as infrações e aplica as penalidades ao infrator, que pode ser um servidor público ou particular sujeito à disciplina administrativa, como um estudante de escola pública[3]. Já, o poder de polícia, na tradicional lição de Hely Lopes Meirelles, é a "faculdade de que dispõe a Administração Pública para condicionar e restringir o uso e gozo de bens, atividades e direitos individuais, em benefício da coletividade ou do próprio Estado"[4]. A exigência de estudo de impacto ambiental (EIA) como condição para a liberação de determinado empreendimento é nítida manifestação do poder de polícia administrativa, pois a Administração está impondo uma condição, uma restrição ao exercício do direito de construir do particular em face do interesse público, no caso consubstanciado na tutela do meio ambiente. Da mesma forma ocorreria se, por exemplo, fosse dada a licença para a realização do empreendimento e, posteriormente, a Administração constatasse que a obra estava sendo realizada em desconformidade com as normas legais e, por isso, fosse determinada a sua paralisação (embargo) e ou a aplicação de multa. É ato de polícia administrativa, com atuação preventiva no primeiro caso e repressiva no segundo. Para se falar em poder disciplinar, deve haver um vínculo administrativo entre o particular e a Administração como ocorre se uma empresa contratada pelo Poder Público para realizar determinada obra, atrasar o cronograma de entrega, pelo que poderá ser aplicada multa pela Administração, nesse caso como manifestação do poder disciplinar.

---

19. (Cespe - Analista Processual - MPU/2010) Acerca do poder de polícia, do poder hierárquico e do abuso de poder, julgue os próximos itens.

19.01. A invalidação da conduta abusiva de um agente público pode ocorrer tanto na esfera administrativa quanto por meio de ação judicial, e, em certas circunstâncias, o abuso de poder constitui ilícito penal.

COMENTÁRIOS

✪ **Nota do autor:** quando o administrador **usa os poderes conferidos à Administração de forma indevida,** contrariando o regime jurídico administrativo, **há abuso de poder**. O abuso de poder tem duas espécies: a) excesso de poder: o agente atua além dos limites de competência; b) desvio de poder: o agente atua dentro dos limites da competência, mas com finalidade diversa daquela com que deveria atuar.

---

3 DI PIETRO, Maria Sylvia Zanella. *Direito administrativo*. 25. ed. São Paulo: Atlas, 2012. p.95

4 *Direito administrativo brasileiro*. 36. ed. São Paulo: Malheiros, 2010. p. 134.

Certo. O abuso de poder é uma ilegalidade e, desse modo, pode ser afrontado tanto na esfera administrativa quanto em juízo. Ademais, o abuso de poder pode, também, configurar crime de abuso de autoridade, previsto na Lei nº 4.898/65.

19.02. O poder de polícia, vinculado a prática de ato ilícito de um particular, tem natureza sancionatória, devendo ser exercido apenas de maneira repressiva.

✪ **Nota do autor**: esse item requer atenção para sua interpretação, pois sua redação é ambígua. No caso, a banca considerou a assertiva incorreta e, para tanto, a única solução é considerar que o poder de polícia relaciona-se, em geral, com a "prática de ato ilícito pelo particular", mas que sua atuação pode ocorrer antes ou depois dessa "prática", pois se for interpretado que a assertiva é no sentido de que já houve a realização de ato lesivo ao interesse público, o item deveria ser considerado correto.

Errado. O poder de polícia é uma atividade administrativa consistente em **intervir no exercício de direitos e liberdades individuais, impondo restrições e condições para que o interesse particular não cause prejuízo ao interesse público. A finalidade** da atividade de polícia administrativa é **tutelar o interesse público**, seja prevenindo, seja reprimindo as ofensas a ele dirigidas. Quando a Administração analisa requerimento para construir um imóvel em terreno particular, há manifestação preventiva, pois busca evitar que o interesse público seja lesado e, de outro lado, a apreensão de veículo em condições inadequadas para trafegar nas vias públicas já é atuação repressiva, porque o interesse público, em específico a segurança do trânsito, já está sendo lesionado.

19.03. O ordenamento jurídico pode determinar que a competência de certo órgão ou de agente inferior na escala hierárquica seja exclusiva e, portanto, não possa ser avocada.

COMENTÁRIOS

✪ **Nota do autor**: a **avocação** e a **delegação** não podem ser confundidas, pois nesta quem é competente atribui parcela de competência para quem não é e, por outro lado, naquela quem não é competente atrai para si parte da competência de quem a tem.

Certo. É inerente ao poder hierárquico a possibilidade de avocação, pela qual o superior chama para si parte da competência originariamente atribuída ao subordinado. Entretanto, quando se tratar de competência exclusiva não se admite a avocação. Da mesma forma, em tal situação, não se admite a delegação.

---

20. (FCC - Analista Processual – MPU/2007) O poder de polícia administrativa

a) delegado compreende, dentre outras, a imposição de taxas, diante da possibilidade de transferência do poder de tributar da entidade estatal.

b) não está sujeito, quando praticado com excesso ou desvio de poder, à invalidação pelo Poder Judiciário, mas tão-somente pela própria administração pública, diante da sua atividade disciplinar e regulamentar.

c) tem como atributos específicos e peculiares a seu exercício a discricionariedade, a auto-executoriedade e a coercibilidade.

d) abrange a anulação do direito de propriedade, do exercício de profissão regulamentada ou de atividade lícita, ainda que assegurados pela lei.

e) exige, mesmo nos casos que ponham em risco iminente a segurança ou saúde pública e comprovada pelo respectivo auto de infração, para a validade da sanção imposta, a instauração de processo administrativo com plenitude de defesa, vedada a aplicação de sanção sumária e sem defesa.

COMENTÁRIOS

✪ **Nota do autor:** tanto no tema ato administrativo quanto acerca do poder de polícia administrativa, o estudo dos atributos ou características é muito importante, em razão da frequente cobrança nas provas.

Alternativa correta: letra "c". Os atributos ou características do poder de polícia são a discricionariedade, a autoexecutoriedade e a coercibilidade. Em regra, a atividade de polícia administrativa é discricionária, havendo liberdade de escolha do administrador em relação ao momento de atuação, à forma de atuação e, às vezes, até no que se refere a qual sanção aplicar. Desse modo, por exemplo, a atividade de fiscalização, normalmente, não possui um momento exato para ser desempenhada e, por vezes, a lei deixa para o fiscal a análise de qual medida adotar no caso concreto. Todavia, nem sempre há discricionariedade e o poder de polícia pode ser manifestação administrativa vinculada, como são exemplos a licença para dirigir e a licença para construir. Aliás, costuma-se indicar que, se o ato é praticado por licença, é vinculado e, se é feito por autorização, tem-se a discricionariedade. A autoexecutoriedade aponta que a Administração Pública pode praticar diretamente os atos afetos à polícia administrativa, não necessitando recorrer ao Poder Judiciário. Assim, a Administração não precisa de ordem judicial para multar, interditar, apreender e demais medidas de polícia, devendo tal prerrogativa, obviamente, ser compatibilizada com a inviolabilidade do domicílio consagrada no texto constitucional. No entanto, a autoexecutoriedade só existe quando prevista em lei ou quando se tratar de situação de urgência e, assim, não se faz presente em todas as medidas de polícia. Por fim, a coercibilidade é a prerrogativa que a Administração tem de impor ao administrado o cumprimento da medida de polícia administrativa, ou seja, o ato de polícia é impositivo, coercitivo para o destinatário, não dependendo de sua anuência.

Alternativa "a": a doutrina costuma fazer a divisão em **poder de polícia originário e poder de polícia delegado**, em que aquele é exercido pela **administração direta** (conjunto dos órgãos integrantes das pessoas políticas) e este é desempenhado pelas pessoas administrativas integrantes da **administração indireta**. Nesse ponto, aliás, consigna-se que, de maneira geral, há o entendimento de que não é possível a delegação do poder de polícia a particulares (em geral, a exceção apontada é o capitão de navio). De qualquer forma, o poder de tributar é indelegável.

Alternativa "b": o abuso de poder é uma ilegalidade e, desse modo, pode ser afrontado tanto na esfera administrativa quanto em juízo.

Alternativa "d": o poder de polícia não extingue direito, ainda mais em se tratando de direitos fundamentais, pois nem Emenda Constitucional pode fazê-lo (art. 60, § 4º, da Constituição Federal). Na verdade, a atividade de polícia administrativa impõe restrições, condições, limitações ao exercício de direito, liberdade ou atividade, mas não suprime o direito.

Alternativa "e": em regra, deve haver processo administrativo, com garantia da ampla defesa e do contraditório, para que seja possível à Administração aplicar sanção ao particular, salvo no caso das sanções decorrentes da polícia administrativa impostas em razão de situações que coloquem em risco a segurança ou a saúde pública ou quando for infração instantânea em situação de flagrância[5].

---

21. (ESAF - Analista Processual - MPU/2004) Quanto aos poderes administrativos, assinale a afirmativa falsa.

a) A esfera discricionária nos regulamentos de organização é maior do que aquela nos regulamentos normativos.

b) O poder disciplinar pode alcançar particulares, desde que vinculados ao Poder Público mediante contratos.

c) No âmbito do poder hierárquico, insere-se a faculdade de revogar-se atos de órgãos inferiores, considerados inconvenientes, de ofício ou por provocação.

d) A regra quanto à avocação de competências determina a sua possibilidade, desde que a competência a ser avocada não seja privativa do órgão subordinado.

e) O poder de polícia administrativa pode se dar em diversas gradações, finalizando, em todas as situações, com a auto-executoriedade, pela qual o administrado é materialmente compelido a cumprir a determinação administrativa.

COMENTÁRIOS

Alternativa correta: letra "e". A autoexecutoriedade só existe quando prevista em lei ou quando se tratar de situação de urgência e, assim, não se faz presente em todas as medidas de polícia.

Alternativa "a": fala-se em regulamentos jurídicos ou normativos e em regulamentos administrativos ou de organização. Os regulamentos normativos são direcionados para fora da Administração e estabelecem normas sobre relações de supremacia geral e, por sua vez, os regulamentos de organização tratam sobre a organização administrativa, destinando-se aos particulares que estejam em situação de submissão ao Poder Público, como em decorrência de um contrato, por exemplo. A discricionariedade é maior no regulamento de organização, pois "os regulamentos jurídicos são necessariamente complementares à lei, enquanto os regulamentos administrativos podem ser baixados com maior liberdade"[6].

Alternativa "b": pelo poder disciplinar, a Administração apura as infrações e aplica as penalidades ao infrator, que pode ser um servidor público ou particular sujeito à disciplina administrativa, como um estudante de escola pública[7].

Alternativa "c": a prerrogativa que a Administração Pública tem de se organizar para buscar o interesse público e, para isso, desconcentra competências, isto é, distribui internamente competência entre seus diversos órgãos, escalonando-os, hierarquizando-os. Com isso, cria-se uma relação de hierarquia entre os órgãos, pelo que os subordinados têm o dever de obediência aos superiores. É decorrência do poder hierárquico a possibilidade de se pode avocar, delegar, ordenar, controlar, corrigir e aplicar sanções.

Alternativa "d": pela avocação, o superior chama para si parte da competência originariamente atribuída ao subordinado. Entretanto, quando se tratar de competência exclusiva não é admitida.

6. ATO ADMINISTRATIVO

- Lei nº 9.784/99, artigos 11 a 17, 50, 53, 54 e 55
- Lei nº 4.717/65, art. 2º

---

22. (Cespe - Analista - MPU/2013) No que se refere aos atos administrativos, julgue os itens subsecutivos.

22.01. Considere que a vigilância sanitária, ao fiscalizar determinado restaurante, tenha constatado a presença de produtos impróprios para o consumo humano, circunstância que a levou a determinar o fechamento do estabelecimento comercial. Nessa situação, o ato praticado pela vigilância sanitária, órgão da administração pública, é ilegítimo, pois a interdição de estabelecimento pela administração pública depende de autorização judicial.

COMENTÁRIO

Errado. Os atributos dos atos administrativos são (PIA): a) presunção de legitimidade, pela qual se presume que todo ato administrativo praticado seja legal; b) imperatividade, que significa que o ato administrativo é impositivo, obrigatório ao administrado, ou seja, a Administração não necessita da concordância do destinatário para que o ato seja praticado; c) autoexecutoriedade, pela qual a Administração pode executar o ato administrativo por seus próprios meios, sem necessidade de atuação do Poder

---

5 MEIRELLES, Hely Lopes. *Direito administrativo brasileiro*. 36. ed. São Paulo: Malheiros, 2010. p. 141.

6 DI PIETRO, Maria Sylvia Zanella. *Direito administrativo*. 25. ed. São Paulo: Atlas, 2012. p.92.

7 DI PIETRO, Maria Sylvia Zanella. *Direito administrativo*. 25. ed. São Paulo: Atlas, 2012. p.95.

Judiciário para tanto. Assim, em razão da autoexecutoriedade, a interdição do estabelecimento pela administração pública, exemplo de manifestação do poder de polícia, não depende de autorização judicial.

22.02. O ato administrativo é dotado de presunção de legitimidade, independentemente de previsão legal específica.

COMENTÁRIOS

Certo. São atributos do ato administrativo a presunção de legitimidade, a autoexecutoriedade e a imperatividade. A presunção de legitimidade se faz presente em todo ato administrativo, pois se a atividade administrativa deve se dar em conformidade com o Direito, por força do princípio da legalidade, cria-se a presunção de que os atos praticados estão em perfeita harmonia com a legalidade. Por se tratar de presunção relativa, pode ser derrubada se houver prova em contrário.

23. (FCC – Técnico – Área Administrativa – MPU/2007) Os atos administrativos puramente de administração dos bens e serviços públicos, e os atos administrativos que se destinam a dar andamento aos processos e papéis que tramitam pelas repartições públicas são classificados, respectivamente, como atos de

a) gestão e expediente.
b) expediente e gestão.
c) império e expediente.
d) expediente e império.
e) império e gestão.

COMENTÁRIOS

✪ Nota do autor: essa classificação não é mais tão aceita na doutrina, pois, em verdade, para que o ato seja administrativo deve ser regido pelo direito público e isso não ocorre nos chamados atos de gestão, pois são regulados pelo direito privado, são atos de direito privado como é o caso da emissão de um cheque pela Administração Pública. Todavia, não obstante isso, ainda é cobrado quando se fala em classificação dos atos administrativos.

Alternativa correta: letra "a" (responde todas as demais alternativas). Os atos de império são aqueles em que a Administração está em posição de superioridade, o que é, aliás, da essência do ato administrativo. Por fim, os atos de expediente são os atos de rotina interna, sem cunho decisório, destinados a dar andamento aos processos e documentos nas repartições públicas.

24. (FCC – Técnico – Área Administrativa – MPU/2007) No que concerne aos atributos dos atos administrativos, analise:

I. Em regra, a presunção de legitimidade autoriza a imediata execução ou operatividade dos atos administrativos, mesmo que argüidos de vícios ou defeitos que os levem à invalidade.
II. A imperatividade é um atributo do ato administrativo que impõe a coercibilidade para o seu cumprimento ou execução e está presente em todos os atos.
III. A imperatividade decorre, somente, da existência do ato administrativo, não dependendo da sua declaração de validade ou invalidade.
IV. A presunção de legitimidade e veracidade tem como conseqüência a transferência do ônus da prova de invalidade do ato administrativo para quem a invoca.

É correto o que consta APENAS em

a) III e IV.
b) II, III e IV.
c) II e III.
d) I, III e IV.
e) I, II e III.

COMENTÁRIOS

Alternativa correta: letra "d". Estão corretos os itens I, III e IV.

Itens I e IV. Certos. A **presunção de legitimidade** decorre, principalmente, do princípio da legalidade, pois se a atuação administrativa deve estar em conformidade com o ordenamento jurídico, presume-se que os atos praticados nessa atividade estejam de acordo com a lei e a moral. Essa característica tem como consequência a prática imediata do ato, não necessitando de consulta prévia sobre sua legalidade, bem como que o ato administrativo, mesmo se viciado, continuará produzindo efeitos até que seja anulado pela própria Administração ou pelo Poder Judiciário. Ainda, o ônus da prova é do interessado. Esse atributo está presente em todos os atos administrativos.

Itens II. Errado. Item III. Certo. A **imperatividade** significa que o ato administrativo é impositivo, obrigatório ao administrado, quer dizer, a Administração não necessita da concordância do destinatário para que o ato seja praticado. Decorre da prerrogativa que a Administração tem de praticar atos que interferem na esfera jurídica de terceiros, constituindo-os em obrigação, em razão do que Renato Alessi chama de poder extroverso[8]. Não está presente em todos os atos, mas apenas naqueles que impõem obrigações e, desse modo, não existe nos atos negociais (licença, autorização, etc.), nem nos enunciativos (parecer, certidão, etc.).

25. (FCC – Técnico – Área Administrativa – MPU/2007) Com relação à invalidação dos atos administrativos, é correto afirmar:

a) A cassação é a modalidade de anulação de ato administrativo que, embora legítimo em sua origem e formação, tornou-se ilegal na sua execução.

8 MELLO, Celso Antônio Bandeira de. Curso de direito administrativo. 27. ed. São Paulo: Malheiros, 2010. p. 419.

b) Como regra, os efeitos da anulação dos atos administrativos não retroagem às suas origens, invalidando apenas as conseqüências futuras do ato anulado.

c) A anulação é a declaração de invalidação de um ato administrativo legítimo e legal, mas que se tornou inconveniente ou inoportuno ao interesse público.

d) A administração que praticou ato ilegal não poderá anulá-lo por seus próprios meios, devendo a anulação ser procedida exclusivamente pelo Poder Judiciário.

e) Anulada uma nomeação de servidor, deverá ele repor os vencimentos percebidos ilegalmente, inclusive se estiver de boa-fé, aplicando-se o princípio da segurança jurídica.

COMENTÁRIOS

Alternativa correta: letra "a" (responde, também, as alternativas "b", "c" e "d"). O ato administrativo pode ser **extinto**: a) pelo **cumprimento de seus efeitos** (extinção natural); b) pelo **desaparecimento do sujeito ou objeto**; c) pela **retirada** do ato: **cassação** (o destinatário do ato descumpre condição a que estava obrigado pelo ato para se beneficiar de seus efeitos), **caducidade** (nova norma jurídica proíbe situação antes permitida e que é objeto do ato), **contraposição ou derrubada** (novo ato é praticado, com fundamento em competência diversa, cujos efeitos são contrapostos ao anterior), **revogação** (a extinção ocorre em razão de conveniência ou oportunidade, isto é, por interesse público), **anulação** (a extinção se dá em razão de vício de legalidade no ato); d) pela **renúncia** (beneficiário do ato renuncia à situação jurídica nele prevista).

Alternativa "e": ao contrário do afirmado no item, pelo princípio da segurança jurídica, o servidor de boa-fé não terá que restituir o que recebeu indevidamente, conforme, inclusive, jurisprudência pacificada no STJ.

---

26. (ESAF – Técnico – Área Administrativa – MPU/2004) Entre os requisitos ou elementos sempre essenciais de validade dos atos administrativos, que lhes são característicos e cuja preterição torna-os passível de nulidade, destacam-se

a) agente capaz e forma própria ou não defesa em lei.

b) agente capaz, motivo e objeto não vedado em lei.

c) competência, motivo e finalidade de interesse público.

d) forma própria e objeto previsto ou não vedado em lei.

e) objeto e forma previstos ou não vedados em lei.

COMENTÁRIOS

Alternativa correta: letra "c" (responde todas as demais alternativas). Os elementos do ato administrativo são a competência ("quem?"), a finalidade ("para que?"), o motivo ("por quê?"), a forma ("como?") e o objeto ("o quê?") e qualquer um deles pode apresentar vício. Todavia, apenas pode ser considerado sanável o vício nos elementos competência e forma e, mesmo assim, quando não se tratar de situação peremptoriamente estabelecida em lei, porque se for hipótese de competência exclusiva ou de solenidade essencial não é possível a convalidação. Por outro lado, não há como se convalidar o ato administrativo quando o vício se situar nos elementos finalidade (ou é pública ou não é), motivo (ou existiu ou não) e objeto (ou é conforme a lei ou não).

---

27. (ESAF – Técnico – Área Administrativa – MPU/2004) Os atos administrativos, mesmo quando eivados de vícios passíveis de invalidá-los, gozam de atributo da presunção de legitimidade, o que

a) autoriza sua imediata execução ou operacionalidade.

b) impede sua anulação pela própria Administração.

c) não admite impugnação nem prova em contrário.

d) só admite sua anulação por decisão judicial.

e) garante validade aos direitos produzidos, até antes de serem anulados.

COMENTÁRIOS

Alternativa correta: letra "a" (responde as demais alternativas). A **presunção de legitimidade** decorre, principalmente, do princípio da legalidade, pois se a atuação administrativa deve estar em conformidade com o ordenamento jurídico, presume-se que os atos praticados nessa atividade estejam de acordo com a lei e a moral. Essa característica tem como consequência a prática imediata do ato, não necessitando de consulta prévia sobre sua legalidade, bem como que o ato administrativo, mesmo se viciado, continuará produzindo efeitos até que seja anulado pela própria Administração ou pelo Poder Judiciário. Está presente em todos os atos administrativos.

---

28. (ESAF - Analista Processual – MPU/2004) Com referência à discricionariedade, assinale a afirmativa verdadeira.

a) A discricionariedade manifesta-se, exclusivamente, quando a lei expressamente confere à administração competência para decidir em face de uma situação concreta.

b) O poder discricionário pode ocorrer em qualquer elemento do ato administrativo.

c) É possível o controle judicial da discricionariedade administrativa, respeitados os limites que são assegurados pela lei à atuação da administração.

d) O princípio da razoabilidade é o único meio para se verificar a extensão da discricionariedade no caso concreto.

e) Pela moderna doutrina de direito administrativo, afirma-se que, no âmbito dos denominados conceitos jurídicos indeterminados, sempre ocorre a discricionariedade administrativa.

COMENTÁRIOS

✪ **Nota do autor**: quando o administrador estiver diante da ocorrência de um fato e **puder escolher qual comportamento adotar**, analisando a conveniência e a oportunidade, há **discricionariedade.**

Alternativa correta: letra "c". O uso da discricionariedade administrativa não é ilimitado, até porque o administrador deve escolher dentre as opções legais. **Não há liberdade de conduta** porque a lei, ao prever mais de uma solução, pretende que exista uma medida para um grupo de casos e outra para outro grupo e, desse modo, *"não significa que **todas** estas soluções sejam igual e indiferentemente adequadas para todos os casos de sua aplicação.* Significa, pelo contrário, que a lei considera que algumas delas são adequadas para certos casos e outras para outros casos" [9]. O ato discricionário como qualquer outro ato administrativo está sujeito ao controle judicial. Entretanto, ao exercer esse controle não pode o Poder Judiciário anular a prerrogativa de escolha legalmente conferida ao administrador. No sentido da alternativa, Maria Sylvia Zanella Di Pietro afirma que, com "relação aos **atos discricionários**, o controle judicial é possível **mas terá que respeitar a discricionariedade administrativa nos limites em que ela é assegurada à Administração Pública pela lei**"[10].

Alternativa "a": A **discricionariedade existe: a) quando houver expressa previsão legal**: normalmente são usadas expressões como "a critério da Administração" ou "é facultado à Administração"; **b) quando a lei for omissa**: não foi possível prever todas as situações que poderiam ocorrer; **c) quando a lei utilizar conceitos jurídicos indeterminados**: desde que se trate de situação duvidosa e que, em tese, possa ser aplicado mais de um conceito.

Alternativa "b": os **elementos do ato administrativo** que identificam se o **ato é vinculado ou discricionário são o motivo e o objeto**, já que a doutrina costuma apontar os demais elementos como sempre vinculados.

Alternativa "d": o princípio da razoabilidade também é chamado de princípio da proibição de excessos ou de proporcionalidade ampla e não está expresso na Constituição Federal. No entanto, de acordo com a jurisprudência do STF, é decorrência direta do princípio do devido processo legal. Por ele, os meios devem ser adequados aos fins do ato administrativo. A razoabilidade possui como requisitos: utilidade ou adequação, exigibilidade ou necessidade, proporcionalidade em sentido estrito. Assim, para que a atividade administrativa seja razoável, devem ser adotados *"meios* que, para a realização de seus *fins*, revelem-se *adequados, necessários e proporcionais"*[11]. Esse princípio vem se fazendo presente em várias decisões judiciais, já que pode ser aplicado para limitar a discricionariedade da Administração ou como critério de interpretação de outros princípios[12]. É usado para limitar a discricionariedade, principalmente, quanto aos atos que imponham restrições ou limitações ao exercício de direitos e quanto àqueles que aplicam penalidades. Entretanto, esse princípio não é a única maneira de se controlar o adequado uso do poder discricionário, pois pode ser utilizado, também, o princípio da moralidade, além, por óbvio, do princípio da legalidade.

Alternativa "e": nem sempre existe discricionariedade administrativa com relação aos conceitos jurídicos indeterminados, mas, apenas, quando se tratar de situação duvidosa e que, em tese, possa ser aplicado mais de um conceito. Por exemplo, o art. 132, V, da Lei nº 8.112/90 arrola como causa de demissão a incontinência pública e escandalosa.

7. PROCESSO ADMINISTRATIVO FEDERAL: LEI Nº 9.784/99

- Lei nº 9.784/99

29. (Cespe – Técnico – Área Administrativa – MPU/2010) A respeito do processo administrativo (Lei n.° 9.784/1999), julgue o item abaixo.

De acordo com a Lei n.° 9.784/1999, entidade é a unidade de atuação dotada de personalidade jurídica, enquanto autoridade é o servidor ou agente público dotado de poder de decisão.

COMENTÁRIOS

Nota do autor: no art. 1º, § 2º, da Lei nº 9.784/99, há as definições de órgão, entidade e autoridade, as quais são de fácil assimilação e por vezes são cobradas, merecendo atenção.

Certo. Nos termos do § 2º do art. 1º, para os fins da Lei nº 9.784/99, **entidade** é "a unidade de atuação dotada de personalidade jurídica" (inciso II) e **autoridade** é "o servidor ou agente público dotado de poder de decisão" (inciso III).

30. (Cespe - Analista Processual – MPU/2010) Tendo em vista as disposições gerais da lei que regula o processo administrativo no âmbito da administração pública federal (Lei n.° 9.784/1999), julgue os itens a seguir.

30.01. O processo administrativo pauta-se por uma série de princípios que devem ser observados pelas autoridades, entre os quais se inclui o impulso de oficio, que lhes permite adotar as medidas necessárias à adequada instrução do processo.

COMENTÁRIOS

Nota do autor: são **princípios expressos** do processo administrativo, nos termos do art. 2º, da Lei nº 9.784/99: legalidade, finalidade, motivação, razoabilidade, proporcionalidade, moralidade, ampla defesa, contraditório, segurança jurídica, interesse público, eficiência.

Certo. De acordo com o disposto no art. 2º, parágrafo único, XII, da Lei nº 9.784/99, é impulsionado de ofício, sem prejuízo da atuação dos interessados. É o **princípio da ofi-**

9 MELLO, Celso Antônio Bandeira de. *Curso de direito administrativo*. 27. ed. São Paulo: Malheiros, 2010. p. 963.

10 *Direito administrativo*. 25. ed. São Paulo: Atlas, 2012. p.224.

11 CUNHA JÚNIOR, Dirley. *Curso de direito administrativo*. 8. ed. Salvador: Juspodivm, 2009. p.50.

12 ALEXANDRINO, Marcelo; PAULO, Vicente. *Direito administrativo descomplicado*. 18. ed. São Paulo: Método, 2010, p. 209-210.

cialidade, pelo qual a Administração pode de ofício iniciar o processo, impulsioná-lo, instruí-lo e revisá-lo.

30.02. A referida lei estabelece normas básicas sobre o processo administrativo no âmbito da administração pública direta e indireta, e seus preceitos também se aplicam aos órgãos dos Poderes Legislativo e Judiciário, quando no desempenho de função administrativa.

COMENTÁRIOS

Certo. O art. 1º determina a aplicação da Lei nº 9.784/99 à Administração Federal, direta e indireta, inclusive quanto aos órgãos do Poder Legislativo e do Poder Judiciário, no exercício da função administrativa.

8. LICITAÇÃO E CONTRATO ADMINISTRATIVO

- CF, art. 22, XXVII
- CF, art. 37, XXI
- CF, art. 173
- Lei nº 8.666/93
- Lei nº 10.520/02
- Decreto nº 3.555/00
- Decreto nº 5.450/05

31. (Cespe – Técnico – MPU/2013) Acerca das licitações, julgue os itens subsequentes.

31.01. Caso sejam constatadas irregularidades em edital de licitação para aquisição de equipamentos de informática, publicado por determinado ministério, qualquer cidadão poderá impugnar o referido edital.

COMENTÁRIO

Certo. O edital deve estar em conformidade com a legislação e, caso tenha alguma irregularidade pode ser feita, administrativamente, a impugnação do edital, sem prejuízo de eventual representação junto ao Tribunal de Contas competente ou ao órgão de controle interno (art. 41). O edital pode ser impugnado: a) por qualquer pessoa e o prazo é de até cinco dias úteis antes da data fixada para a abertura dos envelopes de habilitação, devendo a Administração julgar a impugnação e responder a ela em até três dias úteis; b) pelo licitante e o prazo é até o segundo dia útil que antecede a abertura dos envelopes de habilitação na concorrência e da abertura dos envelopes de proposta na tomada de preços, nos concursos e nos leilões.

31.02. No caso de o prefeito de determinada cidade decidir contratar renomadas bandas de música brasileiras para se apresentarem em evento festivo de comemoração do aniversário da cidade, poderá fazê-lo por meio de dispensa de licitação, por serem os músicos profissionais do setor artístico consagrados pela opinião pública.

COMENTÁRIO

Errado. No caso, trata-se de hipótese de inexigibilidade de licitação, prevista no art. 25, III, da Lei nº 8.666/93. Nesse sentido, prevê que é inexigível a licitação "para contratação de profissional de qualquer setor artístico, diretamente ou através de empresário exclusivo, desde que consagrado pela crítica especializada ou pela opinião pública".

31.03. A obrigatoriedade de licitar, princípio constitucional aplicável aos entes da administração, se estende à administração pública indireta.

COMENTÁRIO

Certo. Nos termos do estabelecido no inciso XXI do art. 37, a regra é realizar licitação e sua não realização é exceção e, tal dispositivo, por força do caput do mesmo artigo, é de obediência obrigatória pela Administração Pública direta e indireta de qualquer dos Poderes da União, dos Estados, do Distrito Federal e dos Municípios.

32. (Cespe – Técnico – Área Administrativa – MPU/2010) Com relação a contratos administrativos e licitações, julgue os itens a seguir, à luz da Lei n.º 8.666/1993.

32.01. Considere que o governo de determinado estado-membro da Federação tenha realizado licitação, na modalidade convite, para contratar um escritório de contabilidade para desempenhar atividades contábeis gerais, mas não tenha havido interessados. Nesse caso, é permitida a contratação com dispensa de licitação, desde que observados os requisitos legais.

COMENTÁRIOS

✪ Nota do autor: a **licitação deserta não se confunde com a licitação fracassada**, pois naquela não aparecem interessados e nesta, ao contrário, eles comparecem, mas nenhum é selecionado e, neste caso, a dispensa não é possível.

Certo. No caso de licitação deserta, não é sempre possível a contratação sem licitação pelo fato de não haver interessados. A regra é a divulgação de novo edital. Porém, admite-se a dispensa, nos termos do art. 24, V, da Lei nº 8.666/93, "quando não acudirem interessados à primeira licitação e esta, justificadamente, não puder ser repetida sem prejuízo para a administração, mantidas, neste caso, todas as condições estabelecidas no edital".

32.02. Considere que a administração pública e determinada construtora firmem contrato, regido pela Lei n.º 8.666/1993, para reformar o edifício-sede de uma autarquia federal, e que, em certo momento, a administração decida solicitar a ampliação da reforma em 60%. Nessa situação, de acordo com a referida lei, a construtora contratada é obrigada a aceitar o acréscimo solicitado, haja vista a supremacia do interesse público e a prerrogativa da administração de alterar unilateralmente as cláusulas dos contratos por ela firmados.

✪ **Nota do autor:** são comuns as perguntas referentes à alteração unilateral do contrato administrativo, exigindo a leitura atenta do art. 65 da Lei nº 8.666/93, pois, inclusive, há limites ao poder de alteração unilateral da Administração Pública.

Errado. De acordo com o art. 65, I, da Lei nº 8.666/93, o contrato poderá ser alterado de forma unilateral: a) quando houver modificação do projeto ou das especificações, para melhor adequação técnica aos seus objetivos (modificação qualitativa); b) quando necessária a modificação do valor contratual em decorrência de acréscimo ou diminuição quantitativa de seu objeto, nos seguintes limites (modificação quantitativa): até 25% do valor inicial atualizado do contrato para acréscimos e supressões feitas nas obras, serviços ou compras e até 50% do valor inicial atualizado do contrato para acréscimos no caso de reforma de edifício ou equipamento (se for supressão, o limite é de 25%).

32.03. A duração de contratos regidos pela Lei de Licitações está limitada à vigência dos créditos orçamentários referentes a tais contratos. A única exceção feita por essa lei são os projetos cujos produtos estejam contemplados nas metas estabelecidas no plano plurianual, os quais podem ser prorrogados se houver interesse da administração.

COMENTÁRIOS

✪ **Nota do autor**: é **vedado** o contrato com **prazo de vigência indeterminado**, nos termos do art. 57, § 3º, da Lei nº 8.666/93.

Errado. A **regra** é que a **duração** do contrato fica adstrita à **vigência dos respectivos créditos orçamentários, exceto** quanto aos contratos relativos (art. 57, I, II, IV e V): **a)** aos projetos cujos produtos estejam contemplados nas metas estabelecidas no Plano Plurianual, os quais poderão ser **prorrogados** se houver **interesse da Administração** e desde que isso tenha sido **previsto** no ato convocatório; **b)** à **prestação de serviços** a serem executados de forma **contínua**, que poderão ter a sua **duração prorrogada** por iguais e sucessivos períodos com vistas à obtenção de preços e condições mais vantajosas para a administração, limitada a **sessenta meses.** Excepcionalmente, com a devida autorização e mediante autorização da autoridade superior, esse prazo poderá ser **prorrogado** por até doze meses (art. 57, § 4º); **c)** ao **aluguel de equipamentos e à utilização de programas de informática**, podendo a duração estender-se pelo prazo de **até quarenta e oito meses** após o início da vigência do contrato; **d)** às hipóteses previstas nos incisos IX, XIX, XXVIII e XXXI do art. 24[13], cujos contratos poderão ter vigência por **até cento e vinte meses**, caso haja interesse da administração.

---

33. (FCC – Técnico – Área Administrativa – MPU/2007) É certo que os contratos administrativos

a) não poderão prever cláusulas exorbitantes, ou seja, que excedam o Direito Comum para consignar uma vantagem ou uma restrição à Administração.

b) são sempre formais, onerosos, comutativos e realizado intui personae e, em regra, consensuais.

c) de atribuição são aqueles em que a Administração confere determinadas vantagens ou certos direitos ao particular.

d) deverão prever, expressamente, o controle do contrato pela Administração Pública, uma vez que esse controle não está implícito na contratação pública.

e) devem prever penalidades contratuais que só poderão ser aplicadas pelo Poder Judiciário, em razão da segurança jurídica existente na contratação.

COMENTÁRIOS

Alternativa correta: letra "c". O contrato administrativo pode ser divido em: **a) contrato de colaboração**: o **particular se obriga a prestar ou realizar** alguma coisa para a Administração Pública; é celebrado no **interesse da Administração; e**xemplos: os contratos de obras, de serviços ou de fornecimento; **b) contrato de atribuição**: por ele a **Administração confere certas vantagens ou direitos** ao particular; é realizado no **interesse do particular**, que não pode contrariar o interesse público; exemplo: o uso especial de bem público[14].

Alternativas "a", "b", "d" e "e": são **características** do contrato administrativo[15]: a) presença da Administração Pública como Poder Público; b) finalidade pública; c) natureza de contrato de adesão; d) natureza *intuitu personae* (pessoalidade); e) obediência à forma prescrita em lei; f) procedimento legal; g) mutabilidade; h) presença de cláusulas exorbitantes (são cláusulas inexistentes no direito privado e, por isso, extrapolam, exorbitam o direito privado, concedendo **prerrogativas** para a Administração, colocando-a em **posição de superioridade** em relação ao contratado); i) controle e fiscalização do contrato adminis-

---

13 IX - quando houver possibilidade de comprometimento da segurança nacional, nos casos estabelecidos em decreto do Presidente da República, ouvido o Conselho de Defesa Nacional;

XIX - para as compras de material de uso pelas Forças Armadas, com exceção de materiais de uso pessoal e administrativo, quando houver necessidade de manter a padronização requerida pela estrutura de apoio logístico dos meios navais, aéreos e terrestres, mediante parecer de comissão instituída por decreto;

XXVIII - para o fornecimento de bens e serviços produzidos ou prestados no País que envolvam, cumulativamente, alta complexidade tecnológica e defesa nacional, mediante parecer de comissão especialmente designada pela autoridade máxima do órgão;

XXXI - nas contratações visando ao cumprimento do disposto nos arts. 3º, 4º, 5º e 20 da Lei nº 10.973, de 2 de dezembro de 2004, observados os princípios gerais de contratação dela constantes.

14 MEIRELLES, Hely Lopes. *Licitação e contrato administrativo.* 15. ed. São Paulo: Malheiros, 2010. p. 250.

15 DI PIETRO, Maria Sylvia Zanella. *Direito administrativo.* 25. ed. São Paulo: Atlas, 2012. p. 269.

trativo; j) retomada do objeto; k) aplicação de penalidades (advertência, multa, suspensão temporária, declaração de inidoneidade).

---

34. (FCC – Técnico – Área Administrativa – MPU/2007) No que toca à formalização do contrato administrativo, analise:

I. Para a formalização de contrato administrativo que exija concorrência e tomada de preço é obrigatório o termo do contrato.

II. Em regra, o contrato administrativo regularmente publicado dispensa testemunhas e registro em cartório.

III. As cláusulas contratuais que fixam o objeto do contrato são consideradas cláusulas acessórias.

IV. As leis administrativas obrigam a Administração Pública à exigência de garantia a fim de assegurar a execução do contrato.

É correto o que consta APENAS em

a) III e IV.

b) II, III e IV.

c) II e III.

d) I, II e III.

e) I e II.

COMENTÁRIOS

Nota do autor: a formalização do contrato administrativo está regulada na Lei nº 8.666/93, nos artigos 60 a 64.

Alternativa correta: letra "e". Estão corretos os itens I e II.

Item I. Certo. O contrato administrativo pode ser **formalizado** por meio de (art. 62): **a) termo de contrato (obrigatório** para: • concorrência; • tomada de preço; • dispensa ou inexigibilidade cujo valor esteja nos limites da concorrência ou tomada de preço; **não obrigatório**: • nas demais modalidades de licitação; • na dispensa ou na inexigibilidade com valores abaixo dos limites da concorrência ou tomada de preço; • independentemente do valor, nos casos de compra com entrega imediata e integral dos bens adquiridos, dos quais não resultem obrigações futuras, inclusive assistência técnica. **b) carta-contrato**; **c) nota de empenho** de despesa; **d) autorização** de compra; **e) ordem de execução** de serviço; **f) outros** documentos hábeis.

Item II. Certo. Os contratos administrativos são **lavrados nas** repartições interessadas, com **exceção** dos contratos relativos a **direitos reais sobre imóveis**, os quais serão formalizados por instrumento lavrado em **cartório de notas** (art. 60, *caput*). Não há menção a testemunha nos dispositivos da Lei nº 8.666/93, referentes à formalização do contrato administrativo.

Item III. Errado. As **cláusulas necessárias ou essenciais** são as que determinam o objeto do pacto e estabelecem as condições fundamentais para sua execução e, por outro lado, as **cláusulas secundárias ou acessórias** tema finalidade de complementar e esclarecer a vontade das partes, para melhor compreensão do pactuado[16]. Nesse sentido, o art. 55, da Lei nº 8.666/93, disciplina que "são cláusulas necessárias em todo contrato as que estabeleçam: I - o objeto e seus elementos característicos; II - o regime de execução ou a forma de fornecimento; III - o preço e as condições de pagamento, os critérios, data-base e periodicidade do reajustamento de preços, os critérios de atualização monetária entre a data do adimplemento das obrigações e a do efetivo pagamento; IV - os prazos de início de etapas de execução, de conclusão, de entrega, de observação e de recebimento definitivo, conforme o caso; V - o crédito pelo qual correrá a despesa, com a indicação da classificação funcional programática e da categoria econômica; VI - as garantias oferecidas para assegurar sua plena execução, quando exigidas; VII - os direitos e as responsabilidades das partes, as penalidades cabíveis e os valores das multas; VIII - os casos de rescisão; IX - o reconhecimento dos direitos da Administração, em caso de rescisão administrativa prevista no art. 77 desta Lei; X - as condições de importação, a data e a taxa de câmbio para conversão, quando for o caso; XI - a vinculação ao edital de licitação ou ao termo que a dispensou ou a inexigiu, ao convite e à proposta do licitante vencedor; XII - a legislação aplicável à execução do contrato e especialmente aos casos omissos; XIII - a obrigação do contratado de manter, durante toda a execução do contrato, em compatibilidade com as obrigações por ele assumidas, todas as condições de habilitação e qualificação exigidas na licitação.

Item IV. Errado. A exigência de garantia não é uma obrigatoriedade, nos termos do art. 56, pois esse dispositivo estabelece que **a critério da autoridade competente, em cada caso, e desde que prevista no instrumento convocatório**, "poderá ser exigida prestação de garantia nas contratações de obras, serviços e compras. § 1o Caberá ao contratado optar por uma das seguintes modalidades de garantia: I - caução em dinheiro ou em títulos da dívida pública, devendo estes ter sido emitidos sob a forma escritural, mediante registro em sistema centralizado de liquidação e de custódia autorizado pelo Banco Central do Brasil e avaliados pelos seus valores econômicos, conforme definido pelo Ministério da Fazenda; II - seguro-garantia; III - fiança bancária".

---

35. (FCC – Técnico – Área Administrativa – MPU/2007) Determinado órgão público federal ligado à cultura pretende atribuir prêmio e ofertar remuneração a trabalho artístico, predominantemente de criação intelectual. Para a escolha do melhor trabalho, o administrador deverá realizar a modalidade de licitação caracterizada como

a) leilão.

b) tomada de preços.

c) convite.

d) concurso.

e) pregão.

---

16 MEIRELLES, Hely Lopes. *Licitação e contrato administrativo*. 15. ed. São Paulo: Malheiros, 2010. p. 226.

COMENTÁRIOS

✪ **Nota do autor:** o conhecimento, mesmo que básico, sobre as diferentes modalidades de licitação é indispensável, já que há diversas questões em provas cujo objetivo é avaliar se o candidato sabe distinguir uma da outra.

Alternativa correta: letra "d" (responde as demais alternativas). O concurso é a "modalidade de licitação entre quaisquer interessados para escolha de trabalho técnico, científico ou artístico, mediante a instituição de prêmios ou remuneração aos vencedores, conforme critérios constantes de edital publicado na imprensa oficial com antecedência mínima de 45 (quarenta e cinco) dias" (art. 22, § 4º). Ainda, é a modalidade **preferencialmente** usada para a celebração de contratos de prestação de **serviços técnicos profissionais especializados** (art. 13,§ 1º).

36. (FCC - Analista Processual – MPU/2007) A licitação será dispensável, dentre outras hipóteses, no caso de

a) aquisição de componentes necessários à manutenção de programas de informática, desde que fora do período de garantia técnica, vedada a compra junto ao fornecedor original.
b) compra de materiais de uso pessoal e administrativo para as Forças Armadas.
c) impossibilidade jurídica de competição entre os contratantes, quer pela natureza específica do negócio, quer pelos objetivos sociais visados pela administração.
d) contratação de instituição transnacional de pesquisa ou ensino, com ou sem fins lucrativos, salvo para a restauração de obras de arte e objetos históricos.
e) aquisição de energia elétrica fornecida por concessionário, permissionário ou autorizado, de acordo com a legislação específica.

COMENTÁRIOS

Alternativa correta: letra "e". A licitação é dispensável, nos termos do art. 24, XXII, da Lei nº 8.666/93, "na contratação de fornecimento ou suprimento de energia elétrica e gás natural com concessionário, permissionário ou autorizado, segundo as normas da legislação específica".

Alternativa "a": conforme o inciso XVII, do art. 24, há a dispensa de licitação "para a aquisição de componentes ou peças de origem nacional ou estrangeira, necessários à manutenção de equipamentos durante o período de garantia técnica, junto ao fornecedor original desses equipamentos, quando tal condição de exclusividade for indispensável para a vigência da garantia". Portanto, a aquisição é feita junto ao fornecedor original e isso não é vedado como constou na alternativa.

Alternativa "b": o art. 24, XIX, **veda expressamente a compra de materiais de uso pessoal e administrativo**, no caso de material de uso das Forças Armadas. De acordo com o permissivo legal de dispensa, a contratação direta é possível "para as compras de material de uso pelas Forças Armadas, com exceção de materiais de uso pessoal e administrativo, quando houver necessidade de manter a padronização requerida pela estrutura de apoio logístico dos meios navais, aéreos e terrestres, mediante parecer de comissão instituída por decreto".

Alternativa "c": não se trata de hipótese de dispensa, mas de inexigibilidade, pois, nesses casos, a licitação não se realiza porque não existe possibilidade de concorrência, isto é, não há forma de a disputa ocorrer. Os casos de licitação inexigível estão exemplificados no art. 25 da mesma lei e, assim, sempre que existir inviabilidade de competição haverá inexigibilidade. Esse dispositivo arrola as seguintes hipóteses de licitação inexigível: a) para aquisição de materiais, equipamentos, ou gêneros que só possam ser fornecidos por produtor, empresa ou representante comercial exclusivo, vedada a preferência de marca, devendo a comprovação de exclusividade ser feita através de atestado fornecido pelo órgão de registro do comércio do local em que se realizaria a licitação ou a obra ou o serviço, pelo Sindicato, Federação ou Confederação Patronal, ou, ainda, pelas entidades equivalentes; b) para a contratação de serviços técnicos enumerados no art. 13 da Lei nº 8.666/93, de natureza singular, com profissionais ou empresas de notória especialização, vedada a inexigibilidade para serviços de publicidade e divulgação; c) para contratação de profissional de qualquer setor artístico, diretamente ou através de empresário exclusivo, desde que consagrado pela crítica especializada ou pela opinião pública.

Alternativa "d": a instituição deve ser brasileira e não pode ter fins lucrativos, bem como a restauração de obra de arte não é vedação à dispensa e, na verdade, trata-se de hipótese autônoma de licitação dispensável. Nesse sentido, são os incisos XIII e XV da Lei nº 8.666/93: "XIII - na contratação de instituição brasileira incumbida regimental ou estatutariamente da pesquisa, do ensino ou do desenvolvimento institucional, ou de instituição dedicada à recuperação social do preso, desde que a contratada detenha inquestionável reputação ético-profissional e não tenha fins lucrativos"; "XV - para a aquisição ou restauração de obras de arte e objetos históricos, de autenticidade certificada, desde que compatíveis ou inerentes às finalidades do órgão ou entidade".

37. (FCC - Analista Processual – MPU/2007) Em tema de contratos administrativos, considere as assertivas:

I. O contrato administrativo ilegal pode ser extinto por anulação unilateral da Administração, mas sempre com oportunidade de defesa para o contratado, em cujo expediente se demonstre a ilegalidade do ajuste.
II. As chamadas cláusulas exorbitantes, porque visam estabelecer prerrogativas em favor de uma das partes, ainda que sob o fundamento do resguardo ao interesse público, desigualam as partes contratantes e são consideradas nulas de pleno Direito se presentes nos contratos administrativos.
III. O reajustamento contratual de preços e de tarifas é medida convencionada entre as partes contratantes para evitar que, em razão das elevações do mer-

cado, da desvalorização da moeda ou do aumento geral de salários no período de execução do contrato administrativo, venha a romper-se o equilíbrio financeiro do ajuste.

IV. O particular que contrata com a administração pública, face a natureza pública do ajuste, adquire direito à imutabilidade do contrato ou à sua execução integral, bem como a suas vantagens em espécie.

Estão corretas SOMENTE

a) I e III.

b) I e IV.

c) II e III.

d) I, II e IV.

e) II, III e IV.

COMENTÁRIOS

Alternativa correta: letra "a". Estão corretos os itens I e III.

Item I. Certo. O **contrato administrativo** também pode ser **anulado** quando se verificar **ilegalidade** na sua **celebração** ou quando ocorrer a **anulação da licitação**. A anulação pode ser feita tanto pela Administração Pública quanto pelo Poder Judiciário. A Lei nº 8.666/93 exige a observância do contraditório e ampla defesa (art. 49, § 3º e art. 78, parágrafo único).

Item II. Errado. As cláusulas exorbitantes são cláusulas inexistentes no direito privado e, por isso, extrapolam, exorbitam o direito privado, concedendo prerrogativas para a Administração ao colocá-la em posição de superioridade em relação ao contratado. As principais cláusulas exorbitantes são: a) exigência de garantia; b) alteração unilateral do contrato administrativo; c) rescisão unilateral do contrato administrativo; e) restrições ao uso da cláusula de exceção do contrato não cumprido (*exceptio non adimpleti contractus*).

Item III. Certo. O equilíbrio econômico-financeiro do contrato administrativo, também chamado de equação financeira ou equação econômica, é a **relação entre os encargos do contratado e a retribuição da Administração para que haja a justa remuneração do contrato**. Essa equação, estabelecida inicialmente pelas partes, deve existir durante toda a execução do contrato, a fim de que o contratado não sofra indevida redução nos lucros normais do empreendimento e, dessa forma, toda vez que a Administração altere unilateralmente alguma cláusula contratual deve proceder aos reajustes econômicos necessários para se restabelecer o equilíbrio econômico-financeiro[17]. Inclusive, nessa esteira, é cláusula necessária no contrato administrativo, conforme o art. 55, III, da Lei nº 8.666/93: **"o preço e as condições de pagamento, os critérios, data-base e periodicidade do reajustamento de preços, os critérios de atualização monetária entre a data do adimplemento das obrigações e a do efetivo pagamento"**.

Item IV. Errado. Uma das características do contrato administrativo é a mutabilidade. Isto é, a Administração pode alterar, unilateralmente, o regime de execução do contrato administrativo. De acordo com o art. 65, I, da Lei nº 8.666/93, o contrato poderá ser alterado de forma unilateral: a) quando houver modificação do projeto ou das especificações, para melhor adequação técnica aos seus objetivos (modificação qualitativa); b) quando necessária a modificação do valor contratual em decorrência de acréscimo ou diminuição quantitativa de seu objeto, nos seguintes limites (modificação quantitativa): até 25% do valor inicial atualizado do contrato para acréscimos e supressões feitas nas obras, serviços ou compras e até 50% do valor inicial atualizado do contrato para acréscimos no caso de reforma de edifício ou equipamento (se for supressão, o limite é de 25%).

---

38. (ESAF – Técnico – Área Administrativa – MPU/2004) No que concerne à formalização dos contratos administrativos, é correto afirmar que, como regra geral, ressalvados os casos especiais previstos em lei,

a) os contratos podem ter prazo indeterminado.

b) os contratos podem ser verbais.

c) é obrigatório o instrumento do contrato, nos casos de concorrência.

d) é dispensável o instrumento do contrato, quando for de alto custo mas por inexigibilidade de licitação.

e) é facultado o instrumento do contrato, quando for de alto custo mas por dispensa de licitação.

COMENTÁRIOS

Alternativa correta: letra "c" (responde, também, as alternativas **"d"** e **"e"**). O contrato administrativo pode ser **formalizado** por meio de (art. 62): **a) termo de contrato (obrigatório** para: • concorrência; • tomada de preço; • dispensa ou inexigibilidade cujo valor esteja nos limites da concorrência ou tomada de preço; **não obrigatório**: • nas demais modalidades de licitação; • na dispensa ou na inexigibilidade com valores abaixo dos limites da concorrência ou tomada de preço; • independentemente do valor, nos casos de compra com entrega imediata e integral dos bens adquiridos, dos quais não resultem obrigações futuras, inclusive assistência técnica. **b) carta-contrato**; **c) nota de empenho** de despesa; **d) autorização** de compra; **e) ordem de execução** de serviço; **f) outros** documentos hábeis.

Alternativa "a": é **vedado** o contrato com **prazo de vigência indeterminado**, nos termos do art. 57, § 3º.

Alternativa "b": em regra, o contrato administrativo é escrito, mas pode existir contrato verbal no caso de pequenas compras de pronto pagamento, que são aquelas com valor igual ou inferior a R$ 4.000,00, feitas em regime de adiantamento (art. 60, parágrafo único).

---

17 MEIRELLES, Hely Lopes. *Direito administrativo brasileiro*. 36. ed. São Paulo: Malheiros, 2010. p. 219.

39. (ESAF – Técnico – Área Administrativa – MPU/2004) A modalidade de licitação cabível, por previsão expressa de lei, gera a alienação de bens imóveis, qualquer que seja o seu valor, mas, a depender da forma pela qual forem adquiridos, é

a) a tomada de preço ou a concorrência.

b) a tomada de preço ou o leilão.

c) a concorrência ou o pregão.

d) a concorrência ou o leilão.

e) o pregão ou o leilão.

COMENTÁRIOS

Alternativa correta: letra "d". Dentre as hipóteses em que a concorrência é a modalidade licitatória obrigatória, nos termos do art. 23, § 3º, da Lei nº 8.666/93, está a compra e alienação de imóveis, qualquer que seja o valor. Entretanto, no art. 19, III, para alienação de imóveis adquiridos em procedimento judicial ou por dação em pagamento, pode ser adotada a concorrência ou o leilão.

40. (ESAF - Analista Processual – MPU/2004) A legislação das agências reguladoras estabeleceu a possibilidade de se utilizar, para a aquisição de bens e contratação de serviços por essas entidades, uma modalidade especial de licitação, prevista tão-somente para essa categoria organizacional. Tal modalidade denomina-se:

a) pregão

b) consulta

c) convite

d) credenciamento

e) registro de preços

COMENTÁRIOS

Alternativa correta: letra "b". A consulta é a modalidade de licitação de uso exclusivo para as agências reguladoras. Está prevista no art. 55 da Lei nº 9.472/97 e no art. 37 da Lei nº 9.986/00. As **agências reguladoras** podem usar as seguintes modalidades para fazer suas contratações: **a)** se for **obra e serviço de engenharia** civil: **concorrência, tomada de preços e convite**, seguindo as normas gerais da Lei nº 8.666/93; **b)** se for **bem e serviço comum**: **pregão; c)** se for **bem e serviço não comum** (exceto engenharia): **consulta.**

41. (ESAF - Analista Processual – MPU/2004) Não se inclui no rol legal de hipóteses de dispensa de licitação a seguinte situação:

a) aquisição de bens ou serviços nos termos de acordo internacional específico aprovado pelo Poder Executivo, quando as condições ofertadas forem manifestamente vantajosas para o Poder Público.

b) compras de hortifrutigranjeiros, pão e outros gêneros perecíveis, no tempo necessário para a realização dos processos licitatórios correspondentes, realizadas diretamente com base no preço do dia.

c) quando houver possibilidade de comprometimento da segurança nacional, nos casos estabelecidos em decreto do presidente da República, ouvido o Conselho de Defesa Nacional.

d) quando não acudirem interessados à licitação anterior e essa, justificadamente, não puder ser repetida sem prejuízo para a Administração, mantidas, nesse caso, todas as condições preestabelecidas.

e) aquisição ou restauração de obras de arte e objetos históricos, de autenticidade certificada, desde que compatíveis ou inerentes às finalidades do órgão ou entidade.

COMENTÁRIOS

✪ **Nota do autor:** a **dispensa é uma opção legal**, pois os interessados poderiam competir, ao contrário da **inexigibilidade**, em que a **competição é inviável**. A dispensa está prevista na Lei nº 8.666/93, no art. 17, I e II, em relação à licitação dispensada, e no art. 24, no qual há a licitação dispensável.

Alternativa correta: letra "a". A situação descrita na alternativa **não é caso de licitação dispensável**, nos termos do art. 24, XIV: "para a aquisição de bens ou serviços nos termos de acordo internacional específico aprovado pelo Congresso Nacional, quando as condições ofertadas forem manifestamente vantajosas para o Poder Público". A aprovação do acordo internacional deve ser feita pelo Congresso Nacional, como, também, determina o art. 49, I, da Constituição Federal.

Alternativas "b", "c", "d" e "e": as hipóteses descritas nas alternativas são situações permissivas de dispensa de licitação, previstas no art. 24: "XII - nas compras de hortifrutigranjeiros, pão e outros gêneros perecíveis, no tempo necessário para a realização dos processos licitatórios correspondentes, realizadas diretamente com base no preço do dia"; "IX - quando houver possibilidade de comprometimento da segurança nacional, nos casos estabelecidos em decreto do Presidente da República, ouvido o Conselho de Defesa Nacional"; "V - quando não acudirem interessados à licitação anterior e esta, justificadamente, não puder ser repetida sem prejuízo para a Administração, mantidas, neste caso, todas as condições preestabelecidas"; "XV - para a aquisição ou restauração de obras de arte e objetos históricos, de autenticidade certificada, desde que compatíveis ou inerentes às finalidades do órgão ou entidade".

9. SERVIÇOS PÚBLICOS

- CF, artigos 21, 23, 25, 30 e 32, § 1º
- CF, art. 175
- Lei nº 8.987/95
- Lei nº 11.079/04

42. (Cespe – Técnico – Área Administrativa – MPU/2010) Acerca dos serviços públicos, julgue o item a seguir.

Um dos princípios que regem a prestação de todas as modalidades de serviço público é o princípio da generalidade, segundo o qual os serviços públicos não devem sofrer interrupção.

COMENTÁRIOS

✪ **Nota do autor**: é indispensável a atenção aos princípios do serviço público, pois é tema recorrente nas provas. São princípios do serviço público: mutabilidade, modicidade das tarifas, generalidade e continuidade do serviço público.

Errado. O enunciado refere-se ao princípio da **continuidade do serviço público**, pelo qual o **serviço público não pode parar**. Não é possível a interrupção do serviço público e tal princípio serve, inclusive, para que se faça a ponderação entre ele e o direito à greve dos servidores públicos. Ainda, excepcionalmente, nos termos da Lei nº 8.987/95, art. 6º, § 1º, pode haver a interrupção do serviço público em caso de emergência ou, após prévio aviso, por motivo de ordem técnica ou de segurança das instalações e por motivo de inadimplência do usuário. Também, nessa lei há a previsão de que a Administração Pública, para evitar a interrupção do serviço público, pode intervir na concessão de serviços públicos e, caso não solucionado o problema, pode extinguir a concessão e realizar a ocupação das instalações necessárias à prestação do serviço público. Por sua vez, a **generalidade** é indispensável ao serviço público e consectária da impessoalidade, pois o serviço público deve ser prestado de maneira geral, ampla, de forma a se atingir a amplitude dos usuários, ou seja, todos os usuários que estejam em situação semelhante devem receber a mesma forma de tratamento.

---

43. (Cespe - Analista Processual – MPU/2010) Com base no princípio da igualdade de usuários, não cabe a aplicação de tarifas diferenciadas entre os usuários de serviços públicos.

COMENTÁRIOS

Errado. De acordo com o princípio da generalidade ou da igualdade dos usuários, o serviço público deve ser realizado de forma a atender aos usuários de maneira indistinta, de forma impessoal, isto é, todas as pessoas que estejam na mesma situação devem ser beneficiados pelo serviço público, sem prejudicar ou privilegiar ninguém. Nesse sentido, o art. 13, da Lei nº 8.987/95 estabelece que as "tarifas poderão ser diferenciadas em função das características técnicas e dos custos específicos provenientes do atendimento aos distintos segmentos de usuários".

10. RESPONSABILIDADE CIVIL DO ESTADO

- CF, art. 37, §§ 6º

---

44. (Cespe – Analista – MPU/2013) A respeito da responsabilidade civil do Estado, julgue o item seguinte.

O particular lesado patrimonialmente por conduta comissiva praticada por agente público poderá ajuizar ação de indenização contra a pessoa jurídica à qual o agente público causador do dano encontra-se vinculado, observado o prazo prescricional.

COMENTÁRIO

Certo. Nos termos do art. 37, § 6º, da Constituição Federal, há a exigência de dolo ou culpa para a responsabilização dos agentes públicos, o que não ocorre em relação às pessoas jurídicas de direito público ou de direito privado prestadoras de serviço público. Em regra, portanto, a responsabilidade extracontratual do Estado brasileiro é objetiva, ou seja, independe da verificação de dolo ou culpa. Assim, verificados a conduta danosa, o prejuízo à vítima e o nexo de causalidade – e, por fim, a não incidência em uma das hipóteses de exclusão da responsabilidade –, a Administração Pública tem o dever de indenizar a vítima da lesão suportada. Portanto, o particular lesado pode ajuizar ação de indenização contra a pessoa jurídica em que trabalha o agente público causador do dano, observado o prazo prescricional de cinco anos, nos termos do Decreto 20.910/32. Por sua vez, a pessoa jurídica, caso fique comprovada a ocorrência de dolo ou culpa por parte do agente público, poderá contra este ajuizar ação regressiva.

11. IMPROBIDADE ADMINISTRATIVA: LEI Nº 8.429/92

- CF, art. 37, §§ 4º e 5º
- Lei 8.112/90

---

45. (Cespe - Analista Processual – MPU/2010) Com base no que dispõe a Lei n.° 8.429/1992, julgue o item seguinte, relacionado a improbidade administrativa.

São sujeitos passivos do ato de improbidade administrativa, entre outros, os entes da administração indireta, as pessoas para cuja criação ou custeio o erário haja concorrido ou concorra com mais de cinqüenta por cento do patrimônio ou da receita anual e as entidades que recebam subvenção, benefício ou incentivo, fiscal ou creditício, de órgão público.

COMENTÁRIOS

Certo. Podem ser sujeitos passivos do ato de improbidade administrativa, nos termos do art. 1º da Lei nº 8.429/92: a) as pessoas políticas (União, Estados, Distrito Federal e Municípios); b) as pessoas administrativas (autarquia, fundação pública, sociedade de economia mista, empresa pública); c) as empresas incorporadas ao patrimônio público (empresas que não têm a condição de sociedade de economia mista nem de empresa pública e, por isso não fazem parte da administração indireta, mas integram o patrimônio público, porque foram incorporadas[18]); d) entidade para cuja criação ou custeio o erário haja concorrido ou concorra com mais de 50% do patrimônio ou da receita anual: trata-se de empresa controlada direta

18 DI PIETRO, Maria Sylvia Zanella. *Direito administrativo*. 25. ed. São Paulo: Atlas, 2012. p. 890.

ou indiretamente pelo Poder Público (trata-se de empresa controlada direta ou indiretamente pelo Poder Público); e) entidades que recebam subvenção, benefício ou incentivo (fiscal ou creditício) de órgão público (serviço sociais autônomos – Sesi, Senai, Sesc, Senar e demais –, organizações sociais, organizações sociais de interesse público – Oscip; conforme o parágrafo único do art. 1º, limitada a sanção patrimonial à repercussão do ilícito sobre a contribuição dos cofres públicos); f) entidade para cuja criação ou custeio o erário haja concorrido ou concorra com menos de cinquenta por cento do patrimônio ou da receita anual (são entidades que não pertencem à Administração Pública, mas, nas quais, o Estado participa de forma minoritária como, por exemplo, as sociedades de propósito específico criadas para gerir as parcerias público-privadas, conforme art. 9º, § 4º da Lei 11.079/04[19]; conforme o parágrafo único do art. 1º, limitada a sanção patrimonial à repercussão do ilícito sobre a contribuição dos cofres públicos).

19 MAZZA, Alexandre. *Manual de direito administrativo.* São Paulo: Saraiva, 2011, p. 475.

Direito Administrativo

Leandro Bortoleto

✦ DICAS

1. CONCEITO E FONTES DO DIREITO ADMINISTRATIVO

- O direito administrativo é o "conjunto harmônico de princípios jurídicos que regem os órgãos, os agentes e as atividades públicas tendentes a realizar concreta, direta e imediatamente os fins desejados pelo Estado"[1].
- A principal fonte do direito administrativo é a lei, mas deve ser concebida em sentido amplo, isto é, abrange todos os atos legislativos. Nesse sentido, além das leis ordinárias, complementares e delegadas, inclui, ainda, as medidas provisórias, os decretos legislativos, as resoluções legislativas, a Constituição Federal, as Emendas à Constituição, as Constituições estaduais, a Lei Orgânica do Distrito Federal e as Leis Orgânicas dos Municípios. São as chamadas fontes primárias. De todos os atos legislativos apontados, por óbvio, a Constituição Federal é a principal fonte, na qual há diversos dispositivos aplicados ao direito administrativo (por exemplo, art. 5º, 21, 23, 37).
- A jurisprudência em regra, caráter orientador, mas há casos em que tem força vinculante. Exemplos: as decisões proferidas pelo STF na ação direta de inconstitucionalidade, na ação declaratória de constitucionalidade (CF, art. 102, § 2º) e a súmula vinculante.

2. REGIME JURÍDICO ADMINISTRATIVO

- Os **princípios são normas** e vinculam a Administração Pública. STF (RE 579.951): a vedação do "nepotismo não depende de lei formal para coibir a prática. Proibição que decorre diretamente dos princípios contidos no art. 37, *caput*, da Constituição Federal".
- O **regime jurídico administrativo é o conjunto de princípios** que confere **prerrogativas** e impõe **sujeições** à Administração Pública. É a interação de dois polos opostos. Por isso, o uso das expressões bipolaridade do direito administrativo[2] ou binômio[3] do direito administrativo.
- Síntese dos princípios da Administração Pública[4]:

PRINCÍPIOS DA ADMINISTRAÇÃO PÚBLICA	
Supremacia do interesse público	• prerrogativa • interesse público prevalece sobre privado • interesse público primário
Indisponibilidade do interesse público	• sujeição • interesse público é indisponível
Legalidade	• atuação de acordo com a lei e o direito • esfera pública: não vigora autonomia da vontade
Impessoalidade	• busca da finalidade pública • atos imputados à Administração: imputação • proibição de promoção pessoal
Moralidade	• honestidade, boa-fé, lealdade, padrões morais e éticos
Publicidade	• transparência; publicação dos atos administrativos
Eficiência	• rendimento; atuação eficiente; organização eficiente
Continuidade do serviço público	• serviço público não pode parar
Autotutela	• administração anula e revoga seus próprios atos
Tutela ou controle	• administração direta controla finalidade da administração indireta
Especialidade	• criação de pessoa específica para atuação específica

1 *Direito administrativo brasileiro*. 36. ed.São Paulo: Malheiros, 2010. p. 40.

2 DI PIETRO, Maria Sylvia Zanella. *Direito administrativo*. 25. ed. São Paulo: Atlas, 2012. p. 62.

3 Fernando Garrido Fala apud Celso Antônio Bandeira de Mello (*Curso de direito administrativo*. 27. ed. São Paulo: Malheiros, 2010. p. 56).

4 BORTOLETO, Leandro. *Direito administrativo*. Salvador: Juspodivm, 2012. p. 50.

PRINCÍPIOS DA ADMINISTRAÇÃO PÚBLICA	
Presunção de legitimidade	• regra: ato administrativo é legal • produz efeitos até ser extinto
Controle judicial dos atos administrativos	• sistema de jurisdição única
Segurança jurídica	• aspecto objetivo: princípio da segurança jurídica. Tentativa de preservação do ato. Nova interpretação não retroage • aspecto subjetivo: princípio da proteção à confiança. Expectativa do administrado de que Administração respeitará os atos por ela praticados.
Motivação ou fundamentação	• indicação dos pressupostos de fato e direito
Razoabilidade	• meios devem ser adequados aos fins do ato • utilidade, necessidade, proporcionalidade
Hierarquia	• coordenação, organização, delegação, avocação

3. ADMINISTRAÇÃO PÚBLICA E TERCEIRO SETOR

- **Função administrativa**: exercida pelo Poder Executivo, de forma típica, e pelo Poder Legislativo e pelo Poder Judiciário, de maneira atípica.
- **Administração Pública**: conjunto de pessoas jurídicas, órgãos públicos e agentes públicos que realizam a atividade administrativa, consistente em serviços públicos, fomento, polícia administrativa e intervenção.
- Administração Pública em **sentido amplo**: engloba a atividade política e a atividade administrativa, incluindo tanto os órgãos governamentais quanto os órgãos administrativos. Administração Pública em **sentido estrito**: corresponde, exclusivamente, à função administrativa exercida pelos órgãos administrativos. Subdivide-se em: a) **sentido subjetivo**, formal ou orgânico (conjunto de pessoas jurídicas, órgãos públicos e agentes públicos que realizam a atividade administrativa; quem faz a atividade administrativa); b) **sentido objetivo**, material ou funcional (é a atividade administrativa, que compreende o serviço público, a polícia administrativa, o fomento e a intervenção; o que é realizado).
- Há várias formas de desempenho da atividade administrativa[5]:

FORMAS DE DESEMPENHO DA ATIVIDADE ADMINISTRATIVA	
Concentrada (concentração)	• atividade é realizada por um único órgão • pessoa jurídica sem divisão interna
Desconcentrada (desconcentração)	• atividade é realizada por vários órgãos • pessoa jurídica com divisão interna • distribuição interna de competência
Centralizada (centralização)	• atividade é realizada diretamente pela pessoa política, por meio de seus órgãos
Descentralizada (descentralização)	• atividade é realizada por outra pessoa jurídica • distribuição externa de competência

- **Administração direta**: conjunto de órgãos que compõem a pessoa política.
- **Administração indireta**: conjunto das pessoas administrativas, com personalidade de direito público ou de direito privado, patrimônio próprio e autonomia administrativa, vinculadas à administração direta, criadas para o desempenho de determinada atividade administrativa.
- Classificação dos órgãos públicos:

a) **Quanto à posição estatal ou hierarquia**: **independentes** (representam as funções principais do Estado; não estão subordinados a nenhum outro); **autônomos** (estão **situados abaixo dos órgãos independentes;** possuem autonomia administrativa, financeira e técnica.); **superiores** (subordinados aos autônomos e independentes; possuem poder de direção, mas não têm autonomia administrativa nem financeira); **subalternos** (**possuem pequeno poder de decisão;** atividades de execução).

b) **Quanto à estrutura**: **simples** (não se subdividem em outros); **compostos**: (subdividem-se em outros órgãos)

c) **Quanto à atuação funcional ou composição**: **singulares ou unipessoais** (a atuação do órgão é realizada de acordo com a decisão de um único agente); **coletivos ou pluripessoais** (a atuação do órgão é decidida por vários agentes).

d) **Quanto à esfera de atuação**: **centrais** (atuam em toda a área territorial da pessoa); **locais** (atuam apenas em parte do território da pessoa que integram)

- São **características dos órgãos públicos**: a) criação e extinção por lei; b) resultado da desconcentração; c) despersonalizados; d) não possuem patrimônio próprio; e) não possuem capacidade processual; f) alguns órgãos podem ser parte em processo para defesa de prerrogativa; g) podem celebrar contrato de gestão; h) órgãos gestores de orçamento devem ser inscritos no CNPJ.
- O candidato deve se atentar para não confundir as definições das entidades da administração indireta. Ter personalidade jurídica, patrimônio próprio, auto-

5 BORTOLETO, Leandro. *Direito administrativo*. Salvador: Juspodivm, 2012. p. 69.

nomia administrativa, submeter-se a controle da administração direta, por exemplo, não identificam nenhuma das pessoas e o que deve ser observado é se a personalidade é de direito público ou de direito privado, se é criada por lei ou se a lei autoriza a criação e qual a atividade desempenhada.

- **Autarquia**: lei cria; personalidade de direito público; atividade típica do Estado.
- **Fundação Pública**: lei cria (personalidade de direito público) e lei autoriza (personalidade de direito privado); atividade não exclusiva do Estado (interesse público).
- **Sociedade de economia mista** e **Empresa Pública**: lei autoriza; personalidade de direito privado; prestação de serviço público ou exploração de atividade econômica.

  Lei 13.303/16 (estatuto das estatais) "estatuto jurídico da empresa pública, da sociedade de economia mista e de suas subsidiárias, abrangendo toda e qualquer empresa pública e sociedade de economia mista da União, dos Estados, do Distrito Federal e dos Municípios que explore atividade econômica de produção ou comercialização de bens ou de prestação de serviços, ainda que a atividade econômica esteja sujeita ao regime de monopólio da União ou seja de prestação de serviços públicos" (art. 1º, *caput*).

  Exploração de atividade econômica pelo Estado será exercida por meio de empresa pública, de sociedade de economia mista e de suas subsidiárias. Lei precisa indicar de forma clara a presença de relevante interesse coletivo ou imperativo de segurança nacional, nos termos do caput do art. 173 da Constituição Federal.

  Depende de autorização legal: criação de empresa pública ou de sociedade de economia mista; criação de suas subsidiárias; participação de qualquer delas em empresa privada, cujo objeto social deve estar relacionado ao da investidora

  Empresa pública (art. 3º): entidade dotada de personalidade jurídica de direito privado, com criação autorizada por lei e com patrimônio próprio, cujo capital social é integralmente detido pela União, pelos Estados, pelo Distrito Federal ou pelos Municípios. Podem participar no capital social outras pessoas jurídicas de direito público interno, bem como as entidades da administração indireta da União, dos Estados, do Distrito Federal e dos Municípios, desde que pessoas jurídicas de direito público interno, bem como de entidades da administração indireta da União, dos Estados, do Distrito Federal e dos Municípios.

  Sociedade de economia mista (art. 4º): entidade dotada de personalidade jurídica de direito privado, com criação autorizada por lei, sob a forma de sociedade anônima, cujas ações com direito a voto pertençam em sua maioria à União, aos Estados, ao Distrito Federal, aos Municípios ou a entidade da administração indireta.

- **Agência reguladora**: estão sendo criadas como autarquia em regime especial; maior autonomia; deve ter personalidade de direito público.
- **Agência executiva**: é uma qualificação, um título, que é dado a uma autarquia ou a uma fundação pública. São requisitos (art. 51 da Lei nº 9.649/98) a existência de plano estratégico de reestruturação e de desenvolvimento institucional em andamento e a celebração de contrato de gestão com o ministério supervisor. A qualificação se dá por ato do Presidente da República.
- **Consórcio público**: está regulado pela Lei nº 11.107/05. Trata-se de uma nova pessoa administrativa que surge da união entre pessoas políticas (União, Estados, Distrito Federal e Municípios). Em um primeiro momento, há o protocolo de intenções, que é uma espécie de ajuste preliminar entre as pessoas políticas, no qual há a definição do objeto do consórcio, quais são seus participantes, qual sua duração, qual a forma de eleição do representante legal. Depois, o protocolo de intenções deve ser publicado na imprensa oficial e, na sequencia, ele deve ser ratificado por lei em cada um dos entes consorciados.
- **Consórcio público** poderá ter **personalidade de direito público (associação pública;** conhecido como **autarquia interfederativa ou autarquia multifederada)** ou de **direito privado**.
- **Contrato de consórcio:** formaliza a **constituição** do consórcio.
- **Contrato de rateio:** formaliza a **entrega de recursos** dos entes consorciados para o consórcio.
- **Contrato de programa:** instrumento usado quando um dos consorciados assumir a **obrigação de prestar serviço** por meio de seus órgãos ou entidades.

TERCEIRO SETOR

- Marco regulatório: Lei 13.019/14. Disposições da nova lei não se aplicam às organizações sociais, reguladas pela Lei nº 9.637/98, nos termos do art. 3º, III. Quanto às organizações da sociedade civil, objeto da Lei nº 9.790/99, as disposições aplicam-se, no que couber.

Parcerias são formalizadas:

a) **quando houver transferência de recursos**: **termo de colaboração** (para a realização de atividades de interesse público propostas pela Administração Pública, nos termos do art. 16) e por **termo de fomento** (para a realização de atividades de interesse público propostas pela organização da sociedade civil, conforme o art. 17); em ambos os casos: exigência de escolha da entidade do Terceiro Setor por meio de um processo seletivo denominado Chamamento Público, salvo as exceções previstas em lei;

b) **quando não houver transferência de recursos**: **acordo de cooperação**.

- **Organização social (OS) e Organização da Sociedade Civil de Interesse Público (Oscip)**: são entidades civis sem fins lucrativos, integrantes do setor privado, que recebem a qualificação do Poder Público. Oscip: deve estar em funcionamento regular há, no mínimo, 3 anos.
- **Não podem ser qualificadas como Oscip** (art. 2º):

a) sociedades comerciais;

b) sindicatos, associações de classe ou de representação de categoria profissional;

c) instituições religiosas ou voltadas para a disseminação de credos, cultos, práticas e visões devocionais e confessionais;

d) organizações partidárias e assemelhadas, inclusive suas fundações;

e) entidades de benefício mútuo destinadas a proporcionar bens ou serviços a um círculo restrito de associados ou sócios;

f) entidades e empresas que comercializam planos de saúde e assemelhados;

g) instituições hospitalares privadas não gratuitas e suas mantenedoras;

h) escolas privadas dedicadas ao ensino formal não gratuito e suas mantenedoras;

i) organizações sociais;

j) cooperativas;

k) fundações públicas;

l) fundações, sociedades civis ou associações de direito privado criadas por órgão público ou por fundações públicas;

m) organizações creditícias que tenham qualquer tipo de vinculação com o sistema financeiro nacional a que se refere o art. 192 da Constituição Federal.

- Diferenças entre OS e Oscip: a) a OS opera a absorção de determinada atividade que o Estado esteja fazendo e, com frequência, leva à extinção do órgão público que realizava a mesma atividade e, por outro lado, a Oscip representa verdadeira parceria e não há extinção de órgãos; b) a outorga da qualificação é ato discricionário na OS e ato vinculado na Oscip; c) o vínculo na OS é contrato de gestão e na Oscip é termo de parceria; d) na OS, há exigência de que tenha a presença de representantes do poder público no órgão de administração, o que não ocorre com a Oscip; e) no caso de desqualificação, os bens adquiridos com recursos públicos serão revertidos ao Poder Público, no caso da OS e, se for Oscip, será transferida à outra Oscip, de preferência, na mesma área de atuação.
- Sistematização da Administração Pública e do Terceiro Setor[6]:

ADMINISTRAÇÃO PÚBLICA	
ADMINISTRAÇÃO INDIRETA	**ADMINISTRAÇÃO DIRETA**
Conjunto das pessoas administrativas, com personalidade de direito público ou de direito privado, patrimônio próprio e autonomia administrativa, vinculadas à administração direta, criadas para o desempenho de determinada atividade administrativa	Conjunto dos órgãos públicos que integram as pessoas jurídicas políticas Pessoas jurídicas de direito público **União, Estados, Distrito Federal e Municípios**
Autarquia: direito público Agência reguladora: autarquia em regime especial Agência Executiva: autarquia que recebeu a qualificação (contrato de gestão)	–
Fundação Pública: direito público ou direito privado Agência Executiva: fundação pública que recebeu a qualificação (contrato de gestão)	
Empresa Pública: direito privado; prestadora de serviço público ou exploradora de atividade econômica	
Sociedade de Economia Mista: direito privado; prestadora de serviço público ou exploradora de atividade econômica	
Consórcio Público: direito público (associação pública) ou direito privado	

TERCEIRO SETOR
pessoas jurídicas de direito privado, sem fins lucrativos, pertencentes ao setor privado, que desenvolvem atividade de interesse público. Marco regulatório (Lei nº 13.019/14): parcerias firmadas por: a) termo de fomento ou por termo de colaboração, quando envolverem transferência de recursos financeiros; entidades são escolhidas por meio de chamamento público, exceto os casos de dispensa e inexigibilidade; b) acordo de cooperação, quando não envolver transferência de recursos financeiros.
Serviço social autônomo
Entidade de apoio
Organização Social (OS) Vínculo jurídico com a administração direta: contrato de gestão
Organização da Sociedade Civil de Interesse Público (Oscip) Vínculo jurídico com a administração direta: termo de parceria

6 BORTOLETO, Leandro. *Direito administrativo*. Salvador: Juspodivm, 2012. p. 106.

4.AGENTES PÚBLICOS: DISPOSIÇÕES CONSTITUCIONAIS

- **Regime jurídico único**: STF (ADI 2135): foi deferida medida liminar para suspender a eficácia do art. 39, *caput*, da Constituição, por vício formal na aprovação da Emenda nº 19/98, com efeitos *ex nunc*, "subsistindo a legislação editada nos termos da emenda declarada suspensa", mantendo-se, "assim, o então vigente *caput* do art. 39, que tratava do regime jurídico único, incompatível com a figura do emprego público".
- Cronologia do regime jurídico único:

REGIME JURÍDICO ÚNICO

05/10/1988		12/12/1990		04/06/1998		23/02/2000		02/08/2007
CF, art. 39, *caput*	→	Lei nº 8.112	→	EC 19, art. 39, *caput*	→	Lei nº 9.962	→	ADI 2135
Regime Jurídico Único		RJU Servidores federais		Fim Regime Jurídico Único		Emprego Público União, aut. e fund.		retorno do Regime Jurídico Único

- Síntese sobre concurso público[7]:

CONCURSO PÚBLICO	
Regra: realização para provimento de cargo efetivo	
Exceção: não realização	- **Contratação temporária**: necessidade temporária e excepcional interesse público
	- **Cargo em comissão**: existência de lei declarando de livre nomeação e exoneração; atribuições de direção, de chefia e de assessoramento Pode ser ocupado por ocupante de cargo efetivo (lei definirá casos, condições e percentuais) e por não ocupante. Função de confiança: só ocupante de cargo efetivo
	- **Agentes públicos de saúde e agentes de combate a endemias**
Prazo de validade: até 2 anos, prorrogável, uma vez, por igual período	
Pode ser de **provas ou de provas e títulos**: natureza e complexidade do cargo	
Reserva de vagas para deficientes: lei definirá percentual	

- O candidato aprovado em concurso possui **direito subjetivo à nomeação** ou apenas expectativa de direito?
- STF (RE 598.099), em agosto de 2011, alterou substancialmente seu posicionamento. Foi complementado pela fixação de tese no RE 837.311, com repercussão geral. Atual posição: O surgimento de novas vagas ou a abertura de novo concurso para o mesmo cargo, durante o prazo de validade do certame anterior, não gera automaticamente o direito à nomeação dos candidatos aprovados fora das vagas previstas no edital, ressalvadas as hipóteses de preterição arbitrária e imotivada por parte da administração, caracterizada por comportamento tácito ou expresso do Poder Público capaz de revelar a inequívoca necessidade de nomeação do aprovado durante o período de validade do certame, a ser demonstrada de forma cabal pelo candidato. Assim, o direito subjetivo à nomeação do candidato aprovado em concurso público exsurge nas seguintes hipóteses:

1. Quando a aprovação ocorrer dentro do número de vagas dentro do edital;
2. Quando houver preterição na nomeação por não observância da ordem de classificação;
3. Quando surgirem novas vagas, ou for aberto novo concurso durante a validade do certame anterior, e ocorrer a preterição de candidatos de forma arbitrária e imotivada por parte da administração nos termos acima.

- Súmula Vinculante nº 16: os "arts. 7º, IV, e 39, § 3º (redação da EC 19/1998), da Constituição, referem-se ao total da remuneração percebida pelo servidor público". O vencimento do servidor público pode ser menor do que o salário mínimo, mas a remuneração não.
- Sistematização dos limites remuneratórios[8]:

LIMITES REMUNERATÓRIOS		
TETO →subsídio dos Ministros do Supremo Tribunal Federal		
SUBTETOS	**ESTADOS E DISTRITO FEDERAL**	**Poder Executivo**→ subsídio do Governador
		Poder Legislativo→ subsídio dos Deputados Estaduais e Distritais (máximo de 75% do subsídio do Deputado Federal)

7 BORTOLETO, Leandro. *Direito administrativo*. Salvador: Juspodivm, 2012. p. 142.

8 BORTOLETO, Leandro. *Direito administrativo*. Salvador: Juspodivm, 2012. p. 147.

SUBTETOS	**ESTADOS E DISTRITO FEDERAL**	**Poder Judiciário→** subsídio dos Desembargadores do Tribunal de Justiça (90,25% do STF) ● aplicável aos membros do Ministério Público, Procuradores e Defensores Públicos ● não se aplica aos magistrados estaduais, de acordo com o STF ● Estados e DF podem adotar como subteto único este previsto para o Poder Judiciário, desde que haja alteração da Constituição Estadual ou da Lei Orgânica
	MUNICÍPIOS	Subsídio do Prefeito ● Vereadores: regra própria (art. 29, VI, CF)

Tese de repercussão geral (REs 602043 e 612975) "Nos casos autorizados, constitucionalmente, de acumulação de cargos, empregos e funções, a incidência do artigo 37, inciso XI, da Constituição Federal, pressupõe consideração de cada um dos vínculos formalizados, afastada a observância do teto remuneratório quanto ao somatório dos ganhos do agente público".

- Sistematização da acumulação remunerada de cargos públicos[9]:

ACUMULAÇÃO DE CARGOS, EMPREGOS E FUNÇÕES PÚBLICAS	
Cargo, função ou emprego público x Cargo, função ou emprego público	
REGRA Proibição de acumulação remunerada	**EXCEÇÕES** Compatibilidade de horários + Dois cargos de professor ou Um cargo de professor com outro técnico ou científico ou Dois cargos ou empregos privativos de profissionais de saúde, com profissões regulamentadas
Cargo, função ou emprego público x Mandato eletivo	
Vereador	Horários compatíveis: Acumulação
	Horários não compatíveis: Afastamento e escolha da remuneração
Prefeito e Vice-Prefeito	Afastamento e escolha da remuneração
Presidente da República e Vice, Governador e Vice, Deputados federais, estaduais e distritais e Senadores	Afastamento, sem escolha da remuneração

Proventos x Cargo, função ou emprego público	
REGRA Proibição	**EXCEÇÕES** ● Cargo em comissão ● Cargo eletivo ● Cargos acumuláveis
Proventos x Proventos	
REGRA Proibição	**EXCEÇÃO** Proventos decorrentes de cargos acumuláveis

- São **direitos sociais do servidor público**: a) salário mínimo; b) garantia de salário nunca inferior ao mínimo, para os que percebem remuneração variável; c) décimo terceiro; d) remuneração do trabalho noturno superior à do diurno; e) salário-família; f) duração do trabalho normal não superior a oito horas diárias e quarenta e quatro semanais; g) repouso semanal remunerado; h) remuneração do serviço extraordinário superior, no mínimo, em 50% à do normal; i) férias anuais remuneradas com, pelo menos, um terço a mais do que o salário normal; j) licença à gestante (120 dias); k) licença-paternidade; l) proteção do mercado de trabalho da mulher; m) redução dos riscos inerentes ao trabalho, por meio de normas de saúde, higiene e segurança; n) proibição de diferença de salários, de exercício de funções e de critério de admissão por motivo de sexo, idade, cor ou estado civil.
- **Direito de greve**: STF (MI 670, 708 e 712): o direito de greve dos servidores públicos civis depende de lei para poder ser exercido, mas, em razão da inércia do legislador em produzir a lei, até que sobrevenha tal norma, fica autorizado o exercício do direito de greve pelos servidores públicos, usando, para tanto, a lei da iniciativa privada (Lei nº 7.783/89), no que couber. Todavia, essa situação é provisória, isto é, uma vez que a lei regulamentadora do art. 37, VII da Constituição Federal entre em vigor, o direito de greve dos servidores públicos não poderá mais ser aplicada a lei da iniciativa privada. O dispositivo constitucional referente ao direito de greve dos servidores aplica-se, em regra, a todas as categorias de servidores, com exceção dos militares, cujo exercício de greve é vedado e, dessa forma, não é considerado norma de eficácia plena para nenhuma categoria, inclusive para os servidores das carreiras de Estado. Aliás, em face do princípio da continuidade do serviço público, restou decidido no MI 708 que pode ser imposto regime de greve mais severo quando se tratar de serviços ou atividades essenciais, nos moldes dos artigos 9º a 11 da Lei nº 7.783/89. Em específico quanto aos policiais civis, na Rcl 6568/SP, que tinha como objeto preservar a competência do Tribunal de Justiça do Estado de São Paulo para dirimir o dissídio referente à greve dos policiais civis, o Min. Eros Grau sustentou a relativização do direito de greve, por não ser absoluto e que "servidores que exercem atividades relacionadas à manutenção da ordem pública e à segurança pública, à administração da Justiça – aí os integrados nas chamadas carreiras de Estado, que exercem atividades indelegáveis, inclusive as de exação tributária – e à saúde pública" sejam privados do direito de greve. Inclusive, no caso dos policiais civis, foi suscitada a questão de ser um movimento armado e não pacífico. Entretanto, a questão não era objeto

9 BORTOLETO, Leandro. *Direito administrativo*. Salvador: Juspodivm, 2012. p. 106.

do processo e, por isso, alguns Ministros não quiseram se posicionar, mas, expressamente, manifestaram-se acompanhando o relator, o Min. Cezar Peluso e o Min. Gilmar Mendes. **Tese de repercussão geral (RE 693456)**: "A administração pública deve proceder ao desconto dos dias de paralisação decorrentes do exercício do direito de greve pelos servidores públicos, em virtude da suspensão do vínculo funcional que dela decorre, permitida a compensação em caso de acordo. O desconto será, contudo, incabível se ficar demonstrado que a greve foi provocada por conduta ilícita do Poder Público". **Greve de policiais civis: Tese de repercussão geral (ARE 654432)**: "(1) o exercício do direito de greve, sob qualquer forma ou modalidade, é vedado aos policiais civis e a todos os servidores públicos que atuem diretamente na área de segurança pública. (2) É obrigatória a participação do Poder Público em mediação instaurada pelos órgãos classistas das carreiras de segurança pública, nos termos do artigo 165 do Código de Processo Civil, para vocalização dos interesses da categoria"

- **Regime próprio de previdência**. É o regime destinado aos servidores titulares de cargo efetivo. Nesse regime, é proibida a existência de critérios diferentes para a concessão de aposentadoria, exceto, nos termos definidos em leis complementares, conforme o art. 40, § 4º, no caso de: a) servidores portadores de deficiência; b) servidores que exerçam atividades de risco; c) servidores cujas atividades sejam exercidas sob condições especiais que prejudiquem a saúde ou a integridade física.
- **Pensão**: até o valor do limite do regime geral de previdência, a pensão será integral. Se a remuneração ou os proventos do servidor eram superiores ao limite mencionado, a pensão não terá valor integral, pois corresponderá, na verdade, ao valor total até o limite, mais 70% do valor que exceder o limite.
- **Contribuição inativos**: aposentado somente contribuirá sobre o valor dos proventos que extrapolar o limite do regime geral de previdência. Se for portador de doença incapacitante, na forma da lei, só contribuirá sobre o valor que exceder o dobro do limite (art. 40, § 21).
- **Abono de permanência**: servidor que já preencheu os requisitos para a aposentadoria voluntária tem direito a receber até que alcance a idade para a aposentadoria compulsória (art. 40, § 19). O servidor não deixa de contribuir, pois continua contribuindo com 11% sobre o valor de sua remuneração, mas, como incentivo, recebe um abono no mesmo valor.
- **Valor dos proventos**: média das remunerações utilizadas como base de cálculo para incidência das contribuições previdenciárias, tanto ao regime geral quanto ao regime próprio. Não há integralidade nem paridade (estabelecido o valor dos proventos, este não acompanhará os reajustes concedidos ao pessoal da ativa; será reajustado para manter o valor real, na forma da lei).
- **Limite proventos**: pode ser adotado o limite do regime geral de previdência para o valor das aposentadorias e pensões do regime próprio, desde que instituam, por lei de iniciativa do respectivo Poder Executivo, regime de previdência complementar, por intermédio de entidades fechadas de previdência complementar, de natureza pública, que oferecerão aos respectivos participantes planos de benefícios somente na modalidade de contribuição definida (art. 40, §§ 14 e 15). Somente será obrigatório para o servidor que ingressar no serviço público após a data de publicação do ato instituidor desse regime. Para os que ingressaram antes, é opcional (art. 40, § 16).
- Sistematização da aposentadoria pelo regime próprio[10]:

APOSENTADORIA PELO REGIME PRÓPRIO		
Por invalidez permanente	• **regra→** proventos proporcionais	
	• **exceções→**	• acidente em serviço • moléstia profissional • doença grave, contagiosa ou incurável, nos termos da lei
Compulsória	• proventos proporcionais • 70 ou 75 anos, nos termos de lei complementar. Lei Complementar nº 152/15: **75 anos** para I - os servidores titulares de cargos efetivos da União, dos Estados, do Distrito Federal e dos Municípios, incluídas suas autarquias e fundações; II - os membros do Poder Judiciário; III - os membros do Ministério Público; IV - os membros das Defensorias Públicas; V - os membros dos Tribunais e dos Conselhos de Contas.	
Voluntária	**Homem**	**Mulher**
	10 anos de serviço público, e	10 anos de serviço público, e
	5 anos no cargo, e	5 anos no cargo, e
	35 anos de contribuição, e	30 anos de contribuição, e
	60 anos de idade	55 anos de idade
Voluntária proporcional	**Homem**	**Mulher**
	10 anos de serviço público, e	10 anos de serviço público, e
	5 anos no cargo, e	5 anos no cargo, e
	65 anos de idade	60 anos de idade
Aposentadoria especial	• requisitos serão estabelecidos em leis complementares • portadores de deficiência • atividades de risco • atividades exercidas sob condições especiais que prejudiquem a saúde ou a integridade física	
	Professores • requisitos estabelecidos na Constituição • tempo exclusivo no magistério: infantil, fundamental e médio	
	Homem	**Mulher**
	10 anos de serviço público, e	10 anos de serviço público, e
	5 anos no cargo, e	5 anos no cargo, e
	30 anos de contribuição, e	25 anos de contribuição, e
	55 anos de idade	50 anos de idade

10 BORTOLETO, Leandro. *Direito administrativo*. Salvador: Juspodivm, 2012. p. 172.

5. REGIME JURÍDICO DOS SERVIDORES PÚBLICOS

- O **regime estatutário ou legal** é aquele em que o **conjunto de regras reguladoras do servidor com a Administração está inserido em lei específica, conhecidas como estatuto.**
- É **o regime próprio das pessoas jurídicas de direito público**, assim, é admitido na administração direta, nas autarquias e nas fundações com regime de direito público.
- **Não há uma lei só, um estatuto único. Pelo contrário, há diversas leis e, portanto, vários estatutos,** pois cabe a cada ente político legislar a respeito, ou seja, cada Município e cada Estado podem ter os seus.
- Na esfera federal, o estatuto dos servidores públicos civis federais está previsto na **Lei nº 8.112/90**.
- O **estatuto federal** é base para muitos estatutos municipais e alguns estaduais e, dessa maneira, muitos institutos têm tratamento idêntico ou semelhante. Assim, sua cobrança se dá nos concursos federais e, também, em alguns concursos estaduais.
- **Provimento** é o ato de se prover o cargo público. Pode ser originário (a investidura no cargo é feita pela primeira vez) ou derivado (investidura decorrente; servidor já era ocupante de cargo).

5.1. LEI Nº 8.112/90

- **Requisitos** para investidura (art. 5º):

a) ser brasileiro;

b) estar no gozo dos direitos políticos;

c) estar adimplente com as obrigações militares e eleitorais;

d) ter o nível de escolaridade exigido para o exercício do cargo;

e) ter a idade mínima de dezoito anos;

f) estar em aptas condições física e mental.

- É frequente a cobrança das formas de provimento derivado nas provas.
- **Posse:** com ela **materializa-se** a **investidura** do servidor no cargo.
- A posse pode ocorrer **mediante procuração específica** (art. 13, § 3º), depende de **prévia inspeção médica oficial** (art. 14; é necessária a aptidão física e mental para a posse).
- No **ato** da **posse** deve ser apresentada **declaração de bens e valores** que formam seu patrimônio e a declaração de exercício ou não de outro cargo, emprego ou função pública (art. 13, § 5º).
- **Prazo** para a **posse: trinta dias**, contados da publicação do ato de provimento (art. 13, § 1º).
- Nomeado **não toma posse** no prazo: **ato de provimento será tornado sem efeito**, pois ainda não era servidor para ser exonerado.
- **Exercício**: desempenho efetivo das atribuições do cargo.
- **Prazo para exercício**: **quinze dias,** contados da data da posse.
- Servidor **não entra em exercício** no prazo**:** será **exonerado** de ofício.
- **Estágio probatório**: lei prevê 24 meses, mas para STF é de 3 anos (STA 269, STA 290 e AI 754.802-DF).
- Sistematização das licenças e afastamentos em relação ao servidor em estágio probatório[11]:

SERVIDOR EM ESTÁGIO PROBATÓRIO – Licenças e Afastamentos	
PERMITIDO	**PROIBIDO**
• para o serviço militar (não suspende) • para exercício de mandato eletivo (não suspende) • para estudo ou missão no exterior (não suspende) • para servir a outro órgão ou entidade (só cargo de nível elevado; não suspende) • por motivo de doença em pessoa da família (suspende) • por motivo de afastamento do cônjuge ou companheiro (suspende) • para atividade política (suspende) • para servir em organismo internacional de que o Brasil participe ou com o qual coopere (suspende) • participação em curso de formação (suspende)	• para capacitação • para tratar de interesses particulares • para desempenho de mandato classista • para participação em programa de pós--graduação *stricto sensu* no País

- Sistematização das formas de provimento derivado[12]:

PROVIMENTO DERIVADO: principais formas
Readaptação→ investidura em outro cargo com atribuições e responsabilidade → compatíveis com as limitações do servidor
Aproveitamento→ volta à ativa do servidor em disponibilidade
Reversão→ volta do aposentado
Reintegração→ volta do demitido
Recondução→ volta ao cargo anterior

- Remoção (art. 36): **deslocamento do servidor**, a pedido ou de ofício, no âmbito do mesmo quadro, **com ou sem mudança de sede.**
- Remoção pode ocorrer **de ofício ou a pedido** do servidor.

---

11 BORTOLETO, Leandro. *Direito administrativo.* 2. ed. Salvador: Juspodivm, 2013. p. 200.

12 BORTOLETO, Leandro. *Direito administrativo.* 2. ed. Salvador: Juspodivm, 2013. p. 205.

- Hipóteses em que a **Administração não pode recusar** o pedido de remoção do servidor (art. 36, III):

a) para **acompanhar cônjuge ou companheiro**, também servidor público civil ou militar, de qualquer dos Poderes da União, dos Estados, do Distrito Federal e dos Municípios, que foi deslocado no interesse da Administração;

b) por **motivo de saúde** do servidor, cônjuge, companheiro ou dependente que viva às suas expensas e conste do seu assentamento funcional, condicionada à comprovação por junta médica oficial;

c) em virtude de **processo seletivo** promovido, na hipótese em que o número de interessados for superior ao número de vagas, de acordo com normas preestabelecidas pelo órgão ou entidade em que aqueles estejam lotados.

- **Vantagens**: servidor pode receber indenizações, gratificações e adicionais.
- Sistematização das **indenizações**[13]:

INDENIZAÇÕES	
Ajuda de custo	• Deslocamento definitivo, no interesse da Administração • Valor em regulamento: máximo 3 remunerações • servidor não se desloca: devolução em 30 dias **ATENÇÃO!** MP 805/2017 (ainda não apreciada pelo Congresso) alterou: • **Valor:** um mês de remuneração do servidor na origem ou de uma remuneração mensal do cargo em comissão (este, quando, não sendo servidor da União, for nomeado para cargo em comissão, com mudança de domicílio)
Diária	• Deslocamento transitório • Valor em regulamento: é ½ diária quando não houver pernoite fora da sede ou quando a União custear por outros meios • Servidor não se desloca: devolução em 5 dias
Indenização de transporte	• Uso de meio próprio de locomoção para execução de serviço externo, por força das atribuições do cargo • Valor em regulamento
Auxílio-moradia	• Servidor deslocado para ocupar alto cargo em comissão e demais requisitos do Art. 60-B • Valor: o que for menor: ou 25% do subsídio de Ministro ou 25% da remuneração do cargo ocupado. Independente do valor do cargo, assegura-se até R$ 1.800,00
Auxílio-moradia	**ATENÇÃO!** MP 805/2017 (ainda não apreciada pelo Congresso) alterou: • Valor será reduzido em 25% a cada ano e deixará de ser devido após o 4º ano de recebimento (após 4 anos do encerramento do pagamento, poderá ser retomado, se presentes, novamente, os requisitos)

- Sistematização das **gratificações** e **adicionais**[14]:

GRATIFICAÇÕES E ADICIONAIS	
Retribuição pelo exercício de função de direção, chefia e assessoramento	- Servidor que ocupa cargo em comissão ou exerce → função comissionada
Gratificação natalina	- 13º
Adicionais pelo exercício de atividades insalubres, perigosas ou penosas	- Adicional de insalubridade: local insalubre ou em: → contato permanente com substâncias tóxicas - Adicional de periculosidade: permanente risco de vida
Adicionais pelo exercício de atividades insalubres, perigosas ou penosas	- Se tiver direito aos dois, tem que escolher um - Adicional de penosidade: zona de fronteira ou → localidade cujas condições de vida o justifiquem - Percentual: regulamento
Adicional por serviço extraordinário	- Hora extra - 50% sobre o valor da hora normal - Máximo de 2h por jornada
Adicional noturno	- Trabalho das 22h às 5h - Hora, nesse período, é 52min30s - 25% sobre o valor da hora normal - Se for o caso, incide sobre a remuneração com o → adicional por serviço extraordinário
Adicional de férias	- 1/3 sobre a remuneração do período de férias
Gratificação por encargo de curso ou concurso	- Fazer as atividades do art. 76-A, fora do horário → de trabalho ou com compensação - Máximo: 120h anuais (exceção: + 120h)

- **Licenças e afastamentos** assegurados ao servidor (artigos 86 a 96-A e 202 a 214): a) licença por motivo de doença em pessoa da família; b) licença por motivo de afastamento do cônjuge ou companheiro; c) licença para o serviço militar; d) licença para atividade política; e) licença para capacitação; f) licença para tratar de interesses particulares; g) licença para desempenho de mandato classista; h) licença para tratamento de saúde; i) licença à gestante, à adotante e licença-paternidade; j) licença por acidente em serviço; k)

13 BORTOLETO, Leandro. *Direito administrativo*. Salvador: Juspodivm, 2012. p. 212.

14 BORTOLETO, Leandro. *Direito administrativo*. Salvador: Juspodivm, 2012. p. 214.

afastamento para servir a outro órgão ou entidade; l) afastamento para exercício de mandato eletivo; m) afastamento para estudo ou missão no exterior; n) afastamento para participação em programa de pós-graduação *stricto sensu* no País.

- Sistematização da licença para atividade política:

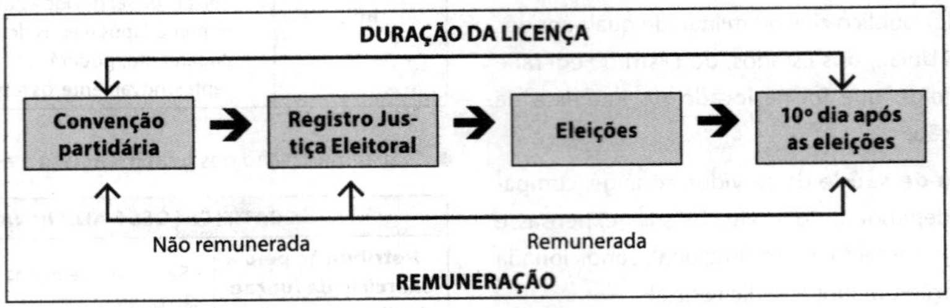

- Sistematização da contagem do tempo de serviço[15]:

<table>
<tr><th colspan="2">TEMPO DE SERVIÇO</th></tr>
<tr><th>Efetivo exercício</th><th>Somente para aposentadoria e disponibilidade</th></tr>
<tr><td>• tempo de serviço público federal (conta para todos os fins)
• exercício de cargo em comissão ou equivalente, em órgão ou entidade dos Poderes da União, dos Estados, Municípios e Distrito Federal (cessão de servidor federal)
• exercício de cargo ou função de governo ou administração, em qualquer parte do território nacional, por nomeação do Presidente da República</td><td>• tempo de serviço público prestado aos Estados, Municípios e Distrito Federal
• tempo de serviço em atividade privada, vinculada à Previdência Social</td></tr>
<tr><td>• serviço militar federal (Forças Armadas; conta para todos os fins)</td><td>• tempo de serviço relativo a tiro de guerra</td></tr>
<tr><td>• desempenho de mandato eletivo federal, estadual, municipal ou do Distrito Federal, exceto para promoção por merecimento</td><td>• desempenho de mandato eletivo federal, estadual, municipal ou distrital, anterior ao ingresso no serviço público federal</td></tr>
<tr><td>• licença para tratamento da própria saúde, até o limite de vinte e quatro meses, cumulativo ao longo do tempo de serviço público prestado à União, em cargo de provimento efetivo</td><td>• licença para tratamento da própria saúde, além do limite de vinte e quatro meses, cumulativo ao longo do tempo de serviço público prestado à União, em cargo de provimento efetivo</td></tr>
<tr><td>• licença para tratamento de saúde de pessoal da família do servidor, com remuneração, até trinta dias, em período de doze meses</td><td>• licença para tratamento de saúde de pessoal da família do servidor, com remuneração, que exceder a trinta dias, em período de 12 doze meses</td></tr>
<tr><td>• ausências do art. 97 (alistamento eleitoral, doação de sangue, casamento, etc.)
• férias
• participação em programa de treinamento ou em programa de pós-graduação stricto sensu no País
• júri e outros serviços obrigatórios por lei
• missão ou estudo no exterior, quando autorizado o afastamento
• licença à gestante, à adotante e à paternidade
• licença para o desempenho de mandato classista ou participação de gerência ou administração em sociedade cooperativa constituída por servidores para prestar serviços a seus membros, exceto para efeito de promoção por merecimento</td><td>• licença para atividade política, com remuneração (do registro da candidatura na Justiça Eleitoral até dez dias após as eleições)</td></tr>
<tr><td>• licença por motivo de acidente em serviço ou doença profissional
• licença para capacitação
• licença por convocação para o serviço militar
• deslocamento para a nova sede (período de trânsito para o servidor que deva ter exercício em outro Município por ter sido removido, redistribuído, requisitado, cedido ou posto em exercício provisório)
• participação em competição desportiva nacional ou convocação para integrar representação desportiva nacional, no País ou no exterior
• afastamento para servir em organismo internacional de que o Brasil participe ou com o qual coopere</td><td></td></tr>
</table>

15 BORTOLETO, Leandro. *Direito administrativo*. 2. ed. Salvador: Juspodivm, 2013. p. 223/224.

- **Direito de petição** do servidor **prescreve** em (art. 110): a) em **cinco anos**, quanto aos atos de demissão e de cassação de aposentadoria ou disponibilidade, ou que afetem interesse patrimonial e créditos resultantes das relações de trabalho; b) em **cento e vinte dias**, nos demais casos, salvo se houver outro prazo fixado em lei.
- Os artigos 116 e 117 devem ser lidos várias vezes. São muito importantes porque descrevem os deveres e proibições dos servidores e a definição das penas é correlacionada com esses dispositivos legais.
- **Responsabilidades**: as **sanções** penais, administrativas e civis podem **cumular-se**, pois são independentes entre si. **Exceção**: quando na esfera penal o servidor for **absolvido** em razão da **inexistência do fato** ou da **negativa de autoria** (art. 126).
- As **penas** que podem ser aplicadas ao servidor são (art. 127): a) advertência; b) suspensão; c) multa; d) demissão; e) cassação de aposentadoria e disponibilidade; f) destituição de cargo em comissão; g) destituição de função de confiança.
- **Advertência:** tem cabimento, conforme o art. 129, quando se tratar de **violação dos deveres funcionais** constantes do art. 117, I a VIII e XIX, ou quando houver a **inobservância de dever funcional** previsto em lei, regulamento ou norma interna, e não haja justificativa para a aplicação de pena mais grave.
- **Suspensão** é cabível (art. 130):

a) quando houver reincidência de falta punida com advertência;

b) nos casos de violação das proibições que não sejam punidas com demissão, isto é, nas situações previstas no art. 117, XVII e XVIII;

c) quando o servidor se recusar, injustificadamente, a se submeter a inspeção médica determinada pela autoridade competente (a partir do momento que se submeter a inspeção, cessam os efeitos da pena).

- **Suspensão** pode, a critério do administrador, ser **substituída por multa** no valor equivalente a **50% por dia** da remuneração do servidor e este continua a trabalhar.
- **Demissão**: hipóteses de **cabimento**:

a) Art. 117, IX a XVI: *"IX – valer-se do cargo para lograr proveito pessoal ou de outrem, em detrimento da dignidade da função pública; X – participar de gerência ou administração de sociedade privada, personificada ou não personificada, exercer o comércio, exceto na qualidade de acionista, cotista ou comanditário; XI – atuar, como procurador ou intermediário, junto a repartições públicas, salvo quando se tratar de benefícios previdenciários ou assistenciais de parentes até o segundo grau, e de cônjuge ou companheiro; XII – receber propina, comissão, presente ou vantagem de qualquer espécie, em razão de suas atribuições; XIII – aceitar comissão, emprego ou pensão de estado estrangeiro; XIV – praticar usura sob qualquer de suas formas; XV – proceder de forma desidiosa; XVI – utilizar pessoal ou recursos materiais da repartição em serviços ou atividades particulares";*

b) Art. 132, I a XII: *"I – crime contra a administração pública; II – abandono de cargo; III – inassiduidade habitual; IV – improbidade administrativa; V – incontinência pública e conduta escandalosa, na repartição; VI – insubordinação grave em serviço; VII – ofensa física, em serviço, a servidor ou a particular, salvo em legítima defesa própria ou de outrem; VIII – aplicação irregular de dinheiros públicos; IX – revelação de segredo do qual se apropriou em razão do cargo; X – lesão aos cofres públicos e dilapidação do patrimônio nacional; XI – corrupção; XII – acumulação ilegal de cargos, empregos ou funções públicas.*

- Sistematização da pena de demissão[16]:

DEMISSÃO
Somente após 5 anos pode retornar ao serviço público federal
• valer-se do cargo para lograr proveito pessoal ou de outrem, em detrimento da dignidade da função pública • atuar, como procurador ou intermediário, junto a repartições públicas, salvo quando se tratar de benefícios previdenciários ou assistenciais de parentes até o segundo grau, e de cônjuge ou companheiro
Não pode mais retornar ao serviço público federal
• crime contra a Administração Pública
Não pode mais retornar ao serviço público federal **Indisponibilidade dos bens** **Ressarcimento ao erário**
• improbidade administrativa • aplicação irregular de dinheiros públicos • lesão aos cofres públicos e dilapidação do patrimônio nacional • corrupção
Demais casos: sem restrição de retorno ao serviço público federal
• abandono de cargo • inassiduidade habitual • incontinência pública e conduta escandalosa, na repartição • insubordinação grave em serviço • ofensa física, em serviço, a servidor ou a particular, salvo em legítima defesa própria ou de outrem • revelação de segredo do qual se apropriou em razão do cargo • acumulação ilegal de cargos, empregos ou funções públicas

16 BORTOLETO, Leandro. *Direito administrativo*. Salvador: Juspodivm, 2012. p. 233.

- participar de gerência ou administração de sociedade privada, personificada ou não personificada, exercer o comércio, exceto na qualidade de acionista, cotista ou comanditário
- recebimento de propina, comissão, presente ou vantagem de qualquer espécie, em razão de suas atribuições
- aceitação de comissão, emprego ou pensão de Estado estrangeiro
- prática de usura sob qualquer de suas formas
- procedimento desidioso
- utilização pessoal ou recursos materiais da repartição em serviços ou atividades particulares

- **Ação disciplinar** prescreve: a) se a infração administrativa também for crime, no prazo previsto na lei penal; b) se a infração administrativa não for crime: em 5 anos, para as infrações puníveis com demissão, cassação de aposentadoria ou disponibilidade e destituição de cargo em comissão; em 2 anos, para os casos de suspensão; em 180 dias para a advertência.
- STJ: "quando o servidor público comete infração disciplinar também tipificada como crime, somente se aplicará o prazo prescricional da legislação penal se os fatos também forem apurados em ação penal", conforme MS 15.462/DF (14/03/2011).
- Sistematização das formas de apuração de infração disciplinar[17]:

APURAÇÃO DE INFRAÇÃO DISCIPLINAR	
Infração punida com	**Meio de apuração**
Advertência Suspensão ≤ 30 dias	Sindicância ou Processo administrativo disciplinar
Suspensão > 30 dias Demissão Cassação de aposentadoria ou disponibilidade Destituição de cargo em comissão	Processo administrativo disciplinar

- Processo administrativo: rito ordinário e rito sumário.
- **Rito ordinário** do processo administrativo disciplinar[18]:

PROCESSO ADMINISTRATIVO DISCIPLINAR: Rito Ordinário			
Instauração	Publicação do ato de constituição da comissão disciplinar Comissão → 3 servidores estáveis		
	Consequências	• (60 dias + 60 dias) • possibilidade de afastamento temporário do servidor • impossibilidade de aposentadoria voluntária ou exoneração a pedido do servidor	
Inquérito Administrativo	Instrução	• Produção de provas: testemunhas, perícias, acareações, interrogatório do servidor e demais diligências • Indiciação: se for o caso, após análise das provas	
		Citação	• por mandado ou • por edital
	Defesa	Prazo	• 10 dias → 1 indiciado • 20 dias → + de 1 indiciado (comum) • 15 dias → citação por edital
Inquérito Administrativo	Defesa	Defesa não apresentada no prazo	• servidor nomeado defensor dativo • devolução do prazo
	Relatório	Conteúdo	• resumo das principais peças • menção às provas • conclusão (inocência ou responsabilidade) • indicação do dispositivo legal
Julgamento	• Prazo	→ 20 dias → inobservância: não gera nulidade; se ocorrer a prescrição autoridade será responsabilizada	
	• Competência	→ Art. 141; se autoridade instauradora não tiver competência, deve encaminhar os autos à competente	
	• Relatório da Comissão Disciplinar	→ Regra: deve ser acatado → Exceção: pode ser refutado se, motivadamente, for demonstrado que é contrário à prova dos autos	
PRAZO PARA CONCLUSÃO: 60 dias + 60 dias = 120 dias. Conforme STF e STJ, não está incluído prazo para julgamento (20 dias), totalizando 140 dias.			

- **Revisão** do processo administrativo disciplinar: **pode se dar de ofício ou a requerimento** do servidor (em caso de falecimento, ausência ou desaparecimento do servidor, qualquer pessoa da família poderá fazê-lo) e não há prazo, mas devem ser cumpridos os seguintes **requisitos**: **fato novo ou circunstância suscetível de justificar a inocência do punido ou a inadequação da penalidade aplicada** (art. 174).
- Seguridade social: é **dever da União manter Plano de Seguridade Social para o servidor e sua família** (art. 183).
- **Benefícios do Plano de Seguridade Social**. Benefícios para o **servidor**: **a)** aposentadoria; **b)** auxílio-natalidade; **c)** salário-família; **d)** licença para tratamento

17 BORTOLETO, Leandro. *Direito administrativo.* 2. ed.Salvador: Juspodivm, 2013. p. 239.

18 BORTOLETO, Leandro. *Direito administrativo.* 2. ed.Salvador: Juspodivm, 2013. p. 243.

de saúde; **e)** licença à gestante, à adotante e licença-paternidade; **f)** licença por acidente em serviço; **g)** assistência à saúde; **h)** garantia de condições individuais e ambientais de trabalho satisfatórias. Benefícios para a **família do servidor**: **a)** pensão vitalícia e temporária; **b)** auxílio-funeral; **c)** auxílio-reclusão; **d)** assistência à saúde.

- **PENSAO**:

- Beneficiários da pensão (art. 217):

a) o cônjuge;

b) o cônjuge divorciado ou separado judicialmente ou de fato, com percepção de pensão alimentícia estabelecida judicialmente

c) o companheiro ou companheira que comprove união estável como entidade familiar;

d) o filho de qualquer condição que atenda a um dos seguintes requisitos (enteado e o menor tutelado equiparam-se a filho mediante declaração do servidor e desde que comprovada dependência econômica, na forma estabelecida em regulamento):

  - seja menor de 21 anos;
  - seja invalido;
  - tenha deficiência intelectual ou mental, nos termos do regulamento;

e) a mãe e o pai que comprovem dependência econômica do servidor; e

f) o irmão de qualquer condição que comprove dependência econômica do servidor e atenda a um dos requisitos:

  - seja menor de 21 anos;
  - seja invalido;
  - tenha deficiência intelectual ou mental, nos termos do regulamento;

Obs.: a concessão aos beneficiários de "a" a "d"exclui os indicados nas letras "e" e "f";

  - a concessão aos beneficiários indicados na letra "e" exclui o arrolado na letra "f".
  - Perda da qualidade de beneficiário (art. 222, VII):

I – falecimento;

II – anulação do casamento, quando a decisão ocorrer após a concessão da pensão ao cônjuge;

III – a cessação da invalidez, em se tratando de beneficiário inválido, o afastamento da deficiência,em se tratando de beneficiário com deficiência,ou o levantamento da interdição, em se tratando de beneficiário com deficiência intelectual ou mental que o torne absoluta ou relativamente incapaz, respeitados os períodos mínimos decorrentes da aplicação das alíneas "a" e "b" do inciso VII;

IV – o implemento da idade de 21 anos, pelo filho ou irmão;

V – a acumulação de pensão na forma do art. 225;

VI – a renúncia expressa; e

VII – em relação ao cônjuge e companheiro (I a III do caput do art. 217):

a) o decurso de 4 meses:

  - *se o óbito ocorrer sem que o servidor tenha vertido 18 contribuições mensais, ou*
  - *se o casamento ou a união estável tiverem sido iniciados em menos de 2 anos antes do óbito do servidor;*

b) o decurso dos seguintes períodos, estabelecidos de acordo com a idade do pensionista na data de óbito do servidor, depois de vertidas 18 contribuições mensais e pelo menos 2 anos após o início do casamento ou da união estável:

  - *3 anos (duração), com menos de 21 anos de idade (pensionista);*
  - *6 anos (duração), entre 21 e 26 anos de idade (pensionista);*
  - *10 anos (duração), entre 27 e 29 anos de idade (pensionista);*
  - *15 anos (duração), entre 30 e 40 anos de idade (pensionista);*
  - *20 anos (duração), entre 41 e 43 anos de idade (pensionista);*
  - *vitalícia, com 44 ou mais anos de idade (pensionista).*

Perde o direito a pensão (art. 220):

> *I - o beneficiário condenado, após o trânsito em julgado, pela prática de crime de que tenha dolosamente resultado a morte do servidor;*
>
> *II - o cônjuge, o companheiro ou a companheira se comprovada, a qualquer tempo, simulação ou fraude no casamento ou na união estável, ou a formalização desses com o fim exclusivo de constituir benefício previdenciário, apuradas em processo judicial no qual será assegurado o direito ao contraditório e à ampla defesa.*

6. PODERES ADMINISTRATIVOS

- Poderes administrativos são as **prerrogativas** à disposição da Administração destinadas à viabilização do interesse público.
- **Poder discricionário**: limitado pelo princípio da razoabilidade
- **Poder hierárquico**: o de que dispõe o Executivo para distribuir e escalonar as funções de seus órgãos, ordenar e rever a atuação de seus agentes, estabelecendo a relação de subordinação entre os servidores do seu quadro de pessoal"[19]. É típico da função administrativa, mas não é exclusivo do Executivo e faz parte dos Poderes Legislativo e Judiciário, na função atípica de

19 MEIRELLES, Hely Lopes. *Direito administrativo brasileiro*. 36. ed.São Paulo: Malheiros, 2010. p. 124.

administrar. É com base na hierarquia que se pode avocar, delegar, ordenar, controlar, corrigir e aplicar sanções.

- **Poder disciplinar**: é a prerrogativa pela qual a Administração apura as infrações e aplica as penalidades ao infrator, que pode ser um servidor público ou particular sujeito à disciplina administrativa, como um estudante de escola pública[20].
- **Poder regulamentar**: Para Maria Sylvia Zanella Di Pietro, é espécie do poder normativo da Administração Pública, ou seja, é um tipo, uma das formas pela qual se expressa a função normativa da Administração Pública, e o poder regulamentar, assim entendido, é privativo do Chefe do Executivo e se materializa por meio de decreto, mas há outras formas de expressão do poder normativo como as resoluções, as portarias, as instruções, os regimentos, mas esses atos possuem alcance restrito aos limites de atuação do órgão e não têm a mesma natureza dos regulamentos expedidos pelo Chefes do Executivo[21].
- **Regulamento autônomo**: é ato normativo, infralegal, que pode inovar na ordem jurídica; tem seu fundamento diretamente estabelecido no texto constitucional; trata de matéria não constante em lei. Art. 84, VI, da Constituição Federal.
- Regulamentação técnica ou regulamento autorizado: manifesta-se, por exemplo, na função normativa exercida pelas agências reguladoras, as quais recebem a função de regular por meio da deslegalização de parte da matéria.
- **Deslegalização ou delegificação**: a lei delega a função de criar norma a respeito de assuntos técnicos a órgãos administrativos. Fala-se, também, em discricionariedade técnica, porque a lei estabelece parâmetros, diretrizes para que, em nível administrativo, seja feita a complementação da lei, com conteúdo técnico.
- **Poder de polícia**: "faculdade de que dispõe a administração pública para condicionar e restringir o uso e gozo de bens, atividades e direitos individuais, em benefício da coletividade ou do próprio Estado"[22].
- **Poder de polícia em sentido amplo e em sentido estrito**: **sentido amplo**: engloba tanto os atos legislativos quanto os atos administrativos; **sentido estrito**: é uma atividade administrativa e, assim, só pode ser exercida na função administrativa e não na função legislativa.
- **Atributos do poder de polícia**: discricionariedade, autoexecutoriedade e coercibilidade.
- **Ciclo de polícia**: ordem de polícia, consentimento de polícia, fiscalização de polícia, sanção de polícia.
- Sistematização do abuso de poder[23]:

ABUSO DE PODER	
• Uso dos poderes administrativos contrariando o regime jurídico administrativo • Forma comissiva ou omissiva	
Espécies	
Excesso de poder	**Desvio de poder**
Atua fora dos limites da competência	Atua dentro dos limites da competência, mas com finalidade diversa daquela com que deveria atuar

7. ATO ADMINISTRATIVO

- **Ato administrativo** é "toda manifestação unilateral de vontade da Administração Pública que, agindo nessa qualidade, tenha por fim imediato adquirir, resguardar, transferir, modificar, extinguir e declarar direitos, ou impor obrigações aos administrados ou a si própria"[24].
- Ato administrativo: a) o regime jurídico é sempre o de **direito público**; b) o ato é uma **manifestação**, uma declaração jurídica **unilateral**; c) é ato **infralegal**; d) submete-se ao **controle** administrativo e judicial.
- Sistematização dos elementos do ato administrativo[25]:

ELEMENTOS OU REQUISITOS DO ATO ADMINISTRATIVO
Posição tradicional (usualmente cobrada nas provas)
Competência ou Sujeito: Quem? Conjunto de atribuições administrativas do servidor.
Finalidade: Para quê? Resultado mediato almejado com a prática do ato.
Forma: Como? Exteriorização do ato. Maneira pela qual o ato se apresenta.
Motivo ou Causa: Por quê? Pressuposto de fato e de direito cuja ocorrência autoriza ou determina a prática do ato.
Objeto ou Conteúdo: O quê? Resultado imediato pretendido com a prática do ato

20 DI PIETRO, Maria Sylvia Zanella. *Direito administrativo*. 23. ed. São Paulo: Atlas, 2010. p. 94.

21 MEIRELLES, Hely Lopes. *Direito administrativo*. 25. ed. São Paulo: Atlas, 2012. p. 91 e 94.

22 MEIRELLES, Hely Lopes. *Direito administrativo brasileiro*. 36. ed.São Paulo: Malheiros, 2010. p. 134.

23 BORTOLETO, Leandro. *Direito administrativo*. Salvador: Juspodivm, 2012. p. 300.

24 MEIRELLES, Hely Lopes. *Direito administrativo brasileiro*. 36. ed.São Paulo: Malheiros, 2010. p. 153.

25 Quanto à posição de Celso Antônio Bandeira de Mello: *Curso de direito administrativo*. 27. ed. São Paulo: Malheiros, 2010. p. 393-412.

Posição de Celso Antônio Bandeira de Mello (requisitos)
Motivo do ato x Motivo legal: motivo legal é a previsão abstrata de uma situação fática e motivo do ato é a própria situação material. Ambos têm que coincidir.
Motivo x móvel: motivo é a situação objetiva, real, empírica; é a realidade objetiva, externa ao agente; móvel é a representação subjetiva, psicológica, interna do agente; móvel é a vontade do agente.
Objeto x Conteúdo: não são sinônimos. Objeto sobre o que o ato incide. Conteúdo é o próprio ato em essência; é interno ao ato, já o objeto é externo ao ato.
Causa: Não é sinônimo de motivo. É a correlação lógica entre o motivo do ato administrativo e seu conteúdo, em vista da finalidade pública. É a relação lógica entre motivo e o conteúdo do ato, em função da finalidade pública.

Sistematização dos requisitos do ato (Celso Antônio)		
ELEMENTOS	• Conteúdo • Forma	
PRESSUPOSTOS	• De existência	• Objeto • Pertinência da função administrativa
	• De validade	• Sujeito incompetente (pressuposto subjetivo) • Motivo (pressuposto objetivo) • Requisitos procedimentais • Finalidade Pública (pressuposto teleológico) • Causa (pressuposto lógico) • Formalização (pressuposto formalístico)

- Consequência do **silêncio administrativo**: a) se houver lei a respeito: previsão legal; b) se não houver lei a respeito: competência discricionária: exigência de decisão motivada; competência vinculada: exigência da prática do ato.
- Sistematização dos atributos do ato administrativo[26]:

ATRIBUTOS OU CARACTERÍSTICAS DO ATO ADMINISTRATIVO	
PRESUNÇÃO DE LEGITIMIDADE	• presunção de que todo ato administrativo praticado está de acordo com a lei • pode ser praticado imediatamente • produz efeitos até que seja anulado • ônus da prova do interessado • nulidade só é apreciada a pedido pelo Judiciário • existe em todos os atos administrativos
IMPERATIVIDADE	• ato administrativo é imposto ao destinatário • não está presente em todos os atos administrativos
AUTOEXECUTORIEDADE	• Administração executa o ato por seus próprios meios • não existe em todos os atos administrativos: só em urgência ou se previsto em lei

- Sistematização da classificação dos atos administrativos:

CLASSIFICAÇÃO DOS ATOS ADMINISTRATIVOS	
Quanto ao destinatário	**geral** ➔ sem destinatário definido; fim normativo
	individual ➔ com destinatário definido
Quanto ao alcance	**interno** ➔ efeitos somente dentro da Administração
	externo ➔ efeitos para fora da Administração
Quanto ao objeto	**império** ➔ posição de superioridade
	gestão ➔ posição de igualdade
	expediente ➔ rotina interna; sem poder decisório
Quanto ao regramento	**vinculado** ➔ não pode escolher no caso concreto
	discricionário ➔ pode escolher no caso concreto
Quanto à formação da vontade	**simples** ➔ vontade de um órgão só
	complexo ➔ vontade de dois órgãos e um ato só
	composto ➔ dois órgãos e dois atos (principal e acessório)
Quanto ao conteúdo	**constitutivo** ➔ cria situação jurídica individual
	extintivo ➔ encerra situação jurídica individual
	declaratório ➔ declara situação já existente
	alienativo ➔ transfere bens ou direitos
	modificativo ➔ altera situação jurídica, sem encerrá-la
	abdicativo ➔ renúncia a um direito
Quanto à eficácia	**válido** ➔ em conformidade com o direito
	nulo ➔ vício insanável
	anulável ➔ vício sanável
	inexistente➔ parece ato, mas não é
Quanto à exequibilidade	**perfeito** ➔ completou ciclo de formação
	imperfeito ➔ não completou ciclo de formação
	pendente➔ não está apto para produzir efeitos
	consumado ➔ já produziu seus efeitos; definitivo

- Sistematização da anulação e da revogação do ato administrativo[27]:

26 BORTOLETO, Leandro. *Direito administrativo*. Salvador: Juspodivm, 2012. p. 334.

27 BORTOLETO, Leandro. *Direito administrativo*. Salvador: Juspodivm, 2012. p. 347.

ANULAÇÃO	REVOGAÇÃO
Ilegalidade	interesse público (conveniência e oportunidade)
ex tunc (ato restritivo) *ex nunc* (ato ampliativo e boa-fé)	*ex nunc*
Poder Judiciário e Administração	somente a Administração
qualquer ato (vinculado e discricionário)	atos irrevogáveis: ● vinculados ● integrantes de procedimento ● enunciativos ● geraram direito adquirido

- **Convalidação:** o **suprimento da invalidade de um ato** com efeitos retroativos"[28]. Convalidar é **tornar válido um ato inválido**, por meio de outro ato que supre **vício sanável,** com efeitos ***ex tunc*** (retroagem).

8. PROCESSO ADMINISTRATIVO

- **Princípios do processo administrativo**:
  - oficialidade;
  - informalidade (ou obediência à forma);
  - verdade material;
  - gratuidade;
  - pluralidade de instâncias.
- **Princípios do processo administrativo**: **Processo x procedimento:** O **processo** é "a relação jurídica integrada por algumas pessoas, que nela exercem várias atividades direcionadas para determinado fim"[29]e, por sua vez, o **procedimento** é a "sucessão de atos preparatórios que devem obrigatoriamente preceder a prática de ato final"[30]. Procedimento relaciona-se com movimento, dinâmica; é o rito, a sequência em que os atos devem ser praticados, com um objetivo final. Ambos são intrinsecamente relacionados, pois "todo processo demanda um procedimento - que é a tramitação dos atos - da mesma forma que todo procedimento só tem existência se houver o respectivo processo - este indicando a relação jurídica firmada entre aqueles que dele participam"[31].

- Há diversas espécies de processo administrativo e estes se desenvolvem em todas as esferas da Federação e, por isso, devem ser legalmente disciplinados em cada uma delas.
- Na esfera federal, há a Lei nº 9.784/99 que, conforme sua ementa, "regula o processo administrativo no âmbito da Administração Pública Federal". É uma lei de aplicação em âmbito federal, de forma subsidiária se houver lei específica para determinado processo administrativo e de forma integral se não existir lei dispondo de maneira específica sobre certo processo administrativo na esfera federal.
- A Lei nº 9.784/99 é uma norma na qual foram positivados diversos posicionamentos consagrados na doutrina e na jurisprudência e, apesar de ser de aplicação na esfera federal, serve como parâmetro para as legislações estaduais e municipais sobre processo administrativo. Nesse sentido, por exemplo, merecem destaque as disposições sobre a delegação de competência, a motivação do ato administrativo e o prazo decadencial para a anulação do ato.

8.1. LEI Nº 9.784/99

- **Princípios expressos** do processo administrativo (art. 2º): legalidade, finalidade, motivação, razoabilidade, proporcionalidade, moralidade, ampla defesa, contraditório, segurança jurídica, interesse público, eficiência.
- **Critérios** a serem seguidos (são os conteúdos dos princípios; art. 2º, parágrafo único): atuação conforme a lei e o direito; atendimento a fins de interesse geral, vedada a renúncia total ou parcial de poderes ou competências, salvo autorização em lei; objetividade no atendimento do interesse público, vedada a promoção pessoal de agentes ou autoridades; atuação segundo padrões éticos de probidade, decoro e boa-fé; divulgação oficial dos atos administrativos, ressalvadas as hipóteses de sigilo previstas na Constituição; adequação entre meios e fins, vedada a imposição de obrigações, restrições e sanções em medida superior àquelas estritamente necessárias ao atendimento do interesse público; indicação dos pressupostos de fato e de direito que determinarem a decisão; observância das formalidades essenciais à garantia dos direitos dos administrados; adoção de formas simples, suficientes para propiciar adequado grau de certeza, segurança e respeito aos direitos dos administrados; garantia dos direitos à comunicação, à apresentação de alegações finais, à produção de provas e à interposição de recursos, nos processos de que possam resultar sanções e nas situações de litígio; proibição de cobrança de despesas processuais, ressalvadas as previstas em lei; impulsão, de ofício, do processo administrativo, sem prejuízo da atuação dos interessados; interpretação da norma administrativa da forma que melhor garanta o atendimento do fim público a que se dirige, vedada aplicação retroativa de nova interpretação.

---

28 MELLO, Celso Antônio Bandeira de. *Curso de direito administrativo*. 27. ed. São Paulo: Malheiros, 2010. p. 473.

29 CARVALHO FILHO, José dos Santos. *Manual de direito administrativo*. 19. ed. Rio de Janeiro: Lumen Juris, 2008. p. 862.

30 DI PIETRO, Maria Sylvia Zanella. *Direito administrativo*. 23. ed. São Paulo: Atlas, 2010. p. 623.

31 CARVALHO FILHO, José dos Santos. *Manual de direito administrativo*. 19. ed. Rio de Janeiro: Lumen Juris, 2008. p. 863.

- **Prioridade** na tramitação do processo administrativo (art. 69-A): a) pessoa com idade igual ou superior a 60 anos; b) pessoa portadora de deficiência, física ou mental; c) pessoa portadora de doença grave, como tuberculose ativa, esclerose múltipla, neoplasia maligna, hanseníase, paralisia irreversível e incapacitante, cardiopatia grave, doença de Parkinson, espondiloartrose anquilosante, nefropatia grave, hepatopatia grave, estados avançados da doença de Paget (osteíte deformante), contaminação por radiação, síndrome de imunodeficiência adquirida, ou qualquer outra, com base em conclusão da medicina especializada, mesmo que a doença tenha sido contraída após o início do processo.
- Sistematização da delegação de competência[32]:

<table>
<tr><th colspan="4">DELEGAÇÃO</th></tr>
<tr><th colspan="4">É a transferência de parte das atribuições feita por quem era originariamente competente</th></tr>
<tr><td rowspan="3">A delegação pode ser feita</td><td colspan="3">• se houver ou não subordinação hierárquica
• só parcialmente (não pode delegar integralmente a competência)
• com ressalva quanto à atribuição delegada</td></tr>
<tr><td rowspan="2">• quando</td><td colspan="2">- não houver impedimento legal</td></tr>
<tr><td>- for conveniente em razão de circunstâncias de índole</td><td>- técnica
- social
- econômica
- jurídica
- territorial</td></tr>
<tr><td>A delegação não pode ser feita em relação</td><td colspan="3">• à edição de atos de caráter normativo
• à decisão de recursos administrativos
• às matérias de competência exclusiva do órgão ou autoridade</td></tr>
<tr><td rowspan="3">O ato de delegação</td><td colspan="3">• deve ser publicado no meio oficial</td></tr>
<tr><td>• deve especificar</td><td colspan="2">- as matérias transferidas
- os poderes transferidos
- os limites da atuação do delegado
- a duração da delegação
- os objetivos da delegação
- o recurso cabível</td></tr>
<tr><td colspan="3">• é revogável a qualquer tempo (ato de revogação deve ser publicado no meio oficial)</td></tr>
<tr><td>As decisões adotadas por delegação</td><td colspan="3">- devem mencionar explicitamente esta qualidade
- consideram-se editadas pelo delegado (este responderá em caso de irregularidade)</td></tr>
</table>

- **Avocação de competência**: o superior, que não era competente, chama para si parcela de competência legalmente atribuída a subordinado seu. Deve ser temporária e deve ser feita em caráter excepcional, por motivos relevantes devidamente justificados.
- **Recurso administrativo**: interposição no prazo de dez dias, em razão de legalidade e mérito. São legitimados: a) titulares de direitos e interesses que forem parte no processo; b) aqueles cujos direitos ou interesses forem indiretamente afetados pela decisão recorrida; c) as organizações e associações representativas, no tocante a direitos e interesses coletivos; d) os cidadãos ou associações, quanto a direitos ou interesses difusos.
- Se o recorrente alegar violação de enunciado da súmula vinculante, a autoridade competente para decidir explicitará as razões da aplicabilidade ou inaplicabilidade da súmula, conforme o caso (art. 64-A).

9. LICITAÇÃO E CONTRATO ADMINISTRATIVO

- **Licitação** é o processo administrativo instaurado pela Administração Pública consistente na disputa igualitária entre os interessados em celebrar contrato com ela, para a escolha da proposta que permita a melhor contratação em face do interesse público.
- São **finalidades da licitação**: a) escolher a melhor proposta; b) permitir a participação de qualquer interessado que preencha os requisitos exigidos; c) auxiliar na promoção do desenvolvimento nacional.
- **Princípios da licitação** (art. 3º, Lei nº 8.666/93): legalidade, impessoalidade, moralidade, publicidade, igualdade, probidade administrativa, vinculação ao instrumento convocatório, julgamento objetivo.
- **Ressalvas ao princípio da igualdade entre os licitantes: a) margem de preferência**: poderá ser estabelecida para I - produtos manufaturados e para serviços nacionais que atendam a normas técnicas brasileiras; e II - bens e serviços produzidos ou prestados por empresas que comprovem cumprimento de reserva de cargos prevista em lei para pessoa com deficiência ou para reabilitado da Previdência Social e que atendam às regras de acessibilidade previstas na legislação.
- somente pode existir se a capacidade de prestação dos serviços ou de produção dos bens seja superior ao que será adquirido ou contratado ou ao mínimo estabelecido no edital;
- pode ser estendida, total ou parcialmente, aos bens e serviços originários dos Estados-parte do Mercosul; **b) margem adicional** (art. 3º, § 7º): é um acréscimo ao percentual da margem de preferência para produtos manufaturados e serviços nacionais resultantes de desenvolvimento e inovação tecnológica realizados no País (os percentuais das margens de preferência e adicional serão definidos pelo Poder Executivo Federal, mas a soma das duas não poderá ultrapassar 25%

---

32 BORTOLETO, Leandro. *Direito administrativo*. Salvador: Juspodivm, 2012. p. 373.

sobre produtos manufaturados e serviços estrangeiros); **c) art. 3º da Lei nº 8.248/91**: preferência para a aquisição de:

- bens e serviços de informática com tecnologia desenvolvida no País;
- bens e serviços produzidos de acordo com processo produtivo básico, definido pelo Poder Executivo; **d) licitação restrita** a bens e serviços com tecnologia desenvolvida no Brasil e produzidos de acordo com o processo produtivo básico, quando destinadas à implantação, manutenção e aperfeiçoamento dos sistemas de tecnologia de informação e comunicação considerados estratégicos em ato do Poder Executivo Federal (art.3º, § 12).
- ***Tratamento diferenciado*** para microempresa e empresa de pequeno porte nas licitações (Lei Complementar nº 123/06). Benefícios:

a) preferência em caso de empate (art. 44 da LC 123/06);

b) exigência de regularidade fiscal apenas na assinatura do contrato (art. 42);

c) tratamento diferenciado e simplificado nas contratações públicas (art. 47): • abertura de licitações só para participação de ME e EPP, para contratações de até R$ 80.000,00; • possibilidade de exigência ao licitante para que faça a subcontratação de ME e EPP; • deverá estabelecer cota de até 25% do objeto, no caso de bens divisíveis. Esse tratamento diferenciado não é possível quando: • não houver no mínimo três fornecedores sendo microempresa ou empresa de pequeno porte; • quando não for vantajoso ou representar prejuízo para a Administração; • quando a licitação for dispensável ou inexigível, excetuando-se as dispensas tratadas pelos incisos I e II do art. 24 da mesma Lei (dispensa em razão do valor), nas quais a compra deverá ser feita preferencialmente de microempresas e empresas de pequeno porte.

- Objeto da licitação (art. 2º, Lei nº 8.666/93): a) obras; b) serviços, inclusive de publicidade; c) compras; d) alienações; e) concessões; f) permissões; g) locações.
- **Serviço de publicidade**: licitação regulada pela Lei nº 12.232/10. Lei nº 8.666/93 é aplicada de forma complementar.
- **Regime Diferenciado de Contratações Públicas** (RDC). A Lei nº 12.462/11 introduziu uma forma diferente de fazer licitação aplicada, exclusivamente, para as licitações contratos administrativos referentes aos Jogos Olímpicos e Paraolímpicos de 2016, à Copa das Confederações de 2013, à Copa do Mundo de 2014 (essas duas últimas, apenas quanto às obras públicas, às constantes da matriz de responsabilidades celebrada entre a União, Estados, Distrito Federal e Municípios) e às obras de infraestrutura e de contratação de serviços para os aeroportos das capitais dos Estados da Federação distantes até 350 km das cidades-sede dos mundiais, das ações integrantes do Programa de Aceleração do Crescimento (PAC), das obras e serviços de engenharia no âmbito do Sistema Único de Saúde – SUS. Além dessas, Lei nº 13.190/15 acrescentou novas hipóteses para uso do RDC no art. 1º: das obras e serviços de engenharia para construção, ampliação e reforma e administração de estabelecimentos penais e de unidades de atendimento socioeducativo (inciso VI), das ações no âmbito da segurança pública (inciso VII) ao converter a MP 678/15. Entretanto, a Lei nº 13.190/15 acrescentou, ainda, os incisos VIII (das obras e serviços de engenharia, relacionadas a melhorias na mobilidade urbana ou ampliação de infraestrutura logística) e IX (dos contratos a que se refere o art. 47-A.). ATENÇÃO: o STF por entender que houve contrabando legislativo (ao apreciar a MP 678/15, houve a inserção de emendas estranhas ao tema da MP e, assim, no MS 33.889, o Min. Barroso suspendeu a eficácia da Lei 13.190/15, com exceção dos incisos VI e VII do art. 1º, *ad referendum* do Plenário. O RDC também pode ser usado no caso de ações em órgãos e entidades dedicados à ciência, à tecnologia e à inovação (inciso X do art. 1º da Lei nº 12.462/11, acrescentado pela Lei nº 13.243/16).Contestando a Lei nº 12.462/11 há, no STF, a ADI 4655.
- Têm o **dever de licitar**: a) órgãos da administração direta; b) autarquias: incluindo as agências reguladoras e os conselhos de fiscalização de profissões; c) fundações públicas; d) empresas públicas; e) sociedades de economia mista; f) consórcios públicos; g) entidades controladas direta ou indiretamente pelo Poder Público; h) fundos especiais.
- **Lei nº 13.303/16 (estatuto das estatais): 1)** nos artigos 28 a 84 dispõe sobre as licitações e as contratações feitas pelas empresas públicas e sociedades de economia mista e às suas subsidiárias, que explorem atividade econômica de produção ou comercialização de bens ou de prestação de serviços, ainda que a atividade econômica esteja sujeita ao regime de monopólio da união ou seja de prestação de serviços públicos.

2) Os contratos com terceiros destinados à prestação de serviços às empresas públicas e às sociedades de economia mista, **inclusive de engenharia e de publicidade, à aquisição e à locação de bens, à alienação de bens e ativos integrantes do respectivo patrimônio ou à execução de obras a serem integradas a esse patrimônio, bem como à implementação de ônus real sobre tais bens**, serão precedidos de licitação nos termos da Lei 13.303/16, ressalvadas as hipóteses de dispensa e inexigibilidade (art. 28)

3) A Lei nº 13.303/16 aplica-se às empresas públicas e às sociedades de economia mista constituídas após o início da vigência da lei (01/07/2016). Em relação às que já existiam nessa data, prevê o prazo de adaptação de 24 meses. Os procedimentos licitatórios e os contratos administrativos celebrados até o final

desse prazo permanecem regidos pela legislação anterior.

- **Dispensa** é uma opção legal, pois os interessados poderiam competir. As hipóteses de dispensa são taxativas. Licitação dispensada: a lei determina a não realização da licitação (art. 17, I e II); b) licitação dispensável: a lei faculta ao administrador realizar ou não a licitação.
- **Estatais**: os casos de dispensa e inexigibilidade estão previstos nos artigos 29 e 30, respectivamente, da Lei nº 13.303/16.
- O candidato deve ficar atento às questões nas provas, pois podem ser enumerados casos para que sejam identificadas quais hipóteses são de licitação dispensável e quais são de licitação dispensada (a dica é que dispensada é usada para os casos de alienação), ou, na maioria das vezes, o examinador não quer saber a diferença entre elas, mas sim se determinada situação é caso de dispensa ou de inexigibilidade)..
- **Requisitos para a alienação de imóvel** da Administração Pública:

a) **interesse público** justificado;

b) **avaliação** prévia;

c) **autorização legislativa**, se o bem for da **Administração direta, autarquia ou fundação pública**;

d) **licitação,** na modalidade concorrência (exceto se for caso de licitação dispensada)[33].

- **Estatais** (Lei nº 13.303/16): a alienação de bens por empresas públicas e por sociedades de economia mista será precedida de: I - **avaliação formal** do bem contemplado, ressalvadas as hipóteses previstas nos incisos XVI a XVIII do art. 29 (XVI - na transferência de bens a órgãos e entidades da administração pública, inclusive quando efetivada mediante permuta; XVII - na doação de bens móveis para fins e usos de interesse social, após avaliação de sua oportunidade e conveniência socioeconômica relativamente à escolha de outra forma de alienação; XVIII - na compra e venda de ações, de títulos de crédito e de dívida e de bens que produzam ou comercializem); II - **licitação**, exceto: a) quando executarem a comercialização, prestação ou execução, de forma direta, de produtos, serviços ou obras especificamente relacionados com seus respectivos objetos sociais; b) nos casos em que a escolha do parceiro esteja associada a suas características particulares, vinculada a oportunidades de negócio definidas e específicas, justificada a inviabilidade de procedimento competitivo.
- Sistematização das hipóteses de dispensa de licitação em razão do valor[34]:

DISPENSA EM RAZÃO DO PEQUENO VALOR	
• Administração direta • Autarquia • Fundação pública	**Até R$ 8.000,00** outros serviços e compras
	Até R$ 15.000,00 obras e serviços de engenharia
• Autarquia qualificada como agência executiva • Fundação pública qualificada como agência executiva • Consórcio público	**Até R$ 16.000,00** outros serviços e compras
	Até R$ 30.000,00 obras e serviços de engenharia

DISPENSA EM RAZÃO DO PEQUENO VALOR ESTATAIS (LEI Nº 13.303/16)	
Obras e serviços de engenharia	Outros serviços e compras
Até R$ 100.000,00	Até R$ 50.000,00
Atenção! Esses **valores podem ser alterados**, para refletir a variação de custos, **por deliberação do Conselho de Administração** da empresa pública ou sociedade de economia mista, **admitindo-se valores diferenciados para cada sociedade**.	

- Modalidades de licitação: a) concorrência; b) tomada de preços; c) convite; d) concurso; e) leilão; f) pregão; g) consulta.
- A concorrência é obrigatória nos seguintes casos: a) obras e serviços de engenharia de valor superior a R$ 1.500.000,00 (art.23, I, "c"); b) compras e outros serviços acima de R$ 650.000,00 (art. 23, II, "c"); c) alienação de bens móveis com valor superior a R$ 650.000,00 (art.17, § 6º); d) compra e alienação de imóveis, qualquer que seja o valor (art. 23, § 3º); para alienação de imóveis adquiridos em procedimento judicial ou por dação em pagamento, pode ser concorrência ou leilão (art. 19, III); e) concessão de direito real de uso (art.23, § 3º); f) concessão de serviços públicos, tanto a comum (art. 2º, II, Lei nº 8.987/95) quanto a parceria público-privada (art. 10, Lei nº 11.079/04); g) licitações internacionais (art.23, § 3º); também são admitidos a tomada de preços (se o órgão dispuser de cadastro internacional de fornecedores) e o convite (se não houver fornecedor no Brasil), desde que observados os limites de valores para essas modalidades (art. 23, § 3º); h) registro de preços (art.15, § 3º, I); é possível, também, o uso do pregão (art. 12, Lei nº 10.520/02).
- Sistematização da comparação entre concorrência, tomada de preços e convite[35]:

33 No caso de imóvel da União, ainda, há a necessidade de autorização do Presidente da República (art. 23, Lei nº 9.636/98).

34 BORTOLETO, Leandro. *Direito administrativo.* Salvador: Juspodivm, 2012. p. 416.

35 BORTOLETO, Leandro. *Direito administrativo.* Salvador: Juspodivm, 2012. p. 427.

CONCORRÊNCIA X TOMADA DE PREÇOS X CONVITE				
REGRA GERAL: Administração direta e indireta (exceto consórcio público)				
modalidade	**obras e serviços de engenharia**		**compras e outros serviços**	
concorrência	acima de R$ 1.500.000,00		acima de R$ 650.000,00	
tomada de preços	até R$ 1.500.000,00		até R$ 650.000,00	
convite	até R$ 150.000,00		até R$ 80.000,00	
REGRA ESPECÍFICA: consórcio público				
modalidade	**obras e serviços de engenharia**		**compras e outros serviços**	
	até 3 membros (dobro)	**mais do que 3 membros (triplo)**	**até 3 membros (dobro)**	**mais do que 3 membros (triplo)**
concorrência	acima de R$ 3.000.000,00	acima de R$ 4.500.000,00	acima de R$ 1.300.000,00	acima de R$ 1.950.000,00
tomada de preços	até R$ 3.000.000,00	até R$ 4.500.000,00	até R$ 1.300.000,00	até R$ 1.950.000,00
convite	até R$ 300.000,00	até R$ 450.000,00	até R$ 160.000,00	até R$ 240.000,00

- Pregão: modalidade usada para a aquisição de bens e serviços comuns. Está previsto na Lei nº 10.520/02, que é uma norma geral e, por isso, aplica-se à União, aos Estados, ao Distrito Federal e aos Municípios. **Estatais** (Lei nº 13.306/16): é a modalidade a ser adotada de forma preferencial (art. 32, V)
- Bens e serviços comuns: aqueles cujos padrões de desempenho e qualidade possam ser objetivamente definidos pelo edital, por meio de especificações usuais no mercado (art. 1º, parágrafo único).
- Sistematização dos prazos de divulgação do instrumento convocatório[36]:

PRAZO PARA DIVULGAÇÃO DO EDITAL	
5 dias úteis	Convite
8 dias úteis	Pregão
15 dias	Leilão
	tomada de preços
30 dias	tomada de preços do tipo melhor técnica ou técnica e preço
	Concorrência
45 dias	concorrência do tipo melhor técnica ou técnica e preço
	Concurso

36 BORTOLETO, Leandro. *Direito administrativo*. Salvador: Juspodivm, 2012. p. 431.

PRAZO PARA DIVULGAÇÃO DO EDITAL ESTATAIS (LEI Nº 13.303/16: art. 39)	
5 dias úteis	Aquisição de bens, quanto o critério de julgamento for: - menor preço; ou - maior desconto;
10 dias úteis	Aquisição de bens nas demais hipóteses
15 dias úteis	Contratação de obras e serviços, quando o critério de julgamento for: - menor preço; ou - maior desconto;
30 dias úteis	Contratação de obras e serviços nas demais hipóteses
45 dias úteis	Quando o critério de julgamento for: - melhor técnica; - a melhor combinação de técnica e preço;
	Para licitação em que haja: - contratação semi-integrada; ou - contratação integrada.

- **Conteúdo** do edital (art. 40),obrigatoriamente:

a) número de ordem em série anual;

b) nome da repartição interessada e de seu setor;

c) **modalidade**, **regime** de execução e **tipo** da licitação;

d) menção de que será regida pela Lei nº 8.666/93;

e) **local**, **dia** e **hora** para **recebimento** da documentação e proposta, bem como para início da **abertura** dos envelopes;

f) **objeto** da licitação, em descrição sucinta e clara;

g) **prazo** e **condições** para **assinatura e execução do contrato** e para **entrega do objeto** da licitação;

h) **sanções** para o caso de **inadimplemento**;

i) **local** onde poderá ser examinado e adquirido o **projeto básico**;

j) **se há projeto executivo** disponível na data da publicação do edital de licitação e o local onde possa ser examinado e adquirido;

k) **condições para participação** na licitação e **forma de apresentação** das propostas;

l) **critério para julgamento**, com disposições claras e parâmetros objetivos;

m) **locais, horários e códigos de acesso** dos meios de comunicação à distân**cia** em que serão fornecidos elementos, informações e esclarecimentos relativos à licitação e às condições para atendimento das obrigações necessárias ao cumprimento de seu objeto;

n) **condições equivalentes de pagamento** entre empresas brasileiras e estrangeiras, no caso de licitações internacionais;

o) **critério de aceitabilidade dos preços** unitário e global, conforme o caso, permitida a fixação de preços máximos e vedados a fixação de preços mínimos;

p) **critério de reajuste**, que deverá retratar a variação efetiva do custo de produção, admitida a adoção de índices específicos ou setoriais, **desde a data prevista para apresentação** da proposta, ou do orçamento a que essa proposta se referir, **até a data do adimplemento** de cada parcela;

q) **limites para pagamento de instalação e mobilização para execução de obras ou serviços** que serão obrigatoriamente previstos em separado das demais parcelas, etapas ou tarefas;

r) **condições de pagamento**, prevendo:

- prazo de pagamento não superior a trinta dias, contado a partir da data final do período de adimplemento de cada parcela;
- cronograma de desembolso máximo por período;
- critério de atualização financeira dos valores a serem pagos, desde a data final do período de adimplemento de cada parcela até a data do efetivo pagamento;
- compensações financeiras e penalizações, por eventuais atrasos, e descontos, por eventuais antecipações de pagamentos;
- exigência de seguros, quando for o caso;

s) instruções e normas para os **recursos** previstos na lei;

t) condições de **recebimento do objeto** da licitação.

- Tomada de preços: fase de habilitação é anterior ao procedimento, pois é destinada aos interessados que já estão cadastrados ou aos que apresentem a documentação necessária até o terceiro dia anterior à data do recebimento das propostas.
- Convite: só participa da licitação quem foi convidado ou, caso não tenha sido, se é cadastrado e manifestar interesse em até vinte e quatro horas da apresentação das propostas.
- Pregão: identificado o autor da oferta de valor mais baixo, ele e os licitantes que apresentaram propostas com valores superiores em até 10% da menor proposta poderão fazer novos lances verbais e sucessivos, até a proclamação do vencedor. Se não houver, pelo menos, três propostas dentro da faixa de 10% acima da menor proposta, serão escolhidos os licitantes que fizeram as três melhores propostas (independente do valor) para, junto com o autor da oferta de valor mais baixo, oferecerem novos lances verbais e sucessivos.
- Anulação da licitação: Em regra, não gera obrigação de indenizar (art. 49, § 1º), exceto quanto ao que o contratado houver executado até a data em que ela for declarada e por outros prejuízos regularmente comprovados, contanto que não lhe seja imputável, promovendo-se a responsabilidade de quem lhe deu causa (art. 59, parágrafo único).
- Revogação da licitação: é possível: a) por razões de interesse público decorrente de fato superveniente devidamente comprovado, pertinente e suficiente para justificar tal conduta (art. 49); b) quando o vence-

dor da licitação, ao ser convocado para a assinatura do contrato, não o assina no prazo e condições estabelecidos no edital (art. 64, § 2º).

- **Recurso** é admitido nos casos de (art. 109, Lei nº 8.666/93): a) habilitação ou inabilitação do licitante; b) julgamento das propostas; c) anulação ou revogação da licitação; d) indeferimento do pedido de inscrição em registro cadastral, sua alteração ou cancelamento; e) rescisão administrativa (unilateral) do contrato; f) aplicação das penas de advertência, suspensão temporária ou de multa.● Prazo para interposição do recurso: a) cinco dias úteis; b) dois dias úteis, se for convite.
- **Estatais (Lei nº 13.303/16): recurso. Regra: fase recursal única**; momento de apresentação de recurso: **5 dias úteis após a fase de habilitação. Exceção**: Se houver **inversão nas fases** do procedimento licitatório, haverá **dois momentos** de apresentação de recurso: a) **5 dias úteis após a habilitação**; b) **5 dias úteis após o encerramento da fase de verificação** de efetividade dos lances ou propostas.
- **Contrato administrativo**: é o "ajuste que a Administração Pública, agindo nessa qualidade, firma com particular ou outra entidade administrativa para a consecução de objetivos de interesse público, nas condições estabelecidas pela própria Administração"[37].
- Características do contrato administrativo[38]: a) presença da Administração Pública como Poder Público; b) finalidade pública; c) natureza de contrato de adesão; d) natureza *intuitu personae* (pessoalidade); e) obediência à forma prescrita em lei; f) procedimento legal; g) mutabilidade; h) presença de cláusulas exorbitantes; i) controle e fiscalização do contrato administrativo; j) retomada do objeto; k) aplicação de penalidades (advertência, multa, suspensão temporária, declaração de inidoneidade).
- Cláusulas exorbitantes: são cláusulas inexistentes no direito privado e, por isso, extrapolam, exorbitam o direito privado, concedendo prerrogativas para a Administração ao colocá-la em posição de superioridade em relação ao contratado. As principais cláusulas exorbitantes são: a) exigência de garantia; b) alteração unilateral do contrato administrativo; c) rescisão unilateral do contrato administrativo; e) restrições ao uso da cláusula de exceção do contrato não cumprido (*exceptio non adimpleti contractus*)
- Exceção do contrato não cumprido (*exceptio non adimpleti contractus*): é muito usada na esfera privada e, por ela, se um dos contratantes não cumpre o pactuado o outro pode se recusar a cumprir o que lhe cabe, conforme o art. 477 do Código Civil. Por outro lado, nos contratos administrativos, essa regra não é aplicada integralmente, em razão dos princípios da continuidade dos serviços públicos e da supremacia do interesse público, sendo possível a exceção do contrato não cumprido, mas de forma mitigada. Se for contrato de concessão de serviço público, há entendimento de que não pode ser invocada, em razão do princípio da continuidade do serviço público.
- Hipóteses de alteração unilateral do contrato administrativo (art. 65, I): a) quando houver modificação do projeto ou das especificações, para melhor adequação técnica aos seus objetivos (modificação qualitativa); b) quando necessária a modificação do valor contratual em decorrência de acréscimo ou diminuição quantitativa de seu objeto, nos seguintes limites (modificação quantitativa):
- até 25% do valor inicial atualizado do contrato para acréscimos e supressões feitas nas obras, serviços ou compras;
- até 50% do valor inicial atualizado do contrato para acréscimos no caso de reforma de edifício ou equipamento (se for supressão, o limite é de 25%).
- Por acordo entre as partes, é possível a redução do valor contratual além do limite de 25%, mas não é possível o acréscimo.
- Não é possível a alteração de nenhuma cláusula econômico-financeira e monetária do contrato sem a concordância do contratado (art. 58, § 1º), e, toda vez, que a Administração alterar unilateralmente o contrato deverá haver a revisão das cláusulas econômico-financeiras para que seja mantido o equilíbrio econômico-financeiro do contrato (art. 58, § 2º).
- Estatais (Lei nº 13.303/16): não há alteração unilateral do contrato administrativo. Pode ser alterado, **por acordo** (art. 81):

I - quando houver modificação do projeto ou das especificações, para melhor adequação técnica aos seus objetivos;

II - quando necessária a modificação do valor contratual em decorrência de acréscimo ou diminuição quantitativa de seu objeto, nos limites permitidos por esta Lei;

III - quando conveniente a substituição da garantia de execução;

IV - quando necessária a modificação do regime de execução da obra ou serviço, bem como do modo de fornecimento, em face de verificação técnica da inaplicabilidade dos termos contratuais originários;

V - quando necessária a modificação da forma de pagamento, por imposição de circunstâncias supervenientes, mantido o valor inicial atualizado, vedada a antecipação do pagamento, com relação ao cronograma financeiro fixado, sem a correspondente contraprestação de fornecimento de bens ou execução de obra ou serviço;

VI - para restabelecer a relação que as partes pactuaram inicialmente entre os encargos do contratado e a retribuição da administração para a justa remuneração da obra, serviço ou fornecimento, objetivando a manutenção do equilíbrio econômico-financeiro inicial do contrato, na hipótese de sobrevirem fatos imprevi-

37 MEIRELLES, Hely Lopes. *Licitação e contrato administrativo*. 15. ed. São Paulo: Malheiros, 2010. p. 247.

38 DI PIETRO, Maria Sylvia Zanella. *Direito administrativo*. 25. ed. São Paulo: Atlas, 2012. p. 269.

síveis, ou previsíveis porém de consequências incalculáveis, retardadores ou impeditivos da execução do ajustado, ou, ainda, em caso de força maior, caso fortuito ou fato do príncipe, configurando álea econômica extraordinária e extracontratual.

Obs.: O contratado poderá aceitar, nas mesmas condições contratuais, os acréscimos ou supressões que se fizerem nas obras, serviços ou compras, até 25% (vinte e cinco por cento) do valor inicial atualizado do contrato, e, no caso particular de reforma de edifício ou de equipamento, até o limite de 50% (cinquenta por cento) para os seus acréscimos.

- Hipóteses de rescisão unilateral do contrato administrativo (art. 79, I): a) o não cumprimento de cláusulas contratuais, especificações, projetos ou prazos; b) o cumprimento irregular de cláusulas contratuais, especificações, projetos e prazos; c) a lentidão do seu cumprimento, levando a Administração a comprovar a impossibilidade da conclusão da obra, do serviço ou do fornecimento, nos prazos estipulados; d) o atraso injustificado no início da obra, serviço ou fornecimento; e) a paralisação da obra, do serviço ou do fornecimento, sem justa causa e prévia comunicação à Administração; f) a subcontratação total ou parcial do seu objeto, a associação do contratado com outrem, a cessão ou transferência, total ou parcial, bem como a fusão, cisão ou incorporação, não admitidas no edital e no contrato; g) o desatendimento das determinações regulares da autoridade designada para acompanhar e fiscalizar a sua execução, assim como as de seus superiores; h) o cometimento reiterado de faltas na sua execução; i) a decretação de falência ou a instauração de insolvência civil; j) a dissolução da sociedade ou o falecimento do contratado; k) a alteração social ou a modificação da finalidade ou da estrutura da empresa, que prejudique a execução do contrato; l) razões de interesse público, de alta relevância e amplo conhecimento, justificadas e determinadas pela máxima autoridade da esfera administrativa a que está subordinado o contratante e exaradas no processo administrativo a que se refere o contrato; m) a ocorrência de caso fortuito ou de força maior, regularmente comprovada, impeditiva da execução do contrato.
- Responsabilidade do contratado. O contratado é responsável: a) pelos danos causados diretamente à Administração ou a terceiros, decorrentes de sua culpa ou dolo na execução do contrato, não excluindo ou reduzindo essa responsabilidade a fiscalização ou o acompanhamento pelo órgão interessado (art. 70). Não é possível a alegação de *culpa in vigilando* da Administração; b) pelos encargos trabalhistas, previdenciários, fiscais e comerciais resultantes da execução do contrato (art. 71); c) mesmo após o recebimento do objeto pela Administração (art. 73, § 2º):
- civilmente pela solidez e segurança da obra ou do serviço;
- ético-profissional pela perfeita execução do contrato.
- STF (ADC 16): decidiu que o § 1º do art. 71 é constitucional e, assim, é vedada a aplicação de responsabilidade subsidiária à Administração Pública de forma automática, apenas pela constatação de inadimplemento dos direitos trabalhistas pela empresa contratada. Por outro lado, foi decidido que, como a Administração Pública tem o dever de licitar e fiscalizar de forma eficaz a execução do contrato, inclusive quanto ao adimplemento de direitos trabalhistas, se verificada, no caso concreto, a omissão da Administração no seu dever de fiscalizar, é possível "a imputação de responsabilidade subsidiária à Administração Pública por *culpa in eligendo* ou *in vigilando*".
- Fato do príncipe é toda determinação estatal, positiva ou negativa, geral, imprevista e imprevisível, que onera substancialmente a execução do contrato administrativo ou impede sua execução.
- Fato da Administração é toda ação ou omissão estatal que incide de forma direta sobre o contrato, onerando-o ou impedindo sua execução.

10. SERVIÇOS PÚBLICOS

- Deve ser feita a leitura dos artigos 21, 23, 25, 30 e 32, § 1º, da Constituição Federal, quanto à competência para o serviço público.
- **Conceito** de serviço público: **critérios**: a) critério subjetivo ou orgânico (é serviço público a atividade desempenhada pelo Poder Público); b) critério objetivo ou material (é a atividade destinada a satisfazer as necessidades coletivas); c) critério formal (é a atividade desenvolvida pela Administração Pública sob o regime de direito público).
- **Conceito** de serviço público: é "todo aquele prestado pela Administração ou por seus delegados, sob normas e controles estatais, para satisfazer necessidades essenciais ou secundárias da coletividade ou simples conveniências do Estado"[39].
- Sistematização da classificação e dos princípios do serviço público[40]:

SERVIÇO PÚBLICO: classificação e princípios	
CLASSIFICAÇÃO	
Quanto à essencialidade	• serviço público propriamente dito • serviço de utilidade pública
Quanto à adequação	• serviço próprio • serviço impróprio
Quanto à finalidade	• serviço administrativo • serviço industrial
Quanto aos destinatários	• serviço *uti universi* • serviço *uti singuli*

39 MEIRELLES, Hely Lopes. *Direito administrativo brasileiro*. 36. ed.São Paulo: Malheiros, 2010. p. 350.

40 BORTOLETO, Leandro. *Direito administrativo*. Salvador: Juspodivm, 2012. p. 514.

PRINCÍPIOS	
Continuidade do serviço público	serviço público não pode parar
Modicidade das tarifas	tarifas módicas, razoáveis
Generalidade	usuários devem receber o mesmo tratamento
Mutabilidade	Administração pode alterar, unilateralmente, regime de execução do serviço público

- **Concessão de serviço público** é o contrato administrativo por meio do qual a Administração Pública delega a terceiro a "execução de um serviço público, para que o execute em seu próprio nome, por sua conta e risco, assegurando-lhe a remuneração mediante tarifa paga pelo usuário ou outra forma de remuneração decorrente da exploração do serviço"[41].
- **Deveres** dos usuários (art. 7º, IV, V e VI):

a) **levar ao conhecimento** do poder público e da concessionária as **irregularidades** de que tenham conhecimento, referentes ao serviço prestado;

b) **comunicar** às autoridades competentes os **atos ilícitos** praticados pela concessionária na prestação do serviço;

c) **contribuir** para a permanência das **boas condições** dos bens públicos por meio dos quais lhes são prestados os serviços.

- **Direitos** dos usuários (art. 7º, I, II e III e art. 7º- A):

a) receber **serviço adequado** (é o serviço que satisfaz as condições de regularidade, continuidade, eficiência, segurança, atualidade, generalidade, cortesia na sua prestação e modicidade das tarifas, conforme art. 6º, § 1º);

b) receber do poder concedente e da concessionária **informações** para a **defesa** de interesses individuais ou coletivos;

c) obter e utilizar o serviço, com liberdade de **escolha** entre vários **prestadores** de serviços, quando for o caso, observadas as normas do poder concedente.

d) **escolher** entre, no mínimo, **seis datas**, dentro do mês de vencimento, para o dia de vencimento de seus débitos.

- **Licitação para concessão e permissão** de serviço público (artigos 14 a 22, Lei nº 8.987/95): a) possibilidade de o edital prever a inversão das fases de habilitação e julgamento (art. 18-A); b) critérios usados para julgar a licitação (art. 15):
    - menor valor da tarifa do serviço público a ser prestado;
    - maior oferta, nos casos de pagamento ao poder concedente pela outorga da concessão;
    - melhor proposta técnica, com preço fixado no edital;
    - melhor oferta de pagamento pela outorga após qualificação de propostas técnicas. Os critérios podem ser assim combinados:
    - menor valor da tarifa e maior oferta pela outorga;
    - menor valor da tarifa e melhor oferta pela outorga, após qualificação das propostas técnicas;
    - menor valor da tarifa e melhor técnica;
    - maior oferta pela outorga e melhor técnica.
- **Encargos do poder concedente** (art. 29): a) regulamentar o serviço concedido e fiscalizar permanentemente a sua prestação; b) aplicar as penalidades regulamentares e contratuais; c) intervir na prestação do serviço, nos casos e condições previstos em lei; d) extinguir a concessão, nos casos previstos nesta lei e na forma prevista no contrato; e) homologar reajustes e proceder à revisão das tarifas na forma desta Lei, das normas pertinentes e do contrato; f) cumprir e fazer cumprir as disposições regulamentares do serviço e as cláusulas contratuais da concessão; g) zelar pela boa qualidade do serviço, receber, apurar e solucionar queixas e reclamações dos usuários, que serão cientificados, em até trinta dias, das providências tomadas; h) declarar de utilidade pública os bens necessários à execução do serviço ou obra pública, promovendo as desapropriações, diretamente ou mediante outorga de poderes à concessionária, caso em que será desta a responsabilidade pelas indenizações cabíveis; i) declarar de necessidade ou utilidade pública, para fins de instituição de servidão administrativa, os bens necessários à execução de serviço ou obra pública, promovendo-a diretamente ou mediante outorga de poderes à concessionária, caso em que será desta a responsabilidade pelas indenizações cabíveis; j) estimular o aumento da qualidade, produtividade, preservação do meio ambiente e conservação; k) incentivar a competitividade; l) estimular a formação de associações de usuários para defesa de interesses relativos ao serviço.
- **Encargos da concessionária** são (art. 31): a) prestar serviço adequado, na forma prevista nesta lei, nas normas técnicas aplicáveis e no contrato; b) manter em dia o inventário e o registro dos bens vinculados à concessão; c) prestar contas da gestão do serviço ao poder concedente e aos usuários, nos termos definidos no contrato; d) cumprir e fazer cumprir as normas do serviço e as cláusulas contratuais da concessão; e) permitir aos encarregados da fiscalização livre acesso, em qualquer época, às obras, aos equipamentos e às instalações integrantes do serviço, bem como a seus registros contábeis; f) promover as desapropriações e constituir servidões autorizadas pelo poder concedente, conforme previsto no edital e no contrato; g) zelar pela integridade dos bens vinculados à prestação do serviço, bem como segurá-los adequadamente; h) captar, aplicar e gerir os recursos financeiros necessários à prestação do serviço.

41 DI PIETRO, Maria Sylvia Zanella. *Direito administrativo*. 25. ed. São Paulo: Atlas, 2012. p. 302.

- A declaração de utilidade pública de imóvel para desapropriação e a declaração de necessidade ou utilidade pública para fins de servidão são sempre encargos do poder concedente. Já, a promoção da desapropriação e a instituição da servidão podem ser feitas tanto pelo poder concedente quanto pela concessionária. No entanto, esta somente poderá fazê-los quando autorizada pelo poder concedente e desde que exista previsão no edital e no contrato, cabendo à concessionária, nesses casos, a responsabilidade pelas indenizações cabíveis.
- **Extinção da concessão** (art. 35): a) advento do termo contratual; b) encampação ou resgate (o poder concedente retoma o serviço da concessionária, durante o prazo da concessão, por motivo de interesse público, mediante lei autorizativa específica e após prévio pagamento de indenização); c) caducidade ou decadência (o poder concedente retoma o serviço da concessionária, durante o prazo da concessão, em razão da inadimplência da concessionária); d) rescisão; e) anulação; f) falência ou extinção da concessionária de serviço público.
- **Reversão** não é forma de extinção da concessão, mas é consequência dela, pois consiste na transferência dos bens do concessionários afetados ao serviço para o poder concedente, no final da concessão.
- **Parceria público-privada** é um contrato de concessão e tem duas modalidades (art. 2º): a) concessão patrocinada: é a concessão de serviços públicos ou de obras públicas de que trata a Lei no 8.987, de 13 de fevereiro de 1995, quando envolver, adicionalmente à tarifa cobrada dos usuários contraprestação pecuniária do parceiro público ao parceiro privado; b) concessão administrativa: é o contrato de prestação de serviços de que a Administração Pública seja a usuária direta ou indireta, ainda que envolva execução de obra ou fornecimento e instalação de bens.
- É vedada a celebração de contrato de parceria público-privada Lei 11.079/04 (art. 2º, § 4º): a) cujo valor do contrato seja inferior a R$ 10.000.000,00; b) cujo período de prestação do serviço seja inferior a cinco anos; ou c) que tenha como objeto único o fornecimento de mão de obra, o fornecimento e instalação de equipamentos ou a execução de obra pública.
- Permissão é formalizada por meio de contrato de adesão, mas tem como características a precariedade e a revogabilidade unilateral (art. 40, Lei nº 8.987/95).
- Diferenças legais entre concessão e permissão (art. 2º): a) a concessão deve adotar a modalidade concorrência, e a permissão pode adotar outra modalidade licitatória; b) a concessão somente pode ser feita com pessoa jurídica ou com consórcio de empresas, e a permissão pode ser realizada com pessoa jurídica e com pessoa física.

11. BENS PÚBLICOS

- Conceito legal (art. 98, Código Civil): são "públicos os bens do domínio nacional pertencentes às pessoas jurídicas de direito público interno; todos os outros são particulares, seja qual for a pessoa a que pertencerem".
- Divergência doutrinária: para uns, são somente os pertencentes às pessoas jurídicas de **direito público (adotam o conceito legal); para outros, são** os que pertencem às pessoas jurídicas de **direito público** e aqueles que, mesmo não pertencendo a essas pessoas, estejam **afetados à prestação de serviço público**. Entretanto, maioria concorda que os **bens** das **pessoas administrativas** com personalidade de **direito privado** (empresa pública, sociedade de economia mista, fundações públicas com personalidade de direito privado, os consórcios públicos com personalidade jurídica de direito privado) **vinculados à prestação de serviço público não podem ser penhorados**, em face do princípio da continuidade do serviço público.
- STF (RE 393032/MG e a ACO 958/DF): em relação à Empresa Brasileira de Correios e Telégrafos (ECT), foi decido que as disposições do art. 173, §§ 1º e 2º da CF (equiparação às empresas privadas e proibição de extensão de benefícios fiscais não aplicáveis ao setor privado) somente se aplicam às empresas públicas e sociedades de economia mista exploradoras de atividade econômica e, assim, em diversas ações (execuções trabalhistas e tributárias) considerou-se a ECT como prestadora de serviços públicos e, dessa forma, seus bens são impenhoráveis e possui imunidade tributária recíproca quanto aos bens usados para a prestação do serviço, tendo havido a recepção pela Constituição Federal do art. 12 do Decreto-Lei nº 509/69.
- Sistematização da classificação dos bens públicos[42]:

CLASSIFICAÇÃO DOS BENS PÚBLICOS	
Quanto à titularidade	• federais • estaduais • distritais • municipais
Quanto à destinação	• uso comum do povo com finalidade pública geral (uso de todos; afetado) • uso especial com finalidade pública específica (afetado) • dominicais sem finalidade pública específica (desafetado)
Quanto à disponibilidade	• indisponíveis por natureza não têm natureza patrimonial • patrimoniais indisponíveis têm natureza patrimonial e estão afetados • patrimoniais disponíveis não têm natureza patrimonial e não estão afetados

42 BORTOLETO, Leandro. *Direito administrativo*. Salvador: Juspodivm, 2012. p. 543.

- Características dos bens públicos: inalienabilidade, a impenhorabilidade, a imprescritibilidade e a não onerabilidade.
- A afetação ou consagração é a atribuição de destinação pública específica a determinado bem e, de outra forma, a desafetação ou desconsagração é a retirada da destinação de finalidade pública que fora dada a um bem público. Com a afetação, o bem desafetado torna-se afetado e, com a desafetação, o bem afetado passa a ser desafetado. A falta de uso do bem não pode ser considerada desafetação tácita.
- STF (AI 553.712): vem sendo admitido o bloqueio de valores em contas públicas para cumprimento de liminar com o objetivo de garantir o fornecimento gratuito de medicamento a pessoa hipossuficiente.
- Súmula nº 340 (STF): desde "a vigência do Código Civil, os bens dominicais, como os demais bens públicos, não podem ser adquiridos por usucapião".
- Uso comum e uso especial do bem público. O uso comum de um bem público ocorre quando ele é utilizado pelas pessoas em geral, sem distinção entre os usuários e sem necessidade de autorização específica para tanto, e o uso especial de bem público se verifica quando o administrado se sujeita a regras específicas, ao consentimento do Poder Público ou ao pagamento pelo uso.
- O uso especial, quando é destinado a pessoas determinadas, mediante instrumento jurídico formal, é chamado de uso privativo ou uso especial privativo.
- Instrumentos de formalização de uso privativo de bem público: autorização de uso; permissão de uso; concessão de uso; concessão de direito real de uso; cessão de uso.

12. INTERVENÇÃO DO ESTADO NA PROPRIEDADE PRIVADA

- Na Constituição de 1988, no art. 5º, XXII, o direito à propriedade privada está previsto como direito fundamental e, da mesma forma, assegura-se, no inciso XXIII do mesmo artigo, que a propriedade tenha uma função social, podendo, inclusive, haver a expropriação do proprietário que não cumprir tal exigência, nos termos do inciso XXIV.
- Intervenção pode ser:

a) **restritiva**: o Estado apenas restringe o uso da propriedade, sem retirá-la do proprietário, podendo fazê-lo por meio das seguintes espécies:

- limitações administrativas;
- servidão administrativa;
- requisição administrativa;
- ocupação temporária;
- tombamento;

b) **intervenção supressiva**: ocorre a supressão da propriedade (o Estado retira a propriedade de seu titular):

- desapropriação.
- **Limitações administrativas**: determinações gerais, que condicionam o exercício do direito de propriedade em face do bem comum, pelas quais proprietários indeterminados são constituídos em obrigações positivas, negativas ou permissivas.
- **Servidão administrativa**: Administração Pública impõe um ônus real de uso sobre a propriedade particular. Não se retira a propriedade de seu titular, mas este é obrigado a consentir que seu imóvel (coisa serviente) seja usado em prol de um serviço público ou de um bem afetado a fim de utilidade pública (coisa dominante).
- **Requisição administrativa**: é o uso coativo e imediato de bens e serviços privados pelo Estado, para atendimento de necessidades coletivas urgentes e transitórias.
- **Ocupação temporária**: uso provisório de bens privados pelo Estado para a execução de obras, serviços ou atividades públicas ou de interesse público.
- **Tombamento**: procedimento administrativo adotado pelo Poder Público para impor restrições parciais sobre os bens que, por interesse público, devam ser conservados, por estarem vinculados a fatos memoráveis da história ou por seu excepcional valor arqueológico ou etnológico, bibliográfico ou artístico.
- Efeitos do tombamento (Decreto-Lei nº 25/37):

a) alienação: se o bem tombado é público, torna-se inalienável e se for privado, pode ser alienado, mas há direito de preferência em favor da União, do Estado e do Município (nessa ordem) para adquirir o bem (ATENÇÃO! Com a entrada em vigor do Novo CPC, o direito de preferência somente existe nas alienações judiciais, pois houve a revogação do art. 22 do Decreto-Lei nº 25/37);

b conservação: o bem tombado não pode ser, sob pena de 50% do dano causado (se for bem público, autoridade responsável pela infração incorrerá pessoalmente na multa):

- destruído, demolido ou mutilado;
- reparado, pintado ou restaurado, sem prévia autorização do Iphan;

c) vigilância: os bens tombados ficam sujeitos à vigilância permanente do Iphan, pelo que:

- poderá inspecioná-lo quando julgar conveniente;
- o proprietário ou responsável não pode criar obstáculos à inspeção, sob pena de multa, elevada ao dobro em caso de reincidência;

d) saída do país: o bem tombado não pode sair do país, exceto se for por curto prazo, sem transferência de domínio e para fim de intercâmbio cultural, a juízo do Conselho Consultivo do Iphan; e) extravio ou furto: proprietário deve comunicar ao Iphan, no prazo de 5 dias, sob pena de multa de 10% sobre o valor da coisa; f) vizinhança: não pode, sem autorização do Iphan, na vizinhança, fazer construção que impeça ou reduza a visibilidade do bem tombado, nem nela colocar anúncios ou cartazes, sob pena de ser determinada a destruição da obra ou retirada do objeto, impondo-se multa de 50% do valor do objeto.

- **Desapropriação** é "o procedimento administrativo pelo qual o Estado, compulsoriamente, retira de alguém certo bem, por necessidade ou utilidade pública ou por interesse social e o adquire, originariamente, para si ou para outrem, mediante prévia e justa indenização, paga em dinheiro, salvo os casos que a própria Constituição enumera, em que o pagamento é feito com títulos da dívida pública (art.182, § 4º, III) ou da dívida agrária (art.184)[43].
- A desapropriação é forma originária de aquisição da propriedade.
- Pressupostos necessários para a desapropriação (art. 5º, XXIV, CF):

a) necessidade pública: situações de emergência, as quais necessitam, para serem resolvidas, da transferência urgente do bem particular para o Poder Público;

b) utilidade pública: é conveniente a transferência dos bens, mas não é imprescindível;

c) interesse social: necessidade de distribuição da propriedade em benefício da coletividade ou de categorias sociais merecedoras de amparo estatal.

- Regra: indenização prévia e em dinheiro. Exceções:

a) desapropriação para fins urbanísticos (art. 182, § 4º): indenização será feita mediante títulos da dívida pública de emissão previamente aprovada pelo Senado Federal, com prazo de resgate de até dez anos, em parcelas anuais, iguais e sucessivas, assegurados o valor real da indenização e os juros legais;

b) desapropriação por interesse social para fins de reforma agrária (art. 184): indenização será paga em títulos da dívida agrária, com cláusula de preservação do valor real, resgatáveis no prazo de até vinte anos, a partir do segundo ano de sua emissão, e cuja utilização será definida em lei, exceto quanto às benfeitorias úteis e necessárias, que serão indenizadas em dinheiro;

c) expropriação de terras em que haja cultura ilegal de planta psicotrópica: é um confisco e, assim, não há indenização.

- Retrocessão: direito do proprietário cujo imóvel fora expropriado de exigir o retorno do bem ao seu patrimônio em razão de não lhe ter sido dado o destino previsto. Esse desvio de finalidade no uso do bem desapropriado é chamado de tredestinação (ou tresdestinação) e se subdivide em lícita (o desvio é de uma finalidade pública para outra finalidade pública) e ilícita (o desvio é de uma finalidade pública para finalidade particular).
- Jurisprudência: só há direito à retrocessão quando se tratar de tredestinação ilícita.

13. RESPONSABILIDADE EXTRACONTRATUAL DO ESTADO

- Sistematização das teorias sobre a responsabilidade extracontratual do Estado[44]:

<table>
<tr><th colspan="5">Teorias sobre a responsabilidade extracontratual do Estado</th></tr>
<tr><td>Teoria da irresponsabilidade</td><td colspan="4">• Estado não responde
• teoria regaliana ou regalista</td></tr>
<tr><td rowspan="3">Teorias civilistas</td><td colspan="2" rowspan="2">teoria dos atos de império e atos de gestão</td><td colspan="2">atos de gestão → responde</td></tr>
<tr><td colspan="2">atos de império → não responde</td></tr>
<tr><td colspan="2">teoria da culpa civil</td><td colspan="2">• responsabilidade subjetiva
• dolo ou culpa do agente</td></tr>
<tr><td rowspan="3">Teorias publicistas</td><td colspan="2">teoria da culpa administrativa
(culpa do serviço; culpa anônima)</td><td>culpa do serviço</td><td>• responsabilidade subjetiva
• não funciona
• funciona mal
• funcional atrasado</td></tr>
<tr><td rowspan="2">teoria do risco</td><td rowspan="2">ação estatal
+
dano
+
nexo de causalidade</td><td>risco administrativo</td><td>admite excludentes</td></tr>
<tr><td>risco integral</td><td>não admite excludentes</td></tr>
</table>

- Sistematização da responsabilidade extracontratual no Estado brasileiro[45]:

43 GASPARINI, Diógenes. *Direito administrativo*. 13. ed. São Paulo: Saraiva, 2008. p. 816.

44 BORTOLETO, Leandro. *Direito administrativo*. Salvador: Juspodivm, 2012. p. 580.

45 BORTOLETO, Leandro. *Direito administrativo*. Salvador: Juspodivm, 2012. p. 587.

RESPONSABILIDADE EXTRACONTRATUAL DO ESTADO BRASILEIRO	
• Pessoas de direito público • Pessoas de direito privado prestadoras de serviço público (terceiro usuário e não usuário do serviço)	
RESPONSABILIDADE POR AÇÃO	
Responsabilidade Objetiva	• teoria do risco administrativo • teoria do risco integral (para alguns) ➔ dano nuclear e ato terrorista contra aeronave
Comportamento lícito ou ilícito de agente público nessa qualidade + Dano + Nexo de causalidade	
Excludentes da responsabilidade objetiva	• caso fortuito ou força maior • culpa exclusiva da vítima • culpa exclusiva de terceiro
RESPONSABILIDADE POR OMISSÃO	
Responsabilidade subjetiva	➔ teoria da culpa administrativa ou da culpa do serviço
Omissão + Dever de agir + Fato da natureza ou comportamento material de terceiro + Dano + Nexo entre dano e omissão (STF; teoria do dano direto e imediato)	

- RE 591874/MS: Supremo Tribunal Federal decidiu que a responsabilidade extracontratual das pessoas jurídicas de direito privado prestadoras de serviço público é objetiva em relação aos **usuários** e aos **não usuários** do serviço.
- STF (RE 327.904 e RE 470.996): impossibilidade de o agente público causador do dano ser acionado diretamente pela vítima. CF (art. 37, § 6º) estabelece **dupla garantia**: **uma, em favor do particular** assegurando-lhe o direito de promover ação indenizatória em face de pessoa jurídica de direito público ou de pessoa jurídica de direito privado prestadora de serviço público e, **outra, em benefício do servidor**, que apenas responde civil e administrativamente perante a pessoa jurídica a que estiver vinculado;
- STJ (REsp 1.163.652/PE, AgRg no REsp 1.149.194/AM, EREsp 313.886/RN): em se tratando de responsabilidade civil do Estado, a denunciação da lide é facultativa e não obrigatória. Todavia, o "cabimento da denunciação depende da ausência de violação dos princípios da celeridade e da economia processual, o que implica a valoração a ser realizada pelo magistrado em cada caso concreto" (Resp 975.799/DF).
- Prescrição: o prazo para interposição de ação de indenização em face do Estado é de **5 anos**, nos termos do art. 1º do Decreto nº 20.910/32.

14. CONTROLE DA ADMINISTRAÇÃO PÚBLICA

- **Espécies** de controle**: a)** quanto à origem ou localização: interno e externo; **b)** quanto ao momento: prévio ou preventivo (*a priori*), concomitante e posterior ou subsequente; **c)** quanto ao aspecto controlado: legalidade e mérito; **d)** quanto à amplitude ou fundamento: hierárquico ou por subordinação; finalístico ou por vinculação; **e)** quanto à iniciativa: de ofício e provocado.
- **Recurso administrativo**: todo meio apto para provocar o reexame de ato ou decisão administrativa. Modalidades de recurso administrativo: a) representação administrativa; b) reclamação administrativa; c) pedido de reconsideração; d) recurso hierárquico: recurso hierárquico próprio e recurso hierárquico impróprio; e) revisão.
- **Controle legislativo** abrange o controle político e o controle financeiro.
- Controle financeiro: a "fiscalização contábil, financeira, orçamentária, operacional e patrimonial da União e das entidades da administração direta e indireta, quanto à legalidade, legitimidade, economicidade, aplicação das subvenções e renúncia de receitas, será exercida pelo Congresso Nacional, mediante controle externo, e pelo sistema de controle interno de cada Poder" (CF, art. 70). Subdivide-se em controle interno e externo.
- **Controle interno**: os Poderes Executivo, Legislativo e Judiciário deverão manter, de forma integrada, sistema de controle interno, com a finalidade de: a) "avaliar o cumprimento das metas previstas no plano plurianual, a execução dos programas de governo e dos orçamentos da União" (inciso I); b) "comprovar a legalidade e avaliar os resultados, quanto à eficácia e eficiência, da gestão orçamentária, financeira e patrimonial nos órgãos e entidades da administração federal, bem como da aplicação de recursos públicos por entidades de direito privado" (inciso II); c) "exercer o controle das operações

de crédito, avais e garantias, bem como dos direitos e haveres da União" (inciso III); d) "apoiar o controle externo no exercício de sua missão institucional" (inciso IV).

- **Controle externo**: exercido pelo Congresso Nacional, com o auxílio do Tribunal de Contas da União (TCU).
- O TCU é um órgão independente. Não está subordinado ao Congresso Nacional e não integra o Poder Judiciário.
- Competência do TCU: deve ser feita a atenta leitura do art. 71 da Constituição Federal, pois é muito cobrado nas provas.
- Decisões do TCU: as "decisões do Tribunal de que resulte imputação de débito ou multa terão eficácia de título executivo" (art. 71, § 3º).
- STF (RE 510.034-AgR; AI 826.676-AgR): a cobrança da dívida em juízo deve ser feita pelo ente público beneficiário da condenação, por intermédio de seus procuradores.
- STF (MS 24.997): o "ato de aposentadoria configura ato administrativo complexo, aperfeiçoando-se somente com o registro perante o Tribunal de Contas. Submetido à condição resolutiva, não se operam os efeitos da decadência antes da vontade final da Administração".
- Súmula Vinculante nº 3: "Nos processos perante o Tribunal de Contas da União asseguram-se o contraditório e a ampla defesa quando da decisão puder resultar anulação ou revogação de ato administrativo que beneficie o interessado, excetuada a apreciação da legalidade do ato de concessão inicial de aposentadoria, reforma e pensão".
- **Sistemas de controle jurisdicional do ato administrativo**: **a)** sistema do contencioso administrativo ou sistema francês: o controle dos atos administrativos é realizado, de maneira definitiva, por tribunais administrativos; **b)** sistema de jurisdição única ou sistema inglês: há somente uma jurisdição e, assim, o controle dos atos administrativos, de maneira definitiva, é feito pelo Poder Judiciário (é o adotado no Brasil, pois o art. 5º, XXXV da Constituição Federal estabelece que nenhuma lesão ou ameaça a direito será excluída da apreciação do Poder Judiciário).

15. IMPROBIDADE ADMINISTRATIVA: LEI Nº 8.429/92

- **Sujeito ativo** do ato de improbidade (artigos 1º e 3º): a) agente público: aquele que exerce mandato, cargo, emprego ou função, com ou sem remuneração, mesmo que transitoriamente, por eleição, nomeação, designação, contratação ou qualquer outra forma de investidura ou vínculo em qualquer uma das entidades que podem ser sujeito passivo; b) terceiro que induza ou concorra para a prática do ato de improbidade ou dele se beneficie.
- Lei adotou conceito bastante amplo e abrange todas as espécies de agentes públicos e até os dirigentes de organização social, Oscip, serviços sociais autônomos e demais entidades mencionadas no art. 1º da lei.
- **Modalidades** de atos de improbidade: a) atos que **importam enriquecimento ilícito** (art. 9º): são aqueles em que o agente aufere vantagem indevida em razão do cargo, mandato, função, emprego ou atividade nas entidades mencionadas no art. 1º da lei; b) atos que **causam prejuízo ao erário** (art. 10); causa prejuízo ao erário "qualquer ação ou omissão, dolosa ou culposa, que enseje perda patrimonial, desvio, apropriação, malbaratamento ou dilapidação dos bens ou haveres das entidades" mencionadas no art. 1º da lei; c) atos que **atentam contra os princípios da Administração Pública (art. 11)**: "qualquer ação ou omissão que viole os deveres de honestidade, imparcialidade, legalidade e lealdade às instituições"; d) atos que **decorrem de concessão ou aplicação indevida de benefício financeiro ou tributário** (art. 10-A): qualquer ação ou omissão para conceder, aplicar ou manter benefício financeiro ou tributário contrário ao que dispõem o caput e o § 1º do art. 8º-A da Lei Complementar nº 116, de 31 de julho de 2003.
- É indispensável a leitura dos artigos 9º, 10, 10-A, 11 e 12 da Lei nº 8.429/92.
- Sistematização das sanções previstas para os atos de improbidade administrativa:

IMPROBIDADE ADMINISTRATIVA: SANÇÕES			
● Podem ser aplicadas isolada ou cumulativamente ● Juiz deve levar em conta a extensão do dano causado e o proveito patrimonial obtido pelo agente ● Aplicação independe: - da rejeição ou aprovação pelo órgão de controle interno ou pelo Tribunal de Contas - da efetiva ocorrência de dano ao patrimônio público, salvo quanto à pena de ressarcimento			
Atos que importam enriquecimento ilícito	**Atos que causam lesão ao erário**	**Atos que atentam contra os princípios da Administração**	**Atos que decorrem da concessão ou aplicação indevida de benefício financeiro ou tributário**
Perda da função pública	Perda da função pública	Perda da função pública	Perda da função pública
Suspensão dos direitos políticos: 8 a 10 anos	Suspensão dos direitos políticos: 5 a 8 anos	Suspensão dos direitos políticos: 3 a 5 anos	Suspensão dos direitos políticos: 5 a 8 anos
Multa civil: até 3x valor do acréscimo	Multa civil: até 2x valor do dano	Multa civil: até 100x valor da remuneração	Multa civil: até 3x valor do benefício financeiro ou tributário concedido
Proibição de celebrar contrato com o Poder Público e de receber benefícios ou incentivos fiscais ou creditícios: 10 anos	Proibição de celebrar contrato com o Poder Público e de receber benefícios ou incentivos fiscais ou creditícios: 5 anos	Proibição de celebrar contrato com o Poder Público e de receber benefícios ou incentivos fiscais ou creditícios: 3 anos	
Perda dos bens ou valores acrescidos indevidamente	Perda dos bens ou valores acrescidos indevidamente, se ocorreu	-	
Ressarcimento integral do dano, se houver	Ressarcimento integral do dano	Ressarcimento integral do dano, se houver	

- **Medidas cautelares** previstas na Lei de Improbidade Administrativa: a) indisponibilidade dos bens (art. 7º); b) sequestro (art. 16); c) investigação, exame e bloqueio de bens, contas bancárias e aplicações financeiras mantidas pelo indiciado no exterior, nos termos da lei e dos tratados internacionais; d) afastamento do cargo (art. 20, parágrafo único).
- **Indisponibilidade dos bens** (art. 7º): "Quando o ato de improbidade causar lesão ao patrimônio público ou ensejar enriquecimento ilícito, caberá a autoridade administrativa responsável pelo inquérito representar ao Ministério Público, para a indisponibilidade dos bens do indiciado. Parágrafo único. A indisponibilidade a que se refere o *caput* deste artigo recairá sobre bens que assegurem o integral ressarcimento do dano, ou sobre o acréscimo patrimonial resultante do enriquecimento ilícito".
- **Legitimidade ativa** para propor ação: Ministério Público ou a pessoa jurídica (uma das previstas no art. 1º da Lei nº 8.429/92, bem como o ente tributante que figurar no polo ativo da obrigação tributária de que tratam o § 4º do art. 3º e o art. 8º-A da Lei Complementar nº 116, de 31 de julho de 2003). Todavia, quando for proposta por uma dessas pessoas interessadas, o Ministério Público, obrigatoriamente, atuará como fiscal da lei, sob pena de nulidade (art. 17, § 4º).
- **Prazo** para propor ação de improbidade: a) em 5 anos após o término do exercício do mandato, de cargo em comissão ou função de confiança (inciso I); b) dentro do prazo previsto em legislação especial para faltas disciplinares puníveis com demissão a bem do serviço público, nos casos de exercício de cargo efetivo ou emprego (inciso II); c) até cinco anos da data da apresentação à Administração Pública da prestação de contas final pelas entidades referidas no parágrafo único do art. 1º da Lei nº 8.429/92.
- STF (RE 578.428-AgR): as ações de ressarcimento ao erário são imprescritíveis (art. 37, § 5º).
- Exceto se for decorrente de dano civil: "É prescritível a ação de reparação de danos à Fazenda Pública decorrente de ilícito civil" (Tese de repercussão geral fixada no RE 669.069). Conceito de ilícito civil surge por exclusão e, assim, "não se consideram ilícitos civis, de um modo geral, os que decorrem de infrações ao direito público, como os de natureza penal, os decorrentes de atos de improbidade e assim por diante".

✦ SÚMULAS APLICÁVEIS

1. PRINCÍPIOS DA ADMINISTRAÇÃO PÚBLICA

1.1 SÚMULA DO STF

- **Súmula nº 636**: "Não cabe recurso extraordinário por contrariedade ao princípio constitucional da legalidade, quando a sua verificação pressuponha rever a interpretação dada a normas infraconstitucionais pela decisão recorrida".

2. AGENTES PÚBLICOS

2.1. SERVIDOR PÚBLICO

- **SÚMULA VINCULANTE nº 33:** "Aplicam-se ao servidor público, no que couber, as regras do Regime Geral de Previdência Social sobre aposentadoria especial de que trata o artigo 40, parágrafo 4º, inciso III, da Constituição Federal, até edição de lei complementar específica".
- **Súmula vinculante 21** – É inconstitucional a exigência de depósito ou arrolamento prévios de dinheiro ou bens para admissibilidade de recurso administrativo.
- **Súmula Vinculante 5** – A falta de defesa técnica por advogado no processo administrativo disciplinar não ofende a Constituição.
- **Súmula vinculante 3** – Nos processos perante o Tribunal de Contas da União asseguram-se o contraditório e a ampla defesa quando da decisão puder resultar anulação ou revogação de ato administrativo que beneficie o interessado, excetuada a apreciação da legalidade do ato de concessão inicial de aposentadoria, reforma e pensão.
- **STF 21** – Funcionário em estágio probatório não pode ser exonerado nem demitido sem inquérito ou sem as formalidades legais de apuração de sua capacidade.
- **STF 20 –** É necessário processo administrativo, com ampla defesa, para demissão de funcionário admitido por concurso.
- **STF 19** – É inadmissível segunda punição de servidor público, baseada no mesmo processo em que se fundou a primeira.
- **STF 18** – Pela falta residual, não compreendida na absolvição pelo juízo criminal, é admissível a punição administrativa do servidor público.
- **STJ 378** – Reconhecido o desvio de função, o servidor faz jus às diferenças salariais decorrentes.
- **STJ 218** – Compete à justiça dos estados processar e julgar ação de servidor estadual decorrente de direitos e vantagens estatutárias no exercício de cargo em comissão.
- **STJ 173** – Compete à justiça federal processar e julgar o pedido de reintegração em cargo público federal, ainda que o servidor tenha sido dispensado antes da instituição do Regime Jurídico Único.
- **STJ 170** – Compete ao juízo onde primeiro for intentada a ação envolvendo acumulação de pedidos, trabalhista e estatutário, decidi-la nos limites da sua jurisdição, sem prejuízo do ajuizamento de nova causa, com o pedido remanescente, no juízo próprio.
- **STJ 137** – Compete à justiça comum estadual processar e julgar ação de servidor público municipal, pleiteando direitos relativos ao vínculo estatutário.
- **STJ 97** – Compete à justiça do trabalho processar e julgar reclamação de servidor público relativamente a vantagens trabalhistas anteriores à instituição do Regime Jurídico Único.

2.1.1. CONCURSO PÚBLICO

- **SÚMULA VINCULANTE Nº 44**: "Só por lei se pode sujeitar a exame psicotécnico a habilitação de candidato a cargo público".
- **SÚMULA VINCULANTE Nº 43**: "É inconstitucional toda modalidade de provimento que propicie ao servidor investir-se, sem prévia aprovação em concurso público destinado ao seu provimento, em cargo que não integra a carreira na qual anteriormente investido".
- **STF 684** – É inconstitucional o veto não motivado à participação de candidato a concurso público.
- **STF 683** – O limite de idade para a inscrição em concurso público só se legitima em face do art. 7º, XXX, da Constituição, quando possa ser justificado pela natureza das atribuições do cargo a ser preenchido.
- **STF 17** – A nomeação de funcionário sem concurso pode ser desfeita antes da posse.
- **STF 16** – Funcionário nomeado por concurso tem direito a posse.
- **STF 15** – Dentro do prazo de validade do concurso, o candidato aprovado tem o direito a nomeação, quando o cargo for preenchido sem observância da classificação.
- **STJ 377** – O portador de visão monocular tem direito de concorrer, em concurso público, às vagas reservadas aos deficientes.
- **STJ 266** – O diploma ou habilitação legal para o exercício do cargo deve ser exigido na posse e não na inscrição para o concurso público.

2.1.2. DEMISSÃO

- **STF 25** – A nomeação a termo não impede a livre demissão, pelo Presidente da República, de ocupante de cargo dirigente de autarquia.
- **STF 8** – Diretor de sociedade de economia mista pode ser destituído no curso do mandato.

2.1.3. DISPONIBILIDADE

- **STF 39** – À falta de lei, funcionário em disponibilidade não pode exigir, judicialmente, o seu aproveitamento, que fica subordinado ao critério de conveniência da Administração.
- **STF 22** – O estágio probatório não protege o funcionário contra a extinção do cargo.

2.1.4. REMUNERAÇÃO

- **SÚMULA VINCULANTE Nº 55:** "O direito ao auxílio-alimentação não se estende aos servidores inativos".
- **SÚMULA VINCULANTE Nº 42**: "É inconstitucional a vinculação do reajuste de vencimentos de servidores estaduais ou municipais a índices federais de correção monetária".
- **SÚMULA VINCULANTE nº 37:** "Não cabe ao Poder Judiciário, que não tem função legislativa, aumentar

vencimentos de servidores públicos sob o fundamento de isonomia".

- **Súmula Vinculante 20** – A Gratificação de Desempenho de Atividade Técnico-Administrativa – GDATA, instituída pela Lei nº 10.404/2002, deve ser deferida aos inativos nos valores correspondentes a 37,5 (trinta e sete vírgula cinco) pontos no período de fevereiro a maio de 2002 e, nos termos do art. 5º, parágrafo único, da Lei nº 10.404/2002, no período de junho de 2002 até a conclusão dos efeitos do último ciclo de avaliação a que se refere o art. 1º da Medida Provisória nº 198/2004, a partir da qual passa a ser de 60 (sessenta) pontos.
- **Súmula Vinculante 16** – Os artigos 7º, IV, e 39, § 3º (redação da EC 19/98), da Constituição, referem-se ao total da remuneração percebida pelo servidor público.
- **Súmula Vinculante 15** – O cálculo de gratificações e outras vantagens do servidor público não incide sobre o abono utilizado para se atingir o salário mínimo.
- **Súmula vinculante 6** – Não viola a constituição o estabelecimento de remuneração inferior ao salário mínimo para as praças prestadoras de serviço militar inicial.
- **Súmula Vinculante 4** – Salvo os casos previstos na Constituição Federal, o salário mínimo não pode ser usado como indexador de base de cálculo de vantagem de servidor público ou de empregado, nem ser substituído por decisão judicial.
- **STF 682** – Não ofende a Constituição a correção monetária no pagamento com atraso dos vencimentos de servidores públicos.
- **STF 672** – O reajuste de 28,86%, concedido aos servidores militares pelas leis 8.622/93 e 8.627/93, estende-se aos servidores civis do Poder Executivo, observadas as eventuais compensações decorrentes dos reajustes diferenciados concedidos pelos mesmos diplomas legais.
- **STF 671** – Os servidores públicos e os trabalhadores em geral têm direito, no que concerne à URP de abril/maio de 1988, apenas ao valor correspondente a 7/30 de 16,19% sobre os vencimentos e salários pertinentes aos meses de abril e maio de 1988, não cumulativamente, devidamente corrigido até o efetivo pagamento.
- **STF 359** – Ressalvada a revisão prevista em lei, os proventos da inatividade regulam-se pela lei vigente ao tempo em que o militar, ou o servidor civil, reuniu os requisitos necessários.

2.1.5. TEMPO DE SERVIÇO

- **STF 726** – Para efeito de aposentadoria especial de professores, não se computa o tempo de serviço prestado fora da sala de aula. **Atenção:** em 29/10/2008, o STF, por maioria, no julgamento da ADI 3.772, decidiu que a atividade de magistério não é restrita ao trabalho em sala de aula e que dela fazem parte as funções de direção, coordenação e assessoramento pedagógico, desde que exercidas, em estabelecimentos de ensino básico, por professores de carreira, excluídos os especialistas em educação.
- **STF 567** – A Constituição, ao assegurar, no § 3º, do art. 102, a contagem integral do tempo de serviço público federal, estadual ou municipal para os efeitos de aposentadoria e disponibilidade não proíbe à União, aos Estados e aos Municípios mandarem contar, mediante lei, para efeito diverso, tempo de serviço prestado a outra pessoa de direito público interno.

2.1.6. VITALICIEDADE

- **STF 47** – Reitor de universidade não é livremente demissível pelo Presidente da República durante o prazo de sua investidura.
- **STF 46** – Desmembramento de serventia de justiça não viola o princípio de vitaliciedade do serventuário.
- **STF 36** – Servidor vitalício está sujeito a aposentadoria compulsória, em razão da idade.

2.1.7. NOMEAÇÃO PARA CARGO EM COMISSÃO (NEPOTISMO)

- **Súmula Vinculante 13** – A nomeação de cônjuge, companheiro ou parente em linha reta, colateral ou por afinidade, até o terceiro grau, inclusive, da autoridade nomeante ou de servidor da mesma pessoa jurídica, investido em cargo de direção, chefia ou assessoramento, para o exercício de cargo em comissão ou de confiança, ou, ainda, de função gratificada na Administração Pública direta e indireta, em qualquer dos Poderes da União, dos Estados, do Distrito Federal e dos municípios, compreendido o ajuste mediante designações recíprocas, viola a Constituição Federal.

3. PODERES ADMINISTRATIVOS

3.1. PODER DE POLÍCIA

- **Súmula Vinculante 49** – Ofende o princípio da livre concorrência lei municipal que impede a instalação de estabelecimentos comerciais do mesmo ramo em determinada área.
- **STF 645** – É competente o município para fixar o horário de funcionamento de estabelecimento comercial.
- **STF 419** – Os municípios têm competência para regular o horário do comércio local, desde que não infrinjam leis estaduais ou federais válidas.
- **STF 397** – O poder de polícia da Câmara dos Deputados e do Senado Federal, em caso de crime cometido nas suas dependências, compreende, consoante o regimento, a prisão em flagrante do acusado e a realização do inquérito.

4. ATO ADMINISTRATIVO

- **STF 473** – A administração pode anular seus próprios atos, quando eivados de vícios que os tornam ilegais, porque deles não se originam direitos; ou revogá-los, por motivo de conveniência ou oportunidade, respeitados os direitos adquiridos, e ressalvada, em todos os casos, a apreciação judicial.

- **STF 346** – A Administração Pública pode declarar a nulidade dos seus próprios atos.

5. PROCESSO ADMINISTRATIVO

- **STJ 467** – Prescreve em cinco anos, contados do término do processo administrativo, a pretensão da Administração Pública de promover a execução da multa por infração ambiental.
- **STJ 373** – É ilegítima a exigência de depósito prévio para admissibilidade de recurso administrativo.
- **STJ 591** – É permitida a prova emprestada no processo administrativo disciplinar, desde que devidamente autorizada pelo juízo competente e respeitados o contraditório e a ampla defesa.
- **STJ 592** – O excesso de prazo para a conclusão do processo administrativo disciplinar só causa nulidade se houver demonstração de prejuízo à defesa.

6. BENS PÚBLICOS

- **STF 650** – Os incisos I e XI do art. 20 da Constituição Federal não alcançam terras de aldeamentos extintos, ainda que ocupadas por indígenas em passado remoto.
- **STF 480** – Pertencem ao domínio e administração da União, nos termos dos artigos 4º, IV, e 186, da Constituição Federal de 1967, as terras ocupadas por silvícolas.
- **STF 479** – As margens dos rios navegáveis são domínio público, insuscetíveis de expropriação e, por isso mesmo, excluídas de indenização.
- **STF 477** – As concessões de terras devolutas situadas na faixa de fronteira, feitas pelos Estados, autorizam, apenas, o uso, permanecendo o domínio com a União, ainda que se mantenha inerte ou tolerante, em relação aos possuidores.
- **STJ 496** – Os registros de propriedade particular de imóveis situados em terrenos de marinha não são oponíveis à União.
- **STJ 238** – A avaliação da indenização devida ao proprietário do solo, em razão de alvará de pesquisa mineral, é processada no juízo estadual da situação do imóvel.
- **STJ 103** – Incluem-se entre os imóveis funcionais que podem ser vendidos os administrados pelas Forças Armadas e ocupados pelos servidores civis.

7. INTERVENÇÃO DO ESTADO NA PROPRIEDADE PRIVADA

7.1. DESAPROPRIAÇÃO

- **STF 652** – Não contraria a Constituição o art. 15, § 1º, do DL. 3.365/41 (Lei da Desapropriação por Utilidade Pública).
- **STF 618** – Na desapropriação, direta ou indireta, a taxa dos juros compensatórios é de 12% (doze por cento) ao ano.
- **STF 617** – A base de cálculo dos honorários de advogado em desapropriação é a diferença entre a oferta e a indenização, corrigidas ambas monetariamente.
- **STF 561** – Em desapropriação, é devida a correção monetária até a data do efetivo pagamento da indenização, devendo proceder-se à atualização do cálculo, ainda que por mais de uma vez.
- **STF 476** – Desapropriadas as ações de uma sociedade, o poder desapropriante, imitido na posse, pode exercer, desde logo, todos os direitos inerentes aos respectivos títulos.
- **STF 475** – A Lei 4.686, de 21.06.1965, tem aplicação imediata aos processos em curso, inclusive em grau de recurso extraordinário.
- **STF 416** – Pela demora no pagamento do preço da desapropriação não cabe indenização complementar além dos juros.
- **STF 378** – Na indenização por desapropriação incluem-se honorários do advogado do expropriado.
- **STF 164** – No processo de desapropriação, são devidos juros compensatórios desde a antecipada imissão de posse, ordenada pelo juiz, por motivo de urgência.
- **STF 157** – É necessária prévia autorização do Presidente da República para desapropriação, pelos Estados, de empresa de energia elétrica.
- **STF 23** – Verificados os pressupostos legais para o licenciamento da obra, não o impede a declaração de utilidade pública para desapropriação do imóvel, mas o valor da obra não se incluirá na indenização, quando a desapropriação for efetivada.
- **STJ 408** – Nas ações de desapropriação, os juros compensatórios incidentes após a Medida Provisória nº 1.577, de 11.6.1997, devem ser fixados em 6% ao ano até 13.9.2001, e, a partir de então, em 12% ao ano, na forma da Súmula nº 618 do Supremo Tribunal Federal.
- **STJ 354** – A invasão do imóvel é causa de suspensão do processo expropriatório para fins de reforma agrária.
- **STJ 141** – Os honorários de advogado em desapropriação direta são calculados sobre a diferença entre a indenização e a oferta, corrigidas monetariamente.
- **STJ 131** – Nas ações de desapropriação incluem-se no cálculo da verba advocatícia as parcelas relativas aos juros compensatórios e moratórios, devidamente corrigidas.
- **STJ 114** – Os juros compensatórios, na desapropriação indireta, incidem a partir da ocupação, calculados sobre o valor da indenização, corrigido monetariamente.
- **STJ 113** – Os juros compensatórios, na desapropriação direta, incidem a partir da imissão na posse, calculados sobre o valor da indenização, corrigido monetariamente.

- **STJ 102** – A incidência dos juros moratórios sobre os compensatórios, nas ações expropriatórias, não constitui anatocismo vedado em lei.
- **STJ 70** – Os juros moratórios, na desapropriação direta ou indireta, contam-se desde o trânsito em julgado da sentença.
- **STJ 69** – Na desapropriação direta, os juros compensatórios são devidos desde a antecipada imissão na posse e, na desapropriação indireta, a partir da efetiva ocupação do imóvel.
- **STJ 67** – Na desapropriação, cabe a atualização monetária, ainda que por mais de uma vez, independente do decurso de prazo superior a um ano entre o cálculo e o efetivo pagamento da indenização.
- **STJ 56** – Na desapropriação para instituir servidão administrativa são devidos os juros compensatórios pela limitação de uso da propriedade.
- **STJ 12** – Em desapropriação, são cumuláveis juros compensatórios e moratórios.

✦ INFORMATIVOS APLICÁVEIS

✦ STF

1. AGENTES PÚBLICOS

1.1. DISPOSIÇÕES GERAIS

▸ Greve de servidor público e desconto de dias não trabalhados

A administração pública deve proceder ao desconto dos dias de paralisação decorrentes do exercício do direito de greve pelos servidores públicos, em virtude da suspensão do vínculo funcional que dela decorre. É permitida a compensação em caso de acordo. O desconto será, contudo, incabível se ficar demonstrado que a greve foi provocada por conduta ilícita do Poder Público. *RE 693456/RJ, repercussão geral, Rel. Min. Dias Toffoli, 27.10.2016. Pleno. (Info 845)*

▸ Nomeação de servidor e nepotismo

Reputou-se improcedente reclamação na qual se discutia a prática de nepotismo em face de nomeação de servidor público para ocupar cargo em tribunal de contas, onde seu tio (parente colateral de 3º grau), já exerceria cargo de assessor-chefe de gabinete de determinado conselheiro. O nepotismo não decorre diretamente da existência de relação de parentesco entre pessoa designada e agente político ou servidor público, mas da presunção de que a escolha para ocupar cargo de direção, chefia ou assessoramento seja direcionada a pessoa com relação de parentesco com alguém com potencial de interferir no processo de seleção. Viola o princípio da impessoalidade vedar o acesso de qualquer cidadão a cargo público somente em razão da existência de relação de parentesco com servidor que não tenha competência para selecioná-lo ou nomeá-lo para cargo de chefia, direção ou assessoramento, ou que não exerça ascendência hierárquica sobre aquele que possui essa competência. *Rcl 18564/SP, Red. p/ ac. Min. Dias Toffoli, 23.2.2016. 2ª T. (Info 815)*

▸ Suspensão de convênio e impossibilidade de adesão a plano de saúde

Mandado de segurança. TCU. Suspensão de inclusão de novos beneficiários. Operadora de plano de saúde. GEAP. Óbice ao ingresso de servidor do Poder Executivo cedido à Justiça Federal, que, acometido de doença grave, retornou ao órgão de origem para aposentaria por invalidez. Impossibilidade de interrupção do tratamento da doença iniciado durante período de cessão. Vedação administrativa excepcionada pelas peculiaridades da espécie em exame. Princípio da dignidade da pessoa humana e do direito à saúde. *MS 33619/DF, Rel. Min. Cármen Lúcia, 23.8.2016. 2ª T. (Info 836)*

1.2. CONCURSO PÚBLICO

▸ Concurso público: direito subjetivo a nomeação e surgimento de vaga

O prazo de validade do concurso em que aprovado o recorrente expirou antes da abertura do novo certame, a significar que o caso não se amolda ao precedente firmado no RE 837.311, em sede de repercussão geral, em que o Tribunal fixou a tese de que a existência de direito subjetivo à nomeação está ligada ao surgimento de nova vaga durante a validade do certame. *RMS 31478/DF, Rel. p/ ac. Min. Edson Fachin, 9.8.2016. 1ª T. (Info 834)*

▸ Concurso público: direito subjetivo à nomeação e surgimento de vagas

O surgimento de novas vagas ou a abertura de novo concurso para o mesmo cargo, durante o prazo de validade do certame anterior, não gera automaticamente o direito à nomeação dos candidatos aprovados fora das vagas previstas no edital, ressalvadas as hipóteses de preterição arbitrária e imotivada por parte da administração, caracterizada por comportamento tácito ou expresso do Poder Público capaz de revelar a inequívoca necessidade de nomeação do aprovado durante o período de validade do certame, a ser demonstrada de forma cabal pelo candidato. Assim, o direito subjetivo à nomeação do candidato aprovado em concurso público exsurge nas seguintes hipóteses: a) quando a aprovação ocorrer dentro do número de vagas dentro do edital; b) quando houver preterição na nomeação por não observância da ordem de classificação; e c) quando surgirem novas vagas, ou for aberto novo concurso durante a validade do certame anterior, e ocorrer a preterição de candidatos de forma arbitrária e imotivada por parte da administração nos termos acima. *RE 837311/PI, repercussão geral – mérito, Rel. Min. Luiz Fux, 9.12.2015. Pleno. (Info 811)*

▸ Concurso público e restrição à tatuagem

Editais de concurso público não podem estabelecer restrição a pessoas com tatuagem, salvo situações excepcionais em razão de conteúdo que viole valores constitucionais. *RE 898450/SP, repercussão geral, Rel. Luiz Fux, 17.8.2016. Pleno. (Info 835)*

▸ Concurso público e suspeita de irregularidade de titulação

A criação de critério "ad hoc" de contagem de títulos de pós-graduação, após a abertura da fase de títulos e da apresentação dos certificados pelos candidatos, constitui flagrante violação ao princípio da segurança jurídica e da impessoalidade. Impossibilidade de aplicação retroativa da Res. 187/2014/CNJ ao presente concurso, em respeito à modulação dos efeitos efetuada pelo CNJ e aos precedentes desta Corte sobre a matéria. *MS 33406/DF, Rel. p/ ac. min. Roberto Barroso, 6.9.2016. 1ª T. (Info 838)*

▸ Contratação em caráter temporário e concurso público

É inconstitucional lei estadual que assegura a permanência de servidores da Fundação Universidade Regional do Rio Grande do Norte admitidos em caráter temporário, entre o período de 8.1.1987 a 17.6.1993, sem a prévia aprovação em concurso público, e torna sem efeitos os atos de direção da universidade que, de qualquer forma, excluíram esses servidores do quadro de pessoal.

A proposição legislativa decorreu de iniciativa parlamentar que usurpou a prerrogativa do chefe do Executivo quanto às matérias relacionadas ao regime jurídico dos servidores públicos. Houve ofensa ao princípio do concurso público (CF/88, art. 37, II), haja vista a estabilização de servidores contratados apenas temporariamente. O art. 19 do ADCT concedera estabilidade excepcional somente aos servidores que, ao tempo da promulgação do texto, estavam em exercício há mais de cinco anos. *ADI 1241/RN, Rel. Min. Dias Toffoli, j. 22.9.2016. Pleno. (Info 840)*

▸ Contratação temporária de professores e emergencialidade

São inconstitucionais dispositivos de lei estadual que autorizam a contratação temporária de professores da rede pública de ensino nas hipóteses de "afastamentos que repercutam em carência de natureza temporária" e para "fins de implementação de projetos educacionais, com vistas à erradicação do analfabetismo, correção do fluxo escolar e qualificação da população cearense". O art. 37, IX, da CF exige complementação normativa criteriosa quanto aos casos de necessidade temporária de excepcional interesse público que ensejam contratações sem concurso. Recrutamentos dessa espécie são admissíveis, mesmo para atividades permanentes da Administração, mas o legislador deve especificar os traços de emergencialidade que justificam a medida atípica. A lei também permite a contratação temporária de profissionais do magistério nas situações de licença para tratamento de saúde; licença gestante; licença por motivo de doença de pessoa da família; licença para trato de interesses particulares; e cursos de capacitação. Nessas ocorrências, alheias ao controle da Administração, cuja superveniência pode resultar em desaparelhamento transitório do corpo docente, permite-se reconhecer a emergencialidade. *ADI 3721/CE, Rel. Min. Teori Zavascki, 9.6.2016. Pleno. (Info 829)*

▸ Magistratura: triênio para ingresso na carreira e momento de comprovação

A comprovação do triênio de atividade jurídica exigida para o ingresso no cargo de juiz substituto, nos termos do art. 93, I, da CF, deve ocorrer no momento da inscrição definitiva no concurso público. *RE 655265/DF, repercussão geral – mérito, Red. p/ ac. Min. Edson Fachin, 13.4.2016. Pleno. (Info 821)*

1.3. REGRAS REMUNERATÓRIAS

▸ ADI: aumento de vencimentos e efeitos financeiros

São inconstitucionais disposições legais que tornaram sem efeito o aumento dos valores dos vencimentos dos servidores públicos estaduais concedido por outras leis anteriores, taxativas ao estabelecer que entrariam em vigor na data de sua publicação. Os efeitos financeiros relativos à aplicação dessas leis, isto é, o pagamento dos valores correspondentes ao reajuste dos subsídios previstos, ocorreriam a partir do primeiro dia do ano seguinte. Assim, desde a entrada em vigor das leis, com suas publicações, a melhoria concedida fora incorporada ao patrimônio jurídico dos agentes públicos. Assim, o termo (primeiro dia do ano seguinte) não suspendera a eficácia do direito, e sim o seu exercício, não havendo confusão entre vigência de leis e efeitos financeiros decorrentes do que nelas disposto. *ADI 4013/TO, Rel. Min. Cármen Lúcia, 31.3.2016. Pleno. (Info 819)*

2. INTERVENÇÃO DO ESTADO NA PROPRIEDADE

2.1. DESAPROPRIAÇÃO

▸ Desapropriação por utilidade pública e princípio da justa indenização

A preferência do julgador por determinada prova insere-se no livre convencimento motivado e não cabe compelir o magistrado a colher com primazia determinada prova em detrimento de outras pretendidas pelas partes se, pela base do conjunto probatório tiver se convencido da verdade dos fatos (CPC/73, art. 436). *RE 567708/SP, Red. p/ ac. Min. Cármen Lúcia, 8.3.2016. 2ª T. (Info 817)*

3. LICITAÇÕES

▸ Exigência para participar de licitação e conflito legislativo

Por ofensa à competência privativa da União para legislar sobre normas gerais de licitação e contratos, o Plenário, por maioria, julgou procedente pedido formulado em ação direta para declarar a inconstitucionalidade da Lei 3.041/05 do Estado de Mato Grosso do Sul, sem efeito repristinatório em relação às leis anteriores de mesmo conteúdo. *ADI 3.735/MS, Rel. min. Teori Zavascki, 8.9.2016. Pleno. (Info 838)*

4. PRESCRIÇÃO ADMINISTRATIVA

▸ Ação de ressarcimento e imprescritibilidade

É prescritível a ação de reparação de danos à Fazenda Pública decorrente de ilícito civil. *RE 669069/MG, repercussão geral – mérito, Rel. Min. Teori Zavascki, 3.2.2016. Pleno. (Info 813)*

▸ Administração Pública: ressarcimento e decadência

O TCU havia determinado que órgão da Administração Pública federal adotasse providências para que fosse restituída quantia relativa a auxílio-moradia paga a servidora pública entre out./2003 e nov./2010. A impetrante sustentava a decadência do direito de a Administração Pública anular os atos dos quais decorreram efeitos favoráveis. Não há que se falar em prescrição e decadência em casos de pretensão ressarcitória do Estado, tendo em conta o disposto no art. 37, § 5º, da CF/88. Por outro lado, verificar a legitimidade da percepção do auxílio-moradia e a existência de boa-fé da impetrante demandaria incursão na análise de fatos e provas. Tal questão, portanto, deveria ser debatida em ação ordinária, de ampla cognição, e não na via estreita do mandado de segurança. *MS 32569/DF, Rel. p/ o ac. min. Edson Fachin, 13.9.2016.*

▸ ED e ação de reparação de danos à Fazenda Pública decorrente de ilícito civil

Rejeitados embargos de declaração contra decisão que entendeu ser prescritível a ação de reparação de danos à Fazenda Pública decorrente de ilícito civil. É clara a opção da Corte de considerar como ilícito civil os de natureza semelhante à do caso concreto (acidente de trânsito). O conceito, sob esse aspecto, deveria ser buscado pelo método de exclusão: não se considerariam ilícitos civis, de modo geral, os que decorressem de infrações ao direito público (de natureza penal, decorrentes de atos de improbidade etc.). As questões atinentes ao transcurso do prazo prescricional, inclusive a seu termo inicial, seriam adstritas à seara infraconstitucional. Por isso, não se constatam motivos relevantes de segurança jurídica ou de interesse social hábeis a ensejar a modulação dos efeitos da decisão. *RE 669069 ED/MG, Repercussão geral – mérito, Rel. Min. Teori Zavascki, 16.6.2016. Pleno. (Info 830)*

5. PROCESSO ADMINISTRATIVO

5.1. PROCESSO ADMINISTRATIVO (DISPOSIÇÕES GERAIS)

▸ Anulação de anistia e prazo decadencial

O prazo decadencial para a anulação de atos administrativos que geram efeitos favoráveis aos administrados é de cinco anos (art. 54 da Lei 9.784/99), comportando apenas duas hipóteses de afastamento da decadência administrativa: a má-fé do beneficiário e a existência de medida administrativa impugnadora da validade do ato. 3. O processo administrativo de revisão da anistia do Impetrante expressamente afastou a existência de má-fé por parte do anistiado quando do requerimento para o reconhecimento dessa condição. 4. Não se qualificam Notas e Pareceres emanados por membros da Advocacia-Geral da União como "medida de autoridade administrativa que importe impugnação à validade do ato", nos termos do § 2º do art. 54 da Lei 9.784/99, em razão da generalidade de suas considerações, bem como do caráter meramente opinativo que possuem no caso em tela. 5. Ademais, em se tratando de competência exclusiva para a concessão, revisão ou revogação de anistia política, somente ato do Ministro de Estado da Justiça, na qualidade de autoridade administrativa, tem o condão de, uma vez destinado à impugnação específica de ato anterior, obstaculizar o transcurso do prazo decadencial para sua anulação. 6. Assim, como decorreu mais de cinco anos entre a Portaria que reconheceu a condição de anistiado ao Impetrante e a publicação da Portaria Interministerial, ato conjunto entre o Ministro da Justiça e o Advogado-Geral da União que determinou a abertura de processo administrativo de revisão das anistias políticas concedidas com fundamento na Portaria do Ministro de Estado da Aeronáutica, constata-se a decadência do direito da Administração de anular o ato de concessão da anistia. *RMS 31841/DF, Rel. Min. Edson Fachin, 2.8.2016. 1ª T. (Info 833)*

5.2. PROCESSO ADMINISTRATIVO (DISCIPLINAR)

▸ PAD: comissão processante, demissão e improbidade administrativa

Negado provimento a recurso ordinário em mandado de segurança no qual auditor-fiscal da RFB sustentou a nulidade do processo administrativo disciplinar que o penalizou com demissão. Não há vício na instalação de segunda comissão disciplinar, após a primeira ter concluído pela insuficiência de provas. É possível realizar diligências instrutórias com a designação de nova comissão processante, uma vez que, a partir do exame do relatório da primeira comissão, existe dúvida razoável a amparar a continuidade das investigações. Correta a capitulação do fato imputado como improbidade administrativa (LIA, art. 132). Incabível a apreciação, na via estreita do "writ", da proporcionalidade da pena cominada, à exceção das hipóteses em que a demissão estiver fundada na prática de ato de improbidade de natureza culposa, sem a imputação de locupletamento ilícito do servidor. *RMS 33666/DF, Red. p/ ac. Min. Edson Fachin, 31.5.2016. 1ª T. (Info 828)*

▸ PAD: prova emprestada e nulidade

A prova colhida mediante autorização judicial e para fins de investigação ou processo criminal pode ser utilizada para instruir procedimento administrativo punitivo. *RMS 28774/DF, Rel. p/ ac. Min. Roberto Barroso, 9.8.2016. 1ª T. (Info 834)*

6. RESPONSABILIDADE CIVIL DO ESTADO

▸ Morte de detento e responsabilidade civil do Estado

Em caso de inobservância do seu dever específico de proteção previsto no art. 5º, XLIX, da CF, o Estado é responsável pela morte de detento. *RE 841526/RS, repercussão geral – mérito, Rel. Min. Luiz Fux, 30.3.2016. Pleno. (Info 819)*

✦ STJ

1. AGENTES PÚBLICOS

1.1. DISPOSIÇÕES GERAIS

▸ Acumulação lícita de cargos públicos.

É possível a acumulação de um cargo público de professor com outro de intérprete e tradutor da Língua Brasileira de Sinais (Libras). Nos termos da CF, a inacumulabilidade de cargo público emerge como regra, cujas exceções são expressamente estabelecidas no corpo da própria Carta Magna (art. 37, XVI). Na exceção prevista na alínea "b" do inciso XVI do art. 37 da CF ("a de um cargo de professor com outro técnico ou científico"), o conceito de "cargo técnico ou científico" não remete, essencialmente, a um cargo de nível superior, mas à atividade desenvolvida, em atenção ao nível de especificação, capacidade e técnica necessários para o correto exercício do trabalho (RMS 42.392, RMS 28.644 e RMS 20.033). *REsp 1.569.547-RN, Rel. Min. Humberto Martins, DJe 2.2.2016. 2ª T. (Info 575)*

▸ Greve de servidor público. Dias não compensados. Desconto em folha. Parcelamento.

Não se mostra razoável a possiblidade de desconto em parcela única sobre a remuneração do servidor público dos dias parados e não compensados provenientes do exercício do direito de greve. *RMS 49.339-SP, Rel. Ministro Francisco Falcão, DJe 20.10.2016. 2ª T. (Info 592)*

▸ Inadmissibilidade de acumulação de cargos públicos cujas jornadas somem mais de sessenta horas semanais.

É vedada a acumulação de um cargo de professor com outro técnico ou científico quando a jornada de trabalho semanal ultrapassar o limite máximo de sessenta horas semanais. *REsp 1.565.429-SE, Rel. Min. Herman Benjamin, DJe 4.2.2016. 2ª T. (Info 576)*

▸ Redução da duração máxima de jornada de trabalho de servidores da União que operam diretamente com raios X.

Independentemente da categoria profissional, todos os servidores da União, civis e militares, e os empregados de entidades paraestatais de natureza autárquica que operam, de forma habitual, diretamente com raios X e substâncias radioativas, próximo às fontes de irradiação, têm o direito à redução da duração máxima da jornada de trabalho de 40 para 24 horas semanais prevista no art. 1º da Lei 1.234/1950. *AgInt no REsp 1.569.119-SP, Rel. Min. Humberto Martins, DJe 15.4.2016. 2ª T. (Info 581)*

▸ Requisição de servidor público pela DPU.

A Administração Pública Federal não está mais obrigada a atender toda e qualquer requisição de servidor público efetuada pelo Defensor Público-Geral da União na forma do art. 4º da Lei 9.020/95. *MS 17.500-DF, Rel. Min. Benedito Gonçalves, DJe 15.12.2015. 1ª S. (Info 575)*

1.2. CONCURSO PÚBLICO

▸ Formação exigida em edital de concurso ao cargo de perito datiloscopista de polícia civil estadual.

É legal a cláusula de edital que prescreva que as atividades do cargo de perito datiloscopista são de nível médio, desde que, à época da publicação do edital do concurso para o referido cargo, haja previsão legislativa estatual nesse sentido. A verificação da legalidade ou não de cláusula de edital que exija a formação em curso superior dos candidatos ao cargo de perito datiloscopista de polícia civil estadual restringe-se objetivamente ao cotejo da legislação estadual e federal vigente à época da publicação do edital. Para solver a questão, o critério objetivo verificado é o rol de categorias de peritos de natureza criminal definido pelo art. 5º da Lei 12.030/09, no qual se relacionam os peritos criminais, os peritos médico-legistas e os peritos odontolegistas, sem nenhuma referência aos datiloscopistas. *AgRg no RMS 32.892-RO, Rel. Min. Napoleão Nunes Maia Filho, DJe 3.2.2016. 1ª T. (Info 576)*

▸ Posse em cargo público por menor de idade.

Ainda que o requisito da idade mínima de 18 anos conste em lei e no edital de concurso público, é possível que o candidato menor de idade aprovado no concurso tome posse no cargo de auxiliar de biblioteca no caso em que ele, possuindo 17 anos e 10 meses na data da sua posse, já havia sido emancipado voluntariamente por seus pais há 4 meses. *REsp 1.462.659-RS, Rel. Min. Herman Benjamin, DJe 4.2.2016. 2ª T. (Info 576)*

2. BENS PÚBLICOS

▸ Possibilidade de ajuizamento por particulares de demanda possessória relacionada a bem público de uso comum do povo.

Particulares podem ajuizar ação possessória para resguardar o livre exercício do uso de via municipal (bem público de uso comum do povo) instituída como servidão de passagem. *REsp 1.582.176-MG, Rel. Min. Nancy Andrighi, DJ 30.9.2016. 3ª T. (Info 590)*

3. IMPROBIDADE ADMINISTRATIVA

▸ Aplicação de multa eleitoral e sanção por ato de improbidade administrativa.

A condenação pela Justiça Eleitoral ao pagamento de multa por infringência às disposições contidas na Lei 9.504/97 (Lei das Eleições) não impede a imposição de nenhuma das sanções previstas na Lei 8.429/92 (Lei de Improbidade Administrativa – LIA), inclusive da multa civil, pelo ato de improbidade decorrente da mesma conduta. *AgRg no AREsp 606.352-SP, Rel. Min. Assusete Magalhães, DJe 10.2.2016. 2ª T. (Info 576)*

▸ Caracterização de tortura como ato de improbidade administrativa.

A tortura de preso custodiado em delegacia praticada por policial constitui ato de improbidade administrativa que atenta contra os princípios da administração pública. *REsp 1.177.910-SE, Rel. Min. Herman Benjamin, DJe 17.2.2016. 1ª S. (Info 577)*

▸ Desnecessidade de lesão ao patrimônio público em ato de improbidade administrativa que importa enriquecimento ilícito.

Ainda que não haja dano ao erário, é possível a condenação por ato de improbidade administrativa que importe enriquecimento ilícito (art. 9º da Lei 8.429/92), excluindo-se, contudo, a possibilidade de aplicação da pena de ressarcimento ao erário. *REsp 1.412.214-PR, Rel. p/ ac. Min. Benedito Gonçalves, DJe 28.3.2016. 1ª T. (Info 580)*

▸ Improbidade administrativa e conduta direcionada a particular.

Não ensejam o reconhecimento de ato de improbidade administrativa (Lei 8.429/92) eventuais abusos perpetrados por agentes públicos durante abordagem policial, caso os ofendidos pela conduta sejam particulares que não estavam no exercício de função pública. O fato de a probidade ser atributo de toda atuação do agente público pode suscitar o equívoco interpretativo de que qualquer falta por ele praticada, por si só, representaria quebra desse atributo e, com isso, o sujeitaria às sanções da Lei 8.429/92. Contudo, o conceito jurídico de ato de improbidade administrativa, por ser circulante no ambiente do direito sancionador, não é daqueles que a doutrina chama de elásticos, isto é, daqueles que podem ser ampliados para abranger situações que não tenham sido contempladas no momento da sua definição. Dessa forma, considerando o inelástico conceito de improbidade, vê-se que o referencial da Lei 8.429/92 é o ato do agente público frente à coisa pública a que foi chamado a administrar. *REsp 1.558.038-PE, Rel. Min. Napoleão Nunes Maia Filho, DJe 9.11.2015. 1ª T. (Info 573)*

▸ Inaplicabilidade das sanções por ato de improbidade administrativa abaixo do mínimo legal.

No caso de condenação pela prática de ato de improbidade administrativa que atenta contra os princípios da administração pública, as penalidades de suspensão dos direitos políticos e de proibição de contratar com o Poder Público ou receber benefícios ou incentivos fiscais ou creditícios não podem ser fixadas aquém do mínimo previsto no art. 12, III, da Lei 8.429/92. *REsp 1.582.014-CE, Rel. Min. Humberto Martins, DJe 15.4.2016. 2ª T. (Info 581)*

▸ Possibilidade de dupla condenação ao ressarcimento ao erário pelo mesmo fato.

Não configura "bis in idem" a coexistência de título executivo extrajudicial (acórdão do TCU) e sentença condenatória em ação civil pública de improbidade administrativa que determinam o ressarcimento ao erário e se referem ao mesmo fato, desde que seja observada a dedução do valor da obrigação que primeiramente foi executada no momento da execução do título remanescente. *REsp 1.413.674-SE, Rel. para o acórdão Min. Benedito Gonçalves, DJe 31.5.2016. 1ª T. (Info 584)*

4. PODERES ADMINISTRATIVOS

▸ Aplicação de multa por excesso de velocidade pelo DNIT.

O Departamento Nacional de Infraestrutura de Transporte (DNIT) tem competência para autuar e aplicar sanções por excesso de velocidade em rodovias e estradas federais. *REsp 1.583.822-RS, Rel. Min. Sérgio Kukina, DJe 30.6.2016. 1ª T. (Info 586)*

5. PROCESSO ADMINISTRATIVO

5.1. PROCESSO ADMINISTRATIVO (DISPOSIÇÕES GERAIS)

▸ Princípio da intranscendência das sanções e entidade integrante de consórcio público com pendência no CAUC.

O fato de ente integrante de consórcio público possuir pendência no Serviço Auxiliar de Informações para Transferências Voluntárias (CAUC) não impede que o consórcio faça jus, após a celebração de convênio, à transferência voluntária a que se refere o art. 25 da LC n. 101/00. *REsp 1.463.921-PR, Rel. Min. Humberto Martins, DJe 15.2.2016. 2ª T. (Info 577)*

6. RESPONSABILIDADE CIVIL DO ESTADO

▸ Indenização em razão de equívoco no reconhecimento de reincidência.

No caso em que o reconhecimento da reincidência tenha origem em infração anterior cuja pena tenha sido cumprida ou extinta há mais de cinco anos, deferido o pedido revisional para diminuir a pena equivocadamente fixada, será devida a indenização ao condenado que tenha sofrido prejuízos em virtude do erro judiciário. *REsp 1.243.516-SP, Rel. Min. Reynaldo Soares da Fonseca, DJ 30.9.2016. 5ª T. (Info 590)*

▸ Indenização por danos morais a anistiado político.

O anistiado político que obteve, na via administrativa, a reparação econômica prevista na Lei 10.559/02 (Lei de Anistia) não está impedido de pleitear, na esfera judicial, indenização por danos morais pelo mesmo episódio político. *REsp 1.485.260-PR, Rel. Min. Sérgio Kukina, DJe 19.4.2016. 1ª T. (Info 581)*

7. SERVIÇOS PÚBLICOS

7.1. CONCESSÃO, PERMISSÃO E AUTORIZAÇÃO DE SERVIÇOS PÚBLICOS

▸ Não sujeição de banco postal às regras de segurança previstas na Lei 7.102/83.

A imposição legal de adoção de recursos de segurança específicos para proteção dos estabelecimentos que constituam sedes de instituições financeiras (Lei 7.102/83) não alcança o serviço de correspondente bancário (Banco Postal) realizado pela Empresa Brasileira de Correios e Telégrafos (ECT). *REsp 1.497.235-SE, Rel. Min. Mauro Campbell Marques, DJe 9.12.2015. 2ª T. (Info 574)*

8. OUTROS TEMAS

▸ Atribuição para classificar como medicamento produto importado.

Se a Anvisa classificou determinado produto importado como "cosmético", a autoridade aduaneira não poderá alterar essa classificação para defini-lo como "medicamento". *REsp 1.555.004-SC, Rel. Min. Napoleão Nunes Maia Filho, DJe 25.2.2016. 1ª T. (Info 577)*

▸ Correção monetária e juros de mora em condenação imposta à Fazenda Pública por dano moral.

Na condenação imposta à Fazenda Pública a título de danos morais decorrentes de perseguição política durante a ditadura militar instalada no Brasil após 1964, para fins de atualização monetária e compensação da mora, a partir da data do arbitramento da indenização em segunda instância, haverá a incidência dos índices oficiais de remuneração básica e juros aplicados à caderneta de poupança. *REsp 1.485.260-PR, Rel. Min. Sérgio Kukina, DJe 19.4.2016. 1ª T. (Info 581)*

▸ Impossibilidade de oposição do sigilo do acordo de leniência ao Judiciário.

O sigilo do acordo de leniência celebrado com o CADE não pode ser oposto ao Poder Judiciário para fins de acesso aos documentos que instruem o respectivo procedimento administrativo. Com efeito, o dever de colaboração com o Poder Judiciário é imposto a todos, sejam eles partes ou terceiros, interessados ou desinteressados, nos termos dos arts. 339 e 341 do CPC/73. De fato, não se está diante de uma oposição ao dever de colaboração com fulcro na condição do profissional pautada numa eventual relação de confiança. De modo algum se pode imaginar que os profissionais do CADE, no exercício do poder de polícia, dependam de uma relação de confiança com o agente de mercado, o qual é por ele, a rigor, fiscalizado. Ao contrário, seu trabalho é essencialmente público, sujeitando-se inclusive ao controle social que fundamenta essa publicidade ampla em regra. *REsp 1.554.986-SP, Rel. Min. Marco Aurélio Bellizze, DJe 5.4.2016. 3ª T. (Info 580)*

▸ Limites do sigilo nos acordos de leniência.

O sigilo nos processos administrativos de acordo de leniência celebrado com o CADE, bem como o dos documentos que os instruem, no que tange a pretensões privadas de responsabilização civil por danos decorrentes da eventual formação de cartel, deve ser preservado até a conclusão da instrução preliminar do referido processo administrativo (marcada pelo envio do relatório circunstanciado pela Superintendência-Geral ao Presidente do Tribunal Administrativo), somente podendo ser estendido para após esse marco quando lastreado em circunstâncias concretas fundadas no interesse coletivo - seja ele o interesse das apurações, seja ele a proteção de segredos industriais. *REsp 1.554.986-SP, Rel. Min. Marco Aurélio Bellizze, DJe 5.4.2016. 3ª T. (Info 580)*

▸ Mercadoria importada. Adulteração de dados essenciais (origem do produto). Perdimento. Pagamento dos tributos devidos. Irrelevância.

A quitação do tributo devido não implica direito ao descumprimento das normas que disciplinam o direito alfandegário. *REsp 1.385.366-ES, Rel. Min. Herman Benjamin, DJe 11.10.2016. 2ª T. (Info 592)*

▸ Possibilidade de desembaraço aduaneiro de bagagem por meio de ordem de frete.

No caso em que, em desembaraço aduaneiro de bagagem, o conhecimento de carga ("bill of lading") não continha o nome do proprietário ou possuidor do bem, a ordem de frete preenchida à mão serve como prova da propriedade ou da posse da mercadoria. Isso porque o art. 554 do Dec. 6.759/09 (Regulamento Aduaneiro) dispõe que "O conhecimento de carga original, ou documento de efeito equivalente, constitui prova de posse ou de propriedade da mercadoria". A equivalência a que se refere o dispositivo legal é circunstancial e sua consideração visa a um propósito específico, sendo desnecessária, por isso, a identidade entre características formais e/ou materiais dos documentos, de modo que, a depender das peculiaridades do caso concreto, é possível a ordem de frete servir como prova da posse ou propriedade da bagagem. *REsp 1.506.830-PR, Rel. Min. Gurgel de Faria, DJe 10.8.2016. 1ª T. (Info 587)*

▸ Restituição à administração pública de proventos depositados a servidor público falecido.

Os herdeiros devem restituir os proventos que, por erro operacional da Administração Pública, continuaram sendo depositados em conta de servidor público após o seu falecimento. *AgRg no REsp 1.387.971-DF, Rel. Min. Mauro Campbell Marques, DJe 21.3.2016. 2ª T. (Info 579)*

Direito Constitucional

Paulo Lépore

TABELA DE INCIDÊNCIA DE QUESTÕES

Distribuição das questões organizada por ordem didática de assuntos		
Assunto	**Número de Questões**	**Peso**
PODER CONSTITUINTE. CONCEITO, FINALIDADE, TITULARIDADE E ESPÉCIES. REFORMA DA CONSTITUIÇÃO. CLÁUSULAS PÉTREAS.	2	5,00%
PRINCÍPIOS FUNDAMENTAIS DA CONSTITUIÇÃO BRASILEIRA.	1	2,50%
DIREITOS E GARANTIAS FUNDAMENTAIS	1	2,50%
DIREITOS E DEVERES INDIVIDUAIS, COLETIVOS	3	7,50%
AÇÕES OU REMÉDIOS CONSTITUCIONAIS	1	2,50%
DIREITOS SOCIAIS		
DIREITOS DA NACIONALIDADE	2	5,00%
DIREITOS POLÍTICOS E SISTEMAS ELEITORAIS	1	2,50%
ORGANIZAÇÃO DO ESTADO	2	5,00%
ORGANIZAÇÃO POLÍTICO ADMINISTRATIVA	2	5,00%
ENTES FEDERADOS E DISTRIBUIÇÃO DE COMPETÊNCIAS	2	5,00%
ADMINISTRAÇÃO PÚBLICA	3	7,50%
SEPARAÇÃO DOS PODERES	13	32,50%
FUNÇÕES ESSENCIAIS À JUSTIÇA	3	7,50%
CONTROLE DE CONSTITUCIONALIDADE	1	2,50%
TRIBUTAÇÃO, FINANÇAS E ORÇAMENTO	1	2,50%
ORDEM ECONÔMICA E FINANCEIRA	1	2,50%
ORDEM SOCIAL	1	2,50%
Total	**40**	**100%**

Direito Constitucional

Paulo Lépore

✦ QUESTÕES

1. PODER CONSTITUINTE. CONCEITO, FINALIDADE, TITULARIDADE E ESPÉCIES. REFORMA DA CONSTITUIÇÃO. CLÁUSULAS PÉTREAS.

01. (CESPE – Analista Processual – MPU/2010) Considerando a aplicabilidade, a eficácia e a interpretação das normas constitucionais, julgue os itens a seguir.

01.01. As normas de eficácia contida permanecem inaplicáveis enquanto não advier normatividade para viabilizar o exercício do direito ou benefício que consagram; por isso, são normas de aplicação indireta, mediata ou diferida.

COMENTÁRIOS

✪ **Nota do autor:** a classificação de José Afonso da Silva quanto à eficácia das normas constitucionais sempre é cobrada, merecendo, pois, estudo detalhado.

Errado. As normas de eficácia **limitada** (não contida) permanecem inaplicáveis enquanto não advier normatividade para viabilizar o exercício do direito ou benefício que consagram; por isso, são normas de aplicação indireta, mediata ou diferida.

01.02. As normas constitucionais de eficácia limitada são desprovidas de normatividade, razão pela qual não surtem efeitos nem podem servir de parâmetro para a declaração de inconstitucionalidade.

COMENTÁRIOS

Errado. As normas constitucionais de eficácia limitada **não** são desprovidas de normatividade, razão pela qual **surtem efeitos** e **podem** servir de parâmetro para a declaração de inconstitucionalidade.

02. (CESPE – Técnico – Área Administrativa – MPU/2010) A respeito dos princípios fundamentais, das garantias fundamentais e da aplicabilidade das normas constitucionais, julgue os itens a seguir.

02.01. As normas de eficácia plena não exigem a elaboração de novas normas legislativas que lhes completem o alcance e o sentido ou lhes fixem o conteúdo; por isso, sua aplicabilidade é direta, ainda que não integral.

02.02. A Constituição Federal de 1988 apresenta os chamados princípios fundamentais da República Federativa do Brasil, que incluem referências a sua forma de Estado, forma de governo e regime político. Deduz-se do texto constitucional que a República Federativa do Brasil é um Estado de Direito, o que limita o próprio poder do Estado e garante os direitos fundamentais dos particulares.

COMENTÁRIOS

Errado. As normas de eficácia plena não exigem a elaboração de novas normas legislativas que lhes completem o alcance e o sentido ou lhes fixem o conteúdo; por isso, sua aplicabilidade é direta **e integral**.

Certo. A Constituição Federal de 1988 apresenta os chamados princípios fundamentais da República Federativa do Brasil, que incluem referências a sua forma de Estado, forma de governo e regime político (artigos 1° a 4°, da CF). Deduz-se do texto constitucional que a República Federativa do Brasil é um Estado de Direito (art. 1°, *caput*, da CF), o que limita o próprio poder do Estado e garante os direitos fundamentais dos particulares.

2. PRINCÍPIOS FUNDAMENTAIS DA CONSTITUIÇÃO BRASILEIRA.

03. (ESAF – Técnico – Área Administrativa – MPU/2004) No que diz respeito aos princípios fundamentais, na Constituição de 1988, marque a única opção correta.

a) Os valores sociais do trabalho e do livre capital são fundamentos da República Federativa do Brasil.

b) O Estado brasileiro adota, como um dos seus fundamentos, a soberania popular, a qual pode ser exercida de forma indireta ou direta, nos termos definidos na Constituição Federal de 1988.

c) A garantia do pluralismo político é um dos objetivos fundamentais da República Federativa do Brasil.

d) A redução das desigualdades regionais é um dos princípios que rege a República Federativa do Brasil nas suas relações internacionais.

e) A Constituição Federal de 1988 traz a determinação de que o Brasil deverá buscar a integração econômica na América do Sul por meio da formação de um mercado comum de nações sul-americanas.

COMENTÁRIOS

Nota do autor: o amigo leitor deve fazer leitura atenta e buscar a memorização dos artigos 1° a 4°, da CF.

Alternativa correta: letra "b": o Estado brasileiro adota, como um dos seus fundamentos, a soberania popular, a qual pode ser exercida de forma indireta ou direta, nos termos definidos na Constituição Federal de 1988 (art. 1°, parágrafo único, da CF).

Alternativa "a": os valores sociais do trabalho e **da livre iniciativa** (não do livre capital) são fundamentos da República Federativa do Brasil, consoante art. 1°, IV, da CF.

Alternativa "c": a garantia do pluralismo político é um dos **fundamentos** (não objetivos fundamentais) da República Federativa do Brasil, nos termos do art. 1°, V, da CF.

Alternativa "d": a redução das desigualdades regionais é um dos **objetivos fundamentais** a República Federativa do Brasil (e não um dos princípios que rege a República Federativa do Brasil nas suas relações internacionais), de acordo com o art. 3°, III, da CF.

Alternativa "e": a Constituição Federal de 1988 traz a determinação de que o Brasil deverá buscar a integração econômica na América do Sul por meio da formação de uma **comunidade latino-americana de nações** (e não de um mercado comum de nações sul-americanas), consoante art. 4°, parágrafo único, da CF.

3. DIREITOS E GARANTIAS FUNDAMENTAIS

04. (CESPE – Analista Processual – MPU/2010) Relativamente aos direitos e garantias fundamentais, julgue o item seguinte.

04.01. O ordenamento constitucional veda o envio compulsório de brasileiros ao exterior, que caracterizaria a pena de banimento, assim como proíbe a retirada coativa de estrangeiros do território nacional, que caracterizaria a pena de expulsão.

COMENTÁRIOS

Errado. O ordenamento constitucional veda o envio compulsório de brasileiros ao exterior, que caracterizaria a pena de banimento ou degredo. Entretanto, o ordenamento constitucional **não proíbe** a retirada coativa de estrangeiros do território nacional, que caracterizaria a pena de expulsão. O art. 22, XV, da CF, aduz competir privativamente à União legislar sobre a expulsão de estrangeiros. Atualmente, a expulsão está disciplinada pela Lei 6.815/80, que determina "Art. 65. É **passível de expulsão o estrangeiro** que, de qualquer forma, atentar contra a segurança nacional, a ordem política ou social, a tranqüilidade ou moralidade pública e a economia popular, ou cujo procedimento o torne nocivo à conveniência e aos interesses nacionais. Parágrafo único. É passível, também, de expulsão o estrangeiro que: a) praticar fraude a fim de obter a sua entrada ou permanência no Brasil; b) havendo entrado no território nacional com infração à lei, dele não se retirar no prazo que lhe for determinado para fazê-lo, não sendo aconselhável a deportação; c) entregar-se à vadiagem ou à mendicância; ou d) desrespeitar proibição especialmente prevista em lei para estrangeiro. Art. 66. **Caberá exclusivamente ao Presidente da República resolver sobre a conveniência e a oportunidade da expulsão ou de sua revogação**. Parágrafo único. A medida expulsória ou a sua revogação far-se-á por decreto".

3.1. DIREITOS E DEVERES INDIVIDUAIS, COLETIVOS

05. (Cespe – Técnico – MPU/2013) Considerando as regras do direito constitucional, julgue os itens a seguir.

05.01. Considere que Gabriel, brasileiro nato, ao retornar para o Brasil após ter residido alguns anos nos Estados Unidos da América (EUA), tenha descoberto que fora condenado criminalmente pela justiça americana por tráfico ilícito de entorpecentes. Nessa situação hipotética, Gabriel poderá ser extraditado mediante pedido formal dos EUA.

COMENTÁRIOS

Nota do Autor: Regras sobre extradição: a) O brasileiro nato nunca será extradito (por crime comum ou de opinião); b) O brasileiro naturalizado somente poderá ser extraditado em caso de crime comum (praticado antes da naturalização), ou de comprovado envolvimento em tráfico ilícito de entorpecentes e drogas afins (antes ou depois da naturalização), na forma da lei, mas não por crime político; c) O estrangeiro pode ser extraditado pela prática de crime comum, mas não por crime político e; d) O Brasil não extradita ninguém pela prática de crime político.

Errado. De acordo com o que consta no art. 5º, LI, da CF, nenhum brasileiro será extraditado, salvo o naturalizado, em caso de crime comum, praticado antes da naturalização, ou de comprovado envolvimento em tráfico ilícito de entorpecentes e drogas afins, na forma da lei. Considerando que Gabriel é brasileiro nato, ele não poderá ser extraditado.

05.02. O constituinte originário atribuiu caráter de ente federativo aos municípios e territórios federais, ainda que lhes tenha conferido autonomia limitada, caracterizada pela ausência de Poder Judiciário, Ministério Público (MP) e defensoria pública nessas esferas de governo.

COMENTÁRIOS

Errado. Os Municípios possuem caráter de ente federativo, mas não os territórios federais, que integram a União (art. 1º, *caput,* e art. 18, da CF). Ademais, os Municípios não possuem Poder Judiciário, Ministério Público e nem Defensoria Pública, mas os territórios federais possuem, de modo que compete à União organizar e manter o Poder Judiciário, o Ministério Público do Distrito Federal e dos Territórios e a Defensoria Pública dos Territórios (art. 21, XIII, CF).

Embora os direitos e as garantias fundamentais se destinem essencialmente às pessoas físicas, alguns deles podem ser estendidos às pessoas jurídicas.

COMENTÁRIOS

Certo. Os direitos e deveres individuais e coletivos estão concentrados no art. 5° da CF. Apesar do caput do artigo 5° garanti-los apenas a brasileiros e estrangeiros residentes no Brasil, **a doutrina e o STF os estendem também para estrangeiros em trânsito e pessoas jurídicas** (HC 94.016, julgado em 2008 e relatado pelo Ministro Celso de Mello). Desse modo, segundo entendimento pacífico do Supremo Tribunal Federal, as pessoas jurídicas também são titulares de direitos fundamentais (AC 2.032-QO/SP, relatada pelo Ministro Celso de Mello e julgada em 2008).

06. (Cespe – Analista – MPU/2013) Julgue os itens que se seguem, relativos aos direitos e garantias fundamentais.

06.01. Qualquer cidadão é parte legítima para propor mandado de segurança coletivo.

COMENTÁRIOS

Errado. Segundo a Constituição, o **mandado de segurança coletivo pode ser impetrado por**: a) **partido político com representação no Congresso Nacional**; b) **organização sindical, entidade de classe ou associação** legalmente constituída e em funcionamento há pelo menos um ano, em defesa dos interesses de seus membros ou associados (art. 5º, LXX, da CF).

06.02. Apesar do inegável anseio social, não existe previsão expressa na CF/88 assegurando a todos, no âmbito judicial, a razoável duração do processo.

COMENTÁRIOS

Errado. A razoável duração do processo é assegurado no art. 5º, LXXVIII, da CF. Segundo o dispositivo apontado, a todos, **no âmbito judicial e administrativo**, são assegurados a **razoável duração do processo** e os meios que garantam a celeridade de sua tramitação.

06.03. De acordo com a Constituição Federal de 1988 (CF), as normas definidoras dos direitos e garantias fundamentais são de imediata aplicação.

COMENTÁRIOS

Certo. Segundo art. 5º, §1º, da CF, as normas definidoras dos direitos e garantias fundamentais têm aplicação imediata.

07. (ESAF – Analista Processual – MPU/2004) Assinale a opção correta.

a) Os direitos fundamentais, na ordem constitucional brasileira, não podem ter por sujeitos passivos pessoas físicas.

b) Toda gravação de conversa telefônica sem autorização de autoridade judicial constitui prova ilícita.

c) O Ministério Público tem o poder de, em procedimento de ordem administrativa, determinar a dissolução compulsória de associação que esteja sendo usada para a prática de atos nocivos ao interesse público.

d) O direito de reunião em lugares abertos ao público não depende de prévia autorização de autoridade pública.

e) A existência, num processo administrativo ou penal, de prova ilicitamente obtida contamina necessariamente todo o feito, tornando-o nulo.

COMENTÁRIOS

✪ **Nota do Autor:** a questão exige conhecimento e memorização do art. 5°, da CF.

Alternativa correta: letra "d": o direito de reunião em lugares abertos ao público não depende de prévia autorização de autoridade pública. Assim dispõe o art. 5°, XVI, da CF: "todos podem reunir-se pacificamente, sem armas, em locais abertos ao público, independentemente de autorização, desde que não frustrem outra reunião anteriormente convocada para o mesmo local, sendo apenas exigido prévio aviso à autoridade competente".

Alternativa "a": os direitos fundamentais, na ordem constitucional brasileira, **podem** ter por sujeitos passivos pessoas físicas, pois não há qualquer vedação neste sentido.

Alternativa "b": nem toda gravação de conversa telefônica sem autorização de autoridade judicial constitui prova ilícita. Segundo o STF, **se a gravação for feita por um dos interlocutores, desconfigura-se a interceptação telefônica,** restando mera gravação ambiental (RE 453.562-AgR, julgado em 2008 e relatado pelo Ministro Joaquim Barbosa).

Alternativa "c": o Ministério Público **não** tem o poder de, em procedimento de ordem administrativa, determinar a dissolução compulsória de associação que esteja sendo usada para a prática de atos nocivos ao interesse público. Isso porque, de acordo com o art. 5°, XIX, da CF, as associações só poderão ser compulsoriamente dissolvidas ou ter suas atividades suspensas por **decisão judicial, exigindo-se, no primeiro caso, o trânsito em julgado.**

Alternativa "e": a existência, num processo administrativo ou penal, de prova ilicitamente obtida **não** contamina necessariamente todo o feito, tornando-o nulo. A jurisprudência do STF **admite a utilização das provas derivadas das ilícitas em processo penal, quando a acusação demonstrar que as provas derivadas advêm de uma fonte independente** (RHC 90.376, julgado em 2007 e relatado pelo Ministro Celso de Mello).

3.2. AÇÕES OU REMÉDIOS CONSTITUCIONAIS

08. (FCC – Técnico – Área Administrativa – MPU/2007) Segundo a Constituição da República Federativa do Brasil, sempre que a falta de norma regulamentadora torne inviável o exercício dos direitos e liberdades constitucionais e das prerrogativas inerentes à nacionalidade, à soberania e à cidadania, será concedido

a) mandado de injunção.
b) habeas-data.
c) mandado de segurança.
d) habeas corpus.
e) ação popular.

COMENTÁRIOS

Nota do autor: o leitor deve ficar atento ao objeto de cada um dos remédios constitucionais.

Alternativa correta: letra "a" (responde todas as alternativas): nos termos do art. 5°, LXXI, da CF: "conceder-se-á **mandado de injunção** sempre que a falta de norma regulamentadora torne inviável o exercício dos direitos e liberdades constitucionais e das prerrogativas inerentes à nacionalidade, à soberania e à cidadania".

3.3. DIREITOS SOCIAIS

3.4. DIREITOS DA NACIONALIDADE

09. (FCC – Técnico – Área Administrativa – MPU/2007) São privativos de brasileiro nato, dentre outros, os cargos de

a) Presidente da Câmara dos Deputados e da carreira diplomática.
b) Ministro do Supremo Tribunal Federal e de Governador do Distrito Federal.
c) Ministro de Estado da Defesa e de Ministro do Superior Tribunal de Justiça.
d) Governador do Distrito Federal e de Ministro do Superior Tribunal de Justiça.
e) Presidente da Câmara dos Deputados e de Governador do Distrito Federal.

COMENTÁRIOS

Nota do Autor: a questão versa exclusivamente sobre o art. 12, § 3°, da CF, que determina: "São privativos de brasileiro nato os cargos: I – de Presidente e Vice-Presidente da República; II – de Presidente da Câmara dos Deputados; III – de Presidente do Senado Federal; IV – de Ministro do Supremo Tribunal Federal; V – da carreira diplomática; VI – de oficial das Forças Armadas; VII – de Ministro de Estado da Defesa.

Alternativa correta: letra "a" (responde todas as alternativas): são privativos de brasileiro nato os cargos de Presidente da Câmara dos Deputados e da carreira diplomática (art. 12, § 3°, II e V, da CF).

10. (FCC – Técnico – Área Administrativa – MPU/2007) Também são considerados brasileiros natos os nascidos

a) no estrangeiro, de pai brasileiro ou mãe brasileira, desde que um deles não esteja a serviço da República Federativa do Brasil.
b) na República Federativa do Brasil, ainda que de pais estrangeiros, desde que estes não estejam a serviço de seu país.
c) no estrangeiro, de pai brasileiro ou mãe brasileira, independente de optarem pela nacionalidade brasileira, desde que venham a residir na República Federativa do Brasil.
d) no estrangeiro, de pai brasileiro ou mãe brasileira, desde que ambos não estejam a serviço da República Federativa do Brasil.
e) no estrangeiro, de pai brasileiro ou mãe brasileira, desde que venham a residir na República Federativa do Brasil e optem pela nacionalidade brasileira até a maioridade.

COMENTÁRIOS

Nota do Autor: o artigo 12, da CF, deve ser estudo e memorizados para as provas do MPU, pois é cobrado com frequência.

Alternativa correta: letra "b": também são considerados brasileiros natos os nascidos na República Federativa do Brasil, ainda que de pais estrangeiros, desde que estes não estejam a serviço de seu país, consoante art. 12, I, "a", da CF.

Alternativa "a": também são considerados brasileiros natos os nascidos no estrangeiro, de pai brasileiro ou mãe brasileira, desde que **qualquer deles esteja** a serviço da República Federativa do Brasil (art. 12, I, "b", da CF).

Alternativa "c": também são considerados brasileiros natos os nascidos no estrangeiro, de pai brasileiro ou mãe brasileira, **desde que sejam registrados em repartição brasileira competente ou venham a residir na República Federativa do Brasil e optem, em qualquer tempo, depois de atingida a maioridade, pela nacionalidade brasileira** (art. 12, I, "c", da CF).

Alternativa "d": também são considerados brasileiros natos os nascidos no estrangeiro, de pai brasileiro ou mãe brasileira, desde que **qualquer deles** (e não ambos) **esteja** a serviço da República Federativa do Brasil (art. 12, I, "b", da CF).

Alternativa "e": também são considerados brasileiros natos os nascidos no estrangeiro, de pai brasileiro ou mãe brasileira, desde que venham a residir na República Federativa do Brasil e optem, **em qualquer tempo, depois de atingida a maioridade**, pela nacionalidade brasileira (art. 12, I, "c", da CF).

3.5. DIREITOS POLÍTICOS E SISTEMAS ELEITORAIS

11. (FCC – Analista Processual – MPU/2007) Considere as seguintes assertivas a respeito dos Direitos Políticos previstos na Carta Magna:

I. É condição de elegibilidade para o cargo de Governador e Vice-Governador de Estado e do Distrito Federal possuir a idade mínima de trinta e cinco anos.

II. Para concorrerem a outros cargos os Prefeitos devem renunciar aos respectivos mandatos até seis meses antes do pleito.

III. São inelegíveis, em qualquer hipótese, no território de jurisdição do titular, os parentes consanguíneos ou afins, até o terceiro grau, do Presidente da República.

IV. É condição de elegibilidade para o cargo de Deputado Federal, Deputado Estadual ou Distrital possuir a idade mínima de vinte e um anos.

Está correto o que se afirma SOMENTE em

a) I e II.

b) II e IV.

c) I, II e III.

d) I, III e IV.

e) II, III e IV.

COMENTÁRIOS

Alternativa correta: letra "b"

Assertiva "I": Incorreta. É condição de elegibilidade para o cargo de Governador e Vice-Governador de Estado e do Distrito Federal possuir a idade mínima de **trinta** (e não trinta e cinco) anos (art. 14, § 3°, VI, "b", da CF).

Assertiva "II": Correta. Para concorrerem a outros cargos os Prefeitos devem renunciar aos respectivos mandatos até seis meses antes do pleito, nos termos do art. 14, § 6°, da CF).

Assertiva "III": Incorreta. São inelegíveis, **no território de jurisdição do titular, o cônjuge e os parentes consangüíneos ou afins, até o segundo grau ou por adoção, do Presidente da República**, de Governador de Estado ou Território, do Distrito Federal, de Prefeito ou de quem os haja substituído dentro dos seis meses anteriores ao pleito, **salvo se já titular de mandato eletivo e candidato à reeleição** (art. 14, § 7°, da CF).

Assertiva "IV": Correta. É condição de elegibilidade para o cargo de Deputado Federal, Deputado Estadual ou Distrital possuir a idade mínima de vinte e um anos, assim como reza o art. 14, § 3°, VI, "c", da CF.

4. ORGANIZAÇÃO DO ESTADO

12. (CESPE – Analista Processual – MPU/2010) A Constituição Federal de 1988 (CF) apresenta, em sua conformação estrutural, os elementos constitutivos do Estado, quais sejam, a soberania, a finalidade, o povo e o território. Nesse sentido, julgue os itens que se seguem, relacionados a esses elementos.

12.01. As capacidades de auto-organização, autogoverno, autoadministração e autolegislação reconhecidas aos estados federados exemplificam a autonomia que lhes é conferida pela Carta Constitucional.

COMENTÁRIOS

✪ **Nota do autor:** o Cespe apresenta uma tendência de elaborar questões de conteúdo doutrinário. Sendo assim, o candidato não pode ficar adstrito ao Texto Constitucional.

Certo. As capacidades de auto-organização, autogoverno, autoadministração e autolegislação reconhecidas aos estados federados exemplificam a autonomia que lhes é conferida pela Carta Constitucional, o que resta evidenciado no art. 25, da CF: "Os Estados organizam-se e regem-se pelas Constituições e leis que adotarem, observados os princípios desta Constituição".

12.02. Considerando que os direitos sejam bens e vantagens prescritos no texto constitucional e as garantias sejam os instrumentos que asseguram o exercício de tais direitos, a garantia do contraditório e da ampla defesa ocorre nos processos judiciais de natureza criminal de forma exclusiva.

COMENTÁRIOS

Errado. Considerando que os direitos sejam bens e vantagens prescritos no texto constitucional e as garantias sejam os instrumentos que asseguram o exercício de tais direitos, a garantia do contraditório e da ampla defesa ocorre **em todos os processos judiciais ou administrativos**, nos termos do art. 5°, LV, da CF.

13. (FCC – Analista Processual – MPU/2007) A União não intervirá nos Estados nem no Distrito Federal, exceto, dentre outros casos, para assegurar a observância do princípio constitucional da forma republicana, do sistema representativo e do regime democrático. Neste caso, a decretação da intervenção dependerá de

a) provimento, pelo Supremo Tribunal Federal, de representação do Presidente da Câmara dos Deputados.

b) solicitação expressa do Poder Legislativo ou do Poder Executivo coacto ou impedido.

c) provimento, pelo Supremo Tribunal Federal, de representação do Presidente do Senado Federal.

d) requisição do Supremo Tribunal Federal, se a coação for exercida contra o Poder Judiciário.

e) provimento, pelo Supremo Tribunal Federal, de representação do Procurador-Geral da República.

COMENTÁRIOS

Alternativa correta: letra "e": a intervenção da União nos Estados ou no DF poderá ocorrer para assegurar a observância do princípio constitucional da forma republicana, do sistema representativo e do regime democrático (art. 34, VII, "a", da CF), caso que dependerá de provimento, pelo Supremo Tribunal Federal, de representação do Procurador-Geral da República, consoante art. 36, III, da CF.

Alternativa "a": conforme comentários à letra "e", a intervenção federal poderá ocorrer para assegurar a observância do princípio constitucional da forma republicana, do sistema representativo e do regime democrático, caso que dependerá de provimento, pelo STF, de representação do **Procurador-Geral da República** (artigos 34, VII, "a" e 36, III, ambos da CF).

Alternativa "b": nos termos do art. 36, I, da CF, a decretação da intervenção dependerá de solicitação expressa do Poder Legislativo ou do Poder Executivo coacto ou impedido quando for para **garantir o livre exercício destes Poderes** (art. 34, IV, da CF).

Alternativa "c": conforme comentários à letra "e", a intervenção federal poderá ocorrer para assegurar a observância do princípio constitucional da forma republicana, do sistema representativo e do regime democrático, caso que dependerá de provimento, pelo STF, de representação do **Procurador-Geral da República** (artigos 34, VII, "a" e 36, III, ambos da CF).

Alternativa "d": a decretação da intervenção dependerá de requisição do STF quando for para **garantir o livre exercício do Poder Judiciário**, se houver coação exercida contra este Poder (artigos 36, I e 34, IV, ambos da CF).

4.1. ORGANIZAÇÃO POLÍTICO-ADMINISTRATIVA

---

14. (CESPE - Analista Processual - MPU/2010) No que se refere à organização político-administrativa do Estado Federal brasileiro e às competências da União, estados e municípios, julgue os itens subsequentes.

14.01. Na esfera da competência material comum, a Constituição Federal de 1988 prevê que leis complementares fixarão normas para a cooperação entre a União e os estados, o Distrito Federal e os municípios, com vistas ao equilíbrio do desenvolvimento e do bem-estar em âmbito nacional.

COMENTÁRIOS

Certo. Na esfera da competência material comum, a Constituição Federal de 1988, em seu art. 23, parágrafo único, prevê que leis complementares fixarão normas para a cooperação entre a União e os estados, o Distrito Federal e os municípios, com vistas ao equilíbrio do desenvolvimento e do bem-estar em âmbito nacional.

14.02. Em face da descentralização administrativa e política que caracteriza o Estado brasileiro, a República Federativa do Brasil constitui um estado unitário descentralizado, dispondo os entes políticos estatais de autonomia para a tomada de decisão, no caso concreto, a respeito da execução das medidas adotadas pela esfera central de governo.

COMENTÁRIOS

Errado. Em face da descentralização política-administrativa que caracteriza o Estado brasileiro, a República Federativa do Brasil constitui um estado **federado** (art. 1°, *caput*, c.c. art. 18, *caput*, ambos da CF).

---

15. (CESPE - Técnico - Área Administrativa - MPU/2010) A respeito da organização político-administrativa do Estado e da administração pública, julgue os itens que se seguem, à luz da Constituição Federal de 1988 (CF).

15.01. De acordo com a CF, cargos, empregos e funções públicas são acessíveis somente a brasileiros que preencham os requisitos estabelecidos em lei, não havendo, portanto, a possibilidade de obtenção de emprego público por estrangeiros.

COMENTÁRIOS

Errado. De acordo com o art. 37, I, da CF, cargos, empregos e funções públicas são acessíveis a brasileiros que preencham os requisitos estabelecidos em lei, **assim como aos estrangeiros**, na forma da lei.

15.02. Considere que determinado estado da Federação tenha obtido aprovação tanto de sua população diretamente interessada, por meio de plebiscito, como do Congresso Nacional, por meio de lei complementar, para se desmembrar em dois estados distintos. Nesse caso, foi cumprida a exigência imposta pela Constituição para incorporação, subdivisão, desmembramento ou formação de novos estados ou territórios federais.

COMENTÁRIOS

Certo. Um estado-membro, para se desmembrar em dois estados distintos, precisa da aprovação tanto de sua população diretamente interessada, por meio de plebiscito, como do Congresso Nacional, por meio de lei complementar, conforme art. 18, § 3°, da CF.

4.2. ENTES FEDERADOS E DISTRIBUIÇÃO DE COMPETÊNCIAS

---

16. (FCC - Analista Processual - MPU/2007) Prevê a Constituição da República Federativa do Brasil que compete privativamente à União legislar, dentre outras matérias, sobre

a) sistemas de consórcios e sorteios.

b) direito tributário, financeiro e econômico.

c) proteção ao patrimônio histórico e cultural.

d) educação, cultura, ensino e desporto.

e) proteção à infância e à juventude.

COMENTÁRIOS

⊙ **Nota do Autor:** a distribuição de competências sempre é lembrada nas provas do MPU. Por isso, estude com afinco os artigos 21 a 24, da CF.

Alternativa correta: letra "a": compete privativamente à União legislar sobre sistemas de consórcios e sorteios, segundo art. 22, XX, da CF.

Alternativa "b": compete à **União, aos Estados e ao Distrito Federal legislar concorrentemente** sobre direito tributário, financeiro e econômico, conforme art. 24, I, da CF.

Alternativa "c": compete à **União, aos Estados e ao Distrito Federal legislar concorrentemente** sobre proteção ao patrimônio histórico e cultural, de acordo com art. 24, VII, da CF.

Alternativa "d": compete à **União, aos Estados e ao Distrito Federal legislar concorrentemente** sobre educação, cultura, ensino e desporto, consoante art. 24, IX, da CF. Vale ressaltar, ainda, que a EC 85/2015 introduziu no dispositivo mencionado a ciência, tecnologia, pesquisa, desenvolvimento e inovação.

Alternativa "e": compete à **União, aos Estados e ao Distrito Federal legislar concorrentemente** sobre proteção à infância e à juventude, nos termos do art. 24, XV, da CF.

---

17. (ESAF - Analista Processual - MPU/2004) Assinale a opção correta.

a) Nas matérias da competência privativas da União, os Estados-membros, o Distrito Federal e os Municípios não podem legislar para suprir a falta de lei federal.

b) A criação de municípios depende apenas de consulta às populações interessadas e de lei estadual autorizadora.

c) Autoridades municipais não se sujeitam à Justiça Federal.

d) Pacificou-se o entendimento de que as leis federais são hierarquicamente superiores às leis estaduais.

e) Para pôr fim a situações de grave violação a direitos humanos, a União pode intervir nos Estados- membros e nos Municípios brasileiros.

COMENTÁRIOS

Alternativa correta: letra "a": nas matérias da competência privativas da União (art. 22, da CF), os Estados-membros, o Distrito Federal e os Municípios não podem legislar para suprir a falta de lei federal, lembrando que a possibilidade de os Estados e o DF legislar diante da omissão da União ocorre no âmbito da competência legislativa concorrente (art. 24, § 3º, da CF). Além disso, acerca da competência legislativa privativa da União, os Estados e o Distrito Federal somente poderão legislar sobre questões específicas das respectivas matérias se houver delegação expressa por parte da União, por meio de lei complementar, conforme art. 22, parágrafo único, da Lei Fundamental.

Alternativa "b": a criação de municípios, prevista no art. 18, § 4°, da CF, depende de **quatro requisitos**: 1) edição de lei complementar federal determinando o período dentro do qual ocorrerá a criação do município; 2) divulgação dos estudos de viabilidade municipal; 3) consulta prévia, mediante plebiscito, às populações interessadas; 4) edição de lei estadual autorizadora.

Alternativa "c": segundo jurisprudência do STF, as autoridades municipais **se sujeitam** à Justiça Federal **nos crimes praticados por prefeito em detrimento de bens, serviços ou interesses da União**, de modo que não se aplica, nessa hipótese, o art. 29, X, da CF.

Alternativa "d": em regra, **não há** hierarquia entra as leis federais, estaduais, distritais e municipais. São duas as exceções a essa regra: 1) hipótese de prevalência da lei federal sobre a lei estadual, estabelecida pela própria CF em seu art. 24, § 4º; 2) relação hierárquica entre a Constituição Federal, a Constituição do Estado, a Lei Orgânica do DF e a Lei Orgânica do Município, em que a Constituição Federal é hierarquicamente superior, encontrando-se abaixo dela a Constituição do Estado e, equiparada a ela, a Lei Orgânica do Distrito Federal e, abaixo de todas elas, está a Lei Orgânica do Município.

Alternativa "e": para pôr fim a situações de grave violação a direitos humanos, a União pode intervir **nos Estados-membros e no Distrito Federal**, segundo art. 34, VII, "b", da CF. A União só pode intervir em Municípios **localizados em Territórios Federais** e nas hipóteses elencadas no art. 35, da CF, entre as quais não está a de violação aos direitos humanos.

4.3. ADMINISTRAÇÃO PÚBLICA

4.3.1. PRINCÍPIOS CONSTITUCIONAIS E ORGANIZAÇÃO DA ADMINISTRAÇÃO PÚBLICA

---

18. (ESAF - Técnico - Área Administrativa - MPU/2004) No que se refere a disposições gerais relativas à administração pública, marque a única opção correta.

a) As administrações tributárias da União e dos Municípios atuarão de forma integrada, o que inclui o compartilhamento de informações fiscais, na forma que for definida em lei ou convênio.

b) A possibilidade de ampliação, por meio de contrato entre os administradores e o poder público, da autonomia gerencial do órgão, prevista no texto constitucional, não se aplica aos órgãos integrantes da administração direta.

c) O somatório das remunerações dos ocupantes de cargos, constitucionalmente acumuláveis, da administração direta, excetuados os valores correspondentes às vantagens pessoais, não poderá exceder o subsídio mensal, em espécie, dos ministros do Supremo Tribunal Federal.

d) O tempo de afastamento do servidor público para o exercício de mandato eletivo será contado como tempo de serviço para todos os efeitos legais, exceto para a sua promoção.

e) As funções de confiança destinam-se apenas às atribuições de direção, chefia e assessoramento, sendo exercidas por servidores ocupantes de cargo efetivo ou de cargo em comissão.

COMENTÁRIOS

Alternativa correta: letra "a": as administrações tributárias da União e dos Municípios atuarão de forma integrada, o que inclui o compartilhamento de informações fiscais, na forma que for definida em lei ou convênio (art. 37, XXII, da CF).

Alternativa "b": a possibilidade de ampliação, por meio de contrato entre os administradores e o poder público, da autonomia gerencial do órgão, prevista no texto constitucional, **se aplica** aos órgãos integrantes da administração direta (art. 37, § 8°, da CF).

Alternativa "c": o somatório das remunerações dos ocupantes de cargos, constitucionalmente acumuláveis, da administração direta, **incluídos** os valores correspondentes às vantagens pessoais **ou de qualquer natureza**, não poderá exceder o subsídio mensal, em espécie, dos ministros do Supremo Tribunal Federal (art. 37, XI, da CF).

Alternativa "d": o tempo de afastamento do servidor público para o exercício de mandato eletivo será contado como tempo de serviço para todos os efeitos legais, exceto para **promoção por merecimento** (art. 38, IV, da CF). Vale ressaltar que existem dois tipos de promoção: por antiguidade e por merecimento. Logo, o servidor afastado para exercício de mandato eletivo terá o período de afastamento contado como tempo de serviço apenas para fins de promoção por antiguidade.

Alternativa "e": as funções de confiança destinam-se apenas às atribuições de direção, chefia e assessoramento, sendo exercidas **exclusivamente por servidores ocupantes de cargo efetivo** (art. 37, V, da CF).

4.3.2. DIREITOS DO SERVIDOR. REMUNERAÇÃO, CUMULAÇÃO DE CARGOS, GREVE E APOSENTADORIA

4.3.2.1. RESPONSABILIDADE EXTRACONTRATUAL DO ESTADO E OUTRAS REGRAS

19. (FCC – Técnico – Área Administrativa – MPU/2007) A respeito dos servidores públicos, analise:

I. Os Ministros de Estado serão remunerados por subsídio fixado em parcela única, com acréscimo de gratificação e verba de representação.

II. São estáveis após três anos de efetivo exercício os servidores nomeados para cargo de provimento efetivo em virtude de concurso público.

III. Os servidores públicos titulares de cargos efetivos da União serão aposentados compulsoriamente, aos oitenta anos de idade.

IV. Extinto o cargo ou declarada a sua desnecessidade, o servidor estável será reconduzido ou reintegrado em outro cargo público.

É correto o que consta APENAS em

a) I, II e III

b) I, II e IV.

c) II.

d) II e III.

e) III e IV.

COMENTÁRIOS

✪ **Nota do autor**: a remuneração dos servidores é muito explorada nas provas do MPU. É interessante que o leitor estudo atentamente os artigos 39 a 41 da CF.

Alternativa correta: letra "c"

Assertiva "I": incorreta. Os Ministros de Estado serão remunerados **exclusivamente** por subsídio fixado em parcela única, **vedado** o acréscimo de qualquer gratificação e verba de representação, de acordo com art. 39, § 4°, da CF.

Assertiva "II": correta. São estáveis após três anos de efetivo exercício os servidores nomeados para cargo de provimento efetivo em virtude de concurso público, nos termos do art. 41, *caput*, da CF.

Assertiva "III": incorreta. Os servidores públicos titulares de cargos efetivos da União serão aposentados compulsoriamente aos **setenta** anos de idade, ou aos 75 (setenta e cinco) anos de idade, na forma de lei complementar. É o que preceitua o art. 40, § 1°, II, da CF.

Assertiva "IV": incorreta. Extinto o cargo ou declarada a sua desnecessidade, o servidor estável **ficará em disponibilidade**, com remuneração proporcional ao tempo de serviço, até seu adequado aproveitamento em outro cargo. O servidor não estável será exonerado.

20. (ESAF – Técnico – Área Administrativa – MPU/2004) Sobre a administração pública e os servidores públicos civis, marque a única opção correta.

a) Na fixação dos padrões de vencimento dos cargos componentes de cada carreira da administração, serão considerados, entre outros aspectos, os requisitos para a investidura e as peculiaridades do cargo, sendo vedada a distinção em razão da natureza do cargo, em face do princípio da isonomia que rege a Administração Pública.

b) O professor que comprove exclusivamente tempo de efetivo exercício das funções de magistério poderá se aposentar voluntariamente aos cinquenta e cinco anos de idade e trinta de contribuição, se homem, e cinquenta anos de idade e vinte e cinco de contribuição, se mulher.

c) Se a União instituir regime de previdência complementar para os seus respectivos servidores titulares de cargo efetivo, ela poderá fixar, para todos os servidores em atividade, como valor das aposentadorias e pensões a serem concedidas pelo regime de previdência do servidor público, o limite máximo estabelecido para os benefícios do regime geral de previdência social.

d) Extinto o cargo ocupado por servidor estável, ele ficará em disponibilidade, com remuneração integral, até seu adequado aproveitamento em outro cargo.

e) Se um servidor titular de cargo efetivo da União for aposentado por invalidez permanente, seus proventos serão proporcionais ao tempo de contribuição, exceto, apenas, nas hipóteses em que a invalidez decorrer de acidente em serviço, moléstia profissional ou doença grave, contagiosa ou incurável, na forma da lei.

COMENTÁRIOS

Alternativa correta: letra "e": se um servidor titular de cargo efetivo da União for aposentado por invalidez permanente, seus proventos serão proporcionais ao tempo de contribuição, exceto, apenas, nas hipóteses em que a invalidez decorrer de acidente em serviço, moléstia profissional ou doença grave, contagiosa ou incurável, na forma da lei. É o que estabelece o art. 40, § 1°, I, da CF.

Alternativa "a": na fixação dos padrões de vencimento dos cargos componentes de cada carreira da administração serão considerados os requisitos para a investidura, as peculiaridades do cargo **e a natureza**, o grau de responsabilidade e a complexidade dos cargos componentes de cada carreira, conforme art. 39, § 1°, I a III, da CF.

Alternativa "b": o professor que comprove exclusivamente tempo de efetivo exercício das funções de magistério **na educação infantil e no ensino fundamental e médio** poderá se aposentar voluntariamente aos cinquenta e cinco anos de idade e trinta de contribuição, se homem, e cinquenta anos de idade e vinte e cinco de contribuição, se mulher (art. 40, § 1°, III e § 5°, da CF).

Alternativa "c": nos termos do art. 40, §§ 14 e 16, da CF, se a União instituir regime de previdência complementar para os seus respectivos servidores titulares de cargo efetivo, ela poderá fixar, **para os servidores que prévia e expressamente optem**, como valor das aposentadorias e pensões a serem concedidas pelo regime de previdência do servidor público, o limite máximo estabelecido para os benefícios do regime geral de previdência social.

Alternativa "d": extinto o cargo ocupado por servidor estável, ele ficará em disponibilidade, com remuneração **proporcional ao tempo de serviço**, até seu adequado aproveitamento em outro cargo, de acordo com art. 41, § 3°, da CF.

4.4. SEPARAÇÃO DOS PODERES

4.4.1. PODER LEGISLATIVO

21. (Cespe – Técnico – MPU/2013) Acerca do Poder Legislativo e do MP, julgue os itens a seguir.

21.01. Conforme previsão constitucional, o MP junto ao Tribunal de Contas da União integra o Ministério Público da União (MPU), sendo a ele garantidos os mesmos direitos e prerrogativas garantidos ao MP Federal.

COMENTÁRIOS

Nota do Autor: segundo o art. 128 da CF, o Ministério Público abrange: I - o Ministério Público da União, que compreende: a) o Ministério Público Federal; b) o Ministério Público do Trabalho; c) o Ministério Público Militar; d) o Ministério Público do Distrito Federal e Territórios; II - os Ministérios Públicos dos Estados.

Errado. Segundo entendimento do STF: "Nos termos do art. 128 da CRFB/1988, o Ministério Público junto aos Tribunais de Contas não compõe a estrutura do Ministério Público comum da União e dos Estados, sendo apenas atribuídas aos membros daquele as mesmas prerrogativas funcionais deste (art. 130)." (Rcl 24159 AgR, julgado em 2016 e relatado pelo Ministro Roberto Barroso).

21.02. Caso determinado deputado federal, acusado de corrupção, renuncie ao seu mandato no transcurso de procedimento de cassação, a renúncia só produzirá efeitos após decisão final decorrente do referido procedimento.

COMENTÁRIOS

Certo. Nos termos do art. 55, §4º, da CF, a renúncia de parlamentar submetido a processo que vise ou possa levar à perda do mandato, nos termos deste artigo, terá seus efeitos suspensos até as deliberações finais de que tratam os §§ 2º e 3º.

22. (Cespe – Analista – MPU/2013) Considerando as disposições constitucionais a respeito do Poder Legislativo, julgue os itens seguintes.

22.01. O Distrito Federal elege três senadores, para mandato de oito anos.

COMENTÁRIOS

Certo. Cada Estado e o Distrito Federal elegerão três Senadores, com mandato de oito anos (art. 46, §1º, CF).

22.02. O Senado Federal compõe-se de representantes do povo, eleitos segundo o princípio da proporcionalidade.

COMENTÁRIOS

Errado. A **Câmara dos Deputados** (e não o Senado Federal) compõe-se de representantes do povo, eleitos, pelo sistema proporcional, em cada Estado, em cada Território e no Distrito Federal (art. 45 da CF). O **Senado Federal** compõe-se de representantes dos Estados e do Distrito Federal, eleitos segundo o princípio majoritário (art. 46 da CF).

23. (ESAF – Analista Processual – MPU/2004) Uma Comissão Parlamentar de Inquérito instaurada no plano federal não pode

a) quebrar sigilo telefônico de investigado.

b) investigar ato administrativo algum de integrante do Judiciário.

c) quebrar sigilo bancário de investigado.

d) anular ato do Executivo praticado de modo comprovadamente contrário à moral e ao direito.

e) convocar integrante do Ministério Público para depor.

COMENTÁRIOS

Alternativa correta: letra "d": uma CPI instaurada no plano federal não pode anular ato do Executivo praticado de modo comprovadamente contrário à moral e ao direito, pois esta competência não lhe pertence. A competência da CPI termina com a realização das investigações e elaboração de um relatório final que, se for o caso, será encaminhado ao Ministério Público para que promova a responsabilidade civil ou criminal dos infratores (art. 58, § 3°, da CF).

Alternativa "a": CPI **pode** quebrar sigilo telefônico para ter acesso aos registros pretéritos do investigado, como ligações feitas e recebidas. O que a CPI não pode fazer é interceptação telefônica, cabível apenas ao Judiciário.

Alternativa "b": CPI **pode** investigar ato administrativo, mas não jurisdicional, de integrante do Judiciário.

Alternativa "c": CPI **pode** quebrar sigilo bancário de investigado, de modo que terá acesso a seus extratos bancários, por exemplo.

Alternativa "e": CPI **pode** convocar integrante do Ministério Público para depor.

4.4.1.1. PROCESSO LEGISLATIVO

24. (ESAF – Analista Processual – MPU/2004) Sobre as medidas provisórias, é correto dizer que

a) se trata de instrumento legislativo de adoção expressamente vedada aos Estados-membros.

b) o presidente da República pode delegar a edição de medidas provisórias, que versem sobre assunto de organização do Poder Judiciário, ao presidente do Supremo Tribunal Federal.

c) medida provisória não pode dispor sobre direito penal, nem mesmo para beneficiar o réu.

d) dada a sua natureza de "lei sob condição resolutiva", medida provisória não se sujeita ao controle abstrato da constitucionalidade, antes de convertida em lei.

e) não cabe o uso de medida provisória para regular assunto que venha a ser objeto, hoje, de uma emenda constitucional.

COMENTÁRIOS

Alternativa correta: letra "c": medida provisória não pode dispor sobre direito penal, nem mesmo para beneficiar o réu, conforme art. 62, § 1°, I, "b", da CF

Alternativa "a": a adoção de medida provisória pelos Estados-membros não é expressamente vedada, tendo inclusive o STF firmado entendimento de que os Estados-membros **poderão** estabelecer a medida provisória em seu âmbito, **desde que prevista na Constituição do Estado**.

Alternativa "b": é **vedada** a edição de medida provisória relativa a organização do Poder Judiciário, conforme art. 62, § 1°, I, "c", da CF. Portanto, não há que se falar em delegação do que é vedado.

Alternativa "d": medida provisória **se sujeita** ao controle abstrato da constitucionalidade mesmo antes de convertida em lei, pois é considerada como um ato normativo (art. 59, V, da CF).

Alternativa "e": não cabe o uso de medida provisória para regular artigo cuja redação foi alterada por emenda constitucional promulgada **entre 01/01/1995 até a promulgação da EC nº 32, de 11/09/2001** (art. 246, da CF). A partir da EC nº 33, de 11/12/2001, não existe mais vedação à regulamentação por medida provisória de artigo da Constituição Federal cuja redação venha a ser alterada por emenda constitucional.

4.4.2. PODER EXECUTIVO

25. (CESPE – Analista Processual – MPU/2010) Como decorrência do princípio da simetria e do princípio da separação dos poderes, as hipóteses de iniciativa reservada ao presidente da República, previstas na Constituição Federal, não podem ser estendidas aos governadores.

COMENTÁRIOS

Errado. É exatamente em decorrência do princípio da simetria que as hipóteses de iniciativa reservada ao Chefe do Executivo **não só podem** como devem ser obedecidas e respeitadas pelos Chefes do Executivo estaduais. Isso não tem relação com o princípio da separação dos poderes, uma vez que a questão abrange membros do mesmo Poder, o Executivo.

26. (ESAF – Técnico – Área Administrativa – MPU/2004) Acerca do Poder Executivo, marque a única opção correta.

a) Celebrar tratados, convenções e atos internacionais e conceder indulto e comutar penas são atribuições indelegáveis do presidente da República.

b) O presidente da República ficará suspenso de suas funções se, no caso de acusação de prática de infrações penais comuns, for admitida a acusação, pela Câmara dos Deputados, por quorum qualificado.

c) O presidente da República, na vigência do seu mandato, não pode ser responsabilizado por atos estranhos ao exercício de suas funções.

d) Os seis cidadãos brasileiros natos que integram o Conselho da República são eleitos para um mandato de três anos, vedada a recondução.

e) São membros natos do Conselho de Defesa Nacional os líderes da maioria e da minoria, no Senado Federal e na Câmara dos Deputados.

COMENTÁRIOS

Alternativa correta: letra "c": o presidente da República, na vigência do seu mandato, não pode ser responsabilizado por atos estranhos ao exercício de suas funções. É o que dispõe o art. 86, § 4°, da CF.

Alternativa "a": celebrar tratados, convenções e atos internacionais é atribuição indelegável do presidente da República (art. 84, VIII, da CF). Contudo, conceder indulto e comutar penas são atribuições **delegáveis** do presidente, consoante art. 84, parágrafo único, da CF.

Alternativa "b": o presidente da República ficará suspenso de suas funções se, no caso de acusação de prática de infrações penais comuns, for admitida a acusação pelo STF, nos termos do art. 86, § 1°, I, da CF.

Alternativa "d": nem todos os seis cidadãos brasileiros natos que integram o Conselho da República são eleitos, pois dois deles são **nomeados**. Todos os seis têm mandato de três anos, vedada a recondução, de acordo com art. 89, VII, da CF.

Alternativa "e": segundo art. 89, IV e V, da CF, são membros natos do **Conselho da República** os líderes da maioria e da minoria, no Senado Federal e na Câmara dos Deputados.

4.4.3. PODER JUDICIÁRIO

27. (Cespe – Analista – MPU/2013) No que concerne ao Poder Judiciário, julgue os itens a seguir.

27.01. Não poderá ser promovido o juiz que, injustificadamente, retiver autos em seu poder além do prazo legal.

COMENTÁRIOS

Certo. Segundo consta do art. 93, II, e, da CF, não será promovido o juiz que, injustificadamente, retiver autos em seu poder além do prazo legal, não podendo devolvê-los ao cartório sem o devido despacho ou decisão.

27.02. O Conselho Nacional de Justiça, instituído como órgão do Poder Judiciário pela Emenda Constitucional n.° 45/2004, compõe-se de quinze membros, com mandato de dois anos.

COMENTÁRIOS

Certo. O CNJ foi instituído pela EC 45/04 como um dos órgãos do Poder Judiciário (art. 92, I-A, CF). Nos termos do art. 103-B da CF, o Conselho Nacional de Justiça compõe-se de 15 (quinze) membros com mandato de 2 (dois) anos, admitida 1 (uma) recondução.

27.03. São órgãos do Poder Judiciário, entre outros, o Superior Tribunal de Justiça e o Tribunal de Contas da União.

COMENTÁRIOS

✪ **Nota do Autor:** nos termos da CF, são órgãos do Poder Judiciário: I - o Supremo Tribunal Federal; I-A o Conselho Nacional de Justiça; II - o Superior Tribunal de Justiça; II-A - o Tribunal Superior do Trabalho; III - os Tribunais Regionais Federais e Juízes Federais; IV - os Tribunais e Juízes do Trabalho; V - os Tribunais e Juízes Eleitorais; VI - os Tribunais e Juízes Militares; VII - os Tribunais e Juízes dos Estados e do Distrito Federal e Territórios.

Errado. O **Tribunal de Contas da União não é órgão do Poder Judiciário**, mas um órgão auxiliar do Poder Legislativo na fiscalização contábil, financeira, orçamentária, operacional e patrimonial da União e das entidades da administração direta e indireta.

28. (CESPE – Analista Processual – MPU/2010) No Estado brasileiro, a atuação dos três poderes, dá-se de forma harmônica, mas complementar. Acerca dos poderes, do seu funcionamento e dos respectivos integrantes, julgue o item subsequente.

Os tribunais regionais federais podem funcionar de forma descentralizada, constituindo Câmaras regionais, como forma de assegurar a plenitude do acesso à justiça.

COMENTÁRIOS

Verdadeiro. Os tribunais regionais federais podem funcionar de forma descentralizada, constituindo Câmaras regionais, como forma de assegurar a plenitude do acesso à justiça (art. 107, § 3°, da CF).

29. (FCC – Técnico – Área Administrativa – MPU/2007) O julgamento, em recurso especial, das causas decididas em única ou última instância pelos Tribunais de Justiça dos Estados, quando a decisão recorrida contrariar tratado ou lei federal, ou negar-lhes vigência, compete

a) às Câmaras Regionais dos Tribunais Regionais Federais.
b) ao Supremo Tribunal Federal.
c) aos Tribunais Regionais Federais.
d) aos juízes federais.
e) ao Superior Tribunal de Justiça.

COMENTÁRIOS

Alternativa correta: letra "e" (responde todas as alternativas): compete ao STJ o julgamento, em recurso especial, das causas decididas em única ou última instância pelos Tribunais de Justiça dos Estados, quando a decisão recorrida contrariar tratado ou lei federal, ou negar-lhes vigência. É a lição do art. 105, III, "a", da CF.

30. (FCC – Técnico – Área Administrativa – MPU/2007) Dentre outras atribuições, compete ao Supremo Tribunal Federal processar e julgar, originariamente,

a) os mandados de segurança e os habeas data contra ato de Ministro de Estado.
b) a ação direta de inconstitucionalidade de lei ou ato normativo federal.
c) a homologação de sentenças estrangeiras.
d) a concessão de exequatur às cartas rogatórias.
e) os habeas corpus, quando o coator for Comandante da Marinha, do Exército ou da Aeronáutica.

COMENTÁRIOS

Alternativa correta: letra "b": compete ao STF processar e julgar, originariamente, a ação direta de inconstitucionalidade de lei ou ato normativo federal, nos termos do art. 102, I, "a", da CF.

Alternativa "a": processar e julgar, originariamente, os mandados de segurança e os habeas data contra ato de Ministro de Estado é competência do **STJ**, conforme art. 105, I, "b", da CF.

Alternativa "c": compete ao **STJ** processar e julgar, originariamente, a homologação de sentenças estrangeiras, segundo art. 105, I, "i", da CF.

Alternativa "d": consoante art. 105, I, "i", da CF, compete ao **STJ** processar e julgar, originariamente, a concessão de exequatur às cartas rogatórias.

Alternativa "e": compete ao **STJ** processar e julgar, originariamente, os habeas corpus, quando o coator for Comandante da Marinha, do Exército ou da Aeronáutica, de acordo com art. 105, I, "c", da CF.

---

31. (FCC – Técnico – Área Administrativa – MPU/2007) A respeito da carreira da magistratura, é correto afirmar que

a) o tribunal, na promoção por antiguidade, somente poderá recusar o juiz mais antigo pelo voto fundamentado da metade de seus membros.

b) o cargo inicial, provido mediante concurso público, será o de juiz de primeira instância.

c) a promoção de entrância, para entrância, será feita uma vez por antiguidade e duas por merecimento e assim sucessivamente.

d) é obrigatória a promoção de juiz que figure por três vezes consecutivas ou cinco alternadas em lista de merecimento.

e) a promoção por merecimento pressupõe, dentre outros requisitos, pelo menos três anos de exercício na respectiva entrância.

COMENTÁRIOS

Alternativa correta: letra "d": é obrigatória a promoção de juiz que figure por três vezes consecutivas ou cinco alternadas em lista de merecimento (art. 93, II, "a", da CF).

Alternativa "a": o tribunal, na promoção por antiguidade, somente poderá recusar o juiz mais antigo pelo voto fundamentado de **dois terços de seus membros** (art. 93, II, "d", da CF).

Alternativa "b": o cargo inicial, provido mediante concurso público de provas e títulos, será o **de juiz substituto** (art. 93, I, da CF).

Alternativa "c": a promoção de entrância para entrância será feita, **alternadamente, por antiguidade e merecimento**, atendidas as normas do art. 93, II, "a" a "e", da CF.

Alternativa "e": a promoção por merecimento pressupõe, dentre outros requisitos, **dois anos** de exercício na respectiva entrância (art. 93, II, "b", da CF).

---

32. (ESAF – Técnico – Área Administrativa – MPU/2004) Pertinente ao Poder Judiciário, marque a única opção correta.

a) A inamovibilidade, como garantia do juiz, não admite exceções.

b) A declaração de inconstitucionalidade de lei ou ato normativo somente se dará pelo voto da maioria dos membros dos Tribunais.

c) O presidente do Tribunal, que por ato omissivo retardar a liquidação regular de precatório, incorrerá em crime de responsabilidade.

d) Compete ao Supremo Tribunal Federal processar e julgar originariamente os mandados de segurança contra ato de ministro de Estado.

e) É competência dos Tribunais Regionais Federais processar e julgar originariamente a disputa sobre direitos indígenas.

COMENTÁRIOS

Alternativa correta: letra "c": o presidente do Tribunal, que por ato omissivo retardar a liquidação regular de precatório, incorrerá em crime de responsabilidade. É o que leciona o art. 100, § 7°, da CF.

Alternativa "a": a inamovibilidade é garantia do juiz, mas **admite uma exceção**: o magistrado poderá ser removido por interesse público, conforme art. 95, II, da CF.

Alternativa "b": a declaração de inconstitucionalidade de lei ou ato normativo somente se dará pelo voto da maioria absoluta dos membros dos Tribunais ou do respectivo órgão especial, segundo art. 97 da CF.

Alternativa "d": compete ao **STJ** processar e julgar, originariamente, os mandados de segurança contra ato de ministro de Estado, de acordo com art. 105, I, "b", da CF.

Alternativa "e": é competência dos **juízes federais** processar e julgar a disputa sobre direitos indígenas, nos termos do art. 109, XI, da CF.

---

33. (ESAF – Analista Processual – MPU/2004) O habeas corpus contra ato de procurador da República com atuação em primeiro grau de jurisdição da Seção Judiciária do Distrito Federal é julgado pelo seguinte órgão jurisdicional:

a) Superior Tribunal de Justiça.

b) Tribunal Regional Federal com jurisdição sobre o Distrito Federal.

c) Tribunal de Justiça do Distrito Federal e Territórios.

d) Juiz de Direito da Justiça comum de primeira instância do Distrito Federal.

e) Juiz Federal da Seção Judiciária do Distrito Federal.

COMENTÁRIOS

✪ Nota do Autor: essa questão exige do candidato conhecimento da jurisprudência do STF.

Alternativa correta: letra "b" (responde todas as alternativas): o habeas corpus contra ato de procurador da República com atuação em primeiro grau de jurisdição da Seção Judiciária do Distrito Federal é julgado pelo TRF com jurisdição sobre o Distrito Federal. Esse foi o posicionamento do STF no **RE 377.356**, julgado em 2008 e relatado pelo Ministro **Cezar Peluso.**

4.5. FUNÇÕES ESSENCIAIS À JUSTIÇA

34. (CESPE – Analista Processual – MPU/2010) Considerando as normas constitucionais sobre as funções essenciais à justiça, julgue o item a seguir.

Entre as funções institucionais do Ministério Público, está a de promover, em caráter exclusivo, a ação civil pública para a promoção do patrimônio público e social, do meio ambiente e de outros interesses difusos e coletivos.

COMENTÁRIOS

✪ **Nota do autor:** como se trata de prova para o MPU, a disciplina envolvendo o Ministério Público é muito explorada. Fique ligado!

Errado. De acordo com o art. 129, III, da CF, entre as funções institucionais do Ministério Público, está a de promover a ação civil pública para a **proteção** do patrimônio público e social, do meio ambiente e de outros interesses difusos e coletivos. Entretanto, essa atribuição **não é exclusiva do MP**, pois o art. 5° da Lei 7.347/85 (Lei da Ação Civil Pública) traz o rol de outros legitimados, quais sejam: defensoria pública, União, Estados, Distrito Federal, Municípios, autarquia, empresa pública, fundação, sociedade de economia mista e associação que, concomitantemente, esteja constituída há pelo menos 1 (um) ano, nos termos da lei civil e inclua, entre suas finalidades institucionais, a proteção ao meio ambiente, ao consumidor, à ordem econômica, à livre concorrência ou ao patrimônio artístico, estético, histórico, turístico e paisagístico. Ademais, é clara a redação do § 1° do art. 129, da CF: **"A legitimação do Ministério Público para as ações civis previstas neste artigo não impede a de terceiros**, nas mesmas hipóteses, segundo o disposto nesta Constituição e na lei".

35. (CESPE – Técnico – Área Administrativa – MPU/2010) A respeito do Poder Legislativo, do Poder Judiciário e das funções essenciais à justiça, julgue os seguintes itens.

35.01. São funções essenciais à justiça as do Ministério Público, da advocacia pública, da advocacia privada e da defensoria pública.

COMENTÁRIOS

Certo. As funções essenciais à justiça são as do Ministério Público, da advocacia pública, da advocacia privada e da defensoria pública e estão dispostas no Título IV, Capítulo IV, da CF, dos artigos 127 a 135.

35.02. O Supremo Tribunal Federal (STF) cumpre, entre outras, a função de órgão de cúpula do Poder Judiciário, e a ele cabe a iniciativa de, por meio de lei ordinária, dispor sobre o Estatuto da Magistratura.

COMENTÁRIOS

Errado. O Supremo Tribunal Federal (STF) cumpre, entre outras, a função de órgão de cúpula do Poder Judiciário, e a ele cabe a iniciativa de, por meio de **lei complementar**, dispor sobre o Estatuto da Magistratura, nos termos do art. 93, *caput*, da CF.

35.03. O Poder Legislativo opera por meio do Congresso Nacional, instituição bicameral composta pela Câmara dos Deputados e pelo Senado Federal. Salvo disposição constitucional em contrário, as deliberações de cada Casa e de suas comissões serão tomadas por maioria dos votos, presente a maioria absoluta de seus membros.

COMENTÁRIOS

Certo. O Poder Legislativo opera por meio do Congresso Nacional, instituição bicameral composta pela Câmara dos Deputados e pelo Senado Federal. Salvo disposição constitucional em contrário, as deliberações de cada Casa e de suas comissões serão tomadas por maioria dos votos, presente a maioria absoluta de seus membros (artigos 44 e 47 da CF).

36. (ESAF – Analista Processual – MPU/2004) Assinale a opção correta.

a) Por iniciativa do Conselho Superior do Ministério Público, o procurador-geral da República pode ser destituído da sua função, desde que com isso concorde a maioria dos integrantes do Senado Federal.

b) Por votação da maioria absoluta da Câmara Legislativa do Distrito Federal, o procurador-geral do Ministério Público do Distrito Federal e Territórios pode ser destituído do seu cargo.

c) Incumbe ao procurador-geral da República indicar os procuradores da República que atuarão como membros do Ministério Público junto ao Tribunal de Contas da União.

d) O membro do Ministério Público que adquiriu a vitaliciedade somente pode perder o seu cargo em virtude de decisão da maioria absoluta do Conselho Superior do ramo do Ministério Público a que pertence.

e) O procurador-geral da República tem legitimidade para apresentar diretamente à Câmara dos Deputados projeto de lei fixando novos valores de retribuição pecuniária dos membros e servidores do Ministério Público da União.

COMENTÁRIOS

✪ **Nota do Autor:** por clara identidade com o certame do MPU, os artigos 127 a 130, da CF, merecem atenção redobrada por parte do amigo leitor.

Alternativa correta: letra "e": o procurador-geral da República tem legitimidade para apresentar diretamente à Câmara dos Deputados projeto de lei fixando novos valores de retribuição pecuniária dos membros e servidores do Ministério Público da União.

Alternativa "a": por iniciativa do **presidente da República**, o procurador-geral da República pode ser destituído da sua função, desde que com isso concorde a **maioria absoluta** do Senado Federal (art. 128, §° 2, da CF).

Alternativa "b": por votação da maioria absoluta da Câmara Legislativa do Distrito Federal, o procurador-geral do Ministério Público do Distrito Federal pode ser destituído do seu cargo. Quanto aos Territórios, a destituição do procurador-geral do MP será tomada por decisão da maioria absoluta da **Câmara Territorial** (art. 128, §° 4, da CF).

Alternativa "c": os membros do Ministério Público junto ao Tribunal de Contas da União ingressam na carreira por **concurso público** (artigos 129, § 3° e 130, ambos da CF).

Alternativa "d": o membro do Ministério Público que adquiriu a vitaliciedade somente pode perder o seu cargo em virtude de **sentença judicial transitada em julgado** (art. 128, §° 5, I, "a", da CF).

5. CONTROLE DE CONSTITUCIONALIDADE

37. (CESPE - Analista Processual - MPU/2010) O Estado brasileiro, como estado democrático de direito, apresenta, no seu texto constitucional, os parâmetros para o exercício da soberania popular, a partir de princípios e normas basilares, submetidos a constante controle. Com relação a esse tema, julgue os itens a seguir.

37.01. Verifica-se a inconstitucionalidade formal, também conhecida como nomodinâmica, quando a lei ou o ato normativo infraconstitucional contém algum vício em sua forma, independentemente do conteúdo.

COMENTÁRIOS

Certo. Verifica-se a inconstitucionalidade formal, também conhecida como nomodinâmica, quando a lei ou o ato normativo infraconstitucional contém algum vício em sua forma, independentemente do conteúdo.

37.02. No direito brasileiro, em se tratando de controle de constitucionalidade, em regra, aplica-se a teoria da nulidade de forma absoluta no controle concentrado.

COMENTÁRIOS

Errado. No direito brasileiro, em se tratando de controle de constitucionalidade, **não se aplica de forma absoluta** a teoria da nulidade no controle concentrado, uma vez que se admite a modulação dos efeitos da decisão. A teoria da nulidade diz que uma vez declarada a inconstitucionalidade do ato, seus efeitos presentes e passados devem ser eliminados (*ex tunc*). Entretanto, nos termos do art. 27, da Lei 9,868/99, ao declarar a inconstitucionalidade de lei ou ato normativo, e tendo em vista razões de segurança jurídica ou de excepcional interesse social, poderá o Supremo Tribunal Federal, por maioria de dois terços de seus membros, restringir os efeitos daquela declaração ou decidir que ela só tenha eficácia a partir de seu trânsito em julgado ou de outro momento que venha a ser fixado.

6. TRIBUTAÇÃO, FINANÇAS E ORÇAMENTO

38. (FCC - Analista Processual - MPU/2007) É vedado à União, aos Estados, ao Distrito Federal e aos Municípios, cobrar tributos no mesmo exercício financeiro em que haja sido publicada a lei que os instituiu ou aumentou. Essa vedação se aplica, dentre outros, para os impostos instituídos sobre

a) exportação, para o exterior, de produtos nacionais ou nacionalizados.
b) importação de produtos estrangeiros.
c) a propriedade territorial rural.
d) produtos industrializados.
e) operações de crédito, câmbio e seguro.

COMENTÁRIOS

✪ **Nota do Autor:** nos termos do art. 150, III, "b", da CF, é vedado à União, aos Estados, ao Distrito Federal e aos Municípios, cobrar tributos no mesmo exercício financeiro em que haja sido publicada a lei que os instituiu ou aumentou, o que representa o **princípio da anterioridade comum**. Entretanto, o art. 150, § 1°, da CF, enuncia que **o princípio da anterioridade comum não se aplica a alguns tributos**, tais como: i. imposto de importação; ii. imposto de exportação; iii. imposto sobre produtos industrializados; iv. Imposto sobre operações financeiras; v. impostos extraordinários de guerra; vi. empréstimos compulsórios; dentre outras exceções pontuais ao longo do texto da CF.

Alternativa correta: letra "c" (responde todas as alternativas): assim, analisando-se todas as alternativas, o único tributo que não está excepcionado pelo art. 150, § 1°, da CF, e que, portanto, deve respeito à anterioridade comum é aquele referente à propriedade territorial rural.

7. ORDEM ECONÔMICA E FINANCEIRA

39. (FCC - Analista Processual - MPU/2007) Considere as seguintes atividades de natureza econômica:

I. A pesquisa e a lavra das jazidas de petróleo e gás natural e outros hidrocarbonetos fluidos.
II. A refinação do petróleo nacional ou estrangeiro.
III. O transporte marítimo do petróleo bruto de origem nacional ou de derivados básicos de petróleo produzidos no País.
IV. O reprocessamento, a industrialização e o comércio de minérios e minerais nucleares e seus derivados, com exceção dos radioisótopos.

Observadas as condições estabelecidas em lei, a União poderá contratar com empresas estatais ou privadas a realização das atividades previstas SOMENTE em

a) I, II e III.
b) I, II e IV.
c) II, III e IV.
d) II e IV.
e) I e III.

COMENTÁRIOS

Alternativa correta: letra "a"

Assertiva "I": a União poderá contratar com empresas estatais ou privadas a realização das atividades previstas em pesquisa e a lavra das jazidas de petróleo e gás natural e outros hidrocarbonetos fluidos (art. 177, § 1°, da CF).

Assertiva "II": a União poderá contratar com empresas estatais ou privadas a realização das atividades previstas em refinação do petróleo nacional ou estrangeiro (art. 177, § 1°, da CF).

Assertiva "III": a União poderá contratar com empresas estatais ou privadas a realização das atividades previstas em transporte marítimo do petróleo bruto de origem nacional ou de derivados básicos de petróleo produzidos no País (art. 177, § 1°, da CF).

Assertiva "IV": a União **não** poderá contratar com empresas estatais ou privadas a realização das atividades previstas em reprocessamento, a industrialização e o comércio de minérios e minerais nucleares e seus derivados, com exceção dos radioisótopos, pois esta hipótese (art. 177, V, da CF) não está contemplada pelo art. 177, § 1°, da CF.

8. ORDEM SOCIAL

40. (FCC - Analista Processual - MPU/2007) Todos têm direito ao meio ambiente ecologicamente equilibrado, impondo-se ao Poder Público e à coletividade o dever de defendê-lo e preservá-lo para as presentes e futuras gerações. Com relação ao meio ambiente é correta a afirmação:

a) As usinas que operem com reatores nucleares deverão ter sua localização definida em lei estadual ou municipal, podendo ocorrer uma pré-instalação.
b) A Mata Atlântica e o Pantanal Mato-Grossense não são considerados patrimônio nacional pela Constituição Federal brasileira.
c) As condutas consideradas lesivas ao meio ambiente sujeitarão os infratores à sanção penal, que será dependente da obrigação de reparar os danos causados.
d) São indisponíveis as terras devolutas ou arrecadadas pelos Estados, por ações discriminatórias, necessárias à proteção dos ecossistemas naturais.
e) A Serra do Mar e a Zona Costeira não são consideradas patrimônio nacional pela Constituição Federal brasileira.

COMENTÁRIOS

Alternativa correta: letra "d": consoante art. 225, § 5°, da CF, são indisponíveis as terras devolutas ou arrecadadas pelos Estados, por ações discriminatórias, necessárias à proteção dos ecossistemas naturais.

Alternativa "a": as usinas que operem com reatores nucleares deverão ter sua localização definida em lei **federal** (não estadual ou municipal), **sem a qual não poderão ser instaladas** (portanto, não pode ocorrer uma pré-instalação), nos termos do art. 225, § 6°, da CF.

Alternativa "b": a Mata Atlântica e o Pantanal Mato-Grossense **são** considerados patrimônio nacional pela Constituição Federal brasileira, conforme reza o art. 225, § 4°, da CF

Alternativa "c": as condutas **e atividades** consideradas lesivas ao meio ambiente sujeitarão os infratores, **pessoas físicas ou jurídicas, a sanções penais e administrativas, independentemente** da obrigação de reparar os danos causados (art. 225, § 3°, da CF).

Alternativa "e": a Serra do Mar e a Zona Costeira **também** são consideradas patrimônio nacional pela Constituição Federal brasileira, segundo dispõe o art. 225, § 4°, da CF.

Direito Constitucional

Paulo Lépore

✦ DICAS

1. DIREITOS E GARANTIAS FUNDAMENTAIS

- Os direitos civis e políticos formam, juntamente com os direitos econômicos, sociais e culturais, e também com os direitos de solidariedade ou fraternidade, um conjunto indivisível de direitos fundamentais, entre os quais não há qualquer relação hierárquica.
- Segundo apontamentos doutrinários, são todos direitos humanos, caracterizados pela **indivisibilidade, irrenunciabilidade e incaducabilidade**, e que decorrem da exigência de atendimento do princípio da dignidade da pessoa humana. Sendo assim, por terem o mesmo fundamento, tem também igual força normativa, não havendo hierarquia entre eles.
- Os tratados e convenções internacionais sobre direitos humanos que forem aprovados, em cada Casa do Congresso Nacional, em dois turnos, por três quintos dos votos dos respectivos membros, **serão equivalentes às emendas constitucionais.**
- Nas hipóteses de **grave violação de direitos humanos**, o Procurador Geral da República, com a finalidade de assegurar o cumprimento de obrigações decorrentes de tratados internacionais de direitos humanos dos quais o Brasil seja parte, poderá suscitar, perante o **Superior Tribunal de Justiça**, em qualquer fase do inquérito ou processo, incidente de deslocamento de competência para a Justiça Federal. Trata-se do disposto no § 5º do art. 109 da CF.

1.1. DIREITOS E DEVERES INDIVIDUAIS, COLETIVOS

- Os direitos e deveres individuais e coletivos estão **concentrados no art. 5º da CF**.
- Apesar do *caput* do artigo 5º garanti-los apenas a brasileiros e estrangeiros residentes no Brasil, **a doutrina e o STF os estende também para estrangeiros em trânsito e pessoas jurídicas** (HC 94.016, julgado em 2008 e relatado pelo Ministro Celso de Mello).
- Segundo entendimento pacífico do Supremo Tribunal Federal, **as pessoas jurídicas também são titulares de direitos fundamentais** (AC 2.032-QO/SP, relatada pelo Ministro Celso de Mello e julgada em 2008).
- O *caput* do art. 5º da CF enuncia que "todos são iguais perante a lei, sem distinção de qualquer natureza". Segundo posição doutrinária pacífica, trata-se do reconhecimento da igualdade formal. Entretanto, implícita ao texto constitucional também existe a **igualdade material**, que significa conferir tratamento desigual, para igualar. A igualdade material leva em consideração os sujeitos e valores envolvidos e busca equilibrar as relações de fato.

INVIOLABILIDADE DO DOMICÍLIO	
Regra	**Exceções**
A casa (englobando escritórios, motéis, hotéis e congêneres, segundo o STF) é asilo inviolável do indivíduo e nela ninguém pode penetrar sem consentimento do morador.	Hipóteses em que se pode penetrar em casa mesmo sem o consentimento do morador **a) a qualquer horário**: em caso de flagrante delito ou desastre, ou para prestar socorro **b) somente durante o dia:** por determinação judicial.

- **De acordo com a posição do STF no HC 93.050, julgado em 2008 e relatado pelo ministro Celso de Mello, para os fins da proteção jurídica a que se refere o art. 5º, XI, da CF, "o conceito normativo de 'casa' revela-se abrangente** e, por estender-se a qualquer compartimento privado não aberto ao público, onde alguém exerce profissão ou atividade (CP, art. 150, § 4º, III), compreende, observada essa específica limitação espacial (área interna não acessível ao público), os escritórios profissionais, inclusive os de contabilidade. Sem que ocorra qualquer das situações excepcionais taxativamente previstas no texto constitucional (art. 5º, XI), nenhum agente público, ainda que vinculado à administração tributária do Estado, poderá, contra a vontade de quem de direito ('invito domino'), ingressar, durante o dia, sem mandado judicial, em espaço privado não aberto ao público, onde alguém exerce sua atividade profissional, sob pena de a prova resultante da diligência de busca e apreensão assim executada reputar-se inadmissível, porque impregnada de ilicitude material. O atributo da autoexecutoriedade dos atos administrativos, que traduz expressão concretizadora do 'privilège du preálable', não prevalece sobre a garantia constitucional da inviolabilidade domiciliar, ainda que se cuide de atividade exercida pelo Poder Público em sede de fiscalização tributária."

- A todos, no âmbito judicial **e administrativo**, são assegurados a **razoável duração do processo** e os meios que garantam a celeridade de sua tramitação.
- O Poder Judiciário **só admite ações** relativas à disciplina e às competições desportivas **após esgotarem-se as instâncias da justiça desportiva**. Trata-se de uma exceção ao princípio da inafastabilidade da jurisdição.
- De acordo com posição consolidada do Supremo Tribunal Federal, **a exigência de depósito prévio** como requisito de admissibilidade de ação judicial na qual se pretenda discutir a exigibilidade de crédito tributário **ofende a garantia de acesso ao Poder Judiciário**. Essa é a conclusão que se extrai da **Súmula Vinculante 28**, aprovada em 2010.
- Assegura-se a todos, **independentemente do** pagamento de taxas, o direito de petição aos Poderes Públicos em defesa de direitos ou contra ilegalidade ou abuso de poder.
- A prática do racismo constitui crime **inafiançável** e **imprescritível**, sujeito à pena de **reclusão** (não detenção).
- Associações

Associações	
Objetivo	**Exigências**
1. Criação	Não depende de autorização do poder público É vedada a criação de associações de caráter paramilitar
2. Suspensão das Atividades	Somente por decisão Judicial
3. Dissolução	Somente por decisão judicial com trânsito em julgado

- Somente os crimes de racismo e de ações de grupos armadas, civis ou militares, contra a ordem constitucional e o Estado Democrático são **imprescritíveis** (além de inafiançáveis). Já os crimes de tortura, tráfico ilícito de entorpecentes e drogas afins, terrorismo e os definidos em lei como hediondos, são **insuscetíveis de graça ou anistia** (além de inafiançáveis).

Crime	Inafiançável	Imprescritível	Insuscetível de graça ou anistia
Racismo	Sim	Sim	Não
Ações de Grupos Armados, Civis ou Militares contra a Ordem Constitucional e o Estado Democrático	Sim	Sim	Não

Crime	Inafiançável	Imprescritível	Insuscetível de graça ou anistia
Tortura	Sim	Não	Sim
Tráfico Ilícito de Entorpecentes e Drogas Afins	Sim	Não	Sim
Terrorismo	Sim	Não	Sim
Hediondo	Sim	Não	Sim

- **Princípio da Razoável Duração do Processo**: a todos, no âmbito judicial e administrativo, são assegurados a razoável duração do processo e os meios que garantam a celeridade de sua tramitação.

1.2. AÇÕES OU REMÉDIOS CONSTITUCIONAIS. TUTELA CONSTITUCIONAL DAS LIBERDADES: MANDADO DE SEGURANÇA, HABEAS CORPUS, HABEAS DATA, AÇÃO POPULAR, MANDADO DE INJUNÇÃO E DIREITO DE PETIÇÃO. AÇÃO CIVIL PÚBLICA

- Conceder-se-á ***habeas corpus*** sempre que alguém sofrer ou se achar ameaçado de sofrer violência ou coação em sua liberdade de locomoção (também denominada **ambulatorial**), por ilegalidade ou abuso de poder.
- O **mandado de segurança coletivo** pode ser impetrado por: a) partido político com representação no Congresso Nacional e; b) organização sindical, entidade de classe ou associação legalmente constituída e em funcionamento há pelo menos um ano, em defesa dos interesses de seus membros ou associados.
- Conceder-se-á ***habeas data***: a) para assegurar o conhecimento de **informações relativas à pessoa do impetrante**, constantes de registros ou bancos de dados de entidades governamentais ou de caráter público; b) para a retificação de dados, quando não se prefira fazê-lo por processo sigiloso, judicial ou administrativo. Se forem informações de **interesse pessoal**, mas não da pessoa do impetrante, cabe **mandado de segurança**.
- O mandado de injunção é utilizado **no caso de omissão quanto à regulamentação de norma constitucional de eficácia limitada**.

1.3. DIREITOS SOCIAIS

- Os direitos sociais, econômicos, e culturais são direitos humanos de segunda geração, mas está errado dizer que isso significa que não são juridicamente exigíveis. Isso porque, **todos os direitos**

humanos são juridicamente exigíveis.

- Nos termos do art. 6º, da CF, **são direitos sociais**: a educação, a saúde, a alimentação, o trabalho, a moradia, o transporte, o lazer, a segurança, a previdência social, a proteção à maternidade e à infância, além da assistência aos desamparados, na forma da Constituição.
- Os direitos econômicos sociais e culturais são previstos e detalhados, no âmbito do sistema interamericano, no **Protocolo de San Salvador**, e **não no texto original** da Convenção Americana sobre Direitos Humanos (Pacto de San José da Costa Rica).
- Ainda que os direitos trabalhistas historicamente não sejam cobrados pela FGV nas provas de direito constitucional do Exame de Ordem, entendemos por bem comentarmos a **EC 72/13, que trouxe nova redação ao parágrafo único do art. 7º da CF**: "São assegurados à categoria dos trabalhadores domésticos os direitos previstos nos incisos IV, VI, **VII**, VIII, **X**, **XIII**, XV, **XVI**, XVII, XVIII, XIX, XXI, **XXII**, XXIV, **XXVI**, **XXX**, **XXXI** e **XXXIII** e, atendidas as condições estabelecidas em lei e observada a simplificação do cumprimento das obrigações tributárias, principais e acessórias, decorrentes da relação de trabalho e suas peculiaridades, os previstos nos incisos **I, II, III, IX, XII, XXV e XXVIII**, bem como a sua integração à previdência social." (grifos nossos)
- Para facilitar a compreensão do tema, elaboramos a seguinte tabela:

	DIREITOS CONSTITUCIONALMENTE ASSEGURADOS AO TRABALHADOR DOMÉSTICO DEPOIS DA EC 72/13	
	Direitos incondicionados	**Direitos condicionados à legislação infraconstitucional e à observância de simplificação do cumprimento das obrigações tributárias, principais e acessórias, decorrentes da relação de trabalho e suas peculiaridades**
Os que já existiam antes da EC 72/13	1. Salário mínimo 2. Irredutibilidade do salário 3. Décimo terceiro salário com base na remuneração integral ou no valor da aposentadoria 4. Repouso semanal remunerado, preferencialmente aos domingos 5. Férias anuais remuneradas com, pelo menos, um terço a mais do que o salário normal 6. Licença-gestante de 120 dias 7. Licença-paternidade de 5 dias 8. Aviso-prévio 9. Aposentadoria	1. Integração à previdência social
Os que foram estabelecidos pela EC 72/13	10. Garantia de salário, nunca inferior ao mínimo, para os que percebem remuneração variável 11. Proteção do salário na forma da lei, constituindo crime sua retenção dolosa 12. Duração do trabalho normal não superior a oito horas diárias e quarenta e quatro semanais, facultada a compensação de horários e a redução da jornada, mediante acordo ou convenção coletiva de trabalho 13. Remuneração do serviço extraordinário superior, no mínimo, em cinquenta por cento à do normal	2. Relação de emprego protegida contra despedida arbitrária ou sem justa causa, nos termos de lei complementar, que preverá indenização compensatória, dentre outros direitos; 3. Seguro-desemprego, em caso de desemprego involuntário; 4. Fundo de garantia do tempo de serviço;

Os que foram estabelecidos pela EC 72/13	14. Redução dos riscos inerentes ao trabalho, por meio de normas de saúde, higiene e segurança 15. Reconhecimento das convenções e acordos coletivos de trabalho 16. Proibição de diferença de salários, de exercício de funções e de critério de admissão por motivo de sexo, idade, cor ou estado civil 17. Proibição de qualquer discriminação no tocante a salário e critérios de admissão do trabalhador portador de deficiência 18. Proibição de trabalho noturno, perigoso ou insalubre a menores de dezoito e de qualquer trabalho a menores de dezesseis anos, salvo na condição de aprendiz, a partir de quatorze anos	5. Remuneração do trabalho noturno superior à do diurno; 6. Salário-família pago em razão do dependente do trabalhador de baixa renda nos termos da lei 7. Assistência gratuita aos filhos e dependentes desde o nascimento até 5 (cinco) anos de idade em creches e pré-escolas 8. Seguro contra acidentes de trabalho, a cargo do empregador, sem excluir a indenização a que este está obrigado, quando incorrer em dolo ou culpa

1.4. DIREITOS DA NACIONALIDADE

- São brasileiros **natos:** a) os **nascidos na República Federativa do Brasil**, ainda que de pais estrangeiros, desde que estes não estejam a serviço de seu país; b) os nascidos no estrangeiro, de pai brasileiro ou mãe brasileira, desde que **qualquer deles** esteja **a serviço da República Federativa do Brasil** e; c) os nascidos no estrangeiro de pai brasileiro ou de mãe brasileira, desde que sejam **registrados em repartição brasileira competente ou venham a residir na República Federativa do Brasil e optem**, em qualquer tempo, depois de atingida a maioridade, pela nacionalidade brasileira (nacionalidade potestativa).
- São brasileiros **naturalizados:** a) os que, na forma da lei, **adquiram a nacionalidade brasileira**, exigidas aos originários de países de língua portuguesa apenas residência por um ano ininterrupto e idoneidade moral; b) os estrangeiros de qualquer nacionalidade, residentes na República Federativa do Brasil há mais de quinze anos ininterruptos e sem condenação penal, desde que requeiram a nacionalidade brasileira.

CARGOS PRIVATIVOS DE BRASILEIRO NATO
1. Ministro do Supremo Tribunal Federal
2. Presidente da República e Vice
3. Presidente da Câmara dos Deputados
4. Presidente do Senado Federal
5. Carreira diplomática
6. Oficial das Forças Armadas
7. Ministro de Estado da Defesa

- Para memorizar os cargos privativos de brasileiro nato, o amigo leitor pode valer-se da expressa mnemônica **"MP3.COM"**

MP3.COM		
	M	**M**inistro do STF
	P3	**P**residente da República (e Vice)
		Presidente da Câmara dos Deputados
		Presidente do Senado Federal
	C	**C**arreira Diplomática
	O	**O**ficial das Forças Armadas
	M	**M**inistro de Estado da Defesa

- **Atenção** para as "pegadinhas" clássicas: a) o cargo de Ministro do STJ não é privativo de brasileiro nato, mas o de Ministro do STF é; b) o cargo de Ministro da Justiça não é privativo de brasileiro nato, mas o de Ministro de Estado da Defesa é; c) o cargo de Senador não é privativo de brasileiro nato, mas o de Presidente do Senado Federal é.
- O **brasileiro nato pode perder a nacionalidade**, pois nos termos do § 4º, do art. 12, da CF, será declarada a perda da nacionalidade do brasileiro que **adquirir outra nacionalidade** (salvo nos casos de reconhecimento de nacionalidade originária pela lei estrangeira ou de imposição de naturalização, pela norma estrangeira, ao brasileiro residente em estado estrangeiro, como condição para permanência em seu território ou para o exercício de direitos civis, quando o indivíduo poderá ter mais de uma nacionalidade).
- Regras sobre **extradição**: a) O brasileiro nato **nunca** será extradito (por crime comum ou de opinião); b) O brasileiro naturalizado somente poderá ser extraditado em caso de crime comum (praticado **antes** da naturalização), ou de comprovado envolvimento em tráfico ilícito de entorpecentes e drogas afins (**antes ou depois** da naturalização), na forma da lei, mas **não** por

crime político; c) O estrangeiro pode ser extraditado pela prática de crime comum, mas **não** por crime político e; d) O Brasil não extradita **ninguém** pela prática de crime político.

	POSSIBILIDADE DE EXTRADIÇÃO	
	Crime comum	**Crime político ou de opinião**
Brasileiro Nato	Não	Não
Brasileiro Naturalizado	Sim, desde que seja por: • crime praticado antes da naturalização; • comprovado envolvimento em tráfico ilícito de entorpecentes e drogas afins, na forma da lei.	Não
Estrangeiro	Sim	Não
Regra geral:	O Brasil não extradita ninguém pela prática de crime político	

1.5. DIREITOS POLÍTICOS E SISTEMAS ELEITORAIS

- O **alistamento eleitoral e o voto** são: I – **obrigatórios** para os maiores de dezoito anos; II – **facultativos** para: a) os analfabetos; b) os maiores de setenta anos e; c) os maiores de dezesseis e menores de dezoito anos.

ALISTAMENTO E VOTO	
Obrigatórios	**Facultativos**
Maiores de 18 anos	A) Maiores de 16 e menores 18 anos B) Maiores de 70 anos; C) Analfabetos;

- São inalistáveis (para votarem ou serem votados) os estrangeiros e os conscritos, durante o período militar obrigatório.
- São inelegíveis (não podem ser votados) os inalistáveis e os analfabetos.
- Assim, **todo inalistável é inelegível, mas nem todo inelegível é inalistável**, pois o analfabeto é inelegível (não pode ser votado), mas é alistável (pode votar). Somente os estrangeiros e os conscritos são inalistáveis e inelegíveis.
- A improbidade administrativa é caso de **suspensão** de direitos políticos (art. 15, V, c.c. art. 37, § 4º, ambos da CF)
- O cancelamento de naturalização por **sentença judicial** (e não por decisão administrativa) é caso de perda de nacionalidade e, por consequência, também dos direitos políticos.
- A condenação **criminal** (não a cível) transitada em julgado, enquanto durarem seus efeitos, é caso de suspensão dos direitos políticos, lembrando que **é vedada a cassação de direitos políticos**.
- Cuidado: a incapacidade civil que gera a **suspensão** (não a perda) de direitos políticos é a de natureza **absoluta**, não relativa.
- As **eleições para Presidente e Governador** seguem o sistema majoritário com exigência de maioria absoluta ou dois turnos.
- A **eleição do Prefeito** e do Vice-Prefeito será realizada no primeiro domingo de outubro do ano anterior ao término do mandato dos que devam suceder, aplicadas as regras do art. 77 da CF (com segundo turno ou exigência de maioria absoluta) apenas no caso de Municípios com mais de duzentos mil eleitores. Sendo assim, nos Municípios de até duzentos mil eleitores considera-se eleito o candidato que obtiver a maioria (simples) dos votos, independentemente de ter obtido a aprovação da maioria absoluta dos eleitores.
- São **Congressistas** o Deputado Federal e o Senador. O deputado federal é eleito pelo sistema proporcional (art. 45, da CF), e o Senador é eleito pelo majoritário simples (art. 46, da CF). Desta feita, é errado dizer que o Congressista é eleito mediante sistema proporcional, pois tal afirmativa ignora que o Senador se elege via sistema majoritário.
- O **Vereador** será eleito mediante sistema proporcional (não distrital).

IDADE MÍNIMA PARA EXERCÍCIO DE MANDATO POLÍTICO ELETIVO	
Idade Mínima	**Mandato Político Eletivo**
18 anos	Vereador
21 anos	Prefeito, Vice Prefeito, Deputado Estadual ou Distrital e Deputado Federal
30 anos	Governador e Vice-Governador de Estado e do Distrito Federal
35 anos	Presidente da República, Vice-Presidente da República e Senador

2. ORGANIZAÇÃO DO ESTADO

2.1. ORGANIZAÇÃO POLÍTICO-ADMINISTRATIVA

- A **organização político-administrativa da República Federativa do Brasil** compreende a

União, os Estados, o Distrito Federal e os Municípios, todos autônomos, nos termos desta Constituição (art. 18, *caput*, da CF).

- **Brasília** é a Capital Federal (art. 18, § 1º, da CF).
- Os **Territórios Federais** integram a União, e sua criação, transformação em Estado ou reintegração ao Estado de origem serão reguladas em lei complementar (art. 18, § 2º, da CF).
- Exige-se lei complementar federal (com trâmite no Congresso Nacional) para a aprovação da **criação de novos Entes Estaduais** (novos Estados).
- Os Estados podem **incorporar-se entre si**, mas mediante aprovação da população diretamente interessada, através de **plebiscito,** não de referendo.
- O desmembramento dos Estados **não** deve ser precedido de autorização por lei ordinária. O que se exige é aprovação da população diretamente interessada, através de plebiscito, e do Congresso Nacional, por lei complementar.
- A subdivisão dos Estados **pode** gerar a formação de novos territórios.

2.2. ENTES FEDERADOS E DISTRIBUIÇÃO DE COMPETÊNCIAS

- Compete privativamente à União legislar sobre **comércio exterior e interestadual**, o que engloba a importação de bens de outros países.
- Compete privativamente à União legislar sobre **direito civil.** Gratuidade de pagamento em estacionamento privado e mensalidade de serviço educacional são matérias de direito civil.
- Compete privativamente à União legislar sobre **trânsito e transporte,** o que inclui os serviços de mototáxi.
- Compete privativamente à União legislar sobre **direito processual.** Mas, é de **competência concorrente o estabelecimento de normas gerais sobre procedimentos.**
- A competência **material** da União, disposta no art. 21 da CF, **não** pode ser delegada aos Estados. Somente quanto à competência **legislativa** da União é que pode haver Lei Complementar autorizando os Estados a legislarem sobre questões específicas.
- A competência para legislar sobre direito urbanístico é **concorrente** entre União, Estados e Distrito Federal, e não privativa dos Municípios.
- A competência para legislar sobre defesa dos recursos naturais é **concorrente** entre União, Estados e Distrito Federal, pois é matéria de interesse de todos os entes da Federação, e não somente da União.

COMPETÊNCIAS			
Natureza das Competências	**Espécie**	**Regra**	**Exceção**
ADMINISTRATIVAS	1. Exclusiva: art. 21, da CF	Somente a União exerce	
	2. Comum: art. 23, da CF	Cooperação entre União, Estados, DF e Municípios	
LEGISLATIVAS	1. Privativa: art. 22, da CF	A União legisla privativamente	Lei complementar poderá autorizar os Estados a legislar sobre questões relativas à competência privativa da União, criando a competência legislativa delegada
	2. Delegada: art. 22, p. único, da CF	Mediante LC, em que a União delega para Estados e DF.	
	3. Concorrente: art. 24, da CF	A União edita as normas Gerais e os Estados e o DF editam as normas específicas de seus interesses	Se a União não editar as normas gerais, os Estados e o DF passarão a ter competência plena. Se, posteriormente, a União legislar, as normas gerais feitas pelos Estados terão a sua eficácia suspensa.

2.3. ADMINISTRAÇÃO PÚBLICA

- **Princípios da Administração Pública.** Para memorizar os princípios da administração pública que constam do artigo 37, da CF, o amigo leitor pode valer-se da clássica expressa mnemônica **"LIMPE"**.

LIMPE	**L**	Legalidade
	I	Impessoalidade
	M	Moralidade
	P	Publicidade
	E	Eficiência

- O **conteúdo do Princípio da Legalidade** (art. 37, *caput*, da CF) **não exclui a possibilidade de atividade discricionária pela Administração Pública**, desde que observados os limites da lei, quando esta deixa alguma margem para a Administração agir conforme os critérios de conveniência e oportunidade. Isso porque, é ínsita à atividade administrativa a tomada de decisões políticas, que se referem às opções que o administrador pode escolher na administração dos bens e serviços públicos. Por exemplo: um administrador pode decidir entre a construção de uma escola ou hospital (valendo-se de critérios de conveniência e oportunidade), e ambas são opções políticas legítimas. Entretanto, para materializar a obra, ele deverá abrir procedimento licitatório, pois a Constituição Federal (art. 37, XXI) e a Lei 8.666/93 lhe impõem esse dever (limites da lei).
- A Administração Pública pode ser **direta** (prestada pela própria pessoa política, União, Estado ou Município) ou **indireta** (descentralizada para outra pessoa jurídica, Autarquia, Fundação, Empresa Pública ou Sociedade de Economia Mista).
- Somente por **lei específica** poderá ser criada autarquia e autorizada a instituição de empresa pública, de sociedade de economia mista e de fundação, cabendo à **lei complementar**, neste último caso (fundação), definir as áreas de sua atuação.
- Depende de **autorização legislativa**, em cada caso, a criação de subsidiárias de empresa pública, assim como a participação de qualquer delas em empresa privada.
- As obras, serviços, compras e alienações, ressalvados os casos especificados na legislação, serão contratados mediante processo de licitação pública que assegure igualdade de condições a todos os concorrentes, com cláusulas que estabeleçam obrigações de pagamento, **mantidas** as condições efetivas da proposta, nos termos da lei, o qual somente permitirá as exigências de qualificação técnica e econômica indispensáveis à garantia do cumprimento das obrigações.
- A autonomia gerencial, orçamentária e financeira dos órgãos e entidades da administração direta e indireta **poderá** ser ampliada mediante contrato, a ser firmado entre seus administradores e o poder público, que tenha por objeto a fixação de metas de desempenho para o órgão ou entidade, cabendo à lei dispor sobre prazo de duração do contrato, os controles e critérios de avaliação de desempenho, direitos, obrigações e responsabilidade dos dirigentes, bem como a remuneração do pessoal.
- A **administração fazendária** e seus servidores fiscais terão, dentro de suas áreas de competência e jurisdição, **precedência sobre os demais setores administrativos**, na forma da lei (art. 37, XVIII, da CF).
- Quanto a **concurso público e o princípio da igualdade**, segundo **entendimento do STF**, é possível: a) fixação limites etários máximos para a admissão de pessoal no serviço público em atenção à natureza das atribuições do cargo a ser preenchido; b) estabelecimento de limites mínimos de altura para candidatos em concurso público; e c) distinção em razão da raça, pois em 2012, o STF afirmou a constitucionalidade da política de cotas que reserva vagas para negros em universidades públicas.

CONCURSO PÚBLICO E O PRINCÍPIO DA IGUALDADE **Segundo entendimento do STF é possível:**
a) fixação **limites etários máximos** para a admissão de pessoal no serviço público em atenção à natureza das atribuições do cargo a ser preenchido (Súmula 683, do STF);
b) estabelecimento de **limites mínimos de altura** para candidatos em concurso público;
c) **distinção em razão da raça**, pois em 2012, o STF afirmou a constitucionalidade da política de cotas que reserva vagas para negros em universidades públicas.

- **Súmula 683, do STF:** "O limite de idade para a inscrição em concurso público só se legitima em face do art. 7º, XXX, da Constituição, quando possa ser justificado pela natureza das atribuições do cargo a ser preenchido."
- É **vedada a acumulação** remunerada de cargos ou empregos públicos, exceto, quando houver compatibilidade de horários, nos seguintes casos: a) a de dois cargos de professor; b) a de um cargo de professor com outro técnico ou científico; c) a de dois cargos ou empregos privativos de profissionais de saúde, com profissões regulamentadas.

<table>
<tr><th colspan="3">ACUMULAÇÃO REMUNERADA DE CARGOS PÚBLICOS</th></tr>
<tr><th>Regra</th><th colspan="2">Exceções</th></tr>
<tr><td>Vedação/ Impossibilidade</td><td colspan="2">a) dois cargos de professor
b) um cargo de professor com outro técnico ou científico
c) dois cargos ou empregos privativos de profissionais de saúde, com profissões regulamentadas</td></tr>
<tr><th colspan="3">Cuidado! Não é possível a acumulação nos seguintes casos:</th></tr>
<tr><td>a) de cargo técnico com outro privativo de profissional da saúde;</td><td>b) de mais de dois cargos ou empregos públicos (três ou mais).</td><td>c) de dois cargos técnicos;</td></tr>
</table>

- **Fique ligado!** De acordo com a **EC 77/2014**, que alterou o art. 142, § 3º, da CF, **foi estendida aos profissionais de saúde das Forças Armadas a possibilidade de acumulação remunerada de cargos públicos**, na hipótese de dois cargos ou empregos privativos de profissionais da saúde, com profissões regulamentadas, desde que haja compatibilidade de horário.
- As **funções de confiança**, exercidas exclusivamente por servidores ocupantes de cargo efetivo, e os **cargos em comissão**, a serem preenchidos por servidores de carreira nos casos, condições e percentuais mínimos previstos em lei, **destinam-se apenas às atribuições de direção, chefia e assessoramento.**

POSSÍVEIS CONSEQUENCIAIS DIANTE DA PRÁTICA DE IMPROBIDADE ADMINISTRATIVA
1. Suspensão (não cassação) dos direitos políticos
2. Perda da função pública
3. Indisponibilidade de bens
4. Ressarcimento ao erário, na forma e gradação previstas em lei
5. Ação penal (quando cabível)

- **Tanto a vinculação quanto a equiparação** de quaisquer espécies remuneratórias no serviço público **são vedadas** para o efeito de remuneração de pessoal das carreiras públicas.
- O **direito de greve** é assegurado ao servidor público, devendo ser exercido nos termos e nos limites definidos em lei **específica (não em lei complementar**).

2.4. SEPARAÇÃO DOS PODERES

2.4.1. PODER LEGISLATIVO

Atividade Legislativa do Congresso Nacional	
Legislatura	Período de 4 anos de atividade legislativa
Sessão Legislativa	Período compreendido entre 2 de fevereiro a 17 de julho e 1º de agosto a 22 de dezembro de cada ano
Sessão Extraordinária	Ocorre por convocação ou do Presidente do Senado Federal ou do Presidente da Câmara dos Deputados ou do Presidente da República ou a requerimento da maioria dos membros de ambas as Casas, em caso de urgência ou interesse público relevante.
Sessão Conjunta	Reunião da Câmara dos Deputados e do Senado Federal destinada, por exemplo, a conhecer do veto presidencial e sobre ele deliberar.

- A Câmara dos Deputados e o Senado Federal, **ou qualquer de suas Comissões**, poderão convocar **Ministro de Estado** ou quaisquer titulares de órgãos diretamente subordinados à Presidência da República para prestarem, pessoalmente, informações sobre assunto previamente determinado, **importando crime de responsabilidade a ausência sem justificação adequada,** de modo que a convocação é absolutamente constitucional, e a ausência injustificada do Ministro importaria crime de responsabilidade.
- Compete exclusivamente ao Congresso Nacional **sustar os atos normativos** do Poder Executivo que exorbitem do poder regulamentar ou dos limites de delegação legislativa.
- Compete exclusivamente ao Congresso Nacional resolver definitivamente apenas sobre tratados acordos ou atos internacionais **que acarretem encargos ou compromissos gravosos ao patrimônio nacional,** e não sobre tratados de qualquer natureza.
- Compete exclusivamente ao Congresso Nacional aprovar o estado de defesa e a intervenção federal, e **autorizar** o estado de sítio, ou **suspender** qualquer dessas medidas, consoante disposto no art. 49, IV, da CF.
- O Presidente da República somente pode ausentar-se do país por período **superior a 15 dias** se o Congresso Nacional autorizá-lo, nos termos do art. 49, III, da CF.
- Recebida a denúncia contra o Senador ou Deputado, por crime ocorrido após a diplomação, o Supremo Tribunal Federal dará ciência à Casa respectiva, que, **por iniciativa de partido político** nela representado e pelo voto da maioria de seus membros, **poderá**, até a decisão final, **sustar o andamento** da ação. Assim, o STF **não precisa de licença** da Cada Legislativa para processar um de seus membros.
- A **imunidade formal** (que garante regras especiais para a prisão e o processo de Parlamentar) **não** se aplica aos Vereadores, por falta de expressa previsão no Texto Constitucional.
- Os Vereadores gozam de **imunidade material** (inviolabilidade) relativa às suas opiniões, palavras e votos, no exercício do mandato e na circunscrição (limites territoriais) do Município a que estejam vinculados.

2.4.1.1. PROCESSO LEGISLATIVO

- O **processo legislativo compreende** a elaboração de: I – emendas à Constituição; II – leis complementares; III – leis ordinárias; IV – leis delegadas; V – medidas provisórias; VI – decretos legislativos e; VII – resoluções.

- A **Lei Complementar** exige aprovação por maioria absoluta, enquanto a **Lei Ordinária** é aprovada por maioria simples dos membros presentes à sessão, desde que presente a maioria absoluta dos membros de cada Casa ou de suas Comissões.
- As matérias que devem ser regradas por **Lei Complementar** encontram-se taxativamente indicadas no texto constitucional (ao longo dos dispositivos) e, desde que não seja assunto específico de normatização por decreto legislativo ou resolução, o regramento de todo o resíduo competirá à lei ordinária (conclusão que se extrai a partir de interpretação sistemática do texto constitucional).
- **Não** existe **hierarquia** entre lei complementar e lei ordinária, nem entre lei federal e lei estadual.
- As matérias reservadas à Lei Complementar **não** serão objeto de **delegação** do Congresso ao Presidente da República.
- Na apreciação de **projeto de lei delegada** pelo Congresso Nacional, não são admitidas emendas parlamentares.
- A discussão e votação dos **Projetos de Lei Ordinária não** devem, obrigatoriamente, ter início na Câmara dos Deputados. Somente os projetos de lei de iniciativa do Presidente da República, do Supremo Tribunal Federal e dos Tribunais Superiores terão início obrigatoriamente na Câmara dos Deputados (art. 64, da CF).
- A **correção redacional** a um projeto de lei ordinária **não importa** em retorno à casa iniciadora. Somente se exige o retorno à Casa iniciadora se a emenda parlamentar introduzida acarretar modificação no sentido da proposição jurídica, o que não ocorre quando há mera correção de redação.
- **A sanção de projeto de lei não convalida o vício** de inconstitucionalidade resultante da usurpação do poder de iniciativa.
- Dá-se a chamada **sanção tácita** quando o Presidente da República permanece inerte durante o prazo de que dispõe para vetar ou sancionar o projeto de lei.
- A **iniciativa popular** pode ser exercida pela apresentação à Câmara dos Deputados de projeto de lei subscrito por, no mínimo, um por cento do eleitorado nacional, distribuído pelo menos por cinco Estados, com não menos de três décimos por cento dos eleitores de cada um deles.
- **Não** há previsão de iniciativa popular para emendar a Constituição.
- São de iniciativa privativa do **Presidente da República** as leis que disponham sobre a criação de cargos, funções ou empregos públicos na administração direta e autárquica ou **aumento de sua remuneração** (art. 61, § 1º, II, "a", da CF). Essa regra, também deve ser aplicada ao Governador e à administração estadual, em decorrência do **Princípio da Simetria ou Parametricidade**, segundo o qual, as normas de organização do Estado dispostas na Constituição Federal e válidas para a União, devem ser reproduzidas nas Constituições Estaduais e aplicadas aos Estados Membros. O mesmo se dá em relação aos Municípios, na medida em que será de iniciativa privativa dos Prefeitos a criação de cargos, funções ou empregos públicos na administração direta e autárquica ou aumento de sua remuneração no âmbito de cada Município.
- Não há qualquer vedação quanto à possibilidade de **emenda parlamentar em projetos de lei da iniciativa do Presidente da República.**
- A **Constituição poderá ser emendada** mediante **proposta**: I – de um terço, no mínimo, dos membros da Câmara dos Deputados ou do Senado Federal (nunca Congressista sozinho); II – do Presidente da República; III – de mais da metade das Assembleias Legislativas das unidades da Federação, manifestando-se, cada uma delas, pela maioria relativa de seus membros.

EMENDA À CONSTITUIÇÃO		
A Constituição poderá ser emendada mediante proposta:		
De 1/3, no mínimo, dos membros da Câmara dos Deputados ou do Senado Federal (nunca Congressista sozinho);	Do Presidente da República;	De mais da metade das Assembleias Legislativas das unidades da Federação, manifestando-se, cada uma delas, pela maioria relativa de seus membros.

- A proposta de emenda constitucional será discutida e votada em cada Casa do Congresso Nacional, em **dois turnos**, considerando-se aprovada se obtiver, em ambos, **três quintos dos votos** (portanto, mais do que maioria absoluta) dos respectivos membros.
- **Atenção!** Emenda à Constituição será promulgada pelas **Mesas da Câmara dos Deputados e do Senado Federal** (não pelo Presidente da República), com o respectivo número de ordem.
- A matéria constante de proposta de **emenda à Constituição rejeitada ou havida por**

prejudicada não pode ser objeto de nova proposta na mesma sessão legislativa *(Princípio da Irrepetibilidade)*

- Em caso de relevância e urgência, o Presidente da República poderá adotar **medidas provisórias**, com força de lei, devendo submetê-las de imediato ao Congresso Nacional.
- As medidas provisórias, regra geral, perderão eficácia, desde a edição, **se não forem convertidas em lei** no prazo de sessenta dias, prorrogável uma vez por igual período, devendo o Congresso Nacional disciplinar, por **decreto legislativo**, as relações jurídicas delas decorrentes.
- **Não editado o decreto legislativo** até sessenta dias após a **rejeição ou perda de eficácia** de medida provisória, as relações jurídicas constituídas e decorrentes de atos praticados durante sua vigência conservar-se-ão por ela regidas.
- A não apreciação pela Câmara dos Deputados e, após, pelo Senado Federal, no prazo de 45 dias contados da publicação, tem como consequência a entrada em **regime de urgência**, subsequentemente, em cada uma das Casas do Congresso Nacional**, ficando sobrestadas**, até que se ultime a votação, **todas as demais deliberações** legislativas da Casa em que estiver tramitando.
- Se a Medida Provisória perder eficácia por decurso de prazo ou, em caráter expresso, for rejeitada pelo Congresso Nacional, **vedada será sua reedição na mesma sessão legislativa**.
- É **vedada** a edição de medidas provisórias sobre matéria relativa a nacionalidade, cidadania, direitos políticos, partidos políticos e direito eleitoral.
- É **vedada** a edição de medidas provisórias sobre matéria já disciplinada em projeto de lei aprovado pelo Congresso Nacional e pendente de sanção ou veto do Presidente da República.
- É **vedada a reedição**, na mesma sessão legislativa, de medida provisória que tenha sido rejeitada ou que tenha perdido sua eficácia por decurso de prazo
- **Não é vedada** a edição de medidas provisórias para a abertura de crédito extraordinário, para a criação de normas gerais de licitações e contratos administrativos ou para aumento de **alíquota de imposto.**
- O STF, no julgamento da ADI 2984, julgada em 2004 e relatada pela Ministra Ellen Gracie, entendeu que: "**a revogação de Medida Provisória (MP) por outra MP apenas suspende a eficácia da norma ab-rogada, que voltará a vigorar pelo tempo que lhe reste para apreciação**, caso caduque ou seja rejeitada a MP ab-rogante".
- **Não será admitido aumento de despesa** prevista: I – nos projetos de iniciativa exclusiva do Presidente da República (salvo nas leis orçamentárias); II – nos projetos sobre organização dos serviços administrativos da Câmara dos Deputados, do Senado Federal, dos Tribunais Federais e do Ministério Público.

2.4.2. PODER EXECUTIVO

- O Poder Executivo é exercido pelo **Presidente da República**, auxiliado pelos Ministros de Estado.
- A eleição do Presidente e do Vice-Presidente da República realizar-se-á, simultaneamente, no primeiro domingo de outubro, em primeiro turno, e no último domingo de outubro, em segundo turno, se houver, do ano anterior ao do término do mandato presidencial vigente.
- Os **Ministros de Estado** serão escolhidos dentre brasileiros maiores de vinte e um anos e no exercício dos direitos políticos.
- Substituirá o Presidente, no caso de impedimento, e suceder-lhe-á, no de vaga, o **Vice-Presidente**.
- O Presidente e o Vice-Presidente da República tomarão posse em sessão do Congresso Nacional, prestando o compromisso de manter, defender e cumprir a Constituição, observar as leis, promover o bem geral do povo brasileiro, sustentar a união, a integridade e a independência do Brasil. Essa é a função típica (da essência do Poder Executivo) de ordem constitucional (porque prevista na Constituição) do Presidente e do Vice. Em regra, quem a exerce é o Presidente, mas, em caso de impedimento, será substituído pelo Vice-Presidente (art. 79, da CF).
- Na hipótese de impedimento ou vacância dos cargos de PR e Vice, serão chamados, sucessivamente: Presidente da Câmara, Presidente do SF e o Presidente do SF, nessa ordem. Mas se não for simples impedimento (que [e temporário, como férias, ou doença), mas vacância (definitiva), deve-se resolver a questão em definitivo. Assim, na dupla vacância, vigem as seguintes regras:
- Vagando os cargos de Presidente e Vice-Presidente da República **nos dois primeiros anos** do mandato presidencial, far-se-á eleição noventa dias depois de aberta a última vaga.
- Ocorrendo a vacância dos cargos de Presidente e Vice-Presidente da República nos últimos dois anos do período presidencial, será feita a eleição para ambos os cargos trinta dias depois da última vaga, pelo Congresso Nacional (eleição indireta).

VACÂNCIA DOS CARGOS DE PRESIDENTE DA REPÚBLICA E VICE (DUPLA VACÂNCIA)	
Nos 2 primeiros anos do mandato presidencial	Nos 2 últimos anos do mandato presidencial
Eleição direta 90 dias depois de aberta a última vaga.	Eleição indireta para ambos os cargos 30 dias depois da última vaga, pelo Congresso Nacional.
Atenção! Em ambos os casos haverá mandato "Tampão", ou seja, pelo prazo restante. O eleito somente completará o mandato do sucedido.	

- O ato do Presidente da República que atenta contra o livre exercício do Poder Legislativo, do Poder Judiciário, do Ministério Público e dos Poderes constitucionais das unidades da Federação é considerado crime de responsabilidade.
- Nos Crimes de Responsabilidade do Presidente da República, a Câmara autoriza a instauração do processo pelo voto da maioria **qualificada de dois terços,** e não pela maioria absoluta dos seus membros. o julgamento ocorre pelo Senado Federal, cuja decisão será proferida por **dois terços** (não maioria simples) dos votos do Senado Federal. No julgamento funcionará como Presidente o do Supremo Tribunal Federal.
- O Presidente ficará suspenso de suas funções nos crimes de responsabilidade, por 180 dias, **assim que instaurado o processo** pelo Senado Federal, **e não** somente após a condenação pelo órgão competente
- Condenado o Presidente por Crime de Responsabilidade, perderá o cargo, com inabilitação, por oito anos, para o exercício de função pública, sem prejuízo das demais sanções judiciais cabíveis. Portanto **o Senado não condena ao cumprimento de pena privativa de liberdade**.
- Compete ao **Supremo Tribunal Federal** (e não ao Superior Tribunal de Justiça) processar e julgar, originariamente, nas infrações penais comuns e nos crimes de responsabilidade, os Ministros de Estado e os Comandantes da Marinha, do Exército e da Aeronáutica, ressalvado o disposto no art. 52, I, os membros dos Tribunais Superiores, os do Tribunal de Contas da União e os chefes de missão diplomática de caráter permanente (consoante art. 102, I, "c", da CF).
- As imunidades segundo as quais enquanto não sobrevier sentença condenatória, nas infrações comuns, o Presidente da República não estará sujeito a prisão e, que, na vigência de seu mandato, o Presidente da República não pode ser responsabilizado por atos estranhos ao exercício de suas funções, **não podem ser estendidas ao Governador de Estado**. Esse foi o posicionamento adotado pelo STF, em 1995, no julgamento da ADI 978.
- Já a imunidade que exige admissão de acusação por dois terços da Câmara dos Deputados para que o Presidente da República seja processado perante o STF, **pode ser garantida, por meio de Constituição Estadual, ao Governador**, condicionando que ele somente será processado perante o STJ, por crime comum, após autorização da Assembleia Legislativa.
- A imunidade relativa à proibição de prisão do Presidente da República **não** impede a prisão em flagrante por crime inafiançável.
- Como delegatários do Presidente da República os Ministros de Estado, **podem**, desde que autorizados, extinguir cargos públicos, mas **não** podem expedir instruções para a execução de leis e editarem medidas provisórias, pois não são atribuições constitucionalmente estabelecidas.

2.4.3. PODER JUDICIÁRIO E FUNÇÕES ESSENCIAIS À JUSTIÇA

- **São órgãos do Poder Judiciário:** I – o Supremo Tribunal Federal; I-A o Conselho Nacional de Justiça; II – o Superior Tribunal de Justiça; III – os Tribunais Regionais Federais e Juízes Federais; IV – os Tribunais e Juízes do Trabalho; V – os Tribunais e Juízes Eleitorais; VI – os Tribunais e Juízes Militares; VII – os Tribunais e Juízes dos Estados e do Distrito Federal e Territórios.
- **Regra do Quinto Constitucional: um quinto dos lugares dos Tribunais Regionais Federais, dos Tribunais dos Estados, e do Distrito Federal e Territórios** será composto de membros, do **Ministério Público**, com mais de dez anos de carreira, e de **advogados** de notório saber jurídico e de reputação ilibada, com mais de dez anos de efetiva atividade profissional, indicados em lista sêxtupla pelos órgãos de representação das respectivas classes.
- De acordo com o que dispõe o art. 93, da CF, **Lei complementar, de iniciativa do Supremo Tribunal Federal, disporá sobre o Estatuto da Magistratura**.
- A divisão de vagas no Superior Tribunal de Justiça permite o ingresso de **um terço dos membros** dentre juízes dos Tribunais Regionais Federais e **um terço** dentre desembargadores dos Tribunais de Justiça, indicados em lista tríplice elaborada pelo próprio Tribunal; **além de outro terço em partes iguais, dentre advogados e membros do Ministério Público Federal, Estadual, do Distrito Federal e Territórios.**

- O Advogado oriundo do Quinto Constitucional nos Tribunais de Justiça concorre como magistrado para ocupar vagas no Superior Tribunal de Justiça, **pois disputa o terço das vagas a serem ocupadas por Desembargadores dos Tribunais de Justiça**.
- Aos **Procuradores dos Estados e do Distrito Federal**, que ingressarem na carreira mediante concurso público, é assegurada **estabilidade** após três anos de efetivo exercício, mediante avaliação periódica de desempenho perante os órgãos próprios, após relatório circunstanciado das corregedorias.
- **Não é** inconstitucional lei estadual que crie Procuradoria-Geral para consultoria, assessoramento jurídico e representação judicial de Assembleia Legislativa.
- A **Advocacia-Geral da União** tem por chefe o Advogado-Geral da União, nomeado pelo Presidente da República, **não necessariamente** dentre integrantes da carreira, maiores de trinta e cinco anos, de notável saber jurídico e reputação ilibada.
- Na execução da dívida ativa de natureza tributária, a representação da União caberá à **Procuradoria- Geral da Fazenda Nacional**.

2.4.3.1. CONSELHO NACIONAL DE JUSTIÇA

CONSELHO NACIONAL DE JUSTIÇA - CNJ	
Natureza Jurídica	Órgão Integrante do Poder Judiciário, mas sem poder jurisdicional
Composição	15 membros, sendo: a) 9 do Poder Judiciário; b) 2 do Ministério Público; c) 2 advogados; d) 2 cidadãos. A Presidência do CNJ cabe ao Presidente do STF, que é um dos integrantes oriundo do Poder Judiciário.
Nomeação dos Membros	Pelo Presidente da República, após aprovação pela maioria absoluta do Senado Federal, salvo o Presidente e o Vice-Presidente, que não se submetem a essa exigência.
Mandatos dos Membros	2 anos, admitida uma recondução
Competência	Controle da atuação administrativa e financeira do Poder Judiciário e do cumprimento dos deveres funcionais dos juízes
Poderes/ Prerrogativas Especiais	a) apreciar, de ofício ou mediante provocação, a legalidade dos atos administrativos praticados por membros ou órgãos do Poder Judiciário, podendo desconstituí-los, revê-los ou fixar prazo para que se adotem as providências necessárias ao exato cumprimento da lei; b) receber e conhecer das reclamações contra membros ou órgãos do Poder Judiciário. c) avocar processos disciplinares em curso e determinar a remoção, a disponibilidade ou a aposentadoria com subsídios ou proventos proporcionais ao tempo de serviço e aplicar outras sanções administrativas, assegurada ampla defesa d) rever, de ofício ou mediante provocação, os processos disciplinares de juízes e membros de tribunais julgados há menos de um ano (portanto, não pode ser a qualquer tempo).
Controle Externo	Os atos do CNJ sujeitam-se ao controle do Supremo Tribunal Federal (art. 102, I, "r", da CF).

- O CNJ, órgão integrante do Poder Judiciário, não pode julgar magistrados por crime de abuso de autoridade, pois sua **competência é administrativa e financeira**, não judicial.
- **Compete ao CNJ o controle da atuação administrativa e financeira do Poder Judiciário e do cumprimento dos deveres funcionais dos juízes**, cabendo-lhe, além de outras atribuições que lhe forem conferidas pelo Estatuto da Magistratura, zelar pela observância do art. 37 (que contém os princípios da administração) e apreciar, de ofício ou mediante provocação, a legalidade dos atos administrativos praticados por membros ou órgãos do Poder Judiciário, podendo desconstituí-los, revê-los ou fixar prazo para que se adotem as providências necessárias ao exato cumprimento da lei, sem prejuízo da competência do Tribunal de Contas da União.

2.4.3.2. SÚMULA VINCULANTE

- Somente o **STF** pode editar Súmula Vinculante.
- o Supremo Tribunal Federal poderá, de ofício ou por provocação, mediante decisão de **dois terços** (e não da maioria absoluta) de seus membros, **após reiteradas decisões sobre matéria constitucional**, aprovar súmula que, a partir de sua publicação na imprensa oficial,

terá **efeito vinculante** em relação aos demais órgãos do Poder Judiciário e à administração pública direta e indireta, nas esferas federal, estadual e municipal, bem como proceder à sua revisão ou cancelamento, na forma estabelecida em lei.

- **A súmula vinculante terá por objetivo** a validade, a interpretação e a eficácia de normas determinadas, acerca das quais haja controvérsia atual entre órgãos judiciários ou entre esses e a administração pública que acarrete **grave insegurança jurídica** e **relevante multiplicação de processos** sobre questão idêntica.
- A **edição da Súmula pode ser provocada** pelos legitimados para a propositura da ação direta de inconstitucionalidade, e também pelo Defensor Público-Geral da União, os Tribunais Superiores, os Tribunais de Justiça de Estados ou do Distrito Federal e Territórios, os Tribunais Regionais Federais, os Tribunais Regionais do Trabalho, os Tribunais Regionais Eleitorais e os Tribunais Militares, nos termos do art. 3º da Lei 11.417/06, que regulamenta o art. 103-A da Constituição Federal, disciplinando a edição, a revisão e o cancelamento de enunciado de súmula vinculante pelo Supremo Tribunal Federal.
- Conforme art. 103-A, da CF, o quórum para a decisão da aprovação da Súmula será de **dois terço de seus membros,** e não da maioria simples dos Ministros presentes.
- Do ato administrativo ou decisão judicial que contrariar a súmula aplicável ou que indevidamente a aplicar, caberá **reclamação** ao Supremo Tribunal Federal que, julgando-a procedente, anulará o ato administrativo ou cassará a decisão judicial reclamada, e determinará que outra seja proferida com ou sem a aplicação da súmula, conforme o caso.
- **É plenamente cabível** revisão ou cancelamento da Súmula Vinculante mesmo após sua edição, por força do que dispõe o Art. 103-A, da CF.

3. CONTROLE DE CONSTITUCIONALIDADE. SISTEMAS DE CONTROLE DE CONSTITUCIONALIDADE. AÇÃO DIRETA DE INCONSTITUCIONALIDADE. AÇÃO DECLARATÓRIA DE CONSTITUCIONALIDADE. ARGUIÇÃO DE DESCUMPRIMENTO DE PRECEITO FUNDAMENTAL

- O Controle de Constitucionalidade consiste na fiscalização da compatibilidade entre condutas (comissivas ou omissivas) dos Poderes Públicos e o bloco de constitucionalidade, integrado pela Constituição Formal.
- **Formas de inconstitucionalidade**

– A inconstitucionalidade atacada pode ser **formal ou nomodinâmica** (vício de procedimento legislativo ou de afronta à regras de iniciativa/competência) ou **material** (vício que afeta o conteúdo substantivo das normas constitucionais). Ex: projeto de lei de iniciativa de deputado federal visando criação de cargos na administração federal padecerá de vício de inconstitucionalidade **formal subjetiva** (vício de competência ou iniciativa), pois nesse caso a iniciativa é privativa do Presidente da República, nos termos do art. 61, § 1º, II, "a", da CF.

– A inconstitucionalidade de lei é de caráter **material ou nomoestática** (e não formal) quando seu conteúdo contraria preceito ou princípio da Constituição (José Afonso da Silva).

- **Controle prévio ou preventivo**

– **Proposta legislativa pretensamente inconstitucional pode ser impugnada** por meio de mandado de segurança individual manejado por parlamentar sob o argumento de vulneração às cláusulas pétreas e violação ao direito líquido e certo de participação de um processo legislativo hígido (STF. MS 20.257, julgado em 1981 e relatado pelo Ministro Décio Miranda).

– O **veto do Presidente da República** a projeto de lei aprovado pelas casas do Congresso Nacional, por motivo de inconstitucionalidade é considerado mecanismo de controle político prévio de constitucionalidade, a teor do art. 66, § 1º, da CF.

– Apesar de haver dissonância na doutrina, há julgados do STF e do STJ que sinalizam pela **possibilidade de o chefe do Executivo deixar de aplicar lei que entenda inconstitucional,** podendo ainda determinar a seus subordinados que assim procedam. (STF. ADI 221, julgada em 1993 e relatado pelo Ministro Moreira Alves: "O controle de constitucionalidade da lei ou dos atos normativos é de competência exclusiva do Poder Judiciário. Os Poderes Executivo e Legislativo, por sua chefia – e isso mesmo tem sido questionado com o alargamento da legitimação ativa na ação direta de inconstitucionalidade –, podem tão só determinar aos seus órgãos subordinados que deixem de aplicar administrativamente as leis ou atos com força de lei que considerem inconstitucionais"). (STJ, REsp 23121, julgado em 1993 e relatado pelo Ministro Humberto Gomes de Barros: "O Poder Executivo deve negar execução a ato normativo que lhe pareça inconstitucional").

- **Controle jurisdicional**

– O Brasil adota duas formas de controle jurisdicional: **difuso** (realizado por qualquer juízo) e **concentrado** (realizado apenas por um órgão de cúpula, que em âmbito federal, é o STF).

- O Controle difuso também pode ser denominado por: concreto; Incidental ou *incidenter tantum*; Via de Exceção; Processo Subjetivo; De efeitos inter partes; Estadunidense e Aberto.
- O Controle concentrado pode ser denominado por: Abstrato; Principal; Via de Ação; Processo Objetivo; De efeitos *erga omnes*; Austríaco e Reservado.

DENOMINAÇÕES DAS FORMAS DE CONTROLE DE CONSTITUCIONALIDADE NO BRASIL	
Controle Difuso	**Controle Concentrado**
Concreto	Abstrato
Incidental ou *incidenter tantum*	Principal
Via de Exceção	Via de Ação
Processo Subjetivo	Processo Objetivo
De efeitos *inter partes*	De efeitos *erga omnes*
Estadunidense	Austríaco
Aberto	Reservado

- **CONTROLE DIFUSO**

- O controle de constitucionalidade incidental brasileiro pode ser provocado por qualquer pessoa e realizado por todo juiz, **inclusive** de ofício, pois a questão constitucional somente servirá de fundamentação para decisão quanto ao pedido que envolve a resolução de um caso concreto.
- No Controle Difuso, a pronúncia do Judiciário sobre a inconstitucionalidade não é feita enquanto manifestação sobre o objeto principal da lide, mas sim sobre questão prévia (**via de exceção)**, indispensável ao julgamento do mérito. Em outras palavras: na via de exceção, a questão constitucional é a **causa de pedir**, e não o pedido.
- No controle incidental ou concreto, a questão de constitucionalidade pode ser suscitada pelas partes da relação processual, **pelo Ministério Público e até mesmo de ofício, pelo Juiz ou Tribunal.**
- Somente pelo voto da maioria absoluta de seus membros ou dos membros do respectivo órgão especial poderão os tribunais declarar a inconstitucionalidade de lei ou ato normativo do Poder Público. Trata-se do denominado **Princípio da Reserva de Plenário**, previsto no art. 97, da CF, e reafirmado na Súmula Vinculante 10.
- Os órgãos fracionários dos tribunais **não** ficam dispensados de encaminhar a questão ao pleno, pois não há exceção nesse sentido.
- Nos termos do parágrafo único, do art. 949 do novo CPC, os órgãos fracionários dos tribunais não submeterão ao plenário, ou ao órgão especial, a arguição de inconstitucionalidade, quando já houver pronunciamento destes ou do plenário do Supremo Tribunal Federal sobre a questão. (Incluído pela Lei nº 9.756, de 1998). Trata-se de **abrandamento da cláusula de reserva de plenário** (art. 97, da CF), e que encontra guarida na jurisprudência do STF (RE 190.725, julgado em 1995 e relatado pelo Ministro Ilmar Galvão)
- Nos termos da Súmula Vinculante 10, **viola a cláusula de reserva de plenário** (CF, artigo 97) a decisão de órgão fracionário de tribunal que, embora não declare expressamente a inconstitucionalidade de lei ou ato normativo do poder público, afasta sua incidência, no todo ou em parte.
- Súmula 513, do STF: "a decisão que enseja a **interposição de recurso** ordinário ou extraordinário não é a do plenário, que resolve o incidente de inconstitucionalidade, mas a do órgão (câmaras, grupos ou turmas) que completa o julgamento do feito".
- A eficácia da decisão no controle difuso é ***inter partes***, não *erga omnes*.
- Poderá haver a geração de efeitos *erga omnes* se aplicado o art. 52, X, da CF, segundo o qual o **Senado Federal pode suspender a execução**, no todo ou em parte, de lei declarada inconstitucional por decisão definitiva do Supremo Tribunal Federal.
- A resolução do **Senado Federal** que suspende **a execução** (e não a eficácia)**, no todo ou em parte**, de lei declarada inconstitucional por decisão definitiva do Supremo Tribunal Federal é forma de controle político de constitucionalidade, nos termos do art. 52, X, da CF.
- No controle difuso, quando houver **declaração de não recepção** (e não de inconstitucionalidade), não há enquadramento ao art. 52, X, da CF, portanto, o STF **não** deverá encaminhar a decisão ao Senado Federal.
- No recurso extraordinário o recorrente deverá demonstrar a **repercussão geral** das questões constitucionais discutidas no caso, nos termos da lei, a fim de que o Tribunal examine a admissão do recurso, somente podendo recusá-lo pela manifestação de dois terços de seus membros (art. 102, § 3º, da CF).
- Em regra, o **recurso extraordinário** apresenta-se como um instrumento do controle difuso de constitucionalidade. Entretanto, em sede de controle concentrado de constitucionalidade, se uma norma da Constituição Estadual violada é idêntica à norma da Constituição Federal, caso tenha sido provocado o controle de constitucionalidade estadual, será cabível um Recurso Extraordinário da decisão do TJ (que aprecia o controle concentrado estadual) para o STF, pois, nos termos do

art. 102, III, "a", da CF, compete ao Supremo Tribunal Federal, precipuamente, a guarda da Constituição, cabendo-lhe julgar, mediante recurso extraordinário, as causas decididas em única ou última instância, quando a decisão recorrida contrariar dispositivo da Constituição. Assim, nesse caso excepcional, o recurso extraordinário poderá ser utilizado como um elemento do controle concentrado.

- **CONTROLE CONCENTRADO**

- O Controle Concentrado pode ser manejado via: ADI – Ação Direta de Inconstitucionalidade (por ação, omissão ou interventiva); ADC – Ação Declaratória de Constitucionalidade e; ADPF – Arguição de Descumprimento de Preceito Fundamental.
- Compete ao Supremo Tribunal Federal, precipuamente, a **guarda da Constituição**, cabendo-lhe processar e julgar, originariamente, entre outras, a ação direta de inconstitucionalidade de lei ou ato normativo federal ou estadual (mas, não municipal) e a ação declaratória de constitucionalidade de lei ou ato normativo federal, consoante art. 102, I, "a", da CF.
- Desde a edição da EC 45/04, o **rol de legitimados** para a propositura de ADI e ADC é o mesmo: aquele disposto no art. 103, da CF.
- **Podem propor** a ação direta de inconstitucionalidade, a ação declaratória de constitucionalidade e a arguição de descumprimento de preceito fundamental: I – o Presidente da República; II – a Mesa do Senado Federal; III – a Mesa da Câmara dos Deputados; IV – a Mesa de Assembleia Legislativa ou da Câmara Legislativa do Distrito Federal; V – o Governador de Estado ou do Distrito Federal; VI – o Procurador-Geral da República; VII – o Conselho Federal da Ordem dos Advogados do Brasil; VIII – partido político com representação no Congresso Nacional; IX – confederação sindical ou entidade de classe de âmbito nacional.
- No caso de um partido **político perder sua representação no Congresso Nacional** após ter proposto uma ação direta de inconstitucionalidade, essa **ação não é considerada prejudicada**, pois a aferição de legitimidade deve ser feita apenas no momento da propositura, conforme jurisprudência do STF.
- Nos termos da jurisprudência do STF, são **legitimados especiais**, ou seja, precisam demonstrar **pertinência temática**: a) Mesa da Assembleia Legislativa ou da Câmara Legislativa do Distrito Federal; b) Governador do Estado ou do Distrito Federal; c) Confederação Sindical ou Entidade de Classe de âmbito nacional. Os demais são legitimados neutros ou universais e não precisam demonstrar pertinência temática.
- "O requisito da **pertinência temática – que se traduz na relação de congruência que necessariamente deve existir entre os objetivos estatutários ou as finalidades institucionais da entidade autora e o conteúdo material da norma questionada em sede de controle abstrato** – foi erigido à condição de pressuposto qualificador da própria legitimidade ativa ad causam para efeito de instauração do processo objetivo de fiscalização concentrada de constitucionalidade." Essa foi a conclusão do STF no bojo da ADI 1.157-MC, julgada em 1994 e relatada pelo Ministro Celso de Mello.
- No controle concentrado de constitucionalidade, a **petição inicial** nem sempre precisa ser assinada por advogado. Essa exigência de assinatura da inicial atinge apenas: a) partido político com representação no Congresso Nacional e; b) Confederação Sindical ou Entidade de Classe de âmbito nacional. Os demais legitimados têm capacidade postulatória presumida.
- Particularidades do processo objetivo do controle concentrado[1]

    1) Inexistência de **prazo recursal em dobro ou diferenciado para contestar** (STF, ADI 2.130, julgada em 2001 e relatada pelo Ministro Celso de Mello);
    2) Inexistência de **prazo prescricional ou decadencial** (STF, ADI 1.247, julgada em 1995 e relatada pelo Ministro Celso de Mello);
    3) Inadmissibilidade de **assistência jurídica** a qualquer das partes (art. 169, § 2º, do Regimento Interno do STF);
    4) Inadmissibilidade de **intervenção de terceiros** (art. 7º, *caput*, da Lei 9.868/99 e art. 169, § 2º, do Regimento Interno do STF). Mas, o relator, considerando a relevância da matéria e a representatividade dos postulantes, poderá, por despacho irrecorrível, admitir a **manifestação de outros órgãos ou entidades** (art. 7º, § 2º, da Lei 9.868/99), o que abre espaço para a figura do *amicus curiae*, conforme já decidiu o STF na ADI 2238, julgada em 2002 e relatada pelo Ministro Ilmar Galvão. Assim, pode-se dizer que a atuação do *amicus curiae* tem natureza sui generis
    5) Vedação expressa à **desistência** da ação proposta (art. 5º, *caput*, da Lei 9.868/99 e art. 169, § 1º, do Regimento Interno do STF);
    6) **Irrecorribilidade** da decisão proferida, **salvo embargos de declaração** (art. 26 da Lei 9.868/99);

---

1 Listagem realizada com base nas lições de: LENZA, Pedro. Direito Constitucional Esquematizado. 16 ed. São Paulo: Saraiva, 2012, p. 329.

7) **Irrescindibilidade** da decisão proferida (não pode ser atacada por ação rescisória), nos termos do art. 26 da Lei 9.868/99;
8) **Não vinculação do STF à tese jurídica/causa de pedir**, já que no processo objetivo de controle de constitucionalidade o que importa é a apreciação do pedido.
9) **Possibilidade de dilação probatória com perícia ou audiência pública**: nos termos do art. 9º, § 2º, da Lei 9.868/99, em caso de necessidade de esclarecimento de matéria ou circunstância de fato ou de notória insuficiência das informações existentes nos autos, poderá o relator requisitar informações adicionais, designar perito ou comissão de peritos para que emita parecer sobre a questão, ou fixar data para, em audiência pública, ouvir depoimentos de pessoas com experiência e autoridade na matéria.

- **ADI**

– O **objeto** da ADI é lei ou ato normativo federal, estadual ou distrital. Já o objeto da ADC é somente lei ou ato normativo federal (art. 102, I, "a", da CF).

– O STF ainda reconhece que os **decretos autônomos** podem ser objeto de controle concentrado de constitucionalidade: "Decreto que, não se limitando a regulamentar lei, institua benefício fiscal ou introduza outra novidade normativa, reputa-se **autônomo e, como tal, é suscetível de controle concentrado de constitucionalidade** (ADI 3.664, julgada em 2011 e relatada pelo Ministro Cezar Peluso).

– **Resolução administrativa do Conselho Nacional de Justiça** que discipline determinada matéria, de forma geral e abstrata, pode ser objeto de ação direta de inconstitucionalidade. Assim entendeu o STF no bojo da ADI 3367, julgada em 2005 e relatada pelo Ministro Cezar Peluso.

– As **emendas constitucionais** podem ser objeto de controle de constitucionalidade, ou em outras palavras: admite-se a existência de normas constitucionais inconstitucionais, desde que não sejam originárias, mas oriundas de emendas constitucionais (*vide* ADIs 4357, 4372, 4400 e 4425, que versam sobre a inconstitucionalidade da EC 62/2009, que criou um regime especial de pagamento de precatórios).

- **Procedimento para julgamento da ADI**

– A petição inicial da ação direta de inconstitucionalidade inepta, não fundamentada e a manifestamente improcedente serão liminarmente indeferidas pelo relator, **mas cabe agravo** (consoante art. 3º, parágrafo único, e art. 4º, ambos da lei 9.868/99).

– Nos termos do art. 103, § 1º, da CF, **o Procurador-Geral da República deverá ser previamente ouvido nas ações de inconstitucionalidade** e em todos os processos de competência do Supremo Tribunal Federal.

– De acordo com o art. 103, § 3º, da CF, quando o Supremo Tribunal Federal apreciar a inconstitucionalidade, em tese, de norma legal ou ato normativo, **citará, previamente, o Advogado-Geral da União, que defenderá o ato ou texto impugnado.**

– Salvo no período de recesso, a **medida cautelar (também chamada de liminar)** na ação direta será concedida por decisão da maioria absoluta dos membros do Tribunal, após a audiência dos órgãos ou autoridades dos quais emanou a lei ou ato normativo impugnado, que deverão pronunciar-se no prazo de cinco dias, consoante art. 10, da Lei 9.868/99.

– A **eficácia de uma liminar** concedida em sede de ação direta de inconstitucionalidade opera, regra geral, com efeitos *ex nunc*, podendo ter efeitos *ex tunc*, em caráter excepcional, se o Supremo Tribunal Federal assim o declarar expressamente, demonstrando a conveniência da medida.

– A concessão de medida cautelar **torna aplicável a legislação anterior acaso existente**, salvo expressa manifestação em sentido contrário, nos exatos termos do art. 11, § 2º, da Lei 9.868/99.

– Conforme entendimento do STF, **não cabe reclamação da decisão que conceder ou negar a liminar** proferida em ação direta de inconstitucionalidade. "O indeferimento de liminar em ação direta de inconstitucionalidade, pouco importando o fundamento, não dá margem à apresentação de reclamação" (STF. Rcl-AgR 2810, julgada em 2004 e relatada pelo Ministro Marco Aurélio).

– A decisão sobre a constitucionalidade ou a inconstitucionalidade da lei ou do ato normativo somente será tomada **se presentes na sessão pelo menos 8 Ministros** (art. 22, da Lei 9.868/99).

– Efetuado o julgamento, **proclamar-se-á a constitucionalidade ou a inconstitucionalidade da disposição ou da norma impugnada se num ou noutro sentido se tiverem manifestado pelo menos 6 Ministros**, quer se trate de ação direta de inconstitucionalidade ou de ação declaratória de constitucionalidade (art. 23, da Lei 9.868/99).

– **Modulação dos Efeitos da decisão:** nos termos do art. 27, da Lei 9.868/99, ao declarar a inconstitucionalidade de lei ou ato normativo, e tendo em vista **razões de segurança jurídica ou de excepcional interesse social**, poderá o Supremo

Tribunal Federal, por maioria de **dois terços de seus membros**, restringir os efeitos daquela declaração ou decidir que ela só tenha eficácia a partir de seu trânsito em julgado ou de outro momento que venha a ser fixado.

- Nos termos do art. 5º da Lei 9.868/99, **não é possível a desistência** em sede de controle concentrado, pois o processo é objetivo, de interesse público.
- A Ação Direta de Inconstitucionalidade **não** se submete a qualquer **prazo prescricional ou decadencial**.

• "À vista do modelo dúplice de controle de constitucionalidade por nós adotado, **a admissibilidade da ação direta não está condicionada à inviabilidade do controle difuso.**" (ADI 3.205, julgada em 2006 e relatada pelo Ministro Sepúlveda Pertence).

• **ADC**

- Na **ADC não há** manifestação do Advogado-Geral da União, porque não há ato normativo a ser defendido quanto a sua constitucionalidade, pois o objeto é **por termo a controvérsia judicial relevante** (art. 14, da Lei 9.868/99).
- Só há exigência de **controvérsia judicial relevante** na ADC.
- O Supremo Tribunal Federal, por decisão da maioria absoluta de seus membros, poderá deferir **pedido de medida cautelar na ação declaratória de constitucionalidade**, consistente na determinação de que os juízes suspendam o julgamento dos processos que envolvam a aplicação da lei ou do ato normativo objeto da ação até seu julgamento definitivo, tudo de acordo com o art. 21, da Lei 9.868/99.

• **ADI por Omissão**

- Declarada a inconstitucionalidade por omissão de medida para tornar efetiva norma constitucional, **será dada ciência ao Poder competente para a adoção das providências necessárias** e, em se tratando de órgão administrativo, para fazê-lo em trinta dias.
- A ação direta de inconstitucionalidade por omissão **admite** medida cautelar. Nos termos do art. 12-F, da Lei 9.868/99 (incluído pela Lei 12.063/09), em caso de excepcional urgência e relevância da matéria, o Tribunal, por decisão da maioria absoluta de seus membros, observado o disposto no art. 22, poderá conceder medida cautelar, após a audiência dos órgãos ou autoridades responsáveis pela omissão inconstitucional, que deverão pronunciar-se no prazo de 5 (cinco) dias.
- **ADI Interventiva**

• A ação direta de inconstitucionalidade interventiva, também denominada por representação de inconstitucionalidade interventiva federal (art. 36, III, da CF), tem como legitimado ativo o **Procurador-Geral da República** e o decreto de intervenção federal, que especificará a amplitude, o prazo e as condições de execução e que, se couber, nomeará o interventor, **será submetido à apreciação do Congresso Nacional ou da Assembleia Legislativa do Estado, no prazo de vinte e quatro horas** (art. 34, § 1º, da CF).

• **ADPF**

- A arguição de descumprimento de preceito fundamental é cabível para **evitar ou reparar lesão a preceito fundamental resultante de ato do poder público** e seu julgamento é da competência do Supremo Tribunal Federal (art. 1º, da Lei 9.882/99).
- Aplica-se à arguição de descumprimento o **princípio da subsidiariedade**, pois, nos termos do art. 4º, § 1º, da Lei 9.882/99, não será admitida arguição de descumprimento de preceito fundamental quando houver qualquer outro meio eficaz de sanar a lesividade.
- A arguição de descumprimento de preceito fundamental (ADPF), prevista do art. 102, § 1º, da CF, é a única ação do controle concentrado de constitucionalidade federal (apreciado pelo STF) que pode realizar controle de **recepção constitucional** (direito infraconstitucional anterior à Constituição vigente), nos termos do art. 1º, parágrafo único, I, da Lei nº 9.882/1999. A ADPF também é a única ação a contemplar a hipótese de controle concentrado de constitucionalidade pelo Supremo Tribunal Federal sobre lei ou ato normativo municipal em face da Constituição da República (art. 1º, parágrafo único, I, da Lei nº 9.882/1999).

4. DA ORDEM ECONÔMICA E FINANCEIRA: PRINCÍPIOS GERAIS DA ATIVIDADE ECONÔMICA. SISTEMA FINANCEIRO NACIONAL

• É competência do TCU fiscalizar a **aplicação de quaisquer recursos** repassados pela União, mediante convênio, ajuste ou outros instrumentos congêneres, a Estado, ao Distrito Federal ou a Município.

• É competência do TCU apreciar as **contas** prestadas anualmente pelo Presidente da República, mediante a emissão de parecer prévio, **mas não há previsão no sentido de que o parecer prévio deixará de prevalecer por decisão de dois terços dos membros do Congresso Nacional.**

• Atenção: a sustação de contratos administrativos em que seja identificado superfaturamento ou ilegalidade cabe diretamente ao **Congresso Nacional**, que solicitará, de imediato, ao Poder

Executivo as medidas cabíveis (art. 71, § 1º, da CF).

- Compete ao TCU aplicar aos responsáveis por ilegalidade de despesa ou irregularidade de contas **as sanções previstas em lei, que estabelecerá, entre outras cominações, multa proporcional ao dano causado ao erário** (e não multa sancionatória), em decisão dotada de eficácia de título executivo.
- Lei complementar disporá sobre finanças públicas, conforme art. 163, I, da CF.
- **A lei (ordinária, porque quando a CF quer lei complementar ela pede expressamente)** estabelecerá o estatuto jurídico das empresas públicas e sociedades de economia mista, disporá sobre as formas de participação do usuário na administração pública e estabelecerá os casos de contratação por tempo determinado na administração pública.

✦ SÚMULAS APLICÁVEIS

1. DIREITOS FUNDAMENTAIS

- **Súmula Vinculante 1:** Ofende a garantia constitucional do ato jurídico perfeito a decisão que, sem ponderar as circunstâncias do caso concreto, desconsidera a validez e a eficácia de acordo constante de termo de adesão instituído pela Lei Complementar 110/2001.
- **Súmula Vinculante 5**: a falta de defesa técnica por advogado no processo administrativo disciplinar não ofende a constituição.
- **Súmula Vinculante 11**: só é lícito o uso de algemas em casos de resistência e de fundado receio de fuga ou de perigo à integridade física própria ou alheia, por parte do preso ou de terceiros, justificada a excepcionalidade por escrito, sob pena de responsabilidade disciplinar, civil e penal do agente ou da autoridade e de nulidade da prisão ou do ato processual a que se refere, sem prejuízo da responsabilidade civil do Estado.
- **Súmula Vinculante 18**: a dissolução da sociedade ou do vínculo conjugal, no curso do mandato, não afasta a inelegibilidade prevista no § 7º do art. 14 da Constituição Federal.
- **Súmula Vinculante 21:** é inconstitucional a exigência de depósito ou arrolamento prévios de dinheiro ou bens para admissibilidade de recurso administrativo.
- **Súmula Vinculante 25**: é ilícita a prisão civil de depositário infiel, qualquer que seja a modalidade do depósito.
- **Súmula Vinculante 28**: é inconstitucional a exigência de depósito prévio como requisito de admissibilidade de ação judicial na qual se pretenda discutir a exigibilidade de crédito tributário.
- **Súmula 654 do STF**: a garantia da irretroatividade da lei, prevista no art. 5º, XXXVI, da Constituição da República, não é invocável pela entidade estatal que a tenha editado.
- **Súmula 711 do STF**: a lei penal mais grave aplica-se ao crime continuado ou ao crime permanente, se a sua vigência é anterior à cessação da continuidade ou da permanência.
- **Súmula 629 do STF**: a impetração de mandado de segurança coletivo por entidade de classe em favor dos associados independe da autorização destes.
- **Súmula 419 do STJ**: descabe a prisão civil do depositário judicial infiel.
- **Súmula 2 do STJ**: não cabe o habeas data (CF, art. 5º, LXXII, letra "a") se não houve recusa de informações por parte da autoridade administrativa.
- **Súmula 376 do STJ**: compete à turma recursal processar e julgar o mandado de segurança contra ato de juizado especial.
- **Súmula 333 do STJ**: cabe mandado de segurança contra ato praticado em licitação promovida por sociedade de economia mista ou empresa pública.
- **Súmula 217 do STJ**: não cabe agravo de decisão que indefere o pedido de suspensão da execução da liminar, ou da sentença em mandado de segurança.
- **Súmula 202 do STJ**: a impetração de segurança por terceiro, contra ato judicial, não se condiciona à interposição de recurso.
- **Súmula 177 do STJ**: o Superior Tribunal de Justiça é incompetente para processar e julgar, originariamente, mandado de segurança contra ato de órgão colegiado presidido por ministro de Estado.
- **Súmula 105 do STJ**: na ação de mandado de segurança, não se admite condenação em honorários advocatícios.
- **Súmula 41 do STJ**: o Superior Tribunal de Justiça não tem competência para processar e julgar, originariamente, mandado de segurança contra ato de outros tribunais ou dos respectivos órgãos.

2. ORGANIZAÇÃO DO ESTADO

- **Súmula Vinculante 2:** é inconstitucional a lei ou ato normativo estadual ou distrital que disponha sobre sistemas de consórcios e sorteios, inclusive bingos e loterias.

- **Súmula 245 do STF**: a imunidade parlamentar não se estende ao corréu sem essa prerrogativa.
- **Súmula 628 do STF:** integrante de lista de candidatos a determinada vaga da composição de tribunal é parte legítima para impugnar a validade da nomeação de concorrente.
- **Súmula Vinculante 39**: compete privativamente à União legislar sobre vencimentos dos membros das polícias civil e militar e do corpo de bombeiros militar do Distrito Federal.
- **Súmula Vinculante 46:** a definição dos crimes de responsabilidade e o estabelecimento das respectivas normas de processo e julgamento são da competência legislativa privativa da União.
- **Súmula Vinculante 16**: os artigos 7º, iv, e 39, § 3º (redação da EC 19/98), da constituição, referem-se ao total da remuneração percebida pelo servidor público.
- **Súmula 651 do STF**: A medida provisória não apreciada pelo Congresso Nacional podia, até a EC 32/2001, ser reeditada dentro do seu prazo de eficácia de trinta dias, mantidos os efeitos de lei desde a primeira edição.
- **Súmula Vinculante 53**: A competência da Justiça do Trabalho prevista no art. 114, VIII, da Constituição Federal alcança a execução de ofício das contribuições previdenciárias relativas ao objeto da condenação constante das sentenças que proferir e acordos por ela homologados;
- **Súmula 643 do STF:** o Ministério Público tem legitimidade para promover ação civil pública cujo fundamento seja a ilegalidade de reajuste de mensalidades escolares.
- **Súmula Vinculante 14**: É direito do defensor, no interesse do representado, ter acesso amplo aos elementos de prova que, já documentados em procedimento investigatório realizado por órgão com competência de polícia judiciária, digam respeito ao exercício do direito de defesa.

3. CONTROLE DE CONSTITUCIONALIDADE

- **Súmula Vinculante 10:** viola a cláusula de reserva de plenário (cf, artigo 97) a decisão de órgão fracionário de tribunal que, embora não declare expressamente a inconstitucionalidade de lei ou ato normativo do poder público, afasta sua incidência, no todo ou em parte.

4. ORDEM ECONÔMICA E FINANCEIRA E ORDEM SOCIAL

- **Súmula Vinculante 3:** nos processos perante o Tribunal de Contas da União asseguram-se o contraditório e a ampla defesa quando da decisão puder resultar anulação ou revogação de ato administrativo que beneficie o interessado, excetuada a apreciação da legalidade do ato de concessão inicial de aposentadoria, reforma e pensão.
- **Súmula Vinculante 49**: Ofende o princípio da livre concorrência lei municipal que impede a instalação de estabelecimentos comerciais do mesmo ramo em determinada área
- **Súmula 653 do STF:** no Tribunal de Contas estadual, composto por sete conselheiros, quatro devem ser escolhidos pela Assembleia Legislativa e três pelo chefe do Poder Executivo estadual, cabendo a este indicar um dentre auditores e outro dentre membros do Ministério Público, e um terceiro à sua livre escolha.
- **Súmula 347 do STF**: o Tribunal de Contas, no exercício de suas atribuições, pode apreciar a constitucionalidade das leis e dos atos do Poder Público.
- **Súmula 6 do STF**: a revogação ou anulação, pelo Poder Executivo, de aposentadoria, ou qualquer outro ato aprovado pelo Tribunal de Contas, não produz efeitos antes de aprovada por aquele tribunal, ressalvada a competência revisora do Judiciário.

✦ INFORMATIVOS APLICÁVEIS

✦ STF

1. DOS DIREITOS E GARANTIAS FUNDAMENTAIS

1.1. DOS DIREITOS E DEVERES INDIVIDUAIS E COLETIVOS

➘ Prisão civil e pensão alimentícia

A Constituição apenas permite prisão por dívida decorrente de pensão alimentícia quando a não prestação é voluntária e inescusável. *HC 131554/SP, Rel. Min. Cármen Lúcia, 15.12.2015. 2ª T. (Info 812)*

➘ Reclamação e uso de algemas por ordem de autoridade policial

A apresentação do custodiado algemado à imprensa pelas autoridades policiais não afronta o Enunciado 11 da

Súmula Vinculante. *Rcl 7116/PE, Rel. Min. Marco Aurélio, 24.5.2016. 1ª T. (Info 827)*

1.2. DOS DIREITOS SOCIAIS

Licença-maternidade e discriminação entre gestação e adoção

[RPG] Os prazos da licença-adotante não podem ser inferiores aos prazos da licença-gestante, o mesmo valendo para as respectivas prorrogações. Em relação à licença-adotante, não é possível fixar prazos diversos em função da idade da criança adotada. *RE 778889/PE, repercussão geral – mérito, Rel. Min. Roberto Barroso, 10.3.2016. Pleno. (Info 817)*

1.3. DA NACIONALIDADE

MS e perda de nacionalidade brasileira

Denegado mandado de segurança que questionava ato do Ministro da Justiça que declarou a perda da nacionalidade brasileira da impetrante (CF, art. 12, § 4º, II), por ter adquirido outra nacionalidade (Lei 818/49, art. 23). A impetrante, brasileira nata, obteve a nacionalidade norte-americana de forma livre e espontânea e, posteriormente, foi acusada, nos EUA, de homicídio contra o marido, nacional daquele país. O governo norte-americano a indiciou e requereu às autoridades brasileiras sua prisão para fins de extradição. O ato de cassação da nacionalidade brasileira é legítimo, pois a impetrante perdeu a nacionalidade brasileira ao adquirir situação que não se enquadra em qualquer das duas exceções constitucionalmente previstas: (i) mero reconhecimento de outra nacionalidade originária, considerada a natureza declaratória desse reconhecimento (art. 12, § 4º, II, "a"); e (ii) outra nacionalidade imposta pelo estado estrangeiro como condição de permanência em seu território ou para o exercício de direitos civis (art. 12, § 4º, II, "b"). *MS 33864/DF, Rel. Min. Roberto Barroso, 19.4.2016. 1ª T. (Info 822)*

2. DA ORGANIZAÇÃO DO ESTADO

2.1. DA UNIÃO

ADI e normas para a venda de títulos de capitalização

O Plenário, em conclusão, julgou procedente pedido formulado em ação direta para declarar a inconstitucionalidade da Lei 14.507/2002 do Estado de Minas Gerais. A lei impugnada estabelece normas para a venda de títulos de capitalização e similares na referida unidade federativa. O Colegiado asseverou que a regra contida no § 3º do art. 24 da CF também abrange o "caput" do artigo. Em seguida, entendeu que o exercício da competência legislativa concorrente pelos Estados - presente ou não norma geral editada pela União - pressupõe o atendimento de situações peculiares do ente, circunstância não verificada no caso. Observou haver lei federal sobre a matéria (Código de Defesa do Consumidor). Ademais, ressaltou que a lei impugnada dispõe, na sua inteireza, sobre sistema de capitalização, o que compete privativamente à União, que também já editou normas sobre defesa do consumidor e publicidade nessa matéria. A norma em debate estabelece, indevidamente, vedação a uma venda casada, o que a legislação federal autoriza. *ADI 2905/MG, red. p/ o ac. Min. Marco Aurélio, j. 16.11.2016. Pleno. (Info 847)*

Competência da União em telefonia

Compete à União explorar os serviços de telecomunicações, bem como legislar privativamente sobre essa matéria (CF, artigos 21, XI e 22, IV). *ADI 3959/SP, Rel. Min. Roberto Barroso, 20.4.2016. Pleno. (Info 822)*

Cobrança de estacionamento de veículos: competência e livre iniciativa

É inconstitucional, por violar a competência privativa da União (CF, art. 22, I), lei estadual que regulamenta cobrança de estacionamento de veículos. A disciplina acerca da exploração econômica de estacionamentos privados refere-se a direito civil. *ADI 4862/PR, Rel. Min. Gilmar Mendes, 18.8.2016. Pleno. (Info 835)*

Lei estadual e bloqueadores de sinal de celular

Lei estadual que disponha sobre bloqueadores de sinal de celular em presídio invade a competência da União para legislar sobre telecomunicações. *ADI 3835/MS, Rel. Min. Marco Aurélio, 3.8.2016. Pleno. (Info 833)*

2.2. DOS ESTADOS FEDERADOS

Constituição estadual e modelo federal

O Tribunal julgou parcialmente procedente pedido formulado em ação direta ajuizada em face de dispositivos da Constituição do Estado do Sergipe que dispõem sobre as competências do Tribunal de Contas estadual e os critérios de recondução do Procurador-Geral de Justiça e de escolha do Superintendente da Polícia Civil. A Corte, por unanimidade: a) declarou a inconstitucionalidade do art. 47, V, e da expressão "decorrido o tempo previsto sem oferecimento do parecer, serão os autos remetidos no prazo de cinco dias às respectivas Câmaras Municipais", contida na parte final do inciso XII do art. 68, ambos da Constituição de Sergipe; b) deu interpretação conforme à Constituição da República à expressão "permitida a recondução", constante do § 1º do artigo 116, para ser entendida como "permitida uma recondução"; e c) deu interpretação ao § 1º do art. 127 da Constituição de Sergipe, conforme o art. 144, § 4º, da Constituição da República, para circunscrever a escolha do Superintendente da Polícia Civil, pelo Governador do Estado, a delegados ou delegadas de polícia da carreira, independentemente do estágio de sua progressão funcional. Entendeu que os referidos preceitos impugnados violam o modelo federal instituído pela Constituição da República, de observância compulsória pelos Estados-Membros, por força do art. 75. Considerou que o inciso V do art. 47, ao conferir competência privativa à Assembleia Legislativa para julgar as contas do Poder Legislativo, usurpou a atribuição típica do Tribunal de Contas para julgar as contas dos administradores e demais responsáveis por dinheiros, bens e valores públicos da administração direta e indireta, prevista no inciso II do art. 71 da Carta Magna. Relativamente à expressão contida na parte final do inciso XII do art. 68, que permite que as Câmaras Legislativas apreciem as contas anuais prestadas pelos prefeitos, independentemente do parecer do Tribunal de Contas do Estado, caso este não o ofereça em 180 dias a contar do respectivo recebimento, o Colegiado vislumbrou ofensa ao art. 31, § 2º, da Constituição Federal. Asseverou, no ponto, que o parecer prévio a ser emitido pela Corte de Contas seria imprescindível, só deixando de prevalecer por decisão de dois terços dos membros da Câmara Municipal. No que se refere ao § 1º do art. 116, ressaltou a jurisprudência do STF no sentido de que a permissão de recondução ao cargo do Procurador-Geral de Justiça, sem limite de mandatos, seria contrária ao disposto no art. 128, § 3º, da Constituição Federal, que autoriza uma única recondução. Por fim, o Plenário concluiu que ao § 1º do art. 127 não cumpria circunscrever o exercício da Superintendência da Polícia Civil aos delegados ou delegadas em final de carreira, mas, apenas, àqueles da carreira independentemente de sua progressão, tendo em conta o disposto no art. 144, § 4º, da Constituição Federal. *ADI 3077/SE, rel. Min. Cármen Lúcia, j. 16.11.2016. Pleno. (Info 847)*

2.3. DOS MUNICÍPIOS

Administração municipal e publicidade de bebidas alcoólicas ou de cigarros

Para o Colegiado, a Lei 12.643/98 não invadiu a esfera de atribuição própria do Poder Executivo. A competência do prefeito para exercer a administração do patrimônio municipal não impede que o Poder Legislativo estabeleça, mediante lei, limitações à realização, em imóveis do Município, de eventos patrocinados por empresas ligadas ao comércio de cigarros e de bebidas alcoólicas. Além disso, consignou que a realização de eventos não se enquadra nas atividades de mera administração dos bens públicos, sendo legítima sua regulamentação por lei. A Turma decidiu, ainda, que não houve desrespeito ao art. 22, XXIX, da CF – que atribui à União a competência privativa para legislar sobre propaganda comercial. A lei municipal não limita a veiculação de propagandas comerciais por distribuidoras de cigarro e de bebidas alcoólicas, mas apenas proíbe a realização, em imóveis do Município, de eventos patrocinados por empresas envolvidas no comércio dessas substâncias. Concluiu, dessa forma, que a restrição imposta pela lei local recai sobre a Administração Pública municipal e não sobre as empresas comercializadoras de cigarros e bebidas alcóolicas, encontrando-se, por conseguinte, no âmbito de competência do Poder Legislativo local. *RE 305470/SP, Rel. p/ ac. Min. Teori Zavascki, 18.10.2016. 2ª T. (Info 844)*

3. DA ORGANIZAÇÃO DOS PODERES

3.1. DO PODER LEGISLATIVO

3.1.1. DO CONGRESSO NACIONAL

Cassação de mandato parlamentar e autocontenção do Judiciário

O STF somente deve interferir em procedimentos legislativos para assegurar o cumprimento da Constituição, proteger direitos fundamentais e resguardar os pressupostos de funcionamento da democracia e das instituições republicanas. A suspensão do exercício do mandato do impetrante, por decisão do STF em sede cautelar penal, não gera direito à suspensão do processo de cassação do mandato, pois ninguém pode beneficiar-se da própria conduta reprovável. *MS 34.327/DF, Rel. min. Roberto Barroso, 8.9.2016. Pleno. (Info 838)*

Parlamentar e afastamento do cargo

Por reputar que a presença de parlamentar na função de Presidente da Câmara dos Deputados representa risco para as investigações penais no STF, referendou-se medida cautelar que decretou a suspensão do exercício do mandato de deputado federal e, em decorrência, da função de Presidente da Câmara. Determinou-se que fosse notificado o Primeiro-Vice-Presidente da Câmara dos Deputados, ou, na sua ausência, o Segundo-Vice-Presidente, a fim de dar cumprimento à decisão. Embora se tratar de providência inserida no rol das competências originárias do relator das ações penais (Lei 8.038/90, art. 2º, "caput" e parágrafo único), a decisão foi levada a referendo pela relevância institucional de suas consequências. De forma minuciosa o MPF descreveu fatos supostamente criminosos e praticados com desvio de finalidade, sob a atuação direta do parlamentar, que estaria a utilizar o cargo e a função de Presidente para fins ilícitos e, em especial, para obtenção de vantagens indevidas. A reforma positivada pela Lei 12.403/11 no CPP trouxe alterações quanto à decretação de medidas de cautela, entre as quais o estabelecimento da preferencialidade do uso de meios alternativos à prisão preventiva (art. 282, § 6º). Entretanto, o cabimento da medida suspensiva reclama inevitável leitura a respeito da existência de riscos que possam transcender a própria instância processual penal, sobretudo quando se tratar do exercício de funções públicas relevantes. Nestes casos, a decretação da medida serve a dois interesses públicos indivisíveis: a) a preservação da utilidade do processo (pela neutralização de uma posição de poder que possa tornar o trabalho de persecução mais acidentado); e b) a preservação da finalidade pública do cargo (pela eliminação da possibilidade de captura de suas competências em favor de conveniências particulares sob suspeita). *AC 4070/DF, Rel. Min. Teori Zavascki, 5.5.2016. Pleno. (Info 824)*

Parlamentar e imunidade

A imunidade parlamentar é uma proteção adicional ao direito fundamental de todas as pessoas à liberdade de expressão, previsto no art. 5º, IV e IX, da Constituição.

Assim, mesmo quando desbordem e se enquadrem em tipos penais, as palavras dos congressistas, desde que guardem alguma pertinência com suas funções parlamentares, estarão cobertas pela imunidade material do art. 53, "caput", da Constituição. *Inq 4088/DF, Rel. Min. Edson Fachin, 1º.12.2015. 1ª T. (Info 810)*

3.1.2. DO PROCESSO LEGISLATIVO (INICIATIVA)

ADI: Tribunal de Contas estadual e vício de iniciativa

No processo objetivo de controle de constitucionalidade , surgindo a relevância e o risco de manter-se com plena eficácia os preceitos atacados, impõe-se o deferimento da medida acauteladora, suspendendo-os. A ausência de pertinência temática de emenda parlamentar da casa legislativa a projeto de lei de iniciativa exclusiva leva a concluir-se pela inconstitucionalidade formal. A norma "sub judice" dispõe sobre competência e organização de TCE, e sobre a estrutura do Ministério Público de Contas. O projeto de lei, apresentado pelo TCE, foi alterado pelos parlamentares, incluindo-se dezenove artigos a versar sobre objetos distintos do veiculado no único dispositivo constante do texto original, o que demonstra não se tratar de simples emenda, mas de inclusão e de supressão de preceitos relacionados a questões estranhas à contida na proposição inicial, a configurar aparente vício de iniciativa. *ADI 5442 MC/DF, Rel. Min. Marco Aurélio, 17.3.2016. Pleno. (Info 818)*

EC: vício de iniciativa e autonomia da Defensoria Pública

Indeferida cautelar em ADI em que se pretendia a suspensão da eficácia do § 3º do art. 134 da CF, introduzido pela EC 74/2013, segundo o qual se aplica às Defensorias Públicas da União e do Distrito Federal o disposto no § 2º do mesmo artigo, este introduzido pela EC 45/2004, a assegurar às Defensorias Públicas estaduais autonomia funcional e administrativa e a iniciativa de sua proposta orçamentária dentro dos limites estabelecidos na lei de diretrizes orçamentárias e subordinação ao disposto no art. 99, § 2º, da CF. A controvérsia diria respeito à aplicabilidade, às propostas de emenda constitucional, da cláusula de iniciativa legislativa reservada à Presidência da República (CF, art. 61, § 1º). Discutia-se eventual ofensa ao postulado da separação de Poderes (CF, art. 60, § 4º, III) em decorrência da edição de emenda constitucional sobre matéria disposta no art. 61, § 1º, II, da CF, sem que o processo constituinte reformador tenha sido deflagrado pelo titular da iniciativa fixada nesse dispositivo para as leis complementares e ordinárias. A respeito, o direito constitucional pátrio inscreve a emenda constitucional entre os atos elaborados por meio de processo legislativo (CF, art. 59). A jurisprudência reconhece, com apoio no princípio da simetria, a inconstitucionalidade de emendas a constituições estaduais, por inobservância da reserva de iniciativa do Chefe do Executivo. Não há, por outro lado, precedente do Colegiado a assentar, no plano federal, a sujeição do poder constituinte derivado à cláusula de reserva de iniciativa do chefe do Executivo prevista de modo expresso no art. 61, § 1º, da CF, para o Poder Legislativo complementar e ordinário (poderes constituídos). A orientação de que o poder das assembleias legislativas de emendar constituições estaduais está sujeito à reserva de iniciativa do Executivo local existe desde antes do advento da CF/88. O poder constituinte, originário ou derivado, delimita as matérias alçadas ao nível constitucional, e também aquelas expressamente atribuídas aos legisladores ordinário e complementar. Assim, norma de constituição estadual dotada de rigidez não imposta pela Constituição Federal é contrária à vontade desta. Portanto, não se reveste de validade constitucional a emenda a Constituição estadual que, subtraindo o regramento de determinada matéria do titular da reserva de iniciativa legislativa, eleva-a à condição de norma constitucional. Desse modo, emana da jurisprudência do STF a visão de que o poder constituinte estadual jamais é originário. É poder constituído, cercado por limites mais rígidos do que o poder constituinte federal. A regra da simetria é exemplo disso. Por essa razão, as assembleias legislativas se submetem a limites rígidos quanto ao poder de emenda às constituições estaduais. Entretanto, não há precedentes no sentido de que as regras de reserva de iniciativa contempladas no art. 61 da CF alcançam o processo de emenda à Constituição disciplinado em seu art. 60. *ADI 5296 MC/DF, Rel. Min. Rosa Weber, 18.5.2016. Pleno. (Info 826)*

Emenda parlamentar e aumento de despesa

É inconstitucional norma resultante de emenda parlamentar a projeto de lei de iniciativa exclusiva do Chefe do Poder Executivo, na hipótese em que a emenda apresentada acarrete aumento de despesa (CF, art. 61, § 1º, II, "a" e art. 63, I). *ADI 2810/RS, Rel. Min. Roberto Barroso, 20.4.2016. Pleno. (Info 822)*

Extinção de sociedade de economia mista estadual e iniciativa legislativa

É formalmente inconstitucional lei estadual de iniciativa parlamentar que altera norma autorizadora da extinção da Companhia Riograndense de Laticínios e Correlatos. Afronta a iniciativa do Poder Executivo (CF, art. 61, § 1º, II, "e"). *ADI 2295/RS, Rel. Min. Marco Aurélio, 15.6.2016. Pleno. (Info 830)*

3.2. DO PODER EXECUTIVO

Exercício do cargo de Ministro de Estado por membro do Ministério Público e vedações constitucionais

Membros do Ministério Público não podem ocupar cargos públicos, fora do âmbito da instituição, salvo cargo de professor e funções de magistério. *ADPF 388/DF, Rel. Min. Gilmar Mendes, 9.3.2016. Pleno. (Info 817)*

Réu em processo-crime e substituição presidencial

O Tribunal referendou parcialmente medida cautelar deferida em ADPF para assentar que os substitutos eventuais do presidente da República a que se refere o art. 80 da Constituição Federal, caso ostentem a posição de réus criminais perante o STF, ficarão impossibilitados de exercer o ofício de presidente da República. Negou referendo à liminar, no ponto em que ela estendia a determinação de afastamento imediato desses mesmos substitutos eventuais do presidente da República em relação aos cargos de chefia e direção por eles titularizados em suas respectivas Casas. *ADPF 402 MC-REF/DF, rel. Min. Marco Aurélio, j. 7.12.2016. Pleno. (Info 850)*

3.3. DO PODER JUDICIÁRIO

3.3.1. DO SUPREMO TRIBUNAL FEDERAL

➘ Abono variável e competência do STF

Compete ao STF para processar e julgar, originariamente, demanda ajuizada por magistrado estadual a respeito de pagamento de correção monetária sobre valores correspondentes a abono variável. *RE 608847 AgR/RJ, Red. p/ ac. Min. Teori Zavascki, 1º.12.2015. 2ª T. (Info 810)*

3.3.2. DO CONSELHO NACIONAL DE JUSTIÇA

➘ Ato do CNJ e extensão de gratificação de servidor público

O CNJ, no exercício de suas funções constitucionais, possui, tão somente, atribuições de natureza administrativa e, nesse sentido, não lhe é permitido apreciar a constitucionalidade dos atos administrativos, mas somente sua legalidade. A lei estadual que criou a a gratificação por condições especiais de trabalho, não afastou o direito dos demais servidores efetivos à percepção da gratificação. Essa interpretação é corroborada pelo fato de que o próprio Tribunal de Justiça, ao regulamentar a lei, estendeu a outros servidores efetivos o direito. Se há o direito à percepção, inexiste ilegalidade na decisão do Conselho que, reconhecendo a omissão, determina que o Tribunal de Justiça regulamente as condições pelas quais os supervisores dos juizados farão jus à gratificação. *MS 31285/DF, Rel. p/ ac. Min. Edson Fachin, 2.8.2016. 1ª T. (Info 833)*

➘ CNJ e revisão de processo disciplinar

O Conselho Nacional de Justiça (CNJ) pode proceder à revisão disciplinar de juízes e membros de tribunais desde que observado o requisito temporal: processos disciplinares julgados há menos de um ano. Assim, nos termos do art. 103-B, § 4º, V, da Constituição, referida medida pode ser instaurada de ofício ou mediante provocação de qualquer interessado e admite agravamento ou abrandamento da decisão disciplinar revista. *MS 33565/DF, Rel. Min. Rosa Weber, 14.6.2016. 1ª T. (Info 830)*

➘ CNJ: férias de 60 dias e justiça estadual

As normas estaduais infirmadas na decisão do CNJ assegurariam 60 dias de férias aos servidores da Justiça estadual como decorrência da associação entre esse direito e o período de férias coletivas concedidas nos tribunais. Todavia, essa forma de usufruto do direito às férias já teria a sua inconstitucionalidade declarada pelo STF. De fato, a jurisprudência da Corte se pacificara no sentido de ser inconstitucional a concessão de férias coletivas aos magistrados, diante da previsão inserta pela EC 45/04 ao art. 93, XII, da CF. Tal preceito dispõe que "a atividade jurisdicional será ininterrupta, sendo vedado férias coletivas nos juízos e tribunais de segundo grau, funcionando, nos dias em que não houver expediente forense normal, juízes em plantão permanente". Ademais, "EC 45/04, ao vedar as férias coletivas nos juízos e tribunais de segundo grau, revogou os atos normativos inferiores que a elas se referiam" (ADI 3085). Assim, se a Constituição veda a concessão de férias coletivas aos magistrados, com vista a garantir que a atividade jurisdicional seja ininterrupta, seria também inadmissível o gozo coletivo de férias pelos servidores de tribunal de justiça local. *MS 26739/DF, Rel. Min. Dias Toffoli, 1º.3.2016. 2ª T. (Info 816)*

➘ CNJ: revisão disciplinar e devido processo legal

O CNJ tem competência originária e concorrente para apreciar, até mesmo de ofício, a legalidade dos atos praticados por membros ou órgãos do Poder Judiciário, bem como para rever os processos disciplinares contra juízes e membros de tribunais julgados há menos de um ano (CF, art. 103-B, § 4º). É possível a instauração, de ofício, de processo de revisão disciplinar que culmine na aplicação da pena mais gravosa, de aposentadoria compulsória, a magistrado, inexistindo, nesse caso, sobreposições de sanções administrativas. A falta de intimação pessoal do magistrado para a sessão de julgamento da revisão disciplinar não é nula se não demonstrado prejuízo à defesa. A dosagem e a proporcionalidade da sanção disciplinar aplicada enseja reexame de fatos e provas, o que não se mostra possível em sede de mandado de segurança. *MS-AgR 32581/DF, Rel. Min. Edson Fachin, 8.3.2016. 1ª T. (Info 817)*

➘ Deliberação negativa do CNJ e competência do STF

Não compete ao STF apreciar originariamente pronunciamento do Conselho Nacional de Justiça que tenha julgado improcedente pedido de cassação de ato normativo editado por vara judicial. A Segunda Turma reiterou, assim, jurisprudência firmada no sentido de que não cabe ao STF o controle de deliberações negativas do CNJ, isto é, daquelas que simplesmente tenham mantido decisões de outros órgãos (MS 32729 AgR). *MS 33085/DF, Rel. Min. Teori Zavascki, j. 20.9.2016. 2ª T. (Info 840)*

➘ Magistratura e limites de despesas médicas e odontológicas conferidas por lei estadual

Não subsiste ato do CNJ que determina cessação de ressarcimento de despesas médicas, cirúrgicas e odontológicas de magistrados, benefício previsto em lei estadual. Reconhecida a legitimidade ativa do ente federado, tendo em conta o afastamento da lei estadual pelo CNJ. Afastada eventual alegação de decadência do "mandamus", porque ausente a cientificação do Estado-Membro do ato impugnado, haja vista não ter sido parte no procedimento administrativo realizado pelo CNJ. Quanto ao mérito, a LC 35/79 (Loman), ao vedar a concessão de adicionais ou vantagens pecuniárias nela não previstas, não atinge as verbas de natureza indenizatória consagradas em legislação estadual. *MS 27463/MT, Rel. Min. Marco Aurélio, 10.5.2016. 1ª T. (Info 825)*

3.4. DAS FUNÇÕES ESSENCIAIS À JUSTIÇA

3.4.1. DO MINISTÉRIO PÚBLICO

CNMP e vitaliciamento de membros do Ministério Público

O ato de vitaliciamento tem natureza de ato administrativo, e assim se sujeita ao controle de legalidade do Conselho Nacional do Ministério Público, por força do art. 130-A, § 2º, II, da CF/88, cuja previsão se harmoniza perfeitamente com o art. 128, § 5º, I, a, do texto constitucional.. *MS 27542/DF, Rel. Min. Dias Toffoli, j. 4.10.2016. 2ª T. (Info 842)*

Conflito de atribuição e fato novo

Sobrestado julgamento de agravo regimental em ação cível originária que trata de conflito positivo de atribuições entre MPF e o MP estadual relativamente a procedimentos investigatórios criminais com o escopo de apurar quem seria o proprietário e se teria havido reformas em determinados imóveis. Na espécie, alega-se afronta aos princípios do "non bis in idem" e do promotor natural, haja vista que referidos procedimentos investigatórios teriam igual objeto e versariam sobre os mesmos fatos. A Min. Rel. indeferira a liminar por entender que não havia "seja pela ótica formal, seja pela material, elementos de convicção hábeis a justificar a concessão ..., neste juízo delibatório". Contra essa decisão, fora interposto o agravo, em que se sustenta a ocorrência de fatos novos, configurados no oferecimento de denúncia por parte do MP estadual e na decisão jurisdicional declinatória da competência da justiça estadual para a federal. Segundo o agravante, tais fatos seriam aptos a ensejar a reconsideração da decisão monocrática ou a submissão do julgamento à Turma. Foi reconhecida a existência de fato novo (remessa do procedimento da justiça estadual paulista para a justiça federal do Paraná). Apontou que o juízo federal poderia vir a assentar não ter a respectiva competência e determinar o retorno do inquérito, a desencadear um conflito negativo com o órgão paulista. Asseverou a necessidade de se aguardar o crivo do Ministério Público Federal e do juízo criminal federal, ambos do Estado do Paraná. *ACO 2833 AgR/SP, Rel. Min. Rosa Weber, 15.3.2015. 1ª T. (Info 818)*

Conflito de atribuições e Fundef

Não cabe à Corte julgar conflitos de atribuição entre o Ministério Público Federal e os Ministérios Públicos dos estados. Não foi reconhecido conflito de atribuições suscitado pelo MPF em face do MP estadual relativamente à investigação de supostas irregularidades concernentes à gestão de recursos oriundos do Fundef. No caso, foi instaurado inquérito civil, a pedido de Conselho Municipal de Acompanhamento e Controle Social do Fundef, pelo "parquet" estadual, visando apurar a existência de irregularidades no Município, no tocante às ordens de despesas à conta do Fundef. *ACO 1394/RN, Red. p/ ac. Min. Teori Zavascki, 19.5.2016. Pleno. (Info 826)*

Conflito de atribuições e superfaturamento em construção de conjuntos habitacionais

Compete ao PGR, na condição de órgão nacional do Ministério Público, dirimir conflitos de atribuições entre membros do MPF e de Ministérios Públicos estaduais. *ACO 924/PR, Rel. Min. Luiz Fux, 19.5.2016. Pleno. (Info 826)*

PGR e conflito de atribuição entre órgãos do Ministério Público

Cabe ao Procurador-Geral da República a apreciação de conflitos de atribuição entre órgãos do Ministério Público. *ACO 1567 QO/SP, Rel. Min. Dias Toffoli, 17.8.2016. Pleno. (Info 835)*

3.4.2. DA DEFENSORIA PÚBLICA

Defensoria Pública: autonomia funcional, administrativa e orçamentária

Normas que interferem na autonomia de defensorias públicas estaduais são inconstitucionais. A redução unilateral – pelo governador – do valor da proposta orçamentária elaborada pela Defensoria Pública estadual, apresentada em consonância com a Lei de Diretrizes Orçamentária e demais requisitos constitucionais, revela verdadeira extrapolação de sua competência em clara ofensa à autonomia da referida instituição (CF, art. 134, § 2º) e à separação dos Poderes. *ADI 5287/PB, Rel. Min. Luiz Fux, 18.5.2016. Pleno. (Info 826)*

Defensoria Pública e defensor público natural

O art. 4º-A da LC 80/94 estabelece que são direitos dos assistidos pela Defensoria Pública "o patrocínio de seus direitos e interesses pelo defensor natural" (designação por critérios legais), o que não se confunde com exclusividade do órgão para atuar nas causas em que figure pessoa carente, sobretudo se considerada a atual realidade institucional. No caso, o indeferimento do pedido de adiamento de audiência designada não configura cerceamento de defesa, pois, à falta de defensor público disponível para atuar na defesa técnica do paciente, foi-lhe constituído advogado particular, que exerceu seu mister com eficiência e exatidão, precedido de entrevista reservada e privativa com o acusado. *HC 123494/ES, Rel. Min. Teori Zavascki, 16.2.2016. 2ª T. (Info 814)*

Defensoria Pública e participação na sua proposta orçamentária

Por fixar os limites do orçamento anual da Defensoria Pública estadual, a Lei de Diretrizes Orçamentárias enviada pelo governador à assembleia legislativa deve contar com a participação prévia daquela instituição pública. *ADI 5381 Referendo-MC/PR, Rel. Min. Roberto Barroso, 18.5.2016. Pleno. (Info 826)*

4. DA ORDEM SOCIAL

4.1. DA SEGURIDADE SOCIAL

➘ Distribuição de medicamento e necessidade de registro sanitário

Deferida liminar em ADI para suspender a eficácia da Lei 13.269/16, que autoriza o uso do medicamento fosfoetanolamina sintética (conhecida como "pílula do câncer") por pacientes diagnosticados com neoplasia maligna, a despeito da inexistência de estudos conclusivos no tocante aos efeitos colaterais em seres humanos, bem assim de ausência de registro sanitário da substância perante o órgão competente. Ao suspender a exigibilidade de registro sanitário do medicamento, a lei impugnada discrepa da CF (art. 196) no tocante ao dever estatal de reduzir o risco de doença e outros agravos à saúde dos cidadãos. Na elaboração do ato impugnado, foi permitida a distribuição do remédio sem o controle prévio de viabilidade sanitária. Entretanto, a aprovação do produto no órgão do Ministério da Saúde é condição para industrialização, comercialização e importação com fins comerciais (Lei 6.360/76, art. 12). O registro é condição para o monitoramento da segurança, eficácia e qualidade terapêutica do produto, sem o qual a inadequação é presumida. A lei em debate é casuística ao dispensar o registro do medicamento como requisito para sua comercialização, e esvazia, por via transversa, o conteúdo do direito fundamental à saúde. A atividade fiscalizatória (CF, art. 174) é realizada mediante atos administrativos concretos devidamente precedidos de estudos técnicos. Não cabe ao Congresso, portanto, viabilizar, por ato abstrato e genérico, a distribuição de qualquer medicamento. *ADI 5501 MC/DF, Rel. Min. Marco Aurélio, 19.5.2016. Pleno. (Info 826)*

➘ SUS e atendimento por diferença de classe

[RPG] É constitucional a regra que veda, no âmbito do Sistema Único de Saúde – SUS, a internação em acomodações superiores, bem como o atendimento diferenciado por médico do próprio SUS, ou por médico conveniado, mediante o pagamento da diferença dos valores correspondentes. *RE 581488/RS, repercussão geral – mérito, Rel. Min. Dias Toffoli, 3.12.2015. Pleno. (Info 810)*

4.2. DA EDUCAÇÃO, DA CULTURA E DO DESPORTO

➘ ADI e "vaquejada"

O Plenário, em conclusão e por maioria, julgou procedente ação direta para declarar a inconstitucionalidade da Lei 15.299/13 do Estado do Ceará, que regulamenta a atividade de "vaquejada", em que uma dupla de vaqueiros montados em cavalos distintos busca derrubar um touro dentro de uma área demarcada. Na espécie, o requerente sustentava a ocorrência de exposição dos animais a maus-tratos e crueldade, ao passo que o governador do Estado-membro defendia a constitucionalidade da norma, por versar patrimônio cultural do povo nordestino. Haveria, portanto, conflito de normas constitucionais sobre direitos fundamentais – de um lado, o art. 225, § 1º, VII; de outro, o art. 215. O Tribunal asseverou ter o autor juntado laudos técnicos comprobatórios das consequências nocivas à saúde dos bovinos, tais como fraturas nas patas, ruptura dos ligamentos e dos vasos sanguíneos, traumatismos e deslocamento da articulação do rabo e até seu arrancamento, das quais resultariam comprometimento da medula espinhal e dos nervos espinhais, dores físicas e sofrimento mental. Ante os dados empíricos, é indiscutível o tratamento cruel dispensado às espécies animais envolvidas, em descompasso com o preconizado no art. 225, § 1º, VII, da CF. À parte das questões morais relacionadas ao entretenimento à custa do sofrimento dos animais, a crueldade intrínseca à "vaquejada" não permite a prevalência do valor cultural como resultado desejado pelo sistema de direitos fundamentais da Constituição. Portanto, o sentido da expressão "crueldade" constante da parte final do inciso VII do § 1º do art. 225 da CF alcança a tortura e os maus-tratos infligidos aos bovinos durante a prática impugnada, de modo a tornar intolerável a conduta humana autorizada pela norma estadual atacada. *ADI 4983/CE, Rel. Min. Marco Aurélio, j. 6.10.2016. Pleno. (Info 842)*

✦ STJ

1. DOS DIREITOS E GARANTIAS FUNDAMENTAIS

1.1. DOS DIREITOS E DEVERES INDIVIDUAIS E COLETIVOS

➘ Responsabilidade civil. Abuso de Direito. Impetração de "habeas corpus". Impedimento de interrupção de gravidez. Síndrome de "Body Stalk".

Caracteriza abuso de direito ou ação passível de gerar responsabilidade civil pelos danos causados a impetração do "habeas corpus" por terceiro com o fim de impedir a interrupção, deferida judicialmente, de gestação de feto portador de síndrome incompatível com a vida extrauterina. *REsp 1.467.888-GO, Rel. Min. Nancy Andrighi, DJe 25.10.2016. 3ª T. (Info 592)*

➘ Segredo de justiça e divulgação do nome do réu e da tipificação do crime em sítio eletrônico de tribunal.

No caso de processo penal que tramita sob segredo de justiça em razão da qualidade da vítima (criança ou adolescente), o nome completo do acusado e a tipificação legal do delito podem constar entre os dados básicos do processo disponibilizados para consulta livre no sítio eletrônico do Tribunal, ainda que os crimes apurados se relacionem com pornografia infantil. A CF, em seu art. 5º, XXXIII e LX, erigiu como regra a publicidade dos atos processuais, sendo o sigilo a exceção, visto que o interesse individual não pode se sobrepor ao interesse público. Tal norma é secundada pelo disposto no art. 792, caput, do CPP. A restrição da publicidade somente é admitida quando presentes razões autorizadoras, consistentes na violação da intimidade ou se o interesse público a determinar. *RMS 49.920-SP, Rel. Min. Reynaldo Soares da Fonseca, DJe 10.8.2016. 5ª T. (Info 587)*

2. DA ORGANIZAÇÃO DOS PODERES

2.1. DAS FUNÇÕES ESSENCIAIS À JUSTIÇA

2.1.1. DO MINISTÉRIO PÚBLICO

➘ Controle externo da atividade de inteligência da Polícia Federal.

O controle externo da atividade policial exercido pelo Ministério Público Federal não lhe garante o acesso irrestrito a todos os relatórios de inteligência produzidos pela Diretoria de Inteligência do Departamento de Polícia Federal, mas somente aos de natureza persecutório-penal. *REsp 1.439.193-RJ, Rel. Min. Gurgel de Faria, DJe 9.8.2016. 1ª T. (Info 587)*

➘ Controle externo da atividade policial pelo Ministério Público.

O Ministério Público, no exercício do controle externo da atividade policial, pode ter acesso a ordens de missão policial. *REsp 1.365.910-RS, Rel. p/ ac. Min. Mauro Campbell Marques, DJ 28.9.2016. 2ª T. (Info 590)*

Direito do Trabalho

Henrique Correia

TABELA DE INCIDÊNCIA DE QUESTÕES

Distribuição das questões organizada por ordem didática de assuntos		
Assunto	**Número de Questões**	**Peso**
1. FONTES E PRINCÍPIOS DO DIREITO DO TRABALHO	2	8,33%
2. RENÚNCIA E TRANSAÇÃO	1	4,17%
3. EMPREGADO	1	4,17%
4. SUCESSÃO DE EMPREGADORES	1	4,17%
5. TERCEIRIZAÇÃO	1	4,17%
6. CONTRATO DE TRABALHO (CLASSIFICAÇÕES – QUANTO AO PRAZO)	2	8,33%
7. SUSPENSÃO E INTERRUPÇÃO	2	8,33%
8. TRABALHO EXTRAORDINÁRIO	1	4,17%
9. PRORROGAÇÃO DE JORNADA	1	4,17%
10. INTERVALO INTRAJORNADA	1	4,17%
11. FÉRIAS	2	8,33%
12. SALÁRIO E REMUNERAÇÃO	1	4,17%
13. ESTABILIDADE	1	4,17%
14. RESCISÃO INDIRETA	1	4,17%
15. PRESCRIÇÃO E DECADÊNCIA	2	8,33%
16. DIREITO COLETIVO DO TRABALHO	1	4,17%
17. GREVE	1	4,17%
18. VÁRIOS TEMAS DO DIREITO DO TRABALHO	2	8,33%
Total	**24**	**100%**

Direito do Trabalho

Henrique Correia

Prezado aluno,

Com o advento da Reforma Trabalhista, o material de Direito do Trabalho foi totalmente reformulado.

Nesse sentido, buscamos responder às questões remetendo às novidades trazidas pela Lei nº 13.467/2017 e excluímos algumas questões que foram totalmente afetadas em razão da nova lei.

Tendo em vista o reduzido número de questões, inserimos algumas questões dos concursos dos TRTs.

Esperamos poder ajudá-lo(a) com a tão sonhada aprovação no concurso do MPU.

Bons estudos.

Henrique Correia

✦ QUESTÕES

1. FONTES E PRINCÍPIOS DO DIREITO DO TRABALHO

01. (FCC – Analista Judiciário – Área Judiciária – TRT 14/2016) O termo "fonte do direito" é empregado metaforicamente no sentido de origem primária do direito ou fundamento de validade da ordem jurídica. No Direito do Trabalho, o estudo das fontes é de relevada importância, subdividindo- se em algumas modalidades. Assim sendo, considera-se fonte formal heterônoma do Direito do Trabalho:

a) As convenções coletivas de trabalho firmadas entre sindicatos de categorias profissional e econômica.

b) Os acordos coletivos de trabalho firmados entre uma determinada empresa e o sindicato da categoria profissional.

c) As greves de trabalhadores por reajuste salarial de toda a categoria.

d) Os fenômenos sociais, políticos e econômicos que inspiram a formação das normas juslaborais.

e) A sentença normativa proferida em dissídio coletivo.

COMENTÁRIOS

✪ Nota do autor: A questão aborda o tema das fontes do Direito do Trabalho. Lembre-se de que as fontes formais podem ser elaboradas pelo Estado ou pelos próprios destinatários da norma, sem a participação do Estado.

Alternativa correta: "e". As sentenças normativas são fontes formais heterônomas, uma vez que são produzidas pelo Poder Judiciário sem a participação das partes envolvidas na relação de trabalho. Por meio da sentença normativa, os tribunais colocam fim ao conflito coletivo, criando novas condições de trabalho. É o chamado Poder Normativo da Justiça do Trabalho. Nesse caso, apesar de a sentença normativa ser ato emanado pelo Poder Judiciário, apresenta caráter normativo, uma vez que cria normas gerais, abstratas e impessoais aplicáveis às relações de emprego das categorias envolvidas no dissídio.

Alternativa "a". As convenções coletivas de trabalho são fontes formais autônomas do Direito do Trabalho, uma vez que correspondem ao acordo entre sindicato profissional (trabalhadores) e sindicato da categoria econômica (empregadores). Assim, são discutidas e confeccionadas pelas partes diretamente interessadas pela norma. Há, portanto, a vontade expressa das partes em criar essas normas.

Alternativa "b". Da mesma forma que as convenções coletivas de trabalho, os acordos coletivos são fontes formais autônomas e compreendem o acordo entre empresa e sindicato representante da categoria profissional.

Alternativa "c". As greves podem ser compreendidas como fontes materiais do Direito do Trabalho, pois se constituem como fatores sociais, políticos, econômicos que inspiram o legislador (deputados e senadores) na elaboração das leis.

Alternativa "d". As fontes materiais são fatores ou acontecimentos sociais, políticos, econômicos e filosóficos que inspiram o legislador (deputados e senadores) na elaboração das leis. Esses movimentos influenciam diretamente o surgimento ou a modificação das leis e, também ocorrem por parte dos empregadores, na forma de pressões das empresas para reduzir ou flexibilizar os direitos trabalhistas.

02. (FCC – Analista Judiciário – Área Judiciária – TRT 20/2016) A restrição à autonomia da vontade inerente ao contrato de trabalho, em contraponto à soberania da vontade contratual das partes que prevalece no Direito Civil, é tida como instrumento que assegura as garantias fundamentais do trabalhador, em face do desequilíbrio de poderes inerentes ao contrato de emprego, é expressão do princípio da

a) autonomia privada coletiva.
b) condição mais benéfica.
c) primazia da realidade.
d) imperatividade das normas trabalhistas.
e) prevalência do negociado em face do legislado.

COMENTÁRIOS

Nota do autor: A questão aborda o tema princípios do direito do trabalho, os quais devem exercer importante papel no âmbito trabalhista diante das reformas trazidas pela Lei nº 13.467/2017. A Reforma Trabalhista alterou inúmeros dispositivos da CLT. Entretanto, entendemos que a principiologia adotada pelo Direito do Trabalho não pode ser afetada por estas mudanças, haja vista consistir em sua base estruturante, conferindo diretrizes gerais ao operador do Direito. Dessa forma, a aplicação dos princípios é imprescindível para a tutela do trabalhador, pois é esta proteção a principal finalidade do Direito do Trabalho.

Alternativa correta: "d". No Direito do Trabalho prevalecem as regras cogentes, obrigatórias. Diante desse princípio, há restrição da autonomia das partes em modificar as cláusulas contratuais previstas no contrato de trabalho. Referido princípio foi flexibilizado pela Reforma Trabalhista. Com ela, as convenções e acordos coletivos passam a prevalecer sobre a lei, podendo as partes dispor acerca das matérias elencadas no art. 611-A. O mote da reforma trabalhista consistiu na valorização dos instrumentos coletivos de trabalho. Nesse caso, as próprias partes da relação jurídica coletiva podem transacionar com maior liberdade, pois, em um dos polos da relação jurídica está o sindicato da categoria profissional.

Alternativa "a". A autonomia privada coletiva se baseia no reconhecimento das convenções e acordos coletivos de trabalho (art. 7º, XXVI da CF/88). De acordo com esse princípio, os entes coletivos têm condições de firmar normas coletivas trazendo novas condições de trabalho que devem ser aplicadas à suas bases de representação. A Reforma Trabalhista ampliou significativamente a importância desse princípio no âmbito do Direito do Trabalho, pois em diversas hipóteses elencadas no art. 611-A da CLT, as convenções e acordos coletivos de trabalho prevalecem sobre a legislação.

Alternativa "b". O princípio da condição mais benéfica assegura ao empregado as vantagens conquistadas durante o contrato de trabalho, conforme previsto no art. 468 da CLT:

> **Art. 468, CLT** - *Nos contratos individuais de trabalho só é lícita a alteração das respectivas condições por mútuo consentimento, e ainda assim desde que não resultem, direta ou indiretamente, prejuízos ao empregado, sob pena de nulidade da cláusula infringente desta garantia.*
>
> *§ 1º Não se considera alteração unilateral a determinação do empregador para que o respectivo empregado reverta ao cargo efetivo, anteriormente ocupado, deixando o exercício de função de confiança.*
>
> *§ 2º A alteração de que trata o § 1º deste artigo, com ou sem justo motivo, não assegura ao empregado o direito à manutenção do pagamento da gratificação correspondente, que não será incorporada, independentemente do tempo de exercício da respectiva função.*

Diante disso, essas conquistas não poderão ser alteradas para pior. Destaca-se, contudo, que o princípio da condição mais benéfica não tem aplicação no âmbito do Direito Coletivo do Trabalho, uma vez que a conquista de direitos trabalhistas formalizados em instrumentos coletivos vigora pelo prazo máximo de 2 anos, sendo vedada a ultratividade, nos termos do art. 614, §3º da CLT, com redação alterada pela Reforma Trabalhista.

Alternativa "c". De acordo com o princípio da primazia da realidade, a realidade se sobrepõe às disposições contratuais escritas. Deve-se, portanto, verificar se o conteúdo do documento coincide com os fatos. **A utilização deste princípio pelos aplicadores do Direito, diante do advento da Reforma Trabalhista, será essencial para a manutenção do sistema protetivo trabalhista, assim como para evitar a ocorrência de fraudes.**

Alternativa "e". O princípio em questão estabelece a prevalência de acordos e convenções coletivas sobre a disposição legal, tendo sido reforçado pela Lei nº 13.467/2017, em especial no que toca ao art. 611-A da CLT. O mote da Reforma Trabalhista consistiu na valorização dos instrumentos coletivos de trabalho. Nesse sentido, verifica-se a prevalência do negociado sobre o legislado, o que assegura maior poder de negociação e representação dos trabalhadores pelos sindicatos. As próprias partes da relação jurídica coletiva podem transacionar com maior liberdade, pois, em um dos polos da relação jurídica está o sindicato da categoria profissional.

Entretanto, não se trata do descrito no enunciado da questão.

2. RENÚNCIA E TRANSAÇÃO

03. (FCC - Analista Processual - MPU/2007) Considere as seguintes afirmações:

I. É nula a renúncia que obste a aplicação de norma cogente.

II. Em virtude dos princípios que informam o Direito do Trabalho, a renúncia e a transação devem ser tidas como exceção, não sendo admitida a renúncia tacitamente manifestada nem interpretação extensiva do ato pelo qual o trabalhador se despoja de direitos que lhe são assegurados.

III. Considera-se trabalho em regime de tempo parcial aquele que não exceda a 25 horas semanais, autorizada a realização de, no máximo, 1 (uma) hora extra diária.

IV. O seguro de vida e a assistência médica e hospitalar fornecidos pelo empregador são considerados salário *in natura*.

É verdadeiro o que se afirma SOMENTE em

a) I e II.

b) I e IV.

c) II e III.

d) I, III e IV.

e) II, III e IV.

COMENTÁRIOS

Nota do autor: em razão do Princípio da Irrenunciabilidade e da Indisponibilidade que vigoram no direito do trabalho, há restrição da autonomia da vontade, isto é, limita-se a possibilidade de negociação de direitos trabalhistas entre empregado e empregador. Renúncia é um ato unilateral que recai sobre direito certo e atual, por exemplo, o empregado conquistou o direito de férias após um ano de trabalho e abriria mão (renunciaria) desse direito já conquistado, o que não é válido no direito do trabalho (conforme previsto no art. 9º da CLT). Em razão desse princípio, são raríssimos os casos de renúncia de direito na área trabalhista.

Alternativa correta: letra "a". É verdadeiro apenas o que se afirmam nas assertivas I e II.

Item I. Certo. "Serão nulos de pleno direito os atos praticados com o objetivo de desvirtuar, impedir ou fraudar a aplicação dos preceitos contidos na presente Consolidação" (art. 9º, CLT). Desse modo, havendo norma cogente, a renúncia que visasse a impedir sua aplicação será nula de pleno direito. Empregado não poderá, por exemplo, renunciar ao seu direito de férias ou do décimo terceiro salário.

Item II. Certo. De fato, pelo princípio da irrenunciabilidade e da indisponibilidade, em regra, o trabalhador não pode renunciar dos seus direitos. Excepcionalmente, a lei e a jurisprudência trazem casos em que a renúncia é admitida (art. 543, § 1º, CLT; Súmula nº 51, item II, do TST; Súmula nº 243 do TST). De todo modo, qualquer ato de renúncia deve ser interpretado restritivamente.

Item III. Errado à época do concurso. De acordo com a redação do revogado § 4º do art. 59 da CLT: "Os empregados sob o regime de tempo parcial não poderão prestar horas extras" (art. 59, § 4º, CLT). Isso porque a intenção de se ter criado trabalho em regime de tempo parcial foi a de aumentar o número de postos de trabalho.

Com a Reforma Trabalhista, passou-se a permitir a prestação de horas extras ao empregado sujeito ao regime de tempo parcial.

Nesse sentido, com a nova redação dada ao "caput" do artigo 58-A da CLT, foram previstas duas modalidades distintas de regime de tempo parcial:

> **a) Jornada de trabalho superior a 26 horas e limitada a 30 horas semanais:** *Nessa hipótese, não é permitida a exigência de horas extras dos empregados. Note-se que houve ampliação da jornada de trabalho para a configuração do regime de tempo parcial, passando de 25 horas semanais para o limite de até 30 horas. Se houver trabalho, acima das 30 horas semanais permitidas, o empregador está obrigado ao pagamento do valor da hora normal acrescida do respectivo adicional de, no mínimo, 50%, pois os empregados não podem sofrer o prejuízo. Ademais, a empresa deverá ser multada pela fiscalização do trabalho por descumprimento da legislação trabalhista.*
>
> **b) Jornada de trabalho até 26 horas semanais:** *Se previstas jornadas de até 26 horas semanais, é possível a prestação de até 6 horas extras semanais. Exemplo: Empregado é contratado para prestar 24 horas extras semanais e, poderá em uma mesma semana, prestar 6 horas extras. Perceba que as horas extras poderão ser prestadas inclusive se a jornada for inferior a 26 horas.*

Item IV. Errado. Não serão considerados como salário o seguro de vida e a assistência médica prestada diretamente ou mediante seguro-saúde (art. 458, § 2º, incisos IV e V, CLT). Embora já houvesse referida previsão legal, o legislador da Reforma Trabalhista inseriu o §5º ao art. 458 da CLT, para estabelecer que todos os valores referentes à assistência prestada por serviço médico ou odontológico não integram o salário do empregado, inclusive no tocante ao reembolso de despesas com medicamentos, óculos, aparelhos ortopédicos, próteses, órteses, despesas médico-hospitalares e outras similares:

> **Art. 458, § 5º da CLT (inserido pela Reforma Trabalhista):** *O valor relativo à assistência prestada por serviço médico ou odontológico, próprio ou não, inclusive o reembolso de despesas com medicamentos, óculos, aparelhos ortopédicos, próteses, órteses, despesas médico-hospitalares e outras similares, mesmo quando concedido em diferentes modalidades de planos e coberturas, não integram o salário do empregado para qualquer efeito nem o salário de contribuição, para efeitos do previsto na alínea q do § 9º do art. 28 da Lei no 8.212, de 24 de julho de 1991.*

3. EMPREGADO

04. (ESAF – Técnico – Área Administrativa – MPU/2004) A propósito dos sujeitos da relação de emprego, assinale a opção correta.

a) O trabalhador que se filia por livre e espontânea vontade a uma cooperativa de mão-de-obra não pode ser considerado empregado, ainda que preste serviços pessoais com habitualidade, onerosidade e subordinação jurídica a um mesmo tomador de seus serviços.

b) O trabalhador contratado por uma clínica médica para a execução de serviços certos e específicos de marcenaria e que conta com o auxílio de até dois outros trabalhadores, por ele próprio remunerados, deve ser considerado empregado.

c) O tomador de serviços terceirizados, quando prestados com pessoalidade e subordinação jurídica, deve ser considerado empregador subsidiário dos trabalhadores, sendo responsável, nessa condição, por eventuais débitos trabalhistas inadimplidos pelo empregador principal.

d) O trabalhador que presta serviços voluntários a determinada instituição de beneficência, recebendo auxílio financeiro mensal, em nenhuma hipótese poderá ser considerado empregado.

e) O corretor de seguros que presta serviços pessoais, com habitualidade, subordinação jurídica e onerosidade deve ser considerado empregado, ainda que tenha firmado contrato revelando a condição de autônomo.

COMENTÁRIOS

✪ **Nota do autor:** a questão aborda a configuração da relação de emprego. O candidato deve estar muito atento para os requisitos pertinentes (pessoalidade, pessoa física, não eventualidade, onerosidade e subordinação) a fim de compreender quem é a figura do empregado, sujeito que caracteriza essa relação.

Alternativa correta: letra "e". Estando presentes os requisitos da relação empregatícia (pessoalidade, pessoa física, não eventualidade, onerosidade e subordinação – art. 3º, CLT), ainda que não haja formalidade ou que os documentos disponham de modo diverso, haverá relação de emprego (princípio da primazia da realidade sobre a forma).

Alternativa "a". Temos na CLT que qualquer "que seja o ramo de atividade da sociedade cooperativa, não existe vínculo de emprego entre ela e seus associados, nem entre estes e os tomadores de serviços daquela" (art. 442, parágrafo único, CLT). Entretanto, devemos atentar para o fato de que a cooperativa é uma sociedade de pessoas que reciprocamente se obrigam, com a união de esforços, a alcançar um objetivo comum. Entre cooperados não pode haver subordinação. Além disso, não pode haver pessoalidade entre a empresa que contrata os serviços da cooperativa e determinado cooperado. Desse modo, pelo princípio da primazia da realidade sobre a forma, temos que, estando presentes os requisitos mencionados, estaremos diante de relação empregatícia.

Alternativa "b". Temos nesta alternativa um trabalhador autônomo, pois não há subordinação, ele próprio decide a forma como irá realizar a prestação dos serviços. No caso da questão, não há, também, pessoalidade, haja vista que o próprio marceneiro contratou outros trabalhadores para realizar o serviço.

A Reforma Trabalhista inseriu o art. 442-B à CLT[1] para prever:

> **Art. 442-B da CLT (inserido pela Reforma Trabalhista):** *A contratação do autônomo, cumpridas por este todas as formalidades legais, com ou sem exclusividade, de forma contínua ou não, afasta a qualidade de empregado prevista no art. 3º desta Consolidação.*

Alternativa "c". O item III da Súmula nº 331 do TST estabelecia 2 requisitos para a regularidade da terceirização: a) terceirização nas atividades-meio da empresa contratante (tomadora); e b) ausência de pessoalidade e subordinação do empregado terceirizado em relação à contratante.

Ocorre que, no ano de 2017, o tema terceirização sofreu vários impactos, seja pela Lei nº 13.429/2017, que, inicialmente, não restringia os serviços passíveis de terceirização apenas à atividade-meio da empresa, seja pela Lei nº 13.467/2017 que prevê, de forma expressa, a possibilidade de terceirização da atividade-fim da empresa:

> **Art. 4º-A da Lei nº 6.019/74 (com redação dada pela Reforma Trabalhista):** *Considera-se prestação de serviços a terceiros a transferência feita pela contratante da execução de quaisquer de suas atividades, inclusive sua atividade principal, à pessoa jurídica de direito privado prestadora de serviços que possua capacidade econômica compatível com a sua execução.*
>
> **Art. 5º-A da Lei nº 6.019/74 (com redação dada pela Reforma Trabalhista):** *Contratante é a pessoa física ou jurídica que celebra contrato com empresa de prestação de serviços relacionados a quaisquer de suas atividades, inclusive sua atividade principal.*

Os requisitos de ausência de pessoalidade e subordinação com a contratante permanecem vigente mesmo após a promulgação da Lei nº 13.429/2017. Além desses requisitos, a Reforma Trabalhista inseriu um novo requisito para a configuração da terceirização lícita, qual seja, a capacidade econômica da empresa prestadora de serviços. A ausência desses requisitos, leva ao reconhecimento de vínculo direto com a empresa contratante.

Alternativa "d". Em regra, se o trabalhador receber auxílio financeiro mensal, ele não será voluntário, pois estará presente o requisito da onerosidade. A única hipótese de esse auxílio financeiro mensal não configurar onerosidade seria se ele correspondesse a ressarcimento de despesas comprovadamente realizadas no desempenho das atividades do voluntário (art. 3º, Lei nº 9.608/98).

4. SUCESSÃO DE EMPREGADORES

05. (FCC – Técnico – Área Administrativa – MPU/2007) A alteração na estrutura jurídica da empresa

a) afeta apenas os contratos de trabalho com duração inferior a um ano.

b) não afeta os contratos de trabalho de seus empregados.

c) faz surgir novo vínculo de emprego.

d) é causa obrigatória de rescisão do contrato de trabalho.

e) enseja, automaticamente, pedido de demissão do empregado.

COMENTÁRIOS

✪ **Nota do autor:** é importante saber que, se, por um lado, a relação de emprego tem por requisito a pessoalidade do empregado na prestação do serviço, de outro, a

1 Baixe e-book que acompanha este livro. Lá foram feitos comentários detalhados sobre a MP nº 808/2017, que alterou diversos dispositivos da Reforma Trabalhista.

figura do empregador é passível de mudança (alteração subjetiva do contrato de trabalho).

Alternativa correta: letra "b" (responde todas as demais alternativas). "A mudança na propriedade ou na estrutura jurídica da empresa não afetará os contratos de trabalho dos respectivos empregados" (art. 488, CLT). "Qualquer alteração na estrutura jurídica da empresa não afetará os direitos adquiridos por seus empregados" (art. 10, CLT).

Com a reforma Trabalhista, inseriu-se novo artigo à CLT para prever a responsabilidade do sucessor quanto às obrigações contraídas, inclusive, à época em que os empregados trabalhavam para a empresa sucedida:

> **Art. 448-A da CLT (inserido pela Reforma Trabalhista).** *Caracterizada a sucessão empresarial ou de empregadores prevista nos arts. 10 e 448 desta Consolidação, as obrigações trabalhistas, inclusive as contraídas à época em que os empregados trabalhavam para a empresa sucedida, são de responsabilidade do sucessor.*
>
> *Parágrafo único. A empresa sucedida responderá solidariamente com a sucessora quando ficar comprovada fraude na transferência.*

5. TERCEIRIZAÇÃO

06. (FCC – Analista Judiciário – Área Judiciária – TRT 20/2016) A empresa Olimpos Metalúrgica decidiu terceirizar o setor de limpeza contratando os serviços de Atlas Limpadora que forneceu três faxineiras por um período de 10 meses. Após o término do contrato entre as empresas, as três faxineiras foram dispensadas pela empresa Atlas Limpadora, sem receber qualquer indenização rescisória, com 2 meses de salários em atraso e ausência do recolhimento do FGTS do período. Nessa situação, conforme entendimento sumulado pelo TST, sobre a responsabilidade da empresa Olimpos em relação aos direitos das faxineiras, pode-se afirmar que

a) não haverá qualquer responsabilidade porque não eram empregadas da empresa Olimpos e a terceirização foi regular porque não era objeto de atividade-fim da tomadora.

b) a responsabilidade será direta e exclusiva, com a formação do vínculo de emprego com a empresa Olimpos, porque a terceirização foi irregular.

c) a responsabilidade será subsidiária em razão de terceirização regular, alcançando todos os direitos não cumpridos pela empresa empregadora no período.

d) a responsabilidade será solidária em razão de terceirização irregular, alcançando todos os direitos não cumpridos pela empresa empregadora no período.

e) a empresa Olimpos responderá de forma subsidiária porque a terceirização foi regular, mas fica restrita apenas a indenização rescisória em razão do rompimento contratual, porque os salários e o FGTS são de responsabilidade exclusiva da empregadora.

COMENTÁRIOS

Nota do autor: A questão aborda o tema terceirização, que foi amplamente modificado no ano de 2017, com o advento das leis nº 13.429/2017 e nº 13.467/2017. Desse modo, entendemos que o tema será recorrente nos próximos concursos trabalhistas, exigindo o estudo por parte do candidato.

Alternativa correta: "c". *Comentário serve para as demais alternativas, uma vez que versam sobre o mesmo assunto.* A alternativa continua correta mesmo após as alterações legislativas já citadas. Com a Reforma Trabalhista, a terceirização de qualquer atividade da empresa contratante é possível, seja em atividades-meio ou fim:

> **Art. 4º-A, Lei nº 6.019/1974** *(redação dada pela Lei nº 13.467/2017)*: *Considera-se prestação de serviços a terceiros a transferência feita pela contratante da execução de quaisquer de suas atividades, inclusive sua atividade principal, à pessoa jurídica de direito privado prestadora de serviços que possua capacidade econômica compatível com a sua execução.*

Nessa hipótese de terceirização lícita, a empresa contratante responderá subsidiariamente pelas obrigações trabalhistas dos terceirizados referente ao período em que ocorrer a prestação de serviços.

> **Art. 5º-A da Lei nº 6.019/74 (Acrescentado pela Lei nº 13.429/2017):** *Contratante é a pessoa física ou jurídica que celebra contrato com empresa de prestação de serviços determinados e específicos. (...)§ 5º A empresa contratante é subsidiariamente responsável pelas obrigações trabalhistas referentes ao período em que ocorrer a prestação de serviços, e o recolhimento das contribuições previdenciárias observará o disposto no art. 31 da Lei no 8.212, de 24 de julho de 1991.*

Nesse caso, é necessário obedecer a uma ordem na exigência de pagamento das obrigações trabalhistas. Primeiro, deve se tentar obter as verbas da empresa prestadora de serviços a terceiros e só depois, caso impossibilitada a satisfação do crédito trabalhista, é possível cobrar da contratante. Persiste, portanto, a previsão contida no item IV da Súmula nº 331 do TST, inclusive quanto à necessidade de ter a empresa contratante participado da relação processual e constado também do título executivo judicial:

> **Súmula nº 331, IV, do TST:** *O inadimplemento das obrigações trabalhistas, por parte do empregador, implica a responsabilidade subsidiária do tomador dos serviços quanto àquelas obrigações, desde que haja participado da relação processual e conste também do título executivo judicial.*

IMPACTOS DA REFORMA TRABALHISTA

- **Terceirização da atividade-fim:** A Lei nº 13.467/2017 passou a prever de forma expressa a possibilidade de terceirização das atividades-fim da empresa.
    - **Antes da Reforma Trabalhista:** Apesar de não proibir expressamente a terceirização nas atividades-fim, a Lei nº 13.429/2017 (março) não trouxe previsão expressa nesse sentido.
- **Capacidade econômica:** A Reforma Trabalhista trouxe novo requisito para a terceirização de serviços no "caput" do art. 4º-A da Lei nº 6.019/1974: capacidade econômica da empresa prestadora de serviços compatível com a sua execução
    - **Antes da Reforma Trabalhista:** Não se exigia a capacidade econômica da empresa prestadora de serviços.

6. CONTRATO DE TRABALHO (CLASSIFICAÇÕES – QUANTO AO PRAZO)

✪ **Nota do autor:** A Reforma Trabalhista acrescentou o § 3º ao art. 443 da CLT para prever nova hipótese de contrato de trabalho: a prestação de trabalho intermitente. Essa alteração causa profundos impactos na estrutura do Direito do Trabalho, pois cria nova modalidade contratual com disciplina jurídica própria, até então sem precedentes na área trabalhista. Recomendamos a leitura do art. 452-A da CLT[2].

IMPACTOS DA REFORMA TRABALHISTA

- **Regulamentação do trabalho intermitente:** O art. 452-A da CLT foi inserido pela Reforma Trabalhista e regulamenta o trabalho intermitente. O trabalho intermitente é um contrato de trabalho solene, pois deve ser necessariamente firmado por escrito e deve conter o valor da hora de trabalho, que não pode ser inferior ao valor horário do salário mínimo ou àquele devido aos demais empregados do estabelecimento que exerçam a mesma função em contrato intermitente.
- **Procedimento de convocação:** De acordo com o § 1º do novo art. 452-A da CLT, o empregador deverá convocar o empregado para a prestação dos serviços com, pelo menos, 3 dias corridos de antecedência. A comunicação poderá ser realizada por qualquer meio de comunicação eficaz. Além disso, na própria convocação do empregado deverá ser informada a jornada de trabalho que será realizada pelo trabalhador na ocasião de sua prestação de serviços. Assegura-se o prazo de 1 dia útil para que o empregado responda ao chamado. Caso permaneça em silêncio e não se manifeste quanto à convocação, haverá presunção da recusa na prestação dos serviços.
- **Multa por descumprimento do acordado:** Aceita a oferta de trabalho intermitente pelo empregado, as partes que descumprirem o acordo, sem justo motivo, estarão sujeitas ao pagamento de multa à outra parte no valor de 50% da remuneração que seria devida, sendo possível a compensação no mesmo prazo.
- **Antes da Reforma Trabalhista**: Não havia previsão de contratação de trabalhadores em contrato de trabalho intermitente.

2 Baixe e-book que acompanha este livro. Lá foram feitos comentários detalhados sobre a MP nº 808/2017, que alterou diversos dispositivos da Reforma Trabalhista.

07. (FCC – Técnico – Área Administrativa – MPU/2007) O contrato de experiência transforma-se automaticamente em contrato por prazo indeterminado quando

a) é celebrado por prazo superior a 45 dias.

b) tem por objeto a consecução da atividade-fim da empresa.

c) é prorrogado uma única vez.

d) o seu término coincide com domingo ou feriado, dando-se a rescisão no primeiro dia útil que se seguir.

e) é anotado na CTPS do empregado.

COMENTÁRIOS

✪ **Nota do autor:** essa questão é bastante difícil. Houve certa malícia do examinador ao tentar confundir o candidato entre a data do término do contrato e a data para pagamento das verbas rescisórias. O candidato tinha condições de acertar a questão por exclusão das demais, desde que soubesse os conceitos básicos e fundamentais do contrato por prazo determinado (matéria sempre exigida nos concursos!).

Alternativa correta: letra "d". Primeiramente, deve-se dizer que o contrato de experiência é um contrato por prazo determinado (art. 443, § 2º, alínea "c", CLT). "Considera-se como de prazo determinado o contrato de trabalho cuja vigência dependa de termo prefixado ou da execução de serviços especificados ou ainda da realização de certo acontecimento suscetível de previsão aproximada" (art. 443, § 1º, CLT). No caso da questão, o contrato possuía termo fixado que coincidia com dia não útil. A rescisão não poderá acontecer no dia seguinte, porque, se isso ocorrer, o contrato estará prorrogado sem determinação de prazo. A data da rescisão permanece, inclusive, se coincidir com dia que não seja útil.

Alternativa "a". "O contrato de experiência não poderá exceder de 90 (noventa) dias" (art. 445, parágrafo único, CLT). Desse modo, é possível ter duração superior a 45 dias.

Alternativa "b". Haja vista que o contratado é empregado da empresa, o contrato de experiência pode se dar com trabalhador que desempenhará a atividade-fim.

Com a regulamentação da terceirização pelas Leis nº13.429/2017 e nº 13.467/2017, será possível a contratação de empregados terceirizados em todas as funções da empresa. Essa modificação poderá ocasionar a perda de empregos em empresas que desejarem contratar empresas terceirizadas ao invés da contratação direta, bilateral, clássica. Esse modelo ocasiona a precarização das relações de trabalho, pois, para se assegurar lucro às duas empresas (empresa de prestação de serviços a terceiro e contratante) será necessário reduzir os salários dos trabalhadores.

Alternativa "c". "O contrato de trabalho por prazo determinado que, tácita ou expressamente, for prorrogado **mais de uma vez** passará a vigorar sem determinação de prazo" (art. 451, CLT – grifos acrescidos). Desse modo, é possível uma prorrogação, desde que respeitado o limite de 90 dias na soma dos períodos (art. 445, parágrafo único, CLT).

Alternativa "e". O trabalhador contratado por experiência é admitido como empregado, ainda que por prazo determinado, e, nessa condição, deve ter anotada sua Carteira de Trabalho e Previdência Social (art. 29, CLT).

---

08. (ESAF – Técnico – Área Administrativa – MPU/2004) A propósito do contrato de trabalho, assinale a opção correta. (QUESTÃO ANULADA)

a) O contrato de trabalho deverá ser obrigatoriamente celebrado por prazo indeterminado quando demonstrado que o trabalhador já possui experiência profissional na função para a qual foi admitido.

b) Quando firmado por prazo determinado, o prazo máximo será de dois anos, excepcionado a hipótese do contrato de experiência.

c) Tratando-se de negócio jurídico condicionado aos seus efeitos concretos, o contrato de trabalho deve ser reconhecido ainda quando inexistir qualquer ajuste expresso entre os sujeitos envolvidos.

d) O contrato de experiência tem como limite temporal máximo o período de 90 dias, admitindo-se uma única prorrogação dentro desse período.

e) Vencido o período previsto para o contrato de trabalho firmado em caráter temporário e havendo continuidade na sua execução, sem qualquer manifestação dos contratantes, há que se compreendê-lo automaticamente prorrogado, pelo mesmo período inicialmente ajustado.

COMENTÁRIOS

✪ **Nota do autor:** Essa questão foi anulada, já que, como se verá nos comentários abaixo, havia mais de uma alternativa correta.

Alternativa "a". Não há qualquer previsão legal que torne obrigatória a celebração de contrato por prazo indeterminado nesses casos. De todo modo, ser o prazo indeterminado é a regra para a duração do contrato de trabalho (princípio da continuidade da relação de emprego). Essa regra só poderá deixar de ser observada se o caso estiver enquadrado em uma das hipóteses legalmente previstas (ex.: art. 443, § 2º, CLT; Lei nº 9.601/98; entre outras). Mesmo um empregado com alto grau de especialização e experiência poderá ser contrato por prazo determinado, por exemplo, contrato de experiência. Esse contrato terá o objetivo de verificar se o trabalhador está apto e se adequará às funções.

Alternativa "b". "O contrato de trabalho por prazo determinado não poderá ser estipulado por mais de 2 (dois) anos, observada a regra do art. 451" (art. 445, *caput*, CLT). "O contrato de experiência não poderá exceder de 90 (noventa) dias" (art. 445, parágrafo único, CLT).

Alternativa "c". "Contrato individual de trabalho é o acordo **tácito** ou expresso, correspondente à relação de emprego" (art. 442, CLT). Esse entendimento é consonante com o princípio da primazia da realidade sobre a forma e o conceito de contrato-realidade. Se, no caso concreto, estiverem presentes os requisitos inerentes à relação de emprego (pessoalidade, não eventualidade, onerosidade e subordinação) estaremos diante de um contrato de trabalho, independentemente de qualquer ajuste expresso ou de qualquer formalidade. Repita-se, que a própria CLT permite o contrato de trabalho tácito, ou seja, que decorre de um comportamento entre as partes.

Alternativa "d". "O contrato de experiência não poderá exceder de 90 (noventa) dias" (art. 445, parágrafo único, CLT). "O contrato de trabalho por prazo determinado que, tácita ou expressamente, for prorrogado mais de uma vez passará a vigorar sem determinação de prazo" (art. 451, CLT). Interpretando-se o conteúdo do art. 451 da CLT, temos que é admitida uma prorrogação nos contratos por prazo determinado. Desse modo, sendo um contrato por prazo determinado, "[o] contrato de experiência pode ser prorrogado, respeitado o limite máximo de 90 (noventa) dias" (Súmula nº 188 do TST).

Alternativa "e". Os contratos de trabalho, como já dito, devem, em regra, ser celebrados por prazo indeterminado (princípio da continuidade da relação de emprego). Nesse compasso, os contratos por prazo determinado devem ser considerados restritivamente às hipóteses legalmente previstas. No caso em tela, temos que o "contrato de trabalho celebrado entre empresa de trabalho temporário e cada um dos assalariados colocados à disposição de uma empresa tomadora ou cliente será, obrigatoriamente, escrito e dele deverão constar, expressamente, os direitos conferidos aos trabalhadores por esta Lei" (art. 11, caput, Lei nº 6.019/74). Sendo assim, encerrado esse contrato, havendo continuação na execução dos serviços, todos os requisitos inerentes à relação de emprego estarão presentes entre a tomadora dos serviços e o trabalhador, formando-se vínculo direto e por prazo indeterminado (que é regra geral).

7. SUSPENSÃO E INTERRUPÇÃO

---

09. (FCC – Técnico – Área Administrativa – MPU/2007) Considerando o disposto na Constituição Federal, é correto afirmar que, a partir de 05 de outubro de 1988,

a) foi garantido o aviso prévio na dispensa injusta.

b) o trabalho noturno passou a ser remunerado com adicional de 30%.

c) o período de licença-paternidade foi ampliado.

d) o adicional de horas extras foi fixado em, no mínimo, 30% sobre a hora normal.

e) foi proibido o exercício do direito de greve.

COMENTÁRIOS

✪ **Nota do autor:** A questão trata das inovações introduzidas no direito trabalhista pela Constituição Federal de 1988 (parte histórica). Vale ressaltar a importância dada pela Carta Magna para direitos sociais, tornando-os, inclusive, cláusulas pétreas. A maior parte dos direitos trabalhistas estão elencados nos arts. 7º a 11 da CF.

Alternativa correta: letra "c". "Até que a lei venha a disciplinar o disposto no art. 7º, XIX, da Constituição, o prazo da licença-paternidade a que se refere o inciso é de 5 dias" (art. 10, § 1º, ADCT). A CLT previa prazo inferior (art. 473, inciso III, CLT) de apenas 1 dia.

Em 2016, com a Lei nº 13.257, houve a previsão de possibilidade de ampliação do prazo de 5 dias de licença-paternidade para 20 dias, desde que a empresa adira ao Programa Empresa Cidadã:

> **Art. 1º da Lei nº 11.770/08:** *É instituído o Programa Empresa Cidadã, destinado a prorrogar:*
>
> *I - por 60 (sessenta) dias a duração da licença-maternidade prevista no inciso XVIII do caput do art. 7º da Constituição Federal;*
>
> *II - por 15 (quinze) dias a duração da licença-paternidade, nos termos desta Lei, além dos 5 (cinco) dias estabelecidos no § 1º do art. 10 do Ato das Disposições Constitucionais Transitórias.*

De acordo com a Lei nº 13.467/2017, constituir**á objeto ilícito da convenção ou acordo coletivo a redução ou supressão da licença-paternidade (Art. 611-B, XIV da CLT).**

Alternativa "a". O aviso-prévio já estava garantido pela CLT antes da promulgação da Constituição (art. 487, CLT).

Alternativa "b". A CF não previu a porcentagem do adicional noturno, que continuou sendo regulamentado pela CLT em 20% (para empregados urbanos – art. 73, *caput*, CLT) e pela Lei nº 5.889/73 em 25% (para os empregados rurais – art.7º, parágrafo único, Lei nº 5.889/73).

Alternativa "d". A Constituição previu como direito dos trabalhadores urbanos e rurais "remuneração do serviço extraordinário superior, no mínimo, em cinquenta por cento à do normal" (art. 7º, inciso XVI, CF/88).

Alternativa "e". "É assegurado o direito de greve, competindo aos trabalhadores decidir sobre a oportunidade de exercê-lo e sobre os interesses que devam por meio dele defender" (art. 9º, caput, CF/88).

---

10. (ESAF - Analista Processual – MPU/2004) Em relação ao empregado eleito para ocupar cargo de diretor de sociedade anônima, é correto afirmar que

a) ele tem o tempo de serviço atinente ao período de exercício na função de diretor computado para todos os efeitos legais.

b) ele tem seu contrato de trabalho automaticamente rescindido na medida em que não pode ostentar a condição simultânea de empregado e empregador.

c) ele tem seu contrato de trabalho interrompido, não se computando o tempo de serviço do período pertinente ao exercício da função de diretor, mesmo diante da presença da subordinação jurídica atinente ao liame empregatício.

d) ele tem seu contrato de trabalho suspenso, não se computando o tempo de serviço do período em que exerceu a função de diretor, ainda que presente a subordinação jurídica imanente ao vínculo empregatício.

e) ele tem seu contrato de trabalho suspenso, não se computando o tempo de serviço do período em que exerceu a função de diretor, salvo na hipótese de permanência da subordinação jurídica própria do vínculo empregatício.

COMENTÁRIOS

✪ **Nota do autor:** A questão aborda o tema de empregado eleito diretor de S/A e as consequências dessa nova função ao contrato de trabalho. Novamente, o candidato deve estar atento à jurisprudência do TST.

Alternativa correta: letra "e" (responde todas as demais alternativas). "O empregado eleito para ocupar cargo de diretor tem o respectivo contrato de trabalho suspenso, não se computando o tempo de serviço desse período, salvo se permanecer a subordinação jurídica inerente à relação de emprego" (Súmula nº 269 do TST).

A **interrupção** do contrato de trabalho consiste na ausência provisória da prestação de serviços, em que são devidos o pagamento de salário e a contagem do tempo. Cessa a obrigação do empregado, mas persiste a obrigação da empresa. Por outro lado, a **suspensão** do contrato de trabalho é a ausência provisória da prestação de serviços, sem que haja o pagamento de salário nem a contagem do tempo. Nesse caso, cessa a obrigação tanto da empresa como do empregado.

Seguem outros casos de interrupção e suspensão do contrato de trabalho:

Hipóteses de interrupção (pagamento de salário)	Hipóteses de suspensão (não há pagamento de salário)
• 2 dias falecimento • 3 dias – casamento • 9 dias – professor (casamento e falecimento) • 1 dia a cada 12 meses – doação de sangue • 2 dias – alistamento eleitoral • 2 dias – acompanhamento de sua esposa ou companheira em consultas ou exames durante a gravidez • 1 dia por ano – acompanhar filho de até 6 anos em consulta médica – válido para o empregado ou empregada • Tempo necessário: – serviço militar – vestibular – comparecimento em juízo – reunião/organismo internacional (dirigente sindical) • Paralisação da empresa	• Encargo público • Mandato Sindical • Greve • Suspensão disciplinar • Benefícios previdenciários • Diretor de S/A (não empregado – Súm. nº 269 do TST) • Intervalos • Prisão (sem trânsito em julgado) • Violência doméstica • Inquérito para apuração de falta grave • Qualificação profissional (art. 476-A da CLT)

• Acidente nos primeiros 15 dias • Férias • RSR e Feriados • Intervalos intrajornadas remunerados. • Licença-paternidade 5 dias para todos os empregados. E ainda, com possibilidade de prorrogação por mais 15 dias (total de 20 dias) se o Empregador aderir ao Programa Empresa Cidadã • Gestante: consultas médicas • Participação nas comissões de conciliação prévia • Prontidão e sobreaviso • *Lock out* • Participação no Conselho Curador do FGTS	
Casos controvertidos	
a) Licença-maternidade (interrupção)	
b) Aborto não criminoso (interrupção)	
c) Serviço militar obrigatório (suspensão)	
d) Acidente do trabalho após 15 primeiros dias (suspensão)	

8. TRABALHO EXTRAORDINÁRIO

11. (FCC – Técnico – Área Administrativa – MPU/2007) É permitido o trabalho extraordinário, independentemente de acordo escrito ou contrato coletivo, e desde que dentro de 10 dias seja comunicado à autoridade competente, na hipótese de

a) execução de atividades consideradas insalubres ou perigosas.
b) conclusão de serviços inadiáveis ou cuja inexecução venha a causar prejuízo manifesto.
c) realização de atividade externa incompatível com a fixação de horário de trabalho.
d) exercício de cargo de confiança com percepção de gratificação de função.
e) trabalho em regime de tempo parcial.

COMENTÁRIOS

Nota do autor: A regra é que a prorrogação da jornada normal só poderá ocorrer mediante acordo escrito (art. 59, *caput*, CLT).

Alternativa correta: letra "b" (à época do concurso). *Comentário serve para as demais alternativas, uma vez que versam sobre o mesmo assunto.* **ATUALMENTE, NÃO HÁ ALTERNATIVA CORRETA.** Há, na CLT, uma exceção à regra de que a prorrogação da jornada normal depende de acordo escrito: "[o]correndo necessidade imperiosa, poderá a duração do trabalho exceder do limite legal ou convencionado, seja para fazer face a motivo de força maior, seja para atender à realização ou conclusão de serviços inadiáveis ou cuja inexecução possa acarretar prejuízo manifesto" (art. 61, *caput*, CLT).

Nesse caso, antes da Reforma Trabalhista, havia a necessidade de comunicação da autoridade competente no prazo de 10 dias:

> **Art. 61, §1º da CLT (redação anterior à Reforma Trabalhista):** *O excesso, nos casos deste artigo, poderá ser exigido independentemente de acordo ou contrato coletivo e deverá ser comunicado, dentro de 10 (dez) dias, à autoridade competente em matéria de trabalho, ou, antes desse prazo, justificado no momento da fiscalização sem prejuízo dessa comunicação" (art. 61, § 1º, CLT).*

Com a alteração da Reforma Trabalhista, removeu-se a exigência de comunicação prévia à autoridade em matéria de trabalho. Além disso, permanece a desnecessidade de acordo ou convenção coletiva de trabalho para a prestação de horas extras nas hipóteses elencadas no art. 61 da CLT.

> **Art. 61, § 1º** *da CLT (com redação dada pela Reforma Trabalhista): O excesso, nos casos deste artigo, pode ser exigido independentemente de convenção coletiva ou acordo coletivo de trabalho.*

9. PRORROGAÇÃO DE JORNADA

12. (FCC – Analista Judiciário – Área Judiciária – Oficial de Justiça Avaliador – TRT 9/2015) A propósito da jornada de trabalho,

a) os titulares da relação de emprego podem pactuar livremente a sua duração, desde que observem parâmetros de razoabilidade e proporcionalidade.
b) os seus limites legais podem ser alterados pelos contratantes, ainda que em prejuízo do trabalhador, mas, nesse caso, deverá ele estar assistido por seu sindicato profissional.
c) as negociações coletivas podem estabelecer regras relativas à sua duração, mas a aplicação dessas disposições aos contratos individuais de trabalho está condicionada à concordância expressa de trabalhadores e empregadores, sob pena de ineficácia da cláusula normativa correspondente.
d) a jornada de trabalho fixada em lei pode ser objeto de prorrogação mediante ajuste entre empregado e empregador, desde que respeitado o máximo de duas horas diárias, as quais deverão ser pagas com adicional mínimo de 50%.
e) em casos excepcionais, em que a preservação do contrato dependa da dilação horária sem a remuneração correspondente, pode o trabalhador renunciar ao crédito resultante desse labor.

COMENTÁRIOS

Nota do autor: A questão é considerada simples, pois exigia, apenas, o conhecimento da CLT e do Texto Constitucional sobre jornada de trabalho.

Note-se que com a Reforma Trabalhista houve uma alteração profunda no art. 59 da CLT, que trará modificações à Súmula nº 85 do TST. Dentre as alterações trazidas, podemos citar a possibilidade de banco de horas por acordo individual escrito, desde que a compensação se dê no prazo de 6 meses (art. 59, §5º da CLT).

Além disso, estipulou-se a possibilidade de regime de compensação de jornada por acordo individual, tácito ou escrito, para compensação no mesmo mês (art. 59, §6º da CLT).

Alternativa correta: "d". "A duração **diária** do trabalho poderá ser acrescida de **horas extras**, em número não excedente de duas, por **acordo individual, convenção coletiva ou acordo coletivo de trabalho.**" (art. 59, "caput", CLT – redação dada pela Reforma Trabalhista - grifo nosso). Mesmo com as alterações promovidas pela Reforma Trabalhista, a alternativa permanece correta.

Inicialmente, cabe destacar que não houve grandes modificações nesse tópico com a Reforma Trabalhista. No tocante ao acordo escrito entre empregado e empregador, a Reforma Trabalhista alterou a redação do "caput" do artigo para prever a necessidade de acordo individual. Surge, portanto, o questionamento se a substituição do termo "acordo escrito" para apenas "acordo individual" possibilitaria a celebração de acordo tácito de prorrogação de jornada. Entendemos que o acordo de prorrogação de jornada **não pode ser firmado de forma tácita**. A celebração de acordo tácito gera insegurança às partes, dificulta a prova e, muitas vezes, lesa o trabalhador.

Contudo, para aqueles que se posicionam pela possibilidade de acordo tácito, destacamos que a adoção dessa prática não é recomendável também aos empregadores, pois a ausência de prova que demonstre a aceitação do trabalhador em se submeter à prestação de horas extras habituais pode levar ao questionamento acerca da ausência de consentimento ou ainda de eventual vício no consentimento do trabalhador.

Alternativa "a". Tendo em vista o limite constitucional da jornada de trabalho, de oito horas diárias e quarenta e quatro horas semanais (Art. 7º, XIII da CF/88), não há que se falar em livre estipulação das partes no que tange a este ponto, ressalvados os casos de compensação de horas. Cabe destacar, no entanto, que a Reforma Trabalhista ampliou significativa as hipóteses de valorização do negociado sobre o legislado no art. 611-A da CLT, o que permite na negociação coletiva que haja maior liberdade de estipulação da duração do trabalho entre sindicatos da categoria profissional e sindicatos da categoria econômica e as empresas.

Além disso, o art. 444, parágrafo único, da CLT trouxe a figura do empregado hipersuficiente. Esse trabalhador, que recebe salário superior a 2 vezes o teto da Previdência Social e que possui ensino superior completo pode negociar individualmente com seu empregador nas mesmas condições previstas no art. 611-A da CLT.

Alternativa "b". No mesmo sentido dos comentários efetuados à alternativa "a", temos que a limitação da jornada de trabalho é uma das maiores vitórias conquistadas pelos empregados. Atualmente, a duração máxima é limitada a 8 horas diárias e 44 horas semanais, tanto aos homens quanto às mulheres. Esse limite, chamado "jornada normal", é previsto no art. 7º, XIII, da Constituição Federal:

> **Art. 7º, XIII, CF/88:** *São direitos dos trabalhadores urbanos e rurais, além de outros que visem à melhoria de sua condição social: duração do trabalho normal não superior a oito horas diárias e quarenta e quatro semanais, facultada a compensação de horários e a redução da jornada, mediante acordo ou convenção coletiva de trabalho.*

Mesmo com a Reforma Trabalhista, este limite máximo não pode ser alterado:

> **Art. 611-A da CLT (inserido pela Reforma Trabalhista):** *A convenção coletiva e o acordo coletivo de trabalho têm prevalência sobre a lei quando, entre outros, dispuserem sobre: (...) I - pacto quanto à jornada de trabalho, observados os limites constitucionais;*

Nesse sentido, mesmo que haja acordo ou convenção coletiva sobre jornada de trabalho, o limite constitucional de 8 horas diárias e 44 horas semanais não pode ser alterado.

Alternativa "c". Como visto, é possível a negociação da jornada de trabalho desde que respeitados os limites constitucionais pelas modificações promovidas pela Reforma Trabalhista (art. 611-A, I, CLT). Nesse caso, se houver negociação coletiva, não se exige a concordância expressa dos empregados e empregadores para a implementação da cláusula do instrumento coletivo de trabalho.

Alternativa "e". Na vigência do contrato de trabalho, os direitos trabalhistas são, em regra, irrenunciáveis, porque há presença da subordinação do empregado perante o empregador. Assim sendo, mesmo que o ato seja bilateral (comum acordo entre as partes), se houver prejuízo ao empregado, esse ato deverá ser declarado nulo, pois o empregado não pode renunciar aos direitos e vantagens assegurados em lei.

IMPACTOS DA REFORMA TRABALHISTA

- **Prorrogação de jornada.** A Reforma Trabalhista alterou a redação do "caput" e do § 1º do art. 59 da CLT para estabelecer a possibilidade de prorrogação da jornada de trabalho por acordo individual, convenção ou acordo coletivo de trabalho. Além disso, em adequação ao art. 7º, XVI, da Constituição Federal, passou a prever o adicional de horas extras no valor de 50% sobre o valor da hora normal de trabalho.
- **Antes da Reforma Trabalhista:** A antiga redação do artigo previa a necessidade de acordo escrito, o que gera o questionamento acerca da possibilidade de acordo tácito com as alterações promovidas pela Reforma. Além disso, previa o § 1º do dispositivo o adicional de 20% para as horas extras, o que não é aplicável desde a promulgação da CF/88 que fixou o valor de 50%.
- **Banco de horas e acordo de compensação de jornada.** Com a Lei nº 13.467/2017, o banco de horas pode ser elaborado para compensação anual por meio de acordo ou convenção coletiva de trabalho ou para compensação semestral por meio de acordo individual escrito. Por sua vez, o acordo de compensação de jornada pode ser firmado por acordo individual tácito ou escrito para compensação dentre de um mês.
- **Antes da Reforma Trabalhista:** A implementação de banco de horas somente seria possível por meio de acordo ou convenção coletiva (art. 58, § 2º e Súmula nº 85, V, do TST) e a compensação de jornada não tinha previsão na legislação, mas pelo posicionamento do TST na Súmula nº 85, I, deveria ser realizada pela celebração de acordo escrito entre as partes.

10. INTERVALO INTRAJORNADA

13. (FCC – Analista Judiciário – Oficial de Just. Avaliador – TRT 11/2017) Considere as seguintes situações hipotéticas: Cleiton labora na farmácia XZC Ltda. possuindo jornada de trabalho de cinco horas diárias. Seu irmão Cledison labora na farmácia VBN Ltda. e possui jornada de trabalho de quatro horas diárias. Já Monique, tia dos irmãos, trabalha no supermercado ZWQ Ltda. e possui jornada de trabalho de 7 horas diárias. Nestes casos, de acordo com a Consolidação das Leis do Trabalho, no tocante ao intervalo intrajornada,

a) Cleiton e Cledison não terão direito ao intervalo e Monique terá direito a uma hora de intervalo.

b) Cleiton e Cledison terão direito a quinze minutos de intervalo e Monique terá direito a uma hora de intervalo.

c) Cleiton e Cledison terão direito a quinze minutos de intervalo e Monique terá direito a trinta minutos de intervalo.

d) todos terão direito a quinze minutos de intervalo.

e) Cleiton terá direito a quinze minutos de intervalo, Cledison não terá direito ao intervalo e Monique terá direito a uma hora de intervalo.

COMENTÁRIOS

Nota do autor: A questão aborda o tema intervalo intrajornada e é considerada de nível fácil, já que exigia, apenas, o conhecimento do art. 71 da CLT.

Alternativa correta: "e". *Comentário serve para as demais alternativas, uma vez que versam sobre o mesmo assunto.* Analisaremos a jornada de cada um dos trabalhadores apresentados na questão:

Cleiton: como é submetido a uma jornada de 5 horas diárias, terá direito a 15 minutos de intervalo intrajornada (art. 71, § 1º, CLT).

Cledison: como é submetido a uma jornada de 4 horas diárias, não terá direito a intervalo intrajornada.

Monique: como é submetida a uma jornada de 7 horas diárias, terá direito a 1 hora de intervalo intrajornada (art. 71, "caput", CLT).

Nesse sentido, o art. 71 da CLT:

> **Art. 71 da CLT:** *Em qualquer trabalho contínuo, cuja duração exceda de 6 (seis) horas, é obrigatória a concessão de um intervalo para repouso ou alimentação, o qual será, no mínimo, de 1 (uma) hora e, salvo acordo escrito ou contrato coletivo em contrário, não poderá exceder de 2 (duas) horas.*
>
> *§ 1º - Não excedendo de 6 (seis) horas o trabalho, será, entretanto, obrigatório um intervalo de 15 (quinze) minutos quando a duração ultrapassar 4 (quatro) horas.*

Com a Reforma Trabalhista, o intervalo intrajornada não é mais considerado como norma de segurança, saúde e higiene do trabalho, podendo ser reduzido para 30 minutos, via acordo ou convenção coletiva:

> **Art. 611-A da CLT:** *A convenção coletiva e o acordo coletivo de trabalho têm prevalência sobre a lei quando, entre outros, dispuserem sobre: (...)*
>
> *III - intervalo intrajornada, respeitado o limite mínimo de trinta minutos para jornadas superiores a seis horas;*
>
> **Art. 611-B da CLT:** *Constituem objeto ilícito de convenção coletiva ou de acordo coletivo de trabalho, exclusivamente, a supressão ou a redução dos seguintes direitos: (...)*
>
> *Parágrafo único. Regras sobre duração do trabalho e intervalos não são consideradas como normas de saúde, higiene e segurança do trabalho para os fins do disposto neste artigo."*

Além disso, com a Reforma Trabalhista, a não concessão ou concessão parcial do intervalo intrajornada mínima terá natureza indenizatória, sendo devido o pagamento apenas do período suprimido, com acréscimo de 50% sobre o valor da remuneração da hora de trabalho:

> **Art. 71, § 4º** *da CLT: A não concessão ou a concessão parcial do intervalo intrajornada mínimo, para repouso e alimentação, a empregados urbanos e rurais, implica o pagamento, de natureza indenizatória, apenas do período suprimido, com acréscimo de 50% (cinquenta por cento) sobre o valor da remuneração da hora normal de trabalho.*

IMPACTOS DA REFORMA TRABALHISTA

- **Supressão ou redução ilegal do intervalo intrajornada.** A Lei nº 13.467/2017 alterou a redação do § 4º do art. 71 da CLT para retirar a natureza salarial do valor pago em razão da supressão ou redução ilegal do intervalo intrajornada. Além disso, passou a ser devido somente o período suprimido, pago com adicional de 50% sobre o valor da hora normal de trabalho.
- **Antes da Reforma Trabalhista:** De acordo com a redação anterior do dispositivo, se o empregador apenas concedesse parcialmente o intervalo intrajornada, seria devido como horas extras todo o período do intervalo e não apenas aquilo que foi suprimido. O valor pago possuía natureza salarial e refletia nas demais verbas trabalhistas.

11. FÉRIAS

14. (Cespe – Analista Judiciário – Área Judiciária – Oficial de Justiça Avaliador – TRT 8/2016) Acerca do descanso legal do trabalhador, assinale a opção correta.

a) As férias podem ser concedidas em três períodos, se cada período não for inferior a dez dias, salvo no caso do menor de dezoito anos de idade e dos maiores de cinquenta anos de idade, caso em que serão sempre concedidas de uma só vez.

b) O adicional de horas extras, o adicional noturno e o adicional de insalubridade ou periculosidade não integram a base de cálculo da remuneração das férias.

c) Na hipótese de cessação do trabalho por culpa recíproca, o empregado tem direito a 50% do aviso prévio e do décimo terceiro, sendo devida a integralidade das férias proporcionais.

d) A remuneração das férias do tarefeiro deve ser calculada com base na média da produção do período aquisitivo, aplicando-se-lhe a tarifa da data da concessão.

e) As faltas decorrentes do acidente de trabalho são consideradas para efeito de duração de férias.

COMENTÁRIOS

✪ **Nota do autor:** A questão aborda os períodos de descanso do empregado, mais especificamente no que toca às férias. Importa destacar que a regulamentação das férias foi alterada pela Reforma Trabalhista, conforme será a seguir exposto.

Alternativa correta: "d". Quando o salário for variável, será feita a média do período aquisitivo de férias, aplicando-se o valor da remuneração na data da concessão das férias. Contudo, se o salário é pago em percentagem, ele será calculado pela média dos 12 meses que antecedem a concessão das férias e não do período aquisitivo, como nos demais casos de salário variável. Nesse sentido:

> **Súmula nº 149 do TST:** *A remuneração das férias do tarefeiro deve ser calculada com base na média da produção do período aquisitivo, aplicando-se-lhe a tarifa da data da concessão.*

Alternativa "a". Antes da Reforma Trabalhista, era possível, excepcionalmente, o fracionamento das férias em 2 períodos, sendo que um deles não poderia ser inferior a 10 dias. Com o advento da Lei nº 13.467/2017, passa a ser possível o fracionamento em 3 períodos, nos termos do art. 134, §1º da CLT:

> **Art. 134, § 1º da CLT (com redação dada pela Reforma Trabalhista):** *Desde que haja concordância do empregado, as férias poderão ser usufruídas em até três períodos, sendo que um deles não poderá ser inferior a quatorze dias corridos e os demais não poderão ser inferiores a cinco dias corridos, cada um.*

Nesse caso, exige-se a concordância do empregado. A alternativa, entretanto, permaneceria incorreta, já que o artigo em questão estabelece que um dos períodos não poderá ser inferior a 14 dias e os demais não podem ser inferiores a 5 dias corridos cada um.

Alternativa "b". "Os adicionais por trabalho extraordinário, noturno, insalubre ou perigoso serão computados no salário que servirá de base ao cálculo da remuneração das férias" (Art. 142, §5º da CLT).

Alternativa "c". "Reconhecida a culpa recíproca na rescisão do contrato de trabalho (art. 484 da CLT), o empregado tem direito a 50% (cinqüenta por cento) do valor do aviso prévio, do décimo terceiro salário e das férias proporcionais" (Súmula nº 14 do TST).

Alternativa "e". As faltas ou ausências decorrentes de acidente do trabalho não são consideradas para os efeitos de duração de férias e cálculo da gratificação natalina (Súmula nº 46 do TST).

---

15. (FCC – Analista Judiciário – Área Judiciária – Oficial de Justiça Avaliador – TRT 9/2015) No mês anterior ao das férias, Juvenal percebeu remuneração de R$ 1.000,00, discriminada da seguinte forma: R$ 400,00 de salário básico; R$ 100,00 por horas extras, já incluído o adicional de 50% e R$ 500,00 de comissões. O empregado faltou ao trabalho, injustificadamente, 5 dias no curso do período aquisitivo das férias e o valor pago a título de comissões, naquele mês, correspondeu à média das comissões auferidas no período aquisitivo. Ademais, as horas extras foram realizadas somente no mês anterior às férias. Logo, o empregado terá direito a

a) 24 dias de férias e remuneração de R$ 900,00.

b) 24 dias de férias e remuneração de R$ 1.200,00.

c) 30 dias de férias e remuneração de R$ 900,00.

d) 30 dias de férias e remuneração de R$ 1.200,00.

e) 30 dias de férias e remuneração de R$ 1.300,00.

COMENTÁRIOS

✪ **Nota do autor:** A questão exige que o candidato conheça quais as parcelas salariais para, consequentemente, calcular o valor da remuneração de Juvenal no período das suas férias. Além disso, era necessário o conhecimento do período de férias relativo às faltas no curso do período aquisitivo.

Alternativa correta: "d". *Comentário serve para as demais alternativas, uma vez que versam sobre o mesmo assunto.* Tendo em vista Juvenal ter faltado por 5 dias no curso do período aquisitivo, fará jus a 30 dias de férias. Nesse sentido, veja tabela para memorização:

Duração das férias do empregado (art. 130)	
Número de faltas	**Dias de Férias**
Até 5 faltas	30 dias
6 a 14 faltas	24 dias
15 a 23 faltas	18 dias
24 a 32 faltas	12 dias
Acima de 32 faltas	Não há férias a usufruir

Quanto ao valor a ser recebido, importa destacar, em primeiro lugar, que o valor das horas extras pagos de forma não habitual, não integram o salário do empregado e, via de consequência, não refletirão no valor de recebimento das férias (Súmula nº 76, II do TST).

Nesse sentido, devemos somar o valor do salário básico (R$ 400,00) mais as comissões percebidas pelo empregado (R$ 500,00), totalizando o salário de R$ 900,00. Como queremos descobrir o valor das férias, devemos adicionar 1/3 ao cálculo em questão, ou seja, 1/3 de R$ 900,00, que é R$ 300,00.

Assim, somando R$ 900,00 + R$ 300,00, teremos a quantia de R$ 1.200,00.

Note-se que mesmo com a Reforma Trabalhista, que alterou o art. 457 da CLT, as comissões continuam tendo natureza de parcela salarial. Nesse sentido:

> **Art. 457, §1º da CLT (com redação dada pela Reforma Trabalhista)[3]:** *Integram o salário a*

---

3 Baixe e-book que acompanha este livro. Lá foram feitos comentários detalhados sobre a MP nº 808/2017, que alterou diversos dispositivos da Reforma Trabalhista.

importância fixa estipulada, as gratificações legais e as comissões pagas pelo empregador.

12. SALÁRIO E REMUNERAÇÃO

16. (FCC – Analista Judiciário – Área Administrativa – TRT 9/2015) No tocante ao salário e remuneração, é INCORRETO, afirmar:

a) Não é considerado salário-utilidade o vestuário e os equipamentos fornecidos ao empregado e utilizado no local de trabalho para a prestação do serviço.

b) As comissões, percentagens, gratificações ajustadas e diárias para viagem que excedam 50% do salário integram a remuneração do empregado.

c) Em caso de dano causado pelo empregado por culpa, o desconto salarial será lícito independentemente da anuência do empregado.

d) Quando o pagamento for estipulado por mês, este deverá ser efetuado até o 5º dia útil subsequente ao vencido.

e) O pagamento de salário efetuado em moeda estrangeira, mesmo que acordado entre as partes, é considerado como não feito.

COMENTÁRIOS

Nota do autor: A questão aborda diversos temas relacionados ao salário e remuneração. O candidato deve estar atento para o fato de que a questão exige que seja assinalada a alternativa **incorreta**. A questão foi impactada pela Reforma Trabalhista. Vale ressaltar que o local do pagamento dos salários deverá ocorrer, em regra, no local de trabalho, em dia útil, dentro do horário de trabalho ou imediatamente após seu encerramento, exceto se efetuado depósito em conta bancária do empregado (art. 465 da CLT).

Atualmente, a questão apresenta duas alternativas incorretas.

Alternativa incorreta (gabarito oficial): "c". "Em caso de dano causado pelo empregado, o desconto será lícito, desde que esta possibilidade tenha sido acordada ou na ocorrência de dolo do empregado." (art. 462, § 1º, CLT). Nesse caso, se o dano foi cometido por dolo, ou seja, de forma intencional, desconto é sempre possível, em razão da falta de lealdade do trabalhador. Se cometido por culpa (sem intenção), o desconto será possível desde que previsto no contrato de trabalho ou norma coletiva (ajuste feito entre as partes).

Alternativa "a". "Para os efeitos previstos neste artigo, não serão consideradas como salário as seguintes utilidades concedidas pelo empregador: vestuários, equipamentos e outros acessórios fornecidos aos empregados e utilizados no local de trabalho, para a prestação do serviço." (art. 458, § 2º, I, CLT). Assim, os vestuários e demais equipamentos quando fornecidos para a prestação dos serviços não são considerados como salário-utilidade.

Alternativa "b". Atualmente incorreta. Antes da Reforma Trabalhista, as comissões, percentagens, gratificações ajustadas e diárias para viagem que excedessem a 50% do salário, integravam a remuneração do trabalhador. Com o advento da Reforma Trabalhista, a redação do art. 457 da CLT foi alterada, de forma que as diárias para viagem não mais integram a remuneração do empregado. Entendemos que, apesar de removidas do § 1º do art. 457 da CLT, as gratificações ajustadas e as percentagens continuam integrando o salário do empregado:

> **Art. 457 da CLT (com redação dada pela Reforma Trabalhista)[4]:** *Compreendem-se na remuneração do empregado, para todos os efeitos legais, além do salário devido e pago diretamente pelo empregador, como contraprestação do serviço, as gorjetas que receber.*
>
> *§ 1º Integram o salário a importância fixa estipulada, as gratificações legais e as comissões pagas pelo empregador.*
>
> *§ 2º As importâncias, ainda que habituais, pagas a título de ajuda de custo, auxílio-alimentação, vedado seu pagamento em dinheiro, diárias para viagem, prêmios e abonos não integram a remuneração do empregado, não se incorporam ao contrato de trabalho e não constituem base de incidência de qualquer encargo trabalhista e previdenciário*

Alternativa "d". "Quando o pagamento houver sido estipulado por mês, deverá ser efetuado, o mais tardar, até o quinto dia útil do mês subsequente ao vencido." (art. 459, § 1º, CLT). A periodicidade do pagamento deverá ocorrer em intervalos não superiores a um mês, exceto o pagamento das gratificações, comissões e percentagens. O salário poderá ser pago por dia, semana, quinzena ou mês. Se fixado por mês, o pagamento deve ser efetuado até o 5º dia útil subsequente ao mês vencido. Não é possível a celebração de acordo, nem mesmo em âmbito coletivo, para prorrogar esse prazo de pagamento do salário.

Alternativa "e". Nesse sentido, estabelece o art. 463, § 1º da CLT:

> **Art. 463, CLT.** *A prestação em espécie do salário será paga em moeda corrente do país.*
>
> **Parágrafo único.** *O pagamento do salário realizado com inobservância deste artigo considera-se como não feito.*

13. ESTABILIDADE

17. (ESAF - Analista Processual – MPU/2004) No que tange aos efeitos pertinentes à estabilidade, aponte a opção incorreta.

a) Admite-se a reintegração de empregado detentor de estabilidade provisória ainda que esgotado o período estabilitário.

b) O desconhecimento do empregador da gravidez da empregada não inibe o direito ao pagamento da indenização defluente da estabilidade, salvo na hipótese de previsão contrária em norma coletiva.

4 Baixe e-book que acompanha este livro. Lá foram feitos comentários detalhados sobre a MP nº 808/2017, que alterou diversos dispositivos da Reforma Trabalhista.

c) O empregado candidato ao cargo de dirigente sindical tem direito à estabilidade provisória mesmo que o registro de candidatura tenha ocorrido durante o período do aviso prévio.

d) Os efeitos da projeção do contrato de trabalho para o futuro em decorrência da concessão de aviso prévio alcançam as vantagens econômicas conquistadas durante o aviso prévio (salários, reflexos e parcelas rescisórias), com exceção da estabilidade provisória.

e) A extinção do estabelecimento comercial na área de abrangência da base territorial do sindicato prejudica o direito do dirigente sindical à estabilidade provisória.

COMENTÁRIOS

✪ **Nota do autor:** O candidato deve estar atento para o fato de que a questão pede que seja assinalada a alternativa incorreta. Essa questão deveria ser **anulada**, pois, como se verá nos comentários, há mais de uma alternativa incorreta. Aliás, há apenas uma correta, que é a alternativa "e". A questão aborda uma série de aspectos relacionados à estabilidade provisória (ou garantia provisória de emprego). Embora respeite a opinião da banca examinadora, acredito que essa questão foi mal formulada.

Nesse sentido, segue tabela que resume algumas hipóteses de estabilidade:

Estabilidade

- **Estabilidade decenal**
  - Após 10 de efetivo serviço.
  - Não optante pelo FGTS.
  - Após CF/88 não está em vigor.
- **Empregada gestante**
  - Início com a confirmação da gravidez até 5 meses após o parto.
  - Empregadas domésticas também possuem esse direito.
- **Empregado acidentado**
  - Estabilidade de 12 meses após o término do auxílio-doença.
  - Requisitos:
    a) afastamento superior a 15 dias;
    b) percepção do auxílio-doença.
- **Empregado representante da Cipa**
  - Apenas o representante dos empregados (eleitos).
  - Início com o registro do candidato até 1 ano.
  - Titulares e suplentes (Súmula nº 399).
- **Empregado representante da CCP**
  - Apenas representantes dos empregados (eleitos).
  - Início com a eleição até 1 ano após o mandato.
  - Titulares e suplentes.

Importa ressaltar que a Reforma Trabalhista criou nova hipótese de estabilidade aos membros da Comissão de representantes dos empregados, desde o registro da candidatura até um ano após o fim do mandato:

> **Art. 510-D, § 3º** *da CLT (inserido pela Reforma Trabalhista): Desde o registro da candidatura até um ano após o fim do mandato, o membro da comissão de representantes dos empregados não poderá sofrer despedida arbitrária, entendendo-se como tal a que não se fundar em motivo disciplinar, técnico, econômico ou financeiro.*

Alternativa incorreta: letra "a". O conteúdo dessa alternativa está incorreto. "Exaurido o período de estabilidade, são devidos ao empregado apenas os salários do período compreendido entre a data da despedida e o final do período de estabilidade, **não lhe sendo assegurada a reintegração no emprego**" (Súmula nº 396, item I, do TST).

Alternativa "b". "O desconhecimento do estado gravídico pelo empregador não afasta o direito ao pagamento da indenização decorrente da estabilidade (art. 10, II, "b" do ADCT)" (Súmula nº 244, item I, do TST). Essa alternativa também está incorreta, pois o entendimento atual sumulado do TST não admite restrição desse direito por norma coletiva.

Alternativa "c". "O registro da candidatura do empregado a cargo de dirigente sindical durante o período de aviso prévio, ainda que indenizado, **não lhe assegura a estabilidade**, visto que inaplicável a regra do § 3º do art. 543 da Consolidação das Leis do Trabalho" (Súmula nº 369, item V, do TST). Essa alternativa, portanto, também está incorreta.

Alternativa "d". Só faz sentido falarmos em projeção do aviso-prévio para o futuro quando falamos do aviso-prévio indenizado. "A projeção do contrato de trabalho para o futuro, pela concessão do aviso prévio indenizado, tem efeitos limitados às vantagens econômicas obtidas no período de pré-aviso, ou seja, salários, reflexos e verbas rescisórias" (Súmula nº 371 do TST). Quanto à estabilidade provisória no curso do aviso-prévio, em consonância com o exposto no comentário à alternativa "c" (Súmula nº 369, item V, do TST), o empregado não fará jus se o fato que a ensejaria ocorrer durante esse período. Essa alternativa, portanto, também está incorreta.

Alternativa "e". "Havendo extinção da atividade empresarial no âmbito da base territorial do sindicato, não há razão para subsistir a estabilidade" (Súmula nº 369, item IV, do TST). Desse modo, a alternativa é a única correta da questão.

14. RESCISÃO INDIRETA

18. (FCC – Técnico – Área Administrativa – MPU/2007) O empregado pode considerar rescindido seu contrato de trabalho e exigir a indenização devida quando o empregador

a) deixar de fornecer os equipamentos de proteção individual imprescindíveis ao tipo de trabalho executado.

b) exigir que cumpra o regulamento da empresa.

c) conceder férias no período que melhor atenda aos interesses da empresa.

d) determinar a transferência do local de trabalho em razão de mudança de endereço da empresa.

e) determinar sua reversão ao cargo anteriormente ocupado, após deixar o exercício de cargo de confiança.

COMENTÁRIOS

✪ **Nota do autor:** A questão pede que seja assinalada a alternativa que se enquadre em hipótese de rescisão indireta do contrato de trabalho (também chamada de "justa causa do empregador" ou "resolução do contrato de trabalho por culpa do empregador"). As hipóteses estão previstas no art. 483 da CLT.

Alternativa correta: letra "a". "A empresa é obrigada a fornecer aos empregados, gratuitamente, equipamento de proteção individual adequado ao risco e em perfeito estado de conservação e funcionamento, sempre que as medidas de ordem geral não ofereçam completa proteção contra os riscos de acidentes e danos à saúde dos empregados" (art. 166, CLT). O descumprimento desta obrigação enseja a resolução do contrato de trabalho por culpa do empregador, pois ele não está cumprindo com as obrigações do contrato (art. 483, alínea "d", da CLT).

Alternativa "b". Exigir a observância do regulamento de empresa é um desdobramento do poder diretivo do empregador (art. 2º, *caput*, CLT).

Alternativa "c". "A época da concessão das férias será a que melhor consulte os interesses do empregador" (art. 136, *caput*, CLT). Desse modo, é direito do empregador conceder as férias no período que melhor lhe aprouver.

Alternativa "d". "É lícita a transferência quando ocorrer extinção do estabelecimento em que trabalhar o empregado" (art. 469, § 2º, CLT). Assim sendo, havendo mudança no endereço da empresa, teremos a extinção de um estabelecimento e a inauguração de um novo. Nessa hipótese, é permitida a transferência do empregado.

Alternativa "e". "Não se considera alteração unilateral a determinação do empregador para que o respectivo empregado reverta ao cargo efetivo, anteriormente ocupado, deixando o exercício de função de confiança" (art. 468, § 1º, CLT). Sendo assim, é lícita essa alteração do contrato de trabalho.

Note-se que a Reforma Trabalhista a alteração em questão não assegura ao empregado o direito à manutenção do pagamento da gratificação de função:

> **Art. 468, § 2º da CLT (com redação dada pela Reforma Trabalhista):** *A alteração de que trata o § 1º deste artigo, com ou sem justo motivo, não assegura ao empregado o direito à manutenção do pagamento da gratificação correspondente, que não será incorporada, independentemente do tempo de exercício da respectiva função.*

15. PRESCRIÇÃO E DECADÊNCIA

19. (FCC – Técnico – Área Administrativa – MPU/2007) Um empregado trabalhou de 15 de janeiro de 1996 a 28 de outubro de 2005. Considerando a prescrição, poderá ajuizar reclamação trabalhista até 28 de outubro de

a) 2010, reclamando verbas do biênio anterior à data da propositura da ação.

b) 2010, reclamando verbas do quinquênio anterior à data da propositura da ação.

c) 2010, reclamando verbas de todo o contrato de trabalho.

d) 2007, reclamando verbas do biênio anterior à data da propositura da ação.

e) 2007, reclamando verbas do quinquênio anterior à data da propositura da ação.

COMENTÁRIOS

✪ **Nota do autor:** A questão trata da prescrição (perda do instrumento para demandar um direito). O fundamento para a existência do prazo prescricional encontra-se na paz social. Se não existisse prescrição, as empresas deveriam guardar documentos eternamente, esperando que um ex-empregado, algum dia, ajuizasse reclamações trabalhistas. Tal fato ocasionaria insegurança nas relações jurídicas.

Alternativa correta: letra "e" (responde todas as demais alternativas). Os trabalhadores urbanos e rurais têm direito de "ação, quanto aos créditos resultantes das relações de trabalho, com prazo prescricional de cinco anos para os trabalhadores urbanos e rurais, até o limite de dois anos após a extinção do contrato de trabalho" (art. 7º, inciso XXIX, CF/88). Ademais, entende o TST que, respeitado o biênio subsequente à cessação contratual, a prescrição da ação trabalhista concerne às pretensões imediatamente anteriores a cinco anos, contados da data do ajuizamento da reclamação e, não, às anteriores ao quinquênio da data da extinção do contrato" (Súmula nº 308, item I, do TST).

A Reforma Trabalhista, alinhando-se com o dispositivo constitucional, atualizou a redação do art. 11 da CLT:

> **Art. 11 da CLT (com redação dada pela Reforma Trabalhista):** *A pretensão quanto a créditos resultantes das relações de trabalho prescreve em cinco anos para os trabalhadores urbanos e rurais, até o limite de dois anos após a extinção do contrato de trabalho.*

20. (ESAF – Técnico – Área Administrativa – MPU/2004) A propósito da prescrição no âmbito do Direito do Trabalho, aponte a opção correta.

a) O prazo de prescrição para o empregador ingressar em juízo para cobrar valor devido pelo empregado é de cinco anos, reduzindo-se a dois após a extinção do contrato de trabalho.

b) Para o trabalhador rural, o prazo de prescrição é de dois anos após a extinção do contrato; observado esse prazo, será viável a discussão dos créditos oriundos de toda a relação de emprego, independentemente do seu período de duração.

c) O prazo de prescrição das pretensões alusivas aos dois primeiros períodos de férias de trabalhador que laborou por cinco anos tem início no instante em que extinto o contrato de trabalho.

d) Sob pena de incidir a prescrição, a ação que tenha por objeto a anotação da CTPS para fins de prova junto à Previdência Social, deve ser proposta em dois anos após a extinção do contrato de trabalho.

e) Processada alteração contratual ilícita pelo empregador, o prazo de prescrição para revertê-la apenas terá início após a extinção do contrato.

COMENTÁRIOS

✪ **Nota do autor:** Essa questão envolve certa polêmica, pois o ordenamento não prevê prazo prescricional para ações do empregador, mas apenas do trabalhador.

Alternativa correta: letra "a". A jurisprudência se inclina a entender que os prazos prescricionais aplicáveis ao empregador devem ser os mesmos aplicáveis aos empregados. Aplicam-se, portanto, os prazos bienal e quinquenal (art. 7º, inciso XXIX, CF/88).

Alternativa "b". A Constituição equiparou os trabalhadores urbanos e rurais em direitos. Estão, portanto, os trabalhadores rurais, assim como os urbanos, submetidos às prescrições bienal e quinquenal (art. 7º, inciso XXIX, CF/88).

A Reforma Trabalhista, alinhando-se com o dispositivo constitucional, atualizou a redação do art. 11 da CLT:

> **Art. 11 da CLT (com redação dada pela Reforma Trabalhista):** *A pretensão quanto a créditos resultantes das relações de trabalho prescreve em cinco anos para os trabalhadores urbanos e rurais, até o limite de dois anos após a extinção do contrato de trabalho.*

Alternativa "c". "A prescrição do direito de reclamar a concessão das férias ou o pagamento da respectiva remuneração é contada do término do prazo mencionado no art. 134 ou, se for o caso, da cessação do contrato de trabalho" (art. 149, CLT).

Alternativa "d". As prescrições bienal e quinquenal não se aplicam para demandas que tenham "por objeto anotações para fins de prova junto à Previdência Social" (art. 11, § 1º, CLT).

Alternativa "e". À época do concurso vigia a Súmula nº 294 do TST : "Tratando-se de ação que envolva pedido de prestações sucessivas decorrente de alteração do pactuado, a prescrição é total, exceto quando o direito à parcela esteja também assegurado por preceito de lei" (Súmula nº 294 do TST).

Esta Súmula, entretanto, deve ser revogada ou atualizada diante de sua conversão no art. 11, §2º da CLT:

> **Art. 11, § 2º** *da CLT (com redação dada pela Reforma Trabalhista): Tratando-se de pretensão que envolva pedido de prestações sucessivas decorrente de alteração ou descumprimento do pactuado, a prescrição é total, exceto quando o direito à parcela esteja também assegurado por preceito de lei.*

A prescrição total e parcial refere-se à lesão do direito e decurso do prazo enquanto o empregado estiver prestando serviços. Se o contrato estiver em curso, o empregado terá o prazo de 5 anos para ingressar com a reclamatória, contado a partir da violação do direito.

Na **prescrição total,** de acordo com o TST, o trabalhador terá 5 anos para ingressar com a reclamação a contar do **ato único do empregador.** Nesse caso, a prescrição quinquenal começa a correr a partir da data em que se deu a alteração ilícita.

O artigo em análise e a Súmula nº 294 do TST tratam, na parte final, da **prescrição parcial.** Nesse caso, tornam-se exigíveis as parcelas anteriores ao tempo de 5 anos a contar do ajuizamento ação. Nessa segunda hipótese, prescrição parcial, as prestações possuem previsão em lei. Assim sendo, renova-se a contagem mês a mês, sempre que a parcela não for paga.

16. DIREITO COLETIVO DO TRABALHO

21. (Cespe - Analista Processual - MPU/2010) O direito coletivo do trabalho regula a atuação das entidades que defendem as diferentes categorias profissionais. Acerca desse tema, julgue os itens subsequentes.

✪ **Nota do autor:** As questões da Cespe, por vezes, costumam apresentar uma miscelânea de assuntos. No caso, as assertivas abaixo envolvem (1) negociação coletiva, (2) organização sindical brasileira, (3) greve e (4) segurança e medicina do trabalho.

21.01. É vedada ao sindicato profissional a atuação como substituto processual em casos de convenções e acordos coletivos, que são matéria de competência exclusiva da justiça do trabalho.

COMENTÁRIOS

Errado. As convenções e acordos coletivos são normas autônomas (criadas pelas próprias partes) sendo obrigatória a participação do sindicato profissional, que é o legitimado para representar os trabalhadores da categoria nessas negociações (art. 611, *caput* e parágrafos, CLT).

Veja as principais diferenças entre acordo e convenção coletiva:

a) **Acordo coletivo (art. 611, § 1º, CLT):** instrumento normativo que decorre da negociação coletiva, sendo firmado pelo sindicato da categoria profissional (trabalhadores) com uma ou mais empresas. Veja que há obrigatoriedade da presença do sindicato dos trabalhadores para que o instrumento coletivo seja válido. O alcance das normas firmadas no acordo será aplicável no âmbito da empresa ou empresas acordantes, ou seja, aplicação a todos os empregados, independentemente de filiação ao sindicato.

b) **Convenção coletiva (art. 611, *caput*, CLT):** instrumento normativo que decorre da negociação coletiva, sendo firmado pelos sindicatos da categoria profissional e sindicato da categoria econômica. O alcance das normas coletivas firmadas na convenção não se limita aos filiados, mas a todo o "âmbito das respectivas representações".

21.02. Por ser direito fundamental, a sindicalização é considerada obrigatória pela legislação brasileira, que também protege os trabalhadores com a determinação de que toda categoria profissional tenha seu sindicato.

COMENTÁRIOS

Errado. Isso porque a Constituição que "ninguém será obrigado a filiar-se ou a manter-se filiado a sindicato" (art. 8º, inciso V, CF/88).

Trata-se do princípio da liberdade associativa e sindical, o qual se subdivide em liberdade de associação (mais abrangente) e liberdade sindical. O primeiro assegura a associação pacífica de pessoas. Já a liberdade sindical é marcada pelas dimensões positivas (livre filiação e criação do sindicato) e negativas (desfiliação e não filiação do sindicato).

21.03. A CF estabelece o direito de greve ao trabalhador em caráter exclusivo, sendo vedada ao empregador a ação conhecida como lockout, que consiste na greve do empregador.

COMENTÁRIOS

Certo. "É assegurado o direito de greve, competindo aos trabalhadores decidir sobre a oportunidade de exercê-lo e sobre os interesses que devam por meio dele defender" (art. 9º, *caput*, CF/88). "Fica vedada a paralisação das atividades, por iniciativa do empregador, com o objetivo de frustrar negociação ou dificultar o atendimento de reivindicações dos respectivos empregados (lockout)" (art. 17, *caput*, Lei nº 7.783/89 – Lei de Greve).

No sentido do acima exposto, o art. 611-B, XXVII da CLT estabelece que constituirá objeto ilícito de convenção ou acordo coletivo redução ou supressão do "direito de greve, competindo aos trabalhadores decidir sobre a oportunidade de exercê-lo e sobre os interesses que devam por meio dele defender".

A paralisação das atividades empresariais por iniciativa do empregador, a fim de frustrar uma negociação coletiva, não é considerada greve. Essa conduta, chamada de *lock out*, é vedada pela Lei de Greve. De acordo com a jurisprudência do TST, o *lock out* não é aplicado aos trabalhadores avulsos, uma vez que, diante da natureza punitiva dos dispositivos que vedam sua realização, não é possível a interpretação extensiva ou aplicação por analogia para aqueles trabalhadores. No caso do trabalho avulso, não existe a presença do empregador e, dessa forma, é permitido que o operador portuário deixe de requisitar trabalhadores para a função quando assim não for necessário.

A consequência do *lock out* para o contrato de trabalho é o pagamento dos dias em que houve paralisação da empresa, ou seja, será hipótese de interrupção do contrato.

21.04. As microempresas estão dispensadas da obrigatoriedade de realização de exames médicos; no entanto, devem estar preparadas e equipadas com material necessário à prestação de primeiros socorros.

COMENTÁRIOS

Errado. É obrigatória a realização de "exame médico, por conta do empregador, nas condições estabelecidas neste artigo e nas instruções complementares a serem expedidas pelo Ministério do Trabalho" (art. 168, *caput*, CLT).

21.05. Inexiste na CF vedação à existência de mais de um sindicato por categoria diferenciada de trabalhadores.

COMENTÁRIOS

Errado. Pois "é vedada a criação de mais de uma organização sindical, em qualquer grau, representativa de categoria profissional ou econômica, na mesma base territorial, que será definida pelos trabalhadores ou empregadores interessados, não podendo ser inferior à área de um Município" (art. 8º, inciso II, CF/88).

O princípio da unicidade sindical restringe a liberdade sindical porque impede a criação de mais de um sindicato, seja representativo de categoria profissional (trabalhadores), seja da categoria econômica (empregadores) uma mesma base territorial. Limita, portanto, o direito de escolha dos trabalhadores.

21.06. É facultado ao empregador dispensar empregado membro da comissão de conciliação prévia.

COMENTÁRIOS

Errado. "É vedada a dispensa dos representantes dos empregados membros da Comissão de Conciliação Prévia, titulares e suplentes, até um ano após o final do mandato, salvo se cometerem falta, nos termos da lei" (art. 625-B, § 1º, CLT). Lembrando que só gozam dessa estabilidade os representantes dos empregados, mas não os representantes do empregador. Como a assertiva não distingue, está errada.

17. GREVE

---

22. (FCC - Analista Processual – MPU/2007) Quanto ao exercício do direito de greve, é correto afirmar:

a) A participação em greve em atividades essenciais, assim consideradas aquelas que, se não atendidas, colocam em perigo iminente a sobrevivência, a saúde, a segurança e a economia da população, implica em responsabilização civil e penal do empregado.

b) Podem os trabalhadores, uma vez deflagrada a greve, realizar manifestações e atos de persuasão, inclusive impedindo o acesso ao trabalho, sendo, no entanto, vedada a prática de atos que causem ameaça à pessoa ou dano à propriedade.

c) A ocorrência de greve durante a vigência de acordo, convenção ou sentença normativa da Justiça do Trabalho implica em abuso do direito, ainda que a paralisação decorra do descumprimento de cláusula em vigor.

d) A deflagração da greve permite a contratação de empregados temporários para substituir os grevistas e, uma vez julgado ilegal o movimento paredista, a legislação permite a imediata rescisão dos contratos de trabalho dos empregados que dele participaram.

e) A greve nos serviços essenciais deve ser comunicada pelos trabalhadores e entidades sindicais aos empregadores, com antecedência mínima de 72 horas do início da paralisação, sendo obrigatória a garantia de prestação dos serviços indispensáveis ao atendimento das necessidades inadiáveis da população.

COMENTÁRIOS

Nota do autor: A greve é um direito previsto na Constituição Federal (art. 9º, caput, CF/88). A Lei nº 7.783/1989 regulamenta o direito de greve. A leitura atenta dessa lei é imprescindível para qualquer concurso que exija direito do trabalho!

Alternativa correta: letra "e". "Na greve, em serviços ou atividades essenciais, ficam as entidades sindicais ou os trabalhadores, conforme o caso, obrigados a comunicar a decisão aos empregadores e aos usuários com antecedência mínima de 72 (setenta e duas) horas da paralisação" (art. 13, Lei nº 7.783/89). "Nos serviços ou atividades essenciais, os sindicatos, os empregadores e os trabalhadores ficam obrigados, de comum acordo, a garantir, durante a greve, a prestação dos serviços indispensáveis ao atendimento das necessidades inadiáveis da comunidade" (art. 11, Lei nº 7.783/89).

Segundo a Reforma Trabalhista, constituirá objeto ilícito de acordo ou convenção coletiva a redução ou supressão da "definição legal sobre serviços ou atividades essenciais e disposições legais sobre o atendimento das necessidades inadiáveis da comunidade em caso de greve" (art. 611-B, XXVIII da CLT).

Alternativa "a". São chamadas de necessidades inadiáveis, e não de atividades essenciais, as que, se não atendidas, colocam em perigo iminente a sobrevivência, a saúde, a segurança e a economia da população (art. 11, parágrafo único, Lei nº 7.783/89). Atividades essenciais são as listadas no art. 10 da Lei nº 7.783/89. É permitida a greve nas atividades essenciais, desde que haja compromisso de atendimento dos serviços inadiáveis (art. 11, *caput*, Lei nº 7.783/89).

Alternativa "b". "As manifestações e atos de persuasão utilizados pelos grevistas **não poderão impedir o acesso ao trabalho** nem causar ameaça ou dano à propriedade ou pessoa" (art. 6º, § 3º, Lei nº 7.783/89).

Alternativa "c". "Na vigência de acordo, convenção ou sentença normativa não constitui abuso do exercício do direito de greve a paralisação que: tenha por objetivo exigir o cumprimento de cláusula ou condição" (art. 14, parágrafo único, inciso I, Lei nº 7.783/89).

Alternativa "d". "É vedada a rescisão de contrato de trabalho durante a greve, bem como a contratação de trabalhadores substitutos, exceto na ocorrência das hipóteses previstas nos arts. 9º e 14" (art. 7º, parágrafo único, Lei nº 7.783/89).

No mesmo sentido, a Lei nº 6.019/74, alterada pela Lei nº 13.429/2017, veda a contratação de trabalho temporário para substituição de trabalhadores em greve:

> **Art. 2º da lei nº 6.019/74 (com redação dada pela Lei nº 13.429/2017):** *Trabalho temporário é aquele prestado por pessoa física contratada por uma empresa de trabalho temporário que a coloca à disposição de uma empresa tomadora de serviços, para atender à necessidade de substituição transitória de pessoal permanente ou à demanda complementar de serviços.*
>
> *§ 1º É proibida a contratação de trabalho temporário para a substituição de trabalhadores em greve, salvo nos casos previstos em lei.*

18. VÁRIOS TEMAS DO DIREITO DO TRABALHO

23. (Cespe - Analista Processual - MPU/2010) Acerca das relações de trabalho, julgue os itens a seguir.

Nota do autor: As questões da Cespe, por vezes, contam com assertivas que abordam uma miscelânea de assuntos. No caso, essa questão aborda (1) Cipa, (2) sucessão de empregadores, (3) empregado doméstico, (4) terceirização e (5) intervalo intrajornada.

23.01. Os membros da Comissão Interna de Prevenção de Acidentes (Cipa) de uma empresa que forem indicados ou eleitos pelos empregados dessa empresa têm assegurada sua estabilidade no emprego, estando tal garantia limitada ao período em que exercerem efetivamente o cargo na CIPA.

COMENTÁRIOS

Errado. Os empregados eleitos para cargo de direção da Cipa possuem garantia provisória de emprego, desde o registro da candidatura até um ano após o mandato (art. 10, II, a, do ADCT). O objetivo dessa estabilidade provisória é permitir que o empregado desempenhe seu mandato de forma tranquila e sem perseguições e ingerências do empregador.

O art. 10, II, *a*, do ADCT não estende o direito à estabilidade ao suplente do diretor eleito, mas o TST[5] possui entendimento majoritário, ampliando essa garantia de emprego ao suplente do empregado eleito para representar a Cipa[6]. Aliás, sem essa garantia o suplente poderia sentir-se intimidado pelo empregador, comprometendo a sua atuação durante as substituições no cargo. A jurisprudência do STF também concedeu interpretação extensiva ao dispositivo para assegurar a eficácia protetiva do art. 10 do ADCT, conforme transcrito a seguir:

---

5 **Súmula nº 339 do TST:** I – "O suplente da Cipa goza da garantia de emprego prevista no art. 10, II, *a*, do ADCT a partir da promulgação da Constituição Federal de 1988. II – A estabilidade provisória do cipeiro não constitui vantagem pessoal, mas garantia para as atividades dos membros da Cipa, que somente tem razão de ser quando em atividade a empresa. Extinto o estabelecimento, não se verifica a despedida arbitrária, sendo impossível a reintegração e indevida a indenização do período estabilitário."

6 O candidato deverá ficar atento ao enunciado da questão, pois não há menção expressa no texto da CF, mas sim um posicionamento jurisprudencial do TST. Se a questão nada mencionar sobre a fonte (CF ou Súmula), interessante assinalar a opção que estende a estabilidade ao suplente, pois já está consagrada na doutrina e jurisprudência.

> **Súmula nº 676 do STF:** *A garantia da estabilidade provisória, prevista no art. 10, II, a, do ADCT, também se aplica ao suplente do cargo de direção de comissões internas de prevenção de acidentes (Cipa).*

23.02. Considere que, em determinada empresa, ocorra sucessão de empregadores causada por falecimento dos donos. Nessa situação, o contrato de trabalho dos empregados dessa empresa pode ser mantido, rescindido ou alterado, devendo os trabalhadores, no caso de rescisão, receber notificação prévia acerca do final de seus contratos.

COMENTÁRIOS

Certo. "Qualquer alteração na estrutura jurídica da empresa não afetará os direitos adquiridos por seus empregados" (art. 10, CLT). "A mudança na propriedade ou na estrutura jurídica da empresa não afetará os contratos de trabalho dos respectivos empregados" (art. 448, CLT). Note-se que a sucessão trabalhista não acarreta em estabilidade de todos os antigos empregados. O novo proprietário, sucessor, poderá manter os ex-empregados ou não. Caso sejam dispensados, ele estará obrigado a pagar verbas trabalhistas.

A Reforma Trabalhista inseriu o art. 448-A à CLT para prever a responsabilidade do sucessor. De acordo com a redação do artigo em questão, as obrigações trabalhistas, inclusive aquelas contraídas à época em que os empregados trabalhavam para a empresa sucedida são de responsabilidade do sucessor.

> **Art. 448-A da CLT (inserido pela Reforma Trabalhista):** *Caracterizada a sucessão empresarial ou de empregadores prevista nos arts. 10 e 448 desta Consolidação, as obrigações trabalhistas, inclusive as contraídas à época em que os empregados trabalhavam para a empresa sucedida, são de responsabilidade do sucessor.*
>
> *Parágrafo único. A empresa sucedida responderá solidariamente com a sucessora quando ficar comprovada fraude na transferência.*

23.03. Ao empregado em domicílio, entendido como aquele que presta serviços na residência do empregador, são assegurados os mesmos benefícios definidos em lei para o empregado doméstico.

COMENTÁRIOS

Errado. "Não se distingue entre o trabalho realizado no estabelecimento do empregador, o executado no domicílio do empregado e o realizado a distância, desde que estejam caracterizados os pressupostos da relação de emprego" (art. 6º, *caput*, CLT). Logo, o empregado em domicílio é um empregado celetista (comum).

Recentemente, em junho de 2015, foi promulgada a **Lei Complementar nº 150/2015**, que passou a regulamentar o trabalho doméstico a partir dos novos direitos assegurados pela EC nº 72/2013 e trouxe diversas mudanças na disciplina dessa relação de emprego. Entretanto, os domésticos não têm garantia de todos os direitos previstos no art. 7º, da Constituição Federal/88.

23.04. Considere que a empresa de trabalho temporário Alfa é contratada pela empresa Beta para determinada prestação de serviço. Nessa situação, cabe à empresa Alfa a contratação e remuneração dos trabalhadores que prestarão os serviços.

COMENTÁRIOS

Certo. No trabalho temporário, forma-se o vínculo de emprego entre o trabalhador e a empresa de trabalho temporário (Alfa). A tomadora de serviços relaciona-se contratualmente apenas com a prestadora, mas não com o trabalhador. Logo, cabe a Alfa a contratação e a remuneração dos trabalhadores que prestarão serviços.

A Lei nº 13.429/2017 alterou diversos dispositivos da Lei nº 6.019/1974, que versa sobre o trabalho temporário e também passou a dispor sobre as relações de trabalho na empresa de prestação de serviços a terceiros (terceirização). Portanto, há na mesma lei, a regulamentação do trabalho temporário e da terceirização em sentido estrito. Lembre-se de que as empresas prestadoras de serviços temporários e de terceirização permanecem obrigadas a pagar todos os direitos trabalhistas previstos na Constituição Federal e na CLT, pois são as reais empregadoras dos empregados temporários e terceirizados. A Reforma Trabalhista também altera alguns dispositivos da Lei nº 6.019/1974.

Em suma, a Lei nº 13.429/2017 manteve a essência do conceito de trabalho temporário, enquanto modalidade de intermediação de mão de obra, que permite que um trabalhador contratado por uma empresa de trabalho temporário preste serviços por prazo determinado a uma tomadora de serviços desde que esta última respeite as hipóteses expressamente previstas para essa contratação.

23.05. Entre os direitos constitucionais assegurados ao trabalhador, inclui-se o intervalo intrajornada, de remuneração obrigatória.

COMENTÁRIOS

Errado. "Os intervalos de descanso não serão computados na duração do trabalho" (art. 71, § 2º, CLT).

O intervalo intrajornada ocorre durante a jornada de trabalho. É o período destinado ao descanso e refeição. Em regra, os períodos destinados aos intervalos não são computados na jornada de trabalho, isto é, não são remunerados pelo empregador.

Com a Reforma Trabalhista, há possibilidade de redução do intervalo intrajornada para 30 minutos, desde que a redução seja pactuada via acordo ou convenção coletiva (art. 611-A, III da CLT).

Além disso, a não concessão ou a concessão parcial do intervalo intrajornada mínimo implica o pagamento, de natureza indenizatória, apenas do período suprimido, com acréscimo de 50% sobre o valor da remuneração da hora normal de trabalho (art. 71, §4º da CLT).

Por fim, deve-se ressaltar que as regras sobre duração do trabalho e intervalos não são consideradas como normas de saúde, higiene e segurança do trabalho, nos termos do art. 611-B, parágrafo único da CLT.

24. (Cespe - Analista Processual - MPU/2010) Acerca dos direitos e deveres decorrentes das relações de trabalho, julgue os itens que se seguem.

✪ **Nota do autor:** As questões da Cespe, por vezes, contam com assertivas que abordam uma miscelânea de assuntos. No caso, essa questão aborda (1) empregado doméstico, (2) FGTS, (3) segurança e medicina do trabalho, (4) salário *in natura* e (5) salário-mínimo.

24.01. Algumas peculiaridades da sociedade brasileira resultam no tratamento diferenciado, nos termos da legislação atual, entre as empregadas domésticas urbanas e as rurais, tanto no tocante ao usufruto da licença gestante e quanto no tocante ao valor da remuneração.

COMENTÁRIOS

Errado. O empregado doméstico, em qualquer hipótese, prestando serviços a empregador rural ou urbano, é regido pelas mesmas normas (LC nº 150/2015).

Com a LC nº 150/2015, os requisitos específicos para identificar o empregado doméstico permanecem intactos, mesmo após a alteração constitucional (EC/72-2013). O empregado doméstico tem os 4 requisitos "clássicos" para configurar o vínculo empregatício (pessoa física, onerosidade, subordinação e continuidade). Entretanto, para esse trabalhador há duas particularidades que o candidato deve sempre lembrar:

1) **Finalidade não lucrativa.** É vedado que o empregado doméstico esteja inserido em uma atividade lucrativa da família, ou seja, não poderá prestar serviços a terceiros, mas apenas à família.

2) **Trabalho contínuo.** A antiga lei dos domésticos (Lei nº 5.859/1972) apenas se utilizava do termo natureza contínua, em vez de não eventualidade, prevista na CLT. Assim sendo, havia grande discussão na doutrina e jurisprudência sobre o período mínimo necessário para que se caracterizasse a continuidade na relação de emprego doméstico. Prevalecia, na doutrina e na jurisprudência do TST, a exigência de prestação de serviços contínuos (sem interrupções), no mínimo, 3 vezes ou 4 dias por semana, para configurar o vínculo empregatício doméstico. Contudo, o art. 1º, caput, da recém-promulgada LC nº 150/2015 estabelece que será configurado o trabalho doméstico quando realizado por período superior a 2 dias:

> **Art. 1º da LC nº 150/2015:** *Ao empregado doméstico, assim considerado aquele que presta serviços de forma contínua, subordinada, onerosa e pessoal e de finalidade não lucrativa à pessoa ou à família, no âmbito residencial destas, por mais de 2 (dois) dias por semana, aplica-se o disposto nesta Lei (grifos acrescidos).*

Assim, não há dúvidas de que, se os serviços forem prestados em 1 ou 2 dias por semana, ficará configurada a "faxineira" ou a "diarista", que representam trabalhadoras autônomas, sem direitos trabalhistas.

24.02. No caso de demissão por justa causa ou aposentadoria, o empregado pode movimentar livremente o fundo de garantia por tempo de serviço (FGTS). Já em situações de falecimento do trabalhador ou de extinção da pessoa jurídica que o empregava, o acesso ao FGTS requer ordem judicial.

COMENTÁRIOS

Errado. Todas as hipóteses permitem a movimentação da conta vinculada ao FGTS (art. 20, incisos I, II, III e IV, Lei nº 8.036/90).

Além da inclusão dos incisos XVIII e XIX ao art. 20 da Lei nº 8.036/1990, anteriormente à Reforma Trabalhista, esta ainda inseriu uma nova hipótese de movimentação da conta do trabalhador no FGTS. Vejamos as novas hipóteses inseridas:

> **Art. 20 da Lei nº 8.036/1990.** *A conta vinculada do trabalhador no FGTS poderá ser movimentada nas seguintes situações:*
>
> *(...)*
>
> *I-A - extinção do contrato de trabalho prevista no art. 484-A da Consolidação das Leis do Trabalho (CLT), aprovada pelo Decreto- Lei no 5.452, de 1º de maio de 1943;*
>
> *(...)*
>
> *XVIII - quando o trabalhador com deficiência, por prescrição, necessite adquirir órtese ou prótese para promoção de acessibilidade e de inclusão social (Incluído pela Lei nº 13.146, de 2015).*
>
> *XIX - pagamento total ou parcial do preço de aquisição de imóveis da União inscritos em regime de ocupação ou aforamento, a que se referem o art. 4º da Lei no 13.240, de 30 de dezembro de 2015, e o art. 16-A da Lei no 9.636, de 15 de maio de 1998, respectivamente, observadas as seguintes condições:*
>
> *a) o mutuário deverá contar com o mínimo de três anos de trabalho sob o regime do FGTS, na mesma empresa ou em empresas diferentes;*
>
> *b) seja a operação financiável nas condições vigentes para o Sistema Financeiro da Habitação (SFH) ou ainda por intermédio de parcelamento efetuado pela Secretaria do Patrimônio da União (SPU), mediante a contratação da Caixa Econômica Federal como agente financeiro dos contratos de parcelamento;*
>
> *c) sejam observadas as demais regras e condições estabelecidas para uso do FGTS.*

24.03. O salário mínimo regional é adotado no Brasil por força das grandes diferenças regionais existentes no país, admitindo-se até, em algumas situações, o seu pagamento em forma de víveres.

COMENTÁRIOS

Errado. O salário-mínimo é fixado em lei e é **nacionalmente unificado** (art. 7º, inciso IV, CF/88).

Direito do Trabalho

Henrique Correia

Tendo em vista a edição da MP nº 808/2017, alguns pontos da Reforma Trabalhista foram alterados.

Em razão disso, remetemos à leitura do caderno que acompanha este livro. Lá foram feitos comentários detalhados sobre a MP nº 808/2017.

✦ DICAS

1. DOS PRINCÍPIOS E FONTES DO DIREITO DO TRABALHO

1.1. PRINCÍPIOS DO DIREITO DO TRABALHO

- O Direito do Trabalho possui princípios específicos, que desempenham funções essenciais para a interpretação e aplicação das normas trabalhistas. Não há consenso sobre quantos são os princípios do Direito do Trabalho, pois varia de um autor para outro, mas podemos destacar os mais citados pela doutrina:
- **Princípio da norma mais favorável:** entre duas ou mais normas possíveis de ser aplicadas, utiliza-se a mais favorável em relação ao trabalhador. A aplicação de uma norma leva à renúncia da outra. A Reforma Trabalhista, entretanto, passou a prever a prevalência do negociado sobre o legislado. Dessa forma, havendo conflito entre acordo coletivo e convenção coletiva, aquele deverá prevalecer (Art. 620 da CLT).

  Ainda, os instrumentos coletivos são superiores à lei nos casos do art. 611-A da CLT[1]. Note-se, portanto, que ainda que a lei venha a ser mais favorável, a Reforma Trabalhista permite a aplicação do instrumento coletivo em seu detrimento. Esse dispositivo causará impactos significativos ao Direito do Trabalho. Para mais informações, confira o tópico de negociação coletiva.
- **Princípio da condição mais benéfica:** esse princípio assegura ao empregado as vantagens conquistadas durante o contrato de trabalho, conforme previsto no art. 468 da CLT. Diante disso, essas conquistas não poderão ser alteradas para pior.
- **Princípio da primazia da realidade:** a realidade se sobrepõe às disposições contratuais escritas. Deve-se, portanto, verificar se o conteúdo do documento coincide com os fatos. Exemplo: recibo assinado em branco no ato da contratação, posteriormente apresentado em juízo como prova de pagamento das verbas trabalhistas.
- **Princípio da imperatividade das normas trabalhistas:** No Direito do Trabalho prevalecem as regras cogentes, obrigatórias. Diante desse princípio, há restrição da autonomia das partes em modificar as cláusulas contratuais previstas no contrato de trabalho. Com a Reforma Trabalhista, referido princípio é mitigado, pois há valorização do negociado sobre o legislado, especialmente nas hipóteses previstas no art. 611-A da CLT[2]. Além disso, a Lei nº 13.467/2017 amplia as hipóteses de acordo individual entre empregado e empregador, o que também relativiza a aplicação do princípio da imperatividade.
- **Princípio da inalterabilidade contratual lesiva:** é vedada qualquer alteração contratual que seja lesiva ao empregado, mesmo se houver consentimento deste (artigo 468, caput, da CLT). Assim, conforme previsto no art. 2º da CLT, os riscos do empreendimento são suportados exclusivamente pelo empregador, não sendo permitido a ele dividir os prejuízos com seus trabalhadores. A Lei nº 13.467/2017 cria o trabalho intermitente, nova modalidade de contrato de trabalho que é caracterizada pela alternância entre períodos de prestação de serviços e de inatividade. Nesse caso, o trabalhador somente prestará os serviços quando convocado por seu empregador. Dessa forma, os riscos do empreendimento passam a ser suportados inclusive pelo trabalhador, pois o empregado não trabalhará e, portanto, não receberá seu salário nos momentos de dificuldade financeira e econômica da empresa. Para mais informações, confira os comentários ao trabalho intermitente no tópico 9.5, destas dicas.
- **Princípio da continuidade da relação de emprego:** Em regra, o contrato de trabalho é firmado por tempo indeterminado, ou seja, não há prazo previamente fixado para seu fim. Aliás, é de interesse público que esses contratos sejam firmados para prazos de longa duração, pois, enquanto o empregado estiver trabalhando, haverá fonte de sustento, garantindo sua dignidade. Em razão desse princípio, a obrigação de provar a ruptura do contrato de trabalho é do empregador, isto é, em regra presume-se que o empregado não deu causa ao término do contrato de trabalho (Súmula nº 212 do TST).

  Este princípio também é mitigado pela criação da figura do trabalhador intermitente (Art. 452-A da

1 Baixe e-book que acompanha este livro. Lá foram feitos comentários detalhados sobre a MP nº 808/2017.

2 Baixe e-book que acompanha este livro. Lá foram feitos comentários detalhados sobre a MP nº 808/2017.

CLT). Para mais informações, confira os comentários ao trabalho intermitente no tópico 9.5, destas dicas.

- **Princípio da irrenunciabilidade ou indisponibilidade dos direitos trabalhistas:** na vigência do contrato de trabalho, os direitos trabalhistas são, em regra, irrenunciáveis, porque há presença da subordinação do empregado perante o empregador. Assim sendo, mesmo que o ato seja bilateral (comum acordo entre as partes), se houver prejuízo ao empregado, esse ato deverá ser declarado nulo, pois o empregado não pode renunciar aos direitos e vantagens assegurados em lei. Ao estudar o princípio da irrenunciabilidade, cabe destacar dois princípios:

  a) Princípio da irredutibilidade salarial. Veda-se a redução (diminuição) dos salários dos trabalhadores, exceto por convenção ou acordo coletivo (artigo 7º, inciso VI, da Constituição Federal). Portanto, para que essa redução salarial seja válida, há necessidade da participação do sindicato dos trabalhadores.

  Com a Lei nº 13.467/2017, caso venha a ser pactuada cláusula que reduza o salário do empregado, deverá haver garantia de que ele não será dispensado sem justa causa no prazo de vigência do instrumento coletivo, nos termos do novo art. 611-A, § 3º, incluído pela Reforma Trabalhista:

  > **Art. 611-A, § 3º da CLT:** *Se for pactuada cláusula que reduza o salário ou a jornada, a convenção coletiva ou o acordo coletivo de trabalho deverão prever a proteção dos empregados contra dispensa imotivada durante o prazo de vigência do instrumento coletivo.*

  b) Princípio da intangibilidade salarial. Vedam-se descontos no salário, exceto nos casos previstos em lei ou norma coletiva. Esse princípio protege o trabalhador contra seus próprios credores, pois o salário é, em regra, impenhorável.

- Para a semana antes da prova, segue o quadrinho de memorização dos princípios do Direito do Trabalho:

PRINCÍPIOS DO DIREITO DO TRABALHO

Protetivo
- *in dubio pro operario*
- norma mais favorável
- condição mais benéfica

Imperatividade

Primazia

Inalterabilidade contratual lesiva

Continuidade da relação de emprego

Irrenunciabilidade
- irredutibilidade salarial
- intangibilidade salarial

IMPACTOS DA REFORMA TRABALHISTA

- ***Prevalência do negociado sobre o legislado:*** *Com a Reforma Trabalhista, verificou-se a valorização dos instrumentos coletivos, pois em diversas hipóteses previstas no art. 611-A da CLT[3] prevalecerão sobre a legislação. Além disso, a nova lei também prevê que o acordo coletivo prevalece sobre a convenção coletiva.*
- ***Princípio da irredutibilidade salarial:*** *com a Reforma Trabalhista, os salários poderão ser reduzidos por instrumento coletivo, desde que haja garantia contra a dispensa imotivada no prazo em que vigorar o instrumento.*

1.2. FONTES

- **Fontes materiais:** são fatores ou acontecimentos sociais, políticos, econômicos e filosóficos que inspiram o legislador (deputados e senadores) na elaboração das leis. Esses movimentos influenciam diretamente o surgimento ou a modificação das leis.
- **Fontes formais**: são a exteriorização das normas jurídicas, ou seja, as fontes formais são normas de observância obrigatória pela sociedade. Todos devem cumpri-las, pois são imperativas. Exemplo: convenção, acordo coletivo e leis.
- Há 2 tipos de fontes formais: **1. Fontes formais autônomas**: são discutidas e confeccionadas pelas partes diretamente interessadas pela norma. Há, portanto, a vontade expressa das partes em criar essas normas. Exemplo: uma determinada

3 Baixe e-book que acompanha este livro. Lá foram feitos comentários detalhados sobre a MP nº 808/2017.

negociação coletiva entre sindicato e empresa resulta em um acordo coletivo. **2. Fontes formais heterônomas**: nas fontes heterônomas não há participação direta dos destinatários, ou seja, essas fontes possuem origem estatal (Legislativo, Executivo ou Judiciário).

- **Hierarquia entre as fontes do Direito do Trabalho.** Nos demais ramos do direito (D. Constitucional, D. Administrativo etc.) há uma rígida hierarquia das fontes formais (CF prevalece sobre as leis; leis são superiores aos decretos etc.). No Direito do Trabalho, por força do princípio da norma mais favorável, aplica-se a fonte mais favorável aos trabalhadores. Com a Reforma Trabalhista, há valorização do negociado sobre o legislado, prevalecendo o disposto nos instrumentos coletivos de trabalho sobre a legislação nas hipóteses previstas no art. 611-A da CLT[4].
- **Conflito entre as fontes.** Ocorre, com frequência, o conflito entre fontes formais do direito e a resposta dependerá da teoria adotada:
  - A **teoria do conglobamento** defende a aplicação de apenas uma fonte em sua totalidade. Assim sendo, o intérprete deverá analisá-la no conjunto. Essa teoria é a majoritária na jurisprudência e doutrina[5].
  - A **teoria da acumulação**, por sua vez, é no sentido de que o intérprete deverá aplicar todas as fontes no caso concreto, utilizando-se ao mesmo tempo dos artigos e cláusulas que são favoráveis ao trabalhador, desprezando os dispositivos desfavoráveis. A aplicação dessa teoria onera o empregador e fragmenta o sistema jurídico. É, portanto, a teoria minoritária.
  - A **teoria do Conglobamento mitigado**, por fim, estabelece a aplicação de normas que estejam agrupadas em um determinado instituto jurídico. Dessa forma, a análise não ocorrerá atomisticamente tal como prevê a teoria da acumulação ou sobre todo o instrumento coletivo como a teoria do conglobamento. A verificação da norma mais favorável ocorre sobre um conjunto de normas de determinado assunto[6]. Contudo, essa teoria também recebe críticas. De acordo com Sérgio Pinto Martins[7], a análise de instituto por instituto também deve ser considerada como teoria da acumulação, uma vez que o conglobamento exige a verificação do conjunto da norma para se aferir o que é mais favorável. Para o autor, a convenção coletiva é realizada em equilíbrio, pois ao mesmo tempo em que se confere uma condição, negocia-se outra menos benéfica. Se selecionarmos instituto por instituto, ora da convecção coletiva, ora do acordo coletivo, ocorrerá desequilíbrio em relação ao que foi negociado pelos entes sindicais. Esta teoria é aplicada aos trabalhadores contratados no Brasil para a prestação de serviços no exterior, nos termos do art. 3º, II da Lei nº 7.064/1982.
- **Para a semana antes da prova**, segue o quadrinho de resumo sobre as fontes de Direito do Trabalho:

Fontes
- Materiais
  - não são obrigatórias
  - fase prévia ao surgimento das normas
  - fatores sociais, econômicos que influenciam a elaboração das normas (reivindicação dos trabalhadores e das empresas)
- Formais (Obrigatórias)
  - Autônomas
    - elaborada pelas partes interessadas
    - Exemplos: acordo e convenção coletiva
  - Heterônomas
    - origem estatal
    - Exemplos: CF, leis e decretos
- Prevalência do negociado sobre o legislado
- Conflito das fontes formais
  - Teoria do conglobamento
  - Teoria da acumulação

1.3. INTEGRAÇÃO

- **Integração:** Diante da complexidade da sociedade contemporânea e de suas constantes mudanças, o legislador não possui condições de prever todos os acontecimentos sociais e editar lei específica para todos os eventos que venham a ocorrer na sociedade. A fim de evitar que o conflito fique sem solução, surge a importante tarefa dos juristas de integrar o ordenamento jurídico, criando-se a ideia de completude do ordenamento. Portanto, integrar significa completar as lacunas deixadas pelo legislador.
- **Tipos de integração:** De acordo com o art. 8º da CLT, na ausência de legislação ou disposição contratual, a Justiça do Trabalho e as autoridades administrativas poderão se valer de técnicas de integração. Se houver um caso ainda não previsto em lei, o juiz estará obrigado a julgá-lo, pois a função do magistrado é pacificar os conflitos, mesmo não existindo lei específica para aquele caso. São técnicas de integração:

4 Baixe e-book que acompanha este livro. Lá foram feitos comentários detalhados sobre a MP nº 808/2017.

5 "A teoria do conglobamento é certamente a mais adequada à operacionalização do critério hierárquico normativo preponderante no Direito do Trabalho. A seu favor tem a virtude de não incorporar as apontadas distorções da teoria da acumulação, além de ser a única teoria a harmonizar a flexibilidade do critério hierárquico justrabalhista com a essencial noção de *sistema* inerente à ideia de Direito – e de ciência." DELGADO, Maurício Godinho. *Curso do Direito do Trabalho*. 7. ed. São Paulo: LTr, 2008. p. 183.

6 CASSAR, Vólia Bomfim. *Direito do Trabalho*. 8. ed. São Paulo: Método, 2013. p. 95.

7 MARTINS, Sérgio Pinto. *Comentários à CLT*. 19. ed. São Paulo: Atlas, 2015. p. 713-714.

a) **Analogia:** ocorre quando uma lei semelhante é utilizada para regular o caso em que não há lei específica;

b) **Equidade:** deve ser entendida como a justiça aplicada com bom senso, com razoabilidade. Nesse caso, permite-se a criação de norma jurídica ao caso concreto, pautada por critérios de justiça sem que haja nenhuma previsão legal a respeito[8];

c) **Princípios gerais de Direito:** exercem importante função integrativa, pois coexistem com as regras jurídicas, podendo suprir eventual lacuna.

d) **Costumes:** compreendem a prática reiterada de uma conduta em dada região ou empresa, por exemplo, o costume em determinada atividade de pagar gorjetas. Assim, na ausência de dispositivo legal a respeito de determinado assunto e desde que não contrarie a Constituição Federal ou outra legislação, permite-se a utilização dos costumes para suprir a lacuna da lei trabalhista.

e) **Direito comparado:** refere-se ao confronto das leis de diversos Estados em diversos momentos históricos para estabelecer diferenças e semelhanças entre ordens jurídicas. Se verificada determinada lacuna no ordenamento brasileiro, é possível supri-la pela análise de outros ordenamentos quando for possível encontrar uma tendência para a solução de determinado conflito.

f) **Jurisprudência:** é a decisão reiterada no mesmo sentido sobre a mesma matéria. Discute-se se a jurisprudência pode ser considerada como fonte de integração. Há duas correntes sobre o tema:

   1) A primeira delas, tradicional e majoritária, defende que não, pois as decisões reiteradas dos Tribunais não têm força normativa;

   2) A segunda corrente é no sentido de que, com base no do artigo 8º da CLT, há possibilidade de utilização como norma. Aliás, na prática trabalhista, os juízes utilizam-se das súmulas e OJs do TST como forma de suprir as diversas lacunas deixadas pela CLT.

- **Reforma Trabalhista:** A Reforma Trabalhista modificou o art. 8º da CLT e trouxe impactos no âmbito da integração do Direito do Trabalho:

IMPACTOS DA REFORMA TRABALHISTA

- **Direito comum como fonte subsidiária.** A Reforma Trabalhista remove a exigência de compatibilidade com os princípios do Direito do Trabalho para a aplicação do direito comum como fonte subsidiária.
- **Antes da Reforma Trabalhista:** A redação do art. 8º, parágrafo único, da CLT previa o direito comum como fonte subsidiária do Direito do Trabalho, somente naquilo que não fosse incompatível com os princípios fundamentais desse ramo do Direito.
- **Restrição à jurisprudência consolidada do TST e dos TRTs.** A Lei nº 13.467/17 (Reforma Trabalhista) acrescentou o § 2º ao art. 8º da CLT, estabelecendo que súmulas e outros enunciados de jurisprudência editadas pelo TST e pelos TRTs não podem restringir direitos legalmente previstos nem criar obrigações que não estejam previstas em lei.
- **Antes da Reforma Trabalhista:** A CLT não possuía dispositivo que limitava a possibilidade de criação de súmulas e orientações jurisprudências do TST e dos TRTs.
- **Controle dos instrumentos coletivos de trabalho.** Foi ainda acrescentado o § 3º ao art. 8º da CLT, o qual estabelece uma limitação no controle do Poder Judiciário dos instrumentos coletivos de trabalho. De acordo com o dispositivo, no exame da convenção coletiva ou do acordo coletivo, a Justiça do Trabalho deve analisar exclusivamente a conformidade dos elementos essenciais do negócio jurídico, balizando sua atuação pelo princípio da intervenção mínima na autonomia da vontade coletiva.
- **Antes da Reforma Trabalhista:** A CLT não possuía nenhuma restrição quanto à análise dos instrumentos coletivos de trabalho – acordo coletivo e convenção coletiva – pelo Poder Judiciário.

1.4. FLEXIBILIZAÇÃO

- **Flexibilização:** redução da rigidez das leis trabalhistas pela negociação coletiva, ou seja, é dar ênfase ao negociado em detrimento do legislado. Na flexibilização permanecem as normas básicas de proteção ao trabalhador, mas permite-se maior amplitude dos acordos e convenções para adaptação das cláusulas contratuais às realidades econômicas da empresa e às realidades regionais. Foi o que ocorreu com a Reforma Trabalhista, pois foram criadas normas que preveem a valorização do negociado sobre o legislado (art. 611-A, CLT)[9].
- **Desregulamentação:** ocorre quando há ausência total da legislação protetiva, isto é, substitui-

8 GARCIA, Gustavo Filipe Barbosa. *Curso de Direito do Trabalho*. 7. ed. Rio de Janeiro: Forense, 2013. p. 71.

9 Baixe e-book que acompanha este livro. Lá foram feitos comentários detalhados sobre a MP nº 808/2017.

ção do legislado pelo negociado. Nesse caso, não haveria a intervenção do Estado na elaboração das leis, deixando para as partes a elaboração das condições de trabalho.

- ***Lay off*:** Diante de retrações no mercado e crises econômicas, é comum que empresas reduzam o número de empregados para viabilizar a continuação da atividade produtiva. Nesse sentido, para evitar a ocorrência de demissões em massa de empregados e permitir maior qualificação profissional dos empregados, é necessário adotar medidas que garantam a manutenção dos contratos de trabalho mesmo em momentos de crise. Uma dessas hipóteses é o denominado *lay off*, que se refere ao afastamento temporário do empregado mediante recebimento de licença remunerada.

  Nesse sentido, o art. 476-A da CLT estabelece hipótese de suspensão do contrato de trabalho pelo período de 2 a 5 meses para que o empregado participe de curso de qualificação profissional, na qual não será devido o pagamento de salários.

- **Programa Seguro-Emprego (PSE).** Em novembro de 2015, foi promulgada a Lei nº 13.189/2015 prevendo nova hipótese de *lay off* como resposta ao aumento no número de desempregos diante de crise econômica. Nesse sentido, criou-se o Programa de Proteção ao Emprego – PPE. Cabe destacar que, recentemente (26/06/2017), foi promulgada a Lei nº 13.456/2017, que modificou e prorrogou por mais dois anos a vigência do programa, denominando-o agora Programa Seguro-Emprego (PSE).

  De acordo com essa regulamentação, permite-se que a empresa reduza a jornada de trabalho de seus empregados em até 30% com a correspondente diminuição do salário. O valor pago pelo empregador após a redução não pode ser inferior ao salário mínimo. Para que essa redução seja válida, é necessária a celebração de acordo coletivo com o sindicato profissional. A redução pode ter duração de até 6 meses, prorrogáveis até o limite de 24 meses. O candidato deverá estar atento a essa nova legislação!

2. DIREITOS CONSTITUCIONAIS DOS TRABALHADORES

Os direitos constitucionais dos trabalhadores estão previstos especialmente nos arts. 7º a 11 da CF/88. É imprescindível que o candidato faça a leitura prévia desses artigos antes de sua prova para o TST.

Além disso, o candidato deve estar atento ao previsto no arts. 5º, I a VI, VIII a XVIII, XX, XXIII, XXIX, 6º, 37, II e 170, da CF/88 e 10, I e 19, do ADCT da CF/88.

Optamos por incluir a transcrição dos artigos para facilitar os estudos:

Constituição Federal

Art. 5º Todos são iguais perante a lei, sem distinção de qualquer natureza, garantindo-se aos brasileiros e aos estrangeiros residentes no País a inviolabilidade do direito à vida, à liberdade, à igualdade, à segurança e à propriedade, nos termos seguintes:

I – homens e mulheres são iguais em direitos e obrigações, nos termos desta Constituição;

II – ninguém será obrigado a fazer ou deixar de fazer alguma coisa senão em virtude de lei;

III – ninguém será submetido a tortura nem a tratamento desumano ou degradante;

IV – é livre a manifestação do pensamento, sendo vedado o anonimato;

V – é assegurado o direito de resposta, proporcional ao agravo, além da indenização por dano material, moral ou à imagem;

VI – é inviolável a liberdade de consciência e de crença, sendo assegurado o livre exercício dos cultos religiosos e garantida, na forma da lei, a proteção aos locais de culto e a suas liturgias;

(...)

VIII – ninguém será privado de direitos por motivo de crença religiosa ou de convicção filosófica ou política, salvo se as invocar para eximir-se de obrigação legal a todos imposta e recusar-se a cumprir prestação alternativa, fixada em lei;

IX – é livre a expressão da atividade intelectual, artística, científica e de comunicação, independentemente de censura ou licença;

X – são invioláveis a intimidade, a vida privada, a honra e a imagem das pessoas, assegurado o direito a indenização pelo dano material ou moral decorrente de sua violação;

XI – a casa é asilo inviolável do indivíduo, ninguém nela podendo penetrar sem consentimento do morador, salvo em caso de flagrante delito ou desastre, ou para prestar socorro, ou, durante o dia, por determinação judicial;

XII – é inviolável o sigilo da correspondência e das comunicações telegráficas, de dados e das comunicações telefônicas, salvo, no último caso, por ordem judicial, nas hipóteses e na forma que a lei estabelecer para fins de investigação criminal ou instrução processual penal;

XIII – é livre o exercício de qualquer trabalho, ofício ou profissão, atendidas as qualificações profissionais que a lei estabelecer;

XIV – é assegurado a todos o acesso à informação e resguardado o sigilo da fonte, quando necessário ao exercício profissional;

XV – é livre a locomoção no território nacional em tempo de paz, podendo qualquer pessoa, nos termos da lei, nele entrar, permanecer ou dele sair com seus bens;

XVI – todos podem reunir-se pacificamente, sem armas, em locais abertos ao público, independentemente de autorização, desde que não frustrem outra reunião anteriormente convocada para o mesmo local, sendo apenas exigido prévio aviso à autoridade competente;

XVII – é plena a liberdade de associação para fins lícitos, vedada a de caráter paramilitar;

XVIII – a criação de associações e, na forma da lei, a de cooperativas independem de autorização, sendo vedada a interferência estatal em seu funcionamento;

(...)

XX – ninguém poderá ser compelido a associar-se ou a permanecer associado;

(...)

XXIII – a propriedade atenderá a sua função social;

(...)

XXIX – a lei assegurará aos autores de inventos industriais privilégio temporário para sua utilização, bem como proteção às criações industriais, à propriedade das marcas, aos nomes de empresas e a outros signos distintivos, tendo em vista o interesse social e o desenvolvimento tecnológico e econômico do País;

(...)

Art. 6º São direitos sociais a educação, a saúde, a alimentação, o trabalho, a moradia, o transporte, o lazer, a segurança, a previdência social, a proteção à maternidade e à infância, a assistência aos desamparados, na forma desta Constituição.

Art. 7º São direitos dos trabalhadores urbanos e rurais, além de outros que visem à melhoria de sua condição social:

I – relação de emprego protegida contra despedida arbitrária ou sem justa causa, nos termos de lei complementar, que preverá indenização compensatória, dentre outros direitos;

II – seguro-desemprego, em caso de desemprego involuntário;

III – fundo de garantia do tempo de serviço;

IV – salário mínimo , fixado em lei, nacionalmente unificado, capaz de atender a suas necessidades vitais básicas e às de sua família com moradia, alimentação, educação, saúde, lazer, vestuário, higiene, transporte e previdência social, com reajustes periódicos que lhe preservem o poder aquisitivo, sendo vedada sua vinculação para qualquer fim;

V – piso salarial proporcional à extensão e à complexidade do trabalho;

VI – irredutibilidade do salário, salvo o disposto em convenção ou acordo coletivo;

VII – garantia de salário, nunca inferior ao mínimo, para os que percebem remuneração variável;

VIII – décimo terceiro salário com base na remuneração integral ou no valor da aposentadoria;

IX – remuneração do trabalho noturno superior à do diurno;

X – proteção do salário na forma da lei, constituindo crime sua retenção dolosa;

XI – participação nos lucros, ou resultados, desvinculada da remuneração, e, excepcionalmente, participação na gestão da empresa, conforme definido em lei;

XII – salário-família pago em razão do dependente do trabalhador de baixa renda nos termos da lei;

XIII – duração do trabalho normal não superior a oito horas diárias e quarenta e quatro semanais, facultada a compensação de horários e a redução da jornada, mediante acordo ou convenção coletiva de trabalho;

XIV – jornada de seis horas para o trabalho realizado em turnos ininterruptos de revezamento, salvo negociação coletiva;

XV – repouso semanal remunerado, preferencialmente aos domingos;

XVI – remuneração do serviço extraordinário superior, no mínimo, em cinqüenta por cento à do normal;

XVII – gozo de férias anuais remuneradas com, pelo menos, um terço a mais do que o salário normal;

XVIII – licença à gestante, sem prejuízo do emprego e do salário, com a duração de cento e vinte dias;

XIX – licença-paternidade, nos termos fixados em lei;

XX – proteção do mercado de trabalho da mulher, mediante incentivos específicos, nos termos da lei;

XXI – aviso prévio proporcional ao tempo de serviço, sendo no mínimo de trinta dias, nos termos da lei;

XXII – redução dos riscos inerentes ao trabalho, por meio de normas de saúde, higiene e segurança;

XXIII – adicional de remuneração para as atividades penosas, insalubres ou perigosas, na forma da lei;

XXIV – aposentadoria;

XXV – assistência gratuita aos filhos e dependentes desde o nascimento até 5 (cinco) anos de idade em creches e pré-escolas;

XXVI – reconhecimento das convenções e acordos coletivos de trabalho;

XXVII – proteção em face da automação, na forma da lei;

XXVIII – seguro contra acidentes de trabalho, a cargo do empregador, sem excluir a indenização a que este está obrigado, quando incorrer em dolo ou culpa;

XXIX – ação, quanto aos créditos resultantes das relações de trabalho, com prazo prescricional de cinco anos para os trabalhadores urbanos e rurais, até o limite de dois anos após a extinção do contrato de trabalho;

a) (Revogada).

b) (Revogada).

XXX – proibição de diferença de salários, de exercício de funções e de critério de admissão por motivo de sexo, idade, cor ou estado civil;

XXXI – proibição de qualquer discriminação no tocante a salário e critérios de admissão do trabalhador portador de deficiência;

XXXII – proibição de distinção entre trabalho manual, técnico e intelectual ou entre os profissionais respectivos;

XXXIII – proibição de trabalho noturno, perigoso ou insalubre a menores de dezoito e de qualquer trabalho a menores de dezesseis anos, salvo na condição de aprendiz, a partir de quatorze anos;

XXXIV – igualdade de direitos entre o trabalhador com vínculo empregatício permanente e o trabalhador avulso.

Parágrafo único. São assegurados à categoria dos trabalhadores domésticos os direitos previstos nos incisos IV, VI, VII, VIII, X, XIII, XV, XVI, XVII, XVIII, XIX, XXI, XXII, XXIV, XXVI, XXX, XXXI e XXXIII e, atendidas as condições estabelecidas em lei e observada a simplificação do cumprimento das obrigações tributárias, principais e acessórias, decorrentes da relação de trabalho e suas peculiaridades, os previstos nos incisos I, II, III, IX, XII, XXV e XXVIII, bem como a sua integração à previdência social.

Art. 8º É livre a associação profissional ou sindical, observado o seguinte:

I – a lei não poderá exigir autorização do Estado para a fundação de sindicato, ressalvado o registro no órgão competente, vedadas ao Poder Público a interferência e a intervenção na organização sindical;

II – é vedada a criação de mais de uma organização sindical, em qualquer grau, representativa de categoria profissional ou econômica, na mesma base territorial, que será definida pelos trabalhadores ou empregadores interessados, não podendo ser inferior à área de um Município;

III – ao sindicato cabe a defesa dos direitos e interesses coletivos ou individuais da categoria, inclusive em questões judiciais ou administrativas;

IV – a assembléia geral fixará a contribuição que, em se tratando de categoria profissional, será descontada em folha, para custeio do sistema confederativo da representação sindical respectiva, independentemente da contribuição prevista em lei;

V – ninguém será obrigado a filiar-se ou a manter-se filiado a sindicato;

VI – é obrigatória a participação dos sindicatos nas negociações coletivas de trabalho;

VII – o aposentado filiado tem direito a votar e ser votado nas organizações sindicais;

VIII – é vedada a dispensa do empregado sindicalizado a partir do registro da candidatura a cargo de direção ou representação sindical e, se eleito, ainda que suplente, até um ano após o final do mandato, salvo se cometer falta grave nos termos da lei.

Parágrafo único. As disposições deste artigo aplicam-se à organização de sindicatos rurais e de colônias de pescadores, atendidas as condições que a lei estabelecer.

Art. 9º É assegurado o direito de greve, competindo aos trabalhadores decidir sobre a oportunidade de exercê-lo e sobre os interesses que devam por meio dele defender.

§ 1º A lei definirá os serviços ou atividades essenciais e disporá sobre o atendimento das necessidades inadiáveis da comunidade.

§ 2º Os abusos cometidos sujeitam os responsáveis às penas da lei.

Art. 10. É assegurada a participação dos trabalhadores e empregadores nos colegiados dos órgãos públicos em que seus interesses profissionais ou previdenciários sejam objeto de discussão e deliberação.

Art. 11. Nas empresas de mais de duzentos empregados, é assegurada a eleição de um representante destes com a finalidade exclusiva de promover-lhes o entendimento direto com os empregadores.

(...)

Art. 37. A administração pública direta e indireta de qualquer dos Poderes da União, dos Estados, do Distrito Federal e dos Municípios obedecerá aos princípios de legalidade, impessoalidade, moralidade, publicidade e eficiência e, também, ao seguinte:

(...)

II – a investidura em cargo ou emprego público depende de aprovação prévia em concurso público de provas ou de provas e títulos, de acordo com a natureza e a complexidade do cargo ou emprego, na forma prevista em lei, ressalvadas as nomeações para cargo em comissão declarado em lei de livre nomeação e exoneração;

Art. 170. A ordem econômica, fundada na valorização do trabalho humano e na livre iniciativa, tem por fim assegurar a todos existência digna, conforme os ditames da justiça social, observados os seguintes princípios:

I – soberania nacional;

II – propriedade privada;

III – função social da propriedade;

IV – livre concorrência;

V – defesa do consumidor;

VI – defesa do meio ambiente, inclusive mediante tratamento diferenciado conforme o impacto ambiental dos produtos e serviços e de seus processos de elaboração e prestação;

VII – redução das desigualdades regionais e sociais;

VIII – busca do pleno emprego;

IX – tratamento favorecido para as empresas de pequeno porte constituídas sob as leis brasileiras e que tenham sua sede e administração no País.

Parágrafo único. É assegurado a todos o livre exercício de qualquer atividade econômica, independentemente de autorização de órgãos públicos, salvo nos casos previstos em lei.

ADCT

Art. 10. Até que seja promulgada a lei complementar a que se refere o art. 7º, I, da Constituição:

I – fica limitada a proteção nele referida ao aumento, para quatro vezes, da porcentagem prevista no art. 6º, "caput" e § 1º, da Lei nº 5.107, de 13 de setembro de 1966;

II – fica vedada a dispensa arbitrária ou sem justa causa:

a) do empregado eleito para cargo de direção de comissões internas de prevenção de acidentes, desde o registro de sua candidatura até um ano após o final de seu mandato;

b) da empregada gestante, desde a confirmação da gravidez até cinco meses após o parto.

(...)

Art. 19. Os servidores públicos civis da União, dos Estados, do Distrito Federal e dos Municípios, da administração direta, autárquica e das fundações públicas, em exercício na data da promulgação da Constituição, há pelo menos cinco anos continuados, e que não tenham sido admitidos na forma regulada no art. 37, da Constituição, são considerados estáveis no serviço público.

§ 1º O tempo de serviço dos servidores referidos neste artigo será contado como título quando se submeterem a concurso para fins de efetivação, na forma da lei.

§ 2º O disposto neste artigo não se aplica aos ocupantes de cargos, funções e empregos de confiança ou em comissão, nem aos que a lei declare de livre exoneração, cujo tempo de serviço não será computado para os fins do "caput" deste artigo, exceto se se tratar de servidor.

§ 3º O disposto neste artigo não se aplica aos professores de nível superior, nos termos da lei.

3. SUJEITOS DO CONTRATO DE TRABALHO

3.1. EMPREGADO

IMPORTANTE!

A Reforma Trabalhista não promoveu alteração nos requisitos para a configuração do vínculo de emprego.

- **Importância de identificar o empregado.** A relação de emprego tem como principal característica a presença do empregado, parte mais fraca da relação jurídica. O Direito do Trabalho foi pensado e criado exatamente para proteger a figura desse trabalhador. Há necessidade, entretanto, de diferenciar o trabalhador em sentido amplo e o trabalhador com vínculo empregatício. A CLT e as demais normas trabalhistas são voltadas apenas à proteção dos direitos do empregado, ou seja, jornada de trabalho, FGTS, férias, descanso semanal remunerado, entre outros direitos, são direcionados aos empregados, por isso a importância de diferenciá-los dos trabalhadores autônomos, eventuais, estagiários etc. Veja o quadro a seguir, com os 4 requisitos para identificar o empregado:

PROTEÇÃO PREVISTA NA CF/88 E NA CLT

Princípios protetivos:
- Salário-mínimo
- Limitação da jornada (8 horas diárias)
- Intervalos
- Descanso semanal e férias
- Estabilidade
- Demais direitos trabalhistas

Empregado

Requisitos:
- Pessoa física (Pessoalidade)
- Não eventualidade
- Onerosidade
- Subordinação

**Importante diferenciá-lo dos demais trabalhadores, porque os direitos trabalhistas são direcionados ao empregado.*

- **Exclusividade.** Não há, na CLT, exigência de que o empregado preste serviços com exclusividade. Não é requisito para configurar o vínculo empregatício que ele trabalhe para apenas um único empregador. Há possibilidade de vários contratos de trabalho, com empresas diversas, simultaneamente.

- **Local da prestação de serviços.** O local da prestação de serviços também é irrelevante para configurar o vínculo empregatício. Veja, por exemplo, o trabalhador que presta serviços em domicílio desenvolvendo programas de computador; nessa situação, se houver a presença dos requisitos da relação empregatícia (habitualidade, onerosidade e subordinação), será configurada a relação de emprego, com o pagamento de todos os direitos trabalhistas.

> **ATENÇÃO!**
> O tema a seguir foi impactado pela Reforma Trabalhista!

- **Teletrabalho.** A CLT foi alterada em 2011, para prever o teletrabalho, ou seja, o trabalho executado a distância. Nesse caso, se as ordens são passadas pelo celular ou *e-mail*, configuram-se a subordinação e, consequentemente, o vínculo empregatício (art. 6º CLT).
- **Teletrabalho e a Reforma Trabalhista**: A Lei nº 13.467/2017 regulamenta o tema em seu título II, capítulo II-A (arts. 75-A a 75-E) e define o teletrabalho como a prestação de serviços preponderantemente fora das dependências do empregador. De acordo com a nova regulamentação, o teletrabalhador não se sujeita às regras de duração do trabalho, ou seja, não terá direito a horas extras, pagamento de adicional noturno e intervalos, nos termos do art. 62, III, da CLT.. Ademais, o acordo ou convenção coletiva que dispuser sobre o teletrabalho terá prevalência sobre o disposto na legislação trabalhista(art. 611-A, VIII da CLT).
- **Contrato solene:** Novas regras para a contratação do teletrabalhador, deve haver a celebração de contrato solene, com a especificação das atividades que o empregado deverá exercer.
- **Alteração de trabalho presencial para teletrabalho.** A Reforma Trabalhista permite que o empregado passe a trabalhar na condição de teletrabalhador desde que haja:
  a) mútuo acordo entre as partes;
  b) acordo escrito em aditivo contratual.
- **Alteração de teletrabalho para trabalho presencial.** Também é possível a alteração do regime de teletrabalho para o presencial. Todavia, nesse caso não se exige o mútuo acordo entre as partes, sendo necessários apenas o preenchimento dos seguintes requisitos:
  a) prazo de transição mínimo de 15 dias;
  b) aditivo contratual.
- Para facilitar seus estudos antes da prova, segue quadrinho com as principais novidades da Reforma Trabalhista sobre o assunto:

> **IMPACTOS DA REFORMA TRABALHISTA**
> - ***Teletrabalho:*** *A Lei nº 13.467/2017 traz a disciplina do teletrabalho para excluir o teletrabalhador do capítulo de duração do trabalho. Dessa forma, o empregado não é submetido a controle de jornada, não sendo devidos os adicionais noturno e de horas extras e intervalos.*
> - ***Antes da Reforma Trabalhista:*** *o empregado em teletrabalho era submetido a controle de jornada.*

- **Experiência prévia (art. 442-A da CLT).** Recentemente, a CLT foi alterada para incentivar o ingresso de novos profissionais no mercado de trabalho. Como forma de proporcionar que trabalhadores, ainda sem experiência, possam ocupar novos postos de trabalho, o empregador está proibido de exigir do candidato comprovação de experiência prévia por tempo superior a 6 meses.

3.2. CARTEIRA DE TRABALHO E PREVIDÊNCIA SOCIAL

- **Documento obrigatório.** Não há formalidade específica para contratar o empregado, pois o contrato de trabalho poderá ser celebrado, inclusive, de forma verbal. Há, entretanto, exigência de um documento obrigatório do empregado, chamado de Carteira de Trabalho e Previdência Social – CTPS. Esse documento é utilizado para identificação do empregado, servindo como meio de prova na área trabalhista e previdenciária. A falta de anotação da CTPS não afasta o vínculo empregatício, mas possibilita que a empresa seja autuada pela fiscalização.
- **Prazo para anotação na CTPS.** O prazo para assinatura da carteira é de 48 horas, sob pena de pagamento de multa. Nas localidades onde não for emitida a CTPS, o empregado poderá ser admitido para exercer as atividades, pelo prazo de 30 dias. A empresa fica obrigada a permitir o comparecimento do empregado ao posto de emissão mais próximo.
- **Anotações obrigatórias na CTPS.** Os acidentes de trabalho são obrigatoriamente anotados pelo INSS na carteira do acidentado, conforme previsto no art. 30 da CLT.

- **Anotações desabonadoras.** É proibido ao empregador efetuar anotações desabonadoras à conduta do empregado. Exemplo: empregado que é dispensado por justa causa, com suspeita de furto na empresa ou, ainda, o empregado que falta ao trabalho injustificadamente. O empregador, mesmo diante dessas condutas, não poderá descrevê-las na CTPS do empregado.
- **Prescrição e CTPS.** Na anotação da CTPS, para fins de comprovação perante o INSS, não se aplica o prazo previsto da Constituição Federal, ou seja, o prazo de 2 anos a partir do término do contrato de trabalho. Esse direito é imprescritível, conforme previsto no art. 11, § 1º, da CLT.

ATENÇÃO!

O tema a seguir foi impactado pela Reforma Trabalhista!

- **Registro de empregados:** Diferentemente da CTPS, que é documento pessoal do trabalhador, o empregador é obrigado a efetuar o registro de seus empregados em livros, fichas ou sistemas eletrônicos, o que corresponde a documento interno da empresa (próprio do empregador). A falta desse registro possibilita a aplicação de multa pela fiscalização do trabalho.
- **Valor da multa por ausência de registro:** Com a Reforma Trabalhista, caso não haja o registro, o valor da multa será de R$ 3.000,00 por empregado não registrado, acrescido de igual valor em caso de reincidência (art. 47 da CLT, alterado pela Reforma Trabalhista). Tratando-se de microempresa ou empresa de pequeno porte, a multa será de R$ 800,00.
- **Reajuste da multa.** É importante destacar que a nova redação do art. 634, § 2º da CLT dada pela Reforma Trabalhista assegura o reajuste no valor das multas estabelecidas em moeda corrente de acordo com a Taxa Referencial divulga pelo Banco Central:

> **Art. 634, § 2º da CLT** *(Redação dada pela Lei de Reforma Trabalhista): Os valores das multas administrativas expressos em moeda corrente serão reajustados anualmente pela Taxa Referencial divulgada pelo Banco Central do Brasil, ou pelo índice que vier a substituí-lo.*

Tendo em vista que a Taxa Referencial não repõe o valor da inflação anual, os valores previstos às multas trabalhistas perderão valor real com o passar dos anos e passarão a ter cada vez menos impacto no caso de descumprimento pelo empregador.

IMPACTOS DA REFORMA TRABALHISTA

- ***Majoração da multa por ausência de registro de empregados.*** *A Lei nº 13.467/17 majora a multa por ausência de registro de empregados. De acordo com a nova redação dada ao "caput" e § 1º do art. 47 da CLT, a multa aplicada será de R$ 3.000,00 para as empresas que não registrarem seus empregados, podendo ser acrescido de igual valor na hipótese de reincidência, e de R$ 800,00 quando o empregador for microempresa e empresa de pequeno porte. Além disso, não se aplicará o critério da dupla visita na aplicação da penalidade ao empregador.*
- ***Antes da Reforma Trabalhista:*** *O art. 47 da CLT previa a aplicação de multa sobre o valor de 1 salário mínimo regional, que corresponde ao valor de 378,2847 Unidades de Referência Fiscal (UFIRs) por empregado não registrado. Não existia diferenciação nos valores cobrados das microempresas e empresas de pequeno porte. Por fim, não havia previsão expressa de exceção ao critério da dupla visita.*

3.3. EMPREGADO RURAL (LEI Nº 5.889/73)

O tema não foi impactado pela reforma trabalhista.

- **Direitos equiparados.** Inicialmente, o empregado rural não possuía os mesmos direitos dos empregados urbanos. Com a promulgação da Constituição Federal de 1988, ocorreu a equiparação de direitos entre empregados urbanos e rurais.
- **Prescrição para o empregado rural.** Houve alteração do art. 7º, XXIX, da CF/88, e o prazo prescricional do trabalhador rural passou a ser o mesmo do urbano: 2 anos para ingressar com a ação judicial, após a extinção do contrato, com possibilidade de pleitear os direitos trabalhistas dos últimos 5 anos, a contar da propositura da ação.
- Em outubro de 2015, foi incluída na atividade econômica prevista no caput do art. 3º – que conceitua empregador rural – a exploração do turismo rural acessório à exploração agroeconômica (art. 3º, § 1º da Lei nº 5.889/73).

3.3.1. PECULIARIDADES DOS EMPREGADOS RURAIS

- **Aviso-prévio.** O aviso-prévio é dado pela parte (empregado ou empregador) que decidir pôr fim à relação empregatícia. Se a iniciativa partir do empregador, a legislação trabalhista prevê a redução da jornada de trabalho, como forma de proporcionar ao trabalhador a busca por um outro emprego. O empregado rural notificado da dispensa sem justa causa tem direito à redução de 1 dia por semana para buscar novo emprego, sem prejuízo da sua remuneração.

- **Intervalo intrajornada.** O intervalo concedido ao empregado rural para descanso e refeição, na jornada superior a 6 horas, será de acordo com os usos e costumes da região. Cabe frisar, entretanto, que o TST tem se posicionado no sentido de que o empregado rural que tenha jornada superior a 6 horas diárias possui o direito ao **intervalo de, no mínimo, 1 hora**. Caso não seja concedido esse intervalo mínimo, haverá o pagamento de horas extras, com base no art. 71, § 4º, da CLT. Com a Reforma Trabalhista, há alteração na natureza jurídica da parcela devida na hipótese de supressão ou redução do intervalo intrajornada, que será indenizatória, não refletindo nas demais verbas trabalhistas. Além disso, somente será devido o período suprimido do intervalo.
- **Serviços intermitentes:** Outra particularidade diz respeito aos serviços intermitentes, em que há possibilidade de intervalos mais longos, como dos empregados que trabalham com gado leiteiro, que saem de madrugada para a primeira ordenha e voltam apenas no fim da tarde para a segunda. Esses intervalos de, no mínimo, 5 horas (art. 10, parágrafo único, Decreto nº 73.626/1974), não são computados na jornada de trabalho do empregado rural, mas devem estar expressamente ressalvados na CTPS do rural.
- **Trabalho noturno.** O ser humano não possui hábitos noturnos. Assim sendo, o trabalho noturno deve conter aspectos mais protetivos e possuir remuneração superior à do diurno. O horário noturno será de acordo com a atividade desenvolvida: a) na pecuária inicia-se às 20 horas e termina às 4 horas; b) na agricultura, a jornada será das 21 horas às 5 horas. A hora noturna rural, ao contrário do que acontece com o trabalhador urbano, não é reduzida, ou seja, a hora terá duração de 60 minutos. Durante a jornada noturna há necessidade de pagamento de adicional noturno de, no mínimo, 25% a mais que a hora diurna.
- **Salário-utilidade ou salário *in natura*.** O salário poderá ser pago em dinheiro ou, ainda, em utilidades, como alimentação e moradia. Essa forma de pagamento é chamada de salário *in natura* ou utilidades. Há possibilidade de desconto do salário mínimo para o pagamento das utilidades, respeitando os seguintes percentuais: a) até 20%, moradia; b) até 25%, pelo fornecimento de alimentação sadia e farta, atendidos os preços vigentes na região. Para esses descontos, há necessidade de prévia autorização do empregado rural; sem tal autorização, essas deduções serão nulas de pleno direito.

3.3.2. CONTRATO TEMPORÁRIO RURAL (ART. 14-A DA LEI Nº 5.889/73)

- **Quem pode contratar?** Recentemente, houve alteração na lei para disciplinar a contratação por pequeno prazo do trabalhador rural, na tentativa de formalizar as contratações dos "diaristas do campo". Apenas o empregador pessoa física poderá contratar sob essa modalidade, o que exclui as empresas rurais, cooperativas e demais pessoas jurídicas.
- **Contrato por prazo determinado.** Esse contrato será por prazo determinado, com duração máxima de 2 meses dentro do período de um ano. Veja que esse contrato possibilita vários períodos descontínuos.
- **CTPS opcional.** O empregador rural é obrigado a recolher as contribuições previdenciárias e efetuar os depósitos do FGTS – Fundo de Garantia do Tempo de Serviço. Ademais, deverá anotar na CTPS – Carteira de Trabalho e Previdência Social – ou poderá fazer contrato escrito com o trabalhador rural.
- **Direitos trabalhistas.** O trabalhador rural contratado por curto período terá direito à remuneração equivalente à do trabalhador rural permanente, e todos os demais direitos de natureza trabalhista, relativos ao contrato por prazo determinado. Essas parcelas serão calculadas dia a dia e pagas diretamente ao trabalhador.
- **Para a semana antes da prova** segue o quadro de resumo sobre empregado rural:

EMPREGADO RURAL (Lei nº 5.889/73)	
Empregado rural	equiparação de direitos como os urbanos (art. 7º, CF/88).
	identificação: trabalha para empregador rural.
	prescrição: mesmo período dos trabalhadores urbanos (2 anos para ingressar na justiça/pedido dos últimos 5 anos).
Peculiaridades do trabalhador rural	aviso-prévio: redução de 1 dia por semana (iniciativa do empregador).
	intervalo: de acordo com usos e costumes da região.

<table>
<tr><th colspan="2">EMPREGADO RURAL (Lei nº 5.889/73)</th></tr>
<tr><td rowspan="2">Peculiaridades do trabalhador rural</td><td>trabalho noturno (hora de 60 min):
• pecuária 20 h às 4 h.
• agricultura 21 h às 5 h.
• adicional noturno: 25%.</td></tr>
<tr><td>salário-utilidade (desconto sobre salário mínimo):
• 20% moradia.
• 25% alimentação.
• prévia autorização.</td></tr>
<tr><td rowspan="4">Contrato temporário rural (art. 14-A, Lei Rural)</td><td>empregador: pessoa física.</td></tr>
<tr><td>duração: 2 meses dentro do período de 1 ano.</td></tr>
<tr><td>recolher FGTS e contribuições previdenciárias.</td></tr>
<tr><td>mesmos direitos dos demais empregados permanentes.</td></tr>
</table>

3.4. TRABALHO DOMÉSTICO

- O Brasil deu um importante passo rumo à efetivação dos direitos fundamentais trabalhistas, reconhecendo direitos básicos do empregado doméstico via EC-72 – 2013.
- Em junho de 2015, foi promulgada a **Lei Complementar nº 150/2015**, que passou a regulamentar o trabalho doméstico a partir dos novos direitos assegurados pela EC nº 72/2013 e trouxe diversas mudanças na disciplina dessa relação de emprego.
- **Requisitos específicos para identificar o empregado doméstico permanecem intactos, mesmo após a alteração constitucional (EC/72-2013).** O empregado doméstico tem os 4 requisitos "clássicos" para configurar o vínculo empregatício (pessoa física, onerosidade, subordinação e *continuidade*). Entretanto, para esse trabalhador há duas particularidades que o candidato deve sempre lembrar:

  1) Finalidade não lucrativa. É vedado que o empregado doméstico esteja inserido em uma atividade lucrativa da família, ou seja, não poderá prestar serviços a terceiros, mas apenas à família.

  2) Trabalho contínuo. O art. 1º, *caput*, da recém-promulgada LC nº 150/2015 estabelece que será configurado o trabalho doméstico quando realizado por período **superior a 2 dias.** Em razão dessa previsão, entendemos pela impossibilidade de contratação de empregado doméstico em trabalho intermitente, modalidade de contrato de trabalho criada pela Reforma Trabalhista. O trabalho intermitente é caracterizado pela alternância entre períodos de prestação de serviços e períodos de inatividade. Tendo em vista que a legislação do doméstico exige que o trabalhador trabalhe mais de 2 dias na semana, não será possível a contratação em regime de trabalho intermitente.

- Assim, não há dúvidas de que, se os serviços forem prestados em 1 ou 2 dias por semana, ficará configurada a "faxineira" ou a "diarista", que representam trabalhadoras autônomas, sem direitos trabalhistas.
- Aplicação subsidiária da CLT (art. 19 da LC nº 150/2015).
- Na tentativa de tornar mais didática essa nova matéria ligada ao empregado doméstico, vamos dividir o tema em **5 partes**. Isso tornará mais fácil a memorização para seu concurso público:

  1. direitos clássicos previstos na CF e na Lei dos Domésticos antes da EC-72/2013;

  2. novos direitos recentemente com a EC-72/2013, com aplicação imediata;

  3. novos direitos concedidos, que agora são aplicados em razão da regulamentação efetuada pela Lei Complementar nº 150/2015;

  4. direitos não estendidos aos domésticos;

  5. discussão a respeito do instituto da prescrição; no entanto, com a LC nº 150/2015, a matéria está regulamentada.

1. Direitos clássicos previstos anteriormente à EC/72-2013, ou seja, eram assegurados desde a promulgação da Constituição Federal ocorrida em 5.10.1988:

a) Salário mínimo;

b) Irredutibilidade do salário;

c) Décimo terceiro salário;

d) Repouso semanal remunerado (regulamentado pela LC nº 150/2015);

e) Férias acrescidas de 1/3 a mais da remuneração (regulamentado pela LC nº 150/2015);

f) Licença-gestante de 120 dias (regulamentado pela LC nº 150/2015);

g) Licença-paternidade (5 dias);

h) Aviso-prévio (regulamentado pela LC nº 150/2015);

i) Aposentadoria.

2. Novos direitos, com eficácia IMEDIATA do empregado doméstico previstos no art. 7º, parágrafo único, da CF/88:

A partir de 3.4.2013, já estão assegurados aos empregados domésticos os novos direitos a seguir:

a) jornada de trabalho de até 8 horas diárias e 44 horas semanais (regulamentado pela LC nº 150/2015);

b) horas extras remuneradas com adicional mínimo de 50% (regulamentado pela LC nº 150/2015);

c) garantia de salário mínimo para os que recebem salário variável;

d) proteção legal ao salário;

e) redução dos riscos inerentes ao trabalho por meio de normas de higiene, saúde e segurança;

f) reconhecimento das convenções e dos acordos coletivos de trabalho;

g) proibição de diferença de salários, de exercício de funções e de critérios de admissão por motivo de sexo, idade, cor ou estado civil;

h) proibição de discriminação no tocante a salário e critérios de admissão de portadores de deficiência[5];

i) proibição de trabalho noturno, insalubre e perigoso ao menor de 18 anos e de qualquer trabalho ao menor de 16 anos (regulamentado pela LC nº 150/2015).[10]

3. Outros direitos concedidos aos domésticos pela EC/72-2013, que agora se encontram em vigor em razão da regulamentação da LC nº 150/2015. São eles:

a) proteção da relação de emprego contra a dispensa arbitrária ou sem justa causa;

b) seguro-desemprego em caso de desemprego involuntário (regulamentado pela LC nº 150/2015);

c) obrigatoriedade do Fundo de Garantia do Tempo de Serviço (FGTS) (regulamentado pela LC nº 150/2015);

d) remuneração do trabalho noturno superior à do diurno (regulamentado pela LC nº 150/2015);

e) salário-família;

f) assistência gratuita aos filhos e dependentes até 5 anos de idade em creches e pré-escolas;

g) seguro contra acidentes do trabalho a cargo do empregador, sem excluir a indenização a que este está obrigado, quando incorrer em dolo ou culpa.

4. Alguns direitos constitucionalmente assegurados aos trabalhadores em geral não foram estendidos à categoria dos empregados domésticos. São eles:

a) piso salarial proporcional à extensão e à complexidade do trabalho;

b) participação nos lucros ou resultados (já que a sua atividade não tem fim lucrativo);

c) jornada de 6 horas em turnos ininterruptos de revezamento (já que essa condição não ocorre na residência familiar);

d) proteção do mercado de trabalho da mulher mediante incentivos específicos nos termos da lei;

e) adicional de insalubridade, penosidade e periculosidade;

f) proteção em face da automação, na forma da lei;

g) proibição de distinção entre o trabalho manual, técnico e intelectual ou entre os profissionais respectivos.

5. Existia a discussão sobre a aplicação do direito a seguir. No entanto, a LC nº 150/2015 regulamentou a prescrição aplicável aos empregados domésticos:

a) **PRESCRIÇÃO**: "ação quanto aos créditos resultantes das relações de trabalho, com prazo prescricional de 5 anos até o limite de 2 anos após a extinção do contrato de trabalho." Nesse caso, o instituto da prescrição, não se trata de direito trabalhista, mas norma ligada à paz social. O prazo prescricional, mesmo antes da EC/72-2013, era o previsto no art. 7º da CF. O art. 43 da LC nº 150/2015 pacificou a questão, uma

10 Com a promulgação da Lei nº 13.146/2015 (Estatuto da Pessoa com Deficiência) e sua entrada em vigor em janeiro de 2016, verificou-se mudança na terminologia adotada, uma vez que os termos "pessoa portadora de deficiência" e "pessoa com necessidades especiais" foram substituídos pelo termo mais apropriado, "pessoa com deficiência".

vez que foram expressamente previstas as prescrições bienal e quinquenal para o empregado doméstico: "O direito de ação quanto a créditos resultantes das relações de trabalho prescreve em 5 (cinco) anos até o limite de 2 (dois) anos após a extinção do contrato de trabalho."

- **Para a semana antes da prova**, segue o quadro de resumo sobre as principais diferenças entre a Nova Lei dos Domésticos e as regras celetistas previstas aos demais empregados:

	Empregado Doméstico (LC nº 150/2015)	Demais empregados (CLT)
Requisitos para configuração da relação de emprego	– Pessoalidade; – Subordinação; – Continuidade (mais de 2 vezes por semana); – Onerosidade; – Prestação de serviço para pessoa ou família; – Serviços prestados em âmbito residencial; – Finalidade não lucrativa.	– Pessoalidade; – Subordinação; – Não eventualidade; – Onerosidade.
Idade mínima para contratação	– 18 anos (art. 1º, parágrafo único).	– A partir de 16 anos (art. 7º, XXXIII, CF/88, e art. 403, CLT); – *Exceção*: aprendizes (maiores de 14 anos).
Hipóteses de contratação por prazo determinado	1) Contrato de experiência (art. 4º, I); 2) Atendimento de necessidades familiares de natureza transitória (art. 4º, II); 3) Substituição temporária de empregado doméstico com contrato de trabalho interrompido (art. 4º, II).	1) Contrato de experiência (art. 443, § 2º, III); 2) Atividades empresariais de caráter transitório (art. 443, § 2º, II); 3) Serviço cuja natureza ou transitoriedade justifique a predeterminação do prazo (art. 443, § 2º, I). **Obs.: Reforma Trabalhista cria nova modalidade: trabalho intermitente (art. 443, § 3º e 452-A da CLT)**[11]
Cláusula assecuratória de direito recíproco	– Não há previsão de pagamento de aviso-prévio no contrato por prazo determinado (art. 9º).	– Faculta às partes estabelecerem a cláusula (art. 481, CLT).
Controle de jornada	– Obrigatório o controle para todos empregados domésticos (art. 12).	– Empresas com mais de 10 empregados (art. 74, § 2º).
Compensação de jornada	– Acordo escrito entre as partes. (art. 2º, § 4º); – Primeiras 40 horas devem ser remuneradas como extras, salvo compensação em outro dia da semana (art. 2º, § 5º, I e III); – Horas excedentes às primeiras 40 horas extras devem ser compensadas no prazo máximo de 1 ano (art. 2º, § 5º, II).	**Reforma Trabalhista:** – Compensação de jornada pode ser realizada dentro do período de 1 mês por acordo tácito ou escrito. – Para o banco de horas, é exigida a compensação no prazo máximo de 6 meses, por acordo individual escrito ou 1 ano por negociação coletiva.

11 Baixe e-book que acompanha este livro. Lá foram feitos comentários detalhados sobre a MP nº 808/2017.

	Empregado Doméstico (LC nº 150/2015)	**Demais empregados (CLT)**
Jornada de Trabalho 12x36	- Suficiente a realização de acordo escrito entre as partes (art. 10, *caput*); - Necessidade de se respeitar ou de indenizar os intervalos para repouso e alimentação; - Descanso de 36 horas compensa o trabalho no DSR e nos **feriados**. Não há pagamento em dobro.	Com a Lei nº 13.467/2017, é possível a formalização mediante acordo individual escrito, convenção coletiva ou acordo coletivo. - Há a possibilidade de se respeitar ou indenizar os intervalos para repouso e alimentação. - Descanso de 36 horas compensará o trabalho no DSR e nos feriados. Não há pagamento em dobro.
Trabalho em regime de tempo parcial (máximo de 25 horas semanais)	- Possibilidade de realização de 1 hora extra diária, desde que respeitado o limite máximo de 6 horas diárias e mediante acordo escrito entre as partes (art. 3º, § 2º).	- **Reforma Trabalhista:** Possibilidade de realização de horas extras aos empregados que trabalharem entre 26 horas e 30 horas semanais (art. 58-A)
Intervalos	- Possibilidade de **redução** do intervalo intrajornada de 1 hora para 30 minutos mediante acordo escrito entre as partes (art. 13, *caput*); - Se o empregado residir no local de trabalho, é possível o **fracionamento** do intervalo intrajornada em 2 períodos de no mínimo 1 hora cada um (art. 13, § 1º); - **Prenotação**: Se houver fracionamento, é proibida a prenotação do intervalo no registro diário de horário (art. 13, § 2º).	- **Reforma Trabalhista:** Possibilidade de redução do intervalo intrajornada para trinta minutos, mediante acordo coletivo ou convenção coletiva (art. 611-A, III)
Fracionamento das férias	- Fracionamento a critério do empregador por período não inferior a 14 dias. Não se exige a excepcionalidade (art. 17, § 2º);	- **Reforma Trabalhista:** Mediante concordância do empregado, as férias poderão ser fracionadas em até 3 períodos (Art. 134, § 1º – Redação dada pela Lei nº 13.467/2017). - Um dos períodos não deve ser inferior a 14 dias e os demais não poderão ser inferiores a 5 dias cada um (Art. 134, § 1º – Redação dada pela Lei nº 13.467/2017).
Abono pecuniário de férias	- Deve ser requerido até 30 dias do término do período aquisitivo de férias (art. 17, § 3º).	- Deve ser requerido até 15 dias do término do período aquisitivo de férias (art. 143, § 1º).
Vale-transporte	- Permite o pagamento dos vales em dinheiro ao empregado mediante recibo (art. 19, parágrafo único).	- Não é possível o pagamento em dinheiro. É necessária a aquisição dos vales-transporte (art. 4º da Lei nº 7.418/1985).
Indenização compensatória da perda do emprego	- Obrigação do empregador doméstico de depositar mensalmente a quantia de 3,2% da remuneração devida ao empregado na conta vinculado do empregado doméstico em variação distinta dos depósitos do FGTS (art. 22). - Multa de 40% sobre os depósitos de FGTS não é devida ao doméstico.	- Pagamento de multa de 40% sobre os depósitos do FGTS nas hipóteses de dispensa sem justa causa ou rescisão indireta (art. 18, § 1º, Lei nº 8.036/1990); - Pagamento de multa de 20% para as hipóteses de término do contrato de trabalho por força maior culpa recíproca e distrato (art. 484-A da CLT – incluído pela Lei nº 13.467/2017).

	Empregado Doméstico (LC nº 150/2015)	Demais empregados (CLT)
Dispensa por justa causa (falta grave do empregado)	– Nova hipótese de dispensa por justa causa que não é aplicada aos demais empregados diante da relação de estrita confiança do trabalho doméstico: 1) submissão a maus-tratos de idoso, de enfermo, de pessoa com deficiência ou de criança sob cuidado direto ou indireto do empregado (art. 27, I); – As hipóteses que dizem respeito ao resguardo da atividade econômica do empregador previstas na CLT não são reproduzidas na lei dos domésticos em razão da ausência de finalidade lucrativa inerente a essa relação de emprego.	– Art. 482, CLT. – Inserção de nova hipótese pela Reforma Trabalhista: • perda da habilitação ou dos requisitos estabelecidos em lei para o exercício da profissão, em decorrência de conduta dolosa do empregado (art. 482, m).
Seguro-Desemprego	– Tem direito ao recebimento do seguro-desemprego no valor de 1 salário mínimo pelo período máximo de 3 meses, de forma contínua ou alternada a cada período aquisitivo de 16 meses (art. 26 da LC nº 150/2015 e art. 6º, Resolução Codefat nº 754/2015).	– A quantidade de parcelas a ser concedida ao segurado é variável de acordo com o número de solicitações do benefício e a quantidade de meses trabalhados: **1)** Se for a **1ª solicitação** do benefício: a) o empregado tem direito a 4 parcelas caso tenha trabalho, mínimo, 12 e, no máximo, 24 meses; b) o empregado tem direito a 5 parcelas caso tenha trabalhado, no mínimo, 24 meses. **2)** Se for a **2ª solicitação** do benefício: a) o empregado tem direito a 3 parcelas caso tenha trabalhado, no mínimo, 9 meses e no máximo 11 meses; b) o empregado tem direito a 4 parcelas caso tenha trabalhado, no mínimo, 12 meses e no máximo 23 meses; c) o empregado tem direito a 5 parcelas caso tenha trabalhado, no mínimo, 24 meses; **3)** A partir da **3ª solicitação** do benefício: a) o empregado tem direito a 3 parcelas caso tenha trabalhado, no mínimo, 6 meses e, no máximo, 11 meses; b) o empregado tem direito a 4 parcelas caso tenha trabalhado, no mínimo, 12 e no máximo 23 meses; c) o empregado tem direito a 5 parcelas caso tenha trabalhado, no mínimo, 24 meses;

	Empregado Doméstico (LC nº 150/2015)	Demais empregados (CLT)
Seguro-Desemprego		– Valor pago: 1) Salário de até R$ 1.480,25: multiplica-se o salário médio por 0.8 (80%). 2) Salário de 1.480,25 até 2.467,33: o que exceder a 1.480,25 multiplica-se por 0,5 (50%) e soma-se a 1.184,20. 3) Salário acima de R$ 2.467,33: o valor da parcela será de R$ 1.677,74.
Rescisão indireta (falta grave do empregador)	– Nova hipótese de rescisão indireta que não é aplicada aos demais empregados: 1) o empregador praticar qualquer das formas de violência doméstica ou familiar contra mulheres (Lei Maria da Penha).	– Art. 483, CLT.

3.5. CONTRATOS DE TRABALHO ESPECIAIS

3.5.1. BANCÁRIO

- **Peculiaridades.** A execução das atividades bancárias possui aspectos peculiares, quanto à natureza e à responsabilidade, exigindo dos empregados atenção constante no exercício de suas funções.
- **Jornada de trabalho.** O empregado bancário conquistou ao longo do tempo o direito à jornada reduzida de 6 horas diárias e 30 horas semanais, conforme previsto no art. 224 da CLT. A duração normal do trabalho ficará compreendida entre 7 h e 22 h, assegurando-se ao empregado um intervalo de 15 minutos para alimentação.
- **Cargo de confiança específica.** O bancário ocupante de cargo de confiança específica, ou seja, que exerça função de gerência, chefia, ou ainda cargo de confiança não terá direito à jornada reduzida de 6 horas e 30 horas semanais. Para configurar essa confiança específica, o gerente deverá preencher dois requisitos cumulativos:
  a) exercer funções de direção, gerência, fiscalização, chefia e equivalentes ou desempenhar cargo de confiança; e
  b) receber gratificação não inferior a 1/3 do salário do cargo efetivo.
- **Jornada do gerente.** Uma vez preenchidos esses dois requisitos, o gerente terá jornada de trabalho de 8 horas diárias e 40 horas semanais, conforme previsto no art., da CLT.
- **Gerente-geral de agência bancária.** Seus poderes equiparam-se ao próprio empregador – toma decisões importantes para o andamento da empresa, contratar e dispensar empregados, por exemplo –, não terá nenhuma limitação de jornada, aplicando-se o art. 62, II, da CLT.
- **Divisor do salário-hora.** A jurisprudência do TST, tradicionalmente, considerou o sábado do bancário como dia útil não trabalhado. Portanto, foi essa a regra adotada na prática trabalhista (Súmula nº 113 do TST). Recentemente (novembro/2016), o TST decidiu, em incidente de recursos de revista repetitivos, que a alteração do sábado para dia de repouso semanal remunerado não acarreta a alteração no divisor utilizado para o cálculo de horas extras, o que gerou a alteração da Súmula nº 124 do TST:

  > **Súmula nº 124 do TST:** *I – o divisor aplicável para o cálculo das horas extras do bancário será:*
  >
  > *a) 180, para os empregados submetidos à jornada de seis horas prevista no caput do art. 224 da CLT;*
  >
  > *b) 220, para os empregados submetidos à jornada de oito horas, nos termos do § 2º do art. 224 da CLT.*
  >
  > *II – Ressalvam-se da aplicação do item anterior as decisões de mérito sobre o tema, qualquer que seja o seu teor, emanadas de Turma do TST ou da SBDI-I, no período de 27/09/2012 até 21/11/2016, conforme a modulação aprovada no precedente obrigatório firmado no Incidente de Recursos de Revista Repetitivos nº TST-IRR-849-83.2013.5.03.0138, DEJT 19.12.2016.*

- Para a semana antes da prova:

<table>
<tr><th colspan="2">BANCÁRIO (Resumo)</th></tr>
<tr><td colspan="2">1. Jornada: 6 horas diárias e 30 horas semanais.
2. Sábado: dia útil não trabalhado.
3. Gerente: entre 8 e 40 horas semanais, desde que:
a) poderes de chefia/cargo de confiança;
b) receber gratificação não inferior a 1/3.
4. Gerente-geral de agência: não tem limitação de jornada.
5. Caixa: jornada de 6 horas.
6. Intervalo de 15 minutos não remunerado.</td></tr>
<tr><th>Equiparados aos bancários (6h)</th><th>Não são equiparados aos bancários</th></tr>
<tr><td>• Empregados do mesmo grupo econômico (Súm. 239)
• Empregados de financeiras (Súm. 55)
• Empregados de portaria e limpeza contratados diretamente pelo banco (art. 226, CLT)</td><td>• Empregados de corretoras de títulos e valores mobiliários (Súm. 119)
• Empregados de cooperativas de crédito (OJ 379)
• Vigilante (Súm. 257)
• Categoria diferenciada (Súm. 117)</td></tr>
</table>

3.5.2. BOMBEIRO CIVIL

- **Legislação específica.** A profissão de bombeiro civil é regulamentada pela Lei nº 11.901/2009. Para o exercício da profissão, a legislação exige habilitação e exercício em caráter habitual, função remunerada e exclusiva de prevenção e combate a incêndio. O conceito de bombeiro civil está previsto no art. 2º dessa legislação:

> **Art. 2º, Lei nº 11.901/2009:** *Considera-se Bombeiro Civil aquele que, habilitado nos termos desta Lei, exerça, em caráter habitual, função remunerada e exclusiva de prevenção e combate a incêndio, como empregado contratado diretamente por empresas privadas ou públicas, sociedades de economia mista, ou empresas especializadas em prestação de serviços de prevenção e combate a incêndio.*

- **Jornada 12x36.** A Lei do Bombeiro Profissional estabelece que a jornada do empregado é de 12 horas de trabalho por 36 horas de descanso:

> **Art. 5º da Lei nº 11.901/2009:** *A jornada do bombeiro civil é de 12 (doze) horas de trabalho por 36 (trinta e seis) horas de descanso, num total de 36 (trinta e seis) horas semanais.*

- **Adicional de periculosidade.** É assegurado ao bombeiro, o recebimento de adicional de periculosidade no percentual de 30% sobre o salário básico, sem os demais acréscimos salariais (art. 6º, III, Lei nº 11.901/2009).

3.5.3. MOTORISTA PROFISSIONAL

- **Motoristas profissionais.** Os motoristas eram citados como exemplos de empregados sem direito à jornada de trabalho, em razão da prestação de serviços externos, art. 62 da CLT. Recentemente (março/2015), foi promulgada a nova Lei dos Motoristas Profissionais – Lei nº 13.103/2015 –, que alterou a regulamentação da profissão, especialmente no tocante à jornada de trabalho. De acordo com a nova redação da CLT, a jornada do motorista profissional será de 8 horas diárias, sendo permitida a prorrogação por até 2 horas extras. Se for celebrado acordo ou convenção coletiva, é possível a realização de até 4 horas extras diárias. Tendo em vista o estabelecimento de jornada de trabalho para esses profissionais, verifica-se que o art. 62, inciso I, CLT tornou-se incompatível com o art. 235-C, caput, CLT. Segue quadro resumindo as principais diferenças na disciplina jurídica dos motoristas profissionais em relação aos demais empregados:

	MOTORISTA PROFISSIONAL (arts. 235-A a 235-G da CLT)	DEMAIS EMPREGADOS (CLT)
Jornada de trabalho	– 8 horas diárias com possibilidade de prorrogação em (art. 235-C, *caput*): a) 2 horas extras; ou b) 4 horas extras, desde que celebrado acordo ou convenção coletiva de trabalho.	– 8 horas diárias e 44 horas semanais (art. 7º, XIII, CF/88), sendo possível a prorrogação em, no máximo, 2 horas diárias (art. 59, *caput*).
Flexibilização do tempo à disposição do empregador	– **Tempo de espera** (art. 235-C, § 9º, CLT): carga ou descarga do veículo, bem como fiscalização da mercadoria transportada. Indenização do período na proporção de 30% do salário-hora normal. Não computado na jornada de trabalho.	– **Sobreaviso:** aguardando ordens do em casa ou em outro local combinado. Recebimento de 1/3 da hora normal. Duração máxima de 24 horas. – **Prontidão:** aguardando ordens na empresa. Recebimento de 2/3 da hora normal. Duração máxima de 12 horas.

	MOTORISTA PROFISSIONAL (arts. 235-A a 235-G da CLT)	DEMAIS EMPREGADOS (CLT)
Jornada 12 x 36	– Previsão expressa dessa modalidade com o requisito de que seja instituído mediante acordo ou convenção coletiva (art. 235-F, CLT).	– Necessária previsão em lei ou em instrumento coletivo (Súmula nº 444 do TST). – Reforma Trabalhista: Possibilidade de estipulação individual da jornada 12x36 (Art. 59-A da CLT, inserido pela Reforma Trabalhista)[12] – **Obs.: Doméstico**: possibilidade de instituição mediante acordo escrito entre as partes.
Redução e fracionamento do Intervalo intrajornada	– Redução e fracionamento do intervalo intrajornada de 1 hora dos motoristas do setor de transporte coletivo de passageiros, desde que o intervalo seja concedido entre o término da primeira hora trabalhada e o início da última hora de trabalho (art. 71, § 5º, CLT).	– **Reforma Trabalhista:** Intervalo poderá ser reduzido via acordo ou convenção coletiva, respeitado o limite máximo de 30 minutos (art. 611-A, III da CLT, inserido pela Lei nº 13.467/2017) – **Obs.: Empregados domésticos**: possibilidade de redução do intervalo de 1 hora para 30 minutos por acordo escrito entre as partes (art. 13, *caput*, LC nº 150/2015). Se o empregado doméstico residir no local de trabalho, é possível o fracionamento do intervalo em 2 períodos, desde que cada um deles tenha, no mínimo, 1 hora até o limite de 4 horas diárias (art. 13, § 1º, LC nº 150/2015).
Intervalo interjornada	– Intervalo interjornada de 11 horas, sendo possível seu fracionamento desde que garantidos o mínimo de 8 horas ininterruptas no primeiro período do fracionamento e o gozo do restante dentro das 16 horas seguintes ao final do primeiro período (art. 235-C, § 3º, CLT).	– Intervalo interjornada de 11 horas consecutivas, sendo vedados o fracionamento e a redução (art. 66 da CLT).
DSR	– Repouso semanal remunerado de 24 horas (art. 235-D, § 1º, CLT). – Possibilidade de fracionamento do DSR em 2 períodos, sendo um deles de, no mínimo, 30 horas ininterruptas cumulado com o intervalo interjornada diário. Além disso, é necessário que os 2 períodos sejam cumpridos na mesma semana (art. 235-D, § 1º, CLT).	– Repouso semanal remunerado de 24 horas concedido preferencialmente aos domingos (art. 7º, XV, CF/88). – Impossibilidade de redução ou fracionamento do DSR. – Pagamento em dobro se não concedido DSR ou se concedido após o 7º dia (Súmula nº 146 do TST e OJ nº 410 da SDI-I do TST).

3.5.4. ATLETA PROFISSIONAL[12]

- **Legislação específica.** A atividade do atleta profissional é regulamentada pela Lei nº 9.615/1998, também conhecida como Lei Pelé. Para o desenvolvimento dessa atividade, exige-se a pactuação de contrato especial de trabalho desportivo, realizado entre a entidade de prática desportiva e o atleta profissional.
- **Cláusula penal no contrato.** De acordo com o Maurício Godinho Delgado, a antiga redação do art. 28, "caput", da Lei Pelé, determinava a aplicação de cláusula penal nos contratos do atleta profissional para

12 Baixe e-book que acompanha este livro. Lá foram feitos comentários detalhados sobre a MP nº 808/2017.

a hipótese de descumprimento contratual. Contudo, o autor sustenta que, com a promulgação da Lei nº 12.395/2011, a multa punitiva foi removida do ordenamento jurídico brasileiro, pois a nova redação do art. 28 da Lei Pelé não mais se referiu à cláusula penal decorrente de simples descumprimento do contrato:

> **Art. 28, Lei nº 9.615/1998 (REDAÇÃO ATUAL).** *A atividade do atleta profissional é caracterizada por remuneração pactuada em contrato especial de trabalho desportivo, firmado com entidade de prática desportiva, no qual deverá constar, obrigatoriamente:*
>
> *I – cláusula indenizatória desportiva, devida exclusivamente à entidade de prática desportiva à qual está vinculado o atleta, nas seguintes hipóteses:*
>
> *a) transferência do atleta para outra entidade, nacional ou estrangeira, durante a vigência do contrato especial de trabalho desportivo; ou*
>
> *b) por ocasião do retorno do atleta às atividades profissionais em outra entidade de prática desportiva, no prazo de até 30 (trinta) meses; e*
>
> *II – cláusula compensatória desportiva, devida pela entidade de prática desportiva ao atleta, nas hipóteses dos incisos III a V do § 5º.*
>
> *(...)*

3.5.5. ARTISTA

- **Conceito.** A profissão do artista empregado está regulamentada pela Lei nº 6.533/1978 e compreende "o profissional que cria, interpreta ou executa obra de caráter cultural de qualquer natureza, para efeito de exibição ou divulgação pública, através de meios de comunicação de massa ou em locais onde se realizam espetáculos de diversão pública."

3.5.6. JORNALISTA

- **Empregado ou autônomo.** A profissão de jornalista pode ser desempenhada com subordinação e, portanto, estaria configurado o vínculo de emprego ou realizado o trabalho por conta própria na condição de trabalhador autônomo. O art. 302, § 1º da CLT estabelece o conceito de jornalista como "o trabalhador intelectual cuja função se estende desde a busca de informações até a redação de notícias e artigos e a organização, orientação e direção desse trabalho".
- **Exigência de diploma de jornalismo.** O STF decidiu pela inconstitucionalidade da exigência de diploma de jornalismo e registro profissional do Ministério do Trabalho como condição para o exercício da função, pois essa obrigação violaria a liberdade de imprensa e o direito à livre manifestação do pensamento.

3.5.7. PROFESSOR

- **Jornada de trabalho do professor.** A jornada de trabalho dos professores foi alterada pela Lei nº 13.415/2017, também denominada Lei do Ensino Médio. De acordo com a antiga redação do art. 318 da CLT, a jornada de trabalho do professor era de, no máximo, 4 aulas consecutivas ou 6 aulas intercaladas:

> **Art. 318 da CLT (REDAÇÃO ANTIGA):** *"Num mesmo estabelecimento de ensino não poderá o professor dar, por dia, mais de 4 aulas consecutivas, nem mais de 6 intercaladas".*

- Ocorre que, recentemente (17/02/2017), foi promulgada a Lei nº 13.415/2017 que alterou a redação do art. 318 da CLT. De acordo com o novo texto da norma, não persiste a limitação da jornada do professor pelo número de aulas prestadas, contínuas ou intercaladas, mas passa a ser permitido que o professor lecione em um mesmo estabelecimento por mais de um turno, desde que não ultrapasse a jornada de trabalho semanal estabelecida legalmente. A jornada semanal máxima permitida está prevista no art. 7º, XIII, da Constituição Federal de 1988 no total de 44 horas semanais:

> **Art. 318 da CLT (REDAÇÃO ATUAL).** *O professor poderá lecionar em um mesmo estabelecimento por mais de um turno, desde que não ultrapasse a jornada de trabalho semanal estabelecida legalmente, assegurado e não computado o intervalo para refeição.*

- **Intervalo intrajornada.** Com a nova regulamentação, o professor pode, por exemplo, prestar serviços em uma mesma escola no período da manhã e da tarde até o limite semanal de 44 horas. Além disso, deve ser assegurado intervalo intrajornada de acordo com a jornada prevista:

> **a) Jornada de até 4 horas: não há previsão em lei de intervalo intrajornada.**
>
> **b) Jornada que excede 4 horas, com limite de 6 horas:** *intervalo de 15 minutos. Se o empregador exigir horas extras habituais, excedendo a jornada de 6 horas diárias, deverá conceder intervalo mínimo de 1 hora.* **c) Jornada que excede 6 horas: mínimo de 1 hora e máximo de 2 horas.**

- **Prorrogação de jornada.** Diante da imprecisão do dispositivo legal ao apenas mencionar a limitação semanal da jornada de trabalho, surgem dúvidas quanto ao limite diário de jornada que passou a ser permitida a esse trabalhador. Entendemos que a jornada de trabalho não pode ultrapassar a 8 horas diárias com possibilidade de prorrogação por mais 2 horas, nos mesmos moldes aplicados aos demais empregados em acordo de prorrogação de jornada.

- **Jornada 12x36.** Outra questão diz respeito à possibilidade de se estabelecer a jornada de 12 horas de trabalho por 36 horas de descanso ao professor. A nova redação do art. 318 da CLT, apesar de apenas garantir limite semanal de jornada, não prevê expressamente a possibilidade de se estabelecer a jornada 12x36. Diante da excepcionalidade dessa modalidade de jornada, entendemos que somente seria possível sua implementação caso prevista em instrumento coletivo de trabalho e que a atividade desenvolvida justifique a o aumento no número de horas trabalhadas.

  Entretanto, devemos ressaltar que a Reforma Trabalhista permite a estipulação via acordo individual da jornada 12x36 (art. 59-A da CLT – incluído pela Lei nº 13.467/2017)[13]. Dessa forma, essa modalidade passa a ser admitida também aos professores.

- **Salário proporcional.** Além das discussões acerca da jornada de trabalho, a alteração da redação do art. 318 da CLT causará impactos também no tocante ao salário proporcional do professor. O salário proporcional à jornada de trabalho é lícito e aceito pela jurisprudência do TST na OJ nº 358 da SDI-I:

  > **OJ nº 358 da SDI-I do TST. I –** *Havendo contratação para cumprimento de jornada reduzida, inferior à previsão constitucional de oito horas diárias ou quarenta e quatro semanais, é lícito o pagamento do piso salarial ou do salário mínimo proporcional ao tempo trabalhado.*
  >
  > *II – Na Administração Pública direta, autárquica e fundacional não é válida remuneração de empregado público inferior ao salário mínimo, ainda que cumpra jornada de trabalho reduzida. Precedentes do Supremo Tribunal Federal.*

- Assim sendo, se o empregado for contratado para trabalhar em jornada inferior à duração normal de 8 horas diárias e 44 horas semanais, ele receberá o salário-mínimo proporcional ou o piso salarial proporcional aos dias (1/30) ou às horas trabalhadas (1/220 para jornada de 8 horas ou 1/180 para jornada de 6 horas). Em razão dos baixos salários pagos a essa categoria profissional, havia discussão sobre a possibilidade de pagamento do salário-mínimo proporcional ao professor. O TST publicou a OJ nº 393 da SDI-I no sentido de que o professor que trabalhasse a jornada máxima de 4 aulas consecutivas ou 6 aulas intercaladas, deveria ter garantido um salário-mínimo integral. Nesse caso, portanto, não poderia ser pago salário proporcional à jornada de 8 horas previstas na CF/88, porque os professores gozavam de jornada especial.

- Com a mudança no artigo 318 da CLT, prevendo apenas a limitação semanal da jornada de trabalho, é possível que os professores sejam contratados para jornada de trabalho de 8 horas diárias e 44 horas semanais. Assim, deixou de existir a previsão de jornada específica para esses trabalhadores, o que permite o pagamento de salário mínimo proporcional à jornada de trabalho, conforme previsto aos demais empregados na OJ nº 358, I, da SDI-I do TST.

3.5.8. AERONAUTA

- **Regulamentação.** A profissão de aeronauta está regulamentada pela Lei nº 13.475/2017 e compreende todos os profissionais habilitados pelo Ministério da Aeronáutica, que exercem atividade a bordo de aeronave, mediante contrato de trabalho. O art. art. 7º da Lei nº 13.475/2017 estabelece aqueles que são considerados tripulantes:

  > **Art. 7º** *Os tripulantes de voo exercem as seguintes funções a bordo da aeronave:*
  >
  > *I - comandante: piloto responsável pela operação e pela segurança da aeronave, exercendo a autoridade que a legislação lhe atribui;*
  >
  > *II - copiloto: piloto que auxilia o comandante na operação da aeronave; e*
  >
  > *III - mecânico de voo: auxiliar do comandante, encarregado da operação e do controle de sistemas diversos, conforme especificação dos manuais técnicos da aeronave.*
  >
  > *§ 1º Sem prejuízo das atribuições originalmente designadas, o comandante e o mecânico de voo poderão exercer cumulativamente outras prerrogativas decorrentes de qualificação ou credenciamento, previstas nos regulamentos aeronáuticos, desde que autorizados pela autoridade de aviação civil brasileira.*
  >
  > *§ 2º O comandante será designado pelo operador da aeronave e será seu preposto durante toda a viagem.*
  >
  > *§ 3º O copiloto é o substituto eventual do comandante nas tripulações simples, não o sendo nos casos de tripulação composta ou de revezamento.*

13 Baixe e-book que acompanha este livro. Lá foram feitos comentários detalhados sobre a MP nº 808/2017.

- **Jornada de trabalho.** A jornada de trabalho do aeronautatura é dividida em 4 hipóteses:

  I - 8 (oito) horas de voo e 4 (quatro) pousos, na hipótese de integrante de tripulação mínima ou simples;

  II - 11 (onze) horas de voo e 5 (cinco) pousos, na hipótese de integrante de tripulação composta;

  III - 14 (catorze) horas de voo e 4 (quatro) pousos, na hipótese de integrante de tripulação de revezamento; e

  IV - 7 (sete) horas sem limite de pousos, na hipótese de integrante de tripulação de helicópteros.

- **Reforma Trabalhista:** o contrato de trabalho não poderá ser estipulado na forma intermitente ao aeronauta (Art. 443, § 3º da CLT).

3.5.9. AEROVIÁRIO

- **Conceito e diferenças em relação ao aeronauta.** As empresas de administração de aeroportos têm funções principais e auxiliares. Os integrantes da tripulação mencionados no item anterior referem-se aos aeronautas. Por sua vez, todas as demais atividades executadas são realizadas pelos aeroviários, cuja regulamentação está presente no Decreto nº 1.232/1962:

  > **Art. 1º do Decreto nº 1.232/1962:** *É aeroviário o trabalhador que, não sendo aeronauta, exerce função remunerada nos serviços terrestres de Empresa de Transportes Aéreos.*

- **Jornada de trabalho.** A jornada de trabalho dos aeroviários é limitada a 44 horas semanais como os demais empregados, conforme previsto no art. 7º, XIII, CF/88.

3.5.10. SERVIÇOS EM FRIGORÍFICOS

- **Intervalo remunerado (art. 253 da CLT).** Tendo em vista que a mudança de temperatura é prejudicial à saúde do trabalhador, após 1 hora e 40 minutos de trabalho contínuo, o empregado que presta serviços em frigoríficos e câmaras frias terá direito ao intervalo de 20 minutos, computado como tempo efetivo de trabalho. Para que o empregado tenha direito a esse intervalo não é necessário que exerça suas atividades necessariamente em frigoríficos, mas fique comprovada a existência de ambiente frio. Nesse sentido, prevê a recente jurisprudência do TST:

  > **Súmula n. 438 do TST.** *O empregado submetido a trabalho contínuo em ambiente artificialmente frio, nos termos do parágrafo único do art. 253 da CLT, ainda que não labore em câmara frigorífica, tem direito ao intervalo intrajornada previsto no caput do art. 253 da CLT.*

3.5.11. TRABALHO EM MINAS DE SUBSOLO

- **Jornada de trabalho.** Os trabalhadores em minas de subsolo têm jornada de trabalho limitada a 6 horas diárias e 36 horas semanais em razão dos prejuízos que a atividade pode causar à saúde do trabalhador.

- **Intervalo remunerado (art. 298 da CLT).** Em razão das atividades peculiares, o empregado terá direito, após 3 horas consecutivas de trabalho, a um intervalo de 15 minutos.

3.5.12. ÁRBITROS

- **Vínculo de emprego.** Havia grande discussão jurisprudencial acerca do reconhecimento do vínculo de emprego entre o árbitro profissional e a federação a que estiver vinculado para a realização do trabalho. O posicionamento atual do TST tende a excluir o vínculo empregatício para lhe assegurar a condição de trabalhador autônomo sob a justificativa de que não está subordinado à federação, pois apenas está sujeito a instruções e fiscalizações quanto às regras do jogo.

3.5.13. TRABALHO AQUAVIÁRIO

- **Aquaviário** é definido pela Lei nº 9.537/97 como todo aquele com habilitação certificada pela autoridade marítima para operar embarcações em caráter profissional. Os conceitos a seguir estão estampados no art. 1º do Decreto nº 2.596/1998:

  a) Marítimos: tripulantes que operam embarcações classificadas para navegação em mar aberto, apoio portuário e para a navegação interior nos canais, lagoas, baías, angras, enseadas e áreas marítimas consideradas abrigadas;

  b) Fluviários: tripulantes que operam embarcações classificadas para a navegação interior nos lagos, rios e de apoio fluvial;

  c) Pescadores: tripulantes que exercem atividades a bordo de embarcação de pesca;

  d) Mergulhadores: tripulantes ou profissionais não-tripulantes com habilitação certificada pela autoridade marítima para exercer atribuições diretamente ligadas à operação da embarcação e prestar serviços eventuais a bordo às atividades subaquáticas;

  e) Práticos: Aquaviários não-tripulantes que prestam serviços de praticagem embarcados;

  f) Agentes de Manobra e Docagem: aquaviários não-tripulantes que manobram navios nas fainas em diques, estaleiros e carreiras.

- **Diferenças entre marítimo e portuário.** O trabalhador portuário não pode ser confundido com o marítimo, uma vez que este tem vínculo de emprego, normalmente mora na embarcação e executa serviços profissionais necessários à navegação. Já o portuário é o responsável pela movimentação de mercadorias nos portes decorrentes do transporte aquaviário.

4. EMPREGADOR

Empregador	Grupo econômico
	Sucessão trabalhista
	Poderes do empregador

Conceito. O conceito de empregador está previsto no art. 2º da CLT:

> **Art. 2º da CLT:** *Considera-se empregador a empresa, individual ou coletiva, que, assumindo os riscos da atividade econômica, admite, assalaria e dirige a prestação pessoal de serviços.*

Princípio da alteridade. O empregado não divide os riscos da atividade econômica com o empregador. Assim sendo, momentos de crise mundial, baixa produtividade, vendas abaixo das expectativas não autorizam o empregador a reduzir ou descontar salários de seus empregados. Não poderia ser diferente, pois as empresas não estão obrigadas a dividir os lucros com seus trabalhadores, logo os prejuízos também não poderão ser repartidos. A responsabilidade exclusiva da empresa pelos prejuízos ou fracasso do empreendimento é chamada de princípio da alteridade.

> **ATENÇÃO!**
> O tema a seguir foi impactado pela Reforma Trabalhista!

4.1. GRUPO ECONÔMICO

Ocorre grupo econômico quando as empresas estão ligadas entre si, ou seja, quando há "empresa-mãe e empresas-irmãs"[14]. Nesse caso, cada uma dessas empresas possui personalidade jurídica própria, isto é, CNPJ próprio, quadro de pessoal próprio, exercem atividades econômicas diversas etc. Com a Lei nº 13.467/2017, a nova redação dada ao § 2º do art. 2º da CLT estabelece o reconhecimento de duas formas de grupo econômico:

> – **Grupo econômico por subordinação:** *Essa modalidade já era prevista na redação do art. 2º, § 2º da CLT. No caso, o grupo pode ser formado na hipótese de existência de hierarquia entre as empresas. Para a prova de formação do grupo econômico por subordinação, é indispensável, portanto, demonstrar que há uma relação de controle entre uma ou mais empresas em relação às demais integrantes.*
>
> – **Grupo econômico por coordenação:** *A Reforma Trabalhista inovou ao prever a possibilidade de formação de grupo econômico por coordenação. De acordo com o novo dispositivo, mesmo que as empresas guardem cada uma sua autonomia, estará configurado o grupo econômico.*

Contudo, conforme preceitua o novo § 3º do artigo 2º da CLT, não há caracterização do grupo econômico apenas pela mera identidade de sócios entre as empresas, sendo necessária a demonstração do preenchimento de três requisitos:

> *a) interesse integrado;*
>
> *b) a efetivação comunhão de interesses; e*
>
> *c) a atuação conjunta das empresas integrantes.*

Documento para configurar o Grupo Econômico. Ressalta-se que a CLT não exige um documento ou prova específica para configuração do grupo econômico. Essa prova será feita levando em conta a análise do caso concreto, como sócios e administradores em comuns entre as empresas, utilização do mesmo imóvel, mesmo recursos humanos para contratação dos empregados etc.

Contrato único. Se o empregado for contratado por uma das empresas, mas seu trabalho estiver sendo aproveitado pelas demais, por exemplo, no período da manhã trabalha para empresa A, e, à tarde, presta serviços para a empresa B, do mesmo grupo, terá um único contrato de trabalho, ou seja, sua carteira de trabalho não será assinada pelas duas empregadoras, mas apenas uma delas. Assim sendo, mesmo prestando serviços para duas empresas, a jurisprudência do TST tem entendido tratar-se de empregador único, ou seja, o grupo é o empregador. Nesse mesmo sentido, se o empregado receber pagamento de outra empresa pertencente ao mesmo grupo, em razão de serviços executados durante a sua jornada de trabalho, o valor recebido deverá integrar a remuneração do trabalhador.

---

14 "No caso do grupo econômico, uma figura em zigue-zague, quase em formato das árvores genealógicas que aprendemos com as ciências biológicas (empregado-empregador em linha reta e empregador com as empresas-irmãs e com a empresa-mãe, se houver, dele se ramificando)." SILVA. Homero Batista Mateus da. *Curso de Direito do Trabalho aplicado*, vol. 1: *Parte Geral*. Rio de Janeiro: Elsevier, 2009. p. 142.

IMPACTOS DA REFORMA TRABALHISTA

- **Grupo econômico por subordinação e coordenação.** A Reforma Trabalhista altera a redação do § 2º do art. 2º da CLT e acrescenta seu § 3º, para prever o reconhecimento de duas formas de grupo econômico: por subordinação e por coordenação. Dessa forma, há formação de grupo econômico se houver relação de hierarquia entre as empresas integrantes ou, ainda que existente certa autonomia, se houver demonstração de interesse integrado, efetiva comunhão de interesses e atuação conjunta das empresas. A mera existência de sócios comuns não assegurará o reconhecimento do grupo econômico.
- **Antes da Reforma Trabalhista:** A antiga redação do dispositivo estabelecia e que o grupo econômico era formado quando uma empresa tivesse o controle, direção ou administração de outra. A previsão apenas do grupo por subordinação e a omissão quanto ao grupo por coordenação trazia grande discussão na doutrina e na jurisprudência.

4.1.1. RESPONSABILIDADE SOLIDÁRIA E SUBSIDIÁRIA

O candidato deve estar atento para não confundir responsabilidade solidária e responsabilidade subsidiária. Na primeira, todas as empresas são responsáveis integralmente pelo débito, podendo o trabalhador cobrar de apenas uma empresa ou de todas elas ao mesmo tempo; cabe ao empregado essa decisão. É a hipótese de configuração do grupo econômico, onde todas as empresas podem ser acionadas.

Por sua vez, na responsabilidade subsidiária, há uma ordem de preferência, isto é, aciona-se primeiro o devedor principal, somente se este não pagar, cobra-se dos demais.

4.2. SUCESSÃO DE EMPREGADORES

O fundamento legal da sucessão trabalhista está previsto nos seguintes artigos da CLT:

> **Art. 10.** *Qualquer alteração na estrutura jurídica da empresa não afetará os direitos adquiridos por seus empregados.*
>
> **Art. 448.** *A mudança na propriedade ou na estrutura jurídica da empresa não afetará os contratos de trabalho dos respectivos empregados.*

Requisitos. Para que seja configurada a sucessão trabalhista, é necessária a presença de 2 requisitos:

a) Transferência do estabelecimento: há necessidade de transferência da parte produtiva (unidade econômico-jurídica), possibilitando que o sucessor (que adquiriu o estabelecimento) continue explorando a atividade econômica do sucedido. A transferência apenas de partes separadas da sucedida (venda de equipamentos isolados para diversos compradores, um carro para determinado comprador, equipamentos eletrônicos para outro etc.), sem que proporcione a continuidade da atividade, não configura a sucessão. A transferência da unidade produtiva ocorre com a cessão do ponto comercial e da clientela, equipamentos, marca, banco de dados etc. Essa transferência poderá ser realizada mediante venda, incorporação, arrendamento, cisão, fusão etc.

b) Não ocorrência de paralisação da atividade: após a sucessão, o sucessor deverá dar continuidade ao empreendimento, sem que fique paralisado por muito tempo[15].

ATENÇÃO!

O tema a seguir foi impactado pela Reforma Trabalhista!

- **Sócio retirante**: A Reforma Trabalhista passa a regulamentar a figura do sócio retirante no art. 10-A da CLT, que compreende aquele que se retira da sociedade mediante notificação prévia aos demais sócios, devendo ocorrer alteração no contrato social da empresa. O sócio retirante responderá subsidiariamente pelas obrigações trabalhistas da sociedade relativas ao período em que figurou como sócio. Para a responsabilização do sócio, é necessário que a reclamação trabalhista seja ajuizada no período de até 2 anos depois de averbada a modificação do contrato. A responsabilidade subsidiária é determinada por um benefício de ordem, ou seja, o empregado somente poderá exigir dos sócios retirantes caso sigam a ordem de preferência exigida em lei:

  I – Empresa devedora;

  II – Sócios atuais;

  III – Sócios retirantes.

Consequência da sucessão trabalhista. Preenchidos os requisitos anteriores, o sucessor responderá pelos débitos trabalhistas. O sucessor, portanto, assumirá o bônus (riquezas produzidas pela empresa sucedida) e o ônus (débitos trabalhistas) decorrentes da sucessão.

Reforma Trabalhista: Estabelece expressamente que o sucessor responde por todas as obrigações trabalhistas na redação do novo art. 448-A da CLT. No caso de fraude na transferência das empresas, a responsabilidade será solidária.

15 De acordo com Délio Maranhão: "Para que exista a sucessão de empregadores, são os requisitos indispensáveis: a) que um estabelecimento, como unidade econômico-jurídica, passe de um para outro titular; b) que a prestação de serviço pelos empregadores não sofra solução de continuidade." SUSSEKIND, Arnaldo et al. Instituições de Direito do Trabalho, vol. I. 21. ed. São Paulo: LTr, 2004. p. 305.

IMPACTOS DA REFORMA TRABALHISTA

- **Responsabilidade de sucessor:** A Lei nº 13.467/2017 acrescenta o art. 448-A à CLT para prever a responsabilidade do sucessor e do sucedido caso configurada a sucessão de empresas. De acordo com a redação desse novo dispositivo, as obrigações trabalhistas, inclusive aquelas contraídas à época em que os empregados trabalhavam para a empresa sucedida serão de responsabilidade do sucessor. Portanto, em regra, o sucessor permanece com a responsabilidade sobre todos os débitos trabalhistas, ainda que a verba se refira ao momento de prestação dos serviços para o sucedido.
- ***Antes da Reforma Trabalhista:*** *a responsabilidade das empresas era determinada pela doutrina e jurisprudência, que também estabelecia a responsabilidade do sucessor pelos débitos trabalhistas.*

Grupo econômico e sucessão trabalhista. A formação do grupo econômico gera responsabilidade solidária entre as pessoas jurídicas que compõem o grupo. Desse modo, há discussão em torno da responsabilidade solidária entre o **sucessor** (novo empregador) que adquiriu apenas uma das empresas pertencentes ao grupo, e o **grupo econômico**, por débitos de empresas não adquiridas. O TST, recentemente, entendeu que não há responsabilidade solidária do novo empregador com o grupo econômico, exceto se comprovada má-fé ou fraude na sucessão (OJ nº 411 da SDI-I do TST).

Falência e sucessão trabalhista. A nova Lei de Falências[16] alterou profundamente o instituto da sucessão. Após a vigência dessa lei, a aquisição do estabelecimento em leilão ou hasta pública, seja no caso de recuperação judicial ou, ainda, na falência, não acarretará ônus ao comprador. Assim sendo, com fundamento na segurança jurídica para os compradores e na continuidade dos postos de trabalho, quando a transferência do empreendimento tiver origem na falência ou na recuperação judicial, não se configurará a sucessão trabalhista.

Entes de Direito Público. Não haverá sucessão trabalhista entre entes de direito público. Exemplo: no desmembramento de municípios, o novo município não assumirá os débitos trabalhistas decorrentes do desmembramento[17]. Dessa forma, o antigo município é o responsável pelos direitos trabalhistas dos empregados que lhe prestavam serviços antes do desmembramento.

16 Lei nº 11.101/2005, ver artigo 60, parágrafo único, que trata da recuperação judicial, e art. 141, II, que prevê a venda do estabelecimento na falência livre de qualquer ônus ao comprador.

17 **Orientação Jurisprudencial nº 92 da SDI-I do TST:** "Em caso de criação de novo município, por desmembramento, cada uma das novas entidades responsabiliza-se pelos direitos trabalhistas do empregado no período em que figurarem como real empregador."

Privatização. Cabe destacar que ocorrerá sucessão quando ocorrer a **privatização** de empresa pública da Administração Indireta. A privatização ocorre quando uma empresa pública é adquirida pelo setor privado. Esse fenômeno também é conhecido por desestatização. Exemplos: Vale do Rio Doce foi adquirida e se tornou a empresa Vale; o banco Banespa foi comprado pela Santander. Na hipótese de privatização, as antigas contratações sem o prévio concurso serão convalidadas, pois não se exige, na iniciativa privada, o requisito do concurso. Assim sendo, o servidor que antes estava trabalhando de forma irregular, por ausência do prévio concurso público, após a privatização, terá todos os direitos trabalhistas garantidos. Consequentemente, o novo adquirente (sucessor) assumirá todos os débitos trabalhistas do antigo proprietário (Estado). Deverá pagar os contratos de trabalho, inclusive dos empregados admitidos sem concurso público.

4.3. PODERES DO EMPREGADOR

O poder do empregador está previsto no art. 2º da CLT, pois o empregador "dirige a prestação pessoal de serviços". Como ele assume exclusivamente os riscos da atividade econômica, há necessidade de organizar e controlar a prestação de serviços, mesmo que, para isso, seja necessária a aplicação de penalidades aos trabalhadores. Se de um lado há presença do poder de direção, por parte do empregado há também a presença da subordinação.

Fiscalização do correio eletrônico. Há discussão sobre a possibilidade de fiscalizar o correio eletrônico (*e-mail*) do empregado. Prevalece o entendimento de que, se o *e-mail* é da empresa (corporativo), utilizado como ferramenta de trabalho, há possibilidade de fiscalização, pois é responsabilidade da própria empresa verificar o conteúdo dessas mensagens. O controle, entretanto, não pode recair sobre o correio eletrônico pessoal/particular do trabalhador, sob pena de configurar afronta à intimidade.

Revistas íntimas. Outra questão que poderá ser cobrada no concurso é a possibilidade de revistas íntimas e pessoais dos empregados. O(a) trabalhador(a) que lida com joias ou munição de armas poderá ser revistado? Há expressa previsão em lei vedando revistas íntimas nas mulheres, art. 373-A, VI, da CLT. Essa proibição à revista íntima tem sido estendida também aos empregados do sexo masculino, com fundamento no princípio da igualdade. Recentemente (abril/2016), foi promulgada a Lei nº 13.271/2016, que estabelece a proibição de revistas íntimas de funcionários e clientes do sexo feminino por empresas privadas e órgãos e entidades da Administração Pública:

> **Art. 1º** *As empresas privadas, os órgãos e entidades da Administração Pública, Direta e Indireta, ficam proibidos de adotar qual-*

quer prática de revista íntima de suas funcionárias e de clientes do sexo feminino.

Art. 2º *Pelo não cumprimento do art. 1º, ficam os infratores sujeitos a:*

I – multa de R$ 20.000,00 (vinte mil reais) ao empregador, revertidos aos órgãos de proteção dos direitos da mulher;

II – multa em dobro do valor estipulado no inciso I, em caso de reincidência, independentemente da indenização por danos morais e materiais e sanções de ordem penal.

Revistas pessoais. Quando realizadas com razoabilidade, sem que envolvam nudez, têm sido admitidas, desde que a atividade exercida justifique esse controle. O TST tem aceito essas revistas pessoais, de bolsas, mochilas e sacolas, desde que não submeta o trabalhador a situação constrangedora. Aliás, a revista generalizada e impessoal desses pertences do empregado pode, segundo a jurisprudência do TST, ser realizada por pessoa do sexo oposto, por exemplo, segurança do sexo masculino fiscaliza a bolsa da empregada (sem que haja contato físico com a trabalhadora).

> **ATENÇÃO!**
> O tema a seguir foi impactado pela Reforma Trabalhista!

Padrão de vestimentas: dentre os aspectos do poder do empregador, insere-se o poder de organização, que consiste na distribuição das tarefas aos empregados, fixação do horário de trabalho, utilização de uniformes etc. Dentro desse poder de organização, pode-se acrescentar a possibilidade dada ao empregador de expedir ordens gerais, por meio do regulamento da empresa. Essa atribuição é chamada de Poder Regulamentar.

A jurisprudência do TST tinha o posicionamento majoritário de que o uso de uniforme com marcas de fornecedores e propaganda de produtos configura dano à imagem do empregado, sendo cabível indenização por danos morais ao trabalhador.

Com a Reforma Trabalhista, é direito do empregador definir o padrão de vestimenta no meio ambiente de trabalho, sendo lícita a inclusão no uniforme dos empregados de logomarcas da própria empresa ou de empresas parceiras e de outros itens de identificação relacionados à atividade desempenhada.

Note-se que o uniforme não se trata de salário-utilidade. Se a utilidade fornecida é para o trabalho, ou seja, como ferramenta indispensável à realização dos serviços, não terá natureza salarial, mas sim de indenização. Portanto, os uniformes são ferramentas de trabalho e não configuram hipótese de salário in natura. De acordo com o parágrafo único do novo artigo 456-A da CLT, inserido pela Lei nº 13.467/2017, a higienização do uniforme é , em regra, de responsabilidade do trabalhador, salvo nas hipóteses em que forem necessários procedimentos ou produtos diferentes daqueles usados para a limpeza de vestimentas de uso comum.

Art. 456-A. *Cabe ao empregador definir o padrão de vestimenta no meio ambiente laboral, sendo lícita a inclusão no uniforme de logomarcas da própria empresa ou de empresas parceiras e de outros itens de identificação relacionados à atividade desempenhada.*

Parágrafo único. A higienização do uniforme é de responsabilidade do trabalhador, salvo nas hipóteses em que forem necessários procedimentos ou produtos diferentes dos utilizados para a higienização das vestimentas de uso comum.

Segue quadro para facilitar a memorização sobre o tema: empregador.

EMPREGADOR	
Princípio da alteridade:	empregador assume exclusivamente os riscos da atividade econômica. Não divide os prejuízos com os empregados.
Empregador por equiparação	também são empregadores os profissionais liberais e outras instituições sem fins lucrativos.
Grupo econômico:	a) duas ou mais empresas estiverem sobre o comando único ou coordenadas;
	b) consequência: responsabilidade solidária entre as empresas do grupo.
Sucessão trabalhista (arts. 10 e 448 da CLT):	a) transferência do estabelecimento;
	b) não ocorrência de paralisação das atividades;
	c) consequência: sucessor assume os débitos trabalhistas (art. 448-A, da CLT).
Poderes do empregador:	a) poder de organização: – poder regulamentar.
	b) poder de controle;
	c) poder disciplinar: – advertência verbal ou escrita; – suspensão de até 30 dias; – dispensa por justa causa, art. 482 da CLT.

5. RELAÇÕES DE TRABALHO *LATO SENSU*

> **ATENÇÃO!**
> O tema a seguir foi impactado pela Reforma Trabalhista![18]

Trabalhador autônomo: O trabalhador autônomo é o prestador de serviços que atua como patrão de si mesmo[19], ou seja, é a pessoa física que presta serviços por conta própria, assumindo os riscos do empreendimento. Exemplos de trabalhadores autônomos: médico, pedreiro, taxista, veterinário, diarista etc.

Em geral, esse trabalhador é o dono das ferramentas e demais equipamentos indispensáveis para a realização das suas atividades, possui ampla liberdade para escolher o horário de trabalho e fixar o preço de seus serviços. Verifica-se, assim, que falta ao trabalhador autônomo o requisito da subordinação para que se configure a relação empregatícia.

Reforma Trabalhista: A Lei nº 13.467/23017 insere o art. 442-B à CLT[20] para prever que a contratação de autônomo, cumpridas as formalidades legais, com ou sem exclusividade, de forma contínua ou não, afasta a condição de empregado. Entendemos que haverá a incidência do princípio da primazia da realidade em caso de discussão de vínculo trabalhista, já que, configurada a subordinação, estará caracterizada a relação de emprego.

> **Art. 442-B da CLT[21]:** *A contratação do autônomo, cumpridas por este todas as formalidades legais, com ou sem exclusividade, de forma contínua ou não, afasta a qualidade de empregado prevista no art. 3o desta Consolidação.*

Trabalhador eventual: O trabalhador eventual é aquele que presta serviços ocasionais, esporádicos. Ademais, outro critério para identificar o trabalhador eventual é que ele atue em atividades não permanentes da empresa. Exemplo: faculdade de direito contrata programador de sistemas por três dias, para atualização dos computadores. Veja que esse trabalho não é uma atividade permanente da faculdade, e, ainda, não há repetição das atividades desse profissional.

Verifica-se, no trabalho eventual, a ausência de expectativa de retorno ao local de trabalho, portanto falta o requisito da não eventualidade para configurar o vínculo empregatício.

Trabalhador avulso: A característica principal do trabalho avulso é a presença da intermediação de mão de obra, ou seja, o trabalhador avulso é colocado no local de trabalho com a intermediação do sindicato da categoria ou por meio do Órgão Gestor de Mão de Obra – Ogmo.

Embora esse trabalhador não seja empregado, nem do sindicato, nem do Ogmo, uma vez que exerce a atividade a diversos operadores portuários (ausência do requisito de pessoalidade), o art. 7º, XXXIV, da CF/88 estendeu a ele todos os direitos previstos aos empregados. Diante disso, o trabalhador avulso terá direito a férias, décimo terceiro salário, depósitos do FGTS etc.

Trabalhador voluntário: no trabalho voluntário, não há o requisito onerosidade. É possível o ressarcimento do trabalhador pelas despesas que realizou no trabalho, as quais não configuram contraprestação pelo serviço prestado.

6. PROTEÇÃO DO TRABALHO DO ADOLESCENTE

- **Idade para trabalho.** É proibido o trabalho noturno, perigoso ou insalubre a menores de dezoito e de qualquer trabalho a menores de dezesseis anos, salvo na condição de aprendiz, a partir de quatorze anos.
- **Hora extra.** De acordo com o art. 413 da CLT, o empregado menor de 18 anos poderá prorrogar a jornada somente em duas hipóteses excepcionais: a) compensação de jornada, desde que: 1. haja negociação coletiva; e 2. não ultrapasse 44 horas semanais; b) Força maior, desde que não ultrapasse 12 horas diárias e haja pagamento de adicional de serviço extraordinário de, no mínimo, 50%. Fora esses 2 casos excepcionais, o adolescente não poderá prestar serviços suplementares (horas extras).

> **ATENÇÃO!**
> O tema a seguir foi impactado pela Reforma Trabalhista!

- **Intervalo de 15 minutos.** Importante ressaltar que o intervalo de 15 minutos entre o final da jornada de trabalho e o início da jornada extraordinária não é mais devido aos adolescentes e às mulheres, tendo em vista a revogação do art. 384 da CLT pela Reforma Trabalhista.

---

18 Baixe e-book que acompanha este livro. Lá foram feitos comentários detalhados sobre a MP nº 808/2017.

19 BARROS, Alice Monteiro. *Curso de Direito do Trabalho*. 2. ed. São Paulo: LTr, 2006. p. 204.

20 Baixe e-book que acompanha este livro. Lá foram feitos comentários detalhados sobre a MP nº 808/2017.

21 Baixe e-book que acompanha este livro. Lá foram feitos comentários detalhados sobre a MP nº 808/2017.

> **IMPACTOS DA REFORMA TRABALHISTA**
>
> - ***Intervalo para jornada extraordinária.*** *A Lei nº 13.467/2017 revoga o art. 384 da CLT, e, portanto, não é devido o intervalo de 15 minutos entre a jornada normal e as horas extraordinárias.*
> - ***Antes da Reforma Trabalhista:*** *havia previsão de intervalo de 15 minutos entre o final da jornada de trabalho e o início da jornada extraordinária para adolescentes e mulheres.*

- **Jornadas somadas.** Caso o adolescente preste serviços a mais de uma empresa, ou seja, haja contratos de trabalho simultâneos, as horas de trabalho em cada uma delas serão somadas, conforme previsto no art. 414 da CLT. Exemplo: empregado adolescente, 17 anos de idade, trabalha 4 horas diárias em um supermercado. Foi contratado para trabalhar em uma papelaria à tarde. Poderá cumular os contratos, desde que tenha jornada, na papelaria, de até 4 horas diárias, pois não poderá ultrapassar as 8 horas, somados os horários.
- **Declarações para a retirada da CPTS.** Inicialmente, compete aos representantes legais do menor de 18 anos prestar declarações para a retirada da Carteira de Trabalho e Previdência Social – CTPS.
- **Assistência para quitação.** Além disso, para a assinatura do recibo de quitação das verbas rescisórias, há a necessidade de assistência dos representantes legais, sob pena de nulidade, conforme previsto no art. 439 da CLT.
- **Prescrição.** Contra o menor de 18 anos não corre prazo prescricional, ou seja, há uma causa impeditiva de contagem do prazo. Exemplo: o término do contrato ocorreu quando o trabalhador completou 17 anos de idade. Não correrá o prazo prescricional até que ele complete 18 anos. Ao completar essa idade, inicia-se o prazo de 2 anos para ingressar com a ação na Justiça do Trabalho. Ressalta-se que não é vedado ao adolescente ingressar com a reclamação trabalhista antes de completar 18 anos.
- **Meio ambiente do trabalho.** As normas referentes ao meio ambiente de trabalho da mulher previstas na CLT são aplicadas subsidiariamente aos adolescentes. Nesse sentido, destaca-se a limitação de força muscular (art. 405, § 5º, CLT). Lembre-se de que a Reforma Trabalhista revogará o art. 384 da CLT, deixando de existir o intervalo na hipótese de prorrogação de jornada.

6.1. SALÁRIO DO ADOLESCENTE

O art. 7º, inciso XXX, da CF/88 proíbe que os menores de 18 anos tenham salários diferentes no exercício de funções idênticas se comparados com o salário de um empregado adulto. Nesse sentido:

> **Art. 7º, inciso XXX, CF/88:** *São direitos dos trabalhadores urbanos e rurais, além de outros que visem à melhoria de sua condição social: proibição de diferença de salários, de exercício de funções e de critério de admissão por motivo de sexo, idade, cor ou estado civil.*

Além disso, a própria jurisprudência do TST determina que não é possível a fixação de salário mínimo profissional diferenciado aos menores:

> **Orientação Jurisprudencial nº 26 da SDC do TST:** *Os empregados menores não podem ser discriminados em cláusula que fixa salário mínimo profissional para a categoria.*

Dessa forma, o art. 11, parágrafo único, Lei nº 5.889/1973 (empregado rural), que garante ao menor de 16 anos salário mínimo fixado em valor correspondente à metade do salário mínimo de um empregado adulto, foi revogado com a promulgação da Constituição Federal de 1988. Portanto, é assegurado a todos os empregados menores de 18 anos o mesmo salário recebido por um empregado adulto no exercício da mesma função.

6.2. DAS FÉRIAS DO EMPREGADO ADOLESCENTE

> **ATENÇÃO!**
>
> O tema a seguir foi impactado pela Reforma Trabalhista!

- **Fracionamento.** Com a Reforma Trabalhista, há a revogação do art. 134, § 2º da CLT que estabelecia essa vedação de fracionamento de férias ao menor de 18 anos. Dessa forma, será permitido a todos os empregados, inclusive aos adolescentes, o fracionamento das férias individuais.

> **Art. 134, § 1º da CLT:** *Desde que haja concordância do empregado, as férias poderão ser usufruídas em até três períodos, sendo que um deles não poderá ser inferior a quatorze dias corridos e os demais não poderão ser inferiores a cinco dias corridos, cada um.*

- **Coincidência com as férias escolares.** O adolescente tem o direito de fazer coincidir as férias no trabalho com o período das férias escolares.
- **Para a semana antes da prova**, segue o quadro de resumo sobre empregado menor de 18 anos:

Trabalho do ADOLESCENTE	
Trabalho a partir dos 16 anos, exceto:	– |**N**|oturno – |**I**|nsalubre – |**P**|erigoso
A partir dos 14 anos:	– somente como aprendiz
Proibido trabalhar em horas extras, exceto:	– compensação – máximo 2 horas extras diárias – força maior – até 12 horas
Intervalo de 15 minutos entre:	– jornada normal – horas extras
Trabalho em mais de uma empresa:	– 8 horas somadas
Representante legal:	– assistência na quitação das verbas rescisórias
Férias:	– A Reforma Trabalhista permite o fracionamento a todos os empregados – direito de coincidir férias no trabalho com as férias escolares

IMPACTOS DA REFORMA TRABALHISTA

- Fracionamento das férias: A Lei nº 13.467/2017 revoga o art. 134, § 2º da CLT, permitindo o fracionamento de férias pelo empregado menor de 18 anos e pelo maior de 50 anos.
- Antes da Reforma Trabalhista: não é possível o fracionamento das férias pelo menor de 18 anos e pelo maior de 50 anos.

6.3. APRENDIZ

- **Idade.** A idade permitida para o contrato de aprendizagem é do maior de 14 anos e do menor de 24 anos. Esse limite máximo, 24 anos, não se aplica aos aprendizes com deficiência.
- **Requisitos indispensáveis para configurar o contrato de aprendizagem.** Esses requisitos estão previstos no art. 428 da CLT:

  > **Art. 428.** *Contrato de aprendizagem é o contrato de trabalho especial, ajustado por* **escrito** *e por prazo determinado, em que o empregador se compromete a assegurar ao* **maior de 14** *(quatorze) e* **menor de 24** *(vinte e quatro) anos inscrito em* **programa de aprendizagem** *formação técnico-profissional metódica, compatível com o seu desenvolvimento físico, moral e psicológico, e o aprendiz, a executar com zelo e diligência as tarefas necessárias a essa formação (grifos acrescidos).*

- **Salário mínimo hora.** Recentemente (13/03/2017), foi promulgada a Lei nº 13.420/2017, que alterou a redação de diversos artigos da CLT sobre a aprendizagem. A antiga redação do art. 428, § 2º, CLT determinava que, ao menor aprendiz, deveria ser assegurado salário mínimo hora salvo condição mais favorável. A Lei nº 13.420/2017 estendeu essa previsão não apenas ao menor aprendiz, mas a todos os aprendizes. Lembre-se de que a aprendizagem é permitida entre 14 e 24 anos, sendo que não há limitação de idade para pessoas com deficiência. Ocorre que, desde a promulgação da CF/88, é assegurado a todos os trabalhadores, inclusive os aprendizes, o recebimento nunca inferior ao salário mínimo hora. Trata-se, portanto, de alteração apenas na redação do art. 428, § 2º, da CLT para se adequar ao texto constitucional:

  > **Art. 428, § 2º, CLT (NOVA REDAÇÃO):** *Ao aprendiz, salvo condição mais favorável, será garantido o salário mínimo hora.*

- **Requisitos para validade do contrato de aprendizagem para maiores de 18 anos.** A Lei nº 13.146/2015 (Estatuto da Pessoa com Deficiência) acrescentou o § 8º do art. 428 da CLT, que prevê a necessidade de anotação na CTPS e frequência em programa de aprendizagem desenvolvido por entidade qualificada em formação técnico-profissional metódica.
- **Prazo determinado.** O contrato de aprendizagem é por prazo determinado. Assim sendo, não poderá ser firmado por mais de **2 anos** com o mesmo empregador. Se extrapolado o limite de 2 anos, o contrato será automaticamente convertido em prazo indeterminado. Esse limite máximo de 2 anos não se aplica ao aprendiz com deficiência.
- **FGTS.** Os depósitos do FGTS – Fundo de Garantia do Tempo de Serviço – são suportados exclusivamente pelo empregador. A alíquota do aprendiz é de apenas 2% sobre a remuneração. O percentual dos demais empregados é de 8% sobre a remuneração.

- **Obrigatoriedade na contratação de aprendizes.** Como forma de incentivar a inserção de novos profissionais no mercado de trabalho, a CLT prevê obrigatoriedade na contratação desses profissionais. As empresas estão obrigadas a contratar, no mínimo, 5% e, no máximo, 15% do quadro de trabalhadores como aprendizes. Essa obrigatoriedade não se aplica aos empregadores sem fins lucrativos, às microempresas e às empresas de pequeno porte.
- **Vínculo empregatício do aprendiz.** O vínculo empregatício do aprendiz poderá ocorrer:

  a) diretamente com a empresa para a qual ele presta serviços. Nesse caso, o estabelecimento assumirá a condição de empregador, devendo inscrever o aprendiz em programa de aprendizagem a ser ministrado pelos cursos dos Serviços Nacionais de Aprendizagem. Se não houver vagas suficientes nesses Serviços, é possível que o curso seja ministrado por:

  1) Escolas Técnicas de Educação;
  2) Entidades sem fins lucrativos, que tenham por objetivo a assistência ao adolescente e à educação profissional, registradas no Conselho Municipal dos Direitos da Criança e do Adolescente e;
  3) Entidades de prática desportiva das diversas modalidades filiadas ao Sistema Nacional do Desporto e aos Sistemas de Desporto dos Estados, do Distrito Federal e dos Municípios. Essas entidades foram incluídas recentemente (13/03/2017) pela Lei nº 13.420/2017.

  b) supletivamente, com as entidades sem fins lucrativos[22], simultaneamente ao desenvolvimento do programa de aprendizagem. Essas entidades atuam como intermediadoras de mão de obra, ou seja, embora formalmente empregadoras, os aprendizes prestam serviços (experiência prática) nas empresas tomadoras de serviços. Nesse caso, haverá contrato entre entidade sem fins lucrativos e empresa tomadora de serviços de aprendizagem. Recentemente (13/03/2017), a Lei nº 13.420/2017 passou a prever que o contrato de aprendizagem também pode ser firmado, com as entidades de prática desportiva das diversas modalidades filiadas ao Sistema Nacional do Desporto e aos Sistemas de Desporto dos Estados, do Distrito Federal e dos Municípios.

- **Extinção do contrato de aprendizagem.** A extinção poderá ocorrer normalmente, nos casos de término do prazo do contrato de dois anos, ou ainda se o aprendiz completar 24 anos, conforme o art. 428, *caput* e § 3º, da CLT.

  Ocorre, entretanto, a possibilidade de rescisão antecipada (art. 433, CLT) nos casos de:

  > *I. desempenho insuficiente ou inadaptação do aprendiz, salvo para o aprendiz com deficiência quando desprovido de recursos de acessibilidade, de tecnologias assistivas e de apoio necessário ao desempenho de suas atividades. Essa exceção ao aprendiz com deficiência foi acrescentada pelo Estatuto da Pessoa com Deficiência (Lei nº 13.146/2015);*
  >
  > *II. falta disciplinar grave;*
  >
  > *III. ausência injustificada à escola que implique perda do ano letivo;*
  >
  > *IV. pedido do aprendiz.*

- **Para a semana antes da prova**, segue o quadro de resumo sobre aprendiz:

---

22 **Art. 15 do Decreto nº 5.598/2005**: A contratação do aprendiz deverá ser efetivada diretamente pelo estabelecimento que se obrigue ao cumprimento da cota de aprendizagem ou, supletivamente, pelas entidades sem fins lucrativos mencionadas no inciso III do art. 8º deste Decreto. **Art. 8º do Decreto nº 5.598/2005**: Consideram-se entidades qualificadas em formação técnico-profissional metódica: **I** – os Serviços Nacionais de Aprendizagem, assim identificados: a) Serviço Nacional de Aprendizagem Industrial – Senai; b) Serviço Nacional de Aprendizagem Comercial – Senac; c) Serviço Nacional de Aprendizagem Rural – Senar; d) Serviço Nacional de Aprendizagem do Transporte – Senat; e e) Serviço Nacional de Aprendizagem do Cooperativismo – Sescoop; **II** – as escolas técnicas de educação, inclusive as agrotécnicas; e **III** – as entidades sem fins lucrativos, que tenham por objetivos a assistência ao adolescente e à educação profissional, registradas no Conselho Municipal dos Direitos da Criança e do Adolescente.

Aprendiz

- Idade permitida: a partir de 14 anos até 24 anos, exceto deficiente
- Requisitos → contrato escrito; matrícula e frequência na escola; inscrição em programa de aprendizagem
- Prazo do contrato: 2 anos, exceto deficiente
- FGTS: 2%
- Obrigatoriedade na contratação → mínimo 5%; máximo 15%
  (Exceto: entidades sem fins lucrativos e pequenas e microempresas)
- Jornada: 6 horas, exceto se completou o ensino fundamental, 8 horas

6.4. DOS DIREITOS DE PROFISSIONALIZAÇÃO E À PROTEÇÃO DO TRABALHO. ESTATUTO DA CRIANÇA E DO ADOLESCENTE (LEI Nº 8.069/90 E ALTERAÇÕES)[23-24]

De acordo com previsão expressa no ECA, é considerada criança a pessoa com até 12 anos incompletos e adolescente aquela entre 12 e 18 anos de idade.

> **Art. 2º do ECA:** *Considera-se criança, para os efeitos desta Lei, a pessoa até doze anos de idade incompletos, e adolescente aquela entre doze e dezoito anos de idade.*
>
> *Parágrafo único. Nos casos expressos em lei, aplica-se excepcionalmente este Estatuto às pessoas entre dezoito e vinte e um anos de idade.*

Excepcionalmente, o ECA é aplicado a pessoas entre 18 e 21 anos de idade.

Os artigos indicados no Estatuto da Criança e do Adolescente sobre esse tópico são: artigos 60 a 69, os quais recomendamos a leitura.

O candidato ao ler esses artigos deve ficar atento:

a) a idade mínima do aprendiz é 14 anos. Não se admite aprendiz menor de 14 anos, conforme previsto na CF[25];

b) proibição do trabalho penoso a menores de 18 anos;

c) previsão do trabalho educativo em que as condições pedagógicas devem prevalecer sobre o aspecto produtivo.

7. PROTEÇÃO DO TRABALHO DA MULHER

- **Proteção à maternidade.** Durante a gravidez é garantida à empregada gestante a dispensa do horário de trabalho pelo tempo necessário para a realização de, no mínimo, 6 consultas médicas e demais exames complementares.

> **ATENÇÃO!**
>
> O tema a seguir foi impactado pela Reforma Trabalhista![25]

- **Afastamento de atividades insalubres.** O tema é regulamentado pela Lei nº 13.467/2017 – Reforma Trabalhista. De acordo com a nova lei, o afastamento das atividades insalubres da gestante e lactante persiste, mas os efeitos serão diversos em relação ao grau de insalubridade e entre empregada gestante e lactante:

AFASTAMENTO EM ATIVIDADES INSALUBRES		
Empregada	**Grau de insalubridade**	**Afastamento**
Gestante	Insalubridade em grau máximo	Afastamento obrigatório
	Insalubridade em graus médio e mínimo	Afastamento com atestado de médico de confiança da mulher
Lactante	Qualquer grau de insalubridade	Afastamento com atestado de médico de confiança da mulher

Nesse caso, se o empregador mantiver a empregada em atividade insalubre mesmo com o atestado médico exigindo seu afastamento, poderá a gestante

23 Indico o melhor livro de ECA para leitura complementar: *Estatuto da Criança e do Adolescente Comentado*. Luciano Rossato, Paulo Lépore e Rogério Sanches. 7. ed. Editora RT.

24 Os artigos indicados no Estatuto da Criança e do Adolescente sobre esse tópico são: artigos 60 a 69.

25 Baixe e-book que acompanha este livro. Lá foram feitos comentários detalhados sobre a MP nº 808/2017.

ou lactante ingressar com ação para exigir seu afastamento. Além disso, é possível o reconhecimento da rescisão indireta do contrato de trabalho pelo empregador.[26]

No período de afastamento, a empregada continua recebendo sua remuneração, bem como o adicional de insalubridade, por expressa previsão legal (art. 394-A da CLT – alterado pela Reforma Trabalhista)[27].

- **Gravidez de risco:** Na impossibilidade de transferir a gestante ou a lactante para atividade salubre na empresa, a empregada terá direito à percepção de salário maternidade, pois a gravidez será considerada de risco. Nesse caso, durante todo o período de afastamento, a empregada perceberá o benefício previdenciário. Note-se que, diferentemente do prazo habitual da licença-maternidade de 120 dias, a Reforma Trabalhista cria uma espécie de "super salário-maternidade", pois a empregada poderá perceber o benefício durante os 9 meses de gestação além dos meses necessários à lactação da criança. Criou-se, portanto, previsão de recebimento de benefício previdenciário sem prévia fonte de custeio.
- **Amamentação.** Outra garantia dada à mulher, mesmo após a gestação, é amamentar o próprio filho, inclusive se advindo de adoção, nos termos da do art. 396 da CLT, que teve sua redação alterada pela Lei nº 13.509/2017, até que este complete 6 meses de idade. Nesse caso, terá direito, durante a jornada de trabalho, a 2 descansos especiais de meia hora cada um. Aliás, nos estabelecimentos com pelo menos **30 mulheres com mais de 16 anos** de idade, estas terão local apropriado onde seja permitido guardar, sob vigilância e assistência, os seus filhos no período da amamentação. O empregador, entretanto, tem a opção de manter convênio com entidades públicas ou privadas para suprir a exigência da creche no próprio estabelecimento (art. 389, §§ 1º e 2º, da CLT). Com a Reforma Trabalhista, os períodos para amamentação deverão ser definidos por acordo individual entre a mulher e o empregador.
- **Aborto não criminoso.** No caso de aborto não criminoso, devidamente comprovado por exame médico oficial, a mulher terá direito a um repouso remunerado de duas semanas, ficando-lhe assegurado o direito de retornar à função que ocupava antes de seu afastamento.

IMPACTOS DA REFORMA TRABALHISTA

- **O afastamento de atividades insalubres:** De acordo com a Lei nº 13.467/2017, é obrigatório o afastamento no caso de gestante que trabalhe em contato com agente insalubre em grau máximo. No caso de gestante submetida a insalubridade em graus médio ou mínimo, ou ainda, no caso da lactante, será afastada com a apresentação de atestado de médico de sua confiança.
- **Antes da Reforma Trabalhista:** a mulher gestante e lactante eram afastadas da atividade insalubre, qualquer que fosse o grau de insalubridade.
- **Impossibilidade de transferência da gestante ou lactante para lugar salubre:** Nesse caso, a Reforma Trabalhista determina a percepção de salário-maternidade durante o período de afastamento.
- **Antes da Reforma Trabalhista:** não havia previsão nesse sentido, devendo o valor da remuneração da empresa ser pago pela própria empresa.

7.1. LICENÇA-MATERNIDADE

- **Licença-maternidade.** A licença-maternidade compreende o afastamento remunerado da gestante, com duração de 120 dias. Sabe-se que, mesmo em caso de parto antecipado, a mulher terá direito à licença. Ademais, essa licença não está condicionada ao nascimento da criança com vida, porque, nesse caso, a empregada terá o repouso de 120 dias para se recuperar do trauma.
- Recentemente (27/06/2016), foi promulgada a Lei nº 13.301/2016, que **estendeu o prazo da licença-maternidade para 180 dias** para as mães de crianças acometidas por sequelas neurológicas de doenças transmitidas pelo *Aedes aegypti*, como a microcefalia.
- **Adoção.** Além da empregada gestante, tem direito à licença-maternidade a empregada que adotar ou obtiver guarda judicial para fins de adoção de criança e adolescente, nos termos da do art. 392-A da CLT, que teve sua redação alterada pela Lei nº 13.509/2017. Ressalta-se que essa licença somente será concedida mediante apresentação do termo judicial de guarda à adotante ou guardiã. Atualmente, após a recente alteração da lei, a duração de licença para essa empregada será também de 120 dias.

---

26 Importante destacar que o art. 60 do ECA, que estabelece a possibilidade de trabalho do **adolescente menor de 14 anos** como aprendiz, não foi recepcionado pela CF/88, após a promulgação da EC nº 20/1998, que estabeleceu a idade mínima de 14 anos para o trabalho na aprendizagem.

27 Baixe e-book que acompanha este livro. Lá foram feitos comentários detalhados sobre a MP nº 808/2017.

NOVIDADES TRAZIDAS PELA LEI Nº 13.509/2017
PROTEÇÃO DO TRABALHO DA MULHER

- **Estabilidade provisória da adotante:** A nova lei acrescentou o parágrafo único ao art. 391-A da CLT para estender à adotante a estabilidade provisória da gestante prevista no art. 10, II, "b", do ADCT.
  > Requisito: guarda provisória para fins de adoção;
  > Início da estabilidade com a convivência familiar (guarda provisória, concessão de adoção, etc.)
- **Licença-maternidade na adoção de adolescentes:** A Lei nº 13.509/2017 passou a assegurar o direito ao recebimento de licença-maternidade na hipótese de adoção de crianças e de adolescentes. A antiga redação o art. 392-A da CLT previa esse direito apenas à adoção de crianças.
  a) Criança: Menores de 12 anos (art. 2º, ECA)
  b) Adolescentes: Entre 12 e 18 anos (art. 2º, ECA)
  > Ressalta-se que, diante da ausência de previsão em lei de pagamento de salário maternidade na adoção de adolescente, caberá à empresa o pagamento do salário do empregado afastado.
- **Intervalos para amamentação na adoção:** A nova redação do "caput" do art. 396 da CLT prevê o direito a dois intervalos de ½ hora cada um para amamentação do filho, inclusive se advindo de adoção.
  > Esses intervalos devem ser concedidos independentemente do sexo do empregado adotante, diante da possibilidade de amamentação artificial.

- **Guarda conjunta.** Se a guarda judicial for conjunta, apenas um dos adotantes terá direito à licença. Aliás, mesmo que o adotante seja do sexo masculino, passa a ter direito à licença remunerada de 120 dias. Lembre-se que a jurisprudência do STF não permite qualquer forma de discriminação para casais do mesmo sexo (união homoafetiva). Logo, o empregado que adotar uma criança, qualquer que seja sua opção sexual, solteiro ou casado, terá direito à "licença-maternidade".
- **Mulher que morre durante da licença.** Caso a empregada venha a falecer no parto ou durante a licença-maternidade, o marido ou companheiro poderá usufruir da licença integralmente (120 dias) ou pelo período restante.
- **Prorrogação da licença-maternidade.** Cabe ressaltar a prorrogação do período da licença-maternidade, por mais 60 dias, com a promulgação da Lei nº 11.770/2008. Nem todas as empregadas, entretanto, terão direito à prorrogação. Somente se preenchidos os 2 requisitos a seguir:

  I. empregada da pessoa jurídica que tenha aderido ao Programa da Empresa Cidadã;

  II. pedido de prorrogação deve ser feito, pela empregada, até o fim do 1º mês após o parto.

7.2. ESTABILIDADE DA GESTANTE E DO ADOTANTE

- **Estabilidade da gestante.** A estabilidade, ou garantia provisória de emprego, veda que o empregador dispense arbitrariamente ou sem justa causa a empregada gestante, desde a confirmação da gravidez até 5 meses após o parto. A confirmação da gravidez não se confunde com a comunicação ao empregador, pois, mesmo se ele não tiver conhecimento da gestação, não poderá dispensar a trabalhadora.[28]
- **Estabilidade durante o contrato por prazo determinado.** Recentemente, o TST mudou o posicionamento, para confirmar que a gestante adquire o direito à estabilidade se o contrato for por prazo determinado ou contrato de experiência. Aliás, há expressa previsão no art. 391-A, da CLT.
- **Reintegração e indenização.** Se a gestante for dispensada durante o período da gestação, a empregada poderá pleitear a **reintegração** ao trabalho, pois essa dispensa será irregular. Após o período da estabilidade, a empregada fará jus aos direitos trabalhistas, ou seja, à indenização do período.
- **Ingresso da ação trabalhista após o período de estabilidade.** O ajuizamento de ação trabalhista após decorrido o período de garantia de emprego não configura abuso do exercício do direito de ação, pois este está submetido apenas ao prazo prescricional inscrito no art. 7º, XXIX, da CF/1988, sendo devida a indenização desde a dispensa até a data do término do período estabilitário.
- **Morte da gestante.** Recentemente foi promulgada a Lei Complementar nº 146/2014, que estende a estabilidade provisória da gestante nos casos de morte desta a quem detiver a guarda de seu filho.
- **Para a semana antes da prova**, segue o quadro de resumo sobre **estabilidade**:

28 Com o advento da Lei nº 13.509/2017, a estabilidade aplica-se ao empregado adotante ao qual tenha sido concedida guarda provisória para fins de adoção, nos termos do art. 391-A da CLT.

Estabilidade da Gestante	
Duração:	inicia-se com a confirmação da gravidez e permanece até 5 meses após o parto.
Desconhecimento da gravidez pelo empregador:	não afasta o direito à estabilidade.
Contrato por prazo determinado:	adquire estabilidade, inclusive no contrato previsto na Lei nº 9.601/98.
Gravidez durante o aviso-prévio:	Gera estabilidade (art. 391-A, CLT).
Dispensa sem justa causa:	**a) reintegração:** somente se a decisão ocorrer durante o período estabilitário; **b) indenização:** se a decisão for dada após o período estabilitário.

ESTABILIDADE
(Reintegração/Indenização/Abuso de direito)

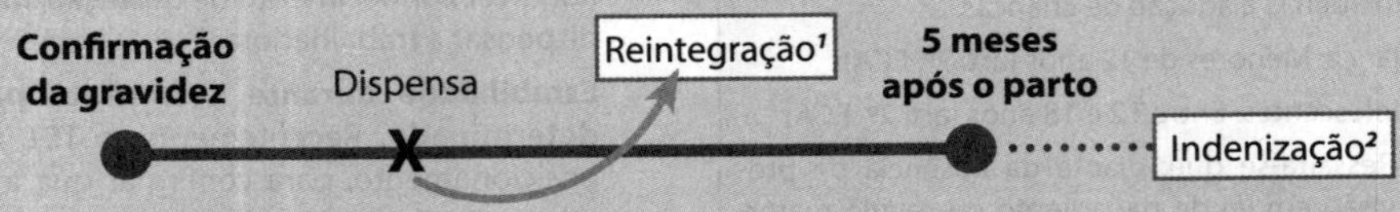

1. Somente ocorrerá a **reintegração** se a decisão ocorrer dentro do período estabilitário
2. Se a decisão ou ingresso da reclamação for posterior ao período de estabilidade, a empregada será **indenizada**
3. Não há **abuso de direito**, se a empregada ingressar com reclamação trabalhista após o período estabilitário (OJ 399)

7.3. MEIO AMBIENTE DE TRABALHO

- **Trabalho das mulheres em locais insalubres e perigosos.** É permitido às mulheres prestar serviços em locais insalubres e perigosos e no período noturno, assim como aos demais trabalhadores do sexo masculino. A proibição desses trabalhos, para as mulheres, não mais existe. A única restrição diz respeito à empregada gestante ou lactante, que deve ser afastada de atividades, operações e locais insalubres da forma exposta no item 7 (art. 394-A, CLT)[29].
- **Discriminação.** É vedado qualquer tipo de discriminação em razão do sexo, cor, estado civil etc. A empregada, portanto, tem proteção pré-contratual, como a proibição da exigência de teste de gravidez como requisito para preenchimento da vaga de emprego. E, ainda, a mulher terá direito à reintegração ou indenização no caso de dispensa discriminatória.
- **Intervalo.** A empregada tinha direito, entretanto, em razão de sua condição física, a tratamento diferenciado do dos homens. Dentre esses direitos destaca-se o intervalo intrajornada de 15 minutos concedido entre o horário normal de trabalho e horas suplementares. O art. 384 da CLT que trazia esta previsão, entretanto, foi revogado pela Reforma Trabalhista, não sendo mais devido o intervalo às mulheres.
- **Hipóteses de interrupção do contrato de trabalho.** A Lei nº 13.257/2016, que dispõe sobre as políticas públicas para a primeira infância, estabeleceu duas novas hipóteses de interrupção do contrato de trabalho para permitir o acompanhamento da gestante em consultas médicas e exames complementares, bem como para as consultas médicas de filhos até os 6 anos de idade. Nesse sentido, seguem os prazos conferidos pela legislação:

  a) 2 dias durante o período de gravidez da esposa ou companheira gestante para acompanhamento do cônjuge ou companheiro a consultas médicas e exames complementares (art. 473, X, CLT);

  b) 1 dia por ano – para acompanhar filho de até 6 anos em consulta médica e é válido tanto para o empregado como para a empregada (art. 473, XI, CLT).

---

29 Baixe e-book que acompanha este livro. Lá foram feitos comentários detalhados sobre a MP nº 808/2017.

- **Força muscular.** No tocante à forma muscular, há previsão específica no art. 390 da CLT: "Ao empregador é vedado empregar a mulher em serviço que demande o emprego de força muscular superior a vinte (20) quilos, para o trabalho contínuo, ou vinte e cinco (25) quilos, para o trabalho ocasional. Não está compreendida na determinação deste artigo a remoção de material feita por impulsão ou tração de vagonetes sobre trilhos, de carros de mão ou quaisquer aparelhos mecânicos."

7.4. LEI Nº 9.029/1995:

- A lei em questão proíbe a adoção de prática discriminatória para efeito de acesso ao trabalho e à sua manutenção por motivo de sexo, raça, origem, dentre outros.
- Segundo o art. 2º da lei, haverá crime quando se configurarem as seguintes práticas discriminatórias:

I – a exigência de teste, exame, perícia, laudo, atestado, declaração ou qualquer outro procedimento relativo à esterilização ou a estado de gravidez;

II – a adoção de quaisquer medidas, de iniciativa do empregador, que configurem;

a) indução ou instigamento à esterilização genética;

b) promoção do controle de natalidade, assim não considerado o oferecimento de serviços e de aconselhamento ou planejamento familiar, realizados através de instituições públicas ou privadas, submetidas às normas do Sistema Único de Saúde (SUS).

- **Para a semana antes da prova**, segue o quadro de resumo sobre **trabalho da mulher, de acordo com a Reforma Trabalhista**:

Proteção do Trabalho da Mulher	
Proteção à maternidade	Empregada gestante terá direito à dispensa do horário para realização de, no mínimo, 6 consultas médicas.
	Transferência de função (motivo saúde).
	Reforma Trabalhista[30]: – Afastamento obrigatório da gestante de atividades, operações e locais insalubres em grau máximo (art. 394-A, I CLT). – Afastamento com atestado médico de lactantes em atividades insalubres de qualquer grau e gestantes em atividades insalubres em grau médio e mínimo (Art. 394-A, II da CLT).
	Amamentação até 6 meses de idade: 2 intervalos de meia hora.
	Aborto não criminoso: 2 semanas de repouso.
Licença-maternidade	**Duração:** 120 dias.
	Prorrogação 60 dias: **(1)** Pessoa jurídica que aderiu ao Programa Empresa Cidadã; **(2)** Pedido de prorrogação até o final do 1º mês após o parto.
	Licença-maternidade de 180 dias para as mães de crianças acometidas por sequelas neurológicas de doenças transmitidas pelo *Aedes aegypti*, como a microcefalia (Lei nº 13.301/2016).
Estabilidade	**Duração:** início confirmação da gravidez até 5 meses após o parto.
	Terá direito à estabilidade nos contratos por prazo determinado e também durante o aviso-prévio (art. 391-A da CLT e Súmula n. 244 do TST).
	Se houver dispensa sem justa causa, a empregada terá direito à reintegração (Súmula 244 do TST).

> **ATENÇÃO!**
> O tema a seguir foi impactado pela Reforma Trabalhista!

30 Baixe e-book que acompanha este livro. Lá foram feitos comentários detalhados sobre a MP nº 808/2017.

8. TERCEIRIZAÇÃO

- **Lei da terceirização e do trabalho temporário.** No dia 31/03/2017, foi promulgada a Lei nº 13.429/2017, que passou a regulamentar o assunto. Além disso, a Reforma Trabalhista altera dispositivos da lei, inclusive alguns que já haviam sido disciplinados pela Lei nº 13.429/2017. As alterações promovidas pelas novas leis exigirão, em breve, o cancelamento ou a revisão da Súmula nº 331 do TST que regulamenta o assunto.
- **Pessoas envolvidas na terceirização.** Na terceirização, há três pessoas envolvidas na relação jurídica: trabalhador terceirizado, empresa de prestação de serviços a terceiros e a empresa contratante. Essa terminologia passou a ser adotada pela Lei nº 13.429/2017, que passou a regulamentar o assunto. Verifica-se, assim, que a relação é triangular. O vínculo empregatício ocorre entre trabalhador e empresa prestadora de serviços a terceiros, embora o trabalhador preste serviços em outro local, na empresa contratante. Veja ilustração abaixo:

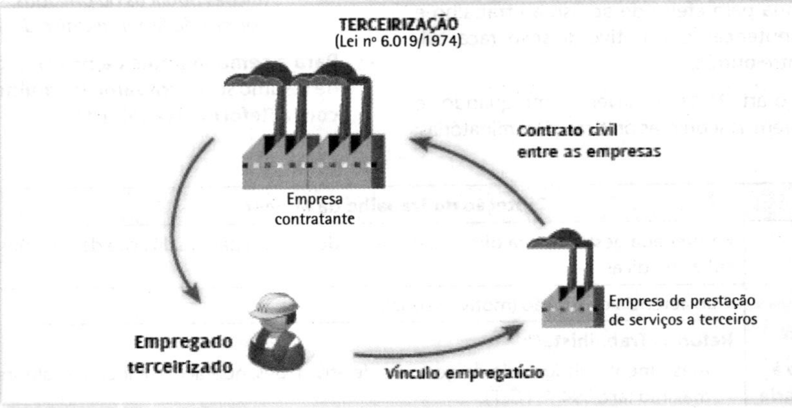

- **Diferenças entre a simples intermediação de mão de obra e a terceirização.** A intermediação de mão de obra está presente no trabalho temporário. Nela, a empresa prestadora de serviços possibilita que um trabalhador temporário preste serviços em outra empresa, denominada tomadora. Por outro lado, a terceirização compreende a transferência de um serviço ou atividade específico de uma empresa a outra, ou seja, não se busca apenas um trabalhador para substituir outro que entrou em férias, por exemplo, mas, na terceirização, há verdadeira delegação de um setor da empresa para que outra possa atuar com seus próprios empregados terceirizados. Nesse sentido, surge a obrigação de que a empresa de prestação de serviços a terceiros preste serviços determinados e específicos.
- **CLT.** A Consolidação das Leis Trabalhistas, não sofreu nenhuma alteração decorrente da promulgação da Lei nº 13.429/2017 e da Lei nº 13.467/2017.
- **Alterações na Lei nº 6.019/1974:** A Lei nº 13.429/2017 alterou diversos dispositivos da Lei nº 6.019/1974, que versa sobre o trabalho temporário e também passou a dispor sobre as relações de trabalho na empresa de prestação de serviços a terceiros (terceirização). Portanto, há na mesma lei, a regulamentação do trabalho temporário e da terceirização em sentido estrito. Lembre-se de que as empresas prestadoras de serviços temporários e de terceirização permanecem obrigadas a pagar todos os direitos trabalhistas previstos na Constituição Federal e na CLT, pois são as reais empregadoras dos empregados temporários e terceirizados. A Reforma Trabalhista também altera alguns dispositivos da Lei nº 6.019/1974.
- **Abrangência da terceirização:** não há restrição dos serviços passíveis de terceirização apenas à atividade-meio da empresa. A Lei nº 13.467/2017 passa a prever de forma expressa a possibilidade de terceirização das atividades-fim da empresa. Assim, uma escola poderá ter todos seus professores terceirizados, ou seja, serão empregados de uma empresa de prestação de serviços a terceiros.
- **Reforma Trabalhista:** A nova redação do art. 4º-A e 5º-A da Lei nº 6.019/1974 estabelece que a prestação de serviços a terceiros compreende a transferência de qualquer das atividades da contratante, inclusive sua atividade principal, à pessoa jurídica de direito privado prestadora de serviços.

> **Art. 4º-A da lei nº 6.019/74** *(redação alterada pela Reforma Trabalhista). Considera-se prestação de serviços a terceiros a transferência feita pela contratante da execução de quaisquer de suas atividades,* **inclusive sua atividade principal**, *à pessoa jurídica de direito privado prestadora de serviços que possua capacidade econômica compatível com a sua execução. (grifos acrescidos)*

> **Art. 5º-A, "caput", Lei nº 6.019/1974** *(redação dada pela Reforma Trabalhista). Contratante é a pessoa física ou jurídica que celebra contrato com empresa de prestação de serviços relacionados a quaisquer de suas atividades,* **inclusive sua atividade principal**. *(grifos acrescidos)*

- **Principais alterações da Lei nº 13.429/2017 em relação à regulamentação anterior:** É interessante destacar alguns pontos trazidos pela nova legislação que se diferem em relação ao modelo que era vigente no país:
  - **Nova regulamentação:** De acordo com o modelo anterior, não havia legislação regulamentando a terceirização, cujos parâmetros eram traçados pela interpretação dada pelo TST na Súmula nº 331, que somente permitia a terceirização em atividades-meio ou secundárias da empresa. A ausência de lei delimitando os limites e o alcance da terceirização causava insegurança jurídica, pois as alterações na jurisprudência do tribunal poderiam gerar novo posicionamento e novas regras a serem seguidas pelas empresas sem a participação pública. Além disso, não havia parâmetros claros acerca do conceito de atividade-fim, o que gerava posicionamentos conflitantes, pois cada ramo de atividade tinha interpretação diversa sobre o que seria considerado como atividade-fim para contratação de mão de obra terceirizada. Nesse sentido, o objetivo do legislador foi trazer segurança jurídica, pois estabeleceu-se o alcance da terceirização.
  - **Pontos negativos da nova lei:** A previsão de terceirização apenas nas atividades-meio ou secundárias da empresa constante na Súmula nº 331 do TST exercia importante função de preservar os empregos nas atividades principais das empresas, pois era vedada a terceirização na atividade-fim. Com a aprovação da lei de terceirização (Lei nº 13.429/2017), será possível a contratação de empregados terceirizados em todas as funções da empresa, o que foi reforçado pela Reforma Trabalhista. Essa modificação poderá ocasionar a perda de empregos em empresas que desejarem contratar empresas terceirizadas ao invés da contratação direta, bilateral, clássica. Esse modelo ocasiona a precarização das relações de trabalho, pois, para se assegurar lucro às duas empresas (empresa de prestação de serviços a terceiro e contratante) será necessário reduzir os salários dos trabalhadores.
- **Requisitos para terceirização lícita.** Com as alterações promovidas pela Lei nº 13.429/2017, o requisito da terceirização incidir apenas nas atividades-meio da empresa deixa de existir. Contudo, permanece ainda a necessidade de ausência de pessoalidade e subordinação entre trabalhador terceirizado e empresa contratante (tomadora dos serviços), ou seja, o trabalhador terceirizado não é contratado pela empresa contratante, pois esta contrata os **serviços** e não a pessoa. Ademais, como o trabalhador é empregado da empresa de prestação de serviços a terceiros, é ela que possui poder de direção sobre os serviços. Logo, o empregado está subordinado à empresa prestadora e não à contratante. Se a empresa que contratou os serviços (contratante) estiver insatisfeita com o trabalho prestado, deverá se reportar à empresa prestadora e não ao trabalhador.• **Terceirização e trabalho temporário no âmbito rural.** A antiga redação da Lei nº 6.019/1974 previa que o trabalho temporário somente poderia ser realizado por empresas urbanas. Portanto, não era permitido o trabalho temporário rural. Ocorre que a nova redação da Lei nº 6.019/1974 deixou de prever essa restrição de contratação de trabalho temporário no trabalho rural. Portanto, passa a ser possível a contratação de trabalhador temporário no âmbito rural. Além disso, a terceirização no âmbito rural já era possível nas atividades meio e, assim, deve ser ampliado para as atividades-fim com a nova redação da lei.
- **Quarteirização:** A quarteirização compreende a transferência de parte da gestão dos serviços de uma empresa terceirizada para uma outra empresa. Assim, além da relação que existe entre prestadora de serviço e tomadora (terceirização), verifica-se a transferência de um setor da empresa terceirizada para uma nova empresa (quarteirizada). De acordo com o posicionamento vigente antes da nova lei de terceirização, a jurisprudência trabalhista tinha o posicionamento de que essa medida constituía fraude e acarretava responsabilidade solidária das empresas envolvidas. Ocorre que a Lei nº 13.429/2017 passou a permitir, expressamente, a quarteirização:

> **Art. 4º-A, § 1º, da Lei nº 6.019/1974** *(Acrescentado pela Lei nº 13.429/2017): A empresa prestadora de serviços contrata, remunera e dirige o trabalho realizado por*

seus trabalhadores, ou subcontrata outras empresas para realização desses serviços.

- **Requisitos mínimos para funcionamento da empresa de prestação de serviços a terceiros:** A Lei nº 13.429/2017 estabelece alguns requisitos para o funcionamento da empresa de prestação de serviços a terceiros, que contrata e fornece mão de obra terceirizada, como inscrição no CNPJ, registro na Junta Comercial e capital social mínimo de acordo com o número de trabalhadores:

> **Art. 4º-B, Lei nº 6.019/1974** *(Acrescentado pela Lei nº 13.429/2017): São requisitos para o funcionamento da empresa de prestação de serviços a terceiros: I – prova de inscrição no Cadastro Nacional da Pessoa Jurídica (CNPJ); II – registro na Junta Comercial; III – capital social compatível com o número de empregados, observando-se os seguintes parâmetros: a) empresas com até dez empregados — capital mínimo de R$ 10.000,00 (dez mil reais); b) empresas com mais de dez e até vinte empregados — capital mínimo de R$ 25.000,00 (vinte e cinco mil reais); c) empresas com mais de vinte e até cinquenta empregados — capital mínimo de R$ 45.000,00 (quarenta e cinco mil reais); d) empresas com mais de cinquenta e até cem empregados — capital mínimo de R$ 100.000,00 (cem mil reais); e e) empresas com mais de cem empregados — capital mínimo de R$ 250.000,00 (duzentos e cinquenta mil reais).*

- **Especialização da Empresa de prestação de serviços a terceiros:** O art. 5º-A da Lei nº 6.019/74 foi alterado para reforçar que a prestação de serviços pode se dar em qualquer atividade da empresa, inclusive sua atividade principal. Assim, é vedada à contratante a utilização dos trabalhadores em atividades distintas daquelas que foram objeto do contrato, podendo o trabalho ser prestado nas dependências da contratante ou em outro local, de comum acordo entre as partes do contrato, disposição que permanece com as alterações promovidas pela reforma trabalhista.

- **Condições de trabalho:** Há uma interessante alteração prevista pela Lei nº 13.429/2017, passa a ser a responsabilidade da contratante dos serviços em garantir as condições de segurança, higiene e salubridades de todos os trabalhadores terceirizados, quando o trabalho for realizado em suas dependências ou em local convencionado em contrato. Essa previsão é extremamente importante, pois o dever de garantir o meio ambiente de trabalho sadio pela contratante é ampliado, além de seus próprios empregados, também aos terceirizados.

- **Atendimento médico, ambulatorial e refeição:** Por outro lado, a Lei nº 13.429/2017 foi totalmente imprecisa e discriminatória em relação à garantia aos terceirizados do mesmo atendimento médico, ambulatorial e de refeição que as empresas contratantes fornecem aos próprios empregados. Enquanto essa garantia é estendida aos trabalhadores temporários, é dada apenas a faculdade das empresas contratantes estenderem os benefícios aos terceirizados. Entendemos que essa diferenciação no tratamento entre terceirizado e temporário é discriminatória e inconstitucional. Veja a diferença na redação para os temporários e os terceirizados:

TEMPORÁRIOS	TERCEIRIZADOS
Art. 9º, § 2º, Lei nº 6.019/1974: A contratante estenderá ao trabalhador da empresa de trabalho temporário o mesmo atendimento médico, ambulatorial e de refeição destinado aos seus empregados, existente nas dependências da contratante, ou local por ela designado (grifo acrescido).	**Art. 5º-A, § 4º, Lei nº 6.019/1974:** A contratante poderá estender ao trabalhador da empresa de prestação de serviços o mesmo atendimento médico, ambulatorial e de refeição destinado aos seus empregados, existente nas dependências da contratante, ou local por ela designado. (grifos acrescidos)

Reforma Trabalhista: A Lei nº 13.467/2017 não alterou a redação do art. 5º-A, § 4º da Lei nº 6.019/1974, mantendo a faculdade de a contratante estender aos terceirizados o mesmo atendimento médico, ambulatorial e de refeição destinado aos seus empregados.

No entanto, pela utilização de critérios de antinomia que permite a solução de possíveis conflitos entre as normas jurídicas conforme art. 2º da LINDB, a lei posterior revoga a anterior naquilo que com ela for incompatível quando se tratarem de normas de mesma hierarquia. Dessa forma, entendemos que o novo art. 4º-C, acrescentado pela Lei nº 13.467/2017, revogará o art. 5º-A, § 4º, da Lei nº 6.019/1974, pois com ele se tornará incompatível:

> **Art. 2º, § 1º, Lei de Introdução às normas do Direito Brasileiro:** *A lei posterior revoga a anterior quando expressamente o declare, quando seja com ela incompatível ou quando regule inteiramente a matéria de que tratava a lei anterior.*

Em resumo, o novo art. 4º-C da Lei nº 6.019/1974, acrescentado pela Reforma Trabalhista, estabelece diversas condições de trabalho que deverão ser obrigatoriamente observadas pela empresa contratante aos trabalhadores terceirizados, tais como condições de alimentação, atendimento médico ou ambulatorial, transporte e medidas de proteção à saúde e segurança no trabalho. Vejamos a redação do art. 4º-C da Lei nº 6.019/74 (inserido pela reforma trabalhista)

> **Art. 4º-C da Lei nº 6.019/74 (Inserido pela Reforma Trabalhista):** *São asseguradas aos empregados da empresa prestadora de serviços a que se refere o art. 4º-A desta Lei, quando e enquanto os serviços, que podem ser de qualquer uma das atividades da contratante, forem executados nas dependências da tomadora, as mesmas condições:*
>
> *I – relativas a:*
>
> *a) alimentação garantida aos empregados da contratante, quando oferecida em refeitórios;*
>
> *b) direito de utilizar os serviços de transporte;*
>
> *c) atendimento médico ou ambulatorial existente nas dependências da contratante ou local por ela designado;*
>
> *d) treinamento adequado, fornecido pela contratada, quando a atividade o exigir.*
>
> *II – sanitárias, de medidas de proteção à saúde e de segurança no trabalho e de instalações adequadas à prestação do serviço.*
>
> *§ 1º Contratante e contratada poderão estabelecer, se assim entenderem, que os empregados da contratada farão jus a salário equivalente ao pago aos empregados da contratante, além de outros direitos não previstos neste artigo.*
>
> *§ 2º Nos contratos que impliquem mobilização de empregados da contratada em número igual ou superior a 20% (vinte por cento) dos empregados da contratante, esta poderá disponibilizar aos empregados da contratada os serviços de alimentação e atendimento ambulatorial em outros locais apropriados e com igual padrão de atendimento, com vistas a manter o pleno funcionamento dos serviços existentes.*

- **Responsabilidade subsidiária da contratante:** A empresa contratante responderá subsidiariamente pelas obrigações trabalhistas dos terceirizados referente ao período em que ocorrer a prestação de serviços (art. 5º-A, § 5º, Lei nº 6.019/1974 – Acrescentado pela Lei nº 13.429/2017). Nesse caso, é necessário obedecer a uma ordem na exigência de pagamento das obrigações trabalhistas. Primeiro, deve se tentar obter as verbas da empresa prestadora de serviços a terceiros e só depois, caso impossibilitada a satisfação do crédito trabalhista, é possível cobrar da contratante. Persiste, portanto, a previsão contida no item IV da Súmula nº 331 do TST, inclusive quanto à necessidade de ter a empresa contratante participado da relação processual e constado também do título executivo judicial:

> **Súmula nº 331, IV, do TST:** *O inadimplemento das obrigações trabalhistas, por parte do empregador, implica a responsabilidade subsidiária do tomador dos serviços quanto àquelas obrigações, desde que haja participado da relação processual e conste também do título executivo judicial.*

- **Responsabilidade da Administração Pública:** A Súmula nº 331, V, do TST estabelece que a Administração Pública responde subsidiariamente pelo inadimplemento das obrigações trabalhistas por parte da prestadora de serviços somente se ficar comprovado que não houve processo licitatório regular, ou, ainda, se não fiscalizar o cumprimento do contrato durante a execução dos serviços. Essa previsão não deve sofrer alteração com a nova Lei nº 13.429/2017, devendo responder a Administração somente quando houver culpa comprovada e não meramente alegada na fiscalização dos serviços.

- **Requisitos do contrato de terceirização:** De acordo com a nova legislação, é necessário atender a alguns requisitos para a celebração do contrato de prestação de serviços. Dessa forma, o contrato pode ser classificado como solene, pois exige uma forma estabelecida em lei para sua celebração. Os requisitos estarão previstos no art. 5º-B da Lei nº 6.019/1974:

> **Art. 5º-B, Lei nº 6.019/1974** *(Acrescentado pela Lei nº 13.429/2017): O contrato de prestação de serviços conterá: I – qualificação das partes; II – especificação do serviço a ser prestado; III – prazo para realização do serviço, quando for o caso; IV – valor.*

- **Período de quarentena da empresa prestadora de serviços a terceiros:** Para evitar a dispensa dos trabalhadores e viabilizar a licitude da terceirização, a Reforma Trabalhista estabelece um prazo de quarentena de 18 meses para que os empregados ou trabalhadores sem vínculo empregatício possam figurar como sócios ou titulares da empresa contratada (art. 5º-C da Lei nº 6.019/74, com redação dada pela Lei nº 13.467/2017).

  Exemplo: Se um empregado for dispensado sem justa causa, somente poderá figurar como empresa contratada em eventual terceirização de serviços na empresa contratante após o decurso de 18 meses da data do término do contrato de trabalho.

- **Período de quarentena do empregado terceirizado:** A Reforma Trabalhista (art. 5º-D da Lei nº 6.019/74) estabelece o prazo de quarentena de 18 meses, contados a partir de sua demissão, para que o empregado "demitido" possa prestar os serviços para a mesma empresa na condição de terceirizado, ou seja, como empregado da empresa prestadora de serviços.

- **Direitos dos trabalhadores terceirizados e temporários:** Diante do veto parcial do Presidente da República à alteração no art. 12 da Lei nº 6.019/1974, permanecem vigentes todos os direitos dos trabalhadores temporários, com direito ao salário e jornada de trabalho equivalente ao percebido pelos empregados da tomadora que exerça a mesma função ou cargo. Ocorre que não há na legislação disposição semelhante ao terceirizado, o que deve gerar diversas discussões. Entendemos que, diante da aplicação do princípio da isonomia salarial, os trabalhadores terceirizados deverão receber a mesma remuneração daqueles trabalhadores da empresa contratante que exerçam a mesma função, pois situação diversa criaria a possibilidade de contratação de 2 trabalhadores, um terceirizado e outro não, para exercer trabalho de igual valor com remunerações distintas. Se as funções forem diversas, os direitos não serão os mesmos. Aplica-se, ainda, o entendimento previsto na OJ nº 383 da SDI-I do TST:

> **Orientação Jurisprudencial nº 383 da SDI-I do TST:** *A contratação irregular de trabalhador, mediante empresa interposta, não gera vínculo de emprego com ente da Administração Pública, não afastando, contudo, pelo princípio da isonomia, o direito dos empregados terceirizados às mesmas verbas trabalhistas legais e normativas asseguradas àqueles contratados pelo tomador dos serviços, desde que presente a igualdade de funções. Aplicação analógica do art. 12, "a", da Lei nº 6.019, de 03.01.1974.*

Na regulamentação do assunto, a Reforma Trabalhista – Lei nº 13.467/2017 (Art. 4º-C, § 1º da Lei nº 6.019/74) estabelece que caberá à contratante e à contratada, se assim entenderem, o estabelecimento de salário equivalente aos terceirizados para receberem o mesmo valor pago aos empregados da contratante. Note-se, portanto, que a legislação passa a tratar de forma distinta os trabalhadores terceirizados e temporários, pois enquanto estes têm assegurado o direito ao salário equivalente, os terceirizados somente o terão caso as empresas assim entendam.

- **Inaplicabilidade da legislação às empresas de vigilância e transporte de valores:** Tendo em vista as especificidades dos serviços de vigilância e transporte de valores e pela existência de legislação especial regulamentando o assunto, a Lei nº 6.019/1974 não será aplicada para essas relações de trabalho. Para os trabalhadores desse setor, permanece a aplicação da Lei nº 7.102/1983 e, subsidiariamente, da CLT.

- **Consequências da Lei nº 13.429/2017 para a Administração Pública:** a Lei nº 13.429/2017 foi silente quanto ao assunto, o que deve gerar diversas discussões. É importante salientar que o foco da nova disciplina jurídica da legislação é a regulamentação do trabalho temporário e da terceirização **nas empresas**. Portanto, a lei não foi criada para aplicação na administração direta, autarquias e fundações públicas por não se equipararem às empresas privadas. Além disso, há previsão constitucional estabelecendo a necessidade de concurso público para provimento dos cargos e empregos públicos criados:

> **Art. 37, da Constituição Federal:** *A administração pública direta e indireta de qualquer dos Poderes da União, dos Estados, do Distrito Federal e dos Municípios obedecerá aos princípios de legalidade, impessoalidade, moralidade, publicidade e eficiência e, também, ao seguinte: (...) II – a investidura em cargo ou emprego público depende de aprovação prévia em concurso público de provas ou de provas e títulos, de acordo com a natureza e a complexidade do cargo ou emprego, na forma prevista em lei, ressalvadas as nomeações para cargo em comissão declarado em lei de livre nomeação e exoneração.*

- Tendo em vista que a Constituição Federal é hierarquicamente superior à legislação ordinária, seja na forma quanto no seu conteúdo, as disposições da nova legislação do trabalho temporário e terceirizado não excluirá a necessidade de concurso público para a investidura em cargo ou emprego público. Além disso, há posicionamento no sentido de que as atividades típicas e centrais do Estado não podem ser terceirizadas, como a segurança pública, cargos do Poder Judiciário, do Ministério Público, cargos de fiscalização, Tribunal de Contas e de agências reguladoras. Nesses casos, permanece, sem dúvidas, a exigência do concurso público e da relação direta com a Administração Pública.

- Em resumo, se já existe cargo ou emprego público criado por lei, não é possível a terceirização pela Administração Pública. Por outro lado, recentemente, o STF no julgamento da ADI nº 1.923/DF[31], decidiu que a Lei nº 9.637/1998, que regulamenta as denominadas organizações sociais, é constitucional. Uma das formas previstas atualmente

31 ADI nº 1.923/DF: Relator: Min. Ayres Britto. Data de julgamento: 16/04/2015.

para ampliação da participação do setor privado consiste na transferência dos recursos públicos a um particular que atua em colaboração com o Poder Público. É nesse contexto que surgem as organizações sociais, que terão sua atividade voltada ao desenvolvimento tecnológico, do ensino, pesquisa e proteção do meio ambiente, da cultura e saúde.

- Trata-se, portanto, de verdadeira possibilidade legalmente permitida da Administração Pública repassar a um terceiro a prestação de serviços públicos essenciais ao Estado, como a saúde e educação. Ocorre, na prática, a terceirização da atividade-fim do Estado, que consiste em assegurar o bem-estar social. Esses serviços públicos deveriam ser prestados diretamente pelo Poder Público sem nenhum intermediário, ou ainda mediante permissão, autorização ou concessão de serviço público. Entretanto, a prestação direta ou a concessão de serviço público não ocorrem. Com a decisão do STF, a terceirização da atividade-fim do Poder Público criada pela instituição das organizações sociais tornou-se legal.

8.1. DONO DA OBRA

- **Dono da obra**. Ele assume a responsabilidade pelos empregados da empreiteira ou construtora que lhe presta serviços? Em regra, o dono da obra não assume nenhuma responsabilidade pelos empregados da empreiteira. Há, entretanto, uma exceção. Se o dono da obra é empresa construtora ou incorporadora e exerce a construção com finalidade lucrativa, atividade-fim, terá responsabilidade subsidiária pelos débitos trabalhistas. Nesse caso, se a empreiteira ou construtora, contratada para prestar serviços, não quitar as dívidas trabalhistas com seus empregados, o dono da obra será o responsável.
- Recentemente, em Incidente de Recurso de Revista Repetitivo do Processo Paradigma nº 190-53.2015.5.03.0090, o TST entendeu que as empresas de médio e grande porte, assim como entes públicos, não são responsáveis pelas obrigações trabalhistas dos empregados da empreiteira ou construtora que lhe presta serviços.

8.2. TRABALHO TEMPORÁRIO

- Trabalhador temporário não se confunde com empregado contratado por prazo determinado, art. 443 da CLT. O trabalho temporário está previsto na Lei nº 6.019/74. Trata-se de modalidade de terceirização expressamente prevista em lei. Há, nesse caso, uma relação triangular de trabalho:

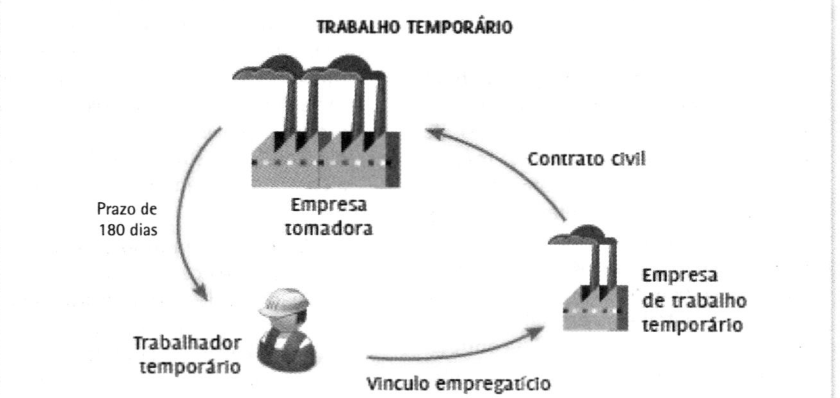

- **Hipóteses de contratação.** O trabalhador temporário é contratado por uma empresa de trabalho temporário para prestar serviços em outra empresa, denominada empresa tomadora de serviços. Entretanto, não é permitida a contratação indiscriminada de trabalhadores temporários, pois somente será admitida essa modalidade de prestação de serviços nas seguintes hipóteses conforme nova redação do art. 2º da Lei nº 6.019/1974, conferida pela Lei nº 13.429/2017:

1) **Necessidade de substituição transitória de pessoal permanente:** Não há nessa hipótese nenhuma novidade em relação ao que já era previsto na redação antiga do art. 2º da Lei nº 6.019/1974. Diante de afastamento do pessoal permanente, é possível a contratação de trabalhadores temporários para substituí-los e permitir que a empresa continue operando normalmente.
2) **Demanda complementar de serviços:** Apesar dessa hipótese de contratação não estar prevista no conceito anterior de trabalho temporário, guarda relação com o termo "acréscimo extraordinário de serviços". Ocorre

que, diferentemente da antiga previsão legal, a Lei nº 13.429/2017 acrescentou o § 2º ao art. 2º da Lei nº 6.019/1974, que traz o conceito de demanda complementar de serviços, o que assegura maior segurança jurídica. Somente será considerada como demanda complementar aquela que decorrer de:

- **Fatores imprevisíveis:** será possível a contratação de temporários quando se verificar a ocorrência de eventos que não eram previstos pela empresa tomadora de serviços e que exijam a contratação temporária de mão de obra. Por exemplo, uma empresa que se vê obrigada a acelerar a produção de um determinado produto em decorrência de um evento da natureza, poderia em razão da imprevisibilidade do evento, se utilizar de mão de obra temporária por meio de contrato com empresa de trabalho temporário para evitar prejuízos em sua produção. Essa situação guarda estreita relação com a ocorrência de eventos de força maior, cujo conceito está previsto no art. 501 da CLT:

  Art. 501, CLT: *Entende-se como força maior todo acontecimento inevitável, em relação à vontade do empregador, e para a realização do qual este não concorreu, direta ou indiretamente.*

- **Fatores previsíveis, mas que tenham natureza intermitente, periódica ou sazonal:** é possível a contratação de empresa de trabalho temporário mesmo quando o fator que exija complementação da mão de obra seja previsível, desde que tenham natureza intermitente, periódica ou sazonal. Trata-se da hipótese de contratação quando ocorre um aumento no volume de trabalho em determinadas épocas do ano. Por exemplo, a contratação de mais vendedores no período natalino, pois o número de vendas aumenta consideravelmente nesse período do ano.

• Em suma, a Lei nº 13.429/2017 manteve a essência do conceito de trabalho temporário, enquanto modalidade de intermediação de mão de obra, que permite que um trabalhador contratado por uma empresa de trabalho temporário preste serviços por prazo determinado a uma tomadora de serviços desde que esta última respeite as hipóteses expressamente previstas para essa contratação.

• **Abrangência do trabalho temporário:** Por outro lado, a Lei nº 13.429/2017 estabelece de forma expressa que o trabalho temporário poderá ser realizado tanto nas atividades-meio como nas atividades-fim das empresas:

  Art. 9º, § 3º, Lei nº 6.019/1974 *(Acrescentado pela Lei nº 13.429/2017): O contrato de trabalho temporário pode versar sobre o desenvolvimento de atividades-meio e atividades—fim a serem executadas na empresa tomadora de serviços.*

• **Ampliação do prazo do trabalho temporário:** Uma das principais alterações na disciplina do contrato de trabalho temporário consistiu na ampliação do prazo de 3 meses, prorrogáveis por mais 3 ou 6 meses a depender da hipótese contratada, previsto na redação anterior do art. 10 da Lei nº 6.019/1974 para 180 dias, podendo ser prorrogado por até 90 dias, consecutivos ou não. Felizmente, o Presidente da República vetou o § 3º do art. 10 da Lei nº 6.019/1974 que possibilitava que o prazo de 180 dias fosse alterado por meio de acordo ou convenção coletiva. Essa ampliação do prazo, via instrumento coletivo, seria algo prejudicial aos trabalhadores, pois seria possível que uma empresa contratasse indefinidamente trabalhadores temporários com a prorrogação do prazo mediante acordo ou convenção coletiva de trabalho.

• **Proibição de contratação de trabalhador temporário em greves:** A nova redação da Lei nº 6.019/1974 traz a proibição expressa da contratação de trabalhador temporário durante o movimento grevista, salvos as hipóteses expressamente previstas em lei. Assim, são duas as hipóteses previstas na Lei de Greve que admitem a contratação de trabalhos substitutos, inclusive de temporários:

  - **Dever de manutenção do maquinário:** a lei estabelece o dever do sindicato ou trabalhadores de manter funcionando os maquinários da empresa cuja paralisação resulte em prejuízo ao empregador. No entanto, se descumprida a determinação, o empregador poderá contratar novos empregados para cumprir essa tarefa.
  - **Abusividade do movimento grevista:** o direito de greve não é absoluto e, portanto, deverá ser exercido dentro dos limites estabelecidos pelo ordenamento jurídico brasileiro. Assim, é necessário que sejam cumpridos os requisitos previstos na Lei nº 7.783/1989 para que a greve não seja declarada abusiva. Por exemplo, se não são mantidas as necessidades básicas da população, a greve deve ser declarada abusiva e é permitida a contratação de trabalhadores substitutos caso os grevistas não retornem ao trabalho.

Principais diferenças existentes entre terceirização e trabalho temporário após as alterações promovidas na Lei nº 6.019/1974:

Terceirização	Trabalho temporário
– não há prazo determinado para a realização dos serviços	– prazo do trabalho temporário: 180 meses Obs.: O prazo poderá ser prorrogado por 90 dias consecutivos ou não.
– A contratação é livre, não havendo hipóteses legais que permitem a contratação. Obs.: trabalhador terceirizado presta serviços na atividade-meio ou na atividade-fim da empresa contratante (expressa previsão legal nesse sentido, com a Reforma Trabalhista)	– A contratação somente poderá ocorrer nas 2 hipóteses expressamente previstas em lei. Obs.: trabalhador temporário presta serviços na atividade-fim ou na atividade-meio da empresa tomadora (expressão previsão legal nesse sentido)
– Antes da Reforma Trabalhista: não havia previsão legal de que os terceirizados tinham direito ao mesmo salário e jornada dos empregados da tomadora. Se constatada identidade de funções, caberá equiparação salarial, OJ 383. – **Reforma Trabalhista:** contratante e contratada poderão estabelecer que os empregados da contratada farão jus a salário equivalente ao pago aos empregados da contratante, além de outros direitos, que também podem ser previstos.	– salário equivalente ao percebido pelos empregados que trabalham na mesma função ou cargo da tomadora

9. CONTRATO DE TRABALHO E RELAÇÃO DE TRABALHO

9.1. RELAÇÃO DE TRABALHO X RELAÇÃO DE EMPREGO:

- ***Relação de trabalho:*** O termo relação de trabalho é utilizado como gênero e trata da relação de trabalho de forma ampla. Todo trabalho humano (pessoa física) prestado ao tomador de serviços (pessoa física ou jurídica) é uma relação de trabalho. Exemplo: trabalho autônomo, atividade de estágio, trabalho eventual, temporário e o próprio vínculo empregatício.
- ***Relação de emprego:*** Por outro lado, relação de emprego é uma das espécies do gênero relação de trabalho. A característica principal daquela relação consiste na presença da subordinação jurídica exercida sobre a figura do empregado. A CLT e demais leis trabalhistas foram criadas para proteger o empregado, que trabalha sob subordinação. Verifica-se, assim, que toda relação de emprego corresponde a uma relação de trabalho, mas nem toda relação de trabalho é uma relação de emprego.

> **ATENÇÃO!**
> O tema a seguir foi impactado pela Reforma Trabalhista![32]

9.2. CONTRATO DE TRABALHO

Para identificar uma relação de emprego é formado o contrato de emprego. A expressão, entretanto, consagrada na prática e nos concursos públicos é contrato de trabalho (sinônimos: contrato de trabalho stricto senso, vínculo empregatício e relação de emprego). Assim sendo, o contrato de trabalho é o ajuste verbal ou escrito, tácito ou expresso, firmado entre o empregado, que assume a obrigação de prestar serviços não eventuais e subordinados, e o empregador, que assume a obrigação de pagar salário.

Reforma Trabalhista: A Lei nº 13.467/2017, passa a prever um novo tipo de contrato de trabalho, denominado intermitente. Essa alteração causará profundos impactos na estrutura do Direito do Trabalho, pois cria nova modalidade contratual com disciplina jurídica própria não existente na seara trabalhista. De acordo com o novo dispositivo legal, o trabalho intermitente compreende o contrato de trabalho, cuja prestação dos serviços ocorre com subordinação, mas não é contínua, havendo alternância de períodos de prestação de serviços e de inatividade. A prestação dos serviços pode ser determinada em horas, dias ou meses, independentemente da atividade desenvolvida pelo empregado ou pelo empregador.

> **Art. 443 da CLT (Inserido pela Reforma Trabalhista).** *O contrato individual de trabalho poderá ser acordado tácita ou expressamente, verbalmente ou por escrito, por prazo determinado ou indeterminado, ou para prestação de trabalho intermitente.*
>
> *(...)*
>
> *§ 3º Considera-se como intermitente o contrato de trabalho no qual a prestação de serviços, com subordinação, não é contínua, ocorrendo com alternância de períodos de*

32 Baixe e-book que acompanha este livro. Lá foram feitos comentários detalhados sobre a MP nº 808/2017.

prestação de serviços e de inatividade, determinados em horas, dias ou meses, independentemente do tipo de atividade do empregado e do empregador, exceto para os aeronautas, regidos por legislação própria.

9.3. CARACTERÍSTICAS DO CONTRATO DE TRABALHO

Dentre as características principais do contrato de trabalho, pode-se destacar que esse contrato é:

a) **bilateral ou sinalagmático**: envolve obrigações para ambas as partes. O empregado está obrigado a prestar serviços, o empregador possui a obrigação de pagar salário.

b) **consensual**: não há forma especial para o contrato de trabalho, podendo ser celebrado de forma tácita ou expressa.

c) **trato sucessivo**: continuidade no tempo, ou seja, não se esgota em um único ato, como contrato de compra e venda, por exemplo. Na relação de trabalho há um débito permanente, uma parte em prestar serviços e outra em pagar salário.

d) **oneroso**: no contrato de trabalho há necessidade de pagar contraprestação em virtude dos serviços prestados.

e) **comutativo**: as partes (empregado e empregador) conseguem verificar, no momento da contratação, as vantagens e os sacrifícios que terão de enfrentar durante a vigência do contrato de trabalho.

f) **personalíssimo ou *intuito personae***: essa característica é voltada apenas para o empregado, que foi contratado em razão das suas virtudes pessoais (eficiência, confiança, moral etc.).

9.4. CLASSIFICAÇÃO DOS CONTRATOS DE TRABALHO

O contrato de trabalho será, em regra, firmado por prazo indeterminado. Dessa forma, com base no princípio da continuidade da relação de emprego, não há data certa para o fim do vínculo empregatício. Excepcionalmente, nas hipóteses expressamente previstas em lei, é possível o contrato firmado por prazo determinado. Com a Reforma Trabalhista, também será possível a contratação de trabalho intermitente. Para mais informações, confira o próximo tópico dessas dicas.

Importante ressaltar que o contrato expresso é aquele que não deixa dúvidas para as partes envolvidas. Poderá ser firmado expressamente de forma verbal ou escrita. Já o contrato tácito, como já dito, decorre de um comportamento entre as partes envolvidas. E, ainda, o contrato poderá ser firmado por prazo indeterminado (regra) ou determinado (exceção).

Segue quadro de memorização acerca do contrato de trabalho por prazo determinado:

CONTRATO POR PRAZO DETERMINADO

- **Hipóteses previstas na CLT:**
  a) Serviços cuja natureza justifique a predeterminação do prazo (prazo máximo: 2 anos);
  b) Atividades empresariais de caráter transitório (2 anos);
  c) Contrato de experiência (90 dias).
- **Hipóteses previstas na legislação do doméstico (LC nº 150/2015):**
  a) Atendimento de necessidades familiares de natureza transitória (2 anos);
  b) Substituição temporária de empregado doméstico com contrato de trabalho interrompido (2 anos);
  c) Contrato de experiência (90 dias).
- **Prorrogação:** apenas uma única vez dentro do período máximo
- **Estabilidade:** não há, em regra, direito à estabilidade no contrato por prazo determinado (exceto: gestante e acidente do trabalho)
- **Nova contratação:** respeitar prazo de 6 meses, exceto:
  a) execução de serviços especializados;
  b) realização de certos acontecimentos.
- **Términos do contrato por prazo determinado na CLT:**
  a) Extinção normal: não há pagamento de indenização;
  b) Extinção antecipada:
  1) Iniciativa **empregador**: pagamento de indenização no valor da **metade da remuneração** (art. 479 da CLT);
  2) Iniciativa **empregado**: indenização dos **prejuízos** que esse desligamento causar à empresa (art. 480 da CLT).
  c) Cláusula assecuratória de direito recíproco
  1) rescisão antecipada será de acordo com os contratos por prazo indeterminado;
  2) as partes ficam obrigadas a conceder aviso-prévio, se houver término antecipado.
- **Término do contrato por prazo determinado na legislação do doméstico:**
  a) Extinção antecipada:
  1) Iniciativa **empregador doméstico**: indenização no valor da **metade da remuneração** (art. 6º da LC nº 150/2015)
  2) Iniciativa **empregado doméstico**: indenização dos **prejuízos** que causar ao empregador doméstico (art. 7º da LC nº 150/2015)

b) Impossibilidade de celebração de cláusula assecuratória de direito recíproco: segundo a LC não há direito ao recebimento de aviso-prévio nos contratos a termo (art. 9º da LC nº 150/2015)

- **Término antecipado do contrato de aprendizagem:**

a) desempenho insuficiente ou inadaptação do aprendiz, salvo para o aprendiz com deficiência quando desprovido de recursos de acessibilidade, de tecnologias assistivas e de apoio necessário ao desempenho de suas atividades (Redação dada pela Lei nº 13.146/2015);

b) falta disciplinar grave;

c) ausência injustificada à escola que implique perda do ano letivo;

d) pedido do aprendiz.

ATENÇÃO!
O tema a seguir foi impactado pela Reforma Trabalhista![33]

9.5. CONTRATO PARA PRESTAÇÃO DE TRABALHO INTERMITENTE[33]

- A Reforma Trabalhista cria um novo tipo de contrato de trabalho denominado intermitente, que compreende a modalidade de contratação do trabalho por horas, dias ou meses, havendo períodos alternados de prestação de serviços e de inatividade:
- O art. 452-A da CLT* foi inserido pela Reforma Trabalhista e regulamentará o trabalho intermitente, apresentando suas especificidades e seus efeitos na relação de emprego. O "caput" do dispositivo estabelecerá algumas formalidades que devem ser observados na celebração do contrato de trabalho. O trabalho intermitente será um contrato de trabalho solene, pois deverá ser necessariamente firmado por escrito e deverá conter o valor da hora de trabalho, que não poderá ser inferior ao valor horário do salário mínimo ou àquele devido aos demais empregados do estabelecimento que exerçam a mesma função em contrato intermitente.
- **Não obrigatoriedade da convocação:** Contudo, é importante destacar que, no trabalho intermitente, o empregador não será obrigado a convocar o trabalhador para prestar os serviços, o que poderá reduzir significativamente a remuneração desse empregado, ainda que seja proporcionalmente igual ao valor recebido pelos demais empregados.
- **Procedimento de convocação:** De acordo com o § 1º do novo art. 452-A da CLT,* o empregador deverá convocar o empregado para a prestação dos serviços com, pelo menos, 3 dias corridos de antecedência. A comunicação poderá ser realizada por qualquer meio de comunicação eficaz. Além disso, na própria convocação do empregado deverá ser informada a jornada de trabalho que será realizada pelo trabalhador na ocasião de sua prestação de serviços. É importante ressaltar que a jornada não poderá ultrapassar o limite constitucional de 8 horas diárias ou 44 horas semanais, ainda que o empregado venha a trabalhar apenas por alguns dias. Preenchidos os requisitos necessários para a convocação e recebida pelo empregado, o § 2º do presente artigo assegura o prazo de 1 dia útil para que o empregado responda ao chamado.
- **Resposta do empregado:** Caso permaneça em silêncio e não se manifeste quanto à convocação, haverá presunção da recusa na prestação dos serviços. Por sua vez, o § 3º do artigo determina que a recusa da oferta pelo empregado não descaracterizará a subordinação para fins do contrato de trabalho intermitente. Portanto, ainda que o empregado recuse a prestação de serviços, a subordinação permanece, assim como o vínculo de empregado entre as partes. Outro efeito decorrente é a impossibilidade de dispensa por justa causa do empregado por ato de insubordinação diante da recusa na prestação dos serviços, pois é direito do trabalhador recusar sem que haja violação à subordinação.
- **Multa por descumprimento do acordado:** Aceita a oferta de trabalho intermitente pelo empregado, as partes que descumprirem o acordo, sem justo motivo, estarão sujeitas ao pagamento de multa à outra parte no valor de 50% da remuneração que seria devida no prazo de 30 dias, sendo possível a compensação no mesmo prazo.
- **Direitos do empregado em trabalho intermitente:** Tendo em vista a existência de vínculo empregatício, o empregado terá direito ao recebimento dos direitos trabalhistas previstos no art. 7º da Constituição Federal. O § 6º do art. 452-A da CLT* dispõe o rol de direitos que deverão ser pagos ao trabalhador logo ao final de cada período de prestação de serviço:
  - Remuneração;
  - Férias proporcionais com acréscimo de um terço;
  - 13º salário proporcional;
  - Repouso semanal remunerado;
  - Adicionais legais

33 Baixe e-book que acompanha este livro. Lá foram feitos comentários detalhados sobre a MP nº 808/2017.

9.6. ALTERAÇÃO DO CONTRATO INDIVIDUAL DE TRABALHO

- **Imperatividade, inalterabilidade contratual lesiva e condição mais benéfica.** O contrato de trabalho possui normas de caráter imperativo que não comportam transação entre as partes. Limita-se, assim, a autonomia da vontade, para garantir o mínimo de dignidade ao empregado. Devem-se respeitar os princípios da inalterabilidade contratual lesiva e da condição mais benéfica. Esse último assegura ao empregado as vantagens conquistadas durante o contrato de trabalho, que não poderão ser alteradas para pior.
- **Diferenças entre cláusulas contratuais e cláusulas coletivas.** Cabe destacar que as cláusulas contratuais se diferenciam das cláusulas coletivas. O que foi ajustado entre empregado e empregador não pode ser alterado para prejudicar o empregado, conforme o art. 468 da CLT. Já nas normas coletivas há maior possibilidade de negociação em razão da paridade existente entre os entes coletivos (empresas e sindicatos profissionais e econômicos), inclusive com possibilidade de alteração prejudicial aos empregados, como a redução salarial, prevista expressamente no Texto Constitucional.
- **Alteração bilateral.** No âmbito individual, há necessidade de observar dois requisitos para que a alteração do contrato de trabalho seja válida (art. 468 da CLT):
  a) Consentimento do empregado.
  b) Essa alteração não pode acarretar prejuízos diretos ou indiretos ao trabalhador.
- **Empregado hipersuficiente:** Com a Reforma Trabalhista, criou-se a figura do empregado "hipersuficiente", permitindo a livre estipulação contratual entre este e o empregador, nas hipóteses do art. 611-A, da CLT. Ao contrário dos demais trabalhadores que necessitam de seus sindicatos para negociar as hipóteses de prevalência do negociado sobre o legislado, esses empregados podem negociar individualmente com seus empregadores. As cláusulas negociadas terão a mesma eficácia e a mesma preponderância dos instrumentos coletivos. Para a caracterização do empregado "hipersuficiente", é necessário o preenchimento de dois requisitos:
  a) Nível de escolaridade: empregado deve ser portador de diploma de nível superior. Portanto, os empregados com menor grau de escolaridade não tem direito a negociar as cláusulas contratuais com seu empregador, que serão realizadas pelo sindicato de sua categoria;
  b) Valor do salário: empregado deve receber salário superior a duas vezes o limite máximo dos benefícios do Regime Geral de Previdência Social. Em 2018, o teto previdenciário passou a ser de R$ 5.645,80. Portanto, o empregado somente poderá negociar diretamente com seu empregador caso seu salário seja superior a R$ 11.291,6:

> **Art. 2° da Portaria n° 15 de 16 de janeiro de 2018:** *A partir de 1° de janeiro de 2018, o salário de benefício e o salário de contribuição não poderão ser inferiores a R$ 954,00 (novecentos e cinquenta e quatro reais), nem superiores a R$ 5.645,80 (cinco mil seiscentos e quarenta e cinco reais e oitenta centavos).*
>
> **Art. 444 da CLT (Alterado pela Reforma Trabalhista):** *As relações contratuais de trabalho podem ser objeto de livre estipulação das partes interessadas em tudo quanto não contravenha às disposições de proteção ao trabalho, aos contratos coletivos que lhes sejam aplicáveis e às decisões das autoridades competentes.*
>
> *Parágrafo único. A livre estipulação a que se refere o caput deste artigo aplica-se às hipóteses previstas no art. 611-A desta Consolidação, com a mesma eficácia legal e preponderância sobre os instrumentos coletivos, no caso de empregado* **portador de diploma de nível superior e que perceba salário mensal igual ou superior a duas vezes o limite máximo dos benefícios do Regime Geral de Previdência Social.** *(grifo nosso)*

ATENÇÃO!
O tema a seguir foi impactado pela Reforma Trabalhista!

- **Alteração unilateral (*jus variandi*).** Com fundamento no poder diretivo, art. 2° da CLT, cabe ao empregador efetuar algumas alterações para mais bem organizar a atividade empresarial. Aliás, como é o empregador que assume os riscos da atividade econômica, nada mais justo que exerça algumas modificações no contrato de trabalho. Essas alterações promovidas pelo empregador são chamadas *jus variandi*.
- ***Jus resistentiae.*** Esse poder de modificar o contrato de trabalho, *jus variandi*, deverá ser exercido dentro dos limites impostos por lei, sob pena de configurar alteração abusiva. Caso fique comprovado que o empregador exigiu serviços alheios ao contrato, serviços ilegais, imorais ou abusivos, o empregado tem o direito de não cumprir a determinação imposta pelo empregador, e ainda poderá pleitear rescisão indireta, com fundamento no art. 483 da CLT. Essa recusa é chamada direito de resistência ou *jus resistentiae*.

- **Alteração subjetiva e objetiva.** As alterações subjetivas compreendem as modificações referentes aos sujeitos do contrato de trabalho. Por sua vez, a alteração objetiva atinge as cláusulas contratuais, cujo conteúdo é modificado ao longo do contrato de trabalho[34].

> **ATENÇÃO!**
> O tema a seguir foi impactado pela Reforma Trabalhista!

- **Retirada da gratificação de função de confiança.** Com a Reforma Trabalhista, é possível a retirada da gratificação da função de confiança, que não será incorporada, independentemente do tempo de exercício da função (Art. 468, § 2º da CLT).
- **Reversão.** O empregado que ocupa cargo de confiança poderá ser revertido ao cargo anterior, com a retirada da gratificação de função, sem que essa reversão acarrete nulidade. Nesse caso, quando o trabalhador não corresponde às expectativas do empregador e como envolve função de confiança, há previsão na própria lei que autoriza o retorno à função anterior, sem que esse ato seja nulo.
- **Rebaixamento.** É o retorno do empregado ao cargo efetivo anterior com caráter punitivo, sendo que o trabalhador ocupava cargo efetivo mais alto. Essa medida é ilícita, pois viola o princípio da inalterabilidade contratual lesiva do trabalhador previsto no art. 468 da CLT[35].

> **Art. 468, §2º da CLT: § 2º** *A alteração de que trata o § 1º deste artigo, com ou sem justo motivo, não assegura ao empregado o direito à manutenção do pagamento da gratificação correspondente, que não será incorporada, independentemente do tempo de exercício da respectiva função.*

- **Promoção.** É o ato pelo qual o empregado é transferido em caráter permanente para um cargo superior com o recebimento de efetivas vantagens. Caso prevista em regulamento de empresa, é obrigação do empregado aceitar a promoção, salvo hipóteses justificáveis para permanecer em cargo inferior[36].
- **Remoção.** Configura-se com a alteração do local de trabalho do empregado, sendo exigida sua mudança de residência[37]. Para mais informações, confira o próximo tópico acerca da alteração do local de trabalho.
- **Redução salarial.** Não é permitida a redução salarial do empregado por ato unilateral ou mesmo por acordo individual entre as partes. A Constituição permite a redução do salário apenas na hipótese de celebração de convenção ou acordo coletivos de trabalho:

> **Art. 7º, CF/88. São direitos dos trabalhadores urbanos e rurais, além de outros que visem à melhoria de sua condição social:**
>
> *(...)*
>
> *VI – irredutibilidade do salário, salvo o disposto em convenção ou acordo coletivo;*

- **Redução salarial do professor.** Há discussão sobre a possibilidade de redução do número de aulas do **professor**, em razão da diminuição do número de alunos. O TST, conforme OJ nº 244 da SDI-I, tem o entendimento de que, se preservado o valor da hora-aula, é possível a redução do número de aulas. Tal mudança no contrato de trabalho não afronta o art. 468 da CLT, pois o valor da hora-aula não foi alterado.
- **Alteração do horário e jornada de trabalho.** A alteração do horário é um exemplo frequente nas questões de concurso na área trabalhista acerca da alteração contratual. Se o empregado foi contratado para trabalhar 4 horas, o empregador, em regra, não poderá ampliar essa jornada, porque essa alteração é prejudicial ao trabalhador. Outro exemplo é o empregado que trabalhava 8 horas, mas, durante o contrato, o seu horário foi reduzido para 6 horas. Nesse caso, o empregador não poderá exigir a jornada anterior, sob pena de afrontar o art. 468 da CLT e o princípio da condição mais benéfica. Essa proibição de retorno à jornada inicialmente contratada não se aplica ao servidor público, pois seu horário é definido em lei.
- **Readaptação funcional.** O empregado com deficiência física ou mental superveniente à contratação pode ser readaptado em outra função exercida quando for atestado por órgão previdenciário e participar de programa de reabilitação profissional. Surge o questionamento se seria possível a redução do salário em razão da alteração de função. Parte da doutrina entende que é possível a redução proporcional ao valor do benefício previdenciário recebido pelo trabalhador. Por outro lado, o posicionamento

34 DELGADO, Maurício Godinho. *Curso de Direito do Trabalho.* 16. ed. São Paulo: LTr, 2017. p. 1.147.

35 DELGADO, Maurício Godinho. *Curso de Direito do Trabalho.* 16. ed. São Paulo: LTr, 2017. p. 1.167.

36 DELGADO, Maurício Godinho. *Curso de Direito do Trabalho.* 16. ed. São Paulo: LTr, 2017. p. 1.170.

37 DELGADO, Maurício Godinho. *Curso de Direito do Trabalho.* 16. ed. São Paulo: LTr, 2017. p. 1.170.

majoritário é no sentido de não admitir a redução salarial desse empregado[38].

Para a semana antes da prova, segue o quadro de resumo sobre alteração do contrato:

Alteração do Contrato		
1. A alteração é permitida apenas	**2. Possibilidade de reversão**	**3. *Jus variandi* – alteração unilateral do contrato**
a) com consentimento do empregado; **b)** se não acarretar prejuízos diretos e indiretos.	Reversão ao cargo de confiança ao cargo anteriormente ocupado é permitido por lei. Essa modificação não é considerada ilegal. Obs.: Com a Reforma Trabalhista, o valor de gratificação não é incorporado (Art. 468, § 2º da CLT).	Hipóteses de alteração unilateral do contrato (*jus variandi*): **a)** Transferência do horário noturno para o diurno; **b)** Alteração da data do pagamento, desde que respeitado o 5º dia útil; **c)** Transferência, desde que observados os limites impostos em lei.

IMPACTOS DA REFORMA TRABALHISTA

- Gratificação da função de confiança: com a Reforma Trabalhista, a gratificação referente ao exercício da função de confiança não será incorporada ao salário, independente do tempo de exercício da função.
- Antes da Reforma Trabalhista: Caso o empregado tiver ocupado a função por mais de 10 anos, o valor da gratificação não pode ser retirado.
- Cláusula que preveja a redução da jornada e do salário: caso haja cláusula em instrumento coletivo que preveja redução da jornada e do salário, deve haver previsão de proteção dos empregados contra dispensa imotivada no prazo de vigência do instrumento coletivo.
- Antes da Reforma Trabalhista: não havia previsão de proteção contra dispensa imotivada. Entretanto, há o posicionamento de que deve ser respeitado o princípio da contrapartida.

38 DELGADO, Maurício Godinho. *Curso de Direito do Trabalho*. 16. ed. São Paulo: LTr, 2017. p. 1.169.

9.7. TRANSFERÊNCIA DE LOCAL DE TRABALHO

- **Requisitos:** A transferência será possível desde que tenha anuência do empregado. Para configurar transferência, é necessário que acarrete mudança de domicílio do empregado.

- **Dirigente sindical:** É vedada a transferência do empregado eleito para dirigente sindical, conforme previsto no art. 543 da CLT.

- **Transferência unilateral:** Excepcionalmente, poderá ocorrer a transferência unilateral do empregado, se respeitados os limites impostos por lei. A seguir, as hipóteses admitidas:

  a) **Empregados que exerçam cargos de confiança.** Inclusive para esses empregados, é necessário que o empregador demonstre a necessidade do serviço.

  b) **Empregados cujo contrato tenham como condição implícita ou explícita a necessidade de transferência.** Também nessa hipótese será necessária comprovação de real necessidade de serviço, no mesmo sentido da hipótese anterior. Exemplo de condição implícita: empregados do circo. Condição explícita: no ato da contratação fica ex-presso que é condição, na prestação de serviços, a possibilidade de transferência do empregado, como ocorre em alguns bancos e em empresas com diversas filiais.

  c) **Extinção do estabelecimento.** Nesse caso, a transferência unilateral é permitida para evitar o término do contrato de trabalho.

  d) **Transferência provisória por necessidade de serviço.** Nesse caso, com fundamento no princípio da lealdade contratual, caberá ao empregado colaborar com a empresa. Há necessidade, entretanto, de que essa necessidade seja fundamentada na real necessidade de serviço.

- **Adicional de transferência.** No caso de transferência provisória por necessidade de servi-ço, mesmo em se tratando de cargo de confiança e condição implícita ou explícita no contrato, o empregador ficará obrigado a pagar adicional de, no mínimo, 25%, dos salários que o empregado recebia na localidade de origem, enquanto durar a transferência. Se ocorrer transferência definitiva, o empregado não terá direito ao adicional.

- Para a semana antes da prova, segue esse quadrinho de resumo sobre a transferência do empregado:

TRANSFERÊNCIA

Possibilidades de transferência:

- Desde que tenha consentimento (anuência) do empregado
- Transferência unilateral (necessidade de comprovar a necessidade de serviço)
  a) Cargo de confiança;
  b) Contrato que tenha condição implícita ou explícita;
  c) Extinção do estabelecimento;
  d) Necessidade de serviço.
- **Adicional de transferência (art. 469 § 3º, da CLT)**
  a) Apenas para transferências provisórias;
  b) Empregados que exercem cargo de confiança também têm direito ao adicional;
  c) Esse adicional possui natureza salarial.
- **Ajuda de custo (art. 470 da CLT)**
  a) Despesas resultantes da transferência;
  b) Natureza indenizatória;

9.8. SUSPENSÃO E INTERRUPÇÃO DO CONTRATO DE TRABALHO

- **Conceito.** A **interrupção** do contrato de trabalho consiste na ausência provisória da prestação de serviços, em que são devidos o pagamento de salário e a contagem do tempo. Cessa a obrigação do empregado, mas persiste a obrigação da empresa. Por outro lado, a **suspensão** do contrato de trabalho é a ausência provisória da prestação de serviços, sem que haja o pagamento de salário nem a contagem do tempo. Nesse caso, cessa a obrigação tanto da empresa como do empregado.

- **Para a semana antes da prova**, segue esse importante quadro de resumo com as hipóteses de interrupção e suspensão do contrato de trabalho (importantíssimo memorizar!):

Hipóteses de interrupção (pagamento de salário)	Hipóteses de suspensão (não há pagamento de salário)
• 2 dias – falecimento • 3 dias – casamento • 9 dias – professor (casamento e falecimento) • 1 dia a cada 12 meses – doação de sangue • 2 dias – alistamento eleitoral • 2 dias – acompanhamento de sua esposa ou companheira em consultas ou exames durante a gravidez • 1 dia por ano – acompanhar filho de até 6 anos em consulta médica • Tempo necessário: (1) serviço militar; (2) vestibular; (3) comparecimento em juízo; (4) reunião/organismo internacional (dirigente sindical) • Paralisação da empresa • Acidente nos primeiros 15 dias • Férias • RSR e feriados • Intervalos intrajornadas remunerados. • Licença-paternidade de 5 dias, com possibilidade prorrogação por mais 15 dias (total de 20 dias) se aderir ao Programa Empresa Cidadã • **Gestante:** consultas médicas • Participação nas comissões de conciliação prévia • Prontidão e sobreaviso • *Lock out* • Participação no Conselho Curador do FGTS	• Encargo público • Mandato sindical • Greve • Suspensão disciplinar • Benefícios previdenciários • Diretor de S.A. • Intervalos • Prisão (sem trânsito em julgado) • Violência doméstica • Inquérito para apuração de falta grave • Qualificação profissional

Casos controvertidos
• Licença-maternidade (interrupção) • Aborto não criminoso (interrupção) • Serviço militar obrigatório (suspensão) • Acidente do trabalho após 15 primeiros dias (suspensão)

- **Licença-paternidade de 5 dias.** Essa licença é válida tanto para o pai casado como para o solteiro, e deve ser gozada no decorrer da primeira semana após o parto[39] (art. 473 da CLT e art. 10, § 1º, ADCT). Com a promulgação da Lei de políticas públicas para a primeira infância (Lei nº 13.257/2016), foi introduzida a possibilidade de prorrogação da licença-paternidade em 15 dias na Lei nº 11.770/2008 (Programa Empresa Cidadã), totalizando o período de 20 dias. Para se ter direito à prorrogação, é necessário o preenchimento de alguns requisitos:
  1) empregador deve integrar o Programa Empresa Cidadã;
  2) benefício de prorrogação deve ser requerido no prazo de até 2 dias úteis após o parto;
  3) comprovação de participação em programa ou atividade de orientação sobre paternidade responsável;
  4) impossibilidade de exercer atividade remunerada durante o período.
- **Reforma Trabalhista:** constitui objeto ilícito da convenção ou acordo coletivo, a supressão ou redução da licença-paternidade, nos termos fixados em lei (art. 611-B, XIV da CLT).

9.9. EFEITOS DO CONTRATO DE TRABALHO

- **Efeitos do contrato (obrigações do contrato de trabalho).** O contrato de trabalho gera obrigações tanto para o **empregado**, que assume a obrigação de prestar serviços não eventuais e subordinados, como para o **empregador**, que assume a obrigação de pagar salário. Nesse sentido, surgem diversos efeitos decorrentes da relação jurídica. De acordo com Maurício Godinho Delgado[40], é possível a divisão desses efeitos em:
  a) efeitos próprios ao contrato de trabalho e;
  b) efeitos conexos ao contrato de trabalho.
- **Efeitos próprios.** São aqueles que decorrem da natureza do contrato de trabalho e da conjuntura natural das cláusulas contratuais.
- **Efeitos conexos.** São aqueles que não decorrem propriamente da natureza do contrato, mas que poderão se juntar a ele por conexão ou acessoriedade. São efeitos de natureza não trabalhista que surgem em função ou em vinculação ao contrato de trabalho.
- **Direitos intelectuais e invenções do empregado.** Os direitos intelectuais, como o próprio nome sugere, são aqueles que decorrem da produção intelectual de um indivíduo. As criações e produções científicas, literárias e artísticas são tuteladas pelo direito por normas específicas diante da importância dessas manifestações no ordenamento jurídico. Esses direitos desdobram-se em tipos específicos, tais como os direitos de autor, regulamentados pela Lei nº 9.610/1998, os direitos de propriedade intelectual, regidos pela Lei nº 9.279/1992, e, por fim, os direitos intelectuais relativos à criação e utilização de *software* (Lei nº 9.609/1998)[41].
- **Produção intelectual decorre do contrato de trabalho ou da natureza dos serviços prestados.** Nesse caso, o empregado é contratado com a finalidade específica de desenvolver o invento. Para tanto, receberá seu salário mensal (e demais verbas salariais e indenizatórias) até que o novo produto seja lançado, num desenvolvimento que pode levar anos. A invenção pertencerá **exclusivamente** ao empregador, salvo previsão expressa em contrário. Contudo, permite-se que o acordo entre as partes da relação empregatícia para que o empregado participe dos ganhos econômicos decorrentes da exploração da patente.
- **Produção intelectual desvinculada do contrato de trabalho sem a utilização de recursos do empregador.** Nesse caso, a invenção ou modelo de utilidade criado pertencerá apenas ao empregado, uma vez que o empregador em nada colaborou para sua criação. Ressalta-se que há presunção relativa de que foi desenvolvida durante o contrato de trabalho a patente de invenção requerida até 1 ano após a extinção do vínculo empregatício.
- **Produção intelectual decorrente da contribuição pessoal do empregado com a utilização de recursos do empregador.** Salvo disposição expressa em contrário, se houver concorrência entre a contribuição pessoal do empregado e os recursos do empregador, a propriedade do invento será comum, em partes iguais, entre empregado e empregador. Será garantido ao empregador o direito exclusivo de exploração, e ao empregado, a justa remuneração resultante dessa exploração. Destaca-se que o empregador, salvo justo motivo, terá 1 ano para iniciar a exploração, sob pena de passar a exclusividade na exploração ao empregado.

39 JORGE NETO, Francisco Ferreira; CAVALCANTE, Jouberto de Quadros Pessoa. *Curso de Direito do Trabalho*. São Paulo: Atlas, 2009. p. 251.

40 DELGADO, Maurício Godinho. Curso de Direito do Trabalho. 14. ed. São Paulo: LTr, 2015. p. 659.

41 DELGADO, Maurício Godinho. Curso de Direito do Trabalho. 14. ed. São Paulo: LTr, 2015. p. 662.

> **ATENÇÃO!**
> O tema a seguir foi impactado pela Reforma Trabalhista![42]

9.9.1. DANO MATERIAL E MORAL[42]

- **Dano material.** O dano material atinge diretamente o patrimônio do ofendido. A reparação deve abranger os **danos emergentes** ou prejuízos efetivos e imediatos, isto é, o montante que o empregado efetivamente perdeu. E ainda, os **lucros cessantes** que refletem no futuro, ou seja, com a diminuição potencial do patrimônio do trabalhador. Em ambos os casos, de danos emergentes ou de lucros cessantes, torna-se necessário fazer prova, por exemplo, por documentos e recibos, do que efetivamente perdeu e deixou de ganhar, para que o empregado possa ter direito à reparação.
- **Dano moral.** Dano moral é a lesão a direitos da personalidade[43], ou seja, direitos extrapatrimoniais como violação da honra, intimidade, privacidade e outros direitos ligados à dignidade da pessoa humana. Essa lesão causa sofrimento, tristeza, depressão etc. Ao contrário da indenização por danos materiais, facilmente comprovados com documentos, a prova para comprovar o dano moral torna-se praticamente impossível, pois não se comprovam a tristeza, a raiva, a angústia, o sofrimento etc. Assim sendo, o que se comprova, para que possa haver a reparação, são os fatos que originaram o ato lesivo/ilícito.
- **Fixação da indenização.** A indenização arbitrada pelo juiz do trabalho deve ser razoável e justa, ou seja, não pode promover o enriquecimento ilícito do trabalhador. Ao mesmo tempo, não pode ser fixada em valor insignificante que incentive o empregador a persistir nas condutas ilícitas. Essa reparação, portanto, além de ter o objetivo de assegurar vantagens pecuniárias ao ofendido, tem a finalidade de servir de punição ao ofensor.
- **Reforma Trabalhista:** Com o advento da Lei nº 13.467/2017, há regulamentação do tema "dano extrapatrimonial" no Título II-A da CLT, podendo ser sujeito passivo do dano tanto a pessoa física, nos casos do art. 223-C da CLT[44], quanto a pessoa jurídica, nos casos do art. 223-D da CLT.

A Súmula nº 37 do STJ já permitia a cumulação dos pedidos de dano moral e material, haja vista se tratarem de causas de pedir distintas, o que é corroborado pelo art. 223-F da CLT, inserido pela Reforma Trabalhista.

Além disso, a Reforma Trabalhista estabelece um sistema de tarifação do dano moral, já que estipula parâmetros para a fixação de sua indenização:

SISTEMA DE TARIFAÇÃO DO DANO EXTRAPATRIMONIAL	
Gravidade da ofensa	**Limitação da indenização**
Natureza leve	Até 3x o último salário contratual
Natureza média	Até 5x o último salário contratual
Natureza grave	Até 20x o último salário contratual
Natureza gravíssima	Até 50x o último salário contratual

Importa ressaltar que o critério levará em conta o salário contratual do ofendido ou do ofensor, o que fere o princípio da isonomia, já que 2 empregados poderão receber quantias distintas, mesmo que se encontrem em situações idênticas. Assim, por exemplo, se 2 empregados sofrem acidente de trabalho e perdem um dos membros superiores, sendo que 1 deles recebia o valor de R$ 1200,00 e o outro R$ 5.000,00, o valor da indenização do primeiro poderá chegar a R$ 60.000,00 (50x o salário contratual) e do segundo a R$ 250.000,00.

> **IMPACTOS DA REFORMA TRABALHISTA**
> - **Tarifação do dano moral:** Com a Reforma Trabalhista, o dano moral está sujeito à tarifação. O juiz levará em conta os critérios adotados na CLT para fixar um valor indenizatório ao sujeito lesado.
> - **Antes da Reforma Trabalhista:** o valor da indenização é fixado pelo juiz, levando-se em conta critérios de razoabilidade.

- **Dano moral coletivo.** O empregador poderá ser condenado a pagar **indenização por danos morais coletivos.** O Ministério Público do Trabalho, ao ingressar com a ação civil pública, requer o pagamento de uma reparação à coletividade, em razão do sentimento negativo (raiva, angústia, vergonha) que as pessoas da sociedade sentem ao ver que ainda há essa exploração do ser humano em pleno século XXI. A melhor definição

42 Baixe e-book que acompanha este livro. Lá foram feitos comentários detalhados sobre a MP nº 808/2017.

43 MELO, Raimundo Simão. *Ações acidentárias na Justiça do Trabalho: Teoria e Prática*. São Paulo, LTr, 2011.

44 Baixe e-book que acompanha este livro. Lá foram feitos comentários detalhados sobre a MP nº 808/2017.

de dano moral coletivo é dada pelo autor Xisto Tiago de Medeiros Neto[45]:

> *O dano moral coletivo corresponde à lesão injusta e intolerável a interesses ou direitos titularizados pela coletividade (considerada em seu todo ou em qualquer de suas expressões – grupos, classes ou categorias de pessoas), os quais possuem natureza extrapatrimonial, refletindo valores e bens fundamentais para a sociedade.*

10. DURAÇÃO DO TRABALHO E JORNADA DE TRABALHO

- **Limitação da jornada na CF/88.** A limitação da jornada de trabalho é uma das maiores vitórias conquistadas pelos empregados. Atualmente, a duração máxima é limitada a 8 horas diárias e 44 horas semanais, tanto aos homens quanto às mulheres.

> **ATENÇÃO!**
>
> O tema a seguir foi impactado pela Reforma Trabalhista!

- **Tempo de deslocamento (portaria – Local do trabalho).** Recentemente, o TST, embora não haja previsão em lei, trouxe uma inovação importante ao prever que deslocamento do trabalhador entre a portaria da empresa e o local de trabalho pode ser considerado tempo à disposição do empregador caso supere o limite de 10 minutos diários (Súmula nº 429 do TST). A interpretação dada pelo TST tem como fundamento o princípio da razoabilidade. Entendemos que, mesmo após a Reforma Trabalhista, esse limite de tolerância de 10 minutos, previsto no art. 58, § 1º, da CLT, não poderá ser ampliado, nem mesmo se houver previsão em negociação coletiva. A cláusula em acordo coletivo, por exemplo, que fixa em 30 minutos de tolerância, não será válida. Nesse sentido, permanece a aplicação da jurisprudência consolidada do TST.
- Com a Reforma Trabalhista, há a inserção do § 2º ao art. 4º da CLT. O novo dispositivo apresentará duas hipóteses em que o limite de tolerância de 10 minutos diários previsto no art. 58, § 1º, da CLT pode ser ultrapassado sem que o período seja considerado como tempo à disposição do empregador:

45 MEDEIROS NETO, Xisto Tiago. *Dano Moral Coletivo*. 2. ed. São Paulo: LTr, 2007. p. 136.

a) Proteção pessoal: Caso o empregado permaneça no local de trabalho, por escolha própria, para buscar proteção pessoal em caso de insegurança nas vias públicas ou más condições climáticas, o tempo que ultrapassar o limite de tolerância não será considerado como tempo à disposição do empregador. Exemplo: Na hipótese de alagamentos nas grandes cidades que impede o deslocamento do trabalhador com segurança para sua residência, é possível a permanência na empresa. No entanto, esse período não será computado como horas extras. Essa medida é interessante, pois permite que o trabalhador permaneça com segurança no local de trabalho sem que o empregador tenha que remunerar o período em que o empregado não está aguardando ou executando ordens.

Por outro lado, por aplicação do princípio da primazia da realidade, as horas extras serão devidas caso comprovado que o empregado permaneceu na empresa e continuou prestando serviços ao empregador. Nesse caso, o empregado não está apenas buscando proteção pessoal, mas se encontra à disposição do empregador.

b) Atividades particulares. Se o trabalhador adentrar ou permanecer na empresa para o desenvolvimento de atividades particulares, o período também não será considerado como tempo à disposição do empregador. Vale destacar que o legislador trouxe um rol exemplificativo das hipóteses consideradas como atividades particulares do empregado. Portanto, é fundamental para a caracterização da atividade como particular a análise concreta da natureza dessa atividade. Pela aplicação do princípio da primazia da realidade, independentemente se o empregador considerar a atividade como particular ou não, será analisado se o empregado permanece aguardando ou executando ordens. As atividades elencadas exemplificativamente são as seguintes:

> *I – práticas religiosas;*
>
> *II – descanso;*
>
> *III – lazer;*
>
> *IV – estudo;*
>
> *V – alimentação;*
>
> *VI – atividades de relacionamento social;*
>
> *VII – higiene pessoal;*

VIII – troca de roupa ou uniforme, quando não houver obrigatoriedade de realizar a troca na empresa.

- **Prontidão.** O empregado permanece nas dependências da empresa aguardando ordens. Nesse caso, o trabalhador não prestará serviços, mas receberá 2/3 do horário normal em razão do tempo à disposição. Poderá permanecer em prontidão por, no máximo, 12 horas.
- **Sobreaviso.** Consiste na possibilidade de o empregado permanecer em sua residência ou outro local combinado aguardando ordens da empresa. Nesse caso, receberá apenas 1/3 da hora normal e poderá ficar nesse regime por, no máximo, 24 horas. A utilização de aparelhos eletrônicos (telefone celular, *pager, bip* etc.), por si só, não configura as horas de sobreaviso. Entretanto, configura horas de sobreaviso se a utilização dos instrumentos informatizados, como celular, *pager* etc.: a) mantiverem o empregado sob o controle do empregador; b) deixarem o trabalhador conectado e ligado à empresa, como responder *e-mails* durante a noite etc.; e c) submeterem o empregado a regime de plantão, podendo ser acionado a qualquer momento convenção e acordo coletivo prevalecerão sobre a lei quando dispuserem sobre regime de sobreaviso (art. 611-A, VIII da CLT).
- **Empregados não submetidos à limitação de jornada:**
  - **Empregados que exercem atividade externa incompatível com a fixação de horário de trabalho.** Para esses trabalhadores que exercem atividades externas não há limite de 8 horas, logo não terão direito às horas extras, adicional noturno e intervalos. Essa exclusão existe diante da impossibilidade de fiscalização da jornada.
  - **Gerentes que exercem cargos de gestão e recebem gratificação de função não inferior a 40% do respectivo salário efetivo.** Há necessidade de o gerente exercer poderes de gestão, ou seja, contratar e dispensar empregados, dar ordens, controlar estoque de mercadorias etc. Em resumo, ter poderes de gestão significa representar a figura do empregador. Ademais, a lei equipara ao gerente, para exclusão da limitação de jornada, os diretores e chefes de departamento e/ou filial. Cabe ressaltar que a fiscalização do horário é incompatível com o cargo de gerente. Assim sendo, esses empregados devem ter ampla liberdade nos horários de chegada, saída etc. Para os gerentes que exercem poderes de gestão não há limite de 8 horas, logo não terão direito às horas extras, adicional noturno e intervalos.
  - **Teletrabalho:** Com a Reforma Trabalhista, **os empregados em regime de teletrabalho** também foram excluídos do controle de jornada (art. 62, III da CLT)

Remetemos o leitor à leitura do tópico sobre motoristas profissionais, já explicado em detalhes no item 3.5.3.

> **ATENÇÃO!**
> O tema a seguir foi impactado pela Reforma Trabalhista!

- **Regime por tempo parcial.** Este regime foi criado como forma de incentivar o aumento dos postos de trabalho. Além disso, a remuneração dos empregados submetidos a essa jornada reduzida será proporcional à remuneração recebida pelos empregados que cumprem, nas mesmas funções, tempo integral.
- **Com a Reforma Trabalhista**, será considerado trabalho em regime de tempo parcial o que não exceder a 30 horas semanais, quando não poderão ser prestadas horas extras ou 26 horas semanais, em que se possibilitará o acréscimo de até 6 horas suplementares semanais. Note-se que mesmo que estipulada por tempo inferior a 26 horas, as horas suplementares serão consideradas horas extras.
- **Abono pecuniário de férias.** Importante frisar, ainda, que com a nova legislação, será facultado ao empregado contratado sob o regime de tempo parcial converter 1/3 do período de férias a que tiver direito em abono pecuniário, ou seja, poderá converter até 1/3 dos dias de férias em dinheiro (Art. 58-A, § 6º da CLT, com redação dada pela Reforma Trabalhista).
- Com a entrada em vigor da Lei nº 13.467/2017, as férias do regime de tempo parcial serão regidas pelo art. 130 da CLT, na mesma proporção devida aos demais empregados. Nesse sentido, o art. 130-A da CLT será revogado.
- **Alteração para o regime por tempo parcial.** Por fim, para os atuais empregados, já contratados, a adesão ao regime por tempo parcial deverá ocorrer mediante seu consentimento, e, ainda, ser submetida à negociação coletiva (acordo ou convenção coletiva), porque há possibilidade de acarretar redução salarial. De acordo com o § 2º do art. 58-A da CLT: "Para os atuais empregados, a adoção do regime de tempo parcial será feita mediante opção manifestada perante a empresa, na forma prevista

em instrumento decorrente de negociação coletiva."

- **Turnos ininterruptos de revezamento.** Ocorre quando há **alternância de horários** dos empregados. Exemplo: trabalhador presta serviços no horário **diurno** durante os primeiros 15 dias do mês de abril. Nos outros 15 dias, é transferido para o período **noturno**. Veja que não há obrigatoriedade de esse empregado laborar em todos os períodos disponíveis na empresa; a mera alternância – noturno e diurno – já caracteriza o turno ininterrupto.

No caso do trabalhador contratado nessa modalidade, a jornada de trabalho será se 6 horas diárias, salvo o disposto em negociação coletiva (Art. 7º, XIV da CF/88).

- **Jornada reduzida.** Os empregados submetidos ao turno ininterrupto de revezamento têm desgaste biológico maior. Ademais, o convívio social e familiar fica diretamente prejudicado, em razão dessa alternância no horário.

- **Para a semana antes da prova** (importante memorizar essa parte geral de duração do trabalho, porque há grande chance de ser cobrada no seu concurso):

DURAÇÃO DO TRABALHO	
Limitação da jornada prevista na CF/88	– 8 horas diárias. – 44 horas semanais.
Controle da jornada	a) Obrigatório nas empresas com mais de 10 empregados. **Obs.:** Doméstico: controle obrigatório independentemente do número de empregados. b) Presunção relativa de veracidade nas declarações do empregado: – empresas não apresentam os controles de frequência; – horários de entrada e saída uniformes.
Prontidão	– Empregado permanece nas dependências da empresa. – Receberá 2/3 do horário normal. – Máximo de 12 horas.
Sobreaviso	– Permanece em sua residência, aguardando ordens. – Receberá 1/3 do horário normal. – Máximo de 24 horas.
Não possuem limitação ou jornada (art. 62 da CLT)	– Atividade externa e incompatível com a fiscalização: – Gerentes com poderes de gestão e gratificação 40%. – Teletrabalhador (Reforma Trabalhista)
Regime tempo parcial	**Reforma Trabalhista:** – Duração máxima de 30 horas semanais, sem a possibilidade de horas extras. – Duração de até 26 horas, com a possibilidade de até 6 horas extras suplementares semanais. – Faculdade do empregado converter 1/3 das férias em abono pecuniário de férias. – Regime de férias: art. 130 da CLT.
Turnos ininterruptos de revezamento (alternância de horários)	– Jornada reduzida de 6 horas, exceto negociação coletiva (8 horas). – A mera alternância entre o período diurno e noturno gera a jornada reduzida de 6 horas (OJ 360). – Jornada reduzida de 6 horas é compatível com hora noturna reduzida de 52:30 (OJ 395).

IMPACTOS DA REFORMA TRABALHISTA

- **Regime de tempo parcial.** A Reforma Trabalhista altera a redação do "caput" do art. 58-A e acrescenta os § 3º e 4º a esse dispositivo da CLT para prever duas hipóteses de trabalho em regime de tempo parcial: 1) duração do trabalho que não ultrapasse a 30 horas semanais sem direito à realização de horas extras; e 2) duração do trabalho que não ultrapasse a 26 horas semanais com direito a realização de 6 horas extras. As horas extras deverão ser remuneradas com adicional de 50% ou compensadas na semana imediatamente posterior à sua realização.
- **Antes da Reforma Trabalhista:** A antiga redação do dispositivo estabelecia apenas a possibilidade de contratação em jornada não superior a 25 horas semanais sem direito a horas extras ou compensação.
- **Férias em regime de tempo parcial.** Com a Lei nº 13.467/2017, os empregados em regime de tempo parcial passam a ter o direito ao abono pecuniário de férias e à duração de férias na mesma proporção dos demais trabalhadores, em razão de suas faltas injustificadas.
- Antes da Reforma Trabalhista: Os empregados em regime de tempo parcial não tinham direito ao abono pecuniário de férias e a duração das férias era calculada com base na duração da jornada de trabalho do empregado conforme preceituava o art. 130-A da CLT.

ATENÇÃO!
O tema a seguir foi impactado pela Reforma Trabalhista!

10.1. HORAS IN ITINERE

Antes da Reforma Trabalhista, o período de deslocamento não era computado na jornada de trabalho, exceto se a empresa estivesse em local de difícil acesso ou não servido por transporte público e o empregador fornecesse o transporte ao empregado.

A mera insuficiência de transporte público, no entanto, não ensejava o pagamento das horas *in itinere*.

Restando configurados os requisitos, as horas *in itinere* eram computadas na jornada de trabalho.

Havia, ainda, a possibilidade de previsão de tempo médio das horas *in itinere*.

- **Reforma Trabalhista:** Não há mais previsão de horas *in itinere*, já que, durante este período, o empregado não se encontra à disposição do empregador:

> *Art. 58 da CLT- A duração normal do trabalho, para os empregados em qualquer atividade privada, não excederá de 8 (oito) horas diárias, desde que não seja fixado expressamente outro limite.*
>
> *(...)*
>
> *§ 2º O tempo despendido pelo empregado desde a sua residência até a efetiva ocupação do posto de trabalho e para o seu retorno, caminhando ou por qualquer meio de transporte, inclusive o fornecido pelo empregador,* **não será computado na jornada de trabalho, por não ser tempo à disposição do empregador**. *(grifo nosso)*

IMPACTOS DA REFORMA TRABALHISTA

- **Supressão das horas de trajeto.** A Reforma Trabalhista altera a redação do § 2º do art. 58 da CLT e revoga seu § 3º, para prever que o tempo despendido pelo empregado desde sua residência até a efetiva ocupação do posto de trabalho e para o seu retorno não será computado na jornada de trabalho, ainda que o empregador forneça o transporte, por não ser tempo à disposição do empregador. Trata-se da supressão das horas *in itinere*.
- **Antes da Reforma Trabalhista:** A antiga redação do dispositivo estabelecia e que, em regra, o período de deslocamento não seria computado na jornada de trabalho, exceto se a empresa estivesse em local de difícil acesso e o empregador fornecesse o transporte ao empregado. O § 3º do dispositivo previa ainda a possibilidade de previsão de tempo médio das horas *in itinere*.
- **Novos contratos de trabalho.** Com a revogação do § 3º do dispositivo e a supressão das horas de trajeto, as discussões acerca da remuneração do período de trajeto e da possibilidade de se estabelecer, via instrumento coletivo, o tempo médio das horas *in itinere* estarão superadas para empregados contratados após essas mudanças legislativas.

10.2. TRABALHO NOTURNO

- Considera-se noturno o trabalho executado entre as 22 horas de um dia e as 5 horas do dia seguinte. Durante esse período, o empregado receberá adicional de, no mínimo, 20% sobre a hora diurna. Esse adicional possui natureza salarial, portanto reflete nas demais verbas trabalhistas.
- A hora noturna para o trabalhador urbano é reduzida, ou seja, uma hora noturna será computada como de 52 minutos e 30 segundos. Os empregados rurais e os petroleiros não têm direito à hora reduzida. No tocante ao rural, a jornada noturna

inicia-se às 20h e termina às 4h na pecuária. Na lavoura, será das 21h até as 5h. Adicional noturno é de, no mínimo, 25% superior à hora diurna.

- ***Horários mistos:*** Ocorrerá o horário misto quando o empregado prestar serviços no período diurno e noturno. Exemplo: inicia o trabalho às 20 horas e vai até às 4 horas. Veja que nesse caso, o período entre 20 h e 22 h será pago como hora diurna. Ao ultrapassar as 22 horas, incide o adicional noturno e a redução da hora para 52 minutos e 30 segundos.
- **Prorrogação do horário noturno:** A prorrogação, por sua vez, ocorre quando houver a continuidade da prestação de serviços além do limite previsto em lei, ou seja, 5 horas da manhã. Nesse caso, o empregado continuará recebendo o adicional noturno e terá direito à hora reduzida.

10.3. TRABALHO EXTRAORDINÁRIO

- O trabalho que ultrapassar a jornada normal será remunerado com adicional de, no mínimo, 50% sobre a hora normal.
- Cabe frisar que as variações no registro de ponto não excedentes a cinco minutos, observado o limite máximo de dez minutos, não serão descontadas, nem consideradas como jornada extraordinária (art. 58, § 1º, da CLT).
- **Acordo de prorrogação:** Nesse caso, para que a prestação de horas extraordinárias seja lícita, há necessidade de dois requisitos (art. 59 da CLT):
  1) **acordo escrito entre empregado e empregador**. Poderá ser autorizado via negociação coletiva (acordo ou convenção).
  2) **prorrogação máxima de duas horas diárias.** Se houver prestação de horas suplementares sem a observância do acordo escrito, ou ainda, além das duas horas diárias, a empresa será autuada pela fiscalização.
- **Prorrogação da jornada por necessidade imperiosa**: A CLT prevê hipótese de prorrogação da jornada de trabalho por necessidade imperiosa. De acordo com a doutrina[46], necessidade imperiosa é considerada gênero, do qual são espécies prorrogação por motivo de força maior e prorrogação para conclusão de serviços inadiáveis ou cuja inexecução possa acarretar prejuízos ao empregador.
- **Comunicação ao Ministério do Trabalho:** De acordo com o § 1º do artigo 61 da CLT, as horas extras prestadas nas hipóteses mencionadas no presente artigo podem ser exigidas independentemente de acordo ou convenção coletiva de trabalho desde que houvesse comunicação ao Ministério do Trabalho no prazo de 10 dias ou, antes desse prazo, quando a justificativa fosse necessária no momento da fiscalização. Com a alteração da Reforma Trabalhista, remove-se a exigência de comunicação prévia à autoridade em matéria de trabalho. Além disso, permanece a desnecessidade de acordo ou convenção coletiva de trabalho para a prestação de horas extras nas hipóteses elencadas no art. 61 da CLT.[47]

ATENÇÃO!

O tema a seguir foi impactado pela Reforma Trabalhista![47]

10.4. COMPENSAÇÃO

- **Compensação.** Nesse regime o empregado trabalhará além da jornada normal em alguns dias, para descansar em outros (art. 59, § 2º, da CLT).
- **Observância do limite máximo de 10 horas diárias.** A prestação de trabalho extraordinário acima do limite permitido desconfigura o sistema de compensação. Nesse caso, as horas extraordinárias compensadas, com descanso, serão pagas apenas acrescidas do adicional de 50%. Por outro lado, as horas que ultrapassarem a jornada semanal serão pagas como horas extras (paga-se a hora normal acrescida do adicional de 50%).
- Com a Reforma Trabalhista, esse regime de compensação poderá ocorrer mediante acordo individual, tácito ou escrito, desde que a compensação se dê no mesmo mês (Art. 59, § 6º da CLT, com redação dada pela Reforma Trabalhista).
- **Diferença de banco de horas e compensação.**

Com a Reforma Trabalhista, o regime de compensação de jornadas pode ser estabelecido por acordo individual tácito ou escrito, para compensação no mesmo mês.

Já o banco de horas pode ser pactuado por acordo individual escrito, desde que a compensação ocorra no período máximo de seis meses. Se pactuado mediante negociação coletiva, as horas podem ser compensadas no prazo de 1 ano.

46 Nesse sentido: CASSAR, Vólia Bomfim. *Direito do Trabalho*. 11. ed. São Paulo: Método, 2015. p. 680; GARCIA, Gustavo Filipe Barbosa. *CLT comentada*. São Paulo: Método, 2015. p. 91; e MARTINS, Sérgio Pinto. *Comentários à CLT*. 19. ed. São Paulo: Atlas, 2015. p. 103.

47 Baixe e-book que acompanha este livro. Lá foram feitos comentários detalhados sobre a MP nº 808/2017.

> **Art. 59 da CLT (inserido pela Reforma Trabalhista).** *A duração diária do trabalho poderá ser acrescida de horas extras, em número não excedente de duas, por acordo individual, convenção coletiva ou acordo coletivo de trabalho.*
>
> *(...)*
>
> *§ 5º O banco de horas de que trata o § 2o deste artigo poderá ser pactuado por acordo individual escrito, desde que a compensação ocorra no período máximo de seis meses.*
>
> *§ 6º É lícito o regime de compensação de jornada estabelecido por acordo individual, tácito ou escrito, para a compensação no mesmo mês.*

Além disso, com a Reforma Trabalhista a prestação de horas extras habituais não descaracteriza o acordo de compensação de jornada e o banco de horas.

- **Compensação de jornada em atividades insalubres.** Havia discussão quanto à aplicação do art. 60 da CLT que prevê requisito específico para autorizar a prestação de serviços extraordinários em atividades insalubres. De acordo com a CLT, deve-se obter a **prévia permissão da autoridade competente** em matéria de segurança e higiene do trabalho, no caso, o Ministério do Trabalho e Previdência Social. Aliás, prevê o art. 60 da CLT que "quaisquer prorrogações" nessas atividades insalubres somente poderão ser acordadas mediante prévia permissão. Com a edição do item VI da Súmula nº 85, o TST, felizmente, estabeleceu que é indispensável a realização da inspeção prévia e da autorização da autoridade competente para que seja válido o acordo de compensação de jornada em atividade insalubre. Além disso, mesmo mediante norma coletiva, não é possível afastar a exigência do art. 60 da CLT. Com a Reforma Trabalhista, não será exigida licença prévia nas jornadas de 12x36, nos termos do art. 60, parágrafo único.
- **Compensação para menores de 18 anos.** Ainda sobre esse tópico, cabe destacar que o empregado **menor de 18 anos** poderá prestar serviços além das 8 horas para fins de compensação de jornada. Nesse caso, é exigida norma coletiva para que o ajuste seja válido.
- **Semana espanhola.** O TST admite a chamada **semana espanhola**, em que há alternância de 40 h de trabalho numa semana e 48 h na semana seguinte. Esse sistema de compensação é utilizado para que o empregado não trabalhe aos sábados.

IMPACTOS DA REFORMA TRABALHISTA

- **Prorrogação de jornada.** A Reforma Trabalhista altera a redação do "caput" e do § 1º do art. 59 da CLT para estabelecer a possibilidade de prorrogação da jornada de trabalho por acordo individual, convenção ou acordo coletivo de trabalho. Além disso, em adequação ao art. 7º, XVI, da Constituição Federal, passa a prever o adicional de horas extras no valor de 50% sobre o valor da hora normal de trabalho.
- **Antes da Reforma Trabalhista:** A antiga redação do artigo previa a necessidade de acordo escrito, o que gera o questionamento acerca da possibilidade de acordo tácito com as alterações promovidas pela Reforma. Além disso, previa o § 1º do dispositivo o adicional de 20% para as horas extras, o que não é aplicável desde a promulgação da CF/88 que fixou o valor de 50%.
- **Banco de horas e acordo de compensação de jornada.** Com a Lei nº 13.467/2017, o banco de horas poderá ser elaborado para compensação anual por meio de acordo ou convenção coletiva de trabalho ou para compensação semestral por meio de acordo individual escrito. Por sua vez, o acordo de compensação de jornada poderá ser firmado por acordo individual tácito ou escrito para compensação dentro de um mês.
- **Antes da Reforma Trabalhista:** A implementação de banco de horas somente é possível por meio de acordo ou convenção coletiva (art. 58, § 2º e Súmula nº 85, V, do TST) e a compensação de jornada não tem previsão na legislação, mas pelo posicionamento do TST na Súmula nº 85, I, deve ser realizada pela celebração de acordo escrito entre as partes.

- **Jornada 12 x 36[48].**

Com a Reforma Trabalhista, é facultado às partes, mediante acordo individual escrito, convenção ou acordo coletivo, estabelecer horário de trabalho de 12X36, observados ou indenizados os intervalos para repouso e alimentação. A remuneração pactuada pelo horário em questão abrangerá o pagamento devido pelo descanso semanal remunerado e pelo descanso em feriados. Além disso, excetuam-se de licença prévia as jornadas de 12x36, nos termos do art. 60, parágrafo único.

> **Art. 60, Parágrafo único da CLT:** *Excetuam-se da exigência de licença prévia as jornadas de doze horas de trabalho por trinta e seis horas ininterruptas de descanso.*

48 Baixe e-book que acompanha este livro. Lá foram feitos comentários detalhados sobre a MP nº 808/2017.

IMPACTOS DA REFORMA TRABALHISTA

- **Jornada 12x36.** A Lei nº 13.467/2017 passa a regulamentar a jornada de trabalho de 12 horas por 36 horas de descanso, que poderá ser realizada por acordo individual escrito, convenção ou acordo coletivo de trabalho. Pela nova lei, o intervalo intrajornada poderá ser concedido ou indenizado pelo empregado e já estarão compensados o DSR e os feriados.
- **Antes da Reforma Trabalhista:** Não havia regulamentação dessa jornada de trabalho, que somente foi aceita pela construção jurisprudencial e regulamentada pela Súmula nº 444 do TST. Somente pod ser instituída em casos excepcionais ou quando houvesse previsão legal, obrigatoriamente por meio de negociação coletiva, não sendo admitido acordo individual. Além disso, o intervalo intrajornada é obrigatoriamente concedido ao empregado, devendo gozar dos dias referentes aos feriados.

10.5. PERÍODOS DE DESCANSO

ATENÇÃO!

O tema a seguir foi impactado pela Reforma Trabalhista!

10.5.1. INTERVALOS

- **Intervalo intrajornada.** O intervalo intrajornada ocorre durante a jornada de trabalho. É o período destinado ao descanso e refeição. Em regra, os períodos destinados aos intervalos não são computados na jornada de trabalho, isto é, não são remunerados pelo empregador.

Jornada normal (8 h diárias)	=	**4 h de trabalho**	+	**no mín., 1 h; no máx., 2 h de intervalo** (não é remunerado)	+	**4 h de trabalho**

A duração do intervalo está intimamente ligada à jornada de trabalho. Tempo destinado ao intervalo para descanso e refeição:

a) **Jornada de até 4 horas:** não há previsão em lei de intervalo intrajornada.

b) **Jornada que excede 4 horas, com limite de 6 horas:** intervalo de 15 minutos. Se o empregador exigir horas extras habituais, excedendo a jornada de 6 horas diárias, deverá conceder intervalo mínimo de 1 hora.

c) **Jornada que excede 6 horas:** mínimo de 1 hora e máximo de 2 horas. Existe previsão no art. 71 da CLT de intervalo superior a 2 horas, mas haverá necessidade de prévia negociação coletiva (acordo ou convenção coletiva).

Com a Reforma Trabalhista, o intervalo intrajornada pode ser pactuado via negociação coletiva, devendo ser respeitado o limite mínimo de trinta minutos para jornadas superiores a 6 horas (Art. 611-A, III da CLT, inserido pela Reforma Trabalhista).

d) **Intervalos não previstos em lei:** serão considerados tempo efetivo à disposição do empregador. Nesse caso, se a empresa conceder intervalo de 15 minutos no período da manhã, e mais 15 minutos no período da tarde, e extrapolar as 8 horas em que o trabalhador está à disposição do empregador, o tempo referente aos intervalos concedidos, 30 minutos, deverá ser remunerado como hora extraordinária, acrescido do pagamento de adicional de, no mínimo, 50% sobre a hora normal.

Redução do intervalo e as consequências da sua supressão ou redução

- **Redução.** Em regra, era vedada a redução do intervalo para descanso e refeição, cabendo à empresa observar os limites mínimos citados anteriormente (15 minutos e 1 hora), porque são normas ligadas à saúde do trabalhador.

Entretanto, com a Reforma Trabalhista, a redução do intervalo intrajornada passa a ser para todos os empregados, devendo ser respeitado o limite mínimo de trinta minutos para jornadas superiores a 6 horas (Art. 611-A, III da CLT, inserido pela Reforma Trabalhista). Além disso, a Reforma Trabalhista estabelece, de forma expressa, que as regras sobre duração do trabalho não serão consideradas como normas de saúde, higiene e segurança do trabalho, para fins do art. 611-B da CLT (inserido pela Reforma Trabalhista), de forma que poderão ser objeto de negociação coletiva.

- **Possibilidades de redução**. Além da previsão contida na Reforma Trabalhista, existem 3 casos que já permitiam a redução do intervalo, sendo que duas delas estão previstas na CLT:

  a) **Todos os empregados**

  b) **Motoristas do setor de transporte coletivo de passageiros:** recentemente foi publicada a Lei nº 13.103/2015, que passou a permitir o fracionamento e a redução do intervalo intrajornada desses trabalhadores:

> **Art. 71, § 5º, CLT:** *O intervalo expresso no caput poderá ser* ***reduzido e/ou fracionado****, e aquele estabelecido no § 1º poderá ser* ***fracionado****, quando compreendidos entre o término da primeira hora trabalhada e o início da última hora trabalhada, desde que previsto em convenção ou acordo coletivo de trabalho, ante a natureza do serviço e em virtude das condições especiais de trabalho a que são submetidos estritamente os motoristas, cobradores, fiscalização de campo e afins nos serviços de operação de veículos rodoviários, empregados no setor de transporte coletivo de passageiros, mantida a remuneração e concedidos* ***intervalos para descanso menores ao final de cada viagem*** *(grifos acrescidos).*

É válido ressaltar, entretanto, que a Lei nº 13.103/2015 alterou a CLT para prever não somente a hipótese de fracionamento dos intervalos intrajornadas de 1 hora ou de 15 minutos, como também sua **redução no caso do intervalo de 1 hora.** Contudo, o intervalo de 15 minutos para os motoristas de transporte coletivo não pode ser reduzido, mas somente fracionado.

  c) **Autorização do Ministério do Trabalho:** o art. 71, § 3º, CLT estabelece a possibilidade de reduzir o intervalo de 1 hora (redução do intervalo de 15 minutos não é permitida) desde que observados 3 requisitos:

     1) estabelecimento deve atender integralmente às exigências acerca de refeitórios;

     2) empregados não estiverem prestando horas extraordinárias;

     3) prévia autorização do Ministério do Trabalho e Emprego (Superintendência Regional do Trabalho).

  d) **Empregado doméstico.** Além dessas hipóteses, a LC nº 150/2015 trouxe a possibilidade de redução e fracionamento do intervalo intrajornada dos empregados domésticos. De acordo com a nova regulamentação, o empregado doméstico cuja jornada diária é superior a 6 horas tem direito ao intervalo de, no mínimo, 1 hora e, no máximo, 2 horas. Contudo, existe previsão no art. 13 da LC nº 150/2015 de **redução do intervalo** para 30 minutos desde que haja acordo escrito entre empregado e empregador. Não é exigida, portanto, negociação coletiva para a redução no intervalo.

Além disso, se o empregado doméstico residir no local de trabalho, é possível o **fracionamento do intervalo** intrajornada em 2 períodos, desde que cada um deles tenha, no mínimo, 1 hora até o limite de 4 horas diárias.

- **Consequências da supressão ou redução do intervalo.**

Com a Reforma Trabalhista, caso o intervalo intrajornada não venha a ser gozado ou ainda gozado apenas parcialmente por empregados urbanos e rurais, haverá o pagamento apenas do período suprimido, com o adicional de 50% sobre o valor da remuneração da hora de trabalho, verba esta que terá natureza indenizatória, nos termos do art. 71, § 4º da CLT.

IMPACTOS DA REFORMA TRABALHISTA

- **Intervalos Intrajornada:** Com a Reforma Trabalhista, os intervalos intrajornada deixarão de ser considerados normas de segurança e saúde, podendo ser reduzidos a 30 minutos via negociação coletiva.
- **Antes da Reforma Trabalhista:** os intervalos intrajornada são considerados como normas de segurança e saúde, e, portanto, de ordem pública, não podendo ser reduzido via negociação coletiva.
- **Supressão do intervalo intrajornada**: caso o intervalo intrajornada não seja concedido ou seja concedido parcialmente, haverá o pagamento apenas do período suprimido, que terá caráter indenizatório.
- **Antes da Reforma Trabalhista:** se houvesse redução ou supressão do intervalo intrajornada, o empregador deveria pagar o período inteiro, sendo que o pagamento em questão tinha natureza salarial.

Para a semana antes da prova, segue quadro de memorização:

<table>
<tr><th colspan="2">Intervalo intrajornada</th></tr>
<tr><td colspan="2">• Ocorre durante a jornada de trabalho
• Intervalo não é inserido na jornada de trabalho (suspensão do contrato)</td></tr>
<tr><td>Duração do intervalo dependerá da jornada</td><td>a) jornada de até 6 horas: no mínimo 15 minutos;
b) jornada superior a 6 horas: no mínimo 1 hora, no máximo 2 horas.
Reforma Trabalhista: Possibilidade de negociação coletiva para redução até, no mínimo, 30 minutos (Art. 611-A, III da CLT).
• Intervalo não previsto em lei: tempo à disposição do empregador (Súmula nº 118 do TST)</td></tr>
<tr><td>Redução do intervalo intrajornada</td><td>a) em regra, não é admitida, mesmo que haja negociação coletiva.
• Intervalo não previsto em lei: tempo à disposição do empregador (Súmula nº 118 do TST);
• Redução do intervalo intrajornada:
Reforma: Trabalhista: Permite a redução via negociação coletiva para 30 minutos.
b) Casos que já possibilitavam a redução do intervalo para almoço:
1) Motoristas do setor de transporte coletivo de passageiros: art. 71, § 5º, CLT;
2) Autorização do Ministério do Trabalho: art. 71, § 3º, CLT.
– Necessário atender 3 requisitos:
a. estabelecimento atenda às exigências dos refeitórios;
b. empregador não exija horas extras;
c. autorização do Ministério do Trabalho (Superintendência Regional do Trabalho).
3) Lei dos Domésticos (LC nº 150/2015): Redução do intervalo de 1 hora para 30 minutos por acordo escrito entre as partes;
b) sobre o tema redução do intervalo, o candidato deve estar muito atento ao texto da Súmula nº 437 do TST[49].
Importante! Com a Reforma Trabalhista, se houver a redução ou supressão do intervalo intrajornada, (1) o empregador deverá pagar apenas o período suprimido; (2) esse pagamento tem natureza indenizatória.
a) mecanografia e digitação (10 minutos);
b) frigoríficos (20 minutos);
c) minas de subsolo (15 minutos);
d) amamentação (2 intervalos de meia hora cada um deles).</td></tr>
</table>

10.6. DESCANSO SEMANAL REMUNERADO (DSR)

Descanso semanal remunerado (DSR) ou repouso semanal remunerado (RSR) está previsto no art. 7º, XV, da CF, sendo garantido aos empregados urbanos e rurais e aos trabalhadores avulsos. Esse período é de, no mínimo, 24 horas consecutivas, e será concedido pelo menos uma vez por semana, **preferencialmente** aos domingos.

Para ter direito à remuneração durante o descanso semanal, é necessário que o empregado preencha 2 requisitos:

a) **Frequência no trabalho,** na semana em que ocorrer o descanso. Assim sendo, faltas injustificadas possibilitam o desconto do dia em que houve a falta e do DSR. Faltas justificadas, como doação de sangue, comparecimento a audiência judicial, falecimento do cônjuge, não autorizam nenhum desconto.

b) **Pontualidade do empregado.** Atrasos injustificados durante a semana possibilitam o não pagamento do DSR.

Consequências do trabalho no DSR: O descanso semanal foi criado para evitar o cansaço excessivo, constituindo norma de proteção à saúde do trabalhador. Assim sendo, se houver trabalho no dia destinado ao

49 Esta súmula será impactada pela nova redação do art. 71, § 4º da CLT e pelo art. 611-A, III da CLT acrescentado pela Reforma Trabalhista – Lei nº 13.467/2017.

repouso, há necessidade de folga compensatória em outro dia da semana. Se o empregado descansar em outro dia, não há pagamento de nenhuma indenização.

Na ausência da folga compensatória, o empregador estará obrigado a pagar remuneração em dobro, ou seja, além da remuneração normal, já contratada, deverá pagar a hora trabalhada mais adicional de 100%. Essa regra é aplicada ao trabalho no DSR e também nos **feriados**. Aliás, se o descanso for concedido após o sétimo dia consecutivo de trabalho, também haverá pagamento em dobro.

10.7. FÉRIAS

O descanso durante o período de férias tem como objetivo evitar o cansaço excessivo e preservar a saúde do trabalhador. Nesse período de descanso prolongado, não há prestação de serviços, mas há pagamento de salário e o período de afastamento é contado para todos os efeitos.

10.7.1. DIREITOS ÀS FÉRIAS E SUA DURAÇÃO

- ***Período aquisitivo:*** Para que o empregado tenha direito às férias, é necessário que preste doze meses de serviços. Após esse período terá adquirido o direito de férias. Esse intervalo de doze meses para aquisição do direito de férias é chamado de período aquisitivo.
- ***Duração do período de férias:*** A duração das férias estará intimamente ligada ***às*** faltas injustificadas cometidas pelo empregado ao longo do período aquisitivo. Com a Reforma Trabalhista, o prazo de duração de férias será o mesmo para todos os empregados. Segue quadro de memorização acerca da duração das férias do empregado:

DURAÇÃO DE FÉRIAS

JORNADA NORMAL	
Duração das férias	**Faltas injustificadas**
30 dias	5 faltas
24 dias	de 6 a 14 faltas
18 dias	de 15 a 23 faltas
12 dias	de 24 a 32 faltas

Obs1: Para fins de duração das férias, serão considerados dias corridos, não suspendendo durante domingos e feriados.
Obs2. Se o empregado ficar doente durante as férias, não há suspensão do período, correndo normalmente.
Obs3. O adicional de ⅓ de férias é proporcional aos dias conquistados, ou seja, se o empregado tem apenas 12 dias férias, somente nesses 12 dias terá o adicional de ⅓.

> **ATENÇÃO!**
> O tema a seguir foi impactado pela Reforma Trabalhista!

10.7.2. CONCESSÃO E ÉPOCA DAS FÉRIAS

Período concessivo: é o ato exclusivo de o empregador determinar quando o trabalhador terá direito a gozar de suas férias. Há, entretanto, exceção no tocante ao empregado estudante menor de idade que terá **direito** de fazer coincidir suas férias com as férias escolares. Já os membros da mesma família que trabalharem na mesma empresa terão direito de gozar as férias no mesmo período, desde que não resulte prejuízo para o serviço.

12 meses de trabalho

Período aquisitivo

12 meses seguintes

Período concessivo

- Empregado irá desfrutar das férias
- A época de concessão será a que melhor consulte os interesses do empregador

Parcelamento das férias: Com a Reforma Trabalhista, é possível o fracionamento das férias em até 3 períodos, desde que haja concordância do empregado, sendo que um dos períodos não poderá ser inferior a 14 dias corridos e os demais não poderão ser inferiores a 5 dias corridos. Além disso, é vedado o início das férias no período de 2 dias que antecede feriado ou DSR.

10.7.3. REMUNERAÇÃO DAS FÉRIAS

Remuneração das férias: O empregado receberá, durante as férias, a remuneração devida na data de sua concessão, e não aquela que recebia quando da aquisição do direito. O pagamento das férias vem acompanhado do adicional de 1/3 previsto na Constituição Federal. Assim, se o empregado possui salário de R$ 900,00, no mês das férias receberá R$ 1.200,00 (R$900,00 de salário acrescidos 1/3 constitucional de R$ 300,00).

Se o empregado receber adicionais legais como hora extra, adicional noturno, adicional de insalubridade e periculosidade, eles irão refletir no valor das férias. Se, no momento das férias, o empregado já não estiver mais recebendo o adicional ou, ainda, se o adicional não for uniforme, será feita a média dos doze meses do período aquisitivo.

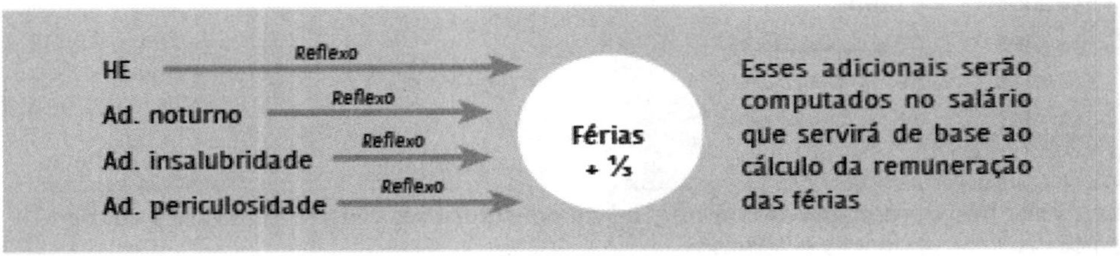

> **ATENÇÃO!**
> O tema a seguir foi impactado pela Reforma Trabalhista!

10.7.4. ABONO PECUNIÁRIO DE FÉRIAS

Abono pecuniário de férias: O empregado tem o direito de converter 1/3 de férias em abono pecuniário, no valor da remuneração que lhe seria devida nos dias correspondentes. Na prática, esse direito do empregado é chamado de "vender as férias". É importante frisar que o abono pecuniário não se confunde com o adicional de 1/3, previsto na Constituição.

O empregador não poderá se opor ao pagamento do abono pecuniário, desde que solicitado dentro do prazo de até **quinze dias** antes do término do período aquisitivo. O pagamento das férias, bem como do abono pecuniário, deverá ocorrer em até dois dias antes do início das férias. Para os empregados domésticos, a LC nº 150/2015 também previu a possibilidade de conversão de 1/3 das férias. No entanto, o pedido de conversão deve ser realizado até 30 dias antes do término do período aquisitivo.

Os empregados que trabalhem no regime de tempo parcial, duração do trabalho de no máximo vinte e cinco horas semanais, antes da Reforma Trabalhista, não tinham direito ao abono de férias.

Com a Lei nº 13.467/2017, haverá a equiparação do período de férias com os empregados submetidos à jornada normal de trabalho, o abono pecuniário de férias passa a ser direito dos empregados submetidos ao regime de tempo parcial.

IMPACTOS DA REFORMA TRABALHISTA

- **Fracionamento das férias:** a Reforma Trabalhista possibilita o fracionamento das férias em até 3 períodos, desde que um deles não seja inferior a 14 dias corridos.
- **Antes da Reforma Trabalhista:** As férias poderiam ser gozadas em 2 períodos, desde que nenhum deles fosse inferior a 10 dias.
- **Abono pecuniário de férias:** Os empregados submetidos a regime de tempo parcial podem converter 1/3 do período de férias em abono pecuniário.
- **Antes da Reforma Trabalhista:** Não era possível a conversão em abono pecuniário aos trabalhadores por tempo parcial.

10.7.5. TÉRMINO DO CONTRATO DE TRABALHO E PAGAMENTO DAS FÉRIAS PROPORCIONAIS

As férias cujo período aquisitivo já esteja completo são sempre devidas na rescisão, pois já fazem parte do patrimônio do empregado. Note-se que mesmo que esse empregado seja dispensado por justa causa (furtou a empresa, agrediu empregador, violou segredo etc.), o pagamento das férias vencidas será devido.

Férias proporcionais: No tocante às **férias proporcionais**, ou seja, quando o período aquisitivo ainda não estava completo e houve o término do contrato de trabalho, o cálculo será feito de um doze avos por mês ou fração superior a quatorze dias trabalhado.

Posicionamento de acordo com o TST: mesmo que o empregado tenha trabalhado período inferior a doze meses, terá direito a férias proporcionais[50], na proporção de um doze avos por mês trabalhado. Somente será excluído esse direito na dispensa por justa causa. Exemplo: empregado trabalha 4 meses e pede demissão[51]. Terá direito a 4/12 de férias proporcionais (se houver aviso-prévio, terá direito a 5/12). Se ocorrer hipótese de culpa recíproca[52], em que empregado e empregador tiveram parcela de culpa pelo término, há necessidade de pagamento de 50% das férias proporcionais.

50 **Súmula nº 171 do TST.** "Salvo na hipótese de dispensa do empregado por justa causa, a extinção do contrato de trabalho sujeita o empregador ao pagamento da remuneração das férias proporcionais, ainda que incompleto o período aquisitivo de 12 (doze) meses.

51 **Súmula nº 261 do TST.** "O empregado que se demite antes de completar 12 (doze) meses de serviço tem direito a férias proporcionais."

52 **Súmula nº 14 do TST.** "Reconhecida a culpa recíproca na rescisão do contrato de trabalho (art. 484 da CLT), o empregado tem direito a 50% (cinquenta por cento) do valor do aviso-prévio, do décimo terceiro salário e das férias proporcionais."

10.7.6. FÉRIAS COLETIVAS

Férias coletivas: As férias coletivas poderão ser concedidas a todos os empregados da empresa ou apenas a setores da empresa, nos termos do art. 139 da CLT. Verifica-se que o empregador é quem decidirá sobre a concessão ou não das férias coletivas. Não há obrigatoriedade nessa forma de concessão.

O prazo para o pagamento, dois dias antes do início das férias, bem como a obrigatoriedade do adicional de um terço constitucional, segue a mesma sistemática das férias individuais.

A comunicação das férias também é realizada de forma diversa. Para férias coletivas, é necessária a comunicação prévia, no **prazo de quinze dias**, ao Ministério do Trabalho e Emprego. Nessa comunicação, a empresa deverá informar as datas de início e fim das férias e quais estabelecimentos ou setores serão abrangidos pela medida. Nesse mesmo prazo de quinze dias, o empregador deverá comunicar o sindicato representativo da categoria profissional (sindicato dos trabalhadores) e afixar avisos nos locais de trabalho.

Os empregados admitidos a menos de doze meses gozarão férias *proporcionais* com os demais trabalhadores da empresa. Neste caso, o empregado terá direito ao pagamento do salário acrescido do adicional constitucional de um terço, apenas nos dias em que já conquistou o direito às férias. Nos demais, o empregador pagará salário normal, tornando-se licença remunerada ao trabalhador.

FÉRIAS

Memorização dos prazos

- Comunicação das férias: antecedência de 30 dias
- Prazo para pagamento das férias: 2 dias antes do seu início
- Prazo para pagamento do abono de férias: 2 dias antes do início
- Prazo para requerer o abono pecuniário: 15 dias antes de terminado o período aquisitivo
- Férias coletivas – comunicação prévia: 15 dias
- Fracionamento das férias:

a) Com a reforma Trabalhista, as férias individuais poderão ser fracionadas em 3 períodos, sendo que um deles não pode ser inferior a 14 dias.

b) Coletivas: nenhum dos períodos poderá ser inferior a 10 dias

11. SALÁRIO E REMUNERAÇÃO[53]

- **Salário** é a contraprestação paga diretamente pelo empregador.

53 Baixe e-book que acompanha este livro. Lá foram feitos comentários detalhados sobre a MP nº 808/2017.

- **Remuneração** é a contraprestação paga diretamente pelo empregador e, ainda, por terceiros, por meio de gorjetas. As gorjetas são pagas de forma espontânea ou obrigatória, não integrando o salário, mas a remuneração do empregado. Nesse sentido:

Remuneração	=	Salário	+	Gorjetas

- **Lei das Gorjetas.** Recentemente (13/03/2017), foi promulgada a Lei nº 13.419/2017, também denominada "Lei das Gorjetas", que passará a vigorar em 60 dias da sua publicação oficial. Essa legislação alterou a redação do art. 457 da CLT e trouxe a regulamentação do pagamento das gorjetas, antes omisso na CLT. Nesse sentido, ganha destaque a obrigação legal de reverter toda a gorjeta aos empregados. A nova redação do art. 457, § 3º e 4º da CLT esclarece que o valor recebido a título de gorjetas, seja como serviço ou adicional, constitui receita exclusiva dos empregados:

> **Art. 457, da CLT:** *(...)*
>
> *§ 3º Considera-se gorjeta não só a importância espontaneamente dada pelo cliente ao empregado, como também o valor cobrado pela empresa, como serviço ou adicional, a qualquer título, e destinado à distribuição aos empregados.*
>
> *§ 4º A gorjeta mencionada no § 3º não constitui receita própria dos empregadores, destina-se aos trabalhadores e será distribuída segundo critérios de custeio e de rateio definidos em convenção ou acordo coletivo de trabalho.*

ATENÇÃO!
O tema a seguir foi impactado pela Reforma Trabalhista![54]

Prêmios: Com a Reforma Trabalhista, o art. 457, § 4º da CLT foi substituído pela seguinte redação:

> **Art. 457, § 4º da CLT (com redação dada pela Reforma Trabalhista):** *Consideram-se prêmios as liberalidades concedidas pelo empregador em forma de bens, serviços ou valor em dinheiro a empregado ou a grupo de empregados, em razão de desempenho superior ao ordinariamente esperado no exercício de suas atividades.*
>
> **Art. 611-A da CLT[55].** *A convenção coletiva e o acordo coletivo de trabalho têm prevalência sobre a lei quando, entre outros, dispuserem sobre: XIV - prêmios de incentivo em bens ou serviços, eventualmente concedidos em programas de incentivo;*

Portanto, os prêmios não são parcelas que podem ser exigidas pelos trabalhadores, sendo pagas em razão de liberalidade do empregador caso pelo desempenho superior de um ou mais trabalhador. Caso atingidas metas de produção, por exemplo, é possível que o empregador dê prêmios a seus empregados pelo desempenho em suas atividades. Note-se que o prêmio pode ser entregue por meio de bens, serviços ou dinheiro. Em nenhuma dessas hipóteses, o valor recebido terá natureza salarial.

- **Retenção de percentual das gorjetas.** A legislação prevê ainda a retenção de percentual das gorjetas para que o empregador utilize exclusivamente para o pagamento de encargos sociais, previdenciários e trabalhistas derivados da integração das gorjetas à remuneração dos empregados. O valor pago a título de gorjetas deve ser anotado na CTPS do empregado (art. 457, § 6º, II, CLT).

- **Incorporação ao salário na hipótese de cessação da cobrança de gorjetas.** A Lei nº 13.419/2017 trouxe ainda importante novidade referente à cessação da cobrança das gorjetas pelo empregador. Se cessada a cobrança que já vinha sendo realizada por mais de 12 meses, a gorjeta deve se incorporar ao salário do trabalhador tendo como base a média dos últimos 12 meses, salvo previsão em contrário de acordo ou convenção coletiva de trabalho. O legislador criou, portanto, hipótese em que uma parcela variável, devida enquanto trabalhava naquela função determinada e também somente recebida quando paga por terceiro, torna-se direito adquirido do trabalhador, pois sua supressão assegura a incorporação salário da média recebida nos últimos 12 meses. Parcela que antes era remuneratória (paga por terceiros) passa a ser responsabilidade do empregador.

- **Valorização do negociado nas regras de rateio e distribuição de gorjetas.** Em conformidade com a tendência atual de valorização do negociado, assim como nas decisões recentes do STF acerca da quitação geral em PDV e na possibilidade de supressão de horas *in itinere*, a recente Lei nº 13.419/2017 ("Lei das Gorjetas") assegura papel de destaque à negociação coletiva, pois as regras de rateio são definidas em acordo ou convenção coletiva de trabalho. Ressalta-se que, se o sindicato de recusar a negociação ou se quedar inerte, é permitido que os próprios trabalhadores estabeleçam os percentuais de retenção e rateio em assembleia geral dos trabalhadores.

---

54 Baixe e-book que acompanha este livro. Lá foram feitos comentários detalhados sobre a MP nº 808/2017.

55 Baixe e-book que acompanha este livro. Lá foram feitos comentários detalhados sobre a MP nº 808/2017.

- **Reflexo das gorjetas sobre as demais parcelas.** Esse valor, calculado sobre a média, reflete-se nas demais verbas trabalhistas, calculadas com base na remuneração, como: férias + 1/3, décimo terceiro salário e FGTS. Não integra, contudo, as seguintes verbas: aviso-prévio, adicional noturno, hora extra e descanso semanal remunerado.

11.1. SALÁRIO MÍNIMO

Salário mínimo. O salário mínimo deverá ser previsto em **lei** e será **nacionalmente unificado**. Nada impede que seja fixado em valor superior ao mínimo fixado em lei, como ocorre em alguns estados da Federação onde existe o piso estadual. Ademais, é vedada a utilização do salário mínimo como **indexador**, ou seja, é "**vedada sua vinculação para qualquer fim**". Veja resumo a seguir, para memorização:

Salário mínimo	• Previsto em lei • Nacionalmente unificado • Reajustes periódicos • Vedada sua vinculação para qualquer fim • Irredutibilidade nominal
Necessidades básicas	• Moradia • Alimentação • Educação • Saúde • Lazer
Necessidades básicas	• Vestuário • Higiene • Transporte • Previdência Social

Salário mínimo[56] é o patamar mais baixo que um empregado pode ganhar. Lembre-se de que esse patamar mínimo é estendido também ao menor de 18 anos, inclusive aprendizes. E ainda, de acordo com o art. 39, § 3º, da CF, os servidores públicos terão direito ao salário mínimo.

Note-se que havia previsão de salário-mínimo regional nos artigos 84 e 86 da CLT. Referidos artigos não foram recepcionados pela Constituição Federal, que exige o salário mínimo nacionalmente unificado. Dessa forma, não tem aplicação o previsto no dispositivo diante de sua incompatibilidade com o texto constitucional. A Lei nº 13.467/2017 – Reforma Trabalhista revoga expressamente os artigos. Ressalta-se que a alteração não trará efeitos práticos, pois o salário mínimo regional não é aplicado desde 1988.

11.2. MODALIDADES DE SALÁRIO

- **Piso salarial.** Consiste no patamar mínimo para determinada categoria, previsto em norma coletiva (acordo ou convenção). O parâmetro para a fixação do piso salarial é a categoria a que pertence o trabalhador (metalúrgicos, por exemplo), e não a sua profissão. Nesse caso, o empregador somente estará obrigado a respeitar o valor do piso normativo se participou da negociação coletiva.
- **Salário Profissional:** Algumas profissões organizadas possuem patamar mínimo fixado em lei. São os chamados **salários profissionais**. Esses salários independem de negociação coletiva (acordo ou convenção). Exemplo: os médicos possuem salário profissional previsto na Lei nº 3.999/19613[57]. Assim sendo, o salário profissional

56 "Da mesma forma, o salário mínimo será devido em 13 vezes por ano. Porque não exclui o direito ao décimo terceiro salário, sofre o acréscimo de um terço do pagamento das férias, produz incidência no fundo de garantia e é acoplado de todos os adicionais condicionais existentes na legislação, como o adicional de insalubridade, o adicional de periculosidade, o adicional noturno e o que mais houver, não se podendo dizer que ele já contenha algum adicional embutido. Somente não terá o pagamento em separado dos descansos semanais remunerados, porque, como estudado no art. 67 da CLT, a parcela mensal já os quita em seu bojo, na forma do art. 7º, § 2º, da Lei nº 605/1949." SILVA, Homero Batista Mateus da. *Curso de Direito do Trabalho aplicado*, vol. 2: Jornadas e Pausas. Rio de Janeiro: Elsevier, 2009. p. 238.

57 **Súmula nº 370 do TST.** Tendo em vista que as Leis nº 3.999/1961 e 4.950-A/1966 não estipulam a jornada reduzida, mas apenas estabelecem o salário mínimo da categoria para uma jornada de 4 horas para os médicos e de 6 horas para os engenheiros, não há que se falar em horas extras, salvo as excedentes à oitava, desde que seja respeitado o salário mínimo/horário das categorias.

do médico não leva em conta a categoria em que o profissional trabalha, e sim a sua profissão.

- **Salário normativo.** É aquele fixado em sentença normativa proferida em dissídio coletivo pelos Tribunais da Justiça do Trabalho. Essa Justiça especializada possui o poder de criar normas jurídicas em determinadas situações, chamado poder normativo.
- **Salário proporcional.** Se o trabalhador for contratado para trabalhar em jornada inferior à duração normal de 8 horas diárias e 44 horas semanais, ele receberá o **salário mínimo proporcional** ou o piso salarial proporcional às horas trabalhadas. No entanto, recentemente (fevereiro/2016), o TST inseriu o item II à OJ nº 358 para prever que o empregado público da Administração Direta, autárquica e fundacional tem direito ao recebimento de remuneração nunca inferior ao salário mínimo, ainda que trabalhe em jornada reduzida.
- **Salário proporcional do professor.** Em 17/02/2017, foi promulgada a Lei nº 13.415/2017 que alterou a redação do art. 318 da CLT. Assim, a jornada do professor passou a ser a mesma dos demais empregados regidos pela CLT, qual seja, 8 horas diárias e 44 horas semanais.

> **Art. 318 da CLT:** *O professor poderá lecionar em um mesmo estabelecimento por mais de um turno, desde que não ultrapasse a jornada de trabalho semanal estabelecida legalmente, assegurado e não computado o intervalo para refeição.*

Em razão disso, deve ser aplicada a previsão do salário-mínimo proporcional, com a possível alteração na OJ nº 393 da SDI-I do TST, que parece superada. Nesse sentido:

> **OJ nº 393 da SDI-I do TST:** *A contraprestação mensal devida ao professor, que trabalha no limite máximo da jornada prevista no art. 318 da CLT, é de um salário-mínimo integral, não se cogitando do pagamento proporcional em relação à jornada prevista no art. 7º, XIII, da Constituição Federal.*

- **Salário complessivo.** O pagamento do salário deve ser realizado de forma clara e transparente. Desse modo, o empregado saberá exatamente o que está recebendo. É vedado o salário complessivo, ou seja, o pagamento sem que haja discriminação, detalhamento de cada uma das verbas recebidas.
- Em resumo, sobre o tema **salário**:

Salário (parcela paga diretamente pelo empregador)	
Salário profissional	fixado por lei (exemplos: médicos e engenheiros)
Piso salarial	fixado por instrumento coletivo (acordo ou convenção)
Salário normativo	fixado via sentença normativa (TRT ou TST)
Salário proporcional	salário mínimo ou piso salarial proporcional ao tempo trabalhado (OJ 358, I), exceto empregado público da Administração Direta, autárquica e fundacional (OJ 358, II)
Salário complessivo	pagamento realizado sem detalhar as parcelas. Não é cabível (Súmula 91)

11.3. PARCELAS SALARIAIS (COMPOSIÇÃO DO SALÁRIO)

Este tópico sofreu grande impacto pela Reforma Trabalhista. Leia com atenção!*

- **Reflexos.** Para o estudo da remuneração torna-se imprescindível a diferenciação das parcelas salariais e as verbas recebidas sem natureza salarial (parcelas indenizatórias). Essa diferença é importante porque as primeiras se refletem nas demais verbas trabalhistas. Segue quadro que facilita a memorização:

58 Baixe e-book que acompanha este livro. Lá foram feitos comentários detalhados sobre a MP nº 808/2017.

Parcelas salariais	Parcelas indenizatórias
(Refletem nas demais verbas, como férias, 13º e aviso) • Comissões • Gratificações legais • Quebra de caixa • Adicionais salariais: – Adicional hora extra – Adicional noturno – Adicional de transferência – Adicional de insalubridade – Adicional de periculosidade ***Obs.:*** *Ao efetuar o pagamento dessas parcelas, o empregador deverá efetuar o respectivo depósito do FGTS.*	(Não há reflexo nas demais parcelas. Sobre o valor não incidem depósitos do FGTS) • PLR – Participação nos Lucros e Resultados • Ajuda de custo • Diárias para viagem • Abonos • Prêmios • Vale-transporte • Salário-família • Seguro-desemprego • PIS/Pasep • *Stock option* • Parcelas recebidas em razão da exploração de direito intelectual
Caso controvertido	
• *Gueltas* (remuneratória – equiparada à gorjeta)	

- **Comissões.** As comissões são parcelas com valores fixos recebidas em razão da venda de determinado produto.

  Com a Reforma Trabalhista, as comissões continuam integrando o salário:

  > **Art. 457, § 1º, da CLT (alterado pela Reforma Trabalhista)**[59]: *Integram o salário a importância fixa estipulada, as gratificações legais e as comissões pagas pelo empregador.*

- **Comissionista puro.** É chamado de comissionista puro o empregado que recebe, exclusivamente, por comissão. Já o comissionista misto recebe parte do salário em comissão e a outra, em salário fixo. Para esses trabalhadores que recebem por produção também é garantido o direito ao descanso semanal remunerado e feriados.

- **Comissionista puro e horas extras.** Se o **comissionista puro** é sujeito ao controle de horários, o pagamento das suas horas extraordinárias é diferente do pagamento dos demais empregados. Como esse empregado continua recebendo as comissões durante as horas que ultrapassarem o horário normal, ele receberá apenas o adicional de, no mínimo, 50%, pois as horas trabalhadas já estão sendo pagas pelo valor da comissão. Lembre-se de que os demais empregados recebem: valor da hora normal + 50% de adicional. O comissionista, segundo o TST, recebe apenas o adicional de 50% (a hora trabalhada já estaria sendo paga com o valor das comissões).

- **Cortador de cana-de-açúcar.** Importante ressaltar que o **cortador de cana-de-açúcar** que é remunerado por produção (comissão) receberá horas extras (hora normal + adicional de 50%), pois seu trabalho é exaustivo. Ressalta-se que, de acordo com o art. 611-A, IX, da CLT, acrescentado pela Reforma Trabalhista, a convenção e o acordo coletivo de trabalho tem prevalência sobre a legislação quando versar sobre a remuneração por produtividade. Caso previsto em norma coletiva, é possível, portanto, que esses trabalhadores tenham direito apenas ao adicional de horas extras, como os demais trabalhadores por recebem por produção.

- **Comissionista misto.** Se se tratar de **comissionista misto** (parte do salário fixo e a outra variável), o empregado receberá horas extras da seguinte forma: **a)** hora normal, acrescida de adicional de 50% relativa ao salário fixo; **b)** apenas o adicional, em relação ao salário variável (comissão).

> **ATENÇÃO!**
> O tema a seguir foi impactado pela Reforma Trabalhista!

11.4. GRATIFICAÇÕES[60]

- **Conceito e reflexos.** Trata-se de contraprestação paga pelo serviço prestado em certas condições, ou em ocasiões especiais diferenciadas, como a gratificação de função, a gratificação de tempo etc. De acordo com a Reforma Trabalhista,

59 Baixe e-book que acompanha este livro. Lá foram feitos comentários detalhados sobre a MP nº 808/2017.

60 Baixe e-book que acompanha este livro. Lá foram feitos comentários detalhados sobre a MP nº 808/2017.

somente as gratificações legais integram o salário dos empregados.

- **Gratificações ajustadas e firmadas de forma tácita.** Essas gratificações poderão ocorrer de forma expressa ou tácita. De forma expressa, é o pagamento realizado em razão do ajuste entre empregado e empregador. Exemplo: a empresa paga a todos os empregados o 14º salário em dezembro. Poderá ocorrer, ainda, o pagamento habitual de certa quantia, em razão de metas conquistadas, sem que haja qualquer menção prévia do empregador a respeito. Essa habitualidade no pagamento caracteriza a forma tácita. Estas gratificações não integram o salário do empregado (art. 457, § 1º da CLT).
- **Gratificação de função e integração permanente ao contrato de trabalho.** Caso ocorra o pagamento da gratificação, em razão de função de confiança na empresa (gerente, por exemplo), ela poderá ser retirada, com o retorno do empregado ao cargo anterior. A reversão não configura alteração ilícita do contrato, conforme o art. 468, parágrafo único, da CLT.

  A Reforma Trabalhista altera a redação do art. 468, parágrafo único da CLT para prever que o empregado que ocupe função de confiança não terá a gratificação incorporada em se salário, independentemente do tempo de exercício da respectiva função.
- **Gratificações por tempo de serviço.** A **gratificação ou adicional por tempo de serviço** não é prevista na CLT. Ela tem o objetivo de beneficiar o empregado que permanece por anos na empresa, retribuindo o tempo de serviço prestado ao empregador.Com a Reforma Trabalhista, tendo em vista a ausência de previsão legal, não será considerada verba de natureza salarial..
- **Existência de duas gratificações.** Caso haja a existência ao mesmo tempo de duas gratificações por tempo de serviço, uma prevista no regulamento interno e outra em instrumento coletivo, caberá ao empregado **optar pela norma mais favorável**. A escolha de uma ocasionará a renúncia da outra gratificação, sob pena de o empregador pagar a mesma parcela duas vezes.

> **ATENÇÃO!**
>
> Note-se que a redação anterior do dispositivo previa que as "gratificações ajustadas" integravam o salário, enquanto que a nova redação do dispositivo apenas prevê a natureza salarial às gratificações legais. Assim, se a gratificação é paga ao trabalhador por determinação legal integra o salário dos trabalhadores. Por outro lado, se é paga pelo empregador espontaneamente e sem previsão legal, ajustada diretamente com os empregados, não terá natureza salarial.

> **IMPACTOS DA REFORMA TRABALHISTA**
>
> - **Parcelas salariais:** com a Reforma Trabalhista, integram o salário as comissões e as gratificações legais pagas pelo empregador.
> - **Antes da Reforma Trabalhista:** integravam o salário as comissões, percentagens, gratificações ajustadas, diárias para viagem quando excediam a 50% do salário e abonos pagos pelo empregador.

11.5. DÉCIMO TERCEIRO SALÁRIO

- **Conceito e destinação.** O décimo terceiro salário é uma gratificação salarial obrigatória prevista na CF/88 e na Lei nº 4.090/1962. São destinatários dessa gratificação empregados urbanos e rurais, os trabalhadores avulsos e os empregados domésticos. De acordo com o art. 7º, VIII, da CF/88: "São direitos dos trabalhadores urbanos e rurais, além de outros que visem à melhoria de sua condição social: décimo terceiro salário com base na remuneração integral ou no valor da aposentadoria".
- **Data do pagamento.** O pagamento deverá ocorrer até o dia 20 de dezembro, e corresponderá a um doze avos da remuneração devida em dezembro, por mês trabalhado ou fração igual ou superior a quinze dias.
- **Adiantamento.** Entre os meses de fevereiro e novembro, o empregador pagará, de uma só vez, em razão do adiantamento do décimo terceiro, metade do salário recebido pelo empregado no mês anterior. Esse adiantamento é obrigatório e não é necessário que seja pago a todos os empregados da empresa no mesmo mês. É possível, ainda, que o adiantamento seja pago juntamente com as férias, desde que o empregado requeira esse direito no mês de janeiro do correspondente ano.

11.6. ADICIONAIS SALARIAIS

- **Salário-condição.** Os adicionais descritos a seguir (horas extras, noturno, transferência, insalubridade e periculosidade) são pagos em razão de trabalho prestado em situações prejudiciais à saúde ou, ainda, que prejudiquem o convívio familiar e social. Esses adicionais são chamados salário-condição, isto é, paga-se o adicional enquanto o empregado estiver em condição prejudicial, por exemplo, prestando horas extras, ou trabalhando no período noturno. Cessada a condição gravosa, cessa o adicional sem que esse fato configure alteração prejudicial.
- **Reflexos.** Serão pagos sobre o salário do empregado e, quando os serviços nessas situações são prestados de forma habitual, irão se refletir nas demais verbas trabalhistas, como férias, décimo terceiro salário, depósitos do FGTS etc.

11.6.1. ADICIONAL DE HORA EXTRAORDINÁRIO

- **Conceito de horas extraordinárias.** A duração normal do tempo de trabalho do empregado é de 8 horas diárias e 44 horas semanais. Se ultrapassado esse período, terá incidência de adicional, chamado de hora extraordinária ou suplementar. De acordo com o art. 7º, XVI, da CF/88: São direitos dos trabalhadores urbanos e rurais, além de outros que visem à melhoria de sua condição social: remuneração do serviço extraordinário superior, no mínimo, em cinquenta por cento à do normal.

De acordo com a Reforma Trabalhista, o intervalo intrajornada não gozado ou gozado parcialmente será pago como hora extra somente no período suprimido, porém, terá caráter indenizatório e não salarial (art. 71, § 4º da CLT – com redação dada pela Reforma Trabalhista).

11.6.2. ADICIONAL NOTURNO

- **Adicional noturno do empregado urbano:** jornada noturna inicia-se às 22 h e termina às 5 h. Adicional de, no mínimo, **20%** sobre a hora diurna. Ademais, a hora noturna será reduzida, ou seja, terá 52 minutos e 30 segundos.
- **Adicional noturno do empregado rural:** jornada noturna inicia-se às 20 h e termina às 4 h na pecuária. Na lavoura, será das 21 h até as 5 h. Adicional noturno é de, no mínimo, **25%** superior à hora diurna. Por fim, a hora noturna não é reduzida, ou seja, possui 60 minutos.
- **Reflexos do adicional noturno:** O adicional noturno possui natureza salarial, refletindo-se nas demais verbas trabalhistas. Assim sendo, o valor recebido em razão desse adicional irá integrar as parcelas demonstradas a seguir.

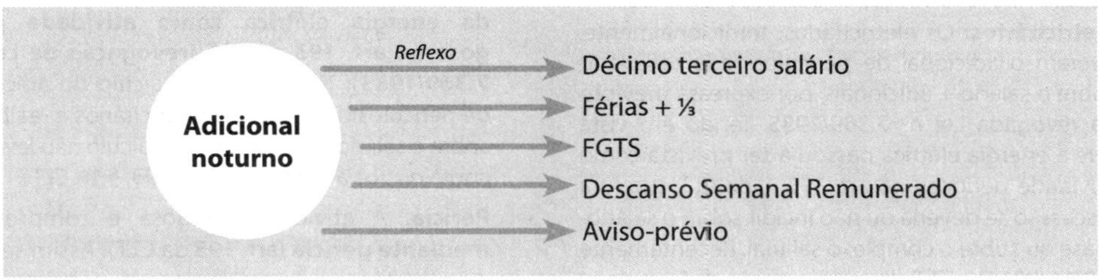

11.6.3. ADICIONAL DE TRANSFERÊNCIA

- **Conceito.** Esse adicional é pago em razão da transferência **provisória** do empregado. Também é pago ao empregado que exerce cargo de confiança na empresa ou, ainda, se houver previsão de transferência no contrato de trabalho. O valor é de, no mínimo, **25%** do salário que o empregado recebia no local anterior.
- **Reflexos do adicional de transferência.** O adicional de transferência possui natureza salarial, refletindo-se nas demais verbas trabalhistas. Assim sendo, o valor recebido em razão desse adicional irá integrar as demais verbas.

11.6.4. ADICIONAL DE PERICULOSIDADE

- **Previsão constitucional.** O pagamento dos adicionais de periculosidade e insalubridade tem previsão constitucional. De acordo com o art. 7º, XXIII, da CF/88: São direitos dos trabalhadores urbanos e rurais, além de outros que visem à melhoria de sua condição social: adicional de remuneração para as atividades penosas, insalubres ou perigosas, na forma da lei.
- **Conceito.** Atividade perigosa é aquela em que há contato permanente com explosivos ou inflamáveis em condições de risco acentuado. A atividade perigosa é comprovada mediante perícia (art. 195 da CLT). Exemplos: empregados em contato com energia elétrica, operadores de bomba de gasolina, instaladores de linhas e aparelhos de telefonia e exposição a substância radioativa e armazenamento de líquido inflamável no prédio.
- **Novas atividades de risco (incluídas na CLT).** Recentemente, com a edição das Leis nºs 12.740/2012 e 12.997/2014, o art. 193 da CLT foi alterado para prever que também serão consideradas atividades de risco aquelas que exponham o trabalhador ao perigo de roubos ou violência física e para aqueles que exerçam atividade em motocicleta ("motoboy").

ATIVIDADES PERIGOSAS
Atividades perigosas previstas na CLT (art. 193 e 200):
> Inflamáveis;
> Explosivos;
> Energia elétrica;
> Roubos ou outras espécies de violência física nas atividades profissionais de segurança pessoal ou patrimonial;
> Atividades de trabalhador em motocicleta;
> Radiações ionizantes ou substâncias radioativas (Art. 200, CLT e OJ nº 345 da SDI-I do TST).

- **Quando o pagamento será devido?** O adicional de periculosidade é **devido** quando a exposição ao risco é permanente ou intermitente. É **indevido** se o contato for meramente eventual ou se, mesmo que habitual, ocorrer por tempo extremamente reduzido.
- **Valor do adicional.** O adicional de periculosidade é de **30% sobre o salário-base**, ou seja, o cálculo não leva em conta outros acréscimos.
- **Eletricitários:** Os eletricitários, tradicionalmente, tiveram o adicional de periculosidade calculado sobre o salário + adicionais, por expressa previsão na revogada Lei nº 7.369/1985. Tendo em vista que a energia elétrica passou a ser prevista como atividade perigosa no art. 193, I, da CLT, surgiu a discussão se deveria ou não incidir sobre o salário-base ou sobre o complexo salarial. Recentemente (30/11/2016), o TST alterou a redação da Súmula nº 191 e cancelou a OJ nº 279 da SDI-I do TST acerca da base de cálculo do adicional de periculosidade aos eletricitários. Segue a nova redação da Súmula:

> **Súmula nº 191 do TST:** *Adicional de periculosidade. Incidência. Base de cálculo*
>
> *I – O adicional de periculosidade incide apenas sobre o salário básico e não sobre este acrescido de outros adicionais.*
>
> *II – O adicional de periculosidade do empregado eletricitário, contratado sob a égide da Lei nº 7.369/1985, deve ser calculado sobre a totalidade das parcelas de natureza salarial. Não é válida norma coletiva mediante a qual se determina a incidência do referido adicional sobre o salário básico.*
>
> *III – A alteração da base de cálculo do adicional de periculosidade do eletricitário promovida pela Lei nº 12.740/2012 atinge somente contrato de trabalho firmado a partir de sua vigência, de modo que, nesse caso, o cálculo será realizado exclusivamente sobre o salário básico, conforme determina o § 1º do art. 193 da CLT.*

De acordo com a nova redação da Súmula nº 191 do TST, o adicional de periculosidade será calculado de forma distinta em relação aos empregados contratados antes e após a revogação da Lei nº 7.369/1985 da seguinte forma:

1) **Empregados contratados na vigência da Lei nº 7.369/1985:** o pagamento do adicional de periculosidade deve ser calculado sobre a totalidade das parcelas de natureza salarial (salário + acréscimos). Nesse caso, não é válida norma coletiva que restringe a incidência apenas ao salário básico;
2) **Empregados contratados após a inserção da energia elétrica como atividade perigosa no art. 193 da CLT (revogação da Lei nº 7.369/1985):** Nesse caso, o cálculo do adicional de periculosidade para os eletricitários é realizado sobre o salário-base, ou seja, o cálculo não leva em conta outros acréscimos. (art. 193, § 1º, CLT).

- **Perícia.** A atividade perigosa é comprovada **mediante perícia** (art. 195 da CLT). Assim sendo, a prova técnica é, em regra, um dos requisitos para o recebimento do adicional, pois nem o juiz nem os procuradores do trabalho e advogados têm condições de atestar, com certeza, se o ambiente coloca ou não em risco a integridade física do trabalhador.
- **Dispensa da perícia.** Quando o pagamento do adicional de periculosidade já vem sendo pago, de forma espontânea pelo empregador, torna-se incontroverso que o trabalho é realizado em condições perigosas. Dessa forma, dispensa-se a produção de perícia. Ademais, quando o estabelecimento já se encontra encerrado, a perícia também é dispensada. Segue quadro que facilita a memorização:

ADICIONAL DE PERICULOSIDADE

Necessidade de prova técnica	Perícia (art. 195, CLT).
Em 2 casos a perícia é dispensada	– Pagamento espontâneo pelo empregador (Súmula nº 453 do TST); – Local desativado (OJ nº 278 da SDI-I do TST).

- **Reflexos do adicional de periculosidade.** Esse adicional integra as demais verbas trabalhistas. Assim sendo, o valor recebido em razão desse adicional irá integrar as demais parcelas, como férias, décimo terceiro, FGTS, aviso-prévio. Ressalta-se que o adicional de periculosidade não se reflete no DSR.
- **Cumulação dos adicionais: periculosidade + insalubridade.** Na hipótese de o empregado laborar em atividade insalubre e perigosa, prevalece o entendimento de que **não** há possibilidade de cumulação desses 2 adicionais. Dessa forma, cabe ao empregado optar por um deles. Ademais, se o empregado estiver em sobreaviso, ou seja, aguardando em sua casa eventual chamado da empresa, não está em situação de risco, logo não receberá o adicional de periculosidade.
- Contudo, o tema é polêmico na jurisprudência do TST, com posições completamente distintas em curto espaço de tempo:
  a) **Possibilidade de cumulação irrestrita dos adicionais:** Em algumas decisões recentes das turmas do TST, o tribunal[61] chegou a se posicionar no sentido de permitir a cumulação dos adicionais, pois o art. 193, § 2º, CLT que veda a cumulação não teria sido recepcionado pela Constituição Federal de 1988. O art. 7º, XXIII da CF/88[62] teria assegurado a percepção plena dos adicionais sem qualquer ressalva à cumulação, o que não poderia ser feito pela legislação infraconstitucional.
  b) **Cumulação dos adicionais restrita a causas de pedir diferentes:** Recentemente (junho/2016), em julgamento pela SDI-I do TST, foi estabelecido que não há conflito entre o art. 7º, XXIII da Constituição Federal e o art. 193, § 2º, CLT, uma vez que coube ao dispositivo constitucional enunciar o direito aos adicionais e ao legislador ordinário estabelecer as regras para a percepção desses adicionais. No entanto, os Ministros estabeleceram dois posicionamentos distintos quanto à cumulação dos adicionais de insalubridade e periculosidade[63]:
     b.1) **Mesma causa de pedir:** Se a causa de pedir dos adicionais for a mesma não é possível a cumulação, devendo o empregado escolher entre o recebimento de apenas um dos adicionais. Nesse caso, tem-se, como exemplo, um empregado que trabalha em uma mineradora e está exposto a agente explosivo (adicional de periculosidade) e também ao ruído intenso em razão dessa mesma explosão (adicional de insalubridade). Assim, a mesma causa de pedir ou fato gerador, no caso a explosão, enseja a possibilidade de recebimento do adicional de periculosidade e de insalubridade, devendo o empregado escolher pelo recebimento de apenas um deles;
     b.2) **Causas de pedir diferentes:** Se forem diversas as causas de pedir, essa jurisprudência do TST admite a cumulação dos adicionais. Por exemplo, o empregado cortador de cana-de-açúcar que trabalha próximo a uma caldeira e, portanto, está sujeito à explosão e também sob calor intenso acima dos limites de tolerância, tem direito à cumulação do adicional de periculosidade (explosão) e insalubridade (calor acima dos limites). Nesse caso, as causas de pedir ou fatos geradores são distintos.
  c) **Impossibilidade de cumulação dos adicionais:** Com novo julgamento do assunto, a SDI-I do TST decidiu que não é possível a cumulação dos adicionais de periculosidade e de insalubridade mesmo na hipóteses de existirem fatos geradores distintos. O tribunal entendeu que o art. 193, § 2º da CLT veda a cumulação dos adicionais e permite que o empregado opte por aquele que lhe for mais benéfico.
- Para as provas objetivas dos concursos, o candidato deve estar atento para a previsão expressa no art. 193, § 2º, da CLT[64] e também do novo posicionamento do TST que não permite somar os dois adicionais na hipótese de a causa de pedir ser a mesma.
- **Tempo de contato com atividades perigosas:** O adicional de periculosidade é devido quando a exposição ao risco é permanente ou intermi-

61 Nesse sentido, vale conferir os seguintes julgados do TST: RR – 1072-72.2011.5.02.0384, Rel. Min. Cláudio Mascarenhas Brandão, DEJT 03.10.2014 e RR-773-47.2012.5.04.0015, Relator Ministro: Cláudio Mascarenhas Brandão, Data de Julgamento: 22/04/2015, 7ª Turma.

62 **Art. 7º, XXIII, CF/88:** "São direitos dos trabalhadores urbanos e rurais, além de outros que visem à melhoria de sua condição social: adicional de remuneração para as atividades penosas, insalubres ou perigosas, na forma da lei."

63 MIZIARA, Raphael. Percepção cumulativa dos adicionais insalubridade e periculosidade de acordo com a atual e mais recente jurisprudência do TST: um esclarecimento necessário. Disponível em: http://ostrabalhistas.com.br/percepcao-cumulativa-dos-adicionais-insalubridade-e-periculosidade-de-acordo-com-atual-e-mais-recente-jurisprudencia-do-tst-um-esclarecimento-necessario/

64 **Art. 193, § 2º, CLT:** "O empregado poderá optar pelo adicional de insalubridade que porventura lhe seja devido."

tente (com intervalos). É indevido se o contato for meramente eventual ou se, mesmo que habitual, ocorrer por tempo extremamente reduzido, conforme prevê a Súmula nº 364, I, do TST.

- **Redução do adicional e pagamento proporcional ao tempo de exposição.** Recentemente (31/05/2016), foi acrescentado o item II à Súmula nº 364, estabelecendo expressamente a impossibilidade de redução do percentual de periculosidade em patamar inferior aos 30% do salário básico ou seu pagamento proporcional ao tempo de exposição.
- **Reforma Trabalhista:** constitui objeto ilícito do acordo ou convenção coletiva a supressão ou redução do adicional de periculosidade, nos termos do art. 611-B, XVIII da CLT.

Para a semana antes da prova, segue quadro para memorização:

Pagamento do Adicional de Periculosidade (30% sobre o salário básico)	
Tempo de contato com atividades perigosas	Adicional de periculosidade
Permanente	Adicional devido
Intermitente, desde que sujeito às condições de risco	Adicional devido
Eventual (fortuito)	Adicional não é devido
Habitual, mas com contato extremamente reduzido	Adicional não é devido
Obs. 1: A norma coletiva não tem o poder de fixar o pagamento do adicional proporcional ao tempo de exposição.	
Obs.2: Impossibilidade de supressão ou redução, via instrumento coletivo, de percentual inferior a 30% (art. 611-B, XVIII da CLT).	

11.6.5. ADICIONAL DE INSALUBRIDADE[65]

- **Atividades insalubres.** São aquelas que expõem o empregado a agentes nocivos à sua saúde e que ultrapassam o seu limite de tolerância. Exemplo: agentes **químicos** (chumbo), **biológicos** (bactérias) e **físicos** (ruídos).
- **Requisitos.** Para a obtenção do adicional de insalubridade, há necessidade de preencher 2 requisitos:
  - **a)** Atividade nociva deverá ser constatada via **perícia** por profissional habilitado, médico ou engenheiro do trabalho;
  - **b)** É necessário que o agente nocivo à saúde esteja incluído na **relação oficial do Ministério do Trabalho.** Se a atividade desenvolvida pelo empregado não estiver prevista nessa listagem, o empregado não terá direito ao adicional. Aliás, eventual reclassificação ou descaracterização da insalubridade, pelo Ministro do Trabalho (autoridade competente), repercutirá no recebimento do adicional, ou seja, o empregado somente receberá enquanto a atividade desenvolvida estiver enquadrada como insalubre.
- **Valor do adicional.** O adicional de insalubridade era calculado com base no salário mínimo, variando de acordo com a agressividade do agente nocivo. Está previsto no art. 192 da CLT:

> **Art. 192 da CLT:** *O exercício de trabalho em condições insalubres, acima dos limites de tolerância estabelecidos pelo Ministério do Trabalho, assegura a percepção de adicional respectivamente de 40% (quarenta por cento), 20% (vinte por cento) e 10% (dez por cento) do salário mínimo da região, segundo se classifiquem nos graus máximo, médio e mínimo.*

- **Posicionamento do STF sobre a vinculação ao salário mínimo.** O Supremo Tribunal Federal proibiu que o salário mínimo sirva de base de cálculo (indexador) do adicional de insalubridade. Após essa decisão, o art. 192 da CLT não mais pode ser utilizado. Hoje, como não existe outro parâmetro, persiste o pagamento sobre o salário mínimo.
- **Reflexos do adicional de insalubridade.** Esse adicional integra as demais verbas trabalhistas. Assim sendo, o valor recebido em razão desse adicional irá integrar as demais parcelas, como férias, décimo terceiro, FGTS, aviso-prévio. Ressalta-se que o adicional de insalubridade não se reflete no DSR.
- **Contato intermitente.** Vale ressaltar que o trabalho eventual em condições insalubres não dá direito ao adicional. Entretanto, se executado em caráter intermitente (descontínuo, mas diá-

65 Baixe e-book que acompanha este livro. Lá foram feitos comentários detalhados sobre a MP nº 808/2017.

rio), terá direito à percepção do adicional de insalubridade, conforme previsto na Súmula nº 47.

- **Fornecimento de EPIs.** O mero fornecimento de EPIs – equipamentos de proteção individual – não exime o empregador de continuar pagando o adicional.
- **Jurisprudência recente do TST:** Em julgamento de Recurso Repetitivo, o TST decidiu, no acórdão paradigma nº 356-84.2013.5.04.0007, que aos operadores de telemarketing que trabalham em atividade com utilização constante de fone de ouvido, não é devido o adicional de insalubridade.
- Com a Reforma Trabalhista, o enquadramento do grau de insalubridade poderá ser fixado via acordo ou convenção coletiva (art. 611-A, XII da CLT – com redação dada pela Reforma Trabalhista)[66]. Entretanto, constituem objeto ilícito da negociação coletiva a supressão ou redução do adicional de remuneração para atividades insalubres (art. 611-B, XVIII da CLT). Há, portanto, contradição entre os dispositivos, devendo prevalecer o disposto no art. 611-B, XVIII, que restringe a negociação coletiva para proteção do trabalhador.
- **Para a semana antes da prova**, segue esse importante quadro de resumo com os adicionais e os respectivos percentuais (importantíssimo memorizar!):

Adicionais Pagos sobre o salário do empregado – salário-condição	
Adicional de hora extra	Adicional de, no mínimo, **50%** sobre a hora normal. Calculado sobre a globalidade salarial (hora normal acrescida de adicionais).
Adicional noturno	• Empregado urbano: **20%** sobre a hora diurna. • Empregado rural: **25%** sobre a hora diurna.
Adicional de transferência	Pago em razão da transferência provisória. Valor de, no mínimo, **25%** dos salários que o empregado recebia no local anterior.
Adicional de periculosidade	Condições de risco acentuado. Adicional de, no mínimo, **30%** do salário-base.
Adicional de insalubridade	Adicional calculado sobre o salário mínimo, variando de acordo com a agressividade do agente nocivo: 10% (grau mínimo), 20% (grau médio) e 40% (grau máximo) Requisitos para obtenção: a) perícia por profissional habilitado; b) agente deve constar da relação oficial do Ministério do Trabalho. A Súmula Vinculante nº 4 do STF proíbe que esse adicional seja calculado sobre o salário mínimo. Com a Reforma Trabalhista, será possível a fixação do enquadramento do grau de insalubridade via acordo ou negociação coletiva.

> **ATENÇÃO!**
> O tema a seguir foi impactado pela Reforma Trabalhista!

11.7. PARCELAS SEM NATUREZA SALARIAL (INDENIZATÓRIAS)

- **Conceito.** As parcelas a seguir não terão reflexo nas demais verbas trabalhistas, sendo pagas a título de indenização, ou seja, não integram outras parcelas nem se refletem nelas, como férias, décimo terceiro etc.

A Reforma Trabalhista aumenta o rol de parcelas indenizatórias em seu art. 457, § 2º da CLT. Nesse sentido, serão inseridas nos tópicos a seguir as parcelas que, a partir da entrada em vigor da Lei nº 13.467/2017, serão consideradas sem natureza salarial.

11.7.1. PARTICIPAÇÃO NOS LUCROS E RESULTADOS – PLR

- **Previsão constitucional e ausência de reflexos.** Há expressa previsão da participação nos lucros e resultados na Constituição Federal, inclusive prevendo a natureza indenizatória dessa parcela. Verifica-se que a PLR não substitui nem complementa a remuneração do empregado. Assim sendo, não a integra para nenhum efeito trabalhista (art. 7º, XI, CF/88).
- **Direito ao PLR.** Nem todos os empregados possuem direito ao pagamento da PLR. De acordo com a Lei nº 10.101/2000, que regulamentou essa matéria, há necessidade de negociação entre a empresa

66 Baixe e-book que acompanha este livro. Lá foram feitos comentários detalhados sobre a MP nº 808/2017

e seus empregados, mediante negociação coletiva (acordo ou convenção coletiva) ou comissão escolhida pelas partes, para que seja fixada a PLR.

- **Pagamento proporcional da PLR e princípio da igualdade.** O empregado que contribuiu com a empresa para a obtenção do resultado positivo terá direito à participação nos lucros, mesmo se extinto o contrato antes da data prevista para o pagamento da parcela. A negociação coletiva, segundo o TST, não poderá retirar do empregado o direito à PLR.
- **Reforma Trabalhista:** A convenção e o acordo coletivo prevalecerão sobre a lei quando dispuser sobre participação nos lucros ou resultados da empresa (art. 611-A, XV da CLT).

11.7.2. AJUDA DE CUSTO[67]

- **Conceito e ausência de reflexos.** A ajuda de custo é outra parcela com natureza nitidamente indenizatória. Sua finalidade é reembolsar despesas efetuadas pelo empregado. Exemplo: despesas realizadas em razão da transferência, conforme previsto no art. 470 da CLT: As despesas resultantes da transferência correrão por conta do empregador.

  Note-se que a ajuda de custo é considerada parcela com natureza nitidamente indenizatória[68]. Sua finalidade é reembolsar despesas efetuadas pelo empregado. Exemplo: despesas realizadas em razão da transferência de empregado. A natureza indenizatória da ajuda de custo permanecem mesmo após a entrada em vigor da Lei nº 13.467/2017.

11.7.3. DIÁRIAS PARA VIAGEM

- **Conceito e ausência de reflexos.** Compreendem a parcela recebida em razão das despesas gastas pelo empregado em viagens. Antes da Reforma Trabalhista,se as diárias excedessem a 50% do salário do empregado, havia a presunção de fraude, e neste caso teriam natureza salarial. Por outro lado, se o valor fosse inferior a 50%, diante de seu caráter de ressarcimento de despesas, seriam consideradas parcelas sem natureza salarial.
- Com as modificações trazidas pela Lei nº 13.467/2017, as diárias serão sempre consideradas parcelas sem natureza salarial, inexistindo percentual máximo para a alteração de sua natureza jurídica.

11.7.4. VALE-TRANSPORTE

- **Conceito.** O vale-transporte é pago pelo empregador de forma antecipada e tem como objetivo cobrir as despesas de deslocamento da residência para o trabalho, por meio do sistema de transporte coletivo público. Todos os empregados urbanos e rurais têm direito de receber essa quantia. Cabe ressaltar que o empregado doméstico terá direito ao recebimento do vale-transporte previsto na Lei nº 7.418/1985 conforme estabelece o art. 19 da LC nº 150/2015. Contudo, é permitido ao empregador substituir a aquisição dos vales-transportes, obrigação prevista no art. 4º da Lei nº 7.418/1985, pelo **pagamento em dinheiro**, mediante recibo, dos valores necessários para a aquisição das passagens utilizadas para o deslocamento da residência ao trabalho e para seu retorno.
- **Ausência de reflexos.** Essa parcela, por expressa previsão em lei, não possui natureza salarial nem se incorpora à remuneração para quaisquer efeitos. Consequentemente, não é base de incidência de contribuição previdenciária ou de FGTS.

11.7.5. AUXÍLIO-ALIMENTAÇÃO

De acordo com a Reforma trabalhista, o auxílio-alimentação passa a ser considerado como parcela sem natureza salarial. Além disso, é vedado seu pagamento em dinheiro.

11.7.6. PRÊMIOS

Os prêmios decorrem da produtividade do trabalhador, dizendo respeito a fatores de ordem pessoal dele, como a produção, a assiduidade, a qualidade. Não podem, porém, ser a única forma de pagamento do salário, por serem dependentes de uma condição, devendo o obreiro perceber pelo menos um salário fixo[69]. Apesar de não previsto na CLT antes da Reforma Trabalhista, havia o entendimento de que os prêmios eram parcelas salariais. Com a regulamentação do assunto pela Reforma Trabalhista, foi estabelecida a natureza não salarial da parcela recebida.

11.7.7. ABONOS

São parcelas pagas em decorrência de ato de liberalidade do empregado, correspondente a um acréscimo efetuado em parcela única se a necessidade de um motivo específico para seu recebimento[70]. Essas parcelas tem expressamente natureza jurídica sala-

67 Baixe e-book que acompanha este livro. Lá foram feitos comentários detalhados sobre a MP nº 808/2017.

68 "Tal como as diárias de viagem, também as ajudas de custo constituem indenização e não salário. Realmente, elas se destinam a indenizar as despesas do empregado, oriundas de sua transferência para local diverso daquele em que tem domicílio." SUSSEKIND, Arnaldo *et al*. *Instituições de Direito do Trabalho*. 21. ed. São Paulo: LTr, 2004. vol. I. p. 382.

69 MARTINS, Sérgio Pinto. *Direito do Trabalho*. 24. ed. São Paulo: Atlas, 2008. p. 257.

70 CAIRO JÚNIOR, José. *Curso de Direito do Trabalho. Direito Individual e Direito Coletivo de Trabalho*. 4. ed. Salvador: Editora JusPodivm, 2009. p. 342.

rial. Com a Reforma Trabalhista, os abonos também passarão a integrar as parcelas sem natureza salarial.

11.7.8. SALÁRIO-FAMÍLIA:

- **Conceito:** É um benefício previdenciário concedido aos segurados de baixa renda (artigos 65 a 70 da Lei nº 8213/91), em razão dos filhos menores de 14 anos ou inválidos de qualquer idade. A sua finalidade é ajudar os pais a custear a educação dos filhos. Esse benefício **não** possui natureza salarial, e para a sua obtenção há necessidade de preencher dois requisitos:
  a) Trabalhador de **baixa renda**. O trabalhador de baixa renda é aquele que, atualmente, possui remuneração mensal de até R$ 1.319,18. Diante disso, o empregado ou trabalhador avulso que possuir remuneração superior a essa não terá direito ao benefício.
  b) Filhos menores de 14 anos, ou inválidos[71] de qualquer idade.

Os empregados urbanos e rurais[72] e trabalhadores avulsos têm direito a esse benefício previdenciário. Os empregados domésticos, com a nova EC/72-2013, que alterou o art. 7º, parágrafo único, da CF/88, passaram a ter esse direito. A LC nº 150/2015 alterou a Lei nº 8.213/1991 para assegurar o benefício também aos domésticos.

O pagamento do salário-família é feito pelo empregador ao empregado. Posteriormente, o valor é compensado pelo INSS. Para o trabalhador avulso, o pagamento é realizado diretamente pelo INSS.

11.7.9. SALÁRIO-EDUCAÇÃO:

- Trata-se de modalidade de recolhimento parafiscal, que se relaciona às obrigações empresariais relativas à prestação de facilidades de educação e ensino. Tem natureza de contribuição social[73].

11.7.10. PIS/PASEP

- **Pasep** – Programa de Formação do Patrimônio do Servidor Público. Os participantes do Pasep são os funcionários públicos ou empregados públicos (celetistas).
- **PIS** quer dizer Programa de Integração Nacional. Há expressa previsão desse programa no art. 239 da CF. O PIS é calculado sobre o faturamento da empresa e não sobre o lucro, o que o diferencia da PLR – Participação nos Lucros e Resultados.

  Após a CF/88, o abono do PIS, no valor de um salário mínimo por ano, é devido aos trabalhadores, urbanos, rurais e trabalhadores avulsos, cadastrados há 5 anos no Fundo de Participação PIS/Pasep ou no Cadastro Nacional de Trabalho e tenham ganho de até dois salários mínimos mensais. Ademais, o valor do abono salarial será calculado proporcionalmente ao número de meses trabalhados ao longo do ano anterior (ano-base).

  Atualmente, o abono do Pasep (funcionários públicos) é pago no Banco do Brasil, e o do PIS é feito na Caixa Econômica Federal.

> **ATENÇÃO!**
> O tema a seguir foi impactado pela Reforma Trabalhista!

11.8. SALÁRIO-UTILIDADE OU SALÁRIO IN NATURA

- O salário poderá ser pago em dinheiro ou, ainda, em utilidades, como alimentação e moradia. Essa forma de pagamento é chamada de salário in natura ou utilidades. Há possibilidade de desconto do salário mínimo para o pagamento das utilidades, respeitando os seguintes percentuais, no caso dos rurais: a) até 20%, moradia; b) até 25%, pelo fornecimento de alimentação sadia e farta, atendidos os preços vigentes na região. Para esses descontos, há necessidade de prévia autorização do empregado rural; sem tal autorização essas deduções serão nulas de pleno direito.
- A título de comparação, os limites máximos permitidos para os empregados urbanos são: 25% para habitação e 20% para alimentação; esses descontos serão sobre o salário contratual do empregado, de acordo com § 3º do art. 458 da CLT. Não há, na CLT, previsão de prévia autorização do trabalhador urbano.
- **Requisitos para configurar salário-utilidade:**
  a) Utilidade deverá ser fornecida habitualmente. Exemplo: empregado recebe todos os meses duas cestas básicas.
  b) Utilidade fornecida terá caráter de contraprestação, ou seja, é paga pelo trabalho desempenhado pelo empregado.

---

71 Cabe ressaltar que, após a promulgação do Estatuto da Pessoa com Deficiência (Lei nº 13.146/2015), a nomenclatura correta que deveria ser empregada é "pessoa com deficiência" em vez do uso do termo "inválido", o que requer alteração legislativa. Nesse sentido, confirma a previsão legal: **Art. 66, Lei nº 8.213/1991:** "O valor da cota do salário-família por filho ou equiparado de qualquer condição, até 14 (quatorze) anos de idade ou inválido de qualquer idade é de: (...)"

72 **Súmula nº 344 do TST.** "O salário-família é devido aos trabalhadores rurais somente após a vigência da Lei nº 8.213/91."

73 DELGADO, Maurício Godinho. Curso de Direito do Trabalho. 15. ed. São Paulo: Ltr, 2016. P. 789.

Obs.: Se a utilidade fornecida é para o trabalho, ou seja, como ferramenta indispensável à realização dos serviços, não terá natureza salarial, mas sim de indenização.

SALÁRIO *IN NATURA*		
PELO	=	Salário-utilidade (contraprestação)
PARA	=	Não é salário-utilidade (ferramenta de trabalho)

- **Utilidades não salariais.** Há previsão de algumas utilidades que, em regra, não possuem natureza salarial quando fornecidas pelo empregador. A previsão dessas utilidades não consideradas salário in natura são muito importantes ao seu concurso, pois são exigidas com frequência. Aliás, há recente alteração na lei prevendo o vale-cultura como parcela indenizatória (não salarial). De acordo com o art. 458, § 2º, da CLT:

> **Art. 458.** *Além do pagamento em dinheiro, compreende-se no salário, para todos os efeitos legais, a alimentação, habitação, vestuário ou outras prestações in natura que a empresa, por força do contrato ou do costume, fornecer habitualmente ao empregado. Em caso algum será permitido o pagamento com bebidas alcoólicas ou drogas nocivas.*
>
> *§ 1º Os valores atribuídos às prestações in natura deverão ser justos e razoáveis, não podendo exceder, em cada caso, os dos percentuais das parcelas componentes do salário mínimo (arts. 81 e 82).*
>
> *§ 2º Para os efeitos previstos neste artigo, não serão consideradas salário as seguintes utilidades concedidas pelo empregador:*
>
> *I – vestuários, equipamentos e outros acessórios fornecidos aos empregados e utilizados no local de trabalho, para a prestação do serviço;*
>
> *II – educação, em estabelecimento de ensino próprio ou de terceiros, compreendendo os valores relativos a matrícula, mensalidade, anuidade, livros e material didático;*
>
> *III – transporte destinado ao deslocamento para o trabalho e retorno, em percurso servido ou não por transpor-te público;*
>
> *IV – assistência médica, hospitalar e odontológica, prestada diretamente ou mediante seguro-saúde;*
>
> *V – seguros de vida e de acidentes pessoais;*
>
> *VI – previdência privada;*
>
> *VII – (Vetado)*
>
> *VIII – o valor correspondente ao vale-cultura.*

- **Reforma Trabalhista:** Além desses casos, a Reforma Trabalhista inclui um novo parágrafo ao art. 458 da CLT. Com esse novo dispositivo, o legislador da Reforma Trabalhista estabelece que todos os valores referentes à assistência prestada por serviço médico ou odontológico não integrarão o salário do empregado, inclusive no tocante ao reembolso de despesas com medicamentos, óculos, aparelhos ortopédicos, próteses, órteses, despesas médico-hospitalares e outras similares:

> **Art. 458, § 5º da CLT (redação dada pela Reforma Trabalhista):** *O valor relativo à assistência prestada por serviço médico ou odontológico, próprio ou não, inclusive o reembolso de despesas com medicamentos, óculos, aparelhos ortopédicos, próteses, órteses, despesas médico-hospitalares e outras similares, mesmo quando concedido em diferentes modalidades de planos e coberturas, não integram o salário do empregado para qualquer efeito nem o salário de contribuição, para efeitos do previsto na alínea q do § 9o do art. 28 da Lei no 8.212, de 24 de julho de 1991.*

11.9. FORMAS E MEIOS DE PAGAMENTO DO SALÁRIO

O salário poderá ser fixado de 3 formas:

a) **Salário por unidade de tempo.** O empregado receberá pelos minutos e horas que estiver à disposição do empregador, aguardando ou executando ordens. Nesse caso, o salário independe da produtividade do trabalhador.

b) **Salário por unidade de obra ou salário por produção**: empregado receberá de acordo com a quantidade produzida, ou seja, o salário estará intimamente ligado ao seu desempenho pessoal, independentemente do tempo gasto.

c) **Salário por tarefa**. Forma mista de pagamento. Receberá conforme o serviço prestado (produção) e em período previamente fixado (tempo).

Periodicidade do pagamento: deverá ocorrer em intervalos não superiores a um mês, exceto o pagamento das gratificações, comissões e percentagens. O salário poderá ser pago por dia, semana, quinzena ou mês. Se fixado por mês, o pagamento deve ser efetuado até o 5º dia útil subsequente ao mês vencido.

Segue importante quadro de resumo acerca das formas e meios de pagamento do salário do empregado.

SALÁRIO
• **Salário poderá ser fixado:**
– por tempo
– por produção
– por tarefa
• **Periodicidade:**
– prazo não superior a um mês, exceto comissões, percentagens e gratificações
– pagamento mensal: até 5º dia útil
• **Pagamento em moeda corrente – real**

11.10. Equiparação salarial

> **ATENÇÃO!**
> Referido ponto sofreu grandes alterações com a Reforma Trabalhista.

- **Princípio da igualdade de salário.** Com base no princípio da igualdade, é vedado o tratamento diferenciado para trabalhadores que exerçam a mesma função. Há previsão do direito à equiparação salarial, nas hipóteses de tratamento diferenciado.
- **Requisitos da equiparação salarial (Lei nº 13.467/2017).** Com a Reforma Trabalhista, os requisitos para a equiparação salarial foram alterados, dificultando a sua aplicação. Para que haja equiparação salarial, desta forma, devem estar presentes os seguintes requisitos de forma cumulativa:
  a. Identidade de empregadores
  b. Trabalho no mesmo estabelecimento empresarial (Alteração pela Reforma Trabalhista).
  c. Empregados devem possuir a mesma função.
  d. Trabalhos de igual valor.
  e. Tempo no serviço não poderá ser superior a 4 anos (Alteração pela Reforma Trabalhista).
  f. Tempo na função não poderá ser superior a 2 anos.
  g. Inexistência de quadro de carreira ou de plano de cargos e salários (Alteração pela Reforma Trabalhista).
- **Identidade de empregadores:** compreende a exigência de que o trabalho exercido pelo empregado requerente (trabalhador equiparando) e o empregado paradigma (pessoa com quem se pretende a equiparação) deve ser prestado para o mesmo empregador.
- **Trabalho no mesmo estabelecimento do empregador (alteração pela Lei nº 13.467/2017):** É importante destacar a diferença entre empresa e estabelecimento. A empresa é a unidade econômica produtiva, que consiste na atividade exercida pelo empresário. Por sua vez, o estabelecimento corresponde ao complexo de bens que viabilizam o exercício dessa atividade[74]. A justificativa apresentada para a alteração na redação do dispositivo consistiu no fato de que e expressão "mesma localidade" seria abrangente e não definiria adequadamente o conceito. Para isso, optou-se pela adoção do termo "mesmo estabelecimento". Dessa forma, se uma empresa tiver em uma mesma cidade dois estabelecimentos diferentes, não seria assegurado o direito à equiparação salarial. O requisito para a equiparação salarial deixa de ser a localidade e passa a ser o estabelecimento onde é prestado os serviços.
- **Identidade de funções:** Equiparando e paradigma devem exercer funções idênticas. É irrelevante que a terminologia utilizada pela empresa seja diversa. Exemplo: paradigma exerce a função de "encarregado de vendas", já o equiparando atua como "divulgador dos novos produtos", mas se verificado, na prática, que exercem a mesma função, há direito à equiparação salarial.
- **Trabalho de igual valor**: É necessário, ainda, que as mesmas funções sejam desempenhadas com a mesma perfeição técnica (qualidade) e produtividade (quantidade), isto é, o trabalho exercido por equiparando e paradigma tenha igual valor. É o que estabelece a parte inicial do § 1º do artigo em análise. Dessa forma, o empregado que detém maiores conhecimentos com a realização de cursos técnicos e profissionalizantes não pode servir como paradigma, para fins de equiparação.
- **Diferença de tempo de serviço de, no máximo, 4 anos e na mesma função de, no máximo, 2 anos:** Com a Reforma Trabalhista, o tempo de serviço ou o tempo do empregado no emprego deve ser também considerado para fins de equiparação salarial. Assim, novo requisito foi acrescentado, exigindo que o empregado não tenha tempo de serviço superior a 4 anos em relação ao paradigma para se viabilizar a equiparação salarial. Mesmo que o empregado tenha menos de 2 anos de diferença no exercício de determinada função, se houver diferença superior a 4 anos em relação ao tempo de serviço na empresa, não terá direito à equiparação. Exemplo: O

74 CASSAR, Vólia Bomfim. *Direito do Trabalho*. 11. ed. Rio de Janeiro: Forense, 2015. p. 420.

empregado João acaba de ser contratado para trabalhar como balconista e recebe salário de R$ 1.000,00. Por sua vez, a empregada Ana, que exerce a mesma função de balconista há apenas 6 meses, recebe o salário de R$ 1.500,00. Antes de ser balconista, Ana exerceu outras funções e já trabalha há 5 anos para esse mesmo empregador. Na hipótese narrada, apesar de Ana e João exercerem a mesma função com diferença de tempo inferior a 2 anos, Ana já tem tempo de serviço superior a 4 anos em relação a João, não tendo este empregado direito à equiparação salarial.

- **Inexistência de quadro de carreira ou de plano de cargos e salários:** Com a Reforma Trabalhista, foram previstos dois instrumentos diferentes que impedem a equiparação salarial:

a) Existência de pessoal organizado em quadro de carreira; ou

b) Plano de cargos e salários adotado em norma interna da empresa ou mediante negociação coletiva.

Portanto, caso existente documento estabelecendo quadro de carreira ou plano de cargos e salários, fica excluída a possibilidade de equiparação salarial entre empregados que exerçam a mesma função em trabalho de igual valor, para o mesmo empregador, em um determinado estabelecimento. Ressalta-se que a convenção coletiva e o acordo coletivo terão prevalência sobre a lei no tocante à adoção de plano de cargos, salários e funções conforme prevê o art. 611-A, V, da CLT.

Além do estabelecimento desse novo instrumento que viabiliza a exclusão da equiparação salarial, a nova redação do dispositivo prevê a desnecessidade de homologação ou registro em órgão público. Portanto, para a validade do quadro de carreira ou do plano de cargos e salários, não é necessária sua homologação pelo Ministério do Trabalho.

IMPACTOS DA REFORMA TRABALHISTA

- **Requisitos para equiparação salarial:** Com a Reforma Trabalhista, serão necessários os seguintes requisitos para a equiparação salarial:

a. Identidade de empregadores

b. Trabalho no mesmo estabelecimento empresarial (Alteração pela Reforma Trabalhista).

c. Empregados devem possuir a mesma função.

d. Trabalhos de igual valor.

e. Tempo no serviço não poderá ser superior a 4 anos (Alteração pela Reforma Trabalhista).

f. Tempo na função não poderá ser superior a 2 anos.

g. Inexistência de quadro de carreira ou de plano de cargos e salários (Alteração pela Reforma Trabalhista).

- **Antes da Reforma Trabalhista:** os requisitos para equiparação salarial eram os seguintes:

1) Trabalho exercido pelo empregado requerente (trabalhador equiparando ou paragonado) e o empregado paradigma (pessoa com quem se pretende a equiparação) deve ser prestado para o mesmo empregador.
2) Trabalho na mesma localidade.
3) Empregados possuam a mesma função.
4) Tempo na função não poderá ser superior a 2 anos.
5) Trabalhos de igual valor.
6) Inexistência de quadro de carreira.

- **Readaptado.** O empregado readaptado não poderá servir como paradigma, em razão das peculiaridades de suas condições pessoais.

- **Servidor público estatutário.** O instituto da equiparação salarial não é aplicado aos servidores da Administração Direta, autárquica ou fundacional, por força do art. 37, XIII, da CF/88. As regras da equiparação salarial, entretanto, são aplicáveis aos empregados públicos de sociedades de economia mista e empresas públicas. Essas empresas são organizadas com regras próprias das empresas privadas.

- **Equiparação por equivalência.** O art. 460 da CLT prevê a equiparação por equivalência, ou seja, trata-se de uma forma de arbitrar o valor da remuneração. De acordo com essa norma, diante da ausência de estipulação do salário, ou inexistência de prova sobre a importância ajustada entre as partes, paga-se o mesmo que outro trabalhador receber nas mesmas condições.

- **Salário-substituição.** Nesse caso, o empregado substituto terá direito ao salário contratual do substituído, como ocorre nas férias e outros afastamentos. A substituição não poderá, entretanto, ser meramente eventual, como substituição de apenas 2 ou 3 dias. Cabe frisar que, se o cargo estiver vago e for ocupado de forma definitiva, o trabalhador ocupante não terá direito ao salário-substituição.

- **Vedação à indicação de paradigmas remotos:** De acordo com a jurisprudência do TST, o empregado, desde que atendidos os requisitos previstos no artigo em análise, tinha direito à equiparação salarial, mesmo que o paradigma tenha obtido aumento salarial via decisão judicial. De acordo com o item VI da súmula nº 6 do TST, é irrelevante se o desnível salarial tenha origem em decisão judicial. No entanto, a Reforma Trabalhista, ao inserir o § 5º ao art. 461 da CLT, passa a proibir a equiparação salarial em cadeia, pois exige como novo requisito da equiparação salarial a contemporaneidade no cargo ou na função entre paradigma e equiparando, não sendo permitida a indicação de paradigma remoto.
- Por fim, a **Reforma Trabalhista** passa a prever a aplicação de multa pelo Judiciário na hipótese de restar comprovada a discriminação por motivo de sexo ou etnia do trabalhador. O empregado terá direito, além do pagamento das diferenças salariais devidas, ao recebimento de multa no valor de 50% do limite máximo dos benefícios do Regime Geral de Previdência Social. Em 2018, o teto previdenciário passou a ser de R$ 5.645,80. Portanto, o valor da multa corresponde a R$ 2.822,9. A legislação não prevê a graduação da multa em razão da discriminação sofrida.

Equiparação salarial (Resumo)	
Empregado readaptado	não poderá servir de paradigma.
Trabalho intelectual	cabe equiparação desde que haja critérios objetivos.
Prescrição	equiparação é parcial, renova-se mês a mês.
Administração Pública	a) não cabe equiparação de servidores públicos (OJ 297); b) cabe equiparação de empregados de economia mista e empresa pública (Súmula nº 455).
Cessão de empregados	cabe equiparação desde que o órgão cessionário seja o responsável pelos pagamentos.

11.11. Desvio e acúmulo de função

- Ocorre o **desvio de função** quando o empregado que deveria estar desempenhando uma determinada função está prestando serviços esporádicos em outra, com salário mais elevado. Uma vez comprovado o desvio, dará ao empregado remuneração mais elevada enquanto esteve desempenhando aquela atividade que não era originariamente sua. O empregado será designado, novamente, para a antiga atividade, sem que esse fato acarrete redução salarial ilícita.
- **Acúmulo de função.** Diferentemente do desvio de função, o acúmulo de função compreende o exercício de atividades funcionais diferentes daquelas para as quais os trabalhador foi contratado.. Há discussão quanto à possibilidade de acréscimo salarial quando o empregado exerce outras funções que possam abalar suas condições físicas e psíquicas.

12. AVISO-PRÉVIO

- **Conceito.** O aviso-prévio tem como finalidade indicar a data do término do contrato de trabalho. O período do aviso possibilita ao trabalhador procurar outro emprego, e, ainda, ao empregador buscar um substituto para o cargo vago. Dessa forma, torna-se possível que uma parte não seja surpreendida com a ruptura do contrato por ato unilateral da outra. Afasta-se, portanto, o evento-surpresa.
- **Formalidade.** A CLT não exige formalidade específica para concessão do aviso-prévio. Dessa forma, pelo menos em tese, caberia a notificação do aviso verbalmente. A concessão verbal, embora admitida, dificulta a comprovação de que ele tenha sido efetivamente dado.
- **Duração.** A parte que decidir colocar fim ao contrato deverá avisar a outra com **antecedência mínima de 30 dias.** Nesse sentido, estabelece o art. 7º, XXI, da CF/88: São direitos dos trabalhadores urbanos e rurais, além de outros que visem à melhoria de sua condição social: aviso-prévio proporcional ao tempo de serviço, **sendo no mínimo de 30 dias**, nos termos da lei (grifos acrescidos).
- **Proporcionalidade.** Em razão dessa previsão constitucional, o aviso-prévio é proporcional ao tempo de serviço. Para empregados com até um ano de contrato, o aviso-prévio será de 30 dias. A cada ano de contrato, serão acrescidos 3 dias na duração do aviso, até o limite de 60 dias. Assim sendo, a duração do aviso-prévio poderá ter até 90 dias (prazo mínimo de 30 dias + 60 dias do

aviso proporcional). Esse dispositivo foi regulamentado recentemente pela Lei nº 12.506, de 11 de outubro de 2011.

- **Reforma Trabalhista:** A nova legislação cria a possibilidade de término do contrato de trabalho por meio de distrato[75], que compreende um acordo entre as partes da relação de empregado que põe fim ao contrato de trabalho. Ressalta-se que o novo art. 484-A que regulamenta o assunto prevê o pagamento de metade do aviso prévio ao trabalhador caso seja indenizado. Essa alteração trará diversas discussões quanto a sua constitucionalidade, pois a CF/88 determina o pagamento de aviso prévio de, no mínimo, 30 dias.

  Além disso, há previsão no art. 611-B da CLT (inserido pela Lei nº 13.467/2017) de que a redução ou supressão do aviso-prévio proporcional ao tempo de serviço de no mínimo 30 dias constitui objeto ilícito da convenção ou acordo coletivo.

- **Em resumo, antes da prova, sobre aviso-prévio:**

Aviso-prévio proporcional ao tempo de serviço (Lei nº 12.506/2011)	
Duração mínima	30 dias
Proporcionalidade	– A cada ano de contrato: acrescem-se 3 dias – Acréscimo máximo de 60 dias
Total do período	90 dias (30 dias iniciais + 60 dias da proporcionalidade)
Observação	Posicionamento majoritário de que a ampliação do prazo é apenas direito do empregado (não é direito do empregador)

Hipóteses em que é devido o aviso-prévio
• Dispensa sem justa causa. • Rescisão indireta (art. 483 da CLT). • Pedido de demissão feito pelo empregado. • Extinção do estabelecimento (Súmula 44 do TST). • Contrato por prazo determinado com cláusula assecuratória de direito recíproco (art. 481 da CLT). • Culpa recíproca: empregado tem direito a 50% do valor do aviso (Súmula 14 do TST). • Acordo entre empregado e empregador: 50% do aviso-prévio, se indenizado (art. 484-A da CLT – com redação dada pela Reforma Trabalhista). **Obs.: Não será devido o aviso-prévio:** a) contratos por prazo determinado. b) dispensa por justa causa (art. 482 da CLT). c) morte do empregado.

Aviso-prévio (Resumo)	
Conceito	evitar que uma parte seja surpreendida com a ruptura do contrato por ato unilateral da outra.
Prazo	no mínimo, 30 dias.
Concedido pelo empregador	a) empregado urbano terá redução de 2 horas diárias ou 7 dias consecutivos; b) empregado rural terá direito a redução de 1 dia por semana.
Concedido pelo empregado	a) obrigado a conceder o aviso na hipótese de pedido de demissão; b) se não for concedido, possibilita desconto no salário do empregado.
Aviso-prévio indenizado	ocorre a substituição do período trabalhado por indenização pecuniária. Esse período é projetado no contrato para todos os fins.
Reconsideração	ato bilateral, depende do consentimento da parte contrária.

75 Sobre o tem distrato conferir o item 15.4

13. FUNDO DE GARANTIA DO TEMPO DE SERVIÇO – FGTS

- **Conceito**. O FGTS é uma "poupança forçada" suportada exclusivamente pelo empregador. Todos os meses, ao quitar o salário e demais adicionais, o empregador deverá depositar, numa conta vinculada do trabalhador, 8% da sua remuneração. Exemplo: empregado recebe R$ 1.000,00 de salário. Logo, o **empregador** deverá depositar R$ 80,00 na conta vinculada do trabalhador, a título de FGTS. Veja que, para fins de FGTS, não há desconto a ser suportado pelo trabalhador. Esses depósitos destinam-se à indenização por tempo de serviço do empregado.
- Os depósitos efetuados nas contas vinculadas serão **corrigidos monetariamente** com base nos parâmetros fixados para atualização dos saldos dos depósitos de poupança e capitalização de **juros de 3% ao ano**. Em 25 de maio de 2017, foi promulgada a Lei nº 13.446/2017, que autoriza a distribuição de parte do lucro do fundo para os trabalhadores, o que assegura maior rentabilidade à conta do FGTS.
- **Reforma Trabalhista:** O valor dos depósitos mensais e de indenização rescisória do FGTS constituem objeto ilícito de convenção ou acordo coletivo de trabalho (Art. 611-B da CLT – com redação dada pela Reforma Trabalhista).

13.1. HIPÓTESES DE SAQUE DOS DEPÓSITOS

- **Conta vinculada e hipóteses de saque.** A conta corrente do trabalhador, fruto dos depósitos do FGTS, é chamada de conta vinculada. Vinculada porque o empregado não tem a liberdade de sacar o dinheiro quando bem entender, mas somente nas hipóteses expressamente previstas em lei. Assim, não lhe é dada ampla disponibilidade sobre o dinheiro lá depositado, porém pode movimentar a conta nas seguintes hipóteses:

Art. 19-A:	– Contrato nulo (Súmula nº 363 do TST)
Art. 20[76]:	– Aposentadoria pela Previdência Social. – Compra da casa própria. – Doenças graves do trabalhador e de seus dependentes (terminal, AIDS e câncer). – Compra de ações (disponíveis para esse fim – exemplo, ações da Vale do Rio Doce). – 70 anos ou mais. – Calamidades públicas – recuperar os bens perdidos. – Término do contrato de trabalho, exceto se ocorrer por justa causa ou pedido de demissão. – Conta inativa após 3 anos ininterruptos. – Falecimento do trabalhador. – Suspensão total do trabalho **avulso** por período igual ou superior a 90 dias, comprovada por declaração do sindicato. – Aquisição de órtese ou prótese por trabalhador com deficiência para promoção de acessibilidade e de inclusão social (Lei nº 13.146/2015). – Pagamento total ou parcial do preço de aquisição de imóveis da União inscritos em regime de ocupação ou aforamento, a que se referem o art. 4º da Lei no 13.240, de 30 de dezembro de 2015, e o art. 16-A da Lei no 9.636, de 15 de maio de 1998. – Extinção do contrato de trabalho prevista no art. 484-A da Consolidação das Leis do Trabalho (CLT), aprovada pelo Decreto-Lei nº 5.452, de 1º de maio de 1943

- **Indenização pela perda do emprego doméstico:** Segue quadro com as hipóteses de levantamento do percentual de 3,2% pago ao empregado doméstico como indenização pela perda do emprego:

76 Baixe e-book que acompanha este livro. Lá foram feitos comentários detalhados sobre a MP nº 808/2017, que alterou diversos dispositivos da Reforma Trabalhista.

Hipóteses de saque da Multa de 3,2% do FGTS Empregado doméstico	
Forma do término do contrato de trabalho	**Responsável pelo levantamento dos depósitos**
Dispensa sem justa causa	Empregado doméstico (indenização devida)
Rescisão indireta	Empregado doméstico (indenização devida)
Término antecipado do contrato por prazo determinado por culpa do empregador	Empregado doméstico (indenização devida)
Pedido de demissão	Empregador
Dispensa por justa causa	Empregador
Término normal do contrato por prazo determinado	Empregador
Aposentadoria	Empregador
Falecimento do doméstico	Empregador
Culpa recíproca	½ Empregado e ½ Empregador

- **Para a semana antes da prova**, segue quadros referentes ao FGTS:

FGTS (Resumo)	
Conceito	poupança forçada. Suportada exclusivamente pelo empregador.
Direito ao FGTS	empregados urbanos e rurais e trabalhadores avulsos. – **Empregado doméstico:** foi garantido (obrigatório) pela Nova Lei dos Domésticos, que regulamentou os direitos prescritos aos domésticos após a EC nº 72/2013
FGTS facultativo	Diretor não empregado (art. 16, Lei nº 8.036/1990 e Súmula nº 269 do TST).
Alíquota	8% sobre a remuneração. Aprendiz, a alíquota é de 2% sobre a remuneração.
Prazo para o depósito	até o dia 7 de cada mês.
Indenização de 40% sobre o FGTS	dispensa sem justa causa e rescisão indireta.
Indenização de 20%	– culpa recíproca e força maior. – acordo entre empregado e empregador (distrato).
Empréstimo consignado com o FGTS	Limites (Lei nº 13.313/2016): – 10% do saldo na conta vinculada do FGTS; e – Até 100% do valor da multa do FGTS paga pelo empregador na hipótese de despedida sem justa causa ou de despedida por culpa recíproca ou força maior.
Parcelas indenizatórias	não há incidência do FGTS, exceto aviso-prévio indenizado.
Prescrição	2 anos a contar da extinção do contrato para ingressar na justiça. Poderá pleitear os últimos 5 anos (Súm. 362 – nova redação). STF[14] (novembro/2014): reduziu o prazo de 30 anos para 5 anos (art. 7º, inciso XXIX, CF/88).

14. ESTABILIDADE

- **Conceito.** Estabilidade é o direito do trabalhador de permanecer no emprego, mesmo contra a vontade do empregador.

14.1. DIRIGENTE SINDICAL

- **Início e fim da estabilidade.** O art. 8º, VIII, da CF/88 prevê a estabilidade para o dirigente sindical. A estabilidade terá início com o registro da candidatura para o cargo de dirigente sindical. Se eleito, a estabilidade persistirá até um ano após o fim do mandato. Se o empregado não for eleito, não terá a garantia da estabilidade. O mandato do dirigente sindical é de 3 anos, conforme o art. 515, *b*, da CLT. Ademais, não persiste a estabilidade se houver extinção do estabelecimento.
- **Número de membros com estabilidade.** O suplente do cargo de direção ou representação sindical também terá direito à estabilidade. O número de dirigentes sindicais, com estabilidade, é limitado a 7 membros titulares e 7 membros suplentes. A estabilidade abrange apenas os membros que atuam na defesa da categoria, excluindo, portanto, os membros do conselho fiscal e delegados sindicais.
- **Contrato por prazo determinado.** Em regra, não gera direito à estabilidade o fato de a candidatura ser realizada durante o contrato por prazo determinado, exceto se se tratar do contrato por prazo determinado previsto na Lei nº 9.601/98. Nessa lei há expressa previsão de estabilidade para o dirigente sindical (art. 1º, § 4º), na vigência do contrato.
- **Aviso-prévio.** Se o registro da candidatura ocorrer durante o período de aviso-prévio, ainda que indenizado, não assegura a estabilidade do empregado.
- **Inquérito para apuração da falta greve.** O dirigente sindical somente poderá ser dispensado por falta grave mediante a apuração em inquérito judicial. Esse "inquérito" é uma ação judicial que será proposta na Justiça do Trabalho, conforme prevê o art. 853 da CLT. De acordo com esse artigo, o prazo para ingressar com a ação é de trinta dias, a contar da suspensão do trabalhador. Sem a observância ao inquérito para apuração da falta grave, a dispensa é inválida.
- **Empresas com mais de 200 empregados.** Os representantes eleitos nas empresas com mais de 200 empregados não gozam de estabilidade, por ausência de previsão em lei estendendo-lhes essa garantia (art. 11, CF/88). A Lei nº 13.467/2017 regulamentará o art. 11 da CF/88. Para mais informações, consulte o tópico 20 dessas dicas.

14.2. EMPREGADO REPRESENTANTE DA CIPA

- **Conceito e estabilidade.** A Comissão Interna de Prevenção a Acidentes desempenha importante papel para manter um ambiente de trabalho saudável. Na constituição dessas comissões haverá representantes dos empregados (eleitos pelos demais trabalhadores da empresa) e dos empregadores (indicados). Os empregados eleitos para cargo de direção da Cipa possuem garantia provisória de emprego, desde o registro da candidatura até um ano após o mandato (art. 10, II, *a*, do ADCT).
- **Suplente.** O art. 10, II, *a*, do ADCT não estende o direito à estabilidade ao suplente do diretor eleito, mas o TST possui entendimento majoritário ampliando essa garantia de emprego ao suplente do empregado eleito para representar a Cipa.
- **Extinção do estabelecimento.** A estabilidade provisória do cipeiro não constitui vantagem pessoal, mas garantia para as atividades dos membros da Cipa, que somente tem razão de ser quando em atividade a empresa. Extinto o estabelecimento, não se verifica a despedida arbitrária, sendo impossível a reintegração e indevida a indenização do período estabilitário.

14.3. EMPREGADO ACIDENTADO

- **Prazo da estabilidade.** Como forma de incentivar o retorno ao trabalho e garantir prazo para readaptação ao serviço, foi dado ao empregado acidentado o direito à estabilidade provisória de doze meses após a cessação do auxílio-doença. Esse período de doze meses não poderá ser reduzido via negociação coletiva.
- **Requisitos.** Para adquirir essa garantia provisória, há necessidade de preencher, cumulativamente, os seguintes requisitos:
  a) afastamento ser superior a 15 dias. Dessa forma, o empregado acidentado que retornou ao trabalho em menos de quinze dias não é detentor dessa garantia provisória de emprego;
  b) percepção de auxílio-doença acidentário.
- **Doenças decorrentes do trabalho.** Nesse caso, mesmo que o trabalhador não tenha recebido auxílio-doença, pois os afastamentos foram de poucos dias, terá direito à estabilidade. Isso porque a doença do trabalho ou profissional tem ligação com o trabalho desenvolvido na empresa.
- **Contrato por prazo determinado.** Atualmente o empregado submetido a contrato de trabalho

por tempo determinado goza da garantia provisória de emprego, decorrente de acidente de trabalho (Súmula nº 378, III, do TST).

14.4. EMPREGADO PÚBLICO

- **Estabilidade aos empregados públicos.** O posicionamento do TST é mais abrangente, estendendo a estabilidade aos celetistas que ingressam via concurso público na Administração Direta, autárquica ou fundacional. Por outro lado, os empregados públicos de empresas públicas (Infraero, por exemplo) ou sociedades de economia mista (Banco do Brasil, por exemplo) não terão direito à estabilidade, mesmo que admitidos via concurso público. Aliás, o TST entende que é possível a dispensa desses empregados sem justa causa.

14.5. ESTABILIDADE GESTANTE

- **Duração:** inicia-se com a confirmação da gravidez e permanece até 5 meses após o parto.
- **Desconhecimento da gravidez pelo empregador:** não afasta o direito à estabilidade.
- **Contrato por prazo determinado:** adquire estabilidade (Súmula nº 244 do TST e art. 391-A da CLT), inclusive no contrato previsto na Lei nº 9.601/98.
- **Gravidez durante o aviso-prévio, inclusive indenizado:** o TST já vinha decidindo que gerava estabilidade. Hoje a matéria está prevista no art. 391-A da CLT.
- **Morte da gestante:** Recentemente foi promulgada a Lei Complementar nº 146/2014, que estende a estabilidade provisória da gestante, nos casos de morte desta, a quem detiver a guarda de seu filho.

> **ATENÇÃO!**
> O tema a seguir foi impactado pela Reforma Trabalhista!

14.6. ESTABILIDADE DO REPRESENTANTE DOS EMPREGADOS (REFORMA TRABALHISTA)

- A Lei nº 13.467/2017 acaba com a discussão em torno da estabilidade do representante dos empregados – cuja eleição é obrigatória nas empresas com mais de 200 empregados por expressa determinação no art. 11 da Constituição Federal – pois passa a prever de forma expressa a estabilidade do membro da comissão de representante dos empregados, que terá garantia contra despedida arbitrária desde o registro de sua candidatura até um ano após o fim do mandato. A despedida arbitrária é aquela que não se fundar em motivo disciplinar, técnico, econômico ou financeiro.
- A estabilidade prevista aos membros da comissão de representantes é a mesma aplicada aos cipeiros:

> **Art. 165, CLT** – *Os titulares da representação dos empregados nas CIPA (s) não poderão sofrer despedida arbitrária, entendendo-se como tal a que não se fundar em motivo disciplinar, técnico, econômico ou financeiro*

14.7. ESTABILIDADE DOS MEMBROS DA COMISSÃO DE GORJETAS[77]

Recentemente, a Lei nº 13.419/2017 ("Lei das Gorjetas") estabeleceu a possibilidade de se instituir, mediante negociação coletiva, comissão de empregados em empresas com mais de 60 empregados para acompanhar e fiscalizar a regularidade na cobrança e distribuição das gorjetas, cujos representantes, eleitos em assembleia geral, têm direito à estabilidade provisória no emprego. Para as demais empresas, deve ser constituída comissão intersindical para exercer essas funções. Destaca-se que, novamente, assume papel de relevância o acordo e a convenção coletiva de trabalho, pois a duração do mandato desses representantes, o período de estabilidade e as condições para o exercício de suas atribuições ficarão a cargo daquilo que for previsto em instrumento coletivo.

14.8. DESPEDIDA E REINTEGRAÇÃO DO EMPREGADO ESTÁVEL

- **Dispensa sem justa causa:**
  - **a) reintegração:** somente se a decisão ocorrer durante o período estabilitário;
  - **b) Indenização:** se a decisão for dada após o período estabilitário;

Para a semana antes da prova, segue quadro referente à estabilidade:

---

77 Baixe e-book que acompanha este livro. Lá foram feitos comentários detalhados sobre a MP nº 808/2017, que alterou diversos dispositivos da Reforma Trabalhista.

Estabilidade	
Estabilidade decenal	Após 10 de efetivo serviço. Não optante pelo FGTS. Após CF/88 não está em vigor.
Dirigente sindical	• Início da estabilidade ocorre com o registro da candidatura e permanece até 1 ano após o mandato. – Estabilidade aos titulares e suplentes. – Dirigentes com estabilidade: 7 membros titulares e 7 suplentes. – Não gera direito à estabilidade se a candidatura ocorre durante: a) contrato por prazo determinado; b) aviso-prévio. • Comunicação do registro da candidatura ao empregador: durante a vigência do contrato de trabalho. • Somente poderá ser dispensado se cometer falta grave. Há necessidade de prévio inquérito para apuração dessa falta grave.
Empregada gestante	Início com a confirmação da gravidez até 5 meses após o parto. Empregadas domésticas também possuem esse direito.
Empregado acidentado	Estabilidade de 12 meses após o término do auxílio-doença. Requisitos: a) Afastamento superior a 15 dias. b) Percepção do auxílio-doença.
Empregado representante da Cipa	Apenas o representante dos empregados (eleitos). Início com o registro do candidato até 1 ano. Titulares e suplentes (Súmula nº 399).
Empregado representante da CCP	Apenas representantes dos empregados (eleitos). Início com a eleição até 1 ano após o mandato. Titulares e suplentes.
Membros da comissão de gorjetas	Período de estabilidade definido em instrumento coletivo de trabalho
Representante dos empregados (Reforma Trabalhista)	Desde o início da candidatura até um ano após o fim do mandato.

15. TÉRMINO DO CONTRATO DE TRABALHO

- **Resilição:** É o término do contrato de trabalho pela manifestação da vontade das partes. Pode ser unilateral (pedido de demissão e dispensa sem justa causa) ou bilateral (distrato). A legislação atual permite tão somente a resilição unilateral. Com a Reforma Trabalhista, será permitida a resilição por distrato no art. 484-A da CLT.
- **Resolução:** A extinção do contrato de trabalho ocorre pela prática de ato culposo pelas partes do contrato. Nesse caso, são três as espécies de resolução: dispensa por justa causa, rescisão indireta e culpa recíproca.
- **Rescisão:** A extinção contratual ocorre pela nulidade do contrato de trabalho.

TÉRMINO DO CONTRATO DE TRABALHO

Resilição (manifestação unilateral ou bilateral)	- Pedido de demissão (empregado). - Dispensa sem justa causa (empregador). - Distrato.
Resolução (alto faltoso)	- Dispensa por justa causa (falta praticada pelo empregador - art. 482 da CLT). - Rescisão indireta (falta praticada pelo empregador - art. 483 da CLT - Culpa recíproca (ambos praticam a falta grave - art. 484 e Súmula nº 14 do TST).
Rescisão	- Nulidade do contrato de trabalho

15.1. DISPENSA SEM JUSTA CAUSA OU ARBITRÁRIA

- Ocorre quando o empregador é quem decide colocar fim ao contrato sem motivação. Salvo nos casos de garantia provisória de emprego (gestante, membro da Cipa etc.), o empregado não poderá se opor a essa decisão. Nesse caso, receberá a totalidade das verbas rescisórias:
  - Saldo de salário (dias efetivamente trabalhados).
  - Décimo terceiro salário proporcional.
  - Férias + 1/3 vencidas, se houver.
  - Férias + 1/3 proporcionais.
  - Aviso-prévio.
  - Saque dos depósitos do FGTS.
  - Indenização de 40% sobre os depósitos do FGTS.
  - Direito ao benefício do seguro-desemprego, desde que atenda aos requisitos próprios estabelecidos na legislação previdenciária.

15.2. MOTIVAÇÃO DA DISPENSA E CONVENÇÃO Nº 158 DA OIT

- **Dispensa motivada:** A Convenção nº 158 da OIT, não incorporada ao ordenamento jurídico brasileiro, prevê a hipótese de dispensa sem justa causa, mas motivada. Nesse caso, o diploma internacional defende que a decisão de terminar o contrato de trabalho permanece do empregador, mas é necessário a apresentação de motivações razoáveis para o fim do contrato[78].

Com a Reforma Trabalhista, ficou consignado que as dispensas imotivadas, sejam elas plúrimas, individuais ou coletivas, equiparam-se para todos os fins (art. 477-A da CLT).

- **Dispensa arbitrária.** Há previsão no art. 7º, I, da CF/88 da proibição da despedida arbitrária: "(...) a relação de emprego protegida contra despedida arbitrária ou sem justa causa, nos termos de lei complementar, que preverá indenização compensatória, dentre outros direitos". Esse inciso ainda não foi regulamentado, assim sendo há entendimento majoritário de que a garantia contra a despedida arbitrária ainda não pode ser aplicada[79].

15.3. PEDIDO DE DEMISSÃO

- **Demissão.** Ocorre quando o empregado decide colocar fim ao contrato. Independe de qualquer motivação. O empregador não poderá se opor a essa decisão do trabalhador. Nessa hipótese de pedido de demissão, o empregado terá direito às seguintes verbas rescisórias:
- Saldo de salário (dias efetivamente trabalhados);
- Décimo terceiro salário proporcional;
- Férias + 1/3 vencidas, se houver;
- Férias + 1/3 proporcionais.

  Obs.: No pedido de demissão, o empregado não saca os depósitos do FGTS e deverá conceder aviso-prévio de 30 dias ao empregador. Por fim,

78 DELGADO, Maurício Godinho. *Curso de Direito do Trabalho*. 16. ed. São Paulo: LTr, 2017. p. 1.307.

79 Há posicionamentos doutrinários minoritários que defendem a aplicação desse inciso I, art. 7º, da CF/88. Entretanto, para as provas objetivas (testes), é importante memorizar os exatos termos da CF e das leis, diante da impossibilidade de dissertação. Dessa forma, o posicionamento majoritário é no sentido de que é cabível a dispensa sem justa causa no Brasil.

ressalta-se que perderá a estabilidade provisória de emprego que eventualmente possuía no caso de formulação de pedido de demissão.

> **ATENÇÃO!**
> O tema a seguir foi impactado pela Reforma Trabalhista!

15.4. DISTRATO (REFORMA TRABALHISTA)

A resilição bilateral compreende o acordo entre as partes contratantes que colocam fim ao contrato de trabalho e que se denomina distrato[80]. Antes da Reforma Trabalhista não se admitia o distrato, cabendo aos empregados apresentar pedido de demissão ou aos empregadores realizar a dispensa sem justa causa.

A Reforma Trabalhista passa a admitir o distrato como nova hipótese de término do contrato de trabalho no art. 484-A da CLT. Na hipótese de celebração de distrato, os trabalhadores terão direito ao recebimento das seguintes verbas rescisórias:

- 50% do aviso prévio, se for indenizado. Na hipótese de aviso prévio trabalhado, terá direito ao recebimento de seu valor integral.
- 20% de multa sobre os depósitos do FGTS;
- Saldo de salário (dias efetivamente trabalhadores);
- Décimo terceiro salário proporcional;
- Férias + 1/3 vencidas, se houver;
- Férias + 1/3 proporcionais;

Antes da Reforma Trablhista não se admitia o saque dos depósitos do FGTS baseado no distrato realizado entre empregado e empregador, pois essa modalidade de extinção contratual não era prevista no ordenamento jurídico. Com a regulamentação da nova lei trabalhista. o trabalhador poderá movimentar sua conta vinculada do FGTS até o limite de 80% do valor dos depósitos (art. 484-A, § 1º, CLT).

Cumpre ressaltar que o art. 20 da Lei nº 8.036/1990, que estabelece as hipóteses de saque dos depósitos do FGTS, foi alterado para prever o distrato como nova modalidade:

> **Art. 20, I-A, Lei nº 8.036/1990.** *A conta vinculada do trabalhador no FGTS poderá ser movimentada nas seguintes situações: extinção do contrato de trabalho prevista no art. 484-A da Consolidação das Leis do Trabalho (CLT), aprovada pelo Decreto-Lei nº 5.452, de 1º de maio de 1943.*

80 CASSAR, Vólia Bomfim. *Direito do Trabalho*. 11ª Edição. Rio de Janeiro: Forense, 2015. p. 1.019.

O empregado que celebrar distrato para extinguir seu contrato de trabalho não terá direito ao recebimento de seguro-desemprego.

15.5. JUSTA CAUSA: DISPENSA POR JUSTA CAUSA, RESCISÃO INDIRETA E CULPA RECÍPROCA

Justa causa. O contrato poderá terminar em razão de conduta grave de uma das partes ou, ainda, de ambas as partes. Ocorrerá, portanto, a **dispensa por justa causa** (quando empregado cometer falta grave), **a rescisão indireta** (quando o empregador praticar conduta grave) ou, ainda, a **culpa recíproca**, quando ambos praticarem a conduta grave.

Resumo para a prova:

Resolução (falta grave)	
Dispensa por justa causa (art. 482 da CLT)	**Rescisão indireta (art. 483 da CLT)**
– Ato de improbidade – Incontinência de conduta – Mau procedimento – Negociação habitual ou concorrência à empresa – Condenação criminal sem suspensão da execução da pena – Desídia – Embriaguez – Violação de segredo da empresa – Indisciplina ou insubordinação	– Serviços: • superiores às forças do trabalhador • defesos em lei • contrários aos bons costumes • alheios ao contrato – Rigor excessivo – Possibilidade de perigo – Descumprimento das obrigações do contrato – Ato lesivo à honra e à boa fama
– Abandono de emprego – Ato lesivo à honra e à boa fama – Ofensa física, exceto legítima defesa – Prática de jogos de azar – Prática de atos atentatórios à segurança nacional **Obs.:** Reforma Trabalhista cria nova hipótese: – perda da habilitação ou dos requisitos estabelecidos em lei para o exercício da profissão, em decorrência de conduta dolosa do empregado.	– Ofensa física, exceto legítima defesa – Redução do trabalho pago por peça ou tarefa

Resolução (falta grave)	
Hipóteses de faltas graves do empregado não previstas no art. 482 da CLT	**Hipótese de falta grave do empregador não prevista no art. 483 da CLT**
– **Empregado doméstico:** maus-tratos de idoso, de enfermo, de pessoa com deficiência ou de criança sob cuidado direto ou indireto do empregado (art. 27, I, LC nº 150/2015); – **Greve:** Abuso do direito de greve (art. 14, Lei nº 7.783/1989); – **Recusa em usar EPI:** Empregado que se recusa a usar EPI ou a cumprir demais normas de segurança e medicina do trabalho (art. 158 da CLT); – **Motorista profissional:** recusa em se submeter a testes e programa de controle de drogas e de bebida alcoólica (art. 235-B, VII e parágrafo único, CLT); – **Ferroviário:** Recusa do ferroviário à realização de horas extras em situações de urgência e acidente (art. 240, *caput*, CLT).	– **Empregador doméstico:** empregador praticar qualquer das formas de violência doméstica ou familiar contra mulheres (art. 27, parágrafo único, VII, LC nº 150/2015. e art. 5º, Lei nº 11.340/2006).

Culpa recíproca (art. 484 da CLT e Súmula nº 14 do TST)
a) Empregado e empregador praticam, simultaneamente, falta grave (*arts. 482 e 483 da CLT ao mesmo tempo*); b) Reconhecida pela Justiça do Trabalho; c) Empregado terá direito a 50% de: • Aviso-prévio; • 13º salário; • Férias proporcionais; • 20% indenização do FGTS. **Obs. 1:** Nesse caso, o empregado saca os depósitos na conta vinculado do FGTS. **Obs. 2:** *Não tem direito ao seguro*-desemprego.

Verbas rescisórias devidas ao trabalhador nas diferentes formas de término do contrato			
Dispensa por justa causa (Falta grave – art. 482 da CLT)	**Dispensa sem justa causa e rescisão indireta**	**Pedido de demissão**	**Distrato**
• Saldo de salário (dias efetivamente trabalhados). • Férias vencidas + 1/3. ***Obs.:*** *Não terá direito ao seguro-desemprego, pois não se trata de desemprego involuntário.*	• Saldo de salário (dias efetivamente trabalhados). • 13º salário proporcional. • Férias + 1/3 vencidas. • Férias + 1/3 proporcionais. • Aviso-prévio. • Saque dos depósitos do FGTS. • Indenização de 40% sobre os depósitos do FGTS. • Seguro-desemprego, *desde que atenda aos requisitos próprios estabelecidos na legislação previdenciária.*	• Saldo de salário (dias efetivamente trabalhados). • 13º salário proporcional. • Férias + 1/3 vencidas. • Férias + 1/3 proporcionais. • ***Obs.1:*** *Empregado deve conceder o aviso-prévio ao empregador.* • ***Obs.2:*** *Não saca os valores depositados na conta do FGTS.* • ***Obs.3:*** *Não terá direito ao seguro-desemprego, pois não se trata de desemprego involuntário.*	– 50% do aviso prévio, se for indenizado. Na hipótese de aviso prévio trabalhado, terá direito ao recebimento de seu valor integral. – 20% de multa sobre os depósitos do FGTS; – Saldo de salário (dias efetivamente trabalhadores); – Décimo terceiro salário proporcional; – Férias + 1/3 vencidas, se houver; – Férias + 1/3 proporcionais;

15.6. DEMAIS HIPÓTESES DE TÉRMINO DO CONTRATO DE TRABALHO

15.6.1. TÉRMINO DO CONTRATO POR PRAZO DETERMINADO

- O término do contrato por prazo determinado poderá ocorrer de duas formas: a) extinção normal e b) extinção antecipada. Há, ainda, a possibilidade de se estabelecer c) cláusula assecuratória de direito recíproco.

  A) Extinção normal: A primeira delas ocorre no momento previamente fixado pelas partes. Nesse caso, não há necessidade de pagamento de indenização, nem mesmo de conceder aviso-prévio. O empregador deverá pagar as verbas rescisórias referentes ao período de trabalho. São elas:

- Saldo de salário dos dias trabalhados;
- 13º salário proporcional ao tempo trabalhado;
- Férias + 1/3 proporcional ao tempo trabalhado.

  Obs.: Nesse caso, o empregado terá direito de levantar os depósitos do FGTS.

  B) Extinção antecipada: A segunda forma de término do contrato poderá ocorrer de maneira antecipada, ou seja, antes do prazo fixado pelas partes. Nesse caso, há pagamento de indenização. Para o pagamento dessa indenização, será necessário verificar quem deu causa ao desligamento.

1) **Término antecipado por iniciativa do empregador:** Nesse caso, o empregador estará obrigado a pagar, a título de indenização, a metade da remuneração a que o empregado teria direito até o fim do contrato de trabalho fixado anteriormente (art. 479, CLT). Além dessa indenização prevista na CLT, deverá pagar as verbas rescisórias, acrescidas da multa de 40% sobre os depósitos do FGTS (art. 14 do Decreto nº 99.684/90), conforme demonstrado a seguir:
   - Saldo de salário;
   - 13º salário proporcional ao tempo trabalhado;
   - Férias + 1/3 proporcional ao tempo trabalhado;
   - Direito de levantar os depósitos do FGTS + multa de 40% sobre os depósitos efetuados;
   - Indenização prevista no art. 479 da CLT (metade da remuneração a que teria direito até o fim do contrato por prazo determinado).
2) **Término antecipado por iniciativa do empregado**: Se o empregado der causa ao término do contrato antes do prazo fixado, deverá pagar indenização ao empregador pelos prejuízos que esse desligamento antecipado causar à empresa (art. 480, CLT). O valor do prejuízo não poderá ultrapassar àquela indenização a que o empregado teria direito, prevista no art. 479 da CLT. Nesse caso, conforme demonstrado a seguir, o trabalhador não terá direito de levantar os depósitos do FGTS:
   - Saldo de salário;
   - 13º salário proporcional ao tempo trabalhado;
   - Férias + 1/3 proporcional ao tempo trabalhado.

   Obs.: Caberá ao empregado o pagamento de indenização pelos prejuízos que o pedido da demissão causar à empresa.

   C) Cláusula assecuratória de direito recíproco (art. 481, CLT): O contrato que possui essa cláusula obriga a parte (empregado ou empregador) que decidir terminar o contrato antes do prazo fixado a conceder o aviso-prévio. Lembre-se de que não há, no contrato por prazo determinado, a necessidade de conceder o aviso-prévio, exceto se as partes estipularem a cláusula assecuratória de direito recíproco (cláusula de aviso-prévio).

1) **Iniciativa do empregado:** o empregado que decidir colocar fim ao contrato antes do prazo (pedido de demissão) deverá prestar serviços por mais 30 dias, sob pena de ver seu salário descontado nesse período. Nesse caso, não estará obrigado a pagar a indenização pelos prejuízos causados (art. 480 da CLT), e receberá as verbas a seguir:
   - Saldo de salário;
   - 13º salário proporcional ao tempo trabalhado;
   - Férias + 1/3 proporcional ao tempo trabalhado.

   Obs.: Empregado estará obrigado a conceder o aviso-prévio, ou seja, deverá permanecer trabalhando por 30 dias.
2) **Iniciativa do empregador:** o empregador, ao dispensar o empregado antes do prazo final, deverá conceder-lhe aviso-prévio de 30 dias e, nesse caso, as verbas rescisórias serão iguais ao contrato por prazo indeterminado. Importante ressaltar que a presença dessa cláusula não transforma o contrato por prazo determinado em prazo indeterminado, mas, se houver rescisão antecipada, será nos moldes do contrato por prazo indeterminado, sem a multa prevista no art. 479 (pagamento de metade da remuneração), conforme a seguir demonstrado:

- Pagamento do aviso-prévio (trabalhado ou indenizado);
- Saldo de salário;
- 13º salário proporcional ao tempo trabalhado;
- Férias + 1/3 proporcional ao tempo trabalhado;
- Direito de levantar os depósitos do FGTS + multa de 40% sobre os depósitos efetuados.

  Obs.: Nesse caso, não há pagamento da multa prevista no art. 479 da CLT (metade da remuneração).

15.6.2. FORÇA MAIOR

Força maior: É o acontecimento inevitável, em relação à vontade do empregador, e para cuja realização este não concorreu direta ou indiretamente (art. 501 da CLT). Uma vez configurada a hipótese de força maior, o empregado terá direito à indenização pela metade, isto é, 20% da indenização do FGTS. O pagamento das demais verbas rescisórias, inclusive o pagamento do aviso-prévio, devem ser suportadas pelo empregador. Dessa maneira, o empregado possui o direito às seguintes verbas rescisórias:

- Saldo de salário (dias efetivamente trabalhados);
- Décimo terceiro salário proporcional;
- Férias vencidas e proporcionais, ambas com o terço constitucional (Súmula nº 328, TST);
- Aviso-prévio indenizado, conforme Súmula nº 44 do TST;
- Saque de depósitos do FGTS e multa de 20% sobre os valores do depósito;
- Seguro-desemprego, caso atendidos os requisitos da legislação previdenciária.

15.6.3. MORTE DO EMPREGADOR

A morte do empregador pode ou não levar ao término do contrato de trabalho. Em regra, não leva à extinção do contrato de trabalho, pois mudanças jurídicas da empresa não afetam os contratos em curso (arts. 10 e 448, ambos da CLT).

15.6.4. MORTE DO EMPREGADOR PESSOA FÍSICA (EXTINÇÃO DO ESTABELECIMENTO)

A morte do empregador pessoa física (pessoa jurídica não morre), entretanto, pode gerar duas hipóteses de término do contrato de trabalho. A primeira delas, prevista no art. 485, CLT, ocorre com o fechamento da empresa e cessação da atividade empresarial. Dessa forma, o empregado será dispensado e o contrato de trabalho será extinto, o que equivale à dispensa sem justa causa, e todas as verbas rescisórias devem ser pagas. Dessa maneira, o empregado possui as mesmas verbas rescisórias como se fosse dispensado sem justa causa, pois houve o fim do contrato:

- Saldo de salário (dias efetivamente trabalhados);
- Décimo terceiro salário proporcional;
- Férias vencidas e proporcionais, ambas com o terço constitucional (Súmula nº 328, TST);
- Aviso-prévio indenizado, conforme Súmula nº 44 do TST;
- Saque de depósitos do FGTS e multa de 40% (art. 18, § 1º, Lei do FGTS);
- Seguro-desemprego, caso atendidos os requisitos da legislação previdenciária.

15.6.5. MORTE DO EMPRESÁRIO INDIVIDUAL

Com a morte do empresário individual, se outra pessoa continua o negócio, há a possibilidade de o empregado continuar ou terminar o vínculo empregatício (art. 483, § 2º, CLT). Trata-se, portanto, de uma mera faculdade do trabalhador. Se decidir terminar o vínculo, será pedido de demissão. Receberá as verbas decorrentes desse pedido. Prevalece, na doutrina, que nesse caso não há necessidade de conceder o aviso-prévio[81].

15.6.6. APOSENTADORIA

Aposentadoria e permanência no emprego: O art. 453, § 2º, da CLT previa a extinção do vínculo empregatício em razão da aposentadoria espontânea. Esse parágrafo não mais está em vigor. Veja que o vínculo jurídico existente entre empregado e INSS é diferente do vínculo empregatício (empregado–empregador). Assim sendo, a concessão do benefício de aposentadoria não pode ser equiparada à falta grave ou pedido de demissão, pois o reflexo financeiro recai sobre a Previdência Social. Em resumo, não há nenhuma incompatibilidade entre o pedido de aposentadoria e a permanência no emprego. Se o empregador colocar fim ao contrato, configurará dispensa imotivada (sem justa causa).

15.6.7. FATO DO PRÍNCIPE OU FACTUM PRINCIPIS (PARALISAÇÃO TEMPORÁRIA OU DEFINITIVA DO TRABALHO)

Conceito: Ocorre fato do príncipe quando a Administração Pública é a responsável pela paralisação empresarial, art. 486 da CLT. É interessante destacar que somente se configura fato do príncipe quando se verifica a ocorrência de fato inevitável que

81 MARTINS, Sérgio Pinto. *Comentários à CLT*. 28. ed. São Paulo: Atlas, 2014. p. 559.

impeça completamente a continuidade da atividade empresarial desenvolvida.

Efeitos: Nesse caso, o ente estatal será o responsável pelo pagamento das verbas trabalhistas provenientes da ruptura do contrato (aviso-prévio e indenização do FGTS). As demais parcelas, provenientes da prestação de serviços, serão suportadas pelo empregador, pois é ele o responsável pelo pagamento das férias, décimo terceiro e depósitos do FGTS. Assim, o empregado tem direito ao recebimento da totalidade das verbas rescisórias como se houvesse dispensa sem justa causa.

15.7. DISPENSA COLETIVA

Dispensa em massa. Esse tema apresenta atualmente extrema relevância ao Direito Coletivo do Trabalho. Recentemente, o TST reafirmou o entendimento de que há necessidade de prévia negociação coletiva para a dispensa em massa. Esse posicionamento jurisprudencial surgiu em razão das repercussões econômicas e sociais causadas por essa dispensa coletiva que, aliás, extrapola o vínculo empregatício, alcançando a coletividade dos trabalhadores, bem como a comunidade e a economia locais[82]. Cumpre ressaltar que a ausência de negociação coletiva prévia, nesse caso, pode garantir a reintegração dos empregados dispensados. Tanto o sindicato da categoria profissional (trabalhadores) como o Ministério Público do Trabalho têm legitimidade para ingressar com a ação civil pública.

Com a Reforma Trabalhista, reconhece-se que o empregador tem o direito potestativo de dispensar seus empregados independentemente da hipótese de dispensa, seja ela individual, plúrima ou coletiva. Dessa forma, exclui-se expressamente a necessidade de negociação coletiva e do estabelecimento de acordo ou convenção coletiva de trabalho para a dispensa em massa:

> **Art. 477-A da CLT (inserido pela Reforma Trabalhista):** *As dispensas imotivadas individuais, plúrimas ou coletivas equiparam-se para todos os fins, não havendo necessidade de autorização prévia de entidade sindical ou de celebração de convenção coletiva ou acordo coletivo de trabalho para sua efetivação*

82 Informativo n. 34 do TST.

15.8. HOMOLOGAÇÃO DAS VERBAS TRABALHISTAS E OBRIGAÇÕES DECORRENTES DA EXTINÇÃO DO CONTRATO DE TRABALHO

A Lei nº 13.467/2017 revogou os §§ 1º e 3º do art. 477, que previam a homologação das verbas rescisórias para os trabalhadores com mais de um ano de serviço e passa a estabelecer apenas a necessidade de comunicação da dispensa aos órgãos competentes. Além disso, o empregador deverá realizar o pagamento das verbas rescisórias.

Com a extinção da homologação das verbas rescisórias, o § 7º do art. 477 da CLT também foi revogado pela Reforma Trabalhista, pois não existe mais ato de assistência na rescisão do contrato de trabalho, seja pelo sindicato ou pelo Ministério do Trabalho.

Com a Reforma Trabalhista a quitação passa a ser realizada sem a assistência do sindicato ou do Ministério do Trabalho. As parcelas que expressamente constarem no recibo terão a eficácia liberatória. No tocante a essas parcelas quitadas, não cabe, em regra, ação judicial.

- **Quitação anual das obrigações trabalhistas.** A Lei nº 13.467/2017 faculta aos empregados e empregadores firmar o termo de quitação anual de obrigações trabalhistas perante o sindicato dos empregados da categoria (art. 507-B). O termo deverá discriminar as obrigações de dar e fazer cumpridas mensalmente e terá eficácia liberatória das parcelas nele especificadas. A quitação com a devida assistência do órgão sindical possibilitará a eficácia liberatória em relação às parcelas expressamente previstas. No tocante a essas parcelas quitadas, não caberá, em regra, ação judicial. Somente seria possível questionar a validade do termo de quitação caso comprovado em juízo a existência de vício de consentimento do empregado, como a ocorrência de erro, dolo, coação, dentre outros. Por outro lado, as parcelas não consignadas no termo de quitação poderão ser discutidas futuramente na Justiça do Trabalho.

Segue quadro que resume as hipóteses de eficácia liberatória do contrato de trabalho:

EFICÁCIA LIBERATÓRIA DO CONTRATO
– **Comissão de Conciliação Prévia**: eficácia liberatória geral, com exceção das parcelas expressamente ressalvadas (art. 625-E, parágrafo único, CLT e Informativo 29 TST).
– **Programa de Demissão Voluntária (PDV):** eficácia liberatória somente em relação às parcelas expressamente consignadas (OJ nº 270 da SDI-I do TST). Na existência de acordo ou convenção coletiva, terá eficácia liberatória geral (art. 477-B da CLT – acrescentado pela Lei nº 13.467/2017).
– **Quitação anual das verbas trabalhistas:** A celebração de termo de quitação anual das obrigações trabalhistas perante o sindicato profissional tem eficácia liberatória em relação às parcelas expressamente especificadas (art. 507-B da CLT).
– **Homologação em juízo:** De acordo com a OJ nº 132 da SDI-II do TST, é possível que, mediante acordo judicial, seja conferida eficácia liberatória geral das verbas trabalhistas. Nesse sentido, o acordo judicial em que o empregado daria plena e ampla quitação, sem nenhuma ressalva, alcançaria todos os direitos decorrentes do contrato de trabalho. Com a vigência da Lei nº 13.467/17, há necessidade de alteração dessa orientação jurisprudencial, uma vez que o novo art. 855-E prevê que apenas há a suspensão do prazo prescricional com relação aos **direitos nela especificados.** Assim, os direitos decorrentes do contrato de trabalho que não forem expressamente objeto do acordo extrajudicial não terão a prescrição suspensa, podendo, consequentemente, ser objeto de nova reclamação trabalhista. Possibilita-se, portanto, que a parte ingresse com reclamação trabalhista para a discussão dos direitos que não estiverem expressamente integrados ao acordo extrajudicial, sem que isso viole a coisa julgada.
– ***Obs.: Recibo de quitação ou instrumento de rescisão:*** *O recibo de quitação deve especificar as parcelas paga ao empregado, sendo válida a quitação apenas quanto às parcelas especificadas (art. 477, § 2º, da CLT). Ressalta-se que, com a Reforma Trabalhista, não há mais homologação das verbas trabalhistas no final do contrato de trabalho. O recibo de quitação não assegura eficácia liberatória, podendo o empregado discutir em juízo os valores e as parcelas pagos.*

- A Reforma Trabalhista altera a redação do "caput" do artigo 477 para estabelecer as três principais obrigações aos empregadores após o término do contrato de trabalhado:
  a) Anotação do término do contrato de trabalho na CTPS do empregado;
  b) Comunicação da dispensa aos órgãos competentes: essa exigência tem a função de permitir aos empregados o saque do FGTS e o requerimento do benefício do seguro-desemprego; e
  c) Pagamento das verbas rescisórias no prazo estabelecido.

A anotação da CTPS deve ser realizada no prazo de até 48 horas e devolvida ao trabalhador.

Não há necessidade do pagamento das verbas rescisórias no ato de homologação da rescisão do contrato de trabalho. O empregado deve receber o valor em dinheiro, depósito bancário ou cheque visado na forma como for acordado entre as partes. Por sua vez, para os trabalhadores analfabetos, é obrigatório o pagamento em dinheiro ou depósito bancário.

Antes da Reforma Trabalhista, o prazo para o pagamento das verbas rescisórias deveria ser realizado até:

a) o 1º dia útil imediato ao término do contrato nas hipóteses de aviso-prévio trabalhado ou contrato por prazo determinado.
b) o décimo dia, contado da data em que o empregado foi informado da dispensa, nas hipóteses de aviso-prévio indenizado, dispensa por justa causa ou no caso de o empregado que pede demissão ser liberado do cumprimento do aviso-prévio.

Com a Reforma Trabalhista, o prazo é unificado para 10 dias contados a partir do término do contrato de trabalho, devendo o empregador realizar dentro desse período:

a) realizar a entrega ao empregado de documentos, que comprovem a comunicação da extinção do contrato de trabalho aos órgãos competentes; e
b) efetuar o pagamento dos valores constantes do instrumento de rescisão ou recibo de quitação.

- **Multa do art. 477, § 8º, CLT.** Se o empregador descumprir o prazo para pagamento das verbas rescisórias, será obrigado ao pagamento de **multa** no valor equivalente ao salário do empregado, exceto se, comprovadamente, o trabalhador foi quem deu causa ao atraso do pagamento. Importante ressaltar que essa multa, prevista no art. 477 da CLT, incide nos contratos por prazo determinado e indeterminado, inclusive nos casos em que a rescisão contratual tenha-se operado por justa causa do trabalhador.

- **Reconhecimento judicial do vínculo empregatício.** Recentemente (31/05/2016), o TST editou a Súmula nº 462, que estabelece o pagamento da **multa do art. 477, § 8º, CLT, mesmo na hipótese de reconhecimento do vínculo de emprego pelo Judiciário Trabalhista.** O fato que enseja o pagamento da multa do art. 477 da CLT não depende da data de reconhecimento do vínculo de emprego, seja de forma judicial ou não, mas tão somente o desrespeito aos prazos para pagamento das verbas rescisórias.
- **Administração Pública.** Deve respeitar os prazos previstos no art. 477 da CLT, sob pena de pagar a multa de um salário do empregado público.
- **Massa falida:** não está sujeita à multa do art. 477 da CLT. Já a empresa em recuperação judicial não está isenta dessa multa.
- **Responsabilidade jurídica pós-contratual:** Após o término do contrato de trabalho, as partes devem agir de acordo com o princípio da boa-fé. Aquele que causar dano à outra parte por violação do dever de lealdade e probidade tem o dever de ressarci-lo, ainda que o contrato já tenha sido extinto. É o caso do empregado que fornece segredos comerciais de sua empresa para uma concorrente, em violação à boa-fé nas relações entre as partes. Sempre que guardar vinculação com o contrato de trabalho, a Justiça do Trabalho será competente para processar e julgar as ações envolvendo a responsabilidade jurídica pós-contratual.

O art. 477, § 10º da CLT (inserido pela Reforma Trabalhista) prevê que a anotação da extinção do contrato de trabalho na CTPS é documento suficiente para que o empregado requeira o seguro-desemprego e a movimentação de sua conta vinculada do FGTS caso o empregador tenha efetuado a comunicação da extinção do contrato de trabalho aos órgãos competentes.

16. PRESCRIÇÃO E DECADÊNCIA

> **ATENÇÃO!**
> O tema a seguir foi impactado pela Reforma Trabalhista!

Prescrição e decadência

- **Prazo.** O prazo para ingressar com a reclamação trabalhista está previsto no art. 7º, XXIX, da CF/88: "São direitos dos trabalhadores urbanos e rurais, além de outros que visem à melhoria de sua condição social: ação, quanto aos créditos resultantes das relações de trabalho, com prazo prescricional de **cinco anos** para os trabalhadores urbanos e rurais, até o limite de **dois anos** após a extinção do contrato" (grifos acrescidos).

Com a Reforma Trabalhista, a redação do artigo 11 da CLT foi atualizada de forma a se compatibilizar com o ordenamento constitucional:

> **Art. 11 da CLT (com redação dada pela Reforma Trabalhista):** *A pretensão quanto a créditos resultantes das relações de trabalho prescreve em cinco anos para os trabalhadores urbanos e rurais, até o limite de dois anos após a extinção do contrato de trabalho.*

- **Início do prazo prescricional.** O empregado poderá pleitear os direitos trabalhistas dos **últimos 5 anos a contar do ajuizamento da reclamação.** Ressalta-se que o pedido dos últimos 5 anos não conta da extinção do contrato, mas do ingresso da reclamação trabalhista. Assim sendo, se demorar para ingressar com a ação judicial, consequentemente estará deixando escoar o período pleiteado.
- **Para a semana antes da prova:**

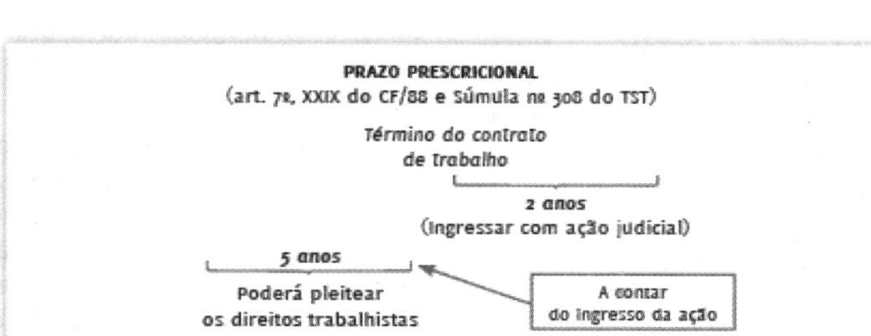

- **Causas que interferem na contagem do prazo.** A contagem do prazo prescricional poderá ser afetada em razão de causas impeditivas, suspensivas e interruptivas. **Causa suspensiva.** O prazo, nesse caso, ficará congelado, ou seja, haverá uma parada temporária até que seja cessado o obstáculo. Após o término do obstáculo, retoma-se a contagem. Exemplo: ingresso do empregado com pedido de conciliação na Comissão de Conciliação Prévia.
- **Suspensão do prazo prescricional.** Importante destacar que a suspensão do contrato de trabalho,

por exemplo, o afastamento do empregado para o recebimento de auxílio-doença, não suspende a contagem do prazo prescricional, exceto se o trabalhador estiver impossibilitado, física ou mentalmente, de comparecer à Justiça do Trabalho.

- **Causa interruptiva.** Ocorre quando o prazo reinicia a contagem por inteiro. Exemplo: empregador, ao ingressar com a ação judicial (reclamação trabalhista) ou protesto judicial, interrompe o prazo prescricional.
- **Reforma Trabalhista:** De acordo com o novo § 3º do art. 11 da CLT, acrescentado pela Reforma Trabalhista, a interrupção da prescrição somente ocorrerá pelo ajuizamento de reclamação trabalhista, mesmo se for realizada em juízo incompetente. Nesse caso, ainda que venha a ser extinta sem resolução do mérito, haverá interrupção da prescrição, produzindo efeitos apenas em relação aos pedidos idênticos.
- **Causa impeditiva.** Nessa hipótese, não há início da contagem do prazo. Exemplo: não corre prazo prescricional contra o empregado menor de 18 anos, conforme previsto no art. 440 da CLT.
- **Prescrição do FGTS.** Importante ressalvar que o prazo para requerer os depósitos do **FGTS** é de 2 anos para ingressar com a reclamatória, a contar do término do contrato. A antiga redação da Súmula nº 362 do TST dispunha que, se observado o prazo de 2 anos para ingresso com a reclamação trabalhista, o trabalhador poderá pleitear os últimos trinta anos. Era a chamada prescrição trintenária. Cabe ressaltar, entretanto, que, recentemente (novembro/2014), o STF[83] determinou, por maioria de votos, a redução do prazo de prescrição dos depósitos do FGTS para 5 anos. Abandonou-se, portanto, a tese da prescrição trintenária. Foi utilizado como argumento para defender a redução a discussão em torno da natureza jurídica do fundo. Para os ministros, os valores devidos ao FGTS apresentam natureza jurídica trabalhista, e deve ser aplicado prazo do art. 7º, inciso XXIX, da CF/88 (5 anos). Diante da nova posição assumida pelo STF, o TST alterou, recentemente (junho/2015), o teor da Súmula nº 362 do TST para também prever a prescrição quinquenal (5 anos) para o direito de reclamar o não recolhimento dos depósitos do FGTS.
- **Momento da arguição.** Aliás, a prescrição na área trabalhista somente é decretada se alegada na vara do trabalho ou no TRT (instâncias ordinárias), conforme posicionamento da jurisprudência:

> **Súmula nº 153 do TST.** Não se conhece de prescrição não argüida na instância ordinária

- **Prescrição intercorrente.** Essa prescrição ocorreria no curso da execução, depois do trânsito em julgado, em razão da paralisação do processo por muito tempo. De acordo com a Súmula nº 114 do TST, é inaplicável na Justiça do Trabalho a prescrição intercorrente.

Com a Reforma Trabalhista, entretanto, essa prescrição passa a ser possível, podendo ser, inclusive, declarada de ofício em qualquer grau de jurisdição, nos termos do art. 11-A da CLT:

> **Art. 11-A da CLT (com redação dada pela Reforma Trabalhista):** *Ocorre a prescrição intercorrente no processo do trabalho no prazo de dois anos.*
>
> *§ 1º A fluência do prazo prescricional intercorrente inicia-se quando o exequente deixa de cumprir determinação judicial no curso da execução.*
>
> *§ 2º A declaração da prescrição intercorrente pode ser requerida ou declarada de ofício em qualquer grau de jurisdição.*

- **Prescrição total e parcial no Direito do Trabalho:** O § 2º do art. 11 da CLT foi acrescentado pela Lei de Reforma Trabalhista e aborda a tese da prescrição total e parcial no Direito do Trabalho, antes omissa na CLT. O novo texto assemelha-se ao que já era previsto pelo TST na Súmula nº 294:

> **Súmula nº 294 do TST:** *Tratando-se de demanda que envolva pedido de prestações sucessivas decorrente de alteração do pactuado, a prescrição é total, exceto quando o direito à parcela esteja também assegurado por preceito de lei.*

A prescrição total e parcial refere-se à lesão do direito e decurso do prazo enquanto o empregado estiver prestando serviços. Se o contrato estiver em curso, o empregado terá o prazo de 5 anos para ingressar com a reclamatória, contado a partir da violação do direito.

Na prescrição total, de acordo com o TST, o trabalhador terá 5 anos para ingressar com a reclamação a contar do ato único do empregador. Esse ato do trabalhador decorre da alteração contratual lesiva de suprimir direito não previsto em lei, como no caso de redução do percentual de comissão. Nesse caso, a partir desse ato ilícito (ato único), inicia-se a contagem do prazo.

- Em resumo, o empregador, ao retirar ou reduzir as prestações que vinham sendo pagas de forma periódica, descumpre o que foi pactuado com o empregado, iniciando-se a contagem do prazo. Aliás, poderia ensejar, ainda, o pedido de rescisão indireta.

---

83 Ver ARE 709.212/DF. Relator: Ministro Gilmar Mendes. Data de Julgamento: 13/11/2014.

Prescrição

- **Causas que interferem na contagem do prazo prescricional**

a) Impeditiva: Não se inicia a contagem do prazo. Ex.: Empregado menor de 18 anos (art. 440, CLT).

b) Suspensiva: Parada temporária na contagem do prazo. Ex.: Pedido de conciliação na Comissão de Conciliação Prévia (art. 625-G, CLT).

Obs.: Auxílio-doença não suspende a prescrição, salvo impossibilidade de comparecimento à Justiça do Trabalho.

c) Interruptiva: Contagem do prazo é reiniciada. Ex.: Ingresso com ação judicial (art. 11, § 3º da CLT e Súm. 268, TST).

- **Depósitos do FGTS:** 2 anos a contar da extinção do contrato para ingressar na justiça. Poderá pleitear os últimos 5 anos (Súm. 362 – nova redação[84]). STF (novembro/2014): reduziu o prazo de 30 anos para 5 anos (art. 7º, inciso XXIX, CF/88).
- **CTPS:** Imprescritível o reconhecimento do vínculo para fins previdenciários.
- **Prescrição de ofício** (art. 11-A, §2º da CLT): A declaração da prescrição intercorrente pode ser requerida ou declarada de ofício em qualquer grau de jurisdição.

IMPACTOS DA REFORMA TRABALHISTA

- **Unificação dos prazos prescricionais.** A Reforma Trabalhista alterou a redação do "caput" do art. 11 e revogou seus incisos para prever a prescrição de 5 anos para trabalhadores urbanos e rurais, desde que a ação seja ajuizada até o limite de dois anos após a extinção do contrato de trabalho em conformidade com o art. 7º, XXIX, da CF/88.
- **Antes da Reforma Trabalhista:** O art. 11 da CLT previa prazos prescricionais diferentes para os trabalhadores urbanos e rurais, o que não foi recepcionado pela CF/88.
- **Prescrição total e parcial.** A Reforma Trabalhista acrescentou o § 2º ao art. 11 da CLT para estabelecer a prescrição total e parcial no Direito do Trabalho. Na prescrição total, o trabalhador terá 5 anos para ingressar com a reclamação a contar do ato único do empregador. Por sua vez, na prescrição parcial as parcelas podem ser exigidas no período de 5 anos a contar do ajuizamento ação, pois as prestações possuem previsão em lei.
- **Antes da Reforma Trabalhista:** Não havia dispositivo semelhante na legislação anterior, sendo o tema regulamentado pela jurisprudência do TST, especialmente na Súmula nº 294 do TST, o que ocorria de forma semelhante à trazida pela Reforma Trabalhista.
- **Interrupção da prescrição.** O § 3º do art. 11 da CLT, acrescentado pela Lei nº 13.467/2017, estabelece que a interrupção da prescrição somente ocorrerá pelo ajuizamento de reclamação trabalhista, mesmo se for realizada em juízo incompetente. Nesse caso, ainda que venha a ser extinta sem resolução do mérito, haverá interrupção da prescrição, produzindo efeitos apenas em relação aos pedidos idênticos.
- Antes da Reforma Trabalhista: a interrupção da prescrição não era prevista na clt, tendo o tema sido regido pela súmula nº 268 do TST, que também previa a interrupção do prazo prescricional quando ocorria o ingresso da reclamação trabalhista.

17. SEGURANÇA E MEDICINA DO TRABALHO (MEIO AMBIENTE DE TRABALHO)

- **Meio ambiente de trabalho seguro e saudável.** O ambiente de trabalho é local onde o trabalhador presta serviços. Em razão disso, é dever do empregador manter esse ambiente o mais seguro e saudável possível, evitando acidentes de trabalho.
- **Princípio da indisponibilidade das normas de saúde e segurança do trabalho.** As normas que tratam da proteção à saúde e à segurança do trabalho são de ordem pública, portanto, são normas de indisponibilidade absoluta, e não cabe flexibilização para a redução de direitos dos empregados nesse aspecto de segurança. Essas normas representam cláusulas implícitas ao contrato de trabalho, não havendo a necessidade de previsão expressa no contrato.

Com a Reforma Trabalhista, as normas de saúde, higiene e segurança do trabalho previstas em lei ou em normas regulamentadoras do Ministério do Trabalho constituem objeto ilícito de convenção ou acordo coletivo, nos termos do art. 611-B XVII da CLT.

Entretanto, de acordo com o parágrafo único do art. 611-B em questão, as regras sobre duração do trabalho e intervalos não são consideradas como normas de saúde, higiene e segurança do trabalho para os fins do disposto neste artigo.

Além disso, o enquadramento do grau de insalubridade poderá ser disposto por convenção e acordo coletivo, nos termos do art. 611-A, XII da CLT[85].

---

84 Súmula nº 362 do TST: FGTS. Prescrição. I – Para os casos em que a ciência da lesão ocorreu a partir de 13.11.2014, é quinquenal a prescrição do direito de reclamar contra o não recolhimento de contribuição para o FGTS, observado o prazo de dois anos após o término do contrato; II – Para os casos em que o prazo prescricional já estava em curso em 13.11.2014, aplica-se o prazo prescricional que se consumar primeiro: trinta anos, contados do termo inicial, ou cinco anos, a partir de 13.11.2014 (STF-ARE-709212/DF).

85 Baixe e-book que acompanha este livro. Lá foram feitos comentários detalhados sobre a MP nº 808/2017, que alterou diversos dispositivos da Reforma Trabalhista.

- **Proteção legal.** A CLT estabelece no Capítulo V do Título II normas que abordam a saúde e segurança do trabalho. Essas disposições são complementadas com diversas normativas internacionais como as convenções da OIT e também por Portaria do Ministério do Trabalho que estabelecem Normas Regulamentadoras das relações de trabalho.

17.1. DEVERES DO EMPREGADOR

Compete ao empregador manter o ambiente de trabalho seguro e saudável. Deve, portanto, adotar todas as normas preventivas como forma de proteger a integridade física e psíquica dos trabalhadores.

- **Entrega de EPIs**: Conforme o inciso I do art. 157 da CLT, o empregador deverá cumprir as normas de saúde e medicina do trabalho. Uma dessas normas é entregar, gratuitamente, equipamentos de proteção. Cabe ressaltar que o simples fornecimento de EPI não afasta a obrigatoriedade do pagamento do adicional de periculosidade ou insalubridade. Para cessar o pagamento desses adicionais, o empregador deverá eliminar, por completo, o agente nocivo e perigoso (Súmula nº 289 do TST).
- **Trabalho em condições prejudiciais à saúde e à segurança.** Se houver trabalho em atividades insalubres ou perigosas, é obrigação do empregador efetuar o pagamento dos adicionais de insalubridade ou periculosidade a seus empregados e adotar medidas para reduzir os prejuízos à saúde do trabalhador. Para mais informações acerca desses adicionais, consulte o tópico de adicionais salariais.
- **Serviços especializados em segurança e medicina do trabalho (SESMT).** O art. 162 da CLT estabelece a necessidade das empresas estabelecerem serviços especializados em segurança e medicina do trabalho. Esses órgãos devem promover a saúde e proteger a integridade do trabalhador no local de trabalho (art. 1º da Norma Regulamentadora nº 4 do Ministério do Trabalho).
- **Programa de Controle Médico de Saúde Ocupacional (PCMSO).** A Norma Regulamentadora nº 7 do Ministério do Trabalho estabelece a obrigatoriedade por parte dos empregadores de elaborar e implementar o Programa de Controle Médico de Saúde Ocupacional que tem o objetivo de promover e preservar a saúde do conjunto de seus trabalhadores. Esse programa deve ter caráter de prevenção, rastreamento e diagnóstico precoce dos agravos à saúde relacionados ao trabalho, inclusive pela constatação de doenças profissionais ou danos irreversíveis à saúde do trabalhador.
- **Programa de Prevenção de Riscos Ambientais (PPRA).** A Norma Regulamentadora nº 9 do Ministério do Trabalho prevê a obrigatoriedade na elaboração e implementação do Programa de Prevenção de Riscos Ambientais que terá como função antecipar, reconhecer e avaliar os riscos ambientais existentes ou que possam surgir no ambiente de trabalho.

17.2. DEVERES DO EMPREGADO

- Compete aos trabalhadores obedecer às normas de medicina e segurança e colaborar com a empresa para a aplicação dessas normas. Aliás, deverá utilizar os equipamentos de proteção fornecidos pelo empregador. Se o empregado se recusa, injustificadamente, ao cumprimento das normas de segurança e à utilização dos equipamentos de proteção, caberá dispensa por justa causa, como determina o art. 158 da CLT.

17.3. MINISTÉRIO DO TRABALHO E NORMAS REGULAMENTADORAS SOBRE SEGURANÇA E SAÚDE DO TRABALHO

- **Competência.** a competência para legislar sobre direito do trabalho é privativa da União, conforme o art. 22, I, da CF/88. Já a competência legislativa acerca de norma de saúde e segurança é **concorrente**, competindo à União, estados e DF, nos termos do art. 24, XII, CF/88.
- **Normas regulamentadoras.** A CLT delegou à autoridade administrativa (Ministério do Trabalho) a regulamentação detalhada das normas de saúde e segurança. O Ministério do Trabalho tem competência para expedir as Normas Regulamentadoras (NR), que regulamentam matérias específicas sobre normas de saúde e segurança, como a NR nº 18, que trata da construção civil; a NR nº 15, que trata das atividades insalubres etc.
- **Fiscalização.** A fiscalização do trabalho tem a atribuição de verificar se as normas trabalhistas estão sendo respeitadas. Caso haja descumprimento, caberá a aplicação de multa. As microempresas também estão sujeitas à fiscalização quanto ao meio ambiente de trabalho

17.4. INTERDIÇÃO OU EMBARGO E INSPEÇÃO PRÉVIA

- **Inspeção prévia.** A inspeção prévia ocorre antes do início das atividades de qualquer estabelecimento, e é realizada pelo Ministério do Trabalho, nos termos do art. 160 da CLT. Todos os novos empreendimentos devem ser vistoriados pela autoridade competente. Novas inspeções devem ser realizadas quando ocorrer modificação substancial em sua estrutura.

- **Interdição ou embargo está previsto na NR 3.** A **interdição** ocorre em estabelecimentos ou setores da empresa, ao passo que os **embargos** são utilizados quando há obra em construção. Essas distinções entre interdição e embargos foram elaboradas pelo professor Sérgio Pinto Martins.

17.5. ACIDENTE DE TRABALHO

- **Acidente de trabalho típico.** A Lei nº 8.213/1991, que dispõe sobre os Planos de Benefícios da Previdência Social, estabelece o conceito de acidente de trabalho para fins previdenciários. O acidente de trabalho típico é aquele que ocorre pelo exercício do trabalho a serviço de determinada empresa que venha a provocar lesão corporal ou perturbação funcional que cause a morte ou a perda ou redução da capacidade laboral. Lesão corporal ocorre quando o dano atinge a integridade física do indivíduo, causando-lhe um dano físico-anatômico, enquanto perturbação funcional corresponde a um ano fisiológico ou psíquico, relacionado com órgãos ou funções específicas do organismo humano, sem aparentar lesão física[86].

- **Acidente de trabalho equiparado.** Além disso, a lei de benefícios previdenciários estabelece um rol de hipóteses equiparadas ao acidente de trabalho, seja por doenças ocupacionais (art. 20) ou eventos acidentários que não são incluídos no conceito típico (art. 21). Alguns autores[87] realizam a divisão terminológica entre acidentes de trabalho atípicos, que compreendem as doenças ocupacionais, e acidentes de trabalho por equiparação ao se referir às demais hipóteses de acidente de trabalho previstas no art. 21 da Lei nº 8.213/1991. Cumpre ressaltar que a equiparação com o acidente de trabalho ocorre para que os efeitos jurídicos aplicados ao acidente de trabalho sejam estendidos para essas outras modalidades. Entretanto, apresentam conceitos totalmente diversos do acidente de trabalho típico.

- **Doenças ocupacionais.** As doenças ocupacionais – doença profissional e do trabalho – não se configuram como fatos repentinos, violentos, abruptos que causam a morte ou incapacidade do indivíduo, mas compreendem situações que, progredindo no tempo, mantém nexo de causalidade com a redução ou fim da capacidade laborativa[88].

  a) **doença profissional:**, é aquela peculiar a determinada atividade ou profissão, cujo exercício pode produzir ou desencadear certar patologias no trabalhador. Nesse caso, o nexo causal da doença com a atividade é presumido[89].

  b) **doença do trabalho:** ocorre em razão de determinadas condições em que o trabalho é realizado e não é vinculada a determinada atividade ou profissão. Seu aparecimento decorre da forma em que o trabalho é realizado ou das condições do meio ambiente do trabalho.

Responsabilidade civil. A responsabilidade civil brasileira sempre esteve fundamentada no delito ou quase-delito, ou seja, aquele que pratica um ato ilícito deverá indenizar a parte contrária quando esse ato for praticado por culpa ou dolo do agente. Entretanto, conforme salienta Raimundo Simão de Melo[90], após a promulgação do Código Civil de 2002, é possível afirmar que o legislador adotou tanto a teoria da responsabilidade civil subjetiva como a teoria da responsabilidade objetiva baseada no risco da atividade desenvolvida.

Responsabilidade civil subjetiva. Os pressupostos para a responsabilidade subjetiva são: a) ação ou omissão do agente; b) o elemento subjetivo (culpa ou dolo); c) o nexo de causalidade entre a conduta e o resultado; e d) ocorrência de um dano efetivo.

Responsabilidade civil objetiva. A responsabilidade civil objetiva não é presumida, uma vez que decorre de lei ou de atividade de risco. Além disso, vale ressaltar que os pressupostos para sua caracterização são idênticos ao da responsabilidade subjetiva, com exclusão da culpa ou dolo[91].

- **Responsabilidade civil por acidente de trabalho.** A tendência da jurisprudência trabalhista é a adoção da responsabilidade objetiva do empregador decorrente de acidente de trabalho para as atividades de risco. Para as demais atividades, permanece a necessidade de se comprovar a culpa ou dolo do empregador em caso de acidente de trabalho (responsabilidade subjetiva).

---

86 MENEZES, Adriana. *Direito Previdenciário*. Coleção Tribunais. 6ª Edição. Salvador: JusPodivm, 2016. p. 260.

87 MENEZES, Adriana. *Direito Previdenciário*. Coleção Tribunais. 6ª Edição. Salvador: JusPodivm, 2016. p. 260-262.

88 MENEZES, Adriana. *Direito Previdenciário*. Coleção Tribunais. 6ª Edição. Salvador: JusPodivm, 2016. p. 260.

89 OLIVEIRA, Sebastião Geraldo. *Indenizações por acidente do trabalho ou doença ocupacional*. 7. ed. São Paulo: LTr, 2013. p. 51.

90 MELO, Raimundo Simão. *Ações acidentárias na Justiça do Trabalho*. São Paulo: LTr, 2011. p. 28.

91 MELO, Raimundo Simão. *Ações acidentárias na Justiça do Trabalho*. São Paulo: LTr, 2011. p. 44.

Entretanto, diante da previsão contida no art. 232-A da CLT e da ausência de previsão legal celetista, não haveria que se falar em responsabilidade objetiva do empregador a título de danos morais, em casos de risco inerente à atividade, por exemplo, contrariando o Enunciado nº 377 do CJF:

> **Enunciado nº 377 do CJF:** *O art. 7º, inc. XXVIII, da Constituição Federal não é impedimento para a aplicação do disposto no art. 927, parágrafo único, do Código Civil quando se tratar de atividade de risco.*

- **Nexo de causalidade.** Para a configuração da responsabilidade do empregador por acidente de trabalho, é indispensável a causalidade entre a conduta do empregador e o dano sofrido pelo empregado. Essa conduta deve ser a causa do dano do empregado. Assim, há nexo de causalidade, por exemplo, quando o empregado sofre acidente de trabalho com amputação de um membro caso o empregador tenha deixado de efetuar reparos de segurança em seu maquinário.
- **Concausalidade.** Vale ressaltar que é possível ocorrer diversas causas que concorram para a lesão no trabalhador, sendo algumas, inclusive, fora de qualquer conduta do empregador. É o que se denomina multicausalidade ou concausalidade. A existência de diversas causas que concorrem para o acontecimento da lesão não elimina a presença do nexo de causalidade desde que haja fator próprio do ambiente de trabalho que tenha concorrido para a ocorrência do dano.
- **Culpa exclusiva da vítima.** A configuração de culpa exclusiva da vítima pelo acidente exclui o nexo causal e, portanto, não se verifica a ocorrência de acidente de trabalho. Não haverá, nesse caso, dever de indenização pelo empregador.
- **Reparação do dano decorrente de acidentes de trabalho**. O empregado tem direito ao recebimento de indenização em razão de dano material ou moral decorrente de acidentes de trabalho. Para mais informações consulte o tópico de danos morais e materiais.
- **Indenização por morte da vítima.** O art. 948 do CC/02 estabelece uma pensão a ser paga às pessoas que dependiam da vítima. Verifica-se que não houve nenhuma fixação de prazo para esse pagamento, tendo somente se referido à duração provável da vida da vítima. Assim, caberá ao juiz analisar caso a caso para definir o período em que será paga a pensão. Diversos parâmetros podem ser adotados pelo juiz, mas há autores que recomendam a aplicação do índice de sobrevida da vítima baseado em estatísticas realizadas pelo IBGE. O valor a ser pago como pensão alimentar deve ser realizado com base na renda obtida pela vítima antes de seu falecimento, uma vez que essa pensão tem natureza indenizatória, ou seja, reparar o prejuízo causado pela morte do empregado no caso de acidente de trabalho.
- **Indenização por incapacidade transitória.** No mesmo sentido da indenização por morte da vítima, será devida indenização quando ocorrer incapacidade decorrente de acidente de trabalho. Nesse caso, será devido pagamento de uma quantia, a título de lucros cessantes, ao acidentado no caso de ficar afastado de seu trabalho por determinado período. O valor deverá incluir toda a verba a que teria direito o empregado até o momento em que é possível o retorno ao trabalho.
- **Indenização por incapacidade permanente (invalidez).** A lesão causada à vítima em decorrência do acidente de trabalho poderá deixar sequelas e, dessa forma, permanecerá com a incapacidade mesmo após cessados os principais efeitos danosos do ato. O empregador terá o dever de pagar as despesas com o tratamento e lucros cessantes até que o empregado esteja com a saúde recuperada. Entretanto, lembre-se de que, nesse caso, diferentemente da incapacidade transitória, será devida pensão ainda que parcial ao empregado em razão das sequelas deixadas pelo ato danoso. Em que pese a recuperação do empregado, poderá haver sequelas que impedem ou dificultam a realização de trabalhos pelo empregado.
- **Dano estético.** O dano estético deve ser entendido como a alteração corporal externa que venha a trazer desagrado e repulsa não apenas àquele que sofreu o dano como também a quem o observa. Assim, se uma lesão prejudicar a vida social e pessoal da vítima pelo sentimento de desprezo à sua imagem, será possível a indenização por dano estético. Não é necessário, entretanto, que haja grande deformidade, bastando que haja modificação corporal permanente e aparente.

17.6 . CIPA – COMISSÃO INTERNA DE PREVENÇÃO DE ACIDENTES

- A **Cipa** é órgão de caráter preventivo e está previsto no art. 163 da CLT e na NR nº 5. Em regra, todos os empregadores, sejam de natureza pública ou privada, estão obrigados a constituir a Cipa. Essa obrigatoriedade dependerá, entretanto, do número de empregados e do grau de risco da atividade desenvolvida, conforme previsão na NR nº 5 (empresas com menos de 20 empregados, em regra, não estão obrigadas a constituir esse órgão protetivo). Aliás, a Cipa também é obrigatória para as atividades rurais, conforme a NR nº 31.

- **Da composição da Cipa:** Esse órgão é presidido por empregado indicado pelo empregador, e o vice-presidente será empregado eleito pelos trabalhadores. A eleição é secreta e dela podem participar todos os empregados, independentemente de filiação sindical.

- **Mandato do Cipeiro.** O mandato tem duração de 1 ano, sendo permitida uma reeleição. Ao membro suplente que tiver participado de menos da metade de reuniões não será permitida a sua reeleição.

- **Estabilidade.** Os representantes dos empregados na Cipa, titulares e suplentes, gozam de estabilidade, desde o registro da candidatura até 1 ano após o mandato. Somente poderão ser dispensados por justa causa. Essa estabilidade não persiste no caso de extinção do estabelecimento. Com o término do estabelecimento, portanto, o empregado não tem direito a indenização pelo período remanescente do mandato.

17.7. DA COMPETÊNCIA PARA APRECIAR E JULGAR QUESTÕES LIGADAS AO AMBIENTE DE TRABALHO:

- Os conflitos ligados ao ambiente de trabalho será apreciado pela Justiça do Trabalho, conforme art. 114, I, da CF/88. Aliás, será também da competência dessa justiça especializada a apreciação de ações anulatórias de autos de infração que multaram o empregador por descumprimento de normas ligadas à saúde e medicina do trabalho. Compete à Justiça do Trabalho processar e julgar causas envolvendo o ambiente de trabalho dos empregados públicos, como a falta de EPI ou CIPA nas mais diversas repartições públicas da união, estados-membros e dos municípios. Nesse sentido:

> **Súmula nº 736 do STF**: *Compete à Justiça do Trabalho julgar as ações que tenham como causa de pedir o descumprimento de normas trabalhistas relativas à segurança, higiene e saúde dos trabalhadores.*

18. DIREITO COLETIVO

- **Principais pontos.** Recomenda-se ao candidato uma leitura atenta da matéria, e principalmente a memorização dos arts. 8º, 9º, 10 e 11 da Constituição Federal.

Em resumo, os pontos principais sobre Direito Coletivo:

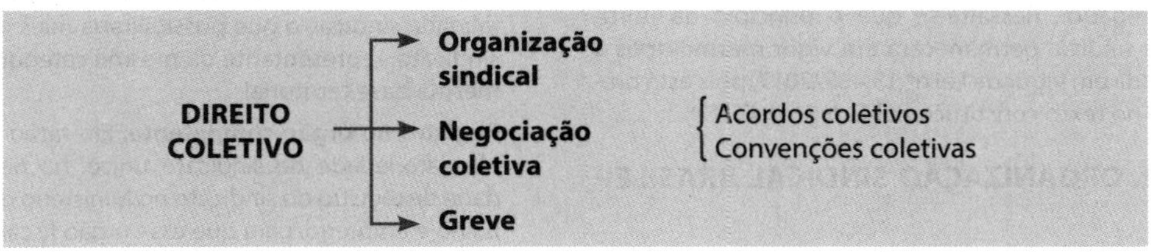

- **Sistema confederativo.** A organização sindical brasileira é dividida entre sindicatos e entidades de grau superior, que são as federações e as confederações. Essa divisão é chamada de sistema confederativo. Veja a seguir:

18.1. LIBERDADE SINDICAL (CONVENÇÃO Nº 87 DA OIT)

A liberdade sindical é o princípio estruturante do direito coletivo do trabalho em um Estado Democrático de Direito. É pautada na democracia e no pluralismo das relações sindicais. De acordo com esse princípio, **o Estado não poderá intervir ou interferir na entidade sindical**. O sindicato é, portanto, livre quanto a sua fundação, organização e filiação.

Contudo, é necessário ressaltar que a liberdade sindical não é plena no Brasil. Ainda hoje, é aplicado o **princípio da unicidade** e exigida **contribuição sindical obrigatória** (art. 8º, II e IV, da Constituição Federal). O princípio da unicidade sindical restringe a liberdade sindical porque impede a criação de mais de um sindicato, seja representativo de categoria profissional (trabalhadores), seja da categoria econômica (empregadores) uma mesma base territorial. Limita, portanto, o direito de escolha dos trabalhadores. Do mesmo modo, a cobrança de contribuição sindical obrigatória impõe a um empregado, filiado ou não, um valor a ser pago anualmente de seu salário. Em razão desses dois pontos, o Brasil é criticado por não ter ratificado a Convenção nº 87 da OIT que prevê a plena liberdade sindical.

Com a Reforma Trabalhista, a compulsoriedade da contribuição sindical obrigatória deixa de existir, pois o desconto do valor passa a ser condicionado à expressa e prévia autorização do trabalhador ou empregador. Ressalta-se que o princípio da unicidade sindical permanecerá em vigor mesmo após a entrada em vigor da Lei nº 13.467/2017, pois está previsto no texto constitucional (art. 8º, II, CF/88).

18.2. ORGANIZAÇÃO SINDICAL BRASILEIRA

- **Divisão em categorias:** A organização dos sindicatos é feita com base no sistema de categorias. Há sindicatos que defendem interesses da categoria profissional (trabalhadores) e os que representam e defendem interesses da categoria econômica (empregadores). Existe ainda sindicatos que representam categorias profissionais diferenciadas. Para identificar a qual categoria pertence o trabalhador, é necessário identificar a atividade principal ou preponderante da empresa. Vale ressaltar:
  - **a) Categoria econômica (art. 511, § 1º, da CLT):** ocorre quando há solidariedade de interesses econômicos dos que empreendem atividades idênticas, similares ou conexas, constituindo vínculo social básico entre essas pessoas.
  - **b) Categoria profissional (art. 511, § 2º, da CLT):** ocorre quando há similitude de condições de vida oriunda da profissão ou trabalho em comum, em situação de emprego na mesma atividade econômica ou em atividades econômicas similares ou conexas. Para identificar a categoria profissional, é necessário, primeiro, verificar a categoria econômica, ou seja, qual a atividade da empresa.
  - **c) Categoria profissional diferenciada (art. 511, § 3º, da CLT):** é a que se forma dos empregados que exerçam profissões ou funções diferenciadas por força do estatuto profissional especial ou em consequência de condições de vida singulares. Entendemos que somente é possível identificar uma categoria profissional diferenciada se houver sido criado, mediante aprovação de lei, estatuto profissional próprio. Em que pese a CLT estabelecer as condições de vida singulares como uma das hipóteses para o surgimento dessas categorias, observa-se que sua efetivação na prática se mostra incerta, uma vez que não existem parâmetros para se determinar que profissão apresenta condições de vida singulares.
- **Princípio da unicidade sindical.** Não poderá existir mais de um sindicato profissional (trabalhadores) ou sindicato da categoria econômica (empregadores) na mesma base territorial. O Brasil não ratificou a Convenção Internacional nº 87 da OIT. Essa convenção adota o princípio da pluralidade sindical, o que possibilitaria mais de um sindicato, representante da mesma categoria, na mesma base territorial.
- **Registro no órgão competente.** Em razão dessa obrigatoriedade de sindicato único, há necessidade de registro do sindicato no Ministério do Trabalho e Emprego, para que esse órgão fiscalize se a unicidade sindical está sendo cumprida. Apenas após o registro no Ministério do Trabalho é que o sindicato adquire natureza sindical, isto é, terá legitimidade para defender a categoria. Em resumo, a lei não pode exigir formalidade para a criação de sindicato, exceto o registro no órgão competente (MTPS).
- **Diretoria do sindicato.** A diretoria tem a função de administrar o sindicato e é composta por, no mínimo, 3 e, no máximo, 7 membros eleitos pela assembleia geral. A estabilidade alcança apenas os membros que representam a categoria, em número não superior a 7 membros titulares e mais 7 membros suplentes, conforme prevê o art. 522 da CLT e a Súmula nº 369, II, do TST.
- **Conselho fiscal do sindicato.** O conselho fiscal tem a atribuição de fiscalizar as contas e gastos do sindicato. Esse órgão é formado por 3 membros eleitos pela assembleia geral. De acordo

com o posicionamento do TST (OJ 365), esses membros do conselho fiscal não gozam de estabilidade, pois não representam a categoria.

- Segue quadro com resumo acerca do processo eleitoral da diretoria e do conselho fiscal do sindicato:

PROCESSO ELEITORAL
• **Assembleia eleitoral** – Eleição dos cargos: diretoria e conselho fiscal do sindicato – CLT: parâmetro para os dispositivos do estatuto do sindicato – Voto secreto por 6 horas contínuas – sede ou delegacias sindicais – Impossibilidade de intervenção do Ministério do Trabalho e MPT no processo eleitoral (liberdade sindical) – Presidência da mesa apuradora dos votos: indicação dos integrantes em estatuto • **Quórum de instalação e votação** – 3 convocações: 1ª: Presença de 2/3 dos associados 2ª: Presença de 50% dos associados 3ª: Presença de 40% dos associados – Não alcançado quórum mínimo: impossibilidade de intervenção do Ministério do Trabalho • **Quórum de eleição** – Maioria absoluta dos associados – Se não atingido o quórum, admite-se a eleição pela maioria relativa (maioria entre os presentes) • **Condições de elegibilidade (art. 529 da CLT)** a) 6 meses de inscrição no sindicato e 2 anos de atividade profissional ou econômica; b) Idade mínima de 18 anos; c) Gozo dos direitos sindicais; d) Possibilidade de sucessivas reeleições; e) Estatuto pode prever novas regras;

- **Contribuição sindical.** Era chamada, antigamente, de imposto sindical. É prevista em lei e no texto constitucional sendo e, antes da Reforma Trabalhista era obrigatória para todos os empregados, profissionais liberais e, ainda, aos empregadores, conforme previsto nos artigos 578 a 610 da CLT. Essa contribuição compulsória tinha natureza de tributo.

Com a Reforma Trabalhista, a contribuição sindical passa a ser **facultativa**, pois dependerá de prévia e expressa autorização dos empregados, empregadores e trabalhadores autônomos para que seu desconto possa ser realizado. A contribuição sindical passa a ter natureza trabalhista e ser objeto do direito coletivo do trabalho, exatamente como ocorre com outras cobranças sindicais, tais como as contribuições confederativa e assistencial, bem como as taxas associativas.

- Segue quadro com informações acerca do rateio da contribuição sindical obrigatória recolhida dos empregados e do empregador:

RATEIO DA CONTRIBUIÇÃO SINDICAL OBRIGATÓRIA	
Empregados (art. 589, II, CLT)	Empregador (art. 589, I, CLT)
5% para as confederações	5% para as confederações;
10% para centrais sindicais;	15% para as federações;
15% para as federações;	60% para os sindicatos;
60% para os sindicatos;	20% para a "Conta Especial Emprego e Salário";
10% restantes para Conta Especial do Emprego e Salário.	

IMPACTOS DA REFORMA TRABALHISTA
• **Prévia e expressa autorização para o desconto da contribuição sindical:** a Reforma Trabalhista prevê que a contribuição sindical só será devida em caso de prévia e expressa anuência daqueles que participem da categoria profissional ou econômica, ou profissão liberal. • **Antes da Reforma Trabalhista:** a contribuição sindical é obrigatória e devida por todos os integrantes das categorias profissionais e econômicas.

- **Contribuição confederativa.** A contribuição confederativa serve para custear o sistema confederativo, isto é, sindicatos, federações e confederações. Há expressa previsão constitucional que possibilita a contribuição confederativa, art. 8, IV, CF/88. É fixada mediante decisão da assembleia geral, e o desconto é feito na folha de pagamento dos empregados. Diferentemente da contribuição sindical, a contribuição confederativa não tem natureza jurídica de tributo, portanto não pode ser cobrada de trabalhadores não associados ao sindicato, sob pena de grave violação à liberdade sindical (Súmula Vinculante nº 40 do STF). De acordo com a Constituição Federal e jurisprudência dominante nos tribunais:
- **Federações.** As federações são organizadas nos estados-membros, art. 534 da CLT. São entidades de segundo grau, compostas de, no mínimo, 5

sindicatos que representem a maioria absoluta de um grupo de atividades ou profissões idênticas, similares ou conexas. O objetivo da federação é coordenar interesses e reunir os sindicatos.

- **Confederações.** As confederações são entidades de âmbito nacional, com sede em Brasília. São formadas por, no mínimo, 3 federações. Têm como objetivo coordenar as federações e sindicatos do seu setor. Exemplo: Confederação Nacional da Indústria. Cabe frisar que a confederação possui legitimidade para propor ação direta de inconstitucionalidade, conforme previsto no art. 103, IX, da CF/88.
- **Centrais sindicais.** São entidades abrangentes, que não representam um grupo ou categoria específica, por exemplo, podem a elas se filiar sindicatos dos trabalhadores rurais e do comércio. Ademais, tanto os sindicatos como as federações e confederações poderão se filiar às centrais sindicais. Por fim, essas entidades representam apenas os trabalhadores, pois são formadas apenas por categorias profissionais. Não há, portanto, centrais sindicais de empregadores.
- **Estabilidade e negociação coletiva das centrais sindicais.** Os dirigentes das centrais sindicais não gozam de estabilidade, em razão da ausência de previsão em lei. Ademais, as centrais sindicais não têm legitimidade para celebrar acordos ou convenções coletivas, ingressar com ação de cumprimento ou instaurar dissídio coletivo.

Como forma de facilitar a memorização na semana da prova, segue quadro:

Entidades de grau superior	
Federações	organizadas nos estados-membros
	composta de, no mínimo, 5 sindicatos
	objetivo é coordenar e reunir os sindicatos
Confederações	entidade de âmbito nacional (sede em Brasília)
	compostas de, no mínimo, 3 federações
	possuem legitimidade para propor ADIn (art. 103, IX, da CF/88)
Órgãos internos das federações e confederações	conselho de representantes – formado por delegações dos sindicatos e das federações
	diretoria – no mínimo, 3 membros
	conselho fiscal – composto por 3 membros

CENTRAIS SINDICAIS

- Entidades abrangentes, formadas por sindicatos, federações e confederações.
- Representam apenas os trabalhadores.
- Atribuições:
  a) coordenar a representação dos trabalhadores;
  b) participar de negociação em que haja interesse dos trabalhadores.
- Não têm legitimidade para celebrar acordos e convenções coletivas.

18.3. NEGOCIAÇÃO COLETIVA (ACORDOS E CONVENÇÕES COLETIVAS DE TRABALHO)[92]

- **Acordo coletivo (AC).** Instrumento normativo que decorre da negociação coletiva, firmado pelo sindicato da categoria profissional (trabalhadores) com uma ou mais empresas.
- **Convenção coletiva (CC).** Instrumento normativo que decorre da negociação coletiva, firmado pelos **sindicatos** da categoria profissional e sindicato da categoria econômica.
- **O ponto em comum entre acordo e convenção.** Serão fixadas condições de trabalho a serem aplicadas aos contratos individuais de trabalho, como utilização de EPIs, reajuste salarial, estabilidades etc. Uma vez firmado o acordo ou convenção coletiva, os direitos, vantagens e obrigações serão aplicados a todos os trabalhadores, filiados e não filiados ao sindicado. O instrumento coletivo tem, portanto, efeitos *erga omnes*.
- **A diferença entre acordos e convenções** reside no fato de a convenção coletiva ser mais abrangente, pois envolve os sindicatos de ambas as categorias. Já o acordo tem abrangência mais restrita, envolvendo apenas os empregados da empresa ou empresas que o celebraram. No acordo coletivo são discutidas questões do dia a

92 Baixe e-book que acompanha este livro. Lá foram feitos comentários detalhados sobre a MP nº 808/2017, que alterou diversos dispositivos da Reforma Trabalhista.

dia da empresa, como locais de amamentação, posicionamento das máquinas na empresa e uso do telefone e *e-mail*.

- Com a Reforma Trabalhista, as condições estabelecidas em acordo coletivo **sempre** prevalecerão sobre as estipuladas em convenção coletiva (nova redada dada ao art. 620 da CLT).
- Prevalência do negociado sobre o legislado: O mote da reforma trabalhista consistiu na valorização dos instrumentos coletivos de trabalho. Em diversas hipóteses previstas pela Reforma Trabalhista, verifica-se a prevalência do negociado sobre o legislado, o que assegura maior poder de negociação e representação dos trabalhadores pelos sindicatos. Nesse caso, as próprias partes da relação jurídica coletiva podem transacionar com maior liberdade, pois, em um dos polos da relação jurídica está o sindicato da categoria profissional. A convenção coletiva e acordo coletivo prevalecerão sobre a lei, nos termos do art. 611-A da CLT, quando tratarem sobre:

> I – pacto quanto à jornada de trabalho, observados os limites constitucionais;
>
> II – banco de horas anual;
>
> III – intervalo intrajornada, respeitado o limite mínimo de trinta minutos para jornadas superiores a seis horas;
>
> IV – adesão ao Programa Seguro-Emprego (PSE), de que trata a Lei no 13.189, de 19 de novembro de 2015;
>
> V – plano de cargos, salários e funções compatíveis com a condição pessoal do empregado, bem como identificação dos cargos que se enquadram como funções de confiança;
>
> VI – regulamento empresarial;
>
> VII – representante dos trabalhadores no local de trabalho;
>
> VIII – teletrabalho, regime de sobreaviso, e trabalho intermitente;
>
> IX – remuneração por produtividade, incluídas as gorjetas percebidas pelo empregado, e remuneração por desempenho individual;
>
> X – modalidade de registro de jornada de trabalho;
>
> XI – troca do dia de feriado;
>
> XII – enquadramento do grau de insalubridade;
>
> XIII – prorrogação de jornada em ambientes insalubres, sem licença prévia das autoridades competentes do Ministério do Trabalho;
>
> XIV – prêmios de incentivo em bens ou serviços, eventualmente concedidos em programas de incentivo;
>
> XV – participação nos lucros ou resultados da empresa.

> **IMPACTOS DA REFORMA TRABALHISTA**
>
> - **Negociado sobre o legislado.** Com a Reforma Trabalhista, o acordo coletivo prevalecerá sobre a convenção coletiva. Da mesma forma, os instrumentos coletivos prevalecerão sobre a lei nas hipóteses do art. 611-A da CLT.[93]
> - **Antes da Reforma Trabalhista:** As condições previstas em convenção coletiva, quando mais favoráveis, prevaleciam sobre o acordo coletivo. Além disso, era aplicado o princípio da norma mais favorável quando houvesse conflito entre a lei e a convenção ou acordo coletivo.

- No exame da convenção ou acordo coletivo, a Justiça do Trabalho apenas poderá analisar se foram cumpridos os requisitos do art. 104 do Código Civil, dentre os quais está elencado o objeto lícito, possível, determinado ou determinável. Em seus incisos, o art. 611-B estabelece um rol de direitos que não poderão ser suprimidos ou reduzidos via negociação ou acordo coletivo, os quais, em sua maioria, tratam-se de uma mera repetição do rol exposto no art. 7º da Constituição Federal/1988:[93]

> I – normas de identificação profissional, inclusive as anotações na Carteira de Trabalho e Previdência Social;
>
> II – seguro-desemprego, em caso de desemprego involuntário;
>
> III – valor dos depósitos mensais e da indenização rescisória do Fundo de Garantia do Tempo de Serviço (FGTS);
>
> IV – salário mínimo;
>
> V – valor nominal do décimo terceiro salário;
>
> VI – remuneração do trabalho noturno superior à do diurno;
>
> VII – proteção do salário na forma da lei, constituindo crime sua retenção dolosa;
>
> VIII – salário-família;
>
> IX – repouso semanal remunerado;
>
> X – remuneração do serviço extraordinário superior, no mínimo, em 50% (cinquenta por cento) à do normal;
>
> XI – número de dias de férias devidas ao empregado;
>
> XII – gozo de férias anuais remuneradas com, pelo menos, um terço a mais do que o salário normal;
>
> XIII – licença-maternidade com a duração mínima de cento e vinte dias;
>
> XIV – licença-paternidade nos termos fixados em lei;

---

93 Baixe e-book que acompanha este livro. Lá foram feitos comentários detalhados sobre a MP nº 808/2017, que alterou diversos dispositivos da Reforma Trabalhista.

XV – proteção do mercado de trabalho da mulher, mediante incentivos específicos, nos termos da lei;

XVI – aviso prévio proporcional ao tempo de serviço, sendo no mínimo de trinta dias, nos termos da lei;

XVII – normas de saúde, higiene e segurança do trabalho previstas em lei ou em normas regulamentadoras do Ministério do Trabalho;

XVIII – adicional de remuneração para as atividades penosas, insalubres ou perigosas;

XIX – aposentadoria;

XX – seguro contra acidentes de trabalho, a cargo do empregador;

XXI – ação, quanto aos créditos resultantes das relações de trabalho, com prazo prescricional de cinco anos para os trabalhadores urbanos e rurais, até o limite de dois anos após a extinção do contrato de trabalho;

XXII – proibição de qualquer discriminação no tocante a salário e critérios de admissão do trabalhador com deficiência;

XXIII – proibição de trabalho noturno, perigoso ou insalubre a menores de dezoito anos e de qualquer trabalho a menores de dezesseis anos, salvo na condição de aprendiz, a partir de quatorze anos;

XXIV – medidas de proteção legal de crianças e adolescentes;

XXV – igualdade de direitos entre o trabalhador com vínculo empregatício permanente e o trabalhador avulso;

XXVI – liberdade de associação profissional ou sindical do trabalhador, inclusive o direito de não sofrer, sem sua expressa e prévia anuência, qualquer cobrança ou desconto salarial estabelecidos em convenção coletiva ou acordo coletivo de trabalho;

XXVII – direito de greve, competindo aos trabalhadores decidir sobre a oportunidade de exercê-lo e sobre os interesses que devam por meio dele defender;

XXVIII – definição legal sobre os serviços ou atividades essenciais e disposições legais sobre o atendimento das necessidades inadiáveis da comunidade em caso de greve;

XXIX – tributos e outros créditos de terceiros;

XXX – as disposições previstas nos arts. 373-A, 390, 392, 392-A, 394, 394-A, 395, 396 e 400 desta Consolidação.

Parágrafo único. Regras sobre duração do trabalho e intervalos não são consideradas como normas de saúde, higiene e segurança do trabalho para os fins do disposto neste artigo

- Segue quadro com o resumo acerca da legitimidade para celebrar acordo ou convenção coletiva:

LEGITIMIDADE ACORDO OU CONVENÇÃO COLETIVA

Regra: Sindicato (art. 8º, VI, CF/88)

Exceções:

1) **Recusa do sindicato** (art. 617, § 1º, CLT, e Inf. 54 do TST) e prazo para assumir as negociações:

2) **Ausência do sindicato** (art. 611, § 2º, CLT, e Inf. 8 TST):

- Federação;
- Na ausência de federação, confederação.

- **Prazo de vigência**. Antes da Reforma Trabalhista, o prazo de vigência dos acordos e convenções não poderia ser superior a **2 anos**, de acordo com o art. 614, § 3º, da CLT. O objetivo desse prazo é fomentar negociações periódicas, adequando os instrumentos à realidade econômica e regional. O TST, na Súmula nº 277 tem entendimento de que o prazo máximo de 2 anos deveria ser interpretado juntamente com a **teoria da aderência limitada por revogação**, ou seja, enquanto não houver um novo acordo ou convenção que modifique a situação do instrumento ajustado, este continua em vigor, mesmo após terminado o seu prazo de vigência de 2 anos. No julgamento da ADPF 323-DF, o STF concedeu medida liminar para suspender todos os processos e decisões judiciais proferidas pela Justiça do Trabalho acerca da Súmula nº 277 do TST, enquanto estiver pendente o julgamento de constitucionalidade de referida súmula. Na decisão monocrática, o Ministro Gilmar Mendes sustenta que a Súmula nº 277 do TST fere os princípios da legalidade e da separação dos poderes, pois ausente previsão legal ou constitucional que permita a ultratividade da norma coletiva (aderência limitada por revogação). Portanto, até julgamento pelo plenário do STF sobre a constitucionalidade as Súmula nº 277 do TST, não é possível exigir do Judiciário a permanência da norma coletiva após o final de sua vigência.

Com o advento da Reforma Trabalhista, o art. 614, § 3º da CLT teve sua redação alterada para prever a vedação da ultratividade das convenções e acordos coletivos, que terão seus efeitos cessados após o prazo final de vigência do instrumento coletivo que não poderá ser superior a 2 anos.

> **Art. 614, § 3º da CLT:** *Não será permitido estipular duração de convenção coletiva ou acordo coletivo de trabalho superior a dois anos, sendo vedada a ultratividade.*

IMPACTOS DA REFORMA TRABALHISTA

- ***Vedação da ultratividade das convenções e acordos coletivos:*** *com a Reforma Trabalhista, as convenções e os acordos coletivos não poderão ser firmados por prazo superior a 2 anos, sendo vedada a ultratividade.*
- ***Antes da Reforma Trabalhista:*** *o assunto era regido pela Súmula nº 277 do TST, que admitia a ultratividade até que novo instrumento coletivo fosse celebrado. Referida Súmula teve a aplicação suspensa pelo STF.*

18.4. GREVE

- **Greve.** Greve consiste na paralisação coletiva, pacífica e temporária do trabalho com o objetivo de defender interesses profissionais. É uma arma poderosa de reivindicação dos direitos trabalhistas, sendo classificada também como forma de solução de conflitos, pois é um meio da pressão exercida sobre o empregador para atender aos pedidos dos trabalhadores e, consequentemente, colocar fim à discussão. A Lei nº 7.783/89 regulamenta o exercício de direito de greve. Segundo o art. 611-B, XXVII da CLT, constitui objeto ilícito da convenção ou acordo coletivo a supressão ou redução do direito de greve, competindo aos trabalhadores decidir sobre a oportunidade de exercê-lo e sobre os interesses que devam por meio dele defender.
- **Greve abusiva.** A greve poderá ser classificada como abusiva, contrária à legislação, ou não abusiva, exercida com razoabilidade e de acordo com a legislação. A greve **abusiva** não atende às necessidades básicas da população. Exemplo é a paralisação de 100% dos atendimentos do hospital ou, ainda, a falta de prévia comunicação à sociedade e ao empregador sobre o início da greve. Aliás, se a greve for declarada abusiva pela Justiça do Trabalho, não serão reconhecidos os direitos e vantagens pleiteados pelo movimento grevista. Também será considerada abusiva se iniciado o movimento grevista sem tentativa prévia de negociação. Ressalta-se que também será **abusiva** a manutenção da greve após a celebração de acordo, convenção coletiva ou decisão normativa. Com a assinatura do instrumento coletivo ou da decisão da Justiça do Trabalho, é necessário que os grevistas coloquem fim à paralisação, conforme previsto no art. 14 da Lei de Greve.

18.4.1. GREVE EM SERVIÇOS ESSENCIAIS

De acordo com a Constituição Federal, a lei definirá os serviços essenciais. Verifica-se, assim, que o próprio texto constitucional possibilitou a greve em serviços ou atividades essenciais. A Lei de Greve, no art. 10, elenca 11 atividades essenciais.

- Reforma Trabalhista: segundo o art. 611-B, XXVIII da CLT constitui objeto ilícito da convenção ou acordo coletivo, supressão ou redução da definição legal sobre serviços ou atividades essenciais e disposições legais sobre o atendimento das necessidades inadiáveis da comunidade em caso de greve.

É obrigatório que sejam atendidos os serviços inadiáveis à população. Os serviços inadiáveis estão ligados à saúde, segurança e sobrevivência. Esse limite mínimo de atendimento não é fixado por lei, mas estipulado por comum acordo entre empregadores, empregados e sindicatos. Caso não seja garantido o mínimo de atendimento à população, a greve será considerada abusiva.

GREVE	
Serviços das atividades essenciais previstas em lei (art. 10 da Lei de Greve)	– abastecimento de água, energia e gás; – assistência médica; – distribuição de alimentos e medicamentos; – funerários; – transporte coletivo; – esgoto e lixo; – telecomunicações; – substâncias radioativas; – tráfego aéreo; – compensação bancária; – processamentos de dados ligados a serviços essenciais.
Atendimento básico	será fixado em comum acordo entre sindicato, empresa e trabalhador.
Requisitos para a greve	a) convocação de assembleia geral; b) tentativa de solução amigável; c) comunicação prévia (72 h serviços essenciais e 48 h para os demais).

GREVE ABUSIVA (Resumo)
1. Lei de Greve (art. 14): Greve abusiva é aquela que não cumpre os requisitos previstos em lei.
2. Raimundo Simão de Melo: Conceito apresentado na Lei de Greve é insuficiente. Greve abusiva é aquela que não atende ao seu fim econômico e social, aos bons costumes e à boa-fé (art. 187 CC).
3. Principais hipóteses de abusividade da greve: **a)** Não atendimento das necessidades básicas da população na greve de serviços essenciais (OJ 38, SDC); **b)** Início da greve sem a tentativa prévia de negociação (OJ 11, SDC); **c)** Manutenção da greve após a celebração de acordo, convenção coletiva ou de sentença normativa (greve dos dissidentes), salvo quando se pretenda exigir o cumprimento de cláusula ajustada ou em razão de fatos supervenientes (art. 14, Lei de Greve); **d)** Prática de atos violentos pelos grevistas.
4. MPT: ajuizamento de dissídio coletivo de greve se houver lesão ao interesse público nas greves em atividades essenciais (art. 114, § 3º, CF/88).

18.4.2. GREVE NO SERVIÇO PÚBLICO

- **Greve no serviço público.** A primeira Constituição Federal brasileira a permitir o direito de greve dos servidores públicos foi a atual, de 1988. Conforme previsto no art. 37, VII, da CF/88, a greve é autorizada nos limites de lei específica. Contudo, não há legislação específica que regulamente os limites do direito de greve para os servidores públicos. Verifica-se, assim, uma omissão legislativa. Após vários mandados de injunção , o Supremo Tribunal Federal decidiu aplicar, por analogia, a Lei de Greve (nº 7.783/89) para os servidores estatutários, atendendo às peculiaridades do serviço público.
- Pela aplicação analógica da Lei de Greve, os grevistas deverão respeitar o princípio da continuidade dos serviços públicos e a notificação prévia da Administração com antecedência de 72 horas sobre o início da greve.
- Recentemente (27/10/2016), o STF julgou, em repercussão geral reconhecida, o RE nº 693.456-RJ de relatoria do Ministro Dias Toffoli, que discutia a constitucionalidade do desconto dos dias parados em razão de greve de servidor público. Pela maioria de 6 votos a 4 dos Ministros do Tribunal, foi firmada a seguinte tese: "A administração pública deve proceder ao desconto dos dias de paralisação decorrentes do exercício do direito de greve pelos servidores públicos, em virtude da suspensão do vínculo funcional que dela decorre, permitida a compensação em caso de acordo. O desconto será, contudo, incabível se ficar demonstrado que a greve foi provocada por conduta ilícita do Poder Público".
- **Greve no serviço militar.** A legislação brasileira proíbe expressamente o direito de greve e a sindicalização dos servidores militares, conforme previsto na Constituição Federal de 1988:

> **Art. 142, § 3º, IV, CF/88:** *Os membros das Forças Armadas são denominados militares, aplicando-se-lhes, além das que vierem a ser fixadas em lei, as seguintes disposições: ao militar são proibidas a sindicalização e a greve.*

19. COMISSÃO DE CONCILIAÇÃO PRÉVIA

- **Finalidade.** As Comissões de Conciliação Prévia foram criadas como forma de tentar solucionar os conflitos existentes entre empregados e empregadores. Poderão ser criadas pelas empresas ou pelos sindicatos e, caso existam, na mesma localidade e para a mesma categoria, Comissão de Empresa e Comissão Sindical, o interessado deve optar por uma delas. De acordo com o art. 625-A da CLT: "As empresas e os sindicatos podem instituir Comissões de Conciliação Prévia, de composição paritária, com representantes dos empregados e dos empregadores, com a atribuição de tentar conciliar os conflitos individuais do trabalho."
- **Conflitos individuais.** Essa comissão poderá conciliar apenas conflitos individuais de trabalho, ou seja, não tem atribuição para firmar acordos em dissídios coletivos. Aliás, é a única forma, prevista em lei, de transação individual (entre empregado e empregador) de verbas trabalhistas.
- **Composição e número de membros.** A composição dos membros da Comissão de Conciliação Prévia será paritária, ou seja, o mesmo número de representantes dos trabalhadores e de representantes do empregador. A composição da comissão em âmbito sindical terá sua constituição e normas definidas em acordo ou convenção coletiva. O número de membros, em **âmbito empresarial**, será de, no mínimo, 2 e, no máximo, 10 membros.
- **Representante dos empregados.** Importante destacar que os representantes dos trabalhadores serão eleitos em votação secreta. Em razão disso, para que não haja perseguição, titulares e suplentes possuirão garantia provisória de emprego (estabilidade) até um ano após o fim do mandato, salvo se cometerem falta grave. Nesse caso, o art. 625-B, § 1º, da CLT não prevê a esta-

bilidade dos representantes dos empregados a partir do registro da candidatura; portanto, nas provas objetivas, importante memorizar nos exatos termos da lei.

- **Necessidade de submeter a demanda à Comissão de Conciliação Prévia.** Nas localidades onde houver Comissão de Conciliação Prévia, a demanda será submetida à tentativa de conciliação antes de ingressar com a reclamação trabalhista na Justiça do Trabalho (art. 625-D da CLT). Entretanto, o Supremo Tribunal Federal – STF – entende que é **facultativa** ao trabalhador a tentativa de conciliação perante a CCP, ou seja, ele poderá ingressar diretamente na Justiça do Trabalho.
- **Prazo e prescrição.** Ao submeter a demanda à comissão, há um prazo de 10 dias para realizar a sessão de tentativa de conciliação. Durante esse prazo, a prescrição ficará suspensa. Se não houver conciliação, será fornecida às partes declaração da tentativa conciliatória frustrada, que deverá ser juntada à futura reclamação trabalhista.
- **Termo de conciliação.** Se as partes aceitarem a conciliação, será lavrado termo de conciliação. Esse termo terá **eficácia liberatória geral**, ou seja, o empregado não poderá rediscutir as matérias objeto de conciliação na Justiça do Trabalho, pois já houve acordo entre as partes. Há exceção, entretanto, no tocante às parcelas expressamente ressalvadas.
- **Eficácia do termo de conciliação.** Esse documento terá força de **título executivo extrajudicial**, isto é, poderá ser executado diretamente na Justiça do Trabalho. A título de exemplo, o termo de conciliação vale como "cheque" dado pelo empregador: se não for pago, será executado. Na reclamação trabalhista, há necessidade de juntar provas (documentos, testemunhas etc.), por isso o processo é mais demorado. Já na execução, o processo é rápido, pois a instrução é realizada com o título executivo.

Para a semana antes da prova, segue o quadro de resumo sobre CCP:

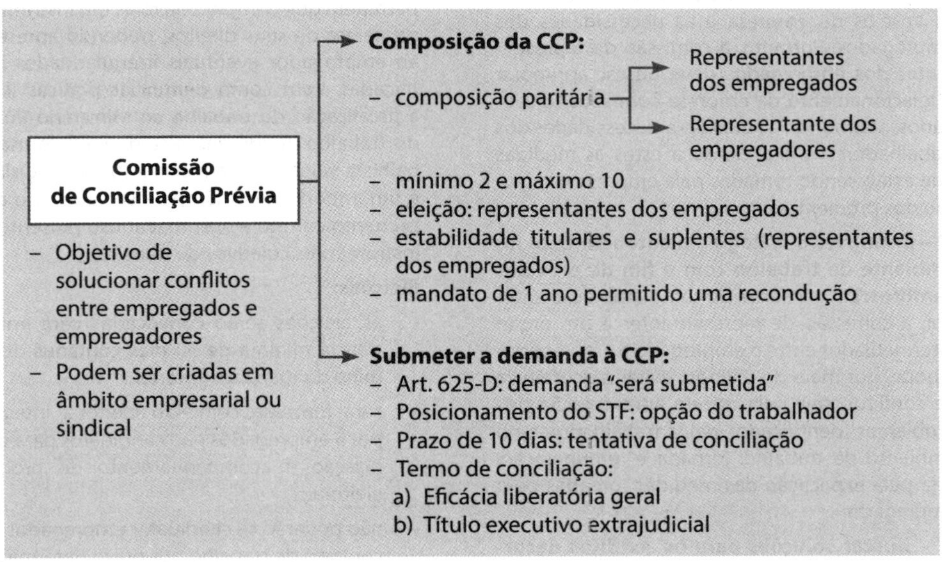

20. DA REPRESENTAÇÃO DOS EMPREGADOS (REFORMA TRABALHISTA)[94]

- **Obrigatoriedade da eleição de representante de empregados:** a eleição de um representante dos trabalhadores nas empresas com mais de 200 empregados é obrigatória, nos termos do art. 11 da CF/88.
- A representação dos empregados foi regulamentada pela Reforma Trabalhista, em seus arts. 510-A a 510-D da CLT.
- De acordo com a nova legislação, será eleita uma comissão para representação dos empregados, nas empresas com mais de 200 empregados. A composição da comissão varia de acordo com o total de empregados das empresas:

94 Baixe e-book que acompanha este livro. Lá foram feitos comentários detalhados sobre a MP nº 808/2017, que alterou diversos dispositivos da Reforma Trabalhista.

- Em empresas com mais de 200 e até 3.000 empregados: 3 membros;
- Em empresas com mais de 3.000 e até 5.000 empregados: 5 membros;
- Em empresas com mais de 5.000 empregados: 7 membros.

- **Atribuições da comissão de representantes**:

I – representar os empregados perante a administração da empresa: A comissão eleita exerce a função de representação dos empregados perante a administração da empresa. Dessa forma, permite-se ao órgão a apresentação de demandas, questionamentos ou pedidos aos administradores da empresa em benefício de todos os seus representados. Podem e devem ser recebidos pelo empregador para exercerem suas funções na busca pelo entendimento direto com este;

II – aprimorar o relacionamento entre a empresa e seus empregados com base nos princípios da boa-fé e do respeito mútuo: Em empresas com mais de 200 empregados, é possível que haja falta de comunicação entre os anseios da empresa e as necessidades dos empregados. Portanto, a comissão de representantes dos empregados deve buscar aprimorar o relacionamento da empresa com seus funcionários, apontando as queixas e necessidades dos trabalhadores e explicando a estes as medidas que estão sendo tomadas pela empresa na solução dos problemas;

III – promover o diálogo e o entendimento no ambiente de trabalho com o fim de prevenir conflitos: Em consonância com a atribuição anterior, a comissão de representantes é um órgão intermediador entre o empregado e empregador e pode, por meio do diálogo, evitar a ocorrência de conflitos, seja pela correta apresentação dos problemas identificados pelos trabalhadores no ambiente de trabalho, jornada e remuneração, seja pela explicação das medidas tomadas pelo empregador;

IV – buscar soluções para os conflitos decorrentes da relação de trabalho, de forma rápida e eficaz, visando à efetiva aplicação das normas legais e contratuais: Além de intervir para a prevenção de conflitos, a comissão também tem a atribuição de tentar apresentar soluções para os conflitos existentes nas relações de trabalho, prezando pela rapidez e eficácia sempre em atendimento das normas legais e contratuais;

V – assegurar tratamento justo e imparcial aos empregados, impedindo qualquer forma de discriminação por motivo de sexo, idade, religião, opinião política ou atuação sindical: A comissão deve sempre atuar com imparcialidade em relação aos empregados, não podendo buscar soluções voltadas a apenas alguns trabalhadores em detrimentos de outros, quando pautada por conduta discriminatória, seja ela motivada por sexo, idade, religião, opinião política ou atuação sindical.

VI – encaminhar reivindicações específicas dos empregados de seu âmbito de representação: Não se exige que a comissão apresente apenas as reivindicações gerais dos trabalhadores ou de um grupo de trabalhadores à empresa, podendo encaminhar também reivindicações específicas dos empregados, ainda que de apenas um deles, desde que não haja tratamento discriminatório na atuação como preceitua a atribuição anterior;

VII – acompanhar o cumprimento das leis trabalhistas, previdenciárias e das convenções coletivas e acordos coletivos de trabalho: A comissão de representantes tem a importante atribuição de acompanhar o cumprimento das leis trabalhistas, previdenciária e das convenções e acordos coletivos de trabalho. Essas comissões permitem que o órgão seja mais um instrumento na defesa de seus direitos, podendo apresentar ao empregador eventuais irregularidades identificadas, bem como denunciar práticas ilícitas à fiscalização do trabalho ao Ministério Público do Trabalho. Tendo em vista que a Reforma Trabalhista valoriza o negociado sobre o legislador, é um importante órgão para se verificar o cumprimento correto e eventual abuso presente nos instrumentos coletivos de trabalho.

- **Eleições:**
  - as eleições serão convocadas com antecedência mínima de 30 dias contados do término do mandato anterior;
  - será formada comissão eleitoral integrada por 5 empregados não candidatos para organização e acompanhamento do processo eleitoral;
  - não poderão se candidatar empregados com contrato de trabalho por prazo determinado, com contrato suspenso ou que estejam em período de aviso prévio, ainda que indenizado;
  - serão eleitos os candidatos mais votados, em votação secreta;
  - a comissão tomará posse no 1° dia útil seguinte à eleição ou ao término do mandato anterior;
  - não havendo candidatos suficientes, a comissão de representantes poderá ser formada com número inferior ao do art. 510-A da CLT;

- não havendo candidatura, haverá nova eleição no prazo de 1 ano.

- **Mandato dos membros da comissão:** será de 1 ano, vedada a candidatura nos 2 períodos subsequentes. O mandato não implica interrupção ou suspensão do contrato de trabalho, devendo o empregado permanecer no exercício de suas funções.
- **Estabilidade do membro da comissão:** o membro da comissão terá estabilidade desde o registro da candidatura até um ano após o fim do mandato. Ressalta-se que, diante da inexistência de previsão de eleição de suplentes, a estabilidade somente é aplicada aos membros titulares.

21. RENÚNCIA E TRANSAÇÃO

- Em razão do Princípio da Irrenunciabilidade e da Indisponibilidade que vigora no direito do trabalho, há restrição da autonomia da vontade, isto é, limita-se a possibilidade de negociação de direitos trabalhistas entre empregado e empregador. Ressalta-se que nesse tópico não será tratada a negociação coletiva (com participação do sindicato), pois nela há ampla possibilidade de transação, inclusive redução de direitos dos trabalhadores.

Com a Reforma Trabalhista, entretanto, não poderão ser objeto de acordo ou convenção coletiva o disposto no art. 611-B da CLT.

- **Renúncia** é um ato unilateral que recai sobre direito certo e atual, por exemplo, o empregado conquistou o direito de férias após um ano de trabalho e abriria mão (renunciaria) desse direito já conquistado, o que não é válido no direito do trabalho (conforme previsto no art. 9º da CLT).
- A **transação**, por sua vez, recai sobre direito duvidoso e requer um ato bilateral das partes, concessões recíprocas. Na transação há direitos disponíveis, cujos interesses são meramente particulares. A única possibilidade de transação individual extrajudicial, **prevista em lei**, está no art. 625-E da CLT, que trata da Comissão de Conciliação Prévia. Nesse caso, é possível que o trabalhador, individualmente, transacione diretamente com seu empregador suas verbas trabalhistas.

Com a criação do empregado "hipersuficiente", a Reforma Trabalhista permite a livre estipulação contratual entre este empregado e o empregador

> **Art. 444 da CLT** – *As relações contratuais de trabalho podem ser objeto de livre estipulação das partes interessadas em tudo quanto não contravenha às disposições de proteção ao trabalho, aos contratos coletivos que lhes sejam aplicáveis e às decisões das autoridades competentes.*
>
> *Parágrafo único. A livre estipulação a que se refere o* **caput** *deste artigo aplica-se às hipóteses previstas no art. 611-A desta Consolidação, com a mesma eficácia legal e preponderância sobre os instrumentos coletivos, no caso de empregado portador de diploma de nível superior e que perceba salário mensal igual ou superior a duas vezes o limite máximo dos benefícios do Regime Geral de Previdência Social.*

Para a caracterização do empregado "hipersuficiente", é necessário o preenchimento de dois requisitos:

a) **Nível de escolaridade:** empregado deve ser portador de diploma de nível superior. Portanto, os empregados com menor grau de escolaridade não tem direito a negociar as cláusulas contratuais com seu empregador, que serão realizadas pelo sindicato de sua categoria;
b) **Valor do salário:** empregado deve receber salário superior a duas vezes o limite máximo dos benefícios do Regime Geral de Previdência Social. Em 2018, o teto previdenciário passou a ser de R$ 5.645,80. Portanto, o empregado somente poderá negociar diretamente com seu empregador caso seu salário seja superior a R$ 11.291,60:

> **Art. 2º da Portaria nº 15 de 16 de janeiro de 2018:** *A partir de 1º de janeiro de 2018, o salário de benefício e o salário de contribuição não poderão ser inferiores a R$ 954,00 (novecentos e cinquenta e quatro reais), nem superiores a R$ 5.645,80 (cinco mil seiscentos e quarenta e cinco reais e oitenta centavos).*

- O **Programa de Demissão Voluntária – PDV** – ou programa de incentivo à demissão voluntária também é tratado, por alguns autores, como hipótese de transação individual de direitos trabalhistas. O PDV tem por objetivo conceder uma vantagem pecuniária ao empregado que se desligar do trabalho voluntariamente. É utilizado para reduzir os quadros da empresa e também para colocar fim ao contrato de trabalho. Importante destacar, entretanto, que o TST tem posicionamento no sentido de que a indenização paga no PDV não pode substituir as verbas trabalhistas decorrentes do contrato de trabalho. Aliás, o empregado que adere ao PDV não concede quitação geral do contrato, podendo, no futuro, discutir parcelas que não foram devidamente quitadas.
- **Quitação geral do contrato – PDV (Previsão em instrumento coletivo)**. Recentemente

(abril/2015), o plenário do STF[95] adotou posição contrária à OJ nº 270 da SDI-I do TST ao decidir pela **validade da cláusula de quitação geral ampla e irrestrita das verbas trabalhistas** decorrentes do contrato de trabalho, desde que **previstas em acordo coletivo** e nos demais instrumentos assinados pelo empregado. Sustentou-se que a igualdade existente entre os entes coletivos (sindicato da categoria profissional e a empresa) possibilitaria a quitação geral das verbas trabalhistas no PDV. Em resumo, a regra persiste, ou seja, o empregado que adere ao PDV não concede quitação geral do contrato, exceto se houver previsão dessa quitação em instrumento coletivo.

Com a Reforma Trabalhista, o plano de demissão voluntária, para dispensa individual, plúrima ou coletiva, ensejará a quitação plena e irrevogável dos direitos da relação de emprego desde que previsto em convenção coletiva ou acordo coletivo de trabalho (art. 477-B da CLT). Trata-se de mais um artigo que enfatiza a força dos instrumentos coletivos de trabalho, pois a previsão em acordo ou convenção coletiva de trabalho pode levar à renúncia de direitos trabalhistas pelo empregado caso aceitem a adesão ao PDV.

- **Posicionamento doutrinário sobre transação.** De acordo com o professor Maurício Godinho Delgado, para as normas de **indisponibilidade absoluta** não cabe transação individual por atingirem o patamar mínimo civilizatório, por exemplo, o direito à anotação da CTPS, ao salário mínimo, à incidência das normas de proteção à saúde e segurança do trabalhador[96]. As normas de **indisponibilidade relativa**, por sua vez, não atingem o patamar mínimo civilizatório, o interesse é meramente particular. Exemplo de possibilidade de transação individual: forma de pagamento do salário (salário fixo ou salário variável). As parcelas de indisponibilidade relativa não podem ser objeto de renúncia.

22. DIREITOS DIFUSOS E COLETIVOS

Os direitos difusos e coletivos são tutelados por ação civil pública, por meio da aplicação da Lei nº 7.347/85 e do Código de Defesa do Consumidor. No âmbito da Justiça do Trabalho[97], o art. 83, III da LC nº 75/93 prevê que compete ao Ministério Público Federal " promover a ação civil pública no âmbito da Justiça do Trabalho, para defesa de interesses coletivos, quando desrespeitados os direitos sociais constitucionalmente garantidos"

- Apesar da vedação contida no art. 1º da Lei nº 7.347/85, no sentido de que a ação civil pública não seria cabível para veicular pretensões que envolvam FGTS, a doutrina majoritária entende pela inconstitucionalidade do dispositivo, levando-se em conta o princípio da inafastabilidade da jurisdição[98].
- A definição do que sejam direitos difusos e direitos coletivos está prevista no art. 81 do CDC:

a) Interesses ou direitos difusos: são direitos transindividuais, de natureza indivisível, com titulares indeterminados e ligados por circunstância de fato. Ex.: MPT ajuíza ação para que empresa pública contrate trabalhadores por meio de concurso público[99].

b) interesses ou direitos coletivos: são direitos transindividuais, de natureza indivisível, cujos titulares são grupos, categoria ou classe de pessoas ligadas entre si ou com a parte contrária, por uma relação jurídica base. Ex: MPT ajuíza ação civil pública para impor obrigação de fazer à determinada empresa para que instale equipamento de proteção coletivo na empresa[100].

c) Interesses ou direitos individuais homogêneos: são direitos individuais e divisíveis, de origem comum, não sendo necessária a ligação entre as partes. Ex: Sindicato ajuíza ação coletiva requerendo a condenação da empresa ao pagamento do adicional de insalubridade a todos os trabalhadores do setor X[101].

95 RE nº 590415/SC – Relator Min. Roberto Barroso – Data de julgamento: 30/04/2015.

96 DELGADO, Maurício Godinho. *Curso do Direito do Trabalho*. 9. ed. São Paulo: LTr, 2010. p. 201.

97 MIESSA, Élisson. **Processo do Trabalho:** para concursos. 4. ed. Salvador: JusPodivm, 2017. p. 1177.

98 MIESSA, Élisson. **Processo do Trabalho:** para concursos. 4. ed. Salvador: JusPodivm, 2017. P. 1177.

99 MIESSA, Élisson. **Processo do Trabalho:** para concursos. 4. ed. Salvador: JusPodivm, 2017. P. 1178.

100 MIESSA, Élisson. **Processo do Trabalho:** para concursos. 4. ed. Salvador: JusPodivm, 2017. P. 1178.

101 MIESSA, Élisson. **Processo do Trabalho:** para concursos. 4. ed. Salvador: JusPodivm, 2017. P. 1178.

	Difusos	Coletivos	Individuais homogêneos
DIREITOS	Transindividuais	Transindividuais	Individuais
NATUREZA	Indivisível	Indivisível	Divisível
TITULARIDADE	Pessoas indeterminadas, ligadas por circunstância de fato	Grupo, categoria ou classe de pessoas, ligadas entre si ou com a parte contrária por uma relação jurídica base	Sujeitos plúrimos e determinados..

Artigos alterados pela Reforma Trabalhista em Direito do Trabalho[102]

> CLT

Art. 2º (...)

§ 2º Sempre que uma ou mais empresas, tendo, embora, cada uma delas, personalidade jurídica própria, estiverem sob a direção, controle ou administração de outra, ou ainda quando, mesmo guardando cada uma sua autonomia, integrem grupo econômico, serão responsáveis solidariamente pelas obrigações decorrentes da relação de emprego.

§ 3º Não caracteriza grupo econômico a mera identidade de sócios, sendo necessárias, para a configuração do grupo, a demonstração do interesse integrado, a efetiva comunhão de interesses e a atuação conjunta das empresas dele integrantes.

Art. 4º (...)

§ 1º Computar-se-ão, na contagem de tempo de serviço, para efeito de indenização e estabilidade, os períodos em que o empregado estiver afastado do trabalho prestando serviço militar e por motivo de acidente do trabalho.

§ 2º Por não se considerar tempo à disposição do empregador, não será computado como período extraordinário o que exceder a jornada normal, ainda que ultrapasse o limite de cinco minutos previsto no § 1º do art. 58 desta Consolidação, quando o empregado, por escolha própria, buscar proteção pessoal, em caso de insegurança nas vias públicas ou más condições climáticas, bem como adentrar ou permanecer nas dependências da empresa para exercer atividades particulares, entre outras:

I – práticas religiosas;

II – descanso;

III – lazer;

IV – estudo;

V – alimentação;

VI – atividades de relacionamento social;

VII – higiene pessoal;

VIII – troca de roupa ou uniforme, quando não houver obrigatoriedade de realizar a troca na empresa.

Art. 8º (...)

§ 1º O direito comum será fonte subsidiária do direito do trabalho.

§ 2º Súmulas e outros enunciados de jurisprudência editados pelo Tribunal Superior do Trabalho e pelos Tribunais Regionais do Trabalho não poderão restringir direitos legalmente previstos nem criar obrigações que não estejam previstas em lei.

§ 3º No exame de convenção coletiva ou acordo coletivo de trabalho, a Justiça do Trabalho analisará exclusivamente a conformidade dos elementos essenciais do negócio jurídico, respeitado o disposto no art. 104 da Lei nº 10.406, de 10 de janeiro de 2002 (Código Civil), e balizará sua atuação pelo princípio da intervenção mínima na autonomia da vontade coletiva.

Art. 10-A. O sócio retirante responde subsidiariamente pelas obrigações trabalhistas da sociedade relativas ao período em que figurou como sócio, somente em ações ajuizadas até dois anos depois de averbada a modificação do contrato, observada a seguinte ordem de preferência:

I – a empresa devedora;

II – os sócios atuais; e

III – os sócios retirantes.

Parágrafo único. O sócio retirante responderá solidariamente com os demais quando ficar comprovada fraude na alteração societária decorrente da modificação do contrato.

Art. 11. A pretensão quanto a créditos resultantes das relações de trabalho prescreve em cinco anos para os trabalhadores urbanos e rurais, até o limite de dois anos após a extinção do contrato de trabalho.

I – (revogado);

II – (revogado).

....

102 Baixe e-book que acompanha este livro. Lá foram feitos comentários detalhados sobre a MP nº 808/2017, que alterou diversos dispositivos da Reforma Trabalhista.

§ 2º Tratando-se de pretensão que envolva pedido de prestações sucessivas decorrente de alteração ou descumprimento do pactuado, a prescrição é total, exceto quando o direito à parcela esteja também assegurado por preceito de lei.

§ 3º A interrupção da prescrição somente ocorrerá pelo ajuizamento de reclamação trabalhista, mesmo que em juízo incompetente, ainda que venha a ser extinta sem resolução do mérito, produzindo efeitos apenas em relação aos pedidos idênticos.

Art. 11-A. Ocorre a prescrição intercorrente no processo do trabalho no prazo de dois anos.

§ 1º A fluência do prazo prescricional intercorrente inicia-se quando o exequente deixa de cumprir determinação judicial no curso da execução.

§ 2º A declaração da prescrição intercorrente pode ser requerida ou declarada de ofício em qualquer grau de jurisdição.

Art. 47. O empregador que mantiver empregado não registrado nos termos do art. 41 desta Consolidação ficará sujeito a multa no valor de R$ 3.000,00 (três mil reais) por empregado não registrado, acrescido de igual valor em cada reincidência.

§ 1º Especificamente quanto à infração a que se refere o **caput** deste artigo, o valor final da multa aplicada será de R$ 800,00 (oitocentos reais) por empregado não registrado, quando se tratar de microempresa ou empresa de pequeno porte.

§ 2º A infração de que trata o **caput** deste artigo constitui exceção ao critério da dupla visita.

Art. 47-A. Na hipótese de não serem informados os dados a que se refere o parágrafo único do art. 41 desta Consolidação, o empregador ficará sujeito à multa de R$ 600,00 (seiscentos reais) por empregado prejudicado.

Art. 58. (...)

§ 2º O tempo despendido pelo empregado desde a sua residência até a efetiva ocupação do posto de trabalho e para o seu retorno, caminhando ou por qualquer meio de transporte, inclusive o fornecido pelo empregador, não será computado na jornada de trabalho, por não ser tempo à disposição do empregador.

§ 3º (Revogado).

Art. 58-A. Considera-se trabalho em regime de tempo parcial aquele cuja duração não exceda a trinta horas semanais, sem a possibilidade de horas suplementares semanais, ou, ainda, aquele cuja duração não exceda a vinte e seis horas semanais, com a possibilidade de acréscimo de até seis horas suplementares semanais.

....

§ 3º As horas suplementares à duração do trabalho semanal normal serão pagas com o acréscimo de 50% (cinquenta por cento) sobre o salário-hora normal.

§ 4º Na hipótese de o contrato de trabalho em regime de tempo parcial ser estabelecido em número inferior a vinte e seis horas semanais, as horas suplementares a este quantitativo serão consideradas horas extras para fins do pagamento estipulado no § 3º, estando também limitadas a seis horas suplementares semanais.

§ 5º As horas suplementares da jornada de trabalho normal poderão ser compensadas diretamente até a semana imediatamente posterior à da sua execução, devendo ser feita a sua quitação na folha de pagamento do mês subsequente, caso não sejam compensadas.

§ 6º É facultado ao empregado contratado sob regime de tempo parcial converter um terço do período de férias a que tiver direito em abono pecuniário.

§ 7º As férias do regime de tempo parcial são regidas pelo disposto no art. 130 desta Consolidação.

Art. 59. A duração diária do trabalho poderá ser acrescida de horas extras, em número não excedente de duas, por acordo individual, convenção coletiva ou acordo coletivo de trabalho.

§ 1º A remuneração da hora extra será, pelo menos, 50% (cinquenta por cento) superior à da hora normal.

....

§ 3º Na hipótese de rescisão do contrato de trabalho sem que tenha havido a compensação integral da jornada extraordinária, na forma dos §§ 2º e 5º deste artigo, o trabalhador terá direito ao pagamento das horas extras não compensadas, calculadas sobre o valor da remuneração na data da rescisão.

§ 4º (Revogado).

§ 5º O banco de horas de que trata o § 2º deste artigo poderá ser pactuado por acordo individual escrito, desde que a compensação ocorra no período máximo de seis meses.

§ 6º É lícito o regime de compensação de jornada estabelecido por acordo individual, tácito ou escrito, para a compensação no mesmo mês.

Art. 59-A[103]**.** Em exceção ao disposto no art. 59 desta Consolidação, é facultado às partes, mediante acordo individual escrito, convenção coletiva ou acordo coletivo de trabalho, estabelecer horário de trabalho de doze horas seguidas por trinta e seis horas ininterruptas de descanso, observados ou indenizados os intervalos para repouso e alimentação.

Parágrafo único. A remuneração mensal pactuada pelo horário previsto no **caput** deste artigo abrange os pagamentos devidos pelo descanso semanal remunerado e pelo descanso em feriados, e serão considerados compensados os feriados e as prorrogações de trabalho noturno, quando houver, de que tratam o art. 70 e o § 5º do art. 73 desta Consolidação.

---

103 Baixe e-book que acompanha este livro. Lá foram feitos comentários detalhados sobre a MP nº 808/2017, que alterou diversos dispositivos da Reforma Trabalhista.

Art. 59-B. O não atendimento das exigências legais para compensação de jornada, inclusive quando estabelecida mediante acordo tácito, não implica a repetição do pagamento das horas excedentes à jornada normal diária se não ultrapassada a duração máxima semanal, sendo devido apenas o respectivo adicional.

Parágrafo único. A prestação de horas extras habituais não descaracteriza o acordo de compensação de jornada e o banco de horas.

Art. 60. (...)

Parágrafo único. Excetuam-se da exigência de licença prévia as jornadas de doze horas de trabalho por trinta e seis horas ininterruptas de descanso.

Art. 61. (...)

§ 1º O excesso, nos casos deste artigo, pode ser exigido independentemente de convenção coletiva ou acordo coletivo de trabalho.

Art. 62. (...)

III – os empregados em regime de teletrabalho.

....

Art. 71. (...)

§ 4º A não concessão ou a concessão parcial do intervalo intrajornada mínimo, para repouso e alimentação, a empregados urbanos e rurais, implica o pagamento, de natureza indenizatória, apenas do período suprimido, com acréscimo de 50% (cinquenta por cento) sobre o valor da remuneração da hora normal de trabalho.

TÍTULO II

....

CAPÍTULO II-A

DO TELETRABALHO

Art. 75-A. A prestação de serviços pelo empregado em regime de teletrabalho observará o disposto neste Capítulo.

Art. 75-B. Considera-se teletrabalho a prestação de serviços preponderantemente fora das dependências do empregador, com a utilização de tecnologias de informação e de comunicação que, por sua natureza, não se constituam como trabalho externo.

Parágrafo único. O comparecimento às dependências do empregador para a realização de atividades específicas que exijam a presença do empregado no estabelecimento não descaracteriza o regime de teletrabalho.

Art. 75-C. A prestação de serviços na modalidade de teletrabalho deverá constar expressamente do contrato individual de trabalho, que especificará as atividades que serão realizadas pelo empregado.

§ 1º Poderá ser realizada a alteração entre regime presencial e de teletrabalho desde que haja mútuo acordo entre as partes, registrado em aditivo contratual.

§ 2º Poderá ser realizada a alteração do regime de teletrabalho para o presencial por determinação do empregador, garantido prazo de transição mínimo de quinze dias, com correspondente registro em aditivo contratual.

Art. 75-D. As disposições relativas à responsabilidade pela aquisição, manutenção ou fornecimento dos equipamentos tecnológicos e da infraestrutura necessária e adequada à prestação do trabalho remoto, bem como ao reembolso de despesas arcadas pelo empregado, serão previstas em contrato escrito.

Parágrafo único. As utilidades mencionadas no **caput** deste artigo não integram a remuneração do empregado.

Art. 75-E. O empregador deverá instruir os empregados, de maneira expressa e ostensiva, quanto às precauções a tomar a fim de evitar doenças e acidentes de trabalho.

Parágrafo único. O empregado deverá assinar termo de responsabilidade comprometendo-se a seguir as instruções fornecidas pelo empregador.

Art. 134. (...)

§ 1º Desde que haja concordância do empregado, as férias poderão ser usufruídas em até três períodos, sendo que um deles não poderá ser inferior a quatorze dias corridos e os demais não poderão ser inferiores a cinco dias corridos, cada um.

§ 2º (Revogado).

§ 3º É vedado o início das férias no período de dois dias que antecede feriado ou dia de repouso semanal remunerado.

TÍTULO II-A

DO DANO EXTRAPATRIMONIAL

Art. 223-A. Aplicam-se à reparação de danos de natureza extrapatrimonial decorrentes da relação de trabalho apenas os dispositivos deste Título.

Art. 223-B. Causa dano de natureza extrapatrimonial a ação ou omissão que ofenda a esfera moral ou existencial da pessoa física ou jurídica, as quais são as titulares exclusivas do direito à reparação.

Art. 223-C[104]**.** A honra, a imagem, a intimidade, a liberdade de ação, a autoestima, a sexualidade, a saúde, o lazer e a integridade física são os bens juridicamente tutelados inerentes à pessoa física.

Art. 223-D. A imagem, a marca, o nome, o segredo empresarial e o sigilo da correspondência são bens juridicamente tutelados inerentes à pessoa jurídica.

Art. 223-E. São responsáveis pelo dano extrapatrimonial todos os que tenham colaborado para a ofensa ao bem jurídico tutelado, na proporção da ação ou da omissão.

Art. 223-F. A reparação por danos extrapatrimoniais pode ser pedida cumulativamente com a indenização por danos materiais decorrentes do mesmo ato lesivo.

---

104 Baixe e-book que acompanha este livro. Lá foram feitos comentários detalhados sobre a MP nº 808/2017, que alterou diversos dispositivos da Reforma Trabalhista.

§ 1º Se houver cumulação de pedidos, o juízo, ao proferir a decisão, discriminará os valores das indenizações a título de danos patrimoniais e das reparações por danos de natureza extrapatrimonial.

§ 2º A composição das perdas e danos, assim compreendidos os lucros cessantes e os danos emergentes, não interfere na avaliação dos danos extrapatrimoniais.

Art. 223-G[105]**.** Ao apreciar o pedido, o juízo considerará:

I – a natureza do bem jurídico tutelado;

II – a intensidade do sofrimento ou da humilhação;

III – a possibilidade de superação física ou psicológica;

IV – os reflexos pessoais e sociais da ação ou da omissão;

V – a extensão e a duração dos efeitos da ofensa;

VI – as condições em que ocorreu a ofensa ou o prejuízo moral;

VII – o grau de dolo ou culpa;

VIII – a ocorrência de retratação espontânea;

IX – o esforço efetivo para minimizar a ofensa;

X – o perdão, tácito ou expresso;

XI – a situação social e econômica das partes envolvidas;

XII – o grau de publicidade da ofensa.

§ 1º Se julgar procedente o pedido, o juízo fixará a indenização a ser paga, a cada um dos ofendidos, em um dos seguintes parâmetros, vedada a acumulação:

I – ofensa de natureza leve, até três vezes o último salário contratual do ofendido;

II – ofensa de natureza média, até cinco vezes o último salário contratual do ofendido;

III – ofensa de natureza grave, até vinte vezes o último salário contratual do ofendido;

IV – ofensa de natureza gravíssima, até cinquenta vezes o último salário contratual do ofendido.

§ 2º Se o ofendido for pessoa jurídica, a indenização será fixada com observância dos mesmos parâmetros estabelecidos no § 1º deste artigo, mas em relação ao salário contratual do ofensor.

§ 3º Na reincidência entre partes idênticas, o juízo poderá elevar ao dobro o valor da indenização.

Art. 394-A[106]**.** Sem prejuízo de sua remuneração, nesta incluído o valor do adicional de insalubridade, a empregada deverá ser afastada de:

I – atividades consideradas insalubres em grau máximo, enquanto durar a gestação;

II – atividades consideradas insalubres em grau médio ou mínimo, quando apresentar atestado de saúde, emitido por médico de confiança da mulher, que recomende o afastamento durante a gestação;

III – atividades consideradas insalubres em qualquer grau, quando apresentar atestado de saúde, emitido por médico de confiança da mulher, que recomende o afastamento durante a lactação.

§ 1º ....

§ 2º Cabe à empresa pagar o adicional de insalubridade à gestante ou à lactante, efetivando-se a compensação, observado o disposto no art. 248 da Constituição Federal, por ocasião do recolhimento das contribuições incidentes sobre a folha de salários e demais rendimentos pagos ou creditados, a qualquer título, à pessoa física que lhe preste serviço.

§ 3º Quando não for possível que a gestante ou a lactante afastada nos termos do **caput** deste artigo exerça suas atividades em local salubre na empresa, a hipótese será considerada como gravidez de risco e ensejará a percepção de salário-maternidade, nos termos da Lei nº 8.213, de 24 de julho de 1991, durante todo o período de afastamento.

Art. 396. (...)

§ 2º Os horários dos descansos previstos no **caput** deste artigo deverão ser definidos em acordo individual entre a mulher e o empregador.

Art. 442-B[107]**.** A contratação do autônomo, cumpridas por este todas as formalidades legais, com ou sem exclusividade, de forma contínua ou não, afasta a qualidade de empregado prevista no art. 3º desta Consolidação.

Art. 443. O contrato individual de trabalho poderá ser acordado tácita ou expressamente, verbalmente ou por escrito, por prazo determinado ou indeterminado, ou para prestação de trabalho intermitente.

....

§ 3º Considera-se como intermitente o contrato de trabalho no qual a prestação de serviços, com subordinação, não é contínua, ocorrendo com alternância de períodos de prestação de serviços e de inatividade, determinados em horas, dias ou meses, independentemente do tipo de atividade do empregado e do empregador, exceto para os aeronautas, regidos por legislação própria.

Art. 444. ....

Parágrafo único. A livre estipulação a que se refere o **caput** deste artigo aplica-se às hipóteses previstas no art. 611-A desta Consolidação, com a mesma eficácia legal e preponderância sobre os instrumentos coletivos, no caso de empregado portador de diploma de nível superior e que perceba salário mensal igual ou superior a duas vezes o limite máximo dos benefícios do Regime Geral de Previdência Social.

105 Baixe e-book que acompanha este livro. Lá foram feitos comentários detalhados sobre a MP nº 808/2017, que alterou diversos dispositivos da Reforma Trabalhista.

106 Baixe e-book que acompanha este livro. Lá foram feitos comentários detalhados sobre a MP nº 808/2017, que alterou diversos dispositivos da Reforma Trabalhista.

107 Baixe e-book que acompanha este livro. Lá foram feitos comentários detalhados sobre a MP nº 808/2017, que alterou diversos dispositivos da Reforma Trabalhista.

Art. 448-A. Caracterizada a sucessão empresarial ou de empregadores prevista nos arts. 10 e 448 desta Consolidação, as obrigações trabalhistas, inclusive as contraídas à época em que os empregados trabalhavam para a empresa sucedida, são de responsabilidade do sucessor.

Parágrafo único. A empresa sucedida responderá solidariamente com a sucessora quando ficar comprovada fraude na transferência.

Art. 452-A[108]**.** O contrato de trabalho intermitente deve ser celebrado por escrito e deve conter especificamente o valor da hora de trabalho, que não pode ser inferior ao valor horário do salário mínimo ou àquele devido aos demais empregados do estabelecimento que exerçam a mesma função em contrato intermitente ou não.

§ 1º O empregador convocará, por qualquer meio de comunicação eficaz, para a prestação de serviços, informando qual será a jornada, com, pelo menos, três dias corridos de antecedência.

§ 2º Recebida a convocação, o empregado terá o prazo de um dia útil para responder ao chamado, presumindo-se, no silêncio, a recusa.

§ 3º A recusa da oferta não descaracteriza a subordinação para fins do contrato de trabalho intermitente.

§ 4º Aceita a oferta para o comparecimento ao trabalho, a parte que descumprir, sem justo motivo, pagará à outra parte, no prazo de trinta dias, multa de 50% (cinquenta por cento) da remuneração que seria devida, permitida a compensação em igual prazo.

§ 5º O período de inatividade não será considerado tempo à disposição do empregador, podendo o trabalhador prestar serviços a outros contratantes.

§ 6º Ao final de cada período de prestação de serviço, o empregado receberá o pagamento imediato das seguintes parcelas:

I – remuneração;

II – férias proporcionais com acréscimo de um terço;

III – décimo terceiro salário proporcional;

IV – repouso semanal remunerado; e

V – adicionais legais.

§ 7º O recibo de pagamento deverá conter a discriminação dos valores pagos relativos a cada uma das parcelas referidas no § 6º deste artigo.

§ 8º O empregador efetuará o recolhimento da contribuição previdenciária e o depósito do Fundo de Garantia do Tempo de Serviço, na forma da lei, com base nos valores pagos no período mensal e fornecerá ao empregado comprovante do cumprimento dessas obrigações.

§ 9º A cada doze meses, o empregado adquire direito a usufruir, nos doze meses subsequentes, um mês de férias, período no qual não poderá ser convocado para prestar serviços pelo mesmo empregador.

Art. 456-A. Cabe ao empregador definir o padrão de vestimenta no meio ambiente laboral, sendo lícita a inclusão no uniforme de logomarcas da própria empresa ou de empresas parceiras e de outros itens de identificação relacionados à atividade desempenhada.

Parágrafo único. A higienização do uniforme é de responsabilidade do trabalhador, salvo nas hipóteses em que forem necessários procedimentos ou produtos diferentes dos utilizados para a higienização das vestimentas de uso comum.

Art. 457. (...)[109]

§ 1º Integram o salário a importância fixa estipulada, as gratificações legais e as comissões pagas pelo empregador.

§ 2º As importâncias, ainda que habituais, pagas a título de ajuda de custo, auxílio-alimentação, vedado seu pagamento em dinheiro, diárias para viagem, prêmios e abonos não integram a remuneração do empregado, não se incorporam ao contrato de trabalho e não constituem base de incidência de qualquer encargo trabalhista e previdenciário.

....

§ 4º Consideram-se prêmios as liberalidades concedidas pelo empregador em forma de bens, serviços ou valor em dinheiro a empregado ou a grupo de empregados, em razão de desempenho superior ao ordinariamente esperado no exercício de suas atividades.

Art. 458. (...)

§ 5º O valor relativo à assistência prestada por serviço médico ou odontológico, próprio ou não, inclusive o reembolso de despesas com medicamentos, óculos, aparelhos ortopédicos, próteses, órteses, despesas médico-hospitalares e outras similares, mesmo quando concedido em diferentes modalidades de planos e coberturas, não integram o salário do empregado para qualquer efeito nem o salário de contribuição, para efeitos do previsto na alínea *q* do § 9º do art. 28 da Lei nº 8.212, de 24 de julho de 1991.

Art. 461. Sendo idêntica a função, a todo trabalho de igual valor, prestado ao mesmo empregador, no mesmo estabelecimento empresarial, corresponderá igual salário, sem distinção de sexo, etnia, nacionalidade ou idade.

§ 1º Trabalho de igual valor, para os fins deste Capítulo, será o que for feito com igual produtividade e com a mesma perfeição técnica, entre pessoas cuja diferença de tempo de serviço para o mesmo empregador não seja superior a quatro anos e a diferença de tempo na função não seja superior a dois anos.

108 Baixe e-book que acompanha este livro. Lá foram feitos comentários detalhados sobre a MP nº 808/2017, que alterou diversos dispositivos da Reforma Trabalhista.

109 Baixe e-book que acompanha este livro. Lá foram feitos comentários detalhados sobre a MP nº 808/2017, que alterou diversos dispositivos da Reforma Trabalhista.

§ 2º Os dispositivos deste artigo não prevalecerão quando o empregador tiver pessoal organizado em quadro de carreira ou adotar, por meio de norma interna da empresa ou de negociação coletiva, plano de cargos e salários, dispensada qualquer forma de homologação ou registro em órgão público.

§ 3º No caso do § 2º deste artigo, as promoções poderão ser feitas por merecimento e por antiguidade, ou por apenas um destes critérios, dentro de cada categoria profissional.

....

§ 5º A equiparação salarial só será possível entre empregados contemporâneos no cargo ou na função, ficando vedada a indicação de paradigmas remotos, ainda que o paradigma contemporâneo tenha obtido a vantagem em ação judicial própria.

§ 6º No caso de comprovada discriminação por motivo de sexo ou etnia, o juízo determinará, além do pagamento das diferenças salariais devidas, multa, em favor do empregado discriminado, no valor de 50% (cinquenta por cento) do limite máximo dos benefícios do Regime Geral de Previdência Social.

Art. 468. (...)

§ 2º A alteração de que trata o § 1º deste artigo, com ou sem justo motivo, não assegura ao empregado o direito à manutenção do pagamento da gratificação correspondente, que não será incorporada, independentemente do tempo de exercício da respectiva função.

Art. 477. Na extinção do contrato de trabalho, o empregador deverá proceder à anotação na Carteira de Trabalho e Previdência Social, comunicar a dispensa aos órgãos competentes e realizar o pagamento das verbas rescisórias no prazo e na forma estabelecidos neste artigo.

§ 1º (Revogado).

....

§ 3º (Revogado).

§ 4º O pagamento a que fizer jus o empregado será efetuado:

I – em dinheiro, depósito bancário ou cheque visado, conforme acordem as partes; ou

II – em dinheiro ou depósito bancário quando o empregado for analfabeto.

....

§ 6º A entrega ao empregado de documentos que comprovem a comunicação da extinção contratual aos órgãos competentes bem como o pagamento dos valores constantes do instrumento de rescisão ou recibo de quitação deverão ser efetuados até dez dias contados a partir do término do contrato.

a) (revogada);

b) (revogada).

§ 7º (Revogado).

....

§ 10. A anotação da extinção do contrato na Carteira de Trabalho e Previdência Social é documento hábil para requerer o benefício do seguro-desemprego e a movimentação da conta vinculada no Fundo de Garantia do Tempo de Serviço, nas hipóteses legais, desde que a comunicação prevista no **caput** deste artigo tenha sido realizada.

Art. 477-A. As dispensas imotivadas individuais, plúrimas ou coletivas equiparam-se para todos os fins, não havendo necessidade de autorização prévia de entidade sindical ou de celebração de convenção coletiva ou acordo coletivo de trabalho para sua efetivação.

Art. 477-B. Plano de Demissão Voluntária ou Incentivada, para dispensa individual, plúrima ou coletiva, previsto em convenção coletiva ou acordo coletivo de trabalho, enseja quitação plena e irrevogável dos direitos decorrentes da relação empregatícia, salvo disposição em contrário estipulada entre as partes.

Art. 482. (...)

m) perda da habilitação ou dos requisitos estabelecidos em lei para o exercício da profissão, em decorrência de conduta dolosa do empregado.

Art. 484-A. O contrato de trabalho poderá ser extinto por acordo entre empregado e empregador, caso em que serão devidas as seguintes verbas trabalhistas:

I – por metade:

a) o aviso prévio, se indenizado; e

b) a indenização sobre o saldo do Fundo de Garantia do Tempo de Serviço, prevista no § 1º do art. 18 da Lei nº 8.036, de 11 de maio de 1990;

II – na integralidade, as demais verbas trabalhistas.

§ 1º A extinção do contrato prevista no **caput** deste artigo permite a movimentação da conta vinculada do trabalhador no Fundo de Garantia do Tempo de Serviço na forma do inciso I-A do art. 20 da Lei nº 8.036, de 11 de maio de 1990, limitada até 80% (oitenta por cento) do valor dos depósitos.

§ 2º A extinção do contrato por acordo prevista no **caput** deste artigo não autoriza o ingresso no Programa de Seguro-Desemprego.

Art. 507-A. Nos contratos individuais de trabalho cuja remuneração seja superior a duas vezes o limite máximo estabelecido para os benefícios do Regime Geral de Previdência Social, poderá ser pactuada cláusula compromissória de arbitragem, desde que por iniciativa do empregado ou mediante a sua concordância expressa, nos termos previstos na Lei nº 9.307, de 23 de setembro de 1996.

Art. 507-B. É facultado a empregados e empregadores, na vigência ou não do contrato de emprego, firmar o termo de quitação anual de obrigações trabalhistas, perante o sindicato dos empregados da categoria.

Parágrafo único. O termo discriminará as obrigações de dar e fazer cumpridas mensalmente e dele constará a quitação anual dada pelo empregado, com eficácia liberatória das parcelas nele especificadas."

TÍTULO IV-A

DA REPRESENTAÇÃO DOS EMPREGADOS[110]

Art. 510-A. Nas empresas com mais de duzentos empregados, é assegurada a eleição de uma comissão para representá-los, com a finalidade de promover-lhes o entendimento direto com os empregadores.

§ 1º A comissão será composta:

I – nas empresas com mais de duzentos e até três mil empregados, por três membros;

II – nas empresas com mais de três mil e até cinco mil empregados, por cinco membros;

III – nas empresas com mais de cinco mil empregados, por sete membros.

§ 2º No caso de a empresa possuir empregados em vários Estados da Federação e no Distrito Federal, será assegurada a eleição de uma comissão de representantes dos empregados por Estado ou no Distrito Federal, na mesma forma estabelecida no § 1º deste artigo.

Art. 510-B. A comissão de representantes dos empregados terá as seguintes atribuições:

I – representar os empregados perante a administração da empresa;

II – aprimorar o relacionamento entre a empresa e seus empregados com base nos princípios da boa-fé e do respeito mútuo;

III – promover o diálogo e o entendimento no ambiente de trabalho com o fim de prevenir conflitos;

IV – buscar soluções para os conflitos decorrentes da relação de trabalho, de forma rápida e eficaz, visando à efetiva aplicação das normas legais e contratuais;

V – assegurar tratamento justo e imparcial aos empregados, impedindo qualquer forma de discriminação por motivo de sexo, idade, religião, opinião política ou atuação sindical;

VI – encaminhar reivindicações específicas dos empregados de seu âmbito de representação;

VII – acompanhar o cumprimento das leis trabalhistas, previdenciárias e das convenções coletivas e acordos coletivos de trabalho.

§ 1º As decisões da comissão de representantes dos empregados serão sempre colegiadas, observada a maioria simples.

§ 2º A comissão organizará sua atuação de forma independente.

Art. 510-C. A eleição será convocada, com antecedência mínima de trinta dias, contados do término do mandato anterior, por meio de edital que deverá ser fixado na empresa, com ampla publicidade, para inscrição de candidatura.

§ 1º Será formada comissão eleitoral, integrada por cinco empregados, não candidatos, para a organização e o acompanhamento do processo eleitoral, vedada a interferência da empresa e do sindicato da categoria.

§ 2º Os empregados da empresa poderão candidatar-se, exceto aqueles com contrato de trabalho por prazo determinado, com contrato suspenso ou que estejam em período de aviso prévio, ainda que indenizado.

§ 3º Serão eleitos membros da comissão de representantes dos empregados os candidatos mais votados, em votação secreta, vedado o voto por representação.

§ 4º A comissão tomará posse no primeiro dia útil seguinte à eleição ou ao término do mandato anterior.

§ 5º Se não houver candidatos suficientes, a comissão de representantes dos empregados poderá ser formada com número de membros inferior ao previsto no art. 510-A desta Consolidação.

§ 6º Se não houver registro de candidatura, será lavrada ata e convocada nova eleição no prazo de um ano.

Art. 510-D. O mandato dos membros da comissão de representantes dos empregados será de um ano.

§ 1º O membro que houver exercido a função de representante dos empregados na comissão não poderá ser candidato nos dois períodos subsequentes.

§ 2º O mandato de membro de comissão de representantes dos empregados não implica suspensão ou interrupção do contrato de trabalho, devendo o empregado permanecer no exercício de suas funções.

§ 3º Desde o registro da candidatura até um ano após o fim do mandato, o membro da comissão de representantes dos empregados não poderá sofrer despedida arbitrária, entendendo-se como tal a que não se fundar em motivo disciplinar, técnico, econômico ou financeiro.

§ 4º Os documentos referentes ao processo eleitoral devem ser emitidos em duas vias, as quais permanecerão sob a guarda dos empregados e da empresa pelo prazo de cinco anos, à disposição para consulta de qualquer trabalhador interessado, do Ministério Público do Trabalho e do Ministério do Trabalho.

Art. 545. Os empregadores ficam obrigados a descontar da folha de pagamento dos seus empregados, desde que por eles devidamente autorizados, as contribuições devidas ao sindicato, quando por este notificados.

Art. 578. As contribuições devidas aos sindicatos pelos participantes das categorias econômicas ou profissionais ou das profissões liberais representadas pelas referidas entidades serão, sob a denominação de contribuição sindical, pagas, recolhidas e aplicadas na forma estabelecida neste Capítulo, desde que prévia e expressamente autorizadas.

Art. 579. O desconto da contribuição sindical está condicionado à autorização prévia e expressa dos que participarem de uma determinada categoria econômica ou

110 Baixe e-book que acompanha este livro. Lá foram feitos comentários detalhados sobre a MP nº 808/2017, que alterou diversos dispositivos da Reforma Trabalhista.

profissional, ou de uma profissão liberal, em favor do sindicato representativo da mesma categoria ou profissão ou, inexistindo este, na conformidade do disposto no art. 591 desta Consolidação.

Art. 582. Os empregadores são obrigados a descontar da folha de pagamento de seus empregados relativa ao mês de março de cada ano a contribuição sindical dos empregados que autorizaram prévia e expressamente o seu recolhimento aos respectivos sindicatos.

Art. 583. O recolhimento da contribuição sindical referente aos empregados e trabalhadores avulsos será efetuado no mês de abril de cada ano, e o relativo aos agentes ou trabalhadores autônomos e profissionais liberais realizar-se-á no mês de fevereiro, observada a exigência de autorização prévia e expressa prevista no art. 579 desta Consolidação.

Art. 587. Os empregadores que optarem pelo recolhimento da contribuição sindical deverão fazê-lo no mês de janeiro de cada ano, ou, para os que venham a se estabelecer após o referido mês, na ocasião em que requererem às repartições o registro ou a licença para o exercício da respectiva atividade.

Art. 602. Os empregados que não estiverem trabalhando no mês destinado ao desconto da contribuição sindical e que venham a autorizar prévia e expressamente o recolhimento serão descontados no primeiro mês subsequente ao do reinício do trabalho.

Art. 611-A[111]. A convenção coletiva e o acordo coletivo de trabalho têm prevalência sobre a lei quando, entre outros, dispuserem sobre:

I – pacto quanto à jornada de trabalho, observados os limites constitucionais;

II – banco de horas anual;

III – intervalo intrajornada, respeitado o limite mínimo de trinta minutos para jornadas superiores a seis horas;

IV – adesão ao Programa Seguro-Emprego (PSE), de que trata a Lei nº 13.189, de 19 de novembro de 2015;

V – plano de cargos, salários e funções compatíveis com a condição pessoal do empregado, bem como identificação dos cargos que se enquadram como funções de confiança;

VI – regulamento empresarial;

VII – representante dos trabalhadores no local de trabalho;

VIII – teletrabalho, regime de sobreaviso, e trabalho intermitente;

IX – remuneração por produtividade, incluídas as gorjetas percebidas pelo empregado, e remuneração por desempenho individual;

X – modalidade de registro de jornada de trabalho;

XI – troca do dia de feriado;

XII – enquadramento do grau de insalubridade;

XIII – prorrogação de jornada em ambientes insalubres, sem licença prévia das autoridades competentes do Ministério do Trabalho;

XIV – prêmios de incentivo em bens ou serviços, eventualmente concedidos em programas de incentivo;

XV – participação nos lucros ou resultados da empresa.

§ 1º No exame da convenção coletiva ou do acordo coletivo de trabalho, a Justiça do Trabalho observará o disposto no § 3º do art. 8º desta Consolidação.

§ 2º A inexistência de expressa indicação de contrapartidas recíprocas em convenção coletiva ou acordo coletivo de trabalho não ensejará sua nulidade por não caracterizar um vício do negócio jurídico.

§ 3º Se for pactuada cláusula que reduza o salário ou a jornada, a convenção coletiva ou o acordo coletivo de trabalho deverão prever a proteção dos empregados contra dispensa imotivada durante o prazo de vigência do instrumento coletivo.

§ 4º Na hipótese de procedência de ação anulatória de cláusula de convenção coletiva ou de acordo coletivo de trabalho, quando houver a cláusula compensatória, esta deverá ser igualmente anulada, sem repetição do indébito.

§ 5º Os sindicatos subscritores de convenção coletiva ou de acordo coletivo de trabalho deverão participar, como litisconsortes necessários, em ação individual ou coletiva, que tenha como objeto a anulação de cláusulas desses instrumentos.

Art. 611-B. Constituem objeto ilícito de convenção coletiva ou de acordo coletivo de trabalho, exclusivamente, a supressão ou a redução dos seguintes direitos:

I – normas de identificação profissional, inclusive as anotações na Carteira de Trabalho e Previdência Social;

II – seguro-desemprego, em caso de desemprego involuntário;

III – valor dos depósitos mensais e da indenização rescisória do Fundo de Garantia do Tempo de Serviço (FGTS);

IV – salário mínimo;

V – valor nominal do décimo terceiro salário;

VI – remuneração do trabalho noturno superior à do diurno;

VII – proteção do salário na forma da lei, constituindo crime sua retenção dolosa;

VIII – salário-família;

IX – repouso semanal remunerado;

X – remuneração do serviço extraordinário superior, no mínimo, em 50% (cinquenta por cento) à do normal;

XI – número de dias de férias devidas ao empregado;

XII – gozo de férias anuais remuneradas com, pelo menos, um terço a mais do que o salário normal;

111 Baixe e-book que acompanha este livro. Lá foram feitos comentários detalhados sobre a MP nº 808/2017, que alterou diversos dispositivos da Reforma Trabalhista.

XIII – licença-maternidade com a duração mínima de cento e vinte dias;

XIV – licença-paternidade nos termos fixados em lei;

XV – proteção do mercado de trabalho da mulher, mediante incentivos específicos, nos termos da lei;

XVI – aviso prévio proporcional ao tempo de serviço, sendo no mínimo de trinta dias, nos termos da lei;

XVII – normas de saúde, higiene e segurança do trabalho previstas em lei ou em normas regulamentadoras do Ministério do Trabalho;

XVIII – adicional de remuneração para as atividades penosas, insalubres ou perigosas;

XIX – aposentadoria;

XX – seguro contra acidentes de trabalho, a cargo do empregador;

XXI – ação, quanto aos créditos resultantes das relações de trabalho, com prazo prescricional de cinco anos para os trabalhadores urbanos e rurais, até o limite de dois anos após a extinção do contrato de trabalho;

XXII – proibição de qualquer discriminação no tocante a salário e critérios de admissão do trabalhador com deficiência;

XXIII – proibição de trabalho noturno, perigoso ou insalubre a menores de dezoito anos e de qualquer trabalho a menores de dezesseis anos, salvo na condição de aprendiz, a partir de quatorze anos;

XXIV – medidas de proteção legal de crianças e adolescentes;

XXV – igualdade de direitos entre o trabalhador com vínculo empregatício permanente e o trabalhador avulso;

XXVI – liberdade de associação profissional ou sindical do trabalhador, inclusive o direito de não sofrer, sem sua expressa e prévia anuência, qualquer cobrança ou desconto salarial estabelecidos em convenção coletiva ou acordo coletivo de trabalho;

XXVII – direito de greve, competindo aos trabalhadores decidir sobre a oportunidade de exercê-lo e sobre os interesses que devam por meio dele defender;

XXVIII – definição legal sobre os serviços ou atividades essenciais e disposições legais sobre o atendimento das necessidades inadiáveis da comunidade em caso de greve;

XXIX – tributos e outros créditos de terceiros;

XXX – as disposições previstas nos arts. 373-A, 390, 392, 392-A, 394, 394-A, 395, 396 e 400 desta Consolidação.

Parágrafo único. Regras sobre duração do trabalho e intervalos não são consideradas como normas de saúde, higiene e segurança do trabalho para os fins do disposto neste artigo.

Art. 614. (...)

§ 3º Não será permitido estipular duração de convenção coletiva ou acordo coletivo de trabalho superior a dois anos, sendo vedada a ultratividade.

Art. 620. As condições estabelecidas em acordo coletivo de trabalho sempre prevalecerão sobre as estipuladas em convenção coletiva de trabalho.

Art. 634. (...)

§ 2º Os valores das multas administrativas expressos em moeda corrente serão reajustados anualmente pela Taxa Referencial (TR), divulgada pelo Banco Central do Brasil, ou pelo índice que vier a substituí-lo."

> Lei nº 6.019/1974 (Terceirização)

Art. 4º-A. Considera-se prestação de serviços a terceiros a transferência feita pela contratante da execução de quaisquer de suas atividades, inclusive sua atividade principal, à pessoa jurídica de direito privado prestadora de serviços que possua capacidade econômica compatível com a sua execução.

Art. 4º-C. São asseguradas aos empregados da empresa prestadora de serviços a que se refere o art. 4º-A desta Lei, quando e enquanto os serviços, que podem ser de qualquer uma das atividades da contratante, forem executados nas dependências da tomadora, as mesmas condições:

I – relativas a:

a) alimentação garantida aos empregados da contratante, quando oferecida em refeitórios;

b) direito de utilizar os serviços de transporte;

c) atendimento médico ou ambulatorial existente nas dependências da contratante ou local por ela designado;

d) treinamento adequado, fornecido pela contratada, quando a atividade o exigir.

II – sanitárias, de medidas de proteção à saúde e de segurança no trabalho e de instalações adequadas à prestação do serviço.

§ 1º Contratante e contratada poderão estabelecer, se assim entenderem, que os empregados da contratada farão jus a salário equivalente ao pago aos empregados da contratante, além de outros direitos não previstos neste artigo.

§ 2º Nos contratos que impliquem mobilização de empregados da contratada em número igual ou superior a 20% (vinte por cento) dos empregados da contratante, esta poderá disponibilizar aos empregados da contratada os serviços de alimentação e atendimento ambulatorial em outros locais apropriados e com igual padrão de atendimento, com vistas a manter o pleno funcionamento dos serviços existentes.

Art. 5º-A. Contratante é a pessoa física ou jurídica que celebra contrato com empresa de prestação de serviços relacionados a quaisquer de suas atividades, inclusive sua atividade principal.

Art. 5º-C. Não pode figurar como contratada, nos termos do art. 4º-A desta Lei, a pessoa jurídica cujos titulares ou sócios tenham, nos últimos dezoito meses, prestado serviços à contratante na qualidade de empregado ou trabalhador sem vínculo empregatício, exceto se os referidos titulares ou sócios forem aposentados.

Art. 5º-D. O empregado que for demitido não poderá prestar serviços para esta mesma empresa na qualidade de empregado de empresa prestadora de serviços antes do decurso de prazo de dezoito meses, contados a partir da demissão do empregado.

> Lei nº 8.036/1990 (FGTS)

Art. 20. (...)

I-A – extinção do contrato de trabalho prevista no art. 484-A da Consolidação das Leis do Trabalho (CLT), aprovada pelo Decreto- Lei nº 5.452, de 1º de maio de 1943;

> Revogação de artigos (Lei nº 13.467/2017)

Art. 5º Revogam-se:

I – os seguintes dispositivos da Consolidação das Leis do Trabalho (CLT), aprovada pelo Decreto-Lei nº 5.452, de 1º de maio de 1943:

a) § 3º do art. 58;

b) § 4º do art. 59;

c) art. 84;

d) art. 86;

e) art. 130-A;

f) § 2º do art. 134;

g) § 3º do art. 143;

h) parágrafo único do art. 372;

i) art. 384;

j) §§ 1º, 3º e 7º do art. 477;

k) art. 601;

l) art. 604.

✦ SÚMULAS APLICÁVEIS

✦ SÚMULAS E ORIENTAÇÕES JURISPRUDENCIAIS DO TST

1. REGULAMENTO DE EMPRESA (NORMA REGULAMENTAR)

- **Súmula nº 51 do TST**[112]. Norma regulamentar. Vantagens e opção pelo novo regulamento. Art. 468 da CLT.

  I – As cláusulas regulamentares, que revoguem ou alterem vantagens deferidas anteriormente, só atingirão os trabalhadores admitidos após a revogação ou alteração do regulamento.

  II – Havendo a coexistência de dois regulamentos da empresa, a opção do empregado por um deles tem efeito jurídico de renúncia às regras do sistema do outro.

- **Súmula nº 202 do TST**[113]. Gratificação por tempo de serviço. Compensação.

  Existindo, ao mesmo tempo, gratificação por tempo de serviço outorgada pelo empregador e outra da mesma natureza prevista em acordo coletivo, convenção coletiva ou sentença normativa, o empregado tem direito a receber, exclusivamente, a que lhe seja mais benéfica.

- **Súmula nº 77 do TST.** Punição.

  Nula é a punição de empregado se não precedida de inquérito ou sindicância internos a que se obrigou a empresa por norma regulamentar.

- **Súmula nº 186 do TST.** Licença-prêmio. Conversão em pecúnia. Regulamento da empresa.

  A licença-prêmio, na vigência do contrato de trabalho, não pode ser convertida em pecúnia, salvo se expressamente admitida a conversão no regulamento da empresa.

- **OJ nº 56 da SDI – I do TST.** Nossa Caixa-Nosso Banco (Caixa Econômica do Estado de São Paulo). Regulamento. Gratificação especial e/ou anuênios.

  Direito reconhecido apenas àqueles empregados que tinham 25 anos de efetivo exercício prestados exclusivamente à Caixa.

1.1. COMPLEMENTAÇÃO DE APOSENTADORIA

- **Súmula nº 288 do TST.** Complementação dos proventos da aposentadoria

  I - A complementação dos proventos de aposentadoria, instituída, regulamentada e paga diretamente pelo empregador, sem vínculo com as entidades de previdência privada fechada, é regida pelas normas em vigor na data de admissão do empregado, ressalvadas as alterações que forem mais benéficas (art. 468 da CLT);

  II - Na hipótese de coexistência de dois regulamentos de planos de previdência complementar, instituídos pelo empregador ou por entidade de previdência privada, a opção do beneficiário por um deles tem efeito jurídico de renúncia às regras do outro;

  III - Após a entrada em vigor das Leis Complementares n.ºs 108 e 109 de 29/5/2001, reger-se-á a complementação dos proventos de aposentadoria pelas normas vigentes na data da implementação dos requisitos para obtenção do benefício, ressalvados o direito adquirido do participante que anteriormente implementara os requisitos para o benefício e o direito acumulado do empre-

112 Esta súmula será impactada pelo art. 611-A, VI da CLT acrescentado pela Reforma Trabalhista – Lei nº 13.467/2017.

113 Esta súmula será impactada pelo art. 611-A, VI da CLT acrescentado pela Reforma Trabalhista – Lei nº 13.467/2017.

gado que até então não preenchera tais requisitos.

IV - O entendimento da primeira parte do item III aplica-se aos processos em curso no Tribunal Superior do Trabalho em que, em 12/4/2016, ainda não haja sido proferida decisão de mérito por suas Turmas e Seções.

- **Súmula nº 87 do TST.** Previdência privada

  Se o empregado, ou seu beneficiário, já recebeu da instituição previdenciária privada, criada pela empresa, vantagem equivalente, é cabível a dedução de seu valor do benefício a que faz jus por norma regulamentar anterior.

- **Súmula nº 92 do TST.** Aposentadoria

  O direito à complementação de aposentadoria, criado pela empresa, com requisitos próprios, não se altera pela instituição de benefício previdenciário por órgão oficial.

- **Súmula nº 97 do TST.** Aposentadoria. Complementação

  Instituída complementação de aposentadoria por ato da empresa, expressamente dependente de regulamentação, as condições desta devem ser observadas como parte integrante da norma.

- **OJ nº 276 da SDI – I do TST.** Ação declaratória. Complementação de aposentadoria

  É incabível ação declaratória visando a declarar direito à complementação de aposentadoria, se ainda não atendidos os requisitos necessários à aquisição do direito, seja por via regulamentar, ou por acordo coletivo.

- **Súmula nº 72 do TST.** Aposentadoria

  O prêmio-aposentadoria instituído por norma regulamentar da empresa não está condicionado ao disposto no § 2º do art. 14 da Lei nº 8.036, de 11.05.1990.

- **OJ nº 224 da SDI – I do TST.** Complementação de aposentadoria. Reajuste. Lei nº 9.069, de 29.06.1995.

  I – A partir da vigência da Medida Provisória nº 542, de 30.06.1994, convalidada pela Lei nº 9.069, de 29.06.1995, o critério de reajuste da complementação de aposentadoria passou a ser anual e não semestral, aplicando-se o princípio *rebus sic stantibus* diante da nova ordem econômica.

  II – A alteração da periodicidade do reajuste da complementação de aposentadoria – de semestral para anual –, não afeta o direito ao resíduo inflacionário apurado nos meses de abril, maio e junho de 1994, que deverá incidir sobre a correção realizada no mês de julho de 1995.

- **Súmula nº 313 do TST.** Complementação de aposentadoria. Proporcionalidade. Banespa

  A complementação de aposentadoria, prevista no art. 106, e seus parágrafos, do regulamento de pessoal editado em 1965, só é integral para os empregados que tenham 30 (trinta) ou mais anos de serviços prestados exclusivamente ao banco.

- **Súmula nº 332 do TST.** Complementação de aposentadoria. Petrobras. Manual de pessoal. Norma programática

  As normas relativas à complementação de aposentadoria, inseridas no Manual de Pessoal da Petrobras, têm caráter meramente programático, delas não resultando direito à referida complementação.

- **OJ nº 18 da SDI – I do TST.** Complementação de aposentadoria. Banco do Brasil

  I – O valor das horas extras integra a remuneração do empregado para o cálculo da complementação de aposentadoria, desde que sobre ele incida a contribuição à Caixa de Previdência dos Funcionários do Banco do Brasil – PREVI, observado o respectivo regulamento no tocante à integração;

  II – Os adicionais AP e ADI não integram o cálculo para a apuração do teto da complementação de aposentadoria;

  III – No cálculo da complementação de aposentadoria deve-se observar a média trienal;

  IV – A complementação de aposentadoria proporcional aos anos de serviço prestados exclusivamente ao Banco do Brasil somente se verifica a partir da Circular Funci nº 436/1963;

  V – O telex DIREC do Banco do Brasil nº 5003/1987 não assegura a complementação de aposentadoria integral, porque não aprovado pelo órgão competente ao qual a instituição se subordina.

2. PRINCÍPIO DA IRRETROATIVIDADE DA LEI

- **OJ nº 362 da SDI – I do TST.** Contrato nulo. Efeitos. FGTS. Medida provisória 2.164-41, de 24.08.2001, e art. 19-A da Lei nº 8.036, de 11.05.1990. Irretroatividade

  Não afronta o princípio da irretroatividade da lei a aplicação do art. 19-A da Lei nº 8.036, de 11.05.1990, aos contratos declarados nulos celebrados antes da vigência da Medida Provisória nº 2.164-41, de 24.08.2001.

- **Súmula nº 307 do TST.** Juros. Irretroatividade do Decreto-lei nº 2.322, de 26.02.1987

  A fórmula de cálculo de juros prevista no Decreto-Lei nº 2.322, de 26.02.1987 somente é aplicável a partir de 27.02.1987. Quanto ao período anterior, deve-se observar a legislação então vigente.

3. PROGRAMA DE INCENTIVO À DEMISSÃO VOLUNTÁRIA

- **OJ nº 270 da SDI - I do TST**[114]. Programa de incentivo à demissão voluntária. Transação extrajudicial. Parcelas oriundas do extinto contrato de trabalho. Efeitos

  A transação extrajudicial que importa rescisão do contrato de trabalho ante a adesão do empregado a plano de demissão voluntária implica quitação exclusivamente das parcelas e valores constantes do recibo.

- **OJ nº 356 da SDI - I do TST**[115]. Programa de incentivo à demissão voluntária (PDV). Créditos trabalhistas reconhecidos em juízo. Compensação. Impossibilidade

  Os créditos tipicamente trabalhistas reconhecidos em juízo não são suscetíveis de compensação com a indenização paga em decorrência de adesão do trabalhador a Programa de Incentivo à Demissão Voluntária (PDV).

- **OJ nº 207 da SDI - I do TST.** Programa de incentivo à demissão voluntária. Indenização. Imposto de renda. Não-incidência

  A indenização paga em virtude de adesão a programa de incentivo à demissão voluntária não está sujeita à incidência do imposto de renda.

4. EMPREGADO

4.1. DIRETOR ELEITO

- **Súmula nº 269 do TST**. Diretor eleito. Cômputo do período como tempo de serviço

  O empregado eleito para ocupar cargo de diretor tem o respectivo contrato de trabalho suspenso, não se computando o tempo de serviço desse período, salvo se permanecer a subordinação jurídica inerente à relação de emprego.

4.2 EMPREGADO BANCÁRIO

- **Súmula nº 287 do TST.** Jornada de trabalho. Gerente bancário

  A jornada de trabalho do empregado de banco gerente de agência é regida pelo art. 224, § 2º, da CLT. Quanto ao gerente-geral de agência bancária, presume-se o exercício de encargo de gestão, aplicando-se-lhe o art. 62 da CLT.

- **Súmula nº 102 do TST.** Bancário. Cargo de confiança

  I – A configuração, ou não, do exercício da função de confiança a que se refere o art. 224, § 2º, da CLT, dependente da prova das reais atribuições do empregado, é insuscetível de exame mediante recurso de revista ou de embargos.

  II – O bancário que exerce a função a que se refere o § 2º do art. 224 da CLT e recebe gratificação não inferior a um terço de seu salário já tem remuneradas as duas horas extraordinárias excedentes de seis.

  III – Ao bancário exercente de cargo de confiança previsto no artigo 224, § 2º, da CLT são devidas as 7ª e 8ª horas, como extras, no período em que se verificar o pagamento a menor da gratificação de 1/3.

  IV – O bancário sujeito à regra do art. 224, § 2º, da CLT cumpre jornada de trabalho de 8 (oito) horas, sendo extraordinárias as trabalhadas além da oitava.

  V – O advogado empregado de banco, pelo simples exercício da advocacia, não exerce cargo de confiança, não se enquadrando, portanto, na hipótese do § 2º do art. 224 da CLT.

  VI – O caixa bancário, ainda que caixa executivo, não exerce cargo de confiança. Se perceber gratificação igual ou superior a um terço do salário do posto efetivo, essa remunera apenas a maior responsabilidade do cargo e não as duas horas extraordinárias além da sexta.

  VII – O bancário exercente de função de confiança, que percebe a gratificação não inferior ao terço legal, ainda que norma coletiva contemple percentual superior, não tem direito às sétima e oitava horas como extras, mas tão somente às diferenças de gratificação de função, se postuladas.

- **Súmula nº 109 do TST.** Gratificação de função

  O bancário não enquadrado no § 2º do art. 224 da CLT, que receba gratificação de função, não pode ter o salário relativo a horas extraordinárias compensado com o valor daquela vantagem.

- **Súmula nº 199 do TST**. Bancário. Pré-contratação de horas extras

  I – A contratação do serviço suplementar, quando da admissão do trabalhador bancário, é nula. Os valores assim ajustados apenas remuneram a jornada normal, sendo devidas as horas extras com o adicional de, no mínimo, 50% (cinquenta por cento), as quais não configuram pré-contratação, se pactuadas após a admissão do bancário.

  II – Em se tratando de horas extras pré-contratadas, opera-se a prescrição total se a ação não for ajuizada no prazo de cinco anos, a partir da data em que foram suprimidas.

---

114 Esta orientação jurisprudencial será impactada pelo art. 477-B da CLT acrescentado pela Reforma Trabalhista – Lei nº 13.467/2017.

115 Esta orientação jurisprudencial será impactada pelo art. 477-B da CLT acrescentado pela Reforma Trabalhista – Lei nº 13.467/2017.

Súmula nº 124 do TST[116]. Bancário. Salário-hora. Divisor

I - o divisor aplicável para o cálculo das horas extras do bancário será:

a) 180, para os empregados submetidos à jornada de seis horas prevista no caput do art. 224 da CLT;

b) 220, para os empregados submetidos à jornada de oito horas, nos termos do § 2º do art. 224 da CLT.

II – Ressalvam-se da aplicação do item anterior as decisões de mérito sobre o tema, qualquer que seja o seu teor, emanadas de Turma do TST ou da SBDI-I, no período de 27/09/2012 até 21/11/2016, conforme a modulação aprovada no precedente obrigatório firmado no Incidente de Recursos de Revista Repetitivos nº TST-IRR-849-83.2013.5.03.0138, DEJT 19.12.2016.**Súmula nº 113 do TST[117].** Bancário. Sábado. Dia útil

O sábado do bancário é dia útil não trabalhado, não dia de repouso remunerado. Não cabe a repercussão do pagamento de horas extras habituais em sua remuneração.

- **OJ nº 178 da SDI – I do TST.** Bancário. Intervalo de 15 minutos. Não computável na jornada de trabalho

  Não se computa, na jornada do bancário sujeito a seis horas diárias de trabalho, o intervalo de quinze minutos para lanche ou descanso.

- **Súmula nº 226 do TST[118].** Bancário. Gratificação por tempo de serviço. Integração no cálculo das horas extras

  A gratificação por tempo de serviço integra o cálculo das horas extras.

- **Súmula nº 240 do TST.** Bancário. Gratificação de função e adicional por tempo de serviço

  O adicional por tempo de serviço integra o cálculo da gratificação prevista no art. 224, § 2º, da CLT.

- **Súmula nº 247 do TST.** Quebra de caixa. Natureza jurídica

  A parcela paga aos bancários sob a denominação "quebra de caixa" possui natureza salarial, integrando o salário do prestador de serviços, para todos os efeitos legais.

- **Súmula nº 93 do TST.** Bancário

  Integra a remuneração do bancário a vantagem pecuniária por ele auferida na colocação ou na venda de papéis ou valores mobiliários de empresas pertencentes ao mesmo grupo econômico, se exercida essa atividade no horário e no local de trabalho e com o consentimento, tácito ou expresso, do banco empregador.

- **Súmula nº 239 do TST.** Bancário. Empregado de empresa de processamento de dados

  É bancário o empregado de empresa de processamento de dados que presta serviço a banco integrante do mesmo grupo econômico, exceto quando a empresa de processamento de dados presta serviços a banco e a empresas não bancárias do mesmo grupo econômico ou a terceiros.

- **OJ nº 123 da SDI – I do TST.** Bancários. Ajuda alimentação

  A ajuda alimentação prevista em norma coletiva em decorrência de prestação de horas extras tem natureza indenizatória e, por isso, não integra o salário do empregado bancário.

- **Súmula nº 55 do TST.** Financeiras

  As empresas de crédito, financiamento ou investimento, também denominadas financeiras, equiparam-se aos estabelecimentos bancários para os efeitos do art. 224 da CLT.

- **Súmula nº 119 do TST.** Jornada de trabalho

  Os empregados de empresas distribuidoras e corretoras de títulos e valores mobiliários não têm direito à jornada especial dos bancários.

- **OJ nº 379 da SDI – I do TST.** Empregado de cooperativa de crédito. Bancário. Equiparação. Impossibilidade

  Os empregados de cooperativas de crédito não se equiparam a bancário, para efeito de aplicação do art. 224 da CLT, em razão da inexistência de expressa previsão legal, considerando, ainda, as diferenças estruturais e operacionais entre as instituições financeiras e as cooperativas de crédito. Inteligência das Leis n.os 4.595, de 31.12.1964, e 5.764, de 16.12.1971

- **Súmula nº 257 do TST.** Vigilante

  O vigilante, contratado diretamente por banco ou por intermédio de empresas especializadas, não é bancário.

- **Súmula nº 117 do TST.** Bancário. Categoria diferenciada

  Não se beneficiam do regime legal relativo aos bancários os empregados de estabelecimento de crédito pertencentes a categorias profissionais diferenciadas.

---

116 Para maiores informações, confira o Informativo nº 149 do TST acerca do Incidente de Recursos de Revista Repetitivos nº TST-IRR-849-83.2013.5.03.0138, DEJT 19.12.2016.

117 Para maiores informações, confira o Informativo nº 149 do TST acerca do Incidente de Recursos de Revista Repetitivos nº TST-IRR-849-83.2013.5.03.0138, DEJT 19.12.2016.

118 Esta súmula será impactada pela nova redação dada ao art. 457, § 1º da CLT pela Reforma Trabalhista – Lei nº 13.467/2017.

- **OJ nº 16 da SDI – I do TST.** Banco do Brasil. ACP. Adicional de caráter pessoal. Indevido

  A isonomia de vencimentos entre servidores do Banco Central do Brasil e do Banco do Brasil, decorrente de sentença normativa, alcançou apenas os vencimentos e vantagens de caráter permanente. Dado o caráter personalíssimo do Adicional de Caráter Pessoal – ACP e não integrando a remuneração dos funcionários do Banco do Brasil, não foi ele contemplado na decisão normativa para efeitos de equiparação à tabela de vencimentos do Banco Central do Brasil.

- **OJ nº 17 da SDI – I do TST.** Banco do Brasil. AP e ADI

  Os adicionais AP, ADI ou AFR, somados ou considerados isoladamente, sendo equivalentes a 1/3 do salário do cargo efetivo (art. 224, § 2º, da CLT), excluem o empregado ocupante de cargo de confiança do Banco do Brasil da jornada de 6 horas.

4.3 EMPREGADO RURAL

4.3.1. ENQUADRAMENTO COMO TRABALHADOR RURAL

- **OJ nº 38 da SDI – I do TST.** Empregado que exerce atividade rural. Empresa de reflorestamento. Prescrição própria do rurícola. (Lei nº 5.889/73, art. 10 e decreto nº 73.626/74, art. 2º, § 4º)

  O empregado que trabalha em empresa de reflorestamento, cuja atividade está diretamente ligada ao manuseio da terra e de matéria-prima, é rurícola e não industriário, nos termos do Decreto nº 73.626, de 12.02.1974, art. 2º, § 4º, pouco importando que o fruto de seu trabalho seja destinado à indústria. Assim, aplica-se a prescrição própria dos rurícolas aos direitos desses empregados.

4.3.2. PRESCRIÇÃO DO TRABALHADOR RURAL

- **OJ nº 271 da SDI – I do TST.** Rurícola. Prescrição. Contrato de emprego extinto. Emenda constitucional nº 28/2000. Inaplicabilidade

  O prazo prescricional da pretensão do rurícola, cujo contrato de emprego já se extinguira ao sobrevir a Emenda Constitucional nº 28, de 26/05/2000, tenha sido ou não ajuizada a ação trabalhista, prossegue regido pela lei vigente ao tempo da extinção do contrato de emprego.

- **OJ nº 417 da SDI – I do TST.** Prescrição. Trabalhador rural. Rurícola. Contrato de trabalho em curso. Emenda const. 28/2000. CF/88, art. 7º, XXIX. CLT, art. 11.

  Não há prescrição total ou parcial da pretensão do trabalhador rural que reclama direitos relativos a contrato de trabalho que se encontrava em curso à época da promulgação da Emenda Constitucional 28, de 26/05/2000, desde que ajuizada a demanda no prazo de cinco anos de sua publicação, observada a prescrição bienal.

4.3.3. SALÁRIO-FAMÍLIA RURÍCOLA

- **Súmula nº 344 do TST.** Salário-família. Trabalhador rural

  O salário-família é devido aos trabalhadores rurais somente após a vigência da Lei nº 8.213, de 24.07.1991.

4.4. EMPREGADO DOMÉSTICO

- **Súmula nº 377 do TST[119]. Preposto. Exigência da condição de empregado**

  Exceto quanto à reclamação de empregado doméstico, ou contra micro ou pequeno empresário, o preposto deve ser necessariamente empregado do reclamado. Inteligência do art. 843, § 1º, da CLT e do art. 54 da Lei Complementar nº 123, de 14 de dezembro de 2006.

5. EMPREGADOR

- **Súmula nº 129 do TST[120].** Contrato de trabalho. Grupo econômico

  A prestação de serviços a mais de uma empresa do mesmo grupo econômico, durante a mesma jornada de trabalho, não caracteriza a coexistência de mais de um contrato de trabalho, salvo ajuste em contrário.

- **OJ nº 261 da SDI – I do TST[121].** Bancos. Sucessão trabalhista

  As obrigações trabalhistas, inclusive as contraídas à época em que os empregados trabalhavam para o banco sucedido, são de responsabilidade do sucessor, uma vez que a este foram transferidos os ativos, as agências, os direitos e deveres contratuais, caracterizando típica sucessão trabalhista.

- **OJ nº 225 da SDI – I do TST.** Contrato de concessão de serviço público. Responsabilidade trabalhista

  Celebrado contrato de concessão de serviço público em que uma empresa (primeira concessionária) outorga a outra (segunda concessionária), o todo ou em parte, mediante arrendamento, ou qualquer outra forma contratual, a título transitório, bens de sua propriedade:

---

119 Esta súmula será impactada pelo art. 843, § 3º da CLT acrescentado pela Reforma Trabalhista – Lei nº 13.467/2017.

120 Esta súmula será impactada pelo art. 8º, § 2º da CLT acrescentado pela Reforma Trabalhista – Lei nº 13.467/2017.

121 Esta orientação jurisprudencial será impactada pelo art. 448-A da CLT acrescentado pela Reforma Trabalhista – Lei nº 13.467/2017.

I – em caso de rescisão do contrato de trabalho após a entrada em vigor da concessão, a segunda concessionária, na condição de sucessora, responde pelos direitos decorrentes do contrato de trabalho, sem prejuízo da responsabilidade subsidiária da primeira concessionária pelos débitos trabalhistas contraídos até a concessão;

II – no tocante ao contrato de trabalho extinto antes da vigência da concessão, a responsabilidade pelos direitos dos trabalhadores será exclusivamente da antecessora.

- **OJ nº 411 da SDI – I do TST[122].** Sucessão trabalhista. Aquisição de empresa pertencente a grupo econômico. Responsabilidade solidária do sucessor por débitos trabalhistas de empresa não adquirida. Inexistência.

  O sucessor não responde solidariamente por débitos trabalhistas de empresa não adquirida, integrante do mesmo grupo econômico da empresa sucedida, quando, à época, a empresa devedora direta era solvente ou idônea economicamente, ressalvada a hipótese de má-fé ou fraude na sucessão.

- **OJ nº 92 da SDI – I do TST.** Desmembramento de municípios. Responsabilidade trabalhista

  Em caso de criação de novo município, por desmembramento, cada uma das novas entidades responsabiliza-se pelos direitos trabalhistas do empregado no período em que figurarem como real empregador.

- **Súmula nº 430 do TST.** Administração pública indireta. Contratação. Ausência de concurso público. Nulidade. Ulterior privatização. Convalidação. Insubsistência do vício.

  Convalidam-se os efeitos do contrato de trabalho que, considerado nulo por ausência de concurso público, quando celebrado originalmente com ente da Administração Pública Indireta, continua a existir após a sua privatização.

- **OJ nº 343 da SDI – I do TST.** Penhora. Sucessão. Art. 100 da CF/1988. Execução

  É válida a penhora em bens de pessoa jurídica de direito privado, realizada anteriormente à sucessão pela União ou por Estado-membro, não podendo a execução prosseguir mediante precatório. A decisão que a mantém não viola o art. 100 da CF/1988.

- **Súmula nº 51 do TST[123].** Norma regulamentar. Vantagens e opção pelo novo regulamento. Art. 468 da CLT

  I – As cláusulas regulamentares, que revoguem ou alterem vantagens deferidas anteriormente, só atingirão os trabalhadores admitidos após a revogação ou alteração do regulamento.

  II – Havendo a coexistência de dois regulamentos da empresa, a opção do empregado por um deles tem efeito jurídico de renúncia às regras do sistema do outro.

- **Súmula nº 77 do TST.** Punição

  Nula é a punição de empregado se não precedida de inquérito ou sindicância internos a que se obrigou a empresa por norma regulamentar.

6. TERCEIRIZAÇÃO

Nota: A terceirização das relações de trabalho sofreu profundas alterações pelas Leis nº 13.429/2017 e Lei nº 13.467/2017 (Reforma Trabalhista), sendo permitida expressamente a terceirização das atividades-fim das empresas. Para mais informações, confira a redação da Lei nº 6.019/1974 que passou a regulamentar o tema.

- **Súmula nº 331 do TST[124].** Contrato de prestação de serviços. Legalidade

  I – A contratação de trabalhadores por empresa interposta é ilegal, formando-se o vínculo diretamente com o tomador dos serviços, salvo no caso de trabalho temporário (Lei nº 6.019, de 03.01.1974).

  II – A contratação irregular de trabalhador, mediante empresa interposta, não gera vínculo de emprego com os órgãos da administração pública direta, indireta ou fundacional (art. 37, II, da CF/1988).

  III – Não forma vínculo de emprego com o tomador a contratação de serviços de vigilância (Lei nº 7.102, de 20.06.1983) e de conservação e limpeza, bem como a de serviços especializados ligados à atividade-meio do tomador, desde que inexistente a pessoalidade e a subordinação direta.

  IV – O inadimplemento das obrigações trabalhistas, por parte do empregador, implica a responsabilidade subsidiária do tomador dos serviços, quanto àquelas obrigações, desde que hajam participado da relação processual e constem também do título executivo judicial (art. 71 da Lei nº 8.666, de 21.06.1993).

  V – Os entes integrantes da administração pública direta e indireta respondem subsidiariamente,

122 Esta súmula será impactada pelo art. 448-A da CLT acrescentado pela Reforma Trabalhista – Lei nº 13.467/2017.

123 Esta súmula será impactada pelo art. 611-A, VI da CLT acrescentado pela Reforma Trabalhista – Lei nº 13.467/2017.

124 Esta súmula será impactada pela Lei nº 6.019/1974 acrescentado pela Lei nº 13.467/2017 (Reforma Trabalhista).

nas mesmas condições do item IV, caso evidenciada a sua conduta culposa no cumprimento das obrigações da Lei nº 8.666/93, especialmente na fiscalização do cumprimento das obrigações contratuais e legais da prestadora de serviço como empregadora. A aludida responsabilidade não decorre de mero inadimplemento das obrigações trabalhistas assumidas pela empresa regularmente contratada.

VI – A responsabilidade subsidiária do tomador de serviços abrange todas as verbas decorrentes da condenação referentes ao período da prestação laboral.

- **OJ nº 321 da SDI – I do TST.** Vínculo empregatício com a administração pública. Período anterior à CF/88

  Salvo os casos de trabalho temporário e de serviço de vigilância, previstos nas Leis nºs 6.019, de 03.01.74, e 7.102, de 20.06.83, é ilegal a contratação de trabalhadores por empresa interposta, formando-se o vínculo empregatício diretamente com o tomador dos serviços, inclusive ente público, em relação ao período anterior à vigência da CF/88.

- **OJ nº 185 da SDI – I do TST.** Contrato de trabalho com a associação de pais e mestres – APM. Inexistência de responsabilidade solidária ou subsidiária do estado

  O Estado-Membro não é responsável subsidiária ou solidariamente com a Associação de Pais e Mestres pelos encargos trabalhistas dos empregados contratados por esta última, que deverão ser suportados integral e exclusivamente pelo real empregador.

- **OJ nº 383 da SDI – I do TST[125].** Terceirização. Empregados da empresa prestadora de serviços e da tomadora. Isonomia. Art. 12, "a", da Lei nº 6.019, de 03.01.1974

  A contratação irregular de trabalhador, mediante empresa interposta, não gera vínculo de emprego com ente da Administração Pública, não afastando, contudo, pelo princípio da isonomia, o direito dos empregados terceirizados às mesmas verbas trabalhistas legais e normativas asseguradas àqueles contratados pelo tomador dos serviços, desde que presente a igualdade de funções. Aplicação analógica do art. 12, "a", da Lei nº 6.019, de 03.01.1974.

- **OJ nº 191 da SDI – I do TST[126].** Contrato de empreitada. Dono da obra de construção civil. Responsabilidade

  Diante da inexistência de previsão legal específica, o contrato de empreitada de construção civil entre o dono da obra e o empreiteiro não enseja responsabilidade solidária ou subsidiária nas obrigações trabalhistas contraídas pelo empreiteiro, salvo sendo o dono da obra uma empresa construtora ou incorporadora.

7. CONTRATO DE TRABALHO

7.1. IDENTIFICAÇÃO PROFISSIONAL DE EMPREGADO. CARTEIRA DE TRABALHO E PREVIDÊNCIA SOCIAL – CTPS

- **Súmula nº 12 do TST.** Carteira profissional

  As anotações apostas pelo empregador na carteira profissional do empregado não geram presunção *juris et de jure*, mas apenas *juris tantum*.

- **OJ nº 82 da SDI – I do TST.** Aviso-prévio. Baixa na CTPS

  A data de saída a ser anotada na CTPS deve corresponder à do término do prazo do aviso-prévio, ainda que indenizado.

7.2. CONTRATO DE EXPERIÊNCIA E CONTRATO POR PRAZO DETERMINADO

- **Súmula nº 188 do TST. Contrato de trabalho. Experiência. Prorrogação**

  O contrato de experiência pode ser prorrogado, respeitado o limite máximo de 90 dias.

- **Súmula nº 163 do TST.** Aviso-prévio. Contrato de experiência

  Cabe aviso prévio nas rescisões antecipadas dos contratos de experiência, na forma do art. 481 da CLT (ex-Prejulgado nº 42).

- **Súmula nº 125 do TST.** Contrato de trabalho. Art. 479 da CLT

  O art. 479 da CLT aplica-se ao trabalhador optante pelo FGTS admitido mediante contrato por prazo determinado, nos termos do art. 30, § 3º, do Decreto nº 59.820, de 20.12.1966.

7.3. DA NULIDADE DO CONTRATO DE TRABALHO

- **Súmula nº 363 do TST.** Contrato nulo. Efeitos

  A contratação de servidor público, após a CF/1988, sem prévia aprovação em concurso público, encontra óbice no respectivo art. 37, II e § 2º, somente lhe conferindo direito ao pagamento da contraprestação pactuada, em relação ao número de horas trabalhadas, respeitado o valor da hora

---

125 Esta súmula será impactada pelas alterações na Lei nº 6.019/1974 promovidas pelas Leis nº 13.429/2017 e Lei nº 13.467/2017 (Reforma Trabalhista).

126 Esta orientação jurisprudencial deve sofrer impactos decorrentes do julgamento de Incidente de Recurso de Revista Repetitivo nº TST-IRR-190-53.2015.5.03.0090. Confira o Informativo nº 159 do TST.

do salário mínimo, e dos valores referentes aos depósitos do FGTS.

- **OJ nº 335 da SDI – I do TST.** Contrato nulo. Administração pública. Efeitos. Conhecimento do recurso por violação do art. 37, II e § 2º, da CF/88

  A nulidade da contratação sem concurso público, após a CF/88, bem como a limitação de seus efeitos, somente poderá ser declarada por ofensa ao art. 37, II, se invocado concomitantemente o seu § 2º, todos da CF/88.

- **OJ nº 65 da SDI – I do TST.** Professor adjunto. Ingresso no cargo de professor titular. Exigência de concurso público não afastada pela constituição federal de 1988 (CF/1988, arts. 37, II e 206, V)

  O acesso de professor adjunto ao cargo de professor titular só pode ser efetivado por meio de concurso público, conforme dispõem os arts. 37, inciso II, e 206, inciso V, da CF/88.

- **OJ nº 366 da SDI – I do TST.** Estagiário. Desvirtuamento do contrato de estágio. Reconhecimento do vínculo empregatício com a administração pública direta ou indireta. Período posterior à constituição federal de 1988. Impossibilidade

  Ainda que desvirtuada a finalidade do contrato de estágio celebrado na vigência da Constituição Federal de 1988, é inviável o reconhecimento do vínculo empregatício com ente da Administração Pública direta ou indireta, por força do art. 37, II, da CF/1988, bem como o deferimento de indenização pecuniária, exceto em relação às parcelas previstas na Súmula nº 363 do TST, se requeridas.

- **OJ nº 164 da SDI – I do TST.** Oficial de justiça ad hoc. Inexistência de vínculo empregatício

  Não se caracteriza o vínculo empregatício na nomeação para o exercício das funções de oficial de justiça *ad hoc*, ainda que feita de forma reiterada, pois exaure-se a cada cumprimento de mandado.

- **OJ nº 199 da SDI – I do TST.** Jogo do bicho. Contrato de trabalho. Nulidade. Objeto ilícito. Arts. 82 e 145 do código civil

  É nulo o contrato de trabalho celebrado para o desempenho de atividade inerente à prática do jogo do bicho, ante a ilicitude de seu objeto, o que subtrai o requisito de validade para a formação do ato jurídico.

- **Súmula nº 386 do TST.** Policial militar. Reconhecimento de vínculo empregatício com empresa privada

  Preenchidos os requisitos do art. 3º da CLT, é legítimo o reconhecimento de relação de emprego entre policial militar e empresa privada, independentemente do eventual cabimento de penalidade disciplinar prevista no Estatuto do Policial Militar.

- **Súmula nº 430 do TST** – Administração pública indireta. Contratação. Ausência de concurso público. Nulidade. Ulterior privatização. Convalidação. Insubsistência do vício.

  Convalidam-se os efeitos do contrato de trabalho que, considerado nulo por ausência de concurso público, quando celebrado originalmente com ente da Administração Pública Indireta, continua a existir após a sua privatização.

7.4. ALTERAÇÃO DO CONTRATO DE TRABALHO

- **Súmula nº 372 do TST[127].** Gratificação de função. Supressão ou redução. Limites

  I – Percebida a gratificação de função por dez ou mais anos pelo empregado, se o empregador, sem justo motivo, revertê-lo a seu cargo efetivo, não poderá retirar-lhe a gratificação tendo em vista o princípio da estabilidade financeira.

  II – Mantido o empregado no exercício da função comissionada, não pode o empregador reduzir o valor da gratificação.

- **OJ nº 208 da SDI – I do TST.** Radiologista. Gratificação de raios X. Redução. Lei nº 7.923/89.

  A alteração da gratificação por trabalho com raios X, de quarenta para dez por cento, na forma da Lei nº 7.923/89, não causou prejuízo ao trabalhador porque passou a incidir sobre o salário incorporado com todas as demais vantagens.

- **Súmula nº 265 do TST.** Adicional noturno. Alteração de turno de trabalho. Possibilidade de supressão

  A transferência para o período diurno de trabalho implica a perda do direito ao adicional noturno.

- **OJ nº 308 da SDI – I do TST.** Jornada de trabalho. Alteração. Retorno à jornada inicialmente contratada. Servidor público

  O retorno do servidor público (administração direta, autárquica e fundacional) à jornada inicialmente contratada não se insere nas vedações do art. 468 da CLT, sendo a sua jornada definida em lei e no contrato de trabalho firmado entre as partes.

- **OJ nº 244 da SDI – I do TST.** Professor. Redução da carga horária. Possibilidade

  A redução da carga horária do professor, em virtude da diminuição do número de alunos, não constitui alteração contratual, uma vez que não implica redução do valor da hora-aula.

127 Esta súmula será impactada pelo art. 468, § 2º da CLT acrescentado pela Reforma Trabalhista – Lei nº 13.467/2017.

- **OJ nº 159 da SDI – I do TST.** Data de pagamento. Salários. Alteração

  Diante da inexistência de previsão expressa em contrato ou em instrumento normativo, a alteração da data de pagamento pelo empregador não viola o art. 468, desde que observado o parágrafo único do art. 459, ambos da CLT.

- **Súmula nº 381 do TST.** Correção monetária. Salário. Art. 459 da CLT

  O pagamento dos salários até o 5º dia útil do mês subsequente ao vencido não está sujeito à correção monetária. Se essa data limite for ultrapassada, incidirá o índice da correção monetária do mês subsequente ao da prestação dos serviços, a partir do dia 1º.

- **OJ nº 28 da SDI – I do TST.** Correção monetária sobre as diferenças salariais. Universidades federais. Devida. Lei nº 7.596/1987

  Incide correção monetária sobre as diferenças salariais dos servidores das universidades federais, decorrentes da aplicação retroativa dos efeitos financeiros assegurados pela Lei nº 7.596/87, pois a correção monetária tem como escopo único minimizar a desvalorização da moeda em decorrência da corrosão inflacionária.

- **Súmula nº 43 do TST.** Transferência

  Presume-se abusiva a transferência de que trata o § 1º do art. 469 da CLT, sem comprovação da necessidade do serviço.

- **OJ nº 113 da SDI – I do TST.** Adicional de transferência. Cargo de confiança ou previsão contratual de transferência. Devido. Desde que a transferência seja provisória

  O fato de o empregado exercer cargo de confiança ou a existência de previsão de transferência no contrato de trabalho não exclui o direito ao adicional. O pressuposto legal apto a legitimar a percepção do mencionado adicional é a transferência provisória.

- **Súmula nº 29 do TST.** Transferência

  Empregado transferido, por ato unilateral do empregador, para local mais distante de sua residência, tem direito a suplemento salarial correspondente ao acréscimo da despesa de transporte.

7.5. SUSPENSÃO E INTERRUPÇÃO DO CONTRATO DE TRABALHO

- **Súmula nº 155 do TST.** Ausência ao serviço

  As horas em que o empregado falta ao serviço para comparecimento necessário, como parte, à Justiça do Trabalho não serão descontadas de seus salários.

- **Súmula nº 160 do TST.** Aposentadoria por invalidez

  Cancelada a aposentadoria por invalidez, mesmo após cinco anos, o trabalhador terá direito de retornar ao emprego, facultado, porém, ao empregador, indenizá-lo na forma da lei.

- **OJ nº 375 da SDI – I do TST.** Auxílio-doença. Aposentadoria por invalidez. Suspensão do contrato de trabalho. Prescrição. Contagem

  A suspensão do contrato de trabalho, em virtude da percepção do auxílio-doença ou da aposentadoria por invalidez, não impede a fluência da prescrição quinquenal, ressalvada a hipótese de absoluta impossibilidade de acesso ao Judiciário.

- **Súmula nº 440 do TST[128].** Auxílio-doença acidentário. Aposentadoria por invalidez. Suspensão do contrato de trabalho. Reconhecimento do direito à manutenção de plano de saúde ou de assistência médica

  Assegura-se o direito à manutenção de plano de saúde, ou de assistência médica, oferecido pela empresa ao empregado, não obstante suspenso o contrato de trabalho em virtude de auxílio-doença acidentário ou de aposentadoria por invalidez.

8. DURAÇÃO DO TRABALHO

8.1. DURAÇÃO DO TRABALHO

- **Súmula nº 429 do TST[129].** Tempo à disposição do empregador. Art. 4º da CLT. Período de deslocamento entre a portaria e o local de trabalho.

  Considera-se à disposição do empregador, na forma do art. 4º da CLT, o tempo necessário ao deslocamento do trabalhador entre a portaria da empresa e o local de trabalho, desde que supere o limite de 10 minutos diários.

8.2. SOBREAVISO

- **Súmula nº 229 do TST.** Sobreaviso. Eletricitários

  Por aplicação analógica do art. 244, § 2º, da CLT, as horas de sobreaviso dos eletricitários são remuneradas à base de 1/3 sobre a totalidade das parcelas de natureza salarial.

- **Súmula nº 428 do TST[130].** Sobreaviso. Aplicação analógica do art. 244, § 2º, da CLT

  I – O uso de instrumentos telemáticos ou informatizados fornecidos pela empresa ao empregado, por si só, não caracteriza regime de sobreaviso.

  II – Considera-se em sobreaviso o empregado

---

128 Esta súmula pode ser impactada pelo art. 8º, § 2º da CLT acrescentado pela Reforma Trabalhista – Lei nº 13.467/2017.

129 Esta súmula será impactada pelo art. 8º, § 2º, da CLT acrescentado pela Reforma Trabalhista – Lei nº 13.467/2017.

130 Esta súmula será impactada pelo art. 611-A, VIII da CLT acrescentado pela Reforma Trabalhista – Lei nº 13.467/2017.

que, à distância e submetido a controle patronal por instrumentos telemáticos ou informatizados, permanecer em regime de plantão ou equivalente, aguardando a qualquer momento o chamado para o serviço durante o período de descanso.

8.3. FISCALIZAÇÃO DA JORNADA

- **Súmula nº 338 do TST**[131]. Fiscalização da jornada. Registro. Ônus da prova.

  I – É ônus do empregador que conta com mais de 10 (dez) empregados o registro da jornada de trabalho na forma do art. 74, § 2º, da CLT. A não apresentação injustificada dos controles de frequência gera presunção relativa de veracidade da jornada de trabalho, a qual pode ser elidida por prova em contrário.

  II – A presunção de veracidade da jornada de trabalho, ainda que prevista em instrumento normativo, pode ser elidida por prova em contrário.

  III – Os cartões de ponto que demonstram horários de entrada e saída uniformes são inválidos como meio de prova, invertendo-se o ônus da prova, relativo às horas extras, que passa a ser do empregador, prevalecendo a jornada da inicial se dele não se desincumbir.

- **Súmula nº 366 do TST**[132]. Cartão de ponto. Registro. Horas extras. Minutos que antecedem e sucedem a jornada de trabalho

  Não serão descontadas nem computadas como jornada extraordinária as variações de horário do registro de ponto não excedentes de cinco minutos, observado o limite máximo de dez minutos diários. Se ultrapassado esse limite, será considerada como extra a totalidade do tempo que exceder a jornada normal, pois configurado tempo à disposição do empregador, não importando as atividades desenvolvidas pelo empregado ao longo do tempo residual (troca de uniforme, lanche, higiene pessoal, etc).

- **Súmula nº 449 do TST.** Minutos que antecedem e sucedem a jornada de trabalho. Lei nº 10.243, de 19.06.2001. Norma coletiva. Flexibilização. Impossibilidade

  A partir da vigência da Lei nº 10.243, de 27.06.2001, que acrescentou o § 1º ao art. 58 da CLT, não mais prevalece cláusula prevista em convenção ou acordo coletivo que elastece o limite de 5 minutos que antecedem e sucedem a jornada de trabalho para fins de apuração das horas extras.

8.4. HORAS *IN ITINERE*

- **Súmula nº 90 do TST**[133]. Horas *in itinere*. Tempo de serviço

  I – O tempo despendido pelo empregado, em condução fornecida pelo empregador, até o local de trabalho de difícil acesso, ou não servido por transporte público regular, e para o seu retorno é computável na jornada de trabalho.

  II – A incompatibilidade entre os horários de início e término da jornada do empregado e os do transporte público regular é circunstância que também gera o direito às horas *"in itinere"*.

  III – A mera insuficiência de transporte público não enseja o pagamento de horas *"in itinere"*.

  IV – Se houver transporte público regular em parte do trajeto percorrido em condução da empresa, as *horas "in itinere"* remuneradas limitam-se ao trecho não alcançado pelo transporte público.

  V – Considerando que as horas *"in itinere"* são computáveis na jornada de trabalho, o tempo que extrapola a jornada legal é considerado como extraordinário e sobre ele deve incidir o adicional respectivo.

- **Súmula nº 320 do TST**[134]. Horas *in itinere*. Obrigatoriedade de cômputo na jornada de trabalho

  O fato de o empregador cobrar, parcialmente ou não, importância pelo transporte fornecido, para local de difícil acesso ou não servido de transporte regular, não afasta o direito à percepção das *horas in itinere*.

8.5. MOTORISTA, GERENTE E FERROVIÁRIO SUBMETIDOS AO ART. 62 DA CLT

- **OJ nº 332 da SDI – I do TST.** Motorista. Horas extras. Atividade externa. Controle de jornada por tacógrafo. Resolução nº 816/1986 do Contran

  O tacógrafo, por si só, sem a existência de outros elementos, não serve para controlar a jornada de trabalho de empregado que exerce atividade externa.

- **Súmula nº 287 do TST**. Jornada de trabalho. Gerente bancário

  A jornada de trabalho do empregado de banco gerente de agência é regida pelo art. 224, § 2º, da CLT. Quanto ao gerente-geral de agência bancária, presume-se o exercício de encargo de gestão, aplicando-se-lhe o art. 62 da CLT.

---

131 Esta súmula será impactada pelo art. 611-A, X da CLT acrescentado pela Reforma Trabalhista – Lei nº 13.467/2017.

132 Esta súmula será impactada pelo art. 4º, § 2º da CLT acrescentado pela Reforma Trabalhista – Lei nº 13.467/2017.

133 Esta súmula será profundamente impactada pelo art. 58, § 2º da CLT modificado pela Reforma Trabalhista – Lei nº 13.467/2017.

134 Esta súmula será profundamente impactada pelo art. 58, § 2º da CLT modificado pela Reforma Trabalhista – Lei nº 13.467/2017.

- **Súmula nº 61 do TST.** Ferroviário

  Aos ferroviários que trabalham em estação do interior, assim classificada por autoridade competente, não são devidas horas extras (art. 243 da CLT).

8.6 TURNOS ININTERRUPTOS DE REVEZAMENTO

- **Súmula nº 423 do TST. Turno ininterrupto de revezamento.** Fixação de jornada de trabalho mediante negociação coletiva. Validade.

  Estabelecida jornada superior a seis horas e limitada a oito horas por meio de regular negociação coletiva, os empregados submetidos a turnos ininterruptos de revezamento não têm direito ao pagamento da 7ª e 8ª horas como extras.

- **OJ nº 420 da SDI – I do TST.** Turnos ininterruptos de revezamento. Elastecimento da jornada de trabalho. Norma coletiva com eficácia retroativa. Invalidade.

  É inválido o instrumento normativo que, regularizando situações pretéritas, estabelece jornada de oito horas para o trabalho em turnos ininterruptos de revezamento

- **OJ nº 360 da SDI – I do TST.** Turno ininterrupto de revezamento. Dois turnos. Horário diurno e noturno. Caracterização

  Faz jus à jornada especial prevista no art. 7º, XIV, da CF/1988 o trabalhador que exerce suas atividades em sistema de alternância de turnos, ainda que em dois turnos de trabalho, que compreendam, no todo ou em parte, o horário diurno e o noturno, pois submetido à alternância de horário prejudicial à saúde, sendo irrelevante que a atividade da empresa se desenvolva de forma ininterrupta.

- **Súmula nº 360 do TST.** Turnos ininterruptos de revezamento. Intervalos intrajornada e semanal

  A interrupção do trabalho destinada a repouso e alimentação, dentro de cada turno, ou o intervalo para repouso semanal, não descaracteriza o turno de revezamento com jornada de 6 (seis) horas previsto no art. 7º, XIV, da CF/1988.

- **OJ nº 395 da SDI – I do TST.** Turno ininterrupto de revezamento. Hora noturna reduzida. Incidência.

  O trabalho em regime de turnos ininterruptos de revezamento não retira o direito à hora noturna reduzida, não havendo incompatibilidade entre as disposições contidas nos arts. 73, § 1º, da CLT e 7º, XIV, da Constituição Federal.

- **OJ nº 275 da SDI – I do TST.** Turno ininterrupto de revezamento. Horista. Horas extras e adicional. Devidos

  Inexistindo instrumento coletivo fixando jornada diversa, o empregado horista submetido a turno ininterrupto de revezamento faz jus ao pagamento das horas extraordinárias laboradas além da 6ª, bem como ao respectivo adicional.

- **OJ nº 396 da SDI – I do TST.** Turnos ininterruptos de revezamento. Alteração da jornada de 8 para 6 horas diárias. Empregado horista. Aplicação do divisor 180.

  Para o cálculo do salário hora do empregado horista, submetido a turnos ininterruptos de revezamento, considerando a alteração da jornada de 8 para 6 horas diárias, aplica-se o divisor 180, em observância ao disposto no art. 7º, VI, da Constituição Federal, que assegura a irredutibilidade salarial.

- **OJ nº 274 da SDI – I do TST.** Turno ininterrupto de revezamento. Ferroviário. Horas extras. Devidas

  O ferroviário submetido a escalas variadas, com alternância de turnos, faz jus à jornada especial prevista no art. 7º, XIV, da CF/1988.

- **Súmula nº 391 do TST.** Petroleiros. Lei nº 5.811/1972. Turno ininterrupto de revezamento. Horas extras e alteração da jornada para horário fixo

  I – A Lei nº 5.811/1972 foi recepcionada pela CF/88 no que se refere à duração da jornada de trabalho em regime de revezamento dos petroleiros.

  II – A previsão contida no art. 10 da Lei nº 5.811/1972, possibilitando a mudança do regime de revezamento para horário fixo, constitui alteração lícita, não violando os arts. 468 da CLT e 7º, VI, da CF/1988.

8.7. TRABALHO NOTURNO

- **OJ nº 127 da SDI – I do TST.** Hora noturna reduzida. Subsistência após a CF/1988

  O art. 73, § 1º da CLT, que prevê a redução da hora noturna, não foi revogado pelo inciso IX do art. 7º da CF/1988

- **Súmula nº 265 do TST.** Adicional noturno. Alteração de turno de trabalho. Possibilidade de supressão

  A transferência para o período diurno de trabalho implica a perda do direito ao adicional noturno.

- **OJ nº 388 da SDI – I do TST**[135]. Jornada 12x36. Jornada mista que compreenda a totalidade do período noturno. Adicional noturno. Devido.

  O empregado submetido à jornada de 12 horas de trabalho por 36 de descanso, que compreenda

135 Esta orientação jurisprudencial será impactada pelo art. 59-A, parágrafo único da CLT acrescentado pela Reforma Trabalhista – Lei nº 13.467/2017.

a totalidade do período noturno, tem direito ao adicional noturno, relativo às horas trabalhadas após as 5 horas da manhã.

- **Súmula nº 112 do TST.** Trabalho noturno. Petróleo

  O trabalho noturno dos empregados nas atividades de exploração, perfuração, produção e refinação do petróleo, industrialização do xisto, indústria petroquímica e transporte de petróleo e seus derivados, por meio de dutos, é regulado pela Lei 5.811/72, não se lhe aplicando a hora reduzida de 52 (cinquenta e dois) minutos e 30 (trinta) segundos do art. 73, § 2º, da CLT.

- **OJ nº 60 da SDI – I do TST.** Portuários. Hora noturna. Horas extras. (Lei nº 4.860/65, arts. 4º e 7º, § 5º)

  I – A hora noturna no regime de trabalho no porto, compreendida entre dezenove horas e sete horas do dia seguinte, é de sessenta minutos.

  II – Para o cálculo das horas extras prestadas pelos trabalhadores portuários, observar-se-á somente o salário básico percebido, excluídos os adicionais de risco e produtividade.

8.8. COMPENSAÇÃO DE JORNADA

- **Súmula nº 85 do TST[136].** Compensação de jornada

  I – A compensação de jornada de trabalho deve ser ajustada por acordo individual escrito, acordo coletivo ou convenção coletiva.

  II – O acordo individual para compensação de horas é válido, salvo se houver norma coletiva em sentido contrário.

  III – O mero não-atendimento das exigências legais para a compensação de jornada, inclusive quando encetada mediante acordo tácito, não implica a repetição do pagamento das horas excedentes à jornada normal diária, se não dilatada a jornada máxima semanal, sendo devido apenas o respectivo adicional.

  IV – A prestação de horas extras habituais descaracteriza o acordo de compensação de jornada. Nesta hipótese, as horas que ultrapassarem a jornada semanal normal deverão ser pagas como horas extraordinárias e, quanto àquelas destinadas à compensação, deverá ser pago a mais apenas o adicional por trabalho extraordinário.

  V – As disposições contidas nesta súmula não se aplicam ao regime compensatório na modalidade "banco de horas", que somente pode ser instituído por negociação coletiva.

  VI - Não é válido acordo de compensação de jornada em atividade insalubre, ainda que estipulado em norma coletiva, sem a necessária inspeção prévia e permissão da autoridade competente, na forma do art. 60 da CLT.

- **Súmula nº 444 do TST[137].** Jornada de trabalho. Escala 12 por 36. Validade

  É valida, em caráter excepcional, a jornada de 12 horas de trabalho por trinta e seis de descanso, prevista em lei ou ajustada exclusivamente mediante acordo coletivo de trabalho ou convenção coletiva de trabalho, assegurada a remuneração em dobro dos feriados trabalhados. O empregado não tem direito ao pagamento de adicional referente ao labor prestado na décima primeira e décima segunda horas

- **OJ nº 323 da SDI – I do TST.** Acordo de compensação de jornada. "Semana espanhola". Validade

  É válido o sistema de compensação de horário quando a jornada adotada é a denominada "semana espanhola", que alterna a prestação de 48 horas em uma semana e 40 horas em outra, não violando os arts. 59, § 2º, da CLT e 7º, XIII, da CF/1988 o seu ajuste mediante acordo ou convenção coletiva de trabalho.

8.9. JORNADA DO TELEFONISTA, JORNALISTA E ADVOGADO

- **Súmula nº 178 do TST.** Telefonista. Art. 227, e parágrafos, da CLT. Aplicabilidade

  É aplicável à telefonista de mesa de empresa que não explora o serviço de telefonia o disposto no art. 227, e seus parágrafos, da CLT

- **OJ nº 213 da SDI – I do TST.** Telex. Operadores. Art. 227 da CLT. Inaplicável

  O operador de telex de empresa, cuja atividade econômica não se identifica com qualquer uma das previstas no art. 227 da CLT, não se beneficia de jornada reduzida.

- **OJ nº 407 da SDI – I do TST.** Jornalista. Empresa não jornalística. Jornada de trabalho reduzida. Arts. 302 e 303 da CLT

  O jornalista que exerce funções típicas de sua profissão, independentemente do ramo de atividade do empregador, tem direito à jornada reduzida prevista no artigo 303 da CLT.

- **OJ nº 403 da SDI – I do TST.** Advogado empregado. Contratação anterior a Lei nº 8.906, de 04.07.1994. Jornada de trabalho mantida com o advento da lei. Dedicação exclusiva. Caracterização

---

136 Esta súmula será impactada pelos art. 59, 59-A e 59-B da CLT alterados pela Reforma Trabalhista – Lei nº 13.467/2017.

137 Esta súmula será impactada pelo art. 59-A da CLT acrescentado pela Reforma Trabalhista – Lei nº 13.467/2017.

O advogado empregado contratado para jornada de 40 horas semanais, antes da edição da Lei nº 8.906, de 04.07.1994, está sujeito ao regime de dedicação exclusiva disposto no art. 20 da referida lei, pelo que não tem direito à jornada de 20 horas semanais ou 4 diárias.

8.10. INTERVALOS

- **Súmula nº 118 do TST.** Jornada de trabalho. Horas extras

  Os intervalos concedidos pelo empregador na jornada de trabalho, não previstos em lei, representam tempo à disposição da empresa, remunerados como serviço extraordinário, se acrescidos ao final da jornada.

- **Súmula nº 437 do TST**[138]. Intervalo intrajornada para repouso e alimentação. Aplicação do art. 71 da CLT. *(Conversão das Orientações Jurisprudenciais n.os 307, 342, 354, 380 e 381 da SBDI-1)*

  I – Após a edição da Lei nº 8.923/94, a não concessão total ou a concessão parcial do intervalo intrajornada mínimo, para repouso e alimentação a empregados urbanos e rurais, implica o pagamento total do período correspondente, e não apenas daquele suprimido, com acréscimo de, no mínimo, 50% sobre o valor da remuneração da hora normal de trabalho (art. 71 da CLT), sem prejuízo do cômputo da efetiva jornada de labor para efeito de remuneração.

  II – É inválida cláusula de acordo ou convenção coletiva de trabalho contemplando a supressão ou redução do intervalo intrajornada porque este constitui medida de higiene, saúde e segurança do trabalho, garantida por norma de ordem pública (art. 71 da CLT e art. 7º, XXII, da CF/1988), infenso à negociação coletiva.

  III – Possui natureza salarial a parcela prevista no art. 71, § 4º, da CLT, com redação introduzida pela Lei nº 8.923, de 27 de julho de 1994, quando não concedido ou reduzido pelo empregador o intervalo mínimo intrajornada para repouso e alimentação, repercutindo, assim, no cálculo de outras parcelas salariais.

  IV – Ultrapassada habitualmente a jornada de seis horas de trabalho, é devido o gozo do intervalo intrajornada mínimo de uma hora, obrigando o empregador a remunerar o período para descanso e alimentação não usufruído como extra, acrescido do respectivo adicional, na forma prevista no art. 71, caput e § 4º, da CLT."

- **Súmula nº 446 do TST**. Maquinista ferroviário. Intervalo intrajornada. Supressão parcial ou total. Horas extras devidas. Compatibilidade entre os arts. 71, § 4º, e 238, § 5º, da CLT.

  A garantia ao intervalo intrajornada, prevista no art. 71 da CLT, por constituir-se em medida de higiene, saúde e segurança do empregado, é aplicável também ao ferroviário maquinista integrante da categoria "c" (equipagem de trem em geral), não havendo incompatibilidade entre as regras inscritas nos arts. 71, § 4º, e 238, § 5º, da CLT.

- **Súmula nº 346 do TST.** Digitador. Intervalos intrajornada. Aplicação analógica do art. 72 da CLT

  Os digitadores, por aplicação analógica do art. 72 da CLT, equiparam-se aos trabalhadores nos serviços de mecanografia (datilografia, escrituração e cálculo), razão pela qual têm direito a intervalos de descanso de 10 (dez) minutos a cada 90 (noventa) de trabalho consecutivo.

- **Súmula nº 438 do TST**. Intervalo para recuperação térmica do empregado. Ambiente artificialmente frio. Horas extras. Art. 253 da CLT. Aplicação analógica

  O empregado submetido a trabalho contínuo em ambiente artificialmente frio, nos termos do parágrafo único do art. 253 da CLT, ainda que não labore em câmara frigorífica, tem direito ao intervalo intrajornada previsto no caput do art. 253 da CLT.

- **OJ nº 355 da SDI – I do TST**[139]. Intervalo interjornadas. Inobservância. Horas extras. Período pago como sobrejornada. Art. 66 da CLT. Aplicação analógica do § 4º do art. 71 da CLT.

  O desrespeito ao intervalo mínimo interjornadas previsto no art. 66 da CLT acarreta, por analogia, os mesmos efeitos previstos no § 4º do art. 71 da CLT e na Súmula nº 110 do TST, devendo-se pagar a integralidade das horas que foram subtraídas do intervalo, acrescidas do respectivo adicional.

- **Súmula nº 110 do TST.** Jornada de trabalho. Intervalo.

  No regime de revezamento, as horas trabalhadas em seguida ao repouso semanal de 24 horas, com prejuízo do intervalo mínimo de 11 horas consecutivas para descanso entre jornadas, devem ser remuneradas como extraordinárias, inclusive com o respectivo adicional.

8.11. DESCANSO SEMANAL REMUNERADO E FERIADOS (LEI Nº 605/1949)

- **Súmula nº 15 do TST.** Atestado médico

138 Esta súmula será impactada pela nova redação do art. 71, § 4º da CLT e pelo art. 611-A, III da CLT acrescentado pela Reforma Trabalhista – Lei nº 13.467/2017.

139 Esta súmula será impactada pela nova redação do art. 71, § 4º da CLT dada pela Reforma Trabalhista – Lei nº 13.467/2017.

A justificação da ausência do empregado motivada por doença, para a percepção do salário-enfermidade e da remuneração do repouso semanal, deve observar a ordem preferencial dos atestados médicos estabelecida em lei.

- **Súmula nº 282 do TST.** Abono de faltas. Serviço médico da empresa

  Ao serviço médico da empresa ou ao mantido por esta última mediante convênio compete abonar os primeiros 15 (quinze) dias de ausência ao trabalho.

- **Súmula nº 146 do TST.** Trabalho em domingos e feriados, não compensado

  O trabalho prestado em domingos e feriados, não compensado, deve ser pago em dobro, sem prejuízo da remuneração relativa ao repouso semanal.

- **OJ nº 410 da SDI – I do TST.** Repouso semanal remunerado. Concessão após o sétimo dia consecutivo de trabalho. Art. 7º, XV, da CF. Violação

  Viola o art. 7º, XV, da CF a concessão de repouso semanal remunerado após o sétimo dia consecutivo de trabalho, importando no seu pagamento em dobro.

- **Súmula nº 225 do TST.** Repouso semanal. Cálculo. Gratificações por tempo de serviço e produtividade

  As gratificações por tempo de serviço e produtividade, pagas mensalmente, não repercutem no cálculo do repouso semanal remunerado.

- **OJ nº 103 da SDI – I do TST.** Adicional de insalubridade. Repouso semanal e feriados

  O adicional de insalubridade já remunera os dias de repouso semanal e feriados.

- **Súmula nº 172 do TST**. Repouso remunerado. Horas extras. Cálculo

  Computam-se no cálculo do repouso semanal remunerado as horas extras habitualmente prestadas.

- **OJ nº 394** da **SDI – I do TST.** Repouso semanal remunerado – RSR. Integração das horas extras. Não repercussão no cálculo das férias, do décimo terceiro salário, do aviso-prévio e dos depósitos do FGTS

  A majoração do valor do repouso semanal remunerado, em razão da integração das horas extras habitualmente prestadas, não repercute no cálculo das férias, da gratificação natalina, do aviso prévio e do FGTS, sob pena de caracterização de *bis in idem*.

- **Súmula nº 27 do TST.** Comissionista

  É devida a remuneração do repouso semanal remunerado e dos dias feriados ao empregado comissionista, ainda que pracista.

- **Súmula nº 354 do TST[140].** Gorjetas. Natureza jurídica. Repercussões

  As gorjetas, cobradas pelo empregador na nota de serviço ou oferecidas espontaneamente pelos clientes, integram a remuneração do empregado, não servindo de base de cálculo para as parcelas de aviso-prévio, adicional noturno, horas extras e repouso semanal remunerado.

- **Súmula nº 351 do TST.** Professor. Repouso semanal remunerado. Art. 7º, § 2º, da Lei nº 605, de 05.01.1949 e art. 320 da CLT

  O professor que recebe salário mensal à base de hora-aula tem direito ao acréscimo de 1/6 a título de repouso semanal remunerado, considerando-se para esse fim o mês de quatro semanas e meia.

- **Súmula nº 113 do TST.** Bancário. Sábado. Dia útil

  O sábado do bancário é dia útil não trabalhado, não dia de repouso remunerado. Não cabe a repercussão do pagamento de horas extras habituais em sua remuneração.

8.12. FÉRIAS

- **Súmula nº 89 do TST.** Falta ao serviço

  Se as faltas já são justificadas pela lei, consideram-se como ausências legais e não serão descontadas para o cálculo do período de férias.

- **Súmula nº 46 do TST.** Acidente de trabalho

  As faltas ou ausências decorrentes de acidente do trabalho não são consideradas para os efeitos de duração de férias e cálculo da gratificação natalina.

- **Súmula nº 328 do TST.** Férias. Terço constitucional

  O pagamento das férias, integrais ou proporcionais, gozadas ou não, na vigência da CF/88, sujeita-se ao acréscimo do terço previsto no respectivo art. 7º, XVII.

- **Súmula nº 149 do TST.** Tarefeiro. Férias

  A remuneração das férias do tarefeiro deve ser calculada com base na média da produção do período aquisitivo, aplicando-se-lhe a tarifa da data da concessão.

- **Súmula nº 81 do TST**. Férias

  Os dias de férias gozados após o período legal de concessão deverão ser remunerados em dobro.

- **Súmula nº 450 do TST**. Férias. Gozo na época própria. Pagamento fora do prazo. Dobra devida. Arts. 137 e 145 da CLT.

---

140 Esta súmla será impactada pelo art. 611-A, IX da CLT acrescentado pela Reforma Trabalhista – Lei nº 13.467/2017.

É devido o pagamento em dobro da remuneração de férias, incluído o terço constitucional, com base no art. 137 da CLT, quando, ainda que gozadas na época própria, o empregador tenha descumprido o prazo previsto no art. 145 do mesmo diploma legal.

- **Súmula nº 7 do TST.** Férias

  A indenização pelo não-deferimento das férias no tempo oportuno será calculada com base na remuneração devida ao empregado na época da reclamação ou, se for o caso, na da extinção do contrato.

- **Súmula nº 171 do TST.** Férias proporcionais. Contrato de trabalho. Extinção

  Salvo na hipótese de dispensa do empregado por justa causa, a extinção do contrato de trabalho sujeita o empregador ao pagamento da remuneração das férias proporcionais, ainda que incompleto o período aquisitivo de 12 (doze) meses.

- **Súmula nº 261 do TST.** Férias proporcionais. Pedido de demissão. Contrato vigente há menos de um ano

  O empregado que se demite antes de completar 12 (doze) meses de serviço tem direito a férias proporcionais.

- **Súmula nº 10 do TST.** Professor. Dispensa sem justa causa. Término do ano letivo ou no curso de férias escolares. Aviso-prévio

  O direito aos salários assegurados (artigo 322, caput e parágrafo 3º da CLT) não exclui o direito também ao aviso-prévio, na hipótese de dispensa sem justa causa ao término do ano letivo ou no curso das férias escolares.

- **OJ nº 195 da SDI – I do TST.** Férias indenizadas. FGTS. Não-incidência

  Não incide a contribuição para o FGTS sobre as férias indenizadas.

9. REMUNERAÇÃO

9.1. SALÁRIO E REMUNERAÇÃO

- **Súmula nº 354 do TST**[141]. Gorjetas. Natureza jurídica. Repercussões

  As gorjetas, cobradas pelo empregador na nota de serviço ou oferecidas espontaneamente pelos clientes, integram a remuneração do empregado, não servindo de base de cálculo para as parcelas de aviso-prévio, adicional noturno, horas extras e repouso semanal remunerado.

- **OJ nº 358 da SDI – I do TST.** Salário mínimo e piso salarial proporcional à jornada reduzida. Empregado. Servidor público

  I - Havendo contratação para cumprimento de jornada reduzida, inferior à previsão constitucional de oito horas diárias ou quarenta e quatro semanais, é lícito o pagamento do piso salarial ou do salário mínimo proporcional ao tempo trabalhado.

  II – Na Administração Pública direta, autárquica e fundacional não é válida remuneração de empregado público inferior ao salário mínimo, ainda que cumpra jornada de trabalho reduzida. Precedentes do Supremo Tribunal Federal.

- **OJ nº 393 da SDI – I do TST**[142]. Professor. Jornada de trabalho especial. Art. 318 da CLT. Salário mínimo. Proporcionalidade

  A contraprestação mensal devida ao professor, que trabalha no limite máximo da jornada prevista no art. 318 da CLT, é de um salário mínimo integral, não se cogitando do pagamento proporcional em relação a jornada prevista no art. 7º, XIII, da Constituição Federal.

- **OJ nº 244 da SDI – I do TST.** Professor. Redução da carga horária. Possibilidade

  A redução da carga horária do professor, em virtude da diminuição do número de alunos, não constitui alteração contratual, uma vez que não implica redução do valor da hora-aula.

- **Súmula nº 370 do TST.** Médico e engenheiro. Jornada de trabalho. Leis nºs 3.999/1961 e 4.950-A/1966

  Tendo em vista que as Leis nº 3.999/1961 e 4.950-A/1966 não estipulam a jornada reduzida, mas apenas estabelecem o salário mínimo da categoria para uma jornada de 4 horas para os médicos e de 6 horas para os engenheiros, não há que se falar em horas extras, salvo as excedentes à oitava, desde que seja respeitado o salário mínimo/horário das categorias.

- **Súmula nº 143 do TST.** Salário profissional

  O salário profissional dos médicos e dentistas guarda proporcionalidade com as horas efetivamente trabalhadas, respeitado o mínimo de 50 (cinquenta) horas.

- **Súmula nº 358 do TST.** Radiologista. Salário profissional. Lei nº 7.394, de 29.10.1985

  O salário profissional dos técnicos em radiologia é igual a 2 (dois) salários mínimos e não a 4 (quatro).

- **Súmula nº 91 do TST.** Salário complessivo

---

141 Esta súmla será impactada pelo art. 611-A, IX da CLT acrescentado pela Reforma Trabalhista – Lei nº 13.467/2017.

142 Esta orientação jurisprudencial pode sofrer impactos em decorrência da aprovação da Lei nº 13.415/2017 que alterou a jornada de trabalho do professor.

Nula é a cláusula que fixa determinada importância ou percentagem para atender englobadamente vários direitos legais ou contratuais do trabalhador.

9.2 AUMENTO SALARIAL CONCEDIDO PELA EMPRESA E SALÁRIO UTILIDADE

- **OJ nº 325 da SDI – I do TST.** Aumento salarial concedido pela empresa. Compensação no ano seguinte em antecipação sem a participação do sindicato profissional. Impossibilidade

  O aumento real, concedido pela empresa a todos os seus empregados, somente pode ser reduzido mediante a participação efetiva do sindicato profissional no ajuste, nos termos do art. 7º, VI, da CF/1988.

- **Súmula nº 258 do TST**. Salário-utilidade. Percentuais

  Os percentuais fixados em lei relativos ao salário *in natura* apenas se referem às hipóteses em que o empregado percebe salário-mínimo, apurando-se, nas demais, o real valor da utilidade.

- **Súmula nº 367 do TST.** Utilidades "in natura". Habitação. Energia elétrica. Veículo. Cigarro. Não integração ao salário

  I – A habitação, a energia elétrica e veículo fornecidos pelo empregador ao empregado, quando indispensáveis para a realização do trabalho, não têm natureza salarial, ainda que, no caso de veículo, seja ele utilizado pelo empregado também em atividades particulares.

  II – O cigarro não se considera salário-utilidade em face de sua nocividade à saúde.

- **Súmula nº 241 do TST[143].** Salário-utilidade. Alimentação

  O vale refeição, fornecido por força do contrato de trabalho, tem caráter salarial, integrando a remuneração do empregado para todos os efeitos legais.

- **OJ nº 123 da SDI – I do TST.** Bancários. Ajuda alimentação

  A ajuda-alimentação prevista em norma coletiva em decorrência de prestação de horas extras tem natureza indenizatória e, por isso, não integra o salário do empregado bancário.

- **OJ nº 133 da SDI – I do TST.** Ajuda alimentação. PAT. Lei nº 6.321/76. Não integração ao salário

  A ajuda-alimentação fornecida por empresa participante do programa de alimentação ao trabalhador, instituído pela Lei nº 6.321/76, não tem caráter salarial. Portanto, não integra o salário para nenhum efeito legal.

- **OJ nº 413 da SDI – I do TST.** Auxílio-alimentação. Alteração da natureza jurídica. Norma coletiva ou adesão ao PAT. (DEJT divulgado em 14, 15 e 16.02.2012)

  A pactuação em norma coletiva conferindo caráter indenizatório à verba "auxílio-alimentação" ou a adesão posterior do empregador ao Programa de Alimentação do Trabalhador – PAT – não altera a natureza salarial da parcela, instituída anteriormente, para aqueles empregados que, habitualmente, já percebiam o benefício, a teor das Súmulas nºs 51, I, e 241 do TST.

9.3. COMISSÕES

- **OJ nº 181 da SDI – I do TST.** Comissões. Correção monetária. Cálculo

  O valor das comissões deve ser corrigido monetariamente para em seguida obter-se a média para efeito de cálculo de férias, 13º salário e verbas rescisórias.

- **Súmula nº 27 do TST.** Comissionista

  É devida a remuneração do repouso semanal remunerado e dos dias feriados ao empregado comissionista, ainda que pracista.

- **Súmula nº 340 do TST**. Comissionista. Horas extras

  O empregado, sujeito a controle de horário, remunerado à base de comissões, tem direito ao adicional de, no mínimo, 50% (cinquenta por cento) pelo trabalho em horas extras, calculado sobre o valor-hora das comissões recebidas no mês, considerando-se como divisor o número de horas efetivamente trabalhadas.

- **OJ nº 235 da SDI – I do TST[144].** Horas extras. Salário por produção

  O empregado que recebe salário por produção e trabalha em sobrejornada tem direito à percepção apenas do adicional de horas extras, exceto no caso do empregado cortador de cana, a quem é devido o pagamento das horas extras e do adicional respectivo.

- **OJ nº 397 da SDI – I do TST.** Comissionista misto. Horas extras. Base de cálculo. Aplicação da Súmula nº 340 do TST.

  O empregado que recebe remuneração mista, ou seja, uma parte fixa e outra variável, tem direito a horas extras pelo trabalho em sobrejornada. Em relação à parte fixa, são devidas as horas simples

143 Esta súmula será impactada pela nova redação dada ao art. 457, § 2º da CLT pela Reforma Trabalhista – Lei nº 13.467/2017.

144 Esta orientação jurisprudencial será impactada pelo art. 611-A, IX da CLT acrescentado pela Reforma Trabalhista – Lei nº 13.467/2017.

acrescidas do adicional de horas extras. Em relação à parte variável, é devido somente o adicional de horas extras, aplicando-se à hipótese o disposto na Súmula nº 340 do TST.

9.4. GRATIFICAÇÕES

- **Súmula nº 152 do TST.** Gratificação. Ajuste tácito

  O fato de constar do recibo de pagamento de gratificação, o caráter de liberalidade não basta, por si só, para excluir a existência de um ajuste tácito.

- **Súmula nº 225 do TST.** Repouso semanal. Cálculo. Gratificações por tempo de serviço e produtividade

  As gratificações por tempo de serviço e produtividade, pagas mensalmente, não repercutem no cálculo do repouso semanal remunerado.

- **Súmula nº 203 do TST**[145]**.** Gratificação por tempo de serviço. Natureza salarial

  A gratificação por tempo de serviço integra o salário para todos os efeitos legais.

- **Súmula nº 226 do TST**[146]. Bancário. Gratificação por tempo de serviço. Integração no cálculo das horas extras

  A gratificação por tempo de serviço integra o cálculo das horas extras.

- **Súmula nº 202 do TST**[147]**.** Gratificação por tempo de serviço. Compensação

  Existindo, ao mesmo tempo, gratificação por tempo de serviço outorgada pelo empregador e outra da mesma natureza prevista em acordo coletivo, convenção coletiva ou sentença normativa, o empregado tem direito a receber, exclusivamente, a que lhe seja mais benéfica.

- **Súmula nº 372 do TST**[148]**.** Gratificação de função. Supressão ou redução. Limites

  I – Percebida a gratificação de função por dez ou mais anos pelo empregado, se o empregador, sem justo motivo, revertê-lo a seu cargo efetivo, não poderá retirar-lhe a gratificação tendo em vista o princípio da estabilidade financeira.

  II – Mantido o empregado no exercício da função comissionada, não pode o empregador reduzir o valor da gratificação.

145 Esta súmula será impactada pela nova redação dada ao art. 457, § 1º da CLT pela Reforma Trabalhista – Lei nº 13.467/2017.

146 Esta súmula será impactada pela nova redação dada ao art. 457, § 1º da CLT pela Reforma Trabalhista – Lei nº 13.467/2017.

147 Esta jurisprudência será impactada pelo art. 611-A, VI da CLT acrescentado pela Reforma Trabalhista – Lei nº 13.467/2017.

148 Esta súmula será impactada pelo art. 468, § 2º da CLT acrescentado pela Reforma Trabalhista – Lei nº 13.467/2017.

- **Súmula nº 67 do TST.** Gratificação. Ferroviário

  Chefe de trem, regido pelo estatuto dos ferroviários (Decreto nº 35.530, de 19.09.1959), não tem direito à gratificação prevista no respectivo art. 110.

9.5. ADICIONAL DE RISCO DO PORTUÁRIO

- **OJ nº 316 da SDI – I do TST.** Portuários. Adicional de risco. Lei nº 4.860/65

  O adicional de risco dos portuários, previsto no art. 14 da Lei nº 4.860/65, deve ser proporcional ao tempo efetivo no serviço considerado sob risco e apenas concedido àqueles que prestam serviços na área portuária.

9.6. ADICIONAL POR TEMPO DE SERVIÇO E ADICIONAL REGIONAL

- **Súmula nº 52 do TST.** Tempo de serviço

  O adicional de tempo de serviço (quinquênio) é devido, nas condições estabelecidas no art. 19 da Lei nº 4.345, de 26.06.1964, aos contratados sob o regime da CLT, pela empresa a que se refere a mencionada lei, inclusive para o fim de complementação de aposentadoria.

- **Súmula nº 84 do TST.** Adicional regional

  O adicional regional, instituído pela Petrobras, não contraria o art. 7º, XXXII, da CF/1988.

9.7. ABONO PREVISTO EM NORMA COLETIVA

- **OJ nº 346 da SDI – I do TST.** Abono previsto em norma coletiva. Natureza indenizatória. Concessão apenas aos empregados em atividade. Extensão aos inativos. Impossibilidade

  A decisão que estende aos inativos a concessão de abono de natureza jurídica indenizatória, previsto em norma coletiva apenas para os empregados em atividade, a ser pago de uma única vez, e confere natureza salarial à parcela, afronta o art. 7º, XXVI, da CF/88.

9.8. GRATIFICAÇÃO NATALINA OU DÉCIMO TERCEIRO SALÁRIO

- **Súmula nº 45 do TST**. Serviço suplementar

  A remuneração do serviço suplementar, habitualmente prestado, integra o cálculo da gratificação natalina prevista na Lei nº 4.090/62.

- **Súmula nº 253 do TST**[149]. Gratificação semestral. Repercussões

149 Esta súmula será impactada pela nova redação dada ao art. 457, § 1º da CLT pela Reforma Trabalhista – Lei nº 13.467/2017.

A gratificação semestral não repercute no cálculo das horas extras, das férias e do aviso-prévio, ainda que indenizados. Repercute, contudo, pelo seu duodécimo na indenização por antiguidade e na gratificação natalina.

- **Súmula nº 46 do TST.** Acidente de trabalho

  As faltas ou ausências decorrentes de acidente do trabalho não são consideradas para os efeitos de duração de férias e cálculo da gratificação natalina.

- **Súmula nº 157 do TST**. Gratificação

  A gratificação instituída pela Lei nº 4.090, de 13.7.62, é devida na resilição contratual de iniciativa do empregado.

- **Súmula nº 14 do TST.** Culpa recíproca
- Reconhecida a culpa recíproca na rescisão do contrato de trabalho (art. 484 da CLT), o empregado tem direito a 50% (cinquenta por cento) do valor do aviso prévio, do décimo terceiro salário e das férias proporcionais.
- **Súmula nº 148 do TST.** Gratificação natalina

  É computável a gratificação de Natal para efeito de cálculo de indenização.

- **Súmula nº 242 do TST.** Indenização adicional. Valor

  A indenização adicional, prevista no art. 9º da Lei nº 6.708, de 30.10.1979 e no art. 9º da Lei nº 7.238 de 28.10.1984, corresponde ao salário mensal, no valor devido na data da comunicação do despedimento, integrado pelos adicionais legais ou convencionados, ligados à unidade de tempo mês, não sendo computável a gratificação natalina.

- **Súmula nº 50 do TST**. Gratificação natalina

  A gratificação natalina, instituída pela Lei nº 4.090, de 13.07.1962, é devida pela empresa cessionária ao servidor público cedido enquanto durar a cessão.

9.9. ADICIONAIS

9.9.1. ADICIONAL DE HORAS EXTRAORDINÁRIAS

- **Súmula nº 347 do TST.** Horas extras habituais. Apuração. Média física

  O cálculo do valor das horas extras habituais, para efeito de reflexos em verbas trabalhistas, observará o número de horas efetivamente prestadas e a ele aplica-se o valor do salário-hora da época do pagamento daquelas.

- **Súmula nº 264 do TST**. Hora suplementar. Cálculo

  A remuneração do serviço suplementar é composta do valor da hora normal, integrado por parcelas de natureza salarial e acrescido do adicional previsto em lei, contrato, acordo, convenção coletiva ou sentença normativa.

- **OJ nº 97 da SDI – I do TST.** Horas extras. Adicional noturno. Base de cálculo

  O adicional noturno integra a base de cálculo das horas extras prestadas no período noturno.

- **OJ nº 47 da SDI – I do TST.** Hora extra. Adicional de insalubridade. Base de cálculo

  A base de cálculo da hora extra é o resultado da soma do salário contratual mais o adicional de insalubridade.

- **Súmula nº 132 do TST.** Adicional de periculosidade. Integração

  I – O adicional de periculosidade, pago em caráter permanente, integra o cálculo de indenização e de horas extras.

  II – Durante as horas de sobreaviso, o empregado não se encontra em condições de risco, razão pela qual é incabível a integração do adicional de periculosidade sobre as mencionadas horas.

- **Súmula nº 376 do TST.** Horas extras. Limitação. Art. 59 da CLT. Reflexos

  I – A limitação legal da jornada suplementar a duas horas diárias não exime o empregador de pagar todas as horas trabalhadas.

  II – O valor das horas extras habitualmente prestadas integra o cálculo dos haveres trabalhistas, independentemente da limitação prevista no "caput" do art. 59 da CLT.

- **Súmula nº 172 do TST.** Repouso remunerado. Horas extras. Cálculo

  Computam-se no cálculo do repouso semanal remunerado as horas extras habitualmente prestadas.

- **OJ nº 394 da SDI – I do TST.** Repouso semanal remunerado – RSR. Integração das horas extras. Não repercussão no cálculo das férias, do décimo terceiro salário, do aviso-prévio e dos depósitos do FGTS

  A majoração do valor do repouso semanal remunerado, em razão da integração das horas extras habitualmente prestadas, não repercute no cálculo das férias, da gratificação natalina, do aviso prévio e do FGTS, sob pena de caracterização de *bis in idem*.

- **Súmula nº 45 do TST**. Serviço suplementar

  A remuneração do serviço suplementar, habitualmente prestado, integra o cálculo da gratificação natalina prevista na Lei nº 4.090/62.

- **Súmula nº 63 do TST**. Fundo de Garantia

  A contribuição para o Fundo de Garantia do Tempo de Serviço incide sobre a remuneração mensal devida ao empregado, inclusive horas extras e adicionais eventuais.

- **Súmula nº 115 do TST**[150]. Horas extras. Gratificações semestrais

  O valor das horas extras habituais integra a remuneração do trabalhador para cálculo das gratificações semestrais.

- **Súmula nº 253 do TST**[151]. Gratificação semestral. Repercussões

  A gratificação semestral não repercute no cálculo das horas extras, das férias e do aviso-prévio, ainda que indenizados. Repercute, contudo, pelo seu duodécimo na indenização por antiguidade e na gratificação natalina.

- **Súmula nº 24 do TST.** Serviço extraordinário

  Insere-se no cálculo da indenização por antiguidade o salário relativo a serviço extraordinário, desde que habitualmente prestado.

- **Súmula nº 291 do TST**[152]. Horas extras. Habitualidade. Supressão. Indenização

  A supressão total ou parcial, pelo empregador, do serviço suplementar prestado com habitualidade, durante pelo menos 1 (um) ano, assegura ao empregado o direito à indenização correspondente ao valor de 1 (um) mês das horas suprimidas, total ou parcialmente, para cada ano ou fração igual ou superior a seis meses de prestação de serviço acima da jornada normal. O cálculo observará a média das horas suplementares efetivamente trabalhadas nos últimos 12 (doze) meses, anteriores à mudança, multiplicada pelo valor da hora extra do dia da supressão.

- **OJ nº 206 da SDI – I do TST.** Professor. Horas extras. Adicional de 50%

  Excedida a jornada máxima (art. 318 da CLT), as horas excedentes devem ser remuneradas com o adicional de, no mínimo, 50% (art. 7º, XVI, CF/1988).

- **Súmula nº 96 do TST.** Marítimo

  A permanência do tripulante a bordo do navio, no período de repouso, além da jornada, não importa presunção de que esteja à disposição do empregador ou em regime de prorrogação de horário, circunstâncias que devem resultar provadas, dada a natureza do serviço.

- **OJ nº 233 da SDI – I do TST.** Horas extras. Comprovação de parte do período alegado

  A decisão que defere horas extras com base em prova oral ou documental não ficará limitada ao tempo por ela abrangido, desde que o julgador fique convencido de que o procedimento questionado superou aquele período.

- **Súmula nº 431 do TST.** Salário hora. Empregado sujeito ao regime geral de trabalho. (art. 58, caput, da CLT). 40 horas semanais. Cálculo. Aplicação do divisor 200.

  Para os empregados a que alude o art. 58, caput, da CLT, quando sujeitos a 40 horas semanais de trabalho, aplica-se o divisor 200 para o cálculo do valor do salário hora.

- **OJ nº 415 da SDI – I do TST.** Horas extras. Reconhecimento em juízo. Critério de dedução/abatimento dos valores comprovadamente pagos no curso do contrato de trabalho.

  A dedução das horas extras comprovadamente pagas daquelas reconhecidas em juízo não pode ser limitada ao mês de apuração, devendo ser integral e aferida pelo total das horas extraordinárias quitadas durante o período imprescrito do contrato de trabalho.

9.9.1.1. CÁLCULO DAS HORAS EXTRAS

- **Súmula nº 124 do TST.** Bancário. Salário-hora. Divisor

  I - o divisor aplicável para o cálculo das horas extras do bancário será:

  a) 180, para os empregados submetidos à jornada de seis horas prevista no caput do art. 224 da CLT;

  b) 220, para os empregados submetidos à jornada de oito horas, nos termos do § 2º do art. 224 da CLT.

  II – Ressalvam-se da aplicação do item anterior as decisões de mérito sobre o tema, qualquer que seja o seu teor, emanadas de Turma do TST ou da SBDI-I, no período de 27/09/2012 até 21/11/2016, conforme a modulação aprovada no precedente obrigatório firmado no Incidente de Recursos de Revista Repetitivos nº TST-IRR-849-83.2013.5.03.0138, DEJT 19.12.2016.

9.9.2. ADICIONAL NOTURNO

- **Súmula nº 60 do TST.** Adicional noturno. Integração no salário e prorrogação em horário diurno

  I – O adicional noturno pago com habitualidade integra o salário do empregado para todos os efeitos.

  II – Cumprida integralmente a jornada no período noturno e prorrogada esta, devido é também o adicional quanto às horas prorrogadas. Exegese do art. 73, § 5º, da CLT.

150 Esta súmula será impactada pela nova redação dada ao art. 457, § 1º da CLT pela Reforma Trabalhista – Lei nº 13.467/2017.

151 Esta súmula será impactada pela nova redação dada ao art. 457, § 1º da CLT pela Reforma Trabalhista – Lei nº 13.467/2017.

152 Esta súmula será impactada pelo art. 8º, § 2º da CLT acrescentado pela Reforma Trabalhista – Lei nº 13.467/2017.

- **OJ nº 259 da SDI - I do TST.** Adicional noturno. Base de cálculo. Adicional de periculosidade. Integração

  O adicional de periculosidade deve compor a base de cálculo do adicional noturno, já que também neste horário o trabalhador permanece sob as condições de risco.

- **OJ nº 395 da SDI - I do TST.** Turno ininterrupto de revezamento. Hora noturna reduzida. Incidência.

  O trabalho em regime de turnos ininterruptos de revezamento não retira o direito à hora noturna reduzida, não havendo incompatibilidade entre as disposições contidas nos arts. 73, § 1º, da CLT e 7º, XIV, da Constituição Federal.

- **Súmula nº 140 do TST.** Vigia

  É assegurado ao vigia, sujeito ao trabalho noturno, o direito ao respetivo adicional.

- **Súmula nº 65 do TST.** Vigia

  O direito à hora reduzida de 52 minutos e 30 segundos aplica-se ao vigia noturno.

9.9.3. ADICIONAL DE TRANSFERÊNCIA

- **OJ nº 113 da SDI - I do TST.** Adicional de transferência. Cargo de confiança ou previsão contratual de transferência. Devido. Desde que a transferência seja provisória

  O fato de o empregado exercer cargo de confiança ou a existência de previsão de transferência no contrato de trabalho não exclui o direito ao adicional. O pressuposto legal apto a legitimar a percepção do mencionado adicional é a transferência provisória.

- **Súmula nº 29 do TST.** Transferência

  Empregado transferido, por ato unilateral do empregador, para local mais distante de sua residência, tem direito a suplemento salarial correspondente ao acréscimo da despesa de transporte.

9.10 ADICIONAL DE PERICULOSIDADE

- **Súmula nº 364 do TST.** Adicional de periculosidade. Exposição eventual, permanente e intermitente

  I - Tem direito ao adicional de periculosidade o empregado exposto permanentemente ou que, de forma intermitente, sujeita-se a condições de risco. Indevido, apenas, quando o contato dá-se de forma eventual, assim considerado o fortuito, ou o que, sendo habitual, dá-se por tempo extremamente reduzido.

  II - Não é válida a cláusula de acordo ou convenção coletiva de trabalho fixando o adicional de periculosidade em percentual inferior ao estabelecido em lei e proporcional ao tempo de exposição ao risco, pois tal parcela constitui medida de higiene, saúde e segurança do trabalho, garantida por norma de ordem pública (arts. 7º, XXII e XXIII, da CF e 193, §1º, da CLT).

9.10.1. INTEGRAÇÃO DO ADICIONAL DE PERICULOSIDADE

- **Súmula nº 132 do TST.** Adicional de periculosidade. Integração

  I – O adicional de periculosidade, pago em caráter permanente, integra o cálculo de indenização e de horas extras.

  II – Durante as horas de sobreaviso, o empregado não se encontra em condições de risco, razão pela qual é incabível a integração do adicional de periculosidade sobre as mencionadas horas.

- **OJ nº 259 da SDI - I do TST.** Adicional noturno. Base de cálculo. Adicional de periculosidade. Integração

  O adicional de periculosidade deve compor a base de cálculo do adicional noturno, já que também nesse horário o trabalhador permanece sob as condições de risco.

- **OJ nº 172 da SDI - I do TST.** Adicional de insalubridade ou periculosidade. Condenação. Inserção em folha de pagamento

  Condenada ao pagamento do adicional de insalubridade ou periculosidade, a empresa deverá inserir, mês a mês e enquanto o trabalho for executado sob essas condições, o valor correspondente em folha de pagamento.

- **Súmula nº 70 do TST.** Adicional de periculosidade

  O adicional de periculosidade não incide sobre os triênios pagos pela Petrobras.

9.10.2. CLASSIFICAÇÃO DE ATIVIDADES PERIGOSAS

9.10.2.1. ELETRICITÁRIOS

- **Súmula nº 191 do TST.** Adicional de Periculosidade. Incidência. Base de cálculo.

  I – O adicional de periculosidade incide apenas sobre o salário básico e não sobre este acrescido de outros adicionais.

  II – O adicional de periculosidade do empregado eletricitário, contratado sob a égide da Lei nº 7.369/1985, deve ser calculado sobre a totalidade das parcelas de natureza salarial. Não é válida norma coletiva mediante a qual se determina a incidência do referido adicional sobre o salário básico.

  III - A alteração da base de cálculo do adicional de periculosidade do eletricitário promovida pela Lei nº 12.740/2012 atinge somente contrato de trabalho firmado a partir de sua vigência, de modo que, nesse caso, o cálculo será realizado exclusivamente sobre o salário básico, conforme determina o § 1º do art. 193 da CLT.

- **Súmula nº 361 do TST.** Adicional de periculosidade. Eletricitários. Exposição intermitente

  O trabalho exercido em condições perigosas, embora de forma intermitente, dá direito ao empregado a receber o adicional de periculosidade de forma integral, porque a Lei n. 7.369/85 não estabeleceu nenhuma proporcionalidade em relação ao seu pagamento.

9.10.2.2. PORTUÁRIOS

- **OJ nº 402 da SDI - I do TST.** Adicional de risco. Portuário. Terminal privativo. Arts. 14 e 19 da Lei nº 4.860, de 26.11.1965. Indevido

  O adicional de risco previsto no artigo 14 da Lei nº 4.860, de 26.11.1965, aplica-se somente aos portuários que trabalham em portos organizados, não podendo ser conferido aos que operam terminal privativo.

9.10.2.3. BOMBA DE GASOLINA

- **Súmula nº 39 do TST.** Periculosidade

  Os empregados que operam em bomba de gasolina têm direito ao adicional de periculosidade (Lei nº 2.573, de 15.8.55).

9.10.2.4. PERMANÊNCIA A BORDO DE AERONAVES

- **Súmula nº 447 do TST.** Adicional de periculosidade. Permanência a bordo durante o abastecimento da aeronave. Indevido.

  Os tripulantes e demais empregados em serviços auxiliares de transporte aéreo que, no momento do abastecimento da aeronave, permanecem a bordo não têm direito ao adicional de periculosidade a que aludem o art. 193 da CLT e o Anexo 2, item 1, "c", da NR 16 do MTE.

9.10.2.5. SISTEMA ELÉTRICO DE POTÊNCIA

- **OJ nº 347 da SDI - I do TST.** Adicional de periculosidade. Sistema elétrico de potência. Lei nº 7.369, de 20.09.1985, regulamentada pelo Decreto nº 93.412, de 14.10.1986. Extensão do direito aos cabistas, instaladores e reparadores de linhas e aparelhos em empresa de telefonia

  É devido o adicional de periculosidade aos empregados cabistas, instaladores e reparadores de linhas e aparelhos de empresas de telefonia, desde que, no exercício de suas funções, fiquem expostos a condições de risco equivalente ao do trabalho exercido em contato com sistema elétrico de potência.

- **OJ nº 324 da SDI - I do TST.** Adicional de periculosidade. Sistema elétrico de potência. Decreto nº 93.412/86, art. 2º, § 1º

  É assegurado o adicional de periculosidade apenas aos empregados que trabalham em sistema elétrico de potência em condições de risco, ou que o façam com equipamentos e instalações elétricas similares, que ofereçam risco equivalente, ainda que em unidade consumidora de energia elétrica.

9.10.2.6. RADIAÇÃO IONIZANTE OU SUBSTÂNCIA RADIOATIVA

- **OJ nº 345 da SDI - I do TST.** Adicional de periculosidade. Radiação ionizante ou substância radioativa. Devido

  A exposição do empregado à radiação ionizante ou à substância radioativa enseja a percepção do adicional de periculosidade, pois a regulamentação ministerial (Portarias do Ministério do Trabalho nºs 3.393, de 17.12.1987, e 518, de 07.04.2003), ao reputar perigosa a atividade, reveste-se de plena eficácia, porquanto expedida por força de delegação legislativa contida no art. 200, "caput", e inciso VI, da CLT. No período de 12.12.2002 a 06.04.2003, enquanto vigeu a Portaria nº 496 do Ministério do Trabalho, o empregado faz jus ao adicional de insalubridade.

9.10.2.7. ARMAZENAMENTO DE LÍQUIDO INFLAMÁVEL NO PRÉDIO. CONSTRUÇÃO VERTICAL

- **OJ nº 385 da SDI - I do TST.** Adicional de periculosidade. Devido. Armazenamento de líquido inflamável no prédio. Construção vertical.

  É devido o pagamento do adicional de periculosidade ao empregado que desenvolve suas atividades em edifício (construção vertical), seja em pavimento igual ou distinto daquele onde estão instalados tanques para armazenamento de líquido inflamável, em quantidade acima do limite legal, considerando-se como área de risco toda a área interna da construção vertical.

9.10.3. PERÍCIA

- **Súmula nº 453 do TST.** Adicional de periculosidade. Pagamento espontâneo. Caracterização de fato incontroverso. Desnecessária a perícia de que trata o art. 195 da CLT

  O pagamento de adicional de periculosidade efetuado por mera liberalidade da empresa, ainda que de forma proporcional ao tempo de exposição ao risco ou em percentual inferior ao máximo legalmente previsto, dispensa a realização da prova técnica exigida pelo art. 195 da CLT, pois torna incontroversa a existência do trabalho em condições perigosas.

- **OJ nº 165 da SDI – I do TST.** Perícia. Engenheiro ou médico. Adicional de insalubridade e periculosidade. Válido. Art. 195 da CLT

  O art. 195 da CLT não faz qualquer distinção entre o médico e o engenheiro para efeito de caracterização e classificação da insalubridade e periculosidade, bastando para a elaboração do laudo seja o profissional devidamente qualificado.

- **OJ nº 278 da SDI – I do TST.** Adicional de insalubridade. Perícia. Local de trabalho desativado

  A realização da perícia é obrigatória para verificação de insalubridade. Quando não for possível sua realização como em caso de fechamento da empresa, poderá o julgador utilizar-se de outros meios de prova.

9.11. ADICIONAL DE INSALUBRIDADE

9.11.1. INTEGRAÇÃO

- **Súmula nº 139 do TST.** Adicional de insalubridade

  Enquanto percebido, o adicional de insalubridade integra a remuneração para todos os efeitos legais.

- **Súmula nº 47 do TST.** Hora extra. Adicional de insalubridade. Base de cálculo

  O trabalho executado em condições insalubres, em caráter intermitente, não afasta, só por essa circunstância, o direito à percepção do respectivo adicional. » 102

- **OJ nº 47 da SDI – I do TST.** Hora extra. Adicional de insalubridade. Base de cálculo

  A base de cálculo da hora extra é o resultado da soma do salário contratual mais o adicional de insalubridade.

- **OJ nº 103 da SDI – I do TST.** Adicional de insalubridade. Repouso semanal e feriados

  O adicional de insalubridade já remunera os dias de repouso semanal e feriados.

9.11.2. BASE DE CÁLCULO

- **Súmula Vinculante nº 4 do STF.**

  Salvo nos casos previstos na Constituição, o salário-mínimo não pode ser usado como indexador de base de cálculo de vantagem de servidor público ou de empregado, nem ser substituído por decisão judicial.

- **Súmula nº 228 do TST.** Adicional de insalubridade. Base de cálculo. Súmula cuja eficácia está suspensa por decisão liminar do Supremo Tribunal Federal

  A partir de 9 de maio de 2008, data da publicação da Súmula Vinculante nº 4 do Supremo Tribunal Federal, o adicional de insalubridade será calculado sobre o salário básico, salvo critério mais vantajoso fixado em instrumento coletivo.

9.11.3. PERÍCIA

- **OJ nº 278 da SDI – I do TST.** Adicional de insalubridade. Perícia. Local de trabalho desativado

  A realização da perícia é obrigatória para verificação de insalubridade. Quando não for possível sua realização como em caso de fechamento da empresa, poderá o julgador utilizar-se de outros meios de prova.

- **OJ nº 165 da SDI – I do TST.** Perícia. Engenheiro ou médico. Adicional de insalubridade e periculosidade. Válido. Art. 195 da CLT

  O art. 195 da CLT não faz qualquer distinção entre o médico e o engenheiro para efeito de caracterização e classificação da insalubridade e periculosidade, bastando para a elaboração do laudo seja o profissional devidamente qualificado.

9.11.4. CLASSIFICAÇÃO DA ATIVIDADE INSALUBRE. RELAÇÃO OFICIAL ELABORADA PELO MTE

9.11.4.1. INSTALAÇÕES SANITÁRIAS

- **Súmula nº 448 do TST.** Caracterização. Previsão na Norma Regulamentadora nº 15 da Portaria do Ministério do Trabalho nº 3.214/78. Instalações sanitárias.

  I – Não basta a constatação da insalubridade por meio de laudo pericial para que o empregado tenha direito ao respectivo adicional, sendo necessária a classificação da atividade insalubre na relação oficial elaborada pelo Ministério do Trabalho.

  II – A higienização de instalações sanitárias de uso público ou coletivo de grande circulação, e a respectiva coleta de lixo, por não se equiparar à limpeza em residências e escritórios, enseja o pagamento de adicional de insalubridade em grau máximo, incidindo o disposto no Anexo 14 da NR-15 da Portaria do MTE nº 3.214/78 quanto à coleta e industrialização de lixo urbano.

9.11.4.2. RAIOS SOLARES

- **OJ nº 173 da SDI – I do TST.** Adicional de insalubridade. Atividade a céu aberto. Exposição ao sol e ao calor.

  I – Ausente previsão legal, indevido o adicional de insalubridade ao trabalhador em atividade a céu aberto por sujeição à radiação solar (art. 195 da CLT e Anexo 7 da NR 15 da Portaria Nº 3.214/78 do MTE).

II – Tem direito à percepção ao adicional de insalubridade o empregado que exerce atividade exposto ao calor acima dos limites de tolerância, inclusive em ambiente externo com carga solar, nas condições previstas no Anexo 3 da NR 15 da Portaria nº 3.214/78 do MTE.

9.11.4.3. ÓLEOS MINERAIS

- **OJ nº 171 da SDI – I do TST.** Adicional de insalubridade. Óleos minerais. Sentido do termo "manipulação"

  Para efeito de concessão de adicional de insalubridade não há distinção entre fabricação e manuseio de óleos minerais – Portaria nº 3214 do Ministério do Trabalho, NR 15, Anexo XIII.

9.11.4.4. DIREITO ADQUIRIDO

- **Súmula nº 248 do TST.** Adicional de insalubridade. Direito adquirido

  A reclassificação ou a descaracterização da insalubridade, por ato da autoridade competente, repercute na satisfação do respectivo adicional, sem ofensa a direito adquirido ou ao princípio da irredutibilidade salarial.

9.11.5. FORNECIMENTO DE APARELHO DE PROTEÇÃO

- **Súmula nº 289 do TST.** Insalubridade. Adicional. Fornecimento do aparelho de proteção. Efeito

  O simples fornecimento do aparelho de proteção pelo empregador não o exime do pagamento do adicional de insalubridade. Cabe-lhe tomar as medidas que conduzam à diminuição ou eliminação da nocividade, entre as quais as relativas ao uso efetivo do equipamento pelo empregado.

- **Súmula nº 80 do TST.** Insalubridade

  A eliminação da insalubridade mediante fornecimento de aparelhos protetores aprovados pelo órgão competente do Poder Executivo exclui a percepção do respectivo adicional.

9.11.6. SUBSTITUIÇÃO PROCESSUAL

- **OJ nº 121 da SDI – I do TST.** Substituição processual. Diferença do adicional de insalubridade. Legitimidade

  O sindicato tem legitimidade para atuar na qualidade de substituto processual para pleitear diferença de adicional de insalubridade.

9.11.7. CAUSA DE PEDIR

- **Súmula nº 293 do TST.** Adicional de insalubridade. Causa de pedir. Agente nocivo diverso do apontado na inicial

  A verificação mediante perícia de prestação de serviços em condições nocivas, considerado agente insalubre diverso do apontado na inicial, não prejudica o pedido de adicional de insalubridade.

9.12. PARCELAS INDENIZATÓRIAS

9.12.1. PARTICIPAÇÃO NOS LUCROS E RESULTADOS

- **Súmula nº 451 do TST.** Participação nos lucros e resultados. Rescisão contratual anterior à data da distribuição dos lucros. Pagamento proporcional aos meses trabalhados. Princípio da isonomia

  Fere o princípio da isonomia instituir vantagem mediante acordo coletivo ou norma regulamentar que condiciona a percepção da parcela participação nos lucros e resultados ao fato de estar o contrato de trabalho em vigor na data prevista para a distribuição dos lucros. Assim, inclusive na rescisão contratual antecipada, é devido o pagamento da parcela de forma proporcional aos meses trabalhados, pois o ex-empregado concorreu para os resultados positivos da empresa.

9.12.2. DIÁRIAS

- **Súmula nº 101 do TST**[153]. Diárias de viagem. Salário

  Integram o salário, pelo seu valor total e para efeitos indenizatórios, as diárias de viagem que excedam a 50% (cinquenta por cento) do salário do empregado, enquanto perdurarem as viagens.

- **Súmula nº 318 do TST**[154]. Diárias. Base de cálculo para sua Integração no salário

  Tratando-se de empregado mensalista, a integração das diárias no salário deve ser feita tomando-se por base o salário mensal por ele percebido e não o valor do dia de salário, somente sendo devida a referida integração quando o valor das diárias, no mês, for superior à metade do salário mensal.

9.12.3. VALE-TRANSPORTE

- **OJ nº 216 da SDI – I do TST.** Vale-transporte. Servidor público celetista. Lei nº 7.418/85. Devido

153 Esta súmula será impactada pela nova redação dada ao art. 457, § 1º e 2º da CLT pela Reforma Trabalhista – Lei nº 13.467/2017.

154 Esta súmula será impactada pela nova redação dada ao art. 457, § 1º e 2º da CLT pela Reforma Trabalhista – Lei nº 13.467/2017.

Aos servidores públicos celetistas é devido o vale-transporte, instituído pela Lei nº 7.418/85, de 16 de dezembro de 1985.

9.12.4. SALÁRIO-FAMÍLIA

- **Súmula nº 344 do TST.** Salário-família. Trabalhador rural.

  O salário-família é devido aos trabalhadores rurais somente após a vigência da Lei nº 8.213/91.

- **Súmula nº 254 do TST.** Salário-família. Termo inicial da obrigação

  O termo inicial do direito ao salário-família coincide com a prova da filiação. Se feita em juízo, corresponde à data de ajuizamento do pedido, salvo se comprovado que anteriormente o empregador se recusara a receber a respectiva certidão.

9.12.5. SEGURO-DESEMPREGO

- **Súmula nº 389 do TST.** Seguro-desemprego. Competência da justiça do trabalho. Direito à indenização por não liberação de guias

  I – Inscreve-se na competência material da Justiça do Trabalho a lide entre empregado e empregador tendo por objeto indenização pelo não-fornecimento das guias do seguro-desemprego.

  II – O não-fornecimento pelo empregador da guia necessária para o recebimento do seguro-desemprego dá origem ao direito à indenização.

9.12.6. AUXÍLIO-ALIMENTAÇÃO

- **OJ nº 413 da SDI – I do TST.** Auxílio-alimentação. Alteração da natureza jurídica. Norma coletiva ou adesão ao PAT.

  A pactuação em norma coletiva conferindo caráter indenizatório à verba "auxílio-alimentação" ou a adesão posterior do empregador ao Programa de Alimentação do Trabalhador – PAT – não altera a natureza salarial da parcela, instituída anteriormente, para aqueles empregados que, habitualmente, já percebiam o benefício, a teor das Súmulas nº 51, I, e 241 do TST.

- **OJ nº 123 da SDI – I do TST.** Bancários. Ajuda alimentação

  A ajuda alimentação prevista em norma coletiva em decorrência de prestação de horas extras tem natureza indenizatória e, por isso, não integra o salário do empregado bancário.

9.13. EQUIPARAÇÃO SALARIAL

- **Súmula nº 6 do TST**[155]. Equiparação salarial. Art. 461 da CLT

  I – Para os fins previstos no § 2º do art. 461 da CLT, só é válido o quadro de pessoal organizado em carreira quando homologado pelo Ministério do Trabalho, excluindo-se, apenas, dessa exigência o quadro de carreira das entidades de direito público da administração direta, autárquica e fundacional aprovado por ato administrativo da autoridade competente.

  II – Para efeito de equiparação de salários em caso de trabalho igual, conta-se o tempo de serviço na função e não no emprego.

  III – A equiparação salarial só é possível se o empregado e o paradigma exercerem a mesma função, desempenhando as mesmas tarefas, não importando se os cargos têm, ou não, a mesma denominação.

  IV – É desnecessário que, ao tempo da reclamação sobre equiparação salarial, reclamante e paradigma estejam a serviço do estabelecimento, desde que o pedido se relacione com situação pretérita.

  V – A cessão de empregados não exclui a equiparação salarial, embora exercida a função em órgão governamental estranho à cedente, se esta responde pelos salários do paradigma e do reclamante.

  VI – Presentes os pressupostos do art. 461 da CLT, é irrelevante a circunstância de que o desnível salarial tenha origem em decisão judicial que beneficiou o paradigma, exceto: a) se decorrente de vantagem pessoal ou de tese jurídica superada pela jurisprudência de Corte Superior; b) na hipótese de equiparação salarial em cadeia, suscitada em defesa, se o empregador produzir prova do alegado fato modificativo, impeditivo ou extintivo do direito à equiparação salarial em relação ao paradigma remoto, considerada irrelevante, para esse efeito, a existência de diferença de tempo de serviço na função superior a dois anos entre o reclamante e os empregados paradigmas componentes da cadeia equiparatória, à exceção do paradigma imediato.VII – Desde que atendidos os requisitos do art. 461 da CLT, é possível a equiparação salarial de trabalho intelectual, que pode ser avaliado por sua perfeição técnica, cuja aferição terá critérios objetivos.

  VIII – É do empregador o ônus da prova do fato impeditivo, modificativo ou extintivo da equiparação salarial.

  IX – Na ação de equiparação salarial, a prescrição é parcial e só alcança as diferenças salariais vencidas no período de 5 (cinco) anos que precedeu o ajuizamento.

  X – O conceito de "mesma localidade" de que trata o art. 461 da CLT refere-se, em princípio, ao mesmo município, ou a municípios distintos que,

155 Esta súmula será impactada pela nova redação dada ao art. 461 da CLT pela Reforma Trabalhista – Lei nº 13.467/2017.

comprovadamente, pertençam à mesma região metropolitana.

- **OJ nº 418 da SDI - I do TST**[156]. Equiparação salarial. Plano de cargos e salários. Aprovação por instrumento coletivo. Ausência de alternância de critérios de promoção por antiguidade e merecimento.

  Não constitui óbice à equiparação salarial a existência de plano de cargos e salários que, referendado por norma coletiva, prevê critério de promoção apenas por merecimento ou antiguidade, não atendendo, portanto, o requisito de alternância dos critérios, previsto no art. 461, § 2º, da CLT.

- **OJ nº 297 da SDI - I do TST.** Equiparação salarial. Servidor público da administração direta, autárquica e fundacional. Art. 37, XIII, da CF/1988

  O art. 37, inciso XIII, da CF/1988, veda a equiparação de qualquer natureza para o efeito de remuneração do pessoal do serviço público, sendo juridicamente impossível a aplicação da norma infraconstitucional prevista no art. 461 da CLT quando se pleiteia equiparação salarial entre servidores públicos, independentemente de terem sido contratados pela CLT.

- **Súmula nº 455 do TST.** Equiparação salarial. Sociedade de economia mista. Art. 37, XIII, da CF/1988. Possibilidade

  À sociedade de economia mista não se aplica a vedação à equiparação prevista no art. 37, XIII, da CF/1988, pois, ao admitir empregados sob o regime da CLT, equipara-se a empregador privado, conforme disposto no art. 173, § 1º, II, da CF/1988.

- **Súmula nº 159 do TST.** Substituição de caráter não eventual e vacância do cargo

  I – Enquanto perdurar a substituição que não tenha caráter meramente eventual, inclusive nas férias, o empregado substituto fará jus ao salário contratual do substituído.

  II – Vago o cargo em definitivo, o empregado que passa a ocupá-lo não tem direito a salário igual ao do antecessor.

- **OJ nº 296 da SDI - I do TST.** Equiparação salarial. Atendente e auxiliar de enfermagem. Impossibilidade

  Sendo regulamentada a profissão de auxiliar de enfermagem, cujo exercício pressupõe habilitação técnica, realizada pelo Conselho Regional de Enfermagem, impossível a equiparação salarial do simples atendente com o auxiliar de enfermagem.

- **Súmula nº 301 do TST.** Auxiliar de laboratório. Ausência de diploma. Efeitos

  O fato de o empregado não possuir diploma de profissionalização de auxiliar de laboratório não afasta a observância das normas da Lei nº 3.999, de 15.12.1961, uma vez comprovada a prestação de serviços na atividade.

- **Súmula nº 19 do TST.** Quadro de carreira

  A Justiça do Trabalho é competente para apreciar reclamação de empregado que tenha por objeto direito fundado em quadro de carreira

- **Súmula nº 127 do TST**[157]. Quadro de carreira

  Quadro de pessoal organizado em carreira, aprovado pelo órgão competente, excluída a hipótese de equiparação salarial, não obsta reclamação fundada em preterição, enquadramento ou reclassificação.

- **OJ nº 125 da SDI - I do TST.** Contrato de trabalho. Art. 479 da CLT

  O simples desvio funcional do empregado não gera direito a novo enquadramento, mas apenas às diferenças salariais respectivas, mesmo que o desvio de função haja iniciado antes da vigência da CF/1988.

- **OJ nº 383 da SDI - I do TST**[158]. Terceirização. Empregados da empresa prestadora de serviços e da tomadora. Isonomia. Art. 12, "a", da lei nº 6.019, de 03.01.1974

  A contratação irregular de trabalhador, mediante empresa interposta, não gera vínculo de emprego com ente da Administração Pública, não afastando, contudo, pelo princípio da isonomia, o direito dos empregados terceirizados às mesmas verbas trabalhistas legais e normativas asseguradas àqueles contratados pelo tomador dos serviços, desde que presente a igualdade de funções. Aplicação analógica do art. 12, "a", da Lei nº 6.019, de 03.01.1974.

9.14. DESCONTOS SALARIAIS

- **Súmula nº 342 do TST**[159]. Descontos salariais. Art. 462 da CLT

  Descontos salariais efetuados pelo empregador, com a autorização prévia e por escrito do empregado, para serem integrados em planos de assistência odontológica, médico-hospitalar, de

156 Esta súmula será impactada pela nova redação dada ao art. 461, § 3º da CLT pela Reforma Trabalhista - Lei nº 13.467/2017.

157 Esta súmula será impactada pela nova redação dada ao art. 461, § 2º da CLT pela Reforma Trabalhista - Lei nº 13.467/2017.

158 Esta súmula será impactada pelas alterações na Lei nº 6.019/1974 promovidas pelas Leis nº 13.429/2017 e Lei nº 13.467/2017 (Reforma Trabalhista).

159 Esta súmula será impactada pelo art. 458, §5º da CLT pela Reforma Trabalhista – Lei nº 13.467/2017.

seguro, de previdência privada, ou de entidade cooperativa, cultural ou recreativo-associativa de seus trabalhadores, em seu benefício e de seus dependentes, não afrontam o disposto no art. 462 da CLT, salvo se ficar demonstrada a existência de coação ou de outro defeito que vicie o ato jurídico.

- **OJ nº 160 da SDI – I do TST.** Descontos salariais. Autorização no ato da admissão. Validade

  É inválida a presunção de vício de consentimento resultante do fato de ter o empregado anuído expressamente com descontos salariais na oportunidade da admissão. É de se exigir demonstração concreta do vício de vontade.

- **OJ nº 251 da SDI – I do TST.** Descontos. Frentista. Cheques sem fundos

  É lícito o desconto salarial referente à devolução de cheques sem fundos, quando o frentista não observar as recomendações previstas em instrumento coletivo.

9.14.1. MULTA PREVISTA NOS ARTIGOS 467 E 477

- **Súmula nº 388 do TST.** Massa falida. Arts. 467 e 477 da CLT. Inaplicabilidade

  A Massa Falida não se sujeita à penalidade do art. 467 e nem à multa do § 8º do art. 477, ambos da CLT.

9.14.2. RESCISÃO DO CONTRATO. PAGAMENTO DAS VERBAS RESCISÓRIAS

- **Súmula nº 69 do TST.** Rescisão do contrato

  A partir da Lei nº 10.272, de 05.09.2001, havendo rescisão do contrato de trabalho e sendo revel e confesso quanto à matéria de fato, deve ser o empregador condenado ao pagamento das verbas rescisórias, não quitadas na primeira audiência, com acréscimo de 50% (cinquenta por cento).

9.14.3 .INADIMPLEMENTO DE VERBAS TRABALHISTAS. FRUTOS. POSSE DE MÁ-FÉ

- **Súmula nº 445 do TST.** Inadimplemento de verbas trabalhistas. Frutos. Posse de má-fé. Art. 1.216 do Código Civil. Inaplicabilidade ao Direito do Trabalho – Res. 189/2013, DEJT divulgado em 13, 14 e 15.03.2013

  A indenização por frutos percebidos pela posse de má-fé, prevista no art. 1.216 do Código Civil, por tratar-se de regra afeta a direitos reais, mostra-se incompatível com o Direito do Trabalho, não sendo devida no caso de inadimplemento de verbas trabalhistas.

9.15. REAJUSTES SALARIAIS E PLANOS ECONÔMICOS

- **Súmula nº 375 do TST.** Reajustes salariais previstos em norma coletiva. Prevalência da legislação de política salarial

  Os reajustes salariais previstos em norma coletiva de trabalho não prevalecem frente à legislação superveniente de política salarial.

- **Súmula nº 322 do TST.** Diferenças salariais. Planos econômicos. Limite

  Os reajustes salariais decorrentes dos chamados "gatilhos" e URPs, previstos legalmente como antecipação, são devidos tão-somente até a data-base de cada categoria.

- **OJ nº 58 da SDI – I do TST.** Plano Bresser. IPC Jun/1987. Inexistência de direito adquirido

  Inexiste direito adquirido ao IPC de junho de 1987 (Plano Bresser), em face da edição do Decreto-Lei nº 2.335/87.

- **OJ nº 59 da SDI – I do TST.** Plano verão. URP de fevereiro de 1989. Inexistência de direito adquirido

  Inexiste direito adquirido à URP de fevereiro de 1989 (Plano Verão), em face da edição da Lei nº 7.730/89.

- **Súmula nº 315 do TST**. IPC de março/1990. Lei nº 8.030, de 12.04.1990 (Plano Collor). Inexistência de direito adquirido

  A partir da vigência da Medida Provisória nº 154, de 15.03.1990, convertida na Lei nº 8.030, de 12.04.1990, não se aplica o IPC de março de 1990, de 84,32% (oitenta e quatro vírgula trinta e dois por cento), para a correção dos salários, porque o direito ainda não se havia incorporado ao patrimônio jurídico dos trabalhadores, inexistindo ofensa ao inciso XXXVI do art. 5º da CF/1988.

- **OJ nº 43 da SDI – I do TST.** Conversão de salários de cruzeiros para cruzados. Decreto-lei nº 2.284/86

  A conversão de salários de cruzeiros para cruzados, nos termos do Decreto-Lei nº 2.284/86, não afronta direito adquirido dos empregados.

- **OJ nº 57 da SDI – I do TST.** PCCS. Devido o reajuste do adiantamento. Lei nº 7.686/88, Art. 1º

  É devido o reajuste da parcela denominada "adiantamento do PCCS", conforme a redação do art. 1º da Lei nº 7.686/88.

- **OJ nº 79 da SDI – I do TST.** URP de abril e maio de 1988. Decreto-lei nº 2.425/1988

  Existência de direito apenas ao reajuste de 7/30 de 16,19% a ser calculado sobre o salário de março e incidente sobre o salário dos meses de abril e maio, não cumulativamente e corrigidos desde a época própria até a data do efetivo pagamento.

- **Súmula nº 319 do TST.** Reajustes salariais ("gatilhos"). Aplicação aos servidores públicos contratados sob a égide da legislação trabalhista

  Aplicam-se aos servidores públicos, contratados sob o regime da CLT, os reajustes decorrentes da correção automática dos salários pelo mecanismo denominado "gatilho", de que tratam os Decretos-Leis nºs 2.284, de 10.03.1986 e 2.302, de 21.11.1986.

- **OJ nº 339 da SDI – I do TST.** Teto remuneratório. Empresa pública e sociedade de economia mista. Art. 37, XI, da CF/1988

  As empresas públicas e as sociedades de economia mista estão submetidas à observância do teto remuneratório previsto no inciso XI do art. 37 da CF/1988, sendo aplicável, inclusive, ao período anterior à alteração introduzida pela Emenda Constitucional nº 19/1998.

- **Súmula nº 336 do TST.** Constitucionalidade. § 2º do art. 9º do Decreto-lei nº 1.971, de 30.11.1982

  É constitucional o § 2º do art. 9º do Decreto-Lei nº 1.971, de 30.11.1982, com a redação dada pelo Decreto-Lei nº 2.100, de 28.12.1983.

- **OJ nº 272 da SDI – I do TST.** Salário-mínimo. Servidor. Salário-base inferior. Diferenças. Indevidas

  A verificação do respeito ao direito ao salário-mínimo não se apura pelo confronto isolado do salário-base com o mínimo legal, mas deste com a soma de todas as parcelas de natureza salarial recebidas pelo empregado diretamente do empregador.

- **OJ nº 100 da SDI – I do TST.** Salário. Reajuste. Entes Públicos

  Os reajustes salariais previstos em legislação federal devem ser observados pelos Estados-membros, suas Autarquias e Fundações Públicas nas relações contratuais trabalhistas que mantiverem com seus empregados.

- **OJ nº 51 da SDI – I do TST.** Legislação eleitoral. Empresas públicas e sociedades de economia mista.

  Aos empregados das empresas públicas e das sociedades de economia mista regidos pela CLT aplicam-se as vedações dispostas no art. 15 da Lei nº 7.773, de 08.06.1989.

9.16. EFEITOS FINANCEIROS DA ANISTIA. EMENDA CONSTITUCIONAL Nº 26/1985

- **OJ nº 12 da SDI – I do TST.** Anistia. Emenda constitucional nº 26/1985. Efeitos financeiros da promulgação

  Os efeitos financeiros decorrentes da anistia concedida pela Emenda Constitucional nº 26/1985 contam-se desde a data da sua promulgação.

- **OJ nº 91 da SDI – I do TST.** Anistia. Art. 8º, § 1º, ADCT. Efeitos financeiros. ECT

  Em 19.05.1997, a SDI – Plena decidiu, pelo voto prevalente do Exmo. Sr. Presidente, que os efeitos financeiros da readmissão do empregado anistiado serão contados a partir do momento em que este manifestou o desejo de retornar ao trabalho e, na ausência de prova, da data do ajuizamento da ação.

10. ESTABILIDADE E GARANTIAS PROVISÓRIAS DE EMPREGO

10.1. ESTABILIDADE PROVISÓRIA

- **Súmula nº 396 do TST.** Estabilidade provisória. Pedido de reintegração. Concessão do salário relativo ao período de estabilidade já exaurido. Inexistência de julgamento *extra petita*

  I – Exaurido o período de estabilidade, são devidos ao empregado apenas os salários do período compreendido entre a data da despedida e o final do período de estabilidade, não lhe sendo assegurada a reintegração no emprego.

  II – Não há nulidade por julgamento *extra petita* da decisão que deferir salário quando o pedido for de reintegração, dados os termos do art. 496 da CLT.

- **Súmula nº 28 do TST.** Indenização

  No caso de converter a reintegração em indenização dobrada, o direito aos salários é assegurado até a data da primeira decisão que determinou essa conversão.

10.2. ESTABILIDADE PREVISTA NA CTL (DECENAL)

- **Súmula nº 54 do TST.** Optante

  Rescindindo por acordo seu contrato de trabalho, o empregado estável optante tem direito ao mínimo de 60% (sessenta por cento) do total da indenização em dobro, calculada sobre o maior salário percebido no emprego. Se houver recebido menos do que esse total, qualquer que tenha sido a forma de transação, assegura-se-lhe a complementação até aquele limite.

- **Súmula nº 98 do TST.** FGTS. Indenização. Equivalência. Compatibilidade

  I – A equivalência entre os regimes do Fundo de Garantia do Tempo de Serviço e da estabilidade prevista na CLT é meramente jurídica e não econômica, sendo indevidos valores a título de reposição de diferenças.

  II – A estabilidade contratual ou a derivada de regulamento de empresa são compatíveis com o regime do FGTS. Diversamente ocorre com a estabilidade legal (decenal, art. 492 da CLT), que é renunciada com a opção pelo FGTS.

10.3. DIRIGENTE SINDICAL

- **Súmula nº 379 do TST.** Dirigente sindical. Despedida. Falta grave. Inquérito judicial. Necessidade

  O dirigente sindical somente poderá ser dispensado por falta grave mediante a apuração em inquérito judicial, inteligência dos arts. 494 e 543, § 3º, da CLT.

- **Súmula nº 369 do TST**. Dirigente sindical. Estabilidade provisória

  I – É assegurada a estabilidade provisória ao empregado dirigente sindical, ainda que a comunicação do registro da candidatura ou da eleição e da posse seja realizada fora do prazo previsto no art. 543, § 5º, da CLT, desde que a ciência ao empregador, por qualquer meio, ocorra na vigência do contrato de trabalho.

  II – O art. 522 da CLT foi recepcionado pela Constituição Federal de 1988. Fica limitada, assim, a estabilidade a que alude o art. 543, § 3.º, da CLT a sete dirigentes sindicais e igual número de suplentes.

  III – O empregado de categoria diferenciada eleito dirigente sindical só goza de estabilidade se exercer na empresa atividade pertinente à categoria profissional do sindicato para o qual foi eleito dirigente.

  IV – Havendo extinção da atividade empresarial no âmbito da base territorial do sindicato, não há razão para subsistir a estabilidade.

  V – O registro da candidatura do empregado a cargo de dirigente sindical durante o período de aviso prévio, ainda que indenizado, não lhe assegura a estabilidade, visto que inaplicável a regra do § 3º do art. 543 da Consolidação das Leis do Trabalho.

10.3.1. ESTABILIDADE PROVISÓRIA DO CONSELHEIRO FISCAL

- **OJ nº 365 da SDI – I do TST.** Estabilidade provisória. Membro de conselho fiscal de sindicato. Inexistência

  Membro do conselho fiscal de sindicato não tem direito a estabilidade prevista nos arts. 543, § 3º, da CLT e art. 8º, VIII, da CF/88, porquanto não representa ou atua na defesa de direitos da categoria respectiva, tendo sua competência limitada à fiscalização da gestão financeira do sindicato.

10.3.2. ESTABILIDADE PROVISÓRIA DO DELEGADO SINDICAL

- **OJ nº 369 da SDI – I do TST.** Estabilidade provisória. Delegado sindical. Inaplicável

  O delegado sindical não é beneficiário da estabilidade provisória prevista no art. 8º, VIII, da CF/88, a qual é dirigida, exclusivamente, àqueles que exerçam ou ocupem cargos de direção nos sindicatos, submetidos a processo eletivo.

10.4. GESTANTE

- **Súmula nº 244 do TST.** Gestante. Estabilidade provisória

  I – O desconhecimento do estado gravídico pelo empregador não afasta o direito ao pagamento da indenização decorrente da estabilidade (art. 10, II, "b" do ADCT).

  II – A garantia de emprego à gestante só autoriza a reintegração se esta se der durante o período de estabilidade. Do contrário, a garantia restringe-se aos salários e demais direitos correspondentes ao período de estabilidade.

  III – A empregada gestante tem direito à estabilidade provisória prevista no art.10, inciso II, alínea b, do ADCT, mesmo na hipótese de admissão mediante contrato por tempo determinado.

- **OJ nº 399 da SDI – I do TST.** Estabilidade provisória. Ação trabalhista ajuizada após o término do período de garantia no emprego. Abuso do exercício do direito de ação. Não configuração. Indenização devida.

  O ajuizamento de ação trabalhista após decorrido o período de garantia de emprego não configura abuso do exercício do direito de ação, pois este está submetido apenas ao prazo prescricional inscrito no art. 7º, XXIX, da CF/1988, sendo devida a indenização desde a dispensa até a data do término do período estabilitário.

- **OJ nº 30 da SDC do TST.** Estabilidade da gestante. Renúncia ou transação de direitos constitucionais. Impossibilidade.

  Nos termos do art. 10, II, "b", do ADCT, a proteção à maternidade foi erigida à hierarquia constitucional, pois retirou do âmbito do direito potestativo do empregador a possibilidade de despedir arbitrariamente a empregada em estado gravídico. Portanto, a teor do artigo 9º, da CLT, torna-se nula de pleno direito a cláusula que estabelece a possibilidade de renúncia ou transação, pela gestante, das garantias referentes à manutenção do emprego e salário.

- **OJ nº 44 da SDI – I do TST.** Gestante. Salário maternidade

É devido o salário maternidade, de 120 dias, desde a promulgação da CF/1988, ficando a cargo do empregador o pagamento do período acrescido pela Carta.

10.5. ESTABILIDADE DECORRENTE DE ACIDENTE DO TRABALHO

- **Súmula nº 378 do TST.** Estabilidade provisória. Acidente do trabalho. Art. 118 da Lei nº 8.213/1991. Constitucionalidade. Pressupostos

  I – É constitucional o artigo 118 da Lei n. 8.213/91 que assegura o direito à estabilidade provisória por período de 12 meses após a cessação do auxílio-doença ao empregado acidentado.

  II – São pressupostos para a concessão da estabilidade o afastamento superior a 15 dias[160] e a consequente percepção do auxílio-doença acidentário, salvo se constatada, após a dispensa, doença profissional que guarde relação de causalidade com a execução do contrato de emprego.

  III – O empregado submetido a contrato de trabalho por tempo determinado goza da garantia provisória de emprego, decorrente de acidente de trabalho, prevista no art. 118 da Lei nº 8.213/1991.

- **OJ nº 41 da SDI - I do TST.** Estabilidade. Instrumento normativo. Vigência. Eficácia

  Preenchidos todos os pressupostos para a aquisição de estabilidade decorrente de acidente ou doença profissional, ainda durante a vigência do instrumento normativo, goza o empregado de estabilidade mesmo após o término da vigência deste.

- **OJ nº 31 da SDC do TST** – Estabilidade do acidentado. Acordo homologado. Prevalência. Impossibilidade. Violação do art. 118 da lei nº 8.213/91.

  Não é possível a prevalência de acordo sobre legislação vigente, quando ele é menos benéfico do que a própria lei, porquanto o caráter imperativo dessa última restringe o campo de atuação da vontade das partes.

10.6. CIPA

- **Súmula nº 339 do TST.** CIPA. Suplente. Garantia de emprego. CF/1988.

  I – O suplente da CIPA goza da garantia de emprego prevista no art. 10, II, "a", do ADCT a partir da promulgação da Constituição Federal de 1988.

  II – A estabilidade provisória do cipeiro não constitui vantagem pessoal, mas garantia para as atividades dos membros da CIPA, que somente tem razão de ser quando em atividade a empresa. Extinto o estabelecimento, não se verifica a despedida arbitrária, sendo impossível a reintegração e indevida a indenização do período estabilitário.

10.7. DIRETORES DE COOPERATIVAS

- **OJ nº 253 da SDI – I do TST.** Estabilidade provisória. Cooperativa. Lei nº 5.764/71. Conselho fiscal. Suplente. Não assegurada

  O art. 55 da Lei n. 5.764/71 assegura a garantia de emprego apenas aos empregados eleitos diretores de Cooperativas, não abrangendo os membros suplentes.

10.8. SERVIDOR PÚBLICO CELETISTA. EMPREGADO DE EMPRESA PÚBLICA E SOCIEDADE DE ECONOMIA MISTA

- **Súmula nº 390 do TST.** Estabilidade. Art. 41 da CF/1988. Celetista. Administração direta, autárquica ou fundacional. Aplicabilidade. Empregado de empresa pública e sociedade de economia mista. Inaplicável

  I – O servidor público celetista da administração direta, autárquica ou fundacional é beneficiário da estabilidade prevista no art. 41 da CF/88.

  II – Ao empregado de empresa pública ou de sociedade de economia mista, ainda que admitido mediante aprovação em concurso público, não é garantida a estabilidade prevista no art. 41 da CF/88.

- **OJ nº 247 da SDI - I do TST.** Servidor público. Celetista concursado. Despedida imotivada. Empresa pública ou sociedade de economia mista. Possibilidade

  I – A despedida de empregados de empresa pública e de sociedade de economia mista, mesmo admitidos por concurso público, independe de ato motivado para sua validade;

  II – A validade do ato de despedida do empregado da Empresa Brasileira de Correios e Telégrafos (ECT) está condicionada à motivação, por gozar a empresa do mesmo tratamento destinado à Fazenda Pública em relação à imunidade tributária e à execução por precatório, além das prerrogativas de foro, prazos e custas processuais.

10.8.1. SERVIDOR PÚBLICO DE FUNDAÇÃO REGIDO PELA CLT

- **OJ nº 364 da SDI - I do TST.** Estabilidade. Art. 19 do ADCT. Servidor público de fundação regido pela CLT.

---

160 . Vale ressaltar que o prazo para a interrupção do contrato de trabalho na hipótese de afastamento por doença ou acidente permanence em 15 dias. A MP nº 664/2014, que ampliava para 30 dias esse prazo, foi convertida na Lei nº 13.135/2015. A nova lei revogou a previsão de 30 dias. Em resumo, aplica-se o prazo de 15 dias.

Fundação instituída por lei e que recebe dotação ou subvenção do Poder Público para realizar atividades de interesse do Estado, ainda que tenha personalidade jurídica de direito privado, ostenta natureza de fundação pública. Assim, seus servidores regidos pela CLT são beneficiários da estabilidade excepcional prevista no art. 19 do ADCT.

10.9. ESTABILIDADE PREVISTA EM REGULAMENTO INTERNO

- **Súmula nº 345 do TST.** BANDEPE. Regulamento interno de pessoal não confere estabilidade aos empregados.

  O Regulamento Interno de Pessoal (RIP) do Banco do Estado de Pernambuco – BANDEPE, na parte que trata de seu regime disciplinar, não confere estabilidade aos seus empregados.

- **Súmula nº 355 do TST.** CONAB. Estabilidade. Aviso DIREH nº 2 de 12.12.1984

  O aviso DIREH nº 2, de 12.12.1984, que concedia estabilidade aos empregados da CONAB, não tem eficácia, porque não aprovado pelo Ministério ao qual a empresa se subordina.

11. FGTS

11.1. INCIDÊNCIA DO FGTS

- **Súmula nº 63 do TST.** Fundo de Garantia

  A contribuição para o Fundo de Garantia do Tempo de Serviço incide sobre a remuneração mensal devida ao empregado, inclusive horas extras e adicionais eventuais.

- **OJ nº 232 da SDI – I do TST.** FGTS. Incidência. Empregado transferido para o exterior. Remuneração

  O FGTS incide sobre todas as parcelas de natureza salarial pagas ao empregado em virtude de prestação de serviços no exterior.

- **Súmula nº 305 do TST.** Fundo de garantia do tempo de serviço. Incidência sobre o aviso – prévio

  O pagamento relativo ao período de aviso-prévio, trabalhado ou não, está sujeito à contribuição para o FGTS.

11.1.1. NÃO INCIDÊNCIA DO FGTS

- **OJ nº 195 da SDI – I do TST.** Férias indenizadas. FGTS. Não-incidência

  Não incide a contribuição para o FGTS sobre as férias indenizadas.

11.1.2. ÍNDICE DE CORREÇÃO

- **OJ nº 302 da SDI – I do TST.** FGTS. Índice de correção. Débitos trabalhistas

  Os créditos referentes ao FGTS, decorrentes de condenação judicial, serão corrigidos pelos mesmos índices aplicáveis aos débitos trabalhistas.

11.2. MULTA DE 40% DO FGTS

- **OJ nº 42 da SDI – I do TST.** FGTS. Multa de 40%

  I – É devida a multa do FGTS sobre os saques corrigidos monetariamente ocorridos na vigência do contrato de trabalho.

  II – O cálculo da multa de 40% do FGTS deverá ser feito com base no saldo da conta vinculada na data do efetivo pagamento das verbas rescisórias, desconsiderada a projeção do aviso prévio indenizado, por ausência de previsão legal.

- **Súmula nº 125 do TST.** Contrato de trabalho. Art. 479 da CLT

  O art. 479 da CLT aplica-se ao trabalhador optante pelo FGTS admitido mediante contrato por prazo determinado, nos termos do art. 30, § 3º, do Decreto nº 59.820, de 20.12.1966.

11.3. CONTRATO NULO

- **Súmula nº 363 do TST.** Contrato nulo. Efeitos

  A contratação de servidor público, após a CF/1988, sem prévia aprovação em concurso público, encontra óbice no respectivo art. 37, II e § 2º, somente lhe conferindo direito ao pagamento da contraprestação pactuada, em relação ao número de horas trabalhadas, respeitado o valor da hora do salário mínimo, e dos valores referentes aos depósitos do FGTS.

- **OJ nº 362 da SDI – I do TST.** Contrato nulo. Efeitos. FGTS. Medida provisória 2.164-41, de 24.08.2001, e art. 19-A da Lei nº 8.036, de 11.05.1990. Irretroatividade

  Não afronta o princípio da irretroatividade da lei a aplicação do art. 19-A da Lei nº 8.036, de 11.05.1990, aos contratos declarados nulos celebrados antes da vigência da Medida Provisória nº 2.164-41, de 24.08.2001.

11.4. PRESCRIÇÃO

- **Súmula nº 362 do TST.** FGTS. Prescrição

  I – Para os casos em que a ciência da lesão ocorreu a partir de 13.11.2014, é quinquenal a prescrição do direito de reclamar contra o não-recolhimento de contribuição para o FGTS, observado o prazo de dois anos após o término do contrato;

  II – Para os casos em que o prazo prescricional já estava em curso em 13.11.2014, aplica-se o prazo prescricional que se consumar primeiro: trinta anos, contados do termo inicial, ou cinco anos, a partir de 13.11.2014 (STF-ARE-709212/DF).

- **Súmula nº 206 do TST.** Incidência sobre parcelas prescritas

  A prescrição da pretensão relativa às parcelas remuneratórias alcança o respectivo recolhimento da contribuição para o FGTS.

11.5. EXPURGOS INFLACIONÁRIOS

- **OJ nº 341 da SDI – I do TST.** FGTS. Multa de 40%. Diferenças decorrentes dos expurgos inflacionários. Responsabilidade pelo pagamento

  É de responsabilidade do empregador o pagamento da diferença da multa de 40% sobre os depósitos do FGTS, decorrente da atualização monetária em face dos expurgos inflacionários.

- **OJ nº 344 da SDI – I do TST.** FGTS. Multa de 40%. diferenças decorrentes dos expurgos inflacionários. Prescrição. Termo inicial

  O termo inicial do prazo prescricional para o empregado pleitear em juízo diferenças da multa do FGTS, decorrentes dos expurgos inflacionários, deu-se com a vigência da Lei Complementar nº 110, em 30.06.01, salvo comprovado trânsito em julgado de decisão proferida em ação proposta anteriormente na Justiça Federal, que reconheça o direito à atualização do saldo da conta vinculada.

- **OJ nº 370 da SDI – I do TST.** FGTS. Multa de 40%. Diferenças dos expurgos inflacionários. Prescrição. Interrupção decorrente de protestos judiciais

  O ajuizamento de protesto judicial dentro do biênio posterior à Lei Complementar nº 110, de 29.06.2001, interrompe a prescrição, sendo irrelevante o transcurso de mais de dois anos da propositura de outra medida acautelatória, com o mesmo objetivo, ocorrida antes da vigência da referida lei, pois ainda não iniciado o prazo prescricional, conforme disposto na Orientação Jurisprudencial nº 344 da SBDI-1.

12. AVISO PRÉVIO E TÉRMINO DO CONTRATO DE TRABALHO

12.1. AVISO-PRÉVIO

- **Súmula nº. 441 do TST.** Aviso-prévio. Proporcionalidade

  O direito ao aviso-prévio proporcional ao tempo de serviço somente é assegurado nas rescisões de contrato de trabalho ocorridas a partir da publicação da Lei nº 12.506, em 13 de outubro de 2011.

- **Súmula nº 380 do TST.** Aviso prévio. Início da contagem. Art. 132 do Código Civil de 2002

  Aplica-se a regra prevista no *caput* do art. 132 do Código Civil de 2002 à contagem do prazo do aviso-prévio, excluindo-se o dia do começo e incluindo o do seu vencimento.

- **Súmula nº 276 do TST.** Aviso prévio. Renúncia pelo empregado

  O direito ao aviso-prévio é irrenunciável pelo empregado. O pedido de dispensa de cumprimento não exime o empregador de pagar o respectivo valor, salvo comprovação de haver o prestador dos serviços obtido novo emprego.

- **Súmula nº 348 do TST.** Aviso prévio. Concessão na fluência da garantia de emprego. Invalidade

  É inválida a concessão do aviso prévio na fluência da garantia provisória de emprego, ante a incompatibilidade dos dois institutos.

- **OJ nº 268 da SDI – I do TST.** Indenização adicional. Leis nºs 6.708/79 e 7.238/84. Aviso-prévio. Projeção. Estabilidade provisória

  Somente após o término do período estabilitário é que se inicia a contagem do prazo do aviso prévio para efeito das indenizações previstas nos artigos 9º da Lei nº 6.708/79 e 9º da Lei nº 7.238/84.

- **Súmula nº 230 do TST.** Aviso prévio. Substituição pelo pagamento das horas reduzidas da jornada de trabalho

  É ilegal substituir o período que se reduz da jornada de trabalho, no aviso-prévio, pelo pagamento das horas correspondentes.

- **Súmula nº 163 do TST.** Aviso prévio. Contrato de experiência

  Cabe aviso prévio nas rescisões antecipadas dos contratos de experiência, na forma do art. 481 da CLT (ex-Prejulgado nº 42).

- **Súmula nº 44 do TST.** Aviso-prévio

  A cessação da atividade da empresa, com o pagamento da indenização, simples ou em dobro, não exclui, por si só, o direito do empregado ao aviso-prévio.

- **OJ nº 82 da SDI – I do TST.** Aviso-prévio. Baixa na CTPS

  A data de saída a ser anotada na CTPS deve corresponder à do término do prazo do aviso-prévio, ainda que indenizado.

- **OJ nº 367 da SDI – I do TST.** Aviso-prévio de 60 dias. Elastecimento por norma coletiva. Projeção. Reflexos nas parcelas trabalhistas

  O prazo de aviso-prévio de 60 dias, concedido por meio de norma coletiva que silencia sobre alcance de seus efeitos jurídicos, computa-se integralmente como tempo de serviço, nos termos do § 1º do art. 487 da CLT, repercutindo nas verbas rescisórias.

- **Súmula nº 305 do TST.** Fundo de Garantia do Tempo de Serviço. Incidência sobre o aviso prévio.

  O pagamento relativo ao período de aviso-prévio, trabalhado ou não, está sujeito a contribuição para o FGTS.

- **OJ nº 83 da SDI – I do TST.** Aviso prévio. Indenizado. Prescrição

  A prescrição começa a fluir no final da data do término do aviso prévio. Art. 487, § 1º, CLT.

- **Súmula nº 371 do TST.** Aviso-prévio indenizado. Efeitos. Superveniência de auxílio-doença no curso deste

A projeção do contrato de trabalho para o futuro, pela concessão do aviso-prévio indenizado, tem efeitos limitados às vantagens econômicas obtidas no período de pré-aviso, ou seja, salários, reflexos e verbas rescisórias. No caso de concessão de auxílio-doença no curso do aviso-prévio, todavia, só se concretizam os efeitos da dispensa depois de expirado o benefício previdenciário.

- **Súmula nº 14 do TST.** Culpa recíproca

  Reconhecida a culpa recíproca na rescisão do contrato de trabalho (art. 484 da CLT), o empregado tem direito a 50% (cinquenta por cento) do valor do aviso-prévio, do décimo terceiro salário e das férias proporcionais.

- **OJ nº 14 da SDI – I do TST**[161]**.** Aviso-prévio cumprido em casa. Verbas rescisórias. Prazo para pagamento

  Em caso de aviso-prévio cumprido em casa, o prazo para o pagamento das verbas rescisórias é até o décimo dia da notificação da despedida.

- **Súmula nº 73 do TST.** Despedida. Justa causa

  A ocorrência de justa causa, salvo a de abandono de emprego, no decurso do prazo de aviso-prévio dado pelo empregador, retira do empregado qualquer direito às verbas rescisórias de natureza indenizatória.

- **Súmula nº 10 do TST**. Professor. Dispensa sem justa causa. Término do ano letivo ou no curso de férias escolares. Aviso-prévio

  O direito aos salários assegurados (artigo 322, caput e parágrafo 3º da CLT) não exclui o direito também ao aviso-prévio, na hipótese de dispensa sem justa causa ao término do ano letivo ou no curso das férias escolares.

- **Súmula nº 182 do TST**. Aviso-prévio. Indenização compensatória. Lei nº 6.708, de 30.10.1979

  O tempo do aviso prévio, mesmo indenizado, conta-se para efeito da indenização adicional prevista no art. 9º da Lei nº 6.708/1979.

- **Súmula nº 242 do TST.** Indenização adicional. Valor

  A indenização adicional, prevista no art. 9º da Lei nº 6.708, de 30.10.1979 e no art. 9º da Lei nº 7.238 de 28.10.1984, corresponde ao salário mensal, no valor devido na data da comunicação do despedimento, integrado pelos adicionais legais ou convencionados, ligados à unidade de tempo mês, não sendo computável a gratificação natalina.

- **Súmula nº 314 do TST.** Indenização adicional. Verbas rescisórias. Salário corrigido

  Se ocorrer a rescisão contratual no período de 30 dias que antecede à data-base, o pagamento das verbas rescisórias com o salário já corrigido não afasta o direito à indenização adicional.

12.2. TÉRMINO DO CONTRATO DE TRABALHO

12.2.1. FÉRIAS PROPORCIONAIS

- **Súmula nº 171 do TST**. Férias proporcionais. Contrato de trabalho. Extinção

  Salvo na hipótese de dispensa do empregado por justa causa, a extinção do contrato de trabalho sujeita o empregador ao pagamento da remuneração das férias proporcionais, ainda que incompleto o período aquisitivo de 12 (doze) meses.

- **Súmula nº 261 do TST.** Férias proporcionais. Pedido de demissão. Contrato vigente há menos de um ano

  O empregado que se demite antes de completar 12 (doze) meses de serviço tem direito a férias proporcionais.

12.2.2. DISPENSA DISCRIMINATÓRIA

- **Súmula nº 443 do TST**[162]**.** Dispensa discriminatória. Presunção. Empregado portador de doença grave. Estigma ou preconceito. Direito à reintegração.

  Presume-se discriminatória a despedida de empregado portador do vírus HIV ou de outra doença grave que suscite estigma ou preconceito. Inválido o ato o empregado tem direito à reintegração no emprego.

12.2.3. FALTA GRAVE

- **Súmula nº 32 do TST.** Abandono de emprego

  Presume-se o abandono de emprego se o trabalhador não retornar ao serviço no prazo de 30 dias após a cessação do benefício previdenciário nem justificar o motivo de não o fazer.

- **Súmula nº 13 do TST.** Mora

  O só pagamento dos salários atrasados em audiência não elide a mora capaz de determinar a rescisão do contrato de trabalho.

12.2.3.1. CULPA RECÍPROCA

- **Súmula nº 14 do TST.** Culpa recíproca

  Reconhecida a culpa recíproca na rescisão do contrato de trabalho (art. 484 da CLT), o empregado tem direito a 50% (cinquenta por cento) do valor do aviso prévio, do décimo terceiro salário e das férias proporcionais.

---

161 Esta orientação jurisprudencial será impactada pela nova redação dada ao art. 477, § 6º da CLT pela Reforma Trabalhista – Lei nº 13.467/2017.

162 Esta súmula poderá ser afetada pelo art. 8º, §2º da CLT, inserido pela Reforma Trabalhista – Lei nº 13.467/2017.

12.2.4. APOSENTADORIA ESPONTÂNEA. EXTINÇÃO DO CONTRATO

- **OJ nº 361 da SDI – I do TST.** Aposentadoria espontânea. Unicidade do contrato de trabalho. Multa de 40% do FGTS sobre todo o período

  A aposentadoria espontânea não é causa de extinção do contrato de trabalho se o empregado permanece prestando serviços ao empregador após a jubilação. Assim, por ocasião da sua dispensa imotivada, o empregado tem direito à multa de 40% do FGTS sobre a totalidade dos depósitos efetuados no curso do pacto laboral.

12.2.5. DESPEDIDA IMOTIVADA DO SERVIDOR PÚBLICO

- **OJ nº 247 da SDI – I do TST.** Servidor público. Celetista concursado. Despedida imotivada. Empresa pública ou sociedade de economia mista. Possibilidade

  I – A despedida de empregados de empresa pública e de sociedade de economia mista, mesmo admitidos por concurso público, independe de ato motivado para sua validade;

  II – A validade do ato de despedida do empregado da Empresa Brasileira de Correios e Telégrafos (ECT) está condicionada à motivação, por gozar a empresa do mesmo tratamento destinado à Fazenda Pública em relação à imunidade tributária e à execução por precatório, além das prerrogativas de foro, prazos e custas processuais.

12.2.6. READMISSÃO

- **Súmula nº 138 do TST.** Readmissão

  Em caso de readmissão, conta-se a favor do empregado o período de serviço anterior, encerrado com a saída espontânea.

12.2.7. MULTA PREVISTA NO ART. 477 DA CLT

- **Súmula nº 462 do TST.** Multa do art. 477, § 8º, da CLT. Incidência. Reconhecimento judicial da relação de emprego.

  A circunstância de a relação de emprego ter sido reconhecida apenas em juízo não tem o condão de afastar a incidência da multa prevista no art. 477, §8º, da CLT. A referida multa não será devida apenas quando, comprovadamente, o empregado der causa à mora no pagamento das verbas rescisórias.

- **OJ nº 162 da SDI – I do TST.** Multa. Art. 477 da CLT. Contagem do prazo. Aplicável o art. 132 do Código Civil de 2002

  A contagem do prazo para quitação das verbas decorrentes da rescisão contratual prevista no artigo 477 da CLT exclui necessariamente o dia da notificação da demissão e inclui o dia do vencimento, em obediência ao disposto no artigo 132 do Código Civil de 2002 (artigo 125 do Código Civil de 1916).

- **OJ nº 238 da SDI – I do TST.** Multa. Art. 477 da CLT. Pessoa jurídica de direito público. Aplicável

  Submete-se à multa do artigo 477 da CLT a pessoa jurídica de direito público que não observa o prazo para pagamento das verbas rescisórias, pois nivela-se a qualquer particular, em direitos e obrigações, despojando-se do *jus imperii* ao celebrar um contrato de emprego.

12.2.8. TÉRMINO DAS ATIVIDADES EMPRESARIAIS. PAGAMENTO DO SALÁRIO

- **Súmula nº 173 do TST.** Salário. Empresa. Cessação das atividades

  Extinto, automaticamente, o vínculo empregatício com a cessação das atividades da empresa, os salários só são devidos até a data da extinção.

12.2.9. CONTRATO NULO

- **Súmula nº 363 do TST.** Contrato nulo. Efeitos

  A contratação de servidor público, após a CF/1988, sem prévia aprovação em concurso público, encontra óbice no respectivo art. 37, II e § 2º, somente lhe conferindo direito ao pagamento da contraprestação pactuada, em relação ao número de horas trabalhadas, respeitado o valor da hora do salário mínimo, e dos valores referentes aos depósitos do FGTS.

12.2.10. QUITAÇÃO E COMPENSAÇÃO

- **Súmula nº 330 do TST**[163]. Quitação. Validade

  A quitação passada pelo empregado, com assistência da entidade sindical de sua categoria, ao empregador, com observância dos requisitos exigidos nos parágrafos do art. 477, da CLT, tem eficácia liberatória em relação às parcelas expressamente consignadas no recibo, salvo se oposta ressalva expressamente e especificada ao valor dado à parcela ou parcelas impugnadas.

  I – A quitação não abrange parcelas não consignadas no recibo de quitação e, consequentemente, seus reflexos em outras parcelas, ainda que essas constem desse recibo.

  II – Quanto a direitos que deveriam ter sido satisfeitos durante a vigência do contrato de trabalho, a quitação é válida em relação ao período expressamente consignado no recibo de quitação.

---

163 Esta súmula será impactada pelos art. 477 e 507-B da CLT acrescentado pela Reforma Trabalhista – Lei nº 13.467/2017.

- **Súmula nº 18 do TST.** Compensação

  A compensação, na Justiça do Trabalho, está restrita a dívidas de natureza trabalhista.

- **OJ nº 148 da SDI - I do TST.** Lei nº 8.880/94, Art. 31. Constitucionalidade

  É constitucional o art. 31 da Lei nº 8.880/94, que prevê a indenização por demissão sem justa causa.

13. PRESCRIÇÃO E DECADÊNCIA

13.1. PRESCRIÇÃO

- **Súmula nº 153 do TST**[164]. Prescrição

  Não se conhece de prescrição não arguida na instância ordinária

- **Súmula nº 156 do TST.** Prescrição. Prazo

  Da extinção do último contrato começa a fluir o prazo prescricional do direito de ação em que se objetiva a soma de períodos descontínuos de trabalho.

- **OJ nº 83 da SDI - I do TST.** Aviso-prévio. Indenizado. Prescrição

  A prescrição começa a fluir no final da data do término do aviso prévio. Art. 487, § 1º, CLT.

- **Súmula nº 308 do TST.** Prescrição quinquenal

  I – Respeitado o biênio subsequente à cessação contratual, a prescrição da ação trabalhista concerne às pretensões imediatamente anteriores a cinco anos, contados da data do ajuizamento da reclamação e, não, às anteriores ao quinquênio da data da extinção do contrato.

  II – A norma constitucional que ampliou o prazo de prescrição da ação trabalhista para 5 (cinco) anos é de aplicação imediata e não atinge pretensões já alcançadas pela prescrição bienal quando da promulgação da CF/1988.

- **OJ nº 401 da SDI - I do TST.** Prescrição. Marco inicial. Ação condenatória. Trânsito em julgado da ação declaratória com mesma causa de pedir remota ajuizada antes da extinção do contrato de trabalho.

  O marco inicial da contagem do prazo prescricional para o ajuizamento de ação condenatória, quando advém a dispensa do empregado no curso de ação declaratória que possua a mesma causa de pedir remota, é o trânsito em julgado da decisão proferida na ação declaratória e não a data da extinção do contrato de trabalho.

13.1.1. PRESCRIÇÃO TOTAL

- **Súmula nº 294 do TST**[165]. Prescrição. Alteração contratual. Trabalhador urbano

  Tratando-se de ação que envolva pedido de prestações sucessivas decorrente de alteração do pactuado, a prescrição é total, exceto quando o direito à parcela esteja também assegurado por preceito de lei.

- **OJ nº 175 da SDI - I do TST.** Comissões. Alteração ou Supressão. Prescrição total

  A supressão das comissões, ou a alteração quanto à forma ou ao percentual, em prejuízo do empregado, é suscetível de operar a prescrição total da ação, nos termos da Súmula nº 294 do TST, em virtude de cuidar-se de parcela não assegurada por preceito de lei.

- **OJ nº 242 da SDI - I do TST.** Prescrição total. Horas extras. Adicional. Incorporação

  Embora haja previsão legal para o direito à hora extra, inexiste previsão para a incorporação ao salário do respectivo adicional, razão pela qual deve incidir a prescrição total.

- **Súmula nº 199 do TST.** Bancário. Pré-contratação de horas extras

  I – A contratação do serviço suplementar, quando da admissão do trabalhador bancário, é nula. Os valores assim ajustados apenas remuneram a jornada normal, sendo devidas as horas extras com o adicional de, no mínimo, 50% (cinquenta por cento), as quais não configuram pré-contratação, se pactuadas após a admissão do bancário.

  II – Em se tratando de horas extras pré-contratadas, opera-se a prescrição total se a ação não for ajuizada no prazo de cinco anos, a partir da data em que foram suprimidas.

- **Súmula nº 275 do TST.** Prescrição. Desvio de função e reenquadramento

  I – Na ação que objetive corrigir desvio funcional, a prescrição só alcança as diferenças salariais vencidas no período de 5 (cinco) anos que precedeu o ajuizamento.

  II – Em se tratando de pedido de reenquadramento, a prescrição é total, contada da data do enquadramento do empregado.

- **Súmula nº 326 do TST.** Complementação de aposentadoria. Prescrição total

  A pretensão à complementação de aposentadoria jamais recebida prescreve em 2 (dois) anos contados da cessação do contrato de trabalho.

164 Esta súmula será impactada pelo art. 11-A, § 2º da CLT acrescentado pela Reforma Trabalhista – Lei nº 13.467/2017.

165 Esta súmula será impactada pelo art. 11, § 2º da CLT acrescentado pela Reforma Trabalhista – Lei nº 13.467/2017.

- **OJ nº 243 da SDI – I do TST.** Prescrição total. Planos econômicos

  Aplicável a prescrição total sobre o direito de reclamar diferenças salariais resultantes de planos econômicos.

- **OJ nº 76 da SDI – I do TST.** Substituição dos avanços trienais por quinquênios. Alteração do contrato de trabalho. Prescrição total. CEEE

  A alteração contratual consubstanciada na substituição dos avanços trienais por quinquênios decorre de ato único do empregador, momento em que começa a fluir o prazo fatal de prescrição.

13.1.2. PRESCRIÇÃO PARCIAL

- **Súmula nº 294 do TST**[166]. Prescrição. Alteração contratual. Trabalhador urbano

  Tratando-se de ação que envolva pedido de prestações sucessivas decorrente de alteração do pactuado, a prescrição é total, exceto quando o direito à parcela esteja também assegurado por preceito de lei.

- **Súmula nº 6, IX, do TST.**

  Na ação de equiparação salarial, a prescrição é parcial e só alcança as diferenças salariais vencidas no período de 5 (cinco) anos que precedeu o ajuizamento.

- **Súmula nº 452 do TST**. Diferenças salariais. Plano de cargos e salários. Descumprimento. Critérios de promoção não observados. Prescrição parcial.

  Tratando-se de pedido de pagamento de diferenças salariais decorrentes da inobservância dos critérios de promoção estabelecidos em Plano de Cargos e Salários criado pela empresa, a prescrição aplicável é a parcial, pois a lesão é sucessiva e se renova mês a mês.

- **Súmula nº 327 do TST**. Complementação de aposentadoria. Diferenças. Prescrição parcial

  A pretensão a diferenças de complementação de aposentadoria sujeita-se à prescrição parcial e quinquenal, salvo se o pretenso direito decorrer de verbas não recebidas no curso da relação de emprego e já alcançadas pela prescrição, à época da propositura da ação.

- **Súmula nº 373 do TST**. Gratificação semestral. Congelamento. Prescrição parcial

  Tratando-se de pedido de diferença de gratificação semestral que teve seu valor congelado, a prescrição aplicável é a parcial.

13.1.3. AÇÃO RESCISÓRIA. PRESCRIÇÃO TOTAL E PARCIAL

- **Súmula nº 409 do TST.** Ação rescisória. Prazo prescricional. Total ou parcial. Violação do art. 7º, XXIX, da CF/1988. Matéria infraconstitucional

  Não procede ação rescisória calcada em violação do art. 7º, XXIX, da CF/1988 quando a questão envolve discussão sobre a espécie de prazo prescricional aplicável aos créditos trabalhistas, se total ou parcial, porque a matéria tem índole infraconstitucional, construída, na Justiça do Trabalho, no plano jurisprudencial.

13.1.4. SUSPENSÃO DO CONTRATO DE TRABALHO

- **OJ nº 375 da SDI – I do TST.** Auxílio-doença. Aposentadoria por invalidez. Suspensão do contrato de trabalho. Prescrição. Contagem

  A suspensão do contrato de trabalho, em virtude da percepção do auxílio-doença ou da aposentadoria por invalidez, não impede a fluência da prescrição quinquenal, ressalvada a hipótese de absoluta impossibilidade de acesso ao Judiciário.

13.1.5. INTERRUPÇÃO DA PRESCRIÇÃO

- **Súmula nº 268 do TST**[167]. Prescrição. Interrupção. Ação trabalhista Arquivada

  A ação trabalhista, ainda que arquivada, interrompe a prescrição somente em relação aos pedidos idênticos.

- **OJ nº 392 da SDI – I do TST**[168]. Prescrição. Interrupção. Ajuizamento de protesto judicial. Marco inicial

  O protesto judicial é medida aplicável no processo do trabalho, por força do art. 769 da CLT e do art. 15 do CPC de 2015. O ajuizamento da ação, por si só, interrompe o prazo prescricional, em razão da inaplicabilidade do § 2º do art. 240 do CPC de 2015 (§ 2º do art. 219 do CPC de 1973), incompatível com o disposto no art. 841 da CLT.

13.1.6. RURÍCOLA

- **OJ nº 271 da SDI – I do TST** Rurícola. Prescrição. Contrato de emprego extinto. Emenda constitucional nº 28/2000. Inaplicabilidade

  O prazo prescricional da pretensão do rurícola, cujo contrato de emprego já se extinguira ao sobrevir a Emenda Constitucional nº 28, de 26/05/2000, tenha sido ou não ajuizada a ação

---

166 Esta súmula será impactada pelo art. 11, § 2º da CLT acrescentado pela Reforma Trabalhista – Lei nº 13.467/2017.

167 Esta súmula será impactada pelo art. 11, § 3º da CLT acrescentado pela Reforma Trabalhista – Lei nº 13.467/2017.

168 Esta orientação jurisprudencial será impactada pelo art. 11, § 3º da CLT acrescentado pela Reforma Trabalhista – Lei nº 13.467/2017.

trabalhista, prossegue regido pela lei vigente ao tempo da extinção do contrato de emprego.

13.1.7. PRESCRIÇÃO INTERCORRENTE

- **Súmula nº 114 do TST[169].** Prescrição intercorrente

  É inaplicável na Justiça do Trabalho a prescrição intercorrente.

13.1.8. FGTS

- **Súmula nº 362 do TST.** FGTS. Prescrição

  I – Para os casos em que a ciência da lesão ocorreu a partir de 13.11.2014, é quinquenal a prescrição do direito de reclamar contra o não-recolhimento de contribuição para o FGTS, observado o prazo de dois anos após o término do contrato;

  II – Para os casos em que o prazo prescricional já estava em curso em 13.11.2014, aplica-se o prazo prescricional que se consumar primeiro: trinta anos, contados do termo inicial, ou cinco anos, a partir de 13.11.2014 (STF-ARE-709212/DF).

- **Súmula nº 206 do TST.** Incidência sobre parcelas prescritas

  A prescrição da pretensão relativa às parcelas remuneratórias alcança o respectivo recolhimento da contribuição para o FGTS.

13.1.9. EXPURGOS INFLACIONÁRIOS

- **OJ nº 344 da SDI – I do TST.** FGTS. Multa de 40%. Diferenças decorrentes dos expurgos inflacionários. Prescrição. Termo inicial

  O termo inicial do prazo prescricional para o empregado pleitear em juízo diferenças da multa do FGTS, decorrentes dos expurgos inflacionários, deu-se com a vigência da Lei Complementar nº 110, em 30.06.01, salvo comprovado trânsito em julgado de decisão proferida em ação proposta anteriormente na Justiça Federal, que reconheça o direito à atualização do saldo da conta vinculada.

- **OJ nº 341 da SDI – I do TST.** FGTS. Multa de 40%. Diferenças decorrentes dos expurgos inflacionários. Responsabilidade pelo pagamento

  É de responsabilidade do empregador o pagamento da diferença da multa de 40% sobre os depósitos do FGTS, decorrente da atualização monetária em face dos expurgos inflacionários.

13.1.10. AÇÃO DE CUMPRIMENTO

- **Súmula nº 350 do TST.** Prescrição. Termo inicial. Ação de cumprimento. Sentença normativa

  O prazo de prescrição com relação à ação de cumprimento de decisão normativa flui apenas da data de seu trânsito em julgado.

13.1.11. MUDANÇA DO REGIME CELETISTA PARA ESTATUTÁRIO

- **Súmula nº 382 do TST.** Mudança de regime celetista para estatutário. Extinção do contrato. Prescrição bienal

  A transferência do regime jurídico de celetista para estatutário implica extinção do contrato de trabalho, fluindo o prazo da prescrição bienal a partir da mudança de regime.

- **Súmula nº 243 do TST.** Opção pelo regime trabalhista. Supressão das vantagens estatutárias

  Exceto na hipótese de previsão contratual ou legal expressa, a opção do funcionário público pelo regime trabalhista implica a renúncia dos direitos inerentes ao regime estatutário.

13.1.12. COMPLEMENTAÇÃO DE PENSÃO E AUXÍLIO FUNERAL

- **OJ nº 129 da SDI – I do TST.** Prescrição. Complementação da pensão e auxílio funeral

  A prescrição extintiva para pleitear judicialmente o pagamento da complementação de pensão e do auxílio-funeral é de 2 anos, contados a partir do óbito do empregado.

13.1.13. MINISTÉRIO PÚBLICO

- **OJ nº 130 da SDI – I do TST.** Prescrição. Ministério Público. Arguição. Custos legis. Ilegitimidade.

  Ao exarar o parecer na remessa de ofício, na qualidade de *custos legis*, o Ministério Público não tem legitimidade para arguir a prescrição em favor de entidade de direito público, em matéria de direito patrimonial.

13.2. DECADÊNCIA

- **Súmula nº 62 do TST.** Abandono de emprego

  O prazo de decadência do direito do empregador de ajuizar inquérito em face do empregado que incorre em abandono de emprego é contado a partir do momento em que o empregado pretendeu seu retorno ao serviço.

14. DIREITO COLETIVO DO TRABALHO

14.1. PODER NORMATIVO DO TST

- **Súmula nº 190 do TST.** Poder normativo do TST. Condições de trabalho. Inconstitucionalidade. Decisões contrárias ao STF

  Ao julgar ou homologar ação coletiva ou acordo nela havido, o Tribunal Superior do Trabalho exer-

169 Esta súmula será impactada pelo art. 11-A da CLT acrescentado pela Reforma Trabalhista – Lei nº 13.467/2017.

ce o poder normativo constitucional, não podendo criar ou homologar condições de trabalho que o Supremo Tribunal Federal julgue iterativamente inconstitucionais.

14.2. VIGÊNCIA DA CONVENÇÃO E DO ACORDO COLETIVO DE TRABALHO. ULTRATIVIDADE

- **Súmula nº 277 do TST**[170]. Convenção coletiva de trabalho ou acordo coletivo de trabalho. Eficácia. Ultratividade.

  As cláusulas normativas dos acordos coletivos ou convenções coletivas integram os contratos individuais de trabalho e somente poderão ser modificadas ou suprimidas mediante negociação coletiva de trabalho.

- **OJ nº 322 da SDI - I do TST**[171]. Acordo coletivo de trabalho. Cláusula de termo aditivo prorrogando o acordo para prazo indeterminado. Inválida

  Nos termos do art. 614, § 3º, da CLT, é de 2 anos o prazo máximo de vigência dos acordos e das convenções coletivas. Assim sendo, é inválida, naquilo que ultrapassa o prazo total de 2 anos, a cláusula de termo aditivo que prorroga a vigência do instrumento coletivo originário por prazo indeterminado.

14.3. CATEGORIA DIFERENCIADA

- **Súmula nº 374 do TST**. Norma coletiva. Categoria diferenciada. Abrangência

  Empregado integrante de categoria profissional diferenciada não tem o direito de haver de seu empregador vantagens previstas em instrumento coletivo no qual a empresa não foi representada por órgão de classe de sua categoria.

14.4. MULTA PREVISTA EM INSTRUMENTO NORMATIVO

- **Súmula nº 384 do TST.** Multa convencional. Cobrança

  I – O descumprimento de qualquer cláusula constante de instrumentos normativos diversos não submete o empregado a ajuizar várias ações, pleiteando em cada uma o pagamento da multa referente ao descumprimento de obrigações previstas nas cláusulas respectivas.

  II – É aplicável multa prevista em instrumento normativo (sentença normativa, convenção ou acordo coletivo) em caso de descumprimento de obrigação prevista em lei, mesmo que a norma coletiva seja mera repetição de texto legal.

- **OJ nº 54 da SDI - I do TST.** Multa. Cláusula penal. Valor superior ao principal

  O valor da multa estipulada em cláusula penal, ainda que diária, não poderá ser superior à obrigação principal corrigida, em virtude da aplicação do artigo 412 do Código Civil de 2002 (art. 920 do Código Civil de 1916).

14.5. CONTRIBUIÇÃO SINDICAL, CONFEDERATIVA E ASSISTENCIAL

- **Súmula nº 432 do TST**[172]. Contribuição sindical rural. Ação de cobrança. Penalidade por atraso no recolhimento. Inaplicabilidade do art. 600 da CLT. Incidência do art. 2º da Lei nº 8.022/1990.

  O recolhimento a destempo da contribuição sindical rural não acarreta a aplicação da multa progressiva prevista no art. 600 da CLT, em decorrência da sua revogação tácita pela Lei nº 8.022, de 12 de abril de 1990.

- **OJ nº 17 da SDC do TST** – Contribuições para entidades sindicais. Inconstitucionalidade de sua extensão a não associados.

  As cláusulas coletivas que estabeleçam contribuição em favor de entidade sindical, a qualquer título, obrigando trabalhadores não sindicalizados, são ofensivas ao direito de livre associação e sindicalização, constitucionalmente assegurado, e, portanto, nulas, sendo passíveis de devolução, por via própria, os respectivos valores eventualmente descontados.

- **Súmula Vinculante nº 40 do STF**

  A contribuição confederativa de que trata o art. 8º, IV, da Constituição, só é exigível dos filiados ao sindicato respectivo.

14.6. ORGANIZAÇÃO SINDICAL

- **OJ nº 9 da SDC do TST** – Enquadramento sindical. Incompetência material da justiça do trabalho.

  O dissídio coletivo não é meio próprio para o sindicato vir a obter o reconhecimento de que a categoria que representa é diferenciada, pois esta matéria – enquadramento sindical – envolve a interpretação de norma genérica, notadamente do art. 577 da CLT.

- **OJ nº 16 da SDC do TST** – Taxa de homologação de rescisão contratual. Ilegalidade.

  É contrária ao espírito da lei (art. 477, § 7º, da CLT)

170 Esta súmula será impactada pela nova redação dada ao art. 614, § 3º da CLT acrescentado pela Reforma Trabalhista – Lei nº 13.467/2017.

171 Esta orientação jurisprudencial será impactada pela nova redação dada ao art. 614, § 3º da CLT acrescentado pela Reforma Trabalhista – Lei nº 13.467/2017.

172 Esta súmula será impactada pela nova redação dada aos art. 545 578, 579, 582, 583, 587 e 602 da CLT pela Reforma Trabalhista – Lei nº 13.467/2017.

e da função precípua do sindicato a cláusula coletiva que estabelece taxa para homologação de rescisão contratual, a ser paga pela empresa a favor do sindicato profissional.

- **OJ nº 17 da SDC do TST** – Contribuições para entidades sindicais. Inconstitucionalidade de sua extensão a não associados.

  As cláusulas coletivas que estabeleçam contribuição em favor de entidade sindical, a qualquer título, obrigando trabalhadores não sindicalizados, são ofensivas ao direito de livre associação e sindicalização, constitucionalmente assegurado, e, portanto, nulas, sendo passíveis de devolução, por via própria, os respectivos valores eventualmente descontados.

- **OJ nº 28 da SDC do TST** – Edital de convocação da AGT. Publicação. Base territorial. Validade.

  O edital de convocação para a AGT deve ser publicado em jornal que circule em cada um dos municípios componentes da base territorial.

- **OJ nº 35 da SDC do TST** – Edital de convocação da agt. Disposição estatutária específica. Prazo mínimo entre a publicação e a realização da assembleia. Observância obrigatória.

  Se os estatutos da entidade sindical contam com norma específica que estabeleça prazo mínimo entre a data de publicação do edital convocatório e a realização da assembleia correspondente, então a validade desta última depende da observância desse interregno.

- **OJ nº 36 da SDC do TST** – Empregados de empresa de processamento de dados. Reconhecimento como categoria diferenciada. Impossibilidade.

- É por lei e não por decisão judicial, que as categorias diferenciadas são reconhecidas como tais. De outra parte, no que tange aos profissionais da informática, o trabalho que desempenham sofre alterações, de acordo com a atividade econômica exercida pelo empregador.

14.7. NEGOCIAÇÃO COLETIVA

- **OJ nº 2 da SDC do TST** – Acordo homologado. Extensão a partes não subscreventes. Inviabilidade.

  É inviável aplicar condições constantes de acordo homologado nos autos de dissídio coletivo, extensivamente, às partes que não o subscreveram, exceto se observado o procedimento previsto no art. 868 e seguintes, da CLT.

- **OJ nº 5 da SDC do TST.** Dissídio coletivo. Pessoa jurídica de direito público. Possibilidade jurídica. Cláusula de natureza social.

  Em face de pessoa jurídica de direito público que mantenha empregados, cabe dissídio coletivo exclusivamente para apreciação de cláusulas de natureza social. Inteligência da Convenção nº 151 da Organização Internacional do Trabalho, ratificada pelo Decreto Legislativo nº 206/2010.

- **OJ nº 8 da SDC do TST** – Dissídio coletivo. Pauta reivindicatória não registrada em ata. Causa de extinção.

  A ata da assembleia de trabalhadores que legitima a atuação da entidade sindical respectiva em favor de seus interesses deve registrar, obrigatoriamente, a pauta reivindicatória, produto da vontade expressa da categoria.

- **OJ nº 18 da SDC do TST** – Descontos autorizados no salário pelo trabalhador. Limitação máxima de 70% do salário base.

  Os descontos efetuados com base em cláusula de acordo firmado entre as partes não podem ser superiores a 70% do salário base percebido pelo empregado, pois deve-se assegurar um mínimo de salário em espécie ao trabalhador.

- **OJ nº 20 da SDC do TST** – Empregados sindicalizados. Admissão preferencial. Condição violadora do art. 8º, V, da CF88.

  Viola o art. 8º, V, da CF/1988 cláusula de instrumento normativo que estabelece a preferência, na contratação de mão de obra, do trabalhador sindicalizado sobre os demais.

- **OJ nº 23 da SDC do TST** – Legitimidade "ad causam". Sindicato representativo de segmento profissional ou patronal. Impossibilidade.

  A representação sindical abrange toda a categoria, não comportando separação fundada na maior ou menor dimensão de cada ramo ou empresa.

- **OJ nº 25 da SDC do TST** – Salário normativo. Contrato de experiência. Limitação. Tempo de serviço. Possibilidade.

  Não fere o princípio da isonomia salarial (art. 7º, XXX, da CF/88) a previsão de salário normativo tendo em vista o fator tempo de serviço.

- **OJ nº 26 da SDC do TST** – Salário normativo. Menor empregado. Art. 7º, XXX, da CF/88. Violação.

  Os empregados menores não podem ser discriminados em cláusula que fixa salário mínimo profissional para a categoria.

- **OJ nº 30 da SDC do TST** – Estabilidade da gestante. Renúncia ou transação de direitos constitucionais. Impossibilidade.

  Nos termos do art. 10, II, "b", do ADCT, a proteção à maternidade foi erigida à hierarquia constitucional, pois retirou do âmbito do direito potestativo do empregador a possibilidade de despedir arbitrariamente a empregada em estado gravídico. Portanto, a teor do artigo 9º, da CLT, torna-se nula de pleno direito a cláusula que estabelece a possibilidade de renúncia ou transação, pela gestante, das garantias referentes à manutenção do emprego e salário.

- **OJ nº 31 da SDC do TST** – Estabilidade do acidentado. Acordo homologado. Prevalência. Impossibilidade. Violação do art. 118 da lei nº 8.213/91.

  Não é possível a prevalência de acordo sobre legislação vigente, quando ele é menos benéfico do que a própria lei, porquanto o caráter imperativo dessa última restringe o campo de atuação da vontade das partes.

14.8. GREVE

- **OJ nº 10 da SDC do TST.** Greve abusiva não gera efeitos.

  É incompatível com a declaração de abusividade de movimento grevista o estabelecimento de quaisquer vantagens ou garantias a seus partícipes, que assumiram os riscos inerentes à utilização do instrumento de pressão máximo.

- **OJ nº 11 da SDC do TST.** Greve. Imprescindibilidade de tentativa direta e pacífica da solução do conflito. Etapa negocial prévia.

  É abusiva a greve levada a efeito sem que as partes hajam tentado, direta e pacificamente, solucionar o conflito que lhe constitui o objeto.

- **OJ nº 38 da SDC do TST.** Greve. Serviços essenciais. Garantia das necessidades inadiáveis da população usuária. Fator determinante da qualificação jurídica do movimento.

  É abusiva a greve que se realiza em setores que a lei define como sendo essenciais à comunidade, se não é assegurado o atendimento básico das necessidades inadiáveis dos usuários do serviço, na forma prevista na Lei nº 7.783/89.

✦ SÚMULAS E OJS DO TST QUE SERÃO IMPACTADAS PELA REFORMA TRABALHISTA EM DIREITO DO TRABALHO

Súmulas e OJs do TST que serão impactadas pela Reforma Trabalhista	Artigo da Reforma Trabalhista (Fundamento)
Súmula nº 6 do TST	Art. 461 da CLT
Súmula nº 51 do TST	Art. 611-A, VI, da CLT
Súmula nº 85 do TST	Art. 59, 59-A e 59-B, da CLT
Súmula nº 90 do TST	Art. 58, § 2º, da CLT
Súmula nº 101 do TST	Art. 457, § 1º e 2º, da CLT
Súmula nº 114 do TST	Art. 11-A, da CLT
Súmula nº 115 do TST	Art. 457, § 1º, da CLT
Súmula nº 127 do TST	Art. 461, § 2º, da CLT
Súmula nº 129 do TST	Art. 8º, § 2º, da CLT
Súmula nº 153 do TST	Art. 11-A, § 2º, da CLT
Súmula nº 202 do TST	Art. 611-A, VI, da CLT
Súmula nº 203 do TST	Art. 457, § 1º, da CLT
Súmula nº 226 do TST	Art. 457, § 1º, da CLT
Súmula nº 241 do TST	Art. 457, § 2º, da CLT
Súmula nº 253 do TST	Art. 457, § 1º, da CLT
Súmula nº 268 do TST	Art. 11, § 3º, da CLT
Súmula nº 277 do TST	Art. 614, § 3º, da CLT
Súmula nº 294 do TST	Art. 11, § 2º, da CLT
Súmula nº 318 do TST	Art. 457, § 1º e 2º, da CLT
Súmula nº 320 do TST	Art. 58, § 2º, da CLT
Súmula nº 330 do TST	Art. 477 e 507-B, da CLT
Súmula nº 331 do TST	Art. 4º-A, 4º-C, 5º-A, 5º-C e 5º-D da Lei nº 6.019/1974
Súmula nº 338 do TST	Art. 611-A, X, da CLT
Súmula nº 354 do TST	Art. 611-A, IX, da CLT
Súmula nº 366 do TST	Art. 4º, § 2º, da CLT
Súmula nº 372 do TST	Art. 468, § 2º
Súmula nº 428 do TST	Art. 611-A, VIII, da CLT
Súmula nº 429 do TST	Art. 8º, § 2º, da CLT
Súmula nº 432 do TST	Art. 545, 578, 579, 582, 583, 587 e 602 da CLT
Súmula nº 437 do TST	Art. 71, § 4º e 611-A, III, ambos da CLT
Súmula nº 440 do TST	Art. 8º, § 2º, da CLT
Súmula nº 444 do TST	Art. 59-A, da CLT
OJ nº 14 da SDI-I do TST	Art. 477, § 6º, da CLT
OJ nº 235 da SD-I do TST	Art. 611-A, IX, da CLT
OJ nº 261 da SD-I do TST	Art. 448-A, da CLT
OJ nº 270 da SDI-I do TST	Art. 477-B da CLT
OJ nº 322 da SDI-I do TST	Art. 614, § 3º, da CLT
OJ nº 355 da SDI-I do TST	Art. 71, § 4º, da CLT
OJ nº 356 da SDI-I do TST	Art. 477-B da CLT
OJ nº 383 da SDI-I do TST	Art. 4º-C, § 1º, Lei nº 6.019/1974
OJ nº 388 da SDI-I do TST	Art. 59-A da CLT
OJ nº 392 da SDI-I do TST	Art. 11, § 3º, da CLT
OJ nº 411 da SDI-I do TST	Art. 448-A da CLT
OJ nº 418 da SDI-I do TST	Art. 461, § 3º, da CLT

✦ INFORMATIVOS DO TST

1. REGULAMENTO INTERNO

▸ ***CEF. NORMA INTERNA. CI/SUPES/GERET 293/2006. VALIDADE. OPÇÃO PELA JORNADA DE OITO HORAS. INGRESSO EM JUÍZO. RETORNO AUTOMÁTICO À JORNADA DE SEIS HORAS. ORIENTAÇÃO JURISPRUDENCIAL TRANSITÓRIA Nº 70 DA SBDI-I.***

É válida a norma interna CI/SUPES/GERET 293/2006, expedida pela Caixa Econômica Federal (CEF), que determina o retorno automático à jornada de seis horas, no caso de o empregado ingressar em juízo contra a opção pela jornada de oito horas. Essa providência se harmoniza com o reconhecimento da nulidade da opção de jornada consagrada na Orientação Jurisprudencial Transitória nº 70 da SBDI-I, não havendo falar, portanto, em ofensa ao direito constitucional de acesso ao poder judiciário ou em configuração de ato discriminatório. Com esse entendimento, a SBDI-I, em sua composição plena, conheceu dos embargos interpostos pela CEF, por divergência jurisprudencial, e, no mérito, pelo voto prevalecente da Presidência, deu-lhes provimento para julgar improcedentes os pedidos deduzidos na reclamação trabalhista. Vencidos o Desembargador Convocado Sebastião Geraldo de Oliveira, relator, e os Ministros Lelio Bentes Corrêa, Horácio Raymundo de Senna Pires, Rosa Maria Weber, Augusto César Leite de Carvalho, José Roberto Freire Pimenta e Delaíde Miranda Arantes. *TST-E-ED-RR-13300-70.2007.5.15.0089, SBDI-I, rel. Des. Convocado Sebastião Geraldo de Oliveira, red. p/ acórdão Min. Brito Pereira, 18.4.2013 (Informativo nº 43)*

1.1. REQUISITOS PARA DISPENSA PREVISTO EM REGULAMENTO INTERNO

▸ ***SOCIEDADE DE ECONOMIA MISTA. PRIVATIZAÇÃO. DEMISSÃO POR JUSTA CAUSA. NECESSIDADE DE MOTIVAÇÃO DO ATO DEMISSIONAL. PREVISÃO EM NORMA INTERNA. DESCUMPRIMENTO. NULIDADE DA DESPEDIDA. REINTEGRAÇÃO. ART. 182 DO CC.***

A inobservância da norma interna do Banestado, sociedade de economia mista sucedida pelo Itaú Unibanco S.A., que previa a instauração de procedimento administrativo para apuração de falta grave antes da efetivação da despedida por justa causa, acarreta a nulidade do ato de dispensa ocorrido antes do processo de privatização, assegurando ao trabalhador, por conseguinte, a reintegração no emprego, com base no disposto no art. 182 do CC, segundo o qual, anulado o negócio jurídico, deve-se restituir as partes ao "status quo ante". Com esse entendimento, a SBDI-I, por maioria, conheceu dos embargos, por divergência jurisprudencial, e, no mérito, negou-lhes provimento. Vencidos os Ministros Aloysio Corrêa da Veiga, relator, Ives Gandra Martins Filho, Brito Pereira e Maria Cristina Peduzzi, que davam parcial provimento ao recurso para, reconhecendo a nulidade da justa causa aplicada, convertê-la em demissão imotivada e determinar o pagamento das diferenças relativas às verbas rescisórias devidas. *TST-E-ED-RR-22900-83.2006.5.09.0068, SBDI-I, rel. Min. Aloysio Corrêa da Veiga, red. p/ acórdão Min. João Oreste Dalazen, 6.12.2012 (Informativo 33)*

1.2. DESCUMPRIMENTO DE NORMA INTERNA

▸ ***PROGRESSÃO SALARIAL ANUAL. AUSÊNCIA DE AVALIAÇÕES DE DESEMPENHO. DESCUMPRIMENTO DE NORMA INTERNA. ART. 129 DO CC. DIFERENÇAS SALARIAIS DEVIDAS.***

Diante da omissão do empregador em proceder à avaliação de desempenho estabelecida como requisito à progressão salarial anual prevista em norma interna da empresa, considera-se implementada a referida condição, conforme dispõe o art. 129 do CC. A inércia do reclamado em atender critérios por ele mesmo estabelecidos não pode redundar em frustração da legítima expectativa do empregado de obter aumento salarial previsto em regulamento da empresa, sob pena de se caracterizar condição suspensiva que submete a eficácia do negócio jurídico ao puro arbítrio das partes, o que é vedado pelo art. 122 do CC. Com esse entendimento, a SBDI-I, por unanimidade, conheceu dos embargos, por divergência jurisprudencial e, no mérito, deu-lhes provimento para julgar procedente o pedido de diferenças salariais decorrente da progressão salarial anual por desempenho obstada pelo recorrido. *TST-E-ED-RR-25500-23.2005.5.05.0004, SBDI-I, rel. Min. Augusto César Leite de Carvalho, 12.4.2012. (Informativo nº 5)*

▸ ***PROMOÇÃO POR ANTIGUIDADE. RESOLUÇÃO DA EMPRESA QUE FIXA EM ZERO O PERCENTUAL DE EMPREGADOS PASSÍVEIS DE PROMOÇÃO. EQUIVALÊNCIA À INOBSERVÂNCIA DO REGULAMENTO INTERNO. PRESCRIÇÃO PARCIAL. ORIENTAÇÃO JURISPRUDENCIAL Nº 404 DA SBDI-I.***

A resolução da empresa que fixa em zero o percentual de empregados passíveis de promoção por antiguidade, assegurada em regulamento interno, não implica alteração do pactuado e a consequente prescrição total (Súmula nº 294 do TST), mas sim a inobservância da norma interna a ensejar a incidência da prescrição parcial, nos termos da Orientação Jurisprudencial nº 404 da SBDI-I. Comesse entendimento, a SBDI-I, por maioria, vencidos os Ministros Ives Gandra Martins Filho e Brito Pereira, deu provimento ao agravo e, ainda por maioria, vencida a Ministra Dora Maria da Costa, julgou desde logo o recurso de embargos para dele conhecer, por contrariedade à Orientação Jurisprudencial nº 404 da SBDI-I, e dar-lhe provimento para, reformando o acórdão embargado, determinar o retorno dos autos à Turma de origem a fim de prosseguir no julgamento do recurso de revista, afastada a prescrição total da pretensão às promoções. *TST-Ag-E-RR-36740-87.2007.5.04.0611, SBDI-I, rel. Min. Ives Gandra da Silva Martins Filho, red. p/ acórdão Min. Augusto César Leite de Carvalho, 7.2.2013 (Informativo nº 35)*

1.3. REGULAMENTO INTERNO – PROGRESSÃO HORIZONTAL POR MERECIMENTO

▸ ***ECT. PLANO DE CARGOS E SALÁRIOS. PROGRESSÃO HORIZONTAL POR MERECIMENTO. DELIBERAÇÃO DA DIRETORIA. REQUISITO ESSENCIAL. NÃO CARACTERIZAÇÃO DE CONDIÇÃO PURAMENTE POTESTATIVA.***

A deliberação da diretoria a que se refere o Plano de Cargos e Salários da Empresa de Correios e Telégrafos – ECT constitui requisito essencial à concessão de progressão horizontal por merecimento, na medida em que esta envolve critérios subjetivos e comparativos inerentes à excelência profissional do empregado, os quais somente podem ser avaliados pela empregadora, não cabendo ao julgador substituí-la. Ademais, trata-se de condição simplesmente potestativa, pois dependente não apenas da vontade da empregadora, mas também de fatores alheios ao desígnio do instituidor dos critérios de progressão (desempenho funcional e existência de recursos financeiros), distinguindo-se, portanto, da promoção por antiguidade, cujo critério de avaliação é meramente objetivo, decorrente do decurso do tempo. Com esse entendimento, a SBDI-I, em sua composição plena, por maioria, vencido o Ministro Lelio Bentes Corrêa, conheceu dos embargos, no tópico, por divergência jurisprudencial. No mérito, ainda por maioria, a Subseção negou provimento ao recurso, vencidos os Ministros Aloysio Corrêa da Veiga, relator, Lelio Bentes Corrêa, Alberto Luiz Bresciani de Fontan Pereira, Augusto César Leite de Carvalho, José Roberto Freire Pimenta e Delaíde Miranda Arantes, que entendiam caracterizada a condição puramente potestativa, e, como tal, inválida, nos termos do art. 122 do CC, uma vez que, ao vincular a progressão por merecimento à deliberação da diretoria, estabeleceu-se critério subjetivo ligado exclusivamente ao arbítrio da empresa, privando os trabalhadores da obtenção da referida promoção. *TST-E-RR-51-16.2011.5.24.0007, SBDI-I, rel. Min. Aloysio Corrêa da Veiga, red. p/ acórdão Min. Renato de Lacerda Paiva, 8.11.2012 (Informativo nº 29)*

1.4. COMPLEMENTAÇÃO DE APOSENTADORIA

▸ ***CEF. COMPLEMENTAÇÃO DE APOSENTADORIA. CTVA. INTEGRAÇÃO. NATUREZA SALARIAL.***

A parcela denominada Complemento Temporário Variável de Ajuste de Piso de Mercado – CTVA, instituída pela Caixa Econômica Federal – CEF com o objetivo de compatibilizar a gratificação de confiança com os valores pagos a esse título no mercado, possui natureza jurídica salarial e integra a remuneração do empregado, devendo, por consequência, compor o salário de contribuição, para fins de recolhimento à FUNCEF, e refletir no cálculo da complementação de aposentadoria. Com esse entendimento, a SBDI-I, por unanimidade, conheceu dos embargos interpostos pela CEF, por divergência jurisprudencial e, no mérito, negou-lhes provimento. Na espécie, consignou-se, ainda, que o próprio regulamento da FUNCEF prevê a inclusão das funções de confiança no salário de contribuição. *TST-E-ED-RR-16200-36.2008.5.04.0141, SBDI-I, rel. Min. Brito Pereira, 23.8.2012. (Informativo nº 19)*

▸ ***COMISSÃO DE CONCILIAÇÃO PRÉVIA. TERMO DE QUITAÇÃO. EFICÁCIA LIBERATÓRIA. DIFERENÇAS EM COMPLEMENTAÇÃO DE APOSENTADORIA. NÃO ABRANGÊNCIA.***

A eficácia liberatória geral do termo de quitação referente a acordo firmado perante a Comissão de Conciliação Prévia (art. 625-E, parágrafo único, da CLT) possui abrangência limitada às verbas trabalhistas propriamente ditas, não alcançando eventuais diferenças de complementação de aposentadoria. Com esse entendimento, a SBDI-I, por unanimidade, conheceu dos embargos, por divergência jurisprudencial, e, no mérito, deu-lhes parcial provimento para, afastada a quitação do termo de conciliação quanto aos reflexos das horas extras e do desvio de função sobre a complementação de aposentadoria, determinar o retorno dos autos à Vara do Trabalho, para que prossiga no julgamento do feito como entender de direito. Ressaltou-se, no caso, que a complementação de aposentadoria, embora decorrente do contrato de trabalho, não possui natureza trabalhista. Ademais, não se pode estender os efeitos da transação firmada na CCP a entidade de previdência privada, por se tratar de terceiro que não participou do negócio jurídico. *TST-E-RR-141300-03.2009.5.03.0138, SBDI-I, rel. Min. Renato de Lacerda Paiva, 6.12.2012 (Informativo nº 33)*

▸ ***PREVIDÊNCIA PRIVADA. COMPLEMENTAÇÃO DE APOSENTADORIA. REAJUSTE SALARIAL RECONHECIDO JUDICIALMENTE. CONTRIBUIÇÃO PARA A FONTE DE CUSTEIO. INDEVIDA. AUSÊNCIA DE PREVISÃO CONTRATUAL.***

Não cabe imputar ao empregado aposentado a contribuição para a fonte de custeio de diferenças de complementação de aposentadoria decorrentes de reajuste salarial sob o rótulo de "avanço de nível"disfarçado, reconhecido judicialmente, quando a paridade salarial com o pessoal em atividade foi assegurada no contrato, sem a respectiva previsão de contribuição do assistido para a preservação do equilíbrio atuarial. Com esse posicionamento, a SBDI-I, à unanimidade, conheceu dos embargos, por divergência jurisprudencial e, no mérito, deu-lhes provimento para afastar da condenação o recolhimento da cota previdenciária dos reclamantes. *TST-ARR-217400-15.2008.5.07.0011, SBDII, rel. Min. Aloysio Corrêa da Veiga, 14.2.2013 (Informativo nº 36)*

2. BANCÁRIO

▸ **CAIXA BANCÁRIO. INTERVALO DO DIGITADOR. INDEVIDO.**

O caixa bancário não tem direito ao intervalo do digitador previsto no art. 72 da CLT, na NR 17 e nas normas coletivas da categoria, porquanto não desenvolve atividade preponderantemente de digitação. Com esses fundamentos, a SB-

DI-I, por unanimidade, conheceu do recurso de embargos, por divergência jurisprudencial, e, no mérito, por maioria, deu-lhe provimento para, reformando a decisão embargada, restabelecer o acórdão do Regional que indeferiu o pagamento dos 10 minutos de intervalo para cada 50 minutos trabalhados. Vencidos os Ministros Cláudio Mascarenhas Brandão, Augusto César Leite de Carvalho, José Roberto Freire Pimenta e Hugo Carlos Scheuermann. TST-E-RR-100499-71.2013.5.17.0152, SBDI-I, rel. Min. Alexandre de Agra Belmonte , 9.2.2017 (Informativo nº 152 do TST).

▸ *DANO MORAL. NÃO CONFIGURAÇÃO. EMPREGADO DE INSTITUIÇÃO BANCÁRIA. QUEBRA DE SIGILO BANCÁRIO. PROCEDIMENTO INDISTINTO ADOTADO PARA TODOS OS CORRENTISTAS DE INSTITUIÇÃO FINANCEIRA. DETERMINAÇÃO DO BANCO CENTRAL.*

Não configura dano moral a quebra do sigilo bancário do empregado na hipótese em que haja determinação do Banco Central para, em procedimento geral adotado indistintamente em relação a todos os correntistas da instituição financeira, e não só aos empregados, monitorar contas correntes com o objetivo de detectar existência de movimentação extraordinária, emissão de cheques sem fundos e evitar lavagem de dinheiro. Com esse entendimento, a SBDI-I, por unanimidade, conheceu do recurso de embargos por divergência jurisprudencial, e, no mérito, negou-lhe provimento. Na espécie, consignou-se que não há quebra de isonomia, nem mitigação do direito fundamental privacidade e à intimidade, nem do dever de sigilo, dispostos nos arts. 5º, X, da CF e 1º da Lei Complementar nº 105/2001. Ademais, o caso em tela não se confunde com as hipóteses em que o TST, diante do exame da movimentação financeira do empregado, em procedimento de auditoria interna do banco empregador, sem autorização judicial, tem reconhecido a existência de dano moral. *TST-EEDRR-82600-37.2009.5.03.0137, SBDI-I, rel. Min. Augusto César Leite de Carvalho, 7.2.2013 (*No mesmo sentido e julgado na mesma sessão, TST-E-RR-1517-92.2010.5.03.0030) (Informativo nº 35)*

▸ *DANO MORAL. INDENIZAÇÃO. BANCÁRIO. ASSALTO A INSTITUIÇÃO BANCÁRIA. RESPONSABILIDADE OBJETIVA. ATIVIDADE DE RISCO. ART. 927, PARÁGRAFO ÚNICO, DO CC.*

A SBDI-I, em sua composição plena, confirmando decisão da Turma, entendeu devida a indenização por danos morais a empregado bancário que foi vítima de três assaltos na agência em que trabalhava. Na hipótese, restou configurada a responsabilidade objetiva do empregador, na forma do parágrafo único do art. 927 do CC, pois a atividade bancária, por envolver contato com expressivas quantias de dinheiro, está sujeita à ação frequente de assaltantes, sendo considerada, portanto, como atividade de risco a atrair a obrigação de indenizar os danos sofridos pelo trabalhador. Com esse entendimento, a Subseção, por unanimidade, conheceu do recurso de embargos do reclamado, por divergência jurisprudencial, e, no mérito, por maioria, negou-lhes provimento. Vencidos os Ministros Ives Gandra Martins Filho e Maria Cristina Irigoyen Peduzzi, que entendiam indevida a indenização por não enquadrarem como de risco a atividade exercida pelo reclamante. *TST-E-RR-94440-11.2007.5.19.0059, SBDI-I, rel. Min. Aloysio Corrêa da Veiga, 18.4.2013 (Informativo nº 43)*

▸ *INCIDENTE DE RECURSOS DE REVISTA REPETITIVOS. "TEMA Nº 0001 – BANCÁRIO. SALÁRIO-HORA. DIVISOR. FORMA DE CÁLCULO. EMPREGADO MENSALISTA". MODULAÇÃO DE EFEITOS. PROCLAMAÇÃO DO RESULTADO. ENCAMINHAMENTO DA MATÉRIA AO TRIBUNAL PLENO PARA MODIFICAÇÃO DA SÚMULA Nº 124 DO TST. A SBDI-I, POR MAIORIA, DEFINIU AS SEGUINTES TESES JURÍDICAS PARA O TEMA REPETITIVO Nº 0001 – BANCÁRIO. SALÁRIO-HORA. DIVISOR. FORMA DE CÁLCULO. EMPREGADO MENSALISTA:*

1. O número de dias de repouso semanal remunerado pode ser ampliado por convenção ou acordo coletivo de trabalho, como decorrência do exercício da autonomia sindical; 2. As convenções coletivas dos bancários não deram ao sábado a natureza de repouso semanal remunerado; 3. O divisor corresponde ao número de horas remuneradas pelo salário mensal, independentemente de serem trabalhadas ou não; 4. O divisor aplicável para cálculo das horas extras do bancário, inclusive para os submetidos à jornada de oito horas, é definido com base na regra geral prevista no art. 64 da CLT (resultado da multiplicação por 30 da jornada normal de trabalho), sendo 180 e 220, para a jornada normal de seis e oito horas, respectivamente; 5. A inclusão do sábado como dia de repouso semanal remunerado não altera o divisor, em virtude de não haver redução do número de horas semanais, trabalhadas e de repouso; 6. O número de semanas do mês é 4,2857, resultante da divisão de 30 (dias do mês) por 7 (dias da semana), não sendo válida, para efeito de definição do divisor, a multiplicação da duração semanal por 5; 7. Em caso de redução da duração semanal do trabalho, o divisor é obtido na forma prevista na Súmula nº 431 (multiplicação por 30 do resultado da divisão do número de horas trabalhadas por semana pelos dias úteis). Vencidos, quanto à tese nº 2, os Ministros Cláudio Mascarenhas Brandão, relator, Emmanoel Pereira, Augusto César Leite de Carvalho, Aloysio Corrêa da Veiga, José Roberto Freire Pimenta, Hugo Carlos Scheuermann e Alexandre Agra Belmonte. Ainda por maioria, decidiu a Subseção modular os efeitos da decisão, a fim de definir que a nova orientação não alcança estritamente decisão de mérito sobre divisor emanada de Turma do TST ou da SBDI-I, proferida no período de 27.09.2012 (DEJT em que se publicou a nova redação da Súmula nº 124, mediante acréscimo do atual item I) até a data de 21.11.2016. Vencidos, neste tópico, os Ministros Márcio Eurico Vitral Amaro, Augusto César Leite de Carvalho e Ives Gandra Martins filho, que não modulavam a decisão, e, parcialmente, os Ministros Brito Pereira, José Roberto Freire Pimenta e Hugo Carlos Scheuermann. Por fim, pelo voto prevalente da Presidência, a SBDI-I decidiu proclamar o resultado e remeter a matéria ao Tribunal Pleno, ouvida a Comissão de Jurisprudência e de Precedentes Normativos, para deliberar acerca da modifi-

cação da redação da Súmula nº 124 do TST. Vencidos os Ministros Cláudio Mascarenhas Brandão, relator, Renato de Lacerda Paiva, Augusto César Leite de Carvalho, Aloysio Corrêa da Veiga, José Roberto Freire Pimenta, Hugo Carlos Scheuermann e Alexandre Agra Belmonte. *TST-IRR-849-83.2013.5.03.0138, SBDI-I, rel. Min. Cláudio Mascarenhas Brandão, 21.11.2016. (Informativo nº 149)*

▶ ***CAIXA BANCÁRIO. INTERVALO DO DIGITADOR. INDEVIDO.***

O caixa bancário não tem direito ao intervalo do digitador previsto no art. 72 da CLT, na NR 17 e nas normas coletivas da categoria, porquanto não desenvolve atividade preponderantemente de digitação. Com esses fundamentos, a SBDI-I, por unanimidade, conheceu do recurso de embargos, por divergência jurisprudencial, e, no mérito, por maioria, deu-lhe provimento para, reformando a decisão embargada, restabelecer o acórdão do Regional que indeferiu o pagamento dos 10 minutos de intervalo para cada 50 minutos trabalhados. Vencidos os Ministros Cláudio Mascarenhas Brandão, Augusto César Leite de Carvalho, José Roberto Freire Pimenta e Hugo Carlos Scheuermann. *TST-E-RR-100499-71.2013.5.17.0152, SBDI-I, rel. Min. Alexandre de Agra Belmonte, 9.2.2017 (Informativo nº 152 do TST).*

2.1. PRÉ-CONTRATAÇÃO DE HORAS EXTRAS

▶ ***BANCÁRIO. AUSÊNCIA DE CONTRATO PARA TRABALHO EXTRAORDINÁRIO. PAGAMENTO MENSAL E HABITUAL DE HORAS EXTRAS. PRÉ-CONTRATAÇÃO. CONFIGURAÇÃO. APLICAÇÃO DA SÚMULA Nº 199, I, DO TST.***

A diretriz do item I da Súmula nº 199 desta Corte tem como fim evitar a violação do direito do bancário à jornada específica (arts. 224 e 225 da CLT). Assim, ainda que o empregado não tenha formalmente assinado contrato para trabalho extraordinário, o pagamento mensal e habitual da 7ª e 8ª horas, durante o vínculo de emprego, denota intenção de fraude à relação de trabalho, configurando a pré-contratação. Com esse entendimento, a SBDI-I, por maioria, conheceu do recurso de embargos do reclamante, por divergência jurisprudencial e, no mérito, deu-lhe provimento para declarar nula a pré-contratação de horas extraordinárias e condenar o banco a pagar a 7ª e 8ª horas trabalhadas, como extraordinária, no período imprescrito. Vencidos os Ministros Renato de Lacerda Paiva, João Batista Brito Pereira, Maria Cristina Peduzzi e Delaíde Miranda Arantes. *TST-E-RR-792900-15.2004.5.09.0011, SBDI-I, rel. Min. Aloysio Corrêa da Veiga, 12.4.2012. (Informativo nº 5)*

▶ ***BANCÁRIO. NORMA COLETIVA. REPERCUSSÃO DAS HORAS EXTRAS NA REMUNERAÇÃO DO SÁBADO. RECONHECIMENTO DO SÁBADO COMO DESCANSO SEMANAL REMUNERADO. INCIDÊNCIA DA SÚMULA Nº 124, I, "A", DO TST. DIVISOR 150. INDEVIDAS.***

A previsão, em norma coletiva, de repercussão das horas extras prestadas ao longo da semana sobre o sábado descaracteriza a sua natureza de dia útil não trabalhado. Assim, o sábado adquire feição de repouso semanal remunerado, fazendo incidir a Súmula nº 124, I, "a" do TST. Com base nesses fundamentos, a SBDI-I, por maioria, conheceu dos embargos interpostos pelo reclamante, por contrariedade à Súmula nº 124, I, "a", do TST, e, no mérito, deu-lhes provimento para determinar que se adote o divisor 150 para o cálculo das horas extraordinárias a que faz jus o reclamante no período em que trabalhou em jornada de seis horas, observada a vigência da norma coletiva que estabelece o sábado como dia de repouso semanal remunerado. Ressalvou a fundamentação o Ministro Renato de Lacerda Paiva. Vencidos os Ministros João Oreste Dalazen, Antonio José de Barros Levenhagen e Márcio Eurico Vitral Amaro, que não conheciam do recurso. *TST-E-ED-RR-754-24.2011.5.03.0138, SBDI-I, rel. Min. Aloysio Corrêa da Veiga, 5.6.2014 (Informativo nº 85)*

▶ ***HORAS EXTRAORDINÁRIAS. CONTRATAÇÃO APÓS ADMISSÃO. SÚMULA 199, I, DO TST. NÃO CONTRARIEDADE.***

Não contraria o item I da Súmula 199 do TST, o reconhecimento de pré-contratação de horas extras nas hipóteses em que o ajuste tenha ocorrido poucos meses após a admissão do empregado se, conforme consignado no acórdão regional, o pagamento das horas extras pré-contratadas era, na verdade, mera contraprestação pelo serviço prestado pela reclamante, e que, ainda, a prorrogação de jornada foi uma constante no curso do contrato, sem que, contudo, nenhuma justificativa tenha sido apresentada para a permanente necessidade de elastecimento de trabalho, o que levou o Tribunal Regional do Trabalho da 9ª Região, inclusive, à conclusão de que a intenção do empregador era burlar a aplicação da referida súmula. Sob esses fundamentos, a SBDI-1, por maioria, não conheceu do recurso de embargos. Vencidos os Ministros Marcio Eurico Vitral Amaro, relator e Ives Gandra Martins Filho. *TST-E-ED-RR 286-82.2010.5.09.0088, SBDI-1, rel. Min. Márcio Eurico Vitral Amaro, red. p/ acórdão Min. José Roberto Freire Pimenta, 1º.10.2015. (Informativo nº 119)*

2.2. GERENTE E GERENTE-GERAL DA AGÊNCIA

▶ ***BANCÁRIO. GERENTE GERAL DE AGÊNCIA. ART. 62, II, DA CLT. INTERVALO INTRAJORNADA. NÃO CONCESSÃO. HORAS EXTRAS. INDEVIDAS.***

O bancário que exerce o cargo de gerente geral de agência, por estar enquadrado no art. 62, II, da CLT, não tem direito ao pagamento de horas extras decorrentes da não concessão ou da concessão parcial do intervalo intrajornada. Tal intervalo está previsto no Capítulo II do Título II da CLT (Da Duração do Trabalho), o qual, nos termos do *"caput"* do art. 62 da CLT, não se aplica aos empregados que exercem cargo de gestão, em razão da dificuldade ou da impossibilidade de controle de horário. Com esse entendimento, a SBDI-I, por unanimidade, conheceu dos embargosdo banco reclamado, por divergência jurisprudencial, e, no mérito, deu-lhes provimento para excluir da condenação o pagamento das horas extras e reflexos decorrentes do intervalo intrajornada nos meses de setembro e outubro de 2003, período em que o reclamante exerceu o cargo de gerente geral de agência. *TST-E-ED--RR-34300-85.2007.5.04.0331, SBDI-I, rel. Min. Dora Maria da Costa, 25.4.2013 (Informativo nº 44)*

2.2.1. CONTROLE DE HORÁRIO

▸ ***BANCÁRIO. SUPERINTENDENTE DE NEGÓCIO. PAGAMENTO DE HORAS EXTRAS. CONTROLE DE FREQUÊNCIA. ART. 62, II, DA CLT. NÃO INCIDÊNCIA.***

A regra do enquadramento no art. 62, II, da CLT, do bancário exercente de cargo de direção, quando é a autoridade máxima na agência ou região, não prevalece na hipótese de haver prova de controle de frequência ou pagamento espontâneo de horas extras. In casu, o reclamante era superintendente de negócio, recebeu horas extras e teve controle de frequência em algumas oportunidades durante o período contratual. Assim, a SBDI-I, por maioria, conheceu dos embargos por contrariedade à Súmula nº 287 e, no mérito, deu-lhes provimento para condenar a reclamada ao pagamento das horas extras e reflexos, a partir da oitava hora. Vencidos os Ministros Dora Maria da Costa, Brito Pereira e Maria Cristina Peduzzi. *TST-E-ED-ED-ED-RR-116101-50.2005.5.12.0014, SBDI-I, rel. Min. Horácio Raymundo de Senna Pires, 24.5.2012. (Informativo nº 10)*

2.2.2. TEMPO DESPENDIDO NA REALIZAÇÃO DE CURSOS PELA INTERNET E À DISTÂNCIA

▸ ***BANCÁRIO. GERENTE-GERAL. TEMPO DESPENDIDO NA REALIZAÇÃO DE CURSOS PELA INTERNET E À DISTÂNCIA, FORA DO HORÁRIO DE TRABALHO. HORAS EXTRAS. INDEFERIMENTO.***

Os cursos realizados por exigência do empregador, via internet e à distância, fora do horário de trabalho, por empregado gerente-geral de agência bancária, não ensejam o pagamento de horas extras, porquanto o trabalhador que se enquadra no art. 62, II, da CLT não tem direito a qualquer parcela regida pelo capítulo "Da Duração do Trabalho". Com esse entendimento, a SBDI-I, por maioria, conheceu dos embargos, por contrariedade à Súmula nº 287 do TST, e, no mérito, deu-lhes provimento para excluir da condenação o pagamento das horas extras decorrentes da realização de cursos desempenhados via internet e à distância, fora do horário de trabalho. Vencidos os Ministros Lelio Bentes Corrêa, relator, Luiz Philippe Vieira de Mello Filho, Augusto César Leite de Carvalho, José Roberto Freire Pimenta e Delaíde Miranda Arantes. *TST-ERR-82700-69.2006.5.04.0007, SBDI-I, rel. Min. Lelio Bentes Corrêa, red. p/ acórdão Min. João Oreste Dalazen, 20.09.2012 (Informativo nº 22)*

2.2.3. AUTORIZAÇÃO PARA SE AUSENTAR DA AGÊNCIA

▸ ***BANCÁRIO. GERENTE GERAL. PRESUNÇÃO RELATIVA. AUSÊNCIA DE PODERES DE MANDO E GESTÃO. HORAS EXTRAS. DEVIDAS.***

Levando-se em conta ser relativa a presunção de que trata a Súmula nº 287 do TST, tem-se que o gerente geral de agência bancária faz jus ao recebimento de horas extraordinárias quando a prova carreada aos autos revele a ausência total de poderes de mando e gestão. Com esse entendimento, a SBDI-I, por maioria, não conheceu dos embargos, mantendo a decisão turmária que afastou a incidência do inciso II do art. 62 da CLT e a contrariedade à Súmula nº 287 do TST, porquanto a prova produzida perante o TRT registrou de forma expressa que o reclamante, conquanto denominado gerente geral de agência, não detinha poderes de mando e gestão ou "grau de fidúcia distinto daquele inerente a qualquer contrato de trabalho", estando, inclusive, subordinado à "autorização para se ausentar do serviço", a evidenciar a existência de controle de jornada. Vencidos os Ministros Brito Pereira, Maria Cristina Peduzzi e Ives Gandra Martins Filho. *TST-E-RR-114740-98.2005.5.13.0004, SBDI-I, rel. Min. Luiz Philippe Vieira de Mello Filho, 9.8.2012. (Informativo nº 17)*

2.2.4. GERENTE QUE POSSUI RESTRIÇÕES A DETERMINADAS ATIVIDADES

▸ ***AR. BANCÁRIO. GERENTE DE NEGÓCIOS. CONFIGURAÇÃO. ART. 224, § 2º, DA CLT E SÚMULA Nº 287 DO TST. PAGAMENTO DE HORAS EXTRAS APENAS A PARTIR DA 8ª DIÁRIA.***

Tendo em conta que em qualquer atividade empresarial de médio ou grande porte há divisões e subdivisões, cabendo a cada seguimento, conforme a estrutura, o cumprimento de determinadas funções atreladas ao seu setor, não desnatura o exercício do cargo de gerente de negócios o fato de o reclamante bancário ter restrições quanto a determinadas atividades, como não possuir alçada para liberação de créditos e admitir e demitir funcionários, não possuir subordinados, responder ao gerente administrativo, assinar folha de ponto e, ainda, não assinar isoladamente. A impossibilidade de realização das referidas atividades não leva à conclusão, por si só, de que o trabalhador não exerce função de confiança, principalmente quando há maior responsabilidade quanto às suas próprias atribuições e percepção de remuneração diferenciada. Ademais, na hipótese, o trabalhador participava das reuniões do comitê, integrando, de alguma forma, a cúpula gerencial do estabelecimento bancário, e era reconhecido pelos demais colegas como gerente de negócios, a atrair, portanto, a disciplina do art. 224, § 2º, da CLT e da Súmula nº 287 do TST. Assim, a SBDI-II, por unanimidade, conheceu do recurso ordinário em ação rescisória e, no mérito, deu-lhe provimento para, no tocante ao enquadramento do reclamante na hipótese do *caput* do art. 224 da CLT, rescindir o acórdão prolatado pelo TRT nos autos de reclamação trabalhista e, em juízo rescisório, restabelecer a sentença no que se reconhecera a subsunção do caso concreto na hipótese prevista no art. 224, § 2º, da CLT, e, por conseguinte, se deferiram as horas extras apenas a partir da 8.ª diária. *TST-RO-1985-85.2011.5.04.0000, SBDI-II, rel. Min. Maria de Assis Calsing. 7.8.2012. (Informativo nº 17)*

2.2.5. QUEBRA DE CAIXA

▸ ***BANCÁRIO. GRATIFICAÇÃO "QUEBRA DE CAIXA". DESCONTOS DE DIFERENÇAS DE CAIXA. LICITUDE. ART. 462, § 1º, DA CLT.***

É lícito o desconto da gratificação denominada "quebra de caixa", a despeito da natureza salarial da rubrica, porquanto a finalidade da parcela é remunerar o risco da atividade, cobrindo eventuais diferenças de numerário quando do fechamento do caixa. Ademais, o bancário, ao ser investido na função de caixa e acordar o pagamento da verba com o empregador, está ciente do encargo que assume pelos eventuais danos que causar. Incidência do art. 462, § 1º, da CLT. Com base nesse entendimento, a SBDI-I, por unanimidade, conheceu dos embargos por divergência jurisprudencial e, no mérito, deu-lhes provimento para excluir da condenação a devolução dos valores descontados a título de "quebra de caixa". *TST-E-ED-RR-217100-61.2009.5.09.0658, SBDI-I, rel. Min. Aloysio Corrêa da Veiga, 16.8.2012. (Informativo nº 18)*

▸ ***BANCÁRIO. GRATIFICAÇÃO "QUEBRA DE CAIXA". DESCONTOS DE DIFERENÇAS NO CAIXA. LICITUDE.***

A gratificação "quebra de caixa", percebida pelo bancário que exerce a função de caixa, serve para saldar eventuais diferenças de numerário verificadas durante o fechamento do caixa. Assim sendo, é lícito ao empregador efetuar os descontos no salário do empregado sempre que constatar as mencionadas diferenças e desde que não tenha havido demonstração de que esse evento resultou de fato estranho à atividade, a exemplo de assalto à agência bancária. Com esse entendimento, a SBDI-I, em sua composição plena, decidiu, por unanimidade, conhecer dos embargos interpostos pelo reclamado, por divergência jurisprudencial, e, no mérito, dar-lhe provimento para restabelecer o acórdão do Regional quanto ao tema. *TST-E-ED-RR-1658400-44.2003.5.09.0006, SBDI-I, rel. Min. Brito Pereira, red. p/ acórdão Min. Lelio Bentes Corrêa, 21.8.2014(Informativo nº 87)*

2.2.6. ADVOGADO

▸ ***EMPREGADO DE BANCO. ADVOGADO. JORNADA DE TRABALHO. INAPLICABILIDADE DO ART. 224 DA CLT. DEDICAÇÃO EXCLUSIVA. HORAS EXTRAS. SÉTIMA E OITAVA HORAS INDEVIDAS.***

Inaplicável o art. 224 da CLT ao advogado empregado de instituição bancária que desempenha funções inerentes a advocacia, porquanto equiparado, no particular, aos membros de categoria diferenciada, uma vez que exerce atividade regulada em estatuto profissional próprio (Lei nº 8.906/94, art. 20). Por outro lado, havendo expressa pactuação no contrato de trabalho acerca do regime de dedicação exclusiva, serão remuneradas como extraordinárias apenas as horas trabalhadas excedentes da jornada de oito horas diárias (art. 12, parágrafo único, do Regulamento Geral do Estatuto da Advocacia e da OAB). Com esse entendimento, a SBDI-I, por unanimidade, conheceu dos embargos por divergência jurisprudencial, e, no mérito, por maioria, deu-lhes provimento para restabelecer a sentença no tópico, excluindo da condenação o pagamento das sétima e oitava horas diárias como extras e seus reflexos. Vencidos os Ministros Lelio Bentes Corrêa e Delaíde Miranda Arantes. *TST-E-E-D-RR-87700-74.2007.5.02.0038, SBDI-I, rel. Min. Renato de Lacerda Paiva, 22.3.2012. (Informativo nº 3)*

▸ ***EMPREGADO DE BANCO. ADVOGADO. JORNADA DE TRABALHO. INAPLICABILIDADE DO ART. 224 DA CLT. DEDICAÇÃO EXCLUSIVA. HORAS EXTRAS EXCEDENTES À SEXTA DIÁRIA. INDEVIDAS. LEI Nº 8.906/94.***

O advogado que trabalha em instituição bancária, em regime de exclusividade, não faz jus ao pagamento de horas extraordinárias excedentes à sexta diária, não se beneficiando, portanto, da jornada especial dos bancários prevista no art. 224 da CLT, em face da disciplina específica a que está submetido (art. 20 da Lei nº 8.906/94). Com esse entendimento, a SBDI-I, por unanimidade, deu provimento aos embargos para excluir da condenação as horas extraordinárias além da sexta diária e seus reflexos. *TST-E-ED-RR-887300-67.2007.5.09.0673, SBDI-I, rel. Min. Aloysio Corrêa da Veiga, 17.5.2012. (Informativo nº 9)*

3. EMPREGADOR

▸ ***UNIFORMES. USO OBRIGATÓRIO OU NECESSÁRIO PARA A CONCEPÇÃO DA ATIVIDADE ECONÔMICA. DESPESAS COM LAVAGEM. RESSARCIMENTO. DEVIDO.***

As despesas decorrentes de lavagem de uniformes, quando seu uso é imposto pelo empregador ou necessário para a concepção da atividade econômica, devem ser ressarcidas ao empregado, uma vez que os riscos do empreendimento são suportados pela empresa, cabendo a ela zelar pela higiene do estabelecimento. Inteligência do art. 2º da CLT. No caso, as reclamadas forneciam gratuitamente uniformes e impunham a sua utilização durante o horário de serviço em razão da atividade desenvolvida (indústria de laticínios). Assim, a SBDI-I, por unanimidade, conheceu do recurso de embargos, por divergência jurisprudencial, e, no mérito, por maioria, negou-lhe provimento, mantendo a decisão da Turma que ratificara a condenação ao ressarcimento das despesas efetuadas pelo reclamante com a lavagem de uniformes. Vencidos os Ministros Guilherme Caputo Bastos, relator, Ives Gandra Martins Filho, Márcio Eurico Vitral Amaro e Cláudio Mascarenhas Brandão, que davam provimento aos embargos para julgar improcedente o pedido de ressarcimento das despesas com a lavagem do fardamento, ao fundamento de que a higienização ordinária de uniformes não causa prejuízo indenizável, nem transfere os riscos do empreendimento ao empregado. *TST-E-RR-12-47.2012.5.04.0522, SBDI-I, rel. Min.*

Guilherme Augusto Caputo Bastos, red. p/ acórdão Min. João Oreste Dalazen, 12.3.2015 (Informativo nº 101)

3.1. GRUPO ECONÔMICO

▸ *GRUPO ECONÔMICO. NÃO CONFIGURAÇÃO. MERA OCUPAÇÃO DO MESMO ESPAÇO FÍSICO. PRESTAÇÃO CONCOMITANTE DE SERVIÇO A MAIS DE UMA EMPRESA.*

Não é suficiente à configuração de grupo econômico a mera ocupação do mesmo espaço físico ou que os empregados prestem serviço a mais de uma empresa de forma concomitante. O art. 2º, § 2º, da CLT exige a subordinação à mesma direção, controle ou administração, embora cada uma das empresas possua personalidade jurídica própria. Sob esse fundamento, a SBDI-I, por unanimidade, conheceu dos embargos, no tópico, por divergência jurisprudencial, e, no mérito, por maioria, negou-lhes provimento, mantendo a decisão turmária que excluiu a responsabilidade solidária imposta a uma das reclamadas por entender necessária a relação hierárquica entre as empesas, bem como o efetivo controle de uma sobre as outras para a configuração de grupo econômico. Vencidos os Ministros Augusto César Leite de Carvalho e José Roberto Freire Pimenta. *TST-E-ED--RR-996– 63.2010.5.02.0261, SBDI-I, rel. Min. Brito Pereira, 12.5.2016. (Informativo nº 136)*

3.2. PODER DE FISCALIZAÇÃO OU CONTROLE

▸ *DANO MORAL. INDENIZAÇÃO INDEVIDA. REVISTA VISUAL DE BOLSAS, SACOLAS OU MOCHILAS. INEXISTÊNCIA DE OFENSA À HONRA E À DIGNIDADE DO EMPREGADO. PODER DIRETIVO E DE FISCALIZAÇÃO DO EMPREGADOR*

A revista visual em bolsas, sacolas ou mochilas, realizada de modo impessoal e indiscriminado, sem contato físico ou exposição do trabalhador a situação constrangedora, decorre do poder diretivo e fiscalizador do empregador e, por isso, não possui caráter ilícito e não gera, por si só, violação à intimidade, à dignidade e à honra, a ponto de ensejar o pagamento de indenização a título de dano moral ao empregado. Com base nessa premissa, a SBDI--I, por unanimidade, conheceu do recurso de embargos, por divergência jurisprudencial, e, no mérito, por maioria, negou-lhe provimento. Vencidos os Ministros Delaíde Miranda Arantes e Augusto César Leite de Carvalho. TST-E-RR-306140-53.2003.5.09.0015, SBDI-I, rel. Min. Brito Pereira, 22.3.2012. (Informativo nº 3)

▸ *REVISTA IMPESSOAL E INDISCRIMINADA DE BOLSAS DOS EMPREGADOS. DANO MORAL. NÃO CONFIGURAÇÃO. INDENIZAÇÃO INDEVIDA.*

A inspeção de bolsas, sacolas e outros pertences de empregados, desde que realizada de maneira generalizada e sem a adoção de qualquer procedimento que denote abuso do direto do empregador de zelar pelo próprio patrimônio, é lícita, pois não importa em ofensa à intimidade, à vida privada, à honra ou à imagem dos trabalhadores. Na espécie, não obstante a revista em bolsa da reclamante, muitas vezes, fosse realizada por seguranças do sexo masculino, restou consignada a inexistência de contato físico, e que a inspeção era impessoal, englobando todos os empregados, não se podendo presumir, portanto, dano ou abalo moral apto a ensejar o pagamento de indenização. Com esse entendimento, a SBDI-I, por unanimidade, conheceu dos embargos por divergência jurisprudencial e, no mérito, por maioria, negou-lhes provimento. Vencidos os Ministros José Roberto Freire Pimenta, que não admitia revista masculina em bolsa feminina, e Augusto César Leite de Carvalho e Delaide Miranda Arantes, que não admitiam qualquer revista. (Informativo nº 17)

▸ *REVISTA EM PERTENCES DE EMPREGADOS. ESVAZIAMENTO DE BOLSAS E SACOLAS. IMPESSOALIDADE. AUSÊNCIA DE CONTATO FÍSICO. EMPRESA DO RAMO DE COMERCIALIZAÇÃO DE MEDICAMENTOS (DROGARIA). INTERESSE PÚBLICO ENVOLVIDO. POTENCIALIDADE DE GRAVE RISCO DECORRENTE DE DESVIO DOS PRODUTOS COMERCIALIZADOS. PODER DE FISCALIZAÇÃO DO EMPREGADOR. DANO MORAL. NÃO CARACTERIZADO.*

A imposição patronal de esvaziamento do conteúdo de bolsas, sacolas e demais pertences de empregados, por si só, não acarreta dano moral, desde que efetuada de maneira impessoal e respeitosa e derive de imposição da natureza da atividade empresarial. No caso, empresa do ramo de comercialização de medicamentos (drogaria), impunha a seus empregados, indistintamente, no início e ao final do expediente, a abertura e o esvaziamento de bolsas e sacolas, sem qualquer contato físico por parte de outros trabalhadores. Concluiu-se que o interesse público justifica o rigor no controle, em prol da segurança da coletividade, ante a potencialidade de grave risco decorrente de eventual desvio dos produtos comercializados. Assim, a conduta patronal é legítima e inerente ao poder-dever de fiscalização do empregador, logo não rende ensejo ao pagamento de indenização por dano moral. Sob esse entendimento, a SBDI-I, por unanimidade, conheceu dos embargos, por divergência jurisprudencial, e, no mérito, negou-lhes provimento. Ressalva de entendimento do Ministro Cláudio Mascarenhas Brandão. *TST--E-RR-2111-32.2012.5.12.0048, SBDI-I, rel. Min. João Oreste Dalazen, 25.6.2015. (Informativo nº 112)*

▸ *DANO MORAL. INDENIZAÇÃO. REVISTA PESSOAL DE CONTROLE. APALPAMENTO DE PARTES DO CORPO DO EMPREGADO. TOQUES NA CINTURA.*

O controle exercido pelo empregador com o intuito de fiscalizar o seu patrimônio deve observar os ditames do ordenamento jurídico, dentre os quais figura como essencial a estabilidade nas relações laborais e o respeito à intimidade e à dignidade do trabalhador. Caracteriza revista pessoal de controle e, portanto, ofende o direito à intimidade e à dignidade do empregado, a conduta do empregador que, excedendo os limites do poder diretivo e fiscalizador, impõe a realização de vistoria íntima consistente no apalpamento de partes do corpo do empregado – "toques na cintura". Devida, portanto, a indenização por dano moral, ainda que o contato físico se dê sem "excesso ou exagero" – o que não afastaria o reconhecimento da lesão ao patrimônio moral do empregado. Sob esses fundamentos, a SBDI-1, por unanimidade, conheceu dos embargos, por divergência jurisprudencial e, no mérito, por maioria, deu-lhes provimento para restabelecer o acórdão regional quanto à declaração de procedência do pedido de indenização por dano moral, inclusive no tocante ao valor fixado (R$ 3.000,00 – três mil reais), vencidos os Ministros Márcio Eurico Vitral Amaro e Guilherme Augusto Caputo Bastos. *TST-E-RR-22800-62.2013.5.13.0007, SBDI-I, rel. Min. João Oreste Dalazen, 29.10.2015. (Informativo nº 121)*

3.3. INTERMEDIAÇÃO DE MÃO DE OBRA

▸ ***TERCEIRIZAÇÃO. CLÁUSULA CONVENCIONAL QUE VEDA A INTERMEDIAÇÃO DE MÃO DE OBRA POR CONDOMÍNIOS E EDIFÍCIOS. VALIDADE.***

É válida a cláusula convencional que veda a contratação de empresas prestadoras de serviços por condomínios e edifícios para o fornecimento de mão de obra para atuar nas funções relacionadas à atividade fim, discriminadas na norma coletiva como de zelador, vigia, porteiro, jardineiro, faxineiro, ascensorista, garagista, manobrista e foguista. Na espécie, destacou-se que o ajuste agregou vantagem à categoria profissional, na medida em que valorizou a contratação direta de empregados, em detrimento da prática da terceirização. Com esse posicionamento, a SDC, por unanimidade, conheceu do recurso ordinário e, no mérito, por maioria, julgou improcedente o pedido de declaração de nulidade da referida cláusula. Vencido o relator, Ministro Walmir Oliveira da Costa. *TST-RO-116000-32.2009.5.15.0000, SDC, rel. Min. Walmir Oliveira da Costa, red. p/ acórdão Min. Márcio Eurico Vitral Amaro, 4.9.2012 (Informativo nº 21)*

▸ ***RESPONSABILIDADE SUBSIDIÁRIA. AJUIZAMENTO DE AÇÃO AUTÔNOMA APENAS CONTRA O TOMADOR DE SERVIÇOS. IMPOSSIBILIDADE. EXISTÊNCIA DE SENTENÇA CONDENATÓRIA DEFINITIVA PROLATADA EM AÇÃO EM QUE FIGUROU COMO PARTE SOMENTE O PRESTADOR DE SERVIÇOS.***

Não é possível o ajuizamento de ação autônoma pleiteando a responsabilidade subsidiária do tomador de serviços quando há sentença condenatória definitiva prolatada em ação anteriormente proposta pelo mesmo reclamante, em que figurou como parte apenas o prestador de serviços. Tal procedimento afrontaria a coisa julgada produzida na primeira ação e o direito à ampla defesa e ao contraditório, resguardado ao tomador de serviços. Assim, reiterando a jurisprudência da Corte, a SBDI-I, por unanimidade, conheceu dos embargos por divergência jurisprudencial e, no mérito, por maioria, negou-lhes provimento. Vencidos os Ministros Augusto César Leite de Carvalho, José Roberto Freire Pimenta e Delaíde Miranda Arantes. *TST-E-RR-9100-62.2006.5.09.0011, SBDI-I, rel. Min. Horácio Raymundo de Senna Pires, 8.3.2012. (Informativo nº 1)*

3.4. RESPONSABILIDADE E DANO MORAL

▸ ***ACIDENTE DE TRABALHO COM ÓBITO. CORTADOR DE CANA. QUEDA DE RAIO. CASO FORTUITO EXTERNO. AUSÊNCIA DE RESPONSABILIDADE CIVIL OBJETIVA. INDENIZAÇÃO POR DANO MORAL. INDEVIDA.***

A indenização por dano moral somente é devida quando houver dano, culpa e nexo de causalidade entre o dano e a conduta antijurídica, conforme o art. 186 do CC. Assim, não há como atribuir à reclamada conduta culposa ou dolosa em relação à morte de empregado cortador de cana atingido por um raio durante o exercício de sua atividade laboral, visto que o acidente decorreu unicamente de caso fortuito externo. De igual modo, não há falar em responsabilidade objetiva da empregadora, pois a atividade desenvolvida pela vítima não ensejava risco de morte inerente à descarga elétrica. Sob esses fundamentos, a SBDI-I, pelo voto prevalente da presidência, conheceu dos embargos, por divergência jurisprudencial, e, no mérito, deu-lhes provimento para restabelecer a sentença que indeferira o pedido de indenização por danos morais. Vencidos os Ministros Alexandre Agra Belmonte, João Oreste Dalazen, Renato de Lacerda Paiva, Augusto César Leite de Carvalho, José Roberto Freire Pimenta, Hugo Carlos Scheuermann e Cláudio Mascarenhas Brandão. TST-E-EDRR-195-49.2011.5.19.0000, SBDI-I, rel. Min. Aloysio Corrêa da Veiga, 22.6.2017 (Informativo nº 161).

▸ ***RESPONSABILIDADE CIVIL OBJETIVA. CONFIGURAÇÃO. TÉCNICO EM INFORMÁTICA. CONDUÇÃO DE VEÍCULO EM RODOVIAS INTERMUNICIPAIS. ÓBITO. CULPA EXCLUSIVA DE TERCEIRO. TEORIA DO RISCO DA ATIVIDADE ECONÔMICA. AÇÃO DE REGRESSO.***

A SBDI-I, por maioria, negou provimento aos embargos, mantendo a decisão da 8ª Turma, que reconhecera a responsabilidade objetiva da empregadora no caso em que o trabalhador, técnico em informática, cuja atividade envolvia a condução de veículo em rodovias intermunicipais, veio a falecer em decorrência de acidente automobilístico causado por culpa exclusiva de terceiro. Na espécie, asseverou o relator que as más condições nas rodovias brasileiras são fato notório, razão pela qual o perigo ocasionado ao reclamante permite classificar o trabalho por ele exercido como atividade de risco. Assim, ainda que ausente culpa do empregador, a teoria do risco da atividade econômica atrai a responsabilidade da empresa pelos danos gerados, facultando-lhe, tão somente, o ajuizamento de ação de regresso contra aquele que efetivamente provocou o dano objeto de reparação. Vencidos os Ministros Ives Gandra, Brito Pereira e Renato de Lacerda Paiva. *TST-ERR-1299000-69.2008.5.09.0016, SBDI-I, rel. Min. Aloysio Corrêa da Veiga, 16.2.2012. (Informativo nº 1)*

▸ *ACIDENTE DO TRABALHO. MORTE DO EMPREGADO. INDENIZAÇÃO POR DANOS MORAIS E MATERIAIS. AMBIENTE DE TRABALHO. NEGLIGÊNCIA. RESPONSABILIDADE DO EMPREGADOR.*

Havendo negligência do empregador com o ambiente de trabalho e a segurança do trabalhador, não se pode retirar a responsabilidade da empresa, ainda que comprovada a culpa concorrente da vítima. Na hipótese, o empregado rural, que exercia a atividade de "bituqueiro", ou seja, recolhia a cana-deaçúcar que a máquina deixava de colocar no caminhão, foi atropelado por veículo da empresa que fazia manobra, enquanto descansava, de madrugada, sobre a cana cortada, vindo a falecer. Não obstante o quadro fático delineado nos autos revelar que houve o fornecimento dos equipamentos de segurança ao trabalhador acidentado, e que as reclamadas ministravam treinamento a todos os contratados e os alertavam a não dormir na lavoura, ressaltou-se não ser viável, no caso, atribuir culpa exclusiva à vítima. Se a atividade demanda descanso, cabe ao empregador atribuir local seguro para o momento de pausa, adotando critérios de prudência e vigilância, a fim de evitar o dano, ainda que potencial, especialmente quando o trabalho é prestado em ambiente adverso, de difícil acesso e de baixa visibilidade, a exemplo da lavoura de cana-de-açúcar. Com esse entendimento, a SBDI-I, por maioria, vencido o Ministro Renato de Lacerda Paiva, conheceu dos embargos, por divergência jurisprudencial, e, no mérito, ainda por maioria, negou-lhes provimento,mantendo a decisão turmária, que conheceu do recurso de revista por violação do art. 927 do CC, e, no mérito, deu-lhe parcial provimento para condenar as rés, solidariamente, ao pagamento de indenização pelo dano moral e de pensão mensal, a título de dano material. Vencidos os Ministros Ives Gandra Martins Filho, Brito Pereira e Maria Cristina Irigoyen Peduzzi. Ressalvou fundamentação o Ministro Renato de Lacerda Paiva, porquanto entendia presente a culpa "in eligendo" e "in vigilando", mas não reconhecia a responsabilidade objetiva. *TST-E-ED-RR-470-43.2010.5.15.0000, SBDI-I, rel. Min. Aloysio Côrrea da Veiga, 25.10.2012 (Informativo nº 27)*

▸ *DANO MORAL. CONFIGURAÇÃO. USO INDEVIDO DA IMAGEM. UNIFORME COM PROPAGANDAS COMERCIAIS. AUSÊNCIA DE AUTORIZAÇÃO.*

A veiculação de propagandas comerciais de fornecedores da empresa nos uniformes, sem que haja concordância do empregado, configura utilização indevida da imagem do trabalhador a ensejar o direito à indenização por dano moral, nos termos dos arts. 20 do CC e 5º, X, da CF, sendo desnecessária a demonstração concreta de prejuízo. Com esse entendimento, a SBDI-I, em sua composição plena, conheceu do recurso de embargos, por divergência jurisprudencial, e, no mérito, por maioria, negou-lhe provimento. Vencidos os Ministros Aloysio Corrêa da Veiga, relator, Brito Pereira e Maria Cristina Irigoyen Peduzzi. *TST-E-RR-40540-81.2006.5.01.0049, SBDI-I, rel. Min. Aloysio Corrêa da Veiga, red. p/ acórdão Min. João Oreste Dalazen, 13.12.2012 (Informativo nº 34)*

▸ *ACIDENTE DO TRABALHO OCORRIDO NA VIGÊNCIA DO CÓDIGO CIVIL DE 1916. RESPONSABILIDADE OBJETIVA PREVISTA NO ART. 927, PARÁGRAFO ÚNICO, DO CÓDIGO CIVIL DE 2002. APLICAÇÃO.*

A teoria da responsabilidade objetiva, consagrada no art. 927, parágrafo único, do Código Civil de 2002, aplica-se aos casos em que o acidente do trabalho, fato gerador do falecimento do empregado durante o desempenho de atividade de risco em rede elétrica, ocorreu na vigência do Código Civil de 1916. Mesmo antes da nova codificação civilista, o ordenamento jurídico brasileiro já contemplava a responsabilidade objetiva, seja por leis esparsas, a exemplo do Decreto nº 2.881/1912, da Lei nº 8.123/91 e do Código de Defesa do Consumidor (Lei nº 8.078/90), seja por meio da jurisprudência, conforme revela a Súmula nº 341 do STF, segundo a qual "é presumida a culpa do patrão ou comitente pelo ato culposo do empregado ou preposto". Ademais, o próprio art. 2º da CLT sempre autorizou a aplicação da culpa presumida no âmbito do Direito do Trabalho, ao estabelecer que recai sobre o empregador os riscos da atividade econômica. Assim, não se pode dizer que o Código Civil de 2002 trouxe uma absoluta inovação legislativa, a impedir a sua aplicação retroativa, mas apenas condensou entendimento jurisprudencial e doutrinário há muito consagrado sobre a teoria do risco. Com esse entendimento, a SBDI-I, em sua composição plena, conheceu, por maioria, dos embargos, por divergência jurisprudencial, e, no mérito, também por maioria, negou-lhes provimento. Vencidos, no conhecimento, os Ministros Horácio Raymundo de Senna Pires e Aloysio Corrêa da Veiga, e, no mérito, os Ministros Brito Pereira, relator, Antônio José de Barros Levenhagen, Ives Gandra Martins Filho, Maria Cristina Irigoyen Peduzzi e Renato de Lacerda Paiva, os quais entendiam que a aplicação retroativa do parágrafo único do art. 927 do CC é vedada com base nos arts. 6º da LICC e 5º, XXXVI, da CF. *TST-E-ED-RR-40400-84.2005.5.15.0116, SBDI-I, rel. Min. Brito Pereira, red. p/ acórdão Min. Augusto César Leite de Carvalho, 13.12.2012 (Informativo nº 34)*

▸ *AÇÃO CIVIL PÚBLICA. CONDENAÇÃO A NÃO UTILIZAR-SE DE TRABALHADORES EM TESTES DE CIGARRO NO "PAINEL DE AVALIAÇÃO SENSORIAL". IMPOSSIBILIDADE. ATIVIDADE LÍCITA E REGULAMENTADA, MAS DE RISCO. INDENIZAÇÃO. DANO MORAL COLETIVO.*

A SBDI-I, por maioria, conheceu, por divergência jurisprudencial, dos embargos da Souza Cruz S.A. quanto ao tema relativo à condenação, nos autos de ação civil pública, a obrigação de não fazer, e, no mérito, ainda por maioria, deu-lhes provimento para afastar a obrigação de não utilizarse de trabalhadores, empregados próprios ou de terceiros, inclusive de cooperativas, em testes de cigarro no denominado "Painel de Avaliação Sensorial". No caso, prevaleceu a tese de que, não obstante os riscos à saúde do trabalhador, o consumo de cigarros é lícito e a atividade de provador de tabaco é regulamentada pelo Ministério do Trabalho e Emprego, não cabendo à Justiça do Trabalho proibir ou impor condições ao exercício profissional que implique a prática de fumar. Vencidos, no conhecimento, os Ministros Augusto César de Carvalho, relator, Lelio Bentes Corrêa, José Roberto Freire Pimenta e Delaíde Miranda Arantes, e, no mérito, totalmente, os Ministros Lelio Bentes Corrêa, que não conhecia dos embargos, Augusto César de Carvalho, relator, Alberto Luiz Bresciani de Fontan Pereira, José Roberto Freire Pimenta e Delaíde Miranda Arantes, que negavam provimento aos embargos, e, parcialmente, o Ministro Luiz Philippe Vieira de Mello Filho, que dava provimento parcial ao recurso. Não obstante a licitude da participação de trabalhadores no denominado "Painel de Avaliação Sensorial", acima assentada, as indiscutíveis lesões à saúde decorrentes do contato com o tabaco permitem enquadrar a atividade de provador de cigarro como de risco, a atrair a aplicação da responsabilidade civil objetiva prevista no art. 927 do CC. Assim, a imposição de indenização, no caso, tem finalidade pedagógica, na medida em que desestimula a exposição dos empregados a agentes nocivos, uma vez que cabe à empregadora zelar pela saúde e segurança de seus trabalhadores. Com esses fundamentos, a SBDI-I, por unanimidade, conheceu dos embargos do Ministério Público do Trabalho, por divergência jurisprudencial, e, no mérito, pelo voto prevalente da Presidência, deu-lhes provimento para restabelecer a decisão do Regional, que manteve a condenação da Souza Cruz S.A. à indenização pelos danos aos interesses difusos e coletivos dos trabalhadores, no valor de R$1.000.000,00 (um milhão de reais), reversível ao FAT – Fundo de Amparo ao Trabalhador, corrigido monetariamente, mês a mês, pelos mesmos índices utilizados para a atualização dos débitos trabalhistas. Vencidos os Ministros Ives Gandra Martins Filho, Brito Pereira, Maria Cristina Irigoyen Peduzzi, Luiz Philippe Vieira de Mello Filho, Alberto Luiz Bresciani de Fontan Pereira e Dora Maria da Costa. *TST-E-ED-RR-120300-89.2003.5.01.0015, SBDI-I, rel. Min. Augusto César Leite de Carvalho, red. p/ acórdão Min. João Oreste Dalazen, 21.2.2013 (Informativo nº 37)*

▸ DOENÇA OCUPACIONAL. INVERSÃO DO ÔNUS DA PROVA. PRESUNÇÃO DE CULPA DO EMPREGADOR. INDENIZAÇÃO POR DANOS MORAIS. DEVIDA.

A SBDI-I, por unanimidade, conheceu de embargos, por divergência jurisprudencial e, no mérito, por maioria, negou-lhes provimento, mantendo, ainda que por fundamento diverso, a condenação de empresa do ramo de consultoria em tecnologia da informação ao pagamento de indenização por danos morais à digitadora que fora acometida de doença osteomuscular decorrente de posições forçadas e movimentos repetitivos durante a jornada de trabalho. Na hipótese, a Turma não conheceu do recurso de revista, mantendo decisão do TRT que, tipificando as atribuições da porém, o entendimento de que, tratando-se de doença ocupacional, há uma inversão do ônus da prova, presumindo-se, portanto, a culpa do empregador pelos danos causados à saúde da trabalhadora. Vencidos os Ministros Ives Gandra Martins Filho, relator, e Brito Pereira, que davam provimento ao recurso para julgar improcedente o pedido de indenização, uma vez que a função de digitadora não pode ser considerada de risco, e não houve demonstração de culpa apta a caracterizar a responsabilidade subjetiva do reclamado; e os Ministros João Oreste Dalazen e Dora Maria da Costa, que davam provimento aos embargos para fixar a premissa da responsabilidade subjetiva e determinar a baixa dos autos ao Tribunal de origem para que nova decisão fosse proferida. Ressalvaram fundamentação o Ministro Augusto César Leite de Carvalho, que negava provimento aos embargos por entender ser hipótese de aplicação da teoria da responsabilidade objetiva, visto que a NR 17 indica os serviços de entrada de dados como atividade de risco, amoldando-se, portanto, ao art. 927, parágrafo único, do Código Civil; e os Ministros Barros Levenhagen, Luiz Philippe Vieira de Mello Filho e Lelio Bentes Corrêa, que entendiam ser incontroversa a culpa da reclamada, pois, adquirida a doença profissional, resta patente a omissão da empresa ao não adotar medidas preventivas. *TST-E-RR-80500-83.2007.5.04.0030, SBDI-I, rel. Min. Ives Gandra da Silva Martins Filho, red. p/ o acórdão Min. Renato de Lacerda Paiva, 7.3.2013 (Informativo nº 39)*

▸ DANO MORAL. DIVULGAÇÃO DA LISTA NOMINAL DOS SERVIDORES PÚBLICOS E DA CORRESPONDENTE REMUNERAÇÃO MENSAL NA INTERNET. PREVALÊNCIA DO PRINCÍPIO DA PUBLICIDADE DOS ATOS ADMINISTRATIVOS EM DETRIMENTO DO DIREITO À INTIMIDADE, À PRIVACIDADE E À SEGURANÇA DO EMPREGADO PÚBLICO.

A divulgação, na internet, da lista dos cargos ocupados e dos valores da remuneração mensal pagos ao servidor público não configura dano moral, pois o princípio da publicidade dos atos administrativos deve prevalecer sobre o direito à intimidade, à privacidade e à segurança do agente público, conforme decidido pelo Tribunal Pleno do STF nos autos do processo nº SS – 3902-AgRsegundo/SP, rel. Min. Ayres Britto. Com esse entendimento, a SBDI-I, por unanimidade, conheceu dos embargos, por divergência jurisprudencial, e, no mérito, negou-lhes provimento, mantendo decisão da Turma que excluiu da condenação o pagamento de indenização por danos morais decorrentes da disponibilização no sítio da Administração dos Portos de Paranaguá e Antonina – APPA, na internet, de relação com nomes, cargos e remunerações de seus empregados. *TST-E-RR-336000-02.2008.5.09.0411, SBDI-I, rel. Min. Augusto César Leite de Carvalho, 21.3.2013 (Informativo nº 40)*

▸ INDENIZAÇÃO POR DANOS MORAIS. DEVIDA. AMPUTAÇÃO DO DEDO INDICADOR. TORNEIRO MECÂNICO. ATIVIDADE DE RISCO. CULPA PRESUMIDA.

A SBDI-I, por maioria, conheceu dos embargos, por divergência jurisprudencial, e, no mérito, ainda por maioria, negou-lhes provimento, mantendo a decisão da 6ª

Turma que, reconhecendo a responsabilidade do empregador no caso em que o trabalhador teve seu dedo indicador decepado ao trocar a pastilha do torno mecânico que operava, deferiu o pedido de indenização por dano moral. Na espécie, prevaleceu a tese de que o ofício de torneiro mecânico é atividade de risco, uma vez que implica operação de máquina potencialmente ofensiva, presumindo-se, portanto, a culpa da empresa. Vencidos, quanto ao conhecimento, os Ministros Lelio Bentes Corrêa, Alberto Luiz Bresciani de Fontan Pereira, Augusto César Leite de Carvalho e Delaíde Miranda Arantes, e, no mérito, os Ministros Ives Gandra Martins Filho, relator, Brito Pereira, Renato de Lacerda Paiva e Dora Maria da Costa. *TST-E-ED-RR-154785-83.2007.5.15.0016, SBDI-I, rel. Min. Ives Gandra da Silva Martins Filho, red. p/ acórdão Min. Aloysio Corrêa da Veiga, 11.4.2013 (Informativo nº 42)*

▸ *ACIDENTE DE TRABALHO. VIGILANTE. CONDUÇÃO DE MOTOCICLETA EM RODOVIA ESTADUAL. ATIVIDADE DE RISCO. RESPONSABILIDADE CIVIL OBJETIVA DO EMPREGADOR. ART. 927, PARÁGRAFO ÚNICO, DO CC.*

Nos termos do art. 927, parágrafo único, do CC, aplica-se a responsabilidade civil objetiva ao empregador no caso em que houve morte do trabalhador que, no exercício de suas atribuições de vigilante, sofreu acidente de trânsito na condução de motocicleta da empresa em rodovia estadual, durante trajeto à residência de cliente para verificação de disparo de alarme. Trata-se de atividade de risco, pois os condutores de motocicleta, notoriamente, estão sujeitos a mais acidentes de trânsito e de piores consequências em comparação aos que utilizam outros tipos de veículos, de modo que o empregador, ainda que não haja provocado diretamente o acidente, figurou como autor mediato do dano sofrido pelo trabalhador falecido. Com esse entendimento, a SBDI-I, por unanimidade, conheceu dos embargos da reclamada, por divergência jurisprudencial, e, no mérito, negou-lhes provimento. *TST-E-ED-RR-324985-09.2009.5.12.0026, SBDI-I, rel. Min. João Oreste Dalazen, 6.6.2013 (Informativo nº 50)*

▸ *DANO MORAL. CONFIGURAÇÃO. RETIFICAÇÃO DE REGISTRO NA CARTEIRA DE TRABALHO E PREVIDÊNCIA SOCIAL. INCLUSÃO DA INFORMAÇÃO DE QUE SE TRATA DE CUMPRIMENTO DE DECISÃO JUDICIAL.*

Configura lesão moral a referência, na Carteira de Trabalho e Previdência Social do empregado, de que algum registro ali constante decorreu de determinação judicial, constituindo anotação desnecessária e desabonadora, nos termos do art. 29, § 4º, da CLT. Tal registro dificulta a obtenção de novo emprego e acarreta ofensa a direito da personalidade do trabalhador. Sob esse fundamento, a SBDI-1, à unanimidade, não conheceu do recurso de embargos da reclamada, com ressalva de entendimento dos Ministros Antonio José de Barros Levenhagen, João Oreste Dalazen, Ives Gandra Martins Filho, Renato de Lacerda Paiva e Guilherme Augusto Caputo Bastos. *TST-EEDRR-148100-34.2009.5.03.0110, SBDII, rel. Min. Hugo Carlos Scheuermann, 18.6.2015. (Informativo nº 111)*

▸ *DANO MORAL. TRANSPORTE DE VALORES POR EMPREGADO NÃO HABILITADO. EXPOSIÇÃO DO TRABALHADOR A RISCO EXCESSIVO. INDENIZAÇÃO DEVIDA. DANO IN RE IPSA.*

Atribuir a atividade de transporte de valores a empregado que não foi contratado para esta finalidade, e sem o necessário treinamento, exigido pela Lei nº 7.102/83, configura exposição a risco excessivo e, portanto, enseja o pagamento de indenização por dano moral in re ipsa. Na hipótese, a indenização foi requerida por motorista de distribuidora de bebida que realizava habitualmente transporte de valores, sem a devida habilitação técnica. Registrou-se, ademais, que o transporte de valores em veículos da empresa contendo cofre evidencia o risco potencial a que submetido o empregado responsável pela guarda do numerário recebido pelas vendas, sendo inócua a discussão a respeito da quantidade de dinheiro existente no cofre. Sob esse entendimento, a SBDII, por unanimidade, conheceu dos embargos, por divergência jurisprudencial, e, no mérito, negoulhes provimento. *TST-E-RR-514-11.2013.5.23.0008, SBDI-I, rel. Min. Walmir Oliveira da Costa, 23.6.2015 (Informativo nº 139)*

3.5. SUCESSÃO TRABALHISTA

▸ *SUCESSÃO TRABALHISTA. CONTRATO DE TRABALHO EXTINTO ANTES DA SUCESSÃO. RESPONSABILIDADE DO SUCESSOR.*

Nos termos dos arts. 10 e 448 da CLT, a sucessão trabalhista tem contornos diferentes da sucessão do direito civil, de modo que a responsabilidade do sucessor alcança não apenas os débitos provenientes dos contratos de trabalho em vigor à época da venda do fundo de comércio, mas também aqueles oriundos dos contratos extintos antes da sucessão de empresas. Com esse entendimento, a SBDI-I, por unanimidade, conheceu dos embargos interpostos pela empresa reclamada (sucessora), por divergência jurisprudencial, e, no mérito, por maioria, negou-lhes provimento. Vencidos os Ministros Luiz Philippe Vieira de Mello Filho e Delaíde Miranda Arantes, que entendiam ser a prestação do serviço elemento essencial para a configuração da sucessão trabalhista. *TST-E-RR-93400-11.2001.5.02.0048, SBDI-I, rel. Min. Brito Pereira, 4.4.2013 (Informativo nº 41)*

4. TERCEIRIZAÇÃO ILÍCITA

▸ *INSTITUIÇÃO FINANCEIRA. TELEMARKETING. ATIVIDADE-FIM. TERCEIRIZAÇÃO ILÍCITA. CONTRATO DE TRABALHO CELEBRADO E EXTINTO NA VIGÊNCIA DA LEI Nº 6.019/74. NÃO INCIDÊNCIA DA LEI Nº 13.429/2017.*

A Lei nº 13.429/2017 não se aplica às relações de trabalho regidas e extintas sob a égide da Lei nº 6.019/1974, sob pena de afronta ao direito adquirido do empregado a condições de trabalho mais vantajosas. No caso, a reclamada insurgiu-se contra decisão da SBDI-I que, invocando a Súmula nº 331, I, do TST, estabeleceu que a prestação de serviços de cobrança a clientes de instituição financeira, mediante contato telefônico, se insere na atividade-fim bancária. Alegou que a Lei nº 13.429/2017, ao acrescentar o art. 4ª-A, § 2º, à Lei nº 6.019/74, afastou a ilicitude na terceirização dos serviços prestados e tem aplicação imediata. Todavia, por se tratar de contrato celebrado e findo antes da entrada em vigor da Lei nº 13.429/2017, prevaleceu o entendimento jurisprudencial firmado no item I da Súmula nº 331 do TST, amparado no antigo teor da Lei nº 6.019/1974. Sob esses fundamentos, a SBDI-I, por unanimidade, deu provimento a embargos de declaração apenas para prestar esclarecimentos. TST-ED-E-ED-RR-1144-53.2013.5.06.0004, SBDI-I, rel. Min. João Oreste Dalazen, 3.8.2017 (Informativo nº 162).

▸ ***TERCEIRIZAÇÃO. ISONOMIA SALARIAL ENTRE EMPREGADOS DA EMPRESA PRESTADORA DE SERVIÇOS E OS DA TOMADORA DE SERVIÇOS. ORIENTAÇÃO JURISPRUDENCIAL Nº 383 DA SBDI-I. EXIGÊNCIA DE IDENTIDADE DE FUNÇÕES E NÃO DE TAREFAS.***

A Orientação Jurisprudencial nº 383 da SBDI-I, ao garantir aos trabalhadores irregularmente contratados, mediante empresa interposta, as mesmas verbas trabalhistas asseguradas aos empregados do tomador de serviços, exige a identidade de funções, e não de tarefas. Dessa forma, dá-se efetividade ao princípio constitucional da isonomia e evita-se que a terceirização de serviços seja utilizada como prática discriminatória. No caso, a Celg Distribuição S.A. possui em seu quadro de pessoal eletricistas contratados mediante concurso público e também eletricistas de empresas terceirizadas, todos eles trabalhando como eletricistas e prestando serviços ligados à sua atividade fim e em seu benefício, razão pela qual o fato de o TRT ter registrado que os empregados da tomadora realizavam tarefas mais especializadas que os empregados da prestadora de serviço não afastam o direito à isonomia salarial. Sob esse entendimento, a SBDI-I, por maioria, conheceu dos embargos, no tópico, por contrariedade à Orientação Jurisprudencial nº 383 da SBDI-I, e, no mérito, deu-lhes provimento para restabelecer a decisão do Regional quanto à condenação das reclamadas ao pagamento de diferenças salariais e reflexos decorrentes da isonomia do reclamante com os eletricistas empregados da Celg Distribuição S.A. Vencidos os Ministros Guilherme Augusto Caputo Bastos, relator, e Márcio Eurico Vitral Amaro. TST-E-RR-11623-36.2013.5.18.0016, SBDI-I, rel. Min. Guilherme Augusto Caputo Bastos, red. p/ acórdão Min. José Roberto Freire Pimenta, 1º.12.2016. (Informativo nº 150)

▸ ***TERCEIRIZAÇÃO ILÍCITA. CONFIGURAÇÃO. EMPREGADO CONTRATADO POR EMPRESA ESPECIALIZADA EM VIGILÂNCIA E TRANSPORTE DE VALORES. EXERCÍCIO DE ATIVIDADES TIPICAMENTE BANCÁRIAS. RECONHECIMENTO DO VÍNCULO DE EMPREGO. SÚMULA Nº 331, I, DO TST.***

Configura terceirização ilícita a utilização por instituição financeira de empregados contratados por empresa especializada em vigilância e transporte de valores para a prestação de serviços diários de tesouraria, in casu, o recebimento, abertura, conferência de conteúdo e encaminhamento de envelopes recolhidos em caixas eletrônicos, na medida em que tais atribuições se relacionam com a atividade fim dos bancos. Adotando essa premissa, a SBDI-1, por unanimidade, conheceu do recurso de embargo por contrariedade à Súmula nº 331, I, do TST e, no mérito, deu-lhe provimento para restabelecer a sentença que reconheceu o vínculo de emprego diretamente com o banco-reclamado. *TST-E-RR-2600-75.2008.5.03.0140, SBDI-I, rel. Min. Augusto César Leite de Carvalho, 6.9.2012. (Informativo nº 21)*

▸ ***MULTA ADMINISTRATIVA. DESCUMPRIMENTO DO ART. 41 DA CLT. FALTA DE REGISTRO DE EMPREGADOS. TERCEIRIZAÇÃO ILÍCITA. EMPRESA TOMADORA INTEGRANTE DA ADMINISTRAÇÃO PÚBLICA INDIRETA. INVALIDADE DO AUTO DE INFRAÇÃO.***

É inválida a lavratura de auto de infração pelo descumprimento do disposto no art. 41 da CLT por parte de sociedade de economia mista, tomadora dos serviços, que não mantinha o registro dos empregados contratados por intermédio de empresa interposta, ainda que reconhecida a ilicitude da terceirização. Na hipótese, não se pode exigir o cumprimento do art. 41 da CLT, pois o art. 37, II, da CF proíbe, expressamente, o reconhecimento de vínculo de emprego com entes da administração pública direta e indireta sem a prévia aprovação em concurso público. Assim sendo, conclui-se que a multa administrativa aplicada pelo auditor-fiscal do trabalho com base na não observância do art. 41 da CLT pressupõe a possibilidade de livre contratação de empregados pela empresa autuada, o que não ocorre no caso concreto em razão da natureza jurídica ostentada pela reclamada, sociedade de economia mista. Com esse entendimento, a SBDI-I, por unanimidade, conheceu dos embargos interpostos pela tomadora dos serviços, por divergência jurisprudencial, e, no mérito, por maioria, deu-lhes provimento para julgar procedente o pedido constante da ação anulatória e, por conseguinte, declarar nulo o auto de infração lavrado em face da ora embargante, bem como as multas administrativas decorrentes. Vencidos os Ministros Luiz Philippe Vieira de Mello Filho, Lelio Bentes Corrêa, Augusto César Leite de Carvalho, José Roberto Freire Pimenta e Hugo Carlos Scheuermann. *TST-E-ED-RR-113600-56.2008.5.18.0013, SBDI-I, rel. Min. Guilherme Augusto Caputo Bastos 11.12.2014 (Informativo nº 97)*

4.1. REQUISITOS DA TERCEIRIZAÇÃO LÍCITA

▸ ***EMPRESA DE TELECOMUNICAÇÕES. "CALL CENTER". TERCEIRIZAÇÃO. IMPOSSIBILIDADE. ATIVIDADE-FIM.***

A terceirização dos serviços de "call center" em empresas de telecomunicações configura intermediação ilícita de mão de obra, gerando vínculo direto com o tomador dos serviços, nos termos da Súmula nº 331, I e III, do TST. Os arts. 25 da Lei nº 8.987/95 e 94, II, da Lei nº 9.472/97 devem ser interpretados de forma sistemática e harmônica com o Direito do Trabalho, cujo núcleo central é o princípio da proteção, de modo que a expressão "atividades inerentes", adotada pela legislação que rege o setor de telecomunicações - de cunho administrativo e econômico, voltada à relação entre as concessionárias e os usuários ou o Poder Público –, não pode servir de sinônimo de atividades-fim. Noutro giro, esse sentido que se confere aos dispositivos de lei acima mencionados não viola a Súmula Vinculante 10 do STF, na medida em que não implica declaração de inconstitucionalidade dos referidos preceitos ou afastamento de sua aplicação, mas apenas interpretação de normas de natureza infraconstitucional. Outrossim, não há como afastar a condição de atividade-fim dos serviços de atendimento telefônico prestados pelas empresas de telecomunicações, pois é por meio da central de atendimento que o consumidor solicita ou, até mesmo, obtém reparos e manutenção em sua linha telefônica, recebe informações acerca dos serviços prestados pela concessionária e faz reclamações, não sendo possível distinguir ou desvincular o "call center" da atividade precípua da prestação dos serviços de telefonia. Com esse entendimento, a SBDI-I, em sua composição plena, por unanimidade, conheceu dos embargos, por divergência jurisprudencial, e, no mérito, por maioria, negou-lhes provimento. Vencidos os Ministros Ives Gandra Martins, relator, Brito Pereira, Maria Cristina Irigoyen Peduzzi, Renato de Lacerda Paiva, Aloysio Corrêa da Veiga e Dora Maria da Costa, que entendiam possível a terceirização dos serviços de "call center", pois, ao englobar diversas modalidades de intermediação da comunicação com os clientes, sendo utilizados com o mesmo objetivo por empresas que desempenham as mais diversas atividades econômicas, configuram atividade-meio, a par de o art. 94, II, da Lei nº 9.472/97 autorizar a contratação de terceiros para atividades inerentes à telefonia e não ter sido declarado inconstitucional pelo Plenário da Corte. *TST-E-ED-RR-2938-13.2010.5.12.0016, SBDI-I, rel. Min. Ives Gandra da Silva Martins Filho, red. p/ acórdão Min. José Roberto Freire Pimenta, 8.11.2012 (Informativo nº 29)*

▸ EMPRESA CONCESSIONÁRIA DE ENERGIA ELÉTRICA. AGENTE DE COBRANÇA, LEITURISTA E ELETRICISTA. TERCEIRIZAÇÃO. IMPOSSIBILIDADE. FUNÇÕES LIGADAS À ATIVIDADE-FIM DA EMPRESA.

A atuação de empregado terceirizado em atividade-fim de empresa de concessão de serviçospúblicos enseja o reconhecimento do vínculo empregatício direto com a concessionária, pois a Lei nº 8.987/95 (Lei das Concessões Públicas) não autoriza a terceirização ampla e irrestrita, pois não tem o condão de afastar o princípio constitucional do trabalho. No caso concreto, as funções desempenhadas pelo reclamante - agente de cobrança, leiturista e eletricista - se enquadram nas atividades-fim da tomadora de serviço, porque essenciais à distribuição e à comercialização de energia. Com base nesse entendimento, a SBDI-I, por unanimidade, conheceu dos embargos da reclamada, por divergência jurisprudencial, e, no mérito, por maioria, negou-lhes provimento. Vencido o Ministro Brito Pereira. *TST-E-ED-RR-36600-21.2011.5.21.0003, SBDI-I, rel. Min. Aloysio Corrêa da Veiga, 8.8.2013 (Informativo nº 54)*

▸ TERCEIRIZAÇÃO. ATIVIDADE FIM. CLÁUSULA NORMATIVA PROIBITIVA. VALIDADE.

É válida a cláusula de instrumento normativo que proíbe que a atividade fim da empresa seja objeto de terceirização, na medida em que promove o fortalecimento do sindicato da categoria profissional e resguarda o trabalhador dos efeitos prejudiciais inerentes a essa modalidade de contratação. Com esse entendimento, a SDC, por maioria, conheceu de recurso ordinário e, no mérito, negou-lhe provimento, no tópico. Vencidos os Ministros Ives Gandra da Silva Martins Filho, Dora Maria da Costa e Walmir Oliveira da Costa. *TST-RO-11501-23.2010.5.02.0000, SDC, rel. Min. Maurício Godinho Delgado, 8.9.2014 (Informativo nº 88)*

▸ TERCEIRIZAÇÃO. PISO SALARIAL PREVISTO EM NORMA COLETIVA FIRMADA COM EMPRESA TOMADORA DE SERVIÇOS. APLICAÇÃO AO EMPREGADO TERCEIRIZADO QUE LABORA NA ATIVIDADE FIM. INCIDÊNCIA ANALÓGICA DA ORIENTAÇÃO JURISPRUDENCIAL Nº 383 DA SBDI-I.

Aplica-se o piso salarial previsto em norma coletiva firmada com empresa tomadora de serviços ao empregado terceirizado que labora em sua atividade fim, ainda que não tenha havido pedido de reconhecimento de vínculo de emprego ou a comprovação do exercício de mesmas funções pelos seus empregados. Na hipótese, o sindicato profissional celebrou acordo coletivo tanto com a empresa tomadora, quanto com a prestadora dos serviços, tendo fixado pisos salariais diferentes. Assim, fundado o pedido no compartilhamento do mesmo enquadramento sindical, porque inserida a atividade terceirizada na finalidade da empresa tomadora, mostra-se discriminatória a adoção de pisos salariais distintos, a atrair, portanto, a aplicação analógica da Orientação Jurisprudencial nº 383 da SBDI-I, que garante aos terceirizados as mesmas verbas trabalhistas legais e normativas asseguradas aos empregados do tomador dos serviços. Nesse contexto, a SBDI-I decidiu, à unanimidade, conhecer dos embargos interpostos pela empresa prestadora dos serviços e negar-lhes provimento. *TST-E-ED-RR-201000-88.2009.5.12.0030, SBDI-I, rel. Min. Alexandre de Souza Agra Belmonte, 20.11.2014. (Informativo nº 96)*

▸ TERCEIRIZAÇÃO. ISONOMIA SALARIAL ENTRE EMPREGADOS DA EMPRESA PRESTADORA DE SERVIÇOS E OS DA TOMADORA DE SERVIÇOS. ORIENTAÇÃO JURISPRUDENCIAL Nº 383 DA SBDI-I. EXIGÊNCIA DE IDENTIDADE DE FUNÇÕES E NÃO DE TAREFAS.

A Orientação Jurisprudencial nº 383 da SBDI-I, ao garantir aos trabalhadores irregularmente contratados, mediante empresa interposta, as mesmas verbas trabalhistas asseguradas aos empregados do tomador de serviços, exige a identidade de funções, e não de tarefas. Dessa forma, dá-se efetividade ao princípio constitucional da isonomia e evita-se que a terceirização de serviços seja utilizada como prática discriminatória. No caso, a Celg Distribuição S.A. possui em seu quadro de pessoal eletricistas contratados mediante concurso público e também eletricistas de empresas terceirizadas, todos eles trabalhando como eletricistas e prestando serviços ligados à sua atividade fim e em seu benefício, razão pela qual o fato de o TRT ter registrado que os empregados da tomadora realizavam tarefas mais especializadas que os empregados da prestadora de serviço não afastam o direito à isonomia salarial. Sob esse entendimento, a SBDI-I, por maioria, conheceu dos embargos, no tópico, por contrariedade à Orientação Jurisprudencial nº 383 da SBDI-I, e, no mérito, deu-lhes provimento para restabelecer a decisão do Regional quanto à condenação das reclamadas ao pagamento de diferenças salariais e reflexos decorrentes da isonomia do reclamante com os eletricistas empregados da Celg Distribuição S.A. Vencidos os Ministros Guilherme Augusto Caputo Bastos, relator, e Márcio Eurico Vitral Amaro. *TST-E-RR-11623-36.2013.5.18.0016, SBDI-I, rel. Min. Guilherme Augusto Caputo Bastos, red. p/ acórdão Min. José Roberto Freire Pimenta, 1º.12.2016. (Informativo nº 150)*

4.2. DONO DA OBRA – RESPONSABILIDADE

▸ ***DONO DA OBRA. ACIDENTE DE TRABALHO. INDENIZAÇÃO POR DANOS MORAIS, MATERIAIS E ESTÉTICOS. PRETENSÃO DE NATUREZA CIVIL. ORIENTAÇÃO JURISPRUDENCIAL Nº 191 DA SBDI-I. NÃO INCIDÊNCIA. ENVOLVIMENTO NA EXECUÇÃO DOS SERVIÇOS. OMISSÃO EM RELAÇÃO À SEGURANÇA DO AMBIENTE LABORAL. CULPA COMPROVADA. RESPONSABILIDADE SOLIDÁRIA.***

A aplicação da Orientação Jurisprudencial nº 191 da SBDI-I tem sua abrangência restrita às obrigações trabalhistas, não alcançando pleitos de indenização por danos morais, estéticos e materiais decorrentes de acidente de trabalho, na medida em que apresentam natureza civil, oriundos de culpa por ato ilícito (arts. 186 e 927, "caput", do Código Civil), não constituindo, portanto, verba trabalhista "stricto sensu". Ainda que assim não fosse, o quadro fático delineado nos autos revelou o envolvimento do dono da obra na execução dos serviços contratados e no desenvolvimento das atividades do reclamante, bem como a culpa pelo acidente que vitimou o trabalhador, ante a comprovada omissão em relação à segurança do ambiente laboral, atraindo, assim, a responsabilidade solidária pelo pagamento das indenizações pleiteadas. Com esse entendimento, a SBDI-I, por maioria, não conheceu dos embargos no tópico. Vencidos os Ministros Ives Gandra Martins Filho, Brito Pereira, Maria Cristina Irigoyen Peduzzi e João Oreste Dalazen. *TST-E-RR-9950500-45.2005.5.09.0872, SBDI-I, rel. Min. Augusto César Leite de Carvalho, 22.11.2012 (Informativo nº 31)*

▸ ***ACIDENTE DO TRABALHO. RESPONSABILIDADE CIVIL OBJETIVA. CONFIGURAÇÃO. MOTOCICLISTA. ATIVIDADE DE RISCO.***

A SBDI-I, por unanimidade, conheceu dos embargos, por divergência jurisprudencial, e, no mérito, por maioria, negou-lhes provimento, mantendo a decisão da 8ª Turma, que reconhecera a responsabilidade objetiva da empregadora, intermediadora de mão de obra junto a concessionária de energia elétrica, no caso em que o trabalhador, no desempenho da função de oficial eletricista, foi vítima de acidente do trabalho no trânsito, sofrendo amputação da perna direita, decorrente da colisão entre sua motocicleta e outro automóvel. Na espécie, além de o infortúnio ter ocorrido durante o expediente, restou consignado que o veículo de propriedade da vítima era utilizado para a prestação dos serviços de corte e religação de energia elétrica em unidades consumidoras de baixatensão, em virtude do contrato de locação firmado com a empregadora, restando demonstrado, portanto, o nexo de causalidade entre o dano sofrido e o trabalho realizado. Ademais, a condução de motocicleta configura-se atividade de risco, na medida em que os condutores desse tipo de veículo estão mais sujeitos a acidentes, com consequências mais nocivas, distanciando-se, portanto, das condições dos demais motoristas. Noutro giro, ainda que o risco, a que se refere parágrafo único do art. 927 do Código Civil, esteja relacionado à natureza da "atividade normalmente desenvolvida pelo autor do dano", a interpretação teleológica do referido dispositivo, aliada à concepção histórica da responsabilidade objetiva, permitiria concluir que o conceito de atividade de risco deve advir do ofício concretamente desempenhado pelo trabalhador, e da exposição acima dos níveis considerados normais a que submetido, ainda que o empreendimento não contenha, por si só, elementos de risco. Finalmente, não há falar em inaplicabilidade do art. 927, parágrafo único, do CC aos casos anteriores à entrada em vigor do Código Civil, pois a teoria do risco em atividade perigosa não foi inaugurada com a nova codificação civilista, mas, ao contrário, é fruto da interpretação sistêmica do arcabouço histórico, legal e doutrinário sobre o tema. Vencidos os Ministros Ives Gandra Martins Filho, relator, e Brito Pereira. *TST-E-ED-RR-81100-64.2005.5.04.0551, SBDI-I, rel. Min. Ives Gandra Martins Filho, red. p/ acórdão Min. João Oreste Dalazen. 29.11.2012 (Informativo nº 32)*

▸ ***DONO DA OBRA. PESSOA FÍSICA. CONSTRUÇÃO DE IMÓVEIS PARA LOCAÇÃO. RESPONSABILIDADE SUBSIDIÁRIA. NÃO CONFIGURAÇÃO. LEI Nº 4.591/64.***

Nos termos da Lei nº 4.591/64, a construção de imóveis para locação não se enquadra no conceito de incorporação imobiliária a autorizar o reconhecimento da responsabilidade subsidiária da dona da obra, pessoa física, com base na parte final da Orientação Jurisprudencial nº 191 da SBDI-I. Assim, a referida Subseção, por maioria, conheceu dos embargos, por contrariedade ao mencionado verbete jurisprudencial, e, no mérito, deu-lhes provimento para julgar improcedentes os pedidos formulados em relação à reclamada Ilma Cortina Ramos. Vencido o Ministro José Roberto Freire Pimenta. *TST-E--RR-214700-44.2008.5.12.0038, SBDI-I, rel. Min. Alberto Luiz Bresciani de Fontan Pereira,16.5.2013 (Informativo nº 47)*

▸ ***CONTRATO DE EMPREITADA. FORNECIMENTO DE MÃO-DE-OBRA ESPECIALIZADA EM MONTAGEM E MANUTENÇÃO INDUSTRIAL PARA A CONSTRUÇÃO DE UM PÁTIO DE MADEIRAS. OBRA CERTA. CONSTRUÇÃO CIVIL. APLICAÇÃO DA ORIENTAÇÃO JURISPRUDENCIAL Nº 191 DA SBDI-I. RESPONSABILIDADE DA DONA DA OBRA. NÃO CONFIGURAÇÃO.***

Na hipótese em que firmado contrato para empreitada, tendo como objeto o fornecimento de mãode-obra especializada em montagem e manutenção industrial no canteiro de obras da Klabin S.A. para a construção de um pátio de madeiras, a SBDI-I, por maioria, conheceu dos embargos da empresa por má aplicação da Orientação Jurisprudencial nº 191 da SBDI-I e, no mérito, deu-lhes provimento para afastar a responsabilidade da reclamada pelos débitos trabalhistas, excluindo-a do polo passivo da ação. Prevaleceu o entendimento de que o contrato envolve construção civil, não havendo falar em inaplicabilidade da Orientação Jurisprudencial nº 191 da SBDI-I, pois não se trata de terceirização de serviços, mas de empreitada para obra certa, a afastar, portanto, a responsabilidade da dona da obra. Vencidos os Ministros José Roberto Freire Pimenta, Lelio Bentes Corrêa, Augusto César Leite de Carvalho e Delaíde Miranda Arantes. *TST-E-ED-RR-23300-59.2009.5.04.0221, SBDI-I, rel. Min. Aloysio Côrrea da Veiga, 15.8.2013 (Informativo nº 55)*

4.3. TRABALHO TEMPORÁRIO

▸ ***CONTRATO TEMPORÁRIO. LEI Nº 6.019/74. RESCISÃO ANTECIPADA. INDENIZAÇÃO PREVISTA NO ART. 479 DA CLT. INAPLICABILIDADE.***

A rescisão antecipada do contrato de trabalho temporário disciplinado pela Lei nº 6.019/74 não enseja o pagamento da indenização prevista no art. 479 da CLT. Trata-se de forma específica de contratação, regulada por legislação especial e não pelas disposições da CLT. Sob esse entendimento, a SBDI-I, por unanimidade, conheceu do recurso de embargos da reclamante, por divergência jurisprudencial, e, no mérito, por maioria, negou-lhe provimento. Vencidos os Ministros Lelio Bentes Corrêa, relator, João Oreste Dalazen, Ives Gandra Martins Filho e Hugo Carlos Scheuermann, que entendiam ser aplicável a indenização prevista no art. 479 da CLT também aos trabalhadores regidos pela Lei n.º 6.019/74, por se tratar de espécie de contrato a termo. Registrou ressalva de fundamentação o Ministro José Roberto Freire Pimenta. *TST-RR-1342- 91.2010.5.02.0203, SBDI-I, rel. Min. Lelio Bentes Corrêa, red. p/ acórdão Min. Renato de Lacerda Paiva, 30.4.2015 (Informativo nº 105)*

5. REVERSÃO

5.1. GRATIFICAÇÃO DE FUNÇÃO

▸ ***GRATIFICAÇÃO DE FUNÇÃO. EXERCÍCIO POR MAIS DE DEZ ANOS. PERÍODOS DESCONTÍNUOS. APLICAÇÃO DA SÚMULA Nº 372, I, DO TST. PRINCÍPIO DA ESTABILIDADE FINANCEIRA.***

O exercício de cargo de confiança em períodos descontínuos, mas que perfizeram um período superior a dez anos, não afasta, por si só, o reconhecimento do direito à estabilidade financeira abraçada pela Súmula nº 372, I, do TST. Cabe ao julgador, diante do quadro fático delineado nos autos, decidir sobre a licitude da exclusão da gratificação de função percebida, à luz do princípio da estabilidade financeira. Assim, na hipótese, o fato de o empregado ter exercido funções distintas ao longo de doze anos, percebendo gratificações de valores variados, e ter um decurso de quase dois anos ininterruptos sem percepção de função, não afasta o direito à incorporação da gratificação. Com esse entendimento, a SBDI-I, por maioria, conheceu dos embargos, por divergência jurisprudencial, vencido o Ministro João Oreste Dalazen, e, no mérito, ainda por maioria, vencidos os Ministros Ives Gandra Martins Filho e Maria Cristina Peduzzi, deu provimento ao recurso para restabelecer amplamente a decisão do TRT, no particular. *TST-E-RR-124740-57.2003.5.01.0071, SBDI-I, rel. Min. Lelio Bentes Corrêa, 3.5.2012. (Informativo nº 7)*

▸ ***CEF. SUPRESSÃO DE GRATIFICAÇÃO DE FUNÇÃO. ADICIONAL COMPENSATÓRIO. NOVA GRATIFICAÇÃO. CUMULAÇÃO. IMPOSSIBILIDADE.***

Não é possível cumular o adicional compensatório, estipulado em norma interna da Caixa Econômica Federal (CEF) e pago em razão da supressão de gratificação de função exercida por mais de dez anos, com a gratificação correspondente ao desempenho de nova função de confiança, sendo devida tão somente a diferença entre o adicional e a gratificação atualmente percebida. Na hipótese, ressaltou-se que a acumulação, ao invés de assegurar o princípio da estabilidade econômica, geraria um "plus" em razão de sucessivas incorporações. Com esse entendimento, a SBDI-I, por unanimidade, conheceu dos embargos, por divergência jurisprudencial, e, no mérito, por maioria, negou-lhes provimento. Vencidos os Ministros Brito Pereira, relator, Alberto Luiz Bresciani de Fontan Pereira, José Roberto Freire Pimenta e Delaíde Miranda Arantes. *TST-E-ED-RR-65600-67.2008.5.07.0001, SBDI-I, rel. Min. Brito Pereira, red. p/ o acórdão Min. Luiz Philippe Vieira de Mello Filho. 28.2.2013 (Informativo nº 38)*

▸ ***COMPANHIA VALE DO RIO DOCE – CVRD. TRANSFORMAÇÃO DA VERBA DE REPRESENTAÇÃO EM GRATIFICAÇÃO DE FUNÇÃO. ALTERAÇÃO DA NATUREZA JURÍDICA DA PARCELA. REVOGAÇÃO PREJUDICIAL AO EMPREGADO. ILICITUDE.***

A revogação, pela Companhia Vale do Rio Doce – CVRD, do ato que conferiu natureza salarial àverba de representação e alterou sua denominação para gratificação de função, ainda que motivada pela suposta incompetência do Diretor Presidente da CVRD para proceder à transformação da aludida verba, não afeta negativamente os direitos dos empregados beneficiados pela modificação, visto que cabe ao empregador suportar os riscos das decisões administrativas de seus prepostos, conforme preceituam os arts. 2º e 10 da CLT. Assim, invocando o item I da Súmula nº 51 do TST e precedentes da Corte, a SBDI-I, por unanimidade, conheceu dos embargos, por divergência jurisprudencial, e, no mérito, negou-lhes provimento para manter a decisão da Turma que determinou a integração da verba nos limites da pretensão. *TST-E-RR-146900-68.1999.5.01.0022, SBDI-I, rel. Min. Dora Maria da Costa, 9.5.2013 (Informativo nº 46)*

6. SUSPENSÃO DO CONTRATO

6.1. DEPÓSITO DO FGTS

▸ *APOSENTADORIA POR INVALIDEZ DECORRENTE DE ACIDENTE DE TRABALHO. SUSPENSÃO DO CONTRATO DE TRABALHO. RECOLHIMENTO DO FGTS. INDEVIDO. ART. 15, § 5º, DA LEI Nº 8.036/90. NÃO INCIDÊNCIA.*

Tendo em conta que a aposentadoria por invalidez suspende o contrato de trabalho, conforme dicção do art. 475 da CLT, é indevido o recolhimento do FGTS no período em que o empregado estiver no gozo desse benefício previdenciário, ainda que o afastamento tenha decorrido de acidente de trabalho. Com esse entendimento, a SBDI-I, em sua composição plena, por maioria, negou provimento ao recurso de embargos, vencidos os Ministros Renato de Lacerda Paiva, Lelio Bentes Corrêa, José Roberto Freire Pimenta e Delaíde Miranda Arantes. Ressaltou o Ministro relator que o art. 15, § 5º, da Lei nº 8.036/90, ao determinar que a licença por acidente de trabalho será causa de interrupção do contrato de trabalho, com obrigatoriedade de recolhimento do FGTS, estabeleceu situação excepcional que não admite interpretação ampliativa para abarcar a aposentadoria por invalidez decorrente de acidente de trabalho. *TST-EE-DRR-133900-84.2009.5.03.0057, SBDI-I, rel. Min. Horácio Raymundo de Senna Pires, 24.5.2012. (Informativo nº 10)*

7. JORNADA DE TRABALHO

▸ *TRABALHO EM DOIS TURNOS DE OITO HORAS. AVANÇO EM HORÁRIO NOTURNO EM RAZÃO DO CUMPRIMENTO DE INTERVALO INTRAJORNADA. CONTRARIEDADE À ORIENTAÇÃO JURISPRUDENCIAL Nº 360 DA SBDI-I. CONFIGURAÇÃO.*

O trabalho realizado com alternância de horários em apenas dois turnos de oito horas, em que há o avanço no período noturno após as vinte e duas horas, decorrente do cumprimento do intervalo intrajornada legalmente assegurado, não descaracteriza o trabalho em regime de turnos ininterruptos de revezamento, de modo que ao trabalhador é assegurada a jornada especial de seis horas prevista no art. 7º, XIV, da CF. Com esse entendimento, a SBDI-I, por maioria, conheceu dos embargos do reclamante, por contrariedade à Orientação Jurisprudencial nº 360 da SBDI-I, e, no mérito, deu-lhes provimento para condenar a reclamada ao pagamento das horas extras decorrentes da caracterização do regime de turnos ininterruptos de revezamento. Vencidos os Ministros Ives Gandra Martins Filho, relator, Brito Pereira, Maria Cristina Irigoyen Peduzzi, Renato de Lacerda Paiva e Dora Maria da Costa. *TST-E-RR-59300-35.2004.5.02.0465, SBDI-I, rel. Min. Ives Gandra Martins Filho, red. p/ acórdão Min. Aloysio Corrêa da Veiga, 21.2.2013 (Informativo nº 37)*

▸ *CARTÕES DE PONTO SEM ASSINATURA. VALIDADE.*

A assinatura do empregado não é elemento essencial para a validade formal dos cartões de ponto. O art. 74, § 2º, da CLT não traz qualquer exigência no sentido de que os controles de frequência devam contar com a assinatura do trabalhador para serem reputados válidos. Ademais, no caso concreto, os horários consignados nos espelhos de ponto sem assinatura se assemelham queles consignados nos documentos assinados trazidos à colação pela reclamada e que contam com a chancela do reclamante, não havendo nos autos qualquer elemento que aponte para existência de fraude a justificar a declaração de invalidade dos referidos registros de ponto. Com esse entendimento, a SBDI-I, por maioria, conheceu dos embargos interpostos pela reclamada, no tópico, por divergência jurisprudencial, e, no mérito, deu-lhes provimento para restabelecer a decisão do Regional que, ao validar os espelhos de ponto não assinados pelo reclamante, indeferiu o pedido de pagamento de horas extras diante da ausência de prova do labor extraordinário. Vencido o Ministro Alexandre Agra Belmonte, relator. *TST-E-ED-RR-893-14.2011.5.05.0463, SBDI-I, rel. Min. Alexandre Agra Belmonte, red. p/ acórdão Min. Renato de Lacerda Paiva, 16.10.2014 (Informativo nº 92)*

7.1. HORA IN ITINERE

▸ *AÇÃO ANULATÓRIA. ACORDO COLETIVO DE TRABALHO. HORAS IN ITINERE. CLÁUSULA QUE ESTABELECE QUITAÇÃO GERAL E INDISCRIMINADA. PERÍODO ANTERIOR À VIGÊNCIA. IMPOSSIBILIDADE.*

A SDC, por unanimidade, deu provimento a recurso ordinário em ação anulatória para declarar a nulidade de cláusula de acordo coletivo de trabalho que previa a quitação geral e indiscriminada de horas in itinere relativas a todo o período anterior à vigência da norma. Esclareceu o Ministro relator que, no caso, não houve estabelecimento de qualquer contrapartida aos trabalhadores, o que equivale à renúncia aos salários correspondentes ao tempo à disposição do empregador, em contraste com os arts. 9º, 58, § 2º, e 444 da CLT. Ademais, cláusulas que transacionam direitos referentes a lapso temporal anterior à sua vigência são ineficazes, ante o disposto no art. 614, § 3º, da CLT e na Súmula nº 277 do TST, restando claro que a referida cláusula foi instituída com o intuito de liberar a empresa do pagamento de eventuais débitos a título de horas de percurso que possam vir a ser apurados em reclamações trabalhistas, inibindo, portanto, o acesso dos empregados ao Poder Judiciário. *TST-RO-22700-15.2010.5.03.0000, SDC, rel. Min. Fernando Eizo Ono, 15.5.2012. (Informativo nº 8)*

▸ ***HORAS IN ITINERE. NORMA COLETIVA QUE FIXA O NÚMERO DE HORAS A SEREM PAGAS EM QUANTIDADE MUITO INFERIOR AO TEMPO GASTO NO TRAJETO. INVALIDADE.***

Em regra, é válida a norma coletiva que estabelece um tempo fixo diário a ser pago a título de horas in itinere (art. 7º, XXVI, da CF). Todavia, o tempo ajustado deve guardar proporcionalidade com o tempo efetivamente gasto nos deslocamentos, a fim de não configurar subversão ao direito à livre negociação coletiva e verdadeira renúncia a direito garantido por lei (art. 58, § 2º, da CLT), resultando em prejuízo ao empregado. In casu, foi ajustado o pagamento de uma hora diária, a despeito de o tempo efetivamente gasto nos percursos de ida e volta ao trabalho ser de duas horas e quinze minutos. Com esse entendimento, a SBDI-I, em sua composição plena, por unanimidade, conheceu do recurso de embargos, por divergência jurisprudencial, e, no mérito, por maioria, deu-lhe provimento para restabelecer o acórdão do TRT que condenara a empresa ao pagamento, como extras, de duas horas e quinze minutos diários a título de horas in itinere e reflexos. Vencidos os Ministros Maria Cristina Irigoyen Peduzzi, João Oreste Dalazen, Antonio José de Barros Levenhagen, Ives Gandra da Silva Martins Filho, Brito Pereira e Dora Maria da Costa. *TST-E-RR-470-29.2010.5.09.0091, SBDI-I, rel. Min. Renato de Lacerda Paiva, 24.5.2012. (Informativo nº 10)*

▸ ***HORAS "IN ITINERE". BASE DE CÁLCULO. FIXAÇÃO POR MEIO DE NORMA COLETIVA. IMPOSSIBILIDADE.***

É inválida a norma coletiva que estabelece o salário normativo como base de cálculo das horas "in itinere", porquanto as horas de percurso possuem a mesma natureza das horas extras, devendo ser calculadas como tal. Com esse entendimento, a SBDI-I, por unanimidade, conheceu dos embargos, por divergência jurisprudencial e, no mérito, por maioria, negou-lhes provimento. Vencidos os Ministros Ives Gandra Martins Filho, relator, Aloysio Corrêa da Veiga, Dora Maria da Costa e Maria Cristina Irigoyen Peduzzi. *TST-E-ED-RR-135000-41.2008.5.15.0036. SBDI-I, rel. Min. Ives Gandra Martins Filho, red. p/ acórdão Min. Luiz Philippe Vieira de Mello Filho, 18.10.2012 (Informativo nº 26)*

7.2. SOBREAVISO

▸ ***MOTORISTA DE CAMINHÃO. PERNOITE NO VEÍCULO. SOBREAVISO OU TEMPO À DISPOSIÇÃO DO EMPREGADOR. NÃO CARACTERIZAÇÃO.***

O pernoite de motorista no interior de caminhão, por contingência das condições de trabalho e sem expectativa de convocação, não configura tempo de sobreaviso ou à disposição do empregador. No caso, não houve prova de que o empregado permanecia no caminhão aguardando chamado para o trabalho. Assim, a SBDI-I, por unanimidade, conheceu do recurso de embargos, por divergência jurisprudencial, e, no mérito, negou-lhe provimento, mantendo decisão do Regional que não reconhecera o direito às horas de sobreaviso a motorista de longas distâncias que dormia na boleia do caminhão. TST-E-RR-196-39.2013.5.09.0195, SBDI-I, rel. Min. Renato de Lacerda Paiva, 4.5.2017 (Informativo nº 158).

▸ ***REGIME DE SOBREAVISO. CARACTERIZAÇÃO. USO DO APARELHO CELULAR. SUBMISSÃO À ESCALA DE ATENDIMENTO.***

Na hipótese em que o acórdão turmário, ao transcrever a decisão do Regional, consigna que, no caso, restou caracterizado o regime de sobreaviso, em razão não apenas da utilização do uso do aparelho celular, mas pela constatação de que o empregado permanecia efetivamente à disposição do empregador fora do horário normal de trabalho, pela submissão à escala de atendimento, a SBDI-I, por maioria, não conheceu do recurso de embargos, não vislumbrando contrariedade à Súmula nº 428 do TST, vencido o Ministro Ives Gandra Martins Filho, relator. In casu, ressaltou-se também o fato de ter havido confissão do preposto quanto ao estabelecimento do regime de sobreaviso e ao pagamento das horas, ainda que a menor, conforme apurado pelas provas trazidas aos autos. *TST-E-ED-RR-3843800-92.2009.5.09.0651, SBDI-I, rel. Min. Ives Gandra Martins Filho, red. p/ acórdão Min. José Roberto Freire Pimenta, 23.8.2012. (Informativo nº 19)*

▸ ***REGIME DE SOBREAVISO E PRONTIDÃO. ART. 244, §§ 2º E 3º, DA CLT. HORAS EXCEDENTES AO LIMITE MÁXIMO ESTABELECIDO EM LEI. PAGAMENTO COMO HORAS EXTRAORDINÁRIAS. IMPOSSIBILIDADE. AUSÊNCIA DE PREVISÃO.***

Não há previsão legal para o pagamento, como extraordinárias, das horas de sobreaviso e de prontidão que excedam os limites previstos no art. 244, §§ 2º e 3º, da CLT, de modo que, havendo o descumprimento da duração máxima estabelecida em lei, o empregador se sujeita tão somente a sanções administrativas, na forma do art. 626 e seguintes da CLT. Com esse entendimento, a SBDI-I, em sua composição plena, decidiu, por unanimidade, conhecer dos embargos interpostos pelo reclamante e, no mérito, pelo voto prevalente da Presidência, negar-lhes provimento. Vencidos os Ministros Augusto César Leite de Carvalho, relator, Lelio Bentes Corrêa, Luiz Philippe Vieira de Mello Filho, Márcio Eurico Vitral Amaro, José Roberto Freira Pimenta, Hugo Carlos Scheuermann e Alexandre Agra Belmonte, que proviam os embargos para restabelecer o acórdão do Regional ao fundamento de que a extrapolação da jornada máxima das escalas de sobreaviso e de prontidão deve ser remunerada como serviço extraordinário, incidindo o respectivo adicional, porquanto o empregado, ainda que esteja apenas aguardando ordens, mantém a sua energia de trabalho à disposição do empregador. *TST-E-ED-RR-172440-31.2004.5.18.0003, SBDI-I, rel. Min. Augusto César Leite de Carvalho, red. p/ acórdão Min. Maria Cristina Irigoyen Peduzzi, 21.8.2014 (Informativo nº 87)*

7.3. TURNOS ININTERRUPTOS DE REVEZAMENTO

▸ ***REGIME 12X36 E TURNOS ININTERRUPTOS DE REVEZAMENTO. ALTERNÂNCIA. INVALIDADE DA NORMA COLETIVA. CONTRARIEDADE À SÚMULA Nº 423 DO TST. HORAS EXTRAS. DEVIDAS.***

Conforme disciplina a Súmula nº 423 do TST, a prorrogação da jornada em turnos ininterruptos de revezamento somente é possível até o limite de oito horas diárias. Assim sendo, contraria o referido verbete a decisão que considera válidos os instrumentos coletivos que, alternando o regime de 12x36 com os turnos ininterruptos de revezamento, estabeleceram escala de 4 tempos, com jornada de 7h às 19h em dois dias da semana, 19h às 7h, em dois dias, folgando o empregado, além do dia no qual deixou o trabalho, mais 3 dias. Com base nessas premissas, a SBDI-I, à unanimidade, conheceu do recurso de embargos do reclamante, por contrariedade à Súmula nº 423 do TST, e, no mérito, deu-lhe provimento para julgar procedente o pedido de condenação em horas extraordinárias e reflexos a partir da 9ª hora laborada. *TST-E-ED-RR-174500-06.2009.5.03.0007, SBDI-I, rel. Min. Augusto César Leite de Carvalho, 18.9.2014(Informativo nº 90 do TST)*

▸ ***TURNOS ININTERRUPTOS DE REVEZAMENTO. REGIME DE 4X2. NORMA COLETIVA. FIXAÇÃO DE JORNADA SUPERIOR A OITO HORAS. INVALIDADE.***

A extrapolação habitual da jornada de oito horas, ajustada por negociação coletiva para o trabalho realizado em turnos ininterruptos de revezamento no regime de 4x2, invalida o ajuste, por frustrar a proteção constitucional prevista no art. 7º, XIV, da CF, além de ofender os princípios de proteção da dignidade da pessoa humana e dos valores sociais do trabalho. Assim, uma vez que a norma coletiva não produz efeitos jurídicos, aplica-se ao caso concreto a jornada de seis horas, devendo o período excedente à sexta hora ser pago como extra. Com esse entendimento, a SBDI-I, por unanimidade, negou provimento ao agravo regimental interposto pelo reclamado visando reformar decisão que denegara seguimento aos embargos por não vislumbrar divergência jurisprudencial específica, nem contrariedade à Súmula nº 423 do TST. *TST-Ag-E-ED-RR-97300- 08.2011.5.17.0121, SBDI-I, rel. Min. João Oreste Dalazen, 26.2.2015 (Informativo nº 100)*

▸ ***TURNOS ININTERRUPTOS DE REVEZAMENTO. NORMA COLETIVA. FIXAÇÃO DA JORNADA DE TRABALHO EM 8 HORAS DIÁRIAS. INTERVALO INTRAJORNADA PARCIALMENTE CONCEDIDO. SÚMULA Nº 423 DO TST.***

Nos termos da Súmula nº 423 do Tribunal Superior do Trabalho, é válida a norma coletiva que fixa a jornada de oito horas diárias para o trabalho em turnos ininterruptos de revezamento quando extrapolada a jornada pelo descumprimento do intervalo intrajornada. A não concessão, parcial ou integral, do intervalo mínimo para refeição implica o pagamento do total correspondente, com acréscimo de, no mínimo, 50% do valor da remuneração da hora normal de trabalho, mas não torna essa hora ficta equivalente à hora extraordinária, tampouco invalida a jornada de oito horas pactuada. Sob esses fundamentos, a SBDI-I, por maioria, negou provimento ao agravo regimental, vencidos os Ministros Alexandre de Souza Agra Belmonte, relator, Augusto César Leite de Carvalho, José Roberto Freire Pimenta e Hugo Carlos Scheuermann. *TST-AgR-E-ED-RR-423– 68.2012.5.15.0107, SBDI-I, red. Min. Cláudio Mascarenhas Brandão, 25.6.2015. (Informativo nº 112)*

7.4. TRABALHO EXTRAORDINÁRIO

7.4.1. PAGAMENTO EM VALOR FIXO MENSAL

▸ ***HORAS EXTRAS. FIXAÇÃO EM NORMA COLETIVA. IMPOSSIBILIDADE. PREJUÍZO AO EMPREGADO.***

A fixação das horas extras pagas mensalmente ao empregado, mediante negociação coletiva, afronta o direito à percepção integral das horas efetivamente trabalhadas em sobrejornada, causando prejuízo ao trabalhador. Com base nesse entendimento, a SBDI-I, por unanimidade, conheceu dos embargos, por divergência jurisprudencial e, no mérito, deu-lhes provimento para declarar inválida a cláusula normativa que prevê o pagamento de horas extras de forma fixa, vencidos os Ministros Ives Gandra Martins Filho, Brito Pereira e Maria Cristina Irigoyen Peduzzi. Na espécie, a Turma manteve o acórdão do Regional que havia concluído pela validade da norma coletiva que fixou o pagamento de sessenta horas extras mensais, porquanto atendia às peculiaridades dos motoristas da empresa acordante, remunerando satisfatoriamente as eventuais horas extras prestadas durante os longos intervalos intrajornada a que eram submetidos, o que acabava por desdobrar a jornada em três períodos, sem caracterizar, porém, tempo à disposição do empregador. *TST-ERR-1219 – 71.2010.5.18.0131, SBDI-I, Min. Horácio Raymundo de Senna Pires, 30.8.2012. (Informativo nº 20)*

8. PERÍODOS DE DESCANSO

8.1. INTERVALO INTRAJORNADA

▸ ***TRABALHADOR RURAL. INTERVALO INTRAJORNADA. FRACIONAMENTO. POSSIBILIDADE. ART. 5º DA LEI Nº 5.889/73. USOS E COSTUMES REGIONAIS.***

Não há vedação para a concessão, de forma fracionada, do intervalo intrajornada estabelecido no art. 5º da Lei nº 5.889/73, pois o referido dispositivo de lei estabelece que a concessão do período destinado ao repouso e à alimentação do trabalhador rural observará os usos e os costumes da região. Assim, na hipótese em que a reclamada concedia ao reclamante um intervalo para o almoço e outro, de 30 minutos, para o café, em consonância com o costume do meio rural, não há falar em cômputo deste último intervalo na jornada de trabalho.

Sob esses fundamentos, a SBDI-I, por unanimidade, conheceu do recurso de embargos, por divergência jurisprudencial, e, no mérito, deulhe provimento para excluir da condenação a determinação de que o intervalo de 30 minutos para café seja computado na jornada de trabalho do reclamante, e, consequentemente, as horas extras e reflexos legais deferidos a esse título. TST-E-RR-932-60.2010.5.09.0325, SBDI-I, rel. Min. Renato de Lacerda Paiva, 4.5.2017 (Informativo nº 158).

▸ *INTERVALO INTRAJORNADA. REDUÇÃO. HORAS EXTRAS. NORMA COLETIVA. PERCENTUAL SUPERIOR AO PREVISTO NO ART. 71, § 4º, DA CLT. PREVALÊNCIA.*

Havendo norma coletiva assegurando a remuneração das horas extras em percentual superior ao previsto no art. 71, § 4ª, da CLT, esse adicional deverá ser utilizado para o pagamento das horas suplementares decorrentes da redução do intervalo intrajornada, ainda que não consignado expressamente nos autos a porcentagem acordada. Nessa esteira, a SBDI-I, por maioria, vencidos os Ministros Maria Cristina Irigoyen Peduzzi, Brito Pereira, Horácio Raymundo de Senna Pires e os Desembargadores Convocados Sebastião Geraldo de Oliveira e Hugo Carlos Scheuermann, conheceu do recurso de embargos, no tópico, por violação do art. 896 da CLT, ante a má aplicação da Súmula nº 126 do TST e, no mérito, deu-lhe provimento para restabelecer a sentença em que fora determinado o cômputo da parcela devida pela redução do intervalo intrajornada com base no percentual previsto na norma coletiva para o cálculo das horas extras. Na espécie, a decisão turmária apontara o óbice da Súmula nº 126 do TST, uma vez que o TRT de origem, apesar de ter consignado a existência de percentual mais vantajoso em norma coletiva, não registrou expressamente esse valor. A Subseção, porém, entendeu que a matéria se restringe ao enquadramento jurídico da incidência, ou não, do percentual normativo em detrimento da previsão legal, razão pela qual, confirmada a existência de adicional mais vantajoso tanto pelo TRT quanto pela Turma, a ausência de registro da porcentagem estabelecida em instrumento coletivo não é dado imprescindível à solução da controvérsia *TST-E-ED-RR-21300-73.2005.5.04.0012, SBDI-I, rel. Min. Augusto César Leite de Carvalho,16.8.2012. (Informativo nº 18)*

▸ *INTERVALO INTRAJORNADA DE 15 MINUTOS. CONCESSÃO AO FINAL DA JORNADA. PREVISÃO EM INSTRUMENTO COLETIVO. INVALIDADE. ART. 71, § 1º, DA CLT. NORMA COGENTE.*

É inválida cláusula de instrumento coletivo que prevê a concessão do intervalo intrajornada de 15 minutos apenas ao final da jornada, antecipando o seu final e permitindo ao empregado chegar mais cedo em casa. A previsão contida no § 1º do art. 71 da CLT é norma cogente que tutela a higiene, a saúde e a segurança do trabalho, insuscetível, portanto, à negociação. Ademais, a concessão do intervalo apenas ao final da jornada não atende à finalidade da norma, que é a de reparar o desgaste físico e intelectual do trabalhador durante a prestação de serviços, sobretudo quando se trata de atividade extenuante, como a executada pelos trabalhadores portuários. Com esse entendimento, a SBDI-I, por unanimidade, conheceu dos embargos, por divergência jurisprudencial, e, no mérito,por maioria, negou-lhes provimento, confirmando a decisão do Regional que condenou o reclamado ao pagamento de 15 minutos diários, como extras, referentes ao intervalo intrajornada não usufruído, com os reflexos postulados. Vencidos os Ministros Aloysio Corrêa da Veiga, Ives Gandra Martins Filho e Maria Cristina Irigoyen Peduzzi. *TST-ERR-126-56.2011.5.04.0122, SBDII, rel. Augusto César Leite de Carvalho, 14.2.2013 (Informativo nº 36)*

▸ *MAQUINISTA DA CATEGORIA "C". INTERVALO INTRAJORNADA. COMPATIBILIDADE ENTRE OS ARTS. 71, § 4º E 238, § 5º, AMBOS DA CLT. PAGAMENTO DO INTERVALO NÃO CONCEDIDO COMO HORAS EXTRAS.*

O intervalo intrajornada de que trata o art. 71 da CLT, por ser norma de ordem pública, constituindo-se em medida de higiene, saúde e segurança, deve ser concedido a todos os trabalhadores, inclusive ao maquinista da categoria "C". Assim, não se pode excluir dessa categoria o direito ao pagamento, como horas extras, do intervalo não concedido, havendo total compatibilidade entre os arts. 71, § 4º e 238, § 5º, ambos da CLT. Com esse entendimento, a SBDII, em sua composição plena, conheceu dos embargos da reclamada, por divergência jurisprudencial, e, no mérito, por maioria, negou-lhes provimento. Vencidos os Ministros Maria Cristina Irigoyen Peduzzi, relatora, Ives Gandra Martins Filho, Brito Pereira, Renato de Lacerda Paiva e Dora Maria da Costa. *TST-E-ED-RR-65200-84.2007.5.03.0038, SBDI-I, rel. Min. Maria Cristina Irigoyen Peduzzi, red. p/ acórdão Min. Aloysio Corrêa da Veiga, 18.4.2013 (Informativo nº 43)*

▸ *INTERVALO INTRAJORNADA. EXCESSO DE JORNADA. PERÍODO ANTERIOR À LEI N.º 8.923/94 (§ 4º NO ART. 71 DA CLT). HORAS EXTRAS DEVIDAS.*

Anteriormente à edição da Lei n.º 8.923/94 (que incluiu o § 4º no art. 71 da CLT), o desrespeito ao intervalo mínimo entre dois turnos de trabalho, sem importar em excesso na jornada efetivamente trabalhada, caracterizava mera infração sujeita à penalidade administrativa, não ensejando direito a qualquer ressarcimento ao empregado (Súmula nº 88, já cancelada). Todavia, o excesso na jornada efetivamente trabalhada garante o direito ao pagamento de horas extras, mesmo em relação a período anterior à edição daquela lei. Em outras palavras, a Súmula nº 88 do TST previa que o descumprimento do intervalo intrajornada antes da vigência da Lei nº 8.923/94 somente não ensejava o pagamento de horas extraordinárias nas hipóteses em que observada a jornada de trabalho do empregado, ou seja, quando o trabalho ocorria de forma contínua, sem interrupção para descanso e refeição, e não havia elastecimento da jornada normal. Com esse entendimento, a SBDII, por maioria, não conheceu dos embargos interpostos pela reclamada. Vencidos os Ministros Brito Pereira, relator, e Márcio Eurico Vitral Amaro, que davam provimento ao recurso para limitar a condenação relativa às horas extras decorrentes da concessão parcial do intervalo intrajornada ao período posterior à vigência da Lei nº 8.923/94. *TST-E-ED-ED-RR-672543-25.2000.5.17.0006, SBDI-I, rel. Min. Brito Pereira, red. p/ acórdão Min. Lelio Bentes Corrêa, 18.12.2014. (Informativo nº 98)*

8.2. FERIADOS – TRABALHO NO COMÉRCIO EM GERAL

▸ ***AÇÃO ANULATÓRIA. TRABALHO EM FERIADOS NO COMÉRCIO EM GERAL. AUTORIZAÇÃO EM ACORDO COLETIVO. IMPOSSIBILIDADE. EXIGÊNCIA DE PREVISÃO EM CONVENÇÃO COLETIVA. ART. 6º-A DA LEI Nº 10.101/00.***

Nos termos do art. 6º-A da Lei nº 10.101/00, conforme alteração introduzida pela Lei nº 11.603/07, o trabalho no comércio em geral em feriados é possível tão somente mediante autorização firmada em convenção coletiva de trabalho, ou seja, negociação ajustada entre os sindicatos representativos das categorias econômica e profissional. Trata-se de dispositivo de interpretação restritiva que, fundada no princípio da proteção ao trabalho, não pode ser alargada para abarcar as autorizações concedidas em sede de acordo coletivo. Assim, a SDC, por unanimidade, deu provimento ao recurso ordinário do Sindicato do Comércio Varejista de Itapetininga para, julgando parcialmente procedente a ação anulatória, declarar a nulidade da cláusula quadragésima quarta (calendário de funcionamento do comércio em datas especiais) do ACT 2009/2010, firmado entre o réu e a empresa Arthur Lundgren Tecidos S.A. – Casas Pernambucanas, e da cláusula quadragésima terceira (calendário de funcionamento do comércio em datas especiais) do ACT 2009/2010, firmado entre o réu e a empresa Cofesa – Comercial Ferreira Santos Ltda. *TST-RO-13955-13.2010.5.15.0000, SDC, rel. Min. Kátia Magalhães Arruda, 13.8.2012. (Informativo nº 17)*

▸ ***AÇÃO CIVIL PÚBLICA. COMÉRCIO VAREJISTA. TRABALHO AOS DOMINGOS E FERIADOS. PERÍODO ANTERIOR A 9 DE NOVEMBRO DE 1997. NECESSIDADE DE AJUSTE EM NORMA COLETIVA.***

Mesmo no período anterior a 9 de novembro de 1997, a que se refere o parágrafo único do art. 6º da edição nº 36 da MP nº 1539, convertida na Lei nº 10.101/00, posteriormente alterada pela Lei nº 11.603/07, fazia-se necessário o ajuste em norma coletiva autorizando o trabalho aos domingos e feriados no comércio varejista. Com base nessa premissa, a SBDI-I, por maioria, conheceu dos embargos e, no mérito, deu-lhes provimento para julgar procedente o pedido formulado na ação civil pública, determinando aos réus que se abstenham de exigir de seus empregados labor em domingos e feriados sem o amparo de norma coletiva. Vencidos os Ministros Maria Cristina Irigoyen Peduzzi, relatora, Milton de Moura França, Ives Gandra da Silva Martins Filho e Renato de Lacerda Paiva. *TST-E-ED-RR-89600-90.2002.5.08.0009, SBDI-I, rel. Min. Maria Cristina Irigoyen Peduzzi, red. p/ acórdão Min. Brito Pereira, 16.2.2012. (Informativo nº 1)*

8.3. FÉRIAS

▸ ***TERÇO CONSTITUCIONAL. ART. 7º, XVII, DA CF. FÉRIAS NÃO USUFRUÍDAS EM RAZÃO DE CONCESSÃO DE LICENÇA REMUNERADA SUPERIOR A 30 DIAS. ART. 133, II, DA CLT. DEVIDO.***

O empregado que perdeu o direito às férias em razão da concessão, durante o período aquisitivo, de licença remunerada por período superior a trinta dias, nos termos do art. 133, II, da CLT, faz jus à percepção do terço constitucional (art. 7º, XVII, da CF). À época em que editado o Decreto-lei nº 1.535/77, que conferiu nova redação ao art. 133 da CLT, vigia a Constituição anterior, que assegurava ao trabalhador apenas o direito às férias anuais remuneradas, sem o respectivo adicional, de modo que o referido dispositivo consolidado não tem o condão de retirar direito criado após a sua edição. Ademais, na espécie, a referida licença não decorreu de requerimento do empregado, mas de paralisação das atividades da empresa por força de interdição judicial, razão pela qual a não percepção do terço constitucional também implicaria em transferir os riscos da atividade econômica ao trabalhador, impondo-lhe prejuízo inaceitável. Com esse entendimento, a SBDI-I, em sua composição plena, por maioria, deu provimento aos embargos para acrescer à condenação o pagamento do adicional de 1/3 das férias, previsto no art. 7º, XVII, da CF, atinente aos períodos em que o autor foi afastado em razão de gozo de licença remunerada, observada a prescrição pronunciada. Vencidos os Ministros Maria Cristina Peduzzi, João Oreste Dalazen, Brito Pereira, Lelio Bentes Corrêa e Dora Maria da Costa. *TST-E-RR-42700-67.2002.5.02.0251, SBDI-I, rel. Min. Rosa Maria Weber, 24.5.2012. (Informativo nº 10)*

▸ ***FÉRIAS. FRACIONAMENTO. INEXISTÊNCIA DE SITUAÇÃO EXCEPCIONAL. PAGAMENTO EM DOBRO. DEVIDO.***

O objetivo do art. 134, *caput* e § 1º, da CLT, ao estabelecer que as férias devem ser concedidas em um só período e que somente em situações excepcionais é possível o seu parcelamento, é permitir ao trabalhador a reposição de sua energia física e mental após longo período de prestação de serviços. Nesse contexto, resulta irregular o fracionamento de férias sem a existência de circunstância excepcional que o justifique, dando ensejo ao pagamento das férias em dobro. Com esse entendimento, a SBDI-I, por unanimidade, conheceu dos embargos por divergência jurisprudencial e, no mérito, negou-lhes provimento. *TST-E-RR-6500-92.2008.5.04.0381, SBDI-I, rel. Min. Augusto César Leite de Carvalho, 31.5.2012. (Informativo nº 11)*

9. REMUNERAÇÃO

▸ ***REMUNERAÇÃO DO EMPREGO PÚBLICO. PROVENTOS DE APOSENTADORIA RECEBIDOS PELO REGIME GERAL DA PREVIDÊNCIA SOCIAL. ACUMULAÇÃO. POSSIBILIDADE.***

A vedação de acumulação de proventos de aposentadoria com a remuneração de cargo, emprego ou função pública, descrita no art. 37, § 10, da CF, destina-se apenas aos servidores sujeitos a regime especial de previdência, a exemplo dos titulares de cargo efetivo da União, dos Estados, do Distrito Federal e dos Municípios, incluídas as suas autarquias e fundações, não alcançando os empregados públicos que percebem proventos de aposentadoria pelo regime geral da previdência social, nos termos do art. 201, § 7º, da CF. Assim, a SBDI-I, por unanimidade, conheceu dos embargos por divergência jurisprudencial e, no mérito, negou-lhes provimento. *TST-E-RR-366000-19.2009.5.12.0038, SBDI-I, rel. Min. Aloysio Corrêa da Veiga, 16.8.2012 (Informativo nº 18)*

▸ *CESTA BÁSICA. EXCLUSÃO DE EMPREGADOS EM CONTRATO DE EXPERIÊNCIA. IMPOSSIBILIDADE.*

A exclusão dos trabalhadores em contrato de experiência do pagamento de cesta básica não se coaduna com o princípio consagrado pelo art. 3º, IV, parte final, da Constituição da República, que veda qualquer forma de discriminação na promoção do bem de todos. Com base nesse entendimento, a SDC, por unanimidade, deu parcial provimento ao recurso ordinário do sindicato da categoria profissional, suscitante do dissídio de natureza econômica, para deferir a "Cláusula Oitava – Cesta básica" conforme a redação proposta pelo sindicato suscitado, porém incluindo os empregados em contrato de experiência. *TST-RO-20260-19.2010.5.04.0000, SDC, Min. Kátia Magalhães Arruda, 9.10.2012 (Informativo nº 25)*

▸ *CEF. AUXÍLIO-ALIMENTAÇÃO. ADESÃO AO PAT. MODIFICAÇÃO DA NATUREZA JURÍDICA. EMPREGADOS QUE CONTINUARAM A TRABALHAR E A RECEBER A PARCELA. PRETENSÃO DE PAGAMENTO DAS DIFERENÇAS DECORRENTES DA NÃO INCORPORAÇÃO ÀS DEMAIS VERBAS DE NATUREZA SALARIAL. PRESCRIÇÃO PARCIAL.*

Na hipótese em que não obstante a transformação da natureza jurídica do auxílio-alimentação de salarial para indenizatória, em razão da adesão da Caixa Econômica Federal (CEF) ao Programa de Alimentação do Trabalhador (PAT), os reclamantes continuaram a trabalhar e a receber o referido auxílio, aplica-se a prescrição parcial quinquenal à pretensão de pagamento de diferenças decorrentes da não integração da parcela às demais verbas de natureza salarial. Não se trata de alteração do pactuado, mas de não reconhecimento da natureza salarial do auxílio-alimentação, nos termos do art. 458 da CLT, lesão que se renova mês a mês. Com esse entendimento, a SBDI-I, em sua composição plena, conheceu de embargos, por divergência jurisprudencial, e, no mérito, por maioria, deu-lhes provimento para, afastada a prescrição total, determinar o retorno dos autos à Turma de origem, a fim de dar prosseguimento ao julgamento do recurso de revista da reclamada, como entender de direito. Vencidos os Ministros Ives Gandra Martins Filho, Carlos Alberto Reis de Paula, Antônio José de Barros Levenhagen, Brito Pereira, Renato de Lacerda Paiva e Dora Maria da Costa. *TST-E-RR-72400-51.2008.5.19.0010, SBDI-I, rel. Min. Augusto César Leite de Carvalho, 18.4.2013 (Informativo nº 43)*

▸ *GORJETAS. CLÁUSULA DE ACORDO COLETIVO QUE PREVÊ A RETENÇÃO E O RATEIO DE PARTE DOS VALORES ARRECADADOS. INVALIDADE. ART. 457 DA CLT E SÚMULA Nº 354 DO TST.*

É invalida cláusula de acordo coletivo que autoriza a retenção de parte do valor das gorjetas para fins de indenização e ressarcimento das despesas e benefícios inerentes à introdução do próprio sistema de taxa de serviço, bem como para contemplar o sindicato da categoria profissional, principalmente quando constatado que a retenção atinge mais de um terço do respectivo valor. De outra sorte, nos termos do art. 457 da CLT e da Súmula nº 354 do TST, as gorjetas, ainda que não integrem o salário, constituem acréscimo remuneratório e configuram contraprestação paga diretamente pelo cliente, não podendo ter outro destino que não o próprio empregado. Com esse entendimento, a SBDI-I, por unanimidade, conheceu dos embargos interpostos pelo reclamado, por divergência jurisprudencial e, no mérito, negou-lhe provimento. *TST-E-ED-RR-139400-03.2009.5.05.0017, SBDI-I, rel. Min. Márcio Eurico Vitral Amaro, 13.11.2014 (Informativo nº 95)*

▸ *DIÁRIAS DE VIAGEM. DEPÓSITO EM CONTA CORRENTE. PRESTAÇÃO DE CONTAS. SÚMULA Nº 101 DO TST. NÃO INCIDÊNCIA.*

A Súmula nº 101 do TST, ao tratar da natureza jurídica das diárias de viagem, não abordou a premissa fática registrada no acórdão do TRT, segundo a qual o reclamante "recebia diárias em razão dos deslocamentos, mediante depósito em conta corrente" e "prestava contas dos gastos efetivos para pagamento das diárias". Assim, a SBDI-I, por unanimidade, conheceu dos embargos interpostos pela reclamada por contrariedade à Súmula nº 101 do TST (má aplicação), e, no mérito, deu-lhes provimento para determinar o retorno dos autos à Turma de origem a fim de que, afastado o conhecimento do recurso de revista adesivo do autor por aplicação da súmula em questão, prossiga no julgamento do recurso como entender de direito. *TST-E-ED-RR-489900-35.2003.5.09.0005, SBDI-I, rel. Min. Renato de Lacerda Paiva, 19.3.2015 (Informativo nº 102)*

▸ *SALÁRIO-SUBSTITUIÇÃO. SUBSTITUIÇÃO APENAS DE PARTE DAS ATRIBUIÇÕES DO SUBSTITUÍDO. PAGAMENTO DE FORMA PROPORCIONAL ÀS ATIVIDADES SUBSTITUÍDAS. APURAÇÃO EM LIQUIDAÇÃO DE SENTENÇA.*

Consoante entendimento consagrado na Súmula 159, I, do TST, o empregado substituto faz jus ao salário do substituído, enquanto perdurar a substituição que não tenha caráter meramente eventual, inclusive nas férias. Nos casos em que a substituição for parcial, ou seja, não abarcar todas as atividades e responsabilidades do substituído, o valor do salário-substituição poderá se dar proporcionalmente às tarefas desempenhadas. Na hipótese dos autos, o substituído era responsável pela segurança da empresa em toda região metropolitana de Belo Horizonte, enquanto o substituto assumiu as atribuições do supervisor apenas na cidade de Betim. Assim, adotando esse entendimento, a SBDI-I, no ponto, conheceu dos embargos da reclamada, por divergência jurisprudencial, e, no mérito, por maioria, deu-lhes provimento parcial para limitar a condenação das diferenças salariais em virtude de substituição do supervisor, em suas férias, de forma proporcional às atividades substituídas, a ser apurado em liquidação da sentença. Vencido o Ministro Aloysio Corrêa da Veiga. *TST-E-ED-RR-66600-35.2008.5.03.0027, SBDI-I, rel. Min. Dora Maria da Costa, 14.5.2015 (Informativo nº 107)*

9.1. SALÁRIO COMPLESSIVO

▸ *HORAS EXTRAS E DIÁRIAS DE VIAGENS. PAGAMENTO INCORPORADO ÀS COMISSÕES POR MEIO DE NORMA COLETIVA. IMPOSSIBILIDADE. SALÁRIO COMPLESSIVO. CONFIGURAÇÃO. SÚMULA Nº 91 DO TST.*

A inclusão das verbas denominadas horas extras e diárias de viagens no valor a ser pago ao trabalhador a título de comissões, ainda que prevista em instrumento coletivo, caracteriza salário complessivo, conduzindo à nulidade da avença, a teor da Súmula nº 91 do TST. Entendeu o Ministro redator que, na hipótese, há necessidade do pagamento destacado das parcelas, a fim de assegurar ao empregado que presta serviços à empresa de transporte rodoviário e, portanto, se submete a constantes viagens e de duração variada, o conhecimento e o controle do que lhe é pago. Com base nesse entendimento, a SBDI-I, por unanimidade, conheceu do recurso de embargos, por divergência jurisprudencial, e, no mérito, por maioria, deu-lhe provimento para, reformando a decisão embargada, determinar o retorno dos autos à Vara do Trabalho de origem, a fim de que examine os pedidos relativos às diárias de viagem e às horas extraordinárias, afastada a incidência da cláusula normativa que prevê a sua quitação por força do pagamento das comissões. Vencidos os Ministros Renato de Lacerda Paiva, relator, Ives Gandra Martins Filho, Brito Pereira, Maria Cristina Irigoyen Peduzzi e Dora Maria da Costa. *TST-E-ED-RR-200-35.2006.5.09.0094, SBDI-I, rel. Min. Renato de Lacerda Paiva, red. p/ acórdão Min. Lelio Bentes Côrrea, 16.8.2012. (Informativo nº 18)*

▸ *TÍQUETE-ALIMENTAÇÃO. VALORES DIFERENCIADOS. PREVISÃO EM NORMA COLETIVA. VALIDADE.*

A Constituição Federal, ao mesmo tempo em que proíbe qualquer discriminação no tocante a salários, exercício de funções e critérios de admissão (art. 7º, XXX), também impõe proteção aos acordos e convenções negociados coletivamente (art. 7º, XXVI). Assim, na hipótese em que a norma coletiva prevê o fornecimento de tíquetes-alimentação em valores diferenciados para os empregados da mesma empresa em razão de particularidades nos contratos celebrados entre a tomadora e a prestadora, tais como local de prestação dos serviços e o valor global do respectivo contrato, a norma coletiva em questão deve ser validada, pois regula um direito disponível, não existindo razão para impedir sua flexibilização. Com esse entendimento, a SBDI-I, por unanimidade, conheceu dos embargos da reclamante, por divergência jurisprudencial, e, no mérito, por maioria, negou-lhes provimento. Vencido o Ministro José Roberto Freire Pimenta. *TST-E-RR-2150-14.2011.5.03.0113, SBDI-I, rel. Min. Alexandre de Souza Agra Belmonte, 20.11.2014. (Informativo nº 96)*

9.2. PISO SALARIAL

▸ *AÇÃO DECLARATÓRIA. PISO SALARIAL. LEI ESTADUAL. NÃO OBSERVÂNCIA. PEDIDO ABSTRATO. CONFIGURAÇÃO. INCIDÊNCIA DA ORIENTAÇÃO JURISPRUDENCIAL Nº 7 DA SDC.*

Considerando o fato de o interesse de agir na ação declaratória pressupor a incerteza jurídica quanto a direitos e obrigações individualizadas no caso concreto, e tendo em vista a inviabilidade do manejo da referida ação para se discutir lei em abstrato, a SDC, por unanimidade, negou provimento ao recurso ordinário, fazendo incidir, na hipótese, a Orientação Jurisprudencial nº 7 da referida Seção. In casu, a Federação das Indústrias do Estado de Santa Catarina (FIESC) ajuizou ação declaratória requerendo a exclusão da aplicação da Lei Complementar do Estado de Santa Catarina nº 459/2009 aos empregados que tenham piso salarial definido em convenção ou acordo coletivo de trabalho firmado com os sindicatos representados pela referida federação, bem como a declaração da possibilidade de firmar cláusula de piso salarial em instrumento coletivo com valores abaixo dos patamares estabelecidos na referida lei. *TST-RO-491-03.2010.5.12.0000, SDC, rel. Min. Mauricio Godinho Delgado, 12.3.12. (Informativo nº 1)*

10. ADICIONAIS SALARIAIS

10.1. ADICIONAL DE TRANSFERÊNCIA

▸ *ADICIONAL DE TRANSFERÊNCIA. INDEVIDO. ÂNIMO DEFINITIVO. PERÍODO IMPRESCRITO. CONTRARIEDADE À ORIENTAÇÃO JURISPRUDENCIAL Nº 113 DA SBDI-I.*

A transferência do empregado para localidade diversa da estipulada no pacto laboral, em que permanece, por largo período de tempo, até o fim do contrato, evidencia o ânimo de definitividade da alteração e afasta, por consequência, o pagamento do adicional de transferência ao trabalhador. No caso dos autos, ressaltou-se ainda que, não obstante a ocorrência de sucessivas transferências durante a contratualidade, apenas esta última, com duração de nove anos, ocorreu no período imprescrito, afastando-se, portanto, seu caráter provisório. Com esse posicionamento, decidiu a SBDI-I, por maioria, vencidos os Ministros Augusto César Leite de Carvalho, relator, José Roberto Freire Pimenta, Renato de Lacerda Paiva, Horácio Raymundo de Senna Pires e Delaíde Miranda Arantes, conhecer dos embargos por contrariedade à Orientação Jurisprudencial nº 113 da Subseção e, no mérito, dar-lhes provimento para excluir da condenação o adicional de transferência. *TST-E-ED-RR-1345800-08.2001.5.09.0015, SBDI-1, rel. Min. Augusto César Leite de Carvalho, red. p/ acórdão Min. Ives Gandra da Silva Martins Filho, 15.3.2012. (Informativo nº 2)*

▸ ***ADICIONAL DE TRANSFERÊNCIA. DEVIDO. TRANSFERÊNCIAS SUCESSIVAS E DE CURTA DURAÇÃO.***

Alterações sucessivas e de curta duração do local de prestação laboral configuram transferência provisória, ensejando o pagamento do adicional respectivo. Com esse entendimento, a SBDI-I, por maioria, não conheceu do recurso de embargos, na hipótese em que restou consignada a ocorrência de três transferências no período de sete anos, cada uma delas de pouco mais de dois anos. Vencidos os Ministros Ives Gandra da Silva Martins Filho e Maria Cristina Irigoyen Peduzzi. *TST-E-RR-804872-13.2001.5.09.0661, SBDI-I, rel. Min. Lelio Bentes Corrêa, 12.4.2012. (Informativo nº 5)*

▸ ***ADICIONAL DE TRANSFERÊNCIA. INDEVIDO. PROVISORIEDADE. NÃO CONFIGURAÇÃO. PERMANÊNCIA SUPERIOR A DOIS ANOS EM CADA LOCALIDADE.***

Na hipótese em que restou consignada a ocorrência de duas transferências no período imprescrito de um contrato de quase dezoito anos, cada uma delas com duração superior a dois anos, e, a última, para local onde se deu a extinção do contrato de trabalho, não há que falar em provisoriedade apta a ensejar o pagamento do adicional de transferência, nos termos da Orientação Jurisprudencial nº 113 da SBDI-I. Assim, a referida Subseção, por unanimidade, conheceu dos embargos, por divergência jurisprudencial, e, no mérito, por maioria, deu-lhes provimento para excluir da condenação o pagamento do adicional de transferência. Vencidos os Ministros Lelio Bentes Corrêa, Alberto Luiz Bresciani de Fontan Pereira, Augusto César Leite de Carvalho, José Roberto Freire Pimenta eDelaíde Miranda Arantes. *TST-E-RR-1988400-27.2003.5.09.0014, SBDI-I, rel. Min. Brito Pereira, 16.8.2012. (Informativo nº 18)*

▸ ***ADICIONAL DE TRANSFERÊNCIA. INDEVIDO. MUDANÇA ÚNICA QUE PERDUROU POR QUASE DOIS ANOS ATÉ A DATA DA RESCISÃO CONTRATUAL. CARÁTER DEFINITIVO.***

Na hipótese em que o acórdão regional registra a existência de uma única transferência, que perdurou por quase dois anos até a data da rescisão contratual, resta demonstrado o caráter definitivo da mudança e a consequente ausência de direito ao adicional de transferência. Na espécie, não há falar em incidência da Orientação Jurisprudencial nº 113 da SBDI-I, porquanto o pressuposto apto a legitimar a percepção do adicional em tela é apenas a mudança provisória. Com esse entendimento, a SBDI-I, por unanimidade, não conheceu dos embargos. *TST-E-ED-RR-91700-30.2001.5.04.0020, SBDI-I, rel. Min. Delaíde Miranda Arantes, 25.10.2012 (Informativo nº 27)*

▸ ***TRANSFERÊNCIAS SUCESSIVAS. PROVISORIEDADE. CONFIGURAÇÃO. ADICIONAL DE TRANSFERÊNCIA. DEVIDO.***

O empregado transferido sucessivamente tem direito ao recebimento do adicional de transferência porquanto configurada a transitoriedade dos deslocamentos, não importando o fato de ter retornado à cidade de sua contratação ou mesmo que a última transferência tenha perdurado por mais de dois anos. Com esses fundamentos, e não divisando contrariedade à Orientação Jurisprudencial nº 113 da SBDI-I, a Subseção, por unanimidade, não conheceu do recurso de embargos do reclamado. *TST-EED-ED-RR-87100-24.2005.5.09.0072, SBDI-I, rel. Min. Dora Maria da Costa, 13.6.2013 (Informativo nº 51)*

▸ ***DESLOCAMENTOS SUCESSIVOS. TRANSFERÊNCIAS PROVISÓRIAS. CARACTERIZAÇÃO. ADICIONAL DE TRANSFERÊNCIA. DEVIDO.***

Na hipótese em que o empregado foi admitido em Cascavel/PR no ano de 1984, transferido para São Jorge do Oeste/PR e para Corbélia/PR em 1995, voltou para Cascavel/PR em 1996 e foi transferido para Curitiba/PR em 2000, onde se manteve até a data da rescisão contratual (16/07/2003), resta caracterizado o caráter provisório dos deslocamentos, ante a ocorrência de sucessividade, não importando o fato de a última transferência ter durado mais de dois anos. Assim, a SBDI-I, por unanimidade, conheceu dos embargos do reclamante, por divergência jurisprudencial, e, no mérito, por maioria, deu-lhes provimento para restabelecer a decisão do Regional quanto ao pagamento do adicional de transferência e reflexos. Vencidos os Ministros Renato de Lacerda Paiva, Brito Pereira, Aloysio Corrêa da Veiga e Dora Maria da Costa. *TST-E-ED-RR-1545100-89.2003.5.09.0011, SBDI-I, rel. Min. Lelio Bentes Corrêa, 15.8.2013 (Informativo nº 55)*

10.2. ADICIONAL NOTURNO – JORNADA MISTA

▸ ***JORNADA MISTA. TRABALHO PRESTADO MAJORITARIAMENTE À NOITE. ADICIONAL NOTURNO. SÚMULA Nº 60, II, DO TST.***

Na hipótese de jornada mista, iniciada pouco após às 22h, mas preponderantemente trabalhada à noite (das 23:10h às 07:10h do dia seguinte), é devido o adicional noturno quanto às horas que se seguem no período diurno, aplicando-se o entendimento da Súmula nº 60, II, do TST. Assim, a SBDI-I, por unanimidade, conheceu dos embargos por divergência jurisprudencial e, no mérito, negou-lhes provimento. No caso, ressaltou-se que a interpretação a ser dada ao item II da Súmula nº 60 do TST não pode estimular o empregador a adotar jornada que se inicia pouco depois das 22h com o propósito de desvirtuar o preceito. Ademais, a exegese do art. 73, §§ 3º e 4º, da CLT, à luz dos princípios da proteção ao trabalhador e da dignidade da pessoa humana, permite concluir que, para garantir a higidez física e mental do trabalhador, o adicional noturno deve incidir sobre o labor executado durante o dia em continuidade àquele majoritariamente prestado à noite. *TST-E-RR-154-04.2010.5.03.0149, SBDI-I, rel. Min. Augusto César Leite de Carvalho, 4.10.2012 (Informativo nº 24)*

10.3. ADICIONAL DE HORAS EXTRAS

HORAS EXTRAS. MOTORISTA. RASTREAMENTO DE VEÍCULO POR SATÉLITE. CONTROLE INDIRETO DA JORNADA DE TRABALHO. INAPLICABILIDADE DO ART. 62, I, DA CLT.

A adoção, pelo empregador, de recursos tecnológicos de rastreamento de veículo por satélite, para garantir a segurança ininterrupta da carga transportada, possibilita o controle indireto da jornada desempenhada pelo empregado motorista, razão pela qual não há falar em aplicação do art. 62, I, da CLT. O direito ao pagamento de horas extraordinárias não subsiste apenas nas hipóteses em que seja absolutamente impossível fiscalizar os horários cumpridos pelo empregado. Sob esse entendimento, a SBDI-I, por unanimidade, conheceu do recurso de embargos, por divergência jurisprudencial, e, no mérito, por maioria, negou-lhe provimento. Vencidos os Ministros Walmir Oliveira da Costa, Ives Gandra Martins Filho, Guilherme Augusto Caputo Bastos e Márcio Eurico Vitral Amaro TST-E-RR-45900-29.2011.5.17.0161, SBDI-I, rel. Min. Cláudio Mascarenhas Brandão, 23.2.2017 (informativo nº 153).

AR. HORAS EXTRAORDINÁRIAS. BASE DE CÁLCULO. INCLUSÃO DA GRATIFICAÇÃO SEMESTRAL PAGA COM HABITUALIDADE. APLICAÇÃO POSTERIOR DA SÚMULA Nº 115 DO TST. BIS IN IDEM. CONFIGURAÇÃO. VIOLAÇÃO DOS ARTS. 884 E 885 DO CC.

O fato de a gratificação semestral paga com habitualidade já haver integrado o cálculo das horas extraordinárias torna inaplicável a diretriz fixada na Súmula nº 115 do TST, sob pena de caracterização de bis in idem. Com esse entendimento, a SBDI-II, à unanimidade, conheceu do recurso ordinário do autor e, no mérito, deu-lhe provimento para, reconhecida a afronta aos arts. 884 e 885 do CC, rescindir parcialmente o acórdão do Regional e, em juízo rescisório, excluir da condenação as diferenças de gratificação semestral decorrentes dos reflexos das horas extraordinárias deferidas. Na espécie, a despeito de a Vara do Trabalho de origem, ao deferir à reclamante como extraordinárias as horas laboradas além da 6ª diária, ter computado na respectiva base de cálculo a gratificação semestral percebida com habitualidade, o TRT da 9ª Região reconheceu, firmado na Súmula nº 115 do TST, o direito aos reflexos das horas extras habituais no cálculo da gratificação semestral. *TST-RO-4300-19.2009.5.09.0000, SBDI-II, rel. Min. Guilherme Augusto Caputo Bastos, 6.3.2012. (Informativo nº2)*

HORAS EXTRAS. HABITUALIDADE. PAGAMENTO SUSPENSO TRANSITORIAMENTE POR FORÇA DO DECRETO Nº 29.019/2008 DO DISTRITO FEDERAL. INDENIZAÇÃO DEVIDA. SÚMULA Nº 291 DO TST.

A suspensão transitória de serviço suplementar prestado com habitualidade, por força do Decreto nº 29.019/2008 do Distrito Federal, assegura ao empregado o direito à indenização correspondente ao valor de um mês das horas suprimidas, total ou parcialmente, para cada ano ou fração igual ou superior a seis meses de prestação de serviço acima da jornada normal, a que se refere a Súmula nº 291 do TST. Com esse entendimento, a SBDI-I, por unanimidade, conheceu dos embargos, por divergência jurisprudencial, e, no mérito, por maioria, negou-lhes provimento. Vencidos os Ministros Ives Gandra Martins Filho, relator, João Batista Brito Pereira, Dora Maria da Costa, Augusto César Leite de Carvalho e Maria Cristina Irigoyen Peduzzi, os quais davam provimento ao recurso por entender pela má aplicação da Súmula nº 291 do TST na medida em que o referido verbete não trata da hipótese de suspensão temporária de horas extras *TST-E-RR-2706-06.2010.5.10.0000, SBDI-I, rel. Min. Ives Gandra Martins Filho, red. p/ acórdão Min. Aloysio Corrêa da Veiga, 20.9.2012 (Informativo nº 22)*

10.4. ADICIONAL DE INSALUBRIDADE

ATIVIDADE DESENVOLVIDA EM AMBIENTE ARTIFICIALMENTE FRIO. INSALUBRIDADE. NEUTRALIZAÇÃO. UTILIZAÇÃO DE EPI. CONCESSÃO DE INTERVALO PARA RECUPERAÇÃO TÉRMICA. NECESSIDADE DE CUMULAÇÃO.

No caso de atividade desenvolvida em ambiente artificialmente frio, a insalubridade somente poderá ser neutralizada se houver a cumulação de dois fatores, quais sejam, a utilização de equipamentos de proteção individual adequados (art. 191 da CLT) e a concessão do intervalo para recuperação térmica de vinte minutos a cada uma hora e quarenta de trabalho contínuo (art. 253 da CLT). Sob esse fundamento, a SBDI-I, por maioria, conheceu do recurso de embargos por divergência jurisprudencial, vencidos os Ministros Alexandre Agra Belmonte e Aloysio Corrêa da Veiga, e, no mérito, ainda por maioria, deu-lhes provimento para restabelecer o acórdão do Regional no que condenou a reclamada ao pagamento do adicional de insalubridade e reflexos, uma vez que, na hipótese, não havia a fruição do intervalo para recuperação térmica. Vencidos os Ministros Márcio Eurico Vitral Amaro e João Oreste Dalazen. TST-E-RR-25850- 56.2014.5.24.0007, SBDI-I, rel. Min. Brito Pereira, 30.3.2017. (Informativo nº 156).

ADICIONAL DE INSALUBRIDADE. DEVIDO. EXPOSIÇÃO AO CALOR DO SOL. INAPLICABILIDADE DA ORIENTAÇÃO JURISPRUDENCIAL Nº 173 DA SBDI-1.

A Orientação Jurisprudencial nº 173 da SBDI-1 veda o pagamento de adicional de insalubridade em razão do fator radiação solar, sendo inaplicável, portanto, às hipóteses em que o laudo pericial constatar a submissão do trabalhador ao agente insalubre calor, o qual encontra previsão no Anexo nº 3 da NR 15 do MTE. Com base nessa premissa, a SBDI-I, por maioria, conheceu dos embargos por divergência jurisprudencial e, no mérito, negou-lhes provimento. Vencido o Ministro Aloysio Corrêa da Veiga. *TST-E-ED-RR-51100-73.2006.5.15.0120, SBDI-I, rel. Min. Renato de Lacerda Paiva, 28.6.2012.(Informativo nº 15)*

▸ ***LIMPEZA E COLETA DE LIXO EM BANHEIROS DE HOTEL E DO RESPECTIVO CENTRO DE EVENTOS. GRANDE FLUXO DE PESSOAS. ADICIONAL DE INSALUBRIDADE. DEVIDO. INAPLICABILIDADE DA ORIENTAÇÃO JURISPRUDENCIAL Nº 4, II, DA SBDI-I.***

O adicional de insalubridade é devido na hipótese em que a prova pericial constatou a existência de contato com agente insalubre pela reclamante, que recolhia o lixo e limpava os banheiros de hotel e do respectivo centro de eventos (que possuía seis banheiros masculinos e seis femininos), locais de intensa circulação de pessoas. No caso, entendeu-se inaplicável a Orientação Jurisprudencial nº 4, II, da SBDI-I, pois trata da limpeza em residências e escritórios, envolvendo, portanto, o manuseio de lixo doméstico e não urbano, a que se refere o Anexo 14 da NR 15 da Portaria nº 3.214/78 do MTE. Com esse entendimento, a SBDI-I, por maioria, vencido o Ministro Ives Gandra Martins Filho, conheceu do recurso de embargos por contrariedade à Orientação Jurisprudencial nº 4, II, da SBDI-I, e, no mérito, deu-lhe provimento para restabelecer a sentença que condenou a reclamada ao pagamento de adicional de insalubridade e reflexos. *TST-E-ARR-746-94.2010.5.04.0351, SBDI-I, rel. Min. Renato de Lacerda Paiva, 7.3.2013 (Informativo nº 39)*

▸ ***ADICIONAL DE INSALUBRIDADE. DEVIDO. LIMPEZA, HIGIENIZAÇÃO E RECOLHIMENTO DE LIXO DE BANHEIROS DE UNIVERSIDADE. ITEM II DA ORIENTAÇÃO JURISPRUDENCIAL Nº 4 DA SBDI-I. NÃO ENQUADRAMENTO.***

A limpeza e o recolhimento de lixo de banheiros de universidade, frequentado por público numeroso, enquadra-se na hipótese do Anexo 14 da Instrução Normativa 15 do MTE, ensejando, portanto, o pagamento do adicional de insalubridade. Trata-se de situação diversa da prevista no item II da Orientação Jurisprudencial nº 4 da SBDI-I, a qual se restringe à higienização de banheiros em residências ou escritórios, cuja circulação é limitada a um grupo determinado de pessoas. Com esse entendimento, a SBDI-I, por unanimidade, conheceu dos embargos da reclamante, por divergência jurisprudencial, e, no mérito, deu-lhes provimento para restabelecer o acórdão do Regional no tópico. *TST-E-RR-102100-02.2007.5.04.0018, SBDI-I, rel. Min. Brito Pereira, 15.8.2013 (Informativo nº 55)*

▸ ***ADICIONAL DE INSALUBRIDADE. BASE DE CÁLCULO. PISO SALARIAL ESTABELECIDO EM CONVENÇÃO COLETIVA. IMPOSSIBILIDADE. AUSÊNCIA DE NORMA EXPRESSA ESPECIFICANDO A BASE DE CÁLCULO.***

Ausente norma coletiva determinando expressamente a base de cálculo do adicional de insalubridade, não é possível calcular o referido adicional sobre o piso salarial da categoria estabelecido em convenção coletiva de trabalho. Conforme a jurisprudência consolidada no STF, antes ou depois da edição da Súmula Vinculante nº 4, o salário mínimo continua a ser a base de cálculo do adicional (art. 192 da CLT), até que nova base seja determinada mediante lei ou norma coletiva específica. Com esse entendimento, a SBDI-I, por unanimidade, conheceu dos embargos interpostos pela reclamada, por divergência jurisprudencial e, no mérito, deu-lhes provimento para restabelecer o salário mínimo como base de cálculo do adicional de insalubridade. *TST-E-RR-77400-23.2008.5.03.0060, SBDI-I, rel. Min. Hugo Carlos Scheuermann, 11.9.2014 (Informativo nº 89 do TST)*

▸ ***ADICIONAL DE INSALUBRIDADE. LIMPEZA DE QUARTOS E COLETA DE LIXO. HOTEL. SÚMULA N.º 448, ITEM II, DO TST. INCIDÊNCIA.***

A realização de serviços de limpeza e higienização, inclusive de banheiros, em hotel, enseja o pagamento do adicional de insalubridade em grau máximo, nos termos da Súmula nº 448, item II, do TST. Com esse entendimento, a SBDI-I, por maioria, conheceu dos embargos interpostos pela reclamante, por divergência jurisprudencial, vencidos os Ministros Aloysio Corrêa da Veiga, Brito Pereira e Guilherme Augusto Caputo Bastos. No mérito, também por maioria, a Subseção deu provimento ao recurso para restabelecer a decisão do Regional que deferiu o pagamento do adicional de insalubridade, conforme pleiteado. Vencidos os Ministros Renato de Lacerda Paiva, Aloysio Corrêa da Veiga, Guilherme Augusto Caputo Bastos e Brito Pereira, que negavam provimento ao apelo por entenderem que a atividade desempenhada pela reclamante não se enquadra nos critérios de "uso público ou coletivo de grande circulação", previstos no item II da Súmula nº 448 do TST. *TST-E-RR-324-22.2010.5.04.0351, SBDI-I, rel. Min. Lelio Bentes Corrêa, 25.9.2014 (Informativo nº 90 do TST)*

▸ ***ADICIONAL DE INSALUBRIDADE. FUNDAÇÃO CASA. ATENDIMENTO DE ADOLESCENTES INFRATORES ISOLADOS POR MOTIVO DE SAÚDE. CONTATO COM PESSOAS PORTADORAS DE DOENÇAS INFECTOCONTAGIOSAS. ANEXO Nº 14 DA NR-15 DA PORTARIA 3.214/78 DO MTE. ADICIONAL DEVIDO.***

É devido o adicional de insalubridade em grau máximo, reconhecido por laudo pericial, a trabalhadores da Fundação Casa que tenham contato com adolescentes infratores isolados por conta de doenças infectocontagiosas, nos termos do Anexo 14 da NR 15 da Portaria 3.214/78 do Ministério do Trabalho e Emprego. Nesse contexto, não há contrariedade à Súmula nº 448, I, do TST. Sob esse fundamento, a SBDI-I, por maioria, não conheceu dos embargos, vencidos os Ministros Alexandre de Souza Agra Belmonte e Ives Gandra Martins Filho. *TST-E-RR-41500- 67.2007.5.15.0031, SBDI-I, rel. Hugo Carlos Scheuermann, 21.5.2015. (Informativo nº 108)*

▸ ***ADICIONAL DE INSALUBRIDADE. TRABALHO EM LOCAIS DESTINADOS A ATENDIMENTO SOCIOEDUCATIVO DE MENORES INFRATORES. INDEVIDO. ORIENTAÇÃO JURISPRUDENCIAL Nº4, I, DA SBDI-I. ROL TAXATIVO DA PORTARIA Nº 3.214/78, NR 15, ANEXO 14, DO MTE.***

Não há direito ao adicional de insalubridade nas situações de contato com pacientes ou materiais infectocontagiosos em locais destinados ao atendimento socioeducativo de menores infratores (Fundação Casa), ainda que a perícia aponte a exposição do reclamante aos agentes biológicos mencionados no Anexo 14 da NR 15 da Portaria nº 3.214/78 do Ministério do Trabalho e Emprego – MTE. Nos termos da Orientação Jurisprudencial nº 4, I, da SBDI-I, para a concessão do adicional em questão não basta a constatação da insalubridade por meio de laudo pericial, sendo necessária a classificação da atividade como insalubre na relação oficial do MTE. Na espécie, a atividade não se enquadra no rol taxativo do MTE, razão pela qual não pode ser equiparada àquelas desenvolvidas em ambientes destinados a pacientes em isolamento, hospitais ou outros estabelecimentos relacionados aos cuidados da saúde humana. Sob esses fundamentos, a SBDI-I, por unanimidade, conheceu do recurso de embargos do reclamante, por divergência jurisprudencial, e, no mérito, por maioria, negou-lhe provimento. Vencidos os Ministros João Oreste Dalazen, Augusto César Leite de Carvalho, Alexandre de Souza Agra Belmonte e Hugo Carlos Scheuermann. *TST-RR-1600– 72.2009.5.15.0010, SBDI-I, rel. Min. Renato de Lacerda Paiva, 13.10.2016 (*Ver Informativos TST nºs 79 e 108) (Informativo nº 147)*

▸ ***ADICIONAL DE INSALUBRIDADE E DE PERICULOSIDADE. FATOS GERADORES DISTINTOS. CUMULAÇÃO. IMPOSSIBILIDADE.***

O art. 193, § 2º, da CLT veda a cumulação dos adicionais de periculosidade e insalubridade, podendo, no entanto, o empregado fazer a opção pelo que lhe for mais benéfico. Sob esses fundamentos, a SBDI-I decidiu, por unanimidade, conhecer do recurso de embargos, por divergência jurisprudencial e, no mérito, por maioria, dar-lhe provimento para excluir da condenação a possibilidade de acúmulo dos dois adicionais. Vencidos os Ministros Augusto César Leite de Carvalho, João Oreste Dalazen, José Roberto Freire Pimenta, Hugo Carlos Scheuermann, Alexandre de Souza Agra Belmonte e Cláudio Mascarenhas Brandão, que negavam provimento aos embargos para manter o pagamento cumulado dos adicionais de insalubridade e de periculosidade, sob o fundamento de que a exposição do individuo a um determinado tipo de risco não exclui a sua eventual exposição a outro risco diferente, ante a existência de fatos geradores e causa de pedir distintas. *TST-E-RR-1072-72.2011.5.02.0384, SBDI-I, rel. Min. Renato de Lacerda Paiva, 13.10.2016 (*Ver Informativo TST nº 134) (Informativo nº 147)*

10.5. ADICIONAL DE PERICULOSIDADE – MOTORISTA

▸ ***ADICIONAL DE PERICULOSIDADE. MOTORISTA QUE ACOMPANHA ABASTECIMENTO DE CAMINHÃO DENTRO DA ÁREA DE RISCO. INDEVIDO. ATIVIDADE NÃO CONSIDERADA PERIGOSA PELA NR 16 DO MTE.***

É indevido o adicional de periculosidade ao motorista que ingressa na área de risco ao simplesmente acompanhar o abastecimento do caminhão por ele dirigido, não se admitindo interpretação extensiva da NR 16 do MTE para considerar tal atividade perigosa. Com esse entendimento, a SBDI-I, por maioria, vencidos os Ministros Augusto César Leite de Carvalho, relator, Luiz Philippe Vieira de Mello Filho, Alberto Luiz Bresciani de Fontan Pereira, José Roberto Freire Pimenta e Delaíde Miranda Arantes, conheceu dos embargos, por divergência jurisprudencial e, no mérito, deu-lhes provimento, para restabelecer o acórdão do Regional, que julgou improcedente o pedido de adicional de periculosidade. *TST-E-ED-RR-5100-49.2005.5.15.0120, SBDI-I, rel. Min. Augusto César Leite de Carvalho, red. p/ acórdão Min. Maria Cristina Irogoyen Peduzzi, 23.8.2012. (Informativo nº 19)*

▸ ***ADICIONAL DE PERICULOSIDADE. MOTORISTA. ABASTECIMENTO DO VEÍCULO. REGULARIDADE DO CONTATO.***

A permanência habitual na presença de inflamáveis, ainda que por poucos minutos, caracteriza exposição intermitente, para efeito de pagamento de adicional de periculosidade. O tempo de exposição é irrelevante, havendo perigo de evento danoso tanto para o empregado que permanece por longo tempo na área de risco quanto para o que permanece por tempo reduzido, dada a imprevisibilidade do sinistro. Com base nesse entendimento, a SBDI-I, por unanimidade, conheceu dos embargos do reclamante, por divergência jurisprudencial, e, no mérito, deu-lhe provimento para condenar a reclamada ao pagamento do adicional de periculosidade e reflexos. Vencidos os Ministros Ives Gandra Martins Filho, Aloysio Corrêa da Veiga e Maria Cristina Irigoyen Peduzzi. Na espécie, consignou-se que o reclamante, no exercício da função de motorista, abastecia, às vezes pessoalmente, o veículo por ele utilizado, demandando um tempo médio de dez minutos. *TST-E-ED-RR-1600-72.2005.5.15.0120, SBDI-I, Min. João Batista Brito Pereira, 20.9.2012 (Informativo nº 22)*

▸ ***ADICIONAL DE PERICULOSIDADE. MOTORISTA. ABASTECIMENTO DO VEÍCULO E ACOMPANHAMENTO DO ABASTECIMENTO REALIZADO POR OUTREM. EXPOSIÇÃO A INFLAMÁVEIS.***

Possui direito ao adicional de periculosidade o motorista responsável pelo abastecimento do veículo, por um período de tempo não eventual ou esporádico. O referido adicional será indevido, entretanto, se o motorista somente acompanhar o abastecimento realizado por outrem. "In casu", o reclamante permanecia em área de risco, abastecendo ou acompanhando o abastecimento do veículo, duas a três vezes por semana, por dez a quinze minutos. Concluiu o relator, com base no Quadro 3 do Anexo 2 da NR 16 do MTE, que, na hipótese em que o empregado abastece o automóvel, a exposição ao risco decorre das próprias atividades por ele desenvolvidas, já que está em contato direto com inflamáveis, de forma não eventual ou esporádica. Por outro lado, no caso em que o motorista se atém a acompanhar o abastecimento do veículo, prevalece, também com base no Quadro 3 do Anexo 2 da NR 16 do MT, o mesmo fundamento que levou esta Corte a pacificar entendimento no sentido de ser indevido adicional de periculosidade aos tripulantes que permaneçam no interior da aeronave durante o seu abastecimento. Com esse posicionamento, a SBDI-I, por unanimidade, conheceu dos embargos por divergência jurisprudencial e, no mérito, por maioria, deu-lhes parcial provimento para restringir a condenação ao pagamento do adicional de periculosidade àqueles períodos em que o próprio reclamante abastecia o seu veículo, excluídos os momentos em que ele apenas acompanhava o abastecimento, conforme se apurar em sede de execução. Vencidos, em parte, os Ministros Ives Gandra Martins Filho e Aloysio Corrêa da Veiga, que davam provimento integral aos embargos, e, totalmente, os Ministros José Roberto Freire Pimenta, Augusto César Leite de Carvalho e Delaíde Miranda Arantes, que negavam provimento ao recurso. *TST-E-RR-123300-19.2005.5.15.0054, SBDI-I, rel. Min. Renato de Lacerda Paiva, 25.10.2012 (Informativo nº 27)*

▸ ***ADICIONAL DE PERICULOSIDADE. ARMAZENAMENTO DE LÍQUIDO INFLAMÁVEL EM ESTRUTURA INDEPENDENTE DO LOCAL DA PRESTAÇÃO DE SERVIÇOS. INAPLICABILIDADE DA ORIENTAÇÃO JURISPRUDENCIAL Nº 385 DA SBDI-I.***

A Orientação Jurisprudencial nº 385 da SBDI-I, ao assegurar o direito ao adicional de periculosidade, refere-se ao armazenamento de líquido inflamável no mesmo prédio em que desenvolvidas as atividades laborais. Assim, na hipótese em que o laudo pericial constatou que o armazenamento de óleo diesel ocorria em estrutura completamente independente do local da prestação de serviços, inclusive com área de segurança devidamente protegida, não há direito ao pagamento do referido adicional, ante a ausência de labor em área de risco. Sob esse fundamento, a SBDI-I, por maioria, conheceu dos embargos da reclamada por contrariedade à Súmula nº 126 do TST e à Orientação Jurisprudencial nº 385 da SBDI-I, vencidos os Ministros Alexandre Agra Belmonte, Augusto César Leite de Carvalho, José Roberto Freire Pimenta e Cláudio Mascarenhas Brandão. Ressaltou o Ministro relator que diante das premissas fáticas registradas nos autos, não poderia a Turma ter valorado o laudo pericial a fim de, concluindo de forma diversa do TRT, conceder o adicional de periculosidade. No mérito, por unanimidade, a Subseção deu provimento ao recurso para restabelecer o acórdão do Regional, que declarou a improcedência do pedido. *TST-EED-AgR-ARR-644-68.2010.5.04.0029, SBDI-I, rel. Min. João Oreste Dalazen, 12.11.2015 (Informativo nº 123)*

10.6. ADICIONAL POR TEMPO DE SERVIÇO

▸ ***ADICIONAL POR TEMPO DE SERVIÇO. ART. 129 DA CONSTITUIÇÃO DO ESTADO DE SÃO PAULO. BASE DE CÁLCULO. PAGAMENTO SOBRE A REMUNERAÇÃO E NÃO SOBRE O VENCIMENTO BASE. VIOLAÇÃO DO ART. 37, XIV, DA CF. CONFIGURAÇÃO.***

Viola o art. 37, XIV, da CF a decisão que determina o pagamento do adicional por tempo de serviço, previsto no art. 129 da Constituição do Estado de São Paulo, sobre a remuneração e não sobre o vencimento básico do servidor, conforme determina a Orientação Jurisprudencial Transitória nº 60 da SBDI-I. Se a própria Constituição Estadual, ao assegurar o benefício do adicional por tempo de serviço, nada dispôs acerca da sua base de cálculo, não há como se inferir que o benefício tenha a mesma base de cálculo da parcela intitulada "sexta parte", em que se determinou expressamente o pagamento sobre vencimentos integrais. Nesse contexto, e tendo em conta que o art. 37, XIV, da CF veda a acumulação ou o cômputo de acréscimos pecuniários para fins de concessão de acréscimos ulteriores, a SBDI-I, por maioria, conheceu dos embargos do reclamado, por divergência jurisprudencial, e, no mérito, deu-lhes provimento para, reformando o acórdão do Regional, declarar que a base de cálculo do adicional por tempo de serviço é o saláriobase das reclamantes, julgando-se improcedente a reclamação trabalhista. Vencidos os Ministros Renato de Lacerda Paiva, Augusto César Leite de Carvalho, José Roberto Freire Pimenta e Delaíde Miranda Arantes. *TST-E-ED-RR-84400-13.2007.5.15.0113, SBDI-I, rel. Min. Ives Gandra Martins Filho, 27.6.2013 (Informativo nº 53)*

10.7. QUEBRA DE CAIXA

▸ ***BANCÁRIO. GRATIFICAÇÃO "QUEBRA DE CAIXA". DESCONTOS DE DIFERENÇAS DE CAIXA. LICITUDE. ART. 462, § 1º, DA CLT.***

É lícito o desconto da gratificação denominada "quebra de caixa", a despeito da natureza salarial da rubrica, porquanto a finalidade da parcela é remunerar o risco da atividade, cobrindo eventuais diferenças de numerário quando do fechamento do caixa. Ademais, o bancário, ao ser investido na função de caixa e acordar o pagamento da verba com o empregador, está ciente do encargo que assume pelos eventuais danos que causar. Incidência do art. 462, § 1º, da CLT. Com base nesse entendimento, a SBDI-I, por unanimidade, conheceu dos embargos por divergência jurisprudencial e, no mérito, deu-lhes provimento para excluir da condenação a devolução dos valores descontados a título de "quebra de caixa". *TST-E-ED-RR-217100-61.2009.5.09.0658, SBDI-I, rel. Min. Aloysio Corrêa da Veiga, 16.8.2012. (Informativo nº 18)*

10.8. VALE-TRANSPORTE

▸ ***AR. VALE-TRANSPORTE. NEGOCIAÇÃO COLETIVA. PAGAMENTO EM PECÚNIA. POSSIBILIDADE. ART. 7º, XXVI, DA CF. VIOLAÇÃO.***

Afronta o art. 7º, XXVI, da CF o acórdão do Regional que não reconhece a validade da cláusula convencional estipulando o pagamento do vale-transporte em pecúnia, pois a Lei nº 7.418/85, que instituiu o vale-transporte, com a alteração introduzida pela Lei nº 7.619/87, não veda, em nenhum dos seus dispositivos, a substituição do referido benefício por pagamento em espécie. Ademais, a liberdade de negociação coletiva no âmbito das relações trabalhistas encontra-se assegurada na

Constituição da República, ainda que não de forma absoluta, não existindo nenhum óbice legal para que as partes, de comum acordo, negociem a substituição do vale-transporte por antecipação em dinheiro. Com esse entendimento, a SBDI-II, por unanimidade, conheceu do recurso ordinário e, no mérito, deu-lhe provimento parcial para, em juízo rescindente, configurada a afronta ao art. 7º, XXVI, da CF, desconstituir o acórdão regional e, em juízo rescisório, reconhecendo a validade da cláusula convencional estipulando o pagamento em pecúnia do vale-transporte, julgar procedente o pedido de anulação da decisão proferida no Auto de Infração e a consequente exclusão da multa administrativa então aplicada à autora, com os consectários legais daí decorrentes. *TST-RO-161-37.2011.5.06.0000, SBDI-II, rel. Min. Guilherme Augusto Caputo Bastos, 9.10.2012 (Informativo nº 25)*

10.9. DESVIO DE FUNÇÃO

▸ ***DESVIO DE FUNÇÃO. REGIMES JURÍDICOS DISTINTOS. DIFERENÇAS SALARIAIS. INDEVIDAS.***

A empregado público que exerce atividade típica de servidor público estatutário, em flagrante desvio de função para regime jurídico distinto, não é devido o pagamento de diferenças salariais a que alude a Orientação Jurisprudencial nº 125 da SBDI-I, sob pena de haver aumento de vencimentos ou provimento de cargo público pela via transversa, ou seja, sem a prévia aprovação em concurso público específico (art. 37, II e XIII, da CF). Com esse entendimento, a SBDI-I, por maioria, conheceu dos embargos por má aplicação da Orientação Jurisprudencial nº 125 da SBDI-I e, no mérito, deu-lhes provimento para restabelecer a decisão do Regional. Vencidos os Ministros João Oreste Dalazen, Lelio Bentes Corrêa, Augusto César Leite de Carvalho, José Roberto Freire Pimenta e Delaíde Miranda Arantes. Na espécie, a reclamante era empregada do SERPRO, contratada em 1979 para o cargo de auxiliar, tendo exercido as funções de Técnico do Tesouro Nacional ao prestar serviços na Secretaria da Receita Federal. *TST-E-ED-RR-3800-54.2002.5.02.0432, SBDI-I, rel. Min. Ives Gandra da Silva Martins Filho, 22.3.2012. (Informativo nº 3)*

10.9.1 ACÚMULO DE FUNÇÃO

▸ ***MOTORISTA E COBRADOR. ACÚMULO DE FUNÇÕES. POSSIBILIDADE. ATIVIDADES COMPATÍVEIS COM A CONDIÇÃO PESSOAL DO EMPREGADO. ART. 456, PARÁGRAFO ÚNICO, DA CLT.***

O parágrafo único do art. 456 da CLT permite ao empregador exigir do empregado qualquer atividade compatível com sua condição pessoal, desde que lícita e dentro da jornada de trabalho. Assim, tendo em conta que a atividade de cobrador é, em regra, compatível com a atividade de motorista, não existe justificativa para a percepção de acréscimo salarial em decorrência do exercício concomitante das duas funções na mesma jornada. Sob esse fundamento, a SBDI-I, por unanimidade, conheceu dos embargos da reclamada, por divergência jurisprudencial, e, no mérito, deu-lhes provimento para excluir da condenação as diferenças salariais pelo acúmulo de funções. *TST-E-RR-67-15.2012.5.01.0511, SBDI-I, rel. Min. Alexandre Agra Belmonte, 14.4.2016. (Informativo nº 132)*

10.10. CARGO DE CONFIANÇA

▸ ***TESOUREIRO DE RETAGUARDA. FUNÇÃO TÉCNICA. FIDÚCIA ESPECIAL. NÃO CARACTERIZAÇÃO. ART. 224, § 2º, DA CLT. NÃO INCIDÊNCIA. HORAS EXTRAS. DEVIDAS.***

O denominado "Tesoureiro de Retaguarda" exerce função apenas técnica, sem fidúcia diferenciada, o que afasta o seu enquadramento na exceção prevista no § 2º do art. 224 da CLT. Na hipótese, registrou-se que a responsabilidade pelo manuseio de numerário e o percebimento de gratificação de função superior a um terço do salário do cargo efetivo não eram suficientes para atrair a aplicação imediata do art. 224, § 2º da CLT, porquanto imprescindível a investidura em poderes de direção ou chefia e o desempenho de atribuições diferentes daquelas delegadas aos demais empregados da instituição financeira, o que não ficou comprovado nos autos. Assim, a SBDI-I, por maioria, conheceu dos embargos e, no mérito, deu-lhes provimento para julgar procedente o pedido de horas extras excedentes à sexta hora diária, as quais deverão ser calculadas com base na gratificação relativa à jornada de seis horas, deduzindo-se a diferença entre a gratificação de função recebida, em face da opção pela jornada de oito horas, e a devida pela jornada de seis horas, nos termos da Orientação Jurisprudencial Transitória nº 70 da SBDI-I. Vencidos os Ministros Renato de Lacerda Paiva, Dora Maria da Costa e Maria Cristina Irigoyen Peduzzi. *TST-E-ED-RR-116400-46.2008.5.12.0006, SBDI-I, rel. Min. Augusto César Leite de Carvalho, 6.9.2012 (Informativo nº 21)*

▸ ***BANCÁRIO. TESOUREIRO DE RETAGUARDA. CARGO DE CONFIANÇA. NÃO CONFIGURAÇÃO. INAPLICABILIDADE DO ART. 224, § 2º, DA CLT.***

Ao entendimento de que as atribuições exercidas por bancário ocupante do cargo de tesoureiro de retaguarda não constituem fidúcia especial suficiente a autorizar o seu enquadramento na exceção do art. 224, § 2º, da CLT, a SBDI-I, em sua composição plena, por unanimidade, conheceu do recurso de embargos, por divergência jurisprudencial, e, no mérito, por maioria, deu-lhe provimento para deferir o pagamento das 7ª e 8ª horas como extras, acrescidas do adicional constitucional de 50%, com a aplicação do divisor 180 (Súmula nº 124 do TST) e de todo o complexo salarial na base de cálculo (Súmula nº 264 do TST) e repercussões em repouso semanal remunerado (incluindo-se sábados, domingos e feriados, por expressa previsão nas normas coletivas), FGTS, férias com 1/3 e 13º salários, conforme os termos da inicial. Na hipótese, entendeu a Subseção que as circunstâncias de a reclamante abastecer os caixas de autoatendimento e o cofre eletrônico, controlar numerário da agência e possuir uma das senhas do cofre não são suficientes para configurar cargo de confiança bancário, pois não tem autoridade de alçada para comprometer o patrimônio da entidade financeira, tampouco para flexibilizar a prestação de contas. Vencidos os Ministros Renato de Lacerda Paiva, relator, Antônio José de Barros Levenhagen, Brito Pereira e Dora Maria da Costa. *TST-E--RR-676-45.2010.5.03.0015, SBDI-I, rel. Min. Renato de Lacerda Paiva, red. p/ acórdão Min. Aloysio Corrêa da Veiga, 23.5.2013 (Informativo nº 48)*

▸ *CEF. GERENTE. CRIAÇÃO DA PARCELA DENOMINADA "COMPLEMENTO TEMPORÁRIO VARIÁVEL DE AJUSTE AO PISO DE MERCADO". ADOÇÃO DE CRITÉRIO GEOGRÁFICO. AFRONTA AO PRINCÍPIO DA ISONOMIA. NÃO CONFIGURAÇÃO.*

Não afronta o princípio da isonomia o pagamento da parcela denominada "Complemento Temporário Variável de Ajuste ao Piso de Mercado" – CTVA, de forma diferenciada, aos ocupantes de cargos de gerência da Caixa Econômica Federal – CEF, por observar o critério objetivo de localização geográfica das agências bancárias. Com esse entendimento, a SBDI-I, por unanimidade, conheceu dos embargos por divergência jurisprudencial e, no mérito, negou-lhes provimento. Na espécie, ressaltou-se, ainda, a impossibilidade de se conhecer dos recursos de embargos por contrariedade às Súmulas nºs23 e 296 do TST, na medida em que, mesmo na vigência da redação anterior do art. 894 da CLT, a jurisprudência desta Corte já se tinha consolidado no sentido de que "não ofende o art. 896 da CLT decisão de Turma que, examinando premissas concretas de especificidade da divergência colacionada no apelo revisional, conclui pelo conhecimento ou desconhecimento do recurso"(Súmula nº 296, II, do TST). *TST-E--ED-RR-105900-69.2007.5.07.0013, SBDI-I, rel. Min. Aloysio Corrêa da Veiga, 25.10.2012 (Informativo nº 27)*

▸ *CARGO DE CONFIANÇA. ART. 62, II, DA CLT. REPOUSO SEMANAL REMUNERADO E FERIADOS. NÃO CONCESSÃO. PAGAMENTO EM DOBRO. INCIDÊNCIA DA SÚMULA Nº 146 DO TST.*

O empregado exercente de cargo de gestão, inserido no art. 62, II, da CLT, tem direito ao gozo do repouso semanal e à folga referente aos feriados com a remuneração correspondente. Assim, caso não usufrua esse direito ou não tenha a oportunidade de compensar a folga na semana seguinte, o empregador deve pagar, em dobro, a remuneração dos dias laborados, nos termos da Súmula nº 146 do TST. O objetivo do art. 62, II, da CLT é excluir a obrigação de o empregador remunerar, como extraordinário, o trabalho prestado pelos ocupantes de cargo de confiança, mas isso não retira do empregado o direito constitucionalmente assegurado ao repouso semanal remunerado, previsto no art. 7º, XV, da CF. Sob esse entendimento, a SBDI-I, por unanimidade, conheceu do recurso de embargos, por divergência jurisprudencial, e, no mérito, negou-lhe provimento. *TST-E-RR- 3453300-61.2008.5.09.0013, SBDI-I, rel. Min. José Roberto Freire Pimenta, 17.11.2016. (Informativo nº 149)*

10.11. EQUIPARAÇÃO SALARIAL

▸ *EQUIPARAÇÃO SALARIAL EM CADEIA. TEMPO DE SERVIÇO NA FUNÇÃO. CONFRONTO COM O PARADIGMA REMOTO. IRRELEVÂNCIA. COMPROVAÇÃO NECESSÁRIA APENAS EM RELAÇÃO AO PARADIGMA IMEDIATO.*

O fato de haver uma diferença de tempo de serviço na função superior a dois anos entre o reclamante e os paradigmas remotos ou, ainda, de estes não terem convivido nem exercido simultaneamente essa função, não obstam o direito à equiparação salarial do autor com seus paradigmas imediatos, em relação aos quais houve comprovação das exigências estabelecidas em lei. Os requisitos firmados pelo art. 461, § 1º, da CLT apenas são plausíveis em relação ao fato constitutivo da pretensão inicial, ou seja, à equiparação com o paradigma imediato, não podendo alcançar os paradigmas remotos, sob pena de inviabilizar qualquer pedido envolvendo equiparação salarial em cadeia pela simples alegação de decurso do tempo superior a dois anos. Nesse contexto, estaria o empregador autorizado a ferir o princípio da isonomia salarial e o art. 461 da CLT em prejuízo aos demais empregados componentes da cadeia equiparatória, o que não se mostra razoável. Assim, o Tribunal Pleno, por maioria, conheceu dos embargos interpostos pela reclamante, por contrariedade à Súmula nº 6, VI, do TST, e, no mérito, deu-lhes provimento para restabelecer a decisão do Regional, que convalidou a sentença, na qual foram deferidas as diferenças salariais decorrentes da equiparação salarial e os reflexos. Vencidos, quanto à fundamentação, os Ministros João Oreste Dalazen, Ives Gandra Martins Filho e Fernando Eizo Ono. Decidiu-se, ademais, encaminhar a matéria à Comissão de Jurisprudência e de Precedentes Normativos para que formule proposta de nova redação para o item VI da Súmula nº 6 do TST com base na tese firmada no presente caso. *TST-E-ED--RR-160100-88.2009.5.03.0038, Tribunal Pleno, rel. Min. José Roberto Freire Pimenta, 24.3.2015. (Informativo nº 102)*

▸ *EQUIPARAÇÃO SALARIAL. QUADRO DE CARREIRA. EMPRESA PRIVADA. AUSÊNCIA DE HOMOLOGAÇÃO PELO MINISTÉRIO DO TRABALHO. CONVALIDAÇÃO POR INSTRUMENTO COLETIVO. VALIDADE. OBSERVÂNCIA DO REQUISITO DA ALTERNÂNCIA ENTRE OS CRITÉRIOS DE PROMOÇÃO POR ANTIGUIDADE E POR MERECIMENTO. SÚMULA Nº 6, ITEM I, DO TRIBUNAL SUPERIOR DO TRABALHO. INAPLICÁVEL.*

É válido o plano de carreira empresarial nos casos em que existe norma coletiva chancelando-o, desde que seja obedecido o requisito da alternância entre os critérios de promoção por antiguidade e por merecimento. Há, portanto, óbice ao pedido de equiparação salarial. Com efeito, a intenção desta Corte Superior, quando da edição da Súmula nº 6, item I, fora apenas de excepcionar da exigência de homologação do quadro de carreira no Ministério do Trabalho as entidades de direito público, tendo em vista a presunção de legalidade de seus atos. Assim, é inviável a aplicação do entendimento contido no aludido verbete para afastar a validade do quadro de carreira de empresa privada que, conquanto não tenha sido homologado no Ministério do Trabalho, haja sido convalidado por meio de instrumento coletivo e observado o critério da alternância entre a promoção por antiguidade e por merecimento. Sob esses fundamentos, a SBDI-I decidiu, por unanimidade, conhecer do recurso de embargos por divergência jurisprudencial e, no mérito, por maioria, dar-lhe provimento para restabelecer a sentença que julgou improcedente o pedido de equiparação salarial e reflexos. Vencidos os Ministros Augusto César Leite de Carvalho, Aloysio Corrêa da Veiga, José Roberto Freire Pimenta e Hugo Carlos Scheuermann. *TST-E-ED-RR – 35941-05.2007.5.02.0254, SBDI-I, rel. Min. Renato de Lacerda Paiva, 08.10.2015. (Informativo nº 120)*

11. ESTABILIDADE

▸ *AÇÃO ANULATÓRIA. GESTANTE. GARANTIA DE EMPREGO. AMPLIAÇÃO DO PRAZO. CLÁUSULA RESTRITA ÀS EMPREGADAS CONTRATADAS POR PRAZO INDETERMINADO. VALIDADE. INEXISTÊNCIA DE AFRONTA AO PRINCÍPIO DA ISONOMIA.*

É válida cláusula de acordo coletivo de trabalho que aumenta, de 180 para 210 dias, o prazo da estabilidade provisória das empregadas gestantes admitidas por prazo indeterminado. O tratamento diferenciado em relação às empregadas contratadas por prazo determinado não ofende o princípio da isonomia, pois a natureza do vínculo de trabalho, nas duas situações, é distinta. Ademais, a norma em questão é resultado da negociação entre os atores sociais e contou com a aprovação inequívoca da categoria profissional. Sob esses fundamentos, a SDC, por maioria, deu provimento ao recurso ordinário para julgar improcedente o pedido de nulidade da Cláusula Vigésima Sexta – Garantia de Emprego ou Indenização Gestantes, constante do acordo coletivo de trabalho firmado entre a Souza Cruz S.A. e o Sindicato dos Empregados Vendedores e Viajantes do Comércio no Estado do Pará. Vencido o Ministro Mauricio Godinho Delgado. TST-RO-422-69.2016.5.08.0000, SDC, rel. Min. Maria de Assis Calsing, 5.6.2017 (Informativo nº 160).

▸ *ESTABILIDADE PROVISÓRIA. REPRESENTANTE SINDICAL E SUPLENTE ELEITOS PARA O CONSELHO DE REPRESENTANTES DE FEDERAÇÃO OU CONFEDERAÇÃO. INCIDÊCIA DOS ARTS. 8º, VIII, DA CF E 543, § 3º, DA CLT.*

A diretriz da Orientação Jurisprudencial nº 369 da SBDI-I, que diz respeito a delegado sindical junto a empresas, não se aplica ao representante sindical eleito, e ao seu suplente, junto ao Conselho de Representantes de federação ou confederação (art. 538, da CLT), uma vez que estes últimos gozam da estabilidade provisória disposta no inciso VIII do art. 8º da CF e no § 3º do art. 543 da CLT. Ademais, não hé falar na incidêcia do limite quantitativo previsto no art. 522 da CLT e na Súmula nº 369, II, do TST, visto que aplicável tão somente aos cargos da Diretoria e do Conselho Fiscal da entidade sindical, pois o Conselho de Representantes dispõe de número fixo de membros de cada sindicato ou federação, quais sejam dois titulares e dois suplentes (CLT, art. 538, § 4º). Com esse entendimento, a SBDI-I, por maioria, conheceu e deu provimento aos embargos para restabelecer a decisão do TRT que reconheceu a estabilidade pleiteada e determinou a reintegração do reclamante com pagamento dos salários do período do afastamento. Vencida a Ministra Maria Cristina Irigoyen Peduzzi. *TST-E-ED-RR-125600-83.2003.5.10.0014, SBDI-I, rel. Min. Delaíde Miranda Arantes, 22.3.2012. (Informativo nº 3)*

▸ *ESTABILIDADE PROVISÓRIA EM RAZÃO DE ACIDENTE DE TRABALHO NO CURSO DE CONTRATO POR PRAZO DETERMINADO. ARESTOS QUE TRATAM DA ESTABILIDADE PROVISÓRIA DURANTE CONTRATO DE EXPERIÊCIA. DIVERGÊCIA JURISPRUDENCIAL. NÃO CONFIGURAÇÃO. DISPOSITIVOS DE LEI DISTINTOS.*

Tendo em conta que a configuração de divergêcia jurisprudencial específica pressupõe a existêcia de teses diversas acerca da interpretação de um mesmo dispositivo legal (Súmula nº 296, I, do TST), a SBDI-I, por maioria, não conheceu de embargos na hipótese em que, para confrontar decisão da Segunda Turma que dera provimento a recurso de revista para restabelecer a sentença que julgara improcedente o pedido de estabilidade provisória em razão de acidente de trabalho no curso de contrato por prazo determinado regido pela Lei nº 6.019/74, o embargante colacionou arestos que versavam sobre estabilidade provisória durante contrato de experiêcia previsto no art. 443 da CLT. Vencidos os Ministros Horácio Raymundo de Senna Pires, José Roberto Freire Pimenta, Delaíde Miranda Arantes e Luiz Philippe Vieira de Mello Filho, os quais vislumbravam a existêcia de divergêcia jurisprudencial específica pois, ainda que o contrato temporário e o contrato de experiêcia estejam previstos em dispositivos de lei distintos, a questão central, tanto da decisão recorrida quanto dos arestos colacionados, diz respeito ao trabalhador que sofre acidente no curso de contrato com data de extinção previamente ajustada, existindo, portanto, identidade de situação fática apta a ensejar o conhecimento do recurso. *TST-E-RR-34600-17.2001.5.17.0001, SBDI-I, rel. Min. Augusto César Leite de Carvalho, 24.5.2012. (Informativo nº 10)*

▸ *AÇÃO RESCISÓRIA. GESTANTE. ESTABILIDADE PROVISÓRIA. CONCESSÃO. GRAVIDEZ NO CURSO DO AVISO PRÉVIO. ART. 10, II, "B", DO ADCT. NÃO VIOLAÇÃO.*

Não viola o disposto no art. 10, II, "b", do ADCT a decisão que confere estabilidade provisória à gestante cuja gravidez tenha ocorrido no curso do aviso prévio, pois o dispositivo constitucional mencionado veda a dispensa da empregada gestante desde a confirmação da gestação até cinco meses após o parto, fixando critério objetivo ligado ao fato da gravidez e não ao momento da sua comprovação. Assim sendo, levando em conta que o aviso prévio, pela sua própria natureza, integra o contrato de trabalho, pode-se concluir que a decisão rescindenda apenas realizou interpretação finalística da norma de garantia fundamental social, não incorrendo em qualquer violação. Com esse entendimento, a SBDI-II, por unanimidade, conheceu e julgou improcedente ação rescisória. *TST-AR-4303-18.2012.5.00.0000, SBDI-II, rel. Min. Hugo Carlos Scheuermann, 12.8.2014(Informativo nº 86)*

▸ ***ESTABILIDADE PROVISÓRIA. MEMBRO DA CIPA. TÉRMINO DA OBRA. EQUIVALÊNCIA À EXTINÇÃO DOESTABELECIMENTO. SÚMULA Nº 339, II, DO TST.***

O encerramento da obra específica para a qual fora instituída a Comissão Interna de Prevenção de Acidentes – CIPA equivale à extinção do próprio estabelecimento, não havendo falar em despedida arbitrária do cipeiro. A garantia provisória no emprego assegurada ao membro da CIPA não se traduz em direito ilimitado, tampouco em vantagem pessoal, uma vez que fundada na necessidade de assegurar ao empregado eleito a autonomia necessária ao livre e adequado exercício das funções inerentes ao seu mandato, relativas à busca pela diminuição de acidentes e por melhores condições de trabalho. Desse modo, inativado o canteiro de obras onde o empregado exercia sua função de cipeiro, cessa a garantia de emprego, sem que haja a possibilidade de reintegração ou de pagamento de indenização pelo período estabilitário, nos termos do item II da Súmula nº 339 do TST. Com esse entendimento, a SBDI-I, por unanimidade, conheceu dos embargos das reclamadas, por divergência jurisprudencial, e, no mérito, por maioria, deu-lhes provimento para excluir da condenação o pagamento da indenização relativa aos salários correspondentes ao período compreendido entre a dispensa do reclamante e o término da estabilidade provisória. Vencido o Ministro José Roberto Pimenta. *TST-E-ED-RR-24000-48.2004.5.24.0061, SBDI-I, rel. Min. Lelio Bentes Corrêa, 6.11.2014 (Informativo nº 94)*

11.1. ESTABILIDADE PREVISTA EM NORMA COLETIVA

▸ ***ESTABILIDADE PRÉ-APOSENTADORIA. PREVISÃO EM NORMA COLETIVA. DESPEDIDA OITO MESES ANTES DO IMPLEMENTO DA CONDIÇÃO. DISPENSA OBSTATIVA. CONFIGURAÇÃO.***

A dispensa do emprego oito meses antes de alcançar os vinte e quatro meses imediatamente anteriores à complementação do tempo para aposentadoria pela previdência social, conforme exigido por norma coletiva que previu a estabilidade pré-aposentadoria, configura óbice à aquisição do direito à garantia de emprego e transfere ao empregador o ônus de provar que não impediu o implemento da condição maliciosamente (art. 129 do CC), sobretudo no caso em que o trabalhador já preenchia outro requisito para o gozo da estabilidade, qual seja, contar com mais de vinte e oito anos de vínculo ininterrupto com o reclamado. Com esse entendimento, a SBDI-I, por unanimidade, conheceu dos embargos, por divergência jurisprudencial, e, no mérito, por maioria, vencidos os Ministros Ives Gandra Martins Filho, relator, Brito Pereira, Maria Cristina Peduzzi e Dora Maria da Costa, negou-lhes provimento. *TST-E-ED-RR-3779900-06.2007.5.09.0652, SBDI-I, rel. Min. Ives Gandra da Silva Martins Filho, red. p/ acórdão Min. Luiz Philippe Vieira de Mello Filho, 3.5.2012. (Informativoº 7)*

▸ ***REPRESENTANTE SINDICAL ELEITO PARA FEDERAÇÃO E CONFEDERAÇÃO. ESTABILIDADE PROVISÓRIA. REPRESENTANTE SINDICAL E SUPLENTE ELEITOS PARA O CONSELHO DE REPRESENTANTES DE FEDERAÇÃO OU CONFEDERAÇÃO. INCIDÊNCIA DOS ARTS. 8º, VIII, DA CF E 543, § 3º, DA CLT.***

A diretriz da Orientação Jurisprudencial nº 369 da SBDI-I, que diz respeito a delegado sindical junto a empresas, não se aplica ao representante sindical eleito, e ao seu suplente, junto ao Conselho de Representantes de federação ou confederação (art. 538, "b", da CLT), uma vez que estes últimos gozam da estabilidade provisória disposta no inciso VIII do art. 8º da CF e no § 3º do art. 543 da CLT. Ademais, não há falar na incidência do limite quantitativo previsto no art. 522 da CLT e na Súmula nº 369, II, do TST, visto que aplicável tão somente aos cargos da Diretoria e do Conselho Fiscal da entidade sindical, pois o Conselho de Representantes dispõe de número fixo de membros de cada sindicato ou federação, quais sejam dois titulares e dois suplentes (CLT, art. 538, § 4º). Com esse entendimento, a SBDI-I, por maioria, conheceu e deu provimento aos embargos para restabelecer a decisão do TRT que reconheceu a estabilidade pleiteada e determinou a reintegração do reclamante com pagamento dos salários do período do afastamento. Vencida a Ministra Maria Cristina Irigoyen Peduzzi. *TST-E-ED-RR-125600-83.2003.5.10.0014, SBDI-I, rel. Min. Delaíde Miranda Arantes, 22.3.2012. (Informativo nº 3)*

11.2. EMPREGADA DOMÉSTICA

▸ ***EMPREGADA DOMÉSTICA GESTANTE. DESPEDIDA ANTES DA VIGÊNCIA DA LEI Nº 11.234/06. ESTABILIDADE PROVISÓRIA (ART. 10, II, "B", DO ADCT). POSSIBILIDADE.***

Possui direito à estabilidade provisória, de que trata o art. 10, II, "b", do ADCT, a empregada doméstica gestante despedida antes da vigência da Lei nº 11.234/06, a qual reconheceu expressamente tal direito. O fato de a estabilidade genérica do artigo 7º, I, da CF não ter sido assegurada às empregas domésticas não tem o condão de afastar a pretensão relativa à garantia provisória concedida às demais gestantes, pois aquelas se encontram na mesma situação de qualquer outra trabalhadora em estado gravídico. Ademais, conforme salientado pelo Ministro João Oreste Dalazen, o STF vem entendendo, reiteradamente, que o comprometimento do Brasil no plano internacional quanto à proteção à maternidade e ao nascituro, independentemente da natureza do vínculo profissional estabelecido entre a gestante e o destinatário da prestação de serviços, remonta à ratificação da Convenção nº 103 da OIT, ocorrida em 18.06.1965, e concerne não apenas à garantia à licença-maternidade, mas também à estabilidade provisória prevista no art. 10, II, "b", do ADCT. Com esse posicionamento, a SBDI-I, em sua composição plena, decidiu, pelo voto prevalente da Presidência, conhecer dos embargos, por divergência jurisprudencial, e, no mérito, negar-lhes provimento, mantendo o acórdão da Turma, que restabeleceu a sentença que julgou procedente o pedido de estabilidade à empregada doméstica gestante, condenando a reclamada ao pagamento da indenização respectiva. Vencidos os Ministros Renato de Lacerda Paiva, Antônio José de Barros Levenhagen, Ives Gandra Martins Filho, Brito Pereira, Maria Cristina Irigoyen Peduzzi, Aloysio Corrêa da Veiga e Dora Maria da Costa. *TST-E-ED-RR-5112200-31.2002.5.02.0900, SBDI-I, rel. Min. Horácio Raymundo de Senna Pires, 13.12.2012 (Informativo nº 34)*

▸ ***AÇÃO RESCISÓRIA. GESTANTE. ESTABILIDADE PROVISÓRIA. CONCESSÃO. GRAVIDEZ NO CURSO DO AVISO PRÉVIO. ART. 10, II, "B", DO ADCT. NÃO VIOLAÇÃO.***

Não viola o disposto no art. 10, II, "b", do ADCT a decisão que confere estabilidade provisória à gestante cuja gravidez tenha ocorrido no curso do aviso prévio, pois o dispositivo constitucional mencionado veda a dispensa da empregada gestante desde a confirmação da gestação até cinco meses após o parto, fixando critério objetivo ligado ao fato da gravidez e não ao momento da sua comprovação. Assim sendo, levando em conta que o aviso prévio, pela sua própria natureza, integra o contrato de trabalho, pode-se concluir que a decisão rescindenda apenas realizou interpretação finalística da norma de garantia fundamental social, não incorrendo em qualquer violação. Com esse entendimento, a SBDI-II, por unanimidade, conheceu e julgou improcedente ação rescisória. *TST-AR-4303-18.2012.5.00.0000, SBDI-II, rel. Min. Hugo Carlos Scheuermann, 12.8.2014(Informativo nº 86)*

12. FECHAMENTO DO ESTABELECIMENTO

▸ ***AR. GESTANTE. ESTABILIDADE PROVISÓRIA. ART. 10, II, "B", DO ADCT. FECHAMENTO DO ESTABELECIMENTO. TRANSFERÊNCIA PARA OUTRA LOCALIDADE. RECUSA DA EMPREGADA. JUSTA CAUSA. NÃO CARACTERIZAÇÃO.***

Levando em consideração que a garantia no emprego da empregada gestante prevista no art. 10, II, "b", do ADCT não está condicionada à existência de atividades regulares na empresa, e visa, em último caso, proteger não apenas a empregada, mas também o bem-estar do nascituro, a recusa da obreira em ser transferida para outra localidade em razão do fechamento da filial em que trabalhava não pode ser tida como justa causa a obstaculizar a percepção das verbas devidas em decorrência da estabilidade. Com esse entendimento, a SBDI-II, decidiu, por unanimidade, conhecer do recurso ordinário e, no mérito, dar-lhe provimento para, reconhecida a afronta ao art. 10, II, "b", do ADCT, desconstituir em parte o acórdão do regional e, em juízo rescisório, determinar o retorno dos autos à Vara do Trabalho de origem para que, afastada a justa causa que fora imposta pelas instâncias ordinárias, aprecie os pedidos postulados na reclamação trabalhista, como entender de direito. *TST-RO-298-04.2010.5.15.0000, SBDI-II, rel. Min. Guilherme Augusto Caputo Bastos. 10.4.2012. (Informativo nº 5)*

13. DEPÓSITO DO FGTS

▸ ***APOSENTADORIA POR INVALIDEZ DECORRENTE DE ACIDENTE DE TRABALHO. SUSPENSÃO DO CONTRATO DE TRABALHO. RECOLHIMENTO DO FGTS. INDEVIDO. ART. 15, § 5º, DA LEI Nº 8.036/90. NÃO INCIDÊNCIA.***

Tendo em conta que a aposentadoria por invalidez suspende o contrato de trabalho, conforme dicção do art. 475 da CLT, é indevido o recolhimento do FGTS no período em que o empregado estiver no gozo desse benefício previdenciário, ainda que o afastamento tenha decorrido de acidente de trabalho. Com esse entendimento, a SBDI-I, em sua composição plena, por maioria, negou provimento ao recurso de embargos, vencidos os Ministros Renato de Lacerda Paiva, Lelio Bentes Corrêa, José Roberto Freire Pimenta e Delaíde Miranda Arantes. Ressaltou o Ministro relator que o art. 15, § 5º, da Lei nº 8.036/90, ao determinar que a licença por acidente de trabalho será causa de interrupção do contrato de trabalho, com obrigatoriedade de recolhimento do FGTS, estabeleceu situação excepcional que não admite interpretação ampliativa para abarcar a aposentadoria por invalidez decorrente de acidente de trabalho. *TST-EE-DRR-133900-84.2009.5.03.0057, SBDI-I, rel. Min. Horácio Raymundo de Senna Pires, 24.5.2012. (Informativo nº 10)*

▸ ***PRESCRIÇÃO TRINTENÁRIA. LIMITE TEMPORAL DA DEMANDA ANTERIOR. FGTS. INCIDÊNCIA SOBRE DIFERENÇAS SALARIAIS DEFERIDAS EM AÇÃO ANTERIORMENTE PROPOSTA. PRESCRIÇÃO TRINTENÁRIA. LIMITE TEMPORAL DA DEMANDA ANTERIOR.***

Reiterando entendimento já sufragado em precedentes anteriores, deliberou a SBDI-I que, nos termos da Súmula nº 362 do TST, é trintenária a prescrição incidente sobre a pretensão de recolhimento de FGTS sobre diferenças decorrentes de parcelas salarias deferidas em ação anteriormente proposta, devendo-se observar, porém, o limite temporal fixado na primeira ação em relação às verbas principais. Assim, a Subseção, por maioria, vencidos a Ministra Maria Cristina Peduzzi e o Desembargador Convocado Sebastião Geraldo de Oliveira, conheceu dos embargos por má aplicação da Súmula nº 206 e por contrariedade à Súmula nº 362, ambas do TST e, no mérito, deu-lhes provimento para declarar aplicável a prescrição trintenária à pretensão aos depósitos do FGTS incidentes sobre as parcelas deferidas no primeiro processo, cuja decisão já transitou em julgado, considerando-se, todavia, o quinquênio anterior à data do ajuizamento da ação trabalhista precedente. *TST-E-ED-RR-103800-87.2001.5.04.0029, SBDI-I, rel. Min. Augusto César Leite de Carvalho, 16.8.2012. (Informativo nº 18)*

▸ ***FGTS. CLÁUSULA NORMATIVA QUE REDUZ A MULTA DE 40% PARA 20% E ESTABELECE DE ANTEMÃO A EXISTÊNCIA DE CULPA RECÍPROCA. INVALIDADE.***

É inválida cláusula de convenção coletiva de trabalho que estabelece, de antemão, a existência de culpa recíproca na rescisão do contrato de trabalho e a consequente redução da multa de 40% do FGTS para 20%, mediante o compromisso das empresas que sucederam outras na prestação do mesmo serviço, em razão de nova licitação, de contratarem os empregados da empresa sucedida. Trata-se de direito indisponível do empregado, garantido em norma de ordem pública e, portanto, infenso à negociação coletiva. Com esse entendimento, a SBDI-I, em sua composição plena, conheceu, por unanimidade, dos embargos interpostos pela reclamada, por divergência jurisprudencial e, no mérito, por maioria, negou-lhes provimento, mantendo a decisão turmária que determinara o pagamento da multa de 40% do FGTS. Vencidos os Ministros Ives Gandra Martins Filho, relator, Maria Cristina Peduzzi, Renato de Lacerda Paiva, Aloysio Corrêa da Veiga e Márcio Eurico Vitral Amaro, que davam provimento ao recurso por entenderem que, na hipótese, a negociação coletiva não atenta contra direito indisponível, uma vez que não se trata de discussão acerca do direito ao levantamento dos depósitos do FGTS propriamente dito, mas sim de multa que tem como base de cálculo os depósitos do FGTS, além de prestigiar a permanência do trabalhador no emprego. *TST-E-ED-RR-45700-74.2007.5.16.0004, SBDI-I, rel. Min. Ives Gandra Martins Filho, red. p/ acórdão Min. Lelio Bentes Corrêa, 21.8.2014 (Informativo nº 87)*

▸ ADMINISTRAÇÃO PÚBLICA. CONTRATAÇÃO PELO REGIME TRABALHISTA. CARGO EM COMISSÃO DE LIVRE NOMEAÇÃO E EXONERAÇÃO. ART. 37, II, DA CF. DEPÓSITOS DO FGTS. DEVIDOS.

É assegurado ao servidor público ocupante de cargo em comissão de livre nomeação e exoneração, contratado sob o regime jurídico trabalhista, o direito aos depósitos do FGTS. O art. 37, II, da CF não autoriza o empregador público a se esquivar da legislação trabalhista a que vinculado no momento da contratação, nem permite concluir que a possibilidade de demissão ad nutum dos ocupantes de cargo em comissão é incompatível com o sistema de proteção social contra a dispensa sem justa causa. De outra sorte, se a Súmula nº 363 do TST assegura o direito ao FGTS mesmo diante de uma contratação nula, não se mostra razoável negar o referido direito a quem ingressa regularmente na Administração Pública. Por tais fundamentos, a SBDI-I, por unanimidade, conheceu dos embargos interpostos pelo reclamante, por divergência jurisprudencial, e, no mérito, deu-lhes provimento para deferir o pagamento do FGTS. (Informativo nº 91)

14. DISPENSA POR JUSTA CAUSA

▸ SOCIEDADE DE ECONOMIA MISTA. PRIVATIZAÇÃO. DEMISSÃO POR JUSTA CAUSA. NECESSIDADE DE MOTIVAÇÃO DO ATO DEMISSIONAL. PREVISÃO EM NORMA INTERNA. DESCUMPRIMENTO. NULIDADE DA DESPEDIDA. REINTEGRAÇÃO. ART. 182 DO CC.

A inobservância da norma interna do Banestado, sociedade de economia mista sucedida pelo Itaú Unibanco S.A., que previa a instauração de procedimento administrativo para apuração de falta grave antes da efetivação da despedida por justa causa, acarreta a nulidade do ato de dispensaocorrido antes do processo de privatização, assegurando ao trabalhador, por conseguinte, a reintegração no emprego, com base no disposto no art. 182 do CC, segundo o qual, anulado o negócio jurídico, deve-se restituir as partes ao "status quo ante". Com esse entendimento, a SBDI-I, por maioria, conheceu dos embargos, por divergência jurisprudencial, e, no mérito, negou-lhes provimento. Vencidos os Ministros Aloysio Corrêa da Veiga, relator, Ives Gandra Martins Filho, Brito Pereira e Maria Cristina Peduzzi, que davam parcial provimento ao recurso para, reconhecendo a nulidade da justa causa aplicada, convertê-la em demissão imotivada e determinar o pagamento das diferenças relativas às verbas rescisórias devidas. *TST-E-ED-RR-22900-83.2006.5.09.0068, SBDI-I, rel. Min. Aloysio Corrêa da Veiga, red. p/ acórdão Min. João Oreste Dalazen, 6.12.2012 (Informativo nº 33)*

▸ JUSTA CAUSA DESCONSTITUÍDA EM JUÍZO. INDENIZAÇÃO SUBSTITUTIVA PELA NÃO LIBERAÇÃO DAS GUIAS DO SEGURO-DESEMPREGO. DEVIDA. SÚMULA Nº 389, II, DO TST.

O reconhecimento judicial da ilegalidade da dispensa por justa causa retroage no tempo, de modo a ensejar o pagamento da indenização substitutiva pela não liberação das guias do seguro-desemprego de que trata a Súmula nº 389, II, do TST. No caso, ressaltou-se que não importa o fato de o empregador não estar obrigado a fornecer as mencionadas guias no momento da rescisão contratual, pois o pagamento da indenização visa minimizar o prejuízo sofrido pelo empregado. Com esse entendimento, a SBDI-I, por unanimidade, conheceu dos embargos da reclamante, por divergência jurisprudencial, mas, no mérito, negou-lhes provimento. *TST-E-RR-54800-83.2007.5.12.0030, SBDI-I, rel. Min. Brito Pereira, 15.8.2013 (Informativo nº 55)*

▸ SENTENÇA CRIMINAL CONDENATÓRIA. APROPRIAÇÃO INDÉBITA. EFEITOS NO JUÍZO TRABALHISTA. DISPENSA PORJUSTA CAUSA. ART. 935 DO CC.

O art. 935 do CC prescreve que as questões decididas no juízo criminal relativas à materialidade eautoria não podem mais ser questionadas. Nesse sentido, sentença penal condenatória em que se reconhecera a autoria, materialidade e a prática de crime de apropriação indébita justifica a manutenção da despedida com justa causa do empregado, especialmente quando, com supedâneo no art. 462 do CPC, verificou-se, já no TST, a ocorrência do trânsito em julgado da sentença penal. Na hipótese, motorista de caminhão-betoneira foi flagrado vendendo sobras de concreto pertencentes ao dono da obra, cliente de sua empregadora, ao que foi despedido com justa causa e instaurada a competente ação penal com a posterior condenação por crime de apropriação indébita. Com esse entendimento, a SBDI-I, unanimidade, conheceu dos embargos da empresa, por divergência jurisprudencial, e, no mérito, por maioria, deu-lhes provimento para restabelecer a sentença que entendera presentes os requisitos da despedida com justa causa. Vencido o Ministro Augusto César Leite de Carvalho, relator, que negava provimento ao recurso. *TST-E-RR-330500- 07.2005.5.12.0045, SBDI-I, rel. Min. Augusto César Leite de Carvalho, red. p/ acórdão Min. João Oreste Dalazen, 6.11.2014 (Informativo nº 94 do TST)*

14.1. ATO DE IMPROBIDADE

▸ ***DANO MORAL. CONFIGURAÇÃO. IMPUTAÇÃO DE ATO DE IMPROBIDADE. DESCARACTERIZAÇÃO DA JUSTA CAUSA EM JUÍZO.***

A descaracterização da despedida por justa causa em juízo, quando imputado ato de improbidade ao empregado (alínea "a" do art. 482 da CLT), gera direito a indenização por dano moral porquanto se verifica ofensa à honra subjetiva do trabalhador. Com esse entendimento a SBDI-I, por unanimidade, conheceu dos embargos, por divergência jurisprudencial, e, no mérito, por maioria, negou-lhes provimento, vencidos os Ministros Ives Gandra Martins Filho, relator, Brito Pereira e Maria Cristina Peduzzi. Na espécie, consignou-se que a falta (entrega de mercadoria a clientes sem receber o respectivo pagamento, em desacordo com as normas internas da empresa) não foi suficientemente grave para ensejar a imputação de ato de improbidade, principalmente em razão de o empregado, uma vez detectado o desfalque, ter ressarcido a empresa, não gerando qualquer dano patrimonial ao empregador. *TST-E-RR-20500-90.2003.5.07.0025, SBDI-I, rel. Min. Ives Gandra da Silva Martins Filho, red. p/ acórdão Min. José Roberto Freire Pimenta, 3.5.2012. (Informativo nº 7)*

▸ ***JUSTA CAUSA. ATO DE IMPROBIDADE. DESCARACTERIZAÇÃO EM JUÍZO. DANO MORAL. NÃO CONFIGURAÇÃO.***

É indevido o pagamento de indenização por danos morais se o trabalhador não produzir prova do prejuízo moral sofrido em razão da dispensa por justa causa fundada em imputação de ato de improbidade, quando descaracterizado em juízo. A despedida em tais circunstâncias não constitui prática de ato ilícito por parte do empregador, e se ele agiu de boa-fé, não dando publicidade ao fato, não imputando, de forma leviana, o ato ao trabalhador, e não abusando do direito de dispensa, não há de se falar em abalo à honorabilidade do empregado apta a configurar dano moral. Ademais, o sistema jurídico brasileiro adota, como regra, a teoria da responsabilidade subjetiva, sendo indevida a indenização quando não configurada a culpa. Com base nesse entendimento, a SBDI-I, por maioria, não conheceu do recurso de embargos no tema, vencidos os Ministros Lelio Bentes, SBDI-I, rel. Min. Lelio Bentes Corrêa, red. p/ acórdão Min. João Oreste Dalazen, 4.10.2012. (Informativo nº24)

14.2. RESCISÃO INDIRETA

▸ ***RESCISÃO INDIRETA. CARACTERIZAÇÃO. ART. 483 DA CLT. PRINCÍPIO DA IMEDIATIDADE. INAPLICABILIDADE. NECESSIDADE DE MANUTENÇÃO DO CONTRATO DE EMPREGO POR PARTE DO EMPREGADO.***

Não constitui óbice ao reconhecimento da rescisão indireta do contrato de trabalho a ausência de imediatidade entre a ocorrência da conduta patronal faltosa e a propositura da reclamação pelo empregado, diante do desequilíbrio econômico entre as partes e a necessidade de manutenção do contrato de emprego, fator preponderante para a subsistência do trabalhador e de sua família. No caso, o descumprimento reiterado das obrigações trabalhistas pelo empregador (não pagamento de adicionais, horas extras e intervalos) caracteriza a hipótese de falta grave empresarial tipificada no art. 483, "d", da CLT, de modo a autorizar a rescisão indireta do contrato de trabalho, com ônus rescisórios para a empresa. Sob esses fundamentos, a SBDI-I, por unanimidade, conheceu dos embargos por contrariedade à Súmula nº 126 do TST e, no mérito, deu-lhes provimento para reconhecer a rescisão indireta do contrato de trabalho e, por corolário, acrescer à condenação o pagamento das verbas rescisórias correlatas. TST-E-RR-1044-36.2014.5.03.0105, SBDI-I, rel. Min. Walmir Oliveira da Costa, 9.2.2017 (Informativo nº 152).

14.2.1. DESCUMPRIMENTO DAS CLÁUSULAS DO CONTRATO (ART. 483, CLT)

▸ ***DANO MORAL. QUEBRA DE SIGILO BANCÁRIO DE EMPREGADO DE BANCO SEM PRÉVIA AUTORIZAÇÃO JUDICIAL. AUDITORIA INTERNA. VIOLAÇÃO DO DIREITO À PRIVACIDADE E À INTIMIDADE.***

O exame da movimentação financeira na conta corrente do empregado de instituição bancária, sem seu prévio consentimento e sem autorização judicial, durante auditoria interna, importa quebra ilegal de sigilo bancário a ensejar indenização por danos morais, em decorrência da violação do direito à intimidade e à privacidade, sendo irrelevante, para a configuração do dano, a ausência de divulgação dos dados sigilosos. Com esse entendimento, a SBDI-I, por maioria, conheceu dos embargos quanto ao tema, por violação do art. 5º, X, da CF, e, no mérito, deu-lhes parcial provimento para restabelecer a sentença quanto ao deferimento ao autor do pagamento de indenização por danos morais. Vencidos os Ministros Ives Gandra Martins Filho e Renato de Lacerda Paiva, que entendiam não se amoldar a hipótese ao conceito legal de quebra de sigilo bancário. *TST-E-ED-RR-254500-53.2001.5.12.0029, SBDI-I, rel. Min. Lélio Bentes Correa, 31.05.2012. (Informativo nº 11)*

▸ ***RESCISÃO INDIRETA. CARACTERIZAÇÃO. ART. 483 DA CLT. PRINCÍPIO DA IMEDIATIDADE. INAPLICABILIDADE. NECESSIDADE DE MANUTENÇÃO DO CONTRATO DE EMPREGO POR PARTE DO EMPREGADO.***

Não constitui óbice ao reconhecimento da rescisão indireta do contrato de trabalho a ausência de imediatidade entre a ocorrência da conduta patronal faltosa e a propositura da reclamação pelo empregado, diante do desequilíbrio econômico entre as partes e a necessidade de manutenção do contrato de emprego, fator preponderante para a subsistência do trabalhador e de sua família. No caso, o descumprimento reiterado das obrigações trabalhistas pelo empregador (não pagamento de adicionais, horas extras e intervalos) caracteriza a hipótese de falta grave empresarial tipificada no art. 483, "d", da CLT, de modo a autorizar a rescisão indireta do contrato de trabalho, com ônus rescisórios para a empresa. Sob esses fundamentos, a SBDI-I, por unanimidade, conheceu dos embargos por contrariedade à Súmula nº 126 do TST e, no mérito, deu-lhes provimento para reconhecer a rescisão indireta do contrato de trabalho e, por corolário, acrescer à condenação o pagamento das verbas rescisórias correlatas. *TST-E-RR-1044-36.2014.5.03.0105, SBDI-I, rel. Min. Walmir Oliveira da Costa, 9.2.2017 (Informativo nº 152).*

14.2.2. DISPENSA EM MASSA

▸ *DC. NATUREZA JURÍDICA. CABIMENTO. ENCERRAMENTO DA UNIDADE INDUSTRIAL. DISPENSA EM MASSA. PRÉVIA NEGOCIAÇÃO COLETIVA. NECESSIDADE.*

A SDC, por maioria, entendendo cabível o ajuizamento de dissídio coletivo de natureza jurídica para se discutir a necessidade de negociação coletiva, com vistas à efetivação de despedida em massa, negou provimento ao recurso ordinário no tocante à preliminar de inadequação da via eleita, vencidos os Ministros Antônio José de Barros Levenhagen, Maria Cristina Irigoyen Peduzzi e Maria de Assis Calsing. No mérito, também por maioria, vencidos os Ministros Maria Cristina Irigoyen Peduzzi e Fernando Eizo Ono, a Seção negou provimento ao recurso, mantendo a decisão recorrida que declarou a ineficácia da dispensa coletiva e das suas consequências jurídicas no âmbito das relações trabalhistas dos empregados envolvidos. No caso, reafirmou-se o entendimento de que a exigência de prévia negociação coletiva para a dispensa em massa é requisito essencial à eficácia do ato empresarial, pois as repercussões econômicas e sociais dela advindas extrapolam o vínculo empregatício, alcançando a coletividade dos trabalhadores, bem com a comunidade e a economia locais. Ressaltou-se, ademais, que o fato de a despedida coletiva resultar do fechamento da unidade industrial, por questões de estratégia empresarial e redução dos custos de produção, não distingue a hipótese dos outros casos julgados pela Seção, pois a obrigatoriedade de o empregador previamente negociar com o sindicato da categoria profissional visa ao encontro de soluções que minimizem os impactos sociais e os prejuízos econômicos resultantes da despedida coletiva, os quais se mostram ainda mais graves quando se trata de dispensa da totalidade dos empregados do estabelecimento, e não apenas de mera redução do quadro de pessoal. *TST-RO-6-61.2011.5.05.0000, SDC, rel. Min. Walmir Oliveira da Costa, 11.12.2012. (Informativo 34)*

▸ *DISSÍDIO COLETIVO DE NATUREZA JURÍDICA. DEMISSÃO COLETIVA. NÃO CONFIGURAÇÃO. AUSÊNCIA DE FATO ÚNICO ALHEIO À PESSOA DO EMPREGADO.*

A dispensa de cento e oitenta empregados ao longo de quatro meses não configura "demissão em massa", pois esta pressupõe um fato único, seja de ordem econômica, tecnológica ou estrutural, alheio à pessoa do empregado. No caso concreto, restou demonstrado que a demissão dos empregados estava dentro dos parâmetros de normalidade do fluxo de mão de obra da empresa, e ocorreu em momento de incremento de produção e recuperação de postos de trabalho, caracterizando-se tão-somente como dispensa plúrima. Com esse entendimento, a SDC, por unanimidade, negou provimento ao recurso ordinário interposto pelo Sindicato dos Trabalhadores nas Indústrias Metalúrgicas, Mecânicas e de Material Elétrico, Eletrônico e Fibra Óptica de Campinas e Região. *TST-RO-147-67.2012.5.15.0000, SDC, rel. Min. Maria de Assis Calsing, 15.4.2013 (Informativo nº 42)*

15. PRESCRIÇÃO

▸ *PRESCRIÇÃO QUINQUENAL. ART. 7º, XXIX, DA CF. APLICABILIDADE IMEDIATA. DESNECESSIDADE DE REGULAMENTAÇÃO DO ART. 7º, I, DA CF.*

O art. 7º, XXIX, da Constituição Federal é norma de aplicação imediata, razão pela qual não prospera a tese de que a prescrição quinquenal nele prevista é inaplicável enquanto não regulamentada a estabilidade no emprego de que trata o art. 7º, I, da CF. Sob esse entendimento, a SBDI-II, por unanimidade, conheceu do recurso ordinário e, no mérito, negou-lhe provimento, mantendo, portanto, a decisão que julgara procedente a pretensão de corte rescisório dirigida à sentença em que se deixou de declarar a prescrição quinquenal ao fundamento de que, enquanto não assegurada a plena eficácia do sistema de garantia contra a despedida arbitrária, a vigência do contrato de emprego constitui óbice ao fluxo do prazo prescricional. TST-RO-10012- 64.2013.5.12.0000, SBDI-II, rel. Min. Luiz Philippe Vieira de Mello Filho, 21.2.2017 (Informativo nº 153).

15.1 PRESCRIÇÃO PARCIAL

▸ *PROMOÇÕES ASSEGURADAS EM REGULAMENTO EMPRESARIAL. NÃO CONCESSÃO. PRESCRIÇÃO PARCIAL. POSSIBILIDADE DE RECONHECIMENTO DO DIREITO ÀS PROMOÇÕES EM PERÍODO PRESCRITO. RESTRIÇÃO DOS EFEITOS FINANCEIROS AO PERÍODO NÃO PRESCRITO.*

Nos termos da Súmula nº 452 do TST, é parcial a prescrição incidente sobre a pretensão de diferenças salariais decorrentes da não concessão pelo empregador de promoções asseguradas em regulamento empresarial, pois se trata de descumprimento contínuo e periódico de obrigação imposta por norma regulamentar. A aplicação da prescrição parcial, todavia, não impede o reconhecimento do direito às promoções em período prescrito (fundo do direito), atingindo tão somente os efeitos financeiros decorrentes das diferenças salariais anteriores ao quinquênio. Sob esse fundamento, a SBDI-I, por unanimidade, conheceu dos embargos, por divergência jurisprudencial, e, no mérito, por maioria, negou-lhes provimento. Vencidos os Ministros Brito Pereira, relator, Ives Gandra da Silva Martins Filho, Guilherme Augusto Caputo Bastos e Márcio Eurico Vitral Amaro. TST-E-ED-RR-900-31.2012.5.18.0003, SBDI-I, rel. Min. Brito Pereira, red. p/ acórdão Min. João Oreste Dalazen, 17.8.2017 (Informativo nº 162)

▸ *REDUÇÃO SALARIAL. DIFERENÇAS. VIOLAÇÃO DO ART. 7º, VI, DA CF E DOS ARTS. 444 E 468 DA CLT. PRESCRIÇÃO PARCIAL. PARTE FINAL DA SÚMULA Nº 294 DO TST.*

Aplica-se a prescrição parcial à pretensão de diferenças salariais na hipótese em que o reclamante, ao retornar ao trabalho após afastamento por auxílio-doença, teve seu salário reduzido sob o argumento de que não teria mais condições físicas para exercer sua antiga função. A proteção ao salário está consagrada no art. 7º, VI, da CF e também nos arts. 444 e 468 da CLT, referentes à irredutibilidade salarial e à inalterabilidade contratual lesiva. Assim, incide a parte final da Súmula nº 294 do TST, pois a cada mês se renova a violação da norma constitucional e da CLT. Sob esses fundamentos, a SBDI-I, por maioria, conheceu dos embargos por divergência jurisprudencial, e, no mérito, deu-lhes provimento para aplicar a prescrição parcial à pretensão de diferenças salariais decorrentes da redução salarial e determinar o retorno dos autos à Vara do Trabalho de origem para que analise esse pedido, como entender de direito. Vencidos os Ministros João Oreste Dalazen, Brito Pereira, Renato de Lacerda Paiva, Márcio Eurico Vitral Amaro e Walmir Oliveira da Costa. TST-E-ED-RR-44500-65.2005.5.10.0005, SBDI-I, rel. Min. José Roberto Freire Pimenta, 9.2.2017 (Informativo nº 152).

▸ *GRATIFICAÇÃO DE FUNÇÃO DE BANCÁRIO. VERBA ASSEGURADA POR LEI. REDUÇÃO. PRESCRIÇÃO PARCIAL. SÚMULA Nº 294 DO TST, PARTE FINAL.*

Nos termos da parte final da Súmula nº 294 do TST, é parcial a prescrição para reclamar as diferenças decorrentes da redução da gratificação de função de bancário, pois seria verba assegurada por lei (art. 224, § 2º, da CLT). Com base nesse entendimento, a SBDI-I, por maioria, negou provimento ao recurso de embargos do banco reclamado. Vencidos os Ministros Ives GandraMartins Filho e Maria Cristina Peduzzi. *TST-E-ED-RR-38200-79.2007.5.03.0048, SBDI-I, rel. Min. Delaíde Miranda Arantes, 10.5.2012. (Informativo nº 8)*

▸ *GRATIFICAÇÃO DE FUNÇÃO PERCEBIDA POR MAIS DE DEZ ANOS. INCORPORAÇÃO A MENOR. PRESCRIÇÃO PARCIAL. SÚMULA Nº 294 DO TST.*

A incorporação a menor de gratificação de função percebida por mais de dez anos consiste em ato lesivo sucessivo, cuja omissão no pagamento integral se renova mês a mês, a determinar a incidência da prescrição parcial (Súmula nº 294 do TST) que não atinge o fundo do direito, mas apenas as parcelas anteriores a cinco anos do ajuizamento da ação. Com base nesse entendimento, a SBDI-I, por maioria, conheceu dos embargos por divergência jurisprudencial e, no mérito, deu-lhes provimento para afastar a prescrição total e determinar o retorno dos autos à Turma de origem a fim de que prossiga no julgamento do mérito, como entender de direito. Vencidos os Ministros Ives Gandra Martins Filho, Renato de Lacerda Paiva e Maria Cristina Irigoyen Peduzzi. *TST-E-ED-RR-24200-91.2009.5.09.0095, SBDI-I, rel. Min. Aloysio Corrêa da Veiga, 2.8.2012. (Informativo nº16)*

▸ *GRATIFICAÇÃO DE FUNÇÃO PERCEBIDA POR DEZ OU MAIS ANOS. REVERSÃO AO CARGO EFETIVO. INCORPORAÇÃO DEVIDA. PAGAMENTO A MENOR. PRESCRIÇÃO PARCIAL.*

A prescrição aplicável à hipótese, em que se postula o pagamento de diferenças salariais decorrentes do pagamento a menor da gratificação de função incorporada em decorrência do exercício por dez ou mais anos de cargo/função de confiança, é a parcial. Na espécie, prevaleceu o entendimento de que a reclamada, ao destituir o empregado da função de confiança e aplicar norma interna da empresa, que previa somente o pagamento em percentuais escalonados, variáveis conforme o tempo de exercício da função, afrontou o princípio constitucional da irredutibilidade salarial, previsto no art. 7º, VI, da CF, e da estabilidade financeira, consoante o preconizado na Súmula nº 372 do TST. Assim, tem-se que a lesão resultante do pagamento parcial da gratificação incorporada pelo empregado se renova mês a mês, porquanto ostenta natureza continuada, não havendo que falar em alteração contratual a atrair a incidência da Súmula nº 294 do TST. Com esse entendimento, a SBDI-I, por unanimidade, conheceu dos embargos, por divergência jurisprudencial, e, no mérito, por maioria, deu-lhes provimento para afastar a prescrição total, determinando o retorno dos autos ao TRT da 3ª Região para que prossiga no julgamento do recurso ordinário interposto pela reclamada, como entender de direito. Vencidos os Ministros Brito Pereira, Milton de Moura França, João Oreste Dalazen, Ives Gandra Martins Filho, Maria Cristina Irigoyen Peduzzi e Renato de Lacerda Paiva. *TST-E-RR-87300-36.2006.5.03.0016, SBDI-I, rel. Min. Lelio Bentes Corrêa, 16.8.2012. (Informativo nº 18)*

▸ *CEF. COMPLEMENTAÇÃO DE APOSENTADORIA. SALÁRIO DE CONTRIBUIÇÃO. INTEGRAÇÃO DA CTVA. PRESCRIÇÃO PARCIAL. SÚMULA Nº 294. NÃO INCIDÊNCIA.*

É parcial a prescrição aplicável ao pleito de integração da parcela Complemento Temporário Variável de Ajuste de Piso de Mercado – CTVA, instituída pela Caixa Econômica Federal – CEF, ao salário de contribuição à previdência complementar, com o objetivo de garantir o recebimento de aposentadoria em valor igual ao da remuneração percebida antes da jubilação. No caso, não há falar em incidência da Súmula nº 294 do TST, porquanto não houve alteração da norma empresarial que rege o pagamento do benefício previdenciário e, consequentemente, sua base de contribuição, sendo irrelevante para a fixação do prazo prescricional a data em que introduzida a CTVA no mundo jurídico. Ademais, a referida parcela foi recebida pelo empregado durante toda a contratualidade, e a pretensão deduzida repousa na alegação de inobservância de normas internas que supostamente determinavam a inclusão da CTVA no cálculo do salário de contribuição, o que causaria lesões de trato sucessivo, que se renovam mês a mês, a atrair, portanto, a prescrição parcial. Com esse entendimento, a SBDI-I, em sua composição plena, por maioria, conheceu dos embargos, por divergência jurisprudencial, no tópico, vencidos, em parte, os Ministros Brito Pereira, relator, Antônio José de Barros Levenhagen, Ives Gandra Martins Filho e Maria Cristina Irigoyen Peduzzi, que conheciam do recurso também por contrariedade à Súmula nº 294 do TST, e, totalmente, os Ministros Augusto César Leite de Carvalho, Renato de Lacerda Paiva, Lelio Bentes Corrêa, Luiz Philippe Vieira de Mello Filho, José Roberto Freire Pimenta e Delaíde Miranda Arantes. No mérito, também por maioria, a Subseção negou provimento aos embargos, vencidos os Ministros Brito Pereira, relator, Antônio José de Barros Levenhagen, Ives Gandra Martins Filho e Maria Cristina Irigoyen Peduzzi, que davam provimento ao recurso por contrariedade à Súmula nº 294 do TST, ao entendimento de ser incidente a prescrição total, uma vez que a criação da CTVA e a sua não inclusão no cálculo da complementação de aposentadoria decorreu de alteração do pactuado por meio de ato único do empregador, consubstanciado na implantação do PCS de 1998. *TST-E-RR-400-89.2007.5.16.0004, SBDI-I, rel. Min. Brito Pereira, red. p/ acórdão Min. Lelio Bentes Côrrea, 8.11.2012 (Informativo nº 29)*

▸ ***CEF. COMPLEMENTO TEMPORÁRIO VARIÁVEL DE AJUSTE DE MERCADO – CTVA. INCLUSÃO NA BASE DE CÁLCULO DAS VANTAGENS PESSOAIS. PRESCRIÇÃO PARCIAL.***

Aplica-se a prescrição parcial à pretensão da inclusão do Complemento Temporário Variável de Ajuste de Mercado – CTVA, instituída pela Caixa Econômica Federal – CEF, na base de cálculo das vantagens pessoais (VPs). Trata-se de verba de natureza salarial, instituída no PCS 1998, de modo que o pleito de integração não está calcado em lesão decorrente de ato único do empregador, mas em norma interna continuamente descumprida. Com esses fundamentos, a SBDI-I, por unanimidade, conheceu do recurso de embargos do reclamante, por divergência jurisprudencial, e, no mérito, deu-lhe provimento para afastar a prescrição pronunciada e determinar o retorno dos autos à Turma de origem, a fim de que examine o recurso de revista da CEF quanto aos demais temas de mérito, como entender de direito. *TST-E-ED-RR-132300-72.2007.5.04.0541, SBDI-I, rel. Min. Alexandre de Souza Agra Belmonte, 13.6.2013 (Informativo nº 51)*

▸ ***GRATIFICAÇÃO DE FUNÇÃO QUE DEVERIA TER SIDO INCORPORADA. SUPRESSÃO. PRESCRIÇÃO PARCIAL. ART. 7º,VI, DA CF.***

Em face do art. 7º, VI, da CF, aplica-se a prescrição parcial à hipótese de supressão da gratificação de função que deveria ter sido incorporada. Com esse entendimento, a SBDI-I, por maioria, conheceu dos embargos da reclamante por contrariedade à Súmula nº 294 do TST, e, no mérito, deu-lhes provimento para, afastando a prescrição total, determinar o retorno dos autos à Turma de origem a fim de prosseguir no julgamento do recurso de revista, como de direito. Vencido o Ministro Renato de Lacerda Paiva. *TST-E-ED-RR-907900-02.2007.5.12.0035, SBDI-I, rel. Min. Brito Pereira, 20.6.2013 (Informativo nº 52)*

▸ ***REDUÇÃO SALARIAL. DIFERENÇAS. VIOLAÇÃO DO ART. 7º, VI, DA CF E DOS ARTS. 444 E 468 DA CLT. PRESCRIÇÃO PARCIAL. PARTE FINAL DA SÚMULA Nº 294 DO TST.***

Aplica-se a prescrição parcial à pretensão de diferenças salariais na hipótese em que o reclamante, ao retornar ao trabalho após afastamento por auxílio-doença, teve seu salário reduzido sob o argumento de que não teria mais condições físicas para exercer sua antiga função. A proteção ao salário está consagrada no art. 7º, VI, da CF e também nos arts. 444 e 468 da CLT, referentes à irredutibilidade salarial e à inalterabilidade contratual lesiva. Assim, incide a parte final da Súmula nº 294 do TST, pois a cada mês se renova a violação da norma constitucional e da CLT. Sob esses fundamentos, a SBDI-I, por maioria, conheceu dos embargos por divergência jurisprudencial, e, no mérito, deu-lhes provimento para aplicar a prescrição parcial à pretensão de diferenças salariais decorrentes da redução salarial e determinar o retorno dos autos à Vara do Trabalho de origem para que analise esse pedido, como entender de direito. Vencidos os Ministros João Oreste Dalazen, Brito Pereira, Renato de Lacerda Paiva, Márcio Eurico Vitral Amaro e Walmir Oliveira da Costa. *TST-E-ED-RR-44500-65.2005.5.10.0005, SBDI-I, rel. Min. José Roberto Freire Pimenta, 9.2.2017 (Informativo nº 152).*

16. PRESCRIÇÃO TOTAL

▸ ***CEF. AUXÍLIO ALIMENTAÇÃO INSTITUÍDO EM NORMA REGULAMENTAR. POSTERIOR ADESÃO AO PAT. MODIFICAÇÃO DA NATUREZA JURÍDICA DA PARCELA. PRESCRIÇÃO TOTAL. SÚMULA Nº 294 DO TST.***

O auxílio alimentação pago pela Caixa Econômica Federal aos seus empregados foi instituído por norma regulamentar, razão pela qual a pretensão às diferenças decorrentes da modificação da natureza jurídica da parcela, oriunda da inscrição da CEF no Programa de Alimentação do Trabalhador (PAT), configura pedido de prestações sucessivas decorrentes de alteração contratual envolvendo verba não prevista em lei a atrair a incidência da prescrição total, nos termos da Súmula nº 294 do TST. Com base nesse entendimento, a SBDI-I, em sua composição plena, conheceu dos embargos por contrariedade à Súmula nº 294 do TST, à unanimidade, e, no mérito, por maioria, deu provimento ao recurso para restabelecer o acórdão do Regional, que pronunciara a prescrição total da pretensão. Vencidos os Ministros Aloysio Corrêa da Veiga, relator, Horácio Raymundo de Senna Pires, Augusto César Leite de Carvalho, José Roberto Freire Pimenta, Delaíde Miranda Arantes e Lelio Bentes Corrêa. *TST-E-ED-RR-157000-82.2007.5.03.0075, SBDI-I, rel. Min. Aloysio Corrêa da Veiga, red. p/ acórdão Min. Ives Gandra da Silva Martins Filho, 24.5.2012. (Informativo nº 10)*

▸ ***DANOS MORAIS E MATERIAIS DECORRENTES DA RELAÇÃO DE EMPREGO NÃO ORIUNDOS DE ACIDENTE DE TRABALHO. INDENIZAÇÃO. LESÃO ANTERIOR É VIGÊCIA DA EC Nº 45/2004. PRESCRIÇÃO CÌVEL.***

Na hipótese em que se postula o pagamento de indenização por danos morais e materiais que tenham origem na relação de emprego, ainda que não decorram de acidente de trabalho, a regra prescricional aplicável é definida levando-se em conta a data da lesão ou da ciêcia inequívoca do evento danoso, se anterior ou posterior é Emenda Constitucional nº 45/2004. Assim, ocorrida a lesão antes da vigêcia da referida emenda, incide o prazo cìvel, observando-se o disposto no art. 206, § 3º, V, do CC e a regra de transição prevista no art. 2.028 do mesmo diploma legal. De outra sorte, em sendo o dano posterior é EC nº 45/2004, aplica-se a prescrição trabalhista de que trata o art. 7º, XXIX, da CF. Com base nessas premissas e tendo em conta que, no caso, o dano ocorreu em momento anterior é publicação da EC nº 45/04 e que, pela regra de transição, não hé falar em prescrição, a SBDI-I, em sua composição plena, por unanimidade, conheceu dos embargos, por divergêcia jurisprudencial, e, no mérito, por maioria, deu-lhes provimento para determinar o retorno dos autos é Vara do Trabalho de origem para, afastada a prescrição trabalhista, julgar a pretensão como entender de direito. Vencidos os Ministros Maria Cristina Peduzzi, Dora Maria da Costa e António José de Barros Levenhagen. *TST-E-ED-RR-22300-29.2006.5.02.0433, SBDI-I, rel. Min. Brito Pereira, 24.5.2012. (Informativo nº 10)*

▸ ***DOENÇA OCUPACIONAL. LER/DORT. AÇÃO DE INDENIZAÇÃO POR DANOS MORAIS E MATERIAIS.PRESCRIÇÃO. TERMO INICIAL. DECISÃO JUDICIAL QUE CONCEDEU A APOSENTADORIA POR INVALIDEZ. RECONHECIMENTO DA INCAPACIDADE DEFINITIVA PARA O TRABALHO. SÚMULA Nº 278 DO STJ.***

Nos termos da Súmula nº 278 do STJ, o termo inicial do prazo prescricional da ação de indenização é a data da ciência inequívoca da incapacidade laboral. No caso de lesões decorrentes de LER/DORT, ao contrário do que ocorre nos acidentes de trabalho típicos, o dano não é instantâneo, revelando-se de forma gradual, podendo agravar a saúde do trabalhador ao longo do tempo, culminando com a sua incapacidade permanente para o trabalho. Assim, no momento em que areclamante recebeu alta médica após gozar de auxílio-doença acidentário no período de fevereiro de 2000 a junho de 2001, a materialização de sua incapacidade definitiva para o trabalho ainda era duvidosa, tornando-se incontestável, para fins de incidência da Súmula nº 278 do STJ, somente por meio da decisão que concedeu a aposentadoria por invalidez, proferida pela Justiça comum em15/09/2004 e transitada em julgado em 23/03/2006. Desse modo, tendo em conta que reclamação trabalhista foi ajuizada em 24/11/2006, ou seja, antes do transcurso do prazo prescricional bienal, a SBDI-I, por unanimidade, conheceu dos embargos da reclamante por divergência jurisprudencial e, no mérito, deu-lhes provimento para, afastada a prescrição, determinar o retorno dos autos à Vara do Trabalho de origem, a fim de que prossiga no exame do feito, como entender de direito. *TST-EED-RR-210200-43.2006.5.18.0003, SBDI-I, rel. Min. Renato de Lacerda Paiva, 8.8.2013 (Informativo nº 54)*

▸ ***MAJORAÇÃO LESIVA DA JORNADA DE TRABALHO. ALTERAÇÃO DO PACTUADO. PAGAMENTO DE HORAS EXTRAS. PRESCRIÇÃO TOTAL. SÚMULA Nº 294 DO TST.***

Incide a prescrição total sobre a pretensão de recebimento de horas extras fundada na alteração lesiva da jornada de trabalho de 180 para 220 horas, porquanto não há preceito de lei que assegure a carga horária de 180 horas mensais. Configura-se, portanto, alteração do pactuado a atrair a incidência da primeira parte da Súmula nº 294 do TST. Com esse entendimento a SBDI-I, em sua composição plena, conheceu dos embargos por unanimidade e, no mérito, por maioria, negou-lhes provimento. Vencidos os Ministros Rosa Maria Weber, relatora, Horácio Senna Pires, Augusto César de Carvalho, José Roberto Pimenta, Delaíde Miranda Arantes e o Desembargador Convocado Sebastião Geraldo de Oliveira. *TST-E-ED-RR-113840-26.2003.5.04.0008, SBDI-I, rel. Min. Rosa Maria Weber, red. p/ acórdão Min. Maria Cristina Irigoyen Peduzzi, 24.5.2012. (Informativo nº 10)*

17. PRESCRIÇÃO APLICADA AO EMPREGADO RURAL

▸ ***AR. RURÍCOLA. PRAZO QUINQUENAL. CONTRATO INICIADO E EXTINTO ANTES DA EC Nº 28/2000. OFENSA AO ART. 5º, XXXVI, DA CF. CONFIGURAÇÃO.***

A regra prescricional inaugurada pela Emenda Constitucional nº 28/2000 não se aplica à hipótese em que o rurícola teve seu contrato de trabalho iniciado e extinto antes da publicação da referida emenda, ainda que tenha proposto a ação em momento posterior à vigência da EC nº 28/2000, sob pena de ofensa ao direito adquirido. Com base nessa premissa, a SBDI-II, por maioria, reputando caracterizada a ofensa ao art. 5º, XXXVI, da CF, julgou procedente a ação rescisória, com fundamento no art. 485, V, do CPC, para desconstituir a decisão que declarara prescritos os créditos trabalhistas anteriores aos cinco anos da data da propositura da reclamatória e, em juízo rescisório, restabelecer o acórdão do Regional. Vencidos os Ministros Emmanoel Pereira, relator, Pedro Paulo Manus e Antônio José de Barros Levenhagen, os quais julgavam improcedente a ação rescisória ao fundamento de que o acórdão rescindendo não resolveu a controvérsia sob o prisma do art. 5º, XXXVI, da CF, não havendo, portanto, pronunciamento explícito acerca do direito adquirido a permitir o corte rescisório com base no art. 485, V, do CPC, conforme exigido pela

Súmula nº 298, I, do TST. Ademais, quando da prolação da decisão rescindenda, a redação da Orientação Jurisprudencial nº 271 da SBDI-I previa a incidência do prazo prescricional vigente à época da propositura da ação. *TST-AR-1850836-58.2007.5.00.0000, SBDI-II, rel. Min. Emmanoel Pereira, red. p/ acórdão Min. Maria Cristina Irigoyen Peduzzi. 5.6.2012. (Informativo nº 12)*

18. PRESCRIÇÃO INTERCORRENTE

▸ ***EXECUÇÃO. PRESCRIÇÃO INTERCORRENTE. INCIDÊNCIA. AFRONTA AO ART. 5º, XXXVI, DA CF. CONFIGURAÇÃO.***

A decisão que extingue a execução, com resolução de mérito, em virtude da incidência da prescrição intercorrente, afronta a literalidade do art. 5º, XXXVI, da CF, porquanto impede a produção dos efeitos materiais da coisa julgada, tornando sem efeito concreto o título judicial transitado em julgado. Com base nessa premissa, a SBDI-I, por unanimidade, conheceu do recurso de embargos, por divergência jurisprudencial, e, no mérito, deu-lhe provimento para, afastada a prescrição intercorrente decretada, não admitida pela Súmula nº 114 do TST, determinar o retorno dos autos à Vara do Trabalho de origem, a fim de que prossiga na execução do feito, como entender de direito. *TST-E-RR-4900-08.1989.5.10.0002, SBDI-I, rel. Min. Lelio Bentes Corrêa, 14.6.2012. (Informativo nº 13)*

▸ ***RECLAMAÇÃO TRABALHISTA ARQUIVADA. MARCO INICIAL PARA O REINÍCIO DA CONTAGEM DO PRAZO PRESCRICIONAL BIENAL E QUINQUENAL. PRESCRIÇÃO. INTERRUPÇÃO. RECLAMAÇÃO TRABALHISTA ARQUIVADA. MARCO INICIAL PARA O REINÍCIO DA CONTAGEM DO PRAZO PRESCRICIONAL BIENAL E QUINQUENAL.***

O ajuizamento anterior de reclamação trabalhista, ainda que arquivada, interrompe a prescrição bienal e quinquenal, para pedidos idênticos, sendo que o cômputo do biênio é reiniciado a partir do trânsito em julgado da decisão proferida na ação anteriormente ajuizada, enquanto que a prescrição quinquenal conta-se da data da propositura dessa primeira reclamação trabalhista (art. 219, § 1º, do CPC c/c art. 202, parágrafo único, do CC). Com esse entendimento, a SBDI-I, por unanimidade, conheceu dos embargos por divergência jurisprudencial e, no mérito, por maioria, negou-lhes provimento. Vencido o Ministro Ives Gandra Martins Filho. (Informativo nº 13)

19. SUSPENSÃO DO CONTRATO DE TRABALHO

▸ ***AR. APOSENTADORIA POR INVALIDEZ. SUSPENSÃO DO CONTRATO DE TRABALHO. FLUÊNCIA DA PRESCRIÇÃO BIENAL. IMPOSSIBILIDADE. ART. 7º, XXIX, DA CF. VIOLAÇÃO.***

Levando em consideração que a aposentadoria por invalidez não rescinde o contrato de trabalho, mas apenas o suspende, viola a literalidade do art. 7º, XXIX, da CF a decisão que declarou a prescrição total do direito de postular indenização por danos material e moral na hipótese em que a reclamante, não obstante aposentada por invalidez, teve seu contrato de trabalho extinto um mês após a jubilação. Nesse caso, tendo em vista o contrato-realidade, não há falar em fluência do prazo bienal, mas sim do quinquenal, o qual, na espécie, não se consumou, uma vez que a ação rescisória foi ajuizada dois anos e um mês após a extinção do vínculo, e dois anos e dois meses após a aposentadoria por invalidez. Com esse entendimento, a SBDI-II, por maioria, deu provimento ao recurso ordinário para, julgando procedente a ação rescisória, desconstituir, em juízo rescindente, por ofensa ao art. 7º, XXIX, da CF, a sentença proferida nos autos de reclamação trabalhista, por meio da qual fora extinto o processo com resolução do mérito, com base no art. 269, IV, do CPC, e, em juízo rescisório, afastar a prescrição nuclear arguida e determinar o retorno dos autos à Vara do Trabalho de origem, a fim de que, rechaçada a premissa de que prescrita a pretensão de indenização por danos morais e materiais decorrentes de doença profissional, aprecie os pedidos deduzidos na reclamação trabalhista, como entender de direito. Vencidos os Ministros Pedro Paulo Manus, relator, e Guilherme Augusto *Caputo* Bastos. *TST-RO-9856-60.2010.5.02.0000, SBDI-II, rel. Min. Pedro Paulo Manus. red. p/ acórdão Min. Hugo Carlos Scheuermann, 2.10.2012 (Informativo nº 24)*

20. SINDICATO

▸ ***CONTRIBUIÇÃO PATRONAL. MELHORIA DOS SERVIÇOS MÉDICO E ODONTOLÓGICO PRESTADOS PELO SINDICATO PROFISSIONAL. AFRONTA AO ART. 2º DA CONVENÇÃO Nº 98 DA OIT. NÃO CONFIGURAÇÃO.***

É válida a cláusula que cria contribuição da categoria patronal visando à melhoria dos serviços médico e odontológico prestados aos trabalhadores pelo sindicato profissional. Na hipótese, não há falar em afronta ao art. 2º da Convenção nº 98 da OIT, ratificada pelo Brasil em 18.11.1952, porquanto o recurso financeiro oriundo das empresas não se destina a manter a organização sindical dos empregados, nem implica sujeição do sindicato ao controle da categoria patronal, em prejuízo à liberdade sindical. Ao contrário, traduz a cooperação do segmento patronal para o avanço das condições de saúde de seus empregados, em consonância com o disposto no art. 7º, *caput*, da CF. Com esse fundamento, a SDC, por maioria, deu provimento ao recurso ordinário para declarar a validade da "Cláusula Trigésima Terceira – Contribuição Assistencial – Empresas". Vencido, no tópico, o Ministro Fernando Eizo Ono. *TST-RO-36500-57.2009.5.17.0000, SDC, rel. Min. Walmir Oliveira da Costa, 11.6.2012. (Informativo nº 13)*

▸ ***SINDICATO. SUBSTITUIÇÃO PROCESSUAL. LEGITIMIDADE ATIVA. EQUIPARAÇÃO SALARIAL. MAQUINISTAS. DIREITO INDIVIDUAL HOMOGÊNEO. ORIGEM COMUM DA PRETENSÃO.***

O Sindicato dos Trabalhadores em Empresas Ferroviárias de Belo Horizonte, na condição de substituto processual, possui legitimidade ativa para postular a equiparação salarial de trinta e cinco maquinistas, ainda que o pedido esteja ligado à subjetividade de cada um dos titulares do direito, a determinar consequências distintas para cada substituído. Trata-se de direito individual homogêneo,na medida em que a pretensão tem origem comum, conforme exigido no art. 81, III, do CDC (Lei nº 8.078/90). Com esse entendimento, a SBDI-I, por unanimidade, conheceu dos embargos, por divergência jurisprudencial e, no mérito, deu-lhes provimento para reconhecer a legitimidade ativa do sindicato autor e determinar o retorno dos autos à Vara do Trabalho de origem, a fim de que aprecie a pretensão exordial, como entender de direito. *TST-E-ED-RR-256-45.2011.5.03.0002, SBDI-I, rel. Min. Aloysio Côrrea da Veiga, 14.2.2013 (Informativo nº 36)*

▸ ***DANO MORAL COLETIVO. CARACTERIZAÇÃO. CONDUTA ANTISSINDICAL. CONVENÇÃO COLETIVA DE TRABALHO. FINANCIAMENTO DO SINDICATO PROFISSIONAL COM RECURSOS PROVENIENTES DO EMPREGADOR.***

O financiamento do sindicato profissional com recursos provenientes do empregador (taxa negocial), conforme firmado em cláusula de convenção coletiva de trabalho, configura conduta antissindical que, ao impossibilitar a autonomia da negociação coletiva, fragiliza o sistema sindical e a relação entre empregados e empregadores, ensejando, portanto, a reparação por dano moral coletivo. Na espécie, registrou-se que, embora a cláusula em questão tenha sido suspensa por força de liminar requerida pelo Ministério Público do Trabalho nos autos de ação civil pública, restou caracterizada a conduta ilícita, de modo que a inexistência de efetiva lesão não afasta a necessidade de reparação, sob pena de retirar a proteção jurídica dos direitos coletivos. Com esse entendimento, a SBDI-I, por unanimidade, conheceu dos embargos interpostos pelo MPT, por divergência jurisprudencial e, no mérito, deu-lhes provimento para restabelecer o acórdão do Regional, impondo a condenação no importe de R$ 10.000,00 a título de dano moral coletivo. *TST-E-ARR-64800– 98.2008.5.15.0071, SBDI-I, rel. Min. Aloysio Corrêa da Veiga, 12.2.2015. (Informativo nº 100)*

▸ ***CONTRIBUIÇÃO ASSISTENCIAL. DESCONTO OBRIGATÓRIO. EMPREGADOS NÃO FILIADOS AO SINDICATO. DIREITO DE OPOSIÇÃO. NULIDADE DA CLÁUSULA DE INSTRUMENTO COLETIVO. ART. 545 DA CLT. PRECEDENTE NORMATIVO Nº 119. ORIENTAÇÃO JURISPRUDENCIAL Nº 17 DA SDC.***

Nos termos da Orientação Jurisprudencial nº 17 da SDC e do Precedente Normativo nº 119, não é válida cláusula de instrumento coletivo que prevê desconto obrigatório de contribuição assistencial de empregado não sindicalizado, ainda que a ele seja garantido o direito de oposição. A previsão de oposição ao desconto não tem o condão de convalidar a cláusula coletiva, pois, a teor do art. 545 da CLT, os descontos salariais em favor do sindicato de classe estão condicionados à expressa autorização do empregado. Sob esses fundamentos, a SBDI-I, por unanimidade, conheceu dos embargos, por divergência jurisprudencial, e, no mérito, por maioria, negou-lhes provimento. Vencidos os Ministros José Roberto Freire Pimenta, Augusto César Leite de Carvalho e Hugo Carlos Scheuermann. *TST-E-ED-RR-135400-05.2005.5.05.0015, SBDI-I, rel. Min. Dora Maria da Costa, 13.10.2016. (Informativo nº 147)*

▸ ***CONTRIBUIÇÃO SINDICAL PATRONAL. HOLDING PURA. AUSÊNCIA DE EMPREGADOS. NÃO RECOLHIMENTO.***

O sistema sindical brasileiro é fundado na agremiação de trabalhadores em contraposição simétrica a agremiações de empregadores que se unem em razão da defesa de interesses comuns pertinentes às relações de trabalho. Quando o agente econômico não possui empregados, a possibilidade de receber uma contrapartida da entidade sindical que supostamente o representa fica comprometida, colocando um óbice lógico-jurídico à representação pela entidade de classe. Em outras palavras, o objetivo das contribuições sindicais é viabilizar o funcionamento do sistema sindical brasileiro e este, por sua vez, busca favorecer o diálogo entre a classe patronal e a de trabalhadores com vistas à fixação das condições de trabalho. Assim, no caso de uma holding pura, ou seja, agente societário dedicado à administração de bens e participação em outras sociedades, sem desempenho de atividades econômicas e sem a contratação de empregados, não se pode exigir o recolhimento da contribuição sindical patronal (interpretação sistemática dos arts. 570, 579 e 580 da CLT e 109 e 114 do CTN). Sob esses fundamentos, a SBDI-I, por unanimidade, conheceu dos embargos por divergência jurisprudencial e, no mérito, por maioria, negou-lhes provimento. vencidos os Ministros Aloysio Corrêa da Veiga, relator, Renato de Lacerda Paiva e Alexandre de Souza Agra Belmonte. *TST-E-RR-2058-44.2011.5.03.0078, SBDI-I, rel. Min. Aloysio Corrêa da Veiga, red. p/ o acórdão Min. Luiz Philippe Vieira de Mello Filho, 18.2.2016. (Informativo nº 129)*

20.1. SINDICATO REPRESENTANTE DE MOTORISTAS

▸ ***DC. MOTORISTAS DE TRANSPORTE INTERNO DE MERCADORIAS E DE PESSOAS NA ÁREA DOS PORTOS. SINDICATO REPRESENTANTE DE MOTORISTAS RODOVIÁRIOS. ILEGITIMIDADE ATIVA "AD CAUSAM". CONFIGURAÇÃO.***

Não possui legitimidade para representar os motoristas de transporte interno de mercadorias e de pessoas na área dos portos o Sindicato dos Trabalhadores Rodoviários em Empresas de Transportes de Passageiros Municipais e Intermunicipais, Comércio e Trabalhadores em Empresas Sem Representação de Santos, Baixada Santista e Litoral, uma vez que, diante da disposição contida no art. 57, § 3º, I, da Lei 8.630/93, a atividade dos referidos trabalhadores se classifica como de capatazia. Ademais, esses profissionais não atuam fundamentalmente em rodovias, nem enfrentam rotineiros congestionamentos e riscos de acidentes fatais, condições próprias dos motoristas rodoviários, que constituem categoria diferenciada. Inteligência da Orientação Jurisprudencial nº 315 da SBDI-I. Com esse entendimento, a SDC, por maioria, deu provimento ao recurso ordinário do Sindicato dos Operadores Portuários do Estado de São Paulo – SOPESP, a fim de acolher a arguição de ilegitimidade ativa do Sindicato suscitante, e, em consequência, decretou a extinção do processo sem resolução do mérito, nos termos do art. 267, VI, do CPC. Vencido o Ministro João Oreste Dalazen. *TST-RO-2004500-21.2008.5.02.0000, SDC, rel. Min. Fernando Eizo Ono, 13.11.2012 (Informativo nº 30)*

20.2. COMISSÃO DE CONCILIAÇÃO PRÉVIA

▸ ***COMISSÃO DE CONCILIAÇÃO PRÉVIA. SUSPENSÃO DO PRAZO PRESCRICIONAL. NÃO LIMITAÇÃO AO PERÍODO DE DEZ DIAS PREVISTO NO ART. 625-F DA CLT.***

O prazo de dez dias previsto no art. 625-F da CLT é direcionado à Comissão de Conciliação Prévia - CCP, a fim de dar maior celeridade à tentativa de conciliação, e não à parte que a provocou. Assim, elastecido o período entre a submissão da demanda à CCP e a data em que lavrado o termo de conciliação frustrada, todo esse tempo deve ser computado para efeito de suspensão do prazo prescricional a que alude o art. 625-G da CLT, sob pena de prejudicar a parte que optou em buscar a conciliação. Sob esses fundamentos, a SBDI-I, por unanimidade, conheceu do recurso de embargos do reclamante, por divergência jurisprudencial, e, no mérito, deu-lhe provimento para restabelecer a sentença. TST-E-ED-ARR-1929-04.2011.5.03.0025, SBDI-I, rel. Min. Aloysio Corrêa da Veiga, 14.9.2017 (Informativo nº 164)

▸ ***COMISSÃO DE CONCILIAÇÃO PRÉVIA. ACORDO FIRMADO SEM RESSALVAS. EFICÁCIA LIBERATÓRIA GERAL.***

Reafirmando posicionamento da Corte no sentido de possuir eficácia liberatória geral, quanto ao contrato de trabalho, o acordo firmado perante a comissão de conciliação prévia, quando inexistentes ressalvas, a SBDI-I, por maioria, negou provimento ao agravo e manteve a decisão que negou seguimento aos embargos. Vencidos os Ministros José Roberto Freire Pimenta e Delaíde Miranda Arantes, que davam provimento ao agravo para restabelecer a decisão do Regional, ao fundamento de que, na hipótese, o termo de conciliação firmado pelas partes diante da comissão de conciliação prévia se deu em substituição ao procedimento homologatório regular, em desvio de finalidade, inviabilizando, portanto, a eficácia liberatória pretendida. *TST-Ag-E-RR-131240-28.2008.5.03.0098, SBDI-1, rel. Min. Ives Gandra Martins Filho, 20.9.2012 (Informativo nº 22)*

▸ ***COMISSÃO DE CONCILIAÇÃO PRÉVIA. ACORDO FIRMADO SEM RESSALVAS. EFICÁCIA LIBERATÓRIA GERAL. PARÁGRAFO ÚNICO DO ART. 625-E DA CLT.***

Nos termos do parágrafo único do art. 625-E da CLT, o termo de conciliação, lavrado perante a Comissão de Conciliação Prévia regularmente constituída, possui eficácia liberatória geral, exceto quanto às parcelas ressalvadas expressamente. Em outras palavras, não há limitação dos efeitos liberatórios do acordo firmado sem ressalvas, pois o termo de conciliação constitui título executivo extrajudicial, com força de coisa julgada entre as partes, equivalendo a uma transação e abrangendo todas as parcelas oriundas do vínculo de emprego. Com esse posicionamento, a SBDI-I, em sua composição plena, por unanimidade, conheceu dos embargos, por divergência jurisprudencial, e, no mérito, pelo voto prevalente da Presidência, deu-lhes provimento para julgar extinto o processo sem resolução de mérito, na forma do art. 267, IV, do CPC. Vencidos os Ministros Horácio Raymundo de Senna Pires, Rosa Maria Weber, Lelio Bentes Corrêa, Luiz Philippe Vieira de Melo Filho, Augusto César Leite de Carvalho, José Roberto Freire Pimenta e Delaíde Miranda Arantes, por entenderem que a quitação passada perante a Comissão de Conciliação Prévia não pode abranger parcela não inserida no correlato recibo. *TST-E-RR-17400-43.2006.5.01.0073, SBDI-I, rel. Min. Aloysio Corrêa da Veiga, 8.11.2012 (Informativo nº 29)*

▸ ***COMISSÃO DE CONCILIAÇÃO PRÉVIA. TERMO DE QUITAÇÃO. EFICÁCIA LIBERATÓRIA. DIFERENÇAS EM COMPLEMENTAÇÃO DE APOSENTADORIA. NÃO ABRANGÊNCIA.***

A eficácia liberatória geral do termo de quitação referente a acordo firmado perante a Comissão de Conciliação Prévia (art. 625-E, parágrafo único, da CLT) possui abrangência limitada às verbas trabalhistas propriamente ditas, não alcançando eventuais diferenças de complementação de aposentadoria. Com esse entendimento, a SBDI-I, por unanimidade, conheceu dos embargos, por divergência jurisprudencial, e, no mérito, deu-lhes parcial provimento para, afastada a quitação do termo de conciliação quanto aos reflexos das horas extras e do desvio de função sobre a complementação de aposentadoria, determinar o retorno dos autos à Vara do Trabalho, para que prossiga no julgamento do feito como entender de direito. Ressaltou-se, no caso, que a complementação de aposentadoria, embora decorrente do contrato de trabalho, não possui natureza trabalhista. Ademais, não se pode estender os efeitos da transação firmada na CCP a entidade de previdência privada, por se tratar de terceiro que não participou do negócio jurídico. *TST-E-RR-141300-03.2009.5.03.0138, SBDI-I, rel. Min. Renato de Lacerda Paiva, 6.12.2012 (Informativo nº 33)*

21. GREVE

▸ ***PORTUÁRIOS. GREVE. ABUSIVIDADE. PARALISAÇÃO POR MOTIVAÇÃO POLÍTICA.***

A greve realizada por explícita motivação política, mesmo que por curto período de tempo, é abusiva, visto que o empregador não dispõe de poder de negociação para pacificar o conflito. Sob esse fundamento, a SDC, por unanimidade, decidiu conhecer do recurso ordinário do Sindicato dos Operadores Portuários de São Paulo, e, no mérito, por maioria, deu-lhes parcial provimento para declarar abusivo o movimento de paralisação das atividades dos portuários, que teve como propósito abrir espaço para a negociação do novo marco regulatório implantado pela MP nº 595/2012, a qual passou a dispor acerca da exploração direta e indireta, pela União, dos portos e instalações portuárias e sobre as atividades dos operadores portuários, entre outras providências. Vencidos os Ministros Maurício Godinho Delgado e Kátia Magalhães Arruda. TST-RO-1393- 27.2013.5.02.0000, SDC, rel. Min. Maria de Assis Calsing, 24.4.2017 (Informativo nº 157).

▸ ***EXERCÍCIO DO DIREITO DE GREVE. DEFLAGRAÇÃO POR AUSÊNCIA DE PAGAMENTO DOS SALÁRIOS. DESCUMPRIMENTO DOS REQUISITOS FORMAIS PREVISTOS NA LEI Nº 7.783/1989. CULPA RECÍPROCA. DECLARAÇÃO DE NÃO ABUSIVIDADE DA GREVE. INDEFERIMENTO DA GARANTIA DE EMPREGO.***

Na hipótese em que a greve foi deflagrada por ausência de pagamento dos salários, mas sem o cumprimento dos requisitos formais previstos no art. 4º e § 1º, da Lei nº 7.783/1989, a SDC,concluindo pela existência de culpa recíproca, decidiu, por unanimidade, conhecer do recurso ordinário e, no mérito, por maioria, dar-lhe provimento parcial para afastar a declaração de abusividade da greve, mas indeferir o pleito da garantia de emprego. Vencidos, parcialmente, os Ministros Maria de Assis Calsing, relatora, e Fernando Eizo Ono. *TST-RO-9011-91.2011.5.02.0000, SDC, rel. Min. Maria de Assis Calsing, 10.6.2013 (Informativo nº 50)*

21.1. EXIGÊNCIA DE APROVAÇÃO DA GREVE POR ASSEMBLEIA

▸ ***DC. EXIGÊNCIA DE APROVAÇÃO DA GREVE POR ASSEMBLEIA (ART. 4º DA LEI Nº 7.783/89). INOBSERVÂNCIA. ABUSIVIDADE DO MOVIMENTO PAREDISTA. NÃO CONFIGURAÇÃO. REQUISITO SUPRIDO PELA AMPLA ADESÃO E PARTICIPAÇÃO DOS TRABALHADORES.***

A despeito da inexistência de prova da ocorrência de assembleia-geral regular, se os elementos dos autos permitirem a convicção de ter havido aprovação da greve pelos empregados envolvidos, considera-se suprida a formalidade prevista no art. 4º da Lei nº 7.783/89, razão pela qual a inobservância do referido requisito não caracteriza a abusividade do movimento paredista. Com esse entendimento, a SDC, por unanimidade, conheceu do recurso ordinário e, no mérito, por voto prevalente da Presidência, negou-lhe provimento. Vencidos os Ministros Walmir Oliveira da Costa, Fernando Eizo Ono e Márcio Eurico Vitral Amaral, que davam provimento ao apelo para declarar a abusividade da greve. *TST-RO-DC-2017400-02.2009.5.02.0000, SDC, rel. Min. Mauricio Godinho Delgado, 12.3.2012. (Informativo nº 1)*

21.2. COMUNICAÇÃO APENAS DO "ESTADO DE GREVE"

▸ ***DC. EXERCÍCIO DO DIREITO DE GREVE. ABUSIVIDADE. CONFIGURAÇÃO. COMUNICAÇÃO APENAS DO "ESTADO DE GREVE". ART. 13 DA LEI Nº 7.783/89. INOBSERVÂNCIA.***

Tendo em conta que o art. 13 da Lei nº 7.783/89 exige que os empregadores e a população sejam avisados, com antecedência mínima de 72 horas, da data em que concretamente terá início a greve, a SDC, por maioria, deu provimento ao recurso ordinário para declarar a abusividade do movimento paredista na hipótese em que houve apenas a comunicação da realização de assembleia deliberando pelo chamado "estado de greve" da categoria. Vencidos os Ministros Kátia Magalhães Arruda, relatora, e Mauricio Godinho Delgado, os quais mantinham a decisão do TRT, que não considerou a greve abusiva, por entender que o sindicato observou o prazo previsto no art. 13 da Lei de Greve ao emitir, com bastante antecedência, comunicado às empresas e à sociedade informando que a categoria encontrava-se em "estado de greve", aguardando o transcurso das 72 horas exigidas por lei. *TST-ReeNec-92400-15.2009.5.03.0000, SDC, rel. Min. Kátia Magalhães. (informativo nº 4)*

21.3. DISPENSA COLETIVA. EXIGÊNCIA DE NEGOCIAÇÃO COM SINDICATO PROFISSIONAL

▸ ***DC. GREVE. ABUSIVIDADE. NÃO CONFIGURAÇÃO. DISPENSA COLETIVA. EXIGÊNCIA DE NEGOCIAÇÃO COM O SINDICATO PROFISSIONAL.***

Ao contrário da dispensa individual, que se insere no poder potestativo do empregador, a dispensa coletiva tem relevante impacto econômico, social e jurídico sobre os trabalhadores, seus familiares, a comunidade empresarial, a população regional e o mercado econômico interno, configurando-se matéria própria da negociação coletiva mediante a imprescindível participação do sindicado profissional, nos termos do art. 8º, III e VI, da CF. Caberá à negociação ou à sentença normativa proferida nos autos de dissídio coletivo, caso as partes não cheguem a um acordo, fixar as condutas para o enfrentamento da crise econômica empresarial, amortizando o impacto da dispensa massiva sobre o conjunto dos trabalhadores afetados. Com esse entendimento, e não vislumbrando abusividade na greve deflagrada pelos empregados da CAF Brasil Indústria e Comércio S.A. com o objetivo de tentar regulamentar a despedida em massa, a SDC, por unanimidade, conheceu do recurso ordinário, no tópico, e no mérito, negou-lhe provimento. *TST-RO-173-02.2011.5.15.0000, SDC, rel. Min. Mauricio Godinho Delgado, 13.8.2012. (Informativo nº 17)*

21.4. MINISTÉRIO PÚBLICO DO TRABALHO – ILEGITIMIDADE ATIVA

▸ ***DC. GREVE. MINISTÉRIO PÚBLICO DO TRABALHO. ILEGITIMIDADE ATIVA "AD CAUSAM". ATIVIDADE NÃO ESSENCIAL.***

O Ministério Público do Trabalho não possui legitimidade ativa "ad causam" para ajuizar dissídio coletivo de greve em razão da paralisação coletiva dos empregados em empresas de transporte de valores, escolta armada, ronda motorizada, monitoramento eletrônico e via satélite, agentes de segurança pessoal e patrimonial, segurança e vigilância em geral da região metropolitana de Vitória/ES, pois tais serviços não estão previstos no art. 10 da Lei nº 7.783/89, que trata das atividades tidas como essenciais. Incidência do art. 114, § 3º, da CF, com redação dada pela Emenda Constitucional nº 45/04. Com esse entendimento, a SDC, por maioria, declarou a extinção do processo, sem resolução do mérito, nos termos do art. 267, VI, do CPC, vencidos os Ministros Maurício Godinho Delgado, Walmir Oliveira da Costa e Kátia Magalhães Arruda, que entendiam pela legitimidade do MPT, uma vez que, tratando-se de vigilância patrimonial, resta patente o interesse público, ainda que não configurada atividade essencial. *TST-RO-700-65.2009.5.17.0000, SDC, rel. Min. Fernando Eizo Ono, 11.12.2012 (Informativo nº 34)*

22. NEGOCIAÇÃO COLETIVA

▸ ***HORAS EXTRAS. NORMA COLETIVA. BASE DE CÁLCULO. SALÁRIO-BASE. CONTRAPARTIDA. ADICIONAL FIXADO EM PERCENTUAL SUPERIOR AO LEGAL. VALIDADE.***

É válida norma coletiva que estabelece o salário-base do empregado como a base de cálculo das horas extraordinárias, e, em contrapartida, fixa o respectivo adicional em percentual superior ao previsto em lei, in casu, de 70%. Prevalência das condições pactuadas no instrumento normativo, sob pena de ofensa ao art. 7º, XXVI, da CF. Com esse entendimento, a SBDI-I, à unanimidade, conheceu dos embargos, por divergência jurisprudencial e, no mérito, negou-lhes provimento. TST- E-RR-1415-47.2014.5.09.0003, SBDI-I, rel. Min. Aloysio Corrêa da Veiga, 1º.6.2017 (Informativo nº 160).

▸ ***AÇÃO ANULATÓRIA. CONVENÇÃO COLETIVA DE TRABALHO. ATIVIDADE DE SEGURANÇA PRIVADA. RESTRIÇÃO DA BASE DE CÁLCULO DA RESERVA LEGAL DE VAGAS PARA PORTADORES DE DEFICIÊNCIA. ART. 93 DA LEI Nº 8.213/91. POSSIBILIDADE. VALIDADE DA CLÁUSULA.***

É válida cláusula de convenção coletiva, firmada entre o Sindicato dos Trabalhadores do Estado de Tocantins – Sintvisto e o Sindicato das Empresas de Segurança Privada, de Transporte de Valores, de Cursos de Formação e de Segurança Eletrônica do Estado de Tocantins – Sindestp/TO, que restringe a base de cálculo da reserva legal de vagas para pessoas com deficiência (art. 93 da Lei nº 8.213/91) aos cargos de natureza administrativa. As atividades de segurança privada exigem a utilização de armas de fogo e elevado grau de aptidão física e mental, de modo que o desempenho desta função por pessoa com deficiência pode resultar em riscos à sua própria integridade física. Sob esse entendimento, a SDC, por unanimidade, conheceu do recurso ordinário em ação anulatória e, no mérito, por maioria, negou-lhe provimento para manter a integralidade da Cláusula 16ª – Contratação de portador de deficiência física habilitado ou reabilitado. Vencidos os Ministros Mauricio Godinho Delgado e Kátia Magalhães Arruda. TST-RO-76-64.2016.5.10.0000, SDC, rel. Min. Maria Cristina Irigoyen Peduzzi, 13.3.17. (Informativo nº 154 do TST).

▸ ***VENDEDOR-PROPAGANDISTA. APLICAÇÃO DAS NORMAS COLETIVAS FIRMADAS NO LOCAL DA PRESTAÇÃO DOS SERVIÇOS. PRINCIPIO DA TERRITORIALIDADE. INAPLICABILIDADE DA SÚMULA Nº 374 DO TST.***

O âmbito de eficácia da norma coletiva é definido de acordo com o local da prestação dos serviços pelo empregado e não da sede da empresa. No caso, verificou-se que o autor foi admitido como vendedor-propagandista no Estado de São Paulo, mas prestou serviços no Estado do Rio Grande do Sul, onde, inclusive, foi homologada a sua rescisão contratual. Assim, com base no princípio da territorialidade, são aplicáveis ao empregado as normas coletivas negociadas pelos sindicatos da categoria profissional e econômica do Estado do Rio Grande do Sul, não incidindo, portanto, o entendimento contido na Súmula nº 374 do TST. Sob esse fundamento, a SBDI-I, por maioria, conheceu do recurso de embargos por divergência jurisprudencial e por má-aplicação da Súmula nº 374 do TST e, no mérito, deu-lhe provimento para restabelecer o acórdão do Regional, no qual se determinou a incidência das normas coletivas firmadas no local da prestação dos serviços. Vencidos os Ministros Márcio Eurico Vitral Amaro, relator, João Oreste Dalazen, Ives Gandra Martins Filho, Brito Pereira, Guilherme Augusto Caputo Bastos e Alexandre Agra Belmonte. Ainda por maioria, a Subseção rejeitou a proposta de afetação da questão jurídica ao rito dos recursos repetitivos, vencidos os Ministros Guilherme Augusto Caputo Bastos, proponente, João Oreste Dalazen, Brito Pereira, Renato de Lacerda Paiva, Walmir Oliveira da Costa e Alexandre Agra Belmonte. TST-EED-RR-96900-23.2007.5.04.0015, SBDI-I, rel. Min. Márcio Eurico Vitral Amaro, red. p/ acórdão Min. José Roberto Freire Pimenta, 9.2.2017 (Informativo nº 152).

▸ ***PRÊMIO PRODUTIVIDADE. ALTERAÇÃO DA NATUREZA JURÍDICA EM NORMA COLETIVA. IMPOSSIBILIDADE.***

A natureza jurídica do prêmio produtividade não pode ser alterada por meio de norma coletiva, tendo em vista o caráter indisponível da parcela, reconhecido, inclusive, pela jurisprudência do STF, consolidada na Súmula nº 209. Com esse entendimento, a SBDI-I, por unanimidade, conheceu dos embargos por divergência jurisprudencial e, no mérito, por maioria, negou-lhes provimento. Vencido o Ministro Ives Gandra Martins Filho. *TST-E-RR-36400-58.2007.5.09.0562, SBDI-I, rel. Min. João Batista Brito Pereira, 28.6.2012. (Informativo nº 15)*

▸ *AÇÃO ANULATÓRIA. ACORDO COLETIVO DE TRABALHO QUE CONTÉM NORMA MENOS FAVORÁVEL QUE AQUELA PREVISTA EM CONVENÇÃO COLETIVA VIGENTE NO MESMO PERÍODO. ART. 620 DA CLT. NULIDADE AFASTADA.*

O confronto entre duas cláusulas dispondo sobre a mesma vantagem constante tanto de acordo quanto de convenção coletiva vigentes no mesmo período não enseja a anulação da norma menos favorável, mas apenas a sua inaplicabilidade ao caso concreto, conforme dicção do art. 620 da CLT. O reconhecimento de que a convenção coletiva deve ser aplicada em detrimento do acordo coletivo, quando aquela for mais favorável, não implica a declaração da nulidade do acordo, pois, para tanto, seria necessária a constatação de irregularidades de ordem formal ou material a afrontar o ordenamento jurídico. Com esse entendimento, a SDC, por unanimidade, deu provimento ao recurso ordinário para, afastando a nulidade das cláusulas terceiras dos acordos coletivos 2007/2008 e 2008/2009, firmados entre os réus, julgar improcedente a ação anulatória. Entendeu-se, outrossim, que a improcedência da presente ação não interfere na pretensão de aplicação da norma mais favorável aos empregados, a qual deve ser discutida em ação judicial própria. *TST-RO-2643-24.2010.5.12.0000, SDC, rel. Min. Kátia Magalhães Arruda, 13.8.2012 (Informativo nº 17)*

▸ *HORAS DE PERCURSO. LIMITAÇÃO EM NORMA COLETIVA. RAZOABILIDADE E PROPORCIONALIDADE. POSSIBILIDADE. RECONHECIMENTO AO DIREITO ÀS HORAS "IN ITINERE" PRESTADAS EM PERÍODO ANTERIOR À NEGOCIAÇÃO COLETIVA. VALIDADE.*

É válida cláusula de norma coletiva que limita, com razoabilidade e proporcionalidade, o quantitativo de tempo a ser considerado para o pagamento de horas "in itinere", tendo em vista a dificuldade de se apurar as horas efetivamente gastas, em razão de o local da prestação de serviços não ser o mesmo todos os dias. No caso em exame, verificou-se que o percurso a ser feito pelos empregados varia de acordo com a lavoura na qual vão prestar serviços, e que o tempo de deslocamento para locais mais distantes é compensado nos dias em há prestação de serviços nas fazendas mais próximas. Noutro giro, quanto ao período anterior à negociação coletiva – para o qual não havia remuneração pelo tempo despendido ou esse pagamento era de valor muito aquém daquele que seria devido –, também é valida a norma que reconhece o direito ao pagamento das horas "in itinere" a todos os trabalhadores, inclusive aos inativos e àqueles cujo contrato de trabalho com a empresa já fora encerrado. Na espécie, a transação coletiva não resultou em renúncia a direito indisponível, mas em expresso reconhecimento, pela empregadora, do direito às horas de percurso, e, embora se refira a período pretérito, não ostenta natureza retroativa e não objetivou conferir legalidade à lesão praticada anteriormente, mas regulamentar o direito reconhecido em relação a safras anteriores. A negociação coletiva, em sentido amplo, vai além da mera fixação de normas e condições de trabalho, servindo, também, para a prevenção de litígios. Inteligência dos arts. 7º, XXVI, e 8º, III e IV, da CF. Com esse entendimento, a SDC, por unanimidade, negou provimento ao recurso ordinário interposto pelo Ministério Público do Trabalho da 18ª Região. *TST-RO-34-66.2011.5.18.0000, SDC, rel. Min. Walmir Oliveira da Costa, 9.10.2012 (Informativo nº 25)*

▸ *HORAS "IN ITINERE". LEI Nº 10.243/01. LIMITAÇÃO POR NORMA COLETIVA. POSSIBILIDADE.*

É válida cláusula coletiva que prevê a limitação do pagamento das horas "in itinere", em atenção ao previsto no art. 7º, XXVI, da CF. Com esse entendimento, a SBDI-I, em sua composição plena, por maioria, vencido o Ministro Antônio José de Barros Levenhagen, conheceu dos embargos por divergência jurisprudencial, e, no mérito, pelo voto prevalente da Presidência, deu-lhes provimento para restabelecer a sentença que reconheceu a validade da cláusula de acordo coletivo, firmado após a Lei nº 10.243/01, a qual fixou o pagamento de uma hora diária a título de horas "in itinere", não obstante o tempo gasto pelo reclamante no percurso de ida e volta ao trabalho fosse de duas horas e vinte minutos. Vencidos os Ministros Renato de Lacerda Paiva, relator, Lelio Bentes Corrêa, Aloysio Corrêa da Veiga, Luiz Philippe Vieira de Mello Filho, Augusto César Leite de Carvalho, José Roberto Freire Pimenta e Delaíde Miranda Arantes, os quais negavam provimento ao recurso, sob o argumento de que, na hipótese de flagrante disparidade entre o tempo de percurso efetivamente utilizado e aquele atribuído pela norma coletiva, há subversão do direito à livre negociação, restando caracterizada, portanto, a renúncia do reclamante ao direito de recebimento das horas "in itinere", o que é vedado pela Lei nº 10.243/01. *TST-E-RR-2200-43.2005.5.15.0072, SBDI-I, rel. Min. Renato de Lacerda Paiva, red. p/ acórdão Min. Maria Cristina Irigoyen Peduzzi, 8.11.2012 (Informativo nº 29)*

▸ *AÇÃO ANULATÓRIA. CONVENÇÃO COLETIVA DE TRABALHO. CLÁUSULA QUE PREVÊ A DISPENSA DA CONCESSÃO DO AVISO PRÉVIO NO CASO DE O TRABALHADOR SER CONTRATADO PELA NOVA PRESTADORA DE SERVIÇOS. NULIDADE.*

É nula a cláusula de convenção coletiva de trabalho que dispensa as empresas que perderem os contratos de prestação de serviços de conceder e indenizar o aviso prévio, desde que o trabalhador seja imediatamente contratado pela nova prestadora de serviços. Com esse entendimento, a SDC, por maioria, deu provimento ao recurso ordinário do Ministério Público do Trabalho da 17ª Região para declarar a nulidade da cláusula 34ª da convenção coletiva de trabalho firmada entre o Sindicato dos Empregados de Empresas de Segurança e Vigilância do Estado do Espírito Santo, o Sindicato dos Empregados nas Empresas de Transportes de Valores, Escolta Armada, Ronda Motorizada, Monitoramento Eletrônico e Via Satélite, Agentes de Segurança Pessoal e Patrimonial, Segurança e Vigilância em Geral da Região Metropolitana de Vitória no Estado do Espírito Santo (SINDSEG/GV/ES) e o Sindicato das Empresas de Segurança Privada no Estado do Espírito Santo (SINDESP/ES). No caso, considerou a Seção que a referida cláusula contraria o disposto na Súmula nº 276 do TST e no Precedente Normativo nº 24 da SDC. Vencidos os Ministros Fernando Eizo Ono, relator, Márcio Eurico Vitral Amaro e Maria Cristina Irigoyen Peduzzi, que negavam provimento ao recurso, no tópico, ao fundamento de que a renúncia do direito ao aviso prévio possibilitou a preservação de um bem de maior valia para o trabalhador, qual seja a imediata colocação em novo posto de trabalho. *TST-RO-100-78.2008.5.17.0000, SDC, rel. Min. Fernando Eizo Ono, 11.12.2012 (Informativo nº 34)*

▸ *TURNOS ININTERRUPTOS DE REVEZAMENTO. NORMA COLETIVA. EXTENSÃO DA JORNADA PARA ALÉM DA OITAVA HORA. ADOÇÃO DE REGIME DE COMPENSAÇÃO SEMANAL. INVALIDADE. ART. 7º, XIV, DA CF E SÚMULA Nº 423 DO TST.*

Nos termos do art. 7, XIV, da CF e da Súmula nº 423 do TST, não é válida cláusula de instrumento normativo que estipula jornada superior a oito horas em turnos ininterruptos de revezamento, ainda que a extrapolação do limite diário decorra da adoção de regime de compensação semanal, com vistas à supressão da realização de trabalho aos sábados. Na hipótese, não se admite a majoração da jornada para além da oitava hora, pois a alternância de jornadas diurnas e noturnas a que submetidos os empregados em turnos ininterruptos de revezamento é particularmente gravosa, causando-lhes prejuízos à saúde, à vida social e à organização de atividades extraprofissionais. Com base nesse entendimento, a SBDI-I, por unanimidade, conheceu dos embargos, por contrariedade à Súmula nº 423 do TST, e, no mérito, por maioria, deu-lhes provimento para, reconhecendo a invalidade da cláusula coletiva que prevê jornada superior ao limite de oito horas fixado, condenar a reclamada ao pagamento das horas laboradas além da sexta diária (art. 7º, XIV, da CF), ficando restabelecida a sentença quanto à forma de apuração das referidas horas. Vencidos os Ministros Dora Maria da Costa, Brito Pereira, Renato de Lacerda Paiva e Aloysio Corrêa da Veiga. *TST-EED--ARR-483-91.2010.5.03.0027, SBDI-I, rel. Min. Alberto Luiz Bresciani de Fontan Pereira, 11.4.2013 (Informativo nº 42)*

▸ *EMPRESA BRASILEIRA DE CORREIOS E TELÉGRAFOS – ECT. AUTOMAÇÃO DE SERVIÇOS. EXTINÇÃO DO CARGO DE OPERADOR TELEGRÁFICO I. APROVEITAMENTO DO EMPREGADO EM OUTRA FUNÇÃO COM JORNADA DE TRABALHO MAIOR E SEM ACRÉSCIMO NA REMUNERAÇÃO. COMPROMISSO FIRMADO EM INSTRUMENTO COLETIVO PARA A PRESERVAÇÃO DOS EMPREGOS. HORAS EXTRAS. DEVIDAS.*

O aproveitamento de empregado da Empresa Brasileira de Correios e Telégrafos – ECT em outra função com carga horária maior, e com o objetivo de lhe preservar o emprego frente à automação de serviços é lícito por haver sido previsto em norma coletiva, ter contado com a anuência expressa do empregado e ser decorrente da extinção do cargo de Operador Telegráfico I, anteriormente ocupado. Todavia, a exigência de jornada superior na nova função, sem o correspondente acréscimo salarial, importa em diminuição do salário-hora do empregado, a ensejar o pagamento das horas excedentes à jornada anterior como extras. Embora o art. 7º, VI, da CF admita a possibilidade de redução salarial mediante negociação coletiva, na espécie, o acordo coletivo estabelecia tão somente o reaproveitamento e a requalificação dos empregados para as novas atividades, sem qualquer previsão de redução salarial. Com esse entendimento, a SBDI-I, por unanimidade, conheceu dos embargos, por divergência jurisprudencial e, no mérito, por maioria, negou-lhes provimento. Vencidos totalmente os Ministros Renato de Lacerda Paiva, relator, Antônio José de Barros Levenhagen e Aloysio Corrêa da Veiga, que excluíam o pagamento das horas extras e reflexos, e, parcialmente, os Ministros Luiz Philippe Vieira de Mello Filho, Lelio Bentes Corrêa e Augusto César Leite de Carvalho, os quais deferiam o pagamento das horas excedentes de forma simples, sem o respectivo adicional. *TST-E-RR-52900-81.2006.5.04.0011, SBDI-I, rel. Min. Renato de Lacerda Paiva, red. p/ acórdão Min. João Oreste Dalazen, 16.5.2013 (Informativo nº 47)*

▸ *ADICIONAL NOTURNO. MAJORAÇÃO POR MEIO DE NORMA COLETIVA. SUBSTITUIÇÃO DO ADICIONAL DE 20% E DA HORA NOTURNA REDUZIDA. AUSÊNCIA DE DISCIPLINAMENTO QUANTO ÀS HORAS EM PRORROGAÇÃO DA JORNADA NOTURNA. INCIDÊNCIA DO ADICIONAL CONVENCIONADO. SÚMULA Nº 60, II, DO TST.*

A existência de norma coletiva regulando a majoração do adicional noturno, para efeito de supressão exclusiva do percentual de 20% e da hora noturna reduzida, sem fazer qualquer menção ao trabalho realizado em prorrogação da jornada noturna, faz incidir o item II da Súmula nº 60 do TST às horas prorrogadas, de modo que a elas também se aplica o percentual convencionado. Com esse entendimento, a SBDI-I, por maioria, conheceu dos embargos por contrariedade à Súmula nº 60, II, do TST, e, no mérito, deu-lhes provimento para restabelecer a sentença na parte em que deferiu o pedido de condenação ao pagamento do adicional noturno convencional de 45% sobre as horas laboradas das cinco horas às seis horas e quarenta e cinco minutos. Vencidos os Ministros Renato de Lacerda Paiva, João Oreste Dalazen e Brito Pereira. *TST-E-RR-109300-34.2009.5.15.0099, SBDI-I, rel. Min. Alberto Luiz Bresciani de Fontan Pereira, 16.5.2013 (Informativo nº 47)*

▸ *HORA NOTURNA REDUZIDA. ART. 73, § 1º DA CLT. SUBSTITUIÇÃO PELO ADICIONAL NOTURNO DE 37,14%. ACORDO COLETIVO. POSSIBILIDADE.*

É possível, por meio de acordo coletivo de trabalho, fixar duração normal para a hora noturna, em substituição à hora ficta prevista no art. 73, § 1º, da CLT, em razão da elevação do adicional noturno de 20% para 37,14%. No caso, não há falar em subtração pura e simples de direito legalmente previsto, mas, tão-somente, em flexibilização do seu conteúdo, sem traduzir prejuízo ao empregado. Trata-se da aplicação da teoria do conglobamento, segundo a qual a redução de determinado direito é compensada pela concessão de outras vantagens, de modo a garantir o equilíbrio entre as partes. Com esse entendimento, a SBDI-I, em sua composição plena, por unanimidade, conheceu dos embargos, por divergência jurisprudencial, e, no mérito, por maioria, deu-lhes provimento para restabelecer a decisão do Regional. Vencidos os Ministros Lelio Bentes Corrêa, José Roberto Freire Pimenta, Delaíde Miranda Arantes e Alexandre Agra Belmonte. *TSTE-ED-RR-31600-45.2007.5.04.0232, SBDI-I, rel. Min. Aloysio Corrêa da Veiga, 23.5.2013 (Informativo nº 48)*

▸ *HORAS IN ITINERE. NORMA COLETIVA. FIXAÇÃO PRÉVIA DO NÚMERO DE HORAS A PAGAR. VALIDADE. AFASTAMENTO DA NATUREZA SALARIAL. IMPOSSIBILIDADE. ART. 58, § 2º, DA CLT.*

É válida a cláusula de norma coletiva que fixa previamente o número de horas in itinere a serem pagas, desde que não haja flagrante disparidade entre o tempo acordado e o período efetivamente gasto no trajeto. No caso, limitou-se o pagamento a uma hora diária, mesmo havendo prova de que o tempo de percurso médio era de duas horas. De outra sorte, é inválida a cláusula que retira a natureza salarial das horas in itinere, afastando sua integração aos salários dos empregados, para todos os efeitos legais, em contrariedade ao disposto no art. 58, § 2º da CLT. Com esse entendimento, a SBDI-I, por unanimidade, conheceu dos embargos da reclamada, por divergência jurisprudencial, e, no mérito, deu-lhes provimento parcial para excluir da condenação o pagamento de duas horas in itinere diárias e, quanto às horas já quitadas no curso do contrato de trabalho, nos termos do quantitativo fixado mediante negociação coletiva, manter a condenação ao pagamento dos respectivos reflexos. *TST-E-RR-414600-67.2009.5.09.0325, SBDI-I, rel. Min. João Oreste Dalazen, 13.6.2013 (Informativo nº 51)*

▸ *NEGOCIAÇÃO COLETIVA SEM A PARTICIPAÇÃO DO SINDICATO. ART. 617 DA CLT. RECURSA EM NEGOCIAR NÃO COMPROVADA. INVALIDADE DO ACORDO FIRMADO. ART. 8º, VI, DA CF.*

Não obstante o 617 da CLT tenha sido recepcionado pela Constituição Federal de 1988, sua aplicação está restrita às excepcionais hipóteses em que houver comprovada recusa do sindicato em proceder à negociação, pois, nos termos do art. 8º, VI, da CF, a participação obrigatória do sindicato na negociação coletiva de trabalho é preceito de observância inafastável. Assim, não havendo nos autos a prova de que o sindicato se recusou a negociar, mas, ao revés, registrada a autoproclamação de membros de comissão de quatro empregados, sem a necessária segurança de que se tratava de iniciativa efetiva dos obreiros e sem ao menos convidar o sindicato para participar dos debates, não há como validar a negociação empreendida diretamente com os trabalhadores. Com esses fundamentos, a SDC, por unanimidade, negou provimento ao recurso ordinário da empresa, mantendo a improcedência do pedido de declaração de validade e eficácia de acordo de jornada de trabalho firmado diretamente com a comissão de empregados. Vencido parcialmente o Ministro Ives Gandra Martins Filho, quanto à legitimidade da comissão de empregados. *TST-RO-8281-17.2010.5.02.0000, SDC, rel. Min. Márcio Eurico Vitral Amaro, 12.8.2013 (Informativo nº 54)*

▸ *HORAS IN ITINERE. LIMITAÇÃO DO VALOR PAGO. DESPROPORÇÃO COM O TEMPO DESPENDIDO. NORMA COLETIVA. INVALIDADE.*

A fixação de número de horas in itinere a serem pagas deve guardar razoável proporção com o tempo efetivamente despendido no trajeto, razão pela qual é nula a cláusula de acordo coletivo que estipula quantidade de horas inferior a 50% do tempo realmente gasto pelo empregado no trajeto, porque equivalente à supressão do direito do trabalhador. No caso concreto, o tempo de deslocamento do reclamante era de 40 horas mensais, mas a norma coletiva limitou o pagamento a 14 horas, o que não alcança nem mesmo a metade do tempo efetivo de percurso. Com base nesse entendimento, a SBDI-I, por unanimidade, conheceu dos embargos da reclamada, por divergência jurisprudencial, e, no mérito, por maioria, vencido o Ministro Alberto Luiz Bresciani de Fontan Pereira, negou-lhes provimento. *TST-E-ED-RR-46800-48.2007.5.04.0861, SBDI-I, Min. Brito Pereira, 8.8.2013 (Informativo nº 54)*

▸ *TURNOS ININTERRUPTOS DE REVEZAMENTO. INSTRUMENTO COLETIVO. FIXAÇÃO DE JORNADA DIÁRIA SUPERIOR A OITO HORAS EM RAZÃO DA COMPENSAÇÃO DE JORNADA. INVALIDADE. ART. 7º, XIV, DA CF E SÚMULA Nº 423 DO TST.*

Nos termos do art. 7º, XIV, da CF e da Súmula nº 423 do TST, é inválida cláusula de instrumento coletivo que estipula jornada superior a oito horas em turnos ininterruptos de revezamento, ainda que a extrapolação do limite diário decorra da adoção de regime de compensação semanal, com vistas à supressão da realização de trabalho aos sábados. Com esse fundamento, a SBDI-I, por unanimidade, conheceu dos embargos da reclamada, por divergência jurisprudencial, e, no mérito, negou-lhes provimento, mantendo a decisão da Turma que declarou inválidas as cláusulas que estabeleciam jornada superior a seis horas para os empregados submetidos a revezamento de turno, porquanto extrapolada a jornada de oito horas, sendo devidas, como extras, as horas trabalhadas além da sexta diária. Ressalvou entendimento o Ministro Renato de Lacerda Paiva. *TST-E-ED-RR-427-67.2011.5.03.0142, SBDI-I, rel. Min. Dora Maria da Costa, 15.8.2013 (Informativo nº 55)*

▸ *AÇÃO ANULATÓRIA. ATESTADO MÉDICO. EXIGÊNCIA DA INSERÇÃO DA CLASSIFICAÇÃO INTERNACIONAL DE DOENÇAS – CID. NULIDADE DE CLÁUSULA DE CONVENÇÃO COLETIVA DE TRABALHO.*

É nula cláusula constante de convenção coletiva de trabalho que exija a inserção da Classificação Internacional de Doenças (CID) nos atestados médicos apresentados pelos empregados. Tal exigência obriga o trabalhador divulgar informações acerca de seu estado de saúde para exercer seu direito de justificar a ausência ao trabalho por motivo de doença. Essa imposição viola o direito fundamental à intimidade e à privacidade (art. 5º, X, da CF), sobretudo por não existir, no caso, necessidade que decorra da atividade profissional. Sob esses fundamentos, a Seção Especializada em Dissídios Coletivos, por unanimidade, conheceu do recurso ordinário e, no mérito, por maioria, negou-lhe provimento, vencido o Ministro Ives Gandra Martins Filho. *TST-RO-268– 11.2014.5.12.0000, SDC, rel. Min. Maria Cristina Irigoyen Peduzzi, 17.8.2015. (Informativo nº 114)*

▸ ***VENDEDOR-PROPAGANDISTA. APLICAÇÃO DAS NORMAS COLETIVAS FIRMADAS NO LOCAL DA PRESTAÇÃO DOS SERVIÇOS. PRINCIPIO DA TERRITORIALIDADE. INAPLICABILIDADE DA SÚMULA Nº 374 DO TST.***

O âmbito de eficácia da norma coletiva é definido de acordo com o local da prestação dos serviços pelo empregado e não da sede da empresa. No caso, verificou-se que o autor foi admitido como vendedor-propagandista no Estado de São Paulo, mas prestou serviços no Estado do Rio Grande do Sul, onde, inclusive, foi homologada a sua rescisão contratual. Assim, com base no princípio da territorialidade, são aplicáveis ao empregado as normas coletivas negociadas pelos sindicatos da categoria profissional e econômica do Estado do Rio Grande do Sul, não incidindo, portanto, o entendimento contido na Súmula nº 374 do TST. Sob esse fundamento, a SBDI-I, por maioria, conheceu do recurso de embargos por divergência jurisprudencial e por má-aplicação da Súmula nº 374 do TST e, no mérito, deu-lhe provimento para restabelecer o acórdão do Regional, no qual se determinou a incidência das normas coletivas firmadas no local da prestação dos serviços. Vencidos os Ministros Márcio Eurico Vitral Amaro, relator, João Oreste Dalazen, Ives Gandra Martins Filho, Brito Pereira, Guilherme Augusto Caputo Bastos e Alexandre Agra Belmonte. Ainda por maioria, a Subseção rejeitou a proposta de afetação da questão jurídica ao rito dos recursos repetitivos, vencidos os Ministros Guilherme Augusto Caputo Bastos, proponente, João Oreste Dalazen, Brito Pereira, Renato de Lacerda Paiva, Walmir Oliveira da Costa e Alexandre Agra Belmonte. *TST-EED-RR-96900-23.2007.5.04.0015, SBDI-I, rel. Min. Márcio Eurico Vitral Amaro, red. p/ acórdão Min. José Roberto Freire Pimenta, 9.2.2017 (Informativo nº 152).*

23. TÉRMINO DO CONTRATO

▸ ***DISPENSA DECORRENTE DO AJUIZAMENTO DE RECLAMAÇÃO TRABALHISTA. CARÁTER RETALIATIVO E DISCRIMINATÓRIO. ABUSO DE DIREITO. OBSTÁCULO À GARANTIA DE ACESSO À JUSTIÇA. REINTEGRAÇÃO. DEVIDA.***

A dispensa do trabalhador, quando motivada pela não desistência de reclamação trabalhista ajuizada contra o empregador, possui conotação retaliativa e discriminatória, configurando abuso de direito e obstáculo à garantia de acesso à justiça. Com base nessa premissa, a SBDI-I, por unanimidade, conheceu dos embargos, por divergência jurisprudencial, e, no mérito, deu-lhes provimento para, decretada a nulidade dos atos de despedimento, condenar a reclamada à reintegração do autor, bem como ao pagamento dos salários e demais vantagens referentes ao período de afastamento. Na espécie, ressaltou o Ministro relator que o exercício do direito potestativo de denúncia vazia do contrato de trabalho sofre limites em razão dos princípios da função social da propriedade e da dignidade da pessoa humana, e dos valores sociais do trabalho, revelando-se aviltante a conduta da Infraero quando, cumprindo ameaças, demitiu os empregados públicos que não desistiram da ação em que pleiteavam adicionais de insalubridade e periculosidade. *TST-E-RR-7633000-19.2003.5.14.0900, SBDI-I, rel. Min. Ives Gandra da Silva Martins Filho, 29.3.2012. (Informativo nº 4)*

▸ ***MULTA DO § 8º DO ART. 477 DA CLT. ATRASO NO PAGAMENTO DAS VERBAS RESCISÓRIAS. FALECIMENTO DO EMPREGADO. NÃO APLICAÇÃO.***

A norma do artigo 477, § 6º, da CLT não fixa prazo para o pagamento das verbas rescisórias no caso de falecimento do empregado. Trata-se de um "silêncio eloquente" do legislador ordinário. Dispositivo legal que, ao fixar prazos e circunstâncias específicas para o cumprimento da obrigação, não autoriza interpretação ampliativa. A ruptura do vínculo empregatício em virtude de óbito do empregado, por constituir forma abrupta e imprevisível de dissolução do contrato de trabalho, envolve peculiaridades que tornam incompatível a aplicação da multa prevista no § 8º do artigo 477 da CLT, tais como a necessidade de transferência da titularidade do crédito trabalhista para os dependentes/sucessores legais, a qual não se opera instantaneamente, mas mediante procedimento próprio previsto na Lei nº 6.858/80. Qualquer tentativa de fixar-se, em juízo, "prazo razoável" para o adimplemento das verbas rescisórias, em semelhante circunstância, refugiria às hipóteses elencadas no § 6º do artigo 477 da CLT e acarretaria imprópria incursão em atividade legiferante, vedada ao Poder Judiciário em face do princípio constitucional da Separação dos Poderes. De outro lado, afigura-se impróprio e de rigor insustentável afirmar-se, no caso, a subsistência do prazo para quitação das verbas rescisórias, sob pena de multa. Impraticável a observância de tal prazo, na medida em que se desconhece o(s) novo(s) titulares(s) do crédito, na forma da Lei, o que pode depender, inclusive, da morosa abertura de inventário e de nomeação do respectivo inventariante. A adoção de interpretação restritiva à literalidade do artigo 477, §§ 6º e 8º, da CLT não implica negar ou desestimular eventual ajuizamento de ação de consignação em pagamento pelo empregador, com vistas a desobrigá-lo da quitação das verbas rescisórias referentes ao contrato de trabalho de empregado falecido, mesmo antes de definida a nova titularidade do crédito trabalhista. Sob esses fundamentos, a SBDI-1, por unanimidade, conheceu dos embargos apenas quanto ao tema "multa – artigo 477, § 8º, da CLT – atraso no pagamento das verbas rescisórias – óbito do empregado", por divergência jurisprudencial, e, no mérito, por maioria, dar-lhes provimento para excluir da condenação o pagamento da multa prevista no artigo 477, § 8º, da CLT. Vencidos os Ministros José Roberto Freire Pimenta e Alexandre de Souza Agra Belmonte. *TST-E-RR-152000-72.2005.5.01.0481, SBDI-I, rel. João Oreste Dalazen, 3.9.2015. (Informativo nº 116)*

▸ *INDENIZAÇÃO POR DANOS MORAIS. DESPEDIDA POR JUSTA CAUSA. IMPUTAÇÃO DE ATO DE IMPROBIDADE. DESCONSTITUIÇÃO EM JUÍZO.*

A resolução do contrato de trabalho por justa causa, fundada em suposto ato de improbidade (desvio de numerário), quando desconstituída judicialmente, gera reflexos na vida do empregado e lesiona direitos da personalidade, em especial a honra e a imagem, na medida em que a acusação infundada atinge grave e injustamente a reputação do obreiro. Embora a reversão judicial da dispensa por justa causa não constitua, por si só e necessariamente, motivo ensejador da indenização, a acusação, sem a necessária cautela, de grave imputação de desvio de dinheiro evidencia o abuso do direito do empregador de exercer o poder disciplinar, configurando-se ato ilícito, previsto no artigo 186 do Código Civil, e indenizável, na forma do artigo 927 do mesmo diploma legal. Diferente seria se a justa causa imputada tivesse o pressuposto da conduta incontroversa (faltas ao trabalho, ofensa pessoal, desídia no cumprimento de norma geral, etc.), quando então estaria imune o empregador para exercer o direito de tentar enquadrar tal comportamento em um dos tipos legais descritivos de justa causa. Sob esse entendimento, a SBDI-I, por maioria, conheceu do recurso de embargos por divergência jurisprudencial, vencido o Ministro Luiz Philippe Vieira Mello Filho, e, no mérito, ainda por maioria, deu-lhe provimento para, reformando a decisão recorrida, reconhecer a existência de dano moral, e condenar a reclamada ao pagamento da indenização respectiva, no valor de R$ 30.000,00 (trinta mil reais), a título de acréscimo à condenação. Vencidos, totalmente, os Ministros João Oreste Dalazen, Antônio José de Barros Levenhagen, Ives Gandra da Silva Martins Filho, Luiz Philippe Vieira Mello Filho, Guilherme Augusto Caputo Bastos e Márcio Eurico Vitral Amaro, que negavam provimento ao recurso, e, parcialmente, o Ministro Renato de Lacerda Paiva, que dava provimento aos embargos, mas com a redução do valor da indenização para R$ 15.000,00. *TST-E-RR-48300-39.2003.5.09.0025, SBDI-I, rel. Min. Augusto César Leite de Carvalho, 10.9.2015. (Informativo nº 117)*

▸ *MULTA DO ART. 477, §8º, DA CLT. INCIDÊNCIA. PAGAMENTO TARDIO DA INDENIZAÇÃO COMPENSATÓRIA DE 40% SOBRE O FGTS.*

A multa prevista no artigo 477, §8º, da CLT incide na hipótese de não pagamento, no prazo legal, da indenização compensatória de 40% sobre o FGTS, por se tratar de verba tipicamente rescisória. No caso, o autor foi dispensado em 5.4.2012, a quitação de parte das parcelas rescisórias ocorreu em 14.4.2012 e o pagamento da multa de 40% sobre os depósitos do FGTS se deu somente em 25.5.2012, quando já transcorridos 50 dias desde a dispensa. Desse modo, o adimplemento tardio da verba rescisória em foco caracterizou fato capaz de sujeitar o empregador à multa prevista no art. 477, § 8º da CLT, não se tratando de pagamento inexato do acerto rescisório, mas de desrespeito, pelo empregador, do cumprimento do prazo para a satisfação de direito vocacionado à proteção constitucional contra despedida arbitrária ou sem justa causa, na forma do artigo 7º, I, da Constituição Federal, c/c o art. 10, I, do ADCT. Sob esses fundamentos, a SBDI-I, por unanimidade, conheceu do recurso de embargos, por divergência jurisprudencial, e, no mérito, por maioria, deu-lhe provimento para restabelecer o acórdão do Tribunal Regional do Trabalho, no particular, vencidos os Ministros Aloysio Corrêa da Veiga, João Oreste Dalazen, Guilherme Augusto Caputo Bastos e Walmir Oliveira da Costa. *TST-E-ED-ARR-643-82.2013.5.09.0015, SBDI-1, rel. Min. Alexandre de Souza Agra Belmonte, 5.11.2015. (Informativo nº 122)*

▸ *EMPREGADO COM MAIS DE UM ANO DE SERVIÇO. ASSISTÊNCIA SINDICAL E HOMOLOGAÇÃO DA RESCISÃO DO CONTRATO DE TRABALHO. AUSÊNCIA. NULIDADE DO PEDIDO DE DEMISSÃO. ART. 477, § 1º, DA CLT. PRESUNÇÃO DE DEMISSÃO SEM JUSTA CAUSA. IRRELEVÂNCIA DA CONFISSÃO DE RESCISÃO A PEDIDO PELO EMPREGADO.*

A rescisão de contrato de trabalho de empregado que prestou serviços por mais de um ano deve ser homologada pelo sindicato respectivo ou por autoridade do Ministério do Trabalho, nos termos do art. 477, § 1º, da CLT. Do contrário, é inválido o pedido de demissão do empregado, ainda que ele confesse em juízo a sua disposição inicial de desligamento contratual, devendo a despedida ser reconhecida como imotivada. Com efeito, a norma é cogente e assegura a prevalência do princípio da indisponibilidade dos direitos trabalhistas, de modo que a declaração de que o pedido de demissão se deu sem vício de vontade não supre o requisito da assistência sindical, imposto pela lei. Sob esse entendimento, a SBDI-I, por maioria, conheceu do recurso de embargos do reclamante, por divergência jurisprudencial, vencidos os Ministros Hugo Carlos Scheuermann, relator, Ives Gandra da Silva Martins Filho, Renato de Lacerda Paiva e Walmir Oliveira da Costa. No mérito, por unanimidade, a Subseção deu provimento aos embargos para, declarada a invalidade do pedido de demissão, determinar o retorno dos autos ao juízo de origem para novo julgamento como entender de direito, agora sob a premissa de que a despedida ocorreu sem justa causa. *TST-E-RR– 825-12.2010.5.09.0003, SBDI-I, rel. Min. Hugo Carlos Scheuermann, 19.11.2015 (Informativo nº 124)*

▸ ***DANOS MORAIS. AUSÊNCIA OU ATRASO NA QUITAÇÃO DAS VERBAS RESCISÓRIAS. INDENIZAÇÃO INDEVIDA.***

A ausência ou o atraso no pagamento das verbas rescisórias não é suficiente para caracterizar a ocorrência de danos morais. No caso, embora reconhecido o atraso, pelo empregador, no adimplemento da obrigação de quitar as verbas rescisórias, não houve registro de qualquer consequência concreta (impossibilidade de saldar compromissos, constituição em mora, perda de crédito, etc) que pudesse comprometer a honra e a imagem do empregado. Sob esses fundamentos, a SBDI-I, por unanimidade, conheceu dos embargos interpostos pelo reclamante, por divergência jurisprudencial, e, no mérito, por maioria, negou-lhes provimento. Vencido o Ministro Alexandre de Souza Agra Belmonte. *TST-E-RR-571-13.2012.5.01.0061, SBDI-I, rel. Min. Lelio Bentes Corrêa, 17.3.2016 (Informativo nº 130)*

23.1 DISPENSA DISCRIMINATÓRIA

▸ ***DISPENSA DISCRIMINATÓRIA. PRESUNÇÃO. EMPREGADO PORTADOR DE TUBERCULOSE. SÚMULA N° 443 DO TST.***

A SBDI-I, por maioria, conheceu dos embargos, por contrariedade à Súmula nº 443 do TST e, no mérito, por unanimidade, deu-lhes provimento para reconhecer o caráter discriminatório da dispensa sem justa causa de empregada portadora de tuberculose. Na hipótese, a Subseção reformou decisão turmária que não conhecera do recurso de revista sob o fundamento de que a presunção prevista na Súmula nº 443 do TST não se aplica ao caso em que o vínculo foi mantido por mais de seis anos após a empresa ter ciência da doença, não houve afastamento do trabalho para tratamento de saúde, nem a percepção de benefício previdenciário, não havia incapacidade de ordem psiquiátrica ao tempo da dispensa e muito menos nexo causal com as condições laborais. Prevaleceu o entendimento de que, sendo incontroverso que a reclamada sabia que a reclamante era portadora de tuberculose, não há base legal para se exigir, como requisitos para a comprovação da dispensa discriminatória, a imediatidade da despedida, a redução da capacidade laboral, o afastamento para tratamento de saúde, a concessão de auxílio-doença ou o nexo causal entre a enfermidade e o trabalho realizado. Ademais, a fundamentação da Corte regional, endossada pela Turma do TST, adotou posicionamento diametralmente oposto aos termos da Súmula nº 443 do TST, pois reputou à reclamante o ônus de comprovar a discriminação alegada. Vencidos os Ministros João Oreste Dalazen, Ives Gandra Martins Filho, Aloysio Corrêa da Veiga, Márcio Eurico Vitral Amaro e Cláudio Mascarenhas Brandão. TST-E-ED-RR-65800-46.2009.5.02.0044, SBDI-I, rel. Min. Walmir Oliveira da Costa, 9.3.2017. (Informativo nº 154 do TST).

24. RECONHECIMENTO DE VÍNCULO EMPREGATÍCIO / CATEGORIA

▸ ***EMPREGADO DE CARTÓRIO EXTRAJUDICIAL ADMITIDO ANTES DA EDIÇÃO DA LEI Nº 8.935/94. RELAÇÃO LABORAL SUBMETIDA À NORMAS DA CLT. AUTOAPLICABILIDADE DO ART. 236 DA CF.***

A relação jurídica havida entre os serventuários e o cartório extrajudicial esté sujeita ao regime jurídico da CLT, ainda que contratados em período anterior é vigêcia da Lei rº 8.935/94, pois o art. 236 da CF jé previa o caráter privado dos serviços notariais e de registro, sendo norma constitucional autoaplicável. Nos termos do mencionado preceito constitucional, os serviços notariais e de registro são exercidos em caráter privado, por delegação do Poder Público, o que evidencia que os empregados contratados para prestar serviços em cartórios são submetidos ao regime jurídico celetista, na medida em que mantém vínculo profissional com o titular do cartório e não com o Estado. Na hipótese dos autos, extraiu-se do acórdão do Regional que o reclamante era serventuário de cartório extrajudicial quando do advento da Constituição de 1988. Assim, concluindo pela mé-aplicação da Súmula nº 126 do TST pela Turma, a SBDI-I, é unanimidade, conheceu dos embargos interpostos antes da Lei nº 11.496/2007, por violação dos arts. 896 da CLT e 236 da CF, e, no mérito, deu-lhes provimento para reconhecer o vínculo de natureza trabalhista entre as partes a partir de 5.10.1988 e determinar o retorno dos autos é Vara do Trabalho de origem, a fim de que prossiga no exame da pretensão deduzida pelo espólio, como entender de direito. *TSTE-RR-493331-32.1998.5.02.0078, SBDI-I, rel. Min. Lelio Bentes Correa, 31.5.2012. (Informativo nº 11)*

▸ ***RADIALISTA. ENQUADRAMENTO. LEI Nº 6.615/78. REGISTRO. AUSÊCIA. PRINCÍPIO DA PRIMAZIA DA REALIDADE.***

A ausêcia de registro perante a Delegacia Regional do Trabalho não é óbice para o enquadramento do empregado na condição de radialista, desde que preenchidos os requisitos essenciais previsto na Lei nº 6.615/78, quais sejam, a prestação de serviço é empresa equiparada é de radiodifusão (art. 3º) e o exercício de uma das funções em que se desdobram as atividades mencionadas no art. 4º da referida lei. No caso, prevaleceu a tese de que a inobservácia de exigêcia meramente formal não afasta o enquadramento pretendido, em atenção ao princípio da primazia da realidade e é não recepção da norma limitativa da liberdade de expressão pela Constituição Federal de 1988, na esteira da jurisprudêcia do STF quanto é exigêcia de diploma de jornalista. Assim, a SBDI-I, por unanimidade, no tópico, conheceu dos embargos do reclamante, por divergêcia jurisprudencial e, no mérito, deu-lhes provimento para restabelecer a decisão do Regional, que enquadrou o empregado como radialista. *TST-E-ED-RR-2983500-63.1998.5.09.0012, SBDI-I, rel. Min. José Roberto Freire Pimenta, 7.3.2013 (Informativo nº 39)*

▸ *ATIVIDADE DOCENTE. INSTRUTORA DE INFORMÁTICA. CURSO PROFISSIONALIZANTE. RECONHECIMENTO DA CONDIÇÃO DE PROFESSORA. PRINCÍPIO DA PRIMAZIA DA REALIDADE.*

Tendo em conta o princípio da primazia da realidade que rege as normas de Direito do Trabalho, a empregada contratada para o exercício da atividade de instrutora de informática, em estabelecimento que oferece cursos profissionalizantes, tem direito ao reconhecimento da condição de professora e é percepção das parcelas trabalhistas próprias dessa categoria. As exigêcias formais previstas no art. 317 da CLT são dirigidas aos estabelecimentos particulares de ensino. Assim, a SBDI-I, por unanimidade, conheceu dos embargos, por divergêcia jurisprudencial, e, no mérito, negou-lhes provimento. *TST-E-ED-RR-6800-19.2007.5.04.0016, SBDI--I, rel. Min. João Oreste Dalazen, 11.4.2013 (Informativo nº 42)*

▸ *INSTRUTORA DE IDIOMAS. ATIVIDADE DOCENTE. ENQUADRAMENTO NA CATEGORIA PROFISSIONAL DOS PROFESSORES, AINDA QUE AUSENTES AS FORMALIDADES DO ART. 317 DA CLT. POSSIBILIDADE.*

Sendo incontroverso o desempenho de atividade docente na condição de instrutora de inglês em curso de idiomas, não hé como afastar o enquadramento da reclamante na categoria dos professores, ainda que ausentes as formalidades a que se refere o art. 317 da CLT. Assim, por maioria, a SBDI-I, em sua composição plena, conheceu dos embargos interpostos antes da vigêcia da Lei nº 11.496/2007, por violação do art. 317 da CLT, vencidos os Ministros Renato de Lacerda Paiva, relator, Dora Maria da Costa, João Oreste Dalazen, António José de Barros Levenhagen, Brito Pereira e Carlos Alberto Reis de Paula, e, no mérito, também por maioria, deu-lhes provimento para declarar aplicáeis é reclamante as normas coletivas da categoria dos professores e determinar o retorno dos autos é vara de origem para que analise o restante do mérito, como entender de direito.Vencido o Ministro Ives Gandra Martins Filho que conhecia do recurso, por divergêcia jurisprudencial, e, no mérito, negava-lhe provimento. *TST-E-RR-8000-71.2003.5.10.0004, SBDI-I, rel. Min. Renato de Lacerda Paiva, red. p/ acórdão Min. José Roberto Freire Pimenta, 23.5.2013 (Informativo nº 48)*

25. TRABALHADOR AVULSO

▸ *ARGUIÇÃO DE INCONSTITUCIONALIDADE. TRABALHADOR PORTUÁRIO AVULSO. ART. 27, § 3º, DA LEI Nº 8.630/93. APOSENTADORIA ESPONTÂNEA. MANUTENÇÃO DA INSCRIÇÃO JUNTO AO OGMO.*

O Tribunal Pleno decidiu, por maioria de votos, rejeitar a arguição de inconstitucionalidade do art. 27, § 3º, da Lei nº 8.630/93 e, conferindo-lhe interpretação conforme a Constituição Federal, declarar que a aposentadoria espontânea do trabalhador avulso não implica o cancelamento da inscrição no cadastro e registro do trabalhador portuário junto ao Órgão de Gestão de Mão-de-Obra – OGMO. Invocou-se, na hipótese, o princípio da isonomia, especificamente previsto no art. 7º, XXXIV, da CF, e os fundamentos adotados pelo STF ao declarar a inconstitucionalidade do § 2º do art. 453 da CLT com relação aos empregados com vínculo de emprego permanente (ADI 1721/DF), para sustentar que os princípios constitucionais ali enumerados, a saber, o valor social do trabalho, a existência digna e a busca do pleno emprego e o primado do trabalho, alcançam igualmente os trabalhadores avulsos, de modo que a aposentadoria espontânea, da mesma forma que não extingue automaticamente o vínculo de emprego, também não cancela a inscrição dos trabalhadores avulsos perante o OGMO. Vencidos os Ministros Aloysio Corrêa da Veiga, Antônio José de Barros Levenhagen, Brito Pereira, Maria Cristina Irigoyen Peduzzi, Maria de Assis Calsing, Renato de Lacerda Paiva, Lelio Bentes Corrêa, Alberto Luiz Bresciani de Fontan Pereira, Dora Maria da Costa e João Oreste Dalazen, que não conferiam a interpretação conforme a Constituição. Vencido, ainda, por fundamento diverso, o Ministro Luiz Philippe Vieira de Mello Filho. *ArgInc-395400-83.2009.5.09.0322, Tribunal Pleno, rel. Min. Pedro Paulo Teixeira Manus, 15.10.2012 (Informativo nº 26)*

▸ *ACIDENTE DE TRABALHO. TRABALHADOR AVULSO. ESTIVADOR. RESPONSABILIDADE CIVIL SUBJETIVA DO OPERADOR PORTUÁRIO. CONFIGURAÇÃO. DEVER DE ZELAR PELO MEIO AMBIENTE DE TRABALHO SEGURO.*

A SBDI-I entendeu haver responsabilidade civil subjetiva da operadora portuária pelo acidente de trabalho que causou amputação parcial da falange distal do dedo indicador direito de trabalhador avulso durante a estivagem para embarque de arroz, uma vez que, no caso, a reclamada omitiu-se em observar o dever de zelar pelo meio ambiente de trabalho seguro a que se refere o art. 157, da CLT. Com esse entendimento, a Subseção, por unanimidade, conheceu dos embargos, por divergência jurisprudencial, e, no mérito, negou-lhes provimento. Vencidos os Ministros Brito Pereira, relator, João Oreste Dalazen, Renato de Lacerda Paiva e Dora Maria da Costa, que davam provimento aos embargos para, afastando a responsabilidade objetiva assentada pela decisão turmária, determinar o retorno dos autos à Vara do Trabalho de origem, a fim de que prossiga no exame do pedido, sob o enfoque da eventual caracterização de responsabilidade subjetiva da reclamada. Ressalvaram a fundamentação os Ministros Augusto César Leite de Carvalho, Alexandre Agra Belmonte e Delaíde Miranda Arantes, que negavam provimento ao recurso por entender configurada a responsabilidade civil objetiva, e os Ministros José Roberto Freire Pimenta e Luiz Philippe Vieira de Mello Filho, que, na hipótese, vislumbravam a presença tanto da responsabilidade subjetiva, quanto da objetiva. *TST-E--RR-99300-59.2007.5.17.0011, SBDI-I, rel. Min. Brito Pereira, red. p/ acórdão Min. Aloysio Corrêa da Veiga, 9.5.2013 (Informativo nº 46)*

26. CONCURSO PÚBLICO

▸ ***AÇÃO RESCISÓRIA. SERVIDOR PÚBLICO MUNICIPAL CELETISTA SUBMETIDO A CONCURSO PÚBLICO. DISPENSA COM FUNDAMENTO NO ART. 21, PARÁGRAFO ÚNICO, DA LRF. INEXISTÊNCIA DE PROCEDIMENTO ADMINISTRATIVO EM QUE ASSEGURADO O DEVIDO PROCESSO LEGAL E O DIREITO À AMPLA DEFESA. RETORNO AO TRABALHO. APLICAÇÃO DOS ARTS. 169 E 182 DO CÓDIGO CIVIL.***

Conforme precedentes do Supremo Tribunal Federal, o servidor público celetista da administração direta, autárquica ou fundacional ou o empregado de empresa pública ou de sociedade de economia mista, ainda que admitidos por meio de aprovação em concurso público, não têm direito à estabilidade do art. 41 da CF, a não ser que a contratação tenha se dado anteriormente à Emenda Constitucional nº 19/1998. Todavia, também de acordo com o entendimento consolidado pela Suprema Corte, viola o art. 5º, LV, da CF a dispensa de servidor municipal nomeado após aprovação em concurso público, ainda que em estágio probatório, com fundamento no art. 21, parágrafo único, da Lei de Responsabilidade Fiscal, quando não assegurado o contraditório e a ampla defesa em procedimento administrativo. Sob esses fundamentos, a SBDI-II, por unanimidade, conheceu do recurso ordinário em ação rescisória e, no mérito, negou-lhe provimento, assentando que, a despeito de não se tratar de servidor público estável, na forma do art. 41 da CF, a dispensa, sem o precedente procedimento administrativo, é nula, razão pela qual se determina o retorno ao trabalho, com pagamento dos salários vencidos e vincendos desde a data da dispensa, nos termos dos arts. 169 e 185 do Código Civil, ficando, no entanto, assegurado ao Município empregador o direito de renovar o despedimento, desde que observe a exigência do prévio procedimento administrativo em que assegurado o devido processo legal e o direito à ampla defesa. Vencidos os Ministros Luiz Philippe Vieira de Mello Filho e Ives Gandra Martins Filho. TST-RO- 5904-64.2012.5.07.0000, SBDI-II, rel. Min. Douglas Alencar Rodrigues, 21.3.2017. (Informativo nº 155).

▸ ***MATÉRIA AFETADA AO TRIBUNAL PLENO. GESTANTE. CONTRATO NULO. AUSÊNCIA DE PRÉVIA APROVAÇÃO EM CONCURSO PÚBLICO. ESTABILIDADE PROVISÓRIA. INDEVIDA. INCIDÊNCIA DA SÚMULA Nº 363 DO TST.***

Não é possível estender a garantia provisória de emprego à empregada gestante dispensada em razão do reconhecimento da nulidade do contrato firmado com ente público, sem prévia aprovação em concurso público. Incidência dos estritos termos da Súmula nº 363 do TST que, diante da invalidade da contratação, assegura apenas o pagamento das horas trabalhadas e das contribuições ao FGTS, por expressa previsão de lei. Ao caso concreto não se aplica a Convenção nº 103 da OIT, que consagra o direito das empregadas gestantes à licença-maternidade e veda a dispensa nesse período, nem a jurisprudência do Supremo Tribunal Federal no que concerne ao alcance da estabilidade prevista no art. 10, II, "b", do ADCT, pois ambas as situações pressupõem a validade da relação jurídica estabelecida entre as partes, condição não verificada na hipótese. Sob esse entendimento, o Tribunal Pleno, por maioria, conheceu do recurso de embargos, por divergência jurisprudencial, vencidos os Ministros Hugo Carlos Scheuermann, Cláudio Mascarenhas Brandão, Alberto Luiz Bresciani de Fontan Pereira, Maria de Assis Calsing, Márcio Eurico Vitral Amaro e Kátia Magalhães Arruda. No mérito, ainda por maioria, decidiu-se negar provimento ao recurso, vencidos os Ministros Delaíde Miranda Arantes, relatora, Lelio Bentes Corrêa, Mauricio Godinho Delgado e Augusto César Leite de Carvalho. TST-E-ED--RR-175700-88.2007.5.04.0751, Tribunal Pleno, rel. Min. Delaíde Miranda Arantes, red. p/ acórdão Min. Aloysio Corrêa da Veiga, 17.4.2017. (Informativo nº 156 do TST).

▸ ***CONCURSO PÚBLICO. CANDIDATO APROVADO EM POSIÇÃO SUPERIOR AO NÚMERO DE VAGAS DISPONÍVEIS NO EDITAL. CRIAÇÃO DE CARGOS DURANTE O PRAZO DE VALIDADE DO CERTAME. DIREITO SUBJETIVO À NOMEAÇÃO. CARACTERIZAÇÃO.***

O candidato aprovado em concurso público e classificado em posição superior ao número de vagas disponíveis no edital tem, apenas, a simples expectativa de ingresso no serviço público. Todavia, adquire direito subjetivo à nomeação se comprovado o surgimento de novas vagas durante o prazo de validade do certame, bem como o interesse da Administração Pública em preenchê-las. Na hipótese, a presidência do TRT da 1ª Região, a despeito da criação de cargos pela Lei nº 11.877/08 e da destinação destes aos aprovados no concurso de 2008, conforme previsto na Resolução Administrativa nº 17/2007, resolveu não nomear os candidatos aprovados para o cargo de analista judiciário – área administrativa até a conclusão da pesquisa de carências de especialidades. Assim, o Órgão Especial, por unanimidade, conheceu dos recursos ordinários e, no mérito, deu-lhes provimento para conceder parcialmente a segurança, com ordem de preenchimento de 39 cargos de analista judiciário – área administrativa, criados pela Lei nº 11.877/08, pelos candidatos aprovados e habilitados em idêntico cargo na forma do concurso público realizado em 2008, observada a ordem de classificação e o prazo de validade do certame. *TST-RO-102000-17.2009.5.01.0000, Órgão Especial, rel. Min. Alberto Luiz Bresciani de Fontan Pereira, 3.9.2012 (Informativo nº 20)*

▸ ***CONCURSO PÚBLICO. PESSOA PORTADORA DE NECESSIDADES ESPECIAIS. DEFICIÊNCIA AUDITIVA. CARACTERIZAÇÃO.***

As normas e princípios constitucionais insculpidos nos arts. 1º, II e III, e 3º, IV, da CF, interpretados juntamente com o art. 3º do Decreto nº 3.298/99 (com redação dada pelo Decreto nº 5.296/04), permitem concluir que a deficiência auditiva, ainda que não bilateral, conforme disposto no art. 4º, II, do Decreto nº 3.298/99, é suficiente para assegurar ao candidato inscrito em concurso público o direito de concorrer a uma das vagas destinadas aos portadores de necessidades especiais a que aludem os arts. 37, VIII, da CF e 5º, § 2º, da Lei nº 8.112/90. Com esse entendimento, o Órgão Especial, por unanimidade, deu provimento parcial ao recurso ordinário da recorrente para reconhecer sua condição de portadora de deficiência auditiva, assegurando-lhe o direito à nomeação para o cargo de Analista Judiciário – Área Judiciária, do quadro permanente do TRT da 21ª Região, em vaga reservada a portadores de necessidades especiais correspondente à classificação na listagem especial equivalente à nota por ela alcançada no concurso público. *TST-RO-11800-35.2011.5.21.0000, Órgão Especial, rel. Min. Brito Pereira, 1º.10.2012 (No mesmo sentido, TST-ReeNec e RO-29400-69.2011.5.21.0000, Órgão Especial, rel. Min. Dora Maria da costa, 1º.10.2012) (Informativo nº 23)*

▸ ***CONCURSO PÚBLICO PARA FORMAÇÃO DE CADASTRO RESERVA. ADVOGADO. CONTRATAÇÃO DE ADVOGADOS TERCEIRIZADOS. PRETERIÇÃO DE CANDIDATOS APROVADOS. DIREITO À NOMEAÇÃO IMEDIATA.***

Há direito à nomeação imediata de candidato aprovado em concurso público para formação de cadastro de reserva quando constatada a terceirização dos serviços afetos às atribuições do cargo previsto no certame. No caso, prevaleceu o entendimento de que a preterição dos candidatos aprovados para o cargo de advogado do Banco do Nordeste S.A, decorrente da contratação de escritórios de advocacia por via de licitação e no prazo de vigência do concurso, violou o princípio constitucional do concurso público (art. 37, II, da CF). Ademais, demonstrada a necessidade de provimento do cargo descrito no edital, deve-se convolar a expectativa de direito do candidato aprovado em direito subjetivo à sua nomeação. Nesse contexto, a SBDI-I, por maioria, conheceu dos embargos interpostos pelo Banco do Nordeste do Brasil S.A. – BNB, por divergência jurisprudencial, vencidos os Ministros Hugo Carlos Scheuermann, Renato de Lacerda Paiva e Lelio Bentes Corrêa. No mérito, ainda por maioria, a Subseção negou provimento ao recurso, vencidos os Ministros Márcio Eurico Vitral Amaro, relator, Ives Gandra Martins Filho, Renato de Lacerda Paiva, Luiz Philippe Vieira de Mello Filho e José Roberto Freire Pimenta. *TST-E-ED-RR-2167-67.2011.5.22.0001, SBDI-I, rel. Min. Márcio Eurico Vitral Amaro, red. p/acórdão Min. Augusto César Leite de Carvalho, 16.4.2015 (Informativo nº 104)*

27. ATESTADO MÉDICO – CID

▸ ***AÇÃO ANULATÓRIA. ATESTADO MÉDICO. EXIGÊNCIA DA INSERÇÃO DA CLASSIFICAÇÃO INTERNACIONAL DE DOENÇAS (CID). VALIDADE DA CLÁUSULA DE CONVENÇÃO COLETIVA DE TRABALHO. NÃO VIOLAÇÃO DO DIREITO FUNDAMENTAL À INTIMIDADE E À PRIVACIDADE.***

Não viola o direito fundamental à intimidade e à privacidade (art. 5º, X, da CF), cláusula constante de convenção coletiva de trabalho que exija a inserção da Classificação Internacional de Doenças (CID) nos atestados médicos apresentados pelos empregados. Essa exigência, que obriga o trabalhador a divulgar informações acerca de seu estado de saúde para exercer seu direito de justificar a ausência ao trabalho por motivo de doença, traz benefícios para o meio ambiente de trabalho, pois auxilia o empregador a tomar medidas adequadas ao combate de enfermidades recorrentes e a proporcionar melhorias nas condições de trabalho. Sob esse entendimento, a SDC, por unanimidade, conheceu do recurso ordinário e, no mérito, pelo voto prevalente da Presidência, deu-lhe provimento para julgar improcedente o pedido de anulação da cláusula em questão. Vencidos os Ministros Mauricio Godinho Delgado, relator, Kátia Magalhães Arruda e Maria de Assis Calsing. *TST-RO– 480-32.2014.5.12.0000, SDC, rel. Min. Mauricio Godinho Delgado, red. p/ o acórdão Min. Ives Gandra Martins Filho, 14.12.2015 (Informativo nº 126 do TST)*

28. DISSÍDIO COLETIVO

▸ ***DISSÍDIO COLETIVO DE NATUREZA ECONÔMICA. REAJUSTE SALARIAL. CONCESSÃO POR SENTENÇA NORMATIVA. CASO EM QUE A EMPRESA ESTATAL ESTÁ VINCULADA A ENTE PÚBLICO QUE EXCEDEU O LIMITE COM O GASTO DE PESSOAL ESTABELECIDO NA LEI DE RESPONSABILIDADE FISCAL. IMPOSSIBILIDADE.***

Não é possível a concessão de reajuste pela via do exercício do poder normativo da Justiça do Trabalho quando o ente público ao qual está vinculada a empresa estatal encontra-se no limite de gasto com pessoal estabelecido pela Lei de Responsabilidade Fiscal (Lei Complementar nº 101/2000). Embora o art. 22, parágrafo único, I, da LRF, nessa circunstância, admita os aumentos ou reajustes decorrentes de sentença judicial, enquadram-se nesse conceito somente as sentenças condenatórias e mandamentais, pois provenientes da função típica do Poder Judiciário. As sentenças normativas não representam, rigorosamente, exercício de poder jurisdicional, razão pela qual não constituem exceção à aplicação dos limites impostos pela Lei de Responsabilidade Fiscal. Sob esses fundamentos, a SDC, por maioria, negou provimento ao recurso ordinário do sindicato profissional. Vencidos os Ministros Mauricio Godinho Delgado, relator, e Kátia Magalhães Arruda, que davam provimento ao recurso para conceder o reajuste de 7,5% à categoria. TST-RO-296-96.2015.5.10.0000, SDC, rel. Min. Mauricio Godinho Delgado, red. p/ acórdão Min. Emmanoel Pereira, 13.3.2017. (Informativo nº 154).

29. EMPREGADO COM DEFICIÊNCIA

▸ ***TRABALHADOR COM DEFICIÊNCIA. DISPENSA SEM JUSTA CAUSA. MANUTENÇÃO PELA EMPRESA DO PERCENTUAL PREVISTO NO ART. 93 DA LEI Nº 8.213/1991. REINTEGRAÇÃO INDEVIDA.***

A dispensa sem justa causa de trabalhador com deficiência ou beneficiário reabilitado, sem a correspondente contratação de outro empregado nas mesmas condições, é possível desde que a empresa mantenha o percentual de cargos preenchidos por esses trabalhadores dentro dos limites estipulados pelo art. 93 da Lei nº 8.213/91. Sob esse fundamento, a SBDI-I, por unanimidade, conheceu dos embargos, por divergência jurisprudencial, e, no mérito, por maioria, deu-lhes provimento para restabelecer o acórdão do Regional que, diante da manutenção do percentual legalmente estabelecido para a contratação de pessoas com deficiência pela empresa reclamada, indeferiu o pedido de reintegração do reclamante. Vencidos os Ministros Cláudio Mascarenhas Brandão e Alexandre Agra Belmonte. TST-E-ED-ED--RR-10740-12.2005.5.17.0012, SBDI-I, rel. Min. Renato de Lacerda Paiva, 4.5.2017 (Informativo nº 158).

30. HABEAS CORPUS

HABEAS CORPUS. CABIMENTO. JOGADOR DE FUTEBOL. LIVRE EXERCÍCIO DA PROFISSÃO.

A SBDI-II, por maioria, conheceu de agravo regimental e, no mérito, negou-lhe provimento, mantendo, portanto, decisão monocrática que, em sede de habeas corpus, concedeu pedido liminar para autorizar jogador de futebol a exercer livremente sua profissão, participando de jogos e treinamentos em qualquer localidade e para qualquer empregador, conforme sua livre escolha. Na espécie, ressaltou-se que não há falar em não cabimento do habeas corpus, pois, na Justiça do Trabalho, a referida ação constitucional não se restringe à proteção do direito à locomoção, mas abrange a defesa da autonomia da vontade contra ilegalidade ou abuso de poder perpetrado tanto pela autoridade judiciária quanto pelas partes da relação de trabalho. Ademais, no caso em tela restou demonstrada a presença da fumaça do bom direito e do perigo da demora, pois o paciente encontra-se impedido de exercer a função de jogador de futebol no clube que lhe interessa, e a manutenção do vínculo com o empregador atual, por tempo indeterminado, ofende o direito de livre exercício da profissão. De outra sorte, o debate travado nos autos reclama medida urgente, pois envolve atleta que, em razão da idade, encontra-se em fim de carreira. Vencidos os Ministros Douglas Alencar Rodrigues e Renato de Lacerda Paiva. TST-AgR--HC-5451-88.2017.5.00.0000, SBDI-II, rel. Min. Delaíde Miranda Arantes, 8.8.2017 (Informativo nº 162)

31. PLANO DE DEMISSÃO VOLUNTÁRIA

BESC. PLANO DE DEMISSÃO INCENTIVADA. NEGOCIAÇÃO COLETIVA. CLÁUSULA DE QUITAÇÃO AMPLA DO CONTRATO DE EMPREGO. FATO INCONTROVERSO. AUSÊNCIA DE CONTRARIEDADE À SÚMULA Nº 126 DO TST.

Não contraria a Súmula nº 126 do TST, decisão turmária que, fundada em fato incontroverso, conclui pela existência de acordo coletivo a fim de validar o plano de demissão incentivada do BESC. Na hipótese, considerou-se fato incontroverso que o plano em questão foi firmado mediante negociação coletiva com o sindicato representativo da categoria profissional e, ainda, acordada a quitação de toda e qualquer parcela decorrente da relação de emprego, visto que afirmado pelo reclamado na contestação, nas contrarrazões ao recurso ordinário e no recurso de revista adesivo e, não negado pelo autor. Destacou-se, ademais, que, no caso, se discute idêntico programa de demissão e norma coletiva a que se referiu o Supremo Tribunal Federal, nos autos do RE 590.415/SC, com repercussão geral, razão pela qual não há falar em revolvimento de fatos e provas ou contrariedade à Súmula nº 126 do TST. Sob esse fundamento, a SBDI-I, por maioria, não conheceu dos embargos interpostos pelo reclamante. Vencido o Ministro João Oreste Dalazen. TST- E-ED-RR-115300-41.2009.5.12.0032, SBDI-I, rel. Min. Aloysio Corrêa da Veiga, 14.9.2017 (Informativo nº 164).

32. TEMPO DE DESLOCAMENTO

TRABALHO EM MINAS DE SUBSOLO. TEMPO DE DESLOCAMENTO DA BOCA DA MINA AO LOCAL DE TRABALHO E VICE-VERSA. CÔMPUTO PARA EFEITO DE CONCESSÃO DE INTERVALO INTRAJORNADA. IMPOSSIBILIDADE.

O período de deslocamento do mineiro entre a boca da mina e a frente de lavra não deve ser computado para efeito de concessão de intervalo intrajornada, pois o labor em minas de subsolo não se submete ao sistema geral de duração do trabalho, conforme excepciona o art. 57, parte final, da CLT. Ao promover o disciplinamento especial do trabalho dos mineiros (arts. 293 a 301 da CLT), o legislador adotou explicitamente tratamento diferenciado entre o tempo de "trabalho efetivo" para efeito de jornada normal e o tempo de deslocamento, dispondo que este último é computado apenas para efeito de pagamento do salário (arts. 293 e 294). Assim, na hipótese em que o empregado em mina de subsolo presta jornada efetiva de seis horas diárias, ainda que perceba 65 minutos de remuneração pelo deslocamento, não tem direito ao cômputo deste tempo para beneficiar-se do intervalo intrajornada do art. 71 da CLT, inaplicável em virtude da norma especial do art. 298 da CLT — que prevê um intervalo intrajornada mais benéfico, de 15 minutos a cada três horas de labor, computado "na duração normal de trabalho efetivo". De outra sorte, no caso concreto há registro de cláusula de acordo coletivo que se revela vantajosa para os empregados, pois, ao regular o direito previsto no art. 294 da CLT, garantiu a percepção de um adicional de 70% para os 65 minutos de deslocamento da boca da mina até a frente de lavra. Sob esses fundamentos, a SBDI-I, à unanimidade, conheceu dos embargos, por divergência jurisprudencial, e, no mérito, pelo voto prevalente da Presidência, negou-lhes provimento. Vencidos os Ministros Augusto César Leite de Carvalho, relator, Brito Pereira, Emmanoel Pereira, Márcio Eurico Vitral Amaro, José Roberto Freire Pimenta, Hugo Carlos Scheuermann e Cláudio Mascarenhas Brandão, os quais reconheciam o tempo gasto da boca da mina até o local de trabalho como tempo à disposição do empregador, razão pela qual julgavam procedente o pedido de horas extras decorrente do intervalo intrajornada não usufruído, fazendo incidir a Súmula nº 437, IV, do TST. TST-E-RR-505-29.2010.5.20.0011, SBDI-I, rel. Min. Augusto César Leite de Carvalho, red. p/ acórdão Min. João Oreste Dalazen, 21.9.2017 (Informativo nº 165)

33. AVISO PRÉVIO

▸ *AVISO PRÉVIO PROPORCIONAL. LEI Nº 12.506/2011. DIREITO EXCLUSIVO DO EMPREGADO.*

A proporcionalidade do aviso prévio a que se refere a Lei nº 12.506/2011 aplica-se somente aos casos em que o empregador toma a iniciativa de rescindir o contrato de trabalho. Interpretar a norma de forma diversa, ou seja, exigir que o trabalhador cumpra aviso prévio superior a trinta dias, na hipótese em que ele próprio intentar a rescisão do contrato, significaria compactuar com alteração legislativa prejudicial ao empregado. Sob esse entendimento, a SBDI-I, por unanimidade conheceu dos embargos interpostos pela reclamante, por divergência jurisprudencial, e, no mérito, deu-lhes provimento para acrescer à condenação o pagamento de três dias de trabalho prestado indevidamente no período do aviso prévio, com os reflexos cabíveis. TST-E-RR-1964-73.2013.5.09.0009 , SBDI-I, rel. Min. Hugo Carlos Scheuermann, 21.9.2017 (Informativo nº 165).

34. APRENDIZ

▸ *CONTRATO DE APRENDIZAGEM. BASE DE CÁLCULO. ATIVIDADES DE FAXINEIRO, GARI, SERVENTE, COLETOR, VARREDOR DE RUA E SIMILARES. INCLUSÃO. PREVISÃO NA CLASSIFICAÇÃO BRASILEIRA DE OCUPAÇÕES.*

Em atenção ao princípio da proteção integral e ao direito do jovem à profissionalização (art. 227 da CF), as atividades de faxineiro, gari, servente, coletor, varredor de rua e similares devem ser computadas na base de cálculo para contratação de aprendizes a que se refere o art. 429 da CLT, pois estão previstas na Classificação Brasileira de Ocupações – CBO, critério objetivo para a definição das funções que demandam formação profissional adotado pelo art. 10 do Decreto nº 5.598/2005. Sob esse fundamento, a SBDI-I, à unanimidade, conheceu do recurso de embargos, por divergência jurisprudencial, e, no mérito, por maioria, deu-lhe provimento para restabelecer a sentença. Vencidos os Ministros João Oreste Dalazen, Brito Pereira e Walmir Oliveira da Costa. TST-E-RR-191-51.2010.5.03.0013, SBDI-I, rel. Min. Hugo Carlos Scheuermann, 5.10.2017 (Informativo nº 167).

Direito Civil

Plínio Rebouças de Moura

TABELA DE INCIDÊNCIA DE QUESTÕES

Distribuição das questões organizada por ordem didática de assuntos		
Assunto	**Número de Questões**	**Peso**
LEI DE INTRODUÇÃO ÀS NORMAS DO DIREITO BRASILEIRO (LINDB).	2	8,70%
PARTE GERAL.		
DAS PESSOAS	6	26,09%
DOS BENS	2	8,70%
DOS FATOS JURÍDICOS	5	21,74%
PARTE ESPECIAL.		
DIREITO DOS CONTRATOS	3	13,04%
DIREITOS REAIS	2	8,70%
DIREITO DE FAMÍLIA.	3	13,04%
Total	**23**	**100%**

Direito Civil

Plínio Rebouças de Moura

✦ QUESTÕES COMENTADAS:

1. LEI DE INTRODUÇÃO ÀS NORMAS DO DIREITO BRASILEIRO (LINDB)

01. (ESAF – Analista Processual – MPU/2004) Derrogação é

a) a aplicabilidade da norma no espaço delimitado pelas fronteiras do Estado.

b) a supressão total da norma anterior.

c) o fato de a norma atingir os efeitos de atos jurídicos praticados sob o império da norma revogada.

d) a não-aplicabilidade da lei nova a qualquer situação jurídica constituída anteriormente.

e) tornar sem efeito uma parte da norma.

COMENTÁRIOS

✪ **Nota do autor:** Uma lei em vigor, que não seja temporária (exceção), deixará de ser obrigatória e de produzir efeitos no ordenamento jurídico se outra lei a revogar (art. 2º, *caput*, da LINDB). A revogação, quanto à forma de sua execução, pode ser expressa ou tácita (art. 2º, § 1º, da LINDB). Quanto à extensão da revogação, esta pode atingir completamente a lei anterior, retirando por completo sua vigência (ex.: o CPC/15 revogou totalmente o CPC/73) ou pode revogar apenas algum artigo ou dispositivos específicos de outra lei, mantendo-se a obrigatoriedade e eficácia do restante da norma (ex: O Estatuto da Pessoa com Deficiência – Lei 13.146/15 – revogou e alterou alguns artigos do Código Civil). Se a REVOGAÇÃO é TOTAL, recebe o nome de AB-ROGAÇÃO. Se a REVOGAÇÃO é PARCIAL, será chamada de DERROGAÇÃO. Partindo-se dessa premissa, e observando-se os demais ditames da LINDB, passa-se à análise das assertivas:

Alternativa "e" – correta: Conforme destacado acima, a DERROGAÇÃO é a revogação parcial da lei, ou seja, quando uma lei posterior retira a obrigatoriedade e a eficácia de alguns dispositivos de uma norma anterior.

Alternativa "a" – errada: Derrogação, como já destacado, não se confunde com a aplicação da lei no espaço. Ademais, aplicação da norma dentro das fronteiras do Estado – Princípio da Territorialidade – tem exceções diversas na LINDB, conforme art. 1º e também de acordo com a regulamentação do art. 7º e seguintes. Diante de tais exceções, compreende a doutrina que foi adotado, no Brasil, o "Princípio da Territorialidade Temperada".

Alternativa "b" – errada: A revogação total da lei é chamada de AB-ROGAÇÃO, como já destacado acima.

Alternativa "c" – errada: Derrogação é a revogação parcial da lei. Atingir efeitos de atos praticados sob o império da norma anterior é tema da Intertemporalidade Normativa (art. 6º, da LINDB). Segundo este dispositivo, a retroatividade da lei não é regra, pois uma norma, quando entra em vigor, produz efeito imediato e geral. E mais: caso venha a ter efeito retroativo, ainda assim não atingirá a coisa julgada, o ato jurídico perfeito e o direito adquirido.

Alternativa "d" – errada: Uma lei nova que não se aplica a qualquer situação jurídica constituída anteriormente seria uma hipótese de IRRETROATIVIDADE, e não de Derrogação, como indica a questão e já destacado no item anterior.

02. (CESPE – Analista Processual – MPU/2010) Considerando a regulamentação constitucional e civilista, julgue os próximos itens.

Na interpretação extensiva da lei, são aplicados os princípios de adequação e proporcionalidade entre os termos empregados e o espírito da norma.

COMENTÁRIOS

Item errado: A interpretação das leis é a atividade que tem o objetivo de compreender o sentido e o alcance de uma norma, para melhor aplicá-la ao caso concreto. Quanto ao alcance dos resultados da interpretação, esta pode ser: DECLARATIVA; RESTRITIVA e EXTENSIVA. A primeira é aquela que conclui que o texto normativo corresponde exatamente ao que o legislador pensou ao prescrever a regra, como no caso de uma norma que cria um ente da administração pública indireta. Na segunda, conclui-se que a extensão do resultado é menor do que aparentemente se traduz do texto normativo. O próprio legislador impõe interpretação restritiva a normas que imponham privilégios, sanções e restrições de direitos, como no caso da renúncia e do contrato benéfico (art. 114, do CC). Por fim, na INTERPRETAÇÃO EXTENSIVA ou AMPLIATIVA, o intérprete compreende que o alcance da norma é mais amplo que aquele contido no texto expresso da lei. O exemplo mais citado pela doutrina é o dos Princípios Constitucionais, que devem ser interpretados de forma ampliada. O **erro da questão** está na afirmação de que serão usados os Princípios da Proporcionalidade e da Adequação para a interpretação extensiva entre o texto legal e seu espírito, ou seja, sua finalidade e alcance. Tais princípios não são citados pela Doutrina e Jurisprudência para o fim de interpretação normativa, e também não são destacados no art. 5º, da LINDB.

2. PARTE GERAL

2.1. DAS PESSOAS

03. (ESAF – Técnico – Área Administrativa – MPU/2004) São pessoas jurídicas de direito público interno de administração indireta

a) agências reguladoras, autarquias, fundações públicas e partidos políticos.
b) autarquias, fundações públicas, empresas públicas e sociedades de economia mista.
c) autarquias, fundações públicas e empresas públicas.
d) município, autarquias, fundações públicas e sociedades de economia mista.
e) autarquias, fundações públicas e agências reguladoras ou executivas.

COMENTÁRIOS

Alternativa "e" – correta: o art. 40, do CC, classifica as Pessoas Jurídicas em três blocos: as de Direito Público Externo (exemplificadas no art. 42, do CC); as de Direito Público Interno (exemplificadas no art. 41, do CC); e as de Direito Privado (exemplificadas no art. 44, do CC). A alternativa "e" traz três exemplos corretos, tendo em vista que as autarquias estão no rol do art. 41 (IV), e o mesmo dispositivo admite a existência de outros entes públicos, na cláusula geral do inciso V. Quanto às fundações públicas, o STF, por meio da ADI 191/RS, já firmou entendimento de que podem ser de Direito Público ou de Direito Privado. Quanto às agências reguladoras ou executivas, são consideradas pela doutrina como autarquias especiais, inclusive por força do art. 51, da Lei n. 9.649/98.

Alternativa "a" – errada: o erro da questão está na indicação dos PARTIDOS POLÍTICOS, pois estes estão expressamente previstos no art. 44, V, do CC, na qualidade de Pessoas Jurídicas de Direito Privado.

Alternativas "b", "c" e "d" – erradas: nas três assertivas há referências às empresas públicas e sociedades de economia mistas, que, embora sejam entes da administração pública indireta (art. 37, XIX, da CF), possuem regime jurídico de **direito privado** por força da expressa dicção do art. 173, § 1º, II, da CF.

04. (ESAF – Analista Processual – MPU/2004) A curatela em que o curador apenas tem a gerência dos bens e não da pessoa do curatelado é a

a) dada ao incapaz que não tiver representante legal ou, se o tiver, seus interesses conflitarem com os daquele.
b) decorrente de decisão judicial, na falta de tutor testamentário ou legítimo que zele pelo menor.
c) instituída a requerimento do enfermo ou portador de deficiência física.
d) conferida aos interditos em razão de deficiência mental, embriaguez habitual ou de toxicomania.
e) instituída a menor por genitor em ato causa mortis.

COMENTÁRIOS

✪ **Nota do autor:** A questão, por ter sido elaborada em 2004, é incompatível com o regime atual da CURATELA, pois tanto o Estatuto da Pessoa com Deficiência (Lei 13.146/15) quanto o CPC atual (Lei 1.105/15) disciplinam que a curatela é excepcional e tem limites, a depender da necessidade do interditando. O Estatuto da Pessoa com Deficiência é mais assertivo e deixa claro, no art. 85, que "a curatela afetará tão somente os atos relacionados aos direitos de natureza patrimonial e negocial". Já o CPC impõe a necessidade de especificação dos limites da curatela na sentença (art. 755). Quando foi elaborada, a resposta da questão era a alternativa "c", pois, apenas naquelas hipóteses, o Código Civil determinava que a curatela se referia apenas à gestão patrimonial, conforme art. 1.780. Porém, este dispositivo foi REVOGADO pelo Estatuto da Pessoa com Deficiência, seja porque a Enfermidade e a Deficiência Física não são mais causas de incapacidade (arts. 6º e 84, do Estatuto), seja porque a limitação da curatela à gestão patrimonial agora é a regra, conforme já destacado.

05. (FCC – Técnico – Área Administrativa – MPU/2007) Poderão os interessados requerer que se declare a ausência e se abra provisoriamente a sucessão se decorrido

a) um ano da arrecadação dos bens do ausente, ou, se ele deixou representante ou procurador, em se passando seis meses.
b) um ano da arrecadação dos bens do ausente, ou, se ele deixou representante ou procurador, em se passando três anos.
c) seis meses da arrecadação dos bens do ausente, ou, se ele deixou representante ou procurador, em se passando um ano.
d) seis meses da arrecadação dos bens do ausente, inclusive se tiver deixado representante ou procurador.
e) três anos da arrecadação dos bens do ausente, ou, se ele deixou representante ou procurador, em se passando seis meses.

COMENTÁRIOS

✪ **Nota do autor:** A existência da pessoa natural termina com a morte (art. 6º, do CC). Acontece que esta pode ser natural, quando se tem a prova do falecimento, ou presumida, quando a pessoa desaparece. Se o desaparecimento se deu em uma guerra ou por força de situações de extrema probabilidade de morte, diante do perigo ao qual a pessoa foi submetida (acidente aéreo, naufrágio, etc.), a morte presumida será diretamente decreta por ação judicial própria (art. 7°, do CC). De outro modo, se o desaparecimento se deu em situação em que não havia um risco concreto à vida, é preciso primeiro ser declarada a ausência, para depois se declarar a morte, em um procedimento que passa por três fases e é disciplinado pelos arts. 22 a 39, do CC.

Alternativa "b" – correta: após a arrecadação de bens e a nomeação de curador previstas na primeira fase do procedimento para a confirmação da morte presumida com declaração de ausência, que é a "Curadoria de Bens do Ausente" (arts. 22 a 25, do CC), os interessados têm o prazo previsto na letra "b" para solicitar a declaração de ausência e a abertura da segunda fase, a sucessão provisória, nos termos do art. 26, do CC.

Alternativas "a", "c", "d" e "e" – erradas: Conforme consta na letra "b", o prazo para o requerimento indicado será de 01 ano, em regra, ou, se o ausente deixou representante ou procurador, será de 03 anos, consoante art. 26, do CC.

---

06. (FCC – Técnico – Área Administrativa – MPU/2007) A respeito das pessoas jurídicas analise:

I. As autarquias, os partidos políticos e as organizações religiosas são pessoas jurídicas de direito público interno.

II. Em regra, se a pessoa jurídica tiver administração coletiva, as decisões se tomarão pela maioria de votos dos presentes.

III. Se a administração da pessoa jurídica vier a faltar, o juiz, a requerimento de qualquer interessado, nomear-lhe-á administrador provisório.

IV. As fundações somente poderão constituir-se para fins religiosos, morais, culturais ou de assistência.

É correto o que consta APENAS em

a) I, II e III.
b) I, II e IV.
c) II e III.
d) II, III e IV.
e) II e IV.

COMENTÁRIOS

✪ **Nota do autor:** O candidato deverá atentar para as **recentes alterações promovidas pela Lei 13.151/15, no que se refere às fundações, modificando a redação dos arts. 62, 66 e 67, do CC.** Na presente questão, uma dessas alterações interfere na análise da assertiva IV. .

Alternativa "d" – correta (de acordo com a legislação vigente em 2007).

Item I – errado: apenas as autarquias são pessoas jurídicas de Direito Público Interno (art. 41, do CC). Os partidos políticos e as organizações religiosas são pessoas jurídicas de Direito Privado, conforme art. 44, IV e V, do CC.

Item II – correto: a regra é exatamente esta, a deliberação por maioria simples, conforme art. 48, do CC, salvo se o ato constitutivo dispuser de modo diverso.

Item III – correto: a assertiva repete literalmente a regra prevista no art. 49, do CC, sem qualquer alteração ou equívoco.

Item IV – correto: Muita atenção com este tópico, pois contém a redação do art. 62, parágrafo único, do CC, anterior à vigência da Lei 13.151/15, como já destacado na nota acima. Na redação atual do mencionado dispositivo, foi estabelecido um ROL TAXATIVO de FINALIDADES para as quais pode ser instituída uma fundação, nos incisos I a IX, que devem ser observados pelo candidato no estudo do instituto, embora compreendam, com nova redação, as finalidades destacadas na questão em comento.

---

07. (FCC – Técnico – Área Administrativa – MPU / 2007) Em uma sala encontram-se cinco pessoas: Mário, Maria, Márcia, Mariana e Marcos. Mário é pródigo; Maria, por causa transitória, não pode exprimir sua vontade; Márcia é excepcional, sem desenvolvimento mental completo; Mariana, por deficiência mental, tem o discernimento reduzido e Marcos conta com dezessete anos de idade. É absolutamente incapaz de exercer pessoalmente os atos da vida civil:

a) Maria
b) Mário
c) Márcia
d) Mariana
e) Marcos

✪ **Nota do autor:** Ponto crucial nos concursos atuais, o regime da CAPACIDADE JURÍDICA da PESSOA NATURAL foi alterado pelo Estatuto da Pessoa com Deficiência (Lei 13.146/15), sendo muito importante observar a nova redação do art. 3º e do art. 4º, do CC. Dessa forma, no sistema atual, apenas os menores de 16 anos podem ser considerados absolutamente incapazes (art. 3º, do CC), razão pela qual nenhuma das assertivas está correta.

Alternativa "a" – era a correta, de acordo com as regras vigentes em 2007: Seguindo, porém, a nova redação dos artigos já indicados na nota acima, Maria é considerada relativamente incapaz (art. 4°, III, do CC). Alternativa "b" – errada: Não houve alteração na lei em relação ao PRÓDIGO, razão pela qual Mário continua sendo considerado relativamente incapaz (art. 4°, IV, do CC).

Alternativa "c" – errada: De acordo com as regras da Lei 13.146/15, a pessoa com deficiência, o que inclui o excepcional sem desenvolvimento mental completo, como no caso de Márcia, é considerada plenamente capaz (arts. 6° e 84).

Alternativa "d" – errada: De acordo com as regras da Lei 13.146/15, a pessoa com deficiência, o que inclui o deficiente mental com discernimento reduzido, situação de Mariana, é considerada plenamente capaz (arts. 6° e 84). Alternativa "e" – errada: Pelo critério de idade, o menor de 16 anos é relativamente incapaz. Já o sujeito que é maior de dezesseis e menor de 18 anos, como é o caso de Marcos, é considerado relativamente incapaz (art. 4°, I, do CC).

08. (CESPE - Analista Processual - MPU/2010) Considerando a regulamentação constitucional e civilista, julgue os próximos itens.

I. Para que a ocorrência de fato natural não resulte em extinção de uma pessoa jurídica, pode-se prever, no ato constitutivo da entidade, a manutenção de suas atividades.

COMENTÁRIOS

Item correto: Dentre as regras que podem ser disciplinadas pelo ato constitutivo da Pessoa Jurídica, que será levado a registro, está a regulamentação da extinção (art. 46, VI, do CC). Especificamente em relação ao fato natural que proporciona o fim da pessoa jurídica, que tem como principal exemplo a morte de um sócio, o art. 1.028, do CC, prevê expressamente a possibilidade de continuidade da pessoa jurídica por meio dos sucessores, se houver previsão no ato constitutivo para tanto.

II. Personalidade jurídica, definida como a maior ou menor extensão dos direitos e das obrigações de uma pessoa, representa um atributo.

COMENTÁRIOS

Item errado: A personalidade jurídica é a aptidão que a pessoa tem para ser titular de direitos e obrigações (art. 1°, do CC), e é a capacidade jurídica que vai regular a extensão desses direitos, especialmente em relação à possibilidade de serem exercidos pessoalmente ou se existe a necessidade de assistência ou representação, por incapacidade relativa ou absoluta (arts. 3° e 4°, do CC). Portanto, a questão não está tratando de um atributo da pessoa, mas sim da capacidade de fato ou exercício.

2.2. DOS BENS

09. (ESAF - Técnico - Área Administrativa - MPU/2004) Serviços realizados em casa alugada num alicerce, que cedeu, são tidos como

a) benfeitorias necessárias.
b) benfeitorias úteis.
c) acessões artificiais.
d) construções.
e) benfeitorias voluptuárias.

COMENTÁRIOS

✪ Nota do autor: Benfeitorias são melhoramentos realizados pelo proprietário, possuidor ou detentor de um bem (art. 97, do CC), com a finalidade de conservá-lo, facilitar/aumentar o seu uso ou para fins de embelezamento/lazer (art. 96, do CC).

Alternativa "a" - correta: o serviço realizado no alicerce de uma casa tem a finalidade de conservação, razão pela qual é classificado como benfeitoria necessária (art. 96, § 3°, do CC).

Alternativa "b" - errada: a benfeitoria útil tem a finalidade de aumentar ou facilitar o uso do bem, com maior aproveitamento do espaço ou acessibilidade, não sendo a hipótese da questão (art. 96, § 2°, do CC).

Alternativa "c" - errada: enquanto a benfeitoria é um melhoramento na estrutura de um bem, a acessão é a aquisição de uma propriedade imóvel por força de um aumento na área ou no conteúdo do bem. A acessão artificial pode decorrer de construções ou plantações (art. 1.248, V, do CC). Assim, construir uma casa em um terreno seria uma acessão. Já a reforma da casa seria uma benfeitoria.

Alternativa "d" - errada: construções, a princípio, são acessões, nos termos do art. 1.248, V, do CC, e o serviço realizado no alicerce da casa, como expõe a questão, foi uma benfeitoria de conservação.

Alternativa "e" - errada: a benfeitoria voluptuária tem a finalidade de proporcionar lazer ou embelezamento, desde que não aumentem o uso do bem, fato que configura a categoria útil, sempre de acordo com o art. 96, § 1°, do CC.

10. (FCC - Técnico - Área Administrativa - MPU/2007) De acordo com a classificação dos bens adotada pelo Código Civil brasileiro, é correto afirmar:

a) Os rios, mares, estradas, ruas e praças são considerados bens públicos de uso especial.
b) Consideram-se bens móveis, para os efeitos legais, os direitos reais sobre imóveis e as ações que os asseguram.
c) Consideram-se bens imóveis para os efeitos legais, as energias que tenham valor econômico.
d) São infungíveis os móveis que podem substituir-se por outros da mesma espécie, qualidade e quantidade.
e) Os bens naturalmente divisíveis podem tornar-se indivisíveis por determinação da lei ou por vontade das partes.

COMENTÁRIOS

Alternativa "e" - correta: a assertiva contém a dicção expressa do art. 88, do CC. Convém destacar que os bens naturalmente divisíveis são aqueles que comportam fracionamento sem alteração, dano, perda de valor ou supressão da finalidade (art. 87, do CC). Acontece que a vontade das partes em um contrato ou a lei podem tornar tais bens indivisíveis, como o condomínio previsto para o caso de usucapião coletiva no Estatuto das Cidades (art. 10, da Lei 10.257/01).

Alternativa "a" - errada: as espécies de bens públicos estão previstas no art. 99, do CC. Os rios, mares, estradas, ruas e praças são justamente os exemplos dos bens públicos de uso comum do povo (art. 99, I, do CC). Os bens públicos de uso especial são aqueles onde estão instalados órgãos ou serviços públicos, tais como uma delegacia, uma escola pública ou o edifício de uma prefeitura, autarquia, etc. (art. 99, II, do CC).

Alternativa "b" - errada: quanto aos direitos reais e as ações que os asseguram, se incidirem sobre imóveis (como a servidão), são classificados como bens imóveis, para os efeitos legais (art. 80, I, do CC). Se incidirem sobre móveis (penhor de um veículo, por exemplo), são considerados bens móveis, também para os efeitos legais (art. 83, II, do CC).

Alternativa "c" – errada: diante da regra expressa do art. 83, I, do CC, as energias como valor econômico (ex.: energia elétrica consumida em casa) são consideradas bens móveis.

Alternativa "d" – errada: os bens móveis que podem ser substituídos por outros da mesma espécie, quantidade e qualidade são considerados fungíveis (ex.: bens fabricados em grande quantidade, como celulares, livros, materiais de escritório, etc.), consoante dispõe o art. 85, do CC. Em sentido oposto, serão considerados infungíveis os bens imóveis e os bens móveis que são de difícil substituição (ex.: obras de arte, bens com valor histórico, etc.).

2.3. DOS FATOS JURÍDICOS

11. (ESAF – Técnico – Área Administrativa – MPU/2004) Quanto ao exercício dos direitos, os negócios jurídicos podem ser

a) constitutivos e declarativos.
b) patrimoniais e extrapatrimoniais.
c) inter vivos e causa mortis.
d) unilaterais e bilaterais.
e) de disposição e de simples administração.

COMENTÁRIOS

Alternativa "e" – correta: a classificação quanto ao "exercício dos direitos" é a mencionada na assertiva "e". Os negócios de disposição são aqueles em que uma parte concede amplos poderes sobre o objeto do negócio à outra parte, havendo uma verdadeira disposição, alienação, transferência de direitos. Ex.: doação, compra e venda, testamento. Por outro lado, nos negócios de simples administração, uma parte cede à outra o exercício de poderes limitados sobre o objeto do negócio. Ex.: comodato, locação.

Alternativa "a" – errada: a classificação ali indicada se refere à "extensão dos efeitos do negócio". Negócio constitutivo produz efeitos "ex nunc", ou seja, a partir da sua conclusão. Ex.: a compra e venda de um bem na data da contratação. Já o negócio declarativo é aquele que produz efeitos "ex tunc", ou seja, reconhece a existência e ratifica fatos anteriores à celebração do negócio. Ex.: a divisão de um condomínio, já existente no momento da formalização do negócio.

Alternativa "b" – errada: a classificação ali destacada se refere ao "conteúdo do negócio". O negócio patrimonial tem como objeto direitos obrigacionais ou reais, com clara aferição econômica. É o que ocorre com a maioria dos negócios jurídicos. Ex.: compra e venda, mútuo, seguro. Já o negócio extrapatrimonial é aquele que trata de direitos da personalidade. Diante das características desses direitos, como a intransmissibilidade e irrenunciabilidade (art. 11, do CC), são raros tais negócios. Ex.: reconhecimento de filho por testamento.

Alternativa "c" – errada: A assertiva se refere ao "momento da produção de efeitos". O negócio inter vivos, que ocorre na maioria dos casos, é aquele que deve produzir suas consequências para as partes no presente ou no futuro, mas sem vinculação com o evento morte. Ex.: compra e venda, troca, transporte. Já o negócio causa mortis é aquele que só produz um ou mais efeitos a partir do falecimento de uma das partes. Ex.: testamento, seguro de vida, plano funerário.

Alternativa "d" – errada: Na assertiva "d" aparece a classificação do negócio jurídico quanto à quantidade de "manifestações de vontade". O negócio unilateral é aquele em que há a manifestação de apenas uma das partes. Ex.: testamento, renúncia, revogação. De outra sorte, o negócio bilateral é aquele em que há a conjugação de vontade dos participantes, como ocorre na maioria dos contratos.

12. (FCC – Analista Processual – MPU/2007) A prescrição ocorre em dez anos, quando a lei não lhe haja fixado prazo menor, porém prescreverá em três anos a pretensão

a) para haver prestações alimentares, a partir da data em que se vencerem.
b) para percepção de honorários dos árbitros e peritos.
c) relativa à tutela, a contar da data da aprovação das contas.
d) relativa a aluguéis de prédios urbanos ou rústicos.
e) para o vencedor haver do vencido o que despendeu em juízo.

COMENTÁRIOS

✪ **Nota do autor:** O Fato Jurídico Natural "decurso do tempo" produz diversos efeitos no direito civil. Dois desses efeitos, previstos na Parte Geral do Código Civil, são a Prescrição e a Decadência. Em ambos os casos, perde-se uma vantagem jurídica pelo não exercício da mesma ao longo do tempo. Os prazos decadenciais atingem os chamados "direitos potestativos", nos quais o titular não depende da outra parte para exercer seu poder, a exemplo do exercício de um direito de preferência, de uma garantia, ou a anulação de um contrato. Tais prazos podem ser fixados por lei (ex.: prazos para reclamar de vícios redibitórios) ou pela vontade das partes (ex.: garantia contratual). Os prazos prescricionais, que atingem, em regra, pretensão relativa a um direito obrigacional (creditício) ou real, são sempre fixados por lei. No Código Civil, estão organizados nos arts. 205 e 206. A regra geral de 10 anos, caso não exista prazo específico, consta no art. 205. Os prazos específicos estão no art. 206, inclusive os de 03 anos, como quer a questão, que estão no parágrafo terceiro do citado dispositivo:

Alternativa "d" – correta: prazo de 03 anos, conforme art. 206, § 3º, I, do CC.

Alternativa "a" – errada: aqui o prazo é de 02 anos, conforme art. 206, § 2º, do CC.

Alternativa "b" – errada: nesta hipótese o prazo é de 01 ano, consoante art. 206, § 1º, III, do CC.

Alternativa "c" – errada: neste caso o prazo é de 04 anos, nos termos do art. 206, § 4º, do CC.

Alternativa "e" – errada: aqui o prazo é de 05 anos, conforme art. 206, § 5º, III, do CC.

---

13. (FCC – Analista Processual – MPU/2007) Com relação aos defeitos do negócio jurídico é correto afirmar:

a) O dolo do representante legal de uma das partes, em regra, só obriga o representado a responder civilmente até a importância do proveito que teve.

b) A transmissão errônea da vontade por meios interpostos não é anulável nos mesmos casos em que o é a declaração direta.

c) O dolo acidental, em regra, anula o negócio jurídico, mas não obriga à satisfação das perdas e danos.

d) Ao apreciar a coação, não se terá em conta o sexo, a idade, a condição, a saúde e o temperamento do paciente.

e) Se ambas as partes procederem com dolo, ambas podem alegá-lo para anular o negócio, ou reclamar indenização.

COMENTÁRIOS

Nota do autor: os Defeitos do Negócio Jurídico, disciplinados entre os arts. 138 e 165, do CC, referem-se aos vícios que atingem a vontade das partes e podem levar à ANULAÇÃO do negócio jurídico. São muito cobrados em provas de concurso, e estão organizados em tabelas específicas nas dicas constantes ao final dos comentários.

Alternativa "a" – correta: no dolo, uma das partes age ardilosamente, por ação (art. 145, do CC) ou por omissão (art. 147, do CC), para convencer a vítima a realizar o negócio. Se quem agiu com dolo foi o representante da uma das partes, de acordo com o art. 149, do CC, há que se diferenciar a situação de representação convencional da representação legal. Se o dolo partiu do representante convencional (gestor, agente, representante comercial, advogado, corretor), a responsabilidade civil pelos prejuízos causados à vítima será solidária, entre representante e representado. Quando se tratar, porém, de representação legal (pais em relação aos filhos, regime de tutela, regime de curatela), o representado (incapaz) só responde pelo proveito econômico que aferiu, enquanto o representante terá responsabilidade ilimitada, regra que se coaduna, inclusive, com os arts. 928 e 932, do CC. Alternativa "b" – errada: o erro, que é o desconhecimento de uma informação relevante, por parte da vítima, pode se dar tanto na comunicação direta (a vítima celebrou contrato diretamente com o vendedor) quanto na indireta (o contato foi com um intermediário ou por meios indiretos, como a publicidade). O art. 141, do CC, é clarividente ao destacar que em ambas as hipóteses, configurado o erro, o negócio será anulado.

Alternativa "c" – errada: A regra está completamente invertida. O dolo, quando substancial ou essencial (arts. 145 e 147, do CC), anula o negócio e pode, inclusive, gerar responsabilidade por perdas e danos. Por outro lado, o dolo acidental (art. 146, do CC), ou seja, aquele que não influi decisivamente na vontade da vítima, não anula o negócio, mas pode implicar na satisfação de perdas de danos.

Alternativa "d" – errada: a coação ocorre quando a vítima é levada a celebrar o negócio por violência física ou psicológica, que incuta na vítima temor de dano grave e iminente a si ou a alguém próximo, bem como a seus bens (art. 151, do CC). Para avaliar se era resistível ou não a coação, ter-se-ão em conta as condições pessoais da vítima, conforme art. 152, do CC, razão pela qual está errada a assertiva.

Alternativa "e" – errada: Os negócios jurídicos devem ser interpretados com fundamento no Princípio da Boa Fé (art. 113, do CC), razão pela qual ninguém pode alegar a própria torpeza em seu benefício (nemo auditur propriam turpitudinem allegans). Um dos exemplos dessa máxima é o art. 150, do CC, que não admite a anulação e nem mesmo a responsabilidade por perdas e danos quando ambas as partes agem com dolo (bilateral), ao contrário do que afirma a assertiva "e".

---

14. (CESPE – Analista Processual – MPU/2010) Considerando a regulamentação constitucional e civilista, julgue os próximos itens.

I. De acordo com o Código Civil, o domicílio do marítimo e do militar do Exército é o de eleição da pessoa natural; o do preso condenado e do incapaz, o domicílio necessário.

Item errado: a questão começa errada. "Domicílio de eleição" é aquele estabelecido pelas partes, em contrato, para exercício e cumprimento de obrigações, a chamada "cláusula de foro" (art. 78, do CC). O "domicílio necessário" é aquele estabelecido por lei, em situações especiais - também chamado de obrigatório ou legal. Este, sim, é o caso do marítimo e do militar do exército, bem como do preso condenado e do incapaz, todos igualmente listados no art. 76, do CC.

---

15. (CESPE – Analista Processual – MPU/2010) O ordenamento jurídico brasileiro regulamenta os atos praticados pelos particulares e pelos administradores públicos, no que se refere a licitude, validação, comprovação e aplicação. A esse respeito, julgue os itens a seguir.

I. Considere que, em uma carreata, ocorra colisão entre três veículos. Nessa situação, estabelece-se, entre os proprietários dos bens envolvidos, relação jurídica extracontratual.

COMENTÁRIOS

Item correto: o dever de ressarcimento, corolário da responsabilidade civil (arts. 402 e 927, ambos do CC), pode decorrer do ilícito contatual ou extracontratual. O ilícito contratual ocorre quando existe um negócio jurídico entre as partes, e no cumprimento das obrigações dele decorrentes surge o descumprimento de um dever e as consequentes perdas e danos (ex.: negativação indevida, quando a dívida está quitada). Por outro lado, a responsabilidade civil "aquiliana" decorre da relação extracontratual, ou seja, um evento danoso entre pessoas que não possuíam relação jurídica anterior. Um exemplo clássico é o acidente de trânsito, razão pela qual a questão está correta.

II. A apresentação de documento de propriedade de imóvel sem o devido registro em cartório de registro de imóveis implica a invalidação do instrumento de prova, o que invalida qualquer outro tipo de negócio que envolva alienação onerosa do imóvel.

COMENTÁRIOS

Item errado: a questão está errada por confundir o plano da validade com o plano da eficácia do negócio jurídico. Para o negócio ser válido, é necessário que: a) o agente seja capaz; b) o objeto seja lícito, possível e determinado ou determinável; c) a vontade seja livre e de boa fé; d) a forma seja prescrita ou não defesa em lei (vide art. 104, do CC). No quesito forma, se o imóvel tem valor superior a 30 salários mínimos, o negócio dispositivo exige escritura pública, para ser válido (art. 108, do CC). Portanto, na transmissão de propriedade, é válido o negócio realizado por escritura pública. Ademais, este documento também serve de prova do negócio jurídico, consoante art. 215, do CC. Se foi feita a escritura, porém não foi feito o registro da mesma no CRI, o negócio não produzirá o efeito de transmitir o direito real de propriedade (arts. 1245-1246, do CC). Portanto, a ausência de registro não afeta a validade do negócio, mas sim a sua eficácia.

III. A prescrição quinquenal, expressa no Código de Defesa do Consumidor, é aplicável à perda do valor do produto ou à da utilidade do serviço.

COMENTÁRIOS

Item errado: a questão é de Direito do Consumidor. Está errada porque mistura Prescrição e Decadência. O prazo de 05 anos refere-se à prescrição para se pleitear perdas e danos decorrentes de acidente de consumo (fato do produto ou do serviço), conforme art. 27, do CDC. É o prazo, por exemplo, para pedir indenização por um erro médico de um hospital ou por uma negativação indevida. Já os prazos decadenciais, previstos no art. 26, do CDC (30 dias para produtos/serviços não duráveis e 90 dias para produtos/serviços duráveis), servem para reclamar de vícios dos produtos ou dos serviços. É o caso da questão, pois quando um produto perde o valor ou o serviço perde a utilidade, está-se diante do vício previsto nos arts. 18 e 20, ambos do CDC. No caso de produto viciado em sua qualidade, por exemplo, se o vício não for reparado no prazo legal ou convencional, o consumidor tem direito à troca por outro similar; à devolução do valor pago, corrigido; ou ao abatimento no preço (art. 18, § 1º, do CDC).

IV. Comete ato ilícito o médico que, por negligência, deixe de atender um paciente e este, em razão desse fato, tenha de sofrer amputação de membro.

COMENTÁRIOS

Item correto: a definição de ato ilícito está no art. 186, do CC, que pode decorrer de ação ou omissão, dolosa (voluntária) ou culposa (por negligência, imprudência ou imperícia). Logo, se a omissão culposa do médico foi causa de dano a uma pessoa, tem-se a clara configuração de um ato ilícito, nos termos do art. 186, do CC.

V. Tanto na esfera civil quanto na penal, a confissão per si constitui prova suficiente para a decisão do juiz.

COMENTÁRIOS

Item errado: A confissão é meio de prova tanto na esfera cível quanto na esfera criminal. No direito civil, a confissão é meio de prova do negócio jurídico (art. 212, I, do CC), não havendo restrição para sua utilização de per si. No direito processual civil, a confissão é meio de prova típico (arts. 389-395, do CPC), cabendo ao Juiz valorar a prova, conforme Princípio do Livre Convencimento Motivado (art. 371, do CPC). No processo penal, porém, o tratamento é diferente, pois a CONFISSÃO NÃO PODE SER UTILIZADA ISOLADAMENTE, devendo ser confrontada com as demais provas do processo, nos termos do art. 397, do CPP, razão pela qual está errada a questão.

3. PARTE ESPECIAL

3.1. DIREITO DOS CONTRATOS

16. (ESAF – Analista Processual – MPU/2004) Sob o ângulo de sua formação, contrato com declarações intervaladas é aquele em que

a) deixa de ser obrigatória a proposta se, feita sem prazo a uma pessoa presente, não foi imediatamente aceita.

b) a oferta não obriga o proponente que, depois de tê-la feito, se arrepender desde que a retratação chegue ao conhecimento do oblato antes da proposta ou ao mesmo tempo que ela.

c) se estabelece prazo para a esfera da resposta a uma oferta feita.

d) na hipótese de ser o oblato ausente, o proponente deverá aguardar um lapso de tempo suficiente para que a oferta chegue ao destinatário, calculando-se o tempo conforme o meio de comunicação.

e) a proposta é obrigatória ao policitante.

COMENTÁRIOS

Nota do autor: a formação do contrato, segundo o Código Civil, passa por duas fases: a Proposta (arts. 427 a 429, do CC) de uma parte e a Aceitação (arts. 430 a 434, do CC) da outra. A doutrina, porém, reconhece a existência das fases pré e pós-contratuais, que também devem observar os Princípios da Boa Fé da Função Social, sob pena de responsabilidade civil. (Enunciados n. 25 e 170, das Jornadas de Direito Civil do CJF). A questão trata, especificamente, do contrato com declarações intervaladas, ou seja, quando uma manifestação de vontade de um agente (proposta) ocorre em um momento e a resposta do outro (aceitação) ocorre em outro momento, como na proposta a pessoa ausente (por carta, e-mail, mensagens em geral, pois não há um contato direto ou "on line" entre as partes, para fins de resposta imediata). Portanto, embora todas as alternativas reflitam corretamente o texto da lei, só será correta aquela que implica em proposta a pessoa ausente:

Alternativa "d" - correta: esta é a única alternativa que trata da hipótese de proposta a pessoa ausente, quando é necessário aguardar prazo razoável para resposta, a teor do art. 428, II, do CC.

Alternativa "a" - errada: a questão está correta sob o ponto de vista legal, pois repete a regra do art. 428, I, do CC, mas não é o gabarito da questão, pois trata de proposta a pessoa presente.

Alternativa "b" - errada: a questão está correta sob o ponto de vista legal, repetindo o texto do art. 428, IV, do CC, mas não é o gabarito da questão, pois esta regra serve tanto à proposta feita a pessoa ausente quanto àquela realizada perante presente.

Alternativa "c" - errada: a proposta feita com prazo pode ser tanto a uma pessoa presente quanto a uma pessoa ausente, razão pela qual o simples fato de ter prazo não implica em contrato com declarações intervaladas, embora, no silêncio da avença, prevaleça a regra do art. 428, I, do CC, para as propostas entre presentes.

Alternativa "e" - errada: a regra é a obrigatoriedade da proposta (art. 427, do CC), mas isso vale tanto para a proposta feita a uma pessoa presente quanto à proposta feita a uma pessoa ausente, e a questão se refere apenas às declarações intervaladas, hipótese que é a regra geral apenas na segunda (art. 428, II, do CC).

---

17. (ESAF - Técnico - Área Administrativa - MPU/2004) Assinale a opção falsa.

a) O retardamento da proposta leva o ofertante a crer que foi tacitamente aceita; daí o dever do destinatário de comunicar imediatamente a recusa ou o fato de haver sido inoportuna a recepção.

b) A proposta perde o caráter de negócio jurídico receptício, se assumir o aspecto de oferta ao público.

c) Contrato com declarações intervaladas ocorre, tratando-se de oblato ausente, quando o proponente deverá aguardar um lapso de tempo suficiente para que a oferta chegue ao destinatário, calculando-se o tempo conforme o meio de comunicação utilizado, tendo-se em vista a demora normal de entrega e retorno.

d) No contrato benéfico responde por simples culpa o contratante, a quem o contrato aproveite, e por dolo aquele a quem não favoreça.

e) Os contratos reais são os que apenas se ultimam com a entrega da coisa, feita por um contratante a outro.

COMENTÁRIOS

Nota do autor: Na formação do contrato, a proposta (oferta ou policitação) é uma manifestação definitiva do interesse em realizar o negócio, que vincula o proponente. Mas é uma declaração unilateral receptícia, ou seja, depende, para manter sua eficácia, da aceitação da outra parte. Logo, a conclusão do negócio só ocorre quando há a aceitação da outra parte.

Alternativa "b" - errada: como o gabarito da questão é a assertiva incorreta, esta é a hipótese da assertiva "b", pois a oferta ao público é considerada, em regra, uma proposta (art. 429, do CC), razão pela qual também é um negócio jurídico unilateral receptício, ou seja, que depende da manifestação da outra parte (aceitação) para ser concluído.

Alternativa "a" - correta: a assertiva está mal redigida, pois onde consta a "proposta", na verdade, deve-se ler "resposta", compreendendo-se porque está correta a alternativa. Veja-se que o aceitante poderá realmente considerar concluído o contrato quando expede sua aceitação, mesmo que sua resposta tenha chegado ao proponente com atraso, tendo em vista que as regras dos arts. 434 e 430, o CC.

Alternativa "c" - correta: efetivamente, na proposta feita a pessoa ausente, a regra é a declaração intervalada, ou seja, que se aguarde um prazo para a aceitação, conforme Princípio da Razoabilidade (art. 428, II, do CC).

Alternativa "d" - correta: a regra geral, tanto no ilícito contratual quanto no ilícito extracontratual, é a responsabilidade subjetiva, ou seja, só haverá dever de indenizar se houver culpa do agente, em sentido amplo (dolo ou culpa). Nos contratos benéficos, porém, como há apenas sacrifício para uma das partes e benesses para a outra, há regra especial no sentido exato do que afirma a assertiva em comento, qual seja: o art. 392, do CC. Alternativa "e" - correta: como já destacado, a regra no direito brasileiro é a conclusão do contrato quando uma parte faz uma proposta e a outra aceita. São os contratos consensuais, que se aperfeiçoam com a manifestação de vontade das partes. Há, porém, excepcionalmente, os contratos reais, que, além da proposta e aceitação, ainda exigem a ENTREGA DA COISA (tradição) para se concluírem. Os exemplos são: mútuo, comodato e depósito.

---

18. (FCC - Técnico - Área Administrativa - MPU/2007) Pode ser enjeitada por vícios ou defeitos ocultos, que a tornem imprópria ao uso a que é destinada, ou lhe diminuam o valor, a coisa recebida em virtude de contrato comutativo. Com relação aos vícios redibitórios é certo que

a) o adquirente, em regra, decai do direito de obter a redibição no prazo de sessenta dias se a coisa for móvel, contado da entrega efetiva.

b) o alienante restituirá o que recebeu com perdas e danos, inclusive se não conhecia o vício ou defeito da coisa.

c) a responsabilidade do alienante subsiste ainda que a coisa pereça em poder do alienatário, se perecer por vício oculto, já existente ao tempo da tradição.

d) o adquirente deverá rejeitar a coisa, quando constatado o vício ou defeito oculto, redibindo o contrato, não podendo reclamar abatimento no preço.

e) o adquirente, em regra, decai do direito de obter a redibição no prazo de dois anos se a coisa for imóvel, contado da entrega efetiva.

COMENTÁRIOS

Nota do autor: o vício redibitório, cujo conceito já está destacado no enunciado da questão, está disciplinado nos arts. 441 a 446, do CC. Assunto muito cobrado em provas de concursos, impõe ao candidato a necessidade de não misturar, na prova de direito civil, regras de direito do consumidor, especialmente em relação aos prazos para reclamar do defeito, que são inteiramente distintos. Para o CDC, o prazo depende de ser durável ou não o produto ou serviço (art. 26, do CDC). No direito civil, o prazo depende de ser móvel ou imóvel o bem adquirido (art. 445, do CC). A seguir, segue a análise das assertivas de acordo com a lei civilista:

Alternativa "c" – correta: a assertiva é a cópia literal do art. 444, do CC. Ainda que o candidato não consiga decorar o dispositivo, é possível compreender facilmente que o alienante responde pelos vícios redibitórios ainda que a coisa pereça na posse do alienatário (adquirente). Se, por exemplo, Tício vende um aparelho celular a Mévio, numa relação cível, e este celular vem a explodir quando estiver carregando, Tício responderá pelo defeito que levou o celular a explodir, se o vício já existia quando houve a venda. Ora, a essência do vício redibitório é o fato do defeito ser oculto (art. 441, do CC), e, naturalmente, o defeito oculto dificilmente será percebido no momento da celebração do negócio, o que justifica plenamente a regra do art. 444, do CC.

Alternativa "a" – errada: se o bem é móvel, o prazo decadencial para reclamar dos vícios redibitórios será de 30 dias, em regra, contados da data da entrega, nos termos do art. 445, do CC.

Alternativa "b" – errada: no direito civil, a devolução do valor pago ou o abatimento do preço (arts. 441 e 442, do CC), direitos do adquirente no caso de vício redibitório, além das despesas contratuais, são devidos independentemente da má fé ou boa fé do vendedor (alienante). Já a responsabilidade civil (perdas e danos) depende da culpa, da má fé, ou seja, só serão ressarcidos pelo alienante se ele sabia do vício quando vendeu o bem, nos termos do art. 443, do CC.

Alternativa "d" – errada: são duas as opções do adquirente, quando descobre, dentro dos prazos previstos no art. 445, do CC, a presença do vício redibitório: a) a devolução da coisa, recebendo de volta o valor atualizado que foi pago (redibição – art. 441, do CC); b) a manutenção do negócio, porém com o abatimento no preço, diante do vício (art. 442, do CC).

Alternativa "e" – errada: se o bem é imóvel, o prazo decadencial para reclamar dos vícios redibitórios será de 01 ano, em regra, contado da data da entrega, nos termos do art. 445, do CC.

3.2. DIREITOS REAIS

19. (ESAF – Analista Processual – MPU/2004) Assinale a opção falsa.

a) A lei confere o direito de resgatar o imóvel hipotecado ao credor sub-hipotecário que, desde que esteja vencida a primeira hipoteca e haja oferta de pagamento pelo devedor, consignar judicialmente a importância devida.

b) A anticrese autoriza o credor a reter o imóvel, para perceber os seus frutos e rendimentos com o escopo de compensar o débito dos juros e amortizar o capital da dívida, não tendo o direito de promover a venda judicial do bem dado em garantia.

c) É direito do credor pignoratício exigir o reforço da garantia se a coisa empenhada se deteriorar ou perecer.

d) A especialização do penhor, da hipoteca e da anticrese vem a ser a pormenorizada enumeração dos elementos que caracterizam a obrigação e o bem dado em garantia.

e) O direito de preleção do credor resulta da própria natureza do direito real de garantia.

COMENTÁRIOS

Nota do autor: as garantias de um crédito podem ser fidejussórias ou reais. A garantia fidejussória é pessoal, ou seja, a pessoa é o garantidor, com todo o seu disponível, como ocorre na fiança e no aval. Já a garantia real ocorre quando um bem é vinculado ao pagamento do débito. Os direitos reais de garantia, previstos no Código Civil entre os arts. 1.419 e 1510, são a hipoteca, o penhor e a anticrese. Apesar de estarem vinculados ao cumprimento da obrigação, possuem as características clássicas dos direitos reais, como a aderência e a sequela, acompanhando o bem mesmo que ele seja negociado.

Alternativa "a" – errada: a assertiva "a" é a falsa, gabarito da questão. O direito de RESGATE OU REMIÇÃO do Credor da Hipoteca em Segundo Grau - de Segunda Hipoteca ou Sub-Hipotecário - surge quando a Hipoteca de Primeiro Grau ou Primeira Hipoteca chega ao vencimento, e o DEVEDOR NÃO SE OFERECE PARA PAGAR, hipótese em que o credor da segunda hipoteca pode consignar o valor do pagamento vencido, para fins de sub-rogação nos direitos do credor da primeira hipoteca, conforme art. 1.478, do CC. Enfim, o direito de resgate decorre da não existência de oferta pelo Devedor, ao contrário do quanto afirmado pela assertiva.

Alternativa "b" – correta: a alternativa "b" está correta. Na anticrese, o credor assume a administração do imóvel, abatendo na dívida, inclusive nos juros, se assim for pactuado, o valor percebido com frutos e rendimentos (art. 1.506, do CC). Há uma diferença, porém, entre aquele direito real de garantia e os demais (penhor e hipoteca). Diante da inadimplência do Devedor, o Credor Hipotecário e o Pignoratício têm direito de promover a alienação judicial do bem (excussão), consoante art. 1.422, do CC. Esse direito não cabe ao Credor Anticrético, mas a este é dado o direito de reter o bem em seu poder, pelo prazo máximo de 15 anos da constituição (art. 1.423, do CC).

Alternativa "c" – correta: como a garantia real está vinculada ao pagamento da dívida, é direito do credor, e isto inclui o pignoratício, exigir reforço de garantia, no caso de perecimento ou deterioração, sob pena de vencimento antecipado da dívida (art. 1.425, I c/c art. 1.433, VI, do CC).

Alternativa "d" - correta: a especialização é exatamente o detalhamento dos elementos que caracterizam a obrigação vinculada (valor da dívida, taxa de juros, prazo, etc.) e a especificação do bem dado em garantia (espécie, tamanho, localização, valor, dados registrais, etc.), nos termos do art. 1.424, do CC.

Alternativa "e" - correta: a prelação, preferência ou preempção é um direito característico das garantias reais, previsto em diversos dispositivos do Código Civil e da legislação especial, inclusive no art. 1.422, do CC, ao tratar da excussão dos bens pelo credor hipotecário e pignoratício, e no art. 1.509, do CC, ao se referir ao direito de preferência do credor anticrético quando o bem é executado por outros credores.

---

20. (FCC - Analista Processual - MPU/2007) É certo que usufruto

a) não se estende, em regra, aos acessórios da coisa e seus acrescidos, por expressa disposição legal.

b) pode recair em um ou mais bens exclusivamente imóveis, abrangendo-lhe, no todo ou em parte, apenas os frutos.

c) de imóveis constituir-se-á mediante registro no Cartório de Registro de Imóveis, inclusive quando resulte de usucapião.

d) gera a obrigação ao usufrutuário de pagar as deteriorações resultantes do exercício regular do direito.

e) não pode ser transferido por alienação, mas o seu exercício pode ser cedido por título gratuito ou oneroso.

COMENTÁRIOS

Alternativa "e" - correta: a assertiva expõe o conteúdo literal do art. 1.393, do CC. O direito real de usufruto é inalienável, mas o exercício pode ser cedido a título oneroso ou gratuito, até porque o titular tem direito a explorar os frutos da coisa. Por exemplo, o usufrutuário de um imóvel pode alugá-lo a terceiros.

Alternativa "a" - errada: os acessórios da coisa e seus acrescidos, salvo disposição em contrário, são abrangidos pelo usufruto, conforme disposição expressa do art. 1.392, do CC. A regra está em conformidade com o Princípio da Gravitação Jurídica (o acessório segue o principal).

Alternativa "b" - errada: há dois erros na assertiva: primeiro: o usufruto pode recair em móveis ou imóveis. Segundo: abrange os frutos e também as utilidades (vide art. 1.390, do CC).o usufruto pode recais sobre bens móveis e imóveis, conforme estabelece expressamente o art. 1.390, CC.

Alternativa "c" - errada: o usufruto sobre imóveis se constitui por registro no Cartório de Imóveis, exceto no caso de usucapião, pois se trata de aquisição originária de propriedade imóvel (vide art. 1.391, do CC).

Alternativa "d" - errada: o usufrutuário tem o dever de conservar a coisa que está em seu poder (art. 1.400, do CC), mas este dever não o obriga a pagar pelas deteriorações decorrentes do exercício regular do direito de uso e fruição, conforme dicção literal do art. 1.402, do CC.

3.3. DIREITO DE FAMÍLIA

---

21. (ESAF - Analista Processual - MPU/2004) No regime matrimonial de participação final dos aqüestos,

a) há presunção juris et de jure de que os bens móveis foram adquiridos durante o casamento.

b) se não houver convenção antenupcial admitindo a livre disposição dos bens imóveis particulares, nenhum dos cônjuges poderá aliená-los sem a anuência do outro.

c) sobrevindo a dissolução da sociedade conjugal, apurar-se-á o montante dos aqüestos, incluindo-se, na soma dos patrimônios próprios, as dívidas relativas a esses bens.

d) se um dos cônjuges vier a pagar débito do outro, utilizando bens de seu patrimônio, o valor desse pagamento, sem atualização monetária, deverá ser imputado, na data da dissolução, à meação do outro consorte.

e) as dívidas de um dos cônjuges, quando superiores à sua meação, obrigam ao outro ou a seus herdeiros.

COMENTÁRIOS

Alternativa "b" - correta: segundo o art. 1.647, do CC, a alienação de imóveis depende da autorização do outro cônjuge (outorga uxória), salvo no regime separação absoluta de bens. Acontece que, de acordo com o art. 1.656, do CC, o pacto antenupcial pode prever a possibilidade de alienação de imóveis sem outorga uxória no regime da participação final dos aquestos, desde que particulares, razão pela qual está errada a assertiva em comento.

Alternativa "a" - errada: é preciso diferenciar presunção juris tantum de presunção juris et jure. A primeira admite prova em contrário (relativa), a segunda não (absoluta). Como o art. 1.674, parágrafo único, do CC, deixa claro que se admite prova em contrário da aquisição dos móveis, a hipótese é de presunção *juris tantum*. Alternativa "c" – errada: o erro da questão está na informação de que, na apuração do montante dos aquestos, incluem-se os patrimônios próprios, pois o art. 1.674, *caput*, do CC, destaca que tal patrimônio é excluído, na apuração do patrimônio que será objeto da partilha, quando da dissolução do casamento.

Alternativa "d" - errada: o erro da questão está na afirmação de que o valor do pagamento será imputado "sem atualização", pois art. 1.678, do CC, traz norma expressa no sentido de que o montante deve ser atualizado monetariamente.

Alternativa "e" - errada: ao contrário do quanto afirmado na alternativa "e", quando as dívidas de um dos cônjuges ultrapassam o montante da meação, não obrigam ao outro nem aos seus herdeiros, conforme art. 1.686, do CC.

---

22. (ESAF - Analista Processual - MPU/2004) Diante do fato de haver possibilidade de o internauta casado participar por meio do programa de computador, como o ICQ, de chats, de mirc e salas de bate- papo voltados a envolvimentos amorosos geradores de laços afetivo-virtuais eróticos, pode surgir, na Internet, infidelidade por e-mail e contatos sexuais imaginários com outra pessoa, que não seja o seu cônjuge, constituindo motivo para pedido de

a) separação judicial litigiosa como sanção.
b) separação judicial litigiosa como falência.
c) separação judicial litigiosa como remédio.
d) divórcio consensual indireto.
e) divórcio litigioso indireto.

COMENTÁRIOS

Nota do autor: a questão é do ano de 2004, e reflete a disciplina do Código Civil, embasada na redação do art. 226, da CF, antes da Emenda Constitucional n. 66/2010, que não obriga mais os cônjuges a ajuizarem a separação judicial antes do divórcio, abolindo também o prazo de 02 anos de separação de fato para o divórcio direto. Antes da EC 66/2010, não ocorrendo separação de fato (como na questão, que não faz menção a este fato), para se obter o fim do casamento, seria necessário primeiro a SEPARAÇÃO JUDICIAL para, depois de um ano, a mesma ser convertida em DIVÓRCIO (sistema dualista). O Divórcio, portanto, poderia ser INDIRETO (quando precedido da Separação Judicial – regra) ou DIRETO, quando as partes o solicitavam comprovando já existir separação de fato há mais de dois anos. E mais, a SEPARAÇÃO JUDICIAL, nos termos do art. 1.572, do CC, ainda não revogado expressamente, pode ocorrer de três formas distintas: a) SEPARAÇÃO FALÊNCIA (a separação já existe, de fato, há mais de um ano, sem viabilidade de reconciliação entre os cônjuges); b) SEPARAÇÃO SANÇÃO (quando o cônjuge "inocente" não tem condições de manter a vida em comum diante de grave descumprimento de dever conjugal por parte do "culpado"); c) SEPARAÇÃO REMÉDIO, por conta de doença grave, que, após dois anos, for considerada de difícil cura e torne insuportável a vida em comum. Neste contexto, a questão será respondida observando a disciplina do Código Civil sobre o tema, sem levar em conta os efeitos da EC n. 66/2010, e a discussão doutrinária que ainda é divergente sobre a abolição, ou não, da separação judicial no direito civil. Frise-se, para demonstrar a situação ainda indefinida da questão, que o CPC/15 ainda se refere à Separação Judicial.

Alternativa "a" – correta: o fato narrado no enunciado da questão pode tornar insuportável a vida em comum para o outro cônjuge, pois o rol do art. 1573, do CC, é exemplificativo, conforme parágrafo único do citado dispositivo. Logo, poderia ser considerado, no caso, motivo para uma separação judicial como sanção, nos termos do art. 1572, caput, do CC, nada impedindo, inclusive, que seja litigiosa, sendo correta a assertiva.

Alternativa "b" – errada: não seria o caso de pedido de separação judicial litigiosa como falência, pois esta, nos termos do art. 1572, § 1º, do CC, exige a SEPARAÇÃO DE FATO por mais de um ano, o que não foi afirmado no enunciado.

Alternativa "c" – errada: o caso também não é motivo para a separação judicial litigiosa como remédio, pois a questão não trata de doença grave por mais de dois anos (art. 1572, § 2º, do CC).

Alternativa "d" e "e" – erradas: para configurar o DIVÓRCIO INDIRETO, seja litigioso, seja consensual, seria necessário, primeiro, a efetivação de SEPARAÇÃO JUDICIAL, para posterior conversão depois de um ano, nos termos do art. 1.580, do CC. Veja-se que o enunciado não trata de um casal já separado judicialmente.

---

23. (FCC – Analista Processual – MPU/2007) Considere as seguintes assertivas a respeito da dissolução da sociedade e do vínculo conjugal:

I. A separação judicial pode ser pedida se um dos cônjuges provar ruptura da vida em comum há mais de um ano e a impossibilidade de sua reconstituição.
II. A separação judicial põe termo aos deveres de coabitação e fidelidade recíproca e ao regime de bens.
III. O divórcio poderá ser requerido, por um ou por ambos os cônjuges, no caso de comprovada separação de fato por mais de dois anos.
IV. O divórcio não pode ser concedido sem que haja prévia partilha de bens, por expressa disposição legal.

Está correto o que se afirma SOMENTE em

a) I e III.
b) I, II e III.
c) I, II e IV.
d) II, III e IV.
e) III e IV.

COMENTÁRIOS

Nota do autor: como já destacado no comentário da questão anterior, houve uma alteração na sistemática de dissolução do casamento, a partir da Emenda Constitucional n. 66/2010. Assim, a questão será comentada com base no texto do Código Civil, ainda sem os reflexos da EC em comento.

Essa questão foi anulada.

Item I – correto: esta é a hipótese de separação judicial litigiosa como falência, nos termos literais do art. 1572, § 1º, do CC. Item II – correto: no sistema dualista, que era a regra antes da EC n. 66/2010, a separação judicial extingue a sociedade conjugal, o que incluiu o fim dos deveres de coabitação e fidelidade recíproca, mas somente com o divórcio se extingue o casamento. A assertiva repete a regra expressa do art. 1.576, do CC, e está correta.

Item III – correto: a questão está correta, de acordo com a legislação então vigente, o art. 1.580, § 2º, do CC, que admitia esta exceção ao sistema dualista, ou seja, a possibilidade de divórcio direto, para a hipótese de separação de fato por mais de dois anos. Após a EC n. 66/2010, os cônjuges podem pleitear o divórcio direto, independentemente da separação de fato.

Item IV – errado: a assertiva contraria a expressão gramatical do art. 1.581, do CC, que admite o divórcio sem prévia partilha de bens, providência que pode ser adotada posteriormente.

Direito Civil

Plínio Rebouças de Moura

✦ DICAS

1. LEI DE INTRODUÇÃO ÀS NORMAS DO DIREITO BRASILEIRO (LINDB).

A LINDB é uma norma de "sobredireito", ou seja, uma lei que trata de leis. Os pontos que mais vêm sendo cobrados nos concursos públicos sobre o tema são a VIGÊNCIA da lei e os efeitos da lei nova sobre as relações jurídicas estabelecidas sobre a vigência da lei anterior, ou seja, a RETROATIVIDADE e a ULTRATIVIDADE. Dessa forma, destacamos alguns quadros sobre os temas supra indicados:

- VIGÊNCIA DA LEI:

Vigência de Lei e Vacatio Legis	A VIGÊNCIA da Lei é o momento em que ela passa a ser obrigatória, produzindo efeitos no ordenamento jurídico. A *VACATIO LEGIS* é o período entre a Publicação da Lei e sua entrada efetiva em vigor. Pode não ocorrer, quando a entrar em vigor na data da publicação, se assim o previr cláusula expressa, no caso de normas de pequena repercussão (art. 8°, da LC n. 95/1998).
Prazo geral de Vacatio Legis	No Brasil: 45 dias após a publicação na imprensa oficial (art. 1°, *caput*, da LINDB). No exterior: 03 meses após a publicação na imprensa oficial brasileira (art. 1°, § 1°). ***Obs.: 03 meses não significa 90 dias.***
Contagem do Prazo de Vacatio Legis	Art. 8°, § 1°, da LC n. 95/1998: A contagem do prazo para entrada em vigor das leis que estabeleçam período de vacância far-se-á com a inclusão da data da publicação e do último dia do prazo, entrando em vigor no dia subsequente à sua consumação integral. ***Obs.: O dia da publicação ou o dia da entrada em vigor pode ser sábado, domingo ou feriado, pois não há prorrogação na contagem do prazo de vacância da lei e sua vigência.***
Norma corretiva x Lei Nova	Considera-se NORMA CORRETIVA a lei *republicada* antes do fim da *vacatio*. O prazo de vacância da Lei será contado a partir da última publicação (art. 1°, § 3°). Considera-se LEI NOVA a norma publicada após a vigência da anterior, mesmo que seja exclusivamente para correção, nos termos do art. 1°, § 4°.
Princípio da Obrigatoriedade	Está no art. 3°: Ninguém se escusa de cumprir a lei, alegando que não a conhece. A doutrina aponta como flexibilizações a este princípio o art. 139, III, do CC e o erro de tipo, no direito penal.
Princípio da Continuidade	Está no art. 2°, *caput*: "Não se destinando à vigência temporária, a lei terá vigor até que outra a modifique ou revogue". As normas temporárias são excepcionais, como é o caso das leis orçamentárias e da lei de cotas para concursos (art. 6°, da Lei n. 12.990/14).
Revogação Expressa	(via direta), quando cláusula da lei nova afirma expressamente a revogação da anterior ou de dispositivos de leis anteriores (Ex.: art. 2045, do CC);
Revogação Tácita	(via oblíqua), quando a nova norma não anuncia a revogação, mas trata a mesma matéria da lei anterior de forma diferenciada, tornando incoerente e ilógico a manutenção das duas normas.
Revogação Total	Também chamada de *AB-ROGAÇÃO* - revoga a lei inteira.
Revogação Parcial	Também chamada de *DERROGAÇÃO* - implica na revogação ou modificação da redação de um ou mais dispositivos da lei, que se mantém vigente.
Leis Gerais e Leis Especiais	Convivem perfeitamente e não se revogam mutuamente: Art. 2°, § 2o: "A lei nova, que estabeleça disposições gerais ou especiais a par das já existentes, não revoga nem modifica a lei anterior".
Repristinação	A REGRA GERAL é a da IMPOSSIBILIDADE DE *REPRISTINAÇÃO*, mesmo que a lei revogadora venha a ser revogada (art. 2°, § 3°), salvo se a lei revogadora dispuser em sentido contrário. Exemplo: 1. A lei X, de 2010, entra em vigor; 2. A lei Y, de 2012, revoga a lei X; 3. A lei W, de 2014, revoga a lei Y. Pergunta-se: Neste caso, a lei X volta a ter vigência. Resposta: Não, salvo se a lei W, ao revogar a lei Y, determinar expressamente o retorno da vigência da lei X. ***Obs.: Distinção entre os Efeitos Repristinatórios decorrentes de Lei e da Declaração de Inconstitucionalidade: a doutrina compreende que a Declaração de Inconstitucionalidade de uma lei, pelo STF, em regra, também pode ter efeitos repristinatórios. No exemplo acima, se a lei Y for declarada inconstitucional, ela será considerada nula, e, portanto, considera-se que a lei X jamais perdera a vigência.***

- RETROATIVIDADE E ULTRATIVIDADE DA LEI:

REGRA GERAL	Art. 6º, *caput*: a lei nova, ao entrar em vigor, produz efeito IMEDIATO e GERAL, ou seja, atinge os fatos pendentes e os futuros. ***Obs.: Enquanto estiver na "vacatio legis", a lei não tem vigência nem eficácia, continuando a ser aplicada a lei anterior.***
ULTRATIVIDADE	Ocorre quando uma lei é aplicada mesmo para fatos posteriores à sua revogação. Exemplos: 1 – Falecimento de uma pessoa antes da entrada em vigor do Código Civil de 2002 – aplica-se o Código Civil de 1916, mesmo já revogado, conforme art. 1787, do CC/02; 2 – Execução de Devedor não empresário insolvente – Seguirá o procedimento do CPC/73, mesmo já revogado, conforme art. 1.052, do CPC/15.
RETROATIVIDADE (art. 6.º, da LINDB)	Ocorre quando uma lei, ao entrar em vigor, atinge fatos pretéritos, que tiveram início na vigência de lei anterior. 1 – Fato pretérito **NÃO ATINGIDO** por lei que possua eficácia retroativa: a) **Direito Adquirido**: aquele que o seu titular, ou alguém por ele, *possa exercer, como aqueles cujo começo do exercício tenha termo pré-fixo, ou condição pré-estabelecida inalterável, a arbítrio de outrem*. Ex.: Se Tício já preencheu todos os requisitos para sua aposentação de acordo com a lei A, a entrada em vigor da lei B, alterando os critérios, não atinge Tício, pois este já possuía direito adquirido; b) **Ato Jurídico Perfeito**: aquele *já consumado segundo a lei vigente ao tempo em que se efetuou*. Ex.: Um contrato concluído sob a vigência Código Civil de 1916 não é atingido pela entrada em vigor do Código Civil de 2002; c) **Coisa ou Caso Julgado**: é a autoridade da decisão contra a qual não caiba mais recurso. Ex.: Se Tício obteve a aposentadoria por decisão judicial transitada em julgado, novas regras após a coisa julgada não atingirão Tício. 2 – Fato pretérito **ATINGIDO** por lei que possua eficácia retroativa: a) **Mera Expectativa de Direito**: direito que ainda não se pode exercer, mas que se tem a expectativa de se adquirir no futuro. Ex.: Se Tício não preencheu todos os requisitos para sua aposentação de acordo com a lei A, a entrada em vigor da lei B, alterando os critérios, atinge Tício, pois este tinha apenas expectativa de direito;
RETROATIVIDADE (art. 6.º, da LINDB)	b) **Regime Jurídico decorrente exclusivamente da lei**: Segundo jurisprudência reiterada do STF e do STJ, não há direito adquirido a regime jurídico. Exemplos: Bem de família estabelecido por lei; regime das incapacidades; regime de remuneração de servidor público (conversão em subsídio); critérios para regime de tributação, etc.

2. PESSOA NATURAL

- A Pessoa Natural ou Física é o ser humano, indivíduo sujeito de direitos e deveres na ordem civil. A ***personalidade jurídica*** da pessoa natural é a sua aptidão para titularizar direitos e obrigações (art. 1°, do CC). Também pode ser chamada de *personalidade civil, capacidade de direito, capacidade de gozo e capacidade de aquisição*. É adquirida, de forma completa (personalidade plena), a partir do nascimento com vida, mas se admitem direitos ao nascituro desde a concepção, tudo conforme art. 2°, do CC. A doutrina e a jurisprudência reconhecem direitos da personalidade ao nascituro ou embrião (personalidade formal), mas o mesmo não ocorre com os direitos patrimoniais (personalidade material), segundo entendimento majoritário já adotado pela CESPE (TJ/AL 2012). Por outro lado, a ***capacidade jurídica*** da pessoa natural é a sua condição para praticar o ato da vida civil de forma independente, ou seja, exercer pessoalmente os seus direitos. Pode ser chamada de *capacidade de fato ou de exercício*. A regra é que a pessoa tem capacidade jurídica, mas as exceções estão previstas no Código Civil em seu **art. 3°** (define os absolutamente incapazes) e em seu **art. 4°** (define os relativamente incapazes). Como já destacado no comentário às questões, **é fundamental que o candidato esteja atento às alterações efetivadas pelo Estatuto da Pessoa com Deficiência (Lei n. 13.146/15)**, conforme tabela a seguir:

ABSOLUTAMENTE INCAPAZES	RELATIVAMENTE INCAPAZES
Art. 3º São absolutamente incapazes de exercer pessoalmente os atos da vida civil os menores de 16 (dezesseis) anos.	Art. 4º São incapazes, relativamente a certos atos ou à maneira de os exercer: I - os maiores de dezesseis e menores de dezoito anos; II - os ébrios habituais e os viciados em tóxico; III - aqueles que, por causa transitória ou permanente, não puderem exprimir sua vontade; IV - os pródigos. Parágrafo único. A capacidade dos indígenas será regulada por legislação especial.
Serão representados na prática dos atos da vida civil	Serão assistidos na prática dos atos da vida civil

3. PESSOA JURÍDICA

- Pessoa Jurídica é a reunião de pessoas e/ou bens, com finalidade comum e personalidade jurídica própria, quando atendidos os requisitos legais para sua formalização (Teoria da Realidade Técnica – arts. 45 e 46, do CC). Assunto muito cobrado em provas de concursos, dois pontos se destacam na quantidade de questões recentes, especialmente em face de atualizações legislativas: A DESCONSIDERAÇÃO DA PERSONALIDADE JURÍDICA e a CLASSIFICAÇÃO DAS PESSOAS JURÍDICAS:
- DESCONSIDERAÇÃO DA PERSONALIDADE JURÍDICA:

1. Requerimento e Legitimidade:	Não pode ser deferida *ex officio*, dependendo de requerimento expresso da **Parte ou do Ministério Público** – art. 50, do CC/02 + art. 133, do CPC/15.
2. Legitimidade Passiva:	O incidente processual ou pedido de desconsideração na petição inicial é direcionado, em regra, contra os **sócios e/ou administradores**.
3. Requisitos:	O pedido, que pode ser feito em qualquer fase do processo, só será deferido se comprovado o **abuso de personalidade, caracterizado pela CONFUSÃO PATRIMONIAL e o DESVIO DE FINALIDADE**. Neste sentido o art. 50, do CC/02 e entendimento doutrinário revelado pelos Enunciados das Jornadas de Direito Civil do CJF: · *En. 146 – Art. 50: Nas relações civis, interpretam-se restritivamente os parâmetros de Desconsideração da Personalidade Jurídica previstos no art. 50 (desvio de finalidade social ou confusão patrimonial).* · *En. 281 – Art. 50: A aplicação da teoria da desconsideração, descrita no art. 50 do Código Civil, prescinde da demonstração de insolvência da pessoa jurídica.* · *En. 282 – Art. 50: O encerramento irregular das atividades da pessoa jurídica, por si só, não basta para caracterizar abuso da personalidade jurídica.*
4. Art. 50, do CC/02 x Art. 28, CDC	O art. 28, do CDC, tem um regramento mais flexível e a regra é mais abrangente. O CDC adotou a TEORIA DA MENOR DESCONSIDERAÇÃO, e o **CC/02** adotou a **TEORIA DA MAIOR DESCONSIDERAÇÃO**, com disciplinamento mais rígido, exigindo estrito cumprimento dos requisitos legais.
5. Desconsideração INVERSA	Ocorre quando o credor do sócio requer que tais obrigações sejam direcionadas à Pessoa Jurídica, quando demonstra que o sócio se valeu da pessoa jurídica para "esconder" patrimônio, caracterizando confusão patrimonial ou desvio de finalidade. Já era admitida pela jurisprudência do STJ, pela Doutrina (En. 283, da JDC/CJF), e, mais recentemente, foi admitida pelo CPC/15: ***Art. 133. (...)*** ***§ 2º Aplica-se o disposto neste Capítulo à hipótese de desconsideração inversa da personalidade jurídica.***
6. Desconsideração INDIRETA	Pode ocorrer a **desconsideração indireta** da personalidade jurídica quando a P.J. utiliza outras empresas do mesmo grupo econômico para desviar patrimônio. É prevista no **art. 2º, § 2º, da CLT** e no **art. 28, §§ 2º a 4º, do CDC**. A doutrina assim pontifica, no En. 406 da JDC: A desconsideração da personalidade jurídica alcança os grupos de sociedade quando estiverem presentes os pressupostos do art. 50 do Código Civil e houver prejuízo para os credores até o limite transferido entre as sociedades.
7. Procedimento	De acordo com o CPC/15, a desconsideração da personalidade de pessoa jurídica pode ser requerida desde a petição inicial ou em outros momentos do processo, hipótese em que será instaurado o incidente e suspenso o processo: *Art. 134. O incidente de desconsideração é cabível em todas as fases do processo de conhecimento, no cumprimento de sentença e na execução fundada em título executivo extrajudicial.* *§ 1º A instauração do incidente será imediatamente comunicada ao distribuidor para as anotações devidas.* *§ 2º Dispensa-se a instauração do incidente se a desconsideração da personalidade jurídica for requerida na petição inicial, hipótese em que será citado o sócio ou a pessoa jurídica.* *§ 3º A instauração do incidente suspenderá o processo, salvo na hipótese do § 2º.* *§ 4º O requerimento deve demonstrar o preenchimento dos pressupostos legais específicos para desconsideração da personalidade jurídica.* *Art. 135. Instaurado o incidente, o sócio ou a pessoa jurídica será citado para manifestar-se e requerer as provas cabíveis no prazo de 15 (quinze) dias.* *Art. 136. Concluída a instrução, se necessária, o incidente será resolvido por decisão interlocutória.* *Parágrafo único. Se a decisão for proferida pelo relator, cabe agravo interno.* *Art. 137. Acolhido o pedido de desconsideração, a alienação ou a oneração de bens, havida em fraude de execução, será ineficaz em relação ao requerente.*

- CLASSIFICAÇÃO DA PESSOA JURÍDICA:

Direito Público Externo:	Estados estrangeiros e todas as pessoas que forem regidas pelo direito internacional público (art. 42, do CC/02).
Direito Público Interno:	Possuem responsabilidade civil objetiva pelos atos de seus agentes (art. 43, do CC/02) e Código Civil traz alguns exemplos (art. 41): **I** - *a União;* **II** - *os Estados, o Distrito Federal e os Territórios;* **III** - *os Municípios;* **IV** - *as autarquias, inclusive as associações públicas;* **V** - *as demais entidades de caráter público criadas por lei.*
Direito Privado:	Instituídas pela vontade dos particulares, visando a atender os seus interesses. O Código Civil traz alguns exemplos (art. 44): *I - as associações;* *II - as sociedades;* *III - as fundações.* *IV - as organizações religiosas;* *V - os partidos políticos.* *VI - as empresas individuais de responsabilidade limitada.* *§ 1º São livres a criação, a organização, a estruturação interna e o funcionamento das organizações religiosas, sendo vedado ao poder público negar-lhes reconhecimento ou registro dos atos constitutivos e necessários ao seu funcionamento.* *§ 2º As disposições concernentes às associações aplicam-se subsidiariamente às sociedades que são objeto do Livro II da Parte Especial deste Código.* *§ 3º Os partidos políticos serão organizados e funcionarão conforme o disposto em lei específica.*
Principais regras das Associações:	• **CONCEITO E FINALIDADE:** **Art. 53**. *Constituem-se as associações pela união de pessoas que se organizem para fins não econômicos.* **Parágrafo único**. ***Não há, entre os associados, direitos e obrigações recíprocos.*** • **DIREITOS DOS ASSOCIADOS:** **Art. 55. *Os associados devem ter iguais direitos, mas o estatuto poderá instituir categorias com vantagens especiais.*** **Art. 56. *A qualidade de associado é intransmissível, se o estatuto não dispuser o contrário.*** **Parágrafo único**. *Se o associado for titular de quota ou fração ideal do patrimônio da associação, a transferência daquela não importará, de per si, na atribuição da qualidade de associado ao adquirente ou ao herdeiro, salvo disposição diversa do estatuto.*

Principais regras das Associações:	**Art. 57**. *A exclusão do associado só é admissível havendo justa causa, assim reconhecida em procedimento que assegure direito de defesa e de recurso, nos termos previstos no estatuto.* **(...)** **Art. 60. *A convocação dos órgãos deliberativos far-se-á na forma do estatuto, garantido a 1/5 (um quinto) dos associados o direito de promovê-la.*** • **DISSOLUCÃO E DESTINAÇÃO DO PATRIMÔNIO:** **Art. 61**. *Dissolvida a associação, o remanescente do seu patrimônio líquido, depois de deduzidas, se for o caso, as quotas ou frações ideais referidas no parágrafo único do art. 56, será destinado à entidade de fins não econômicos designada no estatuto, ou, omisso este, por deliberação dos associados, à instituição municipal, estadual ou federal, de fins idênticos ou semelhantes.* **§ 1º** *Por cláusula do estatuto ou, no seu silêncio, por deliberação dos associados, podem estes, antes da destinação do remanescente referida neste artigo, receber em restituição, atualizado o respectivo valor, as contribuições que tiverem prestado ao patrimônio da associação.* *§ 2º Não existindo no Município, no Estado, no Distrito Federal ou no Território, em que a associação tiver sede, instituição nas condições indicadas neste artigo, o que remanescer do seu patrimônio se devolverá à Fazenda do Estado, do Distrito Federal ou da União.*
Principais regras das Fundações: ***Obs.: Alterações recentes promovidas pela Lei 13.151/15:***	• **CONCEITO E FINALIDADE:** *Art. 62. Para criar uma fundação, o seu instituidor fará, por escritura pública ou testamento, dotação especial de bens livres, especificando o fim a que se destina, e declarando, se quiser, a maneira de administrá-la.* ***Parágrafo único. A fundação somente poderá constituir-se para fins de:*** ***I – assistência social;*** ***II – cultura, defesa e conservação do patrimônio histórico e artístico;*** ***III – educação;*** ***IV – saúde;*** ***V – segurança alimentar e nutricional;*** ***VI – defesa, preservação e conservação do meio ambiente e promoção do desenvolvimento sustentável;*** ***VII – pesquisa científica, desenvolvimento de tecnologias alternativas, modernização de sistemas de gestão, produção e divulgação de informações e conhecimentos técnicos e científicos;*** ***VIII – promoção da ética, da cidadania, da democracia e dos direitos humanos;*** ***IX – atividades religiosas.***

Principais regras das Fundações: *Obs.: Alterações recentes promovidas pela Lei 13.151/15:*	• **FISCALIZAÇÃO DO MINISTÉRIO PÚBLICO:** *Art. 65. Aqueles a quem o instituidor cometer a aplicação do patrimônio, em tendo ciência do encargo, formularão logo, de acordo com as suas bases (art. 62), o estatuto da fundação projetada, submetendo-o, em seguida, à aprovação da autoridade competente, com recurso ao juiz.* *Parágrafo único. Se o estatuto não for elaborado no prazo assinado pelo instituidor, ou, não havendo prazo, em cento e oitenta dias, a incumbência caberá ao Ministério Público.* *Art. 66. Velará pelas fundações o Ministério Público do Estado onde situadas.* ***§ 1º Se funcionarem no Distrito Federal ou em Território, caberá o encargo ao Ministério Público do Distrito Federal e Territórios.*** *§ 2º Se estenderem a atividade por mais de um Estado, caberá o encargo, em cada um deles, ao respectivo Ministério Público.* *Art. 67. Para que se possa alterar o estatuto da fundação é mister que a reforma:* *I - seja deliberada por dois terços dos competentes para gerir e representar a fundação;* *II - não contrarie ou desvirtue o fim desta;* ***III – seja aprovada pelo órgão do Ministério Público no prazo máximo de 45 (quarenta e cinco) dias, findo o qual ou no caso de o Ministério Público a denegar, poderá o juiz supri-la, a requerimento do interessado.*** *Art. 68. Quando a alteração não houver sido aprovada por votação unânime, os administradores da fundação, ao submeterem o estatuto ao órgão do Ministério Público, requererão que se dê ciência à minoria vencida para impugná-la, se quiser, em dez dias.* • DISSOLUÇÃO **E DESTINAÇÃO DO PATRIMÔNIO:** **Art. 63.** *Quando insuficientes para constituir a fundação, os bens a ela destinados serão, se de outro modo não dispuser o instituidor, incorporados em outra fundação que se proponha a fim igual ou semelhante.* *Art. 69. Tornando-se ilícita, impossível ou inútil a finalidade a que visa a fundação, ou vencido o prazo de sua existência, o órgão do Ministério Público, ou qualquer interessado, lhe promoverá a extinção, incorporando-se o seu patrimônio, salvo disposição em contrário no ato constitutivo, ou no estatuto, em outra fundação, designada pelo juiz, que se proponha a fim igual ou semelhante.*

4. FATO JURÍDICO

- Os Fatos Jurídicos são os acontecimentos naturais ou humanos capazes de criar, modificar, conservar, substituir ou extinguir direitos. Dividem-se em fatos naturais (decurso do tempo, enchente, etc.) e fatos humanos. Os últimos podem ser **ilícitos** (**arts. 186 a 188, do CC**) ou **lícitos** (**arts. 104 a 185**). Dentre os atos lícitos, o tema mais cobrado é o NEGÓCIO JURÍDICO, ato cuja realização e efeitos decorrem da vontade humana. O negócio jurídico será VÁLIDO se preencher os requisitos do **art. 104, do CC**: a) o agente seja capaz; b) o objeto seja lícito, possível e determinado ou determinável; c) a forma seja prescrita ou não defesa em lei. Além dos três requisitos ali indicados, ainda se exige a VONTADE LIVRE E DE BOA FÉ. Se a vontade estiver viciada, o negócio jurídico poderá ser invalidado. Neste particular, merece destaque o estudo dos DEFEITOS DO NEGÓCIO JURÍDICO, consoante disciplinamento dos **arts. 138 a 165, do CC**:

1. **ERRO:**

1. Conceito	Ocorre quando alguém age de forma contrária à sua vontade por ignorância acerca de uma informação relevante para o negócio, sendo que sua postura seria diversa se não estivesse equivocado.
2. Características essenciais	A teor do art. 138, o negócio jurídico é anulável por erro quando este é SUBSTANCIAL e ESCUSÁVEL. **Erro escusável** é aquele que não poderia ser percebido pelo homem de diligência normal, o homem médio (**perdoável, desculpável, não grosseiro**). O **erro substancial** (**relevante, essencial, determinante**) está destacado no art. 139, sendo os dois primeiros incisos relativos ao erro de fato quanto ao negócio (natureza, objeto ou substância) ou a pessoa, e o terceiro quanto ao polêmico erro de direito. Este é admitido como hipótese excepcional, quando substancial ao negócio e não implicar em recusa à aplicação da lei.
3. Falso motivo	***Art. 140. O falso motivo só vicia a declaração de vontade quando expresso como razão determinante.***
4. Erros que não anulam o negócio	*Art. 142. O erro de indicação da pessoa ou da coisa, a que se referir a declaração de vontade, não viciará o negócio quando, por seu contexto e pelas circunstâncias, se puder identificar a coisa ou pessoa cogitada.* *Art. 143. O erro de cálculo apenas autoriza a retificação da declaração de vontade.* *Art. 144. O erro não prejudica a validade do negócio jurídico quando a pessoa, a quem a manifestação de vontade se dirige, se oferecer para executá-la na conformidade da vontade real do manifestante.*
5. Consequência	Anulação do negócio jurídico, consoante requisitos dos arts. 138-140.

2. DOLO:

1. Conceito	É o ardil, artifício ou expediente usado para induzir alguém à prática de um ato que o prejudica e aproveita o autor do dolo ou a terceiro.
2. Dolo Positivo e Dolo Negativo	O dolo pode ser efetivado por ação (DOLO POSITIVO) ou pelo próprio silêncio do agente quanto a uma informação relevante e essencial para a ocorrência do negócio (DOLO NEGATIVO - art. 147).
3. De Terceiro	A ciência do interessado pode resultar em anulação: *art. 148: Pode também ser anulado o negócio jurídico por dolo de terceiro, se a parte a quem aproveite dele tivesse ou devesse ter conhecimento; em caso contrário, ainda que subsista o negócio jurídico, o terceiro responderá por todas as perdas e danos da parte a quem ludibriou.*
4. Representante	O legislador separou o dolo do representante legal (ex. pais de filhos menores) do representante convencional (ex. mandatário): *Art. 149. O dolo do representante legal de uma das partes só obriga o representado a responder civilmente até a importância do proveito que teve; se, porém, o dolo for do representante convencional, o representado responderá solidariamente com ele por perdas e danos.*
5. Dolo Acidental	É aquele que não influencia na realização de negócio, que ocorreria mesmo se uma das partes não agisse dolosamente (art. 146). ***Não anula o negócio, mas é possível a responsabilização civil.***
6. Dolo Bilateral	**Não anula o negócio nem gera responsabilidade, quando *ambas as partes procederem com dolo* (art. 150)**
7. Consequência	Anulação do negócio jurídico, ressalvadas as exceções acima (acidental e bilateral).

3. COAÇÃO:

1. Conceito	Representa toda ameaça ou pressão exercida sobre a pessoa ou familiar para obrigá-la, contra sua vontade, a praticar ato ou realizar negócio jurídico (art. 151).
2. Espécies	Há a coação física ou direta (*vis absoluta*) e a coação psicológica, moral ou indireta (*vis compulsiva*). Para viciar a declaração da vontade, há de ser tal que incuta ao paciente fundado temor de dano iminente e considerável à sua pessoa, à sua família, ou aos seus bens.
3. Análise no caso concreto do caráter irresistível	Na análise do negócio, para caracterizar a coação levar-se-ão em conta o sexo, a idade, a condição, a saúde e todas as demais circunstâncias que possam influir na gravidade dela (art. 152). **Não se considera coação a ameaça do exercício normal de um direito, nem o simples temor reverencial (art. 153).**
4. De Terceiro	Segue raciocínio similar ao dolo de terceiro: *Art. 154. Vicia o negócio jurídico a coação exercida por terceiro, se dela tivesse ou devesse ter conhecimento a parte a que aproveite, e esta responderá solidariamente com aquele por perdas e danos.* *Art. 155. Subsistirá o negócio jurídico, se a coação decorrer de terceiro, sem que a parte a que aproveite dela tivesse ou devesse ter conhecimento; mas o autor da coação responderá por todas as perdas e danos que houver causado ao coacto.*
5. Consequência	Anulação do negócio jurídico, ressalvadas as exceções acima.

4. ESTADO DE PERIGO:

1. Conceito	Configura-se quando alguém, premido da necessidade de salvar-se, ou a pessoa de sua família, de grave dano conhecido pela outra parte, assume obrigação excessivamente onerosa (art. 156). Ex.: Risco à saúde.
2. Elementos Subjetivos	**A *parte prejudicada* deve estar premido de NECESSIDADE relativa a saúde ou integridade física sua ou de ente próximo.** A *parte beneficiada* deve ter conhecimento dessa necessidade – a doutrina denomina esta ciência da parte beneficiada pelo negócio de **"dolo de aproveitamento"**.
3. Elemento Objetivo	A obrigação excessivamente onerosa.
4. Consequência	Anulação do negócio jurídico, embora a doutrina compreenda ser preferível a revisão do contrato em busca do seu reequilíbrio.

5. LESÃO:

1. Conceito	Configura-se quando alguém, por inexperiência ou necessidade, obriga-se a prestação manifestamente desproporcional ao valor da prestação oposta. (art. 157). *Ex. Obter empréstimo por juros exorbitantes para quitar pensão alimentícia em atraso, com risco de execução:*

2. Elementos Subjetivos	A *parte prejudicada* deve ser INEXPERIENTE ou estar premido de NECESSIDADE ***patrimonial***. Não se exige a ciência da *parte beneficiada*.
3. Elemento Objetivo	A prestação manifestamente desproporcional.
4. Momento	A aferição da desproporcionalidade deve se dar no momento em que é realizado o negócio. A onerosidade superveniente não configura o vício de lesão.
5. Consequência	Anulação do negócio jurídico, embora a doutrina compreenda ser preferível a revisão do contrato em busca do seu reequilíbrio, conforme art. 157, II, que positiva o PRINCÍPIO DA PRESERVAÇÃO OU CONSERVAÇÃO DOS NEGÓCIOS.

6. FRAUDE CONTRA CREDORES:

1. Conceito	É vício social e corresponde a todo ato suscetível de diminuir ou onerar seu patrimônio, reduzindo ou eliminando a garantia que este representa para o pagamento de suas dívidas. É praticada pelo devedor insolvente ou por este ato reduzido à insolvência.
2. Requisitos	***a) Eventus damni: ELEMENTO OBJETIVO*** - *É o estado de insolvência do devedor que se desfaz do patrimônio ou que se torna insolvente diante da da alienação do bem de sua propriedade para terceiro. A insolvência é objetiva, ou seja, a dívida é superior a patrimônio restante.* ***b) Consilium fraudis: ELEMENTO SUBJETIVO*** – *É o conluio fraudulento, quando o alienante (devedor) e adquirente (comprador) têm ciência do prejuízo causado ao credor com o negócio, agindo de **má fé** para frustrar o cumprimento (pagamento) do negócio. A boa fé do adquirente impede a caracterização do consilium fraudis.*
3. Ato gratuito	Pode ocorrer nos negócios gratuitos, situação em que o negócio será anulado mesmo que a parte não soubesse da insolvência ou do dano que está causando aos credores. Enfim, aqui a má fé é presumida.
4. Ato oneroso	Também se configura nos negócios onerosos, mas aqui, além do dano, é necessário que o devedor tenha o ânimo de prejudicar os credores e o comprador tenha ciência disso (*consilium fraudis*). Logo, NÃO se presume a FRAUDE.
5. Ação cabível	O credor prejudicado pode utilizar a AÇÃO PAULIANA OU REVOCATÓRIA, para fins de reverter o prejuízo que advenha do negócio.
6. Consequência	**Anulação** do negócio jurídico, retornando o patrimônio para o acervo do devedor ou do concurso de credores, para análise da ordem de preferência. **Vale destacar que, na FRAUDE À EXECUÇÃO (art. 792, do CPC/15), a consequência jurídica é a *ineficácia* do auto, diferença esta que é muito explorada em provas de concursos públicos.**

5. PRESCRIÇÃO E DECADÊNCIA

- A PRESCRIÇÃO e a DECADÊNCIA são efeitos do *decurso do tempo*, extinção de vantagens jurídicas quando o titular não as exerce, em nome do Princípio da Segurança Jurídica.
- No quadro abaixo será sistematizada a distinção entre os dois institutos:

PRESCRIÇÃO	DECADÊNCIA
Atinge a **pretensão (189)** relativa a um direito creditício, obrigacional. Ex.: cobrança de títulos de crédito, cobrança de indenizações, cobrança de dívidas, cobrança de honorários profissionais, etc.	Atinge o **direito potestativo** (o titular tem um poder que não depende de outrem para ser exercido). Ex.: direito de preferência, garantias legais ou contratuais, anulação de negócios jurídicos, etc.)
Os prazos são fixados por lei, logo, NÃO podem ser alterados por acordo de vontade das partes (art. 192).	a) LEGAL: Os prazos não podem ser alterados. b) CONVENCIONAL: os prazos podem ser alterados.
Os prazos podem ser suspensos ou interrompidos (arts. 197 a 204), mas a prescrição iniciada contra uma pessoa continua a correr contra o seu sucessor (art. 196).	Os prazos não se suspendem ou se interrompem, salvo na hipótese do **art. 198, I. *Obs.: a prescrição e a decadência ficam SUSPENSAS, apenas, para o absolutamente incapaz (menor de 16 anos, conforme art. 3º, do CC/02, após Lei 13.146/15.***
Pode haver RENÚNCIA expressa ou tácita da prescrição (art. 191).	a) LEGAL: Não é possível a renúncia (nulidade – art. 209). b) CONVENCIONAL: É possível a renúncia.
Pode ser alegada a qualquer tempo e em qualquer grau de jurisdição pela parte interessada (art. 193)	a) LEGAL: Pode ser alegada a qualquer tempo e em qualquer grau de jurisdição (art. 211); b) Convencional – Idem (art. 210).
O juiz pode conhecer de ofício (art. 487, parágrafo único, do CPC/15)	a) LEGAL: Pode ser conhecida de ofício (art. 211); b) CONVENCIONAL – Não pode ser suprida de ofício pelo Juízo (art. 210).
Os relativamente incapazes e as pessoas jurídicas têm ação contra os seus assistentes ou representantes legais, que derem causa à prescrição, ou não a alegarem oportunamente (Art. 195).	Essa regra também se aplica à decadência efetivada por negligência do assistente ou representante legal do titular do direito, nos termos do art. 208.

6. ATO ILÍCITO E ABUSO DE DIREITO

- Seguindo a linha de raciocínio do ITEM 4, neste espaço para dicas essenciais, o Fato Jurídico, quando decorrente da vontade humana, pode ser classificado como Lícito ou Ilícito. Os atos lícitos podem ser atos jurídicos em sentido estrito ou negócios jurídicos, segundo a classificação do Código Civil, que dá ênfase especial aos Negócios Jurídicos (**arts. 104 a 184**). Já o **Ato Ilícito** é abordado nos **arts. 186 a 188**, configurando a base de estudos da Responsabilidade Civil. Eis a apresentação esquematizada do tema:

Conceito de ATO ILÍCITO:	Art. 186. Aquele que, por ação ou omissão voluntária, negligência ou imprudência, violar direito e causar dano a outrem, ainda que exclusivamente moral, comete ato ilícito. ***Obs.: Este conceito abrange, genericamente, todos os elementos da responsabilidade civil, que, em regra , é subjetiva:*** ***a) Conduta Ilícita: ação ou omissão que viola o direito;*** ***b) Culpa: dolo, negligência, imprudência ou imperícia;*** ***c) Nexo de causalidade: a conduta causa o dano;*** ***d) Dano: patrimonial (dano emergente + lucros cessantes) ou extrapatrimonial (moral + estético).***
Conceito de ABUSO DE DIREITO (que também é considerado um ato ilícito):	Art. 187. Também comete ato ilícito o titular de um direito que, ao exercê-lo, excede manifestamente os limites impostos pelo seu fim econômico ou social, pela boa-fé ou pelos bons costumes. ***Obs.: trata-se de conceito objetivo, pois é configurado o abuso de direito pela transgressão dos limites ali indicados, independentemente de culpa, ou seja, da intenção de prejudicar.***
EXCLUDENTES de ilicitude – o ato provoca dano, mas é considerado lícito:	- Estado de Necessidade, Legítima Defesa e Exercício Regular de Direito: ***Art. 188. Não constituem atos ilícitos:*** ***I - os praticados em legítima defesa ou no exercício regular de um direito reconhecido;*** ***II - a deterioração ou destruição da coisa alheia, ou a lesão a pessoa, a fim de remover perigo iminente.*** *Parágrafo único. No caso do inciso II, o ato será legítimo somente quando as circunstâncias o tornarem absolutamente necessário, não excedendo os limites do indispensável para a remoção do perigo.*

7. DIREITO DAS OBRIGAÇÕES

- O Direito Obrigacional e o Direito Real são dois ramos do Direito Subjetivo Patrimonial que se distinguem em alguns aspectos essenciais: O primeiro, também chamado de Pessoal, constitui um vínculo que liga o credor ao devedor, de forma temporária, decorrente de uma prestação estabelecida pela vontade ou pela lei, não atingindo, em regra, terceiros que não estejam consignados na vínculo da relação jurídica. O Direito Real, espécie do Direito das Coisas, refere-se ao poder exercido por uma pessoa (titular) sobre uma coisa, poder oposto contra terceiros (absolutismo), de forma duradoura (perenidade). O direito fica vinculado ao bem (sequela), enquanto durar a relação jurídica.

As obrigações, em sua classificação principal, podem ser de DAR, FAZER ou NÃO FAZER, regulamentadas pelo Código Civil nos **arts. 233 a 251**, conforme esquema abaixo:

a) **Dar coisa certa** (arts. 233-242): O objeto da obrigação é determinado e presumem-se incluídos os acessórios (Princípio da Gravitação Jurídica). No caso de inadimplemento:

PERDA antes da tradição:	**Com Culpa** do Devedor: cabe restituição do equivalente + perdas e danos.
	Sem Culpa do Devedor: resolve-se, com prejuízo para o dono da coisa.
DETERIORAÇÃO antes da tradição:	**Com Culpa** do Devedor: a) Não aceitando o credor o bem deteriorado, cabe restituição do equivalente + perdas e danos; b) Aceitando o credor o bem deteriorado, cabe abatimento de preço + perdas e danos.
	Sem Culpa do Devedor: a) Não aceitando o credor o bem deteriorado, resolve-se, com prejuízo para o dono da coisa; b) Pode o credor, ainda, aceitar o bem no estado em que se encontre.

b) **Dar coisa incerta** (arts. 243-246): O objeto da obrigação é determinável, antes da escolha ou concentração. Em regra, **a escolha cabe ao DEVEDOR**, salvo disposição em contrário, e, então, aplicam-se as regras da obrigação de dar coisa certa, pois o objeto passa a ser determinado.

c) **Fazer e Não Fazer**: pode ser uma prestação positiva (fazer) ou negativa (não fazer). Em ambos os casos, é importante destacar as consequências do inadimplemento:

Inadimplemento da obrigação FUNGÍVEL ou IMPESSOAL (não vinculada a uma única pessoa – pode ser cumprida por terceiro):	**Com Culpa** do Devedor – cabe ao credor: a) É possível ao credor mandar executar (obrigação de fazer) ou mandar desfazer (obrigação de não fazer) por terceiro, ou por conta própria, às custas do devedor (tais providências independem de autorização judicial, em caso de urgência) + perdas e danos; b) Adotar as medidas processuais de coerção do devedor (CPC/15); c) Converter em perdas e danos.
	Sem Culpa ou Impossível para o Devedor: resolve-se.
Inadimplemento da obrigação INFUNGÍVEL ou PESSOAL ou INTUITO PERSONAE (vinculada a uma única pessoa):	**Com Culpa** do Devedor – cabe ao credor: a) Adotar as medidas processuais de coerção do devedor (CPC/15); b) Converter em perdas e danos.
	Sem Culpa ou Impossível para o Devedor: resolve-se.

8. DOS CONTRATOS

- O contrato, fonte de obrigações, é o negócio jurídico resultante do acordo de vontades que produz efeitos patrimoniais e existenciais. Na tabela a seguir, são organizados os Princípios que regulam o direito contratual:

Princípio da Autonomia Privada (autonomia da vontade):	Consagra a liberdade de contratar (ninguém é obrigado a contratar com outrem) e a liberdade contratual (a escolha do conteúdo do contrato, inclusive da espécie, pois a lei admite o contrato atípico – art. 425, do CC).
Princípio da Força Obrigatória ("pacta sunt servanda):	Impõe o cumprimento das obrigações pactuadas, sob pena execução judicial das obrigações e consequências patrimoniais ao inadimplente, como juros e correção (art. 389, do CC).
Princípio da Relatividade Contratual:	O contrato obriga as partes que manifestaram sua vontade no pacto. Esta regra possui exceções, tais como: a) estipulações e favor de terceiros (arts. 436-438, do CC); b) promessa de fato de terceiro (arts. 439-440, do CC); c) contrato com pessoa a declarar (arts. 467-471, do CC).
Princípio da Função Social (art. 421, do CC):	Regra fundamental do direito civil constitucionalizado, é um parâmetro limitador e interpretativo dos demais princípios e regras contratuais. Além do aspecto externo (respeito aos interesses sociais, ao interesse público, ao meio ambiente, etc.), refere-se também à relação entre as partes (aspecto interno), com vistas ao equilíbrio contratual, como na disciplina do contrato de adesão (arts. 423-424, do CC).
Princípio da Boa Fé (art. 422, do CC):	O outro Princípio de matiz constitucional. Tem amplas funções no direito civil: a) interpretação de negócios (ex.: art. 113, do CC); b) limitação do exercício de direitos (ex.: arts. 426 e 927, do CC); c) criação de deveres, comportamentos éticos que se esperam dos contratantes (reflexos do art. 422, do CC). Na interpretação do art. 422, do CC, consagrou-se na doutrina e jurisprudência o entendimento de que a boa-fé é objetiva, na análise do comportamento dos contratantes, e se aplica em todas fases da formação do contrato, inclusive nas fases pré e pós-contratual.

9. RESPONSABILIDADE CIVIL

- A responsabilidade civil é o segundo aspecto do direito obrigacional. O direito brasileiro adota a Teoria Dualista da Obrigação, compreendendo a existência de um dever originário, o débito (schuld) e o dever correspondente ao inadimplemento do primeiro (haftung), seguindo a orientação do direito alemão. Enfim, quando uma parte descumpre um dever decorrente da relação obrigacional, surge a responsabilidade civil contratual. Se a lesão a um dever jurídico não provém de uma relação contratual (acidente de trânsito, por exemplo), está-se diante da responsabilidade civil aquiliana.

Enfim, se alguém, por ato ilícito ou abuso de direito, na seara contratual ou não, causa dano a outrem, surge o dever de reparação, regra base da responsabilidade civil (art. 927, do CC).

Eis, de forma esquematizada, as regras básicas da responsabilidade civil, de acordo com o disciplinamento do Código Civil:

Dever de REPARAÇÃO:	Art. 927. Aquele que, por ato ilícito (arts. 186 e 187), causar dano a outrem, fica obrigado a repará-lo.
Objetiva x Subjetiva:	A subjetiva é a regra, dependente da comprovação de culpa, salvo quando a lei impõe a responsabilidade objetiva, ou quando a pessoa exerce "atividade de risco" (art. 927, parágrafo único, do CC/02). ***Obs.: mesmo na responsabilidade objetiva, as excludentes de responsabilidade exoneram o agente do dever de indenizar, como se verá a seguir.***
Contratual x Aquiliana:	a) Contratual: quando as partes possuem uma relação contratual prévia, e os danos decorrem do inadimplemento de suas cláusulas (**Ex.: o plano de saúde recusa indevidamente a cobertura cirurgia urgente do segurado; erro médico; perda de prazo por advogado, etc.**); b) Aquiliana: quando as partes não possuem relação contratual anterior ao evento danoso (**Ex.: acidente de trânsito entre dois veículos; atropelamento; negativação indevida quando a pessoa inscrita sequer tinha contrato contra a empresa responsável pela informação da dívida, etc.**).

Restitutio in integrum	A indenização deve ser no valor exato do prejuízo experimentado. ***Obs.: Exceções (redução do valor ou juízo de equidade). Ex.:*** ***a) Grau de culpa (art. 944, parágrafo único);*** ***b) Culpa concorrente (art. 945);*** ***c) Responsabilidade civil do incapaz (art. 948);*** ***d) Indenização por danos morais.***

O Código Civil ainda disciplina importantes regras especiais de responsabilidade civil, muito cobradas nas provas de concursos públicos:

Responsabilidade Civil do INCAPAZ:	*Art. 928. O incapaz responde pelos prejuízos que causar, se as pessoas por ele responsáveis não tiverem obrigação de fazê-lo ou não dispuserem de meios suficientes.* *Parágrafo único. A indenização prevista neste artigo, que deverá ser equitativa, não terá lugar se privar do necessário o incapaz ou as pessoas que dele dependem.* ***Obs.: é correta a questão que afirmar que a responsabilidade do incapaz é SUBSIDIÁRIA e EQUITATIVA.***
Responsabilidade Civil INDIRETA ou por FATO DE OUTREM:	*Art. 932. São também responsáveis pela reparação civil:* *I - os pais, pelos filhos menores que estiverem sob sua autoridade e em sua companhia;* *II - o tutor e o curador, pelos pupilos e curatelados, que se acharem nas mesmas condições;* *III - o empregador ou comitente, por seus empregados, serviçais e prepostos, no exercício do trabalho que lhes competir, ou em razão dele;* *IV - os donos de hotéis, hospedarias, casas ou estabelecimentos onde se albergue por dinheiro, mesmo para fins de educação, pelos seus hóspedes, moradores e educandos;* *V - os que gratuitamente houverem participado nos produtos do crime, até a concorrente quantia.* *Art. 933. As pessoas indicadas nos incisos I a V do artigo antecedente, ainda que não haja culpa de sua parte, responderão pelos atos praticados pelos terceiros ali referidos.* ***Obs.: é correta a questão que afirmar que a responsabilidade civil dos pais, tutores, curadores, empregadores, donos de hotéis e escolas, e daqueles que receberam gratuitamente produto de crime, nestas hipóteses, é OBJETIVA, ou seja, independe da intenção de prejudicar o terceiro atingido.*** *Art. 934. Aquele que ressarcir o dano causado por outrem pode reaver o que houver pago daquele por quem pagou, salvo se o causador do dano for descendente seu, absoluta ou relativamente incapaz.* ***Obs.: é correta a questão que afirmar que os pais e os avós NÃO têm direito de regresso contra filhos e netos, respectivamente, se forem relativa ou absolutamente incapazes.***
Responsabilidade Civil pelo FATO DA COISA:	*Art. 931. Ressalvados outros casos previstos em lei especial, os empresários individuais e as empresas respondem independentemente de culpa pelos danos causados pelos produtos postos em circulação.* *Art. 936. O dono, ou detentor, do animal ressarcirá o dano por este causado, se não provar culpa da vítima ou força maior.* *Art. 937. O dono de edifício ou construção responde pelos danos que resultarem de sua ruína, se esta provier de falta de reparos, cuja necessidade fosse manifesta.* *Art. 938. Aquele que habitar prédio, ou parte dele, responde pelo dano proveniente das coisas que dele caírem ou forem lançadas em lugar indevido.* ***Obs.: a doutrina depreende que todas estas hipóteses tratam de responsabilidade OBJETIVA.***
Responsabilidade Civil por COBRANÇA DE DÍVIDAS:	*Art. 939. O credor que demandar o devedor antes de vencida a dívida, fora dos casos em que a lei o permita, ficará obrigado a esperar o tempo que faltava para o vencimento, a descontar os juros correspondentes, embora estipulados, e a pagar as custas em dobro.* *Art. 940. Aquele que demandar por dívida já paga, no todo ou em parte, sem ressalvar as quantias recebidas ou pedir mais do que for devido, ficará obrigado a pagar ao devedor, no primeiro caso, o dobro do que houver cobrado e, no segundo, o equivalente do que dele exigir, salvo se houver prescrição.* *Art. 941. As penas previstas nos arts. 939 e 940 não se aplicarão quando o autor desistir da ação antes de contestada a lide, salvo ao réu o direito de haver indenização por algum prejuízo que prove ter sofrido.*
Responsabilidade Civil x Responsabilidade Criminal:	***Art. 935. A responsabilidade civil é independente da criminal, não se podendo questionar mais sobre a existência do fato, ou sobre quem seja o seu autor, quando estas questões se acharem decididas no juízo criminal.***

10. DIREITOS REAIS

- Os Direitos Reais se constituem como um ramo do Direito Subjetivo Patrimonial que disciplina o poder que a pessoa exerce sobre as coisas apropriáveis, com características especiais que os distinguem dos direitos obrigacionais, quais sejam:

Legalidade ou Tipicidade:	Só se considera direito real aquele que estiver previsto em lei (vide rol do art. 1.225, do CC).
Taxatividade:	A vontade das partes não pode ampliar o rol de direitos reais, que é taxativo – *numerus clausus*.
Publicidade:	A constituição dos direitos reais sobre bens imóveis será realizada mediante registro público no CRI (art. 1.227, do CC).

Eficácia *erga omnes* **ou Absolutismo:**	Os direitos reais do titular sobre a coisa são oponíveis a todas as pessoas, indistintamente.
Aderência ou Sequela:	Pela aderência, os direitos reais vinculam-se ao bem, acompanhando-o em todas as suas mutações. Já a sequela, por consequência, consiste na possibilidade de reivindicação dos direitos que o titular possui sobre a coisa.

- A principal **novidade** no campo dos Direitos Reais foi a criação do novo **DIREITO REAL DE LAJE**, criado pela MEDIDA PROVISÓRIA n. 759, de 22 de dezembro de 2016, que acrescentou o inciso XIII ao art. 1.225, bem como o novo art. 1.510-A, ambos ao Código Civil, disciplinando o instituto da seguinte forma:

TÍTULO XI

DA LAJE

Art. 1.510-A. O proprietário de uma construção-base poderá ceder a superfície superior ou inferior de sua construção a fim de que o titular da laje mantenha unidade distinta daquela originalmente construída sobre o solo.

§ 1º O direito real de laje contempla o espaço aéreo ou o subsolo de terrenos públicos ou privados, tomados em projeção vertical, como unidade imobiliária autônoma, não contemplando as demais áreas edificadas ou não pertencentes ao proprietário da construção-base.

§ 2º O titular do direito real de laje responderá pelos encargos e tributos que incidirem sobre a sua unidade.

§ 3º Os titulares da laje, unidade imobiliária autônoma constituída em matrícula própria, poderão dela usar, gozar e dispor.

§ 4º A instituição do direito real de laje não implica a atribuição de fração ideal de terreno ao titular da laje ou a participação proporcional em áreas já edificadas.

§ 5º Os Municípios e o Distrito Federal poderão dispor sobre posturas edilícias e urbanísticas associadas ao direito real de laje.

§ 6º O titular da laje poderá ceder a superfície de sua construção para a instituição de um sucessivo direito real de laje, desde que haja autorização expressa dos titulares da construção-base e das demais lajes, respeitadas as posturas edilícias e urbanísticas vigentes.

Art. 1.510-B. É expressamente vedado ao titular da laje prejudicar com obras novas ou com falta de reparação a segurança, a linha arquitetônica ou o arranjo estético do edifício, observadas as posturas previstas em legislação local.

Art. 1.510-C. Sem prejuízo, no que couber, das normas aplicáveis aos condomínios edilícios, para fins do direito real de laje, as despesas necessárias à conservação e fruição das partes que sirvam a todo o edifício e ao pagamento de serviços de interesse comum serão partilhadas entre o proprietário da construção-base e o titular da laje, na proporção que venha a ser estipulada em contrato.

§ 1º São partes que servem a todo o edifício:

I - os alicerces, colunas, pilares, paredes-mestras e todas as partes restantes que constituam a estrutura do prédio;

II - o telhado ou os terraços de cobertura, ainda que destinados ao uso exclusivo do titular da laje;

III - as instalações gerais de água, esgoto, eletricidade, aquecimento, ar condicionado, gás, comunicações e semelhantes que sirvam a todo o edifício; e

IV - em geral, as coisas que sejam afetadas ao uso de todo o edifício.

§ 2º É assegurado, em qualquer caso, o direito de qualquer interessado em promover reparações urgentes na construção na forma do parágrafo único do art. 249 deste Código.

Art. 1.510-D. Em caso de alienação de qualquer das unidades sobrepostas, terão direito de preferência, em igualdade de condições com terceiros, os titulares da construção-base e da laje, nessa ordem, que serão cientificados por escrito para que se manifestem no prazo de trinta dias, salvo se o contrato dispuser de modo diverso.

§ 1º O titular da construção-base ou da laje a quem não se der conhecimento da alienação poderá, mediante depósito do respectivo preço, haver para si a parte alienada a terceiros, se o requerer no prazo decadencial de cento e oitenta dias, contado da data de alienação.

§ 2º Se houver mais de uma laje, terá preferência, sucessivamente, o titular das lajes ascendentes e o titular das lajes descendentes, assegurada a prioridade para a laje mais próxima à unidade sobreposta a ser alienada.

Art. 1.510-E. A ruína da construção-base implica extinção do direito real de laje, salvo:

I - se este tiver sido instituído sobre o subsolo;

II - se a construção-base não for reconstruída no prazo de cinco anos.

Parágrafo único. O disposto neste artigo não afasta o direito a eventual reparação civil contra o culpado pela ruína.

- Como se observa da norma, o direito real de laje decorre da construção de uma unidade imobiliária autônoma em superfície superior ou inferior da construção base, que tem as seguintes características:

a) Isolamento funcional;

b) Independência patrimonial e tributária.

11. DIREITO DE FAMÍLIA

- Trata-se do ramo do direito que estuda os diversos núcleos familiares, seus princípios e suas repercussões existenciais e patrimoniais. O termo "família" é aberto e mutável, acompanhando a evolução social e tecnológica, diante do pluralismo admitido pelo art. 226, da CF.
- Os Princípios mais citados pela doutrina e jurisprudência, que norteiam o Direito de Família, são os seguintes:

a) Princípio da Afetividade (art. 28, do ECA; art. 1.584, § 5º, do CC; Enunciados n. 108, 256 e 339, das Jornadas de Direito Civil do CJF);

b) Princípio da Solidariedade Familiar (art. 3º, I, e art. 226, § 8º, ambos da CF/88);

c) Princípio do Melhor Interesse das Crianças e Adolescentes e da Convivência Familiar (art. 227, *caput*, da CF e arts. 1.583-1.584, do CC, além de todo o disciplinamento do ECA);

d) Princípio da Proteção ao Idoso (Lei n. 10.741/03 – Estatuto do Idoso);

e) Princípio da Pluralidade Familiar (art. 226, §§ 3º e 4º, da CF e farta jurisprudência, inclusive reconhecendo a união homoafetiva – STF: Ação Direta de Inconstitucionalidade (ADI) N. 4277 e a Arguição de Descumprimento de Preceito Fundamental (ADPF) N. 132);

f) Princípio da Igualdade de Gênero (art. 226, § 5º, da CF e arts. 1.511 e 1.565, § 1º, do CC);

g) Princípio da Igualdade entre os Filhos (art. 227, § 6º, da CF);

h) Princípio da Intervenção Mínima do Estado (art. 226, § 7º, da CF e art. 1.513, do CC);

i) Princípio do Planejamento Familiar e da Paternidade Responsável (art. 226, § 7º, da CF, art. 1565, § 2°, do CC e Lei n. 9.263/96).

- O Direito de Família sofreu algumas alterações, com o advento do ESTATUTO DA PESSOA COM DEFICIÊNCIA, a Lei 13.146/15, senão vejamos as mais relevantes:

Revogação da autorização para casamento:	Art. 1.518. Até a celebração do casamento podem os pais ou tutores revogar a autorização. (curador excluído)
Deficiência não é razão para nulidade de casamento:	Art. 1.548. É nulo o casamento contraído: I - (Revogado); II - por infringência de impedimento
A pessoa com deficiência pode expressar sua vontade por representante:	Art. 1.550. É anulável o casamento: (...) § 2º A pessoa com deficiência mental ou intelectual em idade núbia poderá contrair matrimônio, expressando sua vontade diretamente ou por meio de seu responsável ou curador.
Anulabilidade por erro essencial, em relação a moléstia ou defeito físico:	Art. 1.557. Considera-se erro essencial sobre a pessoa do outro cônjuge: (...) III - a ignorância, anterior ao casamento, de defeito físico irremediável que não caracterize deficiência ou de moléstia grave e transmissível, por contágio ou por herança, capaz de pôr em risco a saúde do outro cônjuge ou de sua descendência;
Curatela compartilhada:	Art. 1.775-A. Na nomeação de curador para a pessoa com deficiência, o juiz poderá estabelecer curatela compartilhada a mais de uma pessoa.
Tomada de Decisão Apoiada – Novo instituto previsto no art. 1.783-A, do CC:	Art. 1.783-A. A tomada de decisão apoiada é o processo pelo qual a pessoa com deficiência elege pelo menos 2 (duas) pessoas idôneas, com as quais mantenha vínculos e que gozem de sua confiança, para prestar-lhe apoio na tomada de decisão sobre atos da vida civil, fornecendo-lhes os elementos e informações necessários para que possa exercer sua capacidade. § 1º Para formular pedido de tomada de decisão apoiada, a pessoa com deficiência e os apoiadores devem apresentar termo em que constem os limites do apoio a ser oferecido e os compromissos dos apoiadores, inclusive o prazo de vigência do acordo e o respeito à vontade, aos direitos e aos interesses da pessoa que devem apoiar. § 2º O pedido de tomada de decisão apoiada será requerido pela pessoa a ser apoiada, com indicação expressa das pessoas aptas a prestarem o apoio previsto no **caput** deste artigo. § 3º Antes de se pronunciar sobre o pedido de tomada de decisão apoiada, o juiz, assistido por equipe multidisciplinar, após oitiva do Ministério Público, ouvirá pessoalmente o requerente e as pessoas que lhe prestarão apoio. § 4º A decisão tomada por pessoa apoiada terá validade e efeitos sobre terceiros, sem restrições, desde que esteja inserida nos limites do apoio acordado. § 5º Terceiro com quem a pessoa apoiada mantenha relação negocial pode solicitar que os apoiadores contra-assinem o contrato ou acordo, especificando, por escrito, sua função em relação ao apoiado. § 6º Em caso de negócio jurídico que possa trazer risco ou prejuízo relevante, havendo divergência de opiniões entre a pessoa apoiada e um dos apoiadores, deverá o juiz, ouvido o Ministério Público, decidir sobre a questão. § 7º Se o apoiador agir com negligência, exercer pressão indevida ou não adimplir as obrigações assumidas, poderá a pessoa apoiada ou qualquer pessoa apresentar denúncia ao Ministério Público ou ao juiz.

Tomada de Decisão Apoiada - Novo instituto previsto no art. 1.783-A, do CC:	§ 8º Se procedente a denúncia, o juiz destituirá o apoiador e nomeará, ouvida a pessoa apoiada e se for de seu interesse, outra pessoa para prestação de apoio. § 9º A pessoa apoiada pode, a qualquer tempo, solicitar o término de acordo firmado em processo de tomada de decisão apoiada. § 10. O apoiador pode solicitar ao juiz a exclusão de sua participação do processo de tomada de decisão apoiada, sendo seu desligamento condicionado à manifestação do juiz sobre a matéria. § 11. Aplicam-se à tomada de decisão apoiada, no que couber, as disposições referentes à prestação de contas na curatela.

✦ SÚMULAS APLICÁVEIS

1. LINDB

- súmula n. 654, STF: a garantia da irretroatividade da lei, prevista no art. 5º, XXXVI, da Constituição da República, não é invocável pela entidade estatal que a tenha editado.

2. PESSOA NATURAL: DIREITOS DA PERSONALIDADE E RESPONSABILIDADE CIVIL: INDENIZAÇÃO POR DANOS MORAIS

- **Súmula n. 221, do STJ** – São civilmente responsáveis pelo ressarcimento de dano, decorrente de publicação pela imprensa, tanto o autor do escrito quanto o proprietário do veículo de divulgação;
- **Súmula n. 228, do STJ** – É inadmissível o interdito proibitório para a proteção do direito autoral.
- **Súmula n. 261, do STJ:** – A cobrança de direitos autorais pela retransmissão radiofônica de músicas, em estabelecimentos hoteleiros, deve ser feita conforme a taxa média de utilização do equipamento, apurada em liquidação.
- **Súmula n. 403, do STJ** – Independe de prova do prejuízo a indenização pela publicação não autorizada de imagem de pessoa com fins econômicos ou comerciais.

3. PESSOA JURÍDICA

- **Súmula n. 227, do STJ** – A pessoa jurídica pode sofrer dano moral.

4. FATO JURÍDICO

- **Súmula n. 195, do STJ** – Em embargos de terceiro não se anula ato jurídico, por fraude contra credores.

5. PRESCRIÇÃO E DECADÊNCIA

- **Súmula n. 149, do STF** – É imprescritível a ação de investigação de paternidade, mas não o é a de petição de herança.
- **Súmula n. 150, do STF** – Prescreve a execução no mesmo prazo de prescrição da ação.
- **Súmula n. 154, do STF** – Simples vistoria não interrompe a prescrição.
- **Súmula n. 443, do STF** – A prescrição das prestações anteriores ao período previsto em lei não ocorre, quando não tiver sido negado, antes daquele prazo, o próprio direito reclamado, ou a situação jurídica de que ele resulta.
- **Súmula n. 85, do STJ** – Nas relações jurídicas de trato sucessivo em que a Fazenda Pública figure como devedora, quando não tiver sido negado o próprio direito reclamado, a prescrição atinge apenas as prestações vencidas antes do quinquênio anterior à propositura da ação.
- **Súmula n. 101, do STJ** – A ação de indenização do segurado em grupo contra a seguradora prescreve em um ano.
- **Súmula n. 106, do STJ** – Proposta a ação no prazo fixado para o seu exercício, a demora na citação, por motivos inerentes ao mecanismo da Justiça, não justifica o acolhimento da arguição de prescrição ou decadência.
- **Súmula n. 229, do STJ** – O pedido do pagamento de indenização à seguradora suspende o prazo de prescrição até que o segurado tenha ciência da decisão.
- **Súmula n. 278, do STJ** – O termo inicial do prazo prescricional, na ação de indenização, é a data em que o segurado teve ciência inequívoca da incapacidade laboral.
- **Súmula n. 409, do STJ** – Em execução fiscal, a prescrição ocorrida antes da propositura da ação pode ser decretada de ofício (art. 219, § 5°, do CPC).
- **Súmula n. 412, do STJ** – A ação de repetição de indébito de tarifas de água e esgoto sujeita-se ao prazo prescricional estabelecido no Código Civil.

6. DIREITO DAS OBRIGAÇÕES

- **Súmula n. 43, do STJ** – Incide correção monetária sobre dívida por ato ilícito a partir da data do efetivo prejuízo.
- **Súmula n. 54, do STJ** – Os juros moratórios fluem a partir do evento danoso, em caso de responsabilidade extracontratual.
- **Súmula n. 362, do STJ** – A correção monetária do valor da indenização do dano moral incide desde a data do arbitramento.
- **Súmula n. 379, do STJ** – Nos contratos bancários não regidos por legislação específica, os juros moratórios poderão ser convencionados até o limite de 1% ao mês.
- **Súmula n. 530, do STJ** – Nos contratos bancários, na impossibilidade de comprovar a taxa de juros efetivamente contratada - por ausência de pactuação ou pela falta de juntada do instrumento aos autos -, aplica-se a taxa média de mercado, divulgada pelo Bacen, praticada nas operações da mesma espécie, salvo se a taxa cobrada for mais vantajosa para o devedor.
- **Súmula n. 539, do STJ** – É permitida a capitalização de juros com periodicidade inferior à anual em contratos celebrados com instituições integrantes do Sistema Financeiro Nacional a partir de 31/3/2000 (MP n. 1.963-17/2000, reeditada como MP n. 2.170-36/2001), desde que expressamente pactuada.
- **Súmula n. 541, do STJ** – A previsão no contrato bancário de taxa de juros anual superior ao duodécuplo da mensal é suficiente para permitir a cobrança da taxa efetiva anual contratada.

7. CONTRATOS

- **Súmula n. 586, do STJ** – A exigência de acordo entre o credor e o devedor na escolha do agente fiduciário aplica-se, exclusivamente, aos contratos não vinculados ao Sistema Financeiro da Habitação SFH.

8. RESPONSABILIDADE CIVIL

- **Súmula n. 187, do STF** – A responsabilidade contratual do transportador, pelo acidente com o passageiro, não é elidida por culpa de terceiro, contra o qual tem ação regressiva.
- **Súmula n. 37, do STJ** – São cumuláveis as indenizações por dano material e dano moral oriundos do mesmo fato.
- **Súmula n. 313, do STJ** – Em ação de indenização, procedente o pedido, é necessária a constituição de capital ou caução fidejussória para a garantia de pagamento da pensão, independentemente da situação financeira do demandado.
- **Súmula n. 387, do STJ** – É lícita a cumulação das indenizações de dano estético e dano moral.
- **Súmula n. 420, do STJ** – Incabível, em embargos de divergência, discutir o valor de indenização por danos morais.
- **Súmula n. 479, do STJ** – As instituições financeiras respondem objetivamente pelos danos gerados por fortuito interno relativo a fraudes e delitos praticados por terceiros no âmbito de operações bancárias.
- **Súmula n. 529, do STJ** – No seguro de responsabilidade civil facultativo, não cabe o ajuizamento de ação pelo terceiro prejudicado direta e exclusivamente em face da seguradora do apontado causador do dano.

9. DIREITO DE FAMÍLIA

- **Súmula n. 377, do STF** – No regime de separação legal de bens, comunicam-se os adquiridos na constância do casamento.
- **Súmula n. 382, do STF** – A vida em comum sob o mesmo teto, "more uxorio", não é indispensável à caracterização do concubinato.
- **Súmula n. 277, do STJ** – Julgada procedente a investigação de paternidade, os alimentos são devidos a partir da citação.
- **Súmula n. 301, do STJ** – Em ação investigatória, a recusa do suposto pai a submeter-se ao exame de DNA induz presunção *juris tantum* de paternidade.
- **Súmula n. 309, do STJ** – O débito alimentar que autoriza a prisão civil do alimentante é o que compreende as três prestações anteriores ao ajuizamento da execução e as que se vencerem no curso do processo.
- **Súmula n. 332, do STJ** – A fiança prestada sem autorização de um dos cônjuges implica a ineficácia total da garantia.
- **Súmula n. 336, do STJ** – A mulher que renunciou aos alimentos na separação judicial tem direito à pensão previdenciária por morte do ex-marido, comprovada a necessidade econômica superveniente.
- **Súmula n. 358, do STJ** – O cancelamento de pensão alimentícia de filho que atingiu a maioridade está sujeito à decisão judicial, mediante contraditório, ainda que nos próprios autos.
- **Súmula n. 364, do STJ** – O conceito de impenhorabilidade de bem de família abrange também o imóvel pertencente a pessoas solteiras, separadas e viúvas.
- **Súmula n. 449, do STJ** – A vaga de garagem que possui matrícula própria no registro de imóveis não constitui bem de família para efeito de penhora.
- **Súmula n. 486, do STJ** – É impenhorável o único imóvel residencial do devedor que esteja locado a terceiros, desde que a renda obtida com a locação seja revertida para a subsistência ou a moradia da sua família.
- **Súmula n. 549, do STJ** – É válida a penhora de bem de família pertencente a fiador de contrato de locação.

✦ INFORMATIVOS APLICÁVEIS

1. LEI DE INTRODUÇÃO ÀS NORMAS DO DIREITO BRASILEIRO (LINB)

1.1. ANALOGIA E INTERPRETAÇÃO EXTENSIVA:

▸ INFORMATIVO N. 600, DO STJ – 26.04.2017 – REsp 1.621.610/SP – QUARTA TURMA:

A controvérsia principal está em definir qual é o prazo de decadência do direito de se anular partilha de bens em dissolução de união estável, sob alegação de vício na manifestação da vontade (coação irresistível). No Tribunal de origem, a matéria foi tida como controvertida no âmbito da doutrina e da jurisprudência, ora se entendendo pela aplicação do prazo ânuo – **analogia advinda da partilha hereditária decorrente da sucessão *causa mortis* (arts. 1.029 do CPC/1973 e 2.027 do CC/2002), ora se concluindo pela incidência do prazo geral decadencial de 4 anos para a anulação dos negócios jurídicos em geral (art. 178 do CC/2002)**. Contudo, sob a vigência do diploma civil anterior, fato é que a *questio* acabou pacificando-se no âmbito das Cortes Superiores, tanto no STF (quando ainda lhe competia velar pela uniformidade do direito federal) como no STJ, tendo-se definido que o prazo decadencial de 1 ano seria específico para anulação da partilha do direito sucessório, não havendo falar em sua extensão para as demais espécies de partilha amigável, que se submeteriam à regra geral de 4 anos. Não houve alterações de ordem normativa com o advento do Código Civil de 2002, tendo este repetido, no parágrafo único do art. 2.027 (Livro V, Do Direito das Sucessões), o que era previsto no art. 1.805 c/c 178, § 6°, V, do CC/1916, isto é, ficou mantido o prazo único e específico de 1 ano para a anulação da partilha no âmbito da sucessão hereditária. Nessa ordem de ideias, não se verifica mutação jurídico-normativa a justificar alteração da consolidada jurisprudência dos tribunais superiores. Entender de forma diversa acabaria por se trazer insegurança jurídica, repudiando o ordenamento jurídico e a própria ideologia do novel diploma instrumental, que preza justamente pelo prestígio da jurisprudência, mantendo-a estável, íntegra e coerente (CPC/2015, art. 926). Ademais, **não parece possível a exegese extensiva, por meio da analogia, quando sabidamente existe, no próprio ordenamento jurídico, regra jurídica geral que se amolda perfeitamente à tipicidade do caso – art. 178 do CC**, que estabelece o prazo de decadência de 4 anos para anular, por vício da vontade (erro, dolo, coação e lesão) o negócio jurídico, como sói a partilha fruto da autonomia da vontade para dissolução de casamento ou união estável. Deveras, é inadequada a utilização de interpretação extensiva de uma exceção à regra geral - arts. 2.027 do CC e 1.029 do CPC/73, ambos inseridos, respectivamente, no Livro "Do Direito das Sucessões" e no capítulo intitulado "Do Inventário e Da Partilha" -, **para o preenchimento de lacuna inexistente (já que o art. 178 do CC normatiza a questão), ainda mais quando a exegese acaba por limitar ainda mais os direitos subjetivos**, já que a adoção de prazo decadencial reduzido acarreta, inarredavelmente, em extinção mais rápida do direito da parte.

2. PARTE GERAL

2.1. PESSOA FÍSICA

2.1.1. DIREITO DE PERSONALIDADE E RESPONSABILIDADE CIVIL:

▸ **INFORMATIVO N. 598, DO STJ – 29.03.2017 – REsp 1.642.318/MS –TERCEIRA TURMA:**

O ponto nodal da discussão consiste em definir se as alegadas agressões físicas e verbais sofridas por criança resultam, independentemente de comprovação, em danos morais passíveis de compensação. De início, cumpre salientar que **o STJ já decidiu que as crianças, mesmo da mais tenra idade, fazem jus à proteção irrestrita dos direitos da personalidade, assegurada a indenização pelo dano moral decorrente de sua violação, nos termos dos arts. 5º, X, *in fine*, da CF e 12, *caput*, do CC/02. (REsp 1.037.759-RJ, 3ª Turma, DJe 5/3/2010).** Da legislação aplicada à espécie, arts. 186 e 927 do CC/02, extrai-se que aquele que violar direito e causar dano a outrem, ainda que exclusivamente moral, comete ato ilícito e deve repará-lo. Na doutrina, a reparabilidade dos danos morais exsurge no plano jurídico a partir da simples violação (*ex facto*), i.e., existente o evento danoso surge a necessidade de reparação, observados os pressupostos da responsabilidade civil em geral. Uma consequência do afirmado acima seria a prescindibilidade da prova de dano em concreto à subjetividade do indivíduo que pleiteia a indenização. De fato, em diversas circunstâncias, não é realizável a demonstração de prejuízo moral, bastando a simples causação do ato violador e, nesse sentido, fala-se em *damnun in re ipsa*. Ao analisar a doutrina e a jurisprudência, o que se percebe não é a operação de uma presunção *iure et de iure* propriamente dita na configuração das situações de dano moral, mas a substituição da prova de prejuízo moral – em muitas situações, incabível – pela sensibilidade ético-social do julgador. Nessa toada, à falta de padrões éticos e morais objetivos ou amplamente aceitos em sociedade, deve o julgador adotar a sensibilidade ético-social do homem comum, nem muito reativa a qualquer estímulo ou tampouco insensível ao sofrimento alheio. Em outra vertente, vale destacar que a Constituição Brasileira e o Estatuto da Criança e do Adolescente introduziram na nossa cultura jurídica uma nova percepção, inspirada pela concepção da criança e do adolescente como sujeitos de direitos e cuidados especiais. Nesse sentido, os arts. 227 da CF/88 e 17 da Lei n. 8.069/90, asseguram a primazia do interesse das crianças e dos adolescentes, com a proteção integral dos seus direitos. Sob outro viés, **a sensibilidade ético-social do homem comum na hipótese, permite concluir que os sentimentos de inferioridade, dor e submissão, sofridos por quem é agredido injustamente, verbal ou fisicamente, são elementos caracterizadores da espécie do dano moral *in re ipsa*. Logo, a injustiça da conduta da agressão, verbal ou física, de um adulto contra uma criança ou adolescente, independe de prova e caracteriza atentado à dignidade dos menores.**

2.2. PESSOA JURÍDICA

2.2.1 – REGIME JURÍDICO - EMPRESA PÚBLICA DE DIREITO PRIVADO - EXCEÇÃO – USUCAPIÃO DE BENS PÚBLICOS – IMPENHORABILIDADE DE BENS:

▸ **INFORMATIVO N. 594, DO STJ – 01.02.2017 – REsp 1.448.026/PE –TERCEIRA TURMA:**

Cingiu-se a discussão a decidir sobre a possibilidade de aquisição por usucapião de imóvel vinculado ao Sistema Financeiro de Habitação e de titularidade da Caixa Econômica Federal. Segundo o art. 98 do CC/02, são bens públicos aqueles pertencentes às pessoas jurídicas de direito público interno, e particulares, por exclusão, todos os demais. A despeito da literalidade do dispositivo legal, a doutrina especializada, atenta à destinação dada aos bens, considera também bem público aquele cujo titular é pessoa jurídica de direito privado prestadora de serviço público, quando o bem estiver vinculado à prestação desse serviço público. Especificamente quanto à Caixa Econômica Federal, o Decreto-Lei 759/69, que autorizou sua instituição, estabelece como uma de suas finalidades a de "operar no setor habitacional, como sociedade de crédito imobiliário e principal agente do Banco Nacional de Habitação, com o objetivo de facilitar e promover a aquisição de casa própria, especialmente pelas classes de menor renda da população". **Sob essa ótica, não obstante se trate de empresa pública, com personalidade jurídica de direito privado, ao atuar como agente financeiro dos programas oficiais de habitação e órgão de execução da política habitacional, explora serviço público, de relevante função social, regulamentado por normas especiais previstas na Lei 4.380/64. Logo, o imóvel vinculado ao Sistema Financeiro de Habitação, porque afetado à prestação de serviço público, deve ser tratado como bem público, sendo, pois, imprescritível.**

2.3. DOS FATOS JURÍDICOS

2.3.1. DA PRESCRIÇÃO – PRAZO PRESCRICIONAL PARA PRETENSÃO CONDENATÓRIA REFERENTE A CLÁUSULA DE REAJUSTE DE PLANO DE SAÚDE – RELAÇÃO CÍVEL:

▸ **INFORMATIVO N. 590, DO STJ – 19.09.2016 – REsp 1.361.182/RS – SEGUNDA SEÇÃO (RESP REPETITIVO):**

Na vigência dos contratos de plano ou de seguro de assistência à saúde, a pretensão condenatória decorrente da declaração de nulidade de cláusula de reajuste nele prevista prescreve em 20 anos (art. 177 do CC/1916) ou em 3 anos (art. 206, § 3º, IV, do CC/2002), observada a regra de transição do art. 2.028 do CC/2002. Inicialmente, afasta-se a prescrição anual para pretensões deduzidas em contratos de seguro saúde, por se enquadrar como plano privado de assistência à saúde, nos termos do art. 2º da Lei n. 10.185/2001, bem como a aplicação do prazo prescricional disposto no art. 27 do CDC, haja vista não se tratar, na espécie, de acidente de consumo. Pois bem, a locução "indevidamente auferido", constante do art. 884 do CC/2002, admite interpretação ampla, no sentido de albergar não só o termo causa como atribuição patrimonial (simples deslocamento patrimonial), mas também no sentido de causa negocial (de origem contratual, por exemplo), cuja ausência, na modalidade de enriquecimento por prestação, demandaria um exame subjetivo, a partir da não obtenção da finalidade almejada com a prestação, hipótese que parece mais adequada à prestação decorrente de cláusula indigitada nula (ausência de causa jurídica lícita). Sob esse prisma, nota-se que o exame de pretensões fundadas no enriquecimento sem causa não é novidade no âmbito da Segunda Seção, conforme se verifica em alguns julgados, proferidos em âmbito de recurso especial repetitivo (REsp 1.220.934-RS, DJe 12/6/2013; REsp 1.249.321-RS, DJe 16/4/2013), nos quais a relação jurídica base estabelecida entre as partes também possuía natureza contratual e a demanda visava exatamente a declaração de nulidade de cláusula tida por abusiva, casos em que foi aplicado o prazo prescricional trienal previsto no art. 206, § 3º, IV, do CC/2002. Acrescente-se, por oportuno, que, havendo pretensão de reconhecimento do caráter abusivo de cláusula contratual, sua invalidação tem como consequência o desaparecimento da causa lícita do pagamento que foi efetuado a tal título, caracterizando, assim, o enriquecimento indevido daquele que o recebeu. Estar-se-á, nessas hipóteses, diante de enriquecimento sem causa derivado de pagamento indevido, tendo em vista que, por invalidação, no todo ou em parte, do negócio jurídico que o embasava, o pagamento perdeu a causa que o autorizava. Provavelmente em razão dessa lógica jurídica, é que os arts. 182 e 876 do CC/2002 disciplinam, respectivamente: "Art. 182. Anulado o negócio jurídico, restituir-se-ão as partes ao estado em que antes dele se achavam, e, não sendo possível restituí-las, serão indenizadas com o equivalente [...] Art. 876. Todo aquele que recebeu o que não lhe era devido fica obrigado a restituir; obrigação que incumbe àquele que recebe dívida condicional antes de cumprida a condição". A respeito do tema, há julgados do STJ que, levando em consideração o enriquecimento sem causa até mais como princípio do que como instituto, entendem que, diante da declaração judicial de ilegalidade de cláusula contratual, torna-se cabível a devolução ou compensação dos valores pagos a tal título, independentemente da comprovação de erro no pagamento. **Diante de todas essas ponderações, conclui-se que, em se tratando de pretensão de nulidade de cláusula de reajuste prevista em contrato de plano ou seguro de assistência à saúde, com a consequente repetição do indébito, a ação ajuizada está fundada no enriquecimento sem causa e, por isso, o prazo prescricional aplicável é o trienal, previsto no art. 206, § 3º, IV, do CC/2002.**

2.3.2. DOS DEFEITOS DO NEGÓCIO JURÍDICO – FRAUDE CONTRA CREDORES – TERCEIRO DE BOA FÉ:

▸ INFORMATIVO N. 521, DO STJ – 26.06.2013 – REsp 1.100.525/RS – QUARTA TURMA:

O reconhecimento de fraude contra credores em ação pauliana, após a constatação da existência de sucessivas alienações fraudulentas na cadeia dominial de imóvel que originariamente pertencia ao acervo patrimonial do devedor, não torna ineficaz o negócio jurídico por meio do qual o último proprietário adquiriu, de boa-fé e a título oneroso, o referido bem, devendo-se condenar os réus que agiram de má-fé em prejuízo do autor a indenizá-lo pelo valor equivalente ao dos bens transmitidos em fraude contra o credor. Cumpre ressaltar, de início, que, na ação pauliana, o autor tem como objetivo o reconhecimento da ineficácia (relativa) de ato jurídico fraudulento nos limites do débito do devedor com o credor lesado pela fraude. A lei, entretanto, não tem dispositivo que regulamente, de forma expressa, os efeitos do reconhecimento da fraude contra credores na hipótese em que a ineficácia dela decorrente não puder atingir um resultado útil, por encontrar-se o bem em poder de terceiro de boa-fé. Nesse contexto, poder-se-ia cogitar que a este incumbiria buscar indenização por perdas e danos em ação própria, ainda que se tratasse de aquisição onerosa. Todavia, essa solução seria contrária ao art. 109 do CC/1916 - correspondente ao artigo 161 do CC/2002 - e também ao art. 158 do CC/1916 - que tem redação similar à do artigo 182 do CC/2002 -, cujo teor dispunha que, anulado o ato, restituir-se-ão as partes ao estado em que antes dele se achavam e, não sendo possível restituí-las, serão indenizadas pelo equivalente. Desse modo, inalcançável o bem em mãos de terceiro de boa-fé, cabe ao alienante, que o adquiriu de má-fé, indenizar o credor. Deve-se, portanto, resguardar os interesses dos terceiros de boa-fé e condenar os réus que agiram de má-fé em prejuízo do autor a indenizá-lo pelo valor equivalente ao dos bens transmitidos em fraude contra o credor - medida essa que se atém aos limites do pedido da petição inicial da ação pauliana, relativo à recomposição do patrimônio do devedor com os mesmos bens existentes antes da prática do ato viciado ou pelo seu equivalente. A propósito, a aludida conclusão, *mutatis mutandis*, vai ao encontro da Súmula 92/STJ, que orienta que "a terceiro de boa-fé não é oponível a alienação fiduciária não anotada no certificado de registro do veículo automotor". Precedente citado: REsp 28.521-RJ, Quarta Turma, DJ de 21/11/1994.

3. PARTE ESPECIAL

3.1. DIREITO DAS OBRIGAÇÕES – INADIMPLEMENTO – TERMO INICIAL PARA O PRAZO DE PURGAÇÃO DA MORA NA AÇÃO DE DESPEJO POR FALTA DE PAGAMENTO DE ALUGUEIS:

▸ INFORMATIVO N. 593, DO STJ – 09.11.2016 – REsp 1.624.005/DF –TERCEIRA TURMA:

Cingiu-se a controvérsia, inicialmente, a definir se o prazo para purgação da mora, realizada conjuntamente com a contestação e em quantia inferior àquela discriminada na planilha apresentada pela autora, deve ser contado a partir da citação ou da juntada do respectivo mandado aos autos. A purgação da mora é feita mediante depósito judicial vinculado à respectiva ação de despejo, ou seja, é ato intrínseco ao processo (endoprocessual) e nele deve ser comprovada. Assim, o art. 62, II, da Lei n. 8.245/1991, em sua redação atual, por estabelecer prazo para a prática de ato processual, deve ser interpretado em conjunto com o disposto no art. 241, II, do CPC/1973, segundo o qual **começa a correr o prazo, quando a citação ou intimação for por oficial de justiça, da data de juntada aos autos do respectivo mandado devidamente cumprido. Por óbvio, se a citação ou a intimação for pelo correio,** começa a correr o prazo da data de juntada aos autos do aviso de recebimento (art. 241, I, do CPC/1973). Essa orientação, aliás, ao conferir um prazo mais dilatado ao locatário para fins de purgação da mora, é mais consentânea com o **princípio da preservação dos contratos**, garantindo-se o cumprimento de sua **função social**.

3.2. DIREITO DOS CONTRATOS – PRINCÍPIO DA FUNÇÃO SOCIAL E DA BOA FÉ – PRINCÍPIO DO ADIMPLEMENTO SUBSTANCIAL – ALIENAÇÃO FIDUCIÁRIA – EXCEÇÃO – LEI ESPECÍFICA:

▸ INFORMATIVO N. 599, DO STJ – 11.04.2017 – REsp 1.622.555/MG – SEGUNDA SEÇÃO:

A controvérsia posta no recurso especial reside em saber se a ação de busca e apreensão, motivada pelo inadimplemento de contrato de financiamento de automóvel, garantido por alienação fiduciária, deve ser extinta, por falta de interesse de agir, em razão da aplicação da **teoria do adimplemento substancial**. Inicialmente, releva acentuar que **a teoria, sem previsão legal específica, desenvolvida como corolário dos princípios da boa-fé contratual e da função social dos contratos, preceitua a impossibilidade de o credor extinguir o contrato estabelecido entre as partes, em virtude de inadimplemento, do outro contratante/devedor, de parcela ínfima, em cotejo com a totalidade das obrigações assumidas e substancialmente quitadas**. Para o desate da questão, afigura-se de suma relevância delimitar o tratamento legislativo conferido aos negócios fiduciários em geral, do que ressai evidenciado, que o Código Civil se limitou a tratar da propriedade fiduciária de bens móveis infungíveis (arts. 1.361 a 1.368-A), não se aplicando às demais espécies de propriedade fiduciária ou de titularidade fiduciária disciplinadas em lei especial, como é o caso da alienação fiduciária dada em garantia, regida pelo Decreto-Lei 911/1969, salvo se o regramento especial apresentar alguma lacuna e a solução ofertada pela "lei geral" não se contrapuser às especificidades do instituto regulado pela mencionada lei. No ponto, releva assinalar que o Decreto-lei 911/1969, já em sua redação original, previa a possibilidade de o credor fiduciário, desde que comprovada a mora ou o inadimplemento – sendo, para esse fim, irrelevante qualquer consideração acerca da medida do inadimplemento – valer-se da medida judicial de busca e apreensão do bem alienado fiduciariamente, a ser concedida liminarmente. **Além de o Decreto-Lei não tecer qualquer restrição à utilização da ação de busca e apreensão em razão da extensão da mora ou da proporção do inadimplemento, preconizou, expressamente, que a restituição do bem livre de ônus ao devedor fiduciante é condicionada ao pagamento da "integralidade da dívida pendente, segundo os valores apresentados pelo credor fiduciário na inicial"**. Por oportuno, é de se destacar que, por ocasião do julgamento do REsp n. 1.418.593-MS, sob o rito dos repetitivos, em que se discutia a possibilidade de o devedor purgar a mora, diante da entrada em vigor da Lei n. 10.931/2004, que modificou a redação do art. 3º, § 2º, do Decreto-Lei, a Segunda Seção do STJ bem especificou o que consistiria a expressão "dívida pendente", assim compreendida como as parcelas vencidas e não pagas, as parcelas vincendas e os encargos, segundo os valores apresentados pelo credor fiduciário na inicial, cujo pagamento integral viabiliza a restituição do bem ao devedor, livre de ônus. **Afigura-se, pois, de todo incongruente inviabilizar a utilização da ação de busca e apreensão na hipótese em que o inadimplemento revela-se incontroverso e quando a lei especial de regência expressamente condiciona a possibilidade de o bem ficar com o devedor fiduciário somente nos casos de pagamento da integralidade da dívida pendente**.

3.3. RESPONSABILIDADE CIVIL – RESPONSABILIDADE CIVIL SUBSIDIÁRIA DO INCAPAZ - LITISCONSÓRCIO FACULTATIVO COM OS REPRESENTANTES – INTERPRETAÇÃO DO ART. 928, CC:

▸ INFORMATIVO N. 599, DO STJ – 11.04.2017 – REsp 1.436.401/MG – QUARTA TURMA:

A principal discussão dos autos está em definir se, em ação indenizatória, há litisconsórcio necessário do pai por apontado ato ilícito cometido por seu filho – menor –, nos termos do art. 932, I do Código Civil. Em regra, no âmbito da responsabilidade civil há responsabilização direta daquele que deu causa ao prejuízo e, por conseguinte, que se tornará obrigado a responder pelos danos. A legislação brasileira também sempre previu a responsabilidade civil por fato de outrem, tendo o Código Civil de 2002 deixado para trás a presunção de culpa da codificação anterior (culpa *in vigilando* ou *in eligendo*), para consagrar a responsabilidade objetiva, também nominada de indireta ou complexa, pelas quais as pessoas arroladas responderão, na correspondência do comando legal (art. 932), desde que provada a culpa daqueles pelos quais são responsáveis (En. 451 das Jornadas de Direito Civil do CJF). O rol do dispositivo em apreço veicula hipóteses taxativas, dentre as quais a responsabilidade civil dos pais pelos atos praticados pelos seus filhos menores que estiverem sob sua autoridade e em sua companhia. Nessa ordem de ideias, o ponto crucial da controvérsia exsurge da redação do art. 928 do Código Civil, trazendo importante inovação legislativa, prevendo a possibilidade de responsabilização civil do incapaz, *verbis*: *Art. 928. O incapaz responde pelos prejuízos que causar, se as pessoas por ele responsáveis não tiverem obrigação de fazê-lo ou não dispuserem de meios suficientes. Parágrafo único. A indenização prevista neste artigo, que deverá ser eqüitativa, não terá lugar se privar do necessário o incapaz ou as pessoas que dele dependem*. Percebe-se nitidamente do dispositivo em exame que há responsabilidade subsidiária, tendo o art. 928 substituído o princípio da irresponsabilidade absoluta da pessoa privada de discernimento (em razão de idade ou falha mental) pelo princípio da responsabilidade mitigada e subsidiária. Em sendo assim, não há obrigação - nem legal, nem por força da relação jurídica (unitária) – de a vítima lesada litigar contra o responsável e o incapaz, não sendo necessária, para a eventual condenação, a presença do outro, não havendo falar em litisconsórcio passivo necessário e muito menos em nulidade do processo. No entanto, é possível que o autor, por sua opção e liberalidade, tendo como fundamento o fato de "os direitos ou obrigações derivarem do mesmo fundamento de fato ou de direito" (art. 46, II, CPC/73) intente ação contra ambos - pai e filho -, **formando-se um litisconsórcio facultativo** - propondo demandas distintas contra o incapaz ou seu representante, não sendo necessária, para a condenação, a presença do outro - **e simples** - a decisão não será necessariamente idêntica quanto ao incapaz e ao representante. Com efeito, em síntese, aquele que sofre um dano causado por incapaz deve buscar a reparação ajuizando ação em face do responsável pelo incapaz, pois em relação a este último é subsidiária. Nada impede que o lesado proponha ação em face do responsável pelo incapaz e também em face do próprio infante, se assim desejar e for de sua conveniência. Caso a vítima opte por demandar desde logo o incapaz e o seu responsável, segundo doutrina, "pode fazer um cúmulo eventual de pedidos a que se refere o art. 289 do Código de Processo Civil. O primeiro pedido deve ser de condenação dos responsáveis pelo incapaz a reparar o dano. O segundo pedido deve ser formulado para, na eventualidade de não ser possível aos responsáveis pelo incapaz reparar o dano por insuficiência de meios ou por restar comprovado que eles não tinham a obrigação de indenizar, o próprio incapaz ser condenado a reparar o dano. A somatória da pluralidade de partes (litisconsórcio) e do cúmulo de pedidos a que se refere o art. 289 do Código de Processo Civil recebe o nome de litisconsórcio eventual. Por outro lado, aquele que foi lesado pode optar por propor ação apenas em face dos responsáveis pelo incapaz". Nessas circunstâncias, o autor estará, sabidamente, com relação ao menor, ciente de que este patrimônio só será atingido subsidiariamente e de forma mitigada; por outro lado, em caso de improcedência da primeira demanda contra o representante, terá afastado o inconveniente de ter que propor nova ação em face do incapaz.

3.4. DIREITO DE FAMÍLIA – APLICAÇÃO DE MULTA DIÁRIA PARA O CASO DE DESCUMPRIMENTO DE REGIME DE VISITAS PREVISTO EM ACORDO:

▸ INFORMATIVO N. 599, DO STJ – 11.04.2017 – REsp 1.481.531/SP – TERCEIRA TURMA:

Discute-se se é cabível a fixação preventiva de *astreintes* para a hipótese de eventual descumprimento do regime de visitação de menor, por parte do genitor que detém a guarda da criança, consoante acordo de separação consensual homologado judicialmente entre as partes. Com efeito, nos termos do art. 1.589 do CC/02, o direito de visita é uma garantia conferida pela lei, ao pai ou à mãe que não detiver a guarda do filho, para que possa desfrutar de sua companhia segundo o que for acordado entre eles ou decidido pelo juiz. **O direito de visitação tem por finalidade manter o relacionamento do filho com o genitor não guardião, que também compõe o seu núcleo familiar, interrompido pela separação do casal ou por outro motivo, tratando-se de uma manifestação do direito fundamental de convivência familiar garantido pela Constituição Federal, no seu art. 227, *caput***. Essa prioridade absoluta aos direitos da criança, do adolescente e do jovem, assegurada pela CF/88, que abrange o direito de visita como decorrência do direito à convivência familiar, em absoluto, não pode ser visto somente como um direito do genitor não guardião, mas como um direito do próprio filho, de modo que deve ser assegurado e facilitado pelos pais, com absoluta prioridade, priorizando a intimidade, que é direito intangível da personalidade. A cláusula geral do melhor interesse da criança e do adolescente, decorrente do princípio da dignidade da pessoa humana, recomenda que o Poder Judiciário cumpra o dever de protegê-las, valendo-se dos mecanismos processuais existentes, de modo a garantir e facilitar a convivência do filho com o visitante nos dias e na forma previamente ajustadas, e coibir o guardião de criar obstáculos para o cumprimento do acordo firmado com a chancela judicial. Nesse cenário, o direito de visitação deve ser visto como uma obrigação de fazer do guardião de facilitar, assegurar e garantir, a convivência do filho com o não guardião, de modo que eles possam se encontrar, manter e fortalecer os laços afetivos e, assim atender suas necessidades imateriais, dando cumprimento ao preceito constitucional. Dessa forma, o não guardião pode ir a juízo para assegurar o direito de ter o filho em sua companhia caso haja obstáculo ou resistência ao exercício do seu direito. Como é sabido, o art. 461 e parágrafos do CPC/73, trazem instrumentos processuais úteis ao jurisdicionado na obtenção de tutela das obrigações de fazer e não fazer, podendo ele obter tanto a preventiva como a inibitória, além de medidas coercitivas para que se possa obter o cumprimento da obrigação. A melhor interpretação é a de que os instrumentos processuais previstos nos referidos dispositivos legais podem ser utilizados para tutelar os direitos provenientes do direito de visitação, devendo a expressão obrigação de fazer ou não fazer ser interpretada como de abrangência geral, acolhendo também as de natureza não patrimonial, servindo como um mecanismo apto e eficiente de garantir o direito fundamental da personalidade que é o do regime da visitação. **Por oportuno, cabe ressaltar que o NCPC, afasta qualquer dúvida sobre a temática aqui discutida, pois o § 6º do art. 536, autoriza, de modo expresso, a aplicação de multa em caso de descumprimento de obrigação de natureza não obrigacional ou existencial**. Além disso, outro mecanismo que poderia ser utilizado para que o não guardião da criança exercesse o seu direito de visitação, seria a utilização da ação de busca e apreensão (CPC/73, art. 839). No entanto, essa medida, levando-se em consideração sempre o melhor interesse da criança e do adolescente, pode se mostrar drástica e prejudicial para elas que poderiam ser levadas a força por uma ordem judicial, inclusive com a utilização da polícia para a sua efetivação, **mostrando-se a *astreintes* um meio mais eficaz e menos traumatizante para o menor**.

Direito Processual Civil

Sabrina Dourado

TABELA DE INCIDÊNCIA DE QUESTÕES

Distribuição das questões organizada por ordem didática de assuntos		
Assunto	**Número de Questões**	**Peso**
1. DO PROCESSO DE CONHECIMENTO		
1.1. DA JURISDIÇÃO E DA AÇÃO		
1.1.1. DA AÇÃO	1	5,88%
1.2. DAS PARTES E DOS PROCURADORES		
1.2.1. DO LITISCONSÓRCIO E DA ASSISTÊNCIA		
1.2.1.1. DO LITISCONSÓRCIO	1	5,88%
1.2.2. DA INTERVENÇÃO DE TERCEIROS		
1.2.2.1. DA OPOSIÇÃO	1	5,88%
1.2.2.2. DO CHAMAMENTO AO PROCESSO	1	5,88%
1.3. DO MINISTÉRIO PÚBLICO	1	5,88%
1.4. DOS ÓRGÃOS JUDICIÁRIOS E DOS AUXILIARES DA JUSTIÇA		
1.4.1. DA COMPETÊNCIA INTERNA		
1.4.1.1. DA COMPETÊNCIA TERRITORIAL	1	5,88%
1.4.1.2. DAS MODIFICAÇÕES DA COMPETÊNCIA	1	5,88%
1.4.1.3. DA DECLARAÇÃO DE INCOMPETÊNCIA	1	5,88%
1.4.2. DO JUIZ		
1.4.2.1. DOS IMPEDIMENTOS E DA SUSPEIÇÃO	1	5,88%
1.5. DO PROCESSO E DO PROCEDIMENTO		
1.5.1. DAS DISPOSIÇÕES GERAIS	1	5,88%
1.6. DO PROCEDIMENTO COMUM		
1.6.1. DA PETIÇÃO INICIAL		
1.6.1.1. DO PEDIDO	1	5,88%
1.6.2. DA REVELIA	1	5,88%
1.6.3 PROVAS	2	11,76%
1.7. DOS RECURSOS		0,00%
1.7.1. DAS DISPOSIÇÕES GERAIS	1	5,88%
2. DO PROCESSO CAUTELAR		
2.1. Das medidas cautelares		
2.1.1. DISPOSIÇÕES GERAIS	1	5,88%
3. DOS PROCEDIMENTOS ESPECIAIS		
3.1. DOS PROCEDIMENTOS ESPECIAIS DE JURISDIÇÃO CONTENCIOSA		
3.1.1. DAS AÇÕES POSSESSÓRIAS	1	5,88%
Total	**17**	**100%**

Direito Processual Civil

Sabrina Dourado

✦ QUESTÕES

1. DO PROCESSO DE CONHECIMENTO

1.1. DA JURISDIÇÃO E DA AÇÃO

1.1.1. DA AÇÃO

01. (CESPE - Analista Processual - MPU/2010 - adaptado) Com relação ao texto acima, acerca do direito processual civil, julgue o item a seguir.

I. Em ação de cobrança, o legitimado ativo corresponde àquele que o autor da ação aponta como devedor.

COMENTÁRIOS

✪ **Nota da autora:** Há duas condições da ação no CPC/15, quais sejam: a legitimidade e o interesse. A possibilidade jurídica do pedido passar a compor o mérito da demanda.

Errado: A legitimidade ativa para a ação de cobrança é confiada ao credor, logo, a alternativa está equivocada. Não pertence ao devedor, na ação de cobrança, a legitimação para o ajuizamento da dita demanda. De acordo com o art. 17 do CPC/15, para postular em juízo é necessário ter interesse e legitimidade.

1.2. DAS PARTES E DOS PROCURADORES

1.2.1. DO LITISCONSÓRCIO E DA ASSISTÊNCIA

1.2.1.1. DO LITISCONSÓRCIO

02. (CESPE - Analista Processual - MPU/2010 - adaptado) Com relação ao texto acima, acerca do direito processual civil, julgue o item a seguir.

I. Em ação de anulação de casamento proposta pelo Ministério Público, a presença das partes constitui litisconsórcio facultativo.

COMENTÁRIOS

✪ **Nota da autora:** O litisconsórcio pode ser compreendido como a reunião de pessoas no mesmo processo. Há, no CPC/15, diversas espécies de litisconsórcio. O litisconsórcio está previsto nos artigos 113 a 118 do CPC.

Errado. Na questão em comento, há referência ao chamado litisconsórcio necessário, vale dizer, àquele que é formado por imposição legal ou em razão da natureza da demanda. Tal litisconsórcio está previsto nos artigos 114 e 115 do CPC. Numa demanda que visa anulação de casamento, a presença dos cônjuges será indispensável, uma vez que a natureza da ação impõe a presença de ambos. Ademais, além de necessário o litisconsórcio, em tela, é unitário, ou seja, a decisão tomada no processo será una para ambos.

1.2.2. DA INTERVENÇÃO DE TERCEIROS

1.2.2.1. DA OPOSIÇÃO

03. (CESPE - Analista Processual - MPU/2010 - adaptado) Com relação ao texto acima, acerca do direito processual civil, julgue o item a seguir.

I. Em ação de oposição, cria-se litisconsórcio passivo necessário entre os sujeitos da demanda originária, que passam a ser denominados opostos.

COMENTÁRIOS

✪ **Nota da autora:** A oposição era compreendida como modalidade de intervenção de terceiros. Com o CPC/15, a oposição passa a ser compreendida, acertadamente, como modalidade de intervenção de terceiros, a qual permite a um sujeito de opor à relação jurídica debatida em juízo. Ao se utilizar da dita oposição, o opoente irá ajuizar demanda contra autor e réu da demanda originária, os quais formaram um litisconsórcio necessário.

Certo. A alternativa está certa. Como já dito, a propositura da demanda acima, viabilizará a formação de um litisconsórcio necessário entre as partes. A oposição está prevista nos artigos 682 ao 686 do CPC. Destaca-se que quem pretender, no todo ou em parte, a coisa ou o direito sobre que controvertem autor é réu poderá, até ser proferida a sentença, oferecer oposição contra ambos.

1.2.2.2. DO CHAMAMENTO AO PROCESSO

04. (CESPE – Analista Processual – MPU/2010 – adaptado) Com relação ao texto acima, acerca do direito processual civil, julgue o item a seguir.

I. O chamamento ao processo constitui modalidade de intervenção de terceiros que se configura em demanda incidental de garantia, por meio da qual se forma pretensão em face de terceiro convocado a integrar o processo.

COMENTÁRIOS

✪ Nota da autora: O chamamento ao processo é uma modalidade de intervenção de terceiros, através da qual o réu, na sua contestação, convoca ao processo outros responsáveis para integrar à lide. Ela será admissível, dentre outras hipóteses, para chamar o afiançado, na ação em que o fiador for réu. Ela está prevista nos artigos 130 a 132 do CPC.

Errado: Não estamos ante a demanda nova. Como já dito, o chamamento é uma intervenção de terceiros típica. O réu deverá, inclusive, promover a citação daqueles que devam figurar no em litisconsórcio passivo. Tal citação será requerida pelo réu na contestação.

1.3. DO MINISTÉRIO PÚBLICO

05. (FCC – Analista Processual – MPU/2007) De acordo com o Código de Processo Civil, o Ministério Público

a) poderá, quando intervir como fiscal da lei, juntar documentos e certidões, sendo-lhe vedado produzir prova em audiência.
b) /exercerá o direito de ação nos casos previstos em lei, mas, no processo, não lhe caberá os mesmos poderes e ônus que às partes.
c) não intervirá nas causas concernentes ao estado da pessoa, interdição e disposições de última vontade.
d) deverá ser intimado nos processos em que a lei considera obrigatória a sua intervenção, mas a falta de intimação, em regra, é considerada mera irregularidade.
e) terá, quando intervir como fiscal da lei, vista dos autos depois das partes, sendo intimado de todos os atos do processo.

COMENTÁRIOS

✪ Nota da autora: O Ministério Público assume dupla função no processo civil. Ele atuará como parte e como fiscal do ordenamento jurídico. De acordo com o art. 176 do CPC, o Ministério Público atuará na defesa da ordem jurídica, do regime democrático e dos interesses e direitos sociais e individuais indisponíveis.

Alternativa correta: letra "e". A dita vista dos autos pode ser compreendida como a oportunidade em que o processo é encaminhado ao Ministério Público para que ele emita o seu parecer ou opinativo. De acordo com a disposição do artigo 178 do CPC, o MP será intimado para, no prazo de 30 dias, intervir como fiscal da ordem jurídica nas hipóteses previstas em lei ou na Constituição Federal.

Alternativa "a": será lícito ao Ministério Público requerer a produção de provas, bem como requerer a tomada de diligências que se façam necessárias no processo. Destaca o art. 178, II, do CPC, que o MP poderá produzir provas, como afirmado acima.

Alternativa "b": o Ministério Público, quando há chancela legal, poderá provocar a jurisdição, movimentar a máquina estatal, figurando como parte no processo. Nessa casuística, terá os mesmos poderes e deveres das partes.

Alternativa "c": como fiscal do ordenamento jurídico, caberá ao Ministério Público participar necessariamente das demandas estampadas no art. 178, bem como nas demais hipóteses previstas em lei. Sua participação e fiscalização são indispensáveis.

Alternativa "d": De acordo com o art. 279 do CPC, a ausência do MP no feito de sua intervenção obrigatória importará no reconhecimento da nulidade dos autos. No entanto, a nulidade só poderá ser decretada após a manifestação do Ministério Público, que se manifestará sobre a existência ou inexistência de prejuízo.

1.4. DOS ÓRGÃOS JUDICIÁRIOS E DOS AUXILIARES DA JUSTIÇA

1.4.1. DA COMPETÊNCIA INTERNA

1.4.1.1. DA COMPETÊNCIA TERRITORIAL

06. (CESPE – Analista Processual – MPU/2010 – adaptada) No que se refere à distribuição da competência entre os órgãos do Poder Judiciário, julgue o item que se segue.

I. A competência territorial aproxima o Estado-juiz dos fatos relacionados à pretensão manifestada pelo autor, devendo-se, contudo, observar os foros especiais.

COMENTÁRIOS

✪ Nota da autora: a competência territorial é, em regra, relativa. Há, no entanto, exceções. No art. 47, parágrafo segundo, destaca-se que a competência para a possessória imobiliária é absoluta. Ademais, uma das funções da dita competência é a aproximar o órgão jurisdicional dos fatos relacionados à demanda.

Certo. A assertiva está certa, uma vez que a finalidade da competência territorial ou de foro é aproximar o juiz das circunstâncias fáticas da demanda. A regra geral estabelece o foro do domicílio do réu o competente para ajuizamento de demandas envolvendo bens móveis e direitos reais mobiliários. No entanto, há exceções. Observe-se, por exemplo, a existência de foros especiais no art. 53 do CPC.

1.4.1.2. DAS MODIFICAÇÕES DA COMPETÊNCIA

07. (CESPE - Analista Processual - MPU/2010 - adaptada) No que se refere à distribuição da competência entre os órgãos do Poder Judiciário, julgue o item que se segue.

I. A continência é uma das causas para a modificação de competência.

COMENTÁRIOS

Nota da autora: continência, bem como, conexão, são causas modificativas da competência. Há quem as entenda como causa fixadora da dita competência. As duas figuras acima estão previstas nos arts. 55 e 56 do CPC.

Certo. A assertiva está certa, uma vez que a ocorrência da continência acarretará a modificação da competência. Ela ocorrerá quando, entre duas ou mais ações houver identidade quanto às partes e a causa de pedir, mas o objeto de uma, por ser mais amplo, abrange o das outras (art. 56, CPC). A competência para o julgamento das duas demandas será do foro prevento, que será, de acordo com a disposição do art. 59 do CPC, àquele que distribuiu ou registrou a petição inicial.

1.4.1.3. DA DECLARAÇÃO DE INCOMPETÊNCIA

08. (CESPE - Analista Processual - MPU/2010-adaptada) No que se refere à distribuição da competência entre os órgãos do Poder Judiciário, julgue os itens que se seguem.

08.01. Em caso de conflito de competência, o Ministério Público será ouvido, mesmo nos conflitos por ele suscitados.

COMENTÁRIOS

Nota da autora: de acordo com o art. 66 do CPC, há conflito de competência quando dois ou mais juízos debaterem sobre suas competências. Há conflito de competência positivo e negativo. O primeiro ocorrerá quando dois ou mais juízes se dão por competentes e o conflito será negativo quando dois ou mais juízos de dão por incompetentes.

Errado. A assertiva está errada, quando analisada à luz do CPC/15. Consoante dispõe o art. 951, parágrafo único do CPC, o ministério público somente será ouvido nos conflitos de competência relativos aos processos previstos no art. 178, mas terá qualidade de parte nos conflitos que suscitar.

08.02. A incompetência relativa, cujo reconhecimento independe de provocação das partes, é declarada sempre de ofício pelo juiz.

COMENTÁRIOS

Nota da autora: O reconhecimento da incompetência relativa, regra geral, depende de provocação da parte, por meio de PRELIMINAR DE CONTESTAÇÃO. Eis o disposto no ar. 64 do CPC. A incompetência absoluta, por ser matéria de ordem pública, poderá ser declarada de ofício pelo magistrado.

Errado. A assertiva está errada, a incompetência relativa não poderá, regra geral, ser reconhecida de ofício pelo juiz. Eis uma matéria que deve ser suscitada pelo réu, no primeiro momento que lhe competir falar nos autos. A súmula 33 do STJ ratifica tal disposição. Ressalve-se, no entanto, que o juiz poderá, de ofício, reconhecer a abusividade de uma cláusula de foro de eleição e, por conseguinte, remeter os autos ao foro competente.

08.03. Caso seja proposta ação em juízo relativamente incompetente, e o réu não ofereça exceção de incompetência no prazo cabível de demanda para contestação, considera-se prorrogada a competência do juízo, o que configura caso típico de modificação de competência por conexão.

COMENTÁRIOS

Nota da autora: a questão tem como tema central a figura perpetuação da jurisdição (ou *perpetuatio jurisdicionis)*, prevista no art. 43, CPC, através da qual a modificação superveniente do estado de fato ou de direito são irrelevantes e não acarretarão a modificação da competência.

Errado. A assertiva está completamente errada, ela tem como temática à regra da perpetuação da jurisdição. Conexão, no entanto, é causa modificativa da competência, a qual se estabelece quando entre duas ou mais ações houver mesmas causas de pedir ou pedido. Por fim, não é mais por meio de exceção de incompetência que se argui a incompetência relativa. Tanto as incompetências relativas quando às absolutas são matérias que devem ser arguidas em preliminar de contestação. (artigo 337 do CPC).

1.4.2. DO JUIZ

1.4.2.1. DOS IMPEDIMENTOS E DA SUSPEIÇÃO

09. (CESPE - Analista Processual - MPU/2010 - adaptado) Com relação ao texto acima, acerca do direito processual civil, julgue o item a seguir.

I. Entre as condições de suspeição da parcialidade do juiz, inclui- se a de ele figurar, no processo, como herdeiro presuntivo.

COMENTÁRIOS

Nota da autora: A imparcialidade é uma garantia constitucional. A sua violação macula garantias fundamentais. A imparcialidade é uma decorrência da essência do juiz natural. Há duas espécies de parcialidade, quais sejam: impedimento e suspeição. Elas estão previstas nos artigos 144 e 145 do CPC.

Errado. A assertiva está errada, pois, de acordo com o art. 144, VI, do CPC, poderá ser á alegado o impedimento quando o juiz for herdeiro presuntivo. No CPC/73, tal hipótese era matéria de suspeição. Mais acertada a disposição no CPC/15.

1.5. DO PROCESSO E DO PROCEDIMENTO

1.5.1. DAS DISPOSIÇÕES GERAIS

10. (CESPE – Analista Processual – MPU/2010) Proposta a ação, instaura-se entre Estado-juiz e autor uma relação processual, que terá prosseguimento com uma série de atos e ritos, respeitando-se as peculiaridades de cada caso concreto. A esse respeito, julgue o item que se segue.

10.01. No sistema processual vigente, aplica-se a todas as causas o procedimento comum, salvo disposição em contrário do Código de Processo Civil ou de lei especial.

COMENTÁRIOS

✪ **Nota da autora:** o processo é instrumento da jurisdição. É através dele que a jurisdição atuará. O processo, no entanto, não se confunde com o procedimento. Procedimento é sinônimo de rito. Eis a forma assumida por um processo.

Certo. A assertiva está certa, porque se não houver previsão específica, será aplicado o procedimento COMUM, o qual não mais se subdivide em ordinário e sumário. (art. 318, CPC).

1.6. DO PROCEDIMENTO COMUM

1.6.1. DA PETIÇÃO INICIAL

1.6.1.1. DO PEDIDO

11. (CESPE – Analista Processual – MPU/2010 – adaptado) Proposta a ação, instaura-se entre Estado-juiz e autor uma relação processual, que terá prosseguimento com uma série de atos e ritos, respeitando-se as peculiaridades de cada caso concreto. A esse respeito, julgue o item que se segue.

i. O pedido, veículo da pretensão manifestada pelo autor, deve ser certo e determinado.

COMENTÁRIOS

✪ **Nota da autora:** O pedido deve ser certo.

Compreendem-se no principal os juros legais, a correção monetária e as verbas de sucumbência, **inclusive os honorários advocatícios. O pedido, em regra, deve ser determinado.**

É lícito, porém, formular pedido genérico:

- nas ações universais, se o autor não puder individuar os bens demandados;
- quando não for possível determinar, desde logo, as consequências do ato ou do fato;
- quando a determinação do objeto ou do valor da condenação depender de ato que deva ser praticado pelo réu.

Certo. A assertiva está certa, uma vez que o pedido deve ser CERTO e DETERMINADO, regra geral. Eis o disposto nos arts. 322 e 324 do CPC.

1.6.2. DA REVELIA

12. (CESPE – Analista Processual – MPU/2010 – adaptado) Proposta a ação, instaura-se entre Estado-juiz e autor uma relação processual, que terá prosseguimento com uma série de atos e ritos, respeitando-se as peculiaridades de cada caso concreto. A esse respeito, julgue o item que se segue.

I. A ausência de contestação por parte do réu em relação à ação proposta em face configura revelia.

COMENTÁRIOS

✪ **Nota da autora:** Se o réu não contestar a ação, será considerado revel e presumir-se-ão verdadeiras as alegações de fato formuladas pelo autor.

A revelia não produz o efeito mencionado no art. 344 se:

- havendo pluralidade de réus, algum deles contestar a ação;
- o litígio versar sobre direitos indisponíveis;
- a petição inicial não estiver acompanhada de instrumento que a lei considere indispensável à prova do ato;
- as alegações de fato formuladas pelo autor forem inverossímeis ou estiverem em contradição com prova constante dos autos.

Certo. A assertiva está correta. Como já dito, se o réu não contestar a ação, será considerado revel e presumir-se-ão verdadeiras as alegações de fato formuladas pelo autor.

1.6.3. PROVAS

13. (Cespe – Analista – MPU/2013 – Questão adaptada) Com base no Código de Processo Civil (CPC), julgue os próximos itens, referentes a meios de prova.

13.01. As provas testemunhal, documental, pericial e a confissão são meios de prova aceitos tanto no CPC quanto no CPP.

COMENTÁRIOS

✪ **Nota da autora:** Provas são os instrumentos utilizados pela parte para o convencimento judicial.

As partes têm o direito de empregar todos os meios legais, bem como os moralmente legítimos, ainda que não especificados neste Código, para provar a verdade dos fatos em que se funda o pedido ou a defesa e influir eficazmente na convicção do juiz.

13.02. Caberá ao juiz, de ofício ou a requerimento da parte, determinar as provas necessárias ao julgamento do mérito. O juiz indeferirá, em decisão fundamentada, as diligências inúteis ou meramente protelatórias.

Certo. Sim. Em ambos diplomas tais provas são aceitas. No art. 369 do CPC, destaca-se que as partes poderão se utilizar de provas típicas ou atípicas. As primeiras são àquelas que estão previstas expressamente na legislação num rol exemplificativo. As atípicas, por seu turno, devem ser idôneas, moralmente legítimas.

13.03. Conforme o CPC, a função da perícia judicial é fornecer ao juiz que atua no processo elementos de convicção sobre fatos que dependem de conhecimento técnico ou científico.

COMENTÁRIOS

Nota da autora:

Certo. A afirmação é verdadeira. A prova pericial é também conhecida como prova técnica. São três as suas espécies, vejamos: avaliação, exame e vistoria. Eis a disposição constante no art. 464 do CPC. De acordo com a legislação em vigor, justifica-se a determinação de sua utilização, de ofício ou por meio de requerimento, sempre que houver a necessidade de conhecimento técnico sobre a matéria objeto da demanda. A dita prova pericial será conduzida por profissional habilitado. Eis a figura que chamamos de perito ou expert do juízo. Ele deve ser conhecedor do objeto periciado e atuar com imparcialidade. Não pode ser confundido com o assistente técnico. O assistente é profissional, contratado e remunerado pelas partes. Sua função é fiscalizar os trabalhos do perito. Por fim, cumpre salientar que o juiz não está vinculado ao laudo do perito. De qualquer modo, deverá fundamentar sua decisão, sob pena de nulidade.

14. (Cespe - Analista - MPU/2013) Com base no CPC, julgue os itens seguintes, relativos a perícia.

14.01. Os motivos de impedimento e suspeição aplicam-se tanto aos peritos quanto aos assistentes técnicos.

COMENTÁRIOS

Nota da autora: O juiz será assistido por perito quando a prova do fato depender de conhecimento técnico ou científico.

Os peritos serão nomeados entre os profissionais legalmente habilitados e os órgãos técnicos ou científicos devidamente inscritos em cadastro mantido pelo tribunal ao qual o juiz está vinculado.

14.02. Para formação do cadastro, os tribunais devem realizar consulta pública, por meio de divulgação na rede mundial de computadores ou em jornais de grande circulação, além de consulta direta a universidades, a conselhos de classe, ao Ministério Público, à Defensoria Pública e à Ordem dos Advogados do Brasil, para a indicação de profissionais ou de órgãos técnicos interessados.

Errado: Como já comentado, não se pode confundir o perito com os assistentes técnicos. O perito é figura imparcial, responsável por toda condução da perícia e elaboração do laudo pericial. Os assistentes técnicos, por seu turno, são PARCIAIS. De acordo com parágrafo 1º do art. 466 do CPC, os assistentes técnicos são de confiança da parte e não estão sujeitos a impedimento e suspeição. Eles serão contratados e remunerados pelas partes. Estão ao seu dispor, especialmente, para checar a razoabilidade da conduta do perito da condução da prova. As hipóteses de impedimento e suspeição previstas nos arts. 144 e 145 não se aplicam aos assistentes. Destaca-se, por fim, que os assistentes poderão elaborar pareceres elucidativos, os quais serão juntados aos autos.

14.03. É facultado ao perito instruir o laudo com plantas, desenhos, fotografias e quaisquer outras peças que julgar necessário, devendo apresentá-lo em cartório no prazo fixado pelo juiz, pelo menos vinte dias antes da audiência de instrução e julgamento.

COMENTÁRIOS

Nota da autora: O perito cumprirá escrupulosamente o encargo que lhe foi cometido, independentemente de termo de compromisso. Para o desempenho de sua função, o perito e os assistentes técnicos podem valer-se de todos os meios necessários, ouvindo testemunhas, obtendo informações, solicitando documentos que estejam em poder da parte, de terceiros ou em repartições públicas, bem como instruir o laudo com planilhas, mapas, plantas, desenhos, fotografias ou outros elementos necessários ao esclarecimento do objeto da perícia. Eis o disposto no artigo 473, parágrafo 3º do CPC.

Certo. De acordo com o art. 477 do CPC, o perito protocolará o laudo em juízo, no prazo máximo fixado pelo juiz, pelo menos 20 dias antes da audiência de instrução e julgamento. Ademais, as partes serão intimadas para, querendo, manifestar-se sobre o laudo do perito do juízo no prazo comum de 15 dias, podendo o assistente técnico de cada uma das partes, em igual prazo, apresentar seu respectivo parecer.

14.04. Na petição inicial, o autor poderá requerer perícia, desde que formule os respectivos quesitos. Não obtida a conciliação, o réu terá o prazo de dez dias para, caso seja conveniente, formular os seus próprios quesitos e requerer perícia.

COMENTÁRIOS

Nota da autora: No procedimento comum não preclusão se as partes não especificarem os meios de prova na inicial e na contestação. Em tais atos deveram indicar os meios de prova dos quais se valeram, no entanto, a sua especificação se dará na fase saneadora.

Errado. A alternativa está equivocada. De acordo com o art. 357 do CPC, em decisão de saneamento e de organização do processo o juiz organizará as tarefas relacionadas à instrução, bem como a produção de prova pericial. Caso tenha sido determinada a produção de prova pericial, o juiz deve observar o disposto no art. 465 e, se possível, estabelecer, desde logo, calendário para sua realização. As partes, nesse momento, formularão seus quesitos e cuidarão de nomear assistentes técnicos.

14.05. Compete à autoridade judiciária indeferir, quando da produção de prova pericial, quesitos impertinentes, não relacionados ao objeto de discussão da demanda.

COMENTÁRIOS

✪ Nota da autora: Incumbe às partes, dentro de 15 (quinze) dias contados da intimação do despacho de nomeação do perito:

- arguir o impedimento ou a suspeição do perito, se for o caso;
- indicar assistente técnico;
- apresentar quesitos.

Certo. A assertiva está correta. O juiz tem autorização para não autorizar a formulação de requisitos que não estejam relacionados ao objeto da demanda. Ademais, de acordo com o disposto no artigo 469 do CPC, as partes poderão apresentar quesitos suplementares durante a diligência, que poderão ser respondidos pelo perito previamente ou na audiência de instrução e julgamento.

14.06. Os peritos devem ser selecionados entre profissionais de nível universitário, devidamente inscritos no órgão de classe competente, sendo o juiz livre para indicar os peritos, entre quaisquer cidadãos, nas localidades onde não houver pessoas qualificadas.

COMENTÁRIOS

✪ Nota da autora: O juiz será assistido por perito quando a prova do fato depender de conhecimento técnico ou científico.

Certo. A alternativa está correta. De acordo do a sistemática processual, os peritos devem ser escolhidos entre profissionais de nível universitário, devidamente inscritos no órgão de classe competente. Nada impede que o juiz indique os peritos, entre quaisquer cidadãos, nas localidades onde não houver pessoas qualificadas. O juiz será assistido por perito quando a prova do fato depender de conhecimento técnico ou científico.

De acordo com o artigo 156, parágrafo 1º, os peritos serão nomeados entre os profissionais legalmente habilitados e os órgãos técnicos ou científicos devidamente inscritos em cadastro mantido pelo tribunal ao qual o juiz está vinculado.

Para formação do cadastro, os tribunais devem realizar consulta pública, por meio de divulgação na rede mundial de computadores ou em jornais de grande circulação, além de consulta direta a universidades, a conselhos de classe, ao Ministério Público, à Defensoria Pública e à Ordem dos Advogados do Brasil, para a indicação de profissionais ou de órgãos técnicos interessados.

Os tribunais realizarão avaliações e reavaliações periódicas para manutenção do cadastro, considerando a formação profissional, a atualização do conhecimento e a experiência dos peritos interessados.

1.7. DOS RECURSOS

1.7.1. DAS DISPOSIÇÕES GERAIS

15. (CESPE – Analista Processual – MPU/2010 – adaptado) Proposta a ação, instaura-se entre Estado-juiz e autor uma relação processual, que terá prosseguimento com uma série de atos e ritos, respeitando-se as peculiaridades de cada caso concreto. A esse respeito, julgue o item que se segue.

I. O efeito expansivo do recurso confere ao julgador que proferiu a decisão recorrida a oportunidade de reverter sua decisão e tornar desnecessário o recurso apresentado.

COMENTÁRIOS

✪ Nota da autora: Através do dito efeito expansivo do recurso, diversas decisões, as quais não foram hostilizadas e que digam respeito a partes diversas, poderão sofrer o impacto da decisão.

Errado. A assertiva está errada, uma vez que trata do efeito regressivo, o qual permite ao magistrado retratar-se em determinadas situações. Exs: Indeferimento e improcedência liminar da demanda.

2. DO PROCESSO CAUTELAR

2.1. DAS MEDIDAS CAUTELARES

2.1.1. DISPOSIÇÕES GERAIS

16. (FCC – Analista Processual – MPU/2007- adaptada) Considere as seguintes assertivas a respeito do processo cautelar:

I. Salvo decisão judicial em contrário, a medida cautelar conservará a eficácia durante o período de suspensão do processo.

II. Em regra, o procedimento cautelar pode ser instaurado antes ou no curso do processo principal e deste é sempre dependente.

III. O requerido será citado, qualquer que seja o procedimento cautelar, para, no prazo de dez dias, contestar o pedido, indicando as provas que pretende produzir.

IV. Só em casos excepcionais, expressamente autorizados por lei, determinará o juiz medidas cautelares sem a audiência das partes.

Está correto o que se afirma SOMENTE em

a) I e II.

b) I, II e III.

c) I, II e IV.

d) II, III e IV.

e) III e IV.

COMENTÁRIOS

✪ Nota da autora: A tutela provisória pode fundamentar-se em urgência ou evidência. A tutela provisória de urgência, cautelar ou antecipada, pode ser concedida em caráter antecedente ou incidental. A tutela provisória requerida em caráter incidental independe do pagamento de custas.

Alternativa correta: letra "c". Estão corretos os itens I, II e IV.

Item I. Certo. A tutela provisória conserva sua eficácia na pendência do processo, mas pode, a qualquer tempo, ser revogada ou modificada. Salvo decisão judicial em contrário, a tutela provisória conservará a eficácia durante o período de suspensão do processo. Eis o disposto no artigo 295 do CPC.

Item II. Certo. A tutela provisória requerida em caráter incidental independe do pagamento de custas.

Item III. Errado. De acordo com o artigo 306 do CPC, o réu será citado para, no prazo de 5 (cinco) dias, contestar o pedido e indicar as provas que pretende produzir.

Item IV. Certo. A tutela de urgência pode ser concedida liminarmente ou após justificação prévia. Sempre que possível, recomenda-se a oitiva da parte contrária. No entanto, nem sempre será possível. Para a concessão da tutela de urgência, o juiz pode, conforme o caso, exigir caução real ou fidejussória idônea para ressarcir os danos que a outra parte possa vir a sofrer, podendo a caução ser dispensada se a parte economicamente hipossuficiente não puder oferecê-la.

3. DOS PROCEDIMENTOS ESPECIAIS

3.1. DOS PROCEDIMENTOS ESPECIAIS DE JURISDIÇÃO CONTENCIOSA

3.1.1. DAS AÇÕES POSSESSÓRIAS

3.1.1.1. DISPOSIÇÕES GERAIS

17. (FCC – Analista Processual – MPU/2007) Dentre os Procedimentos Especiais previstos no Código de Processo Civil estão as Ações Possessórias. Com relação a essas ações é certo que

a) é ilícito ao réu, na contestação, demandar a proteção possessória, inclusive se alegar que foi ofendido em sua posse.

b) é vedado ao autor cumular ao pedido possessório o de condenação em perdas e danos.

c) a propositura de uma ação possessória em vez de outra, em regra, obstará que o juiz conheça do pedido, devendo o autor ingressar com a ação competente.

d) na pendência do processo possessório, é defeso, assim ao autor como ao réu, intentar a ação de reconhecimento do domínio.

e) poderá, em regra, ser deferida a reintegração liminar contra as pessoas jurídicas de direito público sem prévia audiência dos respectivos representantes judiciais.

COMENTÁRIOS

✪ Nota da autora: Possessória é procedimento especial de jurisdição contenciosa. Ela está a serviço da posse. São três as suas espécies, quais sejam: interdito proibitório, manutenção de posse e reintegração de posse. De acordo com o art. 554 do CPC, a propositura de uma ação possessória em vez de outra não obstará a que o juiz conheça do pedido e outorgue a proteção legal correspondente àquela cujos pressupostos estejam provados.

Alternativa correta: letra "d: De acordo com o artigo 557 do CPC, na pendência de ação possessória é vedado, tanto ao autor quanto ao réu, propor ação de reconhecimento do domínio, exceto se a pretensão for deduzida em face de terceira pessoa. Não obsta à manutenção ou à reintegração de posse a alegação de propriedade ou de outro direito sobre a coisa.

Alternativa "a": É lícito ao réu, na contestação, alegando que foi o ofendido em sua posse, demandar a proteção possessória e a indenização pelos prejuízos resultantes da turbação ou do esbulho cometido pelo autor.

Alternativa "b": Consoante dispõe o artigo 555 do CPC, é lícito ao autor cumular ao pedido possessório o de:

- condenação em perdas e danos;
- indenização dos frutos.

Pode o autor requerer, ainda, imposição de medida necessária e adequada para:

- evitar nova turbação ou esbulho;
- cumprir-se a tutela provisória ou final.

Alternativa "c": Como já dito, aplica-se a fungibilidade às possessórias. O juiz, preenchidos os requisitos legais, poderá receber uma demanda possessória como se outra fosse.

Alternativa "e": De acordo com o art. 562, parágrafo único do CPC, contra as pessoas jurídicas de direito público não será deferida a manutenção ou a reintegração liminar sem prévia audiência dos respectivos representantes judiciais.

Direito Processual Civil

Sabrina Dourado

✦ DICAS

1. DA TEORIA GERAL E DO PROCESSO DE CONHECIMENTO

1.1. DA JURISDIÇÃO

Jurisdição é a função atribuída a terceiro imparcial de realizar o Direito de modo imperativo e criativo, reconhecendo/efetivando/protegendo situações jurídicas concretamente deduzidas, em decisão insuscetível de controle externo e com aptidão para tornar-se indiscutível.

A jurisdição civil é exercida pelos juízes e pelos tribunais em todo o território nacional, conforme as disposições da Lei 13.105/15.

Destaquemos três dos seus princípios norteadores muito cobrados em provas de MPU.

Aderência ou territorialidade

Segundo este princípio, os juízes só poderão exercer sua função no território nacional e ainda mais nos limites de sua competência territorial, motivo pelo qual necessária é a cooperação entre os juízes, para a prática de atos em outras localidades, por meio de cartas precatórias, por exemplo. A decisão de qualquer juiz, no entanto, produzirá efeitos em todo território nacional.

Inércia

É concedido apenas à parte o direito de provocar o exercício da jurisdição, uma vez que esta é inerte. Este princípio também é denominado de princípio da ação ou da demanda, ou princípio da iniciativa da parte[1].

Inafastabilidade – previsto no art. 5º, XXXV, da CF/88, este princípio consiste no direito concedido a qualquer pessoa (natural ou jurídica) de demandar a intervenção do Poder Judiciário para satisfazer uma pretensão fundada em direito que entende haver sido lesado, ou estar sob a ameaça de lesão. O Judiciário, reconhecendo ou não o direito pleiteado, não pode recusar-se a intervir no litígio. Também designado princípio do controle jurisdicional.

1.2. DA AÇÃO

A ação é um termo plurívoco. Pode ser compreendida, desde logo, como Direito fundamental. Tal direito está assegurado na CF/88. Eis a garantia ofertada a todo cidadão de ir ao encontro do Poder Judiciário, quer esteja ameaçado ou efetivamente lesado. Depois de iniciado o processo, tal direito se relevará como demanda. Tal demanda possui três elementos, quais sejam: partes, causa de pedir e pedido.

PRINCIPAIS CARACTERÍSTICAS

Direito público: público subjetivo exercitável pela parte para exigir do Estado a obrigação da prestação jurisdicional;

Direito abstrato: pouco importando seja de amparo ou desamparo à pretensão de quem o exerce;

Direito autônomo: pode ser exercitado sem sequer relacionar-se com a existência de um direito subjetivo material;

Direito instrumental: refere-se sempre à decisão a uma pretensão ligada ao direito material (positiva ou negativa), sendo o Estado o detentor do poder.

Ademais, para postular em juízo é necessário ter interesse e legitimidade.

A lei processual destaca ainda que ninguém poderá pleitear direito alheio em nome próprio, salvo quando autorizado pelo ordenamento jurídico. Tais figuras são chamadas de legitimados extraordinários ou substitutos processuais. Ex: MP.

Atenção! Havendo substituição processual, o substituído poderá intervir como assistente litisconsorcial.

Vale salientar que o interesse do autor pode limitar-se à declaração:

- da existência, da inexistência ou do modo de ser de uma relação jurídica;
- da autenticidade ou da falsidade de documento.

É admissível a ação meramente declaratória, ainda que tenha ocorrido a violação do direito. Eis um tema recorrente em sua prova! Vale grifar!

1.3. CONDIÇÕES DA AÇÃO

Para postular em juízo é necessário ter interesse e legitimidade. A ausência de tais figuras importará na extinção do processo sem resolução do mérito. Ademais, ninguém poderá pleitear direito alheio em nome próprio, salvo quando autorizado pelo ordenamento jurídico. A ausência das condições impõe a extinção do processo sem resolução do mérito.

1.4. DOS PRESSUPOSTOS PROCESSUAIS

Os pressupostos processuais são requisitos do processo. Eles podem ser de existência e de validade. Os

---

1 No NCPC o princípio da inércia será também regulado no art. **art. 2º**, senão vejamos: O processo começa por iniciativa da parte, nos casos e nas formas legais, salvo exceções previstas em lei, e se desenvolve por impulso oficial.

últimos podem ser positivos ou negativos. Os pressupostos negativos são capazes de extinguir o processo sem resolução do mérito.

1.5. DAS PARTES E DOS PROCURADORES

Parte será toda pessoa (física ou jurídica) com envolvimento numa demanda. Subdividem-se em duas classes: autor e réu. Isso inclui os menores, as empresas despersonalizadas, etc. O autor é quem propõe a demanda e o réu ocupa o seu polo passivo. É também chamado de demandado.

Façamos algumas observações sobre capacidades, vejamos:

Três são as capacidades no Processo Civil:

Capacidade para ser parte;

Capacidade Processual ou para estar em juízo;

Capacidade Postulatória, técnica ou judiciária.

Todos possuem capacidade para ser parte. Eis uma decorrência do Direito fundamental de Ação. Entretanto, não a possuem os animais e as pessoas já falecidas.

Toda pessoa que se encontre no exercício de seus direitos tem capacidade para estar em juízo. Logo, a capacidade para estar em juízo de conecta a capacidade civil. O incapaz será representado ou assistido por seus pais, por tutor ou por curador, na forma da lei.

A capacidade postulatória, por seu turno, é concedida aos advogados regularmente inscritos na OAB e aos membros do MP.

Alguns sujeitos, em situações excepcionais, farão jus a nomeação de um curador especial, vejamos abaixo:

O juiz nomeará curador especial ao:

- incapaz, se não tiver representante legal ou se os interesses deste colidirem com os daquele, enquanto durar a incapacidade;
- réu preso revel, bem como ao réu **revel** citado por edital ou com hora certa, enquanto não for constituído advogado.

Atenção!

O cônjuge necessitará do consentimento do outro para propor ação que verse sobre direito real imobiliário, **salvo quando casados sob o regime de separação absoluta de bens.**

Ambos os cônjuges serão necessariamente citados para a ação:

- que verse sobre direito real imobiliário, salvo quando casados sob o regime de separação absoluta de bens;
- resultante de fato que diga respeito a ambos os cônjuges ou de ato praticado por eles;
- fundada em dívida contraída por um dos cônjuges a bem da família;
- que tenha por objeto o reconhecimento, a constituição ou a extinção de ônus sobre imóvel de um ou de ambos os cônjuges.

CUIDADO! Nas ações possessórias, a participação do cônjuge do autor ou do réu somente é indispensável nas hipóteses de composse ou de ato por ambos praticado.

NOVIDADE! Aplica-se o disposto neste artigo à união estável comprovada nos autos.

O consentimento previsto acima pode ser suprido judicialmente quando for negado por um dos cônjuges sem justo motivo, ou quando lhe seja impossível concedê-lo. A falta de consentimento, quando necessário e não suprido pelo juiz, invalida o processo.

Analisemos o instituto da representação. Parte da doutrina prefere chamar de presentação, vejamos:

Art. 75.

Serão representados em juízo, ativa e passivamente:

- a União, pela Advocacia-Geral da União, diretamente ou mediante órgão vinculado;
- o Estado e o Distrito Federal, por seus procuradores;
- o Município, por seu prefeito ou procurador;
- a autarquia e a fundação de direito público, por quem a lei do ente federado designar;
- a massa falida, pelo administrador judicial;
- a herança jacente ou vacante, por seu curador;
- o espólio, pelo inventariante;
- a pessoa jurídica, por quem os respectivos atos constitutivos designarem ou, não havendo essa designação, por seus diretores;
- a sociedade e a associação irregulares e outros entes organizados sem personalidade jurídica, pela pessoa a quem couber a administração de seus bens;
- a pessoa jurídica estrangeira, pelo gerente, representante ou administrador de sua filial, agência ou sucursal aberta ou instalada no Brasil;
- o condomínio, pelo administrador ou síndico.

Observações TOP's

Quando o inventariante for dativo, os sucessores do falecido serão intimados no processo no qual o espólio seja parte.

A sociedade ou associação sem personalidade jurídica não poderá opor a irregularidade de sua constituição quando demandada.

O gerente de filial ou agência presume-se autorizado pela pessoa jurídica estrangeira a receber citação para qualquer processo.

Os Estados e o Distrito Federal poderão ajustar compromisso recíproco para prática de ato processual por seus procuradores em favor de outro ente federado, mediante convênio firmado pelas respectivas procuradorias.

Verificada a incapacidade processual ou a irregularidade da representação da parte, o juiz suspenderá o processo e designará prazo razoável para que seja sanado o vício.

Descumprida a determinação, caso o processo esteja na instância originária:

- o processo será extinto, se a providência couber ao autor;
- o réu será considerado revel, se a providência lhe couber;
- o terceiro será considerado revel ou excluído do processo, dependendo do polo em que se encontre.

Descumprida a determinação em fase recursal perante tribunal de justiça, tribunal regional federal ou tribunal superior, o relator:

- não conhecerá do recurso, se a providência couber ao recorrente;
- determinará o desentranhamento das contrarrazões, se a providência couber ao recorrido. Eis uma novidade da lei 13.105/15.

Estudemos os deveres das Partes!

Além de outros previstos neste Código, são deveres das partes, de seus procuradores e de todos aqueles que de qualquer forma participem do processo:

- expor os fatos em juízo conforme a verdade;
- não formular pretensão ou de apresentar defesa quando cientes de que são destituídas de fundamento;
- não produzir provas e não praticar atos inúteis ou desnecessários à declaração ou à defesa do direito;
- cumprir com exatidão as decisões jurisdicionais, de natureza provisória ou final, e não criar embaraços à sua efetivação;
- declinar, no primeiro momento que lhes couber falar nos autos, o endereço residencial ou profissional onde receberão intimações, atualizando essa informação sempre que ocorrer qualquer modificação temporária ou definitiva;
- não praticar inovação ilegal no estado de fato de bem ou direito litigioso.

Anote! Nas hipóteses dos incisos IV e VI, o juiz advertirá qualquer das pessoas mencionadas no caput de que sua conduta poderá ser punida como ato atentatório à dignidade da justiça.

A violação ao disposto nos incisos IV e VI constitui ato atentatório à dignidade da justiça, devendo o juiz, sem prejuízo das sanções criminais, civis e processuais cabíveis, aplicar ao responsável multa de até vinte por cento do valor da causa, de acordo com a gravidade da conduta.

Não sendo paga no prazo a ser fixado pelo juiz, a multa prevista no § 2º será inscrita como dívida ativa da União ou do Estado após o trânsito em julgado da decisão que a fixou, e sua execução observará o procedimento da execução fiscal, revertendo-se aos fundos previstos no art. 97.

A multa estabelecida acima poderá ser fixada independentemente da incidência das previstas nos arts. 523, § 1º, e 536, § 1º do NCPC.

Quando o valor da causa for irrisório ou inestimável, a multa prevista no § 2º poderá ser fixada em até 10 (dez) vezes o valor do salário-mínimo.

Aos advogados públicos ou privados e aos membros da Defensoria Pública e do Ministério Público não se aplica o disposto nos §§ 2º a 5º, devendo eventual responsabilidade disciplinar ser apurada pelo respectivo órgão de classe ou corregedoria, ao qual o juiz oficiará.

Reconhecida violação ao disposto no inciso VI, o juiz determinará o restabelecimento do estado anterior, podendo, ainda, proibir a parte de falar nos autos até a purgação do atentado, sem prejuízo da aplicação do § 2º.

O representante judicial da parte não pode ser compelido a cumprir decisão em seu lugar.

É vedado às partes, a seus procuradores, aos juízes, aos membros do Ministério Público e da Defensoria Pública e a qualquer pessoa que participe do processo empregar expressões ofensivas nos escritos apresentados.

Quando expressões ou condutas ofensivas forem manifestadas oral ou presencialmente, o juiz advertirá o ofensor de que não as deve usar ou repetir, sob pena de lhe ser cassada a palavra. Eis uma decorrência do Princípio da Boa-fé Processual.

De ofício ou a requerimento do ofendido, o juiz determinará que as expressões ofensivas sejam riscadas e, a requerimento do ofendido, determinará a expedição de certidão com inteiro teor das expressões ofensivas e a colocará à disposição da parte interessada.

Responsabilidade das Partes por Dano Processual

Responde por perdas e danos àquele que litigar de má-fé como autor, réu ou interveniente.

A lei sinaliza que se considera litigante de má-fé aquele que:

- deduzir pretensão ou defesa contra texto expresso de lei ou fato incontroverso;
- alterar a verdade dos fatos;
- usar do processo para conseguir objetivo ilegal;
- opuser resistência injustificada ao andamento do processo;
- proceder de modo temerário em qualquer incidente ou ato do processo;
- provocar incidente manifestamente infundado;

- interpuser recurso com intuito manifestamente protelatório.

De ofício ou a requerimento, o juiz condenará o litigante de má-fé a pagar multa, que deverá ser **superior a um por cento e inferior a dez por cento do valor corrigido da causa,** a indenizar a parte contrária pelos prejuízos que esta sofreu e a arcar com os honorários advocatícios e com todas as despesas que efetuou.

Quando forem 2 (dois) ou mais os litigantes de má-fé, o juiz condenará cada um na proporção de seu respectivo interesse na causa ou solidariamente aqueles que se coligaram para lesar a parte contrária.

Quando o valor da causa for irrisório ou inestimável, a multa poderá ser fixada em até 10 (dez) vezes o valor do salário-mínimo.

O valor da indenização será fixado pelo juiz ou, caso não seja possível mensurá-lo, liquidado por arbitramento ou pelo procedimento comum, nos próprios autos.

Vejamos algumas dicas de **DESPESAS**, vamos juntos!

- Salvo as disposições concernentes à gratuidade da justiça, incumbe às partes prover as despesas dos atos que realizarem ou requererem no processo, antecipando-lhes o pagamento, desde o início até a sentença final ou, na execução, até a plena satisfação do direito reconhecido no título.
- Incumbe ao autor adiantar as despesas relativas a ato cuja realização o juiz determinar de ofício ou a requerimento do Ministério Público, quando sua intervenção ocorrer como fiscal da ordem jurídica.
- A sentença condenará o vencido a pagar ao vencedor as despesas que antecipou.
- As despesas abrangem as custas dos atos do processo, a indenização de viagem, a remuneração do assistente técnico e a diária de testemunha.
- A sentença condenará o vencido a pagar honorários ao advogado do vencedor.

São devidos honorários advocatícios na reconvenção, no cumprimento de sentença, provisório ou definitivo, na execução, resistida ou não, e nos recursos interpostos, cumulativamente.

Os honorários serão fixados entre o mínimo de dez e o máximo de vinte por cento sobre o valor da condenação, do proveito econômico obtido ou, não sendo possível mensurá-lo, sobre o valor atualizado da causa, atendidos:

- o grau de zelo do profissional;
- o lugar de prestação do serviço;
- a natureza e a importância da causa;
- o trabalho realizado pelo advogado e o tempo exigido para o seu serviço.

Tratemos agora dos **Procuradores!**

A parte será representada em juízo por advogado regularmente inscrito na Ordem dos Advogados do Brasil.

É lícito à parte postular em causa própria quando tiver habilitação legal.

O advogado não será admitido a postular em juízo sem procuração, salvo para evitar preclusão, decadência ou prescrição, ou para praticar ato considerado urgente.

Nas hipóteses previstas acima, o advogado deverá, independentemente de caução, exibir a procuração no prazo de 15 (quinze) dias, prorrogável por igual período por despacho do juiz.

O ato não ratificado será considerado ineficaz relativamente àquele em cujo nome foi praticado, respondendo o advogado pelas despesas e por perdas e danos.

A procuração geral para o foro, outorgada por instrumento público ou particular assinado pela parte, habilita o advogado a praticar todos os atos do processo, exceto receber citação, confessar, reconhecer a procedência do pedido, transigir, desistir, renunciar ao direito sobre o qual se funda a ação, receber, dar quitação, firmar compromisso e assinar declaração de hipossuficiência econômica, que devem constar de cláusula específica.

A procuração pode ser assinada digitalmente, na forma da lei.

Atenção! A procuração deverá conter o nome do advogado, seu número de inscrição na Ordem dos Advogados do Brasil e endereço completo.

Se o outorgado integrar sociedade de advogados, a procuração também deverá conter o nome dessa, seu número de registro na Ordem dos Advogados do Brasil e endereço completo.

Salvo disposição expressa em sentido contrário constante do próprio instrumento, a procuração outorgada na fase de conhecimento é eficaz para todas as fases do processo, inclusive para o cumprimento de sentença.

Quando postular em causa própria, incumbe ao advogado:

- declarar, na petição inicial ou na contestação, o endereço, seu número de inscrição na Ordem dos Advogados do Brasil e o nome da sociedade de advogados da qual participa, para o recebimento de intimações;
- comunicar ao juízo qualquer mudança de endereço.

Vejamos algumas disposições do art. 106, CPC:

> *§ 1º Se o advogado descumprir o disposto no inciso I, o juiz ordenará que se supra a omissão, no prazo de 5 (cinco) dias, antes de determinar a citação do réu, sob pena de indeferimento da petição.*
>
> *§ 2º Se o advogado infringir o previsto no inciso II, serão consideradas válidas as intimações enviadas por carta registrada ou meio eletrônico ao endereço constante dos autos.*

O advogado tem direito a:

- examinar, em cartório de fórum e secretaria de tribunal, mesmo sem procuração, autos de qualquer processo, independentemente da fase de tramitação, assegurados a obtenção de cópias e o registro de anotações, salvo na hipótese de segredo de justiça, nas quais apenas o advogado constituído terá acesso aos autos;
- requerer, como procurador, vista dos autos de qualquer processo, pelo prazo de 5 (cinco) dias;
- retirar os autos do cartório ou da secretaria, pelo prazo legal, sempre que neles lhe couber falar por determinação do juiz, nos casos previstos em lei.

Ao receber os autos, o advogado assinará carga em livro ou documento próprio.

Sendo o prazo comum às partes, os procuradores poderão retirar os autos somente em conjunto ou mediante prévio ajuste, por petição nos autos.

Na hipótese acima, é lícito ao procurador retirar os autos para obtenção de cópias, pelo prazo de 2 (duas) a 6 (seis) horas, independentemente de ajuste e sem prejuízo da continuidade do prazo.

1.6. DO LITISCONSÓRCIO

Duas ou mais pessoas podem litigar, no mesmo processo, em conjunto, ativa ou passivamente, quando:

- entre elas houver comunhão de direitos ou de obrigações relativamente à lide;
- entre as causas houver conexão pelo pedido ou pela causa de pedir;
- ocorrer afinidade de questões por ponto comum de fato ou de direito.

Tais hipóteses são intituladas de Litisconsórcio Facultativo ou Voluntário.

Atenção! O juiz poderá limitar o litisconsórcio facultativo quanto ao número de litigantes na fase de conhecimento, na liquidação de sentença ou na execução, quando este comprometer a rápida solução do litígio ou dificultar a defesa ou o cumprimento da sentença.

Vale lembrar que o requerimento de limitação interrompe o prazo para manifestação ou resposta, que recomeçará da intimação da decisão que o solucionar.

O litisconsórcio será necessário por disposição de lei ou quando, pela natureza da relação jurídica controvertida, a eficácia da sentença depender da citação de todos que devam ser litisconsortes. Nestes casos, o juiz não poderá controlar o número de litisconsortes.

CUIDADO! A sentença de mérito, quando proferida sem a integração do contraditório, será:

- nula, se a decisão deveria ser uniforme em relação a todos que deveriam ter integrado o processo;
- ineficaz, nos outros casos, apenas para os que não foram citados.

Questão certa de prova! Nos casos de litisconsórcio passivo necessário, o juiz determinará ao autor que requeira a citação de todos que devam ser litisconsortes, dentro do prazo que assinar, sob pena de extinção do processo.

O litisconsórcio será unitário quando, pela natureza da relação jurídica, o juiz tiver de decidir o mérito de modo uniforme para todos os litisconsortes.

Ademais, os litisconsortes serão considerados, em suas relações com a parte adversa, como litigantes distintos, exceto no litisconsórcio unitário, caso em que os atos e as omissões de um não prejudicarão os outros, mas os poderão beneficiar.

Por fim, cada litisconsorte tem o direito de promover o andamento do processo, e todos devem ser intimados dos respectivos atos.

1.7. DA INTERVENÇÃO DE TERCEIROS

ASSISTÊNCIA

Pendendo causa entre 2 (duas) ou mais pessoas, o terceiro juridicamente interessado em que a sentença seja favorável a uma delas poderá intervir no processo para assisti-la.

A assistência será admitida em qualquer procedimento e em todos os graus de jurisdição, recebendo o assistente o processo no estado em que se encontre.

Não havendo impugnação no prazo de 15 (quinze) dias, o pedido do assistente será deferido, salvo se for caso de rejeição liminar.

Se qualquer parte alegar que falta ao requerente interesse jurídico para intervir, o juiz decidirá o incidente, sem suspensão do processo.

Há dois tipos de assistência, vejamos:

Assistência Simples

O assistente simples atuará como auxiliar da parte principal, exercerá os mesmos poderes e sujeitar-se-á aos mesmos ônus processuais que o assistido.

Sendo revel ou, de qualquer outro modo, omisso o assistido, o assistente será considerado seu substituto processual.

A assistência simples não obsta a que a parte principal reconheça a procedência do pedido, desista da ação, renuncie ao direito sobre o que se funda a ação ou transija sobre direitos controvertidos.

Assistência Litisconsorcial

Considera-se litisconsorte da parte principal o assistente sempre que a sentença influir na relação jurídica entre ele e o adversário do assistido.

DA DENUNCIAÇÃO DA LIDE

É admissível a denunciação da lide, promovida por qualquer das partes:

- ao alienante imediato, no processo relativo à coisa cujo domínio foi transferido ao denunciante, a fim de que possa exercer os direitos que da evicção lhe resultam;
- àquele que estiver obrigado, por lei ou pelo contrato, a indenizar, em ação regressiva, o prejuízo de quem for vencido no processo.

Cuidado! O direito regressivo será exercido por ação autônoma quando a denunciação da lide for indeferida, deixar de ser promovida ou não for permitida.

Questão de prova! Admite-se uma única denunciação sucessiva, promovida pelo denunciado, contra seu antecessor imediato na cadeia dominial ou quem seja responsável por indenizá-lo, não podendo o denunciado sucessivo promover nova denunciação, hipótese em que eventual direito de regresso será exercido por ação autônoma.

A citação do denunciado será requerida na petição inicial, se o denunciante for autor, ou na contestação, se o denunciante for réu, devendo ser realizada na forma e nos prazos previstos no art. 131.

Feita a denunciação pelo autor, o denunciado poderá assumir a posição de litisconsorte do denunciante e acrescentar novos argumentos à petição inicial, procedendo-se em seguida à citação do réu.

CHAMAMENTO AO PROCESSO

É admissível o chamamento ao processo, requerido pelo réu:

- do afiançado, na ação em que o fiador for réu;
- dos demais fiadores, na ação proposta contra um ou alguns deles;
- dos demais devedores solidários, quando o credor exigir de um ou de alguns o pagamento da dívida comum.

A citação daqueles que devam figurar em litisconsórcio passivo será requerida pelo réu na contestação e deve ser promovida no prazo de 30 (trinta) dias, sob pena de ficar sem efeito o chamamento.

Se o chamado residir em outra comarca, seção ou subseção judiciárias, ou em lugar incerto, o prazo será de 2 (dois) meses.

A sentença de procedência valerá como título executivo em favor do réu que satisfizer a dívida, a fim de que possa exigi-la, por inteiro, do devedor principal, ou, de cada um dos codevedores, a sua quota, na proporção que lhes tocar.

INCIDENTE DE DESCONSIDERAÇÃO DA PERSONALIDADE JURÍDICA

A desconsideração da pessoa jurídica consiste em se ignorar, em caráter excepcional, a autonomia patrimonial da pessoa jurídica, para que seus sócios respondam ilimitadamente pelas obrigações por ela contraídas. Esse mecanismo já se faz presente em nosso ordenamento desde a entrada em vigor do Código de Defesa do Consumidor, que prevê a possibilidade de o juiz desconsiderar a personalidade jurídica da sociedade, sempre que, em detrimento do consumidor, houver abuso de direito, excesso de poder, infração da lei, fato ou ato ilícito ou violação dos estatutos ou do contrato social.

Posteriormente, o instituto recebeu também tratamento do Código Civil, que autoriza a desconsideração em caso de abuso da personalidade jurídica, caracterizado pelo desvio de finalidade ou pela confusão patrimonial. Há, ainda, outras leis que preveem a possibilidade de desconsideração da personalidade jurídica, como o Código Tributário Nacional, a Lei Antitruste e a Lei do Meio Ambiente.

O incidente de desconsideração da personalidade jurídica será instaurado a pedido da parte ou do Ministério Público, quando lhe couber intervir no processo.

O pedido de desconsideração da personalidade jurídica observará os pressupostos previstos em lei.

Aplica-se o disposto acima à hipótese de desconsideração inversa da personalidade jurídica. Ela é recorrente nas demandas familiaristas.

Nesta toada, o incidente de desconsideração é cabível em todas as fases do processo de conhecimento, no cumprimento de sentença e na execução fundada em título executivo extrajudicial.

A instauração do incidente será imediatamente comunicada ao distribuidor para as anotações devidas.

Dispensa-se a instauração do incidente se a desconsideração da personalidade jurídica for requerida na petição inicial, hipótese em que será citado o sócio ou a pessoa jurídica.

O requerimento deve demonstrar o preenchimento dos pressupostos legais específicos para desconsideração da personalidade jurídica.

Instaurado o incidente, o sócio ou a pessoa jurídica será citado para manifestar-se e requerer as provas cabíveis no prazo de 15 (quinze) dias.

Concluída a instrução, se necessária, o incidente será resolvido por decisão interlocutória.

Atenção! Se a decisão for proferida pelo relator, cabe agravo interno.

Por fim, acolhido o pedido de desconsideração, a alienação ou a oneração de bens, havida em fraude de execução, será ineficaz em relação ao requerente.

AMICUS CURIAE

O juiz ou o relator, considerando a relevância da matéria, a especificidade do tema objeto da demanda ou a repercussão social da controvérsia, poderá, por decisão irrecorrível, de ofício ou a requerimento das partes ou de quem pretenda manifestar-se, solicitar ou admitir a participação de pessoa natural ou jurídica, órgão ou entidade especializada, com representatividade adequada, no prazo de 15 (quinze) dias de sua intimação.

A intervenção de que trata o caput não implica alteração de competência nem autoriza a interposição de recursos, ressalvadas a oposição de embargos de declaração e a hipótese do § 3º.

Caberá ao juiz ou ao relator, na decisão que solicitar ou admitir a intervenção, definir os poderes do amicus curiae.

O amicus curiae pode recorrer da decisão que julgar o incidente de resolução de demandas repetitivas.

1.8. DA COMPETÊNCIA

Competência é fatia, dose, medida da Jurisdição.

As causas cíveis serão processadas e decididas pelo juiz nos limites de sua competência, ressalvado às partes o direito de instituir juízo arbitral, na forma da lei.

Determina-se a competência no momento do registro ou da distribuição da petição inicial, sendo irrelevantes as modificações do estado de fato ou de direito ocorridas posteriormente, salvo quando suprimirem órgão judiciário ou alterarem a competência absoluta. Eis o que denominamos de ***Perpetuacio Jurisdicionis.***

Obedecidos os limites estabelecidos pela Constituição Federal, a competência é determinada pelas normas previstas neste Código ou em legislação especial, pelas normas de organização judiciária e, ainda, no que couber, pelas constituições dos Estados. Eis as fontes da competência.

Tramitando o processo perante outro juízo, os autos serão remetidos ao juízo federal competente se nele intervier a União, suas empresas públicas, entidades autárquicas e fundações, ou conselho de fiscalização de atividade profissional, na qualidade de parte ou de terceiro interveniente, exceto as ações:

- de recuperação judicial, falência, insolvência civil e acidente de trabalho;
- sujeitas à justiça eleitoral e à justiça do trabalho.

Os autos não serão remetidos se houver pedido cuja apreciação seja de competência do juízo perante o qual foi proposta a ação.

Na hipótese acima, o juiz, ao não admitir a cumulação de pedidos em razão da incompetência para apreciar qualquer deles, não examinará o mérito daquele em que exista interesse da União, de suas entidades autárquicas ou de suas empresas públicas.

O juízo federal restituirá os autos ao juízo estadual sem suscitar conflito se o ente federal cuja presença ensejou a remessa for excluído do processo.

Vejamos algumas regras de competência territorial:

A ação fundada em direito pessoal ou em direito real sobre bens móveis será proposta, em regra, no foro de domicílio do réu.

- Tendo mais de um domicílio, o réu será demandado no foro de qualquer deles.
- Sendo incerto ou desconhecido o domicílio do réu, ele poderá ser demandado onde for encontrado ou no foro de domicílio do autor.
- Quando o réu não tiver domicílio ou residência no Brasil, a ação será proposta no foro de domicílio do autor, e, se este também residir fora do Brasil, a ação será proposta em qualquer foro.
- Havendo 2 (dois) ou mais réus com diferentes domicílios, serão demandados no foro de qualquer deles, à escolha do autor.
- A execução fiscal será proposta no foro de domicílio do réu, no de sua residência ou no do lugar onde for encontrado.

Para as ações fundadas **em direito real sobre imóveis** é competente **o foro de situação da coisa.**

O autor pode optar pelo foro de domicílio do réu ou pelo foro de eleição se o litígio não recair sobre direito de propriedade, vizinhança, servidão, divisão e demarcação de terras e de nunciação de obra nova.

A ação possessória imobiliária será proposta no foro de situação da coisa, cujo juízo tem competência absoluta.

O foro de domicílio do autor da herança, no Brasil, é o competente para o inventário, a partilha, a arrecadação, o cumprimento de disposições de última vontade, a impugnação ou anulação de partilha extrajudicial e para todas as ações em que o espólio for réu, ainda que o óbito tenha ocorrido no estrangeiro.

Se o autor da herança não possuía domicílio certo, é competente:

- o foro de situação dos bens imóveis;
- havendo bens imóveis em foros diferentes, qualquer destes;
- não havendo bens imóveis, o foro do local de qualquer dos bens do espólio.

A ação em que o ausente for réu será proposta no foro de seu último domicílio, também competente para a arrecadação, o inventário, a partilha e o cumprimento de disposições testamentárias.

A ação em que o incapaz for réu será proposta no foro de domicílio de seu representante ou assistente.

É competente o foro de domicílio do réu para as causas em que seja autora a União.

CUIDADO!

Se a União for a demandada, a ação poderá ser proposta no foro de domicílio do autor, no de ocorrência do ato ou fato que originou a demanda, no de situação da coisa ou no Distrito Federal.

É competente o foro de domicílio do réu para as causas em que seja autor Estado ou o Distrito Federal.

Se Estado ou o Distrito Federal for o demandado, a ação poderá ser proposta no foro de domicílio do autor, no de ocorrência do ato ou fato que originou a demanda, no de situação da coisa ou na capital do respectivo ente federado.

Mais regras de competência territorial!

É competente o foro:

- para a ação de divórcio, separação, anulação de casamento e reconhecimento ou dissolução de união estável:
  - de domicílio do guardião de filho incapaz;
  - do último domicílio do casal, caso não haja filho incapaz;
  - de domicílio do réu, se nenhuma das partes residir no antigo domicílio do casal;
- de domicílio ou residência do alimentando, para a ação em que se pedem alimentos;
- do lugar:
  - onde está a sede, para a ação em que for ré pessoa jurídica;
  - onde se acha agência ou sucursal, quanto às obrigações que a pessoa jurídica contraiu;
  - onde exerce suas atividades, para a ação em que for ré sociedade ou associação sem personalidade jurídica;
  - onde a obrigação deve ser satisfeita, para a ação em que se lhe exigir o cumprimento;
  - de residência do idoso, para a causa que verse sobre direito previsto no respectivo estatuto;
  - da sede da serventia notarial ou de registro, para a ação de reparação de dano por ato praticado em razão do ofício;
- do lugar do ato ou fato para a ação:
  - de reparação de dano;
  - em que for réu administrador ou gestor de negócios alheios;
- de domicílio do autor ou do local do fato, para a ação de reparação de dano sofrido em razão de delito ou acidente de veículos, inclusive aeronaves.

Modificação da Competência

A competência relativa poderá modificar-se pela conexão ou pela continência, observado o disposto nesta Seção.

Reputam-se **conexas** 2 (duas) ou mais ações quando lhes for comum o pedido ou a causa de pedir.

Vale lembrar! Os processos de ações conexas serão reunidos para decisão conjunta, salvo se um deles já houver sido sentenciado.

NOVIDADE! Serão reunidos para julgamento conjunto os processos que possam gerar risco de prolação de decisões conflitantes ou contraditórias caso decididos separadamente, mesmo sem conexão entre eles.

Dá-se a continência entre 2 (duas) ou mais ações quando houver identidade quanto às partes e à causa de pedir, mas o pedido de uma, por ser mais amplo, abrange o das demais.

Quando houver continência e a ação continente tiver sido proposta anteriormente, no processo relativo à ação contida será proferida sentença sem resolução de mérito, caso contrário, as ações serão necessariamente reunidas.

A reunião das ações propostas em separado far-se-á no juízo prevento, onde serão decididas simultaneamente.

O registro ou a distribuição da petição inicial torna prevento o juízo.

Se o imóvel se achar situado em mais de um Estado, comarca, seção ou subseção judiciária, a competência territorial do juízo prevento estender-se-á sobre a totalidade do imóvel.

A ação acessória será proposta no juízo competente para a ação principal.

A competência determinada em razão da matéria, da pessoa ou da função é inderrogável por convenção das partes. **Elas são competências absolutas.**

As partes podem modificar a competência em razão do valor e do território, elegendo foro onde será proposta ação oriunda de direitos e obrigações. **Elas são, em regra, competências relativas.**

A eleição de foro só produz efeito quando constar de instrumento escrito e aludir expressamente a determinado negócio jurídico.

O foro contratual obriga os herdeiros e sucessores das partes.

Antes da citação, a cláusula de eleição de foro, se abusiva, pode ser reputada ineficaz de ofício pelo juiz, que determinará a remessa dos autos ao juízo do foro de domicílio do réu.

Citado, incumbe ao réu alegar a abusividade da cláusula de eleição de foro na contestação, sob pena de preclusão.

1.9. DOS ATOS PROCESSUAIS

Os atos e os termos processuais independem de forma determinada, salvo quando a lei expressamente a exigir, considerando-se válidos os que, realizados de outro modo, lhe preencham a finalidade essencial.

Os atos processuais são públicos, todavia tramitam em segredo de justiça os processos:

- em que o exija o interesse público ou social;
- que versem sobre casamento, separação de corpos, divórcio, separação, união estável, filiação, alimentos e guarda de crianças e adolescentes;
- em que constem dados protegidos pelo direito constitucional à intimidade;
- que versem sobre arbitragem, inclusive sobre cumprimento de carta arbitral, desde que a confidencialidade estipulada na arbitragem seja comprovada perante o juízo.

Atenção! O direito de consultar os autos de processo que tramite em segredo de justiça e de pedir certidões de seus atos é restrito às partes e aos seus procuradores.

O terceiro que demonstrar interesse jurídico pode requerer ao juiz certidão do dispositivo da sentença, bem como de inventário e de partilha resultantes de divórcio ou separação.

NOVIDADE! Versando o processo sobre direitos que admitam autocomposição, é lícito às partes plenamente capazes estipular mudanças no procedimento para ajustá-lo às especificidades da causa e convencionar sobre os seus ônus, poderes, faculdades e deveres processuais, antes ou durante o processo.

De ofício ou a requerimento, o juiz controlará a validade das convenções previstas neste artigo, recusando-lhes aplicação somente nos casos de nulidade ou de inserção abusiva em contrato de adesão ou em que alguma parte se encontre em manifesta situação de vulnerabilidade.

De comum acordo, o juiz e as partes podem fixar calendário para a prática dos atos processuais, quando for o caso. O calendário vincula as partes e o juiz, e os prazos nele previstos somente serão modificados em casos excepcionais, devidamente justificados.

Dispensa-se a intimação das partes para a prática de ato processual ou a realização de audiência cujas datas tiverem sido designadas no calendário.

Vale lembrar que todos os atos e termos do processo é obrigatório o uso da língua portuguesa.

O documento redigido em língua estrangeira somente poderá ser juntado aos autos quando acompanhado de versão para a língua portuguesa tramitada por via diplomática ou pela autoridade central, ou firmada por tradutor juramentado.

Conheçamos um pouco da prática eletrônica de atos processuais

Os atos processuais podem ser total ou parcialmente digitais, de forma a permitir que sejam produzidos, comunicados, armazenados e validados por meio eletrônico, na forma da lei.

Tais disposições aplicam-se, no que for cabível, à prática de atos notariais e de registro.

Os sistemas de automação processual respeitarão a publicidade dos atos, o acesso e a participação das partes e de seus procuradores, inclusive nas audiências e sessões de julgamento, observadas as garantias da disponibilidade, independência da plataforma computacional, acessibilidade e interoperabilidade dos sistemas, serviços, dados e informações que o Poder Judiciário administre no exercício de suas funções.

O registro de ato processual eletrônico deverá ser feito em padrões abertos, que atenderão aos requisitos de autenticidade, integridade, temporalidade, não repúdio, conservação e, nos casos que tramitem em segredo de justiça, confidencialidade, observada a infraestrutura de chaves públicas unificadas nacionalmente, nos termos da lei.

CUIDADO! Compete ao Conselho Nacional de Justiça e, supletivamente, aos tribunais, regulamentar a prática e a comunicação oficial de atos processuais por meio eletrônico e velar pela compatibilidade dos sistemas, disciplinando a incorporação progressiva de novos avanços tecnológicos e editando, para esse fim, os atos que forem necessários, respeitadas as normas fundamentais deste Código.

Os tribunais divulgarão as informações constantes de seu sistema de automação em página própria na rede mundial de computadores, gozando a divulgação de presunção de veracidade e confiabilidade.

Nos casos de problema técnico do sistema e de erro ou omissão do auxiliar da justiça responsável pelo registro dos andamentos, poderá ser configurada a justa causa prevista no art. 223, caput e § 1º.

As unidades do Poder Judiciário deverão manter gratuitamente, à disposição dos interessados, equipamentos necessários à prática de atos processuais e à consulta e ao acesso ao sistema e aos documentos dele constantes.

Será admitida a prática de atos por meio não eletrônico no local onde não estiverem disponibilizados os acima mencionados.

As unidades do Poder Judiciário assegurarão às pessoas com deficiência acessibilidade aos seus sítios na rede mundial de computadores, ao meio eletrônico de prática de atos judiciais, à comunicação eletrônica dos atos processuais e à assinatura eletrônica.

Principais regras relativas aos atos das partes, vejamos:

Os atos das partes consistentes em declarações unilaterais ou bilaterais de vontade produzem imediatamente a constituição, modificação ou extinção de direitos processuais.

CUIDADO! A desistência da ação só produzirá efeitos após homologação judicial.

As partes poderão exigir recibo de petições, arrazoados, papéis e documentos que entregarem em cartório.

É vedado lançar nos autos cotas marginais ou interlineares, as quais o juiz mandará riscar, impondo a quem as escrever multa correspondente à metade do salário-mínimo.

Dos Pronunciamentos do Juiz

Os pronunciamentos do juiz consistirão em sentenças, decisões interlocutórias e despachos.

Ressalvadas as disposições expressas dos procedimentos especiais, sentença é o pronunciamento por meio do qual o juiz, com fundamento nos arts. 485 e 487, põe fim à fase cognitiva do procedimento comum, bem como extingue a execução.

Decisão interlocutória é todo pronunciamento judicial de natureza decisória que não se enquadre no mencionado acima. Seu conceito no CPC/15 foi ofertado por exclusão.

São despachos todos os demais pronunciamentos do juiz praticados no processo, de ofício ou a requerimento da parte.

Os atos meramente ordinatórios, como a juntada e a vista obrigatória, independem de despacho, devendo ser praticados de ofício pelo servidor e revistos pelo juiz quando necessário.

Acórdão é o julgamento colegiado proferido pelos tribunais.

Vale lembrar! Os despachos, as decisões, as sentenças e os acórdãos serão redigidos, datados e assinados pelos juízes.

Quando os pronunciamentos acima forem proferidos oralmente, o servidor os documentará, submetendo-os aos juízes para revisão e assinatura.

A assinatura dos juízes, em todos os graus de jurisdição, pode ser feita eletronicamente, na forma da lei 11.419/06.

Os despachos, as decisões interlocutórias, o dispositivo das sentenças e a ementa dos acórdãos serão publicados no Diário de Justiça Eletrônico.

Atos do Escrivão ou do Chefe de Secretaria

Ao receber a petição inicial de processo, o escrivão ou o chefe de secretaria a autuará, mencionando o juízo, a natureza do processo, o número de seu registro, os nomes das partes e a data de seu início, e procederá do mesmo modo em relação aos volumes em formação.

O escrivão ou o chefe de secretaria numerará e rubricará todas as folhas dos autos.

Questão certa! À parte, ao procurador, ao membro do Ministério Público, ao defensor público e aos auxiliares da justiça é facultado rubricar as folhas correspondentes aos atos em que intervierem.

Os termos de juntada, vista, conclusão e outros semelhantes constarão de notas datadas e rubricadas pelo escrivão ou pelo chefe de secretaria. Ademais, os atos e os termos do processo serão assinados pelas pessoas que neles intervierem, todavia, quando essas não puderem ou não quiserem firmá-los, o escrivão ou o chefe de secretaria certificará a ocorrência.

Atenção! Quando se tratar de processo total ou parcialmente documentado em autos eletrônicos, os atos processuais praticados na presença do juiz poderão ser produzidos e armazenados de modo integralmente digital em arquivo eletrônico inviolável, na forma da lei, mediante registro em termo, que será assinado digitalmente pelo juiz e pelo escrivão ou chefe de secretaria, bem como pelos advogados das partes.

Vale lembrar que é lícito o uso da taquigrafia, da estenotipia ou de outro método idôneo em qualquer juízo ou tribunal.

Não se admitem nos atos e termos processuais espaços em branco, salvo os que forem inutilizados, assim como entrelinhas, emendas ou rasuras, exceto quando expressamente ressalvadas.

1.10. DAS COMUNICAÇÕES DOS ATOS

Os atos processuais serão cumpridos por ordem judicial.

Será expedida carta para a prática de atos fora dos limites territoriais do tribunal, da comarca, da seção ou da subseção judiciárias, ressalvadas as hipóteses previstas em lei.

O tribunal poderá expedir carta para juízo a ele vinculado, se o ato houver de se realizar fora dos limites territoriais do local de sua sede.

Admite-se a prática de atos processuais por meio de videoconferência ou outro recurso tecnológico de transmissão de sons e imagens em tempo real.

Será expedida carta:

- de ordem, pelo tribunal, na hipótese do § 2º do art. 236;
- rogatória, para que órgão jurisdicional estrangeiro pratique ato de cooperação jurídica internacional, relativo a processo em curso perante órgão jurisdicional brasileiro;
- precatória, para que órgão jurisdicional brasileiro pratique ou determine o cumprimento, na área de sua competência territorial, de ato relativo a pedido de cooperação judiciária formulado por órgão jurisdicional de competência territorial diversa;
- arbitral, para que órgão do Poder Judiciário pratique ou determine o cumprimento, na área de sua competência territorial, de ato objeto de pedido de cooperação judiciária formulado por juízo arbitral, inclusive os que importem efetivação de tutela provisória.

CITAÇÃO

Citação é o ato pelo qual são convocados o réu, o executado ou o interessado para integrar a relação processual.

Para a validade do processo é indispensável a citação do réu ou do executado, ressalvadas as hipóteses de indeferimento da petição inicial ou de improcedência liminar do pedido.

O comparecimento espontâneo do réu ou do executado supre a falta ou a nulidade da citação, fluindo a partir desta data o prazo para apresentação de contestação ou de embargos à execução.

Rejeitada a alegação de nulidade, tratando-se de processo de:

- conhecimento, o réu será considerado revel;
- execução, o feito terá seguimento.

A citação válida, ainda quando ordenada por juízo incompetente, induz litispendência, torna litigiosa a coisa e constitui em mora o devedor, ressalvado o disposto nos arts. 397 e 398 da Lei no 10.406, de 10 de janeiro de 2002 (Código Civil).

A interrupção da prescrição, operada pelo despacho que ordena a citação, ainda que proferido por juízo incompetente, retroagirá à data de propositura da ação.

Incumbe ao autor adotar, no prazo de 10 (dez) dias, as providências necessárias para viabilizar a citação, sob pena de não se aplicar o disposto no § 1º.

A parte não será prejudicada pela demora imputável exclusivamente ao serviço judiciário.

Transitada em julgado a sentença de mérito proferida em favor do réu antes da citação, incumbe ao escrivão ou ao chefe de secretaria comunicar-lhe o resultado do julgamento.

A citação será pessoal, podendo, no entanto, ser feita na pessoa do representante legal ou do procurador do réu, do executado ou do interessado.

Na ausência do citando, a citação será feita na pessoa de seu mandatário, administrador, preposto ou gerente, quando a ação se originar de atos por eles praticados.

O locador que se ausentar do Brasil sem cientificar o locatário de que deixou, na localidade onde estiver situado o imóvel, procurador com poderes para receber citação será citado na pessoa do administrador do imóvel encarregado do recebimento dos aluguéis, que será considerado habilitado para representar o locador em juízo.

A citação da União, dos Estados, do Distrito Federal, dos Municípios e de suas respectivas autarquias e fundações de direito público será realizada perante o órgão de Advocacia Pública responsável por sua representação judicial.

A citação poderá ser feita em qualquer lugar em que se encontre o réu, o executado ou o interessado.

O militar em serviço ativo será citado na unidade em que estiver servindo, se não for conhecida sua residência ou nela não for encontrado.

Não se fará a citação, salvo para evitar o perecimento do direito:

- de quem estiver participando de ato de culto religioso;
- de cônjuge, de companheiro ou de qualquer parente do morto, consanguíneo ou afim, em linha reta ou na linha colateral em segundo grau, no dia do falecimento e nos 7 (sete) dias seguintes;
- de noivos, nos 3 (três) primeiros dias seguintes ao casamento;
- de doente, enquanto grave o seu estado.

Não se fará citação quando se verificar que o citando é mentalmente incapaz ou está impossibilitado de recebê-la.

O oficial de justiça descreverá e certificará minuciosamente a ocorrência.

Para examinar o citando, o juiz nomeará médico, que apresentará laudo no prazo de 5 (cinco) dias.

Reconhecida a impossibilidade, o juiz nomeará curador ao citando, observando, quanto à sua escolha, a preferência estabelecida em lei e restringindo a nomeação à causa.

A citação será feita na pessoa do curador, a quem incumbirá a defesa dos interesses do citando.

A citação será feita:

- pelo correio;
- por oficial de justiça;
- pelo escrivão ou chefe de secretaria, se o citando comparecer em cartório;
- por edital;
- por meio eletrônico, conforme regulado em lei.

Com exceção das microempresas e das empresas de pequeno porte, as empresas públicas e privadas são obrigadas a manter cadastro nos sistemas de processo em autos eletrônicos, para efeito de recebimento de citações e intimações, as quais serão efetuadas preferencialmente por esse meio.

Na ação de usucapião de imóvel, os confinantes serão citados pessoalmente, exceto quando tiver por objeto unidade autônoma de prédio em condomínio, caso em que tal citação é dispensada.

A citação será feita pelo correio para qualquer comarca do país, exceto:

- nas ações de estado, observado o disposto no art. 695, § 3º;
- quando o citando for incapaz;
- quando o citando for pessoa de direito público;
- quando o citando residir em local não atendido pela entrega domiciliar de correspondência;
- quando o autor, justificadamente, a requerer de outra forma.

Deferida a citação pelo correio, o escrivão ou o chefe de secretaria remeterá ao citando cópias da petição inicial e do despacho do juiz e comunicará o prazo para resposta, o endereço do juízo e o respectivo cartório.

A carta será registrada para entrega ao citando, exigindo-lhe o carteiro, ao fazer a entrega, que assine o recibo.

Sendo o citando pessoa jurídica, será válida a entrega do mandado a pessoa com poderes de gerência geral ou de administração ou, ainda, a funcionário responsável pelo recebimento de correspondências.

Da carta de citação no processo de conhecimento constarão os requisitos do art. 250.

Nos condomínios edilícios ou nos loteamentos com controle de acesso, será válida a entrega do mandado a funcionário da portaria responsável pelo recebimento de correspondência, que, entretanto, poderá recusar o recebimento, se declarar, por escrito, sob as penas da lei, que o destinatário da correspondência está ausente.

A citação será feita por meio de oficial de justiça nas hipóteses previstas neste Código ou em lei, ou quando frustrada a citação pelo correio.

Incumbe ao oficial de justiça procurar o citando e, onde o encontrar, citá-lo:

- lendo-lhe o mandado e entregando-lhe a contrafé;
- portando por fé se recebeu ou recusou a contrafé;
- obtendo a nota de ciente ou certificando que o citando não a após no mandado.

Quando, por 2 (duas) vezes, o oficial de justiça houver procurado o citando em seu domicílio ou residência sem o encontrar, deverá, havendo suspeita de ocultação, intimar qualquer pessoa da família ou, em sua falta, qualquer vizinho de que, no dia útil imediato, voltará a fim de efetuar a citação, na hora que designar.

Nos condomínios edilícios ou nos loteamentos com controle de acesso, será válida a intimação a que se refere o caput feita a funcionário da portaria responsável pelo recebimento de correspondência.

No dia e na hora designados, o oficial de justiça, independentemente de novo despacho, comparecerá ao domicílio ou à residência do citando a fim de realizar a diligência.

Se o citando não estiver presente, o oficial de justiça procurará informar-se das razões da ausência, dando por feita a citação, ainda que o citando se tenha ocultado em outra comarca, seção ou subseção judiciárias.

A citação com hora certa será efetivada mesmo que a pessoa da família ou o vizinho que houver sido intimado esteja ausente, ou se, embora presente, a pessoa da família ou o vizinho se recusar a receber o mandado.

Da certidão da ocorrência, o oficial de justiça deixará contrafé com qualquer pessoa da família ou vizinho, conforme o caso, declarando-lhe o nome.

O oficial de justiça fará constar do mandado a advertência de que será nomeado curador especial se houver revelia.

Feita a citação com hora certa, o escrivão ou chefe de secretaria enviará ao réu, executado ou interessado, no prazo de 10 (dez) dias, contado da data da juntada do mandado aos autos, carta, telegrama ou correspondência eletrônica, dando-lhe de tudo ciência.

Nas comarcas contíguas de fácil comunicação e nas que se situem na mesma região metropolitana, o oficial de justiça poderá efetuar, em qualquer delas, citações, intimações, notificações, penhoras e quaisquer outros atos executivos.

A citação por edital será feita:

- quando desconhecido ou incerto o citando;
- quando ignorado, incerto ou inacessível o lugar em que se encontrar o citando;
- nos casos expressos em lei.

Considera-se inacessível, para efeito de citação por edital, o país que recusar o cumprimento de carta rogatória.

No caso de ser inacessível o lugar em que se encontrar o réu, a notícia de sua citação será divulgada também pelo rádio, se na comarca houver emissora de radiodifusão.

O réu será considerado em local ignorado ou incerto se infrutíferas as tentativas de sua localização, inclusive mediante requisição pelo juízo de informações sobre seu endereço nos cadastros de órgãos públicos ou de concessionárias de serviços públicos.

São requisitos da citação por edital:

- a afirmação do autor ou a certidão do oficial informando a presença das circunstâncias autorizadoras;
- a publicação do edital na rede mundial de computadores, no sítio do respectivo tribunal e na plataforma de editais do Conselho Nacional de Justiça, que deve ser certificada nos autos;
- a determinação, pelo juiz, do prazo, que variará entre 20 (vinte) e 60 (sessenta) dias, fluindo da data da publicação única ou, havendo mais de uma, da primeira;
- a advertência de que será nomeado curador especial em caso de revelia.

O juiz poderá determinar que a publicação do edital seja feita também em jornal local de ampla circulação ou por outros meios, considerando as peculiaridades da comarca, da seção ou da subseção judiciárias.

A parte que requerer a citação por edital, alegando dolosamente a ocorrência das circunstâncias autorizadoras para sua realização, incorrerá em multa de 5 (cinco) vezes o salário-mínimo.

Parágrafo único. A multa reverterá em benefício do citando.

Serão publicados editais:

- na ação de usucapião de imóvel;
- na ação de recuperação ou substituição de título ao portador;
- em qualquer ação em que seja necessária, por determinação legal, a provocação, para participação no processo, de interessados incertos ou desconhecidos.

INTIMAÇÕES

Intimação é o ato pelo qual se dá ciência a alguém dos atos e dos termos do processo.

É facultado aos advogados promover a intimação do advogado da outra parte por meio do correio, juntando aos autos, a seguir, cópia do ofício de intimação e do aviso de recebimento.

O ofício de intimação deverá ser instruído com cópia do despacho, da decisão ou da sentença.

A intimação da União, dos Estados, do Distrito Federal, dos Municípios e de suas respectivas autarquias e fundações de direito público será realizada perante o órgão de Advocacia Pública responsável por sua representação judicial.

As intimações realizam-se, sempre que possível, por meio eletrônico, na forma da lei.

O juiz determinará de ofício as intimações em processos pendentes, salvo disposição em contrário.

Quando não realizadas por meio eletrônico, consideram-se feitas as intimações pela publicação dos atos no órgão oficial.

Os advogados poderão requerer que, na intimação a eles dirigida, figure apenas o nome da sociedade a que pertençam, desde que devidamente registrada na Ordem dos Advogados do Brasil.

Sob pena de nulidade, é indispensável que da publicação constem os nomes das partes e de seus advogados, com o respectivo número de inscrição na Ordem dos Advogados do Brasil, ou, se assim requerido, da sociedade de advogados.

A grafia dos nomes das partes não deve conter abreviaturas.

A grafia dos nomes dos advogados deve corresponder ao nome completo e ser a mesma que constar da procuração ou que estiver registrada na Ordem dos Advogados do Brasil.

Constando dos autos pedido expresso para que as comunicações dos atos processuais sejam feitas em nome dos advogados indicados, o seu desatendimento implicará nulidade.

A retirada dos autos do cartório ou da secretaria em carga pelo advogado, por pessoa credenciada a pedido do advogado ou da sociedade de advogados, pela Advocacia Pública, pela Defensoria Pública ou pelo Ministério Público implicará intimação de qualquer decisão contida no processo retirado, ainda que pendente de publicação.

O advogado e a sociedade de advogados deverão requerer o respectivo credenciamento para a retirada de autos por preposto.

A parte arguirá a nulidade da intimação em capítulo preliminar do próprio ato que lhe caiba praticar, o qual será tido por tempestivo se o vício for reconhecido.

Não sendo possível a prática imediata do ato diante da necessidade de acesso prévio aos autos, a parte limitar-se-á a arguir a nulidade da intimação, caso em que o prazo será contado da intimação da decisão que a reconheça.

Não dispondo a lei de outro modo, as intimações serão feitas às partes, aos seus representantes legais, aos advogados e aos demais sujeitos do processo pelo correio ou, se presentes em cartório, diretamente pelo escrivão ou chefe de secretaria.

Presumem-se válidas as intimações dirigidas ao endereço constante dos autos, ainda que não recebidas pessoalmente pelo interessado, se a modificação temporária ou definitiva não tiver sido devidamente comunicada ao juízo, fluindo os prazos a partir da juntada aos autos do comprovante de entrega da correspondência no primitivo endereço.

2. DO PROCEDIMENTO COMUM

Aplica-se a todas as causas o procedimento comum, salvo disposição em contrário deste Código ou de lei. Não há mais a subdivisão em procedimentos ordinário e sumário. Os procedimentos passam a ser comuns ou especiais.

O procedimento comum aplica-se subsidiariamente aos demais procedimentos especiais e ao processo de execução.

2.1. DA PETIÇÃO INICIAL

A petição inicial é o ato inaugural do processo. É através dela que o autor propõe a demanda. Eis um ato solene. Vejamos seus requisitos.

A petição inicial indicará:

- o juízo a que é dirigida;
- os nomes, os prenomes, o estado civil, a existência de união estável, a profissão, o número de inscrição no Cadastro de Pessoas Físicas ou no Cadastro Nacional da Pessoa Jurídica, o endereço eletrônico, o domicílio e a residência do autor e do réu;
- o fato e os fundamentos jurídicos do pedido;

Atenção! Não são exigidos os fundamentos legais.

- o pedido com as suas especificações;
- o valor da causa;
- as provas com que o autor pretende demonstrar a verdade dos fatos alegados;
- a opção do autor pela realização ou não de audiência de conciliação ou de mediação.

Caso não disponha das informações relativas à qualificação das partes, poderá o autor, na petição inicial, requerer ao juiz diligências necessárias a sua obtenção.

A petição inicial não será indeferida se, a despeito da falta de informações relativas a qualificação das partes, for possível a citação do réu.

Ademais, a petição inicial não será indeferida pelo não atendimento aos dados de qualificação se a obtenção de tais informações tornar impossível ou excessivamente oneroso o acesso à justiça.

A petição inicial será instruída com os documentos indispensáveis à propositura da ação. A produção da prova documental se dará, em regra, na fase postulatória.

EMENDA

O juiz, ao verificar que a petição inicial não preenche os requisitos dos arts. 319 e 320 ou que apresenta defeitos e irregularidades capazes de dificultar o julgamento de mérito, determinará que o autor, no prazo de 15 (quinze) dias, a emende ou a complete, indicando com precisão o que deve ser corrigido ou completado.

CUIDADO! Se o autor não cumprir a diligência, o juiz indeferirá a petição inicial.

PEDIDO

O pedido deve ser certo.

Compreendem-se no principal os juros legais, a correção monetária e as verbas de sucumbência, **inclusive os honorários advocatícios.**

Uma grande novidade do NCPC é a determinação de que a interpretação do pedido considerará o conjunto da postulação e observará o princípio da boa-fé.

Na ação que tiver por objeto cumprimento de obrigação em prestações sucessivas, essas serão consideradas incluídas no pedido, independentemente de declaração expressa do autor, e serão incluídas na condenação, enquanto durar a obrigação, se o devedor, no curso do processo, deixar de pagá-las ou de consigná-las.

O pedido, em regra, deve ser determinado.

É lícito, porém, formular pedido genérico:

- nas ações universais, se o autor não puder individuar os bens demandados;
- quando não for possível determinar, desde logo, as consequências do ato ou do fato;
- quando a determinação do objeto ou do valor da condenação depender de ato que deva ser praticado pelo réu.

CUIDADO! As disposições acima aplicam-se à reconvenção.

O pedido será alternativo quando, pela natureza da obrigação, o devedor puder cumprir a prestação de mais de um modo. Quando, pela lei ou pelo contrato, a escolha couber ao devedor, o juiz lhe assegurará o direito de cumprir a prestação de um ou de outro modo, ainda que o autor não tenha formulado pedido alternativo.

Dicas de cumulação!

É lícito formular mais de um pedido em ordem subsidiária, a fim de que o juiz conheça do posterior, quando não acolher o anterior.

É lícito formular mais de um pedido, alternativamente, para que o juiz acolha um deles.

É lícita a cumulação, em um único processo, contra o mesmo réu, de vários pedidos, ainda que entre eles não haja conexão.

São requisitos de admissibilidade da cumulação que:

- os pedidos sejam compatíveis entre si;
- seja competente para conhecer deles o mesmo juízo;
- seja adequado para todos os pedidos o tipo de procedimento.

Quando, para cada pedido, corresponder tipo diverso de procedimento, será admitida a cumulação se o autor empregar o procedimento comum, sem prejuízo do emprego das técnicas processuais diferenciadas previstas nos procedimentos especiais a que se sujeitam um ou mais pedidos cumulados, que não forem incompatíveis com as disposições sobre o procedimento comum.

ALTERABILIDADE DA DEMANDA

O autor poderá:

- até a citação, aditar ou alterar o pedido ou a causa de pedir, independentemente de consentimento do réu;
- até o saneamento do processo, aditar ou alterar o pedido e a causa de pedir, com consentimento do réu, assegurado o contraditório mediante a possibilidade de manifestação deste no prazo mínimo de 15 (quinze) dias, facultado o requerimento de prova suplementar.

Aplica-se o disposto neste artigo à reconvenção e à respectiva causa de pedir.

RESUMO DOS REQUISITOS PARA FIXAR:

- Endereçamento;
- Qualificação das partes;
- Fatos e fundamentos;
- Requerimento de produção de provas;
- Pedido;
- Indicação do interesse no comparecimento à audiência de autocomposição;
- Valor da causa.

2.2. DAS PROVIDÊNCIAS QUE PODEM SER DETERMINADAS PELO MAGISTRADO.

EMENDA DA PETIÇÃO INICIAL

O juiz, ao verificar que a petição inicial não preenche os requisitos dos arts. 319 e 320 ou que apresenta defeitos e irregularidades capazes de dificultar o julgamento de mérito, determinará que o autor, no prazo de 15 (quinze) dias, a emende ou a complete, indicando com precisão o que deve ser corrigido ou completado.

Se o autor não cumprir a diligência, o juiz indeferirá a petição inicial. Sigamos!

INDEFERIMENTO DA PETIÇÃO INICIAL

Ao identificar vícios insanáveis na petição inicial, o juiz determinará seu indeferimento.

A petição inicial será indeferida quando:

- for inepta;
- a parte for manifestamente ilegítima;
- o autor carecer de interesse processual;

- não atendidas as prescrições dos arts. 106 e 321.

Considera-se inepta a petição inicial quando:

- lhe faltar pedido ou causa de pedir;
- o pedido for indeterminado, ressalvadas as hipóteses legais em que se permite o pedido genérico;
- da narração dos fatos não decorrer logicamente a conclusão;
- contiver pedidos incompatíveis entre si.

Atenção! Nas ações que tenham por objeto a revisão de obrigação decorrente de empréstimo, de financiamento ou de alienação de bens, o autor terá de, sob pena de inépcia, discriminar na petição inicial, dentre as obrigações contratuais, aquelas que pretende controverter, além de quantificar o valor incontroverso do débito. Na hipótese acima, o valor incontroverso deverá continuar a ser pago no tempo e modo contratados.

Indeferida a petição inicial, o autor poderá apelar, facultado ao juiz, no prazo de 5 (cinco) dias, retratar-se.

Se não houver retratação, o juiz mandará citar o réu para responder ao recurso. Sendo a sentença reformada pelo tribunal, o prazo para a contestação começará a correr da intimação do retorno dos autos, observado o disposto no art. 334.

Não interposta a apelação, o réu será intimado do trânsito em julgado da sentença.

IMPROCEDÊNCIA LIMINAR

Nas causas que dispensem a fase instrutória, o juiz, independentemente da citação do réu, julgará liminarmente improcedente o pedido que contrariar:

- enunciado de súmula do Supremo Tribunal Federal ou do Superior Tribunal de Justiça;
- acórdão proferido pelo Supremo Tribunal Federal ou pelo Superior Tribunal de Justiça em julgamento de recursos repetitivos;
- entendimento firmado em incidente de resolução de demandas repetitivas ou de assunção de competência;
- enunciado de súmula de tribunal de justiça sobre direito local.

O juiz também poderá julgar liminarmente improcedente o pedido se verificar, desde logo, a ocorrência de decadência ou de prescrição.

Não interposta a apelação, o réu será intimado do trânsito em julgado da sentença, nos termos do art. 241.

Interposta a apelação, o juiz poderá retratar-se em 5 (cinco) dias.

Se houver retratação, o juiz determinará o prosseguimento do processo, com a citação do réu, e, se não houver retratação, determinará a citação do réu para apresentar contrarrazões, no prazo de 15 (quinze) dias.

2.3. AUDIÊNCIA DE CONCILIAÇÃO OU DE MEDIAÇÃO

Se a petição inicial preencher os requisitos essenciais e não for o caso de improcedência liminar do pedido, o juiz designará audiência de conciliação ou de mediação com antecedência mínima de 30 (trinta) dias, devendo ser citado o réu com pelo menos 20 (vinte) dias de antecedência.

O conciliador ou mediador, onde houver, atuará necessariamente na audiência de conciliação ou de mediação, observando o disposto no código, bem como as disposições da lei de organização judiciária.

Poderá haver mais de uma sessão destinada à conciliação e à mediação, não podendo exceder a 2 (dois) meses da data de realização da primeira sessão, desde que necessárias à composição das partes.

A intimação do autor para a audiência será feita na pessoa de seu advogado.

CUIDADO! A audiência não será realizada:

- se ambas as partes manifestarem, expressamente, desinteresse na composição consensual;
- quando não se admitir a autocomposição.

O autor deverá indicar, na petição inicial, seu desinteresse na autocomposição, e o réu deverá fazê-lo, por petição, apresentada com 10 (dez) dias de antecedência, contados da data da audiência.

Havendo litisconsórcio, o desinteresse na realização da audiência deve ser manifestado por todos os litisconsortes.

A audiência de conciliação ou de mediação pode realizar-se por meio eletrônico, nos termos da lei.

O não comparecimento injustificado do autor ou do réu à audiência de conciliação é considerado ato atentatório à dignidade da justiça e será sancionado com multa de até dois por cento da vantagem econômica pretendida ou do valor da causa, revertida em favor da União ou do Estado.

As partes devem estar acompanhadas por seus advogados ou defensores públicos.

A parte poderá constituir representante, por meio de procuração específica, com poderes para negociar e transigir.

A autocomposição obtida será reduzida a termo e homologada por sentença.

A pauta das audiências de conciliação ou de mediação será organizada de modo a respeitar o intervalo mínimo de 20 (vinte) minutos entre o início de uma e o início da seguinte.

2.4. DA REAÇÃO DO POLO PASSIVO.

CONTESTAÇÃO

A contestação é a peça de defesa por excelência.

O réu poderá oferecer contestação, por petição, no prazo de 15 (quinze) dias, cujo termo inicial será a data:

- da audiência de conciliação ou de mediação, ou da última sessão de conciliação, quando qualquer parte não comparecer ou, comparecendo, não houver autocomposição;
- do protocolo do pedido de cancelamento da audiência de conciliação ou de mediação apresentado pelo réu, quando ocorrer a hipótese do art. 334, § 4º, inciso I;
- prevista no art. 231, de acordo com o modo como foi feita a citação, nos demais casos.

Incumbe ao réu alegar, na contestação, toda a matéria de defesa, expondo as razões de fato e de direito com que impugna o pedido do autor e especificando as provas que pretende produzir.

Incumbe ao réu, antes de discutir o mérito, alegar:

- inexistência ou nulidade da citação;
- incompetência absoluta e relativa;
- incorreção do valor da causa;
- inépcia da petição inicial;
- perempção;
- litispendência;
- coisa julgada;
- conexão;
- incapacidade da parte, defeito de representação ou falta de autorização;
- convenção de arbitragem;
- ausência de legitimidade ou de interesse processual;
- falta de caução ou de outra prestação que a lei exige como preliminar;
- indevida concessão do benefício de gratuidade de justiça.

Noções importantes!

- Verifica-se a litispendência ou a coisa julgada quando se reproduz ação anteriormente ajuizada.
- Uma ação é idêntica a outra quando possui as mesmas partes, a mesma causa de pedir e o mesmo pedido.
- Há litispendência quando se repete ação que está em curso.
- Há coisa julgada quando se repete ação que já foi decidida por decisão transitada em julgado.
- Excetuadas a convenção de arbitragem e a incompetência relativa, o juiz conhecerá de ofício das matérias enumeradas neste artigo.
- A ausência de alegação da existência de convenção de arbitragem, na forma prevista neste Capítulo, implica aceitação da jurisdição estatal e renúncia ao juízo arbitral.

NOVIDADE! Alegando o réu, na contestação, ser parte ilegítima ou não ser o responsável pelo prejuízo invocado, o juiz facultará ao autor, em 15 (quinze) dias, a alteração da petição inicial para substituição do réu. Realizada a substituição, o autor reembolsará as despesas e pagará os honorários ao procurador do réu excluído, que serão fixados entre três e cinco por cento do valor da causa ou, sendo este irrisório, nos termos do art. 85, § 8º.

Quando alegar sua ilegitimidade, incumbe ao réu indicar o sujeito passivo da relação jurídica discutida sempre que tiver conhecimento, sob pena de arcar com as despesas processuais e de indenizar o autor pelos prejuízos decorrentes da falta de indicação.

O autor, ao aceitar a indicação, procederá, no prazo de 15 (quinze) dias, à alteração da petição inicial para a substituição do réu, observando-se, ainda, o parágrafo único do art. 338.

No prazo de 15 (quinze) dias, o autor pode optar por alterar a petição inicial para incluir, como litisconsorte passivo, o sujeito indicado pelo réu.

ATENÇÃO MÁXIMA! Havendo alegação de incompetência relativa ou absoluta, a contestação poderá ser protocolada no foro de domicílio do réu, fato que será imediatamente comunicado ao juiz da causa, preferencialmente por meio eletrônico.

A contestação será submetida a livre distribuição ou, se o réu houver sido citado por meio de carta precatória, juntada aos autos dessa carta, seguindo-se a sua imediata remessa para o juízo da causa.

Reconhecida a competência do foro indicado pelo réu, o juízo para o qual for distribuída a contestação ou a carta precatória será considerado prevento. Alegada a incompetência nos termos do caput, será suspensa a realização da audiência de conciliação ou de mediação, se tiver sido designada.

Definida a competência, o juízo competente designará nova data para a audiência de conciliação ou de mediação.

Incumbe também ao réu manifestar-se precisamente sobre as alegações de fato constantes da petição inicial, presumindo-se verdadeiras as não impugnadas, salvo se:

- não for admissível, a seu respeito, a confissão;
- a petição inicial não estiver acompanhada de instrumento que a lei considerar da substância do ato;
- estiverem em contradição com a defesa, considerada em seu conjunto.

O ônus da impugnação especificada dos fatos não se aplica ao defensor público, ao advogado dativo e ao curador especial.

Depois da contestação, só é lícito ao réu deduzir novas alegações quando:

- relativas a direito ou a fato superveniente;
- competir ao juiz conhecer delas de ofício;
- por expressa autorização legal, puderem ser formuladas em qualquer tempo e grau de jurisdição.

RECONVENÇÃO

Na contestação, é lícito ao réu propor reconvenção para manifestar pretensão própria, conexa com a ação principal ou com o fundamento da defesa.

Proposta a reconvenção, o autor será intimado, na pessoa de seu advogado, para apresentar resposta no prazo de 15 (quinze) dias.

A desistência da ação ou a ocorrência de causa extintiva que impeça o exame de seu mérito não obsta ao prosseguimento do processo quanto à reconvenção.

A reconvenção pode ser proposta contra o autor e terceiro.

A reconvenção pode ser proposta pelo réu em litisconsórcio com terceiro.

Se o autor for substituto processual, o reconvinte deverá afirmar ser titular de direito em face do substituído, e a reconvenção deverá ser proposta em face do autor, também na qualidade de substituto processual.

Vale lembrar que o réu pode propor reconvenção independentemente de oferecer contestação.

REVELIA

Se o réu não contestar a ação, será considerado revel e presumir-se-ão verdadeiras as alegações de fato formuladas pelo autor.

A revelia não produz o efeito mencionado no art. 344 se:

- havendo pluralidade de réus, algum deles contestar a ação;
- o litígio versar sobre direitos indisponíveis;
- a petição inicial não estiver acompanhada de instrumento que a lei considere indispensável à prova do ato;
- as alegações de fato formuladas pelo autor forem inverossímeis ou estiverem em contradição com prova constante dos autos.

Os prazos contra o revel que não tenha patrono nos autos fluirão da data de publicação do ato decisório no órgão oficial.

O revel poderá intervir no processo em qualquer fase, recebendo-o no estado em que se encontrar.

2.5. DAS PROVIDÊNCIAS PRELIMINARES

Findo o prazo para a contestação, o juiz tomará, conforme o caso, as providências preliminares constantes das disposições abaixo, vejamos:

Não Incidência dos Efeitos da Revelia

Se o réu não contestar a ação, o juiz, verificando a inocorrência do efeito da revelia previsto no art. 344, ordenará que o autor especifique as provas que pretenda produzir, se ainda não as tiver indicado.

Sinaliza o art. 349 do CPC, que ao réu revel será lícita a produção de provas, contrapostas às alegações do autor, desde que se faça representar nos autos a tempo de praticar os atos processuais indispensáveis a essa produção.

Fato Impeditivo, Modificativo ou Extintivo do Direito do Autor

Se o réu alegar fato impeditivo, modificativo ou extintivo do direito do autor, este será ouvido no prazo de 15 (quinze) dias, permitindo-lhe o juiz a produção de prova.

Alegações do Réu

Se o réu alegar qualquer das matérias enumeradas no art. 337, o juiz determinará a oitiva do autor no prazo de 15 (quinze) dias, permitindo-lhe a produção de prova. Eis a chamada RÉPLICA.

Art. 352. Verificando a existência de irregularidades ou de vícios sanáveis, o juiz determinará sua correção em prazo nunca superior a 30 (trinta) dias.

Por fim, cumpridas as providências preliminares ou não havendo necessidade delas, o juiz proferirá julgamento conforme o estado do processo, conforme veremos.

2.6. JULGAMENTO CONFORME O ESTADO DO PROCESSO.

Extinção do Processo

Ocorrendo qualquer das hipóteses previstas nos arts. 485 e 487, incisos II e III, o juiz proferirá sentença.

CUIDADO! A decisão a que se refere o caput pode dizer respeito a apenas parcela do processo, caso em que será impugnável por agravo de instrumento.

JULGAMENTO ANTECIPADO DO MÉRITO

O juiz julgará antecipadamente o pedido, proferindo sentença com resolução de mérito, quando:

- não houver necessidade de produção de outras provas;
- o réu for revel, ocorrer o efeito previsto no art. 344 e não houver requerimento de prova, na forma do art. 349.

JULGAMENTO ANTECIPADO PARCIAL DO MÉRITO

Eis uma novidade.

O juiz decidirá parcialmente o mérito quando um ou mais dos pedidos formulados ou parcela deles:

- mostrar-se incontroverso;
- estiver em condições de imediato julgamento, nos termos do art. 355.

A decisão que julgar parcialmente o mérito poderá reconhecer a existência de obrigação líquida ou ilíquida. A parte poderá liquidar ou executar, desde logo, a obrigação reconhecida na decisão que julgar parcialmente o mérito, independentemente de caução, ainda que haja recurso contra essa interposto.

A liquidação e o cumprimento da decisão que julgar parcialmente o mérito poderão ser processados em autos suplementares, a requerimento da parte ou a critério do juiz.

A decisão proferida com base neste artigo **é impugnável por agravo de instrumento.**

SANEAMENTO E DA ORGANIZAÇÃO DO PROCESSO

Não ocorrendo nenhuma das hipóteses deste Capítulo, deverá o juiz, em decisão de saneamento e de organização do processo:

- resolver as questões processuais pendentes, se houver;
- delimitar as questões de fato sobre as quais recairá a atividade probatória, especificando os meios de prova admitidos;
- definir a distribuição do ônus da prova, observado o art. 373;
- delimitar as questões de direito relevantes para a decisão do mérito;
- designar, se necessário, audiência de instrução e julgamento.

Realizado o saneamento, as partes têm o direito de pedir esclarecimentos ou solicitar ajustes, no prazo comum de 5 (cinco) dias, findo o qual a decisão se torna estável.

As partes podem apresentar ao juiz, para homologação, delimitação consensual das questões de fato e de direito, a qual, se homologada, vincula as partes e o juiz.

Se a causa apresentar complexidade em matéria de fato ou de direito, deverá o juiz designar audiência para que o saneamento seja feito em cooperação com as partes, oportunidade em que o juiz, se for o caso, convidará as partes a integrar ou esclarecer suas alegações.

Caso tenha sido determinada a produção de prova testemunhal, o juiz fixará prazo comum não superior a 15 (quinze) dias para que as partes apresentem rol de testemunhas. As partes devem levar, para a audiência prevista, o respectivo rol de testemunhas.

O número de testemunhas arroladas não pode ser superior a 10 (dez), sendo 3 (três), no máximo, para a prova de cada fato. O juiz poderá limitar o número de testemunhas levando em conta a complexidade da causa e dos fatos individualmente considerados.

Caso tenha sido determinada a produção de prova pericial, o juiz deve observar o disposto no art. 465 e, se possível, estabelecer, desde logo, calendário para sua realização.

Vale anotar! As pautas deverão ser preparadas com intervalo mínimo de 1 (uma) hora entre as audiências.

3. DA PROVA

Provas são os instrumentos utilizados pela parte para o convencimento judicial.

As partes têm o direito de empregar todos os meios legais, bem como os moralmente legítimos, ainda que não especificados neste Código, para provar a verdade dos fatos em que se funda o pedido ou a defesa e influir eficazmente na convicção do juiz.

Caberá ao juiz, de ofício ou a requerimento da parte, determinar as provas necessárias ao julgamento do mérito. O juiz indeferirá, em decisão fundamentada, as diligências inúteis ou meramente protelatórias.

O juiz apreciará a prova constante dos autos, independentemente do sujeito que a tiver promovido, e indicará na decisão as razões da formação de seu convencimento. Ele poderá admitir a utilização de prova produzida em outro processo, atribuindo-lhe o valor que considerar adequado, observado o contraditório.

O ônus da prova incumbe:

- ao autor, quanto ao fato constitutivo de seu direito;
- ao réu, quanto à existência de fato impeditivo, modificativo ou extintivo do direito do autor.

Nos casos previstos em lei ou diante de peculiaridades da causa relacionadas à impossibilidade ou à excessiva dificuldade de cumprir o encargo nos termos do caput ou à maior facilidade de obtenção da prova do fato contrário, poderá o juiz atribuir o ônus da prova de modo diverso, desde que o faça por decisão fundamentada, caso em que deverá dar à parte a oportunidade de se desincumbir do ônus que lhe foi atribuído. A decisão acima mencionada não pode gerar situação em que a desincumbência do encargo pela parte seja impossível ou excessivamente difícil.

A distribuição diversa do ônus da prova também pode ocorrer por convenção das partes, salvo quando:

- recair sobre direito indisponível da parte;
- tornar excessivamente difícil a uma parte o exercício do direito.

A convenção pode ser celebrada antes ou durante o processo.

Não dependem de prova os fatos:

- notórios;
- afirmados por uma parte e confessados pela parte contrária;
- admitidos no processo como incontroversos;
- em cujo favor milita presunção legal de existência ou de veracidade.

O juiz aplicará as regras de experiência comum subministradas pela observação do que ordinariamente acontece e, ainda, as regras de experiência técnica, ressalvado, quanto a estas, o exame pericial.

ATENÇÃO! A parte que alegar direito municipal, estadual, estrangeiro ou consuetudinário provar-lhe-á o teor e a vigência, se assim o juiz determinar.

Preservado o direito de não produzir prova contra si própria, incumbe à parte:

- comparecer em juízo, respondendo ao que lhe for interrogado;
- colaborar com o juízo na realização de inspeção judicial que for considerada necessária;
- praticar o ato que lhe for determinado.

Incumbe ao terceiro, em relação a qualquer causa:

- informar ao juiz os fatos e as circunstâncias de que tenha conhecimento;
- exibir coisa ou documento que esteja em seu poder.

Poderá o juiz, em caso de descumprimento, determinar, além da imposição de multa, outras medidas indutivas, coercitivas, mandamentais ou sub-rogatórias.

PRODUÇÃO ANTECIPADA DA PROVA

A produção antecipada da prova será admitida nos casos em que:

- haja fundado receio de que venha a tornar-se impossível ou muito difícil a verificação de certos fatos na pendência da ação;
- a prova a ser produzida seja suscetível de viabilizar a autocomposição ou outro meio adequado de solução de conflito;
- o prévio conhecimento dos fatos possa justificar ou evitar o ajuizamento de ação.

A produção antecipada da prova é da competência do juízo do foro onde esta deva ser produzida ou do foro de domicílio do réu. A produção antecipada da prova não previne a competência do juízo para a ação que venha a ser proposta.

O juízo estadual tem competência para produção antecipada de prova requerida em face da União, de entidade autárquica ou de empresa pública federal se, na localidade, não houver vara federal.

Aplicam-se às disposições acima àquele que pretender justificar a existência de algum fato ou relação jurídica para simples documento e sem caráter contencioso, que exporá, em petição circunstanciada, a sua intenção.

Na petição, o requerente apresentará as razões que justificam a necessidade de antecipação da prova e mencionará com precisão os fatos sobre os quais a prova há de recair.

O juiz determinará, de ofício ou a requerimento da parte, a citação de interessados na produção da prova ou no fato a ser provado, salvo se inexistente caráter contencioso. Ele não se pronunciará sobre a ocorrência ou a inocorrência do fato, nem sobre as respectivas consequências jurídicas.

Os interessados poderão requerer a produção de qualquer prova no mesmo procedimento, desde que relacionada ao mesmo fato, salvo se a sua produção conjunta acarretar excessiva demora.

Neste procedimento, não se admitirá defesa ou recurso, salvo contra decisão que indeferir totalmente a produção da prova pleiteada pelo requerente originário.

Os autos permanecerão em cartório durante 1 (um) mês para extração de cópias e certidões pelos interessados. Findo o prazo, os autos serão entregues ao promovente da medida.

ATA NOTARIAL

Em linhas gerais, a ata notarial é um instrumento público, lavrado por tabelião de notas (Lei Federal nº 8.935/94, art. 7º, III) a requerimento de pessoa interessada, que se destina a atestar (através dos sentidos do próprio notário) e documentar a existência ou o modo de existir de algum fato jurídico. O exemplo mais palpável na atualidade talvez seja a prova das situações documentadas na internet e, principalmente, nas redes sociais.

De acordo com o art. 384 a existência e o modo de existir de algum fato podem ser atestados ou documentados, a requerimento do interessado, mediante ata lavrada por tabelião. Dados representados por imagem ou som gravados em arquivos eletrônicos poderão constar da ata notarial.

DEPOIMENTO PESSOAL

Depoimento pessoal é o ato praticado pela parte, mediante provocação da parte contrária, de comparecer em juízo quando convocada pelo juiz, a fim de prestar esclarecimentos sobre os fatos de interesse da causa.

Cabe à parte requerer o depoimento pessoal da outra parte, a fim de que esta seja interrogada na audiência de instrução e julgamento, sem prejuízo do poder do juiz de ordená-lo de ofício.

Se a parte, pessoalmente intimada para prestar depoimento pessoal e advertida da pena de confesso, não comparecer ou, comparecendo, se recusar a depor, o juiz aplicar-lhe-á a pena.

ATENÇÃO! É vedado a quem ainda não depôs assistir ao interrogatório da outra parte.

O depoimento pessoal da parte que residir em comarca, seção ou subseção judiciária diversa daquela onde tramita o processo poderá ser colhido por meio de videoconferência ou outro recurso tecnológico de transmissão de sons e imagens em tempo real, o que poderá ocorrer, inclusive, durante a realização da audiência de instrução e julgamento.

CUIDADO! Quando a parte, sem motivo justificado, deixar de responder ao que lhe for perguntado ou empregar evasivas, o juiz, apreciando as demais circunstâncias e os elementos de prova, declarará, na sentença, se houve recusa de depor.

A parte responderá pessoalmente sobre os fatos articulados, não podendo servir-se de escritos anteriormente preparados, permitindo-lhe o juiz, todavia, a consulta a notas breves, desde que objetivem completar esclarecimentos.

QUESTÃO DE PROVA!

A parte não é obrigada a depor sobre fatos:

- criminosos ou torpes que lhe forem imputados;
- a cujo respeito, por estado ou profissão, deva guardar sigilo;
- acerca dos quais não possa responder sem desonra própria, de seu cônjuge, de seu companheiro ou de parente em grau sucessível;
- que coloquem em perigo a vida do depoente ou das pessoas referidas acima.

EXCEÇÃO! Esta disposição não se aplica às ações de estado e de família.

CONFISSÃO

Há confissão, judicial ou extrajudicial, quando a parte admite a verdade de fato contrário ao seu interesse e favorável ao do adversário.

Vale ressaltar que a confissão judicial pode ser espontânea ou provocada. Ademais, a confissão espontânea pode ser feita pela própria parte ou por representante com poder especial. Já a confissão provocada constará do termo de depoimento pessoal.

A confissão judicial faz prova contra o confitente, não prejudicando, todavia, os litisconsortes. Ela tem caráter personalíssimo.

Nas ações que versarem sobre bens imóveis ou direitos reais sobre imóveis alheios, a confissão de um cônjuge ou companheiro não valerá sem a do outro, salvo se o regime de casamento for o de separação absoluta de bens.

ANOTE! Não vale como confissão a admissão, em juízo, de fatos relativos a direitos indisponíveis.

A confissão será ineficaz se feita por quem não for capaz de dispor do direito a que se referem os fatos confessados. Quando ela é feita por um representante somente é eficaz nos limites em que este pode vincular o representado.

Ademais, ela é irrevogável, mas pode ser anulada se decorreu de erro de fato ou de coação.

A legitimidade para a ação prevista acima é exclusiva do confitente e pode ser transferida a seus herdeiros se ele falecer após a propositura.

A confissão extrajudicial, quando feita oralmente, só terá eficácia nos casos em que a lei não exija prova literal. Ela é, em regra, indivisível, não podendo a parte que a quiser invocar como prova aceitá-la no tópico que a beneficiar e rejeitá-la no que lhe for desfavorável, porém cindir-se-á quando o confitente a ela aduzir fatos novos, capazes de constituir fundamento de defesa de direito material ou de reconvenção.

EXIBIÇÃO DE DOCUMENTO OU COISA

O juiz pode ordenar que a parte exiba documento ou coisa que se encontre em seu poder.

O pedido formulado pela parte conterá:

- a individuação, tão completa quanto possível, do documento ou da coisa;
- a finalidade da prova, indicando os fatos que se relacionam com o documento ou com a coisa;
- as circunstâncias em que se funda o requerente para afirmar que o documento ou a coisa existe e se acha em poder da parte contrária.

O requerido dará sua resposta nos 5 (cinco) dias subsequentes à sua intimação. Se o requerido afirmar que não possui o documento ou a coisa, o juiz permitirá que o requerente prove, por qualquer meio, que a declaração não corresponde à verdade.

O juiz não admitirá a recusa se:

- o requerido tiver obrigação legal de exibir;
- o requerido tiver aludido ao documento ou à coisa, no processo, com o intuito de constituir prova;
- o documento, por seu conteúdo, for comum às partes.

Ao decidir o pedido, o juiz admitirá como verdadeiros os fatos que, por meio do documento ou da coisa, a parte pretendia provar se:

- o requerido não efetuar a exibição nem fizer nenhuma declaração no prazo do art. 398;
- a recusa for havida por ilegítima.

Sendo necessário, o juiz pode adotar medidas indutivas, coercitivas, mandamentais ou sub-rogatórias para que o documento seja exibido.

Quando o documento ou a coisa estiver em poder de terceiro, o juiz ordenará sua citação para responder no prazo de 15 (quinze) dias. Se o terceiro negar a obrigação de exibir ou a posse do documento ou da coisa, o juiz designará audiência especial, tomando-lhe o depoimento, bem como o das partes e, se necessário, o de testemunhas, e em seguida proferirá decisão. Se o terceiro, sem justo motivo, se recusar a efetuar a exibição, o juiz ordenar-lhe-á que proceda ao respectivo depósito em cartório ou em outro lugar designado, no prazo de 5 (cinco) dias, impondo ao requerente que o ressarça pelas despesas que tiver.

Se ele descumprir a ordem, o juiz expedirá mandado de apreensão, requisitando, se necessário, força policial, sem prejuízo da responsabilidade por crime de desobediência, pagamento de multa e outras medidas indutivas, coercitivas, mandamentais ou sub-rogatórias necessárias para assegurar a efetivação da decisão.

A parte e o terceiro se escusam de exibir, em juízo, o documento ou a coisa se:

- concernente a negócios da própria vida da família;
- sua apresentação puder violar dever de honra;
- sua publicidade redundar em desonra à parte ou ao terceiro, bem como a seus parentes consanguíneos ou afins até o terceiro grau, ou lhes representar perigo de ação penal;
- sua exibição acarretar a divulgação de fatos a cujo respeito, por estado ou profissão, devam guardar segredo;
- subsistirem outros motivos graves que, segundo o prudente arbítrio do juiz, justifiquem a recusa da exibição;
- houver disposição legal que justifique a recusa da exibição.

PROVA DOCUMENTAL

Documento é todo e qualquer objeto que possa cristalizar, que possa tornar duradouro o registro de um fato efêmero, passageiro.

Ao contrário do que comumente se pensa, documento não é só o objeto formado pela palavra escrita, já que diversas são as formas de se registrar um fato. Assim, no direito processual, o conceito do que seja documento abrange objetos diversificados.

FORÇA PROBANTE DOS DOCUMENTOS

O documento público faz prova não só da sua formação, mas também dos fatos que o escrivão, o chefe de secretaria, o tabelião ou o servidor declarar que ocorreram em sua presença.

Quando a lei exigir instrumento público como da substância do ato, nenhuma outra prova, por mais especial que seja, pode suprir-lhe a falta.

QUESTÃO DE PROVA!

O documento feito por oficial público incompetente ou sem a observância das formalidades legais, sendo subscrito pelas partes, tem a mesma eficácia probatória do documento particular.

As declarações constantes do documento particular escrito e assinado ou somente assinado presumem-se verdadeiras em relação ao signatário. Quando, todavia, contiver declaração de ciência de determinado fato, o documento particular prova a ciência, mas não o fato em si, incumbindo o ônus de prová-lo ao interessado em sua veracidade.

A data do documento particular, quando a seu respeito surgir dúvida ou impugnação entre os litigantes, provar-se-á por todos os meios de direito.

Em relação a terceiros, considerar-se-á datado o documento particular:

- no dia em que foi registrado;
- desde a morte de algum dos signatários;
- a partir da impossibilidade física que sobreveio a qualquer dos signatários;
- da sua apresentação em repartição pública ou em juízo;
- do ato ou do fato que estabeleça, de modo certo, a anterioridade da formação do documento.

Considera-se autor do documento particular:

- aquele que o fez e o assinou;
- aquele por conta de quem ele foi feito, estando assinado;
- aquele que, mandando compô-lo, não o firmou porque, conforme a experiência comum, não se costuma assinar, como livros empresariais e assentos domésticos.

No art. 411 sinaliza que considera-se autêntico o documento quando:

- o tabelião reconhecer a firma do signatário;
- a autoria estiver identificada por qualquer outro meio legal de certificação, inclusive eletrônico, nos termos da lei;
- não houver impugnação da parte contra quem foi produzido o documento.

O documento particular de cuja autenticidade não se duvida prova que o seu autor fez a declaração que lhe é atribuída. Ele é admitido expressa ou tacitamente é indivisível, sendo vedado à parte que pretende utilizar-se dele aceitar os fatos que lhe são favoráveis e recusar os que são contrários ao seu interesse, salvo se provar que estes não ocorreram.

O telegrama, o radiograma ou qualquer outro meio de transmissão tem a mesma força probatória do documento particular se o original constante da estação expedidora tiver sido assinado pelo remetente. A firma do remetente poderá ser reconhecida pelo tabelião, declarando-se essa circunstância no original depositado na estação expedidora.

O telegrama ou o radiograma presume-se conforme com o original, provando as datas de sua expedição e de seu recebimento pelo destinatário.

A cópia de documento particular tem o mesmo valor probante que o original, cabendo ao escrivão, intimadas as partes, proceder à conferência e certificar a conformidade entre a cópia e o original.

Fazem a mesma prova que os originais:

- as certidões textuais de qualquer peça dos autos, do protocolo das audiências ou de outro livro a cargo do escrivão ou do chefe de secretaria, se extraídas por ele ou sob sua vigilância e por ele subscritas;
- os traslados e as certidões extraídas por oficial público de instrumentos ou documentos lançados em suas notas;
- as reproduções dos documentos públicos, desde que autenticadas por oficial público ou conferidas em cartório com os respectivos originais;
- as cópias reprográficas de peças do próprio processo judicial declaradas autênticas pelo advogado, sob sua responsabilidade pessoal, se não lhes for impugnada a autenticidade;

- os extratos digitais de bancos de dados públicos e privados, desde que atestado pelo seu emitente, sob as penas da lei, que as informações conferem com o que consta na origem;
- as reproduções digitalizadas de qualquer documento público ou particular, quando juntadas aos autos pelos órgãos da justiça e seus auxiliares, pelo Ministério Público e seus auxiliares, pela Defensoria Pública e seus auxiliares, pelas procuradorias, pelas repartições públicas em geral e por advogados, ressalvada a alegação motivada e fundamentada de adulteração.

Tratando-se de cópia digital de título executivo extrajudicial ou de documento relevante à instrução do processo, o juiz poderá determinar seu depósito em cartório ou secretaria.

O juiz apreciará fundamentadamente a fé que deva merecer o documento, quando em ponto substancial e sem ressalva contiver entrelinha, emenda, borrão ou cancelamento.

Cessa a fé do documento público ou particular sendo-lhe declarada judicialmente a falsidade.

ARGUIÇÃO DE FALSIDADE

A falsidade deve ser suscitada na contestação, na réplica ou no prazo de 15 (quinze) dias, contado a partir da intimação da juntada do documento aos autos. Uma vez arguida, a falsidade será resolvida como questão incidental, salvo se a parte requerer que o juiz a decida como questão principal, nos termos do inciso II do art. 19.

A parte arguirá a falsidade expondo os motivos em que funda a sua pretensão e os meios com que provará o alegado.

Depois de ouvida a outra parte no prazo de 15 (quinze) dias, será realizado o exame pericial. Não se procederá ao exame pericial se a parte que produziu o documento concordar em retirá-lo.

A declaração sobre a falsidade do documento, quando suscitada como questão principal, constará da parte dispositiva da sentença e sobre ela incidirá também a autoridade da coisa julgada.

PRODUÇÃO DA PROVA DOCUMENTAL

Incumbe à parte instruir a petição inicial ou a contestação com os documentos destinados a provar suas alegações.

Quando o documento consistir em reprodução cinematográfica ou fonográfica, a parte deverá trazê-lo nos termos do caput, mas sua exposição será realizada em audiência, intimando-se previamente as partes.

É lícito às partes, em qualquer tempo, juntar aos autos documentos novos, quando destinados a fazer prova de fatos ocorridos depois dos articulados ou para contrapô-los aos que foram produzidos nos autos.

Admite-se também a juntada posterior de documentos formados após a petição inicial ou a contestação, bem como dos que se tornaram conhecidos, acessíveis ou disponíveis após esses atos, cabendo à parte que os produzir comprovar o motivo que a impediu de juntá-los anteriormente e incumbindo ao juiz, em qualquer caso, avaliar a conduta da parte.

A parte, intimada a falar sobre documento constante dos autos, poderá:

- impugnar a admissibilidade da prova documental;
- impugnar sua autenticidade;
- suscitar sua falsidade, com ou sem deflagração do incidente de arguição de falsidade;
- manifestar-se sobre seu conteúdo.

O réu manifestar-se-á na contestação sobre os documentos anexados à inicial, e o autor manifestar-se-á na réplica sobre os documentos anexados à contestação. Sempre que uma das partes requerer a juntada de documento aos autos, o juiz ouvirá, a seu respeito, a outra parte, que disporá do prazo de 15 (quinze) dias para adotar qualquer das posturas indicadas no art. 436.

Poderá o juiz, a requerimento da parte, dilatar o prazo para manifestação sobre a prova documental produzida, levando em consideração a quantidade e a complexidade da documentação.

O juiz requisitará às repartições públicas, em qualquer tempo ou grau de jurisdição:

- as certidões necessárias à prova das alegações das partes;
- os procedimentos administrativos nas causas em que forem interessados a União, os Estados, o Distrito Federal, os Municípios ou entidades da administração indireta.

Recebidos os autos, o juiz mandará extrair, no prazo máximo e improrrogável de 1 (um) mês, certidões ou reproduções fotográficas das peças que indicar e das que forem indicadas pelas partes, e, em seguida, devolverá os autos à repartição de origem.

As repartições públicas poderão fornecer todos os documentos em meio eletrônico, conforme disposto em lei, certificando, pelo mesmo meio, que se trata de extrato fiel do que consta em seu banco de dados ou no documento digitalizado.

DOCUMENTOS ELETRÔNICOS

Documento eletrônico = todo registro que tem como meio físico um suporte eletrônico. É importante notar que, para a plena eficácia probatória do documento, é preciso que ele possua a capacidade de armazenar informações de forma que impeça ou permita detectar eliminação ou adulteração de conteúdo.

A utilização de documentos eletrônicos no processo convencional dependerá de sua conversão à forma impressa e da verificação de sua autenticidade, na forma da lei.

O juiz apreciará o valor probante do documento eletrônico não convertido, assegurado às partes o acesso ao seu teor. Serão admitidos documentos eletrônicos produzidos e conservados com a observância da legislação específica.

PROVA TESTEMUNHAL

Prova testemunhal é a narração, por pessoa capaz, imparcial e estranha ao processo, de fatos importantes à solução do litígio, por ela conhecidos sensorialmente (por meio da visão, audição etc.).

ADMISSIBILIDADE E DO VALOR DA PROVA TESTEMUNHAL

A prova testemunhal é sempre admissível, não dispondo a lei de modo diverso.

O juiz indeferirá a inquirição de testemunhas sobre fatos:

- já provados por documento ou confissão da parte;
- que só por documento ou por exame pericial puderem ser provados.

Nos casos em que a lei exigir prova escrita da obrigação, é admissível a prova testemunhal quando houver começo de prova por escrito, emanado da parte contra a qual se pretende produzir a prova.

Também se admite a prova testemunhal quando o credor não pode ou não podia, moral ou materialmente, obter a prova escrita da obrigação, em casos como o de parentesco, de depósito necessário ou de hospedagem em hotel ou em razão das práticas comerciais do local onde contraída a obrigação.

É lícito à parte provar com testemunhas:

- nos contratos simulados, a divergência entre a vontade real e a vontade declarada;
- nos contratos em geral, os vícios de consentimento.

Podem depor como testemunhas todas as pessoas, exceto as incapazes, impedidas ou suspeitas.

São incapazes:

- o interdito por enfermidade ou deficiência mental; CUIDADO! Ver a Lei 13.146/15. EPD
- o que, acometido por enfermidade ou retardamento mental, ao tempo em que ocorreram os fatos, não podia discerni-los, ou, ao tempo em que deve depor, não está habilitado a transmitir as percepções;
- o que tiver menos de 16 (dezesseis) anos;
- o cego e o surdo, quando a ciência do fato depender dos sentidos que lhes faltam.

São impedidos:

- o cônjuge, o companheiro, o ascendente e o descendente em qualquer grau e o colateral, até o terceiro grau, de alguma das partes, por consanguinidade ou afinidade, salvo se o exigir o interesse público ou, tratando-se de causa relativa ao estado da pessoa, não se puder obter de outro modo a prova que o juiz repute necessária ao julgamento do mérito;
- o que é parte na causa;
- o que intervém em nome de uma parte, como o tutor, o representante legal da pessoa jurídica, o juiz, o advogado e outros que assistam ou tenham assistido as partes.

São suspeitos:

- o inimigo da parte ou o seu amigo íntimo;
- o que tiver interesse no litígio.

Sendo necessário, pode o juiz admitir o depoimento das testemunhas menores, impedidas ou suspeitas.

Os depoimentos referidos acima serão prestados independentemente de compromisso, e o juiz lhes atribuirá o valor que possam merecer.

VALE LEMBRAR! A testemunha não é obrigada a depor sobre fatos:

- que lhe acarretem grave dano, bem como ao seu cônjuge ou companheiro e aos seus parentes consanguíneos ou afins, em linha reta ou colateral, até o terceiro grau;
- a cujo respeito, por estado ou profissão, deva guardar sigilo.

Salvo disposição especial em contrário, as testemunhas devem ser ouvidas na sede do juízo.

ATENÇÃO! Quando a parte ou a testemunha, por enfermidade ou por outro motivo relevante, estiver impossibilitada de comparecer, mas não de prestar depoimento, o juiz designará, conforme as circunstâncias, dia, hora e lugar para inquiri-la.

PRODUÇÃO DA PROVA TESTEMUNHAL

O rol de testemunhas conterá, sempre que possível, o nome, a profissão, o estado civil, a idade, o número de inscrição no Cadastro de Pessoas Físicas, o número de registro de identidade e o endereço completo da residência e do local de trabalho.

Depois de apresentado o rol de que tratam os §§ 4º e 5º do art. 357, a parte só pode substituir a testemunha:

- que falecer;
- que, por enfermidade, não estiver em condições de depor;
- que, tendo mudado de residência ou de local de trabalho, não for encontrada.

Quando for arrolado como testemunha, o juiz da causa:

- declarar-se-á impedido, se tiver conhecimento de fatos que possam influir na decisão, caso em que será vedado à parte que o incluiu no rol desistir de seu depoimento;
- se nada souber, mandará excluir o seu nome.

As testemunhas depõem, na audiência de instrução e julgamento, perante o juiz da causa, exceto:

- as que prestam depoimento antecipadamente;
- as que são inquiridas por carta.

CUIDADO! A oitiva de testemunha que residir em comarca, seção ou subseção judiciária diversa daquela onde tramita o processo poderá ser realizada por meio de videoconferência ou outro recurso tecnológico de transmissão e recepção de sons e imagens em tempo real, o que poderá ocorrer, inclusive, durante a audiência de instrução e julgamento.

Os juízos deverão manter equipamento para a transmissão e recepção de sons e imagens referidas acima.

Cabe ao advogado da parte informar ou intimar a testemunha por ele arrolada do dia, da hora e do local da audiência designada, dispensando-se a intimação do juízo.

A intimação deverá ser realizada por carta com aviso de recebimento, cumprindo ao advogado juntar aos autos, com antecedência de pelo menos 3 (três) dias da data da audiência, cópia da correspondência de intimação e do comprovante de recebimento.

A parte pode comprometer-se a levar a testemunha à audiência, independentemente da intimação de que trata o § 1º, presumindo-se, caso a testemunha não compareça, que a parte desistiu de sua inquirição.

A inércia na realização da intimação importa desistência da inquirição da testemunha.

A intimação será feita pela via judicial quando:

- for frustrada a intimação prevista no § 1º deste artigo;
- sua necessidade for devidamente demonstrada pela parte ao juiz;
- figurar no rol de testemunhas servidor público ou militar, hipótese em que o juiz o requisitará ao chefe da repartição ou ao comando do corpo em que servir;
- a testemunha houver sido arrolada pelo Ministério Público ou pela Defensoria Pública;
- a testemunha for uma daquelas previstas no art. 454.

A testemunha que, intimada, deixar de comparecer sem motivo justificado será conduzida e responderá pelas despesas do adiamento.

O juiz inquirirá as testemunhas separada e sucessivamente, primeiro as do autor e depois as do réu, e providenciará para que uma não ouça o depoimento das outras.

O juiz poderá alterar a ordem estabelecida no caput se as partes concordarem.

Antes de depor, a testemunha será qualificada, declarará ou confirmará seus dados e informará se tem relações de parentesco com a parte ou interesse no objeto do processo.

É lícito à parte contraditar a testemunha, arguindo-lhe a incapacidade, o impedimento ou a suspeição, bem como, caso a testemunha negue os fatos que lhe são imputados, provar a contradita com documentos ou com testemunhas, até 3 (três), apresentadas no ato e inquiridas em separado.

Sendo provados ou confessados os fatos a que se refere o § 1º, o juiz dispensará a testemunha ou lhe tomará o depoimento como informante.

A testemunha pode requerer ao juiz que a escuse de depor, alegando os motivos previstos neste Código, decidindo o juiz de plano após ouvidas as partes.

Ao início da inquirição, a testemunha prestará o compromisso de dizer a verdade do que souber e lhe for perguntado.

O juiz advertirá à testemunha que incorre em sanção penal quem faz afirmação falsa, cala ou oculta a verdade.

As perguntas serão formuladas pelas partes diretamente à testemunha, começando pela que a arrolou, não admitindo o juiz aquelas que puderem induzir a resposta, não tiverem relação com as questões de fato objeto da atividade probatória ou importarem repetição de outra já respondida.

O juiz poderá inquirir a testemunha tanto antes quanto depois da inquirição feita pelas partes.

As testemunhas devem ser tratadas com urbanidade, não se lhes fazendo perguntas ou considerações impertinentes, capciosas ou vexatórias.

As perguntas que o juiz indeferir serão transcritas no termo, se a parte o requerer.

NOVIDADE! O depoimento poderá ser documentado por meio de gravação.

Quando digitado ou registrado por taquigrafia, estenotipia ou outro método idôneo de documentação, o depoimento será assinado pelo juiz, pelo depoente e pelos procuradores.

Se houver recurso em processo em autos não eletrônicos, o depoimento somente será digitado quando for impossível o envio de sua documentação eletrônica.

Tratando-se de autos eletrônicos, observar-se-á o disposto neste Código e na legislação específica sobre a prática eletrônica de atos processuais.

O juiz pode ordenar, de ofício ou a requerimento da parte:

- a inquirição de testemunhas referidas nas declarações da parte ou das testemunhas;
- a acareação de 2 (duas) ou mais testemunhas ou de alguma delas com a parte, quando, sobre fato determinado que possa influir na decisão da causa, divergirem as suas declarações.

Os acareados serão reperguntados para que expliquem os pontos de divergência, reduzindo-se a termo o ato de acareação.

A acareação pode ser realizada por videoconferência ou por outro recurso tecnológico de transmissão de sons e imagens em tempo real.

Art. 462. A testemunha pode requerer ao juiz o pagamento da despesa que efetuou para comparecimento à audiência, devendo a parte pagá-la logo

> *que arbitrada ou depositá-la em cartório dentro de 3 (três) dias.*

O depoimento prestado em juízo é considerado serviço público.

A testemunha, quando sujeita ao regime da legislação trabalhista, não sofre, por comparecer à audiência, perda de salário nem desconto no tempo de serviço.

PROVA PERICIAL

A prova pericial consiste em exame, vistoria ou avaliação.

O juiz indeferirá a perícia quando:

- a prova do fato não depender de conhecimento especial de técnico;
- for desnecessária em vista de outras provas produzidas;
- a verificação for impraticável.

De ofício ou a requerimento das partes, o juiz poderá, em substituição à perícia, determinar a produção de prova técnica simplificada, quando o ponto controvertido for de menor complexidade.

A prova técnica simplificada consistirá apenas na inquirição de especialista, pelo juiz, sobre ponto controvertido da causa que demande especial conhecimento científico ou técnico.

Durante a arguição, o especialista, que deverá ter formação acadêmica específica na área objeto de seu depoimento, poderá valer-se de qualquer recurso tecnológico de transmissão de sons e imagens com o fim de esclarecer os pontos controvertidos da causa.

O juiz nomeará perito especializado no objeto da perícia e fixará de imediato o prazo para a entrega do laudo.

Incumbe às partes, dentro de 15 (quinze) dias contados da intimação do despacho de nomeação do perito:

- arguir o impedimento ou a suspeição do perito, se for o caso;
- indicar assistente técnico;
- apresentar quesitos.

Ciente da nomeação, o perito apresentará em 5 (cinco) dias:

- proposta de honorários;
- currículo, com comprovação de especialização;
- contatos profissionais, em especial o endereço eletrônico, para onde serão dirigidas as intimações pessoais.

As partes serão intimadas da proposta de honorários para, querendo, manifestar-se no prazo comum de 5 (cinco) dias, após o que o juiz arbitrará o valor, intimando-se as partes para os fins do art. 95.

O juiz poderá autorizar o pagamento de até cinquenta por cento dos honorários arbitrados a favor do perito no início dos trabalhos, devendo o remanescente ser pago apenas ao final, depois de entregue o laudo e prestados todos os esclarecimentos necessários.

Quando a perícia for inconclusiva ou deficiente, o juiz poderá reduzir a remuneração inicialmente arbitrada para o trabalho.

Quando tiver de realizar-se por carta, poder-se-á proceder à nomeação de perito e à indicação de assistentes técnicos no juízo ao qual se requisitar a perícia.

O perito cumprirá escrupulosamente o encargo que lhe foi cometido, independentemente de termo de compromisso.

QUESTÃO DE PROVA! Os assistentes técnicos são de confiança da parte e não estão sujeitos a impedimento ou suspeição.

O perito deve assegurar aos assistentes das partes o acesso e o acompanhamento das diligências e dos exames que realizar, com prévia comunicação, comprovada nos autos, com antecedência mínima de 5 (cinco) dias.

O perito pode escusar-se ou ser recusado por impedimento ou suspeição.

O juiz, ao aceitar a escusa ou ao julgar procedente a impugnação, nomeará novo perito.

O perito pode ser substituído quando:

- faltar-lhe conhecimento técnico ou científico;
- sem motivo legítimo, deixar de cumprir o encargo no prazo que lhe foi assinado.

Se ele deixar de cumprir o encargo no prazo assinalado, o juiz comunicará a ocorrência à corporação profissional respectiva, podendo, ainda, impor multa ao perito, fixada tendo em vista o valor da causa e o possível prejuízo decorrente do atraso no processo.

O perito substituído restituirá, no prazo de 15 (quinze) dias, os valores recebidos pelo trabalho não realizado, sob pena de ficar impedido de atuar como perito judicial pelo prazo de 5 (cinco) anos.

Não ocorrendo a restituição voluntária de que trata o § 2º, a parte que tiver realizado o adiantamento dos honorários poderá promover execução contra o perito, na forma dos arts. 513 e seguintes deste Código, com fundamento na decisão que determinar a devolução do numerário.

As partes poderão apresentar quesitos suplementares durante a diligência, que poderão ser respondidos pelo perito previamente ou na audiência de instrução e julgamento.

O escrivão dará à parte contrária ciência da juntada dos quesitos aos autos.

Incumbe ao juiz:

- indeferir quesitos impertinentes;
- formular os quesitos que entender necessários ao esclarecimento da causa.

As partes podem, de comum acordo, escolher o perito, indicando-o mediante requerimento, desde que:

- sejam plenamente capazes;
- a causa possa ser resolvida por autocomposição.

As partes, ao escolher o perito, já devem indicar os respectivos assistentes técnicos para acompanhar a realização da perícia, que se realizará em data e local previamente anunciados.

O perito e os assistentes técnicos devem entregar, respectivamente, laudo e pareceres em prazo fixado pelo juiz.

A perícia consensual substitui, para todos os efeitos, a que seria realizada por perito nomeado pelo juiz.

O juiz poderá dispensar prova pericial quando as partes, na inicial e na contestação, apresentarem, sobre as questões de fato, pareceres técnicos ou documentos elucidativos que considerar suficientes.

O laudo pericial deverá conter:

- a exposição do objeto da perícia;
- a análise técnica ou científica realizada pelo perito;
- a indicação do método utilizado, esclarecendo-o e demonstrando ser predominantemente aceito pelos especialistas da área do conhecimento da qual se originou;
- resposta conclusiva a todos os quesitos apresentados pelo juiz, pelas partes e pelo órgão do Ministério Público.

No laudo, o perito deve apresentar sua fundamentação em linguagem simples e com coerência lógica, indicando como alcançou suas conclusões.

É vedado ao perito ultrapassar os limites de sua designação, bem como emitir opiniões pessoais que excedam o exame técnico ou científico do objeto da perícia.

Para o desempenho de sua função, o perito e os assistentes técnicos podem valer-se de todos os meios necessários, ouvindo testemunhas, obtendo informações, solicitando documentos que estejam em poder da parte, de terceiros ou em repartições públicas, bem como instruir o laudo com planilhas, mapas, plantas, desenhos, fotografias ou outros elementos necessários ao esclarecimento do objeto da perícia.

As partes terão ciência da data e do local designados pelo juiz ou indicados pelo perito para ter início a produção da prova.

Tratando-se de perícia complexa que abranja mais de uma área de conhecimento especializado, o juiz poderá nomear mais de um perito, e a parte, indicar mais de um assistente técnico.

Se o perito, por motivo justificado, não puder apresentar o laudo dentro do prazo, o juiz poderá conceder-lhe, por uma vez, prorrogação pela metade do prazo originalmente fixado.

O perito protocolará o laudo em juízo, no prazo fixado pelo juiz, pelo menos 20 (vinte) dias antes da audiência de instrução e julgamento.

As partes serão intimadas para, querendo, manifestar-se sobre o laudo do perito do juízo no prazo comum de 15 (quinze) dias, podendo o assistente técnico de cada uma das partes, em igual prazo, apresentar seu respectivo parecer.

O perito do juízo tem o dever de, no prazo de 15 (quinze) dias, esclarecer ponto:

- sobre o qual exista divergência ou dúvida de qualquer das partes, do juiz ou do órgão do Ministério Público;
- divergente apresentado no parecer do assistente técnico da parte.

Se ainda houver necessidade de esclarecimentos, a parte requererá ao juiz que mande intimar o perito ou o assistente técnico a comparecer à audiência de instrução e julgamento, formulando, desde logo, as perguntas, sob forma de quesitos.

O perito ou o assistente técnico será intimado por meio eletrônico, com pelo menos 10 (dez) dias de antecedência da audiência.

Quando o exame tiver por objeto a autenticidade ou a falsidade de documento ou for de natureza médico-legal, o perito será escolhido, de preferência, entre os técnicos dos estabelecimentos oficiais especializados, a cujos diretores o juiz autorizará a remessa dos autos, bem como do material sujeito a exame.

Nas hipóteses de gratuidade de justiça, os órgãos e as repartições oficiais deverão cumprir a determinação judicial com preferência, no prazo estabelecido.

Quando o exame tiver por objeto a autenticidade da letra e da firma, o perito poderá requisitar, para efeito de comparação, documentos existentes em repartições públicas e, na falta destes, poderá requerer ao juiz que a pessoa a quem se atribuir a autoria do documento lance em folha de papel, por cópia ou sob ditado, dizeres diferentes, para fins de comparação.

O juiz apreciará a prova pericial de acordo com o disposto no art. 371, indicando na sentença os motivos que o levaram a considerar ou a deixar de considerar as conclusões do laudo, levando em conta o método utilizado pelo perito.

O juiz determinará, de ofício ou a requerimento da parte, a realização de nova perícia quando a matéria não estiver suficientemente esclarecida.

A segunda perícia tem por objeto os mesmos fatos sobre os quais recaiu a primeira e destina-se a corrigir eventual omissão ou inexatidão dos resultados a que esta conduziu.

A segunda perícia rege-se pelas disposições estabelecidas para a primeira.

A segunda perícia não substitui a primeira, cabendo ao juiz apreciar o valor de uma e de outra.

INSPEÇÃO JUDICIAL

A inspeção judicial é meio de prova que consiste no contato direto do juiz com pessoa, coisa ou lugar relacionado com o litígio. Como todo o meio de prova, serve a promover o conhecimento do julgador a respeito de fatos relevantes para o julgamento da causa. Como diz o CPC, o juiz inspeciona pessoalmente pessoa ou coisa a fim de se esclarecer sobre fato, que interesse à decisão da causa.

O juiz, de ofício ou a requerimento da parte, pode, em qualquer fase do processo, inspecionar pessoas ou coisas, a fim de se esclarecer sobre fato que interesse à decisão da causa.

Ao realizar a inspeção, o juiz poderá ser assistido por um ou mais peritos.

O juiz irá ao local onde se encontre a pessoa ou a coisa quando:

- julgar necessário para a melhor verificação ou interpretação dos fatos que deva observar;
- a coisa não puder ser apresentada em juízo sem consideráveis despesas ou graves dificuldades;
- determinar a reconstituição dos fatos.

As partes têm sempre direito a assistir à inspeção, prestando esclarecimentos e fazendo observações que considerem de interesse para a causa.

Concluída a diligência, o juiz mandará lavrar auto circunstanciado, mencionando nele tudo quanto for útil ao julgamento da causa. O auto poderá ser instruído com desenho, gráfico ou fotografia.

AUDIÊNCIA DE INSTRUÇÃO E JULGAMENTO

No dia e na hora designados, o juiz declarará aberta a audiência de instrução e julgamento e mandará apregoar as partes e os respectivos advogados, bem como outras pessoas que dela devam participar.

Instalada a audiência, o juiz tentará conciliar as partes, independentemente do emprego anterior de outros métodos de solução consensual de conflitos, como a mediação e a arbitragem.

O juiz exerce o poder de polícia, incumbindo-lhe:

- manter a ordem e o decoro na audiência;
- ordenar que se retirem da sala de audiência os que se comportarem inconvenientemente;
- requisitar, quando necessário, força policial;
- tratar com urbanidade as partes, os advogados, os membros do Ministério Público e da Defensoria Pública e qualquer pessoa que participe do processo; - registrar em ata, com exatidão, todos os requerimentos apresentados em audiência.

As provas orais serão produzidas em audiência, ouvindo-se nesta ordem, preferencialmente:

- o perito e os assistentes técnicos, que responderão aos quesitos de esclarecimentos requeridos no prazo e na forma do art. 477, caso não respondidos anteriormente por escrito;
- o autor e, em seguida, o réu, que prestarão depoimentos pessoais;
- as testemunhas arroladas pelo autor e pelo réu, que serão inquiridas.

Parágrafo único. Enquanto depuserem o perito, os assistentes técnicos, as partes e as testemunhas, não poderão os advogados e o Ministério Público intervir ou apartear, sem licença do juiz.

A audiência poderá ser adiada:

- por convenção das partes;
- se não puder comparecer, por motivo justificado, qualquer pessoa que dela deva necessariamente participar;
- por atraso injustificado de seu início em tempo superior a 30 (trinta) minutos do horário marcado.

O impedimento deverá ser comprovado até a abertura da audiência, e, não o sendo, o juiz procederá à instrução.

O juiz poderá dispensar a produção das provas requeridas pela parte cujo advogado ou defensor público não tenha comparecido à audiência, aplicando-se a mesma regra ao Ministério Público.

Quem der causa ao adiamento responderá pelas despesas acrescidas.

Havendo antecipação ou adiamento da audiência, o juiz, de ofício ou a requerimento da parte, determinará a intimação dos advogados ou da sociedade de advogados para ciência da nova designação.

Finda a instrução, o juiz dará a palavra ao advogado do autor e do réu, bem como ao membro do Ministério Público, se for o caso de sua intervenção, sucessivamente, pelo prazo de 20 (vinte) minutos para cada um, prorrogável por 10 (dez) minutos, a critério do juiz.

Havendo litisconsorte ou terceiro interveniente, o prazo, que formará com o da prorrogação um só todo, dividir-se-á entre os do mesmo grupo, se não convencionarem de modo diverso.

Quando a causa apresentar questões complexas de fato ou de direito, o debate oral poderá ser substituído por razões finais escritas, que serão apresentadas pelo autor e pelo réu, bem como pelo Ministério Público, se for o caso de sua intervenção, em prazos sucessivos de 15 (quinze) dias, assegurada vista dos autos.

. A audiência é una e contínua, podendo ser excepcional e justificadamente cindida na ausência de perito ou de testemunha, desde que haja concordância das partes.

Parágrafo único. Diante da impossibilidade de realização da instrução, do debate e do julgamento no mesmo dia, o juiz marcará seu prosseguimento para a data mais próxima possível, em pauta preferencial.

Encerrado o debate ou oferecidas as razões finais, o juiz proferirá sentença em audiência ou no prazo de 30 (trinta) dias.

O servidor lavrará, sob ditado do juiz, termo que conterá, em resumo, o ocorrido na audiência, bem como, por extenso, os despachos, as decisões e a sentença, se proferida no ato.

Quando o termo não for registrado em meio eletrônico, o juiz rubricar-lhe-á as folhas, que serão encadernadas em volume próprio.

Subscreverão o termo o juiz, os advogados, o membro do Ministério Público e o escrivão ou chefe de secretaria, dispensadas as partes, exceto quando houver ato de disposição para cuja prática os advogados não tenham poderes.

O escrivão ou chefe de secretaria trasladará para os autos cópia autêntica do termo de audiência.

Tratando-se de autos eletrônicos, observar-se-á o disposto neste Código, em legislação específica e nas normas internas dos tribunais.

A audiência poderá ser integralmente gravada em imagem e em áudio, em meio digital ou analógico, desde que assegure o rápido acesso das partes e dos órgãos julgadores, observada a legislação específica.

A gravação a que se refere o § 5º também pode ser realizada diretamente por qualquer das partes, independentemente de autorização judicial.

A audiência será pública, ressalvadas as exceções legais.

4. DA COISA JULGADA

Denomina-se coisa julgada material a autoridade que torna imutável e indiscutível a decisão de mérito não mais sujeita a recurso.

A decisão que julgar total ou parcialmente o mérito tem força de lei nos limites da questão principal expressamente decidida.

O disposto no caput aplica-se à resolução de questão prejudicial, decidida expressa e incidentemente no processo, se:

- dessa resolução depender o julgamento do mérito;
- a seu respeito tiver havido contraditório prévio e efetivo, não se aplicando no caso de revelia;
- o juízo tiver competência em razão da matéria e da pessoa para resolvê-la como questão principal.

Não fazem coisa julgada:

- os motivos, ainda que importantes para determinar o alcance da parte dispositiva da sentença;
- a verdade dos fatos, estabelecida como fundamento da sentença.

Nenhum juiz decidirá novamente as questões já decididas relativas à mesma lide, salvo:

- se, tratando-se de relação jurídica de trato continuado, sobreveio modificação no estado de fato ou de direito, caso em que poderá a parte pedir a revisão do que foi estatuído na sentença;
- nos demais casos prescritos em lei.

A sentença faz coisa julgada às partes entre as quais é dada, não prejudicando terceiros.

É vedado à parte discutir no curso do processo as questões já decididas a cujo respeito se operou a preclusão.

Transitada em julgado a decisão de mérito, considerar-se-ão deduzidas e repelidas todas as alegações e as defesas que a parte poderia opor tanto ao acolhimento quanto à rejeição do pedido.

5. LIQUIDAÇÃO DE SENTENÇA

Quando a sentença condenar ao pagamento de quantia ilíquida, proceder-se-á à sua liquidação, a requerimento do credor ou do devedor:

- por arbitramento, quando determinado pela sentença, convencionado pelas partes ou exigido pela natureza do objeto da liquidação;
- pelo procedimento comum, quando houver necessidade de alegar e provar fato novo.

Quando na sentença houver uma parte líquida e outra ilíquida, ao credor é lícito promover simultaneamente a execução daquela e, em autos apartados, a liquidação desta.

Quando a apuração do valor depender apenas de cálculo aritmético, o credor poderá promover, desde logo, o cumprimento da sentença.

O Conselho Nacional de Justiça desenvolverá e colocará à disposição dos interessados programa de atualização financeira.

Na liquidação é vedado discutir de novo a lide ou modificar a sentença que a julgou.

Na liquidação por arbitramento, o juiz intimará as partes para a apresentação de pareceres ou documentos elucidativos, no prazo que fixar, e, caso não possa decidir de plano, nomeará perito, observando-se, no que couber, o procedimento da prova pericial.

Na liquidação pelo procedimento comum, o juiz determinará a intimação do requerido, na pessoa de seu advogado ou da sociedade de advogados a que estiver vinculado, para, querendo, apresentar contestação no prazo de 15 (quinze) dias, observando-se, a seguir, no que couber, o disposto no Livro I da Parte Especial do CPC/15.

A liquidação poderá ser realizada na pendência de recurso, processando-se em autos apartados no juízo de origem, cumprindo ao liquidante instruir o pedido com cópias das peças processuais pertinentes.

6. DOS RECURSOS

Barbosa Moreira define recurso como o remédio voluntário e idôneo a ensejar, dentro do mesmo processo, a reforma, a invalidação, o esclarecimento ou a integração de decisão judicial que se impugna.

São cabíveis os seguintes recursos:

Eles são taxativos, senão vejamos:

- apelação;
- agravo de instrumento;
- agravo interno;
- embargos de declaração;
- recurso ordinário;
- recurso especial;
- recurso extraordinário;

- agravo em recurso especial ou extraordinário;
- embargos de divergência.

Note-se a exclusão do agravo retido e dos embargos de divergência

Os recursos não impedem a eficácia da decisão, salvo disposição legal ou decisão judicial em sentido diverso. A eficácia da decisão recorrida poderá ser suspensa por decisão do relator, se da imediata produção de seus efeitos houver risco de dano grave, de difícil ou impossível reparação, e ficar demonstrada a probabilidade de provimento do recurso.

O recurso pode ser interposto pela parte vencida, pelo terceiro prejudicado e pelo Ministério Público, como parte ou como fiscal da ordem jurídica.

Cumpre ao terceiro demonstrar a possibilidade de a decisão sobre a relação jurídica submetida à apreciação judicial atingir direito de que se afirme titular ou que possa discutir em juízo como substituto processual.

Cada parte interporá o recurso independentemente, no prazo e com observância das exigências legais.

Sendo vencidos autor e réu, ao recurso interposto por qualquer deles poderá aderir o outro.

O recurso adesivo fica subordinado ao recurso independente, sendo-lhe aplicáveis as mesmas regras deste quanto aos requisitos de admissibilidade e julgamento no tribunal, salvo disposição legal diversa, observado, ainda, o seguinte:

- será dirigido ao órgão perante o qual o recurso independente fora interposto, no prazo de que a parte dispõe para responder;
- será admissível na apelação, no recurso extraordinário e no recurso especial;
- não será conhecido, se houver desistência do recurso principal ou se for ele considerado inadmissível.

O recorrente poderá, a qualquer tempo, sem a anuência do recorrido ou dos litisconsortes, desistir do recurso.

A desistência do recurso não impede a análise de questão cuja repercussão geral já tenha sido reconhecida e daquela objeto de julgamento de recursos extraordinários ou especiais repetitivos.

A renúncia ao direito de recorrer independe da aceitação da outra parte.

A parte que aceitar expressa ou tacitamente a decisão não poderá recorrer.

Considera-se aceitação tácita a prática, sem nenhuma reserva, de ato incompatível com a vontade de recorrer.

QUESTÃO DE PROVA! Dos despachos não cabe recurso.

A decisão pode ser impugnada no todo ou em parte.

O prazo para interposição de recurso conta-se da data em que os advogados, a sociedade de advogados, a Advocacia Pública, a Defensoria Pública ou o Ministério Público são intimados da decisão.

No prazo para interposição de recurso, a petição será protocolada em cartório ou conforme as normas de organização judiciária, ressalvado o disposto em regra especial.

Para aferição da tempestividade do recurso remetido pelo correio, será considerada como data de interposição a data de postagem.

Excetuados os embargos de declaração, o prazo para interpor os recursos e para responder-lhes é de 15 (quinze) dias.

O recorrente comprovará a ocorrência de feriado local no ato de interposição do recurso.

Se, durante o prazo para a interposição do recurso, sobrevier o falecimento da parte ou de seu advogado ou ocorrer motivo de força maior que suspenda o curso do processo, será tal prazo restituído em proveito da parte, do herdeiro ou do sucessor, contra quem começará a correr novamente depois da intimação.

O recurso interposto por um dos litisconsortes a todos aproveita, salvo se distintos ou opostos os seus interesses.

Havendo solidariedade passiva, o recurso interposto por um devedor aproveitará aos outros quando as defesas opostas ao credor lhes forem comuns.

Certificado o trânsito em julgado, com menção expressa da data de sua ocorrência, o escrivão ou o chefe de secretaria, independentemente de despacho, providenciará a baixa dos autos ao juízo de origem, no prazo de 5 (cinco) dias.

6.1. APELAÇÃO

Da sentença cabe apelação.

As questões resolvidas na fase de conhecimento, se a decisão a seu respeito não comportar agravo de instrumento, não são cobertas pela preclusão e devem ser suscitadas em preliminar de apelação, eventualmente interposta contra a decisão final, ou nas contrarrazões.

Se as questões referidas acima forem suscitadas em contrarrazões, o recorrente será intimado para, em 15 (quinze) dias, manifestar-se a respeito delas.

Tais disposição aplica-se mesmo quando as questões mencionadas no art. 1.015 integrarem capítulo da sentença.

De acordo com o art. 1010 a apelação, interposta por petição dirigida ao juízo de primeiro grau, conterá:

I - os nomes e a qualificação das partes;

II - a exposição do fato e do direito;

III - as razões do pedido de reforma ou de decretação de nulidade;

IV - o pedido de nova decisão.

O apelado será intimado para apresentar contrarrazões no prazo de 15 (quinze) dias.

Se o apelado interpuser apelação adesiva, o juiz intimará o apelante para apresentar contrarrazões.

Após as formalidades previstas acima, os autos serão remetidos ao tribunal pelo juiz, independentemente de juízo de admissibilidade.

A apelação terá efeito suspensivo.

Além de outras hipóteses previstas em lei, começa a produzir efeitos imediatamente após a sua publicação a sentença que:

- homologa divisão ou demarcação de terras;
- condena a pagar alimentos;
- extingue sem resolução do mérito ou julga improcedentes os embargos do executado;
- julga procedente o pedido de instituição de arbitragem;
- confirma, concede ou revoga tutela provisória;
- decreta a interdição.

A apelação devolverá ao tribunal o conhecimento da matéria impugnada.

Serão, porém, objeto de apreciação e julgamento pelo tribunal todas as questões suscitadas e discutidas no processo, ainda que não tenham sido solucionadas, desde que relativas ao capítulo impugnado.

Quando o pedido ou a defesa tiver mais de um fundamento e o juiz acolher apenas um deles, a apelação devolverá ao tribunal o conhecimento dos demais.

Se o processo estiver em condições de imediato julgamento, o tribunal deve decidir desde logo o mérito quando:

- reformar sentença fundada no art. 485;
- decretar a nulidade da sentença por não ser ela congruente com os limites do pedido ou da causa de pedir;
- constatar a omissão no exame de um dos pedidos, hipótese em que poderá julgá-lo;
- decretar a nulidade de sentença por falta de fundamentação.

Quando reformar sentença que reconheça a decadência ou a prescrição, o tribunal, se possível, julgará o mérito, examinando as demais questões, sem determinar o retorno do processo ao juízo de primeiro grau.

O capítulo da sentença que confirma, concede ou revoga a tutela provisória é impugnável na apelação.

As questões de fato não propostas no juízo inferior poderão ser suscitadas na apelação, se a parte provar que deixou de fazê-lo por motivo de força maior.

6.2. DO AGRAVO

De acordo com o artigo 1015 agravo de instrumento contra as decisões interlocutórias que versarem sobre:

- tutelas provisórias;
- mérito do processo;
- rejeição da alegação de convenção de arbitragem;
- incidente de desconsideração da personalidade jurídica;
- rejeição do pedido de gratuidade da justiça ou acolhimento do pedido de sua revogação;
- exibição ou posse de documento ou coisa;
- exclusão de litisconsorte;
- rejeição do pedido de limitação do litisconsórcio;
- admissão ou inadmissão de intervenção de terceiros;
- concessão, modificação ou revogação do efeito suspensivo aos embargos à execução;
- redistribuição do ônus da prova nos termos do art. 373, § 1º;
- outros casos expressamente referidos em lei.

Também caberá agravo de instrumento contra decisões interlocutórias proferidas na fase de liquidação de sentença ou de cumprimento de sentença, no processo de execução e no processo de inventário.

O agravo de instrumento será dirigido diretamente ao tribunal competente, por meio de petição com os seguintes requisitos:

- os nomes das partes;
- a exposição do fato e do direito;
- as razões do pedido de reforma ou de invalidação da decisão e o próprio pedido;
- o nome e o endereço completo dos advogados constantes do processo.

A petição de agravo de instrumento será instruída:

- obrigatoriamente, com cópias da petição inicial, da contestação, da petição que ensejou a decisão agravada, da própria decisão agravada, da certidão da respectiva intimação ou outro documento oficial que comprove a tempestividade e das procurações outorgadas aos advogados do agravante e do agravado;
- com declaração de inexistência de qualquer dos documentos referidos no inciso I, feita pelo advogado do agravante, sob pena de sua responsabilidade pessoal;
- facultativamente, com outras peças que o agravante reputar úteis.

Acompanhará a petição o comprovante do pagamento das respectivas custas e do porte de retorno, quando devidos, conforme tabela publicada pelos tribunais.

No prazo do recurso, o agravo será interposto por:

- protocolo realizado diretamente no tribunal competente para julgá-lo;
- protocolo realizado na própria comarca, seção ou subseção judiciárias;
- postagem, sob registro, com aviso de recebimento;
- transmissão de dados tipo fac-símile, nos termos da lei;
- outra forma prevista em lei.

Na falta da cópia de qualquer peça ou no caso de algum outro vício que comprometa a admissibilidade do agravo de instrumento, deve o relator aplicar o disposto no art. 932, parágrafo único.

Se o recurso for interposto por sistema de transmissão de dados tipo fac-símile ou similar, as peças devem ser juntadas no momento de protocolo da petição original.

O agravante poderá requerer a juntada, aos autos do processo, de cópia da petição do agravo de instrumento, do comprovante de sua interposição e da relação dos documentos que instruíram o recurso.

Se o juiz comunicar que reformou inteiramente a decisão, o relator considerará prejudicado o agravo de instrumento.

Não sendo eletrônicos os autos, o agravante tomará a providência prevista no caput, no prazo de 3 (três) dias a contar da interposição do agravo de instrumento.

6.3. EMBARGOS DE DECLARAÇÃO

Cabem embargos de declaração contra qualquer decisão judicial para:

- esclarecer obscuridade ou eliminar contradição;
- suprir omissão de ponto ou questão sobre o qual devia se pronunciar o juiz de ofício ou a requerimento;
- corrigir erro material.

Parágrafo único. Considera-se omissa a decisão que:

- deixe de se manifestar sobre tese firmada em julgamento de casos repetitivos ou em incidente de assunção de competência aplicável ao caso sob julgamento;
- incorra em qualquer das condutas descritas no art. 489, § 1º.

Os embargos serão opostos, no prazo de 5 (cinco) dias, em petição dirigida ao juiz, com indicação do erro, obscuridade, contradição ou omissão, e não se sujeitam a preparo.

O juiz julgará os embargos em 5 (cinco) dias.

Nos tribunais, o relator apresentará os embargos em mesa na sessão subsequente, proferindo voto, e, não havendo julgamento nessa sessão, será o recurso incluído em pauta automaticamente.

Quando os embargos de declaração forem opostos contra decisão de relator ou outra decisão unipessoal proferida em tribunal, o órgão prolator da decisão embargada decidi-los-á monocraticamente.

O órgão julgador conhecerá dos embargos de declaração como agravo interno se entender ser este o recurso cabível, desde que determine previamente a intimação do recorrente para, no prazo de 5 (cinco) dias, complementar as razões recursais, de modo a ajustá-las às exigências do art. 1.021, § 1º.

Caso o acolhimento dos embargos de declaração implique modificação da decisão embargada, o embargado que já tiver interposto outro recurso contra a decisão originária tem o direito de complementar ou alterar suas razões, nos exatos limites da modificação, no prazo de 15 (quinze) dias, contado da intimação da decisão dos embargos de declaração.

Se os embargos de declaração forem rejeitados ou não alterarem a conclusão do julgamento anterior, o recurso interposto pela outra parte antes da publicação do julgamento dos embargos de declaração será processado e julgado independentemente de ratificação.

Consideram-se incluídos no acórdão os elementos que o embargante suscitou, para fins de pré-questionamento, ainda que os embargos de declaração sejam inadmitidos ou rejeitados, caso o tribunal superior considere existentes erro, omissão, contradição ou obscuridade.

Os embargos de declaração não possuem efeito suspensivo e interrompem o prazo para a interposição de recurso.

A eficácia da decisão monocrática ou colegiada poderá ser suspensa pelo respectivo juiz ou relator se demonstrada a probabilidade de provimento do recurso ou, sendo relevante a fundamentação, se houver risco de dano grave ou de difícil reparação.

Quando manifestamente protelatórios os embargos de declaração, o juiz ou o tribunal, em decisão fundamentada, condenará o embargante a pagar ao embargado multa não excedente a dois por cento sobre o valor atualizado da causa.

Na reiteração de embargos de declaração manifestamente protelatórios, a multa será elevada a até dez por cento sobre o valor atualizado da causa, e a interposição de qualquer recurso ficará condicionada ao depósito prévio do valor da multa, à exceção da Fazenda Pública e do beneficiário de gratuidade da justiça, que a recolherão ao final.

Não serão admitidos novos embargos de declaração se os 2 (dois) anteriores houverem sido considerados protelatórios.

6.4. RECURSO EXTRAORDINÁRIO E RECURSO ESPECIAL.

O recurso extraordinário e o recurso especial, nos casos previstos na Constituição Federal, serão interpostos perante o presidente ou o vice-presidente do tribunal recorrido, em petições distintas que conterão:

- a exposição do fato e do direito;
- a demonstração do cabimento do recurso interposto;
- as razões do pedido de reforma ou de invalidação da decisão recorrida.

Quando o recurso fundar-se em dissídio jurisprudencial, o recorrente fará a prova da divergência com a certidão, cópia ou citação do repositório de jurisprudência, oficial ou credenciado, inclusive em mídia eletrônica, em que houver sido publicado o acórdão divergente, ou ainda com a reprodução de julgado disponível na rede mundial de computadores, com indicação da respectiva fonte, devendo-se, em qualquer caso, mencionar as circunstâncias que identifiquem ou assemelhem os casos confrontados.

O Supremo Tribunal Federal ou o Superior Tribunal de Justiça poderá desconsiderar vício formal de recurso tempestivo ou determinar sua correção, desde que não o repute grave.

Quando, por ocasião do processamento do incidente de resolução de demandas repetitivas, o presidente do Supremo Tribunal Federal ou do Superior Tribunal de Justiça receber requerimento de suspensão de processos em que se discuta questão federal constitucional ou infraconstitucional, poderá, considerando razões de segurança jurídica ou de excepcional interesse social, estender a suspensão a todo o território nacional, até ulterior decisão do recurso extraordinário ou do recurso especial a ser interposto.

O pedido de concessão de efeito suspensivo a recurso extraordinário ou a recurso especial poderá ser formulado por requerimento dirigido:

- ao tribunal superior respectivo, no período compreendido entre a publicação da decisão de admissão do recurso e sua distribuição, ficando o relator designado para seu exame prevento para julgá-lo; (Redação dada pela Lei nº 13.256, de 2016) (Vigência)
- ao relator, se já distribuído o recurso;
- ao presidente ou ao vice-presidente do tribunal recorrido, no período compreendido entre a interposição do recurso e a publicação da decisão de admissão do recurso, assim como no caso de o recurso ter sido sobrestado, nos termos do art. 1.037.

Recebida a petição do recurso pela secretaria do tribunal, o recorrido será intimado para apresentar contrarrazões no prazo de 15 (quinze) dias, findo o qual os autos serão conclusos ao presidente ou ao vice-presidente do tribunal recorrido, que deverá:

- negar seguimento:
  a) a recurso extraordinário que discuta questão constitucional à qual o Supremo Tribunal Federal não tenha reconhecido a existência de repercussão geral ou a recurso extraordinário interposto contra acórdão que esteja em conformidade com entendimento do Supremo Tribunal Federal exarado no regime de repercussão geral;
  b) a recurso extraordinário ou a recurso especial interposto contra acórdão que esteja em conformidade com entendimento do Supremo Tribunal Federal ou do Superior Tribunal de Justiça, respectivamente, exarado no regime de julgamento de recursos repetitivos;
- encaminhar o processo ao órgão julgador para realização do juízo de retratação, se o acórdão recorrido divergir do entendimento do Supremo Tribunal Federal ou do Superior Tribunal de Justiça exarado, conforme o caso, nos regimes de repercussão geral ou de recursos repetitivos;
- sobrestar o recurso que versar sobre controvérsia de caráter repetitivo ainda não decidida pelo Supremo Tribunal Federal ou pelo Superior Tribunal de Justiça, conforme se trate de matéria constitucional ou infraconstitucional;
- selecionar o recurso como representativo de controvérsia constitucional ou infraconstitucional, nos termos do § 6º do art. 1.036;
- realizar o juízo de admissibilidade e, se positivo, remeter o feito ao Supremo Tribunal Federal ou ao Superior Tribunal de Justiça, desde que:
  a) o recurso ainda não tenha sido submetido ao regime de repercussão geral ou de julgamento de recursos repetitivos;
  b) o recurso tenha sido selecionado como representativo da controvérsia; c) o tribunal recorrido tenha refutado o juízo de retratação.

Na hipótese de interposição conjunta de recurso extraordinário e recurso especial, os autos serão remetidos ao Superior Tribunal de Justiça.

Concluído o julgamento do recurso especial, os autos serão remetidos ao Supremo Tribunal Federal para apreciação do recurso extraordinário, se este não estiver prejudicado.

Se o relator do recurso especial considerar prejudicial o recurso extraordinário, em decisão irrecorrível, sobrestará o julgamento e remeterá os autos ao Supremo Tribunal Federal.

Na hipótese acima, se o relator do recurso extraordinário, em decisão irrecorrível, rejeitar a prejudicialidade, devolverá os autos ao Superior Tribunal de Justiça para o julgamento do recurso especial.

Se o relator, no Superior Tribunal de Justiça, entender que o recurso especial versa sobre questão constitucional, deverá conceder prazo de 15 (quinze) dias para que o recorrente demonstre a existência de repercussão geral e se manifeste sobre a questão constitucional.

Cumprida a diligência de que trata o caput, o relator remeterá o recurso ao Supremo Tribunal Federal, que, em juízo de admissibilidade, poderá devolvê-lo ao Superior Tribunal de Justiça.

Se o Supremo Tribunal Federal considerar como reflexa a ofensa à Constituição afirmada no recurso extraordinário, por pressupor a revisão da interpretação de lei federal ou de tratado, remetê-lo-á ao Superior Tribunal de Justiça para julgamento como recurso especial.

Admitido o recurso extraordinário ou o recurso especial, o Supremo Tribunal Federal ou o Superior Tribunal de Justiça julgará o processo, aplicando o direito.

Admitido o recurso extraordinário ou o recurso especial por um fundamento, devolve-se ao tribunal superior o conhecimento dos demais fundamentos para a solução do capítulo impugnado.

O Supremo Tribunal Federal, em decisão irrecorrível, não conhecerá do recurso extraordinário quando a questão constitucional nele versada não tiver repercussão geral, nos termos deste artigo.

Para efeito de repercussão geral, será considerada a existência ou não de questões relevantes do ponto de vista econômico, político, social ou jurídico que ultrapassem os interesses subjetivos do processo.

O recorrente deverá demonstrar a existência de repercussão geral para apreciação exclusiva pelo Supremo Tribunal Federal.

Haverá repercussão geral sempre que o recurso impugnar acórdão que:

- contrarie súmula ou jurisprudência dominante do Supremo Tribunal Federal;
- tenha reconhecido a inconstitucionalidade de tratado ou de lei federal, nos termos do art. 97 da Constituição Federal.

O relator poderá admitir, na análise da repercussão geral, a manifestação de terceiros, subscrita por procurador habilitado, nos termos do Regimento Interno do Supremo Tribunal Federal.

Reconhecida a repercussão geral, o relator no Supremo Tribunal Federal determinará a suspensão do processamento de todos os processos pendentes, individuais ou coletivos, que versem sobre a questão e tramitem no território nacional.

O interessado pode requerer, ao presidente ou ao vice-presidente do tribunal de origem, que exclua da decisão de sobrestamento e inadmita o recurso extraordinário que tenha sido interposto intempestivamente, tendo o recorrente o prazo de 5 (cinco) dias para manifestar-se sobre esse requerimento.

Da decisão que indeferir o requerimento ou que aplicar entendimento firmado em regime de repercussão geral ou em julgamento de recursos repetitivos caberá agravo interno.

Negada a repercussão geral, o presidente ou o vice-presidente do tribunal de origem negará seguimento aos recursos extraordinários sobrestados na origem que versem sobre matéria idêntica.

O recurso que tiver a repercussão geral reconhecida deverá ser julgado no prazo de 1 (um) ano e terá preferência sobre os demais feitos, ressalvados os que envolvam réu preso e os pedidos de habeas corpus.

A súmula da decisão sobre a repercussão geral constará de ata, que será publicada no diário oficial e valerá como acórdão.

7. DO PROCESSO DE EXECUÇÃO

DISPOSIÇÕES GERAIS

O procedimento da execução fundada em título extrajudicial, e suas disposições aplicam-se, também, no que couber, aos procedimentos especiais de execução, aos atos executivos realizados no procedimento de cumprimento de sentença, bem como aos efeitos de atos ou fatos processuais a que a lei atribuir força executiva. A execução tem por escopo curar a crise de satisfação.

O juiz pode, em qualquer momento do processo:

- ordenar o comparecimento das partes;
- advertir o executado de que seu procedimento constitui ato atentatório à dignidade da justiça;
- determinar que sujeitos indicados pelo exequente forneçam informações em geral relacionadas ao objeto da execução, tais como documentos e dados que tenham em seu poder, assinando-lhes prazo razoável.

O juiz poderá, de ofício ou a requerimento, determinar as medidas necessárias ao cumprimento da ordem de entrega de documentos e dados.

Quando o juízo receber dados sigilosos para os fins da execução, o juiz adotará as medidas necessárias para assegurar a confidencialidade.

Considera-se atentatória à dignidade da justiça a conduta comissiva ou omissiva do executado que:

- frauda a execução;
- se opõe maliciosamente à execução, empregando ardis e meios artificiosos;
- dificulta ou embaraça a realização da penhora;
- resiste injustificadamente às ordens judiciais;
- intimado, não indica ao juiz quais são e onde estão os bens sujeitos à penhora e os respectivos valores, nem exibe prova de sua propriedade e, se for o caso, certidão negativa de ônus.

ATENÇÃO!

Nos casos previstos neste artigo, o juiz fixará multa em montante não superior a vinte por cento do valor atualizado do débito em execução, a qual será revertida em proveito do exequente, exigível nos próprios autos do processo, sem prejuízo de outras sanções de natureza processual ou material.

ANOTE! O exequente tem o direito de desistir de toda a execução ou de apenas alguma medida executiva. Na desistência da execução, observar-se-á o seguinte:

- serão extintos a impugnação e os embargos que versarem apenas sobre questões processuais, pagando o exequente as custas processuais e os honorários advocatícios;
- nos demais casos, a extinção dependerá da concordância do impugnante ou do embargante.

O exequente ressarcirá ao executado os danos que este sofreu, quando a sentença, transitada em julgado, declarar inexistente, no todo ou em parte, a obrigação que ensejou a execução.

A cobrança de multas ou de indenizações decorrentes de litigância de má-fé ou de prática de ato atentatório à dignidade da justiça será promovida nos próprios autos do processo.

DIVERSAS ESPÉCIES DE EXECUÇÃO

DISPOSIÇÕES GERAIS

Ressalvado o caso de insolvência do devedor, em que tem lugar o concurso universal, realiza-se a execução no interesse do exequente que adquire, pela penhora, o direito de preferência sobre os bens penhorados.

Recaindo mais de uma penhora sobre o mesmo bem, cada exequente conservará o seu título de preferência.

Ao propor a execução, incumbe ao exequente:

- instruir a petição inicial com:

a) o título executivo extrajudicial;

b) o demonstrativo do débito atualizado até a data de propositura da ação, quando se tratar de execução por quantia certa;

c) a prova de que se verificou a condição ou ocorreu o termo, se for o caso;

d) a prova, se for o caso, de que adimpliu a contraprestação que lhe corresponde ou que lhe assegura o cumprimento, se o executado não for obrigado a satisfazer a sua prestação senão mediante a contraprestação do exequente;

- indicar:

a) a espécie de execução de sua preferência, quando por mais de um modo puder ser realizada;

b) os nomes completos do exequente e do executado e seus números de inscrição no Cadastro de Pessoas Físicas ou no Cadastro Nacional da Pessoa Jurídica;

c) os bens suscetíveis de penhora, sempre que possível.

O demonstrativo do débito deverá conter:

- o índice de correção monetária adotado;
- a taxa de juros aplicada;
- os termos inicial e final de incidência do índice de correção monetária e da taxa de juros utilizados;
- a periodicidade da capitalização dos juros, se for o caso;
- a especificação de desconto obrigatório realizado.

Incumbe ainda ao exequente:

- requerer a intimação do credor pignoratício, hipotecário, anticrético ou fiduciário, quando a penhora recair sobre bens gravados por penhor, hipoteca, anticrese ou alienação fiduciária;
- requerer a intimação do titular de usufruto, uso ou habitação, quando a penhora recair sobre bem gravado por usufruto, uso ou habitação;
- requerer a intimação do promitente comprador, quando a penhora recair sobre bem em relação ao qual haja promessa de compra e venda registrada;
- requerer a intimação do promitente vendedor, quando a penhora recair sobre direito aquisitivo derivado de promessa de compra e venda registrada;
- requerer a intimação do superficiário, enfiteuta ou concessionário, em caso de direito de superfície, enfiteuse, concessão de uso especial para fins de moradia ou concessão de direito real de uso, quando a penhora recair sobre imóvel submetido ao regime do direito de superfície, enfiteuse ou concessão;
- requerer a intimação do proprietário de terreno com regime de direito de superfície, enfiteuse, concessão de uso especial para fins de moradia ou concessão de direito real de uso, quando a penhora recair sobre direitos do superficiário, do enfiteuta ou do concessionário;
- requerer a intimação da sociedade, no caso de penhora de quota social ou de ação de sociedade anônima fechada, para o fim previsto no art. 876, § 7º;
- pleitear, se for o caso, medidas urgentes;
- proceder à averbação em registro público do ato de propositura da execução e dos atos de constrição realizados, para conhecimento de terceiros.

Nas obrigações alternativas, quando a escolha couber ao devedor, esse será citado para exercer a opção e realizar a prestação dentro de 10 (dez) dias, se outro prazo não lhe foi determinado em lei ou em contrato.

Devolver-se-á ao credor a opção, se o devedor não a exercer no prazo determinado. A escolha será indicada na petição inicial da execução quando couber ao credor exercê-la.

Verificando que a petição inicial está incompleta ou que não está acompanhada dos documentos indispensáveis à propositura da execução, o juiz determinará que o exequente a corrija, no prazo de 15 (quinze) dias, sob pena de indeferimento.

Na execução, o despacho que ordena a citação, desde que realizada em observância ao disposto no § 2º do art. 240, interrompe a prescrição, ainda que proferido por juízo incompetente. A interrupção da prescrição retroagirá à data de propositura da ação.

ANOTE! É nula a execução se:

- o título executivo extrajudicial não corresponder a obrigação certa, líquida e exigível;
- o executado não for regularmente citado;
- for instaurada antes de se verificar a condição ou de ocorrer o termo.

A nulidade de que cuida este artigo será pronunciada pelo juiz, de ofício ou a requerimento da parte, independentemente de embargos à execução.

A alienação de bem gravado por penhor, hipoteca ou anticrese será ineficaz em relação ao credor pignoratício, hipotecário ou anticrético não intimado. A alienação de bem objeto de promessa de compra e venda ou de cessão registrada será ineficaz em relação ao promitente comprador ou ao cessionário não intimado.

A alienação de bem sobre o qual tenha sido instituído direito de superfície, seja do solo, da plantação ou da construção, será ineficaz em relação ao concedente ou ao concessionário não intimado.

A alienação de direito aquisitivo de bem objeto de promessa de venda, de promessa de cessão ou de alienação fiduciária será ineficaz em relação ao promitente vendedor, ao promitente cedente ou ao proprietário fiduciário não intimado.

A alienação de imóvel sobre o qual tenha sido instituída enfiteuse, concessão de uso especial para fins de moradia ou concessão de direito real de uso será ineficaz em relação ao enfiteuta ou ao concessionário não intimado.

A alienação de direitos do enfiteuta, do concessionário de direito real de uso ou do concessionário de uso especial para fins de moradia será ineficaz em relação ao proprietário do respectivo imóvel não intimado.

A alienação de bem sobre o qual tenha sido instituído usufruto, uso ou habitação será ineficaz em relação ao titular desses direitos reais não intimado.

Quando por vários meios o exequente puder promover a execução, o juiz mandará que se faça pelo modo menos gravoso para o executado.

Ao executado que alegar ser a medida executiva mais gravosa incumbe indicar outros meios mais eficazes e menos onerosos, sob pena de manutenção dos atos executivos já determinados.

EXECUÇÃO PARA A ENTREGA DE COISA

Entrega de Coisa Certa

O devedor de obrigação de entrega de coisa certa, constante de título executivo extrajudicial, será citado para, em 15 (quinze) dias, satisfazer a obrigação.

Ao despachar a inicial, o juiz poderá fixar multa por dia de atraso no cumprimento da obrigação, ficando o respectivo valor sujeito a alteração, caso se revele insuficiente ou excessivo.

Do mandado de citação constará ordem para imissão na posse ou busca e apreensão, conforme se tratar de bem imóvel ou móvel, cujo cumprimento se dará de imediato, se o executado não satisfizer a obrigação no prazo que lhe foi designado.

Se o executado entregar a coisa, será lavrado o termo respectivo e considerada satisfeita a obrigação, prosseguindo-se a execução para o pagamento de frutos ou o ressarcimento de prejuízos, se houver.

Alienada a coisa quando já litigiosa, será expedido mandado contra o terceiro adquirente, que somente será ouvido após depositá-la.

O exequente tem direito a receber, além de perdas e danos, o valor da coisa, quando essa se deteriorar, não lhe for entregue, não for encontrada ou não for reclamada do poder de terceiro adquirente.

Não constando do título o valor da coisa e sendo impossível sua avaliação, o exequente apresentará estimativa, sujeitando-a ao arbitramento judicial.

Serão apurados em liquidação o valor da coisa e os prejuízos.

Havendo benfeitorias indenizáveis feitas na coisa pelo executado ou por terceiros de cujo poder ela houver sido tirada, a liquidação prévia é obrigatória.

Havendo saldo:

- em favor do executado ou de terceiros, o exequente o depositará ao requerer a entrega da coisa;
- em favor do exequente, esse poderá cobrá-lo nos autos do mesmo processo.

Entrega de Coisa Incerta

Quando a execução recair sobre coisa determinada pelo gênero e pela quantidade, o executado será citado para entregá-la individualizada, se lhe couber a escolha. Se a escolha couber ao exequente, esse deverá indicá-la na petição inicial.

Qualquer das partes poderá, no prazo de 15 (quinze) dias, impugnar a escolha feita pela outra, e o juiz decidirá de plano ou, se necessário, ouvindo perito de sua nomeação.

EXECUÇÃO DAS OBRIGAÇÕES DE FAZER OU DE NÃO FAZER

Na execução de obrigação de fazer ou de não fazer fundada em título extrajudicial, ao despachar a inicial, o juiz fixará multa por período de atraso no cumprimento da obrigação e a data a partir da qual será devida. Se o valor da multa estiver previsto no título e for excessivo, o juiz poderá reduzi-lo.

Obrigação de Fazer

Quando o objeto da execução for obrigação de fazer, o executado será citado para satisfazê-la no prazo que o juiz lhe designar, se outro não estiver determinado no título executivo.

Se o executado não satisfizer a obrigação no prazo designado, é lícito ao exequente, nos próprios autos do processo, requerer a satisfação da obrigação à custa do executado ou perdas e danos, hipótese em que se converterá em indenização.

O valor das perdas e danos será apurado em liquidação, seguindo-se a execução para cobrança de quantia certa.

Se a obrigação puder ser satisfeita por terceiro, é lícito ao juiz autorizar, a requerimento do exequente, que aquele a satisfaça à custa do executado. O exequente adiantará as quantias previstas na proposta que, ouvidas as partes, o juiz houver aprovado.

Realizada a prestação, o juiz ouvirá as partes no prazo de 10 (dez) dias e, não havendo impugnação, considerará satisfeita a obrigação. Caso haja impugnação, o juiz a decidirá.

Se o terceiro contratado não realizar a prestação no prazo ou se o fizer de modo incompleto ou defeituoso, poderá o exequente requerer ao juiz, no prazo de 15 (quinze) dias, que o autorize a concluí-la ou a repará-la à custa do contratante. Ouvido o contratante no prazo de 15 (quinze) dias, o juiz mandará avaliar o custo das despesas necessárias e o condenará a pagá-lo.

Se o exequente quiser executar ou mandar executar, sob sua direção e vigilância, as obras e os trabalhos necessários à realização da prestação, terá preferência, em igualdade de condições de oferta, em relação ao terceiro.

O direito de preferência deverá ser exercido no prazo de 5 (cinco) dias, após aprovada a proposta do terceiro.

Na obrigação de fazer, quando se convencionar que o executado a satisfaça pessoalmente, o exequente poderá requerer ao juiz que lhe assine prazo para cumpri-la.

Havendo recusa ou mora do executado, sua obrigação pessoal será convertida em perdas e danos, caso em que se observará o procedimento de execução por quantia certa.

Obrigação de Não Fazer

Se o executado praticou ato a cuja abstenção estava obrigado por lei ou por contrato, o exequente requererá ao juiz que assine prazo ao executado para desfazê-lo.

Havendo recusa ou mora do executado, o exequente requererá ao juiz que mande desfazer o ato à custa daquele, que responderá por perdas e danos. Não sendo possível desfazer-se o ato, a obrigação resolve-se em perdas e danos, caso em que, após a liquidação, se observará o procedimento de execução por quantia certa.

EXECUÇÃO POR QUANTIA CERTA

A execução por quantia certa realiza-se pela expropriação de bens do executado, ressalvadas as execuções especiais.

A expropriação consiste em:

- adjudicação;
- alienação;
- apropriação de frutos e rendimentos de empresa ou de estabelecimentos e de outros bens.

ATENÇÃO! Antes de adjudicados ou alienados os bens, o executado pode, a todo tempo, remir a execução, pagando ou consignando a importância atualizada da dívida, acrescida de juros, custas e honorários advocatícios.

Citação do Devedor e do Arresto

Ao despachar a inicial, o juiz fixará, de plano, os honorários advocatícios de dez por cento, a serem pagos pelo executado.

No caso de integral pagamento no prazo de 3 (três) dias, o valor dos honorários advocatícios será reduzido pela metade.

O valor dos honorários poderá ser elevado até vinte por cento, quando rejeitados os embargos à execução, podendo a majoração, caso não opostos os embargos, ocorrer ao final do procedimento executivo, levando-se em conta o trabalho realizado pelo advogado do exequente.

O exequente poderá obter certidão de que a execução foi admitida pelo juiz, com identificação das partes e do valor da causa, para fins de averbação no registro de imóveis, de veículos ou de outros bens sujeitos a penhora, arresto ou indisponibilidade.

No prazo de 10 (dez) dias de sua concretização, o exequente deverá comunicar ao juízo as averbações efetivadas. Formalizada penhora sobre bens suficientes para cobrir o valor da dívida, o exequente providenciará, no prazo de 10 (dez) dias, o cancelamento das averbações relativas àqueles não penhorados.

O juiz determinará o cancelamento das averbações, de ofício ou a requerimento, caso o exequente não o faça no prazo. Presume-se em fraude à execução a alienação ou a oneração de bens efetuada após a averbação.

O exequente que promover averbação manifestamente indevida ou não cancelar as averbações nos termos do § 2º indenizará a parte contrária, processando-se o incidente em autos apartados.

O executado será citado para pagar a dívida no prazo de 3 (três) dias, contado da citação. Do mandado de citação constarão, também, a ordem de penhora e a avaliação a serem cumpridas pelo oficial de justiça tão logo verificado o não pagamento no prazo assinalado, de tudo lavrando-se auto, com intimação do executado.

A penhora recairá sobre os bens indicados pelo exequente, salvo se outros forem indicados pelo executado e aceitos pelo juiz, mediante demonstração de que a constrição proposta lhe será menos onerosa e não trará prejuízo ao exequente. Se o oficial de justiça não encontrar o executado, arrestar-lhe-á tantos bens quantos bastem para garantir a execução.

LEMBRE! Nos 10 (dez) dias seguintes à efetivação do arresto, o oficial de justiça procurará o executado 2 (duas) vezes em dias distintos e, havendo suspeita de ocultação, realizará a citação com hora certa, certificando pormenorizadamente o ocorrido.

Incumbe ao exequente requerer a citação por edital, uma vez frustradas a pessoal e a com hora certa. Aperfeiçoada a citação e transcorrido o prazo de pagamento, o arresto converter-se-á em penhora, independentemente de termo.

PENHORA, DO DEPÓSITO E DA AVALIAÇÃO

A penhora deverá recair sobre tantos bens quantos bastem para o pagamento do principal atualizado, dos juros, das custas e dos honorários advocatícios.

Não estão sujeitos à execução os bens que a lei considera impenhoráveis ou inalienáveis. Vejamos:

São impenhoráveis:

- os bens inalienáveis e os declarados, por ato voluntário, não sujeitos à execução;
- os móveis, os pertences e as utilidades domésticas que guarnecem a residência do executado, salvo os de elevado valor ou os que ultrapassem as necessidades comuns correspondentes a um médio padrão de vida;
- os vestuários, bem como os pertences de uso pessoal do executado, salvo se de elevado valor;
- os vencimentos, os subsídios, os soldos, os salários, as remunerações, os proventos de aposentadoria, as pensões, os pecúlios e os montepios, bem como as quantias recebidas por liberalidade de terceiro e destinadas ao sustento do devedor e de sua família, os ganhos de trabalhador autônomo e os honorários de profissional liberal, ressalvado o § 2º;
- os livros, as máquinas, as ferramentas, os utensílios, os instrumentos ou outros bens móveis necessários ou úteis ao exercício da profissão do executado;
- o seguro de vida;
- os materiais necessários para obras em andamento, salvo se essas forem penhoradas;
- a pequena propriedade rural, assim definida em lei, desde que trabalhada pela família;
- os recursos públicos recebidos por instituições privadas para aplicação compulsória em educação, saúde ou assistência social;
- a quantia depositada em caderneta de poupança, até o limite de 40 (quarenta) salários-mínimos;
- os recursos públicos do fundo partidário recebidos por partido político, nos termos da lei;
- os créditos oriundos de alienação de unidades imobiliárias, sob regime de incorporação imobiliária, vinculados à execução da obra.

A impenhorabilidade não é oponível à execução de dívida relativa ao próprio bem, inclusive àquela contraída para sua aquisição.

Incluem-se na impenhorabilidade os equipamentos, os implementos e as máquinas agrícolas pertencentes a pessoa física ou a empresa individual produtora rural, exceto quando tais bens tenham sido objeto de financiamento e estejam vinculados em garantia a negócio jurídico ou quando respondam por dívida de natureza alimentar, trabalhista ou previdenciária.

Podem ser penhorados, à falta de outros bens, os frutos e os rendimentos dos bens inalienáveis. **Eis as impenhorabilidades relativas.**

A penhora observará, preferencialmente, a seguinte ordem:

- dinheiro, em espécie ou em depósito ou aplicação em instituição financeira;
- títulos da dívida pública da União, dos Estados e do Distrito Federal com cotação em mercado;
- títulos e valores mobiliários com cotação em mercado;
- veículos de via terrestre;
- bens imóveis;
- bens móveis em geral;
- semoventes;
- navios e aeronaves;
- ações e quotas de sociedades simples e empresárias;
- percentual do faturamento de empresa devedora;
- pedras e metais preciosos;
- direitos aquisitivos derivados de promessa de compra e venda e de alienação fiduciária em garantia;
- outros direitos.

É prioritária a penhora em dinheiro, podendo o juiz, nas demais hipóteses, alterar a ordem prevista no caput de acordo com as circunstâncias do caso concreto. Para fins de substituição da penhora, equiparam-se a dinheiro a fiança bancária e o seguro garantia judicial, desde que em valor não inferior ao do débito constante da inicial, acrescido de trinta por cento.

Na execução de crédito com garantia real, a penhora recairá sobre a coisa dada em garantia, e, se a coisa pertencer a terceiro garantidor, este também será intimado da penhora.

Não se levará a efeito a penhora quando ficar evidente que o produto da execução dos bens encontrados será totalmente absorvido pelo pagamento das custas da execução.

Quando não encontrar bens penhoráveis, independentemente de determinação judicial expressa, o oficial de justiça descreverá na certidão os bens que guarnecem a residência ou o estabelecimento do executado, quando este for pessoa jurídica.

Elaborada a lista, o executado ou seu representante legal será nomeado depositário provisório de tais bens até ulterior determinação do juiz.

Obedecidas as normas de segurança instituídas sob critérios uniformes pelo Conselho Nacional de Justiça, a penhora de dinheiro e as averbações de penhoras de bens imóveis e móveis podem ser realizadas por meio eletrônico.

A penhora será realizada mediante auto ou termo, que conterá:

- a indicação do dia, do mês, do ano e do lugar em que foi feita;
- os nomes do exequente e do executado;
- a descrição dos bens penhorados, com as suas características;
- a nomeação do depositário dos bens.

Considerar-se-á feita a penhora mediante a apreensão e o depósito dos bens, lavrando-se um só auto se as diligências forem concluídas no mesmo dia.

Havendo mais de uma penhora, serão lavrados autos individuais.

Serão preferencialmente depositados:

- as quantias em dinheiro, os papéis de crédito e as pedras e os metais preciosos, no Banco do Brasil, na Caixa Econômica Federal ou em banco do qual o Estado ou o Distrito Federal possua mais da metade do capital social integralizado, ou, na falta desses estabelecimentos, em qualquer instituição de crédito designada pelo juiz;
- os móveis, os semoventes, os imóveis urbanos e os direitos aquisitivos sobre imóveis urbanos, em poder do depositário judicial;
- os imóveis rurais, os direitos aquisitivos sobre imóveis rurais, as máquinas, os utensílios e os instrumentos necessários ou úteis à atividade agrícola, mediante caução idônea, em poder do executado.

Os bens poderão ser depositados em poder do executado nos casos de difícil remoção ou quando anuir o exequente. As joias, as pedras e os objetos preciosos deverão ser depositados com registro do valor estimado de resgate.

Formalizada a penhora por qualquer dos meios legais, dela será imediatamente intimado o executado. A intimação da penhora será feita ao advogado do executado ou à sociedade de advogados a que aquele pertença.

Se não houver constituído advogado nos autos, o executado será intimado pessoalmente, de preferência por via postal.

Considera-se realizada a intimação quando o executado houver mudado de endereço sem prévia comunicação ao juízo, observado o disposto no parágrafo único do art. 274.

Recaindo a penhora sobre bem imóvel ou direito real sobre imóvel, será intimado também o cônjuge do executado, salvo se forem casados em regime de separação absoluta de bens.

Tratando-se de penhora de bem indivisível, o equivalente à quota-parte do coproprietário ou do cônjuge alheio à execução recairá sobre o produto da alienação do bem.

É reservada ao coproprietário ou ao cônjuge não executado a preferência na arrematação do bem em igualdade de condições.

Não será levada a efeito expropriação por preço inferior ao da avaliação na qual o valor auferido seja incapaz de garantir, ao coproprietário ou ao cônjuge alheio à execução, o correspondente à sua quota-parte calculado sobre o valor da avaliação.

Para presunção absoluta de conhecimento por terceiros, cabe ao exequente providenciar a averbação do arresto ou da penhora no registro competente, mediante apresentação de cópia do auto ou do termo, independentemente de mandado judicial.

LUGAR DE REALIZAÇÃO DA PENHORA

Efetuar-se-á a penhora onde se encontrem os bens, ainda que sob a posse, a detenção ou a guarda de terceiros.

A penhora de imóveis, independentemente de onde se localizem, quando apresentada certidão da respectiva matrícula, e a penhora de veículos automotores, quando apresentada certidão que ateste a sua existência, serão realizadas por termo nos autos.

Se o executado não tiver bens no foro do processo, não sendo possível a realização da penhora nos termos do § 1º, a execução será feita por carta, penhorando-se, avaliando-se e alienando-se os bens no foro da situação.

Se o executado fechar as portas da casa a fim de obstar a penhora dos bens, o oficial de justiça comunicará o fato ao juiz, solicitando-lhe ordem de arrombamento.

Deferido o pedido, 2 (dois) oficiais de justiça cumprirão o mandado, arrombando cômodos e móveis em que se presuma estarem os bens, e lavrarão de tudo auto circunstanciado, que será assinado por 2 (duas) testemunhas presentes à diligência.

Sempre que necessário, o juiz requisitará força policial, a fim de auxiliar os oficiais de justiça na penhora dos bens.

Os oficiais de justiça lavrarão em duplicata o auto da ocorrência, entregando uma via ao escrivão ou ao chefe de secretaria, para ser juntada aos autos, e a outra à autoridade policial a quem couber a apuração criminal dos eventuais delitos de desobediência ou de resistência.

Do auto da ocorrência constará o rol de testemunhas, com a respectiva qualificação.

MODIFICAÇÕES DA PENHORA

O executado pode, no prazo de 10 (dez) dias contado da intimação da penhora, requerer a substituição do bem penhorado, desde que comprove que lhe será menos onerosa e não trará prejuízo ao exequente.

O juiz só autorizará a substituição se o executado:

- comprovar as respectivas matrículas e os registros por certidão do correspondente ofício, quanto aos bens imóveis;
- descrever os bens móveis, com todas as suas propriedades e características, bem como o estado deles e o lugar onde se encontram;
- descrever os semoventes, com indicação de espécie, de número, de marca ou sinal e do local onde se encontram;
- identificar os créditos, indicando quem seja o devedor, qual a origem da dívida, o título que a representa e a data do vencimento; e
- atribuir, em qualquer caso, valor aos bens indicados à penhora, além de especificar os ônus e os encargos a que estejam sujeitos.

Requerida a substituição do bem penhorado, o executado deve indicar onde se encontram os bens sujeitos à execução, exibir a prova de sua propriedade e a certidão negativa ou positiva de ônus, bem como abster-se de qualquer atitude que dificulte ou embarace a realização da penhora.

O executado somente poderá oferecer bem imóvel em substituição caso o requeira com a expressa anuência do cônjuge, salvo se o regime for o de separação absoluta de bens.

O juiz intimará o exequente para manifestar-se sobre o requerimento de substituição do bem penhorado.

As partes poderão requerer a substituição da penhora se:

- ela não obedecer à ordem legal;
- ela não incidir sobre os bens designados em lei, contrato ou ato judicial para o pagamento;
- havendo bens no foro da execução, outros tiverem sido penhorados;
- havendo bens livres, ela tiver recaído sobre bens já penhorados ou objeto de gravame;
- ela incidir sobre bens de baixa liquidez;
- fracassar a tentativa de alienação judicial do bem; ou
- o executado não indicar o valor dos bens ou omitir qualquer das indicações previstas em lei.

A penhora pode ser substituída por fiança bancária ou por seguro garantia judicial, em valor não inferior ao do débito constante da inicial, acrescido de trinta por cento.

Sempre que ocorrer a substituição dos bens inicialmente penhorados, será lavrado novo termo.

Será admitida a redução ou a ampliação da penhora, bem como sua transferência para outros bens, se, no curso do processo, o valor de mercado dos bens penhorados sofrer alteração significativa.

Não se procede à segunda penhora, salvo se:

- a primeira for anulada;
- executados os bens, o produto da alienação não bastar para o pagamento do exequente;
- o exequente desistir da primeira penhora, por serem litigiosos os bens ou por estarem submetidos a constrição judicial.

O juiz determinará a alienação antecipada dos bens penhorados quando:

- se tratar de veículos automotores, de pedras e metais preciosos e de outros bens móveis sujeitos à depreciação ou à deterioração;
- houver manifesta vantagem.

Quando uma das partes requerer alguma das medidas previstas nesta Subseção, o juiz ouvirá sempre a outra, no prazo de 3 (três) dias, antes de decidir. O juiz decidirá de plano qualquer questão suscitada.

PENHORA DE DINHEIRO EM DEPÓSITO OU EM APLICAÇÃO FINANCEIRA

Para possibilitar a penhora de dinheiro em depósito ou em aplicação financeira, o juiz, a requerimento do exequente, sem dar ciência prévia do ato ao executado, determinará às instituições financeiras, por meio de sistema eletrônico gerido pela autoridade supervisora do sistema financeiro nacional, que torne indisponíveis ativos financeiros existentes em nome do executado, limitando-se a indisponibilidade ao valor indicado na execução.

No prazo de 24 (vinte e quatro) horas a contar da resposta, de ofício, o juiz determinará o cancelamento de eventual indisponibilidade excessiva, o que deverá ser cumprido pela instituição financeira em igual prazo.

Tornados indisponíveis os ativos financeiros do executado, este será intimado na pessoa de seu advogado ou, não o tendo, pessoalmente.

Incumbe ao executado, no prazo de 5 (cinco) dias, comprovar que:

- as quantias tornadas indisponíveis são impenhoráveis;
- ainda remanesce indisponibilidade excessiva de ativos financeiros.

Rejeitada ou não apresentada a manifestação do executado, converter-se-á a indisponibilidade em penhora, sem necessidade de lavratura de termo, devendo o juiz da execução determinar à instituição financeira depositária que, no prazo de 24 (vinte e quatro) horas, transfira o montante indisponível para conta vinculada ao juízo da execução.

Realizado o pagamento da dívida por outro meio, o juiz determinará, imediatamente, por sistema eletrônico gerido pela autoridade supervisora do sistema financeiro nacional, a notificação da instituição financeira para que, em até 24 (vinte e quatro) horas, cancele a indisponibilidade.

As transmissões das ordens de indisponibilidade, de seu cancelamento e de determinação de penhora previstas neste artigo far-se-ão por meio de sistema eletrônico gerido pela autoridade supervisora do sistema financeiro nacional.

A instituição financeira será responsável pelos prejuízos causados ao executado em decorrência da indisponibilidade de ativos financeiros em valor superior ao indicado na execução ou pelo juiz, bem como na hipótese de não cancelamento da indisponibilidade no prazo de 24 (vinte e quatro) horas, quando assim determinar o juiz.

Quando se tratar de execução contra partido político, o juiz, a requerimento do exequente, determinará às instituições financeiras, por meio de sistema eletrônico gerido por autoridade supervisora do sistema bancário, que tornem indisponíveis ativos financeiros somente em nome do órgão partidário que tenha contraído a dívida executada ou que tenha dado causa à violação de direito ou ao dano, ao qual cabe exclusivamente a responsabilidade pelos atos praticados, na forma da lei.

PENHORA DE CRÉDITOS

Quando recair em crédito do executado, enquanto não ocorrer a hipótese prevista no art. 856, considerar-se-á feita a penhora pela intimação:

- ao terceiro devedor para que não pague ao executado, seu credor;
- ao executado, credor do terceiro, para que não pratique ato de disposição do crédito.

A penhora de crédito representado por letra de câmbio, nota promissória, duplicata, cheque ou outros títulos far-se-á pela apreensão do documento, esteja ou não este em poder do executado.

Se o título não for apreendido, mas o terceiro confessar a dívida, será este tido como depositário da importância.

O terceiro só se exonerará da obrigação depositando em juízo a importância da dívida.

Se o terceiro negar o débito em conluio com o executado, a quitação que este lhe der caracterizará fraude à execução.

A requerimento do exequente, o juiz determinará o comparecimento, em audiência especialmente designada, do executado e do terceiro, a fim de lhes tomar os depoimentos.

Feita a penhora em direito e ação do executado, e não tendo ele oferecido embargos ou sendo estes rejeitados, o exequente ficará sub-rogado nos direitos do executado até a concorrência de seu crédito.

O exequente pode preferir, em vez da sub-rogação, a alienação judicial do direito penhorado, caso em que declarará sua vontade no prazo de 10 (dez) dias contado da realização da penhora. A sub-rogação não impede o sub-rogado, se não receber o crédito do executado, de prosseguir na execução, nos mesmos autos, penhorando outros bens.

Quando a penhora recair sobre dívidas de dinheiro a juros, de direito a rendas ou de prestações periódicas, o exequente poderá levantar os juros, os rendimentos ou as prestações à medida que forem sendo depositados, abatendo-se do crédito as importâncias recebidas, conforme as regras de imputação do pagamento.

Recaindo a penhora sobre direito a prestação ou a restituição de coisa determinada, o executado será intimado para, no vencimento, depositá-la, correndo sobre ela a execução.

Quando o direito estiver sendo pleiteado em juízo, a penhora que recair sobre ele será averbada, com destaque, nos autos pertinentes ao direito e na ação correspondente à penhora, a fim de que esta seja efetivada nos bens que forem adjudicados ou que vierem a caber ao executado.

PENHORA DAS QUOTAS OU DAS AÇÕES DE SOCIEDADES PERSONIFICADAS

Penhoradas as quotas ou as ações de sócio em sociedade simples ou empresária, o juiz assinará prazo razoável, não superior a 3 (três) meses, para que a sociedade:

- apresente balanço especial, na forma da lei;
- ofereça as quotas ou as ações aos demais sócios, observado o direito de preferência legal ou contratual;
- não havendo interesse dos sócios na aquisição das ações, proceda à liquidação das quotas ou das ações, depositando em juízo o valor apurado, em dinheiro.

Para evitar a liquidação das quotas ou das ações, a sociedade poderá adquiri-las sem redução do capital social e com utilização de reservas, para manutenção em tesouraria.

Caso não haja interesse dos demais sócios no exercício de direito de preferência, não ocorra a aquisição das quotas ou das ações pela sociedade e a liquidação do inciso III do caput seja excessivamente onerosa para a sociedade, o juiz poderá determinar o leilão judicial das quotas ou das ações.

PENHORA DE EMPRESA, DE OUTROS ESTABELECIMENTOS E DE SEMOVENTES

Quando a penhora recair em estabelecimento comercial, industrial ou agrícola, bem como em semoventes, plantações ou edifícios em construção, o juiz nomeará administrador-depositário, determinando-lhe que apresente em 10 (dez) dias o plano de administração.

É lícito às partes ajustar a forma de administração e escolher o depositário, hipótese em que o juiz homologará por despacho a indicação.

Em relação aos edifícios em construção sob regime de incorporação imobiliária, a penhora somente poderá recair sobre as unidades imobiliárias ainda não comercializadas pelo incorporador.

Sendo necessário afastar o incorporador da administração da incorporação, será ela exercida pela comissão de representantes dos adquirentes ou, se se tratar de construção financiada, por empresa ou profissional indicado pela instituição fornecedora dos recursos para a obra, devendo ser ouvida, neste último caso, a comissão de representantes dos adquirentes.

A penhora de empresa que funcione mediante concessão ou autorização far-se-á, conforme o valor do crédito, sobre a renda, sobre determinados bens ou sobre todo o patrimônio, e o juiz nomeará como depositário, de preferência, um de seus diretores.

Quando a penhora recair sobre a renda ou sobre determinados bens, o administrador-depositário apresentará a forma de administração e o esquema de pagamento, observando-se, quanto ao mais, o disposto em relação ao regime de penhora de frutos e rendimentos de coisa móvel e imóvel.

Recaindo a penhora sobre todo o patrimônio, prosseguirá a execução em seus ulteriores termos, ouvindo-se, antes da arrematação ou da adjudicação, o ente público que houver outorgado a concessão.

A penhora de navio ou de aeronave não obsta que continuem navegando ou operando até a alienação, mas o juiz, ao conceder a autorização para tanto, não permitirá que saiam do porto ou do aeroporto antes que o executado faça o seguro usual contra riscos.

A penhora de que trata esta Subseção somente será determinada se não houver outro meio eficaz para a efetivação do crédito.

PENHORA DE PERCENTUAL DE FATURAMENTO DE EMPRESA

Se o executado não tiver outros bens penhoráveis ou se, tendo-os, esses forem de difícil alienação ou insuficientes para saldar o crédito executado, o juiz poderá ordenar a penhora de percentual de faturamento de empresa.

O juiz fixará percentual que propicie a satisfação do crédito exequendo em tempo razoável, mas que não torne inviável o exercício da atividade empresarial.

O juiz nomeará administrador-depositário, o qual submeterá à aprovação judicial a forma de sua atuação e prestará contas mensalmente, entregando em juízo as quantias recebidas, com os respectivos balancetes mensais, a fim de serem imputadas no pagamento da dívida.

Na penhora de percentual de faturamento de empresa, observar-se-á, no que couber, o disposto quanto ao regime de penhora de frutos e rendimentos de coisa móvel e imóvel.

PENHORA DE FRUTOS E RENDIMENTOS DE COISA MÓVEL OU IMÓVEL

O juiz pode ordenar a penhora de frutos e rendimentos de coisa móvel ou imóvel quando a considerar mais eficiente para o recebimento do crédito e menos gravosa ao executado.

Ordenada a penhora de frutos e rendimentos, o juiz nomeará administrador-depositário, que será investido de todos os poderes que concernem à administração do bem e à fruição de seus frutos e utilidades, perdendo o executado o direito de gozo do bem, até que o exequente seja pago do principal, dos juros, das custas e dos honorários advocatícios.

A medida terá eficácia em relação a terceiros a partir da publicação da decisão que a conceda ou de sua averbação no ofício imobiliário, em caso de imóveis.

O exequente providenciará a averbação no ofício imobiliário mediante a apresentação de certidão de inteiro teor do ato, independentemente de mandado judicial.

O juiz poderá nomear administrador-depositário o exequente ou o executado, ouvida a parte contrária, e, não havendo acordo, nomeará profissional qualificado para o desempenho da função.

O administrador submeterá à aprovação judicial a forma de administração e a de prestar contas periodicamente. Havendo discordância entre as partes ou entre essas e o administrador, o juiz decidirá a melhor forma de administração do bem.

Se o imóvel estiver arrendado, o inquilino pagará o aluguel diretamente ao exequente, salvo se houver administrador.

O exequente ou o administrador poderá celebrar locação do móvel ou do imóvel, ouvido o executado.

As quantias recebidas pelo administrador serão entregues ao exequente, a fim de serem imputadas ao pagamento da dívida.

O exequente dará ao executado, por termo nos autos, quitação das quantias recebidas.

AVALIAÇÃO

A avaliação será feita pelo oficial de justiça.

Se forem necessários conhecimentos especializados e o valor da execução o comportar, o juiz nomeará avaliador, fixando-lhe prazo não superior a 10 (dez) dias para entrega do laudo.

Não se procederá à avaliação quando:

- uma das partes aceitar a estimativa feita pela outra;
- se tratar de títulos ou de mercadorias que tenham cotação em bolsa, comprovada por certidão ou publicação no órgão oficial;
- se tratar de títulos da dívida pública, de ações de sociedades e de títulos de crédito negociáveis em bolsa, cujo valor será o da cotação oficial do dia, comprovada por certidão ou publicação no órgão oficial;
- se tratar de veículos automotores ou de outros bens cujo preço médio de mercado possa ser conhecido por meio de pesquisas realizadas por órgãos oficiais ou de anúncios de venda divulgados em meios de comunicação, caso em que caberá a quem fizer a nomeação o encargo de comprovar a cotação de mercado.

A avaliação realizada pelo oficial de justiça constará de vistoria e de laudo anexados ao auto de penhora ou, em caso de perícia realizada por avaliador, de laudo apresentado no prazo fixado pelo juiz, devendo-se, em qualquer hipótese, especificar:

- os bens, com as suas características, e o estado em que se encontram;
- o valor dos bens.

Quando o imóvel for suscetível de cômoda divisão, a avaliação, tendo em conta o crédito reclamado, será realizada em partes, sugerindo-se, com a apresentação de memorial descritivo, os possíveis desmembramentos para alienação.

Realizada a avaliação e, sendo o caso, apresentada a proposta de desmembramento, as partes serão ouvidas no prazo de 5 (cinco) dias.

É admitida nova avaliação quando:

- qualquer das partes arguir, fundamentadamente, a ocorrência de erro na avaliação ou dolo do avaliador;
- se verificar, posteriormente à avaliação, que houve majoração ou diminuição no valor do bem;
- o juiz tiver fundada dúvida sobre o valor atribuído ao bem na primeira avaliação.

Após a avaliação, o juiz poderá, a requerimento do interessado e ouvida a parte contrária, mandar:

- reduzir a penhora aos bens suficientes ou transferi-la para outros, se o valor dos bens penhorados for consideravelmente superior ao crédito do exequente e dos acessórios;
- ampliar a penhora ou transferi-la para outros bens mais valiosos, se o valor dos bens penhorados for inferior ao crédito do exequente.

Realizadas a penhora e a avaliação, o juiz dará início aos atos de expropriação do bem.

EXPROPRIAÇÃO DE BENS

ADJUDICAÇÃO

É lícito ao exequente, oferecendo preço não inferior ao da avaliação, requerer que lhe sejam adjudicados os bens penhorados.

Requerida a adjudicação, o executado será intimado do pedido:

- pelo Diário da Justiça, na pessoa de seu advogado constituído nos autos;
- por carta com aviso de recebimento, quando representado pela Defensoria Pública ou quando não tiver procurador constituído nos autos;
- por meio eletrônico, quando, sendo o caso do § 1º do art. 246, não tiver procurador constituído nos autos.

Considera-se realizada a intimação quando o executado houver mudado de endereço sem prévia comunicação ao juízo, observado o disposto no art. 274, parágrafo único.

Se o executado, citado por edital, não tiver procurador constituído nos autos, é dispensável a intimação acima mencionada.

Se o valor do crédito for:

- inferior ao dos bens, o requerente da adjudicação depositará de imediato a diferença, que ficará à disposição do executado;
- superior ao dos bens, a execução prosseguirá pelo saldo remanescente.

Idêntico direito pode ser exercido por aqueles indicados no art. 889, incisos II a VIII, pelos credores concorrentes que hajam penhorado o mesmo bem, pelo cônjuge, pelo companheiro, pelos descendentes ou pelos ascendentes do executado.

Se houver mais de um pretendente, proceder-se-á a licitação entre eles, tendo preferência, em caso de igualdade de oferta, o cônjuge, o companheiro, o descendente ou o ascendente, nessa ordem.

No caso de penhora de quota social ou de ação de sociedade anônima fechada realizada em favor de exequente alheio à sociedade, esta será intimada, ficando responsável por informar aos sócios a ocorrência da penhora, assegurando-se a estes a preferência.

Transcorrido o prazo de 5 (cinco) dias, contado da última intimação, e decididas eventuais questões, o juiz ordenará a lavratura do auto de adjudicação.

Considera-se perfeita e acabada a adjudicação com a lavratura e a assinatura do auto pelo juiz, pelo adjudicatário, pelo escrivão ou chefe de secretaria, e, se estiver presente, pelo executado, expedindo-se:

- a carta de adjudicação e o mandado de imissão na posse, quando se tratar de bem imóvel;
- a ordem de entrega ao adjudicatário, quando se tratar de bem móvel.

A carta de adjudicação conterá a descrição do imóvel, com remissão à sua matrícula e aos seus registros, a cópia do auto de adjudicação e a prova de quitação do imposto de transmissão.

No caso de penhora de bem hipotecado, o executado poderá remi-lo até a assinatura do auto de adjudicação, oferecendo preço igual ao da avaliação, se não tiver havido licitantes, ou ao do maior lance oferecido.

Frustradas as tentativas de alienação do bem, será reaberta oportunidade para requerimento de adjudicação, caso em que também se poderá pleitear a realização de nova avaliação.

ALIENAÇÃO

A alienação far-se-á:

- por iniciativa particular;
- em leilão judicial eletrônico ou presencial.

Não efetivada a adjudicação, o exequente poderá requerer a alienação por sua própria iniciativa ou por intermédio de corretor ou leiloeiro público credenciado perante o órgão judiciário.

O juiz fixará o prazo em que a alienação deve ser efetivada, a forma de publicidade, o preço mínimo, as condições de pagamento, as garantias e, se for o caso, a comissão de corretagem. A alienação será formalizada por termo nos autos, com a assinatura do juiz, do exequente, do adquirente e, se estiver presente, do executado, expedindo-se:

- a carta de alienação e o mandado de imissão na posse, quando se tratar de bem imóvel;
- a ordem de entrega ao adquirente, quando se tratar de bem móvel.

Os tribunais poderão editar disposições complementares sobre o procedimento da alienação prevista neste artigo, admitindo, quando for o caso, o concurso de meios eletrônicos, e dispor sobre o credenciamento dos corretores e leiloeiros públicos, os quais deverão estar em exercício profissional por não menos que 3 (três) anos.

Nas localidades em que não houver corretor ou leiloeiro público credenciado nos termos do § 3º, a indicação será de livre escolha do exequente.

A alienação far-se-á em leilão judicial se não efetivada a adjudicação ou a alienação por iniciativa particular.

O leilão do bem penhorado será realizado por leiloeiro público. Ressalvados os casos de alienação a cargo de corretores de bolsa de valores, todos os demais bens serão alienados em leilão público.

Não sendo possível a sua realização por meio eletrônico, o leilão será presencial.

A alienação judicial por meio eletrônico será realizada, observando-se as garantias processuais das partes, de acordo com regulamentação específica do Conselho Nacional de Justiça. A alienação judicial por meio eletrônico deverá atender aos requisitos de ampla publicidade, autenticidade e segurança, com observância das regras estabelecidas na legislação sobre certificação digital.

O leilão presencial será realizado no local designado pelo juiz. Caberá a ele a designação do leiloeiro público, que poderá ser indicado pelo exequente.

Incumbe ao leiloeiro público:

- publicar o edital, anunciando a alienação;
- realizar o leilão onde se encontrem os bens ou no lugar designado pelo juiz;
- expor aos pretendentes os bens ou as amostras das mercadorias;
- receber e depositar, dentro de 1 (um) dia, à ordem do juiz, o produto da alienação;
- prestar contas nos 2 (dois) dias subsequentes ao depósito.

O leiloeiro tem o direito de receber do arrematante a comissão estabelecida em lei ou arbitrada pelo juiz.

O juiz da execução estabelecerá o preço mínimo, as condições de pagamento e as garantias que poderão ser prestadas pelo arrematante.

O leilão será precedido de publicação de edital, que conterá:

- a descrição do bem penhorado, com suas características, e, tratando-se de imóvel, sua situação e suas divisas, com remissão à matrícula e aos registros;
- o valor pelo qual o bem foi avaliado, o preço mínimo pelo qual poderá ser alienado, as condições de pagamento e, se for o caso, a comissão do leiloeiro designado;
- o lugar onde estiverem os móveis, os veículos e os semoventes e, tratando-se de créditos ou direitos, a identificação dos autos do processo em que foram penhorados;
- o sítio, na rede mundial de computadores, e o período em que se realizará o leilão, salvo se este se der de modo presencial, hipótese em que serão indicados o local, o dia e a hora de sua realização;
- a indicação de local, dia e hora de segundo leilão presencial, para a hipótese de não haver interessado no primeiro;
- menção da existência de ônus, recurso ou processo pendente sobre os bens a serem leiloados.

No caso de títulos da dívida pública e de títulos negociados em bolsa, constará do edital o valor da última cotação.

O leiloeiro público designado adotará providências para a ampla divulgação da alienação. A publicação do edital deverá ocorrer pelo menos 5 (cinco) dias antes da data marcada para o leilão.

O edital será publicado na rede mundial de computadores, em sítio designado pelo juízo da execução, e conterá descrição detalhada e, sempre que possível, ilustrada dos bens, informando expressamente se o leilão se realizará de forma eletrônica ou presencial.

Não sendo possível a publicação na rede mundial de computadores ou considerando o juiz, em atenção às condições da sede do juízo, que esse modo de divulgação é insuficiente ou inadequado, o edital será afixado em local de costume e publicado, em resumo, pelo menos uma vez em jornal de ampla circulação local.

Atendendo ao valor dos bens e às condições da sede do juízo, o juiz poderá alterar a forma e a frequência da publicidade na imprensa, mandar publicar o edital em local de ampla circulação de pessoas e divulgar avisos em emissora de rádio ou televisão local, bem como em sítios distintos do indicado no § 2º.

Os editais de leilão de imóveis e de veículos automotores serão publicados pela imprensa ou por outros meios de divulgação, preferencialmente na seção ou no local reservados à publicidade dos respectivos negócios.

O juiz poderá determinar a reunião de publicações em listas referentes a mais de uma execução.

Serão cientificados da alienação judicial, com pelo menos 5 (cinco) dias de antecedência:

- o executado, por meio de seu advogado ou, se não tiver procurador constituído nos autos, por carta registrada, mandado, edital ou outro meio idôneo;
- o coproprietário de bem indivisível do qual tenha sido penhorada fração ideal;
- o titular de usufruto, uso, habitação, enfiteuse, direito de superfície, concessão de uso especial para fins de moradia ou concessão de direito real de uso, quando a penhora recair sobre bem gravado com tais direitos reais;
- o proprietário do terreno submetido ao regime de direito de superfície, enfiteuse, concessão de uso especial para fins de moradia ou concessão de direito real de uso, quando a penhora recair sobre tais direitos reais;
- o credor pignoratício, hipotecário, anticrético, fiduciário ou com penhora anteriormente averbada, quando a penhora recair sobre bens com tais gra-

vames, caso não seja o credor, de qualquer modo, parte na execução;

- o promitente comprador, quando a penhora recair sobre bem em relação ao qual haja promessa de compra e venda registrada;
- o promitente vendedor, quando a penhora recair sobre direito aquisitivo derivado de promessa de compra e venda registrada;
- a União, o Estado e o Município, no caso de alienação de bem tombado.

Se o executado for revel e não tiver advogado constituído, não constando dos autos seu endereço atual ou, ainda, não sendo ele encontrado no endereço constante do processo, a intimação considerar-se-á feita por meio do próprio edital de leilão.

Pode oferecer lance quem estiver na livre administração de seus bens, com exceção:

- dos tutores, dos curadores, dos testamenteiros, dos administradores ou dos liquidantes, quanto aos bens confiados à sua guarda e à sua responsabilidade;
- dos mandatários, quanto aos bens de cuja administração ou alienação estejam encarregados;
- do juiz, do membro do Ministério Público e da Defensoria Pública, do escrivão, do chefe de secretaria e dos demais servidores e auxiliares da justiça, em relação aos bens e direitos objeto de alienação na localidade onde servirem ou a que se estender a sua autoridade;
- dos servidores públicos em geral, quanto aos bens ou aos direitos da pessoa jurídica a que servirem ou que estejam sob sua administração direta ou indireta;
- dos leiloeiros e seus prepostos, quanto aos bens de cuja venda estejam encarregados;
- dos advogados de qualquer das partes.

Não será aceito lance que ofereça preço vil. Considera-se vil o preço inferior ao mínimo estipulado pelo juiz e constante do edital, e, não tendo sido fixado preço mínimo, considera-se vil o preço inferior a cinquenta por cento do valor da avaliação.

Salvo pronunciamento judicial em sentido diverso, o pagamento deverá ser realizado de imediato pelo arrematante, por depósito judicial ou por meio eletrônico.

Se o exequente arrematar os bens e for o único credor, não estará obrigado a exibir o preço, mas, se o valor dos bens exceder ao seu crédito, depositará, dentro de 3 (três) dias, a diferença, sob pena de tornar-se sem efeito a arrematação, e, nesse caso, realizar-se-á novo leilão, à custa do exequente.

Se houver mais de um pretendente, proceder-se-á entre eles à licitação, e, no caso de igualdade de oferta, terá preferência o cônjuge, o companheiro, o descendente ou o ascendente do executado, nessa ordem.

No caso de leilão de bem tombado, a União, os Estados e os Municípios terão, nessa ordem, o direito de preferência na arrematação, em igualdade de oferta.

Se o leilão for de diversos bens e houver mais de um lançador, terá preferência aquele que se propuser a arrematá-los todos, em conjunto, oferecendo, para os bens que não tiverem lance, preço igual ao da avaliação e, para os demais, preço igual ao do maior lance que, na tentativa de arrematação individualizada, tenha sido oferecido para eles.

Quando o imóvel admitir cômoda divisão, o juiz, a requerimento do executado, ordenará a alienação judicial de parte dele, desde que suficiente para o pagamento do exequente e para a satisfação das despesas da execução.

Não havendo lançador, far-se-á a alienação do imóvel em sua integridade.

A alienação por partes deverá ser requerida a tempo de permitir a avaliação das glebas destacadas e sua inclusão no edital, e, nesse caso, caberá ao executado instruir o requerimento com planta e memorial descritivo subscritos por profissional habilitado.

O interessado em adquirir o bem penhorado em prestações poderá apresentar, por escrito:

- até o início do primeiro leilão, proposta de aquisição do bem por valor não inferior ao da avaliação;
- até o início do segundo leilão, proposta de aquisição do bem por valor que não seja considerado vil.

A proposta conterá, em qualquer hipótese, oferta de pagamento de pelo menos vinte e cinco por cento do valor do lance à vista e o restante parcelado em até 30 (trinta) meses, garantido por caução idônea, quando se tratar de móveis, e por hipoteca do próprio bem, quando se tratar de imóveis.

As propostas para aquisição em prestações indicarão o prazo, a modalidade, o indexador de correção monetária e as condições de pagamento do saldo.

No caso de atraso no pagamento de qualquer das prestações, incidirá multa de dez por cento sobre a soma da parcela inadimplida com as parcelas vincendas.

O inadimplemento autoriza o exequente a pedir a resolução da arrematação ou promover, em face do arrematante, a execução do valor devido, devendo ambos os pedidos ser formulados nos autos da execução em que se deu a arrematação.

A apresentação da proposta prevista neste artigo não suspende o leilão.

A proposta de pagamento do lance à vista sempre prevalecerá sobre as propostas de pagamento parcelado.

Havendo mais de uma proposta de pagamento parcelado:

- em diferentes condições, o juiz decidirá pela mais vantajosa, assim compreendida, sempre, a de maior valor;

- em iguais condições, o juiz decidirá pela formulada em primeiro lugar.

No caso de arrematação a prazo, os pagamentos feitos pelo arrematante pertencerão ao exequente até o limite de seu crédito, e os subsequentes, ao executado.

Quando o imóvel de incapaz não alcançar em leilão pelo menos oitenta por cento do valor da avaliação, o juiz o confiará à guarda e à administração de depositário idôneo, adiando a alienação por prazo não superior a 1 (um) ano.

Se, durante o adiamento, algum pretendente assegurar, mediante caução idônea, o preço da avaliação, o juiz ordenará a alienação em leilão.

Se o pretendente à arrematação se arrepender, o juiz impor-lhe-á multa de vinte por cento sobre o valor da avaliação, em benefício do incapaz, valendo a decisão como título executivo.

Findo o prazo do adiamento, o imóvel será submetido a novo leilão.

Se o arrematante ou seu fiador não pagar o preço no prazo estabelecido, o juiz impor-lhe-á, em favor do exequente, a perda da caução, voltando os bens a novo leilão, do qual não serão admitidos a participar o arrematante e o fiador remissos.

O fiador do arrematante que pagar o valor do lance e a multa poderá requerer que a arrematação lhe seja transferida.

Será suspensa a arrematação logo que o produto da alienação dos bens for suficiente para o pagamento do credor e para a satisfação das despesas da execução.

O leilão prosseguirá no dia útil imediato, à mesma hora em que teve início, independentemente de novo edital, se for ultrapassado o horário de expediente forense.

A arrematação constará de auto que será lavrado de imediato e poderá abranger bens penhorados em mais de uma execução, nele mencionadas as condições nas quais foi alienado o bem.

A ordem de entrega do bem móvel ou a carta de arrematação do bem imóvel, com o respectivo mandado de imissão na posse, será expedida depois de efetuado o depósito ou prestadas as garantias pelo arrematante, bem como realizado o pagamento da comissão do leiloeiro e das demais despesas da execução.

A carta de arrematação conterá a descrição do imóvel, com remissão à sua matrícula ou individuação e aos seus registros, a cópia do auto de arrematação e a prova de pagamento do imposto de transmissão, além da indicação da existência de eventual ônus real ou gravame.

No caso de leilão de bem hipotecado, o executado poderá remi-lo até a assinatura do auto de arrematação, oferecendo preço igual ao do maior lance oferecido.

No caso de falência ou insolvência do devedor hipotecário, o direito de remição previsto no caput defere-se à massa ou aos credores em concurso, não podendo o exequente recusar o preço da avaliação do imóvel.

Qualquer que seja a modalidade de leilão, assinado o auto pelo juiz, pelo arrematante e pelo leiloeiro, a arrematação será considerada perfeita, acabada e irretratável, ainda que venham a ser julgados procedentes os embargos do executado ou a ação autônoma de que trata o § 4º deste artigo, assegurada a possibilidade de reparação pelos prejuízos sofridos.

Ressalvadas outras situações previstas neste Código, a arrematação poderá, no entanto, ser:

- invalidada, quando realizada por preço vil ou com outro vício;
- considerada ineficaz, se não observado o disposto no art. 804;
- resolvida, se não for pago o preço ou se não for prestada a caução.

Após a expedição da carta de arrematação ou da ordem de entrega, a invalidação da arrematação poderá ser pleiteada por ação autônoma, em cujo processo o arrematante figurará como litisconsorte necessário.

O arrematante poderá desistir da arrematação, sendo-lhe imediatamente devolvido o depósito que tiver feito:

- se provar, nos 10 (dez) dias seguintes, a existência de ônus real ou gravame não mencionado no edital;
- se, antes de expedida a carta de arrematação ou a ordem de entrega, o executado alegar alguma das situações previstas no § 1º;
- uma vez citado para responder a ação autônoma de que trata o § 4º deste artigo, desde que apresente a desistência no prazo de que dispõe para responder a essa ação.

Considera-se ato atentatório à dignidade da justiça a suscitação infundada de vício com o objetivo de ensejar a desistência do arrematante, devendo o suscitante ser condenado, sem prejuízo da responsabilidade por perdas e danos, ao pagamento de multa, a ser fixada pelo juiz e devida ao exequente, em montante não superior a vinte por cento do valor atualizado do bem.

Satisfação do Crédito

A satisfação do crédito exequendo far-se-á:

- pela entrega do dinheiro;
- pela adjudicação dos bens penhorados.

O juiz autorizará que o exequente levante, até a satisfação integral de seu crédito, o dinheiro depositado para segurar o juízo ou o produto dos bens alienados, bem como do faturamento de empresa ou de outros frutos e rendimentos de coisas ou empresas penhoradas, quando:

- a execução for movida só a benefício do exequente singular, a quem, por força da penhora, cabe o direito de preferência sobre os bens penhorados e alienados;
- não houver sobre os bens alienados outros privilégios ou preferências instituídos anteriormente à penhora.

Durante o plantão judiciário, veda-se a concessão de pedidos de levantamento de importância em dinheiro ou valores ou de liberação de bens apreendidos.

Ao receber o mandado de levantamento, o exequente dará ao executado, por termo nos autos, quitação da quantia paga.

A expedição de mandado de levantamento poderá ser substituída pela transferência eletrônica do valor depositado em conta vinculada ao juízo para outra indicada pelo exequente.

Pago ao exequente o principal, os juros, as custas e os honorários, a importância que sobrar será restituída ao executado.

Havendo pluralidade de credores ou exequentes, o dinheiro lhes será distribuído e entregue consoante a ordem das respectivas preferências.

No caso de adjudicação ou alienação, os créditos que recaem sobre o bem, inclusive os de natureza propter rem, sub-rogam-se sobre o respectivo preço, observada a ordem de preferência.

Não havendo título legal à preferência, o dinheiro será distribuído entre os concorrentes, observando-se a anterioridade de cada penhora.

Os exequentes formularão as suas pretensões, que versarão unicamente sobre o direito de preferência e a anterioridade da penhora, e, apresentadas as razões, o juiz decidirá.

EXECUÇÃO CONTRA A FAZENDA PÚBLICA

Na execução fundada em título extrajudicial, a Fazenda Pública será citada para opor embargos em 30 (trinta) dias.

Não opostos embargos ou transitada em julgado a decisão que os rejeitar, expedir-se-á precatório ou requisição de pequeno valor em favor do exequente, observando-se o disposto no art. 100 da Constituição Federal.

Nos embargos, a Fazenda Pública poderá alegar qualquer matéria que lhe seria lícito deduzir como defesa no processo de conhecimento.

Aplica-se a este Capítulo, no que couber, o disposto nos artigos 534 e 535.

EXECUÇÃO DE ALIMENTOS

Na execução fundada em título executivo extrajudicial que contenha obrigação alimentar, o juiz mandará citar o executado para, em 3 (três) dias, efetuar o pagamento das parcelas anteriores ao início da execução e das que se vencerem no seu curso, provar que o fez ou justificar a impossibilidade de fazê-lo. Aplicam-se, no que couber, os §§ 2º a 7º do art. 528.

Quando o executado for funcionário público, militar, diretor ou gerente de empresa, bem como empregado sujeito à legislação do trabalho, o exequente poderá requerer o desconto em folha de pagamento de pessoal da importância da prestação alimentícia.

Ao despachar a inicial, o juiz oficiará à autoridade, à empresa ou ao empregador, determinando, sob pena de crime de desobediência, o desconto a partir da primeira remuneração posterior do executado, a contar do protocolo do ofício.

O ofício conterá os nomes e o número de inscrição no Cadastro de Pessoas Físicas do exequente e do executado, a importância a ser descontada mensalmente, a conta na qual deve ser feito o depósito e, se for o caso, o tempo de sua duração.

EMBARGOS À EXECUÇÃO

O executado, independentemente de penhora, depósito ou caução, poderá se opor à execução por meio de embargos.

Os embargos à execução serão distribuídos por dependência, autuados em apartado e instruídos com cópias das peças processuais relevantes, que poderão ser declaradas autênticas pelo próprio advogado, sob sua responsabilidade pessoal.

Na execução por carta, os embargos serão oferecidos no juízo deprecante ou no juízo deprecado, mas a competência para julgá-los é do juízo deprecante, salvo se versarem unicamente sobre vícios ou defeitos da penhora, da avaliação ou da alienação dos bens efetuadas no juízo deprecado.

Os embargos serão oferecidos no prazo de 15 (quinze) dias, contado, conforme o caso, na forma do art. 231.

Quando houver mais de um executado, o prazo para cada um deles embargar conta-se a partir da juntada do respectivo comprovante da citação, salvo no caso de cônjuges ou de companheiros, quando será contado a partir da juntada do último.

Nas execuções por carta, o prazo para embargos será contado:

- da juntada, na carta, da certificação da citação, quando versarem unicamente sobre vícios ou defeitos da penhora, da avaliação ou da alienação dos bens;
- da juntada, nos autos de origem, do comunicado de que trata o § 4º deste artigo ou, não havendo este, da juntada da carta devidamente cumprida, quando versarem sobre questões diversas da prevista no inciso I deste parágrafo.

Em relação ao prazo para oferecimento dos embargos à execução, não se aplica o disposto no art. 229.

Nos atos de comunicação por carta precatória, rogatória ou de ordem, a realização da citação será imediatamente informada, por meio eletrônico, pelo juiz deprecado ao juiz deprecante.

MORATÓRIA EXECUTIVA

No prazo para embargos, reconhecendo o crédito do exequente e comprovando o depósito de trinta por cento do valor em execução, acrescido de custas e de honorários de advogado, o executado poderá requerer que lhe seja permitido pagar o restante em até 6 (seis) parcelas mensais, acrescidas de correção monetária e de juros de um por cento ao mês.

O exequente será intimado para manifestar-se sobre o preenchimento dos pressupostos e o juiz decidirá o requerimento em 5 (cinco) dias.

Enquanto não apreciado o requerimento, o executado terá de depositar as parcelas vincendas, facultado ao exequente seu levantamento.

Deferida a proposta, o exequente levantará a quantia depositada, e serão suspensos os atos executivos.

Indeferida a proposta, seguir-se-ão os atos executivos, mantido o depósito, que será convertido em penhora.

O não pagamento de qualquer das prestações acarretará cumulativamente:

- o vencimento das prestações subsequentes e o prosseguimento do processo, com o imediato reinício dos atos executivos;
- a imposição ao executado de multa de dez por cento sobre o valor das prestações não pagas.

A opção pelo parcelamento de que trata este artigo importa renúncia ao direito de opor embargos

Nos embargos à execução, o executado poderá alegar:

ANOTE!

- inexequibilidade do título ou inexigibilidade da obrigação;
- penhora incorreta ou avaliação errônea;
- excesso de execução ou cumulação indevida de execuções;
- retenção por benfeitorias necessárias ou úteis, nos casos de execução para entrega de coisa certa;
- incompetência absoluta ou relativa do juízo da execução;
- qualquer matéria que lhe seria lícito deduzir como defesa em processo de conhecimento.

A incorreção da penhora ou da avaliação poderá ser impugnada por simples petição, no prazo de 15 (quinze) dias, contado da ciência do ato.

Há excesso de execução quando:

- o exequente pleiteia quantia superior à do título;
- ela recai sobre coisa diversa daquela declarada no título;
- ela se processa de modo diferente do que foi determinado no título;
- o exequente, sem cumprir a prestação que lhe corresponde, exige o adimplemento da prestação do executado;
- o exequente não prova que a condição se realizou.

Quando alegar que o exequente, em excesso de execução, pleiteia quantia superior à do título, o embargante declarará na petição inicial o valor que entende correto, apresentando demonstrativo discriminado e atualizado de seu cálculo.

Não apontado o valor correto ou não apresentado o demonstrativo, os embargos à execução:

- serão liminarmente rejeitados, sem resolução de mérito, se o excesso de execução for o seu único fundamento;
- serão processados, se houver outro fundamento, mas o juiz não examinará a alegação de excesso de execução.

Nos embargos de retenção por benfeitorias, o exequente poderá requerer a compensação de seu valor com o dos frutos ou dos danos considerados devidos pelo executado, cumprindo ao juiz, para a apuração dos respectivos valores, nomear perito, observando-se, então, o art. 464.

O exequente poderá a qualquer tempo ser imitido na posse da coisa, prestando caução ou depositando o valor devido pelas benfeitorias ou resultante da compensação.

A arguição de impedimento e suspeição observará o disposto nos arts. 146 e 148.

O juiz rejeitará liminarmente os embargos:

- quando intempestivos;
- nos casos de indeferimento da petição inicial e de improcedência liminar do pedido;
- manifestamente protelatórios.

Considera-se conduta atentatória à dignidade da justiça o oferecimento de embargos manifestamente protelatórios.

Os embargos à execução não terão efeito suspensivo.

O juiz poderá, a requerimento do embargante, atribuir efeito suspensivo aos embargos quando verificados os requisitos para a concessão da tutela provisória e desde que a execução já esteja garantida por penhora, depósito ou caução suficientes.

Cessando as circunstâncias que a motivaram, a decisão relativa aos efeitos dos embargos poderá, a requerimento da parte, ser modificada ou revogada a qualquer tempo, em decisão fundamentada.

Quando o efeito suspensivo atribuído aos embargos disser respeito apenas a parte do objeto da execução, esta prosseguirá quanto à parte restante.

A concessão de efeito suspensivo aos embargos oferecidos por um dos executados não suspenderá a execução contra os que não embargaram quando o respectivo fundamento disser respeito exclusivamente ao embargante.

A concessão de efeito suspensivo não impedirá a efetivação dos atos de substituição, de reforço ou de redução da penhora e de avaliação dos bens.

Recebidos os embargos:

- o exequente será ouvido no prazo de 15 (quinze) dias;

- a seguir, o juiz julgará imediatamente o pedido ou designará audiência;
- encerrada a instrução, o juiz proferirá sentença.

SUSPENSÃO DO PROCESSO DE EXECUÇÃO

Suspende-se a execução:

- nas hipóteses dos arts. 313 e 315, no que couber;
- no todo ou em parte, quando recebidos com efeito suspensivo os embargos à execução;
- quando o executado não possuir bens penhoráveis;
- se a alienação dos bens penhorados não se realizar por falta de licitantes e o exequente, em 15 (quinze) dias, não requerer a adjudicação nem indicar outros bens penhoráveis;
- quando concedido o parcelamento de que trata o art. 916.

Quando o executado não possuir bens penhoráveis, o juiz suspenderá a execução pelo prazo de 1 (um) ano, durante o qual se suspenderá a prescrição.

Decorrido o prazo máximo de 1 (um) ano sem que seja localizado o executado ou que sejam encontrados bens penhoráveis, o juiz ordenará o arquivamento dos autos.

Os autos serão desarquivados para prosseguimento da execução se a qualquer tempo forem encontrados bens penhoráveis.

Decorrido o prazo de um ano sem manifestação do exequente, começa a correr o prazo de prescrição intercorrente.

O juiz, depois de ouvidas as partes, no prazo de 15 (quinze) dias, poderá, de ofício, reconhecer a prescrição dita como intercorrente e extinguir o processo.

Convindo as partes, o juiz declarará suspensa a execução durante o prazo concedido pelo exequente para que o executado cumpra voluntariamente a obrigação.

Findo o prazo sem cumprimento da obrigação, o processo retomará o seu curso.

Suspensa a execução, não serão praticados atos processuais, podendo o juiz, entretanto, salvo no caso de arguição de impedimento ou de suspeição, ordenar providências urgentes.

EXTINÇÃO DO PROCESSO DE EXECUÇÃO

Extingue-se a execução quando:

- a petição inicial for indeferida;
- a obrigação for satisfeita;
- o executado obtiver, por qualquer outro meio, a extinção total da dívida;
- o exequente renunciar ao crédito;
- ocorrer à prescrição intercorrente.

A extinção só produz efeito quando declarada por sentença.

8. TUTELAS PROVISÓRIAS

A tutela provisória pode fundamentar-se em urgência ou evidência.

A tutela provisória de urgência, cautelar ou antecipada, pode ser concedida em caráter antecedente ou incidental.

A tutela provisória requerida em caráter incidental independe do pagamento de custas.

A tutela provisória conserva sua eficácia na pendência do processo, mas pode, a qualquer tempo, ser revogada ou modificada.

Salvo decisão judicial em contrário, a tutela provisória conservará a eficácia durante o período de suspensão do processo.

O juiz poderá determinar as medidas que considerar adequadas para efetivação da tutela provisória. A efetivação da tutela provisória observará as normas referentes ao cumprimento provisório da sentença, no que couber.

Na decisão que conceder, negar, modificar ou revogar a tutela provisória, o juiz motivará seu convencimento de modo claro e preciso.

A tutela provisória será requerida ao juízo da causa e, quando antecedente, ao juízo competente para conhecer do pedido principal.

Ressalvada disposição especial, na ação de competência originária de tribunal e nos recursos a tutela provisória será requerida ao órgão jurisdicional competente para apreciar o mérito.

TUTELA DE URGÊNCIA

A tutela de urgência será concedida quando houver elementos que evidenciem a probabilidade do direito e o perigo de dano ou o risco ao resultado útil do processo.

Para a concessão da tutela de urgência, o juiz pode, conforme o caso, exigir caução real ou fidejussória idônea para ressarcir os danos que a outra parte possa vir a sofrer, podendo a caução ser dispensada se a parte economicamente hipossuficiente não puder oferecê-la.

A tutela de urgência pode ser concedida liminarmente ou após justificação prévia.

A tutela de urgência de natureza antecipada não será concedida quando houver perigo de irreversibilidade dos efeitos da decisão.

A tutela de urgência de natureza cautelar pode ser efetivada mediante arresto, sequestro, arrolamento de bens, registro de protesto contra alienação de bem e qualquer outra medida idônea para asseguração do direito.

Independentemente da reparação por dano processual, a parte responde pelo prejuízo que a efetivação da tutela de urgência causar à parte adversa, se:

- a sentença lhe for desfavorável;
- obtida liminarmente a tutela em caráter antecedente, não fornecer os meios necessários para a citação do requerido no prazo de 5 (cinco) dias;

- ocorrer a cessação da eficácia da medida em qualquer hipótese legal;
- o juiz acolher a alegação de decadência ou prescrição da pretensão do autor.

A indenização será liquidada nos autos em que a medida tiver sido concedida, sempre que possível.

PROCEDIMENTO DA TUTELA ANTECIPADA REQUERIDA EM CARÁTER ANTECEDENTE

Nos casos em que a urgência for contemporânea à propositura da ação, a petição inicial pode limitar-se ao requerimento da tutela antecipada e à indicação do pedido de tutela final, com a exposição da lide, do direito que se busca realizar e do perigo de dano ou do risco ao resultado útil do processo.

Concedida a tutela antecipada a que se refere o caput deste artigo:

- o autor deverá aditar a petição inicial, com a complementação de sua argumentação, a juntada de novos documentos e a confirmação do pedido de tutela final, em 15 (quinze) dias ou em outro prazo maior que o juiz fixar;
- o réu será citado e intimado para a audiência de conciliação ou de mediação na forma do art. 334;
- não havendo autocomposição, o prazo para contestação será contado na forma do art. 335.

Não realizado o aditamento o processo será extinto sem resolução do mérito. O aditamento dar-se-á nos mesmos autos, sem incidência de novas custas processuais.

Na petição inicial, o autor terá de indicar o valor da causa, que deve levar em consideração o pedido de tutela final.

Caso entenda que não há elementos para a concessão de tutela antecipada, o órgão jurisdicional determinará a emenda da petição inicial em até 5 (cinco) dias, sob pena de ser indeferida e de o processo ser extinto sem resolução de mérito.

A tutela antecipada, concedida nos termos do art. 303, torna-se estável se da decisão que a conceder não for interposto o respectivo recurso.

Qualquer das partes poderá demandar a outra com o intuito de rever, reformar ou invalidar a tutela antecipada estabilizada .

A tutela antecipada conservará seus efeitos enquanto não revista, reformada ou invalidada por decisão de mérito.

Qualquer das partes poderá requerer o desarquivamento dos autos em que foi concedida a medida, para instruir a petição inicial da ação, prevento o juízo em que a tutela antecipada foi concedida.

O direito de rever, reformar ou invalidar a tutela antecipada, previsto no § 2º do art. 304, extingue-se após 2 (dois) anos, contados da ciência da decisão que extinguiu o processo.

A decisão que concede a tutela não fará coisa julgada, mas a estabilidade dos respectivos efeitos só será afastada por decisão que a revir, reformar ou invalidar, proferida em ação ajuizada por uma das partes, nos termos do § 2º do art. 304.

PROCEDIMENTO DA TUTELA CAUTELAR REQUERIDA EM CARÁTER ANTECEDENTE

A petição inicial da ação que visa à prestação de tutela cautelar em caráter antecedente indicará a lide e seu fundamento, a exposição sumária do direito que se objetiva assegurar e o perigo de dano ou o risco ao resultado útil do processo.

Caso entenda que o pedido a acima tem natureza antecipada, o juiz observará o disposto no art. 303.

O réu será citado para, no prazo de 5 (cinco) dias, contestar o pedido e indicar as provas que pretende produzir.

Não sendo contestado o pedido, os fatos alegados pelo autor presumir-se-ão aceitos pelo réu como ocorridos, caso em que o juiz decidirá dentro de 5 (cinco) dias.

Contestado o pedido no prazo legal, observar-se-á o procedimento comum.

Efetivada a tutela cautelar, o pedido principal terá de ser formulado pelo autor no prazo de 30 (trinta) dias, caso em que será apresentado nos mesmos autos em que deduzido o pedido de tutela cautelar, não dependendo do adiantamento de novas custas processuais.

O pedido principal pode ser formulado conjuntamente com o pedido de tutela cautelar.

A causa de pedir poderá ser aditada no momento de formulação do pedido principal.

Apresentado o pedido principal, as partes serão intimadas para a audiência de conciliação ou de mediação, na forma do art. 334, por seus advogados ou pessoalmente, sem necessidade de nova citação do réu.

Não havendo autocomposição, o prazo para contestação será contado na forma do art. 335.

Cessa a eficácia da tutela concedida em caráter antecedente, se:

- o autor não deduzir o pedido principal no prazo legal;
- não for efetivada dentro de 30 (trinta) dias;
- o juiz julgar improcedente o pedido principal formulado pelo autor ou extinguir o processo sem resolução de mérito.

Se por qualquer motivo cessar a eficácia da tutela cautelar, é vedado à parte renovar o pedido, salvo sob novo fundamento.

O indeferimento da tutela cautelar não obsta a que a parte formule o pedido principal, nem influi no julgamento desse, salvo se o motivo do indeferimento for o reconhecimento de decadência ou de prescrição.

TUTELA DA EVIDÊNCIA

A tutela da evidência será concedida, independentemente da demonstração de perigo de dano ou de risco ao resultado útil do processo, quando:

- ficar caracterizado o abuso do direito de defesa ou o manifesto propósito protelatório da parte;
- as alegações de fato puderem ser comprovadas apenas documentalmente e houver tese firmada em julgamento de casos repetitivos ou em súmula vinculante;
- se tratar de pedido reipersecutório fundado em prova documental adequada do contrato de depósito, caso em que será decretada a ordem de entrega do objeto custodiado, sob cominação de multa;
- a petição inicial for instruída com prova documental suficiente dos fatos constitutivos do direito do autor, a que o réu não oponha prova capaz de gerar dúvida razoável.

✦ SÚMULAS APLICÁVEIS

1. STF

1.1. DAS DESPESAS E DAS MULTAS

- **Súmula nº 256**. É dispensável pedido expresso para condenação do réu em honorários, com fundamento nos arts. 63 ou 64 do Código de Processo Civil.
- **Súmula nº 257**. São cabíveis honorários de advogado na ação regressiva do segurador contra o causador do dano.
- **Súmula nº 450**. São devidos honorários de advogado sempre que vencedor o beneficiário de justiça gratuita.
- **Súmula nº 512**. Não cabe condenação em honorários de advogado na ação de mandado de segurança.
- **Súmula nº 616**. É permitida a cumulação da multa contratual com os honorários de advogado, após o advento do Código de Processo Civil vigente.
- **Súmula nº 617**. A base de cálculo dos honorários de advogado em desapropriação é a diferença entre a oferta e a indenização, corrigidas ambas monetariamente.

1.2. DOS PROCURADORES

- **Súmula nº 644**. Ao titular do cargo de procurador de autarquia não se exige a apresentação de instrumento de mandato para representá-la em juízo.

1.3. COMPETÊNCIA DA JUSTIÇA ESTADUAL

- **Súmula nº 516**. O Serviço Social da Indústria (SESI) está sujeito à jurisdição da justiça estadual.
- **Súmula Vinculante nº 27**. Compete à justiça estadual julgar causas entre consumidor e concessionária de serviço público de telefonia, quando a Anatel não seja litisconsorte passiva necessária, assistente, nem opoente.

1.4. COMPETÊNCIA DA JUSTIÇA FEDERAL

- **Súmula nº 689**. O segurado pode ajuizar ação contra a instituição previdenciária perante o juízo federal do seu domicílio ou nas varas federais da capital do Estado-membro.

1.5. COMPETÊNCIA TERRITORIAL

- **Súmula nº 363**. A pessoa jurídica de direito privado pode ser demandada no domicílio da agência, ou estabelecimento, em que se praticou o ato.

1.6. ELEIÇÃO DE FORO

- **Súmula nº 335.** É válida a cláusula de eleição do foro para os processos oriundos do contrato.

1.7. INTERVENÇÃO DA UNIÃO

- **Súmula nº 517**. As sociedades de economia mista só têm foro na justiça federal, quando a União intervém como assistente ou opoente.

1.8. SOCIEDADES DE ECONOMIA MISTA

- **Súmula nº 251**. Responde a Rede Ferroviária Federal S.A. perante o foro comum e não perante o juízo especial da Fazenda Nacional, a menos que a União intervenha na causa.
- **Súmula nº 508.** Compete à justiça estadual, em ambas as instâncias, processar e julgar as causas em que for parte o Banco do Brasil, S.A.
- **Súmula nº 517**. As sociedades de economia mista só têm foro na justiça federal, quando a União intervém como assistente ou opoente.
- **Súmula nº 556.** É competente a justiça comum para julgar as causas em que é parte sociedade de economia mista.

1.9. DOS PRAZOS

- **Súmula nº 310.** Quando a intimação tiver lugar na sexta-feira, ou a publicação com efeito de intimação for feita nesse dia, o prazo judicial terá início na segunda-feira imediata, salvo se não houver expediente, caso em que começará no primeiro dia útil que se seguir.
- **Súmula nº 641**. Não se conta em dobro o prazo para recorrer, quando só um dos litisconsortes haja sucumbido.

1.10. DA RECONVENÇÃO

- **Súmula nº 258**. É admissível reconvenção em ação declaratória.

1.11. DA REVELIA

- **Súmula nº 231.** O revel, em processo civil, pode produzir provas, desde que compareça em tempo oportuno.

1.12. DAS PROVAS

- **Súmula nº 259.** Para produzir efeito em juízo não é necessária a inscrição, no registro público, de documentos de procedência estrangeira, autenticados por via consular.
- **Súmula nº 261.** Para a ação de indenização, em caso de avaria, é dispensável que a vistoria se faça judicialmente.

1.13. DA SENTENÇA E DA COISA JULGADA

- **Súmula nº 423.** Não transita em julgado a sentença por haver omitido o recurso "ex-oficio", que se considera interposto "ex-lege".
- **Súmula nº 424.** Transita em julgado o despacho saneador de que não houve recurso, excluídas as questões deixadas, explícita ou implicitamente, para a sentença.

1.14. DO PROCESSO NOS TRIBUNAIS

- **Súmula Vinculante nº 10.** Viola a cláusula de reserva de plenário (CF, art. 97) a decisão de órgão fracionário de tribunal que, embora não declare expressamente a inconstitucionalidade de lei ou ato normativo do Poder Público, afasta a sua incidência no todo ou em parte.
- **Súmula nº 249.** É competente o Supremo Tribunal Federal para a ação rescisória quando, embora não tendo conhecido do recurso extraordinário, ou havendo negado provimento ao agravo, tiver apreciado a questão federal controvertida.
- **Súmula nº 252.** Na ação rescisória, não estão impedidos juízes que participaram do julgamento rescindendo.
- **Súmula nº 264.** Verifica-se a prescrição intercorrente pela paralisação da ação rescisória por mais de cinco anos.
- **Súmula nº 343.** Não cabe ação rescisória por ofensa a literal dispositivo de lei, quando a decisão rescindenda se tiver baseado em texto legal de interpretação controvertida nos tribunais.
- **Súmula nº 514.** Admite-se ação rescisória contra sentença transitada em julgado, ainda que contra ela não se tenha esgotado todos os recursos.
- **Súmula nº 515.** A competência para a ação rescisória não é do Supremo Tribunal Federal, quando a questão federal, apreciada no recurso extraordinário ou no agravo de instrumento, seja diversa da que foi suscitada no pedido rescisório.

1.15. DOS RECURSOS

- **Súmula nº 320.** A apelação despachada pelo juiz no prazo legal não fica prejudicada pela demora da juntada, por culpa do cartório.
- **Súmula nº 428.** Não fica prejudicada a apelação entregue em cartório no prazo legal, embora despachada tardiamente.
- **Súmula nº 289.** O provimento do agravo, por uma das turmas do Supremo Tribunal Federal, ainda que sem ressalva, não prejudica a questão do cabimento do recurso extraordinário.
- **Súmula nº 425.** O agravo despachado no prazo legal não fica prejudicado pela demora da juntada, por culpa do cartório; nem o agravo entregue em cartório no prazo legal, embora despachado tardiamente.
- **Súmula nº 727.** Não pode o magistrado deixar de encaminhar ao Supremo Tribunal Federal o agravo de instrumento interposto da decisão que não admite recurso extraordinário, ainda que referente a causa instaurada no âmbito dos juizados especiais
- **Súmula nº 293.** São inadmissíveis embargos infringentes contra decisão em matéria constitucional submetida ao plenário dos tribunais.
- **Súmula nº 294.** São inadmissíveis embargos infringentes contra decisão do Supremo Tribunal Federal em mandado de segurança.
- **Súmula nº 295.** São inadmissíveis embargos infringentes contra decisão unânime do Supremo Tribunal Federal em ação rescisória.
- **Súmula nº 296.** São inadmissíveis embargos infringentes sobre matéria não ventilada, pela turma, no julgamento do recurso extraordinário.
- **Súmula nº 355.** Em caso de embargos infringentes parciais, é tardio o recurso extraordinário interposto após o julgamento dos embargos, quanto à parte da decisão embargada que não fora por eles abrangida.
- **Súmula nº 368.** Não há embargos infringentes no processo de reclamação.
- **Súmula nº 455.** Da decisão que se seguir ao julgamento de constitucionalidade pelo Tribunal Pleno, são inadmissíveis embargos infringentes quanto à matéria constitucional.
- **Súmula nº 597.** Não cabem embargos infringentes de acórdão que, em mandado de segurança decidiu, por maioria de votos, a apelação.
- **Súmula nº 317.** São improcedentes os embargos declaratórios, quando não pedida a declaração do julgado anterior, em que se verificou a omissão.
- **Súmula nº 283.** É inadmissível o recurso extraordinário, quando a decisão recorrida assenta em mais de um fundamento suficiente e o recurso não abrange todos eles.
- **Súmula nº 292.** Interposto o recurso extraordinário por mais de um dos fundamentos indicados no art. 101, III, da Constituição, a admissão apenas por um deles não prejudica o seu conhecimento por qualquer dos outros.
- **Súmula nº 322.** Não terá seguimento pedido ou recurso dirigido ao Supremo Tribunal Federal, quando manifestamente incabível, ou apresentando fora do prazo, ou quando for evidente a incompetência do Tribunal.

- **Súmula nº 528.** Se a decisão contiver partes autônomas, a admissão parcial, pelo presidente do tribunal "a quo", de recurso extraordinário que, sobre qualquer delas se manifestar, não limitará a apreciação de todas pelo Supremo Tribunal Federal, independentemente de interposição de agravo de instrumento.
- **Súmula nº 272.** Não se admite como ordinário recurso extraordinário de decisão denegatória de mandado de segurança.
- **Súmula nº 279.** Para simples reexame de prova não cabe recurso extraordinário.
- **Súmula nº 280.** Por ofensa a direito local não cabe recurso extraordinário.
- **Súmula nº 281.** É inadmissível o recurso extraordinário, quando couber, na justiça de origem, recurso ordinário da decisão impugnada.
- **Súmula nº 389.** Salvo limite legal, a fixação de honorários de advogado, em complemento da condenação, depende das circunstâncias da causa, não dando lugar a recurso extraordinário.
- **Súmula nº 399.** Não cabe recurso extraordinário, por violação de lei federal, quando a ofensa alegada for a regimento de tribunal.
- **Súmula nº 400.** Decisão que deu razoável interpretação à lei, ainda que não seja a melhor, não autoriza recurso extraordinário pela letra a do art. 101, III, da Constituição Federal.
- **Súmula nº 454.** Simples interpretação de cláusulas contratuais não dá lugar a recurso extraordinário.
- **Súmula nº 505.** Salvo quando contrariarem a Constituição, não cabe recurso para o Supremo Tribunal Federal, de quaisquer decisões da Justiça do Trabalho, inclusive dos presidentes de seus tribunais.
- **Súmula nº 513.** A decisão que enseja a interposição de recurso ordinário ou extraordinário não é a do plenário, que resolve o incidente de inconstitucionalidade, mas a do órgão (câmaras, grupos ou turmas) que completa o julgamento do feito.
- **Súmula nº 636.** Não cabe recurso extraordinário por contrariedade ao princípio constitucional da legalidade, quando a sua verificação pressuponha rever a interpretação dada a normas infraconstitucionais pela decisão recorrida.
- **Súmula nº 637.** Não cabe recurso extraordinário contra acórdão de tribunal de justiça que defere pedido de intervenção estadual em município.
- **Súmula nº 638.** A controvérsia sobre a incidência, ou não, de correção monetária em operações de crédito rural é de natureza infraconstitucional, não viabilizando recurso extraordinário.
- **Súmula nº 640.** É cabível recurso extraordinário contra decisão proferida por juiz de primeiro grau nas causas de alçada, ou por turma recursal de juizado especial cível e criminal.
- **Súmula nº 733.** Não cabe recurso extraordinário contra decisão proferida no processamento de precatórios.
- **Súmula nº 735.** Não cabe recurso extraordinário contra acórdão que defere medida liminar.
- **Súmula nº 634.** Não compete ao Supremo Tribunal Federal conceder medida cautelar para dar efeito suspensivo a recurso extraordinário que ainda não foi objeto de juízo de admissibilidade na origem.
- **Súmula nº 635.** Cabe ao presidente do tribunal de origem decidir o pedido de medida cautelar em recurso extraordinário ainda pendente do seu juízo de admissibilidade.
- **Súmula nº 425.** O agravo despachado no prazo legal não fica prejudicado pela demora da juntada, por culpa do cartório; nem o agravo entregue em cartório no prazo legal, embora despachado tardiamente.
- **Súmula nº 282.** É inadmissível o recurso extraordinário, quando não ventilada, na decisão recorrida, a questão federal suscitada.
- **Súmula nº 356.** O ponto omisso da decisão, sobre o qual não foram opostos embargos declaratórios, não pode ser objeto de recurso extraordinário, por faltar o requisito do prequestionamento.
- **Súmula nº 284.** É inadmissível o recurso extraordinário, quando a deficiência na sua fundamentação não permitir a exata compreensão da controvérsia.
- **Súmula nº 287.** Nega-se provimento do agravo quando a deficiência na sua fundamentação, ou na do recurso extraordinário, não permitir a exata compreensão da controvérsia.
- **Súmula nº 639.** Aplica-se a Súmula 288 quando não constarem do traslado do agravo de instrumento as cópias das peças necessárias à verificação da tempestividade do recurso extraordinário não admitido pela decisão agravada.
- **Súmula nº 456.** O Supremo Tribunal Federal, conhecendo do recurso extraordinário, julgará a causa, aplicando o direito à espécie.
- **Súmula nº 247.** O relator não admitirá os embargos da Lei 623, de 19.2.49, nem deles conhecerá o Supremo Tribunal Federal, quando houver jurisprudência firme do Plenário no mesmo sentido da decisão embargada.
- **Súmula nº 290.** Nos embargos da Lei 623, de 19.02.1949, a prova de divergência far-se-á por certidão, ou mediante indicação do "Diário da Justiça" ou de repertório de jurisprudência autorizado, que a tenha publicado, com a transcrição do trecho que configure a divergência, mencionadas as circunstâncias que identifiquem ou assemelhem os casos confrontados.
- **Súmula nº 300.** São incabíveis os embargos da Lei 623, de 19.02.1949, contra provimento de agravo para subida de recurso extraordinário.

- **Súmula nº 353**. São incabíveis os embargos da Lei 623, de 19.02.49, com fundamento em divergência entre decisões da mesma Turma do Supremo Tribunal Federal.
- **Súmula nº 598.** Nos embargos de divergência não servem como padrão de discordância os mesmos paradigmas invocados para demonstrá-la mas repelidos como não dissidentes no julgamento do recurso extraordinário.
- **Súmula nº 325**. As emendas ao Regimento do Supremo Tribunal Federal, sobre julgamento de questão constitucional, aplicam-se aos pedidos ajuizados e aos recursos interpostos anteriormente à sua aprovação.
- **Súmula nº 72.** No julgamento de questão constitucional, vinculada a decisão do Tribunal Superior Eleitoral, não estão impedidos os ministros do Supremo Tribunal Federal que ali tenham funcionado no mesmo processo, ou no processo originário.

1.16. DA EXECUÇÃO FISCAL

- **Súmula nº 507**. A ampliação dos prazos a que se refere o artigo 32 do Código de Processo Civil aplica-se aos executivos fiscais.
- **Súmula nº 519.** Aplica-se aos executivos fiscais o princípio da sucumbência a que se refere o art. 64 do Código de Processo Civil.

1.17. DA AÇÃO POPULAR

- **Súmula nº 365**. Pessoa jurídica não tem legitimidade para propor ação popular.

1.18. Do Mandado de Segurança

- **Súmula nº 266.** Não cabe mandado de segurança contra lei em tese.
- **Súmula nº 267**. Não cabe mandado de segurança contra ato judicial passível de recurso ou correição.
- **Súmula nº 268**. Não cabe mandado de segurança contra decisão judicial com trânsito em julgado.
- **Súmula nº 270**. Não cabe mandado de segurança para impugnar enquadramento da Lei 3.780, de 12 de julho de 1960, que envolva exame de prova ou de situação funcional complexa.
- **Súmula nº 429**. A existência de recurso administrativo com efeito suspensivo não impede o uso do mandado de segurança contra omissão da autoridade.
- **Súmula nº 631**. Extingue-se o processo de mandado de segurança se o impetrante não promove, no prazo assinado, a citação do litisconsorte passivo necessário.
- **Súmula nº 701**. No mandado de segurança impetrado pelo Ministério Público contra decisão proferida em processo penal, é obrigatória a citação do réu como litisconsorte passivo.
- **Súmula nº 304.** Decisão denegatória de mandado de segurança, não fazendo coisa julgada contra o impetrante, não impede o uso da ação própria.
- **Súmula nº 248**. É competente, originariamente, o Supremo Tribunal Federal, para mandado de segurança contra ato do Tribunal de Contas da União.
- **Súmula nº 330**. O Supremo Tribunal Federal não é competente para conhecer de mandado de segurança contra atos dos tribunais de justiça dos Estados.
- **Súmula nº 433.** É competente o Tribunal Regional do Trabalho para julgar mandado de segurança contra ato de seu presidente em execução de sentença trabalhista.
- **Súmula nº 623**. Não gera por si só a competência originária do Supremo Tribunal Federal para conhecer do mandado de segurança com base no art. 102, I, n, da Constituição, dirigir-se o pedido contra deliberação administrativa do tribunal de origem, da qual haja participado a maioria ou a totalidade de seus membros.
- **Súmula nº 624**. Não compete ao Supremo Tribunal Federal conhecer originariamente de mandado de segurança contra atos de outros tribunais.
- **Súmula nº 625**. Controvérsia sobre matéria de direito não impede concessão de mandado de segurança.
- **Súmula nº 512**. Não cabe condenação em honorários de advogado na ação de mandado de segurança.
- **Súmula nº 628.** Integrante de lista de candidatos a determinada vaga da composição de tribunal é parte legítima para impugnar a validade da nomeação de concorrente.
- **Súmula nº 510**. Praticado o ato por autoridade, no exercício de competência delegada, contra ela cabe o mandado de segurança ou a medida judicial.
- **Súmula nº 627**. No mandado de segurança contra a nomeação de magistrado da competência do Presidente da República, este é considerado autoridade coatora, ainda que o fundamento da impetração seja nulidade ocorrida em fase anterior do procedimento.
- **Súmula nº 405**. Denegado o mandado de segurança pela sentença, ou no julgamento do agravo, dela interposto, fica sem efeito a liminar concedida, retroagindo os efeitos da decisão contrária.
- **Súmula nº 626**. A suspensão da liminar em mandado de segurança, salvo determinação em contrário da decisão que a deferir, vigorará até o trânsito em julgado da decisão definitiva de concessão da segurança ou, havendo recurso, até a sua manutenção pelo Supremo Tribunal Federal, desde que o objeto da liminar deferida coincida, total ou parcialmente, com o da impetração.
- **Súmula nº 392**. O prazo para recorrer de acórdão concessivo de segurança conta-se da publicação oficial de suas conclusões, e não da anterior ciência à autoridade para cumprimento da decisão.

- **Súmula nº 430.** Pedido de reconsideração na via administrativa não interrompe o prazo para o mandado de segurança.
- **Súmula nº 632.** É constitucional lei que fixa o prazo de decadência para a impetração de mandado de segurança.
- **Súmula nº 272.** Não se admite como ordinário recurso extraordinário de decisão denegatória de mandado de segurança.
- **Súmula nº 294.** São inadmissíveis embargos infringentes contra decisão do Supremo Tribunal Federal em mandado de segurança.
- **Súmula nº 299.** O recurso ordinário e o extraordinário interpostos no mesmo processo de mandado de segurança, ou de "habeas-corpus", serão julgados conjuntamente pelo Tribunal Pleno.
- **Súmula nº 392.** O prazo para recorrer de acórdão concessivo de segurança conta-se da publicação oficial de suas conclusões, e não da anterior ciência à autoridade para cumprimento da decisão.
- **Súmula nº 597.** Não cabem embargos infringentes de acórdão que, em mandado de segurança decidiu, por maioria de votos, a apelação.
- **Súmula nº 101.** O mandado de segurança não substitui a ação popular.
- **Súmula nº 269.** O mandado de segurança não é substitutivo de ação de cobrança.
- **Súmula nº 271.** Concessão de mandado de segurança não produz efeitos patrimoniais, em relação a período pretérito, os quais devem ser reclamados administrativamente ou pela via judicial própria.

2. STJ

2.1. DA AÇÃO

- **Súmula nº 181.** É admissível ação declaratória, visando a obter certeza quanto à exata interpretação de cláusula contratual.
- **Súmula nº 242.** Cabe ação declaratória para reconhecimento de tempo de serviço para fins previdenciários.

2.2. DAS DESPESAS E DAS MULTAS

- **Súmula nº 14.** Arbitrados os honorários advocatícios em percentual sobre o valor da causa, a correção monetária incide a partir do respectivo ajuizamento.
- **Súmula nº 105.** Na ação de mandado de segurança, não se admite condenação em honorários advocatícios.
- **Súmula nº 131.** Nas ações de desapropriação incluem-se no cálculo da verba advocatícia as parcelas relativas aos juros compensatórios e moratórios, devidamente corrigidas.
- **Súmula nº 141.** Os honorários de advogado em desapropriação direta são calculados sobre a diferença entre a indenização e a oferta, corrigidas monetariamente.
- **Súmula nº 201.** Os honorários advocatícios não podem ser fixados em salários-mínimos.
- **Súmula nº 232.** A Fazenda Pública, quando parte no processo, fica sujeita à exigência do depósito prévio dos honorários do perito.
- **Súmula nº 303.** Em embargos de terceiro, quem deu causa à constrição indevida deve arcar com os honorários advocatícios.
- **Súmula nº 325.** A remessa oficial devolve ao tribunal o reexame de todas as parcelas da condenação suportadas pela Fazenda Pública, inclusive dos honorários de advogado.
- **Súmula nº 326.** Na ação de indenização por dano moral, a condenação em montante inferior ao postulado na inicial não implica sucumbência recíproca.
- **Súmula nº 345.** São devidos honorários advocatícios pela Fazenda Pública nas execuções individuais de sentença proferida em ações coletivas, ainda que não embargadas.
- **Súmula nº 421.** Os honorários advocatícios não são devidos à Defensoria Pública quando ela atua contra a pessoa jurídica de direito público à qual pertença.
- **Súmula nº 462.** Nas ações em que representa o FGTS, a CEF, quando sucumbente, não está isenta de reembolsar as custas antecipadas pela parte vencedora.
- **Súmula nº 481.** Faz jus ao benefício da justiça gratuita a pessoa jurídica com ou sem fins lucrativos que demonstrar sua impossibilidade de arcar com os encargos processuais.
- **Súmula nº 488.** O § 2º do art. 6º da Lei n. 9.469/1997, que obriga à repartição dos honorários advocatícios, é inaplicável a acordos ou transações celebrados em data anterior à sua vigência.

2.3. DOS ÓRGÃOS JUDICIÁRIOS E DOS AUXILIARES DA JUSTIÇA

- **Súmula nº 58.** Proposta a execução fiscal, a posterior mudança de domicílio do executado não desloca a competência já fixada.
- **Súmula nº 206.** A existência de vara privativa, instituída por lei estadual, não altera a competência territorial resultante das leis de processo.

2.4. DA COMPETÊNCIA INTERNA

- **Súmula nº 34.** Compete à justiça estadual processar e julgar causa relativa a mensalidade escolar, cobrada por estabelecimento particular de ensino.
- **Súmula nº 42.** Compete à justiça comum estadual processar e julgar as causas cíveis em que é parte sociedade de economia mista e os crimes praticados em seu detrimento.

- **Súmula nº 55.** Tribunal regional federal não é competente para julgar recurso de decisão proferida por juiz estadual não investido de jurisdição federal.
- **Súmula nº 238.** A avaliação da indenização devida ao proprietário do solo, em razão de alvará de pesquisa mineral, é processada no juízo estadual da situação do imóvel.
- **Súmula nº 363.** Compete à justiça estadual processar e julgar a ação de cobrança ajuizada por profissional liberal contra cliente.
- **Súmula nº 368.** Compete à justiça comum estadual processar e julgar os pedidos de retificação de dados cadastrais da justiça eleitoral.
- **Súmula nº 3.** Compete ao tribunal regional federal dirimir conflito de competência verificado, na respectiva região, entre juiz federal e juiz estadual investido de jurisdição federal.
- **Súmula nº 32.** Compete à justiça federal processar justificações judiciais destinadas a instruir pedidos perante entidades que nela têm exclusividade de foro, ressalvada a aplicação do art. 15, II, da Lei 5010/1966.
- **Súmula nº 66.** Compete à justiça federal processar e julgar execução fiscal promovida por conselho de fiscalização profissional.
- **Súmula nº 324.** Compete à justiça federal processar e julgar ações de que participa a Fundação Habitacional do Exército, equiparada à entidade autárquica federal, supervisionada pelo Ministério do Exército.
- **Súmula nº 349.** Compete à justiça federal ou aos juízes com competência delegada o julgamento das execuções fiscais de contribuições devidas pelo empregador ao FGTS.
- **Súmula nº 428.** Compete ao tribunal regional federal decidir os conflitos de competência entre juizado especial federal e juízo federal da mesma seção judiciária.
- **Súmula nº 41.** O Superior Tribunal de Justiça não tem competência para processar e julgar, originariamente, mandado de segurança contra ato de outros tribunais ou dos respectivos órgãos.
- **Súmula nº 177.** O Superior Tribunal de Justiça é incompetente para processar e julgar, originariamente, mandado de segurança contra ato de órgão colegiado presidido por ministro de Estado.
- **Súmula nº 1.** O foro do domicílio ou da residência do alimentando é o competente para a ação de investigação de paternidade, quando cumulada com a de alimentos.

2.5. INTERVENÇÃO DA UNIÃO

- **Súmula nº 11.** A presença da União ou de qualquer de seus entes, na ação de usucapião especial, não afasta a competência do foro da situação do imóvel.
- **Súmula nº 150.** Compete à justiça federal decidir sobre a existência de interesse jurídico que justifique a presença, no processo, da União, suas autarquias ou empresas públicas.
- **Súmula nº 224.** Excluído do feito o ente federal cuja presença levara o juiz estadual a declinar da competência, deve o juiz federal restituir os autos e não suscitar conflito.
- **Súmula nº 254.** A decisão do juízo federal que exclui da relação processual ente federal não pode ser reexaminada no juízo estadual.
- **Súmula nº 270.** O protesto pela preferência de crédito, apresentado por ente federal em execução que tramita na justiça estadual, não desloca a competência para a justiça federal.
- **Súmula nº 235.** A conexão não determina a reunião dos processos, se um deles já foi julgado.
- **Súmula nº 33.** A incompetência relativa não pode ser declarada de ofício.
- **Súmula nº 59.** Não há conflito de competência se já existe sentença com trânsito em julgado, proferida por um dos juízos conflitantes.

2.6. DOS ATOS PROCESSUAIS

- **Súmula nº 106.** Proposta a ação no prazo fixado para o seu exercício, a demora na citação, por motivos inerentes ao mecanismo da Justiça, não justifica o acolhimento da arguição de prescrição ou decadência.

2.7. DA EXTINÇÃO DO PROCESSO

- **Súmula nº 240.** A extinção do processo, por abandono da causa pelo autor, depende de requerimento do réu.

2.8. DO PROCEDIMENTO COMUM

- **Súmula nº 372.** Na ação de exibição de documentos, não cabe a aplicação de multa cominatória.
- **Súmula nº 389.** A comprovação do pagamento do "custo do serviço" referente ao fornecimento de certidão de assentamentos constantes dos livros da companhia é requisito de procedibilidade da ação de exibição de documentos ajuizada em face da sociedade anônima.

2.9. DA LIQUIDAÇÃO DE SENTENÇA

- **Súmula nº 313.** Em ação de indenização, procedente o pedido, é necessária a constituição de capital ou caução fidejussória para a garantia de pagamento da pensão, independentemente da situação financeira do demandado.
- **Súmula nº 344.** A liquidação por forma diversa da estabelecida na sentença não ofende a coisa julgada.

2.10. DO AÇÃO RESCISÓRIA

2.11. DOS RECURSOS

- **Súmula nº 45.** No reexame necessário, é defeso ao tribunal agravar a condenação imposta a Fazenda Pública.

- **Súmula nº 99**. O Ministério Público tem legitimidade para recorrer no processo em que oficiou como fiscal da lei, ainda que não haja recurso da parte.
- **Súmula nº 115**. Na instância especial é inexistente recurso interposto por advogado sem procuração nos autos.
- **Súmula nº 116**. A Fazenda Pública e o Ministério Público têm prazo em dobro para interpor agravo regimental no Superior Tribunal de Justiça.
- **Súmula nº 187**. É deserto o recurso interposto para o Superior Tribunal de Justiça, quando o recorrente não recolhe, na origem, a importância das despesas de remessa e retorno dos autos.
- **Súmula nº 318**. Formulado pedido certo e determinado, somente o autor tem interesse recursal em arguir o vício da sentença ilíquida.
- **Súmula nº 325**. A remessa oficial devolve ao tribunal o reexame de todas as parcelas da condenação suportadas pela Fazenda Pública, inclusive dos honorários de advogado.
- **Súmula nº 483**. O INSS não está obrigado a efetuar depósito prévio do preparo por gozar das prerrogativas e privilégios da Fazenda Pública.
- **Súmula nº 484**. Admite-se que o preparo seja efetuado no primeiro dia útil subsequente, quando a interposição do recurso ocorrer após o encerramento do expediente bancário.
- **Súmula nº 490**. A dispensa de reexame necessário, quando o valor da condenação ou do direito controvertido for inferior a sessenta salários mínimos, não se aplica a sentenças ilíquidas.
- **Súmula nº 331**. A apelação interposta contra sentença que julga embargos à arrematação tem efeito meramente devolutivo.
- **Súmula nº 118.** O agravo de instrumento é o recurso cabível da decisão que homologa a atualização do cálculo da liquidação.
- **Súmula nº 223.** A certidão de intimação do acórdão recorrido constitui peça obrigatória do instrumento de agravo.
- **Súmula nº 88**. São admissíveis embargos infringentes em processo falimentar.
- **Súmula nº 169**. São inadmissíveis embargos infringentes no processo de mandado de segurança.
- **Súmula nº 255**. Cabem embargos infringentes contra acórdão, proferido por maioria, em agravo retido, quando se tratar de matéria de mérito.
- **Súmula nº 390**. Nas decisões por maioria, em reexame necessário, não se admitem embargos infringentes.
- **Súmula nº 98.** Embargos de declaração manifestados com notório propósito de prequestionamento não têm caráter protelatório.
- **Súmula nº 211**. Inadmissível recurso especial quanto à questão que, a despeito da oposição de embargos declaratórios, não foi apreciada pelo tribunal "a quo".

2.12. DO RECURSO ESPECIAL

- **Súmula nº 5**. A simples interpretação de cláusula contratual não enseja recurso especial.
- **Súmula nº 7**. A pretensão de simples reexame de prova não enseja recurso especial.
- **Súmula nº 86**. Cabe recurso especial contra acórdão proferido no julgamento de agravo de instrumento.
- **Súmula nº 123**. A decisão que admite, ou não, o recurso especial deve ser fundamentada com o exame dos seus pressupostos gerais e constitucionais.
- **Súmula nº 126**. É inadmissível recurso especial, quando o acórdão recorrido assenta em fundamentos constitucional e infraconstitucional, qualquer deles suficiente, por si só, para mantê-lo, e a parte vencida não manifesta recurso extraordinário.
- **Súmula nº 203**. Não cabe recurso especial contra decisão proferida por órgão de segundo grau dos juizados especiais.
- **Súmula nº 207**. É inadmissível recurso especial quando cabíveis embargos infringentes contra o acórdão proferido no tribunal de origem.

2.13. DA EXECUÇÃO

2.13.1. DAS PARTES

- **Súmula nº 268**. O fiador que não integrou a relação processual na ação de despejo não responde pela execução do julgado.

2.13.2. DOS REQUISITOS NECESSÁRIOS PARA REALIZAR QUALQUER EXECUÇÃO

- **Súmula nº 27**. Pode a execução fundar-se em mais de um título extrajudicial relativos ao mesmo negócio.
- **Súmula nº 233**. O contrato de abertura de crédito, ainda que acompanhado de extrato da conta corrente, não é título executivo.
- **Súmula nº 279**. É cabível execução por título extrajudicial contra a Fazenda Pública.
- **Súmula nº 300**. O instrumento de confissão de dívida, ainda que originário de contrato de abertura de crédito, constitui título executivo.

2.13.3. DA RESPONSABILIDADE PATRIMONIAL

- **Súmula nº 375.** O reconhecimento da fraude à execução depende do registro da penhora do bem alienado ou da prova de má-fé do terceiro adquirente.

2.13.4. DAS DIVERSAS ESPÉCIES DE EXECUÇÃO

- **Súmula nº 410**. A prévia intimação pessoal do devedor constitui condição necessária para a cobrança de multa pelo descumprimento de obrigação de fazer ou não fazer.

2.13.5. DA PENHORA

- **Súmula nº 205.** A Lei 8.009/1990 aplica-se à penhora realizada antes de sua vigência.
- **Súmula nº 319.** O encargo de depositário de bens penhorados pode ser expressamente recusado.
- **Súmula nº 328.** Na execução contra instituição financeira, é penhorável o numerário disponível, excluídas as reservas bancárias mantidas no Banco Central.
- **Súmula nº 364.** O conceito de impenhorabilidade de bem de família abrange também o imóvel pertencente a pessoas solteiras, separadas e viúvas.
- **Súmula nº 417.** Na execução civil, a penhora de dinheiro na ordem de nomeação de bens não tem caráter absoluto.
- **Súmula nº 486.** É impenhorável o único imóvel residencial do devedor que esteja locado a terceiros, desde que a renda obtida com a locação seja revertida para a subsistência ou a moradia da sua família.
- **Súmula nº 497.** Os créditos das autarquias federais preferem aos créditos da fazenda estadual desde que coexistam penhoras sobre o mesmo bem.

2.13.6. DO PAGAMENTO AO CREDOR

- **Súmula nº 478.** Na execução de crédito relativo a cotas condominiais, este tem preferência sobre o hipotecário.

2.13.7. DA EXECUÇÃO CONTRA A FAZENDA PÚBLICA

- **Súmula nº 345.** São devidos honorários advocatícios pela Fazenda Pública nas execuções individuais de sentença proferida em ações coletivas, ainda que não embargadas.

2.13.8. DA EXECUÇÃO DE PRESTAÇÃO ALIMENTÍCIA

- **Súmula nº 309.** O débito alimentar que autoriza a prisão civil do alimentante é o que compreende as três prestações anteriores ao ajuizamento da execução e as que se vencerem no curso do processo.

2.14. Do Mandado de Segurança

- **Súmula nº 202.** A impetração de segurança por terceiro, contra ato judicial, não se condiciona a interposição de recurso.
- **Súmula nº 213.** O mandado de segurança constitui ação adequada para a declaração do direito à compensação tributária.
- **Súmula nº 333.** Cabe mandado de segurança contra ato praticado em licitação promovida por sociedade de economia mista ou empresa pública.
- **Súmula nº 460.** É incabível o mandado de segurança para convalidar a compensação tributária realizada pelo contribuinte.
- **Súmula nº 41.** O superior Tribunal de Justiça não tem competência para processar e julgar, originariamente, mandado de segurança contra ato de outros tribunais ou dos respectivos órgãos.
- **Súmula nº 177.** O Superior Tribunal de Justiça é incompetente para processar e julgar, originariamente, mandado de segurança contra ato de órgão colegiado presidido por Ministro de Estado.
- **Súmula nº 376.** Compete à Turma Recursal processar e julgar o mandado de segurança contra ato de juizado especial.
- **Súmula nº 105.** Na ação de mandado de segurança não se admite condenação em honorários advocatícios.
- **Súmula nº 169.** São inadmissiveis embargos infringentes no processo de mandado de segurança.

✦ INFORMATIVOS APLICÁVEIS

◉ STF

1. DO PROCESSO DE CONHECIMENTO

1.1. DAS PARTES E DOS PROCURADORES

▸ *Assistência judiciária gratuita: art. 12 da Lei 1.060/1950 e recepção*

O art. 12 da Lei 1.060/1950 ("A parte beneficiada pela isenção do pagamento das custas ficará obrigada a pagá-las, desde que possa fazê-lo, sem prejuízo do sustento próprio ou da família, se dentro de cinco anos, a contar da sentença final, o assistido não puder satisfazer tal pagamento, a obrigação ficará prescrita") foi recepcionado pela presente ordem constitucional. *RE 249003 ED/RS, Rel. Min. Edson Fachin, 9.12.2015. Pleno. (Info 811)*

▸ *Honorários recursais e não apresentação de contrarrazões ou contraminuta*

É cabível a fixação de honorários recursais, prevista no art. 85, § 11, do NCPC, mesmo quando não apresentadas contrarrazões ou contraminuta pelo advogado. *AI 864689 AgR/MS, Rel. p/ ac. Min. Edson Fachin. 27.9.2016. 1ª T. (Info 841)*

▸ *Novo CPC e ação originária sem previsão de honorários*

Descabe a fixação de honorários recursais, preconizados no art. 85, § 11, do CPC/2015, na hipótese de recurso extraordinário formalizado no curso de processo cujo rito os exclua. *ARE 948578 AgR/RS, Rel. Min. Marco Aurélio, 21.6.2016. 1ª T. (Info 831)*

1.2. DOS ÓRGÃOS JUDICIÁRIOS E DOS AUXILIARES DA JUSTIÇA

1.2.1. DA COMPETÊNCIA

▸ ***OAB e competência jurisdicional***

[RPG] Compete à justiça federal processar e julgar ações em que a Ordem dos Advogados do Brasil, quer mediante o conselho federal, quer seccional, figure na relação processual. A OAB é autarquia corporativista, o que atrai, a teor do art. 109, I, da CF, a competência da justiça federal para o exame de ações – de qualquer natureza – nas quais ela integra a relação processual. *RE 595332/PR, repercussão geral, Rel. Min. Marco Aurélio, 31.8.2016. Pleno. (Info 837)*

1.3. DA FORMAÇÃO, SUSPENSÃO E EXTINÇÃO DO PROCESSO

▸ ***ICMS: venda financiada e hipótese de incidência***

Deve-se reconhecer, também na instância extraordinária, a possibilidade de homologação do pedido de renúncia ao direito sobre o qual se funda a ação, quando postulado por procurador habilitado com poderes específicos, desde que anterior ao julgamento final do recurso extraordinário. *RE 514639 QO/RS, Rel. Min. Dias Toffoli, 10.5.2016. 2ª T. (Info 825)*

1.4. DO PROCESSO NOS TRIBUNAIS

1.4.1. DA RECLAMAÇÃO

▸ ***Reclamação e esgotamento das vias ordinárias de impugnação***

A reclamação somente é cabível quando esgotados todos os recursos ordinários na causa em que proferido o ato supostamente contrário à autoridade de decisão do STF com repercussão geral reconhecida. Nesses termos, a hipótese de cabimento prevista no art. 988, § 5º, II, do NCPC deve ser interpretada restritivamente, sob pena de o STF assumir, pela via da reclamação, a competência de pelo menos três tribunais superiores (STJ, TST e TSE), para o julgamento de recursos contra decisões de tribunais de segundo grau de jurisdição. *Rcl 24686 ED-AgR/RJ, Rel. Min. Teori Zavascki, j. 28.10.2016. 2ª T. (Info 845)*

1.5. DOS RECURSOS

1.5.1. DAS DISPOSIÇÕES GERAIS

▸ ***Ausência de impugnação e parágrafo único do art. 932 do CPC***

O prazo de cinco dias previsto no parágrafo único do art. 932 do CPC/2015 só se aplica aos casos em que seja necessário sanar vícios formais, como ausência de procuração ou de assinatura, e não à complementação da fundamentação. *ARE 953221 AgR/SP, Rel. Min. Luiz Fux, 7.6.2016. 1ª T. (Info 829)*

▸ ***Contagem de prazo recursal e intimação pessoal***

Nos casos de intimação pessoal realizada por oficial de justiça, a contagem do prazo para a interposição de recursos ou a eventual certificação de trânsito em julgado começa a partir da juntada aos autos do mandado devidamente cumprido. *ARE 892732/SP, Red. p/ ac. Min. Dias Toffoli, 5.4.2016. 2ª T. (Info 820)*

▸ ***Porte de remessa e retorno e recolhimento pelo INSS***

[RPG] Aplica-se o § 1º do art. 511 do CPC/73 para dispensa de porte de remessa e retorno ao exonerar o seu respectivo recolhimento por parte do INSS. *RE 594116/SP, repercussão geral – mérito, Rel. Min. Edson Fachin, 3.12.2015. Pleno. (Info 810)*

1.5.2. DOS EMBARGOS DE DECLARAÇÃO

▸ ***Embargos de declaração e condenação em honorários advocatícios***

Após 18 de março de 2016, data do início da vigência do Novo Código de Processo Civil, é possível condenar a parte sucumbente em honorários advocatícios na hipótese de o recurso de embargos de declaração não atender os requisitos previstos no art. 1.022 do referido diploma e tampouco se enquadrar em situações excepcionais que autorizem a concessão de efeitos infringentes. *RE 929925 AgR-ED/RS, Rel. Min. Luiz Fux, 7.6.2016. 1ª T. (Info 829)*

1.5.3. DOS RECURSOS PARA O STF E O STJ

▸ ***Agravo interno e juntada extemporânea de documentos***

Embora prevaleça entendimento no sentido da inadmissibilidade da juntada extemporânea de prova documental em recursos interpostos na Suprema Corte, no caso, em razão da natureza do documento anexado aos autos - comunicação oficial dos atos do TCE - e do evidente interesse público indisponível presente na lide - consistente no interesse de toda a coletividade na apreciação da higidez das contas dos gestores públicos -, admite-se a comprovação tardia de que a parte recorrida foi efetivamente intimada da sessão de julgamento. *ARE 916917 AgR/SP, rel. Min. Edson Fachin, j. 6.12.2016. 1ª T. (Info 850)*

▸ ***Discussão de matéria infraconstitucional em recurso extraordinário e ausência de repercussão geral***

Não conhecido recurso extraordinário em que se discutia a possibilidade de imposição ao INSS, nos processos em que figurasse como parte ré, do ônus de apresentar cálculo de liquidação do seu próprio débito. A pretensão deduzida repousa apenas na esfera da legalidade. Embora o recurso tivesse sido apregoado para julgamento conjunto com a ADPF 219, a ótica no âmbito da ADPF, que é ação objetiva, diferiria da ótica no âmbito do recurso extraordinário. Essa espécie recursal teria por base os fundamentos do acórdão recorrido na via extraordinária, que, no caso, teria apenas realizado interpretação de regras infraconstitucionais. *RE 729884/RS, Rel. Min. Dias Toffoli, 23.6.2016. Pleno. (Info 831)*

2. DO PROCESSO DE EXECUÇÃO

▸ ***Execução de honorários sucumbenciais e fracionamento***

É legítima a execução de honorários sucumbenciais proporcional à respectiva fração de cada um dos substituídos processuais em ação coletiva contra a Fazenda Pública. *RE 919269 AgR/RS, Rel. Min. Edson Fachin, 15.12.2015. 1ª T. (Info 812)*

▸ ***Execução de honorários sucumbenciais e fracionamento***

Não é possível fracionar o crédito de honorários advocatícios em litisconsórcio ativo facultativo simples em execução contra a Fazenda Pública por frustrar o regime do precatório. *RE 949383 AgR/RS, Rel. Min. Cármen Lúcia, 17.5.2016. 2ª T. (Info 826)*

3. OUTROS TEMAS

▸ ***Fazenda Pública e atuação em juízo***

O prazo de 30 dias para a Fazenda Pública embargar execução é constitucional. Julgada improcedente ADI ajuizada pelo CFOAB contra o artigo 4º da MPv 2.102-27/2001 que, ao alterar outros dispositivos legais, promoveu alterações em prazos processuais, entre eles a interposição de recurso pela Fazenda Pública. A ADI alegava ofensa aos princípios da isonomia e do devido processo legal. Isto porque o dispositivo questionado, ao acrescentar o art. 1º-B à Lei 9.494/97, aumentou para 30 dias o prazo para interposição de recurso (embargos à execução) pela Fazenda Pública, permanecendo para o particular a previsão de 10 dias na área cível e 5 dias na área trabalhista. A OAB também argumentava afronta ao princípio da isonomia em razão de o dispositivo ter fixado o prazo prescricional de cinco anos para ajuizamento de ações de indenização, uma vez que para os particulares a previsão é de 20 anos. Quanto ao parágrafo único, acrescentado ao artigo 741, do CPC/73, o conselho sustentava que a inexigibilidade de título executivo judicial quando firmados em dissonância com o entendimento do Supremo, rescindiria sentença transitada em julgado, ferindo os princípios constitucionais da coisa julgada e da segurança jurídica. Somente em hipóteses excepcionais – quando manifestamente demonstrada a ausência dos requisitos de relevância e urgência – é que caberia anular o ato normativo editado, o que não ocorreu no caso. A ampliação do prazo para a oposição de embargos pela Fazenda Pública não viola os princípios da isonomia e do devido processo legal porque o tratamento processual especial conferido à Fazenda Pública é conhecido de todos – inclusive em relação a prazos diferenciados, quando razoáveis – e não apresenta restrição a direito ou prerrogativa da parte contrária, mas busca atender ao princípio da supremacia do interesse público. Também não viola a Constituição a fixação do prazo prescricional de cinco anos para os pedidos de indenização por danos causados por agentes de pessoas jurídicas de direito público e de pessoas jurídicas de direito privado prestadoras de serviço público. O dispositivo examinado simplesmente reproduziu o que já dispunha o art. 1º do Dec. 20.910/1932. A única novidade foi a inclusão, entre os destinatários dessa norma, das pessoas jurídicas de direito privado prestadoras de serviço público, atribuindo o mesmo regime prescricional das pessoas jurídicas de direito público. Justificada pelo art. 37, § 6º, da CF, que expressamente equipara essas entidades às pessoas de direito público relativamente ao regime de responsabilidade civil pelos atos praticados por seus agentes. Em relação à inexigibilidade de título executivo judicial fundado em lei ou ato normativo declarados inconstitucionais pelo STF, consta inclusive incorporado ao NCPC. *ADI 2418/DF, Rel. Min. Teori Zavascki, 4.5.2016. Pleno. (Info 824)*

◉ STJ

1. DO PROCESSO DE CONHECIMENTO

1.1. DAS PARTES E DOS PROCURADORES

1.1.1. DA CAPACIDADE PROCESSUAL

▸ ***Legitimidade ativa de associação para defender os interesses de seus filiados.***

Associação não tem legitimidade ativa para defender os interesses dos associados que vierem a se agregar somente após o ajuizamento da ação de conhecimento. *REsp 1.468.734-SP, Rel. Min. Humberto Martins, DJe 15.3.2016. 2ª T. (Info 579)*

1.1.2. DOS DEVERES DAS PARTES E DOS SEUS PROCURADORES (HONORÁRIOS ADVOCATÍCIOS)

▸ ***Interpretação extensiva do art. 19, § 1º, I, da Lei 10.522/02.***

Aplica-se a dispensa de condenação em honorários advocatícios prevista no art. 19, § 1º, I, da Lei 10.522/02, na hipótese em que a Fazenda Nacional contesta a demanda, mas, ato contínuo, antes de pronunciamento do juízo ou da parte contrária, apresenta petição em que reconhece a procedência do pedido e requer a desconsideração da peça contestatória. *REsp 1.551.780-SC, Rel. Min. Mauro Campbell Marques, DJe 19.8.2016. 2ª T. (Info 588)*

▸ ***Rescisão de decisão judicial e restituição de verba honorária.***

Se a decisão judicial que ensejou a fixação de honorários de sucumbência for parcialmente rescindida, é possível que o autor da rescisória, em posterior ação de cobrança, pleiteie a restituição da parte indevida da verba advocatícia, ainda que o causídico, de boa-fé, já a tenha levantado. *REsp 1.549.836-RS, Rel. p/ ac. Min. João Otávio de Noronha, DJ 6.9.2016. 3ª T. (Info 589)*

1.2. DO MINISTÉRIO PÚBLICO

▸ ***Possibilidade de atuação do MP estadual no âmbito do STJ.***

O Ministério Público Estadual (MP Estadual) tem legitimidade para atuar diretamente no STJ nos processos em que figurar como parte. *EREsp 1.236.822-PR, Rel. Min. Mauro Campbell Marques, DJe 5.2.2016. Corte Especial. (Info 576)*

1.3. DOS ÓRGÃOS JUDICIÁRIOS E DOS AUXILIARES DA JUSTIÇA

1.3.1. DA COMPETÊNCIA

▸ ***Dever de remessa dos autos ao juízo competente e processo eletrônico.***

Implica indevido obstáculo ao acesso à tutela jurisdicional a decisão que, após o reconhecimento da incompetência absoluta do juízo, em vez de determinar a remessa dos autos ao juízo competente, extingue o feito sem exame do mérito, sob o argumento de impossibilidade técnica do Judiciário em remeter os autos para o órgão julgador competente, ante as dificuldades inerentes ao processamento eletrônico. *REsp 1.526.914-PE, Rel. Min. Diva Malerbi, DJe 28.6.2016. 2ª T. (Info 586)*

1.3.2. DO JUIZ, DOS AUXILIARES DA JUSTIÇA

▸ ***Suspeição por motivo superveniente.***

A autodeclaração de suspeição realizada por magistrado em virtude de motivo superveniente não importa nulidade dos atos processuais praticados em momento anterior ao fato ensejador da suspeição. Isso porque essa declaração não gera efeitos retroativos. *Pet no REsp 1.339.313-RJ, Rel. p/ ac. Min. Assusete Magalhães, DJe 9.8.2016. 1ª S. (Info 587)*

1.4. DO PROCEDIMENTO ORDINÁRIO

1.4.1. DA REVELIA

▸ ***Limites dos efeitos da revelia.***

Reconhecida a revelia, a presunção de veracidade quanto aos danos narrados na petição inicial não alcança a definição do quantum indenizatório indicado pelo autor. Como assentado na doutrina, a revelia não viola o processo justo, o devido processo legal, porque não significa a formação de um contraditório virtual ou presumido, muito menos a existência de uma confissão ficta. A própria existência da ação atesta a inconformação entre a pretensão do autor e a resistência do réu. Por isso, os efeitos da revelia não são absolutos, conduzindo à automática procedência dos pedidos. *REsp 1.520.659-RJ, Rel. Min. Raul Araújo, DJe 30.11.2015. 4ª T. (Info 574)*

1.4.2. DA SENTENÇA E DA COISA JULGADA (OUTROS TEMAS)

▸ ***Extensão dos efeitos de coisa julgada coletiva a autores de ações individuais não suspensas.***

Os autores de ações individuais em cujos autos não foi dada ciência do ajuizamento de ação coletiva e que não requereram a suspensão das demandas individuais podem se beneficiar dos efeitos da coisa julgada formada na ação coletiva. Ao disciplinar a execução de sentença coletiva, o art. 104 da Lei 8.078/90 (CDC) dispõe que os autores devem requerer a suspensão da ação individual que veicula a mesma questão em ação coletiva, a fim de se beneficiarem da sentença que lhes é favorável no feito coletivo. Todavia, compete à parte ré dar ciência aos interessados da existência desta ação nos autos da ação individual, momento no qual começa a correr o prazo de 30 dias para a parte autora postular a suspensão do feito individual. Constitui ônus do demandado dar ciência inequívoca da propositura da ação coletiva àqueles que propuseram ações individuais, a fim de que possam fazer a opção pela continuidade do processo individual, ou requerer a sua suspensão para se beneficiar da sentença coletiva. *REsp 1.593.142-DF, Rel. Min. Napoleão Nunes Maia Filho, DJe 21.6.2016. 1ª T. (Info 585)*

1.4.3. DA LIQUIDAÇÃO DE SENTENÇA

▸ ***Possibilidade de utilização de deduções e presunções na apuração de lucros cessantes.***

É possível ao julgador, na fase de liquidação de sentença por arbitramento, acolher as conclusões periciais fundadas em presunções e deduções para a quantificação do prejuízo sofrido pelo credor a título de lucros cessantes. *REsp 1.549.467-SP, Rel. Min. Marco Aurélio Bellizze, DJ 19.9.2016. 3ª T. (Info 590)*

1.4.4. DO CUMPRIMENTO DA SENTENÇA

▸ ***Impugnação ao cumprimento de sentença e necessidade de garantia do juízo.***

Na fase de cumprimento de sentença, não é cabível a apresentação de impugnação fundada em excesso de execução (art. 475-L, V, do CPC) antes do depósito da quantia devida (art. 475-J, caput, do CPC); contudo, se mesmo assim ela for apresentada, não haverá preclusão da faculdade de apresentar nova impugnação a partir da intimação da penhora realizada nos autos (art. 475-J, §1º, do CPC). *REsp 1.455.937-SP, Rel. Min. João Otávio de Noronha, DJe 9.11.2015. 3ª T. (Info 573)*

1.4.5. DA AÇÃO RESCISÓRIA

▸ ***Impossibilidade de relativizar coisa julgada fundada em lei posteriormente declarada não recepcionada pela CF.***

Não é possível utilizar ação declaratória de nulidade ("querela nullitatis") contra título executivo judicial fundado em lei declarada não recepcionada pelo STF em decisão proferida em controle incidental que transitou em julgado após a constituição definitiva do referido título. *REsp 1.237.895-ES, Rel. Min. Og Fernandes, DJe 12.2.2016. 2ª T. (Info 576)*

▸ ***Prazo decadencial para particular anular acordo firmado com a Fazenda Pública.***

No caso em que particular e Fazenda Pública firmaram, sem a participação judicial, acordo que tenha sido meramente homologado por decisão judicial – a qual, por sua vez, apenas extinguiu a relação jurídica processual existente entre as partes, sem produzir efeitos sobre a relação de direito material existente entre elas –, o prazo decadencial para anular o ajuste por meio de ação ajuizada pelo particular é de 5 anos, contados da data da celebração da transação, e não da decisão homologatória. *REsp 866.197-RS, Rel. Min. Mauro Campbell Marques, DJe 13.4.2016. 2ª T. (Info 581)*

1.5. DOS RECURSOS

1.5.1. DA APELAÇÃO

▸ ***Aplicação do princípio da fungibilidade a recurso em ação de improbidade administrativa.***

Pode ser conhecida a apelação que, sem má-fé e em prazo compatível com o previsto para o agravo de instrumento, foi interposta contra decisão que, em juízo prévio de admissibilidade em ação de improbidade administrativa, reconheceu a ilegitimidade passiva "ad causam" de alguns dos réus. *AgRg no REsp 1.305.905-DF, Rel. Min. Humberto Martins, DJe 18.12.2015. 2ª T. (Info 574)*

1.5.2. DO AGRAVO

▸ ***Comprovação da tempestividade do agravo de instrumento mediante apresentação de certidão de vista pessoal da Fazenda Nacional. Recurso repetitivo. Tema 651.***

[RPT] O termo de abertura de vista e remessa dos autos à Fazenda Nacional substitui, para efeito de demonstração da tempestividade do agravo de instrumento (art. 522 do CPC) por ela interposto, a apresentação de certidão de intimação da decisão agravada (art. 525, I, do CPC). *REsp 1.383.500-SP, Rel. Min. Benedito Gonçalves, Corte Especial, DJe 26.2.2016. (Info 577)*

▸ ***Falta de citação e manifestação do réu em agravo de instrumento.***

Não supre a falta de citação em ação revisional de alimentos o comparecimento do réu para contraminutar agravo de instrumentos contra decisão denegatória de tutela antecipada, sem que haja qualquer pronunciamento na ação principal por parte do demandado. De fato, a ação só produz efeitos para o réu a partir de quando é regularmente citado ou, na falta de citação, desde quando comparece espontaneamente em juízo. *REsp 1.310.704-MS, Rel. Min. Ricardo Villas Bôas Cueva, DJe 16.11.2015. 3ª T. (Info 573)*

▸ ***Instrumento de agravo entregue em mídia digital.***

As peças que devem formar o instrumento do agravo podem ser apresentadas em mídia digital (DVD). *REsp 1.608.298-SP, Rel. Min. Herman Benjamin, DJ 6.10.2016. 2ª T. (Info 591)*

▸ ***Julgamento de agravo regimental. Mera reprodução da decisão monocrática. Não apreciação de questões relevantes.***

É vedado ao relator limitar-se a reproduzir a decisão agravada para julgar improcedente o agravo interno. *REsp 1.622.386-MT, Rel. Min. Nancy Andrighi, DJe 25.10.2016. 3ª T. (Info 592)*

▸ ***Perda do objeto de agravo de instrumento interposto contra decisão proferida em antecipação de tutela.***

A superveniência de sentença de mérito implica a perda do objeto de agravo de instrumento interposto contra decisão anteriormente proferida em tutela antecipada. *EAREsp 488.188-SP, Rel. Min. Luis Felipe Salomão, DJe 19.11.2015. Corte Especial. (Info 573)*

▸ ***Possibilidade de aplicação da teoria da causa madura em julgamento de agravo de instrumento.***

Admite-se a aplicação da teoria da causa madura (art. 515, § 3º, do CPC/73) em julgamento de agravo de instrumento. *REsp 1.215.368-ES, Rel. Min. Herman Benjamin, DJ 19.9.2016. (Info 590)*

1.5.3. DOS EMBARGOS DE DECLARAÇÃO

▸ ***Embargos de declaração com efeitos infringentes e pedido de reconsideração.***

Os embargos de declaração, ainda que contenham pedido de efeitos infringentes, não devem ser recebidos como "pedido de reconsideração". Os embargos de declaração são um recurso taxativamente previsto na Lei Processual Civil e, ainda que contenham indevido pedido de efeitos infringentes, não se confundem com mero "pedido de reconsideração", este sim, figura processual atípica, de duvidosa existência. Inclusive, a hipótese sequer comporta a aplicação do princípio da fungibilidade recursal, pois "pedido de reconsideração" não é recurso. Assim, deve-se reconhecer que os embargos de declaração apresentados tempestivamente com pedido de efeitos infringentes não devem ser recebidos como "pedido de reconsideração", porque tal mutação não atende a nenhuma previsão legal, tampouco aos requisitos de aplicação do princípio da fungibilidade. *REsp 1.522.347-ES, Rel. Min. Raul Araújo, DJe 16.12.2015. Corte Especial. (Info 575)*

▸ ***Hipótese de não cabimento de embargos de declaração.***

Mesmo após a vigência do CPC/15, não cabem embargos de declaração contra decisão que não se pronuncie tão somente sobre argumento incapaz de infirmar a conclusão adotada. Os embargos de declaração, conforme dispõe o art. 1.022 do CPC/15, destinam-se a suprir omissão, afastar obscuridade ou eliminar contradição existente no julgado. O julgador não está obrigado a responder a todas as questões suscitadas pelas partes, quando já tenha encontrado motivo suficiente para proferir a decisão. *EDcl no MS 21.315-DF, Rel. Min. Diva Malerbi, DJe 15.6.2016. 1ª S. (Info 585)*

1.5.4. DOS RECURSOS PARA O STF E O STJ (RECURSO ESPECIAL)

▸ ***Impossibilidade de reexame de tempestividade de agravo de instrumento em julgamento de recurso especial.***

Ainda que a matéria do processo judicial tenha natureza penal, não cabe, por ocasião do julgamento de recurso especial, o reexame de ofício da tempestividade do agravo de instrumento anteriormente provido para determinar o processamento do próprio recurso especial. *EREsp 1.414.755-PA, Rel. Min. João Otávio de Noronha, DJ 6.9.2016. (Info 589)*

▸ ***Impossibilidade de remessa de agravo pelo STJ ao tribunal de origem.***

Após a entrada em vigor do NCPC, não é mais devida a remessa pelo STJ, ao Tribunal de origem, do agravo interposto contra decisão que inadmite recurso especial com base na aplicação de entendimento firmado em recursos repetitivos, para que seja conhecido como agravo interno. *AREsp 959.991-RS, Rel. Min. Marco Aurélio Bellizze, DJ 26.8.2016. 3ª T. (Info 589)*

2. DO PROCESSO DE EXECUÇÃO

2.1. DA EXECUÇÃO EM GERAL

2.1.1. DAS DISPOSIÇÕES GERAIS

▸ ***Incompetência para cancelar gravame em matrícula de imóvel arrematado.***

Arrematado bem imóvel, o Juízo da execução que conduziu a arrematação não pode determinar o cancelamento automático de constrições determinadas por outros Juízos de mesma hierarquia e registradas na matrícula do bem, mesmo que o edital de praça e o auto de arrematação tivessem sido silentes quanto à existência dos referidos gravames. Isso porque, além de o Juízo da execução não deter competência para o desfazimento ou cancelamento de constrições e registros determinados por outros Juízos de mesma hierarquia, os titulares dos direitos decorrentes das decisões judiciais proferidas em outros processos, as quais geraram as constrições e registros imobiliários que os arrematantes pretendem cancelar, têm direito ao devido processo legal, com seus consectários contraditório e ampla defesa. Ademais, as possíveis falhas nos atos judiciais que antecederam a arrematação, porque não mencionavam as outras constrições de outros Juízos sobre o imóvel a ser arrematado, não possibilitam ao Juízo da arrematação determinar a baixa de outras constrições levadas a efeito por outros juízos. *RMS 48.609-MT, Rel. Min. Raul Araújo, DJe 8.6.2016. 4ª T. (Info 585)*

▸ ***Inexigibilidade de obrigação fundada em lei não recepcionada pela Constituição.***

Ainda que tenha havido o trânsito em julgado, é inexigível a obrigação reconhecida em sentença com base exclusivamente em lei não recepcionada pela Constituição. Fundado o título judicial exclusivamente na aplicação ou interpretação da lei ou ato normativo tidas pelo STF como incompatíveis com a CF, é perfeitamente permitido o reconhecimento da inexigibilidade da obrigação na própria fase de execução. *REsp 1.531.095-SP, Rel. Min. Ricardo Villas Bôas Cueva, DJe 16.8.2016. 3ª T. (Info 588)*

2.2. DAS DIVERSAS ESPÉCIES DE EXECUÇÃO

2.2.1. DAS DISPOSIÇÕES GERAIS

▸ ***Exequibilidade de sentenças não condenatórias (art. 475-N, I, do CPC/73). Recurso repetitivo. Tema 889.***

[RPT] A sentença, qualquer que seja sua natureza, de procedência ou improcedência do pedido, constitui título executivo judicial, desde que estabeleça obrigação de pagar quantia, de fazer, não fazer ou entregar coisa, admitida sua prévia liquidação e execução nos próprios autos. *REsp 1.324.152-SP, Rel. Min. Luis Felipe Salomão, Corte Especial, DJe 15.6.2016. Corte Especial. (Info 585)*

▸ ***Possibilidade de o depositário judicial exercer direito de retenção.***

O particular que aceita exercer o múnus público de depositário judicial tem o direito de reter o depósito até que sejam ressarcidas as despesas com armazenagem e conservação do bem guardado e pagos os seus honorários. Não há dúvida de que a pessoa física ou jurídica que aceita o encargo de se tornar depositária de coisa ou bem apreendido em juízo tem o direito de ser ressarcida das despesas que efetuou, além de perceber uma remuneração pelo exercício do encargo público (honorários), nos precisos termos do art. 149 do CPC. Ademais, não há vedação à aplicação do direito de retenção previsto no art. 644 do CC também aos depósitos judiciais. *REsp 1.300.584-MT, Rel. Min. João Otávio de Noronha, DJe 9.3.2016. 3ª T. (Info 578)*

2.2.2. DA PENHORA, DA AVALIAÇÃO E DA EXPROPRIAÇÃO DE BENS

▸ ***Cobrança de cota condominial e penhora sobre direito aquisitivo decorrente de compromisso de compra e venda.***

Em ação de cobrança de cotas condominiais proposta somente contra o promissário comprador, não é possível a penhora do imóvel que gerou a dívida – de propriedade do promissário vendedor –, admitindo-se, no entanto, a constrição dos direitos aquisitivos decorrentes do compromisso de compra e venda. *REsp 1.273.313-SP, Rel. Min. Ricardo Villas Bôas Cueva, DJe 12.11.2015. 3ª T. (Info 573)*

▸ ***Forma preferencial de pagamento ao credor.***

A adjudicação do bem penhorado deve ser assegurada ao legitimado que oferecer preço não inferior ao da avaliação. *REsp 1.505.399-RS, Rel. Min. Maria Isabel Gallotti, DJe 12.5.2016. 4ª T. (Info 583)*

▸ ***Impenhorabilidade da pequena propriedade rural.***

A pequena propriedade rural, trabalhada pela família, é impenhorável, ainda que dada pelos proprietários em garantia hipotecária para financiamento da atividade produtiva. *REsp 1.368.404-SP, Rel. Min. Maria Isabel Gallotti, DJe 23.11.2015. 4ª T. (Info 574)*

▸ ***Invalidade da penhora sobre a integralidade de imóvel submetido a "time sharing".***

É inválida a penhora da integralidade de imóvel submetido ao regime de multipropriedade ("time-sharing") em decorrência de dívida de condomínio de responsabilidade do organizador do compartilhamento. *REsp 1.546.165-SP, Rel. p/ ac. Min. João Otávio de Noronha, DJ 6.9.2016. 3ª T. (Info 589)*

▸ ***Momento para requerimento da adjudicação.***

A adjudicação poderá ser requerida após resolvidas as questões relativas à avaliação do bem penhorado e antes de realizada a hasta pública. O limite temporal para requerimento da adjudicação, embora não esteja claro na legislação, consoante doutrina, parece ser o início da hasta pública. *REsp 1.505.399-RS, Rel. Min. Maria Isabel Gallotti, DJe 12.5.2016. 4ª T. (Info 583)*

▸ ***Ordem de nomeação à penhora de cota de fundo de investimento. Recurso repetitivo. Tema 913.***

[RPT] A cota de fundo de investimento não se subsume à ordem de preferência legal disposta no inciso I do art. 655 do CPC/73 (ou no inciso I do art. 835 do NCPC). *REsp 1.388.642-SP, Rel. Min. Marco Aurélio Bellizze, 2ª S., DJ 6.9.2016. (Info 589)*

▸ ***Recusa de nomeação à penhora de cotas de fundo de investimento. Recurso repetitivo. Tema 913.***

[RPT] A recusa da nomeação à penhora de cotas de fundo de investimento, reputada legítima a partir das particularidades de cada caso concreto, não encerra, em si, excessiva onerosidade ao devedor, violação do recolhimento dos depósitos compulsórios e voluntários do Banco Central do Brasil ou afronta à impenhorabilidade das reservas obrigatórias. *REsp 1.388.642-SP, Rel. Min. Marco Aurélio Bellizze, 2ª S., DJ 6.9.2016. (Info 589)*

2.2.3. DA EXECUÇÃO DE PRESTAÇÃO ALIMENTÍCIA

▸ ***Execução de alimentos e impossibilidade de efetuar o pagamento das prestações.***

Em execução de alimentos pelo rito do art. 733 do CPC, o acolhimento da justificativa da impossibilidade de efetuar o pagamento das prestações alimentícias executadas desautoriza a decretação da prisão do devedor, mas não acarreta a extinção da execução. *REsp 1.185.040-SP, Rel. Min. Luis Felipe Salomão, DJe 9.11.2015. 4ª T. (Info 573)*

▸ ***Protesto e inscrição do nome do devedor de alimentos em cadastros de inadimplentes.***

Em execução de alimentos devidos a filho menor de idade, é possível o protesto e a inscrição do nome do devedor em cadastros de proteção ao crédito. Não há impedimento legal para que se determine a negativação do nome de contumaz devedor de alimentos no ordenamento pátrio. Ao contrário, a exegese conferida ao art. 19 da Lei de Alimentos (Lei 5.478/68), que prevê incumbir ao juiz da causa adotar as providências necessárias para a execução da sentença ou do acordo de alimentos, deve ser a mais ampla possível, tendo em vista a natureza do direito em discussão, o qual, em última análise, visa garantir a sobrevivência e a dignidade da criança ou adolescente alimentando. *REsp 1.469.102-SP, Rel. Min. Ricardo Villas Bôas Cueva, DJe 15.3.2016. 3ª T. (Info 579)*

2.3. DOS EMBARGOS DO DEVEDOR

▸ ***Cabimento de embargos à adjudicação.***

Cabem embargos à adjudicação sob alegação de não ter sido excluída da obrigação exequenda a capitalização de juros conforme determinado pela sentença proferida em anteriores embargos à execução. *REsp 1.173.304-SP, Rel. Min. Luis Felipe Salomão, DJe 1º.2.2016. 4ª T. (Info 575)*

▸ ***Prévia intimação na prescrição intercorrente.***

Em execução de título extrajudicial, o credor deve ser intimado para opor fato impeditivo à incidência da prescrição intercorrente antes de sua decretação de ofício. *REsp 1.589.753-PR, Rel. Min. Marco Aurélio Bellizze, DJe 31.5.2016. 3ª T. (Info 584)*

3. DO PROCESSO CAUTELAR

3.1. DOS PROCEDIMENTOS CAUTELARES ESPECÍFICOS

▸ ***Ação cautelar de arrolamento. Prévia indisponibilidade de bens. Interesse de agir. Existência.***

A prévia indisponibilidade de bens não implica a falta de interesse do Ministério Público para propositura da cautelar de arrolamento de bens. *REsp 1.375.540-RJ, Rel. Min. Nancy Andrighi, DJe 21.10.2016. 3ª T. (Info 592)*

▸ ***"Crediscore" e interesse de agir em ação cautelar de exibição de documentos. Recurso repetitivo. Tema 915.***

[RPT] Em relação ao sistema "credit scoring", o interesse de agir para a propositura da ação cautelar de exibição de documentos exige, no mínimo, a prova de: i) requerimento para obtenção dos dados ou, ao menos, a tentativa de fazê-lo à instituição responsável pelo sistema de pontuação, com a fixação de prazo razoável para atendimento; e ii) que a recusa do crédito almejado ocorreu em razão da pontuação que lhe foi atribuída pelo sistema "scoring". *REsp 1.304.736-RS, Rel. Min. Luis Felipe Salomão, 2ª S., DJe 30.3.2016. (Info 579)*

▸ ***Termo inicial do prazo para oferecimento de resposta pelo devedor fiduciante em ação de busca e apreensão de bem.***

Em ação de busca e apreensão de bem alienado fiduciariamente, o termo inicial para a contagem do prazo de quinze dias para o oferecimento de resposta pelo devedor fiduciante é a data de juntada aos autos do mandado de citação devidamente cumprido, e não a data da execução da medida liminar. *REsp 1.321.052-MG, Rel. Min. Ricardo Villas Bôas Cueva, DJe 26.8.2016. 3ª T. (Info 588)*

4. DOS PROCEDIMENTOS ESPECIAIS

4.1. DOS PROCEDIMENTOS ESPECIAIS DE JURISDIÇÃO CONTENCIOSA

4.1.1. DA AÇÃO DE PRESTAÇÃO DE CONTAS

▸ ***Ação de prestação de contas. Revisão de cláusulas contratuais. Impossibilidade. Recurso repetitivo. Tema 908.***

[RPT] Tendo em vista a especialidade do rito, não se comporta no âmbito da prestação de contas a pretensão de alterar ou revisar cláusula contratual. As contas devem ser prestadas, com a exposição, de forma mercantil, das receitas e despesas, e o respectivo saldo (CPC/73, art. 917). A apresentação das contas e o respectivo julgamento devem ter por base os pressupostos assentados ao longo da relação contratual existente entre as partes. *REsp 1.497.831-PR, Rel. p/ ac. Min. Maria Isabel Gallotti, DJe 7.11.2016. 2ª S. (Info 592)*

▸ ***Ausência de prejudicialidade entre a morte do interditando e a ação de prestação de contas ajuizada por ele.***

A morte do interditando no curso de ação de interdição não implica, por si só, a extinção do processo sem resolução de mérito da ação de prestação de contas por ele ajuizada mediante seu curador provisório, tendo o espólio legitimidade para prosseguir com a ação de prestação de contas. *REsp 1.444.677-SP, Rel. Min. João Otávio de Noronha, DJe 9.5.2016. 3ª T. (Info 583)*

4.1.2. DAS AÇÕES POSSESSÓRIAS

▸ ***Ajuizamento de ação possessória por invasor de terra pública contra outros particulares.***

É cabível o ajuizamento de ações possessórias por parte de invasor de terra pública contra outros particulares. *REsp 1.484.304-DF, Rel. Min. Moura Ribeiro, DJe 15.3.2016. 3ª T. (Info 579)*

▸ ***Contrato de compra e venda com reserva de domínio e proteção possessória requerida por vendedor.***

Ainda que sem prévia ou concomitante rescisão do contrato de compra e venda com reserva de domínio, o vendedor pode, ante o inadimplemento do comprador, pleitear a proteção possessória sobre o bem móvel objeto da avença. *REsp 1.056.837-RN, Rel. Min. Marco Buzzi, DJe 10.11.2015. 4ª T. (Info 573)*

4.1.3. DA AÇÃO DE DIVISÃO E DA DEMARCAÇÃO DE TERRAS PARTICULARES

▸ ***Hipótese de inexistência de litisconsórcio passivo necessário em ação demarcatória.***

Em ação demarcatória de parte de imóvel, é facultativo – e não necessário – o litisconsórcio passivo entre o réu e os confinantes da área do bem que não é objeto de demarcação. Nas demarcatórias parciais, há o litisconsórcio passivo necessário entre demandante e os vizinhos lindeiros da área específica cuja demarcação é pretendida. É essa a única interpretação cabível do disposto no art. 950 do CPC/73. Tratamento diverso se dá aos demais confinantes da área que não é objeto de demarcação, pois, quanto a estes, não há litisconsórcio passivo necessário, apenas facultativo. Nesse sentido, há entendimento doutrinário sobre o art. 950 do CPC/73, segundo o qual, "são legitimados passivamente todos os confinantes da área demarcanda; se a demarcação for parcial, são réus os confinantes da área a ser demarcada, e não os demais, o que é óbvio". *REsp 1.599.403-MT, Rel. Min. João Otávio de Noronha, DJe 1.7.2016. 3ª T. (Info 586)*

4.1.4. DOS EMBARGOS DE TERCEIRO

▸ ***Aplicação do princípio da causalidade para verbas sucumbenciais em embargos de terceiro. Recurso repetitivo. Tema 872.***

[RPT] Nos embargos de terceiro cujo pedido foi acolhido para desconstituir a constrição judicial, os honorários advocatícios serão arbitrados com base no princípio da causalidade, responsabilizando-se o atual proprietário (embargante), se este não atualizou os dados cadastrais; os encargos de sucumbência serão suportados pela parte embargada, porém, na hipótese em que esta, depois de tomar ciência da transmissão do bem, apresentar ou insistir na impugnação ou recurso para manter a penhora sobre o bem cujo domínio foi transferido para terceiro. *REsp 1.452.840-SP, Rel. Min. Herman Benjamin, 1ª S., DJ 5.10.2016. (Info 591)*

4.1.5. DA AÇÃO MONITÓRIA

▸ ***Ação Monitória. Prova escrita. Juízo de Probabilidade. Correspondência eletrônica. E-mail. Documento hábil a comprovar a relação contratual e existência de dívida.***

O correio eletrônico (e-mail) pode fundamentar a pretensão monitória, desde que o juízo se convença da verossimilhança das alegações e da idoneidade das declarações. *REsp 1.381.603-MS, Rel. Min. Luis Felipe Salomão, DJe 11.11.2016. 4ª T. (Info 593)*

▸ ***Contrato de arrendamento rural como prova escrita para ação monitória.***

O contrato de arrendamento rural que, a despeito da vedação prevista no art. 18, par. ún., do Dec. 59.566/66, estabelece pagamento em quantidade de produtos agrícolas pode ser usado como prova escrita para instruir ação monitória. *REsp 1.266.975-MG, Rel. Min. Ricardo Villas Bôas Cueva, DJe 28.3.2016. 3ª T. (Info 580)*

▸ ***Natureza jurídica da conversão do mandado monitório em título executivo.***

Em ação monitória, após o decurso do prazo para pagamento ou entrega da coisa sem a oposição de embargos pelo réu, o juiz não poderá analisar matérias de mérito, ainda que conhecíveis de ofício. ***REsp 1.432.982-ES, Rel. Min. Marco Aurélio Bellizze, DJe 26.11.2015. 3ª T. (Info 574)***

Direito Penal

Danilo da Cunha Sousa

TABELA DE INCIDÊNCIA DE QUESTÕES

Distribuição das questões organizada por ordem didática de assuntos		
Assunto	**Número de Questões**	**Peso**
1. PARTE GERAL	17	68,00%
2. PARTE ESPECIAL	3	12,00%
3. LEGISLAÇÃO EXTRAVAGANTE	5	20,00%
Total	**25**	**100%**

Direito Penal

Danilo da Cunha Sousa

✦ QUESTÕES

1. PARTE GERAL

01. (ESAF – Técnico – Área Administrativa – MPU/2004) Em se tratando de extraterritorialidade, pode-se afirmar que se sujeitam à lei brasileira, embora praticados no estrangeiro,

a) os crimes contra a administração pública, por quem não está a seu serviço.

b) os crimes de genocídio, ainda que o agente não seja brasileiro ou domiciliado no Brasil.

c) os crimes praticados em aeronaves ou embarcações brasileiras, quando em território estrangeiro, mesmo que aí sejam julgados.

d) os crimes contra o patrimônio ou a fé pública da União, do Distrito Federal, de Estado ou de Município.

e) os crimes contra o patrimônio praticados contra o presidente da República.

COMENTÁRIOS

✪ Nota do autor: em regra, obedece-se ao princípio da territorialidade em matéria penal, ou seja, aplica-se a norma penal do País em que ocorreu o crime. Excepcionalmente, aplica-se a lei de outro Estado (princípio da extraterritorialidade).

Alternativa "d" – correta: aplica-se a lei brasileira, quando o crime, ainda que cometido no exterior, atinge o patrimônio ou a fé pública da Administração Pública, com o fim de se tutelar o interesse público nacional (art. 7º, I, b, CP). Trata-se de uma questão de soberania do Estado brasileiro.

Alternativa "a" – errada: quando o bem jurídico da Administração Pública for o patrimônio ou a fé pública, aplica-se a lei brasileira, estando ou não o agente a seu serviço. Se outro for o bem jurídico tutelado, aplica-se a lei brasileira somente se o agente estiver a serviço da Administração Pública nacional (art. 7º, I, b e c, CP).

Alternativa "b" – errada: no caso de genocídio, se aplica a lei brasileira somente se o agente for brasileiro ou tiver domicílio no Brasil (art. 7º, I, d, CP).

Alternativa "c" – errada: nos crimes praticados em aeronaves ou embarcações brasileiras, quando em território estrangeiro, será aplicada a lei brasileira, somente caso não sejam julgados no exterior (art. 7º, II, c, CP).

Alternativa "e" – errada: aplica-se a lei brasileira se o crime for praticado contra a vida ou liberdade do Presidente da República, em nome de se preservar a ordem constitucional, já que se trata do Chefe de Governo e de Estado brasileiro (art. 7º, I, a, CP).

02. (ESAF – Técnico – Área Administrativa – MPU/2004) É correto afirmar que

a) pelo resultado que agrava especialmente a pena, só responde o agente que o houver causado dolosamente.

b) o erro quanto à pessoa contra a qual o crime é praticado isenta de pena.

c) responde pelo crime o terceiro que não determina o erro.

d) é isento de pena quem, por erro plenamente justificado pelas circunstâncias, supõe situação de fato que, se existisse, tornaria a ação legítima.

e) no caso de erro sobre a pessoa, consideram-se para efeitos penais, as condições ou qualidades da vítima efetivamente atingida.

COMENTÁRIOS

Alternativa "d" – correta: para que a alguém seja imposta uma pena, é necessário um juízo de reprovabilidade, que vem a ser o exame de sua culpabilidade. Entre os elementos desta, está a potencial consciência de ilicitude. Quem age por erro plenamente justificado pelas circunstâncias não tem a potencial consciência da ilicitude, logo está presente uma excludente de culpabilidade, sendo o agente isento de pena, portanto (art. 21 do CP).

Alternativa "a" – errada: também responde quem causar o resultado culposamente. Assim, ocorre no crime de lesão corporal seguida de morte. O dolo do agente era provocar lesões corporais na vítima, mas, por imprudência, negligência ou imperícia, provoca o resultado morte, que agrava a pena (art. 20, *caput*, CP).

Alternativa "b" – errada: o agente quer matar "A". Em determinado dia, vê "B", que é irmão gêmeo de "A", e se confunde, vindo a matar "B", pensando se tratar de "A". Age com erro contra a pessoa, mas, mesmo assim, responde pelo crime de homicídio (art. 20, § 3º, CP).

Alternativa "c" – errada: só reponde pelo crime quem praticou uma das condutas do verbo-tipo (autor) ou quem instiga, incita ou auxilia o autor do crime (partícipe). Portanto, quem não determina o erro não responde pelo crime (art. 20, § 2º, CP).

Alternativa "e" – errada: no erro quanto à pessoa o agente responde pelo crime como se tivesse acertado a pessoa que queria (art. 20, § 3º, CP).

---

03. (ESAF – Técnico – Área Administrativa – MPU/2004) No tocante à relação de causalidade, prevista no art. 13 do Código Penal, pode-se afirmar que

a) a superveniência de causa relativamente dependente exclui a imputação quando, por si só, produziu o resultado.

b) a omissão é penalmente relevante quando o omitente não podia e não devia agir para evitar o resultado.

c) a superveniência de causa relativamente independente não exclui a imputação quando, por si só, produziu o resultado.

d) o resultado, de que depende a existência do crime, somente é imputável a quem lhe deu causa.

e) se considera causa somente a ação sem a qual o resultado teria ocorrido.

COMENTÁRIOS

Alternativa "d" – correta: trata-se de texto expresso do art. 13 do Código Penal. No Direito Penal, a responsabilidade é sempre personalíssima, ou seja, somente aquele que deu causa ao fato criminoso é submetido à sanção penal.

Alternativa "a" – errada: a superveniência de causa relativamente **independente** exclui a imputação quando, por si só, produziu o resultado (art. 13, § 1º, CP). Se a causa for dependente, é que não houve rompimento do nexo de causalidade entre a conduta do agente e o resultado.

Alternativa "b" – errada: a omissão é penalmente relevante quando o omitente **podia e devia** agir para evitar o resultado (art. 13, § 2º, CP). É o caso do professor de natação que deixa de socorrer o aluno que afoga. Se lhe era possível salvar à vítima, ele responde penalmente em decorrência do dever que ele assumiu, enquanto professor.

Alternativa "c" – errada: a superveniência de causa relativamente **independente exclui** a imputação quando, por si só, produziu o resultado (art. 13, § 1º, CP). Por exemplo, o agente desfere uma facada contra a vítima, que não morreria em razão disso. No transporte ao hospital, a ambulância sofre um acidente, no qual morre a vítima. O agente responderá por tentativa de homicídio, pois o ofendido não morreria pela facada.

Alternativa "e" – errada: considera-se causa a **ação ou omissão** sem a qual o resultado não teria ocorrido. Trata-se da teoria da *conditio sine qua non*, adotada pelo CP no art. 13, *caput*.

---

04. (ESAF – Analista Processual – MPU/2004) Podemos afirmar que a culpabilidade é excluída quando

a) o crime é praticado em obediência à ordem, manifestamente legal, de superior hierárquico.

b) há embriaguez fortuita incompleta.

c) há erro inevitável sobre a ilicitude do fato.

d) há coação moral resistível.

e) há desenvolvimento mental completo.

COMENTÁRIOS

✪ Nota do autor: a culpabilidade é o juízo de reprovação que recai sobre a pessoa que comete um crime. São seus elementos a imputabilidade, a exigibilidade de conduta diversa e potencial consciência da ilicitude.

Alternativa "c" – correta: no chamado **erro de proibição**, o erro faz o agente supor a existência de um fato que tornaria sua conduta lícita. Por esse motivo, ele atua sem a **potencial consciência de ilicitude** do fato, motivo pelo qual se **exclui a culpabilidade** (art.21, CP).

Alternativa "a" – errada: só se exclui a culpabilidade se a ordem for manifestamente **ilegal** (deve o candidato ficar atento com a "pegadinha", pois a ausência da letra "i" tornou a alternativa errada), conforme estabelece o art. 22 do CP.

Alternativa "b" – errada: somente a embriaguez **completa** (deve o candidato ficar atento com a "pegadinha", pois a presença do radical "in" tornou a alternativa errada), advinda de força maior ou fortuita causa a exclusão da culpabilidade (art. 28, II, CP).

Alternativa "d" – errada: somente a coação moral **irresistível** (deve o candidato ficar atento com a "pegadinha", pois a ausência do radical "ir" tornou a alternativa errada) causa a exclusão da culpabilidade (art. 22 do CP).

Alternativa "e" – errada: como desenvolvimento mental do agente é completo, ele é **imputável**, logo responde pelo crime. Somente o desenvolvimento mental **incompleto** isenta o agente de pena (art. 26, CP).

---

05. (ESAF – Analista Processual – MPU/2004) Ao condenar alguém pela prática de uma infração, o juiz impõe-lhe a sanção penal que a lei prevê. Além dessa sanção, é efeito extrapenal genérico da condenação

a) a perda de cargo, função pública ou mandato eletivo, quando aplicada pena privativa de liberdade por tempo igual ou superior a um ano, nos crimes praticados com abuso de poder ou violação de dever para com a Administração Pública.

b) a incapacidade para o exercício do pátrio poder, tutela ou curatela, nos crimes dolosos, sujeitos à pena de reclusão, cometidos contra filho, tutelado ou curatelado.

c) a inabilitação para dirigir veículo, quando utilizado como meio para a prática de crime doloso.

d) tornar certa a obrigação de indenizar o dano causado pelo crime.

e) a perda de qualquer valor, em favor da União, independentemente de ter sido ele auferido pelo agente com a prática do fato criminoso.

COMENTÁRIOS

✪ **Nota do autor:** os **efeitos genéricos ou imediatos** da sentença penal condenatória estão previstos no **art. 91 do CP**, não dependendo de fundamentação específica por parte do Juiz. Já, nas hipóteses do art. 92 do CP estão previstos os efeitos que dependem de fundamentação específica do juiz no caso concreto.

Alternativa "d" – correta: com a prática de um crime, surgem dois interesses: o do Estado em aplicar a sanção penal (*jus puniendi*) e da **vítima em se ver indenizada** pelos danos que sofreu (art. 91, I, CP).

Alternativa "a" – errada: a alternativa traz um dos efeitos da sentença penal condenatória. Porém, não se trata de efeito genérico da condenação, já que essa hipótese deve ser expressamente fundamentada pelo Juiz, no caso concreto (art. 92, I, a, CP).

Alternativa "b" – errada: nesse caso, também não se trata de hipótese de efeito genérico da condenação, devendo o magistrado fundamentar porque adota, no caso específico, a incapacidade mencionada (art. 92, II, CP).

Alternativa "c" – errada: igualmente, não se trata de hipótese de efeito genérico da condenação, devendo o magistrado fundamentar a porque adota, no caso específico, a inabilitação para dirigir veículo automotor (art. 92, III, CP).

Alternativa "e" – errada: é efeito imediato da sentença penal condenatória, ressalvado o terceiro de boa-fé, a perda em favor da União: dos instrumentos do crime, desde que consistam em coisas cujo fabrico, alienação, uso, porte ou detenção constitua fato ilícito; do produto do crime ou de qualquer bem ou valor que constitua proveito auferido pelo agente com a prática do fato criminoso (art. 91, I, CP).

---

06. (FCC – Técnico – Área Administrativa – MPU/2007) Dispõe o artigo 1º do Código Penal: "Não há crime sem lei anterior que o defina. Não há pena sem prévia cominação legal". Tal dispositivo legal consagra o princípio da

a) ampla defesa.

b) legalidade.

c) presunção de inocência.

d) dignidade.

e) isonomia.

COMENTÁRIOS

✪ **Nota do autor:** o princípio da reserva legal é o mais importante do direito penal e é uma garantia constitucional. Ele é uma limitação ao poder estatal que só pode estabelecer uma conduta como crime e prever uma pena por meio de **lei**. Ele é mais restritivo do que o princípio da legalidade, pois crime e pena não podem ser criados por medida provisória ou decreto, **somente por lei.**

Alternativa "b" – correta: em verdade o princípio esculpido no art. 1º do CP é o da **reserva legal**. Por meio desse princípio, limita-se o poder estatal, que só pode instituir crime e pena por meio de lei. Nem medida provisória ou decreto pode instituir crime e pena. Trata-se de postulado consagrado também no art. 5º, XXXIX, CF.

Alternativa "a" – errada: o princípio da ampla defesa garante ao acusado a possibilidade de produzir toda e qualquer tipo de prova admitida em direito. A ampla defesa garante a autodefesa e, acima de tudo, a defesa técnica, exercida por advogado constituído pelo réu ou nomeado pelo Estado (art. 5º, LV, CF).

Alternativa "c" – errada: pelo princípio da presunção de inocência, ninguém é considerado culpado sem antes do trânsito em julgado da sentença penal condenatória (art. 5º, LVII, CF).

Alternativa "d" – errada: o princípio da dignidade da pessoa humana é considerado o postulado fundamental da República, que tem o dever de garantir a cada cidadão os mecanismos para o desenvolvimento de sua personalidade (art. 1º, III, CF).

Alternativa "e" – errada: o princípio da isonomia garante o tratamento igualitário entre as pessoas, permitindo-se o *discrimen* diante de situações específicas. Com isso, os iguais devem ser tratados igualmente, enquanto os desiguais devem ser tratados desigualmente, na medida de sua desigualdade (art. 5º, *caput*, CF).

---

07. (FCC – Técnico – Área Administrativa – MPU/2007) Em matéria penal, a lei posterior, que de qualquer modo favorecer o agente, aplica-se aos fatos anteriores,

a) desde que o representante do Ministério Público não tenha apresentado a denúncia.

b) desde que a autoridade policial ainda não tenha instaurado inquérito policial a respeito.

c) ainda que decididos por sentença condenatória transitada em julgado.

d) desde que ainda não tenha sido recebida a denúncia apresentada pelo Ministério Público.

e) desde que a sentença condenatória ainda não tenha transitado em julgado.

COMENTÁRIOS

✪ **Nota do autor:** em matéria penal, a lei mais benéfica sempre beneficia o autor do crime. Assim, se a lei posterior é mais grave, não retroage para prejudicar o réu. Mas, se a lei for mais benéfica, retroage para beneficiá-lo. Trata-se de princípio previsto como garantia individual no art. 5º, XL, CF/88.

Alternativa "c" – correta: no ordenamento jurídico brasileiro, em regra, as leis não retroagem, ou seja, só regulam os fatos ocorridos após a sua vigência. No entanto, em Direito Penal, **a norma penal retroage no caso de ser mais benéfica à pessoa.**

Alternativa "a" – errada: a retroatividade da norma penal que beneficia a pessoa ocorre em qualquer momento, ainda que o Ministério Público já tenha oferecido denúncia.

Alternativa "b" - errada: a retroatividade da norma penal que beneficia a pessoa ocorre em qualquer momento, ainda que já tenha sido dado início ao inquérito policial.

Alternativa "d" - errada: a retroatividade da norma penal ocorre em qualquer momento, ainda que o juiz já tenha recebido a **denúncia** oferecida pelo Ministério Público.

Alternativa "e" - errada: a retroatividade da norma penal que beneficia a pessoa ocorre em qualquer momento, mesmo depois do trânsito em julgado da sentença penal condenatória. Nesse caso, o Juiz das execuções criminais aplica a norma penal mais benéfica.

---

08. (FCC - Técnico - Área Administrativa - MPU/2007) Luiz foi condenado à pena de 1 (um) ano de reclusão em outro país por crime cometido no Brasil. Após ter cumprido integralmente a pena, retornou ao território nacional e foi preso para cumprir pena de 2 (dois) anos de reclusão que lhe fora imposta, pelo mesmo fato, pela Justiça Criminal brasileira. Nesse caso, a pena cumprida no estrangeiro

a) será somada à pena imposta no Brasil e o resultado dividido por dois, apurando-se o saldo a cumprir.

b) não será descontada da pena imposta no Brasil, por se tratarem de condenações impostas em diferentes países.

c) será considerada atenuante da pena imposta no Brasil, podendo o sentenciado cumpri-la em regime menos rigoroso.

d) será descontada da pena imposta no Brasil e responderá o sentenciado pelo saldo a cumprir.

e) isentará o autor do delito de cumprir qualquer pena no Brasil, por já tê-la cumprido no estrangeiro.

COMENTÁRIOS

Alternativa "d" - correta: em nome da soberania de cada Estado, o agente tem de cumprir a pena imposta no Estado estrangeiro e a do Brasil. No entanto, deve haver **detração penal,** ou seja, desconto da pena imposta no exterior sob pena de se configurar o vedado *bis in idem*, isto é, uma pessoa responder pelo mesmo crime mais de uma vez (art. 8º, CP).

Alternativa "a" - errada: não há média ponderada, pois, mesmo assim, haverá *bis in idem*, devendo ser simplesmente descontada a pena cumprida no exterior.

Alternativa "b" - errada: deve-se descontar a pena imposta no exterior (detração penal), sob pena de se incidir em *bis in idem*.

Alternativa "c" - errada: a atenuante deve ser considerada pelo juiz do processo de conhecimento durante a fixação da pena na sentença penal condenatória. O que, de fato, ocorre é a detração penal a ser considerada pelo Juízo das execuções penais.

Alternativa "e" - errada: a isenção da pena a ser cumprida no Brasil só ocorrerá se a pena aplicada no exterior for igual ou maior do que a brasileira.

---

09. (FCC - Técnico - Área Administrativa - MPU/2007) No que tange à aplicação da lei penal, considere:

I. crime cometido no estrangeiro contra a administração pública, por quem está a seu serviço;

II. crime de genocídio, quando o agente for brasileiro ou domiciliado no Brasil;

III. crime cometido no estrangeiro por brasileiro, que não é punível no país em que foi praticado.

Dentre os crimes acima, ficam sujeitos à lei brasileira os indicados APENAS em

a) I.

b) II.

c) I e II.

d) I e III.

e) II e III.

COMENTÁRIOS

✪ Nota do autor: em regra, somente os crimes praticados no território nacional, estão sujeitos à lei brasileira (**princípio da territorialidade**). No entanto, excepcionalmente, aplica-se a lei brasileira a fatos ocorridos no exterior, caso demonstrado o interesse de tutela da soberania brasileira. **São as hipóteses previstas no art. 7º do CP, às quais deve o candidato memorizar.**

Alternativa "c" - correta.

Item I - correto: nesse caso, aplica-se o **princípio da defesa, real ou da proteção.** Atingido o interesse da Administração Pública em solo estrangeiro, aplica-se a lei brasileira (art. 7º, I, b, CP).

Item II - correto: nesse caso, aplica-se o **princípio da defesa, real ou da proteção.** O genocídio é crime de mais alta gravidade, pois o intento do agente, mais que matar uma pessoa ou grupo, é eliminar uma etnia, uma raça, uma religião, uma cultura (art. 7º, I, b, CP).

Item III - errado: o brasileiro só responderá ao crime praticado no exterior, se no país o fato também está sujeito à sanção penal (art. 7ª, § 2º, *b*, do CP).

---

10. (FCC - Técnico - Área Administrativa - MPU/2007) É certo que se aplica a lei brasileira aos crimes praticados a bordo de

a) embarcações mercantes brasileiras que estejam em mar territorial estrangeiro.

b) embarcações mercantes brasileiras que estejam em porto estrangeiro.

c) aeronaves mercantes brasileiras que estejam em espaço aéreo estrangeiro.

d) aeronaves mercantes brasileiras que estejam em pouso em aeroporto estrangeiro.

e) embarcação estrangeira de propriedade privada que esteja em mar territorial brasileiro.

COMENTÁRIOS

✪ **Nota do autor:** mais uma questão que envolve aplicação da lei penal.

Alternativa "e" - correta: como a embarcação estrangeira é de **propriedade privada**, não é considerada extensão territorial de seu País de origem. Logo, se aplica a lei brasileira, posto que praticado em território do Brasil, localizado em auto-mar (art. 5º, *caput* e § 1º, CP).

Alternativas "a" e "b" - erradas: como se trata de embarcação mercante brasileira, não se considera como extensão do território brasileiro, estando sujeita a pessoa ao ordenamento jurídico do território em que se encontra, seja no mar territorial ou no porto estrangeiros (art. 5º, CP).

Alternativas "c" e "d" - erradas: como se trata de aeronave mercante brasileira, não se considera como extensão do território brasileiro, estando sujeita a pessoa ao ordenamento jurídico do território em que se encontra, seja no espaço territorial ou no aeroporto estrangeiros (art. 5º CP).

---

11. (FCC - Analista Processual - MPU/2007) A respeito das imunidades parlamentares, é correto afirmar:

a) As imunidades parlamentares concedidas aos deputados estaduais não são válidas apenas em relação às autoridades judiciárias estaduais, podendo ser invocadas em face do Poder Judiciário Federal.

b) Os deputados e senadores serão obrigados a testemunhar sobre informações recebidas ou prestadas em razão do exercício do mandato, bem como sobre as pessoas que lhe confiaram ou deles receberam informações.

c) A Constituição de República Federativa do Brasil confere aos membros do Congresso Nacional a prerrogativa de foro, sendo eles julgados pelo Superior Tribunal de Justiça, ainda que o crime tenha sido praticado anteriormente a sua eleição.

d) Os deputados e senadores são invioláveis, civil e penalmente, por quaisquer de suas opiniões, palavras e votos e, desde a expedição do diploma, não poderão ser presos, salvo em flagrante de crime inafiançável.

e) A instauração de inquérito policial e o oferecimento de denúncia por parte do Procurador-Geral da República pela prática de crime comum depende de licença da Casa Legislativa a que pertença.

COMENTÁRIOS

Alternativa "d" - correto: a Constituição Federal visa tutelar ao máximo a liberdade da atuação parlamentar, seja na função de legislador, seja na função de fiscalização dos demais Poderes, motivo pelo qual estabelece as imunidades civil e penal (art. 53, *caput*, da CF/88).

Alternativa "a" - errado: as imunidades dos deputados estaduais são estabelecidas nas Constituições Estaduais, que, em regra, estabelecem o Tribunal de Justiça como o foro competente para o julgamento dos crimes cometidos por deputados estaduais, não podendo elas estabelecer competência dos Tribunais Regionais Federais, já que esta é regulada pela Constituição Federal (arts. 108 e 109, CF/88).

Alternativa "b" - errada: também para tutelar a plena liberdade dos parlamentares, não são eles obrigados a depor como testemunhas, podendo fazê-lo, contudo, voluntariamente (art. 53, § 6º, CF/88).

Alternativa "c" - errado: o julgamento dos Deputados Federais e Senadores da República é de competência do Supremo Tribunal Federal desde a **diplomação** (art. 53, § 1º, CF/88).

Alternativa "e" - errado: o STF não depende mais de autorização da Casa Legislativa para processar o parlamentar. Agora, pode o a Câmara ou o Senado deliberar para **suspender** o processo já iniciado (art. 53, § 3º, CF/88).

---

12. (FCC - Analista Processual - MPU/2007) Maria, enfermeira, por ordem do médico João, ministrou veneno ao paciente, supondo tratar-se de um medicamento, ocasionando-lhe a morte. Nesse caso,

a) não há concurso de agentes, mas apenas um autor mediato, pela realização indireta do fato típico.

b) há concurso de agentes, sendo João autor principal e Maria co-autora.

c) há concurso de agentes, sendo João autor principal e Maria partícipe.

d) há concurso de agentes, figurando tanto João como Maria na condição de autores.

e) há concurso de agentes, figurando Maria como autora e João como co-autor.

COMENTÁRIOS

Alternativa "a" - correta: não há concurso de agentes, porque Maria não tinha a intenção (dolo) de matar o paciente. Em verdade, ela foi instrumento de João, este sim queria matar o paciente. Somente João responderá pelo crime. Trata-se da chamada **autoria mediata**.

Alternativas "b", "c", "d" e "e" - erradas: como já afirmado, não há concurso de agentes por falta do liame subjetivo entre as condutas dos dois agentes, indispensável a caracterizar tal situação (art. 29 do CP).

---

13. (FCC - Analista Processual - MPU/2007) Dentre os elementos do fato típico, NÃO se inclui

a) o resultado.

b) a ação ou a omissão.

c) o dolo ou a culpa.

d) a relação de causalidade.

e) a tipicidade.

COMENTÁRIOS

✪ **Nota do autor:** o candidato deve ficar atento, porque o examinador exigia a questão errada.

Alternativa "c" - errada: em verdade, o dolo ou a culpa são elementos da conduta, de acordo com a teoria finalista da ação. E é a conduta que é o elemento do fato típico.

Alternativa "a" – correta: o resultado é um dos elementos do fato típico. É a morte no homicídio, por exemplo.

Alternativa "b" – correta: ação ou omissão é a conduta praticada pelo agente. É o golpe desferido pelo agente que causa a morte do inimigo.

Alternativa "d" – correta: relação de causalidade é o nexo que existe entre a conduta e o resultado.

Alternativa "e" – correta: tipicidade é a descrição de um fato considerado crime pelo legislador.

---

14. (FCC – Analista Processual – MPU/2007) João, dirigindo um automóvel, com pressa de chegar ao seu destino, avançou com o veículo contra uma multidão, consciente do risco de ocasionar a morte de um ou mais pedestres, mas sem se importar com essa possibilidade. João agiu com

a) dolo direto.

b) culpa.

c) dolo indireto.

d) culpa consciente.

e) dolo eventual.

COMENTÁRIOS

Alternativa "e" – correta: dolo eventual consiste no fato de o agente assumir o risco de produção do resultado e, mesmo assim, persiste em sua conduta sem se importar com a possível concretização do dano (art. 18, I, segunda parte, CP).

Alternativa "a" – errada: no dolo direito, o agente quer a produção do resultado ilícito (art. 18, I, primeira parte, CP).

Alternativa "b" – errada: na culpa, o agente não quer produzir o resultado que é previsível a qualquer pessoa, mas em decorrência de inobservância do dever de cuidado, manifestada pela imprudência, negligência ou imperícia, acaba produzindo o resultado indesejado (art. 18, II, CP).

Alternativa "c" – errada: no dolo indireto, o agente não busca um resultado certo e determinado, satisfazendo o seu intento com a produção de um ou outro resultado previsto (art. 18, I, primeira parte, CP).

Alternativa "d" – errada: na culpa consciente, o agente prevê o resultado, mas acredita na possibilidade dele não ser concretizado, não conseguindo, contudo, evitá-lo por imprudência, negligência ou imperícia (art. 18, II, CP).

---

15. (FCC – Analista Processual – MPU/2007) Considere:

I. Estado de necessidade.

II. Estrito cumprimento de dever legal.

III. Obediência hierárquica.

IV. Exercício regular de um direito.

V. Legítima defesa putativa.

São excludentes da culpabilidade SOMENTE o que se considera em

a) I e V.

b) II e III.

c) III e V.

d) I, II e IV.

e) II, III e IV.

COMENTÁRIOS

✪ **Nota do autor:** deve o candidato memorizar e diferenciar as hipóteses de exclusão de tipicidade, ilicitude (ou antijuridicidade) e culpabilidade.

Alternativa "c" – correta.

Item I – errado: o estado de necessidade é uma **excludente de ilicitude** (art. 23, I, CP).

Item II – errado: estrito cumprimento de dever legal é uma **excludente de ilicitude** (art. 23, III, primeira parte, CP).

Item III – correto: na obediência hierárquica e na ordem não manifestamente ilegal, o agente age acobertado pela excludente de culpabilidade da **inexigibilidade de conduta diversa** (art. 22, CP).

Item IV – errado: o exercício regular de um direito é uma **excludente de ilicitude** (art. 23, III, segunda parte, CP).

Item V – correto: na legítima defesa putativa, o agente age mediante erro de proibição, pois acredita estar presente uma hipótese que tornaria sua conduta lícita, ou seja, sem a **potencial consciência da ilicitude do fato** (art. 21, parágrafo único, CP).

---

16. (CESPE – Analista Processual – MPU/2010) Em cada um dos itens a seguir, é apresentada uma situação hipotética seguida de uma assertiva a ser julgada com base no direito penal.

16.01. Hélio, maior e capaz, solicitou a seu amigo Fernando, policial militar, que abordasse seus dois desafetos, Beto e Flávio, para constrangê-los. O referido policial encontrou os desafetos de Hélio na praça principal da pequena c idade em que moravam e, identificando-se como policial militar, embora não vestisse, na ocasião, farda da corporação, abordou-os, determinando que se encostassem na parede com as mãos para o alto e, com o auxílio de Hélio, algemou-os enquanto procedia à busca pessoal. Nada tendo sido encontrado em poder de Beto e Flávio, ambos foram liberados. Nessa situação, Hélio praticou, em concurso de agente, com o policial militar Fernando, crime de abuso de autoridade, caracterizado por execução de medida privativa de liberdade individual.

COMENTÁRIOS

✪ **Nota do autor:** o candidato deve ficar atento. Não é porque o crime tem como sujeito ativo o funcionário público é que o particular não pode responder por esse crime. Pode na condição de partícipe. É o que ocorre no caso do peculato em que o particular instiga, induz ou auxilia o funcionário público a praticar o crime.

Item correto: o crime de abuso de autoridade tem como sujeito ativo o **funcionário público**. No entanto, o particular responde por esse crime se agir em concurso com funcionário público, por meio de indução, instigação ou auxílio, pois as circunstâncias elementares do tipo se comunicam entre os diversos autores do crime (art. 30, CP). No caso, o funcionário público, apesar de fora de sua função, porém, valendo-se de sua condição de policial, foi induzido e auxiliado pelo particular a abordar e algemar os desafetos do particular, sem ter qualquer justa causa para tanto.

16.02. Diógenes desferiu, com *animus necandi*, golpes de faca em Jacó e fugiu do local dos fatos. Jacó foi socorrido pelo Corpo de Bombeiros e levado ao hospital, onde foi constatado que as lesões sofridas não eram graves, tendo sido a vítima submetida a rápido procedimento médico e liberada em seguida. Entretanto, Jacó faleceu dois dias após o atendimento médico. Feita a perícia, comprovou-se a morte por infecção generalizada decorrente de contaminação por bactéria encontrada nos instrumentos hospitalares. Nessa situação, como todos os fatos que antecederam o resultado foram indispensáveis à sua ocorrência, evidenciando-se a relação de causalidade entre as lesões sofridas e o resultado morte, de acordo com a teoria da equivalência dos antecedentes causais, adotada pelo Código Penal brasileiro, Diógenes deve responder por homicídio consumado.

COMENTÁRIOS

Item anulado: no art. 13, o Código Penal adotou a teoria da ***condictio sine qua non***, que considera como causa do crime qualquer evento que tenha contribuído para o resultado. Excepcionalmente, o Código, no art. 13, § 1º, CP, adota a **teoria da causa adequada** em se tratando de **causa superveniente relativamente independente**. Assim, no caso em tela, a conduta de Diógenes contribuiu para o resultado morte, pois Jacó foi submetido à cirurgia em decorrência da facada. Porém, foi uma causa posterior que foi a causa determinante para a morte de Jacó, a infecção hospitalar. No caso, em tela, entendo que Diógenes responderia apenas pelos atos que praticou, ou seja, a facada que desferiu contra Jacó e, como sua intenção era a morte da vítima, fato que não conseguiria não fosse a infecção hospitalar, responderia por tentativa de homicídio.

16.03. Diogo, com a finalidade específica de cometer sonegação fiscal, falsificou documento público e o utilizou na declaração feita à autoridade fazendária, com o escopo de pagar tributo em valor menor do que o efetivamente devido. Nessa situação, de acordo com a legislação especial de regência, as infrações penais cometidas — falsificação, uso de documento falso e sonegação fiscal — serão punidas de forma autônoma e em concurso material.

COMENTÁRIOS

Item errado: os crimes de falsificação e uso de documento falso são absorvidos pelo crime de sonegação fiscal, uma vez que eles foram o meio para que se atingisse a intenção inicial de Diego, qual seja sonegar imposto. **Lembre-se, o crime meio é absorvido pelo crime fim.**

---

17. (CESPE – Analista Processual – MPU/2010) Julgue os próximos itens, relativos a direito penal.

17.01. O crime de tortura praticado, em qualquer de suas modalidades, por agente público no exercício de suas funções absorve, necessariamente, o delito de abuso de autoridade.

COMENTÁRIOS

✪ **Nota do autor:** sobre o crime de tortura, o candidato pode memorizar duas situações. 1. Ele é crime equiparado a hediondo por força de dispositivo constitucional. 2. A lei brasileira foi além dos Tratados Internacionais que regulam a tortura e estabeleceu que não só agentes do Estado, como também particulares podem cometer o crime em comento.

Item errado: a regra acima exposta no sentido de que o crime meio é absorvido pelo crime fim deve ser analisada no caso concreto. Assim, nem sempre a tortura absorve o crime de abuso de autoridade. Este pode ser praticado autonomamente. Por exemplo, inicialmente, o agente apenas prende a vítima sem ter um justo motivo para fazê-lo. A seguir, já nas dependências do órgão público passa a torturá-lo. Responde assim pelos dois crimes.

17.02. A remição penal consiste no resgate de dias de pena por meio de trabalho, sendo este entendido, na jurisprudência criminal, também como atividade intelectual (estudo). Os dias remidos são considerados pena efetivamente cumprida, para todos os cálculos na execução penal, inclusive para livramento condicional e indulto, vedando-se, entretanto, a concessão do referido benefício legal aos sentenciados que cumpram pena em regime aberto.

Item correto: para cada dia trabalhado, desconta-se um dia na pena do sentenciado. Trata-se do instituto da remição. À época de elaboração da prova, a remição pelos estudos decorria de interpretação jurisprudência, hoje é prevista em lei (arts. 126 e ss. da Lei de Execuções Penais). Não há remição no regime aberto, pois o trabalho e o estudo nesse regime são obrigatórios para o sentenciado demonstrar responsabilidade e senso de que merece permanecer nesse regime brando.

17.03. No sistema penal brasileiro, o arrependimento posterior, a desistência voluntária e o arrependimento eficaz são causas obrigatórias de diminuição de pena, previstas na parte geral do Código Penal, exigindo-se, para sua incidência, que o fato delituoso tenha sido cometido sem violência ou grave ameaça à pessoa.

✪ **Nota do autor**: deve o candidato memorizar as diferenças entre tentativa, arrependimento posterior, desistência voluntária e arrependimento eficaz (arts. 14 a 16 do CP).

Item errado: de fato, o arrependimento posterior, a desistência voluntária e o arrependimento eficaz são causas obrigatórias de diminuição de pena. Mas, apenas o arrependimento posterior se exige que a conduta do agente tenha sido praticada sem violência ou grave ameaça à vítima (art. 16 do CP).

2. PARTE ESPECIAL

18. (ESAF – Analista Processual – MPU/2004) Quanto ao crime de corrupção ativa (artigo 333 do CP), pode-se afirmar que

a) depende da existência da corrupção passiva para que se configure.

b) o tipo consiste em oferecer ou prometer vantagem indevida a funcionário público, para determiná-lo a praticar, omitir ou retardar ato de ofício.

c) o tipo consiste em solicitar para si ou para outrem, em razão da função, vantagem indevida, ou aceitar promessa de tal vantagem.

d) o tipo consiste em exigir, para si ou para outrem, vantagem ou promessa de vantagem, a pretexto de influir em ato praticado por funcionário público no exercício da função.

e) se caracteriza o crime se o funcionário público exige tributo ou contribuição social que sabe ou deveria saber indevido.

COMENTÁRIOS

Alternativa "b" – correta: o crime de **corrupção ativa** é aquele praticado pelo **particular** que oferece ou promete vantagem indevida a funcionário público, para determiná-lo a praticar, omitir ou retardar ato de ofício.

Alternativa "a" – errada: a **corrupção passiva** é o crime praticado pelo **funcionário público que solicita, recebe ou aceita** a promessa de recompensa. Nem sempre a corrupção ativa é acompanhada de corrupção passiva, como na hipótese em que o funcionário público **não aceita a vantagem indevida.**

Alternativa "c" – errada: esse tipo penal se refere ao crime de **corrupção passiva**, praticado por **funcionário público**.

Alternativa "d" – errada: trata-se do tipo penal da **concussão** em que o funcionário público **exige** a vantagem indevida (art. 316, CP).

Alternativa "e" – errada: trata-se do tipo penal do crime de **excesso de exação** (art. 316, § 1º, CP).

19. (FCC – Analista Processual – MPU/2007) A respeito dos crimes contra a Administração Pública, é correto afirmar:

a) Não configura o crime de contrabando a exportação de mercadoria proibida.

b) Constitui crime de desobediência o não atendimento por funcionário público de ordem legal de outro funcionário público.

c) Comete crime de corrupção ativa quem oferece vantagem indevida a funcionário público para determiná-lo a deixar de praticar medida ilegal.

d) Pratica crime de resistência quem se opõe, mediante violência, ao cumprimento de mandado de prisão decorrente de sentença condenatória supostamente contrária à prova dos autos.

e) Para a caracterização do crime de desacato não é necessário que o funcionário público esteja no exercício da função ou, não estando, que a ofensa se verifique em função dela.

COMENTÁRIOS

Alternativa "d" – correta: se a sentença for eventualmente contrária à prova dos autos, ela é **injusta. Porém, não é ilegal.** No crime de resistência, a oposição deve se dar em relação a ordem **ilegal** (art. 329, CP). Logo, o agente não poderia resistir, mediante violência, ao cumprimento do mandado de prisão, devendo se valer dos recursos processuais cabíveis.

Alternativa "a" – errada: o contrabando consiste justamente na importação de **mercadoria proibida** (art. 334-A, CP).

Alternativa "b" – errada: o crime de desobediência é praticado por **particular** (art. 330, CP). Logo, se um funcionário público desobedece a ordem de outro, pode-se configurar, eventualmente, mero ilícito administrativo.

Alternativa "c" – errada: a corrupção visa a prática de **ato de ofício** pelo funcionário público, ou seja, ato inerente à sua função pública, portanto, lícito (art. 317, CP).

Alternativa "e" – errada: o desacato é a **ofensa** ao funcionário público em razão da **função** que exerce. Tutela-se, principalmente, a boa fama da Administração Pública (art. 331, CP).

20. (FCC – Analista Processual – MPU/2007) Considera-se funcionário público, para os efeitos penais, dentre outros, o

a) tutor dativo.

b) perito judicial.

c) curador dativo.

d) inventariante judicial.

e) síndico falimentar.

COMENTÁRIOS

✪ **Nota do autor:** o direito penal tem um conceito próprio de funcionário público, previsto no art. 327 do CP. Trata-se de norma penal incriminadora e, portanto, não é suscetível de interpretação extensiva.

Alternativa "b" – correta: o perito judicial é funcionário público, porque exerce cargo público, renumerado pelo próprio Estado.

Alternativas "a" e "c"- erradas: o tutor dativo e o curador dativo, embora exerçam função relevante, não são funcionários públicos, pois não ocupam um cargo, emprego ou função no Estado. O vínculo que eles mantêm é com o incapaz que representam.

Alternativa "d" - errada: o inventariante judicial, embora exerça função relevante, não é funcionário público, pois não ocupa um cargo, emprego ou função no Estado. O vínculo que ele mantém é com os herdeiros e administração dos bens a inventariar.

Alternativa "e" - errada: o síndico da falência (atual administrador judicial), embora exerça função relevante, não é funcionário público, pois não ocupa um cargo, emprego ou função no Estado. O vínculo que ele mantém é com a massa falida.

3. LEGISLAÇÃO EXTRAVAGANTE

21. (ESAF - Analista Processual - MPU/2004) Considera-se ato infracional para os fins do Estatuto da Criança e do Adolescente

a) a conduta descrita apenas como contravenção penal.

b) a conduta descrita apenas como crime pela Lei Penal.

c) a conduta descrita apenas como infração administrativa.

d) a conduta descrita como crime ou contravenção penal.

e) toda desobediência contra os pais.

COMENTÁRIOS

Alternativa "d" - correto: o conceito de ato infracional decorre de previsão no art. 103 do ECA, sendo considerado como tal o **crime ou a contravenção** penal praticado por **criança ou adolescente.**

Alternativa "a" - errada: o crime também é considerado ato infracional.

Alternativa "b" - errada: a contravenção também é considerada ato infracional.

Alternativa "c" e "e" - erradas: a infração administrativa e a desobediência aos pais não são considerados ato infracional, porque não são crimes ou contravenções penais.

22. (ESAF - Analista Processual - MPU/2004) É circunstância agravante dos crimes tipificados na Lei 8.078/90 (crimes contra a relação de consumo)

a) serem cometidos em época de grave crise econômica.

b) dissimular a natureza lícita do procedimento.

c) deixar de entregar ao consumidor o termo de garantia adequadamente preenchido.

d) impedir o acesso do consumidor às informações que sobre ele constem em cadastros ou banco de dados.

e) empregar, na reparação de produtos, peças usadas, sem autorização do consumidor.

COMENTÁRIOS

Alternativa "a" - correta: as circunstâncias agravantes dos crimes contra a relação de consumo estão previstos no art. 76 do Código de Defesa do Consumidor (Lei nº 8.072/90). Época de grave crise econômica torna o consumidor mais vulnerável, o que justifica a posição do legislador quanto a essa escolha.

Alternativa "b" - errada: a agravante dissimular a natureza **ilícita** do procedimento.

Alternativa "c" - errada: deixar de entregar ao consumidor o termo de garantia adequadamente preenchido e com especificação clara de seu conteúdo é um crime autônomo, previsto no art. 74 do CDC.

Alternativa "d" - errada: impedir o acesso do consumidor às informações que sobre ele constem em cadastros ou banco de dados é um crime autônomo, previsto no art. 72 do CDC.

Alternativa "d" - errada: empregar, na reparação de produtos, peças usadas, sem autorização do consumidor é um crime autônomo, previsto no art. 70 do CDC.

23. (ESAF - Analista Processual - MPU/2004) São considerados crimes hediondos

a) epidemia com resultado morte e furto mediante fraude.

b) latrocínio e apropriação indébita.

c) extorsão qualificada pela morte e homicídio culposo.

d) homicídio qualificado e atentado ao pudor mediante fraude.

e) extorsão mediante seqüestro e falsificação de produto destinado a fins medicinais.

COMENTÁRIOS

Nota do Autor: os crimes hediondos são enumerados taxativamente no art. 1º da Lei nº 8.072/90. Há três crimes que são equiparados a hediondo por força de dispositivo constitucional: **tráfico de drogas, tortura e terrorismo**.

Alternativa "e" - correta: dois dos crimes previstos no referido art. 1º são a extorsão mediante sequestro.

Alternativa "a" - errada: apenas o crime de epidemia com resultado morte é considerado hediondo.

Alternativa "b" - errada: apenas o crime de latrocínio com resultado morte é considerado hediondo.

Alternativa "c" - errada: apenas o crime de extorsão qualificada pela morte é considerado hediondo.

Alternativa "d" - errada: apenas o crime de homicídio qualificado é considerado hediondo.

24. (FCC - Analista Processual - MPU/2007) O emprego, na reparação de produtos, de peças ou componentes de reposição usados

a) constitui crime contra as relações de consumo mesmo que se esse procedimento seja feito com autorização do consumidor e não ocasione dano ao produto.

b) só constitui crime contra as relações de consumo se esse procedimento, embora com autorização do consumidor, ocasionar dano ao produto.

c) só constitui crime contra as relações de consumo se esse procedimento for feito sem autorização do consumidor.

d) só constitui crime contra as relações de consumo se esse procedimento for feito em época de grave crise econômica, ainda que com autorização do consumidor.

e) só constitui crime contra as relações de consumo se esse procedimento, com ou sem autorização do consumidor, for feito em operações que envolvam produtos essenciais.

COMENTÁRIOS

Alternativa "c" – correta: se o tipo penal do art. 70 do Código de Defesa do Consumidor visa tutelar a situação de vulnerabilidade do consumidor, mais especificamente, que ele não seja enganado pelo prestador de serviços. Dessa forma, a falta de consentimento do consumidor é um dos elementos do referido tipo penal.

Alternativa "a" – errada: o crime depende da ausência de consentimento do consumidor. Porém, não depende de dano ao consumidor.

Alternativa "b" – errada: o tipo penal não exige que haja dano ao consumidor.

Alternativa "d" – errada: o fato de o crime ser cometido em época de grave crise econômica não é elemento do tipo penal do art. 70 do CDC, constituindo, em verdade, causa agravante da pena (art. 76, I, do CDC).

Alternativa "e" – errada: em primeiro lugar, tal conduta só é crime se não houver concordância do consumidor. Além disso, não é preciso que a operação envolva produtos especiais.

---

25. (CESPE – Analista Processual – MPU/2010) Julgue os próximos itens, relativos a direito penal.

25.01. Em relação ao crime de tráfico de drogas, considera-se, tráfico privilegiado o praticado por agente primário, com bons antecedentes criminais, que não se dedica a atividades criminosas nem integra organização criminosa, sendo-lhe aplicada a redução de pena de um sexto a dois terços, independentemente de o tráfico ser nacional ou internacional e da quantidade ou espécie de droga apreendida, ainda que a pena mínima fique aquém do mínimo legal.

COMENTÁRIOS

✪ **Nota do autor:** em relação ao crime de tráfico de drogas, o candidato a uma das carreiras do MPU deve ficar atento pois o MPF tem atribuição para atuar no chamado tráfico transnacional de drogas.

Item correto: a Lei nº 11.343/06 (Lei de Drogas) quis dar uma resposta penal escalonada, diferenciando o grande traficante do pequeno ou ocasional. Por esse motivo, presentes as circunstâncias acima favoráveis, o pequeno traficante é beneficiado com a redução da pena (art. 33, § 4º, da Lei de Drogas), em decorrência da causa de diminuição a ser considerada na terceira fase de aplicação da pena, que autoriza a fixação da reprimenda a quem do mínimo legal.

25.02. No que diz respeito à responsabilidade penal nos crimes contra o sistema financeiro, a legislação de regência prevê sistema próprio de responsabilização para os agentes controladores, administradores, diretores e gerentes de instituição financeira e, divergindo do sistema do Código Penal, impõe-lhes responsabilidade objetiva.

Item errado: ordenamento jurídico penal brasileiro veda a adoção da responsabilidade penal objetiva, seja o crime previsto em lei especial, seja previsto no Código Penal. A responsabilidade penal sempre será **subjetiva**, ou seja, depende de dolo ou culpa.

25.03. De acordo com entendimento jurisprudencial, não se aplica o princípio da insignificância aos crimes ambientais, ainda que a conduta do agente se revista da mínima ofensividade e inexista periculosidade social na ação, visto que, nesse caso, o bem jurídico tutelado pertence a toda coletividade, sendo, portanto, indisponível.

Item errado: trata-se de questão tormentosa na jurisprudência. De fato, a tutela do meio ambiente decorre da Constituição Federal, que estabelece o meio ambiente não só como um direito de todos, como de gerações atual e futura. Por esse motivo, há entendimento que a insignificância não se aplicaria aos crimes ambientais. Porém, há entendimento que, em nome do princípio da proporcionalidade, é possível se afastar o ilícito penal em decorrência da mínima ofensa ao bem jurídico tutelado. Para se ter ideia do dissídio jurisprudencial, somente em 2012, a 2ª Turma do STF admitiu a aplicação de tal princípio pela primeira vez, mesmo assim por maioria de votos, conduzida pelos Min. Cezar Peluso e Gilmar Mendes, vencido o Min. Ricardo Lewandowski (HC nº 112.563/SC – vide Notícias do STF de 21 de agosto de 2012).

Direito Penal

Danilo da Cunha Sousa

✦ DICAS

1. CARACTERÍSTICAS E FONTES DO DIREITO PENAL.

- O Direito Penal é o conjunto de normas voltadas para o estabelecimento de fatos criminosos e a respectiva sanção penal.
- No atual estágio do constitucionalismo, que adota o Estado Democrático de Direito, o Direito Penal aparece com a função de **limitação do poder punitivo estatal**.
- A **política criminal** estuda e recomenda os meios de prevenção e repressão à delinquência.
- **Direito penal do autor:** pune-se a pessoa pelo que ela é, não pelo fato que ela praticou.
- **Direito penal do fato**: pune-se a pessoa pelo fato que ela cometeu.
- No direito brasileiro, se adotou o direito penal do fato, pois o crime é fato típico, antijurídico e culpável. Essa é a tendência dos Estados Democráticos.
- Sem prejuízo, no momento de aplicação da pena, o juiz deve levar em consideração condições pessoais do autor, como personalidade, conduta social, reincidência, etc.

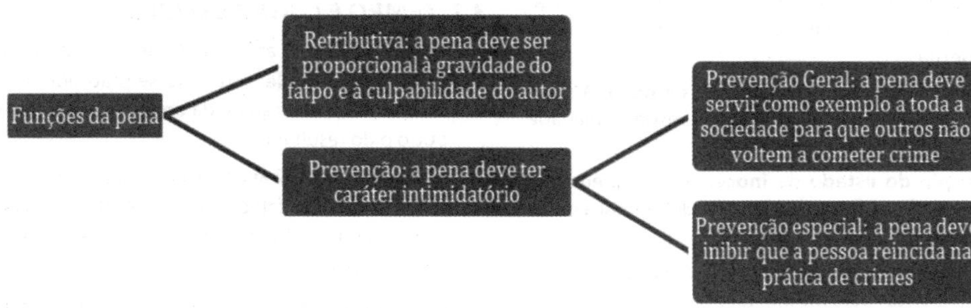

Teorias das penas	• **Absoluta ou retributiva:** a pena é uma forma de retribuição ao criminoso pela conduta ilícita realizada. Não há qualquer outra preocupação, como a reeducação do condenado; • **Relativa ou preventiva**: finalidade do direito penal é a prevenção de novos delitos, evitando a proliferação de condutas criminosas. • **Unificadora, mista ou eclética:** a pena é tanto uma retribuição ao condenado pela realização de um delito, como uma forma de prevenir a realização de novos delitos.

Características do Direito Penal	a) **Direito Público** – Regula as relações entre indivíduo e o Estado. b) **Valorativo** - Consiste na valoração das normas pelo Direito, em conformidade com o fato e em escala hierárquica. (Fato, valor e norma). c) **Sancionador** – Prevê a cominação e aplicação de sanções penais. d) **Dogmático** – Expõe seu conteúdo através de normas.

Fontes do Direito Penal	**a) Lei:** fonte formal por excelência. Somente a lei pode dar segurança jurídica à relação jurídica penal; **b) Costume:** não é fonte primária, porque não pode instituir crimes. Mas, pode ser fonte secundária no que se refere à interpretação da lei penal; **c) Jurisprudência**: entendimento reiterados dos Tribunais, não é fonte formal, mas é importante fonte para esclarecimento da interpretação da norma. **d) Doutrina**: não é fonte formal de Direito Penal, mas tem função questionadora do Direito Penal, o que leva à sua renovação e aperfeiçoamento.

2. PRINCÍPIOS APLICÁVEIS AO DIREITO PENAL.

- **Princípio da reserva legal**: Não há crime sem lei anterior que o defina, nem pena sem prévia cominação legal (CF/88, art. 5º, XXXIX e Código Penal (CP) art. 1º).

- **Princípio da anterioridade da** lei: Só há crime e pena se o ato foi praticado depois de lei que os define esteja em vigor.
- **Princípio da fragmentariedade**: O estado só protege, por meio de normas penais, os bens jurídicos mais importantes, assim intervém só nos casos de maior gravidade.
- **Princípio da intervenção mínima**: O Direito Penal é a *ultima ratio*, só tem legitimidade sua intervenção quando os outros ramos do Direito não conseguirem prevenir a conduta ilícita.
- **Princípio da ofensividade**: Não basta que a conduta seja imoral ou pecaminosa, ela deve ofender um bem jurídico provocando uma lesão efetiva ou um perigo concreto ao bem.
- **Princípio da culpabilidade**: Só será penalizado quem agiu com dolo ou culpa cometeu um fato atípico e antijurídico.
- **Princípio da humanidade**: O réu deve ser tratado como pessoa humana, vedando-se a aplicação de penas cruéis, como a de morte e prisão perpétua.
- **Princípio da Proporcionalidade da pena**: A pena não pode ser superior ao grau de responsabilidade pela prática do fato.
- **Princípio do estado de inocência**: Ninguém será culpado até o trânsito em julgado de sentença penal condenatória.
- **Princípio do *ne bis in idem***: ninguém pode ser punido duas vezes pelo mesmo fato.

3. APLICAÇÃO DA LEI PENAL.

3.1. A LEI PENAL NO TEMPO E NO ESPAÇO.

- Princípio da **irretroatividade da norma penal:** a norma penal não retroage, exceto para beneficiar o réu.
- Assim, a qualquer tempo, mesmo depois de condenação transitada em julgado, é extinta a pena do réu, se lei posterior deixar de considerar o fato crime (*abolitio criminis*).
- Mas, não se aplica a lei penal posterior que passa a incriminar uma conduta.
- **Ultratividade da norma penal:** como em vista, a norma penal que perde vigência deixa de ser aplicada, retroagindo em favor do réu.
- Exceções: **lei excepcional ou temporária**, embora decorrido o período de sua duração ou cessadas as circunstâncias que a determinaram, aplica-se ao fato praticado durante sua vigência.
- **Princípio da territorialidade:** se aplica a lei brasileira aos crimes cometidos no território nacional, ou seja, o espaço territorial em que o Brasil é soberano.
- Considera-se **extensão do território brasileiro**: *i.* as embarcações e aeronaves brasileiras, de natureza pública ou a serviço do governo brasileiro, em qualquer lugar que se encontre; *ii.* as embarcações e aeronaves brasileiras, de natureza mercantil ou privada, que se achem respectivamente em alto-mar ou no espaço aéreo correspondente; *iii.* aeronaves e embarcações estrangeiras de propriedade privada, se estiverem sobre o território nacional, em aeroporto ou porto, ou no espaço aéreo ou marítimo (art. 5º, §§ 1º e 2º, do Código Penal).
- **Princípio da extraterritorialidade**: em razão de determinadas circunstâncias, como de pessoas envolvidas ou dos bens jurídicos atingidos, aplica-se a lei brasileira, ainda que o fato tenha acontecido no exterior (art. 7º do Código Penal). É o caso de homicídio contra o Presidente da República praticado no exterior.

3.2. TEMPO E LUGAR DO CRIME.

- **Tempo do crime:** art. 4º do Código Penal: adotou a teoria da **atividade**: considera-se praticado o crime no momento da ação ou da omissão, ainda que seja outro o do resultado.
- Se o agente tem 17 anos no dia em que atirou na vítima, que só veio a falecer dois meses depois, quando o autor do fato já completou 18 anos, este não responde penalmente.
- **Lugar do crime**: art. 6º do Código Penal: adotou a teoria da **ubiquidade:** considera-se praticado o crime no lugar em que ocorreu a ação ou omissão, no todo ou em parte, bem como onde se produziu ou deveria produzir o resultado.

3.3. LEI PENAL EXCEPCIONAL, ESPECIAL E TEMPORÁRIA.

- **Lei excepcional:** é aquela adotada em razão de um fato extraordinário, como a guerra ou terremoto.
- **Lei temporária**: é aquela adotada durante período de tempo determinado.
- **Lei especial:** é a norma penal não prevista no Código Penal, como os crimes eleitorais do Código Eleitoral.

3.4. TERRITORIALIDADE E EXTRATERRITORIALIDADE DA LEI PENAL.

A aplicação da lei penal está relacionada à soberania do Estado e, portanto, incide aos limites de seu território.

Excepcionalmente, a lei penal brasileira se aplica a fatos ocorridos no exterior.

Espécies	Características	Hipóteses
Extraterritorialidade incondicionada	A lei brasileira se aplica aos fatos praticados no exterior, independentemente de qualquer condição	os crimes: a) contra a vida ou a liberdade do Presidente da República; b) contra o patrimônio ou a fé pública da União, do Distrito Federal, de Estado, de Território, de Município, de empresa pública, sociedade de economia mista, autarquia ou fundação instituída pelo Poder Público; c) contra a administração pública, por quem está a seu serviço; d) de genocídio, quando o agente for brasileiro ou domiciliado no Brasil.
Extraterritorialidade condicionada	A aplicação da lei brasileira depende do concurso de diversas condições	I - os crimes: a) que, por tratado ou convenção, o Brasil se obrigou a reprimir; b) praticados por brasileiro; c) praticados em aeronaves ou embarcações brasileiras, mercantes ou de propriedade privada, quando em território estrangeiro e aí não sejam julgados. II- crime cometido por estrangeiro contra brasileiro fora do Brasil

3.5. PENA CUMPRIDA NO ESTRANGEIRO.

- **Pena cumprida no estrangeiro**: é causa de **detração penal**: porque atenua a pena imposta no Brasil pelo mesmo crime, quando diversas, ou nela é computada, quando idênticas.

3.6. EFICÁCIA DA SENTENÇA ESTRANGEIRA.

- A competência para homologação de sentença penal estrangeira é do **STJ.**

3.7. CONTAGEM DE PRAZO.

- **Prazo penal**: dia do começo inclui-se no cômputo do prazo.
- Assim, a pessoa que comete crime no dia em que completa dezoito anos está sujeito à legislação penal, não ao ECA.
- **Prazos mistos**: são aqueles que têm importância para o Direito Penal e para o Direito Processual Penal, como no caso de prazo decadencial para representação na ação penal pública condicionada ou para oferecer queixa-crime. Nesse caso, aplica-se a regra do direito penal.

3.8. FRAÇÕES NÃO COMPUTÁVEIS DA PENA.

- Desprezam-se, nas penas privativas de liberdade e nas restritivas de direitos, as frações de dia, e, na pena de multa, as frações de moeda.
- Com efeito, a pena aplicada é de ano, mês e dia.

3.9. INTERPRETAÇÃO DA LEI PENAL

- A norma penal incriminadora, como implica restrição do direito de liberdade de ir e vir, deve ser interpretada restritivamente.
- **Interpretação extensiva:** busca o verdadeiro alcance da norma. O intérprete analisa um caso, a norma que regula esse caso, e procura entender qual o alcance e a elasticidade dela. É admitida no Direito Penal. Exemplo: crime de invasão de domicilio abrange também a proteção ao escritório de advocacia.
- **Interpretação analógica:** é autorizada pelo próprio legislador que, de início, estabelece a casuística e, em seguida, estabelece cláusula aberta. Exemplo: mediante paga ou promessa de recompensa, ou por outro motivo torpe (art. 121, § 2º, I, CP).

3.10. ANALOGIA.

- Analogia é o método de **integração da norma**, em que se aplica, a uma hipótese não regulada por lei, a legislação de um caso semelhante.
- **Analogia em norma penal incriminadora ou *in malam partem***: é aquela aplicada em desfavor do réu. **É vedada em matéria penal.**
- Exemplo:
- Por exemplo: no processo penal, há a figura do assistente técnico. Não pode ele ser condenado por falso testemunho ou falsa perícia, pois os sujeitos ativos deste crime só podem ser testemunha e perito. Não se pode usar analogia para condenar o assistente técnico que elabore falso laudo.

- **Analogia *in bonam partem***: é aquela aplicada em favor do réu. **É admitida em matéria penal.**
- Por exemplo: não é punido o aborto praticado por médico com o consentimento da gestante, se há risco de vida à gestante. Se, em um local remoto em que não haja médico, não será punido o aborto praticado por uma enfermeira, se presentes os demais requisitos.

3.11. IRRETROATIVIDADE DA LEI PENAL.

- A irretroatividade da norma penal é uma garantia constitucional: **a lei penal não retroagirá, salvo para beneficiar o réu.**
- Assim, não retroagem as normas que instituem crime, aumentam pena, criam causa de aumento de pena, etc.
- Retroagem as normas que deixam de considerar crime um determinado fato (*abolitio criminis*), diminuem pena, alteram pena de reclusão por detenção, etc.

3.12. CONFLITO APARENTE DE NORMAS PENAIS.

- **Conflito aparente de normas**: a um fato concreto aplica-se uma única norma. Pode ocorrer que, aparentemente, mais de uma lei pode ser aplicada a um fato, o que deve ser resolvido pelas técnicas de resolução do conflito.

Princípios	Características
Especialidade	Há uma norma especial que afasta a aplicação geral. Especial é a norma que reúne todos os elementos da norma geral, acrescidos de alguns outros denominados especializantes.
Subsidiariedade	A norma subsidiária afasta a aplicação da norma principal, ambas a tutelar o mesmo bem jurídico. Essa relação se revela pela análise do fato concreto
Consunção	A norma definidora de um crime é meio necessário ou fase normal de preparação ou execução de outro crime. Tem-se o fato anterior ou posterior impunível, porque fase preparatória ou consequência lógica para a realização do crime.

4. TEORIA DO DELITO.

- **Conceito analítico:** crime é fato **típico, antijurídico e culpável.**
- **Conceito material:** crime é o comportamento humano causador de lesão ou perigo de lesão ao bem jurídico tutelado, passível de sanção penal.
- **Conceito formal:** crime é aquilo que está estabelecido em uma normal penal incriminadora sob ameaça de pena.

4.1. CLASSIFICAÇÃO DOS CRIMES.

- **Crimes Comuns**: É o que pode ser praticado por qualquer pessoa (lesão corporal, estelionato, furto).
- **Crimes Próprios**: São aqueles que exigem ser o agente portador de uma capacidade ou qualidade especial.
- **Crime de Mão Própria**: Distinguem-se dos delitos próprios porque estes não são suscetíveis de ser cometidos por um número limitado de pessoas, que podem, no entanto, valer-se de outras para executá-los, enquanto nos delitos de mão própria – embora passíveis de serem cometidos por qualquer pessoa – ninguém os pratica por intermédio de outrem.
- **Crimes de Dano**: Só se consumam com a efetiva lesão do bem jurídico visado, por exemplo, lesão à vida, no homicídio; ao patrimônio, no furto; à honra, na injúria etc.
- **Crimes de Perigo**: O delito consuma-se com o simples perigo criado para o bem jurídico. O perigo pode ser individual, quando expõe ao risco o interesse de uma só ou de um número determinado de pessoas, ou coletivo, quando ficam expostos ao risco os interesses jurídicos de um número indeterminado de pessoas, tais como nos crimes de perigo comum.
- **Crimes Materiais**: Há necessidade de um resultado externo à ação, descrito na lei, e que se destaca lógica e cronologicamente da conduta.
- **Crimes Formais**: Não há necessidade de realização daquilo que é pretendido pelo agente, e o resultado jurídico previsto no tipo ocorre ao mesmo tempo em que se desenrola a conduta. A lei antecipa o resultado no tipo; por isso, são chamados crimes de conduta antecipada.
- **Crimes de Mera Conduta**: A Lei não exige qualquer resultado naturalístico, contentando-se com a ação ou omissão do agente. Não sendo relevante o resultado material, há uma ofensa (de dano ou de perigo) presumida pela lei diante da prática da conduta.
- **Crimes Comissivos**: São os que exigem, segundo o tipo penal objetivo, em princípio, uma atividade positiva do agente, um fazer. Na rixa (art. 137) será o "participar"; no furto (art. 155) o "subtrair" etc.
- **Crimes Omissivos**: São os que objetivamente são descritos com uma conduta negativa, de não fazer o que a lei determina, consistindo a omissão na transgressão da norma jurídica e não sendo necessário qualquer resultado naturalístico. Ex: Não prestar assistência a uma pessoa ferida (omissão de socorro, art. 135).
- **Crimes Comissivos por Omissão**: A omissão consiste na transgressão do dever jurídico de impedir o resultado, praticando-se o crime que, abstratamente, é comissivo. Ex: Mãe que deixa de amamentar ou cuidar do filho causando-lhe a morte.
- **Crimes Instantâneos**: É aquele que, uma vez consumado, está encerrado, a consumação não se prolonga. Isso não quer dizer que a ação seja rápida, mas

que a consumação ocorre em determinado momento e não mais prossegue. Ex: Homicídio.

- **Crimes Permanentes**: A consumação se prolonga no tempo, dependente da ação do sujeito ativo. Ex: Cárcere privado (art. 148).
- **Crimes Instantâneos de Efeitos Permanentes**: Ocorrem quando, consumada a infração em dado momento, os efeitos permanecem, independentemente da vontade do sujeito ativo. Na bigamia (art. 235), não é possível aos agentes desfazer o segundo casamento.

4.2. TEORIAS DA AÇÃO.

ESCOLAS DA TEORIA GERAL DO CRIME	SÍNTESE
NATURALISMO OU CLASSICISMO	Tem como principal teórico **von Liszt**. Busca fundamento no positivismo jurídico, em que se afastam considerações éticas, sociais, políticas ou filosóficas, com subordinação exclusiva ao Direito Positivo. A conduta é o comportamento corporal (ação) que produz resultado no mundo exterior. O tipo penal e antijuridicidade são objetivos. Já a culpabilidade é subjetiva, pois, nela se situam o dolo e a culpa. Tem dificuldades em explicar os crimes omissivos, culposos, formais, de mera conduta e tentados.
NEOKANTISMO OU NEOCLASSICISMO	Tem como principais teóricos **Radbruch** e **Sauer**. Não é uma ruptura completa com o positivismo, mas busca superar o pensamento meramente formal e introduzir elementos valorativos (axiológicos) e finalísticos (teleológicos) do Direito. O tipo penal passa a ter elementos normativos (conteúdo de valor) e subjetivos. A antijuridicidade deixa de ser meramente formal, exigindo-se efetiva lesão ao bem jurídico tutelado (antijuricidade material). Já a culpabilidade continua subjetiva, pois, nela se situam o dolo e a culpa, mas se acrescenta a reprovabilidade. Tem dificuldades em explicar os crimes omissivos, formais, de mera conduta e tentados.
FINALISMO	Tem como principal teórico **Welzel**. Rompe em definitivo com o positivismo. **A ação humana é exercício de atividade final**. A conduta é voltada a uma finalidade previsível pelo saber humano. Com o finalismo o dolo e a culpa são deslocados para o tipo penal do injusto, enquanto a culpabilidade passa a ser meramente objetiva, consistindo em juízo de reprovabilidade. As grandes contribuições do finalismo foram introduzir a finalidade da conduta e representação (previsibilidade) do resultado, como elementos do injusto e concepção mais adequada dos tipos penais, principalmente, na distinção entre tipo culposo e tipo doloso.
FUNCIONALISMO DUALISTA	Tem como principal teórico **Roxin**. O Direito Penal não pode ser reduzido a questões meramente ontológicas, sendo que é produto de escolhas de políticas criminais, não só sob o ponto de vista da escolha dos bens jurídicos a serem tutelados por ele, como ainda como limitação constitucional do poder punitivo estatal, priorizando-se valores e princípios garantistas. À finalidade da conduta, somam-se critérios de **imputação objetiva**, em que se investiga se a conduta representa ou não uma realização típica de um **risco permitido**.
FUNCIONALISMO MONISTA	Tem como principal teórico **Jakobs**. Diferencia-se do funcionalismo dualista, porque este busca limitações fora do sistema penal, enquanto o monista defende que o sistema penal tem seus limites internamente, sem parâmetros em outras áreas do conhecimento jurídico. Para Jakobs, devem ser afastadas valorações não normativas-penais, sendo o Direito Penal um sistema fechado, o que dificulta qualquer tentativa de limitação do poder punitivo estatal, deixando de lado a tutela dos reais interesses da sociedade, para dar ênfase a interesses meramente simbólicos. Ressalta a função da pena, como mecanismo de defesa de valores da sociedade. Àqueles que negam a existência do ordenamento jurídico e do próprio Estado, como terroristas, não se merece qualquer tutela do sistema penal.

4.3. TEORIA DO TIPO. O FATO TÍPICO E SEUS ELEMENTOS.

- **Fato típico**: é o fato descrito na norma penal como crime.

São elementos do fato típico	
	a) Conduta; b) Resultado; c) Nexo de causalidade; d) Tipicidade.

- **Conduta**: é o comportamento humano, comissivo ou omissivo, voltado para a prática de um fato definido em lei como típico.
- De acordo com a teoria finalista, o **dolo** e a **culpa** são elementos da conduta.

4.4. RELAÇÃO DE CAUSALIDADE. TEORIAS. IMPUTAÇÃO OBJETIVA.

- Nexo causal é o vínculo existente entre a conduta do agente e o resultado por ela produzido.

Teorias	• **da equivalência das condições ou equivalência dos antecedente ou *conditio sine que non***: quaisquer das condutas que compõem a totalidade dos antecedentes é causa do resultado; • **da causalidade adequada:** considera causa do evento apenas a ação ou omissão do agente apta e idônea a gerar o resultado; • **imputação objetiva**: para que uma conduta seja considerada causa do resultado é preciso que: 1) o agente tenha, com sua ação ou omissão, criado, realmente, um risco não tolerado nem permitido ao bem jurídico; ou 2) que o resultado não fosse ocorrer de qualquer forma, ou; 3) que a vítima não tenha contribuído com sua atitude irresponsável ou dado seu consentimento para o ocorrência do resultado.

4.5. TIPOS DOLOSOS DE AÇÃO.

Teorias do dolo	• **teoria da vontade:** há dolo direto quando há vontade consciente de querer praticar a infração penal; • **teoria da representação:** o agente prevê o resultado como possível e ainda assim opta por continuar a conduta (esta teoria abrange tanto o dolo eventual quanto a culpa consciente). • **teoria do consentimento ou assentimento:** há dolo quando o agente prevê o resultado como possível e ainda assim continua na prática assumindo o risco de produzi-lo.

- **Dolo direto**: é a vontade de, por meio de conduta, produzir o resultado previsto em lei como crime. Teoria da vontade.
- **Dolo eventual**: o agente não tem como finalidade a produção do resultado, mas, diante de sua conduta, assume o risco de produzi-lo, sem se importar que ele advenha. Teoria do assentimento.

4.6. TIPOS DOS CRIMES DE IMPRUDÊNCIA.

- **Culpa**: é a conduta do agente que por **imprudência, negligência** ou **imperícia** produz o resultado.
- **Culpa inconsciente:** objetivamente, é previsível que a conduta vai produzir o resultado típico. Mas, em decorrência de imprudência, imperícia ou negligência, subjetivamente, o agente não prevê a produção do resultado.
- **Culpa consciente**: o agente prevê o advento do resultado típico, mas, mesmo assim, continua em sua conduta.

Dolo eventual	Culpa consciente
O agente prevê o resultado e assume o risco de produzi-lo, pouco se importando que ele advenha	O agente prevê o resultado, mas acredita sinceramente que pode evita-lo

4.7. TIPOS DOS CRIMES DE OMISSÃO.

- **Crimes omissivos próprios**: o fato típico é uma omissão. Por exemplo, crime de omissão de socorro.
- **Crimes omissivos impróprios**: o fato típico é uma conduta positiva, mas o resultado pode ser obtido por omissão, como, no caso, de homicídio, em que o salva-vidas deixa a vítima se afogar deliberadamente.
- Nos crimes omissivos impróprios, a conduta só é relevante para o Direito Penal, se o agente **podia e tinha o dever de evitar o resultado.**

Dever evitar o resultado em crimes omissivos	a) tenha por lei obrigação de cuidado, proteção ou vigilância; b) de outra forma, assumiu a responsabilidade de impedir o resultado; c) com seu comportamento anterior, criou o risco da ocorrência do resultado.

- Nos crimes omissivos impróprios, a conduta só é relevante para o Direito Penal, se o agente **podia e tinha o dever de evitar o resultado.**

5. *ITER CRIMINIS*.

INSTITUTO	DEFINIÇÃO	CONSEQUÊNCIA
TENTATIVA	o agente inicia a execução do crime, que não se consuma por **circunstâncias alheias à sua vontade**, como na hipótese de o agente atirar como a vítima, mas erra os tiros, ou, se acerta, esta é salva por terceiros	salvo disposição em contrário, **a pena é reduzida de um a dois terços.** Uma disposição em contrário: crime de evasão mediante violência contra a pessoa (art. 352 do CP), em que a tentativa de fuga mediante violência é punida com a mesma pena da fuga consumada.
DESISTÊNCIA VOLUNTÁRIA	o agente inicia a execução do crime, que não se consuma por vontade dele próprio. Por exemplo, a pessoa coloca a mão no bolso da vítima para furtar sua carteira, mas antes de ter a posse desta desiste de consumar a subtração por vontade sua.	o agente responde apenas pelos atos que já havia praticado.
ARREPENDIMENTO EFICAZ	O agente voluntariamente impede a produção do resultado.	Idem.

ARREPENDIMENTO POSTERIOR	o crime já se consumou, porém, o sujeito ativo, voluntariamente, repara o dano sofrido pela vítima. É o que ocorre no caso do furtador que devolve o dinheiro à vítima.	a pena é reduzida de um a dois terços.

- No crime impossível, o agente pratica atos de execução, mas jamais conseguiria consumar o crime por ineficácia absoluta do meio por ele empregado ou absoluta impropriedade do objeto.
- Exemplos: ineficácia absoluta do meio: ministrar farinha ao invés de veneno à vítima; absoluta impropriedade do objeto: esfaquear uma pessoa que já está morta.

6. AGRAVAÇÃO PELO RESULTADO.

- Atos cujo resultado extrapola a vontade do agente só o responsabilizam penalmente quando forem praticados por culpa ou dolo, ao menos quando ele agiu sem observar um dever de cuidado, atuando com imprudência, negligência ou imperícia.
- **Crime preterdoloso:** preverem uma conduta inicial dolosa e um resultado adicional culposo, que justifica o agravamento da sanção.
- Exemplo: lesão corporal seguida de morte. O dolo do agente era praticar lesão corporal, mas por culpa sua a vítima falece.
- **Crime progressivo** é aquele realizado mediante um único ato ou atos que compõem único contexto. Em outras palavras, ocorre quando o agente, para alcançar um resultado mais grave, passa por uma conduta inicial que produz um evento menos grave.
- Exemplo: para provocar o homicídio (crime mais grave), é preciso que o agente provoque lesão corporal (crime menos grave).
- A **progressão criminosa** é aquela realizada mediante dois atos, dois movimentos, ou seja, quando o agente inicia um comportamento que configura um crime menos grave, porém, ainda dentro do mesmo *inter criminis*, resolve praticar uma infração mais grave, que pressupõe a primeira.
- Exemplo: inicialmente, o agente visa apenas cometer crime de lesão corporal e depois muda seu intento e comete crime de homicídio, respondendo por este.

7. ERRO.

- **Erro de tipo:** incide sobre uma das elementares do tipo penal. O agente que age em erro de tipo não responde pelo crime, pois se exclui o dolo, salvo se houver previsão de tipo culposo para a conduta.

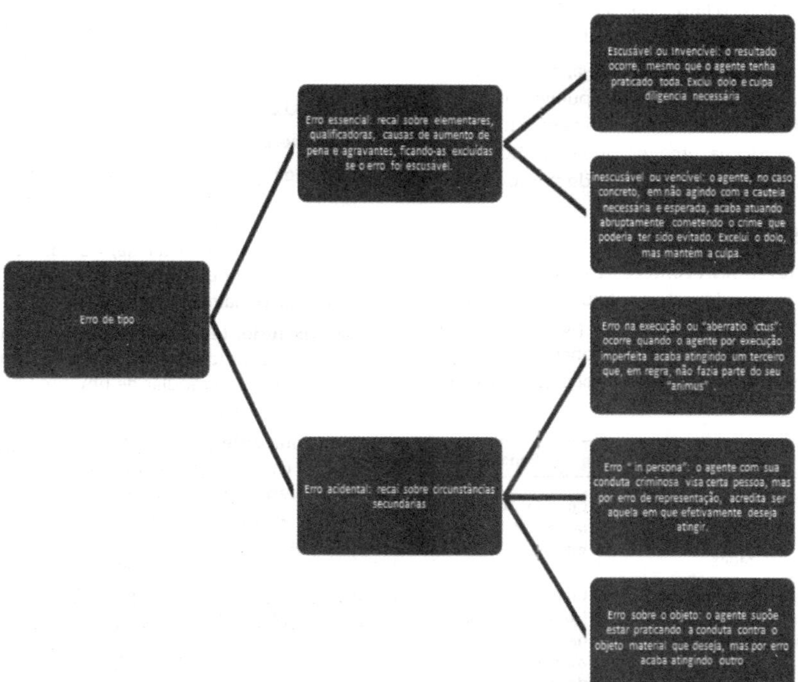

- **Descriminantes putativas:** As descriminantes putativas ocorrem nas hipóteses, em que o agente acredita estar amparado por uma causa legal de exclusão da antijuridicidade (descriminante) que não existe (putativa).
- O agente tem na mente que há um fato que lhe permite agir, por exemplo, em legítima defesa, mas esse fato não existe.
- Se o erro for invencível, exclui-se o dolo e a culpa.
- Se o erro for vencível, exclui-se o dolo, mas mantém-se a culpa. É a chamada **culpa imprópria**.
- **Erro determinado por terceiro:** é o erro provocado por terceiro, que induz o agente a atuar com erro.
- Nesse caso, o terceiro responde pelo crime cometido.
- **Erro sobre pessoa ou erro *in persona***: o agente com sua conduta criminosa visa certa pessoa, mas por erro de representação, acredita ser aquela em que efetivamente deseja atingir.
- Trata-se de erro acidental e, com isso, não são excluídos o dolo e a culpa, respondendo o agente pela sua conduta.
- Por exemplo, o agente mata "A" pensando que se trata de "B". Responde o agente pelo crime de homicídio, como se a vítima fosse "B".
- **Erro de proibição**: exclui a potencial consciência da ilicitude. Portanto, o fato é típico e antijurídico, mas, se o erro for escusável, o agente é isento de pena.
- O agente atua com vontade, ou seja, dolo, portanto o primeiro requisito do fato típico punível encontra-se superado. A solução da questão se dará na culpabilidade. Esta não há, uma vez que se pratica o fato por erro quanto a antijuridicidade de sua conduta.

8. CONCURSO DE CRIMES.

- **Concurso de crimes**: acontece quando o agente comete mais de um crime mediante uma ou mais ação ou omissão. No direito brasileiro, por questões de política criminal, cada forma de concurso tem uma maneira distinta no sistema de aplicação e cálculo das penas.

Instituto	Requisitos	Penas
Concurso material	Duas ou mais condutas produzem dois ou mais resultados	Cúmulo material (as penas são somadas)
Concurso formal perfeito ou próprio	Uma única conduta produz dois ou mais resultados	Cúmulo formal (considera-se apenas uma pena, a mais alta ou uma delas se iguais, acrescida de 1/6 a 1/2)
Concurso formal imperfeito ou impróprio	Uma única conduta produz dois ou mais resultados, que eram queridos pelo agente (desígnios autônomos)	Cúmulo material (as penas são somadas)
Crime continuado	Duas ou mais condutas produzem dois ou mais resultados, referentes a crimes de mesma espécie, valendo-se os agentes das mesmas condições de lugar, tempo, maneira de execução e outros semelhantes.	Cúmulo formal (considera-se apenas uma pena, a mais alta ou uma delas se iguais, acrescida de 1/6 a 2/3).
Crime continuado específico	Duas ou mais condutas produzem dois ou mais resultados, referentes a crimes de mesma espécie, dolosos contra vítimas diferentes, cometidos mediante violência ou grave ameaça, valendo-se os agentes das mesmas condições de lugar, tempo, maneira de execução e outros semelhantes.	Considera-se uma única pena, a maior ou uma delas se idênticas, até o triplo.

9. ILICITUDE.

- **Ilicitude**: a conduta do agente é contrária ao direito.
- **Excludentes de ilicitude ou de antijuricidade**: a princípio, a conduta do agente é típica, ou seja, se "encaixa" em um fato descrito como crime pela lei. Mas há uma circunstância, no caso concreto, que torne essa conduta **lícita,** o que faz com que ele não responda penalmente por tal fato.
- **São excludentes de ilicitude**: legítima defesa, estado de necessidade, estrito cumprimento do dever legal e exercício regular de um direito (arts. 23 a 25 do Código Penal).
- **Legítima defesa**: Entende-se em legítima defesa quem, usando moderadamente dos meios necessários, repele injusta agressão, atual ou iminente, a direito seu ou de outrem.

Requisitos da legítima defesa	· Uso moderado; · Meios necessários; · Contra agressão atual e iminente; · Defesa de direito seu ou de outrem.

- **Estado de necessidade**: Considera-se em estado de necessidade quem pratica o fato para salvar de perigo atual, que não provocou por sua vontade, nem podia de outro modo evitar, direito próprio ou alheio, cujo sacrifício, nas circunstâncias, não era razoável exigir-se.

- **Distinção entre legítima defesa e estado de necessidade**: em ambos, há uma reação a uma agressão ao bem jurídico. No entanto, na legítima defesa, a reação se volta contra a pessoa autora da agressão injusta, enquanto, no estado de necessidade, em regra, a reação se dá contra um objeto (um carro, um cão etc), cujo titular não ocasionou o perigo intencionalmente. Excepcionalmente, a reação no estado de necessidade se volta contra uma pessoa, cuja conduta é lícita, porque, se fosse ilícita, haveria legítima defesa.
- **Estrito cumprimento do dever legal**: compreende as normas e princípios relativos à atuação de quem, sob comando legal, pratica conduta descrita em um tipo legal.
- Exemplo: o soldado do corpo de bombeiros que destrói a parede de uma casa (tipo do dano) para salvar a vítima. É uma conduta típica, porém lícita.
- **Exercício regular de direito**: compreende ações do cidadão comum autorizadas pela existência de direito definido em lei e condicionadas a regularidade do exercício desse direito.
- Exemplo: o proprietário que imediatamente afasta com as próprias mãos a turbação à posse do imóvel. No caso, a conduta é típica (exercício arbitrário das próprias razões), mas é lícita, porque abrigado pelo Direito Civil.

10. CULPABILIDADE.

- **Culpabilidade**: é o juízo de reprovação que recai sobre a pessoa que cometeu um fato típico e antijurídico.
- **Excludentes de culpabilidade**: o agente comete um fato típico e antijurídico, mas, diante de uma situação que justifique a sua conduta deixa de ser punido.
- Por exemplo, uma pessoa de quinze anos mata outra pessoa. Seu fato é típico (art. 121 do Código Penal), ilícito (não agiu em legítima defesa ou outra excludente de ilicitude), mas há uma circunstância que impede a aplicação da sanção penal, qual seja a menoridade.
- **Requisitos da culpabilidade**: imputabilidade (no que se inclui a maioridade), potencial consciência da ilicitude do fato e exigibilidade de conduta diversa.

Situação pessoal do agente	Característica	Sanção penal
Imputável	**Inteiramente capaz** de entender o caráter ilícito do fato e de se autodeterminar	Pena.
Semi-imputável	**Parcialmente incapaz** de entender o caráter ilícito do fato e de se autodeterminar	Medida de segurança ou pena reduzida.
Inimputável	**Inteiramente incapaz** de entender o caráter ilícito do fato e de se autodeterminar	Medida de segurança.

EMBRIAGUEZ	CONSEQUÊNCIA
Voluntária	Não exclui a imputabilidade penal
Culposa	Não exclui a imputabilidade penal
Caso fortuito ou força maior – completa	A pessoa é considerada **inimputável**
Caso fortuito ou força maior – incompleta	A pessoa é considerada **semi-imputável**
Preordenada (a pessoa se coloca na situação de embriaguez para "ter coragem" de cometer o crime).	Não exclui a imputabilidade penal e incide a agravante do art. 61, II, l, do CP.

11. DO CONCURSO DE PESSOAS.

- O concurso de pessoas ocorre nas hipóteses em que duas ou mais pessoas contribuem para a produção do resultado previsto em lei como crime.

Teorias do concurso de agentes	a) **Teoria monista:** dois ou mais agentes praticam condutas distintas e produzem um único resultado. Há somente um delito e cada um dos agentes respondem por esse mesmo crime. b) **Teoria dualista:** dois ou mais agentes praticam condutas diversas e produzem um único resultado. Mas, coautores e partícipes respondem por delitos diferentes. c) **Teoria pluralista:** dois ou mais agentes praticam condutas diversas, ainda que produzam um único resultado, respondem por delitos distintos.

- **No concurso de pessoas**, o Código Penal adotou a **teoria monista**. Dessa forma, todos que contribuem para a execução do crime responde pelo mesmo tipo penal.
- Excepcionalmente, aplica-se a **teoria pluralista**. Exemplo: terceiro pratica aborto com o consentimento da gestante. O terceiro responde pelo crime do art. 126, enquanto a gestante responde pelo crime do art. 124.
- Em atendimento ao princípio constitucional da **individualização da pena,** cada um dos coautores e partícipes terão a pena aplicada na medida proporcional à sua contribuição para o evento.

- A participação ocorre nas hipóteses em que o sujeito ativo do crime não prática um dos verbos-núcleos do tipo penal, mas concorre de qualquer forma para a sua consumação por meio de **instigação, indu**ção ou **auxílio.**
- A punição do partícipe é explicada pela teoria da acessoriedade, ou seja, sua conduta é acessória à do autor do fato.
- No Brasil, se adotou o princípio da acessoriedade limitada.

Teoria da acessoriedade	Característica
Mínima	Basta que o autor tenha praticado uma conduta típica
Limitada	Basta que o autor tenha praticado uma conduta típica e antijurídica
Extrema	O autor deve ter praticado uma conduta típica, antijurídica e culpável

12. PENAS.

- **Conceito de pena:** a imposição da perda ou diminuição de um bem jurídico, prevista em lei e aplicada pelo órgão judiciário, a quem praticou ilícito penal.

Fins da pena	• **Retributiva:** a pena é uma resposta do Estado àquele que viola a norma penal; • **Preventiva:** a pena é exemplo para que outros não cometam a infração (prevenção geral), bem como o próprio autor do crime não reincida (prevenção especial); • **Ressocializadora:** durante a execução da pena, deve-se dar condições ao condenado de retornar à vida em sociedade.

12.1. ESPÉCIES DE PENA.

- **Pena privativa de liberdade:** é a pena que implica restrição da liberdade de ir e vir e deve ser cumprida no sistema de reclusão ou detenção.

Sistema	Formas de Regime Inicial
Reclusão	Fechado, semiaberto e aberto.
Detenção	Semiaberto e aberto.

- **No sistema de reclusão,** o agente inicia o cumprimento de pena pelo regime aberto, semiaberto ou fechado.
- **No sistema de detenção,** o agente inicia o cumprimento de pena pelo regime aberto ou semiaberto, admitindo-se, porém a **regressão** de regime semiaberto para o fechado.

Regime	Local de cumprimento	A quem é destinado
Fechado	Estabelecimento de segurança máxima ou média	**Reincidente** e primário com pena superior a 8 anos
Semiaberto	Colônia agrícola ou industrial ou estabelecimento similar	**Primário** com pena superior a quatro e não exceda oito anos
Aberto	Casa de albergado ou estabelecimento adequado	**Primário** com pena igual ou inferior a quatro anos.

- De acordo com a lei, quem comete **crime hediondo** o regime **inicial** para cumprimento de pena é o **fechado.**
- Na sentença penal condenatória, o juiz fixa o regime inicial de cumprimento de pena. Mas, durante a execução, o agente está sujeito à **progressão ou regressão de regime.**
- **Pena restritiva de direitos:** são autônomas e substituem a pena privativa de liberdade, se presentes os requisitos legais do art. 44 do CP.

Espécies de pena restritiva de direitos	· prestação pecuniária; · perda de bens e valores; · limitação de fim de semana. · prestação de serviço à comunidade ou a entidades públicas; · interdição temporária de direitos; · limitação de fim de semana.

Requisitos para a aplicação de penas restritivas de direitos	· aplicada pena privativa de liberdade não superior a quatro anos e o crime não for cometido com violência ou grave ameaça à pessoa ou, qualquer que seja a pena aplicada, se o crime for culposo; · o réu não for reincidente em crime doloso; · a culpabilidade, os antecedentes, a conduta social e a personalidade do condenado, bem como os motivos e as circunstâncias indicarem que essa substituição seja suficiente.

- **O reincidente** pode ser beneficiado com pena restritiva de direitos, se **não for reincidente específico** (ou seja, não for condenado pelo mesmo crime da condenação anterior) e se a medida for socialmente recomendável.
- **Multa**: espécie de sanção penal sanção de caráter patrimonial, que se subsume na diminuição do patrimônio do condenado através de uma prestação em dinheiro.
- A pena de multa é aplicada em dias-multa. O valor do dia-multa será fixado pelo juiz não podendo ser

inferior a um trigésimo do maior salário mínimo mensal vigente ao tempo do fato, nem superior a 5 (cinco) vezes esse salário.

- O não pagamento da multa **jamais** será convertido em pena privativa de liberdade, devendo ela ser executada pela Fazenda Pública, como dívida ativa.

12.2. COMINAÇÃO DA PENA

- É a pena prevista em lei, fixada pelo legislador.
- Consiste no preceito secundário da norma penal. Exemplo: reclusão, de seis a vinte anos (art. 121, *caput,* CP).

12.3. APLICAÇÃO DA PENA

- O CP, no art. 68, adotou a teoria trifásica de aplicação da pena: 1ª fase (circunstâncias judiciais), 2ª fase (agravantes e atenuantes genéricas) e 3ª fase (causas especiais de aumento e diminuição de pena).
- Na primeira e na segunda fases, o juiz não pode fixar a pena aquém ou além da pena cominada.
- Na terceira fase, em caso de diminuição de pena, ela pode ser fixada aquém do mínimo legal.
- Na terceira fase, em caso de aumento de pena, ela pode ser fixada além do mínimo legal.

Instituto	Conceito
Circunstâncias judiciais	Estão enumeradas no art. 59 do CP e devem ser valoradas pelo juiz para aplicação da pena-base
Agravantes Genéricas	Previstas nos arts. 61 e 62 do CP, são levadas em consideração pelo Juiz na 2ª fase para aumentar a pena
Atenuantes Genéricas	Previstas nos arts. 65 e 66 do CP, são levadas em consideração pelo juiz na 2ª fase para diminuir a pena
Causas especiais de aumento de pena	Previstas na Parte Geral e Especial, aumentam a pena em fração determinada por lei (art. 155, § 1º, CP)
Causa especiais de diminuição de pena	Previstas na Parte Geral e Especial, diminuem a pena em fração determinada por lei (art. 14, p.u., CP)
Qualificadoras	Circunstâncias mais graves que fazem com que o legislador preveja pena mais grave (art. 155, § 4º, CP)
Privilégios	Circunstâncias menos graves que fazem com que o legislador preveja pena mais branda (art. 155, § 2º, CP)

12.4. SUSPENSÃO CONDICIONAL DA PENA.

- É conhecida como *sursis* e implica na imposição de medidas restritivas de direitos e na suspensão da execução da pena privativa de liberdade durante o período de prova, findo o qual, sem revogação do benefício, há extinção de punibilidade.

Pressupostos	I - o condenado **não seja reincidente** em crime doloso; II - a culpabilidade, os antecedentes, a conduta social e personalidade do agente, bem como os motivos e as circunstâncias autorizem a concessão do benefício; III - Não seja indicada ou cabível a substituição prevista no art. 44 deste Código.

- Se a condenação anterior for a pena de multa, é possível o *sursis*.

Espécies de *sursis*	• **Simples**: **condições estabelecidas pelo juiz** + no primeiro ano do prazo, deverá o condenado **prestar serviços à comunidade** ou submeter-se à **limitação de fim de semana** (art. 78, *caput*, e § 1º, CP). • **Especial**: em caso de reparação do dano ou na impossibilidade de fazê-lo e condições judiciais favoráveis: **condições estabelecidas pelo juiz** + a) proibição de frequentar determinados lugares; b) proibição de ausentar-se da comarca onde reside, sem autorização do juiz; comparecimento pessoal e obrigatório a juízo, mensalmente, para informar e justificar suas atividades (art. 78, *caput* e § 2º, CP).

- ***Sursis* etário:** concedido ao condenado **maior de setenta anos.**
- ***Sursis* humanitário:** concedido ao condenado por razões de saúde que justifiquem.

Regra geral	Regra do sursis etário e humanitário
• Condenação por pena privativa de liberdade não superior a **dois anos;** • Período de prova de **dois a quatro anos.**	• Condenação por pena privativa de liberdade não superior a **quatro anos**; • Período de prova de **quatro a seis anos.**

Revogação do *sursis*	Hipóteses
Obrigatória	• é condenado, em sentença irrecorrível, por crime doloso; • frustra, embora solvente, a execução de pena de multa ou não efetua, sem motivo justificado, a reparação do dano; • descumpre a condição de, no primeiro ano do prazo, prestar serviços à comunidade ou submeter-se à limitação de fim de semana.
Facultativa	• se o condenado descumpre qualquer outra condição imposta; • ou é irrecorrivelmente condenado, por crime culposo ou por contravenção, a pena privativa de liberdade ou restritiva de direitos

12.5. LIVRAMENTO CONDICIONAL.

- É benefício concedido ao condenado que preencher algumas condições, pelo qual **se antecipa** a liberdade daquele que cumpre pena privativa liberdade.

Requisitos	· Condenação **igual ou superior a dois anos**; · Cumprida **mais de um terço** da pena se o condenado **não for reincidente em crime doloso** e tiver **bons antecedentes**; · Cumprida **mais da metade** se o condenado for **reincidente em crime doloso**; · Comprovado **comportamento satisfatório durante a execução da pena**, bom desempenho no trabalho que lhe foi atribuído e aptidão para prover à própria subsistência mediante trabalho honesto; · Tenha **reparado**, salvo efetiva impossibilidade de fazê-lo, **o dano causado pela infração.**

Hipóteses específicas	Condições especiais
· Condenado por **crime doloso**, cometido com **violência ou grave ameaça** à pessoa	· Constatação de condições pessoais que façam presumir que o **liberado não voltará a delinquir.**
· Condenação por **crime hediondo, prática da tortura e terrorismo**, se o apenado não for reincidente específico em crimes dessa natureza.	· **Não reincidente específico nesses crimes**: cumprido **mais de dois terços da pena;** · **Reincidente específico nesses crimes: VEDADADO** o livramento condicional.
· **arts. 33, caput e § 1º** (tráfico de drogas)**, e 34** (associação para o tráfico) **a 37 da Lei de Drogas.**	· **Não reincidente específico nesses crimes**: após o cumprimento de **dois terços da pena;** · **Reincidente específico nesses crimes: VEDADADO** o livramento condicional.

Revogação do livramento condicional	Hipóteses
Obrigatória	· se o liberado vem a ser **condenado a pena privativa de liberdade, em sentença irrecorrível**: a) por crime cometido durante a vigência do benefício; b) por crime anterior, observado o disposto no art. 84 do Código Penal.
Facultativa	· se o liberado deixar de cumprir qualquer das obrigações constantes da sentença; · ou for irrecorrivelmente condenado, por crime ou contravenção, a pena que não seja privativa de liberdade.

12.6. EFEITOS DA CONDENAÇÃO.

Espécies	Efeitos
Penais	**a) Direto:** cumprimento da pena imposta; **b) Indireto:** consequências provocadas pela condenação, tais como a reincidência, os maus antecedentes, a revogação de algum benefício etc.
Extrapenais	**a) Genéricos, obrigatórios e automáticos:** **a.1)** tornar certa a **obrigação de indenizar o dano** causado pelo crime; **a.2) perda em favor da União,** ressalvado o direito da vítima e do terceiro de boa-fé, dos instrumentos do crime, quando ilícitos, do produto do delito e do proveito auferido pelo agente com a prática criminosa. **b) específicos, facultativos para o juiz e necessitam constar da sentença para valer:** **b.1) a perda de cargo, função pública ou mandato eletivo,** quando aplicada pena privativa de liberdade igual ou superior a um ano, nos crimes cometidos com abuso de poder ou violação de dever para com a administração pública, bem como quando aplicada pena de prisão superior a quatro anos em qualquer caso; **b.2) a incapacidade para o exercício do poder familiar, tutela ou curatela,** nos delitos dolosos, sujeitos à pena de reclusão, cometidos contra filho, tutelado ou curatelado; **b.3) a inabilitação para dirigir veículos** quando usado para o cometimento de delito doloso.

12.7. REABILITAÇÃO.

- **Conceito:** benefício jurídico criado com o intuito de **restituir o condenado à sua situação anterior à condenação**, retirando de sua ficha de antecedentes criminais as anotações negativas nela apostas.

Requisitos a serem observados pelo condenado	· tenha tido domicílio no País no prazo acima referido; · tenha dado, durante esse tempo, demonstração efetiva e constante de bom comportamento público e privado; · tenha ressarcido o dano causado pelo crime ou demonstre a absoluta impossibilidade de o fazer, até o dia do pedido, ou exiba documento que comprove a renúncia da vítima ou novação da dívida.

- **Revogação:** se o reabilitado for condenado, como reincidente, por decisão definitiva, a pena que não seja de multa.

12.8. EXECUÇÃO DE PENA.

- A execução penal é regida por lei específica: Lei nº 7.210/84.
- O disposto no artigo 127 da Lei nº 7.210/1984 (Lei de Execução Penal) foi recebido pela ordem constitucional vigente, e não se lhe aplica o limite temporal previsto no caput do artigo 58.
- Transitada em julgado a sentença condenatória, compete ao juízo das execuções a aplicação de lei mais benigna.
- A pena unificada para atender ao limite de trinta anos de cumprimento, determinado pelo art. 75 do Código Penal, não é considerada para a concessão de outros benefícios, como o livramento condicional ou regime mais favorável de execução.
- Para obtenção dos benefícios de saída temporária e trabalho externo, considera-se o tempo de cumprimento da pena no regime fechado.
- Compete ao juízo das execuções penais do estado a execução das penas impostas a sentenciados pela justiça federal, militar ou eleitoral, quando recolhidos a estabelecimentos sujeitos à administração estadual.
- A frequência a curso de ensino formal é causa de remição de parte do tempo de execução de pena sob regime fechado ou semiaberto.
- Admite-se o exame criminológico pelas peculiaridades do caso, desde que em decisão motivada.
- A falta grave não interrompe o prazo para obtenção de livramento condicional.
- Os condenados por crimes hediondos ou assemelhados cometidos antes da vigência da Lei nº 11.464/2007 sujeitam-se ao disposto no art. 112 da Lei nº 7.210/1984 (Lei de Execução Penal) para a progressão de regime prisional.
- É inadmissível a chamada progressão "per saltum" de regime prisional.
- A prática de falta grave não interrompe o prazo para fim de comutação de pena ou indulto.
- A prática de falta grave interrompe a contagem do prazo para a progressão de regime de cumprimento de pena, o qual se reinicia a partir do cometimento dessa infração.
- Para o reconhecimento da prática de falta disciplinar no âmbito da execução penal, é imprescindível a instauração de procedimento administrativo pelo diretor do estabelecimento prisional, assegurado o direito de defesa, a ser realizado por advogado constituído ou defensor público nomeado.

12.9. LIMITES DA PENA.

- O tempo de cumprimento das penas privativas de liberdade não pode ser superior a **30 (trinta) anos**.
- Unificação de pena: incidente na execução da pena, em que se somam todas as penas a que o sentenciado foi condenado.
- Para efeitos de benefícios, como o livramento condicional e a progressão de regime, leva-se em consideração o total da pena após unificação, mesmo que a soma seja superior a trinta anos.

13. MEDIDAS DE SEGURANÇA

- São duas as medidas de segurança: **internação** em hospital de tratamento psiquiátrico e **atendimento ambulatorial**, reservados, respectivamente, para condenados por crimes apenados com reclusão e detenção.
- Na internação de inimputável, o prazo é **indeterminado**, perdurando enquanto for constatada a periculosidade do agente, fixando-se **um prazo mínimo de um a três anos**, ao final do qual se realizará exame para aferição de **periculosidade do agente**.
- Observada a cessação de periculosidade o agente é colocado em liberdade, mas se, no prazo de um ano, praticar ato que indique que se mantém a periculosidade, a medida de segurança é restabelecida.
- Em caso de semi-imputável e necessitando o condenado de especial tratamento curativo, a pena privativa de liberdade pode ser substituída pela internação, ou tratamento ambulatorial, pelo prazo mínimo de um a três anos.

14. AÇÃO PENAL

- Ação penal pública **incondicionada** é aquela que se inicia por meio de denúncia do Ministério Público, independentemente da vontade da vítima.
- Ação penal pública **condicionada à representação** é aquela iniciada por meio de denúncia do Ministério Público, mediante o expresso consentimento da vítima, por meio de representação, nos casos previstos em lei.
- A representação é **irretratável após o oferecimento da denúncia** pelo Ministério Público.
- No caso da Lei Maria da Penha, a retratação da representação deve ser feita em audiência em Juízo e só pode ser feita antes do recebimento da denúncia, ouvido o Ministério Público.
- Ação penal pública condicionada à requisição é aquela iniciado por meio de denúncia de denúncia do Ministério Público, mediante **requisição do Ministro da Justiça**, nos casos previstos em lei.
- Ação penal pública **privada** é aquela iniciada por meio de queixa crime do ofendido, nos casos previstos em lei.
- **Legitimidade concorrente**: Ministério Público e ofendido em crimes contra honra contra funcionário público em razão do exercício de suas funções.

15. PUNIBILIDADE E CAUSAS DE EXTINÇÃO.

- A punibilidade é a possibilidade jurídica do Estado de aplicar sanção penal ao infrator da norma penal.

- Tem-se por extinta a punibilidade, quando um fato previsto em lei torna impossível a aplicação da sanção penal.

CAUSAS EXTINTIVAS DE PUNIBILIDADE
Morte do agente
Anistia, graça e indulto
Pela retroatividade de lei que não mais considera o fato como criminoso (*abolitio criminis*)
Pela prescrição, decadência ou perempção
Pela renúncia do direito de queixa ou pelo perdão aceito, nos crimes de ação privada
Pela retratação do agente, nos casos em que a lei a admite
Pelo perdão judicial, nos casos previstos em lei

- **Morte:** no direito penal brasileiro, aplica-se o princípio da intranscedência da responsabilidade penal, ou seja, somente o autor do fato pode ser punido pelo crime.
- Se a extinção da punibilidade do agente for declarada com base em **certidão de óbito falsa**, essa decisão judicial pode ser revista, segundo entendimento jurisprudencial predominante.
- **Anistia:** é estabelecida por **lei**, que tem efeito retroativo, fazendo que se apaguem os efeitos penais do crime. Relacionada, geralmente, a crimes políticos.
- **Graça:** é concedida pelo Presidente da República, mediante provocação do interessado, e é direcionada a uma pessoa específica.
- **Indulto:** é concedida espontaneamente pelo Presidente da República e tem caráter generalizado, destinada a um grupo de sentenciados com características próprias.
- ***Abolitio criminis:*** uma lei deixa de considerar determinado fato como criminoso. É o que ocorreu com o adultério, que deixou de ser considerado crime pela Lei nº 11.106/2005. Como se trata de norma penal mais benéfica, retroage para beneficiar o agente, extinguindo a sua punibilidade.
- **Decadência** é a extinção da punibilidade decorrente da perda de direito de ação, já que o ofendido se mantém inerte e não oferece representação, no caso de ação penal pública condicionada à representação, ou queixa-crime, no caso de ação penal privada.
- Em regra, o prazo decadencial é de **seis meses** depois que se tem conhecimento de quem foi o **autor do crime**.
- **Perempção:** é a extinção da punibilidade decorrente da inércia do querelante (ofendido) na ação penal privada.

Causas de Perempção (art. 60, CPP)
Iniciada a ação penal, o querelante deixar de promover o andamento do processo durante 30 dias seguidos
Falecendo o querelante, ou sobrevindo sua incapacidade, não comparecer em juízo, para prosseguir no processo, dentro do prazo de 60 (sessenta) dias, qualquer das pessoas a quem couber fazê-lo, ressalvado o disposto no art. 36
Quando o querelante deixar de comparecer, sem motivo justificado, a qualquer ato do processo a que deva estar presente, ou deixar de formular o pedido de condenação nas alegações finais
Quando, sendo o querelante pessoa jurídica, esta se extinguir sem deixar sucessor.

16. PRESCRIÇÃO.

- **Prescrição** é a extinção da punibilidade decorrente da inércia estatal que não exerce sua pretensão punitiva, que ocorre antes da sentença penal condenatória transitada em julgado, ou executória, que ocorre depois da sentença penal condenatória transitada em julgado.

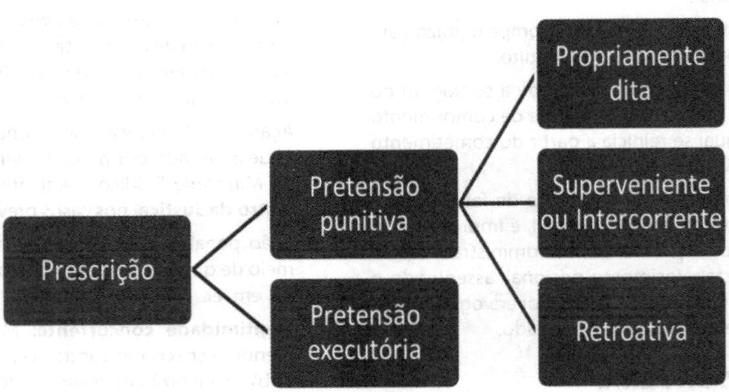

Espécie	Forma de contagem	Termo Inicial	Efeitos	Modo de Ocorrência
Pretensão punitiva propriamente dita	Pega-se o máximo da pena prevista em lei	Em regra, o dia que o crime se consumou o crime.	Apagam-se todas as consequências penais do crime, obstando desde a instauração de Inquérito Policial até a prolação de sentença penal condenatória.	Transcurso do prazo prescricional sem que tenha ocorrido um fator que o suspensa ou interrompa.
Superveniente ou intercorrente	Pega-se a pena em concreto estabelecido na sentença.	Publicação da sentença peal condenatória.	Apagam-se todas as consequências penais do crime, tirando o efeito da sentença penal condenatória, já prolatada, mas não transitada em julgado.	Transcurso do prazo prescricional entre a publicação da sentença e a intimação do réu ou a publicação da sentença e o julgamento do recurso da defesa.
Retroativa	Pega-se a pena em concreto estabelecido na sentença.	Publicação da sentença peal condenatória.	Apagam-se todas as consequências penais do crime, tirando o efeito da sentença penal condenatória, já prolatada, mas não transitada em julgado.	Conta-se para trás os eventos que suspendem ou interrompem o prazo prescricional
Executória	Pega-se a pena fixada na sentença ou acórdão condenatório transitado em julgado	Trânsito em julgado da sentença condenatória para a acusação	Impede a aplicação da pena, mas permanecem os demais efeitos penais, como reincidência, e extrapenais, como indenizatória.	Transcurso do prazo prescricional para o início ou a continuação da execução da pena

- A prescrição, depois da sentença condenatória com trânsito em julgado para a acusação ou depois de improvido seu recurso, regula-se pela pena aplicada, não podendo, em nenhuma hipótese, ter por termo inicial data anterior à da denúncia ou queixa.
- Termos iniciais para a contagem do prazo prescricional antes do trânsito em julgado da sentença penal condenatória:

Regra Geral	Data de Consumação do Crime
Tentativa	Dia em que Cessou a Atividade Criminosa
Crimes Permanentes	Dia em que Cessou a Permanência
Bigamia e falsidades de Registro Público	Dia em que o fato se tornou conhecido
Crimes contra a dignidade sexual de crianças e adolescente	Data em que a vítima completar 18 anos, salvo se a ação penal já fora proposta

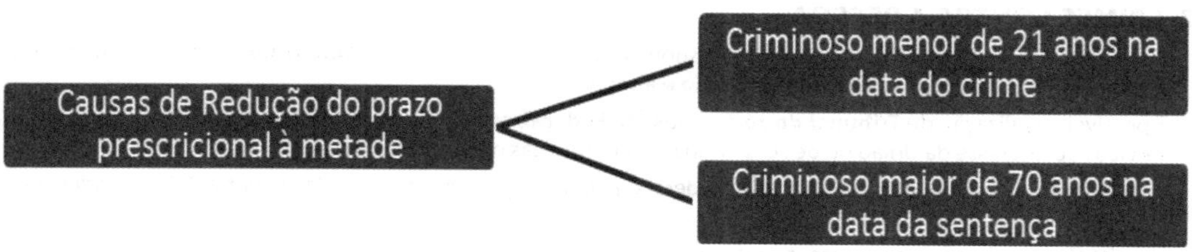

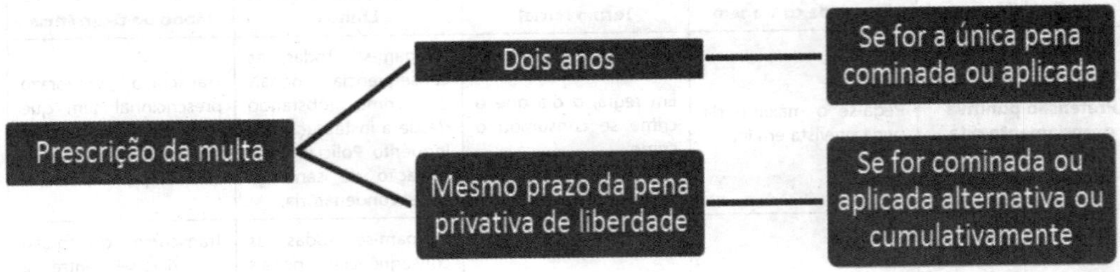

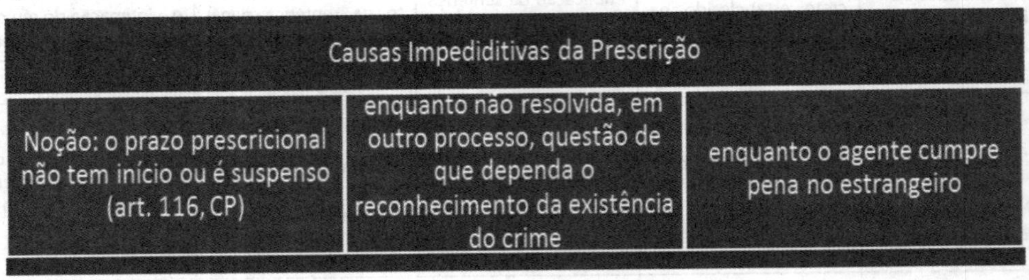

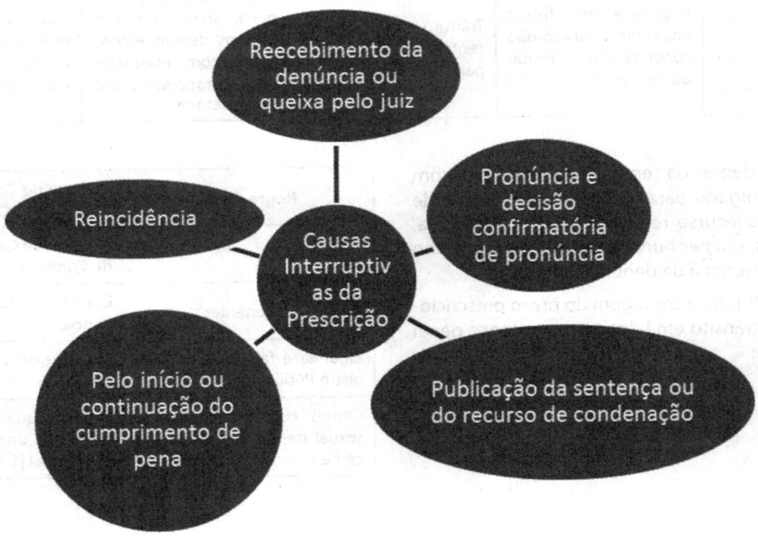

17. CRIMES CONTRA A PESSOA.

- Apenas os crimes dolosos contra a vida são submetidos ao Tribunal do Júri: **homicídio doloso, induzimento instigação ou auxílio ao suicídio, infanticídio e aborto.**
- É possível a realização de **Tribunal do Júri na Justiça Federal**, se o crime for cometido em detrimento de bens, serviços ou interesse da União ou de suas entidades autárquicas ou empresas públicas.
- Por exemplo, é de competência da Justiça Federal o julgamento de homicídio doloso contra Policial Rodoviário Federal no exercício de suas funções.
- **Homicídio** é o crime em que o agente mata alguém.
- Os crimes de latrocínio (roubo seguido de morte) e genocídio (homicídio com a intenção de extinção de uma raça, credo ou cultura) **não são** crimes contra a vida.
- No homicídio privilegiado, o juiz deve reduzir a pena de um sexto a um terço (art. 121, § 1º, do Código Penal.
- A eutanásia pode configurar homicídio privilegiado.

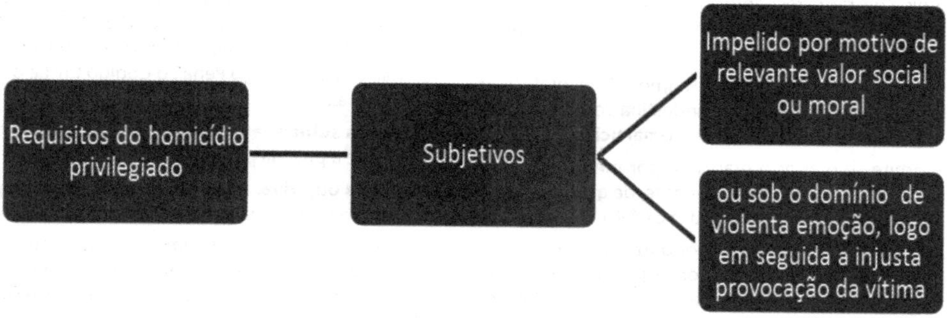

- Homicídio qualificado: os patamares da pena prevista para o crime são maiores (pena: reclusão de 12 a 30 anos), em decorrência de circunstâncias objetivas e subjetivas, consideradas mais graves pelo legislador (art. 121, § 2º, CP).

Qualificadoras subjetivas	Qualificadoras objetivas
Mediante paga ou promessa de recompensa ou por outro motivo torpe.	Com emprego de veneno, fogo, explosivo, asfixia, tortura ou outro meio insidioso ou cruel, ou de que possa resultar perigo comum
Por motivo fútil.	À traição, de emboscada, ou mediante dissolução ou outro recurso que dificulte ou torne impossível a defesa do ofendido.
Para assegurar a execução, a ocultação, a impunidade ou vantagem de outro crime.	Contra a mulher por razões da condição de sexo feminino.
—	Contra autoridade ou agente descrito nos arts. 142 e 144 da Constituição Federal, integrantes do sistema prisional e da Força Nacional de Segurança Pública, no exercício da função ou em decorrência dela, ou contra seu cônjuge, companheiro ou parente consanguíneo até terceiro grau, em razão dessa condição

- **Feminicídio:** é o homicídio praticado contra mulher em razão dessa condição, ou seja, em razão do gênero.
- A vítima pode ser mulher, homossexual ou heterossexual, ou transexual, pois não se trata de identidade de sexo biológico, mas questão de gênero.
- Não se aplica em caso de homossexuais masculinos.
- Admite-se o **homicídio privilegiado-qualificado**, se a qualificadora decorrer de motivo objetivo. Assim, impelido por motivo de relevante valor social, o agente mata a vítima por meio de asfixia.
- No homicídio culposo, o agente provoca a morte da vítima em decorrência de inobservância do dever de cuidado, caracterizada pela imprudência, imprudência ou negligência (art. 121, § 3º, CP).
- Admite-se o perdão judicial no crime de homicídio culposo, como ocorre na hipótese em que um pai negligente acaba por causar a morte de seu próprio filho.
- O homicídio culposo na direção de veículo automotor caracteriza o crime do art. 302 do Código de Trânsito Brasileiro.
- O suicídio, que é a causa da morte pela própria vítima, não é crime. Dessa forma, não se pune a pessoa que tenta se suicidar, mas não consegue morrer.
- Pune-se aquela pessoa que **induz** (incutir na vítima o desejo de se suicidar), **instiga** (reforça na vítima o desejo de se suicidar) ou **auxilia** (ajuda a vítima materialmente a se suicidar) (art. 122, CP – crime de induzimento, instigação ou auxílio ao suicídio).
- Trata-se de **tipo misto alternativo**. Assim, se o agente induz, instiga e auxilia a vítima a cometer suicídio responde por crime único.
- No crime de induzimento, instigação ou auxílio ao suicídio, não se admite a tentativa. Assim, se a "A" induzir "B" a suicidar, mas isso não ocorre, "A" não responde pelo crime em tela na forma tentada.
- No crime de induzimento, instigação ou auxílio ao suicídio, só se pune o agente se a vítima morrer ou sofrer lesões corporais de natureza grave.
- No infanticídio (art. 123, CP), a mãe, em estado puerperal, provoca a morte do filho, durante ou logo após o parto.
- **Atenção:** o infanticídio é norma especial em relação ao homicídio, já que o sujeito ativo é a **mãe da vítima influenciada pelo estado puerperal,** ocorrendo a conduta durante ou logo após o parto.
- Se o pai da criança ou qualquer outra pessoa induzir, instigar ou auxiliar a mãe a cometer o crime, responde também por infanticídio, em decorrência da comunicação das elementares do tipo ao partícipe (art. 30, CP).
- Nos crimes de aborto (arts. 124 a 126, CP), a morte da vítima ocorre durante a gestação, ou seja, tutela-se a vida intrauterina.
- No aborto provocado por terceiro com o consentimento da gestante, há exceção à teoria monista,

pois a gestante responde pelo tipo penal do art. 124, enquanto o terceiro responde pelo art. 126, ambos do CP).

- O namorado que induz a namorada a praticar o aborto em uma clínica clandestina responde pelo tipo penal do art. 124, CP, como **partícipe.**
- Permite-se o aborto praticado por médico no caso de risco de morte para a gestante, de gravidez resultante de estupro e de gravidez de feto anencefálico.
- Se o aborto for praticado por outra pessoa que não seja médico, o agente responde pelo crime, exceto, no caso de risco de morte para a gestante, se presentes os requisitos do estado de necessidade.
- A integridade física também é um bem jurídico tutelado constitucional e penalmente, motivo pelo qual há o crime de lesão corporal.

Leve	Grave	Gravíssima
Residual	Incapacidade para ocupações habituais por mais de 30 dias	Incapacidade permanente para o trabalho
—	Perigo de vida	Enfermidade incurável
—	Debilidade permanente de membro, sentido ou função	Perda ou inutilização de membro, sentido ou função
—	Aceleração de Parto	Deformidade permanente
—	—	Aborto.

- No crime de lesão corporal gravíssima em decorrência do aborto, há um crime preterdoloso, já que o agente tinha o dolo de provocar a lesão corporal, enquanto resultado aborto decorre de conduta culposa.
- No crime de lesão corporal seguida de morte, há um crime preterdoloso, já que o agente tinha o dolo de provocar a lesão corporal, enquanto resultado morte decorre de conduta culposa.
- A honra é um direito da personalidade assegurado pela Constituição Federal, pelo Pacto de San José da Costa Rica, bem como na legislação infraconstitucional, como o Código Penal, o Código Civil e o Código Eleitoral.
- **Honra subjetiva:** refere-se à autoestima, ao conceito que a própria pessoa tem de si mesmo.
- **Honra objetiva:** refere-se ao conceito que a pessoa tem no meio social em que vive.
- Para a configuração de um dos crimes contra a honra (calúnia, difamação e injúria) é indispensável que o agente tenha o propósito de ofender (**elemento subjetivo especial do tipo**).
- Se a ofensa tem motivação eleitoral, trata-se de um dos crimes contra a honra previstos no Código Eleitoral.
- O STF declarou que a Lei de Imprensa não foi recepcionada pela CF/88, motivo pelo qual se a ofensa se der por meio de veículo de comunicação, a conduta do agente se subsume em uma das figuras dos arts. 138 a 140, CP.
- Imunidade parlamentar é uma causa de exclusão da **tipicidade material.**
- Para as declarações ofensivas feitas no recinto do Parlamento, a inviolabilidade é absoluta.
- Para as declarações feitas fora do Parlamento, como à imprensa, deverá haver um nexo entre as declarações e a atividade parlamentar, podendo, assim, ser afastada a imunidade em caso de abuso.
- **Calúnia**: imputação falsa de um **crime** a uma pessoa.
- Criança, adolescentes e doentes mentais podem ser vítimas de **calúnia**, pois, apesar de serem inimputáveis, podem praticar **fato definido como crime**, como o é o ato infracional praticado por criança e adolescente.
- A calúnia contra os mortos é punível, porém, as vítimas são os familiares do *de cujos*.
- Não há calúnia se a imputação se referir a **contravenção penal**.
- Na calúnia, admite-se, em regra, **a exceção da verdade**, meio de defesa em que o agente visa demonstrar que a imputação que fez é verdadeira.

- Exceção de notoriedade: trata-se de figura prevista no art. 523 do Código de Processo Penal. Fato notório é aquele que todas ou muitas pessoas têm conhecimento. Assim, sendo o fato notório, não haverá calúnia, pois é verdadeira a imputação.
- O crime de calúnia praticado por meio de internet se consuma no local em que se encontra o responsável pela veiculação e divulgação do fato ofensivo.
- A denunciação caluniosa, em que se ofende a Administração da Justiça, por ser mais ampla, absorve a calúnia.
- Assim, a imputação falsa sobre o mesmo fato criminoso feita à Autoridade Policial, que, por causa dela, instaura Inquérito Policial, configura crime de denunciação caluniosa, não se falando em calúnia.
- **Difamação:** é a imputação recai sobre fato desonroso, fato esse que não é considerado crime.
- A imputação pode ser falsa ou verdadeira, que se consuma a difamação.
- Na difamação, a exceção de verdade só se admite se o ofendido for funcionário público e a ofensa se referir a essa qualidade.
- Se o ofendido for Presidente da República, considerado funcionário público para efeitos penais, não se admite a exceção de verdade em caso de difamação, dada a vedação expressa no crime de calúnia.
- No caso da difamação, acolhida a exceção de verdade, o fato permanece típico, porém, reconhece-se a excludente da ilicitude do **exercício regular de um direito**.
- **Na injúria,** o agente atribui à vítima uma qualidade desfavorável, um atributo negativo, a provocar abalo em sua autoestima.
- A injúria ocorre no momento em que a vítima toma conhecimento da ofensa.

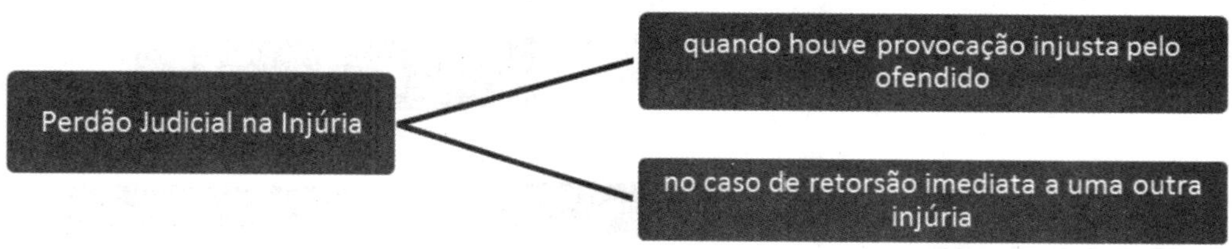

- A **injúria** real: a ofensa é provocada mediante violência ou vias de fato, como, por exemplo, dar um tapa no rosto da vítima.
- No caso de haver produção de lesões corporais, haverá soma da pena da injúria com a da lesão corporal.

Injúria preconceituosa	Racismo
Art. 140, § 3º, CP	Lei nº 7.716/89
Ação penal pública condicionada à representação da vítima	Ação penal pública incondicionada
Crime afiançável	Crime inafiançável
Crime prescritível	Crime imprescritível
Não decorre de segregação racial – é dirigida direta e especificamente à vítima	Pode decorrer de segregação racial – a ofensa é genérica a toda uma raça.

Calúnia	Difamação	Injúria
Imputação de fato determinado.	Imputação de fato determinado.	Atribuição de uma qualidade negativa.
Fato definido como crime.	Fato ofensivo à reputação da vítima, não definido como crime.	Qualidade ofensiva à dignidade ou decoro da vítima.
Imputação é falsa	É irrelevante que a imputação seja falsa.	É irrelevante que a imputação seja falsa.
Ofensa à honra objetiva.	Ofensa à honra objetiva.	Ofensa à honra subjetiva.
Em regra, admite a exceção de verdade.	Em regra, **não** admite a exceção de verdade.	Não admite a exceção de verdade.

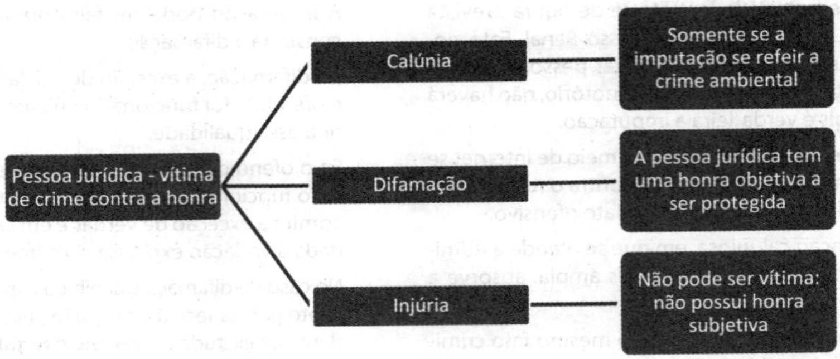

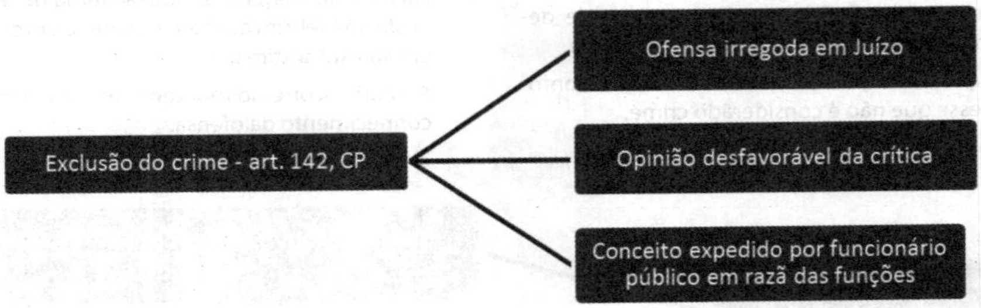

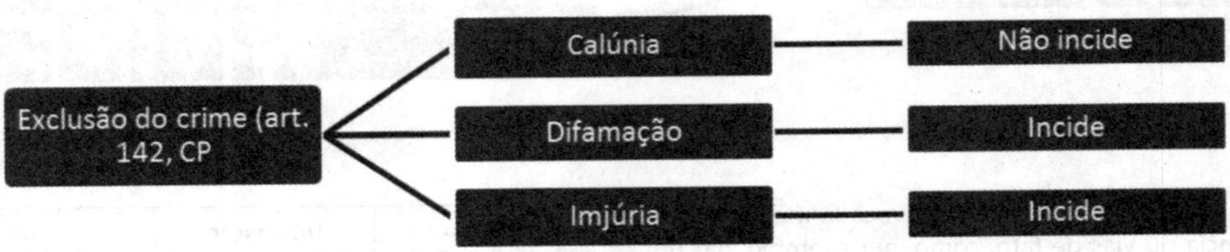

Constrangimento ilegal

- Ninguém será obrigado a fazer ou deixar de fazer alguma coisa senão em virtude de lei (art. 5º, II, CF/88). É essa garantia constitucional que se tutela com o crime de **constrangimento ilegal** (art. 146, CP).
- Constranger significa forçar alguém a fazer alguma coisa ou deixar de fazer alguma coisa.
- No crime de constrangimento ilegal, o agente se vale de **violência, grave ameaça ou qualquer outro meio** (como embriagar a vítima) para reduzir a capacidade de resistência da vítima para que esta pratique ou deixe de praticar ato a que não está obrigado por lei.
- Elemento subjetivo: **dolo.** Não existe a forma culposa.
- Causas de aumento da pena ao dobro: crime praticado por **mais de três pessoas** reunidas ou há emprego de **armas**.
- Se o constrangimento ilegal for cometido mediante violência, à pena do art. 146, CP, soma-se a pena correspondente da violência (como lesão corporal).

Não caracteriza constrangimento ilegal, se o constrangimento visa	I - **intervenção médica ou cirúrgica**, sem o consentimento do paciente ou de seu representante legal, se justificada por **iminente perigo de vida;** II - **impedir suicídio.**

Ameaça

- No crime de **ameaça**, o mal prometido deve ser injusto e grave.
- O Mal deve ser nocivo, grave, sério e verossímil.
- O simples temor reverencial não configura o crime do art. 147, CP.
- O crime de ameaça depende de **representação** do ofendido para o início da ação penal, inclusive, no caso de violência doméstica contra a mulher.
- Meios de realizar a ameaça: **escrito, palavras, gestos ou qualquer outro meio simbólico.**
- O crime de ameaça pode ser absorvido por outro se ela for meio de praticar tal conduta, como ocorre no roubo.

Sequestro e cárcere privado

- A diferença entre **sequestro e cárcere privado** é doutrinária: no primeiro, a restrição de liberdade é menor, como a pessoa que é colocada em uma fazenda de onde não consegue sair; enquanto no segundo a segregação é menor como no caso em que uma pessoa é colocada em um cubículo de uma casa.

Qualificadoras no crime de cárcere privado e sequestro	I – se a vítima é ascendente, descendente, cônjuge ou companheiro do agente ou maior de 60 (sessenta) anos; II - se o crime é praticado mediante internação da vítima em casa de saúde ou hospital; III - se a privação da liberdade dura mais de quinze dias. IV – se o crime é praticado contra menor de 18 (dezoito) anos; V – se o crime é praticado com fins libidinosos.

- A consumação do crime de sequestro ou cárcere privado se consuma no momento em que a vítima é privada da liberdade.
- Com isso, se a finalidade for libidinosa, a consumação se dá ainda que não se pratique o ato libidinoso, basta a privação de liberdade.

Redução à condição análoga a de escravo

- O crime de **redução à condição análoga a de escravo** consiste na submissão de uma pessoa a uma de forma degradante, sem respeito a seus direitos mínimos inerentes à condição humana.
- Na escravidão dos negros africanos na América, exigia-se que o escravo fosse comercializado. Nesse crime, a **comercialização não se faz necessária**. Basta que a pessoa seja colocada em condição degradante e se vê aprisionada a outra.
- **Condutas:**
  a) Submeter a vítima a **trabalhos forçados**: o trabalhador, mediante alguma forma de coerção, é submetido a trabalho contra a sua vontade;
  b) Submeter a vítima a **jornada exaustiva**: o empregador exige, impõe ao trabalhador a jornada extra de trabalho em desacordo com a legislação trabalhista sem o pagamento de verbas devidas;
  c) Sujeitar o trabalhador a **condições degradantes de trabalho:** o trabalhador é submetido a condições humilhantes de trabalho, que mais o aproximam de escravo do que homem livre. O juiz vai analisar no caso concreto se as condições são degradantes, tomando por base, inclusive, mas não exclusivamente, a legislação trabalhista;
  d) **Restringir**, por qualquer meio, **sua locomoção** em razão de dívida contraída com o empregador ou preposto: o trabalhador tem a sua liberdade cerceada pelo empregador em razão de dívida contraída. Exemplo clássico: o empregador tem uma mercearia dentro da Fazenda e obriga que o trabalhador compre dele produtos a preços aviltantes. Contraída a dívida, o trabalhador fica impedido de sair da fazenda, enquanto não a pagar;
  e) **Cercear o uso** de qualquer **meio de transporte** por parte do trabalhador, com o fim de **retê-lo no local de trabalho:** tutela-se a livre opção do trabalhador de usar meios de transporte para se ausentar do local de trabalho. Geralmente, ocorre em fazendas distantes de grandes centros urbanos, em que o empregador torne inviável o deslocamento do empregado ao retirar do local meios de transporte.;
  f) **Manter vigilância ostensiva** no local de trabalho com o fim de **reter o trabalhador no local de trabalho:** o uso de vigilantes armados por si só não configura o crime, como ocorre em bancos. O crime se configurar se a manutenção dessa vigilância tem como finalidade de reter o trabalhador no local de trabalho.
  g) **Apoderar-se de documentos ou objetos pessoais** do trabalhador, com o fim de **retê-lo no local de trabalho:** nesse crime a retenção de documentos do trabalhador, qualquer que seja ele, não só a CTPS, visa impedir que ele deixe o local de trabalho. Também ocorre se o emprego reter objetos pessoais doo trabalhador, como utensílios domésticos, instrumentos de trabalho.
- De acordo com recentes decisões do STJ e do STF, crime de redução à condição análoga a de escravo, além de atingir a dignidade da pessoa humana, viola a organização do trabalho, motivo pelo qual a competência para o seu julgamento é da Justiça Federal (art. 109, V-A e VI, CF/88).

Causas de aumento de pena (1/2), se o crime é cometido	I – contra **criança ou adolescente**; II – por motivo de **preconceito de raça, cor, etnia, religião ou origem**.

- **Tráfico de pessoas:** visa tutelar a liberdade da pessoa de permanecer no local em que escolher de acordo com a sua conveniência.

Condutas criminosas (tipo penal misto alternativo: basta que o agente cometa um dos verbos. Se cometer mais de um deles, responderá por um único crime. Por exemplo: compra e aloja a mesma vítima	Agenciar; Aliciar; Recrutar; Transportar; Transferir; Comprar; Alojar; Acolher pessoa

Causas especiais de aumento de pena	I - o crime for cometido por **funcionário público** no exercício de suas funções ou a pretexto de exercê-las; II - o crime for cometido contra **criança, adolescente** ou pessoa **idosa** ou com **deficiência**; III - o agente se prevalecer de relações de **parentesco, domésticas, de coabitação, de hospitalidade, de dependência econômica, de autoridade ou de superioridade hierárquica inerente ao exercício de emprego, cargo ou função**; ou IV - a vítima do tráfico de pessoas for **retirada do território nacional**.

18. DOS CRIMES CONTRA O PATRIMÔNIO

- Nos crimes contra o patrimônio, tutelam-se a propriedade e a posse da vítima sobre um bem.
- Furto: o agente subtrai coisa alheia móvel pertencente a outrem.
- Ladrão que furta ladrão comete crime de furto, mas a vítima continua sendo o proprietário ou o possuidor originário.
- Objeto material: coisa corporal com valor patrimonial.
- Coisa de valor sentimental: há entendimento da doutrina majoritária no sentido de que pode ocorrer crime de furto.
- A subtração de cheque em branco não configura crime de furto por falta de valor econômico. Mas, se o agente que subtraiu o cheque o preenche e o faz circular, comete crime de estelionato.
- A coisa deve pertencer a uma terceira pessoa.
- A coisa abandonada, portanto, não pode ser objeto de furto.
- Se o agente subtrair coisa própria que está em poder de terceiro, pode cometer crime de exercício arbitrário das próprias razões (art. 346, CP) ou furto de coisa comum (art. 156, CP).
- Furto de uso: figura atípica.

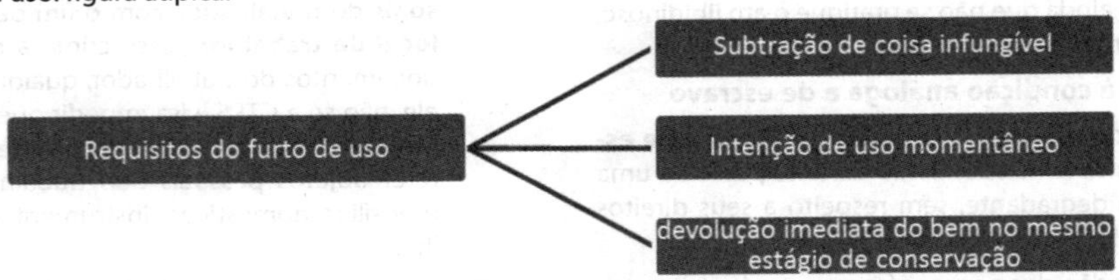

- O crime de furto se consuma no momento em que o agente tem a posse da coisa subtraída, ainda que seja por um breve espaço de tempo, sem que seja necessário que ele tenha posse e mansa pacífica do bem e que este seja retirado da esfera de vigilância da vítima.
- De acordo com o STJ, o fato de a loja ser equipada com aparelhos de vigilância, como câmaras, alarmes, por si só, não caracteriza o crime impossível, já que, mesmo sistemas de segurança mais avançados são falíveis.
- **Furto noturno: art. 155, § 1º, CP:** praticado durante o repouso noturno, que deve ser analisado de acordo com os usos e costumes do lugar. O repouso noturno no campo é diferente do repouso noturno de uma grande cidade.

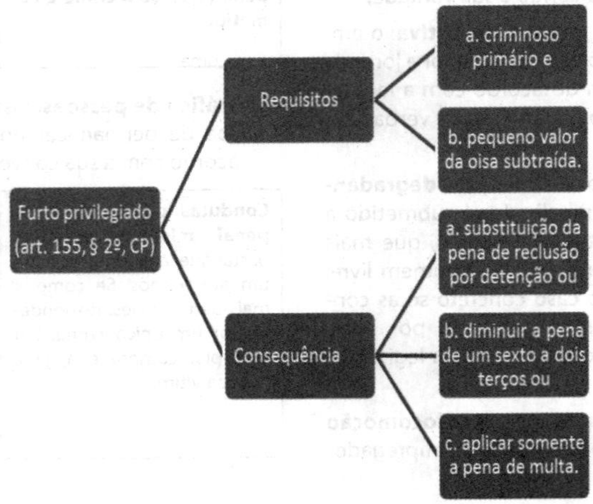

- Há um escalonamento para se diferenciar o furto privilegiado do furto em que incide o princípio da insignificância. No primeiro caso, trata-se de coisa com pequeno valor (até um salário mínimo); no segundo, o valor do bem é insignificante a ponto de não ser ofendido o patrimônio da vítima da subtração.
- **Furto qualificado – art. 155, § 4º, CP:** são circunstâncias que fazem com que o preceito penal secundário seja elevado: pena – **reclusão de 02 a 08 anos e multa.**

QUALIFICADORA	CARACTERÍSTICAS
Destruição ou rompimento de obstáculo	O agente pratica uma violência contra uma coisa que protege o bem a ser subtraído: corta a cerca elétrica da casa. Exige perícia.
Com abuso de confiança	Há uma relação de confiança entre vítima e agente que facilita a subtração. A simples relação empregatícia não significa, por si só, que o empregador tenha confiança em relação ao empregado, para fins penais.
Mediante fraude	O agente utiliza um ardil para diminuir a vigilância da vítima sobre o bem e, assim, ter mais facilidade para subtrair a coisa.
Escalada	O agente entra no local em que está o bem por meio anormal e esforço imediato. Por exemplo, escalar o muro da casa.
Destreza	O agente usa uma especial habilidade para subtrair o bem, como na subtração de uma carteira do bolso da calça da vítima sem que ela perceba a ação do agente.
Chave falsa	Uso de instrumento para fazer vezes de chave verdadeira, como mixa, gazua, arame, alicate.
Concurso de pessoas	Duas ou mais pessoas participam da execução do crime, seja como autores, seja como partícipes.
Veículo automotor que venha a ser transportado de um estado para outro ou para o exterior	O veículo é transportado de um Estado da Federação para outro (de SP para MG) ou para o exterior (do Brasil para o Paraguai)
Subtração for de semovente domesticável de produção, ainda que abatido ou dividido em partes no local da subtração.	Pena de dois a cinco anos

- **Roubo Próprio (art. 157, *caput,* CP)**: o agente subtrai coisa alheia móvel pertencente a outrem com o emprego de violência ou grave ameaça ou qualquer outra forma de redução de vigilância da vítima (violência imprópria).
- **Roubo Impróprio (art. 157, § 1º, CP):** depois de subtrair o bem, para assegurar a posse e/ou impunidade, o agente pratica violência ou grave ameaça contra a vítima.
- **Roubo majorado (art. 157, § 3º, CP):** circunstância que faz o juiz aumentar a pena do agente de um terço até metade.

Circunstância	Característica
Emprego de arma	Pode ser arma de fogo ou arma branca, como faca. Arma de brinquedo não faz incidir a circunstância.
Concurso de duas ou mais pessoas	Duas ou mais pessoas participam da execução do crime, seja como autores, seja como partícipes.
A vítima está em transporte de valores	Como por exemplo, carros fortes
Veículo automotor que venha a ser transportado de um estado para outro ou para o exterior	O veículo é transportado de um Estado da Federação para outro (de SP para MG) ou para o exterior (do Brasil para o Paraguai)
Restrição de liberdade da vítima	A restrição de liberdade da vítima deve se dar por um tempo juridicamente relevante e deve ser para executar o crime ou garantir a fuga

- **Roubo qualificado: da violência empregada resulta lesão corporal de natureza grave ou morte (latrocínio).**
- O latrocínio consiste na subtração do bem, bem como, no mesmo contexto, na morte da vítima, que pode se dar pela forma culposa ou pela forma dolosa.

SUBTRAÇÃO	MORTE	LATROCÍNIO
Consumada	Consumada	Consumado
Consumada	Tentada	Tentado
Tentado	Consumada	Consumado
Tentada	Tentada	Tentado

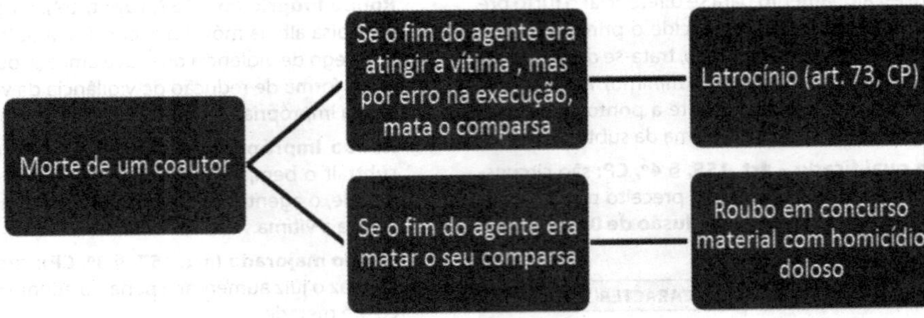

- **Extorsão (art. 158, CP)**: mediante violência ou grave ameaça, o agente constrange alguém a fazer algo, como que obtém vantagem econômica.
- Na **extorsão**, a vítima é constrangida a fazer, tolerar que se faça ou deixar de fazer alguma coisa, mediante violência ou grave ameaça, tendo o sujeito ativo do crime a finalidade de obter, para si ou para outrem, indevida vantagem econômica.
- A diferença fundamental entre roubo e extorsão se encontra **na necessidade de participação ativa** da vítima para que o agente obtenha a vantagem patrimonial.
- No roubo, a coisa desejada pelo agente está à mão e a subtração independe da colaboração da vítima. Na extorsão, a conduta ativa da vítima é imprescindível para que o sujeito ativo do crime obtenha a indevida vantagem econômica.
- **Extorsão mediante sequestro (art. 159, CP)**: a obtenção da vantagem econômica é obtida por meio da restrição de liberdade da vítima.
- Trata-se de crime complexo, pois o sequestro, por si só, é uma infração autônoma e que, praticado com o fim de obter indevida vantagem, configura o tipo penal do art. 159, CP.
- É também crime formal, pois se consuma mesmo que não haja obtenção da indevida vantagem econômica, o que vem a ser mero exaurimento da conduta.

Formas qualificadas (art. 159, § 1º, CP)	Característica
O sequestro dura mais de vinte e quatro horas	A privação de liberdade traz fortes abalos emocionais à vítima, muitas vezes confinadas em locais insalubres, sem notícias de parentes e o medo de desfecho trágico, o que justifica a qualificadora em tela
O sequestrado é menor de dezoito anos ou maior de sessenta	A vulnerabilidade das pessoas menores de dezoito e maiores de sessenta anos exige maior reprimenda. Essa circunstância deve ser abrangida pelo dolo do agente, que sabia ou devia saber de sua existência.
Crime cometido por bando ou quadrilha	Com a Lei nº 12.850/2013, o *nomen criminis* passou a ser associação criminosa, sendo necessário que, pelo menos, **três pessoas** estejam associadas com o fim específico de praticar crimes. Ou seja, não basta o mero concurso de três pessoas a praticar o sequestro, mas se exige a estabilidade da associação voltada à prática de crimes

- **Apropriação Indébita (art. 168, CP)**: a posse do bem é obtida licitamente pelo agente, que, no entanto, passa a ter a coisa como sua ilicitamente. Há uma inversão da vontade do agente.
- **Estelionato (art. 171, CP)**: o agente obtém a vantagem patrimonial em detrimento de prejuízo da vítima, induzida ou mantida em erro, em decorrência de ardil.

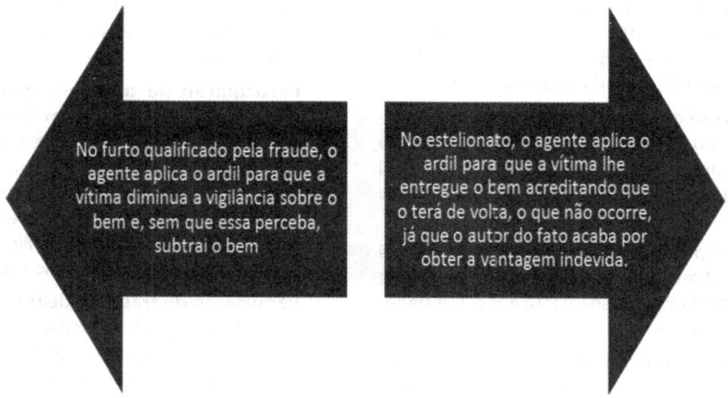

Meios de induzimento ou manutenção em erro	Características
Artifício	É astúcia, esperteza, manobra que implica engenhosidade. Ex: o agente se faz passar como representante de uma entidade caridade respeitada na comunidade e induz o ofendido a fazer doação que, desde o início, tem a intenção de tê-la para si
Ardil	É também artifício, esperteza, embora na forma de armadilha, cilada ou estratagema. Ex: o agente prepara um local como sendo agência de veículos, vende automóvel à vítima, recebe o dinheiro, mas, antes de entrega-lo, desaparece com o dinheiro obtido.
Qualquer outro meio fraudulento	Trata-se de interpretação analógica

- **Receptação própria**: o agente, adquire, recebe, transporta, conduz ou oculta, para si ou para outrem, coisa que **sabe ser produto de crime.**
- **Receptação imprópria:** o agente influencia para que terceiro, de boa-fé, a adquira, receba ou oculte a coisa que ele, sujeito ativo do crime, sabe ser produto de crime.
- **Receptação qualificada:** trata-se de crime próprio, porque o agente deve ter uma qualidade especial: comerciante, ainda que irregular ou clandestino, ou empresário.
- **Escusa absolutória**: há isenção de pena, apesar da conduta do agente ser típica.

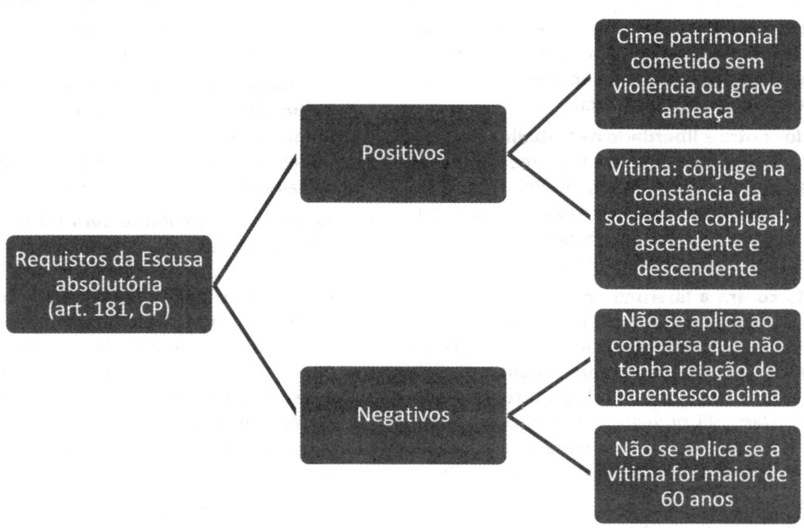

- **Crime de apropriação indébita previdenciária**: CP, art. 168-A. No crime de apropriação indébita previdenciária, basta que o agente deixe de recolher a contribuição aos cofres da Previdência Social.
- Não é necessário que o agente vise fraudar a Previdência Social, ou que reverta o dinheiro apropriado em proveito próprio (o chamado animus rem sibi habendi) (STJ - 5.ª T. - REsp. 629.091 - Rel. Arnaldo Esteves Lima - DJU 24.04.2006).
- Crime de estelionato previdenciário: CP, art. 171, § 3º. Não raro a Previdência Social é vítima de fraude por meio da qual uma pessoa passa a receber benefícios previdenciários.
- Trata-se de crime permanente, ou seja, perdura enquanto a pessoa recebe o benefício previdenciário, com o prazo prescricional se iniciando a partir da última parcela paga indevidamente pelo INSS (STJ - AgRg. no REsp. 1270173/RJ. Rela. Mina Laurita Vaz. DJ. 27/03/2012).

19. CRIMES CONTRA A PROPRIEDADE IMATERIAL

- O STJ e o STF consolidaram entendimento que os crimes de CD's e DVD's "piratas" merecem resposta penal, porque não são abarcados pelo princípio da adequação social, já que visam tutelar o direito de autor, que encontra amparo constitucional.
- A falsificação de CD's e DVD's de filmes e shows musicais incide no art. 184, CP.

20. CRIMES CONTRA A ORGANIZAÇÃO DO TRABALHO

- Os crimes contra a organização do trabalho visam tutelar a **dignidade do trabalhador nas relações de trabalho**, seja sob o aspecto individual, seja sob o aspecto coletivo.
- Se o crime contra a organização do trabalho atingir o **interesse coletivo**, a competência é da **Justiça Federal**. Contudo, se atingir apenas o **interesse individual** do trabalhador ou do empregador, haverá competência da **Justiça Estadual**.
- **Atentado contra a liberdade de trabalho** (art. 197, CP): trata-se de constranger a vítima, mediante grave ameaça ou violência, a fazer ou deixar de fazer alguma coisa relacionada ao livre exercício do trabalho, seja na qualidade de trabalhador (art. 197, I, CP), seja na qualidade de empregador (art. 197, II, CP).
- **Atentado contra a liberdade de contrato de trabalho e boicotagem violenta** (art. 198, CP): trata-se de constranger a vítima, mediante grave ameaça ou violência, a fazer ou deixar de fazer alguma coisa relacionada ao livre exercício de celebração do contrato de trabalho (art. 198, primeira parte, CP), ou de impedir que a pessoa desenvolva livremente a atividade industrial ou agrícola (art. 198, segunda parte, CP).
- **Atentado contra a liberdade de associação** (art. 199, CP): trata-se de constranger a vítima, mediante grave ameaça ou violência, a se associar ou deixar de se associar a um determinado sindicato ou associação profissional.
- **Participação de trabalho, seguida de violência ou perturbação da ordem** (art. 200, CP): trata-se do exercício do lockout, suspensão do trabalho pelo empregador, e da greve de trabalhadores, promovida por meio de violência contra pessoa ou coisa. Como o tipo penal tem como verbo-núcleo "participar", exige-se que haja multiplicidade de pessoas a participar da paralisação, pelo menos três.
- **Paralisação de trabalho de interesse coletivo** (art. 201, CP): trata-se do exercício do lockout, suspensão do trabalho pelo empregador, e da greve de trabalhadores, em que há interrupção de obra pública ou serviço de interesse público. Nesse caso, há abuso do direito de greve e, portanto, deve-se analisar o tipo penal à luz da Lei de Greve (Lei nº 7.783/89). Também, se exige a participação de pelo menos três pessoas.
- **Invasão de estabelecimento industrial, comercial ou agrícola. Sabotagem** (art. 202, CP): a invasão ou a sabotagem (danificação do estabelecimento ou das coisas que ele guarnece) deve ser feita com a finalidade de impedir ou embaraçar o curso normal do trabalho.
- **Frustração de direito assegurado por lei trabalhista** (art. 203, CP): mais uma vez, a incidência da norma penal depende da conjugação com interpretação da legislação trabalhista, constitucional ou inconstitucional. Deve haver o dolo por parte do agente, sendo que o simples inadimplemento com as normas trabalhistas não implica incidência do tipo penal.
- No parágrafo primeiro, o agente não se vale de simples fraude, como no caput, mas de coação. Estranhamento, contudo, as penas previstas são as mesmas.
- Causa especial de pena: vítima menor de dezoito anos, idosa, gestante, indígena ou portadora de deficiência física ou mental.
- **Frustração da lei sobre a nacionalização do trabalho** (art. 204, CP): trata-se de norma penal em branco, porque as regras sobre nacionalização do trabalho são previstas em legislação do trabalho, especialmente os arts. 352 e 354, CLT.
- **Exercício de atividade com infração de decisão administrativa** (art. 205, CP): o livre exercício da profissão é garantia constitucional, porém, a lei pode condicionar e limitar esse direito. Algumas profissões estão sujeitas ao controle administrativo, como, por exemplo, de seus conselhos, como o CRECI, CREA, CRM, etc., que podem impor sanções aos seus associados, como a suspensão da atividade. A inobservância dessa suspensão pode acarretar na subsunção da conduta ao crime do art. 205, CP, desde que seja feita de forma habitual.
- **Aliciamento para fim de emigração** (art. 206, CP): nesse crime, o sujeito ativo recruta (alicia, atrai), me-

diante fraude (falsas promessas), trabalhadores (no mínimo dois) para levá-los ao exterior.

- **Aliciamento de trabalhadores de um local para outro do território nacional** (art. 207, CP): nesse crime, o sujeito ativo alicia (recruta, atrai) trabalhadores (no mínimo dois) com o fim de levá-los de uma localidade para outra do território nacional. No caso, há violação não só a liberdade trabalhista, como ainda da liberdade de locomoção, dos sujeitos passivos do crime, que se deslocam de seu Estado de origem para outro e, ainda, o retorno ao Estado de origem é dificultada pelas precárias condições de trabalho encontradas no novo local de trabalho, como, por exemplo, o não fornecimento de meios de transporte, conforme figura equiparada do art. 207, § 1º, CP.
- Causas especiais de aumento de pena: qualidade especial da vítima: menor de dezoito anos, idosa, gestante, indígena ou portadora de deficiência física ou mental.

21. CRIMES CONTRA A DIGNIDADE SEXUAL

- A Lei nº 12.015/09 provocou radical mudança no tratamento dado aos crimes sexuais. Antes se tutelavam os costumes. Agora, se tutela a dignidade sexual, ou seja, o desenvolvimento sadio da sexualidade.
- Com a nova sistemática, o crime de estupro (art. 213, CP) pode ter como sujeitos passivos **homens e mulheres**.
- Para a caracterização do crime de estupro é indispensável que a haja o dissenso por parte da vítima, ou seja, que ela não concorde com a relação sexual que só acontece em decorrência de **violência** ou **grave ameaça**.
- Consuma-se o estupro com a conjunção carnal (coito vaginal) ou com qualquer outra modalidade de ato libidinoso, como o coito anal, o sexo oral, o toque em regiões erógenas como o pênis, os seios, a própria vagina, etc.
- Não há se falar em violação à lei nem em dissídio jurisprudencial, haja vista o acórdão impugnado estar em consonância com o atual entendimento dos tribunais superiores, no sentido de ser possível o reconhecimento de **crime único**, quando praticados os delitos de estupro e de atentado violento ao pudor, denominado hodiernamente também como estupro, contra a mesma vítima e no mesmo contexto.
- Estupro qualificado:

Art. 213, § 1º, CP: reclusão de 8 a 12 anos	· Se da conduta resulta **lesão corporal de natureza grave**. · Se a vítima é menor de 18 anos ou maior de 14 anos.
Art. 213, § 2º, CP: reclusão de 12 a 30 anos	· Se da conduta resulta morte.

- **Assédio Sexual:** Trata-se de crime **próprio** porque o sujeito ativo deve ser superior hierárquico à vítima em relação de trabalho, seja no setor privado, seja no setor público.
- Não configura o crime se a relação hierárquica for de outra natureza, como familiar, de ordem religiosa ou entre professor ou aluno.
- No crime de estupro de vulnerável (art. 217-A, CP), **não são necessárias** a violência ou **grave ameaça**. Isso porque o legislador presume que as vítimas não têm capacidade de discernimento sobre o consentimento na realização do sexo. **Trata-se de presunção absoluta**.
- **Ação penal:** Nos crimes do art. 213 a 218-B, CP, a ação penal é **pública condicionada** à representação.
- Exceção: a ação penal é pública **incondicionada** nos casos em que a vítima: a. é menor de dezoito anos de idade; b. é vulnerável nos termos do art. 217-A, CP.

22. DOS CRIMES CONTRA A FÉ PÚBLICA

- Nos crimes contra a fé-pública, tutela-se a presunção de veracidade que se emana dos documentos.

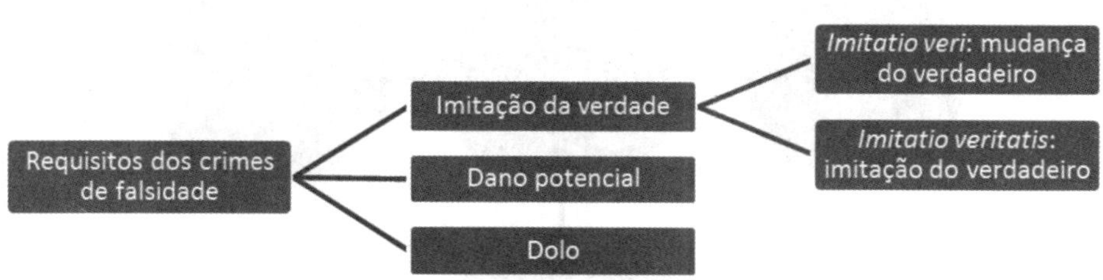

- **Moeda falsa (art. 290, CP):** consiste na fabricação de moeda falsa ou alteração do valor de moeda verdadeira.
- A moeda pode ser **metálica ou papel-moeda, nacional ou estrangeira.**
- A competência para o julgamento do crime é da **Justiça Federal**.
- É atípica a conduta de falsificar moeda que já saiu de circulação, como o cruzeiro ou cruzado.
- **Moeda falsa privilegiada (art. 290, § 2º, CP):** inicialmente, a pessoa recebe a moeda de boa-fé, sem saber da falsidade. No entanto, ao tomar conhecimento de que se trata de moeda falsa, a coloca em circulação.
- **Moeda falsa qualificada (art. 290, § 3º, CP):** trata-se de crime **próprio**, pois o sujeito ativo sempre será **funcionário público ou diretor, gerente, ou fiscal de banco de emissão que fabrica emite ou autoriza a fabricação ou emissão:**

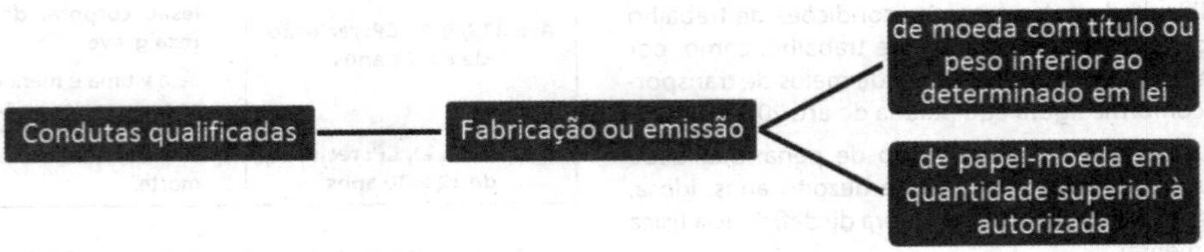

- **Moeda falsa qualificada por equiparação (art. 290, § 4º, CP): funcionário público ou diretor, gerente, ou fiscal de banco de emissão** desvia e faz circular moeda, cuja **circulação não estava ainda autorizada**. Vê-se que a moeda não é falsa, mas sua circulação ainda não é permitida.
- **Petrechos para falsificação de moedas (art. 291, CP):** trata-se de um tipo penal **subsidiário**, pois, se o agente usa o maquinário e fabrica moeda falsa, responde apenas pelo tipo de crime de moeda falsa (art. 290, CP).
- **Falsificação de papéis públicos (art. 293, CP):** conceito de papel público: são os de feitura atribuída privativamente à administração do Estado ou a entidade de direito público cujos objetivos particulares são realizados no interesse da coletividade e que se ajustam ao programa funcional do Poder Público (Júlio Fabbrini Mirabete. *Manual de Direito Penal*. v. 3. p. 223).
- Há inúmeros papéis públicos, mas o crime só se caracterizará se a falsidade recair sobre um daqueles enumerados pelo art. 293, CP, tais como: estampilha, papel selado, papel de crédito público, etc..
- Quem falsifica vale postal incide na figura penal prevista no art. 47 da Lei nº 6.538/78, que revogou tacitamente o art. 293, III, CP.
- **Falsidade documental.**

Não são considerados documentos
Escrito a lápis
Fotografias isoladas
Fotocópia não autenticada
Falsificação grosseira, facilmente perceptível

- **Falsidade material:** (arts. 297 a 298, CP) o documento ou parte dele é falso em sua estrutura. Significa formar um documento materialmente ou alterá-lo. Por exemplo, uma gráfica produz espelho de CNH ou alguém rasura o contrato.
- **Falsidade de documento público:** (art. 297, CP). Documento público: é o elaborado por funcionário público no desempenho de suas funções: escritura pública, RG, CPF, CTPS, alvará judicial, etc.
- **Documentos públicos por equiparação:** emanado de entidade paraestatal, título ao portador ou transmissível por endosso, ações da sociedade comercial, os livros mercantis e o testamento particular.
- **O particular** pode ser sujeito ativo do crime de falsidade de documento público, se fazer um documento que deveria ser elaborado por funcionário público ou adultera um documento público.
- **Causa de aumento de pena:** se o funcionário público for o autor da falsificação e se valer de sua função para cometer o crime (art. 297, § 1º, CP).
- **Crimes de falsidade de documentos relativos à Previdência Social:** art. 297, §§ 3º e 4º, CP: na verdade, seria falsidade ideológica, já que o que é falso é o conteúdo do documento, o fato que expressa. Mas, por falta de técnica de legislador, foi incluído no art. 297, tendo as mesmas penas deste, portanto.
- **Falsidade de documento particular:** (art. 298, CP): documento particular tem conceito residual, ou seja, é aquele que não é elaborado por funcionário público no exercício de suas funções ou não é equiparado pela lei.
- Em caso de documento público, a **Justiça Federal** será competente se o documento público for emanado de entidade ligada á União; se o documento for particular, a **justiça Federal** será competente, se a intenção do autor era causar prejuízo à União.
- A cópia autenticada de um documento particular continua particular. No entanto, se a falsificação recair precisamente sobre a autenticação, haverá falsificação de documento público.
- **Falsidade Ideológica:** (art. 299, CP) o documento é materialmente verdadeiro, emanado de quem tenha legitimidade para fazê-lo, mas o conteúdo que expressa é falso.

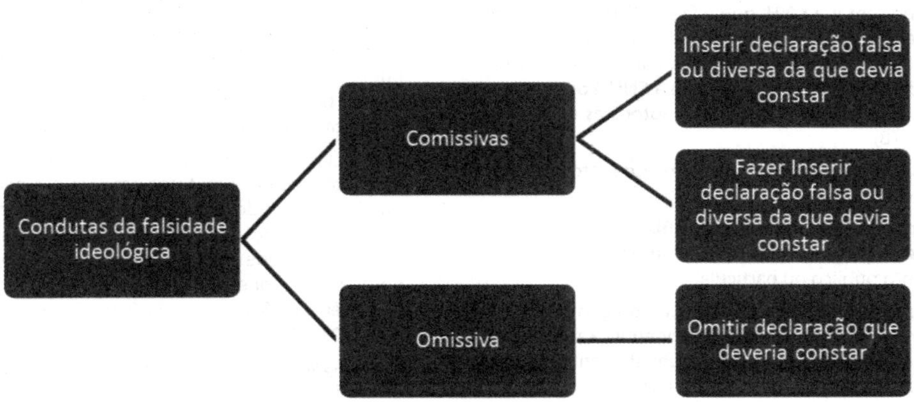

- Na falsidade ideológica, o documento pode ser público ou particular, conforme o art. 299, CP. Porém, a pena é maior se for público.
- O autor do documento pode não responder pelo crime, se não for ciente da declaração falsa. Por exemplo, "A" passou uma informação falsa a um funcionário público que produz uma certidão com esses dados falsos, sem saber desse fato. Somente, "A" responde pelo crime.
- Somente haverá crime de falsidade ideológica se o autor agir com um fim especial: **prejudicar direito, criar obrigação ou alterar a verdade sobre fato juridicamente relevante.**
- Na falsidade material, **é imprescindível o exame de corpo de delito;** enquanto falsidade ideológica não pode ser provado por perícia, já que, nesse caso, o documento é materialmente verdadeiro.

Falsidade Material	Falsidade Ideológica
Fabricação de espelho de RG em uma gráfica não autorizada para emiti-lo	Funcionário Público tem um espelho de RG verdadeiro em suas mãos e, com atribuição para preenchê-lo, acrescenta dados falsos
Particular tem espelho em branco de um RG verdadeiro e o preenche com dados falsos ou mesmo verdadeiro	Particular fornece dados inverídicos ao funcionário público que tem atribuição para emitir RG

- **Uso de documento falso:** (art. 304, CP): Fazer uso de um dos documentos falsos na forma dos arts. 297 a 302, CP.
- Trata-se de um tipo penal **remitido**, uma vez que faz referência a outros tipos penais para a sua configuração.
- Posição majoritária: **aquele que falsifica um documento e depois faz uso dele, só responde pelo crime de falsidade**. De acordo com essa corrente, o uso de documento falso, material ou formalmente, seria mero *post factum* impunível.
- Policiais em cumprimento de mandado de busca e apreensão domiciliar encontram o documento em uma gaveta, não há crime de uso de documento falso, pois não foi a pessoa que o apresentou, que dele fez uso.
- **Exceção:** Em uma *blitz* policial, o condutor se recusa a apresentar a **CNH**, que é falsa. Os policiais, então, fazem a busca e encontram o documento no interior do porta-luvas. Nesse caso, há crime de uso de documento público, uma vez que a **CNH é documento de porte obrigatório** pelos motoristas (art. 159, § 1º, CTB).
- **Finalidade especial:** fazer prova de fato relevante juridicamente.
- **Supressão de documento público**: (art. 305, CP): **destruição, supressão ou ocultação** de um documento público ou particular.
- **Falsa identidade**: (art. 307, CP): o agente não usa um documento falso, mas se identifica falsamente. Ou seja, mente em relação a um elemento de identificação, como nome, estado civil, sexo, idade, filiação, nacionalidade, etc.
- **Finalidade específica**: obter alguma vantagem ou causar prejuízo a terceiros.
- O Supremo Tribunal Federal, ao examinar o RE 640.139/DF, cuja repercussão geral foi reconhecida, entendeu que o **princípio constitucional da autodefesa não alcança aquele que atribui falsa identidade perante autoridade policial** com o objetivo de ocultar maus antecedentes, sendo, portanto, **típica a conduta praticada pelo agente.**
- **Adulteração de sinal de veículo automotor:** (art. 311, CP): trata-se de falsificação de numeração de chassi, de placas, de motor, de câmbio e qualquer outro dado de identificação de veículo.
- Para o Superior Tribunal de Justiça, é típica a conduta de adulterar a placa de veículo automotor mediante a colocação de **fita adesiva.**

23. DOS CRIMES CONTRA A ADMINISTRAÇÃO PÚBLICA

I. Conceito de Funcionário Público.

- Para fins penais, há um conceito de funcionário público próprio, previsto no art. 327 do Código Penal. Conceito esse que não se limita aos crimes previstos no Código, mas se estende à legislação extravagante, como a Lei nº 8.137/1990.
- O conceito abarca quem exerce transitoriamente ou sem remuneração cargo, emprego ou função. É o caso dos jurados do Tribunal do Júri.
- O modo de investidura no serviço público é indiferente. Pode ser por meio de concurso público (servidor de carreira), de eleição (prefeitos, vereadores, vice-prefeitos etc.) ou de livre nomeação (Ministros de Estado).
- Não importa se se trata de agente político (como membro de um dos Poderes ou do Ministério Público), servidor público estatutário, celetista ou ocupante de função pública.
- Estagiário no serviço público: é considerado funcionário público para efeitos penais (STJ - RHC 21951/MT – Rel. Min. Félix Fisher. DJ. 02/09/2008).
- Aquele que não é funcionário público (particular) pode cometer peculato, corrupção passiva ou outro crime em que se exige a qualidade de funcionário público para o sujeito ativo, desde que o particular seja partícipe ou coautor do crime. Ou seja, ele atue conjuntamente com um funcionário público.
- Para fins penais: o art. 327, *caput*, do Código Penal, se aplica tanto às hipóteses em que o funcionário público é autor do crime (por exemplo, concussão, excesso de exação, corrupção passiva), quanto às hipóteses em que é vítima, ao lado do Estado, da infração penal (por exemplo, desacato, desobediência e resistência). (STJ – HC nº 52.989/AC, Rel. Min. Félix Fisher, DJ. 23/05/2006)
- Funcionário público por equiparação: Art. 327, § 1º, do Código Penal.
- A expressão entidade paraestatal do art. 327, § 1º, do Código Penal, deve ser interpretada ampliativamente e deve abranger: autarquias, fundações públicas, sociedades de economia mista, empresas públicas, entidades do sistema S (SESI, SENAI, SENAC) etc.
- São equiparados a funcionários públicos os empregados das pessoas jurídicas de direito privado que mantêm contratos de concessão, permissão, autorização e convênios com o Poder Público, desde que o objeto desse contrato seja uma atividade típica da Administração Pública, como a prestação de serviços de saúde por uma Santa Casa.

- **Causa especial de aumento de pena:** funcionário público ocupante de **cargos em comissão ou de função de direção ou assessoramento.**

II. Alguns crimes contra Administração Pública.

- **Peculato** (arts. 312 e 313 do Código Penal). Peculato é um crime praticado por funcionário público e que visa tutelar o patrimônio da Administração e, excepcionalmente, atinge um bem particular, quando este está sob a posse ou a detenção do Poder Público.

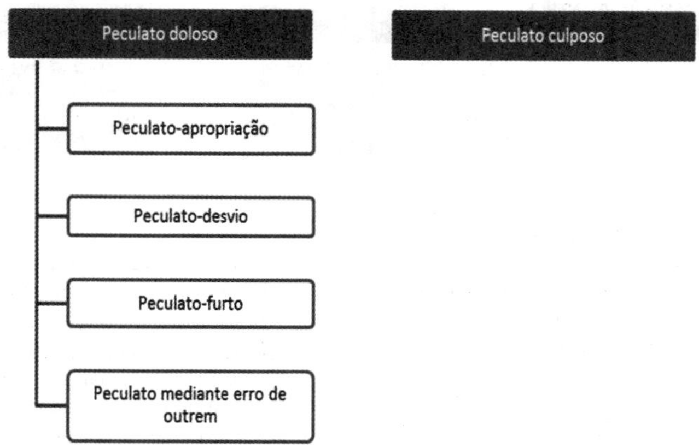

- **Peculato-apropriação**: art. 312, *caput*, 1ª parte, do Código Penal: o funcionário público, em razão da função que ocupa, tem **a posse lícita do bem público, mas passa a agir como se dono fosse do bem**. Por exemplo, o funcionário público tem a posse do computador em que trabalha e, então, resolve levá-lo para casa, dele se apropriando.
- **Peculato-desvio**: art. 312, *caput*, 2ª parte: o funcionário público, em razão da função que ocupa, tem a posse lícita do bem público, mas desvia a sua aplicação em proveito próprio ou alheio. Por exemplo, há uma verba destinada ao pagamento pela construção da praça pública.
- **Prefeito Municipal**: não há crime de peculato, mas crime próprio, previsto no Decreto-Lei nº 201/1967 – que cuida dos crimes de responsabilidade de prefeitos.
- **Peculato-furto**: art. 312, § 1º, do Código Penal: o funcionário público, valendo-se das facilidades de sua função, subtrai (furta) ou concorre (auxilia, induz ou instigue) outrem a subtrair, para si ou para outrem, o bem da Administração Pública ou que esteja sob sua posse ou detenção.
- Nesse caso, o bem não está na posse ou detenção do funcionário-público (como ocorre no peculato-apropriação). Por exemplo, o segurança de um Banco estatal subtrai o dinheiro do caixa da agência, em que trabalha.
- **Peculato mediante erro de outrem**: agindo em erro, um particular entrega à Administração Pública um bem de expressão econômica, o funcionário público percebe o erro, mas mantém o particular nesse estado, e, ainda, se apropria do bem.
- Exemplo: agindo em erro, o particular paga R$ 2.000,00 (dois mil reais), relativa a uma multa administrativa, quando o valor seria de R$ 1.000,00 (mil reais). O funcionário público percebe o erro, mas mantém o particular dessa forma, e se apropria dos R$ 1.000,00 (mil reais).
- **Peculato culposo**: Art. 312, § 2º, do Código Penal: o agente age com culpa (negligência, imprudência ou imperícia), e, de sua conduta culposa, uma terceira pessoa se aproveita para praticar um crime contra a Administração Pública, como um furto ou um peculato, etc.

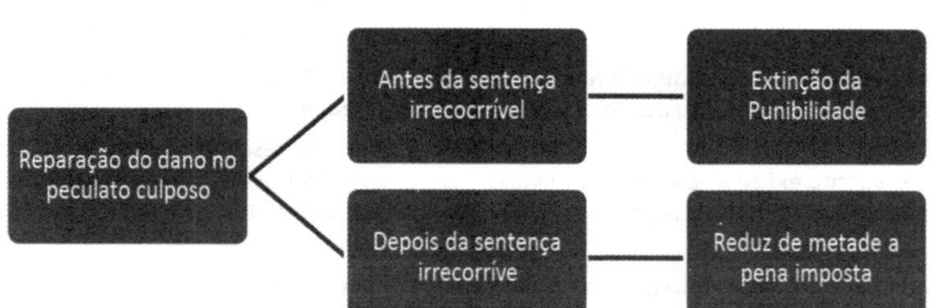

- **NO PECULATO DOLOSO, A REPARAÇÃO DO DANO NÃO EXTINGUE A PUNIBILIDADE.**

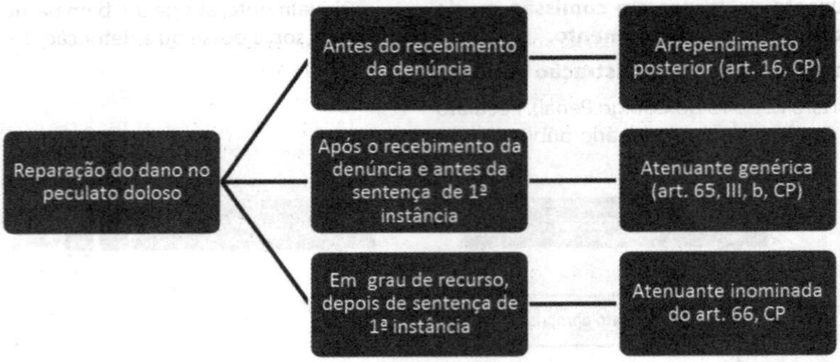

- **Peculato de uso**: ocorre na hipótese de o funcionário público se apropriar, desviar ou subtrair o bem público, mas com a nítida intenção de restituí-lo à Administração Pública e, assim, procede. Nesse caso, não há crime de peculato, porque se exige prejuízo de ordem patrimonial à Administração Pública (STJ – HC nº 94.168/MG. Rel. Min. Jane Silva. DJ. 01º.04.2008).
- Porém, apesar de não ser crime, tal conduta pode configurar ato de improbidade administrativa (Lei nº 8.429/92).
- **Concussão**: Art. 316 do Código Penal: o funcionário público, faz uma exigência ao particular, em que há uma ameaça, ao menos implicitamente, para receber vantagem indevida.
- Exemplo: o agente florestal exige do poluidor uma quantia em dinheiro para si, para deixar de aplicar a multa.
- O crime se consuma com a exigência, independentemente da efetiva vantagem pretendida pelo agente.
- **Excesso de exação**: art. 316, § 1º, do Código Penal: rime relacionado à cobrança de tributos.
- Há duas figuras. Na primeira delas, o funcionário sabe que o tributo é indevido, mas mesmo assim exige o seu pagamento.
- Na segunda delas, o tributo é devido, mas o funcionário público expõe o devedor a uma cobrança vexatória ou gravosa, por meio não previsto em lei.
- Há modalidade especial de excesso de exação previsto: art. 316, § 2º, do Código Penal: o funcionário público desvia a quantia recebida indevidamente em proveito próprio ou alheio.
- **Corrupção passiva**: art. 317 do Código Penal: o **funcionário público** solicita, recebe ou aceita promessa de vantagem indevida.
- Na concussão, o agente **exige** a vantagem indevida, enquanto, na corrupção passiva, há mera **solicitação**.
- Não é necessário que o funcionário público receba a vantagem indevida, basta que solicite ou aceite a promessa de recompensa, para a configuração do crime de corrupção passiva, já que se trata de **crime formal**.
- **Facilitação de contrabando ou descaminho: (art. 318, CP):** o funcionário público que tem a atribuição de combater o contrabando e o descaminho facilita sua ocorrência.
- Trata-se de uma exceção à teoria monista: pois o particular responde por contrabando ou descaminho, enquanto que o funcionário público que facilita responde pelo aert. 318, CP.
- **Prevaricação**: art. 319 do Código Penal: se o funcionário público agir de forma contrária ao que determina a lei, comete crime de prevaricação, desde que vise a satisfazer interesse ou sentimento pessoal.
- No caso de dúvida ou erro na interpretação da lei, o funcionário público não responde por prevaricação.
- Além de querer não observar o que estabelece em lei, o funcionário público age para satisfazer interesse ou sentimento pessoal, como o ódio, a afeição, a teimosia, o capricho, a contemplação, benefício patrimonial indireto, etc.
- **Condescendência criminosa:** art. 320, CP: o superior hierárquico, por indulgência, deixa de tomar as medidas legais cabíveis contra o funcionário público subordinado que cometeu uma infração administrativa.
- **Resistência**: art. 329 do Código Penal: Trata-se de crime praticado por particular contra a Administração Pública. Para a caracterização do crime de resistência, o sujeito ativo deve se voltar contra ato legal da Administração Pública, isto é, ato praticado formal e materialmente nos termos da lei.
- O agente deve resistir mediante **violência ou grave ameaça**.
- O ato de resistência deve ser voltado contra o funcionário público competente para a sua prática ou contra o particular que, por ventura, o esteja a auxiliá-lo.
- **Desobediência**: art. 330 do Código Penal: O particular deixa de cumprir uma ordem legal, emanada

de funcionário público que tenha competência para dar tal ordem.

- Pode o funcionário público praticar crime de desobediência, desde que não se dê em descumprimento hierarquia interna, não há o crime em tela, podendo configurar mera infração administrativa ou, no máximo, prevaricação (STJ – ROHC nº 12.780/MS. Rel. Min. Félix Fisher. DJ. 27.05.2003).
- **Desacato:** art. 331 do Código Penal: o agente, por qualquer meio, como palavras ou gestos, humilha, ofende, desprestigia o funcionário público no exercício ou em função dela.
- O que se tutela é a dignidade da função pública, ou seja, há crime ainda que o servidor não se sinta ofendido subjetivamente.
- Se a ofensa for feita ao funcionário público ausente, haverá crime de injúria qualificada.
- A discussão exaltada entre o particular e o funcionário público não tipifica o crime de desacato (STJ – REsp. 13.946/PR. Rel. Min. Cid Flaquer Scartezzini. DJ. 24.06.1992).
- O Supremo Tribunal Federal declarou inconstitucional o art. 7º, § 2 ª, do Estatuto da Ordem dos Advogados do Brasil (Lei nº 8.906/1994), que tornava imune o advogado que cometia desacato no exercício de sua função (ADI nº 1127/DF. Rel. Original. Min. Marco Aurélio. Rel. para Acórdão. Min. Ricardo Lewandowski. DJ. 17.05.2006).
- **Corrupção ativa**: art. 333 do Código Penal: o particular que oferece ou promete a vantagem indevida comete crime.
- Trata-se de exceção à teoria monista, pois o funcionário público responde por corrupção passiva, enquanto o particular por corrupção ativa.

Corrupção ativa	Corrupção passiva
____	Solicitar
Oferecer	Receber
Prometer	Aceitar promessa.

- Atenção: se o funcionário público tomar a iniciativa e solicitar a vantagem econômica, o particular não responde por corrupção ativa, mesmo que efetue o pagamento.
- **Denunciação caluniosa:** o agente dá início a uma investigação policial, processo judicial, inquérito civil ou ação de improbidade administrativa, imputando falsamente a autoria de um crime ou contravenção penal.
- O crime se consuma com o início das investigações, mesmo que não haja inquérito policial formalmente instaurado.
- O envio de carta anônima dando notícia de um crime e apontando falsamente a autoria delitiva configura crime de denunciação caluniosa, se a partir dela se iniciam as investigações.
- **Falso testemunho:** se o falso é cometido no cumprimento de carta precatória, o Juízo deprecado é o competente para o julgamento do crime, pois o crime se consumou nesse local.

24. LEI Nº 7.716/1989 E SUAS ALTERAÇÕES (CRIMES RESULTANTES DE PRECONCEITOS DE RAÇA OU DE COR).

- A prática do **racismo** constitui **crime inafiançável e imprescritível**, sujeito à pena de reclusão, nos termos da lei (art. 5º, XLII, CF/88).
- Para efeitos penais, considera-se racismo a discriminação ou preconceito de **raça, cor, etnia, religião ou procedência nacional.**
- Os tipos penais da Lei nº 7.716/1989 descrevem condutas que ofendem a coletividade, não uma pessoa individualmente, o que configuraria injúria pessoal.
- As demais diferenças entre crime de racismo e injúria estão descritas no item de crimes contra a pessoa.

25. LEI Nº 9.455/1997 (CRIMES DE TORTURA).

- Tortura é um crime equiparado a hediondo, consistente, em síntese, no emprego de grave ameaça ou violência, que cause sofrimento físico ou mental à vítima.
- No Brasil, o funcionário público e o particular podem ser sujeito ativo do crime de tortura.

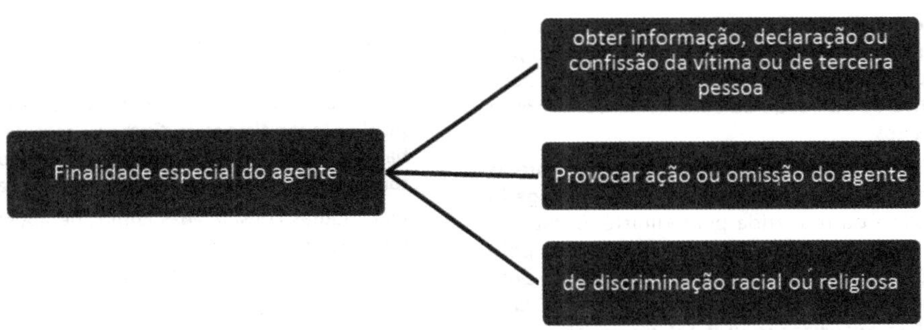

- Tortura imprópria: art. 1º, § 2º, da Lei de Tortura – **OMISSÃO DO AGENTE,** que tinha o dever de evitá-la ou puni-la.
- Crime qualificado: se da tortura resulta **morte ou lesões corporais graves ou gravíssimas.**
- **Princípio da extraterritorialidade incondicionada:** aplicação da lei brasileira, ainda que o fato tenha acontecido no exterior, mas se a vítima é brasileira ou se o agente se encontrar em local sob jurisdição brasileira.

26. LEI Nº 12.694/2012 E LEI Nº 12.850/2013 (CRIME ORGANIZADO).

- Considera-se **organização criminosa a associação de 4 (quatro) ou mais pessoas** estruturalmente ordenada e caracterizada pela divisão de tarefas, ainda que informalmente, com objetivo de obter, direta ou indiretamente, vantagem de qualquer natureza, mediante a prática de infrações penais cujas penas máximas sejam superiores a 4 (quatro) anos, ou que sejam de caráter transnacional.
- **Colaboração premiada:** meio de prova em que o agente **colabora efetiva e voluntariamente** com a investigação e com o processo criminal, desde que dessa colaboração advenha um ou mais dos seguintes resultados.

Resultados exigidos para o benefício da colaboração premiada	· a identificação dos demais coautores e partícipes da organização criminosa e das infrações penais por eles praticadas; · a revelação da estrutura hierárquica e da divisão de tarefas da organização criminosa; · a prevenção de infrações penais decorrentes das atividades da organização criminosa; · a recuperação total ou parcial do produto ou do proveito das infrações penais praticadas pela organização criminosa; · a localização de eventual vítima com a sua integridade física preservada.

- **Consequências da colaboração premiada**: O juiz poderá, a requerimento das partes, conceder o perdão judicial, reduzir em até 2/3 (dois terços) a pena privativa de liberdade ou substituí-la por restritiva de direitos
- A **infiltração de agentes de polícia** em tarefas de investigação, representada pelo delegado de polícia ou requerida pelo Ministério Público, após manifestação técnica do delegado de polícia quando solicitada no curso de inquérito policial, será precedida de circunstanciada, motivada e sigilosa **autorização judicial**, que estabelecerá seus limites.

27. LEI Nº 9.605/1998 E SUAS ALTERAÇÕES (CRIMES CONTRA O MEIO AMBIENTE).

- Meio ambiente é o conjunto de condições, leis, influências, alterações e interações de ordem física, química e biológica que **permite, abriga e rege a vida** em todas essas formas.
- Os crimes ambientais podem ser cometidos por pessoas **naturais e jurídicas**.
- **Teoria da dupla imputação:** a pessoa jurídica só responde criminalmente se a conduta também for imputada à pessoa física responsável pela conduta da empresa que causou o dano.
- **O STF passou a entender que não se aplica a teoria da dupla imputação em crime ambiental em face do postulado constitucional de tutela integral de meio ambiente (RE 548.181/PR, de relatoria da Ministra Rosa Weber).**
- **Com isso, pode a pessoa jurídica responder penalmente por crime ambiental, mesmo que seus diretores (pessoas físicas) sejam absolvidos.**
- O baixo grau de instrução ou escolaridade do agente não exclui o crime, mas é **atenuante genérica.**
- Nos **crimes ambientais de menor potencial ofensivo**, se admite a transação penal, desde que haja **prévia composição do dano ambiental**, salvo em caso de comprovada impossibilidade.
- Praticar ato de abuso, maus-tratos, ferir ou mutilar animais silvestres, domésticos ou domesticados, nativos ou exóticos constitui crime. É o que ocorre nas **brigas de galo.**
- Para efeitos da norma penal-ambiental, considera-se pesca todo ato tendente de retirar grupos de **peixe, crustáceos, moluscos e vegetais hidróbios**.
- A mera **utilização** de floresta considerada área de preservação permanente constitui crime, se não observadas normas de proteção ambiental.
- Destruir **plantas de ornamentação** de logradouros públicos e em propriedade privada constitui crime ambiental.

28. LEI Nº 4.898/1965 (ABUSO DE AUTORIDADE).

- A vítima pode oferecer representação por meio de petição à autoridade superior hierárquico do infrator, bem como para o Ministério Público.
- A ação penal nos crimes de abuso de autoridade é **pública incondicionada.** Com isso, mesmo que não haja representação da vítima, se o Ministério Público tomar conhecimento do fato de outra forma.
- As condutas consideradas crimes de abuso de autoridade estão previstos nos arts. 3º e 4º da Lei nº 4.898/65 e consistem, resumidamente, em hipóteses de abuso ou desvio de poder.
- Se o agente praticar uma ou mais das condutas previstas nesses artigos, poderá haver concurso formal

ou concurso material de crimes, conforme o caso concreto.

- Trata-se de crime **doloso**, ou seja, o agente tem que ter a intenção de praticar o abuso de autoridade, havendo possibilidade de dolo eventual.
- **Sanções penais**: multa, detenção de dez dias a seis meses e perda do cargo e inabilitação para o exercício de qualquer outra função pública pelo prazo de três anos.
- Pena acessória ou autônoma: **autoridade policial, militar ou civil**: vedação da pessoa de exercer cargo de policial, civil ou militar, no município da culpa pelo prazo de um a cinco anos.

29. LEI Nº 10.826/2003 E SUAS ALTERAÇÕES (ESTATUTO DO DESARMAMENTO).

- **Posse de arma de fogo**: possuir ou manter sob sua guarda arma de fogo, acessório ou munição, de uso permitido, em desacordo com determinação legal ou regulamentar, no interior de sua residência ou dependência desta, ou, ainda no seu local de trabalho, desde que seja o titular ou o responsável legal do estabelecimento ou empresa (art. 12, Estatuto do Desarmamento).
- **Porte de arma de fogo**: portar, deter, adquirir, fornecer, receber, ter em depósito, transportar, ceder, ainda que gratuitamente, emprestar, remeter, empregar, manter sob guarda ou ocultar arma de fogo, acessório ou munição, de uso permitido, sem autorização e em desacordo com determinação legal ou regulamentar, fora do domicílio ou o emprego (art. 14, Estatuto do Desarmamento).

Posse de arma de fogo	Porte de arma de fogo
Conduta em manter no interior de **residência** (ou dependência desta) ou no **local de trabalho** a arma de fogo	Pressupõe que a arma de fogo esteja fora da residência ou local de trabalho

- **Crime omissivo próprio**: deixar de observar as cautelas necessárias para impedir que menor de 18 (dezoito) anos ou pessoa portadora de deficiência mental se apodere de arma de fogo que esteja sob sua posse ou que seja de sua propriedade (art. 13, Estatuto do Desarmamento).
- **Crime subsidiário**: disparar arma de fogo ou acionar munição em lugar habitado ou em suas adjacências, em via pública ou em direção a ela, desde que essa conduta não tenha como finalidade a prática de outro crime (art. 15, Estatuto do Desarmamento). Assim, quem dispara em via pública para matar alguém responde apenas pelo crime de homicídio.

30. LEI Nº 9.613/1998 (LAVAGEM DE DINHEIRO).

- Consiste a lavagem de dinheiro nos atos de **ocultar ou dissimular** a natureza, origem, localização, disposição, movimentação ou propriedade de bens, direitos ou valores provenientes, direta ou indiretamente, de **infração penal** (crime ou contravenção penal).
- O crime de lavagem de dinheiro exige uma infração penal antecedente, cujo produto será o objeto da lavagem.
- Com a Lei nº 12.683/2012, a infração penal antecedente pode ser **crime ou contravenção penal.**

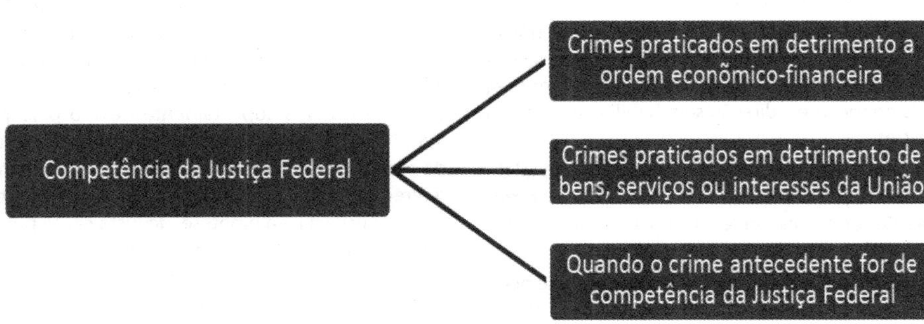

- Causas especiais de aumento de pena: crime de lavagem de dinheiro praticado de **forma habitual ou por crime organizado**.
- É possível a colaboração premiada em crimes de lavagem de dinheiro.
- Por se tratar de crime que visa dar impressão de licitude a produtos obtidos de formas ilícitas, a lei previu medidas cautelares que visam impedir que o agente tire proveito desses bens, como a **alienação antecipada** para preservação do valor dos bens sempre que estiverem sujeitos a qualquer grau de deterioração ou depreciação, ou quando houver dificuldade para sua manutenção.

✦ SÚMULAS APLICÁVEIS

- **Súmula Vinculante nº 24.** Não se tipifica crime material contra a ordem tributária, previsto no art. 1º, incisos I a IV, da Lei nº 8.137/90, antes do lançamento definitivo do tributo.
- **STF - Súmula 711** - A lei penal mais grave aplica-se ao crime continuado ou ao crime permanente, se a sua vigência é anterior à cessação da continuidade ou da permanência.
- **STF - Súmula 714** - É concorrente a legitimidade do ofendido, mediante queixa, e do Ministério Público, condicionada à representação do ofendido, para a ação penal por crime contra a honra de servidor público em razão do exercío de suas funções.
- **STF - Súmula 715** - A pena unificada para atender ao limite de trinta anos de cumprimento, determinado pelo art. 75 do código penal, não é considerada para a concessão de outros benefícios, como o livramento condicional ou regime mais favorável de execução.
- **STF - Súmula 716** - Admite-se a progressão de regime de cumprimento da pena ou a aplicação imediata de regime menos severo nela determinada, antes do trânsito em julgado da sentença condenatória.
- **STF - Súmula 717** - Não impede a progressão de regime de execução da pena, fixada em sentença não transitada em julgado, o fato de o réu se encontrar em prisão especial.
- **STF - Súmula 718** - A opinião do julgador sobre a gravidade em abstrato do crime não constitui motivação idônea para a imposição de regime mais severo do que o permitido segundo a pena aplicada.
- **STF Súmula 719** - A imposição do regime de cumprimento mais severo do que a pena aplicada permitir exige motivação idônea.
- **STF Súmula 720** - O art. 309 do código de trânsito brasileiro, que reclama decorra do fato perigo de dano, derrogou o art. 32 da lei das contravenções penais no tocante à direção sem habilitação em vias terrestres.
- **STF Súmula 721** - A competência constitucional do tribunal do júri prevalece sobre o foro por prerrogativa de função estabelecido exclusivamente pela constituição estadual.
- **STJ - Súmula 493** - É inadmissível a fixação de pena substitutiva (art. 44 do CP) como condição especial ao regime aberto.
- **STJ - Súmula 492** - O ato infracional análogo ao tráfico de drogas, por si só, não conduz obrigatoriamente à imposição de medida socioeducativa de internação do adolescente.
- **STJ - Súmula 491** - É inadmissível a chamada progressão per saltum de regime prisional.
- **STJ - Súmula 471** - Os condenados por crimes hediondos ou assemelhados cometidos antes da vigência da Lei n. 11.464/2007 sujeitam-se ao disposto no art. 112 da Lei n. 7.210/1984 (Lei de Execução Penal) para a progressão de regime prisional.
- **STJ - Súmula 440** - Fixada a pena-base no mínimo legal, é vedado o estabelecimento de regime prisional mais gravoso do que o cabível em razão da sanção imposta, com base apenas na gravidade abstrata do delito.
- **STJ - Súmula 439** - Admite-se o exame criminológico pelas peculiaridades do caso, desde que em decisão motivada.
- **STJ - Súmula 438** - É inadmissível a extinção da punibilidade pela prescrição da pretensão punitiva com fundamento em pena hipotética, independentemente da existência ou sorte do processo penal.
- **STJ - Súmula 338** - A prescrição penal é aplicável nas medidas sócio-educativas.

✦ INFORMATIVOS APLICÁVEIS

1. CRIME CONTRA A ADMINISTRAÇÃO PÚBLICA

▸ **Médico conveniado pelo SUS e equiparação a funcionário público**

Considera-se funcionário público, para fins penais, o médico particular em atendimento pelo Sistema Único de Saúde, antes mesmo da alteração normativa que explicitamente fizera tal equiparação por exercer atividade típica da Administração Pública (CP, art. 327, § 1º, introduzido pela Lei 9.983/00). *RHC 90523, Rel. Min. Ayres Britto, 19.4.2011. 2ª T. (STF – Info 624)*

▸ **HC 99.737-RS.**

A eventual importação de mercadoria sem o pagamento de tributo em valor inferior ao definido no art. 20 da Lei 10.522/02 consubstancia conduta atípica, uma vez que não faz sentido que uma conduta administrativa ou civilmente irrelevante possa ter relevância criminal. O montante de tributos supostamente devido pelo paciente (R$ 792,10) é inferior ao mínimo legalmente estabelecido para a execução fiscal, não constando da denúncia a referência a outros débitos congêneres em nome do paciente. Ausência, na hipótese, de justa causa para a ação penal. Princípios da subsidiariedade, da fragmentariedade, da necessidade e da intervenção mínima que regem o Direito Penal. *(STF – Info 635)*

▸ **Peculato. Estagiária de direito. Advogada.**

As pacientes foram denunciadas porque a primeira, na qualidade de estagiária de Direito, e a segunda, como advogada, juntamente com um procurador do INSS, teriam fraudado aquele instituto, fazendo acordos em ações de revisão de benefícios previdenciários propostas pelas primeiras, cujos cálculos dos valores devidos eram alterados para maior, propiciando aos envolvidos o recebimento de parcela significativa do montante apurado. No "writ" em questão, alega-se, principalmente, que as pacientes foram processadas e condenadas pelo crime de peculato (art. 312 do CP), tipo penal em que se faz imprescindível a atuação conectante de servidor público, todavia os fatos pelos quais o referido procurador teria sido condenado em outras ações, nas quais não foram denunciadas as pacientes, são diversos daqueles que deram suporte à ação penal a que elas respondem. Assim, se ausente a circunstância elementar do crime, a ação deve ser trancada ou as acusadas, absolvidas. Somente pode ser imputado o crime de peculato ao estranho, ou seja, não servidor público, quando a sua atuação ilícita dá-se em coparceria com quem ostente essa qualidade. Contudo, não se verifica "primo ictu oculi" que aquele revestido da condição de servidor público, no caso, o procurador do INSS, não teria, pelos fatos narrados na denúncia, sido processado em outra ação penal. É que foram vários os processos criminais contra ele e outras pessoas integrantes do referido esquema de fraude, todos com trânsito em julgado. Desse modo, mostra-se correto o tribunal "a quo" quando afirma que, somente pela análise da denúncia e da sentença proferida nos autos originários, não é possível sustentar a alegação de que ficou provado, no decorrer da instrução da ação penal, que o mencionado agente público, que teria sido coautor do crime de peculato com as pacientes, não fora condenado em outra ação penal pelas condutas imputadas a elas. A via própria para a análise dessa e das demais questões (pedido de desclassificação para o crime de estelionato, suposta ilegalidade na dosimetria da pena e ausência de prova da materialidade do delito) é o recurso de apelação, ainda pendente de julgamento no tribunal de origem. *HC 201.273, Rel. Min. Napoleão N. Maia Fº, j. 28.6.2011. 5ª T. (STJ – Info 479)*

▸ **Servidor público. Peculato.**

Consta dos autos que os pacientes, funcionários públicos municipais, foram condenados, em primeira instância, às penas de seis anos de reclusão em regime inicial semiaberto e ao pagamento de multa pela prática do crime de peculato (art. 312, caput, c/c o art. 71, ambos do CP), em razão de depósitos de dinheiro em sua conta corrente proveniente de suposto desvio de verbas públicas. Mas o tribunal "a quo" proveu somente em parte a apelação interposta pela defesa, reduzindo a pena aplicada para quatro anos e seis meses de reclusão em regime inicial semiaberto. Isso posto, no "habeas corpus" a realização de corpo de delito é sempre necessária e insubstituível para evidenciar a materialidade quando se trata da prática de ilícito que deixa vestígios ou produz alterações no mundo dos fatos ou da natureza; porém, no caso, a questão da imprescindibilidade do exame de corpo de delito sequer foi submetida à apreciação do tribunal "a quo", o que veda a análise do tema neste STJ, pois consubstanciaria supressão de instância. Destaca que a condenação veio suficientemente arrimada no acervo das provas colhidas, principalmente por farta prova documental juntada, como extratos bancários, cópias das declarações de imposto de renda e nos depoimentos colhidos, inclusive do prefeito do município, não sendo admissível seu reexame na via estreita do "habeas corpus". Por outro lado, reduz a pena-base fixada em três anos de reclusão para dois anos e seis meses de reclusão, tornando-a definitiva em três anos e nove meses de reclusão, em razão da aplicação do aumento pela continuidade delitiva nos moldes definidos nas instâncias ordinárias (1/2). Quanto ao reconhecimento da confissão espontânea, que, em nenhum momento, os pacientes confessaram a prática do delito, houve apenas a confirmação do depósito, entretanto a defesa afirma que o dinheiro foi transferido para a conta de forma lícita para cobrir despesas do município. Assim, assevera que, como se trata de confissão qualificada, não há que aplicar a atenuante (art. 65, III, d, do CP). Reajusta também o regime prisional para o semiaberto em consequência do "quantum" da pena aplicada. Com esse entendimento, a Turma concedeu em parte o "writ", com recomendação ao juízo da execução para examinar a possibilidade de substituição da sanção. *HC 124.009, Rel. Min. Napoleão N. Maia Fº, j. 15.3.2011. 5ª T. (STJ – Info 466)*

▸ **Corrupção ativa e passiva. Permuta. Imóvel. Menor.**

Consta da peça acusatória que houve suposta violação do dever funcional do magistrado, visto que sua esposa, advogada, conseguira alvará na comarca em que ele é o juiz titular, o que permitiu a permuta do imóvel de propriedade de menor, após frustradas tentativas. Para burlar o impedimento do art. 134, V, do CPC, consta nos autos que teria sido pedido que outro causídico, amigo do casal, assinasse o novo pedido de alvará judicial, entretanto copiaram a petição anterior na íntegra e, para justificar a propositura naquela comarca, atribuíram o endereço dos pais de um dos denunciados. Para a acusação, o magistrado teria se beneficiado indiretamente com os honorários (R$ 20 mil) recebidos pela esposa. A questão não demanda exame de provas, visto que as condutas narradas amoldam-se ao tipo penal da denúncia. Assim, não seria necessária a incursão no conjunto probatório. Também entende ser precipitada a decisão recorrida de arquivamento, visto ser inegável a gravidade da denúncia. Logo o recebimento da peça acusatória é necessário, aplicando-se o enunciado da Súm. 709-STF e considerando haver suposta vantagem ilícita, o que caracterizaria a possível conduta tipificada como corrupção passiva. *REsp 1.183.584, rel. Min. Og Fernandes, j. 21.9.10. 6ª T. (STJ – Info 448)*

▸ **Corrupção passiva. Vantagem.**

Para a configuração do crime de corrupção passiva, é indispensável haver nexo de causalidade entre a conduta do servidor e a realização de ato funcional de sua competência. Mesmo que se considere ser impossível à funcionária, como oficiala de gabinete, exercer qualquer influência para a rápida expedição do precatório, a condenação do paciente subsistiria, em razão de ter recebido para si e para outrem vantagem indevida, o que já seria suficiente para sua condenação. *HC 135.142, rel. Min. Jorge Mussi, j. 10.8.10. 5ª T. (STJ – Info 442)*

2. APLICAÇÃO DA LEI PENAL. CONJUGAÇÃO DE LEIS E DESCABIMENTO

Ante o crime perpetrado, há de adotar-se o princípio unitário relativo à incidência de normas. Mostrando-se mais favorável a lei posterior, cumpre observá-la, pouco importando que, com isso, a pena-base seja superior à inicialmente prevista. O benefício é aquilatado a partir do resultado final decorrente da dosimetria da pena. HC 104193, Rel. Min. Marco Aurélio, 9.8.2011. 1ª T. (STF – Info 635).

Direito Processual Penal

Danilo da Cunha Sousa

TABELA DE INCIDÊNCIA DE QUESTÕES

Distribuição das questões organizada por ordem didática de assuntos		
Assunto	**Número de Questões**	**Peso**
1. PRINCÍPIOS DO PROCESSO PENAL	1	3,85%
2. AÇÃO PENAL	1	3,85%
3. COMPETÊNCIA	1	3,85%
4. QUESTÕES E PROCESSOS INCIDENTES	1	3,85%
5. PROVAS	2	15,38%
6. SUJEITOS PROCESSUAIS	2	7,69%
7. PRISÃO E LIBERDADE PROVISÓRIA	4	15,38%
8. CITAÇÃO E INTIMAÇÃO	2	7,69%
9. DO PROCESSO	2	7,69%
10. NULIDADES	1	3,85%
11. RECURSOS	2	7,69%
12. JUIZADOS ESPECIAIS CRIMINAIS	1	3,85%
13. LEIS DE EXECUÇÃO PENAL	1	3,85%
14. LEIS DE TRÁFICO DE DROGAS e LAVAGEM DE DINHEIRO	1	3,85%
15. LEIS DE interceptação telefônica	2	7,69%
Total	**24**	**100%**

Direito Processual Penal

Danilo da Cunha Sousa

✦ QUESTÕES

1. PRINCÍPIOS DO PROCESSO PENAL

▸ **CF, art. 5º**

01. (FCC – Analista Processual / MPU / 2007) Dispõe o art. 5º, inciso XXXVII da Constituição da República Federativa do Brasil que "Não haverá juízo ou Tribunal de exceção; inciso LIII – Ninguém será processado nem sentenciado senão pela autoridade competente". Tais disposições consagram o princípio

a) da presunção de inocência.

b) da ampla defesa.

c) do devido processo legal.

d) da dignidade.

e) do juiz natural.

COMENTÁRIOS

Alternativa correta: "e". Pelo princípio do juiz natural, só se reconhecem os Tribunais e Juízos estabelecidos na Constituição Federal e nas leis, conforme a competência previamente estabelecida no ordenamento jurídico.

Alternativa "a". Pelo princípio da presunção de inocência, ninguém será considerado culpado até o trânsito em julgado da sentença penal condenatória. O STF decidiu que esse princípio não impede o início da execução provisória de pena após o encerramento da fase recursal em Segundo Grau de Jurisdição, ainda que pendente julgamento de recursos especial e extraordinário.

Alternativa "b". O princípio da ampla defesa tem dois aspectos: o réu tem o direito de se autodefender (autodefesa) e à defesa técnica, que é irrenunciável.

Alternativa "c". Pelo princípio do devido processo legal, deve-se observar o procedimento previamente previsto em lei e que este procedimento assegure efetivamente o exercício dos demais direitos e garantias fundamentais.

Alternativa "d". A dignidade da pessoa humana é um dos fundamentos da República e significa que toda pessoa tem o direito de exercer a sua personalidade plenamente, o que deve ser assegurado pelo Estado.

2. AÇÃO PENAL

▸ CPP, art. 24 a 62

02. (FCC – Analista Processual / MPU / 2007) Na ação penal privada subsidiária, oferecida a queixa,

a) o Ministério Público não pode repudiá-la por entendê-la inepta, nem oferecer denúncia substitutiva.

b) a negligência do querelante não causa a perempção, devendo o Ministério Público retomar a ação como parte principal.

c) o Ministério Público não pode produzir prova, nem recorrer da sentença absolutória.

d) é incabível o seu aditamento pelo Ministério Público para acrescentar circunstâncias nela não expressas.

e) ao Ministério Público, não sendo parte, não competirá intervir em todas as fases do processo.

COMENTÁRIOS

✪ **Nota do autor:** ação penal privada subsidiária da pública é aquela que se inicia em decorrência da inércia do MP que, ao final do Inquérito Policial, não denuncia, não promove o seu arquivamento ou não pede novas diligências, apenas quedando-se inerte.

Alternativa correta: "b". a perempção ocorre nas hipóteses em que o querelante não dá prosseguimento à ação penal privada propriamente dita ou personalíssima. Na ação penal privada subsidiária da pública, o querelante assume a posição do MP, que se queda inerte, mas a indisponibilidade da ação permanece. Nesse caso, se depois de iniciada tal ação pelo querelante e este, depois, não lhe der o prosseguimento, cabe ao MP reassumir a titularidade da demanda.

Alternativa "a". como fiscal da lei, na ação penal privada subsidiária da pública, o MP pode aditar a peti**ção inicial oferecida pelo querelante (vítima do crime) ou, mesmo repudiá-la, e oferecer outra no lugar.**

Alternativa "c". como o MP, titular originário da ação penal, pode, mesmo que como fiscal da lei, produzir prova e recorrer contra a sentença prolatada, ainda que não o faça o querelante.

Alternativa "d". o MP tem o dever de aditar a denúncia, caso seja necessário passar a conter circunstâncias penais relevantes.

Alternativa "e". na ação penal privada substitutiva da pública, o MP atua como fiscal da lei.

3. COMPETÊNCIA

- CF, art. 102 e 105
- CPP, art. 24 a 62

03. (FCC – Analista Processual / MPU / 2007) Também compete ao Supremo Tribunal Federal processar e julgar, originariamente, os conflitos de

a) atribuições entre autoridades judiciárias de um Estado e administrativas de outro.

b) competência entre juízes vinculados a tribunais diversos.

c) atribuições entre autoridades administrativas e judiciárias da União.

d) competência entre o Superior Tribunal de Justiça e quaisquer tribunais.

e) atribuições entre autoridades judiciárias de um Estado e administrativas do Distrito Federal.

COMENTÁRIOS

Nota do autor: a competência originária e recursal dos tribunais superiores é estabelecida na CF/88.

Alternativa correta: "d". O STJ está em posição hierarquicamente inferior ao STF e, em matéria processual penal, está em posição superior ao TJs e aos TRFs. Logo, cabe ao STF julgar o conflito de competência entre o STJ e os demais Tribunais ou Juízes (CF, art. 102, inciso I, alínea o).

Alternativa "a", "c" e "e". É caso de competência originária do STJ (CF, art. 105, inciso I, alínea g).

Alternativa "b". É caso de competência originária do STJ (CF, art. 105, inciso I, alínea d).

4. QUESTÕES E PROCESSOS INCIDENTES

- -CPP, art. 92 a 154

04. (CESPE – Analista Processual / MPU / 2010) As exceções têm como limite processual para oferecimento a fase da resposta preliminar. Não suspendem a tramitação da ação penal e possibilitam a retratação do julgador.

Certo ( ) Errado ( )

COMENTÁRIOS

Errado. Há exceções que podem ser alegadas a qualquer momento, mormente, aquelas de interesse público, como a de coisa julgada. A exceção de suspeição pode ser alegada depois que a parte tome conhecimento do fato que a causou, o que pode ocorrer depois de oferecida a resposta à acusação. O art. 111, CPP, determina que as exceções, em regra, não suspendem a tramitação do processo e, além disso, como tratam de questões de ordem pública, admite-se a retratação do juiz.

5. PROVAS

- -CPP, art. 155 a 250

05. (Cespe – Analista – MPU/2013 – Questão adaptada) Com base no Código de Processo Penal (CPP), julgue o próximo item, referente a perícia.

De acordo com o CPP, na falta de perito oficial para realizar as perícias, o exame poderá ser realizado por uma pessoa idônea, portadora de diploma de curso superior, preferencialmente em área relacionada com a natureza do exame.

COMENTÁRIOS

Errado. O CPP estabelece que, em caso de não haver perito oficial, o exame pericial deve ser subscrito por dois peritos não oficiais (art. 159, § 1º, CPP).

05.01. (CESPE – Analista Processual / MPU / 2010) No tocante aos sistemas de apreciação das provas, é correto afirmar que ainda existe no ordenamento jurídico brasileiro procedimento em que o julgador decide pelo sistema da íntima convicção, não se impondo o dever constitucional de motivar a decisão proferida.

Certo ( ) Errado ( )

COMENTÁRIOS

Certo. no sistema jurídico brasileiro, a regra é o sistema da persuasão racional ou livre convicção fundamentada, em que o juiz tem a liberdade de formar a sua convicção, mas deve expor os motivos que o levaram a concluir de tal maneira. No entanto, no Tribunal do Júri, os jurados, pessoas comuns que julgam o fato criminoso, não precisam fundamentar as suas decisões, respondendo sim ou não os quesitos formulados pelo Juiz de Direito. Aliás, os votos dos jurados permanecem em segredo.

06. (CESPE – Analista Processual / MPU / 2010) O sistema normativo processual penal e a jurisprudência vedam, de forma absoluta, expressa e enfática, a utilização, pelas partes, em qualquer hipótese, de prova ilícita no processo penal.

Certo ( ) Errado ( )

COMENTÁRIOS

Errado. É direito fundamental do acusado que as provas ilícitas não sejam usadas em seu desfavor. Tem-se por provas ilícitas aquelas que são obtidas em contrariedade à Constituição Federal e à lei. No entanto, o CPP determina que não devem ser descartadas as provas obtidas de forma independente e as derivadas que, de qualquer forma, seriam obtidas, mesmo sem a existência das provas ilícitas. Além disso, a jurisprudência admite o uso de provas ilícitas em favor do acusado.

6. SUJEITOS PROCESSUAIS

▸ CPP, art. 251 a 281

07. (FCC – Analista Processual / MPU / 2007) A respeito do acusado e de seu defensor, é correto afirmar que o

a) acusado, ainda que seja revel, pode constituir advogado da sua confiança para atuar no processo.

b) advogado, no processo penal, só pode ser constituído pelo réu através da outorga de procuração.

c) acusado só pode contratar advogado após a citação e o interrogatório judicial.

d) juiz pode destituir o advogado constituído pelo acusado e, desde logo, nomear defensor dativo para substituí-lo.

e) acusado deverá ser defendido por advogado, ainda que tenha habilitação e deseje atuar em causa própria.

COMENTÁRIOS

Alternativa correta: "a". A ampla defesa tem dois vetores: autodefesa e defesa técnica, esta exercida por advogado e é imprescindível para o desenvolvimento válido do processo. Assim, se o acusado foi devidamente citado e, em um primeiro momento, deixa de comparecer a Juízo, pode ele constituir advogado a qualquer tempo. Não há preclusão para tal ato.

Alternativa "b". É possível que o defensor seja constituído pelo réu já em sede de interrogatório, quando se dispensa a procuração. A constituição é feita por termo nos Autos.

Alternativa "c". O acusado pode constituir advogado a qualquer tempo, mesmo antes de oferecida a denúncia, na fase de inquérito policial. Depois de iniciada a ação penal, ele pode constituir advogado, quando quiser. Assim, pode iniciar a ação por um advogado dativo, nomeado pelo Juiz, mas se quiser substituí-lo pode constituir um outro, conforme queira.

Alternativa "d". É um direito fundamental do acusado a constituição do advogado que escolher, não podendo o juiz substituir o defensor sem a vontade dele (acusado). O juiz só pode nomear defensor ao acusado, se este assim requerer ou deixar de constituir um em seu favor.

Alternativa "e". Se o acusado tiver habilitação, ou seja, for advogado, pode ele exercer a sua própria defesa técnica.

08. (FCC – Analista Processual / MPU / 2007) É certo que, em matéria processual penal, o Ministério Público

a) tem, dentre outras, a função institucional de promover a ação penal privada.

b) não é uno, nem indivisível, pois seus membros exercem funções em Comarcas diversas.

c) promoverá e fiscalizará a execução da lei.

d) não pode pedir a absolvição do réu, pois deve zelar pela pretensão acusatória.

e) pode desistir, motivada e fundamentadamente, da ação penal proposta.

COMENTÁRIOS

Alternativa correta: "c". O Ministério Público tem como função institucional ser fiscal da lei, ou seja, atuar de forma a se respeitar a ordem jurídica. Na fase de execução da pena, ele passa a zelar pelos direitos do condenado, para que sua pena seja cumprida de acordo com os preceitos estabelecidos na sentença.

Alternativa correta: "a". O Ministério Público é titular da ação penal pública. Na ação penal privada, a legitimidade extraordinária para dar início à ação é do ofendido (querelante).

Alternativa "b". O Ministério Público é uma instituição una e indivisível. Seus membros que atuam nas diversas Comarcas pertencem a uma mesma instituição, o Ministério Público.

Alternativa "d". Como fiscal da lei, se, ao final da ação, o MP entender que não há provas suficientes para condenação, ele deve pedir a absolvição do acusado para que se faça valer o princípio da presunção de inocência, conforme estabelece a ordem jurídica.

Alternativa "e". Na ação penal pública, condicionada ou incondicionada, vige o princípio da indisponibilidade e, com isso, o Ministério Público não poderá desistir da ação penal (CPP, art. 42).

7. PRISÃO E LIBERDADE PROVISÓRIA

▸ -CF, art. 5º

▸ -CPP, art. 282 a 350

09. (CESPE – Analista Processual / MPU / 2010) Tratando-se de crimes de menor potencial ofensivo para os quais não haja previsão de pena privativa de liberdade, em hipótese alguma se imporá a prisão em flagrante ao autor da infração.

Certo ( ) Errado ( )

COMENTÁRIOS

Nota do autor: Infrações penais de menor potencial ofensivo são as contravenções penais e os crimes a que a lei comine pena máxima não superior a 2 (dois) anos, cumulada ou não com multa.

Certo. A prisão em flagrante é medida cautelar. De forma que não há necessidade de se prender em flagrante aquele que cometeu crime para o qual não se prevê pena privativa de liberdade. Não há porque prender em flagrante, se o agente não vai ficar preso ao final do processo.

10. (CESPE – Analista Processual / MPU / 2010) As prisões decorrentes de pronúncia e de sentença penal condenatória com recurso pendente de julgamento pela instância superior não estão elencadas entre as hipóteses de prisão cautelar, visto que se sustentam em instrumento jurídico distinto, isto é, em sentença.

Certo ( ) Errado ( )

COMENTÁRIOS

✪ Nota do autor: Essa questão foi elaborada antes da Lei nº 12.403/2011. Nossa resposta será de acordo com a atual sistemática. Assim, o gabarito conferido pela comissão examinadora era errado, mas nós vamos considera-lo correto, pelo motivo apontado.

Certo. Antes da Constituição Federal, em caso de pronúncia (Tribunal do Júri) ou da sentença condenatória em Primeiro Grau era permitido a prisão do réu, ainda que não presentes os requisitos cautelares. Com a vigência da CF/88, em que se privilegia a presunção de inocência, as prisões cautelares, antes do trânsito em julgado da sentença penal condenatória, só são possíveis se forem necessárias, ou seja, que haja o *periculum in libertatis* e o *fumus comissi delicti*, requisitos esses que devem estar presentes, também, no momento em que o juiz prolata a sentença penal condenatória recorrível ou decisão de pronúncia o réu. Se presentes esses requisitos, decreta-se a prisão. Do contrário, não se decreta.

11. (CESPE – Analista Processual / MPU / 2010) Qualquer pessoa sob a jurisdição brasileira está sujeita à constrição cautelar da liberdade, desde que mediante decisão judicial fundamentada em dados concretos existentes nos autos do processo e demonstração da necessidade imperiosa da medida extrema (*fumus commissi delicti* e *periculum libertatis*), incluindo-se, entre os sujeitos passíveis da custódia cautelar, nas infrações comuns, o presidente da República.

Certo ( ) Errado ( )

COMENTÁRIOS

Errado. O Presidente da República não pode ser preso preventivamente. Só cabe a sua prisão se sobrevier sentença condenatória, nas infrações comuns (CF, art. 86, § 3º). Entende-se que esse dispositivo constitucional exige o trânsito em julgado da decisão penal condenatória nas infrações comuns para que se possa prender o Presidente da República .

12. (CESPE – Analista Processual / MPU / 2010) Acerca das prisões cautelares e da liberdade provisória, julgue os itens subsequentes.

Não se concede liberdade provisória mediante fiança quando, em concurso material de crimes, a soma das penas mínimas cominadas for superior a dois anos de reclusão.

Certo ( ) Errado ( )

COMENTÁRIOS

✪ Nota do autor: A Lei nº 12.403/11 alterou o sistema de prisão e liberdade provisórias, inclusive, no que se refere à fiança.

Errado. Antes da Lei nº 12.403/11, vedava-se a concessão de fiança se a pena mínima cominada ao crime fosse superior a dois anos (art. 323, I, CPP - revogado). Em caso de concurso material, somavam-se as penas e, se o resultado fosse superior a dois anos, era possível a prisão, conforme enunciado nº 81 do STJ. A referida Lei revogou o art. 323, I, CPP, de tal modo que não há mais tal limite de pena para a concessão de fiança. Com isso, crimes cuja pena mínima seja superior a dois anos, isolada ou cumulativamente, é possível a fixação de fiança.

8. CITAÇÃO E INTIMAÇÃO

▸ CPP, art. 351 a 372

13. (CESPE – Analista Processual / MPU / 2010) A citação de acusado que esteja no exterior, em local conhecido, deve ser efetuada, conforme a sistemática processual penal brasileira, por intermédio de carta rogatória, ordenando-se expressamente a suspensão do processo e o prazo prescricional, até o efetivo cumprimento da ordem judicial.

Certo ( ) Errado ( )

COMENTÁRIOS

Errado. De fato, se o réu residir no exterior em lugar certo e sabido, será citado por meio de **carta rogatória**. Será suspenso apenas o prazo prescricional, mas não se suspende o processo.

14. (FCC – Analista Processual / MPU / 2007) A respeito da citação de natureza processual penal, é correto afirmar que

a) a citação do militar far-se-á por intermédio do chefe do respectivo serviço.

b) a declaração de aceitação ou recusa da contrafé não precisa constar da certidão do oficial de justiça.

c) a citação far-se-á por edital, com prazo de 5 dias, se incerta a pessoa que tiver de ser citada.

d) é válida a citação por edital de réu preso na mesma unidade da Federação em que o juiz exerce a sua jurisdição, desde que seja posteriormente interrogado.

e) a citação far-se-á por hora certa quando se verificar que o réu se oculta para não ser citado.

COMENTÁRIOS

✪ Nota do autor: Atenção! A Lei nº 11.719/08 alterou o Código de Processo Penal. Busca-se adaptar a resposta ao atual sistema jurídico.

Alternativa correta: "a". Essa foi a alternativa apontada como correta. O militar, em razão do princípio da hierarquia que rege serviço de tal natureza, será citado por intermédio do chefe do respectivo serviço (art. 358, CPP).

Alternativa "b". O oficial de justiça deve certificar se o réu aceitou ou recusou a entrega da contrafé (art. 357, inciso II, CPP).

Alternativa "c". Na atual sistemática, não se prevê a citação de pessoa incerta, ainda que, por edital. Os princípios processuais constitucionais, como ampla defesa, contraditório, devido processo legal e outros exigem que haja a determinação do acusado, ainda que, por meio, de características físicas ou outras que permitam que seja identificado, caso não se saiba dados de sua qualificação.

Alternativa "d". O art. 360, CPP, estabelece que a citação do réu preso deve se dar pessoalmente. Por isso, de acordo com a Súmula 351, do STF, é nula a citação por edital de réu preso na mesma unidade da Federação em que o juiz exerce a sua jurisdição. Se o réu está preso na mesma unidade, é dever do Estado saber o local em que ele está e não se pode alegar que ele se encontra em local incerto e não sabido.

Alternativa "e" correta. Antes das modificações operadas pela Lei nº 11.719/08, se o réu se ocultasse para não ser citado pessoalmente, seria o caso de citação por edital. Com as alterações operadas, passou-se a admitir a citação por hora certa no processo penal em caso de o réu se ocultar (art. 362, CPP), por isso, também está correta esta alternativa de acordo com o CPP atual.

9. DO PROCESSO

- -CPP, art. 394 a 405
- -CPP, art. 531 a 540

15. (CESPE – Analista Processual / MPU / 2010) Os prazos, no processo penal, são sempre contínuos e peremptórios e, como regra geral, não podem ser prorrogados nem interrompidos; há, entretanto, situações em que é admitida a suspensão temporária dos prazos processuais, tais como nas de comprovação de doença mental do acusado, presença de questão prejudicial e impedimento do juiz, casos em que se suspende o curso normal do procedimento, sem que a instância se desfaça, ensejando-se a chamada crise de instância.

Certo ( ) Errado ( )

COMENTÁRIOS

Certo. A crise de instância ocorre nas hipóteses em que o procedimento deixa de ter o seu trâmite regular e há suspensão do processo. Entre as hipóteses de suspensão do processo, estão: a) acusado é portador de doença mental que sobreveio à prática da infração penal e o processo fica suspenso até que ele se restabeleça (CPP, art. 152); b) no caso de questão prejudicial até que seja resolvida tal questão (CPP, art. 92); e c) no caso de impedimento do juiz haverá suspeição no caso de a parte contrária reconhecer a procedência da arguição (CPP, art. 102).

16. (CESPE – Analista Processual / MPU / 2010) Na atual sistemática processual penal, a absolvição sumária e a rejeição da denúncia têm como finalidade a extinção, de forma antecipada, do processo: no primeiro caso, ocorre o exame do mérito da questão, obstando-se a propositura de nova ação penal acerca dos mesmos fatos; no segundo, enseja-se a declaração de desconformidade com os aspectos formais indispensáveis à propositura da ação penal e, supridas as exigências legais, poderá a ação ser intentada novamente.

Certo ( ) Errado ( )

COMENTÁRIOS

Certo. A rejeição da denúncia (art. 395, CPP) se refere a questões de natureza processual, como sua inépcia, a ausência de pressupostos processuais e condições da ação, motivo pelo qual a rejeição não faz coisa julgada material e, sanadas essas questões, pode-se oferecer nova denúncia. No caso de absolvição sumária, analisa-se o mérito da questão, o fato criminoso, absolvendo-se o réu em caso de **manifesta** ausência de tipicidade, ilicitude ou culpabilidade, exceto inimputabilidade, pois o processo, por si só, já é constrangimento ao acusado, o que se deve evitar se já é possível a absolvição. Outra hipótese de absolvição sumária não se refere aos fatos, mas à extinção de punibilidade, o que também impede a propositura de nova ação.

10. NULIDADES

- **-CPP, art. 563 a 573**

17. (CESPE – Analista Processual / MPU / 2010) Em relação às nulidades no processo penal, é correto afirmar que a coisa julgada convalida todos os vícios ocorridos no curso do processo, salvo a ausência de citação válida.

Certo ( ) Errado ( )

COMENTÁRIOS

Nota do autor: A organizadora CESPE anulou a questão, após os recursos, com a justificativa de que "a redação o item é confusa, razão pela qual se opta por sua anulação".

Anulada. Em se tratando de nulidade absoluta, não é possível a convalidação do ato nulo, sequer diante da coisa julgada. Essa nulidade pode ser decretada em sede Revisão Criminal ou *habeas corpus*. Não só a citação inválida causa a nulidade absoluta do processo. Outras hipóteses ocorrem como o juízo incompetente, a inversão da oitiva de testemunhas, o uso de provas ilícitas, etc.

11. RECURSOS

- -CPP, art. 574 a 667

18. (FCC – Analista Processual / MPU / 2007) A respeito dos recursos em geral no processo penal é correto afirmar:

a) O Ministério Público pode desistir de recurso que haja interposto, desde que o faça de forma fundamentada.
b) O recurso não pode ser interposto pelo réu pessoalmente, por falta de capacidade postulatória.
c) Pode interpor recurso a parte que não tiver interesse na reforma ou modificação da decisão.
d) A parte, salvo hipótese de má-fé, não será prejudicada pela interposição de um recurso por outro.
e) No caso de concurso de agentes, em nenhuma hipótese, o recurso interposto por um dos réus pode aproveitar aos outros.

COMENTÁRIOS

Alternativa correta: "d". Trata-se do sistema de **fungibilidade recursal**. A parte interpõe o recurso A, quando, em verdade, cabia o recurso "B". De acordo com a doutrina, o recurso interposto erroneamente só será admitido, se o agente estiver de boa-fé. A má-fé se apura se, por exemplo, o erro for crasso, como a interposição de recurso em sentido estrito e não de apelação em face da sentença condenatória.

Alternativa correta: "a". Para o MP, vige o princípio da indisponibilidade da ação penal, o qual se estende ao sistema recursal. Assim, uma vez interposto o recurso, o MP não poderá desistir de recurso que haja interposto (art. 576, CPP).

Alternativa "b". O recurso poderá ser interposto **pelo réu**, seu procurador ou seu defensor (art. 577, CPP). Em nome da ampla defesa, permite-se que o acusado, ainda que sem capacidade postulatória, possa interpor recurso sem a anuência ou com a discordância de seu defensor. Isto é, se o defensor manifestar expressamente que não quer recorrer e o acusado manifesta que quer, prevalece a vontade de quem quer recorrer.

Alternativa "c". Um dos pressupostos recursais é a sucumbência, ou seja, que a sua pretensão não seja acolhida pela decisão objeto do recurso. Não se admitirá recurso da parte que não tiver interesse na reforma ou modificação da decisão (art. 577, parágrafo único, CPP).

Alternativa "e". Efeito extensivo do recurso interposto por um dos réus consiste no fato de que a decisão que lhe é favorável se estende ao corréu que não interpôs recurso, desde que se trate de questão objetiva, tal qual ocorre no caso de se reconhecer a prescrição.

---

19. (FCC – Analista Processual / MPU / 2007) No que tange ao habeas corpus, considere as assertivas:

I. Não pode ser impetrado pelo Ministério Público em favor do acusado.
II. O juiz poderá ir ao local em que o paciente se encontre, se este não puder ser apresentado por motivo de doença.
III. Os juízes e tribunais não podem expedir, de ofício, ordem de habeas corpus.

Está correto o que se afirma SOMENTE em

a) I.
b) II.
c) I e II.
d) I e III.
e) II e III.

COMENTÁRIOS

Alternativa correta: "b". Está correto item II.

Item I errado. O MP pode impetrar *habeas corpus*, conforme estabelece o art. 564, *caput*, CPP. A jurisprudência dos Tribunais Superiores se firmou no sentido de que o MP só pode impetrar HC a favor de interesses do acusado, nunca no interesse da acusação.

Item II correto. Nas origens, o *habeas corpus* significa a apresentação do corpo ao juízo. Com isso, deve o paciente se apresentar ao juiz e, caso não possa fazê-lo porque doente, o juiz poderá ir ao local em que ele se encontre.

Item III errado. Os juízes e Tribunais têm o dever de conceder *habeas corpus* de ofício, caso encontre ilegalidade que ameace a liberdade de locomoção do paciente, mesmo que não seja alegada pela parte.

12. JUIZADOS ESPECIAIS CRIMINAIS

- -Lei nº 9.099/95
- -Lei nº 10.259/01

---

20. (CESPE – Analista Processual / MPU / 2010) O benefício da suspensão condicional do processo previsto na Lei dos Juizados Especiais (Lei n.º 9.099/1995) consiste em direito público e subjetivo do autor do fato, segundo entendimento do STF.

Certo ( ) Errado ( )

COMENTÁRIOS

Errado. De acordo com a jurisprudência do STF, a suspensão condicional do processo **não** é um direito subjetivo do réu, pois se trata de um poder-dever do Ministério Público, que tem a discricionariedade de conceder o benefício ao acusado ou de dar continuidade à ação penal. Trata-se de transação processual.

13. LEIS DE EXECUÇÃO PENAL

- -Lei nº 7.210/84

---

21. (CESPE – Analista Processual / MPU / 2010) O indulto, incidente na execução penal, resulta na extinção da pena privativa de liberdade.

Certo ( ) Errado ()

COMENTÁRIOS

Nota do autor: Apesar de o gabarito definitivo afirmar que a resposta está correta, entendemos que a questão deveria ser anulada, como se mostra a seguir.

Certo. O CP prevê que o indulto é causa extintiva de punibilidade. Porém, de acordo com a LEP, é possível que seja concedido o indulto parcial, denominado de comutação da pena, em que não se extingue a punibilidade, mas faz-se um ajuste, concede-se um benefício ao autor, como a diminuição do tempo de cumprir a pena em regime fechado. Portanto, o indulto, em regra, extingue a punibilidade, mas pode ser concedido na forma de comutação (LEP, art. 192).

14. LEIS DE TRÁFICO DE DROGAS E LAVAGEM DE DINHEIRO

- -Lei nº 9.613/98
- -Lei nº 11.343/06

22. (CESPE - Analista Processual / MPU / 2010) As medidas assecuratórias previstas na lei sobre drogas (Lei n.º 11.343/2006) e na que dispõe sobre lavagem de capitais (Lei n.º 9.613/1998) podem ser decretadas tanto na fase de inquérito policial quanto na etapa processual, impondo-se, em ambas as normas, como condição especial para o conhecimento do pedido de restituição de bens apreendidos, o comparecimento pessoal do acusado em juízo.

Certo ( ) Errado ( )

COMENTÁRIOS

Nota do autor: Trata-se de questão que envolve o conhecimento do texto da lei.

Certo. Medida assecuratória é aquela que visa garantir o sucesso das investigações e eventual ressarcimento dos bens. Como medida cautelar, deve haver indícios de autoria e prova da materialidade delitiva. Na Lei de Drogas (art. 60 da Lei nº 11.343/06), o juiz pode decretar a medida assecuratória, de ofício, ou a requerimento do MP ou representação da Autoridade Policial, tanto na fase de inquérito policial, quanto na fase judicial. Na lei de lavagem de dinheiro, o juiz pode, de ofício, a requerimento do Ministério Público ou mediante representação do delegado de polícia decretar medidas assecuratórias (art. 4º da Lei nº 9.613/98, art. 4º). Em ambos os casos, eventual pedido de restituição de bens apreendidos depende do comparecimento pessoal do acusado a Juízo (Lei nº 9.613/98, art. 4º, § 3º e Lei nº 11.343/06, art. 60, § 3º).

15. LEIS DE INTERCEPTAÇÃO TELEFÔNICA

- -Lei nº 9.296/96

23. (CESPE - Analista Processual / MPU / 2010) As interceptações telefônicas, conforme entendimento firmado na jurisprudência dos tribunais superiores, são autorizadas mediante demonstração da necessidade da medida e do esgotamento dos meios ordinários para obtenção da prova que se pretende alcançar, impondo-se a observância de diversas formalidades para a colheita e a apresentação da prova em sede judicial, entre elas, o direito expresso do investigado de ver transcrito todo o teor das conversas interceptadas, por perito judicial, assegurando-se o direito de indicar assistente técnico.

Certo ( ) Errado ( )

COMENTÁRIOS

Errado. A interceptação telefônica, em regra, é vedada, salvo para apuração de infração penal, **mediante autorização judicial** (art. 5º, XII, CF/88). A Lei nº 9.296/96 impõe como requisitos para a concessão da medida: a) indícios de autoria ou participação na infração penal; b) **impossibilidade de a prova ser feita por outros meios**; c) infração penal ser punida com pena de reclusão. Então, um dos requisitos para a concessão da medida é que ela seja imprescindível para apuração do fato criminoso. O STF firmou entendimento de que não é necessária a degravação (transcrição) integral das conversas interceptadas, senão aquelas usadas para o oferecimento da denúncia, garantindo-se o acesso à integralidade ao som das conversas (HC 91.207-MC, Rel. Min. MARCO AURÉLIO, Rel. p/ Acórdão: Min. CÁRMEN LÚCIA, Tribunal Pleno, DJe de 21.9.2007; INQ 2.424, Rel. Min. CEZAR PELUSO, Tribunal Pleno, DJe de 26.3.2010; RHC 117.265, Rel. Min. RICARDO LEWANDOWSKI, Segunda Turma, DJe de 26.5.2014; INQ 4.023, Rel. Min. CÁRMEN LÚCIA, Segunda Turma, DJe de 1º.9.2016).

24. (CESPE - Analista Processual / MPU / 2010) Considere que, no curso de uma investigação policial, tenha sido constatada, por meio de interceptação telefônica devidamente autorizada pelo juízo de primeira instância e regulamente cumprida pela autoridade policial, a participação de agente político com foro por prerrogativa de função junto ao Superior Tribunal de Justiça. Nessa situação, de acordo com o sistema processual brasileiro, a incompetência absoluta enseja a nulidade de todos os atos judiciais praticados, repercutindo a nulidade na prova até então produzida.

Certo ( ) Errado ( )

COMENTÁRIOS

Errado. Trata-se do chamado encontro fortuito de provas. O investigado é pessoa que não tem foro por prerrogativa de cargo e, por isso, a interceptação foi autorizada pelo Juízo de Primeiro Grau. Mas, no curso das investigações, fortuitamente, descobre-se a participação de pessoa que tem prerrogativa de foro no STJ. Como se trata de encontro fortuito, a interceptação é válida, devendo, porém, a investigação prosseguir perante o STJ.

Direito Processual Penal

Danilo da Cunha Sousa

✦ DICAS

1. PROCESSO PENAL BRASILEIRO. PROCESSO PENAL CONSTITUCIONAL

- **Processo penal:** conjunto de normas que visam regulamentar o *jus persequendi*, direito do Estado de investigar e processar fatos considerados crimes pela norma penal, e, acima de tudo, de assegurar os direitos e garantias fundamentais do acusado.
- **Fontes do processo penal:** a principal fonte de processo penal é a Constituição Federal, seguida de leis infraconstitucionais, como o Código de Processo Penal, a Lei de Execuções Criminais, a Lei de Juizado Especial Criminal etc.
- **Processo penal constitucional:** é o conjunto de direitos e garantias fundamentais estabelecidos na Constituição Federal, centrado no princípio do devido processo legal, do qual emanam os demais postulados como o contraditório, a ampla defesa, vedação do uso de provas ilícitas, duração razoável do processo, etc.
- A Constituição Federal, que centra o ordenamento jurídico brasileiro no princípio da dignidade da pessoa humana, ao enumerar conjunto de direitos e garantias do acusado, adota o sistema garantista de processo penal.
- Pelo sistema garantista, parte-se do pressuposto que o acusado é o sujeito mais fraco da relação jurídica processual (hipossuficiente) e, por isso, as normas processuais penais devem conferir isonomia à relação jurídica processual.

2. SISTEMAS E PRINCÍPIOS FUNDAMENTAIS

- **Sistema processual:** é a natureza de processo penal adotada pelo ordenamento jurídico de um Estado, conforme suas normas processuais penais.

Sistema Inquisitivo	Sistema Acusatório	Sistema Misto
As funções de acusar, defender e julgar se concentram em um único órgão. Esse sistema é marcado pela limitação das garantias individuais sob o pretexto de um suposto interesse coletivo na imposição da pena.	Marcado pela separação entre as funções de acusar, defender e julgar. No Brasil, a função de acusar é conferida privativamente ao Ministério Público, a de defender a um advogado habilitado na OAB ou a um Defensor Público (outro órgão estatal) e a de julgar a um membro do Poder Judiciário imparcial.	Há uma primeira fase, inquisitiva, em que o Juiz de instrução busca colher provas sobre o ilícito penal, e uma segunda fase, acusatória, em que há um Juízo de conhecimento, oportunidade em que se aplicam as garantias do réu em sua plenitude.

- Há doutrinadoras que entendem que o Brasil adota o sistema misto, porque, na fase de inquérito policial, adotaria o sistema inquisitivo e, na fase judicial, o sistema acusatório.
- Mas, é o modelo constitucional que deve prevalecer. E a Constituição estabelece garantias ao investigado desde o inquérito policial, ao acusado durante a ação penal e ao executado na execução penal.
- **Princípio do devido processo legal**: é o postulado fundamental do processo penal contemporâneo. Sob o aspecto formal, deve-se observar o procedimento previamente estabelecido em lei. Sob o ponto de vista material, o procedimento deve garantir efetivamente o contraditório, a ampla defesa e os demais princípios constitucionais.
- **Princípio do contraditório**: direito de tomar ciência da ação penal que lhe é movida e, a partir disso, apresentar argumentos, produzindo provas e contraprovas, a fim de influenciar o convencimento do juiz.
- **Princípio da ampla defesa**: direito de exercer a defesa técnica e pessoal para impugnar os fatos narrados na denúncia e as provas produzidas contra o acusado.
- **Princípio da plenitude da defesa**: usado no Tribunal do Júri, representa a possibilidade de trazer argumentos extrajurídicos, como o pedido de clemência aos Jurados.
- **Princípio da publicidade**: é a regra no Direito brasileiro. Visa possibilitar às partes tomar conhecimento dos atos processuais, como ainda permitir à sociedade o controle da atividade jurisdicional.
- **Princípio de presunção de inocência**: ninguém poderá ser considerado culpado senão depois do trânsito em julgado da sentença penal condenatória.

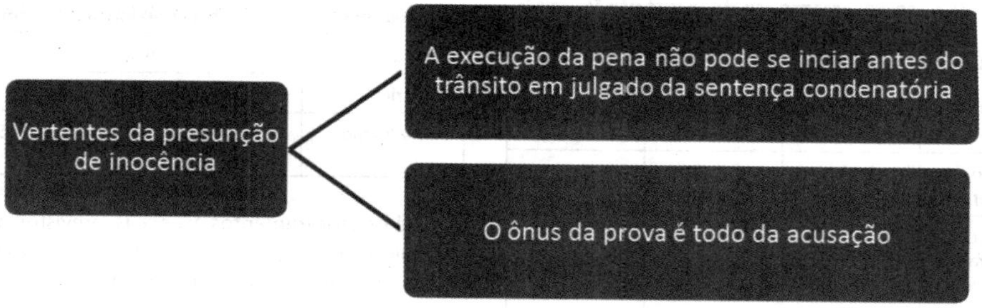

- Em 5.10.2016, o Plenário do STF concluiu o julgamento de Ação Declaratória de Constitucionalidade, movida pela OAB e pelo Partido Ecológico Nacional, e, por maioria de votos, concluiu que, encerrados recursos ordinários, em 2º grau de jurisdição, é possível o início da **execução provisória** de pena, desde que não conferido efeito suspensivo aos recursos direcionados ao STF e ao STJ.
- **Princípio da duração razoável do processo**: o processo não se deve prolongar no tempo com atos processuais desnecessários, meramente protelatórios. Porém, esse princípio não pode implicar desrespeito ao contraditório e à ampla defesa.
- **Princípio da vedação da prova ilícita:** são inadmissíveis, no processo, as provas obtidas por meios ilícitos. O Estado não se pode valer de ilicitude para a condenação do acusado, mas o réu pode se valer de prova ilícita para a sua absolvição.

3. APLICAÇÃO DA LEI PROCESSUAL NO TEMPO, NO ESPAÇO E EM RELAÇÃO ÀS PESSOAS.

- **Aplicação da lei processual no espaço**: segue o princípio da **territorialidade**: lei processual penal, em regra, é aplicada na persecução dos ilícitos ocorridos no espaço do território nacional, ressalvada a incidência de tratados e convenções internacionais, bem como nos casos de crimes cometidos no exterior na forma do art. 7º do Código Penal.
- **Aplicação da lei processual no tempo:** a matéria é regida pelo princípio ***tempus regit actum*** (art. 2º, CPP), o que implica aplicação imediata e irretroativa da nova lei processual penal.
- **Aplicação da lei processual penal em relação às pessoas:** o processo penal é regido pelo CPP em regra. Porém, certas pessoas, em razão do cargo, têm prerrogativas estabelecidas na CF, o que afasta, a princípio, a aplicação do CPP, o qual, contudo, pode ser aplicado subsidiariamente.

3.1. DISPOSIÇÕES PRELIMINARES DO CÓDIGO DE PROCESSO PENAL.

- As normas processuais penais possuem lacunas que devem ser supridas pelos métodos de integração, como analogia e princípios gerais do direito.
- O NCPC é a principal fonte de aplicação analógica ao CPP. Mas, essa aplicação deve ser vista com ressalva em face dos princípios específicos do processo penal, principalmente, o princípio de presunção de inocência.

4. FASE PRÉ-PROCESSUAL: INQUÉRITO POLICIAL.

- O Inquérito Policial é um **procedimento administrativo**, presidido pela Autoridade Policial, destinado à produção de provas para que o autor da ação penal forme convicção acerca da autoria e da materialidade delitivas.
- Uma das características do Inquérito Policial é o **sigilo** das investigações. Contudo, **o advogado pode ter acesso às provas já produzidas**. Mas o Delegado de Polícia pode manter sigilo em relação às diligências futuras.
- **Incomunicabilidade do investigado preso**: inconstitucional, porque nem mesmo em Estado de Exceção, como o de Defesa e o de Sítio, não se permite, quanto mais em Estado de normalidade constitucional.
- **Atribuições da Autoridade Policial**:
  - **a.** fornecer às autoridades judiciárias as informações necessárias à instrução e julgamento dos processos;
  - **b.** realizar as diligências requisitadas pelo juiz ou pelo Ministério Público;
  - **c.** cumprir os mandados de prisão expedidos pelas autoridades judiciárias;
  - **d.** representar acerca da prisão preventiva.
- Atenção para a pegadinha: O **arquivamento** do Inquérito Policial **não** é promovido pela **Autoridade Policial**.
- É o **Ministério Público que arquiva** o Inquérito Policial, se entender que não há certeza da materialidade delitiva e/ou indícios suficientes de autoria, seguida de **homologação judicial**.
- O arquivamento do Inquérito Policial por insuficiência de provas **não faz coisa julgada**, pois o surgimento de novas provas autoriza o desarquivamento.

- **Prazos para encerramento do Inquérito Policial:**

Hipótese	Legislação	Réu Preso	Réu solto
Inquérito Policial	CPP	10 dias	30 dias
IP na Polícia Federal	Lei nº 5.010/66	15 dias	30 dias
Crimes contra a Economia Popular	Lei nº 1.521/51	10 dias	10 dias
Drogas	Lei nº 11.343/06	30 dias	90 dias
Inquérito Militar	CPP Militar	20 dias	40 dias

- Em regra, se o investigado estiver **preso**, o prazo para o encerramento do Inquérito Policial é **improrrogável**, devendo ser ele colocado em liberdade.
- No caso da Lei de Drogas, o prazo para encerramento pode ser **duplicado ainda que o investigado esteja preso** (art. 51, parágrafo único).

5. PROCESSO, PROCEDIMENTO E RELAÇÃO JURÍDICA PROCESSUAL

- **Processo:** é o mecanismo por meio do qual o Estado compõe a lide processual.
- O **procedimento** é o conjunto de atos processuais previamente estabelecidos em lei por meio do qual se desenvolve o processo.
- Osa sujeitos da relação jurídica processual são
  a. Parciais: acusação e acusado;
  b. Imparcial: Juízo.
- Na relação jurídica processual penal, o acuado é a parte hipossuficiente, cabendo à lei processual penal cuidar de conferir isonomia.

5.1. ELEMENTOS IDENTIFICADORES DA RELAÇÃO PROCESSUAL

- Os elementos da ação são: (a) **partes**; (b) **pedido**; (c) **causa de pedir**.
- Por meio dos elementos da ação, identificam-se as hipóteses de **litispendência** e **coisa julgada**.
- No processo penal, o fator fundamental para identificação desses fenômenos processuais é o fato real, objeto de imputação na peça acusatória.

5.2. FORMAS DO PROCEDIMENTO

- Há três procedimentos comuns nos termos do art. 394, § 1º, do CPP: **ordinário, sumário e sumaríssimo**.
- O critério diferenciador é a **pena máxima** privativa de liberdade prevista em **abstrato**, como se mostra do quadro a seguir:

Procedimento	Pena máxima em abstrato
Ordinário	MAIOR OU IGUAL A 4 ANOS
Sumário	MENOR A 4 ANOS
Sumaríssimo	MENOR OU IGUAL A DOIS ANOS E CONTRAVENÇÕES PENAIS

- Há os procedimentos especiais, previstos na Constituição Federal, no CPP e em legislações extravagantes, tal como o tráfico de drogas.
- Em caso de crimes conexos, aos quais se atribuem diferentes procedimentos, aplica-se o mais abrangente deles, qual seja, o **ordinário**, dada a previsão de um maior número de atos processuais que possibilita a melhor argumentação das partes, efetivando-se a ampla defesa.

5.3. PRINCÍPIOS GERAIS E INFORMADORES DO PROCESSO

- **Princípio da inércia:** a jurisdição é inerte. Só tem início mediante provocação do interessado. O juiz não pode dar início a um processo para que se mantenha **imparcial.**
- **Princípio do impulso oficial:** iniciada a ação pela parte, o andamento do processo é dado pelo Juiz, sujeito imparcial da relação jurídica processual e presidente do procedimento.
- **Princípio da verdade real:** no processo penal, busca-se a reprodução dos fatos como eles se deram, motivo pelo qual não se admite a presunção de veracidade dos fatos narrados na denúncia em caso de revelia.
- **Princípio do *favor rei* ou *in dubio pro reo*:** ao final da instrução, caso o juiz tenha dúvidas quanto aos fatos descritos na denúncia, deve absolver o réu com fundamento no art. 386, VII, CPP.
- **Princípio da oralidade:** deve-se dar prioridade à transmissão do pensamento por meio da oralidade, que seria reprodução mais fiel da realidade.
- **Princípio da identidade física do juiz:** o juiz que deve prolatar a sentença é aquele que presidiu a instrução.
- **Princípio da concentração:** a audiência deve ser uma com oitiva de testemunhas, interrogatório, debates e julgamento. Excepcionalmente, devem os atos processuais ser desmembrados.

5.4. PRETENSÃO PUNITIVA

- Com a violação da norma penal, surge para o Estado a **pretensão punitiva**, ou seja, a pretensão de se aplicar sanção penal ao autor da infração penal.
- Mas, para a satisfação da pretensão penal, é imprescindível a ação penal, em que o acusado vai exercer o contraditório e ampla defesa.

- Transitada em julgado a sentença penal condenatória, surge a **pretensão executória**, ou seja, a pretensão de execução da pena.

6. AÇÃO PENAL

- Quadro resumido sobre ação penal:

Natureza	Legitimidade ativa	Condição Específica	Exemplos
Pública Incondicionada	Ministério Público	Não tem	É a regra: homicídio, furto, etc.
Pública Condicionada à Representação	Ministério Público	Representação do ofendido ou representante legal	Ameaça
Pública Condicionada à Requisição do Ministério da Justiça	Ministério Público	Requisição do Ministério da Justiça	Crimes contra a honra do Presidente da República
Privada	Ofendido ou seu representante	Não tem	Crimes contra a honra em geral
Privada Subsidiária da Pública	Ofendido ou seu representante	Inércia do Ministério Público	Qualquer crime de ação pública
Privada Personalíssima	Exclusiva do ofendido	Não tem	Única hipótese: art. 236, CP.

- Na **ação penal pública**, vige o princípio da obrigatoriedade. Com isso, formando convicção de que é o caso de denúncia, o Ministério Público deve oferecê-la.
- Qualquer pessoa do povo poderá provocar a iniciativa do Ministério Público, nos casos em que caiba a ação pública.
- **Art. 28, CPP**: atividade jurisdicional anômala, porque se trata de fiscalização da atuação do Ministério Público em relação ao **princípio da obrigatoriedade**.
- O Ministério Público pede o arquivamento do inquérito policial. Se o Juiz concordar, homologa o arquivamento. Se o Juiz discorda dessa posição, os Autos devem ser enviados ao Procurador-Geral para deliberar acerca do fato.
- O Procurador poderá: a. **ratificar o arquivamento**; b. **oferecer denúncia**; c. **delegar** a outro membro do Ministério Público o oferecimento da denúncia.
- Na ação penal pública condicionada à representação, o ofendido pode voltar atrás (retratação da representação) até o **oferecimento** da denúncia.
- Na Lei Maria da Penha, a retratação pode acontecer até o **recebimento** da denúncia, necessitando-se de audiência específica para tanto.
- A representação é condição de procedibilidade na ação penal pública condicionada e tem caráter **objetivo**, ou seja, se refere ao fato, não aos autores dele, devendo o Ministério Público zelar pelo princípio da indivisibilidade.
- Na ação penal privada, a legitimidade extraordinária para propor a ação é do ofendido ou seu representante legal.
- **Perempção**: causa de extinção da punibilidade exclusiva da **ação penal privada** e decorre da inércia do querelante.

Morte do ofendido (legitimidade para oferecer representação ou queixa-crime)	
	• Cônjuge; • Ascendente; • Descendente; • Irmão.

- Na **ação penal privada subsidiária da pública**, o ofendido oferece queixa-crime em caso de **inércia** do Ministério Público, que **não oferece denúncia, não arquiva o inquérito policial ou não requer novas diligências**.
- **Atenção: o arquivamento do inquérito policial não autoriza o oferecimento de queixa-crime em ação penal privada subsidiária da pública, porque não houve inércia.**

7. AÇÃO CIVIL *EX DELICTO*.

1. Fazem coisa julgada no juízo cível	
	a. a sentença penal **condenatória;** **b.** a sentença penal **absolutória**: b.1. estar provada a inexistência do fato; b.2. estar provado que o réu não concorreu para a infração penal; b.3. existirem circunstâncias que excluam o crime ou isentem o réu de pena.

- Quando há vinculação, a questão não pode ser rediscutida no Juízo Cível.
- A sentença penal condenatória tem natureza de título **executivo judicial** e, assim, será adotado o rito do cumprimento de sentença, dependendo de prévia liquidação para se determinar o valor da indenização.
- A absolvição por falta de provas (*in dubio pro reo*) não vincula o juízo cível.
- Quando não há vinculação do juízo cível, a questão pode ser rediscutida neste.
- **Inconstitucionalidade progressiva**: STF declarou que a legitimidade do Ministério Público para propor ação civil *ex delicto* só ocorre onde não houver Defensoria Pública devidamente instalada.

8. JURISDIÇÃO E COMPETÊNCIA

I - Competência Material

- Competência material: determina se a causa vai ser julgada pela Justiça Especializada (Militar ou Eleitoral) ou comum (Federal ou Estadual).

- Crime praticado contra **sociedade de economia mista**, ainda que o ente público seja federal, como é o caso do Banco do Brasil S/A, é de competência da **Justiça Estadual**.

II - Competência Territorial

- Em termos de competência territorial, o CPP adotou a teoria do **resultado**, sendo competente o Juízo do local em que se consumou a infração penal. No caso de tentativa, é no local em que se consumaria o delito.
- No caso de **tentativa**, pelo lugar em que for praticado o último ato de execução (**teoria da atividade**).
- No crime de estelionato praticado com **falsificação** de cheque (art. 171, *caput*, CP), o crime se consuma no local em que o agente **emitiu** o cheque.
- Já, no estelionato praticado por emissão de cheque **sem fundos**, o crime se consuma no local da **agência bancária** em que está a conta corrente referente ao cheque.
- Exemplo: o agente emite um cheque no Rio de Janeiro, mas a conta corrente é de uma agência de Salvador. No caso de falsificação, será julgado no Rio. Se for cheque verdadeiro, mas sem fundos, a competência será do Juízo de Salvador.
- No processo penal, o Juiz pode reconhecer a competência relativa de ofício até o momento da absolvição sumária, na fase do art. 397, CPP (Távora, Nestor e Rodrigues Alencar, Rosmar. *Curso de direito processual penal.* 7ª ed. Editora Juspodivm. p. 275).

III - Competência por Prerrogativa de Função

- A competência por prerrogativa de função é estabelecida em razão do **cargo** e não da pessoa.
- O STF entendeu que a **renúncia do mandato** para evitar o julgamento pelo juízo do foro privilegiado constitui **abuso de direito**. Dessa forma, por exemplo, mesmo se o Senador renunciar às vésperas do julgamento para forçar a remessa dos autos ao Primeiro Grau de Jurisdição, é mantida a competência do STF (STF-AP. nº 396. Rel. Min. Cármen Lúcia).
- A jurisprudência do Supremo Tribunal Federal passou a adotar como regra o desmembramento dos inquéritos e ações penais originárias no tocante a co-investigados ou corréus não detentores de foro por prerrogativa de função, admitindo-se, apenas excepcionalmente, a atração da competência originária quando se verifique que a separação seja apta a causar prejuízo relevante, aferível em cada caso concreto.
- Se uma pessoa comete um crime doloso contra a vida e tem foro por prerrogativa de função estabelecido na Constituição **Federal**, será julgado por este foro, que é considerado especial em relação ao Tribunal do Júri.
- Se uma pessoa comete um crime doloso contra a vida e tem foro por prerrogativa de função estabelecido na Constituição **Estadual**, será julgado pelo Júri.

IV - Competência por Prevenção

- Havendo dois juízes igualmente competentes, julgará a causa aquele que primeiro dela tomar conhecimento.
- Em sendo o crime permanente, a competência será determinada pela prevenção. Assim, se a pessoa é sequestrada em São Paulo e mantida em cativeiro em Campinas, será competente o Juízo que primeiro tomar conhecimento do fato, como o que primeiro receber a denúncia ou decretar a prisão preventiva dos agentes.

V - Competência por Conexão e Continência

- Por questão de **segurança jurídica**, notadamente, para se evitar decisões conflitantes, duas ou mais ações que seriam julgadas separadamente são reunidas no juízo dito prevalente.

CONEXÃO INTERSUBJETIVA (art. 76, I, CPP)		
Sub-espécie	**Conceito**	**Exemplo**
Por simultaneidade	Duas ou mais pessoas praticam várias infrações penais simultânea e ocasionalmente	Uma carreta de cerveja tomba na rodovia. Os passantes não socorrem o motorista (omissão de socorro) e furtam a carga
Por concurso	Mediante ajuste prévio, em concurso de agentes, duas ou mais pessoas praticam crimes diversos em locais diversos	É o caso de uma quadrilha que pratica diversos roubos em vários locais
Por reciprocidade	Duas ou mais pessoas praticam infrações penais umas contra as outras	Injúrias, ameaças e lesões corporais recíprocas

CONEXÃO MATERIAL (art. 76, II, do CPP)	
Conceito	**Exemplo**
Duas ou mais infrações penais terem sido praticadas para (a) <u>ocultar</u> as outras; (b) <u>conseguir impunidade</u> ou (c) <u>obter vantagem</u> em qualquer delas	(a) O autor do homicídio oculta o cadáver da vítima; (b) o autor do estupro mata a única testemunha; (c) o autor da corrupção promove a lavagem de dinheiro obtido criminosamente

CONEXÃO PROBATÓRIA (art. 76, III, CPP)	
Conceito	**Exemplo**
As provas relativas a uma infração penal influem na apuração de outras infrações penais	No crime de receptação, geralmente, há conexão com o crime antecedente como o furto, o roubo, etc.

CONTINÊNCIA POR CUMULAÇÃO SUBJETIVA (art. 77, I, CPP)	
Conceito	**Exemplo**
Duas ou mais pessoas são acusadas pela mesma infração penal	Duas pessoas praticam o mesmo furto, o mesmo roubo etc.

CONTINÊNCIA POR CUMULAÇÃO OBJETIVA (art. 77, II, CPP)	
Conceito	**Exemplo**
Decorre dos crimes praticados em (a) concurso formal, (b) erro na execução e (c) resultado diverso do pretendido	(a) em um acidente, um motorista provoca a morte de duas pessoas na direção de veículo automotor; (b) o agente visa matar "A", mas por erro de pontaria, mata "B"; (c) o agente atira uma pedra contra a vitrine de uma loja, visando causar dano, mas atinge o dono da loja, causando-lhe lesão corporal culposa[1]

Havendo conexão e/ou continência entre dois ou mais crimes a ser julgado por justiça de mesma categoria, fixa-se o foro prevalente da seguinte forma:	a. local da infração **mais grave**; b. infração de igual gravidade, lugar onde ocorreram **maior número de crimes**; c. igual gravidade e quantidade, **juízo prevento**.

- O Juízo prevalente pode avocar o processo a qualquer momento desde que ainda não haja prolação de sentença no processo desgarrado.
- No caso de conexão entre um crime de competência da Justiça Federal e outro da Justiça Estadual, é competente a Justiça Federal para o julgamento dos dois.

9. QUESTÕES E PROCESSOS INCIDENTES

I. Questões prejudiciais

- Questão prejudicial é aquela que está associada ao mérito da causa e que deve ser resolvida antes dele.
- Assim, no crime de **bigamia** (art. 235 do Código Penal), o fato de se descobrir se o autor é casado é questão prejudicial ao mérito do processo penal.

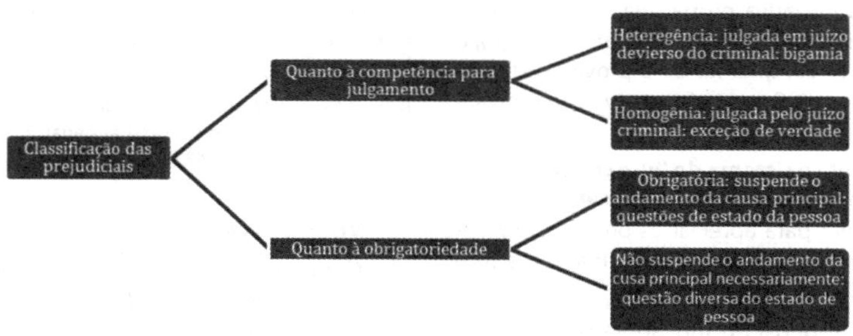

II Conflito de competência

- Como a competência é questão de ordem pública, o conflito pode ser instaurado, além da parte interessada, pelo próprio juiz de ofício ou pelo Ministério Público, ainda que não seja esse autor da ação penal, atuando apenas como fiscal da lei.[1]

III. Medidas Acautelatórias

- As medidas acautelatórias visam o ressarcimento do ofendido ou mesmo impedir que o agente tire proveito patrimonial de sua conduta ilícita.
- Comparação entre sequestro, arresto e hipoteca legal:

Medida	Natureza do bem	Origem do bem	Destinação do bem ao fim do processo
Sequestro	Móvel ou imóvel	Proveito do crime	Tesouro Nacional
Arresto	Móvel	Lícita	Ressarcimento do ofendido
Hipoteca Legal	Imóvel	Lícita	Ressarcimento do ofendido

1 Nucci, Guilherme de Souza. *Código Penal Comentado*. 8ª ed. RT. p. 456.

9.1. INCIDENTE DE INSANIDADE MENTAL

- Efeitos da insanidade mental do agente, considerado inimputável, no momento da prática da infração penal, durante a ação judicial e durante a execução criminal:

Momento	Efeito
Durante a infração penal	Imposição de medida de segurança.
Durante a ação penal	Suspensão do procedimento até o acusado se recuperar.
Durante a execução da pena	Conversão da pena privativa de liberdade em medida de segurança até o sentenciado se recuperar ou expirar o tempo da pena imposta.

10. PROVAS

I - Generalidades

- A doutrina majoritária distingue:

a) provas **ilícitas** são aquelas derivadas de violação a normas, constitucionais ou infraconstitucionais, de direito material;

b) provas **ilegítimas** são aquelas derivadas de violação a normas, constitucionais ou infraconstitucionais, de direito processual.

- **Teoria dos frutos da árvore envenenada**: importada do direito norte-americano (*fruits of the poisonous tree*). "Em um juízo de causa e efeito, tudo o que originário de uma prova ilícita seria imprestável, devendo ser desentranhado dos autos." (Távora, Nestor e Rodrigues Alencar, Rosmar. *Curso de direito processual penal*. 7ª ed. Editora Juspodivm. p. 383).
- Se a prova ilícita beneficiar o réu, não deve ser declarada imprestável e pode ser usada como fundamento à sua absolvição (princípio da proporcionalidade).
- **Ninguém é obrigado a produzir prova contra si mesmo**.
- Mas, se o agente consente em fazer a prova, ela é lícita. Assim, se o motorista é compelido a fazer o bafômetro, a prova obtida é ilícita. Do contrário, se o agente, voluntaria e espontaneamente, assopra o bafômetro, a prova é lícita.
- Em nome do **princípio da imparcialidade**, o juiz não deve ter a iniciativa probatória. Porém, em razão do princípio da verdade real (ideal de justiça), o magistrado deve complementar a prova produzida pelas partes, com o fim de afastar eventual dúvida sobre ponto relevante do mérito.
- No Brasil, se adota o **sistema do livre convencimento motivado ou da persuasão racional**, segundo o qual o juiz é livre para apreciar as provas e, em sequência, formar a sua convicção devidamente fundamentada.
- No sistema do Tribunal do Júri, adota-se o **sistema da íntima convicção**, já que os jurados não precisam motivar a decisão que tomaram.

II – Perícia

- Se o crime **deixar vestígios**, é imprescindível a realização do exame de corpo de delito.
- **Corpo de delito indireto**: se os vestígios do crime desapareceram, o exame de corpo de delito tem de ser feito, valendo-se o perito de outros meios, como oitiva de testemunhas, a consulta aos laudos médicos realizados no atendimento à vítima, etc.
- É possível a condenação por **homicídio** se o corpo da vítima **desaparecer**, desde que seja produzido **exame de corpo de delito indireto**.
- No exame pericial, é necessária a assinatura de apenas **um perito**, se for este oficial. Se não for oficial, são necessários dois peritos.
- Na **Lei de Drogas** (Lei nº 11.343/06), são realizados dois exames periciais para se provar a materialidade delitiva, se apreendida a droga:
  - Laudo de **constatação ou preliminar**, assinado por um ou dois peritos, oficial ou não;
  - Laudo **definitivo**: assinado por dois peritos, é imprescindível para sentença condenatória.

IV - Interrogatório

- Predomina o entendimento de que o interrogatório é **meio de prova**, pois o juiz vai valorá-lo juntamente com os outros meios de prova para formar seu convencimento, e, **ao mesmo tempo, é meio de defesa**, porque, nele, o réu vai exercer a chamada defesa pessoal, apresentando sua versão sobre os fatos.
- No interrogatório, seja o feito pessoalmente, seja o feito por meio de videoconferência, **é assegurada a entrevista do réu com seu defensor**.
- Há entendimento de que o interrogatório por videoconferência viole os princípios do devido processo legal, da ampla defesa e do contraditório entre as partes, pois o interrogatório é oportunidade única do juiz ter contado direto com o réu, a fim de formar convicção acerca dos fatos apurados, bem como acerca da personalidade do agente.

V – Confissão

requisitos formais da confissão	(a) pessoalidade; (b) expressa; (c) feita à autoridade competente; (d) livre e voluntária; (e) higidez mental do confidente (Cf. (Távora, Nestor e Rodrigues Alencar, Rosmar. Curso de direito processual penal. 7ª ed. Editora Juspodivm. p. 433).

VI - Prova testemunhal

- Número de testemunhas: cada parte pode arrolar o número de testemunhas previsto em lei para cada procedimento.
- Esse número é relacionado a **cada fato probante**. Assim, por exemplo, se são dois roubos, pode cada parte arrolar, no máximo dezesseis testemunhas, oito para cada fato:

Procedimento	Número
Comum Ordinário	8
Comum Sumário	5
Sumaríssimo (Lei nº 9.099/95)	3
Segunda fase do Júri	5
Lei de drogas (Lei nº 11.343/06)	5

- O STJ já entendeu que, sob pena de **nulidade**, na atual sistemática, em primeiro lugar, devem as partes fazer perguntas às testemunhas e, ao juiz, cabe apenas complementar com outras perguntas, para esclarecimento de pontos que entender necessário.

VII - Reconhecimento Pessoal.

- O reconhecimento de pessoa é meio de prova, com procedimento estabelecido no art. 226 do CPP. A jurisprudência entende que a inobservância desse procedimento é válido, sendo a prova entendida como inominada, como também o é o reconhecimento fotográfico.

VIII - Busca Domiciliar

Cláusula de reserva de jurisdição (medidas que só podem ser tomadas por Juiz)	(a) decretar a **prisão** de um cidadão; (b) **interceptação telefônica**; (c) mandado de **busca domiciliar** (inviolabilidade do domicílio).

A busca e a apreensão domiciliar, mediante ordem judicial, só pode ser cumprida durante o dia em nome da tutela do direito à inviolabilidade do domicílio.

- Na busca e apreensão realizada em escritório de advocacia, além da ordem judicial, há de ser respeitado o que se segue:
  a) deve ser executada na presença de representante da OAB, que deve ser comunicada previamente e em sigilo;
  b) a busca deve se restringir a objetos relacionados ao fato pelo qual o advogado é investigado;
  c) são invioláveis instrumentos de trabalho, como livros, correspondências e outros objetos relacionados estritamente ao exercício da profissão;
  d) é vedado o acesso a documentos relativos aos clientes do advogado.

10.1. LEI Nº 9.296/1996 (INTERCEPTAÇÃO TELEFÔNICA).

- A interceptação telefônica depende de ordem judicial e tem o prazo máximo de quinze dias, desde que imprescindível às investigações.
- Para a interceptação telefônica, é imprescindível a autorização judicial (art. 5º, XII, CF/88.

Requisitos da interceptação telefônica (interpretação *contrario sensu* art. 2º da Lei nº 9.296/96)	a) indícios razoáveis da **autoria** ou participação em **infração penal**; b) a prova **não** puder ser feita por outros meios disponíveis; c) o fato investigado constituir infração penal punida com pena de **reclusão**.

- Excepcionalmente, o juiz poderá admitir que o pedido seja formulado verbalmente, desde que estejam presentes os pressupostos que autorizem a interceptação, caso em que a concessão será condicionada à sua redução a termo.
- Apesar do artigo 5º da Lei 9.296/1996 prever o prazo máximo de 15 (quinze) dias para a interceptação telefônica, renovável por mais 15 (quinze), não há qualquer restrição ao número de prorrogações possíveis, exigindo-se apenas que haja decisão fundamentando a necessidade de dilatação do período. Doutrina. Precedentes. (STJ - RHC nº 38.063/MG).

11. SUJEITOS DO PROCESSO.

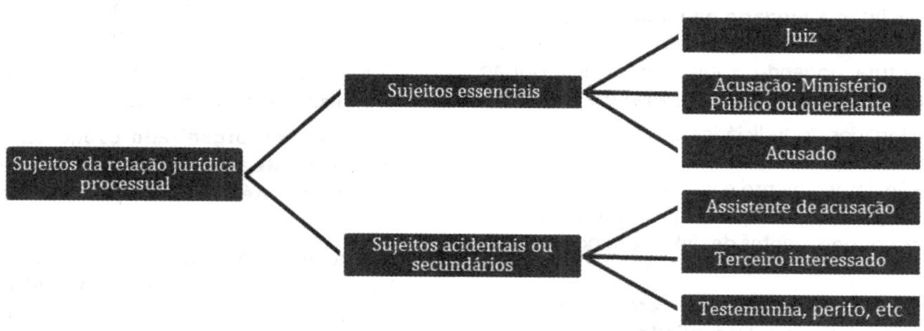

- O Juiz é o representante do Estado-Juiz na relação jurídica processual e tem, como caraterística fundamental, a **imparcialidade.**
- Em relação aos **impedimentos**, são hipóteses **objetivas**, no sentido de que não é possível qualquer valoração por parte do Magistrado para continuar na condução da presidência do processo (art. 252, CPP e 253, CPP).
- Na **suspeição,** há espaço para um **juízo de valoração**, seja porque ao Juiz é permitido se declarar suspeito, de ofício ou após a arguição pela parte, seja porque o fato alegado deve ser demonstrado por meio de provas.
- Por sua vez, as causas de **incompatibilidade** não são previstas expressamente em lei, mas também podem surgir ao longo do processo e, tal como as causas de impedimento e suspeição, influir na imparcialidade no julgamento. É o caso de se alegar questão de foro íntimo para se seguir no feito.
- O Ministério Público é uma instituição **permanente, essencial à Justiça**, incumbindo-lhe a defesa da ordem jurídica, do regime democrático e dos interesses sociais e individuais indisponíveis (art. 127, caput, CF/88).
- Vê-se que, de suas elevadas funções constitucionais, extrai-se que o Ministério Público, mais do que acusar, tem a função da defesa do regime democrático, no que se inclui a tutela das garantias constitucionais do acusado.

- O Ministério Público, como órgão estatal, também é regido pela **imparcialidade** na execução de suas relevantes funções constitucionais, motivo pelo qual se aplicam a seus membros as causas de **impedimento, suspeição** e **incompatibilidade** dos Juízes (arts. 252 e ss. do CPP).
- **Assistente da acusação:** a vítima ou seus sucessores podem se habilitar ao processo para auxiliarem o Ministério Público na obtenção da sentença penal condenatória.
- Já decidiu o STJ: 1. **A legitimidade do assistente de acusação para apelar, quando inexistente recurso do Ministério Público, é ampla**, podendo impugnar tanto a sentença absolutória quanto a condenatória, visando ao aumento da pena imposta, já que a sua atuação justifica-se pelo desejo legítimo de buscar justiça, e não apenas eventual reparação cível. Doutrina. Precedentes do STJ e do STF. (HC 137.339/RS, Rel. Min. Jorge Mussi, 5ª T., DJ. 09/11/2010).

Classificação	Momento
Investigado, suspeito ou indiciado	Inquérito Policial
Acusado ou réu	Ação Penal
Executado, reeducando ou sentenciado	Execução penal

- **O direito de defesa técnica é irrenunciável**, pois "nenhum acusado, ainda que ausente ou foragido, será processado ou julgado sem defensor"
- **A ausência do advogado não implica adiamento da audiência**, salvo comprovado impedimento até sua abertura, podendo o Juiz nomear defensor ad hoc, apenas para o ato (art. 265, §§ 1º e 2º, CPP).
- Os funcionários do Judiciários, aos quais, segundo a sistemática do CPP, também se aplicam as regras de suspeição, impedimento e incompatibilidade, notadamente, em relação àqueles que praticam atos de ordinatórios decorrentes de delegação por parte do Juízo.
- Em caso de o **perito deixar de atender as requisições** do Juízo, **ele estará sujeito à aplicação de multa de cem a quinhentos mil réis** (art. 277 do CPP). Para a corrente majoritária, por falta de atualização do valor, esse dispositivo está revogado tacitamente. No entanto, há entendimento no sentido de se aplicarem as astreintes, em decorrência da aplicação subsidiária do art. 461 e seguintes do CPC.
- Destacam-se ainda os **assistentes técnicos, cujo vínculo é com as partes** e não com o Juízo

12. PRISÃO, MEDIDAS CAUTELARES E LIBERDADE PROVISÓRIA

I. Das medidas cautelares contra a pessoa do acusado

- A Lei nº 12.403/2011 trouxe profundas modificações acerca das medidas cautelares que recaiam sobre a pessoa do acusado, tomando partido no sentido de que a prisão cautelar é a última medida a ser aplicada, reservada às hipóteses em que a outra medida não é eficaz.

II. Da prisão cautelar ou provisória

- Por prisão cautelar ou provisória, se entende aquelas decretadas antes do trânsito em julgado da sentença penal condenatória. São suas espécies: (a) prisão em flagrante; (b) prisão preventiva; (c) prisão temporária.

II.1. Da prisão em flagrante

- A prisão em flagrante é aquela que ocorre enquanto presente o chamado estado de flagrância.

Espécies de Flagrante	
	(a) o crime está acontecendo ou acabou de acontecer (**flagrante próprio**);
	(b) o agente é perseguido logo após a infração em situação que o faça presumir ser o autor do fato criminoso (**flagrante impróprio**);
	(c) o agente é preso logo depois de cometer o crime com objetos que presumam ser ele o autor do crime (**flagrante presumido**).

- No **flagrante preparado**, o agente é induzido ou instigado a cometer o crime, geralmente, por meio de uma conduta de uma agente do Estado. Nesse caso, não há crime, pois a **consumação é impossível** (Súmula nº 145 do STF).
- No flagrante **esperado ou retardado**, o agente policial deixa de executar a prisão em flagrante por uma questão estratégica, como, por exemplo, esperar a colheita de mais elementos de provas.
- O flagrante esperado é previsto nas **leis de crime organizado** e na **de drogas**.
- Na lei de **crime organizado**, os agentes estatais **não dependem de autorização judicial** e de **prévia oitiva do Ministério Público** para postergar a prisão em flagrante.
- No entanto, a partir da Lei nº 12.850/2013, o Juiz e o Ministério Público devem ser **comunicados** acerca da não intervenção da Polícia, não para autorizar a conduta policial, mas para fiscalizá-la e, se for o caso, impor limites (art. 8º, §1º).
- Na lei de drogas, **depende-se de previa oitiva** do Ministério Público e de **autorização** judicial.

II.2. Da prisão preventiva

- A prisão preventiva é aquela decretada seja na fase de inquérito policial, seja na fase judicial, sempre **antes do trânsito em julgado da sentença penal condenatória.**
- Na fase de **inquérito policial**, o Juiz não pode decretar de ofício a prisão preventiva, dependendo de **representação da Autoridade Policial ou do requerimento do Ministério Público.**
- Na fase judicial, o Juiz pode decretar a prisão **de ofício** ou por **meio de requerimento do Ministério**

Público, do querelante ou do assistente de acusação, previamente habilitado.

- Como se trata de medida cautelar, a prisão preventiva deve ser decretada em caso de presentes o *fumus boni iuris* e o *periculum in mora*.

II.2. Da prisão preventiva

- A prisão preventiva é aquela decretada seja na fase de inquérito policial, seja na fase judicial, sempre **antes do trânsito em julgado da sentença penal condenatória.**
- Na fase de **inquérito policial**, o Juiz não pode decretar de ofício a prisão preventiva, dependendo de **representação da Autoridade Policial ou do requerimento do Ministério Público**.
- Na fase judicial, o Juiz pode decretar a prisão **de ofício** ou por **meio de requerimento do Ministério Público, do querelante ou do assistente de acusação**, previamente habilitado.
- Como se trata de medida cautelar, a prisão preventiva deve ser decretada em caso de presentes o *fumus boni iuris* e o *periculum in mora*.

Fumus comissi delicti	· Prova da materialidade delitiva; · Indícios suficientes de autoria delitiva
Periculum in libertatis	· Garantia da ordem pública; · Garantia da ordem econômica; · Conveniência da instrução criminal; · Assegurar a aplicação da lei penal; · Descumprimento de medidas cautelares diversas da prisão.

- A prisão **preventiva** pode ser decretada a **qualquer momento**. No entanto, encerrada a instrução processual, não pode ter como fundamento no perigo que a liberdade do réu representaria à colheita de prova.
- Além dos requisitos acima, a decretação da preventiva deve ser decretada somente se presentes os seguintes pressupostos cautelares.

Pressupostos cautelares	· Crimes dolosos com pena privativa de liberdade máxima superior a quatro anos; · Reincidente em crime doloso; · Violência doméstica contra a mulher, criança, idoso, enfermo ou pessoa com deficiência, para se garantir a aplicação das medidas cautelares de urgência.

- O **advogado** preso preventivamente tem direito de permanecer em **Sala de Estado Maior**. Inexistindo essa na localidade, deve ser colocado em **prisão domiciliar** (STF – HC nº 102.128/SP. Rela. Mina. Cármen Lúcia. 22/03/2011).

Hipóteses de substituição da prisão preventiva por prisão domiciliar	· maior de **80 (oitenta) anos**; · extremamente debilitado por motivo de **doença grave**; · imprescindível aos cuidados especiais de **pessoa menor de 6 (seis) anos** de idade ou com **deficiência**; · **gestante**; · **mulher** com **filho de até 12 (doze)** anos de idade incompletos; · **homem**, caso seja o **único responsável** pelos cuidados do **filho de até 12 (doze)** anos de idade incompletos.

II.3. Outras medidas cautelares diversas da prisão

- As reformas do CPP dão prioridade a medidas diversas da prisão cautelar, que passa a ser subsidiárias.
- O **descumprimento** dessas medidas cautelares implica decretação da prisão preventiva.
- Entre as medidas cautelares diversas da prisão, está a suspensão de função pública ou de atividade de natureza de atividade econômica e financeira.

III - Liberdade Provisória

- A liberdade provisória é a contracautela à prisão provisória, podendo ser **concedida com ou sem fiança**, ou cumulada com outra medida cautelar prevista no art. 319 do CPP.
- A **Autoridade Policial** pode conceder fiança nos crimes com pena máxima em abstrata igual ou inferior a quatro anos.
- O art. 44 da Lei de Drogas **veda** a concessão de **liberdade provisória** a quem é acusado por crime de **tráfico de drogas**. Porém, o Plenário do **STF**, incidentalmente, por maioria de votos, declarou **inconstitucional** esse dispositivo ao estabelecer que o juiz não pode decretar a prisão provisória **somente com fundamento nele**. Isso é deve fundamentar a decisão na ocorrência **concreta** de um dos fatos previstos **no art. 312 do Código de Processo Penal**. Ausentes esses, o réu deve ser colocado em liberdade provisória (STF – HC nº 104.339/SP. Rel. Min. Gilmar Mendes. DJ. 10/05/2012).

12.1. LEI Nº 7.960/1989 (PRISÃO TEMPORÁRIA).

- A prisão temporária é espécie de prisão provisória ou cautelar, prevista em lei especial (Lei nº 7.960/89), decretada pelo Juiz a requerimento do Ministério Público ou da Autoridade Policial, durante a fase de **Inquérito Policial**.
- O Juiz **não pode decretar** a prisão temporária de ofício.
- A doutrina majoritária é no sentido de que, para a decretação da prisão temporária, a conduta do agente deve incidir em um dos crimes do rol **taxativo** do art. 1º, III, acumulado com a **imprescindibilidade para as investigações do inquérito policial**

(art. 1º, I) **ou** indiciado não tiver **residência fixa** ou não fornecer elementos necessários para sua identificação (art. 1º, II).

- O prazo máximo de duração da prisão temporária é de cinco dias, prorrogável por igual prazo. Em caso de crimes hediondos, os prazos são de trinta dias.
- Encerrado o prazo, sem prorrogação ou decretação da prisão preventiva, deve o agente ser colocado em liberdade, sob pena de abuso de autoridade.

13. CITAÇÕES E INTIMAÇÕES.

Espécies de citação no processo penal	
	a. **pessoalmente** (mandado judicial cumprido por Oficial de Justiça);
	b. por **hora certa**;
	c. por **edital**.

- **Não existe citação por carta no processo penal**.
- Na **citação por hora certa**, se o réu não apresentar resposta e/ou constituir advogado, será nomeado defensor dativo em seu favor e segue o feito. **Não há suspensão do feito**.
- Em caso de **citação por edital**, se o réu não apresentar resposta e/ou constituir advogado, serão **suspensos o processo e o prazo prescricional**.
- O período máximo de suspensão da fluência do prazo prescricional corresponde ao que está fixado no art. 109 do CP, observada a pena máxima cominada para a infração penal (STJ – HC nº 159.429/SP. Rel. Min. Félix Fisher. DJ. 15/06/2010).

Intimação pela imprensa oficial	· defensor constituído; · do advogado do querelante; · e do assistente
Intimação pessoal	· Defensor dativo; · Ministério Público; · Defensoria Pública; · Réu

14. ATOS PROCESSUAIS E ATOS JUDICIAIS.

- No processo penal, vige o **princípio da correlação entre a acusação e a sentença**, ou seja, como o réu se defende em relação aos fatos descritos na denúncia, a sentença deve ser adstrita aos tais fatos.
- ***Emendatio libelli***: (art. 383 do CPP) o juiz entende que os fatos descritos na denúncia ou queixa crime restaram comprovados, mas **discorda da capitulação penal** dada pelo autor da ação penal. Isso é possível, ainda que resulte pena mais grave, pois o réu se defende dos fatos descritos na peça acusatória.
- ***Mutatio libelli:*** (art. 384 do CPP) se, durante a instrução, surgir **fatos não descritos na denúncia**, o Ministério Público deverá aditá-la. O juiz não poderá fazê-lo, sob pena de se violar os **princípios da titularidade da ação penal público e da inércia de jurisdição**, podendo-se valor do que dispõe o art. 28 do CPP.
- Não cabe *mutatio libelli* em grau de recurso, pois significaria supressão de instância. Nesse caso, o Tribunal anula a sentença e o processo volta à Primeira Instância, onde se procede à *mutatio*.
- A Lei nº 12.736/2012 acrescentou o parágrafo 2º ao art. 387 do CPP, segundo o qual **o Juiz deve levar em consideração o tempo de prisão provisória no momento de fixação do regime de cumprimento de pena.**
- Há divergência na doutrina quanto à natureza desse dispositivo. Para a primeira corrente, é mais um critério para o Juiz fixar o regime de pena, juntamente com outros, como os previstos no art. 33 do Código penal.
- Para a segunda corrente, trata-se de verdadeira **detração penal.** Assim, se uma pessoa é condenada a cinco anos de reclusão, a princípio, o regime imposto seria o semiaberto (art. 33, § 2º, *b*, do Código Penal. Se ele estava preso preventivamente já há um ano e seis meses, o regime de cumprimento de pena deve ser o **aberto**, pois com a detração penal a pena privativa de liberdade seria de três anos e seis meses (art. 33, § 2º, c, CP).
- Na sentença penal condenatória, o juiz deve fixar o valor mínimo da indenização devida pelo réu ao ofendido, desde que garantido o contraditório e a ampla defesa entre as partes.
- Nos termos do que estabelece o CPP, a sentença penal em que se reconhece a inimputabilidade do réu tem natureza de **sentença penal absolutória imprópria**, porque, nela, se declara que o réu praticou um fato típico e antijurídico, é **isento de pena**, devendo-se aplicar **medida de segurança**.

Intimação da sentença	
	I - ao réu, pessoalmente, se estiver preso;
	II - ao réu, pessoalmente, ou ao defensor por ele constituído, quando se livrar solto, ou, sendo afiançável a infração, tiver prestado fiança;
	III - ao defensor constituído pelo réu, se este, afiançável, ou não, a infração, expedido o mandado de prisão, não tiver sido encontrado, e assim o certificar o oficial de justiça;
	IV - mediante edital, nos casos do no II, se o réu e o defensor que houver constituído não forem encontrados, e assim o certificar o oficial de justiça;
	V - mediante edital, nos casos do no III, se o defensor que o réu houver constituído também não for encontrado, e assim o certificar o oficial de justiça;
	VI - mediante edital, se o réu, não tendo constituído defensor, não for encontrado, e assim o certificar o oficial de justiça.

15. PROCEDIMENTOS

15.1. PROCESSO COMUM

- O legislador estabelece que o procedimento será **comum**:
  - a) **ordinário**: sanção máxima cominada igual ou superior a quatro anos;
  - b) **sumária**: sanção máxima inferior a quatro anos;
  - c) **sumaríssimo:** infrações penais de **menor potencial ofensivo**, previsto na Lei nº 9.099/95.
- O juiz faz um juízo prévio de admissibilidade da peça acusatória, verificando se estão presentes as condições da ação e pressupostos processuais. Em caso positivo, **recebe a denúncia** (art.396 do CPP).

Hipóteses de rejeição de denúncia (condições da ação e pressupostos processuais)	· a existência manifesta de causa excludente da ilicitude do fato; (Incluído pela Lei nº 11.719, de 2008). · a existência manifesta de causa excludente da culpabilidade do agente, salvo inimputabilidade; (Incluído pela Lei nº 11.719, de 2008). · que o fato narrado evidentemente não constitui crime; ou (Incluído pela Lei nº 11.719, de 2008). · extinta a punibilidade do agente

- No art. 395, III, do CPP, a **justa causa** é elevada à **condição da ação** de forma expressa. Assim, exige-se que haja um mínimo de prova a indicar a **viabilidade** da ação penal, ou seja, uma **probabilidade** de que o denunciado vá ser condenado ao fim do processo.
- Hoje, a resposta à acusação tem maior relevância, pois pode o defensor refutar os fatos apresentados na denúncia para que se proceda à **absolvição sumária**.
- A absolvição sumária ocorre **antes** da instrução processual, de modo que só é possível se as hipóteses do art. 397, CPP, estiverem **manifestamente** demonstradas.

Hipóteses de absolvição sumária	· a existência manifesta de causa excludente da ilicitude do fato; · a existência manifesta de causa excludente da culpabilidade do agente, salvo inimputabilidade; · que o fato narrado evidentemente não constitui crime; ou · extinta a punibilidade do agente

- Não sendo o caso de absolvição sumária, o juiz recebe a denúncia, segundo os termos do art. 399 do CPP.
- Em verdade, há um só recebimento da denúncia que é aquele previsto no art. 396 do CPP. No art. **399** do CPP há mera **ratificação** do recebimento da denúncia. Assim, os efeitos do recebimento da denúncia, como interrupção da prescrição, ocorrem no primeiro momento, na fase do art. 396 do CPP.
- Com as reformas do processo penal, o princípio da **oralidade** ganha relevância. De maneira que se dá maior relevância à palavra falada.
- Isso se reflete na **concentração** dos atos processuais (colheita de prova oral, interrogatório, debates e julgamento) em audiência **una**, bem como na adoção do **princípio da identidade física do juiz**, pelo qual, em regra, o juiz que encerra a instrução deve ser aquele que profere a sentença.

15.2. PROCESSOS ESPECIAIS.

I. Procedimento do Tribunal do Júri

- O Tribunal do Júri é uma garantia constitucional, segundo a qual o réu em crimes de sua competência tem o direito de ser julgado por seus iguais, o jurado ou juiz leigo.
- Postulados constitucionais do Tribunal do Júri:

Postulado	Noção
Plenitude de defesa	é mais "ampla" que a ampla defesa. Constitui-se de defesa técnica, por meio de advogado, e de autodefesa, feita pelo próprio réu. Ambos podem argumentar os mais variados fatos, ainda que não jurídicos.
Sigilo das votações	diante da livre formação da convicção dos jurados, estes devem ter a mais ampla liberdade para formar o veredicto, livre de pressões.
Soberania dos veredictos	a decisão dos jurados vincula a o juiz togado.
Competência para julgamento dos crimes dolosos contra a vida.	trata-se de uma competência mínima estabelecida pela Constituição Federal. Assim, o legislador pode ampliar a competência do Tribunal do Júri, mas não pode diminuir, excluindo um crime doloso contra a vida.

- Em nome da plenitude da defesa, pode o Juiz-Presidente **dissolver** o Plenário do Júri em razão de **deficiência** da defesa técnica, designando novos audiências e defensor ao acusado.
- **Não** são de competência do Tribunal do Júri o **latrocínio** (roubo seguido de morte, já que, nesse caso, a tutela penal se refere ao patrimônio) e o **genocídio** (em que o homicídio é apenas meio para o agente alcançar seu intento de eliminar uma determinada raça, crença, cultura, etc.).
- O procedimento do Tribunal do Júri é **escalonado** em duas fases: (a) juízo de **admissibilidade**, sumário de culpa, juízo de acusação ou *judicium accusationis*; (b) juízo de **mérito** ou *judicium causae*.

- Decisões ao final do juízo de admissibilidade:

Decisão	Motivação	Recurso
Pronúncia	Prova da materialidade e autoria de crime doloso contra a vida	Recurso em Sentido Estrito
Impronúncia	O juiz entende que não há prova da materialidade delitiva ou indícios suficientes de autoria por parte do acusado	Apelação
Absolvição Sumária	o juiz analisa o mérito da causa e, manifestamente presente uma causa de absolvição, a promove.	Apelação
Desclassificação	o juiz entende que o crime não é doloso contra a vida e, por isso, remete os Autos ao Juízo competente, que não é o Tribunal do Júri.	Recurso em Sentido Estrito

- **Não há coisa julgada material** no caso de **impronúncia**, já que poderá ser ofertada nova denúncia se surgirem novas provas, desde que não extinta a punibilidade, como a ocorrência de prescrição ou *abolitio criminis*.
- Se o réu comprovadamente **inimputável** alegar que não foi o autor do fato ou que o praticou em legítima defesa, o juiz não pode absolvê-lo sumariamente, devendo o julgamento ser remetido ao Tribunal do Júri, que analisará essas questões.
- A pronúncia **não é uma sentença**, mas é decisão interlocutória mista não terminativa, já que marca o fim de uma fase do processo (juízo de admissibilidade) e o início de uma nova fase (juízo de acusação).
- A **pronúncia** tem a função de **limitar a acusação** no Plenário do Júri. Ou seja, o réu não pode ser julgado no Tribunal do Júri por fato que não esteja previsto na pronúncia.
- Com a reforma do CPP, o julgamento pode ocorrer se o réu, devidamente intimado, não comparecer. **Não há mais** a chamada **crise de instância**, em que não se realizava o julgamento se o réu não comparecesse.
- **Desaforamento** é o **deslocamento** da competência territorial do processo do Júri para a Comarca mais próxima da originalmente competente para julgar e ocorre, em razão de segurança do julgamento, seja no que se refere à imparcialidade dos jurados, seja em razão de segurança do réu.
- Se os jurados votarem pela materialidade e autoria delitivas, o juiz é **obrigado** a fazer o seguinte quesito: O jurado absolve o acusado? Refere-se a **todas as teses da defesa**: excludente de culpabilidade, de antijuricidade, etc.

II. Dos crimes praticados por funcionários públicos contra a Administração em Geral (arts. 312. a 326 CP)

- O procedimento é especial, porque oferecida a denúncia, antes de recebê-la, o juiz determina a **notificação** do denunciado para apresentar defesa **preliminar** e, só depois, recebe a denúncia ou a rejeita. Caso a receba, o procedimento passa a ser o comum.
- A **intimação** para apresentação da **defesa preliminar** é **obrigatória, exceto** se a denúncia for baseada em prévio **inquérito policial.**
- Em qualquer caso, o **denunciado não é obrigado** a apresentar a defesa preliminar.

15.3. LEI Nº 8.038/1990 - NORMAS PROCEDIMENTAIS PARA OS PROCESSOS PERANTE O SUPERIOR TRIBUNAL DE JUSTIÇA (STJ) E O SUPREMO TRIBUNAL FEDERAL (STF)

- A Lei nº 8.038/90, no Capítulo 1, estabelece o procedimento das ações penais de competência originária do STJ e do STF.
- Esse procedimento tem duas fases:
  - **a) Preliminar:** com o oferecimento da denúncia ou queixa, o acusado é notificado para apresentar resposta. A seguir, o Tribunal decide pelo recebimento ou rejeição da inicial;
  - **b) Julgamento**: recebida a denúncia, o réu será citado para apresentar defesa prévia, designando-se audiência de instrução, a qual poderá ser delegada pelo Relator a Juiz de Primeiro Grau, até final julgamento pelo Plenário.
- Na AP nº 470/MG, o STF firmou entendimento de que, contra a decisão final do Plenário, podem ser interpostos **embargos infringentes**, desde que haja minoria de quatro votos favoráveis ao réu em Plenário (de onze do STF).

16. LEI Nº 9.099/1995 E LEI Nº 10.259/2001 E SUAS ALTERAÇÕES (JUIZADOS ESPECIAIS CRIMINAIS)

- Admite-se a transação penal em **infrações de menor potencial ofensivo** (as contravenções penais e os crimes a que a lei comine pena máxima não superior a 2 (dois) anos, cumulada ou não com multa).

Não se admite a transação penal, se presente ao menos um dos seguintes fatos	· ter sido o autor da infração condenado, pela prática de crime, à pena privativa de liberdade, por sentença definitiva; · ter sido o agente beneficiado anteriormente, no prazo de cinco anos, pela aplicação de pena restritiva ou multa, nos termos deste artigo; · não indicarem os antecedentes, a conduta social e a personalidade do agente, bem como os motivos e as circunstâncias, ser necessária e suficiente a adoção da medida.

- A sentença judicial que homologa a transação penal gera coisa formal e material. No entanto, se o agente descumprir os termos da transação, a ação penal é reiniciada (STF – RE. nº 602.072/RS – Rel. Min. Cezar Peluso. DJ. 19.11.2009 – Com repercussão geral reconhecida pelo Pleno).

Requisitos da suspensão condicional do processo	· pena **mínima cominada** for igual ou inferior a um ano; · o acusado não esteja sendo processado ou não tenha sido condenado por outro crime; · demais requisitos da suspensão da pena (art. 77, CP).

- A suspensão do processo terá um prazo de dois a quatro anos e, nesse período, pode ser revogado, se o agente voltar a ser processado. Nos termos da lei, basta mero processo, mas há entendimento de que se depende de condenação transitada em julgado, sob pena de se violar o princípio de presunção de inocência.
- A Lei Maria da Penha **afasta** a aplicação do procedimento do JECRIM, o que foi considerado constitucional pelo STF dada a condição de hipossuficiência e vulnerabilidade da mulher na sociedade e na história do Brasil.
- Nos crimes previstos no **Estatuto do Idoso**, aplica-se o procedimento **sumaríssimo** aos crimes com **pena máxima** que **não ultrapasse os quatro anos**. Porém, o STF entendeu que **não se aplicam os institutos despenalizadores** da Lei nº 9.099/95, como a transação penal e a suspensão condicional do processo (ADI nº 3096/DF – Rela. Mina. Cármen Lúcia. DJ. 16.06.2010).

17. PRAZOS.

- Prazo é o período de tempo em que a parte deve praticar ato processual.
- No processo penal, quando o réu está preso, uma vez não cumprido o prazo, acarreta-se a concessão de liberdade provisória.

17.1. CARACTERÍSTICAS, PRINCÍPIOS E CONTAGEM.

- Os prazos processuais penais são contínuos e peremptórios, ou seja, não podem ser objeto de prorrogação, salvo nos casos previstos em lei, como no caso de seu termo final cair em dia em que não há expediente forense (sábado, domingo, feriado, suspensão do expediente no final de ano).
- No processo penal, contam-se os prazos da data da **intimação, e não da juntada** aos autos do mandado ou da carta precatória ou de ordem (Súmula nº 710, STF).
- O prazo para o Ministério Público começa a correr a partir da data em que é lhe aberta vista para manifestar no processo, salvo, no caso, para interposição de recurso, em que o prazo se inicia com a intimação pessoal do membro.

18. NULIDADES.

- A nulidade é absoluta nas hipóteses em que o vício é mais grave e se presume o prejuízo à parte. Decorre, em regra, de violação de norma constitucional.
- Já a nulidade é relativa se o vício é menos grave e a parte deve comprovar que sofreu prejuízo.

Princípio	Noção
Da transcendência ou *pas nulité sans grief*	não há nulidade sem prejuízo
Da causalidade	a nulidade de um ato causa a nulidade dos atos que dele dependam ou são consequência.
Do Interesse	somente a parte que for beneficiada com a declaração da nulidade tem interesse em arguí-la.
Da convalidação	possibilita a ratificação do ato viciado se foi atingida a sua finalidade.
Instrumentalidade das formas	não se decreta a nulidade se o ato, apesar de viciado, atinge a sua finalidade ou não tenha influenciado na apuração da verdade real.

- A **falta** de defesa gera a **nulidade absoluta** do processo penal.
- Porém, a defesa **deficiente** não gera vício, exceto no caso de Tribunal do Júri em nome do princípio da plenitude da defesa.
- **Defesa colidente**: dois ou mais réus de um processo constituem o mesmo defensor, se os acusados apresentarem versões conflitantes, é caso de **nulidade absoluta.**
- A denúncia alternativa, que é aquela que narra uma conduta que poderia constituir em um ou outro tipo

penal, é nula absolutamente, pois implica violação ao postulado da ampla defesa.

- Em caso de incompetência relativa, nenhum ato praticado pelo juiz incompetente é nulo. Já, no caso de incompetência absoluta, implica nulidade dos atos decisórios.

19. RECURSOS EM GERAL.

- Os recursos encontram fundamento no princípio do duplo grau de jurisdição. Entretanto, esse postulado não é explícito na Constituição Federal, mas está expresso em Convenções Internacionais ratificadas pelo Brasil, como o Pacto de San José da Costa Rica.
- Princípios do sistema de recursal:

Princípio	Noção
Voluntariedade	O recurso é ato de iniciativa voluntária da parte sucumbente.
Taxatividade	O recurso deve estar previsto no ordenamento jurídico.
Unirrecorribilidade	Em regra, em face de uma decisão, cabe somente um recurso.
Fungibilidade	Se uma parte interpuser o recurso errado, pode-se reconhecê-lo como sendo o certo, desde que não haja má-fé, erro grosseiro e dentro do prazo do recurso certo.
Vedação da *reformatio in pejus*	A parte que interpôs o recurso não pode ver sua situação piorada em razão deste recurso.

- Ao Ministério Público, são **vedadas** a renúncia e a desistência dos recursos.
- No processo penal, réu e defensor são intimados para manifestar se desejam ou não recorrer. Em caso de **conflito** entre a defesa pessoal e a técnica (por exemplo, o réu manifesta que quer recorrer e o advogado renúncia ao direito de recorrer) **prevalece a vontade daquele que quer recorrer.**
- **Deserção**: é forma anormal de extinção do recurso ante o não cumprimento pelo recorrente de um ônus processual, como o recolhimento das taxas recursais.
- A fuga do recorrente deixou de ser considerada caso de deserção pela Lei nº 12.403/2011, na esteira de decisões dos Tribunais Superiores no sentido que tal penalidade violava o princípio da ampla defesa.
- **Efeito extensivo do recurso**: em hipótese de concurso de agentes, a decisão do recurso beneficia o réu que não recorreu em questão de caráter não pessoal. Por exemplo: o apelante alega que absolvição porque o fato é atípico. Neste caso, o Tribunal, ao acolher a sua tese, reforma a sentença, absolvendo o recorrente e o réu que não recorreu.
- Prazos de interposição de recursos:

RECURSO	PRAZO
Apelação	5 dias
Apelação em contravenção penal	3 dias
Recurso em sentido estrito	5 dias
Carta testemunhável	48 horas
Correição Parcial	5 dias
Embargos de declaração	2 dias
Embargos Infringentes e de Nulidade	10 dias
Recursos Especial e Extraordinário	15 dias
Agravo em Execução	5 dias
Recurso Inominado (JECRIM)	10 dias

I. Apelação.

- Sua interposição pode ser feita por meio de **petição** ou por **termo** nos autos, ou seja, não depende de rigor formal, bastando manifestação de inconformismo pela parte com a decisão impugnada.
- O réu pode interpor recurso de apelação, mesmo que não tenha capacidade postulatória (não seja advogado).
- As razões de apelação podem ser apresentadas no mesmo momento da interposição do recurso ou, em separado, no prazo de oito dias.
- A apelação interposta pelo réu pode ser conhecida pelo tribunal ainda que não acompanhada das respectivas razões.
- No caso de apelação contra decisão tomada pelo Tribunal do Júri, o princípio da soberania dos veredictos restringe as matérias que podem ser ventiladas no recurso, bem como a competência do Tribunal para reformar a sentença:

RAZÕES DA APELAÇÃO NO JÚRI	CONSEQUÊNCIA
Nulidade superveniente à pronúncia	Novo julgamento pelo Tribunal do Júri
A sentença do Juiz-Presidente contrariar dispositivo legal ou a decisão dos jurados	O Tribunal de Segundo Grau competente para julgar o recurso corrige a interpretação feita pelo Juiz.
Ocorrer equívoco na imposição da pena ou da medida de segurança	O Tribunal de Segundo Grau competente para julgar o recurso corrige a interpretação feita pelo Juiz.
A decisão dos jurados for manifestamente contrária às provas dos autos.	Novo julgamento pelo Tribunal do Júri.

- A apelação interposta com fundamento na decisão dos jurados manifestamente contrária às provas dos autos só pode ser interposta uma única vez.
- A apelação contra sentença absolutória nunca terá efeito suspensivo, devendo ser o réu colocado em liberdade.
- A apelação contra sentença condenatória ou absolutória imprópria (impõe medida de segurança) terá efeito suspensivo, em face do princípio de presunção de inocência.

II. Recurso em sentido estrito (RESE)

- O RESE é cabível somente diante das decisões previstas no **rol taxativo** do art. 581 do CPP.
- Cabe RESE contra a decisão ou despacho que **não receber** a denúncia ou queixa. Contra a decisão que **receber** a denúncia ou queixa **não cabe recurso, mas *habeas corpus*.**
- No **JECRIM**, contra a decisão que rejeitar a denúncia ou queixa, cabe **recurso de apelação**.
- Contra qualquer decisão tomada no Juízo das Execuções Penais, não cabe mais RESE e, sim, **Agravo em Execução**.
- No RESE, há **efeito regressivo**. Assim, o juiz que proferiu a decisão impugnada pode se retratar.

III. carta testemunhável.

- Só pode ser interposta por petição dirigida ao **escrivão ou diretor** de secretária da Vara.
- Cabe contra a decisão do juiz que **não admitir** o prosseguimento de um **recurso** interposto, com **exceção** da decisão que não conhecer o recurso de **apelação** contra a qual caberá **RESE**.

IV. Correção parcial

- A correição parcial cabe contra decisão que **tumultue** o andamento do processo, desde que não caiba outro recurso contra a mesma decisão.
- Seu procedimento não está previsto no CPP, mas nos **Regimentos Internos** dos Tribunais.

V. Embargos de declaração (ED)

- Interpostos contra a decisão obscura, contraditória, omissa ou ambígua.
- Em regra, não tem efeito modificativo (infringente) sobre a decisão impugnada. Pode haver tal efeito, se for consequência da correção da irregularidade, quando deve-se oportunizar a prévia manifestação da parte contrária.
- A interposição do ED **interrompe** o prazo do recurso principal. Assim, apresentados ED contra a sentença, o prazo para apelação é interrompido, começando a correr novamente da intimação da decisão que julgou os ED.
- No JECRIM, a partir das alterações feitas pelo novo CPC, a interposição de ED **interrompe** o prazo para interposição do recurso inominado.

VI. Embargos de nulidade e/ou infringentes.

- Trata-se de recurso **privativo da defesa** e cabe contra Acórdão não unânime do Tribunal que for desfavorável ao réu, proferido em Apelação ou RESE.
- Trata-se de um mesmo recurso, sendo infringentes em relação ao mérito da causa e de nulidade se refere a algum vício processual.

VII. Recurso especial e recurso extraordinário

- Trata-se de **exceção** ao princípio recursal da **unirrecorribilidade** na medida em que, contra a decisão podem ser interpostos um recurso ao STJ e outro ao STF.
- Não se discutem mais os fatos decididos pelo Tribunal, mas apenas o Direito, constitucional (STF) ou infraconstitucional (STJ).
- No entanto, o STF decidiu, recentemente, por maioria de votos, que a interposição de recurso especial e/ou de recurso extraordinário não impedem o início de cumprimento de pena.

VIII. Agravo em execução

- Recurso a ser interposto **contra qualquer decisão em incidente de execução penal**, como a decisão que nega a unificação de penas ou a progressão de regimes, etc.

20. *HABEAS CORPUS* E SEU PROCESSO.

- Pode ser interposto **a qualquer momento**: Inquérito Policial, durante a Ação Judicial ou mesmo após o trânsito em julgado da sentença penal condenatória desde que vise sanar **ameaça ou violação ao direito de liberdade de locomoção**.
- **Não cabe** *habeas corpus* em que a única pena cominada ou aplicada for a de **multa**.
- Em regra, para o **trancamento do Inquérito Policial**, cabe *habeas corpus* ao **Juízo de Direito de Primeiro Grau**.
- Mas, se o inquérito for instaurado por meio de **requisição do Juiz ou do Ministério Público** caberá *habeas corpus* ao **Tribunal de Segundo Grau**.
- Tem-se por **paciente a pessoa física** cuja liberdade se visa resguardar.
- Pessoa jurídica **não pode ser paciente em HC, mesmo em relação aos crimes ambientais, pois a ela não se aplicam penas privativas de liberdade.**
- o Ministério Público, na qualidade de fiscal da correta aplicação da lei penal e processual penal (*custos legis*) **tem legitimidade** ativa para impetrar com *habeas corpus* em favor do réu.
- o Delegado de Polícia **não pode** impetrar com *habeas corpus* em favor do investigado
- o Juiz de Direito **não tem legitimidade** para impetrar *habeas corpus*, pois ele goza de poder jurisdicional para cessar a ilegalidade do ato, concedendo a ordem de ofício ou mediante provocação

Espécies	Conceito
Preventivo	Há ameaça iminente de coação ilegal
Repressivo	O paciente se encontra preso ilegalmente
Suspensivo	Já existe o constrangimento ilegal, mas a pessoa ainda não foi presa
Profilático	Imediatamente, visa sanar a nulidade e, mediatamente, evitar a coação decorrente dessa nulidade

- A tramitação do *habeas corpus* é marcada pela celeridade. Dessa forma, não há espaço para produção de provas, devendo os fatos que fundamentam o pedido do autor estar demonstrados no momento da impetração do *writ*, geralmente, por meio de prova documental
- Em regra, não cabe *habeas corpus* contra decisão liminar tomada monocraticamente por Ministro Relator de Tribunal Superior (Súmula 691, STF). Somente, se a violação ao direito de locomoção for flagrante é que se torna possível o STF conceder a ordem contra decisão liminar de relator.

21. NORMAS PROCESSUAIS DA LEI Nº 7.210/1984 E SUAS ALTERAÇÕES (EXECUÇÃO PENAL).

- A execução penal, que visa dar cumprimento à pena ou medida de segurança imposta na sentença penal, tem natureza **híbrida**:

c) **jurisdicional**: é a característica fundamental e se revela em decisões de cunho judicial, como as decisões de progressão de regime, unificação de penas, indulto;

d) **administrativa:** o próprio Juiz da execução adota medidas dessa natureza, como a expedição de guia de recolhimento, bem como envolve questões relacionadas à Administração Penitenciária, afeta ao Poder Executivo.

- A **competência** do processo de execução é do Juízo em que o sentenciado **vai cumprir a pena**.
- No processo de execução, também devem ser observados o devido processo legal, o contraditório, a ampla defesa, a fundamentação das decisões judiciais, o direito à prova etc.
- Toda e qualquer questão a ser resolvida no curso da execução é resolvida com a abertura de um incidente, em que há oitiva do Ministério Público e da defesa do sentenciado.
- Ao final desse incidente, o juiz profere uma decisão contra a qual cabe recurso de agravo de execução.
- O preso tem direito a receber visita íntima de cônjuge ou companheira.
- As **faltas graves** são aquelas previstas na **LEP**.
- As faltas **médias e leves** são de competência dos **Estados-membros** para sua fixação.
- O cometimento de falta grave implica **interrupção do prazo** para concessão de **progressão de regime e dias remidos**. Mas **não** há interrupção do prazo para obtenção de **livramento condicional**.
- **Remição** é o direito do condenado que cumpre pena em regime fechado ou semiaberto a abater parte do tempo de execução da pena, em razão do trabalho ou do estudo.

✦ SÚMULAS APLICÁVEIS

1. INQUÉRITO POLICIAL

- **STF 524** – Arquivado o inquérito policial, por despacho do juiz, a requerimento do Promotor de Justiça, não pode a ação penal ser iniciada, sem novas provas.
- **STJ 234** – A participação de membro do Ministério Público na fase investigatória criminal não acarreta o seu impedimento ou suspeição para o oferecimento da denúncia.

2. AÇÃO PENAL

- **STF 609** – É pública incondicionada a ação penal por crime de sonegação fiscal.
- **STF 709** – Salvo quando nula a decisão de primeiro grau, o acórdão que provê o recurso contra a rejeição da denúncia vale, desde logo, pelo recebimento dela.
- **STF 594** – Os direitos de queixa e de representação podem ser exercidos, independentemente, pelo ofendido ou por seu representante legal.
- **STF 714** – É concorrente a legitimidade do ofendido, mediante queixa, e do Ministério Público, condicionada à representação do ofendido, para a ação penal por crime contra a honra de servidor público em razão do exercício de suas funções.

3. COMPETÊNCIA

3.1. COMPETÊNCIA POR PRERROGATIVA DE FUNÇÃO

- **STF 451** – A competência especial por prerrogativa de função não se estende ao crime cometido após a cessação definitiva do exercício funcional.
- **STF 702** – A competência do tribunal de justiça para julgar prefeitos restringe-se aos crimes de competência da justiça comum estadual; nos demais casos, a competência originária caberá ao respectivo tribunal de segundo grau.
- **STF 704** – Não viola as garantias do juiz natural, da ampla defesa e do devido processo legal a atração por continência ou conexão do processo do co-réu ao foro por prerrogativa de função de um dos denunciados.
- **STJ 164** O prefeito municipal, após a extinção do mandato, continua sujeito a processo por crime previsto no art. 1º do Decreto-lei nº 201, de 27.2.67.

- **STJ 208** Compete à justiça federal processar e julgar prefeito municipal por desvio de verba sujeita a prestação de contas perante órgão federal.
- **STJ 209** Compete à justiça estadual processar e julgar prefeito por desvio de verba transferida e incorporada ao patrimônio municipal.

3.2. CONFLITO DE COMPETÊNCIA ENTRE JUSTIÇA FEDERAL E JUSTIÇA ESTADUAL

- **STF 522** – Salvo ocorrência de tráfico com o exterior, quando, então, a competência será da Justiça Federal, compete à justiça dos Estados o processo e o julgamento dos crimes relativos a entorpecentes.
- **STJ 38** – Compete à justiça estadual comum, na vigência da Constituição de 1988, o processo por contravenção penal, ainda que praticada em detrimento de bens, serviços ou interesse da União ou de suas entidades.
- **STJ 42** – Compete à justiça comum estadual processar e julgar as causas cíveis em que é parte sociedade de economia mista e os crimes praticados em seu detrimento.
- **STJ 62** – Compete à justiça estadual processar e julgar o crime de falsa anotação na Carteira de Trabalho e Previdência Social, atribuído a empresa privada.
- **STJ 104** – Compete à justiça estadual o processo e julgamento dos crimes de falsificação e uso de documento falso relativo a estabelecimento particular de ensino.
- **STJ 107** – Compete à justiça comum estadual processar e julgar crime de estelionato praticado mediante falsificação das guias de recolhimento das contribuições previdenciárias, quando não ocorrente lesão à autarquia federal.
- **STJ 122** – Compete à justiça federal o processo e julgamento unificado dos crimes conexos de competência federal e estadual, não se aplicando a regra do art. 78, II, "a", do Código de Processo Penal.
- **STJ 140** – Compete à justiça comum estadual processar e julgar crime em que o indígena figure como autor ou vítima.
- **STJ 147** – Compete à justiça federal processar e julgar os crimes praticados contra funcionário público federal, quando relacionados com o exercício da função.

3.3. OUTROS

- **STJ 59** – Não há conflito de competência se já existe sentença com trânsito em julgado, proferida por um dos juízos conflitantes.
- **STJ 151** – A competência para o processo e julgamento por crime de contrabando ou descaminho define-se pela prevenção do juízo federal do lugar da apreensão dos bens.
- **STJ 165** – Compete à justiça federal processar e julgar crime de falso testemunho cometido no processo trabalhista.
- **STJ 200** – O juízo federal competente para processar e julgar acusado de crime de uso de passaporte falso é o do lugar onde o delito se consumou.
- **STJ 244** – Compete ao foro do local da recusa processar e julgar o crime de estelionato mediante cheque sem provisão de fundos.

4. PROVAS

- **STJ 455** – A decisão que determina a produção antecipada de provas com base no art. 366 do CPP deve ser concretamente fundamentada, não a justificando unicamente o mero decurso do tempo.

5. DO PROCESSO

- **STF 453** – Não se aplicam à segunda instância o art. 384 e parágrafo único do Código de Processo Penal, que possibilitam dar nova definição jurídica ao fato delituoso, em virtude de circunstância elementar não contida, explícita ou implicitamente, na denúncia ou queixa.
- **STJ 330** – É desnecessária a resposta preliminar de que trata o artigo 514 do Código de Processo Penal, na ação penal instruída por inquérito policial.

6. CITAÇÃO E INTIMAÇÃO

- **STF 710** – No processo penal, contam-se os prazos da data da intimação, e não da juntada aos autos do mandado ou da carta precatória ou de ordem.
- **STJ 273** – Intimada a defesa da expedição da carta precatória, torna-se desnecessária intimação da data da audiência no juízo deprecado.

7. PRISÃO E LIBERDADE PROVISÓRIA

- **STF 697** – A proibição de liberdade provisória nos processos por crimes hediondos não veda o relaxamento da prisão processual por excesso de prazo.

8. NULIDADES

- **STF 155** – É relativa a nulidade do processo criminal por falta de intimação da expedição de precatória para inquirição de testemunha.
- **STF 160** – É nula a decisão do tribunal que acolhe, contra o réu, nulidade não arguida no recurso da acusação, ressalvados os casos de recurso de ofício.
- **STF 351** – É nula a citação por edital de réu preso na mesma unidade da federação em que o juiz exerce a sua jurisdição.
- **STF 366** – Não é nula a citação por edital que indica o dispositivo da lei penal, embora não transcreva a denúncia ou queixa, ou não resuma os fatos em que se baseia.
- **STF 523** – No processo penal, a falta da defesa constitui nulidade absoluta, mas a sua deficiência só o anulará se houver prova de prejuízo para o réu.
- **STF 706** – É relativa a nulidade decorrente da inobservância da competência penal por prevenção.

- **STF 707** – Constitui nulidade a falta de intimação do denunciado para oferecer contra-razões ao recurso interposto da rejeição da denúncia, não a suprindo a nomeação de defensor dativo.
- **STF 708** – É nulo o julgamento da apelação se, após a manifestação nos autos da renúncia do único defensor, o réu não foi previamente intimado para constituir outro.
- **STF 712** – É nula a decisão que determina o desaforamento de processo da competência do júri sem audiência da defesa.

9. RECURSOS

- **STF 210** – O assistente do Ministério Público pode recorrer, inclusive extraordinariamente, na ação penal, nos casos dos artigos 584, § 1º e 598 do Código de Processo Penal.
- **STF 431** – É nulo o julgamento de recurso criminal, na segunda instância, sem prévia intimação, ou publicação da pauta, salvo em habeas-corpus.
- **STF 448** – O prazo para o assistente recorrer, supletivamente, começa a correr imediatamente após o transcurso do prazo do Ministério Público.
- **STF 699** – O prazo para interposição de agravo, em processo penal, é de cinco dias, de acordo com a Lei 8.038/90, não se aplicando o disposto a respeito nas alterações da Lei 8.950/94 ao Código de Processo Civil.
- **STF 700** – É de cinco dias o prazo para interposição de agravo contra decisão do juiz da execução penal.
- **STF 705** – A renúncia do réu ao direito de apelação, manifestada sem a assistência do defensor, não impede o conhecimento da apelação por este interposta.
- **STF 713** – O efeito devolutivo da apelação contra decisões do júri é adstrito aos fundamentos da sua interposição.

10. HABEAS CORPUS

- **STF 208** – O assistente do Ministério Público não pode recorrer, extraordinariamente, de decisão concessiva de habeas corpus.
- **STF 344** – Sentença de primeira instância concessiva de habeas corpus, em caso de crime praticado em detrimento de bens, serviços ou interesses da União, está sujeita a recurso "ex officio".
- **STF 395** – Não se conhece de recurso de habeas corpus cujo objeto seja resolver sobre o ônus das custas, por não estar mais em causa a liberdade de locomoção.
- **STF 606** – Não cabe habeas corpus originário para o Tribunal Pleno de decisão de turma, ou do plenário, proferida em habeas corpus ou no respectivo recurso.
- **STF 691** – Não compete ao Supremo Tribunal Federal conhecer de habeas corpus impetrado contra decisão do relator que, em habeas corpus requerido a tribunal superior, indefere a liminar.
- **STF 693** – Não cabe habeas corpus contra decisão condenatória a pena de multa, ou relativo a processo em curso por infração penal a que a pena pecuniária seja a única cominada.
- **STF 694** – Não cabe habeas corpus contra a imposição da pena de exclusão de militar ou de perda de patente ou de função pública.
- **STF 695** – Não cabe habeas corpus quando já extinta a pena privativa de liberdade.

10.1. ALEGAÇÃO DE CONSTRANGIMENTO ILEGAL

- **STJ 21** – Pronunciado o réu, fica superada a alegação do constrangimento ilegal da prisão por excesso de prazo na instrução.
- **STJ 52** – Encerrada a instrução criminal, fica superada a alegação de constrangimento por excesso de prazo.
- **STJ 64** – Não constitui constrangimento ilegal o excesso de prazo na instrução, provocado pela defesa.

11. JUIZADOS ESPECIAIS CRIMINAIS

- **STF 696** – Reunidos os pressupostos legais permissivos da suspensão condicional do processo, mas se recusando o promotor de justiça a propô-la, o juiz, dissentindo, remeterá a questão ao procurador-geral, aplicando-se por analogia o art. 28 do Código de Processo Penal.
- **STF 723** – Não se admite a suspensão condicional do processo por crime continuado, se a soma da pena mínima da infração mais grave com o aumento mínimo de um sexto for superior a um ano.
- **STJ 243** – O benefício da suspensão do processo não é aplicável em relação às infrações penais cometidas em concurso material, concurso formal ou continuidade delitiva, quando a pena mínima cominada, seja pelo somatório, seja pela incidência da majorante, ultrapassar o limite de um (01) ano.
- **STJ 337** – É cabível a suspensão condicional do processo na desclassificação do crime e na procedência parcial da pretensão punitiva.

✦ INFORMATIVOS APLICÁVEIS

⦿ STF

1. DO PROCESSO EM GERAL

1.1. DO INQUÉRITO POLICIAL

▸ ***Arquivamento de inquérito e procedimento investigatório criminal***

No caso, houve arquivamento de inquérito pelo STF e superveniente perda do foro originário perante a Corte. A reclamação com fundamento nos efeitos da decisão de arquivamento se enquadra no art. 102, I, "l", da CF (competência para julgar reclamação para garantia da autoridade das decisões do STF). Não há prejudicialidade entre duas as reclamações (STF e TJSP) sobre a mesma investigação posto que os paradigmas são diversos. O art. 18 do CPP possibilita reabertura de investigações, se de outras provas houver notícia. Daí, impossível a reabertura decorrer de simples mudança de opinião ou reavaliação da situação. É indispensável que haja novas provas ou, ao menos, novas linhas de investigação em perspectiva. É impossível reabrir inquérito para aprofundar linhas de investigação que já estavam disponíveis para exploração anterior. O arquivamento da investigação, ainda que não faça coisa julgada, é ato sério que só pode ser revisto por motivos igualmente sérios e surgidos posteriormente. Obsta-se, portanto, a reabertura de investigações que decorrem do puro e simples inconformismo com arquivamento requerido pelo Procurador-Geral da República, sem que uma linha de investigação nova tenha surgido após o arquivamento. *Rcl 20132/SP, Red. p/ ac. Min. Gilmar Mendes, 23.2.2016. 2ª T. (Info 815)*

▸ ***Inquérito: corrupção passiva e lavagem de dinheiro***

1. Cabe ao STF, ao exercer sua prerrogativa exclusiva de decidir sobre a cisão de processos envolvendo agentes com prerrogativa de foro, promover, em regra, o seu desmembramento, a fim de manter sob sua jurisdição apenas o que envolva especificamente essas autoridades, segundo as circunstâncias de cada caso. Ressalvam-se, todavia, situações em que os fatos se revelem "de tal forma imbricados que a cisão por si só implique prejuízo a seu esclarecimento". 2. A garantia contra a autoincriminação se estende às testemunhas, no tocante às indagações cujas respostas possam, de alguma forma, causar-lhes prejuízo. 3. A previsão constitucional do art. 86, § 4º, da CF se destina expressamente ao Chefe do Poder Executivo da União, não autorizando, por sua natureza restritiva, qualquer interpretação que amplie sua incidência a outras autoridades, nomeadamente do Poder Legislativo. 4. Tratando-se de colaboração premiada contendo diversos depoimentos, envolvendo diferentes pessoas e, possivelmente, diferentes organizações criminosas, tendo sido prestados em ocasiões diferentes, em termos de declaração separados, dando origem a diferentes procedimentos investigatórios, em diferentes estágios de diligências, não assiste a um determinado denunciado o acesso universal a todos os depoimentos prestados. O que a lei lhe assegura é o acesso aos elementos da colaboração premiada que lhe digam respeito. 5. Eventual desconstituição de acordo de colaboração premiada tem âmbito de eficácia restrito às partes que o firmaram, não beneficiando e nem prejudicando terceiros. Até mesmo em caso de revogação do acordo, o material probatório colhido em decorrência dele pode ainda assim ser utilizado em face de terceiros, razão pela qual não ostentam eles, em princípio, interesse jurídico em pleitear sua desconstituição, sem prejuízo, obviamente, de formular, no momento próprio, as contestações que entenderem cabíveis quanto ao seu conteúdo. 6. Preservado o conteúdo das informações prestadas pelo colaborador, eventuais divergências de literalidade entre o documento escrito e a gravação dos depoimentos, quando realizada, não importa, automaticamente, a nulidade do ato, reservando-se ao interessado, se for o caso, no âmbito da ação penal, insurgir-se contra eventuais inconsistências existentes na versão escrita, podendo demandar do colaborador os esclarecimentos que forem necessários. 7. Não há nulidade na realização de busca e apreensão deferida após o oferecimento da denúncia, quando a medida cautelar visa especificamente coletar elementos referentes a fatos circunscritos a outra investigação e os elementos probatórios colhidos não foram utilizados ou considerados para o específico juízo de recebimento da denúncia. 8. Não se fazem presentes elementos mínimos de autoria, exigidos para o recebimento da denúncia, em relação à efetiva participação dos denunciados nos supostos crimes ocorridos nos anos de 2006 e 2007, ou mesmo que tenham eles, no período imediato, recebido vantagem indevida em razão do mandato parlamentar. 9. Todavia, em sua segunda parte, a denúncia, reforçada pelo aditamento, contém adequada indicação da conduta delituosa imputada, a partir de elementos aptos a tornar plausível a acusação e permitir o pleno exercício do direito de defesa, o que autoriza, nesse ponto, o recebimento da denúncia. 10. É incabível a causa de aumento do art. 327, § 2º, do CP pelo mero exercício do mandato parlamentar, sem prejuízo da causa de aumento contemplada no art. 317, § 1º. A jurisprudência exige uma imposição hierárquica ou de direção que não se acha nem demonstrada nem descrita nos presentes autos. 11. Denúncia parcialmente recebida, prejudicados os agravos regimentais. *Inq 3983/DF, Rel. Min. Teori Zavascki, 2 e 3.2016. Pleno. (Info 816)*

▸ ***Inquérito e acesso às provas***

Diligências determinadas a requerimento do Ministério Público Federal são meramente informativas, não suscetíveis ao princípio do contraditório. Desse modo, não cabe à defesa controlar, "ex ante", a investigação, de modo a restringir os poderes instrutórios do relator do feito para deferir, desde logo, as diligências requeridas pelo Ministério Público que entender pertinentes e relevantes para o esclarecimento dos fatos. *Inq 3387 AgR/CE, Rel. Min. Dias Toffoli, 15.12.2015. 2ª T. (Info 812)*

▸ ***Inquérito e compartilhamento de provas***

É assente na jurisprudência do STF a admissibilidade, em procedimentos administrativos ou civis, de prova emprestada produzida em processo penal, mesmo que sigilosos os procedimentos criminais. *Inq 3305 AgR/RS, Red. p/ ac. Min. Roberto Barroso, 23.2.2016. 1ª T. (Info 815)*

▸ ***Inquérito e recebimento de denúncia***

Recebida parcialmente denúncia oferecida contra o deputado federal, presidente afastado da Câmara dos Deputados. O parlamentar afastado é acusado da suposta prática de corrupção passiva, lavagem de dinheiro e evasão de divisas e falsidade ideológica para fins eleitorais. A vantagem indevida seria oriunda da compra, pela Petrobras, de um campo petrolífero no Benim (África), e mantida de forma oculta, com dissimulação de sua propriedade e origem, em contas bancárias na Suíça. O Plenário entendeu demonstrados indícios suficientes de materialidade e autoria para que Cunha responda a ação penal sobre os fatos. Os dados constantes na denúncia sobre a transferência dos recursos para a conta do deputado indicam elementos típicos do crime de corrupção passiva, em razão de ações no sentido de assegurar a nomeação e manutenção de terceira pessoa em cargo público. Rejeitada a parte da denúncia, quanto ao crime de corrupção passiva, que pedia a incidência da causa de aumento de pena prevista no artigo 327, § 2º, do CP, pois o mero exercício do mandato popular não gera a aplicação desse dispositivo. Em relação aos crimes de lavagem de dinheiro, conforme a denúncia, uma empresa teria firmado contrato que incluía uma "taxa de sucesso" no valor de US$ 10 milhões com a petrolífera do Benim para intermediar as negociações com a Petrobras, desvelando indícios concretos de materialidade e autoria, como depoimentos, e-mails e contratos que atestam que os recursos recebidos pela empresa foram utilizados para abastecer uma conta do parlamentar em banco na Suíça. Comprovam, ainda, a utilização de mecanismos para ocultar sua participação por meio de depósitos em conta no exterior de sua propriedade e titularidade. O ministro destacou que os depósitos foram feitos em um trust, modalidade de empresa controladora de recursos financeiros cuja principal finalidade é a de manter o patrimônio e os investimentos feitos a partir dele de forma anônima. Em relação ao crime de evasão de divisas, a denúncia aponta que o o deputado afastado teria mantido ativos não declarados às autoridades brasileiras em valores superiores a US$ 100 mil, o que é proibido por lei. Embora as contas objeto dos depósitos estivessem em nome de trusts, foi comprovada na denúncia a relação direta que o deputado mantinha com os valores depositados, além de plena disponibilidade jurídica e econômica sobre o montante. A circunstância de os valores não estarem formalmente em seu nome é irrelevante para demonstrar a tipicidade da conduta. Quanto à falsidade ideológica para fins eleitorais, segundo o Ministério Público, o deputado não declarou, em documento enviado ao TSE em julho de 2009, US$ 3,836 milhões nas contas dos trusts mantidos na Suíça. O objetivo da omissão seria para fins eleitorais, pois o denunciado não teria como justificar bens incompatíveis no exterior, o que iria influenciar as eleições pela demonstração de enriquecimento ilícito. Rejeitados agravos regimentais apresentados por esposa e filha do deputado, respectivamente, contra decisão que deferiu o desmembramento dos autos, enviando para a Justiça Federal no Paraná os feitos referentes a ambas, que não têm prerrogativa de foro. O fato de a investigação apontar que o dinheiro proveniente de corrupção abasteceria a conta da esposa e pagaria despesas de cartão de crédito em nome de sua filha não seria motivo indispensável para se manter no STF a investigação. *Inq 4146/DF, Rel. Min. Teori Zavascki, 22.6.2016. Pleno. (Info 831)*

▸ ***Vício em inquérito policial e nulidade de ação penal***

É incabível a anulação de processo penal em razão de suposta irregularidade verificada em inquérito policial (atos praticados em inquérito presidido por delegado alegadamente suspeito). *RHC 131450/DF, Rel. Min. Cármen Lúcia, 3.5.2016. 1ª T. (Info 824)*

1.2. DA AÇÃO PENAL

1.2.1. DA AÇÃO PENAL (DISPOSIÇÕES GERAIS)

▸ ***Crime sexual contra vulnerável e titularidade da ação penal***

O art. 225 do CP, na sua redação original, previa que em crimes como o dos presentes autos somente se procedia mediante queixa, salvo se a vítima fosse pobre ou tivesse ocorrido abuso do pátrio-poder. A Lei 12.015/09, modificou a matéria, passando a prever ação pública incondicionada no caso de violência sexual contra menor. No caso concreto, em decisão transitada em julgado, considerou-se descabido o oferecimento de queixa-crime pelo pai da vítima, entendendo tratar-se de crime de ação penal pública. Inadmitida a ação penal pública, a consequência é a total desproteção da menor e a impunidade do crime. À vista da excepcionalidade do caso, o art. 227 da CF paralisa a incidência do art. 225 do CP, na redação originária, e legitima a propositura da ação penal pública. Aplicação da do princípio da proibição de proteção deficiente. *HC 123971/DF, Red. p/ ac. Min. Roberto Barroso, 25.2.2016. Pleno. (Info 815)*

▸ ***Queixa-crime e indivisibilidade da ação penal***

Não oferecida a queixa-crime contra todos os supostos autores ou partícipes da prática delituosa, há afronta ao princípio da indivisibilidade da ação penal, a implicar renúncia tácita ao direito de querela, cuja eficácia extintiva da punibilidade estende-se a todos quantos alegadamente hajam intervindo no cometimento da infração penal. *Inq 3526/DF, Rel. Min. Roberto Barroso, 2.2.2016. 1ª T. (Info 813)*

1.3. DA COMPETÊNCIA

▸ ***Competência e crime cometido no estrangeiro por brasileiro***

O fato de o delito ter sido cometido por brasileiro no exterior, por si só, não atrai a competência da justiça federal, porquanto não teria ofendido bens, serviço ou interesse da União (CF, art. 109, IV). *HC 105461/SP, Rel. Min. Marco Aurélio, 29.3.2016. 1ª T. (Info 819)*

▸ ***Prerrogativa de foro e competência***

Por reputar usurpada a competência do STF (CF, art. 102, I, "b"), referendou-se medida cautelar deferida em reclamação ajuizada pela Presidente da República em face de decisão proferida nos autos de procedimento investigatório que tramita perante juízo federal de primeira instância. A decisão objeto de referendo determinara a suspensão e a remessa ao STF do referido procedimento, bem assim de quaisquer outros com o conteúdo de interceptação telefônica em que captadas conversas mantidas entre a Presidente da República e investigado nos autos do procedimento em questão. Determinara, ademais, a sustação dos efeitos de decisão na qual autorizada a divulgação das conversações telefônicas interceptadas. O Tribunal destacou que haveria dois dispositivos constitucionais fundamentalmente em cotejo na espécie. O primeiro deles, a alínea "l" do inciso I do art. 102 da CF, a estabelecer, nas hipóteses de cabimento da reclamação, a preservação de competência do STF. E o segundo, a alínea "b" do inciso I do art. 102, a fixar a competência originária dessa Corte para processar e julgar, originariamente, nas infrações penais comuns, o Presidente da República, entre outras autoridades. Assim, a reclamação teria por finalidade tutelar e proteger em sua globalidade a competência institucional que a Constituição defere ao STF, ou seja, o instrumento da reclamação deveria ser interpretado como meio de pronta e de eficaz proteção da sua competência originária, da sua competência recursal ordinária e da sua competência recursal extraordinária. No caso, o ato impugnado na reclamação estaria projetado exatamente sobre a esfera de competência originária do STF, a quem incumbiria, em sua condição de juiz natural, processar e julgar, nos processos penais condenatórios, aquelas autoridades detentoras de prerrogativa de foro. Por outro lado, competiria igualmente ao STF, com exclusividade, emitir qualquer juízo a respeito do desmembramento ou não de inquéritos ou processos nos quais se desse o surgimento de questões jurídicas a envolver detentor de prerrogativa de foro. Em seguida, o Plenário determinou a execução da decisão liminar independentemente da publicação do acórdão. *Rcl 23457 Referendo-MC/PR, Rel. Min. Teori Zavascki, 31.3.2016. Pleno. (Info 819)*

1.4. DA PROVA

1.4.1. DA PROVA (GERAL)

▸ ***Homicídio e desnecessidade da oitiva de todas as vítimas***

Não há direito absoluto à produção de prova. Em casos complexos, há que confiar no prudente arbítrio do juiz da causa, mais próximo dos fatos, quanto à avaliação da pertinência e relevância das provas requeridas pelas partes. Assim, a obrigatoriedade de oitiva da vítima deve ser compreendida à luz da razoabilidade e da utilidade prática da colheita da referida prova. *HC 131158/RS, Rel. Min. Edson Fachin, 26.4.2016. 1ª T. (Info 823)*

1.4.2. DA PROVA (ILICITUDE)

▸ ***Sigilo bancário e nulidade***

Negado provimento a recurso no qual se pleiteava a anulação de condenação criminal lastreada em prova produzida no âmbito da Receita Federal do Brasil por meio da obtenção de informações de instituições financeiras sem prévia autorização judicial de quebra do sigilo bancário (LC 105/01, art. 5º e 6º; Dec. 3.724/01; e Dec. 4.489/02). Reiterou-se o decidido na ADI 2390, no sentido de assentar a constitucionalidade das normas que permitem o acesso direto da Receita Federal à movimentação financeira dos contribuintes. *RHC 121429/SP, Rel. Min. Dias Toffoli, 19.4.2016. 2ª T. (Info 822)*

1.5. DOS SUJEITOS DO PROCESSO

1.5.1. DO JUIZ

▸ ***HC e impedimento ou suspeição de magistrado***

Não se admite interpretação criadora de causas de impedimento e suspeição (no caso, alegava-se impedimento ou suspeição de desembargador federal que havia exercido a função de corregedor da justiça federal em processo administrativo instaurado em desfavor do recorrente). *RHC 131735/DF, Rel. Min. Cármen Lúcia, 3.5.2016. 1ª T. (Info 824)*

1.6. DA PRISÃO, DAS MEDIDAS CAUTELARES E DA LIBERDADE PROVISÓRIA

1.6.1. DISPOSIÇÕES GERAIS

▸ ***Lei 13.257/16 e pedido superveniente***

Pedido superveniente para substituir prisão preventiva por domiciliar em atenção ao inc. V do art. 318 do CPP, recentemente incluído pela Lei 13.257/2016, deve ser analisado pelo juízo de origem, uma vez que não cabe à Suprema Corte apreciá-lo de forma originária, sob pena de incorrer em supressão de instância e em grave violação das regras constitucionais de competência. *HC 132462 AgR-ED/RJ, Rel. Min. Dias Toffoli, 10.5.2016. 2ª T. (Info 825)*

1.7. DOS SUJEITOS DO PROCESSO

1.7.1. DA PRISÃO DOMICILIAR

▸ ***Marco Legal da Primeira Infância e prisão domiciliar***

O Marco Legal da Primeira Infância (Lei 13.257/2016), ao alterar as hipóteses autorizativas da concessão de prisão domiciliar, permite que o juiz substitua a prisão preventiva pela domiciliar quando o agente for gestante ou mulher com filho até 12 anos de idade incompletos (CPP, art. 318, IV e V). *HC 134069/DF, Rel. Min. Gilmar Mendes, 21.6.2016. 2ª T. (Info 831)*

1.7.2. DA PRISÃO PREVENTIVA

▸ ***HC e substituição de prisão preventiva por medidas cautelares***

A prisão preventiva supõe prova da existência do crime (materialidade) e indício suficiente de autoria; todavia, por mais grave que seja o ilícito apurado e por mais robusta que seja a prova de autoria, esses pressupostos, por si sós, são insuficientes para justificar o encarceramento preventivo. A eles deverá vir agregado, necessariamente, pelo menos mais um dos seguintes fundamentos, indicativos da razão determinante da medida cautelar: (a) a garantia da ordem pública, (b) a garantia da ordem econômica, (c) a conveniência da instrução criminal ou (d) a segurança da aplicação da lei penal. Em nosso sistema, notadamente a partir da Lei 12.403/2011, que deu nova redação ao art. 319 do Código de Processo Penal, o juiz tem não só o poder, mas o dever de substituir a prisão cautelar por outras medidas sempre que essas se revestirem de aptidão processual semelhante. Impõe-se ao julgador, assim, não perder de vista a proporcionalidade da medida cautelar a ser aplicada no caso, levando em conta, conforme reiteradamente enfatizado pela jurisprudência desta Corte, que a prisão preventiva é medida extrema que somente se legitima quando ineficazes todas as demais. *HC 132233/PR, Rel. Min. Teori Zavascki, 26.4.2016. 2ª T. (Info 823)*

2. DOS PROCESSOS EM ESPÉCIE

2.1. DO PROCESSO COMUM

2.1.1. DO PROCEDIMENTO DO TRIBUNAL DO JÚRI

▸ ***Tribunal do júri e novo enquadramento fático-jurídico***

Se houver incorreto enquadramento fático-jurídico na capitulação penal, que repercuta na competência do órgão jurisdicional, admite-se, excepcionalmente, a possibilidade de o magistrado, antes da pronúncia e submissão do réu ao júri popular, efetuar a desclassificação para outro tipo penal e encaminhar o feito ao órgão competente. *HC 113598/PE, Rel. Min. Gilmar Mendes, 15.12.2015. 2ª T. (Info 812)*

3. DAS NULIDADES E DOS RECURSOS EM GERAL

3.1. DAS NULIDADES

▸ ***Intimação pessoal da Defensoria Pública e preclusão***

A não observância da intimação pessoal da Defensoria Pública – prerrogativa para o efetivo exercício de sua missão institucional – deve ser impugnada, imediatamente, na primeira oportunidade processual, sob pena de preclusão. No caso, na apelação, não teria havido a intimação, tendo sido alegada somente no recuso especial, não obstante a Defensoria houvesse oposto embargos de declaração. *HC 133476, Rel. Min. Teori Zavascki, 14.6.2016. 2ª T. (Info 830)*

4. TEORIA E PRINCÍPIOS PROCESSUAIS PENAIS

▸ ***Câmara de tribunal de justiça composta por juízes de 1º grau***

Não viola o princípio do juiz natural o julgamento de apelação por órgão colegiado presidido por desembargador, sendo os demais integrantes juízes convocados. *HC 101473/SP, Red. p/ ac. Min. Roberto Barroso, 16.2.2016. 1ª T. (Info 814)*

▸ ***Termo de colaboração premiada e Súmula Vinculante 14***

A Súmula Vinculante 14 assegura ao defensor o direito de acesso às provas já produzidas e formalmente incorporadas ao procedimento investigatório, excluídas, consequentemente, as informações e providências investigatórias ainda em curso de execução e, por isso mesmo, não documentados no próprio inquérito ou processo judicial. O conteúdo dos depoimentos pretendidos pelo reclamante, embora posteriormente tornado público e à disposição, encontrava-se, à época do ato reclamado, submetido a sigilo, nos termos do art. 7º da Lei 12.850/13, regime esse que visa, segundo a lei de regência, a dois objetivos básicos: (a) preservar os direitos assegurados ao colaborador, dentre os quais o de "ter nome, qualificação, imagem e demais informações pessoais preservados" (art. 5º, II) e o de "não ter sua identidade revelada pelos meios de comunicação, nem ser fotografado ou filmado, sem sua prévia autorização por escrito" (art. 5º, V); e (b) "garantir o êxito das investigações" (arts. 7º, § 2º e 8º, § 3º). Enquanto não instaurado formalmente o inquérito propriamente dito acerca dos fatos declarados, o acordo de colaboração e os correspondentes depoimentos estão sujeitos a estrito regime de sigilo. Instaurado o inquérito, "o acesso aos autos será restrito ao juiz, ao Ministério Público e ao delegado de polícia, como forma de garantir o êxito das investigações, assegurando-se ao defensor, no interesse do representado, amplo acesso aos elementos de prova que digam respeito ao exercício do direito de defesa, devidamente precedido de autorização judicial, ressalvados os referentes às diligências em andamento" (art. 7º, § 2º). Assegurado, como assegura, o acesso do investigado aos elementos de prova carreados na fase de inquérito, o regime de sigilo consagrado na Lei 12.850/13 guarda perfeita compatibilidade com a Súmula Vinculante 14. *Rcl 22009 AgR/PR, Rel. Min. Teori Zavascki, 16.2.2016. 2ª T. (Info 814)*

✦ STJ

1. DO PROCESSO EM GERAL

1.1. DO INQUÉRITO POLICIAL

▸ ***Tramitação direta de inquérito policial entre a Polícia Federal e o Ministério Público Federal.***

Não é ilegal a portaria editada por Juiz Federal que, fundada na Res. CJF n. 63/09, estabelece a tramitação direta de inquérito policial entre a Polícia Federal e o Ministério Público Federal. De fato, o inquérito policial "qualifica-se como procedimento administrativo, de caráter pré-processual, ordinariamente vocacionado a subsidiar, nos casos de infrações perseguíveis mediante ação penal de iniciativa pública, a atuação persecutória do Ministério Público, que é o verdadeiro destinatário dos elementos que compõem a 'informatio delicti'" (STF, HC 89837). Nesse desiderato, a tramitação direta de inquéritos entre a Polícia Judiciária e o órgão de persecução criminal traduz expediente que, longe de violar preceitos constitucionais, atende à garantia da duração razoável do processo – pois lhe assegura célere tramitação –, bem como aos postulados da economia processual e da eficiência. *RMS 46.165-SP, Rel. Min. Gurgel de Faria, DJe 4.12.2015. 5ª T. (Info 574)*

1.2. DA AÇÃO PENAL

1.2.1. DA AÇÃO PENAL (QUEIXA/REPRESENTAÇÃO)

▸ ***Rejeição de inicial acusatória desacompanhada de documentos hábeis a demonstrar, ainda que de modo indiciário, a autoria e a materialidade do crime.***

Deve ser rejeitada a queixa-crime que, oferecida antes de qualquer procedimento prévio, impute a prática de infração de menor potencial ofensivo com base apenas na versão do autor e na indicação de rol de testemunhas, desacompanhada de Termo Circunstanciado ou de qualquer outro documento hábil a demonstrar, ainda que de modo indiciário, a autoria e a materialidade do crime. *RHC 61.822-DF, Rel. Min. Felix Fischer, DJe 25.2.2016. 5ª T. (Info 577)*

1.3. DA COMPETÊNCIA

▸ ***Interceptação telefônica e envio à instância especial de diálogo envolvendo terceiro não investigado detentor de prerrogativa de foro.***

Durante interceptação telefônica deferida em primeiro grau de jurisdição, a captação fortuita de diálogos mantidos por autoridade com prerrogativa de foro não impõe, por si só, a remessa imediata dos autos ao Tribunal competente para processar e julgar a referida autoridade, sem que antes se avalie a idoneidade e a suficiência dos dados colhidos para se firmar o convencimento acerca do possível envolvimento do detentor de prerrogativa de foro com a prática de crime. *HC 307.152-GO, Rel. p/ ac. Min. Rogerio Schietti Cruz, DJe 15.12.2015. 6ª T. (Info 575)*

1.4. DA PROVA

1.4.1. DA PROVA (GERAL)

▸ ***Utilização no processo penal de provas obtidas pela administração tributária.***

Os dados bancários entregues à autoridade fiscal pela sociedade empresária fiscalizada, após regular intimação e independentemente de prévia autorização judicial, podem ser utilizados para subsidiar a instauração de inquérito policial para apurar suposta prática de crime contra a ordem tributária. *RHC 66.520-RJ, Rel. Min. Jorge Mussi, DJe 15.2.2016. 5ª T. (Info 577)*

1.4.2. DA PROVA (ILICITUDE)

▸ ***Extração sem prévia autorização judicial de dados e de conversas registradas no whatsapp.***

Sem prévia autorização judicial, são nulas as provas obtidas pela polícia por meio da extração de dados e de conversas registradas no whatsapp*RHC 51.531-RO, Rel. Min. Nefi Cordeiro, DJe 9.5.2016. 6ª T. (Info 583)*

1.4.3. DA PROVA (PERÍCIA)

▸ ***Monitoramento de e-mail corporativo de servidor público.***

As informações obtidas por monitoramento de e-mail corporativo de servidor público não configuram prova ilícita quando atinentes a aspectos não pessoais e de interesse da Administração Pública e da própria coletividade, sobretudo quando exista, nas disposições normativas acerca do seu uso, expressa menção da sua destinação somente para assuntos e matérias afetas ao serviço, bem como advertência sobre monitoramento e acesso ao conteúdo das comunicações dos usuários para cumprir disposições legais ou instruir procedimento administrativo. *RMS 48.665-SP, Rel. Min. Og Fernandes, DJe 5.2.2016. 2ª T. (Info 576)*

1.4.4. DA PROVA (TESTEMUNHAS)

▸ ***Inquirição de testemunhas pelo magistrado e ausência do MP na audiência de instrução.***

Não gera nulidade do processo o fato de, em audiência de instrução, o magistrado, após o registro da ausência do representante do MP (que, mesmo intimado, não compareceu), complementar a inquirição das testemunhas realizada pela defesa, sem que o defensor tenha se insurgido no momento oportuno nem demonstrado efetivo prejuízo. *REsp 1.348.978-SC, Rel. p/ ac. Min. Nefi Cordeiro, DJe 17.2.2016. 6ª T. (Info 577)*

1.5. DOS SUJEITOS DO PROCESSO

▸ ***Hipótese de deferimento de assistência à acusação.***

É possível a intervenção dos pais como assistentes da acusação na hipótese em que o seu filho tenha sido morto, mas, em razão do reconhecimento de legítima defesa, a denúncia tenha imputado ao réu apenas o crime de porte ilegal de arma de fogo. *RMS 43.227-PE, Rel. Min. Gurgel de Faria, DJe 7.12.2015. 5ª T. (Info 574)*

1.6. DA PRISÃO, DAS MEDIDAS CAUTELARES E DA LIBERDADE PROVISÓRIA

1.6.1. DA PRISÃO PREVENTIVA

▸ ***Registro de atos infracionais não justifica prisão preventiva.***

No processo penal, o fato de o suposto autor do crime já ter se envolvido em ato infracional não constitui fundamento idôneo à decretação de prisão preventiva. Isso porque a vida na época da menoridade não pode ser levada em consideração pelo Direito Penal para nenhum fim. Atos infracionais não configuram crimes e, por isso, não é possível considerá-los como maus antecedentes nem como reincidência, até porque fatos ocorridos ainda na adolescência estão acobertados por sigilo e estão sujeitos a medidas judiciais exclusivamente voltadas à proteção do jovem. *HC 338.936-SP, Rel. Min. Nefi Cordeiro, DJe 5.2.2016. 6ª T. (Info 576)*

1.7. DAS CITAÇÕES E INTIMAÇÕES

1.7.1. DAS CITAÇÕES

▸ ***Nulidade em ação penal por falta de citação do réu.***

Ainda que o réu tenha constituído advogado antes do oferecimento da denúncia – na data da prisão em flagrante – e o patrono tenha atuado, por determinação do Juiz, durante toda a instrução criminal, é nula a ação penal que tenha condenado o réu sem a sua presença, o qual não foi citado nem compareceu pessoalmente a qualquer ato do processo, inexistindo prova inequívoca de que tomou conhecimento da denúncia. *REsp 1.580.435-GO, Rel. Min. Rogerio Schietti Cruz, DJe 31.3.2016. 6ª T. (Info 580)*

1.7.2. DAS INTIMAÇÕES

▸ ***Inexigibilidade de termo de recurso ou de renúncia na intimação pessoal do acusado.***

Na intimação pessoal do acusado acerca de sentença de pronúncia, a ausência de apresentação do termo de recurso ou de renúncia não gera nulidade do ato. *RHC 61.365-SP, Rel. Min. Felix Fischer, DJe 14.3.2016. 5ª T. (Info 579)*

▸ ***Nulidade da intimação por edital de réu preso.***

Preso o réu durante o curso do prazo da intimação por edital da sentença condenatória, essa intimação fica prejudicada e deve ser efetuada pessoalmente. *RHC 45.584/PR, Rel. Min. Nefi Cordeiro, DJe 12.5.2016. 5ª T. (Info 583)*

2. DOS PROCESSOS EM ESPÉCIE

2.1. DO PROCESSO COMUM

▸ ***Ordem de formulação do quesito da absolvição enquanto tese defensiva principal em relação ao quesito da desclassificação.***

A tese absolutória de legitima defesa, quando constituir a tese principal defensiva, deve ser quesitada ao conselho de sentença antes da tese subsidiária de desclassificação em razão da ausência de "animus necandi"*REsp 1.509.504-SP, Rel. Min. Maria Thereza de Assis Moura, DJe 13.11.2015. 6ª T. (Info 573)*

▸ ***Possibilidade de extensão de decisão de desclassificação adotada por júri em favor de corréu.***

Ocorrido o desmembramento da ação penal que imputava aos coacusados a prática de homicídio doloso tentado decorrente da prática de "racha", a desclassificação em decisão do Tribunal do Júri do crime de homicídio doloso tentado para o delito de lesões corporais graves ocorrida em benefício do corréu (causador direto da colisão da que decorreram os ferimentos suportados pela vítima) é extensível, independentemente de recurso ou nova decisão do Tribunal Popular, a outro corréu (condutor do outro veículo) investido de igual consciência e vontade de participar da mesma conduta e não responsável direto pelas citadas lesões. *RHC 67.383-SP, Rel. p/ ac. Min. Sebastião Reis Júnior, DJe 16.5.2016. 6ª T. (Info 583)*

▸ ***Reexame necessário de sentença absolutória sumária em procedimento do tribunal do júri após entrada em vigor da Lei 11.689/08.***

Após a entrada em vigor da Lei 11.689/08, em 8 de agosto de 2008, o reexame necessário de decisão absolutória sumária proferida em procedimento do Tribunal do Júri que estiver pendente de apreciação não deve ser examinado pelo Tribunal "ad quem", mesmo que o encaminhamento da decisão absolutória à instância superior tenha ocorrido antes da entrada em vigor da referida Lei. *HC 278.124-PI, Rel. p/ ac. Min. Felix Fischer, DJe 30.11.2015. 5ª T. (Info 574)*

3. DAS NULIDADES E DOS RECURSOS EM GERAL

3.1. DAS NULIDADES

▸ ***Complementação de denúncia com rol de testemunhas.***

A intimação do Ministério Público para que indique as provas que pretende produzir em Juízo e a juntada do rol de testemunhas pela acusação, após a apresentação da denúncia, mas antes da formação da relação processual, não são causas, por si sós, de nulidade absoluta. Isso porque, a despeito da previsão legal do momento processual adequado para o arrolamento das testemunhas tanto para a acusação (art. 41 do CPP) quanto para a defesa (arts. 396 e 396-A), aspectos procedimentais devem ser observados pelas partes, devendo-se proceder a uma visão global do todo previsto, interpretando sistematicamente o CPP. *RHC 37.587-SC, Rel. Min. Reynaldo Soares da Fonseca, DJe 23.2.2016. 5ª T. (Info 577)*

3.2. DOS RECURSOS EM GERAL

3.2.1. DISPOSIÇÕES GERAIS

▸ ***Proibição de agravar a pena em recurso exclusivo da defesa.***

No âmbito de recurso exclusivo da defesa, o Tribunal não pode agravar a reprimenda imposta ao condenado, ainda que reconheça equívoco aritmético ocorrido no somatório das penas aplicadas. *HC 250.455-RJ, Rel. Min. Nefi Cordeiro, DJe 5.2.2016. 6ª T. (Info 576)*

3.2.2. DA APELAÇÃO

▸ ***Efeito devolutivo da apelação criminal interposta pelo Ministério Público.***

A matéria suscitada em apelação criminal interposta pelo Ministério Público deve ser apreciada quando, embora não tenha sido especificada na petição de interposição, fora explicitamente delimitada e debatida nas razões recursais. *HC 263.087-SP, Rel. Min. Nefi Cordeiro, DJe 5.4.2016. 6ª T. (Info 580)*

▸ ***Sentença de absolvição sumária e vedação de análise do mérito da ação penal em apelação.***

No julgamento de apelação interposta pelo Ministério Público contra sentença de absolvição sumária, o Tribunal não poderá analisar o mérito da ação penal para condenar o réu, podendo, entretanto, prover o recurso para determinar o retorno dos autos ao juízo de primeiro grau, a fim de viabilizar o prosseguimento do processo. *HC 260.188-AC, Rel. Min. Nefi Cordeiro, DJe 15.3.2016. 6ª T. (Info 579)*

3.2.3. DA REVISÃO

▸ ***Revisão criminal na hipótese em que a questão atacada também tenha sido enfrentada pelo STF em HC.***

O julgamento pelo STF de HC impetrado contra decisão proferida em recurso especial não afasta, por si só, a competência do STJ para processar e julgar posterior revisão criminal. *RvCr 2.877-PE, Rel. Min. Gurgel de Faria, DJe 10.3.2016. 3ª S. (Info 578)*

Direito Penal Militar

Fabiano Caetano Prestes

TABELA DE INCIDÊNCIA DE QUESTÕES

Distribuição das questões organizada por ordem didática de assuntos		
Assunto	**Número de Questões**	**Peso**
Direito Penal Militar	10	100%
Total	**10**	**100%**

Direito Penal Militar

Fabiano Caetano Prestes

Atenção – A Lei 13.491, de 13 de outubro de 2017, alterou profundamente a competência da Justiça Militar. Com a alteração do inciso II do art. 9º do CPM houve ampliação da competência da justiça castrense. Antes julgava-se apenas os crimes expressamente previstos no CPM, o que afastava a competência para crimes não previstos no código, como abuso de autoridade, tortura e crimes de licitações. A alteração acabou por revogar, por exemplo, a Súmula 172 do STJ, que dizia que "compete à Justiça Comum processar e julgar militar por crime de abuso de autoridade, ainda que praticado em serviço".

Alterou ainda a competência para julgamento de crimes dolosos contra a vida de civis praticados por membros das Forças Armadas, desde que praticados em contexto de suas atividades, que passam a ser da Justiça Militar. O STM já vinha declarando a competência da Justiça Militar nestes casos, mesmo antes da alteração legislativa. Quanto aos policiais e bombeiros militares estaduais a competência continua a ser do tribunal do Júri, por expressa previsão constitucional (art. 125, § 4º, CF).

O candidato deve ficar atento à alteração legislativa, bastante recente, e que provavelmente será objeto de muita discussão sobre sua validade nos tribunais superiores.

✦ QUESTÕES

01. (Cespe - Analista do MPU/2013) Julgue os itens seguintes, relativos ao direito penal militar.

Para a caracterização de crime militar, é necessário, entre outros requisitos, que o ilícito tenha sido praticado em local que integre o patrimônio militar, não bastando que o espaço esteja sob a administração militar.

COMENTÁRIOS

Errada. O art. 9º, II, b, CPM, caracteriza o crime como militar quando o local está sujeito à administração militar, não exigindo que o patrimônio seja da respectiva organização militar.

01.01. Considere que João, dentista civil, tenha sido condenado pela justiça militar da União à pena de quatro anos de reclusão, pelo crime de violência contra militar em serviço. Nessa situação, o condenado deve cumprir a pena em penitenciária militar.

COMENTÁRIOS

Errada. De acordo com o art. 62, CPM, "o civil cumpre a pena aplicada pela Justiça Militar, em estabelecimento prisional civil, ficando ele sujeito ao regime conforme a legislação penal comum, de cujos benefícios e concessões, também, poderá gozar". O mesmo vale para o ex-militar.

01.02. Considere que militares do Exército brasileiro, reunidos em alojamento militar, tenham criado uma coreografia ao som de uma versão funk do Hino Nacional, além de terem filmado a dança e divulgado o vídeo na Internet. Nessa situação, segundo entendimento do Superior Tribunal Militar, a conduta dos militares não constitui crime de desrespeito a símbolo nacional, devendo ser tratada, na esfera disciplinar, como brincadeira desrespeitosa.

COMENTÁRIOS

Errada. O exemplo foi retirado de um processo em que jovens militares, em evento polêmico filmado num quartel do Rio Grande do Sul, dançavam o Hino Nacional em ritmo de Funk. O STM entendeu configurado o crime previsto ano art. 161, CPM: Praticar o militar diante da tropa, ou em lugar sujeito à administração militar, ato que se traduza em ultraje a símbolo nacional.

A ementa ficou assim assentada:

> *Ementa. Apelação. Desrespeito a símbolo nacional (CPM, art. 161). Recrutas que, no interior da Organização Militar onde serviam, devidamente fardados, entram em formação e passam a dançar uma versão modificada do Hino Nacional em ritmo de "funk". Conduta desrespeitosa filmada, com a anuência de todos os participantes, e divulgada na rede mundial de computadores. Conjunto probatório demonstrando que os Réus tinham consciência da ilicitude dos seus atos ou ao menos que se tratava de um desrespeito ao Hino Nacional. Desprovido o apelo defensivo.*

STM - 0000060-86.2011.7.03.0203 UF: RS Decisão: 07/05/2013. Proc: AP – APELAÇÃO. Data da Publicação: 03/06/2013 Vol: Veículo: DJE, Ministro Relator Carlos Alberto Marques Soares.

---

02. (Cespe – Defensor Público - DPU/ 2015) Em cada um dos próximos itens, é apresentada uma situação hipotética, seguida de uma assertiva a ser julgada à luz do direito penal militar.

Determinado soldado das Forças Armadas foi condenado por crime militar. Entretanto, inconformado com a decisão proferida em sentença, ele recorreu ao STM, tendo sua condenação sido confirmada por aquela corte por meio de acórdão condenatório. Nessa situação, ocorrerá interrupção do prazo prescricional da ação penal pela publicação tanto da sentença quanto do acórdão recorríveis.

COMENTÁRIOS

Errada. O , § 5º do art. 125 do CPM disciplina as hipóteses de interrupção da ação penal militar, notadamente pela instauração do processo ou pela sentença condenatória recorrível, não fazendo menção ao acórdão confirmatório da sentença condenatória.

02.01. Em determinada organização militar, durante o expediente, dois militares que trabalhavam na mesma seção desentenderam-se e um deles, sem justificativa e intencionalmente, disparou sua arma de fogo contra o outro, que faleceu imediatamente. Nessa situação, o autor do disparo cometeu crime impropriamente militar.

COMENTÁRIOS

Correta. Os crimes impropriamente militares são aqueles que estão definidos tanto no Código Penal Castrense quanto no Código Penal Comum e que, por previsão legal, se tornam militares por se enquadrarem em uma das várias hipóteses do inciso II do art. 9.º do CPM. O homicídio está previsto no CP no art. 121 e no CPM no art. 205.

02.02. Certo militar das Forças Armadas foi condenado por crime militar e, depois de cumpridos todos os requisitos e condições que possibilitavam a concessão de livramento condicional, foi-lhe concedido tal benefício. Nessa situação, se o liberado deixar de cumprir qualquer das obrigações constantes da sentença, a referida concessão deverá ser obrigatoriamente revogada.

COMENTÁRIOS

Errada. As hipóteses de revogação obrigatória estão previstas no art. 93 do CPM e ocorrem em caso de condenação, em sentença irrecorrível, a penal privativa de liberdade por infração penal cometida durante a vigência do benefício; ou por infração penal anterior, salvo se, tendo de ser unificadas as penas, não fica prejudicado o requisito do art. 89, nº I, letra a (limite de cumprimento de pena). O descumprimento das obrigações constantes na sentença concessiva é causa de revogação facultativa, conforme aduz expressamente o § 1º do art. 93, CPM.

02.03. Um militar das Forças Armadas, durante a prestação de serviço na organização militar onde ele servia, foi preso em flagrante delito por estar na posse de substância entorpecente. Nessa situação, segundo o entendimento do STF, se a quantidade da substância entorpecente for pequena, poder-se-á aplicar ao caso o princípio da insignificância.

COMENTÁRIOS

Atenção. A resposta foi considerada errada pelo gabarito da prova. Com efeito, na sessão de julgamento realizada em 21/10/2010, nos autos do HC 103.684-DF, o Plenário do Supremo Tribunal Federal consolidou o entendimento de que "a posse, por militar, de reduzida quantidade de substância entorpecente em lugar sujeito à administração castrense (CPM, art. 290) não autoriza a aplicação do princípio da insignificância" (Informativo 605/ STF). Ainda é o entendimento da 2ª Turma do STF. Há precedente moderno alterando esse posicionamento, desde que a quantidade seja inferior a 0,25 gramas. Neste sentido: HC 132203/CE; Relator: Min. ALEXANDRE DE MORAES; Julgamento: 30/05/2017. Órgão Julgador: Primeira Turma

---

03. (Cespe – Defensor Público - DPU/ 2015) Ainda com relação ao direito penal militar, julgue os itens que se seguem.

Se um oficial das Forças Armadas cometer crime de furto simples, ele ficará sujeito à declaração de indignidade para o oficialato, qualquer que seja a sua pena.

COMENTÁRIOS

Correta. O art. 100 do CPM estabelece que fica sujeito à declaração de indignidade para o oficialato o militar condenado, qualquer que seja a pena, nos crimes de traição, espionagem ou cobardia, ou em qualquer dos definidos nos no art. 161 (desrespeito a símbolo nacional), art. 235 (pederastia ou outro ato de libidinagem), art. 240 (furto), art. 242 (roubo), art. 243 (extorsão), art. 244 (extorsão mediante sequestro), art. 245 (chantagem), art. 251 (estelionato), art. 252 (abuso de pessoa), art. 303 (peculato), art. 304 (peculato mediante erro de outrem), art. 311 (falsificação de documento) e art. 312 (falsidade ideológica). O furto está no rol.

---

04. Considere a seguinte situação hipotética.

Um grupamento do Exército Brasileiro estava em determinada comunidade urbana realizando atividade de policiamento, em apoio a processo de ocupação e pacificação da região, quando, em determinado dia, um civil desacatou um dos militares do referido grupamento.

Nessa situação hipotética, segundo o entendimento do STF, a lei penal militar deverá ser aplicada e a conduta do civil será considerada crime militar.

COMENTÁRIOS

Atenção. A questão foi anulada pois, à época do concurso, havia séria divergência quanto à competência para julgamento do crime de desacato praticado contra militar do exército em atividade de patrulhamento ostensivo ou Força de Pacificação. No Superior Tribunal Militar sempre prevaleceu que era competente a Justiça Militar para o julgamento do feito. No Supremo Tribunal Federal havia decisões firmando ora a competência da Justiça Militar (EX: HC 113128/RJ. Relator: Min. ROBERTO BARROSO. Julgamento: 10/12/2013. Órgão Julgador: Primeira Turma), ora da Justiça Comum (Ex: HC 112936/RJ. Relator: Min. CELSO DE MELLO. Julgamento: 05/02/2013. Órgão Julgador: Segunda Turma). Há precedente atual da 2ª Turma atribuindo à Justiça Militar o julgamento de crime de desacato. Neste precedente, no entanto, havia uma peculiaridade, pois foi praticado em local sujeito à administração militar (Vila Militar). Neste sentido: HC 135607/AM - HABEAS CORPUS -Relator: Min. RICARDO LEWANDOWSKI -Julgamento: 26/10/2016 -Órgão Julgador: Segunda Turma

---

05. (Cespe – Juiz de Direito Substituto - DF/2015) Acerca do concurso de agentes, assinale a opção correta à luz do CPM.

a) No cálculo da pena de crimes militares em que haja concurso de pessoas, as condições ou as circunstâncias de caráter pessoal dos coautores serão consideradas apenas nos casos em que os agentes tenham consciência dessas condições ou circunstâncias.

b) O CPM tipifica como causa de aumento da pena o fato de um agente dirigir as atividades dos demais agentes envolvidos no evento delituoso.

c) Se o crime for praticado com o concurso de dois ou mais oficiais, a pena desses oficiais deverá ser aplicada em dobro.

d) Agente cuja participação no crime seja de menor importância deve ser apenado na mesma proporção que os demais agentes envolvidos no delito.

e) Se o crime for cometido por inferiores juntamente com um ou mais oficiais, estes, assim como os demais inferiores que estiverem exercendo função de oficial, serão considerados cabeças da ação delituosa.

COMENTÁRIOS

Alternativa correta: letra "E". É a redação do art. 53, § 5º do CPM. "Quando o crime é cometido por inferiores e um ou mais oficiais, são estes considerados cabeças, assim como os inferiores que exercem função de oficial".

Alternativa "a": A regra no CPM é idêntica à do Código Penal comum. A punibilidade de qualquer dos concorrentes é independente da dos outros, determinando-se segundo a sua própria culpabilidade. Não se comunicam as condições ou circunstâncias de caráter pessoal, salvo quando elementares do crime (art. 53, § 1º do CPM).

Alternativa "b": O CPM não trata como causa de aumento e sim como agravante (art. 53, § 2º do CPM).

Alternativa "c": Não há previsão de causa de aumento ou mesmo agravante quando o crime é cometido por dois ou mais oficiais.

Alternativa "d": Na participação de menor importância a pena deve ser atenuada, conforme expressa previsão do art. 53, § 3º do CPM

---

06. (Cespe – Juiz de Direito Substituto - DF/2015) Francisco, Pedro e Fábio, todos policiais militares, estavam de serviço em uma mesma guarnição comandada por Pedro, até as seis horas da manhã, quando, por volta das quatro horas da manhã, em via pública, se depararam com Abel, de vinte e três anos de idade, capaz, caminhando. Todos os policiais militares desceram da viatura, momento em que Francisco, já com um cassetete na mão, passou a perguntar a Abel o que ele estava fazendo na rua naquele horário, enquanto lhe golpeava os braços com o cassetete. Abel, que estava desarmado e não esboçou nenhuma reação, após a agressão, foi para casa ferido. A ação de Francisco foi presenciada por Pedro e Fábio, que nada fizeram para impedi-lo e não comunicaram o fato ao oficial de dia. Em decorrência das lesões sofridas, Abel ficou quarenta e cinco dias afastado de suas ocupações habituais, conforme laudo pericial juntado aos autos da ação penal ajuizada.

A respeito dessa situação hipotética, assinale a opção correta.

a) Pedro, Fábio e Francisco devem responder por lesões corporais graves na forma comissiva, uma vez que todas as circunstâncias do crime, nesse caso, se comunicam.

b) As lesões corporais sofridas por Abel não são de natureza grave, uma vez que não resultaram em incapacidade permanente para o trabalho.

c) Francisco cometeu crime de lesões corporais graves tipificado no CPM, mas Pedro e Fábio não devem responder por referido crime, uma vez que não participaram das agressões.

d) Não se trata de crime militar, uma vez que Abel é civil e não se encontrava em ambiente militar.

e) Pedro e Fábio devem responder por lesões corporais graves por omissão em concurso de agentes com Francisco, que responderá na forma comissiva.

COMENTÁRIOS

Alternativa correta: letra "E". Os policiais cometeram o crime de lesão corporal grave, prevista no art. 209, § 1°, CPM, já que a incapacidade foi superior a 30 dias. A omissão de Pedro e Fábio deve ser considerada causa do crime de lesão, pois tinham o dever legal de evitar o resultado. A regra da responsabilidade em caso de omissão para quem tem o dever legal de evitar o resultado, missão legal de todo policial, está prevista tanto no CPM (art. 29) quanto no CP comum.

Alternativa "a": A comunicação das circunstâncias do crime não inclui a forma como o crime foi praticado. Francisco responderá pela ação e os demais pela omissão.

Alternativa "b": O CPM conceitua como lesão corporal grave aquela que, dolosamente, produz perigo de vida, debilidade permanente de membro, sentido ou função, ou incapacidade para as ocupações habituais, por mais de trinta dias, com pena de até cinco anos. Considera ainda como grave (na doutrina conceituada como gravíssima) aquela que produz enfermidade incurável, perda ou inutilização de membro, sentido ou função, incapacidade permanente para o trabalho, ou deformidade duradoura, com pena de dois a oito anos. O fato de ser a incapacidade superior a trinta dias basta para a caracterização de lesão corporal grave.

Alternativa "c": Tendo em vista que Pedro e Fábio tinham o dever legal de impedir o colega de farda, respondem pelo crime da forma omissiva.

Alternativa "d": O fato de ter sido o crime praticado em local sujeito à administração militar é apenas uma das formas que levam um crime a ser denominado como militar. O fato de ter sido cometido por militar em situação de atividade (art. 9º, II, a, CPM) basta para a caracterização de crime militar.

---

07. (Cespe - Analista do STM/2015)

Com relação ao direito penal militar, julgue os próximos itens luz do Código Penal Militar (CPM).

07.01. Um adolescente com dezessete anos de idade que, convocado ao serviço militar, após ser incorporado, praticar conduta definida no CPM como crime de insubordinação praticado contra superior será alcançável pela lei penal militar, a qual adotou, para os menores de dezoito e maiores de dezesseis anos de idade, o sistema biopsicológico, em que o reconhecimento da imputabilidade fica condicionado ao seu desenvolvimento psíquico.

COMENTÁRIOS

Errada. O CPM (art. 50) permite a imputabilidade do menor de 18 anos que revelar suficiente desenvolvimento psíquico para entender o caráter ilícito do fato e determinar-se de acordo com este entendimento. O artigo do CPM não foi recepcionado em razão do disposto no art. 228, CF: "Art. 228. São penalmente inimputáveis os menores de dezoito anos, sujeitos às normas da legislação especial".

07.02. Se, no distrito da culpa de militar condenado, por crime militar, ao cumprimento de pena privativa de liberdade de oito anos de reclusão, não houver penitenciária militar, a execução da pena deverá ocorrer em estabelecimento civil comum, ficando a sua execução a cargo do juízo de execuções penais, sob a égide da legislação penal comum.

COMENTÁRIOS

Correta. É a redação do art. 61, CPM. Art. 61 - A pena privativa da liberdade por mais de 2 (dois) anos, aplicada a militar, é cumprida em penitenciária militar e, na falta dessa, em estabelecimento prisional civil, ficando o recluso ou detento sujeito ao regime conforme a legislação penal comum, de cujos benefícios e concessões, também, poderá gozar.

07.03. Considere que decisão do conselho de justiça substitua a pena privativa de liberdade imposta na sentença condenatória por tratamento ambulatorial, não obstante o réu ter permanecido preso por sessenta dias e cumprido integralmente a pena anteriormente fixada. Nessa situação, é incabível a decisão do conselho de justiça, mesmo diante de incontestável demonstração da periculosidade do réu.

COMENTÁRIOS

Correta. Se o tratamento foi concedido em substituição à pena corporal e essa já havia sido integralmente cumprida em razão da detração, não há como executar a substituição.

07.04. Nos termos das disposições gerais do CPM, é cabível para os crimes militares a cominação das penas privativas de liberdade, restritivas de direitos e de multa, conforme também prevê o Código Penal comum.

COMENTÁRIOS

Errada. Há algumas penas no CPM que são principais, mas poderiam ser consideradas como restritivas de direito, como a suspensão do exercício do posto, graduação ou função. No entanto não há a previsão de multa no CPM, seja concomitante ou em substituição. Prevalece também que as penas não podem ser substituídas pela aplicação do art. 44 do CP comum, em face da especialidade da justiça castrense.

07.05. Considere que um militar em atividade se ausente de sua unidade por período superior a quinze dias, sem a devida autorização, sendo que, no decorrer de sua ausência, lei nova, mais severa e redefinindo o crime de deserção, entre em vigor. Nessa situação, será aplicada a lei referente ao momento da conduta de se ausentar sem autorização, porquanto o CPM determina o tempo do crime de acordo com a teoria da atividade.

COMENTÁRIOS

Errada. Tendo em vista que o crime de deserção é permanente, aplica-se a nova lei, mesmo que mais gravosa.

---

08. (Cespe - Analista do STM/2015)

Julgue os itens a seguir, acerca das condutas definidas como crimes militares e dos seus efeitos.

08.01. A prescrição da ação penal militar, de regra, regula-se pelo máximo da pena privativa de liberdade cominada ao crime, possuindo natureza jurídica de causa extintiva da punibilidade. Entretanto, no crime de deserção, o sistema do CPM configura duas hipóteses para a questão da prescrição, ora aplicando a norma geral, ora estabelecendo norma especial, previstas igualmente no estatuto castrense.

COMENTÁRIOS

Correta. Veja a regra geral: Art. 125, CPM: A prescrição da ação penal, salvo o disposto no § 1º deste artigo, regula-se pelo máximo da pena privativa de liberdade cominada ao crime, verificando-se(...). Já o art. 132, ao se referir à prescrição no caso de deserção diz o seguinte: Art. 132. No crime de deserção, embora decorrido o prazo da prescrição, esta só extingue a punibilidade quando o desertor atinge a idade de quarenta e cinco anos, e, se oficial, a de sessenta. A regra do art. 132 se aplica ao trânsfuga, aquele que ainda não foi preso ou se apresentou. Para aquele que foi preso ou se apresentou a regra passa a ser a geral do art. 125, CPM.

---

09. Considere as seguintes situações hipotéticas.

I Um agrupamento de militares armados, em concurso com civis, ocupou estabelecimento militar em desobediência a ordem superior. II Reunidos, militares agiram contra ordem recebida de superior, negando-se a cumpri-la, todavia, sem a utilização de armamento.

Nesse caso, a situação I configura crime de revolta, sendo que os civis não ingressam na relação jurídico-penal castrense, nem mesmo como coautores, e a situação II tipifica o crime de motim, sendo elemento diferenciador entre as duas situações a existência de armas.

COMENTÁRIOS

Correta. A diferença entre motim e revolta é justamente a existência de armas na revolta, mesmo que não sejam utilizadas. Tratando-se de crimes propriamente militares, em que o tipo exige a condição de militar para a sua caracterização, não respondem os civis como autores do crime.

---

10. Considere a seguinte situação hipotética.

O comandante de um batalhão do Exército, após a prisão de um suboficial por policiais civis, determinou a invasão da delegacia de polícia, a fim de livrar o suboficial da custódia, considerada, por esse, como irregular. Apesar da determinação do superior, não houve aquiescência da tropa, que permaneceu aquartelada sem sujeição às ordens do comandante.

Nessa situação hipotética, a conduta do comandante caracteriza a figura típica de movimentação ilegal de tropa e ação militar, sendo indiferente o cumprimento ou não da ordem emanada.

COMENTÁRIOS

Correta. É o que dispõe o art. 169 do CPM (operação militar sem ordem superior), que exige apenas que seja determinada a movimentação indevida. Art. 169. Determinar o comandante, sem ordem superior e fora dos casos em que essa se dispensa, movimento de tropa ou ação militar: Pena - reclusão, de três a cinco anos.

Direito Penal Militar

Fabiano Caetano Prestes

✦ DICAS

1. APLICAÇÃO DA LEI PENAL MILITAR

Lei temporária – regramento idêntico ao do CP.

Tempo do crime - adotou a teoria da atividade, considerando cometido o crime no momento da conduta (ação ou omissão). É a mesma teoria utilizada pelo Código Penal comum no seu art. 4.º.

Local do crime - Art. 6º do CPM. Considera-se praticado o fato no lugar em que se desenvolveu a atividade criminosa, no todo ou em parte, e ainda que sob forma de participação, bem como onde se produziu ou deveria produzir-se o resultado. Nos crimes omissivos, o fato considera-se praticado no lugar em que deveria realizar-se a ação omitida. O regramento do CPM adota duas teorias distintas na definição do lugar do crime. Omissão - teoria da atividade; Crimes comissivos (ação) - teoria da ubiquidade, pois se considera praticado o fato no local onde se desenvolveu a atividade criminosa, bem como onde se produziu ou deveria produzir-se o resultado.

Aplica-se a lei penal militar, sem prejuízo de convenções, tratados e regras de direito internacional, ao crime cometido, no todo ou em parte no território nacional, ou fora dele, ainda que, neste caso, o agente esteja sendo processado ou tenha sido julgado pela justiça estrangeira (princípios da territorialidade e da extraterritorialidade irrestrita e incondicionada).

2. CRIME

O crime militar está definido no art. 9.º e seus incisos (em tempo de paz), e no art. 10 e incisos (em tempo de guerra), ambos do Código Penal Militar. Assim, o CPM adota um critério objetivo, o ratione legis.

Conceito de militar - é considerado militar, para efeito da aplicação do CPM, qualquer pessoa que, em tempo de paz ou de guerra, seja incorporada às forças armadas, para nelas servir em posto, graduação, ou sujeição à disciplina militar. A condição de militar na ativa inicia-se com a incorporação e deixa de existir com a passagem do militar para a inatividade, ou sua exclusão da instituição militar.

Lei 9.099 – não se aplica.

3. IMPUTABILIDADE PENAL

Menoridade - Nos termos do art. 228 da Constituição Federal, são penalmente inimputáveis os menores de dezoito anos, sujeitos às normas da legislação especial.

O Código Penal Militar prevê a possibilidade de responsabilização do menor de dezoito, mas maior de dezesseis, com redução da pena de um terço até a metade, bem como casos de equiparação aos maiores, dispositivos claramente inconstitucionais. Aos menores de dezoito se aplicam as normas do Estatuto da Criança e do Adolescente (Lei 8.069/90). Os menores de dezoito ficam sujeitos às medidas socioeducativas ou de proteção.

Embriaguez - O art. 49 do CPM dispõe: "Não é igualmente imputável o agente que, por embriaguez completa proveniente de caso fortuito ou força maior, era, ao tempo da ação ou da omissão, inteiramente incapaz de entender o caráter criminoso do fato ou de determinar-se de acordo com esse entendimento. Parágrafo único. A pena pode ser reduzida de um a dois terços, se o agente por embriaguez proveniente de caso fortuito ou força maior, não possuía, ao tempo da ação ou da omissão, a plena capacidade de entender o caráter criminoso do fato ou de determinar-se de acordo com esse entendimento".

Responsabilidade diminuída - Se a doença ou a deficiência mental não suprime, mas diminui consideravelmente a capacidade de entendimento da ilicitude do fato ou a de autodeterminação, não fica excluída a imputabilidade, porém a pena pode ser atenuada. Pode ocorrer, entretanto, que a doença ou a deficiência mental não consiga afastar totalmente a capacidade de entendimento e de determinação, vindo apenas a diminuí-la no momento do fato. Nesse caso, conforme determina o parágrafo único do art. 48 do CPM, a imputabilidade não fica excluída, podendo o juiz atenuar a pena. O referido dispositivo menciona apenas que a reprimenda pode ser diminuída, não fixando o quantum da atenuação. Logo, quando a lei determina a atenuação da pena sem mencionar o quantum, deve o juiz fixá-lo entre um quinto e um terço, guardados os limites da pena cominada ao crime. (art. 73 do CPM).

4. CONCURSO DE AGENTES

Também denominado de concurso de pessoas, concurso de delinquentes ou codelinqüência, o concurso de agentes surge quando duas ou mais pessoas, de forma consciente e voluntária, concorrem para o cometimento de um ilícito penal.

Cabeças - podem ser aplicadas causas de aumento de pena ou penas mais severas, pois há uma ofensa maior a disciplina e hierarquia. São considerados cabeças: nos crimes de autoria coletiva necessária, aqueles que dirigem, provocam ou instigam a ação; e os oficiais, sempre que estes cometerem delitos com inferiores.

Circunstâncias de caráter pessoal - não se comunicam as condições ou circunstâncias de caráter pessoal, salvo quando elementares do crime

5. PENAS PRINCIPAIS

As penas principais previstas no CPM são: morte; reclusão; detenção; prisão; impedimento; suspensão do exercício do posto, graduação, cargo ou função; e reforma.

Substituição de pena – art. 44, CP – não se aplica.

Multa – não há previsão.

6. PENAS ACESSÓRIAS

São penas acessórias previstas no art. 98 do CPM: a perda do posto e da patente; a indignidade para o oficialato; a incompatibilidade para o oficialato; a exclusão das Forças Armadas; a perda da função pública, ainda que eletiva; a inabilitação para o exercício da função pública; a suspensão do pátrio poder, tutela e curatela; a suspensão dos direitos políticos.

7. EFEITOS DA CONDENAÇÃO

Efeitos extrapenais genéricos da condenação - são automáticos, dispensando expressa declaração na sentença condenatória.

Principal efeito - obrigação de indenizar o dano. A condenação penal, a partir do momento em que se torna irrecorrível, faz coisa julgada no cível, para fins de reparação do dano, tendo natureza de título executório. Permite ao ofendido ou aos descendentes reclamar em juízo a indenização civil, sem que o condenado pelo delito possa discutir materialidade, autoria e ilicitude do fato, mas apenas o quantum da indenização.

Segundo efeito - perda dos instrumentos e do produto do crime para a União, ressalvado o direito do lesado ou de terceiros de boa-fé. A perda em relação ao produto ou proveito auferido pelo crime alcança as coisas obtidas diretamente ou mesmo indiretamente com a prática do crime.

8. AÇÃO PENAL

Constituição Federal de 1988, (artigo 5º, inciso XXXV, da CF) - "a lei não excluirá da apreciação do Poder Judiciário lesão ou ameaça a direito". Todo aquele que se sentir lesionado pode propor ao Poder Judiciário ação com o objetivo de proteger o direito ofendido.

A ação no processo penal militar é, em regra, pública e deve ser promovida por denúncia do Ministério Público Militar (princípio da oficialidade). Não existe, no âmbito do processo penal militar, a ação privada personalíssima.

Se o Ministério Público, mesmo dispondo de todos os elementos necessários à propositura da ação, tenha deixado, por inércia, de oferecer a denúncia no prazo legal, o ofendido ou quem o represente legalmente encontra-se legitimado para intentar ação penal de iniciativa privada subsidiária (art. 5º, LIX, CF). Apesar de não tratada no Código de Processo Penal Militar, tratando-se de direito individual constitucionalmente previsto, é perfeitamente aplicável na Justiça Castrense, utilizando-se subsidiariamente o Código de Processo Comum.

9. EXTINÇÃO DA PUNIBILIDADE

Segundo o art. 123 do CPM, são causas extintivas da punibilidade: a morte do agente; a anistia ou indulto; a retroatividade de lei que não mais considera o fato como criminoso; a prescrição; a reabilitação; o ressarcimento do dano, no peculato culposo (art. 303, § 4º). A extinção da punibilidade de crime que é pressuposto, elemento constitutivo ou circunstância agravante de outro, não se estende a este. Nos crimes conexos, a extinção da punibilidade de um deles não impede, quanto aos outros, a agravação da pena resultante da conexão.

Prescrição - A prescrição da ação penal começa a correr:

I) do dia em que o crime se consumou;

II) no caso de tentativa, do dia em que cessou a atividade criminosa;

III) nos crimes permanentes, do dia em que cessou a permanência;

IV) nos crimes de falsidade, da data em que o fato se tornou conhecido.

ATENÇÃO - São reduzidos de metade os prazos da prescrição, quando o criminoso era, ao tempo do crime, menor de vinte e um anos ou maior de setenta. É necessário que o acusado tenha mais de setenta na data dos fatos, deferentemente do CP (sentença).

A prescrição da ação penal não corre:

I - enquanto não resolvida, em outro processo, questão de que dependa o reconhecimento da existência do crime;

II - enquanto o agente cumpre pena no estrangeiro.

A prescrição da ação penal, salvo o disposto, regula-se pelo máximo da pena privativa de liberdade cominada ao crime, verificando-se: (art. 125 do CPM)

I - em trinta anos, se a pena é de morte;

II - em vinte anos, se o máximo da pena é superior a doze;

III - em dezesseis anos, se o máximo da pena é superior a oito e não excede a doze;

IV - em doze anos, se o máximo da pena é superior a quatro e não excede a oito;

V - em oito anos, se o máximo da pena é superior a dois e não excede a quatro;

VI - em quatro anos, se o máximo da pena é igual a um ano ou, sendo superior, não excede a dois;

VII - em dois anos, se o máximo da pena é inferior a um ano. Diferente do CP.

Prescrição no crime de deserção - Dispõe o art. 132, CPM que, no crime de deserção, embora decorrido o prazo da prescrição, esta só extingue a punibilidade quando o desertor atinge a idade de quarenta e cinco anos, e, se oficial, a de sessenta.

10. CRIMES MILITARES EM TEMPO DE PAZ. CRIMES CONTRA A AUTORIDADE OU DISCIPLINA MILITAR. CRIMES CONTRA O SERVIÇO E O DEVER MILITAR. CRIMES CONTRA A ADMINISTRAÇÃO MILITAR

Motim x revolta - são manifestações de insurgência de militares contra autoridade hierarquicamente superior, caracterizando-se por demonstrações de desobediência e ocupação indevida de instalações ou equipamentos militares. O que difere os dois institutos é a presença de armas na revolta. Basta que os militares estejam armados, não havendo necessidade de utilização.

Desrespeito a símbolo nacional - *Art. 161. Praticar o militar diante da tropa, ou em lugar sujeito à administração militar, ato que se traduza em ultraje a símbolo nacional: Pena - detenção, de um a dois anos.*

Insubmissão - *Art. 183. Deixar de apresentar-se o convocado à incorporação, dentro do prazo que lhe foi marcado, ou, apresentando-se, ausentar-se antes do ato oficial de incorporação: Pena - impedimento, de três meses a um ano.* Trata-se de crime permanente e de mera conduta, consumando-se com a não apresentação do convocado na data, local e prazo determinados pela autoridade militar para o início da prestação do serviço militar obrigatório. Havendo erro por parte da Administração Militar, quanto ao horário ou local de apresentação, não há a configuração do crime, conforme jurisprudência do STM.

Deserção - *Art. 187. Ausentar-se o militar, sem licença, da unidade em que serve, ou do lugar em que deve permanecer, por mais de oito dias".* É crime propriamente militar e de mão própria. Tem por escopo proteger o dever militar. Os elementos constitutivos do delito são: ausência sem licença da unidade em que serve ou do local em que deva permanecer; e ausência superior a oito dias. Segundo a jurisprudência recente do STF, é crime permanente. O prazo de nove dias inicia-se a zero hora do dia seguinte ao da verificação da falta injustificada do militar. Assim que for preso ou se apresentar, sendo praça o desertor, deve ser realizada inspeção de saúde, a fim de verificar a viabilidade da reintegração. Havendo reintegração segue normalmente o processo. Reconhecida a incapacidade definitiva para o serviço militar, resta prejudicada eventual reintegração do militar às fileiras das Forças Armadas.

Ato de libidinagem - Art. 235. Praticar, ou permitir o militar que com ele se pratique ato libidinoso em lugar sujeito a administração militar: Pena - detenção, de seis meses a um ano. Não é punível o homossexualismo, mas sim a prática de ato libidinoso, homossexual ou não, dentro de área sob administração militar.

Tráfico, posse ou uso de entorpecente ou substância de efeito similar - Art. 290. Receber, preparar, produzir, vender, fornecer, ainda que gratuitamente, ter em depósito, transportar, trazer consigo, ainda que para uso próprio, guardar, ministrar ou entregar de qualquer forma a consumo substância entorpecente, ou que determine dependência física ou psíquica, em lugar sujeito à administração militar, sem autorização ou em desacordo com determinação legal ou regulamentar. Tráfico e porte são tratados da mesma forma. Não se aplica a Lei 11343 para o usuário. Insignificância – em regra não se aplica.

✦ SÚMULAS

- **Súmula 3 do STM:** Não constituem excludentes de culpabilidade, nos crimes de deserção e insubmissão, alegações de ordem particular ou familiar desacompanhadas de provas.
- **Súmula 7 do STM:** O crime de insubmissão, capitulado no art. 183 do CPM, caracteriza-se quando provado de maneira inconteste o conhecimento pelo conscrito da data e local de sua apresentação para incorporação através de documento hábil constante dos autos. A confissão do indigitado insubmisso deverá ser considerada no quadro do conjunto probatório.
- **Súmula 14 do STM:** Tendo em vista a especialidade da legislação militar, a Lei nº11.343, de 23 de agosto de 2006, que instituiu o Sistema Nacional de Políticas Públicas sobre Drogas, não se aplica à Justiça Militar da União.

✦ INFORMATIVOS APLICÁVEIS

▸ *INFORMATIVO 694*

Não configura "crime militar" o desacato praticado contra militar das Forças Armadas que estava no exercício de atividade de policiamento em favela pacificada. O exercício de policiamento ostensivo em favelas, em tempo de paz, mesmo que desempenhado por militares das Forças Armadas, não constitui serviço militar, mas sim atividade típica de segurança pública. Logo, este desacato não é competência da Justiça Militar, mas sim da Justiça Comum Federal. A competência é da JF pelo fato do militar das Forças Armadas ser um agente público da União (art. 109, IV, da CF). Segunda Turma. HC 112936/RJ, rel. Min. Celso de Mello, 5/2/2013.

▸ *INFORMATIVO 701*

O militar que distribui panfletos com críticas ao salário e à excessiva jornada de trabalho não comete o crime de incitamento à desobediência (CPM, art. 155) e, tampouco, o de publicação ou crítica indevida às Forças Armadas (CPM, art. 166). Segunda Turma. HC 106808/RN, rel. Min. Gilmar Mendes, 9.4.2013

▸ *INFORMATIVO 712*

Não existe perdão judicial no caso de homicídio culposo no CPM. Não se pode aplicar por analogia o perdão judicial previsto no art. 121, § 5º do CP (homicídio culposo) aos crimes militares. STF. 1a Turma. HC 116254/SP, rel. Min. Rosa Weber, 25/6/2013.

▸ *INFORMATIVO 725*

Civil que pratica injúria e difamação contra Tenente-Dentista, criticando o seu atendimento como dentista, deverá ser julgado pela Justiça comum. Não se trata de competência da Justiça Castrense porque não houve ofensa às instituições militares. STF. 1a Turma. HC 116780/CE, rel. Min. Rosa Weber, julgado em 22/10/2013.

▸ *INFORMATIVO 727*

É ineficaz a decisão que declara extinta a punibilidade pelo cumprimento do sursis se, em decorrência do provimento de apelação interposta pelo Ministério Público

Militar, for aumentada a pena aplicada, de modo a excluir o benefício. Essa situação está expressamente descrita no art. 613 do CPM: Art. 613. A suspensão também ficará sem efeito se, em virtude de recurso interposto pelo MP, for aumentada a pena, de modo que exclua a concessão do benefício. STF. 2a Turma. HC 115252/BA, rel. Min. Ricardo Lewandowski, julg em 5/11/2013.

▸ *INFORMATIVO 824*

A atenuante da confissão tratada no art. 72, III, "d", do Código Penal Militar está vinculada à revelação da autoria criminosa ignorada ou imputada a outrem. A atenuante de pena prevista no art. 65, III, "d", do Código Penal comum exige apenas a espontaneidade, mas não pode ser aplicada para os crimes militares em virtude do critério da especialidade. STF. 1ª Turma. HC 115189/AM, Rel. Min. Marco Aurélio, julg. em 3/5/2016.

▸ *INFORMATIVO 831*

A prescrição em perspectiva (ou prescrição virtual) não é admitida nos crimes militares, assim como ocorre também nos crimes comuns. STF. 2ª Turma. HC 125777/CE, Rel. Min. Gilmar Mendes, julg em 21/6/2016.

▸ *SÚMULA VINCULANTE 36*

"COMPETE À JUSTIÇA FEDERAL COMUM PROCESSAR E JULGAR CIVIL DENUNCIADO PELOS CRIMES DE FALSIFICAÇÃO E DE USO DE DOCUMENTO FALSO QUANDO SE TRATAR DE FALSIFICAÇÃO DA CADERNETA DE INSCRIÇÃO E REGISTRO (CIR) OU DE CARTEIRA DE HABILITAÇÃO DE AMADOR (CHA), AINDA QUE EXPEDIDAS PELA MARINHA DO BRASIL".

Direito Processual Penal Militar

Fabiano Caetano Prestes

TABELA DE INCIDÊNCIA DE QUESTÕES

Distribuição das questões organizada por ordem didática de assuntos		
Assunto	**Número de Questões**	**Peso**
DIREITO PROCESSUAL PENAL MILITAR	8	100%
Total	**8**	**100%**

Direito Processual Penal Militar

Fabiano Caetano Prestes

✦ QUESTÕES

01. (Cespe - Analista do MPU/2013) Com base no direito processual penal militar, julgue os itens que se seguem.

O ministro da Defesa, dada a sua condição de ministro de Estado civil, não exerce função de polícia judiciária militar.

COMENTÁRIOS

Correta. O art. 7º do CPPM não elenca entre as autoridades de polícia judiciária militar o Ministro da Defesa. A mais alta autoridade elencada são os antigos Ministros da Marinha, Exército e Aeronáutica, hoje denominados Comandantes.

01.01. Segundo o entendimento do STF, a qualificação de militar é elemento estrutural do tipo penal de deserção, de forma que a ausência desse requisito impede o processamento do feito.

COMENTÁRIOS

Correta. O entendimento que vem sendo adotado pelo STF é que, licenciado o militar, é considerada ausente condição de procedibilidade para o prosseguimento da ação e, por conseguinte, até mesmo para a execução da pena imposta pelo crime de deserção. Neste sentido: STF. HC n. 108197/PR. Rel Min. Ricardo Lewandowski. 2ª Turma. Julgado em 13.12.2011. No mesmo sentido há diversas decisões monocráticas proferidas por Ministros do STF. O entendimento que prevalece no STM é em sentido contrário, que o licenciamento não afeta o processo, apesar da Súmula 12 daquele tribunal.

Atenção – O licenciamento, segundo o STF, afeta apenas o processamento pelo crime de deserção, não afetando outros crimes propriamente (há um precedente isolado aplicando para dormir em serviço- HC 129603/MG) ou impropriamente militares.

02. (Cespe – Defensor Público - DPU/ 2015) Considerando a temática do direito processual penal militar relativa às questões prejudiciais, aos atos probatórios e aos processos em espécie, julgue os itens subsecutivos.

Se, no curso de determinada ação penal que envolva diversos réus, antes da instrução processual, um deles, encontrando-se em liberdade provisória, formular pedido expresso de dispensa de acompanhar os atos de instrução do processo e igualmente para o interrogatório em juízo e sessão de julgamento, e se essa manifestação for ratificada pelo advogado de defesa e aceita pelo juiz competente, será assegurado ao réu o direito de não se expor ao strepitus judicii, fato que não impedirá a participação da defesa desse réu no interrogatório dos demais corréus.

COMENTÁRIOS

Correta. O art. 288 do CPPM autoriza ao juiz a dispensa de presença do acusado, desde que o ato processual possa ser realizado sem a sua presença. Salvo o interrogatório, os outros atos podem ser praticados sem a presença do acusado, desde haja pedido pela defesa. A possibilidade deve ser estendida ao interrogatório, pois o direito de não comparecer decorre do direito ao silêncio, não havendo obrigatoriedade no comparecimento. A dispensa, no entanto, não inviabiliza que a defesa participe de todos os atos do processo.

03. Considere a seguinte situação hipotética.

Jonas, praça das Formas Armadas, foi denunciado pelo crime de concussão em concurso com outros agentes militares e, após regular transcurso do processo, com a observância de todas as regras procedimentais e garantias constitucionais asseguradas aos réus, foi o feito levado a julgamento. Na sessão de julgamento, ao apreciar os fatos e provas apresentados pelas partes, entendeu o CPJ que deveria dar ao fato imputado a Jonas nova definição jurídica, diversa da que constava na denúncia, definição esta que resultaria em aplicação de sanção penal mais severa que a até então prevista. Nessa situação hipotética, o CPJ equivocou-se ao dar nova classificação jurídica para aplicar pena mais grave ao réu, uma vez que a emendatio libelli no sistema processual castrense exige formulação expressa do MPM em alegações escritas, além de oportunidade de resposta por parte da defesa.

COMENTÁRIOS

Correta. A Emendatio libelli no processo penal militar exige que o Ministério Público tenha formulado a nova definição em alegações finais e que a defesa tenha tido a oportunidade de rebatê-la. Art. 437, a. CPPM: Art. 437. O Conselho de Justiça poderá: a) dar ao fato definição jurídica diversa da que constar na denúncia, ainda que, em consequência, tenha de aplicar pena mais grave, desde que aquela definição haja sido formulada pelo Ministério Público em alegações escritas e a outra parte tenha tido a oportunidade de respondê-la;

04. Considere a seguinte situação hipotética.

Júlio, praça das Forças Armadas, foi denunciado pelo crime de furto de armamentos da unidade militar em que servia, em concurso com outros agentes civis. No curso da instrução do processo, a DP ingressou com pedido de reconhecimento de questão prejudicial, atinente ao estado da pessoa: menoridade de um dos corréus. O CPJ reputou que a alegação era irrelevante no momento e que, na verdade, a arguição não era séria nem fundada, pois tinha por escopo procrastinar a persecução penal e alcançar eventual prescrição da pretensão punitiva.

Nessa situação hipotética, poderá o CPJ prosseguir com a instrução do feito e submeter os réus a julgamento, uma vez que, no sistema processual penal militar, as questões prejudiciais, ainda que fundadas no estado civil de pessoa (menoridade) envolvida no processo, não redundam em suspensão obrigatória do processo.

COMENTÁRIOS

Correta. Nos termos do art. 123 do CPPM deverá o CPJ (Conselho permanente de Justiça) analisar se a arguição é séria e fundada. Só haverá suspensão do processo se ela for considerada séria e fundada, situação em que se aguardaria até que fosse dirimida no juízo cível.

05. (Cespe – Defensor Público - DPU/ 2015) No que se refere à organização da justiça militar da União e às medidas que recaem sobre as coisas, julgue os itens subsequentes.

O arresto tem por finalidade a satisfação do dano causado pela infração penal ao patrimônio sob a administração militar, podendo ser decretado, de ofício, pela autoridade judiciária, em qualquer fase da persecução penal, desde que exista certeza da infração e fundada suspeita da sua autoria.

COMENTÁRIOS

Errada. O arresto realmente tem por finalidade a satisfação do dano causado pela infração penal ao patrimônio sob a administração militar, podendo ser decretado, de ofício, pela autoridade judiciária, em qualquer fase da persecução penal ou do inquérito (neste caso mediante solicitação da autoridade policial, desde que exista prova da existência da infração e fundada suspeita da sua autoria.

05.01. Caso, em um processo em curso da 9.ª Circunscrição Judiciária Militar, seja arrolada pela defesa uma testemunha militar de patente superior à do presidente do CPJ e, apesar de regularmente comunicada, tal testemunha deixe de comparecer, sem justificativa, à sessão de instrução do processo, não poderá ela ser compelida a comparecer, tampouco ser conduzida por oficial de justiça, uma vez que, nesse caso, havendo recusa ou resistência da testemunha em depor ou comparecer, não poderá o CPJ impor-lhe prisão, bem como não poderá o MPM processá-la pelo crime de desobediência, sendo-lhe facultado apresentar depoimento por escrito ou ser inquirida em local, dia e hora previamente ajustados com o citado conselho.

COMENTÁRIOS

Errada. Dispõe o parágrafo único do art. 349: Se a testemunha for militar de patente superior à da autoridade notificante, será compelida a comparecer, sob as penas do § 2º do art. 347, por intermédio da autoridade militar a que estiver imediatamente subordinada. Já o referido § 2º do art. 347 dispõe: A testemunha que, notificada regularmente, deixar de comparecer sem justo motivo, será conduzida por oficial de justiça e multada pela autoridade notificante na quantia de um vigésimo a um décimo do salário mínimo vigente no lugar. Havendo recusa ou resistência à condução, o juiz poderá impor-lhe prisão até quinze dias, sem prejuízo do processo penal por crime de desobediência.

06. (Cespe – Defensor Público - DPU/ 2015) Julgue os próximos itens, a respeito das prisões e da liberdade provisória no direito processual penal militar.

O comparecimento espontâneo do indiciado ou acusado, ao juízo ou perante o encarregado ou mesmo diante da autoridade policial, no intuito de promover esclarecimentos acerca dos fatos, colaborando efetivamente com a investigação, identificando eventuais coautores ou partícipes da ação criminosa e a recuperação total ou parcial do produto do crime, terá, como efeito imediato, a suspensão da ordem de prisão preventiva ou a imposição de medida cautelar diversa da custódia contra o indiciado ou acusado.

COMENTÁRIOS

Errada. O comparecimento espontâneo não impede a decretação da prisão preventiva se seus requisitos estiverem presentes. Quanto às medidas cautelares diversas da prisão previstas no CPP, vem prevalecendo no STM que elas não são aplicáveis à Justiça Militar.

06.01. Para serem mantidas, as prisões provisórias dependem, em regra, de imediata apresentação do preso à autoridade judiciária militar competente para que esta delibere acerca da custódia, em particular no que se refere à necessidade, utilidade e manutenção desta e à integridade física e mental do aprisionado, medida comumente denominada pela moderna doutrina processual de audiência de custódia, prevista de forma expressa no CPPM.

COMENTÁRIOS

Errada. Não há previsão expressa no CPPM quanto à necessidade de audiência de custódia, que somente veio a ser realizada com a Resolução nº 228 do Superior Tribunal Militar, de 26 de outubro de 2016.

06.02. A liberdade provisória mediante o pagamento de fiança é concedida somente aos civis, pois, para os militares, há outros instrumentos jurídicos que obstam a custódia desnecessária, como a mensagem, por exemplo.

COMENTÁRIOS

Errada. Não há previsão de fiança no CPPM, seja para militar ou civil.

07. (Cespe - Analista do STM/2015)

Com relação às normas processuais penais militares e à sua aplicação, cada um dos próximos itens apresenta uma situação hipotética, seguida de uma assertiva a ser julgada.

Um processo foi instaurado perante a Circunscrição Judiciária Militar de Curitiba, contra várias pessoas, entre elas um coronel da Aeronáutica da ativa. Diante da impossibilidade de compor o conselho especial, devido à inexistência de oficiais em número suficiente, foi concedido pelo STM o desaforamento do processo para circunscrição judiciária militar de outro estado. Todavia, no decorrer da instrução, o coronel foi excluído do processo por força de habeas corpus e outro corréu excepcionou a competência da circunscrição judiciária, sob o argumento de haver cessado o motivo do desaforamento.

Nessa situação, continua competente o juízo que recebeu o processo desaforado, mesmo que a exclusão de um dos acusados possibilite a composição do conselho de justiça no juízo militar de origem.

Atenção – observar que as regras de desaforamento no CPPM abrangem quaisquer tipos de crimes e não somente os dolosos contra a vida do CPP.

COMENTÁRIOS

Correta. Trata-se da regra da perpetuatio jurisdicionis, que se aplica no processo penal militar.

07.01. Um oficial foi condenado em sentença de primeiro grau pela prática de crime militar, tendo a referida decisão negado a concessão da suspensão condicional da pena. Conformado com a sentença condenatória, mas discordando da negativa da concessão do benefício, o réu decidiu recorrer apenas do capítulo da sentença que lhe negou o benefício. Nessa situação, o recurso cabível será o recurso em sentido estrito, sem efeito suspensivo.

COMENTÁRIOS

Errada. Contra a sentença final do processo cabe sempre apelação. Neste sentido: art. 526, Parágrafo único, CPPM. Quando cabível a apelação, não poderá ser usado o recurso em sentido estrito, ainda que somente de parte da decisão se recorra.

07.02. Um insubmisso foi capturado e apresentado ao serviço médico, sendo considerado absolutamente incapaz para o serviço militar. Entretanto, já havia sido instaurada investigação provisória para a apuração do delito. Nessa situação, deve o juiz, após a indispensável promoção do Ministério Público, determinar o arquivamento do feito.

COMENTÁRIOS

Correta. A possibilidade de inclusão nas forças armadas é condição para o processo. Neste sentido: Art. 464, CPPM. O insubmisso que se apresentar ou for capturado terá o direito ao quartel por menagem e será submetido à inspeção de saúde. Se incapaz, ficará isento do processo e da inclusão

08. (Cespe - Analista do STM/2015)

Ainda com relação às normas processuais penais militares e à sua aplicação, julgue os itens que se seguem.

Em face da falta de previsão legal na lei adjetiva castrense, o querelante e o querelado, nos casos de ação penal privada subsidiária da pública, não possuem legitimidade para recorrer das decisões exaradas pela justiça militar.

Errada. Nos casos de ação privada subsidiária da pública o querelante substitui o Ministério Público, possuindo todos os meios para cumprir seu dever, notadamente os concernentes aos recursos.

A auditoria de correição, o conselho permanente de justiça, o conselho especial de justiça e o juiz-auditor são órgãos jurisdicionais legais e não constitucionais de primeira instância da justiça militar federal, diferente da justiça militar estadual, na qual o juiz de direito do juízo militar e os conselhos de justiça são órgãos constitucionais.

COMENTÁRIOS

Correta. Os órgãos jurisdicionais de primeiro grau da Justiça Militar Federal não são elencados na Constituição Federal, mas sim na Lei 8457. Já no que diz respeito à Justiça Militar Estadual, a CF (art. 125) elenca órgãos e define competências.

08.01. Os prazos determinados pela lei adjetiva penal para o edital de citação levam em conta a menor ou maior dificuldade do acusado de tomar conhecimento dele. Assim, estabelece o prazo de cinco dias quando o acusado se ocultar ou opuser obstáculo para não ser citado; de quinze dias, quando não for encontrado; de vinte dias, quando estiver em lugar incerto ou não sabido; de vinte a noventa dias, a critério do juiz, quando incerta a pessoa que tiver de ser citada.

COMENTÁRIOS

Correta. É o que dispõe os arts 277 e 287 do CPPM.

> *Art. 277. A citação far-se-á por oficial de justiça:*
>
> *V — por edital:*
>
> *a) quando o acusado se ocultar ou opuser obstáculo para não ser citado;*

b) quando estiver asilado em lugar que goze de extraterritorialidade de país estrangeiro;

c) quando não for encontrado;

d) quando estiver em lugar incerto ou não sabido;

e) quando incerta a pessoa que tiver de ser citada.

Art. 287. O prazo do edital será conforme o art. 277, nº V:

a) de cinco dias, nos casos das alíneas a e b ;

b) de quinze dias, no caso da alínea c ;

c) de vinte dias, no caso da alínea d ;

d) de vinte a noventa dias, no caso da alínea e .

✦ DICAS

1. PROCESSO PENAL MILITAR E SUA APLICAÇÃO

Casos omissos do CPPM serão supridos:

a) pela legislação de processo penal comum, quando aplicável ao caso concreto e sem prejuízo da índole do processo penal militar;

b) pela jurisprudência;

c) pelos usos e costumes militares;

d) pelos princípios gerais de Direito;

e) pela analogia.

Tempo de paz – regra - (art. 4º, I, CPPM – princípio da territorialidade). Ressalvas: as previstas em convenções, tratados e regras de direito internacional. Como exceção, encontramos a aplicação das normas fora do território nacional: quando se tratar de crime que atente contra as instituições militares ou a segurança nacional, ainda que seja o agente processado ou tenha sido julgado pela justiça estrangeira; fora do território nacional, em zona ou lugar sob administração ou vigilância da força militar brasileira, ou em ligação com esta, de força militar estrangeira no cumprimento de missão de caráter internacional ou extraterritorial; a bordo de navios, ou quaisquer outras embarcações, e de aeronaves, onde quer que se encontrem, ainda que de propriedade privada, desde que estejam sob comando militar ou militarmente utilizados ou ocupados por ordem de autoridade militar competente; a bordo de aeronaves e navios estrangeiros desde que em lugar sujeito à administração militar, e a infração atente contra as instituições militares ou a segurança nacional.

2. POLÍCIA JUDICIÁRIA MILITAR

Órgão da segurança do Estado que tem como principal função apurar as infrações penais e sua autoria por meio da investigação policial.

Exercício - autoridades castrenses.

a) pelos Comandantes da Marinha, do Exército e da Aeronáutica, em todo o território nacional e fora dele, em relação às forças e órgãos que constituem seus Ministérios, bem como a militares que, neste caráter, desempenhem missão oficial, permanente ou transitória, em país estrangeiro;

b) pelo chefe do Estado-Maior das Forças Armadas, em relação a entidades que, por disposição legal, estejam sob sua jurisdição;

c) pelos chefes de Estado-Maior e pelo secretário-geral da Marinha, nos órgãos, forças e unidades que lhes são subordinados;

d) pelos comandantes de Exército e pelo comandante-chefe da Esquadra, nos órgãos, forças e unidades compreendidos no âmbito da respectiva ação de comando;

e) pelos comandantes de Região Militar, Distrito Naval ou Zona Aérea, nos órgãos e unidades dos respectivos territórios;

f) pelo secretário do Ministério do Exército e pelo chefe de Gabinete do Ministério da Aeronáutica, nos órgãos e serviços que lhes são subordinados;

g) pelos diretores e chefes de órgãos, repartições, estabelecimentos ou serviços previstos nas leis de organização básica da Marinha, do Exército e da Aeronáutica;

h) pelos comandantes de forças, unidades ou navios.

No âmbito estadual é exercida pelo Comandante Geral da Corporação e oficiais que exercem comando/chefia.

Não exercem polícia judiciária militar o Ministro da Defesa e o Secretário de Segurança Pública.

Delegação - deve ser feita para oficial de posto superior ao do indiciado, seja este oficial da ativa, da reserva, remunerada ou não, ou reformado. A delegação pode ser feita para dar prosseguimento a inquérito já existente ou para que um novo seja instaurado. Não sendo possível a designação de oficial de posto superior, poderá ser feita em oficial de mesmo posto, desde que mais antigo.

Oficial a ser investigado é de último posto e mais antigo - O § 5º do art. 7º do Código de Processo Penal Militar estabelece que, se o posto e a antiguidade de oficial da ativa excluírem, de modo absoluto, a existência de outro oficial da ativa, caberá à autoridade competente a designação de oficial da reserva de posto mais elevado para a instauração do inquérito policial militar; e, se este estiver iniciado, avocá-lo, para tomar essa providência.

3. INQUÉRITO POLICIAL MILITAR

Conceito - conjunto de diligências realizadas pela polícia judiciária com o objetivo de apurar fato que configure crime militar, e de sua autoria, ministrando elementos necessários à propositura da ação penal. Neste sentido a redação do art. 9º do CPPM: "O inquérito policial militar é a apuração sumária de fato, que, nos termos legais, configure crime militar, e de sua autoria. Tem o caráter de instrução provisória, cuja finalidade precípua é a de ministrar elementos necessários à propositura da ação penal".

Iniciado por portaria. É procedimento escrito, inquisitório, dispensável e sigiloso (mas não pode ser oposto à defesa - Súmula Vinculante nº 14: "É direito do defensor, no interesse do representado, ter acesso amplo aos elementos de prova que, já documentados em procedimento investigatório realizado por órgão com competência de polícia judiciária, digam respeito ao exercício do direito de defesa".)

Prazo: 20 dias se preso e 40 se solto. Este último pode ser prorrogado por mais 20 em caso de necessidade.

Arquivamento: apenas pela autoridade judiciária a pedido do MP.

4. AÇÃO PENAL MILITAR E SEU EXERCÍCIO

A ação no processo penal militar é, em regra, pública e deve ser promovida por denúncia do Ministério Público Militar (princípio da oficialidade). Não existe, no âmbito do processo penal militar, a ação privada personalíssima. É cabível a ação privada subsidiária da pública.

5. PROCESSO

5.1. DO PROCESSO ORDINÁRIO

Inicia-se com o recebimento da denúncia. O Juiz-Auditor determinará, conforme o caso, o sorteio do Conselho Especial ou a convocação do Conselho Permanente de Justiça, designando dia, lugar e hora para a sua instalação. Determinará a citação do acusado, bem como a intimação do representante do Ministério Público. Determinará a intimação das testemunhas arroladas na denúncia para comparecerem no lugar, dia e hora que lhes for designado.

O presidente e os demais membros do Conselho, na primeira reunião, prestarão compromisso de apreciar com imparcialidade e atenção os fatos que lhe forem submetidos, bem como julgá-los de acordo com a lei e a prova dos autos.

Interrogatório – último ato da instrução – STF – HC 127900.

Diligências - 5 dias.

Alegações escritas – 8 dias. Mais de 5 acusados – 12 dias.

Sessão de julgamento – debates orais - 3 (três) horas para cada, no máximo. O procurador e o defensor poderão, respectivamente, replicar e treplicar por tempo não excedente a 1 (uma) hora, para cada um. O assistente ou seu procurador terá a metade do prazo concedido ao procurador para a acusação e a réplica. O advogado que tiver a seu cargo a defesa de mais de um acusado terá direito a mais 1 (uma) hora, se fizer a defesa de todos em conjunto. Se os acusados excederem a dez, cada advogado terá direito a 1 (uma) hora para a defesa de cada um dos seus constituintes. Não poderá, entretanto, exceder a 6 (seis) horas o tempo total, que o presidente do Conselho de Justiça marcará, e o advogado distribuirá, como entender, para a defesa de todos os seus constituintes.

Os processos de deserção de praças e oficiais, bem como o de insubmissão possuem rito especial, sem apresentação de alegações escritas e com prazos reduzidos de alegações orais (30 minutos e 15 de réplica e tréplica). No crime de deserção, segundo o STF, é necessária a condição de militar durante todo o processo e na execução. STM tem posição diversa.

Suspensão do processo e do prazo prescricional para o citado por edital – não se aplica no âmbito da JM (STF e STM).

6. JUIZ, AUXILIARES E PARTES DO PROCESSO

a) Juízes-Auditores e Substitutos; Conselhos Permanentes de Justiça (julgam praças e civis – Justiça Militar da União) e Conselhos Especiais de Justiça (julgam oficiais). Generais são julgados pelo STM.

b) Auxiliares

Escrivão providenciar para que estejam em ordem e em dia as peças e termos dos processos.

Oficial de justiça - realizará as diligências que lhe atribuir a lei de organização judiciária militar e as que lhe forem ordenadas por despacho do juiz, certificando o ocorrido, no respectivo instrumento, com designação de lugar, dia e hora.

Dos peritos e intérpretes - Os peritos e intérpretes, na Justiça Militar, são nomeados pelo juiz, preferencialmente dentre oficiais da ativa, atendida a especialidade, que prestarão compromisso de desempenhar a função com obediência à disciplina judiciária e de responder fielmente aos quesitos propostos pelo juiz e pelas partes. Não pode ser recusado, salvo motivo relevante que o nomeado justificará, para apreciação do juiz. Não podem ser peritos ou intérpretes os que estiverem sujeitos a interdição que os inabilite para o exercício de função pública; os que tiverem prestado depoimento no processo ou opinado anteriormente sobre o objeto da perícia; os que não tiverem habilitação ou idoneidade para o seu desempenho; os menores de 21 (vinte e um) anos.

c) Partes

Acusador – MP. No processo penal militar o Ministério Público Militar é o órgão de acusação perante a Justiça Militar Federal, e o Ministério Público Estadual a atuação perante a Estadual.

Assistente - O ofendido, seu representante legal e seu sucessor podem habilitar-se a intervir no processo como assistentes do MP. Ao assistente é permitido: a) propor meios de prova; b) requerer perguntas às testemunhas, fazendo-o depois do procurador; c) apresentar quesitos em perícia determinada pelo juiz ou requerida pelo Ministério Público; d) juntar documentos; e) arrazoar os recursos interpostos pelo Ministério Público; f) participar do debate oral.

Do acusado, do defensor e do curador. Acusado é aquele a quem é imputada a prática de infração penal em denúncia recebida. Nenhum acusado, ainda que ausente ou foragido, será processado ou julgado sem defensor. O CPPM aduz que o juiz dará curador ao acusado incapaz. O STM entende que, com a vigência da Lei n° 10.406/02 - novo código civil, prevendo a maioridade de quem completar 18 (dezoito) anos, para todos os atos da vida civil e com a edição da Lei n° 10.792/03 - código de processo penal, não mais se exige curador para o menor de 21 anos.

7. DENÚNCIA

A denúncia é a peça que dá início a ação penal. Nos termos do artigo 77 do CPPM, ela deve conter:

a) a designação do juiz a que se dirigir;
b) o nome, idade, profissão e residência do acusado, ou esclarecimentos pelos quais possa ser qualificado;
c) o tempo e o lugar do crime;
d) a qualificação do ofendido e a designação da pessoa jurídica ou instituição prejudicada ou atingida, sempre que possível;
e) a exposição do fato criminoso, com todas as suas circunstâncias;
f) as razões de convicção;
g) a classificação do crime;
h) o rol das testemunhas, em número não superior a seis, com a indicação da sua profissão e residência.

A denúncia não será recebida pelo juiz:

a) se não contiver os requisitos anteriormente mencionados;
b) se o fato narrado não constituir evidentemente crime da competência da Justiça Militar;
c) se já estiver extinta a punibilidade;
d) se for manifesta a incompetência do juiz ou a ilegitimidade do acusador.

Prazo: preso -5 (cinco) dias, e, solto 15 (quinze) dias, podendo, neste último caso, por despacho do juiz, ser prorrogado ao dobro; ou ao triplo.

Necessitando de maiores esclarecimentos, o MP pode requisitar diretamente, de qualquer autoridade militar ou civil, documentos complementares ou novos elementos de convicção, ou requerer ao juiz que os requisite.

O recebimento do aditamento à denúncia compete ao Juiz-Auditor, não ao Conselho Permanente ou Especial de Justiça.

8. COMPETÊNCIA DA JUSTIÇA MILITAR DA UNIÃO

> *Art. 9º, CPM - Consideram-se crimes militares, em tempo de paz:*
>
> *I - os crimes de que trata este Código, quando definidos de modo diverso na lei penal comum, ou nela não previstos, qualquer que seja o agente, salvo disposição especial;*
>
> *II – os crimes previstos neste Código e os previstos na legislação penal, quando praticados: (Redação dada pela Lei nº 13.491, de 2017)*
>
> *a) por militar em situação de atividade ou assemelhado, contra militar na mesma situação ou assemelhado;*
>
> *b) por militar em situação de atividade ou assemelhado, em lugar sujeito à administração militar, contra militar da reserva, ou reformado, ou assemelhado, ou civil;*
>
> *c) por militar em serviço ou atuando em razão da função, em comissão de natureza militar, ou em formatura, ainda que fora do lugar sujeito à administração militar contra militar da reserva, ou reformado, ou civil; (Redação dada pela Lei nº 9.299, de 8.8.1996)*
>
> *d) por militar durante o período de manobras ou exercício, contra militar da reserva, ou reformado, ou assemelhado, ou civil;*
>
> *e) por militar em situação de atividade, ou assemelhado, contra o patrimônio sob a administração militar, ou a ordem administrativa militar;*
>
> *f) revogada. (Redação dada pela Lei nº 9.299, de 8.8.1996)*
>
> *III - os crimes praticados por militar da reserva, ou reformado, ou por civil, contra as instituições militares, considerando-se como tais não só os compreendidos no inciso I, como os do inciso II, nos seguintes casos:*
>
> *a) contra o patrimônio sob a administração militar, ou contra a ordem administrativa militar;*
>
> *b) em lugar sujeito à administração militar contra militar em situação de atividade ou assemelhado, ou contra funcionário de Ministério militar ou da Justiça Militar, no exercício de função inerente ao seu cargo;*
>
> *c) contra militar em formatura, ou durante o período de prontidão, vigilância, observação, exploração, exercício, acampamento, acantonamento ou manobras;*
>
> *d) ainda que fora do lugar sujeito à administração militar, contra militar em função de natureza militar, ou no desempenho de serviço de vigilância, garantia e preservação da ordem pública, administrativa ou judiciária, quando legalmente requisitado para aquele fim, ou em obediência a determinação legal superior.*
>
> *§ 1º Os crimes de que trata este artigo, quando dolosos contra a vida e cometidos por militares contra civil, serão da competência do Tribunal do Júri. (Redação dada pela Lei nº 13.491, de 2017)*
>
> *§ 2º Os crimes de que trata este artigo, quando dolosos contra a vida e cometidos por militares das Forças Armadas contra civil, serão da competência da Justiça Militar da União, se praticados no contexto: (Incluído pela Lei nº 13.491, de 2017)*
>
> *I – do cumprimento de atribuições que lhes forem estabelecidas pelo Presidente da República ou pelo Ministro de Estado da*

Defesa; (Incluído pela Lei nº 13.491, de 2017)

II – de ação que envolva a segurança de instituição militar ou de missão militar, mesmo que não beligerante; ou (Incluído pela Lei nº 13.491, de 2017)

III – de atividade de natureza militar, de operação de paz, de garantia da lei e da ordem ou de atribuição subsidiária, realizadas em conformidade com o disposto no art. 142 da Constituição Federal e na forma dos seguintes diplomas legais: (Incluído pela Lei nº 13.491, de 2017)

a) Lei no 7.565, de 19 de dezembro de 1986 - Código Brasileiro de Aeronáutica; (Incluída pela Lei nº 13.491, de 2017)

b) Lei Complementar nº 97, de 9 de junho de 1999; (Incluída pela Lei nº 13.491, de 2017)

c) Decreto-Lei nº 1.002, de 21 de outubro de 1969 - Código de Processo Penal Militar; e (Incluída pela Lei nº 13.491, de 2017)

d) Lei no 4.737, de 15 de julho de 1965 - Código Eleitoral. (Incluída pela Lei nº 13.491, de 2017)

Diferenças nas competências entre Justiça Militar Estadual e Federal:

Homicídio doloso contra civil – Militar Estadual – júri; militar federal – Justiça Militar da União.

Crime praticado contra civil - Militar Estadual – Juiz-Auditor; militar federal – Conselho permanente ou Especial de Justiça.

Ações cíveis - Militar Estadual – Referentes a punições disciplinares - Juiz-Auditor; militar federal – não possui competência cível.

Presidência dos Conselhos Permanente e Especial - Militar Estadual – Juiz-Auditor; militar federal – Militar com maior posto.

Julgamento de civis - Militar Estadual – não julga; militar federal – julga.

✦ SÚMULAS

- **Súmula 5 do STM:** A desclassificação de crime capitulado na denúncia pode ser operada pelo Tribunal ou pelos Conselhos de Justiça, mesmo sem manifestação neste sentido do Ministério Público Militar nas alegações finais, desde quando importe em benefício para o réu e conste da matéria fática.
- **Súmula 8 do STM:** O desertor sem estabilidade e o insubmisso que, por apresentação voluntária ou em razão de captura, forem julgados em inspeção de saúde, para fins de reinclusão ou incorporação, incapazes para o serviço militar, podem ser isentos do processo, após o pronunciamento do representante do Ministério Público.
- **Súmula 9 do STM:** A Lei 9.099, de 26.09.95, que dispõe sobre os Juízos Especiais Cíveis e Criminais e dá outras providências, não se aplica à Justiça Militar da União.
- **SÚMULA Nº 10 do STM**

  "Não se concede liberdade provisória a preso por deserção antes de decorrido o prazo previsto no art. 453 do CPPM".
- **SÚMULA Nº 11 do STM**

  "O recolhimento à prisão, como condição para apelar (art. 527, do CPPM), aplica-se ao Réu foragido e, tratando-se de revel, só é aplicável se a sentença houver negado o direito de apelar em liberdade."
- **SÚMULA Nº 12 do STM**

  "A praça sem estabilidade não pode ser denunciada por deserção sem ter readquirido o status de militar, condição de procedibilidade para a persecutio criminis, através da reinclusão. Para a praça estável, a condição de procedibilidade é a reversão ao serviço ativo."
- **SÚMULA Nº 13 do STM**

  "A declaração de extinção de punibilidade em IPI, IPD e IPM deve ser objeto de Decisão, que, também, determinará o arquivamento dos autos."
- **SÚMULA Nº 14 do STM**

  "Tendo em vista a especialidade da legislação militar, a Lei nº11.343, de 23 de agosto de 2006, que instituiu o Sistema Nacional de Políticas Públicas sobre Drogas, não se aplica à Justiça Militar da União".
- **SÚMULA Nº 16 do STM**

  "A suspensão condicional da pena (sursis) não é espécie de pena; portanto, o transcurso do período de prova, estabelecido em audiência admonitória, não atende ao requisito objetivo exigível para a declaração de extinção da punibilidade pelo indulto".

✦ INFORMATIVOS APLICÁVEIS DO STF

▸ *INFORMATIVO 712*

A Lei n. 11.719/2008 alterou o Código de Processo Penal, prevendo que o interrogatório deverá ser o último ato de instrução (art. 400). O STF entendeu que essa reforma legislativa deverá ser aplicada também ao processo penal militar. Assim, no processo penal militar, o interrogatório também deverá ser o último ato instrutório da instrução penal. STF. 1a Turma. HC 115698/AM, rel. Min. Luiz Fux, 25/6/2013; HC 115530/PR , rel. Min. Luiz Fux, 25/6/2013.

▸ *INFORMATIVO 824*

No processo penal militar não há nulidade na realização de interrogatório do réu por meio de carta precatória. Uma vez solto, não é ônus do Estado providenciar o seu transporte até a sede do órgão julgador para lá ser interrogado. O CPPM não prevê expressamente a possibilidade de interrogatório por meio de carta precatória, mas é possível a sua realização pela aplicação subsidiária do CPP. STF. 1ª Turma. HC 115189/AM, Rel. Min. Marco Aurélio, julg. em 3/5/2016.

▶ ***INFORMATIVO 831***

Compete à Justiça Militar julgar a conduta de civil que saca valores oriundos de pensão militar depositados na conta bancária de ex-militar que faleceu e a Administração Militar, por desconhecer a morte, continuou depositando, por engano, o valor da pensão durante meses após o óbito. O saque indevido por civil de benefício de pensão militar afeta bens e serviços das instituições militares, estando justificada a competência da Justiça Militar. STF. 2ª Turma. HC 125777/CE, Rel. Min. Gilmar Mendes, julg em 21/6/2016.

▶ ***INFORMATIVO 831***

O art. 396-A do Código de Processo Penal não se aplica ao rito do processo penal militar. STF. 2ª Turma. HC 125777/CE, Rel. Min. Gilmar Mendes, julg em 21/6/2016.

▶ ***INFORMATIVO 840***

Compete à Justiça Militar julgar crime cujo autor e vítima sejam militares, desde que ambos estejam em serviço e em local sujeito à administração militar. O mero fato de a vítima e de o agressor serem militares não faz com que a competência seja obrigatoriamente da Justiça Militar. O cometimento de delito por militar contra vítima militar somente será de competência da Justiça Castrense nos casos em que houver vínculo direto com o desempenho da atividade militar. STF. 1ª Turma. HC 135019/SP, Rel. Min. Rosa Weber, julg em 20/09/2016.

✦ JURISPRUDÊNCIA DO STM

Desnecessidade de curador - Apelação. Furto qualificado. Preliminares de intempestividade e nulidade processual. Recurso tempestivo. Excludente da culpabilidade. Inexistência. Preliminar de intempestividade suscitada pela Procuradoria-Geral da Justiça Militar. Autos não atestam a caracterização da intempestividade, pois as portarias do Diretor do Foro da 1ª CJM afastaram tal situação, ao determinar a suspensão do expediente nos dias 22 e 23 de abril de 2014 (Dia de São Jorge - feriado estadual). Recurso de apelação da Defesa conhecido, por ser tempestivo. Decisão unânime. Preliminar de nulidade do processo, suscitada pela Defesa, com fundamento na ausência de nomeação de curador para os Réus no momento da lavratura do APF, em decorrência de serem eles menores de 21(vinte e um) anos. Com a vigência da Lei nº 10.406/02 - novo código civil, prevendo a maioridade de quem completar 18 (dezoito) anos, para todos os atos da vida civil e com a edição da Lei nº 10.792/03 – código de processo penal, não mais se exige curador para tais casos, no interrogatório. Preliminar rejeitada (STM - APELAÇÃO Nº 227-32.2012.7.01.0201/RJ. Publicado DJE em 06.02.2015. RELATOR: Ministro JOSÉ BARROSO FILHO).

Desaforamento - DESAFORAMENTO. AUDITORIA DA 4ª CJM. IMPOSSIBILIDADE DE CONSTITUIÇÃO DO CONSELHO DE JUSTIÇA PARA A MARINHA. DEFERIMENTO. UNANIMIDADE. O Desaforamento constitui medida excepcional de derrogação da competência territorial para processamento e julgamento do feito, bem como do afastamento da regra do Juiz Natural e da premissa de que o Réu responde pelo crime no local onde ocorreram os fatos, sendo admitida, como no caso dos autos, pela absoluta impossibilidade de composição do Conselho Julgador no âmbito daquela Circunscrição Judiciária Militar. A escolha da Auditoria onde o feito será processado e julgado deverá sopesar a conveniência da instrução criminal, bem como o interesse e o direito dos Acusados de exercerem, em sua plenitude, as garantias constitucionais do contraditório e da ampla defesa. Evidenciada a impossibilidade de composição do Conselho de Justiça para a Marinha no âmbito da Auditoria da 4ª CJM, deve ser acolhido o pedido de desaforamento para uma das Auditorias da 1ª CJM. Deferimento. Unanimidade (STM. DESAF n. Nº 5-50.2016.7.04.0004/MG. RELATOR: Ministro CLEONILSON NICÁCIO SILVA. Publ. em 20.06.2016).

Medidas cautelares diversas da prisão - HABEAS CORPUS. CONVERSÃO DE PRISÃO EM FLAGRANTE EM PREVENTIVA. PEDIDO DE LIBERDADE PROVISÓRIA, MENAGEM OU MEDIDAS CAUTELARES DIVERSAS DA PRISÃO. ORDEM DENEGADA. UNANIMIDADE. 1. (...) 2. As medidas cautelares diversas da prisão, estabelecidas por meio da Lei nº 12.403/2011, não têm incidência nos feitos da Justiça Militar da União, em razão do princípio da especialidade. Ordem conhecida e denegada. Decisão Unânime (STM. 62-91.2016.7.00.0000 UF: AM Decisão: 17/05/2016. Rel. Min. Carlos Augusto de Sousa).

Citação por edital - CORREIÇÃO PARCIAL. CITAÇÃO POR EDITAL. DECRETAÇÃO DA REVELIA. ART. 292 DO CPPM. APLICAÇÃO SUBSIDIÁRIA DO ART. 366 DO CPP. SUSPENSÃO DO PROCESSO. INVIABILIDADE. A aplicação subsidiária da legislação ordinária não encontra vez na hipótese dos autos, ante a falta de omissão a ser sanada. A Legislação Processual Militar rege-se por normas próprias e sua integração com a legislação de processo penal comum só é possível quando, em seu bojo, houver omissão, o que não é o presente caso. Indeferimento por maioria dos votos (STM - 0000042-28.2015.7.10.0010 UF: CE Decisão: 12/08/2015. CORREIÇÃO PARCIAL. Data da Publicação: 15/09/2015 Vol: Veículo: DJE. Ministro Relator: José Coêlho Ferreira)

Testemunhas - PROCESSO PENAL MILITAR. Art. 417, § 2º, CPPM. NÚMERO DE TESTEMUNHAS DA DEFESA. IGUALDADE. INCONSTITUCIONALIDADE. CERCEAMENTO DE DEFESA. DIREITO DE APELAR EM LIBERDADE. PRESUNÇÃO DE NÃO-CULPABILIDADE. ORDEM CONCEDIDA. O tratamento que o CPPM dispensa à acusação e à defesa, no tocante ao número de testemunhas, é evidentemente discrepante, o que afronta o art. 5º, caput, da Carta Política, levando à conclusão da não-recepção do art. 417, § 2º, do Código de Processo Penal Militar, pela vigente ordem constitucional. O ato da autoridade coatora que impediu a defesa de ouvir testemunhas regularmente arroladas configura inaceitável cerceamento de defesa que maculou a prestação jurisdicional. Tendo a Paciente, a despeito de seus antecedentes criminais, respondido ao processo em liberdade, nada justifica seu recolhimento à prisão para que possa apelar da sentença condenatória, sob pena de inobservância da presunção da não-culpabilidade. Decisão que decretou sua prisão, ademais, desprovida de fundamentação. Ordem concedida. Liminar confirmada. V.U. (STM. HC n. 2001.01.033680-0/RJ. Rel. Min. Flavio Flores da Cunha Bierrenbach. Julgado em 05.02.2002. Publ. em 13.12.2001).

Administração Geral e Administração Pública

Fábio Vogelaar Carlucci

TABELA DE INCIDÊNCIA DE QUESTÕES

Distribuição das questões organizada por ordem didática de assuntos		
Assunto	**Número de Questões**	**Peso**
1. PLANEJAMENTO E ADMINISTRAÇÃO ESTRATÉGICA	2	33,33%
2. ESTRUTURA E DEPARTAMENTALIZAÇÃO ORGANIZACIONAL	2	33,33%
3. COMUNICAÇÃO ORGANIZACIONAL	1	16,67%
4. CONTROLE ADMINISTRATIVO	1	16,67%
Total	**6**	**100%**

Administração Geral e Administração Pública

Fábio Vogelaar Carlucci

✦ QUESTÕES

1. PLANEJAMENTO E ADMINISTRAÇÃO ESTRATÉGICA

01. A concepção de uma nova política de controle constitui ação de planejamento no nível operacional.

COMENTÁRIOS

✪ **Nota do autor:** Existem três níveis de ações de planejamento estratégico:

- Estratégia corporativa ou institucional;
- Estratégia tática;
- Estratégia operacional.

A estratégia corporativa ou institucional deve ser tratada pela cúpula administrativa da empresa e envolve alto teor de confidencialidade. A estratégia tática envolve a atuação dos gerentes, coordenadores, supervisores e demais funções e representa menor confidencialidade. Por fim, a estratégia operacional é aquela que diz respeito às atividades operacionais da empresa. As estratégias adotadas em todos os níveis devem se correlacionar, já que as decisões tomadas nos níveis inferiores devem sustentar as de nível superior.

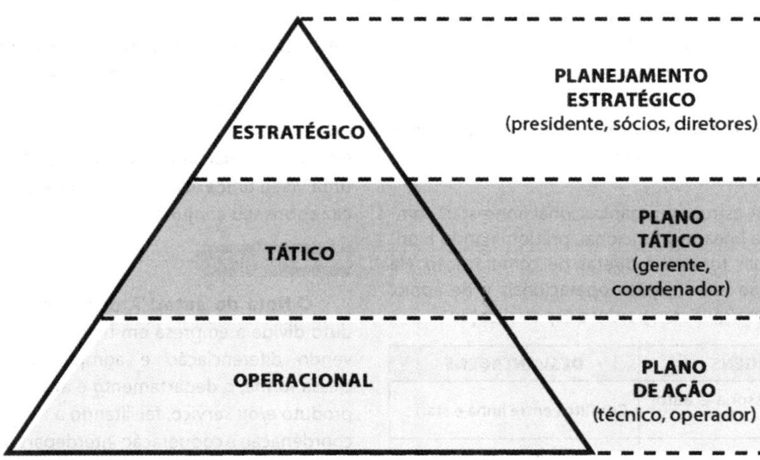

ERRADO. *A partir da Nota do autor, verifica-se que existem três níveis de planejamento estratégico. A questão trata da* concepção de uma nova política de controle na organização, que compreende uma ação desenvolvida na alta administração e com alto teor de confidencialidade. Dessa forma, a questão está errada, pois trata-se de ação de planejamento no nível corporativo ou institucional.

02. A definição de novas formas de controle resulta do processo de planejamento.

COMENTÁRIOS

✪ **Nota do autor:** Planejamento é um processo gerencial que diz respeito à formulação de objetivos para a seleção de programas de ação e para a sua execução, levando em conta as condições internas e externas à empresa e sua evolução esperada.

CERTO. A partir da definição apresentada na Nota do autor, é correto afirmar que o planejamento define, estabelece, prevê e programa atividades a serem exercidas e ações a serem executadas na empresa, inclusive a definição das novas formas de controle.

2. ESTRUTURA E DEPARTAMENTALIZAÇÃO ORGANIZACIONAL

03. (Cespe – Técnico – Área Administrativa – MPU/2010) Julgue os itens seguintes, relativos a tipos de estrutura organizacional, natureza e finalidades das organizações formais modernas.

03.01. Chefias generalistas, estabilidade e constância nas relações são características próprias da estrutura organizacional linear.

COMENTÁRIOS

✪ Nota do autor: Estrutura organizacional é a forma pela qual as atividades desenvolvidas por uma organização são divididas, organizadas e coordenadas. Em outras palavras, a estrutura organizacional projeta e organiza os relacionamentos entre os níveis hierárquicos e o fluxo das informações essenciais para uma organização

CERTO. A estrutura organizacional linear possui uma unidade de comando e se trata de uma das formas mais comuns e mais antigas de estrutura organizacional. Possui formato piramidal, centralização de autoridade, estabilidade, constância nas relações e linhas rígidas de comunicação e especialização vertical.

03.02. Os órgãos de assessoria da organização em estrutura linha-staff exercem autoridade de linha sobre os colaboradores dos demais setores, com o intuito de alcançar os objetivos organizacionais.

COMENTÁRIOS

✪ Nota do autor: Para responder essa questão é necessário dominar os conceitos de estrutura organizacional linear e linha-staff.

ERRADO. A estrutura organizacional linh*a*-staff combina a estrutura linear e a funcional, predominando a primeira com linhas formais e diretas de comunicação. Há nela a separação entre órgãos operacionais e de apoio, mantendo a hierarquia sem perder a especialização.

VANTAGENS	DESVANTAGENS
Assegura assessoria e autoridade	Conflitos entre linha e staff
Atividade conjunta e coordenada	Dificuldade de manutenção do equilíbrio entre linha e staff

03.03. A estrutura matricial é indicada para organizações que lidam com projetos específicos.

COMENTÁRIOS

✪ Nota do autor: A estrutura matricial é mais um tipo de estrutura organizacional.

CERTO. *A* **estrutura matricial** reúne duas ou mais formas de estrutura e mantém as unidades funcionais criando relações horizontais entre elas. Frequentemente está relacionada a empresas que trabalham através de projetos e lida com recursos multidisciplinares.

VANTAGENS	DESVANTAGENS
Mantém a especialização	A dupla subordinação pode trazer confusões aos processos da empresa

03.04. A organização estruturada de forma simples e centralizada em torno de uma autoridade máxima adota estrutura funcional.

COMENTÁRIOS

✪ Nota do autor: *A* Estrutura Linear possui uma unidade de comando e se trata de uma das formas mais comuns e mais antigas de estrutura organizacional. Possui formato piramidal, centralização de autoridade, linhas rígidas de comunicação e especialização vertical. Por outro lado, a estrutura organizacional funcional agrupa especialistas sob uma chefia comum. Possui especialização, linhas retas de comunicação e descentralização da autoridade.

ERRADO. Como detalhado anteriormente, a estrutura organizacional estruturada de forma simples e centralizada em torno de uma autoridade máxima é característica da estrutura linear e não funcional.

04. (Cespe – Técnico – Área Administrativa – MPU/2010) Acerca de departamentalização, julgue os itens que se seguem.

04.01. A departamentalização por produto permite uma visão única acerca da organização e o controle eficaz sobre seu conjunto.

COMENTÁRIOS

✪ Nota do autor: A departamentalização por produto divide a empresa em unidades de produção, envolvendo diferenciação e agrupamento das atividades. Dessa forma, o departamento é avaliado pelo sucesso do produto e/ou serviço, facilitando a inovação, bem como a coordenação e cooperação interdepartamental pela busca do produto. São estruturas flexíveis e adaptáveis a mudanças do ambiente organizacional.

Gabarito: ERRADO. *A departamentalização por produtos possui diversas vantagens, como a possibilidade de máxima concentração de esforços sobre determinados produtos ou linha de produtos, assim como desenvolvimento de canais específicos e máxima especialização da equipe responsável. Porém, ao contrário do que afirma a questão, uma das principais desvantagens é a perda de uma visão única e global da organização, já que cada departamento tende a ficar focado em determinado tipo de produto, criando barreiras entre os departamentos.*

04.02. A departamentalização funcional é adequada para o desenvolvimento de atividades continuadas e rotineiras em que sejam utilizados recursos especializados.

COMENTÁRIOS

✪ **Nota do autor**: A departamentalização funcional compreende um dos modelos mais usuais de departamentalização.

CERTO. A departamentalização funcional compreende o agrupamento de tarefas de acordo com as funções principais desenvolvidas, guiadas por especialistas em determinada função. É ideal para ambientes estáveis para o desenvolvimento de atividades continuadas e rotineiras. Tem como vantagens agrupar especialistas sob uma chefia comum, utilização máxima das habilidades funcionais das pessoas, simplificando o treinamento, permitindo a economia de escala pela utilização integrada de pessoas, máquinas e produção em massa.

04.03. A departamentalização por processos favorece a rápida adaptação da empresa às mudanças organizacionais.

COMENTÁRIOS

✪ **Nota do autor:** *A departamentalização por processos* segue o processo produtivo da organização, na qual cada departamento é responsável por uma etapa do ciclo de produção, tendo o foco voltado para a tecnologia empregada. Essa estrutura procura tirar máximo proveito das vantagens econômicas oferecidas pela própria natureza do equipamento utilizado ou da tecnologia empregada no processo produtivo.

ERRADO. A departamentalização por processos é geralmente aplicada no processo industrial de organizações, pois possibilita ganho de escala e maior produtividade. Porém, como desvantagens, esse tipo de departamentalização possibilidade a perda da visão global do andamento do processo e pouca flexibilidade para ajustes no processo, principalmente em relação a mudanças. Dessa forma, a questão está errada, pois a departamentalização por processos não favorece a rápida adaptação da empresa às mudanças organizacionais.

04.04. De acordo com um dos princípios da departamentalização, as atividades de controle devem estar separadas das que serão objeto de controle.

COMENTÁRIOS

✪ **Nota do autor:** Com o objetivo de orientar a estruturação da departamentalização na organização, os seguintes princípios devem ser seguidos:

- **Princípio do maior uso** – o departamento que faz maior uso de uma atividade, deve tê-la sob sua jurisdição.
- **Principio do maior interesse** – o departamento que tem maior interesse pela atividade deve supervisiona-la.
- **Princípio da separação e do controle** – As atividades do controle devem estar separadas das atividades controladas.
- **Principio da supressão da concorrência** – Eliminar a concorrência entre departamentos, agrupando atividades correlatas no mesmo departamento.

CERTO. A partir da Nota do autor, verifica-se que a questão está verdade, pois está de acordo com o Princípio da separação e do controle.

04.05. A departamentalização por clientes atende de forma mais apropriada a organização cujos objetivos principais sejam o lucro e a produtividade.

COMENTÁRIOS

✪ **Nota do autor:** A departamentalização por clientes tem foco no mercado e são agrupadas de acordo com o tipo de cliente (sexo, idade, nível socioeconômico etc.). É importante quando a satisfação do cliente é o aspecto mais crítico e quando os diferentes grupos de clientes apresentam grandes discrepâncias entre si.

ERRADO. A departamentalização por clientes pode ser utilizada em qualquer empresa cujo foco é o cliente e na qual existem perfis muito diferenciados de clientes. Isso independe se os objetivos principais da organização são o lucro ou a produtividade.

04.06. O enfraquecimento da especialização constitui uma desvantagem da departamentalização geográfica.

COMENTÁRIOS

✪ **Nota do autor:** Algumas vezes mencionadas como regional, de área ou geográfica, esse tipo de departamentalização possui ênfase na cobertura geográfica e orientação para o mercado. O desempenho organizacional pode acompanhar variações regionais e locais sem grandes problemas, facilitando ações mais rápidas, bem como fatores de influência e problemas para tomada de decisões.

CERTO. Entre as desvantagens da departamentalização geográfica temos a duplicação de instalações, de pessoal e a preocupação estritamente territorial. Dessa forma, existe um enfraquecimento da especialização.

3. COMUNICAÇÃO ORGANIZACIONAL

---

05. (Cespe – Técnico – Área Administrativa – MPU/2010) Paulo, novo diretor de uma organização pública, pretende desenvolver um sistema de controle capaz de apontar erros cometidos durante a execução dos serviços. Para a consecução de seu objetivo, definiu novas formas de controle com base em informações que coletou pessoalmente, ao interagir com colaboradores de todos os setores da instituição, sem se restringir aos métodos tradicionais de obtenção de dados.

Considerando essa situação hipotética, julgue os seguintes itens, que dizem respeito ao processo organizacional.

05.01. Ao coletar as informações para definir as novas formas de controle, Paulo privilegiou o fluxo comunicativo circular.

COMENTÁRIOS

✪ **Nota do autor:** Na administração temos várias formas de comunicação. Uma das formais é o fluxo comunicativo circular. Ele surge e se desenvolve mais em organizações informais. Dependendo do nível de relação interpessoal entre as pessoas da organização, o fluxo circular será melhor estabelecido. Quanto maior o grau de proximidade melhor será o processe de informação. Esse fluxo não segue uma linha de direção tradicional, ele engloba todas as áreas e favorece o melhor desempenho no trabalho.

CERTO. *É correto afirmar que Paulo privilegiou o fluxo comunicativo circular, pois, como pode ser verificado na Nota do autor, esse tipo de comunicação organizacional é utilizado quando o objetivo é* interagir com colaboradores de todos os setores da instituição, sem se restringir aos métodos tradicionais de obtenção de dados, como foi o caso do Paulo, no exemplo apresentado na questão.

05.02. Para atender às demandas mais instáveis e urgentes da organização, Paulo deve utilizar a rede formal de comunicação.

COMENTÁRIOS

✪ **Nota do autor: Comunicação Organizacional** é o tipo ou processo de comunicação que ocorre no contexto de uma organização, seja esta pública ou privada. Em qualquer organização existem processos profais e informais. Os processos formais de comunicação são aqueles oficiais, como uma newsletter enviada da alta administração para os gerentes funcionais, por exemplo. O processos informais de comunicação são aqueles não formalizados e extraoficiais, que podem acontecer a todo momento na empresa. Por serem informais, não demandando nenhum tipo de burocracia, estes últimos tendem a ser mais rápidos, frequentemente utilizados para situações emergenciais e urgentes.

Gabarito: ERRADO. *Para atender às demandas* mais instáveis e urgentes, Paulo deve utilizar as redes informais de comunicação.

4. CONTROLE ADMINISTRATIVO

06. O sistema que Paulo pretende desenvolver apresenta uma das principais características de um sistema de controle efetivo: a instantaneidade.

COMENTÁRIOS

✪ **Nota do autor:** Controle é uma função administrativa, é a fase do processo administrativo, definida como qualquer processo de direciona as atividades das pessoas alcance das metas organizacionais. Aplica-se a toda organização, sendo que todos os aspectos do desempenho de uma empresa devem ser monitorados e avaliados, considerando objetivos e critérios diferentes em cada um dos níveis hierárquicos de controle.

CERTO As três características do processo administrativo de controle são:

- Maleabilidade: possibilitar mudanças decorrentes de alterações nos planos;
- Instantaneidade: verificar o mais cedo possível as falhas e os erros existentes;
- Correção: possibilitar a reparação das faltas e dos erros..

A alternativa está correta, pois como Paulo pretende desenvolver um sistema de controle efetivo, a **instantaneidade** é uma característica importante para obter determinado objetivo.

✦ DICAS

1. PLANEJAMENTO E ADMINISTRAÇÃO ESTRATÉGICA

A teoria de administração estratégica na administração é muito importante e teve origem de forma formalizada na década de 1950 através de uma parceria entre a Fundação Ford e a *Carnegie Corporation*. O conceito de estratégia tem origem na palavra *stategeia*, encontrada na Grécia Antiga, cujo significado remete à "arte de ser general, liderar exércitos e destruir inimigos", significado este que foi mantido nos dias atuais, já que "o conceito de estratégia é aplicável a uma situação de competição" (SOBRAL; PECI, 2008).

Segundo Kaplan e Norton (2000), a estratégia se refere ao movimento de uma organização a partir de sua posição atual para uma futura posição desejada, porém incerta.

De forma complementar, Mintzberg (1987) diz que a estratégia é necessária para se concentrar esforços e promover a coordenação das atividades e que, sem estratégia, uma organização é um conjunto de indivíduos, cada um a seguir seu próprio caminho ou então à procura de algo para fazer.

Por fim, Obermiller, Burke e Atwood (2008) afirmam que a estratégia pode ser complexa, envolvendo uma grande variedade de preocupações ambientais e dezenas de táticas executoras, porém, seu objetivo essencial é bastante simples: atingir uma posição que seja não só desejável, mas também diferente de seus concorrentes, para que se consiga uma vantagem competitiva e também defensável, para que esta vantagem não seja facilmente copiada, atuando assim, também como uma barreira de entrada a novos competidores.

Existem três níveis de administração estratégica:

- Estratégia corporativa ou institucional;
- Estratégia tática;
- Estratégia operacional.

A estratégia corporativa ou institucional deve ser tratada pela cúpula administrativa da empresa e envolve alto teor de confidencialidade. A estratégia tática envolve a atuação dos gerentes, coordenadores, supervisores e demais funções e representa menor confidencialidade. Por fim, a estratégia operacional é aquela que diz respeito às atividades operacionais da empresa. As estratégias adotadas em todos os níveis devem se correlacionar, já que as decisões tomadas nos níveis inferiores devem sustentar as de nível superior.

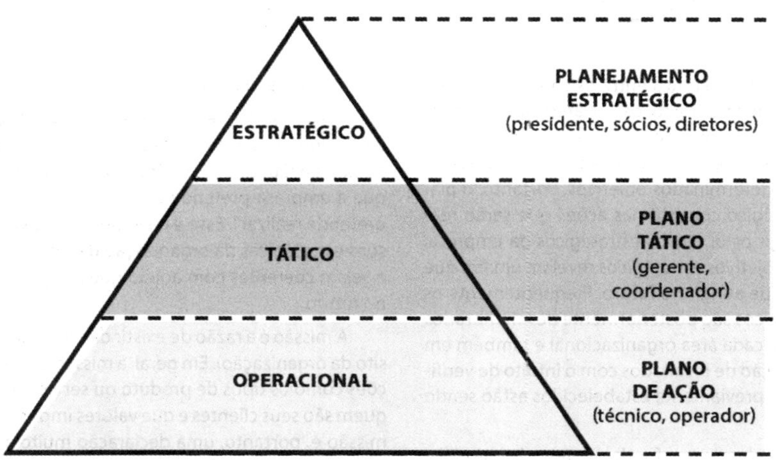

Atenção:

Administração estratégica diz respeito a um conjunto de decisões, diretrizes e valores que a administração de uma organização determina para que esta se desenvolva no longo prazo.

A administração estratégica pode ser definida também como o ato de desenvolver plenamente o planejamento da empresa. Dessa forma, dentro da administração estratégica é muito importante o conceito de planejamento estratégico.

Atenção:

Planejamento estratégico é um processo gerencial que diz respeito à formulação de objetivos para a seleção de programas de ação e para a sua execução, levando em conta as condições internas e externas à empresa e sua evolução esperada.

É importante que fique claro para o candidato as diferenças entre o planejamento estratégico e a gestão estratégica. A gestão estratégica é uma forma de acrescentar novos elementos de reflexão e ação sistemática e continuada, a fim de avaliar a situação, elaborar projetos de mudanças estratégicas e acompanhar e gerenciar os passos de implementação do planejamento estratégico.

Existe ainda uma diferença entre os conceitos de planejamento estratégico e objetivos estratégicos. O planejamento estratégico é um processo gerencial que diz respeito à formulação, seleção e execução de programas de ação para atingir determinados objetivos. Portanto, o planejamento estratégico consiste nas ações que serão realizadas para atingir os objetivos estratégicos da empresa. Dessa forma, os objetivos estratégicos revelam um fim que a empresa pretende atingir no futuro. Frequentemente os objetivos estratégicos são posteriormente desmembrados em objetivos para cada área organizacional e também em métricas de avaliação de resultados com o intuito de verificar se os objetivos previamente estabelecidos estão sendo alcançados.

Existem três elementos fundamentais da administração estratégica que estão relacionados ao estabelecimento de diretrizes do planejamento estratégico de qualquer organização. Esses elementos são:

A missão;

A visão;

Os valores da organização.

A visão se referente a aonde a organização quer chegar (o que a organização quer ser no futuro). Hitt, Ireland e Hoskisson (2012, p. 17) definem visão como "um retrato do que a empresa pretende ser e, em termos amplos, o que pretende realizar". Esse é o elemento que vai guiar as decisões estratégicas da organização de forma que as mesmas e sejam coerentes com aquilo que a organização quer ser no futuro.

A missão é a razão de existir da empresa (qual o propósito da organização). Em geral, a missão apresenta informações como os tipos de produto ou serviço que ela oferece, quem são seus clientes e que valores importantes possui. A missão é, portanto, uma declaração muito ampla de diretriz organizacional. Estabelecer a missão organizacional é parte fundamental da tarefa da administração. Isso porque uma missão formalmente expressa facilita o entendimento sobre os rumos da organização. Estabelecer e documentar uma missão organizacional é importante pelos seguintes motivos:

Ajuda a concentrar esforços em uma direção comum;

Ajuda a evitar que a organização persiga propósitos conflitantes;

Serve de base para a alocação de recursos organizacionais;

Estabelece áreas amplas de responsabilidades por tarefa na organização;

Atua como base para o desenvolvimento de objetivos organizacionais.

E, por fim, os valores da organização são os elementos fundamentais que norteiam qualquer tipo de decisão e comportamento dentro da organização.

O quadro abaixo apresenta exemplos para ilustrar os conceitos de missão, visão e valores de uma empresa:

MISSÃO (razão de existir da empresa)	Transformar recursos naturais em prosperidade e desenvolvimento sustentável
VISÃO (a aonde a organização quer chegar)	Ser a empresa de recursos naturais global número um em criação de valor de longo prazo, com excelência, áixão pelas pessoas e pelo planeta.
VALORES (elementos fundamentais que norteiam qualquer tipo de decisão e comportamento dentro da organização)	▸ A vida em primeiro lugar ▸ Valorizar quem faz a nossa empresa ▸ Cuidar do nosso planeta ▸ Agir de forma correta ▸ Crescer e evoluir juntos ▸ Fazer acontecer

2. ESTRUTURA E DEPARTAMENTALIZAÇÃO ORGANIZACIONAL

Um conceito fundamental no que diz respeito à organização de empresas é o de estrutura organizacional. Estrutura organizacional é a forma pela qual as atividades desenvolvidas por uma organização são divididas, organizadas e coordenadas. Em outras palavras, a estrutura organizacional projeta e organiza os relacionamentos entre os níveis hierárquicos e o fluxo das informações essenciais para uma organização. Não existe uma estrutura organizacional rígida e definitiva. É importante notar que a estrutura organizacional deve ser capaz de se adequar e de se ajustar rapidamente a mudanças e alterações verificadas no ambiente da organização. Existem três variáveis importantes que exercem grande influência na estrutura organizacional: a sua estratégia, o ambiente em que opera e a tecnologia de que dispõe. O ambiente pode ser classificado em três tipos fundamentais: ambiente estável (pequena variação, que quando ocorre é previsível e controlável), ambiente em transformação (tendências de mudanças são visíveis e constantes) e ambiente turbulento (mudanças são velozes, oportunistas e, frequentemente, surpreendentes e inesperadas).

> Atenção:
> Estrutura organizacional é a forma pela qual as atividades desenvolvidas por uma organização são divididas, organizadas e coordenadas.

Podemos identificar quatro componentes, ou sistemas, inseridos na estrutura organizacional. Trata-se dos sistemas de responsabilidade, de autoridade, de decisões e de comunicação, conforme esquema abaixo:

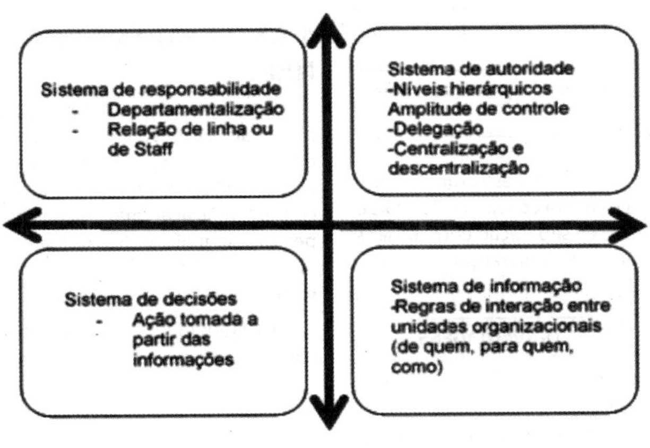

A distinção principal entre os Sistemas de Responsabilidade e de Autoridade dá-se pelo fato de que o primeiro cuida da divisão do trabalho, ao passo que o segundo estabelece a divisão do poder na organização. Um conceito importante, diretamente relacionado ao Sistema de Autoridade, é o de amplitude de controle (ou amplitude administrativa). Trata-se do número de funcionários que estão subordinados a uma mesma unidade administrativa. Quanto maior a amplitude de controle, menor a quantidade de níveis hierárquicos da organização, gerando um organograma achatado (horizontal).

2.1. ESTRUTURAS FORMAIS E INFORMAIS

Toda empresa possui dois tipos fundamentais de estrutura: formal e informal. A estrutura forma é planejada e mais estável, na qual o fluxo de autoridade é descendente e sujeito ao controle da direção. A comunicação é vertical, na qual os funcionários respondem diretamente aos respectivos chefes. As estruturas formais são, em outras palavras, a idealização da organização. A estrutura informal, por outro lado, diz respeito aos comportamentos pessoais e sociais que não são documentados e reconhecidos oficialmente entre os membros organizacionais, aparecendo inevitavelmente em decorrência das necessidades pessoais e grupais dos empregados.

2.2. TIPOS DE ESTRUTURAS ORGANIZACIONAIS

Existem seis tipos básicos de estrutura organizacional:

(1). Estrutura Linear: possui uma unidade de comando e se trata de uma das formas mais comuns e mais antigas de estrutura organizacional. Possui formato piramidal, centralização de autoridade, linhas rígidas de comunicação e especialização vertical.

VANTAGENS	DESVANTAGENS
Delimitação de responsabilidades	Rigidez e inflexibilidade
Facilidade de implementação	Chefes tendem a ser generalistas
Estabilidade	Dificuldade de comunicação

(2). Estrutura Funcional: agrupa especialistas sob uma chefia comum. Possui especialização, linhas retas de comunicação e descentralização da autoridade.

VANTAGENS	DESVANTAGENS
Máximo de especialização	Dilui e perde autoridade de comando
Melhora supervisão	Concorrência entre especialistas
Separa planejamento e execução	Confusão quanto aos objetivos

(3). Estrutura Linha-staff: combina a estrutura linear e a funcional, predominando a primeira com linhas formais e diretas de comunicação. Há nela a separação entre órgãos operacionais e de apoio, mantendo a hierarquia sem perder a especialização.

VANTAGENS	DESVANTAGENS
Assegura assessoria e autoridade	Conflitos entre linha e staff
Atividade conjunta e coordenada	Dificuldade de manutenção do equilíbrio entre linha e staff

(4). Estrutura Comissão ou colegiada: se trata de uma organização de caráter temporário ou relativamente permanente composto por uma equipe que toma decisões sempre em conjunto. É bastante utilizado no setor público.

VANTAGENS	DESVANTAGENS
Coordenação grupal	Consenso pode causar atraso
Transmissão de informações	Estrutura cara
Evita delegação a uma só pessoa	Exige coordenador eficiente

(5). Estrutura Matricial: reúne duas ou mais formas de estrutura e mantém as unidades funcionais criando relações horizontais entre elas. Frequentemente está relacionada a empresas que trabalham através de projetos e lida com recursos multidisciplinares.

VANTAGENS	DESVANTAGENS
Mantém a especialização	A dupla subordinação pode trazer confusões aos processos da empresa

2.3. TIPOS DE DEPARTAMENTALIZAÇÃO

Estruturas Organizacionais correspondem à visão da organização como um todo e sua relação com os vários departamentos. A departamentalização é o processo pelo qual as unidades são agrupadas em unidades maiores e assim sucessivamente até o topo da organização. Diz respeito à forma como se divide as tarefas em departamentos, definindo as responsabilidades dentro da organização. Existem seis modelos básicos de departamentalização:

2.3.1. DEPARTAMENTALIZAÇÃO FUNCIONAL

Agrupamento de tarefas de acordo com as funções principais desenvolvidas, guiadas por especialistas em determinada função. É ideal para ambientes estáveis. Tem como vantagens agrupar especialistas sob uma chefia comum, utilização máxima das habilidades funcionais das pessoas, simplificando o treinamento, permitindo a economia de escala pela utilização integrada de pessoas, máquinas e produção em massa.

Organograma típico da departamentalização funcional:

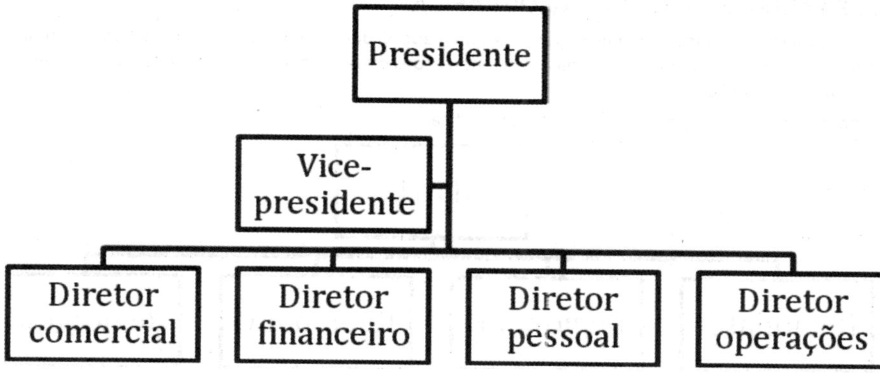

VANTAGENS	DESVANTAGENS
Especialização do trabalho; Maior concentração de recursos especializados; Definição satisfatória das responsabilidades das unidades administrativas e das competências dos funcionários; Orientação de pessoas de forma específica, obtendo o melhor emprego de suas competências, bem como facilitando o treinamento e o desenvolvimento.	Pouca flexibilidade (são estabelecidos "feudos de especialização na organização"); Déficit na comunicação entre as áreas, que acabam por se verem como fim em si mesmas; Baixa visão sistêmica (apenas a cúpula detém uma visão geral da organização).

2.3.2. DEPARTAMENTALIZAÇÃO POR PRODUTOS OU SERVIÇOS

Divide a empresa em unidades de produção, envolvendo diferenciação e agrupamento das atividades. Dessa forma, o departamento é avaliado pelo sucesso do produto e/ou serviço, facilitando a inovação, bem como a coordenação e cooperação interdepartamental pela busca do produto. São estruturas flexíveis e adaptáveis a mudanças do ambiente organizacional.

Organograma típico da departamentalização por produtos/serviços:

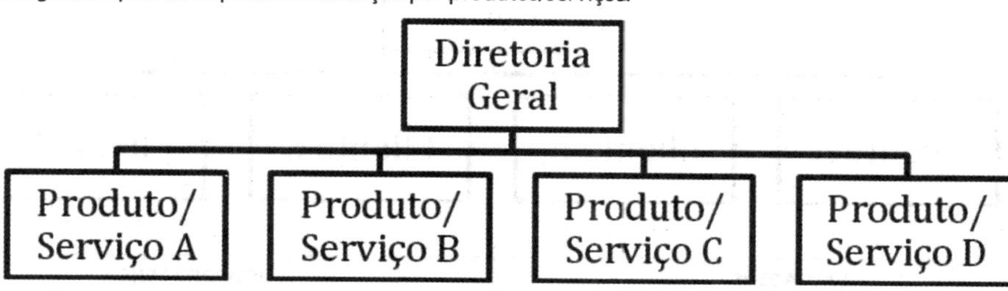

VANTAGENS	DESVANTAGENS
Propicia um ambiente favorável à inovação, já que há especialização no produto/serviço a ser entregue ao mercado; Há flexibilidade, já que o foco está na etapa final do processo produtivo; Há boa comunicação nas subunidades relacionadas a determinado produto/serviço.	Possibilidade de haver duplicidade de atividades nas divisões, implicando aumento desnecessário dos custos; Em geral, a comunicação entre as divisões por produtos é deficiente.

2.3.3. DEPARTAMENTALIZAÇÃO GEOGRÁFICA

Ênfase na cobertura geográfica e orientação para o mercado. O desempenho organizacional pode acompanhar variações regionais e locais sem grandes problemas, facilitando ações mais rápidas, bem como fatores de influência e problemas para tomada de decisões.

Organograma típico da departamentalização geográfica:

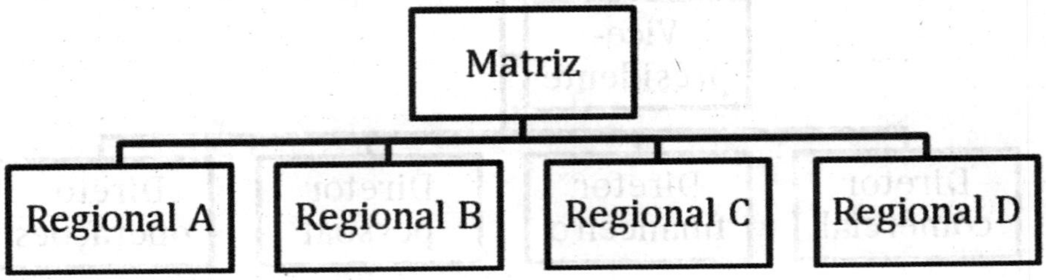

VANTAGENS	DESVANTAGENS
Permite conhecer melhor os problemas de cada região e, portanto, mais bem atender às suas necessidades; Há maior velocidade de resposta ante a acontecimentos locais; Maior flexibilização da atuação organizacional, visto que se dá em nível local.	Possibilidade de haver duplicidade de estruturas e de funções, criando-se uma "miniempresa" em cada região; Dificuldade de coordenação entre as regionais, criando-se unidades que gozam de franca autonomia de gestão; Em geral, há pouca comunicação entre as regionais.

2.3.4. DEPARTAMENTALIZAÇÃO POR CLIENTES

Tem foco no mercado e são agrupadas de acordo com o tipo de cliente (sexo, idade, nível socioeconômico etc.). É importante quando a satisfação do cliente é o aspecto mais crítico e quando os diferentes grupos de clientes apresentam grandes discrepâncias entre si.

Organograma típico da departamentalização por clientes:

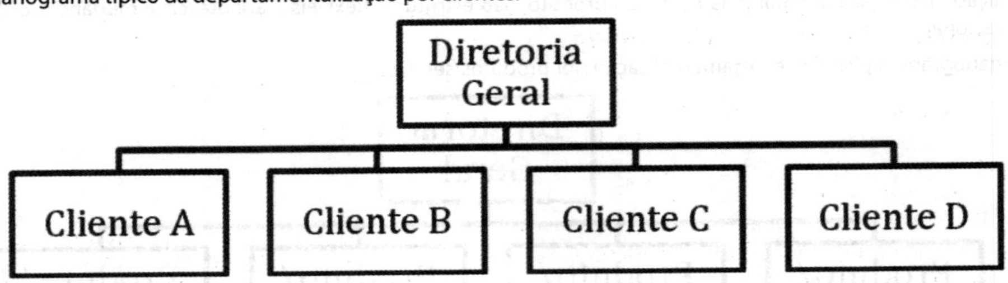

VANTAGENS	DESVANTAGENS
Possibilita o foco em cada segmento do mercado, provendo a capacidade de adaptação essencial às necessidades dos clientes da organização.	Dificuldade de coordenação entre os departamentos, que passam a se comportar como subunidades autônomas dentro da organização; Concorrência entre os gerentes pode nem sempre ser benéfica, especialmente quando passam a compartilhar recursos escassos para fidelizar seus clientes (concessões de descontos por exemplo).

2.3.5. DEPARTAMENTALIZAÇÃO POR PROCESSO

Segue o processo produtivo da organização, na qual cada departamento é responsável por uma etapa do ciclo de produção, tendo o foco voltado para a tecnologia empregada. Essa estrutura procura tirar máximo proveito das vantagens econômicas oferecidas pela própria natureza do equipamento utilizado ou da tecnologia empregada no processo produtivo.

Organograma típico da departamentalização por processo:

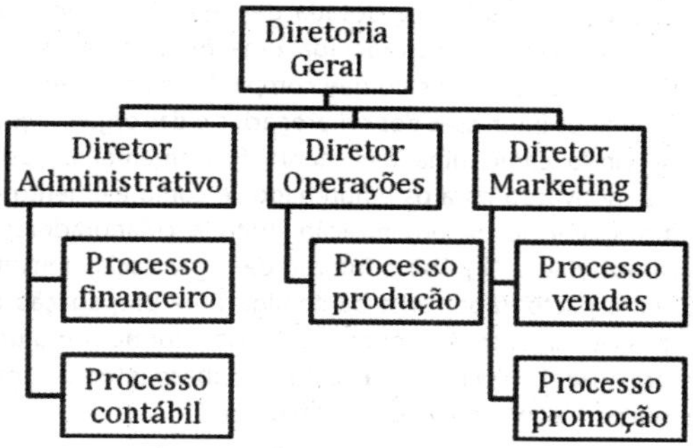

VANTAGENS	DESVANTAGENS
Maior rapidez e facilidade nos fluxos de comunicação entre as unidades envolvidas em um mesmo processo; Proporciona grande especialização do processo de trabalho; É especialmente vantajoso o uso desse critério em empresas de produção de equipamentos complexos e tecnológicos, que repartem seus ciclos produtivos em subprocessos.	Pouca flexibilidade, em especial quando há a necessidade de mudança em um macroprocesso; Em geral, há perda, por parte das subunidades, da visão geral do processo.

2.3.6. DEPARTAMENTALIZAÇÃO POR PROJETOS

É orientada por resultados (outputs) relativos a um ou vários projetos da empresa. Pelo fato de projetos terem data marcada de início e de término, são estruturas extremamente flexíveis, pois são alteradas a cada novo projeto. Concentra diferentes recursos em determinada atividade complexa, com prazos, início e limites de tempo para finalizar, sendo voltada para os resultados, criando motivação nos colaborados envolvidos.

Organograma típico da departamentalização por projeto:

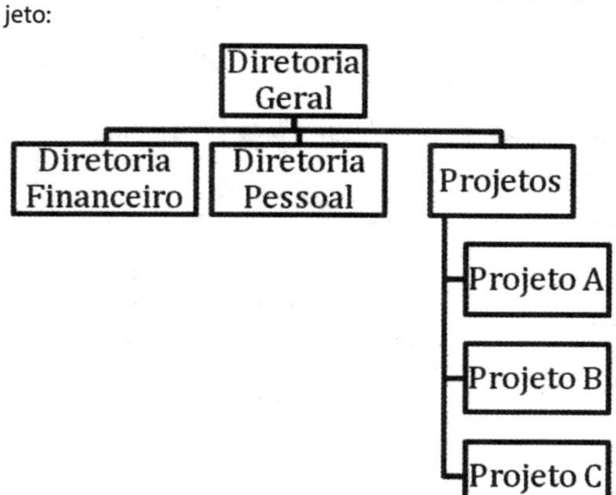

VANTAGENS	DESVANTAGENS
Permite melhor controle de prazos e de recursos relacionados a determinado projeto; Possibilita melhor atendimento ao cliente do projeto; Há significativa delegação de responsabilidade para a equipe envolvida no projeto; Propicia um ambiente muito favorável à inovação.	Possibilidade de haver duplicidade de atividades nas divisões, implicando aumento desnecessário de custos; Em geral, há pouca comunicação entre equipes envolvidas em projetos distintos; Pode haver angustia de funcionário com relação à sua estabilidade no emprego, quando se aproxima do término do projeto.

2.3.7. DEPARTAMENTALIZAÇÃO MATRICIAL

É a junção das departamentalizações funcional e por projetos. Este tipo de departamentalização nasceu como uma solução para a incompatibilidade entre a estrutura organizacional funcional e as atividades que, para serem realizadas, necessitam de interação entre diferentes áreas funcionais.

Organograma típico da departamentalização matricial:

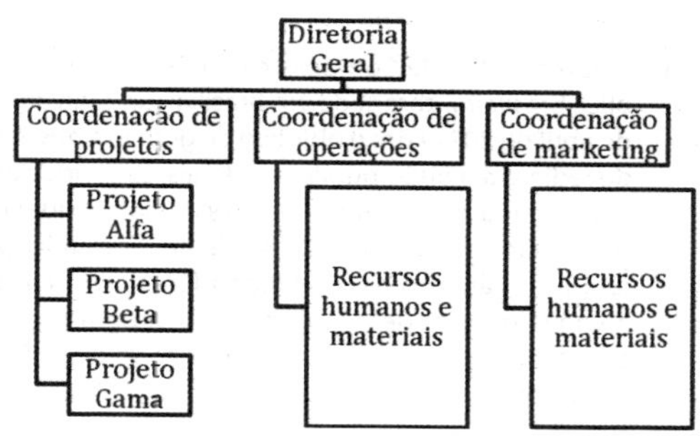

VANTAGENS	DESVANTAGENS
Há equilíbrio de objetivos, dispensando-se atenção, ao mesmo tempo, às áreas funcionais e às áreas de projeto; Há promoção da comunicação entre áreas funcionais, dado que a equipes são multidisciplinares (membros pertencentes a vários departamentos).	Possibilidade de haver excesso de atribuições a determinado funcionário, que pode passar a responder a dois ou mais chefes; Possibilidade de haver conflito de prioridades entre a estrutura funcional e as demandas dos projetos.

2.4. COMUNICAÇÃO ORGANIZACIONAL

Comunicação é uma palavra derivada do termo latino "*communicare*", que significa "partilhar, participar algo, tornar comum". É através da comunicação que ocorre a troca e compartilhamento de informações entre os seres humanos, atividade essencial para a vida em sociedade. A comunicação é uma ferramenta de integração, instrução, de troca mútua e desenvolvimento. Comunicação Organizacional é o tipo ou processo de comunicação que ocorre no contexto de uma organização, seja esta pública ou privada.

No que diz respeito à história da comunicação no Brasil, existem três organizações relevantes:

(1) Departamento de imprensa e propaganda (DIP): criado através de um decreto presidencial, em dezembro de 1939, tinha como meta disseminar os ideais do Estado Novo, governado por Getúlio Vargas, junto à população. O Departamento de imprensa e propaganda (DIP) sucedeu o Departamento de propaganda e Difusão Cultural (DPDC), de 1934, que por sua vez já havia ocupado o lugar do antigo departamento Oficial de propaganda (DOP), de 1931. A função do órgão era ordenar, guiar e centralizar a publicidade local e exterior, censurar as esferas teatrais, cinematográficas, esportivas e recreativas, produzir eventos patrióticos, exposições, concertos etc. o Departamento de imprensa e propaganda (DIP) criou o programa oficial 'Hora do Brasil', ouvido em todas as partes do Brasil.

(2) Secretaria de Comunicação Social (Secom): criada no dia 23 de maior de 1979, é o órgão da Presidência da República responsável pela liberação de verbas e gerenciamento de contratos publicitários firmados pelo Governo Federal.

(3) Empresa Brasil de Comunicação (EBC): empresa pública brasileira, com sede em Brasília, fundada em 25 de abril de 2007 com o objetivo de gerir as emissoras de rádio e televisão públicas federais. Está vinculada à Secretaria de comunicação Social da presidência da República. A Empresa Brasil de Comunicação (EBC) tem autonomia e independência em relação ao governo para definir a produção, programação e distribuição de conteúdo com o objetivo de promover a cidadania.

Um conceito muito relevante relacionado à comunicação nas organizações é o endomarketing, ou comunicação interna. O termo "endo", do grego "edón", significa para dentro. O endomarketing consiste em vender uma ideia para o cliente interno, ou seja, o funcionário da empresa. A expressão surgiu na década de 1990. A comunicação interna pode ser considerada uma ferramenta estratégica que busca, mais do que compatibilizar os interesses, alinhar os interesses dos empregados e das organizações, servindo como uma ferramenta fundamental inclusive de motivação para os empregados e como elemento de transparência da organização junto a colaboradores e stakeholders. O público interno da organização constitui um aspecto importante da divulgação e propagação do posicionamento da empresa, por isso a forma como uma organização se comunica com seu público interno contribui para a construção de sua imagem.

2.5. PROCESSO DE COMUNICAÇÃO

O processo de comunicação consiste na transmissão de informação entre um emissor e um receptor que decodifica (interpreta) uma determinada mensagem enviada através de um determinado canal. A mensagem é codificada num sistema de sinais definidos que podem ser gestos, sons, indícios, uma língua natural (português, inglês, espanhol etc.), ou outros códigos que possuem um significado (por exemplo, as cores do semáforo), e transportada até o destinatário através de um canal de comunicação (o meio por onde circula a mensagem, seja por carta, telefone, comunicado na televisão, etc.). Dessa forma, toda "mensagem" é codificada pelo emissor, transmitida ao receptor, decodificada pelo mesmo e então o feedback é transmitido do receptor para o emissor. O feedback significa realimentar ou dar resposta a determinado pedido, acontecimento ou mensagem. Representa o retorno do receptor em relação ao emissor da mensagem. Além do emissor, do receptor e do canal de comunicação, outro importante elemento do sistema de comunicação é o chamado ruído, caracterizado por tudo aquilo que afeta o canal, perturbando a perfeita captação da mensagem (por exemplo, a falta de rede no celular).

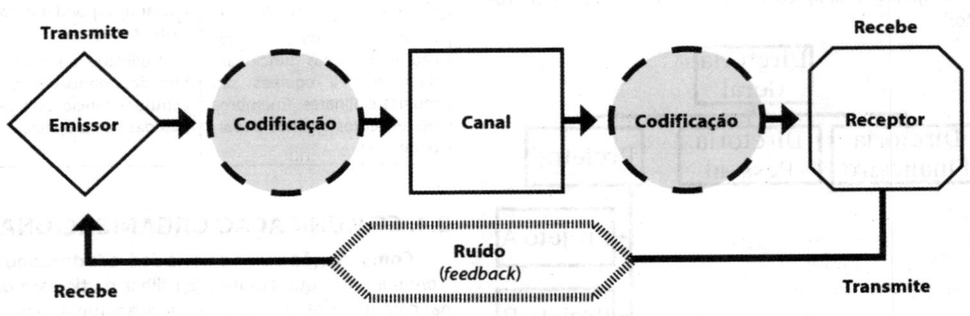

2.6. FUNÇÕES BÁSICAS DA COMUNICAÇÃO

A comunicação tem quarto funções básicas dentro de um grupo ou de uma organização:

- Controle;
- Motivação;
- Expressão emocional;
- Informação.

A comunicação age no controle do comportamento das pessoas de diversas maneiras. As organizações possuem hierarquias e orientações formais que devem ser seguidas por funcionários. Quando estes são informados de que devem, por exemplo, comunicar qualquer problema de trabalho primeiramente a seu superior imediato ou seguir a risca suas instruções de trabalho, ou ainda adequar-se às políticas da empresa, a comunicação está desempenhando uma função de controle.

A comunicação facilita a motivação por esclarecer aos funcionários o que deve ser feito, qual a qualidade do seu desempenho e o que fazer para melhorá-lo. O estabelecimento de metas específicas, o feedback do progresso em relação a elas e o reforço do comportamento desejável estimulam a motivação e requerem a comunicação.

Para muitos funcionários, seu grupo de trabalho é sua fonte primária de interação social. A comunicação que ocorre dentro do grupo é um mecanismo fundamental para que seus membros expressem suas frustações ou sentimentos de satisfação. A comunicação, portanto, fornece o meio para a expressão emocional de sentimentos e para a satisfação de necessidades sociais.

A função final desempenhada pela comunicação se relaciona a seu papel como facilitadora de tomada de decisões. Ela proporciona as informações de que as pessoas e os grupos precisam para tomar decisões ao transmitir dados a satisfação de necessidades sociais.

2.7. DIREÇÃO DA COMUNICAÇÃO

A comunicação pode fluir em sentido vertical ou horizontal. A dimensão vertical pode ser dividida em direções ascendente e descendente. O fluxo descendente é o processo de informações da cúpula diretiva da organização para os subalternos, ou seja, de cima para baixo. Quando pensamos na comunicação dos executivos com os funcionários, geralmente estamos pensando no padrão descendente. Ele é usado pelos executivos e líderes para atribuir tarefas, fornecer instruções de trabalho, informar subordinados sobre políticas da empresa e procedimentos, identificar problemas que necessitam de atenção e fornecer feedback sobre desempenho. No entanto, o fluxo descendente não precisa ser necessariamente formal ou face a face. Quando a empresa envia uma correspondência para a casa de seus funcionários informando sobre a nova política de licença médica, por exemplo, está fazendo uso da comunicação descendente. O fluxo ascendente, por outro lado, é aquele que se dirige aos escalões mais altos do grupo ou da organização. É utilizada para fornecer feedback aos executivos, informa-los sobre os progressos em relação às metas e relatar os problemas que estão ocorrendo. A comunicação ascendente mantém os dirigentes informados sobre como os funcionários se sentem em relação ao seu trabalho, seus colegas e a organização em geral.

Já o fluxo horizontal ou lateral é a comunicação que ocorre no mesmo nível, ou seja, a comunicação entre as pessoas situadas em posições hierárquicas semelhantes. A comunicação horizontal é necessária para economizar tempo e facilitar a organização e coordenação de um grupo ou até mesmo de uma determinada área funcional. Em alguns casos, essas relações laterais são estabelecidas formalmente. Com frequência, elas são criadas informalmente para provocar um curto-circuito na hierarquia vertical e, assim, agilizar a ação dentro da organização.

2.7.1 MEIOS DE COMUNICAÇÃO ORGANIZACIONAL

As publicações jornalísticas empresariais buscam, entre outros objetivos, aumentar o conhecimento a respeito da organização. Existem diversos meios de publicações jornalísticas. A *newsletter* é um instrumento de comunicação utilizado por empresas com o objetivo de atingir um público específico, frequentemente até mesmo os próprios colaboradores da empresa, para disseminar um determinado conteúdo ou conhecimento que muitas vezes diz respeito da própria empresa. O *microsite* é uma página individual na internet ou um pequeno número de páginas e tem como objetivo funcionar como uma entidade dentro de um site ou até mesmo como um elemento complementar de uma atividade *offline*. O blog é um site cuja estrutura permite a atualização rápida através dos chamados artigos ou *posts*. Cada blog em geral tem como proposta trazer conteúdo de um determinado tema e pode ser composto por um ou mais autores dependendo da política do blog. O *position paper* consiste em um documento que apresenta uma opinião sobre um determinado assunto, geralmente a opinião do próprio autor ou de outra entidade específica, como um partido político por exemplo. O *publieditorial* é um artigo ou *post* criado para anunciar, divulgar, vender determinado produto, são frequentemente contratados por agências que escolhem determinados blogs para veicular o "anúncio" com base no número de visitas, tema, tempo de permanência dos leitores de cada blog. São os chamados *posts* pagos.

2.8. CONTROLE ADMINISTRATIVO

O controle administrativo propicia a mensuração e a avaliação dos resultados obtidos a partir do planejamento, da organização e da direção. É a fase do processo administrativo que mede e avalia o desempenho e toma a ação corretiva quando necessária. O controle é a forma de garantir que o processo administrativo conduza a empresa à competitividade.

A literatura na administração define quatro etapas básicas para o controle administrativo:

(1) Estabelecimento de padrões de desempenho: os padrões representam o desempenho desejado. Podem ser tangíveis ou intangíveis, vagos ou específicos, mas sempre relacionados com o resultado que se deseja alcançar. Os padrões são normas que proporcionam a compreensão daquilo que se deve fazer.

(2) Avaliação do desempenho: exige uma definição exata do que se pretende mensurar. Caso contrário, o processo cairá em erros e confusões.

(3) Comparação do desempenho com o padrão: busca localizar os erros ou desvios, sobretudo para permitir a predição de outros resultados futuros. Um bom sistema de controle deve proporcionar rápidas comparações, localizar possíveis dificuldades ou mostrar tendências significativas para o futuro.

(4) Tomada de ação corretiva: o controle deve indicar quando o desempenho não está de acordo com o padrão estabelecido e qual a medida corretiva adotar. O objetivo do controle é indicar quando, quanto, onde e como se deve executar a correção. A ação corretiva é a tomada a partir dos dados quantitativos gerados nas três fases anteriores do processo de controle.

Um indicador, no ambiente empresarial, está relacionado a ferramentas de gestão para se realizar a medição e o consequente nível de desempenho e sucesso de uma organização ou de um determinado processo. Como ferramentas de gestão que possibilitam medir o desempenho, um indicador funciona, portanto, como uma fonte de informações importante para auxiliar um administrador a tomar decisões. Todo indicador deve ter um propósito claro e facilmente identificável, portanto, primeiro a empresa deve identificar o que ela precisa conseguir medir e mensurar para, posteriormente, criar ou desenvolver um indicador capaz de satisfazer essa necessidade da empresa. Embora sejam mais comuns encontrarmos indicadores quantitativos existem também indicadores qualitativos, uma vez que é possível a sua medição, através da elaboração de questionários ou de perguntas a serem respondidas pelos clientes.

De acordo com o Guia Referencial para Medição do Desempenho da Gestão, da Secretaria de Gestão do Ministério do Planejamento, indicadores de desempenho devem ser especificados por meio de métricas estatísticas, formadas por porcentagem, média, número bruto, proporção e índice. De acordo com o mesmo, temos as seguintes definições: (1) Medida: grandeza qualitativa ou quantitativa que permite classificar as características, resultados e consequências dos produtos, processos ou sistemas. (2) Fórmula: padrão matemático que expressa a forma de realização do cálculo. (3) Índice: valor de um indicador em determinado momento. (4) Padrão de comparação: índice arbitrário e aceitável para uma avaliação comparativa de padrão de cumprimento. (5) Meta: índice orientado por um indicador em relação a um padrão de comparação a ser alcançado durante certo período.

Ainda no contexto de avaliação do desempenho empresarial, dois termos muito utilizados para caracterizar uma atividade produtiva no que diz respeito ao controle administrativo são a eficiência e a eficácia. A eficiência diz respeito à forma e ao meio utilizados na realização de determinada atividade. A atividade será mais eficiente na medida em que se utilizam menos recursos para realizá-la (matérias-primas, pessoas, dinheiro e tempo). A máxima eficiência é atingida, portanto, quando acontece a mínima utilização de recursos para a realização de determinada tarefa. Já a eficácia mede o grau de alcance dos objetivos. Quanto mais eficaz for uma tarefa, maior o nível dos resultados e maior a satisfação. A máxima eficácia é atingida com o alcance de todos os objetivos pré-estabelecidos.

O ideal é a realização das tarefas/atividades de forma eficaz e eficiente, representado pelo quadrante superior direito da imagem apresentada abaixo. Quando isso acontece, dizemos que determinada tarefa/atividade foi realizada de forma efetiva (eficaz e eficiente). O pior cenário, seria o não cumprimento da tarefa/atividade (ineficácia) sem a utilização correta e apropriada dos recursos disponíveis para a realização da mesma (ineficiência). Esse cenário está representado no quadrante inferior esquerdo da imagem apresentada abaixo.

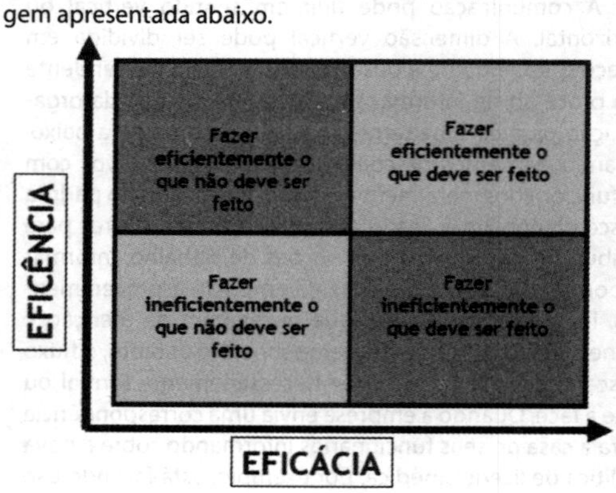

Gestão de Pessoas

Cristiana Duran

TABELA DE INCIDÊNCIA DE QUESTÕES

Distribuição das questões organizada por ordem didática de assuntos		
Assunto	**Número de Questões**	**Peso**
GESTÃO DE PESSOAS – VISÃO GERAL	6	13,64%
GESTÃO DE PESSOAS – GERENCIAMENTO DE CONFLITOS	5	11,36%
GESTÃO DE PESSOAS – CULTURA E CLIMA ORGANIZACIONAIS	8	18,18%
GESTÃO DE PESSOAS – RECRUTAMENTO E SELEÇÃO	6	13,64%
GESTÃO DE PESSOAS – AVALIAÇÃO DE DESEMPENHO	7	15,91%
GESTÃO DE PESSOAS – TREINAMENTO E DESENVOLVIMENTO	7	15,91%
GESTÃO DE PESSOAS – MOTIVAÇÃO	2	4,55%
GESTÃO DE PESSOAS – LIDERANÇA	2	4,55%
GESTÃO DE PESSOAS – GESTÃO POR COMPETÊNCIAS	1	2,27%
Total	**44**	**100%**

Gestão de Pessoas

Cristiana Duran

✦ QUESTÕES

1. VISÃO GERAL

01. (CESPE – Técnico – Área Administrativa – MPU/2010) Em virtude de sua relevância nas organizações, a gestão de pessoas não deve ficar restrita aos profissionais dessa área, sendo responsabilidade de todos os gerentes de linha aos quais outras pessoas estejam subordinadas ou vinculadas.

COMENTÁRIOS

✪ **Nota do autor:** Há uma máxima na administração que diz "gestão de pessoas é atividade de linha e função de *staff*", ou seja, gerir pessoas é atividade de gestor com sua equipe, que deve geri-la com o apoio (estafe ou *staff*) da área técnica, que possui essa função.

CERTA. Bastava lembrar que gestão de pessoas (e recursos humanos) é responsabilidade de linha e função de estafe para responder à questão. O que isso significa? Significa que gerir pessoas é responsabilidade de todos os gerentes da organização, pois cada um deles tem pessoas subordinadas, que devem ter alguém que as comande e oriente. Já a função de gerir pessoas é de estafe (ou *staff*), pois essa é uma função técnica, de apoio e suporte de quem entende sobre o assunto.

02. (CESPE – Analista – Área Administrativa – MPU/2010) A gestão de pessoas, considerada responsabilidade de linha e função de estafe, tem o propósito de garantir, em todos os aspectos possíveis, o êxito constante da organização.

COMENTÁRIOS

ERRADA. O erro está em "todos os aspectos possíveis". Aqui, a questão ficou vaga. O foco é em gestão de pessoas e não em todos os aspectos de uma organização. Outra coisa é a questão da garantia em si. O objetivo da área de gestão de pessoas é "tentar garantir", porque não há certeza nisso.

03. (CESPE – Analista – Área Administrativa – MPU/2010) O departamento de gestão de pessoas, de forma geral, é responsável pela tomada de decisões a respeito de todas as pessoas que atuam na organização, cabendo a ele decidir sobre novas contratações, promoções e avaliações.

COMENTÁRIOS

ERRADA. Gestão de Pessoas é responsabilidade de linha e função de estafe. Nesses processos de contratação, promoção e avaliação, a área de gestão de pessoas apoia, realiza os procedimentos necessários, mas quem "faz" a gestão de pessoas de fato, quem escolhe a pessoa que será contratada, a que será promovida, quem avalia o desempenho, é o gestor (gerente de linha). As decisões, portanto, não são da área técnica de gestão de pessoas, mas da cúpula da organização e dos gestores.

04. (CESPE – Técnico – Área Administrativa – MPU/2010) Considere que Carlos, técnico administrativo do MPU, esteja desenvolvendo um trabalho de descrição e análise dos cargos que compõem a estrutura administrativa desse Ministério. Nessa situação, Carlos está desenvolvendo ações de uma política de recursos humanos do processo de agregar pessoas.

COMENTÁRIOS

✪ **Nota do autor:** A questão aborda as chamadas políticas de gestão de pessoas e suas atividades típicas. Lembrando que temos as seguintes políticas: provisão, aplicação, manutenção, desenvolvimento e monitoração.

ERRADA. Descrição e análise de cargos é política de aplicação, e não de provisão (agregar). Agregar inclui ações de recrutamento e seleção de pessoas, integração e ambientação.

05. (CESPE – Técnico – Área Administrativa – MPU/2010) As primeiras ideias acerca da gestão de pessoas fomentaram a divisão do trabalho nas organizações, visto que enfatizavam a especialização dos funcionários em tarefas específicas.

COMENTÁRIOS

✪ **Nota do autor:** A questão entra no assunto da evolução do pensamento administrativo, ou seja, da parte histórica de como as organizações pensavam sua própria organização. Especificamente, remete às ideias de Taylor.

CERTA. Quando buscamos as primeiras referências em como se administravam as pessoas, encontramos a abordagem de Taylor, que tinha esse foco na especialização do trabalho, na divisão das tarefas e na eficiência. É o modelo tradicional de administração, ou ainda, modelo diretivo, mais adequado a organizações mecanicistas.

---

06. (CESPE – Analista – Área Administrativa – MPU/2010) Um dos objetivos da administração de pessoal é minimizar os custos de mão de obra nas organizações.

COMENTÁRIOS

✪ **Nota do autor:** A questão traz o tema dos objetivos da área de gestão de pessoas.

CERTA. Se um dos objetivos da área de gestão de pessoas é garantir a eficiência e a eficácia organizacional gerindo seus recursos humanos, inclui-se, aqui, a redução dos custos com mão-de-obra.

2. GERENCIAMENTO DE CONFLITOS

---

07. (CESPE – Técnico – Área Administrativa – MPU/2010) Julgue os itens a seguir, relativos ao gerenciamento de conflitos nas organizações.

Nas organizações, cabe à área de recursos humanos garantir o equilíbrio nas relações entre os funcionários e a organização, e sua ação envolve o gerenciamento de potenciais conflitos, do que é exemplo a percepção negativa de funcionários que não são recompensados de forma compatível com o seu trabalho na organização.

COMENTÁRIOS

✪ **Nota do autor:** O item traz as noções de equilíbrio organizacional e gestão de conflitos. Normalmente, ensino os tópicos de forma separada. Entretanto, os assuntos estão intimamente correlacionados e podem ser estudados juntos.

CERTA. Cuidado para não achar que o item afirmou que o RH garante, efetivamente, o equilíbrio. Quando se fala que "cabe garantir", significa dizer que cabe à área essa busca permanente pela garantia. Afirmar isso está correto. A ideia de que quando há uma comparação feita pelo funcionário entre o seu desempenho e as recompensas recebidas ele julga se isso é "justo" ou não, reflete a exata noção do chamado equilíbrio organizacional. A percepção negativa dessa comparação é fonte de potencial conflito (desmotivação, desequilíbrio)? Sim. Portanto, o item está correto.

---

08. (CESPE – Técnico – Área Administrativa – MPU/2010) Aquele que utiliza a estratégia da acomodação para gerenciar conflitos satisfaz os interesses do outro em detrimento dos próprios interesses.

COMENTÁRIOS

✪ **Nota do autor:** Item que aborda os estilos de gestão de conflitos, que são: competição, colaboração, compromisso (concessão), evitação e acomodação.

CERTA. O estilo de acomodação é, na verdade, aquela situação em que a pessoa "vai levando" o conflito, sem conseguir colocar suas necessidades e/ou desejos para o outro. Portanto, há um alto grau de cooperação e um baixo grau de assertividade.

---

09. (CESPE – Técnico – Área Administrativa – MPU/2010) A estratégia de evitar o conflito é a melhor maneira de garantir o "ganha-ganha" quando uma das partes não quer negociar.

COMENTÁRIOS

✪ **Nota do autor:** Questão que aborda os estilos de gestão de conflitos.

ERRADA. O estilo de evitação é aquele em que a pessoa "deixa quieto". Assim, não há enfrentamento nenhum do conflito e fuga total do contexto aversivo. Quando falamos de "ganha-ganha", estamos abordando o estilo de colaboração, em que o enfrentamento do conflito se dá de maneira muito adequada, e ambas as partes saem "ganhando", pois têm suas necessidades ouvidas e atendidas.

---

10. (CESPE – Técnico – Área Administrativa – MPU/2010) Em situações vitais para o bem-estar da organização, a competição é a estratégia mais adequada para o gerenciamento de conflito no caso de uma das partes saber que está com razão.

COMENTÁRIOS

✪ **Nota do autor:** Mais um item que aborda os estilos de gestão de conflitos.

CERTA. Em situações vitais para a organização, situações de emergência, o estilo mais diretivo e competitivo será o estilo mais adequado, pois prescinde de elucubrações. Necessita, de fato, de ações imediatas.

---

11. (Cespe – Técnico – Área Administrativa – MPU/2010) Denomina-se abordagem processual a estratégia de resolução de conflito embasada na modificação das condições antecedentes desse conflito.

COMENTÁRIOS

✪ **Nota do autor:** A questão fala sobre abordagens quanto à gestão de conflitos. Elas são formas de intervir no episódio de conflito a partir da compreensão do motivo pelo qual o conflito existe.

ERRADA. A abordagem processual procura reduzir os conflitos por meio da modificação do processo conflituoso (reunião de confrontação, desativação do conflito, colaboração), enquanto a abordagem estrutural modifica questões de estrutura (da tarefa, dos processos, da organização), para resolver o conflito. Entretanto, dentre as condições antecedentes, temos diversos aspectos, não só estruturais como também processuais. Sendo assim, a abordagem (estratégia) que se embasará na modificação das condições antecedentes será a mista.

3. CULTURA E CLIMA ORGANIZACIONAIS

12. (CESPE – Técnico – Área Administrativa – MPU/2010) O novo diretor de determinado órgão público, objetivando apagar da memória dos servidores a máxima "manda quem quer, obedece quem tem juízo", instituída na cultura da organização pelo antigo diretor, que permanecera no cargo durante trinta anos, anunciou a realização de certame para a escolha de uma canção comemorativa dos quarenta anos de existência do órgão, por meio da qual seriam enaltecidos valores e princípios positivos que norteiam o órgão. O anúncio foi feito durante a tradicional reunião de prestação de contas mensal, em que são comunicadas notícias internas, como promoções, exonerações e apresentação de novos colaboradores.

Considerando essa situação hipotética, julgue os próximos itens, a respeito de clima e cultura organizacional.

O antigo diretor do órgão é exemplo de herói na cultura organizacional desse órgão.

COMENTÁRIOS

✪ **Nota do autor:** A cultura de uma organização possui elementos importantes. Um deles é o herói. Outros são: mitos, ritos, histórias, símbolos, linguagem etc.

CERTA. O herói é aquele que "encarna" ou "personifica" os valores da organização. Geralmente, é o fundador da organização. Mas, neste caso, o antigo diretor é "herói" porque ficou no cargo por 30 anos e conseguiu implementar (ou internalizar e reproduzir fortemente no seu dia a dia) valores na cultura da organização.

---

13. (CESPE – Técnico – Área Administrativa – MPU/2010) A máxima instituída na organização pelo antigo diretor não constitui símbolo da cultura organizacional.

COMENTÁRIOS

✪ **Nota do autor:** A questão aborda mais um elemento da cultura organizacional: os símbolos. Símbolos constituem a representação da cultura, de alguma forma. Podem ser materiais ou não.

ERRADA. A máxima "manda quem quer, obedece quem tem juízo" representa claramente um valor cultuado por tais funcionários. Tanto que o próprio texto dá a dica: "objetivando apagar da memória dos servidores a máxima (...) instituída na cultura da organização pelo antigo diretor".

---

14. (CESPE – Técnico – Área Administrativa – MPU/2010) A referida reunião mensal corresponde a um rito da cultura organizacional.

COMENTÁRIOS

✪ **Nota do autor:** Ritos são sequências repetitivas de atividades que expressam e reforçam os valores principais da organização. São, também, elementos culturais.

CERTA. Existem diversos tipos de ritos. A reunião mensal é um rito, pois já faz parte dessa cultura. Nela, ocorrem ritos de integração, ritos de engrandecimento etc.

---

15. (CESPE – Técnico – Área Administrativa – MPU/2010) Infere-se da situação apresentada que o objetivo do novo diretor do órgão está voltado para a mudança da cultura organizacional, que, envolvendo aspectos mais superficiais, reflete o clima organizacional, relacionado a aspectos mais enraizados na organização.

COMENTÁRIOS

✪ **Nota do autor:** Quase sempre quando é cobrado o tema cultura organizacional, também se cobra clima. Os assuntos têm correlação, mas não são sinônimos. Enquanto a cultura reflete valores e crenças enraizados na organização, o clima é mais superficial, refletindo a reação das pessoas sobre a forma de agir da organização.

ERRADA. A banca, aqui, quis trocar o conceito de cultura com o de clima. Vamos por partes. "Infere-se da situação apresentada que o objetivo do novo diretor do órgão está voltado para a mudança da cultura organizacional", até aqui, tudo certo. Continua: "(...) que, (a cultura) envolvendo aspectos mais superficiais (...)" encontramos o primeiro erro da questão. A cultura não é caracterizada por envolver aspectos mais superficiais, pois os seus elementos refletem aspectos profundamente internalizados: valores e crenças. Mais: "(...) reflete o clima organizacional (...) – a cultura não reflete o clima. O clima é que demonstra a percepção que as pessoas têm de como estão sendo tratadas pela organização, ou seja, é o clima que reflete alguns aspectos culturais! E mais ainda: "(...) (o clima) relacionado a aspectos mais enraizados na organização." É a cultura está relacionada a aspectos mais enraizados.

---

16. (CESPE – Técnico – Área Administrativa – MPU/2010) A canção escolhida para representar o órgão constitui um valor da cultura organizacional.

COMENTÁRIOS

✪ **Nota do autor:** A questão aborda novamente o assunto dos elementos culturais.

ERRADA. Nem sempre constitui. Pode constituir, se for a representação simbólica dos valores daquela organização. Entretanto, isso é construído ao longo do tempo e precisa adquirir essa representação simbólica.

---

17. (CESPE – Analista – Área Administrativa – MPU/2010) A cultura organizacional não comporta gerenciamento, dado o descompasso, nas organizações, entre a situação real e a ideal.

COMENTÁRIOS

✪ **Nota do autor:** A cultura é muito mais lenta em suas mudanças, do que o clima.

ERRADA. A cultura pode ser gerenciada. Há pesquisas de cultura organizacional e programas de mudança. Não é porque ela muda muito mais lentamente que o clima, que podemos afirmar que ela não comporta um gerenciamento. Ela pode (e deve) ser gerenciada e, inclusive, trabalhada para ter, em seus elementos, valores mais positivos e sustentáveis ao longo do tempo.

18. (CESPE - Analista - Área Administrativa - MPU/2010) O clima organizacional resulta da percepção compartilhada entre indivíduos, de ênfase afetiva e cognitiva, acerca de práticas, políticas e procedimentos formais e informais de uma organização.

COMENTÁRIOS

ERRADA. Para alguns autores da área, há uma subdivisão da compreensão de clima organizacional. Eles diferenciam o clima organizacional do clima psicológico. Entendem o primeiro como aquele relacionado a aspectos cognitivos, descrevendo percepções compartilhadas entre os membros da organização, enquanto o segundo é aquele relacionado a aspectos afetivos, descrevendo a percepção individual do ambiente de trabalho. Assim, a questão misturou os dois conceitos.

19. (CESPE - Analista - Área Administrativa - MPU/2010) Clima organizacional é um fenômeno relacionado às percepções e interpretações comuns das dimensões das atividades, do ambiente e das políticas que caracterizam a organização.

COMENTÁRIOS

CERTA. Conceito correto de clima organizacional. Lembre-se de que o clima é mesmo um fenômeno resultante da interação dos elementos da cultura, como preceitos, caráter, tecnologia. Decorre do peso dos efeitos de cada um dos elementos culturais e é também resultante do conjunto de instrumentos, conhecimentos e processos operacionais da organização.

4. RECRUTAMENTO E SELEÇÃO

20. (CESPE - Técnico - Área Administrativa - MPU/2010) Julgue os itens que se seguem, com relação a recrutamento, seleção e gestão por competências.

Constituem atividades típicas de seleção de recursos humanos: localização, atração e identificação de potenciais candidatos para a organização.

COMENTÁRIOS

✪ **Nota do autor:** Recrutamento e seleção são processos complementares, mas diferentes. A questão aborda o assunto e tenta confundir o candidato, trocando o conceito de um pelo do outro.

ERRADA. Recrutar é atrair, chamar. O recrutamento, assim, antecede a seleção e compreende um conjunto de técnicas que visam a convidar pessoas para participarem de uma seleção naquela organização. Portanto, é papel do recrutamento localizar, atrair e identificar potenciais candidatos para participarem da seleção.

21. (CESPE - Técnico - Área Administrativa - MPU/2010) Em regra, o processo de recrutamento interno é mais rápido e econômico que o externo.

COMENTÁRIOS

✪ **Nota do autor:** A questão traz um assunto recorrente em provas: vantagens e desvantagens de cada forma de recrutamento (interno e externo).

CERTA. Recrutamento interno é aquele que busca candidatos da própria organização para ocupar a vaga. Assim, o custo disso é menor do que tentar atrair pessoas de fora da organização. Quando é interno, o recrutamento pode ser via e-mail, anúncio no quadro de avisos, intranet etc. Quando é externo, o mais comum é realizar anúncio em jornal ou contratar uma consultoria em gestão de pessoas para realizar o processo de recrutamento e seleção. Portanto, mais oneroso para a organização e mais demorado do que o recrutamento interno.

22. (CESPE - Técnico - Área Administrativa - MPU/2010) A técnica de entrevista diretiva, utilizada para a seleção de recursos humanos, caracteriza-se pela realização de uma série de perguntas padronizadas.

COMENTÁRIOS

✪ **Nota do autor:** A questão aborda os tipos de entrevista, que é uma das técnicas de seleção de pessoas.

ERRADA. Diretiva e não diretiva dizem respeito às respostas, ou seja, se as respostas são ou não direcionadas. Quando a entrevista é diretiva, faz-se questões "fechadas", que não permitem respostas abrangentes. Perguntas do tipo *"você possui experiência em tal área?"*, que só permitem duas respostas: "sim" ou "não". As não diretivas, permitem respostas abertas. Por ex., uma pergunta do tipo *"E como foi trabalhar em tal empresa?"*, que permite uma resposta aberta, abrangente. Já em relação a ser padronizada ou não, se relaciona em seguir ou não um roteiro certo de perguntas. Se for padronizada, significa que todos os candidatos responderão, em suas entrevistas, exatamente às mesmas perguntas. Se a entrevista não for padronizada, as perguntas serão elaboradas na hora da entrevista, de acordo com a relevância da informação. Seria um "bate-papo", com liberdade de perguntas. Portanto, as perguntas padronizadas nada têm a ver com a entrevista diretiva. Elas podem até coincidir (a entrevista padronizada só conter perguntas fechadas), mas não é uma, a característica da outra, como o item coloca.

23. (CESPE - Técnico - Área Administrativa - MPU/2010) Para a realização de um processo eficaz de recrutamento e seleção, deve-se proceder, primeiramente, à descrição e análise do cargo ofertado.

COMENTÁRIOS

✪ **Nota do autor:** O item lembra das visões sobre o processo de seleção. Ele pode ser visto sob duas óticas: como um processo de comparação e como um processo de decisão (escolha).

CERTA. A seleção se constitui de dois processos: de comparação e de escolha. A questão aborda a seleção como processo de comparação. Assim, a seleção compara o *perfil do cargo* com o *perfil do candidato*. Para ter esse perfil do cargo e realizar um processo eficaz, deve haver um processo de descrição e análise do cargo. É olhando para isso que se constrói o perfil do cargo, chamado em seleções, normalmente, de perfil profissiográfico.

---

24. (CESPE – Analista – Área Administrativa – MPU/2010) O recrutamento interno proporciona possibilidade maior e mais veloz de ascensão nos quadros funcionais de uma organização, visto que funciona como incentivo motivacional.

COMENTÁRIOS

CERTA. Dentre as vantagens do recrutamento interno, temos que ele funciona como fator motivacional, pois os membros da organização percebem que têm oportunidades de crescimento dentro da organização.

---

25. (CESPE – Analista – Área Administrativa – MPU/2010) Os critérios de seleção de pessoas devem considerar as características individuais, as características do trabalho e as necessidades da organização.

COMENTÁRIOS

CERTA. A seleção como processo de comparação, compara o perfil do cargo (características do trabalho e individuais) e o perfil do candidato; além disso, como processo de escolha, deve levar em conta as necessidades da organização ao selecionar.

5. AVALIAÇÃO DE DESEMPENHO

---

26. (CESPE – Técnico – Área Administrativa – MPU/2010) Julgue os itens seguintes, relativos a avaliação de desempenho.

A opção pelo método de escolha forçada para a avaliação do desempenho profissional em uma organização possibilita alta probabilidade de ocorrência do efeito Halo.

COMENTÁRIOS

✪ **Nota do autor:** Os dois pontos mais cobrados em prova quando o assunto é avaliação de desempenho, são "métodos de avaliação" e "erros de avaliação", e essa questão abordou os dois pontos. Dentre os diversos métodos, há o método da escolha forçada, que é o mais utilizado pelas organizações.

ERRADA. Efeito Halo ou generalização ou, ainda, estereotipação, ocorre na avaliação de desempenho quando o avaliador generaliza uma característica da pessoa, utilizando-a para avaliar todos os fatores de desempenho. É quando o avaliador dá a um indivíduo a mesma classificação em todas as dimensões, apesar das diferenças de desempenho apresentadas. O método da escolha forçada é o método mais isento de ocorrer esse tipo de erro de avaliação, pois minimiza esse efeito. Inclusive, essa é uma de suas vantagens: "proporciona resultados confiáveis e isentos de subjetividade".

---

27. (CESPE – Técnico – Área Administrativa – MPU/2010) A avaliação de desempenho bem estruturada deve ter como objetivo a apreciação sistemática do desempenho dos colaboradores no exercício do cargo bem como a do seu potencial de desenvolvimento.

COMENTÁRIOS

✪ **Nota do autor:** A questão é simples, e traz a definição de avaliação de desempenho.

CERTA. Veja como coincide, bastante, com o que costumo passar em minhas aulas: avaliação de desempenho "é uma apreciação sistemática do desempenho de cada pessoa no cargo e o seu potencial de desenvolvimento futuro". Apreciação sistemática quer dizer que ela deve ocorrer frequentemente.

---

28. (CESPE – Técnico – Área Administrativa – MPU/2010) A técnica de incidentes críticos constitui método de avaliação pautado nos fatos excepcionalmente negativos e excepcionalmente positivos relacionados ao desempenho do avaliado.

COMENTÁRIOS

✪ **Nota do autor:** Mais uma vez, a cobrança do assunto "métodos de avaliação de desempenho". Dessa vez, a questão pergunta sobre o método dos incidentes críticos.

CERTA. Essa é, inclusive, a principal característica desse método. O supervisor imediato observa e registra os fatos excepcionalmente positivos e negativos do desempenho de seus subordinados. As exceções positivas devem ser realçadas e mais utilizadas, enquanto as exceções negativas devem ser corrigidas e eliminadas.

---

29. (CESPE – Técnico – Área Administrativa – MPU/2010) Considere que, em determinada organização, o coordenador de uma equipe de trabalho utilize a técnica de frases descritivas para avaliar o desempenho dos membros dessa equipe. Nessa situação, o referido coordenador está livre para escolher e avaliar, entre as frases disponibilizadas, as que sejam mais representativas do comportamento dos avaliados.

COMENTÁRIOS

CERTA. O método das frases descritivas é diferente da escolha forçada apenas por não exigir obrigatoriedade na escolha de frases. "É como a escolha forçada, só que sem ser forçada". O chefe imediato escolherá, dentre as frases disponíveis, aquelas que mais refletem o desempenho de seu subordinado e as marcará no referido formulário de avaliação.

30. (CESPE – Técnico – Área Administrativa – MPU/2010) A ocorrência de prejulgamento e subjetividade constitui uma das desvantagens da adoção do método da escala gráfica para a avaliação de desempenho dos profissionais em uma organização.

COMENTÁRIOS

CERTA. Vejam as desvantagens desse método: inflexibilidade ao avaliador; sujeito a distorções e interferências dos avaliadores (ex. Efeito Halo); tende a rotinizar e bitolar os resultados; necessita de procedimentos matemáticos e estatísticos para apuração; tende a resultados condescendentes ou exigentes para todos. Então, questão correta.

31. (CESPE – Analista – Área Administrativa – MPU/2010) Na ausência de métodos apurados para a avaliação de desempenho, a avaliação por comparação entre os pares é uma solução eficiente.

COMENTÁRIOS

CERTA. Conforme Chiavenato (2004)[1], "método de comparação aos pares, é um método de avaliação do desempenho que compara dois a dois empregados, de cada vez, e se anota na coluna da direita aquele que é considerado melhor quanto ao desempenho. Nesse método, podem-se também utilizar fatores de avaliação. Assim, cada folha do formulário é ocupada por um fator de avaliação do desempenho. O sistema de comparação aos pares é um processo simples e pouco eficiente e deve ser usado apenas quando os avaliadores não têm condições de usar métodos mais apurados".

32. (CESPE – Analista – Área Administrativa – MPU/2010) As características individuais que favorecem o desempenho no trabalho são resultantes da responsabilidade da pessoa no trabalho e independem da atuação da organização.

COMENTÁRIOS

ERRADA. Na verdade, dependem da atuação da organização. As características pessoais que favorecem o desempenho no trabalho resultam dessa interação com a organização, que vai oferecer, no contexto de trabalho, as condições, as oportunidades, a gestão, dentre outros elementos que intervirão diretamente no desempenho da pessoa.

6. TREINAMENTO E DESENVOLVIMENTO

33. (CESPE – Técnico – Área Administrativa – MPU/2010) Julgue os itens seguintes, referentes a desenvolvimento e treinamento de pessoal.

Na etapa de levantamento de necessidades de treinamento, identificam-se as necessidades de capacitação a serem satisfeitas — passadas, presentes ou faturas.

1 Chiavenato, I. *Gestão de Pessoas e o novo papel dos recursos humanos nas organizações*. 2ed. 7reimp. Rio de Janeiro: Elsevier, 2004.

COMENTÁRIOS

CERTA. Nessa etapa, que é a primeira, temos os indicadores "a priori" (preventivos) e "a posteriori" (corretivos). Portanto, levantaremos tanto necessidades passadas e presentes por meio de indicadores "a posteriori", quanto necessidades futuras por meio de indicadores "a priori".

- Indicadores a priori (preventivos): eventos que quando executados gerarão a necessidade gerarão a necessidade de treinamento. Ex.: expansão e admissões; redução de funcionários; substituições; modernização da empresa etc.;
- Indicadores a posteriori (corretivos): problemas acarretados por falta de treinamento: problemas de produção (baixa qualidade, baixa produtividade, equipamentos e instalações etc.); problemas de pessoal (relações deficientes, excesso de queixas, falta de cooperação etc.).

34. (CESPE – Técnico – Área Administrativa – MPU/2010) A técnica de instrução programada é a mais adequada à capacitação profissional com ênfase no relacionamento instrutor-instruendo, ou professor-aluno.

COMENTÁRIOS

ERRADA. Essa é a técnica menos adequada para dar ênfase a essa relação professor-aluno. Isso porque a instrução programada consiste em dividir o material a ser ensinado em pequenos segmentos logicamente encadeados e denominados módulos. Cada fato ou conceito é apresentado em módulos sequenciais. O aprendiz deve ler o fato ou conceito e é imediatamente questionado. Se a resposta está correta, o aluno pode passar para o próximo módulo. Se a resposta é errada, a resposta certa pode ser fornecida ou o aluno é convidado a rever módulos anteriores ou a realizar outros módulos cujo objetivo é remediar o processo de ensino. Normalmente, softwares deste tipo começam pedindo o nome do aluno e o nível de dificuldade que deseja enfrentar. É a aplicação de conceitos desenvolvidos por B. F. Skinner.

35. (CESPE – Técnico – Área Administrativa – MPU/2010) Durante a execução de programas de treinamento, deve-se considerar que a aprendizagem requer retroação e reforço, sendo maior o impacto do treinamento quando o instruendo recebe reforço e retroação positiva a cada nova aprendizagem.

COMENTÁRIOS

✪ **Nota do autor:** Questão que enfatiza a necessidade de feedback. Excelente! Uma informação crucial é compreender que o feedback positivo ou de reforço é muito mais poderoso do que o feedback corretivo ou de desenvolvimento.

CERTA. É fundamental que toda e qualquer aprendizagem venha com reforço, que é um retorno (feedback) do seu comportamento que aumenta a frequência desse comportamento, ou seja, aumenta a probabilidade desse comportamento ocorrer novamente. Isso acontece se você informa a pessoa de que ela está indo bem quando ela se comporta de forma adequada.

36. (CESPE – Técnico – Área Administrativa – MPU/2010) Na avaliação de um programa de treinamento no nível organizacional, deve-se verificar a elevação dos conhecimentos dos servidores.

COMENTÁRIOS

ERRADA. O erro está no nível. Ele falou de uma avaliação em nível organizacional. Se vamos verificar a elevação dos conhecimentos dos servidores, não vamos verificar isso no nível organizacional, mas no nível pessoal, individual. Mais especificamente, de acordo com os níveis de avaliação de Kirckpatrick, o segundo nível, chamado de avaliação de aprendizagem ou de retenção.

37. (CESPE – Analista – Área Administrativa – MPU/2010) Na etapa de planejamento instrucional, decide-se a forma de desenvolvimento do treinamento e selecionam-se as pessoas da organização que dele participarão.

COMENTÁRIOS

ERRADA. A identificação de quem precisa de treinamento e das competências que precisam ser treinadas ocorre na etapa de diagnóstico das necessidades de treinamento, não na etapa de planejamento.

38. (CESPE – Analista – Área Administrativa – MPU/2010) Em nível organizacional, o treinamento pode gerar, entre outros resultados, satisfação de clientes, inovação, mudanças e ganhos de competitividade.

COMENTÁRIOS

CERTA. Vários são os resultados do treinamento. No nível organizacional, incluem-se todos os citados pelo item: satisfação dos clientes, inovação, mudanças e ganhos de competitividade.

39. (CESPE – Analista – Área Administrativa – MPU/2010) A avaliação de impacto do treinamento implica a mensuração da aquisição de conteúdos ministrados em ações de aprendizagem no trabalho.

COMENTÁRIOS

ERRADA. Conforme explicação nas dicas, é a avaliação de aprendizagem (ou de retenção) que mensura a aquisição de conteúdos, e não a avaliação de impacto.

7. GESTÃO DE PESSOAS – MOTIVAÇÃO

40. (CESPE – Analista – Área Administrativa – MPU/2010) As teorias de motivação no trabalho são mais voltadas para as razões do que para as habilidades que levam certos indivíduos a realizar suas tarefas melhor que outros.

COMENTÁRIOS

✪ **Nota do autor:** Questão que traz um pouco do que são as teorias motivacionais.

CERTA. As teorias se voltam mais a explicar por que as pessoas realizam melhor suas tarefas que outras do que as habilidades que levam a isso. É só lembrarmos das teorias existentes que esse item fica mais claro.

41. (CESPE – Analista – Área Administrativa – MPU/2010) A teoria da autoeficácia explica como as intenções e os objetivos pessoais podem resultar em determinado comportamento.

COMENTÁRIOS

ERRADA. Não são intenções e objetivos, mas a autoconfiança. A teoria da autoeficácia explica a percepção que uma pessoa tem de que é capaz para fazer ou realizar alguma coisa.

8. LIDERANÇA

42. (CESPE – Analista – Área Administrativa – MPU/2010) João é presidente de empresa que possui trinta e cinco franquias de uma rede de lojas de informática. Ele orgulha-se de saber tudo sobre seus empregados e sempre procura conhecer as necessidades e expectativas deles. Para João, não há segredos na empresa, todos devem agir abertamente e contar os problemas pessoais que possam interferir no desempenho individual e organizacional. A premissa de trabalho de João é embasada na ideia de que o líder deve fazer aquilo que um bom amigo faria, embora também aja de forma autoritária, pois instrui seus empregados a fazerem o que lhes é dito para fazer. Para o presidente, vale a seguinte regra: "Só vou falar isso para você uma vez. Se houver reincidência no erro, a demissão é certa". Ao mesmo tempo, João acredita na abertura, integridade e honestidade e espera receber o mesmo que oferece. As pessoas parecem gostar de trabalhar com ele, pois permanecem, em média, dez anos na empresa, enquanto o tempo estimado de permanência das pessoas no segmento de informática é de três anos. A partir da situação hipotética descrita, julgue os itens seguintes.

João adota estilo de liderança ambíguo, que pode gerar, em seus subordinados, problemas de saúde ocupacional, apesar de algumas pessoas gostarem de trabalhar com ele.

COMENTÁRIOS

✪ **Nota do autor:** Estilos de liderança é tema recorrente em provas de concurso.

ERRADA. Não há indicativos concretos, no problema, que nos levem à conclusão de que poderá haver problemas de saúde ocupacional. Pelo contrário, a situação descreve que "as pessoas parecem gostar de trabalhar com ele, pois permanecem, em média, dez anos na empresa...".

43. (CESPE – Analista – Área Administrativa – MPU/2010) João ajusta seu estilo de liderança de acordo com os comportamentos dos empregados da empresa que lidera.

COMENTÁRIOS

CERTA. João ajusta o seu estilo de liderança, pois volta-se tanto para tarefas quanto para as pessoas. Veja: "Para João, não há segredos na empresa, todos devem agir abertamente e contar os problemas pessoais que possam interferir no desempenho individual e organizacional"; "João acredita na abertura, integridade e honestidade e espera receber o mesmo que oferece"; ao mesmo tempo que: "também aja de forma autoritária, pois instrui seus empregados a fazerem o que lhes é dito para fazer"; "Para o presidente, vale a seguinte regra: 'Só vou falar isso para você uma vez. Se houver reincidência no erro, a demissão é certa'".

9. GESTÃO POR COMPETÊNCIAS

44. (CESPE – Analista – Área Administrativa – MPU/2010) Quanto à relevância no contexto organizacional, as competências classificam-se em emergentes, estáveis, declinantes ou transitórias.

COMENTÁRIOS

✪ **Nota do autor:** Gestão por competências é, normalmente, o assunto mais cobrado em provas de concursos, no que diz respeito à gestão de pessoas. Na prova do MPU 2010, o CESPE colocou apenas uma questão. Mas não deixe de se aprofundar no tema!

CERTA. Dentre as classificações possíveis para as competências, temos as competências ao longo do tempo:

- Emergentes: serão necessárias no futuro.
- Declinantes: as que estão obsoletas, em desuso.
- Estáveis: necessárias por um período razoável de tempo.
- Transitórias: necessárias por um curto período de tempo.

Gestão de Pessoas

Cristiana Duran

✦ DICAS

1. VISÃO GERAL

- **Gestão de pessoas como atividade de linha e função de staff (ou estafe):** A forma como uma organização se estrutura, pode variar. O mais comum é encontrarmos a departamentalização linear-funcional, onde há a estrutura funcional (por funções, onde as unidades organizacionais representam uma função organizacional: financeiro, marketing, administrativo, jurídico, comercial etc.) e há o estafe (ou staff) que são os órgãos de assessoria. Gestão de pessoas é função de estafe. Nesse caso, gerir pessoas é compreendido como atividade gerencial, ou seja, os gestores são responsáveis pela gestão de suas equipes e contam com o suporte técnico da equipe da área de gestão de pessoas (staff) para isso. Exemplo: precisa selecionar alguém para compor a equipe. A equipe da área de gestão de pessoas realiza os procedimentos (técnicos) de seleção (aplicação de testes, de provas, dinâmicas de grupo, entrevistas...), mas a escolha final é do gestor da área que solicitou a seleção (é ele que decide quem será selecionado).
- **Políticas de gestão de pessoas:** Conforme Dutra (2002)[1], **políticas** são "princípios e diretrizes que balizam decisões e comportamentos da organização, e das pessoas em sua relação com a organização". Quando as políticas de gestão de pessoas são descritas adequadamente, podem aprimorar as técnicas de gestão de pessoas, levar à aplicação de princípios mais sadios de administração, reter o capital humano mais valioso, dentre outras vantagens.

  A principal classificação das políticas de gestão de pessoas, é a que as organiza da seguinte forma:

  a) Políticas de provisão (suprimento/"agregar") – representam a porta de entrada para a organização e, portanto, dizem respeito a onde recrutar, em que condições, quais critérios serão utilizados para selecionar uma pessoa e como integrar o novo colaborador à organização.

  b) Políticas de aplicação – são políticas que irão determinar os requisitos básicos das atividades das pessoas na organização, para orientá-las e acompanhar seus desempenhos, ou seja, definem os procedimentos de desenho organizacional e de cargos, análise e descrição de cargos, orientação das pessoas e avaliação de desempenho.

  c) Políticas de manutenção – são políticas elaboradas para reter os talentos humanos nas organizações, criando condições físicas e psicológicas satisfatórias, ou seja, definem os procedimentos de administração de salários, plano de benefícios sociais, higiene e segurança no trabalho e relações sindicais. A administração da cultura e do clima organizacional também são definidas pelas políticas de manutenção.

  d) Políticas de desenvolvimento – são políticas que definem regras para capacitar e incrementar o desenvolvimento das pessoas, ou seja, vão definir os procedimentos de treinamento e desenvolvimento, gestão do conhecimento e gestão de competências, programas de mudanças e programas de comunicação e consonância.

  e) Políticas de monitoração – são políticas que definem como mediar a atuação da empresa e como usar essas informações de forma útil. Funcionam, desta forma, como base para descrever procedimentos de banco de dados, auditorias e sistemas de informações gerenciais.

- Esquematicamente, podemos compreender as políticas de gestão de pessoas e suas atividades relacionadas da seguinte forma:

---

1 Dutra, J. S. *Gestão de Pessoas: modelo, processos, tendências e perspectivas*. São Paulo: Atlas, 2002.

PROVISÃO (OU SUPRIMENTO)	APLICAÇÃO	MANUTENÇÃO	DESENVOLVIMENTO	MONITORAÇÃO
• Recrutamento • Seleção • Integração • Ambientação	• Desenho organizacional • Desenho de cargos • Análise de cargos • Descrição de cargos • Orientação de pessoas • Avaliação de desempenho	• Administração de salários • Plano de benefícios sociais • Higiene e segurança no trabalho • Relações sindicais • Gestão da cultura organizacional • Gestão do clima organizacional	• Treinamento de pessoas • Desenvolvimento de pessoas • Gestão do conhecimento • Gestão de competências • Programas de mudanças • Programas de comunicação • Programas de consonância	• Administração de banco de dados • Auditorias • Sistemas de informações gerenciais

- **Evolução do pensamento administrativo – Taylor**

Frederick W. Taylor desenvolveu estudos visando a racionalização do trabalho e concluiu que deveria ser estabelecido um sistema organizacional com aplicação de métodos científicos à administração. Criou, assim a chamada "Administração Científica". O objetivo era eliminar o desperdício na produção e aumentar os níveis de produtividade. Sua gerência científica partia do pressuposto de que ao trabalhador cabia apenas executar o que a gerência definia. À gerência cabia definir, antecipadamente, que atividades e em quais equipamentos deveriam ser desenvolvidas as tarefas. Para obter a colaboração dos empregados, Taylor utilizou-se de planos de incentivo salarial, pois acreditava que somente o salário era motivador (ideia de "homem econômico"). O salário era baseado num tempo-padrão, objetivando o máximo de eficiência. O trabalho simples e repetitivo era enfatizado pelo desenho dos cargos e salários, pela padronização das condições de trabalho e pela rotinização das tarefas. Os princípios da administração científica eram: seleção científica o trabalhador, tempo padrão, plano de incentivo salarial, trabalho em conjunto, gerentes planejam e operários executam, divisão do trabalho, supervisão e ênfase na eficiência.

2. GERENCIAMENTO DE CONFLITOS

- Conflito é um processo que tem início quando uma das partes percebe que a outra afeta ou pode afetar negativamente alguma coisa que a primeira acha importante.[2].
- Equilíbrio organizacional: reflete o êxito em "remunerar" os indivíduos da organização com incentivos adequados e motivá-los a continuar fazendo contribuições que garantam a sobrevivência da organização. Esse conceito envolve dois grandes aspectos: a) incentivos (alicientes), que são os "pagamentos" feitos pela organização aos seus participantes. São também chamados de recompensas ou induzimentos. Exemplos: salários, prêmios, benefícios sociais e as oportunidades de crescimento. E b) contribuições, que são os "pagamentos" feitos pelos indivíduos à organização a que estão ligados, em troca dos incentivos. Representam as entregas do indivíduo, sua competência e seu conhecimento. Portanto, são a fonte da qual a organização se supre e se alimenta.
- Visões dos conflitos (transição na conceituação):
  - Visão tradicional: todo conflito era danoso e deveria ser evitado.
  - Visão comportamentalista do conflito (abordagem das relações humanas): o conflito é consequência natural e inevitável em qualquer grupo, devendo, assim, ser aceito.
  - Visão interacionista (ou interacionalista): o conflito não é apenas uma força positiva em um grupo, como também absolutamente necessária para que seu desempenho seja eficaz.
- Condições antecedentes dos conflitos: são condições que facilitam o surgimento de conflitos.
  - Ambiguidade de papel: quando as expectativas são confusas, além de outras incertezas.
  - Estrutura: variáveis como tamanho, grau de especialização das tarefas delegadas, clareza de atuação, compatibilidade entre pessoas e metas, liderança, recompensas, grau de autonomia no trabalho e dependência entre grupos.
  - Comunicação: forças opostas que surgem das dificuldades semânticas, dos erros de compreensão e do "ruído" nos canais de comunicação.
  - Objetivos concorrentes entre pessoas;
  - Recursos compartilhados: recursos escassos, limitados e fixos ocasionam disputa;
  - Interdependência de atividades;
  - Variáveis pessoais: inclui o sistema de valores da cada pessoa.
- Estilos de gestão dos conflitos: formas de lidar com o conflito, reações das pessoas envolvidas em um conflito. Estruturados com base em dois componentes: assertividade (afirmação) e cooperação. Não há uma mais certa ou mais errada, mas uma mais adequada àquela situação de conflito. A combinação desses dois componentes formam os cinco estilos a seguir:
  - Competição: alto grau de assertividade e baixo grau de cooperação;

2 Thomas, K. W. *citado por* Robbins, S. P. *Comportamento Organizacional*. 9ed. São Paulo: Prentice Hall, 2002.

- Colaboração: alto grau de assertividade e de cooperação;
- Evitamento: baixo grau de assertividade e de colaboração;
- Acomodação: baixo grau de assertividade e alto grau de cooperação;
- Compromisso: grau mediano tanto de assertividade quanto de cooperação)

Estilo adequado	Situações
COMPETITIVO	quando uma ação rápida e decisiva for vital (emergências); quando ações impopulares precisam ser implementadas e o assunto é importante; quando souber que está com a razão e for um aspecto vital para o bem da organização; contra pessoas que tiram vantagem do comportamento não competitivo.
EVITAÇÃO	quando o assunto for trivial ou houver outros mais urgentes; quando perceber que não há uma maneira de satisfazer seus interesses; quando um rompimento potencial puder exceder os benefícios de uma solução; para deixar que as pessoas se acalmem e ganhem nova perspectiva; quando o levantamento de informações substituir a decisão imediata; quando outras pessoas forem capazes de solucionar o conflito de forma mais eficaz; quando a questão parecer tangencial ou for sintoma de outros problemas.
COMPROMISSO	quando as metas, mesmo importantes, não justificarem uma ruptura de alternativas mais afirmativas; quando os oponentes com igual poder estiverem comprometidos com metas mutuamente exclusivas; para obter acordos temporários em assuntos complexos; para chegar a soluções rápidas sob pressão de prazos; quando a colaboração ou a competição não funcionarem.
ACOMODAÇÃO	quando perceber que está errado e permitir que uma posição melhor seja ouvida, para aprender e mostrar racionalidade; quando a questão for mais importante para os outros do que para você (para satisfazê-los); para ganhar créditos sociais a serem usados mais tarde; para diminuir danos quando estiver perdendo a disputa; quando a harmonia e a estabilidade forem especialmente importantes; para permitir o desenvolvimento dos funcionários aprendendo com os próprios erros.
COLABORAÇÃO	quando ambas as partes tiverem interesses muito importantes para serem comprometidos; quando o objetivo for aprender; para fundir percepções diferentes; para obter comprometimento incorporando interesses em consenso; para trabalhar sentimentos que interferem num relacionamento.

- Níveis de gravidade dos conflitos:
  - Percebido: é um conflito latente, onde as partes percebem existir potencialmente um conflito por terem objetivos antagônicos. Existe uma "tensão".
  - Experenciado ou emergente: é um conflito velado, dissimulado, oculto e não manifestado externamente, porém provoca sentimentos de hostilidade, raiva, medo e descrédito. O conflito aqui já existe, mas as partes do conflito não o manifestaram diretamente.
  - Manifesto: é o conflito aberto, expresso e manifestado pelo comportamento de interferência passiva ou ativa por uma das partes. O conflito existe e é escancarado. As partes tentam intervir uma no trabalho da outra.
- Abordagens quanto à gestão de conflitos: são formas de administrar os conflitos, que variam conforme o tipo de conflito a se resolver. Podem ser: a) estrutural (atua sobre a estrutura do trabalho); b) de processo (atua sobre o processo de conflito); c) mista (atua sobre as duas coisas).

ABORDAGEM ESTRUTURAL	ABORDAGEM DE PROCESSO	ABORDAGEM MISTA
Fixação de objetivos comuns	Desativação do conflito	Definição de regras e regulamentos
Sistemas de recompensas grupais	Confrontação direta	Formação de grupos e equipes de trabalho
Reagrupamento de pessoas	Colaboração	Papéis de ligação (integradores)

3. CULTURA E CLIMA ORGANIZACIONAIS

- Cultura organizacional é um sistema compartilhado de significados dentro de uma organização, o qual determina, em grande parte, como os funcionários agem. É o conjunto de hábitos e crenças, estabelecido através de normas, valores, atitudes e expectativas compartilhados por todos os membros da organização[3].
- Principais elementos da cultura organizacional:
  - Histórias: são contos e passagens sobre o fundador da companhia, lembranças sobre dificuldades ou eventos especiais, regras de conduta, corte e realocação de funcionários, acertos e erros do passado, que ancoram o presente no passado e explicam a legitimação das práticas atuais.
  - Rituais (ritos) e cerimônias: são sequências repetitivas de atividades que expressam e reforçam os valores principais da organização. São praticados, portanto, com o intuito de perpetuar, dia a dia, os valores organizacionais e tornar a cultura mais coesa.
  - Mitos: são figuras imaginárias, geralmente oriundas da interpretação de fatos não-concretos e que são utilizadas para reforçar crenças organizacionais com o intuito de manter certos valores históricos.
  - Tabus: têm a função de orientar comportamentos e atitudes, principalmente enfocando questões de proibição ou de coisas que não são bem-vistas ou não são permitidas.
  - Símbolos materiais: a arquitetura do edifício, as salas e as mesas, o tamanho e o arranjo físico dos escritórios constituem símbolos materiais que definem o grau de igualdade ou diferenciação entre as pessoas e o tipo de comportamento desejado pela organização. Os símbolos materiais constituem a comunicação não-verbal.
  - Linguagem: é o meio utilizado para identificar membros de uma cultura ou subcultura. Ao aprender a linguagem utilizada e os jargões próprios do grupo, o membro confirma a aceitação da cultura e ajuda a preservá-la. Também a maneira como se vestem e os documentos utilizados constituem formas de as pessoas expressarem a cultura organizacional.

  Heróis: são modelos de papéis que personificam o sistema de valores culturais que definem o conceito de sucesso na organização, estabelecendo um padrão de desempenho e motivando os integrantes da empresa.
- A cultura como um iceberg: a cultura consiste em padrões explícitos e implícitos de comportamentos adquiridos e transmitidos ao longo do tempo que constituem uma característica própria de cada empresa[4]. Dessa forma, ela pode ser compreendida em um nível visível e outro invisível, como um iceberg. No nível visível estão os padrões e estilos de comportamento dos empregados. São os aspectos formais e abertos da organização. No nível invisível estão os valores compartilhados e crenças que permanecem durante um longo período de tempo. São os aspectos informais e ocultos, sendo mais difíceis de mudar do que os aspectos do nível visível.
- Clima organizacional é a demonstração de como o conjunto de valores e crenças da organização (cultura) é percebido e assimilado pelo grupo. É uma avaliação de até que ponto as expectativas das pessoas estão sendo atendidas dentro da organização.
  a) Clima Organizacional Cognitivo (racional, não emocional):
     - Descritivo
     - Abrange a organização/grupo
  b) Clima Psicológico:
     - afetivo/emocional
     - Avaliativo
     - Abrange o indivíduo

4. RECRUTAMENTO E SELEÇÃO

- Recrutamento e seleção são processos diferentes. Recrutamento é a atividade de atrair, de chamar pessoas. O objetivo do recrutamento é que as pessoas cheguem à organização e participem do processo seletivo. Seleção é o processo de escolha de pessoas para trabalhar naquela organização.
- O recrutamento pode ser interno ou externo:
  - Recrutamento interno: por esse meio, a empresa procura prover a vaga através do remanejamento de seus empregados, ou seja, os candidatos são pessoas que já trabalham na organização
  - Recrutamento externo é aquele no qual a organização busca oxigenar seu quadro com novos profissionais, de fora dela. Ele é mais

3 Chiavenato (2004).

4 Chiavenato (1996) citado por Lima e Albano (2002).

caro e demorado, mas traz novas visões para a organização.

- Vantagens do Recrutamento Interno:
  - É mais econômico, pois não se gasta com anúncios e/ou telefonemas;
  - É mais rápido, pois o setor de gestão de pessoas já conhece os trabalhadores da empresa, então tem uma noção de quem tem condições de participar daquela seleção;
  - Apresenta maior índice de validade e segurança. Isso significa que o risco de a pessoa não se adaptar ao cargo é menor do que no recrutamento externo, porque a pessoa já está integrada na empresa, conhece sua cultura e não necessitará de um processo mais complexo de adaptação;
  - É uma fonte poderosa de motivação para os empregados. Aumenta a expectativa de que eles têm chances de ser promovidos e de trilhar uma carreira na empresa;
  - Aproveita os investimentos da empresa em treinamento do pessoal. Afinal, as pessoas são capacitadas para exercerem funções mais complexas;
  - Desenvolve um sadio espírito de competição entre o pessoal quando bem administrado.
- Desvantagens do Recrutamento Interno:
  - Exige que os novos funcionários tenham potencial para desenvolvimento. Por exemplo, se a pessoa não tiver esse potencial ela nunca poderá ser recrutada para ser promovida, limitando as possibilidades de aplicação do recrutamento interno;
  - Pode gerar conflito de interesses. Como a disputa é interna, mexe com a questão do poder e das expectativas pessoais de cada um. Portanto, pode ocasionar conflito entre interessados;
  - Quando administrado incorretamente, pode levar ao "Princípio de Peter", que é a elevação ao máximo da incompetência de uma pessoa. Esse princípio diz que a pessoa promovida, pode chegar a um nível em que ela não tenha mais capacidade de responder adequadamente às exigências que lhe são impostas. Portanto, não só o interesse da pessoa ou o salário mais "farto" devem contar na hora de promover. O potencial tem que ser avaliado para que não se cometa esse erro, que é irreversível;
  - Quando contínuo, leva a organização a uma limitação, fazendo com que raciocinem dentro dos padrões culturais da empresa, ou seja, se utilizado em excesso pode levar a organização a uma falta de oxigenação: como todos que estão chegando ao topo da pirâmide organizacional são colaboradores de longa data, eles estão fortemente influenciados pela cultura e pensam pelos mesmos paradigmas, o que pode levar a organização a ter uma falta de inovação na forma de ser administrada e nas tomadas de decisão;
  - Não pode ser feito em termos globais dentro da organização. Nem todas as pessoas são passíveis de serem promovidas: ou por incompetência ou por não terem "para onde crescer".
- Vantagens do Recrutamento Externo:
  - Traz "sangue-novo" e experiências novas para a organização. "Oxigena" a organização com ideias não viciadas pela cultura.
  - Renova e enriquece os recursos humanos da organização: agita e potencializa a troca de conhecimentos.
  - Aproveita os investimentos em treinamento e desenvolvimento efetuados por outras empresas ou pelos próprios candidatos, pois traz pessoas com capacitação de outras empresas.
- Desvantagens do Recrutamento Externo:
  - É geralmente mais demorado que o recrutamento interno por ter que fazer o processo desde o início: conhecer as pessoas, entrevistar, selecionar...
  - É mais caro. Gasta-se com anúncios, transporte e mobilização de pessoal etc.
  - É menos seguro do que o recrutamento interno. Essa segurança é relacionada à adaptação da pessoa à cultura da organização, ou seja, uma pessoa de fora tem menos chances de permanecer na vaga do que uma pessoa que já trabalha naquela organização.
  - Quando monopoliza as vagas e as oportunidades dentro da empresa pode frustrar o pessoal, que passa a visualizar barreiras para o seu crescimento. Em excesso, "passa a informação" aos colaboradores de que não há oportunidades de crescimento dentro da empresa, o que geralmente os desmotiva.
  - Afeta a política salarial da empresa. Para trazer uma pessoa de fora com talento, muitas vezes é necessário que a empresa faça uma oferta salarial muito boa, acima do mercado. Isso significa que as pessoas que já trabalham na empresa exercendo a mesma função podem ficar com um salário inferior ao de quem está começando, o que também leva à desmotivação.
- Principais técnicas de seleção:
  - Entrevistas (totalmente padronizadas, padronizadas nas perguntas, diretivas, e não diretivas);
  - Provas de conhecimento e de capacidade;
  - Testes psicológicos;
  - Testes de personalidade;
  - Técnicas de simulação.

5. AVALIAÇÃO DE DESEMPENHO

- A **gestão de desempenho** envolve não só a avaliação do desempenho, mas todo o ciclo para que ela ocorra. A avaliação de desempenho é apenas uma etapa da gestão do desempenho.
- De forma geral, pode-se conceituar a **avaliação de desempenho** como "uma apreciação sistemática do desempenho de cada pessoa no cargo e o seu potencial de desenvolvimento futuro". Dessa forma, a avaliação de desempenho não é um fim em si mesma. É um meio, uma ferramenta para melhorar os resultados da gestão de pessoas na organização. Por meio dela percebem-se os pontos fortes, as falhas e o que se pode estabelecer de ações de melhoria.
- Métodos de avaliação de desempenho: descrevem como os dados da avaliação de desempenho podem ser obtidos. Alguns têm foco sobre o formato do instrumento, outros sobre o público-alvo, outros, ainda, sobre a metodologia. Enfim, são vários os métodos e nem sempre eles são excludentes entre si.

Métodos Tradicionais	Métodos Modernos
- Escala Gráfica - Lista de Verificação - Escolha Forçada - Frases Descritivas - Incidentes Críticos - Pesquisa de Campo - Comparação aos Pares	- 360º ou Circular - Avaliação Participativa Por Objetivos (APPO) - Avaliação de Competência - Avaliação de Competência e Resultados - Avaliação de Potencial - *Balanced Scorecard*

6. GESTÃO DE PESSOAS – TREINAMENTO E DESENVOLVIMENTO

- Treinamento e desenvolvimento são dois conceitos distintos.

TREINAMENTO	DESENVOLVIMENTO
Voltado para o presente	Voltado para o futuro
Foco nas tarefas atuais	Foco nas tarefas futuras
Melhoria ou capacitação das atividades atuais no cargo	Desenvolve competências futuras

- **Etapas (fases) do processo de treinamento** (Norma ISO 10.015):
  1. Levantamento (diagnóstico) das necessidades de treinamento;
  2. Desenho (planejamento) do programa de treinamento;
  3. Execução (implantação) do treinamento;
  4. Avaliação dos resultados.
- Níveis de avaliação do treinamento – Fases (Kirkpatrick, 1975):
  - Avaliação de Reação: o que as pessoas acharam do treinamento (satisfação).
  - Avaliação de Aprendizagem: mensura a aquisição dos conteúdos (provas de conhecimento).
  - Avaliação Comportamental (mudança de comportamento): o quanto as pessoas mudaram no trabalho a partir do treinamento.
  - Avaliação de Resultados: o quanto melhorou o resultado do trabalho das pessoas que participaram do treinamento.
- Níveis de avaliação do treinamento – Fases (Hamblin, 1978):
  - Avaliação de Reação: o que as pessoas acharam do treinamento (satisfação).
  - Avaliação de Aprendizagem: mensura a aquisição dos conteúdos (provas de conhecimento).
  - Avaliação Comportamental (mudança de comportamento): o quanto as pessoas mudaram no trabalho a partir do treinamento. O impacto dessa avaliação pode ser em termos de profundidade (transferência de treinamento – efeitos diretos do treinamento sobre o comportamento da pessoa no trabalho) e em termos de amplitude (influência indireta sobre o desempenho global, atitudes e motivação da pessoa no trabalho).
  - Mudanças na Organização: mudanças que podem ter ocorrido na organização em decorrência do treinamento.
  - Valor final: foca na produção ou no serviço prestado pela organização, realizando uma comparação entre os custos e os benefícios do treinamento.
- Existem diferentes técnicas de treinamento. Uma não é melhor do que a outra, mas mais adequada ou não, conforme a necessidade.

7. MOTIVAÇÃO

- O termo motivação pode nos fazer pensar em diferentes significados. O que se sabe é que a motivação é específica, ou seja, não existe um "estado geral" de motivação. As pessoas normalmente estão motivadas para uma coisa ou outra, mas não para tudo. E isso é o suficiente para que, no âmbito organizacional, tal expressão gere tanta "agitação".
- As teorias que dissertam sobre a motivação **classificam**-se, basicamente, em duas grandes vertentes: A. As *teorias de processo* que explicam COMO acontece a motivação; e B. As *teorias de conteúdo*, que descrevem O QUE motiva o homem, quais os motivos que o levam a agir de uma dada maneira.

  Teorias de processo: modelo do comportamento; modelo de expectância (Vromm); teoria do aprendizado social (Rotter); behaviorismo (Skinner); teoria da equidade (Adams); teoria do estabelecimento de objetivos ou fixação de objetivos (Locke & Latham); teoria da avaliação cognitiva (Deci & Ryan).

  Teorias de conteúdo: hierarquia das necessidades (Maslow); teoria dos dois fatores ou bifatorial (Herzberg); teoria X e Y (McGregor); Teoria Z (Ouchi); teoria da motivação para a realização (McClelland & Atkinson); teoria ERC (Alderfer).

8. LIDERANÇA

- **Liderar** é a capacidade de influenciar um grupo em direção ao alcance de objetivos. Liderar é, portanto, um fenômeno grupal, pois é impossível tornar-se líder sem liderados. Também, é claro, que essa influência exercida pelo líder ocorre sempre em torno de um objetivo ou meta. Nunca ocorre sem um foco em onde se quer chegar.
- **Evolução das teorias de liderança** ao longo do tempo: muitos estudiosos tentaram explicar a liderança (e ainda tentam) e, de forma global, percebe-se que as teorias, ao longo do tempo, tiveram focos específicos que permitiram agrupá-las num *continuum* evolutivo.
  a) Teoria dos Traços de Liderança: essas primeiras explicações buscaram nas disposições inatas seus fundamentos, ou seja, admitia-se que os líderes já nasciam líderes, prontos, com traços específicos em suas personalidades que os distinguiam dos liderados.
  b) Teorias do Comportamento de Liderança (comportamentais): levaram em conta o que tinha de singular no comportamento dos líderes. Significava admitir, portanto, que a liderança poderia ser aprendida. Teorias: Teoria Clássica (Kurt Lewin – Universidade de Iowa); Estudos da Universidade de Ohio – Stogdill e Coons; Estudos da Universidade de Michigan – Likert, Sistemas gerenciais de Likert ou Sistema 4 de Likert; Teoria do Grid Gerncial de Blake e Mouton; Estudos Escandinavos.
  c) Teorias Contingenciais da Liderança: Modelo de Fiedler; Teoria Caminho-Meta; Teoria da Liderança Situacional de Hersey e Blanchard; Estilos de liderança de Daniel Goleman; Teoria 3-D da Eficácia Gerencial de Reddin; Continuum de liderança de Tannembaum & Schmidt.
  d) Abordagens Emergentes da Liderança e Toerias Neocarismáticas: Liderança Carismática; Liderança Visionária; Liderança Transacional; Liderança Transformacional; Liderança autêntica; Liderança Baseada em Valores.

9. GESTÃO POR COMPETÊNCIAS

- A **gestão por competências** é uma alternativa aos modelos tradicionalmente utilizados pelas organizações. Seu pressuposto é de que o domínio de certas competências – as raras, valiosas e difíceis de serem desenvolvidas – confere à organização um desempenho superior ao de seus concorrentes.
- Há duas correntes quanto à definição do que é **competência**:
  - Primeira corrente: a competência é vista como um estoque de qualificações (conhecimentos, habilidades e atitudes) que credencia a pessoa a exercer determinado trabalho;
  - Segunda corrente: a competência relaciona-se não com um conjunto de qualificações do indivíduo, mas sim com as realizações da pessoa em determinado contexto, ou seja, com aquilo que ela produz ou realiza no trabalho.
- **Competências humanas** são, numa clara definição, combinações sinérgicas de conhecimentos, habilidades e atitudes, expressas pelo desempenho profissional dentro de determinado contexto organizacional, que agregam valor a pessoas e organizações.
- *Conhecimentos*: são informações que, ao serem reconhecidas e integradas pelo indivíduo em sua memória, causam impacto sobre seu julgamento ou comportamento. Representam o saber acumulado.
- *Habilidades*: relacionam-se com a aplicação produtiva do conhecimento, ou seja, com a capacidade da pessoa de instaurar conhecimentos armazenados em sua memória e utilizá-los em uma ação. De acordo com Gagné e cols. (1988), podem ser intelectuais (envolvem processos mentais de organização e reorganização de informações) ou motoras / manipulativas (exigem coordenação neuromuscular). Representam, assim, um saber fazer.
- *Atitudes*: são aspectos sociais e afetivos relacionados ao trabalho. Referem-se a um sentimento ou à predisposição da pessoa que determina a sua conduta. De forma geral, representam um querer fazer.

Administração de Recursos Materiais

Elisabete Moreira

TABELA DE INCIDÊNCIA DE QUESTÕES

Distribuição das questões organizada por ordem didática de assuntos		
Assunto	**Número de Questões**	**Peso**
ARMAZENAMENTO E MANUTENÇÃO DE MATERIAIS	3	50,00%
CUSTOS DE ESTOQUE	2	33,33%
CURVA ABC	1	16,67%
Total	**6**	**100%**

Administração de Recursos Materiais

Elisabete Moreira

✦ QUESTÕES

1. ARMAZENAMENTO E MANUTENÇÃO DE MATERIAIS

---

01. (Cespe – Técnico – Área Administrativa – MPU/2010) Julgue os itens a seguir, relativos a administração de recursos materiais.

01.01. A manutenção preventiva é realizada mediante o acompanhamento direto e constante dos componentes ou equipamentos e com base em análises feitas com sensores ou parâmetros específicos, prescindindo das indicações do fabricante.

COMENTÁRIOS

Nota do autor: *A manutenção é uma ação de acompanhamento realizada em equipamentos, podendo* ocorrer de forma preventiva, corretiva, preditiva e produtiva total (TPM).

A manutenção preventiva é realizada mediante o acompanhamento e monitoramento dos componentes e equipamentos, com base em análises feitas em parâmetros específicos, devendo-se seguir as indicações do fabricante, para que haja maior confiabilidade e segurança aos equipamentos. Este tipo de manutenção permite reduzir a ocorrência de quebras ou falhas, melhorar a qualidade e reduzir os custos de produção, evitando desperdícios ou erros.

A manutenção corretiva visa restaurar ou corrigir o funcionamento dos equipamentos, podendo ser realizada depois da apresentação da falha ou quebra, quando não for planejada, ou realizada quando se percebe que o equipamento não apresenta o desempenho desejado, quando planejada. Normalmente, a manutenção corretiva não planejada implica custos mais altos.

A manutenção preditiva é planejada e visa realizar ajustes nos equipamentos quando necessário, conforme indicação do fabricante, através de um acompanhamento direto e constante para prever possíveis falhas.

A manutenção produtiva total (TPM) é realizada por todos os empregados, como uma evolução da manutenção preventiva, e consiste num processo contínuo, constante e direto de acompanhamento, que deve fazer parte da cultura organizacional, utilizando, por exemplo, o programa 5 S (organizar, arrumar, limpar, padronizar, autodisciplina).

A partir das explicações acima, verifica-se que a questão está errada, pois a manutenção preventiva requer que as indicações do fabricante também sejam seguidas, para assegurar maior confiabilidade ao equipamento. Além disso, o processo direto e constante de manutenção dos equipamentos é mais característico da manutenção preditiva.

Gabarito: Errada

01.02. No que se refere à armazenagem de recursos materiais, o uso de prateleiras é adequado à estocagem de materiais de dimensões variadas.

COMENTÁRIOS

Nota do autor: A armazenagem envolve um conjunto de procedimentos visando guardar de forma temporária ou permanente os materiais atentando para a otimização do uso do espaço, garantir acesso mais rápido aos itens armazenados e oferecer proteção e conservação correta dos materiais. Relaciona-se às atividades de recebimento, estocagem, administração de pedidos e expedição. Alguns estudiosos afirmam que a armazenagem deve ser planejada, envolvendo o layout do depósito, manuseio e identificação dos materiais, embalagem, métodos de localização e nível de serviço.

A função de armazenagem quando realizada de forma racional permite reduzir riscos de acidentes, de perdas, desperdícios e de custos. No entanto, deve-se tomar cuidado, pois o armazenamento gera custos ligados a serviços administrativos e de gerenciamento, observação de prazos de validade das mercadorias, custos de movimentação, etc.

Outro ponto que se deve observar são os critérios de armazenagem, que podem ser classificados por:

- **Agrupamento ou complementaridade:** para materiais associados, cuja frequência de solicitação se dá de forma conjunta. Facilita a arrumação e a busca de materiais, mas dificulta o aproveitamento racional dos espaços.
- **Tamanho, peso e forma:** para materiais de características físicas semelhantes. Permite maior apro-

veitamento dos espaços, mas demanda maior controle nas movimentações.

- **Frequência de entrada e saída:** para materiais com grande movimentação, permite maior rapidez na entrega, no entanto, dificulta a racionalização no aproveitamento dos espaços.
- **Setores de montagem:** para linha de montagem, de acordo com a ordem de utilização, organizando as peças por prioridades dentro de cada família de peças.

Para cada material, deve-se utilizar uma técnica de estocagem, como:

- **Carga unitária:** acondiciona material visando ao manuseio, transporte e armazenamento como uma unidade, formada de um conjunto de materiais. Normalmente *se* utiliza os pallets para o empilhamento das cargas unitárias, visando aproveitamento do espaço vertical.
- **Caixas ou gavetas:** acondiciona materiais de pequenas dimensões.
- **Prateleiras:** acondiciona materiais de tamanhos diferentes.
- **Raques:** acondiciona peças longas e estreitas.
- **Engradados:** acondiciona materiais frágeis ou irregulares.
- **Contêiner flexível:** acondiciona sólidos a granel e líquidos.
- **Containers:** acondiciona materiais em caixas fechadas para transporte intermodal.

Neste caso, a questão está correta, pois como disposto acima, a prateleira é uma técnica de estocagem indicada para materiais de tamanhos diferentes.

Gabarito: Certo

01.03. Considere que o responsável pelo setor de estoque de certa organização pretenda adotar um método de inventário físico que permita que os artigos de alta rotatividade sejam contados com mais frequência que os de baixa rotatividade. Nessa situação, o responsável pelo referido setor deve adotar o método de inventário periódico.

COMENTÁRIOS

✪ **Nota do autor:** O inventário físico é um instrumento de controle que visa a confirmação da existência física e verificação dos saldos de estoque nos almoxarifados e depósitos, e dos equipamentos e materiais permanentes da organização. Verifica a discrepância física, através da verificação dos saldos de estoque, comparando-os com o estoque contábil, para a realização dos devidos ajustes.

Os inventários podem ser classificados em:

- **Inventários gerais ou periódicos:** efetuados ao final do exercício fiscal, abrange a contagem de todos os itens de estoque, cujas informações são relacionadas no inventário analítico. No final do exercício fiscal é chamado de geral.
- **Inventários rotativos ou permanentes:** realizado através de contagens programadas em determinado período, de todos os itens de determinada categoria. Não necessita de paralisação das atividades, abrangendo a contagem de todos os itens no período fiscal, de forma rotativa e contínua.

Nesse caso, a questão está errada, pois o inventário periódico não realiza contagens com frequência, ao contrário, a contagem ocorre no final do exercício fiscal. O inventário rotativo é o indicado para as contagens frequentes, conforme exposto acima.

Gabarito: Errado

2. CUSTOS DE ESTOQUE

01.04. Considere que, em certa organização, serão estocadas, por um ano, 60.000 unidades de determinado item. Considere, ainda, que o preço de cada item seja igual a R$ 3,00 e que a taxa anual de armazenagem de cada item seja equivalente a 15% do seu preço. Nessa situação, o custo de armazenagem anual de todos esses itens será igual a R$ 30.000,00.

COMENTÁRIOS

✪ **Nota do autor:** O custo de armazenagem é um dos componentes do cálculo do custo do estoque. É obtido a partir da relação entre quantidade estocada, tempo que permanece no estoque, preço do material e taxa de armazenagem, através da aplicação da seguinte fórmula matemática:

$$CA = Q/2 \times T \times P \times I$$

Substituindo as variáveis pelos valores apresentados na questão, temos

Q média: 60.000 unidades

Tempo: 1 ano

Preço: R$ 3,00

Taxa de armazenagem (I): 15% de R$ 3,00 = 0,45

Colocando os valores na fórmula, temos:

CA = 60.000/2 x 1 x 0,45 = 13.500,00

Nesse caso, a questão está errada, pois o custo de armazenagem apresentado na questão é de R$ 30.000 e o cálculo aponta um custo de R$ 13.500,00

Gabarito: Errada

01.05. No Brasil, a utilização do método UEPS nas organizações é proibida tendo em vista aspectos de contabilidade de custos presentes na legislação tributária brasileira.

COMENTÁRIOS

✪ **Nota do autor:** A contabilidade se utiliza de vários métodos para avaliar seus estoques, dimensionando quanto de capital está imobilizado. O fisco brasileiro exige que as empresas realizem esta avaliação, visando a apuração do valor contabilizado no ativo circulante ou realizável a longo prazo, que servirá de base para a apuração do lucro e sua consequente tributação, conforme normas fiscais vigentes.

Os métodos mais utilizados são:

- **Avaliação pelo Custo Médio:** aceito pelo fisco, indicado para períodos inflacionários. A cada nova aquisição é calculada uma nova média.
- **Avaliação pelo Método PEPS – primeiro a entrar, primeiro a sair (*FIFO – first in, first out*):** aceito pelo fisco, indicado para períodos inflacionários. Os valores dos estoques finais são maiores, o custo das mercadorias vendidas é menor e o lucro, maior. Caso haja deflação, sairão primeiro as mercadorias mais caras, com maior custo, ficando no estoque final as primeiras mercadorias que entram, logo, as mais baratas, o que gera menor estoque final e menor lucro.
- **Avaliação pelo Método UEPS – último a entrar, primeiro a sair (*LIFO – last in, first out*):** não aceito pelo fisco em períodos inflacionários. Obtém o menor valor possível para o estoque final, o custo é o maior possível, acarretando um lucro menor. É o melhor método para uso gerencial em períodos inflacionários.
- **Avaliação pelo Custo de Reposição:** mantém os valores atualizados em razão dos preços de mercado.

A questão está certa, pois, conforme exposto acima, o método UEPS não é, de fato, aceito pelo fisco, pois acarreta uma subavaliação do estoque em períodos inflacionários e consequentemente há uma diminuição do lucro apurado, levando a arrecadação de um tributo menor.

Gabarito: Certo

3. CURVA ABC

01.06. De acordo com a classificação ABC, utilizada como método de administração de estoques, incluem-se na categoria C os itens presentes em menor quantidade no estoque.

COMENTÁRIOS

✪ Nota do autor: A classificação ABC, baseado no princípio de Pareto, curva 80-20, classifica os estoques em razão da sua importância econômica ou valor total do estoque ou do consumo. Esta técnica estabelece que **os itens apresentam as seguintes características:**

- **Classe A:** corresponde ao menor número de itens, em torno de 20% do total, apresentando o maior valor monetário do estoque, em torno de 80%. Deve-se atentar que o controle desses itens deve ser maior, por serem os mais onerosos; e a quantidade menor, para não imobilizar grandes quantidades de recursos.
- **Classe B:** corresponde a um nível intermediário de itens, em torno de 30% do total, apresentando um valor de estoque em torno de 15% a 20%;
- **Classe C:** corresponde ao maior volume de itens no estoque, por volta de 50%, apresentando um valor de estoque, em torno de 5% a 10% do total.

A questão está errada, pois os itens classificados como "C" são os de maior volume em termos de quantidade, em torno de 50%, e correspondem ao menor valor monetário

Gabarito: Errada

Administração de Recursos Materiais

Elisabete Moreira

✦ DICAS

Além das explicações acima, é importante destacar alguns pontos que costumam ser cobrados em provas de concurso.

1. CONCEITOS FUNDAMENTAIS:

A administração de materiais envolve administrar todos os materiais destinados à manutenção das atividades de uma instituição, incluindo o processo de transformação dos materiais ou informações em produtos ou serviços finais no tempo oportuno, na quantidade necessária, na qualidade requerida e pelo menor custo.

Segundo a Instrução Normativa 205/88 bens materiais são designações genéricas de equipamentos, componentes, sobressalentes, acessórios, veículos em geral, matérias-primas e outros itens empregados ou passíveis de emprego nas atividades das organizações públicas federais, independentemente de qualquer fator, bem como, aquele oriundo de demolição ou desmontagem, aparas, acondicionamentos, embalagens e resíduos economicamente aproveitáveis.

Esses materiais são classificados em bens móveis de consumo e permanente e, de acordo com a portaria STN/SOF nº 01/11, um material será considerado de consumo caso atenda a, pelo menos, um dos critérios a seguir:

- **Critério da Durabilidade:** quando perde ou tem reduzida as condições de funcionamento no prazo máximo de 2 anos;
- **Critério da Fragilidade:** sujeito a modificação, perdendo a identidade;
- **Critério da Perecibilidade:** sujeito a modificações ou deterioração, perdendo as propriedades físico-químicas;
- **Critério da Incorporabilidade:** incorporado a outro bem, perdendo as características principais;
- **Critério da Transformabilidade:** para fins de transformação.

As atividades envolvidas na administração de materiais são gestão de estoque, gestão de compras e gestão de distribuição, que realizam a programação de materiais, compras, recepção, armazenamento no almoxarifado, controle de estoques, classificação, movimentação, transporte e distribuição.

2. GESTÃO DE ESTOQUES

Estoque é toda quantidade armazenada de mercadoria, a ser utilizada em um momento oportuno, independente do estado de conservação.

As funções do estoque são:

- Garantir o abastecimento de materiais.
- Proporcionar economias de escala.

Para uma boa gestão é necessário, inicialmente, classificar os estoques, observando os seguintes critérios:

- **Possibilidade de fazer ou comprar:** utilizando-se da verticalização para ter domínio de todo o processo produtivo ou da horizontalização, quando resolve comprar de terceiros.
- **Em razão da demanda:** como materiais de estoque (deve-se fazer estoque) ou materiais Não de estoque (em razão da imprevisibilidade da demanda, não se deve fazer estoque);
- **Conforme a aplicação na organização:** matéria-prima; material em processamento; produto final acabado; material auxiliar;
- **Em razão do valor econômico:** utilizando-se a classificação ABC (conforme comentários na questão 1.6 acima);
- **Em razão da importância operacional** ou criticidade do produto: que analisa qualitativamente os estoques, verificando o impacto que a falta do produto traz ao processo, independe do custo, ou ainda, em razão da dificuldade em obter ou substituir o material. Utiliza-se a classificação X (baixa criticidade); Y (média criticidade) e Z (grande criticidade, pois é um material de difícil substituição, podendo paralisar a produção e colocar em risco todo o processo).
- **Em razão da perecibilidade:** sujeito a deterioração ou decomposição.
- **Em razão da periculosidade:** sujeito a riscos no manuseio, armazenagem e transporte.

É preciso também **dimensionar os estoques** levando-se em consideração o comportamento da curva de consumo. Os modelos estudados apontam que o consumo pode ter uma evolução horizontal e constante; uma evolução sujeito à tendência crescente ou decrescente; e uma evolução sazonal (quando apresenta flutuações regulares em determinados períodos). Dependendo desse estudo, pode-se utilizar várias técnicas para previsão de estoque, como projeções, explicações ou predileções.

Além disso, pode-se utilizar alguns métodos para **previsão da demanda**, como, como média móvel, média móvel ponderada; média móvel ponderada exponencial ou método dos mínimos quadrados.

É importante frisar que o **grande objetivo da administração de materiais** é poder determinar qual a quantidade ideal de material em estoque que permita satisfazer a demanda, mantendo o **nível de serviço ofertado** ao cliente, ao mesmo tempo, **minimizando os custos** de estoque e **otimizando o giro de estoque**.

O **nível de serviço** é um conceito ligado ao almoxarifado e se refere ao número de requisições atendidas em relação ao número total de requisições efetuadas. Considera-se uma boa gestão de estoque quando se consegue estabelecer **equilíbrio entre a disponibilidade de capital e o nível de serviço**, já que a manutenção do nível de serviço depende, em alguns casos, de investimentos em estoque, comprometendo o capital circulante das organizações.

O giro de Estoque verifica **quantas vezes o estoque** é suprido em determinado período. Um alto giro de estoque significa menos capital imobilizado, que é uma situação boa para o gestor.

Por fim, o custo do estoque é obtido a partir do **cálculo do custo de armazenagem e do custo do pedido**. O custo de armazenagem é obtido pela quantidade média em estoque, relacionando-a ao tempo, preço e a taxa de armazenagem. O custo do pedido é obtido através da soma da mão-de-obra para o processamento do pedido, do custo do material utilizado na confecção do pedido e dos custos indiretos ligados ao pedido.

É importante, também, que os **níveis de estoque** sejam acompanhados, para a reposição no tempo certo e na quantidade adequada, visando atender de forma eficiente à demanda.

Um dos modelos utilizados para esse acompanhamento é o de **reposição contínua** de estoque, também denominado sistema "Q", que realiza um monitoramento constante dos níveis de estoque, para que não haja sua ruptura (falta de produtos), a partir do cálculo do estoque máximo e mínimo; do lote de compra e do ponto para a realização do pedido, conforme demonstra a curva dente de serra, representada a seguir:

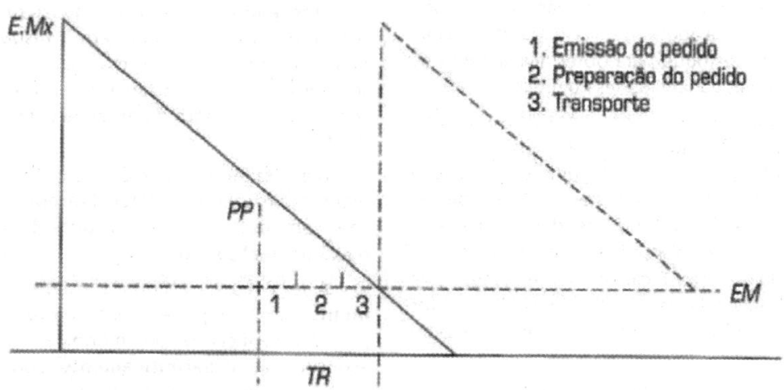

Os cálculos para obtenção dos valores dessas variáveis são bem simples e, normalmente, os resultados são obtidos a partir da aplicação direta das seguintes fórmulas:

- **Ponto do Pedido (PP)**

PP = C x TR + Emin

Onde:

- C: consumo
- TR: tempo de reposição
- Emin: estoque mínimo

- **Estoque Mínimo**

Emin = C x K (f)

Onde:

- C: consumo
- K: constante relacionada com o nível de atendimento a um pedido.

- **Estoque Máximo**

Emáx = Emin + Lote compra

Onde:

- Emáx: estoque máximo
- Emin: estoque mínimo
- Lote de compra: quantidade a ser comprada, para a manutenção dos níveis de estoque.

Outro método utilizado para o acompanhamento dos níveis de estoque é o de **revisão periódica** de estoque, denominado sistema "P", utilizado quando há a recolocação de pedidos em intervalos fixos, de acordo com uma rotina, conforme demonstrado através da curva dente de serra a seguir:

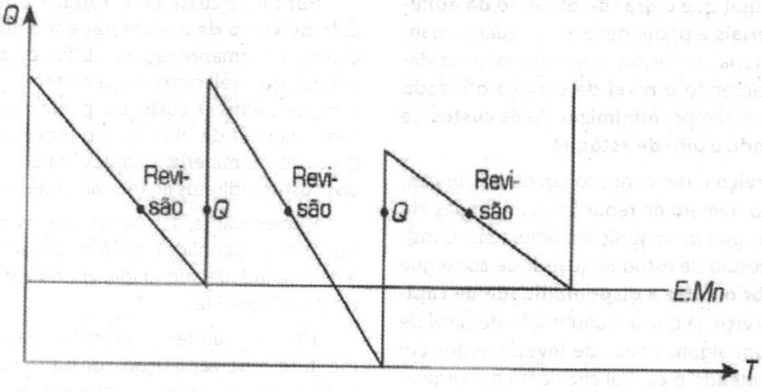

3. POLÍTICAS DE GESTÃO DE ESTOQUE

A gestão dos estoques tem uma relação direta com os resultados financeiros, pois permite reduzir desperdícios e aumentar a lucratividade, por isso é tão importante definir as diretrizes apropriadas, ora adotando sistemas tradicionais, como o ***just in case (JIC)***, que produz segundo a máxima capacidade, antecipando a demanda futura sob a forma de estoques; ora adotando o sistema ***just in time (JIT)***, que gerencia o estoque para obter nivelamento da produção e diminuir as variabilidades no processo.

Os dois métodos possuem vantagens e desvantagens. O ***Just in case***, por exemplo, que se baseia na lógica de "**empurrar a produção**", tem a vantagem de promover a disponibilização visual dos produtos aos clientes, permitindo maiores chances de vendas; atender rapidamente à demanda, em razão da disponibilidade constante dos produtos, trazendo mais satisfação ao cliente; e, atuar com descontos por lotes. As desvantagens são os altos custos para manter o estoque; além de risco de obsolescência ou danos.

O método ***Just in time***, surgiu no Japão, por volta da década de 60, como base do Sistema Toyota de produção, baseado na ideia de "**puxar a produção**", gerenciando o estoque a partir de quantidades mínimas. Produz redução de custos, pois não há manutenção de estoques; minimização do risco de obsolescência ou de ficar com um produto fora de validade, pois o giro de mercadorias é constante; e atendimento a novas tecnologias e novas exigências dos clientes, promovendo maior flexibilidade à produção. Além disso, a qualidade e controle são aprimorados, em razão da diminuição da quantidade produzida, promovendo maior motivação nos empregados, que participam ativamente do processo. No entanto, o JIT requer maior planejamento, pois a empresa precisa estar sempre preparada para atender à demanda; e um bom relacionamento com os fornecedores, para que não ocorra ruptura do processo produtivo, pela falta de produtos.

Outro ponto que merece destaque refere-se a **área de compras de materiais**, responsável por analisar todos os pedidos da organização, fazer cotações, negociações, selecionar fornecedores, acompanhar pedidos e realizar o controle do recebimento do pedido, assegurando a quantidade, qualidade, tempo oportuno e custo econômico.

4. GESTÃO PATRIMONIAL

A Gestão Patrimonial é realizada através das atividades de entrada do bem no almoxarifado, com o recebimento, aceite, tombamento e registro; guarda, conservação interna e armazenagem; classificação; movimentação; distribuição e controle, incorporação e inventário.

O **recebimento** é o ato no qual o material é entregue pelo fornecedor, que transfere a responsabilidade pela guarda e conservação do material. Todo material deverá ser entregue no almoxarifado ou no lugar designado, sendo que **o registro de entrada será sempre no almoxarifado**.

A **aceitação** é a operação na qual se declara na documentação fiscal que o material recebido satisfaz as condições contratadas, segundo a **conferência quantitativa e o exame qualitativo**.

A lei 8666/93, artigo 73, estabelece que o **recebimento** do objeto poderá ser feito **provisoriamente**, para posterior verificação da conformidade do material com a especificação; e **definitivamente**, após a verificação da qualidade e quantidade do material e consequente aceitação. Mas isso não exclui a **responsabilidade civil** pela solidez e segurança e nem **ético-profissional** pela execução do contrato (§2º, art 73).

O **tombamento** é procedimento de incorporação do **material permanente** ao patrimônio da organização. É quando ocorre à identificação do bem com características físicas, valor de aquisição e colocação de um número sequencial de registro patrimonial, composto de códigos alfanuméricos ou numéricos, aposto ao material, mediante gravação, fixação de plaquetas ou etiqueta apropriada. No caso de material bibliográfico, o número de registro patrimonial poderá ser aposto mediante carimbo.

A **guarda, conservação e armazenagem** tem como objetivo preservar a qualidade e a quantidade dos itens no almoxarifado, para o devido atendimento aos clientes no tempo oportuno. O sistema de armazenagem pode atender ao critério da **estocagem fixa,** destinando uma área específica para cada material, facilitando seu controle; ou **estocagem livre**, que ocorre a partir da utilização dos espaços disponíveis, gerando melhor aproveitamento desses espaços. Independente da forma de estocagem, é imprescindível que seja utilizado um **sistema de ende-**

reçamento ou codificação, visando indicar o posicionamento do material no almoxarifado.

A **armazenagem** pode adotar vários **critérios e arranjos**, desde que atenda melhor as necessidades da organização. Pode ser realizada por tamanho, peso e forma; frequência de entrada e saída; agrupamento; áreas externas ou coberturas alternativas. Podem, também, empregar várias técnicas, como: carga unitária, caixas ou gavetas, prateleiras, raques, contêiner flexível, engradados, entre outros, conforme comentado na questão 1.2 acima.

Além disso, pode-se fazer uso de **embalagens**, cujos objetivos são a contenção, proteção e comunicação do material, utilizando caixa de papelão, tambores, fardos, recipientes plásticos, etc.

Para a **movimentação e distribuição dos bens** pode-se utilizar vários equipamentos, como: veículos industriais (carretas, empilhadeiras, tratores); transportes contínuos (correias, esteiras); guindastes ou elevadores, além de transportes modais (rodoviário, ferroviário, aquaviário, aeroviário e dutoviário); intermodais (utiliza diferentes operadores com diferentes meios de transportes); multimodais (utiliza um único operador, que gerencia todo o processo de transporte); e, *cross docking* (produtos que apenas cruzam o armazém, indo direto ao ponto de venda).

O **inventário** é um instrumento de controle, que visa a confirmação da existência física e a verificação dos saldos do estoque no almoxarifado, conforme comentários na questão 1.3 acima. É importante frisar que na Administração pública existem outros tipos de inventários, além do periódico (anual) e do rotativo (permanente), como: o inicial (criação de uma unidade gestora); de transferência de responsabilidade; de extinção ou transformação de uma unidade gestora; ou por amostragem, para acervo de grande porte.

Arquivologia

George Melo Rodrigues

TABELA DE INCIDÊNCIA DE QUESTÕES

Distribuição das questões organizada por ordem didática de assuntos		
Assunto	**Número de Questões**	**Peso**
CONCEITOS FUNDAMENTAIS DE ARQUIVOLOGIA	1	20,00%
GESTÃO DE DOCUMENTOS	1	20,00%
ARQUIVO CORRENTE, INTERMEDIÁRIO E PERMANENTE	1	20,00%
AVALIAÇÃO E DESTINAÇÃO DE DOCUMENTOS	1	20,00%
CLASSIFICAÇÃO DE ARQUIVOS E DE DOCUMENTOS DE ARQUIVO	1	20,00%
Total	**5**	**100%**

Arquivologia

George Melo Rodrigues

✦ QUESTÕES

1. CONCEITOS FUNDAMENTAIS DE ARQUIVOLOGIA

01. (Cespe – Técnico – Área Administrativa – MPU/2010) Acerca de conceitos fundamentais de arquivologia, julgue os itens a seguir.

01.01. Um arquivo documental tem por objetivo servir como prova ou testemunho da ação de pessoas jurídicas ou físicas.

COMENTÁRIOS

✪ **Nota do autor:** Conceitos fundamentais de arquivologia é um tópico sempre presente em provas que tenham em seu conteúdo programático "noções de arquivologia" em concursos de nível médio e naqueles em que "arquivologia" é matéria específica nos concursos de nível superior. Nesse tópico podemos encontrar, por exemplo, os seguintes temas: Introdução à Arquivologia; Evolução da comunicação e suportes da informação; Arquivo; Princípios arquivísticos; Terminologia arquivística; Ciclo Vital dos documentos; Teoria das Três Idades; etc.

Certo. De acordo com a definição estabelecida pelo Conselho Nacional de Arquivos (CONARQ), arquivo é a "designação genérica de um conjunto de documentos produzidos e recebidos por uma pessoa física ou jurídica, pública ou privada, caracterizado pela natureza orgânica de sua acumulação e conservado por essas pessoas ou por seus sucessores, para fins de prova ou informação".

Nessa definição do CONARQ, encontram-se inclusos os elementos da afirmação da questão.

01.02. Em regra, a inclusão de documentos em um arquivo ocorre por compra ou permuta de fontes múltiplas.

COMENTÁRIOS

✪ **Nota do autor:** O candidato deve estar atento sobre as características de arquivos, bibliotecas, museus e centros de documentação, pois esse é um assunto bastante cobrado pelas bancas organizadoras.

Errado. Os documentos de arquivo possuem como características: essência funcional/administrativa, constituindo-se na maioria das vezes de um único exemplar ou de um limitado número de cópias; tem conteúdo exclusivamente formado por documentos produzidos e/ou recebidos por uma entidade, família, setor, repartição, pessoa, organismo ou instituição; surge do desempenho das atividades que o gerou e; possuem caráter orgânico, ou seja, relação entre documentos de arquivo pertencentes a um mesmo conjunto.

A inclusão de documentos em arquivos provém da criação e/ou recepção de documentos no curso natural das atividades particulares, organizacionais e familiares. Compra e permuta são formas de entrada de documentos em bibliotecas, não em arquivos.

2. GESTÃO DE DOCUMENTOS

02. (Cespe – Técnico – Área Administrativa – MPU/2010) A respeito da gestão de documentos, julgue os itens seguintes.

02.01. A produção, uma das fases básicas da gestão de documentos, engloba as seguintes atividades de protocolo: recebimento, classificação, registro, distribuição e tramitação dos documentos.

COMENTÁRIOS

✪ **Nota do autor:** O progresso da ciência, o surgimento de inovações tecnológicas e o grande volume de documentos culminaram na necessidade de medidas administrativas voltadas ao gerenciamento de arquivos, ou seja, a gestão documental, pois é através dela que o elemento essencial do documento, "a informação", pode ser recuperada de forma rápida, econômica e eficaz, otimizando os recursos humanos, materiais e físicos, e interferindo positivamente na organização e administração de arquivos.

A gestão de documental é um assunto de grande importância na área arquivística e, como não poderia ser diferente, consta do conteúdo programático da maioria das provas que envolvem arquivologia.

Errado. Protocolo é uma das atividades do arquivo corrente, no qual ocorre o recebimento e classificação;

autuação e registro; distribuição e expedição; controle e movimentação de documentos. Embora a gestão documental aconteça na fase corrente e intermediária, o protocolo é uma atividade inerente ao arquivo corrente e não da gestão de documentos.

Conforme o art. 3º da Lei nº 8.159 de 8 de janeiro de 1991, a gestão documental concentra atividades (procedimentos e operações técnicas) concernentes à produção, tramitação, uso (utilização), avaliação e arquivamento (em fase corrente e intermediária), visando a eliminação ou recolhimento (destinação de documentos).

02.02. A análise e a avaliação dos documentos para o estabelecimento dos prazos de guarda fazem parte da fase de destinação.

COMENTÁRIOS

Nota do autor: Após a avaliação documental, cria-se uma tabela denominada de Tabela de Temporalidade Documental (TTD), importante instrumento de destinação, aprovado por autoridade competente, onde constam prazos certos e determinados de quanto tempo um documento irá permanecer no arquivo corrente ou intermediário. A estrutura básica de uma TTD apresenta no seu "corpo" os seguintes itens: código de classificação, espécie documental, os prazos de guarda nas fases corrente e intermediária, a destinação final (eliminação ou guarda permanente), e por fim, um campo para esclarecimentos, observações e detalhes necessários à sua compreensão e aplicação.

Certo. Destinação, segundo o Dicionário Brasileiro de Terminologia Arquivística, trata-se de uma "Decisão, com base na avaliação, quanto ao encaminhamento de documentos para guarda permanente, descarte ou eliminação". Já a avaliação é o processo de análise de documentos de arquivo, que estabelece os prazos de guarda e a destinação, de acordo com os valores que lhes são atribuídos.

02.03. Na fase de produção de documentos, o arquivista deve evitar a duplicação e a emissão de vias desnecessárias, além de poder sugerir a criação ou extinção de modelos e formulários.

COMENTÁRIOS

Certo. Na fase de produção elaboram-se documentos em função das atividades específicas de determinada entidade ou setor, racionalizando a produção de documentos em vista da real necessidade da sua criação, evitando-se o acúmulo de documentos criados desnecessariamente, bem como de suas cópias, contribuindo para disciplinar os serviços de reprografia e automação arquivística.

02.04. Considera-se gestão de documentos o conjunto de procedimentos e operações técnicas referentes a produção, tramitação, uso, avaliação e arquivamento de documentos.

COMENTÁRIOS

Nota do autor: A gestão documental é um dos mais importantes assuntos da área arquivística e tem como objetivos: possibilitar a produção, administração, controle e manutenção do conjunto documental de forma racional, econômica e eficiente; viabilizar a recuperação da informação através de ferramentas tecnológicas modernas que facilitam a localização e utilização da informação com eficiência, rapidez e precisão; preservar a memória institucional e otimizar o uso da informação independente da natureza do suporte.

Certo. A resposta pode ser encontrada no art. 3º da Lei nº 8.159 de 8 de janeiro de 1991, qual seja: "Considera-se gestão de documentos o conjunto de procedimentos e operações técnicas à sua produção, tramitação, uso, avaliação e arquivamento em fase corrente e intermediária, visando a sua eliminação ou recolhimento para guarda permanente".

3. ARQUIVO CORRENTE, INTERMEDIÁRIO E PERMANENTE

---

03. (Cespe – Técnico – Área Administrativa – MPU/2010) No que diz respeito aos arquivos do tipo corrente, intermediário e permanente, julgue os itens.

03.01. Dada a importância da preservação dos documentos que compõem o arquivo corrente de determinado setor de trabalho, recomenda-se o arquivamento desses documentos em local afastado do referido setor.

COMENTÁRIOS

Nota do autor: Os documentos passam por os estágios, fases ou ciclos desde a sua criação até o descarte/eliminação ou guarda permanente, são eles: o arquivo corrente (uso freqüente), o arquivo intermediário (uso não freqüente) e por fim, o arquivo permanente (em desuso). A freqüência com que documentos vão ser utilizados é que vai determinar a sua permanência em cada um desses arquivos e, em certos casos, alguns deles são descartados mesmo na fase corrente, sem ter que, obrigatoriamente, passar pelo arquivo intermediário.

Se no conteúdo programático de algum concurso público tiver arquivologia, certamente não faltará alguma questão que cobre arquivo corrente, intermediário ou permanente.

Errado. O arquivo corrente é aquele em que os documentos são consultados frequentemente, pois eles possuem pleno valor funcional/administrativo, devendo, portanto, estar próximo ao setor produtor.

Arquivo Corrente é o "Conjunto de documentos, em tramitação ou não, que, pelo seu valor primário, é objeto de consultas freqüentes pela entidade que o produziu, a quem compete a sua administração." D.T.A., 2005.

03.02. A ênfase ao valor primário é característica marcante dos documentos de um arquivo corrente, condição não verificada nas outras idades documentais.

COMENTÁRIOS

✪ **Nota do autor:** é bom que o candidato saiba distinguir os conceitos sobre valor primário e secundário para que não seja pego de surpresa nas questões. O valor primário (também conhecido como imediato ou administrativo) é àquele que o documento assume devido às razões de sua criação, importância e utilização para os fins administrativos, legais e fiscais da entidade. Já o valor secundário (mediato/de arquivo/permanente/probatório ou informativo) é àquele distinto da finalidade inicial para o qual foi criado.

Errado. Essa característica também está presente nos arquivos intermediários que, mesmo sendo pouco consultados pela administração (setor produtor/órgão produtor), ainda possuem valor primário, embora não se encontrem totalmente liberados à pesquisa, necessitando de autorização para o acesso.

03.03. A função do arquivo intermediário é possibilitar o armazenamento de documentos que, embora usados com pouca freqüência, devem ser mantidos, por questões legais, fiscais, técnicas ou administrativas.

COMENTÁRIOS

✪ **Nota do autor:** assim com o arquivo corrente e o permanente, o arquivo intermediário é uma das três idades documentais e, sem sombra de dúvida, é muito difícil encontrar um prova de arquivologia que não cobre a Teoria das Três Idades.

Certo: Arquivo Intermediário é aquele em que os documentos são provenientes do arquivo corrente e não são mais objetos de consultas frequentes, pertencendo, entretanto, a uma fase de transição.

O arquivo intermediário deve ser localizado, preferencialmente, em bairros menos valorizados (devido ao custo de locação imobiliária), com instalações e equipamentos de baixo custo de manutenção. O tratamento técnico dispensado aos documentos nessa fase está diretamente vinculado ao cumprimento das determinações da tabela de temporalidade, bem como a preparação e organização dos documentos destinados ao arquivo permanente.

No que dizem respeito aos valores legais e fiscais, eles se referem ao cumprimento dos prazos prescricionais e precaucionais presentes nos arquivos intermediários.

Outras informações a respeito de arquivo intermediário:

> *"A economia é a razão principal da criação de arquivos intermediários. Por este motivo, os custos de sua construção e dos equipamentos não devem superar em gastos os dos arquivos tradicionais. Tem-se que considerar o valor do terreno (situado em local afastado do centro urbano), da construção e dos equipamentos, que devem ser simples de baixo custo.*
>
> *As dimensões devem ser fixadas em função da massa de papéis a receber e previsão de crescimento. A construção deverá ser dotada de meios modernos para proteção conta incêndio, explosão, inundações, poluição atmosférica, excesso de umidade e de luz solar. Deve possibilitar comunicações fáceis e relativamente rápidas com as administrações que os utilizam, assim como fácil acesso aos seus funcionários." (PAES, Marilena Leite, 1986)*

03.04. O arquivo permanente é uma extensão do arquivo intermediário, tendo esse último a única função de evitar a transferência prematura de documentos do arquivo corrente para o arquivo permanente.

COMENTÁRIOS

Errado: O primeiro erro está na parte inicial da questão, pois o arquivo permanente não é uma extensão do arquivo intermediário, ele é formado por um conjunto de documentos destituído de valor administrativo/funcional (em desuso), sendo conservado apenas em função do seu valor histórico/probatório/informativo, bem como abriga documentos que cumpriram a finalidade para a qual foram criados e que, por possuírem valor secundário, não devem ser descartados.

Os documentos que estão no arquivo intermediário não estão evitando uma "transferência prematura" para o arquivo permanente, mesmo porque não é essa a função desse arquivo. Eles ainda possuem valor primário e podem ser consultados a qualquer momento pelo órgão produtor. Além de que, documentos que não mais possuem valor primário, mas, possuam valor secundário, podem ser recolhidos diretamente para o arquivo permanente sem ter que permanecer no arquivo intermediário.

03.05. A descrição, uma das atividades desenvolvidas no arquivo permanente, é concretizada com a elaboração de instrumentos de pesquisa.

COMENTÁRIOS

✪ **Nota do autor:** dentre as tecnologias empregadas na Arquivologia para garantir o acesso às informações contidas em documentos, destaca-se a descrição arquivística, que é o ato de descrever e representar informações contidas em documentos e/ou fundos de arquivo, gerando instrumentos de pesquisa (inventários, guias, catálogos, etc.), os quais explicam os documentos de arquivo quanto a sua localização, identificação e gestão, além de situar o pesquisador quanto ao contexto e os sistemas de arquivo que os gerou.

As atividades de descrição são importantes em um arquivo porque garantem a compreensão do acervo arquivístico.

A descrição mostra o conteúdo dos fundos recolhidos e se processa através de instrumentos de pesquisa ou meios de busca, que vão do geral para o particular.

Certo. São atividades do arquivo permanente: o arranjo, a descrição/publicação, a conservação e a referência. A descrição leva em consideração os elementos formais e o conteúdo textual do(s) documento(s), produzindo/elaborando a partir daí, os instrumentos de pesquisa (facilitadores do processo de identificação, consulta ou localização, tanto dos documentos quanto das informações inseridas nesses documentos), o que torna o acervo documental acessível.

A ISAD(G) padroniza a descrição arquivística em fundos como um todo e em suas partes e contém regras gerais que podem servir como base para a criação de normas locais ou ser usada em conjunto destas se já existirem. Sua estrutura parte de um princípio hierárquico, representando o contexto e a estrutura hierárquica do fundo e suas partes componentes, no qual a descrição é feita em níveis, denominando-se assim estrutura multinível. Há um conjunto de quatro regras fundamentais que devem ser aplicadas para estabelecer a relação hierárquica entre as descrições: descrição do geral ao particular: apresenta uma relação hierárquica entre as partes e o todo; informação relevante para o nível de descrição: as informações devem ser apropriadas para o nível que está sendo descrito; relação entre descrições: identifica o nível de descrição; não repetição de informação: não repetir as informações em níveis diferentes de descrição.

O arranjo é, em Arquivologia, a reunião e ordenação adequada dos documentos em fundos, as séries dentro dos fundos e, caso seja necessário, dos itens documentais dentro das séries. O arquivo permanente recebe documentos de vários órgãos e, pelo princípio da proveniência, procedência ou de respeito aos fundos (*respect des fonds*), base da arquivística teórica e prática, os arquivos devem ser organizados por fundos ou núcleos de uma mesma fonte geradora, não devendo, portanto, serem misturados aos de outras fontes. Devem ser mantidos em um mesmo fundo, todos os documentos provenientes de uma mesma fonte geradora.

A Conservação diz respeito às medidas de proteção aos documentos e ao seu local de guarda, contribuindo para o prolongamento da vida útil dos mesmos.

Por fim, a referência estabelece as políticas de acesso e utilização dos documentos.

4. AVALIAÇÃO E DESTINAÇÃO DE DOCUMENTOS

04. (Cespe – Técnico – Área Administrativa – MPU/2010) Acerca da avaliação de documentos, julgue os itens subsequentes.

04.01. A destinação final dos documentos deve ser a eliminação, a guarda temporária no arquivo intermediário, a guarda permanente ou a eliminação por amostragem.

COMENTÁRIOS

Nota do autor: A avaliação documental tem a finalidade de atribuir valor (primário, administrativo, legal/jurídico, probatório, fiscal, secundário etc.) e estipular prazos de guarda ou eliminação/descarte de documentos, proporcionando benefícios como: aproveitamento adequado e ganho do espaço físico; alterações de suporte; redução da massa documental (eliminando-se documentos destituídos de valor); preservação do patrimônio documental; obtenção de um maior controle do acervo; recuperação rápida e eficiente de documentos e da informação; preservação e conservação dos acervos; incremento à pesquisa; melhor aproveitamento dos recursos materiais e humanos, etc.

É um assunto que está presente, com mais frequência, em questões de concursos de nível superior, mas, em alguns casos, como faz parte do conteúdo programático de cargos de nível médio, pode ser exigido.

Errado. A destinação final de documentos não tem por objeto a guarda temporária no arquivo intermediário nem tampouco "eliminação por amostragem".

A destinação final de documentos leva em conta os valores dos documentos e a importância para o órgão produtor/detentor. Se os documentos possuírem valor secundário (histórico/probatório/informativo) esses serão mantidos no arquivo permanente, caso contrário eles serão descartados/eliminados.

04.02. O processo de avaliação de um documento tem como resultado a elaboração da tabela de temporalidade do documento.

COMENTÁRIOS

Nota do autor: a Tabela de Temporalidade Documental é um importante instrumento de destinação e como normalmente é um tópico recorrente em concursos da área arquivística é necessário que o candidato conheça quais são os elementos que compõe a sua estrutura básica: código de classificação, espécie documental, os prazos de guarda nas fases corrente e intermediária, a destinação final (eliminação ou guarda permanente), e por fim, um campo para esclarecimentos, observações e detalhes necessários à sua compreensão e aplicação.

Certo. A avaliação, de acordo com o Dicionário brasileiro de Terminologia Arquivística, "é o processo de análise de documentos de arquivo, que estabelece os prazos de guarda e a destinação, de acordo com os valores que lhes são atribuídos.", e são justamente esses prazos prescricionais de permanência dos documentos nos arquivos corrente e intermediário que estão presentes na estrutura da Tabela de Temporalidade Documental, gerada como consequência da avaliação documental.

04.03. Os prazos de guarda dos documentos nos arquivos do tipo corrente e intermediário devem ser definidos com base na legislação pertinente e nas necessidades administrativas.

COMENTÁRIOS

Nota do autor: um determinado Órgão/Instituição pode, a seu critério, recolher ao arquivo permanente documentos, que segundo a legislação, deveriam ser descartados após o prazo prescricional, mas que para ela possuem valor histórico. (ex.: fotos de todos os presidentes da instituição desde a sua criação, registros de eventos do órgão etc.).

Vale salientar que a análise da documentação deve ser realizada por especialistas da área arquivística, evitando-se o descarte indiscriminado de documentos que possuem importância histórica e que fornecerão aos pesquisadores e historiadores visões gerais ou parciais das entidades produtoras e da sociedade.

Certo. A avaliação estabelece os prazos de guarda e destinação de documentos de acordo com os valores que lhes são atribuídos e com base na legislação municipal, estadual ou federal. Esses valores não são atribuídos aleatoriamente, os documentos importantes para o órgão jamais devem ser descartados como, por exemplo: atos constitutivos (estatuto, contrato social, etc.) e documentos que se referem aos direitos patrimoniais (ações, investimentos, escritura, etc.).

5. CLASSIFICAÇÃO DE ARQUIVOS E DE DOCUMENTOS DE ARQUIVO

05. (Cespe – Técnico – Área Administrativa – MPU/2010) Quanto às tipologias documentais e aos suportes físicos, julgue os próximos itens.

05.01. Os documentos originais considerados de guarda permanente somente poderão ser eliminados depois de microfilmados e digitalizados.

COMENTÁRIOS

Nota do autor: Segundo a ilustre BELLOTO, tipo documental "é a configuração que assume a espécie documental de acordo com a atividade que a gerou", ou seja, diz respeito à atividade para a qual o documento foi criado. Já o suporte físico é o material onde a informação está registrada, por exemplo: papel, diapositivo, mídia óptica, negativos de fotografia, etc.

O tipo documental ou tipologia documental, assunto constantemente cobrado em provas de concurso da área arquivística, é um dos tópicos da classificação de documentos de arquivo que também trata da entidade produtora, o gênero, a espécie, o valor, a natureza do assunto, o formato, a forma e a técnica de registro.

Errado. A questão tenta induzir o candidato ao erro, pois de acordo com o § 6º, do art. 1 da Lei 5.433 de 8 de maio de 1968, "Os originais dos documentos ainda em trânsito, microfilmados não poderão ser eliminados antes de seu arquivamento.", ou seja, após o arquivamento podem ser descartados. O parágrafo, portanto, não se refere aos originais considerados de guarda permanente.

Pode-se constatar, ainda na mesma Lei, que o art. 2º determina o seguinte: "Os documentos de valor histórico não deverão ser eliminados, podendo ser arquivados em local diverso da repartição detentora dos mesmos."

Ou seja, se os documentos são de valor histórico logo, são de guarda permanente e não devem ser eliminados.

05.02. O problema relacionado à obsolescência dos equipamentos e dos programas de informática, que compromete a preservação de documentos digitais, pode ser resolvido com o uso de laminação.

COMENTÁRIOS

Nota do autor: o candidato deve conhecer e fixar a definição alguns termos arquivísticos com o intuito de se evitar pegadinhas. Na presente questão utilizou-se um termo bastante visto na restauração de documentos e, na pressa da resolução da questão é bem possível fazer confusão com tantos outros. Atenção e calma é fundamental.

Errado. Como a obsolescência tecnológica é inevitável, a principal preocupação em se adotar uma ferramenta de gestão eletrônica está na preservação dos dados e informações armazenados, devido às constantes atualizações de softwares e hardwares.

Para preservar documentos eletrônicos de guarda permanente dois processos são recomendados, quais sejam:

- a *migração*, que é o processo de alteração do suporte através da atualização ou alteração do programa (atualização do formato e caracteres do documento ou dado) ou, ainda, a conjugação dos dois e;
- a *emulação*, que é o processo de simulação de parte de um equipamento ou programa, onde uma tecnologia funciona com as mesmas características de outra (que sofreu obsolescência tecnológica), utilizando-se recursos computacionais, de forma a disponibilizar o acesso a um processo lógico em seu formato original, ou seja, aceitando as mesmas entradas e produzindo as mesmas saídas.

Laminação que é um processo de restauração de documentos e não uma ferramenta de gestão eletrônica.

05.03. Os documentos do gênero iconográfico têm suporte sintético, em papel emulsionado ou não, e contêm imagens estáticas, tais como ampliações fotográficas, slides, diapositivos e gravuras.

COMENTÁRIOS

Certo. Documentos iconográficos, conforme o Dicionário brasileiro de Terminologia Arquivística trata-se de um "gênero documental integrado por documentos que contêm imagens fixas, impressas, desenhadas ou fotografadas, como fotografias e gravuras."

05.04. O alisamento é uma das operações de restauração de documentos mais utilizadas em países tropicais.

COMENTÁRIOS

Errado. Alisamento é uma técnica de conservação em que os documentos são colocados em bandejas de aço inoxidável, dispostos em uma câmara de umidificação com alta taxa umidade (90% a 95%) durante mais ou menos uma hora, para depois serem passados a ferro em máquinas elétricas, um por um.

A questão tenta induzir o candidato ao erro, pois alisamento é uma técnica de conservação e não de restauração.

Restauração são medidas interventivas empregadas com o intuito de reverter, total ou parcialmente, os danos causados ao documento, com vistas a manter a integridade, confiabilidade e fidedignidade de suas informações (independentemente do suporte ou formato). Esses procedimentos preservam o seu caráter probatório, testemunhal, histórico, etc.

São métodos de restauração: banho de gelatina, tecido, silking, laminação, laminação manual, reenfibragem, encapsulação e velatura.

Arquivologia

George Melo Rodrigues

✦ DICAS

1. CONCEITOS FUNDAMENTAIS DE ARQUIVOLOGIA

- Princípios arquivísticos e terminologia arquivística são tópicos importantes de conceitos fundamentais de arquivologia com grande probabilidade de serem exigidos entre as questões de um concurso que envolva a matéria. É indispensável conhecer todos os princípios arquivísticos, bem como acessar e ler o Dicionário brasileiro de Terminologia Arquivística.

- São princípios arquivísticos:

  I. Princípio da proveniência, procedência ou de respeito aos fundos (respect des fonds): segundo este princípio, os arquivos devem ser organizados por fundos ou núcleos de uma mesma fonte produtora/geradora, não devendo, portanto, ser misturados aos de outras fontes;

  II. Princípio da cumulatividade: diz respeito à acumulação natural, progressiva e orgânica dos arquivos;

  III. Princípio da organicidade ou do respeito pela estrutura: os arquivos refletem a estrutura, atividades e funções do organismo (entidade coletiva, pessoa ou família) que os criou, em suas relações internas ou externas;

  IV. Princípio da pertinência ou temático: conceito que não leva em consideração a organização original e a proveniência dos documentos, reclassificando-os tematicamente (por assunto);

  V. Princípio da territorialidade: segundo esse princípio os arquivos públicos devem fazer parte do território no qual foram criados, devendo, portanto, a ele pertencer;

  VI. Princípio do respeito à ordem original ou ordem primitiva: a organização constituída pela entidade produtora deve ser preservada, seguindo o curso natural com que os documentos foram criados;

  VII. Princípio da indivisibilidade ou integridade arquivística: os documentos ou fundos arquivísticos devem ser conservados sem dispersão, subtração, mutilação, danos ou qualquer tipo de acréscimo/inserção indevida;

  VIII. Princípio do inter-relacionamento: segundo o qual os documentos de arquivo são conexos, ou seja, estabelecem relações entre si;

  IX. Princípio da unicidade: cada documento conserva seu caráter único e exclusivo, pois foi criado para atender determinada necessidade específica na estrutura organizacional/institucional;

  X. Princípio da autenticidade: os documentos devem ser criados, guardados e conservados segundo normas, técnicas e processos regulares que garantam a sua verossimilidade e confiabilidade;

  XI. Princípio da reversibilidade: princípio segundo o qual todo procedimento ou tratamento empreendido em arquivos pode ser revertido, se necessário.

- Segundo o Dicionário brasileiro de Terminologia Arquivística, a Arquivologia, também chamada de Arquivística, "é a disciplina que estuda as funções do arquivo e os princípios e técnicas a serem observados na produção, organização, guarda, preservação e utilização dos arquivos".

A Arquivologia trabalha com o documento que, na descrição da terminologia arquivística, nada mais é do que a informação registrada, independente do suporte que a contém. Já informação vem a ser o conhecimento extraído dos dados para a formação de um juízo de valor.

- É muito importante saber a distinção entre documento e documento de arquivo, vejamos:

  1) Documento, na sua definição mais simples, trata-se de uma unidade de informação registrada em qualquer meio, suporte ou formato, independentemente da técnica de registro empregada na sua elaboração.

  2) A origem da palavra arquivo, segundo estudiosos, possui duas vertentes: a primeira diz que é originária do grego arché (palácio dos magistrados), passando depois a se chamar *archeion* (local utilizado para guardar e depositar documentos); e a segunda, que é originária do latim, *archivum*, quer dizer: local de guarda de documentos e outros títulos.

O art. 2º da Lei nº 8.159/91 que dispõe obre a política nacional de arquivos públicos e privados e dá outras providências, traz a seguinte definição para arquivo:

> *"Consideram-se arquivos, para os fins desta lei, os conjuntos de documentos produzidos e recebidos por órgãos públicos, instituições de caráter público e entidades privadas, em decorrência do exercício de atividades específicas, bem como por pessoa física, qualquer que seja o suporte da informação ou a*

natureza dos documentos". (art. 2º da Lei nº 8.159/91)

Outras definições de arquivo:

"designação genérica de um conjunto de documentos produzidos e recebidos por uma pessoa física ou jurídica, pública ou privada, caracterizado pela natureza orgânica de sua acumulação e conservado por essas pessoas ou por seus sucessores, para fins de prova ou informação" (CONARQ).

"é a acumulação ordenada dos documentos, em sua maioria textuais, criados por uma instituição ou pessoa, no curso de sua atividade, e preservados para a consecução dos seus objetivos, visando à utilidade que poderão oferecer no futuro" Paes, 1986.

"É o conjunto de documentos oficialmente produzidos e recebidos por um governo, organização ou firma, no decorrer de suas atividades, arquivados e conservados por si e seus sucessores para efeitos futuros", Solon Buck (Souza, 1950) (citado por Paes, 1986).

Pronto! Agora que conhecemos o que é documento e o que é arquivo, vamos a busca da definição de "documento de arquivo:

No arquivo "Os documentos são produzidos e conservados com objetivos funcionais", "São produzidos num único exemplar ou em limitado número de cópias", "Há uma significação orgânica entre os documentos" e "Exige conhecimento da relação entre as unidades, a organização e funcionamento dos órgãos". Paes, 1986.

"Documento de arquivo é aquele que, produzido ou recebido por uma instituição pública ou privada no exercício de suas atividades, constitua elemento de prova ou de informação." (ROSSEAU, 1998)

Ou seja, documento de arquivo tem sua origem tanto no âmbito das relações internas e externas das instituições/organizações (pessoa jurídica), quanto nas atividades desempenhadas por uma pessoa física; é produzido ou recebido para atender a determinada finalidade específica, servindo futuramente como elemento probatório, testemunhal e informativo.

Por fim, vejamos um paralelo entre arquivo, biblioteca e museu:

	OBJETIVO	FINALIDADE	ORIGEM/FORMA DE ENTRADA DO MATERIAL	CONSTITUIÇÃO
ARQUIVO	Provar, Testemunhar, Informar.	Funcional, Jurídica, Administrativa, Cultural (apenas para o conhecimento da história).	Criação e/ou recepção de documentos no curso natural das atividades particulares, organizacionais e familiares.	Único exemplar ou limitado número de documentos (na maioria, textuais).
BIBLIOTECA	Instruir, Educar, Subsidiar a pesquisa.	Didática, Cultural, Técnica, Científica.	Compra, Permuta, Doação.	Vários exemplares (na maioria impressos).
MUSEU	Preservar, Conservar, Entreter.	Didática, Cultural, Técnica, Científica.	Exploração científica, Doação, Coleção.	Peças e objetos históricos, Coleções diversas, Legado artístico e familiar.

2. GESTÃO DE DOCUMENTOS

- Na gestão documental destacam-se os instrumentos de pesquisa que são ferramentas de descrição (atividade do arquivo permanente) que completam o trabalho de um arquivo e tem a finalidade de propiciar o acesso aos documentos, consulta e divulgação do acervo. Apresentam-se em vários formatos e possuem características próprias que atendem às necessidades dos pesquisadores.

  São eles:

  - **Guia:** Instrumento de pesquisa que oferece informações gerais sobre fundos e coleções existentes em um ou mais arquivos. D.T.A., 2005.
  - **Inventário:** Instrumento de pesquisa que descreve, sumária ou analiticamente, as unidades de arquivamento de um fundo ou parte dele, cuja apresentação obedece a uma ordenação lógica que poderá refletir ou não a disposição física dos documentos. D.T.A., 2005.
  - **Catálogo:** Instrumento de pesquisa organizado segundo critérios temáticos, cronológicos, onomásticos ou toponímicos, reunindo a descrição individualizada de documentos pertencentes a um ou mais fundos, de forma sumária ou analítica. D.T.A., 2005.
  - **Repertório ou Catálogo Seletivo:** descreve documentos específicos, previamente selecionados, pertencentes a um ou mais fundos. Trata-se de uma descrição minuciosa de cada peça integrante de um documento, podendo conter partes transcritas do documento.

- **Instrumentos auxiliares de pesquisa**

  - **Índice:** trata-se de uma lista sistemática (metódica) e minuciosa das partes integrantes do conteúdo dos documentos (ordenada de forma a indicar a sua localização), elaborada mediante a utilização de vocabulários controlados e tesauros, tendo como objetivo permitir ao leitor a rápida e eficiente localização do contexto onde se encontram os termos (palavras-chave) indexados.

Tabela de equivalência ou concordância – tabela que reflete a relação de igual valor entre as antigas e as novas notações, tendo em vista, alterações no sistema de arranjo.

O guia de fontes – é um instrumento de pesquisa que conduz os consulentes às fontes e documentos que subsidiaram a informação, recuperando-a de forma clara, rápida e ágil.

- Para Marilena Leite Paes, a organização e administração de arquivos compreendem 4 (quatro) etapas, são elas:

1º) Levantamento de dados

Pressupõe o conhecimento da estrutura da organização e a coleta de informações a respeito:

- Do funcionamento dos órgãos internos;
- Do trâmite documental;
- Dos sistemas e métodos de arquivamento utilizados;
- Da entrada e expedição de documentos;
- Do manuseio, acondicionamento e armazenamento dos arquivos;
- Da disponibilização do acervo mediante consulta e empréstimo;
- Do gênero e espécie dos documentos existentes;
- Do volume dos documentos arquivados;
- Da tecnologia empregada na reprodução e conservação dos documentos;
- Das normas e legislação arquivística empregadas na instituição etc.

2º) Análise dos dados coletados

Faz-se um diagnóstico de arquivo, ou seja, a análise de toda documentação de arquivo, identificando falhas e fatores que contribuem para o mau funcionamento do arquivo.

3º) Planejamento

Etapa que compreende a elaboração de um plano de arquivo (plano arquivístico) levando-se em consideração:

- As instituições físicas e equipamentos empregados;
- Elaboração de um projeto de arquivo;
- Os recursos humanos e financeiros;
- Os sistemas e métodos de arquivamento que serão utilizados;
- O lugar ocupado pelo arquivo no organograma da instituição, etc.

4º) Implantação e acompanhamento

Finalizando o processo de organização e administração de arquivos, é a etapa responsável pela execução do que foi planejado, nessa fase:

- Leva-se ao conhecimento do corpo administrativo e operacional da instituição a necessidade de se adequar aos novos procedimentos referentes ao manuseio/trato de documentos desde a sua criação/recepção até a eliminação/descarte;
- Qualificam-se, através de cursos e treinamentos, pessoas que lidam, direta ou indiretamente, com os arquivos;
- Acompanha-se periodicamente a implementação e execução do planejamento;
- Por fim, elabora-se o manual de arquivo, respeitando a legislação pertinente e as necessidades da instituição.

3. ARQUIVOS CORRENTE, INTERMEDIÁRIO E PERMANENTE

- Quanto aos estágios de evolução, os arquivos podem ser: corrente, intermediário ou permanente.

Arquivo corrente – Conjunto de documentos, em tramitação ou não, que, pelo seu valor primário, é objeto de consultas frequentes pela entidade que o produziu, a quem compete a sua administração.

No arquivo corrente, ativo ou de movimento, os documentos fazem parte da rotina diária do setor produtivo, sendo utilizados constantemente. A partir do momento em que são pouco requisitados poderão ser transferidos ao arquivo intermediário para o cumprimento do prazo de retenção, caso ainda possua interesse para a administração, para, a partir daí, serem recolhidos ao arquivo permanente ou eliminados definitivamente.

Obs.: Alguns documentos podem ser eliminados no arquivo corrente, bem como recolhidos diretamente ao arquivo permanente, sem passar pelo arquivo intermediário.

Arquivo intermediário – Conjunto de documentos originários de arquivos correntes, com uso pouco freqüente, que aguarda destinação.

Arquivo permanente – Conjunto de documentos preservados em caráter definitivo em função de seu valor.

- Transferência: operação responsável pela passagem de um ou mais documentos do arquivo corrente para o arquivo intermediário.
- Recolhimento: quando um ou mais documentos passam do arquivo corrente ou intermediário para o arquivo permanente.
- Vejamos no quadro abaixo algumas informações relevantes referente aos arquivos corrente, intermediário e permanente.

	Corrente	Intermediário	Permanente
Nomenclatura	1ª idade, setorial, em curso, de movimento, ativo, vivo.	2ª idade, pré-arquivo, temporário, purgatório, semiativo, limbo.	3ª idade, histórico, definitivo, estático, passivo, morto (indevidamente).
Quanto valor	Primário (imediato ou administrativo).	Primário (imediato ou administrativo).	Secundário (mediato/de arquivo/permanente/probatório/informativo).
Localização	Próximo ao setor produtor (arquivo setorial).	Distante do setor produtor (arquivo geral, central, depósito de armazenamento temporário).	Centros culturais (arquivo definitivo).
Acessibilidade	Restrita ao setor produtivo.	Pode ser consultado e utilizado mediante autorização do setor produtor (ainda pertence ao setor de origem).	Aberto ao público (acesso irrestrito).
Utilização pela entidade produtora	Consultado com muita frequência.	Baixa frequência de utilização.	Sem uso corrente (desuso/sem valor administrativo).
Atividades	Protocolo, expedição, arquivamento, empréstimo e consulta, destinação.	Tratamento documental (limpeza e desinfestação), aplicação da tabela de temporalidade (período de prazo ou retenção), cumprimento do prazo precaucional.	Arranjo, descrição, conservação, referência.

- O prazo de guarda dos documentos varia de acordo com a necessidade de utilização pela entidade produtora, vinculando-se diretamente ao valor administrativo/funcional, pois esse valor é que vai determinar a sua permanência nos arquivos corrente e intermediário, sua guarda permanente ou eliminação/descarte.

Tipos de Arquivo	Tempo (em anos)
Corrente (1ª idade ou setorial)	1
Geral/Central	5 a 10
Intermediário	20
Permanente	25 ou 30

Bellotto, 2004.

Importante: Segundo Marilena Leite Paes **as Três Idades são complementares**, onde cada uma delas **"corresponde a uma maneira diferente de conservar e tratar os documentos e, consequentemente, uma organização adequada".**

4. AVALIAÇÃO DE DOCUMENTOS

A avaliação e seleção documental são processos de análise e intervenções realizados mediante um cuidadoso e criterioso exame da procedência do documento, do conteúdo informativo, da tipologia documental e dos valores intrínsecos da documentação, que se efetivam na idade corrente através de análise e seleção de documentos, estabelecendo-se valores com vistas a estipular prazos de guarda ou eliminação/descarte. A análise documental deve ser realizada por especialistas da área arquivística, evitando-se o descarte indiscriminado de documentos que possuem importância histórica e que fornecerão aos pesquisadores e historiadores visões gerais ou parciais das entidades produtoras e da sociedade.

A avaliação documental tem como objetivos: o aproveitamento adequado e ganho do espaço físico; alterações de suporte; redução da massa documental (eliminando-se documentos destituídos de valor); preservação do patrimônio documental; obtenção de um maior controle do acervo; recuperação rápida e eficiente de documentos e da informação; preservação e conservação dos acervos; incremento à pesquisa; melhor aproveitamento dos recursos materiais e humanos, entre outros benefícios.

Obs.: No âmbito da Administração Pública Federal a avaliação documental consta do art. 18 do Decreto 4.073/02 da seguinte forma: "Em cada órgão e entidade da Administração Pública Federal será constituída comissão permanente de avaliação de documentos (CPAD), que terá a responsabilidade de orientar e realizar o processo de análise, avaliação e seleção da documentação produzida e acumulada no seu âmbito de atuação, tendo em vista a identificação dos documentos para guarda permanente e a eliminação dos destituídos de valor".

5. TIPOLOGIAS DOCUMENTAIS E SUPORTES FÍSICOS

Os documentos de arquivo são classificados:

- **Quanto à entidade produtora**
  - **Públicos:** São emitidos por autoridade pública ou mediante procuração de autoridade pública. Ex: escritura pública de compra e venda emitida por um notário.
  - **Privados:** São emitidos por um particular (pessoa física) ou por autoridade pública fora de suas funções, atribuições, ou competência.
- **Quanto ao gênero**
  - **Textuais (escritos):** documentos manuscritos, datilografados ou impressos. Ex.: editais, certidões, atas, contratos, etc.

- **Filmográfico:** são documentos representados exclusivamente por imagens em movimento (não há presença de som). Ex.: filmes, fitas vídeo-magnéticas, entre outros.
- **Audiovisual:** é um tipo de documento que combina som e imagem em movimento, presente nas produções cinematográficas e televisivas. Ex.: blu-ray, DVD, beta, VHS, 8 mm, etc.
- **Cartográficos:** são documentos representados em escala cartográfica, possuindo formatos e dimensões variáveis. Ex.: mapas, plantas, croquis, fotografias aéreas, perfis, etc.
- **Iconográficos:** documentos representados por imagens paradas (estáticas). Ex.: gravura, desenho, slides, diapositivos, negativos, etc.
- **Micrográficos:** implica na conversão de arquivos (na sua maioria em papel: documentos, dados, imagens, etc.) em microfilmes. Ex: microfilmes, microfichas, jaquetas, cartões de abertura, etc.
- **Informáticos (eletrônicos/digitais):** documentos criados e processados por intervenção de computador, utilizando-se de softwares específicos para leitura da extensão do arquivo correspondente. Ex: documentos criados em um computador e armazenados em: disquete, HD, pen drive, disco óptico, etc.
- **Sonoros:** a informação está em forma de som, ou seja, trata-se de registro fonográfico, podendo ser encontrada em suportes como: DVD, CD, disco de vinil, fita K7, mp3, etc.

• **Gênero documental:** reunião de espécies documentais que se assemelham por suas características essenciais, particularmente o suporte e o formato, e que exigem processamento técnico específico e, por vezes, mediação técnica para acesso. (Dicionário Brasileiro de Terminologia Arquivística, 2005).

ATENÇÃO! "Considera-se documento arquivístico digital o documento arquivístico codificado em dígitos binários, produzido, tramitado e armazenado por sistema computacional. São exemplos de documentos arquivísticos digitais: planilhas eletrônicas, mensagens de correio eletrônico, sítios na internet, bases de dados e também textos, imagens fixas, imagens em movimento e gravações sonoras, dentre outras possibilidades, em formato digital".

Resolução CONARQ, nº 20.

"Os elementos externos, extrínsecos, físicos, de estrutura ou formais têm a ver com a estrutura física e com a forma de apresentação do documento. Relacionam-se com o gênero, isto é, com a configuração que assume um documento de acordo com o sistema de signos de que seus executores se serviram para registrar a mensagem.

De outro lado, os elementos internos, intrínsecos, substantivos ou de substância têm a ver com o conteúdo substantivo do documento, seu assunto propriamente dito, assim como com a natureza de sua proveniência e função." (BELLOTTO, Heloísa Liberalli, 2006)

• **Quanto à espécie**

- **Atos normativos:** são documentos de cumprimento obrigatório expedidos por autoridades administrativas com a finalidade de dispor e deliberar sobre matérias específicas. Ex.: decretos, leis, ordens de serviço, portarias, regulamentos, normas, regimentos, despachos (quando decisórios) etc.
- **Atos enunciativos:** são os opinativos, esclarecem assuntos, visam fundamentar uma solução. Ex.: relatórios, laudos, informações, votos, pareceres, despachos (quando interlocutórios) etc.
- **Atos de assentamento:** são os configurados por registros consubstanciando assentamento sobre fatos ou ocorrências. Ex.: atas, termos, autos de infração, apostilas, etc.
- **Atos comprobatórios:** são os que comprovam assentamentos, decisões. Ex.: atestados, cópias autenticadas, traslados, certidões, etc.
- **Atos de ajuste:** são representados por acordos, pactos, etc. Ex.: ajustes, contratos, convênios, etc.
- **Atos de correspondência:** objetivam a execução dos atos normativos em sentido amplo. Ex.: memorandos, alvarás, cartas, avisos, notificações, ofícios, notas, exposições de motivos, circulares, editais, mensagens, etc.

• **Espécie documental:** "é a configuração que assume um documento de acordo com a disposição e a natureza das informações nele contidas". Bellotto, 2004.

Segundo Vázquez (citado por BELLOTTO, Heloísa Liberalli, 2006), há outra possibilidade de classificação das categorias documentais, sem fugir da mesma concepção e da mesma essência.

Neste caso os documentos seriam classificados em três grandes categorias:

- **Documentos dispositivos** – englobando os documentos normativos, de ajuste e os de correspondência.
- **Documentos testemunhais** – enquadrando-se os documentos de assentamento e comprobatórios.
- **Documentos informativos** – na qual se encontram os documentos enunciativos.

• **Quanto ao tipo/tipologia documental**

O tipo documental diz respeito à atividade para a qual o documento foi criado, por exemplo:

Espécie	Tipo/Tipologia documental
Edital	edital de concurso / edital de licitação
Contrato	contrato de locação / contrato de compra e venda
Citação	carta rogatória / carta precatória
Alvará	alvará de soltura / alvará de construção
Petição	petição de embargos declaratórios / petição de recurso ordinário
Relatório	relatório de compras / relatório de preços
Processo	processo de desocupação / processo de execução fiscal
Certidão	certidão de casamento / certidão de nascimento

- **Tipo documental:** "é a configuração que assume a espécie documental de acordo com a atividade que a gerou". Bellotto, 2004.

  "atributo de um documento que, originado na atividade administrativa a que serve, se manifesta em uma diagramação, formato e conteúdo distintivos e serve de elemento para classificá-lo, descrevê-lo e determinar-lhe a categoria diplomática." Vásquez, 1987 (citado por BELLOTTO, Heloísa Liberalli, 2006)

• **Quanto ao valor**

- **Administrativo:** valor que o documento possui para a atividade administrativa do órgão produtor (que o criou), fundamentando, informando ou provando seus atos.
- **Fiscal:** quando um documento visa comprovar a existência de operações financeiras e fiscais perante os órgãos fiscalizadores governamentais.
- **Informativo:** segundo o qual, toda e qualquer informação constante de um documento tem importância independentemente do valor probatório.
- **Legal:** valor indispensável aos efeitos jurídicos futuros (aquisição, manutenção, transferência, modificação ou extinção de direitos) para comprovação perante um Juízo.
- **Permanente:** documento que não pode ser descartado, dado o seu valor histórico, probatório e testemunhal.
- **Primário:** valor que um documento assume devido às razões de sua criação, importância e utilização para os fins administrativos, legais e fiscais da entidade.
- **Probatório:** valor de prova (probatório).
- **Secundário:** valor distinto da finalidade inicial para o qual foi criado.

• **Quanto à natureza do assunto**

- **Ostensivos ou ordinários:** qualquer indivíduo pode consultar o documento e a liberação ao seu acesso não é prejudicial à entidade.
- **Sigilosos:** acesso limitado (restrito), devendo ser tomadas medidas de proteção e segurança para a custódia e disseminação.

Obs.: ver Decreto nº 7.845, de 14 de novembro de 2012.

• **Quanto ao formato**

Formato – é a configuração física em que se apresenta o suporte documental, de acordo com a maneira que foi elaborado, por exemplo: folha avulsa, livro, caderno, folder, mapa, cartaz, códice, diapositivo, folha, planta, mídia eletrônica, rolo ou tira de filme, peças tridimensionais etc.

• **Quanto à forma**

- **Forma:** diz respeito ao estágio de preparação e de transmissão de documentos. Ex.: arte-final, minuta, original, leiaute, cópia, croqui, rascunho, esboço, etc.

• **Quanto à técnica de registro**

- **Técnica de registro:** diz respeito à técnica empregada no registro das informações. Ex.: datilografia, escrita, impressão, gravação, fotocomposição, etc.

6. LEGISLAÇÃO ARQUIVÍSTICA

Nos concursos públicos destinados ao provimento de cargos de nível médio em que no conteúdo programático é exigido noções de arquivologia, a legislação arquivística se limita, na maioria dos casos, as Leis, Decretos, Resoluções, etc., cobrados com mais frequência em provas desta categoria, qual sejam: Lei nº 8.159, de 8 de janeiro de 1991; Decreto nº 4.073, de 3 de janeiro de 2002; Lei n° 5.433, de 8 de maio de 1968; Decreto nº 1.799, de 30 de janeiro de 1996 e Decreto nº 7.845, de 14 de novembro de 2012 .

Já em concursos voltados ao provimento de cargos de nível superior, toda legislação arquivística deve ser levada em consideração.

Obs.: É óbvio que o conteúdo programático está vinculado ao edital de concurso e o que for exigido fora do que for determinado deve ser objeto de recurso, tanto para os concursos de nível médio quanto para os de nível superior.

Há também que se observar as respectivas esferas governamentais, ou seja, se o edital não discriminar os tópicos relacionados à legislação, o candidato deve consultar se o Município ou o Estado possui alguma norma específica além daquelas publicadas pela União. Às vezes o próprio órgão para o qual o concurso é destinado tem normas arquivísticas internas.

7. ATENÇÃO

Na maioria dos casos o edital da CESPE determina o desconto da pontuação da questão caso a resposta do candidato esteja em concordância com o gabarito oficial definitivo. Na dúvida sugiro que o candidato não marque resposta alguma ou faça a marcação dupla, pois dessa forma evita-se perder o ponto de uma questão com a resposta correta.

Efetue a leitura de vários termos arquivísticos e suas respectivas definições que podem ser encontrados no Dicionário Brasileiro de Terminologia Arquivística. Muitos conceitos são cobrados em provas de concurso público.

BIBLIOGRAFIA

______. Decreto nº 1.799, de 30 de janeiro de 1996. Regulamenta a Lei n° 5.433, de 8 de maio de 1968, que regula a microfilmagem de documentos oficiais, e dá outras providências. Disponível em: <http://www.planalto.gov.br/ccivil_03/decreto/Antigos/D1799.htm>. Acesso em: 07/02/11.

______. Decreto nº 4.073, de 3 de janeiro de 2002. Regulamenta a Lei nº 8.159, de 8 de janeiro de 1991, que dispõe sobre a política nacional de arquivos públicos e privados. Disponível em: <http://www.planalto.gov.br/ccivil_03/decreto/2002/d4073.htm>. Acesso em: 10/02/11.

______. Lei nº 5.433, de 08/05/1968. Regula a microfilmagem de documentos oficiais e dá outras providências. Disponível em: <http://www.planalto.gov.br/ccivil_03/leis/L5433.htm>. Acesso em: 07/02/11.

______. Lei nº 8.159, de 08/01/1991. Dispõe sobre a política nacional de arquivos públicos e privados e dá outras providências. Regulamentada pelo Decreto nº 4.073, de 03/01/2002. Disponível em: <http://www.planalto.gov.br/ccivil_03/Leis/L8159.htm>. Acesso em: 10/02/11.

______. Decreto nº 7.845, de 14 de novembro de 2012. Regulamenta procedimentos para credenciamento de segurança e tratamento de informação classificada em qualquer grau de sigilo, e dispõe sobre o Núcleo de Segurança e Credenciamento. Disponível em: < http://www.planalto.gov.br/ccivil_03/_ato2011-2014/2012/decreto/D7845.htm>. Acesso em: 24/04/17.

ARQUIVO NACIONAL. Dicionário brasileiro de terminologia arquivística. Rio de Janeiro: Arquivo Nacional, 2005. Disponível em: <http://www.arquivonacional.gov.br/Media/Dicion%20Term%20Arquiv.pdf>. Acesso em: 05/02/2011

BECK, Ingrid. Manual de Conservação de Documentos. Rio de Janeiro, ACAN, 1985.

BELLOTTO, Heloísa Liberalli. Arquivos Permanentes: Tratamento documental. Rio de Janeiro: Ed. FGV, 2004.

BURGI, Sérgio. Introdução à Preservação e Conservação de Acervos Fotográficos: técnicas, métodos e materiais. Rio de Janeiro, FUNARTE, 1988.

DUARTE, Zeny. Preservação de documentos: métodos e práticas de salvaguarda. 2 ed. Salvador: EDUFBA, 2003.

LOPES, Luís Carlos. A informação e os arquivos: teorias e práticas. Niterói: EDUFF; São Carlos: EDUFSCar, 1996.

PAES, Marilena Leite. Arquivo: Teoria e prática. 5ª reimp. Rio de Janeiro: Ed. FGV, 2005.

RODRIGUES, George Melo. Coleção Tribunais e MPU: Arquivologia para Técnico e Analista – 2ª ed.: rev., amp. e atualizada: Ed. Juspodivm, 2012.

RONDINELLI, Rosely Curi. Gerenciamento Arquivístico de Documentos Eletrônicos: uma abordagem teórica da diplomática arquivística contemporânea. 3ª ed. Rio de Janeiro: Ed. FGV, 2005

ROUSSEAU, Jean-Yves; COUTURE, Carol. Os Fundamentos da Disciplina Arquivística. Lisboa: Dom Quixote, 1998.

SANTOS, João Tiago; REIS, Leonardo. Arquivologia facilitada: Teoria e questões. Rio de Janeiro: Elsevier, 2011.

SANTOS, Vanderlei Batista dos. Gestão de Documentos Eletrônicos: uma visão arquivística. Brasília: ABARQ, 2005.

SCHELLENBERG, Theodore Roosevelt. Arquivos Modernos: Princípios e técnicas. Tradução de Nilza Teixeira Soares. 4. ed. Rio de Janeiro: Ed. FGV, 2004.

Administração Financeira e Orçamentária

Wilson Araújo

TABELA DE INCIDÊNCIA DE QUESTÕES

Distribuição das questões organizada por ordem didática de assuntos		
Assunto	**Número de Questões**	**Peso**
CRÉDITOS ADICIONAIS	1	50,00%
LEI 101, DE 04/05/2000: LEI DE RESPONSABILIDADE FISCAL (LRF)	1	50,00%
Total	**2**	**100%**

Administração Financeira e Orçamentária

Wilson Araújo

✦ QUESTÕES

1. CRÉDITOS ADICIONAIS

01. QUESTÃO (Cespe – Técnico – Área Administrativa – MPU/2010) Julgue os seguintes itens, referentes a noções de administração financeira e orçamentária.

01.01. A autorização de crédito extraordinário para a reconstrução de cidades atingidas por enchentes depende da existência de recursos específicos destinados a tal fim.

Gabarito da questão: Errada.

Questão incorreta em razão dos fragmentos que destaco abaixo:

> *" A autorização de crédito extraordinário..." (não há necessidade de autorização)*
>
> *"... depende da existência de recursos específicos destinados a tal fim." (independe da indicação de fonte)*

✪ Nota do autor

O Orçamento é um produto do Sistema de Planejamento que define as ações a serem desenvolvidas em determinado exercício. Para garantir ajustes ao orçamento durante sua execução, foi criado na Lei nº. 4.320/64, em seu artigo 40, o dispositivo legal denominado crédito adicional ou leis de créditos adicionais, tendo em vista que somente uma lei pode alterar outra lei. Atualmente a legislação classifica os créditos adicionais em:

1. **Suplementares**
2. **Especiais**
3. **Extraordinários**

Recomendo a leitura dos artigos 40 a 46 da lei nº. 4.320/64.

COMENTÁRIOS

A questão trata dos créditos extraordinários que são os destinados a despesas urgentes e imprevisíveis, como as decorrentes de guerra, comoção interna ou calamidade pública, conforme art. 167, *§ 3º* da CF:

> *A abertura de crédito extraordinário somente será admitida para atender a despesas imprevisíveis e urgentes, como as decorrentes de guerra, comoção interna ou calamidade pública, observado o disposto no art. 62.*

Observem que o dispositivo Constitucional elenca de forma exemplificativa (e não restritiva) os casos que justificarão a abertura do referido crédito (*"...como as decorrentes de guerra, comoção interna ou calamidade pública,...").*

Já a Lei nº. 4.320/64 restringiu essa abertura apenas a três casos:

- ❑ Guerra;
- ❑ Comoção intestina (interna); e
- ❑ Calamidade Pública

> *Art. 41 III - extraordinários, os destinados a despesas urgentes e imprevistas, **em caso de** guerra, comoção intestina ou calamidade pública. (grifo nosso)*

Portanto, fiquem atentos as questões que restrinjam à abertura dos créditos extraordinários as três situações acima citadas.

01.02. A lei orçamentária pode ser legalmente alterada, no decorrer de sua execução, mediante a inclusão de créditos adicionais, sendo denominado crédito especial o crédito adicional autorizado para atender despesas novas para as quais não haja dotação orçamentária específica.

Gabarito da questão: Correta.

✪ Nota do autor

O ponto chave está na finalidade do crédito especial. Segundo a lei 4.320/64, são os destinados a despesas para as quais não haja dotação orçamentária específica.

> **Lei nº 4.320/64:**
>
> **Art. 41.** *Os créditos adicionais classificam-se em:*
>
> *I - suplementares, os destinados a reforço de dotação orçamentária;*
>
> *II - especiais, os destinados a despesas para as quais não haja dotação orçamentária específica;*
>
> *III - extraordinários, os destinados a despesas urgentes e imprevistas, em caso de guerra, comoção intestina ou calamidade pública.*

2. LEI 101, DE 04/05/2000: LEI DE RESPONSABILIDADE FISCAL (LRF)

02. QUESTÃO: (Cespe – Técnico – Área Administrativa – MPU/2010) Com base na Lei de Responsabilidade Fiscal, julgue os seguintes itens.

02.01. Os restos a pagar processados correspondem a despesas orçamentárias do ano anterior pagas com atraso.

Gabarito da questão: Errada.

✪ Nota do autor

A questão trata dos restos a pagar ou resíduos passivos e tem como fundamentação legal o artigo 36 da lei nº. 4.320/64.

COMENTÁRIOS

A questão conceituou restos a pagar processados como: "... despesas orçamentárias do ano anterior pagas com atraso." Conceito equivocado conforme raciocínio que construo abaixo.

São Restos a Pagar todas as despesas regularmente empenhadas, do exercício atual ou anterior, mas não pagas ou canceladas até 31 de dezembro do exercício financeiro vigente. Distingue-se dois tipos de restos a pagar: os processados (despesas já liquidadas); e os não processados (despesas a liquidar ou em liquidação).

A continuidade dos estágios de execução dessas despesas ocorrerá no próximo exercício, devendo ser controlados em contas de natureza de informação orçamentária específicas.

Para que o processo orçamentário possa ser melhor compreendido, a despesa orçamentária percorrerá os seguintes estágios:

- Fixação;
- Empenho;
- Liquidação;
- Pagamento.

Ao final do exercício financeiro à Administração Pública deverá apurar o seu resultado orçamentário que será obtido através da diferença entre a receita orçamentária e a despesa orçamentária.

O reconhecimento da despesa orçamentária ocorre no momento do seu empenho, conforme artigo 35 da Lei nº. 4.320/1964 e decorre do enfoque orçamentário dessa lei.

> *Art. 35. Pertencem ao exercício financeiro:*
>
> *I - as receitas nele arrecadadas;*
>
> *II - as despesas nele legalmente empenhadas.*

Portanto, independentemente da liquidação ou do pagamento, a despesa orçamentária será contabilizada como pertencente ao exercício quando atingir o estágio do empenho.

Em razão dessa determinação legal a lei nº. 4.320/64, em seu artigo 36, conceitua como RESTOS A PAGAR toda despesa empenhada e não paga.

> **Art. 36.** *Consideram-se Restos a Pagar as despesas empenhadas mas não pagas até o dia 31 de dezembro, distinguindo-se as processadas das não processadas.*

Podem-se distinguir dois tipos de Restos a Pagar, os Processados e os Não processados. A inscrição de Restos a Pagar deve observar aos limites e condições de modo a prevenir riscos e corrigir desvios capazes de afetar o equilíbrio das contas públicas, conforme estabelecido na Lei de Responsabilidade Fiscal – LRF.

Restos a pagar processados

São aqueles em que a despesa orçamentária percorreu os estágios de empenho e liquidação, restando pendente apenas o estágio do pagamento. Em geral, não podem ser cancelados, tendo em vista que o fornecedor de bens/serviços cumpriu com a obrigação de fazer e a Administração não poderá deixar de cumprir com a obrigação de pagar. Portanto, serão inscritas em restos a pagar as despesas liquidadas e não pagas no exercício financeiro, ou seja, aquelas em que o serviço, obra ou material contratado tenha sido prestado ou entregue e aceito pelo contratante.

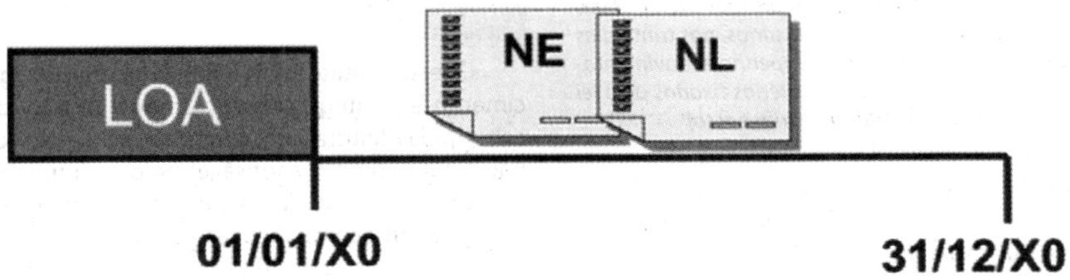

Pela figura acima a despesa foi empenhada, liquidada mas não foi paga.

Restos a pagar não processados

Ou saldo de despesas empenhadas que não conseguiram, por algum motivo, atingir o estágio da LIQUIDAÇÃO até o dia 31/12. Essas despesas estão na dependência da prestação do serviço, do fornecimento do material ou da execução da obra por parte do credor, portanto o seu direito não foi apurado, quanto à liquidez e certeza.

Também serão inscritas as despesas não liquidadas quando o serviço ou material contratado tenha sido prestado ou entregue e que se encontre, em 31 de dezembro de cada exercício financeiro, em fase de verificação do direito adquirido pelo credor ou quando o prazo para cumprimento da obrigação assumida pelo credor estiver vigente.

A inscrição de despesa em restos a pagar não processados é procedida após a anulação dos empenhos que não podem ser inscritos em virtude de restrição em norma do ente, ou seja, verificam-se quais despesas devem ser inscritas em restos a pagar e anulam-se as demais para, após, inscrevem-se os restos a pagar não processados do exercício.

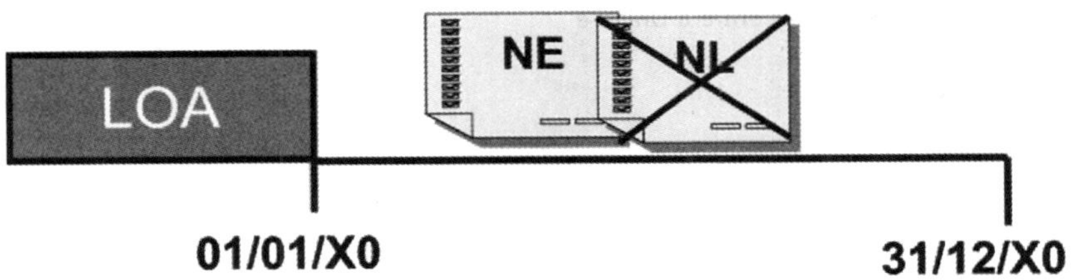

Pela figura acima a despesa foi empenhada, não foi liquidada e não foi paga podendo ser inscrita em Restos a Pagar não processados ao final do exercício.

02.02. O Poder Executivo deve desdobrar as receitas previstas em metas bimestrais de arrecadação, que servirão de parâmetro para a limitação do empenho e da movimentação financeira.

Gabarito da questão: Correta.

✪ Nota do autor

A Lei de Responsabilidade Fiscal (LRF) - Lei Complementar nº 101, de 4 de maio de 2000, visa regulamentar a Constituição Federal, na parte da Tributação e do Orçamento (Título VI), e estabelece as normas gerais de finanças públicas a serem observadas pelos três níveis de governo: Federal, Estadual e Municipal.

Entenda a LRF como um código de conduta que leva o administrador público a chamada gestão fiscal responsável exigindo ações planejadas e transparentes.

A Lei reforça os princípios da Federação ao estabelecer que os Governantes dos Estados e Municípios prestem contas de seus atos ao respectivo Legislativo. Um dos grandes propósitos da LRF é possibilitar ao cidadão o direito de fiscalizar o gestor público quando da aplicação dos recursos.

COMENTÁRIOS

A questão trata de dois temas cuja previsão legal encontra-se nos artigos 9º e 13 da LRF:

> **Art. 13.** *No prazo previsto no art. 8º, as receitas previstas serão desdobradas, pelo Poder Executivo, em metas bimestrais de arrecadação, com a especificação, em separado, quando cabível, das medidas de combate à evasão e à sonegação, da quantidade e valores de ações ajuizadas para cobrança da dívida ativa, bem como da evolução do montante dos créditos tributários passíveis de cobrança administrativa.(Grifo nosso)*
>
> **Art. 9º** *Se verificado, ao final de um bimestre, que a realização da receita poderá não comportar o cumprimento das metas de resultado primário ou nominal estabelecidas no Anexo de Metas Fiscais, os*

Poderes e o Ministério Público promoverão, por ato próprio e nos montantes necessários, nos trinta dias subseqüentes, limitação de empenho e movimentação financeira, segundo os critérios fixados pela lei de diretrizes orçamentárias. (Grifo nosso)

02.03. O relatório resumido da execução orçamentária é necessário para todos os órgãos da administração direta e indireta dos poderes da República.

Gabarito da questão: Errada.

COMENTÁRIOS

A LRF trata do Relatório resumido da execução orçamentária (RREO) em seus artigos 52 e 53.

Abrangência: Todos os Poderes e o Ministério Público.

O erro da questão está aqui. Perceba que a sua abrangência não foi estendida a todos os órgãos da administração direta e indireta dos Poderes conforme afirma o enunciado.

Observação:

O erro da questão está na abrangência ("...é necessário para todos os órgãos da administração direta e indireta dos poderes da República"), porém, a banca achou por bem anulá-la pois entendeu que o enunciado poderia ter gerado confusão aos candidatos.

02.04. Cabe ao MPU acompanhar a legalidade das operações com títulos públicos realizadas entre a União e o BACEN.

Gabarito da questão: Errada.

COMENTÁRIOS

Questão muito bem formulada, pois, exige o conhecimento e a integração dos artigos 39 e 59 da LRF. Perceba, pelas leituras dos dispositivos abaixo, que o MPU não figura como responsável pelo acompanhamento da legalidade das operações com títulos públicos. A responsabilidade de acompanhar a legalidade das operações com títulos públicos, realizadas entre a União por mediação do Tesouro Nacional, e o Banco Central do Brasil cabe ao Tribunal de Contas.

Art. 39.

§ 2º O Banco Central do Brasil só poderá comprar diretamente títulos emitidos pela União para refinanciar a dívida mobiliária federal que estiver vencendo na sua carteira.

§ 3º A operação mencionada no § 2o deverá ser realizada à taxa média e condições alcançadas no dia, em leilão público.

§ 4º É vedado ao Tesouro Nacional adquirir títulos da dívida pública federal existentes na carteira do Banco Central do Brasil, ainda que com cláusula de reversão, salvo para reduzir a dívida mobiliária.

Art. 59.

§ 3º O Tribunal de Contas da União acompanhará o cumprimento do disposto nos §§ 2o, 3o e 4o do art. 39.

✦ DICAS

1. CRÉDITOS ADICIONAIS

Dicas sobre o assunto

1.1. AUTORIZAÇÃO LEGISLATIVA

Esse é o único que independe de autorização prévia do Poder Legislativo para ocorrer a sua abertura.

CF/88

Art. 62. Em caso de relevância e urgência, o Presidente da República poderá adotar medidas provisórias, com força de lei, devendo submetê-las de imediato ao Congresso Nacional.

4.320/64

Art. 44. Os créditos extraordinários serão abertos por decreto do Poder Executivo, que deles dará imediato conhecimento ao Poder Legislativo.

1.2. ABERTURA

Como vimos nos dispositivos acima, não há necessidade de autorização legislativa para ocorrer a sua abertura. E como serão abertos?

- Na União serão sempre abertos por Medida Provisória.

- Nos Estados poderão ser abertos por Medida Provisória caso haja previsão legal em suas constituições.

- Nos Municípios poderão ser abertos por Medida Provisória caso haja previsão legal em suas Leis Orgânicas.

- Nos Municípios e nos Estados onde não existe previsão de edição de MP, a abertura será por Decreto do Poder Executivo.

1.3. FONTE

Apenas os créditos suplementares e especiais necessitam da indicação da fonte para ocorrer a sua abertura.

4.320/64

Art. 43. A abertura dos créditos suplementares e especiais depende da existência de recursos disponíveis para ocorrer à despesa e será precedida de exposição justificativa.

Já os créditos extraordinários independem da indicação da fonte para ocorrer a sua abertura. Mas, caso o Chefe do Executivo queira indicar a fonte não haverá nenhum impeditivo. Ou seja, se quiser indicar pode.

<u>Fontes que possibilitam a abertura de créditos adicionais</u>

FONTE	FÓRMULA
Superávit financeiro apurado em balanço patrimonial do exercício anterior (4.320/64, Art. 43 § 1º *I*)	SF x1 = (AF x0 – PF x0) – CAR + OCV
os provenientes de excesso de arrecadação (4.320/64, Art. 43 § 1º *II*)	EA x1 = (RA x1 – RP x1) – T – CAEext. x1
anulação parcial ou total de dotações orçamentárias ou de créditos adicionais, autorizados em lei (4.320/64, Art. 43 § 1º *III*)	
produto de operações de crédito autorizadas, em forma que juridicamente possibilite ao Poder Executivo realizá-las (4.320/64, Art. 43 § 1º *IV*)	
Os recursos que, em decorrência de veto, emenda ou rejeição do projeto de lei orçamentária anual, ficarem sem despesas correspondentes (CF/88, *Art. 166 § 8º*)	
Reserva de contingência (Decreto-Lei, Art. 91)	

Observações para a fórmula do Superávit financeiro:

1. Todos os dados que serão utilizados para encontrar o valor dessa fonte serão obtidos no exercício financeiro anterior ao do cálculo.

2. O Ativo Financeiro (AF) e o Passivo Financeiro (PF) são apurados no balanço patrimonial do exercício financeiro anterior.

3. Créditos Adicionais Reabertos (CAR) ou Créditos Adicionais Transferidos (CAT). Créditos especiais ou extraordinários que foram reabertos no exercício financeiro do cálculo.

4. Operações de Crédito Vinculada (OCV). Representam o saldo da operação de crédito que foi contratada no ano anterior e ficou para ser arrecadado no exercício financeiro do cálculo.

Observações para a fórmula do Excesso de arrecadação:

1. Todos os dados da fonte excesso de arrecadação serão obtidos no exercício financeiro do cálculo.

2. Receita Prevista (RP) e Receita Arrecadada (RA). Receita prevista e arrecadada no período indicado pela banca. Caso RP > RA, não teremos excesso de arrecadação.

3. Tendência (T). Representa a tendência negativa para o restante do exercício.

4. CAExt x1. São os créditos extraordinários que foram abertos no exercício do cálculo sem a indicação da fonte. Caso a fonte tenha sido indicada para a sua abertura não deverão compor a fórmula.

2. RESTOS A PAGAR

Dicas sobre o assunto

2.1. REGISTRO SEGUNDO A LRF

No fim do exercício, as despesas orçamentárias empenhadas e não pagas serão inscritas em restos a pagar.

A inscrição de restos a pagar deve observar as disponibilidades financeiras e condições da legislação pertinente, de modo a prevenir riscos e corrigir desvios capazes de afetar o equilíbrio das contas públicas, conforme estabelecido na Lei de Responsabilidade Fiscal (LRF).

Assim, observa-se que, embora a LRF não aborde o mérito do que pode ou não ser inscrito em restos a pagar, veda contrair obrigação no último ano do mandato do governante sem que exista a respectiva cobertura financeira, eliminando desta forma as heranças fiscais onerosas, conforme disposto no seu art. 42:

> ***Art. 42.*** *É vedado ao titular de Poder ou órgão referido no art. 20, nos últimos dois quadrimestres do seu mandato, contrair obrigação de despesa que não possa ser cumprida integralmente dentro dele, ou que tenha parcelas a serem pagas no exercício seguinte sem que haja suficiente disponibilidade de caixa para este efeito.*
>
> ***Parágrafo único.*** *Na determinação da disponibilidade de caixa serão considerados os encargos e despesas compromissadas a pagar até o final do exercício.*

2.2. REGISTRO SEGUNDO A LEI Nº 4.320/64 E DECRETO 93.872/86

A lei nº 4.320/64 em seu artigo 92 Parágrafo único determina que o registro dos restos a pagar far-se-á por exercício e por credor distinguindo-se as despesas processadas das não processadas.

Portanto, por ano de inscrição, por credor e por fase da despesa.

O Decreto 93.872/86 estabeleceu as condições para a inscrição dos Restos a Pagar em seus artigos 68 e 35:

> ***Art. 68.*** *A inscrição de despesas como restos a pagar no encerramento do exercício financeiro de emissão da Nota de Empenho depende da observância das condições estabelecidas neste Decreto para empenho e liquidação da despesa.*
>
> ***§ 1º*** *A inscrição prevista no caput como restos a pagar não processados fica condicionada à indicação pelo ordenador de despesas.*
>
> ***Art. 35.*** *O empenho de despesa não liquidada será considerado anulado em 31 de dezembro, para todos os fins, salvo quando:*
>
> *I - vigente o prazo para cumprimento da obrigação assumida pelo credor, nele estabelecida;*
>
> *II - vencido o prazo de que trata o item anterior, mas esteja em cursos a liquidação da despesa, ou seja de interesse da Administração exigir o cumprimento da obrigação assumida pelo credor;*

III - se destinar a atender transferências a instituições públicas ou privadas;

IV - corresponder a compromissos assumido no exterior.

2.3. PAGAMENTO

Espera-se que seja realizado no ano seguinte ao da sua inscrição (**despesa extraorçamentária**), com base na liquidação da despesa.

2.4. VALIDADE DOS RESTOS A PAGAR

Com o Decreto nº 7.654/11, que alterou o Dec. 93.872/86, a validade dos Restos a Pagar não processados foi modificada.

Dec. 93.872/86

Art. 68. *A inscrição de despesas como restos a pagar no encerramento do exercício financeiro de emissão da Nota de Empenho depende da observância das condições estabelecidas neste Decreto para empenho e liquidação da despesa.*

§ 1º *A inscrição prevista no* ***caput*** *como restos a pagar não processados fica condicionada à indicação pelo ordenador de despesas.*

§ 2º *Os restos a pagar inscritos na condição de não processados e não liquidados posteriormente terão validade até 30 de junho do segundo ano subsequente ao de sua inscrição, ressalvado o disposto no § 3º.*

§ 3º *Permanecem válidos, após a data estabelecida no § 2º, os restos a pagar não processados que:*

I *- refiram-se às despesas executadas diretamente pelos órgãos e entidades da União ou mediante transferência ou descentralização aos Estados, Distrito Federal e Municípios, com execução iniciada até a data prevista no § 2º; ou*

II *- sejam relativos às despesas:*

a) *do Programa de Aceleração do Crescimento – PAC*

b) *do Ministério da Saúde; ou*

c) *do Ministério da Educação financiadas com recursos da Manutenção e Desenvolvimento do Ensino.*

§ 4º *Considera-se como execução iniciada para efeito do inciso I do § 3º:*

I *- nos casos de aquisição de bens, a despesa verificada pela quantidade parcial entregue, atestada e aferida; e*

II *- nos casos de realização de serviços e obras, a despesa verificada pela realização parcial com a medição correspondente atestada e aferida.*

2.5 CANCELAMENTO DOS RESTOS A PAGAR

Os Restos a Pagar **Processados** não podem ser cancelados, tendo em vista que o fornecedor de bens/serviços cumpriu com a obrigação de fazer e a administração não poderá deixar de cumprir com a obrigação de pagar sob pena de estar deixando de cumprir os Princípios da Moralidade que rege a Administração Pública e está previsto no artigo 37 da Constituição Federal, abaixo transcrito. O cancelamento caracteriza, inclusive, forma de enriquecimento ilícito, conforme Parecer nº 401/2000 da Procuradoria-Geral da Fazenda Nacional. O cancelamento se aplica apenas aos Restos a Pagar Não Processados desde que se observe seu período de validade.

LEI DE RESPONSABILIDADE FISCAL (LRF)

Dicas sobre o assunto

3. LIMITAÇÃO DE EMPENHO (ART. 9º)

3.1. MOTIVO

A frustração no desempenho das receitas previstas para um bimestre importará na limitação dos empenhos, na medida do decréscimo no ingresso, da receita efetivamente arrecadada.

Não será qualquer queda na arrecadação que motivará a limitação de empenho, somente aquela que prejudique as metas de resultado primário ou nominal estabelecidas no AMF.

3.2. RESPONSABILIDADE

Os Poderes e o Ministério Público promoverão, por ato próprio e nos montantes necessários, nos trinta dias subsequentes, limitação de empenho e movimentação financeira, segundo os critérios fixados pela lei de diretrizes orçamentárias.

3.3. RESTABELECIMENTO DA RECEITA

No caso de restabelecimento da receita prevista, ainda que parcial, a recomposição das dotações cujos empenhos foram limitados dar-se-á de forma proporcional às reduções efetivadas.

3.4. EXCEÇÕES

Não serão objeto de limitação as despesas que constituam obrigações constitucionais e legais do ente, inclusive aquelas destinadas ao pagamento do serviço da dívida, e as ressalvadas pela lei de diretrizes orçamentárias.

3.5. CASOS QUE DISPENSAM A LIMITAÇÃO DE EMPENHO

Na ocorrência de calamidade pública reconhecida pelo Congresso Nacional, no caso da União, ou pelas Assembleias Legislativas, na hipótese dos Estados e Municípios, enquanto perdurar a situação e no caso de estado de defesa ou de sítio, decretado na forma da Constituição.

Portanto:

- Calamidade Pública;
- Estado de Defesa; e
- Estado de Sítio.

4. RELATÓRIO RESUMIDO DA EXECUÇÃO ORÇAMENTÁRIA (RREO)

(Arts. 52 e 53)

4.1. ABRANGÊNCIA

O RREO e seus demonstrativos abrangerão os órgãos da Administração Direta e entidades da Administração Indireta, de todos os Poderes, constituídos pelas autarquias, fundações, fundos especiais, e as empresas públicas e sociedades de economia mista que recebem recursos dos Orçamentos Fiscal e da Seguridade Social (empresas estatais dependentes), inclusive sob a forma de subvenções para pagamento de pessoal ou de custeio em geral ou de capital, excluídos, no último caso, aqueles provenientes de aumento de participação acionária.

4.2. ELABORAÇÃO

O RREO será elaborado e publicado pelo Poder Executivo da União, dos Estados, do Distrito Federal e dos Municípios.

4.3. ASSINATURA

O RREO deverá ser assinado pelo Chefe do Poder Executivo que estiver no exercício do mandato na data da publicação do relatório ou por pessoa a quem ele tenha legalmente delegado essa competência. Qualquer dos dois deve fazê-lo em conjunto com o profissional de contabilidade responsável pela elaboração do relatório.

4.4. PUBLICAÇÃO

Os demonstrativos do RREO deverão ser elaborados e publicados até trinta dias após o encerramento do bimestre de referência, durante o exercício. O objetivo dessa periodicidade é permitir que, cada vez mais, a sociedade, por meio dos diversos órgãos de controle, conheça, acompanhe e analise o desempenho da execução orçamentária do Governo Federal.

4.5. SANÇÕES PELO DESCUMPRIMENTO DO PRAZO

Até que a situação seja regularizada, impedirá que o ente da Federação receba transferências voluntárias e contrate operações de crédito, exceto as destinadas ao refinanciamento do principal atualizado da dívida mobiliária (art. 51 § 2º).

4.6. CONTEÚDO

O Relatório Resumido da Execução Orçamentária é composto de duas peças básicas e de alguns demonstrativos de suporte. As peças básicas são o balanço orçamentário, cuja função é especificar, por categoria econômica, as receitas e as despesas, e o demonstrativo de execução das receitas (por categoria econômica e fonte) e das despesas (por categoria econômica, grupo de natureza, função e subfunção).

Nessas peças, devem os valores referentes ao refinanciamento da dívida mobiliária ser destacados dentre as demais receitas de operações de crédito. Já os demonstrativos de suporte visam evidenciar a receita corrente líquida, as receitas e despesas previdenciárias, os resultados primário e nominal, as despesas com juros e os valores inscritos em restos a pagar.

Matemática

Marcelo Sbicca e
Marcos Bosso

TABELA DE INCIDÊNCIA DE QUESTÕES

Distribuição das questões organizada por ordem didática de assuntos		
Assunto	**Número de Questões**	**Peso**
OPERAÇÕES NUMÉRICAS	1	4,35%
MÚLTIPLOS E DIVISORES	4	17,39%
RAZÃO E PROPORÇÃO	1	4,35%
PORCENTAGEM	1	4,35%
VELOCIDADE MÉDIA	1	4,35%
MATRIZ E DETERMINANTE	1	4,35%
ANÁLISE COMBINATÓRIA	1	4,35%
PROBABILIDADE	3	13,04%
LÓGICA PROPOSICIONAL	2	8,70%
ESTRUTURA LÓGICA	1	4,35%
VERDADES E MENTIRAS	1	4,35%
PROBLEMAS LÓGICOS	6	26,09%
Total	**23**	**100%**

Matemática

Marcelo Sbicca e
Marcos Bosso

✦ QUESTÕES

1. OPERAÇÕES NUMÉRICAS

01. (ESAF – Técnico – Área Administrativa – MPU/ 2004) Ana e Júlia, ambas as filhas de Márcia, fazem aniversário no mesmo dia. Ana, a mais velha, tem olhos azuis; Júlia, a mais nova, tem olhos castanhos. Tanto o produto como a soma das idades de Ana e Júlia, consideradas as idades em número de anos completados, são iguais a números primos. Segue-se que a idade de Ana – a filha de olhos azuis –, em número de anos completados, é igual

a) à idade de Júlia mais 7 anos.
b) ao triplo da idade de Júlia.
c) à idade de Júlia mais 5 anos.
d) ao dobro da idade de Júlia.
e) à idade de Júlia mais 11 anos.

COMENTÁRIOS

✪ Nota do autor:

As informações iniciais acerca da filiação de Ana e Júlia, assim como as cores de seus olhos são irrelevantes para a resolução dessa questão. Há situações em que esta contextualização funciona como parâmetro para o desenvolvimento da questão, como por exemplo, nos problemas lógicos (como veremos adiante).

Voltando à questão, vejamos quais são os dados fornecidos e úteis.

Sabemos que:	Ana é mais velha Júlia é mais nova

Admitindo que a idade de Ana é representada pela letra A e a idade de Júlia pela letra J, temos:

Produto das idades.	A . J = Nº Primo
Soma das idades.	A + J = Nº Primo

A característica dos números primos é a sua divisibilidade apenas por dois números: ele próprio e o número 1.

Imagine que o produto das idades das irmãs é igual a X, ou seja, A . J = X. Logo, os fatores (A e J) são divisores de X. Seguindo esta linha de raciocínio, se X é um número primo, concluímos que ele só pode ser divisível por 1 e por ele mesmo. Desta feita, podemos afirmar que a mais nova, Júlia, tem 1 ano.

Em relação à outra operação, quando ambas as parcelas somadas são ímpares, o resultado será um número par. Isso elimina a possibilidade da idade de Ana ser um número ímpar, uma vez que a soma deve resultar um número primo.

> **✪ Nota do autor:**
> O número 1 não é classificado como primo, uma vez que possui apenas um divisor.
> O número 2 é o único número primo que também é par.

Para finalizar, como a idade da irmã mais velha deve ser um número par e será o mesmo número que resultará da operação de multiplicação, portanto um número primo, conclui-se que a idade de Ana, irmã mais velha, é igual a 2.

Para confirmar, vejamos as duas operações.

Produto das idades.	A . J = Nº Primo 2 . 1 = 2
Soma das idades.	A + J = Nº Primo 2 + 1 = 3

Tanto a soma como o produto tem como resultado números primos.

Reposta: A idade de Ana, a filha mais velha de olhos azuis, em número de anos completados, é igual ao dobro da idade de Júlia.

GABARITO: Letra (D)

2. MÚLTIPLOS E DIVISORES

02. (Cespe – Técnico – MPU/2013) Ao distribuir entre 5 técnicos do MPU determinada quantidade de processos para análise, de modo que todos recebessem quantidades iguais de processos, o chefe da unidade verificou que sobrava um processo; ao tentar distribuir igualmente entre 6 técnicos, novamente sobrou um processo, situação que se se repetiu quando ele tentou distribuir os processos igualmente entre 7 técnicos.

Considerando que N > 1 seja a quantidade de processos que serão analisados pelos técnicos, julgue os itens seguintes, com base nas informações apresentadas.

03. (Cespe – Técnico – MPU/2013) É correto afirmar que N > 210

COMENTÁRIOS

Existe uma quantidade N de processos que, ao ser dividida por 5, 6 ou 7 técnicos, resulta sempre na sobra de 1 processo. Nessa circunstância, se for retirada uma unidade da quantidade N, o resultado será um número divisível por 5, 6 e 7.

Para achar a menor quantidade possível de processos a serem analisados, utilizaremos o mínimo múltiplo comum entre os três divisores.

m.m.c. de 5, 6 e 7.	5, 6, 7	2
	5, 3, 7	3
	5, 1, 7	5
	1, 1, 7	7
	1, 1, 1	2 . 3 . 5 . 7 = 210

✪ **Nota do autor:**

Os números 5, 6 e 7 são primos entre si. Significa que existe um único divisor comum a todos, o número 1.

Para calcular o m.m.c. de números primos entre si basta o produto dos mesmos.

m.m.c. de números primos entre si.	5 . 6 . 7 = 210

Lembre-se que anteriormente subtraímos uma unidade da quantidade N de processos, agora, retornamos com a unidade por meio da operação de soma. Portanto, a quantidade mínima de processos é igual a 211.

A utilização da expressão "quantidade mínima" justifica-se porque outras quantidades também atendem as restrições impostas pela questão, por exemplo: 421, 631, 841, 1051 e assim por diante.

Resposta: A afirmativa está certa, é correto afirmar que N > 210.

GABARITO: Item CERTO

04. (Cespe – Técnico – MPU/2013) Se P é o mínimo múltiplo comum entre 5, 6 e 7, então N é múltiplo de P.

COMENTÁRIOS

✪ **Nota do autor:**

Aproveitando a resolução da questão anterior, sabemos que:

P é o mínimo múltiplo comum entre 5, 6 e 7.	P = 210
Alguns valores possíveis para N.	N = 211 N = 631 N = 841

Em nenhuma das possibilidades o valor de N é um número múltiplo de P.

Resposta: A afirmativa está errada, N não é múltiplo de P.

GABARITO: Item ERRADO

05. (FCC–Técnico – Área Administrativa – MPU/2007) Ao longo de uma reunião, da qual participaram o presidente de certa empresa e alguns funcionários, foram servidos 28 salgadinhos em uma bandeja. Sabe-se que:

- todos os participantes da reunião sentaram-se ao redor de uma mesa circular;
- o primeiro a ser servido dos salgadinhos foi o presidente e, após ele, sucessivamente, todos os demais também o foram, um a um, a partir da direita do presidente;
- a cada passagem da bandeja, todas as pessoas se serviram, cada qual de um único salgadinho;
- coube ao presidente ser servido do último salgadinho da bandeja.

Considerando que as pessoas podem ter comido mais de um salgadinho, o total de participantes dessa reunião poderia ser

a) 4
b) 9
c) 10
d) 13
e) 15

COMENTÁRIOS

✪ **Nota do autor:**

Em síntese, a questão nos informa que estão sentados ao redor da mesa o presidente da empresa e alguns funcionários. Todos foram servidos de 28 salgadinhos, sendo que tanto o primeiro como o último deles coube ao presidente. Ressalta-se que, sucessivamente, todos se serviram de apenas um salgadinho por vez.

Sabemos que o presidente serviu-se do primeiro e o do último salgadinho, o que nos leva a crer que o último funcionário a servir-se do penúltimo salgadinho encerrou uma passagem completa por todos (presidente e funcionários). O último, pego pelo presidente, iniciaria uma nova passagem.

Pela razão acima exposta, ao excluir um salgadinho do total, então passamos a considerar o total igual a 27 salgadinhos e uma quantidade X (número inteiro) de passagens completas sem que haja sobras.

O que precisamos encontrar entre as alternativas é um número que seja divisível por 27. A alternativa que se enquadra na restrição é a (B), ou seja, o número 9.

Concluímos que estariam participando da reunião 9 pessoas (8 funcionários e o presidente), sendo que cada um dos funcionários serviu-se de salgadinhos por 3 vezes enquanto o presidente serviu-se por 4 vezes.

Resposta: O total de participantes dessa reunião poderia ser igual a 9.

GABARITO: Letra (B)

3. RAZÃO E PROPORÇÃO

06. (FCC–Técnico – Área Administrativa – MPU/ 2007) Floriano e Peixoto são funcionários do Ministério Público da União e, certo dia, cada um deles recebeu um lote de processos para arquivar. Sabe-se que:

- os dois lotes tinham a mesma quantidade de processos;
- ambos iniciaram suas tarefas quando eram decorridos 37/96 do dia e trabalharam ininterruptamente até concluí-la;
- Floriano gastou 1 hora e 45 minutos para arquivar todos os processos de seu lote;
- nas execuções das respectivas tarefas, a capacidade operacional de Peixoto foi 60% da de Floriano.

Nessas condições, Peixoto completou a sua tarefa às

a) 11 horas e 15 minutos.
b) 11 horas e 20 minutos.
c) 11 horas e 50 minutos.
d) 12 horas e 10 minutos.
e) 12 horas e 25 minutos.

COMENTÁRIOS

✪ Nota do autor:

Convencionamos que F corresponde à quantidade de processos recebidos entregues a Floriano e P corresponde à quantidade de processos entregues a Peixoto. Assim:

Os dois lotes tinham a mesma quantidade de processos.	F = P

Sabemos, também, que ambos iniciaram suas tarefas quando eram decorridos 37/96 do dia.

Para conhecer a hora de início das tarefas dada em fração, lançamos mão da regra de três, uma vez que a fração equivalente a 1 dia completo é 96/96, ou seja, 24 horas.

Fração do dia	Horas por dia
1 dia	24 horas
37/96 do dia	X horas

Resolução da regra de três:

Multiplicação em cruz.	1X = 24 . 37/96 X = 888/96 X = 9,25

Dica para evitar a representação decimal de horas.

Fazer a divisão até que o resto seja menor que o divisor.	888 | 96 24 9
A operação demonstra que são 9 horas inteiras. Na sequência, passamos a trabalhar com os minutos, então, multiplica-se o resto por 60 (quantidade de minutos em 1 hora).	888 | 96 24 9 h x 60 1440
Seguir com a divisão por 96 para calcular os minutos.	888 | 96 24 9 h 15 min x 60 1440 0

Caso houvesse resto (menor que o divisor), multiplicaríamos novamente por 60 (quantidade de segundos em 1 minuto) para calcular os segundos.

Concluímos que a representação em número decimal para as horas (9,25) corresponde a 9 horas e 15 minutos. Hora esta em que Floriano e Peixoto iniciaram a execução de suas tarefas.

Por fim, o enunciado nos informa que Floriano gastou 1 hora e 45 minutos para concluir seu trabalho e que Peixoto tinha a capacidade operacional de 60% da capacidade do colega.

Novamente podemos nos valer da regra de três. Importante observar que a relação entre as grandezas são inversas, uma vez que a redução na capacidade operacional de 100% (Floriano) para 60% (Peixoto) implica aumento no tempo para a conclusão do trabalho.

> **IMPORTANTE**
> A regra de três, seja simples ou composta, exige a observância quanto às relações entre grandezas serem direta ou inversamente proporcionais. Nos casos de relação inversa, os valores de uma das grandezas envolvidas devem ter suas posições alteradas.

Cálculo do tempo gasto pelo Peixoto:

	Capacidade operacional	Tempo gasto
Floriano	100%	1 h 45 min ou 105 min
Peixoto	60%	X minutos

Conforme dito anteriormente, a relação é inversamente proporcional, portanto, os valores relativos à capacidade operacional tiveram suas posições alteradas.

Capacidade operacional	Tempo gasto
60%	105 min
100%	X minutos

Cálculo:

Multiplicação em cruz.	60X = 100 . 105 X = 10500/60 X = 175

O tempo gasto por Peixoto foi de 175 minutos ou 2 horas e 55 minutos. Sabendo que ele iniciou a execução de suas tarefas às 9 horas e 15 minutos, conclui-se que o término deu-se às 12 horas e 10 minutos.

Resposta: Peixoto completou a sua tarefa às 12 horas e 10 minutos.

GABARITO: Letra (D)

4. PORCENTAGEM

07. (FCC–Técnico – Área Administrativa – MPU/2007) Mensalmente, um técnico administrativo elabora relatórios estatísticos referentes à expedição de correspondências internas e externas. Analisando os relatórios por ele elaborados ao final dos meses de setembro, outubro e novembro de 2006, foi observado que:

- do total de correspondências em setembro, 20% eram de âmbito interno;
- em cada um dos meses seguintes, o número de correspondências internas expedidas aumentou 10% em relação às internas expedidas no mês anterior, enquanto que para as externas, o aumento mensal foi de 20%, em relação às externas.

Comparando-se os dados do mês de novembro com os de setembro, é correto afirmar que o aumento das correspondências expedidas

a) no total foi de 39,4%.

b) internamente foi de 42,2%.

c) externamente foi de 34,6%.

d) internamente foi de 20%.

e) externamente foi de 40%.

COMENTÁRIOS

✪ Nota do autor:

Ao iniciarmos o exercício, é de fundamental importância o entendimento do que nos foi informado para então decidir como será o desenvolvimento e resolução da questão.

Faremos a análise inicial, passo a passo, considerando cada trecho do enunciado.

"Mensalmente, um técnico administrativo elabora relatórios estatísticos referentes à expedição de correspondências internas e externas. Analisando os relatórios por ele elaborados ao final dos meses de setembro, outubro e novembro de 2006, foi observado que:"

Entendemos, deste primeiro trecho, que existe um relatório estatístico relativo a dois itens, correspondências internas e externas, para os meses de setembro, outubro e novembro, cuja reprodução segue:

Correspondências	Setembro	Outubro	Novembro
Internas			
Externas			

O enunciado segue com a informação de que "do total de correspondências em setembro, 20% eram de âmbito interno", logo, 80% do total de correspondências são externas.

Correspondências	Setembro (em relação ao total de correspondências)	Outubro	Novembro
Internas	20%		
Externas	80%		

Finalmente, sabemos que "em cada um dos meses seguintes, o número de correspondências internas expedidas aumentou 10% em relação às internas expedidas no mês anterior, enquanto que para as externas, o aumento mensal foi de 20%, em relação às externas".

Correspondências	Setembro (em relação ao total de correspondências)	Outubro (em relação ao mês anterior)	Novembro (em relação ao mês anterior)
Internas	20%	10%	10%
Externas	80%	20%	20%

Observe que os percentuais de setembro têm como referencial o total de correspondências, diferente dos demais meses em que estão sendo considerados os aumentos e relação ao mês imediatamente anterior.

Percentuais aplicados sobre bases distintas não podem ser conjuntamente tratados em mesmas operações. Para evitar a incompatibilidade dos valores em percentuais, tomamos por hipótese que o total de correspondências expedidas no mês de setembro foi igual a 100 unidades, consequentemente são 20 correspondências internas e outras 80 externas.

Correspondências	Setembro (em unidades)	Outubro (em relação ao mês anterior)	Novembro (em relação ao mês anterior)
Internas	20		
Externas	80		

Então, ao aplicar os percentuais de crescimento mês a mês, considerando as unidades, o resultado será:

Correspondências	Setembro (em unidades)	Outubro (em unidades)	Novembro (em unidades)
Internas	20	22	24,2
Externas	80	96	115,2

Uma vez que o enunciado não trouxe uma pergunta objetiva, verificaremos o crescimento de novembro comparado com o mês de setembro em relação a cada uma das alternativas

a) no total foi de 39,4%.

Em setembro, segundo a hipótese admitida para a resolução, foram expedidas 100 correspondências e em novembro 139,4 (24,2 + 115,2 = 139,4), ou seja, aumento de 39,4%.

Cálculo do aumento percentual.	Aumento = 39,4 / 100 Aumento = 0,394 ou 39,4%

Alternativa correta.

b) internamente foi de 42,2%.

As correspondências internas passaram de 20 para 24,2 unidades, portanto, crescimento de 21%.

Cálculo do aumento percentual.	Aumento = 4,2 / 20 Aumento = 0,21 ou 21%

Alternativa errada.

c) externamente foi de 34,6%.

As correspondências externas passaram de 80 para 115,2 unidades, portanto, crescimento de 44%.

Cálculo do aumento percentual.	Aumento = 35,2 / 80 Aumento = 0,44 ou 44%

Alternativa errada.

d) internamente foi de 20%.

Conforme demonstrado na alternativa (B), o crescimento foi de 21%

Alternativa errada.

e) externamente foi de 40%.

Conforme demonstrado na alternativa (C), o crescimento foi de 44%

Alternativa errada.

GABARITO: Letra (A)

5. VELOCIDADE MÉDIA

08. (ESAF – Técnico – Área Administrativa – MPU/ 2004) Um avião XIS decola às 13:00 horas e voa a uma velocidade constante de x quilômetros por hora. Um avião YPS decola às 13:30 horas e voa na mesma rota de XIS, mas a uma velocidade constante de y quilômetros por hora. Sabendo que y>x, o tempo, em horas, que o avião YPS, após sua decolagem, levará para alcançar o avião XIS é igual a

a) 2 / (x+y) horas.

b) x / (y-x) horas.

c) 1 / 2x horas.

d) 1/ 2y horas.

e) x / 2 (y-x) horas.

COMENTÁRIOS

✪ Nota do autor:

A questão nos informa que o avião XIS decola e, de acordo com a cronologia do tempo, temos:

<u>13:00 horas</u>:

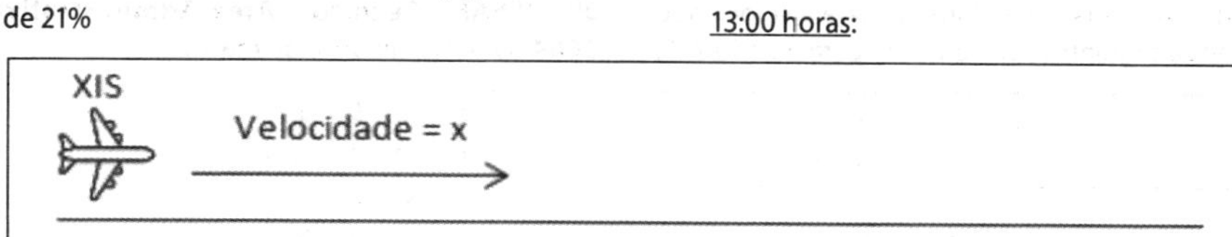

Passados 30 minutos da decolagem de XIS, verificamos que determinado trecho foi percorrido por este avião, então, YPS decola.

13:30 horas:

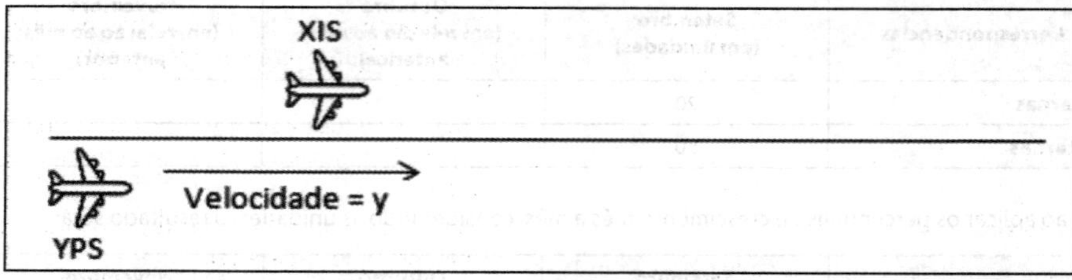

Precisamos calcular qual será o tempo, em horas, que o avião YPS, após sua decolagem, levará para alcançar o avião XIS.

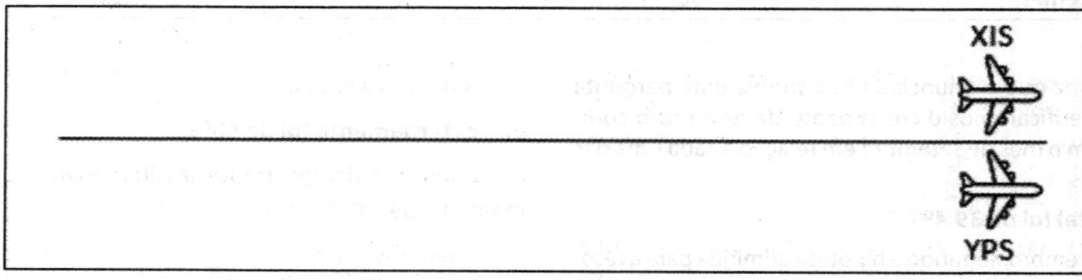

Para iniciar a resolução, vamos convencionar que:

x = Velocidade do avião XIS (dado no enunciado).

y = Velocidade do avião YPS (dado no enunciado).

S = Distância percorrida (a distância é a mesma para ambos os aviões).

t = Tempo de voo do avião YPS até encontrar o avião XIS.

Como estamos falando de velocidade constante, utilizamos a fórmula da velocidade média.

Velocidade Média.	V = S / t	V = Velocidade média S = Distância t = Tempo

Apesar dos aviões possuírem tempos de voo distintos, percorrerão a mesma distância S. Sendo assim, a variável S (distância percorrida) é igual para ambos e pode ser isolada para igualarmos os termos que as representam.

Assim, isolando a distância S, a fórmula passa a ser:

Velocidade Média.	V = S / t V. t = S S = V.t

Utilizando esta variação da fórmula para a velocidade média, teremos a seguinte representação para o avião YPS.

Avião YPS.	S = Vt S = yt

Lembre-se que y é a velocidade de YPS.

Seguimos com a representação para o avião XIS, considerando que o tempo de voo será superior ao avião YPS em meia hora, ou seja, t + 1/2.

Avião XIS.	S = Vt S = x (t + 1/2) S = xt + 1/2x S = xt + x/2

Conforme dito anteriormente, a distância percorrida é igual, portanto, igualamos os termos.

$$yt = xt + x/2$$
$$yt - xt = x/2$$
$$t\,(y - x) = x/2$$
$$t = (x/2) / (y - x)$$
$$t = x / [2\,(y - x)]$$

Resposta: O tempo, em horas, que o avião YPS, após sua decolagem, levará para alcançar o avião XIS é igual a "x / 2 (y-x)" horas.

GABARITO: Letra (E)

6. MATRIZ E DETERMINANTE

09. (ESAF – Técnico – Área Administrativa – MPU/ 2004) O determinante da matriz

$$X = \begin{bmatrix} 2 & 2 & b & 0 \\ 0 & -a & a & -a \\ 0 & 0 & 5 & b \\ 0 & 0 & 0 & 6 \end{bmatrix}$$

Onde a e b são inteiros positivos tais que a >1 e b >1, é igual a

a) -60a.

b) 0.

c) 60a.

d) $20ba^2$.

e) a(b-60).

COMENTÁRIOS

Nota do autor:

Em relação a matrizes e determinantes, o que você necessita conhecer são as operações entre matrizes e as propriedades dos determinantes. Além disso, é importante saber os tipos de classificações das matrizes para identificar quando e como aplicar as propriedades do determinante.

A matriz é a representação de elementos através de linhas e colunas, sendo que os elementos podem ser representados por números, funções ou mesmo outras matrizes.

A ordem da matriz apresenta duas informações: número de linhas da matriz e número de colunas da matriz. Por exemplo, matriz de ordem 3x4 (três linhas e quatro colunas):

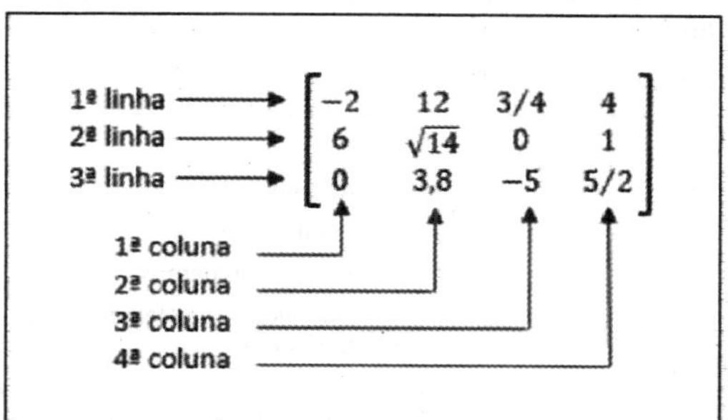

<u>Tipos especiais de matriz</u>:

- Matriz linha: possui somente uma linha.
- Matriz coluna: possui somente uma coluna.
- Matriz nula: todos os elementos são iguais a zero.
- Matriz quadrada: o número de linha é igual ao número de colunas.
- Matriz identidade: matriz quadrada em que todos os elementos da diagonal principal são iguais a 1 e todos os demais são iguais a zero.
- Matriz transposta: obtida pela troca do ordenamento, linhas passam a ser colunas e colunas passam a ser linhas.
- Matriz simétrica: matriz quadrada quando igual a sua transposta.
- Matriz escalonada: matriz quadrada de tal forma que todos os elementos acima ou abaixo da diagonal principal são nulos.
- Matriz diagonal: matriz quadrada de tal forma que todos os elementos, exceto os da diagonal principal, são nulos.

<u>Determinante</u>:

O determinante de uma matriz quadrada é um número associado a ela e que a representa, cujas propriedades são:

- Quando todos os elementos de uma única linha ou coluna são iguais a zero, o seu determinante é igual a zero.
- Matriz com coluna ou linha repetida terá seu determinante nulo, igual a zero.
- Se a matriz possui duas linhas ou duas colunas com elementos de valores proporcionais, o determinante é nulo, igual a zero.
- Se todos os elementos de uma linha ou coluna tiverem seus valores multiplicados por uma constante k, o seu determinante será multiplicado por k.
- Uma matriz e sua transposta terão o mesmo valor como determinante.
- A alteração da posição de duas linhas ou duas colunas faz com que o determinante de uma matriz seja o oposto da outra.
- Uma matriz triangular tem o determinante igual à multiplicação dos elementos da diagonal principal.
- Se a matriz quadrada de ordem n for multiplicada pelo número k, seu determinante passa a ser multiplicado por k^n.

A matriz dada é uma matriz triangular, uma vez que todos os elementos abaixo da diagonal principal são nulos. E, para esse tipo de matriz, existe uma propriedade informando que seu determinante é igual ao produto dos elementos da diagonal principal.

Diagonal principal.	$X = \begin{bmatrix} 2 & 2 & b & 0 \\ 0 & -a & a & -a \\ 0 & 0 & 5 & b \\ 0 & 0 & 0 & 6 \end{bmatrix}$

Segundo a propriedade, o determinante será o produto dos elementos identificados.

Cálculo do determinante.	Det. X = 2 . (-a) . 5 . 6 Det. X = 60 (-a) Det. X = -60a

Resposta: O determinante da matriz X é igual a -60a.

GABARITO: Letra (A)

7. ANÁLISE COMBINATÓRIA

10. (ESAF – Técnico – Área Administrativa – MPU/ 2004) Paulo possui três quadros de Gotuzo e três de Portinari e quer expô-los em uma mesma parede, lado a lado. Todos os seis quadros são assinados e datados. Para Paulo, os quadros podem ser dispostos em qualquer ordem, desde que os de Gotuzo apareçam ordenados entre si em ordem cronológica, da esquerda para a direita. O número de diferentes maneiras que os seis quadros podem ser expostos é igual a

a) 20.

b) 30.

c) 24.

d) 120.

e) 360.

COMENTÁRIOS

Nota do autor:

A análise combinatória trata das variadas formas de agrupamentos de determinado conjunto de elementos, sendo os principais procedimentos: Permutação, Arranjo e Combinação.

<u>Permutação</u>: Revela a quantidade de sequências distintas em que os elementos de determinado conjunto podem ser ordenados. É representado pelo fatorial "P(x) = x!". Por exemplo, possibilidades distintas de acomodar 5 pessoas em um carro com cinco lugares.

<u>Arranjo e Combinação</u>:

Arranjo e Combinação serão adotados quando os agrupamentos possuírem quantidades diferentes de elementos em relação ao grupo inicial. Por exemplo, os agrupamentos possíveis no jogo da mega sena. O conjunto inicial tem 60 elementos e os agrupamentos serão feitos de seis em seis.

Para distinguir entre Arranjo ou Combinação, inverta a posição dos elementos que formam o subconjunto e verifique se o resultado é um conjunto diferente. Formou-se um novo conjunto, então resolvemos por Arranjo. Se não formar um novo conjunto, resolvemos por Combinação.

Exemplo: Considere uma classe com 10 alunos. A partir desse grupo, vamos formar uma comissão com três alunos para representar a classe e, também, formar uma chapa com três alunos para disputar as eleições do diretório acadêmico com funções definidas: presidente, secretário e tesoureiro.

Imagine a comissão com três alunos: Ângela, Bernardo e Cilmara. Alterando-se a ordem dos integrantes da comissão, a comissão permanece a mesma, portanto, deve ser resolvido por meio de Combinação.

Agora a hipótese são os mesmos três alunos formarem a chapa: Ângela (presidente), Bernardo (secretário) e Cilmara (tesoureira). Alterando-se a ordem, é formado um novo grupo: Bernardo (presidente), Cilmara (secretária) e Ângela (tesoureira). Então, deve ser resolvido por meio de Arranjo.

Arranjo	$A(n,p)=\dfrac{n!}{(n-p)!}$	A = Arranjo C = Combinação n = Total de elementos p = Quantidade de elementos do agrupamento.
Combinação	$C(n,p)=\dfrac{n!}{p!(n-p)!}$	

Atalho para resolução por Arranjo ou Combinação:

	Atalho	Exemplo
Arranjo	Multiplica-se n por seus subsequentes subtraídos de uma unidade, tantas vezes quanto for o valor de p.	A(5,3) = 5 . 4 . 3 A(5,4) = 5 . 4 . 3 . 2 A(6,2) = 6 . 5
Combinação	Compara-se "p – n" com "p", aquele que for menor será a quantidade de fatores a serem multiplicados tanto no numerador quanto no denominador. No numerador multiplica-se n pelos seus antecedentes (subtração de uma unidade a cada fator). No denominador multiplica-se 1 por seus subsequentes (adição de uma unidade a cada fator).	$C(5,3)=\dfrac{5.4}{1.2}$ $C(9,4)=\dfrac{9.8.7.6}{1.2.3.4}$ $C(6,2)=\dfrac{6.5}{1.2}$

No problema proposto, entende-se que os quadros de Gotuzo não interferem na análise combinatória, uma vez que suas posições já estão definidas: da esquerda para a direita em ordem cronológica. O que deve ser levado em consideração é a existência de seis posições distintas para fixação dos quadros e que serão alternadas entre os três quadros de Portinari (P1, P2 e P3).

Vejamos uma simulação para entender o porquê da exclusão dos quadros de Gotuzo dos cálculos.

P1	P2	P3	___	___	___

Independente da posição em que ficam dispostos os quadro de Portinari, sempre haverá outras três posições para os quadro de Gotuzo que obrigatoriamente as ocuparão seguindo a ordem cronológica (eles não permutam entre si).

Outras simulações:

___	P3	___	___	P1	P2
P2	___	___	P1	___	P3
___	___	P1	P3	___	P2

Ainda, sempre haverá 3 posições a serem ocupadas pelos quadros de Portinari (P1, P2, P3).

Como são seis posições a serem escolhidas três a três (quadros de Gotuzo), lembrando que a ordem altera o resultado, a resolução faz-se por meio de Arranjo de 6 tomados 3 a 3.

Arranjo de 6 tomado de 3.	$A(6,3) = 6!/3!$ $A(6,3) = 6 . 5 . 4$ $A(6,3) = 120$

Resposta: O número de diferentes maneiras que os seis quadros podem ser expostos é igual a 120.

GABARITO: Letra (D)

8. PROBABILIDADE

11. (ESAF – Técnico – Área Administrativa – MPU/ 2004) Maria ganhou de João nove pulseiras, quatro delas de prata e cinco delas de ouro. Maria ganhou de Pedro onze pulseiras, oito delas de prata e três delas de ouro. Maria guarda todas essas pulseiras – e apenas essas – em sua pequena caixa de joias. Uma noite, arrumando-se apressadamente para ir ao cinema com João, Maria retira, ao acaso, uma pulseira de sua pequena caixa de joias. Ela vê, então, que retirou uma pulseira de prata. Levando em conta tais informações, a probabilidade de que a pulseira de prata que Maria retirou seja uma das pulseiras que ganhou de João é igual a

a) 1/3.

b) 1/5.

c) 9/20.

d) 4/5.

e) 3/5.

COMENTÁRIOS

✪ Nota do autor:

A respeito de probabilidade você precisa saber que se trata da razão entre o total de situações favoráveis em relação ao total de situações possíveis, representado por:

Probabilidade.	$P = \frac{\text{Eventos Favoráveis}}{\text{Espaço Amostral}}$

Então, para que fique claro, vamos tecer outros comentários acerca dos termos citados.

Eventos Favoráveis: Representa a quantidade de situações que se enquadram na restrição descrita no problema.

Espaço Amostral: Corresponde ao universo total, ou seja, qualquer situação. Independente de atender ou não à restrição.

Iniciamos com a identificação das pulseiras que Maria.

De quem	Material	Quantidade
João	Prata	4
João	Ouro	5
Pedro	Prata	8
Pedro	Ouro	3

Ao retirar uma das pulseiras ao acaso da gaveta e sabendo ser de prata, Maria reduz o espaço amostral apenas às pulseiras de prata.

De quem	Material	Quantidade
João	Prata	4
Pedro	Prata	8
Total		**12**

Logo, o espaço amostral é igual a 12.

Para definir os eventos favoráveis, consideramos a restrição imposta pela questão: "a probabilidade de que a pulseira de prata que Maria retirou seja uma das pulseiras que ganhou de João", portanto, sabemos que a quantidade de pulseiras de prata que Maria ganhou de João é igual a 4.

Na fórmula:

Probabilidade.	$P = \frac{\text{Eventos Favoráveis}}{\text{Espaço Amostral}}$ $P = \frac{4}{12}$ $P = \frac{1}{3}$

A probabilidade de 1/3 também poderia ser representada em número decimal (0,3333) ou na forma tradicional acompanhada do símbolo de percentagem (33,3%).

Resposta: A probabilidade de que a pulseira de prata que Maria retirou seja uma das pulseiras que ganhou de João é igual a 1/3.

GABARITO: Letra (A)

---

12. (ESAF – Técnico – Área Administrativa – MPU/2004) Marcelo Augusto tem cinco filhos: Primus, Secundus, Tertius, Quartus e Quintus. Ele sorteará, entre seus cinco filhos, três entradas para a peça Júlio César, de Shakespeare. A probabilidade de que Primus e Secundus, ambos, estejam entre os sorteados, ou que Tertius e Quintus, ambos, estejam entre os sorteados, ou que sejam sorteados Secundus, Tertius e Quartus, é igual a

a) 0,500.

b) 0,375.

c) 0,700.

d) 0,072.

e) 1,000.

COMENTÁRIOS

✪ Nota do autor:

Algumas questões de probabilidade dependem do conhecimento de análise combinatória. Neste caso, para determinar o espaço amostral, ou seja, o universo total de possibilidades, é preciso definir quantas são as diferentes situações em que três dos cinco filhos de Marcelo Augusto são sorteados.

Inicialmente, para a definirmos entre Arranjo ou Combinação verificamos se a ordem dos elementos faz diferença.

Por exemplo, se forem sorteados Tertius, Quartus e Quintus ou, em outra ordem, forem sorteados Quintus, Quartus e Tertius, obteremos elementos que representarão o mesmo resultado, ou seja, para a questão, a ordem não faz diferença, logo, resolveremos por meio da Combinação.

Serão sorteados 3 filhos dentre os 5. Assim, a Combinação será de 5 tomados 3 a 3.

Combinação de 5 tomado de 3.	C (5,3) = 5! / 2! C (5,3) = 5 . 4 / 2 . 1 C (5,3) = 20 / 2 C (5,3) = 10

O espaço amostral é igual a 10. Resta, ainda, para o calculo da probabilidade a quantidade de eventos favoráveis, sendo, no caso, três diferentes para cada uma das situações.

<u>Primeira probabilidade</u>:

"A probabilidade de que Primus e Secundus, ambos, estejam entre os sorteados".

Entre as 10 situações possíveis de sorteio entre os filhos (espaço amostral), serão 3 os casos em que estarão os dois irmãos indicados, Primus e Secundus, são elas:

- Primus, Secundus e Tertius.
- Primus, Secundus e Quartus.
- Primus, Secundus e Quintus.

O total de eventos favoráveis é igual a 3. Em nenhuma das outras 7 situações estarão presentes, simultaneamente, Primus e Secundus. Logo, o cálculo da probabilidade será:

Probabilidade.	$P = \frac{\text{Eventos Favoráveis}}{\text{Espaço Amostral}}$ $P = \frac{3}{10}$

<u>Segunda probabilidade</u>:

"Tertius e Quintus, ambos, estejam entre os sorteados".

Exatamente igual à anterior, a probabilidade é de 3/10.

<u>Terceira probabilidade</u>:

"Que sejam sorteados Secundus, Tertius e Quartus".

O espaço amostral permanece o mesmo. Para o sorteio de três entre os 5 irmãos existem 10 possibilidades distintas. Dessas possibilidades, apenas uma enquadra-se nesta restrição: a escolha dos três irmãos indicados (Secundus, Tertius e Quartus).

Cálculo da probabilidade:

Probabilidade.	$P = \frac{\text{Eventos Favoráveis}}{\text{Espaço Amostral}}$ $P = \frac{1}{10}$

Fragmentando a questão, calculamos as três probabilidades separadamente. Agora, perceba que no enunciado, entre cada uma das descrições das probabilidades solicitadas, encontramos o conectivo "ou".

"A probabilidade de que Primus e Secundus, ambos, estejam entre os sorteados, **ou** que Tertius e Quintus, ambos, estejam entre os sorteados, **ou** que sejam sorteados Secundus, Tertius e Quartus".

REGRA DO "OU" E DO "E"

Em probabilidade, os conectivos "ou" e "e" devem ser traduzidos em operações matemática.

Ou = Adição

E = Multiplicação

Em conformidade com a regra, utilizaremos a adição das três probabilidades parciais para o cálculo do que realmente a questão nos solicita.

Probabilidade.	$P = Prob1 + Prob2 + Prob3$ $P = \frac{3}{10} + \frac{3}{10} + \frac{1}{10}$ $P = \frac{7}{10}$

Resposta: A probabilidade é igual a 70% ou, conforme a alternativa correta, 0,700.

GABARITO: Letra (C)

---

13. (ESAF - Técnico - Área Administrativa - MPU/ 2004) Luís é prisioneiro do temível imperador Ivan. Ivan coloca Luís à frente de três portas e lhe diz: "Atrás de uma destas portas encontra-se uma barra de ouro, atrás de cada uma das outras, um tigre feroz. Eu sei onde cada um deles está. Podes escolher uma porta qualquer. Feita tua escolha, abrirei uma das portas, entre as que não escolheste, atrás da qual sei que se encontra um dos tigres, para que tu mesmo vejas uma das feras. Aí, se quiseres, poderás mudar a tua escolha". Luís, então, escolhe uma porta e o imperador abre uma das portas não-escolhidas por Luís e lhe mostra um tigre. Luís, após ver a fera, e aproveitando-se do que dissera o imperador, muda sua escolha e diz: "Temível imperador, não quero mais a porta que escolhi; quero, entre as duas portas que eu não havia escolhido, aquela que não abriste". A probabilidade de que, agora, nessa nova escolha, Luís tenha escolhido a porta que conduz à barra de ouro é igual a

a) 1/2.

b) 1/3.

c) 2/3.

d) 2/5.

e) 1.

COMENTÁRIOS

Nota do autor:

Eis uma questão que provocou muitas dúvidas à época da prova e continua intrigando muitos concursandos nos dias atuais.

O problema é pensar, de forma simplista, que após o imperador eliminar uma porta com o tigre feroz, restaria ao prisioneiro somente duas, uma com a barra de ouro e outra com um tigre feroz. Diante deste pensamento, somos erroneamente levados a acreditar que a probabilidade de escolher a porta com a barra de ouro é de 1/2 ou 50%.

Para que esta probabilidade estivesse correta, seria necessária uma escolha concreta. Por exemplo, o enunciado disse que Luís optou, como primeira escolha, pela porta X (não foi aberta) e o imperado abriu a porta Y que abrigava o tigre feroz. Eliminada a porta Y, restam outras duas portas e a probabilidade de encontrar o ouro é de 50%.

Mas, a questão diz que o prisioneiro escolheria uma porta e não define qual é essa porta, logo, é necessário trabalhar com todos os cenários (escolha da porta X ou da porta Y ou da porta Z).

Vejamos os diferentes cenários esquematizados.

<u>Primeiro cenário</u>:

O prisioneiro escolhe a porta X.

Porta X - Tigre	1. O prisioneiro escolha da porta X.	OURO
Porta Y - Ouro	3. O prisioneiro troca de porta, abre a Y e fica com o ouro.	
Porta Z - Tigre	2. O imperador abre a porta Z.	

<u>Segundo cenário</u>:

O prisioneiro escolhe a porta Y.

Porta X - Tigre	2. O imperador pode abrir tanto a porta X como a Z.	TIGRE
Porta Y - Ouro	1. O prisioneiro escolha da porta Y.	
Porta Z - Tigre	3. O prisioneiro troca de porta e encontra o tigre.	

<u>Terceiro cenário</u>:

O prisioneiro escolhe a porta Z.

Porta X - Tigre	2. O imperador abre a porta X.	OURO
Porta Y - Ouro	3. O prisioneiro troca de porta, abre a Y e fica com o ouro.	
Porta Z - Tigre	1. O prisioneiro escolha da porta Z.	

Portanto, de acordo com as regras definidas no enunciado da questão, há a possibilidade de acontecerem 3 situações distintas (espaço amostral), sendo que 2 delas são desejadas pelo prisioneiro (eventos favoráveis).

Probabilidade.	$P = \frac{\text{Eventos Favoráveis}}{\text{Espaço Amostral}}$ $P = \frac{2}{3}$

Resposta: A probabilidade de que Luís tenha escolhido a porta que conduz à barra de ouro é igual a 2/3.

GABARITO: Letra (C)

9. LÓGICA PROPOSICIONAL

14. (Cespe - Técnico - MPU/2013) Ao comentar a respeito da instabilidade cambial de determinado país, um jornalista fez a seguinte colocação: "Ou cai o ministro da Fazenda, ou cai o dólar". Acerca desse comentário, que constitui uma disjunção exclusiva, julgue os itens seguintes.

14.01. (Cespe - Técnico - MPU/2013) Caso o ministro da Fazenda permaneça no cargo e a cotação do dólar mantenha sua trajetória de alta, a proposição do jornalista será verdadeira.

COMENTÁRIOS

✪ Nota do autor:

O reporte proferiu o seguinte comentário acerca da instabilidade cambial: "Ou cai o ministro da Fazenda, ou cai o dólar", ou seja, trata-se de uma proposição composta disjuntiva exclusiva, cuja tabela verdade é a seguinte:

P	q	$p \veebar q$
V	V	**F**
V	F	**V**
F	V	**V**
F	F	**F**

Onde:

p = Cai o ministro da fazenda.

q = Cai o dólar.

$\veebar$ = Conectivo "ou... ou".

Para que o comentário do jornalista seja verdadeiro é necessário que apenas uma das proposições simples, p ou q, tenha valor lógico verdadeiro, conforme segunda e terceira linhas da tabela verdade.

A questão sugere que o ministro da fazenda permaneceu no cargo, logo, a primeira proposição simples, representada pela letra p, é falsa. Sugere, ainda, que a cotação do dólar mantenha sua trajetória de alta, ou seja, a segunda proposição simples, representada pela letra q, também é falsa.

De acordo com a quarta linha da tabela verdade, como ambos os termos são falsos, o comentário do reporte (proposição composta disjuntiva exclusiva) também é falso.

Resposta: Caso o ministro da Fazenda permaneça no cargo e a cotação do dólar mantenha sua trajetória de alta, a proposição do jornalista, ao contrário do que afirma a questão, será falsa.

GABARITO: Item ERRADO

14.02. (Cespe - Técnico - MPU/2013) A negação da colocação do jornalista é equivalente a "Cai o ministro da Fazenda se, e somente se, cai o dólar".

COMENTÁRIOS

✪ Nota do autor:

A negação para a disjunção exclusiva não é um item recorrente em provas de concursos públicos, inclusive, não são todas as bancas que admitem a negação para esta proposição composta.

Por que então algumas bancas aceitam a negação da proposição disjuntiva exclusiva?

A justificativa é simples, as tabelas verdades para a disjunção exclusiva e para a bicondicional são uma o contrário da outra, situação que coincide com o conceito de negação.

Para recordar, vejamos as tabelas verdades.

<u>Disjunção exclusiva</u>:

P	q	$p \veebar q$
V	V	**F**
V	F	**V**
F	V	**V**
F	F	**F**

<u>Bicondicional</u>:

P	q	$p \leftrightarrow q$
V	V	**V**
V	F	**F**
F	V	**F**
F	F	**V**

A terceira coluna, resultado das proposições compostas, tem valores lógicos inversos para os dois conectivos, motivo pelo qual a bicondicional é considerada negação da disjunção exclusiva e vice-versa.

Feitos os devidos esclarecimentos, vejamos a aplicação do conceito na questão.

Dada a proposição composta disjuntiva exclusiva.	Ou cai o ministro da Fazenda, ou cai o dólar.

A negação faz-se pela substituição do conectivo "ou... ou" (disjunção exclusiva) pelo conectivo "se, e somente se" (bicondicional).

Negação da disjunção exclusiva.	Cai o ministro da Fazenda se, e somente se, cai o dólar.

A negação da proposição "Ou cai o ministro da Fazenda, ou cai o dólar" confere exatamente com a proposição apresentada: "Cai o ministro da Fazenda se, e somente se, cai o dólar".

Resposta: Está correta a negação apresentada para a colocação do jornalista.

GABARITO: Item CERTO

14.03. (Cespe – Técnico – MPU/2013) A proposição do jornalista é equivalente a "Se não cai o ministro da Fazenda, então cai o dólar".

COMENTÁRIOS

A proposição composta disjuntiva exclusiva não tem equivalente que leve outro conectivo. A única situação possível é a alteração de posição dos seus termos.

Dada a proposição composta disjuntiva exclusiva.	Ou cai o ministro da Fazenda, ou cai o dólar.
Admite-se a alteração das posições do termo antecedente pelo consequente.	Ou cai o **dólar**, ou cai o **ministro da Fazenda**.

Portanto, não há que se falar em equivalência da disjunção exclusiva "ou... ou" por outra que leve o conectivo condicional "se, então".

✪ **Nota do autor:**

Na verdade, o examinador teve a pretensão de confundir o candidato com a equivalência da proposição composta disjuntiva inclusiva (somente identificada em provas de concursos por disjunção).

A disjunção "ou" difere da disjunção exclusiva "ou... ou" porque, naquela, a verdade de ambos os termos torna a proposição composta verdadeira. Já na disjunção exclusiva a verdade de ambos os termos torna a proposição composta falsa.

Mas, vejamos a regra para a equivalência da disjunção "$p \vee q$".

Equivalência da disjunção:	$p \vee q$
Negar o primeiro termo.	$\sim p$
Alterar o conectivo para condicional "se, então".	$\sim p \rightarrow$
Manter o valor lógico do segundo termo.	$\sim p \rightarrow q$

Caso o comentário do jornalista fosse uma disjunção (sem a inclusão da partícula "ou" que inicia a proposição), passaríamos a ter a seguinte afirmação: "Cai o ministro da Fazenda ou cai o dólar".

Para este caso, a equivalência seria:

Equivalência da disjunção:	Cai o ministro da Fazenda ou cai o dólar.
Negar o primeiro termo.	**Não** cai o ministro da Fazenda...
Alterar o conectivo para condicional "se, então".	**Se** não cai o ministro da Fazenda, **então**...
Manter o valor lógico do segundo termo.	Se não cai o ministro da Fazenda, então cai o dólar.

Esta foi a afirmação apresentada no enunciado. Estaria correta se a proposição inicial fosse uma disjunção "ou", entretanto, trata-se de disjunção exclusiva "ou... ou".

Resposta: Está errada a proposição apresentada como equivalente à proposição do jornalista.

GABARITO: Item ERRADO

15. (ESAF – Técnico – Área Administrativa – MPU/2004) Se Pedro é pintor ou Carlos é cantor, Mário não é médico e Sílvio não é sociólogo. Dessa premissa pode-se corretamente concluir que,

a) se Pedro é pintor e Carlos não é cantor, Mário é médico ou Sílvio é sociólogo.

b) se Pedro é pintor e Carlos não é cantor, Mário é médico ou Sílvio não é sociólogo.

c) se Pedro é pintor e Carlos é cantor, Mário é médico e Sílvio não é sociólogo.

d) se Pedro é pintor e Carlos é cantor, Mário é médico ou Sílvio é sociólogo.

e) se Pedro não é pintor ou Carlos é cantor, Mário não é médico e Sílvio é sociólogo.

COMENTÁRIOS

✪ **Nota do autor:**

Apesar de suprimida a partícula integrante do conectivo condicional "então", trata-se de uma proposição composta condicional. Reescrevendo de forma completa, temos:

Proposição composta condicional.	Se Pedro é pintor ou Carlos é cantor, **então** Mário não é médico e Sílvio não é sociólogo.

A questão solicita a equivalência da proposição composta condicional, que pode ser feita de duas maneiras distintas.

<u>Primeira forma de equivalência da condicional</u>:

Fórmula lógica	Equivalência	Regra
$p \rightarrow q$	$\sim p \vee q$	Negar o primeiro termo, alterar o conectivo para disjunção "ou" e manter o valor lógico do segundo termo.

<u>Segunda forma de equivalência da condicional</u>:

Fórmula lógica	Equivalência	Regra
$p \rightarrow q$	$\sim q \rightarrow \sim p$	Alterar a posição dos termos, negar as duas proposições simples e manter o mesmo conectivo "se... então".

Façamos as duas equivalências. Entretanto, há outro detalhe a ser abordado. Observe que tanto no primeiro como no segundo termos da condicional estão presentes proposições compostas, respectivamente, disjuntiva "ou" e conjuntiva "e".

A observação deve-se ao fato de que para a equivalência da condicional é necessário que os termos antecedente e consequente tenham seus valores lógicos invertidos (negação).

Assim, antes da equivalência condicional, façamos as negações das duas proposições compostas (primeiro e segundo termos da condicional).

Negação da disjunção:

Disjunção:	Pedro é pintor ou Carlos é cantor.
Alterar o conectivo para conjunção "e".	... e...
Negar ambos os termos.	Pedro **não** é pintor **e** Carlos **não** é cantor.

Negação da conjunção:

Conjunção:	Mário não é médico e Sílvio não é sociólogo.
Alterar o conectivo para disjunção "ou".	... ou...
Negar ambos os termos.	Mário é médico **ou** Sílvio é sociólogo.

Observe que a negação da proposição simples negativa é a sua afirmação (exclusão da partícula "não").

Feitas as negações dos termos da proposição composta condicional, passamos, efetivamente, à resolução do que nos foi solicitado: a equivalência da condicional.

Primeira forma de equivalência da condicional:

Proposição composta condicional:	Se Pedro é pintor ou Carlos é cantor, Mário não é médico e Sílvio não é sociólogo.
Negar o primeiro termo.	Pedro não é pintor e Carlos não é cantor.
Alterar o conectivo para disjunção e manter o valor lógico do segundo termo.	Pedro não é pintor e Carlos não é cantor ou Mário não é médico e Silvio não é sociólogo.

Segunda forma de equivalência da condicional:

Proposição composta condicional:	Se Pedro é pintor ou Carlos é cantor, Mário não é médico e Sílvio não é sociólogo.
Manter o mesmo conectivo.	Se, então.
Negar ambos os termos e inverter suas posições.	Se Mário é médico ou Sílvio é sociólogo, então Pedro não é pintor e Carlos não é cantor.

Acontece que nenhuma das equivalências coincide com qualquer das alternativas.

Nessa circunstância, é necessário fazer a análise alternativa por alternativa e eliminar aquelas que apresentem alguma incompatibilidade.

Para melhor desenvolvimento da resolução e para facilitar a visualização, passamos a considerar:

P = Pedro é Pintor

C = Carlos é cantor

M = Mário é médico

S = Sílvio é sociólogo

Iniciaremos verificando quais são as combinações de valores lógicos para as proposições simples que tornam a proposição composta verdadeira.

Se Pedro é pintor ou Carlos é cantor, Mário não é médico e Sílvio não é sociólogo.	(P ou C) → (~M e ~S)

Trabalhando com a representação simbólica, seguem as situações de veracidade da proposição composta.

Proposição.	**(P ou C) → (~M e ~S)**
Será verdadeira quando:	(V ou V) → (V e V)
	(V ou F) → (V e V)
	(F ou V) → (V e V)
	(F ou F) → Indiferente

Acima estão todas as possibilidades de combinação de valores lógicos para o primeiro termo da condicional "(P ou C)". A partir deles, atribuímos valores lógicos para o segundo termo "(~M e ~S)" de forma que a condicional seja verdadeira.

O próximo passo é verificar se alguma das alternativas coincide com a verdade da proposição inicial e sua compatibilidade.

a) se Pedro é pintor e Carlos não é cantor, Mário é médico ou Sílvio é sociólogo.

Proposição (A).	**(P e ~C) → (M ou S)**
Será falsa quando:	(V e V) → (F ou F)
	V → F

Apenas nesta situação a proposição composta é falsa, logo:

- P é verdadeiro
- C é falso
- M é falso
- S é falso

Atribuindo estes mesmos valores lógicos à proposição inicial, ela será verdadeira.

Proposição inicial.	**(P ou C) → (~M e ~S)**
Será verdadeira quando:	(V ou F) → (V e V)
	V → V

Existe incompatibilidade. Considerando os mesmos valores lógicos para a proposição inicial e a apresentada na alternativa, uma se mostra falsa e a outra verdadeira.

A alternativa está errada.

b) **se Pedro é pintor e Carlos não é cantor, Mário é médico ou Sílvio não é sociólogo.**

Proposição (B).	(P e ~C) → (M ou ~S)
Será falsa quando:	(V e V) → (F ou F)
	V → F

Apenas nesta situação a proposição composta é falsa, logo:

- P é verdadeiro
- C é falso
- M é falso
- S é verdadeiro

Atribuindo estes mesmos valores lógicos à proposição inicial, ela também será falsa.

Proposição inicial.	(P ou C) → (~M e ~S)
Será falsa quando:	(V ou F) → (V e F)
	V → F

Não existe incompatibilidade.

A alternativa está correta.

c) **se Pedro é pintor e Carlos é cantor, Mário é médico e Sílvio não é sociólogo.**

Proposição (C).	(P e C) → (M e ~S)
Será falsa quando:	(V e V) → (F e F)
	(V e V) → (F e V)
	(V e V) → (V e F)
	V → F

São três as situações em que a proposição composta é falsa, vejamos a segunda linha:

- P é verdadeiro
- C é verdadeiro
- M é falso
- S é falso

Atribuindo estes mesmos valores lógicos à proposição inicial, ela será verdadeira.

Proposição inicial.	(P ou C) → (~M e ~S)
Será verdadeira quando:	(V ou V) → (V e V)
	V → V

Existe incompatibilidade. Considerando os mesmos valores lógicos para a proposição inicial e a apresentada na alternativa, uma se mostra falsa e a outra verdadeira.

A alternativa está errada.

d) **se Pedro é pintor e Carlos é cantor, Mário é médico ou Sílvio é sociólogo.**

Proposição (D).	(P e C) → (M ou S)
Será falsa quando:	(V e V) → (F ou F)
	V → F

Apenas nesta situação a proposição composta é falsa, logo:

- P é verdadeiro
- C é verdadeiro
- M é falso
- S é falso

Atribuindo estes mesmos valores lógicos à proposição inicial, ela será verdadeira.

Proposição inicial.	(P ou C) → (~M e ~S)
Será verdadeira quando:	(V ou V) → (V e V)
	V → V

Existe incompatibilidade. Considerando os mesmos valores lógicos para a proposição inicial e a apresentada na alternativa, uma se mostra falsa e a outra verdadeira.

A alternativa está errada.

e) **se Pedro não é pintor ou Carlos é cantor, Mário não é médico e Sílvio é sociólogo.**

Proposição (E).	(~P ou C) → (~M e S)
Será falsa quando:	(V ou V) → (F e F)
	(V ou V) → (F e V)
	(V ou V) → (V e F)
	V → F

Neste caso, além das três situações apresentadas, ainda existem outras em que a proposição composta é falsa, vejamos a terceira delas:

- P é falso
- C é verdadeiro
- M é falso
- S é falso

Atribuindo estes mesmos valores lógicos à proposição inicial, ela será verdadeira.

Proposição inicial.	(P ou C) → (~M e ~S)
Será verdadeira quando:	(F ou V) → (V e V)
	V → V

Existe incompatibilidade. Considerando os mesmos valores lógicos para a proposição inicial e a apresentada na alternativa, uma se mostra falsa e a outra verdadeira.

A alternativa está errada.

GABARITO: Letra (B)

10. ESTRUTURA LÓGICA

16. (ESAF – Técnico – Área Administrativa – MPU/ 2004) Ricardo, Rogério e Renato são irmãos. Um deles é médico, outro é professor, e o outro é músico. Sabe-se que: 1) ou Ricardo é médico, ou Renato é médico, 2) ou Ricardo é professor, ou Rogério é músico; 3) ou Renato é músico, ou Rogério é músico, 4) ou Rogério é professor, ou Renato é professor. Portanto, as profissões de Ricardo, Rogério e Renato são, respectivamente,

a) professor, médico, músico.
b) médico, professor, músico.
c) professor, músico, médico.
d) músico, médico, professor.
e) médico, músico, professor.

COMENTÁRIOS

✪ Nota do autor:

Foram apresentadas as seguintes proposições compostas:

Ou Ricardo é médico, ou Renato é médico.	Ricardo é médico	⊻	Renato é médico
Ou Ricardo é professor, ou Rogério é músico.	Ricardo é professor	⊻	Rogério é músico
Ou Renato é músico, ou Rogério é músico.	Renato é músico	⊻	Rogério é músico
Ou Rogério é professor, ou Renato é professor.	Rogério é professor	⊻	Renato é professor

O objetivo é definir os valores lógicos para cada uma das proposições simples de modo que as proposições compostas sejam todas verdadeiras.

No encadeamento lógico proposto pela questão, todas as proposições compostas levam o conectivo "disjunção exclusiva", portanto, para que a proposição composta seja verdadeira é necessário que uma das proposições simples que a compõe seja verdadeira e a outra falsa.

Pela regra da disjunção exclusiva, são duas diferentes combinações de valores lógicos que a tornam verdadeira. Veja, por exemplo, a primeira proposição composta.

Será verdadeira quando o primeiro termo for verdadeiro (sublinhado) e o segundo falso (tachado):

Ricardo é médico	⊻	~~Renato é médico~~

Também será verdadeiro quando o primeiro termo for falso e o segundo verdadeiro:

~~Ricardo é médico~~	⊻	Renato é médico

O que faremos é testar uma destas hipóteses em que a proposição composta é verdadeira e, a partir dela, valorar as demais proposições simples de todo o encadeamento lógico. Caso não haja incompatibilidade, os valores lógicos estarão corretos e saberemos qual a profissão de cada um dos irmãos.

Se surgir alguma incompatibilidade, voltamos ao início, e iniciamos o teste com a outra hipótese em que a primeira proposição é considerada verdadeira.

Para o primeiro teste assumimos que "Ricardo é médico" é verdade e que "Renato é Médico" é o termo falso.

Ricardo é médico	⊻	~~Renato é médico~~
Ricardo é professor	⊻	Rogério é músico
Renato é músico	⊻	Rogério é músico
Rogério é professor	⊻	Renato é professor

Se Ricardo é médico, então não é professor (segunda linha).

Ricardo é médico	⊻	~~Renato é médico~~
~~Ricardo é professor~~	⊻	Rogério é músico
Renato é músico	⊻	Rogério é músico
Rogério é professor	⊻	Renato é professor

Ainda na segunda linha, para que a proposição composta seja verdadeira, é necessário que uma das proposições simples também o seja. Logo, Rogério é músico.

Ricardo é médico	⊻	~~Renato é médico~~
~~Ricardo é professor~~	⊻	Rogério é músico
Renato é músico	⊻	Rogério é músico
Rogério é professor	⊻	Renato é professor

A mesma informação aparece na terceira linha (verdadeira) e na quarta linha (falsa).

Ricardo é médico	⊻	~~Renato é médico~~
~~Ricardo é professor~~	⊻	Rogério é músico
Renato é músico	⊻	Rogério é músico
~~Rogério é professor~~	⊻	Renato é professor

Por fim, para que as proposições compostas das terceira e quarta linhas sejam verdadeira, Renato é professor.

Ricardo é médico	⊻	~~Renato é médico~~
~~Ricardo é professor~~	⊻	Rogério é músico
~~Renato é músico~~	⊻	Rogério é músico
~~Rogério é professor~~	⊻	Renato é professor

Não houve nenhuma incompatibilidade. Concluímos que:

- Ricardo é médico
- Rogério é músico
- Renato é professor

GABARITO: Letra (E)

11. VERDADES E MENTIRAS

17. (ESAF – Técnico – Área Administrativa – MPU/ 2004) Uma empresa produz androides de dois tipos: os de tipo V, que sempre dizem a verdade, e os de tipo M, que sempre mentem. Dr. Turing, um especialista em Inteligência Artificial, está examinando um grupo de cinco androides – rotulados de Alfa, Beta, Gama, Delta e Épsilon, fabricados por essa empresa, para determinar quantos entre os cinco são do tipo V. Ele pergunta a Alfa: "Você é do tipo M?" Alfa responde mas Dr. Turing, distraído, não ouve a resposta. Os androides restantes fazem, então, as seguintes declarações:

- Beta: "Alfa respondeu que sim".
- Gama: "Beta está mentindo".
- Delta: "Gama está mentindo".
- Épsilon: "Alfa é do tipo M".

Mesmo sem ter prestado atenção à resposta de Alfa, Dr. Turing pôde, então, concluir corretamente que o número de androides do tipo V, naquele grupo, era igual a

a) 1.

b) 2.

c) 3.

d) 4.

e) 5.

COMENTÁRIOS

✪ Nota do autor:

Sabe-se da existência de 5 androides, porém, não se sabe quais são do tipo V, dizem verdade, e quais são do tipo M, dizem mentira.

Quando o especialista pergunta ao primeiro deles, Alfa, se é do tipo M, apesar de não ter escutado a resposta, esta, certamente será "não". Caso o androide Alfa seja do tipo V, portanto só diz verdade, a resposta será "não", pois realmente não é do tipo M. Por outro lado, imaginando ser do tipo M, que só mente, também responderia negativamente.

Sabendo, então, que a resposta de Alfa é "não", temos as seguintes afirmações de cada um dos androides:

Androide	Afirmação
Alfa	Não sou do tipo M
Beta	Alfa respondeu que sim
Gama	Beta está mentindo
Delta	Gama está mentindo
Épsilon	Alfa é do tipo M

A partir das informações são possíveis as seguintes conclusões:

Androide	Afirmação	Conclusão
Alfa	Não sou do tipo M.	
Beta	Alfa respondeu que sim.	Beta está mentindo.
Gama	Beta está mentindo.	Gama fala a verdade.
Delta	Gama está mentindo.	Delta está mentindo.
Épsilon	Alfa é do tipo M.	

Em relação a Alfa e Épsilon, nada pode ser concluído. Se alfa for do tipo V, então Épsilon está mentindo e se Alfa for do tipo M, então Épsilon está dizendo a verdade. O que podemos afirmar é que um é do tipo V e o outro é do tipo M.

Mesmo não definidos os tipos de Alfa e Épsilon, podemos concluir que no total são 2 androides do tipo V e outros 3 do tipo M.

Resposta: O Doutor Turing pôde concluir corretamente que o número de androides do tipo V era igual a 2.

GABARITO: Letra (B)

12. PROBLEMAS LÓGICOS

18. (Cespe – Técnico – MPU/2013) Uma pesquisa realizada com um grupo de 35 técnicos do MPU a respeito da atividade I — planejamento estratégico institucional — e da atividade II — realizar estudos, pesquisas e levantamento de dados — revelou que 29 gostam da atividade I e 28 gostam da atividade II. Com base nessas informações, julgue os itens que se seguem.

✪ Nota do autor:

O texto inicial nos informa sobre os parâmetros para responder as questões 19 a 21, e dele extraímos o seguinte:

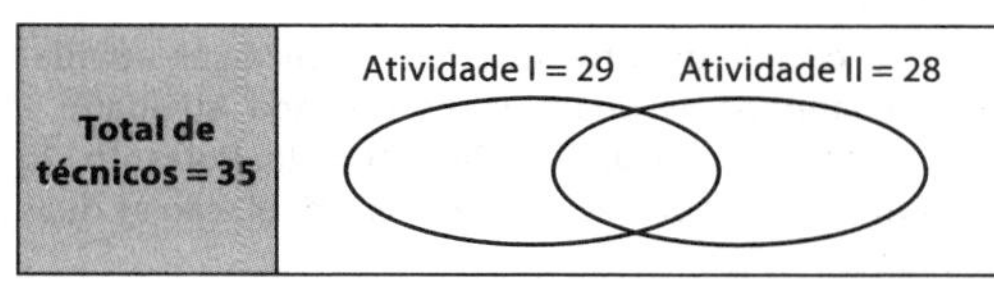

Com as informações adicionais de cada uma das questões seguintes, completamos o diagrama das atividades dos técnicos do MPU.

19. (Cespe – Técnico – MPU/2013) A quantidade máxima de técnicos desse grupo que não gosta de nenhuma das duas atividades é inferior a 7.

COMENTÁRIOS

✪ Nota do autor:

Antes de partir para a questão propriamente dita, é necessário entender que entre os técnicos entrevistados existem aqueles que gostam de apenas uma das atividades, os que gostam das duas atividades ou, ainda, os que não gostam de ambas as atividades.

Sabendo que foram 29 respostas citando gostar da atividade I e outras 28 citando gostar da atividade II, para que existam técnicos que não gostem de ambas as atividades e que esta quantidade seja a maior possível, devemos considerar o máximo de respostas de técnicos afirmando gostar das duas atividades.

Graficamente temos:

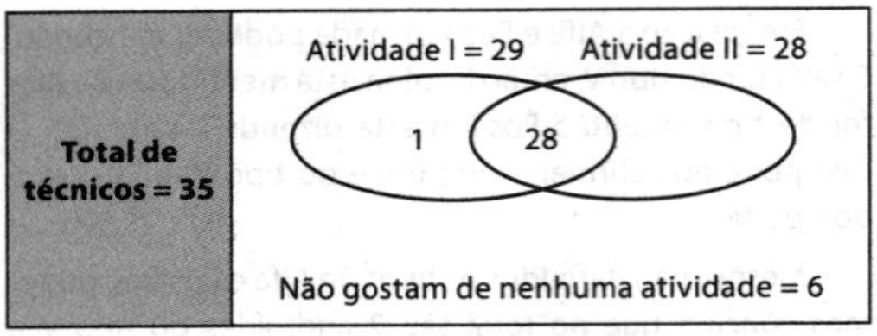

Por esta hipótese, não há técnicos que disseram gostar apenas da atividade II. Também, são 6 (e este é o número máximo) os técnicos que afirmaram não gostar de nenhuma das duas atividades.

Resposta: A afirmativa está correta, a quantidade máxima de técnicos desse grupo que não gosta de nenhuma das duas atividades é inferior a 7.

GABARITO: Item CERTO

20. (Cespe – Técnico – MPU/2013) Se 4 técnicos desse grupo não gostam de nenhuma das atividades citadas, então mais de 25 técnicos gostam das duas atividades.

COMENTÁRIOS

✪ Nota do autor:

Do total de 35 técnicos, sabendo que 4 deles disseram não gostar de nenhuma das atividades, restam outros 31 que responderam gostar de uma das atividades ou de ambas.

Para definir quantos optaram pelas duas atividades, somaremos as quantidades de cada atividade e subtraímos 31, ou seja, 29 + 28 – 31 = 26. Portanto, 26 é o número de respostas afirmativas em relação às duas atividades.

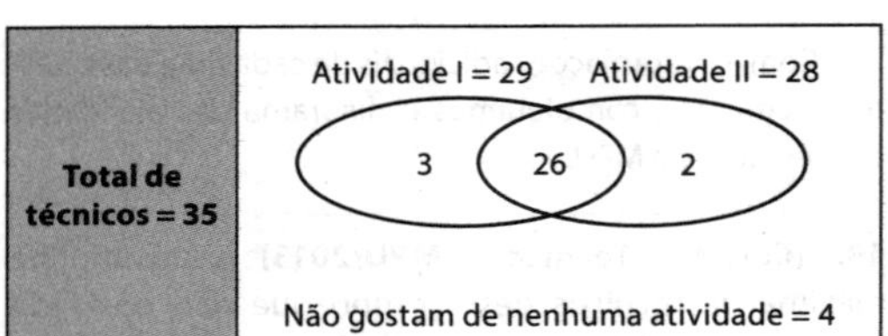

Resposta: A afirmativa está correta. São 26 técnicos do grupo que gostam das duas atividades, portanto, maior que 25.

GABARITO: Item CERTO

21. (Cespe – Técnico – MPU/2013) Infere-se dos dados que a quantidade mínima de técnicos desse grupo que gostam das duas atividades é superior a 20.

COMENTÁRIOS

✪ Nota do autor:

Para que a quantidade de técnicos que gostam das duas atividades seja a mínima possível, é necessário que nenhum deles que tenham respondido não gostar de nenhuma das atividades.

Conforme demonstrado na questão anterior, o cálculo da quantidade de técnicos que optaram pelas duas atividades faz-se com a soma das quantidades de cada atividade e dela subtrai o total de pesquisados. Assim, temos: 29 + 28 – 35 = 22. Portanto, 22 é a menor quantidade possível de respostas afirmativas em relação às duas atividades.

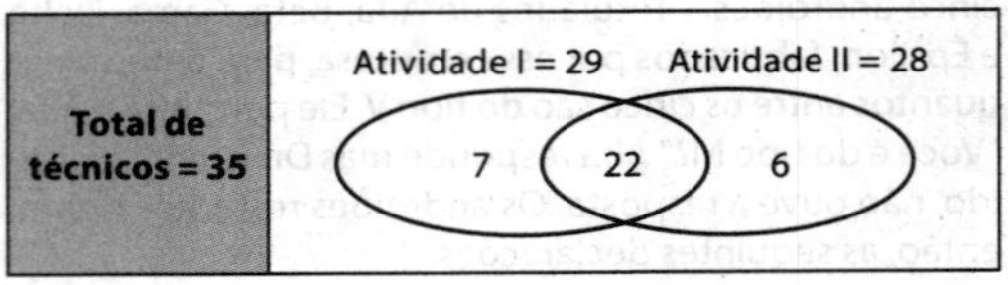

Resposta: A afirmativa está correta. A quantidade mínima de técnicos desse grupo que gostam das duas atividades é igual a 22, logo, é superior a 20.

GABARITO: Letra (E)

22. (FCC – Técnico – Área Administrativa – MPU/2007) Dado um número inteiro e positivo N, chama-se persistência de N a quantidade de etapas que são necessárias para que, através de uma sequência de operações preestabelecidas efetuadas a partir de N, seja obtido um número de apenas um dígito. O exemplo seguinte mostra que a persistência do número 7.191 é 3:

$$7191 \xrightarrow[7x1x9x1]{} 63 \xrightarrow[6x3]{} 18 \xrightarrow[1x8]{} 8$$

Com base na definição e no exemplo dados, é correto afirmar que a persistência do número 8.464 é

a) menor que 4.

b) 4

c) 5

d) 6

e) maior que 6.

COMENTÁRIOS

✪ Nota do autor:

A persistência de um número é um enigma atribuído ao matemático Martin Gardner que consiste em fazer repetidas operações de multiplicação entre os dígitos de um número inteiro até reduzi-lo a um único número, conforme explica o enunciado.

A persistência é a quantidade de vezes que as multiplicações são efetuadas entre os dígitos do número.

Independente de conhecer ou não o enigma, o exemplo apresentado é suficiente para compreender a regra a ser aplicada.

Assim, a persistência do número 8.464 será:

1ª etapa	8.464
	8 . 4 . 6 . 4 = 768
2ª etapa	768
	7 . 6 . 8 = 336

3ª etapa	336
	3.3.6 = 54
4ª etapa	54
	5.4 = 20
5ª etapa	20
	2.0 = 0

O enigma finaliza quando o resultado do produto é igual a um número de apenas um dígito. No caso, encerramos após o produto da 5ª etapa, portanto, persistência igual a 5.

Resposta: A persistência do número 8.464 é igual a 5.

GABARITO: Letra (C)

---

23. (FCC–Técnico – Área Administrativa – MPU/ 2007) O Mini Sudoku é um divertido passatempo de raciocínio lógico. Ele consiste de 36 quadradinhos em uma grade 6 x 6, subdividida em seis grades menores de 2 x 3. O objetivo do jogo é preencher os espaços em branco com os números de 1 a 6, de modo que os números colocados não se repitam nas linhas, nem nas colunas, nem nas grades 2 x 3 e tampouco na grade 6 x 6, conforme é mostrado no exemplo que segue.

1	5	2	4	3	6
4	3	6	2	1	5
5	6	3	1	4	2
2	1	4	6	5	3
3	2	1	5	6	4
6	4	5	3	2	1

Observe que, no esquema de jogo abaixo, três das casas em branco aparecem sombreadas. Você deve completar o esquema de acordo com as regras do jogo, para descobrir quais números deverão ser colocados nessas casas.

	3	2			5
4					
6			2		
		3			4
					3
3			1	5	

A soma dos números que corretamente deverão preencher as casas sombreadas é

a) 7

b) 9

c) 11

d) 13

e) 15

COMENTÁRIOS

Nota do autor:

O enunciado da questão traz as regras do Mini Sudoku, vamos recapitular quais os espaços em que os números (de 1 a 6) não podem se repetir.

Linha

1	5	2	4	3	6
4	3	6	2	1	5
5	6	3	1	4	2
2	1	4	6	5	3
3	2	1	5	6	4
6	4	5	3	2	1

Coluna

1	5	2	4	3	6
4	3	6	2	1	5
5	6	3	1	4	2
2	1	4	6	5	3
3	2	1	5	6	4
6	4	5	3	2	1

Grade 2 x 3

1	5	2	4	3	6
4	3	6	2	1	5
5	6	3	1	4	2
2	1	4	6	5	3
3	2	1	5	6	4
6	4	5	3	2	1

Para o desenvolvimento do jogo, procuramos conjugar os diferentes espaços em que os números não se repetem e completar quadro a quadro. Por exemplo, para preencher o quadro inicial posição (0;0), comparamos a primeira linha e primeira coluna, pois o quadro em questão é comum a ambas, logo, o número deste quadro será aquele que não apareceu nem na linha (3, 2, 5) e nem na coluna (4, 6, 3), ou seja, é o número 1.

*Posição (linha; coluna)

1	3	2			5
4					
6			2		
		3			4
					3
3			1	5	

Observe, agora, a grade 2 x 3 central à direita. O número 3 não pode ser preenchido tanto na quarta linha como na última coluna, senão haveria repetição. Logo, para o preenchimento da posição (3;5) resta uma única opção, número 3.

*Posição (linha; coluna)

Impossibilidade de preencher com o número 3.

1	3	2			5
4					
6			2		
		(3)			4
					(3)
3			1	5	

Preenchimento obrigatório para o número 3.

1	3	2			5
4					
6			2	3	
		3			4
					3
3			1	5	

A mesma regra vale para a grade 2 x 3 superior à direita, na posição (2;4), preenchido com o número 3.

Impossibilidade de preencher com o número 3.

1	(3)	2			5
4					
6			2	(3)	
		3			4
					(3)
3			1	5	

Preenchimento obrigatório para o número 3.

1	3	2			5
4			3		
6			2	3	
		3			4
					3
3			1	5	

Retornando à grade central à direita, veja que resta apenas uma posição (4;4) a ser preenchida com o número cinco. Isso porque nas colunas quinta e sexta já existem o número 5.

Impossibilidade de preencher com o número 5.

1	3	2			(5)
4			3		
6			2	3	
		3			4
					3
3			1	(5)	

Preenchimento obrigatório para o número 5.

1	3	2			5
4			3		
6			2	3	
		3	5		4
					3
3			1	5	

O procedimento repete-se até completar todo o quadro. Ao final, totalmente preenchido, teremos a seguinte situação:

1	3	2	6	4	5
4	5	6	3	1	2
6	4	5	2	3	1
2	1	3	5	6	4
5	6	1	4	2	3
3	2	4	1	5	6

Resposta: A soma dos números que corretamente deverão preencher as casas sombreadas é igual a 15.

GABARITO: Letra (E)

Ressalta-se que a questão foi cancelada pelo fato de constar no enunciando, como regra para o jogo, a expressão "e tampouco na grade 6 x 6". Segundo esta informação, não haveria repetições em todo o quadro, portanto, incompatível com o seu preenchimento.

Matemática

Marcelo Sbicca e
Marcos Bosso

✦ DICAS

1. OPERAÇÕES NUMÉRICAS

As operações numéricas, via de regra, não são objeto de estudo, apesar de listada nos editais. Mesmo assim, cautelosamente, fica um lembrete e uma dica sobre o assunto.

Tanto na multiplicação quanto na divisão, quando os termos tiverem o mesmo sinal, o resultado será positivo. Quando os termos tiverem sinais diferentes, o resultado será negativo.

Sinais Iguais	Sinais Diferentes
(+) × (+) = +	(+) × (–) = –
(+) ÷ (+) = +	(+) ÷ (–) = –
(–) × (–) = +	(–) × (+) = –
(–) ÷ (–) = +	(–) ÷ (+) = –

A divisão é uma operação explorada em vários itens comuns em editais (frações, decimais, porcentagem, juros, razão, proporção, equações, matemática financeira e outros) e é um tanto quanto traiçoeira.

Você tem certeza que domina a operação de divisão? Você sabe fazer divisão com números decimais e ou fracionários?

Se não tem convicção em responder afirmativamente, sugiro muito treino para que não perca pontos por causa de detalhes.

> **DICA**
> Exclua a calculadora do dia a dia até atingir seu objetivo, ou seja, até o dia em que seu nome figure na lista dos aprovados. Ou pelo menos, não a utilize durante o tempo dedicado aos estudos.

2. EXPRESSÕES NUMÉRICAS

Outro item que abordaremos com brevidade.

O que se deve guardar em relação às expressões numérica é, simplesmente, a ordem de execução.

Ordem de execução das operações matemáticas.	1º passo: Resolver as potências e raízes. 2º passo: Resolver os produtos e quocientes. 3º passo: Resolver as adições e subtrações.

A ordem das operações numéricas é alterada se utilizarmos os símbolos matemáticos ( ), [ ] e { }. Elas seguem a ordem de execução descrita abaixo:

Ordem execução das operações com os símbolos matemáticos ( ), [ ] e { }.	1º passo: Operações entre parênteses ( ). 2º passo: Operações entre colchetes [ ]. 3º passo: Operações entre chaves { }.

3. NÚMEROS PRIMOS

Os números naturais que possuem apenas dois divisores (ele próprio e o número 1) são chamados primos.

> **NOTA**
> O número 1 não é primo, uma vez que possui um único divisor.
> O número 2 é o único número primo que também é par.

Para identificar facilmente os números primos no conjunto dos números naturais menores que 100, basta eliminar o número 1 e todos os múltiplos de 2 e 3 (exceto eles próprios), restarão os primos entre 1 e 100.

4. SISTEMA DE EQUAÇÕES

O sistema de equações de primeiro grau ou sistema de equações lineares caracteriza-se pela existência de pelo menos duas equações nas quais estão presentes as mesmas duas incógnitas.

Entre os métodos de resolução, substituição ou adição, sugerimos lançar mão do primeiro por ser mais comum e largamente utilizado.

Método da substituição:

- Escolher uma equação e isolar uma das variáveis.
- Substituir o valor da variável na outra equação.

Dessa forma, obtém-se uma equação com apenas uma variável, cuja resolução determina seu valor. Na sequência, o valor da primeira variável é substituído em qualquer equação para calcular o valor da segunda.

5. MÚLTIPLOS E DIVISORES

Múltiplos:

O múltiplo de um número natural é o produto desse número por outro número natural qualquer.

A sequência de múltiplos de um número natural é infinita e forma uma progressão aritmética da qual sempre faz parte o número 0.

Exemplo: números múltiplos de 4.	M = {0, 4, 8, 12, 16, 20, 24, ...}

Inerente ao assunto, múltiplos de um número natural, existe o conceito de mínimo múltiplo comum, ou simplesmente m.m.c.

Mínimo Múltiplo Comum:

O m.m.c. de dois ou mais números inteiros é o menor múltiplo comum a eles, diferente de zero. É calculado através do produto dos fatores primos.

O m.m.c. entre os números 8, 9 e 10 é calculado assim.	8, 9, 10	2
	4, 9, 5	2
	2, 9, 5	2
	1, 9, 5	3
	1, 3, 5	3
	1, 1, 5	2
	1, 1, 1	$2^3 . 3^2 . 5 = 360$

O Mínimo Múltiplo Comum entre os números 8, 9 e 10 é igual a 360.

Divisores:

Dizemos que um número é divisor de outro número natural se o resto da operação de divisão, entre eles, for igual a zero.

Vejamos algumas regras de divisibilidade que eliminam a necessidade de testar, efetivamente, por meio da operação de divisão, pois se atende à regra, o resto será igual a zero.

Divisor	Regra
3	Quando a soma dos algarismos resultar em um número divisível por 3. Ex: 99, 9+9=18, será divisível por 3.
4	Quando terminados em "00" ou os dois últimos algarismos formarem um número divisível por 4. Ex: 1**00**, 23**24**.
6	Quando for simultaneamente divisível por 2 e 3. Ex: 96.
8	Quando terminados em "000" ou os três últimos algarismos formarem um número divisível por 8. Ex: 12**000**.
9	Quando a soma dos algarismos resultar em um número divisível por 9. Ex: 71352, 7+1+3+5+2=18, será divisível por 9.
12	Quando for simultaneamente divisível por 3 e 4. Ex: 144.
15	Quando for simultaneamente divisível por 3 e 5. Ex: 135.

Máximo Divisor Comum:

O Máximo Divisor Comum de dois ou mais números inteiros é o maior divisor comum a eles.

Da mesma forma como o m.m.c., o m.d.c. pode ser calculado com a decomposição dos números em seus fatores primos. Entretanto, no caso do m.d.c., faz-se o produto dos fatores que são comuns a todos os números.

Cálculo do m.d.c. entre os números 48, 60 e 72.	48, 60, 72	(2)
	24, 30, 36	(2)
	12, 15, 18	2
	6, 15, 9	2
	3, 15, 9	(3)
	1, 5, 3	3
	1, 5, 1	5
	1, 1, 1	$2^2 . 3 = 12$

Os fatores primos assinalados são aqueles que dividem os três números simultaneamente. O m.d.c. é o produto apenas desses fatores.

O Máximo Divisor Comum entre os números 48, 60 e 72 é igual a 12.

6. RAZÃO E PROPORÇÃO

Razão:

A razão é o quociente entre dois números que tem por finalidade a comparação relativa entre eles.

Ao fazer a divisão de uma grandeza por outra, na mesma unidade de medida, o resultado indica o quanto a primeira representa em relação à segunda. Por exemplo: uma adega tem 120 garrafas de vinho tinto e 80 de vinho branco. Podemos considerar as seguintes razões em relação às quantidades de vinho:

$$\frac{\text{Tinto}}{\text{Branco}} = \frac{120}{80} = 1{,}5$$

Significa que há 1,5 garrafas de vinho tinto para cada garrafa de vinho branco. Ainda, a quantidade de garrafas de vinho tinto representa 150% da quantidade de garrafas de vinho branco.

$$\frac{\text{Branco}}{\text{Tinto}} = \frac{80}{120} = 0{,}667$$

Significa que há 0,667 garrafa de vinho branco para cada garrafa de vinho tinto. Ainda, a quantidade de garrafas de vinho branco representa 66,7% da quantidade de garrafas de vinho tinto.

Proporção:

A igualdade entre duas frações é a chamada proporção.

$\frac{a}{b} = \frac{c}{d}$	A razão "a para b" é equivalente à razão "c para d", ou seja, as razões (frações) são proporcionais.

7. REGRA DE TRÊS

Regra de três simples:

A regra de três é uma importante ferramenta para resolver as questões que abordam grandezas proporcionais.

Usando um termo mais técnico, denominamos a regra de três por "quarta proporcional". Temos três valores conhecidos (a, b e c) e uma incógnita (X) que, mantida a proporção, é descoberta de acordo com a resolução abaixo:

$$\frac{a}{b} = \frac{c}{X}$$

Para resolver e achar o valor de X, multiplica-se em cruz.

$$\frac{a}{b} = \frac{c}{X}$$

$$aX = bc$$

$$X = \frac{bc}{a}$$

Relação diretamente proporcional:

A proporção é direta quando são comparadas duas grandezas e a variação de uma provoca variação proporcional da outra no mesmo sentido.

Por exemplo, para fazer uma receita de bolo usamos vários ingredientes, entre eles ovos e farinha de trigo. Se o desejo é fazer uma receita maior, aumentamos a quantidade de ovos e a quantidade de farinha. Por outro lado, para um bolo menor, ambos os ingredientes devem ser reduzidos, mantendo-se a mesma proporção.

É importante esta análise para a resolução da regra de três porque, apesar de não ter implicação alguma quando a relação é direta, a relação inversa exige que seja feito um ajuste antes de efetivamente resolvê-la.

Relação Inversamente proporcional:

Diferente da proporção direta, na relação inversa há variação entre as grandezas comparadas em sentidos contrários.

Por exemplo, uma pessoa dedica meia hora por dia para fazer a leitura de determinado livro e, assim, a leitura estará concluída em 12 dias. Se essa mesma pessoa passar a dedicar três horas por dia, vai acabar a leitura do livro em um prazo menor. Assim, aumenta-se o tempo diário de leitura e o prazo para o término do livro reduz (aumenta uma grandeza enquanto a outra reduz).

Ao resolver problemas de regra de três em que a relação seja inversamente proporcional é necessária a alteração da posição dos valores de uma das grandezas. Aproveitando o exemplo citado temos:

Horas por dia	Tempo para a conclusão (em dias)
1/2 ou 0,5	12
3	X

Como a relação é inversamente proporcional, faz-se a inversão das posições dos valores de uma das grandezas.

Horas por dia	Tempo para a conclusão (em dias)
3	12
0,5	X

Após a alteração (Horas por dia), a resolução é feita normalmente com a multiplicação cruzada.

$$3X = 0,5 \cdot 12$$

$$X = 6 / 3$$

$$X = 2$$

Conclui-se que passando o tempo de leitura diária de meia hora para três horas, o livro será lido em dois dias.

Regra de três composta:

Para a resolução dos problemas que apresentam mais de duas grandezas lança-se mão da regra de três composta, cuja resolução segue a regra:

- Posicionar as grandezas em linhas e colunas.
- Analisar se as relações são direta ou inversamente proporcionais.
- Alterar as posições das grandezas inversamente proporcionais.
- Isolar a coluna na qual se encontra a variável e fazer o produto das demais.
- Resolver como uma regra de três simples.

Exemplo: A linha de produção de uma indústria trabalhando 12 horas por dia, durante 5 dias da semana e é capaz de produzir 60 máquinas. Se a indústria passar a trabalhar 7 dias na semana, qual será a carga horária de trabalho para produzir 140 máquinas?

- Posicionar as grandezas em linhas e colunas.

Horas por dia	Dias trabalhados	Quantidade de máquinas
12	5	60
X	7	140

- Analisar se as relações são direta ou inversamente proporcionais.

A análise da proporcionalidade das grandezas é feita duas a duas. Compara-se aquela que contém a variável X com cada uma das demais.

"Horas por dia" em relação a "Dias trabalhados".

Quando comparamos duas grandezas, as demais são consideradas constantes, assim, na comparação de "Horas por dia" e "Dias trabalhados", a terceira deve ser ignorada (como se a "Quantidade de máquinas" permanecesse inalterada).

Imaginando o aumento das horas de trabalho por dia, para produzir a mesma quantidade de máquinas, os dias de trabalho serão reduzidos. Nesse caso a relação é inversamente proporcional (aumento das "Horas por dia" e redução dos "Dias trabalhados"). A situação é representada por setas apontadas em sentidos contrários.

Horas por dia	Dias trabalhados	Quantidade de máquinas
↑	↓	

"Horas por dia" em relação à "Quantidade de máquinas".

Agora, os "Dias trabalhados", que não faz parte da relação, deve ser considerado uma grandeza fixa.

Aumentando as horas de trabalho diário, durante o mesmo período de dias, a quantidade de máquinas produzidas também será proporcionalmente aumentada. A relação entre "Horas por dia" e "Quantidade de máquinas" é diretamente proporcional (setas apontadas no mesmo sentido).

Horas por dia	Dias trabalhados	Quantidade de máquinas
↑	↓	↑

- Alterar as posições das grandezas inversamente proporcionais.

No caso, altera-se a posição dos valores da grandeza "Dias trabalhados" (tem a seta invertida). O mesmo resultado será obtido caso a alteração das posições seja feita conjuntamente nas grandezas "Horas por dia" e "Quantidade de máquinas".

Horas por dia	Dias trabalhados	Quantidade de máquinas
12	7	60
X	5	140

- Isolar a coluna na qual se encontra a variável e fazer o produto das demais.

Horas por dia	Produto: "Dias trabalhados" por "Quantidade de máquinas"
12	7 . 60
X	5 . 140

- Resolver como uma regra de três simples.

Multiplicação cruzada.	(7 . 60) X = 12 (5 . 140) X = 8400 / 420 X = 20

A resolução da regra de três torna-se mais fácil fazendo as simplificações (mesma linha ou mesma coluna) antes de iniciar as operações.

Resposta: São necessárias 20 horas de trabalho por dia para produzir 140 máquinas em 7 dias.

> **IMPORTANTE**
>
> Tanto para a regra de três simples como para a composta, lembre-se de analisar se as grandezas são direta ou inversamente proporcionais.

8. DIVISÃO PROPORCIONAL

A divisão proporcional é uma aplicabilidade do que foi visto em item anterior, razão e proporção, e se utiliza da regra de três para a resolução.

Atenção, pois este é o formato como o examinador irá cobrar em sua prova.

Problema: Dividir 6.000 unidades para A, B e C de forma diretamente proporcional a 13, 15 e 12, respectivamente.

Quando a divisão for diretamente proporcional, construa um quadro (linhas e colunas) com as informações conhecidas e resolva por meio da regra de três.

	Proporção	Quantidade
A	13	?
B	15	?
C	12	?
Total	**40**	**6000**

A última linha, "Total", serve de referência, uma vez que são conhecidos os valores totais para a "Quantidade" e para "Proporção". Então, por ser uma linha considerada completa, comparamos com as demais, uma a uma, e resolvemos por meio da regra de três.

Por exemplo, para A, ignoramos as linhas relativas à B e C.

	Proporção	Quantidade
A	13	?
Total	**40**	**6000**

Efetivar o cálculo com a multiplicação cruzada.

Cálculo.	40 . A = 13 . 6000 A = 78000 / 40 A = 1.950

Para o cálculo da quantidade a ser destinada à B, ignoramos as duas outras linhas, A e C, e procedemos conforme o anterior.

	Proporção	Quantidade
B	15	?
Total	**40**	**6000**

Efetivar o cálculo.

Cálculo.	40 . B = 15 . 6000 B = 90000 / 40 B = 2.250

O mesmo procedimento repete-se para C.

Divisão inversamente proporcional:

As questões deixam bastante claro quando a divisão deve ser feita de forma direta ou inversamente proporcional. Em se tratando de divisão inversamente proporcional, constrói-se a estrutura inicial, quadro com linhas e colunas, e transforma os números relativos à "Proporção" em seus inversos.

Problema: Dividir 3.400 unidades para A, B e C de forma inversamente proporcional a 5, 10 e 25, respectivamente.

A planilha inicial é a mesma.

	Proporção	Quantidade
A	5	?
B	10	?
C	25	?
Total		**3400**

Então, transformamos os números que indicam a proporção em seus inversos.

	Proporção	Quantidade
A	1/5	?
B	1/10	?
C	1/25	?
Total		**3400**

O total da coluna "Proporção" é o somatório das frações.

Total.	1/5 + 1/10 + 1/25 17/50

Observação: A soma de frações faz-se com o auxílio do m.m.c.

	Proporção	Quantidade
A	1/5	?
B	1/10	?
C	1/25	?
Total	**17/50**	**3400**

Seguimos com a regra de três.

Para o cálculo da quantidade que cabe a A, faremos:

	Proporção	Quantidade
A	1/5	?
Total	**17/50**	**3400**

Efetivar o cálculo com a multiplicação cruzada.

Cálculo.	17/50 . A = 1/5 . 3400 17/50 A = 680 A = 680 . 50/17 A = 2000

O procedimento repete-se para calcular as quantidades para B e C.

Observe que a maior quantidade destina-se àquele que tem menor proporção.

A, B e C têm proporções 5, 10 e 25, respectivamente. Feita a divisão inversamente proporcional, coube à A 2.000 unidades, à B 1.000 unidades e à C 400 unidades.

9. PORCENTAGEM

Porcentagem é uma razão, ou seja, é uma fração que tem como característica a base 100. Quando escrito de modo formal, o número é acompanhado pelo símbolo da porcentagem "%".

A razão centesimal ou fração de base 100 tem o denominador com esse valor. Assim, a porcentagem pode ser representada:

Razão centesimal	Número decimal	Porcentagem
0,5/100	0,005	0,5%
1/100	0,01	1%
4,3/100	0,043	4,3%
25/100	0,25	25%
100/100	1	100%
650/100	6,5	650%
1200/100	12	1200%

Corresponde à relação entre dois valores, ou seja, é a proporção do primeiro (numerador) comparado ao segundo (denominador).

10. VELOCIDADE MÉDIA

A velocidade média calcula-se pela fórmula:

$V = \frac{S}{t}$	V = Velocidade média S = Distância t = Tempo

Para não errar na hora da prova, lembre-se de como é a comunicação para expressar velocidade: "Fulano foi multado na rodovia por trafegar à velocidade de 130 km/h". Pronto, está descrita a fórmula da velocidade média:

Velocidade de 130 km/h Velocidade = 130 km/h V = km / h

Também suas variações:

Distância.	$V = \frac{S}{t}$ $V . t = S$ $S = V . t$
Tempo.	$V = \frac{S}{t}$ $V . t = S$ $t = \frac{S}{V}$

Exemplo: Quanto tempo um trem precisa para percorrer uma distância de 80 km à velocidade constante de 120 km/h?

Calcular o tempo.	$t = \frac{S}{V}$ $t = \frac{80 \text{ km}}{120 \text{km} / \text{h}}$ $t = 0{,}667$ h

Atenção para as unidades para o cálculo de tempo. O resultado corresponde à representação das horas em base decimal: 0,667 horas ou 40 minutos.

11. MATRIZ E DETERMINANTE

Matriz: É a representação de elementos através de linhas e colunas, sendo que os elementos podem ser representados por números, funções ou mesmo outras matrizes.

Tipos especiais de matriz:

- Matriz linha: possui somente uma linha.
- Matriz coluna: possui somente uma coluna.
- Matriz nula: todos os elementos são iguais a zero.
- Matriz quadrada: o número de linha é igual ao número de colunas.
- Matriz identidade: matriz quadrada em que todos os elementos da diagonal principal são iguais a 1 e todos os demais são iguais a zero.
- Matriz transposta: obtida pela troca do ordenamento, linhas passam a ser colunas e colunas passam a ser linhas.
- Matriz simétrica: matriz quadrada quando igual a sua transposta.
- Matriz escalonada: matriz quadrada de tal forma que todos os elementos acima ou abaixo da diagonal principal são nulos.
- Matriz diagonal: matriz quadrada de tal forma que todos os elementos, exceto os da diagonal principal, são nulos.

Determinante:

O determinante de uma matriz quadrada é um número associado a ela e que a representa, cujas propriedades são:

- Quando todos os elementos de uma única linha ou coluna são iguais a zero, o seu determinante é igual a zero.
- Matriz com coluna ou linha repetida terá seu determinante nulo, igual a zero.
- Se a matriz possui duas linhas ou duas colunas com elementos de valores proporcionais, o determinante é nulo, igual a zero.
- Se todos os elementos de uma linha ou coluna tiverem seus valores multiplicados por uma constante k, o seu determinante será multiplicado por k.
- Uma matriz e sua transposta terão o mesmo valor como determinante.
- A alteração da posição de duas linhas ou duas colunas faz com que o determinante de uma matriz seja o oposto da outra.
- Uma matriz triangular tem o determinante igual à multiplicação dos elementos da diagonal principal.
- Se a matriz quadrada de ordem n for multiplicada pelo número k, seu determinante passa a ser multiplicado por k^n.

12. ANÁLISE COMBINATÓRIA

São três tipos principais de agrupamentos cobrados em provas de concursos: Permutação, Arranjo e Combinação.

Permutação:

A Permutação revela a quantidade de sequências distintas em que os elementos de determinado conjunto podem ser ordenados. É representado pelo fatorial "P(x) = x!". Por exemplo: quantas são as formas distintas para que cinco pessoas se acomodem em um carro de cinco lugares?

Permutação P(x) = x!	P(x) = x! P(5) = 5! P(5) = 5 . 4 . 3 . 2 . 1 = 120

Arranjo e Combinação:

Arranjo e Combinação serão adotados quando os agrupamentos possuírem quantidades diferentes de elementos, em relação ao grupo inicial. Exemplo: agrupamentos possíveis no jogo da mega sena. O conjunto inicial tem 60 elementos e os agrupamentos serão feitos de seis em seis.

Para distinguir entre Arranjo ou Combinação, inverta a posição dos elementos que formam o subconjunto e verifique se o resultado é um conjunto diferente. Caso o resultado seja um novo conjunto, então resolvemos por Arranjo. Se não formar um novo conjunto, resolveremos por Combinação.

Exemplo: considere uma classe com 10 alunos. A partir desse grupo, vamos formar uma comissão com três alunos para representar a classe ou formar uma chapa com três alunos para disputar as eleições do diretório acadêmico, sendo um o presidente, o outro, secretário e o último, tesoureiro.

Comissão com três alunos: Ângela, Bernardo e Cilmara. Alterando a ordem dos integrantes da comissão, a comissão permanece a mesma. Trata-se de Combinação. C(10,3) = 120.

Chapa com três alunos: Ângela (presidente), Bernardo (secretário) e Cilmara (tesoureira). Alterando a ordem, é formado um novo grupo: Bernardo (presidente), Cilmara (secretária) e Ângela (tesoureira). Trata-se de Arranjo A(10,3) = 720.

Arranjo	$A(n,p)=\dfrac{n!}{(n-p)!}$	A = Arranjo C = Combinação n = Total de elementos p = Quantidade de elementos do agrupamento.
Combinação	$C(n,p)=\dfrac{n!}{p!(n-p)!}$	

Atalho para resolução por Arranjo ou Combinação:

Arranjo	
Multiplica-se n por seus subsequentes subtraídos de uma unidade, tantas vezes quanto for o valor de p.	A(5,3) = 5 . 4 . 3 A(5,4) = 5 . 4 . 3 . 2 A(6,2) = 6 . 5

Combinação	
Compara-se "p – n" com "p", aquele que for menor será a quantidade de fatores a serem multiplicados tanto no numerador quanto no denominador. No numerador multiplica-se n pelos seus antecedentes (subtração de uma unidade a cada fator). No denominador multiplica-se 1 por seus subsequentes (adição de uma unidade a cada fator).	$C(5,3)=\dfrac{5.4}{1.2}$ $C(9,4)=\dfrac{9.8.7.6}{1.2.3.4}$ $C(6,2)=\dfrac{6.5}{1.2}$

Outras situações possíveis em análise combinatória:

Agrupamento	Fórmula
Permutação circular	Pc(n) = P(n – 1) = (n – 1)!
Permutação com repetição	$P_n^{a,\,b,\dots}=\dfrac{n!}{a!.\,b!\dots}$
Arranjo com repetição	Ar(n,p) = n^p
Combinação com repetição	Cr(n,p) = C(n + p – 1, p)

Sendo:

- n = Número de elementos.
- p = Número de elementos do agrupamento.
- a e b = Quantidade de vezes que o elemento repete.

Exemplos:

Diferentes possibilidades de que 5 pessoas sentem-se em volta de uma mesa circular com 5 lugares.

Permutação circular.	Pc(n) = P(n – 1) = (n – 1)! Pc(5) = P(5 – 1) = (4)! Pc(5) = 4 . 3 . 2 . 1 Pc(5) = 24

Possibilidades distintas de permutar as letras da palavra MATEMÁTICA.

Neste caso, as letras M, A e T repetem-se, assim, o denominador é formado pelas suas quantidades de repetições: M = 2, A = 3 e T = 2.

Permutação com repetição.	$P_n^{a,\,b,\dots}=\dfrac{n!}{a!.\,b!\dots}$ $P_{10}^{2,3,2}=\dfrac{10!}{2!.3!.2!}$ $P_n^{a,\,b,\dots}=151.200$

Quantidade de números possíveis de formados por três algarismos a partir do conjunto n = {1, 2, 3, 4, 5}.

Trata-se de Arranjo porque a ordem dos elementos faz diferença, os números 123 e 321 são diferentes. E com repetição porque os números a serem formados têm esta característica, por exemplo, 111.

Arranjo com repetição.	Ar(n,p) = n^p Ar(5,3) = 5^3 Ar(5,3) = 125

Quantidade possível de conjuntos de três letras, admitida a repetição, formados a partir das vogais do alfabeto.

A opção por Combinação deve-se ao fato de não importar a ordem dos elementos. A descrição fala em "conjuntos" e não "sequências", portanto, o conjunto {A, E, I} é igual ao conjunto {I, E, A}. Com repetição porque a descrição assim define.

Combinação com repetição.	Cr(n,p) = C(n + p – 1, p) Cr(5,3) = C(5 + 3 – 1, 3) Cr(5,3) = C(7,3) Cr(5,3) = 35

13. PROBABILIDADE

A probabilidade de um evento é representada por um número real entre 0 e 1. Um evento impossível tem probabilidade 0, e um evento certo de acontecer tem probabilidade 1 ou 100%.

Quando lançamos um dado sabemos que será possível qualquer resultado entre 1 e 6, assim, podemos dizer que a probabilidade de obtermos um resultado entre 1 e 6 é de 100% ou probabilidade 1, pois este é um evento certo. Um evento impossível é obtermos, como resultado, a face do dado voltada para cima com valor 7.

Conceitos:

Experimento aleatório: São experimentos que, sob a mesma condição, podem apresentar diferentes resultados a cada ocorrência. Exemplo: lançamento de um dado.

Espaço amostral: É o conjunto de todos os possíveis resultados de um experimento. Exemplo: para o lançamento de um dado, o espaço amostral será: S = {1, 2, 3, 4, 5, 6}.

Evento: É um subconjunto do espaço amostral, ou seja, cada ocorrência. Exemplo: o resultado após o lançamento do dado.

Eventos independentes: Dois eventos são independentes se a ocorrência ou não ocorrência de um não afeta a probabilidade do outro acontecer. Exemplo: lançados dois dados, um vermelho e outro branco, o resultado obtido pelo vermelho independe do resultado obtido pelo branco.

Situações excludentes: Eventos mutuamente exclusivos ou, simplesmente, situações excludentes são aquelas cuja ocorrência de uma elimina a possibilidade de ocorrência da outra. A soma das probabilidades de ocorrência das situações excludentes, quanto forem complementares, será igual a 1 ou 100%.

Probabilidade

A probabilidade de ocorrer um evento é dada por:

Fórmula.	$P = \dfrac{\text{Eventos Favoráveis}}{\text{Total de eventos}}$

Propriedades:

Probabilidade da união de dois eventos: Quando uma questão referir-se a dois eventos, conectados entre si pela partícula "ou". Por exemplo, a questão apresenta uma série de dados e ao final pergunta: Qual a probabilidade de ocorrência do evento A ou do evento B? Resolvemos esse tipo de questão com a fórmula:

Fórmula.	P(A ou B) = $P(A \cup B) = P(A) + P(B) - P(A \text{ e } B)$

Probabilidade da ocorrência simultânea de dois eventos: Observe parte da fórmula anterior: P(A e B). Trata-se da probabilidade de ocorrência simultânea dos eventos A e B. Caso os eventos A e B sejam eventos independentes, então a probabilidade de ocorrência de A e B, ao mesmo tempo, será encontrada pelo produto das probabilidades individuais.

Fórmula.	P(A e B) = $P(A \cap B) = P(A) \,.\, P(B)$

Caso os eventos sejam dependentes, a probabilidade do evento A e do evento B será igual à probabilidade de A.

Fórmula.	P(A e B) = $P(A \cap B) = P(A)$

Probabilidade condicional: Em um determinado experimento há informação prévia sobre a ocorrência de um evento, ou seja, uma informação que é um fato dado. Neste caso, a informação prévia altera as probabilidades dos eventos subsequentes. Trata-se de probabilidade condicionada cuja fórmula é:

Fórmula.	P(A dado B) = P(A | B) = P(A e B) / P(B)

Exemplo: Uma urna contém 10 bolas brancas, 5 bolas amarelas e 10 bolas pretas. Retira-se uma bola ao acaso da urna e verifica-se que não é preta, qual a probabilidade de ser amarela?

Probabilidade de retirar uma bola amarela.	P(a) = 5/25 = 1/5
Probabilidade de retirar uma bola preta.	P(p) = 10/25 = 2/5

Calculamos a probabilidade de retirar uma bola preta, mas a questão admite não ser uma bola preta, ou seja, é o complementar da probabilidade que calculamos. Se "P(p) = 2/5", então a probabilidade de não ser preta é: P(~p) = 1 – 2/5 = 3/5.

A probabilidade de ter retirado uma bola amarela sabendo que não é preta (eventos dependentes).

P(A dado B) = P(A | B) = P(A e B) / P(B)
P(a dado ~p) = P(a | ~p) = P(a e ~p) / P(~p)
P(a | ~p) = 1/5 / 3/5
P(a | ~p) = 1/5 . 5/3
P(a | ~p) = 5/15 = 1/3

Na retirada de uma bola, a probabilidade de ser amarela, sabendo que não é preta, é igual a 33%.

Probabilidade binomial: Serão tratadas como probabilidade binomial as questões que apresentem as seguintes características:

- Haverá um evento que se repetirá um determinado número de vezes.
- Para esse evento específico, só existirão dois resultados possíveis.
- Os dois resultados possíveis do evento são mutuamente excludentes, ou seja, ocorrendo um deles, o outro estará descartado.
- A questão perguntará pela probabilidade de ocorrer um desses resultados certo número de vezes.

Fórmula.	P(k eventos) = $C(n,k) \,.\, p^k \,.\, q^{n-k}$

Exemplo: No lançamento de uma moeda por oito vezes consecutivas, qual a probabilidade de se obter exatamente cinco vezes o resultado cara?

n = 8 (Quantidade de eventos) k = 5 (Quantidade de sucessos) p = 0,5 (Probabilidade de sucesso) q = 0,5 (Probabilidade de fracasso)	P(k eventos) = C(n,k) . p^k . q^{n-k} P(5 caras) = C(8,5) . $0,5^5$. $0,5^{8-5}$ P(5 caras) = 56 . 0,03125 . 0,125 P(5 caras) = 0,21875 P(5 caras) = 21,875%

A probabilidade de se obter cinco vezes o resultado cara em oito lançamentos de uma moeda é de 21,87%.

14. LÓGICA PROPOSICIONAL

Proposição é qualquer conjunto de palavras ou símbolos que expressa uma ideia com sentido completo.

> **PARA CONCURSOS PÚBLICOS**
> Proposição é uma sentença que pode ser classificada como verdadeira ou falsa.

Não são consideradas proposições:

- Sentenças imperativas: "Vai estudar".
- Sentenças interrogativas: "Vai estudar?".
- Sentenças exclamativas: "Estude!".
- Sentenças abertas: "Saiu o edital".
- Conjunto de palavras sem sentido completo: "Concurso, edital, estudar".

Nas sentenças abertas, a informação não é clara. O exemplo dado foi: "Saiu o edital".

Não sabemos a que edital se refere. Pode ser edital de compras para uma prefeitura, edital de leilão de automóveis do Detran ou mesmo o edital de um concurso público qualquer.

Conectivos

As proposições simples unem-se por meio de operadores lógicos, ou conectivos, para formar as proposições compostas. São eles: conjunção, disjunção, disjunção exclusiva, condicional e bicondicional.

Conjunção:

A conjunção representa adição de proposições simples por meio do conectivo "e" ou simbolicamente representado por "∧". É representada pela tabela verdade:

p	q	p ∧ q
V	V	V
V	F	F
F	V	F
F	F	F

> **MEMORIZAR**
> A conjunção será verdadeira somente quando ambas as proposições simples que a compõem tiverem valor lógico verdade. Será falsa nos demais casos.

Disjunção:

A disjunção é o conectivo que constrói uma sentença com ideia de escolha, de opção. Basta que apenas uma das orações (proposições simples) seja correta para que a sentença (proposição composta) também seja.

Na proposição composta disjuntiva está presente o conectivo "ou", cuja representação simbólica é o "∨".

p	q	p ∨ q
V	V	V
V	F	V
F	V	V
F	F	F

> **MEMORIZAR**
> A disjunção só será falsa quando ambas as proposições simples que a compõem forem falsas. Será verdadeira nos demais casos.

Disjunção exclusiva:

Exemplo: "Ou Bruno é médico, ou Carlos não é engenheiro" (TRF 3ª R – FCC – 2016).

A diferença é sutil em relação à disjunção, porém importante. O fato é que o "ou" que inicia a frase faz parte do conectivo e restringe a escolha em apenas uma das proposições simples.

No exemplo, se a primeira proposição simples for verdadeira, a segunda necessariamente deve ser falsa, e vice versa.

O sinal que representa o conectivo da disjunção exclusiva é o mesmo que o da disjunção, porém, sublinhado: "⊻".

A tabela verdade para a disjunção exclusiva é a seguinte:

p	q	p ⊻ q
V	V	F
V	F	V
F	V	V
F	F	F

> **MEMORIZAR**
> A disjunção exclusiva será verdadeira quando as duas partes tiverem valores lógicos distintos, uma verdadeira e outra falsa. E será falsa quando ambas as proposições simples que a compõem forem verdadeiras ou ambas forem falsas.

Condicional:

A condicional é a proposição composta mais cobrada em concursos públicos, portanto a mais importante. É representada pela seta "→", cuja leitura é "se... então...".

Exemplo: "Se Alberto for à festa, então Bernardo também irá" (DPE-RR – FCC – 2015).

É imprescindível que você saiba que a proposição composta condicional será falsa em apenas uma situação:

quando a primeira proposição simples for verdadeira e a segunda proposição simples for falsa.

No exemplo, se é verdade a primeira parte, ou seja, Alberto realmente foi à festa, implica a verdade da segunda parte. Caso contrário, se a segunda parte for falsa, Bernardo não foi à festa, concluímos que a proposição composta é falsa.

> **MEMORIZAR**
> A condicional somente será falsa quando a primeira parte for verdadeira e a segunda for falsa. Para as outras três combinações, a proposição composta será verdadeira.

Os termos da condicional possuem ainda outra característica: são classificados como suficientes e necessários o primeiro e o segundo termos, respectivamente.

Suficiente:

Aproveitando o exemplo, é correto dizer que: "Alberto ir à festa" é condição suficiente para "Bernardo também ir".

O primeiro termo da proposição composta condicional é condição suficiente para o segundo.

Necessária:

Por outro lado, "Bernardo também ter ido" é condição necessária para "Alberto ter ido à festa".

O segundo termo da proposição composta condicional é condição necessária para o primeiro.

A representação do que foi explicado está sintetizada na tabela verdade da condicional:

p	q	$p \rightarrow q$
V	V	V
V	F	F
F	V	V
F	F	V

As seguintes expressões podem ser empregadas como equivalentes à condicional "se p, então q":

- Se p, q.
- q, se p.
- p é condição suficiente para q.
- q é condição necessária para p.
- Quando p, q.
- p implica q.

Então, podemos encontrar a mesma proposição escrita de diversas formas distintas. Veja as variações para a proposição condicional "Se Alberto for à festa, então Bernardo também irá".

Se p, q	Se Alberto for à festa, Bernardo também irá.
q, se p	Bernardo também irá, se Alberto for à festa.
p é condição suficiente para q	Alberto ir à festa é condição suficiente para Bernardo também ir.
q é condição necessária para p	Bernardo também ter ido é condição necessária para Alberto ir à festa.
Quando p, q	Quando Alberto for à festa, Bernardo também irá.
p implica q	Alberto ir à festa implica que Bernardo também irá.

Bicondicional:

A bicondicional é formada a partir da proposição condicional cujos termos são, ao mesmo tempo, suficientes e necessários, ou seja, "$p \rightarrow q$ e $q \rightarrow p$". É representada pelo conectivo "$\leftrightarrow$", lê-se "se, e somente se".

A informação é equivalente a duas proposições condicionais simultâneas.

Tabela verdade:

p	q	$p \leftrightarrow q$
V	V	V
V	F	F
F	V	F
F	F	V

> **MEMORIZAR**
> A bicondicional será verdadeira quando os valores lógicos das duas proposições simples que a compõem forem iguais. Por outro lado, será falsa quando ambas as proposições simples forem diferentes, uma verdadeira e a outra falsa.

Resumo esquematizado dos conectivos:

Conectivo	Estrutura lógica	A proposição composta é verdadeira quando:	A proposição composta é falsa quando:
Conjunção	$p \wedge q$	Ambas as proposições simples forem verdadeiras.	Pelo menos uma das proposições simples for falsa.
Disjunção	$p \vee q$	Pelo menos uma proposição simples for verdadeira.	Ambas as proposições simples forem falsas.
Disjunção exclusiva	$p \underline{\vee} q$	Os valores lógicos das proposições simples forem diferentes.	Os valores lógicos das proposições simples forem iguais.
Condicional	$p \rightarrow q$	Em todas as situações, exceto quando: o primeiro termo for verdadeiro e o segundo for falso.	O primeiro termo for verdadeiro e o segundo for falso.
Bicondicional	$p \leftrightarrow q$	Os valores lógicos das proposições simples forem iguais.	Os valores lógicos das proposições simples forem diferentes.

Negação das proposições

Negação das proposições simples:

Proposição simples	Negação da proposição simples
p	~p
~p	p

Negação das proposições compostas:

Conjunção:

Fórmula lógica	Negação	Regra
$p \wedge q$	$\sim p \vee \sim q$	Negar ambas as proposições simples e alterar o conectivo para disjunção.

Disjunção:

Fórmula lógica	Negação	Regra
$p \vee q$	$\sim p \wedge \sim q$	Negar ambas as proposições simples e alterar o conectivo para conjunção.

Condicional:

Fórmula lógica	Negação	Regra
$p \rightarrow q$	$p \wedge \sim q$	Manter o primeiro termo inalterado, negar o segundo termo e alterar o conectivo para conjunção.

Bicondicional:

Fórmula lógica	Negação	Regra
$p \leftrightarrow q$	$p \veebar q$	Alterar o conectivo de bicondicional para disjunção exclusiva.

A negação da bicondicional não é comumente solicitada, mesmo porque esta não é uma classificação adotada por todas as bancas.

As tabelas verdade da bicondicional e da disjunção exclusiva são uma o inverso da outra, por isso, a associação de que uma é a "negação" da outra.

Exemplo:

Proposição composta bicondicional	Negação
Carlos é aprovado no concurso se, e somente se, estudar muito.	Carlos ou é aprovado no concurso ou estudou muito.

Equivalência das proposições compostas

São quatro as proposições que admitem a simples troca de posição das proposições simples sem a perda de informação: conjunção, disjunção, disjunção exclusiva e bicondicional.

Fórmula lógica	Equivalência	Regra
$p \wedge q$	$q \wedge p$	A equivalência faz-se com a alteração das posições dos termos antecedente e consequente.
$p \vee q$	$q \vee p$	
$p \veebar q$	$q \veebar p$	
$p \leftrightarrow q$	$q \leftrightarrow p$	

Bicondicional:

Fórmula lógica	Equivalência	Regra
$p \leftrightarrow q$	$(p \rightarrow q) \wedge (q \rightarrow p)$	A bicondicional transforma-se em duas condicionais (em uma delas altera-se a posição das proposições simples) ligadas pela conjunção "e".

Condicional:

São duas as equivalências da proposição condicional. Um dos itens mais cobrados em lógica proposicional.

Fórmula lógica	Equivalência	Regra
$p \rightarrow q$	$\sim p \vee q$	Negar o primeiro termo, alterar o conectivo para disjunção "ou" e manter o valor lógico do segundo termo.

Ou

Fórmula lógica	Equivalência	Regra
$p \rightarrow q$	$\sim q \rightarrow \sim p$	Alterar a posição dos termos, negar as duas proposições simples e manter o mesmo conectivo "se... então".

Outras equivalências:

Fórmula lógica	Equivalência
$(p \rightarrow r) \wedge (q \rightarrow r)$	$(p \vee q) \rightarrow r$
$(p \rightarrow r) \vee (q \rightarrow r)$	$(p \wedge q) \rightarrow r$

Fórmulas proposicionais

Tautologia:

A proposição composta é uma tautologia quando for verdadeira para todas as possíveis combinações de valores lógicos das proposições simples que a compõem.

Contradição:

Contrária à tautologia, a proposição composta é uma contradição quando o resultado é sempre falso para todas as combinações entre os valores lógicos das proposições simples que a compõem.

Contingência:

Por exclusão, quando a proposição composta não for tautologia nem contradição, então será uma contingência.

15. PROPOSIÇÕES CATEGÓRICAS

Diagramas lógicos:

Os diagramas lógicos são representações gráficas a serem utilizados na resolução das questões de raciocínio lógico que envolvem proposições associadas aos termos: todo, algum ou nenhum. São denominadas proposições categóricas.

Proposição categórica é composta por sujeito e predicado, sendo que associado ao sujeito há um quantificador (todo, algum ou nenhum), como por exemplo:

"Algumas provas são difíceis".	Quantificador: Algumas Sujeito: Provas Predicado: São difíceis

Classificação das proposições:

Quanto à quantidade	**Universal**	Todo, nenhum.
	Particular	Algum, este.
	Singular	Sujeito unitário.
	Indeterminada	Não há referências quanto ao sujeito.
Quanto à qualidade	**Afirmativa**	Não existe partícula negativa.
	Negativa	Não, nem, nenhum.

Os quantificadores explorados nas provas são: todo, algum e nenhum.

Todo: "Todo A é B".

O conjunto A está contido no conjunto B (A é um subconjunto de B).

Graficamente:

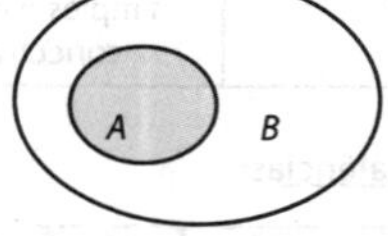

Algum: "Algum A é B".

Para o quantificador "algum", consideram-se como sinônimos as expressões "pelo menos um" ou simplesmente "existem". Independente da forma como se apresenta na questão: "algum", "alguns", "existe", "existem" ou "pelo menos um", a interpretação é a mesma.

Graficamente:

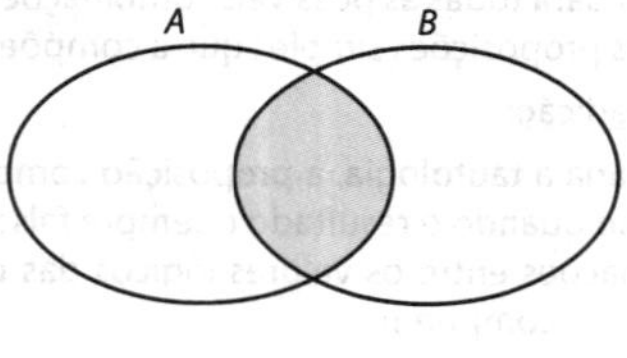

O termo que melhor explica essa situação é "pelo menos um", ou seja, pelo menos um elemento do conjunto A pertence ao conjunto B.

Esse mesmo diagrama também representa a proposição "algum A não é B":

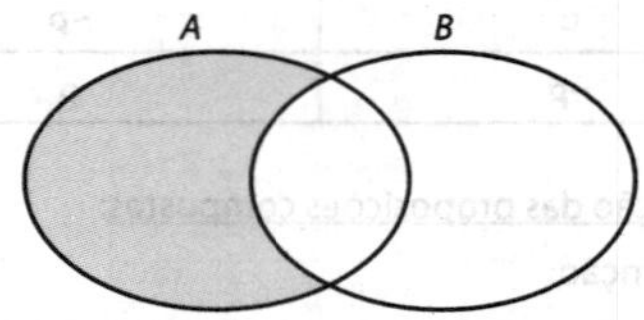

Nenhum: "Nenhum A é B"

Não há intersecção entre os conjuntos, pois os elementos do conjunto A são totalmente distintos dos elementos do conjunto B.

Graficamente:

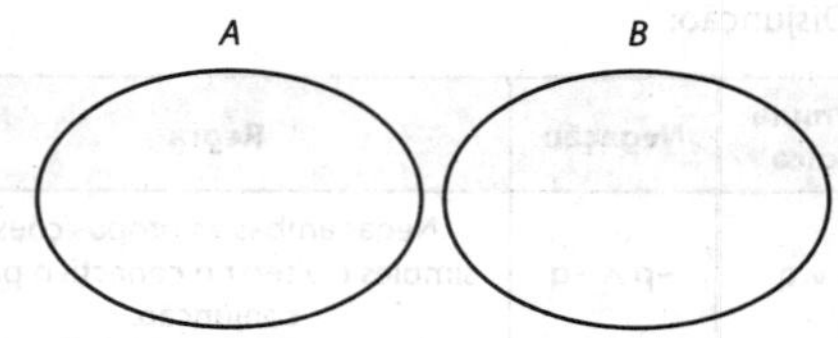

Equivalência das proposições categóricas

Equivalência	
Todo A é B	Nenhum A não é B
Todo A não é B	Nenhum A é B

Exemplos de equivalência	
Todo engenheiro é matemático.	Nenhum engenheiro não é matemático.
Todo engenheiro não é físico.	Nenhum engenheiro é físico.

Negação das proposições categóricas

Negação	
Algum	Nenhum
Nenhum	Algum
Todos	Algum... não

Exemplos de negação	
Algum engenheiro é matemático.	Nenhum engenheiro é matemático.
Nenhum engenheiro é físico.	Algum engenheiro é físico.
Todo engenheiro é arquiteto.	Algum engenheiro não é arquiteto.

16. ESTRUTURA LÓGICA

Argumento:

Usamos a argumentação, baseada no raciocínio, para conquistar o convencimento do outro.

Para o raciocínio lógico, objeto de concursos públicos, argumento é a relação entre um conjunto de proposições (sentenças declarativas) com uma proposição conclusiva. Nessa relação, denominam-se premissas as primeiras, que resultam em uma sentença declarativa denominada "conclusão".

Premissa 1 Premissa 2 Premissa 3 Premissa n
Conclusão

Silogismo:

O silogismo é uma construção especial de argumentação na qual estarão presentes duas, e somente duas, premissas e a conclusão. Muito explorado em provas, principalmente com a inserção dos termos: todo, algum ou nenhum.

Validade do argumento:

É importante não confundir valor lógico de cada uma das premissas (verdadeira ou falsa) com o valor lógico da argumentação (validade do argumento).

O argumento poderá ter premissas verdadeiras, conclusão verdadeira, mas se a relação entre premissas e conclusão não foi o que garantiu a verdade da última, então estamos diante de um argumento inválido.

Ainda, encontraremos argumentação válida para uma conclusão com valor lógico falso. Ou seja, a estrutura está correta, porém a falsidade de uma das premissas resultou em uma conclusão falsa. Quando o resultado for totalmente deduzido das premissas, a estrutura está correta, dizemos, então, que o argumento é válido.

ATENÇÃO

As premissas e a conclusão são classificadas por seus valores lógicos (verdadeiros e falsos). A estrutura ou argumentação é classificada como válida ou inválida. Será válida quando a conclusão estiver totalmente fundamentada nas premissas que a antecedem.

Estruturas lógicas – Resolução

Os principais autores e professores de Raciocínio Lógico apresentam quatro ou cinco diferentes formas para resolver as questões de estrutura lógica.

Optamos por um único caminho: Considerar todas as proposições verdadeiras.

Isso pois, os vários autores e professores que trabalham com mais de um método para resolução das questões de argumentação indicam esta forma, considerar todas as proposições verdadeiras, como primeira escolha.

Considerar todas as proposições verdadeiras:

IMPORTANTE

Na resolução da estrutura lógica, o objetivo é definir os valores lógicos de cada uma das proposições simples, de tal forma que as proposições compostas sejam todas verdadeiras.

Para as estruturas que têm entre as proposições uma que seja simples, basta considerar esta proposição verdadeira e, a partir dela, valorar as demais proposições simples.

Não existindo uma proposição simples, mas caso haja uma proposição composta conjuntiva, basta considerar verdadeiras as proposições simples que a compõem e, a partir delas, valorar as demais proposições simples.

Não existindo uma proposição simples ou uma proposição composta conjuntiva (conectivo "e"), escolhemos uma proposição simples (de preferência a que apareça mais vezes) e lhe atribuímos um valor lógico, verdadeiro ou falso.

Efetivamos o teste da veracidade de todas as proposições compostas.

Feito o teste, se não houver nenhuma incompatibilidade entre as proposições, assumimos os valores lógicos definidos. Caso contrário, se encontrarmos alguma contradição, voltamos àquela proposição simples inicial e testamos com o outro valor lógico.

Assim, resolvemos todas as questões de argumentação. Veja, por exemplo, a resolução da questão 16 e, para praticar, segue abaixo outro exemplo.

Exemplo: *"Considere verdadeiras as afirmações abaixo.*

I. Ou Bruno é médico, ou Carlos não é engenheiro.

II. Se Durval é administrador, então Eliane não é secretária.

III. Se Bruno é médico, então Eliane é secretária.

IV. Carlos é engenheiro.

A partir dessas afirmações, pode-se concluir corretamente que" (TRF 3ª R – FCC – 2016).

Dispomos de quatro proposições, sendo que a última delas é uma proposição simples. Como dito anteriormente, é por ela que começamos, pois sabemos que a informação é verdadeira.

Bruno é médico	$\veebar$	Carlos não é engenheiro
Durval é administrador	→	Eliana não é secretária
Bruno é médico	→	Eliana é secretária
Carlos é engenheiro		

O enunciado da questão nos diz que as afirmações são verdadeiras, logo, Carlos é engenheiro.

Por outro lado, na primeira linha, a informação de que Carlos não é engenheiro é uma proposição falsa.

Deixaremos as proposições verdadeiras sublinhadas e as proposições falsas riscadas.

Ainda, na primeira linha, a disjunção exclusiva implica que uma, e apenas uma, das proposições simples que compõem a proposição composta seja verdadeira. Sabendo que uma delas é falsa, a outra, "Bruno é médico", é verdadeira.

A mesma informação repete-se na terceira linha.

Bruno é médico	⊻	~~Carlos não é engenheiro~~
Durval é administrador	→	Eliana não é secretária
Bruno é médico	→	Eliana é secretária
Carlos é engenheiro		

Na terceira linha, sabendo que a primeira parte da condicional é verdadeira, concluímos que a segunda parte também é, uma vez que a condicional será falsa somente quando apresenta o termo antecedente verdadeiro e o consequente falso.

Então, Eliana é secretária e a informação é verdadeira. Já, na segunda linha, a informação de que ela não é secretária é falsa.

Bruno é médico	⊻	~~Carlos não é engenheiro~~
Durval é administrador	→	~~Eliana não é secretária~~
Bruno é médico	→	Eliana é secretária
Carlos é engenheiro		

Finalmente, na segunda linha, a segunda parte da condicional é falsa, logo, a primeira parte também é falsa. Caso contrário, teríamos a condicional com primeiro termo verdadeiro e segundo termo falso (único caso em que a condicional seria falsa).

Bruno é médico	⊻	~~Carlos não é engenheiro~~
~~Durval é administrador~~	→	~~Eliana não é secretária~~
Bruno é médico	→	Eliana é secretária
Carlos é engenheiro		

Conclusão:

- Bruno é médico;
- Carlos é engenheiro;
- Durval não é administrador;
- Eliana é secretária.

17. CORRELACIONAMENTO LÓGICO

Ordenação:

A ordenação é o mecanismo de reestruturação do ordenamento das informações para, enfim, chegar à conclusão. Todas as informações são conhecidas, porém estão fora de ordem.

Esse tipo de questão apresenta informações relacionadas a uma situação de ordenamento sequencial, por exemplo: pessoas na fila do caixa bancário, espectadores sentados lado a lado nas cadeiras do cinema, alunos em ordem de acordo com as notas das provas, fila organizada pela altura dos jogadores de basquete, ordem de emissoras de TV conforme pontos em pesquisa de audiência e assim por diante.

A resolução dessas questões, consideradas fáceis na maior parte das vezes, faz-se com a leitura atenta das informações e alocação dos elementos identificados na sequência correta, em conformidade com o que está sendo interpretado.

Exemplo:

"Alice, Bianca, Clara, Débora e Érica são amigas e sentam-se juntas e lado a lado no meio de uma fileira vazia do cinema com 15 lugares. Depois que todas se acomodam, verifica-se que:

– Bianca não se senta ao lado de Débora, mas em cada um dos seus lados está sentada uma das suas amigas.

– Ao lado de Érica há uma poltrona vazia.

– Sentada, Clara está na terceira poltrona à esquerda da poltrona de Érica.

– Há apenas duas poltronas ocupadas entre Alice e uma poltrona vazia.

Nas condições descritas, é correto afirmar que" (Eletrobrás – FCC – 2016).

Sabemos que: as amigas sentaram-se juntas e lado a lado numa fileira do cinema. Sabemos também:

- Bianca não se senta ao lado de Débora, mas em cada um dos seus lados está sentada uma das suas amigas.	~~D~~ B ~~D~~

Bianca está entre amigas que não a Débora.

- Ao lado de Érica há uma poltrona vazia.	E ___ ___ ___ E

Érica sentou-se em um desses dois lugares (na extremidade da direita ou da esquerda) entre os cinco lugares ocupados pelas amigas.

- Sentada, Clara está na terceira poltrona à esquerda da poltrona de Érica.	___ ___ C ___ ___ E ___

Analisando esta informação, em conjunto com a anterior, concluímos que Érica está sentada na extremidade direita em relação às amigas e que a cadeira a sua direita está vazia. Ainda, que Clara está na terceira poltrona à esquerda de Érica.

- Há apenas duas poltronas ocupadas entre Alice e uma poltrona vazia.	___ ___ C A ___ E ___

Alice está na posição central, assim, são duas poltronas ocupadas a sua direita e outras duas ocupadas a sua esquerda.

Retomando a primeira informação, como Bianca está sentada entre duas amigas, ela ocupa a poltrona à direita de Alice.

E, claro, como só restou um lugar, Débora está mais à esquerda entre as amigas.

As amigas estão sentadas nessa ordem: Débora, Clara, Alice, Bianca e Érica.	__ D __ C __ A __ B __ E __

Resposta correta: é correto afirmar que Alice está sentada ao lado de Clara.

Dedução:

A análise das informações disponíveis serve de parâmetro para deduzirmos novas informações que são necessariamente consequências das existentes.

São os casos em que o examinador disponibiliza alguns dados relacionados a grandezas diferentes e que se relacionam entre si.

Por exemplo, se uma questão diz que três irmãs usam vestidos de cores diferentes. Então, são dadas algumas dicas iniciais e, finalmente, é solicitada qual a cor do vestido que cada uma das irmãs está vestindo.

A resolução faz-se por meio de planilha com cruzamentos entre linhas e colunas. As linhas são identificadas por uma das grandezas e as colunas são identificadas pela outra grandeza.

As células que representam o cruzamento de linha e coluna são preenchidas com "sins" e "nãos", considerando se a relação está correta ou errada, respectivamente.

Imagine que uma das informações da questão diz que, entre as irmãs, Maria veste casaco amarelo e outra informação diz que Silvia não veste casaco verde:

	Maria	Silvia	Raquel
Azul			
Verde		Não	
Amarelo	Sim		

Repete-se o processo para cada informação até que se conclua qual a cor do casaco de cada uma das irmãs.

Hipóteses:

Por fim, nos casos de questões que envolvam verdades e mentiras, as hipóteses serão utilizadas. A resolução do problema passa pela criação de hipóteses, considerando situações ora verdadeiras, ora mentirosas, veja por exemplo a questão 18.

O objetivo é testar cada uma das situações hipotéticas até chegar a uma conclusão sem que haja contradições entre premissas e conclusão.

Por exemplo: são dadas três afirmativas e a questão informa que duas delas são falsas e a outra é verdadeira, porém, não se sabe qual. Logo, é preciso formular as possíveis situações e testar cada uma delas:

	Hipótese 1	Hipótese 2	Hipótese 3
Afirmativa 1	Verdade	Falsa	Falsa
Afirmativa 2	Falsa	Verdade	Falsa
Afirmativa 3	Falsa	Falsa	Verdade

Então, para as informações falsas, faz-se a negação. Finalmente, identifica-se a hipótese que não apresenta contradição e dela se retira a resposta para a questão.

Informática

Emannuelle Gouveia

TABELA DE INCIDÊNCIA DE QUESTÕES

Distribuição das questões organizada por ordem didática de assuntos		
Assunto	**Número de Questões**	**Peso**
1. APLICATIVOS PARA ESCRITÓRIO – MS OFFICE E BROFFICE	11	40,74%
2. SISTEMAS OPERACIONAIS – FAMÍLIA WINDOWS	3	11,11%
3. REDES DE COMPUTADORES, INTERNET E INTRANET	8	29,63%
4. SEGURANÇA DA INFORMAÇÃO	4	14,81%
5. HARDWARE	1	3,70%
Total	**27**	**100%**

Informática

Emannuelle Gouveia

⊙ Nota do autor: Para responder as questões da FCC, nas provas de técnico e de analista, devemos considerar os textos abaixo que foram fornecidos junto com o conjunto de questões do concurso.

PROVA TÉCNICO

OBJETIVO:

O Ministério Público do Governo Federal de um país deseja modernizar seu ambiente tecnológico de informática. Para tanto, adquirirá equipamentos de computação eletrônica avançados e redefinirá seus sistemas de computação a fim de agilizar seus processos internos e também melhorar seu relacionamento com a sociedade.

REQUISITOS PARA ATENDER AO OBJETIVO:

§1° – O ambiente de rede de computadores, para troca de informações exclusivamente internas do Ministério, deverá usar a mesma tecnologia da rede mundial de computadores.

§2° – O acesso a determinadas informações somente poderá ser feito por pessoas autorizadas.

§3° – Os funcionários poderão se comunicar através de um serviço de conversação eletrônica em modo instantâneo (tempo real).

§4° – A comunicação eletrônica também poderá ser feita via internet no modo não instantâneo.

§5° – Para garantir a recuperação em caso de sinistro, as informações deverão ser copiadas em mídias digitais e guardadas em locais seguros.

§6° – Os textos elaborados em editores eletrônicos deverão estar corretos tanto sintática quanto ortograficamente e os parágrafos deverão estar devidamente justificados, com exceção dos títulos, que deverão ser centralizados.

§7° – As planilhas de cálculo deverão totalizar todas as colunas de valores. Exemplo:

	A	B
1		Valor
2		1
3		2
4		3
5		4
6	Total	10

§8° – Os arquivos anexados às mensagens recebidas por meio de correio eletrônico, em cópia oculta, deverão ser salvos em uma pasta do computador local com identificação de Nome, Tamanho, Tipo e Data de modificação, bem como copiados em mídia removível, que será entregue ao supervisor do departamento.

PROVA ANALISTA

OBJETIVO:

O Ministério Público do Governo Federal de um país deseja modernizar seu ambiente tecnológico de informática. Para tanto adquirirá equipamentos de computação eletrônica avançados e redefinirá seus sistemas de computação a fim de agilizar seus processos internos e também melhorar seu relacionamento com a sociedade.

REQUISITOS PARA ATENDER AO OBJETIVO:

§ 1º – Todo processo interno deverá ser feito por trâmite eletrônico com a mesma tecnologia usada na rede mundial de computadores (Web), porém restrita ao ambiente do Ministério Público.

§ 2º – Os textos deverão ser digitados e para isto serão usados editores de textos eletrônicos. Depois de prontos, editados e verificados do ponto de vista sintático e ortográfico, os textos deverão ser copiados para o local exato da tela de controle de processos para encaminhamento e parecer da próxima instância, a qual será enviado todo o processo.

§ 3º – Todos os arquivos produzidos deverão ser:

I. gravados e identificados por ordem de assunto, data de modificação (ou de gravação quando da produção inicial) e emitente, para facilitar sua localização nos computadores;

II. protegidos contra acesso não autorizado;

III. passíveis de recuperação em caso de perda;

IV. passíveis de serem encaminhados por meio de mensagens via internet.

§ 4º – Os documentos oficiais deverão ser impressos com timbre governamental e, para tanto, um arquivo digital de imagem do timbre deverá estar disponível para uso de todos os produtores de documentos. Nesse sentido, existe uma tecnologia específica para obter o timbre do papel e convertê-lo em imagem digital em um formato que possa ser inserido nos textos eletrônicos em geral.

§ 5º – Todos os cálculos serão feitos por meio do uso de planilhas eletrônicas, cujos arquivos produzidos deverão atender ao estipulado no §3°.

§ 6º – Dispositivos periféricos em geral deverão ser usados para as cópias de arquivos.

§ 7º – Os funcionários deverão ser estimulados ao uso de browser internet para:

I. diálogo eletrônico instantâneo;

II. pesquisa por palavra-chave de assuntos de interesse do Ministério.

✦ QUESTÕES

1. APLICATIVOS PARA ESCRITÓRIO – MS OFFICE E BROFFICE

01. (Cespe – Técnico – Área Administrativa – MPU/2010) No que se refere ao BrOffice, julgue os próximos itens.

01.01. A opção Estrutura de tópicos do menu Exibir do Impress permite fazer a conversão de um texto que foi digitado em forma de parágrafos dentro da caixa para a exibição em forma de tópicos, construídos a partir de cada frase isolada por um ponto final.

COMENTÁRIOS

✪ Notas do autor: O Impress é o programa de elaboração de apresentações multimídias no formato de slides do pacote LibreOffice. Seria o similar ao PowerPoint do pacote Microsoft Office. Para a resolução da questão consideremos a versão 3.6 do pacote LibreOffice.

Incorreto. A conversão de texto em tópicos onde cada frase isolada por um ponto final é convertida em um tópico ocorre no editor de texto, no caso do LibreOffice o Writer, e não no Impress. No caso do software de elaboração de apresentação, a visualização de tópicos faz com que cada frase do slide, com finalização por ponto final ou não, seja convertida em um tópico, no formato em que o título é exibido como tópico principal e as demais frases como subtópicos.

01.02. O formato padrão de arquivos criados no aplicativo Writer do BrOfiice possui a terminação ODT, que é um dos formatos do Open Document Format.

COMENTÁRIOS

✪ Nota do autor: Com o aumento do uso de documentos digitais, surgiu a preocupação em definir padrões independentes de empresas específicas, padrões não proprietários, para a elaboração e armazenamento de informações. O grande objetivo é que a descontinuidade de um padrão proprietário não gere a inutilização do dado, ou a necessidade de conversão posterior para leitura e alteração. O Open Document Format foi definido pelo OASIS (Organization for the Advancement of Structured Information Standards) e adotado pelo ISO/IEC e é uma família de padrões não proprietários (padrões abertos) para a formatação de dados. Dentre os formatos definidos pelo Open Document Format os mais utilizados são: odt (documentos de texto), ods (planilhas), odp (apresentações), odb (banco de dados), odg (para desenhos vetoriais) e odf (para equações).

Correto. O odt é o formato padrão para documentos do tipo texto do Open Document Format, adotado pelo LibreOffice.

01.03. Para facilitar a publicação de arquivos na Internet, usuários do aplicativo Impress podem visualizar uma apresentação de slides em forma de arquivo HTML por meio da opção Visualizar no Navegador da Web, disponível no menu Arquivo.

COMENTÁRIOS

Correto. Nas versões mais recentes do LIbreOffice a opção de visualizar uma apresentação em formato de página HTML está no menu "Arquivo" e na opção "Visualizar no Navegador Web", conforme citado na questão..

---

02. (FCC – Técnico – Área Administrativa – MPU/2007) Para atender ao requisito do §7º, a célula B6 do exemplo somente estará correta se contiver a fórmula

a) =(B2+B5).

b) =SOMA(B2:B5).

c) =(SOMA:B2:B5).

d) =SOMA(A2;A5).

e) =SOMA(B2+B5).

COMENTÁRIOS

✪ **Nota do autor:** Essa questão foi anulada na prova. Mas vamos a explicação: seguindo as instruções indicadas na prova da FCC para o cargo de Técnico, o §7° define o seguinte requisito: as planilhas de cálculo deverão totalizar todas as colunas de valores. Exemplo:

	A	B
1		Valor
2		1
3		2
4		3
5		4
6	**Total**	**10**

Logo, como a questão solicita a fórmula a ser inserida em B6 que totalize os valores da coluna, poderíamos ter como resposta a letra B, pois a fórmula =SOMA(B2:B5) indica a soma do intervalo de células de B2 até B5 (lembrar que o operador ':' – dois pontos- indica o intervalo de células). Porém a imagem exibida na prova, não deixa claro que os números de 1 a 6 e as letras A e B são os títulos das linhas e colunas existentes na planilha eletrônica e não elementos também digitados na tabela. Dessa forma, ocorreu a anulação da questão.

---

03. (Cespe – Técnico – Área Administrativa – MPU/2010) Acerca do ambiente Windows e das ferramentas a ele associadas, julgue os itens a seguir.

03.01. No MS Word 2003, é possível inserir um texto no cabeçalho e no rodapé de todas as páginas de um documento em edição por meio do seguinte procedimento: seleciona-se o conteúdo do texto a ser inserido e importa-se essa seleção para Cabeçalho e Rodapé, na opção Importar para Todas as Páginas, o que faz que o texto selecionado se repita em todas as páginas do documento.

COMENTÁRIOS

✪ **Nota do autor:** Apesar da questão citar o Word 2003, as funcionalidades básicas de Cabeçalho e Rodapé não sofreram grandes alterações em suas funcionalidades, apenas, nas versões posteriores, ficaram mais gráficas (quando o usuário seleciona são exibidas algumas opções pre-configuradas) e foram colocadas no menu "Inserir", na área "Cabeçalho e Rodapé". Conforme figura abaixo:

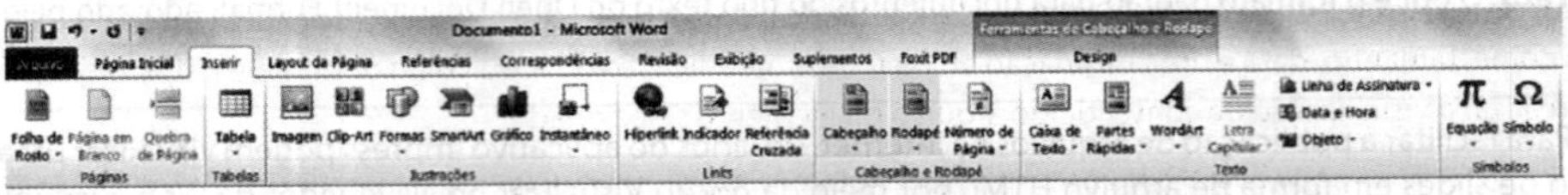

Incorreto. Não há, em nenhuma versão do Word, uma opção que importa um texto selecionado para o cabeçalho ou rodapé. Para inserirmos cabeçalho ou rodapé em um texto, podemos utilizar a opção de menu citada na nota ou clicar duas vezes sobre a área desejada para ativar o modo de edição.

03.02. Suponha que um usuário do MS Word 2003 e do MS Excel 2007 deseje inserir, em uma planilha do Excel, uma tabela numérica composta de 100 linhas e 20 colunas, criada em um documento de texto do Word. Nessa situação, o objetivo do usuário será atingido por meio do seguinte procedimento: selecionar toda a tabela no documento Word; pressionar a tecla [Ctrl] e, mantendo-a pressionada, pressionar [C], liberando-as em seguida; abrir o documento do Excel; clicar a célula A1; pressionar a tecla [Ctrl] e, mantendo-a pressionada, pressionar [V], liberando-as em seguida.

COMENTÁRIOS

✪ **Nota do autor:** Observar, como citado anteriormente, que, com a evolução das versões, tivemos acréscimo de novas funções e modernização de interface, mas as funções básicas continuam as mesmas e com as mesmas características.

Correto. As teclas de atalho Ctrl+C e Ctrl+V são usadas respectivamente para copiar dados selecionados para a área de transferência do Windows e para colar o dado em outro programa desejado pelo usuário. Logo, a operação de cópia e de posterior colagem é realizada. Porém, aqui também vale salientar, a compatibilidade existente entre as tabelas do Word e as planilhas do Excel. A cópia entre eles permite que o objeto copiado seja colado com a mesma estrutura no destino. Logo uma tabela no Word, ao ser copiada e colada no Excel, gerará, a partir da célula A1, uma tabela em uma planilha com a mesma quantidade de linhas e colunas e vice-versa.

03.03. Os operadores aritméticos do MS Excel 2007 para multiplicação, divisão, potenciação e porcentagem são, respectivamente, *, /, ^ e % .

Correto. Os operadores citados são respectivamente utilizados para as funções citadas.

03.04. Na área de transferência do Windows XP, ficam armazenados, por padrão, atalhos para alguns aplicativos úteis, como o Gerenciador de Arquivos, Meu Computador, Meus Locais de Rede e Lixeira, podendo o usuário criar outros atalhos que desejar.

COMENTÁRIOS

Incorreto. A área de transferência do Windows XP (e essa funcionalidade também existe nas demais versões) é utilizada para possibilitar a transferência de dados de um programa para outro, seguindo o desejo do usuário e conforme foi explicado na questão anterior. A funcionalidade descrita no enunciado da questão se aplica a Área de Trabalho do Windows.

03.05. Para efetuar as ações Minimizar ou Restaurar abaixo em uma janela de programa aberto no Windows XP, o usuário poderá clicar, respectivamente, o botão  ou o botão  ambos localizados no canto superior direito da janela em uso.

COMENTÁRIOS

Correto. Os ícones exibidos no enunciado realizam as respectivas funções descritas e em todas as versões do Windows.

03.06. Clicando-se o botão  e selecionando-se o modo Detalhes para a exibição de arquivos e pastas, o Windows Explorer exibirá os detalhes gráficos da primeira página de cada documento existente na pasta selecionada, permitindo ao usuário visualizar o conteúdo de um documento mesmo antes de abri-lo.

COMENTÁRIOS

Incorreto. O modo de exibição "Detalhes" é acessado através do botão do Windows Explorer, porém ele irá exibir o nome, tamanho, data e hora da criação ou da última modificação do arquivo ou diretório e o tipo do mesmo, mas não irá realizar a visualização de conteúdo do arquivo ou elemento selecionado.

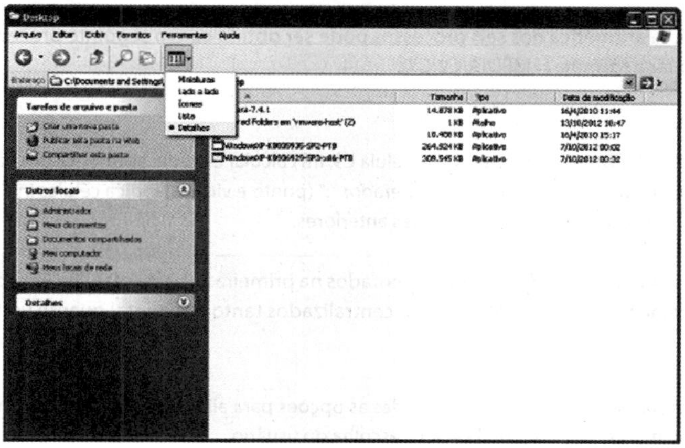

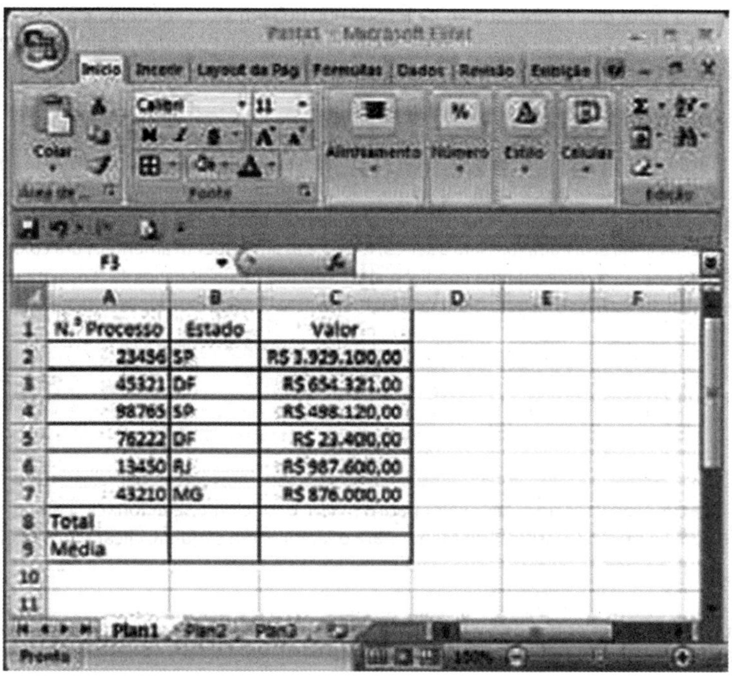

04. (Cespe - Analista Processual – MPU/2010) A figura acima ilustra uma planilha em edição no Microsoft Excel 2007 (MSExcel 2007), que apresenta valores hipotéticos de seis processos. Nessa planilha, o total e a média aritmética dos valores dos seis processos serão inseridos nas células C8 e C9, respectivamente. Com base nessas informações, julgue os itens subsequentes.

04.01. Para se obter o valor total desses processos, é suficiente clicar a célula C8; pressionar a ferramenta Σ e, em seguida, pressionar a tecla [Enter].

COMENTÁRIOS

Correto. A funcionalidade  indica a AutoSoma que irá propor a soma dos valores numéricos anteriores a célula que estava selecionada no momento do pressionamento da mesma. Logo, irá inserir na céula C8 a função =Soma(C2:C8) que atende ao solicitado no enunciado.

04.02. O valor da média aritmética dos seis processos pode ser obtido com o seguinte procedimento: clicar a célula C9 e, em seguida, digitar a fórmula = MÉDIA(C2;C7).

COMENTÁRIOS

Incorreto. A função =MÉDIA(C2;C7) inserida na célula C9, irá calcular a média aritmética dos valores contidos em C2 e C7 e não do intervalo como afirma o enunciado. O operador ";" (ponto e vírgula) indica células individuais e o operador ":" (dois pontos) indica intervalo, como visto em questões anteriores.

04.03. Ao serem selecionados os cabeçalhos apresentados na primeira linha da planilha em edição e se clicar a ferramenta , os cabeçalhos serão automaticamente centralizados tanto horizontal quanto verticalmente.

COMENTÁRIOS

Incorreto. Ao se clicar no botão  serão exibidas as opções para alinhamentos de célula, mas não será executada nenhuma ação imediatamente. Dependerá da ação e escolha do usuário.

04.04. Para formatar a fonte dos valores abaixo de R$ 500.000,00 com a cor vermelha e a dos valores acima de R$ 500.000,00 com a cor azul, é suficiente selecionar a coluna, clicar o menu Fórmulas, digitar =SE(C2<500000;"vermelho";"azul") e arrastar tudo, copiando a fórmula para as demais células dessa coluna.

COMENTÁRIOS

Incorreto. A função descrita na questão irá escrever a palavra "vermelho", caso o valor existente em C2 seja menor do 500000 ou a palavra "azul" se o valor de C2 for maior do que 500000. Quando essa fórmula for arrastada o endereço C2 será automaticamente atualizado por se tratar de uma referência relativa. Como ele propõe arrastar para baixo o valor "2" será alterado em mais 1 a cada linha arrastada (passará a ser C3, C4, C5 e assim respectivamente). Para colocar uma formatação em um dado de acordo com uma determinada condição, devemos usar a funcionalidade "Formatação Condicional" que está, nas versões mais atuais do Excel, na guia "Página Inicial" e na área "Estilo", conforme figura abaixo.

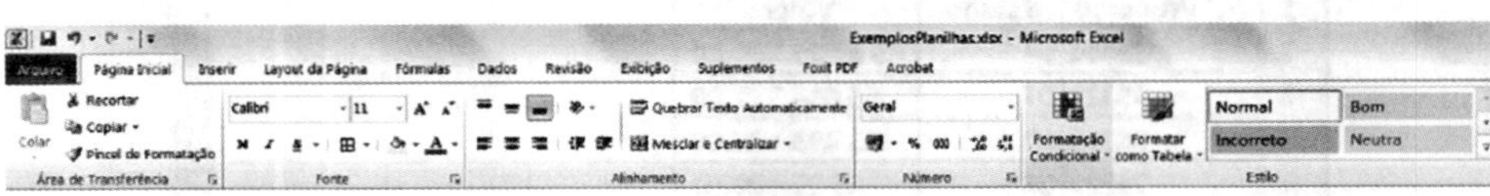

04.05. Para classificar os processos do menor valor para o maior, é suficiente selecionar as células de C2 até C7; clicar a ferramenta selecionar a opção Classificar do Menor para o Maior e, em seguida, clicar o botão Classificar.

COMENTÁRIOS

Correto. A questão descreve os passos corretos necessários para realizar a classificação dos projetos de menor para maior, conforme figura abaixo.

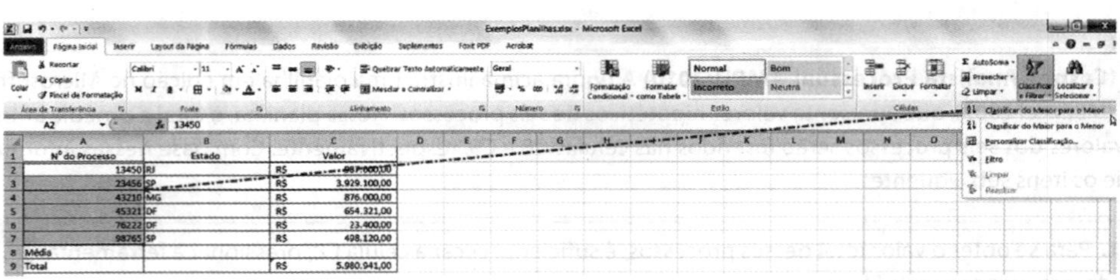

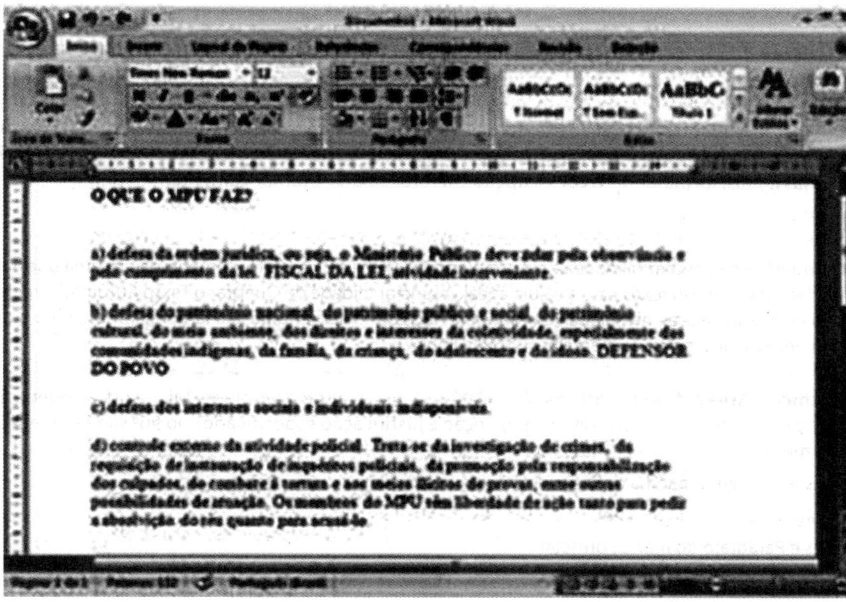

05. (Cespe - Analista Processual – MPU/2010) Com base na figura ao lado, que apresenta um texto em edição no Microsoft Word 2007 (MSWord 2007), julgue os próximos itens, relativos à edição de textos e planilhas.

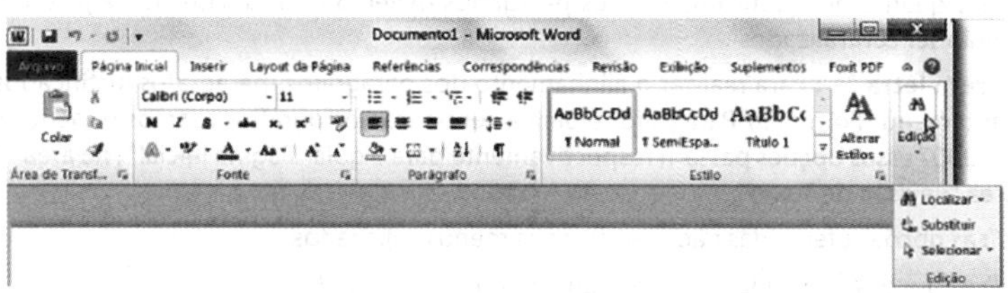

05.01. Ao se clicar o botão , são apresentadas opções que permitem alterar o design geral do documento, incluindo-se cores, fontes, efeitos e o plano de fundo da página.

COMENTÁRIOS

Incorreto. Ao clicarmos no botão exibido na questão serão apresentadas as opções para Localizar, Substituir Selecionar texto e posicionar o usuário no texto. As funcionalidades descritas na questão estão na guia "Layout de Página".

05.02. O texto em edição pode ser afastado para a direita usando-se a régua ou a ferramenta .

COMENTÁRIOS

Nota do autor: As operações realizadas em parágrafos sempre são válidas para os parágrafos selecionados ou para aquele no qual o curso está.

Correto. O botão é o menu que aumenta o recuo a esquerda do documento, empurrando o texto para a direita. Essa mesma operação também pode ser realizada através da régua.

05.03. Considerando-se que os itens dos parágrafos foram autoformatados pelo MSWord 2007, é possível substituir as letras correspondentes à ordenação por numerais romanos com a utilização da ferramenta .

COMENTÁRIOS

Correto. O botão ▾ ☰ é o menu Numeração que permite colocar tópicos com números, letras e algarismos romanos.

05.04. Considere que o último parágrafo do texto mostrado na figura seja copiado do MSWord 2007 para uma célula de uma planilha do Microsoft Excel 2007. Nesse caso, é possível tornar todo o conteúdo visível nessa célula, com exibição em várias linhas, formatando-a com a opção Quebrar Texto Automaticamente.

COMENTÁRIOS

Correto. A questão da compatibilidade entre os aplicativos Word e Excel já foi comentada em uma questão anterior. Logo a possibilidade da cópia do texto para a célula é real. A funcionalidade de Quebrar o Texto Automaticamente faz com que o texto seja colocado na área da coluna sem que seja necessário aumentar a sua largura. Porém, para o que o texto fique visível, por vezes, é necessário aumentar a altura da linha.

---

06. (FCC – Técnico – Área Administrativa – MPU/2007) Considerando o ambiente Microsoft, as operações usadas para atender respectivamente aos requisitos de correção e justificação especificados no §6º são feitas em Ortografia e gramática do menu

a) Ferramentas e Configurar página do menu Arquivo.
b) Editar e Parágrafo do menu Formatar.
c) Ferramentas e Parágrafo do menu Formatar.
d) Editar e Parágrafo do menu Arquivo.
e) Exibir e Configurar página do menu Formatar.

COMENTÁRIOS

✪ Nota do autor: Apenas lembrando o que diz o §6° : "os textos elaborados em editores eletrônicos deverão estar corretos tanto sintática quanto ortograficamente e os parágrafos deverão estar devidamente justificados, com exceção dos títulos, que deverão ser centralizados".

Alternativa correta letra "c": Para realizar o alinhamento dos parágrafos (parágrafos justificados e títulos centralizados) devemos usar o menu "Formatar/ Parágrafo" e para a verificação ortográfica usamos o menu "Ferramentas" . Nas versões posteriores a 2007 essas opções passam respectivamente para a guia "Página Inicial" , na área "Parágrafo" e para a guia "Revisão", na área "Revisão de Texto".

Alternativa "a": as opções oferecidas não atendem aos menus solicitados.

Alternativa "b": as opções oferecidas não atendem aos menus solicitados.

Alternativa "d": as opções oferecidas não atendem aos menus solicitados.

Alternativa "e": as opções oferecidas não atendem aos menus solicitados.

---

07. (FCC – Analista Processual – MPU/2007) Atendendo ao requisito do § 5º, considere os seguintes dados nas células:

...	A	B	C
1	1	2	=A1+B$1
2	3	6	

Se a fórmula em C1 for propagada para C2, o resultado em C2 será

a) 5
b) 6
c) 7
d) 8
e) 9

COMENTÁRIOS

✪ Nota do autor: Vale lembrar o que diz o §5°: "todos os cálculos serão feitos por meio do uso de planilhas eletrônicas, cujos arquivos produzidos deverão atender ao estipulado no §3°".

Alternativa correta letra "a": A fórmula digitada em C1 é = A1 + B$1. E para responder à questão vamos falar um pouco sobre as referências nas planilhas eletrônicas. A referência relativa é a padrão e determina que os endereços das células utilizados nas fórmulas e nas funções serão automaticamente atualizados quando arrastados. A referência absoluta é a que fixa os endereços e para isso utilizamos o $ (cifrão) antes da linha e da coluna. A referência mista possui uma parte do endereço relativo e outro absoluto. Na fórmula digitada na célula C1 temos A1 que está relativo e ao ser arrastado para baixo, vai aumentar a linha (número), passando para A2 e B$1 está misto, onde a coluna pode variar e a linha está fixa, porém, ao arrastar para baixo, o que iria mudar seria a linha e como ela está fixada, não alterará nada, permanecendo B$1. Sendo assim, na célula abaixo teremos =A2+B$1 que resultará em =3+2 que será igual a 5.

Alternativas "b", "c", "d" e "e": os valores indicados não atendem ao solicitado na questão.

---

08. (ESAF – Técnico – Área Administrativa – MPU/2004)

a) ao selecionar a célula A6, digitar =SOMA(A1&A5) e, em seguida, teclar Enter, o resultado da célula A6 foi 153.

b) ao selecionar a célula C6, digitar =SOMA(A1:C6) e, em seguida, teclar Enter, o resultado da célula C6 foi 495.

c) ao selecionar a célula C6, digitar =SOMA(A1: A5) e, em seguida, teclar Enter, o resultado da célula C6 foi 153.

d) ao selecionar as células de A1 até A5, pressionar a tecla Ctrl, e mantendo-a pressionada, selecionar as células de A5 até C5 e, em seguida, clicar no botão AutoSoma, o resultado da célula A6 foi 300.

e) ao selecionar a célula B6, digitar =SOMA(A1:C5) e, em seguida, teclar Enter, o Excel apresentou uma mensagem de erro e o resultado da célula C6 foi 0.

COMENTÁRIOS

Alternativa correta letra "d": na célula A6 aparecerá a soma dos intervalos numéricos imediatamente anteriores a célula selecionada. Logo, somará os valores numéricos da coluna, que resulta em 300. Verifique a figura abaixo:

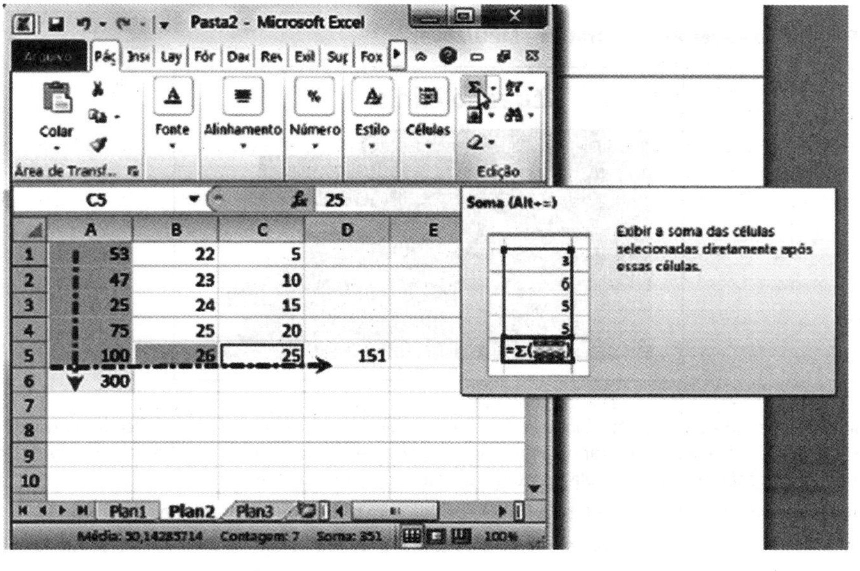

Alternativa "a": & é o operador de concatenação que iria realizar a justaposição do conteúdo de células. Logo Soma(A1&A5) faria a concatenação do conteúdo das duas células, o que resultaria em 53100.

Alternativa "b": ":" (dois pontos) é o operador para indicar intervalos. Logo a Soma(A1:C6) retorna a soma dos valores de todas as células do intervalo

Alternativa "c": A Soma(A1:A5) resultará na soma das células do intervalo. O que resultaria em 300.

Alternativa "e": A Soma(A1:A5) irá somar o intervalo formado por essas células, o que resultaria em 495.

---

09. (ESAF – Técnico – Área Administrativa – MPU/2004) Um usuário do Excel preencheu uma planilha, conforme mostra a Situação 1, pressionou a tecla Enter, acessou a opção Atingir meta do menu Ferramentas e preencheu os campos, conforme indicado na Situação 2. Ao pressionar o botão OK,

a) a célula A1 foi preenchida com o valor 0 (zero).

b) o Excel apresentou uma mensagem de erro, a célula A5 foi preenchida com o valor 0 (zero) e as demais células ficaram com seu valor original, conforme indicado na Situação 1.

c) o Excel apresentou uma mensagem de erro e a célula A5 foi preenchida com o valor correspondente ao produto 50x25x33x75.

d) as células de A1 até A5 foram preenchidas com o valor 0 (zero).

e) o Excel apresentou uma mensagem de erro e a célula A5 foi preenchida com #####.

COMENTÁRIOS

✪ **Nota do autor:** a função MULT é utilizada, no Excel, para multiplicar todos os valores passados para a função. A ferramenta Atingir Meta é utilizada para se obter um determinado valor de uma função, a partir da variação de uma das células que fazem parte da fórmula da função. Assim, pelo indicado na Situação 02 pretende-se obter um determinado valor resultante da função MULT a partir da variação do valor da célula A1.

Alternativa correta letra "a": A questão, pelo descrito nas Situações 1 e 2 pretende obter o valor de A1 para que o valor da função MULT(A1:A4) seja 0. Como A função MULT é utilizada para a multiplicação de valores dos parâmetros, o valor de A1 que atende as condições é 0, porque qualquer valor multiplicado por 0 resultará em 0.

Alternativa "b": a função Atingir Metas resultará em 0, de acordo com a Situação 2, mas não aparecerá mensagem de erro.

Alternativa "c": a função Atingir Metas resultará em 0, de acordo com a Situação 2, mas não aparecerá mensagem de erro.

Alternativa "d": a célula A1 será preenchida com 0, mas os outros valores permanecem inalterados.

Alternativa "e": a célula A5 será preenchida com 0, e não aparecerá mensagem de erro.

---

10. (ESAF – Técnico – Área Administrativa – MPU/2004)

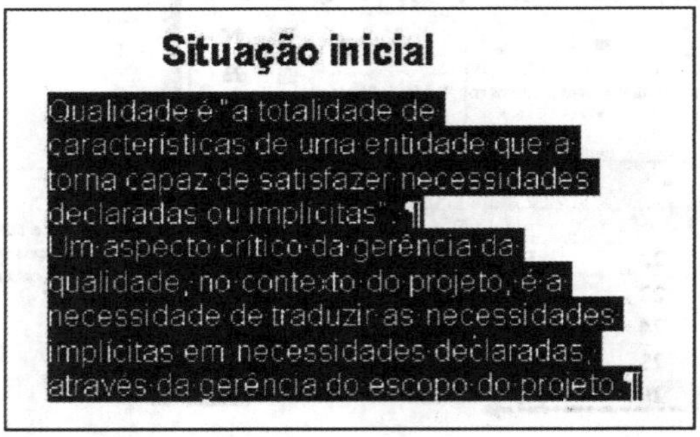

Um usuário, utilizando o Word, selecionou os dois parágrafos de um texto, conforme indicado no quadro "Situação inicial" e os transformou em tabela, utilizando a ferramenta "Converter texto e tabela", configurada conforme indicado no quadro "Situação de configuração". A tabela resultante apresenta cinco colunas e

a) nove linhas, sendo que cada linha da tabela foi preenchida com o conteúdo de uma linha do texto.

b) uma linha, em que a primeira coluna foi preenchida com o primeiro parágrafo de texto e a segunda coluna com o segundo parágrafo.

c) duas linhas, em que a primeira célula da primeira linha foi preenchida com o primeiro parágrafo de texto e a primeira célula da segunda coluna com o segundo parágrafo.

d) o texto foi igualmente distribuído entre todas as células da tabela.

e) todo o texto selecionado foi utilizado para preencher unicamente a primeira célula da tabela.

COMENTÁRIOS

Alternativa correta letra "b": Quando convertemos o texto em tabela, cada parágrafo é inserido em uma coluna. Como no momento da conversão se pediu uma tabela com 5 colunas e sem nenhuma linha, já que o campo de linhas está desabilitado, teremos as duas primeiras preenchidas e as 3 seguintes em branco.

Alternativa "a", "c", "d" e "e": não apresentam opções que atendam ao solicitado na questão.

11. (ESAF – Técnico – Área Administrativa – MPU/2004)

Um usuário, utilizando o Word, selecionou a primeira palavra do primeiro parágrafo de um texto, conforme indicado no quadro "Situação inicial" e formatou, utilizando a opção Parágrafo do menu Formatar, configurada conforme indicado no quadro "Situação de configuração". No texto resultante dessa formatação,

a) os dois parágrafos apresentavam a mesma formatação.
b) os dois parágrafos apresentavam formatação diferenciada mas com o mesmo espaçamento entre as linhas de texto nos dois parágrafos.
c) os dois parágrafos apresentavam formatação diferenciada mas com o espaçamento entre as linhas de texto do primeiro parágrafo igual ao da "Situação inicial" e com espaçamento entre eles equivalente a duas linhas ou 12 pontos.
d) os dois parágrafos apresentavam formatação diferenciada, com o espaçamento entre as linhas de texto do primeiro parágrafo equivalente a duas linhas adicionado de 12 pontos.
e) os dois parágrafos apresentavam formatação diferenciada e o espaçamento entre eles foi adicionado de 6 pontos.

COMENTÁRIOS

Alternativa correta letra "e": As ações realizadas com parágrafos sempre são válidas para os parágrafos selecionados, ou para aqueles no qual o cursor está. Como a primeira palavra do parágrafo foi selecionada, as alterações nas configurações se refletirão apenas no referido parágrafo. Logo os dois parágrafos terão formatações diferentes e um espaçamento entre eles de 6 pontos.

Alternativa "a", "b", "c" e "d": não apresentam opções que atendam ao solicitado na questão.

2. SISTEMAS OPERACIONAIS – FAMÍLIA WINDOWS

12. (FCC – Analista Processual – MPU/2007) No §4º, considerando, respectivamente, as referências a extensão de arquivos, tecnologias de captura de imagens e operação de inserção (editor Microsoft), o funcionário pode usar

a) mpg, pen drive e copiar figura a partir de clip-art.
b) jpg, digitalização e inserir figura a partir de um arquivo.
c) wpg, scanner e colar figura a partir de drive.
d) wmf, cd-rom e colar objeto a partir de arquivo.
e) jpg, pen drive e inserir símbolo a partir de drive.

COMENTÁRIOS

✪ **Nota do autor:** Vamos lembrar o que diz o §4º: "Os documentos oficiais deverão ser impressos com timbre governamental e, para tanto, um arquivo digital de imagem do timbre deverá estar disponível para uso de todos os produtores de documentos. Nesse sentido, existe uma tecnologia específica para obter o timbre do papel e convertê-lo em imagem digital em um formato que possa ser inserido nos textos eletrônicos em geral". Assim sendo o timbre deve ser digitalizado a partir de um papel timbrado, convertido em um arquivo de imagem e ficar disponível para que possa ser inserido em arquivos do Word.

Alternativa correta letra "b": como ele cita respectivamente, a extensão jpg realmente identifica um arquivo de imagem, a digitalização seria o processo para obter o timbre do papel original e depois disso, no Word é possível, inserir a figura no documento através da guia "Inserir", na área "Ilustrações", no menu "Imagem".

Alternativa "a": mpg é uma extensão de um arquivo de vídeo. Não é possível digitalizar com um pen drive e não se insere figuras, pelo Clipart, que não estejam na coleção do mesmo.

Alternativa "c": não é possível colar figura a partir de um drive

Alternativa "d": O CD-ROM é um cd de leitura somente para dados e não é possível colar um arquivo a partir de outro

Alternativa "e": não se pode digitalizar com o pen drive e não podemos importar arquivo a partir de um drive..

13. (FCC – Analista Processual – MPU/2007) Para atender ao requisito do item I do § 3º é possível usar

a) Pastas dentro de Pastas mas não Arquivos dentro de Pastas.
b) Arquivos dentro de Arquivos e Pastas dentro de Pastas.
c) Arquivos dentro de Pastas mas não Pastas dentro de Pastas.
d) Arquivos dentro de Pastas e Pastas dentro de Pastas.
e) Arquivos dentro de Arquivos mas não Pastas dentro de Pastas.

COMENTÁRIOS

✪ **Nota do autor:** vamos lembrar o que diz o §3°: "Todos os arquivos produzidos deverão ser: I. gravados e identificados por ordem de assunto, data de modificação (ou de gravação quando da produção inicial) e emitente, para facilitar sua localização nos computadores".

Alternativa correta letra "d": pastas podem conter pastas e arquivos. Então podemos criar pastas dentro de pastas e arquivos dentro de pastas. Criando a estrutura necessária para organizar os arquivos seguindo os requisitos especificados no parágrafo em questão.

Alternativa "a": apesar de criar pastas dentro de pastas, é preciso que os arquivos também sejam organizados nas mesmas.

Alternativas "b" e "e": Não podemos ter arquivos dentro de arquivos.

Alternativa "c": A estrutura de pastas deve e precisa ser criada.

---

14. (ESAF – Técnico – Área Administrativa – MPU/2004) Analisando o gerenciador de dispositivos do Windows, um usuário percebeu que alguns dispositivos já se encontravam instalados e configurados, devido à tecnologia Plug and Play. Com relação a essa tecnologia, é correto afirmar que ela é

a) um conjunto de rotinas que efetua, em primeiro lugar, o teste do hardware durante o processo de inicialização, depois inicia o Sistema Operacional e, finalmente, dá suporte à transferência de dados entre dispositivos de hardware.
b) um conjunto de jumpers que devem ser configurados no dispositivo de hardware para que o sistema operacional identifique a porta de comunicação que o usuário deseja instalar o referido dispositivo.
c) um conjunto de especificações desenvolvidas pela Intel que permite que um Sistema Operacional detecte e configure automaticamente um dispositivo e, em seguida, instale os drivers apropriados para esse.
d) um conjunto de especificações desenvolvidas pelos fabricantes de BIOS, armazenado em uma memória ROM, para que seja executado sempre que o computador for ligado.
e) utilizada para permitir a comunicação entre o processador e o dispositivo de hardware antes da inicialização do Sistema Operacional.

COMENTÁRIOS

Alternativa correta letra "c": a tecnologia Plug and Play introduziu, como o próprio nome sugere, a possibilidade do "conecte e use", ou seja, permite a instalação e configuração de equipamentos, automaticamente pelo Sistema Operacional, sem precisar da intervenção do usuário.

Alternativa "a": esse é o processo de inicialização do computador realizado pelo BIOS e pelo POST, firmwares encontrados na memória ROM.

Alternativa "b": essa era a forma de instalação antes do plug and play, que precisava realizar algumas configurações em hardware (nos jumpers).

Alternativa "d": alternativa vaga que não fala nada claramente.

Alternativa "e": o Sistema Operacional controla hardware, software e serve de intérprete entre o homem e a máquina. Logo toda a comunicação anterior ao funcionamento do Sistema Operacional, faz parte apenas do processo de inicialização (BOOT).

3. REDES DE COMPUTADORES, INTERNET E INTRANET

---

15. (Cespe – Técnico – Área Administrativa – MPU/2010) A respeito de Internet e intranet, julgue os itens subsequentes.

15.01. O acesso autorizado à intranet de uma instituição restringe-se a um grupo de usuários previamente cadastrados, de modo que o conteúdo dessa intranet, supostamente, por vias normais, não pode ser acessado pelos demais usuários da Internet.

COMENTÁRIOS

Correto. Uma Intranet é uma rede coorporativa que oferece serviços típicos de redes públicas. Deve ter repositórios de dados internos e camadas de segurança para proteger o acesso aos dados. Pode ou não se comunicar com a Internet e deve ter um rígido controle de acesso para que pessoas não autorizadas não se apoderem indevidamente de informações.

15.02. Um modem ADSL permite que, em um mesmo canal de comunicação, trafeguem sinais simultâneos de dados e de voz. Por isso, com apenas uma linha telefônica, um usuário pode acessar a Internet e telefonar ao mesmo tempo.

COMENTÁRIOS

Correto. O ADSL é uma tecnologia que recebe a linha telefônica pre-existente e cria canais de voz e de dados que são encaminhados respectivamente para o telefone e para o modem. Por isso, é possível transmitir voz e dados simultaneamente e atingir taxas de transmissão maiores do que tecnologias anteriores.

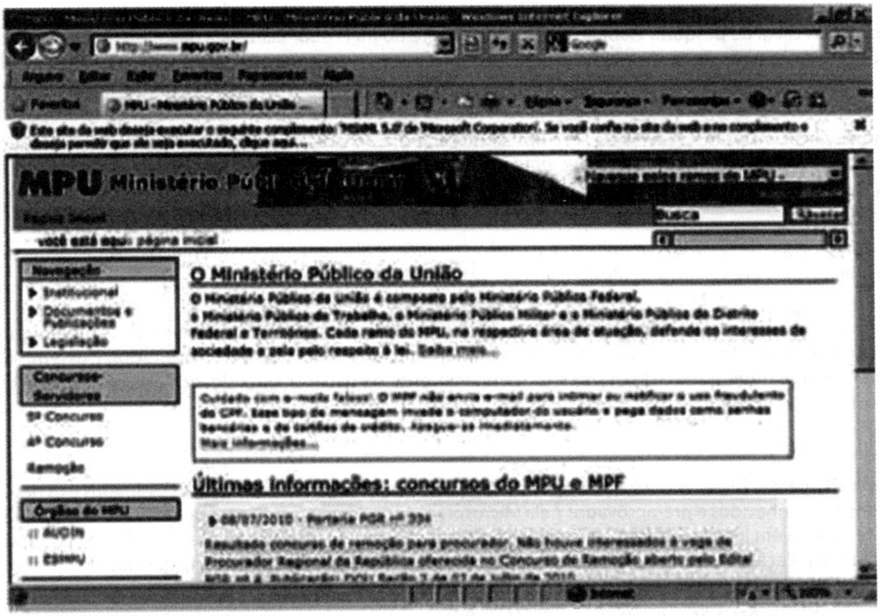

---

16. (Cespe – Analista Processual – MPU/2010) A figura acima mostra uma janela do IE 8.0 aberta em um computador com o Windows XP e conectado à Internet. Com base nessa figura, julgue os itens que se seguem, acerca da utilização de tecnologias, ferramentas, aplicativos e procedimentos associados à Internet e intranet.

16.01. Antes de permitir a execução do complemento MSXML 5.0, recomenda-se que o usuário clique a opção Segurança ▾ e, em seguida, clique Ativar Filtragem InPrivate para executar o antivírus do IE 8.0.

COMENTÁRIOS

Incorreto. O Inprivate é o modo de navegação que, após o fechamento da janela do navegador ele limpa automaticamente o cache, o histórico e os arquivos temporários, evitando que dados da navegação fiquem armazenados na máquina local. Não fornece anonimato na rede, pois o Log da navegação continua sendo registrado no servidor. No Google Chrome essa funcionalidade é o Modo Anônimo

---

16.02. Ao se clicar a opção Página ▾ e, em seguida, a opção Zoom, serão exibidas opções que permitem ampliar ou reduzir a exibição da página da Web mostrada na figura.

COMENTÁRIOS

Correto. A funcionalidade descrita está correta e é muito usada para a melhor visualização de uma página seja aumentando por dificuldade de leitura ou diminuindo para melhor enquadramento na tela.

16.03. Uma vantagem da utilização da intranet em relação à Internet é a ausência de vírus, por se tratar de uma rede interna, necessariamente protegida por sistema de *firewall*.

COMENTÁRIOS

Incorreto. A propagação de malwares nas redes independe do nível de acesso lógico que ela possui. Logo, as Intranets estão sujeitas as infecções da mesma que outro elemento de rede. O Firewall é um dispositivo que permite o controle das entradas e saídas da rede. De forma que só entre o que é permitido e só saia o que for permitido.

16.04. Ao se digitar uma palavra na caixa de pesquisa Busca Buscar e, em seguida, pressionar e manter pressionada a tecla e, na sequência, pressionar a tecla , serão exibidos, em nova guia, os resultados da pesquisa realizada em todos os sítios da Web em que essa palavra foi encontrada.

COMENTÁRIOS

Incorreto. A caixa de pesquisa exibida, está dentro do site do MPU e só realizará a pesquisa no escopo de funcionamento dele. A combinação de teclas Alt+ENTER não realizará a pesquisa e nem abrira uma nova guia como afirmado na questão.

16.05. Ao se clicar o botão Favoritos será apresentada a opção Adicionar a Favoritos... Esta, por sua vez, ao ser clicada, permite adicionar o endereço *www.mpu.gov.br* na lista de favoritos.

COMENTÁRIOS

Correto. A opção de Favoritos permite que o usuário armazene aí os endereços que mais consulta ou que mais gosta, de forma que possa cessá-los novamente com apenas um clique, quando desejar.

16.06. A mensagem de alerta exibida na figura, introduzida pelo símbolo , refere-se ao complemento MSXML 5.0 e solicita permissão do usuário para que esse complemento seja instalado no computador. Existem, no entanto, complementos que podem ser instalados sem o conhecimento do usuário, quando, por exemplo, for parte de outro programa instalado anteriormente.

COMENTÁRIOS

Correto. O Internet Explorer possui dois tipos de complementos no Internet Explorer: os assinados e os não assinados. Os assinados são conhecidos e pré-aprovados pela Microsoft e pelos demais fabricantes de softwares básicos da máquina. Geralmente eles já vêm instalados ou são instalados automaticamente nas atualizações e não precisam de aprovação do usuário para a instalação. O outro tipo, necessita de aprovação prévia e é o caso descrito na questão.

17. **(FCC – Técnico – Área Administrativa – MPU/2007)** Os §1º, §3º e §4º correspondem correta e respectivamente a

a) intranet, chat e e-mail.
b) intranet, e-mail e chat.
c) navegador, busca e chat.
d) navegador, e-mail e intranet.
e) internet, e-mail e chat.

COMENTÁRIOS

Alternativa correta letra "a": Observe que os §1º, §3º e §4º falam respectivamente sobre a rede de comunicaçã0 interna similar a Internet, o que seria a descrição da Intranet e sobre mecanismos de comunicação instantâneo como, por exemplo, o chat e sobre mecanismos de comunicação não instantâneos, como o e-mail ou as redes sociais. Sendo assim, a sequência de Intranet, chat e e-mail, respectivamente atendem as solicitações da questão. Vale salientar a existência do "respectivamente", por vezes, ele é o que define a resposta da questão.

Alternativa "b": a sequência disponibilizada não atende ao requisito do "respectivamente".

Alternativa "c": o navegador não atende a solicitação do §1º , a busca não atende a solicitação do §3º e o chat não atende a solicitação do §4º

Alternativa "d": o navegador não atende a solicitação do §1º , o e-mail não atende a solicitação do §3º e a intranet não atende a solicitação do §4º

Alternativa "e": a Internet não atende a solicitação do §1º , pois não é uma rede privada.

18. **(FCC – Técnico – Área Administrativa – MPU/2007)** São termos e elementos que podem ser observados mediante entendimento dos requisitos especificados no §8º:

a) Cc e pen-drive.
b) e-mail e chat.
c) impressora e scanner.
d) navegador e disco rígido.
e) Cco e disquete.

COMENTÁRIOS

✪ **Nota do autor:** vamos recordar o que determina o §8°: "Os arquivos anexados às mensagens recebidas por meio de correio eletrônico, em cópia oculta, deverão ser salvos em uma pasta do computador local com identificação de Nome, Tamanho, Tipo e Data de modificação, bem como copiados em mídia removível, que será entregue ao supervisor do departamento".

Alternativa correta letra "e": observe que o campo CCo (cópia carbono oculta) atende a solicitação de uso da cópia oculta e o disquete atende a solicitação do uso de mídias removíveis para que as cópias sejam entregues ao supervisor do departamento.

Alternativa "a": o campo CC (Cópia Carbono) não gera cópias ocultas e todos os endereços listados nesses campos são visíveis aos demais. O pen drive atende aos requisitos de mídia removível.

Alternativa "b": não são opções coerentes com a solicitação da questão.

Alternativa "c": não são opções coerentes com a solicitação da questão.

Alternativa "d": não são opções coerentes com a solicitação da questão

---

19. (FCC – Analista Processual – MPU/2007) Na questão tecnológica, o § 1° define o requisito de uso de I enquanto que no § 2° fica claro que, na passagem dos textos para a tela, devem ser usadas as operações de II e III, I, II e III devem ser substituídos, respectivamente, por:

a) intranet – recortar – colar
b) e-mail – recortar – copiar
c) e-mail – copiar – colar
d) chat – copiar – colar
e) intranet – copiar – colar

COMENTÁRIOS

✪ **Nota do autor:** Vamos lembrar o que afirmar o §1°: "todo processo interno deverá ser feito por trâmite eletrônico com a mesma tecnologia usada na rede mundial de computadores (Web), porém restrita ao ambiente do Ministério Público".

Vamos lembrar o que diz o §2°: "os textos deverão ser digitados e para isto serão usados editores de textos eletrônicos. Depois de prontos, editados e verificados do ponto de vista sintático e ortográfico, os textos deverão ser copiados para o local exato da tela de controle de processos para encaminhamento e parecer da próxima instância, a qual será enviada todo o processo".

Alternativa correta letra "e": a Intranet é exatamente a rede descrita no §1°. conforme vimos anteriormente, e observe que o §2° fala sobre a cópia do conteúdo preparado e colagem em uma área para envio e posterior aprovação das instâncias superiores. Sendo assim, a opção "e" atende perfeitamente o que é solicitado na questão.

Alternativa "a": o recortar não atende ao que é solicitado no §2°. Observe que ele fala claramente em cópia do conteúdo.

Alternativa "b": além da observação feita na letra anterior, o e-mail também não atende as necessidades de rede citadas no §1°

Alternativa "c": o e-mail não atende as necessidades de rede citadas no §1°

Alternativa "d": o chat não atende as necessidades de rede citadas no §1°

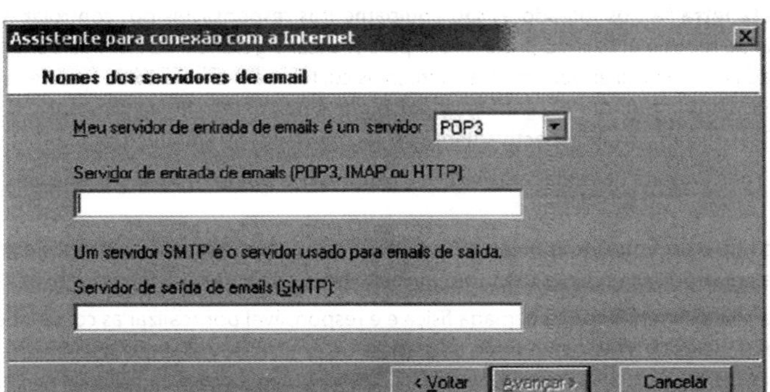

20. (ESAF – Técnico – Área Administrativa – MPU/2004) Um usuário do Outlook Express 6, durante o procedimento de criação de uma nova conta de e-mail, deparou com tela de configuração apresentada acima. No processo de preenchimento dos campos dessa tela, é correto afirmar que, caso ele preencha o campo "Meu servidor de entrada de emails (POP3, IMAP ou HTTP)" com a opção

a) IMAP, não será necessário preencher o campo "Servidor de saída de emails".
b) IMAP, os campos "Servidor de entrada de emails" e "Servidor de saída de emails" irão desaparecer e surgirá um novo campo para escolha do provedor de e-mail.
c) HTTP, os campos "Servidor de entrada de emails" e "Servidor de saída de emails" irão desaparecer e surgirá um novo campo para escolha do provedor de e-mail.
d) HTTP, não será necessário preencher o campo "Servidor de saída de emails".
e) HTTP, não será necessário preencher o campo "Servidor de entrada de emails".

COMENTÁRIOS

Alternativa correta letra "d": quando é utilizado o protocolo HTTP, não é necessário especificar o servidor de saída de e-mails e sim apenas o de entrada.

Alternativa "a": se os protocolos escolhidos forem o IMAP ou o POP, devemos especificar tanto o servidor de entrada quanto o de saída de e-mails.

Alternativa "b": quando o protocolo IMAP é escolhido, os campos de entrada e saída não desaparecem para que sejam preenchidos outros campos.

Alternativa "c": quando o protocolo HTTP é escolhido, os campos de entrada e saída não desaparecem para que sejam preenchidos outros campos.

Alternativa "e": quando é utilizado o protocolo HTTP, não é necessário especificar o servidor de saída de e-mails e sim apenas o de entrada.

21. (ESAF – Técnico – Área Administrativa – MPU/2004) O padrão de interligação de redes mais popular é o TCP/IP. Essa família de protocolos é a base da Internet, que conecta milhares de computadores, e o seu objetivo é simplificar o padrão de interligação, dividindo hierarquicamente as responsabilidades entre camadas, com cada camada oferecendo serviços necessários à camada acima dela. Com relação às características dessa divisão, é correto afirmar que

a) os roteadores utilizam o protocolo IP na camada de rede e são responsáveis por converter os endereços lógicos de rede e nomes em seus endereços físicos, como por exemplo o nome de computador em seu endereço MAC.
b) um gateway opera na camada Física e é responsável por transmitir um fluxo de bits pelo cabo físico.
c) um Hub opera na camada de Aplicação e tem como protocolo principal de operação o DNS.
d) a placa de rede opera na camada de Aplicação e tem como protocolo principal de operação o TCP.
e) um gateway, quando está operando na camada de Transporte, utiliza o protocolo Ethernet para transformar pacotes em bits e, no sentido inverso, transformar bits em pacotes.

COMENTÁRIOS

Alternativa correta letra "a": os roteadores são equipamentos responsáveis por controlar o tráfego de dados na rede, atuam na camada de redes e utilizam o protocolo IP para realizar a gerência da entrega dos pacotes. Para a identificação das máquinas cada uma possui endereços: o endereço físico, também chamado de endereço MAC que é o número de série da placa de rede do computador e o endereço lógico que é o endereço IP. No transporte dos pacotes na rede, os protocolos ARP e RARP são responsáveis respectivamente pelas conversões de endereço lógico em físico e físico em lógico.

Alternativa "b": o gateway ata na camada de rede e é responsável por permitir a comunicação entre redes com tecnologias distintas.

Alternativa "c": o hub é um concentrador. Atua na camada física e permite a comunicação entre vários equipamentos. Porém, de maneira geral, permite apenas uma comunicação por vez e entrega a mensagem utilizando a difusão.

Alternativa "d": a placa de rede atua na camada física e é responsável por realizar as conversões necessárias entre o sinal do computador e os meios de acesso que serão utilizados.

Alternativa "e": o funcionamento do gateway e sua atuação foi explicado anteriormente. Além disso como explicado anteriormente e Ethernet é um padrão IEEE para a configuração e arquitetura de uma rede.

22. 08 (Cespe – Técnico – MPU/2013) Denúncia de que o governo americano monitorou milhões de emails e telefonemas no Brasil motivou a criação de comissão parlamentar de inquérito. Jornalista norte-americano Glenn Greenwald, que vive no Rio de Janeiro e já falou à Comissão de Relações Exteriores do Senado Federal, afirma que documentos a serem divulgados têm informações estratégicas sobre a política e o comércio do Brasil. Em plenário, senadores falaram sobre a notícia de que a presidente Dilma Rousseff e assessores dela teriam sido vítimas diretas da espionagem.

Jornal do Senado, 3/9/2013, capa (com adaptações).

Tendo o texto acima como referência inicial e considerando as múltiplas implicações do tema por ele abordado, julgue os itens.

22.01. A rede mundial de computadores, que apresenta, entre outras vantagens, a de ter tornado possível a rápida circulação de capitais pelos mercados financeiros globais e a difusão dos mais diversos tipos de informação e de comunicação instantâneas, é utilizada pelos grandes grupos que comandam o crime organizado em escala global.

COMENTÁRIOS

CORRETO. Existem nas redes tanto conteúdo benéfico quanto maléfico. Costumamos falar que a Internet é apenas um microscosmo do mundo real. Logo, lá também existem usuários mal-intencionados e quadrilhas especializadas em procurar e identificar possíveis vítimas para a aplicação de golpes. Agora porém, existe o complicador de que não há mais fronteiras físicas e isso pode facilitar atuações mais abrangentes.

22.02. A espionagem, tema tratado no texto, é prática relativamente recente, surgida nos últimos trinta anos. Essa prática se tornou possível graças aos avanços tecnológicos que fizeram da informática um instrumento indispensável à ação dos Estados no complexo universo das relações internacionais.

COMENTÁRIOS

INCORRETA. A espionagem é um recurso utilizado desde os primórdios do uso das redes, a "guerra tecnológica" já está acontecendo há muitos anos no meio militar. Especialistas falam constantemente na mudança do campo de batalha no mundo "civilizado". Cabe a cada país controlar suas entradas e saídas de dados e manter equipes cada vez mais especializadas em segurança para evitar que suas informações fiquem disponíveis facilmente a ação de invasores. Não há outra alternativa viável, pois além desta só existiria o isolamento. Ou seja, segue o velho ditado: " se não sabe brincar, não desce para o play",.

22.03. A civilização contemporânea distingue-se das de épocas anteriores, entre outros aspectos, por viver o que muitos definem como a era do conhecimento, assinalada pelo notável nível de desenvolvimento científico, que se manifesta nas contínuas inovações tecnológicas que repercutem no sistema produtivo e no cotidiano das pessoas.

COMENTÁRIOS

CORRETA. Sem dúvida nenhuma, a civilização atual tem um volume de conteúdo imensamente superior a qualquer outra já existente. Além disso a velocidade de disseminação, atualização e geração desse conteúdo é alucinante. Isso repercute em todas as outras áreas de atuação e gera novas forma de produção, aproveitamento da força de trabalho, métodos de ensino e indubitavelmente muda conceitos e formas de interação criando novas formas de se relacionar e novos valores nesses relacionamentos.

22.04. A informática é um dos símbolos mais expressivos da revolução tecnológica por que passou o mundo nas últimas décadas, tendo o acesso aos computadores pessoais se universalizado de tal modo que o número dessas máquinas é praticamente o mesmo nos mais diversos continentes.

COMENTÁRIOS

INCORRETA. O número de computadores, quantidade de usuários e forma de uso das tecnologias varia bastante entre continentes, países, regiões, culturas e poder aquisitivo das populações.

4. SEGURANÇA DA INFORMAÇÃO

23. (Cespe – Técnico – Área Administrativa – MPU/2010) Acerca de conceitos básicos de segurança da informação, julgue os itens seguintes.

23.01. É recomendável que, entre as medidas de segurança propostas para gerenciar um ambiente automatizado, seja incluída a instalação, em rede, de ameaças que possam servir de armadilhas para usuários mal-intencionados, como criptografia, algoritmos, assinatura digital e antivírus.

COMENTÁRIOS

Incorreto. Algumas vezes, percebe-se que uma rede está sofrendo uma invasão repetida ou uma tentativa de invasão e o analista de segurança pode implantar medidas para rastrear essas invasões e, por vezes, estudar o comportamento do atacante, vigiá-lo e assim tentar identifica-lo e melhorar as suas próprias políticas de segurança. Essas medidas são armadilhas e podem ser implementadas como ambientes vulneráveis, uma pasta com arquivos supostamente interessantes e não protegidos, dentre outros. Os dois tipos de ambientes mais conhecidos para isso são: Honeypots (ferramenta que simula vulnerabilidades no Sistema Operacional) e Honeynets (uma rede de computadores que oferecem vulnerabilidades atraentes para o invasor). Criptografia, assinatura digital e antivírus são recursos de segurança utilizados para diminuir as vulnerabilidades nas redes e não para gera-las e algoritmo é uma solução de um problema que segue passos lógicos e que pode ser implementada em uma linguagem de programação.

23.02. Cavalo de Tróia é exemplo de programa que atua na proteção a um computador invadido por hackers, por meio do fechamento de portas, impedindo o controle remoto do sistema.

COMENTÁRIOS

Incorreto. A questão descreve o funcionamento de um firewall. O Cavalo de Tróia (Trojan Horse) é um tipo de ataque que não se multiplica, invade a máquina disfarçadamente, causa dano e facilita a ação de outros ataques.

23.03. De acordo com o princípio da disponibilidade, a informação só pode estar disponível para os usuários aos quais ela é destinada, ou seja, não pode haver acesso ou alteração dos dados por parte de outros usuários que não sejam os destinatários da informação.

COMENTÁRIOS

Incorreto. A questão mistura o conceito de disponibilidade com o de integridade. A integridade garante que só poderá alterar o estado do dado quem tiver permissão para isso e a disponibilidade garante que os dados e serviços devem estar disponíveis quando e para quem devam estar.

24. (FCC – Técnico – Área Administrativa – MPU/2007) Os §2º e §5º especificam correta e respectivamente requisitos de uso de

a) antivírus e backup.

b) firewall e digitalização.

c) antivírus e firewall.

d) senha e backup.

e) senha e antivírus.

COMENTÁRIOS

✪ **Nota do autor:** vamos lembrar o que falam respectivamente os parágrafos §2° e §5°: "o acesso a determinadas informações somente poderá ser feito por pessoas autorizadas" e "para garantir a recuperação em caso de sinistro, as informações deverão ser copiadas em mídias digitais e guardadas em locais seguros".

Alternativa correta letra "d": o uso de senhas é ainda uma das formas mais comuns para se controlar o acesso as informações. Usamos também biometria e outros recursos mais modernos, mas a utilização de senhas ainda é bastante comum. E o backup é exatamente a realização de cópia de segurança para evitar a perda de dados em caso de sinistro, conforme foi solicitado no e §5°

Alternativa "a": o antivírus é o software responsável pelo combate ao malware e não atende ao solicitado no §2

Alternativa "b": firewall, como visto em questões anteriores, busca controlar as entradas e saídas da rede, para só entrar e sair o que for permitido. E o processo de digitalização apenas gera o arquivo digital, mas não possibilita a sua recuperação em caso de sinistro.

Alternativa "c": ambos já explicados e não atendem ao solicitado..

Alternativa "e": o antivírus já foi explicado.

25. (FCC – Analista Processual – MPU/2007) Considerando:

- no § 3° os itens II e III;
- no § 7° o termo browser e o item I;

podem ser corretamente identificados, respectivamente, assuntos referentes a

a) senha, scanner, buscador e e-mail.

b) antivírus, backup, buscador e e-mail.

c) senha, backup, navegador e chat.

d) antivírus, backup, navegador e e-mail.

e) firewall, scanner, buscador e chat.

COMENTÁRIOS

Nota do autor: lembrando o que diz o §3° II e III especifica que "Todos os arquivos produzidos deverão ser: II. protegidos contra acesso não autorizado e III. passíveis de recuperação em caso de perda". O § 7° item I diz:: "Os funcionários deverão ser estimulados ao uso de browser internet para: I. diálogo eletrônico instantâneo".

Alternativa correta letra "c": a senha, como visto na questão anterior, atende as necessidades de autenticação, garantindo que só terá acesso aos dados quem tem permissão para isso. O backup atende a necessidade de recuperação dos dados em caso de sinistro. O navegador e o chat atendem a necessidade do uso do navegador para estabelecer comunicação instantânea entre os usuários.

Alternativa "a": o scanner não realiza backup, o buscador não permitirá a navegação (lembrando que utilizar o serviço de busca, geralmente usamos o navegador ou algum aplicativo específico) e o e-mail não permite a comunicação instantânea desejada.

Alternativa "b": todos os itens já foram analisados.

Alternativa "d": todos os itens já foram analisados.

Alternativa "e": todos os itens já foram analisados.

26. (ESAF – Técnico – Área Administrativa – MPU/2004) Analise as seguintes afirmações relativas à Segurança da Informação:

I. A autoridade de certificação (CA) executa, no computador de um usuário, o processo para verificar se uma entidade ou objeto é quem ou o que afirma ser. É o processo de confirmação da origem e da integridade das informações, como, por exemplo, a verificação de uma assinatura digital ou da identidade de um usuário ou computador.

II. O bloqueio de conta é um recurso de segurança do Windows que bloqueia uma conta de usuário, caso ocorram falhas de logon em um determinado intervalo de tempo. Sua configuração é baseada nas diretivas de segurança e, enquanto bloqueada, uma conta não poderá efetuar logon.

III. Na transmissão de dados seguros, o bit de paridade é o processo mais utilizado para garantir a autenticidade e a confidencialidade da informação, consistindo na inclusão de um bit extra para verificar erros em grupos de bits de dados transferidos entre computadores.

IV. Um "Carimbo de data e hora" é uma certificação emitida por terceiros confiáveis, especificando que determinada mensagem existia em uma hora e data específica. Em um contexto digital, os terceiros confiáveis geram um carimbo de hora confiável para uma mensagem, fazendo com que um serviço de carimbo de hora passe o valor do tempo para uma mensagem e, em seguida, assine digitalmente o resultado.

Indique a opção que contenha todas as afirmações verdadeiras

a) I e II

b) II e III

c) III e IV

d) I e III

e) II e IV

COMENTÁRIOS

Nota do autor: uma autoridade de certificação (CA) é um órgão confiável responsável pela emissão de certificados digitais. Esta garante legalmente que um certificado digital pertence a uma determinada pessoa. O objetivo do bit de paridade é detectar erros de transmissão de bytes em canais de comunicação. Assim, a detecção de erros de transmissão pode ser feita através da verificação do bit de paridade, visto que este é gerado a partir de byte a ser transmitido. Caso ocorra um erro na transmissão do byte, o bit de paridade será inválido, em relação ao byte recebido do destino, e a ocorrência do erro de transmissão é detectada.

Alternativa correta letra "e": as afirmações II e Iv estão perfeitamente descritas em seus conceitos nas respectivas assertivas. Assertiva I está errada porque a Ac (Autoridade Certificadora) é o ente responsável pela emissão de certificados digitais. E a assertiva III está errada porque o bit de paridade é um bit extra acrescentado aos pacotes para que a quantidade de bits checados seja par. Qualquer falha que ocorra na transmissão e altere esse valor indica que o pacote foi alterado e que deve ser retransmitido.

Alternativa "a", "b", "c" e "d": não apresentam opções que atendam ao solicitado na questão.

5. HARDWARE

27. (ESAF – Técnico – Área Administrativa – MPU/2004) "Quando se abre um documento do Word, esse documento será copiado do disco rígido para a memória, porque a memória permite um acesso muito mais rápido para que se faça modificações nesse documento. Quando se edita esse documento, as modificações surgem instantaneamente na tela, mas, enquanto não são salvas no disco rígido, elas não se tornam efetivas."

Analisando o texto acima, é correto afirmar que o termo "a memória"

a) indica a memória ROM.
b) indica a memória RAM.
c) indica BIOS.
d) está aplicado de forma incorreta. O correto seria substituí-lo por "o processador".
e) está aplicado de forma incorreta. O correto seria substituí-lo por "o chipset da placa Mãe".

COMENTÁRIOS

Alternativa correta letra "b": os processos em execução, no computador, são armazenados na memória RAM. Ela é a memória que troca diretamente informações com o processador.

Alternativa "a": a memória ROM (Read-Only Memory – Memória Somente de Leitura) guarda as regras para a inicialização do computador. Nela estão gravados os firmwares (BIOS, POST e SETUP) responsáveis pelos processos de inicialização e configuração da máquina.

Alternativa "c": BIOS (Basic Input Output System) é o programa responsável por, no momento da inicialização, verificar se as principais entradas e saídas de dados estão funcionando adequadamente.

Alternativas "d" e "e": o processador é o responsável por realizar os processamentos no computador e o chipset da placa-mãe é o responsável por controlar o funcionamento da mesma. Ambos não são capazes de armazenar dados.

Informática

Emannuelle Gouveia

✦ DICAS

1. HARDWARE.

O Hardware pode ser agrupado em: gabinete, periféricos e memórias.

1.1 **Gabinete**: o gabinete é a caixa, geralmente metálica, que armazena e protege as demais peças do computador. As principais peças que encaixaremos nele serão:

a) **Placa-mãe**: é a placa base do computador. Todos os itens importantes para o seu funcionamento ou já vêm com ela ou se encaixarão nela. Suas partes principais são:

Chipset	Conjunto de circuitos integrados que gerenciam o funcionamento da placa-mãe, sendo a sua peça mais importante
Barramentos	São as vias através das quais os dados são transferidos;
Slots e Soquetes	São os encaixes nos quais são postos as placas e componentes. Também são chamados de interface da placa-mãe
Portas	Encaixam os equipamentos. Também são chamadas de interface da placa-mãe

Os barramentos principais são:

ISA, EISA E VLB	Barramentos já obsoletos, porém suas siglas devem ser conhecidas pelo aluno.
PCI	Também já quase não é mais utilizado no mercado atualmente, porém na época em que foi lançado inovou com a alta taxa de transmissão oferecida e com a introdução de novas tecnologias no mercado, como a Plug And Play que permite a instalação e configuração de equipamentos sem a intervenção do usuário;
AGP	Está associada a placas de vídeo 3D e armazena a textura na memória principal do computador. Também já está obsoleta.
PCI Express	Substituiu os barramentos já citados e agrega uma maior taxa de transmissão de dados, além de introduzir suporte a novas tecnologias;
USB	Muito utilizado atualmente. Permite a conexão de vários equipamentos em série. A tecnologia USB permite a detecção de equipamentos conectados ao micro já ligado sem precisar reiniciar.
FireWire	Oferece alta taxa de transmissão para os dados pesados (som e imagem)
AMR e CNR	Geralmente utilizados para placas de rede e modem
IRDA	Reconhece sinais de infra-vermelho.

As portas, como já dito anteriormente, encaixam equipamentos. As principais portas e os equipamentos que geralmente lhe são associados estão listadas na tabela abaixo:

Paralelas	Impressora, scanner, plotter, drive de cd e de DVD
Serial	Mouse, teclado, webcam, microfone, caixa de som
PS/2	Mouse e teclado
USB	Todos os equipamentos citados para as portas anteriores, o que não exclui a existência dos mesmo para as outras portas
IDE e suas variações	HD, drive de CD, Drive de DVD e Drive de disquete.

b) Processador, CPU ou UCP: é o responsável por realizar os processamentos no computador, sendo assim a sua peça mais importante. É encaixado nos slots ou soquetes da placa-mãe.

Suas partes principais estão listadas na tabela abaixo:

ULA (Unidade de Lógica e Aritmética)	Responsável por realizar os cálculos lógicos e aritméticos no processador
UC (Unidade de Controle)	Responsável por gerenciar o funcionamento do processador
Registradores	Ínfimas porções de memória que interagem diretamente com a ULA durante o processamento dos dados
Decodificador de Instruções	Decodifica as instruções que serão executadas, convertendo instruções complexas (CISC) em instruções simples (RISC)
Clock	Define a freqüência de funcionamento do processador, ou seja, a quantidade máxima de ciclos de clock ou ciclos de instrução ou ciclos de CPU que um processador é capaz de executar em um determinado tempo
Barramentos	São as vias através das quais os dados são transferidos;

1.2 Periféricos: são os equipamentos responsáveis por levar e/ou trazer dados do processador. Os principais estão listados na tabela abaixo:

Entrada	Teclado, mouse, scanner, webcam, joystick (padrão), microfone e os leitores
Saída	Monitor (convencional), impressoras, plotter, caixa de som, gravadores
Entrada e saída	Drives, monitor touch screen, hard disk (disco rígido ou HD), pen drive, modem

1.3 Memórias: são os dispositivos capazes de armazenar dados de forma permanente ou temporária. Na tabela abaixo estão listadas as principais memórias e sua funcionalidades.

Principal	É subdividida em memória RAM e memória ROM. A memória RAM é a memória de acesso aleatório, é volátil, é vendida em pentes e encaixada na placa-mãe. É o terceiro nível regular de acesso, após os registradores e a memória cache. A memória ROM é a memória somente de leitura, é não volátil, possui acesso aleatório e guarda os firmwares responsáveis pela inicialização do computador.
Cache	A memória cache é uma pequena porção de memória extremamente rápida, cuja função é amenizar a diferença de velocidade entre o processador e a memória principal. Geralmente é fabricada com tecnologia SRAM, é volátil, possui acesso aleatório e armazena os dados que serão processados, já vem nos processadores atuais.
Virtual	Consiste em uma técnica do Sistema Operacional para simular no HD uma ampliação da memória RAM
Secundária, Auxiliar ou de Massa	São os dispositivos capazes de armazenar os dados permanentemente. Pode se subdividir em discos magnéticos (HD), fitas magnéticas e discos ópticos (CD, DVD e Blu-ray).

2. REDES DE COMPUTADORES

2.1. CONCEITOS BÁSICOS, FERRAMENTAS, APLICATIVOS E PROCEDIMENTOS DE INTERNET E INTRANET

- Rede de computadores é um conjunto de computadores interligados com o intuito de compartilhar recursos e serviços.
- A máquina na qual o serviço está instalado passa a ser servidora do serviço.
- Toda rede se baseia no trio: usuário, senha e permissão.
- Existem alguns conceitos e equipamentos que costumam aparecer nas questões, nos enunciados e nas alternativas. Os principais deles são:

Equipamento	Definição
Cabos	A maioria das redes utiliza ainda cabo para interligar equipamentos, visto que a rede sem fio ainda é potencialmente insegura. Os principais tipos de cabo são: coaxial, par trançado e fibra óptica.
Conectores	O do cabo coaxial é o BNC, do par trançado o RJ-45 e a fibra óptica não apresenta um padrão único.
Hub	É um concentrador. Atua na camada física da rede. Gerencia apenas uma comunicação por vez e entrega os dados utilizando a difusão.

Equipamento	Definição
Switch	Atua na camada de enlace da rede. Gerencia mais de uma comunicação por vez e entrega a mensagem apenas ao destinatário. Há quem diga, e já apareceu em prova, que seria uma evolução do hub, mas isso é uma visão simplista. Na verdade, existem muitas outras diferenças técnicas entre eles.
Repetidor	Regenera o sinal da rede, permitindo sua transmissão com qualidade em uma maior extensão.
Gateway	Permite a comunicação entre redes com tecnologias distintas.
Banda de passagem	É a taxa de transmissão da rede. Indica a quantidade máxima de dados que uma rede é capaz de transmitir em um determinado tempo. Ex: 1Gbps (a rede poderá transmitir no máximo 1gigabit por segundo)
URL	É o endereço de um recurso em uma rede.

- As redes podem ser classificadas quanto à abrangência física e quanto à abrangência lógica.
- Quanto à abrangência física temos:

Tipo de Rede	Definição
LAN	É a rede local, de pequena abrangência. Apresenta um pequeno raio de acesso.
WAN	É a rede de longa distância. Apresenta um maior raio de acesso.
MAN	É a rede metropolitana. Uma rede que tem a abrangência de uma cidade. Com a expansão do uso da Internet, perderam um pouco o sentido de existir e um exemplo prático que podemos citar é a rede de TV a cabo

- Quanto à abrangência lógica temos:

Tipo de Rede	Definição
Intranet	É a rede coorporativa que oferece serviços típicos de redes públicas, como a Internet. Geralmente apresenta um repositório de dados interno e uma camada de segurança associada a esses dados.
Internet	É a rede mundial de computadores. Utiliza, para transmissão de dados, os backbones de comunicação e exige um provedor de acesso para a interligação com a telefonia.
Extranet	É o acesso à Intranet através da Internet.

- Os meios de acesso são os meios que podem ser utilizados para transmissão de dados em uma rede. Os principais estão listados na tabela abaixo:

Meios de Acesso	Definição
Cabos	Já citados anteriormente
Linha telefônica	Oferece diversos tipos de acesso como: discado -> dial-up (baixa taxa de transmissão e problemas de conexão), dedicado →comunicações diretas entre dois pontos como com o LPCD, canais com alta taxa de transmissão (ADSL, SDSL, VDSL, HDSL)
TV a cabo	Utiliza a estrutura da rede de TV a cabo. Compartilha o meio de transmissão
PLC	Transmissão de dados através da corrente elétrica
Fibra submarina	Fibras ópticas passadas nos rios e mares. Já temos uma vasta malha cobrindo todo o litoral brasileiro e interligando o Brasil a vários outros pontos no mundo.
Wireless	É a comunicação sem fio. Oferece várias opções como o WAP, IRDA, Bluetooth (comunicação através de ondas de rádio. Atinge pequenas distâncias) e o GPRS (comunicação através de ondas de rádio. Atinge longas distâncias e transmite) dados através da rede de telefonia móvel)

O padrão de protocolos adotado na Internet é o TCP/IP, que por consequência também é adotado pelas Intranets. É importante saber quais os protocolos e suas respectivas funções e camadas de atuação.

O modelo TCP/IP divide a rede em cinco camadas:

Camada	Função
Aplicação	É a camada com a qual o homem interage. Os principais protocolos que nela atuam são: HTTP, HTTPS, DNS, DHCP, POP, IMAP, SMTP, SNMP, IRC, NNTP, TELNET, FTP.
Transporte	Divide a mensagem em pedaços menores de tamanho máximo fixo e seqüenciados chamados de pacotes. Os principais protocolos que nela atuam são: UDP e TCP
Rede	É responsável pelo endereçamento, transformar endereço lógico para físico e físico para lógico e por rotear. Os principais protocolos que nela atuam são: IP, ARP, RARP, OSPF e RIP
Enlace	Responsável pela transmissão e recepção de quadros e pelo controle de fluxo de dados
Física	Responsável pela transmissão e recepção do fluxo de bits brutos não estruturados através de um meio físico.

A função básica dos protocolos é:

Protocolo	Função
IP	Leva pacotes de dados da origem ao destino e os identifica com um número de endereço que é o endereço IP.
ARP	Converte endereços lógicos para físicos
RARP	Converte endereços físicos para lógicos
OSPF	Realiza roteamento dinâmico
RIP	Realiza roteamento estático
TCP	Atua na camada de transporte. É confiável e orientado à conexão
UDP	Atua na camada de transporte. É não confiável e não orientado à conexão.
HTTP	É utilizado pelo serviço de web, que é o serviço que permite a transmissão de páginas ou hipertexto entre computadores.
HTTPS	Também é utilizado pelo serviço de web, mas agrega o certificado digital SSL que realiza a criptografia dos dados enviados e os descriptografa na chegada, garantindo sua confidencialidade.
SMTP	Responsável por enviar mensagens de e-mail da máquina do usuário para o servidor de e-mail
POP	Responsável por trazer mensagens de e-mail do servidor de e-mail para a máquina do usuário. Descarrega as mensagens fisicamente e realiza a leitura na máquina do usuário.
IMAP	Responsável por trazer mensagens de e-mail do servidor de e-mail para a máquina do usuário. Traz uma cópia da mensagem, mas a leitura é realizada no servidor.
FTP	Permite a transmissão de arquivos entre computadores. Download e Upload.
TELNET	Permite a emulação de terminais. Muito usado atualmente para realizar suporte à distância.
DNS	Mapeia endereços IP para domínios e vice-versa
DHCP	Fornecer endereços dinâmicos
IRC	Possibilita a troca de mensagens on-line
NNTP	Utilizado em grupos de discussão (Fóruns)

2.2. PROGRAMAS DE NAVEGAÇÃO (MICROSOFT INTERNET EXPLORER -INCLUINDO VERSÕES 9 E 10-, MOZILLA FIREFOX E GOOGLE CHROME).

O serviço de navegação é um dos mais utilizados nas redes e permite a troca de páginas ou hipertexto entre computadores. A linguagem utilizada para criação desses arquivos é o HTML e a ligação entre as páginas é o hyperlink. Para a visualização das páginas utilizamos os programas navegadores ou browsers. Os protocolos usados são o HTTP e o HTTPS.

Apesar do edital indicar vários navegadores, o que costuma cair com mais freqüência é o Internet Explorer e as questões podem ser resolvidas por analogia para os demais, pois os conceitos básicos são similares.

O menu mais cobrado é:

Opções da Internet que possui várias guias, onde é feita toda a configuração do navegador. Nelas escolhemos a página inicial, excluímos arquivos temporários, limpamos o histórico, configuramos os recursos de segurança, os recursos para controle de conteúdo, dentre outras. Estudemos as telas a seguir:

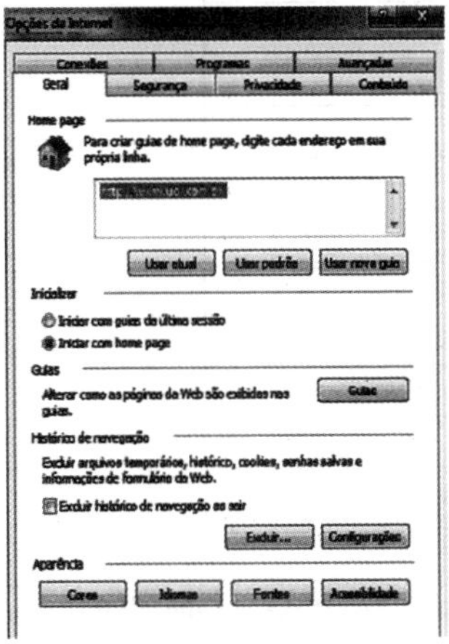

Na guia **Geral** é possível:

- Configurar a página inicial que é a primeira página aberta quando o browser é inicializado. A Microsoft traduz como "home-page", apesar de não ser esse o conceito acadêmico para a expressão. Ela pode ser a página padrão, uma página em branco, a escolhida pelo usuário ou até várias páginas, cada uma em uma guia distinta.
- Configurar a área em disco reservada para o histórico de navegação que, por padrão, varia de 50 MB a 250MB e armazena dos últimos 20 dias.
- Excluir o histórico de navegação. Lembrando que a exclusão é feita apenas na máquina local.

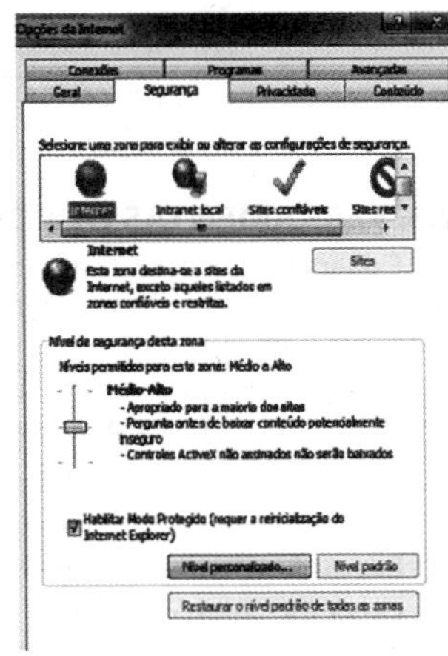

Na guia **Segurança** verifica-se que o IE divide a rede em quatro zonas de segurança: Internet, Intranet Local, Sites Confiáveis e Sites restritos.

Para cada uma delas é possível escolher um nível de personalização pré-definido, ou ainda personalizar os critérios de segurança desejados.

Nos sites confiáveis e Sites Restritos é possível ainda listar os sites desejados em cada grupo.

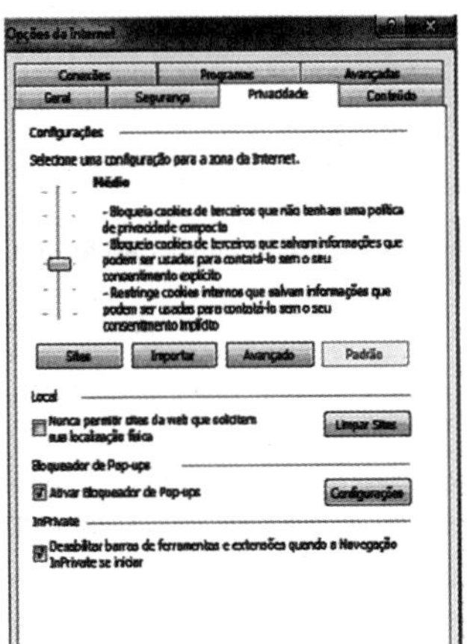

Na guia **Privacidade** pode-se controlar o acesso dos cookies, ativar ou desativar o bloqueador de Pop-Up, inclusive listar os sites para os quais eles estariam liberados ou não através do botão "Configurações" e ainda ativar ou desativar o modo de navegação InPrivate.

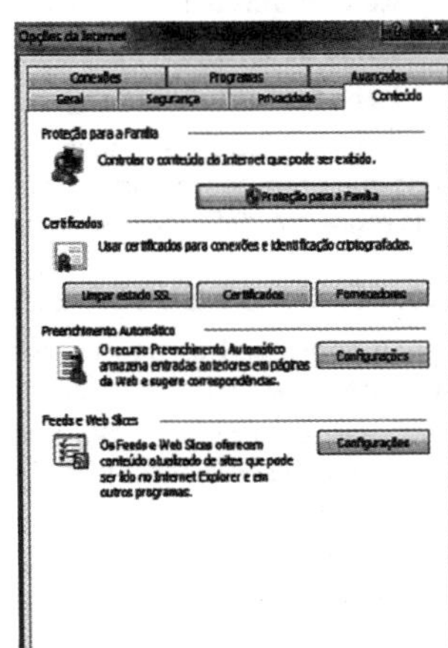

Na guia **Conteúdo** é possível:

- Ativar e configurar a ferramenta de proteção a família que permite aos pais gerenciar o uso da rede e do computador pelos filhos, impondo certas limitações de uso de aplicativos, páginas e horários.
- Gerenciar certificados digitais utilizados, inclusive o SSl que estudaremos melhor na parte de segurança da informação.
- Configurar o que será preenchido automaticamente e excluir dados armazenados por essa funcionalidade.
- Gerenciar os feeds.

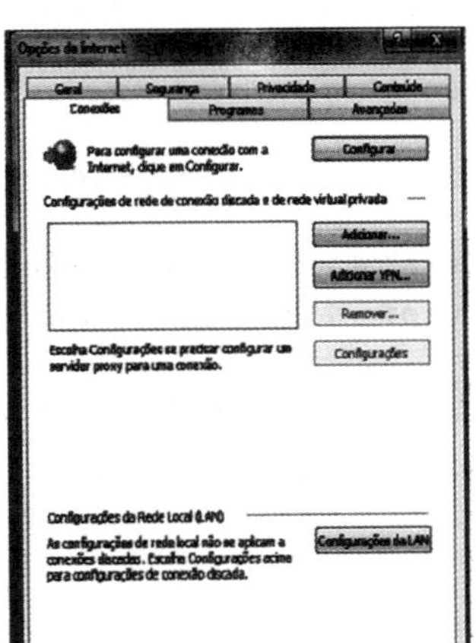

Na guia **Conexões** é possível configurara s conexões de redes disponíveis, inclusive com a configuração de recursos de VPN no botão "Adicionar VPN", e configurações de proxys no botão "Configurações da Lan".

E as principais teclas de atalho são:

Pressione	Para
Ctrl + N	Abre uma nova janela
Ctrl + A	Selecionar tudo
Esc	Parar
F5	Atualizar
Alt + Home	Abre a página Inicial
Alt + ®	Ir para a próxima página
Alt + ¬	Ir para a página anterior
Ctrl + E	Abrir pesquisar na barra do explorer
Ctrl + I	Abrir favoritos na barra do explorer
Ctrl + H	Abrir histórico
Ctrl + D	Adiciona a página atual aos favoritos

2.3. FERRAMENTAS DE CORREIO ELETRÔNICO WEBMAIL (GMAIL, YAHOO E ZIMBRA).

É o serviço que permite a troca de mensagens entre usuários. Para utilizar o e-mail é necessário ter um endereço de e-mail que é formado por: identificador@servidor de e-mail. A mensagem de e-mail não é enviada para o usuário e sim para o servidor de e-mail e depositada em sua caixa postal, onde será visualizada quando o usuário desejar;

Existem dois tipos de e-mails: o cliente de e-mail (software instalado na máquina do usuário só para gerenciar contatos e mensagens) e o webmail (acessado através da Web).

Os protocolos usados são: POP, IMAP e SMTP

Por padrão as pastas encontradas normalmente são:

Rascunho: mensagens que estão sendo redigidas.

Caixa de Saída: mensagens cujo envio foi solicitado, mas, por um motivo qualquer, o envio ainda não foi realizado.

Itens Enviados: mensagens enviadas.

Caixa de Entrada: mensagens recebidas.

Itens Excluídos: mensagens apagadas.

O usuário pode criar suas próprias pastas. Outra funcionalidade interessante é a criação de regras para mensagens que permite a manipulação da mensagem (pasta a ser colocada, cor, ordem na pilha) seja feita de acordo com uma regra pré-definida pelo usuário, que ainda pode criar vistas para personalizar a sua visão do ambiente.

2.4. SÍTIOS DE BUSCA E PESQUISA NA INTERNET.

Os principais buscadores atualmente são: Google, Yahoo e Bing. Existem os operadores de busca que são utilizados para reduzir o universo de busca e retornar conjuntos mais precisos de resultados. Os principais são:

" " (aspas duplas) Ex: "Porto de Galinhas" – retornará apenas as páginas que tem exatamente a expressão Porto de Galinhas, escrita dessa forma e nesse sequência;

E, AND ou + Ex: "Porto E Galinhas" – retornará todas as páginas que tenham a palavra galinhas e a palavra porto, mas em qualquer contexto;

OU, OR Ex: "Porto OU Galinhas" – retornará todas as páginas que tenham a palavra galinhas ou a palavra porto;

- (expressão) Ex: "Porto – (galinhas)" – retornará todas as páginas que tenham a palavra Porto, mas excluíra do resultado qualquer uma que tenha a palavra galinhas;

2.5. GRUPOS DE DISCUSSÃO.

São grupos formados para a troca de mensagens sobre um tema específico. Geralmente são moderados para evitar abusos dos usuários;

2.6. REDES SOCIAIS.

As redes sociais são ambientes criados com o intuito de estabelecer relação entre seus usuários. São ferramentas importantes para a propaganda e o marketing e um importante formador de opinião.

Às vezes, em prova, são abordados temas e situações que "bombaram" nas redes sociais e eu geralmente os indico em meus perfis, pois é uma parte do assunto extremamente evolutiva.

2.7. COMPUTAÇÃO NA NUVEM (CLOUD COMPUTING).

Quando falamos em computação nas nuvens, estamos nos referindo à possibilidade de utilizar os recursos (memórias, capacidade de processamento) de máquinas servidoras ou outros clientes que estão conectados a Internet, usando o princípio básico da computação em grade.

O modelo a ser adotado para a implementação irá depender do negócio da empresa e dos custos e benefícios associados, da infra-estrutura e do capital disponíveis para o projeto, grau de segurança desejado, dentre outros.

Os modelos de implementação mais comuns são:

- **Privado** - As nuvens privadas são construídas exclusivamente para um único usuário, sendo assim, sua infraestrutura pertence ao mesmo, e ele possui total controle sobre como as aplicações são implementadas na nuvem. Uma nuvem privada é, em geral, construída sobre um data center privado.
- **Público** - As nuvens públicas são aquelas executadas por terceiros. As aplicações de diversos usuários ficam misturadas nos sistemas de armazenamento, o que pode parecer ineficiente a princípio, porém, se a implementação de uma nuvem pública considera questões fundamentais, como desempenho e segurança, a existência de outras aplicações sendo executadas na mesma nuvem permanece transparente tanto para os prestadores de serviços como para os usuários.
- **Híbrido** - Nas nuvens híbridas temos uma composição dos modelos de nuvens públicas e privadas permitindo que uma nuvem privada possa ter seus recursos ampliados a partir de uma reserva de recursos em uma nuvem pública. A conexão entre as nuvens pública e privada pode ser usada em algumas ocasiões ou até mesmo em tarefas periódicas, como as que são mais facilmente implementadas nas nuvens públicas, por exemplo. O termo *computação em ondas* pode ser utilizado quando se refere às nuvens híbridas.
- **Comunidade** – Nesse caso, a infraestrutura de nuvem é compartilhada por diversas organizações que definem juntas os requisitos de uso como política de acesso e padrões de segurança. Pode ser administrado por organizações ou por um terceiro e pode existir local ou remotamente.

3. SEGURANÇA DA INFORMAÇÃO

- Quando falamos em segurança da informação, temos cinco princípios ou objetivos básicos, que estão listados na tabela abaixo:

Princípio	Descrição
Confidencialidade	Garantir que só terá acesso útil aos dados quem deve ter
Integridade	Garantir que o estado do dado só será alterado com permissão
Autenticidade	Garantir que quem realiza a operação é quem diz ser
Não repudio	Garantir que a autoria da operação não poderá ser negada
Disponibilidade	Garantir que os dados e serviços estão disponíveis quando e para quem devem estar

3.1. PROCEDIMENTOS DE SEGURANÇA

- Protegemos as redes para retirar as vulnerabilidades que são todos os fatores que podem causar danos aos dados e aos serviços. Elas podem ser Físicas (um prédio que cai, etc), Naturais (enchentes, terremotos, etc), de Hardware (o gerador não suportou, a máquina falhou, etc), de Software (uma falha de segurança no software, etc) ou Humana (um funcionário corrupto, entrega de dados indevidamente por telefone, etc). (Acho que o etc pode ser retirado, dá pra perceber que são só exemplos)

3.2. NOÇÕES DE VÍRUS, WORMS E PRAGAS VIRTUAIS.

- Os ataques, ameaças, formas de ataque mais conhecidos e suas ações são listados na tabela abaixo:

Ataques, ameaças e formas de ataques	Descrição
Virus	O vírus é um programa malicioso que tem esse nome em virtude da comparação com o ser vírus. Sendo assim, ele pode multiplicar, pode mutacionar, sempre causa dano e precisa de um programa hospedeiro para atuar. Dessa forma, ao se acoplar ao hospedeiro, quando o programa hospedeiro é executado o código de execução do programa é desviado para o código do vírus e a partir daí ele inicia sua ação e propagação.
Worm	O worm é um programa malicioso que tem esse nome em virtude da comparação com o verme. Sendo assim, ele pode ou não multiplicar, pode ou não causar um dano maior e não precisa de um programa hospedeiro para atuar.
Cavalo de Tróia	Trojans são os Cavalos de Tróia. Tipo de ataque que invade a máquina disfarçadamente e facilita a ação de outros ataques.
Spyware	Spyware é o programa espião. Armazena dados e hábitos de navegação do usuário para repassá-los a terceiros, sem, obviamente, o conhecimento do usuário
Adware	Adware é um programa que baixa e/ou executa automaticamente uma propaganda na máquina do usuário, sem a autorização prévia do mesmo
Hijacker	Hijackers são um tipo de spyware que podem alterar a página inicial de browsers, instalam barras de ferramentas suspeitas, impedem acesso a determinados sites e alguns deles invadem conexões, chegando até a impedir a atualização do antivírus.
Wabbit	Wabbit é o coelho. Tem um alto poder de se replicar. Não precisa de programa hospedeiro e termina inviabilizando o uso do computador pela quantidade de processos abertos que ele cria ao se replicar rapidamente.
Keylogger	Capturam os dados digitados do teclado.
Screenlogger	Capturam as coordenadas da tela.
Exploit	Exploits são programas que buscam vulnerabilidades na rede. Podem ser usados para invasões ou para que as vulnerabilidades, ao serem descobertas, possam ser corrigidas.
Backdoor	Buscam falhas de segurança, vulnerabilidades em programas, para que através deles, outros ataques possam ser realizados, ou até o domínio da máquina ser alcançado
Flood	Consiste no envio de pacotes repetidamente para um usuário ou servidor, buscando gerar a indisponibilidade de dados e serviços.
Spam	O Spam é o envio de mensagens, não autorizadas, em massa.
Phishing	O **phishing** é a "pescaria", ou seja, consiste em criar páginas falsas, muito semelhantes às páginas verdadeiras de bancos, operadoras de cartões de crédito e etc e através de mensagens tentam induzir o usuário a ir até a página falsa e lá digitar os dados financeiros e bancários que serão armazenados e posteriormente utilizados nos sites verdadeiros para desvios e roubos.
Pharming	O pharming é a invasão ao servidor de DNS da rede e tem o intuito de direcionar o usuário para o endereço de uma página falsa
Defacement	O defacement é um ataque que consiste em alterar o conteúdo de uma página.
Engenharia Social	Consiste em tentar obter informações privilegiadas através de contatos telefônicos, enganando funcionários, passando-se por outras pessoas ou subornando alguém.

3.3. APLICATIVOS PARA SEGURANÇA (ANTIVÍRUS, FIREWALL, ANTISPYWARE ETC.).

- As técnicas de proteção mais comuns são:

Ferramenta	Descrição
Antivírus	Software cuja função é monitorar o sistema tentando prevenir, detectar, identificar e remover vírus e outros malwares em geral.
Antispyware	Software cuja função é monitorar o sistema tentando prevenir, detectar, identificar e remover spyware.

Ferramenta	Descrição
Criptografia	É uma técnica matemática utilizada para codificação. A criptografia usada na informática é a criptografia de transposição que troca as posições dos dados no pacote. Para que os pacotes se tornem novamente legíveis devem ser descriptografados. Os programas que criptografam e descriptografam são as chaves e elas podem ser públicas ou privadas. A criptografia pode ser simétrica ou assimétrica. Garante a confidencialidade dos dados.
Certificado digital	Tem a função de autenticar o usuário, associando um par de chaves (pública e privada) a um usuário. Com o uso do certificado o usuário poderá cifrar, decifrar e assinar documentos. Garante a autenticidade, confidencialidade, integridade e não repudio dos dados.
Firewall	O firewall pode ser hardware, software ou a mistura dos dois. O firewall tem por função controlar os dados que entram e saem para que só circulem os dados permitidos. Sendo assim, controla o tráfego de dados baseado em um conjunto de regras de controle pré-definido. Existem dois tipos de Firewall: o firewall de host e o firewall de rede. O firewall de host está instalado em uma máquina e analisa a comunicação entre ele e a rede a qual está conectado (a Internet ou uma rede local) e o firewall de rede analisa a comunicação entre duas redes (a rede local e a Internet, por exemplo) aplicando nessa comunicação as regras de segurança pré-definidas.
SSL	É um certificado digital instalado na camada de aplicação que criptografa e descriptografa os dados enviados e recebidos na comunicação.
Honeynet	É uma rede de computadores criada para servir de estudo para possíveis formas de invasão. Muitas vezes servem para atrair atacantes e assim a equipe de segurança da rede verificar e estudar as formas de atuação dos atacantes.
Honeypot	É uma técnica que simula uma máquina com vulnerabilidades, para que ataques sejam realizados e assim a ação do ataque possa ser monitorada e estudada.
Politica de senha	Consiste em definir regras para a criação e manutenção de senhas na rede, visando com isso reduzir a vulnerabilidade humana.
Auditorias	São realizadas através da análise dos arquivos de log da rede, que registram as atividades realizadas pelos usuários.

3.4. PROCEDIMENTOS DE BACKUP.

Backup consiste na realização de cópia de segurança dos dados, ou seja, realizar uma cópia dos dados para que, em caso de sinistro com o repositório principal, eles possam ser recuperados sem perda. Tornou-se ainda mais importante nos últimos tempos porque os dados passaram a existir apenas em mídia digital.

A boa prática recomenda que devemos ter várias cópias e armazená-las em locais físicos distintos.

As cinco principais técnicas de backup são: de cópia, diário, completo (normal ou total), incremental e diferencial.

As duas principais formas são: frio e quente.

3.5. ARMAZENAMENTO DE DADOS NA NUVEM (CLOUD STORAGE).

As principais vantagens são:

- O acesso a de qualquer lugar e a qualquer hora;
- O uso de softwares sem instalação e sem aquisição prévia;
- Independência de plataforma;
- Atualização automática dos softwares;
- Facilidade de compartilhamento de dados e informações coorporativas;
- Diminuição de custos com licenciamentos e infra-estrutura.

As grandes desvantagens são as limitações de uso da Internet em várias regiões do planeta e as questões de segurança que devem ser observadas como em qualquer outra disponibilização de dados em rede.

Atualmente os produtos mais conhecidos são

a) O google drive que oferece produtos como o google docs e o google maps nas nuvens

b) O Microsoft SkyDrive. O Microsoft Live oferece produtos como o Hotmail, Messenger e versões on-line do Office. O Windows Live SkyDrive permite salvar documentos on-line ou baixa-los;

c) A apple oferece o ICloud

d) O UButun One

e) DropBox

4. SISTEMAS OPERACIONAIS (WINDOWS E LINUX) E CONCEITOS DE ORGANIZAÇÃO E DE GERENCIAMENTO DE INFORMAÇÕES, ARQUIVOS, PASTAS E PROGRAMAS.

Noções de sistema operacional (ambientes Linux e Windows XP, Vista e 7).

A) Linux

O Linux é um Sistema Operacional representante da classe dos softwares livres, porém como seu original não tem a cláusula de copyleft em seu registro, temos versões pagas e versões gratuitas em suas distribuições.

Para concursos, não costuma cair interfaces gráficas, pois as mesmas são proprietárias, e sim os principais comandos utilizados e disponibilizados pelo Linux.

As principais características do Linux podem ser resumidas em:

- É um sistema de código livre, ou seja, não possui código proprietário em seu interior e seu código fonte está livremente disponível para os usuários interessados e suas bibliotecas são facilmente compartilhadas;
- É um Sistema Operacional multiusuário;
- Possui gerenciamento de memória próprio;
- Possui suporte a rede TCP/IP;
- Oferece multitarefa real e controle de memória virtual;
- Oferece suporte às diversas linguagens como: Java, C, C++, Pascal, Delphi, Prolog e outras;
- É um Sistema Operacional extremamente estável;
- Os seus executáveis "copy-on-write"são compartilhados;

No Linux cada diretório guarda arquivos específicos.

Tentou-se criar uma padronização para que os diversos desenvolvedores e usuários Linux pudessem usá-la como referência. Ela é chamada de Linux File System Standard (LFSSNTD).

Os principais são:

Diretório	Função
/	Indica o local no qual são montados outros diretórios.
/lib	Diretórios de bibliotecas do sistema.
/bin	Diretório que armazena comandos essenciais para o administrador do sistema e até mesmo para os usuários comuns.
/sbin	Diretório que armazena os arquivos binários essenciais do sistema: shutdown, fdisk, reboot , update
/root	Diretório opcional para a colocação do root, podendo ser /home/root.
/etc	Guarda arquivos e diretórios de configuração do computador.
/mnt	Diretório utilizado para a montagem de sistemas de arquivos temporariamente;
/ proc	Armazena informações sobre os processos, CPU, memórias e estado do sistema
/home	Diretórios de arquivos dos usuários
/ tmp	Diretório para o armazenamento de arquivos temporários.
/usr	Dá a possibilidade da montagem de outros sistemas de arquivos, a partir daqui. Pode ser Compartilhado, é somente de leitura. Dentro desse diretório geralmente encontramos a seguinte estrutura: · /bin→ armazena a maioria dos comandos; · /dict→ armazena a lista de dicionários; · /doc→ armazena a documentação de programas; · /games →armazena jogos e programas educacionais; · /info→ armazena informação sobre programas; · /lib→ armazena biblioteca dos programas; · /local→ armazena a hierarquia local; · /src→ armazena o código fonte de programas .Geralmente aqui fica a fonte do Kernel.

Os comandos mais comuns utilizados no Linux serão listados na tabela abaixo. São comandos básicos e por isso são os mais explorados em concursos.

Comando	Função
date	Exibe e permite a modificação da data e da hora do sistema.
time	Determina o tempo utilizado para a conclusão de um determinado processo.
pwd	Exibe o nome do diretório corrente
ls	Exibe o conteúdo do diretório corrente. Podemos usar também o comando Dir que, na verdade, é um "alias" do comando ls
top	Exibe a lista de todos os processos executados na máquina naquele momento. Os processos são ordenados decrescentemente pelo tempo de CPU gasto.
ps	Lista todos os processos que estão sendo executados no momento.
hostnam	Exibe o nome da máquina na qual é digitado o comando.
netconf	Renomeia a máquina na qual é digitado o comando.
whoami	Exibe o nome do usuário que digitou o comando.
Idusername	Exibe o nome do usuário que digitou o comando e os grupos de usuários aos quais eles pertencem
Fingerusername	Exibe informações sobre um determinado usuário especificado no comando
last	Exibe uma lista com os últimos usuários que se conectaram à rede
uname-a	Exibe informação sobre o servidor
free	Exibe informação sobre as memórias disponíveis
cd diretório	Muda o diretório corrente para um determinado diretório. Se o usuário digitar só o comando cd significa mudarmos diretamente para a nossa home directory (diretório raiz do usuário).
cp diretório de origem diretório de destino	Copia dados entre o diretório de origem e o de destino.
mv diretório de origem diretório de destino	Move dados entre o diretório de origem e o de destino. Esse comando também pode ser utilizado para renomear diretórios ou arquivos.
mkdir diretório	Cria um diretório com o nome especificado no comando.
rmdir diretório	Remove o diretório especificado no comando
rm -r diretório	Remove diretórios e subdiretórios. Esse comando apaga direto, inclusive diretórios que possuam conteúdo.
rm	Permite a exclusão de um arquivo (equivale ao del do DOS);
****	Permite a digitação de um comando extenso na linha de comando que é aberta;
Kill	Encerra processos em andamento
history	Mostra os comandos que o usuário já digitou;
Kde	Inicia a interface gráfica (K Desktop Enviroment);
|lpr	Imprime o arquivo listado
lpr	Imprime um arquivo
lprm	Remove arquivos da fila de impressão;
lpq	Exibe o status da fila de impressão
| more	Exibe um arquivo com pausa linha a linha;
file	Descreve um determinado arquivo;
df	Exibe as partições de um HD;
clear	Limpa a tela (equivale ao cls do DOS)
cat	Exibe o conteúdo de um arquivo (equivale ao TYPE do DOS);
find/ - name	Nome do arquivo : procura o arquivo cujo nome foi citado

Comando	Função
alias	Permite a criação de comandos simples;
&	Faz com que o comando desejado seja executado em background
mtools	Possibilita a utilização de ferramentas compatíveis com o sistema MS-DOS;
linuxconf	Possibilita a configuração do Linux;
m	Permite a configuração do modem
sndconfig	Permite configurar a placa de som;
telnet	Possibilita o uso do serviço de telnet;
startx	I Inicia a interface gráfica do Linux (X- Windows);
passwd	Nome do usuário : gerencia as senhas do usuário especificado (cria e altera);
Reboot	Reinicia o sistema
su	Conecta o superusuário
shutdown	Desliga o computador
shutdown -r now	Reinicia o computador (mais aconselhado do que o Reboot);
shutdown -h now	Desliga o computador (o now pode ser substituído por um numeral, o que indicará que o computador será reiniciado naquele determinado tempo em minutos);
TAR	Arquivo para criar backups
TAR – c	Cria o backup
TAR –t	Lista os arquivos de backup
TAR –v	Lista cada arquivo de backup existente
TAR –x	Restaura o backup
cat –r	Arquivo1 arquivo2... : concatena o conteúdo de vários arquivos e a exibe em uma saída padrão
chmod	Permite a troca de atributos do arquivo
ln -s parametro1 parametro2	Cria um link simbólico entre o primeiro e o seguinte item
vi arquivo	Ferramenta antiga para a edição de arquivos
wc arquivo1 arquivo2	Exibe o total de linhas, palavras e caracteres dos arquivos solicitados
path	Exibe os diretórios onde os executáveis dos programas serão procurados
ifconfig –a	Exibe ou permite definir o IP de uma máquina
netstat –r	Exibe as máquinas existentes em uma determinada rota, com as máscaras, gateways e interfaces de cada uma
netstat –t	Exibe todos os circuitos TCP ativos
asc, bin	Usados no FTP para definir o modo de transferência dos arquivos (texto/binário
get/put	Transfere de/para a máquina remota o arquivo especificado
mget / mput	Realizam as mesmas funções do get/put, porém funcionam para múltiplos arquivos

B) Windows

O Windows é um Sistema Operacional gráfico. De uma maneira geral o que costuma cair com mais frequência nas questões de Windows são o Painel de Controle, o Windows Explorer e as teclas de atalho.

Vamos revisar um pouco cada um deles.

Painel de controle

O Painel de Controle do Windows é uma forma conveniente de personalizar o computador. Os itens que aparecem com mais frequência em prova são:

Item	Função
Programas e Recursos	É a forma correta de apagar programas no Windows porque além de apagar apenas o que pode ser apagado, não interferindo no funcionamento de outros softwares, ainda atualiza o registro do Windows.
Gerenciador de Dispositivos	Permite adicionar, remover, configurar e diagnosticar itens de hardware em geral.
Região e Idioma	Aqui são ajustados (para todo o ambiente Windows) configurações, formato de apresentações de número, data, moeda e idioma.
Data e Hora	Nessa opção é possível alterar não o formato de apresentação, mas efetivamente a data e a hora do sistema.
Fontes	Nesse item é possível a instalação (**Arquivo\Instala fonte nova**) de novas fontes no Windows.
Central de Facilidade de Acesso	Oferece adaptações para pessoas com necessidades especiais. Apresenta recursos para deficientes auditivos, visuais e motores.
Teclado	Permite definir configurações para o teclado instalado.
Mouse	Permite configurar e adaptar o mouse ao gosto ou necessidade dos usuários.
Windows Defender	É o antispyware do Windows
Firewall	Firewall oferecido pelo Windows.
Windows Update	Permite atualizar a versão do Windows, desde que a máquina esteja conectada a Internet.
Barra de Tarefas e Menu Iniciar	Permite configurar a Barra de Tarefas e o menu Iniciar.

4.1. CONCEITOS DE ORGANIZAÇÃO E DE GERENCIAMENTO DE INFORMAÇÕES, ARQUIVOS, PASTAS E PROGRAMAS E COMPARTILHAMENTO DE ARQUIVO.

- É o gerenciador eletrônico de arquivos e diretórios do Windows
- **Arquivo**: é uma informação salva em memória secundária. É a menor unidade manipulada pelo usuário.
- O nome do arquivo é dividido em duas partes, o **identificador** que é o nome dado pelo usuário, um ponto "." que é obrigatório, e a **extensão** que indica o tipo do arquivo. O nome de arquivo pode conter até 255 caracteres, incluindo espaços. Entretanto não é recomendável criar nomes de arquivos com 255 caracteres. A maioria dos programas não pode interpretar nomes de arquivos que sejam extremamente longos. Não esqueça que os nomes de arquivos não podem conter os seguintes caracteres;

  \ / : ? " <>! *

Extensões mais utilizadas			
BMP, GIF, TIF, JPG, PCX, PCG, WMF,PCD, CPT	Imagens	**TXT, DOC, WRI, RTF**	Textos e documentos
AVI, QT	Vídeo Clip	**INF**	Informações
WAV, MP3	Som	**HTM, HTML**	Internet
FON	Fontes	**DOT**	Modelo do Word
MDB	Banco de Dados do Ms – Access	**INI**	Iniciação do Windows
HLP	Ajuda	**SCR**	Protetor de tela
ICO	Ícone	**XLS**	Planilha eletrônica
EXE	Executável	**GRP**	Grupo de programas
COM	Comando	**TTF**	Font True Type
BAT	Arquivo de Lote	**BAK**	Backup
PIF	Arquivo de Programa do DOS	**MPG, MP2, MPEG, MIV**	Clipe de filme
CUR	Cursor	**ANI**	Cursor animado

- **Pasta**: é um local criado para armazenar nossos arquivos, permitindo assim, organizá-los nos discos de nossos computadores.
  As pastas podem conter subpastas.
  As pastas também podem ser chamadas de diretórios e as subpastas de subdiretórios.
- **Unidade de disco:** É a representação de uma memória secundária
- **Árvore de Diretórios:** O Windows Explorer exibe os arquivos e pastas existentes em seu computador em uma estrutura hierarquizada, permitindo a navegação através deles, em uma única janela. Essa estrutura é chamada de árvore de diretórios.

As principais tarefas que realizamos no Windows Explorer são:

Função	Formas para Realização
Selecionar Itens	Pode selecionar vários itens **não seqüenciais**, mantendo a tecla **CTRL** pressionada e clicando sobre os itens desejados. Pode selecionar arquivos **em seqüência** de duas formas: → Seleciona uma extremidade da seqüência, mantêm a tecla **SHIFT** pressionada e seleciona a outra extremidade da seqüência. → Seleciona uma extremidade da seqüência, mantêm a tecla **SHIFT** pressionada e movimenta-se com as setas de direção do teclado.
Excluir Itens	*Enviando os itens para a Lixeira:* 1. Selecione o item a ser excluído; Selecione a opção de menu **"Arquivo\Excluir";** Na tela de confirmação que surgirá, selecione "**OK**". 2. Selecione o item a ser excluído; Clique com o botão direito do mouse, e escolha a opção **"Excluir"**; Na tela de confirmação que surgirá, selecione "**OK**". 3. Selecione o item a ser excluído; Aperte a tecla **DEL** ou **DELETE** *Apagando definitivamente* 1. Combinando Shift Com qualquer uma das formas de exclusão
Renomear Itens	**1.** Selecione o item que será renomeado Selecione a opção **"Arquivo\Renomear"** Digite o novo nome desejado para o item. **2.** Selecione o item que será renomeado Clique com o botão direito do mouse, e escolha a opção **"Renomear"**; Digite o novo nome desejado para o item. **3.** Selecione o item que será renomeado Clique novamente sobre o item e observe que a área de edição é ativada. Digite o novo nome desejado para o item. 4. Selecione o item que será renomeado Clique na tecla **F2** e observe que a área de edição é ativada. Digite o novo nome desejado para o item.
Mover Itens	**1.** Selecione o item que será movido Selecione a opção **"Editar\Recortar"** Selecione o local de destino Selecione a opção **"Editar\Colar"** **2.** Selecione o item que será movido Clique com o botão direito do mouse, e escolha a opção **"Recortar"**; Selecione o local de destino Clique com o botão direito do mouse, e escolha a opção **"Colar"**;

Função	Formas para Realização
Mover Itens	**3.** Selecione o item que será movido Aperte a combinação de teclas **CTRL + X** Selecione o local de destino Aperte a combinação de teclas **CTRL + V** **4.** Selecione o item que será movido Arraste até o local de destino. (O pressionamento da tecla SHIFT é opcional caso a movimentação seja na mesma unidade de disco. Se for entre unidades de discos diferentes o pressionamento da tecla SHIFT é obrigatório)
Copiar Itens	**1.** Selecione o item que será copiado Selecione a opção **"Editar\Copiar"** Selecione o local de destino Selecione a opção **"Editar\Colar"** **2.** Selecione o item que será copiado Clique com o botão direito do mouse, e escolha a opção **"Copiar"**; Selecione o local de destino Clique com o botão direito do mouse, e escolha a opção **"Colar"**; **3.** Selecione o item que será copiado Aperte a combinação de teclas **CTRL + C** Selecione o local de destino Aperte a combinação de teclas **CTRL + V** **4.** Selecione o item que será copiado Arraste até o local de destino. (O pressionamento da tecla CTRL é obrigatório caso a cópia seja na mesma unidade de disco. Se for entre unidades de discos diferentes o pressionamento da tecla CTRL é opcional).

Teclas de Atalho

As principais teclas de atalho são:

Atalhos de teclado gerais

Pressione	Para
CTRL+C	Copiar.
CTRL+X	Recortar.
CTRL+V	Colar.
CTRL+Z	Desfazer.
DELETE	Excluir.
SHIFT+DELETE	Excluir um item selecionado permanentemente sem colocá-lo na **Lixeira**.
CTRL ao arrastar um item	Copiar um item selecionado.
CTRL+SHIFT ao arrastar um item	Criar um atalho para um item selecionado.
F2	Renomear um item selecionado.
CTRL+SETA PARA A DIREITA	Mover o ponto de inserção para o início da próxima palavra.
CTRL+SETA PARA A ESQUERDA	Mover o ponto de inserção para o início da palavra anterior.
CTRL+SETA PARA BAIXO	Mover o ponto de inserção para o início do próximo parágrafo.
CTRL+SETA PARA CIMA	Mover o ponto de inserção para o início do parágrafo anterior.
CTRL+SHIFT com qualquer uma das teclas de direção	Realçar um bloco de texto.
SHIFT com qualquer uma das teclas de direção	Selecionar mais de um item em uma janela ou na área de trabalho, ou selecionar texto dentro de um documento.
CTRL+A	Selecionar tudo.

Pressione	Para
F3	Procurar um arquivo ou uma pasta.
ALT+ENTER	Exibir as propriedades do item selecionado.
ALT+F4	Fechar o item ativo ou sair do programa ativo.
ALT+Enter	Exibir as propriedades do objeto selecionado.
ALT+BARRA DE ESPAÇOS	Abrir o menu de atalho para a janela ativa.
CTRL+F4	Fechar o documento ativo em programas que permitem vários documentos abertos simultaneamente.
ALT+TAB	Alternar entre itens abertos.
ALT+ESC	Percorrer os itens na ordem em que foram abertos.
F6	Percorrer os elementos da tela em uma janela ou na área de trabalho.
F4	Exibir a lista da barra de endereços em **Meu computador** ou no Windows Explorer.
SHIFT+F10	Exibir o menu de atalho para o item selecionado.
ALT+BARRA DE ESPAÇOS	Exibir o menu **Sistema** para a janela ativa.
CTRL+ESC	Exibir o menu **Iniciar**.
ALT+Letra sublinhada em um nome de menu	Exibir o menu correspondente.
Letra sublinhada em um nome de comando de um menu aberto	Executar o comando correspondente.
F10	Ativar a barra de menus no programa ativo.
SETA PARA A DIREITA	Abrir o próximo menu à direita ou abrir um submenu.
SETA PARA A ESQUERDA	Abrir o próximo menu à esquerda ou fechar um submenu.
F5	Atualizar a janela ativa.
BACKSPACE	Exibir a pasta um nível acima em **Meu computador** ou no Windows Explorer.
ESC	Cancelar a tarefa atual.
SHIFT ao inserir um CD na unidade de CD-ROM	Evitar que o CD seja executado automaticamente.

Atalhos de teclado de caixas de diálogo

Pressione	Para
CTRL+TAB	Avançar pelas guias.
CTRL+SHIFT+TAB	Recuar pelas guias.
TAB	Avançar pelas opções.
SHIFT+TAB	Recuar pelas opções.
ALT+Letra sublinhada	Executar o comando correspondente ou selecionar a opção correspondente.
ENTER	Executar o comando para a opção ou o botão ativo.
BARRA DE ESPAÇOS	Marcar ou desmarcar a caixa de seleção caso a opção ativa seja uma caixa de seleção.
Teclas de direção	Selecionar um botão caso a opção ativa seja um grupo de botões de opção.
F1	Exibir a **Ajuda**.
F4	Exibir os itens na lista ativa.
BACKSPACE	Abrir uma pasta um nível acima caso uma pasta esteja selecionada na caixa de diálogo **Salvar como** ou **Abrir**.

Atalhos de teclado do Windows Explorer

Pressione	Para
END	Exibir a parte inferior da janela ativa.
HOME	Exibir a parte superior da janela ativa.
NUM LOCK+ASTERISCO no teclado numérico (*)	Exibir todas as subpastas da pasta selecionada.
NUM LOCK+SINAL DE MAIS no teclado numérico (+)	Exibir o conteúdo da pasta selecionada.
NUM LOCK+SINAL DE MENOS no teclado numérico (-)	Recolher a pasta selecionada.
SETA PARA A ESQUERDA	Recolher a seleção atual se estiver expandida ou selecionar a pasta pai.
SETA PARA A DIREITA	Exibir a seleção atual se estiver recolhida ou selecionar a primeira subpasta.

Você pode usar os seguintes atalhos de teclado com um Microsoft Natural Keyboard ou qualquer outro teclado compatível que inclua a tecla de logotipo do Windows e a tecla de aplicativo.

Pressione	Para
Windows	Exibir ou ocultar o menu **Iniciar**.
Windows +BREAK	Exibir a caixa de diálogo **Propriedades do sistema**.
Windows +D	Mostrar a área de trabalho.
Windows +M	Minimizar todas as janelas.
Windows + Shift + M	Restaurar as janelas minimizadas.
Windows+ E	Abrir **Meu computador**.
Windows+ F	Procurar um arquivo ou uma pasta.
CTRL + Windows + F	Procurar computadores.
Windows+ F1	Exibir a **Ajuda** do Windows.
Windows+ L	Bloquear o computador se você estiver conectado a um domínio de rede ou alternar usuários se você não estiver conectado a um domínio de rede.
Windows+ R	Abrir a caixa de diálogo **Executar**.
Tecla de Aplicativo	Exibir o menu de atalho para o item selecionado.
Windows+ U	Abrir o **Gerenciador de utilitários**.

5. MICROSOFT OFFICE E BROFFICE

Nessa parte do assunto, o aluno deve ter inteligência emocional. Se for uma prova onde cada questão pode fazer muita diferença, então deve realmente fazer uma boa memorização, mas se puder deixar alguma questão em branco, arrisque nessa parte. Também é importante procurar analisar antes se a sua elaboradora cobra mais ou menos essa parte do assunto, para, a partir daí, decidir o quanto será dado de enfoque a esse ponto.

Por que eu falei sobre isso? Porque essa parte da matéria costuma cair tecla de atalho, barra de ferramenta e as funcionalidades, ou seja, tudo!!!!!!

Vamos ao essencial.

5.1. WORD

Exibiremos as guias do Word 2010 e as teclas de atalho mais importantes

5.1.1. GUIAS DO WORD 2010

a) Arquivo

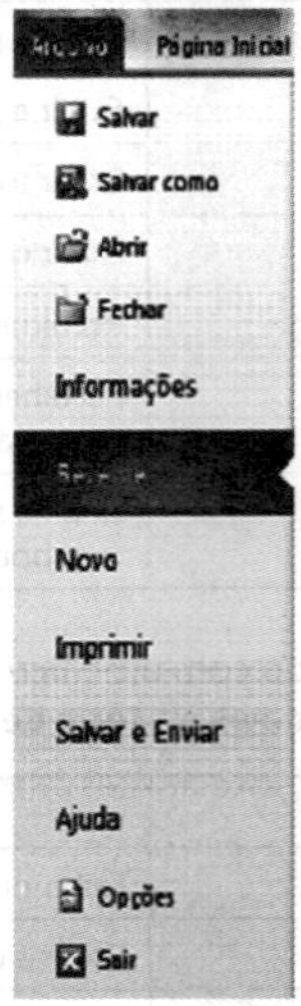

b) Guia Página Inicial

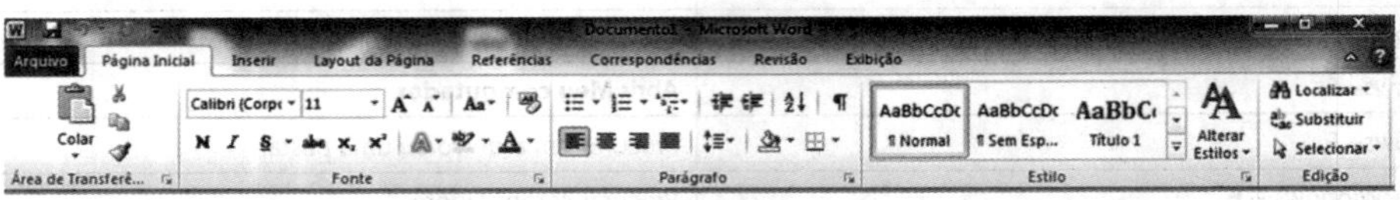

Apresenta as áreas: Área de transferência, Fonte, Parágrafo, Estilo e Edição:

c) Guia Inserir

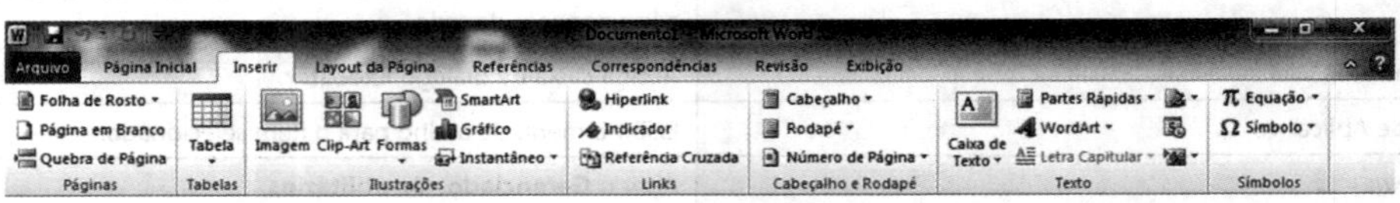

Apresenta as áreas: Páginas, Tabelas, Ilustrações, Links, Cabeçalho e Rodapé, Texto, Símbolos.

d) Guia Layout de Página

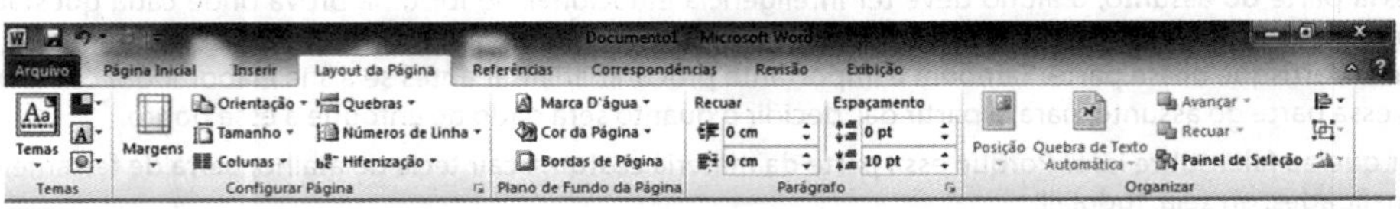

Apresenta as áreas: Tema, Configurar Página, Plano de Fundo da Página, Parágrafo, Organizar.

e) Referências

Apresenta as áreas: Sumário, Notas de Rodapé, Citações e Bibliografia, Legendas, Índice, Índice de Autoridades.

f) Correspondências

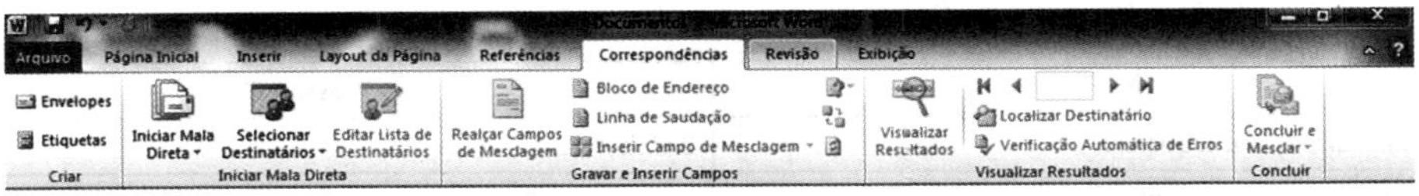

g) Revisão

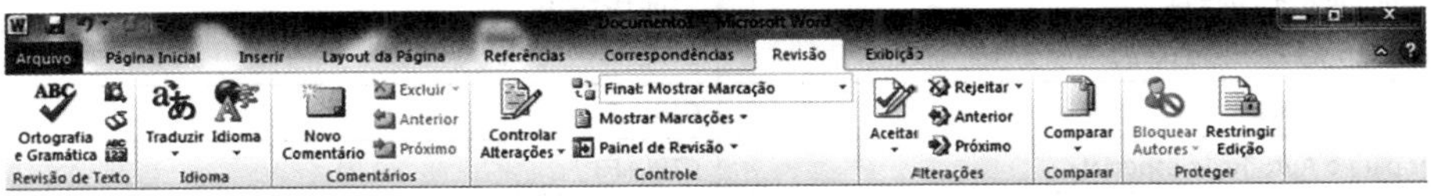

Apresenta as áreas: Revisão de textos, Idioma, Comentários, Controle, Alterações, Comparar, Proteger.

h) Exibição

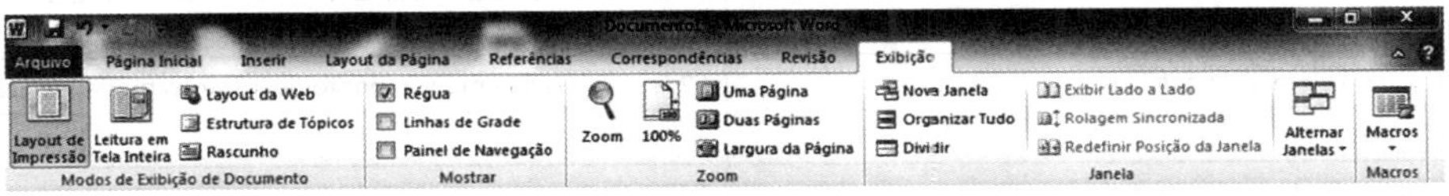

Apresenta as áreas: Modos de Exibição de Documentos, Mostrar, Zoom, Janela, Macros.

5.1.2. TECLAS DE ATALHO DO WORD

Selecionar textos e elementos gráficos usando o mouse

Para selecionar	Procedimento
Qualquer quantidade de texto	Arraste-o sobre o texto.
Uma palavra	Clique duas vezes na palavra
Um elemento gráfico	Clique no elemento gráfico.
Uma linha de texto	Mova o ponteiro para a esquerda da linha até que ele assuma a forma de uma seta para a direita e arraste para cima ou para baixo.
Várias linhas de texto	Mova o ponteiro para a esquerda das linhas até que ele assuma a forma de uma seta para a direita e arraste para cima ou para baixo.
Uma frase	Mantenha pressionada a tecla CTRL e clique em qualquer lugar da frase.
Um parágrafo	Mova o ponteiro para a esquerda do parágrafo até que ele assuma a forma de uma seta para a direita e clique duas vezes. Você também pode clicar três vezes em qualquer lugar do Parágrafo.
Vários parágrafos	Mova o ponteiro para a esquerda dos parágrafos até que ele assuma a forma de uma seta para a direita, clique duas vezes e arraste para cima ou para baixo.
Um bloco de texto grande	Clique no início da seleção, role até o fim da seção, mantenha pressionada a tecla SHIFT e clique.
Um documento inteiro	Mova o ponteiro para a esquerda de qualquer texto do documento até que ele assuma a forma de uma seta para à direita e clique três vezes.
Cabeçalhos e rodapés	No modo de exibição normal, clique cabeçalho e rodapé no menu Exibir; no modo de layout da página, clique duas vezes no texto de cabeçalho ou rodapé esmaecido. Mova o ponteiro para a esquerda do cabeçalho ou rodapé até que ele assuma a forma de uma seta para a direita e clique três vezes.
Comentários, notas de rodapé e notas de fim	Clique no painel, mova o ponteiro para a esquerda do texto até que ele assuma a forma de uma seta para a direita e clique três vezes.
Um bloco de texto vertical (exceto dentro de uma célula de tabela)	Mantenha pressionada a tecla ALT e arraste.

Usando o teclado em várias ações durante a digitação e formatação de um texto

Para excluir textos ou elementos gráficos:

Para	Pressione
Excluir um caractere à esquerda	BACKSPACE
Excluir uma palavra à esquerda	CTRL+BACKSPACE
Excluir um caractere à direita	DELETE
Excluir uma palavra à direita	CTRL+DELETE
Recortar texto selecionado para a área de transferência	CTRL+X
Desfazer a última ação	CTRL+Z
Recortar para o Auto Texto especial	CTRL+F3

Copiar e mover textos e elementos gráficos

Para	Pressione
Copiar texto ou elementos gráficos	CTRL+C
Mover texto ou elementos gráficos	F2 (e, em seguida mova o ponto de inserção pressione ENTER)
Criar Auto Texto	ALT+F3
Colar o conteúdo da Área de transferência	CTRL+V
Colar o conteúdo de Auto Texto especial	CTRL+SHIFT+F3

Inserir caracteres especiais:

Para	Pressione
Um campo	CTRL+F9
Uma quebra de linha	SHIFT+ENTER
Uma quebra de página	CTRL+ENTER
Uma quebra de coluna	CTRL+SHIFT+ENTER
Um hífen opcional	CTRL+HÍFEN
Um hífen não separável	CTRL+SHIFT+HÍFEN
O símbolo de copyright	ALT+CTRL+C
O símbolo de marca registrada	ALT+CTRL+R
O símbolo de marca	ALT+CTRL+T
Reticências	ALT+CTRL+PONTO

Selecionar textos e elementos gráficos: (Selecione o texto mantendo pressionada a tecla SHIFT e pressionando a tecla que move o ponto de inserção):

Para estender uma seleção	Pressione
Um caractere para a direita	SHIFT+SETA À DIREITA
Um caractere para a esquerda	SHIFT+SETA À ESQUERDA
Até o fim de uma palavra	CTRL+SHIFT+SETA À DIREITA
Até o início de uma palavra	CTRL+SHIFT+SETA À ESQUERDA
Até o fim de uma linha	SHIFT+END
Até o início de uma linha	SHIFT+HOME
Uma linha para baixo	SHIFT+SETA ABAIXO
Uma linha para cima	SHIFT+SETA ACIMA

Para estender uma seleção	Pressione
Até o fim de um parágrafo	CTRL+SHIFT+SETA ABAIXO
Até o início de um parágrafo	CTRL+SHIFT+SETA ACIMA
Uma tela para baixo	SHIFT+PAGE DOWN
Uma tela para cima	SHIFT+PAGE UP
Até o fim de uma janela	ALT+CTRL+PAGE DOWN
Até o início de um documento	CTRL+SHIFT+HOME
Para incluir o documento inteiro	CTRL+A
Até um bloco vertical de texto	CTRL+SHIFT+F8 e, em seguida, utilize as setas de direção; pressione ESC para cancelar o modo de seleção.
Até um local específico em um documento	F8+SETAS DE DIREÇÃO; pressione ESC para cancelar o modo de seleção
Ativar o modo de extensão	F8
Selecionar o caractere mais próximo	F8 e, em seguida, pressione a SETA À ESQUERDA ou a SETA À DIREITA
Aumentar o tamanho de uma seleção	F8 (pressione uma vez para selecionar uma Palavra; duas vezes para selecionar uma sentença e, assim, sucessivamente)
Reduzir o tamanho de uma seleção	SHIFT+F8
Desativar o modo de extensão	ESC

Selecionar textos e elementos gráficos em uma tabela:

Para	Pressione
Selecionar o conteúdo da célula seguinte	SHIFT+TAB
Estender uma seleção para células adjacentes	mantenha pressionada a tecla SHIFTe pressione repetidas vezes uma tecla de direção
Selecionar uma coluna	Clique na primeira ou na última célula da coluna. Mantenha pressionada a tecla SHIFT e pressione repetidas vezes a tecla SETA ACIMA ou SETA ABAIXO
Estender uma seleção (ou bloco)	CTRL+SHIFT+F8 e, em seguida, utilize as teclas de direção; pressione ESC para cancelar o modo de seleção
Reduzir o tamanho da seleção	SHIFT+F8
Selecionar uma tabela inteira	ALT+5 no teclado numérico (com NUMLOCK desativado)

Mover o ponto de inserção:

Para	Pressione
Um caractere para a esquerda	SETA À ESQUERDA
Um caractere para a direita	SETA À DIREITA
Uma palavra para a esquerda	CTRL+SETA À ESQUERDA
Uma palavra para a direita	CTRL+SETA À DIREITA
Um parágrafo para cima	CTRL+SETA ACIMA
Um parágrafo para baixo	CTRL+SETA ABAIXO
Uma célula para a esquerda (em uma tabela)	SHIFT+TAB
Uma célula para a (em uma tabela)	TAB
Uma linha para cima	SETA ACIMA
Uma linha para baixo	SETA ABAIXO

Para	Pressione
Para o fim de uma linha	END
Para o início de uma linha	HOME
Para o início da janela	ALT+CTRL+PAGE UP
Para o fim de uma janela	ALT+CTRL+PAGE DOWN
Uma tela para cima (rolando)	PAGE UP
Uma tela para baixo (rolando)	PAGE DOWN
Para o início da página seguinte	CTRL+PAGE DOWN
Para o início da página anterior	CTRL+PAGE UP
Para o fim de um documento	CTRL+END
Para o início de um documento	CTRL+HOME
Para o local em que o ponto de inserção se encontrava quando o documento foi fechado pela última vez	SHIFT+F5

Mover-se por uma tabela:

Para	Pressione
A célula seguinte em uma linha	TAB
A célula anterior em uma linha	SHIFT+TAB
A primeira célula da linha	ALT+HOME
A última célula da linha	ALT+END
A primeira célula da coluna	ALT+PAGE UP
A última célula da coluna	ALT+PAGE DOWN
A linha anterior	SETA ACIMA
A linha seguinte	SETA ABAIXO

5.2. EXCEL

Exibirei as guias do Excel 2010, as funções mais usadas e as teclas de atalho mais importantes.

5.2.1. GUIAS DO EXCEL 2010

a) Arquivo: igual ao menu de mesmo nome já falado no Word 2010

b) Página Inicial:

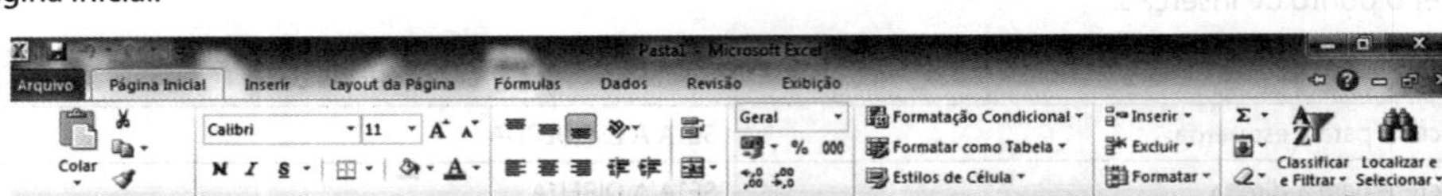

Apresenta as áreas: Área de transferência, Fonte, Alinhamento, Número, Estilo, Células, Edição.

c) Inserir

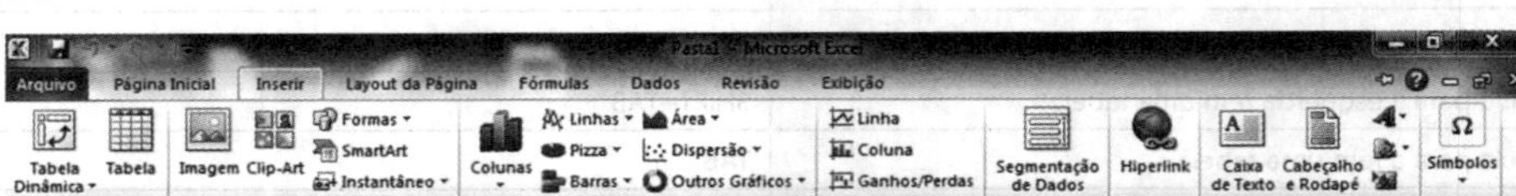

Apresenta as áreas: Tabelas, Ilustrações, Gráficos, Mini gráficos, Filtro, Links, Texto, Símbolo.

d) Layout de Pagina

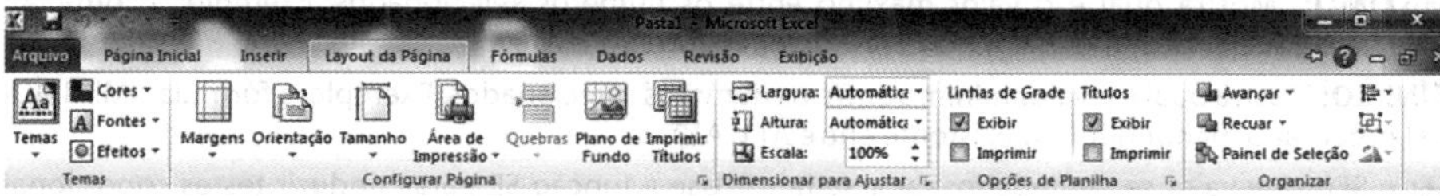

Apresenta as áreas: Tema, Configurar Página, Dimensionar Para ajustar, Opções de Planilha, Organizar.

e) Fórmulas

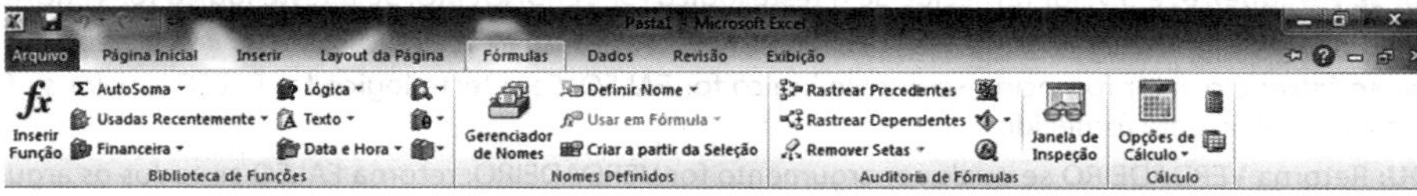

Apresenta as áreas: Biblioteca de Funções, Nomes definidos, Auditoria de Formulas.

f) Dados

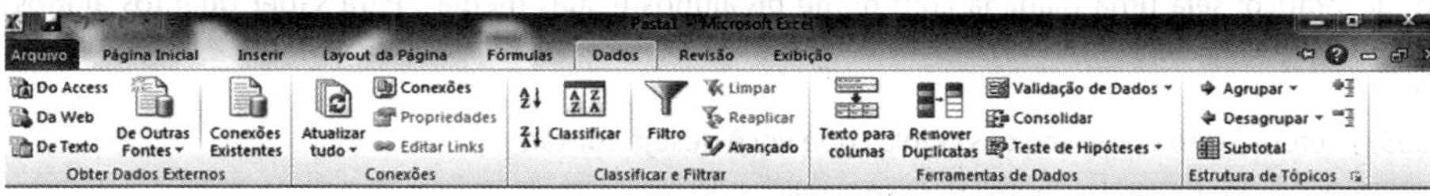

g) Revisão

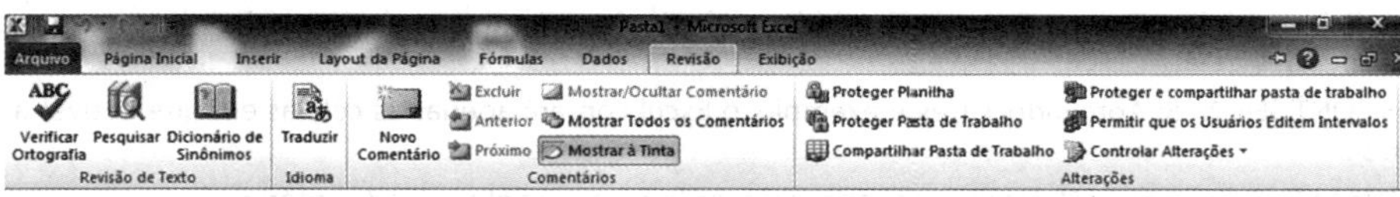

Apresenta as áreas: Revisão de Texto, Idioma, Comentários, Alterações.

h) Exibição

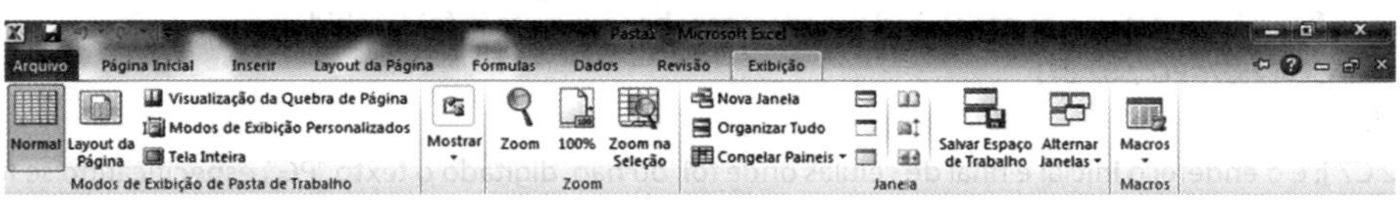

Apresenta as áreas: Modos de Exibição de Pasta de Trabalho, Mostrar, Zoom, Janela, Macros.

5.2.2. PRINCIPAIS FUNÇÕES DO EXCEL

1. SOMA: A função **soma (núm1; núm2,...)** retorna a soma de todos os números em uma lista de até 30 segmentos. Os números, valores lógicos e representações em forma de texto de números digitados diretamente na lista de argumentos são contados. Se um argumento for uma matriz ou referência, apenas os números nessa matriz ou referência serão contados. Células em branco, valores lógicos, texto ou valores de erro na matriz ou referência são ignorados. Os argumentos que são valores de erro ou texto que não podem ser traduzidos em números geram erros.

Para somar intervalos (somar matrizes) digite = **soma (célula inicial: célula final do intervalo)**

Outra maneira de somar: utilize o botão (Auto-Soma): selecione os valores que deseja somar e clique no botão "Auto-Soma", a soma será demonstrada automaticamente.

2. MÉDIA: A função média (núm1; núm2; ...) retorna a média aritmética de até 30 argumentos. Os argumentos devem ser números ou nomes, matrizes ou referências que contenham números. Veja os exemplos abaixo.

Se A1:A5 contiver os números 10, 7, 9, 27 e 2, então:

MÉDIA(A1:A5) é igual a 11

MÉDIA(A1:A5;5) é igual a 10

MÉDIA(A1:A5) é igual a SOMA(A1:A5)/CONT.NÚM(A1:A5) que é igual a 11

3. MÁXIMO: Mostra qual é o valor máximo entre os números selecionados. Exemplo: a fórmula =MÁXIMO(A1:A10) faz o Excel procurar o maior número existente entre A1 e A10.

4. MÍNIMO: Mostra qual é o valor mínimo entre os números selecionados. Exemplo: a fórmula =MÍNIMO(A1:A10) faz o Excel procurar o menor número existente entre A1 e A10.

5. SE: = SE(teste; valor se verdadeiro; valor se falso). Use a função SE para conduzir testes condicionais sobre valores e fórmulas e para efetuar ramificações de acordo com o resultado deste teste. O resultado do teste determina o valor retornado pela função SE. A função SE tem a seguinte sintaxe:

Teste lógico: é qualquer valor ou expressão que pode ser avaliada como VERDADEIRO ou FALSO.

Valor se verdadeiro: é o valor fornecido se o teste lógico for VERDADEIRO. Se o teste lógico for VERDADEIRO e valor se verdadeiro for omitido, o valor VERDADEIRO será fornecido.

Valor se falso: é o valor fornecido se o teste lógico for FALSO. Se o teste lógico for FALSO e valor se falso for omitido, o valor FALSO será fornecido.

6. OU: Retorna VERDADEIRO se qualquer argumento for VERDADEIRO; retorna FALSO se todos os argumentos forem FALSOS. Ex: =OU(A1;A2).

7. CONT.SE: Calcula o número de células não vazias em um intervalo que corresponde a determinados critérios.

Sintaxe: CONT.SE(intervalo;critérios)

Exemplo prático: seja uma planilha com nome de alunos e suas médias. Para saber quantos alunos tiraram médias maior e igual a 9, temos: = CONT.SE(B2:B5;"=9")

Onde:

[(B2:B5)]: refere-se ao endereço das células que você deseja contar.

[;]: utiliza-se como parte da sintaxe para separar.

[".=9"]: refere-se à condição, ou seja, esta fórmula só irá contar as células que contêm valores maiores ou iguais a 9.

A condição também pode ser texto, porém, independente de ser texto ou valor numérico, deve-se colocar entre as aspas.

Ex.: =CONT.SE(C2:C5;"Aprovado"). Neste exemplo, o Excel contará apenas as células em que houver a palavra "Aprovado".

8. SOMASE: Adiciona as células especificadas de acordo com um determinado critério.

Sintaxe: SOMASE(intervalo;critérios;intervalo soma)

Exemplo prático: seja somar as faturas que foram pagas. Então na planilha, a coluna A tem os nomes dos clientes, a coluna B tem os valores das faturas e na coluna C, as situações (pago ou não).Neste exemplo, o Excel deve somar somente as faturas que estiverem pagas, assim podemos saber o quanto já foi recebido:

=SOMASE(C2:C7;"PG";"B2:B7)

Onde:

[C2:C7]: é o endereço inicial e final de células onde foi, ou não, digitado o texto "PG", especificando se foi pago ou não.

["PG"]: é o critério para somar, ou seja, só somará se neste intervalo de células de "C2" até "C7", e onde houver o texto"PG". O critério deverá ser sempre colocado entre aspas.

[B2:B7]: é o intervalo de células onde será somado, mediante a condição, ou seja, ele somará somente aqueles valores que na coluna "C" houver digitado o texto "PG".

9. MOD: Calcula o resto de uma divisão. Sintaxe: =MOD(valor1;valor2);

10. MULT: Multiplica os valores passados como parâmetros. Sintaxe: =MULT(valor1;valor2);

11. ABS: Calcula o valor absoluto de um número. Sintaxe: =ABS(célula);

12. AGORA: Mostra a data e a hora atuais. Sintaxe: =AGORA();

13. DATA: Exibe a data atual. Sintaxe: =DATA();

14. HORA: Exibe a hora atual. Sintaxe: =HORA();

15. ARRED: Arredonda o número em uma determinada quantidade de dígitos. Sintaxe: =ARRED(valor;número de dígitos);

16. SEN: Calcula o seno. Sintaxe: =SEN(ângulo);

17. COS: Calcula o coseno. Sintaxe: =COS(ângulo);

18. TAN: Calcula a tangente. Sintaxe: =TAN(ângulo);

19.FATORIAL: Calcula o fatorial de um número. Sintaxe: =FATORIAL(valor);

20.LOG: Calcula o logaritmo, do valor passado, em uma determinada base. Sintaxe: =LOG(valor;base);

21.RAIZ: Calcula a raiz quadrada do valor passado. Sintaxe: =RAIZ(valor);

22. HOJE: Mostra a data atual. Sintaxe: =HOJE();

23.TEXTO: Coloca as datas por extenso. Sintaxe:= TEXTO(data atual;"formato desejado"). EX: =TEXTO(DATA ATUAL;"MMM") – colocará a data atual, com os meses abreviados;

24. MÊS: Mostra a posição numérica de cada mês. Sintaxe: =MÊS(data);

25. MAÍSCULA: Coloca o conteúdo da célula passada em maiúsculo. Sintaxe: =MAIÚSCULA(célula);

26.MINÚSCULA: Coloca o conteúdo da célula passada em minúsculo. Sintaxe: = MINÚSCULA(célula);

27.CONCATENAR: Une o conteúdo de células. Sintaxe:=CONCATENAR(Célula1;celula2)

28.POTENCIA: Calcula a potência de um número em uma determinada base. Sintaxe:=POTÊNCIA(base;expoente);

29.CONT.NUM: Calcula a quantidade de células com valore numéricos em um intervalo. Sintaxe: =CONT.NUM(intervalo);

30. CONT.VALORES: Conta todas as células em um intervalo com valores de texto ou numéricos. Sintaxe: =CONT.VALORES(intervalo);

31.CONTAR.VAZIO: Conta quanta células vazias existem em um determinado intervalo. Sintaxe: =CONTAR.VAZIO(intervalo);

32.EXATO: Compara se o conteúdo de duas células são iguais. Sintaxe: =EXATO(célula1;célula2);

33.REPT: Repete o conteúdo de uma célula na quantidade de vezes especificada. Sintaxe: =REPT(célula, nºde vezes);

34.INT: Mostra apenas a parte inteira de um número. Sintaxe:=INT(célula);

35. E: Serve como elo entre funções; a resposta será verdadeira se todos os parâmetros de entrada forem verdadeiros. Sintaxe: =E(célula1;célula2).

5.2.3 PRINCIPAIS TECLAS DE ATALHO DO EXCEL

Antes de introduzir dados em uma célula da planilha, certifique-se qual a célula está ativa no momento. Para tornar uma célula ativa, você dá um clique sobre a mesma com o mouse, opcionalmente você pode usar o teclado, conforme tabela abaixo:

LOCAL DE DESTINO	TECLA
Mover uma célula em determinada direção	Tecla de direção
Mover para borda da região de dados atual	CTRL+Tecla de direção
Mover para o início da linha	HOME
Mover para o início da planilha	CTRL+HOME
Mover para última célula da planilha (no canto inferior direito)	CTRL+END
Mover uma tela para baixo	PAGE DOWN
Mover uma tela para cima	PAGE UP
Mover uma tela para direita	ALT+PAGE DOWN
Mover uma tela para a esquerda	ALT+PAGE UP
Move para a próxima planilha na pasta de trabalho	CTRL + PAGE DOWN
Move para a planilha anterior na pasta de trabalho	CRTL + PAGE UP
Move o curso para uma célula qualquer, desde que que se dê o endereço.	F5

Para selecionar células, ou conjunto de células na planilha, podemos:

Para selecionar	Como fazer
Uma única célula	Clique sobre a célula ou pressione as teclas de direção para ir para a célula.
Uma linha inteira	Clique sobre o cabeçalho da linha. Ou, pelo teclado, pressione SHIFT + espaço.
Uma coluna inteira	Clique sobre o cabeçalho da coluna. Ou, pelo teclado, pressione CTRL+ espaço.
Intervalos de células ou células não adjacentes	Selecione a primeira célula ou o primeiro intervalo de células e, em seguida, mantenha pressionada a tecla CTRL e selecione as outras células ou os outros intervalos. Ou , pelo teclado, use as teclas SHIFT + F8.
Um intervalo de células	Clique sobre a primeira célula do intervalo e, em seguida, arraste até a última.
Um intervalo de células extenso	Clique sobre a primeira célula do intervalo e, em seguida, mantenha pressionada a tecla SHIFT e clique sobre a última célula do intervalo. Você pode rolar para tornar a última célula visível.
Linhas ou colunas adjacentes	Arraste pelos títulos de linhas ou colunas. Ou selecione a primeira linha ou coluna e, em seguida, mantenha pressionada a tecla SHIFT e selecione a última linha ou coluna.
Linhas ou colunas não-adjacentes	Selecione a primeira linha ou coluna e, em seguida, mantenha pressionada a tecla CTRL e selecione as outras linhas ou colunas.
Todas as células da planilha	Clique sobre o botão no canto superior esquerdo da planilha, na interseção dos títulos das linhas e colunas. Ou no menu "Editar\Selecionar Tudo"
Um número maior ou menor de células do que o atualmente selecionado	Mantenha pressionada a tecla SHIFT e clique sobre a última célula que você deseja incluir na nova seleção. O intervalo retangular entre a célula ativa e a célula sobre a qual você clica passa a ser a nova seleção.

5.3. WRITER

Exibirei as principais barras de ferramentas e as teclas de atalho mais importantes do Writer

5.3.1. PRINCIPAIS BARRAS DE FERRAMENTA DO WRITER:

As barras de Ferramentas apresentam elementos bastante semelhantes aos do Word. Veremos:

a. Barra de Ferramentas Padrão

1. Arquivo Novo
2. Abrir
3. Salvar
4. Enviar documento como e-mail
5. Editar Arquivo
6. Exportar arquivo diretamente como PDF
7. Imprimir Diretamente
8. Visualizar Página
9. Verificação Ortográfica
10. Auto Verificação Ortográfica
11. Recortar
12. Copiar
13. Colar
14. Pincel de Estilo
15. Desfazer
16. Restaurar
17. Hiperlink
18. Tabela
19. Mostrar Funções de Desenho
20. Localizar e Substituir
21. Navegador
22. Gallery
23. Fonte de Dados
24. Caracteres Não Imprimíveis
25. Zoom
26. Ajuda do Writer

b. Barra de Ferramentas de Formatação

1. Estilos e Formatação
2. Aplicar Estilo
3. Nome da Fonte
4. Tamanho da Fonte
5. Negrito
6. Itálico
7. Sublinhado
8. Alinhamento a Esquerda
9. Alinhamento Centralizado

5.3.2. PRINCIPAIS TECLAS DE ATALHO DO WRITER

Teclas de atalho	Efeito
F2	Barra Fórmulas
Ctrl+F2	Inserir campos
F3	Concluir AutoTexto
Ctrl+F3	Editar AutoTexto
F4	Abrir exibição da fonte de dados
Shift+F4	Selecionar próximo quadro
F5	Ativar/Desativar Navegador
Ctrl+Shift+F5	Ativar Navegador, ir para número da página
F7	Verificação ortográfica
Ctrl+F7	Dicionário de correlatos
F8	Modo de extensão
Ctrl+F8	Ativar/Desativar sombreamentos de campos
Shift+F8	Seleção adicional
F9	Atualizar campos
Ctrl+F9	Mostrar campos
Shift+F9	Calcular tabela
Ctrl+Shift+F9	Atualizar campos e listas de entrada
Ctrl+F10	Ativar/Desativar caracteres não-imprimíveis
F11	Ativar/Desativar janela Estilos e formatação
Shift+F11	Criar estilo
Ctrl+Shift+F11	Atualizar estilo
F12	Ativar numeração
Ctrl+F12	Inserir ou editar tabela
Shift+F12	Ativar marcadores
Ctrl+Shift+F12	Desativar Numeração/Marcadores
Ctrl+A	Selecionar tudo
Ctrl+J	Justificar
Ctrl+D	Sublinhado duplo
Ctrl+E	Centralizado
Ctrl+F	Localizar e substituir
Ctrl+Shift+P	Sobrescrito
Ctrl+L	Alinhar à esquerda
Ctrl+R	Alinhar à direita
Ctrl+Shift+B	Subscrito
Ctrl+Y	Refazer última ação
Ctrl+0 (zero)	Aplicar estilo de parágrafo Padrão
Ctrl+1	Aplicar estilo de parágrafo Título 1
Ctrl+2	Aplicar estilo de parágrafo Título 2
Ctrl+3	Aplicar estilo de parágrafo Título 3
Ctrl+5	Espaçamento de 1 linha e meia

Teclas de atalho	Efeito
Ctrl+ Tecla de sinal de adição(+)	Calcula o texto selecionado e copia o resultado para a área de transferência.
Ctrl+Hífen (-)	Hifens personalizados; hifenização definida pelo usuário.
Ctrl+Shift+sinal de menos (-)	Traço incondicional (não é usado para hifenização)
Ctrl+sinal de multiplicação * (somente no teclado numérico)	Executar campo de macro!
Ctrl+Space	Espaços incondicionais. Esses espaços não serão usados para hifenização nem serão expandidos se o texto estiver justificado.
Shift+Enter	Quebra de linha sem alteração de parágrafo
Ctrl+Enter	Quebra manual de página
Ctrl+Shift+Enter	Quebra de coluna em textos com várias colunas
Alt+Enter	Inserção de um novo parágrafo sem numeração
Alt+Enter	Inserção de um novo parágrafo diretamente antes ou depois de uma seção ou tabela.
Seta para a esquerda	Mover o cursor para a esquerda
Shift+Seta para a esquerda	Mover o cursor com a seleção para a esquerda
Ctrl+Seta para a esquerda	Ir para o início da palavra
Ctrl+Shift+Seta para a esquerda	Seleção à esquerda, uma palavra de cada vez
Seta para a direita	Mover o cursor para a direita
Shift+Seta para a direita	Mover o cursor com a seleção para a direita
Ctrl+Seta para a direita	Ir para o fim da palavra
Ctrl+Shift+Seta para a direita	Seleção à direita, uma palavra de cada vez
Seta para cima	Mover uma linha para cima
Shift+Seta para cima	Seleção de linhas de baixo para cima
Seta para baixo	Mover o cursor uma linha para baixo
Shift+Seta para baixo	Seleção de linhas de cima para baixo
Home	Ir para o início da linha
Shift+Home	Ir e selecionar até o início de uma linha
Fim	Ir para o fim da linha
Shift+End	Ir e selecionar até o fim da linha
Ctrl+Home	Ir para o início do documento
Ctrl+Shift+Home	Ir e selecionar o texto até o início do documento
Ctrl+End	Ir para o fim do documento
Ctrl+Shift+End	Ir e selecionar o texto até o fim do documento
Ctrl+PageUp	Alternar o cursor entre o texto e o cabeçalho
Ctrl+PageDown	Alternar o cursor entre o texto e o rodapé
Inserir	Ativar/Desativar modo de inserção
PageUp	Mover página da tela para cima
Shift+PageUp	Mover página da tela para cima com a seleção
PageDown	Mover uma página da tela para baixo

Teclas de atalho	Efeito
Shift+PageDown	Mover uma página da tela para baixo com a seleção
Ctrl+Del	Excluir texto até o fim da palavra
Ctrl+Backspace	Excluir o texto até o início da palavra
Ctrl+Shift+Del	Excluir texto até o fim da frase
Ctrl+Shift+Backspace	Excluir o texto até o início da frase
Ctrl+Tab	Próxima sugestão com Completar palavra automaticamente
Ctrl+Shift+Tab	Use a sugestão anterior com Completar palavra automaticamente
Alt+W	Caixa de diálogo Verificação ortográfica: retorna a palavra desconhecida original na caixa de texto
Ctrl+ duplo clique ou Ctrl+Shift+F10	Use esta combinação para encaixar ou desencaixar rapidamente a janela do Navegador, a janela Estilos e Formatação ou outras janelas
Ctrl+Alt+Seta para cima ou Ctrl+Seta para cima	Mover o parágrafo ativo ou os parágrafos selecionados um parágrafo para cima.
Ctrl+Alt+Seta para baixo	Mover o parágrafo ativo ou os parágrafos selecionados um parágrafo para baixo.
Tab	O título no formato "Título X" (X = 1-9) é movido um nível para baixo na estrutura de tópicos.
Shift+Tab	O título no formato "Título X" (X = 2-10) é movido um nível para cima na estrutura de tópicos.
Ctrl+Tab	No início de um título: insira uma parada de tabulação. Dependendo do Gerenciador de janelas utilizado, você poderá usar Alt+Tab. Para alterar o nível do título com o teclado, primeiramente posicione o cursor na frente do título.
Ctrl+A	Se a célula ativa estiver vazia: selecione a tabela inteira. Caso contrário: selecione o conteúdo da célula ativa. Pressione novamente para selecionar a tabela inteira.
Ctrl+Home	Se a célula ativa estiver vazia: irá para o início da tabela. Caso contrário: o primeiro pressionamento o levará para o início da célula ativa, o segundo, para o início da tabela atual, e o terceiro, para o início do documento.
Ctrl+End	Se a célula ativa estiver vazia: irá para o fim da tabela. Caso contrário: o primeiro pressionamento o levará para o fim da célula ativa, o segundo, para o fim da tabela atual, e o terceiro, para o fim do documento.
Ctrl+Tab	Insere uma parada de tabulação (somente em tabelas). Dependendo do Gerenciador de janelas utilizado, você poderá usar Alt+Tab.
Ctrl+Shift+Seta para cima	Ir para o início da tabela
Ctrl+Shift+Seta para baixo	Ir para o fim da tabela
Alt+Teclas de seta	Aumenta/diminui o tamanho da coluna/linha na borda direita/inferior da célula
Alt+Shift+Teclas de seta	Aumentar/diminuir o tamanho da coluna/linha na borda esquerda/superior da célula
Alt+Ctrl+Teclas de seta	Semelhante a Alt, mas somente a célula ativa é modificada
Ctrl+Alt+Shift+Teclas de seta	Semelhante a Alt, mas somente a célula ativa é modificada
Alt+Insert	Três segundos no modo de inserção, a tecla de seta insere a linha/coluna, Ctrl+Tecla de seta insere a célula
Alt+Del	Três segundos no modo de exclusão, a tecla de seta exclui a linha/coluna, Ctrl+Tecla de seta mescla a célula com a célula adjacente
Ctrl+Shift+T	Remove a proteção de célula de todas as tabelas selecionadas. Se nenhuma tabela estiver selecionada, a proteção de célula será removida de todas as tabelas do documento.
Shift+Ctrl+Del	Se nenhum item for selecionado, o conteúdo da próxima célula será excluído. Se forem selecionadas células, a linha inteira da seleção será excluída. Se todas as linhas forem selecionadas integral ou parcialmente, a tabela inteira será excluída.
Esc	O cursor está dentro de um quadro de texto e não há texto selecionado: a tecla Esc seleciona o quadro de texto. O quadro de texto está selecionado: a tecla Esc retira o cursor do quadro de texto.

Teclas de atalho	Efeito
F2 ou Enter ou qualquer outra tecla que gere um caractere na tela	Se houver um quadro de texto selecionado: posicionará o cursor no fim do texto no quadro de texto. Se você pressionar qualquer tecla que gere um caractere na tela e o documento estiver no modo de edição, o caractere será acrescentado ao texto.
Alt+Teclas de seta	Mover objeto.
Alt+Ctrl+Teclas de seta	Redimensiona movendo o canto inferior direito.
Alt+Ctrl+Shift+Teclas de seta	Redimensiona movendo o canto superior esquerdo.
Ctrl+Tab	Seleciona a âncora de um objeto (no modo Editar pontos).

5.4. CALC

O calc é muito similar ao Excel e apresenta as mesmas funções e as mesmas sintaxes. Sendo assim, apresentaremos as principais barras de ferramentas e teclas de atalho.

5.4.1. BARRA DE FERRAMENTAS PADRÃO

1. Arquivo Novo
2. Abrir
3. Salvar
4. Enviar documento como email
5. Editar Arquivo
6. Exportar arquivo diretamente como PDF
7. Imprimir Diretamente
8. Visualizar Página
9. Verificação Ortográfica
10. Auto Verificação Ortográfica
11. Recortar
12. Copiar
13. Colar
14. Pincel de Estilo
15. Desfazer
16. Restaurar
17. Hiperlink
18. Classificar em ordem crescente
19. Classificar em ordem decrescente
20. Inserir gráfico
21. Mostrar Funções de Desenho
22. Localizar e Substituir
23. Navegador
24. Gallery
25. Fonte de Dados
26. Zoom
27. Ajuda do Calc

5.4.2. BARRA DE FERRAMENTAS DE FORMATAÇÃO

1.Estilos e Formatação
2. Nome da Fonte
3. Tamanho da Fonte
4. Negrito
5. Itálico
6. Sublinhado
7. Alinhamento a Esquerda
8. Alinhamento Centralizado
9. Alinhamento a Esquerda
10. Alinhamento Justificado
11. Mesclar Células
12. Formato de número: Moeda
13. Formato de número: Porcentagem
14. Formato de Número Padrão
15. Formato de Número: Adicionar casa decimal
16. Formato de Número: Excluir casa decimal
17. Diminuir Recuo
18. Aumentar Recuo
19. Bordas
20. Cor do plano de fundo
21. Cor da Fonte

5.4.3. PRINCIPAIS TECLAS DE ATALHO

Teclas de atalho	Efeito
F2	Barra Fórmulas
Ctrl+F2	Inserir campos
F3	Concluir AutoTexto
Ctrl+F3	Editar AutoTexto
F4	Abrir exibição da fonte de dados
Shift+F4	Selecionar próximo quadro
F5	Ativar/Desativar Navegador
Ctrl+Shift+F5	Ativar Navegador, ir para número da página
F7	Verificação ortográfica
Ctrl+F7	Dicionário de correlatos
F8	Modo de extensão
Ctrl+F8	Ativar/Desativar sombreamentos de campos
Shift+F8	Seleção adicional
F9	Atualizar campos
Ctrl+F9	Mostrar campos
Shift+F9	Calcular tabela
Ctrl+Shift+F9	Atualizar campos e listas de entrada
Ctrl+F10	Ativar/Desativar caracteres não-imprimíveis
F11	Ativar/Desativar janela Estilos e formatação
Shift+F11	Criar estilo
Ctrl+Shift+F11	Atualizar estilo
F12	Ativar numeração
Ctrl+F12	Inserir ou editar tabela
Shift+F12	Ativar marcadores
Ctrl+Shift+F12	Desativar Numeração/Marcadores
Ctrl+A	Selecionar tudo
Ctrl+J	Justificar
Ctrl+D	Sublinhado duplo
Ctrl+E	Centralizado
Ctrl+F	Localizar e substituir
Ctrl+Shift+P	Sobrescrito
Ctrl+L	Alinhar à esquerda
Ctrl+R	Alinhar à direita
Ctrl+Shift+B	Subscrito
Ctrl+Y	Refazer última ação
Ctrl+0 (zero)	Aplicar estilo de parágrafo Padrão
Ctrl+1	Aplicar estilo de parágrafo Título 1
Ctrl+2	Aplicar estilo de parágrafo Título 2
Ctrl+3	Aplicar estilo de parágrafo Título 3
Ctrl+5	Espaçamento de 1 linha e meia

Teclas de atalho	Efeito
Ctrl+ Tecla de sinal de adição(+)	Calcula o texto selecionado e copia o resultado para a área de transferência.
Ctrl+Hífen (-)	Hifens personalizados; hifenização definida pelo usuário.
Ctrl+Shift+sinal de menos (-)	Traço incondicional (não é usado para hifenização)
Ctrl+sinal de multiplicação * (somente no teclado numérico)	Executar campo de macro!
Ctrl+Space	Espaços incondicionais. Esses espaços não serão usados para hifenização nem serão expandidos se o texto estiver justificado.
Shift+Enter	Quebra de linha sem alteração de parágrafo
Ctrl+Enter	Quebra manual de página
Ctrl+Shift+Enter	Quebra de coluna em textos com várias colunas
Alt+Enter	Inserção de um novo parágrafo sem numeração
Alt+Enter	Inserção de um novo parágrafo diretamente antes ou depois de uma seção ou tabela.
Seta para a esquerda	Mover o cursor para a esquerda
Shift+Seta para a esquerda	Mover o cursor com a seleção para a esquerda
Ctrl+Seta para a esquerda	Ir para o início da palavra
Ctrl+Shift+Seta para a esquerda	Seleção à esquerda, uma palavra de cada vez
Seta para a direita	Mover o cursor para a direita
Shift+Seta para a direita	Mover o cursor com a seleção para a direita
Ctrl+Seta para a direita	Ir para o fim da palavra
Ctrl+Shift+Seta para a direita	Seleção à direita, uma palavra de cada vez
Seta para cima	Mover uma linha para cima
Shift+Seta para cima	Seleção de linhas de baixo para cima
Seta para baixo	Mover o cursor uma linha para baixo
Shift+Seta para baixo	Seleção de linhas de cima para baixo
Home	Ir para o início da linha
Shift+Home	Ir e selecionar até o início de uma linha
Fim	Ir para o fim da linha
Shift+End	Ir e selecionar até o fim da linha
Ctrl+Home	Ir para o início do documento
Ctrl+Shift+Home	Ir e selecionar o texto até o início do documento
Ctrl+End	Ir para o fim do documento
Ctrl+Shift+End	Ir e selecionar o texto até o fim do documento
Ctrl+PageUp	Alternar o cursor entre o texto e o cabeçalho
Ctrl+PageDown	Alternar o cursor entre o texto e o rodapé
Inserir	Ativar/Desativar modo de inserção
PageUp	Mover página da tela para cima
Shift+PageUp	Mover página da tela para cima com a seleção
PageDown	Mover uma página da tela para baixo

Teclas de atalho	Efeito
Shift+PageDown	Mover uma página da tela para baixo com a seleção
Ctrl+Del	Excluir texto até o fim da palavra
Ctrl+Backspace	Excluir o texto até o início da palavra
Ctrl+Shift+Del	Excluir texto até o fim da frase
Ctrl+Shift+Backspace	Excluir o texto até o início da frase
Ctrl+Tab	Próxima sugestão com Completar palavra automaticamente
Ctrl+Shift+Tab	Use a sugestão anterior com Completar palavra automaticamente
Alt+W	Caixa de diálogo Verificação ortográfica: retorna a palavra desconhecida original na caixa de texto
Ctrl+ duplo clique ou Ctrl+Shift+F10	Use esta combinação para encaixar ou desencaixar rapidamente a janela do Navegador, a janela Estilos e Formatação ou outras janelas
Ctrl+Alt+Seta para cima ou Ctrl+Seta para cima	Mover o parágrafo ativo ou os parágrafos selecionados um parágrafo para cima.
Ctrl+Alt+Seta para baixo	Mover o parágrafo ativo ou os parágrafos selecionados um parágrafo para baixo.
Tab	O título no formato "Título X" (X = 1-9) é movido um nível para baixo na estrutura de tópicos.
Shift+Tab	O título no formato "Título X" (X = 2-10) é movido um nível para cima na estrutura de tópicos.
Ctrl+Tab	No início de um título: insira uma parada de tabulação. Dependendo do Gerenciador de janelas utilizado, você poderá usar Alt+Tab. Para alterar o nível do título com o teclado, primeiramente posicione o cursor na frente do título.
Ctrl+A	Se a célula ativa estiver vazia: selecione a tabela inteira. Caso contrário: selecione o conteúdo da célula ativa. Pressione novamente para selecionar a tabela inteira.
Ctrl+Home	Se a célula ativa estiver vazia: irá para o início da tabela. Caso contrário: o primeiro pressionamento o levará para o início da célula ativa, o segundo, para o início da tabela atual, e o terceiro, para o início do documento.
Ctrl+End	Se a célula ativa estiver vazia: irá para o fim da tabela. Caso contrário: o primeiro pressionamento o levará para o fim da célula ativa, o segundo, para o fim da tabela atual, e o terceiro, para o fim do documento.
Ctrl+Tab	Insere uma parada de tabulação (somente em tabelas). Dependendo do Gerenciador de janelas utilizado, você poderá usar Alt+Tab.
Ctrl+Shift+Seta para cima	Ir para o início da tabela
Ctrl+Shift+Seta para baixo	Ir para o fim da tabela
Alt+Teclas de seta	Aumenta/diminui o tamanho da coluna/linha na borda direita/inferior da célula
Alt+Shift+Teclas de seta	Aumentar/diminuir o tamanho da coluna/linha na borda esquerda/superior da célula
Alt+Ctrl+Teclas de seta	Semelhante a Alt, mas somente a célula ativa é modificada
Ctrl+Alt+Shift+Teclas de seta	Semelhante a Alt, mas somente a célula ativa é modificada
Alt+Insert	Três segundos no modo de inserção, a tecla de seta insere a linha/coluna, Ctrl+Tecla de seta insere a célula
Alt+Del	Três segundos no modo de exclusão, a tecla de seta exclui a linha/coluna, Ctrl+Tecla de seta mescla a célula com a célula adjacente
Ctrl+Shift+T	Remove a proteção de célula de todas as tabelas selecionadas. Se nenhuma tabela estiver selecionada, a proteção de célula será removida de todas as tabelas do documento.
Shift+Ctrl+Del	Se nenhum item for selecionado, o conteúdo da próxima célula será excluído. Se forem selecionadas células, a linha inteira da seleção será excluída. Se todas as linhas forem selecionadas integral ou parcialmente, a tabela inteira será excluída.
Esc	O cursor está dentro de um quadro de texto e não há texto selecionado: a tecla Esc seleciona o quadro de texto. O quadro de texto está selecionado: a tecla Esc retira o cursor do quadro de texto.

Teclas de atalho	Efeito
F2 ou Enter ou qualquer outra tecla que gere um caractere na tela	Se houver um quadro de texto selecionado: posicionará o cursor no fim do texto no quadro de texto. Se você pressionar qualquer tecla que gere um caractere na tela e o documento estiver no modo de edição, o caractere será acrescentado ao texto.
Alt+Teclas de seta	Mover objeto.
Alt+Ctrl+Teclas de seta	Redimensiona movendo o canto inferior direito.
Alt+Ctrl+Shift+Teclas de seta	Redimensiona movendo o canto superior esquerdo.
Ctrl+Tab	Seleciona a âncora de um objeto (no modo Editar pontos).

5.5. IMPRESS

Exibirei as principais barras de ferramentas e teclas de atalho do Impress

5.5.1. BARRA DE FERRAMENTAS PADRÃO

1. Arquivo Novo
2. Abrir
3. Salvar
4. Enviar documento como e-mail
5. Editar Arquivo
6. Exportar arquivo diretamente como PDF
7. Imprimir Diretamente
8. Verificação Ortográfica
9. Auto Verificação Ortográfica
10. Recortar
11. Copiar
12. Colar
13. Pincel de Estilo
14. Desfazer
15. Restaurar
16. Gráfico
17. Planilha
18. Hiperlink
19. Exibir Grade
20. Navegador
21. Zoom
22. Ajuda do Impress

5.5.2. BARRA DE FERRAMENTAS DE APRESENTAÇÃO

1. Slide
2. Design de Slides
3. Apresentação de slides

5.5.3. BARRA DE FERRAMENTAS DE LINHA E PREENCHIMENTO

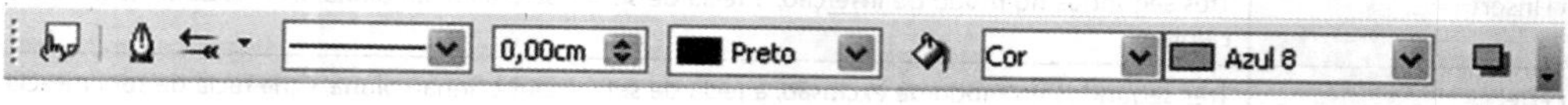

1. Estilo e Formatação
2. Linha
3. Estilo de seta
4. Estilo de linha
5. Largura da Linha
6. Cor da Linha
7. Área
8. Estilo da área/Preenchimento
9. Estilo da área/Preenchimento
10. Sombra

5.5.4. PRINCIPAIS TECLAS DE ATALHO

Teclas de Função para Apresentações

Teclas de atalho	Efeito
F2	Edite o texto.
F3	Edite o grupo.
Ctrl+F3	Saia do grupo.
Shift+F3	Duplicar
F4	Posição e tamanho
F5	Exibir apresentação de slides.
Ctrl+Shift+F5	Navegador
F7	Verificação ortográfica
Ctrl+F7	Dicionário de correlatos
F8	Editar pontos.
Ctrl+Shift+F8	Ajuste o texto ao quadro.
F11	Estilos e formatação

Teclas de Atalho em Apresentações de Slides

Teclas de atalho	Efeito
Esc	Finalize a apresentação.
Barra de espaços ou **seta** à direita ou **seta para baixo** ou **Page Down** ou **Enter** ou **Return** ou **N**	Reproduzir o próximo efeito (se houver, caso contrário ir para o próximo slide).
Alt+Page Down	Ir para o próximo slide sem reproduzir os efeitos.
[número] + Enter	Digite o número de um slide e pressione Enter para ir para o slide.
seta Para a esquerda ou **Para cima** ou **Page Up** ou **Backspace** ou **P**	Reproduz o efeito anterior novamente. Se não houver efeito anterior nesse slide, exibir slide anterior.
Alt+Page Up	Ir para o slide anterior sem reproduzir os efeitos.
Home	Salte para o último slide da apresentação.
End	Salte para o último slide da apresentação.
Ctrl+Page Up	Vá para o slide anterior.
Ctrl+Page Down	Vá para o próximo slide.
B ou .	Exibir tela em preto até o próximo evento de tecla ou da roda do mouse.
W ou ,	Exibir tela em branco até o próximo evento de tecla ou da roda do mouse.

Teclas de atalho na exibição normal

Teclas de atalho	Efeito
Tecla de adição (+)	Mais zoom.
Tecla de subtração (-)	Menos zoom.
Tecla de multiplicação (×) (teclado numérico)	Ajuste a página à janela.
Tecla de divisão(÷) (teclado numérico)	Aplique mais zoom na seleção atual.
Shift+Ctrl+G	Agrupe os objetos selecionados.
Shift+Ctrl+Alt+A	Desfaça o grupo selecionado.

Teclas de atalho	Efeito
Ctrl + clique	Entre em um grupo para que você possa editar os objetos individuais do grupo. Clique fora do grupo para retornar à exibição normal.
Shift+Ctrl+K	Combine os objetos selecionados.
Shift+Ctrl+K	Divida o objeto selecionado. Essa combinação funcionará apenas em um objeto que tenha sido criado pela combinação de dois ou mais objetos.
Ctrl+ tecla de adição	Trazer para a frente.
Shift+Ctrl+tecla de adição	Trazer para frente.
Ctrl+tecla de subtração	Recuar.
Shift+Ctrl+tecla de subtração	Enviar para trás.

Teclas de Atalho do Impress

Teclas de Atalho	Efeito
Tecla de seta	Move o objeto selecionado ou a exibição da página na direção da seta.
Ctrl+tecla de seta	Mova-se pela exibição da página.
Shift + arrastar	Limita o movimento do objeto selecionado no sentido horizontal ou vertical.
Ctrl + arrastar (com a opção Copiar ao mover ativa)	Mantenha pressionada a tecla Ctrl e arraste um objeto para criar um cópia desse objeto.
Tecla Alt	Mantenha pressionada a tecla Alt para desenhar ou redimensionar objetos arrastando do centro do objeto para fora.
Tecla Alt+clique	Selecione o objeto que está atrás do objeto atualmente selecionado.
Alt+Shift+clique	Selecione o objeto que está na frente do objeto atualmente selecionado.
Shift+clique	Selecione os itens adjacentes ou uma fragmento de texto. Clique no início de uma seleção, vá para o fim da seleção e mantenha pressionada a tecla Shift enquanto clica.
Shift+arrastar (ao redimensionar)	Mantenha pressionada a tecla Shift enquanto arrasta um objeto para redimensioná-lo mantendo suas proporções.
Tecla Tab	Selecione os objetos na ordem em que foram criados.
Shift+Tab	Selecione objetos na ordem inversa em que foram criados.
Escape	Saia do modo atual.
Enter	Ative um objeto de espaço reservado em uma nova apresentação (somente se o quadro estiver selecionado).
Ctrl+Enter	Move para o próximo objeto de texto no slide. Se não houver objetos de texto no slide, ou se você chegou ao último objeto de texto, um novo slide será inserido após o slide atual. O novo slide usará o mesmo layout do atual.

Navegação com o teclado no classificador de slides

Teclas de atalho	Efeito
Escape	Move o foco para o primeiro slide.
Tecla de seta	Move o foco para o slide seguinte.
Barra de espaços	Torna o slide com foco o slide atual.

Ética no Serviço Público

Leandro Bortoleto

TABELA DE INCIDÊNCIA DE QUESTÕES

Distribuição das questões organizada por ordem didática de assuntos		
Assunto	**Número de Questões**	**Peso**
1. ÉTICA E MORAL	1	50,00%
2. CÓDIGO DE ÉTICA PROFISSIONAL DO SERVIDOR PÚBLICO CIVIL DO PODER EXECUTIVO FEDERAL: DECRETO 1.171/94	1	50,00%
Total	**2**	**100%**

Ética no Serviço Público

Leandro Bortoleto

✦ QUESTÕES

1. ÉTICA E MORAL

01. (Cespe – Analista do MPU – MPU/2015) Uma vez que a moral se reveste de conteúdo mais doutrinário e normativo que a ética, é correto afirmar que um dos fundamentos de existência da noção de moral seria a formação de uma base teórica para o estudo da ética

Certo ( ) Errado ( )

COMENTÁRIOS

Errado. A ética é uma disciplina filosófica e é ela que possui conteúdo doutrinário e teórico. A base teórica para o estudo da moral é dada pela ética.

2. CÓDIGO DE ÉTICA PROFISSIONAL DO SERVIDOR PÚBLICO CIVIL DO PODER EXECUTIVO FEDERAL: DECRETO 1.171/94

02. (Cespe – Técnico – MPU/2013) Julgue os itens a seguir, de acordo com o disposto no Código de Ética Profissional do Servidor Público.

02.01. A aplicação de pena de censura ao servidor público, de competência da comissão de ética do órgão ao qual o servidor pertença, depende de parecer devidamente fundamentado, assinado por todos os integrantes da comissão.

COMENTÁRIOS

Certo. A única pena passível de aplicação pela Comissão de Ética é a de censura e para que seja aplicada, nos termos do inciso XXII do Código de Ética Profissional do Servidor Público Civil do Poder Executivo Federal, deve haver parecer assinado por todos os integrantes da comissão, contendo a fundamentação, e deve ser dada ciência ao faltoso.

02.02. Considere que determinado servidor público, buscando exercer suas atribuições com maior acurácia e rapidez, tenha retirado de dentro de sua repartição, sem autorização legal, livro pertencente ao patrimônio público. Nesse caso, o servidor agiu de forma ética, pois não mediu esforços para cumprir o seu dever fundamental de exercer suas atribuições com rapidez, perfeição e rendimento.

COMENTÁRIOS

Errado. Nos termos do inciso XV do Código de Ética, é vedado ao servidor público "retirar da repartição pública, sem estar legalmente autorizado, qualquer documento, livro ou bem pertencente ao patrimônio público".

Ética no Serviço Público

Leandro Bortoleto

✦ DICAS

1. ÉTICA E MORAL

Ética vem do grego "ethos", que significa caráter, morada do ser.

Ética é a reflexão sobre quais ações são virtuosas (boas) e sobre quais não são. É especulativa. É uma investigação teórica, buscando responder sem alcançar respostas definitivas. É a doutrina do valor do bem. É o conhecimento que oferece ao homem critérios para que ele possa escolher qual a melhor conduta para atender o interesse de todos.

Moral vem do latim "mos", que significa costume. Repetição de atos consagrados como indispensáveis à convivência social. É o conjunto de normas de conduta que se apresentam como boas, corretas.

Ética[1]:

Quadro-resumo: ÉTICA
– *ethos* (grego): caráter, morada do ser
– disciplina filosófica (parte da filosofia)
– os fundamentos da moralidade e princípios ideais da ação humana
– ponderação da ação, intenção e circunstâncias sob o manto da liberdade
– teórica, universal (geral), especulativa, investigativa
– fornece os critérios para eleição da melhor conduta

Moral[2]:

Quadro-resumo: MORAL
– *mos* (latim, plural *mores*): costume
– regulação (normatização) comportamentos considerados como adequados a determinado grupo social
– prática (pragmática), particular
– dependência espaço-temporal (relativa); caráter histórico e social

1 BORTOLETO, Leandro. MÜLLER, Perla. Noções de ética no serviço público. 2 ed. Salvador: Juspodivm, 2016. p. 16.

2 BORTOLETO, Leandro. MÜLLER, Perla. Noções de ética no serviço público. 2 ed. Salvador: Juspodivm, 2016. p. 17.

2. ÉTICA, VIRTUDES, PRINCÍPIOS E VALORES

Valores: são os objetos da escolha moral, os fins da ação ética; é o predicado, a qualidade que torna algo estimável; é o preferível, o objeto de uma antecipação ou de uma expectativa normativa (de um dever ser); é, enfim, possibilidade de escolha, já que nem sempre é escolhido [...]"[3]. Ex: vida.

Princípios: Guia de comportamento; auxilia na escolha do que tem ou não valor. "Princípio é a fonte, o substrato em que se funda a ação"[4]. Ex: justiça.

3. ÉTICA E DEMOCRACIA

Exercer a cidadania não é apenas votar.

Finalidade pública é o que move a atividade do Poder Público.

Exercício da cidadania: "[...] gozo de direitos e desempenho de deveres, deve pautar-se por contornos éticos: o exercício da cidadania deve materializar-se na escolha da melhor conduta tendo em vista o bem comum, resultando em uma ação moral como expressão do bem"[5].

4. ÉTICA E FUNÇÃO PÚBLICA.

Administrador público não gerencia bens próprios. Ele lida com bens de todos. Ele está "administrador". Coisa pública.

Os agentes públicos devem realizar os atos próprios da atividade administrativa de forma ética e moral.

Os bens e recursos públicos devem ser usados para a busca do bem comum e não para fins egoísticos.

5. CÓDIGO DE ÉTICA PROFISSIONAL DO SERVIDOR PÚBLICO CIVIL DO PODER EXECUTIVO FEDERAL: DECRETO Nº 1.171/94.

- **Servidor Público para fins de apuração de comportamento ético**[6]:

3 BORTOLETO, Leandro. MÜLLER, Perla. Noções de ética no serviço público. 2 ed. Salvador: Juspodivm, 2016. p. 22.

4 BORTOLETO, Leandro. MÜLLER, Perla. Noções de ética no serviço público. 2 ed. Salvador: Juspodivm, 2016. p. 23.

5 BORTOLETO, Leandro. MÜLLER, Perla. Noções de ética no serviço público. 2 ed. Salvador: Juspodivm, 2016. p. 31.

6 BORTOLETO, Leandro. MÜLLER, Perla. Noções de ética no serviço público. 2 ed. Salvador: Juspodivm, 2016. p. 43.

Definição de servidor público para fins de apuração de comprometimento ético		
Aquele que por força de:	**preste serviços de natureza:**	**desde que ligado:**
– lei – contrato ou – qualquer ato jurídico	– **permanente** – **temporária** – **excepcional** ainda que sem retribuição financeira	– direta ou – indiretamente a **qualquer órgão** do poder estatal, como as autarquias, as fundações públicas, as entidades paraestatais, as empresas públicas e as sociedades de economia mista, ou em **qualquer setor** onde prevaleça o **interesse** do **Estado**

- **REGRAS DEONTOLÓGICAS (incisos I a XIII):**

I - A dignidade, o decoro, o zelo, a eficácia e a consciência dos princípios morais são primados maiores que devem nortear o servidor público, seja no exercício do cargo ou função, ou fora dele, já que refletirá o exercício da vocação do próprio poder estatal. Seus atos, comportamentos e atitudes serão direcionados para a preservação da honra e da tradição dos serviços públicos.

II - O servidor público não poderá jamais desprezar o elemento ético de sua conduta. Assim, não terá que decidir somente entre o legal e o ilegal, o justo e o injusto, o conveniente e o inconveniente, o oportuno e o inoportuno, mas principalmente entre o honesto e o desonesto, consoante as regras contidas no art. 37, caput, e § 4°, da Constituição Federal.

III - A moralidade da Administração Pública não se limita à distinção entre o bem e o mal, devendo ser acrescida da idéia de que o fim é sempre o bem comum. O equilíbrio entre a legalidade e a finalidade, na conduta do servidor público, é que poderá consolidar a moralidade do ato administrativo.

IV- A remuneração do servidor público é custeada pelos tributos pagos direta ou indiretamente por todos, até por ele próprio, e por isso se exige, como contrapartida, que a moralidade administrativa se integre no Direito, como elemento indissociável de sua aplicação e de sua finalidade, erigindo-se, como conseqüência, em fator de legalidade.

V - O trabalho desenvolvido pelo servidor público perante a comunidade deve ser entendido como acréscimo ao seu próprio bem-estar, já que, como cidadão, integrante da sociedade, o êxito desse trabalho pode ser considerado como seu maior patrimônio.

VI - A função pública deve ser tida como exercício profissional e, portanto, se integra na vida particular de cada servidor público. Assim, os fatos e atos verificados na conduta do dia-a-dia em sua vida privada poderão acrescer ou diminuir o seu bom conceito na vida funcional.

VII - Salvo os casos de segurança nacional, investigações policiais ou interesse superior do Estado e da Administração Pública, a serem preservados em processo previamente declarado sigiloso, nos termos da lei, a publicidade de qualquer ato administrativo constitui requisito de eficácia e moralidade, ensejando sua omissão comprometimento ético contra o bem comum, imputável a quem a negar.

VIII - Toda pessoa tem direito à verdade. O servidor não pode omiti-la ou falseá-la, ainda que contrária aos interesses da própria pessoa interessada ou da Administração Pública. Nenhum Estado pode crescer ou estabilizar-se sobre o poder corruptivo do hábito do erro, da opressão ou da mentira, que sempre aniquilam até mesmo a dignidade humana quanto mais a de uma Nação.

IX - A cortesia, a boa vontade, o cuidado e o tempo dedicados ao serviço público caracterizam o esforço pela disciplina. Tratar mal uma pessoa que paga seus tributos direta ou indiretamente significa causar-lhe dano moral. Da mesma forma, causar dano a qualquer bem pertencente ao patrimônio público, deteriorando-o, por descuido ou má vontade, não constitui apenas uma ofensa ao equipamento e às instalações ou ao Estado, mas a todos os homens de boa vontade que dedicaram sua inteligência, seu tempo, suas esperanças e seus esforços para construí-los.

X - Deixar o servidor público qualquer pessoa à espera de solução que compete ao setor em que exerça suas funções, permitindo a formação de longas filas, ou qualquer outra espécie de atraso na prestação do serviço, não caracteriza apenas atitude contra a ética ou ato de desumanidade, mas principalmente grave dano moral aos usuários dos serviços públicos.

XI - O servidor deve prestar toda a sua atenção às ordens legais de seus superiores, velando atentamente por seu cumprimento, e, assim, evitando a conduta negligente. Os repetidos erros, o descaso e o acúmulo de desvios tornam-se, às vezes, difíceis de corrigir e caracterizam até mesmo imprudência no desempenho da função pública.

XII - Toda ausência injustificada do servidor de seu local de trabalho é fator de desmoralização do serviço público, o que quase sempre conduz à desordem nas relações humanas.

XIII - O servidor que trabalha em harmonia com a estrutura organizacional, respeitando seus colegas e cada concidadão, colabora e de todos pode receber colaboração, pois sua atividade pública é a grande oportunidade para o crescimento e o engrandecimento da Nação.

- **DEVERES DOS SERVIDORES PÚBLICOS (inciso XIV):**

a) desempenhar, a tempo, as atribuições do cargo, função ou emprego público de que seja titular;

b) exercer suas atribuições com rapidez, perfeição e rendimento, pondo fim ou procurando prioritariamente resolver situações procrastinatórias, principalmente diante de filas ou de qualquer outra espécie de atraso na prestação dos serviços pelo setor em que exerça suas atribuições, com o fim de evitar dano moral ao usuário;

c) ser probo, reto, leal e justo, demonstrando toda a integridade do seu caráter, escolhendo sempre, quando estiver diante de duas opções, a melhor e a mais vantajosa para o bem comum;

d) jamais retardar qualquer prestação de contas, condição essencial da gestão dos bens, direitos e serviços da coletividade a seu cargo;

e) tratar cuidadosamente os usuários dos serviços aperfeiçoando o processo de comunicação e contato com o público;

f) ter consciência de que seu trabalho é regido por princípios éticos que se materializam na adequada prestação dos serviços públicos;

g) ser cortês, ter urbanidade, disponibilidade e atenção, respeitando a capacidade e as limitações individuais de todos os usuários do serviço público, sem qualquer espécie de preconceito ou distinção de raça, sexo, nacionalidade, cor, idade, religião, cunho político e posição social, abstendo-se, dessa forma, de causar-lhes dano moral;

h) ter respeito à hierarquia, porém sem nenhum temor de representar contra qualquer comprometimento indevido da estrutura em que se funda o Poder Estatal;

i) resistir a todas as pressões de superiores hierárquicos, de contratantes, interessados e outros que visem obter quaisquer favores, benesses ou vantagens indevidas em decorrência de ações imorais, ilegais ou aéticas e denunciá-las;

j) zelar, no exercício do direito de greve, pelas exigências específicas da defesa da vida e da segurança coletiva;

l) ser assíduo e freqüente ao serviço, na certeza de que sua ausência provoca danos ao trabalho ordenado, refletindo negativamente em todo o sistema;

m) comunicar imediatamente a seus superiores todo e qualquer ato ou fato contrário ao interesse público, exigindo as providências cabíveis;

n) manter limpo e em perfeita ordem o local de trabalho, seguindo os métodos mais adequados à sua organização e distribuição;

o) participar dos movimentos e estudos que se relacionem com a melhoria do exercício de suas funções, tendo por escopo a realização do bem comum;

p) apresentar-se ao trabalho com vestimentas adequadas ao exercício da função;

q) manter-se atualizado com as instruções, as normas de serviço e a legislação pertinentes ao órgão onde exerce suas funções;

r) cumprir, de acordo com as normas do serviço e as instruções superiores, as tarefas de seu cargo ou função, tanto quanto possível, com critério, segurança e rapidez, mantendo tudo sempre em boa ordem.

s) facilitar a fiscalização de todos atos ou serviços por quem de direito;

t) exercer com estrita moderação as prerrogativas funcionais que lhe sejam atribuídas, abstendo-se de fazê-lo contrariamente aos legítimos interesses dos usuários do serviço público e dos jurisdicionados administrativos;

u) abster-se, de forma absoluta, de exercer sua função, poder ou autoridade com finalidade estranha ao interesse público, mesmo que observando as formalidades legais e não cometendo qualquer violação expressa à lei;

v) divulgar e informar a todos os integrantes da sua classe sobre a existência deste Código de Ética, estimulando o seu integral cumprimento.

– **VEDAÇÕES AO SERVIDOR PÚBLICO (inciso XV):**

a) o uso do cargo ou função, facilidades, amizades, tempo, posição e influências, para obter qualquer favorecimento, para si ou para outrem;

b) prejudicar deliberadamente a reputação de outros servidores ou de cidadãos que deles dependam;

c) ser, em função de seu espírito de solidariedade, conivente com erro ou infração a este Código de Ética ou ao Código de Ética de sua profissão;

d) usar de artifícios para procrastinar ou dificultar o exercício regular de direito por qualquer pessoa, causando-lhe dano moral ou material;

e) deixar de utilizar os avanços técnicos e científicos ao seu alcance ou do seu conhecimento para atendimento do seu mister;

f) permitir que perseguições, simpatias, antipatias, caprichos, paixões ou interesses de ordem pessoal interfiram no trato com o público, com os jurisdicionados administrativos ou com colegas hierarquicamente superiores ou inferiores;

g) pleitear, solicitar, provocar, sugerir ou receber qualquer tipo de ajuda financeira, gratificação, prêmio, comissão, doação ou vantagem de qualquer espécie, para si, familiares ou qualquer pessoa, para o cumprimento da sua missão ou para influenciar outro servidor para o mesmo fim;

h) alterar ou deturpar o teor de documentos que deva encaminhar para providências;

i) iludir ou tentar iludir qualquer pessoa que necessite do atendimento em serviços públicos;

j) desviar servidor público para atendimento a interesse particular;

l) retirar da repartição pública, sem estar legalmente autorizado, qualquer documento, livro ou bem pertencente ao patrimônio público;

m) fazer uso de informações privilegiadas obtidas no âmbito interno de seu serviço, em benefício próprio, de parentes, de amigos ou de terceiros;

n) apresentar-se embriagado no serviço ou fora dele habitualmente;

o) dar o seu concurso a qualquer instituição que atente contra a moral, a honestidade ou a dignidade da pessoa humana;

p) exercer atividade profissional aética ou ligar o seu nome a empreendimentos de cunho duvidoso.

- **COMISSÕES DE ÉTICA**

– **Compete às comissões**:

a) orientar e aconselhar sobre a ética profissional do servidor, no tratamento com as pessoas e com o patrimônio público, competindo-lhe conhecer concretamente de imputação ou de procedimento susceptível de censura (inciso XVI).

b) aplicar a pena de censura, cuja fundamentação deverá constar de parecer, assinado por todos os seus integrantes, com ciência do faltoso (inciso XXII).

c) fornecer, aos organismos encarregados da execução do quadro de carreira dos servidores, os registros sobre sua conduta ética, para o efeito de instruir e fundamentar promoções e para todos os demais procedimentos próprios da carreira do servidor público (inciso XVIII).

Comparação de penas previstas no Decreto nº 1.171/94 e na Lei nº 8.112/90[7]:

Penas aplicáveis ao Servidor Federal	
Decreto nº 1.171/94	**Lei nº 8112/90**
– Censura	– advertência – suspensão – demissão – cassação de aposentadoria e disponibilidade – destituição de cargo em comissão – destituição de função comissionada

7 BORTOLETO, Leandro. MÜLLER, Perla. Noções de ética no serviço público. 2 ed. Salvador: Juspodivm, 2016. p. 61.

Anotações

EDITORA
JusPODIVM
www.editorajuspodivm.com.br